제4판

기업재무

Jonathan Berk, Peter DeMarzo 지음
고광수, 변진호, 선정훈 옮김

Σ 시그마프레스

기업재무, 제4판

발행일 | 2019년 8월 20일 1쇄 발행

저　자 | Jonathan Berk, Peter DeMarzo
역　자 | 고광수, 변진호, 선정훈
발행인 | 강학경
발행처 | Σ 시그마프레스
디자인 | 이상화
편　집 | 류미숙

등록번호 | 제10-2642호
주소 | 서울특별시 영등포구 양평로 22길 21 선유도코오롱디지털타워 A401~402호
전자우편 | sigma@spress.co.kr
홈페이지 | http://www.sigmapress.co.kr
전화 | (02)323-4845, (02)2062-5184~8
팩스 | (02)323-4197

ISBN | 979-11-6226-191-0

Corporate Finance, 4th Edition

* 책값은 책 뒤표지에 있습니다.

* 이 도서의 국립중앙도서관 출판예정도서목록(CIP)은 서지정보유통지원시스템 홈페이지 (http://seoji.nl.go.kr)와 국가자료공동목록시스템(http://www.nl.go.kr/kolisnet)에 서 이용하실 수 있습니다.(CIP제어번호: 2019028937)

역자 서문

재무는 경영학에서 가장 중요한 비중을 차지하는 과목이며, 학생들이 사회에 진출했을 때 가장 큰 도움이 되는 과목임에 틀림없다. 한편 기업 경영에서 재무는 투자 의사결정, 자금조달 결정, 기업 인수합병 등 기업의 성장과 발전은 물론 존립을 좌우하는 중요 의사결정을 포함하고 있다. 재무가 이처럼 필수적이고 유용한 학문임에도 불구하고, 저자들은 대학에서 재무를 강의하면서 많은 학생들이 재무에 쉽게 다가가지 못하고 어렵고 이해하기 힘든 학문으로 느낀다는 것을 알았다.

이에 역자들은 어떻게 하면 학생들에게 기업재무를 좀 더 이해하기 쉽게 강의할 수 있을까 고민하고 있던 중 Berk, DeMarzo의 *Corporate Finance*를 발견했다. 역자들은 이 책을 이용하여 재무를 강의하면 소기의 목적을 달성할 수 있을 것으로 판단하였다. 그 판단의 근거는 다음과 같다. 첫째, 이 책은 가치평가 원칙이라는 하나의 이론적 틀에서 재무의 기본 원리들을 설명하고 있다. 이는 독자로 하여금 어떠한 재무 의사결정에도 적용할 수 있는 보편적인 원칙과 재무적 사고를 갖출 수 있도록 한다. 둘째, 이 책은 재무 이론과 함께 독자가 친숙하게 느끼는 실제 기업의 사례를 풍부하게 제시하고 있다. 이론과 실무가 결합된 이 책은 이론에만 치우치지 않아 독자의 흥미를 유발하고, 독자는 여기서 배운 이론을 실제 현장에 적용하여 도움을 받을 수 있다. 마지막으로 이 책은 많은 표와 그림으로 구성된 시각적인 자료를 효과적으로 사용하여 본문의 내용을 설명하고 있다. 이 책의 표와 그림은 실제 수치에 기반을 두고 있어 누구나 쉽게 접근할 수 있으며, 최대한 이해하기 쉽게 작성되어 본문 내용에 대한 독자의 이해도를 높인다.

물론 이 책의 원서로도 기업재무를 공부할 수 있지만, 영어가 모국어가 아닌 사람에게 원서는 여전히 부담스러울 수 있다. 그리고 이 책의 내용이 우리말로 표현된다면, 기업재무를 공부하는 학생들과 현재 기업에서 일하고 있는 실무자들이 재무관리 개념의 이해와 습득에 효과적으로 집중할 수 있을 것이라고 기대했다. 이러한 이유로 인해 역자들은 이 책의 한국어판을 내기로 결정했다. 이 책의 한국어판은 번역서가 갖는 한계를 최대한 줄이기 위해 원서를 일대일로 직역하지는 않았다. 대신 원서의 내용에 충실하면서 그 내용을 우리말로 강의한다는 느낌으로 번역하였다. 원서상의 일부 오류를 수정하여 원서와 약간 다른 경우도 있을 수 있다. 원서를 우리말로 옮기는 과정에서도 의도하지 않았던 오류가 있을 수 있으나, 앞으로 지속적인 보완을 통해 이를 개선하여 나갈 것을 약속드린다. 독자들의 소중한 의견을 기대한다.

이 책을 내는 과정에서 많은 분의 도움을 받았다. 이 책을 기획하고 발간하는 데 많은 도움을 주신 (주)시그마프레스의 관계자들과 까다로운 편집 작업에 많은 애를 쓰신 분들께 감사의 뜻을 표한다.

2019년 7월

고광수, 변진호, 선정훈

저자 서문

우리는 재무의 핵심 개념은 간단하고 직관적이라는 중심적인 통찰력에 의해 이 책을 쓰기로 마음먹었다. 재무를 도전적으로 만드는 것은 초보자가 재무의 핵심 개념과 재무 의사결정에 사용되면 종종 잘못된 결정을 내리게 하는 직관적으로 호소력 있는 여타 접근법을 구별하기가 어렵다는 데 있다. 재무의 중추가 되는 핵심 개념을 강조하지 않는다면 학생들에게 좋은 의사결정과 나쁜 의사결정을 구분하는 데 필요한 필수적인 지적 도구를 빼앗게 된다. 우리는 간단하고 강력한 개념들의 집합에 대한 응용으로 기업재무를 제시한다. 여기에 대한 중심에는 차익거래의 부재 원칙 또는 일물일가의 법칙(현실에서 대가 없이 아무것도 얻을 수 없다)이 존재한다. 이것과 함께 이 책의 다른 핵심 원칙들에 의존함으로써 재무 의사결정자는 최근의 금융위기로 인해 부각된 나쁜 의사결정을 피할 수 있다. 우리는 일물일가의 법칙을 나침반으로 사용한다. 즉, 일물일가의 법칙은 재무 의사결정자를 올바른 궤도를 유지하도록 하고, 이 책 전반에서 근간이 된다.

통합된 가치평가 원칙으로서 일물일가의 법칙

이 책은 단순한 핵심 개념들에 대한 응용으로 기업재무를 제시한다. 현대 재무 이론과 실무에서 가치평가의 통합된 개념은 차익거래의 부재 또는 일물일가의 법칙에 근거하고 있다. 우리는 제3장 '재무 의사결정과 일물일가의 법칙'에서 NPV와 화폐의 시간가치에 대한 기초로 일물일가의 법칙을 소개한다. 각 부의 도입 부분에서 그리고 나머지 관련된 장에서, 우리는 주요 개념들을 일물일가의 법칙과 연계시킴으로써 학생 독자를 교육하고 이론과 실제를 연계하기 위한 틀을 마련한다.

목차에 대한 개관

기업재무는 입문 수준의 MBA 학생들을 위한 주요 주제 영역을 다루고 있으며, 상급 과정을 위한 참고 교과서에서 요구되는 깊이를 제공한다. 대부분의 교수들은 가장 중요하다고 간주되는 주제들을 숙고하여 각 장 중에서 일부를 선택하여 자신의 수업을 맞춤 설정한다. 우리는 이러한 융통성에 대한 필요성을 처음부터 염두에 두고 이 책을 디자인했다. 제2~6부는 이 책의 핵심적인 부분이다. 우리는 대부분의 MBA 프로그램들은 이 부분을 다룰 것이라고 생각하지만, 교수가 핵심적인 부분 내에서도 선택할 수 있다.

한 분기 코스 제3~15장을 다룬다. 시간이 허락하거나 학생들이 화폐의 시간가치 개념에 익숙하다면, 제16~19장을 추가한다.

한 학기 코스   옵션(제20~22장)과 제10부 특별 주제 장 중에서 원하는 대로 선택한다.

한 개의 미니 학기   제3~10장, 제14장, 그리고 시간이 허락한다면 제15장을 다룬다.

장	주요 내용	변경 사항
1. 주식회사	주식회사와 주식회사의 지배구조를 소개한다.	도드-프랭크법 정보에 대한 업데이트, 나스닥의 해서웨이와의 새로운 인터뷰
2. 재무제표 분석 기초	주요 재무제표를 소개한다. 재무비율 분석은 학생들이 재무제표를 전체적으로 분석할 수 있도록 하는 데 초점을 맞추고 있다.	구글의 루스 포랏과의 새로운 인터뷰
3. 재무 의사결정과 일물일가의 법칙	이 책의 통합된 틀에 대한 기초로 일물일가의 법칙과 순현재가치를 소개한다.	주가지수 차익거래와 고빈도 거래의 동태에 대한 새로운 글상자
4. 화폐의 시간가치	할인 메커니즘을 소개하고 이를 개인 재무에 응용한다. "엑셀 사용하기" 글상자를 이용하여 학생들이 스프레드시트 함수에 익숙해지도록 한다.	선불연금에 대한 새로운 글상자
5. 이자율	이자율의 핵심 결정요인과 이자율과 자본비용 간의 관계를 논의한다.	플로리다의 연금 플랜 채무에 대한 새로운 데이터 사례
6. 채권의 가치평가	채권의 가격 및 수익률, 국가 부채 위기에서 예시된 고정수익증권의 위험을 분석한다.	마이너스 채권 수익률에 대한 글로벌 금융위기 글상자, 그리스 채무불이행에 대한 새로운 사례연구
7. 투자 의사결정법	다른 투자 의사결정 규칙들을 평가하기 위한 황금 규칙으로서 NPV 규칙을 소개한다.	모기지 대출을 선택하기 위한 NPV 규칙에 대한 새로운 데이터 사례, 민감도 분석을 위한 데이터 표 사용에 대한 소개
8. 자본예산의 기초	이익과 가용현금흐름의 구분에 대한 명확한 초점을 제시하고 투자 의사결정의 NPV를 평가하는 재무 모형 작성법을 예시한다.	매몰비용의 오류에 대한 새로운 일상적인 실수 상자
9. 주식의 가치평가	기업 내부 프로젝트의 통합적 처리와 기업 전체에 대한 가치평가를 제공한다.	
10. 자본시장과 위험의 가격결정	위험과 수익률을 이해하기 위한 직관을 수립하고, 분산 가능 위험과 체계적인 위험의 차이를 설명하고 베타와 CAPM을 소개한다.	현재의 시장 상황을 반영하기 위해 광범위한 데이터 업데이트
11. 최적 포트폴리오 선택과 CAPM	CAPM을 제시하고 평균-분산 포트폴리오 최적화의 세부사항을 설명한다.	예시와 데이터 사례에 대한 업데이트
12. 자본비용의 추정	주식, 채무 또는 프로젝트의 자본비용을 추정하는 실무적인 세부 사항을 설명하고, 자산 베타, 무차입 및 가중평균 자본비용을 소개한다.	여러 부문을 가진 기업이 하나의 자본비용을 사용하는 것에 대한 새로운 "일상적인 실수" 글상자, 베타 추정에 대한 새로운 "엑셀 사용하기" 글상자
13. 투자자 행동과 자본시장 효율성	행태 재무의 역할을 살펴보고 투자자의 행동을 시장 효율성 그리고 위험 및 수익률의 대안적 모형들과 연계한다.	펀드 매니저 성과에 대한 확대된 논의, 업데이트된 WSJ의 전 칼럼니스트인 조나단 클레멘츠와의 인터뷰
14. 완전시장에서의 자본구조	모딜리아니와 밀러의 결과를 제시하고 시장가치 재무상태표를 소개하고, 은행 자본규제에 대한 응용과 함께 중요한 레버리지 오류에 대한 논의를 소개한다.	
15. 채무와 세금	채무의 세금 절약액 및 세후 WACC를 포함한 레버리지의 세금 편익을 분석한다.	송금세 논쟁에 대한 새로운 글상자

장	주요 내용	변경 사항
16. 재무적 곤경과 경영 인센티브 및 정보	비대칭적 정보의 역할을 살펴보고 채무 과잉 및 레버리지 톱니 효과를 소개한다.	
17. 현금배분정책	배당금 및 자사주 매입을 포함한 대안적인 현금배분정책을 고려한다. 기업의 현금배분정책을 결정할 때 시장 불완전성의 역할을 분석한다.	기업 현금유보에 관한 논의 업데이트
18. 차입 기업의 자본예산과 가치평가	레버리지 및 시장 불완전성으로 자본예산 수립의 세 가지 주요 방법, 즉 WACC 방법, APV 방법 및 FTE 방법을 심도 있게 고찰한다.	브이엠웨어의 제인 로우와의 새로운 인터뷰, DCF와 잔여이익 평가방법 간의 관계를 설명하는 새로운 부록
19. 가치평가와 재무 모형화	차입 매수에 대한 재무 모형을 작성한다.	"모형 산출물의 요약"이라는 새로운 엑셀 사용하기 글상자
20. 금융 옵션	금융 옵션의 개념, 옵션이 어떻게 사용 및 행사되는지를 소개한다. 주식회사의 증권이 어떻게 옵션을 사용하는 것으로 해석될 수 있는지를 보여준다.	
21. 옵션의 가치평가	옵션 가격결정 모형으로 이항, 블랙-숄즈 및 위험-중립 가격결정 방법을 고찰한다.	
22. 실물 옵션	의사결정 나무 분석과 블랙-숄즈 방법을 사용하여 실물 옵션을 분석하고, 최적 투자전략을 고려한다.	새로운 예제와 함께 의사결정 나무 방법에 대한 확대된 토론
23. 자기자본 조달	엔젤 자금조달 및 벤처캐피털에서 IPO 및 유상증자에 이르기까지 자기자본 조달 전략을 개괄한다.	일반적인 거래 조건 및 보호, 전형적인 자금조달 패턴 및 성공률을 포함하는 벤처캐피털 자금조달 영역에 대해 확장된 설명, 스타트업 가치평가 오해에 관한 새로운 "일상적인 실수" 글상자, 엔젤리스트인 케빈 로즈의 인터뷰
24. 타인자본 조달	자산유동화증권, 자산유동화증권의 금융위기에서의 역할 등 타인자본 자금조달의 개요를 제시한다.	디트로이트의 지방채 채무불이행에 대한 새로운 글상자
25. 리스	타인자본 자금조달에 대한 대안적 형태로 리스를 소개한다.	FASB의 새로운 리스 회계 규정에 대한 업데이트, XOJET의 마크 롱과의 인터뷰
26. 운전자본 관리	현금전환주기와 운전자본 관리 방법에 대해 소개한다.	
27. 단기 재무계획	단기 현금 필요액의 예측 및 관리 방법을 고찰한다.	수출입은행 논란에 대한 새로운 글상자
28. 인수합병	차입매수를 포함한 인수합병 동기 및 방법을 고려한다.	가치평가 및 지급 프리미엄에 대한 확대된 논의
29. 기업지배구조	기업 내에서 대리인 이해상충을 관리하는 방법으로 직접 모니터링, 보상 정책 및 규제를 평가한다. 도드-프랭크법의 영향을 다룬다.	주주 행동주의와 주주 행동주의가 기업지배구조에 미치는 최근 영향에 대한 새로운 논의
30. 위험 관리	위험을 헤지하기 위해 보험, 상품 선물, 통화 선도 및 옵션, 이자율 스왑을 사용하는 방법과 동기를 분석한다.	
31. 국제 기업재무	통합된 자본시장 또는 분리된 자본시장으로 외환 현금흐름을 가진 프로젝트의 가치를 분석한다.	

이 책의 특징

이론과 실무의 결합

금융위기와 국채 위기에 초점

글로벌 금융위기　최근의 금융위기와 진행 중인 국채 위기에서 얻게 된 교훈을 제시함으로써 현실을 반영한다. 이 책 전체에 걸친 22개의 글상자는 주요 세부 사항을 설명하고 분석한다.

글로벌 금융위기　**유럽의 국채 수익률 : 퍼즐**

유럽통화동맹(EMU)이 유로화를 유럽의 단일통화로 만들기 이전에 유럽 국가들이 발행한 국채의 수익률은 매우 다양했다. 이러한 다양성은 주로 인플레이션 기대(inflation expectations)와 환위험의 차이를 반영했다(그림 6.6 참조). 그러나 1998년 말에 EMU가 자리잡은 후에는 국채 수익률이 모두 동일 국채 수익률에 본질적으로 수렴했다. 투자자들은 EMU의 모든 회원국이 기본적으로 동일한 부도, 물가 상승 및 통화 위험에 노출되어 동등하게 "안전하다"고 느낄 것처럼 보였다. 아마도 투자자들은 명백한 불이행은 생각할 수 없다고 믿었을 것이다. 그들은 회원국이 재무적인 책임을 지고, 모든 비용에도 불구하고 채무

불이행을 피하기 위해 채무를 관리할 것으로 믿었다. 그러나 그림 6.6에서 볼 수 있듯이 2008년 금융위기는 이러한 가정이 어리석음을 드러냈다. 투자자들이 일부 국가(특히 포르투갈과 아일랜드)가 채무를 상환하지 못하고 채무불이행할 가능성이 있음을 인정하면서 채권 수익률이 다시 한 번 갈라졌다. 되돌아보면 EMU가 재정적인 책임을 지키보다는, 취약한 회원국들이 극적으로 낮은 이자율로 차입할 수 있도록 허용했다. 이에 대해 이들 국가는 차입을 늘려 대응했고, 적어도 그리스의 경우에는 채무불이행이 불가피해진 시점까지 차입을 했다.

통합된 가치평가 프레임 워크로서 일물일가의 법칙

일물일가의 법칙 프레임 워크는 차익거래의 부재가 가치평가의 통합된 개념이라는 현대적 사고를 반영한다. 제3장에서 처음 소개되고, 이후 각 부의 시작에 등장하는 이 중요한 통찰력은 이 책 전체에서 통합되어 모든 주요 개념에 대한 동기를 부여하고 이론과 실무를 연계시킨다.

현실적인 초점을 갖는 학습 도우미

성공을 위해 학생들은 핵심 개념들을 습득해야 하고 오늘날 실무자들이 직면하는 문제들을 파악하고 해결해야 한다.

일상적인 실수　학생들에게 강의실 또는 실무에서 핵심 개념과 계산에 대한 잘못된 이해 때문에 흔히 저지르게 되는 실수를 경고하는 글상자이다.

일상적인 실수　너무 여러 번 할인하는 경우

영구연금의 현재가치를 구하는 공식은 첫 현금흐름이 첫 번째 기의 마지막, 즉 1기 말에 발생한다고 가정한다. 때때로 영구연금의 시작 시점이 이보다 더 늦을 수도 있다. 우리는 영구연금의 현재가치를 구하는 공식을 응용하여 이러한 영구연금의 현재가치도 구할 수 있다. 하지만 이때 흔히 할 수 있는 실수를 피하려면 우리는 신중을 기할 필요가 있다.

이에 대한 예시를 위해 예제 4.7를 변형해보자. 이 예제에서 첫 현금흐름이 오늘부터 1년 후가 아닌 2년 후에 발생한다고 가정하면, 당신이 기부해야 하는 금액은 얼마인가?

이 경우 시간선은 다음과 같다.

```
0        1        2        3 ...
                 $30,000   $30,000
```

미래의 파티를 위해 우리가 현재 은행에 예치해야 할 금액을 알기 위해서는 이 여러 기간 현금흐름의 현재가치를 결정해야 한다. 하지만 이 현금흐름은 1기에 현금흐름이 발생하지 않으므로 앞에 정의한 영구연금의 현금흐름과 차이가 있다. 따라서 이 현금흐름의 현재가치를 구하기 위해 식 (4.4)를 그대로 적용할 수 없다. 0기가 아닌 1기의 관점에서 보면, 1년 후부터 무한 시점까지 주기적으로 일정한 금액의 현금흐름이 발생한다. 따라

서 1기의 관점에서 보면 이 현금흐름은 영구연금이므로 식 (4.4)를 적용할 수 있다. 예제 4.3의 계산 결과를 적용하면, 2기부터 무한 시점까지 졸업 파티를 열기 1기에 필요한 금액은 $375,000이다. 이를 시간선에 표현하면 다음과 같다.

```
0        1          2          3 ...
      $375,000   $30,000    $30,000
```

앞의 질문은 다음과 같은 단순한 질문으로 바꾸어 표현할 수 있다. "1년 후에 $375,000을 갖기 위해 오늘 얼마를 투자해야 하는가?" 이에 대한 답은 1년 후 이 시점에 발생하는 현금흐름의 현재가치를 계산함으로써 구할 수 있다.

$$PV = \$375,000/1.08 = \$347,222(\text{오늘})$$

흔히 저지를 수 있는 실수는 첫 졸업 파티가 2기부터 시작하므로 파티를 열기 위해 필요한 금액인 $375,000을 두 번 할인하는 것이다. 이런 실수는 영구연금, 연금, 그리고 이 장에서 다루는 모든 규칙성을 갖는 여러 기간 현금흐름에서 발생할 수 있다. 규칙성을 갖는 여러 기간 현금흐름의 현재가치를 구하는 공식은 발생하는 모든 현금흐름을 첫 현금흐름이 발생하는 시점의 한 기간 전의 가치로 환산한다는 것을 유념해야 한다.

예제 단계적 절차를 사용하여 학생들을 안내하는 풀이 과정은 모든 중요한 개념을 포함하고 있다. 명확한 레이블은 숙제와 학습에 도움이 되도록 이를 쉽게 찾을 수 있도록 한다.

실제 관행을 반영하는 응용

기업재무는 실제 기업들과 현장의 리더들을 특징으로 하고 있다.

인터뷰 저명한 실무자들에 대한 인터뷰(6개의 인터뷰가 수록됨)이며 현장의 리더들을 소개하고 금융위기의 영향을 전달하고 있다.

일반적인 관심 글상자 비즈니스 문제들과 기업의 실제 관행에 대한 시사적인 정보를 제공하는 재무 출판물들을 제시한다.

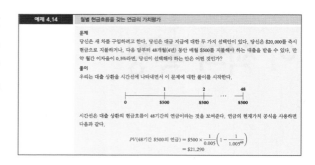

예제 4.14 │ 월별 현금흐름을 갖는 연금의 가치평가

문제

당신은 새 차를 구입하려고 한다. 당신은 대금 지급에 대한 두 가지 선택안이 있다. 당신은 $20,000를 즉시 현금으로 지불하거나, 다음 달부터 48개월(4년) 동안 매월 $500를 지불해야 하는 대출을 받을 수 있다. 만약 월간 이자율이 0.5%라면, 당신이 선택해야 하는 안은 어떤 것인가?

풀이

우리는 대출 상환을 시간선에 나타내면서 이 문제에 대한 풀이를 시작한다.

시간선은 대출 상환의 현금흐름이 48기간의 연금이라는 것을 보여주며, 연금의 현재가치 공식을 사용하면 다음과 같다.

$$PV(48기간 \ \$500의 \ 연금) = \$500 \times \frac{1}{0.005}\left(1 - \frac{1}{1.005^{48}}\right)$$
$$= \$21,290$$

모든 학생이 재무적으로 사고하도록 가르치기

프레젠테이션의 일관성과 혁신적인 학습 도우미를 갖춘 기업재무는 미래의 재무관리자와 비재무관리자의 요구를 동시에 충족시킨다. 이 책은 모든 학생에게 "재무적으로 사고하는 방법"을 보여준다.

수학을 간단하게 표현

비전공자들이 재무를 배울 때 가장 어려워하는 부분 중의 하나는 전문용어, 수학, 비표준화된 기호를 습득하는 것이기 때문에, 기업재무에서는 기호와 공식의 체계적인 사용을 위해 다음 사항들을 갖추고 있다.

- **기호** : 각 장은 기호 목록으로 시작한다. 기호는 변수와 해당 장에서 사용하는 약어들을 정의하고 학생들이 참고할 수 있는 범례로서 역할을 한다.
- **시간선** : 제4장에서 처음 소개되는 시간선은 현금흐름과 관련된 모든 문제를 해결하는 데 중요한 첫 단계로 강조된다.
- **번호와 제목이 부여된 공식** : 한 공식이 기호 형식으로 처음 제시될 때 식 번호가 부여된다. 핵심 공식은 제목이 부여되고 각 장 후반부의 핵심요약 및 공식에 다시 제시된다.
- **엑셀 사용하기** : 모니터 화상 화면과 함께 엑셀 사용법을 설명하여 학생들에게 안내하는 역할을 한다.

여기에서는 프로젝트 분석에 도움을 주는 유용한 엑셀 도구를 설명한다.

손익분기점 분석을 위한 목표값 찾기

엑셀의 목표값 찾기(goal seek) 함수는 모형의 핵심 가정에 적합한 손익분기점을 찾는다. 예를 들어 연간 판매 대수의 손익분기점 수준을 찾기 위해서 목표값 찾기(GS, goal seek) 윈도우를 이용한다(데이터 > 가상분석 혹은 키보드 Alt-A-W-G). '수식 셀'은 NPV를 계산한 셀(D51 셀)이다. '찾는 값'을 0(손익분기)으로 정하고 평균 판매가격(E8 셀)을 '값을 바꿀 셀'로 정한다. 엑셀은 시행착오법으로 프로젝트의 NPV를 0으로 만드는 판매가격(이 경우 $231.66)을 찾을 것이다.

엑셀 사용하기

엑셀을 이용한 프로젝트 분석

	A	B	C	D	E	F	G	H
1	홈넷의 자본예산 수립							
2	핵심 가정			현재 0	연도 1	연도 2	연도 3	연도 4	연도 5
8	평균 판매 가격/대							
51	NPV			5,026	$260.00	$260.00	$260.00	$260.00

민감도 분석을 위한 데이터 표

제2장의 부록에서 NPV 프로파일을 만들기 위해서 소개된 데이터 표를 이용하여 재무 모형의 입력 변수에 대한 NPV의 민감도를 계산할 수 있다. 엑셀은 또한 동시에 두 가지 입력 자료에 대한 NPV 민감도를 보여주는 2차원 데이터 표를 계산할 수 있다. 예를 들어 아래 데이터 표는 하드웨어 R&D 예산과 홈넷 제조비용의 여러 조합에 대한 NPV를 보여준다.

■ 스프레드시트 표 : 엑셀 파일 형태의 스프레
드시트에서는 입력값들의 변화를 통해 해
당 계산을 다르게 해볼 수 있다.

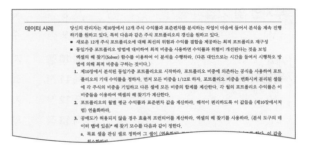

재무를 배우기 위한 재무 연습

연습문제 풀이는 재무에 대한 이해를 공고히
하고 확인하는 입증된 방법이다.

■ 개념 확인 : 절이 끝날 때마다 제시하여 학생들로 하여금 해당 절에 대한 이해도를 평가하고 추후에 복
습이 필요한 영역을 찾을 수 있도록 한다.

■ 연습문제 : 원저자들이 직접 작성하였으며, 강의자가 최고의 자료를 학생들에게 숙제로 낼 수 있는 기
회를 제공한다. 또한 학생들은 숙제로 제시된 문제가 각 장의 내용과 일관된다는 자신감을 가지고 연
습을 할 수 있다. 원저자들이 직접 작성한
연습문제와 해답은 실제 강의에서 검증되
었으며 정확성 점검을 하였으므로 질이 보
장된다.

■ 데이터 사례 : 기업 환경하에서의 깊이 있는
시나리오를 학생들의 분석을 가이드하기
위한 질문들과 함께 제시한다. 많은 질문
이 인터넷 자료의 사용을 필요로 한다.

요약 차례

차례

제 17 장 현금배분정책

입문

왜 기업재무를 공부하는가? 주식회사에서 당신의 역할이 무엇이든, 왜 그리고 어떻게 재무 의사결정이 이루어지는가를 이해하는 것은 필수적이다. 이 책의 초점은 어떻게 최적 기업재무 의사결정을 하는가에 있다. 입문에서는 기업재무 학습의 기본적 사항을 다루고자 한다. 제1장은 주식회사와 여러 가지 기업의 형태로부터 시작하여, 기업 의사결정에 있어서 재무관리자와 외부 투자자들의 역할을 검토할 것이다. 최적 의사결정을 하기 위해서 의사결정자는 정보를 필요로 한다. 따라서 제2장에서는 주식회사의 의사결정을 위한 정보의 중요 원천(기업의 재무제표)에 대해서 검토하고 분석한다.

제3장에서는 이 책에서 가장 중요한 개념인 차익거래 불가 또는 일물일가의 법칙을 소개하고자 한다. 일물일가의 법칙은 기업의 투자 기회 가치를 결정하기 위해서 시장가격을 사용한다. 우리는 일물일가의 법칙이 모든 재무 경제학의 밑바탕이 되면서 이 책 전체의 모든 개념을 연결하는 하나의 통일된 원칙임을 보여줄 것이다. 기업재무의 학습 전체를 통해서 이 주제로 돌아올 것이다.

주식회사

현대적인 미국 주식회사의 개념은 1819년 2월 2일 워싱턴 D.C.의 법정에서 태어났다. 그 날 미국 대법원은 사람의 재산과 같이 주식회사의 재산도 사적인 것이며, 미국 헌법에 의해 보호받을 자격이 있다는 법적 판례를 확립하였다. 오늘날 주식회사의 사적 재산이 헌법에 의해 보호받지 못할 가능성을 생각하는 것은 어려운 일이다. 그러나 1819년 대법원 결정 이전에는 주식회사 소유자들은 국가가 그들의 사업체를 빼앗을 수 있다는 가능성에 직면해 있었다. 이 문제로 인하여 대부분의 사업을 법인화하는 것을 중지하였고, 드디어 1816년에 문제가 현실화되었다. 뉴 햄프셔 주정부가 다트머스대학을 압류하였다.

다트머스대학은 1769년에 유임 가능한 신탁 이사회에 의해 운영되는 사립 교육기관으로 세워졌다. 이사회의 정치적 성향에 불만이었던 주정부는 1816년에 주지사가 임명한 감시위원회가 학교를 운영하도록 법제화하여 다트머스대학을 사실상 통제하였다. 이 법은 사적 통제하의 사립대학을 주정부가 통제하는 주립대학으로 바꾸는 효과를 가져왔다. 이런 법령이 합헌이라면 어떤 주정부(또는 연방정부)도 자기 마음대로 사적인 회사를 국유화할 수 있다는 것을 의미했다.

다트머스는 대학 독립을 위하여 소송을 제기하였고, 이 소송은 1818년에 존 마셜이 대법원장으로 있던 대법원에 상고되었다. 5대 1의 거의 만장일치 판결에 의해 대법원은 뉴 햄프셔 주의 법령을 기각하면서, 회사는 계약이고 헌법 1조에 의해 "주정부가 계약의 의무를 해치는 어떠한 법령도 입법할 수 없다."는 것을 명시하였다.[1] 이 판례는 다음과 같은 사실을 확립하였다. 사업체의 소유자들은 법인화를 통하여 사유 재산의 보호뿐만 아니라 압류로부터 보호받을 권리가 있음을 미국 헌법에 의해 보장받는다. 이에 의해 현대적 주식회사가 태어나게 되었다.

오늘날 주식회사 구조는 전세계 도처에 존재하고, 새로운 형태로 계속 진화하고 있다. 2008년 금융위기는 다시 한 번 금융 지형을 바꾸어 베어스턴스, 리먼 브라더스, AIG와 같은 거인들을 무너뜨리고, 골드만 삭스와 같은 투자은행들을 정부가 보증하는 상업은행으로 재탄생시켰다. 정부의 기업 구제는 사적 기업의 통제와 관리에 대한 연방정부의 역할에 관해 도전적인 의문을 불러일으켰다. 금융위기의 결과로 금융시장의 규제와 감시에 대한 중요한 개혁이 입법화되었다. 엄청난 변화의 시점인 지금보다 기업재무에 대한 이해가 경영 실무에 더 중요한 의미를 가졌던 적은 없었다.

이 책은 기업인들이 재무 의사결정을 어떻게 하는가에 초점을 맞추고 있다. 이번 장은 주식회사에 대해 소개하고 대안적인 회사의 유형에 대해 설명하고자 한다. 주식회사 성공의 주요 요인은 소유 지분을 쉽게 거래할 수 있다는 것이다. 그런 의미에서 회사 투자자 사이에 거래를 활성화할 수 있는 주식시장의 역할과 회사의 소유와 통제에 대한 시사점을 설명할 것이다.

---

[1] 존 마셜의 판결 전문을 www.constitution.org/dwebster/dartmouth_decision.htm에서 확인할 수 있다.

1.1   회사의 네 가지 유형

회사의 주요 네 가지 유형을 소개하면서 기업재무 학습을 시작하자. 개인회사(sole proprietorships), 파트너십(partnerships), 유한책임회사(limited liability companies), 주식회사(corporations). 각 조직의 형태를 차례대로 설명하지만, 우리의 초점은 가장 중요한 유형인 주식회사에 있다.

개인회사

개인회사(sole proprietorship)는 한 사람에 의해 소유되고 운영되는 사업 형태로, 근로자는 몇 안 되는 경우가 보통이다. 그들이 전체 경제의 매출에서 차지하는 비중이 크지는 않지만, 그림 1.1에서 보여주는 바와 같이 세계에서 가장 일반적인 형태의 기업이라고 할 수 있다. 그들의 수입은 미국 전체의 4%에 불과하지만, 전체 사업체 수의 72%를 차지하는 것으로 추정되었다.[2] 이와 반대로 주식회사는 미국 전체 수입의 83%를 차지하지만, 사업체 수로는 18%에 불과하다.

개인회사의 주요 특징은 다음과 같다.

1. 개인회사는 설립이 간단하다는 이점이 있다. 많은 신설 사업체들이 이 유형의 조직 체계를 사용한다.
2. 개인회사의 주요 제한은 기업과 소유자의 구분이 없다는 것이다. 개인회사의 소유자는 오직 한 사람뿐이다. 다른 투자자가 있어도 기업의 소유권 지분을 가질 수 없다.
3. 소유자는 기업의 채무에 대해 개인적으로 무한책임을 진다. 말하자면 기업이 채무불이행 상태가 되면, 채권자는 소유자의 개인 자산으로 상환할 것을 요청할 수 있다. 소유자는 개인적으로 채무 변제를 할 수 없을 때 개인 파산을 선언해야 한다.
4. 개인회사의 존속 기간은 소유자의 수명으로 제한된다. 개인회사의 소유권을 양도하는 것은 어렵다.

대부분의 사업에서 개인회사의 단점은 장점보다 훨씬 많다. 개인회사의 채무가 소유자의 개인적 책임 한계를 넘어서는 순간이 되면, 사업체의 형태를 소유자의 책임을 제한하는 형태로 전환하는 것이 일반적이다.

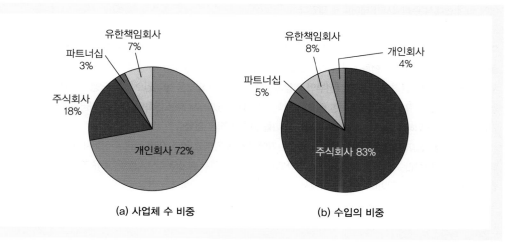

그림 1.1

미국 회사의 유형
미국에는 네 가지 유형의 회사가 존재한다. (a)와 (b)가 보여주듯이, 대부분의 미국 회사가 개인회사지만, 그들은 주식회사에 비해 전체 수입에서 아주 작은 부분을 차지하고 있다.

출처 : www.irs.gov

(a) 사업체 수 비중

유한책임회사 7%
파트너십 3%
주식회사 18%
개인회사 72%

(b) 수입의 비중

유한책임회사 8%
개인회사 4%
파트너십 5%
주식회사 83%

---

2   www.irs.gov (www.irs.gov/uac/SOI-Tax-Stats-Integrated-Business-Data)

파트너십

파트너십(partnership)은 소유자가 둘 이상이라는 것을 제외하고는 개인회사와 동일하다. 주요 특징은 다음과 같다.

1. 모든 파트너는 기업의 채무에 대해 무한책임을 진다. 말하자면 채권자는 어떤 파트너에게도 채무 변제를 요구할 수 있다.
2. 파트너십은 어떤 파트너 1인의 사망이나 탈퇴가 발생하면 해산되지만, 파트너들은 파트너십 협약이 사망 또는 탈퇴 파트너의 지분을 매입하는 등의 다른 대안을 제공한다면 청산을 회피할 수 있다.

몇몇 오래된 사업체는 아직도 파트너십이나 개인회사로 남아 있다. 이러한 기업들은 소유자의 개인적 평판이 사업의 기반이 되는 경우가 많다. 예를 들어 법률회사, 의료 진료소, 회계법인 등이 종종 파트너십으로 조직되어 있다. 그러한 기업에서는 파트너의 개인적 책임 때문에 기업의 명성이 좋아진다는 고객의 믿음이 있는 경우가 많다.

유한책임 파트너십(limited partnership)에는 두 종류의 소유자가 있는데, 하나는 무한책임 파트너이고, 다른 하나는 유한책임 파트너이다. 무한책임 파트너들은 파트너로서 (무한책임) 파트너십에서 동일한 권리와 특권을 누리지만, 기업의 의무에 대해서 개인적으로 책임을 져야 한다. 하지만 **유한책임**(limited liability) 파트너들은 자기들의 출자 범위 내에서 책임을 지기 때문에, 그들의 사유 재산은 기업의 채무를 변제하기 위하여 압류될 수 없다. 유한책임 파트너의 사망이나 탈퇴는 파트너십 해체의 원인이 되지 않을 뿐만 아니라 지분의 양도도 가능하다. 그러나 유한책임 파트너는 경영권이 없고 법적으로 경영 의사결정에 참여할 수도 없다.

사모 주식 펀드와 벤처 캐피털 펀드는 유한책임 파트너십이 주종을 이루는 대표적 산업이다. 이런 기업에서는 몇몇의 무한책임 파트너들이 그들 자신이 자본을 투자하고, 외부 투자자인 유한책임 파트너들로부터 추가적인 자본을 조달한다. 무한책임 파트너는 모든 자본의 투자를 통제한다. 대개 그들은 투자하기로 선택한 사업의 운영에 적극적으로 참여한다. 외부 투자자인 유한책임 파트너는 투자의 진행을 감시하는 것 이외에는 별다른 역할을 하지 않는다.

유한책임회사

유한책임회사(limited liability company, LLC)는 소유자의 책임을 투자액으로 한정한다. 이는 모든 소유자가 유한 책임을 진다는 것이지만, 유한책임 파트너와는 달리 그들은 기업을 운영할 수 있다.

LLC는 미국에서 상대적으로 새로운 유형이다. 1977년에 LLC 허용 법령을 처음으로 통과시킨 것은 와이오밍 주이고, 마지막은 1997년 하와이 주다. 국제적으로는 유한책임을 가지는 기업은 매우 오래전에 확립되었다. LLC는 100년 전 독일에서 GmbH(Gesellschaft mit beschränkter Haftnung)로 시작되었고, 다른 유럽과 남미 국가에서도 나타나기 시작하였다. 프랑스에서는 SARL(Société à responsabilité)로 알려졌고, 이탈리아에서는 SRL, 스페인에서는 SL이라고 한다.

주식회사

주식회사(corporation)의 두드러진 특징은 법적으로 정의된 법인으로 소유자와는 분리된다는 것이다. 그러므로 주식회사는 사람이 가지는 많은 법적 권리를 갖는다. 주식회사는 계약의 주체가 되어 자산을 취득하며 채무를 질 수 있고, 미국 헌법의 보호에 의해 자산 압류로부터 보호받을 수 있다. 주식회사는 소유자와 완전히 분리된 법적 존재이므로 자신의 채무에 대해서 전적인 책임을 진다. 결과적으로 주식회사의 소유자(또는 주식회사의 근로자와 고객 등)인 주주는 기업이 진 채무에 대해서 아무런 책임이 없다. 기업 또한 소유자의 개인적인 채무에 대해서 아무런 책임이 없다.

주식회사의 설립 주식회사는 법적으로 설립해야 하는데, 설립하게 될 지역의 주정부가 반드시 설립을 허가하여야 한다. 따라서 주식회사를 만드는 것은 개인 사업체를 만드는 것보다 비용이 훨씬 많이 든다. 델라웨어 주는 주식회사 설립에 있어서 특별히 매력적인 법적 환경이 조성되어 있어서 많은 주식회사가 델라웨어에서 설립된다. 법적으로 주식회사는 주소지를 두는 주의 주민 자격을 갖는다. 대부분의 주식회사는 공식적인 조직화 규정을 포함하는 설립 정관을 만들기 위하여 변호사들을 고용한다. 설립 정관은 주식회사가 어떻게 운영되어야 하는가의 초기 규정들을 명시한다.

주식회사의 소유권 주식회사의 소유자 수에 대한 제약은 없다. 대부분의 주식회사가 많은 소유자를 보유하고 있기 때문에, 각 소유자는 주식회사 지분의 일부만을 소유하게 된다. 주식회사의 전체적인 소유권은 **주식**(stock)이라고 하는 지분으로 나누어진다. 주식회사의 모든 발행주식의 집합을 주식회사의 **주권**(equity)이라고 하고, 주식회사의 소유자는 **지분 보유자**(shareholder), **주주**(stockholder), 또는 **주권 보유자**(equity holder)라고 하며, 주주들은 **배당 지급**(dividend payments)의 수취권을 갖게 되는데, 배당은 주식회사의 신중한 결정에 의해 주주들에게 지급되는 이익 분배 금액이다. 주주들은 대개 소유한 주식의 비중에 비례하여 배당을 지급받는다. 예를 들어 주식회사 지분의 25%를 가지고 있으면 총 배당 금액의 25%를 받을 자격이 있다.

주식회사의 고유한 특징은 누가 지분을 소유하는가에 대한 제한이 없다는 것이다. 주식회사의 지분 소유자는 특별한 전문성이나 자격을 가질 필요가 없다. 공개기업의 경우에 이런 특징은 주식회사의 지분이 자유롭게 거래될 수 있게 하는데, 이는 개인회사, 파트너십 또는 LLC가 아닌 주식회사로 기업을 설립하는 가장 중요한 장점이 된다. 주식회사는 지분을 익명의 외부 투자자에게 매도할 수 있기 때문에, 대부분의 경우 많은 자본을 비교적 쉽게 조달할 수 있다.

그림 1.1의 패널 (b)에서 보았듯이, 외부 자금조달의 유용성은 주식회사가 경제를 지배하게 하는 원동력이 되었다. 세계에서 가장 큰 회사인 월마트 주식회사의 예를 들어보자. 월마트는 2014년에 2백만 명 이상의 종업원을 가지면서 $486 십억의 연간 수입을 기록하였다. 2014년 판매금액 상위 5개사(월마트, 시노펙, 로얄 더치 셸, 엑손 모빌, BP)의 수입을 모두 합치면 $2 조를 넘어서는데, 이는 2,200만 개의 미국 개인회사 전체의 매출액보다 훨씬 큰 금액이다.

주식회사 조직의 세제 시사점

기업의 조직 유형에 있어서 하나의 중요한 차이는 세제에 있다. 주식회사는 분리된 법적 주체이기 때문에 주식회사의 이익은 소유자의 조세 의무와는 분리되어 과세된다. 결과적으로 주식회사의 주주들은 두 번 세금을 납부한다. 먼저 주식회사가 이익에 대해서 법인세를 납부하고, 나머지 이익이 주주들에게 배분될 때 주주들은 이 수입에 대해 개인소득세를 납부해야 한다. 이러한 과세 체계를 때때로 이중과세라고 한다.

S 주식회사 주식회사의 조직 구조는 이중과세 대상이 되는 유일한 조직 구조이다. 그러나 미국의 내국세법(Internal Revenue Code)은 S 조세 규정에 따르는 **S 주식회사**('S' corporations)에 대해서는 이중과세를 면제해주고 있다. 이 세금 규제에서는 회사의 이익(과 손실)이 법인세의 대상이 아니고, 대신 소유 지분에 따라 주주에게 직접 분배된다. 주주들은 이런 이익을 (아무런 현금이 분배되지 않아도) 개인 세금

보고에서 수입에 포함시킨다. 그러나 이런 이익에 소득세를 지불하면 더 이상의 세금은 없다.

주식회사 이익의 과세

문제

당신은 어떤 주식회사의 주주이다. 이 주식회사는 주당 $5의 세전 이익이 발생한다. 법인세 지급 후에 나머지 이익을 배당으로 지급할 것이다. 배당은 소득이므로, 당신은 이 소득에 대해 세금을 지불해야 한다. 법인세율이 40%이고 배당에 대한 소득세율이 15%라고 하자. 세금을 지불한 후에 남게 되는 이익은 얼마인가?

풀이

먼저 주식회사는 법인세를 낸다. 주당 $5를 벌어서 $0.40 \times \$5 = \$2$를 정부에 지불해야 한다. 따라서 $3가 배당금이 된다. 그러나 당신은 $0.15 \times \$3 = \$0.45$를 배당소득세로 지불해야 하기 때문에 세후로 주당 $\$3 - \$0.45 = \$2.55$가 남는다. 주주로서 당신은 최초 $5의 이익 중에서 $2.55를 가지게 된다. $\$2 + \$0.45 = \$2.45$가 세금으로 지불된다. 따라서 당신의 실효 세율은 2.45/5 = 49%가 된다.

전세계의 주식회사 세제

대부분의 국가는 주식회사 투자자에게 이중과세 구제책을 제공하고 있다. 30개의 OECD 국가 중 아일랜드만이 이중과세 구제책을 제공하지 않고 있다. 호주, 캐나다, 칠레, 멕시코, 뉴질랜드를 포함하는 몇몇 국가들은 주주들에게 법인세 금액에 해당하는 만큼 세액공제를 해주고, 에스토니아와 핀란드 같은 나라들은 배당소득 전부 또는 일부를 개인 소득세 대상에서 면제해준다. 미국은 배당소득에 대해서는 다른 소득보다 낮은 세율을 적용하는 부분적 구제책을 제공하고 있다. 2015년 기준으로 대부분 투자자들의 배당 소득세율이 20%보다 작았기 때문에 개인 소득세율보다 훨씬 낮았다. 이런 구제책에도 불구하고 미국은 실효 법인세율이 세계에서 가장 높은 국가 중의 하나다.

S 주식회사 이익의 과세

문제

예제 1.1의 주식회사가 S 조세 규제의 적용을 받게 되었다. 당신의 배당 이외 소득의 세율이 30%라고 하자.

풀이

이 경우에 주식회사는 세금을 내지 않는다. 이 회사는 주당 $5를 벌었다. 이 주식회사가 이익을 분배하든 하지 않든 상관없이 당신은 $0.30 \times \$5 = \$1.50$의 소득세를 지불하여야 한다. 이 세금은 예제 1.1에서 지불된 $2.45보다 훨씬 적은 금액이다.

미국 정부는 S 조세 규정의 적격성에 엄격한 제한을 두고 있다. 특히 그런 주식회사의 주주들은 미국 국민이거나 영주권자여야 하고, 100인을 초과하면 안 된다. 대부분의 주식회사는 누가 지분을 소유하였고 소유자의 수가 얼마인지에 대해서 제한을 두지 않기 때문에 S 조세 규정의 대상이 되지 못한다. 따라서 미국의 주식회사는 대부분 기업 차원에서 과세되는 **C 주식회사**('C' corporations) 형태를 취하고 있다. S 주식회사는 전체 주식회사 수입의 1/4에도 못 미치고 있다.

개념 확인

1. 유한책임회사(LLC)란 무엇인가? 유한책임 파트너십과 무엇이 다른가?
2. 사업 조직을 주식회사로 만드는 장점과 단점은 무엇인가?

1.2   주식회사의 소유와 통제

주식회사의 소유자는 수적으로도 많고 지분을 매매할 수 있기 때문에 기업에 대해 직접적인 통제를 하기 어렵다. 다시 말하면 주식회사 제도에서는 직접적인 기업 통제와 소유가 분리되어 있다는 것이다. 소유자보다는 이사회와 최고경영자가 주식회사에 대한 직접적인 통제권을 가지고 있다. 이번 절에서는 주식회사에 대한 책임이 2개의 주체로 나누어져 있고, 그들이 회사의 목적을 어떻게 수립하고 수행해 가는지를 설명할 것이다.

주식회사의 경영진

주식회사의 주주는 기업의 궁극적인 의사결정 권한을 가지는 이사회를 선임하여 그들의 통제권을 행사한다. 대부분의 주식회사에서는 이사회 선임에 있어서 주식 1개는 주주에게 1개의 투표권을 제공하기 때문에 가장 많은 주식을 가진 투자자가 가장 영향력이 크다. 한두 명의 주주가 아주 큰 비중의 발행주식을 가지고 있으면, 이들이 스스로 이사회의 구성원이 되든가 아니면 몇 명의 이사들을 지명할 권리를 가질 수 있다.

  이사회(board of directions)는 주식회사의 경영(주식회사 최고경영진의 보상 체계를 포함), 정책의 수립, 기업 성과의 감시 등에 관한 규정을 만들어야 한다. 이사회는 주식회사의 일상적인 운영에 관계된 대부분의 의사결정을 경영진에게 위임한다. **최고경영자**(chief executive officer, CEO)는 이사회에 의해 수립

그림 1.2

전형적인 주식회사의 조직도
주주를 대표하는 이사회는 주식회사를 통제하고 주식회사 운영에 책임을 지는 최고경영자를 고용한다. 최고재무관리자는 기업의 재무 운영을 감시하는데, 그 휘하의 회계관리자는 세금과 회계 기능을, 자금관리자는 자본예산 편성, 위험 관리, 신용관리 활동을 담당한다.

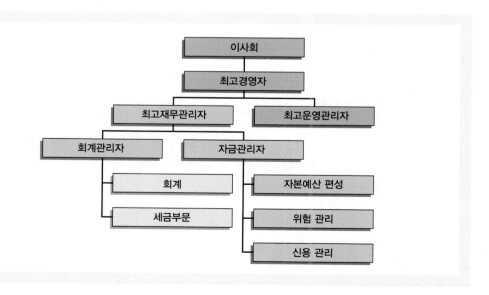

데이빗 비니어는 골드만 삭스(파트너십에서 주식회사로 전환한 마지막 대규모 투자은행)의 최고재무관리자이자, 운영, 기술 및 재무 본부장이다. 그는 최고재무관리자로서 1999년에 주식회사로의 전환을 이끌었고, 2008~2009년의 금융위기 때 회사의 어려웠던 과정을 견디어 냈다.

질문 파트너십과 주식회사의 장점은 무엇인가?

답변 1990년대 중반에 기업을 공개할 것인가 아니면 사적인 파트너십으로 남아 있을 것인가를 결정할 때, 충분한 논의가 이루어졌다. 양쪽 의견이 모두 논거를 가지고 있었다. 기업 공개를 주장하는 사람들은 공격적인 성장과 시장 선도의 목적을 달성하기 위해서 재무 및 전략적 유연성이 더 필요하다고 주장하였다. 공개된 주식회사로서 우리는 성장과 위험 분산을 지향하는 더욱 안정적인 자기자본 기반을 갖추게 될 것이고, 폭넓은 공공채권 시장에의 접근이 확대될 것이며, 거래 가능한 유가증권이 되면 기업 인수와 종업원들에 대한 보상 및 동기 부여가 쉬워질 것이고, 간단하고 더욱 투명한 구조는 기업 규모의 성장과 해외 진출에 도움이 될 것이다.

기업 공개에 반대하는 사람들은 사적인 파트너십 구조가 잘 운영되고 있으며 우리의 재무 및 전략적 목적 달성을 용이하게 해준다고 주장하였다. 우리는 사적인 파트너십으로서 충분한 자본을 내부적으로 조달하고 성장을 위해 사모 시장을 이용할 수 있었으며, 이익 변동성에 크게 신경 쓰지 않고 투자 수익에 대해 장기적 시각을 가질 수 있었는데, 이런 것들은 공개기업에서는 가치를 인정 받을 수 없는 것이다. 파트너와 회사의 의결권 통제와 조화를 유지할 수 있었다.

우리 파트너십의 큰 장점은 특별함과 기밀성에 있었는데, 이는 우리의 협력과 탁월성 문화를 강화하였고 우리를 경쟁자들과 구별해주었다. 많은 사람들은 기업이 공개될 경우 우리 문화의 질적 특수성이 생존할 수 있는지에 대해서 의문을 제기하였다.

질문 전환의 원동력은 무엇이었나?

답변 우리는 세 가지 이유로 기업 공개를 최종적으로 결정하였다. 영구적인 자본의 성장을 보장하기 위하여, 전략적 인수 자금의 조달을 위해 공개적으로 거래 가능한 유가증권을 사용하기 위

인터뷰
데이빗 비니어
(David Viniar)

하여, 소유권 문화를 제고하고 보상의 유연성을 얻고자 하였다.

질문 주식회사로 전환한 목적을 달성하였는가?

답변 그렇다. 공개기업으로 우리는 공개채권 시장에서 개선된 장기 기채 능력을 포함하여, 더 간단하고, 더 크고, 더 영구적인 자본 기반을 확충하였다. 우리는 고객에게 서비스할 수 있는 상당한 자본의 원천을 얻었고, 새로운 사업 기회의 이점을 확보하였으며, 변화하는 경제 및 사업 조건 속에서 우리 자신의 운명을 더 잘 통제할 수 있게 되었다. 우리는 중요한 기업의 인수와 대규모 전략 및 재무적 투자를 뒷받침할 자금을 확보하였다. 우리 산업의 이해관계가 변하고, 자본 수요가 증가하는 것을 고려할 때 기업 공개는 운이 좋게도 경기 순환 주기를 통해 우리가 효과적으로 경쟁을 할 수 있도록 했다.

우리의 독특한 협력과 탁월성 문화는 공개기업에서도 번창하였고, 주식 보상 프로그램은 우리가 희망했던 것보다도 성공적이었다. 단지 221명의 파트너보다도 모든 사람을 골드만 삭스의 소유자로 만드는 것이 우리의 종업원들을 더욱 활기차게 하였다. 우리 사업의 성장 규모와 범위는 우리 문화의 긍정적인 측면에 가장 위대한 도전을 제시했다.

질문 무엇이 2008년 가을에 골드만을 은행지주회사로 전환하게 하였는가?

답변 2008년 3월 베어스턴스가 파산하고, 시장 환경은 극도로 불안해졌다. SEC가 감독하는 브로커/딜러 사업 모형에 관심이 증가했고, 9월에는 시장 심리가 리먼 브라더스의 지급 능력에 점점 부정적으로 바뀌었다. 9월 중에 리먼 브라더스가 파산하고 메릴린치가 뱅크 오브 아메리카에 매도되자, 골드만 삭스와 모건 스탠리의 상당한 이익 보고에도 불구하고, 우리는 시장이 연방준비제도의 감독과 보장된 은행 예금을 자금의 원천으로 하는 것을 안전성과 건전성 수준을 더욱 높이는 방법으로 보고 있다는 것을 명백히 알게 되었다. 결국 회사의 지위를 은행지주회사로 바꿔서, 우리는 현재의 사업과 투자를 그대로 운영하고 소유하면서 다른 상업은행들에게 주어지는 (영구적인 유동성과 자금조달의 이용을 포함하여) 모든 혜택을 얻게 되었다.

글로벌 금융위기   도드-프랭크법

2008년 금융위기에 반응하여, 미국 연방 정부는 금융기관 및 사적인 주식회사의 통제와 관리에 정부의 역할을 재평가하게 되었다. 2010년 7월 21일에 제정된 **도드-프랭크 월 스트리트 개혁 및 소비자 보호법**은, 2008년 가을에 세계적인 금융 시스템이 거의 붕괴하고 글로벌 신용 위기가 이어지자, 금융 규제 체계의 개혁에 대한 폭넓은 요구에 부응하여 금융 규제에 엄청난 변화를 가져왔다. 역사는 정말 반복된다. 1929년 주식시장 붕괴와 연이은 대공황의 소용돌이에서, 미국 의회는 글래스-스티걸법을 제정하여 연방예금보호공사(FDIC)를 만들었고, 상업은행과 증권회사 간의 거래를 규제하는 중요한 은행 개혁을 단행하였다.

도드-프랭크법(The Dodd-Frank Act)은 다음과 같은 목적을 가진다. (i) "금융 체계에 있어서 책임과 투명성을 개선"하여 미국의 금융 안정성을 촉진함, (ii) "대마불사"라는 개념을 없앰,

(iii) "기업 구제를 종식하여 미국 납세자를 보호함", (iv) "금융 서비스 실무의 남용으로부터 소비자를 보호함". 시간이 지나면 이 법이 실제로 중요한 이런 목적들을 달성했는가를 알 수 있을 것이다.

도드-프랭크법의 폭넓은 금융개혁을 수행하기 위해서는 규정 제정이나 다른 규제 행위를 통해 많은 연방규제기관들의 협조가 있어야 한다. 도드-프랭크법이 통과된 지 5년이 지난 2015년 중반 현재, 247개의 개혁이 이루어져서 도드-프랭크 규제 체계의 분명한 그림을 제공하였다. 그러나 다른 143개의 규정과 규제 행위가 개혁의 완결을 기다리고 있다. 2/3의 규정만이 마무리되었지만, 많은 핵심 개혁들이 이루어졌고, 이제는 거의 완결 단계에 있다. 예를 들어 정부의 보호 대상인 예금을 취급하는 은행들의 투기적 투자 행위를 금지하는 볼커 규정(Volker Rule)은 이미 2015년 7월 말에 완전히 시행되고 있다.

된 규정과 정책을 실행하여 주식회사를 운영할 책임이 있다. 나머지 경영진의 규모는 주식회사마다 다르다. 주식회사 내에서 이사회와 최고경영자와의 권한 배분이 항상 명확한 것은 아니다. 사실 최고경영자가 이사회의 의장이 되는 것이 특별한 일은 아니다. 가장 선임인 재무관리자가 종종 최고경영자에게 직접 보고하는 **최고재무관리자**(chief financial officer, CFO)다. 그림 1.2는 재무관리자가 담당하는 주요 업무를 강조하는 전형적인 주식회사 조직도의 일부를 보여주고 있다.

재무관리자

주식회사의 재무관리자는 세 가지 주요 업무에 대해서 책임을 진다. 투자 의사결정, 자금조달 의사결정, 기업의 현금흐름 관리.

투자 의사결정   재무관리자의 중요한 업무 대부분은 기업의 투자 의사결정이다. 재무관리자는 모든 투자 대안의 비용과 혜택을 비교하여 어떤 것이 주주의 투자 자금을 적절하게 사용하는 대안인가를 결정한다. 기본적으로 투자 의사결정은 기업이 무슨 사업을 하고 그것이 기업 소유자에게 가치를 부여할 것인가를 가르쳐 준다. 이 책에서는 이러한 투자 의사결정을 위해 필요한 기법들을 개발해 나갈 것이다.

자금조달 의사결정   재무관리자가 어떤 투자 의사결정을 하면 어떻게 자금을 조달할 것인가를 결정해야 한다. 대규모 투자를 위해서 주식회사는 추가 자금을 조달하여야 한다. 재무관리자는 기존 주주나 새로운 주주로부터 자금을 조달할 것인지, 아니면 채무로 자금을 조달할 것인가를 결정하여야 한다. 이 책에서는 각 자금 원천의 특징을 설명하고, 주식회사의 채무와 자기 자본의 전체적인 조화 관점에서 어떤 수단을 사용하여야 하는지를 알아보고자 한다.

현금 관리   재무관리자는 매일매일 기업 자금 흐름의 부족을 방지하기 위하여 충분한 현금을 확보해야 한다. 이 업무를 운전자금관리라고 하는데, 매우 단순한 업무라고 할 수도 있지만, 신설 또는 성장기업의 경우에는 성공과 실패를 가르는 중요한 업무가 되기도 한다. 훌륭한 제품을 생산하는 기업이라 할지라도

제품개발과 판매를 위해서 많은 돈이 들어간다. 아이폰을 비밀스럽게 개발하는 동안 애플이 썼던 $150백만이나, 보잉사가 787을 생산하는 원가를 생각해보자. 보잉사는 787의 처녀 비행을 위해서 수십억 달러를 썼다. 대개 기업은 제품 판매를 통해서 수입을 얻기 전에 상당한 금액을 지출하게 되는데, 재무관리자는 자금 압박이 기업의 성공에 방해가 되지 않도록 하여야 한다.

기업의 목적

이론적으로 기업의 목적은 소유자에 의해서 결정되어야 한다. 개인회사는 기업을 소유한 한 소유자가 있기 때문에 기업의 목적은 소유자의 목적과 같다. 그러나 소유자가 여러 명인 조직 형태에서는 적절한 기업의 (또는 경영자의) 목적이 확실하지는 않다.

많은 주식회사들이 수천의 소유자(주주)를 갖는다. 각 소유자는 서로 다른 이해와 우선적 관심을 가진다. 누구의 이해와 우선적 관심이 기업의 목적을 결정하는가? 이 책의 뒷부분에서 이 질문에 대해 더 자세히 검토할 것이지만 대부분은 아닐지라도, 주주의 이해가 많은 중요한 의사결정과 관련되어 있다는 것을 알면 놀랄 것이다. 모든 주주는 그들 자신의 재무 상황이나 인생의 단계와 관계없이 경영진이 그들 주식의 가치를 증가시키는 의사결정을 한다면 찬성할 것이기 때문이다. 예컨대 2015년 7월에 애플 주가는 처음 아이팟이 출시되었던 2001년 10월의 120배로 증가하였다. 주주들의 선호도나 다른 차별성과 관계없이, 분명히, 이 기간 중에 애플 주식을 보유했던 모든 투자자는 애플 경영진의 의사결정으로 혜택을 보았다.

기업과 사회

기업의 주식가치를 높이는 의사결정이 대체로 사회에 도움이 될까? 대부분의 경우 그렇다. 애플의 주주들은 2001년부터 점점 부유해지는 반면, 소비자들은 그들이 가지지 못할 뻔했던 아이팟과 아이폰과 같은 제품으로 인해서 생활이 더 좋아졌다. 주식회사의 의사결정에 의해 아무도 나빠지지 않는다면 주주들의 자산가치만을 증가시킨다 할지라도, 주식가치의 증가는 사회에 도움이 되는 것이다.

문제는 주식가치의 증가가 다른 사람들의 비용을 초래할 경우에 발생한다. 사업 중에 환경을 오염시키고, 오염을 제거할 비용을 지불하지 않는 주식회사를 생각해보자. 다른 예로는 주식회사 자체가 오염을 시키지는 않지만, 그들 제품의 사용이 환경에 해가 될 수도 있다. 그런 경우에는 주주의 부를 증가시키는 의사결정이 대체로 사회의 높은 비용이 될 수 있다.

2008년 금융위기는 주주의 부를 증가시켰지만 사회에는 상당한 비용이 되는 또 다른 예를 보여주었다. 최근 세기의 초기에 은행들은 상당한 위험을 떠안았다. 한동안 이 전략은 은행 주주들에게 혜택을 주었다. 그러나 그 위험이 현실화되었을 때, 그 결과에 의한 금융위기는 경제에 폭넓게 해를 끼쳤다.

주식회사의 행위가 경제 내의 다른 주체들에게 해를 끼칠 가능성이 있을 때, 주식회사와 사회적 이해가 조화될 수 있도록 적절한 공공정책과 규제가 요구된다. 건전한 공공정책은 기업들이 사회 전체에 도움이 되는 방법으로 주주의 부를 극대화할 수 있도록 해야 한다.

주식회사의 윤리와 보상

주식회사의 모든 소유자가 주식회사의 목적에 동의한다면 이 목적은 실행되어야 한다. 개인회사와 같은 간단한 조직에서는 기업을 운영하는 소유자가 기업의 목적인 자신의 목적과 일치한다는 것을 보장할 수 있다. 하지만 주식회사는 소유자와 분리된 경영진에 의해 운영되기 때문에 이해상충이 발생할 수 있다. 그렇다면 경영진이 주주들의 목적을 실행한다는 것을 주식회사의 주주들이 어떻게 확신할 수 있을까?

글로벌 금융위기   도드-프랭크법이 주식회사의 보상 및 지배구조에 미치는 영향

보상은 기업의 임원들과 주주들의 가장 중요한 이해상충의 하나다. 중역들이 스스로의 보상에 미치는 영향을 제한하고 과도한 보상을 방지하기 위해서 동법은 SEC가 다음의 새로운 규정들을 채택하도록 하였다.

■ 기업의 보상위원회와 자문자들의 독립성을 명령하라.
■ 주주들에게 적어도 3년에 한 번씩 비구속적 자문의결권을 통해서 임원들의 보상을 개선할 수 있는 기회(주주발언권 : Say-on-Pay)를 제공하라.

■ 기업 인수에 의해 쫓겨나는 고위 임원들에게 지급되는 상당한 보너스 지급(소위 "황금 낙하산")에 대해 공시와 주주 동의를 요구하라.
■ 최고경영자와 급여상 중간 직원의 총급여 비율뿐만 아니라 기업의 이익에 대한 임원 급여 관계의 공시를 요구하라.
■ 임원이 그들의 주식과 옵션 보유를 헤지(hedge)할 수 있는지의 공시를 요구하라.
■ 기업들이 조작된 재무제표 결과에 의해 지급된 보상을 회복하도록 환수(clawback) 조항을 만들라.

대리인 문제   많은 사람이 주식회사는 소유와 경영이 분리되어 있기 때문에, 경영자들이 자신들의 이익에 위배되는 경우에는 주주의 이익을 위해서 행동할 유인이 거의 없다고 주장한다. 경제 전문가들은 이를 **대리인 문제**(agency problem)라고 부른다. 경영자들은 주주들의 대리인으로 고용됐지만, 자신들의 이익을 주주들의 이익보다 앞세운다는 것이다. 경영자들은 '주주들의 이익을 먼저 생각하여야 하는 그들의 책임을 지켜야 하는가, 아니면 자신들의 개인적 이익을 위해서 일할 것인가'라는 딜레마에 빠지게 된다.

이러한 대리인 문제는 실무적으로 경영자들이 주주들의 이익에 반하여 자신들의 이익을 앞세워야 하는 의사결정의 수를 최소화하여 해결될 수 있다고들 얘기한다. 예를 들어 주주의 이익을 추구하는 의사결정이 경영자의 이익을 추구하는 것과 같아지도록 경영자의 보상 계약을 설계하는 것이다. 주주들은 종종 고위 경영자들의 보상이 주식회사의 이익 또는 주가에 연동되도록 한다. 그러나 이러한 전략에도 한계가 있다. 경영자의 보상을 기업의 성과에 연동시키는 경우, 주주들은 경영자들이 감수하려고 하는 것보다 더 큰 위험을 감수하려고 할 수도 있다. 결국 경영자들은 주주들이 원하는 의사결정을 하지 않을 수도 있고, 주주들이 원하는 그런 업무를 선뜻 받아들일 유능한 경영자를 찾기도 쉽지 않다. 한편 좋은 성과에는 보상하고 안 좋은 성과에 관련된 벌칙은 제한한다면, 보상 계약은 경영자의 위험을 줄게 되어 경영자는 지나친 위험을 감수할 유인을 가지게 될 수 있다.

어떤 의사결정에 의해 주식회사의 일부 이해 관계자들만 혜택을 보고 다른 이해 관계자들은 피해를 보는 경우에, 잠재적인 이해상충과 윤리적 고려가 있을 수 있다. 주주들과 경영자들은 주식회사의 중요한 두 이해 관계자 집단이지만, 정규 근로자들과 기업이 속한 지역사회도 이해 관계자에 포함된다. 경영자

시민연대와 연방선거위원회

2010년 1월 21일, 연방 대법원은 일부 학자들이 가장 중요한 수정헌법 1조라고 수년 동안 주장한 사건을 판결했다. 시민연대(Citizen United)와 연방선거위원회(Federal Election Commission) 사건에서 법원은 논쟁의 여지가 있는 5-4 판결에서 수정헌법 제1조에 의거해 기업과 노동조합이 특정 후보자를 지원하기 위한 정치적 지출을 할 수 있다고 판결했다. 그러나 주식회사의 모든 주주가 하나의 특정 후보를 만장일치로 지지하기는 어렵기 때문에, 그런 행동을 허가한 것은 잠재적인 이해상충이 사실상 발생할 것임을 허용한 것이다.

들은 다른 이해 관계자들의 이익을 위해서 의사결정을 할 수도 있다. 이를테면 손실이 발생하는 공장을 소규모 도시의 일자리 제공을 위해 계속 유지하거나, 개발도상국에서 공장 근로자들에게 그 지역 시장의 수준보다 더 높은 급료를 지불하는 것, 또는 해당 지역의 법률이 요구하는 것보다 더 높은 환경 기준으로 공장을 운영하는 것 등이다.

어떤 경우에는 다른 이해 관계자들에게 혜택을 주는 이러한 행동들이 근로자들의 헌신, 고객들의 긍정적인 평판 창출, 또는 다른 간접적인 효과들을 불러일으켜서 기업의 주주들에게 혜택을 줄 수도 있다. 주주들의 비용으로 다른 이해 관계자들에게 혜택을 주는 이러한 의사결정들은 주식회사의 자선 행위가 된다. 대부분이라고 할 수는 없지만 많은 주식회사들이 그들의 주주들을 대표하여 명시적으로 지역 및 세계의 복지단체에 기부하기도 한다. 예를 들어 2013년에 월마트는 자선단체에 현금으로 $312 백만을 기부하였는데, 이는 그 해에 가장 규모가 큰 주식회사의 현금 기부였다. 주주들은 그들 자신의 도덕적·윤리적 선호도를 반영한다고 느낄 수 있기 때문에 그런 정책들을 지지할 수도 있지만, 모든 주주가 동일하게 생각하지는 않기 때문에 주주들 사이에 잠재적인 이해상충 문제가 발생할 수 있다.

최고경영자의 성과 경영자가 주주들의 이익을 대변하도록 만드는 다른 방법은 그렇게 하지 않을 경우 경영자들에게 벌칙을 주는 것이다. 주주들이 최고경영자의 성과가 마음에 들지 않으면, 원칙적으로 이사회에 압력을 가하여 최고경영자를 쫓아낼 수 있다. 디즈니사의 마이클 아이스너, 휴렛-패커드의 칼리 피오리나 바클레이즈의 안토니 젠킨스는 이사회에 의해서 사임하게 되었다. 이렇게 명확한 예에도 불구하고 이사진과 고위 경영진은 일반 주주들의 반란적 행동에 의해 교체되는 일은 드물다. 대신 불만족스러운 주주들은 그들의 지분을 매도해 버린다. 물론 다른 누군가가 이들로부터 지분을 매입할 것이다. 많은 주주들이 불만족스러울 경우에 다른 투자자들이 지분을 매입하게 하는 방법은 낮은 가격을 제시하는 것뿐이다. 이와 마찬가지로 경영이 잘되는 기업일 경우에는 지분을 매입하려는 투자자가 많아져서 주가를 상승시킬 것이다. 따라서 주식회사의 주가는 주식회사 경영진들의 성과에 대해 주주들이 반응하는 척도라고 할 수 있다.

주가가 심하게 떨어지면 이사회는 최고경영자를 교체하여 그들의 반응을 보일 수 있다. 그러나 어떤 주식회사들에서는 고위 임원들의 직위가 보호되는데, 이 경우에는 이사회가 고위 임원진을 교체할 독립성도 동기도 없다는 것이다. 이사회가 최고경영자와 친한 사람들로 구성되어 객관성이 부족한 경우에는 최고경영자 교체가 어렵다. 최고경영자가 보호되면서 성과가 안 좋은 주식회사의 경우에는, 성과가 계속 안 좋을 것이 기대되어 주가가 떨어지게 된다. 낮은 주가는 적대적 인수 과정을 통해서 이익 창출의 기회를 제공한다. **적대적 인수**(hostile takeover)에서는 개인이나 조직(기업 사냥꾼이라고 알려짐)이 많은 주식을 매입하여 이사회와 최고경영자를 교체할 수 있을 정도의 의결권을 얻는다. 새로운 경영진이 뛰어나다면 주가가 크게 상승하여 기업 사냥꾼과 주주들에게 큰 이익을 가져다줄 것이다. "적대적"이란 단어와 "사냥꾼"이란 단어가 부정적인 의미를 내포하고 있지만, 주식회사의 사냥꾼 자체는 주주들에게 중요한 서비스를 제공한다. 적대적 인수에 의해 쫓겨날 수 있다는 위협만으로도 무능한 경영자들에게는 벌칙이 되고, 이사회가 어려운 의사결정을 하도록 하기에 충분하다. 결과적으로 주식회사의 지분이 공개적으로 거래될 수 있다는 것이 주식회사의 통제를 위한 시장을 만들어서, 경영자들과 이사회가 주주의 이익을 대변하도록 한다.

주식회사의 파산 대개 주식회사는 주주들을 위해 운영된다. 그러나 주식회사가 자금을 빌리면 채권의

파산 중인 항공사들

2002년 12월 9일에 유나이티드 항공은 연방정부의 대출 보증에 의해 투자자들을 구제하려는 시도가 실패하자 파산보호 신청을 하였다. 유나이티드는 그 후 3년 동안 파산 상태로 남아 있으면서도, 계속 영업을 하며 고객들에게 항공 서비스를 제공하고 어떤 시장에서는 영역을 확장까지 하였다. 영역 확장의 하나는 "Ted"였는데, 이는 사우스웨스트 항공과 직접적으로 경쟁하기 위해 저가 항공을 시작하려는 불운한 시도였다. 간단히 말해서 유나이티드의 원래 주주들은 사라졌지만, 고객이 관심이 있는 한 저가 항공 운영은 일상적인 사업이었다. 사람들은 비행기표를 예약하기 시작하였고, 유나이티드는 고객들에게 항공 서비스를 제공하였다.

기업이 파산 신청을 하였을 때 모든 것이 끝났다고 생각하기 쉽다. 그러나 종종 그 기업을 청산하기보다는 계속 기업으로 영업을 지속하도록 하는 것이 여러 채권자에게 유리하다. 유나이티드는 2002년 이후에 파산 절차를 밟았던 항공사 중의 하나였다. 다른 항공사의 예로는 유에스 항공, 에어 캐나다, 하와이안 항공, 노스웨스트 항공사가 있다. 2002년의 유나이티드의 경우와 같이 아메리칸은 비용을 삭감하고 조직을 재정비하면서 영업을 계속하여서, 2012년 중반에 이익을 보기 시작하였다. 아메리칸은 결국 2013년 12월 유에스 항공과의 합병 협약을 하면서 채권자 문제를 해결하였다.

소유자는 그 주식회사의 투자자가 된다. 보통 채권자가 기업에 대한 통제권을 행사하지는 않지만, 주식회사가 채무를 변제하지 않으면 채권자는 부도에 대한 보상으로 주식회사의 자산을 압류할 자격이 생긴다. 그런 압류를 방지하기 위해서 기업은 채권자들과 협상을 시도하거나 연방법원에 파산보호 신청을 할 수 있다. (파산 과정과 주식회사 의사결정의 시사점을 이 책의 제5장에서 더 자세히 다룰 것이다.) 그러나 궁극적으로 기업이 채권자에게 변제하거나 협상에 실패하면 주식회사 자산의 통제권은 채권자에게 넘어간다.

따라서 기업이 채무를 변제하지 못하면, 그 결과는 기업의 소유권이 주주에게서 채권자로 변경되는 것이다. 중요한 것은 파산이 사업을 폐쇄하고 자산을 매도하는 기업의 **청산**(liquidation)을 초래할 필요는 없다는 것이다. 기업의 통제권이 채권자에게 넘어가면 가장 수익성이 높도록 기업을 운영하는 것이 채권자들의 관심사다. 그러기 위해서 사업 운영을 계속 유지하는 경우가 종종 있다. 일례로 1990년에 백화점 연합(Federated Department Stores)이 파산을 선고하였다. 그 당시 가장 잘 알려진 자산 중의 하나가 전국적으로 알려진 브루밍데일 백화점이었다. 블루밍데일은 수익성이 있는 사업이었기 때문에, 주주나 채권자들이 사업을 폐쇄하고 싶지 않았고 파산 속에서도 계속 운영되었다. 1992년에 백화점 연합은 재건되어 파산으로부터 벗어났을 때, 원래의 주주들은 블루밍데일의 지분을 상실하였지만 이 대표적 체인은 새로운 소유자들을 위하여 계속 양호하게 운영되었고, 사업의 가치는 파산에 의해 부정적인 영향을 받지 않았다.

따라서 주식회사를 이해하는 유용한 방법은 기업의 현금흐름에 대해 소유권을 주장할 수 있는 2개의 투자자 집단(채권자와 주주)이 존재한다고 생각하는 것이다. 주식회사가 채권자의 요구를 만족할 수 있으면, 기업의 소유권은 주주들에게 있다. 하지만 채권자의 요구를 만족할 수 없다면 채권자는 기업의 통제권을 행사할 수 있다. 그런 의미에서 주식회사의 파산은 당해 사업의 실패가 아니라 주식회사의 소유권 변경으로 생각하는 것이 좋다.

개념 확인

1. 재무관리자의 세 가지 주요 임무는 무엇인가?
2. 주식회사에서 발생할 수 있는 대리인 문제는 무엇인가?
3. 주식회사의 파산 신고가 소유권에 어떤 영향을 미치는가?

1.3 주식시장

앞에서 논의하였듯이 주주들은 경영진들이 기업의 투자가치를 최대화하기를 원한다. 투자가치는 주식회사의 주가에 의해 결정된다. **비공개기업**(private companies)은 제한된 주주가 있고, 그들의 지분이 공개적으로 거래되지 않기 때문에 그들 지분의 가치를 결정하기가 매우 힘들다. 그러나 많은 주식회사들이 **공개기업**(public companies)이기 때문에 그들의 주식이 **주식시장**[stock market, 또는 **증권거래소**(stock exchange)]이라고 부르는 조직화된 시장에서 거래된다. 그림 1.3은 상장주식의 시가총액과 거래량에 따라 전세계의 주요 거래소들을 보여주고 있다.

주식시장은 주식의 유동성을 제공하고 주가를 결정한다. 어떤 투자가 **유동적**(liquid)이라는 것은 지금 당장 매입할 수 있는 가격에 아주 가까운 가격으로 빠르고 쉽게 매도할 수 있다는 것을 말한다. 이런 유동성은 투자의 시점과 기간에 유연성을 제공하기 때문에 외부 투자자들에게 매력적이다. 또한 이런 시장에서 참가자들의 연구와 거래 활동은 주가를 통해서 투자자들의 의사결정에 관한 피드백을 경영진에게 제공한다.

발행시장과 유통시장

발행시장(primary market)은 주식회사가 새로운 주식을 발행하여 투자자들에게 매도하는 시장을 지칭한다. 주식회사와 투자자 사이의 이러한 최초 거래 이후에 주식들은 발행회사의 개입 없이 **유통시장**(secondary market)에서 투자자들에 의해 매매되기 시작한다. 예를 들어 스타벅스 주식 100주를 매입하고 싶다면 SBUX라는 시세 표식으로 스타벅스의 거래가 이루어지는 거래소에 브로커를 통해 매입 주문을 내면 된다. 당신은 스타벅스 회사가 아닌 스타벅스 주식을 이미 보유하고 있는 누군가로부터 주식을 매입할 수 있다. 기업들은 공개 시점 이후에 주식을 자주 발행하지 않기 때문에 유통시장에서의 거래가 주식시장에서 대부분의 거래를 의미한다.

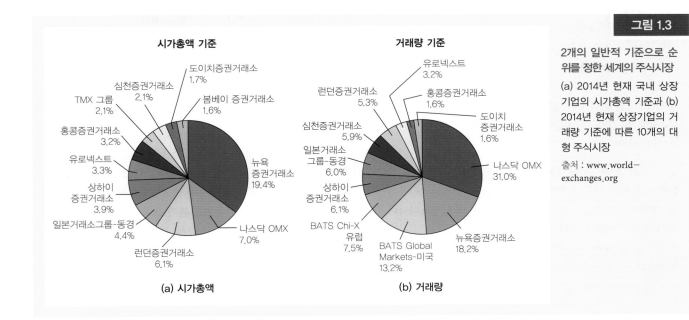

그림 1.3

2개의 일반적 기준으로 순위를 정한 세계의 주식시장

(a) 2014년 현재 국내 상장기업의 시가총액 기준과 (b) 2014년 현재 상장기업의 거래량 기준에 따른 10개의 대형 주식시장

출처 : www.world-exchanges.org

시가총액 기준

- 도이치증권거래소 1.7%
- 심천증권거래소 2.1%
- 봄베이 증권거래소 1.6%
- TMX 그룹 2.1%
- 홍콩증권거래소 3.2%
- 유로넥스트 3.3%
- 상하이 증권거래소 3.9%
- 일본거래소그룹-동경 4.4%
- 런던증권거래소 6.1%
- 나스닥 OMX 7.0%
- 뉴욕증권거래소 19.4%

(a) 시가총액

거래량 기준

- 유로넥스트 3.2%
- 홍콩증권거래소 1.6%
- 런던증권거래소 5.3%
- 심천증권거래소 5.9%
- 일본거래소그룹-동경 6.0%
- 상하이 증권거래소 6.1%
- BATS Chi-X 유럽 7.5%
- BATS Global Markets-미국 13.2%
- 도이치 증권거래소 1.6%
- 나스닥 OMX 31.0%
- 뉴욕증권거래소 18.2%

(b) 거래량

나스닥의 최고 이코노미스트이자 선임 부사장인 프랭크 헤서웨이 박사는 나스닥 시장을 위한 내부 자문을 하는 20명의 전문가 팀을 이끌고 있다. 그들의 직무는 새로운 기능의 설계, 운영시장의 평가, 전략적 주도권에 대한 자문을 포함한다.

질문 15년 전에 비해 투자자를 위한 잠재적인 거래 장소의 수가 상당히 많이 변했다. 이러한 변화로부터 혜택을 보는 사람은 누구인가?

답변 거래 장소의 수가 상당히 증가한 것은 사실이다. 2000년에 나스닥이나 뉴욕증권거래소에 주문을 냈고, 그 주식들에 대한 대부분의 거래가 주문을 낸 시장에서 이루어졌다. 지금은 더 이상 그렇지 않다. 이제 거래는 내셔널증권거래소, BATS, 또는 10개의 다른 증권거래소 중의 하나에서 이루어질 수 있다. 급상승하는 장소의 증가에 대처하기 위하여, 거래는 고도로 자동화되고 경쟁적이 되어서 개인과 기관투자자들에게 도움이 되었다. 1980년대에는 빠른 소매 거래가 3분이 걸렸고, (1980년대 화폐 가치로) $100 이상의 비용이 들었다. 지금은 마우스 클릭 한 번에, 브라우저 새로 보기 한 번이면 되는데, 비용은 (2016년 화폐 가치로) $20 정도면 된다. 개인 투자자를 위한 거래비용은 2000년 이후 90% 이상 감소하였다. 기관의 대량 주문도 오늘날 더 저렴해지고 쉬워졌다.

자동화는 거래소의 시장 조성자, 스페셜리스트, 장내 거래자와 같은 전통적인 주식 거래자들을 실질적으로 제거하였다. 한 주요 기업의 거래 데스크 본부장은 2006년 무렵에 "내가 예전에는 1,000명의 거래자와 10명의 기술 인력을 사용했는데, 지금은 100명의 기술 인력과 10명의 거래자를 사용한다."라고 빈정거렸다. 한때 분주했던 뉴욕증권거래소 입회장은 이제 TV 스튜디오가 되어 버렸다.

질문 그러한 변화가 시장 유동성을 어떻게 변화시켰나?

답변 유동성은 아주 일시적인 현상이다. 컴퓨터 알고리즘에 의한 거래는 끊임없이 시장에 주문을 내고, 거래에 실패하거나 시장의 조건이 바뀌면 주문을 취소한다. 그 알고리즘은 시장에 빠르게 주문을 다시 내고 취소하기 때문에 가격과 수량이 빠르게 변화한다. 많은 연구들이 오늘날 시장의 유동성이 더 커졌다고

인터뷰
프랭크 해서웨이
(Frank Hatheway)

한다. 15년 전에 주문을 조정하기 위해서는 브로커에게 전화를 걸어서 새로 지시를 해야 했다. 하지만 오늘날에는 선택한 알고리즘이 주문을 조정하고, 거의 곧바로 주문을 변경할 수 있다.

질문 이러한 변화에 의해서 나스닥이 어떻게 영향을 받았고 미래는 어떨까?

답변 나스닥은 혁신적이고 우리가 상장하고 있는 회사처럼 기술적으로 정통한 기업이다. 15년 전에 우리는 미국에서 하나의 주식시장을 운영했다. 기술적 효율성의 증가로 오늘날은 3개의 주식시장, 3개의 상장 옵션시장, 하나의 선물시장을 운영하고 있다. 이런 7개의 시장을 운영하는 것이 15년 전에 하나의 시장을 운영할 때 요구되었던 인력의 절반으로 가능해졌다. 이런 환경에서 경쟁하기 위해, 나스닥은 증가하는 주문량을 처리하기 위해 더 개선된 거래 시스템을 개발해야만 했다. 15년 전에 하루 온종일 처리했던 주문량이 오늘날에는 몇 초면 가능하다. 우리는 우리의 문화를 인간 거래자를 기반으로 했던 산업의 구조에서, 알고리즘 거래자와 그런 알고리즘을 디자인하는 기술 전문인력들을 기반으로 하는 구조로 전환하였다.

질문 고빈도 거래가 시장에서 고민거리인가? 그것이 제한되어야 하나?

답변 고빈도 거래에 대한 걱정거리는 일반적으로 시장 붕괴와 조작에 있고, 밝혀진 사례들은 거래 알고리즘의 운영에 집중된다. 나는 시장 감시가 붕괴 및 조작 행위를 적절하게 밝혀내도록 진화하고 있다고 믿는다.

오늘날에는 미국에서의 모든 주문이 컴퓨터 거래 알고리즘에 의해 처리되고 있다. 간단히 말해서 우리 모두가 고빈도 거래자이다. 결국 고빈도 거래를 제한하는 것은 정책의 목적이 되어서는 안 된다. 정책의 목적이 되어야 하는 것은 알고리즘이 시장을 붕괴시키지 않고 투자자들에게 공평한 방법으로 운영된다는 확신을 주어서 주식시장이 투자자와 발행자에게 도움을 준다는 것을 확신시키는 것이다. 시장은 자본 형성과 경제 발전을 뒷받침하기 위해서 존재한다. 나스닥 같은 시장 운영자들은 투자자와 발행자의 관심사를 관리하기 위해서 규제 당국 및 다른 주체들과 함께 일한다.

| 그림 1.4 | NYSE와 NASDAQ의 시장 점유율 |

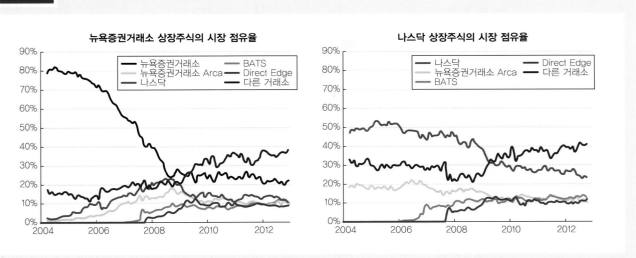

왼쪽은 뉴욕증권거래소 상장주식의 거래량 분포를, 오른쪽은 나스닥 상장주식의 거래량 분포를 보여준다. 뉴욕증권거래소 Arca는 뉴욕증권거래소의 전자 거래 플랫폼이다. BATS와 Direct Edge는 2014년에 합병되었다. 새로운 전자거래들은 모든 거래의 20% 정도를 처리하고 있다. 딜러 플랫폼과 소위 "다크 풀즈"를 포함하는 다른 거래소들이 2015년 전체 거래의 거의 40%를 처리했다.

출처 : J. Angel, L. Harris, and C. Spatt, "Equity Trading in the 21st Century: An Update," *Quarterly Journal of Finance* 5 (2015): 1–39.

전통적인 거래 장소

전통적으로 기업은 자기 주식을 상장할 증권거래소를 선택하고, 그 주식의 거래는 대부분 그 거래소에서 이루어진다. 미국에서 2개의 가장 중요한 거래소는 뉴욕증권거래소(New York Stock Exchange, NYSE)와 나스닥(National Association of Securities Dealers Automated Quotation, NASDAQ)이다.

2005년 이전에는 뉴욕증권거래소 대부분의 거래가 남부 맨해튼의 거래소 매매 입회장(trading floor)에서 이루어졌다. **시장 조성자**[market makers, 뉴욕증권거래소의 **스페셜리스트**(specialists)로 알려져 있음]는 매입자와 매도자를 연결시켜 준다. 그들은 시장을 조성하는 각 주식에 대해 2개의 가격을 제시한다. 그들이 사고자 하는 가격(bid price, **매입 호가**)과 그들이 팔고자 하는 가격(ask price, **매도 호가**). 고객들이 이 가격에 매매를 하고 싶으면, 다른 고객들이 이 거래의 상대방이 되기를 원하지 않는 경우에도 시장 조성자들은 그 가격으로 (정해진 수량까지) 거래를 해야 한다. 이렇게 시장 조성자는 참가자들이 항상 누군가와 거래를 하도록 보장할 수 있는 **유동성**(liquidity)을 제공한다.

뉴욕증권거래소와는 달리 나스닥 시장은 매매 장소가 없다. 대신 모든 거래가 전화와 컴퓨터 네트워크로 이루어진다. 뉴욕증권거래소와 나스닥의 가장 중요한 차이는 뉴욕증권거래소에서는 각 주식이 하나의 시장 조성자를 가지고 있다는 것이다. 나스닥에서는 서로 경쟁하는 여러 명(평균 10~12명)의 시장 조성자가 있다. 각 시장 조성자는 모든 시장 참가자들이 볼 수 있도록 나스닥 네트워크에 매입 및 매도 호가를 제시하여야 한다.

매도 호가가 매입 호가보다 높기 때문에 시장 조성자는 이익을 본다. 이 차이를 **매매 호가 차이**(bid-ask spread)라고 부른다. 고객들은 항상 높은 가격인 매도 호가에 사고, 낮은 가격인 매입 호가에 팔아야 한다. 호가 차이는 투자자가 지불해야 하는 **거래비용**(transaction cost)이다. 뉴욕증권거래소의 스페셜리스트는 고객들의 거래 상대방이 되어 주는 대가로 호가 차이라는 고객비용을 그들의 이익으로 가지게 된다. 즉, 이러한 호가 차이가 시장 조성자인 스페셜리스트의 유동성 제공에 대한 보상이다. 투자자는 수수료와 같은 다른 형태의 거래비용도 지불한다.

새로운 경쟁과 시장의 변화

지난 10년간 주식시장들은 엄청난 변화를 겪었다. 2005년에는 뉴욕증권거래소와 나스닥이 미국 주식 거래량의 75% 이상을 차지하였다. 그러나 그 이후로 양 거래소는 대안적 거래 시스템뿐만 아니라 완전히 새로운 전자 거래소와 치열한 경쟁을 하게 되었다. 그림 1.4에서 보듯이 오늘날 이런 새로운 거래 시스템들이 전체 거래의 50% 이상을 담당하고 있다.

이런 시장 구조의 변화와 함께 공식적인 시장 조성자의 역할이 많이 사라졌다. 컴퓨터가 매입과 매도 주문을 맞추어서 모든 거래가 전산으로 이루어지기 때문에, 누구든지 지정가 주문(지정된 가격에 주식을 매매하고자 하는 주문)에 주식시장을 조성할 수 있게 되었다. 예를 들어 주당 $138의 가격으로 IBM 100주를 매입하고자 하는 지정가 주문을 낼 수 있다. 주식의 매매 호가 차이는 제시된 지정가 주문에 의해 결정된다. 지정가 매도 주문의 가장 낮은 가격이 매도 호가이고, 지정가 매입 주문의 가장 높은 가격이 매입 호가이다. 거래자들은 지정가 매입 및 매도 주문을 내어서 당해 주식의 시장을 조성한다. 모든 지정가 주문의 집합체를 **지정가 주문장**(limit order book)이라고 한다. 거래소는 그들의 지정가 주문장을 공개하여 투자자들이 거래처를 결정할 때 최선의 매매 호가를 알 수 있도록 해준다.

지정가 주문을 내는 거래자들은 시장에 유동성을 제공하는 것이다. 한편 **시장가 주문**(market orders, 가장 유리한 지정가 주문에 즉시 체결되는 주문)을 내는 거래자들은 유동성의 "흡수자"라고 불린다. 유동성 제공자들은 매매 호가 차이로부터 이익을 얻지만, 그들의 주문은 새로운 정보를 반영하지 못할 가능성이라는 위험을 지게 된다. 주가를 움직이게 만드는 뉴스가 발생했을 경우, 영리한 투자자는 새로운 정보를 반영하지 못한 지정가 주문의 호가로 거래를 할 수 있다. 이런 가능성을 없애기 위해 유동성 제공자들은 계속 시장을 감시하여, 적당한 시점에 이전 주문들을 취소하고 새로운 주문을 낸다. 소위 **고빈도 거래자**(high frequency traders, HFTs)들은 유동성 제공과 지정가 주문 흡수를 통해 이익을 얻기 위해, 컴퓨터의 도움을 받아서 다른 주문들과 새로운 정보에 반응하여 1초에 여러 번의 주문, 갱신, 취소, 거래 체결을 한다.

다크 풀

거래소에서 투자자들은 현재의 매입 및 매도 호가에 즉시 거래할 수 있는 기회가 주어지고, 거래가 발생하면 모든 투자자들은 체결 결과를 알 수 있다. 이와는 달리 **다크 풀**(dark pool)이라고 하는 대안적 투자 시스템은 투자자들의 지정가 주문장을 공개하지 않는다. 대신에 다크 풀은 더 유리한 가격(예 : 매입 및 매도 호가의 평균으로 거래하여 호가 차이를 회피할 수 있음)에 거래할 수 있게 해주지만, 매입 또는 매도 주문한 쪽이 초과할 경우 주문이 체결되지 않을 가능성이 있다. 따라서 다크 풀 거래는 자기의 수요를 알리고 싶지 않은 거래자와 잠재적으로 더 유리한 가격에 즉시 거래하는 것을 희생하려는 거래자에게 매력적이다.

다크 풀이 포함될 경우 미국에서 주식을 거래할 수 있는 곳이 50개는 될 수 있다(역주 : 다크 풀은 일반적인 개념에서 거래소가 아니지만, 편의상 거래소에 포함되는 개념으로 번역한다). 주식시장들은 주문량 확대를 위해 서로 경쟁을 한다. 거래자들은 유동적인 시장에 가치를 두기 때문에 경쟁의 중요한 영역은 유동성이다. 따라서 거래소들은 지정가 주문장에 주문 호가가 많아지는 '깊은(deep)' 시장을 추구한다. 결과적으로 거래소들은 유동성 제공자들이 많게 하고, 오래된 지정가 주문을 이용하려는 거래자들을 억제하기 위하여 다양한 규정을 시도하였다. 예를 들어 어떤 거래소는 지정가 주문에는 보상을 주고, 시장가 주문에는 비용을 요구한다. 또 다른 거래소는 소매 투자자 주문에는 보상을 하고, 고빈도 거래에는 추가 비용을 요구하기도 한다. 거래소의 증가는 다양한 보상 체계를 만들어냈다. BATS는 운영하는 주식시장마다 다른 규정을 적용하여 고객들의 요구에 부응하는 시장을 만들어냈다. 이러한 끊임없는 변화의 끝이 올 것 같지는 않다. 주식시장은 계속 변화의 물결을 타고 있고, 시간만이 주식시장의 궁극적인 모습을 알려줄 것이다.

개념 확인

1. 지난 10년간 주식시장에서 발생한 중요한 변화는 무엇인가?
2. 지정가 주문장은 무엇인가?
3. 지정가 주문을 내는 사람이 유동성 "제공자"인 이유는 무엇인가?

핵심 요점 및 수식

1.1 회사의 네 가지 유형

- 미국에서 네 가지 회사의 유형은 개인회사, 파트너십, 그리고 유한책임회사 또는 주식회사가 있다.
- 개인이 무한책임을 가지는 기업은 개인회사와 파트너십이 있다.
- 개인이 유한책임을 가지는 기업은 유한책임 파트너십과 유한책임회사가 있는데, 유한책임회사에는 비공개 및 공개 주식회사가 있다.
- 주식회사는 법에 의해 정의된 법인으로 사람이 가지는 많은 법적인 권리를 갖는다. 주식회사는 계약을 하고, 자산을 취득하면, 채무를 지고, 미국 헌법에 의해 재산 압류에 대해서 법적인 보호를 받을 수 있다.
- C 주식회사의 주주는 이중과세를 당한다. 주식회사가 법인세를 내고 배당을 지급하면, 주주는 배당에 대해 개인 소득세를 지불해야 한다.
- S 주식회사는 법인세가 면제된다.

1.2 주식회사의 소유와 통제

- 주식회사의 소유는 주권이라고 부르는 주식들에 의해서 나누어진다. 이 주식들의 투자자를 주주라고 한다.
- 주식회사의 소유와 통제는 분리되어 있다. 주주는 이사회를 통하여 간접적으로 그들의 통제권을 행사한다.
- 재무관리자는 다음과 같은 세 가지 주요 업무에 책임을 진다. 투자 의사결정, 자금조달 의사결정, 현금 관리
- 좋은 공공정책은 기업이 주주에게 혜택이 되는 일을 할 때, 그 일이 사회에도 혜택이 되도록 하는 것이다.
- 기업의 주주들은 경영진이 당해 기업의 주가를 극대화하도록 의사결정하기를 바라지만, 경영진은 종종 주주들의 요구와 (그들을 포함하는) 다른 이해 관계자들의 요구를 조화시켜야 한다.

- 주식회사의 파산은 소유와 통제의 변화를 의미할 수 있다. 즉, 주주들이 주식회사에 대한 그들의 소유권과 통제권을 채권자들에게 넘겨주는 것이다.

1.3 주식시장

- 공개된 주식회사의 주식은 주식시장에서 거래된다. 비공개 주식회사의 주식들은 주식시장에서 거래되지 않는다.
- 거래자들은 지정가 주문을 제시하여 주식시장의 유동성을 제공한다.
- 매매 호가 차이는 지정가 주문장에서 최선의 매입 및 매도 호가에 의해 결정된다.

주요 용어

개인회사(sole proprietorship)	유한책임 파트너십(limited partnership)
거래비용(transaction cost)	유한책임회사(limited liability company, LLC)
고빈도 거래자(high frequency traders, HFTs)	이사회(board of directors)
공개기업(public companies)	적대적 인수(hostile takeover)
다크 풀(dark pool)	주권(equity)
대리인 문제(agency problem)	주권 보유자(equity holder)
도드-프랭크법(Dodd-Frank Act)	주식(stock)
매도 호가(ask price)	주식시장(stock market or stock exchange)
매매 호가 차이(bid-ask spread)	주식회사(corporations)
매입 호가(bid price)	주주(stockholder)
발행시장(primary market)	증권거래소(stock exchange)
배당 지급(dividend payments)	지분 보유자(shareholder)
비공개기업(private companies)	지정가 주문(limit order)
스페셜리스트(specialists)	지정가 주문장(limit order book)
시장가 주문(market orders)	청산(liquidation)
시장 조성자(market maker)	최고경영자(chief executive officer, CEO)
유동성(liquidity)	최고재무관리자(chief financial officer, CFO)
유동적(liquid)	파트너십(partnership)
유통시장(secondary market)	C 주식회사('C' corporations)
유한책임(limited liability)	S 주식회사('S' corporations)

추가 읽을거리

존 마셜의 판결에 관해서는 다음을 참조하라. J. Smith, *John Marshall: Definer of a Nation* (Henry Holt, 1996): 433–38.

기업의 목적에 대한 논의는 다음을 참조하라. M. Jensen, "Value Maximization, Stakeholder Theory, and the Corporate Objective Function," *Journal of Applied Corporate Finance* (Fall 2001): 8–21.

기업 경영자의 목적과 주주의 목적이 어떻게 다른지에 대해서는 다음을 참조하라. M. Jensen and W. Meckling, "Theory of the Firm: Managerial Behavior, Agency Costs and Ownership Structure," *Journal of Financial Economics* 3 (1976): 305–60; J. Core, W. Guay, and D. Larker, "Executive Equity Compensation and

Incentives: A Survey," *Federal Reserve Bank of New York Economic Policy Review* 9 (April 2003): 27–50.

다음 연구들은 기업의 지배구조와 소유에 대해 기술하고 있다. F. Barca and M. Becht, *The Control of Corporate Europe* (Oxford University Press, 2001); D. Denis and J. McConnell, "International Corporate Governance," *Journal of Financial Quantitative Analysis* 38 (2003): 1–36; R. La Porta, F. Lopez-de-Silanes, and A. Shleifer, "Corporate Ownership Around the World," *Journal of Finance* 54 (1999): 471–517.

세금의 영향에 대해서는 다음을 참조하라. J. MacKie-Mason and R. Gordon, "How Much Do Taxes Discourage Incorporation?" *Journal of Finance* 52 (1997): 477–505.

다음 연구들은 주식시장의 최근 변화를 정리해주고 있다. J. Angel, L. Harris, and C. Spatt, "Equity Trading in the 21st Century: An Update," *Quarterly Journal of Finance* 5 (2015): 1–39 and M. O'Hara, "High frequency market microstructure," *Journal of Financial Economics* 116 (2015) 257–270.

회사의 네 가지 유형

연습문제

1. 주식회사와 다른 모든 조직 유형과의 가장 중요한 차이점은 무엇인가?
2. 주식회사의 의미에서 유한책임이라 무엇인가?
3. 어떤 조직의 유형이 소유자에게 유한책임을 주는가?
4. 회사를 주식회사로 조직하는 것의 주요 장단점은 무엇인가?
5. S 주식회사와 C 주식회사의 차이점은 무엇인가?
6. 당신은 C 주식회사의 주주다. 이 기업은 주당 $2의 세전 이익을 낸다. 이 기업이 법인세를 납부하면 나머지 이익은 배당으로 당신에게 지급된다. 법인세율이 40%이고, 개인 소득세율이 30%라고 가정하자. 법인세 납부 후에 남겨진 금액은 얼마인가?
7. 6번 문제에서 기업이 S 주식회사라면 남은 금액은 얼마인가?

주식회사의 소유와 통제

8. 당신은 아이폰 앱 개발을 위해 새로운 기업을 설립하기로 결정하였다. 당신이 필요로 하는 세 가지 재무적 의사결정의 예를 기술하라.
9. 제약회사가 신약을 개발할 때 종종 당해 약품에 대해 특허권 보호를 받아서 높은 가격을 책정한다. 특허권 보호를 제공하는 공공정책이 주식회사와 사회의 이해 관계를 조율할 수 있는지를 설명하라.
10. 주식회사의 경영자는 소유자인 주주를 위하여 일한다. 결과적으로 그들은 자신들의 이익보다 주주들의 이익을 위해서 의사결정을 해야 한다. 경영자들이 주주들을 위해서 일할 수 있도록 하는 전략에는 어떤 것들이 있는가?
11. 당신은 아파트 임차를 고려하고 있다. 아파트를 소유하고 있는 기업은 주인으로, 임차인인 당신은 대리인으로 볼 수 있다. 이 경우에 어떤 주인-대리인 갈등이 있을 것이라고 생각하는가? 이제는 당신이 그 아파트 기업에서 일한다고 생각해보자. 이 경우 임차인이 아파트를 잘 관리하면서 사용할 수 있게 하는 임차 계약 조항은 어떤 것일까?
12. 당신은 한 기업의 최고경영자인데, 지금 당신의 기업이 다른 기업의 인수 계약을 고려하고 있다. 인수하려는 기업의 가격이 너무 높을 수 있지만, 매입할 경우 당신은 훨씬 더 커진 합병기업의 최고경영자가 될 것이다. 당신은 기업이 더 커지면 당신의 급여와 명성이 더 높아질 것을 알고 있다. 여기서 대리인 갈등의 본질은 무엇이며, 그것이 윤리적 사고와 어떻게 연관되어 있나?

13. 적대적 인수가 기업과 투자자들에게 부정적이어야만 하는가? 설명하라.

주식시장

14. 공개기업과 비공개기업의 차이점은 무엇인가?

15. 지난 10년간 주식시장에서 발생했던 중요한 변화를 서술하라.

16. 매매 호가 차이가 왜 거래비용인지를 설명하라.

17. 오늘날 대부분의 시장에서 매매 호가 차이가 어떻게 결정되는지를 설명하라.

18. Yahoo! Finance에서 2015년 7월 23일 야후 주식의 호가는 다음과 같았다.

당신이 야후 주식을 매입하고 싶다면, 주당 얼마를 지불해야 하는가?

당신이 야후 주식을 매도하고 싶다면, 주당 얼마를 받겠는가?

19. 시스코 주식에 대해서 다음과 같은 주문이 있다.

- 지정가 주문 : $25에 200주 매입
- 지정가 주문 : $26에 200주 매도
- 지정가 주문 : $25.50에 100주 매도
- 지정가 주문 : $25.25에 100주 매입

a. 시스코 주식의 최우선 매입 및 매도 호가는 얼마인가?

b. 시스코 주식의 현재 매매 호가 차이는 얼마인가?

c. 시스코 주식 200주를 매입하려는 시장가 주문이 들어왔다고 하자. 매입 거래자가 지불해야 하는 평균 가격은 얼마인가?

d. (c)의 시장가 주문이 체결된 이후에 시스코의 새로운 최우선 매입 및 매도 호가와 매매 호가 차이는 얼마인가?

재무제표 분석 기초

제1장에서 언급한 바와 같이 주식회사 조직 형태의 가장 큰 장점 중 하나는 주식회사의 주식을 누가 소유할 수 있는지에 대한 제한을 두지 않는다는 것이다. 투자할 돈이 있는 사람은 주식회사의 지분을 소유할 수 있는 잠재적 투자자다. 결과적으로 수많은 투자자가 주식회사를 소유하는데, 뮤추얼 펀드 주식 100주를 보유한 개인부터 수백만 주를 보유한 금융기관까지 매우 다양하다. 예를 들어 2012년 현재, IBM(International Business Machines Corporation)의 발행주식 수는 980 백만 주이고, 600,000명의 주주들이 IBM 주식을 보유하고 있다. 이 회사의 주주들은 대부분 소액주주들이었다. 워렌 버핏의 버크셔 헤서웨이와 같은 대규모 주주들은 불과 전체 주식 수의 8%만을 가지고 있었다. 내부자(IBM 임원)는 이 회사 지분의 1% 미만을 보유하고 있었다.

주식회사라는 조직은 기업이 자본을 쉽게 조달할 수 있는 구조이면서, 주식의 보유가 기업과 주주들을 연결하는 유일한 수단이라는 의미다. 그렇다면 기업이 투자할 만한 가치가 있다는 것을 투자자들이 어떻게 알 수 있을까? 기업이 스스로의 성과를 평가하고 투자자들에게 정보를 전달하는 방법 중의 하나는 재무제표를 이용하는 것이다. 재무제표는 재무관리자들이 그들 기업의 성공을 평가하고, 다른 경쟁기업들과 비교할 수 있는 수단이 된다.

기업은 투자자들에게 재무 정보를 전달하기 위하여 정기적으로 재무제표를 발표한다. 재무제표의 작성과 분석에 대한 자세한 설명은 매우 복잡하여 책 한 권을 모두 필요로 할 정도다. 여기서는 앞에서 언급하였듯이, 투자자와 재무관리자가 주식회사의 재무 의사결정을 위해 필요한 내용만을 강조하면서 개략적인 검토를 하고자 한다.

우리는 네 가지 주요 재무제표 형태를 알아보고, 기업 재무제표의 구체적인 예를 제시하며, 투자자나 경영자가 기업에 관해 다양한 정보를 어디서 발견할 수 있는가에 대해서 언급하고자 한다. 또한 기업의 성과와 가치를 평가하기 위해 사용되는 재무 비율에 대해서도 설명하고자 한다. 마지막으로 널리 알려진 몇 가지 재무보고 남용에 대해 살펴보고 이 장을 마무리한다.

2.1 ▮ 재무 정보의 공시

재무제표(financial statements)는 기업이 과거 기업의 성과 정보를 정기적(분기별 또는 연별)으로 보고 하는 회계 보고서다. 미국의 공개기업들은 미국 증권거래위원회(Securities and Exchange Commission, SEC)에 그들의 재무제표를 매 분기 **10-Q** 양식으로, 그리고 매년 **10-K** 양식으로 제출해야 한다. 또한 매년 주주들에게 재무제표와 함께 **연차 보고서**(annual report)를 보내주어야 한다. 비공개기업들은 재무제표를 준비하지만 공시할 필요는 없다. 재무제표는 투자자, 재무분석가와 다른 외부 이해 관계자들이 주식회사에 대한 정보를 얻는 중요한 수단이 된다. 그뿐만 아니라 재무제표는 경영자들이 앞 장에서 언급했던 재무 의사결정을 할 때 유용한 정보 원천이 된다. 이 절에서는 재무제표를 준비하는 방법을 검토하고, 여러 가지 형태의 재무제표를 소개하고자 한다.

재무제표의 준비

기업의 성과와 재무 상태에 관한 보고서는 이해하기 쉽고 정확해야 한다. **기업회계기준**(generally accepted

국제회계기준

기업회계기준(GAAP)은 나라마다 다르다. 결과적으로 기업들이 국제적인 영업을 하면 엄청나게 복잡한 회계 문제에 직면하게 된다. 투자자들은 외국기업들의 재무제표를 해석하는 데 많은 어려움을 겪게 되며, 이는 국제 자본 이동의 주요한 장애물로 간주된다. 외국기업 투자도 회피하게 된다. 하지만 기업과 자본 시장이 글로벌화될수록, 나라별 회계 기준 간에 조화를 이루고자 하는 이해가 점점 더 커지게 된다.

회계 기준의 조화를 위해 가장 중요한 프로젝트가 미국을 포함한 10개국 대표들이 국제회계기준위원회(International Accounting Standards Committee)를 설립하였던 1973년에 시작되었다. 이러한 노력이 2001년에 영국 런던에 본부를 둔 국제회계기준청(International Accounting Standards Board, IASB)을 설립하도록 이끌었다. IASB는 국제회계기준(International Financial Reporting Standards, IFRS)을 발표하게 되었다. 이제 IFRS는 전세계적으로 뿌리를 내리고 있다. 유럽 공동체(European Union, EU)는 2002년에 모든 EU의 공개기업들이 2005년부터 그들의 결합 재무제표 작성에 있어서 IFRS를 따를 것을 요구하는 회계 규제를 승인하였다. 2012년 기준으로 120개 이상의 국가들이 IFRS의 사용을 요구하거나 허용하고 있다. 여기에는 EU, 호주, 브라질, 캐나다, 러시아, 홍콩, 타이완, 싱가포르, 중국, 인도가 포함되며, 일본도 가까운 장래에 IFRS를 받아들일 것으로 예상된다. 사실 자국의 GAAP를 유지하고 있는 미국과 일본을 제외하고, 전세계 모든 주요 증권거래소들이

IFRS를 받아들였다.

미국 GAAP와 IFRS의 주요 차이점은 개념적이다. 미국 GAAP는 주로 적용에 대한 구체적인 지침을 가진 회계 규칙에 기반을 두고 있다. 반면, IFRS는 회계사의 전문적 판단이 요구되는 원칙에 더 중점을 두고 있으며, 적용에 대한 구체적인 지침은 제한적이다. 그럼에도 불구하고 규칙에서의 일부 차이점도 존재한다. 예를 들어 미국 GAAP는 일반적으로 비금융 자산의 상향 재평가를 금지하는 반면, IFRS는 비금융 자산 중 일부를 공정가치(fair value)로 재평가할 수 있다. 미국 GAAP는 자산과 채무의 가치를 추정하기 위해 "공정가치"가 아닌 역사적 비용에 더 많이 의존한다.

미국 GAAP와 IFRS 간의 융합을 위한 노력은 2002년 사베인-옥슬리법(Sarbanes-Oxley Act of 2002)에 의해 촉진되었다. 이 법에는 미국의 회계 기준이 고품질 회계 표준에 대한 국제적인 융합으로 옮겨가는 조항이 포함되었다. 현재 SEC 규정에 따라 미국 기업들은 미국 GAAP를 사용하여 보고해야 한다. IFRS와 미국 GAAP의 수정으로 인해, 이들이 더욱 가까워졌다. 그럼에도 불구하고 **감액차손**(impairment charge), 리스, 보험 및 금융 상품 취급 분야에서 이들 간의 주요 차이점이 여전히 존재한다. 2015년 중반에 SEC는 미국 기업이 IFRS를 사용하여 보충 정보를 제공할 수 있도록 허용했지만, 미국 GAAP에 따라 재무 정보를 제출하도록 요구할 것이다.

루스 포랏은 알파벳과 구글의 수석 부사장 겸 최고재무관리자(CFO)이다. 그녀는 이전에는 모건 스탠리에서 27년을 근무했으며, 모건 스탠리에서 마지막 직책은 부사장 겸 CFO였다. 모건 스탠리 투자은행의 부회장과 금융기관 그룹의 글로벌 책임자로서 그녀는 미국 재무부와 뉴욕 연방준비은행에 조언했다.

질문 재무관리자에게 권장되는 모범 사례는 무엇인가?

답변

1. 회계의 통제 및 프로세스와 관련하여 엄격한 재무 통제 환경을 유지하라. IT 아키텍처에 대한 전략적 접근 방식을 통합하여 데이터 무결성, 일관성 및 프로세스 통제를 보장하면서 사람과 수동적인 프로세스에 대한 의존도를 줄여 위험과 오류의 원인을 제거해야 한다.

2. 회사에 잘 통합된 강력한 재무 계획 및 분석팀을 기반으로 강건한 예산 및 자본 배분 프로세스를 보장하라. 회사 경영자에게 데이터의 투명성을 제공해야 한다. 이들은 예산 편성 과정에서 절충안을 만들 수 있는 최적의 위치에 있지만, 종종 이러한 선택을 할 수 있는(그리고 이러한 선택이 꼭 필요함을 알 수 있는) 데이터의 상세함이 부족할 수 있다.

3. 문화가 중요하다. 현상 유지에 도전하고 생각의 동질성을 피하는 정직하고 솔직한 토론 문화는 이 일을 더욱 재미있게 만들고 더 나은 결과를 낳는다. 폭넓은 경험과 심지어 일부 "전투 흉터"는 조직이 새로운 위험을 예측할 수 있는 패턴을 인식하도록 보장한다. 이와 관련하여 성별, 인종 및 사회경제적 배경이 다양한 구성원들로 이루어진 다양한 팀은 차별화된 시각을 제공하여 효과적인 위험 관리에 기여한다.

4. 힘든 결정을 일찍 하고, 그리고 (이상적으로는) 한 번 하라. 한마디로 리드해야 한다.

질문 이번 금융위기가 CFO의 역할을 어떻게 재정립했나? 혹은 이에 대한 당신의 견해는 무엇인가?

답변 금융 서비스에서 CFO의 인식을 재정립했다. 회계 및 외부보고 기능에 중점을 두는 것 외에도 CFO는 현재 회사의 감시인 및 위험 관리를 담당하는 최고 글로벌 관리자이다. 감시인에는 회계(컨트롤러 기능)와 IT 시스템에 대한 포괄적인 접근 감독을 포함한다. 위험 관리에는 취약성의 근원, 스트레스 테스트 및 이들에 대한 계획 수립이 필요하다. CFO는 CEO, 이사회 및 회사 경영자에게 신뢰할 수 있는 조언자가 되었고, 예산 수립, 자본 배분 및 민감

인터뷰
루스 포랏
(Ruth Porat)

도 분석 업무를 수행하게 되었다. 마지막으로 특정 산업 분야에서는 CFO가 규제의 핵심 인물이다.

질문 이번 금융위기에서 어떤 주요 교훈을 얻었나? 미래 CFO에게 어떤 조언을 해주겠는가?

답변 산업 전반에 걸쳐서, 좋은 시장 및 나쁜 시장 모두에서 적용될 수 있는 이번 금융위기에서의 세 가지 주요 탈출구가 있다.

1. 당신 회사 취약점의 가장 큰 근원들을 이해하고 이들을 방어하라. 금융 서비스 회사의 경우, 유동성(현금 접근성)이 약점이었다. 이번 금융위기 동안 우리는 종종 "유동성은 금융 시스템을 위한 산소다. 이것 없이는 당신이 질식한다." 충분한 유동성이 없으면 은행은 자산을 팔아 현금을 모으는 부정적인 사이클을 겪게 된다. 모건 스탠리의 CFO로서 나는 유동성은 신성불가침이라는 금언을 가지고 유동성을 관리했다. 우리는 회사의 유동성 준비금의 금액과 내구성에 상당한 투자를 했다. 마찬가지로 위기를 벗어난 규제 당국은 자본의 증가, 레버리지의 감소, 유동성의 개선, 자금조달 지속성의 향상, 엄격한 스트레스 테스트 등을 요구했으며, 이는 은행에 투명성을 부여하고 은행의 약점을 드러내게 했다.

2. 재무 및 위험 관리의 통제, 시스템 및 프로세스를 포함하여, 필요에 앞서 강력한 통제 인프라를 구축하라. 바람막이에 진흙이 있는 자동차를 시속 100마일로 운전하면 안 되는 것처럼, 회사의 경영자는 강력한 재무 통제와 일관되고 정확하고 통찰력 있고 시기 적절한 데이터를 통해 자신의 회사에 대한 가시성을 확보해야 한다. 회사의 요구 사항이 급속한 증가를 계속하기 때문에 급격하게 성장하는 산업은 인프라에 조기에 투자해야 한다.

3. 시간이 당신의 적이라는 것을 알아라. 폴슨 재무부 장관은 금융위기 중에 나에게 문제를 해결할 의지와 수단이 있어야 한다고 말했다. 매우 자주 당신이 문제 해결의 의지를 다질 때 당신은 더 이상 그 수단을 가지고 있지 않을 수도 있다. 그는 정책에 대해 이야기하고 있었지만, 이 규칙은 어떤 의사결정자에게도 적용된다. 돌이켜보면 2007년 8월의 위기와 2008년 3월 베어스턴스(Bear Stearns) 붕괴는 위기의 명백한 징조였지만 이에 대한 반응은 느리거나 존재하지 않았다. 좋은 시기에도 회사의 경영자는 자원 최적화에 집중하여 투자 수익률을 극대화할 수 있는 잠재력을 극대화해야 한다.

accounting principles, GAAP)은 재무제표를 만들 때 공개기업들이 사용하여야 하는 규정과 기준의 형식을 정하고 있다. 이 기준은 서로 다른 기업들의 재무 상태를 쉽게 비교할 수 있도록 해준다.

투자자들이 재무제표가 정확하게 작성되었다는 것을 확신할 수 있어야 하기 때문에, 주식회사는 중립적인 의견을 가지면서 재무제표를 검토할 제3자 **회계감사인**(auditor)을 선임하여야 한다. 이렇게 함으로써 주식회사가 GAAP를 따르고 있으며, 회계 정보가 신뢰할 만하다는 것을 보일 수 있다.

재무제표의 종류

모든 공개기업은 **재무상태표**, **손익계산서**, **현금흐름표**, **자본 변동표**의 네 가지 재무제표를 작성하여야 한다. 재무제표는 투자자와 채권자들에게 기업이 달성한 재무 성과의 내용을 살펴볼 수 있도록 해준다. 우리는 이 절 이후부터 각 재무제표의 내용을 자세히 살펴볼 것이다.

개념 확인	1. 모든 공개기업이 만들어야 하는 네 가지 재무제표는 무엇인가?
	2. 회계 감사인의 역할은 무엇인가?

2.2 재무상태표

재무상태표(balance sheet or statement of financial position)[1]는 기업의 자산과 채무를 모두 열거하는 것으로, 주어진 시점에서 기업의 재무 상태를 한눈에 보여준다. 표 2.1은 글로벌 복합기업 주식회사라는 가상의 한 회사의 재무상태표를 보여주고 있다. 재무상태표는 좌변의 자산과 우변의 부채 및 자기자본의 두 부분으로 나뉜다. **자산**(assets)은 기업의 현금, 재고자산, 순유형자산과 그 외 기업의 투자자산을 말한다. **부채**(liabilities)는 채권자들에 대한 기업의 채무를 말한다. **자기자본**(stockholder's equity)도 재무상태표의 우변에 부채와 함께 표시된다. 자기자본은 기업의 자산에서 부채를 차감한 금액으로 기업의 순재산을 측정하는 회계적 척도다.

재무상태표 좌변의 자산은 기업이 자본 또는 투자 자금을 어떻게 사용하고 있는가를, 우변의 부채 및 자기자본 정보는 자본의 원천 또는 기업이 필요한 자금의 조달 방법을 정리하여 보여준다. 자기자본은 자산에서 부채를 차감한 금액이므로 당연히 좌변과 우변의 금액은 일치해야 한다.

재무상태표 항등식

자산 = 부채 + 자기자본 (2.1)

표 2.1에서 2015년의 자산 총계($177.7 백만)은 부채 총계($155.5 백만)와 자기자본($22.2 백만)의 합과 같다.

이제 기업의 자산, 부채, 자기자본에 대해서 좀 더 자세히 살펴보도록 하자.

자산

표 2.1에서 글로벌의 자산은 유동자산과 비유동자산으로 나뉜다.

---

1 IFRS 및 최근 미국 GAAP 기준에서 대차대조표(balance sheet)는 재무상태표라고 부른다.

표 2.1	글로벌 복합기업 주식회사

결합 재무상태표

연도 말 12월 31일(단위 : $ 백만)

자산	2015	2014	부채 및 자기자본	2015	2014
유동자산			**유동부채**		
현금	21.2	19.5	매입채무	29.2	24.5
매출채권	18.5	13.2	지급어음/단기채무	3.5	3.2
재고자산	15.3	14.3	유동성 장기채무	13.3	12.3
기타 유동자산	2.0	1.0	기타 유동부채	2.0	4.0
유동자산 총계	57.0	48.0	유동부채 총계	48.0	44.0
장기자산			**장기부채**		
토지	22.2	20.7	장기채무	99.9	76.3
건물	36.5	30.5	자본리스 계약	—	—
장비	39.7	33.2	채무 총계	99.9	76.3
차감 누적 감가상각비	(18.7)	(17.5)	이연 세금	7.6	7.4
순유형고정자산	79.7	66.9	기타 장기부채	—	—
영업권 및 무형자산	20.0	20.0	장기부채 총계	107.5	83.7
기타 장기자산	21.0	14.0	**부채 총계**	155.5	127.7
장기자산 총계	120.7	100.9	**자기자본**	22.2	21.2
자산 총계	177.7	148.9	**부채 및 자기자본 총계**	177.7	148.9

유동자산　유동자산(current assets)은 현금과 1년 이내에 현금으로 전환될 수 있는 자산으로 나뉜다. 유동자산의 범주는 다음과 같다.

1. 현금과 **시장성 유가증권**(marketable securities) : 단기 저위험 투자로, 쉽게 매도하여 현금으로 전환할 수 있음(1년 이내에 만기가 돌아오는 국채와 같은 단기 금융시장 투자)
2. **매출채권**(accounts receivable) : 제품이나 용역을 신용으로 구입한 고객이 기업에 지불하여야 하는 금액
3. **재고자산**(inventories) : 원자재, 공정 중에 있는 재공품, 완성된 제품
4. 기타 유동자산 : 선지급금(임차나 보험과 같이 미리 지급된 비용)을 포함하는 포괄적 개념의 유동자산

장기자산　장기자산(long-term assets 또는 **비유동자산**)의 첫 번째 유형은 1년 이상 유형의 편익을 생성하는 부동산, 기계와 같은 자산들로 구성된 순유형고정자산(net property, plant, and equipment)이다. 만약 글로벌이 새로운 장비에 $2 백만을 지불했다면, $2 백만이 이 재무상태표의 유형고정자산에 포함될 것이다. 장비는 시간이 지남에 따라 노후화되거나 닳아서 못 쓰게 되므로, 글로벌은 매년 **감가상각비**(depreciation expense) 차감을 통해 이 장비에 대해 기록된 가치를 감소시킬 것이다. 어떤 자산의 **누적 감가상각**(accumulated depreciation)은 내용연수 동안 감가상각비로 차감된 총금액이다. 이 회사는 토지 제외 유형고정자산의 가치를 시간이 지남에 따라 감소시키는데, 가치 감소는 자산의 수명에 의존하는 감가상각 일정에 따라 이루어진다. 감가상각은 기업이 실제로 지불하는 현금비용이 아니라 건물이나 장비가 시간이 지남에 따라 노후화되어 가치가 떨어지는 것을 인식하는 방법이다. 어떤 자산의 **장부가치**(book value)는 이 자산의 인수비용에서 누적 감가상각을 차감한 금액이다. 순유형고정자산의 값은 이 자산들

에 대한 장부가치를 보여준다.

만약 어떤 기업이 다른 기업을 인수하면 재무상태표 항목인 재고자산, 유형고정자산과 같은 유형자산(tangible assets)을 취득하게 될 것이다. 기업은 인수하는 자산의 장부가치보다 더 많은 금액을 지불할 수 있는데, 이 경우 기업 인수를 위해 지불한 가격과 유형자산의 장부가치 차이는 무형자산인 **영업권**(goodwill) 및 **무형자산**(intangible assets)으로 분리하여 기록할 수 있다.

예를 들어 글로벌은 유형자산의 장부가치가 $5 백만인 회사에 대해 2013년에 $25 백만을 지불했다. 나머지 $20 백만은 표 2.1에서 영업권 및 무형자산으로 기록된다. 이 항목은 회사가 인수를 통해 인수한 다른 "무형자산"(예 : 브랜드 이름 및 상표, 특허, 고객 관계 및 직원)의 가치를 재무상태표상에서 포착한다. 회사가 이러한 무형자산의 가치가 시간이 지남에 따라 하락했다는 것을 평가할 경우, 취득한 무형자산의 가치 변동을 포착하는 무형자산상각(amortization) 또는 감액차손(impairment charge)으로 재무상태표상에 계상된 금액을 감소시킬 것이다. 감가상각과 마찬가지로 무형자산상각은 실제로 지불하는 현금비용이 아니다.

다른 장기자산은 영업 활동에 사용되지 않는 재산과 같은 항목, 새로운 사업과 연계된 창업비용, 장기증권에 대한 투자, 판매를 위한 보유한 부동산 등을 포함한다. 이 기업이 보유한 모든 자산의 합계는 표 2.1 재무상태표의 왼쪽 밑에 자산총계로 표기된다.

부채

우리는 이제 재무상태표의 우변에 나타나는 부채에 대해서 살펴본다. 부채는 유동부채(current liabilities)와 장기부채(long-term liabilities)로 나뉜다.

유동부채   유동부채(current liabilities)는 1년 이내에 상환될 부채를 말한다. 여기에는 다음 항목들이 포함된다.

1. 외상으로 구입한 제품이나 서비스에 대하여 공급자에게 지불하여야 하는 금액인 **매입채무**(accounts payable)
2. 차입에 대한 모든 상환이 내년도 이내에 이루어져야 하는 **단기채무**(short-term debt), 지급어음 및 유동성 장기채무(current maturities of long-term debt)
3. 이미 발생하였지만 지급되지 않은 급여 또는 세금, 아직 인도되지 않은 제품에 대해서 지급받은 수입인 이연 또는 미발생 수입 등과 같은 항목

유동자산과 유동부채의 차이는 이 회사의 **순운전자본**(net working capital)인데, 이는 영업을 위한 단기 가용 자본이다. 예를 들어 2015년에 글로벌의 순운전자본은 $9 백만(= 유동자산 $57 백만 − 유동부채 $48 백만)이었다. 적거나 음의 순운전자본을 가지는 기업은 영업 활동을 통해 충분한 현금을 창출하지 않는다면 자금 부족 상황에 직면할 수 있다.

장기부채   장기부채(long-term liabilities)는 1년 이상의 만기를 가진 부채이다. 장기부채의 주요 유형은 다음과 같다.

1. **장기채무**(long-term debt)는 1년 이상의 만기를 가지는 대출 또는 채무이다. 기업이 자산의 구입이나 투자를 목적으로 자금을 조달할 필요가 있을 때 이러한 자금을 장기 대출을 통해 빌릴 수 있다.
2. **자본 리스**(capital leases)는 자산의 사용에 대한 대가로 정기적인 리스료 지급을 의무화하는 장기리스

계약이다.[2] 이 계약은 기업에게 자산 소유자로부터 자산을 리스하여 자산을 사용할 수 있도록 허용한다. 예를 들면 어떤 기업은 자사의 본사 건물을 리스하여 사용할 수 있다.

3. **이연 세금**(deferred taxes)은 장부상으로는 발생했지만 아직 지급되지 않은 세금이다. 기업은 일반적으로 두 가지 유형의 재무제표를 작성한다. 하나는 재무회계 목적으로 작성되고, 다른 하나는 세무회계 목적으로 작성된다. 때로는 두 가지 유형의 재무제표에 대한 규칙이 다르다. 이연 세금 부채(deferred tax liabilities)는 일반적으로 회사의 재무회계상의 소득이 세무회계상의 소득을 초과할 때 발생한다. 이연 세금은 결국 지급될 것이기 때문에 재무상태표에 부채로 표시된다.[3]

자기자본

유동부채와 장기부채의 합계는 부채 총계가 된다. 기업의 자산과 부채의 차이는 자기자본이 된다. 자기자본은 **주식의 장부가치**(book value of equity)라고도 부른다. 이미 언급한 바와 같이 회계학적 관점에서 자기자본은 기업의 순재산 가치를 의미한다. 자기자본의 두 가지 주요 구성 요소는 자본금과 이익잉여금이다. 이 두 요소는 주주 소유권의 장부가치를 형성하는데, 각각 직접투자와 이익의 재투자로부터 발생한다.

이상적으로 생각한다면 재무상태표는 사람들에게 진정한 주식가치에 대해 정확한 평가를 제공하여야 한다. 하지만 실제로는 그렇지 못하다. 먼저 재무상태표에 나열된 많은 자산이 현재의 가치보다는 과거의 비용을 근거로 기록되었기 때문이다. 예를 들어 사무용 건물은 재무상태표에 과거의 구입 원가 또는 비용에서 누적 감가상각비를 차감한 금액으로 기록된다. 하지만 사무용 건물의 실제 가치는 이 금액과 매우 다를 수 있다. 사실 재산의 가치가 상승했다면, 수년 전에 지불한 금액보다는 더 클 것이다. 다른 유형자산에 대해서도 마찬가지다. 자산의 진정한 가치는 장부가치와는 다를 것이며, 초과하는 경우도 있을 것이다. 두 번째 이유는 기업의 가치 있는 많은 자산이 재무상태표에 표시되지 않는다는 것으로, 이 점이 더 중요할 수 있다. 예로 기업 근로자들의 전문성, 시장에서 기업의 평판, 고객 및 납품업자와의 관계, 경영진의 우수성 등을 생각해보자. 이러한 자산들은 모두 기업의 가치를 더해주지만 재무상태표에는 나타나지 않는다.

시장가치 대 장부가치

주식의 장부가치는 회계 관점에서는 정확하지만, 앞에서 언급된 이유들로 인해 기업 주식의 실제 가치를 부정확하게 평가하게 된다. 따라서 재무상태표의 가치가 투자자들이 주식에 대해서 지불하고자 하는 금액과 다르다는 것이 놀라운 일은 아니다. 성공적인 회사에서는 종종 채권자가 자산의 시장가치가 장부가치보다 훨씬 높다는 것을 인식하기 때문에, 자산의 장부가치를 초과하여 차입할 수 있다. 따라서 주주지분의 장부가치가 종종 투자자가 주주지분에 대해 지불하고자 하는 금액과 크게 다르다고 해서 놀랄 일은 아니다. 기업 주식의 총 시장가치는 발행주식 수에 주당 시장가격을 곱한 것과 같다.

$$주식의 \ 시장가치 = 발행주식 \ 수 \times 주당 \ 시장가격 \tag{2.2}$$

기업 주식의 시장가치는 종종 기업의 **시가총액**(market capitalization)이라고도 불린다. 기업 주식의 시장가치는 기업 자산의 역사적 비용이 아닌 기업의 자산이 미래에 창출할 것으로 투자자들이 기대하는 가치에 의존한다.

---

2 자본리스에 대한 정확한 정의는 기업재무, 제4판 제25장을 참고하길 바란다.

3 기업은 미래에 받게 될 세액공제와 관련하여 이연 세금 자산을 보유할 수도 있다.

예제 2.1	시장가치와 장부가치

문제

글로벌이 3.6 백만 주의 주식을 발행하였고, 이 주식은 주당 $14의 가격으로 거래되고 있다. 글로벌의 시가총액은 얼마인가? 이 시가총액은 2015년 글로벌의 주식 장부가치와 어떻게 비교되는가?

풀이

글로벌의 시가총액은 (3.6 백만 주)($14/주) = $50.4 백만이다. 이 시가총액은 글로벌의 주식 장부가치인 $22.2 백만보다 훨씬 높다. 따라서 투자자는 글로벌의 주식에 대해 장부가치보다 50.4/22.2 = 2.27배 정도를 지불할 의사가 있다는 것이다.

시가/장부가 비율 예제 2.1에서 글로벌에 대한 **시가/장부가 비율**(market-to-book ratio)을 계산했다. **주가/장부가 비율**(price-to-book[P/B] ratio)이라고도 불리는 이 비율은 시가총액과 주식의 장부가치 비율이다.

$$시가/장부가\ 비율 = \frac{주식의\ 시장가치}{주식의\ 장부가치} \tag{2.3}$$

대부분의 성공적 기업의 경우 시가/장부가 비율이 1을 크게 상회하는데, 이는 기업 자산의 가치가 역사적 원가(청산가치)보다 많이 크다는 것을 의미한다. 기업별로 이 비율이 다른 것은 경영에 의해 높아진 기업가치와 기업의 기본적인 특성에서의 차이를 반영한다.

2015년 가을에 시티그룹은 0.76의 시가/장부가 비율을 가졌는데, 이 회사의 많은 자산들(예 : 모기지 증권)에 대한 투자자의 평가가치가 장부가치보다 훨씬 낮음을 반영한다. 이때 주요 은행 및 금융회사의 평균 시가/장부가 비율은 1.9였고, 미국 대기업의 평균 시가/장부가 비율은 2.9였다. 시티그룹의 비율도 0.82라는 것은 상황이 비슷하다는 것을 의미한다. 반면, 펩시코는 8.3, IBM은 11.3의 시가/장부가 비율을 가졌다. 증권분석가들은 종종 시가/장부가 비율이 낮은 주식을 **가치주식**(value stocks), 높은 주식을 **성장주식**(growth stocks)이라고 분류한다.

사업가치

기업의 시가총액은 주식의 시장가치 또는 기업이 채무를 청산하고 난 이후의 잔존가치를 측정한다. 하지만 기업이 영위하고 있는 사업 자체의 가치는 과연 얼마나 될까? 기업의 **사업가치**[enterprise value, EV 또는 **총사업가치**(total enterprise value, TEV)]는 채무가 없는 상태에서 평가된 사업자산의 가치에서 현금 및 시장성 유가증권을 제외하여 평가한다. 사업가치는 다음과 같이 계산된다.

$$사업가치 = 주식의\ 시장가치 + 채무 - 현금 \tag{2.4}$$

예를 들어 예제 2.1에서 2015년 글로벌의 시가총액은 $50.4 백만이다. 채무는 $116.7 백만($3.5 백만의 지급어음, $13.3 백만의 유동성 장기채무, 나머지 $99.9 백만의 장기채무)이다. 따라서 $21.2 백만의 현금 잔고하에서 글로벌의 사업가치는 50.4 + 116.7 − 21.2 = $145.9 백만이다. 사업가치는 어떤 회사의 사업을 인수하기 위한 비용으로 해석될 수 있다. 즉, 글로벌의 주식 전부를 매수하고 채무를 상환하는 데는 50.4 + 116.7 = $167.1 백만이 들지만, 글로벌의 $21.2 백만의 현금을 확보할 것이기 때문에, 이 회사 사업의 순비용은 167.1 − 21.2 = $145.9 백만에 불과하다.

1. 재무상태표 항등식은 무엇인가?
2. 기업 자산의 장부가치는 보통 시장가치와 다르다. 이러한 차이가 발생하는 이유는 무엇인가?
3. 기업의 사업가치는 무엇인가? 기업의 사업가치는 무엇을 측정하는가?

2.3 손익계산서

누군가가 핵심을 알기 원할 때, "마지막 행"을 보라고 얘기할 수 있는데, 이는 손익계산서에서 유래한 말이다. **손익계산서**(income statement) 또는 **재무성과명세서**(statement of financial performance)는 일정기간의 기업 수입과 비용을 보여준다.[4] 손익계산서의 마지막 행은 일정 기간 기업의 수익성을 나타내는 **순이익**(net income)을 보여준다. 손익계산서는 손익명세서(profit and loss[P&L] statement)라고도 불리고, 순이익은 기업의 **수익**(earnings)이라고 불리기도 한다. 이 절에서는 손익계산서의 항목을 자세하게 살펴보고, 이 자료들을 분석하기 위해 사용할 수 있는 비율들을 소개하고자 한다.

이익의 계산

재무상태표는 정해진 시점에 기업의 자산과 부채 상황을 보여주지만, 손익계산서는 두 개 시점 사이의 기간에 발생한 수입과 비용의 흐름을 보여준다. 표 2.2는 2015년 글로벌의 손익계산서를 나타내고 있다. 이제 손익계산서의 각 영역을 알아보자.

총이익 손익계산서의 첫째 행은 제품 판매로부터의 수입인 총매출을 나타낸다. 둘째 행은 매출원가를 나타낸다. 매출원가에는 제조원가와 같이 판매되는 제품 또는 서비스의 생산과 직접적으로 관련된 비용이 표시된다. 관리비, 연구개발비 및 이자비용과 같은 기타 비용은 매출원가에 포함되지 않는다. 세 번째 행은 총매출에서 매출원가를 차감한 **총이익**(gross profit)을 나타낸다.

영업비용 손익계산서의 다음 항목들은 영업비용이다. 이 항목들은 정상적인 영업을 유지하기 위해 지출되지만, 판매되는 제품 및 용역의 생산과는 직접적인 관계가 없는 비용이다. 여기에 포함되는 것들은 판매 및 일반 관리비, 일반 급여, 마케팅 비용, 연구개발비 등이다. 제3의 영업비용인 감가상각 및 **무형자산상각**(amortization)은 현금 지출을 수반하는 실제 비용이 아니고 시간의 경과에 따라 기업의 자산이 닳고 노후화되어서 가치가 감소되는 부분을 추정한 비용이다.[5] **영업이익**(operating income)은 기업의 총이익에서 영업비용을 차감한 것이다.

이자, 세금 차감전 이익 기업의 주요 영업 활동이 아닌 원천으로부터의 수입과 비용 정보도 손익계산서에 포함된다. 예를 들어 기업의 금융투자로부터 수입이 발생하면 여기에 속한다. 이러한 수입 또는 비용을 감안한 기업의 이익을 **이자, 세금 차감전 이익**(earnings before interest and taxes, EBIT)이라고 한다.

---

4 IFRS와 최근 미국 GAAP의 공표에서 손익계산서는 재무성과명세서로 언급된다.

5 몇몇 종류의 무형자산상각만이 세전 비용(예 : 인수 특허권 비용의 상각)으로 차감이 가능하다. 또한 기업은 손익계산서에 감가상각과 무형자산상각을 따로 표시하지 않고, 기능별로 비용에 포함시키는 경우가 많다. (예를 들어, 연구개발 장비의 상각을 연구개발비에 포함시킬 수 있다.) 이러한 방식으로 감가상각과 무형자산상각이 분리되면, 실무자들은 종종 각 비용 항목에 "순(clean)"을 붙여서 부른다(예 : "순연구개발비"는 감가상각 또는 무형자산상각을 제외한 연구개발비).

| 표 2.2 | 글로벌 복합기업 주식회사의 손익계산서 |

손익계산서

연도 말 12월 31일(단위: $ 백만)

	2015	2014
총매출	186.7	176.1
매출원가	(153.4)	(147.3)
총이익	33.3	28.8
판매 및 일반 관리비	(13.5)	(13.0)
연구개발비	(8.2)	(7.6)
감가상각 및 무형자산상각	(1.2)	(1.1)
영업이익	10.4	7.1
기타 이익	—	—
이자, 세금 차감전 이익(EBIT)	10.4	7.1
이자수입(비용)	(7.7)	(4.6)
세금차감전이익	2.7	2.5
세금	(0.7)	(0.6)
순이익	2.0	1.9
주당 순이익	$0.556	$0.528
희석 주당 순이익	$0.526	$0.500

세금차감전이익과 순이익 EBIT에서 채무 잔고에 대해 지급되는 이자비용을 차감하면, 세금차감전이익(pretax income 혹은 세전이익)이 계산된다. 세금차감전이익에서 세금을 차감하면 순이익을 얻게 된다.

순이익은 기업의 주주들의 총수익을 나타낸다. 순이익은 종종 1주당 기준으로 발표되기도 하는데, 이를 **주당 순이익**(earnings per share, EPS)이라고 하고 다음과 같이 계산한다.

$$\text{EPS} = \frac{\text{순이익}}{\text{발행주식 수}} = \frac{\$2.0 \text{ 백만}}{3.6 \text{ 백만 주}} = \text{주당 } \$0.556 \tag{2.5}$$

비록 글로벌이 2015년 말에 3.6 백만 주의 발행주식 수를 가졌다. 하지만 글로벌이 근로자나 경영진에게 정해진 시점에 정해진 가격으로 정해진 수의 주식을 살 수 있는 권리인 **스톡옵션**(stock options)의 보상을 준다면 발행주식 수가 증가할 수 있다. 만약 스톡옵션이 행사된다면, 기업은 새로운 주식을 발행하여야 하고 기업의 발행주식 수가 늘어날 것이다. 이 회사가 주식으로 전환될 수 있는 채권 형태인 **전환사채**(convertible bonds)를 발행한다면, 발행주식 수가 증가할 수 있다. 이 회사의 이익은 변화가 없는데 스톡옵션 또는 전환사채의 발행을 통해 발행주식 수가 증가하면, 주당 이익의 **희석화**(dilution)가 발생된다. 기업은 희석화의 가능성을 공시하기 위해 **희석 주당 순이익**(diluted EPS)을 보고하여야 한다. 희석 주당 순이익은 내가격(in-the-money)의 스톡옵션 또는 다른 주식 기반 보상이 행사되었거나, 전환사채가 전환된 것으로 가정하여 계산된 주당 순이익을 나타낸다. 예컨대 2014년에 글로벌은 주요 임원들에게 200,000주의 매각제한조건부 주식을 주었다. 이 주식들은 현재 발행주식 수를 변화시키지 않고 있지만,

결국은 이 회사의 발행주식 수를 증가시킬 것이다. 따라서 글로벌의 희석 주당순이익은 $2 백만/3.8 백만 주 = $0.526가 된다.[6]

1. 총이익과 순이익의 차이는 무엇인가?
2. 희석 주당 순이익이란 무엇인가?

2.4 현금흐름표

손익계산서는 정해진 기간의 기업의 이익 척도를 제공해주는 것으로, 기업이 벌어들인 현금의 규모를 알려주는 것은 아니다. 순이익이 기업이 벌어들인 현금과 일치하지 않는 두 가지 이유가 있다. 첫째, 손익계산서에는 감가상각과 무형자산 감가상각과 같은 비현금성 항목이 포함되기 때문이다. 둘째, 건물의 구입이나 재고비용과 같은 현금의 사용은 손익계산서에 보고되지 않기 때문이다. 이런 점들을 고려하여 **현금흐름표**(statement of cash flows)는 손익계산서와 재무상태표의 정보에 의해 정해진 기간에 얼마의 현금이 발생하였고, 얼마의 현금이 사용되었는가를 보여준다. 현금은 중요한 의미를 가진다. 현금은 대금 지불과 영업의 유지 및 투자자를 위한 투자 수익의 원천이다. 따라서 기업가치를 평가하려는 투자자나 현금흐름에 관심 있는 재무관리자의 입장에서 볼 때, 현금흐름표는 네 가지 재무제표 중 가장 중요할 수 있는 정보를 제공해준다.

현금흐름표는 영업 활동, 투자 활동, 자본조달 활동의 세 가지 부문으로 나눌 수 있다. 영업 활동은 손익계산서의 순이익으로부터 시작한다. 그런 다음에 순이익에 기업의 영업 활동과 관계된 비현금성 항목들을 다시 더하여 조정을 한다. 투자 활동은 투자를 위해 사용된 현금을 나열한다. 자본조달 활동은 기업과 투자자 간의 현금흐름을 보여준다. 표 2.3에 글로벌의 현금흐름표가 제시되어 있다. 이번 절에서는 현금흐름표의 각 요소에 대해 살펴보기로 하자.

영업 활동

글로벌의 현금흐름표에서 첫 부분은 순이익을 영업 활동에 관계된 비현금성 항목으로 조정하는 것이다. 예를 들어 순이익을 계산할 때 감가상각은 차감 항목이지만, 실제로 현금 지출이 이루어지는 것은 아니다. 따라서 기업이 발생시킨 현금 규모를 결정할 때에는 순이익에 감가상각 부분을 다시 더해주어야 한다. 마찬가지로 다른 비현금성 항목들(예 : 주식 기반 보상과 관련하여 지급이 연기된 세금 또는 경비)도 다시 더해주어야 한다.

다음으로 매출채권, 매입채무 또는 재고자산 등의 변동에서 발생한 순운전자본의 변화를 조정해주어야 한다. 기업이 제품을 판매할 때 판매 즉시 현금을 받지 않더라도 매출액을 수입으로 기록한다. 이는 고객에게 신용 판매를 한 것이고, 차후에 대금 지급을 요구하도록 한 것이다. 즉, 고객의 지급 의무가 기업의 매출채권이 된다. 이와 같이 순운전자본의 변화를 다음과 같이 조정하여야 한다.

---

6 스톡옵션의 경우 희석 주식 수는 일반적으로 자사주 방법을 사용하여 계산된다. 이 방법에서는 추가된 주식들이 스톡옵션 행사를 통해 얻는 이익과 동일한 가치를 갖는다. 이를테면 글로벌의 주가가 주당 $14일 때 직원에게 $7에 주식 한 주를 살 수 있는 권리를 부여하는 옵션은 희석된 주식 수 계산 시에 ($14 − $7)/$14 = 0.5주를 더한다.

표 2.3	글로벌 복합그룹 주식회사의 현금흐름표		

현금흐름표
연도 말 12월 31일(단위 : $ 백만)

		2015	2014
영업 활동			
	순이익	2.0	1.9
	감가상각 및 무형자산상각	1.2	1.1
	기타 비현금 항목	(2.8)	(1.0)
	운전자본 변동의 현금 효과 조정 :		
	매출채권	(5.3)	(0.3)
	매입채무	4.7	(0.5)
	재고자산	(1.0)	(1.0)
영업 활동 현금흐름		**(1.2)**	**0.2**
투자 활동			
	자본 지출	(14.0)	(4.0)
	인수 및 기타 투자 활동	(7.0)	(2.0)
투자 활동 현금흐름		**(21.0)**	**(6.0)**
자금조달 활동			
	배당 지급	(1.0)	(1.0)
	주식의 발행(또는 매입)	—	—
	차입의 증가	24.9	5.5
자금조달 활동 현금흐름		**23.9**	**4.5**
현금 및 현금 등가물의 변동		**1.7**	**(1.3)**

1. **매출채권** : 매출이 발생하였을 때 고객으로부터 현금이 들어온 것이 아니므로, 매출채권의 증가액만큼 현금흐름을 조정해야 한다. 이 증가는 기업의 고객에 대한 추가적인 대출로 보아야 하므로, 기업이 이용 가능한 현금의 규모를 감소시킨다.

2. **매입채무** : 매입채무의 증가액을 더하여야 한다. 매입채무는 공급자로부터 기업으로의 차입이 된다. 이러한 차입은 기업이 이용 가능한 현금의 규모를 증가시킨다.

3. **재고자산** : 마지막으로 재고자산의 증가액을 차감하여야 한다. 재고자산의 증가는 비용으로 기록되지 않고 순이익에도 기여하지 못한다. 단지 제품이 판매되면, 순이익을 계산할 때에 매출원가로 포함될 뿐이다. 그러나 재고자산의 증가비용은 기업의 현금 지출이므로 현금흐름 계산 시에 차감되어야 한다.

우리는 재무상태표에서 이러한 운전자본 항목들의 변동을 확인할 수 있다. 예를 들어 표 2.1에서 글로벌의 매출채권은 2014년 $13.2 백만에서 2015년 $18.5 백만으로 증가했다. 현금흐름표에서 18.5 − 13.2 = $5.3 백만의 매출채권 증가액을 차감한다. 글로벌이 손익계산서상에 플러스의 순이익을 보였음에도 불구하고, 영업 활동으로 인한 현금흐름이 실제로 −$1.2 백만을 가졌으며, 이는 주로 매출채권의 증가에 기인한다.

투자 활동

현금흐름표의 다음 부분은 투자 활동에 필요한 현금을 보여준다. 새로운 유형고정자산의 구입은 **자본 지출**(capital expenditures)이라고 한다. 자본 지출은 손익계산서에 당장 나타나지는 않고, 차후에 감가상각을 통해서 시간이 지남에 따라 비용으로 인식된다. 기업의 현금흐름을 결정하기 위하여 실질적인 현금 지출이 아닌 감가상각은 이미 다시 더해주었다. 이제는 현금 지출이 발생했던 실제 자본 지출을 차감하여야 한다. 비슷하게 다른 자산의 구입이나 기업 인수, 시장성 유가증권 매입 등 기업에 의한 장기투자도 차감하여야 한다. 표 2.3에서 2015년에 글로벌의 투자 활동으로부터의 현금 지출은 $21 백만임을 알 수 있다.

자본조달 활동

현금흐름표의 마지막 부분은 자본조달 활동으로부터의 현금흐름을 보여준다. 주주에게 지급된 배당금은 현금 유출이다. 글로벌은 2015년에 주주들에게 배당으로 $1 백만을 지급했다. 회사의 순이익과 (현금)배당금의 차이가 당해 연도의 **이익잉여금**(retained earnings)이 된다.

$$이익잉여금 = 순이익 - (현금)배당금 \qquad (2.6)$$

2015년 글로벌의 이익잉여금은 $2 백만 − $1 백만 = $1 백만 또는 순이익의 50%이다.

또한 회사가 자사주 매도를 통해 받은 현금 유입 또는 자사주 매입을 통한 현금 유출도 자금조달 활동에 포함된다. 글로벌은 이 기간에 주식을 발행하거나 자사주 매입을 하지 않았다. 자본조달 활동으로부터의 마지막 현금흐름은 글로벌의 단기 및 장기 차입 변화로부터 발생한 것이다. 글로벌이 채권을 발행하여 자금을 조달하였는데, 이러한 차입의 증가는 현금 유입을 발생시켰다.

현금흐름표의 마지막 행은 위에서 언급한 세 가지 활동으로부터의 현금흐름을 조정한 결과를 보여준다. 이 경우에 글로벌에게는 $1.7 백만의 현금 유입이 있었으며, 이는 앞서 재무상태표에서 보았던 2014년과 2015년 사이의 현금 변동과 일치한다. 표 2.3의 현금흐름표를 전체적으로 살펴보면, 글로벌이 투자 및 영업 활동을 위한 비용을 확보하기 위하여 차입을 선택하였음을 알 수 있다. 비록 글로벌의 현금 잔고는 증가하였지만, 마이너스 영업 현금흐름과 투자 활동에 대한 상대적으로 많은 자본지출이 투자자에게 우려할 만한 요인을 제공한다. 글로벌이 계속 영업을 하기 위해 차입 증가 또는 주식 발행을 통해 자본을 조달하여야 한다.

감가상각의 현금흐름에 대한 영향	예제 2.2

문제

글로벌은 2015년에 $1 백만의 추가적인 감가상각비가 들었다. 글로벌의 법인세율이 26%라면, 이 비용이 글로벌의 순이익에 미치는 영향은 무엇인가? 연말에 글로벌의 현금 잔고에 어떤 영향을 미칠 것인가?

풀이

감가상각비는 영업비용이다. 따라서 글로벌의 영업 이익인 EBIT와 세금차감전이익을 $1 백만 감소시킬 것이다. 세금차감전이익의 $1 백만 감소는 글로벌의 법인세를 26% × $1 백만 = $0.26 백만을 감소시킬 것이다. 따라서 순이익은 $1 백만 − $0.26 백만 = $0.74 백만 감소할 것이다.

현금흐름표에서 순이익이 $0.74 백만 감소하지만, 감가상각이 실제 현금비용이 아니기 때문에 추가적인 감가상각비인 $1 백만을 다시 더해준다. 따라서 영업 활동 현금흐름은 −$0.74 백만 + $1 백만 = $0.26 백만 증가할 것이다. 즉, 글로벌의 연말 현금 잔액은 추가적인 감가상각의 세금 절감액인 $0.26 백만만큼 증가한다.

1. 기업의 순이익이 벌어들인 현금과 다른 이유는 무엇인가?
2. 현금흐름표의 주요 항목들은 무엇인가?

2.5   기타 재무제표 정보

재무상태표, 손익계산서 및 현금흐름표는 가장 중요한 기업의 재무제표인데, 이들에 대해서는 이미 살펴보았다. 하지만 이들이 가지고 있지 못한 다른 종류의 정보, 즉 자본 변동표, 경영회의 및 분석, 재무제표 주석에 대해서도 간략히 언급할 필요가 있다.

자본 변동표

자본 변동표(statement of stockholders' equity)는 자기자본을 주식 발행금액(액면가치 + 납입자본금)과 이익잉여금으로 분해한다. 예를 들어 재평가 잉여금과 손익계산서로부터의 이익잉여금이 여기에 해당한다. 자기자본은 재무 목적으로 유용한 평가를 받지 못하기 때문에 재무관리자는 자본 변동표를 자주 사용하지 않는다(이에 따라 계산적인 세부사항은 생략한다). 우리는 기업의 다른 재무제표를 이용하여 다음과 같이 자기자본의 변동을 결정할 수 있다.[7]

$$자기자본의 변동 = 이익잉여금 + 주식의 순매도$$
$$= 순이익 - 배당금 + 주식의 매도 - 자사주 매입 \qquad (2.7)$$

글로벌은 주식 매도와 자사주 매입이 없었으므로, 2015년 이 회사의 자기자본은 이익잉여금의 금액인 $1.0 백만만큼 증가했다. 이러한 결과는 앞서 이 회사의 재무상태표에서 보았던 자기자본의 변동과 일치한다.

경영회의 및 분석

경영회의 및 분석(management discussion and analysis, MD&A)은 기업 경영진의 당해 연도 회의 보고서로 재무제표의 서문에 해당한다. 기업의 배경과 발생했던 중요한 사건들이 여기에 포함된다. 경영진이 언급한 다음 연도의 경영 목적, 신규 사업, 미래 계획들도 여기에 포함될 수 있다.

경영진은 기업이 당면한 중요한 위험과 함께 기업의 유동성과 자원에 영향을 미칠 수 있는 사안들에 대해 언급하여야 한다. 또한 경영진은 재무상태표에 나타나지는 않았지만, 기업의 장래 성과에 중요한 영향을 미칠 수 있는 거래나 약정과 같은 **부외거래**(off-balance sheet transactions)에 대해서도 공시하여야 한다. 예를 들어 당해 기업으로부터 구입한 자산의 하자에 대해서 손실을 보상해주기로 했다면, 이러한 보장은 기업의 잠재적인 미래 법적 책임으로서 MD&A의 일부로 공시되어야 한다.

재무제표 주석

네 가지 재무제표에 더하여 기업은 좀 더 자세한 정보를 **재무제표 주석**(notes to the financial statement)을 통하여 제공한다. 예를 들어 재무제표 작성을 위한 중요한 회계적 가정들이 여기에 해당한다. 자회사의 정보나 별개의 생산라인에 관한 사항도 여기에 속하고, 근로자들에 대한 스톡옵션이나 발행한 채권의 형태도 포함된다. 인수, 기업 분할, 리스, 세금 및 위험 관리 활동의 자세한 사항도 주석에 표시되어야 한

---

7   주식의 매도는 주식 기반 보상을 포함한다.

다. 재무제표 주석은 기업의 재무제표를 완전히 이해하기 위하여 매우 중요하다고 할 수 있다.

제품 유형별 매출 예제 2.3

문제

재무제표의 부문별 결과 부분에서 호멜 푸드(HRL) 주식회사는 각 보고 부문/제품 유형에 대해 다음과 같은 매출액을 보고했다(단위 : $ 백만).

	2014	2013
식료품 제품	1,558	1,518
냉장식품	4,644	4,252
제니-오 터키 스토어	1,672	1,602
특수식품	907	932
국제 및 기타	534	448

어느 유형이 가장 높은 매출 성장률을 보였나? 호멜이 동일한 성장률로 2014년부터 2015년까지 성장한다면, 이 회사의 2015년 총매출액은 얼마일까?

풀이

식료품 제품의 매출 성장률은 1,558/1,518 − 1 = 2.6%였다. 유사하게 냉장식품의 매출 성장률은 9.2%, 제니-오 터키 스토어의 매출 성장률은 4.4%, 특수식품의 매출 성장률은 2.7%, 국제 및 기타 유형의 매출 성장률은 19.2%이다. 따라서 국제 및 기타 유형이 가장 높은 매출 성장률을 보였다. 이러한 성장률이 1년 동안 계속된다면, 식료품 제품의 매출은 1,558 × 1.026 = $1,598 백만이 될 것이고, 냉장식품, 제니-오 터키 스토어, 특수식품, 국제 및 기타 유형의 매출은 각각 $5,071 백만, $1,746 백만, $883 백만 및 $637 백만이 될 것이다. 총매출액은 $9.9 십억으로, 2014년 대비 6.7% 증가했다.

개념 확인

1. 기업의 순이익이 벌어들인 현금과 다른 이유는 무엇인가?
2. 현금흐름표의 주요 항목들은 무엇인가?

2.6 재무제표 분석

투자자들은 종종 어떤 기업을 평가하기 위해 다음 두 가지 방법 중 하나로 회계 명세서를 사용한다.

1. 해당 기업이 시간이 지남에 따라 어떻게 변동했는지 분석하여 해당 기업 자체를 비교한다.
2. 공통적인 재무비율들을 사용하여 해당 기업을 다른 유사한 기업들과 비교한다.

이 절에서는 수익성, 유동성, 운전자본, 이자 보상, 레버리지, 가치평가 및 영업이익과 관련된 가장 보편적으로 사용되는 재무비율들을 설명하고 각 방법이 실제로 어떻게 사용되는지 설명한다.

수익성 비율

손익계산서는 기업 사업의 수익성과 이것이 주식가치와 어떻게 연계되는지에 대한 매우 유용한 정보를 제공한다. 기업의 **총이익률**(gross margin)은 총이익의 매출액 대비 비율이다.

$$총이익률 = \frac{총이익}{매출액} \tag{2.8}$$

총이익률은 기업이 제품을 제품의 매출원가보다 얼마나 비싸게 팔 능력이 있는지를 반영한다. 예를 들어 2015년에 글로벌의 총이익률은 33.3/186.7 = 17.8%이다.

기업의 사업을 운영하기 위해서는 매출원가 이외에 추가비용이 발생한다. 이로 인해 또 다른 중요한 수익성 비율 중의 하나인 영업이익률을 필요로 한다. 영업이익률은 영업이익의 매출액 대비 비율이다.

영업이익은 모든 영업상의 비용을 고려한 것이므로, **영업이익률**(operating margin)은 총이익률과는 다른 의미에서 중요한 수익성 지표가 된다. 영업이익률은 다음과 같이 계산된다.

$$영업이익률 = \frac{영업이익}{매출액} \tag{2.9}$$

영업이익률은 이자 및 세금 차감 전에 매출액 단위당 어느 정도의 수익성이 있는지를 나타낸다. 2015년 글로벌의 영업이익률은 10.4/186.7 = 5.87%로 2014년의 7.1/176.1 = 4.03%로부터 증가하였다. 우리는 유사하게 기업의 **EBIT 이익률**(EBIT margin = EBIT/매출액)을 비교할 수 있다.

우리는 산업 내의 기업들 간 영업이익률 또는 EBIT 이익률을 비교하여 기업 운영의 상대적인 효율성을 평가할 수 있다. 예를 들어 그림 2.1은 2007년부터 2012년까지 5개 주요 미국 항공사의 EBIT 이익률을 비교하고 있다. 2008~2009년 금융위기가 항공사의 수익성에 미치는 영향과 가장 규모가 크고 가장 오래된 항공사인 유나이티드-컨티넨탈의 경쟁사 대비 지속적으로 낮은 이익을 주목하길 바란다.

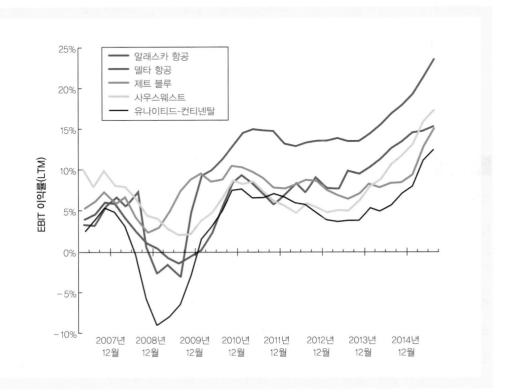

그림 2.1

5개 미국 항공사의 EBIT 이익률

5개 미국 항공사(알래스카 항공, 델타 항공, 제트 블루, 사우스웨스트, 유나이티드-컨티넨탈)의 연간(지난 12개월) EBIT 이익률. 2008년 금융위기 여파로 모든 항공사의 수익성 하락과 이후 2010년 중반 이후까지의 회복을 주목하라. 또한 전설적인 항공사인 유나이티드-컨티넨탈의 수익성이 신생 경쟁사들 대비 지속적으로 낮아지고 있음을 참고하라.

출처 : Capital IQ

운영의 효율성이 아닌 경영 전략의 차이로 인해 영업이익률의 차이가 발생할 수 있다. 예를 들어 2014년에 고급 소매업자인 노드스트롬은 9.8%의 영업이익률을 기록했다. 반면 월마트의 영업이익률은 5.87%에 불과했다. 이처럼 월마트의 영업이익률이 낮은 것은 비효율성의 결과로 나타나지 않았고, 평범한 제품을 대량으로 낮은 가격에 판매하는 이 회사의 전략에 일부 기인했다. 사실 월마트 매출액은 노드스트롬 매출액의 36배에 가까웠다.

마지막으로 기업의 **순이익률**(net profit margin)은 순이익의 매출액 대비 비율이다.

$$순이익률 = \frac{순이익}{매출액} \tag{2.10}$$

순이익률은 기업이 이자와 세금을 지불한 후에 주주에게 돌아가는 매출액 한 단위당 순이익의 수준을 보여준다. 2015년에 글로벌의 순이익률은 2.0/186.7 = 1.07%였다. 순이익률을 비교함에 있어서 한 가지 주의할 점은 다음과 같다. 순이익률의 차이가 효율성의 차이에서 발생할 수도 있지만, 회계적인 가정의 차이와 이자비용을 결정하는 레버리지의 차이에 의해서도 발생할 수 있다.

유동성 비율

재무분석가들은 종종 기업의 재무상태표에 있는 정보를 그 기업의 재무적 지급능력 또는 유동성을 평가하기 위해 사용한다. 보다 구체적으로 채권자들은 기업이 단기 자금 수요를 충당할 정도로 충분한 운전자본을 보유하고 있는가를 점검하기 위하여 유동자산과 유동부채를 비교한다. 이러한 비교는 유동자산을 유동부채로 나눈 **유동비율**(current ratio)에 의해 이루어진다.

$$유동비율 = \frac{유동자산}{유동부채}$$

글로벌의 유동비율은 2014년 48/44 = 1.09에서 2015년 57/48 = 1.19로 증가했다.

당좌비율(quick ratio)은 기업의 유동성에 대해 보다 엄격한 테스트를 가능하게 한다. 현금 및 "준현금자산(예 : 단기투자 및 매출채권)"을 유동부채로 나눈 비율이다. 2015년 글로벌의 당좌비율은 (21.2 + 18.5)/48 = 0.83이었다. 높은 유동비율 또는 당좌비율은 기업이 가까운 미래에 현금 부족을 경험할 위험이 낮음을 의미한다. 당좌비율 계산 시에 재고자산을 제외하는 이유는 그다지 유동성이 높지 않기 때문이다. 실제로 재고자산의 비정상적인 증가로 인한 유동비율의 증가는 기업이 자사 제품을 판매하는 데 어려움을 겪고 있다는 지표가 될 수 있다. 유동비율과 당좌비율이 높을수록 가까운 장래에 기업이 현금 부족에 당면할 위험이 작다는 것을 의미한다.

궁극적으로 기업은 직원에게 임금을 지불하고 다른 의무들을 이행하기 위해 현금이 필요하다. 기업의 현금 부족은 매우 비싼 대가를 치를 수 있다. 따라서 기업은 종종 현금 포지션을 계산하여 가장 엄격한 유동성 비율인 **현금비율**(cash ratio)을 계산한다.

$$현금비율 = \frac{현금}{유동부채}$$

물론 이러한 유동성 비율은 모두 기업의 유동자산만을 고려하기 때문에 제한적이다. 기업이 진행 중인 활동에서 상당한 현금을 신속하게 창출할 수 있다면 이러한 비율들이 낮더라도 유동성이 매우 높을 수 있다.

예제 2.4 유동성 비율의 계산

문제

글로벌의 당좌비율과 현금비율을 계산하라. 이러한 지표들에 근거할 때 2014년부터 2015년까지 유동성이 어떻게 변했나?

풀이

2014년 글로벌의 당좌비율은 (19.5 + 13.2)/44 = 0.74, 현금비율은 19.5/44 = 0.44였다. 2015년에 당좌비율 및 현금비율은 각각 0.83 및 21.2/48 = 0.44였다. 따라서 글로벌의 현금비율은 이 기간에 안정적이었고, 당좌비율은 약간 개선되었다. 이러한 유동성 지표들이 악화되지는 않았다. 하지만 투자자들이 글로벌의 유동성과 관련하여 우려할 만한 지표는 현금흐름표에 나타난 바와 같이, 영업 및 투자 활동으로 인한 지속적인 음(−)의 현금흐름일 수 있다.

운전자본 비율

기업의 손익계산서와 재무상태표에 있는 정보를 결합하여 기업이 순운전자본을 얼마나 효율적으로 사용하는지를 측정하는 데 사용할 수 있다. 어떤 기업이 매출을 현금으로 전환하는 속도를 평가하기 위하여 기업은 종종 **매출채권 회수일**(accounts receivable days)을 계산하는데, 이는 매출채권을 일평균 매출액으로 나누어서 다음과 같이 계산된다.[8]

$$매출채권 \ 회수일 = \frac{매출채권}{일평균 \ 매출액} \tag{2.11}$$

2015년 일평균 매출액이 $186.7 백만/365 = $0.51 백만인 것을 감안할 때, $18.5 백만의 매출채권은 18.5/0.51 = 36일 분량의 매출을 나타낸다. 달리 표현하면 글로벌은 고객으로부터 지불을 받기 위해 평균적으로 1개월이 조금 넘게 걸린다. 2014년에 글로벌의 매출채권은 27일 분량의 매출만 나타냈다. 비록 매출채권 회수일은 계절적으로 변동할 수 있지만, 예상하지 못한 현저한 증가는 우려의 원인일 수 있다(아마도 회사가 고객으로부터 대금을 회수하는 일을 잘못하고 있다는 것 혹은 관대한 신용거래 조건을 제공하여 매출을 촉진하고 있다는 증거일 수 있다).

이와 비슷한 비율이 매입채무와 재고자산에도 존재한다. 이 비율들의 경우 회사의 매출원가와 비교하는 것이 자연스럽다. 매출원가는 공급업체 지급 및 판매된 재고에 대한 총금액을 반영해야 한다. 따라서 **매입채무 지급일**(accounts payable days)은 다음과 같이 정의된다.

$$매입채무 \ 지급일 = \frac{매입채무}{일평균 \ 매출원가} \tag{2.12}$$

유사하게 **재고일수**(inventory days) = (재고자산/일평균 매출원가)이다.[9]

회전율(turnover ratios)은 운전자본을 측정하는 또 다른 방법이다. 회전율은 연간 수입 또는 비용을 해당 운전자본 계정의 배수로 계산된다.

---

[8] 매출채권 회수일은 당기 말과 전기 말의 평균 매출채권으로 계산할 수도 있다.

[9] 매출채권 회수일과 마찬가지로 이 비율은 현재 및 이전 연도의 평균 매입채무 또는 재고 잔고를 사용하여 계산될 수도 있다.

$$재고자산 회전율 = \frac{연간\ 매출원가}{재고자산} \tag{2.13}$$

2015년 글로벌의 **재고자산 회전율**(inventory turnover)은 153.4/15.3 = 10.0배인데, 이는 글로벌이 연중 재고량의 약 10배를 판매했다는 것을 의미한다. 마찬가지로 **매출채권 회전율**(accounts receivable turnover) = (연간 매출액/매출채권) 및 **매입채무 회전율**(accounts payable turnover) = (연간 매출원가/매입채무)이다. 더 높은 회전율은 더 짧은 기일과 운전자본의 더 효율적인 사용을 의미한다.

운전자본 비율은 시간이 지남에 따라 또는 산업 내에서 의미 있게 비교될 수 있지만, 산업 간에는 큰 차이가 있다. 미국의 평균 규모 기업은 2015년에 약 49일 분의 매출채권과 54일 분의 재고를 보유하고 있었다. 항공사들은 그들의 고객이 선금을 지불하고 물리적인 상품이 아닌 항공 서비스를 판매하기 때문에, 최소한의 매출채권과 재고를 보유하는 경향이 있다. 반면에 증류주와 와인 생산자는 그들의 제품이 판매되기 전에 숙성되어야 하며, 이로 인해 그들은 매우 많은 재고량(평균 300일 이상)을 보유하는 경향이 있다.

이자보상 배율

채권자들은 종종 기업의 이자 지급 의무를 이행할 수 있는 능력을 평가하는데, 이를 위해 이익을 이자비용과 비교하는 **이자보상 배율**(interest coverage ratio)을 사용한다. 이 비율에서 이익의 정의가 하나로 지정되어 있지 않은 가운데, 가장 흔히 EBIT가 사용된다. 이 비율이 높으면 기업이 지급해야 하는 이자비용보다 훨씬 많은 이익을 얻고 있음을 의미한다.

채권자들은 종종 EBIT/이자비용의 이자보상 배율을 살펴보고, 이 비율이 5배 이상이면 우량 차입자로 판단한다. EBIT/이자비용의 이자보상 배율이 1.5배 이하로 떨어지면, 차입자들은 기업의 채무 상환 능력에 의문을 가지기 시작할 수 있다.

감가상각과 무형자산상각이 EBIT를 계산하기 위하여 차감되지만, 실제 기업의 현금비용이 아니다. 이에 따라 재무분석가들은 종종 기업이 영업을 통해 창출하고 이자 지급을 할 수 있는 현금의 척도로 **이자, 세금, 감가상각, 무형자산상각 차감전 이익**(earnings before interest, taxes, depreciation, and amortization, EBITDA)을 계산한다.[10]

$$EBITDA = EBIT + 감가상각\ 및\ 무형자산상각 \tag{2.14}$$

우리는 기업의 EBITDA/이자비용으로 이자보상 배율을 계산할 수도 있다.

이자보상 배율의 계산	예제 2.5

문제

EBIT와 EBITDA를 모두 사용하여 이자보상 배율을 계산하여 이자 지급 의무를 이행할 수 있는 글로벌의 능력을 평가하라.

---

10 기업은 종종 감가상각비와 무형자산상각을 손익계산서에 별도로 표시하지 않기 때문에, EBITDA는 일반적으로 손익계산서의 EBIT와 현금흐름표의 감가상각 및 무형자산상각을 합산하여 계산된다. 회사는 궁극적으로 감가상각되는 자산을 대체하기 위해 투자해야 할 수도 있기 때문에, EBITDA는 회사의 단기 이자 지급 능력에 대한 가장 적합한 척도로 볼 수 있다.

풀이

글로벌은 2014년과 2015년에 다음과 같은 이자보상 배율을 보였다.

$$2014 : \frac{\text{EBIT}}{\text{이자비용}} = \frac{7.1}{4.6} = 1.54, \quad \frac{\text{EBITDA}}{\text{이자비용}} = \frac{7.1 + 1.1}{4.6} = 1.78$$

$$2015 : \frac{\text{EBIT}}{\text{이자비용}} = \frac{10.4}{7.7} = 1.35, \quad \frac{\text{EBITDA}}{\text{이자비용}} = \frac{10.4 + 1.2}{7.7} = 1.51$$

이 경우 글로벌의 낮고 계속 감소하는 이자보상 배율은 채권자들에게 우려의 원천이 될 수 있다.

레버리지 비율

회사의 재무상태표로부터 알 수 있는 다른 중요한 정보는 기업의 **레버리지**(leverage, 기업이 자본조달의 원천으로 부채에 의존하는 정도)다. 부채비율은 일반적인 레버리지 비율 중의 하나다. **부채/주식 비율**(debt-equity ratio) 또는 부채비율은 단기 및 장기채무의 총액인 총채무를 총주식으로 나누어 계산된다.

$$부채/주식 \ 비율 = \frac{총채무}{총주식} \tag{2.15}$$

우리는 부채비율 계산을 위해 주식 및 채무의 장부가치 또는 시장가치를 이용할 수 있다. 표 2.1에서 2015년 글로벌의 채무는 약속어음($3.5 백만), 유동성 장기채무($13.3 백만), 장기채무($99.9 백만)로 총 $116.7 백만에 달한다. 따라서 주식의 장부가치를 사용할 때 이 회사의 부채비율은 116.7/22.2 = 5.3이다. 2015년 부채비율이 2014년 부채비율 (3.2 + 12.3 + 76.3)/21.2 = 91.8/21.2 = 4.3에서 증가하였다.

주식의 장부가치를 해석하는 것이 어렵기 때문에, 장부 부채비율(book debt-equity ratio)은 특별히 유용하지 않다. 실제로 주식의 장부가치는 음수일 수도 있어, 이 비율을 의미가 없게 만든다. 예를 들어 도미노 피자는 현금흐름 창출 능력을 기반으로 자산의 장부가치를 초과하는 차입을 지속적으로 했다. 2014년에 이 회사는 $1.8 십억의 채무를 졌는데, 총자산의 장부가치는 $600 백만이고 주식의 장부가치는 −$1.2 십억이었다!

그러므로 회사의 채무와 주식의 시장가치를 비교하는 것이 가장 많은 정보를 얻을 수 있다. 2015년에 글로벌 주식의 시장가치(시가총액)는 3.6 백만 주×$14/주 = $50.4 백만이라는 예제 2.1을 상기하자. 따라서 2015년 글로벌의 시장 부채비율(market debt-equity ratio)은 116.7/50.4 = 2.3으로, 이 회사의 채무가 주식 시장가치의 2배가 되는 것을 의미한다.[11] 나중에 이 책에서 볼 수 있듯이 기업의 시장 부채비율은 기업 주식의 위험과 수익률에 중요한 영향을 미친다.

우리는 또한 **부채/자본 비율**(debt-to-capital ratio)로 채무에 의해 조달된 기업의 자본을 계산할 수 있다.

$$부채/자본 \ 비율 = \frac{총채무}{총주식 + 총채무} \tag{2.16}$$

---

[11] 이 계산에서 우리는 주식의 시장가치를 채무의 장부가치와 비교했다. 엄밀히 말하면, 채무의 시장가치를 이용하는 것이 최선이다. 그러나 채무의 시장가치는 일반적으로 채무의 장부가치와 크게 다르지 않다. 이로 인해 실무에서는 이러한 구분이 종종 무시된다.

이 비율 역시 장부가치 또는 시장가치를 사용하여 계산될 수 있다.

레버리지의 증가는 주주의 위험을 증가시키는 반면, 기업은 위험을 줄이기 위해 현금을 보유할 수도 있다. 따라서 고려해야 할 레버리지를 측정하는 또 다른 유용한 방법은 기업의 **순채무**(net debt), 즉 현금 보유액을 초과하는 채무이다.

$$순채무 = 총채무 - 초과 현금 및 단기투자 \tag{2.17}$$

순채무가 레버리지의 더 적절한 척도가 될 수 있는 이유를 이해하기 위해, 채무보다 더 많은 현금을 보유한 회사를 고려하자. 이러한 회사는 가용 현금을 사용하여 즉시 채무를 상환할 수 있기 때문에, 채무가 위험을 증가시키지 않고 레버리지를 증가시키는 효과를 가져오지 않는다.

채무/자본 비율과 유사하게, 순채무의 개념을 사용하여 회사의 **부채/사업가치 비율**(debt-to-enterprise value ratio)을 계산할 수 있다.

$$부채/사업가치 비율 = \frac{순채무}{주식의 \ 시장가치 + 순채무} = \frac{순채무}{사업가치} \tag{2.18}$$

글로벌의 2015년 현금 잔액이 $21.2 백만이고 장기 및 단기 채무 총액이 $116.7 백만이라면 순채무는 116.7 − 21.2 = $95.5 백만이다.[12] $50.4 백만의 주식의 시장가치를 감안할 때, 2015년 글로벌의 사업가치는 50.4 + 95.5 = $145.9 백만으로 부채/사업가치 비율은 95.5/145.9 = 65.5%이다. 즉, 글로벌 사업 활동의 65.5%가 채무를 통해 조달된다.

마지막 레버리지 지표는 총자산/주식 장부가치의 비율처럼 장부가치로 측정된 **주식 배수**(equity multiplier)이다. 우리가 곧 보게 되겠지만, 이 지표는 레버리지로 인해 발생하는 기업 회계 수익률의 증폭을 포착한다. 일반적으로 사업가치/시가총액의 비율로 측정되는 주식 시장가치 배수는 레버리지로 인해 발생하는 주주의 재무 위험의 증폭을 나타낸다.

가치평가 비율

재무분석가와 투자자들은 기업의 시장가치를 측정하기 위하여 여러 가지 비율을 사용한다. 그중 가장 중요한 비율이 **주가/순이익 비율**(price-earnings[P/E] ratio)이다.

$$P/E \ 비율 = \frac{시가총액}{순이익} = \frac{주당 \ 가격}{주당 \ 순이익} \tag{2.19}$$

즉, P/E 비율은 주식 시장가치의 기업 순이익 대비 비율이다. 예를 들어 2015년 글로벌의 P/E 비율은 50.4/2.0 = 14/0.556 = 25.2이다. 달리 표현하면 투자자들이 글로벌의 주식 한 주를 사기 위해 주당 순이익의 25배를 기꺼이 지불하려고 한다.

P/E 비율은 주가가 기업이 주주들을 위해 창출할 수 있는 순이익의 수준에 비례한다는 아이디어에 기반을 두고, 주가의 과대 또는 과소평가 여부를 알아보는 단순한 척도다. P/E 비율은 산업별로 다르게 나타날 수 있는데, 기대 성장률이 높은 산업의 경우에는 매우 높은 값을 갖는 경향이 있다.

---

12 이 계산에서는 주식의 시장가치를 채무의 장부가치와 비교하게 되는데, 엄격하게 말하면 채무의 시장가치를 사용하는 것이 가장 좋다. 그러나 일반적으로 채무의 시장가치는 장부가치와 크게 다르지 않기 때문에 실무에서는 이러한 구분이 무시되기도 한다.

예를 들어 2015년 말 미국의 중견기업은 약 21의 P/E 비율을 보였다. 그러나 평균 성장률보다 높은 성장률을 갖는 소프트웨어 회사의 평균 P/E 비율은 38이었다. 반면 경기침체 이후 느린 성장을 경험한 자동차회사들의 평균 P/E 비율은 약 15였다. 기업의 위험은 P/E 비율에 영향을 미칠 것이다. 다른 모든 조건이 같다면, 위험한 회사들은 낮은 P/E 비율을 갖는다. P/E 비율은 기업 주식의 가치를 고려하기 때문에, 기업의 레버리지 선택에 민감하다. 따라서 P/E 비율은 현저하게 다른 레버리지를 가진 기업들을 비교할 때 그 유용성이 제한적이다. 우리는 기업의 사업가치를 이용하여 기업이 영위하는 사업의 시장가치를 평가함으로써 이러한 한계를 피할 수 있다. 사업가치/매출액, 사업가치/영업이익, 사업가치/EBIT, 사업가치/EBITDA 비율이 흔히 사용되는 비율에 속한다. 이러한 비율들은 사업의 가치를 매출액, 영업이익 또는 현금흐름과 비교한다. 이러한 비율들은 P/E 비율처럼 기업들이 시장에서 어떻게 가치평가 되는지를 산업 내에서 비교하는 데 사용된다.

일상적인 실수   **잘못 비교된 비율**

가치평가 비율을 고려할 때, 비교하는 항목이 기업 전체에 관계된 수치인지 아니면 주주에게만 관련된 수치인지를 확인해야 한다. 예를 들어 기업의 주가와 시가총액은 기업의 주식과 관계된 값들이다. 따라서 주가와 시가총액은 채권자들에게 지불되는 이자 차감 이후에 주주에게 돌아가는 기업의 주당 이익 또는 순이익과 비교하여야 한다. 하지만 기업의 시가총액을 매출액,

영업이익, 또는 EBITDA와 비교한다면 조심스러워야 한다. 이러한 값들은 기업 전체에 관련되기 때문에 채권자와 주주 모두에게 관련된 금액이다. 따라서 매출액, 영업이익 또는 EBITDA는 채무와 주식을 모두 포함하는 기업의 사업가치와 비교하여야 한다.

예제 2.6   **수익성과 가치평가 비율 계산하기**

문제

월마트와 타깃에 대한 다음 2015년 자료를 고려하자(단위 : $ 십억).

	월마트	타깃
매출액	485.7	73.1
EBIT	26.6	4.5
감가상각 및 무형자산상각	9.2	2.1
순이익	16.2	2.5
시가총액	235.6	52.9
현금	9.1	2.2
채무	48.8	12.8

월마트와 타깃의 EBIT 이익률(=EBIT/매출액), 순이익률(=순이익/매출액), P/E 비율, 그리고 사업가치를 각각 매출액, EBIT, EBITDA와 비교하는 비율을 구하라.

풀이

월마트는 26.6/485.7 = 5.5%의 EBIT 이익률, 16.2/485.7 = 3.3%의 순이익률과 235.6/16.2 = 14.5의 P/E 비율을 가진다. 월마트의 사업가치는 235.6 + 48.8 − 9.1 = $275.3 십억이다. 사업가치는 매출액의 275.3/485.7 = 0.57배, EBIT의 275.3/26.6 = 10.3배, EBITDA의 275.3/(26.6 + 9.2) = 7.7배이다.

타깃은 4.5/73.3 = 6.2%의 EBIT 이익률, 2.5/73.1 = 3.4%의 순이익률과 52.9/2.5 = 21.2의 P/E 비율을 가진다. 월마트의 사업가치는 52.9 = 12.8 - 2.2 = \$63.5 십억이다. 사업가치는 매출액의 63.4/73.1 = 0.87 배, EBIT의 63.5/4.5 = 14.1배, EBITDA의 63.5/(4.5 + 2.1) = 9.6배이다.

두 기업의 규모가 큰 차이를 가지고 있음에도 불구하고, 타깃은 시장에서 월마트보다 높은 가치평가 비율로 거래되고 있다.

기업의 이익이 음수인 경우에는 P/E 비율, 사업가치/EBIT, 사업가치/EBITDA 등의 비율이 의미가 없다. 이 경우에는 기업의 사업가치를 매출액으로 나눈 값을 사용하는 것이 일반적이다. 하지만 기업의 사업 모델이 기본적으로 잘못되었기 때문에, 이익이 음수인 경우에는 이 방법도 위험하다. 1990년대 후반의 수많은 인터넷 기업들이 여기에 해당한다고 할 수 있다.

투자 수익률

재무분석가들은 종종 기업의 투자에 대한 수익률을 평가하기 위해 기업의 순이익과 투자를 비교하는 지표를 이용한다. **자기자본 수익률**(return on equity, ROE)은 이러한 지표 중 대표적인 것이며, 다음과 같이 계산된다.[13]

$$\text{자기자본 수익률} = \frac{\text{순이익}}{\text{주식 장부가치}} \tag{2.20}$$

2015년 글로벌의 ROE는 2.0/22.2 = 9.0%였다. ROE는 기업의 과거 투자에 대한 수익성을 나타내는 지표이다. 높은 ROE는 기업이 수익성이 아주 높은 투자 기회를 선택했다는 것을 의미한다. 물론 이 지표의 단점은 주식의 장부가치를 해석하는 데 어려움이 있다는 것이다.

총자산 수익률(return on assets, ROA)도 기업의 순이익과 투자를 비교하는 지표로 흔히 사용되며, 그 계산 방법은 다음과 같다.[14]

$$\text{총자산 수익률} = \frac{\text{순이익} + \text{이자비용}}{\text{총자산 장부가치}} \tag{2.21}$$

총자산 수익률의 분자는 이자비용을 포함하고 있다. 그 이유는 분모에 있는 총자산에 대한 자본조달이 주주와 채권자에 의해 이루어졌기 때문이다.

성과 측정 지표로 ROA는 ROE보다 레버리지에 덜 민감하다는 이점이 있다. 그러나 ROA는 운전자본에 민감하다. 예를 들면 회사의 매출채권 및 매입채무가 동일하게 증가하면 총자산이 증가하고 ROA가 낮아진다. 이 문제를 피하기 위해 회사는 **투자자본 수익률**(return on invested capital, ROIC)을 고려할 수 있다.

$$\text{투자자본 수익률} = \frac{\text{EBIT}(1 - \text{세율})}{\text{주식 장부가치} + \text{순채무}} \tag{2.22}$$

---

13 당기 순이익은 당해 연도에 대해 측정되지만, ROE는 전기 말과 당기 말의 평균 주식 장부가치에 의해 계산될 수도 있다.

14 ROA는 회사의 채무 보증을 위해 사용되고 있는 자산에 의해 생성된 수익을 부적절하게 무시한 가운데, 순이익/자산으로 계산되는 경우가 종종 있다(44쪽 글상자 '잘못 비교된 비율' 참조). 또한 채무에 의한 세금 절약 효과를 제거하기 위해 이자비용이 종종 세후 기준으로 더해진다. 마지막으로, ROE처럼 자산에 대해서 연초와 연말의 평균 장부가치를 사용할 수 있다.

ROIC는 이자비용(또는 이자소득)을 제외한 사업 자체에 의해 생성된 세후 이익을 측정하고, 이를 주주 및 채권자로부터 자본조달되어 이미 배치된(즉, 현금으로 보유되지 않는) 자본과 비교한다. 투자 수익률의 세 가지 측정 방법 중 ROIC는 기업이 영위하는 사업 성과를 평가하는 데 가장 유용하다.

| 예제 2.7 | 투자 수익률의 계산 |

문제

글로벌의 2014년 대비 2015년의 총자산 수익률과 투자자본 수익률의 변동을 계산한 후, 이 회사가 자산을 효율적으로 활용하는 능력에 어떤 변화가 있었는지를 평가하라.

풀이

글로벌의 ROA는 2014년에 $(1.9 + 4.6)/148.9 = 4.4\%$, 2015년에 $(2.0 + 7.7)/177.7 = 5.5\%$이다.

투자자본 수익률을 계산하기 위해 세후 EBIT를 계산해야 하며, 이를 위해 글로벌의 세율에 대한 추정이 필요하다. 순이익 = 세전이익 × (1 − 세율)이기 때문에, (1 − 세율) = 순이익/세전이익을 추정할 수 있다. 따라서 2015년에는 EBIT × (1 − 세율) = $10.4 \times (2.0/2.7) = 7.7$, 2014년에는 $7.1 \times (1.9/2.5) = 5.4$가 된다.

투자자본을 계산하기 위해, 먼저 글로벌의 순채무를 계산해야 한다. 글로벌의 순채무는 2014년에 $3.2 + 12.3 + 76.3 − 19.5 = 72.3$, 2015년에는 $3.5 + 13.3 + 99.9 − 21.2 = 95.5$이다. 따라서 글로벌의 ROIC는 2014년에 $5.4/(21.2 + 72.3) = 5.8\%$, 2015년에 $7.7/(22.2 + 95.5) = 6.5\%$이다.

2014년부터 2015년까지 ROA와 ROIC가 개선되면서, 글로벌은 이 기간에 자산을 보다 효율적으로 사용하고 수익을 높일 수 있었다.

듀퐁 항등식

기업의 ROE를 수익성, 자산 효율성 및 레버리지 측면에서 표현하는 **듀퐁 항등식**(DuPont Identity)이라는 도구를 사용하여, 기업의 ROE에 대한 더 깊은 통찰력을 얻을 수 있다. 듀퐁 항등식은 이 항등식의 사용을 보편화시킨 듀퐁의 사명을 따서 명명한 것이다.

$$ROE = \underbrace{\left(\frac{순이익}{매출액}\right)}_{순이익률} \times \underbrace{\left(\frac{매출액}{총자산}\right)}_{자산회전율} \times \underbrace{\left(\frac{총자산}{주식의 \ 장부가치}\right)}_{자기자본 \ 배수} \tag{2.23}$$

듀퐁 항등식의 첫 번째 항목은 기업의 전반적인 수익성을 측정하는 기업의 순이익률이다. 두 번째 항목은 기업이 매출을 창출하기 위해 자산을 얼마나 효율적으로 사용하는지를 측정하는 기업의 **자산회전율**(asset turnover)이다. 첫 번째 및 두 번째 항목은 기업의 총자산에 대한 수익률을 결정한다. ROE는 첫 번째 및 두 번째 항목의 곱에 자기자본 배수라는 레버리지 지표를 곱하여 계산된다. 자기자본 배수는 주식 장부가치 $1당 자산의 가치를 나타낸다. 기업이 부채에 의존하면 할수록 자기자본 배수는 더 높아진다. 듀퐁 항등식을 글로벌에 적용하면 다음과 같다. 2015년에 글로벌의 자산회전율 $186.7/177.7 = 1.05$이고, 자기자본 배수 $177.7/22.2 = 8$이다. 순이익률이 1.07%일 때, 글로벌의 ROE는 다음과 같다.

$$ROE = 9.0\% = 1.07\% \times 1.05 \times 8$$

ROE의 결정 요인

문제

2015년 연말에 월마트는 \$485.7 십억의 매출액, \$16.2 십억의 순이익, \$203.7 십억의 자산, \$85.9 십억의 주식 장부가치를 가졌다. 동일한 기간에 타깃은 \$73.1 십억의 매출액, \$2.5 십억의 순이익, \$41.4 십억의 자산, \$14 십억의 주식 장부가치를 가졌다. 이 기간에 두 기업의 수익성, 자산회전율, 자기자본 배수, ROE를 비교하라. 만약 타깃이 월마트의 자산회전율과 동일한 자산 회전율을 가진다면, 월마트의 ROE는 어떻게 될까?

풀이

(예제 2.6으로부터) 월마트의 순이익률(= 16.2/485.7 = 3.34%)은 타깃의 순이익률(= 2.5/73.1 = 3.42%)보다 약간 낮다. 반면에 월마트는 타깃보다 자산을 더 효율적으로 사용하였다. 월마트의 자산회전율(= 485.7/203.7 = 2.38)이 타깃의 자산회전율(= 73.1/41.4 = 1.77)보다 높다. 마지막으로 타깃은 (장부가치 기준으로) 월마트보다 더 높은 레버리지를 갖는다. 월마트의 자기자본 배수(= 41.4/14 = 2.96)는 타깃의 자기자본 배수(= 203.7/85.9 = 2.37)보다 높다. 다음으로 듀퐁 항등식을 이용하여 각 기업의 ROE를 계산하자.

$$\text{월마트 ROE} = \frac{16.2}{85.9} = 18.8\% = 3.34\% \times 2.38 \times 2.37$$

$$\text{타깃 ROE} = \frac{2.5}{14} = 17.9\% = 3.42\% \times 1.77 \times 2.96$$

순이익률과 레버리지가 높았음에도 불구하고, 자산회전율이 낮기 때문에 타깃의 ROE는 월마트보다 낮았다. 타깃의 자산회전율이 월마트의 자산회전율과 일치할 수 있었다면, ROE는 3.42% × 2.38 × 2.96 = 24.1%로 상당히 높아졌다.

표 2.4는 지금까지 논의한 재무비율들을 요약하기 위해 수익성, 유동성, 운전자본, 이자보상 배율, 레버리지, 가치평가 및 투자 수익률에 대한 다양한 척도를 제시하고 있다.

1. EBITDA가 이자 지급 의무를 이행할 수 있는 기업의 능력을 평가하기 위해 사용되는 이유는 무엇인가?
2. 기업의 장부 부채비율과 시장 부채비율의 차이는 무엇인가?
3. 레버리지의 차이가 큰 기업들의 가치평가를 비교하기 위하여 어떤 가치평가 배수가 가장 적합할까?
4. 듀퐁 항등식은 무엇인가?

2.7 재무 보고 실무

우리가 검토하였던 재무제표들은 투자자와 재무관리자들에게 매우 중요한 정보다. GAAP, 회계감사인과 같은 보호책이 있음에도 불구하고, 불행하게도 재무 보고의 남용이 발생한다. 이제 그중에서 가장 사악했던 최근의 두 가지 예를 소개하고자 한다.

표 2.4	미국 대기업에 대한 주요 재무비율(2015년 가을)

자료는 시가총액 $1 십억 이상 미국 주식들에 대하 분위(25%, 중간값, 75%)

수익성 비율

총이익률
[28%, 42%, 65%]
$$\frac{총이익}{매출액}$$

영업이익률
[7%, 13%, 22%]
$$\frac{영업이익}{매출액}$$

EBIT 이익률
[6%, 12%, 20%]
$$\frac{EBIT}{매출액}$$

순이익률
[2%, 7%, 14%]
$$\frac{순이익}{매출액}$$

유동성 비율

유동비율
[1.2x, 1.8x, 2.9x]
$$\frac{유동자산}{유동부채}$$

당좌비율
[0.7x, 1.2x, 2.0x]
$$\frac{현금 및 단기투자 + 매출채권}{유동부채}$$

현금비율
[0.1x, 0.4x, 0.8x]
$$\frac{현금}{유동부채}$$

운전자본 비율

매출채권 회수일
[32, 49, 67]
$$\frac{매출채권}{일평균 매출액}$$

매입채무 지급일
[25, 42, 62]
$$\frac{매입채무}{일평균 매출액}$$

재고일수
[24, 54, 92]
$$\frac{재고자산}{일평균 매출액}$$

이자보상 배율

EBIT/이자보상 배율
[2.9x, 6.7x, 15.8x]
$$\frac{EBIT}{이자비용}$$

EBITDA/이자보상 배율
[5.2x, 9.8x, 20.2x]
$$\frac{EBITDA}{이자비용}$$

레버리지 비율

장부 부채비율
[21%, 60%, 121%]
$$\frac{총채무}{주식 장부가치}$$

시장 부채비율
[6%, 21%, 51%]
$$\frac{총채무}{주식 시장가치}$$

부채/자본 비율
[18%, 38%, 56%]
$$\frac{총채무}{총주식 + 총부채}$$

부채/사업가치 비율
[-4%, 9%, 25%]
$$\frac{순채무}{사업가치}$$

장부 주식 배수
[1.7x, 2.5x, 4.0x]
$$\frac{총자산}{주식 장부가치}$$

시장 주식 배수
[1.0x, 1.1x, 1.5x]
$$\frac{사업가치}{주식 시장가치}$$

가치평가 비율

시가/장부가 비율
[1.6x, 2.9x, 5.5x]
$$\frac{주식 시장가치}{주식 장부가치}$$

P/E 비율
[15.7x, 21.6x, 32.6x]
$$\frac{주가}{주당 순이익}$$

사업가치/매출액 비율
[1.3x, 2.4x, 4.3x]
$$\frac{사업가치}{매출액}$$

사업가치/EBIT 비율
[11.9x, 15.7x, 22.2x]
$$\frac{사업가치}{EBIT}$$

사업가치/EBITDA 비율
[8.8x, 11.5x, 15.4x]
$$\frac{사업가치}{EBITDA}$$

투자 수익률

자산회전율
[0.3x, 0.6x, 1.1x]
$$\frac{매출액}{총자산}$$

ROE
[4%, 11%, 19%]
$$\frac{순이익}{주식 장부가치}$$

ROA
[-1%, 3%, 8%]
$$\frac{순이익 + 이자비용}{자산 장부가치}$$

ROIC
[7%, 12%, 21%]
$$\frac{EBIT(1 - 세율)}{주식 장부가치 + 순채무}$$

엔론

엔론은 2000년대 초반에 회계 스캔들로 가장 유명했던 기업이다. 엔론은 천연가스 파이프라인의 운영자로 기업의 영업을 시작하여 가스, 석유, 전기, 심지어는 인터넷으로 사업 영역을 확장하였던 기업이다. 일련의 사건이 2001년 12월에 엔론이 미국 역사상 가장 대규모의 파산 신고를 하게 만들었다. 2001년 말에 엔론의 시가총액은 $60 십억 이상 하락하였다.

흥미롭게도 1990년대와 2001년 하반기까지도 엔론은 미국에서 가장 성공적이고 수익성이 좋은 기업으로 알려졌다. 포춘은 1995년부터 2000년까지 6년 동안 계속해서 엔론을 "미국에서 가장 혁신적인 기업"이라고 평가하였다. 엔론 사업의 여러 가지 측면이 성공적이었다고 알려졌지만, 엔론의 경영진이 투자자를 오인하도록 하여 인위적으로 엔론의 주가를 부풀리고 엔론의 신용평가를 유지하기 위하여 재무제표를 조작하여 왔다는 것이 철저한 조사에 의해 밝혀졌다. 이를테면 2000년에 보고된 엔론 이익의 96%가 회계 조작의 결과였다.[15]

엔론이 사용한 회계 조작들은 매우 복잡했지만, 대부분의 사기적 거래의 핵심은 놀라울 정도로 간단했다. 엔론은 부풀려진 가격으로 다른 기업(대개 엔론의 최고재무관리자인 앤드류 패스토가 만든 기업들)에 자산을 판매하였는데, 나중에 더 높은 미래의 가격으로 그 자산들을 다시 매입하겠다고 약속하였다. 따라서 엔론은 효과적으로 차입을 하고, 미래에 더 많은 대금 지불을 약속하는 대가로 당장 현금을 받게 되었다. 그러나 엔론은 당장 들어오는 현금은 수입으로 잡고 자산들을 다시 매입하는 약정들은 여러 가지 방법으로 감추었다.[16] 결국 1990년대의 많은 수입 증가와 이익들이 이러한 조작의 결과였음이 밝혀졌다.

월드콤

역대 최대의 파산이라는 엔론의 기록은 2002년 7월 21일까지만 유지될 수 있었다. 이날은 시가총액이 최고점에서 $120 십억에 달했던 월드콤이 파산 신청을 했다. 1998년부터 시작된 일련의 회계 처리로 인해 회사의 재무적인 문제가 투자자에게 알려지지 않았다.

월드콤이 저지른 사기는 $3.85 백만의 운영비용을 장기 자본지출로 다시 분류하는 것이었다. 이러한 변경의 직접적인 영향은 월드콤의 보고 수입을 늘리는 것이었다. 운영비용은 즉시 수입에서 공제되지만, 자본지출은 시간이 지나면서 천천히 감가상각된다. 물론 이러한 조작은 월드콤의 현금흐름을 향상시키지 못할 것이다. 왜냐하면 장기투자는 현금흐름표를 작성한 시점에서 차감해야 하기 때문이다.

일부 투자자들은 월드콤이 산업 내의 다른 기업들과 비교할 때 과도한 투자를 하고 있다고 우려했다. 한 투자 자문사가 논평한 바와 같이 "보고된 순이익과 초과 현금흐름 사이의 큰 편차, …… [그리고] 장기간에 걸쳐 과도한 자본지출과 같은 것들이 위험신호였다. 그것이 우리를 1999년 월드콤에서 빠져나가도록 했다."[17]

---

15 John R. Kroger, "Enron, Fraud and Securities Reform: An Enron Prosecutor's Perspective," *University of Colorado Law Review* (December 2009): pp. 57 – 138.

16 어떤 경우에는 이러한 약정들이 "가격 위험 관리 채무"라고 불렸는데, 다른 거래 활동과 함께 숨겨졌다. 다른 경우는 완전히 공시되지 않은 부외거래였다.

17 Robert Olstein, as reported in the *Wall Street Journal*, August 23, 2002.

사베인즈-옥슬리법

엔론과 월드컴 스캔들은 회계 세계에 즉각적이고 가시적인 영향을 미쳤다. 두 회사는 같은 회계법인인 아서 앤더슨에 감사를 받았다. 2001년 말에 두 회사의 관행에 대한 비난이 시작되었다. 2002년 3월까지 아서 앤더슨은 엔론 사건과 관련된 혐의로 기소되었으며 6월에 유죄 판결을 받았다. 이 회사는 회사의 명성이 훼손되면서 빠르게 붕괴되어 고객에게 새로운 회계감사인을 찾게 했다. 이 새로운 회계감사인들은 "집 청소"에 대한 강한 동기 부여가 있었고, 이로 인해 새로운 오류 및/또는 명백한 사기가 발견되었다. 알렉산더 딕(Alexander Dyck), 아데어 모르스(Adair Morse) 및 루이지 징갈레스(Luigi Zingales) 교수는 이 이벤트를 통해 약 15%의 기업이 몇 가지 형태의 재무제표 허위 보고에 관여했을 것이고, 이러한 사기로 인해 투자자들이 회사 사업가치의 평균 22%의 비용을 지불했다고 추정했다.[18]

재무 보고의 신뢰성과 기업지배구조를 향상시키려는 목적으로, 2002년에 미국 의회는 사베인즈-옥슬리법(Sarbanes-Oxley Act, SOX)을 통과시켰다. SOX는 많은 조항을 포함하고 있지만, 법제화의 전체적인 의도는 이사회와 주주들에게 제공되는 재무 정보의 정확성을 제고시키는 것이다. SOX는 이러한 목적을 세 가지 방법으로 달성하였다. (1) 감사 과정에서의 독립성과 철저한 조사의 유도, (2) 잘못된 정보의 제공에 대해서 처벌을 확실하게 함, (3) 기업이 내부의 재무 통제 과정을 정당화하도록 함.

기업의 회계감사를 맡은 회계법인은 기업의 재무제표가 기업의 재무 상태를 정확하게 반영하고 있다고 확신해야 한다. 하지만 실제에 있어서는 대부분의 회계법인들은 종종 그들의 고객, 회계감사를 맡고 있는 기업의 경영진에게 이의를 제기하지 않으려 한다. 그 이유는 회계법인들이 그들의 고객들과 오랜 관계를 맺어왔으며, 후한 회계감사 및 컨설팅 수수료를 책정하고, 이러한 수수료를 지속적으로 받고자 하는 욕심이 있기 때문이다. SOX는 회계감사 대상인 기업으로부터 회계법인이 벌어들이는 회계감사가 아닌 수수료의 양을 엄격하게 제한하여 이 문제를 해결하였다. 또한 SOX는 회계감사를 맡은 회계법인을 5년마다 교체하도록 하여 회계감사 대상 기업과 회계법인의 오랜 유착 관계를 제한하게 하였다. 마지막으로, SOX는 SEC에 요구하여, 기업들이 외부의 독립된 이사들에 의해 지배되는 감사위원회를 만들고 외부 감사위원 중 적어도 한 명은 재무적인 배경이 있는 사람으로 하도록 하였다.

SOX에 의해 그릇된 또는 투자자들을 오해하도록 만드는 재무제표를 제공하는 행위에 대해 처벌이 크게 강화되어서, $5 백만 이하의 벌금과 20년 이하의 징역형이 가능하다. 또한 잘못이 있다면 CEO와 CFO는 재무제표의 해당 기간에 보너스나 당해 주식의 매도 또는 옵션의 행사에 의한 이익을 반환해야 한다.

마지막으로, SOX의 404조는 공개기업의 최고경영진이나 이사회가 자금이 할당되어 통제되고 성과가 모니터링되는 과정의 유효성을 확인하고 인증하도록 하였다. 404조는 SOX의 다른 조항들보다 더 많은 주의를 기울이게 했는데, 그 이유는 이 조항이 기업들에게 잠재적으로 많은 준수비용을 부과했기 때문이다. 이러한 비용이 중소기업들에게 주는 부담은 (백분율 관점에서) 특히 과도할 수 있다. 비판자들은 일부 기업이 비공개기업으로 남아서 회피하고자 할 정도로 충분히 부담스럽다고 주장했다.[19]

---

18 "How Pervasive Is Corporate Fraud?" Rotman School of Management Working Paper No. 2222608, 2013.

19 기업지배구조 이슈에 대한 보다 자세한 논의는 기업재무, 제4판 제29장을 참고하라.

글로벌 금융위기   **버나드 마도프의 폰지 사기**

누가 알몸으로 수영했는지 알 수 있는 시점은 썰물이 되었을 때뿐이다.

— 워렌 버핏

2008년 12월 11일, 연방 요원들은 가장 성공적인 헤지펀드 매니저 중의 한 사람인 버나드 마도프(Bernard Madoff)를 체포했다. 그가 운영하는 $65 십억의 19개 펀드가 실제로 사기였음이 드러났다.[20] 지난 17년 동안 10%에서 15% 사이의 일관된 연간 수익률을 창출했던 그의 탁월한 성과는 실제로는 완벽한 조작이었다. 그는 세계에서 가장 큰 폰지 사기(Ponzi Scheme)를 하고 있었다. 즉, 그는 새로운 투자자가 투자한 자본을 오래된 투자자에 대한 지급을 위해 사용했다. 그의 전략은 감쪽같아서 10여 년 이상 동안 다수의 대형 은행 및 투자 자문사는 물론이고, 스티븐 스필버그 감독에서 뉴욕대학교에 이르기까지 다양한 투자자들이 그의 펀드에 투자하기 위해 줄을 섰다. 사실 글로벌 금융위기만 발생하지 않았다면, 그는 이 사기를 죽을 때까지 충분히 숨길 수 있었을 것이다. 글로벌 금융위기가 발생하자, 많은 투자자들은 현금을 모으고 포트폴리오의 다른 곳에서 발생한 손실을 메꾸기 위해 그의 펀드에서 자금을 인출하려고 했다. 또한 글로벌 금융위기로 인해 현금을 보유하고 있고 투자 의향이 있는 신규 투자자가 거의 없었다. 그 결과 그는 자본 인출을 원하는 투자자들에게 지급하기에 충분한 새로운 자본을 마련하지 못했고, 그의 폰지 사기는 마침내 무너졌다.*

그가 그동안 유례가 없었던 최대의 사기를 그토록 오랫동안 숨길 수 있었던 이유는 무엇일까? 그는 단순하게 재무제표를 조작하지 않고, 재무제표를 만들었다. 이를 위해 그는 사실상 알려지지 않고 활발히 활동하는 회계사가 단지 한 명인 회계감사인의 도움을 받았다. 비록 많은 투자자들이 $65 십억의 자산을 가진 거대한 펀드가 알려지지 않은 작은 회계감사인을 선택한 것에 대해 의문을 품었지만, 이들 중 충분한 수의 사람들이 이러한 선택이 잠재적인 위험신호라는 것을 인식하지 못했다. 또한 그의 회사는 비공개기업이었기 때문에 (사베인즈-옥슬리법과 같은) 상장회사에 대한 엄격한 규제 요건의 적용을 받지 않아 보고 요구사항이 미흡했다. 이 사례에서 알 수 있듯이 투자 결정을 내릴 때 회사의 재무제표를 검토하는 것뿐만 아니라 재무제표를 작성하는 회계감사인의 신뢰성과 평판도 함께 고려하는 것이 중요하다.

* 사기가 경기 호황기에 발생하여 경기 침체기에 노출될 가능성이 높은 이유에 대해서 알고 싶으면 다음 논문을 참고하라. P. Povel, R. Singh, and A. Winton, "Booms, Busts, and Fraud," *Review of Financial Studies* 20 (2007): 1219–1254.

도드-프랭크법

소규모 회사의 컴플라이언스 부담을 줄이기 위해 2010년 통과된 도드-프랭크 월 스트리트 개혁 및 소비자 보호법(Dodd-Frank Wall Street Reform and Consumer Protection Act)은 공개되어 보유된 주식이 $75 백만 미만인 기업에 대하여 SOX 404조 요구사항을 면제한다. 또한 이 법은 SEC가 $250 백만 이하의 공개 유통주식을 가진 중규모 기업의 비용을 절감할 수 있는 방안을 연구하고, 이러한 조치로 인해 더 많은 기업들이 미국 거래소에 상장될 수 있는지 평가할 것을 요구한다.

또한 이 법은 SOX의 내부 고발 규정을 확대하였다. 개인이 SEC 또는 대행기관에 의해 벌금 또는 회수를 가져올 "연방증권법(하위 규정 또는 규칙 포함) 위반 가능성에 대한 정보"를 제공하면, 그 벌금 또는 회복의 10~30%를 보상금으로 받을 수 있다.

개념 확인

1. 엔론이 자사의 보고 이익을 증가시키기 위하여 사용했던 거래들은 무엇인가?
2. 사베인즈-옥슬리법은 무엇인가? 이 법은 어떻게 도드-프랭크법으로 개정되었는가?

---

20 $65 십억은 마도프가 투자자에게 보고한 총금액(조작된 수익률 포함)이다. 조사자들은 아직도 투자자들이 이 펀드에 실제로 투자한 정확한 금액을 계산하려고 하고 있는데, 이 금액은 $17 십억을 초과하는 것으로 보인다(www.madofftrustee.com 참조).

핵심 요점 및 수식

2.1 재무 정보의 공시

- 재무제표는 기업이 과거의 성과를 기술하기 위하여 정기적으로 발행하는 회계 보고서들이다.
- 투자자, 재무분석가, 경영자, 채권자와 같은 다른 이해 관계자들은 주식회사에 관해 신뢰성 있는 정보를 얻기 위하여 재무제표에 의존한다.
- 네 가지 필수 재무제표로 재무상태표, 손익계산서, 현금흐름표, 자본 변동표가 있다.

2.2 재무상태표

- 재무상태표는 어떤 시점에서 기업의 현재 재무 상태(자산, 부채, 자기자본)를 보여준다.
- 재무상태표의 양쪽은 일치해야 한다.

$$\text{자산} = \text{부채} + \text{자기자본} \tag{2.1}$$

- 기업의 순운전자본은 사업을 운영하기 위해 단기간에 이용할 수 있는 자본으로 기업의 유동자산과 유동부채의 차이다. 현금 및 채무를 제외하고, 순운전자본의 주요 구성 요소는 매출채권, 재고자산, 매입채무다.
- 많은 자산이 현재 시장가치보다는 과거 비용을 기준으로 기업의 재무상태표에 나열된다(예 : 부동산, 플랜트 및 장비). 하지만 어떤 자산들은 재무상태표에 전혀 표시되지 않는다(예 : 고객 관계).
- 자기자본은 기업 주식의 장부가치다. 자산과 부채가 회계 목적으로 기록되는 방식 때문에 주식 장부가치는 주식의 시장가치와 다르다. 성공적인 기업의 시가/장부가 비율은 일반적으로 1을 초과한다.
- 기업의 사업가치는 기업이 영위하는 사업의 총가치다.

$$\text{사업가치} = \text{주식의 시장가치} + \text{채무} - \text{현금} \tag{2.4}$$

2.3 손익계산서

- 손익계산서는 주어진 기간의 기업의 수입과 비용을 보고하고, 궁극적으로는 손익계산서의 마지막 행인 순이익을 계산한다.
- 기업의 영업이익은 매출액에서 매출원가와 영업비용을 차감한 것과 같다. 영업이익에서 영업외 수익 또는 비용을 조정하면, 기업의 이자, 세금 차감전 이익(EBIT)이 산출된다.
- EBIT에서 이자와 세금을 차감하면 기업의 순이익이 산출된다. 순이익을 발행주식 수로 나누면, 주당 순이익(EPS)이 계산된다.

2.4 현금흐름표

- 현금흐름표는 주어진 기간의 기업 현금의 원천과 사용을 보여주며, 현금흐름표와 재무상태표의 변동으로부터 도출될 수 있다.
- 현금흐름표는 영업 활동, 투자 활동, 자금조달 활동에 의해 사용된(창출된) 현금을 보여준다.

2.5 기타 재무제표 정보

- 자기자본 변동은 이익잉여금(순이익 – 배당금)에 주식의 순매도(주식의 매도 – 자사주 매입)를 더하여 계산할 수 있다.
- 재무제표의 경영회의와 분석 부분은 부외거래 위험을 포함하여 기업이 당면한 위험의 공시와 함께 기업 성과에 대한 경영진의 의견을 포함한다.

■ 기업 재무제표 주석은 일반적으로 주요 보고서에서 사용된 수치에 대해 좀 더 자세하고 중요한 사항을 포함하고 있다.

2.6 재무제표 분석

■ 재무 비율을 통해 (i) 시간 경과에 따른 기업의 실적을 비교하고 (ii) 기업을 다른 유사 기업과 비교할 수 있다.
■ 주요 재무 비율은 회사의 수익성, 유동성, 운전자본, 이자보상, 레버리지, 가치평가 및 투자 수익률을 측정한다. 이에 대한 요약은 표 2.4를 참조하라.
■ EBITDA는 자본 투자 전에 기업이 창출한 현금을 측정한다.

$$EBITDA = EBIT + 감가상각 \ 및 \ 무형자산상각 \tag{2.14}$$

■ 순채무는 기업의 현금 보유액을 초과하는 채무를 측정한다.

$$순채무 = 총채무 - 초과 \ 현금 \ 및 \ 단기투자 \tag{2.17}$$

■ 듀퐁 항등식은 기업의 ROE를 수익성, 자산효율성 및 레버리지 측면에서 나타낸다.

$$ROE = \underbrace{\left(\frac{순이익}{매출액}\right)}_{순이익률} \times \underbrace{\left(\frac{매출액}{총자산}\right)}_{자산회전율} \times \underbrace{\left(\frac{총자산}{주식의 \ 장부가치}\right)}_{자기자본 \ 배수} \tag{2.23}$$

2.7 재무 보고 실무

■ 최근의 회계 스캔들은 재무제표의 중요성에 대한 관심을 불러 일으켰다. 새로운 법제화는 사기 행위에 대한 벌칙을 강화하였고, 기업이 재무제표가 정확하다는 것을 확인하기 위하여 사용하여야 하는 절차들을 엄격하게 하였다.

주요 용어

가치주식(value stocks)
감가상각비(depreciation expense)
감액차손(impairment charge)
경영회의 및 분석(management discussion and analysis, MD&A)
기업회계기준(generally accepted accounting principles, GAAP)
누적 감가상각(accumulated depreciation)
단기채무(short-term debt)
당좌비율(quick ratio)
듀퐁 항등식(DuPont identity)
레버리지(leverage)
매입채무(accounts payable)
매입채무 지급일(accounts payable days)
매입채무 회전율(accounts payable turnover)
매출채권(accounts receivable)

매출채권 회수일(accounts receivable days)
매출채권 회전율(accounts receivable turnover)
무형자산(intangible assets)
무형자산상각(amortization)
부외거래(off-balance sheet transactions)
부채(liabilities)
부채/주식 비율(debt-equity ratio)
부채/자본 비율(debt-to-capital ratio)
부채/사업가치 비율(debt-to-enterprise value ratio)
사업가치(enterprise value)
성장주식(growth stocks)
손익계산서(income statement)
순이익(net income or earnings)
순이익률(net profit margin)
순운전자본(net working capital)
순채무(net debt)

스톡옵션(stock options)

시장성 유가증권(marketable securities)

시가총액(market capitalization)

시가/장부가 비율(market-to-book ratio)

연차 보고서(annual report)

영업권(goodwill)

영업이익(operating income)

영업이익률(operating margin)

유동자산(current assets)

유동부채(current liabilities)

유동비율(current ratio)

이연 법인세(deferred taxes)

이익잉여금(retained earnings)

이자, 세금 차감전 이익(earnings before interest, taxes, EBIT)

이자, 세금, 감가상각, 무형자산상각 차감전 이익 (earnings before interest, taxes, depreciation, and amortization, EBITDA)

이자보상 배율(interest coverage ratio)

자기자본(stockholder's equity)

자기자본 배수(equity multiplier)

자기자본 수익률(return on equity, ROE)

자기자본 장부가치(book value of equity)

자본 리스(capital leases)

자본 변동표(statement of stockholders' equity)

자본 지출(capital expenditures)

자산(assets)

자산회전율(asset turnover)

장기부채(long-term liabilities)

장기자산(비유동자산, long-term assets)

장기채무(long-term debt)

장부가치(book value)

재고자산(inventories)

재고일수(inventory days)

재고자산 회전율(inventory turnover)

재무상태표(balance sheetor)

재무성과명세서(statement of financial performance)

재무상태표 항등식(balance sheet identity)

재무제표(financial statements)

재무제표 주석(notes to the financial statement)

전환사채(convertible bonds)

주당 순이익(earnings per share, EPS)

주가/순이익 비율(price-earnings[P/E] ratio)

주가/장부가 비율(price-to-book[P/B] ratio)

총사업가치(total enterprise value, TEV)

총이익(gross profit)

총이익률(gross margin)

총자산 수익률(return on assets, ROA)

투자자본 수익률(return on invested capital, ROIC)

현금 비율(cash ratio)

회계감사인(auditor)

현금흐름표(statement of cash flows)

희석 주당 순이익(diluted EPS)

희석화(dilution)

회전율(turnover ratios)

EBIT 이익률(EBIT margin)

10-K

10-Q

추가 읽을거리 재무상태표에 대한 기본서를 보려면 다음 책을 참고하길 바란다. T. R. Ittelson, *Financial Statements: A Step-By-Step Guide to Understanding and Creating Financial Reports* (Career Press, 2009).

재무회계에 대한 추가적인 정보를 얻으려면 다음과 같은 MBA 수준의 재무회계 입문 교과서를 참고하길 바란다. Dyckman, R. Magee, and G. Pfeiffer, *Financial Accounting* (Cambridge Business Publishers, 2010); W. Harrison, C. Horngren, and C. W. Thomas, *Financial Accounting* (Prentice Hall, 2013).

재무제표 분석에 대한 더 많은 정보를 얻으려면 다음 책들을 참고하길 바란다. J. Whalen, S. Baginski, and M. Bradshaw, Financial Reporting, Financial Statement Analysis and Valuation: A Strategic Perspective (South-Western College Pub, 2010); L. Revsine, D. Collins, B. Johnson, F. Mittelstaedt, Financial Reporting & Analysis (McGraw-Hill/Irwin, 2011).

엔론 주식회사에서의 회계 부정 혐의에 대해서 획득 가능한 많은 공적 정보가 있다. 이러한 정보를 찾는 유용한 출발점은 엔론의 이사회에 의해 설치된 위원회가 작성한 다음 보고서이다. Report of the Special Investigative Committee of the Board of Directors of Enron (Powers Report), released February 2, 2002 (available online). 버나드 맨도프의 폰지 사기의 해결에 대한 정보는 증권투자자보호법 관리위원회(SIPA)에 의해 작성된 사이트 (www.madofftrustee.com)에서 찾아볼 수 있다.

회계 사기의 빈도 및 비용의 추정에 대해서는 다음 논문을 참고하길 바란다. A. Dyck, A. Morse, and L. Zingales, "How Pervasive Is Corporate Fraud?" Rotman School of Management Working Paper No. 2222608, 2013.

---

* 표시는 난이도가 높은 문제다.　　　　　　　　　　　　　　　　　　　　　　　**연습문제**

재무 정보의 공시

1. 기업의 10-K 신청서에서 찾을 수 있는 네 가지 재무제표는 무엇인가? 이 재무제표들의 정확성에 대하여 어떤 검사가 존재하는가?

2. 누가 재무제표를 읽을까? 적어도 세 가지 범주의 사람들을 열거하라. 관심 있는 정보의 유형에 대한 예를 각 범주에 대해 제시하고, 그 이유를 설명하라.

3. 다음의 출처로부터 스타벅스의 최근 재무제표를 찾아라.

    a. 회사의 웹사이트(www.starbucks.com). (힌트 : "investor relations" 참조)

    b. SEC의 웹사이트(www.sec.gov). (힌트 : EDGAR 데이터베이스에서 기업의 신고 참조)

    c. Yahoo! Finance 웹사이트(finance.yahoo.com).

    d. 적어도 다른 하나의 출처(힌트 : www.google.com에서 "SBUX 10K"를 입력하라.)

재무상태표

4. 2015년 12월 30일 글로벌에서 발생할 수 있는 다음 사건들을 고려하자. 각각에 대해서 글로벌의 재무상태표 어떤 항목이 어느 정도 영향을 받을 것인지를 나타내라. 또한 글로벌의 자기자본에 어떤 영향이 있을 것인지를 나타내라(모든 경우에 단순화를 위해 세금 효과를 무시하라).

    a. 글로벌이 장기채무 $20 백만을 상환하기 위하여 가용 현금 $20 백만을 사용하였다.

    b. 창고에 불이 나서 보험을 들지 않은 $5 백만의 재고자산이 소실되었다.

    c. 글로벌이 $10 백만의 건물을 매입하기 위해 $5 백만의 현금과 $5 백만의 새로운 장기채무를 사용하였다.

    d. $3 백만 상당 제품을 외상으로 매입한 어떤 고객 기업이 파산 선고를 받았고, 글로벌은 이 대금을 받을 가능성이 전혀 없다.

    e. 글로벌의 엔지니어가 대표 제품의 원가를 50% 이상 절감하는 새로운 공정을 발견하였다.

    f. 주요 경쟁자가 글로벌보다 아주 저렴한 가격으로 판매하려는 급진적인 새 가격정책을 발표하였다.

5. 표 2.1에 의하면 2015년 글로벌의 자기자본은 2014년 대비 얼마나 변동했나? 이것이 2015년에 글로벌의 주가가 증가하였다는 것을 의미하는가? 설명하라.

6. EDGAR를 사용하여 2015년 퀄콤의 연차 보고서를 찾아라. 이 회사의 재무상태표 정보를 이용하여 다음 질문에 답하라.

    a. 퀄콤의 현금, 현금 등가물, 시장성 유가증권(단기 및 장기)은 얼마인가?

    b. 퀄콤의 총매출채권은 얼마인가?

    c. 퀄콤의 총자산은 얼마인가?

    d. 퀄콤의 부채총액은 얼마인가? 이 중 장기채무는 얼마인가?

    e. 퀄콤의 자기자본은 얼마인가?

7. 코스트코 홀세일 주식회사(COST)의 (2015년 10월에 보고된) 2015 회계 연도의 연차 보고서를 온라인으로 찾아보자.

    a. 이 회계 연도 말에 코스트코의 현금은 얼마인가?

    b. 코스트코의 총자산은 얼마인가?

    c. 코스트코의 부채총액은 얼마인가? 이 중 장기채무는 얼마인가?

    d. 코스트코의 자기자본은 얼마인가?

8. 2012년 초, 제너럴 일렉트릭스(GE)의 자기자본은 $116 십억, 발행주식 수는 10.6 십억 주, 주가는 주당 $17.00이었다. GE는 또한 $84 십억 달러의 현금과 $410 십억의 총채무를 가졌다. 3년 후인 2015년 초 GE의 자기자본은 $128 십억, 발행주식 수는 10.0 십억 주, 주가는 주당 $25, 현금은 $85 십억, 총채무는 $302 십억을 각각 기록했다. 이 기간 GE의 변화는 무엇이었는가?

    a. 시가총액?

    b. 시가/장부가 비율?

    c. 사업가치?

9. 2015년 초 아베크롬비 앤 피치(ANF)의 자기자본은 $1,390 백만, 주가는 $25.52, 발행주식 수는 69.35 백만 주였다. 같은 시점에 더 갭(GPS)의 자기자본은 $2,983 백만, 주가는 $41.19, 발행주식 수는 421 백만 주였다.

    a. 각 회사의 시가/장부가 비율은 얼마인가?

    b. 이 두 비율을 비교하면 어떤 결론을 내릴 수 있는가?

10. 마이데코 주식회사의 재무제표 데이터 및 주가 데이터를 보여주는 표 2.5를 참조하라.

    a. 각 연도 말에 마이데코의 시가총액은 얼마인가?

    b. 각 연도 말에 시가/장부가 비율은 얼마인가?

    c. 각 연도 말에 마이데코의 사업가치는 얼마인가?

손익계산서

11. 2016년 글로벌이 적극적인 마케팅 캠페인을 시작하여 매출을 15% 증가시켰다고 가정하자. 그러나 이 회사의 영업이익률은 5.57%에서 4.50%로 하락했다. 이 회사가 다른 소득이 없고, 이자비용의 변동이 없으며, 세금의 세전이익 대비 백분율은 2015년과 동일하다.

    a. 2016년 글로벌의 EBIT는 얼마인가?

    b. 2016년 글로벌의 순이익은 얼마인가?

    c. 글로벌의 P/E 비율과 발행주식 수가 변하지 않았다면, 2016년 글로벌의 주가는 얼마인가?

12. 코스트코 홀세일 주식회사(COST)의 2015 회계 연도의 연차 보고서를 온라인으로 찾아보라.

    a. 코스트코의 2015 회계 연도 매출액은 얼마인가? 이 매출액은 전년대비 몇 퍼센트 증가하였나?

    b. 코스트코의 이 회계 연도 영업이익은 얼마인가?

    c. 코스트코의 이 회계 연도 평균 세율은 얼마인가?

    d. 코스트코의 2015 회계 연도 희석 EPS는 얼마인가? 이 희석 EPS는 얼마의 발행주식 수에 근거하고 있는가?

13. 마이데코 주식회사의 재무제표 데이터 및 주가 데이터를 보여주는 표 2.5를 참조하라.

    a. 마이데코의 매출액은 매년 2013-2016년 사이에 몇 퍼센트씩 증가했나?

    b. 매년 순이익은 몇 퍼센트씩 증가했나?

    c. 매출액 성장률과 순이익 성장률이 다른 이유는 무엇인가?

표 2.5 마이데코 주식회사의 재무제표 데이터 및 주가 데이터(2012~2016)

마이데코 주식회사 2012~2016(연말 기준; 단위 : $ 백만)

손익계산서	2012	2013	2014	2015	2016
매출액	404.3	363.8	424.6	510.7	604.1
매출원가	(188.3)	(173.8)	(206.2)	(246.8)	(293.4)
총이익	216.0	190.0	218.4	263.9	310.7
판매비	(66.7)	(66.4)	(82.8)	(102.1)	(120.8)
일반관리비	(60.6)	(59.1)	(59.4)	(66.4)	(78.5)
감가상각 및 무형자산상각	(27.3)	(27.0)	(34.3)	(38.4)	(38.6)
EBIT	61.4	37.5	41.9	57.0	72.8
이자소득(비용)	(33.7)	(32.9)	(32.2)	(37.4)	(39.4)
세금차감전이익	27.7	4.6	9.7	19.6	33.4
세금	(9.7)	(1.6)	(3.4)	(6.9)	(11.7)
순이익	18.0	3.0	6.3	12.7	21.7
발행주식 수(백만)	55.0	55.0	55.0	55.0	55.0
주당 순이익	$0.33	$0.05	$0.11	$0.23	$0.39
재무상태표	2012	2013	2014	2015	2016
자산					
현금	48.8	68.9	86.3	77.5	85.0
매출채권	88.6	69.8	69.8	76.9	86.1
재고자산	33.7	30.9	28.4	31.7	35.3
유동자산 총계	171.1	169.6	184.5	186.1	206.4
순유형고정자산	245.3	243.3	309	345.6	347.0
영업권 및 무형자산	361.7	361.7	361.7	361.7	361.7
자산 총계	778.1	774.6	855.2	893.4	915.1
부채 및 자기자본					
매입채무	18.7	17.9	22.0	26.8	31.7
미지급보상	6.7	6.4	7.0	8.1	9.7
유동부채 총계	25.4	24.3	29.0	34.9	41.4
장기채무	500.0	500.0	575.0	600.0	600.0
부채 총계	525.4	524.3	604.0	634.9	641.4
자기자본	252.7	250.3	251.2	258.5	273.7
부채 및 자기자본 총계	778.1	774.6	855.2	893.4	915.1
현금흐름표	2012	2013	2014	2015	2016
순이익	18.0	3.0	6.3	12.7	21.7
감가상각 및 무형자산상각	27.3	27.0	34.3	38.4	38.6
매출채권 변동	3.9	18.8	(0.0)	(7.1)	(9.2)
재고자산 변동	(2.9)	2.8	2.5	(3.3)	(3.6)
매입채무 및 미지급금 변동	2.2	(1.1)	4.7	5.9	6.5
영업 활동 현금흐름	48.5	50.5	47.8	46.6	54.0
자본지출	(25.0)	(25.0)	(100.0)	(75.0)	(40.0)
투자 활동 현금흐름	(25.0)	(25.0)	(100.0)	(75.0)	(40.0)
배당금	(5.4)	(5.4)	(5.4)	(5.4)	(6.5)
주식의 매도(또는 매입)	—	—	—	—	—
부채 발행(또는 상환)	—	—	75.0	25.0	—
자본조달 활동 현금흐름	(5.4)	(5.4)	69.6	19.6	(6.5)
현금 변동	18.1	20.1	17.4	(8.8)	7.5
마이데코의 주가	$7.92	$3.30	$5.25	$8.71	$10.89

14. 마이데코의 재무제표 데이터 및 주가 데이터를 보여주는 표 2.5를 참조하라. 마이데코가 2013년에서 2016년까지 매년 2 백만 주의 자사주 매입을 한다고 가정하자. 2013년에서 2016년 사이 각 연도의 주당 순이익은 얼마인가? (마이데코는 사용 가능한 현금을 사용하여 배당금을 지불하고, 현금 잔고에 대한 이자가 발생하지 않는다고 가정하자.)

15. 마이데코의 재무제표 데이터 및 주가 데이터를 보여주는 표 2.5를 참조하라. 마이데코가 2013년 말에 추가적인 장비를 $12 백만에 구입했으며 이 장비는 2014년, 2015년 및 2016년에 각각 $4 백만 감가상각되었다. 마이데코의 35% 세율을 감안할 때, 이 추가적인 구매가 2013년에서 2016년 사이에 마이데코의 순이익에 어떤 영향을 미쳤을까? (장비가 현금으로 지불되었고, 마이데코의 현금 잔고에 대한 이자가 발생하지 않는다고 가정하자.)

16. 마이데코의 재무제표 데이터 및 주가 데이터를 보여주는 표 2.5를 참조하라. 2013~2016년 마이데코의 비용 및 지출의 매출액 대비 비율이 2012년과 동일하다고 가정하자. 이 경우 마이데코의 EPS는 매년 얼마인가?

17. 어떤 기업의 법인세율이 35%라고 하자.
    a. $10 백만의 영업비용은 이번 연도의 순이익에 어떤 영향을 미치는가? 다음 연도의 순이익에는 어떤 영향을 미치는가?
    b. $10 백만의 자본지출을 했고, 이를 5년 동안 매년 $2 백만 감가상각을 한다면, 이번 연도의 순이익에 어떤 영향을 미치는가? 다음 연도의 순이익에는 어떤 영향을 미치는가?

*18. 퀴스코 시스템즈는 발행주식 수가 6.5 십억 주이고, 주가가 $18.00이다. 퀴스코는 $500 백만의 비용으로 새로운 가정용 네트워크 장비를 개발하려고 한다. 대안으로는 (현재 가격에) 퀴스코 주식 $900 백만을 주고 그 기술을 이미 가지고 있는 기업을 인수하는 것이다. 새로운 기술개발의 비용이 없을 때 퀴스코의 EPS는 $0.80이다.
    a. 퀴스코가 제품을 스스로 개발한다고 하자. 개발비용이 퀴스코의 EPS에 미치는 영향은 무엇인가? 모든 비용은 올해에 발생하고 R&D 비용으로 취급되며, 퀴스코의 법인세율은 35%이고, 발행주식 수는 변하지 않는다고 가정하자.
    b. 퀴스코가 자체적으로 기술개발을 하지 않고 기술을 인수하려고 한다. 기술 인수가 올해의 퀴스코 EPS에 미치는 영향은 무엇인가? (인수비용은 손익계산서에 직접적으로 나타나지 않는다. 피인수 기업은 자체적인 수입과 비용이 없어서 EPS에의 영향은 발행주식 수 변화 때문이라고 가정하자.)
    c. 기술을 얻는 어떤 방법이 순이익에 가장 영향이 작을 것인가? 이 방법이 더 저렴한가? 설명하라.

현금흐름표

19. 2015 회계 연도(2015년 10월에 보고됨) 코스트코(COST)의 연차 보고서를 온라인에서 찾아서, 현금흐름표로부터 다음 질문에 답하라.
    a. 2015년에 영업 활동으로부터 발생한 현금은 얼마인가?
    b. 감가상각 및 무형자산상각 비용은 얼마인가?
    c. 유형고정자산에 새로 투자된 금액(매입 금액에서 매도 금액을 차감)은 얼마인가?
    d. 자기 회사의 주식을 매도하여 조달한 금액(매도 금액에서 자사주 매입 금액을 차감)은 얼마인가?

20. 마이데코의 재무제표 데이터 및 주가 데이터를 보여주는 표 2.5를 참조하라.
    a. 2012년부터 2016년까지 마이데코의 총 영업 활동 현금흐름은 얼마인가?
    b. (a)의 합계 금액 중 자본지출에 사용된 금액의 비중은 얼마인가?
    c. (a)의 합계 금액 중 주주에게 배당금을 지불하기 위해 지출된 금액의 비중은 얼마인가?
    d. 이 기간에 마이데코의 총 이익잉여금은 얼마인가?

21. 마이데코의 재무제표 데이터 및 주가 데이터를 보여주는 표 2.5를 참조하라.

a. 어떤 연도에 마이데코의 순이익이 가장 낮은가?

b. 어떤 연도에 마이데코는 현금 보유액을 줄일 필요가 있는가?

c. 순이익이 상당히 높은 연도에 마이데코가 현금 보유액을 줄여야 하는 이유는 무엇인가?

22. 마이데코의 재무제표 데이터 및 주가 데이터를 보여주는 표 2.5를 참조하라. 2012년 재무상태표 및 현금흐름표의 데이터를 사용하여 다음 사항을 결정하라.

a. 마이데코는 2011년 말에 얼마만큼의 현금을 보유했나?

b. 2011년 말 마이데코의 매출채권 및 재고는 얼마인가?

c. 2011년 말에 마이데코의 부채 총액은 얼마인가?

d. 영업권과 무형자산이 2011년과 2012년에 동일하다고 가정할 때, 2011년 마이데코의 순유형고정자산은 얼마인가?

23. 양수의 순이익을 가진 회사가 현금이 부족할 수 있을까? 설명하라.

24. 당신 회사가 이번 연도의 마지막 날에 $5 백만의 주문을 받았다고 가정하자. 전체 주문 중 $2 백만의 주문을 재고자산으로 이행했다. 이날 고객은 전체 주문을 인수하면서 $1 백만을 현금으로 지불했다. 당신은 나머지 $4 백만에 대해서 30일 이내로 지불하라는 청구서를 발행했다. 기업의 법인세율은 0%다(즉, 법인세는 무시한다는 의미임). 이 거래가 다음 각 항목에 대해 미치는 영향은 무엇인가?

a. 매출액   b. 순이익   c. 매출채권   d. 재고자산   e. 현금

25. 노켈라 산업은 $40 백만의 회전변환기를 매입했다. 회전변환기는 올해부터 시작해서 4년 동안 매년 $10 백만씩 감가상각될 것이다. 이 기업의 법인세율은 40%다.

a. 매입 원가가 다음 4년 동안 순이익에 어떤 영향을 주는가?

b. 매입 원가가 다음 4년 동안 현금흐름에 어떤 영향을 주는가?

기타 재무제표 정보

26. 마이데코의 재무제표 데이터 및 주가 데이터를 보여주는 표 2.5를 참조하라.

a. 마이데코의 각 연도 이익잉여금은 얼마인가?

b. 2012년 자료를 이용하여 2011년 마이데코의 총자기자본을 구하면 얼마인가?

27. 2015 회계 연도(2015년 10월에 보고됨) 코스트코(COST)의 연차 보고서를 온라인에서 찾아서, 재무제표로부터 다음 질문에 답하라.

a. 코스트코는 2015년 미국 이외의 국가에서 몇 개의 점포를 개설했는가?

b. 코스트코는 어떤 부동산을 리스하고 있는가? 2016년 지급 기한인 최소 리스료는 얼마인가?

c. 코스트코의 2015년 전 세계 회원의 갱신 비율은 얼마인가? 2015년 코스트코 카드 보유자 중에서 골드스타 회원의 비중은 얼마인가?

d. 2015년 코스트코의 전체 매출에서 주유소, 약국, 푸드코트 및 안경점의 매출이 차지하는 비중은 얼마인가? 2015년 코스트코의 전체 매출에서 의류 및 소규모 가전제품의 매출이 차지하는 비중은 얼마인가?

재무제표 분석

28. 마이데코의 재무제표 데이터 및 주가 데이터를 보여주는 표 2.5를 참조하라.

a. 매년 마이데코의 총이익은 얼마인가?

b. 2012년부터 2016년까지 마이데코의 총이익률, EBIT 이익률, 순이익률을 비교할 때 어떤 이익률이 향상되었는가?

29. 2015 회계 연도에, 월마트 스토어 주식회사(WMT)의 매출액은 $485.65 십억, 총이익은 $120.57 십억, 순이익은 $16.36 십억이다. 코스트코 홀세일 주식회사(COST)의 매출액은 $116.20 십억, 총이익은 $15.13 십억,

순이익은 $2.38 십억이다.

    a. 월마트와 코스트코의 총이익률을 비교하라.

    b. 월마트와 코스트코의 순이익률을 비교하라.

    c. 2015년에 어떤 기업이 더 수익성이 좋은가?

30. 2015년 말에 애플은 $41.60 십억의 현금, $35.89 십억의 매출채권, $89.38 십억의 유동자산, $80.61 십억의 유동부채를 지고 있었다.

    a. 애플의 유동비율은 얼마인가?

    b. 애플의 당좌비율은 얼마인가?

    c. 2015년 말에 HPQ는 0.35의 현금비율, 0.73의 당좌비율과 1.15의 유동비율을 가지고 있었다. HPQ와 비교하여서 애플의 자산 유동성에 대해 설명하라.

31. 마이데코의 재무제표 데이터 및 주가 데이터를 보여주는 표 2.5를 참조하라.

    a. 마이데코의 매출채권 회수일은 이 기간에 어떻게 변하는가?

    b. 마이데코의 재고일수는 이 기간에 어떻게 변하는가?

    c. 당신의 분석에 따르면 이 기간에 마이데코의 운전자본 관리가 향상되었는가?

32. 마이데코의 재무제표 데이터 및 주가 데이터를 보여주는 표 2.5를 참조하라.

    a. 2012년부터 2016년까지 마이데코의 매입채무 지급일을 비교하라.

    b. 2016년에 매입채무 지급일 변동은 마이데코 현금 포지션을 향상시켰는가 아니면 악화시켰는가?

33. 마이데코의 재무제표 데이터 및 주가 데이터를 보여주는 표 2.5를 참조하라.

    a. 2012년부터 2016년까지 마이데코의 채무는 얼마만큼 증가했는가?

    b. 2012년부터 2016년까지 마이데코의 EBITDA/이자비용의 이자보상 배율은 얼마인가? 이 이자보상 배율은 2 이하로 떨어진 적이 있는가?

    c. 전반적으로 마이데코의 이자 지급 의무 이행 능력은 향상되었는가 아니면 악화되었는가?

34. 마이데코의 재무제표 데이터 및 주가 데이터를 보여주는 표 2.5를 참조하라.

    a. 2012년부터 2016년까지 마이데코의 장부 부채비율은 어떻게 변했는가?

    b. 2012년부터 2016년까지 마이데코의 시장 부채비율은 어떻게 변했는가?

    c. 마이데코의 부채/사업가치 비율을 계산하고, 채무를 통해 자금조달된 이 회사 사업의 비중이 어떻게 변했는지를 평가하라.

35. 8번 문제의 GE 데이터를 사용하여, 다음 비율들의 2012년부터 2015년까지의 변동을 결정하라.

    a. 장부 부채비율   b. 시장 부채비율

36. 당신은 두 기업의 레버리지를 분석하고 있는데, 다음 정보를 가지고 있다(단위 : $ 백만).

	채무	주식 장부가치	주식 시장가치	EBIT	이자비용
기업 A	500	300	400	100	50
기업 B	80	35	40	8	7

    a. 각 기업의 시장 부채비율은 얼마인가?

    b. 각 기업의 장부 부채비율은 얼마인가?

    c. 각 기업의 EBIT/이자비용의 이자보상 배율은 얼마인가?

    d. 어떤 회사가 채무 이행에 더 어려움을 겪을 수 있을까? 왜?

37. 마이데코의 재무제표 데이터 및 주가 데이터를 보여주는 표 2.5를 참조하라.

    a. 마이데코의 P/E 비율을 2012~2016년 기간 중 매년 계산하라. 이 비율은 어떤 연도에 가장 높은가?

    b. 마이데코의 사업가치/EBITDA 비율을 매년 계산하라. 이 비율은 어떤 연도에 가장 높은가?

    c. 이 두 가치평가 비율이 다른 이유는 무엇 때문일까?

38. 2015년 초 유나이티드 항공(UAL)이 $24.8 십억의 시가총액, $12.8 십억의 채무, $5.5 십억의 현금을 가지고 있다. 유나이티드의 연 매출액은 $38.9 십억이다. 이에 비해 사우스웨스트 항공(LUV)은 $28.8 십억의 시가총액, $2.7 십억의 채무, $2.9 십억의 현금, 18.6 십억의 연 매출액을 가지고 있다.

    a. 두 기업의 시가총액/매출액 비율(또는 주가/매출액 비율)을 비교하라.

    b. 두 기업의 사업가치/매출액 비율을 비교하라.

    c. 위의 두 비교 중 어떤 비교가 더 의미 있는가? 설명하라.

39. 마이데코의 재무제표 데이터 및 주가 데이터를 보여주는 표 2.5를 참조하라.

    a. 2012년부터 2016년까지 각 연도의 마이데코 ROE를 계산하라.

    b. 2012년부터 2016년까지 각 연도의 마이데코 ROA를 계산하라.

    c. 어떤 투자 수익률이 더 변동성이 높은가? 왜?

40. 마이데코의 재무제표 데이터 및 주가 데이터를 보여주는 표 2.5를 참조하라. 마이데코는 2012년 대비 2016년의 ROIC를 어떻게 향상시킬 수 있었는가?

41. 2015 회계 연도에 코스트코 홀세일 주식회사(COST)의 순이익률은 2.05%, 자산회전율은 3.48, 장부 주식 배수는 3.15였다.

    a. 이 데이터와 듀퐁 항등식을 이용하여 코스트코의 ROE를 계산하면 얼마인가?

    b. 코스트코의 경영자가 ROE를 1%p 증가시키려고 한다면, 자산회전율을 얼마나 높여야 하나?

    c. 만약 코스트코의 순이익이 1%p 하락하면, ROE를 유지시키기 위해 필요한 자산회전율은 얼마인가?

42. 2015 회계 연도의 월마트 스토어 주식회사(WMT)는 총매출액이 $485.65 십억, 순이익이 $16.36 십억, 총자산이 $203.49 십억, 총주식이 $81.39 십억이었다.

    a. 월마트의 ROE를 직접, 그리고 듀퐁 항등식을 이용하여 계산하라.

    b. 41번 문제의 코스트코 데이터와 비교하면서 두 회사의 ROE 차이를 이해하기 위해 듀퐁 항등식을 이용하라.

43. 순이익률이 3.5%, 자산회전율이 1.8, 총자산이 $44 백만, 자기자본이 $18 백만인 소매회사를 고려하자.

    a. 이 회사의 현재 ROE는 얼마인가?

    b. 이 회사가 순이익률을 4%까지 올린다면, ROE는 어떻게 될까?

    c. 추가로 이 회사가 (높은 이익률을 유지하면서 자산이나 부채를 변경하지 않고) 매출액을 20% 증가시키면, ROE는 어떻게 될까?

재무 보고 실무

44. 2015 회계 연도(2015년 10월에 보고됨) 코스트코(COST)의 연차 보고서를 온라인에서 찾아보라.

    a. 어떤 회계법인이 이 기업의 재무제표를 인증하였는가?

    b. 코스트코의 어떤 경영진이 재무제표를 인증하였는가?

45. 월드콤은 $3.85 십억의 영업비용을 자본지출로 재분류했다. 이 재분류가 월드콤의 현금흐름에 미칠 영향을 설명하라(힌트 : 세금을 고려하라). 월드콤의 행동은 불법이며 투자자를 속일 수 있도록 명확하게 고안되었다. 그러나 기업이 조세 목적상 비용을 분류하는 방법을 합법적으로 선택할 수 있다면, 이 회사의 투자자에게는 어떤 선택이 더 나은가?

데이터 사례

이것은 주식분석가로 직장을 구하는 당신이 유명한 브로커 기업과 하는 인터뷰다. 당신은 부서 경영자 및 주식 부문 부사장과 아침 인터뷰를 무사히 마쳤다. 모든 것이 순조롭게 진행되어서, 그들은 분석가로서의 당신의 능력을 검증하고자 한다. 어떤 방에 앉아 있는 당신에게 컴퓨터와 포드 및 마이크로소프트라는 두 기업의 이름과 함께 다음과 같은 작업을 위해 90분이 주어졌다.

1. MarketWatch(www.marketwatch.com)로부터 지난 4년간의 연별 손익계산서, 재무상태표, 현금흐름표를 다운로드하라. 각 기업의 주식 표식을 입력하고 "financials"로 간다. 재무제표를 복사해서 엑셀에 붙인다.

2. Yahoo! Finance(finance.yahoo.com)로부터 각 기업의 과거 주가를 찾으라. 주식 표식을 입력하고 왼쪽 열에 있는 "Historical Prices(과거주가)"를 눌러서, 각 재무제표의 날짜에 해당하는 달의 마지막 날짜를 포함하는 적절한 날짜 범위를 입력한다. 주식의 (조정된 종가 아닌) 종가를 사용하라. 각 날짜에 해당하는 기업의 시가총액을 계산하기 위하여 총 발행주식 수(손익계산서의 "Basic Weighted Shares Outstanding" 참조)에 과거 주가를 곱한다.

3. 지난 4년간의 재무제표 각각에 대해서 각 기업의 다음 비율들을 계산하라.

가치평가 비율	주가/순이익 비율(EPS는 Diluted EPS total을 사용하라.)
	시가/장부가 비율
	사업가치/EBITDA 비율
	(채무는 단기와 장기채무를 포함하고, 현금은 시장성 유가증권을 포함하라.)
수익성 비율	영업이익률
	순이익률
	주식 수익률
금융 견고성 비율	유동비율
	장부 부채비율
	시장 부채비율
	이자보상 배율(EBIT ÷ 이자비용)

4. Reuters.com(www.reuters.com/finance/stocks)으로부터 각 기업에 대한 산업 평균을 얻으라. "search stocks"의 하단부에 주식 표식을 입력하고, 목록에서 각 회사를 선택한 다음 "Financials" 단추를 누른다.

   a. 각 기업의 비율을 이용 가능한 최근 연도의 산업 비율들과 비교하라(당신의 계산이 다를 것이기 때문에 "Company" 열은 무시).

   b. 각 기업의 성과와 산업을 분석하여, 각 개별 기업의 성과 추세에 대해서 논평하라. 각 기업에서 당신이 발견한 장점과 단점을 확인하라.

5. 각 기업에 대해 당신이 계산한 시가/장부가 비율을 검토하라. 둘 중의 어떤 기업이 "성장주식"으로, 어떤 기업이 "가치주식"으로 간주될 수 있는가?

6. 두 기업의 가치평가 비율들을 비교하라. 그들 간의 차이를 당신은 어떻게 해석하는가?

7. 각 기업에 대해 4년간의 사업가치를 검토하라. 이 기간 동안 각 기업의 사업가치는 어떻게 변동하였는가?

주석 : 이 사례 분석에 대한 갱신은 www.berkdemarzo.com에서 찾을 수 있다.

재무 의사결정과 일물일가의 법칙

기호

NPV 순현재가치

r_f 무위험 이자율

PV 현재가치

마이크로소프트는 2007년 중반 급성장 중인 소셜 네트워크 사이트 중의 하나인 페이스북에 대한 지분 입찰에 응하여, 구글 및 야후와 경쟁하기로 결정했다. 마이크로소프트 경영자는 이 의사결정이 좋은 의사결정이라고 판단한 것일까?

기업의 모든 의사결정은 미래에 기업가치에 영향을 미치는 결과들을 가져온다. 이러한 결과들은 일반적으로 비용과 편익을 포함한다. 예를 들어 마이크로소프트는 응찰 후 1.6%의 페이스북 지분과 페이스북 웹사이트에서의 배너 광고권을 $240 백만으로 낙찰을 받는 데 성공했다. 이 제안으로 인해 마이크로소프트에 발생하는 비용은 $240 백만의 선불비용과 플랫폼 프로그램 개발, 네트워크 인프라 구축 및 광고 확보를 위한 국제적인 마케팅 활동 등과 관련된 운영비용이다. 이 제안의 편익은 광고 매출을 통한 수익과 페이스북 주가 상승이다. 이 의사결정은 결국 마이크로소프트 입장에서 좋은 의사결정으로 판명이 났다. 광고 수익 확보는 물론이고, 2012년 5월 페이스북의 기업공개 시점까지 마이크로소프트가 보유한 페이스북 주식의 가치가 $1 십억을 초과할 정도로 상승하였다.

일반적으로 기업 주주 입장에서 좋은 의사결정은 그 의사결정의 편익이 비용을 능가하여 기업가치의 상승을 가져오는 의사결정이다. 하지만 기업이 행하는 의사결정의 비용과 편익을 비교하는 것은 종종 복잡하다. 그 이유는 비용과 편익이 서로 다른 시점에 발생하거나, 서로 다른 통화로 표시되거나, 서로 다른 위험을 갖고 있을 수 있기 때문이다. 이러한 비용과 편익이 합당하게 비교되기 위해서 모두 동일한 조건으로 표현되어야 한다. 우리는 이를 위해 재무학의 방법론을 이용하여야 한다. 이 장에서는 가치평가 원칙(valuation principle)이라는 재무학의 핵심적인 원칙을 소개한다. 이 원칙에 따르면, 현재 시장가격을 이용하면 어떤 의사결정과 관련된 비용과 편익의 현재 시점의 가치를 결정할 수 있다고 한다. 또한 이 원칙은 어떤 의사결정의 비용과 편익을 "오늘의 달러(dollars today)"처럼 동일한 단위로 비교하여야 한다고 한다. 마지막으로 이 원칙은 오늘의 달러로 표시된 편익과 비용의 차이인 순현재가치(net present value, NPV)가 양(+)의 부호를 갖는가 하는 질문에 답함으로써 어떤 의사결정을 평가할 수 있다고 한다. 이때 양(음)의 부호를 갖는 NPV는 그 의사결정이 증가시키는 기업 부(wealth)의 순증가액(감소액)을 의미한다.

가치평가 원칙은 금융시장에서도 적용 가능하다. 가치평가 원칙을 금융시장에서 적용하면 금융시장에서 거래되는 증권의 가격을 결정할 수 있다. 우리는 이 장에서 차익거래(arbitrage)라는 전략에 대해 살펴본다. 공개적으로 거래되는 투자 기회의 가격이 가치평가 원칙에 의한 가격과 일치하지 않을 경우, 투자자들이 이를 이용하여 돈을 벌 수 있는 차익거래 기회가 발생한다. 상품을 사고파는 거래를 동일한 가격에 할 수 있는 시장인 경쟁시장에서는 투자자들이 차익거래 기회가 생기면 이를 신속하게 이용할 수 있다고 한다. 이 때문에 어떤 투자 기회들이 경쟁시장에서 거래되고 가치평가 원칙에 의해 동등하게 평가된다면, 이들은 동일한 가격을 형성해야 한다. 이를 일물일가의 법칙(law of one price)이라고 부르며, 이 법칙은 가치평가에서 일관되게 적용되고 이 책의 전반에서 사용된다.

3.1 의사결정에 대한 가치평가

재무관리자의 임무는 기업의 주주들을 위해 의사결정을 하는 것이다. 예를 들어 어떤 기업이 생산하는 제품에 대한 수요 증가에 직면하였다고 가정해보자. 이 기업의 재무관리자는 제품의 가격을 인상할지 아니면 생산량을 늘릴지에 대해 결정해야 한다. 그가 제품 생산량을 늘리기로 결정하면, 기업은 새로운 생산설비가 필요해진다. 이제 그는 새로운 생산설비를 렌트할 것인지 구입할 것인지를 결정해야 한다. 만약 구입하기로 결정했다면, 그다음에는 구입에 필요한 자금을 현금으로 지급할지 아니면 차입할지를 결정하여야 한다.

이 책의 목적은 재무관리자가 기업의 주주들을 위해 기업가치의 증가를 가져오는 의사결정을 어떻게 하는지를 설명하는 데 있다. 좋은 의사결정의 원칙은 단순하고 직관적이다. 편익이 비용을 능가하면 된다. 실제 세계에서의 투자 기회들은 종종 복잡하다. 이로 인해 비용과 편익을 계량화하는 것이 종종 어렵기도 하다. 때때로 비용과 편익의 계량화를 위해 기업 내에서 재무 부문이 아닌 다른 부문의 도움을 받는 것이 필요하기도 하다. 이에 대한 예를 들면 다음과 같다.

- 마케팅 : 광고 캠페인으로 인해 발생하는 수익 증가를 예측
- 회계 : 기업 재구축으로부터 발생하는 세금 절약 금액을 추정
- 경제 : 제품가격 인하로부터 발생하는 수요 증가를 결정
- 조직행동 : 경영 구조의 변화로부터 발생하는 생산성 증가를 추정
- 전략 : 제품가격 인상에 대한 경쟁사의 반응을 예측
- 운영관리 : 생산공장의 현대화로부터 발생하는 비용 절감액을 추정

이제부터 이 책에서는 이러한 각 분야의 전문가들이 제공한 정보를 바탕으로 재무 의사결정으로 인한 비용과 편익을 확인하는 작업이 사전에 이루어졌다는 가정하에 논의가 전개된다. 이러한 작업이 이루어진 이후 재무관리자가 해야 할 일은 비용과 편익을 비교하여 기업가치의 극대화를 위한 의사결정을 하는 것이다.

비용과 편익의 계량화

의사결정의 첫 번째 단계는 의사결정으로 인한 비용과 편익을 확인하는 것이다. 그다음 단계는 비용과 편익을 계량화하는 것이다. 비용과 편익의 정확한 비교를 위해서 이들을 동일한 조건으로 평가할 필요가 있다. 이를 다음 예시를 통해 구체화시켜 보자.

예를 들어 오늘 400온스의 은을 10온스의 금과 교환할 기회를 갖고 있는 보석 제조업자가 있다고 가정해보자. 1온스의 은과 1온스의 금은 가치가 서로 다르다. 따라서 400온스를 10온스와 비교하여, 온스의 수가 더 큰 쪽이 더 낫다고 결론 내리는 것은 부적절하다. 이 교환 기회의 비용과 편익을 비교하기 위하여 먼저 은과 금을 동등한 조건으로 계량화하는 것이 필요하다. 이를 위해 동등한 조건, 즉 오늘의 현금

으로 은과 금의 가치를 환산할 필요가 있다. 먼저 은을 고려해보자. 오늘 은의 현금가치(cash value)는 얼마인가? 가령 은이 현재 시장에서 온스당 $15에 거래되고 있다고 가정해보자. 보석 제조업자가 포기하는 400온스 은의 현금가치는[1] 아래와 같다.

$$(400온스의\ 은) \times (\$15/1온스의\ 은) = \$6,000$$

만약 금이 현재 시장에서 온스당 $900에 거래되고 있다면, 보석 제조업자가 얻는 10온스 금의 현금가치는 아래와 같이 계산된다.

$$(10온스의\ 금) \times (\$900/1온스의\ 금) = \$9,000$$

이제 은과 금이 오늘의 현금이라는 동일한 가치 척도로 계량화되었으므로, 이 교환 기회의 비용과 편익을 비교할 수 있다. 오늘의 현금 기준으로 이 거래 기회의 편익은 $9,000이고 비용은 $6,000다. 이 교환 기회의 순편익은 $3,000로 양(+)의 값을 갖는다. 보석 제조업자가 이 교환 기회를 받아들이면 그의 부가 $3,000만큼 증가하게 될 것이다.

시장가격을 이용한 현금가치의 결정

보석 제조업자의 의사결정을 평가하기 위해 현재 시장가격을 이용하여 온스로 표시된 은과 금을 달러로 변환하였다. 이 과정에서 보석 제조업자가 현재 시장가격이 공정하지 못하다고 생각하거나 보석 제조업자가 제품을 만드는 데 은 또는 금 중 하나만을 사용하는 것이 고려되지 않았다. 이러한 것들이 고려되어야 하는가? 예를 들어 보석 제조업자가 금을 필요로 하지 않거나 혹은 현재 금의 가격이 너무 높다고 생각한다고 가정해보자. 금 10온스의 가치는 $9,000보다 낮아야 하는가? 이에 대한 답은 '그렇지 않다'이다. 그 이유는 그가 항상 금을 현재 시장가격으로 팔아 $9,000를 얻을 수 있기 때문이다. 이와 유사하게 그는 금 10온스의 가치를 $9,000보다 높게 평가하려고 하지 않을 것이다. 그 이유는 그가 금을 필요로 하지 않거나 현재 금의 가격이 너무 낮다고 평가한다고 하더라도 그가 금 10온스를 항상 $9,000에 살 수 있기 때문이다. 이 예는 어떤 재화의 거래가 경쟁시장에서 이루어진다면, 시장가격이 그 재화의 현금가치를 결정한다는 중요한 일반 원칙을 예시한다. 경쟁시장이 존재하기만 한다면 재화의 가치는 의사결정자의 개인적인 견해나 선호에 의존하지 않는다.

우리는 **경쟁시장**(competitive market) 가격을 이용하여 어떤 의사결정의 비용과 편익을 평가함으로써, 그 의사결정이 기업과 기업의 투자자를 부유하게 할 것인지를 결정할 수 있다. **가치평가 원칙**(valuation principle)이라고 부르는 이 원칙은 재무학에서 핵심적이고 매우 강력한 아이디어이다.

> **어떤 자산의 기업 또는 기업의 투자자에 대한 가치는 경쟁시장가격에 의해 결정된다. 어떤 의사결정의 편익과 비용은 경쟁시장가격을 이용하여 평가되어야 하며, 편익의 가치가 비용의 가치를 초과하여야 그 의사결정이 기업의 시장가치를 향상시킬 수 있다.**

가치평가 원칙은 의사결정에 대한 기초를 제공한다. 이 장의 나머지 부분은 비용과 편익이 서로 다른 시점에 발생하는 의사결정에서 기치평가 원칙을 적용하는 것을 다루고, 프로젝트의 가치를 평가하는 중요 수단인 순현재가치 법칙을 소개한다. 이어 가치평가 원칙이 자산의 시장가격에 어떤 결과를 가져오는지를 고찰하고 일물일가의 법칙을 소개한다.

---

1 여러분이 시장가격 외에 금을 사거나 팔 때 발생하는 중개 수수료나 다른 거래비용을 염려할 수 있다. 지금부터 우리는 거래비용이 없다고 가정하기로 하고 거래비용의 효과에 대해서는 이 장의 부록에서 논의한다.

예제 3.1	가치를 결정하는 경쟁시장가격

문제

당신은 라디오 경연대회에서 우승하였다. 하지만 당신은 우승에 대한 상이 "데프 레퍼드(Def Leppard)"라는 하드록 밴드의 재결합 콘서트 티켓 4장(한 장당 액면가치는 $40)이라는 것을 알고 실망했다. 그 이유는 당신이 1980년대의 하드록을 좋아하지 않아 이 공연을 보러 갈 의향이 없기 때문이다. 이에 라디오 방송국은 이 상 대신 당신이 좋아하는 밴드의 매진된 티켓 2장(한 장당 액면가치 $45)을 상으로 주는 다른 선택 안을 제시했다. 한편, 당신은 이베이 사이트에서 데프 레퍼드 밴드의 공연 티켓은 한 장당 $30에, 당신이 좋아하는 밴드의 티켓은 한 장당 $50에 거래되고 있음을 알았다. 당신은 어떤 상을 선택해야 하는가?

풀이

올바른 선택을 위해 중요한 것은 당신의 선호나 티켓의 액면가치가 아닌 티켓의 경쟁시장가격이다. 티켓의 시장가치는 다음과 같다.

$$데프 레퍼드 밴드의 공연 티켓 4장(한 장당 $30)의 시장가치 = $120$$

$$당신이 좋아하는 밴드의 공연 티켓 2장(한 장당 $50)의 시장가치 = $100$$

당신은 자신이 좋아하는 밴드의 공연 티켓이 아닌 데프 레퍼드 밴드의 공연 티켓을 상으로 선택해야 한다. 그 이유는 이베이에서 데프 레퍼드 밴드의 공연 티켓을 팔고 당신이 좋아하는 밴드의 공연 티켓을 사면, 티셔츠를 살 수 있는 금액인 $20를 남길 수 있기 때문이다.

예제 3.2	가치평가 원칙의 적용

문제

당신은 회사의 운영관리자이다. 기존에 있던 계약으로 인해 당신의 회사는 200배럴의 원유와 3,000파운드의 구리를 $12,000의 금액으로 모두 구입할 수 있는 기회가 생겼다. 원유의 현재 시장가격은 $50/배럴, 구리의 현재 시장가격은 $2/파운드이다. 당신의 회사는 원유와 구리의 전량을 필요로 하지 않는 상황이므로, 당신은 이 기회를 포착할지에 대해 고민을 하고 있다. 이 기회의 가치는 얼마인가? 만약 당신이 다음 달에 원유와 구리의 가격이 폭락할 것이라고 믿는다면 당신의 의사결정이 달라지겠는가?

풀이

당신은 이 문제에 대한 답을 얻기 위해 시장가격을 이용하여 이 기회의 비용과 편익을 현금가치로 전환해야 한다. 시장가격을 이용하여 원유와 구리의 현금가치를 각각 구하면 아래와 같다.

$$(200배럴의 원유) \times ($50/배럴) = $10,000$$

$$(3,000파운드의 구리) \times ($2/파운드) = $6,000$$

원유와 구리의 현금가치의 합계에서 이 기회의 비용을 뺀 값으로 계산되는 이 기회의 순가치는 원유와 구리의 현재 시장가격에만 의존한다. 이 기회의 순가치는 $10,000 + $6,000 − $12,000 = $4,000이다. 만약 당신의 회사가 원유와 구리를 필요로 하지 않으면, 전량을 현재 시장가격에 팔아 $16,000의 가치를 획득할 수 있다. 이 기회를 포착하는 결정은 당신 회사의 가치를 $4,000만큼 증가시키므로, 당신 회사의 입장에서 좋은 의사결정이다.

경쟁시장가격이 존재하지 않는 경우

경쟁시장가격은 우리로 하여금 의사결정자의 선호나 견해에 상관없이 의사결정의 가치를 계산할 수 있도록 해준다. 만약 경쟁시장가격이 존재하지 않는다면 우리는 더 이상 이런 작업을 수행할 수 없다. 예를 들어 소매점이 가격을 일방적으로 결정한다고 가정하자. 즉, 당신은 소매점이 고시한 가격으로만 물건을 구입할 수 있으며, 구입한 가격에 그 물건을 소매점에 팔 수 없다고 하자. 우리는 이러한 일방적인 가격을 이용하여 그 물건의 정확한 현금가치를 계산할 수 없다. 그 물건을 항상 이러한 일방적인 가격에 살 수 있기 때문에, 일방적인 가격은 그 물건의 최고 가격을 결정한다. 하지만 개인이 평가하는 그 물건의 가치는 그 물건에 대한 개인들의 선호에 따라 최고 가격보다 낮아질 수도 있다.

경쟁시장가격이 존재하지 않는 예를 들어보자. 은행은 사람들이 자기 은행에 더 많은 계좌를 개설하도록 유도하기 위해 계좌 개설 시에 무상으로 선물을 지급하는 관행이 있다. 2014년 RBC는 은행계좌를 신규로 개설하는 고객에게 아이패드 미니를 무상으로 지급했다. 그 당시에 아이패드 미니의 소매가격은 $399였다. 이 상품에 대한 경쟁시장이 존재하지 않는다면, 이 상품의 가치는 당신의 구매 의사에 의존한다. 만약 당신이 이 상품을 구입하려 했다면, 당신에게 이 상품의 가치는 은행으로부터 무상으로 받지 않았다면 지급해야 할 금액인 $399이다. 만약 당신이 이 상품을 원하지도 필요하지도 않았다면, 이 상품의 가치는 얼마가 되든 간에 당신이 이 상품을 팔고 받을 수 있는 금액이다. 예를 들어 당신이 이 상품을 친구에게 $300에 팔수 있다면, 당신에게 이 상품을 무상으로 지급하는 은행 제안의 가치는 $300이다. 결국 이 상품의 가치는 당신이 이 상품을 구입하려 했는지 여부에 따라 $300(구입을 원하지 않은 경우)에서 $399(구입을 원했던 경우) 사이의 값을 갖는다.

1. 비용과 편익이 서로 다른 단위 또는 상품으로 표시되는 경우 어떻게 비용과 편익을 비교할 수 있는가?
2. 만약 원유가 경쟁시장에서 거래된다면 원유를 사용하는 정유업자는 원유에 대한 가치평가를 원유를 사용하지 않는 다른 투자자들과 달리하겠는가?

3.2 이자율과 화폐의 시간가치

지금까지의 예제와 달리 대부분의 재무 의사결정에서는 비용과 편익이 서로 다른 시점에 발생한다. 예를 들면 투자 기회의 비용은 당장 발생하지만 편익은 미래에 발생한다. 이 절에서는 의사결정을 위해 가치평가 원칙을 이용할 경우 비용과 편익의 발생 시점의 차이를 어떻게 조정할 것인가를 설명한다.

화폐의 시간가치

다음과 같은 현금흐름을 갖는 기업의 투자 기회가 있다.

- 비용 : 오늘 $100,000
- 편익 : 1년 후 $105,000

동일하게 미 달러로 표시된 투자 기회의 비용과 편익을 직접적으로 비교할 수 있는가? 비교할 수 없다. 만약 이 투자 기회의 순가치를 $5,000(= $105,000 - $100,000)로 계산한다면, 이 계산은 옳지 않다. 왜냐하면 이러한 계산은 비용과 편익의 발생 시점 차이를 전혀 고려하지 않았기 때문이다. 즉, 오늘의 돈을 1년 후의 돈과 동일하게 취급했다. 일반적으로 오늘 $1는 1년 후 $1보다 더 높은 가치를 갖는다. 그 이유는 오늘 $1를 투자하면 1년 후에 $1보다 더 많은 금액을 얻을 수 있다. 예컨대 당신이 연 7%의 이자율로 이자를 지급하는 은행계좌에 $1를 예치하면, 1년 후에 $1.07를 갖게 된다. 이처럼 오늘의 돈과 미래의 돈이 서로 다른 가치를 갖게 되는 현상을 **화폐의 시간가치**(time value of money)라고 부른다.

이자율 : 시점간 교환비율

우리는 은행의 저축예금 계좌에 돈을 예치함으로써 위험 없이 오늘의 돈을 미래의 돈으로 전환할 수 있다. 또한 우리는 은행으로부터 대출을 받음으로써 미래의 돈을 오늘의 돈으로 전환할 수 있다. 오늘의 돈과 미래의 돈 간의 교환비율은 현재의 이자율에 의해 결정된다. 환율은 한 나라의 화폐를 다른 나라의 화폐로 교환할 때 적용되는 교환비율이다. 한편 이자율은 한 시점의 화폐를 다른 시점의 화폐로 교환할 때 적용되는 교환비율이다. 한마디로 이야기하면 이자율은 오늘 돈의 미래시점에서 시장가치를 알려주는 시점간 교환비율(exchange rate across time)인 것이다.

현재 연간 **무위험 이자율**(risk-free interest rate)이 7%라고 가정하자. 주어진 기간(예 : 1년)에 대한 무위험 이자율 r_f는 주어진 기간에 위험 없이 돈을 빌리거나 빌려줄 때 적용되는 이자율로 정의된다. 만약 무위험 이자율이 7%라면 오늘의 $1는 1년 후의 $(1 + 0.07)과 교환할 수 있다. 이 이자율로 은행에 예금하면 오늘의 $1를 1년 후의 $1.07로 전환할 수 있다. 또한 이 이자율로 은행에서 대출하면 1년 후의 $1.07를 오늘의 $1로 전환할 수 있다. 이를 일반화하면 "오늘의 $1는 1년 후의 $(1 + r_f)와 교환할 수 있고, 1년 후의 $(1 + r_f)는 오늘의 $1로 교환할 수 있다."라고 표현된다. 여기서 $(1 + r_f)$는 현금흐름에 대한 **이자율 요소**(interest rate factor)라고 하는데, 화폐의 시점간 교환비율, 즉 오늘 한 단위의 화폐에 상응하는 1년 후의 화폐 단위(예 : 오늘 1달러면 1년 후에 몇 달러)를 나타낸다.

다른 시장가격과 마찬가지로 무위험 이자율도 수요와 공급에 의존한다. 무위험 이자율은 저축의 공급이 대출의 수요와 같아지는 수준에서 결정된다. 일단 우리가 무위험 이자율을 알기만 하면, 투자자의 선호를 알지 않고도 무위험 이자율을 이용하여 비용과 편익이 서로 다른 시점에 발생하는 의사결정을 평가할 수 있다.

투자 기회의 1년 후 가치   앞서 언급했던 이 투자 기회의 가치를 화폐의 시간가치를 고려하여 평가해보자. 이자율이 7%일 때 이 투자 기회의 비용을 1년 후의 가치로 나타내보자.

$$비용 = (오늘\ \$100,000) \times (1년\ 후\ \$1.07/오늘\ \$1)$$
$$= 1년\ 후\ \$107,000$$

오늘 기업이 투자에 사용하는 $100,000의 기회비용은 이 금액을 투자함으로써 포기해야 하는 1년 후의 금액이다. $100,000를 투자함으로써 기업이 포기해야 하는 금액은 투자하는 대신 은행에 예금할 때 1년 후에 받을 수 있는 $107,000이다. 동일 은행으로부터 $100,000를 빌렸을 경우 기업이 갚아야 하는 금액 역시 $107,000이다.

투자 기회의 비용과 편익이 "1년 후의 달러"로 동일하게 표시되면, 비용과 편익의 비교가 가능하고 투자 기회의 순가치(net value)가 계산될 수 있다.

$$순가치 = \$105,000 - \$107,000 = 1년\ 후\ - \$2,000$$

이는 기업이 투자를 하지 않고 $100,000를 은행에 예금하면 1년 후에 $2,000를 더 벌 수 있음을 의미한다. 기업은 이 투자 기회를 기각해야 한다. 그 이유는 기업이 투자를 하면 투자를 하지 않을 때에 비해 $2,000에 해당하는 기업의 부(wealth)가 줄어들기 때문이다.

투자 기회의 현재가치 앞의 계산에서는 투자 기회의 비용과 편익을 모두 1년 후의 가치로 표시한 바 있다. 이자율 요소를 이용하면 1년 후의 비용과 편익을 모두 오늘의 달러로 전환할 수 있다. 1년 후 $105,000의 편익을 오늘의 달러로 환산하면 얼마일까? 이 금액은 1년 후 은행계좌에 $105,000가 들어 있기 위해 현재 은행에 예금해야 하는 금액으로 $105,000를 이자율 요소로 나누어 준 값으로 구해진다.

$$\text{편익} = (\text{1년 후 } \$105,000) \div (\text{1년 후 } \$1.07 / \text{오늘 } \$1)$$

$$= \text{오늘 } \$105,000 \times \frac{1}{1.07}$$

$$= \text{오늘 } \$98,130.84$$

또한 이 금액은 1년 후 $105,000를 갚기로 약정할 때 오늘 은행이 빌려주는 금액이기도 하다.[2] 따라서 이자율 요소는 1년 후 $105,000를 사거나 팔 수 있는 경쟁시장가격이라고 할 수 있다.

이제 우리는 투자 기회의 순가치를 구할 준비가 되어 있다. 투자 기회의 순가치는 현재의 편익에서 현재의 비용을 뺀 값으로 계산된다.

$$\text{순가치} = \$98,130.84 - \$100,000 = \text{오늘} - \$1,869.16$$

순가치가 음(−)의 값을 가지므로 이 투자 기회를 기각해야 한다. $98,130.84에 상응하는 가치를 얻기 위해 $100,000를 포기하는 이 투자 기회의 실행은 기업의 부가 $1,869.16만큼 줄어드는 결과를 가져온다.

현재가치 대 미래가치 이 예제는 투자 기회의 순가치가 오늘의 달러로 환산되어도 1년 후의 달러로 환산되어도 이 투자 기회는 기각되어야 한다는 동일한 결론에 도달함을 예시하고 있다. 이는 오늘의 가치로 표시된 이 투자 기회의 순가치를 1년 후 가치로 전환하면 1년 후의 가치로 표시된 이 투자 기회의 순가치와 동일함을 통해 확인할 수 있다.

$$(\text{오늘 } \$1,869.16) \times (\text{1년 후 } \$1.07 / \text{오늘 } \$1) = \text{1년 후} - \$2,000$$

투자 기회의 순가치가 환산되는 시점만 오늘 또는 1년 후로 다를 뿐 투자 기회에 대해 내려지는 결론은 동일하다. 어떤 투자 기회의 가치가 현재 시점의 가치로 표시되면, 이를 그 투자 기회의 **현재가치**(present value, PV)라고 부른다. 그리고 어떤 투자 기회의 가치가 미래 시점의 가치로 표시되면, 이를 그 투자 기회의 **미래가치**(future value, FV)라고 부른다.

할인요소와 할인율 앞의 계산에서 사용된

$$\frac{1}{1+r} = \frac{1}{1.07} = (\text{오늘 } \$0.93458 / \text{1년 후 달러})$$

는 **할인요소**(discount factor)라고 하며, 1년 후 $1의 오늘 가격으로 해석된다. 미래가치에 할인요소를 곱함으로써 미래가치가 현재가치로 전환된다. 할인요소가 1보다 작은 값을 갖는 것은 미래 $1의 현재가치가 $1보다 작고, 미래 $1의 현재 시장가격에는 할인이 이루어졌음을 의미한다. 무위험 이자율은 무위험 환경에서 할인할 때 **할인율**(discount rate)로 적용된다.

---

2 우리는 은행이 동일한 7%의 무위험 이자율로 돈을 빌리고 빌려줄 것이라고 가정한다. 우리는 이 장의 부록 "거래비용이 존재하는 경우 차익거래"에서 은행의 예금 이자율과 대출 이자율이 상이한 경우에 대해 논의할 것이다.

예제 3.3 서로 다른 시점에 발생하는 수익의 비교

문제

샌프란시스코 베이 브릿지의 리빌딩 비용이 2004년 기준으로 대략 $3 십억 달러다. 아울러 엔지니어들은 이 프로젝트가 2005년으로 지연되면 리빌딩 비용이 10% 증가할 것으로 예상하고 있다. 만약 연간 이자율이 2%라면, 이 프로젝트의 지연으로 인해 발생하는 비용을 2004년 가치로 환산하면 얼마인가?

풀이

만약 이 프로젝트가 연기된다면 2005년 가치로 표시된 리빌딩 비용은 $3 십억 × 1.10 = $3.3 십억이다. 이 금액을 2004년의 리빌딩 비용과 비교하려면 이 금액을 연간 이자율 2%를 이용하여 2004년의 가치로 전환해야 한다.

$$(2005년 \ \$3.3 \ 십억) \div (2005년 \ \$1.02/2004년 \ \$1) = 2004년 \ \$3.235 \ 십억$$

이 프로젝트의 지연으로 발생하는 비용을 2004년 가치로 환산하면 다음과 같다.

$$\$3.235 \ 십억 - \$3 \ 십억 = 2004년 \ \$235 \ 백만$$

이는 이 프로젝트를 1년 지연하는 것이 오늘 $235 백만의 현금을 포기하는 것과 동등함을 의미한다.

우리는 경쟁시장가격을 이용하였던 것과 동일한 방식으로 무위험 이자율을 가치평가에 활용할 수 있다. 그림 3.1은 경쟁시장가격을 이용하여 오늘의 달러를 오늘 다른 상품으로 변환하는 과정과 이자율을 이용하여 오늘의 달러를 미래의 달러로 변환하는 과정을 예시하고 있다.

그림 3.1

오늘의 달러를 오늘의 금 또는 미래의 달러로 변환

우리는 경쟁시장가격(이자율)을 이용하여 오늘의 달러를 오늘의 다른 재화(미래의 달러)로 전환할 수 있다. 가치가 동등한 조건으로 표현되어 있으면, 가치평가 원칙을 이용하여 의사결정을 할 수 있다.

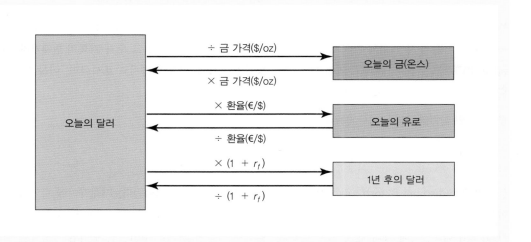

개념 확인

1. 서로 다른 시점의 가치로 표시된 비용을 어떻게 비교할 수 있는가?
2. 이자율이 상승하면 1년 후에 받을 수 있는 돈의 현재가치는 어떻게 되는가?

3.3 현재가치와 NPV 결정 규칙

우리는 3.2절에서 무위험 이자율을 이용하여 오늘의 현금과 미래의 현금 간의 전환을 하였다. 어떤 의사결정의 비용과 편익이 동일한 시점으로 환산되는 한 우리는 이들을 비교하고 그 의사결정을 할 수 있다. 하지만 실무에서 대부분의 주식회사는 이들을 현재시점의 가치, 즉 오늘의 현금으로 측정하는 것을 더 선호한다. 이 절에서는 가치평가 원칙을 적용하여 순현재가치(NPV)의 개념을 도출한다. 그리고 NPV 룰이라는 재무의사 결정에서의 황금규칙을 정의한다.

순현재가치

우리가 비용(편익)의 가치를 오늘의 현금으로 계산한다면, 우리는 비용(편익)의 현재가치(PV)라고 부른다. 프로젝트 또는 투자 기회의 **순현재가치**(net present value, NPV)는 편익의 현재가치와 비용의 현재가치의 차이로 정의된다.

순현재가치

$$NPV = PV(편익) - PV(비용) \tag{3.1}$$

만약 우리가 양(음)의 현금흐름을 편익(비용)을 나타내는 데 사용한다면, 여러 현금흐름의 현재가치를 개별 현금흐름의 현재가치의 합계로 계산할 수 있다. 우리는 이 개념을 다음과 같이 나타낼 수 있다.

$$NPV = PV(모든\ 프로젝트\ 현금흐름) \tag{3.2}$$

즉, NPV는 모든 프로젝트 현금흐름의 현재가치의 합계이다.

간단한 예를 고려해보자. 당신 회사가 다음 투자 기회를 제안받았다고 가정해보자. 오늘 $500를 투자하면 1년 후에 확실하게 $550를 돌려받는다. 무위험 이자율이 8%라고 해보자.

$$PV(편익) = (1년\ 후\ \$550) \div (1년\ 후\ \$1.08/오늘\ \$1)$$
$$= 오늘\ \$509.26$$

이 현재가치는 우리가 1년 후 $550의 현금흐름을 창출하기 위하여 오늘 은행에 예치해야 하는 금액이다($509.26 × 1.08 = $550). 달리 표현하면 현재가치는 그 현금흐름을 미래에 창출하기 위하여 현재의 이자율하에서 투자해야 하는 금액이다.

비용과 편익이 현재가치로 표시되면 우리는 이 투자 기회의 NPV를 계산할 수 있다.

$$PV(편익) = \$509.26 - \$500 = 오늘\ \$9.26$$

만약 당신 회사가 프로젝트의 초기비용을 충당하기에 필요한 $500를 갖고 있지 않다면 어떨까? 이 프로젝트의 가치는 여전히 동일한가? 우리가 항상 경쟁시장가격을 이용하여 가치를 계산하였기 때문에 가치는 당신의 선호나 당신 회사가 은행에 가지고 있는 현금에 의존하지 않아야 한다. 만약 당신 회사가 $500를 가지고 있지 않다면, 연 8%의 이자율로 $509.26를 은행으로부터 빌려야 한다. 이 경우 당신 회사의 현금흐름은 어떻게 되는가?

$$오늘: \$509.26(대출) - \$500(프로젝트\ 투자) = \$9.26$$
$$1년\ 후: \$550(프로젝트\ 수익) - \$509.26 × 1.08(대출\ 잔고) = \$0$$

이 거래는 정확히 오늘 $9.26의 초과 현금을 당신에게 남기고 미래의 순의무를 남기지 않는다. 따라서 이 프로젝트는 $9.26의 선금 초과 현금을 갖는 것이라고 할 수 있다. NPV는 투자 의사결정의 가치를 오늘 받는 현금의 금액으로 표현하는 것이라고 할 수 있다. NPV가 양(+)의 값을 갖는다면, 현재 현금의 필요성 또는 돈을 언제 사용할지에 관한 선호와 무관하게 그 의사결정은 기업의 가치를 높이며 좋은 의사결정이라고 할 수 있다.

NPV 결정 규칙

오늘의 현금으로 표현되는 NPV는 의사결정을 단순화시킨다. 어떤 프로젝트의 모든 비용과 편익을 정확하게 포착하는 한, 양의 NPV는 기업과 투자자의 부를 증가시키게 될 것이다. 우리는 이러한 논리에 근거하여 **NPV 결정 규칙**(NPV decision rule)을 수립한다.

> **투자 의사결정을 할 때 여러 가지 대안 중에서 가장 높은 NPV를 갖는 것을 선택하라.**
> **그 대안을 선택하는 것은 그 대안의 NPV를 오늘 현금으로 받는 것과 동일하다.**

프로젝트의 채택 또는 기각   흔한 재무 의사결정 중의 하나는 프로젝트의 채택 또는 기각이다. 일반적으로 NPV = 0인 프로젝트(이 프로젝트를 수행함으로써 새로운 비용 또는 편익이 발생하지 않는다)는 기각된다. NPV 결정 규칙은 다음 사항들을 시사한다.

- 양(+)의 NPV를 갖는 프로젝트는 채택해야 한다. 그 이유는 채택하는 것이 그 프로젝트의 NPV를 오늘 현금으로 받는 것과 동일하기 때문이다.
- 음(−)의 NPV를 갖는 프로젝트는 기각해야 한다. 그 이유는 채택하는 것이 투자자의 부를 줄이기 때문이다. 반면에 프로젝트를 수행하지 않으면 비용은 발생하지 않는다(NPV = 0).

만약 NPV가 정확히 0이면 이 프로젝트가 채택되어도 이득도 손실도 발생하지 않는다. 이 프로젝트는 기업의 가치를 감소시키지 않기 때문에 나쁜 프로젝트는 아니다. 하지만 이 프로젝트는 기업가치를 증가시키지 않는다.

예제 3.4 | **오늘의 현금과 동일한 NPV**

문제

당신 회사는 $9,500 상당의 새로운 복사기를 구입해야 한다. 프로모션의 일환으로 제조업자가 현금으로 지불하는 대신에 1년 후에 $10,000를 지급하는 것을 제안했다. 무위험 이자율이 연 7%라고 가정한다. 이 제안이 좋은 제안인가? NPV가 오늘의 현금을 나타냄을 보여라.

풀이

이 제안을 받아들이면 오늘 $9,500를 지불하지 않아도 되는 편익이 발생한다. 하지만 1년 후 $10,000의 비용이 발생한다. 편익은 이미 현재가치로 표시되어 있지만, 비용은 1년 후 가치로 표시되어 있다. 따라서 우리는 비용을 무위험 이자율을 이용하여 현재가치로 전환해야 한다.

$$PV(비용) = (1년 후 \$10,000) \div (1년 후 \$1.07/오늘 \$1) = 오늘 \$9,345.79$$

이 제안의 NPV는 편익의 현재가치와 비용의 현재가치의 차이이다.

$$NPV = \$9,500 - \$9,345.79 = 오늘 \$154.21$$

NPV는 양(+)의 부호이다. 따라서 이 제안은 좋은 제안이다. 이 제안을 받아들이는 것은 오늘 $154.21의 현금 할인을 받아 복사기를 $9,345.79에 구입하는 것과 동일하다. 계산 결과를 확인하기 위하여 당신 회사가 이 제안을 받아들이고 $9,345.79를 연 7%의 이자율로 은행에 투자한다고 가정하자. 이 이자율로 이 금액은 1년 후 $9,345.79 × 1.07 = $10,000가 되며, 이는 복사기를 구입하는 데 사용할 수 있다.

대안 중에서 선택   우리는 NPV 결정 규칙을 이용하여 여러 프로젝트 중에서 하나를 선택할 수 있다. 이를 위해 각 대안의 NPV를 계산한 다음, 대안 중에서 NPV가 가장 높은 것을 선택한다. 이 대안은 여러 대안 중에서 기업의 가치를 가장 많이 증가시키는 프로젝트가 될 것이다.

| 대안 중에서 선택 | 예제 3.5 |

문제

당신은 웹사이트 호스팅 사업을 시작했으나 다니던 학교에 복학하기로 결정했다고 가정하자. 당신이 복학해야 하기 때문에, 이 사업체를 내년 중에(1년 이내에) 매각하는 것을 고려하고 있다. 어떤 투자자가 이 사업체를 당신이 매각할 수 있을 때 $200,000에 매입하는 것을 제안해 왔다. 연 이자율이 10%라면, 다음 세 가지 대안 중에서 어떤 것이 최상의 선택인가?

1. 이 사업체를 당장 매각한다.
2. 1년 동안 학교를 다니면서 계속 사업체를 운영하기 위해 이 사업체의 규모를 축소한다. 1년 후에 이 사업체를 매각한다(이 대안은 지금 $30,000의 비용을 지출해야 하지만, 1년 후에 $50,000의 수익이 창출된다).
3. 경영자를 고용하여 이 사업체를 계속 운영한 다음 1년 후에 이 사업체를 매각한다(이 대안은 지금 $50,000의 비용을 지출해야 하지만, 1년 후에 $100,000의 수익이 창출된다).

풀이

각 대안에 대한 현금흐름과 NPV가 표 3.1에 계산되어 있다. 세 가지 대안에 직면하여, NPV가 가장 높은 것이 최선의 선택이다. 경영자를 고용하고 1년 후에 이 사업체를 매각하는 것이 최선의 선택이다. 이 대안을 선택하는 것은 오늘 $222,727를 받는 것과 동등하다.

NPV와 현금 필요성

서로 다른 패턴의 현재 및 미래 현금흐름을 갖는 프로젝트들을 비교할 때, 우리는 현금을 받는 시점에 대한 선호를 가질 수 있다. 어떤 이들은 오늘 현금을 선호하지만, 다른 이들은 미래를 위해 저축하는 것을 더 선호할 수 있다. 웹사이트 호스팅 예에서 경영자를 고용하고 1년 후에 사업체를 매각하는 것이 NPV가 가장 크다. 하지만 이 대안은 $50,000의 초기 지출을 필요로 한다. 지금 이 사업체를 매각하면 당장 $200,000를 받게 된다. 당신이 지금 등록금과 다른 경비를 지불하기 위해 $60,000의 현금을 필요로 한다고 가정하자. 이 경우 이 사업체를 지금 매각하는 것이 더 나은 선택인가?

3.1절의 은을 금과 교환하는 보석업자 예제를 통해 살펴보았듯이 현금 필요성은 가치평가 결과에 영

| 표 3.1 | 웹사이트 대안에 대한 현금흐름과 NPV |

	오늘	1년 후	NPV
지금 매각	$200,000	0	$200,000
규모 축소	−$30,000	$50,000 $200,000	$-30{,}000 + \dfrac{\$250{,}000}{1.10} = \$197{,}273$
경영자 고용	−$50,000	$100,000 $200,000	$-50{,}000 + \dfrac{\$300{,}000}{1.10} = \$222{,}727$

표 3.2	고용 및 차입과 매각 및 투자의 현금흐름	
	오늘($)	1년 후($)
경영자 고용	−50,000	300,000
차입	110,000	−121,000
총 현금흐름	60,000	179,000
VS		
지금 매각	200,000	0
투자	−140,000	154,000
총 현금흐름	60,000	154,000

향을 미치지 않는다. 따라서 이 질문에 대한 답은 역시 '아니다'이다. 당신이 연 10%의 이자율로 돈을 빌려주거나 빌릴 수 있다면, 경영자를 고용하는 대안이 최선의 선택이다. 이는 당신의 현금흐름의 발생 시점에 대한 선호와 무관하다. 그 이유를 알기 위하여 당신이 연 10%의 이자율로 $110,000를 빌려서 경영자를 고용한다고 가정하자. 그렇다면 당신은 1년 후에 $110,000 × 1.10 = $121,000를 갚아야 한다. 이에 대한 총 현금흐름은 표 3.2에 보고되고 있다. 이 현금흐름은 지금 이 사업체를 매각하고 남은 금액인 $140,000(연 이자율이 10%하에서 1년 후 $154,000가 됨)를 투자하는 경우 발생하는 현금흐름과 비교하자. 두 가지 전략 모두 오늘 $60,000의 현금을 제공한다. 하지만 고용 및 차입의 경우($179,000)가 매각 및 투자의 경우($154,000)보다 1년 후에 $25,000의 현금흐름을 더 창출한다.[3] 비록 당신이 지금 $60,000의 현금이 필요하더라도 고용 및 차입이 여전히 최상의 옵션이다.

이 예제는 다음과 같은 일반 원칙에 대한 예시이다.

우리는 항상 NPV를 극대화하는 선택을 우선시해야 한다. 이는 오늘 현금 또는 미래 선호에 대한 선호와 무관하다. NPV를 극대화하는 선택을 위해 현금흐름의 시점간 이동이 필요하다면 차입이나 대출을 통해 가능하다.

1. NPV 결정 규칙은 무엇인가?
2. NPV 결정 규칙이 투자자의 선호에 의존하지 않는 이유는 무엇인가?

3.4 차익거래와 일물일가의 법칙

지금까지 NPV 계산을 위해 경쟁적 시장가격의 중요성을 강조했다. 하지만 한 개의 경쟁적 시장가격이 항상 존재할까? 만약 동일한 상품에 대하여 서로 다른 시장에서 다른 가격이 존재한다면 어떤 현상이 발생할까? 금을 예로 들어보자. 금은 다수의 서로 다른 시장에서 거래되며, 가장 큰 시장은 뉴욕과 런던에 있다. 우리는 1온스의 금에 대한 가치평가를 위해 여러 시장 중에서 경쟁적 가격을 살펴볼 것이다. 뉴욕 시장에서 온스당 $850에 거래되지만 런던시장에서는 온스당 $900에 거래된다고 가정해보자.[4] 우리는 두

---

3 이 추가적인 현금흐름의 현재가치는 $25,000 ÷ 1.10 = $22,727이며, 이 값이 두 대안의 NPV의 차이와 동일함을 주목하라.

4 두 시장의 투자자들은 금을 안전한 곳에 보관한 가운데 금에 대한 소유권만을 거래한다. 이에 따라 금을 뉴욕에서 런던으로 이동할 필요가 없다. 지금부터 우리는 일체의 거래비용을 고려하지 않는다. 하지만 이 장의 부록에서 거래비용의 효과에 대해서 논의한다.

가격 중에서 어떤 가격을 경쟁적 가격으로 사용해야 하는가?

다행히도 이러한 상황은 발생하지 않는다. 그 이유는 쉽게 알 수 있다. 두 가격이 매입 및 매도를 할 수 있는 경쟁적 가격임을 상기하자. 이에 따라 당신은 이 상황을 이용하여 돈을 벌 수 있다. 당신이 뉴욕시장에서 온스당 $850에 매입한 다음 런던시장에서는 온스당 $900에 즉시 매도하면, 온스당 $50(= $900 − $850)의 이득을 보게 된다. 당신이 이 상황에서 1백만 온스를 거래한다면, 위험에 노출되지 않고 투자를 하지 않으면서 $50 백만을 벌수 있다! 이는 "낮은 가격에 사서 높은 가격에 팔라."는 오랜 격언을 완벽하게 따르는 경우에 해당된다.

물론 이러한 거래를 하는 사람이 당신만이 아닐 수 있다. 이 상황을 파악하는 모든 사람이 가능한 한 많은 온스의 금으로 이러한 거래를 하고자 할 것이다. 수 초 안에 뉴욕시장은 매수자들로, 런던시장은 매도자들로 넘쳐나게 될 것이다. 서로 다른 두 시장의 가격에 몇 온스의 금이 거래될 수 있다. 하지만 곧 뉴욕시장의 금값은 급등하고, 런던시장의 금값은 급락하게 될 것이다.[5] 두 시장의 가격이 계속 변동하여 두 가격의 중간 정도인 온스당 $875로 같아질 것이다.

차익거래

시장 간 가격 차이를 이용한 이익을 얻기 위하여 동일한 상품을 사고파는 행위를 **차익거래**(arbitrage)라고 한다. 위험을 떠안거나 투자를 하지 않으면서 이익을 얻는 것이 가능한 상황을 **차익거래 기회**(arbitrage opportunity)라고 한다. 차익거래 기회는 양(+)의 NPV를 갖는다. 이에 따라 금융시장에 차익거래 기회가 존재할 때마다 투자자들은 이를 활용하기 위하여 경쟁할 것이다. 차익거래 기회를 먼저 발견하고, 이를 빨리 거래할 수 있는 투자자들이 이를 이용하여 이득을 얻을 수 있다. 이들의 거래를 실행하는 순간 가격은 반응하고 차익거래 기회가 소멸될 것이다.

차익거래 기회와 거리에 놓여 있는 돈은 발견되기만 하면 즉시 사라진다는 점에서 동일하다. 따라서 시장이 정상적인 상황이라면 차익거래 기회는 존재하지 않는다. 우리는 차익거래 기회가 존재하지 않는 경쟁적 시장을 **정상시장**(normal market)이라고 부른다.[6]

일물일가의 법칙

정상시장이라면 뉴욕의 금값과 런던의 금값이 항상 같을 것이다. 동일한 논리가 서로 다른 두 경쟁적 시장에서 거래되는 투자 기회에 대해서도 적용될 수 있다. 만약 두 시장에서 가격이 다르면, 투자자들은 가격이 낮은 시장에서 매수하고 가격이 높은 시장에서 매도하여 이득을 얻게 될 것이다. 투자자들의 이러한 행동은 두 시장의 가격을 같아지도록 할 것이다. 그 결과 두 시장의 가격은 다르지 않게 될 것이다(적어도 오랫동안은). 이 중요한 특성을 **일물일가의 법칙**(law of one price)이라고 한다.

다른 경쟁적 시장에서 동일한 투자 기회가 거래된다면, 이들은 모든 시장에서 동일한 가격에 거래되어야 한다.

우리가 현금가치를 결정하기 위하여 가능한 모든 시장의 가격을 체크하지 않고 임의의 한 경쟁적 가격을 사용할 수 있다는 점이 이 법칙의 유용한 결과 중의 하나이다.

---

5 경제학자들의 표현을 빌리면 두 시장에서 공급이 수요가 일치하지 않는다. 뉴욕시장에서는 모든 사람이 사고자 하기 때문에 수요가 무한대이다. 공급이 수요와 일치하여 균형이 회복되려면 뉴욕시장의 가격이 올라야 한다. 마찬가지로 런던시장에서는 공급이 무한대이므로 가격이 떨어져야 한다.

6 효율적 시장이란 용어는 종종 다른 특성들과 함께 차익거래 기회가 없는 특성을 갖는 시장을 묘사하기 위하여 사용된다. 우리는 이 용어를 사용하는 것을 피한다. 그 이유는 이 용어가 시장참여자들이 보유한 정보를 제약함에 따라 우리가 요구하는 것보다 훨씬 강한 의미를 갖기 때문이다. 효율적 시장이란 개념은 제9장에서 논의한다.

1. 일물일가의 법칙이 성립하지 않는다면 투자자들은 어떻게 이익을 얻을 수 있는가?
2. 투자자들이 차익거래 기회를 활용한다면, 이들의 행동이 가격에 어떤 영향을 미치는가?

3.5   무차익거래와 증권 가격

금융시장에서 거래되는 투자 기회는 **금융증권**[financial security, 혹은 더 간단하게 **증권**(security)]으로 알려져 있다. 차익거래와 일물일가의 법칙의 개념은 증권 가격에 대한 중요한 함의를 가진다. 우리는 먼저 시장 이자율과 개별 유가증권의 가격에 대한 이들의 함의를 고찰한다. 그다음에는 증권들의 패키지에 대한 가치평가로 우리의 시야를 넓힌다. 그 과정에서 우리는 이 책의 전반에서 우리의 학습을 뒷받침할 기업 의사결정 및 기업가치에 대한 몇 가지 중요한 통찰력을 개발할 것이다.

일물일가의 법칙을 이용한 증권의 가치평가

일물일가의 법칙에 의하면 동등한 투자 기회의 가격은 동일해야 한다고 한다. 만약 우리가 이미 가격을 알고 있는 다른 동등한 투자 기회를 발견할 수 있다면, 우리는 이 아이디어를 활용하여 어떤 증권의 가치를 평가할 수 있다. 보유자에게 1년 후에 일회성으로 $1,000를 지급하는 단순한 증권을 고려해보자. 지급이 이루어지지 않을 위험이 없다고 가정하자. 이러한 유형에 해당되는 증권의 예가 채권이다. 채권은 정부 또는 주식회사가 투자자들에게 미래의 지급을 약속하고 오늘 자본을 조달하기 위하여 발행된다. 무위험 이자율이 5%라면, 정상시장에서 이 채권의 가격에 대해 우리는 어떤 결론을 내릴 수 있는가?

이 질문에 답하기 위하여 이 **채권**(bond)과 동일한 현금흐름을 창출하는 다른 투자 대안을 고려해보자. 우리가 돈을 무위험 이자율로 은행에 투자한다고 가정한다. 1년 후에 $1,000를 받기 위해 오늘 얼마를 투자해야 하는가? 3.3절에서 살펴본 바와 같이 미래 현금흐름을 창출하기 위한 오늘의 비용이 바로 그 현금흐름의 현재가치이다. 1년 후 $1,000의 현재가치는 아래와 같이 계산할 수 있다.

$$PV(1년 후 \$1,000) = (1년 후 \$1,000) \div (1년 후 \$1.05/오늘 \$1)$$
$$= 오늘 \$952.38$$

우리가 오늘 은행에 5%의 무위험 이자율로 $952.38를 투자하면, 1년 후에 위험 없이 $1,000를 갖게 될 것이다. 이제 우리는 (1) 채권을 매입하는 것과 (2) $952.38를 은행에 5%의 무위험 이자율로 투자하는 두 가지 대안을 갖고 있다. 이 두 가지 대안은 동일한 현금흐름을 창출한다. 따라서 일물일가의 법칙에 의하면, 이 두 가지 대안의 가격(또는 비용)은 정상시장에서 동일해야 한다.

$$가격(채권) = \$952.38$$

증권의 차익거래 기회 파악하기   일물일가의 법칙은 차익거래의 가능성에 근거를 두고 있다. 만약 이 채권이 다른 가격으로 거래된다면, 차익거래 기회가 발생하게 된다. 예를 들어 이 채권이 $940에 거래된다고 가정하자. 이 경우 우리는 차익거래를 통해 얼마의 이득을 볼 수 있는가?

이 경우 우리는 이 채권을 $940에 매입하고 동시에 은행에서 $952.38를 차입할 수 있다. 주어진 5%의 이자율하에서 1년 후에 우리가 갚아야 될 금액은 $952.38 × 1.05 = $1,000이다. 이 거래의 전체 현금흐름이 표 3.3에 제시되어 있다. 우리는 이 거래를 통해 위험을 떠안지 않고 미래에 어떤 지불도 하지 않으면서 지급 매입하는 채권당 $12.38의 현금을 오늘 얻을 수 있다. 우리와 이 차익거래 기회를 파악한 사람들

표 3.3	채권 매수 및 은행 차입의 순현금흐름	
	오늘($)	1년 후($)
채권 매수	−940.00	+1,000.00
은행 차입	+952.38	−1,000.00
순현금흐름	+12.38	0.00

표 3.4	채권 매도 및 은행 투자의 순현금흐름	
	오늘($)	1년 후($)
채권 매도	+960.00	−1,000.00
은행 투자	−952.38	+1,000.00
순현금흐름	+7.62	0.00

은 이 채권을 사기 시작함에 따라 이 채권의 가격이 신속하게 상승하여 $952.38에 도달하고, 이 차익거래 기회는 소멸될 것이다.

만약 이 채권의 가격이 $952.38보다 높아도 차익거래 기회가 발생한다. 가령 이 채권의 가격이 $960라고 가정하자. 이 경우 이 채권을 팔고 은행에 $952.38를 투자하여야 한다. 표 3.4에서 보는 바와 같이, 우리는 오늘 $7.62의 현금을 얻게 된다. 하지만 우리의 미래 현금흐름은 변하지 않는다. 단지 채권으로부터 발생하는 $1,000가 은행으로부터 받게 되는 $1,000로 대체되었을 뿐이다. 사람들이 차익거래 기회를 활용하려고 이 채권을 매도함에 따라 이 채권의 가격이 $952.38가 될 때까지 하락하고 결국 차익거래 기회가 사라진다.

채권가격이 고평가되었을 때 차익거래 전략은 채권을 매도하고 매도 금액의 일부를 투자하는 것이다. 만약 채권을 매도하는 것이 필요하다면, 현재 채권을 보유하고 있는 사람만이 차익거래 전략을 이용할 수 있을까? 이에 대한 답은 '아니다'이다. 증권을 보유하지 않은 사람도 금융시장에서 **공매도**(short sale)를 통해 증권을 매도할 수 있다. 공매도란 증권을 보유하고 있지 않은 사람이 이미 증권을 보유하고 있는 사람에게 증권을 빌려서 매도하고 나중에 증권을 상환하는 것을 말한다. 증권의 상환은 증권을 매입하여 증권 대여자에게 돌려주거나, 증권 대여자가 받아야 하는 현금흐름을 지급함으로써 이루어진다. 앞의 예에서 1년 후에 $1,000를 지급하기로 약속하고, 그 채권을 공매도할 수 있다. 공매도를 실행함으로써 채권을 보유하고 있지 않아도 채권가격의 고평가로 인해 발생하는 차익거래 기회를 활용하여 이익을 얻는 것이 가능하다.

무차익거래 가격의 결정 보유자에게 1년 후에 일회성으로 $1,000를 지급하는 증권의 경우 $952.38를 초과하는 어떤 가격에 대하여 차익거래 기회가 발생한다는 것을 살펴보았다. 따라서 정상시장에서 이 증권의 가격은 $952.38여야 한다. 우리는 이 가격을 이 증권의 **무차익거래 가격**(no-arbitrage price)이라고 부른다.

이 증권의 가치평가에 적용된 논리를 적용하여 다른 증권들에 대한 일반적인 가치평가 과정을 요약할 수 있다.

1. 그 증권이 지불할 현금흐름의 파악한다.
2. 그 증권이 지불할 현금흐름을 창출하기 위해 소요되는 비용, 즉 그 증권이 지불할 현금흐름의 현재가치를

계산한다.

그 증권의 가격이 그 증권이 지불할 현금흐름의 현재가치와 같지 않다면, 차익거래 기회가 존재한다. 그러므로 증권 가치평가에 대한 일반적인 공식은 다음과 같다.

증권의 무차익거래 가격

$$가격(증권) = PV(증권이\ 지급하는\ 모든\ 현금흐름) \tag{3.3}$$

예제 3.6   무차익거래 가격의 계산

문제

보유자에게 오늘 $100와 1년 후에 $100를 지불하는 무위험 증권을 고려하자. 무위험 이자율이 10%라고 가정한다. 오늘(첫 지급인 $100에 대한 지급 이전) 이 증권의 무차익거래 가격은 얼마인가? 만약 이 증권이 $195에 거래되고 있다면, 어떤 차익거래가 가능한가?

풀이

우리는 이 증권 현금흐름의 현재가치를 계산해야 한다. 이 경우 두 가지 현금흐름이 있다. 첫 현금흐름은 이미 현재가치로 표시된 $100이고, 두 번째 현금흐름은 1년 후 $100이다. 두 번째 현금흐름의 현재가치는 아래와 같다.

$$1년\ 후\ \$100 \div (1년\ 후\ \$1.10/오늘\ \$1) = 오늘\ \$90.91$$

따라서 무차익거래 가격은 이 현금흐름들의 현재가치로 $100 + $90.91 = $190.91이다.

만약 이 증권이 무차익거래 가격을 초과하는 $195의 가격에 거래된다면, 이 증권이 고평가되어 거래된다고 할 수 있다. 이 증권을 $195에 팔고, 수익금으로 오늘 첫 번째 현금흐름인 $100를 지급하고 두 번째 현금흐름인 1년 후 $100를 지급하기 위해 10%의 무위험 이자율로 $90.91를 투자한다. 여기서 발생하는 무위험 차익은 $195 − $100 − $90.91 = $4.09이다.

채권가격으로부터 이자율 결정   주어진 무위험 이자율하에서 무위험 채권의 무차익거래 가격은 식 (3.3)을 이용하여 결정된다. 역의 경우도 가능하다. 무위험 채권의 가격이 주어졌을 때 식 (3.3)을 이용하여 무위험 이자율을 구하는 것도 가능하다.

예를 들어 보유자에게 1년 후에 일회성으로 $1,000를 지급하는 증권이 오늘 $929.80에 거래된다고 하자. 식 (3.3)을 이용하여 이 채권의 가격이 1년 후 $1,000의 현재가치와 같다는 것을 알 수 있다.

$$오늘\ \$929.80 = (1년\ 후\ \$1,000) \div (1 + r_f)$$

이 등식을 재정렬하여 무위험 이자율을 결정할 수 있다.

$$(1 + r_f) = \frac{1년\ 후\ \$1,000}{오늘\ \$929.80} = 1년\ 후\ 1.0755/오늘\ \$1$$

즉, 차익거래 기회가 존재하지 않으려면 무위험 이자율은 7.55%여야 한다.

실제로 이 방법을 이용하여 이자율이 계산된다. 재무 뉴스 서비스는 현재 시장에서 거래되는 무위험 국채의 현재 가격에 근거하여 무위험 이자율을 계산하여 보고하고 있다. 무위험 이자율이 그 증권에 투자하여 얻게 되는 이득의 백분율, 즉 그 증권의 **수익률**(return)과 같음에 주목하라.

오래된 농담

많은 재무 교수들이 학생들에게 즐겨 하는 농담이 있다. 이를 소개하면 다음과 같다.

어떤 재무 교수와 학생이 길을 걷고 있었다. 이 학생은 도로 위에 $100 지폐가 놓여 있는 것을 발견했고, 이를 주우려고 몸을 구부렸다. 재무 교수는 즉시 개입하여 "공짜 점심이라는 것은 없으니 수고하지 마라. 거기 놓여 있는 것이 진짜 $100 지폐라면, 이미 다른 학생들이 주웠을 것이다!"라고 말했다.

이 농담은 틀림없이 학생들의 많은 웃음을 자아낸다. 이는 경쟁시장에서의 무차익거래 원칙을 조롱하기 때문이다. 그러나 웃음이 잦아들면, 재무 교수는 실제로 인도 위에 놓여 있는 진짜 $100를 발견한 적이 있는 사람이 있는지를 물어본다. 이 질문의 결과로 나타나는 침묵은 이 농담의 배후에 있는 진짜 교훈이다.

이 농담은 차익거래가 존재하지 않는 시장을 압축하여 보여준다. 차익거래 기회처럼 도로 위에 놓여 있는 공짜 $100는 매우 드물다. 그 이유로 다음 두 가지를 들 수 있다. (1) $100는 매우 큰 금액이므로 사람들이 잃어버리지 않으려고 특히 조심한다. (2) 어떤 사람이 부주의로 $100를 떨어뜨린 희박한 사건이 발생하더라도 당신이 다른 사람들보다 먼저 그것을 발견한 가능성은 극히 작다.

$$수익률 = \frac{기말\ 시점의\ 이득}{초기\ 비용}$$

$$= \frac{1,000 - 929.80}{929.80} = \frac{1,000}{929.80} - 1 = 7.55\% \tag{3.4}$$

따라서 차익거래 기회가 존재하지 않으면 무위험 이자율은 무위험 증권에 투자함으로써 얻는 수익률과 같다. 만약 무위험 증권의 수익률이 무위험 이자율보다 높다면, 투자자들은 무위험 이자율에 차입하여 그 돈을 이 증권에 투자함으로써 이득을 얻을 수 있다. 만약 무위험 증권의 수익률이 무위험 이자율보다 낮다면, 투자자들은 이 증권을 팔고, 그 돈을 무위험 이자율로 투자함으로써 이득을 얻을 수 있다. 그러므로 무차익은 모든 무위험 투자는 투자자들에게 동일한 수익률을 제공해야 한다는 아이디어와 일맥상통한다.

거래되는 증권의 NPV와 기업의 의사결정

양(+)의 NPV의 의사결정은 기업과 그 기업에 투자한 투자자의 부를 증가시킨다. 투자 의사결정의 일환으로 증권을 매수하는 것을 생각해보자. 이 의사결정의 비용은 그 증권에 대해 지불하는 가격이며, 이 의사결정의 편익은 증권으로부터 받게 되는 현금흐름이다. 증권이 무차익거래 가격에 거래될 때, 우리가 이 증권을 거래하는 것의 가치에 관하여 결론을 내릴 수 있을까? 식 (3.3)에서 정상시장에서 비용과 편익은 같고, 이 증권 매수의 NPV는 0과 같다.

$$NPV(증권\ 매수) = PV(증권이\ 지급하는\ 모든\ 현금흐름) - 가격(증권) = 0$$

마찬가지로 이 증권을 매도하면 편익은 우리가 받는 가격이고, 비용은 우리가 포기하는 현금흐름이다. 이 증권 매도의 NPV는 0이다.

$$NPV(증권\ 매도) = 가격(증권) - PV(증권이\ 지급하는\ 모든\ 현금흐름) = 0$$

그러므로 정상시장에서 이 증권을 거래하는 것의 NPV는 0이다. 이러한 결과는 놀랍지 않다. 만약 이 증권을 매수하는 것의 NPV가 0보다 크면 이 증권을 매입하는 것은 오늘 현금을 받는 것과 동일하다. 즉, 이 증권은 차익거래 기회를 제공할 것이다. 정상시장에서 차익거래 기회가 존재하지 않기 때문에 모든 증권의 NPV는 0과 같아야 한다.

이 결과를 이해하는 다른 방식은 모든 거래에 매수자와 매도자가 존재함을 상기하는 것이다. 경쟁시장에서는 한 거래자가 양(+)의 NPV를 거래 상대방에게 제공하면, 거래 상대방의 NPV는 음(−)의 값을 같게 된다. 이 경우 두 거래자 중 한쪽이 거래에 동의하고자 하지 않을 것이다. 모든 거래가 자발적이므로, 모든 거래는 두 거래자 중 어느 한쪽이 가치를 잃게 되는 가격에서 이루어지지 않는다. 그러므로 모든 거래는 0의 NPV를 갖는다.

정상시장에서 증권을 거래하는 것이 0의 NPV를 갖는 거래라는 개념은 기업재무 연구에서 중요한 근간을 형성한다. 정상시장에서 증권을 거래하는 것은 가치를 창출하지도 파괴하지도 않는다. 대신 가치는 신제품개발, 새로운 점포 개설, 더 효율적인 생산수단의 개발 등 기업이 수행하는 실물 투자 프로젝트에서 창출된다. 정상시장에서 금융거래는 가치의 출처가 아니고, 대신 기업과 투자자의 목적에 최상으로 부합하도록 현금흐름의 시점과 위험을 조정하는 기능을 수행한다.

이러한 결과의 중요한 결과는 어떤 의사결정을 그것의 재무적인 부문이 아닌 실물적인 부문에 집중하여 평가할 수 있다는 것이다. 즉, 우리는 회사의 투자 의사결정을 자금조달 선택으로부터 분리할 수 있다. 우리는 이 개념을 **분리 원리**(separation principle)라고 부른다.

정상시장에서의 증권거래는 자체적으로 가치를 창출하거나 파괴하지 않는다. 따라서 우리는 투자 자금을 조달하는 방법이나 회사가 고려 중인 다른 증권거래에 관한 의사결정과 분리하여 투자 의사결정의 NPV를 결정할 수 있다.

예제 3.7	투자와 자금조달의 분리

문제

당신 회사는 오늘 $10 백만의 초기 투자를 필요로 하는 프로젝트를 고려하고 있으며, 1년 후에 위험 없이 $12 백만의 현금흐름을 달성할 계획이다. 당신 회사는 $10 백만의 투자금액을 전부 현금으로 지불하는 대신 투자자들에게 1년 후에 $5.5 백만을 지불하는 증권을 발생시킴으로써 추가적인 자금을 조달하는 방안을 고려 중이다. 무위험 이자율이 10%라고 가정해보자. 새로운 증권을 발행하지 않고 이 프로젝트를 추진하는 것이 좋은 결정인가? 새로운 증권을 발행하고 이 프로젝트를 추진하는 것이 좋은 결정인가?

풀이

새로운 증권을 발행하지 않는 경우, 이 프로젝트의 비용은 오늘 $10 백만이며, 편익은 1년 후 $12 백만이다. 1년 후 편익의 현재가치로 변환하면 다음과 같다.

$$1년 후 \$12 백만 \div (1년 후 \$1.10/오늘 \$1) = 오늘 \$10.91 백만$$

우리는 이 프로젝트가 $10.91 백만 − $10 백만 = $0.91 백만임을 알고 있다.

이제 이 회사가 새로운 증권을 발행한다고 가정해보자. 정상시장에서 이 증권의 가격은 미래 현금흐름의 현재가치일 것이다.

$$가격(증권) = \$5.5 백만 \div 1.10 = \$5 백만$$

그러므로 새로운 증권을 발행함으로써 $5 백만을 조달한 후에, 당신 회사는 이 프로젝트를 수행하기 위해 단지 $5 백만을 투자할 필요가 있을 것이다.

이 경우 프로젝트의 NPV를 계산하기 위해 다음 사항을 상기해야 한다. 이 회사는 이 프로젝트로부터 1년 후 $12 백만을 지급받지만 새로운 증권에 투자한 투자자들에게 $5.5 백만을 지불해야 하고 $6.5 백만이 남게 된다. 이 금액의 현재가치는 다음과 같다.

$$1년 후 \$6.5 백만 \div (1년 후 \$1.10/오늘 \$1) = 오늘 \$5.91 백만$$

따라서 이 프로젝트는 현재 $5.91 백만 − $5 백만 = $0.91 백만의 NPV를 가지고 있다.

어느 경우이든 우리는 이 프로젝트의 NPV에 대해 동일한 결과를 얻을 수 있다. 분리 원리는 우리가 정상시장에서 발생하는 기업의 자금조달에 대한 어떠한 선택에 대해 동일한 결과를 얻게 됨을 시사한다. 따라서 당신 회사는 선택하는 서로 다른 자금조달 가능성을 명시적으로 고려하지 않고 이 프로젝트를 평가할 수 있다.

포트폴리오의 가치평가

지금까지 우리는 개별 증권의 무차익거래 가격에 관하여 논의하였다. 일물일가의 법칙은 증권의 패키지에 대한 시사점 또한 가지고 있다. 두 증권 A와 B를 고려해보자. 증권 A와 B의 현금흐름을 결합한 현금흐름과 동일한 현금흐름을 가진 증권 C를 가정해보자. 이 경우 증권 C는 증권 A와 B의 결합과 동등하다. 우리는 증권의 집합을 묘사하기 위해 **포트폴리오**(portfolio)라는 용어를 사용한다. 증권 A와 B의 가격 대비 증권 C의 가격은 얼마라고 결론 내릴 수 있을까?

가치 합산 증권 C는 증권 A와 B로 이루어진 포트폴리오와 동등하기 때문에, 그들의 가격은 같아야 한다. 이 아이디어는 **가치 합산**(value additivity)으로 알려진 관계로 연결된다. 즉, 증권 C의 가격은 증권 A와 B의 가격을 결합한 값인 그 포트폴리오의 가격과 같아야 한다.

가치 합산

$$가격(C) = 가격(A + B) = 가격(A) + 가격(B) \tag{3.5}$$

증권 C의 현금흐름은 증권 A와 B의 현금흐름의 합계와 같기 때문에 증권 C의 가치 또는 가격은 증권 A와 B의 가격을 합산한 값과 같아야 한다. 그렇지 않으면 차익거래 기회가 발생하게 된다. 예를 들어 증권 A와 B의 총가격이 증권 C의 가격보다 낮다고 가정해보자. 이 경우 우리는 증권 A와 B를 매입하고 증권 C를 매도함으로써 이득을 얻을 수 있다. 이러한 차익거래 활동은 A와 B의 총가격이 증권 C의 가격과 같아질 때까지 가격을 다 신속하게 상승시킬 것이다.

포트폴리오를 구성하는 한 자산의 가치평가	예제 3.8

문제

홀브룩 지주회사는 해리의 핫 케이크 레스토랑 체인의 60%의 지분과 아이스하키팀의 두 가지 자산만을 보유한 공개기업이다. 이 회사의 시가총액은 $160 백만이고, 해리의 핫 케이크 레스토랑 체인(역시 공개시장에서 거래되고 있음)의 시가총액은 $120 백만이다. 하키팀의 시가총액은 얼마인가?

풀이

홀브룩 지주회사는 해리의 핫 케이크 레스토랑 체인의 60%의 지분과 하키팀으로 이루어진 포트폴리오로 간주할 수 있다. 가치 합산의 원칙에 의해 해리의 핫 케이크 지분과 하키팀의 가치의 합계는 이 회사의 시가총액인 $160 백만과 같아야 한다. 해리의 핫 케이크 지분은 60% × $120 백만 = $72 백만의 시장가치를 갖는다. 하키팀의 가치는 $160 백만 − $72 백만 = $88 백만이다.

글로벌 금융위기   유동성과 가격 정보의 역할

2008년 전반기에 주택시장 하락세의 정도와 심각성이 뚜렷해졌다. 이로 인해 주거용 주택 모기지 담보증권의 가치에 대한 투자자들의 우려가 증가하였다. 그 결과 수 조 달러가 거래되던 이 증권의 시장에서 거래량이 80% 이상 급감했다. 이후 두 달 동안 이 증권에 대한 거래가 거의 중단되어, 이 증권의 시장 유동성이 감소하였다.

경쟁시장은 유동성에 의존한다. 유동성은 증권에 대한 충분한 수의 매수자와 매도자가 존재하여 언제든지 현재 시장가격에 해당 증권이 거래될 수 있는 정도이다. 시장의 유동성이 없어지면, 현재 시장가격에 거래하는 것이 불가능해진다. 그 결과 우리는 더 이상 어떤 증권에 대한 가치 수단으로 그 증권의 시장가격을 사용할 수 없게 된다. 모기지 담보증권 시장의 붕괴로 두 가지 문제가 발생했다. 첫 번째 문제는 거래 기회의 상실이다. 이 증권 보유자는 더 이상 이 증권을 매도하기 어려워진다. 두 번째 문제는 정보의 손실이다. 이 문제는 첫 번째 문제보다 잠재적으로 더 중요한 문제이다. 이 증권에 대한 유동성이 있는 경쟁시장이 존재하지 않으면, 이 증권을 신뢰성 있게 가치평가하는 것이 불가능해진다

이 증권을 보유하는 은행의 가치는 은행이 수행하는 모든 프로젝트와 투자의 가치를 합산한 것이다. 이 증권에 대한 가치 평가가 불가능해지면, 투자자는 이 증권을 보유한 은행의 가치 평가도 할 수 없게 된다. 투자자들은 이러한 불확실성에 모기지 담보증권과 모기지 담보증권을 보유한 은행의 증권을 모두 매도하는 것으로 대응했다. 이러한 대응은 모기지 담보증권의 가격을 겉으로 보기에 비현실적으로 낮은 수준까지 떨어뜨려서 문제를 더욱 복잡하게 만들고 전체 금융 시스템의 지급 능력을 위협하였다.

유동성 손실에 따른 정보 손실은 신용시장의 붕괴에서 핵심적인 역할을 했다. 투자자와 정부 규제기관 모두 점점 더 은행들의 지불 능력을 평가하기가 어렵게 되었다. 이로 인해 은행들은 새로운 자금을 자체적으로 조달하는 것이 어렵다는 것을 알게 되었다. 또한 은행들은 다른 은행들의 재무적인 독자 생존 능력에 대한 우려감을 느끼게 됨에 따라 다른 은행들에 대출하기를 기피하게 되었다. 이는 대출시장의 붕괴로 이어졌다. 결국 정부의 개입이 불가피해졌다. 정부는 (1) 새로운 자본을 은행에 제공하고, (2) "유독한" 모기지 담보증권에 대한 시장을 창출함으로써 유동성을 제공하기 위해 수억 달러의 자금을 투입해야만 했다.

시장에서 차익거래

가치 합산은 주가지수 차익거래로 알려진 거래 활동 뒤에 존재하는 원리이다. 다우존스 산업평균지수나 스탠더드 앤 푸어스 500(S&P 500) 지수와 같은 보통주 인덱스는 개별 주식들의 포트폴리오를 의미한다. 뉴욕증권거래소(NYSE)나 나스닥(NASDAQ)에서 인덱스를 구성하는 개별 주식을 거래하는 것이 가능하다. 시카고에 있는 선물거래소에서 단일 증권으로 인덱스를 거래하는 것과 NYSE에서 상장지수펀드(ETF)를 거래하는 것이 가능하다. 만약 인덱스 증권의 가격이 개별 주식들의 가격 합계보다 낮다면, 거래자들은 인덱스와 개별 주식들의 가격 차이를 이용하기 위해 인덱스를 매입하고 개별 주식들을 매도한다. 마찬가지로 인덱스 증권의 가격이 개별 주식들의 가격 합계보다 높다면, 거래자들은 인덱스를 매도하고 개별 주식들을 매입한다. NYSE 일거래량의 20~30%가 프로그램 거래*를 통한 인덱스 차익거래 활동으로 인한 거래라는 것이 드문 일은 아니다.

주식 인덱스 차익거래에 참여하는 거래자들은 가격 추적 및 전자 주문을 제출(또는 취소)하는 절차를 자동화한다. 수년 동안 차익거래 기회를 포착하기 위한 경쟁은 거래자들로 하여금 주문의 실행 시간을 단축하기 위한 특별한 노력을 기울이도록 했다. 한 가지 제한 요소는 주문이 한 거래소에서 다른 거래소로 가는 데 걸리는 시간이다. 예를 들어 2010년 스프레드 네트워크는 뉴욕과 시카고 사이의 통신 시간을 16밀리초(즉 0.001초)에서 13밀리초로 3밀리초 감소하기 위하여 새로운 광섬유 라인에 $300 백만을 지출했다. 3밀리초가 큰 값으로 들리지 않을 수도 있다(눈을 깜빡이는 데 400밀리초가 걸린다). 하지만 이 회사는 적어도 경쟁사 중 하나가 더 빠른 회선을 구축할 때까지 3밀리초 단축을 통해 NYSE와 시카고 선물거래소 사이에서 발생한 잘못된 가격을 경쟁사보다 먼저 활용하여 차익을 얻을 수 있다.

거래자들이 단기 차익거래 기회를 어떻게 활용했는지에 대한 진화 과정은 수익 창출 기회들을 제거하기 위해 경쟁시장의 힘이 어떻게 작용하는지에 대한 좋은 예시를 제공한다. 에릭 부디

쉬, 피터 크랩톤 및 존 쉼 교수는 최근의 한 연구**에서 시카고 상업거래소에서 거래되는 S&P 500 선물 계약 가격과 뉴욕증권거래소에서 거래되는 SPDR S&P 500 ETF의 가격 차이로 인해 발생하는 특정 차익거래 기회의 진화에 중점을 두었다.

왼쪽 그림은 차익거래 기회 지속 기간이 2005년과 2011년 사이에 어떻게 변동하는지를 보여준다. 각 행은 가로축에 표시된 시간보다 더 오래 지속된 차익거래 기회의 비율을 명시된 연도에 대하여 보여준다. 2005년에는 차익거래 기회의 약 절반이 100밀리초 이상 존재했다. 2008년에는 이 수치가 20밀리초로 떨어졌다. 2011년에는 이 수치가 10밀리초 미만이 되었다. 또한 2005년에는 거의 모든 차익거래 기회가 적어도 20밀리초 동안 지속되었지만, 2011년에는 20밀리초 동안 지속된 차익거래 기회는 10% 미만이고 100밀리초 이상 지속되는 경우가 거의 없다는 것에 주목할 만하다.

잘못된 가격을 활용하여 얻는 이익에 어떤 일이 일어났을까? 여러분은 이러한 경쟁 효과로 인해 이익이 감소하는 것을 예상할 수 있다. 하지만 오른쪽 그림에서 볼 수 있듯이 차익거래 기회당 이익은 상대적으로 일정하다. 또한 기회의 수는 이 기간에 체계적으로 감소하지 않는다. 이는 차익거래 기회를 활용한 총 이익이 줄어들지 않음을 의미한다. 그러한 의미에서 차익거래자 간의 경쟁은 가격 괴리의 크기 또는 빈도를 감소시키지 않았고, 이러한 괴리가 지속되는 기간을 줄였다.

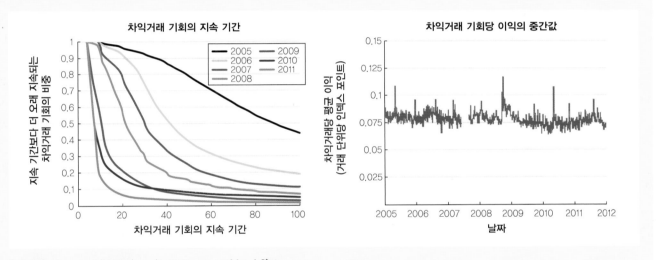

* www.barrons.com/public/page/9_0210-nysepgtd.html 참조
** "The High-Frequency Trading Arms Race: Frequent Batch Auctions as a Market Design Response," *Quarterly Journal of Economics* (2015): 1547 – 1621.

보다 일반적으로 가치 합산은 포트폴리오의 가치가 포트폴리오 구성 항목들의 가치 합산과 같음을 의미한다. 즉, "단품"의 가격 합계와 그 단품들로 구성된 패키지의 가격이 같아야 한다.[7]

가치 합산과 기업가치 가치 합산은 기업가치에 대한 중요한 결과를 보여준다. 기업의 전체 현금흐름은 기업 내의 모든 프로젝트와 투자로부터 발생하는 현금흐름과 같다. 그러므로 가치 합산에 의하면 전체 기업의 가치는 기업 내의 모든 프로젝트와 투자의 가치를 합산한 것과 같다고 한다. 달리 표현하면 NPV

---

7 금융시장의 이러한 특징은 다른 많은 비경쟁시장에서 성립하지 않는다. 예컨대 왕복 항공권의 비용은 종종 별도의 편도 티켓 두 장의 비용보다 더 적다. 물론 항공권은 경쟁시장에서 판매되지 않는다. 즉, 당신은 티켓들을 고시된 가격에 구입하거나 판매할 수 없다. 항공사만 티켓을 판매할 수 있으며 티켓 재판매에 대한 엄격한 규칙이 적용된다. 그렇지 않으면 왕복 항공권을 구입하여 편도 티켓이 필요한 사람들에게 판매하여 돈을 벌 수 있을 것이다.

의사결정 규칙은 기업가치의 극대화와 일치한다. 기업의 가치를 극대화하기 위해 경영자는 NPV를 극대화하는 의사결정을 해야 한다. 그 의사결정의 NPV는 전체 기업가치에 대한 그 의사결정의 기여도를 나타낸다.

> 기업 전체의 가치를 극대화하기 위하여 경영자는 NPV를 극대화하는 의사결정을 해야한다. 기업 의사결정의 NPV는 기업 전체의 가치에 대한 추가적인 기여도이다.

우리는 여기에서 어디로 가야 하는가

이 장에서 우리가 학습한 핵심 개념은 가치평가 원칙, 순현재가치, 일물일가의 법칙 등 재무 의사결정에 대한 기초이다. 일물일가의 법칙은 우리로 하여금 주식, 채권, 다른 증권들의 가치를 그들의 현금흐름에 근거하여 결정할 수 있도록 하고, 프로젝트와 투자가 가치를 창출하는지를 파악하는 데 있어서 NPV 의사결정 규칙의 최적성을 정당화시킨다. 우리는 이러한 기초에 기반을 두고 실제로 이러한 원칙을 현실에 적용하는 세부사항들을 이 책의 나머지 부분에서 학습할 것이다. 단순히 하기 위해서 우선 이 장에서는 위험이 없어 비용과 편익을 사전에 파악할 수 있는 프로젝트에 초점을 맞추었다. 가치평가 원칙과 일물일가의 법칙이라는 동일한 기본 도구를 위험이 있는 투자를 분석하는 데 활용할 수 있다. 우리는 이 책의 제4부에서 위험을 평가하고 위험의 가치를 평가하는 방법에 대해 자세히 살펴볼 것이다.

그러나 이 주제에 대한 통찰력과 핵심 기초를 일찍 얻고자 하는 독자는 이 장의 부록을 읽기를 강력히 권고한다. 이 장의 부록은 투자자들이 위험 회피적이라는 생각을 소개한다. 이 장에서 학습한 무차익 원칙을 활용하여 위험이 가치평가에 미치는 영향에 대하여 아래 두 가지의 핵심적인 통찰력을 예시하고자 한다.

1. 현금흐름이 위험할 때 우리는 무위험 이자율에 적절한 위험 프리미엄을 더한 할인율로 현금흐름을 할인해야 한다.
2. 프로젝트의 수익이 경제의 전반적인 위험에 따라 더 많이 변동할수록 적절한 위험 프리미엄이 더 높아진다.

마지막으로 이 장의 부록은 거래비용이라는 중요한 실제적인 이슈를 다룬다. 여기서 우리는 구매 및 판매가격 또는 차입 및 대출 금리가 서로 다를 때, 일물일가의 법칙이 계속 유지되지만 이 법칙은 거래비용 수준까지만 유지된다는 것을 살펴보게 될 것이다.

개념 확인

1. 어떤 회사가 양(+)의 NPV를 갖는 투자를 한다면 이 회사의 기업가치는 어떻게 변하는가?
2. 분리 원리는 무엇인가?
3. 유동성이 높은 시장은 거래 기회 이외에 무엇을 제공하는가?

핵심 요점 및 수식

3.1 의사결정에 대한 가치평가

- 어떤 의사결정의 가치를 평가하기 위해 우리는 그 의사결정과 관련된 증분비용 및 편익의 가치를 평가해야 한다. 좋은 의사결정은 증분 편익의 가치가 증분비용의 가치를 능가하는 의사결정이다.
- 서로 다른 시점에 발생하거나, 서로 다른 통화로 표시되거나, 서로 다른 위험을 갖는 비용 및 편익을 비교하기 위해 우리는 모든 비용 및 편익을 동일한 조건으로 변환해야 한다. 일반적으로 우리는 모든 비용과 편익을 오늘의 현금으로 변환한다.
- 경쟁시장은 동일한 가격에 어떤 재화를 사고팔 수 있는 시장을 말한다. 우리는 경쟁시장가격을 이용하여 어떤 재화의 현금가치를 결정한다.

3.2 이자율과 화폐의 시간가치

- 화폐의 시간가치는 오늘 화폐와 미래 화폐 사이에 서로 다른 가치를 갖는 현상을 말한다. 우리가 차입 또는 투자를 통해 오늘 화폐를 미래 화폐로 교환할 수 있는 이자율을 현재 시장 이자율이라고 한다. 무위험 이자율 r_f는 무위험으로 돈을 빌리거나 빌려줄 수 있는 이자율이다.

3.3 현재가치와 NPV 결정 규칙

- 어떤 현금흐름의 현재가치(PV)는 그 현금흐름에 대한 오늘 현금의 가치이다.
- 어떤 프로젝트의 순현재가치(NPV)는 다음과 같이 계산된다.

$$PV(\text{프로젝트 편익}) - PV(\text{프로젝트 비용}) \tag{3.1}$$

- 좋은 프로젝트는 양(+)의 순현재가치를 갖는다. NPV 결정 규칙에 따르면, 여러 가지 대안 중에서 선택을 할 때 NPV가 가장 높은 것을 선택해야 한다. 어떤 프로젝트의 NPV는 그 프로젝트의 오늘 현금가치와 같다.
- 오늘 현금과 미래 현금에 대한 선호와 무관하게 우리는 항상 NPV를 먼저 극대화해야 한다. 우리는 차입 또는 대출을 통해 현금흐름을 시간 이동을 시킬 수 있으며, 이를 통해 우리가 가장 선호하는 현금흐름의 패턴을 찾을 수 있다.

3.4 차익거래와 일물일가의 법칙

- 차익거래는 서로 다른 경쟁시장에서 서로 다른 가격을 갖는 동등한 재화를 이용하여 거래하는 과정이다.
- 정상 가격은 차익거래 기회를 갖지 않는 경쟁시장가격이다.
- 일물일가의 법칙에 따르면 동등한 재화 또는 증권이 서로 다른 경쟁시장에서 동시에 거래된다면, 이들은 각 시장에서 동일한 가격에 거래될 것이다. 이 법칙은 차익거래 기회가 존재하지 않아야 한다는 말과 같다.

3.5 무차익거래와 증권 가격

- 어떤 증권의 무차익거래 가격은 다음과 같다.

$$PV(\text{증권이 지급하는 모든 현금흐름}) \tag{3.3}$$

- 무차익거래는 모든 무위험 투자가 동일한 수익률을 제시하여야 함을 시사한다.
- 분리 원리에 의하면 정상시장에서 증권거래는 자체적으로 가치를 창출하거나 파괴하지 않는다. 따라서 우리는 투자 자금을 조달하는 방법이나 회사가 고려 중인 다른 증권거래에 관한 의사결정과 분리하여 투자 의사결정의 NPV를 결정할 수 있다.

■ 기업 전체의 가치를 극대화하기 위하여 경영자는 NPV를 극대화하는 의사결정을 해야 한다. 기업 의사결정의 NPV는 기업 전체의 가치에 대한 추가적인 기여도이다.

■ 가치 합산에 의하면 어떤 포트폴리오의 가치는 그 포트폴리오 구성요소들의 가치 합계와 같다고 한다.

주요 용어

가치평가 원칙(valuation principle)	일물일가의 법칙(law of one price)
가치 합산(value additivity)	정상시장(normal market)
경쟁시장(competitive market)	증권(security)
공매도(short sale)	차익거래(arbitrage)
금융증권(financial security)	차익거래 기회(arbitrage opportunity)
무위험 이자율(risk-free interest rate)	채권(bond)
무차익거래 가격(no-arbitrage price)	포트폴리오(portfolio)
미래가치(future value, FV)	할인요소(discount factor)
분리 원리(separation principle)	할인율(discount rate)
수익률(return)	현재가치(present value, PV)
순현재가치(net present value, NPV)	화폐의 시간가치(time value of money)
이자율요소(interest rate factor)	NPV 결정 규칙(NPV decision rule)

추가 읽을거리

이 장의 많은 기본 원리들이 다음 고전적 교재에서 개발되었다. I. Fisher, *The Theory of Interest: As Determined by Impatience to Spend Income and Opportunity to Invest It* (Macmillan, 1930); reprinted (Augustus M. Kelley, 1955).

무차익거래 원칙과 현대 재무이론에서 이 원칙의 중요성에 대해 알고 싶으면 다음 책을 참고하길 바란다. S. Ross, *Neoclassical Finance* (Princeton University Press, 2004).

차익거래와 합리적인 거래, 그리고 이들의 시장가격 결정에서의 역할에 대한 논의는 다음 논문을 참고하길 바란다. M. Rubinstein, "Rational Markets: Yes or No? The Affirmative Case," *Financial Analysts Journal* (May/June 2001): 15 – 29.

실제에서 발생할 수 있는 차익거래의 일부 제한에 대한 논의는 다음 논문을 참고하길 바란다. A. Shleifer and R. Vishny, "Limits of Arbitrage," *Journal of Finance* 52 (1997): 35 – 55.

연습문제

의사결정에 대한 가치평가

1. 혼다 자동차는 미니밴 한 대당 $2,000의 리베이트를 제공할 것을 검토하고 있다. 만약 리베이트가 제공되면 미니밴 한 대의 가격은 $30,000에서 $28,000로 낮아진다. 마케팅 부서의 추정에 따르면 이 리베이트로 인해 내년 미니밴 판매 대수가 40,000대에서 55,000대로 증가한다. 혼다의 리베이트로 인한 차 한 대당 이익은 $6,000라고 가정하자. 만약 이 리베이트가 차 판매 대수에만 영향을 미친다고 한다면, 이 의사결정의 비용과 편익은? 리베이트 제공은 좋은 생각인가?

2. 당신은 국제적인 새우 무역상이다. 체코의 식품 제조업자가 당신에게 1년간 냉동 새우를 공급하는 대가로 2 백만 체코코루나를 지급하기로 제안했다. 당신의 태국 공급업자는 체코의 식품업자에게 납품하는 데 필요한 양의 새우를 오늘 3 백만 태국바트에 공급하기로 하였다. 경쟁시장에서의 환율이 각각 $1당 25.50코

루나, $1당 41.25바트이다. 이 거래의 가치는 얼마인가?

3. 옥수수의 현재 시장가격이 부셸당 $3.75라고 가정하자. 당신 회사는 1부셸의 옥수수를 3갤런의 에탄올로 전환할 수 있는 기술을 보유하고 있다. 전환비용이 1부셸당 $1.60라면, 전환을 매력적으로 만드는 에탄올의 시장가격은 얼마일까?

4. 당신 회사는 $5,000의 현금 보너스와 당신 회사 주식 100주의 주식 보너스의 두 가지 선택안을 제시하고 있다. 어떤 것을 선택하든 오늘 지급된다. 당신 회사의 주식은 현재 주당 $63에 거래되고 있다.

   a. 당신이 보너스 지급받은 주식을 당장 거래할 수 있다고 가정하자. 각 보너스의 가치는 얼마이며, 당신은 어떤 보너스를 선택해야 하는가?

   b. 당신이 보너스로 지급받은 주식을 적어도 1년간 보유해야 한다고 가정하자. 주식 보너스의 현재가치에 대해 어떤 이야기를 할 수 있는가? 당신의 선택이 의존하는 것은 무엇인가?

5. 당신은 딸을 데리고 유타에 가서 스키를 타기로 방금 결정했다. 왕복 항공권을 구입할 때 가장 좋은 가격은 $359다. 곧 기한이 만료되는 20,000마일의 항공회사 마일리지가 있음을 알았지만 무료 티켓을 얻으려면 25,000마일이 필요하다. 항공사는 1마일당 $0.03에 5,000마일을 추가로 판매할 것을 제안한다.

   a. 만약 당신이 딸의 항공권을 위해 마일리지를 사용하지 않으면, 이 마일리지는 쓸모없어진다. 당신은 무엇을 해야 할까?

   b. 마일이 만료되지 않는다면 당신의 결정은 어떤 추가적인 정보에 의존하는가? 왜?

이자율과 화폐의 시간가치

6. 연간 이자율이 4%라고 가정하자.

   a. 오늘 $200와 동일한 가치를 갖는 1년 후의 금액은?

   b. 1년 후의 $200와 동일한 가치를 갖는 오늘의 금액은?

   c. 당신은 오늘의 $200와 1년 후의 $200 중 어떤 것을 더 선호하는가? 당신의 의사결정은 지금 돈이 필요한가에 따라 달라지는가? 왜 그런가?

7. 당신은 일본에 투자할 기회가 있다. 현재 $1 백만의 투자가 필요하며 무위험으로 1년 동안 ¥114 백만의 현금흐름을 창출할 것이다. 미국의 무위험 이자율이 4%, 일본의 무위험 이자율이 2%, 현재의 경쟁시장 환율이 $1당 ¥110이라고 가정한다. 이 투자의 NPV는 얼마일까? 이 투자 기회는 좋은 기회일까?

8. 당신 회사는 오늘 $160,000를 투자하고 1년 후에 $170,000를 받을 수 있는 무위험 투자 기회를 가지고 있다. 이 프로젝트는 어떤 수준의 이자율에 매력적일까?

현재가치와 NPV 결정 규칙

9. 당신은 건설회사를 운영한다. 방금 정부청사를 짓는 계약을 맺었다. 오늘 $10 백만과 1년 후 $5 백만의 투자가 필요하다. 정부는 건물이 완성되면, $20 백만을 지불할 것이다. 현금흐름과 지급시기가 확실하고 무위험 이자율이 10%라고 가정한다.

   a. 이 투자 기회의 NPV는 얼마일까?

   b. 당신 회사는 어떻게 이 NPV를 오늘의 현금으로 전환할 수 있을까?

10. 당신 회사는 세 가지 잠재적 투자 프로젝트가 있음을 확인했다. 각 프로젝트에 대한 현금흐름은 다음과 같다.

프로젝트	오늘 현금흐름($)	1년 후 현금흐름($)
A	−10	20
B	5	5
C	20	−10

모든 현금흐름이 일정하고 무위험 이자율이 10%라고 가정하자.

   a. 각 프로젝트의 NPV는 얼마일까?

   b. 회사가 이 프로젝트들 중 하나만 선택할 수 있다면, 어떤 것을 선택해야 할까?

   c. 회사가 이 프로젝트들 중 두 가지를 선택할 수 있다면, 어떤 것을 선택해야 할까?

11. 당신의 컴퓨터 제조회사는 공급업체로부터 10,000개의 키보드를 구입해야 한다. 한 공급업체는 오늘 $100,000를, 그리고 1년 후에 키보드당 $10를 지불할 것을 요구한다. 또 다른 공급업체는 키보드당 $21를 청구하며, 대금을 1년 후에 지불할 것을 제안한다. 무위험 이자율은 6%다.

   a. 오늘 달러로 두 회사 제안의 차이는 얼마일까? 당신 회사는 어떤 제안을 받아들여야 할까?

   b. 당신 회사가 오늘 현금을 사용하기를 원하지 않는다고 가정하자. 어떻게 첫 번째 제안을 받아들이고 오늘 당신 회사의 현금을 쓰지 않을 수 있을까?

차익거래와 일물일가의 법칙

12. 뱅크 원은 예금과 대출에 5.5%의 동일한 이자율을 제시한다. 그리고 앤 은행은 예금과 대출에 6%의 동일한 이자율을 제시한다.

   a. 이익을 얻을 수 있는 어떤 기회가 존재하는가?

   b. 어떤 은행에서 대출에 대한 수요가 급증하겠는가? 어떤 은행에서 예금이 급증하겠는가?

   c. 결국 두 은행이 제시하는 이자율에 대해 어떤 변화가 발생할 것으로 기대되는가?

13. 1990년대 내내 일본의 이자율은 미국의 이자율보다 낮았다. 그 결과 일본의 많은 투자가는 일본에서 돈을 빌리고 그 돈을 미국에서 투자하고 싶어 했다. 이 전략이 차익거래 기회를 나타내지 않는 이유를 설명하라.

14. 미국 예탁증서(ADR)는 특정 주식 수의 외국 주식을 나타내는 미국 은행이 발행한 증권으로, 미국증권거래소에서 거래된다. 예를 들어 노키아 주식회사는 뉴욕증권거래소(NYSE)에서 NOK 기호로 ADR로 거래된다. 각 ADR은 헬싱키증권거래소에서 NOK1V 기호로 거래되는 노키아 주식의 한 주를 나타낸다. 노키아의 미국 ADR이 주당 $6.74에 거래되고 노키아 주식이 주당 €6.20로 헬싱키거래소에서 거래된다면, 일물일가의 법칙을 이용하여 현재의 $/€ 환율을 결정하라.

무차익거래와 증권 가격

15. 세 가지 유가증권의 약정된 현금흐름이 아래에 열거되어 있다. 현금흐름에 위험이 없고 무위험 이자율이 5%인 경우 첫 번째 현금흐름이 지급되기 전에 각 증권의 무차익거래 가격을 결정하라.

증권	오늘 현금흐름($)	1년 후 현금흐름($)
A	500	500
B	0	1000
C	1000	0

16. 상장지수펀드(ETF)는 개별 주식들의 포트폴리오를 나타내는 증권이다. 한 주가 휴렛-팩커드(HPQ)의 2주, 시어스(SHLD)의 1주, GE의 3주를 나타내는 ETF를 생각해보자. 각 개별 주식의 현재 주가가 다음과 같다고 가정하자.

증권	현재 시장가격($)
HPQ	28
SHLD	40
GE	14

   a. 정상적인 시장에서 이 ETF의 한 주당 가격은 얼마일까?

   b. 만약 이 ETF가 현재 $120에 거래된다면, 어떤 차익거래가 가능할까? 당신은 어떤 거래를 할 수 있을까?

   c. 만약 이 ETF가 현재 $150에 거래된다면, 어떤 차익거래가 가능할까? 당신은 어떤 거래를 할 수 있을까?

17. 향후 2년 동안 무위험이 현금흐름을 지급하고 현재 시장가격이 아래와 같이 주어진 두 증권을 고려하자.

증권	오늘 가격($)	1년 후 현금흐름($)	2년 후 현금흐름($)
B1	94	100	0
B2	85	0	100

a. 1년 후에 $100, 2년 후에 $100의 현금흐름을 지불하는 증권의 무차익거래 가격은 얼마일까?

b. 1년 후에 $100, 2년 후에 $500의 현금흐름을 지불하는 증권의 무차익거래 가격은 얼마일까?

c. 1년 후에 $50, 2년 후에 $100의 현금흐름을 갖고 있는 어떤 증권이 $130의 가격으로 거래되고 있다고 가정하자. 어떤 차익거래 기회가 있을까?

18. 1년 후 $150의 무위험 현금흐름을 가진 증권이 오늘 $140에 거래된다고 가정하자. 차익거래 기회가 없다면 현재 무위험 이자율은 얼마일까?

19. 시아 주식회사는 단독 자산으로 $100,000의 현금과 착수하려고 하는 세 가지 프로젝트가 있는 회사다. 프로젝트는 위험 부담이 없으며 다음과 같은 현금흐름을 가지고 있다. 이 회사는 사용하지 않은 현금을 무위험 이자율 10%로 오늘 투자할 계획이다. 1년 후에 모든 현금은 투자자에게 지불되고 회사는 폐쇄될 것이다.

프로젝트	오늘 현금흐름($)	1년 후 현금흐름($)
A	−20,000	30,000
B	−10,000	25,000
C	−60,000	80,000

a. 각 프로젝트의 NPV는 얼마일까? 이 회사는 착수해야 하는 프로젝트와 얼마나 많은 현금을 보유해야 할까?

b. 오늘 이 회사 자산(프로젝트 및 현금)의 총가치는 얼마일까?

c. 이 회사의 투자자는 어떤 현금흐름을 받게 될까? 이러한 현금흐름을 기반으로 오늘날 이 회사의 가치는 얼마일까?

d. 이 회사가 투자하지 않고 현재 투자자에게 사용하지 않은 현금을 지불한다고 가정하자. 이 경우 투자자의 현금흐름은 얼마일까? 지금 이 회사의 가치는 얼마일까?

e. (b), (c) 및 (d)에 대한 답들의 관계를 설명하라.

기호

r_s 증권 s에 대한
   할인율

위험의 가격

지금까지 우리는 무위험 현금흐름만을 고려했다. 그러나 많은 환경에서 현금흐름은 위험하다. 이 절에서는 위험한 현금흐름의 현재가치를 결정하는 방법을 살펴본다.

위험 현금흐름 대 무위험 현금흐름

무위험 이자율이 4%이고 내년에 경제가 동일한 확률로 강세 또는 약세를 보일 가능성이 있다고 가정한다. 무위험 채권에 대한 투자와 주식시장지수(시장의 모든 주식의 포트폴리오)에 대한 투자를 고려하라. 무위험 채권은 경제 상황에 관계없이 $1,100를 지불하게 된다. 그러나 시장지수에 투자한 현금흐름은 경제의 강도에 달려 있다. 경제가 강세면 시장지수가 $1,400가 될 것이고 경제가 약세면 $800에 불과할 것이라고 가정해보자. 표 3A.1은 이러한 보상을 요약한 것이다. 3.5절에서 우리는 증권의 무차익거래 가격이 현금흐름의 현재가치와 동일하다는 것을 알았다. 예를 들어 4%의 무위험 이자율에 상응하는 무위험 채권가격은 다음과 같다.

$$가격(무위험 채권) = PV(현금흐름)$$
$$= (1년 후 \$1,100) \div (1년 후 \$1.04/오늘 \$1)$$
$$= 오늘 \$1,058$$

이제 시장지수를 고려해보자. 오늘 시장지수 투자자는 1년 후에 $800 또는 $1,400의 현금흐름에 팔 수 있다. 시장지수에 대한 평균적인 수익은 $\frac{1}{2}(\$800) + \frac{1}{2}(\$1,400) = \$1,100$이다. 이 평균 수익은 무위험 채권과 동일하지만, 현재 시장지수는 더 낮은 가격을 가지고 있다. 평균 $1,100를 지불하지만 실제 현금흐름은 위험하므로 투자자는 $1,058가 아니라 $1,000를 오늘 지불할 용의가 있다. 이처럼 낮은 가격은 무엇 때문일까?

위험 회피와 위험 프리미엄

직관적으로 투자자들은 위험을 좋아하지 않으므로 확실히 $1,100를 받는 것보다 평균 $1,100를 받는 것에 대해 덜 지불한다. 특히 대부분 개인의 경우 나쁜 시기 $1 손실에 대한 개인적인 비용이 좋은 시기 $1의 편익보다 더 크다. 따라서 경제가 호황일 때 $300를 추가적으로 받는 것($1,400 대 $1,100)에 대한 편익은 경제가 불황일 때 $300의 손실($800 대 $1,100)보다 덜 중요하다. 결과적으로 투자자들은 확실하게 $1,100를 받는 것을 더 선호한다. 투자자들이 안전한 수입을 동일한 평균 금액을 갖는 위험한 수입보다 선호하는 개념을 **위험 회피**(risk aversion)라고 한다. 이는 투자자의 선호에 대한 측면이며, 다른 투자자는 위험 회피 정도가 다를 수 있다. 투자자들이 더 위험 회피적일수록 시장지수의 현재 가격이 동일한 평균 보수

| 표 3A.1 | 무위험 채권과 시장 포트폴리오 투자의 현금흐름과 시장가격($) |

증권	오늘 시장가격	1년 후 현금흐름	
		불황	호황
무위험 채권	1058	1100	1100
시장지수	1000	800	1400

를 갖는 무위험 채권보다 더 낮아진다.

투자자는 위험을 염려하므로 위험한 미래 현금흐름의 현재가치를 계산하기 위해 무위험 이자율을 사용할 수 없다. 위험한 프로젝트에 투자하면 투자자는 위험을 적절히 보상하는 수익을 기대할 수 있다. 예를 들면 현재 주가 $1,000에 시장지수를 매수하는 투자자는 연말에 평균 $1,100를 받는다. 이는 평균 $100의 수익 또는 초기 투자에 대한 10%의 수익률이다. 평균적으로 받을 것으로 기대되는 수익률에 근거하여 증권의 수익을 계산할 때 우리는 이를 **기대 수익률**(expected return)이라고 한다.

$$\text{위험 투자의 기대 수익률} = \frac{\text{연말의 기대 수익}}{\text{초기 비용}} \tag{3A.1}$$

물론 시장지수의 기대 수익률은 10%이지만 실제 수익률은 더 높거나 낮을 것이다. 경제가 호황이면 시장지수는 1,400으로 상승할 것인데, 이때 수익률은 다음과 같다.

$$\text{경제가 호황일 때 시장 수익률} = (1,400 - 1,000)/1,000 = 40\%$$

경제가 불황이면 지수는 800으로 떨어질 것인데, 이때 수익률은 다음과 같다.

$$\text{경제가 불황일 때 시장 수익률} = (800 - 1,000)/1,000 = -20\%$$

이러한 실제 수익률의 평균을 계산하여 10%의 기대 수익률을 계산할 수도 있다.

$$\frac{1}{2}(40\%) + \frac{1}{2}(-20\%) = 10\%$$

따라서 시장지수의 투자자는 자신의 투자에 대해 4%의 무위험 이자율이 아닌 10%의 기대 수익률을 얻는다. 이러한 수익률의 차이는 시장지수의 **위험 프리미엄**(risk premium)이라고 한다. 증권의 위험 프리미엄은 증권의 위험을 보상하기 위해 투자자가 기대하는 추가적인 수익률을 나타낸다. 투자자들이 위험 회피적이기 때문에 기대 현금흐름을 무위험 이자율로 단순히 할인함으로써 위험 증권의 가격을 계산할 수 없다. 위험한 현금흐름의 현재가치를 계산하기 위해 우리는 평균 기대 현금흐름을 무위험 이자율에 적절한 위험 프리미엄을 더한 할인율로 계산해야 한다.

위험 증권의 무차익거래 가격

시장지수의 위험 프리미엄은 투자자의 위험 선호도에 따라 결정된다. 다른 무위험 증권의 무차익거래 가격을 결정하기 위해 무위험 이자율을 사용하는 것과 같은 방식으로 시장지수의 위험 프리미엄을 사용하여 다른 위험한 주식의 가치를 평가할 수 있다. 예를 들어, 어떤 증권 "A"가 경제가 호황이면 투자자에게 $600를 지불하고 불황인 경우에는 아무것도 주지 않을 것이라고 가정하자. 어떻게 증권 A의 시장가격을 일물일가의 법칙을 사용하여 결정할 수 있는지를 살펴보겠다. 표 3A.2에서 볼 수 있듯이, 증권 A와 1년 후 $800를 지불하는 무위험 채권을 결합하면 포트폴리오의 현금흐름은 1년 후 시장지수의 현금흐름과 동일하다. 일물일가의 법칙에 따라 채권과 증권 A의 총 시장가치는 시장지수의 가치인 $1,000와 같아야 한다. 4%의 무위험 이자율을 감안할 때 채권의 시장가격은 다음과 같다.

$$(1년 후 \$800) \div (1년 후 \$1.04/오늘 \$1) = 오늘 \$769$$

따라서 증권 A의 초기 시장가격은 $1,000 - $769 = $231이다. 증권 A의 가격이 $231보다 높거나 낮으면 채권 및 증권 A의 포트폴리오 가치는 시장지수의 가치와 다르며 일물일가의 법칙을 위반하고 차익거

표 3A.2	증권 A의 시장가격 결정($ 현금흐름)		
			1년 후 현금흐름
증권	오늘 시장가격	불황	호황
무위험 채권	769	800	800
증권 A	?	0	600
시장지수	1000	800	1400

래 기회를 창출한다.

위험에 의존하는 위험 프리미엄

$231의 초기 가격과 $\frac{1}{2}(0) + \frac{1}{2}(600) = 300$의 기대 수익을 감안할 때, 증권 A는 다음과 같은 기대 수익률을 얻는다.

$$증권\ A의\ 기대\ 수익률 = \frac{300 - 231}{231} = 30\%$$

이 기대 수익률은 시장 포트폴리오의 기대 수익률인 10%를 초과한다. 증권 A의 투자자는 무위험 이자율보다 $30\% - 4\% = 26\%$의 위험 프리미엄을 받는 반면, 시장 포트폴리오의 위험 프리미엄은 6%다. 왜 두 증권의 위험 프리미엄이 서로 다를까?

두 증권의 실제 수익률을 비교하면 그 차이의 이유가 분명해진다. 경제가 불황이면 증권 A의 투자자는 -100%의 수익률을 얻어 모든 것을 잃고, 경제가 호황이면 $(600 - 231)/231 = 160\%$의 수익률을 얻는다. 반면 시장지수는 경기가 불황이면 20% 하락하고 경제가 호황이면 40% 상승한다. 수익률이 더 큰 변동성을 갖는 것을 감안하면, 증권 A가 투자자에게 더 높은 위험 프리미엄을 지불해야 한다는 것은 놀라운 일이 아니다.

전반적인 시장에 비례하는 위험

증권 A의 예는 증권의 위험 프리미엄이 수익의 변동성에 달려 있다는 것을 시사한다. 그러나 어떤 결론을 도출하기 전에 다른 추가 예제를 고려해볼 가치가 있다.

예제 3A.1   음(−)의 위험 프리미엄

문제

경제가 불황이면 $600, 호황이면 $0를 지불하는 증권 B를 고려하자. 만약 경제가 호황이면 이 증권의 무차익거래 가격, 기대 수익률, 위험 프리미엄은 각각 얼마일까?

풀이

만약 우리가 시장지수와 증권 B를 결합시키면, 우리는 다음 표에서 보는 바와 같이($ 현금흐름) $1,400를 지불하는 무위험 채권과 동일한 수익을 얻는다.

무위험 채권의 시장가격이 $1,400 \div 1.04 =$ 오늘 $1,346이기 때문에, 우리는 일물일가의 법칙에 의해 증권 B의 가격이 $1,346 - 1,000 =$ 오늘 $346여야 한다.

증권	오늘 시장가격	1년 후 현금흐름	
		불황	호황
시장지수	1000	800	1400
증권 B	?	600	0
무위험 채권	1346	1400	1400

만약 경제가 불황이면 증권 B는 $(600 - 346)/346 = 73.4\%$의 수익률을 지불한다. 만약 경제가 호황이면 증권 B는 -100%의 수익률로 아무것도 지불하지 않는다. 따라서 증권 B의 기대 수익률은 $\frac{1}{2}(73.4\%) + \frac{1}{2}(-100\%) = -13.3\%$이다. 이 증권의 위험 프리미엄은 $-13.3\% - 4\% = -17.3\%$, 즉 증권 B는 투자자들에게 무위험 이자율보다 평균적으로 17.3% 덜 지급함을 의미한다.

증권 B에 대한 결과는 매우 놀랍다. 증권 A와 B를 따로 살펴보면, 이들은 매우 유사하게 보인다. 둘 다 똑같이 $600 또는 $0를 지불할 것이다. 그러나 증권 A는 증권 B보다 시장가격이 훨씬 낮다($231 대 $346). 수익 측면에서 증권 A는 투자자에게 기대 수익률 30%를 지급한다. 증권 B는 -13.3%를 지불한다. 왜 이 증권의 가격과 기대 수익률이 다를까? 왜 위험 회피적 투자자가 무위험 이자율보다 더 낮은 기대 수익률로 위험한 증권을 기꺼이 살까?

이 결과를 이해하려면 증권 A는 경제가 호황일 때 $600를 지불하고 증권 B는 경제가 불황일 때 $600를 지불하는 것에 주목해야 한다. 위험 회피에 대한 정의가 투자자들이 좋은 시기보다 나쁜 시기에 추가적인 소득 금액을 더 가치 있게 생각한다는 것을 상기하자. 경제가 불황이고 시장지수가 저조한 경우에 증권 B가 $600를 지불한다. 따라서 투자자의 부가 적을 때 그리고 투자자가 이 돈을 가장 가치 있게 평가할 때, 증권 B가 이 금액을 지불한다고 할 수 있다. 사실 증권 B는 투자자의 관점에서 볼 때 실제로 "위험한" 것이 아니다. 오히려 증권 B는 경제적 침체에 대한 보험이다. 증권 B를 시장지수와 함께 유지함으로써 시장 변동으로 인한 위험을 제거할 수 있다. 위험 회피적 투자자는 무위험 이자율 이하의 수익을 수락함으로써 이 보험에 기꺼이 돈을 지불한다.

이 결과는 매우 중요한 원칙을 설명해주고 있다. 증권 위험은 따로 평가할 수 없다. 증권의 수익률이 매우 가변적일지라도 투자자가 보유하고 있는 다른 위험을 상쇄하는 방식으로 수익률이 변동하면 투자자의 위험이 증가하지 않고 감소한다. 결과적으로 위험은 투자자가 직면한 다른 위험과 비교해서만 평가할 수 있다.

어떤 증권에 대한 위험은 경제 내에 있는 다른 투자들의 변동과의 관련성으로 평가되어야 한다. 어떤 증권의 수익률이 전체 경제 및 시장지수에 따라 변동할수록 그 증권의 위험 프리미엄이 높을 것이다. 증권의 수익률이 시장지수의 반대 방향으로 변동하면 보험을 제공하고 음(−)의 위험 프리미엄을 갖게 된다.

표 3A.3은 지금까지 고려한 다양한 유가증권의 위험과 위험 프리미엄을 비교한 것이다. 각 증권에 대해 우리는 경제가 불황일 때의 수익률과의 차이를 계산하여 경제 상태에 대한 수익률의 민감도를 계산한다. 각 증권에 대한 위험 프리미엄은 이 민감도에 비례하며, 위험 프리미엄은 수익률이 시장의 반대 방향

표 3A.3	서로 다른 증권들의 위험과 위험 프리미엄				
	수익률				
증권	불황	호황	기대 수익률	민감도(수익률 차이)	위험 프리미엄
무위험 채권	4%	4%	4%	0%	0%
시장지수	−20%	40%	10%	60%	6%
증권 A	−100%	160%	30%	260%	26%
증권 B	73%	−100%	−13.3%	−173%	−17.3%

으로 변동할 때 음(−)의 값을 갖는다.[8]

위험, 수익률, 시장가격

우리는 현금흐름이 위험할 때, 동일한 위험을 가진 현금흐름을 생성하는 포트폴리오를 구성함으로써 일물일가의 법칙을 사용하여 현재가치를 계산할 수 있음을 보았다. 그림 3A.1에서 볼 수 있듯이, 이러한 방식으로 가격을 계산하는 것은 투자 위험에 적합한 위험 프리미엄이 포함된 할인율 r_s를 사용하여 현재 현금흐름과 미래에 받을 기대 현금흐름 간에 전환하는 것과 같다.

$$r_s = r_f + (증권\ s에\ 대한\ 위험\ 프리미엄) \tag{3A.2}$$

여기에서는 한 가지 위험의 원천(경제의 상황)만 존재하는 단순한 상황을 고려했다. 이 경우 전반적인 경제의 상황에 따라 수익이 어떻게 달라지는지에 따라 투자의 위험 프리미엄이 달라진다. 이 책의 제4부에서는 이 결과가 여러 가지 위험 요인과 두 가지 이상의 가능한 경제 상태가 있는 보다 일반적인 상황에서도 유지된다는 것을 보여준다.

그림 3A.1

오늘의 달러와 위험이 있는 1년 후 달러 간의 변환

현금흐름이 위험할 때 식 (3A.2)는 오늘 가격 또는 현재가치와 미래의 기대 현금흐름 간의 전환을 가능하게 하는 기대 수익률 r_s를 결정한다.

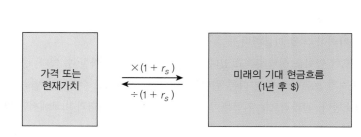

---

8 경제가 호황일 확률이 50%가 아닌 40%라면 각 증권은 4%의 무위험 이자율과 같은 기대 수익률을 갖게 될 것이다. 위험 회피가 보다 비관적인 확률분포를 사용하는 것과 동일하다는 사실은 기업재무, 제4판 제21장에서 재검토할 중요한 통찰력이다.

가격을 계산하기 위한 위험 프리미엄의 사용

문제

경제가 호황이면 $1,100, 불황이면 $1,000의 현금흐름을 갖는 위험 채권을 고려하자. 이 채권에 적합한 위험 프리미엄이 1%라고 가정하자. 만약 무위험 이자율이 4%라고 가정하면, 이 채권의 오늘 가격은 얼마일까?

풀이

식 (3A.2)를 이용하면 이 채권에 대한 적합한 할인율은 다음과 같이 계산할 수 있다.

$$r_b = r_f + (\text{이 채권에 대한 위험 프리미엄}) = 4\% + 1\% = 5\%$$

이 채권에 대한 기대 현금흐름은 $\frac{1}{2}(\$1,100) + \frac{1}{2}(\$1,000) = $ 1년 후 $1,050이다. 따라서 오늘 이 채권의 가격은 다음과 같다.

$$\text{채권가격} = (\text{1년 후 평균 현금흐름}) \div (\text{1년 후 } \$1 + r_b / \text{오늘 } \$1)$$
$$= (\text{1년 후 } \$1,050) \div (\text{1년 후 } \$1.05 / \text{오늘 } \$1) = \text{오늘 } \$1,000$$

이 가격을 감안할 때 채권 수익률은 경제가 호황일 때 10%, 경제가 불황일 때 0%다. [수익률의 차이는 10%로 시장지수의 1/6 수준이다(표 3A.3 참조)]. 따라서 채권의 위험 프리미엄은 시장지수 위험 프리미엄의 1/6 수준이다.

1. 위험한 증권의 기대 수익률이 일반적으로 무위험 이자율과 다른 이유는 무엇일까? 위험 프리미엄의 크기를 결정하는 것은 무엇인가?

2. 어떤 증권의 위험이 단독으로 평가되어서 안 되는 이유는 무엇인가?

거래비용의 존재와 차익거래

지금까지의 예제에서 우리는 상품이나 증권을 매매하는 비용을 무시했다. 대부분의 시장에서 증권거래를 위해 **거래비용**(transactions costs)을 지불해야 한다. 제1장에서 논의했듯이 NYSE나 NASDAQ과 같은 시장에서 증권을 거래할 때 당신은 두 가지 유형의 거래비용을 지불해야 한다. 첫째, 당신은 중개인에게 거래에 대한 수수료를 지불해야 한다. 둘째, 일반적으로 증권을 매도할 때의 가격(매도 호가)이 매입할 때의 가격(매수 호가)보다 약간 높기 때문에 매매호가 차이(bid-ask spread)를 지불하게 된다. 예컨대 인텔 주식회사의 주식(종목 부호 INTC)은 다음과 같이 호가될 수 있다.

- 매수 호가 : $28.50
- 매도 호가 : $28.70

우리는 INTC의 경쟁적 가격이 $28.60인 것처럼 이 호가를 해석할 수 있지만, 매수 또는 매도할 때 주당 $0.10의 거래비용이 존재한다.[9] 이 거래가 무차익거래 가격과 일물일가의 법칙에 미치는 영향은 무엇일까? 앞서 우리는 뉴욕과 런던의 금값이 경쟁시장에서 동일해야 한다고 말했다. 그러나 1온스당 $5의

---

9 매수 호가와 매도 호가 중간에 있는 임의의 가격이 경쟁시장가격이며, 이 임의의 가격은 매수 및 매도에 대한 거래비용에 따라 달라진다.

총 거래비용이 한 시장에서 금을 사서 다른 시장에서 파는 것과 관련되어 있다고 가정하자. 그런 다음 금 값이 뉴욕에서 온스당 $1,150, 런던에서 온스당 $1,152라면 "저가 매수, 고가 매도" 전략은 더 이상 작동하지 않는다.

- 비용 : 온스당 $1,150(뉴욕에서 금 매입) + $5(거래비용)
- 편익 : 온스당 $1,152(런던에서 매도)
- NPV : $1,152 − $1,150 − $5 = 온스당 −$3

이 경우 실제로 가격이 거래비용의 금액인 $5를 넘어서 벗어날 때까지는 차익거래 기회가 존재하지 않는다.

일반적으로 우리는 무차익거래 가격에 대한 이전의 결론에 "거래비용까지"라는 문구를 추가하여야 한다. 이 예에서는 가격의 불일치가 $5 거래비용에 이르기까지 금 가격에 대해 단 하나의 경쟁가격만 존재한다. 동일한 수식어구가 이 장의 다른 결론들에도 붙는다. 패키지를 묶고 해체한 것과 관련된 거래비용 이내에서 패키지의 가격은 단품의 가격과 같아야 한다. 증권 및 현금흐름을 거래하는 거래비용 이내에서 증권의 가격은 현금흐름의 현재가치와 같아야 한다.

다행히도 대부분의 금융시장에서 이러한 비용은 적다. 예를 들어 2015년 대형 NYSE 주식에 대한 일반적인 호가 스프레드는 주당 2~5센트였다. 첫 번째 근삿값으로 우리는 분석에서 이러한 스프레드를 무시할 수 있다. NPV가 작은 상황(거래비용 대비)에서만 불일치가 중요해진다. 이 경우 NPV가 양수인지 음수인지를 결정하기 위해 모든 거래비용을 주의 깊게 고려해야 한다.

예제 3A.3 　무차익거래 가격 범위

문제

연말에 $1,000를 지불하는 채권을 고려하자. 예금에 대한 시장 이자율은 6%지만, 차입에 대한 시장 이자율은 6.5%라고 가정하자. 이 채권의 무차익거래 가격 범위를 구하면? 즉, 차익거래 기회가 발생하지 않으면서 채권이 거래될 수 있는 최고 가격과 최저 가격은 각각 얼마일까?

풀이

채권의 무차익거래 가격은 현금흐름의 현재가치와 동일하다. 그러나 이 경우 우리가 사용해야 하는 이자율은 차입 이자율인지 대출 이자율인지에 의존한다. 예를 들어 오늘 은행에 1년 후에 $1,000를 받기 위해 오늘 은행에 예치해야 하는 금액은 다음과 같다.

$$\text{(1년 후 \$1,000} \div \text{1년 후 \$1.06/오늘 \$1)} = \text{오늘 \$943.40}$$

여기서 우리는 예금에 대해 얻게 되는 이자율로 6%의 이자율을 사용했다. 우리가 1년 후에 $1,000를 상환할 계획이라면 오늘 빌릴 수 있는 금액은 다음과 같다.

$$\text{(1년 후 \$1,000} \div \text{1년 후 \$1.065/오늘 \$1)} = \text{오늘 \$938.97}$$

여기서 우리는 차입에 대한 이자율로 6.5%를 사용했는데, 이는 예금 이자율보다 더 높다.

이 채권의 가격 P가 $943.40를 초과했다고 가정하자. 그렇다면 이 채권을 현재 가격에 팔고 6% 이자율로 $943.40를 투자하면 이익을 얻을 수 있다. 연말에 여전히 $1,000를 받게 되지만, 차이는 $(P − 943.40)$로 유지된다. 이러한 차익거래 기회는 이 채권의 가격이 $943.40 이상으로 유지되지 않도록 한다.

또는 이 채권 가격 P가 \$938.97 미만이라고 가정하자. 그렇다면 6.5%에서 \$938.97를 빌려서 P를 사용하여 채권을 구입할 수 있다. 이것은 \$(938.97 − P)로 오늘 당신을 떠날 것이고, 당신이 \$1,000 채권 지급을 사용하여 대출금을 상환할 수 있기 때문에 미래에 어떠한 의무도 없다. 이러한 차익거래 기회로 인해 이 채권의 가격은 \$938.97 이하로 유지되지 않도록 할 것이다. 만약 이 채권의 가격 P가 \$938.97에서 \$943.40 사이에 있다면, 앞의 두 가지 전략 모두 돈을 잃을 것이고, 차익거래 기회는 존재하지 않는다. 따라서 무차익거래는 정확한 가격이 아닌 채권에 대해 가능한 좁은 가격 범위(\$938.97에서 \$943.40)를 대상으로 함을 의미한다.

요약하면 거래비용이 존재할 때, 차익거래는 동일한 상품과 증권의 가격을 서로 가깝게 유지되도록 한다. 가격은 서로 다를 수 있지만 차익거래의 거래비용을 초과하여 달라질 수는 없다.

개념 확인

1. 거래비용이 존재하는 상황에서 투자자별로 투자 기회의 가치에 대해 의견이 다를 수 있는 이유는 무엇인가?
2. 이 가치는 얼마만큼 다를 수 있을까?

핵심 요점 및 수식

- 현금흐름이 위험할 때 우리는 현재가치를 계산하기 위해 무위험 이자율을 사용할 수 없다. 대신 동일한 위험을 지닌 현금흐름을 생성하는 포트폴리오를 구성한 다음 일물일가의 법칙을 적용하여 현재가치를 결정할 수 있다. 또는 적절한 위험 프리미엄이 포함된 할인율을 사용하여 기대 현금흐름을 할인할 수 있다.
- 증권에 대한 위험은 경제 내에서 다른 투자의 변동과 관련하여 평가되어야 한다. 어떤 증권의 수익률이 전체 경제 및 시장지수에 따라 변동하는 정도가 클수록 그 증권의 위험 프리미엄은 크다. 증권의 수익률이 시장지수와 반대 방향으로 변동하면 보험을 제공하고 음(−)의 위험 프리미엄을 갖게 된다.
- 거래비용이 존재할 때 동등한 증권의 가격이 서로 다를 수 있지만 차익거래의 거래비용을 초과하여 달라지지는 않는다.

		주요 용어
기대 수익률(expected return)	위험 회피(risk aversion)	
거래비용(transactions costs)	위험 프리미엄(risk premium)	

연습문제

* 표시는 난이도가 높은 문제다.

위험 현금흐름 대 무위험 현금흐름

A.1. 다음 표는 증권 A와 B에 대해 계산된 무차익거래 가격을 보고하고 있다.

		1년 후 현금흐름	
증권	오늘 시장가격	불황	호황
증권 A	231	0	600
증권 B	346	600	0

    a. 증권 A 한 주와 증권 B 한 주로 구성된 포트폴리오의 수익은 얼마일까?

    b. 이 포트폴리오의 시장가격은 얼마일까? 이 포트폴리오를 보유할 때 당신이 얻을 것으로 기대되는 기대 수익률은 얼마일까?

A.2. 증권 C가 경제가 불황일 때 $600, 경제가 호황일 때 $1,800의 수익을 지급한다고 가정하자. 무위험 이자율은 4%다.

    a. 증권 C는 문제 A.1에서 증권 A와 증권 B로 구성된 포트폴리오와 동일한 수익을 가지고 있는가?

    b. 증권 C의 무차익거래 가격은 얼마일까?

    c. 두 가지 경제의 상태가 동일하게 발생 가능성이 있다면, 증권 C의 기대 수익률은 얼마일까? 위험 프리미엄은 얼마일까?

    d. 경제가 호황일 때와 불황일 때의 증권 C의 수익률 차이는 얼마일까?

    e. 증권 C의 위험 프리미엄이 10%라면, 어떤 차익거래 기회가 가능할까?

*A.3. 당신은 이노베이션 파트너에서 일하고 있으며, 새로운 증권을 발행하는 것을 고려하고 있다. 이 증권은 1년 후 다우존스 산업지수 종가의 마지막 자리가 짝수(홀수)이면 1년 후에 $1,000($0)를 지급한다. 1년 무위험 이자율은 5%다. 모든 투자자가 위험 회피적이라고 가정한다.

    a. 이 증권이 오늘 거래되었다면 이 증권의 가격에 대해 무엇을 말할 수 있을까?

    b. 다우존스 지수의 마지막 숫자가 홀수이면 증권이 $1,000를 지불하고 그렇지 않으면 $0를 지급한다고 가정해보자. (a)에 대한 당신의 답이 달라질까?

    c. 오늘 시장에서 두 증권(짝수에 지급하는 증권과 홀수에 지급하는 증권)이 모두 거래된다고 가정하자. 이것이 당신의 답에 영향을 미칠까?

*A.4. 위험 증권이 1년 후에 $80의 기대 현금흐름을 지불한다고 가정하자. 무위험 이자율은 4%이며 시장지수의 기대 수익률은 10%다.

    a. 이 증권의 수익률은 경제가 호황(불황)일 때 높다(낮다). 하지만 이 증권의 수익률은 시장지수 수익률의 절반만큼 변동한다. 이 증권에 대한 위험 프리미엄으로 얼마가 적절할까?

    b. 이 증권의 시장가격은 얼마일까?

거래비용의 존재와 차익거래

A.5. 휴렛-팩커드(HPQ) 주가가 현재 $28의 매수 호가와 $28.10의 매도 호가로 NYSE에서 거래되고 있다고 가정하자. 동시에 NASDAQ 딜러는 HPQ의 매수 가격을 $27.85, 매도 가격을 $27.95로 책정한다.

    a. 이 경우 차익거래 기회가 있는가? 그렇다면 우리는 이를 어떻게 활용할 수 있을까?

    b. NASDAQ 딜러가 $27.95의 매수 호가와 $28.05의 매도 호가로 호가를 수정한다고 가정하자. 현재 차익거래 기회가 있을까? 그렇다면 우리는 이를 어떻게 활용할 수 있을까?

    c. 차익거래 기회가 존재하지 않는다면, 최고 매수 호가와 최저 매도 호가는?

*A.6. 존슨 앤 존슨(JNJ) 주식 1주와 1년 후에 $100를 지불하는 채권 두 가지 증권으로 구성된 포트폴리오를 고려하자. 이 포트폴리오는 현재 매수 호가 $141.65, 매도 호가 $142.25에 거래되고 있다. 채권은 매수 호가 $91.75, 매도 호가 $91.95에 거래되고 있다. 이 경우 JNJ 주식에 대한 무차익거래 가격은 얼마일까?

시간, 화폐, 이자율

일물일가의 법칙과의 연계. 재무관리자의 재무 의사결정은 미래 현금흐름의 가치 계산을 포함한다. 제4장에서 우리는 재무 경제학에서의 핵심 개념인 화폐의 시간가치를 도출하기 위해 일물일가의 법칙을 사용한다. 우리는 미래 현금흐름을 어떻게 가치평가하는지를 설명하고, 다양한 종류의 현금흐름 패턴의 순현재가치 계산을 위한 몇 가지 유용한 지름길을 도출한다. 제5장에서는 일련의 현금흐름에 대한 적절한 할인율을 결정하기 위해 시장 이자율을 이용하는 방법을 고려한다. 우리는 일물일가의 법칙을 적용하여 할인율이 가치가 평가되는 현금흐름과 동일한 만기와 위험을 갖는 투자의 수익률에 의존함을 입증한다. 이러한 관찰을 통해 우리는 투자 의사결정의 자본비용에 대한 중요한 개념을 이해하게 된다.

기업들은 유가증권을 발행함으로써 투자에 필요한 자금을 조달한다. 채권은 기업이 발행할 수 있는 가장 단순한 증권이다. 제6장에서는 우리가 앞서 개발한 도구들을 활용하여 채권의 가치를 평가하는 방법에 대해 설명한다. 우리는 일물일가의 법칙이 채권의 가격과 수익률을 시장 이자율의 기간 구조와 연계시키고 있음을 알게 될 것이다.

화폐의 시간가치

제3장에서 논의한 바와 같이, 재무관리자는 투자 프로젝트의 비용과 편익을 분석하여 그 프로젝트의 가치를 평가한다. 투자 프로젝트의 현금흐름은 미래의 한 기간에만 발생하지 않고 여러 기간에 걸쳐 발생하는 경우가 대부분이다. 예를 들어 제너럴 모터스(GM)는 확장된 범위의 전기차인 쉐비 볼트를 2011년 모델부터 생산하는 계획을 2008년 9월에 발표하였다. 수입과 비용을 미래에 수년 또는 수십 년에 걸쳐 발생시키는 GE의 이 프로젝트는 막대한 선불 연구개발비를 수반하는 것이었다. 재무관리자들은 수년에 걸쳐 발생하는 비용과 편익을 어떻게 비교할 것인가?

쉐비 볼트와 같은 장기 프로젝트의 가치평가를 위해 서로 다른 시점에 발생하는 현금흐름을 비교할 수 있는 방법론을 필요로 한다. 이 장에서는 이러한 방법론을 개발한다. 첫 번째 방법론은 여러 기간의 현금흐름을 시각화하는 방법인 시간선이다. 우리는 시간선을 배운 후에 현금흐름을 서로 다른 시점으로 이동시키는 세 가지 중요한 규칙을 학습한다. 이 규칙들을 활용하면 여러 기간에 발생하는 일반적인 현금흐름의 비용과 편익의 현재가치 및 미래가치를 계산하는 법을 보여줄 수 있다. 모든 현금흐름을 동일한 시점으로 전환시킴으로써, 이 방법들은 우리로 하여금 장기 프로젝트의 비용과 편익을 비교하고 장기 프로젝트의 순현재가치(NPV)를 평가할 수 있도록 한다. NPV는 이 프로젝트의 비용과 편익을 오늘의 현금 형태로 표현한다.

이 장에서 학습한 일반적인 기법은 어떠한 유형의 자산의 가치를 평가하는 데 활용될 수 있다. 하지만 특정 유형의 자산은 규칙적인 패턴을 갖는 현금흐름을 가지고 있다. 우리는 연금, 영구연금, 그리고 규칙적인 패턴의 현금흐름을 갖는 다른 특수한 경우의 자산의 가치평가에 대한 손쉬운 방법을 개발한다.

기호

r 이자율

C 현금흐름

FV_n n기의 미래가치

PV 현재가치

C_n n기의 현금흐름

N 현금흐름이 발생하는 마지막 기간

NPV 순현재가치

P 원금 또는 동등한 현재가치

FV 미래가치

g 성장률

$NPER$ 기간의 수에 대한 기호

$RATE$ 이자율에 대한 기호

PMT 현금흐름에 대한 기호

IRR 내부 수익률

PV_n n기의 현재가치

4.1 시간선

우리는 몇 가지 기본 용어와 도구를 사용하여 여러 기간에 지속되는 현금흐름을 평가하기 시작한다. 우리는 여러 기간에 발생하는 일련의 현금흐름을 **여러 기간 현금흐름**(stream of cash flows)이라고 부른다. 우리는 기대되는 현금흐름의 발생 시점과 크기를 직선에 나타내는 **시간선**(time line)에 여러 기간 현금흐름을 표현할 수 있다. 시간선은 재무 문제들을 조직화하고 해결하는 첫 번째 중요한 단계이며, 이 책 전반에서 활용되는 수단이다.

시간선의 작성 방법에 대한 예시를 위해 당신이 친구에게 돈을 빌려주었다고 가정하자. 당신의 친구는 앞으로 2년 동안 매년 말에 $10,000씩을 지급함으로써 오늘 빌린 돈을 갚기로 약정한다. 이러한 정보는 시간선에 다음과 같이 표시된다.

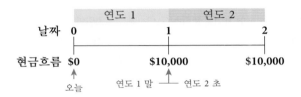

날짜 0은 오늘을 나타낸다. 날짜 1은 오늘부터 1년 후인 연도 1의 마지막을 의미한다. 날짜 1 밑에 표시된 $10,000의 현금흐름은 당신이 연도 1의 기말에 받는 금액이다. 날짜 2는 오늘부터 2년 후인 연도 2의 마지막을 나타낸다. 날짜 2 밑에 표시된 $10,000의 현금흐름은 당신이 연도 2의 기말에 받는 금액이다.

시간선상의 현금흐름을 추적하기 위하여 시간선상의 각 점은 특정한 날짜를 나타낸다. 날짜 0과 날짜 1 사이의 공간은 대출 기간 중 첫 번째 해(연도 1)를 의미한다. 날짜 0은 첫 번째 해(연도 1)의 시작을, 날짜 1은 첫 번째 해(연도 1)의 마지막이다. 그리고 날짜 1은 두 번째 해(연도 2)의 시작을, 날짜 2는 두 번째 해(연도 2)의 마지막을 각각 의미한다. 여기서 날짜 1은 첫 번째 해의 마지막 날인 동시에 두 번째 해의 첫 날로 표시되는데, 그 이유는 사실상 이 두 날짜를 같은 시점으로 보아도 큰 무리가 없기 때문이다.[1]

이 예에서는 시간선에 현금유입만 표시되었다. 하지만 대부분의 재무 의사결정에서는 현금유입과 현금유출이 동시에 발생한다. 현금의 유입과 유출을 구분하기 위하여 우리는 현금유입에는 양(+)의 부호를, 현금유출에는 음(−)의 부호를 각각 붙인다.

예를 들어 당신 친구가 오늘 $10,000를 빌리고 앞으로 2년간 매년 말에 $6,000씩을 지급함으로써 빌린 돈을 갚기로 약정한다고 가정해보자. 이러한 정보는 시간선에 다음과 같이 표시할 수 있다.

오늘(날짜 0) 발생하는 −$10,000의 현금흐름은 현금유출이므로 음(−)의 부호가 붙어 있다. 하지만 미래에 두 차례에 걸쳐 발생하는 $6,000의 현금흐름은 현금유입이므로 양(+)의 부호가 붙어 있다.

---

1   12월 31일 23:59에 발생한 현금흐름과 다음 연도 1월 1일 00:01에 발생한 현금흐름 간에 사실상 큰 차이가 없다. 세금과 같은 문제로 인해 두 현금흐름이 달라질 수도 있지만, 이 책에서는 이러한 효과를 고려하지 않기로 한다.

우리는 지금까지 매년 발생하는 현금흐름들을 나타내기 위해 시간선을 활용하였다. 하지만 우리는 현금흐름의 발생 주기(예 : 연, 월, 일 등)에 관계없이 발생하는 현금흐름들을 나타내기 위해 시간선을 활용할 수 있다. 만약 당신이 매월 집 임대료를 낸다고 가정하자. 이 경우 연을 월로 바꾸면, 매월 발생하는 현금흐름들을 시간선에 나타낼 수 있다.

이 장의 예제들은 비교적 단순하므로 굳이 시간을 들여가며 시간선을 그릴 필요성을 느끼지 못했을 수도 있다. 하지만 앞으로 문제들이 복잡해질수록 놓치기 쉬운 거래나 투자 사건들을 포착하는 데 시간선이 크게 도움이 됨을 알 수 있을 것이다. 만약 특정한 현금흐름을 포착하지 못한다면, 잘못된 의사결정이 될 수 있기 때문이다. 그러므로 앞으로 어떤 의사결정이든지 간에 시간선을 그려 해결하는 습관을 들이도록 하자.

시간선의 구성 예제 4.1

문제

당신이 다음 2년 동안 매년 $10,000의 등록금을 납부해야 한다고 가정하자. 등록금 지불은 매 학기 시작 시점에 균등 분할로 이루어져야 한다. 등록금 지불의 시간선은 어떻게 되는가?

풀이

오늘이 첫 번째 학기의 시작일이라고 가정하면, 첫 번째 지불은 날짜 0(오늘)에 발생한다. 나머지 지불은 학기 간격으로 이루어진다. 한 학기를 기간의 길이로 사용하여, 우리는 시간선을 다음과 같이 구성할 수 있다.

개념 확인

1. 시간선의 구성 요소는 무엇인가?
2. 시간선상에서 현금유입을 현금유출과 어떻게 구분하는가?

4.2 시간 이동의 세 가지 규칙

재무 의사결정에는 종종 서로 다른 시점에서 발생하는 현금흐름을 비교하거나 결합해야 한다. 이 절에서는 재무 의사결정에서 핵심적이고 가치를 비교하거나 결합할 수 있도록 하는 세 가지 중요한 규칙을 소개한다.

규칙 1 : 가치의 비교 및 결합

첫 번째 규칙은 같은 시점에 발생하는 가치만 비교하거나 결합할 수 있다는 것이다. 이 규칙은 동일한 단위의 현금흐름만 비교하거나 결합할 수 있다는 제3장에서 제시된 결론을 반복한다. 오늘 1달러와 1년 후 1달러는 동등하지 않다. 오늘 돈을 갖는 것이 미래에 돈을 갖는 것보다 더 가치가 있다. 오늘 돈을 가지고 있다면 그것에 대한 이자를 받을 수 있기 때문이다.

서로 다른 시점에서 발생하는 현금흐름을 비교하거나 결합하려면, 먼저 현금흐름을 동일한 단위로 변환하거나 동일한 시점으로 이동해야 한다. 다음 두 규칙은 시간선에서 현금흐름을 이동하는 방법을 보여준다.

규칙 2 : 현금흐름을 미래로 이동하기

당신이 오늘(0기) $1,000를 가지고 있고, 이 금액과 동등한 가치를 갖는 1년 후 금액을 결정하고 싶다고 가정하자. 현재 연도 1의 연간 이자율이 10%라면, 우리는 이 이자율을 현금흐름을 미래로 이동시키기 위한 교환비율로 사용할 수 있다.

$$(오늘 \$1,000) \times (1년 후 \$1.10 / 오늘 \$) = 1년 후 \$1,100$$

이를 일반화시키기 위해 시장 이자율을 r로 표시하면, 다음과 같이 표현할 수 있다. 어떤 현금흐름을 해당 연도의 처음부터 끝까지 이동시키기 위해 해당 현금흐름에 이자율 요소인 $(1 + r)$을 곱한다. 가치 또는 현금흐름을 미래로 이동시키는 이러한 과정을 **복리계산**(compounding)이라고 한다. 이 두 번째 규칙은 현금흐름을 미래로 이동시키려면 이 현금흐름을 복리계산해야 한다고 규정한다.

우리는 이 규칙을 반복적으로 적용할 수 있다. 오늘 $1,000가 2년 후에 얼마나 가치가 있는지 알고 싶다고 가정하자. 연도 2의 연간 이자율이 10%라면, 우리는 1년 후 $1,100를 이와 동등한 가치를 갖는 2년 후 금액으로 다음과 같이 전환할 수 있다.

$$(1년 후 \$1100) \times (2년 후 \$1.10 / 1년 후 \$) = 2년 후 \$1210$$

우리는 이러한 복리계산 과정을 시간선에 다음과 같이 나타낼 수 있다.

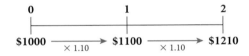

10%의 연간 이자율이 주어지면, 날짜 0에 $1,000, 날짜 1에 $1,100, 날짜 2에 $1,210의 현금흐름은 모두 가치면에서 동등하다. 이 현금흐름들은 모두 동일한 가치를 지니지만, 다른 단위(다른 시점)로 표현된다. 오른쪽을 가리키는 화살표는 그 값이 미래로 이동함, 즉 복리계산됨을 나타낸다.

미래로 이동할 때 현금흐름의 가치를 미래가치라고 한다. 앞의 예에서 $1,210은 오늘 $1,000의 2년 후 미래가치이다. 현금흐름이 미래로 이동함에 따라 그 가치가 더욱 커지는 것에 주목할 필요가 있다. 오늘 돈과 미래의 돈 사이의 가치의 차이는 화폐의 시간가치를 나타낸다. **화폐의 시간가치**(time value of money)는 돈을 더 빨리 갖게 됨으로써 이 돈을 투자하고 그 결과 더 많은 돈을 갖게 된다는 사실을 반영한다. 동일한 가치를 갖는 금액이 첫해에 $100, 두 번째 해에는 $110 증가한다는 사실도 주목할 필요가 있다. 연도 2에는 원금 $1,000에 이자를 받고, 연도 1에 받은 $100 달러의 이자에 대한 이자를 얻는다. "이자에 대한 이자"를 얻는 효과는 **복리**(compound interest)라고 한다.

현금흐름을 3년 후로 이동하면 미래가치는 얼마나 될까? 우리는 동일한 접근 방식을 계속 사용하면서, 현금흐름을 세 번 복리계산한다. 경쟁시장 연간 이자율이 10%로 고정되어 있다고 가정하면, 우리는 다음과 같은 결과를 얻는다.

$$\$1,000 \times (1.10) \times (1.10) \times (1.10) = \$1,000 \times (1.10)^3 = \$1,331$$

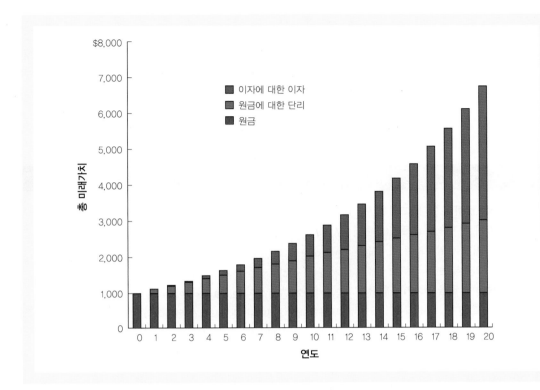

그림 4.1

시간에 따른 이자 구성의 변화

이 막대 그래프는 투자자가 원금 $1,000(빨간색)를 연 10%의 이자를 지급하는 계좌에 20년 동안 예치하였을 경우 계좌의 잔고와 이자의 구성이 시간에 따라 어떻게 변하는지를 보여준다. 이자에 대한 이자(초록색)가 계속 증가하여 15년 후가 되면 원금에 대한 **단리**(simple interest, 연두색)를 초과한다. 20년 후가 되면 원금 $1,000에 대한 이자는 $2,000이지만, 이자에 대한 이자는 $3,727.50가 된다.

이를 일반화시키면 다음과 같이 표현할 수 있다. 현금흐름 C를 미래로 n 기간으로 이동시키려면, 우리는 이 현금흐름에 이자율 요소를 n번 곱함으로써 복리계산한다. 연간 이자율 r이 일정하다면 아래와 같이 표현할 수 있다.

현금흐름의 미래 가치

$$FV_n = C \times \underbrace{(1 + r) \times (1 + r) \times \cdots \times (1 + r)}_{n번} = C \times (1 + r)^n \qquad (4.1)$$

그림 4.1은 시간이 지날수록 계좌 잔고 증가에서 "이자에 대한 이자"를 얻는 것이 중요하다는 것을 예시한다. 복리계산의 결과로 인한 이러한 성장의 유형을 기하급수적 또는 지수적 성장이라고 한다. 예제 4.2에서 볼 수 있듯이 장기간에 걸친 복리 효과는 매우 극적일 수 있다.

| 복리계산의 효과 | 예제 4.2 |

문제

당신이 매년 10%의 이자를 지급하는 계좌에 $1,000를 투자한다고 가정하자. 이 계좌의 잔고가 7년 후, 20년 후, 75년에 각각 얼마가 될까?

풀이

당신은 식 (4.1)을 이용하여 각 경우에 대한 미래가치를 계산할 수 있다.

$$7년\ 후 : \$1,000 \times (1.10)^7 = \$1,948.72$$
$$20년\ 후 : \$1,000 \times (1.10)^{20} = \$6,727.50$$
$$75년\ 후 : \$1,000 \times (1.10)^{75} = \$1,271,895.37$$

연간 이자율이 10%라면 7년 후에 당신의 돈이 거의 2배가 될 것이다. 20년 후 당신의 돈은 거의 20배가 되고, 75년 후에 당신은 백만장자가 될 것이다!

72의 법칙

복리의 효과를 실감할 수 있는 또 다른 방법이 있다. 그것은 서로 다른 이자율이 주어졌을 때, 각각의 이자율에 대해 당신이 투자한 원금이 2배가 되는 데 걸리는 기간을 알아보는 것이다. 주어진 시장 이자율 r에 투자한 $\$1$이 $\$2$가 되는 데 걸리는 기간을 알기 위해서는 아래 등식을 만족하는 n의 값을 구하여야 한다.

$$FV_n = \$1 \times (1+r)^n = \$2$$

위 등식을 만족하는 n의 값을 여러 이자율에 대하여 구해보면, n의 근삿값과 복리 이자율 사이에 아래와 같은 법칙이 있음을 발견할 수 있을 것이다.

$$2배가\ 되는\ 데\ 걸리는\ 기간 \approx 72 \div 이자율(\%)$$

이 법칙은 72의 법칙이라 불리며, 이 법칙을 이용하면 이자율이 2% 이상일 때 2배가 되는 데 걸리는 기간을 비교적 정확히 계산할 수 있다. 예를 들어 이자율이 9%이면 2배가 되는 데 걸리는 기간의 근삿값은 $72 \div 9 = 8$년이다. 따라서 이자율이 9%이면 투자금액이 8년마다 대략 2배가 된다고 할 수 있다. 하지만 8년 후에 투자금액의 몇 배가 되는지를 구해보면 $(1.09)^8 = 1.99$배가 되므로, 72의 법칙을 이용하여 구한 값이 근삿값임을 알 수 있다.[2]

규칙 3 : 현금흐름을 과거로 이동하기

세 번째 규칙은 현금흐름을 과거로 이동시키는 규칙이다. 가령 당신이 1년 후에 받을 것으로 기대하는 $\$1,000$의 현재가치를 구하고자 한다고 하자. 현재 연간 시장 이자율이 10%이면, 1년 후 달러로 표시된 금액과 동일한 가치를 갖는 오늘의 달러 금액을 다음과 같이 계산한다.

$$(1년\ 후\ \$1,000) \div (1년\ 후\ \$1.10 / 오늘\ \$) = 오늘\ \$909.09$$

즉, 현금흐름을 시간선에서 한 칸 왼쪽으로 보내기 위해서는 이 현금흐름을 이자율 요소, $(1+r)$로 한 번 나누어 주면 된다. 이처럼 미래의 현금흐름을 동일한 가치를 갖는 현재의 현금흐름으로 환산해주는 행위를 **할인**(discounting)이라고 한다. 세 번째 규칙은 "미래에 발생하는 현금흐름을 현재가치로 환산하기 위해서는 할인을 해야 한다."이다.

이제 당신이 1년 후가 아닌 2년 후에 $\$1,000$를 받을 것으로 예상한다고 가정하자. 만약 연간 이자율이 10%라면, 다음과 같은 시간선을 작성할 수 있다.

---

[2]   정확히 2배가 되는 데 걸리는 시간을 계산하는 방법에 대한 설명이 이 장의 부록에 제시되어 있다.

연간 이자율이 10%일 때 날짜 0의 $826.45, 날짜 1의 $909.09, 날짜 2의 $1,000는 비록 발생 시점이 다르지만 모두 동일한 가치를 갖는다. 시간선에서 화살표가 왼쪽을 향하는 것은 값이 과거로 이동 또는 할인됨을 의미한다. 과거로 이동시킬수록 값이 더 줄어드는 것을 주목할 필요가 있다.

위 시간선에서 더 먼 미래에 발생하는 현금흐름일수록 더 많은 할인이 이루어져서 더 작은 현재가치를 갖게 된다는 것을 알 수 있다. $826.45는 날짜 2 $1,000의 날짜 0(현재) 가치이다. 현재가치는 미래의 현금흐름을 만들기 위하여 오늘 투자해야 하는 금액이라는 제3장에서 언급된 내용을 상기하자. 만약 오늘 $826.45를 10%의 연간 이자율로 2년 동안 투자한다면, 시간 이동의 두 번째 규칙을 활용하여 $1,000의 날짜 2(미래) 가치를 갖게 된다.

이번에는 당신이 3년 후 $1,000를 받을 것으로 예상하고, 이 금액의 현재가치를 구하고자 한다고 가정하자. 연간 이자율이 10%이면 다음과 같은 시간선을 그릴 수 있다.

3년 후 $1,000의 현재가치는 이 금액을 10%의 연간 이자율을 사용하여 3번 할인함으로써, 즉 이자율 요소로 3번 나누어 줌으로써 구해진다.

$$\$1,000 \div (1.10) \div (1.10) \div (1.10) = \$1,000 \div (1.10)^3 = \$751.31$$

이를 일반화시키면 다음과 같이 표현할 수 있다. 연간 이자율이 r로 일정하게 유지된다고 가정하면, n년 후 현금흐름 C의 현재가치는 현금흐름 C를 n번 할인함으로써, 즉 현금흐름 C를 이자율 요소로 n번 나누어 줌으로써 구해진다.

현금흐름의 미래가치

$$PV = C \div (1 + r)^n = \frac{C}{(1 + r)^n} \tag{4.2}$$

미래 단일 현금흐름의 현재가치   **예제 4.3**

문제

당신이 10년 후에 $15,000를 지급하는 채권에 투자한다고 가정하자. 만약 연간 이자율이 6%에 고정되어 있다고 하면, 이 채권의 현재가치는 얼마인가?

풀이

이 채권의 현금흐름을 시간선에 다음과 같이 나타낸다.

이 채권은 10년 후에 $15,000의 가치를 갖는다. 따라서 이 채권의 오늘 가치를 결정하기 위해 10년 후 $15,000의 현재가치를 구한다.

$$PV = \frac{15,000}{1.06^{10}} = 오늘\ \$8,375.92$$

채권의 만기시점 수익을 현재가치로 환산하면, 현재가치가 만기시점 수익보다 훨씬 더 적다. 이는 화폐의 시간가치 때문이다.

시간 이동의 규칙 적용하기

현금흐름의 미래가치를 구하기 위해서 제3장의 식 (3.1)을 사용하여 복리계산을 해야 한다. 우리는 이러한 규칙들을 사용하여 서로 다른 시점에 발생하는 현금흐름들을 비교하거나 결합할 수 있다. 예를 들어 당신이 오늘(0기) $1,000를 예금하고, 앞으로 2년간 매년(1기와 2기) 말에 각각 $1,000를 예금한다고 가정하자. 연간 이자율이 10%라고 가정하고, 오늘부터 3년 후(3기)에 당신의 은행계좌에 들어 있는 금액의 가치를 계산해보자.

우리는 이 문제에 대한 접근 역시 시간선을 가지고 시작해야 한다.

시간선은 0기부터 2기에 걸쳐 당신이 하고자 하는 3번의 예금을 보여준다. 이 예금들의 3기 시점 가치를 계산하는데, 현금흐름 가치평가 규칙들이 다음 두 가지 방식으로 적용될 수 있다.

첫 번째 방식은 다음과 같다. 0기의 예금을 1기의 가치로 환산한 후, 이를 1기의 예금과 합산하여 1기에 은행계좌에 들어 있는 금액($2,100)을 구한다.

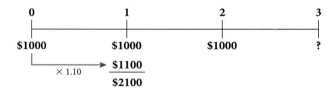

그리고 다시 1기에 은행계좌에 들어 있는 금액을 2기의 가치로 환산한 후, 이를 2기의 예금과 합산하여 2기에 은행계좌에 들어 있는 금액($3,310)을 구한다. 마지막으로 2기 은행계좌에 들어 있는 금액을 3기의 가치로 환산한 값으로 3기의 은행계좌에 들어 있는 금액($3,641)을 구한다.

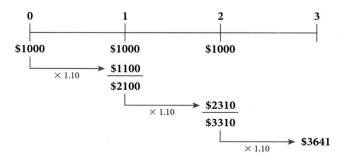

표 4.1		시간 이동의 세 가지 규칙
규칙 1	같은 시점의 가치만이 비교되거나 결합될 수 있다.	
규칙 2	현재 현금흐름의 미래가치를 계산하기 위하여 복리계산을 해야 한다.	현금흐름의 미래가치 $FV_n = C \times (1+r)^n$
규칙 3	미래 현금흐름의 현재가치를 구하기 위하여 할인을 해야 한다.	현금흐름의 현재가치 $PV = C \div (1+r)^n + \dfrac{C}{(1+r)^n}$

두 번째 방식은 다음과 같다. 0기부터 2기까지의 예금을 각각 3기 시점의 가치로 환산한다(1기 : $1,331, 2기 : $1,210, 3기 : $1,100). 그리고 이를 모두 합산한 값으로 3기에 은행계좌에 들어 있는 금액($3,641)을 구한다.

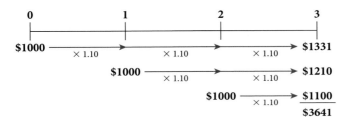

두 가지 방식 모두 $3,641라는 동일한 계산결과를 가져온다. 현금흐름의 가치평가 규칙들을 따르는 한, 이 법칙들을 적용하는 순서에 상관없이 우리는 동일한 계산 결과에 도달함을 알 수 있다. 표 4.1은 시간 이동의 세 가지 규칙과 관련 공식을 요약한 것이다.

미래가치의 계산   **예제 4.4**

문제

앞에서 고려했던 저축 계획으로 다시 돌아가 보자. 당신은 오늘 그리고 앞으로 2년 동안 매년 $1,000를 예금하고자 한다. 은행이 제시하는 연간 이자율이 10%로 고정되어 있다면, 오늘부터 3년 후에 당신의 은행계좌에 들어 있는 금액은 얼마일까?

풀이

앞서 사용했던 방법과 다른 방식으로 이 문제를 풀이해보자. 먼저 현금흐름들의 현재가치를 계산한다. 여러 기간에 발생하는 현금흐름의 현재가치를 구하는 방식에는 여러 가지가 있다. 그중 여기서는 각 현금흐름의 현재가치를 구한 다음, 이들을 합산하는 방식을 사용한다.

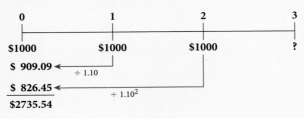

오늘 $2,735.54를 저축하는 것은 3년 동안 매년 $1,000를 저축하는 것과 동등하다. 이제 $2,735.54의 3년 후 미래가치를 계산해보자.

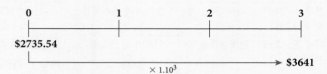

계산된 값은 $3,641로 앞의 계산에서 발견했던 값과 정확히 일치한다. 이는 현금흐름 가치평가 규칙들을 적용하는 한 우리는 항상 올바른 답에 도달하게 됨을 의미한다.

1. 여러 기간에 걸쳐 발생하는 현금흐름은 어떻게 비교하거나 결합할 수 있는가?
2. 복리는 무엇인가?
3. 현금흐름을 과거로 또는 현재로 어떻게 이동하는가?

4.3 여러 기간 현금흐름의 가치평가

대부분의 투자 기회는 서로 다른 시점에서 발생하는 복수의 현금흐름을 가지고 있다. 4.2절에서 우리는 이러한 현금흐름들의 가치를 평가하는 데 시간 이동의 규칙을 적용했다. 이제 우리는 여러 기간 현금의 가치평가를 위한 일반적인 공식을 도출함으로써 이 접근법을 공식화하고자 한다.

0기에 C_0, 1기에 C_1, $\cdots$, N기에 C_N이 각각 발생하는 여러 기간 현금흐름이 있다고 가정하자. 이 현금흐름은 시간선에 다음과 같이 나타낼 수 있다.

현금흐름 가치평가의 규칙들을 이용하여, 우리는 이러한 현금흐름의 현재가치를 다음 2단계로 구할 수 있다. 첫째, 각 기의 현금흐름의 현재가치를 구한다. 둘째, 모든 현금흐름이 오늘의 달러라는 동일한 단위로 전환되었으므로 이들을 합산한다.

연간 이자율이 r로 주어졌을 때, 이러한 과정들을 시간선에 나타내면 다음과 같다.

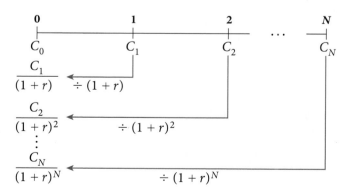

이 시간선은 여러 기간 현금흐름의 현재가치를 구하는 일반적인 공식을 제공한다.

$$PV = C_0 + \frac{C_1}{(1+r)} + \frac{C_2}{(1+r)^2} + \cdots + \frac{C_N}{(1+r)^N} \tag{4.3}$$

우리는 합산 기호를 이용하여 이 공식을 다음과 같이 나타낼 수도 있다.

여러 기간 현금흐름의 현재가치

$$PV = \sum_{n=0}^{N} PV(C_n) = \sum_{n=0}^{N} \frac{C_n}{(1+r)^n} \tag{4.4}$$

합산 기호, Σ는 0부터 N까지의 각 날짜에 해당되는 개별 요소들의 합산을 의미한다. $(1+r)^0 = 1$이므로, 식 (4.4)는 식 (4.3)과 정확하게 일치한다. 즉, 여러 기간 현금흐름의 현재가치는 각 기간에 발생하는 현금흐름 현재가치의 합계이다. 제3장에서 현재가치를 미래의 단일 현금흐름을 창출하기 위하여 현재 투자해야 하는 금액이라고 정의했다. 이 정의는 여러 기간에 발생하는 현금흐름에도 적용된다. 여러 기간 현금흐름의 현재가치는 미래에 $C_0, C_1, \cdots, C_N$의 연속적인 현금흐름을 창출하기 위하여 오늘 투자해야 하는 금액이다. 즉, 이러한 연속적인 현금흐름을 받는 것과 오늘 은행에 예치되어 있는 금액이 가치 면에서 동등하다고 할 수 있다.

여러 기간 현금흐름의 현재가치   **예제 4.5**

문제

당신은 방금 대학을 졸업했고, 새 차를 살 돈이 필요하다. 헨리 삼촌은 당신이 4년 후에 갚기만 한다면, 당신에게 돈을 빌려주려고 한다. 당신은 삼촌이 저축계좌에 예금할 때 얻을 수 있는 이자율로 이자를 지급하기로 삼촌에게 제시했다. 소득과 생활비를 고려할 때, 당신 생각에는 첫해 그에게 $5,000를 지급할 수 있고, 그다음 3년간은 $8,000를 지급할 수 있을 것 같다. 만약 삼촌이 당신에게 돈을 빌려주지 않고 저축계좌에서 예금하면, 연 6%의 이자를 받을 수 있다고 한다. 당신이 삼촌에게 빌릴 수 있는 금액은 얼마인가?

풀이

당신이 헨리 삼촌에게 주기로 약속한 현금흐름은 다음과 같다.

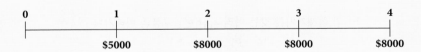

삼촌은 당신이 약속한 이러한 일련의 현금흐름에 대한 대가로 현재 당신에게 얼마의 금액을 주어야 하는가? 삼촌은 이러한 현금흐름들의 현재가치에 해당되는 금액을 줄 것이다. 이 금액은 삼촌이 저축계좌에 예금하여 4년 후에 창출할 수 있는 현금흐름과 동일한 금액으로 다음과 같이 계산된다.

$$PV = \frac{5000}{1.06} + \frac{8000}{1.06^2} + \frac{8000}{1.06^3} + \frac{8000}{1.06^4}$$

$$= 4716.98 + 7119.97 + 6716.95 + 6336.75$$

$$= 24{,}890.65$$

헨리 삼촌은 당신이 지급하기로 약속한 금액에 대한 대가로 $24,890.65를 빌려줄 것이다. 이 금액은 화폐의 시간가치로 인해 당신이 지급하는 금액의 합계인 $29,000(= $5,000 + $8,000 + $8,000 + $8,000)보다 작다.

이 답이 맞는지를 확인하기 위해 그가 $24,890.65를 은행에 연간 이자율 6%로 예금하였을 때, 4년 후 은행잔고를 구해보자.

$$FV = \$24,890.65 \times (1.06)^4 = \$31,423.87 \,(4년\ 후)$$

이제는 헨리 삼촌이 당신에게 돈을 빌려주고, 당신은 삼촌에게 갚을 돈을 4년 동안 매년 그의 은행계좌에 예금한다고 가정하자. 4년 후에 그의 은행계좌의 잔고는 얼마가 될까?

이에 대한 답을 얻으려면 매년 예금하는 금액들의 4년 후 미래가치를 구해야 한다. 이를 위한 한 가지 방법은 매년 은행잔고를 계산하는 것이다.

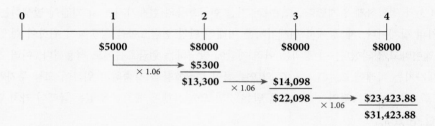

우리는 앞에서 구한 4년 후 은행잔고와 동일한 계산결과를 얻는다(반올림 때문에 1센트의 차이가 발생한다).

예제 4.5의 마지막 부분은 여러 기간 현금흐름의 미래가치를 구하는 것이 다음 두 가지 방식에 의해 가능함을 보여준다.

첫 번째 방식은 전체 현금흐름의 현재가치를 직접 구한 후, 이를 복리계산하여 전체 현금흐름의 미래가치를 구하는 방식이다(예제 4.5의 두 번째 방식). 두 번째 방식은 각 기간 현금흐름의 미래가치를 개별적으로 구한 후, 이들을 더함으로써 전체 현금흐름의 미래가치를 구하는 방식이 다(예제 4.5의 첫 번째 방식). 두 가지 방식 모두 시간 이동의 규칙을 준수하기 때문에 우리는 두 방식에 대해 동일한 계산 결과를 얻는다. 이 원칙이 보다 일반적으로 적용되어 여러 기간 현금흐름 현재가치의 n년 후 미래가치는 다음 공식으로 표현될 수 있다.

PV의 현재가치를 갖는 여러 기간 현금흐름의 미래가치

$$FV_n = PV \times (1 + r)^n \tag{4.5}$$

개념 확인

1. 여러 기간에 걸쳐 발생하는 현금흐름의 현재가치는 어떻게 계산하는가?
2. 여러 기간에 걸쳐 발생하는 현금흐름의 미래가치는 어떻게 계산하는가?

4.4 순현재가치의 계산

이제는 시간 이동의 규칙을 수립하고 현재가치와 미래가치를 계산하는 방법을 알게 되었으므로 프로젝트의 비용과 편익을 비교하여 장기투자 의사결정을 평가하는 주요 목표를 다룰 준비가 되었다. 시간 이

동의 첫 번째 규칙은 현금흐름을 비교하기 위해서 각 현금흐름을 동일한 시점의 가치로 평가해야 한다는 것이다. 현재가치를 사용하는 것이 더 편리하다. 특히 투자 의사결정의 **순현재가치**(net present value, NPV)를 다음과 같이 정의한다.

$$NPV = PV(편익) - PV(비용) \tag{4.6}$$

이러한 맥락에서 편익은 현금유입이고 비용은 현금유출이다. 우리는 어떠한 투자 의사결정도 시간선에서 여러 기간 현금흐름으로 나타낼 수 있다. 시간선에서 현금유출(투자)이 음(−)의 현금흐름이고, 유입이 양(+)의 현금흐름이다. 따라서 투자 기회의 NPV는 이 투자 기회의 여러 기간 현금흐름의 현재가치이기도 한다.

$$NPV = PV(편익) - PV(비용) = PV(편익 - 비용)$$

투자 기회의 순현재가치   예제 4.6

문제

당신은 다음과 같은 투자 기회를 제공받았다. 당신이 오늘 $1,000를 투자하면, 향후 3년 동안 각각 $500를 받게 된다. 당신이 여기에 투자하지 않는다면, 연간 10%의 수익을 얻는 곳에 투자할 수 있다. 당신은 여기에 투자해야 하는가?

풀이

우리는 항상 그랬던 것처럼 시간선에서 시작한다. 우리는 선불 투자의 경우 지불해야 하는 돈이므로 음(−)의 현금흐름으로 나타낸다. 그리고 지급받는 돈은 양(+)의 현금흐름으로 나타낸다.

우리는 이 투자 기회를 받아들여야 하는지를 결정하기 위해, 여러 기간 현금흐름의 현재가치를 계산함으로써 다음과 같이 NPV를 구할 수 있다.

$$NPV = -1000 + \frac{500}{1.10} + \frac{500}{1.10^2} + \frac{500}{1.10^3} = \$243.43$$

NPV가 양수이므로 편익이 비용을 초과한다. 따라서 이 투자를 해야 한다. 실제로 NPV는 이 투자 기회를 잡는 것이 당신이 오늘 지출할 수 있는 $243.43의 추가적인 금액을 받는 것과 같다는 것을 우리에게 알려준다. 예를 들어 오늘 당신이 이 투자 기회에 투자하기 위해 $1,000를 빌리고, 추가적인 지출을 위해 $243.43를 빌린다고 가정해보자. $1243.43의 대출에 대해 당신이 3년 후에 갚아야 하는 금액은 얼마인가? 연간 이자율이 10%일 때, 당신이 갚아야 하는 금액은 아래와 같다.

$$FV = (\$1,000 + \$243.43) \times (1.10)3 = \$1,655(3년 후)$$

동시에 투자 기회는 현금흐름을 창출한다. 이 현금흐름을 은행계좌에 모두 넣으면, 당신이 지금부터 3년 후까지 얼마를 저축할 수 있을까? 이 저축의 미래가치는 아래와 같다.

$$FV = (\$500 \times 1.10^2) + (\$500 \times 1.10) + \$500 = \$1,655(3년 후)$$

보다시피 은행 저축을 대출금 상환에 사용할 수 있다. 따라서 이 투자 기회를 이용하면 추가적인 비용 없이 $243.43를 쓸 수 있다.

원칙적으로 우리는 이 장의 서두에 제기된 다음 질문에 답하는 방법을 설명했다. 재무관리자는 쉐비 볼트와 같은 다년간 프로젝트를 채택할 때 어떻게 현금흐름을 평가해야 할까? 우리는 여러 기간 현금흐름이 발생하는 쉐비 볼트와 같은 투자 기회의 NPV를 계산하는 방법을 살펴보았다. 실제로 현금흐름의 수가 4~5개를 초과하면, 우리는 이러한 계산 과정을 지루하게 느낄 수 있다. 다행히도 많은 특수한 경우에는 각각의 현금흐름을 별도로 처리할 필요가 없다. 우리는 특수한 경우의 현금흐름에 대한 간편 계산법을 4.5절에서 유도한다.

엑셀 사용하기	**현재가치 계산**

현재가치 계산

현재가치 및 미래가치의 계산을 재무계산기로 할 수 있다. 하지만 스프레드시트 프로그램을 사용하여 계산하는 것이 더 편리하다. 예를 들어 다음 스프레드시트는 예제 4.6의 NPV를 계산한다.

	A	B	C	D	E
1	할인율	10.0%			
2	기간	0	1	2	3
3	현금흐름 C_t	(1,000.0)	500.0	500.0	500.0
4	할인요소	1.000	0.909	0.826	0.751
5	PV(C_t)	(1,000.0)	454.5	413.2	375.7
6	NPV	**243.43**			

1~3행은 이 문제의 주요 데이터인 할인율 및 현금흐름의 발생시기 및 크기를 제공한다(입력 데이터를 나타낼 때는 파란색 글꼴을 사용하고 고정 또는 계산된 셀의 경우에는 검은색을 사용함). 4행은 n년도에 받은 1달러의 현재가치인 할인요소, 즉 $1/(1+r)^n$을 계산한다. 우리는 각 현금흐름에 할인요소를 곱하여 5행에 표시된 현재가치로 전환한다. 마지막으로 6행은 모든 현금흐름의 현재가치 합계, 즉 NPV를 표시한다. 4~6행의 수식은 다음과 같다.

	A	B	C	D	E
4	할인율	=1/(1+$B$1)^B2	=1/(1+$B$1)^C2	=1/(1+$B$1)^D2	=1/(1+$B$1)^E2
5	PV(C_t)	=B3*B4	=C3*C4	=D3*D4	=E3*E4
6	NPV	**=SUM(B5:E5)**			

우리는 한 개의 (긴) 공식을 사용하여 전체 현금흐름의 NPV를 한 단계로 계산하고자 하는 유혹에 빠질 수 있다. 이러한 유혹을 피하고 단계별로 NPV를 계산하는 것이 더 바람직하다. 이렇게 함으로써 오류 점검이 더 쉬워지고, 전체 현금흐름의 NPV에 대한 각 현금흐름의 기여도가 명확해진다.

엑셀의 NPV 함수

엑셀에는 NPV 함수가 내장되어 있다. 이 함수의 형식은 NPV(rate, value1, value2, …)이며, "rate"는 현금흐름을 할인하는 데 사용되는 기간당 이자율이고 "value1", "value2" 등은 현금흐름(또는 현금흐름의 범위)이다. 그러나 불행히도 NPV 함수는 첫 번째 현금흐름이 날짜 1에서 발생한다고 가정할 때 현금흐름의 현재가치를 계산한다. 따라서 프로젝트의 첫 번째 현금흐름이 날짜 0에서 발생하면 별도로 추가해야 한다. 예를 들어 위의 스프레드시트에서 표시된 현금흐름의 NPV를 계산하려면 다음 수식이 필요하다.

$$= B3 + NPV (B1, C3:E3)$$

NPV 함수의 또 다른 함정은 공백으로 남겨진 현금흐름이 0의 현금흐름으로 처리되지 않는다는 것이다. 만약 현금흐름을 비워 두게 되면, 현금흐름 및 기간이 모두 없는 것으로 간주된다. 예를 들어 기간 2의 현금흐름이 삭제된 아래의 예를 고려해보자.

	A	B	C	D	E
1	할인율	10.0%			
2	기간	0	1	2	3
3	현금흐름 C_t	(1,000.0)	500.0		500.0
4	할인요소	1.000	0.909	0.826	0.751
5	PV(C_t)	(1,000.0)	454.5	-	375.7
6	NPV	**(169.80)**	=SUM(B5:E5)		
7	NPV 함수	(132.23)	=B3+NPV(B1,C3:E3)		

올바른 계산 방법이 6행에 제시되어 있다. 반면 7행에 사용된 NPV 함수는 기간 3의 현금흐름을 기간 2의 현금흐름으로 처리하는데, 이러한 계산은 본래 의도한 바와 다르고 부정확한 것이다.

개념 확인

1. 여러 기간 현금흐름에 대한 순현재가치를 어떻게 계산하는가?
2. 어떤 기업이 양(+)의 NPV를 갖는 프로젝트를 채택할 때 이 기업이 얻게 되는 편익은 무엇인가?

4.5 영구연금과 연금

앞서 소개한 공식을 이용하면 어떠한 경우에도 여러 기간에 발생하는 현금흐름의 현재가치와 미래가치를 구할 수 있다. 이 절에서는 영구연금(perpetuity)과 연금(annuity)이라는 규칙성을 갖는 여러 기간 현금흐름을 알아보고, 이들의 가치평가를 간편하게 할 수 하는 방법을 학습한다. 영구연금과 연금의 가치평가가 간편하게 이루어질 수 있는 이유는 이 현금흐름들이 가지고 있는 규칙성 때문이다.

영구연금

영구연금(perpetuity)은 매 기간 일정한 금액이 무한 시점까지 반복적으로 발생하는 현금흐름이다. 영구연금의 예로 영국 정부가 발행한 **영구채권**(consol 또는 perpetual bond)을 들 수 있다. 이 채권은 소유자에게 매년 고정된 현금흐름을 영원히 지급하는 채권이다.

영구연금의 현금흐름을 시간선에 나타내면 다음과 같다.

첫 현금흐름이 당장(날짜 0에) 발생하지 않고 첫 번째 기의 말(날짜 1에) 발생함을 주목해야 한다. **지체 지불**(payment in arrears)이라는 현금흐름 발생 시점에 대한 이러한 가정은 대출 원리금 계산(loan payment calculation)에 있어서 표준적인 관행으로 사용되고 있다. 따라서 우리는 이 책 전반에서 지체 지불을 채택한다.

여러 기간에 발생하는 현금흐름 현재가치 공식을 영구연금에 적용하면, 영구연금의 현재가치는 다음과 같이 나타낼 수 있다.

$$PV = \frac{C}{(1+r)} + \frac{C}{(1+r)^2} + \frac{C}{(1+r)^3} + \cdots = \sum_{n=1}^{\infty} \frac{C}{(1+r)^n}$$

영구연금의 현재가치 공식에서 다음 두 가지 사항을 주목할 필요가 있다. 첫째 영구연금은 매 기간 발생하는 현금흐름이 일정하여 $C_n = C$이고, 첫 현금흐름의 발생 시점이 1기의 말이라 날짜 0의 현금흐름이 0, $C_0 = 0$이다.

영구연금의 현재가치를 구하기 위해서는 무한 시점까지 각 시점에 발생하는 현금흐름의 현재가치를 구한 후 이를 모두 합산해주어야 한다. 어떤 이들은 양(+)의 값을 갖는 무한한 수들의 합이 어떻게 유한한 값을 갖는지에 대해 의문을 품을 수 있다. 하지만 양(+)의 값을 갖는 무한한 수들을 합산한 값인 영구연금의 현재가치는 유한한 값을 갖는다. 그 이유는 보다 먼 미래에 발생하는 현금흐름일수록 더 많은 횟수의 할인이 이루어져서, 결국 전체 합산된 금액에 기여하는 정도가 미약해지기 때문이다.[3]

영구연금의 현재가치를 구하는 손쉬운 방법을 찾기 위해, 우리는 영구연금의 현금흐름을 만들어서 영구연금의 현재가치를 계산한다. 현금흐름의 가치평가 원칙에 의하면 어떤 영구연금의 가치는 그 영구연금을 만드는 데 소요되는 비용과 같아야 한다. 이를테면 당신이 연 5%의 이자를 지급하는 은행계좌에 영구히 매년 $100씩을 예금한다고 가정하자. 오늘(0기) 은행에 $100를 예금하면, 1년 후(1기)에 은행계좌에 $105(원금 $100 + 이자 $5)가 있게 된다. 1기에 발생한 이자 $5를 인출하고 원금 $100를 1년간 재투자한다. 2기에도 발생한 이자 $5를 인출하고 $100의 원금을 1년간 재투자한다. 이렇게 매년 발생한 이자를

영구연금의 역사적인 예

기업은 종종 영구채라고 부르는 채권을 발행하지만, 이 채권은 실제로 영구채가 아니다. 예를 들어 2010년 중반 유럽 최대 은행인 HSBC는 $3.4 십억 달러의 "영구"채권을 투자자에게 판매했다. 이 채권은 만기일이 없이 매년 고정된 금액을 지급할 것을 약속한다. 그러나 이 채권은 확정된 만기일이 없지만, HSBC가 5년 반 후에 이 채권을 상환할 권리를 가지고 있다. 따라서 채권의 지불은 영원히 지속되지 않을 수 있다.

영구채권은 채권 역사상 초기에 발행된 채권 중의 하나였다. 아직까지 이자를 지급하는 영구채권 중 가장 오래된 채권은 17세기에 지역 수로의 관리 책임을 맡고 있었던 네덜란드수자원관리위원회인 "Hoogheemraadschap Lekdijk Bovendams"에 의해 발행되었다. 그중 가장 오래된 영구채권은 1624년부터 발행되었다. 예일대학교의 윌리엄 고에츠만, 게르트 로웬호스트 두 교수는 아직도 이 채권들이 이자를 지급하고 있음을 직접 확인해주

었다. 예일대학교는 2003년 7월 1일 이 채권들 중 하나를 매입하고, 26년간의 밀린 이자를 지급받았다고 한다. 예일대학교가 구입한 채권은 1648년 발행되었으며, 처음에는 카롤루스 길더(Carolus guilder)로 이자를 지급했다. 이어 355년 동안 이자지급 통화가 플랑드르 파운드, 네덜란드 길더, 유로로 바뀌어 왔다. 최근 이 채권은 연 11.34 유로의 이자를 지급했다.

비록 네덜란드 채권이 현존하는 가장 오래된 영구채권이지만, 최초의 영구채권의 발행 시점은 17세기보다 훨씬 더 이전으로 거슬러 간다. 영구연금과 연금의 형태를 취했던 "cencus agreements and rentes"라는 채권이 12세기에 이탈리아, 프랑스, 스페인에서 발행되었다. 이 채권들은 원래 가톨릭 교회의 고리금지법을 회피하기 위한 목적으로 발행되었다. 왜냐하면 가톨릭 교회의 관점에서는 원금의 상환을 요구하지 않는 이 채권들이 대출로 간주되지 않았기 때문이다.

---

3   수학적 용어로 이것은 기하학 시리즈다. 따라서 $r > 0$이면, 이것은 일정한 값으로 수렴한다.

인출하고 원금 $100를 1년간 재투자함으로써 매년 $5의 일정한 현금흐름이 발생하는 영구연금의 현금흐름을 창출할 수 있다.

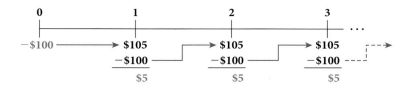

당신은 오늘 $100를 은행에 예금함으로써 매년 $5를 지급하는 영구연금 형태의 현금흐름을 만들 수 있다. 우리는 초기 투자비용인 $100를 가지고 은행을 이용하면 매년 $5를 지급하는 영구연금이 자동적으로 창출됨을 알 수 있다. 따라서 이 영구연금의 현재가치는 이 영구연금이 자동적으로 만들어지는 데 소요된 비용(do-it-yourself cost)인 $100와 같아야 한다.

이제 이러한 논의를 일반화시켜 보자. 연간 이자율이 r%인 은행계좌에 원금 P를 예금한다고 가정하자. 매년 원금 P는 은행계좌에 남겨두고, 발생한 이자인 $C = r \times P$를 인출할 수 있다. C라는 일정한 금액을 매년 지급하는 영구연금을 만드는 데 드는 유일한 비용은 초기 투자비용인 원금 P이다. $C = r \times P$를 P에 대해 정리하면 $P = C/r$가 된다. 따라서 영구연금의 현재가치는 초기 투자비용인 원금 P와 같아야 하므로 다음과 같이 나타낼 수 있다.

영구연금의 현재가치

$$PV(\text{영구히 } C \text{를 지급하는 영구연금}) = \frac{C}{r} \qquad (4.7)$$

다르게 표현하면 오늘 C/r의 금액을 은행에 예금함으로써 매년 $C/r \times r = C$를 영원히 인출할 수 있다. 우리는 어떤 현금흐름의 현재가치를 구하려면, 그 현금흐름이 자동적으로 창출되기 위해 소요되는 비용을 계산하면 된다. 무한 시점까지 합산하는 것보다 영구연금의 가치를 평가하는 단순하고 빠른 방법이므로, 이 방법은 매우 유용하고 강력한 접근법이다.[4]

영구연금을 위한 기부 | 예제 4.7

문제

당신은 모교 졸업생들이 연례 MBA 졸업 파티를 개최할 수 있도록 모교에 기부를 하고자 한다. 당신은 이 파티가 기억에 남는 행사가 되기를 원하여, 연 $30,000의 예산을 무한 시점까지 책정하고 있다. 당신의 모교가 연 8%의 투자 수익을 올릴 수 있으며, 첫 졸업 파티가 오늘부터 1년 후에 개최된다고 하면, 당신은 오늘 얼마를 기부해야 하는가?

풀이

당신이 모교에 제공하고자 하는 현금흐름을 시간선에 나타내면 다음과 같다.

---

4 영구연금 현재가치 공식을 수학적으로 도출할 수 있다. 하지만 수학적인 도출 과정은 이러한 도출 방식보다 덜 직관적이다.

이 현금흐름은 영원히 매년 \$30,000를 지급하는 영구연금에 해당된다. 이 영구연금의 현재가치를 계산함으로써 당신 모교에 영구연금의 현금흐름이 발생하도록 당신이 기부해야 하는 금액을 구할 수 있다. 영구연금의 현재가치를 구하는 공식을 이용해보자.

$$PV = C/r = \$30,000/0.08 = \$375,000(\text{오늘})$$

당신이 오늘 \$375,000를 기부하고, 당신 모교가 이 금액을 연 8%의 수익률로 영원히 투자하면, 당신 모교의 MBA 학생들은 매년 \$30,000로 졸업 파티를 할 수 있을 것이다.

연금

연금(annuity)은 미래의 유한 시점까지 매 기간 일정한 금액이 반복적으로 발생하는 현금흐름이다. 연금과 영구연금의 차이는 다음과 같다. 영구연금은 현금흐름이 영구히 계속되지만, 연금은 현금흐름이 특정한 미래 시점까지만 발생한다. 자동차대출, 주택담보대출, 일부 채권 등의 현금흐름이 연금의 형태이다. 연금의 현금흐름은 시간선에 다음과 같이 나타낼 수 있다.

연금에서도 영구연금에서처럼 현금흐름이 오늘(0기)부터 한 기간 후인 1기부터 발생한다고 가정하는 관행을 따른다. N기 동안 현금흐름이 발생하는 연금의 현재가치는 다음과 같다.

$$PV = \frac{C}{(1+r)} + \frac{C}{(1+r)^2} + \frac{C}{(1+r)^3} + \cdots + \frac{C}{(1+r)^N} = \sum_{n=1}^{N} \frac{C}{(1+r)^n}$$

연금의 현재가치   연금의 현재가치를 구하는 공식을 찾기 위해 영구연금에서와 동일한 접근법을 사용한다. 즉, 연금의 현금흐름을 창출하기 위한 방법을 찾는다. 예를 들어 \$100를 연 5%의 이자를 지급하는 은행계좌에 예금한다고 가정하자. 1년 후(1기)에 은행계좌에 \$105(원금 \$100 + 이자 \$5)가 있게 된다. 영구연금의 현재가치를 구하는 식을 도출할 때와 동일한 전략이 사용된다. 이자 \$5를 인출하고 원금 \$100를 다음 기까지 1년간 재투자한다. 2년 후(2기)에도 은행계좌에 \$105(원금 \$100 + 이자 \$5)가 있게 된다. 이렇게 매년 발생한 이자 \$5를 인출하고 \$100의 원금을 1년간 재투자하는 것을 20년 후까지 반복한다. 그리고 20년 후에는 은행계좌를 폐쇄하고 원금 \$100를 되찾는다. 이 경우 현금흐름을 시간선에 다음과 같이 나타낼 수 있다.

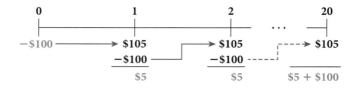

오늘 \$100의 투자는 "1년 후부터 매년 \$5를 20년간 지급하는 연금과 20년 후 \$100"라는 현금흐름을 창출한다. 가치평가 원칙의 일물일가 법칙에 따르면 "동일한 현금흐름을 창출하는 것들은 동일한 가치

일상적인 실수   너무 여러 번 할인하는 경우

영구연금의 현재가치를 구하는 공식은 첫 현금흐름이 첫 번째 기의 마지막, 즉 1기 말에 발생한다고 가정한다. 때때로 영구연금의 시작 시점이 이보다 더 늦을 수도 있다. 우리는 영구연금의 현재가치를 구하는 공식을 응용하여 이러한 영구연금의 현재가치도 구할 수 있다. 하지만 이때 흔히 할 수 있는 실수를 피하려면 우리는 신중을 기할 필요가 있다.

이에 대한 예시를 위해 예제 4.7을 변형해보자. 이 예제에서 첫 현금흐름이 오늘부터 1년 후가 아닌 2년 후에 발생한다고 가정하면, 당신이 기부해야 하는 금액은 얼마인가?

이 경우 시간선은 다음과 같다.

미래의 파티를 위해 우리가 현재 은행에 예치해야 하는 금액을 알기 위해서는 이 여러 기간 현금흐름의 현재가치를 결정해야 한다. 하지만 이 현금흐름은 1기에 현금흐름이 발생하지 않으므로 앞서 정의한 영구연금의 현금흐름과 차이가 있다. 따라서 이 현금흐름의 현재가치를 구하기 위해 식 (4.4)를 그대로 적용할 수 없다. 0기가 아닌 1기의 관점에서 보면, 1년 후부터 무한 시점까지 주기적으로 일정한 금액의 현금흐름이 발생한다. 따라서 1기의 관점에서 보면 이 현금흐름은 영구연금이므로 식 (4.4)를 적용할 수 있다. 예제 4.3의 계산 결과를 적용하면, 2기부터 무한 시점까지 졸업 파티를 위해 1기에 필요한 금액은 $375,000이다. 이를 시간선에 표현하면 다음과 같다.

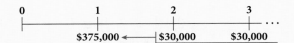

앞의 질문은 다음과 같은 단순한 질문으로 바꾸어 표현할 수 있다. "1년 후에 $375,000를 갖기 위해 오늘 얼마를 투자해야 하는가?" 이에 대한 답은 1년 후 한 시점에 발생하는 현금흐름의 현재가치를 계산함으로써 구할 수 있다.

$$PV = \$375,000/1.08 = \$347,222(오늘)$$

흔히 저지를 수 있는 실수는 첫 졸업 파티가 2기부터 시작하므로 파티를 위해 필요한 금액인 $375,000를 두 번 할인하는 것이다. 이런 실수는 영구연금, 연금, 그리고 이 장에서 다루는 모든 규칙성을 갖는 여러 기간 현금흐름에서 발생할 수 있다. 규칙성을 갖는 여러 기간 현금흐름의 현재가치를 구하는 공식은 발생하는 모든 현금흐름을 첫 현금흐름이 발생하는 시점의 한 기간 전의 가치로 환산한다는 것을 유념해야 한다.

를 가져야 한다."고 한다. 따라서 초기 투자비용 $100를 가지고 창출할 수 있는 현금흐름의 현재가치도 $100와 같아야 한다.

$$\$100 = PV(20년간 매년 \$5를 지급하는 연금) + PV(20년 후 \$100)$$

위 등식을 연금의 현재가치에 대해 정리하면 다음과 같다.

$$PV(20년간 매년 \$5를 지급하는 연금) = \$100 - PV(20년 후 \$100)$$
$$= 100 - \frac{100}{(1.05)^{20}} = \$62.31$$

따라서 20년간 매년 받는 $5의 현재가치는 $62.31이다. 직관적으로 연금의 현재가치는 은행계좌에 예치하는 원금에서 20년 후 원금의 현재가치를 뺀 값으로 계산된다.

우리는 이 아이디어를 일반적인 공식을 유도하는 데 사용할 수 있다. 첫째, 우리는 P를 은행계좌에 투자하고, 기간마다 발생하는 이자 금액인 $C = r \times P$만을 인출한다. N번째 기간이 지나면 계좌를 폐쇄한다. 따라서 P의 초기 투자에 대해 우리는 기간당 C를 지급하는 N 기간의 연금을 받게 될 것이며, 마지막 기에 원금 P를 되찾게 될 것이다. P는 두 세트 현금흐름의 총 현재가치 또는 다음과 같이 표현할 수 있다.

$$P = PV(N \text{ 기간에 매기 } C\text{를 지급하는 연금}) + PV(N \text{ 기간 후 } P)$$

위 등식의 항들을 재정렬함으로써 연금의 현재가치를 계산한다.

$$PV(N \text{ 기간에 매기 } C\text{를 지급하는 연금}) = P - PV(N \text{ 기간 후 } P)$$

$$= P - \frac{P}{(1+r)^N} = P\left(1 - \frac{1}{(1+r)^N}\right) \qquad (4.8)$$

정기적으로 지급되는 금액인 C는 매년 원금 P에 대해 발생하는 이자 금액이다. 즉 $C = r \times P$이다. 이 등식을 P에 대해 정리하면, 선불비용을 다음과 같은 C의 함수로 나타낼 수 있다.

$$P = C/r$$

식 (4.8)에서 P 대신에 이 값을 대입하면 N 기간에 매기 C를 지급하는 연금의 현재가치에 대한 공식을 얻을 수 있다.

연금의 현재가치[5]

$$PV(\text{이자율 } r\text{일 때, } N \text{ 기간에 매기 } C\text{를 지급하는 연금}) = C \times \frac{1}{r}\left(1 - \frac{1}{(1+r)^N}\right) \qquad (4.9)$$

예제 4.8	복권 당첨금의 현재가치

문제

당신은 운 좋게 $30 백만의 상금을 주는 주정부 발행복권에 당첨되었다. 당신은 상금을 받는 방식으로 (a) 매년 $1 백만씩 오늘부터 받기 시작하여 총 30회를 받는 것과 (b) 일시불로 오늘 $15 백만을 받는 것 두 가지 선택안 중에서 한 가지를 선택할 수 있다. 만약 연간 이자율이 8%라면 당신은 두 가지 중 어떤 것을 선택해야 하는가?

풀이

선택안 (a)는 $30 백만을 지급하지만 여러 해에 걸쳐 나누어서 지급한다. 이 현금흐름은 첫 번째 지불이 즉시 이루어지는 연금으로, 때로는 **선불연금**(annuity due)이라고 부른다.[6]

현금흐름이 오늘부터 시작되기 때문에 총 30회의 지급 중에서 마지막 지급이 29년 후에 이루어진다. 우리는 연금의 현재가치 공식을 사용하여 매년 $1 백만을 29년간 지급하는 연금의 현재가치를 구할 수 있다.

$$PV(29\text{년간 } \$1 \text{ 백만을 지급하는 연금}) = \$1 \text{ 백만} \times \frac{1}{.08}\left(1 - \frac{1}{1.08^{29}}\right)$$

$$= \$11.16 \text{ 백만(오늘)}$$

---

5 천문학자인 에드먼드 할리가 이 공식을 최초로 유도하였다("Of Compound Interest," published after Halley's death by Henry Sherwin, Sherwin's Mathematical Tables, London: W. and J. Mount, T. Page and Son, 1761).

6 이 책 전반에서 연금이라는 용어는 1년 후(1기 말)부터 현금흐름이 발생하는 연금을 의미한다.

전체 현금흐름의 현재가치는 이 연금의 현재가치($11.16)에 당장 받는 금액인 $1 백만을 더한 값으로 $12.16 백만이다. 이를 시간선에 나타내면 다음과 같다.

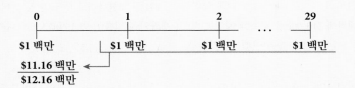

그러므로 선택안 (a)의 현재가치는 $12.16 백만에 불과하다. 따라서 총 지급금액($30 백만)의 절반에 해당하는 금액($15 백만)을 오늘 일시불로 지급하는 선택안 (b)가 선택안 (a)보다 더 가치가 있는 것으로 나타난다. 물론 이렇게 차이가 발생하는 이유는 화폐의 시간가치 때문이다. 선택안 (b)가 선택안 (a)보다 확실히 더 낫다는 것을 확인하기 위해, 당신이 오늘 $15 백만을 가지고 있다고 가정해보자. 만약 당신이 오늘 $1 백만을 쓰고 나머지 $14 백만을 연간 이자율 8%로 투자하면, 당신은 1년 후부터 무한 시점까지 $1.12 백만(= $14 백만×8%)을 영구히 받을 수 있다! 만약 당신이 오늘 $3.84 백만을 쓰고, 나머지 $11.16 백만(= $15 백만 − $3.84 백만)을 연간 이자율 8%로 투자하면, 당신 계좌의 잔고가 없어질 때까지 29년 동안 매년 $1 백만을 인출할 수 있다.

연금의 미래가치 연금의 현재가치를 구하는 공식을 도출하였으므로 이제 연금의 미래가치를 구하는 공식은 쉽게 찾을 수 있다. N년 후의 미래가치를 구하고자 한다면, 현재가치를 시간선에서 앞으로 N번 이동해주면 된다. 시간선이 보여주는 것처럼 N년 후 연금의 미래가치는 연금의 현재가치를 이자율 r를 이용하여 N번 복리계산해주면 된다.

선불연금에 대한 공식

비록 선불연금의 가치를 예제 4.8에서와 같은 방식으로 계산하는 것이 간단하지만, 실무자들은 흔히 다음과 같은 공식을 사용하여 선불연금의 현재가치를 계산한다.

$PV(N$ 기간에 C를 지급하는 선불연금$) =$

$$C \times \frac{1}{r}\left(1 - \frac{1}{(1+r)^N}\right)(1+r)$$

이 공식이 어디에서 왔는지를 이해하기 위해서 선불연금을 1년

후 정규 연금의 미래가치로 생각할 수 있다. 예를 들어 예제 4.8의 정규 연금의 현재가치를 계산해보자.

$PV(30$년 동안 매년 $1 백만을 지급하는 연금$) =$

$$\$1 \text{ 백만} \times \frac{1}{.08}\left(1 - \frac{1}{1.08^{30}}\right) = \$11.26 \text{ 백만}$$

그런 다음 1년 후 미래가치를 계산한다. $11.26 백만×1.08 = $12.16 백만. 이를 시간선에서 다음과 같이 나타낼 수 있다.

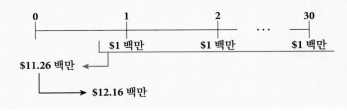

| 예제 4.9 | 은퇴저축 플랜의 연금 |

문제

35세인 엘렌은 그녀의 은퇴에 대비하기 위해 퇴직연금 계좌를 개설하기로 결심한다. 그녀는 매년 말에 그녀의 퇴직연금 계좌에 $10,000를 저축할 예정이다. 이 계좌의 수익률이 연 10%라면, 그녀가 65세가 되었을 때 퇴직연금 계좌에는 얼마가 들어 있겠는가?

풀이

항상 그랬던 것처럼 시간선을 가지고 시작한다. 이 경우 시간선에 날짜와 엘렌의 나이를 함께 표시하는 것이 도움이 된다.

엘렌의 퇴직연금 계좌는 30년 동안 매년 $10,000의 현금흐름을 갖는 연금이다. [힌트 : 날짜와 나이를 동시에 고려하지 않고, 나이만을 고려하면 혼동이 발생하기 쉽다. 흔히 하는 실수가 29회(= 65 − 36)의 현금흐름만이 존재한다고 생각하는 것이다. 시간선에 날짜와 나이를 동시에 표시하면 이런 실수를 피할 수 있다.]

엘렌이 65세가 되었을 때 퇴직연금 계좌에 얼마가 있는지를 결정하기 위하여 이 연금의 미래가치를 구해야 한다.

$$FV = \$10,000 \times \frac{1}{0.10}(1.10^{30} - 1)$$
$$= \$10,000 \times 164.49$$
$$= \$1.645 \text{ 백만(65세 시점)}$$

연금의 미래가치

$$FV(\text{연금}) = PV \times (1 + r)^N$$
$$= \frac{C}{r}\left(1 - \frac{1}{(1 + r)^N}\right) \times (1 + r)^N$$
$$= C \times \frac{1}{r}\left((1 + r)^N - 1\right) \tag{4.10}$$

이 공식은 매년 저축계좌에 일정한 금액을 예금할 경우 미래 일정시점에 이 계좌에 얼마의 금액이 들어 있는지 알고 싶어 할 때 유용하게 활용할 수 있다. 이 공식을 은퇴저축 계좌를 평가하기 위해 적용해 보자.

성장 현금흐름

지금까지 우리는 여러 기간 현금흐름 중 매년 동일한 금액이 발생하는 현금흐름만을 살펴보았다. 하지만 매년 발생하는 현금흐름이 동일하지 않고 일정한 비율로 성장할 수도 있다. 우리는 이러한 경우에도 전체 현금흐름의 현재가치에 대한 공식을 도출할 수 있다.

성장영구연금 성장영구연금(growing perpetuity)은 무한 시점까지 매 기간 현금흐름이 발생하고, 매 기간 발생하는 현금흐름이 일정한 비율로 증가하는 규칙성을 갖는 여러 기간 현금흐름이다. 예를 들어 $100의 첫 번째 지불 이후 지불 금액이 매년 3%의 비율로 영구히 성장하는 현금흐름은 성장영구연금에 해당된다. 이 성장영구연금을 시간선에 나타내면 다음과 같다.

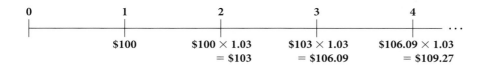

이를 일반화시켜서 첫 번째 지급액 C와 성장률 g를 갖는 성장영구연금이 다음과 같은 일련의 현금흐름을 갖는다고 표현할 수 있다.

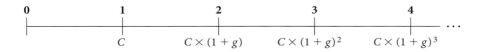

동일한 현금흐름을 갖는 영구연금처럼, 첫 번째 지불이 날짜 1에 발생한다는 관행을 채택한다. **첫 번째 지불은 성장에 포함되지 않는다는 두 번째 중요한 관행에 유의해야 한다.** 즉, 지금부터 1기간 후에 이루어지는 첫 번째 지불의 금액은 C이다. 유사하게 기간 n에서의 현금흐름은 $n-1$ 기간의 성장만을 겪는다. 앞의 시간선에서의 현금흐름을 이용하여 여러 기간 현금흐름의 현재가치를 계산하면, 성장영구연금의 현재가치에 대한 일반 공식을 도출할 수 있다.

$$PV = \frac{C}{(1+r)} + \frac{C(1+g)}{(1+r)^2} + \frac{C(1+g)^2}{(1+r)^3} + \cdots = \sum_{n=1}^{\infty} \frac{C(1+g)^{n-1}}{(1+r)^n}$$

만약 $g \geq r$이라면 현금흐름의 증가 속도가 현금흐름의 할인 속도를 능가할 것이다. 할인된 각 기간 현금흐름의 합계에서 각 기간의 값들이 줄어들지 않고 증가할 것이다. 결국 이 경우 할인된 각 기간 현금흐름의 합계가 무한한 값을 갖게 될 것이다. 현금흐름의 현재가치가 무한하다는 것은 무엇을 의미할까? 현금흐름의 현재가치는 그 현금흐름을 스스로 창출할 수 있는 비용(do-it-yourself cost of creating the cash flows)이라는 것을 기억할 것이다. 어떤 현금흐름의 현재가치가 무한하다는 것은 얼마의 금액을 가지고 시작하든지 상관없이 그 현금흐름을 창출할 수 없다는 것을 의미한다. 이와 같은 성장영구연금은 현실적으로 존재할 수 없다. 그 이유는 어느 누구도 무한한 가격으로 성장영구연금을 구입하려고 하지 않기 때문이다. 또한 영구적으로 이자율보다 빨리 성장하는 금액을 지불할 것이라는 약속이 지켜질 가능성은 현실적으로 희박하다. 따라서 실현 가능한 성장영구연금은 성장률이 이자율보다 낮은, 즉 $g < r$라고 할 수 있다.

성장영구연금의 현재가치 공식을 도출하기 위하여 앞서 영구연금의 현재가치 공식을 도출하는 데 사용했던 논리를 따르기로 한다. 즉, 성장영구연금을 창출하기 위하여 현재 은행에 예치해야 하는 금액을 구한다. 영구연금의 현재가치 공식을 도출할 때는 매년 발생한 이자를 인출하고 초기 투자금액을 재예치하면, 무한 시점까지 매 기간 일정한 금액이 발생하는 현금흐름을 창출할 수 있었다. 하지만 매년 인출하는 금액이 증가하기 위해서는 재예치하는 금액 또한 커져야 한다. 따라서 매년 발생하는 이자에서 일부를 남겨두고 인출해야만, 이 금액을 이용하여 재예치하는 금액을 늘릴 수 있다.

특정한 경우를 예로 들어보자. 2% 성장률을 가진 성장영구연금의 현금흐름을 만들기 위해, 연 5%의 이자를 지급하는 은행계좌에 $100를 투자하였다. 1년 후에 은행계좌에 $105(초기 투자금액 $100 + 이자 $5)가 있게 된다. 이때 발생한 이자 $5 중 $3만을 인출하고 초기 투자금액보다 2% 많은 금액인 $102를 재투자한다. 2년 후에 은행계좌에 $107.10가 있게 된다. 이때 발생한 이자 $7.10 중 $3.06(= $3 × 1.02)만을 인출하고, 나머지 이자($4.04)와 초기 투자금액의 합계인 $104.04(= $102 × 1.02)를 1년간 재투자한다. 우리는 여기서 매년 인출하는 금액도 재투자하는 금액도 2%씩 성장함에 주목할 필요가 있다. 이러한 현금흐름을 시간선에 나타내면 다음과 같다.

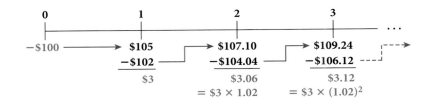

이 전략에 따르면 $3에서 시작하여 매년 2%씩 성장하는 성장영구연금의 현금흐름을 창출할 수 있다. 이 성장영구연금의 현재가치는 초기 투자비용인 $100와 같아야 한다.

이러한 논의는 다음과 같이 일반화된다. 만약 매년 인출하는 금액이 성장률 g로 성장하기를 원한다면, 매년 재투자하는 금액도 동일한 성장률 g로 성장하여야 한다. 즉, 1년 후(1기)에는 원금 P가 아닌 $P(1 + g) = P + gP$가 재투자되어야 한다. 재투자금액을 gP만큼 증가시키기 위해서는 발생한 이자 rP 중에서 gP를 뺀 $rP - gP = P(r - g)$만을 인출해야 한다. 1기의 인출 금액인 C에 대해 $C = P(r - g)$의 등식이 성립한다. 이 등식을 원금인 P에 대해 정리하면 첫 현금흐름이 C인 성장영구연금의 현재가치를 구하는 공식을 얻을 수 있다.

성장영구연금의 현재가치

$$\text{PV(성장영구연금)} = \frac{C}{r - g} \tag{4.11}$$

성장영구연금의 현재가치 공식을 직관적으로 이해하기 위하여 영구연금의 현재가치 공식에서 시작하자. 영구연금의 경우에는 매년 발생한 이자가 영구연금의 현금흐름과 같도록 하는 금액을 은행계좌에 예치해야 한다. 성장영구연금의 경우에는 현금흐름이 매년 성장해야 하므로, 영구연금보다 더 많은 금액을 예치해야 한다. 그러면 성장영구연금은 영구연금보다 얼마나 더 많은 금액을 예치해야 하는가? 은행이 지급하는 이자율이 연 5%라면, 영구연금의 경우는 5% 전부를 인출해야 한다. 하지만 성장률 2%의 성장영구연금의 경우는 재투자금액이 매년 2%씩 증가하여야 하므로, 3%(5% − 2%)만을 인출해야 한다. 따라서 영구연금의 현재가치는 첫 현금흐름을 이자율로 나누어서 구하지만, 성장영구연금의 현재가치는 첫 현금흐름을 이자율에서 성장률을 뺀 값으로 나누어서 구해야 한다.

성장영구연금을 위한 기부

문제

예제 4.7에서 당신은 매년 $30,000의 MBA 졸업 파티를 개최할 수 있도록 모교에 기부를 하고자 하였다. 당신은 이 파티가 기억에 남는 행사가 되기를 원하여 연 예산을 무한 시점까지 책정하고 있다. 모교의 투자 수익률이 연 8%로 주어졌을 때 당신이 기부해야 하는 금액은 아래와 같이 계산할 수 있다.

$$PV = \$30{,}000/0.08 = \$375{,}000(\text{오늘})$$

미래에 물가상승으로 인한 파티비용 증가를 예상한 당신 모교의 MBA 학생회가 당신에게 기부금 증액을 요청했다. MBA 학생회는 파티비용이 내년에는 $30,000로 충분하지만, 그다음 해부터는 매년 4%씩 증가할 것으로 예측하고 있다. 이러한 요구를 충족하기 위하여 당신은 오늘 얼마를 기부해야 하는가?

풀이

당신이 모교에 제공하고자 하는 현금흐름을 시간선에 나타내면 다음과 같다.

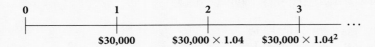

내년 파티비용은 $30,000이다. 그다음 해부터는 매년 파티비용이 4%씩 증가한다. 시간선으로부터 이러한 현금흐름이 성장영구연금에 해당됨을 알 수 있다. 증가하는 비용을 충당하기 위해 이 성장영구연금의 현재가치를 계산하여야 한다.

$$PV = \$30{,}000/(0.08 - 0.04) = \$750{,}000(\text{오늘})$$

당신의 기부 금액은 2배가 되어야 한다!

성장연금 성장연금(growing annuity)도 매 기간 발생하는 현금흐름이 일정한 성장률로 성장하는 형태의 현금흐름이다. 성장영구연금은 현금흐름이 무한 시점까지 발생하지만, 성장연금은 유한한 시점(N)까지만 현금흐름이 발생한다. 첫 현금흐름 C의 발생 이후 g의 성장률로 성장하는 현금흐름이 N기까지 지속되는 형태의 현금흐름을 시간선에 나타내면 다음과 같다.

```
0           1           2      ...      N
|-----------|-----------|-------------|
            C        C(1+g)        C(1+g)^(N-1)
```

앞에서 사용했던 다음 관행들이 여전히 적용된다. (1) 첫 현금흐름은 1기 말에 발생한다. (2) 첫 현금흐름이 발생한 이후에 현금흐름이 성장한다. 이에 따라 마지막 기인 N기의 현금흐름은 $N-1$번의 성장을 반영한 값이다.

첫 현금흐름 C, 성장률 g, 현금흐름 발생 기간의 수가 N인 성장연금의 현재가치 공식은 다음과 같다.

성장연금의 현재가치

$$PV = C \times \frac{1}{r-g}\left(1 - \left(\frac{1+g}{1+r}\right)^N\right) \tag{4.12}$$

성장연금은 유한한 수의 현금흐름이 발생하므로 식 (4.12)는 $g > r$인 경우에도 성립한다.[7] 이 공식은 연금의 현재가치를 도출하는 과정과 동일한 과정을 통해 도출될 수 있다. 이 공식의 도출 과정에 관심 있는 독자들은 www.berkdemarzo.com에서 온라인 부록을 참조하기 바란다.

예제 4.11   성장연금의 현금흐름을 갖는 은퇴저축

문제

예제 4.9에서 엘렌은 은퇴에 대비하기 위해 매년 $10,000를 퇴직연금 계좌에 저축할 예정이었다. 첫해에는 그녀가 저축할 수 있는 최대 금액이 $10,000이다. 하지만 그녀의 연봉이 매년 인상되어 저축할 수 있는 금액을 매년 5%씩 증액할 수 있을 것으로 예상하고 있다. 그녀가 이 저축 계획에 따르고 이 계좌의 수익률이 연 10%라면, 그녀가 65세가 되었을 때 퇴직연금 계좌에는 얼마가 들어 있겠는가?

풀이

그녀의 새로운 저축 계획을 시간선에 나타내면 다음과 같다.

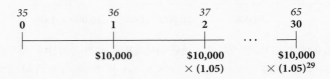

이 예는 첫 현금흐름 $10,000, 성장률 5%, 현금흐름 발생기간 30기인 성장연금이다. 엘렌의 성장연금의 현재가치는 다음과 같다.

$$PV = \$10,000 \times \frac{1}{0.10 - 0.05}\left(1 - \left(\frac{1.05}{1.10}\right)^{30}\right)$$

$$= \$10,000 \times 15.0463$$

$$= \$150,463\,(오늘)$$

엘렌의 저축 계획은 오늘 은행에 $150,463를 가지고 있는 것과 동일한 가치를 가지고 있다. 그녀가 65세가 되었을 때 퇴직연금 계좌에 들어 있는 금액을 구하려면, 이 금액을 30년 후로 이동해야 한다.

$$FV = \$150,463 \times 1.10^{30}$$

$$= \$2.625\ 백만\,(30년\ 후)$$

엘렌의 새로운 저축 계획에 따르면 그녀가 65세가 되었을 때, $2.625 백만을 갖게 될 것이다. 이 금액은 그녀가 매년 저축하는 금액을 늘리지 않았을 때보다 $1 백만이 더 많은 금액이다.

성장연금에 대한 공식은 이 절에서 소개한 다른 모든 공식을 포괄한다. 성장연금에 대한 공식으로부터 다른 모든 공식이 도출될 수 있음을 보이기 위해 먼저 성장영구연금을 고려해보자. $N = \infty$이면 이 공식은 성장영구연금에 대한 공식이 된다. $g < r$이면,

---

7   만약 $g = r$이라면, 식 (4.12)는 성립하지 않는다. 2기 이후부터 현금흐름의 성장과 할인이 정확히 상쇄되어 매 기간에 1기의 현금흐름과 동일한 현재가치를 갖는 현금흐름이 발생한다. 따라서 이 경우 성장연금의 현재가치는 $PV = C \times N(1 + r)$이다.

$$\frac{1+g}{1+r} < 1$$

그리고

$$\left(\frac{1+g}{1+r}\right)^N \to 0 \quad \text{as} \quad N \to \infty$$

이 된다. $N = \infty$일 때 성장연금에 대한 공식은 다음과 같이 표현된다.

$$PV = \frac{C}{r-g}\left(1 - \left(\frac{1+g}{1+r}\right)^N\right) = \frac{C}{r-g}(1-0) = \frac{C}{r-g}$$

이 공식은 성장영구연금에 대한 공식이다. 만약 $g = 0$이면, 이 공식은 연금에 대한 공식이 된다. 만약 $N = \infty$, $g = 0$이면, 이 공식은 영구연금에 대한 공식이 된다. 따라서 성장연금에 대한 공식을 아는 것은 다른 모든 공식을 아는 것이라고 할 수 있다!

개념 확인

1. 다음 현금흐름의 현재가치를 어떻게 계산하는가?

   a. 영구연금

   b. 연금

   c. 성장영구연금

   d. 성장연금

2. 영구연금, 연금, 성장영구연금, 성장연금의 현재가치에 대한 공식은 어떻게 관련되어 있는가?

4.6 연금 스프레드시트 또는 계산기 사용하기

재무계산기와 엑셀과 같은 스프레드시트 프로그램은 재무 전문가가 가장 자주 수행하는 계산을 수행하는 일련의 함수 기능이 있다. 엑셀에서 이를 위한 함수들은 NPER, RATE, PV, PMT 및 FV이다. 이 함수들은 모두 다음과 같은 연금의 시간선을 기반으로 한다.

이러한 현금흐름을 할인하는 데 사용되는 이자율은 *RATE*로 표시된다. 따라서 *NPER*, *RATE*, *PV*, *PMT* 및 *FV* 총 5개의 변수가 있다. 각 함수에서 네 가지 변수를 입력하면 각 함수는 이 현금흐름의 *NPV*가 0이 되도록 나머지 다섯 번째 값을 결과로 산출한다. 즉, 각 함수가 모든 문제를 해결한다.

$$NPV = PV + PMT \times \frac{1}{RATE}\left(1 - \frac{1}{(1+RATE)^{NPER}}\right) + \frac{FV}{(1+RATE)^{NPER}} = 0 \tag{4.13}$$

달리 표현하면 연금 지급액 *PMT*의 현재가치와 최종 지급 *FV*의 현재가치에 초기 금액 *PV*를 더한 값은 0의 순현재가치를 갖는다. 이에 대한 몇 가지 예를 살펴보자.

예제 4.12   엑셀에서 미래가치 구하기

문제

당신이 연간 이자율 8%를 지급하는 계좌에 $20,000를 투자할 계획이라고 가정하자. 15년 후에 이 계좌에 들어 있는 금액은 얼마일까?

풀이

이 문제를 시간선에 나타내면 다음과 같다.

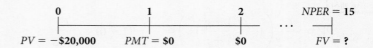

이 문제에 대한 답을 구하기 위해 우리가 알고 있는 네 가지 변수를 입력하고, 엑셀함수($NPER = 15$, $RATE = 8\%$, $PV = -20,000$, $PMT = 0$)를 이용하여 우리가 알고자 하는 (FV)를 결정한다. 이 경우 스프레드시트가 $63,443이라는 값을 미래가치로 제시할 것이다.

	NPER	RATE	PV	PMT	FV	엑셀 공식
입력	15	8.00%	−20,000	0		
FV 계산					**63,443**	=FV(0.08,15,0,−20000)

우리는 PV를 음수(은행에 예치하는 금액)로 입력하고 FV는 양수(은행에서 인출할 수 있는 금액)로 표시됨에 주의해야 한다. 스프레드시트 함수를 사용할 때 돈이 흐르는 방향을 나타내기 위해 양수/음수의 부호를 올바르게 사용하는 것이 중요하다.

계산 결과를 확인하기 위해 우리는 이 문제를 직접 풀 수 있다.

$$FV = \$20{,}000 \times 1.08^{15} = \$63{,}443$$

예제 4.12의 엑셀 스프레드시트는 다섯 가지 변수 중 하나를 계산할 수 있도록 설정되어 있다. 이 스프레드시트를 **연금 스프레드시트**(annuity spreadsheet)라고 한다. 맨 위 줄에 4개의 입력 변수를 입력하고 계산할 변수를 공백으로 두기만 하면 된다. 스프레드시트는 5번째 변수를 계산하고 결과를 최종 줄에 표시한다. 스프레드시트에는 대답을 얻는 데 사용되는 엑셀 기능도 표시된다. 연금 스프레드시트의 편리성을 보여주는 보다 복잡한 예제를 살펴보자.

예제 4.13   연금 스프레드시트

문제

당신이 연간 이자율 8%를 지급하는 계좌에 $20,000를 투자할 계획이라고 가정하자. 당신은 15년 동안 각 연도의 연말에 $2,000를 인출할 계획이다. 15년 후에 이 계좌에 남아 있는 금액은 얼마일까?

풀이

우리는 초기 예치금과 이후 기간 인출금을 시간선에 나타내면서 이 문제에 대한 풀이를 시작한다.

$$
\begin{array}{ccccc}
0 & 1 & 2 & & NPER = 15 \\
\vert & \vert & \vert & \cdots & \vert \\
PV = -\$20{,}000 & PMT = \$2000 & \$2000 & & \$2000 + FV = ?
\end{array}
$$

우리는 PV를 음수(은행에 예치하는 금액)로 입력하고 FV는 양수(은행에서 인출할 수 있는 금액)로 표시됨에 주의해야 한다. 스프레드시트를 이용하여 이 계좌의 15년 후 잔고, FV를 구할 수 있다.

	NPER	RATE	PV	PMT	FV	엑셀 공식
입력	15	8.00%	$-20{,}000$	2000		
FV 계산					**9139**	=FV(0.08,15,2000,−20000)

이 계좌의 15년 후 잔고는 $9,139가 될 것이다.

우리는 이 답을 직접 구할 수도 있다. 이를 위한 한 가지 방법은 예치금과 인출금이 각기 다른 계좌에 있는 것처럼 생각할 수 있다. 예제 4.12에서 계산한 바와 같이 15년 후 예치금 계좌의 잔고는 $63,443이 될 것이다. 연금의 미래가치 공식을 이용하여, 15년 동안 8%의 연간 이자율로 매년 $2,000를 빌리면, 이 부채의 15년 후 미래가치는 $54,304이다.

$$
\$2{,}000 \times \frac{1}{0.08}(1.08^{15} - 1) = \$54{,}304
$$

부채를 다 갚고 나면, 당신은 $63,443 − $54,304 = $9,139를 15년 후에 갖게 된다.

재무계산기를 사용하여 동일한 계산을 수행할 수도 있다. 재무계산기는 연금 스프레드시트와 거의 동일한 방식으로 작동한다. 5개의 변수 중 4개를 입력하면 계산기가 5번째 변수를 계산한다.

1. 현재가치 계산을 단순화하기 위해 어떤 수단을 사용할 수 있는가?
2. 연금 스프레드시트를 사용하기 위한 과정은 무엇인가?

4.7 비연간 현금흐름

우리는 지금까지는 연간 간격으로 발생하는 현금흐름만을 고려했다. 현금흐름이 다른 간격, 즉 월간으로 발생하는 경우에도 동일한 방법론이 적용될까? 이에 대한 대답은 '그렇다'이다. 우리가 연간 현금흐름에 대해 학습한 모든 것이 월간 현금흐름에도 그대로 적용된다.

1. 이자율은 월간 이자율로 지정된다.
2. 기간 수는 월 단위로 표시된다.

예를 들어 한 달에 2%의 이자를 청구하는 신용카드를 가지고 있다고 가정하자. 오늘 카드에 $1,000의 미지불 잔고가 있고 6개월 동안 지불하지 않는다면, 6개월 후의 미래 잔고는 아래와 같다.

$$
FV = C \times (1 + r)^n = \$1{,}000 \times (1.02)^6 = \$1{,}126.16
$$

우리는 이전과 동일한 미래가치 공식을 적용하지만 r은 월간 이자율이고 n은 개월 수이다.

다음 예제에서 볼 수 있듯이 동일한 논리가 연금에도 적용된다.

예제 4.14   월별 현금흐름을 갖는 연금의 가치평가

문제

당신은 새 차를 구입하려고 한다. 당신은 대금 지급에 대한 두 가지 선택안이 있다. 당신은 $20,000를 즉시 현금으로 지불하거나, 다음 달부터 48개월(4년) 동안 매월 $500를 지불해야 하는 대출을 받을 수 있다. 만약 월간 이자율이 0.5%라면, 당신이 선택해야 하는 안은 어떤 것인가?

풀이

우리는 대출 상환을 시간선에 나타내면서 이 문제에 대한 풀이를 시작한다.

시간선은 대출 상환의 현금흐름이 48기간의 연금이라는 것을 보여준다. 연금의 현재가치 공식을 사용하면 다음과 같다.

$$PV(48기간\ \$500의\ 연금) = \$500 \times \frac{1}{0.005}\left(1 - \frac{1}{1.005^{48}}\right)$$
$$= \$21{,}290$$

혹은 우리는 연금 스프레드시트를 사용하여 이 문제를 풀 수 있다.

	NPER	RATE	PV	PMT	FV	엑셀 공식
입력	48	0.50%		500	0	
PV 계산			(21,290)			=PV(0.005,48,500,0)

따라서 이 대출은 오늘 $21,290를 지불하는 것과 동등하며, 오늘 현금으로 지불하는 것보다 더 많은 금액을 지불하게 한다. 당신은 현금으로 자동차 대금을 지급해야 한다.

개념 확인

1. 현재가치 및 미래가치 공식은 연간 간격으로 발생하는 현금흐름에 의존하는가?
2. 현금흐름이 연간이 아닌 다른 간격으로 발생하면 어떤 이자율을 사용해야 하는가? 어떤 기간의 수를 사용해야 하는가?

4.8   현금 지급액 구하기

지금까지 우리는 여러 기간에 발생하는 현금흐름의 현재가치 또는 미래가치를 구해보았다. 하지만 우리는 종종 현금흐름의 현재가치 또는 미래가치를 알지만 현금흐름을 모르는 경우도 있다. 예를 들면 당신이 대출받고자 하는 금액(현재가치)과 이자율을 알고 있지만, 매월 상환해야 하는 금액을 모를 수 있다. 은행이 당신에게 대출을 해주기로 했다. 대출 조건은 오늘부터 1년 후 첫 지급을 시작으로 향후 10년간 매년 동일한 금액을 지불하고, 8%의 연간 이자율로 이자를 지급한다. 당신의 연간 지불액은 얼마인가?

은행의 관점에서 시간선을 작성하면 다음과 같다.

은행은 당신에게 오늘 $100,000를 주고 10년에 걸쳐 매년 일정한 분할상환금인 C를 받는다. 당신은 은행이 요구하는 C를 알아야 한다. 은행이 제시하는 8%의 연간 이자율로 평가한 10회에 걸친 C의 현재가치가 $100,000가 되어야 은행이 당신에게 $100,000를 대출해줄 것이다.

$$\$100,000 = PV(\text{10년간 매년 } C \text{를 지급하는 연금, 대출 이자율로 평가})$$

연금의 현재가치 공식을 이용하면 다음과 같다.

$$100,000 = C \times \frac{1}{0.08}\left(1 - \frac{1}{1.08^{10}}\right) = C \times 6.71$$

이 등식을 C에 대해 정리하면 다음과 같다.

$$C = \frac{100,000}{6.71} = \$14,903$$

은행은 당신에게 $100,000를 대출해준 대가로 10년 동안 매년 $14,903의 분할상환금을 지급할 것을 요구할 것이다.

우리는 이 문제를 연금 스프레드시트를 이용해서도 구할 수 있다.

	NPER	RATE	PV	PMT	FV	엑셀 공식
입력	10	8.00%	100,000		0	
PMT 계산				**−14.903**		=PMT(0.88,10,100000,0)

일반적으로 대출의 분할상환금을 구할 때 우리는 대출금을 분할상환금의 현재가치로 생각해야 한다. 분할상환금이 연금의 형태를 취하므로 연금의 현재가치를 구하는 공식을 분할상환금에 대해 정리함으로써 분할상환금을 계산하는 공식을 도출할 수 있다. 이 과정을 정리하면 다음과 같다. 대출금 P, 분할상환 횟수 N, 분할상환금 C, 이자율 r인 대출을 (은행 관점) 시간선에 나타낼 수 있다.

대출금이 분할상환금의 현재가치와 같다고 하면, 다음과 같이 나타낼 수 있다.

$$P = PV(N \text{ 기간 동안 일정 금액 } C \text{의 연금}) = C \times \frac{1}{r}\left(1 - \frac{1}{(1+r)^N}\right)$$

이 등식을 C에 대해 정리하면 대출금 P, 분할상환 횟수 N, 이자율 r의 함수로 표현되는 대출 분할상환금의 일반 공식을 얻게 된다.

대출 분할상환금 또는 연금 지급액

$$C = \frac{P}{\frac{1}{r}\left(1 - \frac{1}{(1+r)^N}\right)} \tag{4.14}$$

영구연금의 현금흐름은 단순히 $C = rP$다. 식 (4.14)를 $C = rP/(1 - 1/(1+r)^N)$로 표현하면, 연금 지급액은 항상 동일한 현재가치를 갖는 영구연금의 지급액을 초과한다는 것을 알 수 있는데, 이는 연금의 현금흐름이 유한하기 때문이다.

<table>
<tr><td>예제 4.15</td><td>대출 분할상환금 구하기</td></tr>
</table>

문제

당신의 생명공학회사는 $500,000에 새로운 DNA 순서기를 구입할 계획이다. 판매자는 구매자에게 구매가격의 20%를 계약금으로 지불할 것을 요구하지만 나머지 금액을 대출할 의사가 있다. 이 대출의 조건은 0.5%의 월간 이자율로 48개월 동안 매월 일정한 분할상환금을 지불하는 것이다. 월별 대출 분할상환금은 얼마인가?

풀이

20% × $500,000 = $100,000의 계약금을 감안할 때 당신의 대출금액은 $400,000이다. 우리는 각 기간이 한 달인 (판매자 관점의) 시간선에서 시작한다.

식 (4.14)를 이용하여 대출 분할상환금 C를 구하면 다음과 같다.

$$C = \frac{P}{\frac{1}{r}\left(1 - \frac{1}{(1+r)^N}\right)} = \frac{400,000}{\frac{1}{0.005}\left(1 - \frac{1}{(1.005)^{48}}\right)}$$
$$= \$9,394$$

연금 스프레드시트를 사용하여 C를 구할 수도 있다.

	NPER	RATE	PV	PMT	FV	엑셀 공식
입력	48	0.50%	−400,000		0	
PMT 계산				**9,394**		=PMT(0.005,48,−400000,0)

당신 회사는 대출 상환을 위해 매년 $9,394의 분할상환금을 지불해야 한다.

우리는 이와 같은 원리를 이용하여 현재가치 대신 미래가치를 알 때의 현금흐름 또한 구할 수 있다. 당신이 방금 딸을 출산했다고 가정해보자. 당신은 분별력 있게 행동하기로 결심하고, 당신 자녀의 대학 교육을 위해 올해부터 저축하기로 결정했다. 당신 딸이 18세가 될 때까지 $60,000를 저축하고자 한다. 당신이 7%의 연간 이자율에 저축할 수 있다면 이 목표를 달성하기 위하여 매년 저축해야 하는 금액은 얼마인가?

즉, 당신은 매년 일정한 금액 C를 저축하여 18년 후에 $60,000를 은행에서 찾을 계획이다. 당신은 연금의 미래가치가 $60,000일 경우 이 연금에서 매년 발생하는 일정한 현금흐름을 찾아야 한다. 우리는 식 (4.10)의 연금의 미래가치 공식을 이용한다.

$$60,000 = FV(\text{연금}) = C \times \frac{1}{0.07}(1.07^{18} - 1) = C \times 34$$

$C = \dfrac{60,000}{34} = \$1,765$. 따라서 당신은 매년 $1,765의 일정한 금액을 저축해야 한다. 그러면 7%의 연간 이자율로 복리계산되는 당신의 저축은 당신 자녀가 18세가 될 때 $60,000가 될 것이다.

이제 연금 스프레드시트를 이용하여 이 문제를 해결해보자.

	NPER	RATE	PV	PMT	FV	엑셀 공식
입력	18	7.00%	0		60,000	
PMT 계산				− 1765		=PMT(0.07,18,0,60000)

여기서도 당신은 18년 동안 매년 $1,765의 일정한 금액을 저축해야 18년 후에 $60,000라는 금액을 마련할 수 있다는 것을 발견할 수 있다.

개념 확인

1. 대출에 대한 연간 분할상환금을 어떻게 계산할 수 있을까?
2. 당신이 설정한 저축 목표를 달성하기 위해 당신이 매년 저축해야 하는 금액을 어떻게 계산할 수 있을까?

4.9 내부 수익률

때때로 투자에 소요되는 비용과 투자로 인해 기대되는 현금흐름은 알지만 이자율을 모르는 경우가 있다. 이 이자율을 **내부 수익률**(internal rate of return, IRR)이라고 하는데, 내부 수익률은 현금흐름의 NPV가 0이 되도록 하는 수익률이다.

이에 대한 예시를 위해 오늘 $1,000를 투자하면 6년 후에 $2,000의 현금흐름이 발생하는 투자 기회가 있다고 가정하자. 이 투자 기회를 시간선에 나타내면 다음과 같다.

이 투자 기회를 분석하는 방법 중의 하나는 다음과 같은 질문을 하는 것이다. 당신이 받는 금액의 현재가치와 당신이 지불하는 금액의 현재가치를 같게 하는 이자율 r은 얼마인가?

$$NPV = -1000 + \frac{2000}{(1 + r)^6} = 0$$

위 식을 재정렬하면 아래 식을 얻을 수 있다.

$$1000 \times (1 + r)^6 = 2000$$

즉, r은 당신이 $1,000를 투자하여 6년 후에 $2,000를 얻기 위해 필요한 수익률이다. 위 식을 r에 대해 정렬하면 아래 식을 얻을 수 있다.

$$1 + r = \left(\frac{2000}{1000}\right)^{1/6} = 1.1225$$

혹은 $r = 0.1225$. 이 이자율이 이 투자 기회의 내부 수익률이다. 이 투자를 실행함으로써 6년 동안 매년 12.25%의 수익을 얻을 수 있다.

앞의 예제처럼 단지 두 가지의 현금흐름만 있으면 내부 수익률을 계산하는 것은 쉽다. 오늘 P를 투자하여 N년 후에 FV를 받는 일반적인 경우를 고려해보자. 그러면 내부 수익률은 $P \times (1 + IRR)^N = FV$ 등식을 만족시키는데, 이 등식을 IRR에 대해 나타내면 아래와 같다.

$$IRR(두 \ 가지 \ 현금흐름) = (FV/P)^{1/N} - 1 \tag{4.15}$$

즉, N년 동안 FV/P라는 총수익률을 얻는데, 이를 연간 수익률로 환산하기 위해 총수익률에 $1/N$ 승을 한다. 두 현금흐름을 비교하기 때문에 식 (4.15)의 IRR 계산은 현금흐름의 **복리 연간 성장률**(compound annual growth rate, CAGR)을 계산하는 것과 동일하다.

IRR이 계산하기 쉬운 또 다른 경우는 다음 예제에서 설명하는 영구연금이다.

예제 4.16　　**재무계산기를 이용하여 영구연금의 IRR 구하기**

문제

제시카는 방금 MBA를 졸업했다. 그녀는 권위 있는 투자은행인 베이커, 벨링햄, 앤 보츠로부터 취업 제안을 받았다. 하지만 그녀는 취업을 하기보다는 스스로 사업을 하기로 결정했다. 그녀는 자신의 사업에 $1백만의 초기 투자가 필요하다고 생각한다. 이 투자로부터 1년 후에 $100,000의 현금흐름이 발생하고, 그 이후에는 매년 4%씩 증가하는 현금흐름이 발생한다. 이 투자 기회의 IRR은 얼마인가?

풀이

이 문제에 대한 시간선을 먼저 작성해보자.

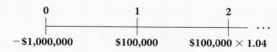

시간선은 미래의 현금흐름이 4%의 성장률을 갖는 성장영구연금이라는 것을 보여준다. 식 (4.11)의 성장영구연금의 현재가치 공식을 상기해보자. 이 투자 기회의 NPV가 0이 되려면 아래와 같아야 한다.

$$1,000,000 = \frac{100,000}{r - 0.04}$$

이 등식을 r에 대하여 풀면 다음과 같다.

$$r = \frac{100,000}{1,000,000} + 0.04 = 0.14$$

이 투자의 IRR은 14%이다.

더 일반적으로 P를 투자하고 초기 현금흐름 C와 성장률 g의 성장영구연금을 지급받는다면, 우리는 성장연구연금의 공식을 사용하여 IRR을 결정할 수 있다.

$$\text{IRR(성장영구연금)} = (C/P) + g \tag{4.16}$$

이제 더 복잡한 예를 들어보자. 당신 기업은 새로운 지게차를 구입해야 한다. 딜러는 (a) 지게차 가격을 현금으로 지불하거나, (b) 딜러로부터 대출을 받고 매년 일정한 금액을 상환하는 두 가지 선택안을 제시한다. 딜러가 당신에게 제안하는 대출을 평가하기 위해서는 딜러가 제시하는 이자율과 은행이 제시하는 이자율을 비교해보아야 한다. 그러면 딜러가 제시하는 대출상환금이 주어졌을 때, 어떻게 딜러가 제시하는 이자율을 계산할 수 있는가?

딜러가 제시하는 지게차의 현금 가격은 $40,000이다. 그리고 딜러가 제시하는 대출 조건은 계약금이 없고, 4년 동안 매년 $15,000를 지급하는 것이다. 이를 시간선에 다음과 같이 나타낼 수 있다.

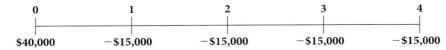

시간선으로부터 대출은 4년 동안 $15,000의 일정한 금액이 발생하는 연금이고, 이 연금의 현재가치가 $40,000라는 것을 알 수 있다. 현금흐름의 현재가치가 0이 되기 위해서는 분할상환금의 현재가치와 지게차의 구입가격이 같아야 한다.

$$40,000 = 15,000 \times \frac{1}{r}\left(1 - \frac{1}{(1+r)^4}\right)$$

위 등식을 성립하도록 하는 이자율이 대출의 이자율이다. 불행히도 이 경우는 r을 구하는 간단한 방법이 존재하지 않는다.[8] 이 등식을 푸는 유일한 방법은 추측하는 r의 값을 등식이 성립할 때까지 반복적으로 대입하는 것이다.

먼저 $r = 10\%$라고 가정하자. 이때 분할상환금 연금의 가치는 다음과 같다.

$$15,000 \times \frac{1}{0.10}\left(1 - \frac{1}{(1.10)^4}\right) = 47,548$$

연금의 현재가치가 너무 크다. 연금의 현재가치를 줄이기 위해서는 r을 더 높여야 한다. 이번에는 $r = 20\%$라고 가정하자.

$$15,000 \times \frac{1}{0.20}\left(1 - \frac{1}{(1.20)^4}\right) = 38,831$$

이제 연금의 현재가치가 너무 작다. 따라서 우리는 10%와 20% 사이에서 이자율을 골라야 한다. 우리는 정확한 이자율 값을 찾을 때까지 이러한 작업을 계속해야 한다. 이번에는 추측하는 이자율 값이 18.45%라고 가정해보자.

---

[8] 기간이 5기 이상인 일반적인 현금흐름이라면, r을 구하는 일반적인 공식이 존재하지 않는다. 이 경우 여러 번의 시행착오를 거쳐 등식이 성립하는 값을 구하는 것이 r을 구하는 유일한 방법이다.

$$15{,}000 \times \frac{1}{0.1845}\left(1 - \frac{1}{(1.1845)^4}\right) = 40{,}000$$

이 경우 등식이 성립하므로 딜러가 제시하는 이자율은 18.45%라고 할 수 있다.

이자율을 추측하여 수작업으로 계산하는 것보다 더 쉬운 방법은 추측 과정을 자동화한 스프레드시트나 재무계산기를 사용하는 것이다. 이 예제처럼 현금흐름이 연금의 형태를 취하는 경우 우리는 연금 스프레드시트를 이용하여 IRR을 구할 수 있다. 연금 스프레드시트가 연금에 투자하는 NPV가 0임을 보장하면서 식 (4.13)의 해를 구한다는 것을 기억하자. 연금 스프레드시트는 미지의 변수가 이자율일 때, NPV를 0으로 설정하는 이자율, 즉 IRR을 계산한다.

	NPER	RATE	PV	PMT	FV	엑셀 공식
입력	4		40,000	−15,000	0	
RATE 계산		**18.45%**				=RATE(4,−15000,40000,0)

연금 스프레드시트는 IRR이 18.45%라는 정확한 계산결과를 제시한다.

예제 4.17   **연금의 IRR 구하기**

문제

베이커, 벨링햄, 앤 보츠는 제시카에게 깊은 인상을 받아 그녀의 사업에 자금을 지원하기로 결정했다. 제시카는 초기 자본금 $1 백만을 제공하는 대가로 향후 30년 동안 매년 말에 $125,000를 지불하는 데 동의했다. 그녀가 자신의 약속을 이행한다고 가정할 때 베이커, 벨링햄, 앤 보츠가 그녀의 회사에 대한 투자의 내부 수익률은 얼마인가?

풀이

(베이커, 벨링햄, 앤 보츠 관점에서) 시간선을 다음과 같이 작성할 수 있다.

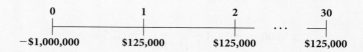

시간선은 미래의 현금흐름이 30년 연금이라는 것을 보여준다. 이 현금흐름의 NPV를 0으로 놓으면, 아래 식을 얻을 수 있다.

$$1{,}000{,}000 = 125{,}000 \times \frac{1}{r}\left(1 - \frac{1}{(1+r)^{30}}\right)$$

연금 스프레드시트를 이용하여 r을 구할 수도 있다.

	NPER	RATE	PV	PMT	FV	엑셀 공식
입력	30		−1,000,000	125,000	0	
RATE 계산		**12.09%**				=RATE(30,125000,−1000000,0)

이 투자에 대한 IRR은 12.09%다. 이 경우 12.09%의 IRR을 이 대출에 대한 실효 이자율로 해석할 수 있다.

이 장에서 우리는 서로 다른 시점에서 현금흐름이 발생할 때 재무관리자가 NPV 규칙을 적용하기 위해 필요한 도구를 개발했다. 지금까지 보았듯이 우리가 현금흐름의 할인이나 복리계산에 사용하는 이자율은 현재가치 또는 미래가치 계산에 있어서 중요한 입력값이다. 이 장에서 우리는 이자율을 주어진 것으로 간주했다. 현금흐름을 할인할 때 사용해야 하는 이자율을 결정하는 요인은 무엇일까? 일물일가의 법칙은 서로 다른 시점에 발생하는 현금흐름의 가치평가를 위해 시장 정보에 의존해야 함을 시사한다. 제5장에서 우리는 시장 이자율의 결정 요인뿐만 아니라 시장 이자율이 호가되는 방법을 학습한다. 이자율의 호가 관행을 이해하면, 우리는 1년에 한 번 이상 현금흐름이 지급되고 이자가 복리계산되는 상황에 이 장에서 개발한 도구를 적용하는 것이 가능하다.

개념 확인

1. 내부 수익률은 무엇인가?
2. 내부 수익률이 계산하기 쉬운 두 가지 경우는 각각 어떤 경우인가?

엑셀 사용하기

엑셀의 IRR 함수

엑셀에도 여러 기간 현금흐름의 IRR을 계산하는 IRR 함수가 내장되어 있다. 엑셀의 IRR 함수는 IRR(값, 추측) 형식을 사용한다. 여기서 "값"은 현금흐름을 포함하는 범위이고 "추측"은 엑셀이 IRR을 검색하기 시작하는 선택적인 초기 추측값이다. 아래 예를 참조하기 바란다.

	A	B	C	D	E
1	기간	0	1	2	3
2	현금흐름 C_t	(1,000.0)	300.0	400.0	500.0
3	IRR	8.9% =IRR(B2:E2)			

IRR 기능에 대해 알아야 할 세 가지 사항이 있다. 첫째, IRR 함수에 주어진 값은 날짜 0의 현금흐름을 포함한 프로젝트의 모든 현금흐름을 포함해야 한다. 이러한 의미에서 엑셀의 IRR과 NPV 함수는 일관되지 않는다. 둘째, NPV 함수와 마찬가지로 IRR은 빈 셀과 관련된 기간을 무시한다. 셋째, 제7장에서 설명하겠지만, 일부 설정에서는 IRR 함수가 초기 추측값에 따라 해답을 찾지 못하거나 다른 해답을 줄 수 있다.

핵심 요점 및 수식

4.1 시간선

■ 시간선은 재무 문제에서 현금흐름을 조직화하는 중요한 첫 단계이다.

4.2 시간 이동의 세 가지 규칙

■ 시간 이동의 세 가지 규칙이 있다.
  ■ 동일한 시점에 발생한 현금흐름만 비교하거나 결합할 수 있다.

- 현금흐름을 미래로 이동하기 위해 복리계산을 해야 한다.
- 현금흐름을 과거로 이동하기 위해 할인을 해야 한다.

- 오늘 현금흐름 C의 n년 후 미래가치는 다음과 같다.

$$C \times (1 + r)^n \tag{4.1}$$

- 투자 원리금이 투자 원금의 2배가 되는 데 걸리는 기간은 72를 투자로부터 얻게 되는 연간 이자율로 나눈 값과 대략 같다.

- n년 후 현금흐름 C의 현재가치는 다음과 같다.

$$C \div (1 + r)^n \tag{4.2}$$

4.3 여러 기간 현금흐름의 가치평가

- 여러 기간 현금흐름의 현재가치는 다음과 같다.

$$PV = \sum_{n=0}^{N} \frac{C_n}{(1 + r)^n} \tag{4.4}$$

- 여러 기간 현금흐름의 현재가치는 이러한 현금흐름을 창출하기 위해 오늘 은행에 예치해야 하는 금액과 같다.
- PV의 현재가치를 갖는 여러 기간 현금흐름의 n년 후 미래가치는 다음과 같이 계산된다.

$$FV_n = PV \times (1 + r)^n \tag{4.5}$$

4.4 순현재가치의 계산

- 투자 기회의 순현재가치(NPV)는 PV(편익 − 비용)이다. NPV는 오늘의 현금과 동일한 가치를 갖는 투자의 순편익이다.

4.5 영구연금과 연금

- 영구연금은 매기 동일한 현금흐름 C가 영구적으로 발생하는 형태의 현금흐름이다. 영구연금의 현재가치는 다음 식으로 구할 수 있다.

$$\frac{C}{r} \tag{4.7}$$

- 연금은 매기 동일한 현금흐름 C가 N 기간에 발생하는 형태의 현금흐름이다. 연금의 현재가치는 다음 식으로 구할 수 있다.

$$C \times \frac{1}{r} \left(1 - \frac{1}{(1 + r)^N} \right) \tag{4.9}$$

- 연금의 마지막 시점 연금의 미래가치는 다음 식으로 구할 수 있다.

$$C \times \frac{1}{r} \left((1 + r)^N - 1 \right) \tag{4.10}$$

- 성장영구연금과 성장연금은 매기 현금흐름이 성장률 g만큼 영구히 증가하는 형태의 현금흐름이다. 성장연구연금의 현재가치는 다음 식으로 구할 수 있다.

$$\frac{C}{r - g} \tag{4.11}$$

- 성장연금의 현재가치는 다음 식으로 구할 수 있다.

$$C \times \frac{1}{r - g} \left(1 - \left(\frac{1 + g}{1 + r} \right)^N \right) \tag{4.12}$$

4.6 연금 스프레드시트 또는 계산기 사용하기

■ 스프레드시트 프로그램을 이용하면 현재가치 또는 미래가치를 쉽게 구할 수 있다. 대부분의 프로그램은 연금의 가치를 평가하는 공식이 내장되어 있다.

4.7 비연간 현금흐름

■ 이자율과 기간의 수가 월간(또는 다른 주기)으로 표시된다면, 월간(또는 다른 주기) 현금흐름을 연간 현금흐름과 동일한 방식으로 평가할 수 있다.

4.8 현금 지급액 구하기

■ 현재가치 또는 미래가치가 알려져 있으면, 연금 및 영구연금에 대한 공식을 연금 지급액을 계산하기 위해 사용할 수 있다. 현재가치나 미래가치를 알고 있을 경우 연금 또는 영구연금 공식을 통해 매 기간 발생하는 일정한 현금흐름을 구할 수 있다. 현재가치가 P, 이자율이 r일 때, N 기간에 주기적으로 발생하는 현금흐름 C는 다음 식으로 구할 수 있다.

$$C = \frac{P}{\frac{1}{r}\left(1 - \frac{1}{(1+r)^N}\right)} \qquad (4.14)$$

4.9 내부 수익률

■ 투자 기회의 내부 수익률은 투자 기회의 NPV가 0과 같을 때의 이자율이다.

■ 현재가치와 미래가치 두 개의 현금흐름만 존재한다면, IRR은 다음과 같이 계산된다.

$$IRR(\text{두 가지 현금흐름}) = (FV/P)^{1/N} - 1 \qquad (4.15)$$

■ 첫 현금흐름이 C이고 이후 현금흐름의 성장률이 g인 성장연구연금의 IRR은 다음과 같이 계산된다.

$$IRR(\text{성장연구연금}) = (C/P) + g \qquad (4.16)$$

주요 용어

내부 수익률(internal rate of return, IRR)
단리(simple interest)
복리(compound interest)
복리계산(compounding)
복리 연간 성장률(compound annual growth rate, CAGR)
선불연금(annuity due)
성장연금(growing annuity)
성장영구연금(growing perpetuity)

순현재가치(net present value, NPV)
시간선(timeline)
여러 기간 현금흐름(stream of cash flows)
연금(annuity)
연금 스프레드시트(annuity spreadsheet)
영구연금(perpetuity)
영구채권(consol)
할인(discounting)
화폐의 시간가치(time value of money)

추가 읽을거리

이 장에서 학습한 아이디어는 이탈리아 수학자 피보나치(또는 레오나르도 피사)가 1202년에 출판한 책인 Liber Abaci에서 최초로 소개한 것으로 알려져 있다. [최근 Laurence Sigler에 의해 영어로 번역되었다(*Fibonacci's Liber Abaci, A Translation into Modern English of Leonardo Pisano's Book of Calculation*, Springer-Verlag, 2002)]. 이

책에서 피보나치는 현금흐름에 대한 시간 이동 규칙을 보여주는 예제를 제공하고 있다.

재무의 초기 기원과 연금 수식의 역사적인 발전에 관심이 있는 학생들이 흥미를 느낄 책들은 다음과 같다. M. Rubinstein, *A History of the Theory of Investments*: *My Annotated Bibliography* (John Wiley and Sons, 2006) and W. Goetzmann and K. Rouwenhorst, eds., *Origins of Value*: *Innovations in the History of Finance* (Oxford University Press, 2005).

이 장에서 학습한 내용은 화폐의 시간가치를 이해하는 데 필요한 기초를 제공해야 한다. 엑셀, 다른 스프레드시트 프로그램 또는 재무계산기를 이용하여 현재가치를 계산하는 것에 대한 추가 정보 및 예제에 대한 도움을 받으려면, 입수 가능한 도움말 파일 및 사용 설명서를 참조하길 바란다. 복권 당첨금을 받는 방법을 결정해야 하는 운 좋은 위치에 있는 학생들이 참고할 책은 다음과 같다. A. Atkins and E. Dyl, "The Lotto Jackpot: The Lump Sum versus the Annuity," *Financial Practice and Education* (Fall/Winter 1995): 107 – 111.

연습문제

* 표시는 난이도가 높은 문제다.

시간선

1. 당신은 약혼반지를 사기 위하여 방금 은행으로부터 5년 대출을 받았다. 반지의 가격은 $5,000인데, 당신이 $1,000를 내고, 나머지 $4,000를 대출받고자 한다. 당신은 매년 말에 $1,000를 지급해야 한다. 당신의 관점에서 이 대출을 시간선에 나타내보라. 은행의 관점에서 이 대출을 시간선에 나타내면 어떤 변화가 있는가?

2. 당신은 대출받은 지 1년이 경과된 자동차 대출을 가지고 있다. 당신은 매달 $300를 지불하는데, 방금 지불을 하였다. 앞으로 대출기간이 4년이 남아 있다. 당신의 관점에서 이 대출을 시간선에 나타내보라. 은행의 관점에서 이 대출을 시간선에 나타내면 어떤 변화가 있는가?

시간 이동의 세 가지 규칙

3. 아래 주어진 이자율과 미래시점에 대해 $2000의 미래가치를 구하라.

   a. 연간 이자율 5%일 때, 5년 후

   b. 연간 이자율 5%일 때, 10년 후

   c. 연간 이자율 10%일 때, 5년 후

   d. 왜 (a)에서 받는 이자 금액이 (b)에서 받는 이자 금액의 절반보다 작은가?

4. 아래 주어진 이자율과 미래시점에 대해 $10,000의 현재가치를 구하라.

   a. 연간 이자율 4%일 때, 지금부터 12년 후

   b. 연간 이자율 8%일 때, 지금부터 20년 후

   c. 연간 이자율 2%일 때, 지금부터 6년 후

5. 당신의 형이 오늘 $5,000를 주는 것과 10년 후에 $10,000를 주는 것의 두 가지 선택안을 제시했다. 이자율이 7%라면 어떤 안을 선택하는 것이 나은가?

6. 다음 세 가지 선택안이 있다.

   i. 1년 후의 $100

   ii. 5년 후의 $200

   iii. 10년 후의 $300

   a. 연간 이자율이 10%일 때, 세 가지 선택안을 가치가 높은 순으로 차례대로 나열하라.

   b. 연간 이자율이 5%일 때, 세 가지 선택안을 가치가 높은 순으로 차례대로 나열하라.

c. 연간 이자율이 20%일때, 세 가지 선택안을 가치가 높은 순으로 차례대로 나열하라.

7. 당신이 8%의 연이자를 지급하는 계좌에 $1,000를 투자하려고 한다.

    a. 3년 후에 이 계좌의 잔고는 얼마인가? 잔고 중 얼마의 금액이 이자의 이자에 해당되는가?

    b. 25년 후에 이 계좌의 잔고는 얼마인가? 잔고 중 얼마의 금액이 이자의 이자에 해당되는가?

8. 당신 딸은 8살이다. 그녀는 10년 후에 대학에 진학한다. 당신은 그녀의 대학 진학 시에 필요한 $100,000를 마련하기 위해 저축계좌에 예금을 하고자 한다. 이 저축계좌가 연 3%의 고정된 이자율을 지급한다면, 10년 후에 이 계좌에 $100,000의 잔고를 만들기 위해서는 현재 얼마를 예금해야 하는가?

9. 당신 어머니는 퇴직 후 즉시 $250,000를 받는 퇴직연금과 퇴직 후 5년 후에 $350,000를 받는 퇴직연금 두 가지 중 어떤 것을 선택할지를 고민하고 있다. 이자율이 아래와 같이 각각 주어질 경우 당신 어머니는 어떤 퇴직연금을 선택하는 것이 나은가?

    a. 연 0%

    b. 연 8%

    c. 연 20%

10. 당신 할아버지는 당신이 태어난 날 당신을 위해 약간의 돈을 계좌에 예치했다. 당신은 지금 18세이고 처음으로 계좌에 예치된 돈을 인출하는 것이 허용되었다고 하자. 이 계좌의 잔고는 $3,996이고, 이 계좌는 연 8%의 이자를 지급한다고 한다.

    a. 만약 당신이 25번째 생일까지 이 계좌에서 돈을 찾지 않는다면, 이 계좌의 잔고는 얼마가 되겠는가?

    b. 만약 당신이 65번째 생일까지 이 계좌에서 돈을 찾지 않는다면, 이 계좌의 잔고는 얼마가 되겠는가?

    c. 당신 할아버지는 원래 이 계좌에 얼마의 금액을 예치하였을까?

여러 기간 현금흐름의 가치평가

11. 앞으로 3년 동안 매년 말에 $100를 받는다고 가정하자.

    a. 연간 이자율이 8%라면, 이 현금흐름의 현재가치는 얼마인가?

    b. (a)에서 계산한 현재가치의 3년 후 미래가치는 얼마인가?

    c. 당신이 연 8%의 이자를 지급하는 은행계좌에 예금한다고 가정하자. 앞으로 3년 동안 매년 말(당신이 예금한 직후)의 은행계좌 잔고를 각각 구하면? 당신의 최종 은행잔고를 (b)의 계산결과와 비교하면?

12. 당신은 친구 회사에 투자하여 우발적인 소득을 얻게 되었다. 당신 친구는 올해 말에 $10,000, 내년 말에 $20,000, 내후년 말(오늘부터 3년 후)에 $30,000를 각각 지급할 것이다. 연간 이자율은 3.5%이다.

    a. 우발적인 소득의 현재가치는 얼마인가?

    b. 우발적인 소득의 3년 후(마지막 지급일) 미래가치는 얼마인가?

13. 당신은 은행 대출이 있다. 이 대출의 상환을 위해 향후 3년 동안 매년 말에 $1,000씩 지급해야 한다. 은행은 당신에게 두 번의 지급은 생략하고 대출의 만기가 되는 3년 후에 일시불로 한 번 지급하는 것을 허용한다. 대출 이자율이 5%일 때, 최종 지급액으로 은행이 얼마를 요구하면 당신이 두 가지 지급 유형에 대해 무차별하게 생각하겠는가?

순현재가치의 계산

14. 당신은 독특한 투자 기회를 제공받았다. 오늘 $10,000를 투자하면 지금부터 1년 후에 $500, 2년 후에 $1,500, 10년 후에 $10,000를 받게 된다.

    a. 연간 이자율이 6%라면, 이 투자 기회의 NPV는 얼마일까? 이 투자 기회를 채택해야 할까?

    b. 연간 이자율이 2%라면, 이 투자 기회의 NPV는 얼마일까? 지금 채택해야 할까?

15. 마리안 플렁킷은 사업을 하고 있고, 어떤 투자를 고려 중이다. 그녀가 이 투자를 한다면, 향후 3년 동안

매년 말에 각각 $4,000를 지불하게 될 것이다. 이 투자를 하려면 $1,000의 초기 투자와 두 번째 해의 말에 $5,000의 추가적인 투자가 필요하다. 연간 이자율이 2%인 경우, 이 기회의 NPV는 얼마일까? 그녀는 이 투자를 해야 할까?

영구연금과 연금

16. 기계공학을 전공한 당신의 친구는 화폐 기계를 발명했다. 이 기계의 가장 큰 단점은 속도가 느리다는 점이다. $100를 제조하는 데 1년이 소요된다. 그러나 일단 제작되면 이 기계는 영원히 지속되며, 유지 보수가 필요 없다. 기계는 즉시 건설될 수 있지만, 건설비용은 $1,000가 든다. 당신 친구는 돈을 투자해서 만들어야 하는지 알고 싶어 한다. 연간 이자율이 9.5%라면 당신 친구는 무엇을 해야 할까?

17. 기계를 제작하는 데 1년이 걸리면 16번 문제에 대한 당신의 답은 어떻게 변할까?

18. 영국 정부는 매년 £100를 영구히 지급하는 영구채권을 발행하고 있다. 현재 이자율은 연 4%이다.
    a. 지급이 이루어지고 난 직후 이 채권의 가치는 얼마인가?
    b. 지급이 이루어지기 직전 이 채권의 가치는 얼마인가?

19. 연간 이자율이 7%일 때, 앞으로 100년 동안 매년 말에 $1,000를 지급하는 현금흐름의 현재가치를 구하면 얼마인가?

*20. 당신은 예술을 위한 슈와르츠 패밀리 인다우먼트의 대표다. 샌프란시스코 베이 지역의 예술학교에 영원히 자금을 지원하기로 결정했다. 5년마다 이 학교에 $1 백만을 기부한다. 첫 지불액은 오늘부터 5년 후에 지급된다. 연간 이자율이 8%라면, 이 기부의 현재가치는 얼마일까?

*21. 당신은 차를 구입하면서 연간 이자율 6%, 만기 5년의 대출을 받았다. 대출금 상환을 위해 당신은 매년 $5,000의 분할상환금을 지불해야 한다. 방금 분할상환금을 지불했는데, 당신은 나머지 대출 잔고를 지불함으로써 대출을 상환하고자 한다.
    a. 만약 당신이 1년 동안 차를 소유하였다고 하면(즉, 남은 대출기간이 4년이라면) 얼마를 상환해야 하는가?
    b. 만약 당신이 4년 동안 차를 소유하였다고 하면(즉, 남은 대출기간이 1년이라면) 얼마를 상환해야 하는가?

22. 당신은 25세이며 은퇴를 위해 저축하기로 결정한다. 매년 연말에 $5,000를 저축할 계획이고(따라서 첫 입금은 지금부터 1년 후에 이루어질 것이다), 65세에 은퇴할 때 마지막 입금을 할 것이다. 은퇴저축에 대해 연간 8%의 이자를 받는다고 가정하자.
    a. 당신은 은퇴를 위해 얼마를 저축할까?
    b. 당신이 저축을 시작하기 위해 35세까지 기다린다면 얼마를 저축할까? (역시 첫 입금은 이 해의 연말에 이루어진다.)

[X] 23. 당신 할머니는 당신의 1번째 생일부터 18번째 생일까지 매년 생일마다 당신의 은행계좌에 $1,000를 입금해 왔고 도중에 전혀 인출하지 않았다. 이 은행계좌는 연 3%의 복리 이자를 지급한다. 할머니가 당신의 18번째 생일에 $1,000를 입금하고 난 직후 당신의 은행계좌에 예치되어 있는 금액은 얼마인가?

[X] 24. 부유한 친척이 당신에게 성장영구연금을 물려주었다. 첫 지급의 시점은 1년 후이고, 금액은 $1,000이다. 2번째 지급부터는 지난번 지급액보다 8% 더 많은 금액을 지난번 지급일부터 1년이 된 시점에 받는다. 이 지급 패턴은 계속될 것이다. 연간 이자율은 12%이다.
    a. 이 유산의 현재가치는 얼마인가?
    b. 첫 지급이 이루어지고 난 직후 유산의 가치는 얼마인가?

*25. 당신 회사는 새로운 기계의 구입을 검토하고 있다. 새로운 기계의 도입으로 당신 회사가 첫해에 절감하는 비용은 $1,000이다. 새로운 기계의 도입으로 인한 비용절감 효과는 영구히 발생하지만, 기계의 마모로 인해 비용절감 금액이 두 번째 해부터 매년 2%씩 줄어든다. 연간 이자율이 5%라면, 새로운 기계의 도입으로 인한 비용절감 금액의 현재가치는 얼마인가?

26. 당신은 신약을 개발한 제약회사에 근무한다. 제약공장은 17년간 가동된다. 당신은 이 약의 이윤이 첫해에 $2 백만이고, 그 이후부터는 매년 5%씩 성장할 것으로 추정하고 있다. 특허권이 없어지면 다른 제약회사들도 동일한 약을 생산할 수 있게 되어 경쟁이 발생하여 이 약의 이윤이 0이 된다. 이자율이 연 10%이려면 이 약의 현재가치는 얼마인가?

27. 당신의 큰딸이 사립학교에서 유치원을 시작하려고 한다. 수업료는 1년에 $10,000이며, 매 학년 초에 납부해야 한다. 그녀는 고등학교까지 사립학교에 다니기를 기대한다. 당신은 그녀가 학교를 다니는 13년 동안 연간 5%의 인상률로 학비가 오를 것으로 예상된다. 연간 이자율이 5%인 경우 학비의 현재가치는 얼마일까? 13년간의 학비를 모으기 위해 당신은 지금 은행에 얼마를 저축해야 할까?

28. 부유한 숙모가 당신에게 오늘부터 1년 후에 $5,000를 주기로 했다. 그다음부터는 지난번 지급액보다 3% 더 많은 금액을 지난번 지급일부터 1년이 된 시점에 주기로 약속했다. 그녀가 앞으로 20년 동안 당신에게 약속한 돈을 주면, 총 20회의 지급을 할 것이다. 연간 이자율이 5%라면, 그녀가 지급하기로 약속한 금액의 현재가치는 얼마인가?

29. 당신은 잘나가는 인터넷회사를 운영하고 있다. 애널리스트들은 향후 5년 동안 이익이 매년 30%씩 증가할 것으로 예측하고 있다. 그 후 경쟁이 치열해짐에 따라 이익 성장률은 연간 2%로 떨어지고 이 수준에서 영원히 계속될 것으로 예상된다. 당신 회사는 방금 $1,000,000의 수입을 발표했다. 연간 이자율이 8%라면 미래의 모든 이익의 현재가치는 얼마일까? (모든 현금흐름은 연말에 발생한다고 가정한다.)

*30. 10년 전에 다이애나 토레스는 선도적인 불법행위 교과서가 된 책을 집필했다. 그녀는 출판사가 보고한 수입을 기준으로 로열티를 받고 있다. 이 수입은 첫해에 $1 백만에서 시작하여 매년 5%씩 꾸준히 증가했다. 로열티 비율은 수입의 15%다. 최근에 그녀는 출판사가 수입을 과소 보고하고 있다는 것을 발견한 감사관을 고용했다. 이 책은 실제로 로열티 진술에 보고된 것보다 10% 더 많은 수입을 올렸다.

   a. 출판사가 누락된 지불금에 대해 4%의 이자율을 지급한다고 가정하면, 출판사는 다이애나에게 얼마를 주어야 할까?

   b. 출판사는 현금이 부족하므로 다이애나에게 지불금 대신 향후 도서 판매에 대한 로열티를 인상할 것을 제안한다. 이 책이 추가로 20년간 수입을 창출하고, 현재 매출 성장이 계속될 것이라고 가정한다. 또 다이애나가 3%의 이자를 지급하는 은행계좌에 돈을 입금할 수 있다고 가정한다. 다이애나가 미래의 로열티 비율 인상을 받아들이거나 오늘 그 현금을 받는 것을 무차별하다고 느끼도록 하는 로열티 비율은 얼마일까?

*31. 당신 형은 향후 20년간 당신에게 돈을 지급하기로 했다. 내년의 지급액은 $100이지만, 이후 지급액이 연간 3%의 성장률로 성장한다. 당신은 이 제안의 현재가치를 계산하고자 한다. 이를 위해 당신은 은행계좌가 당신에게 제공되는 현금흐름과 동일한 현금흐름을 생성할 수 있도록 현지 은행에 예금해야 할 금액을 계산하고자 한다. 당신의 지역 은행은 당신이 은행계좌에 돈을 가지고 있는 한 연 6%의 이자율을 보장한다.

   a. 오늘 얼마나 많은 돈을 은행계좌에 입금해야 할까?

   b. 엑셀 스프레드시트를 사용하여 이 계좌에 이 금액을 입금할 수 있음을 명시하고, 매년 당신 형이 지급하기로 약속한 금액을 인출하고, 마지막 인출 후 이 계좌에 아무것도 남기지 않는다.

비연간 현금흐름

32. 현재 저축계좌에 $5,000가 있고 은행에서 이자를 월 0.5%씩 지불한다고 가정하자. 더 이상 예금이나 인출을 하지 않으면 5년 후에 이 계좌에 얼마를 갖고 있을까?

33. 당신 회사는 매월 $5,000를 인쇄 및 우편비용으로 지출하여 고객에게 진술서를 보낸다. 이자율이 월 0.5%라면, 전자 명세서를 전송하여 이 비용을 제거하는 것의 현재가치는 얼마일까?

34. 당신은 MBA 프로그램에 방금 입학하고, 최소 월간 지불액이 없는 신용카드를 사용하여 생활비를 지불하

기로 결정했다. 다음 21개월 동안 매월 $1,000를 카드로 결제하려고 한다. 이 카드는 월 1%의 이자율을 적용한다. 졸업 후인 지금부터 22개월 후에 첫 명세서를 받았을 때, 당신이 카드회사에 갚아야 되는 금액은 얼마일까?

*35. 당신의 신용카드는 연 2%의 이자율이 부과된다. 당신은 현재 $1,000의 카드 잔고가 있고, 이를 갚고 싶어 한다. 만약 당신이 한 달에 $100를 지불할 여유가 있다고 가정해보자. 1년 후에 당신의 잔고는 얼마일까?

현금 지급액 구하기

36. 당신은 영구채권을 매입하기로 결정했다. 이 채권은 매년 1회 지급을 하며, 연 5%의 이자를 지급한다. 이 채권의 구입가격이 $1,000라면 매년 지급하는 금액은 얼마인가?

37. 당신은 $350,000의 주택을 구입하려고 한다. 당신은 현재 $50,000를 보유하고 있고, 부족한 금액은 은행으로부터 모기지(주택담보대출)를 받으려고 한다. 은행이 제시하는 모기지의 조건은 연간 이자율 7%에, 원리금을 30년에 걸쳐 매년 일정한 금액으로 나누어 분할상환하는 것이다. 당신이 이 대출을 받을 경우 매년 상환해야 하는 금액은 얼마인가?

*38. 당신은 주택 구입을 위해 37번 문제에서 기술한 조건의 모기지를 받으려고 한다. 당신이 매년 지급할 수 있는 금액은 $23,500이다. 은행은 당신이 이 금액을 매년 균등 분할상환하는 것에 동의하지만, 여전히 $300,000를 빌려준다. 대출의 마지막 시점인 30년 후에 대출 잔고의 전액을 일괄지불해야 한다. 대출의 마지막 시점에 만기 일괄지불금액은 얼마인가?

39. 당신은 방금 새로운 집에 대한 가격 제안을 받고 모기지를 찾고 있다. 당신은 $600,000를 빌려야 한다.

    a. 은행은 월 0.5%의 이자율로 고정된 월별 지급액을 지불하는 30년 만기 모기지를 제공한다. 이 대출을 받으면 월 지급액은 얼마일까?

    b. 다른 대안으로 당신은 월 0.4%의 이자율로 고정된 월별 지급액을 지불하는 15년 만기 모기지를 받을 수 있다. 이 대출을 받으면 월별 지급액은 얼마일까?

40. 39번 문제, (a)에 설명된 30년 모기지를 받았다고 가정해보자. 15년 후에 당신이 모기지에 갚아야 할 금액은 얼마일까?

*41. 당신은 가격이 $50,000인 예술품의 구입을 고려하고 있다. 미술상이 당신에게 다음 제안을 하고 있다. 그가 당신에게 돈을 빌려주고, 당신은 일정한 금액을 20년 동안 2년마다(즉, 총 10회) 상환한다. 연간 이자율이 4%라면, 2년마다 미술상에게 지불해야 하는 금액은 얼마일까?

42. 당신은 은퇴에 대비하기 위한 저축을 하고 있다. 편안한 생활을 위해 은퇴 시점인 65세까지 $2 백만을 필요로 한다. 오늘은 당신의 30번째 생일이다. 오늘부터 시작해서 65번째 생일까지 생일마다 일정한 금액을 저축계좌에 입금할 계획이다. 만약 연간 이자율이 5%라면, 당신의 65번째 생일에 이 계좌에 $2 백만의 잔고를 갖기 위해 매월 저축해야 하는 금액은 얼마일까?

*43. 당신은 42번 문제의 계획에 결함이 있음을 알게 되었다. 평생 소득이 증가할 것이기 때문에 지금은 덜 저축하고, 나중에 더 많이 저축하는 것이 더 현실적이다. 매년 같은 금액을 저축하지 않고 당신이 정한 금액을 1년에 3%씩 늘리기로 결정했다. 이 계획에 따라 당신은 오늘 이 계좌에 얼마나 많은 돈을 넣어야 할까? (당신이 오늘 이 계좌에 첫 입금을 계획하고 있음을 상기하자.)

*44. 당신은 35세이며, 연간 이자율 8%인 계좌에 매년 $5,000를 저축하고자 한다(첫 입금은 지금부터 1년 후에 이루어진다). 당신은 65세의 나이로 은퇴하는 지금부터 30년 후에 마지막 입금을 할 것이다. 은퇴 후 매년 연말에 계좌에서 일정한 금액을 인출할 계획이다(따라서 첫 번째 인출이 66세에 이루어진다). 90세까지 인출이 지속되도록 하려면, 매년 인출할 수 있는 일정 금액은 얼마일까?

*45. 방금 30세가 된 당신은 MBA 학위를 받고 첫 번째 일을 시작했다. 당신은 퇴직연금 계좌에 얼마를 저축할지를 지금 결정해야 한다. 퇴직연금 계좌는 다음과 같이 운용된다. 투자금액은 연 7%의 수익을 얻는다.

65세가 될 때까지 돈을 인출할 수 없다. 그 시점이 지나면 돈을 인출할 수 있다. 당신은 100세까지 살 것을 예상하고 65세까지 일하기로 결정했다. 은퇴 후 안락한 생활을 위해 은퇴 후 1년 후부터 100세 생일까지 매년 $100,000가 필요하다고 추정하고 있다. 당신은 은퇴 후 필요한 자금을 마련하기 위해 일하는 동안 매년 말에 일정한 금액을 퇴직연금 계좌에 투자할 계획이다. 당신이 매년 투자해야 하는 금액은 얼마일까?

*46. 대부분의 은퇴저축 플랜이 매년 일정 금액을 납부하는 것을 허용하지 않기 때문에, 45번 문제는 현실적이지 않다. 대신 납부하고자 하는 연봉의 일정 비율을 지정해야 한다. 당신의 최초 연봉이 $75,000이고 연봉이 은퇴할 때까지 연 2%씩 증가한다고 가정한다. 45번 문제에서와 같이 다른 모든 사항이 그대로 유지된다고 가정하자. 동일한 은퇴 소득에 대한 기금을 마련하기 위해 당신이 은퇴저축 플랜에 매월 납부해야 하는 연봉의 일정 비율은 얼마일까?

내부 수익률

47. 오늘 초기 투자액이 $5,000이고 1년 후 $6,000를 지불하는 투자 기회가 있다. 이 투자 기회의 IRR은 얼마일까?

48. 오늘 $2,000를 투자하고 5년 후에 $10,000를 받는다고 가정하자.

   a. 이 투자 기회의 IRR은 얼마일까?

   b. 또 다른 투자 기회가 $2,000의 선불 투자를 요구하지만, 향후 5년 동안 매년 말에 동일한 금액을 지불한다고 가정하자. 이 투자에 대한 IRR이 첫 번째 IRR과 동일하다면, 매년 당신이 받을 금액은 얼마일까?

49. 당신은 차를 쇼핑하고 있는데, 신문에 있는 다음 광고를 읽었다. "새로운 스핏파이어를 소유하십시오! 계약금 없이 단지 $10,000의 연간 지불을 4번만 하면 됩니다." 당신은 여기저기 알아본 결과 현금 $32,500로 스핏파이어를 살 수 있다는 것을 알게 되었다. 이 딜러가 광고하는 이자율은 얼마일까(광고의 대출 IRR은 얼마일까)? 매년 말에 연간 지급액을 지급해야 한다고 가정하자.

50. 한 지방 은행은 신문에 다음 광고를 하고 있다. "단돈 $1,000면 영원히 $100를 지불할 것입니다!" 이 광고는 작은 글씨로 $1,000의 예금에 대해 은행은 입금이 이루어진 후 1년 후부터 매년 $100를 영구연금으로 지불할 것이라고 말하고 있다. 이 은행이 광고하는 금리는 얼마일까(이 투자의 IRR은 얼마일까)?

51. 당신은 창고 구입을 고려 중이다. 창고 구입비용은 $500,000이다. 동일한 공간을 임대하면 연간 $20,000의 비용이 발생한다. 연간 이자율이 6%일 때, 임대비용이 구매비용과 같아지려면 매년 임대비용 상승률이 얼마가 되어야 할까?

*52. 틸라무크 카운티 치즈제조협회는 틸리무크 체다치즈를 제조한다. 이 치즈는 2개월, 9개월, 15개월 및 2년의 네 가지 종류로 판매된다. 유제품 매장에서 각 종류가 2파운드 단위로 다음 가격에 판매된다. $7.95, $9.49, $10.95, $11.95. 이 회사가 특정한 2파운드의 치즈 블록에 대해 숙성을 더 진행할지를 결정하는 것을 고려하자. 이 회사는 2개월 후 치즈를 즉시 판매하거나 숙성을 더 진행할 수 있다. 지금 판매한다면, 이 회사는 즉시 $7.95를 받을 것이다. 만약 치즈의 숙성을 더 진행하면 미래에 더 많은 금액을 받기 위해 오늘 $7.95를 포기해야 한다. 현재 2개월 된 치즈 20파운드를 저장하는 선택을 하여 이 치즈를 9개월 숙성 후 10파운드, 15개월 숙성 후 6파운드, 2년 숙성 후 나머지 4파운드를 판매한다면, 오늘 $79.50를 포기하는 투자의 IRR(월간 퍼센트로 표시)은 얼마일까?

데이터 사례

오늘이 2016년 3월 16일이라고 가정하자. 나타샤 킨거리는 30세이고 컴퓨터과학 학사학위를 취득했다. 그녀는 워싱턴 주 시애틀 시에 소재한 전화회사에 2등급 현장 근무 대표자로 재직 중이다. 현재 그녀의 연봉은 $38,000이고, 앞으로 매년 3%씩 증가할 것으로 예상하고 있다. 그녀는 65세에 은퇴하기를 희망하고 있고, 방금 미래에 대해 생각하기 시작했다.

   그녀는 숙모로부터 유산을 받은 $75,000를 가지고 있다. 그녀는 이 돈을 미 재무부 장기채(T-bonds)에 투자하였다. 그녀는 이 돈을 사용하여 추가적인 교육을 받을지를 고려하고 있다.[9] 그녀는 몇 가지 선택안을 조사하고, 각 선택안의 재무적 결과를 결정하고자 한다. 그녀는 재무계획 인턴으로 근무하는 당신에게 이에 대한 도움을 요청했다. 그녀는 이미 2개의 교육 프로그램에서 입학 허가를 받았고, 그중 하나를 곧 시작해야 한다.

그녀가 고려하고 있는 안 중의 하나는 네트워크 디자인 자격증을 취득하는 것이다. 이 자격증이 있으면, 그녀는 회사에서 자동적으로 3등급 현장 근무 대표자로 승진한다. 3등급 현장 근무 대표자의 연봉은 2등급 현장 근무 대표자보다 $10,000가 더 많고, 3등급과 2등급 간의 연봉 차이는 그녀가 재직하는 동안 매년 3%씩 커질 것으로 예상한다. 이 자격증은 20개의 웹 기반 강의를 수강하고, 시험에서 80% 이상의 점수를 얻으면 획득할 수 있다. 그녀는 이 프로그램을 마치는 데 평균적으로 소요되는 기간이 1년이라는 것을 알았다. 이 프로그램의 총비용은 $5,000이고, 프로그램 등록 시에 납부하여야 한다. 그녀는 자격증 취득에 필요한 공부를 그녀의 개인적인 시간에 할 수 있으므로 이 프로그램을 위해 직장을 그만두지 않아도 될 것으로 예상한다.

그녀가 고려하고 있는 또 다른 안은 MBA 학위를 취득하는 것이다. MBA 학위가 있으면, 그녀는 현재 다니는 회사에서 관리자로 승진할 수 있다. 관리자의 연봉은 현재 그녀의 직급에서 받는 연봉보다 $20,000를 더 많고, 관리자와 현재 직급 간의 연봉 차이는 그녀가 재직하는 동안 매년 3%씩 증가할 것으로 예상한다. 그녀가 고려하고 있는 MBA 프로그램은 야간 프로그램이고 학위 취득 시까지 3년이 걸린다. 이 프로그램의 학비는 매년 $25,000이고, 3년 동안 매년 초에 납부하여야 한다. 야간 MBA 프로그램이므로 MBA 학위를 취득하는 동안 그녀는 직장을 그만두지 않아도 된다.

1. 다음 절차를 통해 현재 그녀가 투자하고 있는 미 재무부 채권의 수익률을 구할 수 있다. Yahoo! Finance 사이트(http://finance.yahoo.com)에 가서 "Market Data" 부분의 "10-year bonds"를 클릭한다. 이어 "Historical Prices" 클릭, 날짜 입력란에 "Aug 2, 2010" 입력(Aug 1, 2010은 일요일이다) 등을 하면 "Closing yield"를 얻게 되는데, 이 수익률이 그녀가 얻는 이자율이다. 이 이자율을 이 문제에서 할인율로 사용한다.

2. 엑셀에서 자격증 취득 프로그램 및 MBA 학위 선택안 등을 포함하여 그녀의 상황에 대한 시간선을 만들어 보라. 이를 위해 다음 가정들을 사용하라.
   a. 연봉은 매년 말에 1회에 걸쳐 지급된다.
   b. 연봉 인상은 자격증 또는 MBA 학위의 취득과 동시에 이루어진다. 하지만 인상된 연봉의 지급은 매년 말에 이루어진다. 따라서 인상된 첫 연봉의 지급은 자격증 취득 또는 학위 취득 후 1년 후에 이루어진다.

3. 자격증 프로그램 이수의 가치에서 비용을 차감하여 자격증 프로그램 이수로 인한 연봉 차이의 현재가치를 구하라.

4. MBA 학위 취득으로 인한 연봉 차이의 현재가치를 구하라. MBA 학위 취득비용의 현재가치를 구하라. 계산에 근거하여 MBA 학위 취득의 가치를 평가하라.

5. 3번, 4번 질문의 답에 근거하여, 그녀에게 어떤 조언을 할 것인가? 만약 두 프로그램이 상호 배타적이라면 어떤가? 만약 그녀가 두 프로그램 중 하나를 선택하면 다른 프로그램의 추가적인 혜택이 없어진다. 이 경우 그녀에게 해주는 조언이 바뀌는가?

주석 : 이 사례 분석에 대한 갱신은 www.berkdemarzo.com에서 찾을 수 있다.

---

9 나타샤가 수업료를 낼 현금이 부족하다면 돈을 빌릴 수 있다. 더 흥미롭게도 그녀는 미래의 수입 중 일부를 팔 수 있었다. 연구원과 기업가들로부터 관심을 받은 이러한 아이디어에 대한 관심이 있는 독자가 참고할 책은 다음과 같다. M. Palacios, *Investing in Human Capital: A Capital Markets Approach to Student Funding*, Cambridge University Press, 2004.

기간의 수 구하기

연금의 현금흐름이나 이자율 이외에 어떤 금액이 미래에 일정 금액까지 증가하는 데 걸리는 기간도 구할 수 있다. 즉, 이자율, 현재가치, 미래가치를 알고 있으면 현재가치가 미래가치가 되는 데 걸리는 기간을 계산할 수 있다.

예를 들어 $10,000를 연간 이자율이 10%인 은행계좌에 예금하여 $20,000가 되는 데 걸리는 기간을 알고 싶어 한다고 가정하자. 우리는 아래 시간선에서 N을 결정해야 한다.

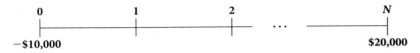

아래 공식에서 투자금액의 미래가치가 $20,000가 되는 N을 구해야 한다.

$$FV = \$10,000 \times 1.10^N = \$20,000 \tag{4A.1}$$

N을 찾는 방법 중 하나는 앞의 이자율 구하는 예제처럼 시행착오를 거쳐 구하는 방법이다. 예를 들어 위 공식에 $N = 7$년을 넣으면 $FV = \$19,487$이므로, 미래가치가 $20,000가 되려면 7년보다 더 걸린다고 할 수 있다. 이번에는 $N = 8$이라고 하면 $FV = \$21,436$이므로, 미래가치가 $20,000가 되는 데 걸리는 기간은 7년과 8년 사이라고 할 수 있다.

N을 계산하는 또 다른 방법 중 하나는 연금 스프레드시트를 이용하는 것이다. 이 경우 우리는 N을 다음과 같이 구할 수 있다.

	NPER	RATE	PV	PMT	FV	엑셀 공식
입력		10.00%	− 10,000	0	20,000	
NPER 계산	7.27					=NPER(0.10,0,− 10000,20000)

미래가치가 $20,000가 되는 데 걸리는 기간은 7.3년으로 계산된다.

기간의 수를 구하는 마지막 방법은 수학적으로 N의 값을 구하는 것이다. 식 (4A.1)의 양변을 $10,000로 나누면 아래와 같다.

$$1.10^N = 20,000/10,000 = 2$$

지수값을 구하기 위해 양변에 로그를 취하고 $\ln(x^y) = y \ln(x)$라는 사실을 이용하면 아래와 같이 구할 수 있다.

$$N \ln(1.10) = \ln(2)$$
$$N = \ln(2)/\ln(1.10) = 0.6931/0.0953 \approx 7.3(년)$$

저축 계획에서 기간의 수 구하기　　　　　　　　　　**예제 4A.1**

문제

주택구입 계약금 마련을 위한 저축의 예로 다시 돌아가자. 시간이 지나서 당신이 이미 $10,050를 저축했고, 앞으로 매년 말에 $5,000를 저축할 수 있다고 가정하자. 그리고 이자율도 올라서 당신 저축에 대한 연간 이자율이 7.25%라고 하자. 당신의 목표인 $60,000를 모으는 데 앞으로 얼마의 기간이 걸리겠는가?

풀이

이 문제에 대한 시간선은 다음과 같다.

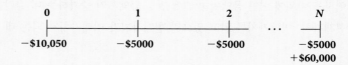

우리는 당신이 이미 저축한 금액의 미래가치와 앞으로 추가적으로 저축할 금액(연금)의 미래가치 합계가 당신이 목표로 하는 금액과 같아지도록 하는 N을 구해야 한다.

$$10{,}050 \times 1.0725^N + 5000 \times \frac{1}{0.0725}(1.0725^N - 1) = 60{,}000$$

위 등식을 다음과 같이 정리할 수 있다.

$$1.0725^N = \frac{60{,}000 \times 0.0725 + 5000}{10{,}050 \times 0.0725 + 5000} = 1.632$$

위 등식의 양변에 로그를 취한 후 N에 대해 정리하면 N을 구할 수 있다.

$$N = \frac{\ln(1.632)}{\ln(1.0725)} = 7.0년$$

주택구입 계약금을 마련하는 데 7년이 걸린다. 연금 스프레드시트를 이용하여 이 문제의 답을 구할 수 있다.

	NPER	RATE	PV	PMT	FV	엑셀 공식
입력		7.25%	−10,050	−5000	60,000	
N 계산	7.00					=NPER(0.0725,−5000,−10050,60000)

연습문제

* 표시는 난이도가 높은 문제다.

*A.1. 당신 할머니는 은퇴할 때 록 솔리드 생명보험회사에 \$200,000를 지급하고 연금을 매입하였다. 이 회사는 \$200,000를 받고 그녀가 죽을 때까지 매년 \$25,000를 지급한다. 연간 이자율은 5%다. 그녀가 은퇴한 날 이후에 (지급한 돈보다 더 많은 가치를 얻기 위해) 얼마나 더 오래 살아야 할까?

*A.2. 당신은 새로운 공장에 대한 투자를 고려하고 있다. 이 공장이 유지되는 한, 이 공장은 매년 \$1 백만의 수익을 올릴 것이다. 이 공장의 유지보수 비용은 연간 \$50,000에서 시작하여 그 후 매년 5%씩 증가할 것으로 예상된다. 모든 수익 및 유지보수 비용은 매년 말에 발생한다. 공장에서 창출된 현금흐름이 유지보수 비용을 초과하는 한, 즉 양(+)의 현금흐름이 유지되는 한 이 공장을 운영하려고 한다. 이 공장은 즉시 건설되고 운영될 수 있다. 이 공장에 \$10 백만의 건설비용이 들고, 연간 이자율이 6%라면 이 공장에 투자해야 할까?

이자율

제4장에서 주어진 시장 이자율하에서 현재가치와 미래가치를 계산하는 메커니즘을 학습하였다. 그런데 이자율은 어떻게 결정되는가? 실제로는 이자가 지급되는 방식과 이자율이 호가 되는 방식이 서로 다르다. 예를 들어 2012년 중반에 메트로폴리탄 내셔널 은행은 1.65%의 연간 이자율로 연말에 이자가 지급되는 저축예금 계좌를 제공했다. 반면 AIG 은행은 불과 1.60%의 연간 이자율을 제시했지만, 일간 기준으로 이자를 지급했다. 그리고 이자율은 투자하는 기간에 따라 다를 수 있다. 2015년 7월, 투자자들은 1년 무위험 미 재무부 채권에서 0.25%의 수익을 얻었지만, 20년 미 재무부 채권에서 2.9% 이상의 수익을 얻었다. 또한 이자율은 위험 또는 과세 대상 여부에 따라 달라질 수 있다. 미국 정부는 존슨 앤 존슨보다 더 낮은 이자율로 돈을 빌릴 수 있고, 존슨 앤 존슨은 아메리칸 항공보다 더 낮은 이자율로 돈을 빌릴 수 있다.

이 장에서는 이자율을 결정하는 요소들과 주어진 현금흐름에 대해 적절한 할인율을 결정하는 방법에 대해 학습한다. 이를 위해 가장 먼저 이자율이 지급되는 방식, 호가되는 방식, 주어진 서로 다른 호가 관행하에서 실효 연이자를 계산하는 방식 등을 살펴본다. 그다음에는 인플레이션, 정부정책 등 이자율을 결정하는 중요한 요인들에 대해 고찰한다. 이자율은 시간에 따라 변하는 경향이 있기 때문에, 투자자들은 자신들의 기대에 근거하여 서로 다른 투자 기간에 대해 서로 다른 이자율을 요구하는 경향이 있다. 마지막으로 이자율을 결정하는 데 있어서 위험의 역할과 세금을 반영한 이후에 얻는(지불하는) 실효 금액을 얻기 위해 이자율을 조정하는 방법에 대해 살펴볼 것이다.

기호	
EAR	실효 연이자율
r	이자율 또는 할인율
PV	현재가치
FV	미래가치
C	현금흐름
APR	연율화 이자율
k	연간복리 계산 횟수
r_r	실질 이자율
i	인플레이션율
NPV	순현재가치
C_n	n기의 현금흐름
n	기간의 수
r_n	n기의 이자율
τ	세율

5.1   이자율의 호가와 조정

조금만 시간을 내어 신문을 훑어보면, 신문에서 언급되고 광고되는 이자율이 저축계좌 이자율, 자동차 대출 금리, 국채 이자율을 비롯하여 수십 개가 넘는다는 사실을 발견할 것이다. 이자율은 금융 시스템의 작동에서 핵심적인 역할을 하고 있다. 이자율을 올바로 이해하기 위해서 이자율이 가격, 즉 돈을 사용하는 가격이라고 생각하는 것이 필요하다. 당신이 자동차 구입을 위해 대출을 할 때 은행의 돈을 사용하여 자동차를 얻고, 여러 기간에 걸쳐 그 돈을 상환한다. 자동차 대출에 있어서 이자율은 미래의 대출상환금을 오늘의 자동차로 바꿀 수 있도록 하기 위하여 당신이 지불하는 가격이다. 당신이 저축계좌에 돈을 예치하면, 당신이 나중에 인출할 때까지 은행이 이 돈을 사용하도록 하는 것이다. 당신의 예금에 대한 이자는 은행이 당신의 돈을 사용하기 위하여 지불하는 가격이다.

이자율은 다양한 방식으로 호가된다. 일반적으로 이자율은 연간 이자율로 명시되지만, 이자 지급 자체는 월간 또는 반년 등 다른 간격으로 이루어질 수 있다. 그러나 현금흐름을 평가할 때 현금흐름의 간격과 일치하는 **할인율**을 사용해야 한다. 이 할인율은 해당 기간에 우리가 얻을 수 있는 실제 수익을 반영해야 한다. 이 절에서는 정확한 할인율을 결정하기 위해 이자율을 해석하고 조정하는 메커니즘을 알아본다.

실효 연이자율

이자율은 가끔 **실효 연이자율**(effective annual rate, EAR)로도 명시된다. EAR은 1년의 기말에 실제로 얻게 되는 이자를 나타낸다.[1] 이자율을 호가하는 이 방법은 지금까지 이 책에서 사용해 온 방법이다. 제4장에서 우리는 화폐의 시간가치 계산에서 EAR을 할인율(또는 연간 이자율) r로 사용했다. 예를 들어 EAR 5%일 때 $100,000를 투자하면 1년 후에 얻게 되는 금액은 아래와 같다.

$$\$100,000 \times (1 + r) = \$100,000 \times (1.05) = \$105,000$$

2년 후에 얻게 되는 금액은 아래와 같이 계산된다.

$$\$100,000 \times (1 + r)^2 = \$100,000 \times (1.05)^2 = \$110,250$$

할인율을 다른 기간으로 조정   앞의 예는 2년 동안 매년 5%의 실효 연이자율을 얻는 것은 전체 기간에 10.25%의 총이자를 얻는 것과 같다는 것을 예시한다.

$$\$100,000 \times (1.05)^2 = \$100,000 \times 1.1025 = \$110,250$$

일반적으로 우리가 이자율 요소 $(1 + r)$에 적절한 승수를 취하면, 1년보다 긴 기간에 대하여 동등한 이자율을 구할 수 있다고 표현할 수 있다.

우리는 동일한 방법론을 적용하여 1년 미만의 기간에 대하여 동등한 이자율을 구할 수 있다. 이 경우에는 이자율 요소 $(1 + r)$에 분수의 승수를 취해야 한다. 예를 들어 5%의 연간 이자율을 얻는 것은 오늘 투자한 $1에 대해 반년(6개월) 후에 $1.0247를 얻는 것과 동등하다.

---

1   실효 연이자율은 종종 실효 연수익률(effective annual yield, EAY) 또는 연율화 수익률(annual percent yield, APY)이라고 표현하기도 한다.

$$(1 + r)^{1/2} = (1.05)^{1/2} = \$1.0247$$

이는 EAR이 5%일 때 반년(6개월)마다 얻게 되는 이자율이 2.47%임을 의미한다. 이러한 결과는 반년마다 얻게 되는 이자율로 두 번 복리계산한 값과 EAR로 한 번 복리계산한 값이 동일함을 통해 확인할 수 있다.

$$(1 + r_{6mo})^2 = (1.0247)^2 = 1.05 = 1 + r_{1yr}$$

할인율 기간 전환에 대한 일반 공식   다음 공식을 이용하면, 1-기간 할인율 r을 동등한, 즉 동일한 화폐의 시간가치를 갖는 n-기간 할인율로 전환할 수 있다.

$$1\text{-기간 할인율과 동등한 } n\text{-기간 할인율} = (1 + r)^n - 1 \tag{5.1}$$

이 공식에서 n이 1보다 크면(작으면), 이 공식을 이용하여 1기보다 긴(짧은) 기간의 할인율을 구할 수 있다. 현재가치 또는 미래가치를 구할 때 할인율의 기간과 현금흐름의 기간, 즉 현금흐름이 발생하는 간격을 일치시켜주어야 한다. 이러한 조정은 아래 예제 5.1에서처럼 영구연금 또는 연금의 공식을 연간 현금흐름이 아닌 현금흐름에 적용할 때도 필요하다.

여러 기간 현금흐름의 현재가치   **예제 5.1**

문제

은행이 실효 연이자율 6%로 당신에게 월이자를 지급한다. 당신은 매월 몇 %의 이자율로 이자를 지급받는가? 오늘 당신의 은행계좌에 잔고가 없다면, 10년 후까지 $100,000를 모으기 위해 당신이 매월 말 저축해야 하는 금액은 얼마인가?

풀이

식 (5.1)을 이용하여 EAR을 월이자율로 전환시키면 첫 번째 질문에 답할 수 있다. 두 번째 질문은 연금의 미래가치에 대한 질문이다. 10년 후에 $100,000를 모으기 위해서 매월 예치해야 하는 연금의 금액이 얼마가 되어야 하는지를 물어보고 있다. 하지만 현금흐름이 매월 발생하므로 이 문제를 풀기 위해서는 시간선을 월단위의 기간으로 작성해야 한다.

즉, 우리는 이 저축계획을 120개월($= 10 \times 12$)의 월별 연금으로 볼 수 있다. 연금의 미래가치가($100,000), 전체 기간의 수가(120개월), 그리고 월별 이자율은 첫 번째 질문에서 구하게 된다. 식 (4.10)의 연금의 미래가치 공식에 이 값들을 대입하여 월별 예치금을 구할 수 있다.

$$FV(\text{연금}) = C \times \tfrac{1}{r}[(1 + r)^n - 1]$$

연금의 미래가치 $100,000, 월이자율 0.4868%와 월별 기간의 수 120개월을 위 식에 대입하면 월지급액 C를 구할 수 있다.

$$C = \frac{FV(\text{연금})}{\tfrac{1}{r}[(1 + r)^n - 1]} = \frac{\$100,000}{\tfrac{1}{0.004868}[(1.004868)^{120} - 1]} = \$615.47 \text{(매월)}$$

다음과 같이 엑셀을 이용하여 월지급액을 구할 수 있다.

	NPER	RATE	PV	PMT	FV	엑셀 공식
입력	120	0.4868%	0		100,000	
PMT 계산				−615.47		=PMT(0.004868,120,0,100000)

매월 $615.47를 저축하고 실효 연이자율 6%로 월이자를 지급받으면, 당신은 10년 후에 $100,000를 갖게 될 것이다.

일상적인 실수   연금 공식에 잘못된 할인율 사용하기

연금 공식에서 이자율의 발생 주기는 현금흐름의 발생 주기와 같아야 한다. 예제 5.1에서 현금흐름의 주기가 월간이기 때문에 우리는 먼저 EAR을 월이자율로 변환시켜야 했다. 이 경우 일반적인 실수는 이 연금을 할인율이 EAR 6%와 동일한 10년 연금으로 취급하는 것이다. 그렇게 하면 우리가 얻게 되는 것은 아래와 같다.

$$C = \frac{\$100,000}{\frac{1}{0.06}[(1.06)^{10} - 1]} = \$7,586.80$$

이 금액은 당신이 매월이 아닌 매년 투자해야 하는 금액이다. 또한 우리가 이 금액을 12로 나누어서 월별 예치금으로 전환하려 한다면, 7,586.80/12 = 632.23을 얻게 되며, 이는 예제 5.1에서 구한 금액을 능가한다. 이처럼 우리가 더 적은 금액을 저축해도 되는 이유는 매년 말이 아닌 매월 말 예치금을 입금하면 해당 연도의 나머지 기간에 예치금에 대한 이자를 얻게 되기 때문이다.

연율화 이자율

은행들은 **연율화 이자율**(annual percentage rate, APR)로 이자율을 호가한다. APR은 1년 후에 얻게 되는 단리 이자(simple interest) 금액을 나타낸다. 단리 이자는 이자에 이자가 붙는 복리 효과 없이 얻는 이자를 말한다. APR은 복리효과를 고려하지 않는 이자율 호가 방법이므로, APR로 표시된 이자율이 실제 얻게 되는 이자율보다 더 작은 것이 일반적이다. 따라서 1년 후에 실제로 얻게 되는 실제 이자 금액을 구하기 위해서는 APR을 EAR로 전환해야 한다.

그랜티 은행이 "6% APR로 월 복리계산되는" 저축계좌를 광고한다고 가정하자. 이 경우 이 은행이 매월 0.5%(= 6%/12)의 이자를 지급하려 함을 의미한다. 따라서 "월 복리계산 APR"은 사실상 연간 이자율이 아닌 월간 이자율을 호가하는 방식이다. 월 복리계산이 이루어지므로, 오늘 $1를 예금하여 1년 후에 실제로 얻게 되는 금액은

$$\$1 \times (1.005)^{12} = \$1.061678$$

이고 EAR은 6.1678%이다. 누적된 이자 금액에 대해서도 이자가 가산되는 복리 효과로 인해 호가된 "6% APR"보다 더 높은 6.1678%의 이자율을 예금을 통해 얻게 된다.

APR은 1년 동안 실제로 얻게 되는 이자 금액을 반영하지 않고, APR 자체를 할인율로 쓸 수 없다는 것을 명심해야 한다. APR은 매 복리계산 기간에 얻게 되는 이자율에 연간복리 계산 횟수(m)를 곱하여 이자율을 나타내는 방식이다. 따라서 매 복리계산 기간에 이자율은 APR을 연간복리 계산 횟수(m)로 나누어서 구한다.

표 5.1	서로 다른 복리계산 기간에 따른 6% APR의 실효 연이자율

복리계산 주기	실효 연이자율
년	$(1 + 0.06/1)^1 - 1 = 6\%$
반년	$(1 + 0.06/2)^2 - 1 = 6.09\%$
월	$(1 + 0.06/12)^{12} - 1 = 6.1678\%$
일	$(1 + 0.06/365)^{365} - 1 = 6.1831\%$

$$\text{매 복리계산 기간당 이자율} = \frac{APR}{k \text{ 기간/연}} \tag{5.2}$$

식 (5.2)를 이용하여 매 복리계산 기간당 이자율을 구하면, 그다음에는 식 (5.1)을 이용하여 어떤 주어진 기간에 대해서도 동일한 화폐의 시간가치를 갖는 이자율을 구할 수 있다. 따라서 APR과 그에 상응하는 EAR은 아래 식 (5.3)의 관계를 갖는다고 할 수 있다. 주어진 APR에 상응하는 EAR을 식 (5.3)을 이용하여 구할 수 있다.

APR의 EAR로의 전환

$$1 + EAR = \left(1 + \frac{APR}{k}\right)^k \tag{5.3}$$

표 5.1은 6% APR에 상응하는 EAR을 서로 다른 복리계산 기간에 대해 나타내고 있다. 이 표에서 1년 동안 복리계산의 빈도가 높아질수록 EAR이 높아지는 것으로 나타나는데, 그 이유는 복리계산의 빈도가 높을수록 이자가 이자를 낳는 기회가 더 많아 전체적으로 불어나는 이자 금액이 더 많아지기 때문이다. 일별보다 더 짧은 주기마다 복리계산이 이루어질 수 있다. 원칙상으로는 매 시간 또는 매 초 복리계산이 이루어질 수 있다. 우리는 극단적으로 **연속복리 계산**(continuous compounding)이라는 아이디어에 접근할 수 있다. 연속복리 계산에서는 매 순간 복리계산이 이루어진다.[2] 하지만 현실적으로 일별보다 더 짧은 주기마다 복리계산이 이루어지는 경우는 드물고, 설사 일별보다 더 짧은 주기마다 복리계산이 이루어진다 하더라도 연간복리 계산 기간의 증가가 EAR에 미치는 영향은 제한적이다.

우리는 APR을 이용한 이자 계산에서 다음 사항들을 잊지 말아야 한다.

1. 식 (5.2)를 이용하여 APR을 연간복리 계산 횟수로 나누어 복리계산 기간당 실제 이자율을 결정한다.

그다음에 만약 현금흐름이 복리계산 기간과 다르게 발생한다면,

2. 식 (5.1)을 이용하여 복리계산을 하여 적절한 할인율을 계산한다.

이 두 가지 단계를 거치면 당신은 현금흐름의 현재가치 또는 미래가치를 평가하기 위해 할인율을 이용할 준비가 되어 있다.

---

2 연속복리 계산되는 6% APR은 약 6.1837%의 EAR을 산출하며, 이는 일복리 계산과 거의 동일한 EAR을 산출한다. 연속복리 계산에 대한 자세한 내용은 부록을 참조하기 바란다.

예제 5.2   APR의 할인율로의 전환

문제

당신 회사는 사용연수가 4년인 새로운 전화 시스템을 구매하고자 한다. 이 시스템은 일시불로 $150,000를 주고 구입할 수 있다. 하지만 제조업자에게 매월 말 $4,000의 리스료를 지불하고 이 시스템을 리스해서 사용할 수도 있다.[3] 이 리스료는 리스 기간이 48개월이고 조기에 리스계약을 종료할 수 없다는 가정하에 제시된 것이다. 당신 회사는 반년마다 복리계산되는 5% APR로 돈을 빌릴 수 있다고 한다. 당신 회사는 이 시스템을 구매해야 하는가 아니면 리스를 해야 하는가?

풀이

이 시스템의 리스비용은 매월 $4,000의 현금흐름이 48개월간 발생하는 연금의 현재가치를 구함으로써 계산할 수 있다.

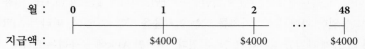

연금의 현재가치 공식을 이용하여 리스 현금흐름의 현재가치를 구할 수 있다. 하지만 먼저 현금흐름 발생 주기인 1개월에 상응하는 할인율인 월별 할인율을 계산해야 한다. 이를 위해 반년마다 복리계산되는 5% APR을 월별 할인율로 전환해야 한다. 식 (5.2)를 이용하여 반년마다 복리계산되는 5% APR을 반년 할인율로 환산하면 5%/2 = 2.5%다. 우리는 식 (5.1)을 이용하여 반년 할인율을 1/6번 복리계산하여 반년 할인율을 월별 할인율로 전환한다.

$$(1.025)^{1/6} - 1 = 0.4124\%(\text{매월})$$

[반년마다 복리계산되는 5% APR을 월별 할인율로 전환하는 또 다른 방식은 다음과 같다. 먼저 식 (5.3)을 이용하여 반년마다 복리계산되는 5% APR을 EAR로 전환한다. $1 + EAR = (1 + 0.05/2)^2 = 1.050625$. 그다음 에는 식 (5.1)을 이용하여 EAR을 월별 할인율로 전환한다. $(1.050625)^{1/12} - 1 = 0.4124\%(\text{매월})$]

이 월별 할인율을 식 (4.9) 연금의 현재가치 공식에서 할인율로 사용하여, 48개월 월별 지급액의 현재가치를 구할 수 있다.

$$PV = 4,000 \times \frac{1}{0.004124}\left(1 - \frac{1}{1.004124^{48}}\right) = \$173,867$$

다음과 같이 엑셀을 이용하여 월별 지급액의 현재가치를 구할 수 있다.

	NPER	RATE	PV	PMT	FV	엑셀 공식
입력	48	0.4124%		−4,000	0	
PV 계산			173,867			=PV(0.004124,48,−4000,0)

48개월 동안 매월 $4,000를 지불하는 것은 지금 $173,867를 지불하는 것과 같다. 시스템의 리스비용은 시스템의 구매비용보다 비용이 더 많이 든다. 시스템의 리스비용은 구매비용보다 $173,867 − $150,000 = $23,867 더 많다. 따라서 당신 회사는 시스템을 구매하는 것이 리스를 하는 것보다 더 낫다. 이러한 결과는 다음과 같이 해석할 수 있다. 이자율이 반년 복리계산되는 6% APR이라면, 당신 회사는 48개월간 매월 $4,000를 지급하기로 약속하고 지금 $173,867를 빌릴 수 있다. 리스를 하지 않고 이 대출금을 가지고 전화 시스템을 구매하면, 다른 용도로 사용할 수 있는 $23,867가 생기게 된다.

---

3   이러한 현금흐름 외에도 구매와 리스를 비교할 때 세금 및 회계 고려 사항이 있을 수 있다. 이 예제에서 이러한 복잡성을 무시하지만 **기업재무, 제4판 제25장**에서 리스의 상세한 사항들을 고려할 것이다.

1. EAR과 APR 이자 표시 방법의 차이는 무엇인가?
2. APR로 표시된 이자율을 할인율로 사용할 수 없는 이유는 무엇인가?

5.2   응용 : 할인율과 대출

앞 절에서는 호가된 이자율을 이용하여 할인율을 계산하는 것을 학습하였다. 이제는 이 개념을 응용하여 대출의 분할상환금과 잔고를 구하는 문제를 해결해보도록 하자.

대출 분할상환금 계산   대출 분할상환금의 계산은 대출 잔고를 대출 분할상환금의 현재가치와 같다고 설정함으로써 가능하다. 대출 분할상환금의 현재가치 계산은 대출에 대해 호가된 이자율로부터 계산된 할인율을 이용하여 이루어진다.

주택담보 대출, 자동차 대출 등 많은 대출들은 **원리금 균등상환 대출**(amortizing loan)로 이루어진다. 원리금 균등상환 대출은 차입자가 매월 이자와 대출 잔고의 일부분을 합산한 금액을 분할상환금으로 지불하는 대출의 형태이다. 일반적으로 매월 납부하는 분할상환금이 균등하고, 마지막 분할상환금 지급과 동시에 대출에 대한 전액 상환이 이루어진다. 신차에 대한 전형적인 대출 조건은 "60개월 동안 6.75% APR"이다. 비록 복리계산 기간이 명시되지 않았지만, 이 경우의 복리계산 주기는 분할상환금의 지급 주기인 1개월이다. 따라서 이러한 대출 조건은 60개월간 동일한 분할상환금을 지불함으로써 대출이 전액 상환되고, 6.75% APR로 월별 복리계산됨을 의미한다. 앞서 언급한 조건에 $30,000를 대출하는 경우를 다음과 같이 시간선에 나타낼 수 있다.

월 :	0	1	2		60
				$\cdots$	
현금흐름 :	$30,000	$-C$	$-C$		$-C$

분할상환금 C는 대출 이자율을 이용하여 평가한 현금흐름의 현재가치가 대출금인 $30,000와 같도록 결정된다. 이 예에서 "월 복리계산 6.75%" APR은 1개월 할인율이 0.5625%($=6.75\%/12$)임을 의미한다. 분할상환금의 현재가치를 계산할 수 있는 연금의 현재가치 공식을 이용하여 분할상환금 C는 다음 등식을 성립시켜야 한다.

$$C \times \frac{1}{0.005625}\left(1 - \frac{1}{1.005625^{60}}\right) = 30,000$$

따라서 분할상환금은 아래와 같다.

$$C = \frac{30,000}{\dfrac{1}{0.005625}\left(1 - \dfrac{1}{1.005625^{60}}\right)} = \$590.50$$

분할상환금을 재무계산기나 스프레드시트를 이용하여 구할 수도 있다.

	NPER	RATE	PV	PMT	FV	엑셀 공식
입력	60	0.5625%	30,000		0	
PMT 계산				**−590.50**		=PMT(0.005625,60,30000,0)

대출 잔고 계산 대출 잔고는 대출 이자율로 평가한 미래 분할상환금의 현재가치와 일치한다. 따라서 남아 있는 분할상환금의 현재가치를 대출이자율을 할인율로 사용하여 평가하면 대출 잔고를 계산할 수 있다.

예제 5.3 **대출 잔고 계산**

문제

당신 회사는 2년 전에 소규모 사무실 건물을 구입하기 위해 30년 만기 원리금 균등상환 대출을 받았다. 이 대출의 이자율은 4.8% APR이고, 월별 분할상환금은 $2623.33이다. 오늘 대출 잔고는 얼마인가? 당신 회사는 올 한 해 동안 이 대출에 대해 얼마만큼의 이자를 지출했나?

풀이

대출 후 2년이 지났으므로 대출 만기가 28년 또는 336개월 남아 있다.

대출 잔고는 월 4.8%/12 = 0.4%의 대출 이자율을 사용하여 구한 나머지 분할상환금들의 현재가치이다.

$$2년 후 대출 잔고 = \$2623.33 \times \frac{1}{0.004}\left(1 - \frac{1}{1.004^{336}}\right) = \$484,332$$

당신 회사는 올 한 해 동안 이 대출에 대해 $2623.33 × 12 = $31,480를 지급했다. 이 총지급액 중에서 이자 금액 부분을 먼저 결정하는 것보다 총지급액 중에서 먼저 원금상환 금액 부분을 결정하는 것이 더 쉽다. 1년 전에 남은 29년(348개월) 대출 잔고는 다음과 같이 계산된다.

$$1년 후 대출 잔고 = \$2623.33 \times \frac{1}{0.004}\left(1 - \frac{1}{1.004^{348}}\right) = \$492,354$$

올 한 해 동안 대출 잔고가 $492,354 − $484,332 = $8,022만큼 감소했다. 따라서 총지급액 중 $8,022가 원금상환에 사용되고, 나머지 $31,480 − $8,022 = $23,458는 이자 지급에 사용되었다.

개념 확인

1. 대출 잔고를 어떻게 계산할 수 있는가?
2. 원리금 균등상환 대출은 무엇인가?

5.3 이자율의 결정

이자율은 어떻게 결정될까? 기본적으로 이자율은 개인이 빌리거나 빌려주려는 의지에 따라 시장에서 결정된다. 이 절에서는 인플레이션, 정부정책 및 미래 성장에 대한 기대 등 이자율에 영향을 줄 수 있는 요인들에 대해 살펴보고자 한다.

인플레이션, 실질 대 명목 이자율

은행 및 다른 금융기관들이 호가하고 이 책에서 현금흐름을 할인하는 데 사용했던 이자율은 모두 **명목**

글로벌 금융위기   **티저 금리와 서브프라임 대출**

변동 이자율 모기지(adjustable rate mortgages, ARM)와 같은 일부 대출은 대출 동안 이자율이 일정하게 유지되지 않는다. 이러한 대출에 대한 이자율이 변경되면, 대출금의 현재 미상환 잔액, 새로운 이자율 및 잔여 대출 기간을 기준으로 분할상환금이 재계산된다.

변동 이자율 모기지는 낮은 등급의 신용 기록을 가진 주택 구매자를 위해 만들어진 소위 서브 프라임 대출(subprime loans)의 가장 일반적인 유형이었다. 이러한 대출은 종종 낮은 초기 이자율을 특징으로 한다. 서브 프라임 차입자들이 전통적인 고정 이자율 모기지가 아닌 변동 이자율 모기지를 선택하도록 유혹하기 위해 낮은 초기 이자율을 제시한다. 이런 초기 이자율을 적절히 명명하면 티저 금리(teaser rate)라고 한다. 짧은 기간(종종 2~5년) 후에는 이자율이 더 높은 수준으로 급등하는데, 이는 매월 분할상환액 또한 증가하는 것을 의미한다. 예를 들어 예제 5.3에서 30년 대출의 이자율이 티저 금리라고 가정하면, 2년 후에는 이자율이 4.8%에서 7.2%로 상승한다. 2년 후 $484,332의 미상환 잔액과 7.2%/12 = 0.6%로 더 높아진 월별 이자율하에서 새로운 월별 분할상환액은

$$\text{새로운 월별 분할상환액} = \frac{\$484,332}{\frac{1}{.006}\left(1 - \frac{1}{1.006^{336}}\right)} = \$3355.62$$

이며, 이러한 월별 분할상환액은 $2,623.33에서 크게 증가한 수준이다.

초기 티저 금리로 대출이 가능할 수도 있었지만, 많은 서브 프라임 차입자들은 대출 이자율이 조정된 후에 더 많은 분할상환금을 지불할 능력이 없었다. 2007년 이전에는 이자율이 낮은 수준을 유지한 가운데 주택 가격이 높고 상승 중이어서 이들이 기존 대출을 더 낮은 초기 티저 금리를 갖는 새로운 대출로 차환(refinancing)하여 부도를 피할 수 있었다. 그들은 이런 식으로 월별 분할상환금을 낮게 유지할 수 있었다. 그러나 2007년에 주택담보대출 이자율이 상승하고 주택 가격이 하락하기 시작했고, 대출 분할상환액을 낮추기 위한 이러한 전략은 더 이상 가능하지 않게 되었다. 많은 경우에 미상환 대출 잔액이 주택의 시장가치를 초과하여 대출자가 대출을 더 이상 차환하지 않으려고 하였다. 지금은 지불 능력이 없는 높은 이자율의 대출에 사로잡혀 많은 주택 소유자들이 파산했으며, 서브 프라임 대출에 대한 차압이 급증했다.

미래의 대출자가 티저 금리를 사용하여 차입자가 최종적으로 감당할 수 없는 대출을 받지 않도록 하기 위해, 도드-프랭크법(Dodd-Frank Act)은 티저 금리가 만료된 후에도 차입자가 대출금을 상환할 수 있는 충분한 소득을 가지고 있는지 확인할 것을 대출자에게 요구하고 있다.

이자율(nominal interest rate)이다. 명목 이자율은 주어진 투자 기간에 화폐의 명목가치가 증가하는 비율을 나타낸다. 인플레이션으로 인해 재화의 가격이 상승하면, 투자로 인해 얻게 되는 명목 이자율이 반드시 실질 구매력의 증가를 나타내는 것은 아니다. 인플레이션율을 반영하여 주어진 투자 기간에 실질 구매력이 증가하는 비율은 **실질 이자율**(real interest rate)에 의해 결정된다. 우리는 앞으로 실질 이자율을 r_r로 나타낸다. 만약 r이 명목 이자율, i가 인플레이션율을 나타낸다면, 우리는 실질 구매력의 증가를 다음과 같이 계산할 수 있다.

$$\text{실질 구매력 증가} = 1 + r_r = \frac{1+r}{1+i} = \frac{\text{명목 가치 증가}}{\text{물가 상승}} \tag{5.4}$$

식 (5.4)를 실질 이자율에 대해 정리하면 실질 이자율에 대한 공식을 유도할 수 있다. 또한 이 공식을 이용하면 인플레이션율이 낮을 때 실질 이자율의 근삿값을 구하는 공식을 도출할 수 있다.

실질 이자율

$$r_r = \frac{r-i}{1+i} \approx r - i \tag{5.5}$$

즉, 인플레이션율이 낮다면 실질 이자율은 대략 명목 이자율에서 인플레이션율을 뺀 값과 근사한 값을 갖게 된다.[4]

예제 5.4 | **실질 이자율의 계산**

문제

2011년 초 1년 미 재무부 채권의 이자율은 약 0.3%였고, 2011년의 인플레이션율은 3.0%였다. 2014년 5월에 이 채권의 이자율이 0.1%, 2014년의 인플레이션율이 −0.05%(디플레이션)였다. 2011년과 2014년의 실질 이자율은 각각 몇 퍼센트인가?

풀이

식 (5.5)를 이용하여 2011년의 실질 이자율은 $(0.3\% - 3.0\%)/(1.03) = -2.62\%$이다. 2014년의 실질 이자율은 $(0.1\% + 0.05\%)/(0.9995) = 0.15\%$이다. 2011년에는 실질 이자율이 마이너스를 기록했으며, 이는 인플레이션을 따라잡기에는 이자율이 불충분하다는 것을 의미한다. 미국 국채에 투자한 투자자의 연말 실질 구매력이 연초 실질 구매력보다 더 낮아졌다. 한편, 2014년 5월 이후 한 해 동안 실제적으로 디플레이션(물가 수준 하락)이 나타났으며, 실질 이자율이 명목 이자율을 약간 웃도는 수준을 기록했다.

그림 5.1은 1960년 이후 미국 명목 이자율과 인플레이션율의 역사를 보여주고 있다. 명목 이자율이 인플레이션율과 함께 움직이는 경향이 있음에 주목해야 한다. 직관적으로 개인들이 저축하고자 하는 의지는 그들이 예상하는 구매력의 성장, 즉 실질 이자율에 의존한다. 따라서 인플레이션율이 높으면 개인들의 저축을 유도하기 위해 명목 이자율도 높아져야 한다. 그러나 지난 몇 년 동안의 상황은 역사적 기준에 비추어볼 때 다소 예외적이었다. 명목 이자율이 극도로 낮아 실질 이자율이 마이너스가 되었다.

투자와 이자율 정책

이자율은 개인들의 저축 성향에 영향을 줄 뿐만 아니라 기업이 투자하고자 하는 동기에도 영향을 미친다. 지금 당장 $10 백만을 투자하면 앞으로 4년 동안 매년 $3 백만의 현금흐름을 창출하는 투자 기회를 고려해보자. 연간 이자율이 5%라면, 이 투자의 NPV는 $0.638 백만이다.

$$NPV = -10 + \frac{3}{1.05} + \frac{3}{1.05^2} + \frac{3}{1.05^3} + \frac{3}{1.05^4} = \$0.638\ \text{백만}$$

하지만 연간 이자율이 9%로 상승하면, 이 투자의 NPV는 −$0.281 백만으로 감소한다.

$$NPV = -10 + \frac{3}{1.09} + \frac{3}{1.09^2} + \frac{3}{1.09^3} + \frac{3}{1.09^4} = -\$0.281\ \text{백만}$$

9% 연간 이자율하에서 이 투자 기회는 수익성이 나지 않는다. 그 이유는 양(+)의 부호를 갖는 현금흐름을 더 높은 할인율로 할인하여 현재가치가 감소하기 때문이다. 하지만 지금 당장 발생하는 비용인 $10 백만의 비용은 이미 현재시점의 가치이므로 할인율의 변동과 무관하다.

---

4 실질 이자율을 미래 현금흐름에 대한 할인율로 사용할 수 없다. 실질 이자율은 기대 현금흐름이 명목기대 현금흐름이 아니고 실질기대 현금흐름일 경우에만 할인율로 적용할 수 있다. 실질기대 현금흐름을 구하기 위해서는 명목기대 현금흐름에서 인플레이션으로 인한 명목기대 현금흐름 증가분을 제거해주어야 한다. 하지만 이 과정에서 오류를 범하기 쉽다. 따라서 이 책 전반에서 인플레이션으로 인한 명목 현금흐름 증가분을 포함하여 명목 현금흐름을 예측하고, 명목 이자율을 할인율로 사용하기로 한다.

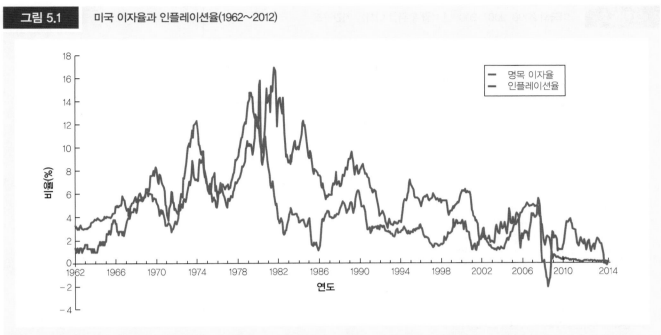

그림 5.1 미국 이자율과 인플레이션율(1962~2012)

명목 이자율은 1년 만기 미국 재무부 단기채 이자율로, 인플레이션율은 미 노동통계청이 작성하는 소비자물가지수의 연간 증가율로 각각 측정되었다. 이 그림을 통해 인플레이션율이 높을수록 이자율이 높아지는 경향이 있음을 알 수 있다.

이러한 논의를 일반화시키면 다음과 같다. 투자의 비용이 투자의 편익보다 앞서 발생할 경우 이자율의 상승은 투자 기회를 덜 매력적으로 만든다고 할 수 있다. 다른 모든 조건이 동일하다면, 그러므로 이자율의 상승은 기업 입장에서 좋은 투자 기회의 집합을 줄어들게 만든다고 할 수 있다. 미국 연방준비제도(이하 Fed)를 비롯한 각국의 중앙은행은 이자율과 투자 기회 간의 이러한 관계를 이용하여 경기조절을 하려고 한다. 경기둔화 시에는 이자율을 인하하여 투자를 촉진하려고 한다. 반대로 경기과열 또는 인플레이션 발생 시에는 이자율을 인상하여 투자를 줄이려고 한다.

통화정책, 디플레이션, 2008년 금융위기 2008년 금융위기로 경제가 타격을 입었을 때, Fed는 경제 전반에 미치는 영향 축소를 위해 단기 이자율 목표를 그해 연말까지 0%로 낮춤으로써 신속하게 대응했다. 그러나 통화정책의 사용은 전반적으로 매우 효과적이었다. 하지만 2008년 말 소비자 물가가 하락했기 때문에 인플레이션율이 마이너스였고, 이로 인해 명목 이자율이 0%이더라도 처음에는 실질 이자율이 플러스였다. 디플레이션과 디플레이션이 계속될 수 있는 위험은 Fed가 경기침체와 맞서 싸우는 평소 무기의 탄약이 떨어졌음을 의미했다. 이러한 문제로 인해 Fed는 더 이상 이자율을 낮출 수 없었다.[5] 이러한 문제로 인해 미국과 다른 국가들이 경제를 자극하기 위해 정부지출 및 투자 증가와 같은 다른 조치들을 고려하기 시작했다. 163쪽 글상자는 전 Fed 이사인 케빈 와쉬(Kevin Warsh)가 경제위기에 대응한 미국과 유럽

---

5 Fed가 더 이상 명목 이자율을 마이너스로 만들 수 없었던 이유는 무엇이었을까? 개인들은 항상 (저축계좌에 돈을 넣지 않고) 현금을 보유할 수 있어 적어도 0의 이자를 얻을 수 있다. 이로 인해 명목 이자율이 결코 크게 마이너스가 될 수는 없다. 그러나 현금 보유에 많은 비용이 소요되고 투자자들이 현금 보유를 안전하지 않은 것으로 여기기 때문에 미 재무부 단기채 이자율이 이 기간 중 몇 시점에서 사실상 약간 마이너스(-0.05%까지)로 내려갈 수 있었다! (이에 대한 자세한 내용은 제6장을 참조하길 바란다.)

그림 5.2	미국의 2006, 2007, 2008년 11월 무위험 이자율 기간구조

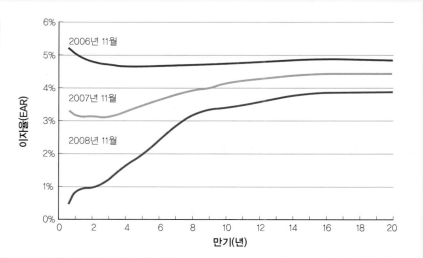

만기 (년)	날짜		
	2006. 11	2007. 11	2008. 11
0.5	5.23%	3.32%	0.47%
1	4.99%	3.16%	0.91%
2	4.80%	3.16%	0.98%
3	4.72%	3.12%	1.26%
4	4.63%	3.34%	1.69%
5	4.64%	3.48%	2.01%
6	4.65%	3.63%	2.49%
7	4.66%	3.79%	2.90%
8	4.69%	3.96%	3.21%
9	4.70%	4.00%	3.38%
10	4.73%	4.18%	3.41%
15	4.89%	4.44%	3.86%
20	4.87%	4.45%	3.87%

이 그림은 서로 다른 만기 동안 무위험 자산인 미 재무부 채권에 투자함으로써 얻을 수 있는 이자율을 예시하고 있다. 이 경우 이자율은 투자의 기간에 따라 달라진다(데이터는 미 재무부 채권의 스트립).

의 통화정책에 대한 추가적인 설명을 제시하고 있다.

은행이 투자(대출)에 대하여 제시하는 이자율은 투자(대출)의 기간에 의존한다. 투자의 기간과 이자율 사이의 관계를 이자율 **기간구조**(term structure)라고 한다. 이자율 기간구조를 도표로 나타낸 것을 **수익률 곡선**(yield curve)이라고 한다. 그림 5.2는 2006년 11월, 2007년 11월, 2008년 11월에 투자자들에게 가능한 미국 이자율에 대해 이자율 기간구조와 수익률 곡선을 보여주고 있다. 각각의 경우에 이자율은 투자의 기간에 의존하며 단기 이자율과 장기 이자율의 차이는 특히 2008년에 두드러지게 나타났다.

우리는 무위험 이자율에 대한 이자율 기간구조를 이용하여 무위험 현금흐름의 현재가치나 미래가치를 서로 다른 투자 기간에 대해 계산할 수 있다. 예를 들어 $100를 1년 이자율로 2008년 11월부터 1년 동안 투자하면, 1년 후의 미래가치는 $100.91가 된다.

$$\$100 \times 1.0091 = \$100.91$$

$100를 10년 이자율로 2008년 11월부터 10년 동안 투자하면, 10년 후의 미래가치는 $139.84가 된다.[6]

$$\$100 \times (1.0341)10 = \$139.84$$

이와 동일한 논리를 적용하면 서로 다른 만기에 대해 현재가치를 구할 수 있다. 2년 후 받게 되는 무위험 현금흐름은 2년 만기 이자율로 할인해야 하고, 10년 후 받게 되는 현금흐름은 10년 만기 이자율로 할인해야 한다. 이를 일반화시키면 N년 후에 받게 되는 현금흐름 C_n의 현재가치는 다음과 같이 표현된다.

---

6 우리는 1년 이자율로 10년 연속 투자함으로써 10년 동안 투자할 수도 있다. 하지만 우리가 미래의 이자율이 어떻게 될지 모르기 때문에 최종 수익은 무위험이 아닐 것이다.

$$PV = \frac{C_n}{(1 + r_n)^n} \tag{5.6}$$

여기서 r_n은 (EAR로 표시된) n년의 기간에 대한 무위험 이자율이다. 바꾸어 말하면 현재가치를 계산할 때 현금흐름의 기간과 할인율의 기간이 반드시 일치해야 한다고 할 수 있다.

식 (5.6)을 서로 다른 기간들에 대해 적용한 후 결합하면, 여러 기간 현금흐름의 현재가치를 구하는 다음 공식을 도출할 수 있다.

할인율의 기간구조를 이용한 여러 기간 현금흐름의 현재가치

$$PV = \frac{C_1}{1 + r_1} + \frac{C_2}{(1 + r_2)^2} + \cdots + \frac{C_N}{(1 + r_N)^N} = \sum_{n=1}^{N} \frac{C_n}{(1 + r_n)^n} \tag{5.7}$$

식 (5.7)이 식 (4.4)와 다른 점에 주목할 필요가 있다. 식 (5.7)에서는 기간마다 서로 다른 할인율이 적용된다. 여기에서는 현금흐름의 기간과 동일한 기간의 이자율을 각 기간의 할인율로 사용하였다. 여러 만기에 걸쳐 이자율이 거의 동일하다면, 수익률 곡선이 수평선에 가까운 모양을 가지므로 평평하다고 이야기한다. 2006년 11월처럼 수익률 곡선이 평평한 모양을 가지면, 각 현금흐름에 대해 서로 다른 이자율을 적용한 경우와 그렇지 않은 경우의 현재가치 차이는 크지 않다. 이 경우 단일의 평균적인 이자율 r을 이용하여 할인함으로써 매 기의 이자율의 차이가 고려되지 않기도 한다. 하지만 2008년 11월처럼 단기 이자율과 장기 이자율의 차이가 매우 큰 경우는 식 (5.7)을 반드시 사용하여야 한다.

주의 : 현재가치를 계산하는 모든 간편식(연금, 영구연금, 재무계산기 등)은 모든 현금흐름을 동일한 할인율로 할인하는 것에 근거한다. 따라서 이들 간편식은 매 기의 현금흐름이 서로 다른 할인율로 할인되어야 하는 경우에는 적용할 수 없다.

| 이자율 기간구조를 이용한 현재가치 계산 | 예제 5.5 |

문제
그림 5.2의 2008년 11월의 수익률 곡선을 이용하여, 5년 동안 무위험으로 매년 $1,000의 현금흐름이 발생하는 연금의 현재가치를 구하라.

풀이
연금의 현재가치를 구하기 위해서 각 현금흐름의 기간에 상응하는 이자율을 할인율로 사용하여야 한다.

$$PV = \frac{1000}{1.0091} + \frac{1000}{1.0098^2} + \frac{1000}{1.0126^3} + \frac{1000}{1.0169^4} + \frac{1000}{1.0201^5} = \$4775.25$$

이 경우 각 현금흐름의 할인율이 서로 다르므로 연금의 현재가치 공식을 사용할 수 없음에 유의해야 한다.

수익률 곡선과 경제

그림 5.3에서 보는 바와 같이 수익률 곡선은 시간에 따라 변한다. 단기 이자율이 장기 이자율과 매우 근사한 값을 갖는 경우도 있지만, 때로는 매우 다른 값을 갖기도 한다. 수익률 곡선의 모양이 변하는 것을 어떻게 설명할 것인가?

할인율이 변동할 때 연금 공식 사용

연금의 현재가치를 구할 때 흔히 하는 실수 중의 하나는 시간이 지남에 따라 이자율이 변동함에도 불구하고 한 개의 이자율을 사용하는 것이다. 예를 들어 예제 5.5에서 5년 연금의 현재가치를 5년 만기 이자율(2.01%)과 연금의 현재가치 공식을 이용하여 다음과 같이 계산할 수 없다.

$$PV \neq \$1000 \times \frac{1}{0.0201}\left(1 - \frac{1}{1.0201^5}\right) = \$4712.09$$

만약 연금의 가치를 평가하는 데 사용할 수 있는 한 개의 이자율을 구하고자 한다면 식 (5.7)을 이용하여 연금의 현재가치를 먼저 계산하여야 한다. 그다음에는 연금의 현재가치 등식을 만족하는 한 개의 이자율을 구해야 한다. 엑셀을 사용하여 구하면 예제 5.5에서 이 이자율이 1.55%로 나온다. 연금의 내부 수익률(IRR)은 항상 각 현금흐름의 현재가치를 구하는 데 사용되는 할인율 중 가장 높은 것과 가장 낮은 것의 중간에 위치하게 된다.

	NPER	RATE	PV	PMT	FV	엑셀 공식
입력	5		−4,775.25	1000	0	
RATE 계산		**1.55%**				=RATE(5,1000,−4775.25,0)

장기 및 단기 이자율 차이와 경기침체

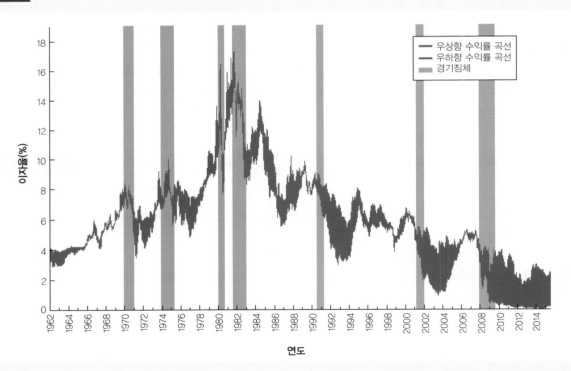

이 그림은 1년 및 10년 미 재무부 채권의 이자율을 나타내고 있다. 장기 이자율과 단기 이자율의 차이는 수익률 곡선이 우상향이면(단기 이자율이 장기 이자율보다 낮으면) 파란색, 수익률 곡선이 우하향이면(단기 이자율이 장기 이자율보다 높으면) 빨간색으로 표시되어 있다. 회색 막대는 전미경제연구소(NBER)에 의해 결정된 미국의 경기침체기를 나타낸다. 여기서 우하향 수익률 곡선이 경기침체기의 12~18개월 이전에 나타나는 경향이 있음을 주목할 필요가 있다. 경기침체기에는 전반적으로 이자율이 하락하는 가운데, 장기 이자율보다 단기 이자율이 더 많이 하락하는 경향이 있다. 그 결과 경기침체기를 벗어나면 수익률 곡선의 기울기가 더 가파르게 되는 경향이 있다.

스탠퍼드 경영대학원의 강사이자 후버 연구소의 석좌 방문연구원인 케빈 와쉬는 2006년부터 2011년까지 미국 연방준비제도(Fed) 이사로 재직하면서 금융시장에 대한 수석 연락 담당자 역할을 수행했다.

질문 중앙은행이 경제를 통제하기 위해 사용하는 주요 정책 수단은 무엇인가?

답변 Fed는 물가안정, 지속 가능한 최대 고용 및 금융안정이라는 목표를 달성하기 위해 몇 가지 정책 도구를 전개한다. 주요 정책 수단은 단기 이자율인 연방자금 이자율에 대한 조정이다. 연방자금 이자율인하는 경기를 촉진시킨다. 연방자금 이자율인상은 일반적으로 경기를 둔화시킨다. 공개시장 조작을 통해 미국 재무부 단기채권을 매매하는 것은 표준 관행이다. 2007~2009년 금융위기 이전의 Fed의 재무상태표는 $700~$900 십억에 달했다. 그러나 이자율이 이미 0에 근접했기 때문에 Fed가 이자율을 더 낮출 수 없었다. Fed는 경기를 촉진시키려는 의도로 금융 시스템에서 유동성을 증가시켰으며, 이를 위해 장기간의 대규모 공개시장 조작에 의존했다. 그 결과 Fed의 재무상태표 규모가 상당히 커졌다. Fed가 원하는 미래의 정책 수용 정도를 나타내는 공개 구두 조작(open mouth operations)을 통한 자산에 대한 매매의사 표명은 종종 시장이 즉각적인 이자율 조정으로 반응하도록 유도했다. 최종 대부자 권위는 Fed로 하여금 특정 조건하에서 좋은 담보물을 담보로 어려움을 겪는 금융기관에 대출할 수 있도록 한다.

질문 Fed는 정책의 효과를 제한하는 요소는 무엇인가?

답변 통화정책은 고립되어 작동하지 않는다. 재정(조세 및 지출), 무역 및 규제정책은 경제 및 금융 여건의 상태에 지대한 영향을 미친다. 통화정책은 단기적으로 경제가 개선될 시간을 벌 수는 있지만, 경제의 구조적 실패를 단독으로 치유하거나 증가하는 국가 부채를 메울 수 없다.

질문 Fed는 2007~2009년 금융위기를 해결하기 위해 어떤 수단을 강구했나?

답변 가장 암울한 시기에 시장은 효과적으로 운영되지 않았고, 유가증권 가격은 명확하지 않았으며, 은행 및 기타 금융기관은 서로의 재무 여력에 대한 명확성과 신뢰가 부족했다. 효과

인터뷰
케빈 와쉬
(Kevin M. Warsh)

적이고 혁신적인 도구인 기간입찰대출(Term Auction Facility, TAF)은 경제 일선에 있는 (대규모 및 소규모) 은행에 저렴한 비용으로 쉽게 사용할 수 있는 기금을 제공하고, 이를 통해 은행이 기업 및 소비자에게 제공하는 신용을 확대하도록 촉진하여 경기를 자극했다. Fed는 경기 회복을 위해 정책 금리를 거의 0의 수준까지 인하한 후에 정부 및 정부 대행기관 유가증권의 특별 매입인 양적 완화(Quantitative Easing, QE) 프로그램을 두 번 시행하여 통화 공급을 늘리고 대출을 촉진하고, (일부 제안자들에 따르면) 위험 자산의 가격을 상승시켰다고 한다. Fed는 또한 유럽 중앙은행 및 다른 주요국의 중앙은행들과 일시적으로 **중앙은행 유동성 스왑 라인**을 설정함으로써 세계 금융위기를 해결했다. 중앙은행 유동성 스왑 라인을 이용하면 외국 중앙은행은 달러 또는 다른 통화로 유로화를 교환함으로써 고객에 대한 달러 자금을 얻을 수 있으며, 나중에 스왑을 취소하는 것에 동의한다. Fed는 환위험을 감수하지 않지만, 거래 상대방인 다른 나라 중앙은행의 신용 위험에 노출된다.

질문 유럽중앙은행(ECB)은 국가 부도 위기를 해결하기 위해 어떤 도구를 사용하는가? ECB의 접근법은 2007~2009년 금융위기에 대한 Fed의 접근법과 어떻게 비교되는가?

답변 경제연합의 중앙은행인 ECB는 Fed보다 더 곤란한 위치에 놓여 있다. 근원적인 경제와 경쟁력은 유로존에서 독일과 그리스처럼 현저한 차이를 보인다. 2007년부터 2010년 중반까지 많은 유럽 금융 전문가들과 정책 입안자들은 세계 금융위기가 주로 미국에서 발생한 것이라고 믿었다. 그러나 그들은 2010년 중반까지 이 위기가 실제로 세계적인 위기인 것을 인식했다. 광범위한 임무를 부여받은 Fed와 달리, ECB는 물가안정 보장이라는 단일 임무를 공식적으로 요구하고 있다. 그럼에도 불구하고 ECB는 Fed가 시행한 많은 것을 그대로 시행했다. ECB는 유효정책 금리를 최저 수준으로 낮추고, 잠재적인 뱅크 런(bank run)을 피하기 위해 유로존의 금융기관에 직접 유동성을 제공하고, 증권시장 구매 프로그램(일부 어려움을 겪는 국가의 국가 부채 매입)을 시행했다.

이자율 결정   Fed는 연방자금 이자율에 영향을 미침으로써 단기 이자율을 결정한다. **연방자금 이자율** (federal funds rate)는 은행들이 지불준비금을 하루 동안 빌리는 데 적용되는 이자율이다. 연방자금 이자율을 제외한 다른 모든 수익률 곡선상의 이자율은 시장에서 결정되며, 각 대출 기간(loan term)에 대해 대출 자금의 공급이 수요와 일치될 때까지 조정된다. 미래 이자율 변동에 대한 기대는 투자자들이 장기간 자금을 빌려주거나 빌리고자 하는 의지에 결정적인 영향을 미친다. 그러므로 미래 이자율 변동에 대한 기대가 수익률 곡선의 모양을 결정한다고 할 수 있다.

이자율 기대   단기 이자율이 장기 이자율과 같다고 가정해보자. 미래에 이자율이 상승할 것으로 예상한다면 투자자들은 장기투자를 하지 않을 것이다. 대신 투자자들은 단기투자를 하고 이자율이 오른 후에 재투자를 할 것이다. 따라서 이자율이 상승할 것으로 예상되는 상황에서 투자자들을 유인하기 위해서는 장기 이자율이 단기 이자율보다 높아야 한다.

한편, 미래에 이자율이 하락할 것으로 예상한다면, 차입자들은 단기 이자율과 동일한 장기 이자율로 장기 차입하려고 하지 않을 것이다. 차입자들이 단기 이자율로 단기 차입을 하고 이자율이 하락한 후에 다시 차입함으로써 이득을 더 볼 수 있기 때문이다. 따라서 이자율이 하락할 것으로 예상되는 상황에서 차입자들을 끌어모으기 위해서는 장기 이자율이 단기 이자율보다 낮아야 한다.

이러한 논의는 수익률 곡선의 모양이 이자율에 대한 기대에 의존함을 시사한다. 장기 이자율이 단기 이자율보다 훨씬 높은 가파른 기울기의 우상향 수익률 곡선은 미래에 이자율이 상승할 것으로 기대함을 의미한다(그림 5.2의 2008년 11월 수익률 곡선 참조). 역으로 장기 이자율이 단기 이자율보다 낮은 우하향 수익률 곡선은 이자율이 하락할 것으로 예상함을 시사한다(그림 5.2의 2006년 11월 수익률 곡선 참조). 이자율은 경기침체에 반응하여 하락하는 경향이 있기 때문에, 우하향 수익률 곡선은 종종 경제성장률 하락에 대한 예상으로 해석되기도 한다. 사실 그림 5.3이 예시하는 바와 같이 미국에서 발생한 7번의 경기침체 모두 경기침체 이전에 우하향 수익률 곡선을 보이는 기간이 있었다. 역으로 경기침체로부터 벗어나고 이자율 상승할 것으로 예상되는 시기에는 수익률 곡선의 기울기가 플러스 값을 갖고 증가하는 경향이 있다.[7]

수익률 곡선은 경영자에게 매우 중요한 정보를 제공한다. 서로 다른 기간에 발생하는 무위험 현금흐름에 대한 할인율을 제시하는 한편, 미래 경제성장에 대한 잠재적인 선행지표의 역할을 한다.

예제 5.6	단기 및 장기 이자율의 비교

문제

현재 1년 이자율이 1%라고 가정하자. 1년 이자율이 내년에 2%, 내후년에 4%가 될 것이 확실하다면, 현재 수익률 곡선에서 1년 이자율(r_1), 2년 이자율(r_2), 3년 이자율(r_3)은 각각 얼마일까? 현재 수익률 곡선이 수평, 우상향, 우하향 중 어떤 모양을 갖는가?

풀이

우리는 이미 현재 수익률 곡선에서 1년 이자율(r_1)이 1%라는 것을 알고 있다. 현재 2년 이자율을 찾기 위해, 현재 1년 이자율로 1년간 $1를 투자한 다음 내년에 다시 내년의 1년 이자율로 투자하면, 2년 후에 얻게 되는 금액은 아래 식으로 계산된다.

---

7   이자율에 대한 기대 이외의 다른 요인들(특히 위험)도 수익률 곡선의 모양에 영향을 줄 수 있다. 이에 대한 자세한 내용은 제6장을 참고하라.

$$\$1 \times (1.01) \times (1.02) = \$1.0302$$

우리가 현재의 2년 이자율 r_2로 2년 동안 투자한다면 이와 동일한 수익을 얻어야 한다.

$$\$1 \times (1 + r_2)^2 = \$1.0302$$

그렇지 않으면 차익거래 기회가 생길 것이다. 만약 2년 이자율로 투자할 때 더 높은 수익을 얻으면, 투자자는 2년 동안 투자하고 매년 1년 이자율로 차입할 것이다. 만약 2년 이자율로 투자할 때 더 낮은 수익을 얻으면, 투자자는 매년 1년 이자율로 투자하고 2년 이자율로 차입할 것이다.

위 등식을 r_2에 대해 풀면 우리는 r_2를 구할 수 있다.

$$r_2 = (1.0302)^{1/2} - 1 = 1.499\%$$

마찬가지로 3년 동안 해당 연도의 1년 이자율로 투자하는 것은 3년 동안 현재 3년 이자율로 투자하는 것과 동일한 보수를 가져야 한다.

$$(1.01) \times (1.02) \times (1.04) = 1.0714 = (1 + r_3)^3$$

위 등식을 r_3에 대해 풀면, $r_3 = (1.0714)^{1/3} - 1 = 2.326\%$이다. 따라서 현재 수익률 곡선에서 $r_1 = 1\%$, $r_2 = 1.499\%$, $r_3 = 2.326\%$이다. 먼 미래로 갈수록 더 높은 이자율을 예상하고 있으며, 그 결과 수익률 곡선이 우상향하고 있다.

개념 확인

1. 명목 이자율과 실질 이자율의 차이는 무엇인가?
2. 미래의 단기 이자율에 대한 투자자의 기대는 현재 수익률 곡선의 모양에 어떤 영향을 주는가?

5.4 위험과 세금

이 절에서 우리는 이자율을 결정하는 두 가지 중요한 요소인 위험과 세금에 대해 살펴본다.

위험과 이자율

우리는 이자율이 투자 기간에 따라 다르다는 것을 이미 살펴보았다. 이자율은 차입자의 신원에 따라 다르다. 예를 들어 그림 5.4는 2015년 중반 투자자가 여러 차입자들에게 5년 만기 대출에 대해 요구하는 이자율을 예시하고 있다.

이처럼 차입자에 따라 매우 다양한 이자율이 요구되는 이유는 무엇일까? 최저 이자율은 미국 재무부 중기채에 대한 이자율이다. 미 재무부 채권은 위험 부담이 없는 것으로 널리 알려져 있다. 그 이유는 이러한 차입에 대해 미국 정부가 이자를 지불하지 않거나 채무를 불이행할 가능성이 사실상 없기 때문이다. 이에 따라 우리가 "무위험 이자율"을 언급하면, 이는 미 재무부 채권에 대한 이자율을 의미한다.

다른 모든 차입자는 채무불이행 위험이 있다. 채무불이행 위험이 있는 차입의 경우, 명시된 이자율은 투자자가 받게 될 최대 이자 금액을 나타낸다. 회사가 재무적 어려움을 겪고 있고, 차입금을 전액 상환할 수 없는 경우 투자자는 이보다 더 적은 금액을 받을 수 있다. 기업의 채무불이행 시 받을 수 있는 금액이 줄어드는 위험을 보상하기 위해 투자자는 미 재무부 채권보다 더 높은 이자율을 요구한다. 기업의 차입 이자율과 미국 재무부 이자율의 차이는 기업의 채무불이행 가능성에 대한 투자자의 평가에 달려 있다.

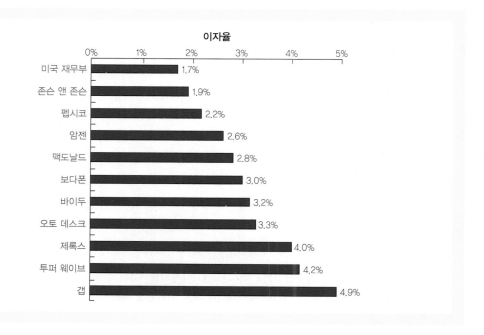

그림 5.4

여러 차입자들의 5년 만기 대출에 대한 이자율(2015년 12월)

각 이자율은 각 발행자에 대한 5년 채권의 수익률을 기준으로 표시된다. 차입자의 위험에 기초한 이자율 변동에 주목하길 바란다.

출처 : FINRA.org

나중에 우리는 서로 다른 투자 위험을 평가하고 투자자가 감수하는 위험 수준을 적절하게 보상하는 이자율 또는 할인율을 결정하는 방법론을 개발할 것이다. 지금 단계에서는 미래의 현금흐름을 할인할 때 현금흐름의 기간과 위험에 부합하는 할인율을 사용하는 것이 중요하다. 특히 **현금흐름에 대한 올바른 할인율**은 시장에서 이용 가능한 동등한 위험 및 기간을 갖는 다른 투자에 대한 수익률이다.

예제 5.7   **위험한 현금흐름의 할인**

문제

미국 정부가 당신 회사에 5년 후에 $1,000를 갚아야 한다고 가정하자. 그림 5.4의 이자율에 근거하여 이 현금흐름의 현재가치를 구하면 얼마인가? 이제 갭이 당신 회사에 $1,000를 갚아야 한다고 가정하자. 이 경우 이 현금흐름의 현재가치를 추정하라.

풀이

우리가 미국 정부의 채무를 무위험으로 간주할 수 있다고 가정하면(당신 회사가 지급받지 못할 가능성이 없음), 무위험 미국 재무부 이자율 1.7%를 이용하여 현금흐름을 할인한다.

$$PV = \$1000 \div (1.017)^5 = \$919.17$$

갭의 채무는 무위험이 아니다. 갭이 재무적 어려움을 겪지 않는다는 보장이 없으며, $1,000를 지불하지 못할 가능성이 있다. 이 채무의 위험은 그림 5.4에서 호가된 5년 만기 채권의 위험과 같을 가능성이 크다. 따라서 4.9% 이자율은 이 채무의 현재가치를 계산할 때 적절한 할인율이다.

$$PV = \$1000 \div (1.049)^5 = \$787.27$$

갭의 채무불이행 위험으로 인해 갭 채무의 현재가치가 미국 정부 채무에 비해 현저히 낮음을 주목하라.

세후 이자율

투자로부터 창출되는 현금흐름에 과세되는 경우 투자자의 실제 현금흐름은 세금 납부액만큼 감액된다. 기업 투자에 대한 과세에 대해서는 이 책의 후반부에서 자세히 논의할 것이다. 여기서 우리는 저축에 대한(또는 차입에 대해 지급되는) 이자에 대한 세금 효과를 고려한다. 세금은 투자자가 받게 되는 이자 금액을 줄여주며, 이 감소된 금액을 **세후 이자율**(after-tax interest rate)로 간주한다.

1년 동안 8%(EAR)의 이자를 지급하는 투자를 고려하자. 연초에 $100를 투자하면 연말에 이자로 8%×$100 = $8를 받을 수 있다. 이 이자는 소득으로 과세될 수 있다.[8] 당신이 40% 세금군에 속해 있다면 당신이 납부해야 할 세금은 아래와 같다.

$$(소득세율\ 40\%) \times (\$8\ 이자) = \$3.20\ 세금\ 채무$$

따라서 당신은 세금을 납부한 후 $8 – $3.20 = $4.80만 받는다. 이 금액은 이자를 4.80% 받고 세금을 내지 않는 것과 같기 때문에 세후 이자율은 4.80%이다.

일반적으로 이자율이 r이고 세율이 τ인 경우 $1를 투자할 때마다 r만큼의 이자를 받고 이자에 대한 $\tau \times r$의 세금을 납부해야 한다. 따라서 세후 이자율에 대한 공식은 다음과 같다.

세후 이자율

$$r - (\tau \times r) = r(1 - \tau) \tag{5.8}$$

이 공식을 8% 이자율과 40% 세율의 이전 예에 적용하면 세후 이자율은 8%×(1 – 0.40) = 4.80%이다.

동일한 계산을 대출에도 적용할 수 있다. 어떤 경우에는 대출금에 대한 이자가 세금공제가 된다.[9] 이 경우 대출에 대한 이자 지급비용은 세금공제 혜택에 의해 상쇄된다. 서로 상쇄되는 순효과로 인해 대출 이자율이 세금공제될 때 유효 세후 이자율은 $r(1 - \tau)$다. 다르게 표현하면 이자비용을 공제할 수 있는 능력은 대출에 지급된 유효 세후 이자율을 낮춘다.

	예제 5.8
세후 이자율의 비교	

문제

당신이 월복리 14% APR의 이자율을 가진 신용카드를 가지고 있고, 5%의 EAR로 이자를 지급하는 은행 저축계좌, 월복리 7% APR의 이자율을 가진 주택담보대출을 가지고 있다고 가정하자. 당신의 소득세율은 40%이다. 저축계좌에 대한 이자는 과세 대상이며 주택담보대출에 대한 이자는 세금공제된다. EAR로 표시된 각각의 경우에 대한 세후 유효 이자율은 몇 퍼센트인가? 당신이 새 차를 구입하고자 하고, (세금공제 대상이 아닌) 월복리 4.8% APR의 자동차 대출을 제안받았다고 가정하자. 당신은 이 자동차 대출을 받아야 하는가?

---

8 미국에서 개인의 이자소득은 비과세(tax-sheltered) 퇴직연금 계좌에 투자되고 있거나 면세(tax-exempt) 증권(예 : 지방정부 채권)에 투자되지 않으면 소득으로 간주되어 과세된다. 미 재무부 채권에 대한 이자는 주세 및 지방세가 면제된다. 법인의 이자소득 또한 법인세율로 과세된다.

9 미국에서는 주택 구입자금 대출이나 주택담보대출(일정한 한도까지), 일부 학생 대출 및 유가증권 매입 자금 대출에만 개인 이자소득에 대한 세금이 공제된다. 다른 형태의 소비자 채무에 대한 이자는 세금공제가 되지 않는다. 기업의 채무에 대한 이자는 세금공제 대상이다.

풀이

세금은 일반적으로 매년 지급되기 때문에 우리는 먼저 각 이자율을 EAR로 전환하여 해당 연도에 얻거나 지불되는 실제 이자 금액을 결정한다. 저축계좌의 EAR은 5%다. 식 (5.3)을 이용하여 구한 신용카드의 EAR은 $(1 + 0.14/12)^{12} - 1 = 14.93\%$이고, 주택담보대출의 EAR은 $(1 + 0.07/12)^{12} - 1 = 7.23\%$이다.

그다음엔 각각의 경우에 대한 세후 이자율을 계산한다. 신용카드 이자는 세금공제 대상이 아니기 때문에 신용카드의 세후 이자율은 세전 이자율 14.93%와 같다. 주택담보대출에 대한 세후 이자율은 $7.23\% \times (1 - 0.40) = 4.34\%$이다. 저축계좌에 대한 세후 이자율은 $5\% \times (1 - 0.40) = 3\%$이다.

이제 자동차 대출을 고려하자. 자동차 대출에 대한 EAR은 $(1 + 0.048/12)^{12} - 1 = 4.91\%$이다. 세금공제가 되지 않으므로, 자동차 대출에 대한 이 EAR은 세후 이자율이다. 따라서 자동차 대출은 가장 저렴한 자금 출처가 아니다. 세후 이자율 3%의 기회비용을 갖는 저축계좌의 자금을 사용하는 것이 가장 최선이다. 저축계좌에 충분한 잔고가 없다면, 4.34%의 세후 이자비용을 갖는 주택담보대출을 사용해야 한다. 그리고 우리는 확실히 신용카드를 사용하여 돈을 빌리지 않아야 한다!

개념 확인

1. 기업들이 그들의 대출에 대해서 미국 정부보다 더 높은 이자율로 이자를 지급해야 하는 이유는 무엇인가?
2. 세금은 투자에 대한 이자에 어떻게 영향을 미치는가? 대출에 대해 지급된 이자에 어떻게 영향을 미치는가?

5.5 자본의 기회비용

이 장에서 살펴본 바와 같이 시장에서 우리가 관찰할 수 있는 이자율은 표시 방식, 투자기간 및 위험에 따라 달라질 수 있다. 이 장에서 이러한 차이를 설명하는 방법론을 개발하고 이자율이 어떻게 결정되는지에 대한 직관을 얻었다. 이러한 지식은 다음 장에서 채권을 공부하는 데 필요한 기초를 제공할 것이다.

제3장에서 가치평가 원칙은 우리에게 시장 이자율을 이용하여 현재가치를 계산하고 투자 기회를 평가한다고 하였다. 하지만 수많은 시장 이자율들이 존재하므로 "시장 이자율"이란 용어는 모호한 측면이 없지 않다. 그러므로 앞으로 이 책에서는 투자자의 **자본기회비용**[opportunity cost of capital, 줄여서 **자본비용**(cost of capital)]을 현금흐름의 평가를 위한 할인율로 사용할 것이다. 자본비용은 동일한 위험과 투자기간을 갖는 투자들에 대하여 시장에 제시하는 가장 높은 기대 수익률이다.

자본비용은 외부 투자자들로부터 자본을 조달하려고 하는 기업과 관련되어 있다. 외부 투자자들로부터 자금을 조달하기 위해 기업은 적어도 동일한 위험과 투자 기간을 갖는 다른 투자 기회들이 제시하는 것과 동일한 기대 수익률을 투자자들에게 제시하여야 한다. 이와 동일한 논리가 기업 내부자금을 가지고 투자를 고려하고 있는 기업에도 적용된다. 신규 투자되는 어떤 자금도 다른 곳에 투자할 수 있는 주주들에게 돌려주어야 한다. 이에 따라 기업은 주주들이 다른 투자 기회를 통해 얻을 수 있는 수익보다 더 높은 수익을 제시할 수 있어야만, 내부자금을 신규 투자에 사용되어야 한다.

따라서 자본비용은 새로운 프로젝트의 현금흐름을 평가하는 데 벤치마크를 제공한다. 무위험 프로젝트의 경우 자본의 기회비용은 일반적으로 유사한 투자기간의 미 재무부 채권 이자율이다. 위험한 프로젝트의 자본비용은 종종 위험의 성격과 정도에 의존하며 무위험 이자율을 초과한다. 우리는 제4부에서 위험한 프로젝트에 대한 자본비용을 추정하기 위한 방법론에 대해 기술할 것이다.

| 일상적인 실수 | 잘못된 할인율로 할인하여 주정부가 3조 달러의 구멍을 파다 |

미국의 거의 모든 주정부는 확정 급여형 연금 플랜을 근로자들에게 제공한다. 이 연금 플랜은 주정부의 고용 기간과 그들의 최종 연봉을 근거로 퇴직 소득을 보장한다. 이처럼 종업원에게 약속된 지급은 연금 플랜의 부채이며, 지급액이 보장되기 때문에 무위험이 채권과 비교될 수 있다. 이러한 부채를 충족시키기 위해 주정부는 펀드를 적립하고, 이를 주식과 회사채 같은 위험 자산에 투자한다.

유감스럽게도 주정부는 펀드 필요액을 결정할 때 중요하고 흔한 실수를 범한다. 즉, 연금 플랜 부채의 위험 부담과 관련이 없는 임의의 할인율(일반적으로 8%)을 사용하여 부채의 현재가치를 계산한다.

보장된 특성 때문에 현재 8%를 훨씬 밑도는 무위험 이자율은 연금 플랜 부채에 대한 정확한 할인율이다.[10] 이러한 오류로 인해 주정부는 연금 플랜 부채의 가치를 크게 과소평가했으며, 부족한 펀드를 적립한 연금 플랜은 납세자들에게 미래의 잠재적 의무를 부과한다. 이 의무는 얼마나 클까? 로버트 노비 막스와 조슈아 라우 교수[11]는 전체 주 연금의 2008년 펀드 적립 부족액이 최소한 3조 달러에 달했다고 밝혔다. 또한 그들은 향후 15년 동안 국가가 납세자들에게 의존하지 않고 연금 의무를 이행할 확률이 5% 미만이라고 추정했다. 설상가상으로 주정부는 납세자의 지불 여력이 낮은 시점인 시장 하락기에 그 돈을 필요로 할 가능성이 매우 크다.

| 개념 확인 |

1. 자본의 기회비용은 무엇인가?
2. 심지어 경쟁적 시장에서도 서로 다른 이자율이 존재하는 이유는 무엇인가?

핵심 요점 및 수식

5.1 이자율의 호가와 조정

- 다른 가격들처럼 이자율도 시장의 힘(자금에 대한 수요와 공급)에 의해 결정된다.
- 실효 연이자율(EAR) 또는 연율화 수익률(APY)은 1년 후에 얻게 되는 총이자(투자금액 및 이자에 대한 이자) 금액을 투자금액 대비 비중으로 나타낸다. EAR은 1년 후의 미래가치를 현재가치로 환산할 때 할인율로도 사용할 수 있다.
- EAR(1-기간 할인율)이 r로 주어졌을 때, 이와 동등한 n-기간 할인율을 다음 식을 이용하여 구할 수 있다. 여기서 n은 분수일 수도 있다

$$(1 + r)^n - 1 \tag{5.1}$$

- 연율화 이자율(APR)은 가장 보편적인 이자율 표시 방법이다. 복리계산 기간당 실제 이자율은 APR을 연간복리 계산 횟수(m)로 나누어 준 값으로 계산된다. APR은 할인율로 사용될 수 없다.
- 연간복리 계산 횟수를 알면 APR을 가지고 EAR을 구할 수 있다.

---

10 주정부들은 종종 투자에 대한 기대 수익률로 8%의 이자율을 사용하는 것이 정당화된다. 그러나 투자의 위험과 채무의 위험은 비교될 수 없다(예 : 주식에 대한 수익은 보장되지 않음). 따라서 이 주장은 근본적으로 결함이 있다.

11 R. Novy-Marx and J. Rauh, The Liabilities and Risks of State-Sponsored Pension Plans, *Journal of Economic Perspectives* (Fall 2009) Vol. 23, No. 4.

$$1 + EAR = \left(1 + \frac{APR}{k}\right)^k \tag{5.3}$$

- 주어진 APR에 대한 EAR은 연간복리 계산 횟수(m)가 늘어날수록 증가한다.

5.2 응용 : 할인율과 대출

- 일반적으로 대출에 대한 이자율은 APR로 표시된다. 대출 잔고는 대출 이자율로 평가한 미래 분할상환금의 현재가치와 일치한다.
- 원리금 균등상환 대출에서 각 분할상환금은 대출에 대한 이자와 대출 잔고의 일부분을 합산한 금액으로 구성된다.

5.3 이자율의 결정

- 호가된 이자율은 투자한 금액의 증가율을 나타내는 명목 이자율이다. 실질 이자율은 인플레이션율을 조정하여 실질 구매력이 증가하는 비율을 나타낸다.
- 명목 이자율과 인플레이션율이 주어지면 실질 이자율은 다음 식을 이용하여 구할 수 있다.

$$r_r = \frac{r - i}{1 + i} \approx r - i \tag{5.5}$$

- 명목 이자율은 인플레이션율이 높으면 상승하고 인플레이션율이 낮아지면 하락한다.
- 각국의 중앙은행은 이자율을 인상(인하)하여 투자를 줄여(늘려) 인플레이션(경기둔화)에 대처한다.
- 이자율의 기간구조에 따라 이자율과 투자 기간 간의 관계가 달라진다. 이자율과 투자 기간 간의 관계를 도표로 나타낸 것을 수익률 곡선이라고 한다.
- 현금흐름은 투자 기간에 상응하는 적절한 할인율을 이용하여 할인하여야 한다. 여러 기간 현금흐름의 현재가치(PV)는 다음과 같이 계산된다.

$$PV = \frac{C_1}{1 + r_1} + \frac{C_2}{(1 + r_2)^2} + \cdots + \frac{C_N}{(1 + r_N)^N} = \sum_{n=1}^{N} \frac{C_n}{(1 + r_n)^n} \tag{5.7}$$

- 연금과 영구연금 공식은 투자 기간에 따라 할인율이 달라지는 경우 적용할 수 없다.
- 수익률 곡선의 모양은 투자자들의 미래 경제성장과 이자율에 대한 기대에 의존한다. 수익률 곡선은 경기침체가 예상되는 시기에는 우하향 하는 모양을 갖고, 경기침체를 벗어나 회복되는 시기에는 우상향하는 모양을 갖는다.

5.4 위험과 세금

- 미 재무부 채권 이자율은 무위험 이자율로 간주된다. 미국 정부가 아닌 다른 차입자들은 채무불이행 가능성이 있기 때문에 차입금에 대해 더 높은 이자율을 지불하게 된다.
- 현금흐름에 대한 정확한 할인율은 유사한 위험 및 투자 기간을 갖는 다른 투자에 대해서 시장에서 이용 가능한 기대 수익률이다.
- 투자에 대한 이자가 비율 τ로 과세되거나 대출이자가 세금공제가 되는 경우 세후 유효 이자율은 아래와 같이 계산된다.

$$r(1 - \tau) \tag{5.8}$$

5.5 자본의 기회비용

- 자본의 기회비용은 할인하고자 하는 현금흐름과 동일한 위험과 투자 기간을 갖는 투자 기회에 대하여 시장이 제시하는 가장 높은 기대 수익률이다.

■ 자본의 기회비용은 평가하고자 하는 새로운 투자의 현금흐름에 대한 벤치마크 수익률을 제공한다.

주요 용어

기간구조(term structure)	연속복리 계산(continuous compounding)
명목 이자율(nominal interest rate)	연방자금 이자율(federal funds rate)
변동 이자율 모기지(adjustable rate mortgages, ARM)	연율화 이자율(annual percentage rate, APR)
세후 이자율(after-tax interest rate)	원리금 균등상환 대출(amortizing loan)
수익률 곡선(yield curve)	자본기회비용(opportunity cost of capital)
실질 이자율(real interest rate)	자본비용(cost of capital)
실효 연이자율(effective annual rate, EAR)	중간 연도 관행(mid-year convention)

추가 읽을거리

지난 4천년 동안의 이자율 역사에 대한 흥미로운 설명은 S. Homer and R. Sylla, *A History of Interest Rates* (John Wiley & Sons, 2005)를 참고하길 바란다.

이자율에 대한 더 깊은 이해, 변화하는 시장 상황에 대한 대응법, 그리고 위험관리 방법에 대해서는 J. C. Van Horne, *Financial Market Rates and Flows* (Prentice Hall, 2000)를 참고하길 바란다.

이자율, 인플레이션 및 경제성장 간의 관계에 대한 더 깊은 통찰력을 얻기 위해 A. Abel, B. Bernanke, and D. Croushore, *Macroeconomics* (Prentice Hall, 2010)와 같은 거시경제 교재를 참고하길 바란다.

수익률 곡선에 대한 추가적인 분석, 측정 및 모형화 방법에 대해서는 M. Choudhry, *Analyzing and Interpreting the Yield Curve* (John Wiley & Sons, 2004)를 참고하길 바란다.

연습문제

* 표시는 난이도가 높은 문제다.

이자율 호가와 조정

1. 은행이 총 2년간의 예금에 대한 이자율로 20%를 지급하는 계좌를 권유하고 있다. 아래 각 기간에 상응하는 할인율을 결정하라.
   a. 6개월　　　　　　b. 1년　　　　　　c. 1개월

2. 5%의 연간 이자율(EAR)로 이자를 지급하는 은행계좌와 아래 각 선택안 중에서 어떤 것을 더 선호하는가?
   a. 3년 동안 6개월마다 2.5%의 이자를 지급하는 계좌
   b. 3년 동안 18개월마다 7.5%의 이자를 지급하는 계좌
   c. 3년 동안 매월 0.5%의 이자를 지급하는 계좌

3. 많은 학술기관들은 연구년 제도를 제안한다. 교수는 7년마다 1년 동안 강의 및 다른 행정 업무를 면제받는다. 총 42년 근무하고 매년 $70,000의 연봉을 받는 어떤 교수의 경우, 만약 이자율이 6%(EAR)라면, 이 교수가 연구년 동안 받을 것으로 기대되는 금액의 현재가치는 얼마인가?

4. 당신은 1년 예치에 다음과 같은 수익률을 제시하는 세 가지 투자 기회를 발견했다.
   a. 10% APR로 매월 복리계산
   b. 10% APR로 매년 복리계산
   c. 9% APR로 매일 복리계산
   각 투자 기회에 대한 EAR을 계산하라(1년이 365일이라고 가정).

5. 당신은 월복리 8% APR로 이자를 지불하는 1년 CD를 제공하는 새 은행으로 돈을 옮길 것을 고려하고 있다. 현재 은행관리자는 이러한 제안과 이자율이 같아지는 제안을 한다. 현재 은행계좌는 6개월마다 이자를 지급한다. 현재 은행계좌의 이자율이 CD 이자율과 같기 위해 6개월마다 당신은 얼마의 이자를 받아야 하는가?

6. 당신의 은행계좌는 5% EAR의 이자를 지급한다. 이 계좌의 이자율을 반년마다 복리계산되는 APR로 표시하면 몇 퍼센트인가? 월별 복리계산되는 APR로 표시하면 몇 퍼센트인가?

7. 이자율이 월별 복리계산되는 8% APR이다. 5년 동안 6개월마다 $100를 지급하는 연금의 현재가치는 얼마인가?

8. 8개월 동안 $1,000 예금에 대해 $50의 이자를 받을 수 있다. EAR이 투자 기간과 상관없이 동일하다면, $1,000 예금에 대해 다음 기간에 얼마나 많은 이자를 받는지 결정하라.

    a. 6개월   b. 1년   c 1.5년

9. 당신이 은행계좌에 $100를 투자하여 5년 후 이 금액이 $134.39로 성장했다.

    a. 반기복리 이자라면 당신은 APR로 몇 퍼센트의 이자를 받게 되는가?

    b. 월복리 이자라면 당신은 APR로 몇 퍼센트의 이자를 받게 되는가?

10. 당신은 대학에 갓 입학했다. 대학은 당신이 대학을 다니는 4년 동안 등록금을 인상하지 않기로 보장했다. $10,000의 첫 등록금은 지금부터 6개월 후에 납부해야 한다. 그다음에는 총 납부횟수가 8회가 될 때까지 6개월마다 동일한 금액을 납부해야 한다. 대학은 6개월마다 돈이 자동 인출되는 은행계좌를 제안하는데, 앞으로 4년간 이 계좌의 이자율은 반년마다 복리계산되는 4% APR로 고정될 것을 보장한다. 당신은 앞으로 돈을 추가적으로 예치하지 않고 등록금을 모두 납부하고 마지막 등록금 납부 후 계좌잔고가 없도록 하려고 한다. 이렇게 하기 위해서 당신이 이 계좌에 예치해야 하는 금액은 얼마인가?

11. 당신은 모기지에 대해 월별 지급을 한다. 모기지의 이자율은 5% APR(월복리)로 호가된다. 당신은 잔존 원금의 몇 퍼센트를 매월 이자로 지급하는가?

응용 : 할인율과 대출금

12. 캐피탈 원이 만기가 60개월이고 이자율이 5.99% APR인 모터사이클 대출을 광고하고 있다. 만약 당신이 원하는 모터사이클인 할리-데이비슨을 사기 위해 $8,000를 빌려야 한다면, 당신의 월별 상환액은 얼마인가?

13. 오펜하이머 뱅크는 6.80% EAR의 30년 만기 주택담보대출을 제공하고 있다. 당신이 $150,000를 빌리면, 매월 분할상환금은 얼마가 되는가?

14. 당신은 기존 모기지를 상환하고 신규 대출을 받기로 결심했다. 당신은 현재 대출 가능한 모기지 중에서 대출을 받고자 한다. 현재 월 분할상환액은 $2,356이고 매 분할상환금을 정해진 날짜에 지급했다. 기존 대출은 만기가 30년인데, 대출을 받은 지 4년 8개월이 경과했고, 방금 월 분할상환금액 지급했다. 모기지 이자율은 6.375% APR이다. 오늘 당신이 기존 모기지의 일시 상환을 위해 지급해야 하는 금액은 얼마인가?

15. 당신은 방금 현금 $1,000,000를 받고 집을 팔았다. 당신은 집을 사기 위해 월 분할상환금을 지급하는 30년 만기 주택담보대출을 받았다. 현재의 대출잔고는 $800,000이며, 이 대출을 받은 지 정확히 8.5년이 되었고, 월 분할상환금을 방금 지급하였다. 이자율이 5.25% APR일 때, 당신이 집을 팔아 대출금을 모두 갚고 나면, 얼마의 현금을 갖게 되는가?

16. 당신은 방금 주택을 구입하고 $500,000의 모기지 대출을 받았다. 이 모기지 대출은 30년 동안 매월 분할상환금을 지불해야 하고, 이 대출의 이자율은 6% APR이다.

    a. 1번째 해의 이자 지불액과 원금 지불액은 각각 얼마인가?

    b. 20번째 해, 즉 지금부터 19년 후부터 20년 후까지 기간의 이자 지불액과 원금 지불액은 각각 얼마인가?

17. 당신의 모기지는 25년의 대출 잔여기간, 7.625% APR의 이자율, $1,449의 월별 분할상환금을 가진다.

   a. 당신 모기지의 미상환 잔액은 얼마인가?

   b. 당신이 모기지 지불을 할 수 없고 당신이 집을 잃을 위험에 처해 있다고 가정하자. 은행은 당신의 대출을 재협상하겠다고 제안했다. 은행은 차압을 통해 집으로부터 $150,000를 받을 것으로 예상하고 있다. 은행은 적어도 이 금액(현재가치 기준)을 받을 수 있다면, 월별 분할상환금을 줄일 것이다. 현재 25년 모기지 이자율이 5%(APR)로 하락했을 때, 은행에게 매력적일 수 있는 대출 잔여 기간의 가장 낮은 월별 분할상환액은 얼마인가?

⊠ *18. 당신에게는 앞으로 4년간 매월 $500씩 분할상환해야 하는 학자금 대출이 있다. 이 대출의 이자율은 월별 복리계산되는 9% APR이다. 당신은 오늘 $100의 추가적인 상환을 했다(즉, 지불하지 않아도 되는 $100를 지불했다). 대출금을 다 갚을 때까지 매월 $500를 지불해야 한다면, 마지막 지급액은 얼마가 될까? 실효수익률(월별 복리계산되는 APR로 표시)은 몇 퍼센트인가?

⊠ *19. 18번 문제의 상황을 다시 이용한다. 당신은 최상의 투자는 학자금 대출을 갚는 것이라는 것을 깨달았다. 그래서 매월 갚을 수 있는 최대한의 금액을 갚기로 했다. 당신의 예산을 고려하면 매월 $250를 추가적으로 더 갚을 수 있다. 당신이 매월 $750의 분할상환금을 지급하면, 대출금을 다 상환하는 데 걸리는 기간은 얼마인가?

⊠ *20. 오펜하이머 은행은 월복리 5.25% APR의 30년 모기지를 제공하고 있다. 이 모기지에 대한 월별 분할상환금은 $2,000이다. 또한 오펜하이머 은행은 다음과 같은 딜을 제공한다. 매월 $2,000의 분할상환금을 지불하는 대신, 2주마다 이 금액의 절반을 지불할 수 있다(따라서 연간 52/2 = 26회 지불하게 된다). 이 계획을 통해 대출의 EAR이 변경되지 않는다면, 이 대출을 상환하는 데 얼마나 걸릴까?

⊠ *21. 당신 친구는 모기지를 상환하는 데 걸리는 시간을 3분의 1까지 줄이기 위한 아주 간단한 방법을 알려준다. 매년 1월 1일에 휴가 보너스를 사용하여 추가적인 상환을 한다(즉, 이날 두 번의 분할상환금을 지불한다). 이 모기지의 최초 기간은 30년, 이자율은 12% APR을 가정한다.

   a. 1월 1일에 모기지 대출을 받아(이에 따라 첫 번째 지불일이 2월 1일) 첫해의 마지막에 첫 번째 추가 지불을 하면, 당신은 몇 년 후에 모기지 상환을 끝낼 수 있는가?

   b. 7월 1일에 모기지 대출을 받아(이에 따라 첫 번째 지불일이 8월 1일) 매년 1월에 추가적인 지불을 하면, 당신은 몇 달 후에 모기지 상환을 끝낼 수 있는가?

   c. 이 전략을 사용한다는 전제하에서 대출 상환에 걸리는 시간은 대출의 이자율에 따라 어떻게 달라지는가?

⊠ 22. 새 차가 필요한 당신에게 딜러가 $20,000의 가격과 함께 다음과 같은 지불 선택안을 제시했다. (a) 현금으로 지불하고 $2,000 리베이트를 받거나 (b) $5,000 선금을 지불하고, 나머지는 0% APR의 30개월 동안 대출을 받는다. 그러나 당신은 방금 직장을 그만두고 MBA 프로그램을 시작해서 빚을 지고 있으며 앞으로 적어도 2.5년 동안 빚이 있을 것으로 예상된다. 당신은 당신의 비용을 지불하기 위해 신용카드를 사용할 계획이다. 운 좋게도 15% APR(월복리)의 이자율이 낮은(고정) 신용카드를 가지고 있다. 어떤 지불안이 가장 적합할까?

23. 당신이 주택담보대출을 받은 지 5년이 경과했다. 이 대출의 월별 상환액은 $1,402, 만기는 30년, 이자율은 10% APR이라고 한다. 5년이 지난 지금 시장 이자율이 하락하여 당신은 기존 대출을 전액 상환하고, 상환한 금액에 해당되는 금액을 신규로 대출받고자 한다. 신규 대출의 조건은 30년 동안 월별 분할상환하고, 이자율이 $6\frac{5}{8}$% APR이다.

   a. 신규 대출의 월별 분할상환금은 얼마인가?

   b. 신규 대출의 대출금을 25년 후까지 다 갚기를 원한다면 월별 분할상환금은 얼마가 되겠는가?

   c. 신규 대출에서도 월별 분할상환금이 $1,402이기를 원한다면, 신규 대출의 대출금을 전액 상환하는 데 걸리는 기간은 얼마인가?

    d. 당신이 월별 분할상환금 \$1,402로 25년 후까지 신규 대출의 대출금을 전액 상환하기를 원한다고 가정하자. 이를 위해 당신이 추가적으로 더 빌려야 하는 금액은 얼마인가?

24. 당신은 \$25,000의 신용카드 부채를 지고 있으며, 이 부채의 이자율은 월별 복리계산되는 15% APR이다. 당신은 매월 최소지불금액만을 내고 있다. 대출 잔고에 대해서 이자 지급 의무가 있다. 당신은 최근 12% APR의 이자율을 가지지만, 다른 모든 조건을 동일한 카드의 발급을 제안하는 우편물을 받았다. 당신은 모든 대안을 검토한 후 카드의 교체 여부, 기존 카드의 대출 잔고를 신규 카드로 이전 여부, 추가적인 대출 여부 등에 대한 의사결정을 해야 한다. 당신은 신규 카드에서 최소지불금액을 변동시키지 않고 오늘 빌릴 수 있는 금액은 얼마인가?

이자율의 결정

25. 1975년 미국의 이자율은 7.85%, 인플레이션율은 12.3%였다. 1975년 미국의 실질 이자율은 몇 퍼센트였는가? 그해 당신이 저축한 금액의 구매력은 어떻게 변했는가?

26. 인플레이션율이 5%라면 투자한 금액에 대해 3%의 실질 이자율을 얻기 위해 필요한 명목 이자율은 몇 퍼센트인가?

27. 투자자가 이용할 수 있는 명목 이자율이 상당히 마이너스일 수 있을까? (힌트 : "매트리스 아래에서 현금을 저축함으로써 얻은 이자율을 고려해보자.") 실질 이자율이 마이너스일 수 있을까? 설명하라.

28. 초기 투자액이 \$100,000이고 5년 후 \$150,000의 단일 현금흐름을 창출하는 프로젝트를 고려하자.

    a. 5년 이자율이 5% (EAR)인 경우 이 프로젝트의 NPV는 얼마인가?

    b. 5년 이자율이 10% (EAR)인 경우 이 프로젝트의 NPV는 얼마인가?

    c. 이 프로젝트가 여전히 수익성이 있는 가장 높은 5년 이자율은 얼마인가?

29. 무위험 이자율 기간구조가 다음과 같다.

기간	1년	2년	3년	5년	7년	10년	20년
이자율(EAR, %)	1.99	2.41	2.74	3.32	3.76	4.13	4.93

    a. 2년 후에 \$1,000, 5년 후에 \$2,000를 확실히 지불하는 투자의 현재가치를 계산하라.

    b. 다음 5년 동안 매년 말에 \$500를 확실하게 받는 것에 대한 현재가치를 계산하라. 표에서 누락된 연도의 이자율을 찾으려면 이자율을 알고 있는 연도를 선형으로 보간한다(예 : 4년 이자율은 3년과 5년의 이자율의 평균이다).

    *c. 향후 20년간 매년 \$2,300를 확실하게 받는 것에 대한 현재가치를 계산하라. 선형 보간을 이용하여 누락된 연도에 대한 이자율을 추론하라. (힌트 : 스프레드시트를 사용하라.)

30. 29번 문제의 기간구조를 사용하여 1, 2, 3년 차가 끝날 때마다 \$100를 지불하는 투자의 현재가치는 얼마인가? 연금 공식을 이용하여 이 투자를 정확하게 평가하고 싶다면 어떤 할인율을 사용해야 할까?

31. 29번 문제의 기간구조가 주어지면 수익률 곡선은 어떤 모양일까? 미래의 이자율에 대해 투자자는 어떤 기대를 가질 것 같은가?

32. 현재 1년 이자율이 6%라고 가정한다. 지금부터 1년 후에는 경기가 둔화되고 1년 이자율이 5%로 떨어질 것이라고 믿고 있다. 2년 후 경제가 경기침체의 한가운데에 있을 것으로 예상하여 Fed가 이자율을 크게 낮추고 1년 이자율을 2%로 낮추게 된다. 1년 이자율이 그다음 해에 3%로 상승하고, 이후 매년 1%씩 계속 상승하여 6%로 복귀할 것이다.

    a. 이러한 미래의 이자율 변화에 대해 확신이 있다면, 2년 이자율이 이러한 기대와 일치할 것인가?

    b. 1~10년 동안 현재의 이자율 기간구조는 이러한 기대와 일치할 것인가?

    c. 이 경우 수익률 곡선을 그려보라. 1년 이자율을 10년 이자율과 비교하면 어떤가?

위험과 세금

33. 그림 5.4에 의하면, 5년 차입 이자율이 존슨 앤 존슨 1.9 %, 제록스 4.0%다. 존슨 앤 존슨이 오늘 $500를 지불하거나 5년 후 $575를 지불하겠다고 약속하는 것 중에서 당신은 어느 것을 더 선호하는가? 제록스가 당신에게 동일한 제안을 한다면 당신은 어느 것을 더 선호하는가?

34. 당신에게 최상의 과세대상 투자 기회는 4%의 EAR을 갖는다. 당신에게 최상의 면세 투자 기회는 3%의 EAR을 갖는다. 당신의 세율이 30%라면, 세후 이자율이 더 높은 투자 기회는 어느 것인가?

35. 프레드 삼촌이 방금 새 보트를 구입하였다. 그는 딜러로부터 얻은 7%(APR, 월복리)의 낮은 이자율에 대해 자랑한다. 이 이자율은 주택담보대출(8% APR, 월복리)에서 얻을 수 있는 이자율보다 더 낮다. 그의 세율이 25%이고 주택담보대출에 대한 이자가 세금공제 대상인 경우 어떤 대출이 실제로 더 저렴한가?

36. 당신은 MBA 프로그램에 등록했다. 등록금을 납부하기 위해서 EAR 5.5%의 표준 학생 대출(즉, 이자 지급액이 세금공제 대상이 아님)을 받거나, 세금공제 대상인 6% APR(월)의 주택담보대출을 사용할 수 있다. 당신은 매우 낮은 세금 구간에 있어 적용 세율이 15%에 불과할 것으로 예상된다. 당신은 어떤 대출을 사용해야 하는가?

37. 가장 친한 친구가 투자 조언을 구하기 위해 당신에게 상의한다. 그의 세율은 35%이며 다음과 같은 현재의 투자 및 채무가 있음을 알게 된다.

- $5,000와 4.8%의 APR(월복리)을 가진 자동차 대출
- $10,000의 미결제 잔액이 있는 APR 14.9%(월복리)의 신용카드
- 5.50% EAR로 이자를 지급하는 $30,000의 잔고를 가진 저축예금 계좌
- 5.25% APR(일복리)로 이자를 지불하는 $100,000 잔고의 화폐시장 저축예금
- $25,000의 잔액을 가진 5.0% APR(월복리)의 세금공제 주택담보대출

a. 높은 세후 이자율을 지불하는 저축계좌는 어느 것인가?

b. 당신 친구가 그의 채무 잔고를 상환하기 위해 사용해야 하는 저축은 어느 것인가? 설명하라.

38. 언제든지 상환할 수 있는 8% 이자율의 미상환 채무가 있고 미 재무부 채권의 이자율은 5%라고 가정한다. 당신은 다른 곳에 투자하지 않는 현금을 사용하여 빚을 갚을 계획이다. 채무가 상환될 때까지 새로운 위험이 없는 투자 기회를 평가할 때 어떤 자본비용을 사용해야 하는가?

자본의 기회비용

39. 2008년 여름, 런던의 히드로 공항에서 개인회사인 베스트 오브 더 베스트는 페라리 또는 90,000영국파운드(약 $180,000 상당)를 얻을 수 있는 복권을 제안했다. 페라리와 100파운드 지폐의 돈 모두 전시되었다. 연간 이자율(EAR)이 영국은 5%이고 미국은 2%라면, 현금을 계속 전시하기 위해 이 회사가 매월 부담하여야 하는 비용은 달러로 얼마인가? 즉, 은행계좌에 입금하지 않고 돈을 전시함에 따른 기회비용은 얼마인가(세금 무시)?

40. 당신 회사는 새로운 사무실 전화 시스템 구입을 고려하고 있다. 지금 $32,000를 지불하거나 36개월 동안 매월 $1,000를 지불할 수 있다.

a. 당신 회사가 현재 연 6%(월복리 APR)의 이자율로 돈을 빌리고 있다고 가정한다. 어떤 지불 계획이 더 매력적인가?

b. 당신 회사가 현재 연 18%(월복리 APR)의 이자율로 차입을 한다고 가정한다. 어떤 지불 계획이 이 경우 더 매력적인가?

41. 노비 막스 교수와 라우 교수 기사(169쪽의 '일상적인 실수' 참조)를 읽은 후, 거주하는 주에 대한 총 의무 적립액을 계산하기로 결정했다. 조사한 후 주에서 약속한 연금 지급액은 연간 $1 십억이고, 당신은 이 의무 적립액이 매년 2%씩 성장할 것으로 기대한다. 당신은 이 의무 적립액의 위험이 주정부 채무의 위험과

동일하다고 결정한다. 해당 채무의 가격 결정에 따라 펀드의 부채에 대한 정확한 할인율은 연 3%이다. 현재 할인율로 8%를 사용한 보험 수리적 계산에 근거하면, 이 연금 플랜은 과대 적립도 과소 적립도 되지 않았다. 즉, 이 연금 플랜의 부채의 가치는 자산의 가치와 정확히 일치한다. 이 연금 플랜의 진정한 적립 의무액의 정도는 얼마인가?

데이터 사례

플로리다의 연금 플랜 부채

당신은 재정 책임에 초점을 둔 정치행동위원회인 CARE(Conservatives Are REsponsible)의 컨설턴트로 고용되었다. 플로리다 지부는 주 채무액에 대해 점점 더 걱정하고 있다. 문제의 범위를 평가하기 위한 노력의 일환으로 귀하는 주 연금 플랜이 얼마만큼 과소 적립되는지를 추정하기 위해 고용되었다. 운 좋게도 플로리다 주는 연금 플랜 상태에 대한 연례 재정 보고서를 발행한다.

1. Florida State Auditor General의 웹사이트로 이동하여 최신 재무 보고서를 다운로드하라. www.myflorida.com/audgen/로 가서 "Auditor General Released Reports"를 클릭하라. 회계 연도(가장 왼쪽에 위치).

2. 보고서를 사용할 수 있는 가장 최근 연도를 선택하라. (2015년에 "플로리다 퇴직 연금 플랜 및 기타 국가 관리 시스템—재무 감사"라고 불리며 2015~2016 회계 연도에 보고서 번호 2016-097로 표시되었다.)

3. 펀드의 미래 부채—기존 직원에 대한 약속된 지급금을 기재한 보고서의 위치를 검색하라. (2015년에 이 정보는 그래픽 형식으로 102페이지에 나열되어 있다. 인터넷 사이트 WebPlotDigitizer—arohatgi.info/WebPlotDigitizer/—는 그래픽 형식으로 제공되는 정보를 디지털화하는 편리한 방법을 제공한다.)

4. 이 연금 지급액은 주정부의 법적 의무이기 때문에 다른 주정부 채무와 유사한 위험을 평가하므로 자본비용은 플로리다의 현재 차입 이자율과 유사해야 한다. 우선 플로리다 주 채권 등급에 대한 검색을 시작하라. 등급을 알았으면 FMSBonds Inc(www.fmsbonds.com/market-yields/)에서 이 등급의 다른 만기 플로리다 주 채권이 현재 수익을 내고 있는지 확인하라.

5. 이러한 결과를 사용하여 자본비용을 추정하고 플로리다의 연금 부채의 현재가치를 추정한다.

6. 연금 기금의 자산가치를 찾아서(2015년, 이 정보는 보고서 19페이지에 있음) 부채의 현재가치에서 공제한 수준을 계산한다. 과소 적립액을 자산가치로 연금 부채의 현재가치 대비 백분율로 표시하라.

7. 과소 적립의 실제 수준에 대한 예상치를 GAAP 회계를 사용하여 보고서가 계산한 것과 비교하라. (이 정보는 2015년 보고서 61페이지에 있다.) 결과와 그 차이점을 설명하라.

8. 다음 웹사이트로 이동하여 플로리다 주 채무액의 현재 수준을 찾는다. www.usgovernmentspending.com/compare_state_spending_2015bH0d

9. 주 연금 플랜의 과소 적립액이 전체 주정부 채무액에 포함된다면, 플로리다 주의 채무액은 플로리다 주가 명시한 채무액보다 몇 퍼센트 증가할까?

주석 : 이 사례 분석에 대한 갱신은 www.berkdemarzo.com에서 찾을 수 있다.

연속 이자율과 현금흐름

이 부록에서 우리는 이자 지급 시점 또는 현금흐름이 지속적으로 발생할 때 현금흐름을 할인하는 방법을 살펴본다.

연속복리 APR에 대한 할인율

일부 투자는 일보다 더 빈번하게 복리계산이 이루어진다. 우리가 복리계산 주기를 매 시간($k = 24 \times 365$)에서 매 초($k = 60 \times 60 \times 24 \times 365$)로 변경함에 따라, 우리는 매 순간 복리계산되는($k = \infty$) 연속복리의 극한에 접근하게 된다. 연속복리 APR로 호가되는 이자율을 이용하여 할인율을 계산하는데, 식 (5.3)은 사용될 수 없다. 이 경우 1년 기간의 할인율, 즉 EAR은 식 (5A.1)에 의해 주어진다.

연속복리 APR에 대한 EAR

$$(1 + EAR) = e^{APR} \qquad (5A.1)$$

여기서 수학적 상수(mathematical constant)[12] $e = 2.71828$ …이다. 우리가 일단 EAR을 알면 어떤 복리계산 주기에 대해서도 식 (5.1)을 이용하여 할인율을 계산할 수 있다.

다른 한편으로 우리가 EAR을 알고 있고, 이에 상응하는 연속복리 APR을 구하고자 한다면, 식 (5A.1)의 양변에 자연로그(ln)를 취한 후 APR에 대해 정리하면 된다.[13]

EAR에 대한 연속복리 APR

$$APR = \ln(1 + EAR) \qquad (5A.2)$$

연속복리 이자율은 실제로 사용되지 않는다. 때로는 은행에서 마케팅 기법으로 제공하지만 일복리와 연속복리의 실제적인 차이가 거의 없다. 예를 들어 6% APR의 경우 연속복리의 EAR은 $e^{0.06} - 1 = 6.18365\%$이지만, 일복리는 $(1 + 0.06/365)^{365} - 1 = 6.18313\%$의 EAR을 제공한다.

연속적으로 발생하는 현금흐름

현금흐름이 연속적으로 발생하는 투자의 현재가치를 어떻게 계산할 수 있을까? 예를 들어 온라인 도서 판매업체의 현금흐름을 고려해보라. 회사는 연간 $10 백만의 현금흐름을 예측한다고 가정하자. $10 백만을 연말에 수취하는 것이 아니라 1년 내내 수취한다. 즉, $10 백만을 연중 연속적으로 수취한다.

우리는 성장영구연금의 한 가지 버전을 이용하여 연속적으로 발생하는 현금흐름의 현재가치를 계산할 수 있다. 최초 연간 현금흐름이 $C이고 이후 매년 현금흐름 성장률이 g인 현금흐름이 영구히 발생하고, 할인율(EAR로 표시)이 r이라면, 이 현금흐름의 현재가치는 다음 식으로 계산된다.

---

12 상수 e를 밑으로 하는 지수함수는 exp로도 표현된다. 즉, $e^{APR} = exp(APR)$이다. 이 함수는 대부분의 스프레드시트와 계산기에 내장되어 있다.

13 $\ln(e^x) = x$임을 상기하자.

기호
e 2.71828…
$\ln$ 자연로그
r_{cc} 연속복리 할인율
g_{cc} 연속복리 성장률
$\overline{C_1}$ 첫해에 받는 총 현금흐름

연속 성장영구연금의 현재가치[14]

$$PV = \frac{C}{r_{cc} - g_{cc}} \tag{5A.3}$$

여기서 $r_{cc} = \ln(1 + r)$과 $g_{cc} = \ln(1 + g)$는 각각 연속복리 APR로 표시된 할인율과 성장률이다.

연속적으로 발생하는 현금흐름을 다룰 수 있는 또 다른 방법이 있다. $\overline{C}_1$를 첫해에 발생하는 총 현금흐름이라고 하자. 현금흐름이 1년 내내 도착하기 때문에, 우리는 연중에 "평균적으로" 도착할 수 있다고 생각할 수 있다. 이 경우 현금흐름을 1/2년 적게 할인해야 한다.

$$\frac{C}{r_{cc} - g_{cc}} \approx \frac{\overline{C}_1}{r - g} \times (1 + r)^{1/2} \tag{5A.4}$$

실제로 식 (5A.4)는 아주 잘 작동한다. 보다 일반적으로 이는 우리가 연간 현금흐름이 모두 각 연도의 중간에 발생하는 것처럼 가정하는 **중간 연도 관행**(mid-year convention)을 따르면 연속적으로 발생하는 현금흐름의 현재가치를 합리적으로 정확하게 계산할 수 있음을 의미한다.

예제 5A.1	연속적인 현금흐름을 갖는 프로젝트의 평가

문제

당신 회사는 원유 굴착장치 구매를 고려하고 있다. 이 장치는 초기에 연간 30 백만 배럴의 속도로 원유를 생산할 것이다. 당신은 방금 배럴당 $1.25의 이익으로 원유를 팔 수 있는 장기 계약을 맺었다. 이 장치에서 생산되는 원유의 생산 속도가 연간 3%씩 감소하고 할인율이 연 10%(EAR)라면, 당신 회사가 이 장비에 대해 지불할 의향이 있는 금액은 얼마일까?

풀이

견적에 따르면 이 장치는 (연간 30 백만 배럴)×($1.25/배럴) = $37.5 백만의 연간 초기 속도로 이익을 창출할 것이다. 10% 할인율은 $r_{cc} = \ln(1 + 0.10) = 9.531\%$의 연속복리 APR과 동일하며, −3%의 성장률은 $g_{cc} = \ln(1 - 0.03) = -3.046\%$의 APR을 갖는다. 식 (5A.3)을 이용하여 이 장치에서 얻는 이익의 현재가치를 구하면 아래와 같다.

$$PV(\text{이익}) = 37.5/(r_{cc} - g_{cc}) = 37.5/(0.09531 + 0.03046) = \$298.16 \text{ 백만}$$

또한 우리는 다음과 같은 방법을 사용하여 현재가치에 매우 근사한 값을 구할 수 있다. 이 장치의 초기 이익률은 연간 $37.5 백만이다. 연말까지 연간 이익율이 $37.5 \times (1 - 0.03) = \$36.375$ 백만으로 3% 감소할 것이다. 따라서 연중 평균 이윤율은 $(37.5 + 36.375)/2 = \$36.938$ 백만이다. 현금흐름이 매년 중반에 발생하는 것처럼 평가함으로써 우리는 이 장치에서 얻는 이익의 현재가치를 다음과 같이 구할 수 있다.

$$\begin{aligned}PV(\text{이익}) &= [36.938/(r - g)] \times (1 + r)^{1/2} \\ &= [36.938/(0.10 + 0.03)] \times (1.10)^{1/2} = \$298.01 \text{ 백만}\end{aligned}$$

두 방법의 결과가 매우 유사함을 주목하기 바란다.

---

14 영구연금 공식이 주어졌을 때 우리는 두 영구연금의 차이로 연금의 가치를 평가할 수 있다.

채권의 가치평가

2005년 8월 미국 정부는 4년간 발행이 중단되었던 30년 만기 재무부 장기채를 다시 발행하기 시작했다. 30년 만기 채권 발행 결정은 기록적인 재정 적자에 대한 재원 마련을 위해 정부가 차입해야 하는 이유도 일부 있었지만, 또한 미국 정부의 지급 보증을 받는 장기 무위험 증권에 대한 투자자들의 수요에 대한 대응 차원에서도 이루어졌다. 이 30년 만기 국채는 공개적으로 거래되는 채권시장의 일부분을 구성한다. 2015년 1월 현재 미 재무부 채권의 가치는 공개적으로 거래되는 모든 미국 회사채보다 $4.5 조 더 많은 약 $12.5 조이다. 투자자들이 미국 주식시장에 투자한 금액이 $26 조를 약간 넘는다. 반면에 투자자들이 미국 국채와 지방 자치단체, 정부 대행기관 및 기타 발행기관이 발행한 채권에 투자한 금액은 $39 조를 상회한다.[1]

이 장에서는 채권의 기본 유형을 살펴보고 채권의 가치를 평가하고자 한다. 채권과 채권의 가격 결정을 이해하는 것은 여러 가지 이유로 유용하다. 첫째, 무위험 국채의 가격은 제5장에서 논의된 수익률 곡선을 생성하는 무위험 이자율을 결정하는 데 사용될 수 있다. 우리가 보았듯이 수익률 곡선은 무위험 현금흐름을 평가하는 데 중요한 정보를 제공하며, 인플레이션과 경제 성장에 대한 기대를 평가한다. 둘째, 기업은 종종 자신의 투자 자금조달을 위해 채권을 발행하며, 투자자가 그 채권에 대해 받는 수익은 기업의 자본비용을 결정하는 한 가지 요소이다. 마지막으로 채권은 경쟁시장에서 유가증권의 가격이 결정되는 방식에 대한 연구를 시작할 수 있는 기회를 제공한다. 이 장에서 우리가 개발한 아이디어는 제9장의 주식가치에 대한 주제로 돌아가면 도움이 될 것이다.

우리는 상이한 유형의 채권에서 약속된 현금흐름을 평가함으로써 이 장을 시작한다. 채권의 현금흐름이 주어졌을 때, 우리는 일물일가의 법칙을 사용하여 채권 수익률 또는 수익률을 채권가격과 직접적으로 연관시킬 수 있다. 또한 우리는 채권가격이 시간에 따라 어떻게 동적으로 변동하는지를 설명하고, 상이한 유형의 채권에 대해 채권가격과 수익률 간의 관계를 고찰한다. 마지막으로, 우리는 채무불이행 위험이 있어 현금흐름을 확실하게 알 수 없는 채권을 고려한다. 중요한 응용 차원에서 우리는 최근의 경제위기 동안 기업 및 국채의 행태를 살펴본다.

---

1 출처 : Securities Industry and Financial Markets Association, www.sifma.org와 the World Bank, data. worldbank.org.

6.1 채권의 현금흐름, 가격 및 수익률

이 절에서 우리는 채권의 정의를 살펴보고, 채권가격과 만기 수익률 간의 관계를 학습하고자 한다.

채권 용어

제3장에서 학습한 바와 같이 채권은 정부나 기업이 자금조달을 위해 미래 지급을 약속하고 판매한 증권이다. 채권의 발행조건은 **채권 증서**(bond certificate)에 기술되어 있다. 채권 증서는 미래에 지급이 이루어지는 금액과 시점을 명시하고 있다. 이러한 지급은 **만기일**(maturity date)이라고 하는 마지막 지급일까지 이루어진다. 만기일까지 남아 있는 기간은 **잔존만기**(term to maturity)라고 알려져 있다.

채권은 원금 또는 액면가치와 **이표**(coupons)라는 두 가지 유형의 현금흐름을 보유자에게 지급한다. 원금 또는 **액면가치**(face value)는 이자 지급을 계산하는 데 사용되는 명목상의 금액이다. 대개 액면가치는 만기일에 상환된다. 채권의 원금이 상환되는 만기일까지 남아 있는 기간을 채권의 잔존만기라고 한다. 미국에서 채권의 액면가치는 $1,000 단위로 증액되는 것이 일반적이다. 액면가치가 $1,000인 채권은 가끔 "$1,000 채권"이라고 언급된다.

매 이표 지급일에 정기적으로 지급되는 이표 지급액(coupon payment, CPN)은 채권의 **이표율**(coupon rate, 또는 표면 이자율)에 의해 결정된다. 이표율은 채권의 발행자에 의해 결정되며, 채권 증서에 표시된다. 관례적으로 이표율은 APR로 표시된다. 따라서 *CPN*은 아래와 같이 표시될 수 있다.

이표 지급액

$$CPN = \frac{\text{이표율} \times \text{액면가치}}{\text{연간 이표 지급 횟수}} \tag{6.1}$$

예를 들어 "액면가치가 $1,000이고 이표율 10%로 반년마다 이자가 지급되는 채권"의 CPN은 (10% × 1,000)/2 = $50가 된다. 즉, 이 채권의 보유자는 6개월마다 $50의 이표를 지급받게 된다.

무이표채

가장 단순한 유형의 채권은 **무이표채**(zero-coupon bond)다. 무이표채는 이표를 지급하지 않는다. 투자자가 유일하게 수취하는 현금흐름은 만기일에 상환받는 액면가치다. **미 재무부 단기채**(Treasury bill)는 만기 1년 이내의 미국 국채이며 무이표채다. 제3장에서 살펴보았듯이, 미래 현금흐름의 현재가치는 그 현금흐름 자체보다 더 적은 금액을 갖는다. 그 결과 만기일 이전에는 무이표채의 가격이 항상 액면가치보다 작게 된다. 만기일 이전에는 항상 액면가치보다 **할인**(discount)된 가격을 갖는 무이표채의 이러한 특성 때문에 무이표채를 **순수할인채**(pure discount bond)라고도 부른다.

예를 들어 만기가 1년이고 액면가치 $100,000인 무이표채를 $96,618.36의 가격으로 매입하였다고 가정하자. 이 채권의 매입자가 만기일까지 이 채권을 보유한다고 가정하면 다음과 같은 현금흐름이 발생한다.

이 채권은 채권 보유자에게 직접적인 이자를 지급하지 않는다는 점에 유의해야 한다. 이 채권의 보유자는 액면가치보다 할인된 금액으로 채권을 구입함으로써 화폐의 시간가치에 대한 보상을 받는다.

만기 수익률 투자 기회의 IRR은 투자 기회의 현금흐름의 NPV가 0인 할인율이다. 따라서 무이표채에 투자한 IRR은 현재 가격으로 채권을 매입하여 만기까지 보유하면 투자자가 얻게 되는 수익률이다. 채권 투자에서 얻게 되는 IRR은 **만기 수익률**(yield to maturity, YTM) 또는 줄여서 수익률(yield)이라는 특별한 명칭을 가지고 있다.

채권의 만기 수익률은 채권이 약정하는 지급액의 현재가치를 현재 채권의 시장가격과 같게 하는 할인율이다.

직관적으로 표현하면 무이표채의 만기 수익률은 현재 가격에 무이표채를 구입하여 만기일까지 보유하여 약정한 액면가치를 수취할 때 얻게 되는 수익률이다.

이제 앞서 논의한 1년 만기의 무이표채의 만기 수익률을 구해보자. 만기 수익률의 개념에 따르면 1년 만기 무이표채의 만기 수익률은 다음 등식의 해를 구함으로써 얻을 수 있다.

$$96{,}618.36 = \frac{100{,}000}{1 + YTM_1}$$

위 등식을 아래와 같이 재정렬할 수 있다.

$$1 + YTM_1 = \frac{100{,}000}{96{,}618.36} = 1.035$$

즉, 이 채권의 만기 수익률은 3.5%다. 채권이 무위험 채권이기 때문에 이 채권에 투자하고 만기까지 보유하는 것은 초기 투자금액에 대해 3.5%의 이자를 얻는 것과 같다.

따라서 경쟁시장에서 무위험 이자율이 3.5%라면, 이는 일물일가의 법칙에 의해 1년 동안 무위험 투자가 3.5%의 투자 수익을 얻어야 함을 의미한다. 마찬가지로 잔존만기 n, 현재 가격 P 및 액면가 FV를 가진 무이표채의 만기 수익률은 다음 등식의 해를 구함으로써 얻을 수 있다.[2]

$$P = \frac{FV}{(1 + YTM_n)^n} \tag{6.2}$$

n년 만기 무이표채의 만기 수익률

$$YTM_n = \left(\frac{FV}{P}\right)^{1/n} - 1 \tag{6.3}$$

식 (6.3)에서 만기 수익률(YTM_n)은 오늘부터 만기일인 날짜 n까지 이 채권을 보유할 때 얻게 되는 기간당 수익률(per-period rate of return)이다.

무위험 이자율 지난 장에서 오늘부터 n기까지 존재하는 무위험 현금흐름에 대한 경쟁시장 이자율 r_n을 살펴보았다. 이 이자율을 n기에 발생하는 무위험 현금흐름에 대한 자본비용으로 사용하였다. 채무불이행 위험이 없고 만기가 n기인 무이표채는 동일한 기간에 대한 무위험 이자율을 제공한다. 그러므로 일물일가의 법칙은 무위험 이자율이 이러한 채권의 만기 수익률과 같아지도록 한다.

만기일이 n인 무위험 이자율

$$r_n = YTM_n \tag{6.4}$$

---

2 제4장에서는 현금흐름의 날짜 n 시점 미래가치에 대한 기호로 FV_n을 사용했다. 편리하게도 무이표채의 액면가도 미래가치여서 액면가에 대한 FV 약어가 적용된다.

이에 따라 우리는 적절한 만기를 갖는 무위험 무이표채의 만기 수익률을 무위험 이자율이라고 부른다. 재무 전문가들은 무위험 무이표채의 수익률을 **현물 이자율**(spot interest rates)이란 용어를 사용하여 표현하기도 한다. 그 이유는 이러한 이자율이 그 시점에 "현물시장에서(on the spot)" 제시되는 이자율이기 때문이다.

제5장에서 수익률 곡선이 소개되었다. 수익률 곡선은 서로 다른 만기에 대한 무위험 이자율을 도표로 나타낸 것이다. 여기에서 무위험 이자율은 무위험 무이표채의 수익률이다. 따라서 제5장에서 소개했던 수익률 곡선은 **무이표채의 수익률 곡선**(zero-coupon yield curve)을 나타낸다고 할 수 있다.

| 예제 6.1 | 서로 다른 만기에 대한 수익률 |

문제

서로 다른 만기를 갖는 무이표채들이 아래 주어진 액면가치 $100당 가격으로 거래된다고 가정하자. 무이표채 수익률 곡선을 결정하는 각 현물 이자율을 결정하라.

만기	1년	2년	3년	4년
가격	$96.62	$92.45	$87.63	$83.06

풀이

식 (6.3)을 사용하면 다음과 같다.

$$r_1 = YTM_1 = (100/96.62) - 1 = 3.50\%$$

$$r_2 = YTM_2 = (100/92.45)^{1/2} - 1 = 4.00\%$$

$$r_3 = YTM_3 = (100/87.63)^{1/3} - 1 = 4.50\%$$

$$r_4 = YTM_4 = (100/83.06)^{1/4} - 1 = 4.75\%$$

이표채

이표채(coupon bonds)도 무이표채처럼 만기일에 액면가치를 상환한다. 하지만 이표채는 무이표채와 달리 정기적으로 이표를 지급한다. 미 재무부가 발행하는 채권 중 두 가지 유형의 이표채가 거래되고 있다. 하나는 발행 시점 만기가 1~10년인 **미 재무부 중기채**(Treasury notes)이고, 다른 하나는 발행 만기가 10년을 초과하는 **미 재무부 장기채**(Treasury bonds)이다. 발행 시점 만기는 채권이 발행되는 시점에 그 채권의 잔존만기를 말한다.

| 예제 6.2 | 이표채의 현금흐름 |

문제

미 재무부는 방금 발행 시점 만기 5년, 액면가치 $1,000, 이표율 5%로 반년마다 이표를 지급하는 새로운 채권을 발행했다. 이 채권의 보유자는 만기까지 어떤 현금흐름을 받게 될 것인가?

풀이

이 채권의 액면가치는 $1,000이다. 이 채권은 반년마다 이표를 지급하므로 식 (6.1)을 이용하여 6개월마다 지급하는 이표를 계산할 수 있다. CPN = ($1,000 × 5%)/2 = $25. 이 채권의 현금흐름을 6개월 기간에 근거한 시간선에 다음과 같이 나타낼 수 있다.

마지막 이표 지급은 지금부터 5년 후(10번째 6개월 기간)에 이루어지고 $25의 이표 지급액과 $1,000의 액면가치로 이루어짐에 유의해야 한다.

글로벌 금융위기 **마이너스 채권 수익률**

역사상 최악의 금융위기의 한가운데 있었던 2008년 12월 9일, 대공황 이후 처음으로 미 재무부 단기채가 마이너스 수익률로 거래되는 생각조차 하지 않던 일이 일어났다. 이는 무위험 순수할인 채권이 할증가에 거래되었음(traded at premium)을 의미한다. 블룸버그 닷컴은 이에 대해 "오늘 $1 백만을 100.002556의 가격과 0.01%의 마이너스 할인율을 가진 3개월물 단기 국채에 투자하면, 만기일에 액면가를 받고 $25.56의 손실을 보게 될 것"이라고 밝혔다.

단기 국채에서 마이너스 수익률은 투자자가 차익거래 기회를 가질 수 있음을 암시한다. 이 단기 국채를 매도하고 수익금을 현금으로 보유하면 $25.56의 무위험 이익을 얻게 된다. 왜 투자자들은 이 차익거래 기회를 이용하기 위해 서두르지 않고 이 기회를 없애지 않을까? 먼저 마이너스 수익률은 그리 오래가지 않았고, 사실 투자자들이 이 기회를 이용하기 위해 서둘렀음을 암시한다. 그러나 면밀한 검토를 거쳤을 때, 이 기회가 확실한 무위험 차익거래가 아니었을 수도 있다. 단기 국채를 매각할 때, 투자자는 수익금을 투자할 곳을 선택해야 하거나 그냥 보유해야 한다. 정상적인 시기에 투자자들은 수익금을 은행에 예금하고 이 예금을 위험부담이 없다고 생각한다. 그러나 이때는 정상적인 시기가 아니었다. 많은 투자자들은 은행 및 기타 금융 중개기관의 재무 안정성에 큰 우려를 나타냈다. 아마도 투자자들은 그들이 받는 현금을 다른 곳에 안전하게 보관할 수 없다는 우려 때문에("매트리스 아래에 놓아도" 도난의 위험이 있다!),

이 "차익거래" 기회를 기피했을 것이다. 따라서 다른 투자가 정말로 안전해 보이지 않을 때, 그들의 돈을 안전하게 현금으로 보유하기 위해 투자자가 기꺼이 지불하고자 하는 가격이 $25.56로 볼 수 있다.

이 현상은 2012년 중반부터 유럽에서 다시 나타났다. 이 경우 마이너스 국채 수익률은 통화로서 유로화의 안정성과 유럽 은행들의 안전성에 대한 우려의 결과로 나타났다. 그리스나 다른 국가의 투자가들이 자국의 경제가 유로존에서 이탈할 것을 걱정하기 시작하면서, 유로존의 해체로부터 스스로를 지키기 위한 방편으로 수익률이 마이너스인 독일과 스위스 국채를 보유하기 시작했다. 2015년 중반까지 유럽 국채의 거의 25%가 마이너스 수익률을 나타냈다. 일부 스위스 국채는 −1%에 가까운 수익률을 보였다!

이처럼 큰 마이너스 수익률의 지속되는 현상은 설명하기가 어렵다. 이 채권을 보유하고 있는 대부분의 사람들은 매우 안전한 자산을 보유하도록 제한되어 있는 기관 및 연기금이다. 현금을 보유할 수는 있지만, 대량의 현금을 확보, 보관 및 보호하는 데는 많은 비용이 소요된다. (실제로 스위스 은행들은 차익거래 기회를 이용하려고 하는 헤지 펀드에 의해 대규모 통화 인출을 거부한 것으로 알려졌다.) 채권은 거대한 현금 금고보다 거래하기 쉽고, 담보로 사용하기 쉽다. 동시에 이러한 채권의 안전과 편의는 이러한 투자자들이 기꺼이 희생하고자 하는 연 1%에 가까운 가치를 가지고 있어야 한다.

우리는 이표채에 대해서도 만기 수익률을 구할 수 있다. 어떤 채권의 만기 수익률은 그 채권에 투자하여 만기일까지 보유할 때 얻게 되는 IRR이다. 즉, 만기 수익률은 아래의 시간선에서 보듯이, 이 채권의 잔존 현금흐름의 현재가치를 현재 가격과 같도록 하는 단일의 할인율이다. 다음과 같이 나타낼 수 있다.

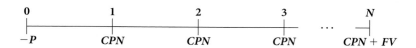

이표의 현금흐름이 연금의 형태를 취한다. 따라서 연간 이표 지급 횟수가 1회일 경우 이표채의 만기 수익률은 아래 식 (6.5)의 등식을 성립시키는 y이다.[3]

이표채의 만기 수익률

$$P = CPN \times \frac{1}{y}\left(1 - \frac{1}{(1+y)^N}\right) + \frac{FV}{(1+y)^N} \tag{6.5}$$

무이표채는 식 (6.2)와 같은 단순한 공식을 이용하여 만기 수익률을 계산할 수 있다. 하지만 이표채는 이와 같은 단순한 공식을 이용하여 만기 수익률을 직접적으로 구할 수 없다. 대신 우리는 시행착오법 또는 제4장에서 소개했던 연금 스프레드시트(또는 엑셀의 IRR 함수)를 이용하여 이표채의 만기 수익률을 구할 수 있다.

식 (6.5)를 이용하여 어떤 채권의 만기 수익률을 구할 때, 우리가 구한 이 만기 수익률은 이표 지급 주기당(per coupon interval) 만기 수익률이다. 만기 수익률은 일반적으로 연율로 표시된다. 이는 식 (6.5)에서 구한 y에 연간 이표 지급 횟수를 곱함으로써, 즉 이표율과 동일한 복리계산 주기를 갖는 APR로 전환함으로써 가능하다.

<table>
<tr><td>예제 6.3</td><td>이표채의 만기 수익률 구하기</td></tr>
</table>

문제

예제 6.2에서 기술된 발행 시점 만기 5년, 액면가치 $1,000, 5%의 이표율로 반년마다 이표를 지급하는 채권을 고려해보자. 현재 이 채권이 $957.35의 가격에 거래되고 있다. 이 채권의 만기 수익률은 얼마인가?

풀이

이 채권은 10번의 이표 지급이 남아 있으므로 다음 등식을 만족하는 할인율 y를 구해야 한다.

$$957.35 = 25 \times \frac{1}{y}\left(1 - \frac{1}{(1+y)^{10}}\right) + \frac{1000}{(1+y)^{10}}$$

위 등식을 만족하는 수익률 y를 시행착오법 또는 연금 스프레드시트를 이용하여 구할 수 있다.

---

3 식 (6.5)에서 우리는 첫 번째 현금 이표가 지급부터 1기 후에 지급될 것이라고 추정했다. 첫 번째 이표의 기간이 1년 미만인 경우, 채권의 현금 가격은 식 (6.5)에서의 가격에 $(1+y)^f$를 곱하는 조정을 함으로써 발견할 수 있다. f는 이미 경과된 이표 주기의 비율이다. (또한, 채권가격은 클린 가격으로 종종 호가되는데, 이는 현금 가격 P에서 $f \times CPN$의 누적 이자 금액을 차감하여 계산된다. 190쪽 글상자 '이표채의 순가격과 총가격'을 참조하길 바란다.)

	NPER	RATE	PV	PMT	FV	엑셀 공식
입력	10		−957.35	25	1,000	
RATE 계산		**3.00%**				=RATE(10,25,−957.35,1000)

따라서 y는 3%다. 6개월마다 이표를 지급하므로, 이 수익률은 6개월 기간에 대한 수익률이다. 우리는 이 값에 연간 이표 지급 횟수를 곱함으로써 APR로 전환할 수 있다. 따라서 이 채권의 만기 수익률은 "반년 복리 6% APR"이다.

우리는 식 (6.5)를 이용하여 주어진 만기 수익률에 대한 채권가격을 계산할 수 있다. 예제 6.4에 설명된 것처럼, 우리는 주어진 만기 수익률을 할인율로 하여 채권의 현금흐름을 단지 할인하기만 하면 된다.

이표채의 만기 수익률로부터 가격 구하기 예제 6.4

문제

예제 6.3에서 기술된 발행 시점 만기 5년, 액면가치 $1,000, 5%의 이표율로 반년마다 이표를 지급하는 채권을 다시 고려하자. 채권의 만기 수익률이 6.30%(반년 복리 APR로 표시)로 상승하였다고 가정하자. 이 채권의 현재 가격은 얼마인가?

풀이

식 (6.5)를 이용하여 주어진 만기 수익률에 대한 채권가격을 계산할 수 있다. 먼저 6.30% APR은 3.15%의 반년 이자율과 동등하다. 따라서 이 채권의 가격은 아래 식으로 계산된다.

$$P = 25 \times \frac{1}{0.0315}\left(1 - \frac{1}{1.0315^{10}}\right) + \frac{1000}{1.0315^{10}} = \$944.98$$

다음과 같이 엑셀을 이용하여 이 채권의 가격을 구할 수 있다.

	NPER	RATE	PV	PMT	FV	엑셀 공식
입력	10	3.15%		25	1,000	
PV 계산			**−944.98**			=PV(0.0315,10,25,1000)

우리는 어떤 채권가격(수익률)도 수익률(채권가격)로 표시할 수 있으므로, 채권가격과 수익률이 종종 호환되어 사용된다. 예를 들어 예제 6.4에서의 채권은 6.30%의 수익률 또는 액면가치 $1,000당 $944.98의 가격으로도 표시될 수 있다. 실제로 채권 거래자들이 가격보다는 수익률을 이용하여 채권을 호가하는 것이 일반적이다. 수익률로 채권의 가격을 호가하는 방식의 장점은 수익률이 채권 액면가치의 가치와 독립적이라는 데 있다. 따라서 채권시장에서 가격이 호가될 때, 가격은 관행적으로 액면가치의 백분율로 호가된다. 따라서 예제 6.4에서의 채권가격은 94.498의 가격을 갖고, 이는 이 채권의 액면가치 $1,000에 대해 $944.98의 실제 가격을 갖음을 의미한다.

개념 확인

1. 채권의 가격과 만기 수익률은 어떤 관계를 갖는가?
2. n년 후 만기에 대한 무위험 이자율은 어떤 유형의 채권 수익률을 이용하여 구할 수 있는가?

6.2 채권가격의 동적 행태

앞서 언급한 바와 같이 무이표채는 항상 할인되어 거래된다. 즉, 무이표채는 만기일 이전까지 가격이 항상 액면가치보다 낮게 형성된다. 하지만 이표채는 할인되어(at a discount) 거래될 수 있지만, **할증**(premium)되어, 또는 **액면가**(par)에 거래될 수도 있다. 할증되어 거래됨은 가격이 액면가치보다 더 높게 형성되어 거래되는 것을, 액면가에 거래되는 것은 가격이 액면가치와 일치함을 각각 의미한다. 이 절에서는 언제 채권이 할인 또는 할증되어 거래되는지와 시간의 경과 및 이자율 변동에 따라 채권가격이 어떻게 변동하는지에 대해 살펴보기로 한다.

할인 또는 할증

만약 어떤 이표채가 할인가에 거래된다면, 이 채권을 매입한 투자자가 얻는 수익은 이표를 수취하는 것과 액면가치가 채권에 대해 지불하는 가격을 초과하는 금액을 수취하는 것으로부터 발생한다. 그 결과 어떤 채권이 할인되어(채권가격이 액면가치를 하회하여) 거래된다면, 이 채권의 만기 수익률이 이표율보다 높을 것이다.

채권가격과 수익률의 관계를 감안할 때, 반대 방향의 논리 전개 또한 분명히 가능하다. 이표채의 만기 수익률이 이표율보다 높은 경우, 이 만기 수익률을 할인율로 이용하여 계산된 현금흐름의 현재가치는 액면가치보다 작고, 이 채권은 할인가에 거래될 것이다. 이표를 지급하는 채권은 할증되어(채권가격이 액면가치를 상회하여) 거래될 수 있다.

채권에 대해 지불한 가격보다 적은 액면가치를 수취함으로써 이표로부터 얻은 투자자의 수익이 감소한다. 따라서 어떤 채권의 만기 수익률이 이표율보다 낮다면, 이 채권은 할증되어 거래된다고 한다. 만약 어떤 채권이 액면가치와 동일한 가격으로.거래된다면, 이 채권이 액면가에 거래된다고 한다. 또한 할인되어 거래되는 채권은 액면가 미달(below par)에 거래된다고, 할증되어 거래되는 채권은 액면가 초과(above par)에 거래된다고 각각 표현될 수 있다. 표 6.1은 이표채의 속성을 요약하고 있다.

| 예제 6.5 | 채권의 할인 및 할증 여부 결정 |

문제

매년 이표를 지급하는 30년 만기 채권들을 고려해보자. 각 채권의 이표율은 10%, 5%, 3%이다. 각 채권의 만기 수익률은 5%이다. 액면가치 $100당 채권가격은 얼마인가? 어떤 채권이 액면가에 거래되고, 어떤 채권이 할증 또는 할인되어 거래되는가?

풀이

우리는 식 (6.5)를 이용하여 각 채권에 대한 가격을 구할 수 있다. 각 채권의 가격은 아래와 같이 계산된다.

$$P(10\% \text{ 이표}) = 10 \times \frac{1}{0.05}\left(1 - \frac{1}{1.05^{30}}\right) + \frac{100}{1.05^{30}} = \$176.86 \text{ (할증되어 거래)}$$

$$P(5\% \text{ 이표}) = 5 \times \frac{1}{0.05}\left(1 - \frac{1}{1.05^{30}}\right) + \frac{100}{1.05^{30}} = \$100.00 \text{ (액면가에 거래)}$$

$$P(3\% \text{ 이표}) = 3 \times \frac{1}{0.05}\left(1 - \frac{1}{1.05^{30}}\right) + \frac{100}{1.05^{30}} = \$69.26 \text{ (할인되어 거래)}$$

표 6.1	이표 지급 직후의 채권가격	
채권가격이 …일 때	**이 채권이 …에 거래된다고 한다.**	**이는 … 시점에 발생한다.**
액면가보다 높다.	액면가 초과 또는 할증되어	이표율 > 만기 수익률
액면가와 같다.	액면가에	이표율 = 만기 수익률
액면가보다 낮다.	액면가가 미달 또는 할인되어	이표율 < 만기 수익률

대부분의 이표채 발행자들은 발행일에 액면가 또는 액면가에 매우 근접한 가격에 채권이 거래될 수 있도록 이표율을 선택한다. 예를 들어 미국 재무부도 중기채와 장기채의 이표율을 이런 방식으로 결정한다. 일반적으로 발행일 이후 채권가격은 시간이 지남에 따라 변동하는데, 그 이유는 다음 두 가지 효과에 기인한다. 첫째, 시간이 지남에 따라 채권은 만기일에 가까워진다. 채권의 잔존만기가 줄어듦에 따라 남아 있는 현금흐름들의 현재가치, 즉 채권가격도 변동한다. 둘째, 어떤 시점이든지 간에 시장 이자율의 변동은 채권의 만기 수익률과 채권가격에 영향을 준다. 이 절의 나머지 부분에서 이 두 가지 효과를 고찰한다.

시간과 채권가격

시간이 채권가격에 미치는 영향을 살펴보자. 만기 30년, 5%의 만기 수익률을 갖는 무이표채를 매입했다고 가정해보자. 최초 거래되는 이 채권의 액면가치 $100당 가격은 다음과 같다.

$$P(잔존만기\ 30년) = \frac{100}{1.05^{30}} = \$23.14$$

다음으로 5년 후 이 채권의 가격을 고려해보자. 5년 후에도 무이표채의 만기 수익률이 여전히 5%라면, 이 채권의 가격은 다음과 같다.

$$P(잔존만기\ 25년) = \frac{100}{1.05^{25}} = \$29.53$$

잔존만기가 감소함에 따라 이전보다 채권가격이 상승하고, 이로 인해 액면가로부터의 할인이 감소함을 주목해야 한다. 만기 수익률이 변동하지 않았음에도 불구하고 액면가치를 상환받는 데 걸리는 기간이 축소됨에 따라 할인이 감소하였다. 만약 당신이 이 채권을 $23.14에 매입하여 5년 후에 $29.53에 매도하였다면, 이 투자의 IRR은 다음과 같다.

$$\left(\frac{29.53}{23.14}\right)^{1/5} - 1 = 5.0\%$$

즉, 투자 수익률이 만기 수익률과 동일하다. 이 예는 채권에 대한 보다 일반적인 속성을 보여준다. 채권의 만기 수익률이 변동하지 않은 경우, 채권 투자를 위한 IRR은 채권을 일찍 매도하더라도 만기 수익률과 동일하다.

이러한 결과는 이표채에도 그대로 적용된다. 그러나 시간 경과에 따른 가격 변화의 패턴은 이표채의 경우 조금 더 복잡하다. 이는 시간이 지나면서 대부분의 현금흐름에 더 가까워지는데, 이표 지급으로 일부 현금흐름이 사라지기 때문이다. 예제 6.6은 이러한 효과를 설명한다.

예제 6.6	시간이 이표채 가격에 미치는 영향

문제

10%의 이표율로 매년 이표를 지급하는 액면가치 $100의 30년 만기 채권들을 고려해보자. 만기 수익률이 5%라면, 이 채권의 최초 가격은 얼마인가? 만기 수익률이 변동하지 않는다면, 첫 번째 이표 지급 직전 및 직후 이 채권의 가격은 얼마인가?

풀이

우리는 예제 6.5에서 30년 만기를 갖는 이 채권의 가격을 계산했다.

$$P = 10 \times \frac{1}{0.05}\left(1 - \frac{1}{1.05^{30}}\right) + \frac{100}{1.05^{30}} = \$176.86$$

이제 우리는 1년 후 첫 번째 이표가 지급되기 직전에 이 채권의 현금흐름을 고려해보자. 이 채권의 잔존만기가 이제 29년이고, 이 채권의 현금흐름을 시간선에 나타내면 다음과 같다.

우리는 만기 수익률을 할인율로 하여 이 현금흐름을 할인함으로써 이 채권의 가격을 계산할 수 있다. 곧 지급될 예정인 $10의 현금흐름이 날짜 0에 발생함을 주목하길 바란다. 이 경우 우리는 첫 이표를 별도로 취급하고, 나머지 현금흐름의 가치를 식 (6.5)를 이용하여 평가한다.

$$P(\text{첫 이표 지급 직전}) = 10 + 10 \times \frac{1}{0.05}\left(1 - \frac{1}{1.05^{29}}\right) + \frac{100}{1.05^{29}} = \$185.71$$

채권가격은 초기보다 높게 나타난다. 총이표의 수가 이전과 같지만, 투자자가 첫 번째 이표를 받기까지 오랫동안 기다릴 필요가 없다. 우리는 이 채권의 만기 수익률이 5%에 머물러 있기 때문에 이 채권의 투자자가 연 5%의 수익을 올릴 수 있다는 점에 착안하여 이 채권의 가격을 계산할 수 있다. $176.86 \times 1.05 = \$185.71$.

첫 번째 이표가 지급된 직후 이 채권의 가격은 어떻게 될까? 시간선은 이 채권의 보유자가 날짜 0에 이표를 받지 않는다는 점을 제외하고는 앞에서 설명한 것과 같다. 따라서 이표가 지급된 직후에 이 채권의 가격(동일한 만기 수익률이 주어졌을 때)은 다음과 같다.

$$P(\text{첫 이표 지급 직전}) = 10 \times \frac{1}{0.05}\left(1 - \frac{1}{1.05^{29}}\right) + \frac{100}{1.05^{29}} = \$175.71$$

이표를 지불한 직후 이 채권의 가격은 이표 지급액($10)만큼 하락하며, 보유자가 더 이상 이표를 받지 못한다는 사실을 반영한다. 이 경우 이 채권의 가격은 최초 가격보다 낮다. 이전보다 남아 있는 이표 지급액이 적기 때문에, 투자자가 지불하게 될 프리미엄이 이전보다 감소한다. 이 채권을 초기에 구입하고 첫 번째 이표를 받은 후 매도하는 투자자는 이 채권의 만기 수익률이 변경되지 않으면 여전히 5%의 수익을 얻는다. $(10 + 175.71)/176.86 = 1.05$.

그림 6.1은 만기 수익률이 일정하게 유지될 때 시간의 경과가 채권가격에 미치는 영향을 예시하고 있다. 채권의 잔여 현금흐름이 가까워질수록 이표 사이의 모든 채권가격은 만기 수익률의 비율로 상승한다. 그러나 각 이표가 지급되면 채권가격이 이표 금액만큼 하락한다. 채권이 할증되어 거래될 경우 이표 지급으로 인한 가격 하락이 이표 사이의 가격 상승보다 더 커서 시간이 지남에 따라 가격이 하락하고 채권의 할증이 감소하는 경향이 있다. 채권이 할인되어 거래될 경우, 이표가 지급될 때 이표 사이의 가격 상승은 가격 하락보다 더 커서 시간이 지남에 따라 가격이 상승하고 채권의 할인이 감소한다. 궁극적으로 채권의 만기일이 되어 마지막 이표가 지급되면 모든 채권의 가격이 채권의 액면가치에 접근한다.

이자율 변동과 채권가격

한 나라 경제에서 이자율이 변동함에 따라 투자자가 채권 투자에 대하여 요구하는 수익률도 변동할 것이다. 이제 채권의 만기 수익률 변동이 채권가격에 미치는 영향을 평가해보자.

5%의 만기 수익률을 가진 30년 만기 무이표채를 다시 고려해보자. 액면가치 $100의 경우 채권은 처음에 다음 가격으로 거래될 것이다.

$$P(5\% \text{ 만기 수익률}) = \frac{100}{1.05^{30}} = \$23.14$$

하지만 이자율이 갑자기 상승하여 투자자가 이제 이 채권에 투자하기 전에 6%의 만기 수익률을 요구한다고 가정하자. 이러한 만기 수익률의 변동은 채권가격이 하락할 것임을 시사한다.

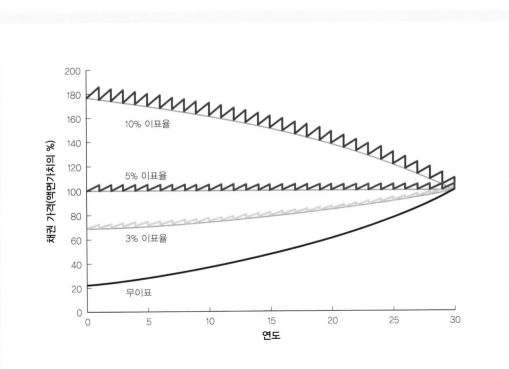

그림 6.1

시간이 채권가격에 미치는 영향

다음 그림은 만기 수익률이 일정(이 예에서는 5%)할 때 시간의 경과가 채권가격에 미치는 영향을 예시하고 있다. 무이표채의 가격은 시간이 지남에 따라 완만하게 상승하고 있다. 이표채의 가격은 지그재그의 선을 따라 움직이고 있다. 이표채의 가격이 이표 지급일 사이에는 상승하고 이표 지급일이 되면 이표 지급액에 해당되는 금액만큼 떨어지는 현상을 관찰할 수 있다. 회색선은 이표 지급이 이루어진 직후의 채권가격의 추이를 나타내고 있다.

이표채의 순가격과 총가격

그림 6.1에서 볼 수 있듯이 이표채 가격은 매 이표 지급일을 전후로 하여 톱니 같은 모양으로 변동한다. 즉, 이표채의 가치는 이표 지급일 이전에는 이표 지급일이 다가올수록 상승하고 이표 지급일 이후에 하락한다. 이표채 가치의 이러한 변동은 만기 수익률이 변동하지 않는 경우에도 발생한다.

채권 거래자들은 이표 지급일 전후로 발생하는 예측 가능한 패턴의 채권가격 변동보다는 만기 수익률의 변동에 의한 채권가격 변동에 더 관심을 갖는다. 따라서 채권 거래자들은 종종 **총가격**(dirty price) 또는 **결산가격**(invoice price)이라고 부르는 실제 현물가격으로 채권가격을 호가하지 않는다. 대신 채권가격이 가끔 현물가격에서 경과 이자를 차감한 금액인 **순가격**(clean price)으로 표시된다.

순가격 = 현물가격(총가격) − 경과 이자

경과 이자 = 이표 지급액 ×

$$\left(\dfrac{\text{이전 이표 지급일 이후 경과 일수}}{\text{현재 이표 기간 중의 일수}} \right)$$

이표 지급이 이루어지기 직전의 경과 이자는 이표 지급액 전액이고, 이표 지급이 이루어진 직후의 경과 이자는 0임을 주목하기 바란다. 따라서 경과 이자는 각 이표 지급이 이루어짐에 따라 톱니 모양으로 증가하였다가 감소하는 패턴이 아래 그림처럼 보인다.

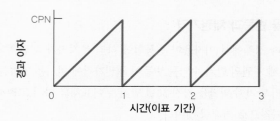

그림 6.1에서 볼 수 있듯이 채권가격에도 톱니 모양의 패턴이 있다. 따라서 채권가격에서 경과 이자를 뺀 후 순가격을 계산하면 톱니 모양의 패턴이 제거된다. 따라서 채권의 만기 수익률의 변동이 없다면, 그림 6.1의 회색선에서 볼 수 있듯이 시간이 지남에 따라 순가격은 채권의 액면가치로 매끄럽게 수렴한다.

$$P(\text{6\% 만기 수익률}) = \frac{100}{1.06^{30}} = \$17.41$$

초기 가격에 비해 채권가격은 $(17.41 - 23.14)/23.14 = -24.8\%$ 하락한다.

이 예제는 일반적인 현상을 보여준다. 높아진 만기 수익률은 채권의 잔여 현금흐름에 대해 더 높은 할인율을 적용함을 의미하는데, 이는 잔여 현금흐름의 현재가치와 채권가격을 낮춘다. 따라서 **이자율과 채권의 만기 수익률이 상승하면 채권가격은 하락**할 것이다. 또한 채권가격의 하락은 채권의 만기 수익률 상승을 의미한다. 이자율의 변동에 대한 채권가격의 민감도는 현금흐름의 발생 시기에 달려 있다. 가까운 장래에 발생한 현금흐름의 현재가치는 먼 미래에 발생한 현금흐름보다 이자율에 더 적게 영향을 받는다. 그 이유는 가까운 장래에 발생한 현금흐름이 먼 미래에 발생하는 현금흐름보다 더 짧은 기간에 대해서 할인이 이루어지기 때문이다. 따라서 단기 무이표채는 장기 이표채보다 이자율 변동에 덜 민감하다. 유사하게 더 높은 이표율을 가진 채권은 (더 많은 현금흐름을 선결제하기 때문에) 더 낮은 이표율을 가진 동일한 채권보다 이자율 변동에 덜 민감하다. 이자율 변동에 대한 채권가격의 민감도는 채권의 **듀레이션**(duration)으로 측정된다.[4] 높은 듀레이션을 가진 채권은 이자율 변동에 매우 민감하다.

---

4   기업재무, 제4판의 제30장에서 듀레이션을 정식으로 정의하고, 이 개념을 더 깊게 논의한다.

채권의 만기와 이자율 민감도

문제

이표율 10%로 매년 이표를 지급하는 15년 무이표채와 30년 이표채를 고려해보자. 만기 수익률이 5%에서 6%로 상승하면 각 채권의 가격변동률은 몇 퍼센트일까?

풀이

만기 수익률에 대해 각 채권의 가격을 계산한다.

만기 수익률	만기 15년, 무이표채	만기 30년, 이표율 연 10% 이표채
5%	$\dfrac{100}{1.05^{15}} = \$48.10$	$10 \times \dfrac{1}{0.05}\left(1 - \dfrac{1}{1.05^{30}}\right) + \dfrac{100}{1.05^{30}} = \$176.86$
6%	$\dfrac{100}{1.06^{15}} = \$41.73$	$10 \times \dfrac{1}{0.06}\left(1 - \dfrac{1}{1.06^{30}}\right) + \dfrac{100}{1.06^{30}} = \$155.06$

만기 수익률이 5%에서 6%로 상승하면, 15년 무이표채의 가격 변동률은 $(41.73 - 48.10)/48.10 = -13.2\%$이고, 만기 수익률은 5%에서 6%로 증가한다. 연이표율 10%인 30년 이표채의 가격 변동률은 $(155.06 - 176.86)/176.86 = -12.3\%$다. 30년 만기 채권은 더 긴 만기를 갖고 있음에도 불구하고, 더 높은 이표율을 갖고 있기 때문에 수익률의 변동에 대한 민감도가 실제로 15년 무이표채보다 작다.

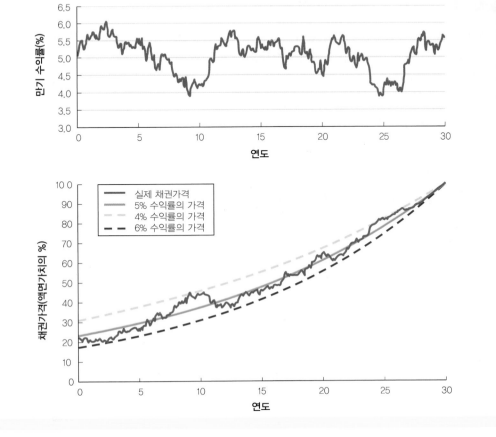

그림 6.2

만기 수익률과 시간에 따른 채권가격 변동

이 그림은 30년 만기 무이표채에 대해 발행일부터 만기일까지 가격과 수익률 변동을 예시하고 있다. 위 그림은 이 채권의 만기 수익률(YTM) 변동을 나타내고 있다. 아래 그림은 실제 채권가격(파란색 실선)을 보여주고 있다. YTM은 항상 일정한 값을 갖지 않으므로 시간이 지남에 따라 채권가격은 변동하는 가운데 액면가치로 수렴해 나간다. 아래 그림은 YTM이 4%, 5%, 6%로 각각 일정하다고 가정할 때 이에 상응하는 채권가격도 함께 보여주고 있다.

실제로 채권가격은 시간의 경과와 이자율 변동에 따라 변동한다. 채권가격은 시간효과에 따라 액면 가치로 수렴한다. 하지만 채권가격은 동시에 만기 수익률의 예측하지 못한 변동으로 인하여 상승 또는 하락한다. 그림 6.2는 30년 만기 무이표 채권의 가격이 수명주기 동안 어떻게 변동하는지를 보여줌으로써 채권가격의 이러한 행태를 예시하고 있다. 채권가격은 만기일이 다가옴에 따라 액면가치로 수렴하는 경향이 있지만, 만기 수익률이 하락(상승)함에 따라 채권가격이 상승(하락)하게 됨을 유의해야 한다.

그림 6.2에서 보는 바와 같이 채권가격이 변동함에 따라 만기일 이전에 채권은 이자율 위험에 노출되어 있다. 투자자가 팔기로 결정한 채권의 만기 수익률이 이전보다 하락하였다면, 투자자는 이전보다 더 높은 가격을 받고 더 높은 수익을 얻게 될 것이다. 반대로 투자자가 팔기로 결정한 채권의 만기 수익률이 이전보다 상승하였다면, 그 채권의 가격은 이전보다 더 낮아지고 투자자는 이전보다 낮은 수익을 얻게 될 것이다.

개념 확인

1. 채권의 만기 수익률이 변동하지 않았다면, 어떻게 이표 지급 사이의 기간에 채권가격이 변동할 수 있는가?
2. 만기가 되기 전에 채권을 팔려고 한다면, 채무불이행 위험이 없는 채권에 투자하는 투자자는 어떤 위험에 노출될까?
3. 채권의 이표율은 그 채권의 듀레이션(이자율 변동에 대한 채권가격의 민감도)에 어떻게 영향을 주는가?

6.3 수익률 곡선과 채권 차익거래

지금까지 우리는 개별 채권의 가격과 만기 수익률 간의 관계에 초점을 맞추었다. 이 부록에서는 서로 다른 채권의 가격과 만기 수익률 간의 관계를 고찰한다. 제3장에서 우리는 서로 다른 가격을 갖는 동일한 두 개의 자산이 어떻게 시장의 힘에 의해 동일한 가격을 갖게 되는지를 살펴보았다. 우리는 이것을 가치평가 원칙의 일물일가의 법칙이라고 부른다. 일물일가의 법칙을 이용하여 주어진 현물 이자율, 즉 무위험 무이표채의 수익률을 이용하면 어떤 무위험 채권의 가격과 수익률도 결정할 수 있다. 그 결과 수익률 곡선은 모든 무위험 채권의 가치를 평가하기에 충분한 정보를 제공한다.

이표채 복제하기

우리는 무이표채를 이용하여 이표채의 현금흐름을 복제하는 것이 가능하다는 것으로 논의를 시작한다. 그러므로 우리는 일물일가의 법칙을 사용하여 무이표채 가격으로부터 이표채 가격을 계산한다. 예를 들어 우리는 연 10%의 이표를 지급하는 3년 $1,000 채권을 3년 무이표채를 이용하여 복제할 수 있다.

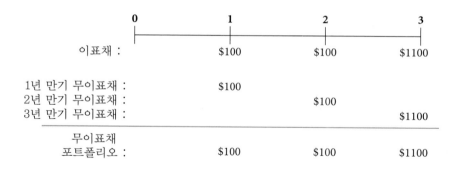

표 6.2	무이표채의 수익률과 가격(액면가치 $100당)			
만기	1년	2년	3년	4년
YTM	3.50%	4.00%	4.50%	4.75%
가격	$96.62	$92.45	$87.63	$83.06

이표채의 각 이표 지급액을 $100를 액면가치로 갖는 무이표채로 매칭시킬 수 있다. 그리고 마지막 지급액(마지막 이표 지급액과 액면가치의 합계)도 $1,100의 액면가치를 갖는 무이표채로 매칭시킬 수 있다. 따라서 이표채의 현금흐름은 무이표채 포트폴리오의 현금흐름과 동일하다고 볼 수 있다. 일물일가의 법칙에 다르면 동일한 현금흐름을 갖는 이표채와 무이표채 포트폴리오의 가격이 같아야 한다.

예를 들어 현재 무이표채의 만기 수익률과 가격이 (예제 6.1과 동일하게) 표 6.2와 같이 주어졌다고 가정하자. 3년 만기 이표채의 현금흐름을 복제할 수 있는 3년 만기 무이표채 포트폴리오의 비용은 다음과 같이 계산된다.

무이표채	요구되는 액면가치	비용
1년	100	96.62
2년	100	92.45
3년	1100	$11 \times 87.63 = 963.93$
	총비용 :	$1153.00

일물일가의 법칙에 의해 3년 이표채는 $1,153의 가격에 거래되어야 한다. 이표채의 가격이 이보다 더 높으면, 이표채를 매도하고 무이표채 포트폴리오를 매입함으로써 무위험 차익을 얻을 수 있다. 이표채의 가격이 이보다 낮으면, 이표채를 매입하고 무이표채를 매도함으로써 무위험 차익을 얻을 수 있다.

무이표채 수익률로 이표채 가치평가

앞서 우리는 이표채 가격을 무이표채 가격을 이용하여 도출하는 방법에 대해 논의하였다. 이표채 가격을 무이표채 수익률을 이용하여 도출하는 방법도 있다. 무이표채의 만기 수익률은 무이표채와 동일한 만기를 갖는 무위험 투자에 대한 경쟁시장 이자율임을 상기하기 바란다. 이표채의 현금흐름은 이표 지급액과 액면가치로 구성되므로, 이표채의 가격은 경쟁시장 이자율을 할인율을 이용하여 구한 이표 지급액과 액면가치의 현재가치와 같아야 한다(예제 5.7 참조).

이표채의 가격

$$P = PV(\text{이표채의 현금흐름})$$

$$= \frac{CPN}{1 + YTM_1} + \frac{CPN}{(1 + YTM_2)^2} + \cdots + \frac{CPN + FV}{(1 + YTM_n)^n} \tag{6.6}$$

여기서 CPN은 이표 지급액, YTM_n은 n번째 이표 지급일이 만기일인 무이표채의 만기 수익률, FV는 액면가치다. 만기 3년, 연간 이표율 10%, 액면가치 $1,000인 채권에 식 (6.6)과 표 6.2의 무이표 수익률을 이용하여 다음과 같이 이표채의 가격을 구할 수 있다.

$$P = \frac{100}{1.035} + \frac{100}{1.04^2} + \frac{100 + 1000}{1.045^3} = \$1153$$

이 가격은 앞서 계산하였던 이 채권의 가격과 동일하다. 따라서 무이표채의 수익률을 이용하여 현금흐름을 할인함으로써 이표채에 대한 무차익 가격을 결정할 수 있다고 할 수 있다. 다른 말로 표현하면 무이표 수익률 곡선은 모든 다른 무위험 증권의 가격을 결정하기 위해 필요한 충분한 정보를 제공한다고 할 수 있다.

이표채 수익률

주어진 무이표 채권 수익률에 대해 식 (6.6)을 이용하여 이표채의 가치를 평가할 수 있다. 6.1절에서는 이표채의 가격으로부터 만기 수익률을 구하는 방법을 살펴보았다. 이러한 결과들을 결합하면, 무이표채와 이표채 수익률 간의 관계를 결정할 수 있다.

만기 3년, 연간 이표율 10%, 액면가치 $1,000인 채권을 다시 고려해보자. 표 6.2의 무이표채 수익률이 주어진다면, 이 채권의 가격은 $1,153으로 계산된다. 식 (6.5)에 의하면 이 채권의 만기 수익률은 다음 등식을 만족하는 y라고 할 수 있다.

$$P = 1153 = \frac{100}{(1+y)} + \frac{100}{(1+y)^2} + \frac{100+1000}{(1+y)^3}$$

엑셀을 이용하여 y의 값을 다음과 같이 구할 수 있다.

	NPER	RATE	PV	PMT	FV	엑셀 공식
입력	3		−1,153	100	1,000	
RATE 계산		**4.44%**				=RATE(3,100,−1153,1000)

이 채권의 만기 수익률은 4.44%로 계산된다. 다음 등식의 성립을 통해 이 채권의 만기 수익률이 4.44%임을 확인할 수 있다.

$$P = \frac{100}{1.0444} + \frac{100}{1.0444^2} + \frac{100+1000}{1.0444^3} = \$1153$$

이표채는 서로 다른 시점에 발생하는 현금흐름을 제공하므로 이표채의 만기 수익률은 동일 만기 또는 그보다 더 짧은 만기를 갖는 무이표채들의 만기 수익률을 가중 평균한 수익률이다. 가중치는 각 기간의 현금흐름에 의해 결정된다. 이 예에서 이표채와 동일하거나 더 짧은 만기를 갖는 무이표채에 대한 수익률은 3.5%, 4.0% 및 4.5%다. 세 번째 현금흐름의 현재가치가 이 이표채의 현재가치의 대부분을 차지하기 때문에, 이 이표채의 만기 수익률은 3년 무이표채의 수익률인 4.5%에 가까운 값을 갖는다.

예제 6.8	동일한 만기를 갖는 채권의 만기 수익률

문제

주어진 무이표채 수익률을 이용하여, 3년 만기 무이표 채권, 연간 이표율 4%의 3년 만기 이표채, 연간 이표율 10%의 3년 만기 이표채의 만기 수익률을 비교하라. 모든 채권은 무위험 채권이다.

만기	1년	2년	3년	4년
무이표채 YTM	3.50%	4.00%	4.50%	4.75%

풀이

주어진 정보에 의하면 3년 만기 무이표 채권의 만기 수익률은 4.50%이다. 주어진 만기 수익률이 표 6.2의 만기 수익률과 동일하므로, 우리는 연간 이표율 10%의 3년 만기 이표채의 만기 수익률이 4.44%라는 것을 이미 알고 있다. 연간 이표율 4%의 3년 만기 이표채 만기 수익률을 계산하기 위해서 먼저 식 (6.6)을 이용하여 이 채권의 가격을 계산하여야 한다.

$$P = \frac{40}{1.035} + \frac{40}{1.04^2} + \frac{40 + 1000}{1.045^3} = \$986.98$$

이 채권의 가격은 $986.98이다. 식 (6.5)에 의하면 이 채권의 만기 수익률은 다음 등식의 해를 구함으로써 계산할 수 있다.

$$\$986.98 = \frac{40}{(1 + y)} + \frac{40}{(1 + y)^2} + \frac{40 + 1000}{(1 + y)^3}$$

재무계산기나 연금 스프레드시트를 이용하여 이 채권의 만기 수익률을 다음과 같이 구할 수 있다.

	NPER	RATE	PV	PMT	FV	엑셀 공식
입력	3		−986.98	40	1,000	
RATE 계산		**4.47%**				= RATE(3, 40, −986.98, 1000)

비교하고자 하는 3년 만기 채권들의 만기 수익률은 다음과 같이 요약될 수 있다.

이표율	0%	4%	10%
YTM	4.50%	4.47%	4.44%

예제 6.8은 동일한 만기를 갖는 세 채권의 만기 수익률이 이표율에 따라 달라지는 것을 보여주고 있다. 이표채의 만기 수익률은 무이표채들의 만기 수익률을 가중 평균한 값이다. 이표율이 증가함에 따라 앞에 발생하는 현금흐름이 뒤에 발생하는 현금흐름보다 현재가치 계산에서 더 높은 가중치를 갖게 된다. 수익률 곡선이 (예제 6.8에서처럼) 우상향이면, 이표율이 증가함에 따라 만기 수익률이 낮아진다. 무이표채의 수익률 곡선이 우하향이면, 이표율이 증가함에 따라 만기 수익률이 높아진다. 수익률 곡선이 수평이면, 만기와 이표율에 상관없이 모든 이표채와 무이표채가 동일한 만기 수익률을 갖는다.

미 재무부 채권 수익률 곡선

이 절에서 살펴본 바와 같이 무이표채의 수익률 곡선을 이용하여 다른 무위험 채권들의 가격과 만기 수익률을 결정할 수 있다. 서로 다른 만기를 갖는 이표채 수익률들을 도표로 나타낸 것을 **이표채 수익률 곡선**(coupon-paying yield curve)이라고 한다. 채권 거래자들이 "이표채 수익률 곡선"을 그냥 "수익률 곡선"으로 부르는 경우가 자주 있다. 예제 6.8에서 볼 수 있듯이 서로 다른 이표율을 갖는 동일 만기의 2개 채권이 서로 다른 만기 수익률을 갖게 되는 경우도 있다. 관례적으로 실무자들은 항상 **최근월물 채권**(on-the-run bonds)의 수익률을 도표로 나타낸다. 이 절에서 사용된 것과 유사한 방법론을 적용하여 무이표채의 만기 수익률을 결정할 수 있다. 즉, 이표채 수익률 곡선과 일물일가의 법칙을 이용하면, 무이표채 만기 수익률을 구할 수 있다. 그러므로 수익률 곡선이나 이표채 수익률 곡선 중 어느 하나가 모든 무위험 채권의 가치평가를 위해 필요한 정보를 제공한다고 할 수 있다.

6.4 회사채

우리는 지금까지 이 장에서 미 재무부 채권과 같이 채무불이행 위험이 없는 채권에 초점을 맞추었다. 채무불이행 위험이 없는 채권은 투자 시점에 현금흐름을 확실하게 알 수 있다. 주식회사가 발행한 채권인 **회사채**(corporate bonds)는 발행자가 채무를 이행하지 못할 수 있다. 즉, 채권의 발행자가 채권 투자설명서에서 약정한 모든 금액을 상환하지 못할 가능성이 있다. 우리는 채무불이행 위험이 회사채의 가격과 만기 수익률에 미치는 영향을 고찰할 것이다. **신용 위험**(credit risk)으로도 알려져 있는 채무불이행 위험은 채권의 현금흐름을 확실하게 알지 못하게 만든다.

회사채 수익률

신용 위험은 채권의 가격과 수익률에 어떤 영향을 줄까? 채권에 의해 약속된 현금흐름은 채권 보유자가 받을 것으로 희망하는 최대 금액이다. 따라서 신용 위험이 있는 채권의 보유자가 받을 것으로 예상되는 현금흐름은 약속된 금액보다 더 적을 수 있다. 결과적으로 투자자는 신용 위험이 있는 채권에 대해 다른 모든 것은 동일하지만 신용 위험이 없는 채권에 대해 지불하려는 금액보다 더 적은 금액을 지불하려고 한다. 채권의 만기 수익률은 약속된 현금흐름을 사용하여 계산되기 때문에 신용 위험이 있는 채권의 수익률은 다른 것은 모두 동일하지만 신용 위험이 없는 채권의 수익률보다 더 높다. 신용 위험이 채권의 만기 수익률과 투자 수익률에 미치는 영향을 사례별로 비교하여 설명해보겠다.

채무불이행 가능성 없음 1년 만기 무이표 미 재무부 단기채의 만기 수익률이 4%라고 가정하자. 아방트 주식회사가 발행한 1년 만기 $1,000 무이표채의 가격과 수익률은 얼마일까? 첫째, 모든 투자자가 아방트가 내년 내내 채무불이행할 가능성이 없다는 데 동의한다고 가정하자. 이 경우 투자자는 채권이 약속한 대로 1년 후에 $1,000를 확실히 받을 것이다. 이 채권은 신용 위험이 없으므로, 일물일가의 법칙에 따라 1년 만기 무이표 미 재무부 단기채와 동일한 수익률을 가져야 한다. 따라서 이 채권의 가격은 아래와 같다.

$$P = \frac{1000}{1 + YTM_1} = \frac{1000}{1.04} = \$961.54$$

채무불이행이 확실함 이제 투자자들은 아방트가 1년 후에 확실하게 채무불이행을 할 것이며 지급 의무액의 90%만 지급할 수 있다고 가정하자. 그렇다면 연말에 이 채권이 $1,000를 약속한다고 하더라도, 채권 보유자는 $900만 받는다는 것을 안다. 투자자는 이 부족분을 완벽하게 예측할 수 있으므로 $900 지급액은 신용 위험이 없으며, 이 채권은 여전히 1년 무위험이 투자이다. 따라서 우리는 무위험 이자율을 자본비용으로 사용하여 이 현금흐름을 할인하여 이 채권의 가격을 계산한다.

$$P = \frac{900}{1 + YTM_1} = \frac{900}{1.04} = \$865.38$$

미 재무부 채권은 정말 채무불이행 위험이 없는 채권인가?

대부분의 투자자들은 미 재무부 채권을 무위험으로 취급한다. 이는 이들이 미 재무부 채권의 채무불이행 가능성이 없다고 믿음을 의미한다(이 책에서 우리가 따르는 관행). 그러나 미 재무부 채권은 정말로 위험이 없을까? 이에 대한 답은 "무위험"이 무엇을 의미하는지에 달려 있다. 미국 정부가 결코 채권을 채무불이행하지 않을 것이라고 확신할 수 있는 사람은 없지만, 대부분의 사람들은 그런 사건이 발생할 확률이 매우 낮다고 생각한다. 더 중요한 것은 채무불이행 확률이 다른 채권보다 낮다는 것이다. 미 재무부 채권의 수익률이 무위험이라는 사실은 재무부의 채권이 세계에서 미국 달러로 표시된 가장 위험이 낮은 투자라는 것을 의미한다. 그럼에도 불구하고 과거에 미 재무부 채권 보유자가 약정된 정확한 금액을 받지 못하는 사태가 발생했다. 1790년 알렉산더 해밀턴 재무장관은 미상환 채무에 대한 이

자율을 인하했고, 1933년 프랭클린 루스벨트 대통령은 통화 대신 금으로 수취할 수 있는 채권자들의 권리를 일시 중단했다. 일련의 대규모 예산 적자로 인해, 2011년 중반에 미국이 의회가 정부가 부담할 수 있는 채무의 총액을 제한하는 **채무 한도 상한**(debt ceiling)에 도달하자, 새로운 위험이 대두되었다. 미 재무부가 지급 의무를 이행하고, 채무불이행하는 것을 막기 위해서 2011년 8월까지 국회의 의결이 필요했다. 미 의회가 한도를 상향 조정할지 여부에 대한 정치적 불확실성에 반응하여 S&P는 미국 국채 등급을 하향 조정했다. 의회는 궁극적으로 채무 한도를 상향 조정했으며, 채무불이행은 발생하지 않았다. 그러나 지속적인 예산 적자로 인해 비슷한 채무 한도 논의가 2013년과 2015년에 다시 발생했다. 이 사건들은 진정으로 "무위험"인 투자는 없다는 점을 상기시키는 역할을 한다.

채무불이행 가능성은 투자자가 받을 것으로 기대하는 현금흐름을 낮추고, 이는 결국 투자자가 채권에 대해 기꺼이 지불하고자 하는 가격을 낮춘다.

채권의 가격이 주어지면 채권의 만기 수익률을 계산할 수 있다. 이 수익률을 계산할 때 실제 현금흐름 대신 약속된 값을 사용한다.

$$YTM = \frac{FV}{P} - 1 = \frac{1000}{865.38} - 1 = 15.56\%$$

아방트 채권의 15.56%의 만기 수익률은 무신용위험 채권의 만기 수익률보다 훨씬 높다. 그러나 이러한 결과가 채권을 매입하는 투자자가 15.56%의 수익을 올릴 것이라는 것을 의미하지는 않는다. 아방트는 채무불이행이 예상되므로 이 회사 채권의 기대 수익률은 자본비용인 4%와 같다.

$$\frac{900}{865.38} = 1.04$$

채무불이행 가능성이 있는 채권의 만기 수익률은 이 채권 투자에 대한 기대 수익률을 초과한다. 기대 현금흐름보다는 약속된 현금흐름을 사용하여 만기 수익률을 계산하기 때문에 수익률이 항상 채권 투자에 대한 기대 수익률보다 높다.

채무불이행 위험 물론 아방트에 대한 두 가지 예는 극단적인 사례였다. 첫 번째 예에서 우리는 이 회사의 채무불이행 확률이 0이라고 가정했다. 두 번째 예에서 우리는 이 회사의 채무불이행 확률이 1이라고 가정했다. 실제로 이 회사의 채무불이행 가능성은 이 두 극단 사이의 어딘가에 놓여 있다(대부분의 회사에서는 아마도 0에 훨씬 더 가깝다).

이에 대한 예시를 위해 아방트가 발행한 1년 만기 $1,000 액면가의 무이표채를 다시 고려하자. 이번에는 채권 상환액이 불확실하다고 가정하자. 보다 구체적으로 채권이 액면가를 전액 상환할 가능성은 50%

표 6.3	채무불이행 확률에 따른 채권가격, 수익률, 기대 수익률		
아방트 채권(1년, 무이표)	채권가격($)	수익률(%)	기대 수익률(%)
채무불이행 가능성 없음	961.54	4.00	4
50% 확률의 채무불이행	903.90	10.63	5.1
채무불이행이 확실함	865.38	15.56	4

이며, 채권이 채무불이행 상태가 될 확률이 50%이며 채무불이행 상태가 되면 $900를 받게 된다. 따라서 평균적으로 $950를 받게 된다. 이 채권의 가격을 결정하려면 동등한 위험을 가진 다른 유가증권의 기대 수익률을 자본비용을 사용하여 기대 현금흐름을 할인해야 한다. 만약 대부분의 회사들처럼 아방트가 경제가 건실할 때보다 취약할 때 채무불이행 가능성이 더 크다면, 제3장에서 보았듯이 투자자들은 이 채권에 투자하기 위해 위험 프리미엄을 요구할 것이다. 즉, 이 회사의 타인자본 비용은 이 회사의 채권 보유자가 채권의 현금흐름 위험에 대한 보상으로 기대하는 수익률이며, 4%의 무위험 이자율보다 높다. 투자자가 이 채권에 대해 1.1%의 위험 프리미엄을 요구한다고 가정해보자. 이 회사의 적절한 타인자본 비용은 5.1%다.[5] 이제 이 채권 현금흐름의 현재가치를 구하면 아래와 같다.

$$P = \frac{950}{1.051} = \$903.90$$

결과적으로 이 회사 채권의 만기 수익률은 10.63%다.

$$YTM = \frac{FV}{P} - 1 = \frac{1000}{903.90} - 1 = 10.63\%$$

물론 10.63%의 약속 수익률은 대부분의 투자자가 받게 될 것이다. 만약 아방트가 채무불이행하면, $900만 받고 $900/903.90 - 1 = -0.43\%$의 수익을 얻는다. 평균 수익률은 타인자본 비용인 $0.50(10.63\%) + 0.50(-0.43\%) = 5.1\%$다.

표 6.3은 다양한 기본 가정하에서 아방트 채권의 가격, 기대 수익률 및 만기 수익률을 요약하고 있다. 여기서 주목할 점은 다음과 같다. 첫째, 채무불이행 가능성이 높아질수록 채권의 가격이 하락하고 만기 수익률이 높아진다. 둘째, 채무불이행 가능성이 있으면 회사의 타인자본 비용은 채권의 기대 수익률과 동일하고, 채권의 만기 수익률보다 더 낮다. 만약 채무불이행 위험이 있다면, 만기 수익률이 높다는 것이 채권의 기대 수익이 반드시 높다는 것을 의미하지는 않는다.

채권 신용등급

모든 투자자들이 모든 채권의 채무불이행 가능성을 개별적으로 조사하는 것은 어렵고 비효율적이다. 이에 따라 몇몇 신용평가회사들이 채권 신용도의 등급을 평가하고 이 정보를 투자자들에게 제공한다. 가장 잘 알려진 신용평가회사로 스탠더드 앤 푸어스(Standard & Poor's)와 무디스(Moody's) 두 회사를 들 수 있다. 표 6.4는 각 회사가 사용하는 신용등급을 요약하고 있다. 가장 높은 등급의 채권은 채무불이행 가능성이 가장 작다고 평가된다. 이 등급을 참고하여 투자자들은 특정 채권의 신용도를 평가할 수 있다. 따

---

5   우리는 제12장에서 위험 채권에 대한 적절한 위험 프리미엄을 추정하는 방법을 고찰할 것이다.

표 6.4	채권의 신용등급
신용등급*	**설명(무디스)**
투자적격등급 채권	
Aaa/AAA	최상 등급이다. 가장 적은 투자 위험을 보유하고 있어 "가장 안전한(gilt edged)" 채권이다.
Aa/AA	모든 기준에서 우수하다고 판단된다. 일반적으로 Aaa 등급과 함께 고등급 채권을 구성한다.
A/A	많은 우수한 투자 특성들을 가지고 있어 중상위 등급으로 간주된다. 원리금 상환능력이 현재로서는 충분하다고 판단되지만, 앞으로 지속된다는 보장은 없다.
Baa/BBB	중등급으로 간주된다. 원리금 상환능력이 높지도 않고 낮지도 않다.
투기등급 채권(정크본드)	
Ba/BB	투기적인 요소가 있다. 미래 원리금 상환 가능성이 확실하지 않다.
B/B	일반적으로 바람직한 투자의 특성을 가지고 있지 않다. 장기간 동안 원리금 상환 가능성이 매우 작다.
Caa/CCC	채무불이행 상태에 있을 가능성이 있거나 원리금 상환에 있어서 위험요소를 가지고 있을 수 있다.
Ca/CC	높은 투기적 요소를 지니고 있다. 채무불이행 상태에 있거나 다른 단점들을 가지고 있다.
C/C, D	최하 등급이다. 실제 투자에서 발생할 수 있는 가장 열악한 전망을 가지고 있다고 간주할 수 있다.

*신용등급 : 무디스/스탠더드 앤 푸어스
출처 : www.moodys.com.

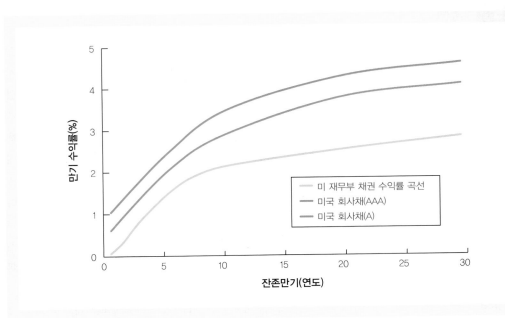

여러 가지 신용등급에 대한 회사채 수익률 곡선(2015년 8월)

이 그림은 미 재무부 채권에 대한 수익률 곡선과 AAA(파란색) 및 A(초록색), 신용등급 회사채에 대한 수익률 곡선을 보여주고 있다. 채무불이행 확률이 미 재무부 채권보다 높은 회사채의 경우 어떻게 만기 수익률이 높아지는지에 주목할 필요가 있다.

출처 : Yahoo! Finance

라서 회사채에 대한 신용평가는 회사채 시장의 시장 참여자와 유동성을 증가시키는 데 기여한다고 할 수 있다.

상위 4개의 등급은 채무불이행 위험이 낮으므로 가끔 **투자등급 채권**(investment-grade bonds)이라고 부른다. 하위 5개 등급은 채무불이행 확률이 높아서 높은 수익률을 지급하기로 약정하므로 종종 **투기채권**(speculative bond), **정크본드**(junk bond) 또는 **고수익 채권**(high-yield bond) 등으로 불린다. 회사채의 신용등급은 주식회사의 파산 위험과 파산 시에 채권자들이 주식회사의 자산에 대한 청구권을 행사할 수 있는 능력에 의존한다. 그러므로 주식회사의 자산에 대한 청구권에서 우선순위가 낮게 발행된 채권(후순위채)은 우선순위가 높게 발행된 채권(선순위채) 혹은 건물이나 공장 등 특정 자산을 담보로 발행된 채권(자산담보부 채권)보다 더 낮은 신용등급을 받게 될 것이다.

회사채 수익률 곡선

무위험 채권에 대해 수익률 곡선을 만들었던 것처럼 회사채에 대해서도 동일한 수익률 곡선을 그릴 수 있다. 그림 6.3은 미국의 (이표 지급) 재무부 채권 수익률 곡선과 AAA 및 A등급 회사 이표채의 평균적인 수익률을 보여주고 있다. 우리는 회사채 수익률과 미 재무부 채권 수익률 간의 차이를 **채무불이행 스프레드**(default spread) 또는 **신용 스프레드**(credit spread)라고 부른다. 신용 스프레드는 채무불이행 확률에 대한 인식이 변함에 따라 변동한다. 신용등급이 낮은 채권은 신용 스프레드가 크고 채무불이행 가능성이 큼에 유의해야 한다.

개념 확인

1. 채무불이행 위험이 있는 채권이 채무불이행 위험이 없는 동일한 채권보다 수익률이 높은 두 가지 이유는 무엇인가?
2. 채권 등급은 무엇인가?

6.5 국채

국채(sovereign bonds)는 정부가 발행한 채권이다. 물론 우리는 이미 미 재무부 채권이라는 국채에 대한 예를 접했다. 그러나 미 재무부 채권은 일반적으로 채무불이행 가능성이 없는 것으로 간주되지만, 다른 많은 국가들이 발행한 채권은 그렇지 못하다. 최근까지 국채 채무불이행은 신흥시장 현상으로 간주되었다. 그리스 국채에 대한 경험은 투자자들에게 선진국 정부도 채무불이행할 수 있다는 모닝콜 역할을 했다. 2012년에 그리스는 채무를 이행하지 못했고, $100 십억 이상 또는 채무 잔액의 약 50% 이상을 탕감했다. 이는 역사상 가장 큰 규모의 국가 채무에 대한 채무조정(debt restructuring)이었다(이 장의 마지막 데이터 사례에서 분석). 불행히도 채무조정은 문제를 해결하지 못했다. 3년 후인 2015년에 그리스는 $1.7 십억 지급을 못하고 IMF 대출에 대해 채무불이행하는 최초의 선진국이 되었다. 그해 후반, 그리스는 다른 채무불이행(이번에는 유럽중앙은행에 대한)을 가까스로 피했다. 유로존 파트너들이 제공한 €86 십억의 구제금융 패키지는 그리스가 채권의 상환 의무를 이행하는 데 필요한 자금을 제공했다. 그러나 그리스가 독특한 것이 아니었고, 그림 6.5에서 볼 수 있듯이 모든 채무국의 3분의 1 이상이 채무불이행 또는 채무조정하는 시대에 접어들었다.

대부분의 국채가 위험하기 때문에 국채의 가격과 수익률은 기업이 발행한 채권과 매우 유사하게 움직인다. 채무불이행 가능성이 높은 국가가 발행한 채권은 높은 수익률과 낮은 가격을 가지고 있다. 국가 채무불이행과 기업 채무불이행 간의 주요한 차이가 있다.

기업과 달리 재무적 의무 이행에 어려움을 겪고 있는 국가는 일반적으로 채무를 상환하기 위해 추가적인 화폐를 발행할 수 있는 옵션이 있다. 물론 추가적인 화폐를 발행하면 높은 인플레이션과 통화의 급격한 평가절하를 가져올 수 있다. 그렇긴 하지만 국채 보유자는 채권 발행 당시보다 더 적은 금액의 돈이 상환될 수 있다는 것을 알고 있다. 이러한 가능성으로 인해 국채 보유자는 기꺼이 받아들일 수 있는 수익률을 결정할 때 인플레이션 기대치를 신중하게 고려한다.

글로벌 금융위기 　**신용 위험과 채권 수익률**

2008년에 세계 경제를 뒤흔들었던 금융위기는 2007년 8월 처음으로 나타난 신용위기로 시작되었다. 그 당시에는 모기지 시장의 문제점으로 인해 몇몇 대형 모기지 대출회사가 파산했다. 이 회사들의 채무불이행과 이 회사들이 발행한 많은 모기지 담보 채권들의 등급 하락은 투자자들이 그들의 포트폴리오에서 다른 채권들의 위험을 재평가하도록 했다. 위험에 대한 인식이 증가하고 투자자들이 더 안전한 미 재무부 채권으로 옮기려고 하자, 회사채 가격이 하락하여 미 재무부 채권 대비 신용 스프레드는 그림 6.4와 같이 상승했다. 장기 회사채의 수익률 스프레드를 보여주고 있는 이 그림의 패널 A에 의하면, 가장 높은 등급의

Aaa 채권도 2008년 가을까지 평균 0.5%에서 2% 이상으로 급격히 상승했다. 패널 B는 이와 유사한 패턴이 미 재무부 단기채 이자율 대비 주요 국제은행에 대한 단기 차입 이자율에 대해서도 나타나고 있음을 보여주고 있다. 이러한 차입비용의 증가는 기업이 새로운 투자에 필요한 자본을 조달하는 데 더 많은 비용이 들게 하여 경제 성장을 둔화시킨다. 2009년 초에 수익률 스프레드가 감소한 것은 금융위기가 경제 전반에 미치는 영향을 완화하는 중요한 첫걸음으로 인식되었다. 하지만 유럽 채무 위기와 그에 따른 경제적 불확실성 여파로 2012년에 수익률 스프레드가 증가했음을 주목하길 바란다.

그림 6.4

수익률 스프레드와 금융위기
패널 A는 미국의 장기(30년) 회사채와 미 재무부 채권 사이의 수익률 스프레드를 보여준다. 패널 B는 주요 국제은행에 대한 단기대출 이자율(LIBOR)과 미 재무부 단기채 간의 스프레드(또는 "TED" 스프레드라고도 함)를 보여준다. 이 스프레드가 2007년 8월과 2008년 9월에 급격히 증가하고 2009년 초에 다시 하락하기 시작한 것을 주목하길 바란다. 스프레드가 2011년 중반까지 금융위기 이전 수준으로 회복했지만, 2012년에 유럽 채무 위기에 대한 반응으로 증가했다. 2015년에는 은행 활동의 규제가 엄격해짐에 따라 은행의 차입 수요는 감소했지만, 기업의 차입이 급증함에 따라 스프레드가 다시 상승하기 시작했다.
출처 : www.Bloomberg.com

패널 A : 장기 회사채와 미 재무부 채권 간의 수익률 스프레드

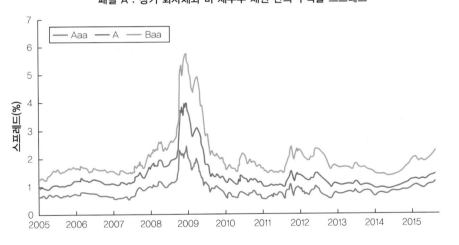

패널 B : 주요 국제은행에 대한 단기대출 이자율(LIBOR)과 미 재무부 단기채 간의 수익률 스프레드

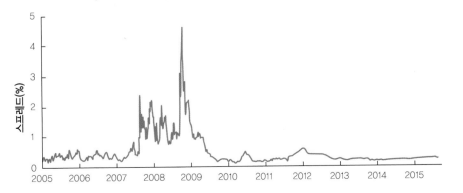

그림 6.5   채무국가 중 채무불이행 또는 채무조정 국가의 비중(1800~2006)

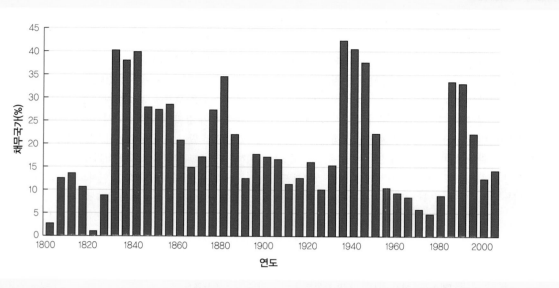

이 그림은 5년마다 채무불이행 또는 채무조정 중인 국가의 평균 비율을 보여준다. 최근의 피크는 제2차 세계대전과 1980년대와 1990년대의 라틴아메리카, 아시아 및 러시아의 채무 위기 때 발생했다.

출처 : *This Time Is Different*, Carmen Reinhart and Kenneth Rogoff, Princeton University Press, 2009.

글로벌 금융위기   **유럽의 국채 수익률 : 퍼즐**

유럽통화동맹(EMU)이 유로화를 유럽의 단일통화로 만들기 이전에 유럽 국가들이 발행한 국채의 수익률은 매우 다양했다. 이러한 다양성은 주로 인플레이션 기대치(inflation expectations)와 환위험의 차이를 반영했다(그림 6.6 참조). 그러나 1998년 말에 EMU가 자리잡은 후에는 국채 수익률이 모두 독일 국채 수익률에 본질적으로 수렴했다. 투자자들은 EMU의 모든 회원국이 기본적으로 동일한 부도, 물가 상승 및 통화 위험에 노출되어 동등하게 "안전하다"고 느낀 것처럼 보였다. 아마도 투자자들은 명백한 불이행은 생각할 수 없다고 믿었을 것이다. 그들은 회원국이 재무적인 책임을 지고, 모든 비용에도 불구하고 채무

불이행을 피하기 위해 채무를 관리할 것으로 믿었다. 그러나 그림 6.6에서 볼 수 있듯이 2008년 금융위기는 이러한 가정이 어리석음을 드러냈다. 투자자들이 일부 국가(특히 포르투갈과 아일랜드)가 채무를 상환하지 못하고 채무불이행할 가능성이 있음을 인정하면서 채권 수익률이 다시 한 번 갈라졌다. 되돌아보면 EMU가 재정적인 책임을 지기보다는, 취약한 회원국들이 극적으로 낮은 이자율로 차입할 수 있도록 허용했다. 이에 대해 이들 국가는 차입을 늘려 대응했다. 적어도 그리스의 경우에는 채무불이행이 불가피해진 시점까지 차입을 했다.

대부분의 국가에서 당장 채무불이행하는 것보다 부채를 "부풀리는" 옵션이 정치적인 면에서 바람직하다. 그렇긴 하지만 필요한 인플레이션/평가절하가 너무 극단적이거나, 때로는 정치체제의 변화(예 : 1917년 혁명 이후 가치 없는 종이가 된 러시아의 차르 부채)를 가져올 수 있기 때문에 국가가 채무불이행을 선택할 수 있다.

카르멘 레인하트는 하버드대학교의 케네디 스쿨 국제금융 시스템 전공의 미노스 좀바나키스(Minos A. Zombanakis) 석좌교수다. 그녀는 재무 역사를 특징 짓는 반복적인 호황과 불황의 현저한 유사성을 기록하고 수상 이력이 있는 책인 *This Time Is Different: Eight Centuries of Financial Folly*의 공동저자이다.

카르멘 레인하트
(Carmen M. Reinhart)

질문 유럽의 국채 위기는 선진국의 이례적인 현상가?

답변 선진국의 국채 위기에 대한 오랜 역사가 있다. 매번 위기가 올 때마다 사람들은 "이번에는 다르다."라는 말로 행동을 정당화했다. 2년 전만 해도 그리스가 채무를 불이행할 것이라고 생각하지 않았다. 사실 그리스는 1830년 이후 48%의 기간을 채무불이행 상태에 있었다. 제2차 세계대전 이전에는 선진국 간 부도, 부채 구조 조정 및 강제 전환이 거의 발생하지 않았다. 제2차 세계대전 이후, 국채 채무불이행과 채무 구조조정은 칠레, 아르헨티나, 페루, 나이지리아 및 인도네시아와 같은 신흥시장에 주로 국한되어 있었으며, 이는 사람들을 채무 위기가 개도국 시장 현상이라는 잘못된 가정으로 이끌고 있다.

질문 2008~2009년 금융위기 이전에 유로존 국가들이 발행한 국채의 스프레드는 매우 좁아 투자자들이 국채가 똑같이 안전하다고 믿는 것으로 나타났다. 왜 투자자들은 이 결론에 도달했나?

답변 선진국과 신흥시장의 경제 및 금융 지표는 이자율 스프레드가 미래 채무 증가율의 좋은 예측 변수가 아니라는 것을 나타낸다. 나와 그라시엘라 카민스키가 공저한 선행 연구인 조기 경고(early warnings)는 이 결론을 지지했다. 종종 공공 및 민간 채무가 증가하지만, 스프레드는 추가된 위험을 반영하지 않는다. 호황기 동안 유로존 국가들은 매우 좁은 스프레드와 매우 높은 신용등급을 보였다. 그러나 근본적인 국내 펀더멘털은 재무 건전성에 대한 이러한 신호를 뒷받침하지 못했다. 사람들은 세상이 이전과 다르다고 스스로 확신했다.

또한 증가하는 국채 수준만을 분리해서 보는 것은 기만적일 수 있다. 금융위기 이전의 민간 채무가 이후 공공 채무가 됨을 역사를 통해 드러났다. 1980년대 초, 칠레는 재정 흑자를 겪었지만, 여전히 엄청난 채무 위기를 겪고 있었다. 2000년대 후반 아일랜드와 스페인에서는 공공 채무가 통제되었으나 암묵적인 정부 보증을 받는 민간부문의 채무가 급증했다.

질문 금융위기 이후 수익률이 갈라졌다. 무엇이 바뀌었으며 그 이유는 무엇인가?

답변 사람들은 세상이 이전과 다르지 않다는 것을 알았다. 즉, 유럽 국가들은 동등하게 위험하지 않았다. 금융위기는 국가 재정에 악영향을 미친다. 즉, 금융위기로 시작되었던 것이 은행 위기 및 국채 위기로 변모한다. 경기침체와 관련한 금융위기는 재정적인 부양책 이후에도 세입이 붕괴하기 때문에 정상적인 경기침체보다 더 깊은 영향을 미치고 더 오랫동안 지속되어 거대한 문제들을 유발한다. 또한 정부는 금융 시스템의 붕괴를 피하기 위해 민간 채무를 부담한다. 미국에서는 페니메이(FNMA)와 프레디맥(Freddie Mac)이 위기 이전 민간부문 재무상태표에서 이후 이후 공공부문 재무상태표로 옮겨갔다. 아일랜드와 스페인에서는 정부가 은행의 채무를 떠안으면서 공공 채무가 부풀려졌다. 2007~2008년 위기의 여파로 선진국의 동시 다발적인 위기는 위기를 극복할 수 있는 기회(예 : 수출 증대를 통한)를 제한했다.

질문 유럽의 다음 단계는 무엇인가? 미국에서도 똑같은 일이 일어날 수 있을까?

답변 나는 유럽의 전망이 잠시 동안 상당히 나빠질 것으로 생각한다. 유럽은 거대한 채무의 합의를 해결하기 위해 매우 천천히 움직였다. 레버리지 축소는 매우 오랜 시간이 걸리고 고통스러운 것이다. 미국은 똑같은 많은 문제가 있다. 미 재무부의 채무 불이행 가능성은 거의 없지만, 현재 낮은 미 재무부 채권의 수익률은 미국 펀더멘털이 좋음을 의미한다고 생각하지 않는다. 미 재무부 채권 수익률이 낮은 것은 막대한 공식 개입에 기인한다. Fed와 다른 중앙은행들은 통화가치 상승을 막고 차입 금리를 낮게 유지하기 위해 채권을 사고 있다. 금융위기 이후 이런 유형의 정부의 개입은 일반적이다. 회복이 오래 걸리는 이유는 이 때문이다. 역사적으로 금융위기 이후 활기 없는 GDP 성장이 평균 23년 동안 지속되며, 미국의 성장 전망에 어두운 구름이 끼었다.

그림 6.6 유럽 국가들의 국채 수익률(1976~2015)

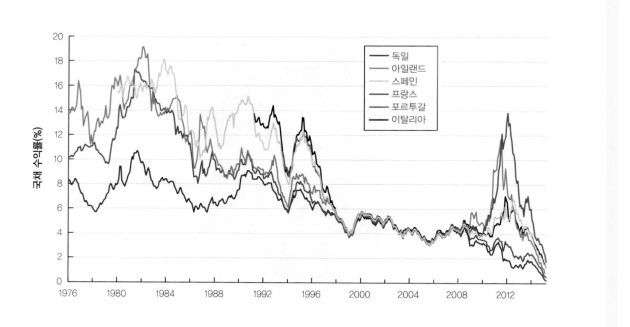

이 그림은 유럽통화동맹(EMU) 소속 6개국이 발행한 국채 수익률을 보여준다. 1999년 유로화가 도입되기 이전에는 인플레이션 기대치와 환위험에 따라 수익률이 다양했다. 유로화 도입 이후 수익률이 수렴했다. 하지만 2008년 금융위기 이후에는 투자자들이 채무불이행 가능성을 인식함에 따라 수익률이 다시 분산되었다.

출처 : Federal Reserve Economic Data, research.stlouisfed.org/fred2

유럽의 국채는 흥미롭고 특별한 사례다. 유럽통화동맹(EMU) 회원국은 모두 공통화폐인 유로화를 사용하고 있으므로 유럽중앙은행(ECB)에 돈을 공급하는 권한을 양도했다. 그 결과 어떤 개별 국가도 단순히 국가 채무 상환을 위해 화폐를 발행할 수 없게 되었다. 더욱이 ECB가 한 국가의 채무를 상환하기 위해 화폐를 발행할 때, 그로 인해 발생하는 인플레이션은 EMU 내의 모든 시민에게 영향을 미친다. 이는 한 국가 시민들의 채무 부담을 다른 나라의 시민들이 떠안도록 강제하는 효과를 초래한다. 개별 국가는 채무를 부풀리는 재량권이 없기 때문에 EMU 내에서 채무불이행이 실제로 발생할 수 있다. 이 리스크는 2012년에 구체화되었으며 2015년에 여러 건의 그리스 채무불이행으로 다시 나타났다.

개념 확인

1. 왜 국가별로 국채의 수익률이 다를까?
2. 어떤 국가가 채무를 이행하지 않기로 결정하면 선택할 수 있는 옵션은 무엇인가?

핵심 요점 및 수식

6.1 채권의 현금흐름, 가격 및 수익률

■ 채권은 투자자에게 이표와 원금(또는 액면가치)을 지급한다. 관행적으로 채권의 이표율은 APR로 표시된다. 따라서 각 이표 지급액(CPN)은 아래 식을 이용하여 구할 수 있다.

$$CPN = \frac{이표율 \times 액면가치}{연간 \ 이표 \ 지급 \ 횟수} \tag{6.1}$$

■ 무이표채는 이표를 지급하지 않는다. 따라서 무이표채에 투자한 투자자는 액면가치만을 지급받는다.
■ 채권을 구입하여 만기까지 보유할 때 얻게 되는 수익률을 만기 수익률(또는 수익률)이라고 부른다. 채권의 만기 수익률은 채권이 지급하기로 약정한 현금흐름의 현재가치와 채권가격을 갖게 하는 할인율이다.
■ 무이표채의 만기 수익률은 아래 식을 이용하여 구할 수 있다.

$$YTM_n = \left(\frac{FV}{P}\right)^{1/n} - 1 \tag{6.3}$$

■ 날짜 n까지의 투자에 대한 무위험 이자율은 날짜 n이 만기일인 무위험 무이표 채권의 만기 수익률과 같다.
■ 이표채에 대한 만기 수익률은 채권의 미래 현금흐름과 채권가격이 같도록 하는 할인율, y이다.

$$P = CPN \times \frac{1}{y}\left(1 - \frac{1}{(1+y)^N}\right) + \frac{FV}{(1+y)^N} \tag{6.5}$$

6.2 채권가격의 동적 행태

■ 채권의 이표율이 만기 수익률보다 더 높으면, 그 채권은 할증되어 거래된다. 채권의 이표율이 만기 수익률보다 더 낮으면, 그 채권은 할인되어 거래된다. 채권의 이표율과 만기 수익률이 같으면, 그 채권은 액면가에 거래된다.
■ 채권의 만기가 가까워지면 채권가격은 액면가치에 수렴한다.
■ 채권의 만기 수익률이 변경되지 않은 경우, 채권 투자에 대한 IRR은 채권을 일찍 매도할 때의 만기 수익률과 동일하다. 채권가격은 이자율이 변동함에 따라 변동한다. 이자율이 상승하면 채권가격이 하락하고, 이자율이 하락하면 채권가격이 상승한다.
  ■ 다른 모든 조건은 동일하지만 만기가 서로 다른 두 채권을 비교할 때, 장기 무이표채의 가격은 단기 무이표채의 가격보다 이자율 변동에 더 민감하게 반응한다.
  ■ 다른 모든 조건은 동일하지만 이표율이 서로 다른 두 채권을 비교할 때, 이표율이 낮은 채권의 가격은 이표율이 높은 채권의 가격보다 이자율 변동에 더 민감하게 반응한다.
  ■ 채권의 듀레이션은 이자율 변동에 대한 채권가격의 민감도를 측정한다.

6.3 수익률 곡선과 채권 차익거래

■ 무이표채들로 구성된 포트폴리오를 사용하여 이표채를 복제할 수 있다. 이에 따라 이표채의 가격은 무이표 수익률 곡선에 기반을 두고 일물일가의 법칙을 적용하여 결정될 수 있다.

$$P = PV(이표채의 \ 현금흐름)$$

$$= \frac{CPN}{1 + YTM_1} + \frac{CPN}{(1 + YTM_2)^2} + \cdots + \frac{CPN + FV}{(1 + YTM_n)^n} \tag{6.6}$$

- 수익률 곡선의 모양이 수평이 아닐 때, 만기가 동일하지만 서로 다른 이표율을 갖는 채권은 서로 다른 만기 수익률을 갖는다.

6.4 회사채

- 채권 발행자는 지급하기로 약정한 금액의 전액을 다 지급하지 못할 경우, 그 채권 발행자는 채무불이행하게 된다.
  - 채권 발행자가 채무불이행하게 될 위험을 채무불이행 위험 또는 신용 위험이라고 한다.
  - 미 재무부 채권은 일반적으로 신용 위험이 없는 채권으로 간주된다.
- 회사채의 기대 수익률은 발행기업의 타인자본 비용, 무위험 이자율에 위험 프리미엄을 합산한 값과 같다. 회사채의 기대 수익률은 만기 수익률보다 더 작다. 그 이유는 만기 수익률은 그 채권의 약정 현금흐름으로 계산되지만, 그 채권의 기대 수익률은 기대 현금흐름으로 산출되기 때문이다.
- 채권 신용등급은 채권의 신용도에 대한 정보를 투자자에게 제공한다.
- 회사채 수익률과 무위험 이자율 간의 차이를 신용 스프레드 또는 채무불이행 스프레드라고 부른다. 신용 스프레드는 약정 현금흐름과 기대 현금흐름 간의 차이에 대한 보상과 채무불이행 위험에 대한 보상이다.

6.5 국채

- 국채는 정부에 의해 발행된 채권이다.
- 국채 수익률은 인플레이션에 대한 투자의 기대, 환위험 및 채무불이행 위험을 반영한다.
- 국가들이 추가적인 화폐 발행을 통해 채무를 상환할 수 있으며, 이는 일반적으로 인플레이션율의 상승과 통화의 급격한 평가절하를 가져온다.
- 채무를 "부풀리는(inflating away)" 것이 불가능하거나 정치적으로 매력적이지 못할 때, 국가들은 그들의 채무에 대한 채무불이행을 선택할 수 있다.

주요 용어		
결산가격(invoice price)	이표(coupons)
고수익 채권(high-yield bond)	이표율(coupon rate)
국채(sovereign bonds)	이표채(coupon bonds)
듀레이션(duration)	이표채 수익률 곡선(coupon-paying yield curve)
만기 수익률(yield to maturity, YTM)	잔존만기(term to maturity)
만기일(maturity date)	정크본드(junk bond)
무이표채(zero-coupon bond)	채권증서(bond certificate)
무이표채의 수익률 곡선(zero-coupon yield curve)	채무불이행 스프레드(default spread)
미 재무부 단기채(Treasury bills)	채무 한도 상한(debt ceiling)
미 재무부 중기채(Treasury bonds)	총가격(dirty price)
미 재무부 장기채(Treasury notes)	최근월물 채권(on-the-run bonds)
순가격(clean price)	투기등급 채권(speculative bonds)
순수할인채(pure discount bond)	투자등급 채권(investment-grade bonds)
신용 스프레드(credit spread)	할인(discount)
신용 위험(credit risk)	할증(premium)
액면가(par)	현물 이자율(spot interest rates)
액면가치(face value)	회사채(corporate bonds)

채권시장에 대한 더 구체적인 사항들에 관심이 있는 독자들에게 도움이 될 책은 다음과 같다. Z. Bodie, A. Kane, and A. Marcus, *Investments* (McGraw-Hill/Irwin, 2004); F. Fabozzi, *The Handbook of Fixed Income Securities* (McGraw-Hill, 2005); W. Sharpe, G. Alexander, and J. Bailey, *Investments* (Prentice-Hall, 1998); and B. Tuckman, *Fixed Income Securities: Tools for Today's Markets* (John Wiley & Sons, Inc., 2002).

국채의 위험에 대한 역사적인 관점과 훌륭한 토론을 제공하는 책은 다음과 같다. C. Reinhart and K. Rogoff, *This Time Is Different* (Princeton University Press, 2010).

2012 그리스 채무불이행과 관련된 구체적인 사항에 관하여 참고할 책은 다음과 같다. For details related to the 2012 Greek default, see "The Greek Debt Restructuring: An Autopsy," J. Zettelmeyer, C. Trebesch, and M. Gulati, *Economic Policy* (July 2013): 513 – 563.

추가 읽을거리

연습문제

* 표시는 난이도가 높은 문제다.

채권의 현금흐름, 가격 및 수익률

1. 30년 만기 액면가치 $1,000 이표율 5.5%로 반기마다 이표를 지급하는 채권을 고려해보자.

   a. 이 채권의 이표 지급액은 얼마인가?

   b. 시간선에 이 채권의 현금흐름을 나타내라.

2. 아래 시간선에서 보는 바와 같이 어떤 채권이 6개월마다 이표를 지급한다고 가정하자(6개월의 기간을 사용).

   a. 이 채권의 만기(연 단위로 표시)는 얼마인가?

   b. 이 채권의 이표율(%)은 얼마인가?

   c. 이 채권의 액면가치는 얼마인가?

3. 아래 표는 채무불이행 위험이 없는 여러 가지 무이표채의 가격(액면가치의 퍼센트로 표시)을 나타내고 있다.

만기(년)	1	2	3	4	5
가격(액면가치 $100당)	$95.51	$91.05	$86.38	$81.65	$76.51

   a. 각 채권에 대한 만기 수익률을 구하라.

   b. 처음 5년에 대하여 무이표 수익률을 도표로 나타내라.

   c. 만기 수익률 곡선은 우상향, 우하향 및 수평 중 어떤 유형에 속하는가?

4. 무위험 채권에 대한 현재의 무이표 수익률 곡선이 다음과 같다고 가정하자.

만기(년)	1	2	3	4	5
YTM	5.00%	5.50%	5.75%	5.95%	6.05%

   a. 2년 만기, 무이표 및 무위험 채권의 액면가치 $100 당 가격은 얼마인가?

   b. 4년 만기, 무이표 및 무위험 채권의 액면가치 $100 당 가격은 얼마인가?

   c. 5년 만기 무위험 이자율은 얼마인가?

5. 6.1절의 글로벌 금융위기 글상자에서 www.Bloomberg.com은 3개월 미 재무부 단기채가 액면가치 $100당 $100.002556의 가격으로 판매되었다고 보고했다. EAR로 표시된 이 채권의 만기 수익률은 얼마인가?

6. 10년 만기, 액면가치 $1,000, 8% 이표율로 반년마다 이표가 지급되는 채권이 $1,034.74의 가격에 거래되고 있다고 가정하자.

   a. 이 채권의 만기 수익률은 얼마인가(반년 복리 APR로 표시)?

   b. 이 채권의 만기 수익률이 9% APR로, 바뀌면 이 채권의 가격은 얼마가 되는가?

7. 5년 만기, 액면가치 $1,000, 매년 이표가 지급되는 채권이 있다. 이 채권의 가격이 $900이고, 만기 수익률은 6%이다. 이 채권의 이표율은 몇 퍼센트인가?

채권가격의 동적 행태

8. 액면가치 $1,000인 채권들의 가격이 다음과 같이 주어졌다.

채권	A	B	C	D
가격	$972.50	$1040.75	$1150.00	$1000.00

   각 채권이 액면가에 거래되는지 아니면 할인 또는 할증되어 거래되고 있는지를 각각 판별하라.

9. 할인되어 거래되는 채권의 만기 수익률이 이 채권의 이표율을 초과하는 이유를 설명하라.

10. 만기가 7년이고 이표율 8%로 반년마다 이표를 지급하는 액면가치 $1,000인 채권이 만기 수익률 6.75%에 거래되고 있다고 가정하자.

    a. 이 채권은 현재 액면가에 거래되는가 아니면 할인 또는 할증되어 거래되는가? 그 이유를 설명하라.

    b. 만기 수익률이 7.00%(APR, 반년 복리)라면, 채권의 가격은 얼마가 되는가?

11. 엘리 파이낸셜 주식회사는 액면가치 $1,000, 이표율 7%(연간 지급)의 10년 만기 채권을 발행하였다고 가정하자. 발행 당시 이 채권의 만기 수익률은 6%였다.

    a. 발행 당시 이 채권의 가격은 얼마인가?

    b. 만기 수익률이 고정되어 있다고 가정하면, 첫 이표가 지급되기 바로 직전의 채권가격은 얼마인가?

    c. 만기 수익률이 고정되어 있다고 가정하면, 첫 이표가 지급된 바로 직후의 채권가격은 얼마인가?

12. 매년 6%의 연 이표를 지급하는 10년 만기 채권을 매입하여 4년간 보유한 후, 네 번째 이표를 받자마자 매도하였다고 가정하자. 이 채권의 매입 및 매도 시 만기 수익률이 5%라고 가정하자.

    a. 이 투자로 인하여 액면가치 $100당 지급하여야 하는 현금흐름과 지급받아야 하는 현금흐름은 각각 얼마인가?

    b. 이 투자의 수익률은 얼마인가?

[X] 13. 다음 채권들을 고려하자.

채권	이표율(연 지급)	만기(년)
A	0%	15
B	0%	10
C	4%	15
D	8%	10

   a. 이표율이 6%에서 5%로 하락하면, 각 채권의 가격변동률은 각각 몇 퍼센트인가?

   b. 6%에서 5%로의 1% 이자율 하락에 A~D 중 어떤 채권의 가격이 가장 민감하게 반응하는가? 그 이유는? 어떤 채권의 가격이 가장 덜 민감하게 반응하는가? 이러한 결과들이 의미하는 바는 무엇인가?

[X] 14. 당신이 30년 만기, 만기 수익률 6%의 무이표채를 매입하여 5년 동안 보유한 후 매도하였다고 가정하자.

    a. 이 채권을 매도할 때의 만기 수익률이 6%라면, 당신의 투자 수익률은 얼마인가?

    b. 이 채권을 매도할 때의 만기 수익률이 7%라면, 당신의 투자 수익률은 얼마인가?

    c. 이 채권을 매도할 때의 만기 수익률이 5%라면, 당신의 투자 수익률은 얼마인가?

    d. 이 채권이 채무불이행 위험이 없다고 하더라도, 만기일 이전에 이 채권을 매도할 계획이라면 당신의 투자에는 위험이 없는지를 설명하라.

15. 당신이 5%의 연 이표를 지급하는 30년 만기 매 재무부 채권을 구입하고, 이 채권이 최초 액면가에 거래된 다고 가정하자. 10년 후 이 채권의 만기 수익률은 7%(EAR)로 상승했다.

    a. 당신이 이 채권을 현재 매각하는 경우, 채권 투자에 대한 내부 수익률(IRR)은 얼마인가?

    b. 당신이 이 채권을 만기까지 보유하고 있다면, 채권 투자에 대한 내부 수익률(IRR)은 얼마인가?

    c. (a)와 (b)의 내부 수익률(IRR)을 비교하는 것이 이 채권을 매도하는 결정을 평가하는 데 유용한가? 설명하라.

16. 1년 무이표채의 현재 만기 수익률이 3%이고, 5년 무이표채의 수익률이 5%라고 가정하자. 어느 채권도 채무불이행 위험이 없다. 1년 동안 투자할 계획이라고 가정하자. 5년 만기 채권에 투자하여 1년 만기 채권보다 더 벌 수 있으려면, 만기 수익률이 어느 수준 이상으로 오르지 않아야 하는가?

수익률 곡선과 채권 차익거래

17~22번 문제에 대해 무신용위험 채권에 대한 무이표 수익률이 다음과 같다고 가정하자.

만기(년)	1	2	3	4	5
무이표 YTM	4.00%	4.30%	4.50%	4.70%	4.80%

17. 액면가치 $1,000, 연 이표율이 6%, 만기 2년인 무신용위험 채권의 오늘 가격은 얼마일까? 이 채권은 할인되어, 액면가에, 또는 할증되어 거래되는가?

18. 액면가치 $1,000, 만기 5년인 무신용위험 무이표채의 가격은 얼마인가?

19. 액면가치 $1,000, 연 이표율 4%, 만기 3년 무신용위험 채권의 가격은 얼마인가? 이 채권의 만기 수익은 얼마인가?

20. 연 이표를 지급하고 만기 수익률이 4%인 무신용위험 채권의 만기는 얼마인가? 왜?

*21. 연 이표 지급, 액면가에 발행된 액면가치 $1,000인 4년 만기 무신용위험 채권을 고려하자. 이 채권의 이표율은 얼마인가?

22. 연 이표율 5%, 액면가치 $1,000, 만기 5년인 무신용위험 채권을 고려하자.

    a. 어떤 계산도 하지 않고, 이 채권이 할증되어, 할인되어, 또는 액면가에 거래되는지를 결정하라. 그 이유를 설명하라.

    b. 이 채권의 만기 수익률은 얼마인가?

    c. 이 채권의 만기 수익률이 5.2%로 증가하면 새로운 가격은 얼마일까?

*23. 액면가치 $1,000, 무이표, 무신용위험 채권의 가격이 다음 표에 요약되어 있다.

만기(년)	1	2	3
가격(액면가치 $1,000당)	$970.87	$938.95	$904.56

당신이 연 이표율이 10%, 액면가치 $1,000, 만기 3년인 무신용위험 채권이 오늘 $1,183.50의 가격을 갖는 다는 것을 보았다고 가정하자. 차익거래 기회가 있을까? 만약 그렇다면 이 기회를 어떻게 활용할 수 있는지 구체적으로 보여주라. 그렇지 않다면 왜 안 될까?

*24. 다음과 같은 가격과 미래의 현금흐름을 가진 4개의 무신용위험 채권이 있다고 가정하자.

채권	오늘 가격($)	현금흐름 연도 1	연도 2	연도 3
A	934.58	1000	0	0
B	881.66	0	1000	0
C	1,118.21	100	100	1100
D	839.62	0	0	1000

이 채권은 차익거래 기회를 제공할까? 만약 그렇다면 이 기회를 어떻게 활용할 수 있을까? 만약 그렇지 않다면 왜 안 될까?

*25. 무신용위험 이표채 수익률 곡선에 대해 다음 정보가 제공된다고 가정해보자.

만기(연)	1	2	3	4
이표율(연 지급)	0.00%	10.00%	6.00%	12.00%
YTM	2.000%	3.908%	5.840%	5.783%

a. 2년 만기 무이표채의 만기 수익률을 결정하는 차익거래를 사용하라.

b. 만기 1년에서 4년까지의 무이표 수익률 곡선은 무엇일까?

회사채

26. 회사채의 기대 수익률이 만기 수익률과 일치하지 않는 이유를 설명하라.

27. 제5장의 데이터 사례에서 우리는 플로리다 주의 자본비용을 추정하기 위해 플로리다 주 채권의 수익률을 사용할 것을 제안했다. 왜 이 추정치가 실제 자본비용을 과장할 수 있을까?

28. 그루몬 주식회사는 5년 만기의 무이표 회사채를 발행했다. 투자자들은 이 회사가 이 채권에 대해 채무불이행할 확률이 20%라고 믿는다. 이 회사가 채무불이행을 하는 경우 투자자는 자신이 받아야 할 달러당 50센트만 받을 것으로 기대한다. 투자자가 이 채권에 대한 투자에 대해 6%의 기대수익을 요구할 경우, 이 채권의 가격 및 만기 수익률은 얼마일까?

29. 다음 표는 1년 무이표채에 대한 만기 수익률을 요약하고 있다.

채권	수익률(%)
미 재무부 채권	3.2
AAA 회사채	3.2
BBB 회사채	4.2
B 회사채	4.9

a. AAA 등급 만기 1년 무이표 회사채의 가격(액면가치의 퍼센트로 표현)은 얼마인가?

b. AAA 등급 회사채의 신용 스프레드는 얼마인가?

c. B 등급 회사채의 신용 스프레드는 얼마인가?

d. 신용등급이 변동하면 신용 스프레드는 어떻게 변동하는가? 그 이유는?

30. 앤드루 산업은 만기가 30년, 이표율 7%로 연 이표를 지급하는 액면가치 $1,000의 회사채를 발행하는 것을 검토하고 있다. 이 회사는 스탠더드 앤 푸어스로부터 A 등급을 받을 수 있을 것으로 믿고 있다. 하지만 스탠더드 앤 푸어스로부터 최근 재무적 어려움으로 인하여 신용등급을 BBB로 낮출 수 있다는 경고를 받았다. A 등급의 장기 회사채는 만기 수익률 6.5%에, BBB 등급 회사채는 6.9%에 각각 거래되고 있다.

a. 이 회사가 A 등급으로 유지할 수 있다면, 발행하는 회사채의 가격은 얼마인가?

b. 이 회사의 신용등급이 하락한다면, 발행하는 회사채의 가격은 얼마인가?

31. HMK 산업은 신규 투자를 위해 $10 백만을 조달하고자 한다. 이 회사는 만기가 5년, 이표율 6.5%로 연 이표를 지급하는 액면가치 $1,000의 회사채를 발행하고자 한다. 다음 표는 여러 신용등급의 5년 만기 이표채(연 이표 지급)의 만기 수익률을 요약하고 있다.

등급	AAA	AA	A	BBB	BB
YTM	6.20%	6.30%	6.50%	6.90%	7.50%

a. 발행하는 채권의 등급이 AA라면 채권의 가격은 얼마인가?

   b. 발행하는 채권이 AA 등급이고 오늘 $10 백만을 조달하고자 한다면, 이 채권의 액면가치는 얼마인가?(이 회사가 채권을 분수로 나누어서 발행할 수 없으므로 모든 분수는 다음 자연수로 반올림하여 발행한다고 가정한다.)

   c. 이 채권을 액면가에 발행하기 위해서는 이 채권의 등급은 어떻게 되어야 하는가?

   d. 채권이 발행되었을 때, 이 채권의 가격이 $959.54라고 가정하자. 이 채권의 등급은 어떻게 되어야 할까? 이 채권이 정크본드는 아닌가?

32. BBB 등급 회사채가 8.2%의 만기 수익률을 가지고 있다. 미 재무부 채권의 만기 수익률은 6.5%이다. 두 채권의 만기 수익률은 반년마다 복리계산되는 APR로 표시된다. 두 채권의 이표율은 7%이고 반년마다 이표를 지급하고, 잔존만기가 5년이다.

   a. 미 재무부 채권의 가격(액면가치의 퍼센트로 표시)은 얼마인가?

   b. BBB 등급 회사채의 가격(액면가치의 퍼센트로 표시)은 얼마인가?

   c. BBB 회사채의 신용 스프레드는 얼마인가?

33. 이사벨 주식회사는 미국 남부의 매장에서 무도회 드레스를 대여한다. 이 회사는 방금 5년 만기, 무이표 회사채를 $74의 가격에 발행했다. 당신은 채권을 매입하여 만기일이 될 때까지 보유할 의사가 있다.

   a. 채권의 만기 수익률은 얼마일까?

   b. 채무불이행할 가능성이 없다면, 이 투자에 대한 기대 수익률(EAR로 표시)은 얼마일까?

   c. 채무불이행 확률이 100%이고 액면가의 90%를 회복한다면, 기대 수익률(EAR로 표시)은 얼마일까?

   d. 채무불이행 확률이 50%이고, 불황 시의 채무불이행 확률은 호황 시보다 높고, 채무불이행 시 액면가치의 90%를 회복한다면, 기대 수익률(EAR로 표시)은 얼마일까?

   e. (b)~(d)의 경우에 대해, 각 경우 5년 무위험 이자율에 대해 무엇을 말할 수 있을까?

국채

34. 국가가 채무를 "팽창"시키는 것은 무엇을 의미하나? 국가가 채무불이행을 하지 않음에도 불구하고, 이것이 투자자에게 많은 비용을 유발하는 이유는 무엇일까?

35. 독일 국채 수익률이 1%이고 스페인 국채 수익률이 6%라고 가정하자. 두 채권 모두 유로화로 표시된다. 투자자들은 두 나라 중 어느 나라가 채무불이행 가능성이 더 높다고 생각할까? 어떻게 알 수 있을까?

당신은 시리우스 엑스엠 라디오의 기업재무 부서에서 인턴으로 일하고 있다. 이 회사는 $50 백만의 자금조달을 위해 연 6%의 이표율과 10년의 만기를 갖는 이표채를 발행할 계획이다. 이 회사는 회사채 등급의 상승을 기대하고 있다. 당신의 상사가 신규로 발행하는 회사채의 등급이 상승할 경우 발행 회사채의 매각대금 증가분을 당신이 결정할 것을 원하고 있다. 이 정보를 준비한다면 당신은 포드의 현재 신용등급과 해당 신용등급에 상응하는 만기 수익률을 결정하여야 한다.

데이터 사례

  1. 현재 미 재무부 채권의 수익률 곡선을 찾는 것부터 시작하자. 미 재무부 웹사이트(www.treas.gov)에서 "yield curve"라는 용어를 사용하여 검색한 다음 "US Treasury—Daily Treasury Yield Curve."를 선택한다. 동일한 이름의 서로 다른 2개의 링크가 있는 점에 주의해야 한다. 아래 링크에 기술된 내용들을 보고 "Real Yield"라고 표시되지 않은 것을 선택한다. 선택해야 할 것은 명목 이자율이다. 나타난 표를 엑셀로 복사하자.

  2. 여러 개의 신용등급에 대해 현재의 수익률 스프레드를 찾아라. 불행히도 현재의 수익률 스프레드는 비용을 지불하여야 얻을 수 있으므로 오래된 것을 사용하여야 할 것이다. BondsOnline(www.bondsonline.com)이란 사이트에 가서 "Today's Market.", "US Corporate Bond Spreads."를 차례로 클릭한다. 나타난

표를 미 재무부 채권이 있는 엑셀 파일에 복사한다.

3. 스탠더드 앤 푸어스 웹사이트(www.standardandpoors.com)에 가서 시리우스의 현재 신용등급을 찾아라. 당신의 국가를 선택한 후 "Ratings" 밑의 상자에서 "Find a Rating"을 찾고, Sirius를 입력하면 나타나는 목록으로부터 Sirius XM Radio를 선택하라. 특정 발행물에 대한 신용등급이 아닌 발행자의 신용등급을 사용하라.

4. 엑셀로 돌아가서 현금흐름과 신규 발행 채권의 가치를 평가하는 데 필요한 할인율을 가진 시간선을 만들어라.
   a. 시리우스가 발행한 회사채에 대한 요구되는 현물 이자율을 만들고, 만기가 동일한 미 재무부 채권에 대한 스프레드를 추가하라.
   b. 당신이 발견한 수익률 곡선과 신용 스프레드는 새로운 채권을 발행할 수 있는 모든 만기를 포괄하지 못한다. 보다 구체적으로 4년, 6년, 8년, 9년 만기인 수익률과 신용 스프레드를 가지고 있지 못하다. 주어진 수익률과 신용 스프레드를 가지고 선형 보간법을 이용하여 가지고 있지 않은 수익률과 신용 스프레드를 구한다. 예컨대 4년 현물 이자율과 신용 스프레드는 3년과 5년의 현물 이자율과 신용 스프레드를 평균하여 구한다. 그리고 6년 현물 이자율과 신용 스프레드는 5년과 6년의 현물 이자율과 신용 스프레드를 평균하여 구한다. 8년과 9년에 대해서는 7년과 10년의 차이를 2년간에 걸쳐 분할하여 구할 수 있다
   c. 시리우스의 현재 신용등급에 대하여 현물 이자율을 계산하라. 각 만기에 대하여 미 재무부 채권 수익률에 대한 수익률 스프레드를 추가하라. 하지만 수익률 스프레드는 베이시스 포인트, 즉 퍼센트 포인트의 1/100로 나타내야 함에 유념해야 한다.
   d. 매년 채권보유자에게 지급하여야 할 현금흐름을 계산하고 시간선에 나타내라.

5. 현물 이자율을 이용하여 채권 보유자에게 지급하는 각 현금흐름의 현재가치를 계산하라.

6. 채권의 발행가격과 발행시의 만기 수익률을 계산하라.

7. 시리우스의 신용등급이 한 등급 상승하였다고 가정하고, 위 4~6의 단계를 반복하라. 한 등급 상승하였다고 가정하고 새로운 만기 수익률과 새로운 채권가격을 계산하라.

8. 신용등급이 상승한다면 이 발행물로부터 얻게 되는 추가적인 매각대금을 계산하라.

주석 : 이 사례 분석에 대한 갱신은 www.berkdemarzo.com에서 찾을 수 있다.

사례 연구　**2012년 그리스 채무불이행과 추후 채무조정[6]**

2012년 3월과 4월에 그리스는 채무를 이행하지 못하고, 기존 채무와 훨씬 적은 액면가치를 갖는 새로운 채무와의 채무 스왑을 했다. 그리스 부채의 보유자에게 기존 액면가치의 각 유로당 2012년 3월 12일을 발행일로 하는 다음 유가증권들이 제공되었다.

■ 두 개의 유럽금융안정기금(EFSF) 노트. 각 노트의 액면가는 7.5₵다. 첫 번째 노트는 (발행일로부터 1년 후에) 0.4%의 연 이표를 지급했으며, 2013년 3월 12일에 만기가 되었다. 두 번째 노트는 1%의 연 이표를 지급했으며 2014년 3월 12일에 만기가 되었다.

■ 액면가치의 합계가 31.5₵인 그리스 정부가 발행한 일련의 채권. 가장 간단하게 이 채권의 특징을 나타내면 다음과 같다. (매년 12월 12일에) 연 이표를 지급하는 단일 채권으로 이표율이 2012~2015년에 2%, 2016~2020년에 3%, 2021년에 3.65%, 그 후 4.3%를 지급한다. 원금은 2023~2042년 12월에 20회 균등분할

6 　이 사례는 다음 논문에 정보와 분석에 기반을 두고 있다. "The Greek Debt Restruturing: An Autopsy," J. Zettelmeyer, C. Trebesch, and M. Gulati, *Economic Policy* (July 2013) 513 - 563. 계산의 단순화를 위해 채권 발행에 대한 일부 세부사항들을 변경하였으며, 이는 교육적인 이유에 근거한다.

(즉, 액면가의 5%) 상환을 받는다.

■ 가치가 거의 없는 다른 증권.

이 스왑의 중요한 특징은 어떤 채권을 보유하고 있는지에 관계없이 모든 투자자에게 동일한 거래가 제공되었다는 것이다. 이는 보유하고 있는 채권에 따라 투자자들이 입게 되는 손실이 다르다는 것을 의미한다. 왜 그런지 이해하기 위해, 먼저 모든 투자자가 얻은 현재가치를 계산하라. 단순화를 위해 EFSF 노트의 이표는 시장가격으로 발행되어 액면가에 거래되었다고 가정한다. 다음으로 일련의 채권들의 약속된 지급액을 모두 시간선에 기입하라. 그림 6.7은 부채 스왑이 발표된 후 그리스 채무에 대한 간주 수익률(imputed yields)을 보여준다. 그림 6.7의 수익률들이 채무 스왑 후 23년 동안 만기가 되는 무이표채의 수익률이라고 가정하고, 2012년 3월 12일에 약속된 모든 지급액의 현재가치를 계산할 때 이 수익률들을 사용한다.

다음으로 2개의 서로 다른 채무불이행 이전 기존 채권을 고려하라(총 117개의 다른 증권이 있었음).

■ 2012년 3월 12일에 만기가 되는 그리스 국채
■ 2024년 3월 12일에 만기가 되고 4.7%의 연 이표를 지급하는 그리스 국채

그림 6.7의 수익률을 사용하여 각 기존 채권의 가치를 액면의 일부분으로 계산하라. 기존 두 채권의 보유자는 기존 채권에 대한 대가로 새로운 채권 패키지를 동일하게 받았다. 각각의 경우에 헤어 컷, 즉 기존 채권이 새로운 채권으로 대체될 때 발생하는 손실 금액(원래 채권 액면가의 비중으로)을 계산하라. 장기 보유자 또는 단기 채권 보유자 중 어느 투자자가 더 큰 헤어 컷을 입었는가? 스왑에 대한 참여가 자발적으로 이루어졌고(당시 주장된 바에 의하면), 발표 시에 기존 채권의 가격이 새로운 채권의 가치와 같다고 가정한다. 이 등가성을 이용하여 2024년에 만기가 되는 기존 채권의 만기 수익률을 계산하라. 무엇이 그림 6.7에서의 수익률과 이 수익률의 차이를 설명할 수 있는가?

| 그림 6.7 | 그리스 국채의 간주 수익률 곡선(2012년 3월 12일) |

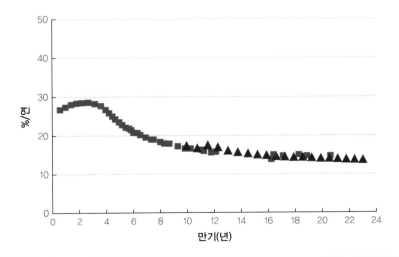

출처 : "The Greek Debt Restructuring: An Autopsy," J. Zettelmeyer, C. Trebesch, and M. Gulati.

선도 이자율

이자율 변동과 관련된 위험이 주어졌을 때 기업관리자는 이 위험을 관리하는 데 도움이 되는 도구들이 필요하다. 이 도구 중에서 가장 중요한 것은 일종의 스왑 계약인 **이자율 선도 계약**(interest rate forward contract) 또는 **선도 이자율 약정**(forward rate agreement)이다. 이것은 미래의 대출이나 투자에 대한 이자율을 고정하는 현재의 계약이다. 이 부록에서는 무이표 수익률에서 선도 이자율을 산출하는 방법에 대해 설명한다.

선도 이자율의 계산

선도 이자율(forward interest rate 또는 forward rate)은 미래에 발생할 대출이나 투자에 대해 오늘 보장할 수 있는 이자율이다. 이 절 전반에 걸쳐 1년 투자에 대한 이자율 선도 계약을 고려할 것이다. 따라서 우리가 연도 5의 선도 이자율을 언급할 때, 이는 오늘부터 4년 후에 시작하여 오늘부터 5년 후에 상환되는 1년 투자에 대해 오늘 이용할 수 있는 이자율을 의미한다. 일물일가의 법칙을 사용하여 무이표 수익률 곡선에서 선도 이자율을 계산할 수 있다. 연도 1의 선도 이자율은 오늘 시작되어 1년 후에 상환되는 이자율이다. 이러한 투자는 1년 만기 무이표채에 대한 투자와 같다. 따라서 일물일가의 법칙에 따라 연도 1의 선도 이자율과 1년 만기 무이표채의 수익률이 일치해야 한다.

$$f_1 = YTM_1 \tag{6A.1}$$

이제 2년 선도 이자율을 고려하자. 1년 무이표채 수익률이 5.5%이고 2년 무이표채 수익률이 7%라고 가정하자. 돈을 무위험으로 2년 동안 투자하는 두 가지 전략이 있다. 첫째, 우리는 2년 무이표채에 7%의 이자율로 투자할 수 있으며 투자된 달러당 2년 후에 $(1.07)^2$를 받을 수 있다. 둘째, 1년 만기 채권에 5.5%의 이자율로 투자하여 1년 후에 $1.055를 지급받는다. 이와 동시에 f_2의 선도 이자율로 연도 2에 대한 선도 이자율 계약을 체결하여 2년 차에 $1.055를 재투자할 때 얻게 될 이자율을 보장한다 이 경우 우리는 연도 2의 말에 $(1.055) \times (1 + f_2)$를 받을 수 있다. 두 가지 전략 모두 무위험이므로 일물일가의 법칙에 의해 수익은 동일해야 한다.

$$(1.07)^2 = (1.055)(1 + f_2)$$

다시 아래와 같이 정렬할 수 있다.

$$(1 + f_2) = \frac{1.07^2}{1.055} = 1.0852$$

따라서 이 경우 연도 2에 대한 선도 이자율 $f_2 = 8.52$%다.

일반적으로 n번째 연도에 얻게 되는 이자율은 이자율 선도 계약을 통해 보장될 때, 우리는 n년의 무이표 채권의 투자와 $(n-1)$년의 무이표 채권의 투자를 비교하여 연도 n에 대한 선도 이자율을 계산할 수 있다. 두 가지 전략 모두 무위험이기 때문에 수익은 동일해야 하며, 그렇지 않으면 차입거래 기회가 발생하게 된다. 우리는 두 전략의 수익을 비교하여, 다음 식을 얻게 된다.

$$(1 + YTM_n)^n = (1 + YTM_{n-1})^{n-1}(1 + f_n)$$

이 등식을 재배열하면 선도 이자율에 대한 일반 공식을 찾을 수 있다.

$$f_n = \frac{(1 + YTM_n)^n}{(1 + YTM_{n-1})^{n-1}} - 1 \tag{6A.2}$$

선도 이자율 계산 예제 6A.1

문제

다음 무이표 수익률들을 이용하여 연도 1부터 연도 5까지의 선도 이자율을 계산하라.

만기	1	2	3	4
YTM	5.00%	6.00%	6.00%	5.75%

풀이

식 (6A.1)과 식 (6A.2)를 이용하여 다음과 같이 나타낸다.

$$f_1 = YTM_1 = 5.00\%$$

$$f_2 = \frac{(1 + YTM_2)^2}{(1 + YTM_1)} - 1 = \frac{1.06^2}{1.05} - 1 = 7.01\%$$

$$f_3 = \frac{(1 + YTM_3)^3}{(1 + YTM_2)^2} - 1 = \frac{1.06^3}{1.06^2} - 1 = 6.00\%$$

$$f_4 = \frac{(1 + YTM_4)^4}{(1 + YTM_3)^3} - 1 = \frac{1.0575^4}{1.06^3} - 1 = 5.00\%$$

연도 n에 수익률 곡선이 우상향할 때(즉, $YTM_n > YTM_{n-1}$), 선도 이자율은 연도 n의 무이표 수익률 보다 높다. $f_n > YTM_n$. 마찬가지로 수익률 곡선이 우하향하면 선도 이자율은 무이표 수익률보다 낮다. 수익률 곡선이 평평한 경우, 선도 이자율은 무이표 수익률과 같다.

선도 이자율로부터 채권 수익률을 계산

식 (6A.2)는 무이표 수익률을 사용하여 선도 이자율을 계산한다. 또한 선도 이자율을 사용하여 무이표 수익률을 계산하는 것도 가능하다. 이를 확인하기 위해 이자율 선도 계약을 사용하여 연도 1부터 연도 n까지의 투자에 대한 이자율을 고정시키면 우리가 n년 동안 무위험 투자를 할 수 있음을 상기하자. 이 전략의 수익은 n년 무이표채의 수익과 일치해야 한다. 그러므로 아래 식으로 계산할 수 있다.

$$(1 + f_1) \times (1 + f_2) \times \cdots \times (1 + f_n) = (1 + YTM_n)^n \tag{6A.3}$$

예를 들어 예제 6A.1의 선도 이자율을 사용하면 4년 무이표채 수익률을 계산할 수 있다.

$$1 + YTM_4 = [(1 + f_1)(1 + f_2)(1 + f_3)(1 + f_4)]^{1/4}$$
$$= [(1.05)(1.0701)(1.06)(1.05)]^{1/4}$$
$$= 1.0575$$

선도 이자율과 미래의 현물 이자율

선도 이자율은 당신이 미래의 투자에 대해 오늘 계약한 이자율이다. 이 이자율은 미래에 실제로 실현될 이자율과 어떻게 비교되는가? 선도 이자율이 미래 이자율의 좋은 예측치가 되어야 한다고 믿는 유혹에 빠질 수 있다. 이러한 믿음이 현실에서 실현되지 않는 것이 일반적이다. 대신 투자자가 위험에 대해 신경 쓰지 않는(즉, 위험 중립적인) 경우에만 선도 이자율이 미래 이자율의 좋은 예측 변수이다.

예제 6A.2	선도 이자율과 미래의 현물 이자율

문제

조앤 윌포드는 웨이퍼 씬 세미컨덕터 회사의 재무 담당자다. 그녀는 무위험 채권에 2년 동안 현금 일부를 투자해야 한다. 현재 1년 만기 무이표채 수익률이 5%다. 1년 선도 이자율은 6%다. 그녀는 다음 세 가지 전략 중에서 선택하려고 한다. (1) 2년 만기 채권 매입, (2) 1년 채권 매입 및 2년 차 이자율 보장을 위한 이자율 선도 계약 체결, (3) 1년 만기 채권을 구입하고 이자율 선도 계약을 포기하여 내년에 어떤 이자율이든지 가능한 이자율로 재투자. 어떤 시나리오하에서 그녀가 위험한 전략을 따르는 것이 더 나은 성과를 얻을 수 있을까?

풀이

식 (6A.3)에 의하면 전략 (1)과 (2)는 동일한 무위험 수익, $(1 + YTM_2)^2 = (1 + YTM_1)(1 + f_2) = (1.05)(1.06)$ 을 가져온다. 전략 (3)은 $(1.05)(1 + r)$의 수익을 가져오는데, 여기서 r은 내년의 1년 이자율이다. 이 미래의 이자율 r이 6%라면, 전략 (3)은 전략 (1) 및 전략 (2)와 동일한 수익을 제공할 것이다. 만약 그렇지 않다면, 이 회사는 내년 이자율이 6%보다 높으면(낮으면) 이득(손실)을 본다.

예제 6A.2에서 명확히 알 수 있듯이, 우리는 선도 이자율을 손익분기점으로 생각할 수 있다. 선도 이자율이 실제로 미래에 유력하다면, 투자자는 2년 만기 채권에 투자하는 것과 1년 만기 채권에 투자하고 1년 후에 그 돈을 다시 1년 만기 채권에 투자하는 것을 무차별하게 느낄 것이다. 투자자가 위험 중립적이라면, 예상되는 1년 현물 이자율이 현재 선도 이자율과 같을 때 두 전략을 무차별하게 느낄 것이다. 그러나 투자자는 일반적으로 위험에 대해 중립적이지 않다. 두 전략의 기대 수익률이 같으면 투자자는 향후 이자율 변동 위험에 노출되기를 원하는지 여부에 따라 한 전략을 다른 전략보다 더 선호한다. 일반적으로 미래의 현물 이자율은 미래의 이자율 변동 위험에 대한 투자자들의 선호를 반영할 것이다. 따라서 아래와 같이 나타낼 수 있다.

$$\text{기대되는 미래의 현물 이자율} = \text{미래 이자율} + \text{위험 프리미엄} \tag{6A.4}$$

이 위험 프리미엄은 투자자의 선호도에 따라 플러스 또는 마이너스일 수 있다.[7] 결과적으로 선도 이자율은 미래 현물 이자율의 이상적인 예측치가 되지 못한다.

---

7 실증연구에 따르면 수익률 곡선이 우상향(우하향)일 때 위험 프리미엄이 마이너스(플러스)인 경향이 있다. 이에 대한 보다 자세한 내용은 다음 논문을 참고하길 바란다. E. Fama and R. Bliss, "The Information in Long-Maturity Forward Rates," *American Economic Review* 77(4) (1987): 680–692; and J. Campbell and R. Shiller, "Yield Spreads and Interest Rate Movements: A Bird's Eye View," *Review of Economic Studies* 58(3) (1991): 495–514.

주요 용어

선도 이자율(forward interest rate or forward rate) 이자율 선도 계약(interest rate forward contract)
선도 이자율 약정(forward rate agreement)

연습문제

* 표시는 난이도가 높은 문제다.

A.1~A.4 문제는 다음 표를 참고하라.

만기(년)	1	2	3	4	5
무이표 YTM	4.0%	5.5%	5.5%	5.0%	4.5%

A.1. 연도 2의 선도 이자율(1년 후에 시작되어 2년 후에 만기가 되는 투자에 대해 오늘 호가된 선도 이자율)은 얼마일까?

A.2. 연도 3의 선도 이자율(2년 후에 시작되어 3년 후에 만기가 되는 투자에 대해 오늘 호가된 선도 이자율)은 얼마일까?

A.3. 연도 5의 선도 이자율(4년 후에 시작되어 5년 후에 만기가 되는 투자에 대해 오늘 호가된 선도 이자율)은 얼마일까?

*A.4. 1년 후에 시작하여 5년 후에 만기가 되는 투자에 대해 이자율을 고정시키고 싶다고 가정해보라. 시세 차익거래 기회가 없다면 어느 정도의 이자율을 얻을 수 있는가?

*A.5. 1년 무이표채의 수익률이 5%라고 가정하자. 연도 2의 선도 이자율은 4%이고, 연도 3의 선도 이자율은 3%다. 3년 후에 만기가 되는 무이표채의 만기 수익률은 얼마일까?

투자안 및 기업의 평가

일물일가의 법칙과의 연계. 재무 의사결정을 위한 기초 도구가 준비되었으니 이제 그것의 응용을 시작할 수 있다. 재무관리자가 직면하는 가장 중요한 의사결정의 하나는 기업이 어떤 투자를 실행해야 하는 것인지를 선택하는 것이다. 제7장에서 우리는 순현재가치법(NPV)을 기업이 종종 사용하는 다른 투자결정 방법과 비교하고 순현재가치법이 우월한 이유를 설명한다. 기업이 투자에 자금을 배분하는 과정은 자본예산이라고 알려져 있다. 제8장에서 우리는 그러한 결정을 행하는 방법으로 할인 현금흐름법의 개념을 설명한다. 제7~8장에서는 제2부에서 소개된 분석의 도구가 실제 응용에 있어서 강력하다는 것을 보여준다.

기업은 주식을 발행하여 투자에 필요한 자금을 조달한다. 투자자는 이 주식에 지불할 가격을 어떻게 정할까? 경영자의 투자결정은 주식의 가치에 어떻게 영향을 미칠까? 제9장의 주식의 가치평가에서 우리는 일물일가의 법칙에 의해 미래의 배당금과 잉여현금흐름을 고려하여 혹은 유사한 상장회사를 비교하여 기업의 주식 가치를 구하는 대안적인 방법들을 보여준다.

투자 의사결정법

2000년 도시바와 소니는 새로운 DVD 기술에 대한 실험에 돌입했다. 소니는 블루레이 고화질 DVD 플레이어를 개발하여 생산하는 것이었고, 도시바는 HD-DVD 플레이어를 개발하는 것이었다. 그렇게 시작된 8년간의 포맷 전쟁은 2008년 2월에 도시바가 HD-DVD 플레이어의 생산을 중단하는 것으로 끝이 났다. 도시바와 소니의 경영진은 어떻게 새로운 DVD 포맷에 투자하는 결정에 이르렀던 것일까? 도시바의 경영진은 어떻게 HD-DVD 플레이어의 생산 중단 결정이 최선이라고 결정했을까? 두 회사의 경영자 모두는 기업의 가치를 극대화하는 것이라고 믿는 의사결정을 한 것이다.

이 장에서 보겠지만 NPV 투자법은 기업가치를 극대화하기 위해 경영자가 사용해야만 하는 의사결정 기법이다. 그러나 일부 기업은 투자를 평가하고 어떤 프로젝트를 택할 것인지를 결정하기 위해 다른 기법을 사용한다. 이 장에서 우리는 자주 사용되는 기법들을 설명한다. 구체적으로 회수기간법과 내부 수익률법을 설명한다. 그리고 우리는 이러한 기법에 기초한 결정과 NPV 규칙에 기초한 결정을 비교하고 어떤 상황에서 이러한 대안적 기법이 나쁜 투자결정을 하게 되는지 보여준다. 독립적인 프로젝트에 대한 이들 기법의 적용을 살펴본 후 시야를 넓혀서 상호 배타적인 투자 기회의 의사결정 문제로 확장한다. 마지막으로 기업이 자금이나 기타 자원의 제약에 직면하였을 때 프로젝트 선택의 방법을 고찰한다.

기호

r 할인율

NPV 순현재가치

IRR 내부 수익률

PV 현재가치

$NPER$ 기간의 수에 대한 기호

$RATE$ 이자율에 대한 기호

PMT 현금흐름에 대한 기호

7.1 NPV와 독립적인 프로젝트

단일의 독립적인 프로젝트에 대한 채택-혹은-포기(take-it-or-leave-it) 결정을 고려하는 투자 의사결정 기법에 대한 논의를 시작한다. 기업이 어떤 프로젝트를 채택하더라도 다른 프로젝트를 선택하는 것에는 영향이 없는 경우이다. 그런 의사결정을 분석하기 위해 NPV 규칙을 다시 살펴보자.

> **NPV 투자 기법** : 투자 결정을 할 때 가장 높은 NPV를 가지는 투자 대안을 채택한다. 이 투자 대안을 선택하는 것은 오늘 현금으로 NPV를 받는 것과 동일하다.

독립적인 프로젝트의 경우에 우리는 프로젝트의 채택 혹은 거부 중에서 선택해야만 한다. NPV 규칙은 프로젝트의 NPV를 영(zero, 아무것도 안 하는 NPV)과 비교하고 NPV가 양(positive)이면 프로젝트를 채택해야 한다고 말하고 있다.

NPV 규칙 적용하기

비료 제조회사인 프레드릭(Fredrick's F&F)의 연구진은 획기적 성과를 이루었다. 즉, 기존에 생산하던 비료의 비용을 대폭 절감할 수 있는 새롭고 친환경적인 비료를 생산할 수 있는 방법을 찾았다. 비료의 생산에는 당장 $250 백만의 투자비용이 드는 새로운 공장이 필요하다. 재무관리자는 새로운 비료로부터 매년 $35 백만의 이득이 첫해 말부터 발생하여 영구히 지속될 것이고 예상하면서 아래와 같은 시간선을 추정하였다.

제4장에서 설명했듯이 이러한 영구적인 현금흐름의 NPV는 할인율이 r일 때 다음과 같다.

$$NPV = -250 + \frac{35}{r} \tag{7.1}$$

재무관리자는 이 프로젝트에 적합한 자본비용을 연간 10%로 추정하고 있다. 이 자본비용을 수식 (7.1)에 대입하면 $100 백만이라는 양(+)의 NPV를 얻는다. NPV 규칙은 투자를 실행하게 되면 기업의 가치가 현재 시점에 $100 백만 증가할 것임을 알려준다. 따라서 프레드릭은 이 프로젝트를 채택해야만 한다.

NPV 프로파일과 IRR

프로젝트의 NPV는 적용되는 자본비용에 좌우된다. 프로젝트의 자본비용과 관련해서 종종 불확실성이 있을 수 있다. 그 경우 **NPV 프로파일**(NPV profile)을 계산하는 것이 도움이 된다. 그것은 할인율의 범위에 따라서 변화하는 프로젝트의 NPV 그래프를 보여준다. 그림 7.1에서 할인율 r의 함수로 비료 프로젝트의 NPV를 그림으로 보여주고 있다.

할인율이 14% 아래일 때만 NPV가 양수임을 주목하자. 할인율 $r = 14\%$에서 NPV는 0이다. 제4장에서 프로젝트의 내부 수익률(IRR)은 프로젝트 현금흐름의 NPV를 0으로 만드는 할인율이라는 것을 배웠다. 따라서 비료 프로젝트는 14%의 IRR을 가진다.

프로젝트의 IRR은 자본비용의 추정 오차에 대한 프로젝트 NPV의 민감도에 관해 유용한 정보를 제공한다. 예를 들어 비료 프로젝트에서 만일 추정된 자본비용이 14%(IRR)보다 크다면 NPV는 그림 7.1에서 보듯이 음(−)의 값을 가질 것이다. 따라서 예측된 10% 자본비용이 진정한 자본비용의 4% 이내에 있는

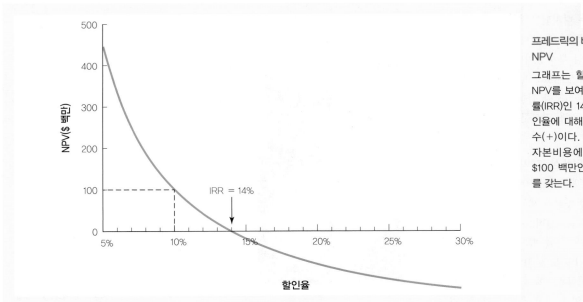

그림 7.1

프레드릭의 비료 프로젝트의 NPV

그래프는 할인율의 함수로 NPV를 보여준다. 내부 수익률(IRR)인 14%보다 작은 할인율에 대해서만 NPV가 양수(+)이다. 주어진 10%의 자본비용에서 프로젝트는 $100 백만인 양(+)의 NPV를 갖는다.

한 프로젝트를 채택하는 결정은 옳은 것이다. 일반적으로 자본비용과 IRR의 차이는 원래의 결정을 변경하지 않고 유지하게 하는 자본비용에 대한 최대한의 추정 오차이다.

대안적 기법과 NPV 규칙

NPV 규칙이 가장 정확하고 믿을 만한 의사결정 방법이라고 해도, 실무에서는 NPV와 함께 다양한 기법이 적용되곤 한다. 2001년의 연구에서[1] 존 그레이엄과 캠벨 하비가 설문조사한 기업의 75%가 투자 의사결정에서 NPV 규칙을 사용하고 있다. 이 결과는 1977년 L. J. 기트먼과 J. R. 포레스터의 연구에서[2] 단지 10%만 NPV 규칙을 사용한다는 결과와 상당히 다르다. 최근의 MBA 학생들이 재무 교수들로부터 아마 NPV를 배웠을 것이다. 그렇다고 해도 그레이엄과 하비의 연구는 미국 기업의 4분의 1이 아직 NPV를 사용하지 않는다는 것을 보여준다. 정확하게 왜 다른 자본예산 기법들을 실무에서 사용하는지 이유는 명확하지 않다. 그러나 실제 업무에서는 이러한 대안적 기법들을 아마 접할 것이기 때문에, 그것이 무엇이고 어떻게 사용되고 NPV와 어떻게 비교될 수 있는지 알아야 한다.

이제부터 뒤이은 절에서 프로젝트 선택을 위한 대안적 기법들을 평가하면서, 다른 투자 규칙이 NPV 규칙과 같은 결과를 내기도 하지만 상이할 수 있다는 것에 유념하자. 결과가 대립할 경우에 대안적 기법을 따른다는 것은 음(−)의 NPV를 선택하거나 양(+)의 NPV 투자를 포기한다는 것을 의미한다. 그런 경우라면 대안적인 기법이 주주의 부(wealth)를 낮추는 나쁜 결정으로 이끌 수 있다.

개념 확인

1. 독립적인 프로젝트를 위한 NPV 규칙을 설명하라.
2. 자본비용과 IRR 사이의 차이는 무엇을 말하는가?

1 "The Theory and Practice of Corporate Finance: Evidence from the Field," *Journal of Financial Economics* 60(20010): 187-243.

2 "A Survey of Capital Budgeting Techniques Used by Major U.S. Firms," Financial Management 6(1977): 66-71.

딕 그래니스는 디지털 무선통신기술과 반도체 산업의 선도기업으로 샌디에이고에 본사가 있는 퀄컴의 선임 부사장이며 재무 담당자이다. 그는 1991년에 입사했으며 회사의 $10 십억 현금 투자 포트폴리오를 감독하고 있다. 그는 기본적으로 투자은행, 자본구조, 국제금융 업무를 담당한다.

인터뷰
딕 그래니스
(Dick Grannis)

질문 퀄컴은 다양한 상품과 사업에 참여하고 있다. 신제품을 위한 자본예산 과정은 어떻게 진행되는가?

답변 퀄컴은 전통적인 재무기법을 활용하여 신사업(새로운 제품, 설비, 기술, 연구개발, 인수합병, 전략적 투자)를 평가한다. 예를 들면 할인 현금흐름/NPV 모델, IRR 수준, 최대 소요자금, 양(+)의 현금흐름에 도달하는 데 필요한 누적 시간, 순이익에 대한 투자의 단기적인 영향 등이 포함된다. 전략적 투자의 경우 우리의 핵심 사업에서 일어나는 재무적, 경쟁적, 기술적 그리고/혹은 시장에서의 가치 향상(숫자로 표현할 수 없더라도)을 고려한다. 전반적으로 우리는 객관적 분석과 우리 자신의 사업 판단을 종합해서 자본예산을 결정한다.

우리의 기업 활동에 당장 그리고 반드시 필요한 투자라면 자본예산과 분석을 시도하지 않는다. 예를 들면 이미 승인을 받은 프로젝트를 시작하는 데 필요한 새로운 소프트웨어나 생산설비의 경우이다.

또한 내부의 기술능력 자원을 프로젝트별로 배분하는 기회비용에 대해서 고려한다. 많은 매력적인 기회가 있지만 그것을 추구할 자원은 제한적이기 때문에, 우리는 이 과정이 시도할 가치가 있는 끊임없는 도전이라고 생각한다.

질문 퀄컴은 얼마나 자주 기준 수익률을 재평가하고, 그때 고려하는 요인은 무엇인가? 자본을 지역적으로 어떻게 배분하고 미국 이외 지역에 대한 투자 위험을 어떻게 평가하는가?

답변 퀄컴은 재무 담당자에게 특정 사업의 위험에 따라서 기준 수익률(할인율)을 변경해서 활용하도록 하고 있다. 우리는 사업의 위험에 따라 수익률이 변경되어야 한다고 생각한다. 우리의 재무 담당자는 광범위한 할인율을 고려하고, 그중에서 고려 대상 사업의 기대 위험 프로파일과 기간에 적합하도록 선택한다. 할인율 범위는 국내시장의 비교적 안정적인 투자는 6.0~8.0%이며, 비유동적이고 예측이 어려운 해외시장에 대한 지분 투자의 경우는 50% 이상이다. 기준율은 최소한 매년 재평가한다.

우리가 분석하는 주요 요인은 (1) 시장의 선택 위험(우리가 기대하는 가격과 물량의 신제품과 서비스에 대한 소비자의 구매 여부), (2) 기술개발 위험(기대하는 신제품과 서비스를 개발하고 특허를 낼 수 있는지의 여부), (3) 실행 위험(적시에 효율적인 비용으로 신제품과 서비스의 출시 여부), (4) 전용 자산 위험(일을 완성하기 위해 소비되어야만 하는 자원의 양) 등이다.

질문 어떻게 프로젝트가 분류되고, 새로운 프로젝트를 결정하는 기준율은 무엇인가? 퀄컴이 모든 신사업을 단일한 기준율로 평가한다면 어떻게 될까?

답변 우리는 기본적으로 프로젝트를 위험 수준에 따라 분류하지만 예상되는 투자 기간으로도 분류한다. 단기와 장기 프로젝트를 필요에 따라 균형을 맞추고 목적을 달성할 수 있도록 고려한다. 예를 들어 당장 실행할 사업과 기회는 상당히 많은 관심을 요구한다. 반면에 장기적으로 주주에게 가치를 창출해주는 것은 장기 사업이기 때문에 장기 프로젝트에도 관심을 유지한다.

동일한 기준율로 신사업을 평가한다면, DCF 모델이나 IRR 분석에서 가장 큰 기대 수익을 보여줄 것이기 때문에 일관되게 높은 위험을 가진 사업을 선택하게 될 것이다. 결국 장기적으로 볼 때 이 방법은 좋지 않을 것이다.

7.2 내부 수익률법

내부 수익률에 대한 하나의 해석은 투자 기회를 채택함으로써 얻는 평균 수익률이라는 것이다. **내부 수익률법**[internal rate of return (IRR) rule]은 이러한 생각에 기반을 두고 있다. 만일 투자 기회의 평균 수익률(즉, IRR)이 동일한 위험과 만기를 가지는 다른 대안의 시장에서의 수익률(즉, 프로젝트의 지본비용)보다 크다면 당신은 투자 기회를 채택해야만 한다. 이러한 기법은 공식적으로 다음과 같다.

IRR 규칙 : IRR이 기회 자본비용을 초과하는 투자 기회를 채택하라. IRR이 기회 자본비용보다 작으면 기회를 거부하라.

IRR 규칙 적용하기

NPV 규칙과 마찬가지로 내부 수익률법은 기업 내 단일의 독립적인 프로젝트에 적용된다. IRR 투자 규칙은 대부분(모든 경우는 아님) 상황에서 NPV 규칙과 동일한 해답을 줄 것이다. 예를 들어 프레드릭 비료 프로젝트에 대해 옳은 해답을 준다. 그림 7.1에서 자본비용이 IRR(14%)보다 낮은 경우라면 프로젝트는 양(+)의 NPV를 가지며 이 투자를 채택해야만 한다.

프레드릭 비료 프로젝트에서 NPV 규칙은 IRR 규칙과 일치하며, 따라서 IRR은 정답을 준다. 그러나 이것이 모든 경우에 적용되는 것은 아니다. 사실 IRR 규칙은 프로젝트의 모든 음(−)의 현금흐름이 양(+)의 현금흐름보다 선행하는 독립적인 프로젝트에서만 작동이 보장된다. 만일 그렇지 않은 경우라면 IRR 규칙은 잘못된 결정을 내린다. IRR이 실패하는 몇 가지 상황을 검토해보자.

함정 #1 : 지연되어 발생하는 투자

지난 20년 동안 가장 성공적인 기업인 수퍼테크의 창업자인 존 스타는 얼마 전에 은퇴를 했다. 주요 출판사가 스타 씨에게 자서전을 쓰는 대가로 $1 백만을 제안했다. 그는 책을 쓰는 데 3년이 걸릴 것이라 예상한다. 원고를 쓰는 데 시간을 사용하게 되면 연간 $500,000에 이르는 다른 수입원을 포기해야 할 것이다. 다른 수입원과 투자 기회의 위험을 고려하여, 스타 씨는 기회 자본비용을 10%로 추정한다. 스타 씨의 투자 기회의 시간선은 아래와 같다.

투자 기회의 NPV는 다음과 같다.

$$NPV = 1,000,000 - \frac{500,000}{1 + r} - \frac{500,000}{(1 + r)^2} - \frac{500,000}{(1 + r)^3}$$

NPV를 0으로 놓고 r에 대하여 풀게 되면, IRR을 구할 수 있다. 연금 스프레드시트를 이용해서 계산한다.

	NPER	RATE	PV	PMT	FV	엑셀 공식
입력	3		1,000,000	−500,000	0	
계산		23.38%				=RATE(3,−500000,1000000, 0)

IRR인 23.38%는 10%의 기회 자본비용보다 크다. IRR 규칙에 따르면 스타 씨는 이 제안을 받아들여야 한다. 그러나 NPV 규칙은 무엇이라고 말하는가?

$$NPV = 1,000,000 - \frac{500,000}{1.1} - \frac{500,000}{1.1^2} - \frac{500,000}{1.1^3} = -\$243,426$$

할인율 10%에서 NPV는 음(−)의 값을 가지기 때문에 이 제안은 스타 씨의 부를 감소시킨다. 자서전 제안을 거부해야 한다.

IRR 규칙이 왜 실패했는지 이해하기 위해서 그림 7.2의 NPV 프로파일을 보자. 어떤 자본비용에서도 IRR 규칙과 NPV 규칙은 서로 정확하게 상반되는 결론을 나타낸다. 즉, NPV는 기회 자본비용이

그림 7.2

스타 씨가 받은 $1 백만 자
서전 제안의 NPV

투자의 혜택이 비용 이전에
발생할 때, NPV는 할인율의
증가함수가 되고 IRR 규칙은
실패한다.

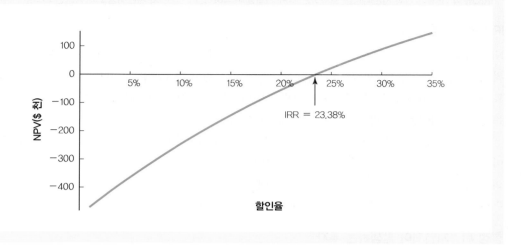

23.38%(IRR) 이상일 경우에만 양(+)의 값을 갖는다. 사실 스타 씨는 IRR 규칙과는 반대로 기회 자본비용이 IRR보다 클 때에만 투자안을 채택해야 한다.

그림 7.2는 또한 IRR 규칙을 사용할 때의 문제점을 보여준다. 대부분의 투자 기회에서 비용은 초기에 발생하고 현금은 나중에 들어온다. 이번 경우에 스타 씨에게 현금은 선금(upfront)으로 들어오고 자서전 집필의 비용은 나중(later)에 발생한다. 마치 돈을 빌린 것처럼 미래 부채를 대가로 오늘 현금을 받는 것이다. 이렇게 돈을 빌리는 경우에는 이자율이 낮을수록 선호를 하게 된다. 여기서 IRR은 수익률이라기보다는 갚아야 할 이자율로 해석되고 스타 씨가 행할 최선의 규칙은 기회 자본비용보다 낮은 IRR로 돈을 빌리는 것이다.

IRR 규칙이 이 경우에 옳은 해답을 주지 않는다고 해도, IRR 그 자체는 NPV 규칙과 함께 유용한 정보를 제공한다. 이미 언급했듯이 IRR 투자 결정이 자본비용 추정의 불확실성에 대해 얼마나 민감한지를 나타낸다. 이 경우에는 자본비용과 IRR의 차이는 13.38%로 크다. 스타 씨는 NPV를 양(+)으로 하려면 자본비용을 13.38%만큼 낮게 평가하지 않으면 안 되었던 것이다.

함정 #2 : 복수의 IRR

스타 씨는 출판 제안을 받아들이기 위해서 더 나은 조건이 필요하다고 출판사에 전달을 했다. 출판사는 선금 지급을 줄이는 대신에 책이 발간된 후에 로열티를 지불하기로 제안했다. 구체적으로 스타 씨는 책이 출판되어 판매되는 4년 후에 $1 백만을 받는다. 또한 $550,000를 선금으로 받는다. 이 새로운 제안을 채택해야 할까?

새로운 제안의 시간선은 아래와 같다.

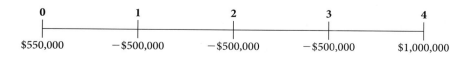

그리고 스타 씨의 새로운 NPV는 다음과 같다.

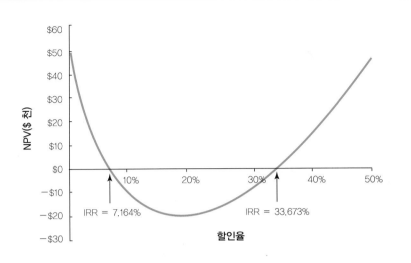

그림 7.3

스타 씨가 받은 로열티 제안의 NPV

이 경우 1개가 넘는 IRR이 있어서 IRR 규칙의 사용이 부당하다. 만약 자본의 기회비용이 7.164% 아래이거나 33.673%를 초과할 경우에 스타 씨는 제안을 받아들여야 한다.

$$NPV = 550{,}000 - \frac{500{,}000}{1+r} - \frac{500{,}000}{(1+r)^2} - \frac{500{,}000}{(1+r)^3} + \frac{1{,}000{,}000}{(1+r)^4}$$

NPV를 0으로 두고 r에 대해 풀면 IRR을 얻는다. 이 경우에 2개의 IRR이 있는데, 2개의 r의 값이 NPV를 0과 같게 만든다. IRR로 7.164%와 33.673%를 수식에 대입하면 이것을 확인할 수 있다. 1개가 넘는 IRR이 있기 때문에 IRR 규칙을 적용할 수 없다.

알기 쉽게 설명하기 위해 NPV 규칙으로 돌아가 보자. 그림 7.3은 새로운 제안에 대한 NPV 프로파일을 보여준다. 만일 자본비용이 7.164% 아래이거나 혹은 33.673%를 초과하면 스타 씨는 이 기회를 선택해야 한다. 그렇지 않다면 기회를 거부해야 한다. 이 경우 IRR 규칙은 실패했더라도, 2개의 IRR은 여전히 자본비용의 경계범위로 유용하다는 점에 주목하자. 만일 자본비용의 추정이 틀렸고 실제로 7.164% 이하이거나 33.673% 이상이라면 프로젝트를 추진하지 않는다는 결정은 바뀔 것이다. 실제 자본비용이 10%라는 것이 불확실하더라도 자본비용이 경계범위 이내에 있다고 스타 씨가 믿는 한, 출판 계획을 포기한다는 결정에 대해 스타 씨는 높은 신뢰도를 가질 수 있다.

복수의 IRR이 있을 때 IRR 규칙을 수정하는 방법은 쉽지 않다. 이 예제에서는 2개의 IRR 사이에서

일상적인 실수   IRR 대 IRR 규칙

이번 절에서 보여준 예제는 독립적인 프로젝트의 채택 혹은 포기의 선택에 IRR 규칙의 잠재적인 약점을 보여준다. 프로젝트의 모든 음(−)의 현금흐름이 양(+)의 현금흐름보다 선행할 때에만 이러한 문제를 피할 수 있다. 그렇지 않으면 우리는 IRR 규칙에 의존해서는 안 된다. 그러나 그런 경우라도 IRR 자체는 매우 유용한 도구로 남아 있다. IRR은 투자의 평균 수익률을 측정하고 NPV의 자본비용 추정 오류에 대한 민감도를 알려준다. 따라서 IRR을 아는 것은 매우 유용하지만, IRR에만 근거해서 투자 결정을 하는 것은 위험하다.

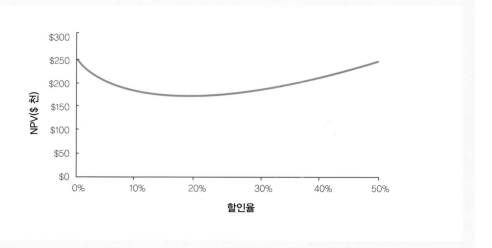

그림 7.4

스타 씨가 받은 최종 제안의 NPV

이 경우 모든 할인율에서 NPV는 양(+)이고, IRR은 없다. 따라서 IRR 규칙은 사용할 수 없다.

NPV가 음수이지만, 반대의 경우도 가능하다. 또한 2개를 초과하는 복수의 IRR이 존재하는 상황도 있다.[3] 복수의 IRR이 존재할 때 우리의 유일한 선택은 NPV 규칙에 의존하는 것이다.

함정 #3 : IRR이 존재하지 않는 경우

오랜 협상 끝에 스타 씨는 출판사로 하여금 4년 뒤 출판 후에 로열티 지급액으로 $1 백만에 추가하여 초기 지급액을 $750,000로 인상하도록 하였다. 이러한 현금흐름에서 IRR은 존재하지 않는다. 즉, NPV를 0으로 만드는 할인율은 없다. 따라서 IRR 규칙은 어떤 지침도 줄 수 없다. 마지막 제안을 평가하기 위해서 다시 NPV 프로파일을 그림 7.4로 살펴보자. 어떤 할인율에서도 NPV는 양(+)의 값을 가지고 따라서 제안은 매력적이라는 것을 확인할 수 있다. 그러나 IRR이 존재하지 않을 때 NPV가 항상 양(+)의 값을 가진다고 생각하면 어리석은 것이다. IRR이 없을 때에 모든 할인율에서 음(−)의 NPV를 가질 수도 있다.

예제 7.1   **IRR 규칙을 활용한 문제들**

문제

다음과 같은 현금흐름을 가진 프로젝트들을 고려하자.

프로젝트	0	1	2
A	−375	−300	900
B	−22,222	50,000	−28,000
C	400	400	−1,056
D	−4,300	10,000	−6,000

이러한 프로젝트에서 IRR이 20%에 가까운 것은 어느 것인가? IRR 규칙이 타당한 프로젝트는 무엇인가?

---

3   일반적으로 시간의 흐름에 따라 프로젝트의 현금흐름 부호가 바뀌는 숫자만큼 복수의 IRR 숫자가 있을 수 있다.

풀이

개별 프로젝트의 NPV 프로파일을 아래와 같이 그린다. NPV 프로파일에서 프로젝트 A, B, C는 약 20%의 IRR을 가지는 것을 볼 수 있고 프로젝트 D는 IRR이 없다. 또한 프로젝트 B는 5%의 또 다른 IRR을 가진다.

IRR 규칙은 IRR보다 낮은 모든 할인율에서 양(+)의 NPV를 가지는 프로젝트에서만 타당하다. 따라서 IRR 규칙은 프로젝트 A에서만 타당하다. A는 모든 음(−)의 현금흐름이 양(+)의 현금흐름에 선행하는 유일한 프로젝트이다.

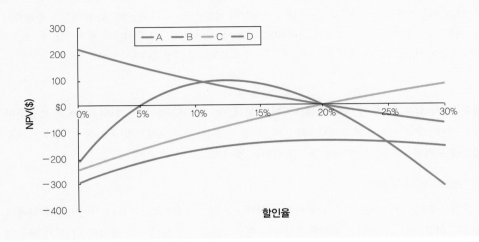

앞의 예제에서 보듯이 만일 프로젝트가 음(−)의 현금흐름에 선행하는 양(+)의 현금흐름을 가지게 되면 IRR을 해석하기 위해서 NPV 프로파일을 확인하는 것이 중요하다. 이 장의 부록에 첨부된 NPV 프로파일을 엑셀로 계산하는 단순한 접근법을 알아본다.

개념 확인

1. 어떤 조건에서 IRR 규칙과 NPV 규칙이 독립적 프로젝트에 대해서 동일한 결과를 가져올까?
2. 만일 IRR 규칙과 NPV 규칙이 독립적 프로젝트에 대해 다른 결정을 한다면 어떤 것을 따라야 하는가? 그 이유는?

7.3 회수기간법

이번 절에서 우리는 기업 내 단일의 독립적인 프로젝트를 위한 대안적 의사결정 규칙으로 회수기간법을 검토한다. **회수기간법**(payback investment rule)은 현금흐름이 정해진 기간에 초기 투자를 회수하는 경우에만 프로젝트를 채택해야 한다고 말한다. 회수기간법을 적용하기 위해서 초기 투자를 회수하는 데 걸리는 기간인 **회수기간**(payback period)을 우선 계산한다. 다음으로 만일 회수기간이 미리 정한 기간(통상 몇 년)보다 짧으면 프로젝트를 채택한다. 그렇지 않으면 프로젝트를 거부한다. 예를 들어 기업은 2년보다 짧은 회수기간 프로젝트라면 어떤 것이든 선택할 수 있다.

회수기간법의 적용

회수기간법을 설명하기 위해서 다시 프레드릭 예제로 돌아가 보자.

예제 7.2	회수기간법

문제

프레드릭에서는 모든 프로젝트를 5년 이하의 회수기간을 적용해야만 한다고 가정하자. 이런 규칙이 적용 된다면 비료 프로젝트를 채택할까?

풀이

프로젝트는 초기 투자금액으로 $250 백만이 필요하고 매년 $35 백만을 창출할 것임을 기억하자. 1년부 터 5년까지 현금흐름의 합계는 $35 × 5 = $175 백만이며 이것은 초기 투자금액인 $250 백만을 충족하지 못 한다. 사실 초기 투자금액이 모두 회수되려면($35 × 8 = $280 백만), 8년의 시간이 필요하다. 이 프로젝트 의 회수기간이 5년을 초과하기 때문에 프레드릭은 이 프로젝트를 거부해야 할 것이다.

예제 7.2에서 회수기간법에 따라 프레드릭이 프로젝트를 거부할 것이다. 그러나 앞에서 보았듯이 자본 비용 10%에서 NPV는 $100 백만이다. 회수기간법을 따르는 것은 프레드릭이 $100 백만의 가치를 지닌 프로젝트를 포기하도록 하기 때문에 실수를 범하는 것이 된다.

회수기간법의 실무적 함정

회수기간법은 NPV 규칙만큼 믿을 만하지는 못한데, 그 이유는 (1) 프로젝트의 자본비용과 화폐의 시간 가치를 무시하고, (2) 회수기간 이후에 발생하는 현금흐름을 무시하고, (3) 임의의 결정 기준에 (회수기 간으로 필요한 기간으로 얼마가 합당한가?) 의존하기 때문이다.[4] 여러 약점에도 불구하고, 그레이엄과

왜 NPV 규칙 이외의 다른 의사결정 규칙이 존속하는가?

그레이엄과 하비 교수는 연구에서 상당수 기업(25%)이 NPV 규 칙을 사용하지 않는다는 것을 발견했다. 또한 약 50%의 기업이 회수기간법을 사용했다. 더군다나 대부분의 기업에서 NPV 규 칙과 IRR 규칙을 동시에 쓰는 것으로 보인다. 왜 기업들은 NPV 이외에 오류가 있는 다른 결정 규칙을 쓰는 것일까?

하나의 가능한 설명은 그레이엄과 하비의 조사결과의 해석에 문제가 있을 수 있다. 설문에 응답한 CFO는 NPV 규칙과 병행 해서 IRR을 민감도 측정을 위해 사용하는 경우에 IRR과 NPV를 동시에 사용하는 것으로 표기했을지 모른다. 본래 질문은 "당 신의 기업은 얼마나 자주 아래 규칙을 사업이나 인수 결정을 할 때 사용합니까?"였다. IRR을 계산하여 NPV 규칙과 병행해서 분석 결과의 민감도를 계산하면서, 두 규칙을 모두 사용했다고 느꼈을 것이다. 그렇다고 하더라도 설문에 응답한 상당수 경영 자는 IRR 규칙만을 사용한다고 답변했기 때문에 위 설명은 충 분한 이유가 될 수 없다.

경영자가 오직 IRR 규칙만을 사용한다고 답변한 흔한 이유는 IRR을 계산하기 위해서 자본의 기회비용을 알 필요가 없다는 것이다. 표면적으로 이것은 사실이다. IRR을 계산하기 위해서 자 본비용을 알 필요는 없지만 IRR 규칙을 적용하기 위해서는 반드 시 자본비용을 알아야만 한다. 따라서 기회비용은 NPV 규칙에 서와 마찬가지로 IRR 규칙에서도 중요하다.

우리의 견해는 일부 기업이 IRR 규칙만을 사용하는 것은 자 본비용의 가정을 위해 여러 숫자를 다룰 필요 없이 하나의 숫자 로 투자 기회의 매력도를 표현할 수 있기 때문이라는 것이다. 그러나 CFO가 자본비용에 대한 가정 없이 투자 기회를 간략하 게 요약하길 원한다면 할인율의 함수로 NPV를 그리도록 요구 할 수 있다. 이처럼 NPV 프로파일이든 IRR을 요구하든 자본비 용을 필요로 하지는 않지만, NPV 프로파일이 더 많은 정보와 신뢰성을 가지고 있기 때문에 분명히 유리하다.

---

4   일부 기업은 (할인 회수기간이라 부르는) 할인된 현금흐름을 사용하여 회수기간을 계산하여 약점을 보완한다.

하비가 조사한 기업의 57%는 의사결정 과정의 일부로 회수기간법을 사용하고 있다.

일부 기업에서 왜 회수기간법을 고려하는 것일까? 해답은 아마도 방법의 단순성에 있을 것이다. 이 규칙은 특히 규모가 작은 투자 결정에 유용하다. 예를 들어 새로운 복사기를 구매할 것인가 수리할 것인가의 결정이 그런 것이다. 그런 경우에 잘못된 결정의 비용이 NPV를 계산하는 데 필요한 시간을 정당화할 만큼 크지 않다. 회수기간법은 또한 프로젝트에 자본이 투자되는 시간의 길이에 대해 예산관리 정보를 제공한다. 일부 기업은 면밀한 조사 없이 장기투자에 자본을 맡기는 것을 좋아하지 않는다. 또한 만일 요구되는 회수기간이 짧다면(1년 혹은 2년), 회수기간을 만족시키는 대부분의 프로젝트는 양(+)의 NPV를 가질 것이다. 따라서 기업은 처음에는 회수기간법을 적용하여 노력을 줄이고, 거부 결과가 나올 때에만 시간을 들여서 NPV를 계산할 것이다.

개념 확인

1. 양(+)의 NPV를 가진 프로젝트를 회수기간법이 거부할 수 있는가? 또한 음(−)의 NPV를 가진 프로젝트를 채택할 수 있는가?
2. 만일 회수기간법이 NPV 규칙과 다른 결정을 한다면 어떤 것을 따라야 하는가? 그 이유는?

7.4 복수의 프로젝트에서 선택

지금까지 우리는 선택이 채택 혹은 거부인 단일의 독립적인 프로젝트에 관한 결정만을 고려했다. 그러나 때로는 기업이 여러 실행 가능한 프로젝트들 중에서 하나를 선택해야만 하는 경우가 있으며 그런 선택은 상호 배타적이다. 예를 들어 경영자는 신제품의 포장 디자인을 두고 대안을 평가할 수 있다. 이 경우 경영자는 오직 하나의 디자인을 선택해야 한다. 어느 하나의 프로젝트를 선택할 때 다른 프로젝트를 추진할 수 없는 경우에 우리는 상호 배타적인 투자에 직면한 것이다.

NPV 규칙과 상호 배타적 투자

프로젝트가 상호 배타적일 때 어느 프로젝트가 양(+)의 NPV를 가졌는지 측정하고 가장 좋은 프로젝트를 정하기 위해서 프로젝트의 순위를 매길 필요가 있다. 이러한 상황에서 NPV 규칙은 복잡하지 않은 답을 주고 있다. 즉, NPV가 가장 높은 프로젝트를 선택하면 된다. NPV는 현재 시점의 현금으로 프로젝트의 가치를 표현하고 있어서, NPV가 가장 높은 프로젝트를 선택하는 것은 부를 가장 크게 만드는 것이다.

IRR 규칙과 상호배타적 투자

IRR이 프로젝트 투자에 대한 기대 수익률의 측정치이기 때문에, 가장 높은 IRR을 가진 프로젝트를 선택하는 IRR 규칙을 상호배타적 투자에도 확대하려고 할 수 있다. 그러나 다른 프로젝트보다 높은 IRR을 가졌기 때문에 단순히 어떤 프로젝트를 선택한다면 불행히도 실패를 가져올 수 있다. 특히 복수의 프로젝트가 투자규모, 현금흐름의 발생 시기, 혹은 위험성의 차이를 가졌을 때, 그들의 IRR을 비교하는 것은 의미가 없다.

규모의 차이 당신은 $1에 대한 500% 수익률과 $1 백만에 대한 20% 수익률 중에 어느 것을 원하는가? 500%의 수익률은 확실히 인상적이지만, 투자가 끝나면 단지 $5를 벌 수 있다. 후자의 수익률은 있을 법한 수준으로 보이지만 $200,000의 수익을 얻을 것이다. 이 비교에서 IRR의 중요한 문제점을 볼 수 있다. IRR은 수익률이기 때문에 투자규모를 알지 못하면 실제로 얼마의 가치가 만들어질 것인지 알 수 없다.

만일 양(+)의 NPV를 가진 사업에 투자규모를 2배로 늘린다면 NPV는 2배가 될 것이다. 일물일가의 법칙에 따라서 투자 기회의 현금흐름이 2배가 되면 2배의 가치를 만든다. 그러나 IRR 규칙은 이런 특징이 없다. IRR은 평균 투자 수익률을 측정하는 것이라서 투자 기회의 규모에 영향을 받지 않는다. 따라서 규모의 차이가 있는 프로젝트를 비교하기 위해 IRR 규칙을 사용할 수 없다.

예제 7.3 | NPV와 상호 배타적 프로젝트

문제

당신의 대학 근처에 작은 상업용지가 매각을 위해 나와 있다. 입지를 보니 학생 대상의 사업이 매우 성공적일 것이라고 생각한다. 몇 가지 가능한 대안을 연구하였고 아래와 같은 현금흐름 추정을 얻게 되었다(토지의 매입비용을 포함함). 어느 투자 프로젝트를 선택해야 할까?

프로젝트	초기투자($)	1년 말 현금흐름($)	성장률(%)	자본비용(%)
서점	300,000	63,000	3.0	8
커피숍	400,000	80,000	3.0	8
음반가게	400,000	104,000	0.0	8
가전상점	400,000	100,000	3.0	11

풀이

각 사업이 영구히 지속된다고 가정하면, 우리는 일정 성장영구연금으로 현금흐름의 현재가치를 계산할 수 있다. 각 프로젝트의 NPV는 다음과 같다.

$$NPV(서점) = -300,000 + \frac{63,000}{8\% - 3\%} = \$960,000$$

$$NPV(커피숍) = -400,000 + \frac{80,000}{8\% - 3\%} = \$1,200,000$$

$$NPV(음반가게) = -400,000 + \frac{104,000}{8\%} = \$900,000$$

$$NPV(가전상점) = -400,000 + \frac{100,000}{11\% - 3\%} = \$850,000$$

따라서 모든 대안은 양(+)의 NPV를 가진다. 그러나 하나만을 선택할 수 있기 때문에 커피숍이 최선의 대안이 된다.

이런 상황을 설명하기 위해서 예제 7.3의 서점과 커피숍 투자를 고려해보자. 아래와 같이 IRR을 계산할 수 있다.

$$서점 : -300,000 + \frac{63,000}{IRR - 3\%} = 0 \Rightarrow IRR = 24\%$$

$$커피숍 : -400,000 + \frac{80,000}{IRR - 3\%} = 0 \Rightarrow IRR = 23\%$$

두 프로젝트의 IRR이 모두 자본비용 8%를 초과한다. 그러나 커피숍이 더 낮은 IRR을 갖더라도, 투자규모가 커서($400,000 대 $300,000) 더 높은 NPV를 만들고($1.2 백만 대 $960,000) 따라서 더 가치가 있다.

현금흐름 발생 시기의 차이 사업의 규모가 동일하다고 해도 현금흐름의 발생 시기가 다르면 IRR 규칙이 잘못된 순위를 매기게 할 수 있다. IRR은 수익률로 표현될 뿐이고, 주어진 수익률로 벌어들인 금전가치인 NPV는 수익을 얻는 데 필요한 시간에 의해 결정된다. 매우 높은 연간 수익률은 불과 며칠 동안만 버는 것보다는 몇 년에 걸쳐 벌 수 있는 경우에 더 가치가 높다.

예를 들어 아래와 같이 단기와 장기 프로젝트를 고려해보자.

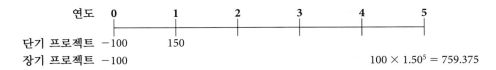

두 프로젝트는 모두 50%의 IRR을 가지고 있는데, 하나의 기간은 1년, 다른 하나의 기간은 5년이다. 두 프로젝트의 자본비용이 모두 10%이면, 단기 프로젝트의 NPV는 $-100 + (150/1.10) = \$36.36$이고, 장기 프로젝트의 NPV는 $-100 + (759,375/1.10^5) = \$371.51$이다. 따라서 같은 IRR을 가지고 있는데도, 장기 프로젝트는 단기 프로젝트보다 10배 이상의 가치를 가지고 있음을 주목하자.

프로젝트의 투자 기간이 같다고 해도 대개 현금흐름의 패턴은 다를 것이다. 예제 7.3의 커피숍과 음반 가게 투자 대안을 다시 고려해보자. 초기 투자의 규모가 동일하고 투자 기간도 (무한대로) 같다. 음반가게의 IRR은 26%이다.

$$음반가게 : -400,000 + \frac{104,000}{IRR} = 0 \Rightarrow IRR = 26\%$$

그러나 음반가게가 커피숍의 IRR(23%)보다 높은 IRR(26%)을 가지고 있더라도, NPV는 더 낮다(음반가게 $900,000 대 커피숍 $1.2 백만). 커피숍이 낮은 IRR에도 불구하고 NPV가 높은 이유는 높은 성장률에 있다. 커피숍은 음반가게보다 초기 현금흐름은 낮지만 장기 현금흐름은 높기 때문이다. 커피숍의 현금흐름은 상대적으로 늦게 발생하기 때문에, 커피숍 투자는 실질적으로는 장기투자가 된다.

위험의 차이 프로젝트의 IRR이 매력적인가를 알기 위해서 프로젝트의 위험에 의해 결정되는 자본비용과 비교해야만 한다. 따라서 안전한 프로젝트에는 매력적인 IRR이 위험한 프로젝트에서도 반드시 매력적인 것은 아니다. 간단한 예로 무위험의 투자 기회에서 쉽게 10% 수익률을 얻을 수 있다면 위험한 창업

수익률은 어떤 때에 비교 가능한가?

이 장에는 개별 프로젝트의 IRR을 비교할 때 일어나는 다양한 문제점을 강조하였다. 그러나 수익률을 비교하는 것이 지극히 합리적인 상황이 매우 많다. 예를 들어 내년을 위해 저축예금에 저축을 고려하고 있다면 우리는 여러 예금의 실효 연간 이자율(EAR)을 비교하고 가장 높은 것을 선택할 것이다.

이렇게 수익률을 비교하는 것이 합리적인 것은 어떤 때인가? 수익률을 비교할 수 있는 것은 투자가 (1) 동일한 규모를 가지고, (2) 발생 시기가 같고, (3) 동일한 위험을 가질 경우라는 것을 기억하자. 2개의 투자 프로젝트를 비교할 때 일반적으로 1개 이상의 조건이 위반되는 반면에, 투자 중 하나가 공개적으로 거래되는 증권이나 은행에 투자될 때 위 조건이 충족될 가능성이 매우 크다. 은행이나 증권에 투자할 때, 우리는 일반적으로 투자규모뿐만 아니라 투자 기간을 선택할 수 있어서 투자 기회가 일치한다. 이 경우에 동일한 위험을 가진 투자 기회를 비교한다면 내부 수익률의 비교는 의미가 있다. (사실 이런 조건은 제5장의 자본비용 정의에 대한 근거였다.)

기업 투자에 10% 기대 수익률은 만족스럽지 못할 것이다. IRR로 프로젝트의 순위를 매기는 것은 위험의 차이를 무시한다.

예제 7.3의 가전상점을 다시 살펴보자. 가전상점의 IRR은 28%이다.

$$\text{가전상점} : -400,000 + \frac{100,000}{IRR - 3\%} = 0 \Rightarrow IRR = 28\%$$

가전상점의 IRR은 다른 투자 기회의 IRR보다 높다. 그러나 가전상점은 가장 낮은 NPV를 가진다. 이 경우에 가전상점의 투자가 더 위험하다는 것은 높은 자본비용으로 알 수 있다. 높은 IRR을 가졌음에도 불구하고, 안전한 다른 대안들과 동일하게 매력적일 만큼 충분한 수익성을 얻지 못하고 있다.

증분 IRR

2개의 프로젝트 중에서 선택을 할 때, IRR을 비교하는 대신에 **증분 IRR**(incremental IRR)을 계산하는 대안이 있다. 그것은 하나의 프로젝트를 다른 프로젝트로 대체할 때 생길 수 있는 증분 현금흐름의 IRR이다. 증분 IRR은 한 프로젝트를 다른 프로젝트와 교환하는 것이 이익이 되는 할인율을 제시한다. 그리고 프로젝트를 직접 비교하기보다는, 아래 예제에서 보듯이 IRR 규칙을 사용하여 한 프로젝트를 다른 프로젝트로 바꾸는 의사결정을 평가할 수 있다.

예제 7.4	증분 IRR을 사용하여 복수의 대안 비교

문제

당신 회사는 생산공장의 점검을 검토 중이다. 엔지니어링 팀은 소규모 점검과 대규모 점검의 2개 계획안을 제시한다. 두 계획안은 아래와 같은 현금흐름을 보여준다(단위 : $ 백만).

계획안	0	1	2	3
소규모 점검	−10	6	6	6
대규모 점검	−50	25	25	25

각각의 계획안의 IRR은 얼마인가? 증분 IRR은 얼마인가? 계획안의 자본비용이 12%일 때 기업은 어떻게 해야 하는가?

풀이

연금의 공식을 이용하여 계획안의 IRR을 계산할 수 있다. 소규모 점검의 IRR은 36.3%이다.

	NPER	RATE	PV	PMT	FV	엑셀 공식
입력	3		−10	6	0	
할인율 계산		36.3%				=RATE(3,6,−10,0)

대규모 점검의 IRR은 23.4%이다.

	NPER	RATE	PV	PMT	FV	엑셀 공식
입력	3		−50	25	0	
할인율 계산		23.4%				=RATE(3,25,−50,0)

어느 프로젝트가 최선인가? 프로젝트는 규모가 다르기 때문에 IRR을 직접 비교할 수 없다. 소규모 점검으로 대규모 점검을 교환하는 증분 IRR을 계산하기 위해서 우리는 먼저 증분 현금흐름을 계산한다.

계획안	0	1	2	3
대규모 점검	−50	25	25	25
차감 : 소규모 점검	−(−10)	−6	−6	−6
증분 현금흐름	−40	19	19	19

그리고 증분 현금흐름의 IRR은 20.0%이다.

	NPER	RATE	PV	PMT	FV	엑셀 공식
입력	3		−40	19	0	
할인율 계산		**20.0%**				=RATE(3,19,−40,0)

증분 IRR이 12%의 자본비용을 초과하기 때문에 대규모 점검에서 소규모 점검으로 전환하는 것은 매력적으로 보인다(즉, 큰 규모가 낮은 IRR을 충분히 만회한다). 각 프로젝트의 NPV 프로파일을 보여주는 그림 7.5를 이용하여 확인할 수 있다. 12%의 자본비용에서 대규모 점검의 NPV는 소규모 점검의 NPV를 확실히 초과한다. 또한 증분 IRR이 NPV 프로파일의 교차점(즉, 최선의 프로젝트가 대규모 점검에서 소규모 점검으로 바뀌는 지점의 할인율)을 결정한다는 것에 주의하자.

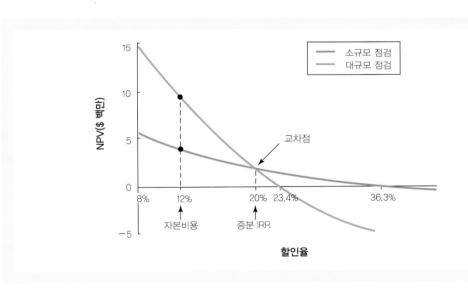

그림 7.5

소규모 점검과 대규모 점검의 비교

예제 7.4의 소규모 점검과 대규모 점검의 NPV 프로파일을 비교하여, 우리는 낮은 IRR에도 불구하고 대규모 점검이 자본비용 12%에서 더 높은 NPV를 가진다는 것을 확인하였다. 또한 20%의 증분 IRR에서 교차점 혹은 최적 의사결정이 바뀌는 할인율을 얻게 된다.

예제 7.4에서 보았듯이 증분 IRR은 최적 의사결정이 바뀌는 할인율을 확인해준다. 그러나 복수의 프로젝트에서 선택하기 위해 증분 IRR을 사용할 때 IRR 규칙에서 발생하는 동일한 문제점을 모두 만나게 된다.

- 개별 프로젝트에 대해 음(−)의 현금흐름이 양(+)의 현금흐름을 모두 선행하더라도, 증분 현금흐름에서도 사실이라고 할 수는 없다. 만일 증분 현금흐름의 부호가 그렇지 않다면, 증분 IRR을 해석하는 것이 어렵고, IRR이 없거나 한 개가 아닐 수도 있다.
- 증분 IRR은 하나의 프로젝트에서 다른 프로젝트로 바꾸는 것이 이득인지 여부를 알려주지만, 개별 프로젝트 자체가 양(+)의 NPV를 가지고 있는지는 말해주지 않는다.
- 개별 프로젝트의 자본비용이 상이할 때, 증분 IRR과 어떤 자본비용을 비교해야 하는지 명확하지 않

일상적인 실수   IRR과 프로젝트의 자금조달

IRR 그 자체는 가치의 척도가 아니기 때문에, 프로젝트의 현금흐름을 재구성하여 조작하는 것은 간단하다. 특히 초기 투자 부분에 자금을 조달하여 IRR을 높이는 것은 간단하다. 실무에서 범하는 일상적인 실수는 더 높은 IRR을 고려하여 자금조달이 매력적이라고 간주하는 것이다. 일례로 다음의 현금흐름을 가지는 새로운 설비투자를 고려하자.

이 투자의 IRR은 30%이다. 여기서 설비 판매자가 $80의 자금의 융자를 제안했다고 가정하자. 따라서 처음에 지불할 필요가 있는 금액은 단지 $20이다. 그 대가로 1년 후 $100를 지불해야 한다. 이러한 방법으로 프로젝트에 자금 조달한 현금흐름은 다음과 같다.

프로젝트의 새로운 IRR은 (30/20) − 1 = 50%가 된다. 더 높은 IRR은 프로젝트가 더 매력적이 된다는 것을 의미하는가? 즉, 이러한 자금조달은 좋은 계약이라고 할 수 있는가?

그 대답은 '아니다'이다. 여기에서 IRR은 비교할 수 없다는 것을 기억하자. 50%의 IRR은 30%의 IRR보다 반드시 좋다고는 할 수 없다. 이 예에서 자금조달을 한 프로젝트는 자금조달을 하지 않은 프로젝트에 비해 훨씬 작은 투자이다. 또한 돈을 빌리는 것은 프로젝트의 위험을 증가시킨다(제4부와 제5부에서 위험 레버리지 효과에 대해 상세하게 고찰한다).

특히 이 예에서는 1년 후에 $100 지불 조건으로 처음 $80를 빌린 것에 주의해야 한다. 이 대출의 IRR은 (100/80) − 1 = 25%이다(이것은 자금조달을 거부하는 것에 대한 증분 IRR이다). 만약 다른 방법으로 차입을 한다면, 이 IRR은 기업의 차입비용보다 아마 훨씬 높을 것이다. 만약 그렇다면 높은 IRR에도 불구하고 이 자금조달을 프로젝트에 포함하는 것은 잘못된 것이다.

다. 이 경우에 개별 프로젝트를 각각의 자본비용으로 할인하는 NPV 규칙만이 믿을 만한 해답을 준다.

요약하면 증분 IRR은 최적의 프로젝트 선택을 바꾸어야 하는 할인율을 알려줌으로써 유용한 정보를 제공하지만, 그것을 의사결정 규칙으로 사용하는 것은 위험하며 오류가 있을 수 있다. NPV 규칙을 사용하는 것이 훨씬 단순하다.

개념 확인

1. 상호 배타적인 프로젝트 사이에서, IRR이 큰 프로젝트의 선택이 잘못된 결정일 수 있다는 이유는 무엇인가?
2. 증분 IRR은 무엇이고, 의사결정 규칙으로서 약점은 무엇인가?

7.5   자원 제약이 있을 때 프로젝트 선택

원칙적으로 기업은 확인이 되는 모든 양(+)의 NPV 투자를 선택해야 한다. 그러나 현실적으로 기업이 택할 수 있는 프로젝트의 숫자에 제한이 있다. 예를 들어 프로젝트가 상호 배타적이어서 다른 프로젝트들이 매력적이라도 하나의 프로젝트만을 선택해야 하는 경우가 있다. 이러한 한계는 커피숍을 하거나 서점을 하거나 오직 하나의 공터만이 존재하는 자원 제약으로 인한 것일 수 있다. 지금까지 우리는 기업이 보유한 서로 다른 프로젝트들이 공동의 자원을 필요로 하는 경우를 고려하였다(예제 7.3에서 개별 프로젝트는 100% 자원을 사용할 수 있다). 이번 절에서 우리는 개별 프로젝트들이 서로 다른 필요 자원을 요구하는 상황에서의 접근법을 다룬다.

다른 양의 자원 요구를 가진 프로젝트의 평가

어떤 상황에서는 서로 다른 프로젝트들이 각기 다른 양의 특정 희귀 자원을 요구할 것이다. 예로 서로 다른 제품은 다른 비중으로 기업의 생산용량, 혹은 관리 시간이나 관심을 요구할 것이다. 만일 모든 가능한 기회를 선택할 수는 없게끔 자원의 공급이 한정되어 있다면, 기업은 주어진 자원을 가지고 실행할 수 있는 최선의 투자 집합을 선택해야만 한다.

종종 개별 재무관리자는 주어진 기간에 투자할 수 있는 자본금을 제한하는 예산 제약 조건 내에서 일을 해야 한다. 이 예제에서 관리자의 목적은 예산 제약 내에서 전체 NPV를 확대하기 위해 프로젝트를 선택하는 것이다. 표 7.1에 있는 3개의 프로젝트를 고려해보자. 예산 제약이 없다면 양의 NPV를 가진 3개의 프로젝트에 모두 투자한다. 그러나 최대한의 초기 투자금액이 $100 백만의 예산밖에 없다고 가정하면 프로젝트 I의 NPV가 가장 높지만, 이 프로젝트는 예산을 모두 소모해 버린다. 프로젝트 II와 III은 모두 수행할 수 있으며(합치게 되면 전체 예산을 차지하는), 전체 NPV는 프로젝트 I의 NPV를 초과한다. 따라서 예산이 $100 백만일 때 최선의 선택은 프로젝트 II와 III을 채택하는 것이다. 프로젝트 I을 단독으로 실행할 때 NPV $110 백만과 비교하면 전체 NPV는 $130 백만이 된다.

수익성 지수

표 7.1의 마지막 열에는 초기 투자금액에 대한 프로젝트 NPV의 비율이 포함되어 있다. 이 비율은 프로젝트 I에 투자된 모든 $1에 대해 (투자한 금액 이상인) $1.10의 가치를 창출한다는 것을 알려준다.[5] 프로젝트 II와 III은 모두 프로젝트 I보다 달러당 NPV가 높으며, 이것은 사용 가능한 예산을 보다 효율적으로 사용하는 것임을 나타낸다.

이 간단한 예에서 수행할 최적의 프로젝트 조합을 식별하는 것이 간단하다. 실제 상황에서는 프로젝트와 자원이 아주 많기 때문에 최적의 조합을 찾는 것이 어려울 수 있다. 실무자는 그런 상황에서는 수행할 최적의 프로젝트 조합을 식별하기 위해 종종 수익성 지수를 사용한다

수익성 지수

$$\text{수익성 지수} = \frac{\text{창출된 가치}}{\text{소비된 자원}} = \frac{NPV}{\text{소비된 자원}} \tag{7.2}$$

표 7.1	$100 백만의 예산에 대한 실행 가능한 프로젝트		
프로젝트	NPV($ 백만)	초기 투자액($ 백만)	수익성 지수 NPV/투자금액
I	110	100	1.1
II	70	50	1.4
III	60	50	1.2

---

5 실무자들은 때때로 이 비율에 1을 더하여 투자된 달러를 포함시킨다 (예 : 프로젝트 I은 투자된 달러당 총 $2.10를 창출하고, 새로운 가치로는 $1.10를 만든다). 1을 남겨두고 순현재가치를 고려하면 예제 7.5에서와 같이 현금 예산 이외의 다른 자원에도 이 비율을 적용할 수 있다.

수익성 지수는 소비한 자원 1단위당 NPV 기준의 가치로 "투입 자원에 걸맞은 가치"를 측정한다. 수익성 지수를 계산한 후에는 이를 기반으로 프로젝트 순위를 매길 수 있다. 가장 높은 지수를 가진 프로젝트부터 시작하여 모든 자원이 소비될 때까지 모든 프로젝트의 순위를 매긴다. 표 7.1에서 마지막 열에 계산된 비율은 투자하는 달러가 희소 자원인 경우의 수익성 지수이다. "수익성 지수 규칙"이 프로젝트 II와 III을 어떻게 옳게 선택하는지 유의하자. 예제 7.5에서 볼 수 있듯이 다른 자원이 부족할 때에도 이 규칙을 적용할 수 있다.

예제 7.5   인적자원의 제약을 지닌 수익성 지수

문제

대규모 네트워킹 회사인 네트잇의 부서에서는 새로운 홈 네트워킹 라우터를 개발하기 위한 프로젝트 제안서를 작성했다. 프로젝트의 예상 NPV는 $17.7 백만이며, 이 프로젝트에는 50명의 소프트웨어 엔지니어가 필요하다. 네트잇은 총 190명의 엔지니어를 보유하고 있으며, 라우터 프로젝트는 다음의 프로젝트들과 엔지니어를 두고 경쟁해야 한다.

프로젝트	NPV($ 백만)	엔지니어 수
라우터	17.7	50
프로젝트 A	22.7	47
프로젝트 B	8.1	44
프로젝트 C	14.0	40
프로젝트 D	11.5	61
프로젝트 E	20.6	58
프로젝트 F	12.9	32
합계	107.5	332

네트잇은 이러한 프로젝트의 우선 순위를 어떻게 정해야 하는가?

풀이

목표는 우리가 (최대) 190명의 엔지니어로 만들 수 있는 전체 NPV를 극대화하는 것이다. 수익성 지수의 분모에 엔지니어 수(Engineering Headcount, EHC)를 사용하여 각 프로젝트의 지수를 계산한 다음 이것을 기반으로 프로젝트를 순위에 따라 정렬한다.

프로젝트	NPV($ 백만)	엔지니어 수(EHC)	수익성 지수	필요한 누적 엔지니어 수
프로젝트 A	22.7	47	0.483	47
프로젝트 F	12.9	32	0.403	79
프로젝트 E	20.6	58	0.355	137
라우터	17.7	50	0.354	187
프로젝트 C	14.0	40	0.350	
프로젝트 D	11.5	61	0.189	
프로젝트 B	8.1	44	0.184	

이제 수익성 지수에 따라 내림차순으로 자원을 프로젝트에 할당한다. 마지막 열은 자원이 모두 소모될 때까지 각 프로젝트가 수행될 때 자원의 누적 사용량을 보여준다. 190명의 엔지니어 제약 내에서 NPV를 극대화하기 위해 네트잇은 목록에서 처음 4개의 프로젝트를 선택해야 한다. 우리가 가진 것보다 더 많은 엔지니어를 사용하지 않고 더 많은 가치를 창출할 수 있는 프로젝트의 다른 조합은 없다. 그러나 자원 제약으로 인해 네트잇은 전체 NPV가 $33.6 백만인 귀중한 프로젝트 3개(C, D, B)를 포기해야 한다.

위의 예에서 회사의 자원 제약으로 인해 양의 NPV 프로젝트를 포기하게 된다. 나머지 프로젝트에서 얻을 수 있는 가장 높은 수익성 지수는 해당 자원의 가치에 대한 유용한 정보를 제공한다. 예를 들어 예제 7.5에서 프로젝트 C는 엔지니어 1인당 NPV로 $350,000를 창출한다. 회사가 엔지니어 1인당 $350,000 이하의 비용으로 신규 엔지니어를 채용하고 양성할 수 있다면 프로젝트 C를 수행하기 위해 그렇게 하는 것이 가치가 있다. 또는 엔지니어링 인력이 프로젝트의 다른 부서에 할당된 경우 엔지니어 1인당 수익성 지수가 $350,000 미만인 경우 프로젝트 C를 수행하기 위해 이 부서에 해당 인력을 재할당하는 것이 좋다.

수익성 지수의 단점

수익성 지수는 계산하고 사용하기가 쉽지만 완전히 신뢰할 수 있으려면 두 가지 조건이 충족되어야 한다.

1. 수익성 지수 순위에 따라 취해진 일련의 프로젝트는 가용한 자원을 완전히 소모한다.
2. 관련 자원 제약은 하나뿐이다.

첫 번째 조건이 필요한 이유를 확인하기 위해서 예제 7.5에서 넷트잇에 3명의 엔지니어가 필요한 $120,000의 NPV를 가지는 추가 소형 프로젝트가 있다고 가정한다. 이 경우의 수익성 지수는 0.12/3 = 0.04이므로 이 프로젝트는 순위의 맨 아래에 표시된다. 그러나 처음 4개 프로젝트가 선택되더라도 190명의 직원 중 3명은 활용되지 않는다. 결과적으로 이 프로젝트가 마지막으로 순위가 되더라도 이 프로젝트를 수행하는 것이 타당하다. 이 단점은 또한 높은 순위 프로젝트에도 영향을 미칠 수 있다. 예를 들어, 표 7.1에서 프로젝트 III의 NPV가 $25 백만밖에 되지 않아 다른 프로젝트보다 NPV가 훨씬 나쁘다고 가정하자. 그렇다면 프로젝트 II가 높은 수익성 지수를 가지고 있더라도 프로젝트 I이 가장 좋은 선택이 될 것이다.

많은 경우 회사는 여러 가지 자원 제약에 직면할 수 있다. 예를 들어, 인원 제한뿐만 아니라 예산 한도가 있을 수 있다. 만일 2개 이상의 자원 제약 조건이 함께 부여되어 있다면 프로젝트 순위를 매기는 데 사용할 수 있는 간단한 지수가 없다. 대신 선형계획법이나 정수계획법이 이러한 문제를 해결하기 위해 특별히 개발되었다. 대안의 집합이 크더라도 컴퓨터에서 이러한 기술을 사용하면 여러 NPV를 최대화하고 여러 제약 조건을 만족시키는 프로젝트 집합을 쉽게 계산할 수 있다(추가적인 참고 자료 참조).

개념 확인

1. NPV에 따라 프로젝트의 순위를 매기는 것이 자원 요구량이 다른 프로젝트들을 평가할 때 최적이 아닐 수 있다는 것을 설명하라.
2. 수익성 지수가 자원 제약이 있을 때 매력적인 프로젝트를 확인하는 데 어떻게 사용될 수 있는가?

핵심 요점 및 수식

7.1 NPV와 독립적인 프로젝트

- 당신의 목적이 부의 극대화라면 NPV 규칙이 항상 옳은 해답을 준다.
- 자본비용과 IRR의 차이는 원래의 결정을 바꾸지 않고 자본비용 추정에서 존재하는 추정 오류의 최대치이다.

7.2 내부 수익률법

- IRR 투자규칙 : IRR이 기회 자본비용을 초과하는 투자 기회를 채택하라. IRR이 기회 자본비용보다 작으면 기회를 거부하라.
- 모든 음(−)의 현금흐름이 양(+)의 현금흐름에 선행하지 않는다면, IRR 규칙은 잘못된 답을 줄 수 있으며 사용해서는 안 된다. 더구나 복수의 IRR이 있거나 IRR이 존재하지 않을 수도 있다.

7.3 회수기간법

- 회수기간 투자규칙 : 초기 투자금의 회수되는 시간(회수기간)을 계산한다. 회수기간이 사전에 지정된 기간보다 짧으면 프로젝트를 채택한다. 그렇지 않으면 거부한다.
- 회수기간법은 간단하며 단기투자를 선호한다. 그러나 종종 부정확하다.

7.4 복수의 프로젝트에서 선택

- 상호 배타적인 투자 기회 중에서 선택할 때는 NPV가 가장 높은 기회를 선택한다.
- 투자규모, 발생 시기 및 위험이 동일하지 않은 경우 투자 기회를 비교하기 위해 IRR을 사용할 수 없다.
- 증분 IRR : 상호 배타적인 두 가지 기회를 비교할 때 증분 IRR은 두 가지 대안의 현금흐름 간 차이의 IRR이다. 증분 IRR은 최적의 프로젝트 선택이 바뀌는 할인율을 나타낸다.

7.5 자원 제약이 있을 때 프로젝트 선택

- 동일한 자원을 두고 경쟁하는 프로젝트들 사이에서 선택할 때, 수익성 지수에 따라 프로젝트의 순위를 매기고 주어진 제한된 자원으로 실행할 수 있는 가장 높은 수익성 지수를 가진 프로젝트 집합을 선택한다.

$$\text{수익성 지수} = \frac{\text{창출된 가치}}{\text{소비된 자원}} = \frac{NPV}{\text{소비된 자원}} \tag{7.2}$$

- 수익성 지수는 채택된 프로젝트의 집합이 수익성 지수 순위에 따를 때 모든 자원을 완전히 고갈시키고 오로지 단일한 관련 자원의 제한이 있을 때에만 완전히 의존할 만하다.

주요 용어

내부 수익률 투자 규칙[internal rate of return (IRR) investment rule]
데이터 표(Data Table)
수익성 지수(profitability index)

증분 IRR(incremental IRR)
회수기간(payback period)
회수기간법(payback investment rule)
NPV 프로파일(NPV profile)

추가 읽을거리

경영자가 실제로 무엇을 하는지 더 알고 싶은 독자는 아래 자료를 참고하라. J. Graham and C. Harvey, "How CFOs Make Capital Budgeting and Capital Structure Decisions," *Journal of Applied Corporate Finance* 15(1)

(2002): 8 – 23; S. H. Kim, T. Crick, and S. H. Kim, "Do Executives Practice What Academics Preach?" *Management Accounting* 68 (November 1986): 49 – 52; and P. Ryan and G. Ryan, "Capital Budgeting Practices of the Fortune 1000: How Have Things Changed?" *Journal of Business and Management* 8(4) (2002): 355 – 364.

동일한 자원을 두고 경쟁하는 프로젝트들 사이에서 어떻게 선택하는가에 관심이 있는 독자는 아래 자료를 참고하라. M. Vanhoucke, E. Demeulemeester, and W. Herroelen, "On Maximizing the Net Present Value of a Project Under Renewable Resource Constraints," *Management Science* 47(8) (2001): 1113 – 1121; and H. M. Weingartner, *Mathematical Programming and the Analysis of Capital Budgeting Problems* (Englewood Cliffs, NJ: Prentice-Hall, 1963).

---

* 표시는 난이도가 높은 문제다.

연습문제

NPV와 독립적인 프로젝트

1. 당신의 동생이 $10,000를 빌리길 원하고 있다. 그는 1년 뒤에 $12,000를 갚겠다고 제안한다. 만일 이러한 투자 기회의 자본비용이 10%라면, NPV는 얼마인가? 이 투자 기회를 채택해야 하는가? IRR을 계산하고, 의사결정을 바꾸지 않기 위한 최대 허용 가능한 자본비용을 결정하라.

2. 당신은 창업기업에 투자할 것을 고려하고 있다. 창업자는 당신에게 오늘 $200,000를 투자하고 9년 뒤에 $1,000,000를 받을 것을 제안하였다. 투자 기회의 위험도를 고려하면 자본비용은 20%이다. 투자 기회의 NPV는 얼마인가? 이 투자 기회를 채택해야만 하는가? IRR을 계산하고, 의사결정을 바꾸지 않기 위한 최대 허용 가능한 자본비용을 결정하라.

3. 당신은 새로운 공장을 설립하려고 한다. 공장은 $100 백만의 기초비용이 발생할 것이다. 그 이후 공장은 매년 말에 $30 백만의 이익을 산출할 것으로 기대된다. 현금흐름은 영구히 발생할 것으로 추정된다. 자본비용이 8%라면 이 투자 기회의 NPV는 얼마인가? 이 투자를 실행해야 하는가? IRR을 계산하고, 의사결정을 바꾸지 않기 위한 최대 허용 가능한 자본비용을 결정하라.

4. 당신 회사는 새로운 제품인 XJ5를 출시하려고 한다. 개발 기초비용은 $10 백만이며 향후 5년간 연간 $3 백만의 현금흐름을 얻을 것으로 기대된다. 0%에서 30% 범위의 할인율로 이 프로젝트의 NPV 프로파일을 그려보자. 프로젝트가 매력적인 할인율의 범위는?

5. 빌 클린턴은 자신의 저서인 나의 인생(*My Life*)을 쓰기 위해 $15 백만을 받았다고 한다. 그 책을 쓰는 데 3년이 걸렸다고 가정하자. 책을 쓰는 동안 클린턴은 연설을 통해 돈을 벌 수 있었을 것이다. 그의 인기를 감안할 때, 그가 책을 쓰는 대신 연설을 통해 매년 (연말에 지급) $8 백만을 받을 수 있다고 가정하자. 그의 자본비용은 연간 10%라고 가정하자.

    a. (로열티 지급은 무시하고) 책을 쓰는 데 동의하게 하는 NPV는 얼마인가?

    b. 일단 책이 완성되면 1년 뒤에 (연말에 지급) $5 백만의 로열티가 발생하고, 매년 30%의 비율로 영구연금인 로열티가 감소할 것으로 예상된다. 로열티 지급액이 있는 책의 NPV는 얼마인가?

*6. 페스트트랙 바이크는 새로운 복합적 도로 자전거를 개발할 생각이다. 개발에는 6년이 소요되며 비용은 연간 $200,000이다. 일단 생산되면 자전거는 10년 동안 매년 $300,000를 벌어들일 것으로 예상된다. 자본비용이 10%라고 가정하자.

    a. 모든 현금흐름이 매년 말에 발생한다고 가정하고, 이 투자 기회의 NPV를 계산한다. 회사가 투자를 해야 하는가?

    b. 결정을 변경하기 위해 자본비용의 예측이 얼마나 벗어나야 하는가?(힌트 : 엑셀을 사용하여 IRR을 계산하라.)

  c. 자본비용이 14%라면 투자 NPV는 얼마인가?

7. 오픈시즈는 새로운 유람선 구매를 평가 중이다. 배는 $5 백만의 비용이 소요되며 20년 동안 운영될 것이다. 오픈시즈는 선박 운영으로 인한 연간 현금흐름이 $70 백만(매년 말)이며 자본비용은 12%가 될 것으로 기대한다.

  a. 선박 구매에 대한 NPV 프로파일을 준비하라.

  b. 그래프에서 IRR을 (가장 가까운 1 % 단위로) 예측하라.

  c. 이 예측을 바탕으로 볼 때 매력적인 구매인가?

  d. 구매 의사결정이 바뀌기 전까지 오픈시즈의 자본비용은 (가장 가까운 1% 단위로) 얼마나 변할 수 있을까?

8. 당신은 게임 컴퓨터용 초고성능 네트워크 카드 제조업체인 리벳 네트워크의 CEO이며 신제품 출시 여부를 고려하고 있다. 신제품인 Killer X3000은 개발을 위해 초기(연도 0)에 $900,000의 비용이 들며, 1년 뒤에는 $800,000의 수익이 기대되고, 2년 차에는 $1.5 백만으로 증가한 다음, 그 이후 3년 동안 매년 40%씩 감소할 것으로 예상된다. 제품이 완전히 폐기되기 전에, 1년에서 5년 사이에 매년 $100,000의 제품과 관련된 고정비용과 매출의 50%에 해당하는 변동비용을 갖게 된다.

  a. 연도 0에서 연도 5 동안에 프로젝트의 현금흐름은 얼마인가?

  b. 이 투자에 대한 NPV 프로파일을 0%에서 40%까지의 할인율을 사용하여 10% 단위로 그린다.

  c. 프로젝트의 자본비용이 10%라면 프로젝트의 NPV는 얼마인가?

  d. NPV 프로파일을 사용하여 프로젝트가 이익이 없는 상태의 자본비용을 산정하라. 즉, 프로젝트의 IRR을 추정한다.

내부 수익률법

(주의 : 대부분의 경우 IRR을 계산하는 데 엑셀을 사용하는 것이 도움이 될 것이다.)

9. 당신은 의류 판매업자에 대한 투자를 고려 중이다. 회사는 오늘 $100,000를 필요로 하며 앞으로 1년에 $120,000를 벌어들일 것으로 기대한다. 이 투자 기회의 IRR은 얼마인가? 투자 기회의 위험을 감안할 때 자본비용은 20%이다. IRR 규칙은 투자에 대하여 어떤 결정을 내리고 있는가?

10. 당신의 돈을 100배 늘려주는 아주 장기적인 투자 기회를 제공받았다. 당신은 오늘 $1,000를 투자하고 40년 뒤에 $100,000를 받을 것으로 기대한다. (매우 위험한) 이 기회에 대한 당신의 자본비용은 25%이다. IRR 규칙에 따르면 투자가 수행되어야 하는가? NPV 규칙은 어떠한가? 서로 같은 결과를 보여주는가?

11. 3번 문제에서 IRR 규칙은 NPV 규칙과 동일한 결론을 내리는가? 설명하라.

12. 5번 문제의 (a)에서 몇 개의 IRR이 있는가? 이 경우에 IRR 규칙이 정답을 제시하는가? 5번 문제의 (b)에서 몇 개의 IRR이 있는가? 이 경우 IRR 규칙이 작동하는가?

13. 웬디 스미스 교수는 다음과 같은 거래를 제안받았다. 법률회사가 그녀에게 $50,000의 선금을 연도 0에 지불하는 대신에, 다음 해에 회사가 매월 8시간 동안 그녀의 시간을 이용할 수 있다. 스미스 교수의 수수료는 시간당 $550이며 그녀의 기회비용은 15%(EAR)이다. 이 기회와 관련하여 IRR 규칙에서 조언하는 것은 무엇인가? NPV 규칙은 어떠한가?

14. 혁신회사는 새로운 소프트웨어 제품 마케팅에 대해 생각하고 있다. 시장 출시 및 제품개발을 위한 초기 비용은 $5 백만이다. 이 제품은 10년간 연간 $1 백만의 이익을 창출할 것으로 예상된다. 이 회사는 영원히 연간 $100,000의 비용이 소요될 것으로 예상되는 제품 지원을 제공해야 한다. 모든 이익과 비용은 연말에 발생한다고 가정한다.

  a. 자본비용이 6%라면 이 투자의 NPV는 얼마인가? 프로젝트를 착수해야 할까? 2%와 12%의 할인율로 분석을 반복해보자.

b. 이 투자 기회는 IRR이 얼마나 많이 있는가?

c. 이 투자를 평가하기 위해 IRR 규칙을 사용할 수 있는지 설명하라.

15. 다음과 같은 현금흐름을 가진 프로젝트가 3개 있다.

연도	0	1	2	3	4
프로젝트 1	−150	20	40	60	80
프로젝트 2	−825	0	0	7000	−6500
프로젝트 3	20	40	60	80	−245

a. 프로젝트 중에서 어떤 프로젝트에 IRR 규칙의 적용을 신뢰할 수 있나?

b. 각 프로젝트의 IRR을 (가장 가까운 1%까지) 추정하자.

c. 자본비용이 5%라면 각 프로젝트의 NPV는 얼마인가? 20%라면? 50%라면?

*16. 당신은 석탄광산회사를 소유하고 있으며, 새로운 광산개발을 고려 중이다. 광산 자체의 개발에 $120 백만 비용이 들 것이다. 이 자금이 지금 투자되면 광산은 향후 10년간 $20 백만을 창출할 것이다. 그 후 석탄이 모두 고갈되면 부지는 환경 기준에 따라 청소 및 유지 보수를 해야 한다. 청소 및 유지 보수비용은 영원히 연간 $2 백만에 이를 것으로 예상된다. 이 기회를 받아들여야 하는지에 대한 IRR 규칙은 무엇인가? 자본비용이 8%라면 NPV 규칙은 어떤 결과를 말하고 있는가?

17. 회사는 장비를 정기적으로 유지 보수하는 데 연간 $500,000를 사용한다. 경기침체로 인해 회사는 향후 3년간 이러한 유지 보수비용을 감축하는 것으로 고려하고 있다. 만약 그렇다면 고장난 장비를 교체하기 위해서 4년 뒤에 $2 백만을 사용하여야 할 것이다.

a. 장비 유지 보수를 포기하는 결정의 IRR은 얼마인가?

b. 이 결정에 IRR 규칙이 적용되는가?

c. 유지 보수를 포기하는 하는 것이 좋다는 결정을 내리는 자본비용은 얼마인가?

*18. 당신은 남아프리카공화국에 새로운 금광 투자를 고려 중이다. 남아프리카공화국의 금은 매우 깊숙이 묻혀 있기 때문에 광산에 $250 백만의 초기 투자가 필요하다. 이 투자가 이루어지면 광산은 향후 20년간 매년 $30 백만의 매출을 올릴 것으로 예상된다. 광산 운영비용은 연간 $10 백만이다. 20년 후에 금은 고갈될 것이다. 광산은 지속적으로 안정화되어야 하며, 영구적으로 매년 $5 백만의 비용이 소요된다. 이 투자의 IRR을 계산하라. (힌트 : NPV를 할인율의 함수로 그린다.)

19. 회사는 대학의 수강신청등록 시스템을 위한 새로운 소프트웨어를 개발하기로 하였다. 계약에 따라 $500,000를 선불로 받게 된다. 향후 3년 동안 개발비용이 연간 $450,000가 될 것으로 예상한다. 새로운 시스템이 갖추어지면 4년 후 대학으로부터 최종 지불액 $900,000를 받게 된다.

a. 이 기회의 IRR은 얼마인가?

b. 자본비용이 10%라면 기회가 매력적인가?

계약 조건을 재협상하여 4년 차 최종 지급액이 $1 백만이 될 것이라고 가정해보자.

c. 이제 이 기회의 IRR은 얼마인가?

d. 이 조건은 매력적인가?

20. 회사는 계획 중인 광산 운영에서 광석을 처리하기 위해서 외진 황야에 새로운 공장을 건설하는 것을 고려 중이다. 이 공장은 건설에 1년이 걸릴 것이고 초기비용은 $100 백만이 될 것으로 예상된다. 일단 건설되면 공장 수명 동안 매년 말에 $15 백만의 현금흐름이 발생한다. 공장은 완공 후 20년 뒤에 광산에서 광석이 고갈되면 쓸모없어질 것이다. 그 시점에 회사는 공장을 폐쇄하고 이 지역을 초기 상태로 복구하기 위해 $200 백만을 지불할 것으로 예상된다. 12%의 자본비용을 사용하면,

a. 프로젝트의 NPV는 얼마인가?

b. 이 프로젝트에서 IRR 규칙의 적용을 신뢰할 수 있는가? 설명하라.

c. 이 프로젝트의 IRR은 얼마인가?

회수기간법

21. 당신은 마을버스 정류장에 귀하의 서비스를 알리는 표지판을 놓을 생각을 가진 부동산 중개인이다. 표지판 비용은 $5,000이며 1년 동안 게시된다. 한 달에 $500의 추가 매출을 창출할 것으로 기대한다. 투자 회수기간은 얼마인가?

22. 당신은 영화 제작을 고려 중이다. 영화는 $10 백만의 초기비용과 1년의 제작기간이 예상된다. 그 후 첫해에는 $5 백만, 다음 4년 동안은 매년 $2 백만을 벌어들일 것으로 예상된다. 이 투자의 회수기간은 얼마인가? 2년의 투자 회수기간이 필요하다면 영화를 제작할 계획인가? 자본비용이 10%라면 영화의 NPV는 양수인가?

복수의 프로젝트에서 선택

23. 상호 배타적인 두 가지 투자 기회 중에서 결정을 해야 한다. 둘 다 초기 투자액이 $10 백만이 필요하다. 투자 A는 영구적으로 (첫해 말부터 시작) 연간 $2 백만을 창출할 것이다. 투자 B는 첫해 말에 $1.5 백만을 창출할 것이며 그 이후 매년 연간 2%씩 금액이 증가할 것이다.

a. IRR이 높은 투자는 무엇인가?

b. 자본비용이 7%일 때 어떤 투자가 높은 NPV를 가지는가?

c. 어떤 자본비용(할인율)의 범위(교차점의 우측 혹은 좌측)에서, 더 높은 IRR을 고르는 것이 가장 좋은 투자 기회를 선택하는 정답을 제시할 수 있을까?

24. 당신은 여름 인턴십을 방금 시작했다. 상사가 회사의 제조시설을 향상시키기 위해 세 가지 대체안을 비교하기 위해 수행된 최근 분석을 검토하도록 요청하였다. 이전 분석 결과 IRR에 따라 제안서 순위가 매겨졌으며 가장 높은 IRR 옵션인 제안 A가 권고되었다. NPV를 사용하여 분석을 다시 실행하여 이 권고안이 적절한지 판단하라. 그러나 IRR이 정확하게 계산되었다고 확신하지만 각 제안이 추정한 현금흐름에 관한 일부 기본 데이터는 보고서에 포함되지 않은 것 같다. 제안 B의 경우 0년에 필요한 초기 투자에 관한 정보를 찾을 수 없다. 제안 C의 경우 3년 후에 회수할 추가적인 잔존가치에 관한 데이터를 찾을 수 없다. 당신이 가지고 있는 정보는 다음과 같다.

제안	IRR	연도 0	연도 1	연도 2	연도 3
A	60.0%	−100	30	153	88
B	55.0%	?	0	206	95
C	50.0%	−100	37	0	204 +?

각 대안에 대한 적절한 자본비용이 10%라고 가정하자. 이 정보를 사용하여 각 프로젝트의 NPV를 결정하라. 어떤 프로젝트를 선택해야 하는가? 이 상황에서 IRR로 프로젝트의 순위를 매기는 것이 왜 유효하지 않은가?

25. 증분 IRR 규칙을 사용하여, 자본비용이 7%일 때 23번 문제의 투자 중 어떤 투자 기회가 정확한 선택인지 결정하라. 당신의 결정은 어떤 자본비용에서 바뀌게 되는가?

26. 당신은 야외놀이시설 제조회사에서 일하며, 두 가지 프로젝트 중 하나를 결정하려고 한다.

	연말 현금흐름($ 천)			
프로젝트	0	1	2	IRR
장난감집	−30	15	20	10.4%
요새	−80	39	52	8.6%

하나의 프로젝트만 수행할 수 있다. 자본비용이 8%인 경우 증분 IRR 규칙을 사용하여 올바른 결정을 내리자.

*27. 당신은 다음 두 가지 프로젝트를 평가 중이다.

	연말 현금흐름($ 천)		
프로젝트	0	1	2
X	−30	20	20
Y	−80	40	60

증분 IRR을 사용하여 각 프로젝트를 선택하기 위한 최적의 할인율 범위를 결정하라. 두 프로젝트 중 어느 하나를 선택하는 것도 타당하지 않은 범위도 포함해야 한다.

28. 두 가지 투자 프로젝트 모두 고려해야 하는데, 이 두 가지 프로젝트 모두 $10 백만의 초기 투자가 필요하며 향후 10년 동안 매년 일정한 양(+)의 금액을 지불해야 한다. 어떤 조건에서 IRR을 비교하여 프로젝트 사이의 순위를 매길 수 있는가?

29. 당신은 오늘 $1,000 투자가 필요한 안전한 투자 기회를 고려 중이며, 2년 후 $500, 5년 후 $750를 지불하게 된다.

    a. 이 투자의 IRR은 무엇인가?

    b. 이 투자를 선택하고 같은 투자 기간에 연간 5%의 EAR을 지불하는 안전한 은행구좌에 돈을 넣는다면, 이 EAR과 투자의 IRR을 단순히 비교하여 결정할 수 있을까? 설명하라.

30. 페이스북은 네트워크 인프라를 정밀 조사하기 위해 두 가지 제안을 고려 중이다. 그들은 두 번의 입찰을 받았다. 화웨이의 첫 번째 입찰에서는 $20 백만의 초기 투자가 필요하며 향후 3년간 매년 페이스북에서 $20 백만의 비용 절감 효과가 발생한다. 시스코의 두 번째 입찰은 $100 백만의 초기 투자를 요구하며 향후 3년 동안 매년 $60 백만의 비용을 절감하게 된다.

    a. 각 입찰 제안에 대한 페이스북의 IRR은 무엇인가?

    b. 이 투자에 대한 자본비용이 12%인 경우 각 입찰 제안의 페이스북에 대한 NPV는 얼마인가? 시스코가 리스 계약을 제안하면서 입찰 제안을 수정했다고 가정하자. 리스에 따라 페이스북은 $20 백만의 기초 투자와 향후 3년간 $35 백만의 연간비용을 지불하게 된다. 페이스북의 비용 절감은 시스코의 원래 입찰 제안과 동일하다.

    c. 비용 절감액을 포함하여, 리스 계약에 의한 페이스북의 순현금흐름은 무엇인가? 시스코의 IRR은 현재의 입찰 제안에서 얼마인가?

    d. 새로운 입찰 제안은 시스코의 원래 입찰 제안보다 페이스북에 더 나은 거래인가? 설명하라.

자원 제약이 있을 때 프로젝트 선택

31. 동네 꽃가게인 나타샤 꽃집은 매일 꽃 시장에서 신선한 꽃을 구입한다. 하루에 구매를 위해 지출할 최대 금액은 $1,000이다. 꽃마다 마진이 다르고, 또한 상점이 판매할 수 있는 최대 물량이 있다. 과거의 경험을 바탕으로 꽃가게는 꽃의 유형별로 다음 NPV를 추정했다.

	다발당 NPV($)	다발당 비용($)	최대 다발
장미	3	20	25
백합	8	30	10
팬지	4	30	10
난초	20	80	5

상점은 매일 어떤 꽃의 구성 조합으로 꽃을 구매해야 하는가?

32. 당신은 자동차 판매점을 소유하고 있으며 전시실을 구성하는 방법을 결정하려고 한다. 전시실에는 60평가

량의 사용 가능한 공간이 있다. 당신은 분석가를 고용해서 특정 모델을 전시실에 두었을 때 NPV를 추정하고 각 모델에 필요한 공간을 정하도록 요청하였다.

모델	NPV($)	공간 요구 사항(평)
MB345	3,000	5.6
MC237	5,000	7.0
MY456	4,000	6.7
MG231	1,000	4.2
MT347	6,000	12.6
MF302	4,000	5.6
MG201	1,500	4.2

또한 전시실에는 사무실 공간이 필요하다. 분석가는 사무실 공간이 평당 14달러의 NPV를 산출한다고 추정하였다. 어떤 모델을 전시실에 전시해야 하며 몇 평을 사무실 공간에 사용해야 하는가?

33. 카말리노 부동산(KP)은 6개의 부동산 투자를 평가 중이다. 경영진은 오늘 부동산을 구입하고 5년 후에 판매할 계획이다. 다음 표는 각 자산의 초기비용과 예상 판매가격뿐만 아니라 각 프로젝트의 위험을 감안한 적절한 할인을 요약한 것이다.

프로젝트	비용(오늘, $)	할인율(%)	5년 말의 예상 판매가격($)
Mountain Ridge	3,000,000	15%	18,000,000
Ocean Park Estates	15,000,000	15%	75,500,000
Lakeview	9,000,000	15%	50,000,000
Seabreeze	6,000,000	8%	35,500,000
Green Hills	3,000,000	8%	10,000,000
West Ranch	9,000,000	8%	46,500,000

KP는 부동산 투자에 총 $18 백만의 자본 예산을 가지고 있다.

a. 각 투자의 IRR은 무엇인가?

b. 각 투자의 NPV는 얼마인가?

c. $18 백만의 예산을 감안할 때 어떤 부동산을 KP는 선택해야 하는가?

d. KP의 예산이 $12 백만인 경우 수익성 지수 방법을 사용할 수 없는 이유를 설명하라. 이 경우 KP가 선택할 속성은 무엇인가?

*34. 오키드 바이오테크는 실험적 약품을 위한 몇 가지 개발 프로젝트들을 평가하고 있다. 현금흐름은 예측하기 어렵지만, 회사는 다음과 같이 초기 자본투자 필요 금액과 프로젝트들의 NPV를 추정하였다. 대규모의 인력 필요성에 따라서, 또한 회사는 각각의 개발 프로젝트에 필요한 연구 과학자들을 예측하였다(모든 비용은 백만 달러로 주어진다).

프로젝트 번호	초기 자본($)	연구 과학자의 수	NPV
I	10	2	10.1
II	15	3	19.0
III	15	4	22.0
IV	20	3	25.0
V	30	12	60.2

a. 오키드의 총 자본예산은 $60 백만이라고 가정하자. 이러한 프로젝트들의 우선순위는 어떻게 설정할 것인가?

b. 추가적으로 오키드에는 현재 12명의 연구 과학자가 있으며, 가까운 미래에 채용을 기대하기 어렵다고

하자. 이러한 프로젝트들의 우선순위는 어떻게 설정할 것인가?

c. 위에서와 달리 대신에 오키드에 15명의 연구 과학자가 있다면, 수익성 지수 순위가 프로젝트들의 우선 순위를 정하는 데 사용할 수 없다는 것을 설명하라. 이제 어떤 프로젝트가 선택되어야 하는가?

당신은 지금까지의 사업 성공으로 인해 당신이 다니는 대학 근처에 $500,000의 집을 매입할 수 있게 되었다. 20%인 $100,000를 계약금으로 지불하고 나머지 $400,000는 대출을 받을 계획이다. 주택담보대출을 고려하면서 그동안 배웠던 평가 기법을 당신의 선택에 적용해보기로 했다. 선택할 수 있는 대출 대안을 찾기 위해서 www.bankrate.com을 찾았다. 주택담보대출에서 다음 조건을 선택하였다. 가장 가까운 대도시, 주택담보대출의 유형, 구매, 30년 고정금리, 20% 계약금, 그리고 신용등급은 최고등급으로 가정한다.

모든 선택을 고려하고 All points를 택한다(포인트는 일종의 선납 수수료이며, 상세한 용어설명은 사이트의 help 참조). 이자율을 업데이트하고 가장 낮은 이자율(APR이 아님)로 정렬한다. 대출의 이자율, 포인트, 수수료, APR, 월별 납부액 등을 기록한다.

다음으로 0 포인트를 가진 대출만 고려하고 가장 낮은 수수료를 찾는다. 역시 대출의 이자율, 포인트, 수수료, APR, 월별 납부액 등을 기록한다.

우선 연금 공식이나 엑셀의 PMT 함수를 이용하여 각 대출의 월별 납부액이 정확한지 확인한다. (이자율을 월별 이자율로 전환하려면 12로 나누어야 한다. 소수점 처리로 결과가 약간 다를 수 있다.)

다음으로 수수료와 포인트를 제외하고 받게 되는 대출의 실제 금액을 계산하라(수수료는 고정 달러 금액이며, 포인트는 선납으로 지급하고 대출금액의 %로 계산한다). 당신이 받게 될($400,000가 아닌) 순수 금액을 이용하여 대출의 표시 이자율(APR)이 수수료가 포함된 대출의 유효 IRR임을 보이라(엑셀의 Rate 함수를 사용하거나 표시 APR로 NPV를 계산할 수 있다).

30년간 대출을 유지한다고 가정하여 각각의 대출을 비교하라.

1. 낮은 이자율 대출을 위해 증분 현금흐름을 계산한다. 즉, 얼마나 수수료로 지불할 것인지와 월별 납부금으로 얼마를 저축할 것인지 결정한다.

2. 낮은 이자율 대출의 회수기간은 얼마인가? 높은 수수료와 같은 금액이 되려면 낮은 월별 납부금을 얼마 동안 저축을 해야 하는가?

3. 낮은 이자율 대출에 대해 높은 수수료를 지불하는 것과 관련된 IRR은 무엇인가(역시 Rate 함수를 사용할 수 있다)?

4. 낮은 이자율 대출을 위해 포인트를 지급해야 하는 의사결정의 NPV 프로파일을 그린다. NPV 규칙과 IRR 규칙은 동일한 결과인가?

다음으로 단지 5년 동안 대출을 유지할 것이라고 가정하고 대출을 비교하라.

5. 5년 말에 각각의 대출을 상환하기 위해서 필요한 최종 지급액을 계산하라. (힌트 : 엑셀의 FV 함수가 사용될 수 있다). 어떤 대출이 상환하기 위해 더 비싼가?

6. 5년 뒤에 대출을 상환하기 위한 증분비용을 포함할 때 포인트를 지급하는 것과 관련된 IRR과 NPV 프로파일은 어떻게 되는가?

다른 기간(1년에서 30년)에 걸쳐 할인율(0%에서 3번 문제의 IRR까지)에 따라 포인트 지급의 NPV를 보여주는 자료 테이블을 만들라. 포인트를 지급하는 것이 좋은 생각인지 아닌지 어떻게 결론을 내릴 것인가?

은행이 당신에게 대출 금액을 늘릴 수 있는 선택권을 준다고 하자. 모든 수수료와 포인트를 지불한 후에 당신은 오늘 $400,000를 받을 것이다. 이것은 포인트를 지급하는 결정에 어떻게 영향을 미칠까?

주석 : 이 사례 분석에 대한 갱신은 www.berkdemarzo.com에서 찾을 수 있다.

CHAPTER 7 부록

엑셀의 '데이터 표' 기능을 이용하여 NPV 프로파일 계산하기

이 장의 예제에서 보았듯이 투자의 완전한 NPV 프로파일을 보기 전까지는 IRR의 해석은 어렵다. 그러나 할인율에 따라 NPV를 계산하는 것은 지루할 수 있다. 여기에서 엑셀의 **데이터 표**(data table)를 이용하여 쉽게 하는 방법을 보여준다.

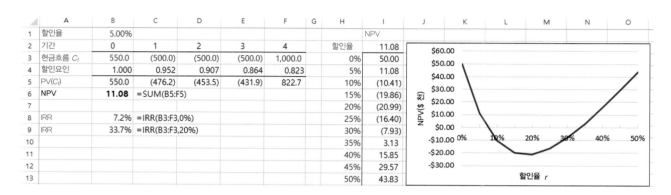

그림 7.3과 관련된 NPV와 IRR을 고려하자. B6의 셀에 보듯이, 투자는 5% 할인율에서 11.08인 양(+)의 NPV를 가진다. 프로젝트는 또한 셀 B8:B9에 있듯이 2개의 IRR을 가진다. 이것은 다른 초기 예측을 넣어 엑셀의 IRR 함수를 이용하여 얻을 수 있다.

프로젝트의 NPV 프로파일은 H2:I13의 셀에서 볼 수 있는데, 그림 7.3의 자료 그림과 일치한다. 우리는 NPV 프로파일을 B1 셀에 각각의 할인율을 넣고 B6의 해당 NPV를 기록하여 만들 수 있다. 다행히 엑셀은 이러한 "가상(what-if)" 분석의 데이터 표를 이용하여 자동으로 만든다. 데이터 표를 만들기 위해서, 우리는 우선 H3:H13처럼 자료의 열(혹은 행)에 시도하고자 하는 할인율을 입력한다. 다음 열의 맨 위인 I2에는 기록하고자 하는 산출물의 공식을 입력한다. 여기에서 I2의 공식은 단순히 우리가 NPV를 계산한 "=B6"이다. 데이터 표를 만들기 위해서 이제 H2:I13의 셀을 아래와 같이 선택하고 윈도우의 데이터 표를 가져온다(데이터 > 가상분석 메뉴에서, 혹은 키보드 Alt D-T). 이제 "열 입력 셀"에 B1을 입력하면 그것은 할인율 열의 모든 값으로 B1을 대체해야 한다는 것을 의미한다. "확인"을 누르게 되면 엑셀은 모든 할인율을 시도하고 NPV 결과를 표에 기록하여 NPV 프로파일을 완성한다. 더구나 데이터 표는 프로젝트의 현금흐름이 변함에 따라 자동적으로 업데이트가 된다.

자본예산의 기초

2008년 초, 세계 최대 패스트푸드인 맥도날드는 향후 2년 동안 약 14,000개의 미국 내 지점에 카푸치노, 라떼 및 모카를 추가할 것이라고 발표했다. 전국 음료전략 담당 부사장인 존 베츠는 "35년 전에 아침식사를 선보인 이래로 맥도날드에게는 가장 큰 노력이다."라고 말하였다. 베츠는 맥도날드의 메뉴 향상으로 매출이 $1 십억이 될 수 있다고 덧붙였다. 맥도날드가 자사의 메뉴에 "최고급" 커피 옵션을 도입하기로 결정한 것은 전형적인 자본예산 결정이다. 이러한 결정을 내리기 위해 맥도날드는 NPV 규칙을 주로 사용하겠지만 경영자는 어떻게 프로젝트의 비용과 편익을 수량화하여 NPV를 계산할 수 있을까?

기업 재무관리자의 중요한 책임은 기업이 수행해야만 하는 프로젝트 또는 투자를 결정하는 것이다. 이 장의 초점인 자본예산 수립은 투자 기회를 분석하고 어떤 것을 채택할 것인지 결정하는 과정이다. 제7장에서 배웠듯이 NPV 규칙은 기업의 가치를 극대화하기 위해 회사의 자원을 할당하는 가장 정확하고 신뢰할 수 있는 방법이다. NPV 규칙을 구현하려면 프로젝트의 NPV를 계산하고 NPV가 양수인 프로젝트만 수락해야 한다. 이 프로세스의 첫 번째 단계는 프로젝트의 수익과 비용을 예측하고 프로젝트의 예상 미래 현금흐름을 추정하는 것이다. 이 장에서는 투자 의사 결정 프로세스에서 중요한 투입물인 프로젝트의 예상 현금흐름을 추정하는 과정을 자세히 살펴볼 것이다. 이러한 현금흐름을 사용하여 프로젝트 NPV의 주주가치 기여도를 계산한다. 마지막으로 현금흐름 예측에는 거의 항상 불확실성이 포함되어 있기 때문에 예측에서 NPV의 민감도를 계산하는 방법을 보여준다.

기호

IRR	내부 수익률
$EBIT$	이자, 세금 차감전 이익
τ_c	한계법인세율
NPV	순현재가치
NWC_t	t 시점의 순운전자본
ΔNWC_t	t 시점과 $t-1$ 시점의 순운전자본의 증가
$CapEx$	자본지출
FCF_t	t 시점의 가용현금흐름
PV	현재가치
r	자본비용

8.1   이익의 예측

자본예산(capital budget)에서는 기업이 내년도에 실행을 계획하고 있는 프로젝트와 투자가 나열된다. 기업이 이러한 목록을 결정하고 대안이 되는 프로젝트들을 분석하고 어느 것을 채택할 것인가 결정하는 과정이 **자본예산 수립**(capital budgeting)이다. 이 과정은 개별 프로젝트가 기업에 끼치는 미래의 결과치를 예측하는 것에서 시작한다. 어떤 결과치는 기업의 수익에 영향을 줄 것이며, 어떤 다른 결과치는 비용에 영향을 줄 것이다. 우리의 궁극적인 목적은 의사결정이 기업의 현금흐름에 미치는 영향을 측정하고, 기업가치를 위한 의사결정의 결과를 평가하기 위하여 이러한 현금흐름의 NPV를 평가하는 것이다.

제2장에서 강조했듯이 이익은 실제의 현금흐름이 아니다. 그러나 사실을 말하자면 프로젝트의 현금흐름을 예측하기 위해서 재무관리자는 종종 이익의 예측에서 시작한다. 따라서 프로젝트의 **증분 순이익**(incremental earnings)을 결정하는 것부터 시작하는데, 증분 순이익은 투자 의사결정의 결과로 인해 변화할 것으로 예상되는 기업의 이익 변화량이다. 우리는 8.2절에서 프로젝트의 **현금흐름**을 예측하는 데 어떻게 증분 순이익이 사용되는지를 보여줄 것이다.

여기에서 네트워크 하드웨어 업체인 시스코 시스템즈의 라우터 사업부가 직면하는 가상적인 자본예산 결정에 대해 생각해보자. 시스코는 무선 가정용 네트워크 기기인 홈넷의 개발을 고려하고 있다. 홈넷은 인터넷 접속을 통해 전체 가정에서 필요한 모든 하드웨어와 소프트웨어를 작동할 수 있도록 해준다. 컴퓨터와 스마트폰을 연결할 뿐만 아니라, 인터넷 기반의 응대 시스템, 가정용 오락 시스템, 난방과 에어컨, 주요 가전제품, 방범 시스템, 사무설비 등을 통제한다. 시스코는 이미 신상품의 매력도를 평가하기 위해서 $300,000의 철저한 타당성 조사를 실행하였다.

수익과 비용의 추정

먼저 홈넷의 수익과 비용의 추정에 대해 검토한다. 홈넷의 목표시장은 고급 주거용 "스마트" 주택 및 홈오피스이다. 대규모 시장조사에 따르면 홈넷의 판매 예측 수량은 연간 100,000대이다. 기술 변화의 속도를 감안할 때 시스코는 제품의 수명을 4년으로 기대하고 있다. 최고급 가전제품 매장을 통해 소매가격을 $375에 도매가격을 $260로 예상하고 있다.

새로운 하드웨어를 개발하는 것은 이미 존재하는 기술로 단순히 새로운 디자인의 가정친화적인 상자에 재포장하는 것이기 때문에 상대적으로 저렴할 것이다. 산업 디자인팀은 박스와 그 포장을 주택에 맞춰 예술적으로 아름답게 할 필요가 있다. 시스코는 엔지니어링 및 디자인비용으로 총 $5 백만을 예상하고 있다. 디자인이 완료되면 실제 생산은 단위당 $110의 비용(포장 포함)에 아웃소싱한다.

하드웨어 요구 사항 외에도 시스코는 웹에서 주택을 가상 제어할 수 있는 새로운 소프트웨어 애플리케이션을 구축해야 한다. 이 소프트웨어 개발 프로젝트에는 각각의 웹 제조업체와의 조정이 필요하며 완료하기 위해 1년 내내 50명의 소프트웨어 엔지니어로 구성된 전담팀을 구성해야 한다. 소프트웨어 엔지니어의 비용(혜택 및 관련비용 포함)은 연간 $200,000이다. 새로운 인터넷 사용 가능 가전제품과 홈넷 시스템의 호환성을 확인하려면 시스코는 초기 투자 $7.5 백만이 필요한 새로운 장비도 설치해야 한다.

소프트웨어 및 하드웨어 설계가 완료되고 1년이 지나면 새 장비가 작동한다. 그 시점에서 홈넷은 출하 준비가 완료된다. 시스코는 이 제품에 대한 판매 및 일반 관리비용으로 연간 $2.8 백만을 지출할 것으로 예상한다.

증분 순이익 추정

주어진 수익과 비용의 추정치를 가지고 표 8.1의 스프레드시트에서 보여주듯이 우리는 홈넷의 증분 순이익을 추정할 수 있다. 제품이 연도 0에 개발된 이후, 4년 동안 매년 100,000개 × $260(개당) = $26 백만의 매출액을 발생시킨다. 이러한 생산비용은 연간 100,000개 × $110(개당) = $11 백만이다. 따라서 홈넷은 총이익으로 $26 백만 – $11 백만 = $15 백만을 매년 창출하고 이것은 표 8.1의 세 번째 줄에 있다. 수익과 비용이 연간 발생하겠지만 우리는 모두 연말에 수익과 비용이 발생한다는 표준적인 관례를 적용한다.[1]

프로젝트의 운영비용은 매년 $2.8 백만의 판매 및 일반 관리비용을 포함한다. 연도 0에 시스코는 연구개발비로 $15 백만, 디자인과 엔지니어 비용으로 $5 백만, 소프트웨어에 50 × $200,000 = $10 백만을 지출할 것이다.

자본지출과 감가상각비 홈넷은 또한 타사 제조업체가 사양을 업로드하고 타사가 생산하는 새로운 인터넷 사용 기기의 호환성을 검증하기 위한 설비 도입에 $7.5 백만이 필요하다. 호환 가능한 제품개발을 장려하고 기존 고객을 위한 서비스를 제공하기 위해 시스코는 현재 버전의 제품을 단계적으로 종료한 후에도 이 장비를 계속 사용할 것으로 예상된다. 제2장에서 유형고정자산(공장, 토지 및 설비)에 대한 투자는 현금지출이지만 이익의 계산에서는 비용으로 직접 나열되지 않았음을 기억하자. 대신에 기업은 매년 감가상각으로 이러한 항목의 비용 일부를 공제한다. 여러 다양한 방법이 감가상각비를 계산하는 데 사용된다. 가장 간단한 방법은 (예상 잔존가치를 제외한) 자산의 원가를 추정된 내용 연수에 걸쳐 균등하게 분배하는 **정액감가상각법**(straight-line depreciation)이다(8.4절에서 다른 방법을 논의할 것이다). 우리가 0년 말에 장비를 구입한 것으로 가정하고 새로운 장비에 대해 5년 수명 동안 정액감가상각법을 사용한다면 홈넷의 감가상각비는 1년에서 5년 사이에 연간 $1.5 백만이다.[2] 이러한 감가상각비를 차감한 금액은 표 8.1의 7행에 표시된 홈넷의 이자, 세금 차감전 이익(EBIT)에 대한 추정액이 된다. 자본지출에 대한 이

표 8.1 스프레드시트	홈넷의 증분 순이익 추정						
	연도	**0**	**1**	**2**	**3**	**4**	**5**
증분 순이익 추정($ 천)							
1 매출액		—	26,000	26,000	26,000	26,000	—
2 매출원가		—	(11,000)	(11,000)	(11,000)	(11,000)	—
3 **총이익**		—	15,000	15,000	15,000	15,000	—
4 판매 및 일반관리비		—	(2,800)	(2,800)	(2,800)	(2,800)	—
5 연구개발비		(15,000)	—	—	—	—	
6 감가상각비		—	(1,500)	(1,500)	(1,500)	(1,500)	(1,500)
7 EBIT		(15,000)	10,700	10,700	10,700	10,700	(1,500)
8 법인세(세율 40%)		6,000	(4,280)	(4,280)	(4,280)	(4,280)	600
9 **무차입 순이익**		**(9,000)**	**6,420**	**6,420**	**6,420**	**6,420**	**(900)**

---

1 결과적으로 연말에 발생하는 현금흐름은 불과 몇 주의 차이뿐이지만 연초에 발생하는 현금흐름과 다른 열에 나열된다. 추가적인 정밀도가 필요할 때, 현금흐름은 분기별 또는 월간 기준으로 종종 산정된다. (연속적으로 발생하는 현금흐름을 연간 현금흐름으로 변환하는 방법에 대해서는 제5장의 부록을 참조하라.)

2 신제품 판매가 중단되어도 설비는 연도 5에도 사용될 것이다. 제2장에서와 같이 감가상각비를 다른 비용에 포함시키지 않고 별도로 명시하는 점에 유의하자. (판매원가, 판매 및 일반관리비, 연구개발비 등은 명확하고 비현금 비용을 포함하지 않는다. 명확한 비용은 재무 모형에서 선호된다.)

러한 처리는 이익이 현금흐름을 정확하게 대표하지 못하는 주요 원인 중 하나이다.

이자비용 제2장에서 기업의 순이익을 계산하기 위해 EBIT로부터 이자비용을 먼저 공제해야 한다는 것을 알았다. 그러나 홈넷 프로젝트와 같은 자본예산 결정을 평가할 때 일반적으로 이자비용은 포함되지 않는다. 모든 증분 이자비용은 프로젝트 자금조달 방법에 관한 회사의 결정과 관련된다. 여기서 우리는 자금조달과는 별도로 프로젝트 자체를 평가하고자 한다.[3] 따라서 홈넷 프로젝트는 (사실이든 아니든) 시스코가 자금조달을 위해 부채를 사용하지 않는 것처럼 평가한다. 그리고 교재의 제5부까지 대안적인 자금조달 선택과 관련된 사항을 뒤로 미룰 것이다. 이러한 이유로 우리는 표 8.1의 스프레드시트에서 계산한 순이익을 프로젝트의 **무차입 순이익**(unlevered net income)으로 간주하여 부채와 관련된 이자비용을 포함하지 않음을 나타낸다.

세금 우리가 고려해야 할 마지막 비용은 법인세이다. 사용될 적합한 세율은 기업의 **한계법인세율**(marginal corporate tax rate)이다. 그것은 증분(incremental) 세전이익에 대해 지불하는 세율이다. 표 8.1에서 우리는 홈넷 프로젝트의 한계법인세율이 매년 40%라고 가정한다. 8행의 증분 세전이익의 세금비용은 아래와 같이 계산한다.

$$세금 = EBIT \times \tau_c \tag{8.1}$$

여기서 τ_c는 기업의 한계법인세율이다.

연도 1에 홈넷은 시스코의 EBIT에 추가로 $10.7 백만을 제공하게 될 것이며, 이로 인해 시스코는 $10.7 백만 × 40% = $4.28 백만의 법인세를 납부하게 된다. 우리는 이 금액을 공제하여 홈넷의 세후 순이익 기여도를 결정한다.

그러나 연도 0에 홈넷의 EBIT는 적자이다. 이 경우 세금이 관련이 있는가? 그렇다. 홈넷은 연도 0에 시스코의 과세이익을 $15 백만 줄인다. 시스코가 연도 0에 다른 사업에서 홈넷의 손실을 상쇄할 수 있는 과세이익을 얻는다면, 시스코는 연도 0에 $15 백만 × 40% = $6 백만의 세금을 덜(less) 내는 효과를 얻을 것이다. 회사는 이 세금 절감액을 홈넷 프로젝트에 반영해야 한다. 회사가 설비에 대한 최종 감가상각비를 청구하는 연도 5에 유사한 공제가 적용된다.

예제 8.1 **수익성 있는 기업에서 프로젝트의 손실에서 오는 세금효과**

문제

켈로그는 섬유질이 풍부하고 트랜스 지방이 없는 아침식사용 스낵으로 새로운 제품을 출시할 계획이다. 신제품 출시를 위한 막대한 광고비용은 내년에 $15 백만의 영업손실을 발생시킬 것이다. 켈로그는 내년에 새로운 스낵제품을 제외한 영업에서 $460 백만의 세전이익을 기대하고 있다. 만일 켈로그가 세전 이익에 대해 40%의 세율로 세금을 납부한다면, 신제품이 없는 경우에 세금은 얼마일까? 신제품을 포함할 경우의 세금은?

---

3 이 접근법은 분리원칙(제3장 참조)에 의해 동기 부여된다. 유가증권이 공정하게 책정되는 경우 고정된 현금흐름 집합의 순현재가치는 현금흐름이 자금조달되는 방법과 무관하다. 나중에 본문에서 자금조달이 프로젝트의 가치에 영향을 미칠 수 있는 사례를 고려하고, 제18장에서 자본예산 책정 기법을 확장할 것이다.

풀이

신제품이 없는 경우 켈로그는 $460 백만×40% = $184 백만의 법인세를 내년에 납부해야 할 것이다. 신제품이 있는 경우 켈로그의 내년도 세전 이익은 $460 백만 − $15 백만 = $445 백만이 되고, 법인세는 $445 백만×40% = $178 백만이 된다. 따라서 신제품 출시는 켈로그의 내년도 세금을 $184 백만 − $178 백만 = $6 백만만큼 줄여준다.

무차입 순이익의 계산   표 8.1 스프레드시트의 계산을 다음과 같이 무차입 순이익의 공식으로 쉽게 표현할 수 있다.

$$\text{무차입 순이익} = EBIT \times (1 - \tau_c)$$
$$= (\text{매출액} - \text{비용} - \text{감가상각비}) \times (1 - \tau_c) \tag{8.2}$$

즉, 프로젝트의 무차입 순이익은 증분 수익(매출액)에서 비용과 감가상각비를 차감한 것과 같으며, 세후 기준의 평가이다.[4]

증분 순이익의 간접적 효과

투자 결정의 증분 순이익을 계산할 때, 우리는 프로젝트가 없을 경우와 프로젝트가 있는 경우 사이에 회사 순이익의 모든 변화를 포함해야만 한다. 지금까지 우리는 홈넷 프로젝트의 직접 효과만을 분석했다. 그러나 홈넷은 시스코의 다른 운영에 간접적인 영향을 초래할 수 있다. 이러한 간접적인 영향은 시스코의 순이익에도 영향을 미치므로 분석에 포함해야 한다.

기회비용   많은 경우 프로젝트 실행에 기업이 이미 보유하고 있는 자원을 사용한다. 회사는 새로운 프로젝트에 필요한 자원을 얻기 위해 현금을 지불할 필요가 없기 때문에 그 자원을 무료로 사용할 수 있다고 가정하기 쉽다. 그러나 그 자원이 다른 기회나 프로젝트에 사용된다면 많은 경우에 회사에 가치를 제공할 수 있다. 자원을 사용하는 **기회비용**(opportunity cost)은 가장 좋은 대안에 사용할 경우의 가치이다.[5] 이 가치는 자원이 다른 프로젝트에 사용될 때 사라지기 때문에 우리는 기회비용을 프로젝트의 증분비용으로 포함시켜야 한다. 홈넷 프로젝트의 경우 프로젝트에 새로운 실험실 공간이 필요하다고 가정하자. 실험실이 기존의 시설로 수용 가능하더라도 대안적인 방법으로 공간을 사용하지 않는 기회비용을 포함시켜야 한다.

예제 8.2

홈넷의 실험실 공간의 기회비용

문제

홈넷의 새로운 실험실이 창고 공간에 설치될 것인데, 만일 그렇지 않았다면 회사는 연도 1에서 연도 4까지의 기간에 연간 $200,000의 임대수입을 얻었을 것이다. 이 기회비용은 홈넷의 증분 순이익에 어떤 영향을 주는가?

---

4   무차입 순이익은 때로는 세후 순영업이익(NOPAT, net operating profit after tax)이라고 부른다.

5   제5장에서 자본의 기회비용을 균등한 위험을 가진 대안에 투자하면서 얻을 수 있는 수익률로 정의했다. 그와 유사하게 보유한 자산의 활용으로 인한 프로젝트의 기회비용을 자산의 차상(next-best) 대안의 사용에 의해 발생하는 현금흐름으로 정의한다.

풀이

이 경우에 창고 공간의 기회비용은 사라진 임대수입이다. 이 비용은 창고 공간의 세후 임대수입으로 홈넷의 연도 1~연도 4 기간 증분 순이익을 $200,000 × (1 − 40%) = $120,000 줄였을 것이다.

일상적인 실수   유휴 자산의 기회비용

자산이 현재 유휴 상태일 때 일반적인 실수는 기회비용을 "0"으로 결론짓는 것이다. 예를 들어 현재 비어 있는 창고나 사용하지 않는 기계를 기업이 가지고 있을 수 있다. 그러나 신사업에 투입되지 않으면 기업이 사용할 것이지만 사업에 투입될 것을 예상하고 자산이 유휴 상태인 경우가 자주 있을 수 있다. 또한 기업이 자산을 사용할 대안이 없더라도, 팔거나 임대할 수 있다. 자산의 대안적인 사용, 매각, 혹은 임대에서 얻어지는 가치는 증분 현금흐름의 일부에 포함되어야만 하는 기회비용을 의미한다.

프로젝트 외부효과   **프로젝트 외부효과**(project externalities)는 기업의 다른 사업 활동의 이익을 증가시키거나 감소시키는 프로젝트의 간접적인 효과이다. 예를 들어 이 장의 서두에 있는 맥도날드의 사례에서 일부 카푸치노 구매자는 어쩌면 그 대신에 소프트드링크를 음료로 구매했을지도 모른다. 신제품의 매출이 기존제품의 매출을 대체하는 상황을 **자기잠식**(cannibalization)이라고 부른다.

홈넷 매출의 약 25%가 홈넷을 구할 수 없었다면 기존의 시스코 무선 라우터를 구입했을 고객에게 판매한 것이라고 가정하자. 기존의 무선 라우터의 매출 감소가 홈넷의 개발 결정의 결과에 기인한 경우라면 홈넷의 증분 순이익의 계산에 이것을 포함시켜야만 한다.

표 8.2의 스프레드시트는 실험실 공간의 기회비용과 기존제품에서 예상되는 자기잠식을 포함한 홈넷의 증분 순이익 예상치를 다시 계산한다. 예제 8.2의 실험실 공간 기회비용은 판매 및 일반 관리비용을 $2.8 백만에서 $3.0 백만으로 증가시킨다. 기존 라우터가 $100에 판매되므로 예상되는 자기잠식의 판매 손실은 $2.5 백만으로 가정한다.

$$25\% × 100,000대 × \$100/대 = \$2.5 \text{ 백만}$$

표 8.1과 비교하면 매출액 추정치는 $26 백만에서 $23.50 백만으로 감소했다. 또한 기존 라우터의 비용이 단위당 $60라고 가정하자. 그런 다음 시스코는 더 이상 기존 무선 라우터를 생산할 필요가 없기 때문

표 8.2 스프레드시트   홈넷의 증분 순이익 추정(자기잠식과 임대수입 손실을 포함)

	연도	0	1	2	3	4	5
증분 순이익 추정($ 천)							
1 매출액		—	23,500	23,500	23,500	23,500	—
2 매출원가		—	(9,500)	(9,500)	(9,500)	(9,500)	—
3 총이익		—	14,000	14,000	14,000	14,000	—
4 판매 및 일반관리비		—	(3,000)	(3,000)	(3,000)	(3,000)	—
5 연구개발비		(15,000)	—	—	—	—	—
6 감가상각비		—	(1,500)	(1,500)	(1,500)	(1,500)	(1,500)
7 EBIT		(15,000)	9,500	9,500	9,500	9,500	(1,500)
8 법인세(세율 40%)		6,000	(3,800)	(3,800)	(3,800)	(3,800)	600
9 무차입 순이익		**(9,000)**	**5,700**	**5,700**	**5,700**	**5,700**	**(900)**

에 홈넷 프로젝트의 증분비용은 $11 백만에서 $9.5 백만으로 $1.5 백만 감소한다.

$$25\% \times 100{,}000대 \times (대당 \$60 비용) = \$1.5 \text{ 백만}$$

외부효과를 고려하면 홈넷의 증분 총이익은 $2.5 백만 − $1.5 백만 = $1 백만 감소한다.

따라서 표 8.1과 표 8.2의 스프레드시트를 비교해보면, 연도 1~4의 홈넷의 무차입 순이익의 추정치는 실험실 공간의 임대수입 손실과 기존 라우터 판매 손실로 인해 $6.42 백만에서 $5.7 백만으로 감소한다.

매몰비용과 증분 순이익

매몰비용(sunk cost)은 기업이 이미 책임을 져야 할 회복 불가능한 비용이다. 매몰비용은 프로젝트를 진행하거나 진행하지 않는 의사결정과는 무관하게 지불했거나 지불해야 한다. 따라서 현재의 의사결정에 관하여 증분이 아니며 분석에 포함되어서는 안 된다. 그런 이유로 홈넷에 대한 마케팅과 타당성 조사에 이미 소비된 $300,000를 분석에 포함시키지 않았다. $300,000는 이미 지불되었기 때문에 매몰비용이다. 기억해야 할 규칙은 당신의 결정이 어떤 현금흐름에 영향을 미치지 않는다면 그 현금흐름은 당신의 결정에도 영향을 미쳐서는 안 된다는 것이다. 아래에 매몰비용으로 볼 수 있는 몇 가지 일반적인 예를 보여준다.

고정 간접비 간접비(overhead expense)는 단일 사업 활동에 직접적으로 기인하지 않고 대신 기업의 여러 영역에 영향을 미치는 활동과 관련이 있다. 이러한 비용은 종종 회계 목적을 위해 여러 사업 활동에 배분된다. 이러한 간접비는 고정되어 있어서 어떤 경우라도 발생하며, 프로젝트에 대한 증분이 아니며 포함되지 않아야 한다. 프로젝트를 채택하는 의사결정으로 인해 발생하는 추가적인 간접비만 증분비용으로 포함한다.

과거 연구개발 비용 기업이 신제품개발을 위해 이미 상당한 자원을 투자한 경우 시장 상황이 변경되고 제품의 실행이 가능하지 않을지라도 제품에 계속 투자하는 경향이 있을 수 있다. 그때의 합리적인 근거는 가령 제품의 개발을 중지하면 이미 투자된 돈이 "낭비된 것이기" 때문이라는 것이다. 또 다른 경우에는 이미 이루어진 투자를 회수하는 것이 거의 불가능하다는 이유로 프로젝트를 포기하는 결정을 내린다. 그러나 실제로는 두 주장이 모두 옳지 않다. 이미 지출된 돈은 매몰비용이므로 프로젝트와는 관련성이 없다. 프로젝트를 계속할 것인지 또는 포기할 것인지 결정하는 것은 향후 제품의 증분 비용과 증분 편익에 근거해야만 한다.

피할 수 없는 경쟁의 영향 신제품을 개발할 때 기업은 종종 기존제품에 대한 자기잠식에 대해 염려한다.

일상적인 실수　**매몰비용의 오류**

매몰비용에 의해 영향을 받는 널리 알려진 실수는 **매몰비용의 오류**(sunk cost fallacy)라는 특별한 명칭을 가지고 있다. 가장 대표적인 문제는 사람들이 "나쁜 결과 이후에 좋은 돈을 버리는 것"이다. 그것은 사람들이 이미 많은 돈을 프로젝트에 투자했기 때문에 그것을 계속하지 않으면 이미 투자한 돈을 낭비하게 된다고 느끼면서 음(−)의 NPV를 가진 프로젝트에 계속 투자하는 것이다. 매몰비용의 오류에 "콩코드 효과"라는 것이 있는데, 이것은 콩코드 항공기의 판매 가능성이 사업을 지속하기에는 어둡다는 사실이 명백했음에도 불구하고 영국과 프랑스 정부가 콩코드 항공기개발을 위해 자금을 계속 조달했던 결정에서 유래한다. 이 사업은 영국 정부에게 상업적으로 재정적으로 재난으로 인식되었다. 그러나 공개적으로 이 사업에 투입된 모든 과거 비용이 결국 무의미했다는 것을 인정하고 이 사업을 중단한다는 정치적 파장은 궁극적으로 사업을 중단할 수 없도록 만들었다.

그러나 경쟁사에 의해 도입된 신제품의 결과로 매출이 감소할 가능성이 크다면, 이러한 손실 판매량은 매몰비용이며 이를 추정치에 포함해서는 안 된다.

현실세계의 복잡성

우리는 프로젝트의 증분 순이익을 추정할 때 재무관리자가 고려하는 영향의 유형에 초점을 맞추기 위해 홈넷 예제를 단순화했다. 그러나 실제 프로젝트의 경우 이러한 수익과 비용의 추정치는 훨씬 더 복잡할 수 있다. 예를 들어 매년 동일한 수의 홈넷 장치가 판매된다는 가정은 비현실적이다. 신제품은 일반적으로 초기에는 판매가 저조하다가 고객이 점차 제품을 인식하게 됨에 따라 판매가 늘어난다. 매출은 가속화되고 정점에 이르렀다가 결국은 제품이 진부화되면서 하락하거나 치열한 경쟁에 직면한다.

마찬가지로 제품의 평균 판매가격과 생산원가는 일반적으로 시간이 지남에 따라 변화한다. 가격과 비용은 경제의 전반적인 인플레이션 수준에 따라 상승하는 경향이 있다. 그러나 기술집약제품의 가격은 새롭고 우수한 기술이 등장하고 생산비용이 감소함에 따라 시간이 지나면서 종종 하락한다. 대부분의 산업에서 경쟁은 시간이 지남에 따라 순이익률을 감소시키는 경향이 있다. 프로젝트의 수익과 비용을 산정할 때 이러한 요소를 고려해야 한다.

예제 8.3	제품 채택과 가격 변화

문제

홈넷의 판매가 연도 1에 10,000대, 연도 2와 연도 3에 125,000대, 그리고 연도 4에 50,000대가 될 것으로 가정하자. 홈넷의 판매가격과 제조원가는 다른 네트워킹 제품이 출현하여 매년 10%씩 하락할 것으로 예상된다. 반면에 판매 및 일반관리비는 인플레이션으로 인해 매년 4%씩 증가할 것으로 예상된다. 이러한 영향을 반영하기 위하여 표 8.2의 스프레드시트에서 증분 순이익 예측을 새로 수정하라.

풀이

이러한 새로운 가정을 채택한 홈넷의 증분 순이익은 아래 스프레드시트로 표시된다.

	연도	0	1	2	3	4	5
증분 순이익 추정($ 천)							
1	매출액	—	23,500	26,438	23,794	8,566	—
2	매출원가	—	(9,500)	(10,688)	(9,619)	(3,463)	—
3	**총이익**	—	14,000	15,750	14,175	5,103	—
4	판매 및 일반관리비	—	(3,000)	(3,120)	(3,245)	(3,375)	—
5	연구개발비	(15,000)	—	—	—	—	—
6	감가상각비	—	(1,500)	(1,500)	(1,500)	(1,500)	(1,500)
7	EBIT	(15,000)	9,500	11,130	9,430	228	(1,500)
8	법인세(세율 40%)	6,000	(3,800)	(4,452)	(3,772)	(91)	600
9	**무차입 순이익**	**(9,000)**	**5,700**	**6,678**	**5,658**	**137**	**(900)**

예를 들어 연도 2에 판매가격은 홈넷의 경우 대당 $260 × 0.90 = $234이고, 자기잠식된 제품의 경우 $100 × 0.90 = $90이다. 따라서 연도 2의 증분 수익은 홈넷의 매출액(125,000대 × 대당 $234)에서 자기잠식으로 인한 매출 손실(31,250대 × 대당 $90)을 차감한 $26.438 백만이다.

개념 확인	1. 무차입 순이익을 어떻게 추정하는가?
	2. 프로젝트의 현금흐름 예측에 매몰비용을 포함해야 하는가? 왜 그런가 혹은 왜 아닌가?
	3. 프로젝트의 증분비용에 자원을 사용하는 기회비용을 포함해야 하는 이유를 설명하라.

8.2 가용현금흐름과 NPV의 결정

제2장에서 설명했듯이, 순이익은 기업 실적에 대한 회계 척도이며 실질적인 이익을 나타내지 않는다. 회사는 물품 구입, 직원에 대한 급여지급, 신규 투자나 주주에게 배당금을 지급하는 데 회계상의 순이익을 사용할 수 있는 것이 아니다. 그러한 지출에 기업이 필요한 것은 현금이다. 따라서 자본예산을 평가하기 위해서는 기업이 사용할 수 있는 가용현금에 미치는 영향을 측정해야 한다. 프로젝트에 의한 기업의 가용현금에 대한 증분 효과가 재무 의사결정과 별개로 프로젝트의 **가용현금흐름**(free cash flow)이다.

이번 절에서는 8.1절에서 개발한 순이익 추정을 사용하여 홈넷의 가용현금흐름을 예측한다. 그런 다음 이 예측을 사용하여 프로젝트의 NPV를 계산한다.

순이익으로부터 가용현금흐름의 계산

제2장에서 살펴보았듯이 순이익과 현금흐름 사이에 중요한 차이가 있다. 이익에는 감가상각비와 같은 비현금비용이 포함되지만 자본 투자비용은 포함되지 않는다. 홈넷 프로젝트의 증분 순이익에서 가용현금흐름을 결정하려면 이러한 차이에 대하여 조정해야만 한다.

자본지출과 감가상각비 감가상각비는 기업이 지출하는 현금비용이 아니다. 대신에 자산의 최초 구매비용을 사용 연수에 걸쳐서 배분하기 위한 회계와 세금 목적에서 사용하는 방법이다. 감가상각비가 현금흐름이 아니기 때문에 현금흐름 예측에 감가상각비를 포함하지 않는다. 대신에 자산을 구매할 당시의 실제 현금비용을 포함한다.

홈넷의 가용현금흐름을 계산하기 위해서 우리는 순이익에 새로운 설비에 대한 비현금 항목 감가상각비를 더하고 연도 0에 실제로 설비 구입에 지급된 자본지출 $7.5 백만을 차감한다. 이러한 조정은 표 8.3의 스프레드시트 10행과 11행에서 보여준다. (표 8.3은 표 8.2의 증분 순이익 예측에 기반한 것이다.)

순운전자본(NWC) 제2장에서 순운전자본을 유동자산과 유동부채의 차이로 정의하였다. 순운전자본의 주요 요소는 현금, 재고자산, 매출채권, 매입채무이다.

표 8.3 스프레드시트	홈넷의 가용현금흐름 계산(자기잠식과 임대수입 손실을 포함)						
	연도	0	1	2	3	4	5
증분 순이익 추정($ 천)							
1 매출액		—	23,500	23,500	23,500	23,500	—
2 매출원가		—	(9,500)	(9,500)	(9,500)	(9,500)	—
3 **총이익**		—	14,000	14,000	14,000	14,000	—
4 판매 및 일반관리비		—	(3,000)	(3,000)	(3,000)	(3,000)	—
5 연구개발비		(15,000)					
6 감가상각비		—	(1,500)	(1,500)	(1,500)	(1,500)	(1,500)
7 EBIT		(15,000)	9,500	9,500	9,500	9,500	(1,500)
8 법인세(세율 40%)		6,000	(3,800)	(3,800)	(3,800)	(3,800)	600
9 **무차입 순이익**		**(9,000)**	**5,700**	**5,700**	**5,700**	**5,700**	**(900)**
가용현금흐름($ 천)							
10 가산 : 감가상각비		—	1,500	1,500	1,500	1,500	1,500
11 차감 : 자본지출		(7,500)	—	—	—	—	—
12 차감 : NWC의 증가		—	(2,100)	—	—	—	2,100
13 **가용현금흐름**		**(16,500)**	**5,100**	**7,200**	**7,200**	**7,200**	**2,700**

$$순운전자본 = 유동자산 - 유동부채$$
$$= 현금 + 재고자산 + 매출채권 - 매입채무 \qquad (8.3)$$

대부분의 프로젝트는 기업에게 순운전자본을 투자할 것을 요구한다. 기업은 예상치 못한 지출에 대비하여 최소 현금 잔액을 유지하고,[6] 생산의 불확실성과 수요 변동에 맞추기 위해 원재료와 완성품의 재고를 유지할 필요가 있다. 또한 고객은 구매한 제품의 대금을 즉각 지불하지 않을 경우가 있다. 매출이 즉각 수익으로 계상되지만 기업은 고객이 실제 지불을 완료할 때까지 현금을 받지 못한다. 그 사이에 기업은 고객의 외상금액을 매출채권으로 자산에 포함한다. 따라서 기업의 매출채권은 기업이 고객에게 제공한 총신용을 측정한다. 같은 방식으로 매입채무는 기업이 공급자에게 지불해야 하는 외상금액을 측정하는 것이다. 매출채권과 매입채무의 차이를 **거래신용**(trade credit)이라 하며 신용거래의 결과로 소비된 기업 자본의 순금액이다.

홈넷에 대해서 현금의 증가 및 재고 요건도 없다고 가정하자(제품은 위탁 제조업체에서 고객에게 직접 배송된다). 그러나 홈넷과 관련된 매출채권은 연간 매출의 15%를 차지할 것으로 예상되며, 매입채무는 연간 매출원가(COGS)의 15%가 될 것으로 예상된다.[7] 홈넷의 순운전자본 요건은 표 8.4의 스프레드시트에 나와 있다.

표 8.4는 홈넷 프로젝트가 연도 0에는 순운전자본을 필요로 하지 않으며, 연도 1~4 기간에 순운전자본이 $2.1 백만이 필요하고 연도 5에는 순운전자본이 필요하지 않음을 보여준다. 이 조건은 프로젝트의 가용현금흐름에 어떤 영향을 줄까? 순운전자본의 증가는 회사가 이용할 수 있는 현금을 감소시켜 가용현금흐름을 감소시키는 투자를 의미한다. 연도 t에서의 순운전 자본의 증가를 수식으로 정의한다.

$$\Delta NWC_t = NWC_t - NWC_{t-1} \qquad (8.4)$$

표 8.3에서 홈넷의 가용현금흐름 추정치를 완성하기 위해 홈넷의 순운전자본 필요액의 추정치를 사용할 수 있다. 연도 1에 순운전자본은 $2.1 백만 증가한다. 이 증가는 표 8.3의 12행에 나타난 바와 같이 기업에게는 비용이다. 연도 1에 $3.525 백만의 기업 매출은 외상으로 일어났고, $1.425의 비용은 홈넷이 아직 지불하지 않았다는 사실은 가용현금흐름의 감소 금액과 관련이 있다.

표 8.4 스프레드시트	홈넷의 순운전자본 필요액					
연도	**0**	**1**	**2**	**3**	**4**	**5**
순운전자본 추정($ 천)						
1 현금 필요액	—	—	—	—	—	—
2 재고자산	—	—	—	—	—	—
3 매출채권(매출액의 15%)	—	3,525	3,525	3,525	3,525	—
4 매입채무(매출원가의 15%)	—	(1,425)	(1,425)	(1,425)	(1,425)	—
5 **순운전자본**	—	**2,100**	**2,100**	**2,100**	**2,100**	—

---

6   순운전자본에 포함된 현금은 시장 수익률을 얻기 위해 투자된 것이 아니다. 기업의 당좌예금, 기업의 금고 안에 있는 현금, (소매점) 계산대의 현금 등 사업을 위해 필요한 현금을 포함한다.

7   고객이 외상을 지불하는 데 N일이 걸리면 매출채권은 N일 동안 발생한 매출로 구성될 것이다. 매출이 1년 내내 균등하게 분배된다면 매출채권은 $(N/365) \times$ 연간 매출액이 된다. 따라서 매출액의 15%에 해당하는 매출채권의 평균적 지급 기간은 55일 $(N = 15\% \times 365 = 55)$에 해당한다. 매입채무에서도 마찬가지이다[식 (2.11) 참조].

연도 2에서 연도 4 사이에 순운전자본은 변화가 없어서 더 이상 조정은 필요 없다. 연도 5에 사업이 종료될 때 순운전자본은 \$2.1 백만만큼 감소한다. 최종 고객의 외상금액이 입금되었고 홈넷의 외상도 지불되었다. 표 8.3의 12행에서 보듯이 연도 5의 가용현금흐름에 \$2.1 백만을 더한다.

홈넷의 감가상각비, 자본지출, 그리고 순운전자본의 증가를 통해서 무차입 순이익을 조정하였기 때문에, 이제 표 8.3의 스프레드시트의 13행에 있는 홈넷의 가용현금흐름을 계산한다. 처음 2년 동안 가용현금흐름은 무차입 순이익보다 낮은데, 이는 가용현금흐름이 프로젝트에 필요한 설비와 순운전자본에 대한 초기 투자를 반영하기 때문이다. 그 이후 감가상각비가 현금유출 비용이 아니기 때문에 가용현금흐름은 무차입 순이익을 초과한다. 마지막 연도에 기업은 결국 순운전자본에 대한 투자금액을 회복하고 가용현금흐름은 증가한다.

매출액이 변화하는 경우의 순운전자본	예제 8.4

문제

예제 8.3의 시나리오에서 홈넷에 필요한 순운전자본을 예측하라.

풀이

필요한 순운전자본의 투자금액은 아래와 같다.

	연도	0	1	2	3	4	5
	순운전자본 추정(\$ 천)						
1	매출채권(매출액의 15%)	—	3,525	3,966	3,569	1,285	—
2	매입채무(매출원가의 15%)	—	(1,425)	(1,603)	(1,443)	(519)	—
3	**순운전자본**	—	2,100	2,363	2,126	765	—
4	**NWC의 증가액**	—	**2,100**	**263**	**(237)**	**(1,361)**	**(765)**

이 경우에 운전자본은 매년 변동한다. 순운전자본에 대한 대규모 초기 투자는 연도 1에 필요하고, 작은 투자가 매출이 증가하면서 연도 2에 뒤따른다. 운전자본은 연도 3~5 사이에 매출이 감소하면서 회수된다.

가용현금흐름을 직접 계산

이 장의 개요에서 보았듯이 실무에서는 자본예산 수립 과정을 순이익을 예측하는 것에서 시작하기 때문에 우리도 같은 방식을 채택했다. 그러나 프로젝트의 가용현금흐름을 아래의 간편한 수식을 사용해서 직접 계산할 수 있다.

가용현금흐름

$$\text{가용현금흐름} = \overbrace{(\text{매출액} - \text{비용} - \text{감가상각비}) \times (1 - \tau_c)}^{\text{무차입 순이익}} \tag{8.5}$$
$$+ \text{감가상각비} - \text{자본지출} - \Delta NWC$$

프로젝트의 증분 순이익을 구하기 위해서 우선 감가상각비를 차감하고, 가용현금흐름을 계산할 때 (비현금성 비용이기 때문에) 다시 더해준다. 따라서 감가상각비의 효과는 기업의 과세이익에만 영향을 미친다. 즉, 식 (8.5)를 다음과 같이 다시 쓸 수 있다.

$$가용현금흐름 = (매출액 - 비용) \times (1 - \tau_c) - 자본지출 - \Delta NWC$$
$$+ \tau_c \times 감가상각비 \tag{8.6}$$

식 (8.6)의 마지막 항인 $\tau_c \times$ 감가상각비를 **감가상각 세금 절감액**(depreciation tax shield)이라고 부른다. 이것은 감가상각비의 세금 절약 능력의 결과로 인한 세금 절감액이다. 따라서 감가상각 비용은 가용현금흐름에 긍정적인(positive) 효과를 낸다. 기업은 종종 회계와 세금 목적상 서로 다른 감가상각비를 보고한다. 감가상각의 세금 효과만이 가용현금흐름에 관련되기 때문에 우리의 추정에는 기업이 세금 목적에서 사용하는 감가상각 비용을 고려해야 한다.

NPV의 계산

홈넷의 NPV를 계산하기 위해서 우리는 가용현금흐름을 적절한 자본비용으로 할인해야만 한다.[8] 제5장에서 논의했듯이, 프로젝트의 자본비용은 투자자가 해당 사업과 유사한 위험과 만기를 가진 최상의 대안이 되는 투자에서 얻을 수 있을 것으로 기대하는 수익률이다. 제4부에서 자본비용을 추정하는 기법을 살펴볼 것이다. 지금 여기에서는 시스코의 경영자가 홈넷이 시스코의 기존 라우터 부서에 있는 다른 프로젝트와 유사한 위험을 가질 것이라고 생각하고, 이러한 프로젝트의 적절한 자본비용은 12%로 주어진 것으로 가정한다.

주어진 자본비용에서, 우리는 미래의 모든 개별 가용현금흐름의 현재가치를 계산한다. 제4장에서 설명했듯이 자본비용 $r = 12\%$라면 t년의 가용현금흐름(FCF_t)의 현재가치는 아래 식과 같다.

$$PV(FCF_t) = \frac{FCF_t}{(1 + r)^t} = FCF_t \times \underbrace{\frac{1}{(1 + r)^t}}_{t년의\ 할인요인} \tag{8.7}$$

표 8.5의 스프레드시트에서 홈넷의 NPV를 계산한다. 3행은 할인요인을 계산한 것이며, 4행은 현재가치를 얻기 위해 할인요인을 가용현금흐름에 곱한 것이다. 프로젝트의 NPV는 개별 가용현금흐름의 현재가치의 합계로 5행에 보고되었다.[9]

$$NPV = -16,500 + 4554 + 5740 + 5125 + 4576 + 1532 = 5027$$

표 8.5 스프레드시트	홈넷의 NPV 계산						
	연도	**0**	**1**	**2**	**3**	**4**	**5**
순현재가치($ 천)							
1 **가용현금흐름**		(16,500)	5,100	7,200	7,200	7,200	2,700
2 프로젝트 자본비용	12%						
3 할인요인		1.000	0.893	0.797	0.712	0.636	0.567
4 **가용현금흐름의 PV**		(16,500)	4,554	5,740	5,125	4,576	1,532
5 **NPV**		**5,027**					

---

8 이러한 현금흐름들에 대하여 별도의 시간선을 그리는 대신에 표 8.3의 스프레드시트의 마지막 행을 시간선으로 해석할 수 있다.

9 엑셀의 NPV 함수를 사용하여 연도 1에서 연도 5 사이의 현금흐름의 현재가치를 계산하고 연도 0의 현금흐름을 더하여 NPV를 계산할 수 있다[즉, "$=NPV(r,\ FCF_1{:}FCF_5) + FCF_0$"].

자본예산 수립 예측과 분석은 스프레드시트 프로그램으로 쉽게 수행할 수 있다. 여기에서 스스로 자본예산을 만들 때 일부 실행을 보여준다.

프로젝트의 대시보드 만들기

모든 자본예산 분석은 투자와 관련된 미래 수익 및 비용에 관한 일련의 가정으로 시작한다. 프로젝트 대시보드에서 스프레드시트 내에서 이러한 가정을 중앙집중화하여 위치를 쉽게 찾고, 검토하고, 잠재적으로 수정할 수 있다. 여기에서 홈넷 프로젝트의 예를 보여준다.

	A	B	C	D	E	F	G	H	I
1	홈넷의 자본예산 수립								
2	핵심 가정			연도 0	연도 1	연도 2	연도 3	연도 4	연도 5
3	수익과 비용								
4	홈넷 판매대수			-	100	100	100	100	-
8	홈넷 평균가격/대			-	$260.00	$260.00	$260.00	$260.00	-
9	홈넷 비용/대			-	$110.00	$110.00	$110.00	$110.00	
10	자기잠식 비율			-	25%	25%	25%	25%	
11	기존제품 평균 가격/대			-	$100.00	$100.00	$100.00	$100.00	
12	기존제품 비용/대			-	$60.00	$60.00	$60.00	$60.00	
13	운영비용								
14	마케팅 및 지원			-	(2,800)	(2,800)	(2,800)	(2,800)	
15	상실한 임대수입			-	(200)	(200)	(200)	(200)	
16	하드웨어 R&D			(5,000)	-	-	-	-	
17	소프트웨어 R&D			(10,000)	-	-	-	-	
18	연구실 설비			(7,500)	-	-	-	-	
19	기타 가정								
20	감가상각비 스케줄			0.0%	20.0%	20.0%	20.0%	20.0%	20.0%
21	법인세율			40.0%	40.0%	40.0%	40.0%	40.0%	40.0%
22	매출채권(매출의 %)			15.0%	15.0%	15.0%	15.0%	15.0%	15.0%
23	매입채무(COGS의 %)			15.0%	15.0%	15.0%	15.0%	15.0%	15.0%

명확하게 구분하는 색깔 규칙

스프레드시트 모형에서는 파란색 글꼴을 사용하여 수식과 숫자의 가정을 구분한다. 예를 들어 홈넷의 수익 및 비용 예측은 연도 1의 수치로 설정되며 그 이후는 연도 1의 예측과 동일하게 설정된다. 그러므로 어떤 셀이 중요한 가정을 포함하고 있고 그 후 변화되었는지 명확하게 한다.

유연성 유지

홈넷 대시보드에서는 계속해서 모든 가정을 유지한다고 하더라도 연간 기준으로 모든 가정을 기재한다. 예를 들어 홈넷의 연간 판매대수와 평균 판매가격을 매년 지정한다. 그런 다음 연간 가정에 따라 매년 홈넷의 수익을 계산할 수 있다. 이렇게 하면 예제 8.3에서와 같이 나중에 홈넷의 채택률이 시간에 따라 달라지거나 가격이 추세를 따를 것으로 예상되는 경우 유연성을 제공한다.

고정값 사용금지

가정을 명확하고 쉽게 수정할 수 있도록 프로젝트 대시보드에서 프로젝트를 개발하는 데 필요한 수치를 참조한다. "고정값(하드코드)"을 사용하거나 숫자를 수식에 직접 입력하지 마라. 예를 들어 아래 셀 E34에서 세금 계산시 "=−0.40*E33"이 아닌 "=−E21*E33" 수식을 사용한다. 후자의 수식은 동일한 해답을 계산하지만, 세율이 고정되어 있기 때문에 세율 예측이 변경되면 모형을 업데이트하기가 어려울 수 있다.

	A	B	C	D	E	F	G	H	I
26	증분 순이익 추정			연도 0	연도 1	연도 2	연도 3	연도 4	연도 5
33		EBIT		(15,000)	9,500	9,500	9,500	9,500	(1,500)
34		세금		6,000	=-E21*E33	(3,800)	(3,800)	(3,800)	600
35		무차입 순이익		(9,000)	5,700	5,700	5,700	5,700	(900)

추정에 따르면 홈넷의 NPV는 $5.027 백만이다. 홈넷의 초기 비용은 $16.5 백만이지만 시스코가 프로젝트에서 받게 될 추가 가용현금흐름의 현재가치는 $21.5 백만이다. 따라서 홈넷 프로젝트를 수행하는 것은 시스코가 오늘 $5 백만을 추가로 은행에 입금하는 것과 같다.

개념 확인

1. 가용현금흐름을 결정하기 위해 프로젝트의 무차입 순이익에 대해 조정해야 할 사항은 무엇인가?
2. 감가상각 세금 절감액은 무엇인가?

8.3   대체안에서 선택

지금까지 우리는 홈넷 제품라인을 시작하기 위한 자본예산 결정을 고려했다. 결정을 분석하기 위해 프로젝트의 가용현금흐름을 계산하고 NPV를 계산했다. 홈넷을 시작하지 않으면 기업의 NPV는 0이기 때문에 NPV가 양수인 경우 홈넷을 시작하는 것이 최선의 결정이다. 그러나 여러 상황에서 상호 배타적인 대안을 비교해야 하며 각각의 대안은 기업의 현금흐름에 영향을 미친다. 제7장에서 설명했듯이, 그런 경우에 먼저 각 대안과 관련된 가용현금흐름을 계산한 다음에 가장 높은 NPV를 가진 대안을 선택하여 최상의 결정을 내릴 수 있다.

제조에 관한 대안의 평가

시스코가 홈넷 제품에 대한 대체안으로 사내 제조계획을 고려한다고 가정해보자. 현재의 계획은 대당 $110의 비용으로 생산을 완전히 외부 위탁생산하는 것이다. 시스코는 자체적으로 제품을 대당 $95의 비용으로 조립할 수도 있다. 그러나 후자의 경우 조립시설을 다시 구성하기 위해 초기 운영비용으로 $5 백만이 필요하며 연도 1부터 시스코는 1개월 생산량과 동일한 재고를 유지해야 한다.

두 가지 대안 중에서 선택하기 위해 우리는 각 선택과 관련된 가용현금흐름을 계산하고 NPV를 비교하여 어느 방안이 회사에 가장 유리한지를 확인한다. 대안을 비교할 때 서로 다른 현금흐름만 비교할 필요

표 8.6
스프레드시트   홈넷의 위탁생산과 사내 조립비용의 NPV

연도	0	1	2	3	4	5
외부 위탁생산 조립($ 천)						
1 EBIT	—	(11,000)	(11,000)	(11,000)	(11,000)	—
2 세금(세율 40%)	—	4,400	4,400	4,400	4,400	—
3 **무차입 순이익**	—	(6,600)	(6,600)	(6,600)	(6,600)	—
4 차감 : NWC의 증가	—	1,650	—	—	—	(1,650)
5 **가용현금흐름**	—	**(4,950)**	**(6,600)**	**(6,600)**	**(6,600)**	**(1,650)**
6 NPV(자본비용 12%)	**(19,510)**					

연도	0	1	2	3	4	5
사내 자체 조립($ 천)						
7 EBIT	(5,000)	(9,500)	(9,500)	(9,500)	(9,500)	—
8 세금(세율 40%)	2,000	3,800	3,800	3,800	3,800	—
9 **무차입 순이익**	(3,000)	(5,700)	(5,700)	(5,700)	(5,700)	—
10 차감 : NWC의 증가	—	633	—	—	—	(633)
11 **가용현금흐름**	**(3,000)**	**(5,067)**	**(5,700)**	**(5,700)**	**(5,700)**	**(633)**
12 NPV(자본비용 12%)	**(20,107)**					

가 있다. 두 시나리오에서 동일한 현금흐름(예 : 홈넷의 수익)은 무시할 수 있다.

표 8.6의 스프레드시트는 두 가지 제품 조립 옵션을 비교하여 각 조립 옵션에 대한 현금비용의 NPV를 계산한다. EBIT의 차이는 연도 0에 자체시설을 설치하는 초기비용과 조립비용의 차이에서 발생한다: 외부 위탁 \$110/대×100,000대/연간＝\$11 백만/연간, 사내 제조 \$95/대×100,000대/연간＝\$9.5 백만/연간. 세금을 조정하면 3행과 9행의 무차입 순이익의 결과를 알 수 있다.

두 옵션은 자본지출 관점에서 (조립과 관련된 것은 없음) 차이가 없기 때문에, 각각에 대한 가용현금흐름을 비교하기 위해서는 서로 다른 순운전자본 필요액을 조정하기만 하면 된다. 조립이 외부 위탁되는 경우, 매입채무는 제조원가의 15%, 즉 15%×\$11 백만＝\$1.65 백만이다. 이 금액은 시스코가 연도 1에 공급업체로부터 받게 될 신용이며 연도 5까지 유지될 것이다. 시스코가 공급업체로부터 이 금액을 빌리기 때문에 순운전자본은 연도 1에 \$1.65 백만 감소하고 시스코의 가용현금흐름에 추가된다. 연도 5에 시스코가 공급업체에게 돈을 지불하면 시스코의 순운전자본이 증가할 것이고 가용현금흐름은 같은 금액만큼 떨어질 것이다.

사내에서 자체적으로 조립이 완료되면 매입채무는 15%×\$9.5 백만＝\$1.425 백만이다. 그러나 시스코는 1개월 생산량과 동일한 재고를 유지해야 하는데, 이 생산비용은 \$9.5 백만÷12＝\$0.792 백만이다. 따라서 시스코의 순운전자본은 연도 1에 \$1.425 백만 − \$0.792 백만＝\$0.633 백만 감소할 것이고 연도 5에 동일한 금액만큼 증가할 것이다.

시스코의 대안에서 가용현금흐름의 비교

순운전자본 증가분을 조정하여 5행과 11행에 있는 각 대안의 가용현금흐름을 비교하고 프로젝트의 12% 자본비용을 사용하여 NPV를 계산한다.[10] 각각의 경우에 생산비용만 평가하기 때문에 NPV는 음수이다. 그러나 회사 내에서 생산하는 경우에 현재가치는 \$20.1 백만인 데 비해 외부 위탁생산의 현재가치는 \$19.5 백만으로 다소 저렴하다.[11]

개념 확인

1. 서로 상호 배타적인 자본예산에서 어떻게 선택해야 하는가?
2. 대안을 선택할 때 어떤 종류의 현금흐름을 무시할 수 있는가?

8.4 가용현금흐름의 추가적 조정

이 절에서는 비현금비용, 대안적인 감가상각법, 청산가치 혹은 지속가치, 그리고 결손금 이월공제와 같은 프로젝트의 가용현금흐름을 추정할 때 발생할 수 있는 여러 가지 복잡한 문제를 고려한다.

기타 비현금 항목 일반적으로 증분 순이익의 일부인 것 같은 비현금 항목은 프로젝트의 가용현금흐름에 포함되어서는 안 된다. 회사는 실제 현금 수익 또는 비용만을 포함해야 한다. 예컨대 회사는 가용현금흐

---

10 여기서는 그렇지 않다고 가정하지만 일부 환경에서는 이러한 옵션의 위험이 프로젝트의 전반적인 위험과 혹은 서로의 위험과 다를 수 있으므로 경우마다 다른 자본비용이 필요하다.

11 또한 각 옵션에 대해 가용현금흐름을 별도로 계산하는 대신에 가용현금흐름의 차이를 직접 계산하는 하나의 스프레드시트에서 이 두 가지 사례를 비교하는 것도 가능하다. 우리는 옵션이 두 가지 이상이 있는 경우 보다 명확하고 일반화하기 위해서 개별적으로 계산하는 것을 선호한다.

름을 계산할 때 (특허와 같은) 무형고정자산의 상각비를 무차입 순이익에 다시 더한다.

현금흐름의 타이밍 단순화를 위해 우리는 홈넷의 현금흐름이 마치 매년 말에 발생하는 것처럼 처리했다. 실제로 현금흐름은 1년 내내 고르게 분포할 것이다. 더 큰 정확성이 요구되는 경우에 분기별, 월별 또는 연속 기준으로 가용현금흐름을 예측할 수 있다.

가속 감가상각 감가상각비는 세금 절감효과를 통해 기업의 현금흐름에 긍정적으로 기여하기 때문에 기업에게는 세금대책으로 허용되는 범위에서 가장 가속화된 감가상각법을 사용하는 것이 가장 유리하다. 그렇게 함으로써 기업은 세금 절감을 가속화하고 세금 절감액의 현재가치를 증가시킬 수 있다. 미국에서 IRS(국세청)가 허용하는 가장 가속화된 감가상각법은 **수정가속 감가상각**[Modified Accelerated Cost Recovery System(MACRS) depreciation]에 따르는 감가상각법이다. MACRS 감가상각법을 통해 기업은 먼저 자산을 원가 회수기간에 따라 분류한다. 회수기간을 기준으로 MACRS 감가상각표는 회사가 매년 회수할 수 있는 구매원가의 일부를 할당한다. 또한 일반적인 자산에 대한 MACRS 상각표와 원가 회수기간은 본 장의 부록에서 볼 수 있다.

예제 8.5	가속 감가상각 계산하기

문제

홈넷 연구설비의 사용이 연도 0의 말에 시작되며 회수기간이 5년일 때, 홈넷 연구설비에 대해 수정가속 감가상각법을 적용했을 경우 어느 정도의 감가상각 절감이 허용될까?

풀이

부록의 표 8A.1은 매년 감가상각되는 원가(구매비용)의 비율을 제공한다. 표에 기반하여 연구설비에 대한 허용 가능한 감가상각 비용이 아래와 같이 계산된다(단위 : $ 천).

	연도	0	1	2	3	4	5
MACRS 감가상각법							
1	연구설비 비용	(7,500)					
2	MACRS 상각률	20.00%	32.00%	19.20%	11.52%	11.52%	5.76%
3	감가상각비	(1,500)	(2,400)	(1,440)	(864)	(864)	(432)

설비가 연도 0 말부터 사용되면 세법은 동일한 해에 첫 번째 감가상각비를 허용한다. 정액감가상각과 비교할 때 MACRS 방법은 자산의 수명이 다할 때까지 더 큰 감가상각 공제를 허용하므로 감가상각 세금 절감액의 현재가치가 증가하므로 프로젝트의 NPV가 높아진다. 홈넷의 경우 MACRS 감가상각법에서 NPV는 $300,000 이상 증가한 $5.34 백만으로 계산된다.

청산가치 혹은 잔존가치 더 이상 필요하지 않은 자산들은 재판매 가치를 가지거나 부품이 폐기물로 팔린다면 어떤 잔존가치를 가진다. 일부 자산은 음(-)의 청산가치를 가지기도 한다. 예를 들어 중고설비를 제거하고 처분하는 데 비용이 들기도 한다.

가용현금흐름의 계산에는 더 이상 필요하지 않으며 처분될 수 있는 자산의 청산가치가 포함된다. 자산이 청산되면 매각 차익에 대해 과세가 된다. 매각 차익은 자산의 판매가격과 장부가치의 차이로 계산한다.

$$\text{매각 차익} = \text{판매가격} - \text{장부가치} \tag{8.8}$$

장부가치는 자산의 구입 시 가격에서 세금 목적으로 이미 감가상각된 누적액을 차감한 것과 같다.

$$\text{장부가치} = \text{구매가격} - \text{누적된 감가상각비} \tag{8.9}$$

자산매각의 결과로 인한 세후 현금흐름을 고려하여 프로젝트의 가용현금흐름을 조정해야 한다.[12]

$$\text{세후 자산매각 현금흐름} = \text{판매가격} - (\tau_c \times \text{매각 차익}) \tag{8.10}$$

잔존가치를 가용현금흐름에 가산

문제

홈넷에 필요한 신규설비 $7.5 백만 이외에 시스코의 다른 부서에서 홈넷 연구실로 옮겨지는 설비가 있다고 가정하자. 이 설비의 장부가치는 $1 백만이고 재판매가치는 $2 백만이다. 만일 이 설비는 매각하지 않고 사용한다면 내년에 남은 장부가치는 모두 감가상각될 수 있다. 연도 5에 연구실이 폐쇄되면 설비는 $800,000의 잔존가치를 가질 것이다. 홈넷의 가용현금흐름에 어떤 조정을 해야만 할까?

풀이

기존 장비는 $2 백만에 판매될 수 있다. 이 판매로 얻을 수 있는 세후 현금은 홈넷 연구실에서 설비를 계속 사용하기 위한 기회비용이다. 따라서 판매가격으로 매각된 경우에는 세금을 공제한 금액만큼 홈넷의 연도 0의 가용현금흐름이 감소한다. 즉, $2 백만 $- 40\% \times$ ($2 백만 $- $1 백만) $= $1.6 백만의 가용현금흐름이 감소한다.

연도 1에 나머지 $1 백만의 설비 장부가치가 감가상각될 수 있어서 $40\% \times $1 백만 $= $400,000의 감가상각 세금 절감액을 창출할 수 있다. 연도 5에 회사는 $800,000의 잔존가치에 설비를 판매할 것이다. 그때 설비는 완전히 감가상각될 것이므로, 전체 금액은 자본이득으로 과세될 것이며 판매로부터의 세후 현금흐름은 $800,000 $\times (1 - 40\%) = $480,000이다.

아래 스프레드시트는 표 8.3의 스프레드시트에서 가용현금흐름에 대한 이러한 조정을 보여주며 이 경우 홈넷의 가용현금흐름과 NPV를 다시 계산한다.

	연도	0	1	2	3	4	5
	가용현금흐름과 NPV($ 천)						
1	기존 설비 사용을 조정하지 않은 가용현금흐름	(16,500)	5,100	7,200	7,200	7,200	2,700
2	세후 잔존가치	(1,600)	—	—	—	—	480
3	감가상각비 세금 절감액	—	400	—	—	—	—
4	**가용현금흐름(설비 고려)**	**(18,100)**	**5,500**	**7,200**	**7,200**	**7,200**	**3,180**
5	NPV(자본비용 12%)	4,055					

최종가치 혹은 지속가치 어떤 경우에는 기업이 프로젝트나 투자에 대한 전체 계획기간보다 분명 짧은 기간에 대해서만 가용현금흐름을 예측할 수 있다. 예를 들어 기업이 확대 발전해 나갈 때 무기한 투자의 경우에는 이 같은 대응이 반드시 필요하다. 이와 같은 경우 예측된 기간을 초과한 기간에 남아 있는 가용현금흐름의 가치는 프로젝트의 **최종가치**(terminal value) 혹은 **지속가치**(continuation value)라고 하는 예측

---

[12] 판매가격이 자산의 원래 구매가격보다 낮은 경우 매각 차익은 감가상각비의 회수로 처리되며 경상이익으로 과세되는 것이다. 한편, 판매가격이 자산 취득 시 구매가격을 초과하는 경우 매각 차익은 자본이득으로 간주되며 경우에 따라서는 자본이득에 대한 보다 낮은 세율로 과세되는지도 모른다.

기간 종료 지점에서 추가적 일회성 현금흐름 가치로 추정한다. 이 금액은 미래의 모든 날에 발생하는 프로젝트의 가용현금흐름의 (예측 종료 시점을 현재로 하는) 시장가치를 나타낸다.

설정에 따라 투자의 지속가치를 산정하는 데 여러 가지 방법을 사용한다. 예를 들면 장기투자를 분석할 때, 짧은 기간의 가용현금흐름을 명시적으로 계산한 다음 추정 기간을 넘어서 일정한 속도로 현금흐름이 증가한다고 가정한다.

예제 8.7 **영구성장의 지속가치**

문제

베이스 하드웨어는 새로운 소매점을 개설하려고 고려하고 있다. 새로운 점포에 대한 가용현금흐름의 예측은 아래와 같다(단위 : $ 백만).

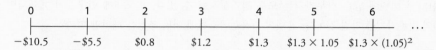

연도 4 이후에 베이스 하드웨어는 소매점의 가용현금흐름이 연간 5%의 비율로 증가할 것으로 예상한다. 만일 투자에 대한 적절한 자본비용이 10%라면, 연도 5 이후의 가용현금흐름의 현재가치로 연도 4의 지속가치를 산출해보자. 새로운 점포의 NPV는 얼마인가?

풀이

연도 4를 초과하는 미래 가용현금흐름은 연간 5%씩 성장할 것으로 예상되기 때문에 연도 5 이후의 가용현금흐름의 연도 4에서의 지속가치는 일정 성장영구연금으로 계산할 수 있다.

$$연도\ 4에서의\ 지속가치 = PV(연도\ 5\ 이후의\ FCF)$$

$$= \frac{FCF_4 \times (1+g)}{r-g} = \$1.30\ 백만\ \times \frac{1.05}{0.10-0.05}$$

$$= \$1.30\ 백만\ \times 21 = \$27.3\ 백만$$

일정성장의 가정에서 우리는 프로젝트의 최종 가용현금흐름의 배수로 지속가치를 계산할 수 있음을 기억하자.

투자의 가용현금흐름을 아래와 같이 다시 표현할 수 있다(단위 : $ 천).

연도	0	1	2	3	4
가용현금흐름(연도 0~4)	(10,500)	(5,500)	800	1,200	1,300
지속가치					27,300
가용현금흐름	(10,500)	(5,500)	800	1,200	28,600

새로운 점포 투자의 NPV는 아래와 같이 $5.597 백만이다.

$$NPV = -10,500 - \frac{5500}{1.10} + \frac{800}{1.10^2} + \frac{1200}{1.10^3} + \frac{28,600}{1.10^4} = \$5597$$

결손금 이월공제 기업은 일반적으로 세전이익의 전반적인 수준을 기준으로 세율을 결정함으로써 한계세율을 확인한다. 세법은 당해 연도의 손실로 가까운 연도의 이익을 상쇄할 수 있도록 허용하는데, 이

를 세법의 두 가지 추가적인 특성인 **결손금 이월공제**(tax loss carryforward) 및 **결손금 소급공제**(tax loss carryback)라고 한다. 1997년 이래로 기업들은 2년 동안 손실을 "소급공제"하고 20년 동안 손실을 "이월공제"할 수 있다. 이 세금 규칙은 회사가 1년 동안의 손실로 지난 2년간 이익을 상쇄하거나 향후 20년 동안의 이익에 대해 상쇄하기 위해 손실을 저장할 수 있음을 의미한다. 기업이 손실을 소급하는 경우 당해 연도의 세금을 환급받는다. 그렇지 않으면 기업은 손실을 이월하고 미래의 과세이익을 상쇄하기 위해 이를 사용해야 한다. 기업이 현재의 세전이익을 초과하는 결손금 이월공제액을 가지고 있다면, 오늘의 추가 이익은 이월공제액이 소멸하기 전까지는 세금을 증가시키지 않는다. 이러한 지연은 과세 의무의 현재가치를 감소시킨다.

예제 8.8

결손금 이월공제

문제

베리안 인더스트리는 지난 6년간 손실로 인한 $100 백만의 결손금 이월공제를 보유하고 있다. 베리안이 지금부터 세전이익으로 매년 $30 백만을 벌어들인다면, 세금은 언제 처음으로 부과되는가? 베리안이 올해에 추가로 $5 백만을 벌어들인다면, 그 해에 세금이 인상될 것인가?

풀이

연간 $30 백만의 세전이익을 가진 베리안은 연도 4까지 납부를 피하기 위해 결손금 이월공제를 사용할 수 있다. 아래는 베리안의 과세이익을 나타낸다(단위 : $ 백만).

연도	1	2	3	4	5
세전이익	30	30	30	30	30
결손금 이월공제	−30	−30	−30	−10	
과세이익	0	0	0	20	30

만일 베리안이 첫해에 추가적인 $5 백만을 번다면, 연도 4에 추가적으로 지급하는 세금은 $5 백만 증가한다.

연도	1	2	3	4	5
세전이익	35	30	30	30	30
결손금 이월공제	−35	−30	−30	−5	
과세이익	0	0	0	25	30

따라서 기업이 결손금 이월공제를 가지는 경우 그 이월공제액이 소진될 때까지 현재 이익의 세금 영향은 지연된다. 이러한 지연은 세금 영향의 현재가치를 감소시키고, 기업은 때로는 보다 낮은 한계세율을 사용하여 결손금 이월공제의 영향을 예상한다.

개념 확인

1. 세법에서 인정되는 가장 빠른 가속상각 스케줄을 사용하는 것이 왜 기업에게 유리한가? 설명하라.
2. 프로젝트의 지속가치 혹은 최종가치는 무엇인가?

글로벌 금융위기 **2009년 미국 경기회복 및 재투자 법안**

2009년 2월 17일, 오바마 대통령은 미국 경기회복 및 재투자법 (American Recovery and Reinvestment Act of 2009)에 서명했다. 이 법안은 2008년 이전의 경기 부양책과 마찬가지로 사업을 지원하고 투자를 촉진하기 위해 여러 가지 세제 변경을 포함하고 있다.

특별 가속감가상각 : 이 법은 일시적인 규칙(2008년 경제부양법의 일부로 처음 통과)을 확장하여 자산의 취득원가의 50%를 추가로 1년 감가상각하는 것을 허용했다. 감가상각을 더욱 가속화하는 이 조치는 새로운 자본 지출과 관련된 감가상각 세금 절감액의 현재가치를 증가시키고 동시에 투자의 NPV를 높인다.

세법 179조에서 자본 지출비용의 확대 : 세법 179조는 중소기업이 자본설비의 전체 구매가격을 시간이 지남에 따라 감가상각하기

보다는 즉시 삭감할 수 있게 허용한다. 미 의회는 2008년 공제액 한도를 2배인 최대 $250,000로 늘렸다. 이 상한액은 2009년까지 법령에 의해 연장되었다. 이러한 지출에 대한 세금공제를 받을 수 있게 됨으로써 투자의 현재가치가 즉시 증가하여 더욱 매력적이 되었다.

중소기업에 관한 손실 소급공제 확대 : 이 법에 따라 중소기업은 2008년에 발생한 손실을 2년이 아닌 최대 5년까지 소급하여 공제받을 수 있다. 이러한 확대는 새로운 투자의 NPV에 직접적인 영향을 미치지는 않았지만, 어려움을 겪고 있는 기업들이 이미 지불한 세금을 환급받을 가능성이 커졌다는 것을 의미하며 금융위기 중에 필요한 돈을 제공한다.

8.5 프로젝트 분석

자본예산 프로젝트를 평가할 때 재무관리자는 NPV를 극대화하는 결정을 내려야 한다. 논의한 바와 같이 프로젝트의 NPV를 계산하려면 증분 현금흐름을 추정하고 할인율을 선택해야 한다. 이러한 정보들이 주어지면 NPV의 계산은 비교적 간단하다. 자본예산 수립의 가장 어려운 부분은 현금흐름과 자본비용을 추정하는 방법을 결정하는 것이다. 이러한 추정치는 종종 상당한 불확실성의 영향을 받는다. 이 절에서는 이 불확실성의 중요성을 평가하고 프로젝트에서 가치창출 요인을 확인하는 방법을 살펴본다.

손익분기점 분석

자본예산 수립 결정에 필요한 정보에 대해 확실하지 않은 경우, 투자의 NPV가 0이 되는 수준으로 정의되는 **손익분기점**(break-even)을 계산하는 것이 종종 효과적이다. 이미 고려한 손익분기점의 한 예는 내부수익률(IRR)의 계산이다. 제7장에서 프로젝트의 IRR은 최적의 투자 결정이 바뀌기 전에 자본비용의 최대 오차를 알려준다. 표 8.7의 스프레드시트는 엑셀 함수 IRR을 사용하여 홈넷 프로젝트의 가용현금흐름에 대해 24.1%의 IRR을 계산한다.[13] 따라서 진정한 자본비용이 24.1%에 도달할 때까지 프로젝트는 여전히 양(+)의 NPV를 가진다.

자본비용 예측의 불확실성에만 주의를 기울일 이유는 없다. **손익분기점 분석**(break-even analysis)에서

표 8.7 스프레드시트	홈넷의 IRR 계산						
	연도	**0**	**1**	**2**	**3**	**4**	**5**
NPV(단위 : $ 천)와 IRR							
1 **가용현금흐름**		(16,500)	5,100	7,200	7,200	7,200	2,700
2 NPV(자본비용 12%)		**5,027**					
3 IRR		24.1%					

---

[13] 엑셀에서의 서식은 =IRR(FCF0:FCF5)이다.

표 8.8	홈넷의 손익분기점 수준
변수	**손익분기점 수준**
판매량	연간 79,759대
도매가격	대당 $232
제조원가	대당 $138
자본비용	24.1%

는 프로젝트의 NPV가 0이 되는 값을 각 변수에 대해 계산한다. 표 8.8은 몇 가지 주요 변수에 대한 손익분기점 수준을 보여준다.[14] 원래의 가정에 따르면 홈넷 프로젝트는 연간 80,000대에 약간 못 미치는 정도에서 연평균 판매량 손익분기점 수준을 나타낸다. 또한 연간 판매량이 100,000인 경우에 프로젝트는 대당 $232에서 판매가격의 손익분기점 수준을 나타낸다.

우리는 의사결정에서 가장 유용한 관점인 프로젝트의 NPV 관점에서 손익분기점 수준을 분석하였다. 그러나 회계상의 다른 회계 개념이 손익분기점으로 고려되는 경우도 있다. 예를 들어 프로젝트의 EBIT를 0으로 하는 매출 수준을 말하는 매출의 **EBIT 손익분기점**(EBIT break-even)을 계산할 수 있다. 홈넷의 EBIT 손익분기점 수준은 연간 약 32,000대이지만 홈넷에 필요한 대규모 기초 투자를 감안할 때 NPV는 해당 매출 수준에서 −$11.8 백만이다.

민감도 분석

또 다른 중요한 자본예산 도구는 민감도 분석이다. **민감도 분석**(sensitivity analysis)은 NPV 계산을 NPV 구성 요소에 대한 가정에 따라 구분하고 기반이 되는 가정이 변할 때 NPV가 어떻게 달라지는지를 보여준다. 이러한 방식의 민감도 분석에 의해 프로젝트의 NPV 예측 시 발생할 수 있는 오차의 영향을 탐색할 수 있다. 민감도 분석을 통해 어떤 가정이 가장 중요한지 알 수 있다. 또한 이러한 가정을 세밀히 살펴보기 위해 좀 더 자원과 노력을 투입할 수 있다. 민감도 분석은 실제 프로젝트를 운영할 때 프로젝트의 어느 측면이 가장 중요한지를 밝혀준다.

설명을 위해서 홈넷의 NPV 계산에 깔려 있는 가정을 고려한다. 수익과 비용의 가정을 둘러싸고 있는 불확실성은 상당히 크다. 표 8.9는 프로젝트의 몇 가지 주요 변수에 대한 최상의 경우와 최악의 경우와

표 8.9	홈넷의 개별 변수에 대한 최상과 최악의 경우를 가정		
변수	**초기 가정**	**최악 경우**	**최상 경우**
판매량(1,000개)	100	70	130
판매가격(개당 $)	260	240	280
매출원가(개당 $)	110	120	100
NWC($ 천)	2100	3000	1600
자기잠식	25%	40%	10%
자본비용	12%	15%	10%

---

14 이 손익분기점 수준은 엑셀에서 간단한 시행 착오를 통해 계산하거나 엑셀의 목표값 찾기(goal seek) 또는 해 찾기(solver) 도구를 사용하여 계산할 수 있다.

함께 초기 가정을 보여준다.

불확실성의 중요성을 결정하기 위해서 우리는 각 개별 변수에 대한 최상과 최악 상황을 가정하여 홈넷 사업의 NPV를 다시 계산한다. 예로 연간 판매량이 70,000에 불과하면 프로젝트의 NPV는 −$2.4 백만으로 떨어진다. 각 변수에 대하여 이러한 계산을 반복한다. 결과는 그림 8.1로 나타낼 수 있는데, NPV에 가장 큰 영향을 주는 중요한 변수에 대한 가정은 판매량과 판매가격임을 알 수 있다. 따라서 이러한 변수에 대한 가정은 추정 과정에서 가장 정밀한 조사가 필요하다. 또한 프로젝트의 가치를 좌우하는 가장 중요한 요인으로 프로젝트를 관리할 때 이러한 요소에 주의를 기울여야 한다.

예제 8.9 **마케팅과 지원비용에 대한 민감도**

문제

현재 추정된 홈넷의 마케팅과 지원비용은 연도 1에서 연도 4의 기간에 $3 백만이다. 마케팅과 지원비용이 연간 $4 백만까지 증가한다고 가정하자. 이 경우 홈넷의 NPV는 얼마인가?

풀이

표 8.3에 있는 스프레드시트의 판매 및 일반관리 비용을 $4 백만으로 변경하고 가용현금흐름의 NPV를 계산하여 이 문제에 답할 수 있다. 우리는 이 변화의 영향을 또한 다음과 같이 계산할 수 있다. 마케팅과 지원비용의 $1 백만 증가는 EBIT를 $1 백만 감소시킬 것이고, 그 결과 홈넷의 가용현금흐름을 세후 금액으로 연간 $0.6 백만 감소시킬 것이다. $1 백만 × (1 − 40%) = $0.6 백만. 이러한 감소액의 현재가치는 아래와 같다.

$$PV = \frac{-0.6}{1.12} + \frac{-0.6}{1.12^2} + \frac{-0.6}{1.12^3} + \frac{-0.6}{1.12^4} = -\$1.8 \ \text{백만}$$

홈넷의 NPV는 $5 백만 − $1.8 백만 = $3.2 백만으로 하락한다.

그림 8.1

최상과 최악을 가정한 홈넷의 NPV

초록색 막대는 각 변수에 대한 최상의 경우를 가정할 때 NPV의 변화를 보여준다. 빨간색 막대는 최악의 가정하에서 변화를 보여준다. 또한 각 변수에 대한 손익분기의 수준이 표시된다. 초기 가정하에서 홈넷의 순자산가치는 $5 백만이다.

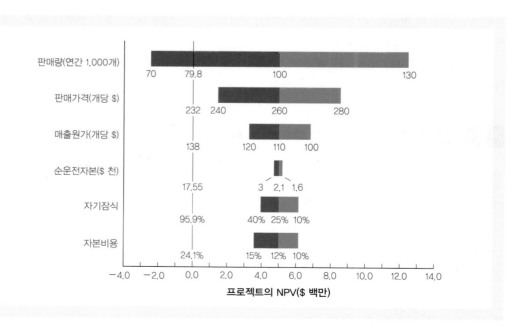

데이비드 홀란드는 시스코의 $50 십억 재무상태표와 관련된 자금조달, 위험관리, 자본시장 활동을 관리하는 책임을 진 시스코의 선임 부사장이며 자금 담당자이다.

질문 재무 의사결정에서 단지 이익에 주는 의미와는 달리 가용현금흐름을 고려하는 것의 중요성은 무엇인가?

답변 "현금흐름은 사실이고 이익은 견해다."라는 오랜 격언이 있다. 이익은 회계 틀에 따른 것이고 여러 가지 규칙에 지배를 받는 반면에 이익이 무엇을 말하는지를 투자자가 이해하기는 쉽지 않다. 현금흐름의 원칙은 명확하다. 현금흐름이 어디에서 왔고 어디로 갔는지는 논쟁의 여지가 없다. 시스코의 투자 결정은 사업 위험을 고려하고 주주에게 가치를 창출하는 사업의 영향을 보여주기 때문에 원칙적으로 현금흐름 모형에 기초하여 이루어진다.

질문 투자 결정을 하기 위해 시스코가 활용하는 중요 재무 지표는 무엇인가?

답변 시스코는 투자 결정을 위해서 주로 순현재가치(NPV)에 초점을 둔다. 엄격한 NPV 분석은 단순하게 양(+)의 NPV 사업을 선택하고 음(−)의 NPV 사업을 거부하는 것으로 만족하지 않는다. 사업의 성공에 영향을 미치는 주요 요인을 찾고 현금흐름에 영향을 주는 변수들 간의 상호작용을 확인한다. 예를 들어 낮은 마진율을 이용한 모형을 통해 수익 성장과 운영비용 구조에 미치는 영향을 볼 수 있다. 그것을 높은 마진율 모형과 비교할 수 있다. 이를 통해 사업 부서의 경영자는 위험을 완화하고 잠재적 성장을 증가시킬 수 있는 사업 모형을 통제하는 방법을 배우게 된다.

우리는 현금흐름의 구조에 따라 복수의 해답이나 투자 성과에 대한 잘못된 신호를 주는 내부 수익률(IRR)보다 NPV를 선호한다. IRR 분석의 장점은 퍼센트 수익률과 비교하기 쉽다는 것이다. 그러나 이 방법을 통해서는 사업 규모를 알 수 없다. 25%의 수익률을 가진 사업이 주주에게 $1 백만의 가치를 창출하는 반면에 13%의 수익률의 사업이 $1 십억의 가치를 창출하는 경우가

인터뷰
데이비드 홀란드
(David Holland)

있다. NPV는 화폐금액으로 수익의 규모를 포착하고 주가에 미치는 영향을 보여준다. NPV는 또한 주식 소유권을 포함하는 보상체계를 가진 종업원에게 소유권의 틀을 제공하기 때문에 의사결정 기준을 주가와 직접 연결하여 준다.

질문 신규 투자를 분석하는 모형을 개발할 때 예측을 둘러싼 특히 신기술과 관련된 불확실성은 어떻게 처리하는가?

답변 시스코는 매년 수천 건에 이르는 투자 결정을 위해 재무 모형에 크게 의존한다. 전세계에 2,500명의 재무 담당자는 고위 경영자가 모형의 가정을 이해하고 대안의 가정에서 나타나는 결과를 확인할 수 있도록 하는 내부 목적을 위해 함께 일하고 있다. 기술 프로젝트 특히 신기술과 관련된 현금흐름을 평가하는 것은 어렵다. 정유회사를 구매한다면 처리량과 현금흐름을 볼 수 있다. 확장된 전송장치나 제품의 변환 혹은 새로운 분야에 진입하는 전략적 움직임을 위한 부품 기술에 관련된 절감액을 확인하는 것은 훨씬 복잡하고 무형의 것이다. 시나리오 분석, 민감도 분석, 게임이론을 통해 우리의 전략을 수정하고 위험을 통제한다. 우리는 또한 정성적인 측면도 분석한다.

질문 시스코는 어떻게 위험을 조정하는가?

답변 기술 분야에서 경쟁력을 유지하기 위해서 우리는 시장 침체기에서도 어느 정도의 위험을 대비해야만 한다. 우리는 시장 위험(시장 상황에 대한 민감도)에 따라 모든 사업을 분류하고 같은 분류에 속하면 동일한 할인율을 적용한다. 우리의 요구 수익률이 변하지 않았고 기업의 진정한 가치를 왜곡할 수 있기 때문에 사업별 위험을 고려하여 할인율을 조정하지는 않는다. 사업 특유 위험을 평가하기 위해서 시나리오 분석과 민감도 분석을 통해 현금흐름의 상향 혹은 하향을 모형화한다. 매출 성장 그리고 운영비용이 1% 변할 때 사업 NPV의 민감도를 분석할 수 있다. 그리고 초기 상황, 낙관적인 경우, 하락의 경우를 개발하여 다른 가정 아래에서 모형을 분석한다. 이런 모형들을 고위 경영자와 논의하고 의견을 모형에 반영한다. 이러한 과정을 통해 가능한 결과와 사업의 수익성을 향상시킬 수 있다.

시나리오 분석

지금까지 분석에서 한 번에 단지 하나의 변수만을 변화시키면서 결과를 고려해보았다. 실제로는 하나의 변수보다 많은 요인이 영향을 미친다. **시나리오 분석**(scenario analysis)은 프로젝트의 여러 변수가 변화할 때 NPV에 미치는 영향을 고려한다. 예를 들어서 홈넷의 판매가격을 낮추면 판매량이 증가할 것이다. 시나리오 분석을 표 8.10에서 홈넷 상품의 대안적인 가격전략을 분석할 때 사용할 수 있다. 표에서 현재 가격을 유지하는 것이 최적임을 알 수 있다. 그림 8.2는 현상유지 전략에서 얻을 수 있는 $5 백만의 동일한 NPV를 만드는 판매가격과 판매량의 조합을 보여준다. 곡선 위쪽에 위치한 판매가격과 판매량 조합 전략만이 더 높은 NPV를 창출할 것이다.

표 8.10 대안적 가격 전략을 위한 시나리오 분석

전략	판매가격(단위당 $)	추정 판매량(1,000개)	NPV($ 천)
현상유지 전략	260	100	5027
가격 인하	245	110	4582
가격 인상	275	90	4937

그림 8.2

동일한 NPV를 가지는 홈넷의 가격과 판매량의 조합

이 그래프는 $5 백만의 동일한 NPV를 가지는 단위당 가격과 연간 판매량의 대안적인 조합을 보여준다. 곡선 위쪽의 조합을 가지는 가격 전략은 높은 NPV를 가지는 우월한 전략이다.

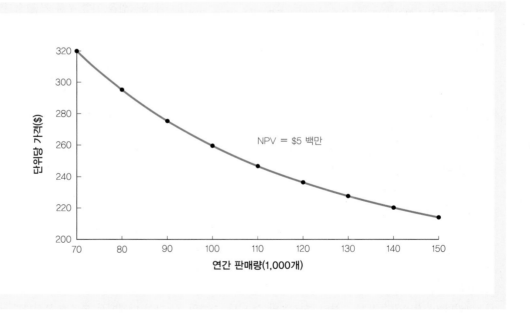

개념 확인

1. 민감도 분석이란 무엇인가?
2. 시나리오 분석은 민감도 분석과 어떻게 다른가?

여기에서는 프로젝트 분석에 도움을 주는 유용한 엑셀 도구를 설명한다.

손익분기점 분석을 위한 목표값 찾기

엑셀의 목표값 찾기(goal seek) 함수는 모형의 핵심 가정에 적합한 손익분기점을 찾는다. 예를 들어 연간 판매 대수의 손익분기점 수준을 정하기 위해서 목표값 찾기(GS, goal seek) 윈도우를 이용한다(데이터 > 가상 분석 혹은 키보드 Alt-A-W-G). '수식 셀'은 NPV를 계산한 셀(D51 셀)이다. '찾는 값'을 0(손익분기)으로 정하고 평균 판매가격(E8 셀)을 '값을 바꿀 셀'로 정한다. 엑셀은 시행착오법으로 프로젝트의 NPV를 0으로 만드는 판매가격(이 경우 $231.66)을 찾을 것이다.

	A	B	C	D	E	F	G	H	I
1	홈넷의 자본예산 수립								
2	핵심 가정			연도 0	연도 1	연도 2	연도 3	연도 4	연도 5
8		홈넷 평균 가격/대		-	$260.00	$260.00	$260.00	$260.00	-
51	NPV			5,026					

민감도 분석을 위한 데이터 표

제7장의 부록에서 NPV 프로파일을 만들기 위해서 소개한 데이터 표를 이용하여 재무 모형의 입력 변수에 대한 NPV의 민감도를 계산할 수 있다. 엑셀은 또한 동시에 두 가지 입력 자료에 대한 NPV 민감도를 보여 주는 2차원 데이터 표를 계산할 수 있다. 예를 들어 아래 데이터 표는 하드웨어 R&D 예산과 홈넷 제조비용의 여러 조합에 대한 NPV를 보여준다.

	C	D	E	F	G	H
55	NPV			홈넷 비용/대		
56		5,026	$110	$105	$100	$95
57		(5,000)	5,026	5,913	6,800	7,686
58		(5,500)	4,726	5,613	6,500	7,386
59	하드웨어 R&D 비용	(6,000)	4,426	5,313	6,200	7,086
60		(6,500)	4,126	5,013	5,900	6,786
61		(7,000)	3,826	4,713	5,600	6,486
62		(7,500)	3,526	4,413	5,300	6,186
63		(8,000)	3,226	4,113	5,000	5,886
64		(8,500)	2,926	3,813	4,700	5,586
65		(9,000)	2,626	3,513	4,400	5,286
66		(9,500)	2,326	3,213	4,100	4,986
67		(10,000)	2,026	2,913	3,800	4,686

데이터 표를 작성하기 위하여 표의 양쪽으로 각각 정보의 값을 입력(파란색으로 보임)하고 왼쪽 위편 구석(이 경우 셀 D56에 NPV를 계산하는 셀을 연결한다)에 계산을 원하는 값의 공식을 넣는다. 전체 테이블(D56:H67)을 선택하고 '데이터 표' 윈도우를 불러오고(데이터 > 가상 분석 혹은 키보드 Alt-D-T), 프로젝트 대시보드에 있는 비용 가정(행 입력 셀에 E9)과 하드웨어 예산(열 입력 셀에 D16)을 입력한다. 데이터 표는 대당 $100의 제조비용일 때 하드웨어 예산이 $7.5 백만으로 증가할 때 NPV가 증가하는 것을 보여준다.

프로젝트 대시보드의 시나리오

앞에 나온 엑셀의 활용 프로젝트 대시보드는 기본 사례 경우만 보여준다. 대안적인 가정의 추가적인 행을 더하여 프로젝트 대시보드에 여러 시나리오를 작성할 수 있으며, 그다음 엑셀의 인덱스 함수를 이용하여 우리가 분석하려는 시나리오를 선택할 수 있다. 가령 5~7행은 홈넷의 연간 판매 물량의 가정을 보여준다. 적절한 숫자(이 경우 1, 2, 3)를 강조 표시된 셀(C4)에 넣어서 분석할 시나리오를 선택하고 인덱스 함수로 적절한 데이터를 4행에 가져온다.

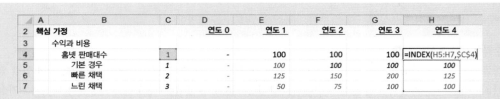

	A	B	C	D	E	F	G	H
2	**핵심 가정**			**연도 0**	**연도 1**	**연도 2**	**연도 3**	**연도 4**
3		수익과 비용						
4		홈넷 판매대수	1	-	100	100	100	=INDEX(H5:H7,$C$4)
5		기본 경우	1	-	100	100	100	100
6		빠른 채택	2	-	125	150	200	125
7		느린 채택	3	-	50	75	100	100

그런 다음 아래의 C70:D73 위에 있는 1차원 데이터 표와 '열 입력 셀' C4를 사용하여 각 시나리오의 결과를 분석할 수 있다.

	A	B	C	D	E
69				NPV	
70		홈넷 판매대수		5,026	
71		기본 경우	1	5,026	
72		빠른 채택	2	17,227	
73		느린 채택	3	(253)	

핵심 요점 및 수식

8.1 이익의 예측

- 자본예산 수립은 투자 기회를 분석하고 어떤 프로젝트를 채택할 것인지를 결정하는 과정이다. 자본예산은 기업이 내년도에 실행을 계획하고 있는 모든 프로젝트의 명단이다.

- 자본예산 결정을 평가하기 위해서 NPV 규칙을 사용하고, NPV를 극대화하기 위해 결정한다. 프로젝트를 채택하거나 거부하는 결정에서 양(+)의 NPV를 가진 프로젝트를 채택한다.

- 프로젝트의 증분 순이익은 프로젝트가 기업의 순이익을 변화시킬 것으로 예상되는 기업의 이익 변화량이다.

- 증분 순이익은 프로젝트와 관련된 모든 증분 수익과 증분비용을 포함해야 한다. 그것은 프로젝트의 외부효과 및 기회비용을 포함하고 매몰비용과 이자비용은 제외한다.

  - 프로젝트 외부효과는 프로젝트가 기업의 다른 사업 영역에 영향을 줄 때 발생하는 현금흐름이다.

  - 기회비용은 기존 자산을 사용하는 비용으로 자원을 사용하는 가장 좋은 대안에 사용할 경우의 가치로 측정된다.

  - 매몰비용은 이미 발생하여 회복할 수 없는 비용이다.

  - 이자와 기타 금융 관련비용은 프로젝트의 무차입 순이익을 결정할 때 제외된다.

- 기업의 나머지 부서의 운영에서 창출된 순이익뿐만 아니라 결손금 소급공제 및 이월공제를 기준으로 한계세율을 이용하여 세금을 예측한다.

- 자본예산 수립 결정을 평가할 때 프로젝트의 자본조달과 관련된 결정과 분리하여 우선 프로젝트 자체를 고려한다. 따라서 이자비용을 무시한 무차입 순이익에 대한 프로젝트의 공헌을 계산한다.

$$무차입 \ 순이익 = EBIT \times (1 - \tau_c)$$

$$= (매출액 - 비용 - 감가상각비) \times (1 - \tau_c) \tag{8.2}$$

8.2 가용현금흐름과 NPV의 결정

- 증분 순이익으로부터 모든 비현금비용을 제외하고 모든 자본지출을 포함하여 가용현금흐름을 계산한다.

- 감가상각비는 현금비용이 아니기 때문에 다시 더해진다.
- 실제 자본지출은 차감된다.
- 순운전자본의 증가는 차감된다. 순운전자본은 아래와 같이 정의한다.

$$순운전자본 = 현금 + 재고자산 + 매출채권 - 매입채무 \qquad (8.3)$$

- 가용현금흐름의 기본 계산식은 아래와 같다.

$$가용현금흐름 = \overbrace{(매출액 - 비용 - 감가상각비) \times (1 - \tau_c)}^{\text{무차입 순이익}} \qquad (8.5)$$
$$+ 감가상각비 - 자본지출 - \Delta NWC$$

- 프로젝트의 할인율은 자본비용이다. 유사한 위험과 투자 기간을 가진 증권의 기대 수익률이다.

8.3 대체안에서 선택

- 상호 배타적인 투자 기회 사이에서 결정을 내릴 때 가장 높은 NPV를 가진 기회를 선택한다.
- 대안들 사이에서 결정을 할 때, 투자 대안 사이에 차이가 나는 현금흐름의 요소만을 포함할 필요가 있다.

8.4 가용현금흐름의 추가적 조정

- 감가상각비는 감가상각 세금 절감액을 통해서만 가용현금흐름에 영향을 미친다. 기업은 일반적으로 세금 목적상 허용되는 가장 가속화된 감가상각 스케줄을 사용해야 한다.
- 가용현금흐름에는 처분된 자산의 (세후) 청산가치 또는 잔존가치도 포함되어야 한다. 또한 프로젝트가 예측 기간을 초과하여 지속되면 최종가치(지속가치)를 포함한다.
- 자산이 매각되면 판매가격과 감가상각된 자산의 장부가치의 차이로 인해 세금이 부과된다.
- 최종가치 혹은 지속가치는 프로젝트의 예측기간을 초과한 미래 현금흐름의 현재가치를 반영해야 한다.

8.5 프로젝트 분석

- 손익분기점 분석은 프로젝트의 NPV를 0으로 만드는 변수의 수준을 계산한다.
- 민감도 분석은 NPV 계산을 구성 요소로 분해하여 기본 가정의 값이 변할 때 NPV가 어떻게 달라지는지 보여준다.
- 시나리오 분석은 여러 변수를 동시에 변경하는 효과를 고려한다.

주요 용어

가용현금흐름(free cash flow)

간접비(overhead expenses)

감가상각 세금 절감액(depreciation tax shield)

거래신용(trade credit)

결손금 소급공제(tax loss carrybacks)

결손금 이월공제(tax loss carryforwards)

기회비용(opportunity cost)

매몰비용(sunk cost)

민감도 분석(sensitivity analysis)

무차입 순이익(unlevered net income)

손익분기점(break-even)

손익분기점 분석(break-even analysis)

수정가속 감가상각(MACRS depreciation)

시나리오 분석(scenario analysis)

자기잠식(cannibalization)

자본예산(capital budget)

자본예산 수립(capital budgeting)

정액감가상각법(straight-line depreciation)

증분 순이익(incremental earnings)

지속가치(continuation value)

프로젝트 외부효과(project externalities)

최종가치(terminal value)

한계법인세율(marginal corporate tax rate)

EBIT 손익분기점(EBIT break-even)

추가 읽을거리

현재가치의 개념에 대한 역사와 자본예산에서의 유용성에 대한 훌륭한 소개 자료를 원하면 아래 논문을 참고하라. M. Rubinstein, "Great Moments in Financial Economics: I. Present Value," *Journal of Investment Management* (First Quarter 2003).

어빙 피셔는 일물일가의 법칙을 적용하여 모든 프로젝트가 현재가치로 평가되어야 한다는 것을 처음 적용했다. I. Fisher, *The Rate of Interest: Its Nature, Determination and Relation to Economic Phenomena* (Macmillan, 1907). I. Fisher, *The Theory of Interest: As Determined by Impatience to Spend Income and Opportunity to Invest It* (Macmillan, 1930); reprinted (Augustus M. Kelley, 1955).

자본예산에서 이러한 접근법의 사용은 아래 교재에 의해 추후 보편화되었다. J. Dean, *Capital Budgeting* (Columbia University Press, 1951).

우리는 이 장의 주제를 제6부에서 다시 논의할 것이다. 추가적인 높은 수준의 주제는 거기에서 제시될 것이다.

연습문제

*표시는 난이도가 높은 문제다.

이익의 예측

1. 냉동피자 판매업자인 피사 피자는 콜레스테롤이 낮고 트랜스지방이 없는 건강한 버전의 새로운 피자를 출시하려고 한다. 이 피자는 매년 $20 백만의 매출을 올릴 것으로 예상된다. 매출의 대부분이 신규고객으로부터 나온다고 해도 피사 피자는 매출의 약 40%는 기존의 피사 피자 소비자가 새로운 건강 피자로 전환한 것이라고 추정한다.
   a. 소비자가 두 피자를 동일한 양만큼 소비한다고 가정하자. 새로운 피자의 출시로 인한 증분 매출의 수준은 얼마인가?
   b. 기존 피자에서 건강피자로 전환한 소비자의 50%는 피사 피자가 새로운 피자를 출시하지 않을 경우 다른 브랜드로 전환할 것이라고 가정하자. 이 경우 새로운 피자의 출시로 인한 증분 매출의 수준은 얼마인가?

2. 코코모치는 디저트 신제품인 미니모치 먼치의 광고를 고려하고 있다. 코코모치는 올해 TV, 라디오, 기타 광고에 $5 백만을 사용할 계획이다. 광고는 미니모치 먼치의 매출을 올해 $9 백만 증가시키고, 내년에 $7 백만 증가시킬 것으로 예상된다. 더불어서 미니모치 먼치를 구입한 신규고객이 코코모치의 다른 제품도 구입할 가능성이 클 것으로 기대한다. 따라서 다른 제품의 매출도 각각 $2 백만씩 증가할 것으로 기대한다. 코코모치의 미니모치 먼치의 총매출액 이익률은 35%이고, 다른 제품의 평균 총매출액 이익률은 25%이다. 기업의 올해와 내년의 한계세율은 3%이다. 광고와 관련된 증분 이익은 얼마인가?

3. 홈 빌더 서플라이는 조지아와 사우스캐롤라이나에서 7개의 소매점포를 운영하고 있는 주택 개조업 소매업자이다. 경영진은 가장 성공적인 소매점이 있는 도시 건너편에 8번째 소매점을 세우는 것을 고민 중이다. 회사는 방치된 창고가 있는 장소에 점포를 세울 계획이기 때문에 이미 토지를 소유하고 있다. 지난달에 마케팅 부서는 새로운 점포의 고객 수요를 알아보기 위한 시장조사에 $10,000를 지출했다. 이제 홈 빌더 서플라이는 새로운 점포를 짓고 열어야 하는지를 결정해야 한다.
   다음 중 새로운 소매점포의 증분 이익의 일부에 속하는 것은 무엇인가?
   a. 점포가 위치할 토지의 최초 구매가격
   b. 방치된 창고의 철거비용
   c. 기존 점포까지 운전을 해서 쇼핑하던 고객이 신규 점포로 가기 때문에 발생할 기존 점포의 매출액 손실
   d. 고객 수요를 추정하기 위해 지출한 $10,000의 시장조사비용

e. 신규 점포의 건축비용

f. 매각될 경우의 토지가치

g. 건축비용을 위해 빌려온 부채의 이자비용

4. 하이페리온은 최신형 고속 컬러 프린터인 Hyper 500을 $350에 판매하고 있다. 내년에 판매가격을 $300로 내릴 계획이다. Hyper 500의 매출원가는 대당 $200이고, 올해 판매량은 20,000대가 될 것으로 기대한다.

    a. 만일 하이페리온이 가격을 $300로 즉각 내린다면 올해 판매량은 25,000대로 25% 증가할 것이다. 그러한 판매가격 하락이 올해 EBIT에 미치는 증분 영향은 무엇인가?

    b. 판매된 프린터마다 내년부터 향후 3년 동안 잉크 카트리지로 매년 $75의 추가적인 매출을 기대한다. 잉크 카트리지의 총매출액 이익률은 70%이다. 올해 가격 하락이 향후 3년 동안의 EBIT에 미치는 증분 영향은 무엇인가?

5. 당신은 홈넷 프로젝트의 예측을 살펴본 결과 이 예측이 현실적이지 않다고 판단했다. 프로젝트의 매출액은 4년 동안 지속될 것 같지 않다. 또한 다른 회사들도 경쟁제품을 제공할 가능성이 크기 때문에 판매가격이 일정하게 유지될 것이라는 가정 역시 낙관적인 것으로 보인다. 마지막으로 생산량이 증가함에 따라 규모의 경제로 인해 생산단가가 낮아질 것으로 예상된다. 따라서 당신은 다음 가정에 따라 예측을 다시 수행하기로 결정했다. 1년에 50,000단위의 판매가 프로젝트 수명 동안 연간 50,000단위로 증가한다. 첫해 $260였던 단위당 매출액은 매년 10%씩 감소한다. 첫해 $120였던 1단위당 비용은 연간 20%씩 감소한다. 또한 개정된 세법은 정액감가상각을 5년이 아닌 3년으로 상각하는 것을 허용하였다.

    a. 표 8.1의 다른 가정을 유지하고 무차입 순이익을 계산해보자. (즉, 새로운 가정하에서 표 8.1을 다시 작성하고, 자기잠식 효과 및 임대료를 무시하고 있음을 주의한다.)

    b. 매년 매출의 20%는 기존 시스코 라우터를 구입했던 소비자들로부터 온다고 가정하고, 이 라우터는 단위당 $100이고 제조비용은 단위당 $60라고 가정할 때 무차입 순이익을 다시 계산해보자.

가용현금흐름과 NPV의 결정

6. 셀룰라 엑세스는 최근 회계 연도에 $250 백만의 순이익을 보고한 휴대전화 서비스 제공회사이다. 감가상각비용으로 $100 백만, 자본적 지출로 $200 백만을 가지고 있으며 이자비용은 없다. 순운전자본은 $10 백만 증가했다. 가장 최근의 셀룰라 엑세스의 가용현금흐름을 계산하라.

7. 캐슬 뷰 게임은 비디오 게임 소프트웨어 부문에 투자하려고 한다. 이러한 결정을 평가하기 위해서 기업은 처음으로 사업에 필요한 운전자본을 추정하려고 한다. 최고재무관리자는 아래와 같은 예측치를 개발했다 (단위 : $ 백만).

	연도 1	연도 2	연도 3	연도 4	연도 5
현금	6	12	15	15	15
매출채권	21	22	24	24	24
재고자산	5	7	10	12	13
매입채무	18	22	24	25	30

현재 캐슬 뷰가 이 사업부문에 투자한 운전자본이 하나도 없다고 가정하자. 이 투자로 인한 향후 5년간의 운전자본 변화와 관련된 현금흐름을 계산하라.

8. 머지 케미컬은 폴리프로필렌을 제조하며, 유조차로 배송한다. 현재 기업은 4년 이내에 2대의 유조차를 추가할 계획이다. 그러나 제안된 설비 확장을 위해서 머지 케미컬의 운송사업부는 4년보다는 2년 이내에 2대의 유조차를 구입할 것을 요구한다. 유조차의 현재 가격은 $2 백만이며, 이 가격은 일정하게 유지될 것으로 예상된다. 또한 유조차는 영구적으로 사용될 예정이지만, 세금 목적으로 5년에 걸쳐 정액감가상각을 할 것이다. 머지 케미컬의 세율이 40%라고 가정하자. 제안된 확장을 평가할 때, 유조차 구입의 필요성을

설명하기 위해 어떤 증분 가용현금흐름을 포함시켜야 하는가?

9. 엘름데일은 생산설비를 확장할 것인지 결정하려고 한다. 장기 현금흐름을 예측하는 것이 어렵긴 하지만 경영진은 아래와 같이 첫 2년 동안의 현금흐름을 추정하였다(단위 : $ 백만).

	연도 1	연도 2
수익(매출액)	125	160
매출원가와 운영비용(감가상각비 제외)	40	60
감가상각비	25	36
순운전자본의 증가	5	8
자본지출	30	40
한계법인세율	35%	35%

a. 프로젝트의 연도 1과 연도 2의 증분 이익은 각각 얼마인가?

b. 첫 두 해 동안 프로젝트의 가용현금흐름은 각각 얼마인가?

10. 당신은 퍼콜레이트 파이버의 경영자로서 합성섬유 생산공정 확장을 고려 중이다. 당신의 상사는 컨설턴트의 보고서를 보여주면서 다음과 같이 불만을 제기했다. "우리는 컨설턴트의 보고서에 $1 백만을 주기로 했는데, 나는 이 보고서의 분석이 타당한지 확신할 수 없다. 이 프로젝트에 필요한 새로운 설비에 $25 백만을 지출하기 전에 이 보고서를 살펴보고 본인의 의견을 주기 바란다." 당신은 보고서에서 다음과 같은 추정치를 발견하였다(단위 : $ 천).

	연도				
	1	2	...	9	10
매출 수익(매출액)	30,000	30,000		30,000	30,000
− 매출원가	18,000	18,000		18,000	18,000
= 총이익	12,000	12,000		12,000	12,000
− 판매 및 일반관리비	2,000	2,000		2,000	2,000
− 감가상각비	2,500	2,500		2,500	2,500
= 순소득	7,500	7,500		7,500	7,500
− 세금	2,625	2,625		2,625	2,625
순이익	4,875	4,875		4,875	4,875

보고서의 모든 추정치는 정확한 것 같다. 당신은 컨설턴트가 오늘(연도 0) 구매할 새로운 설비의 감가상각에 회계부서가 추천한 대로 정액감가상각법을 사용했다는 것을 알았다. 또한 그 설비의 잔존가치가 없게끔 감가상각을 하였는데, 그것은 이번 사업에 대한 회사의 가정이다. 보고서는 프로젝트가 10년 동안 매년 $4.875 백만의 이익을 증가시킬 것이며 프로젝트의 가치는 $48.75 백만이라고 결론지었다. 당신은 과거의 황금 같은 재무관리 수업을 회상하면서 거기에 무엇인가 더 할 일이 남아 있다는 것을 깨달았다!

첫째, 당신은 컨설턴트가 이 프로젝트에 $10 백만의 운전자본이 필요하다는 것(연도 0)을 고려하지 못했다는 것을 발견했다. 이 운전자본은 연도 10에 완전히 회수된다. 다음으로 이 프로젝트의 $2 백만의 판매 및 일반관리비 중 $1 백만은 프로젝트를 채택하지 않더라도 발생하는 간접비임을 알았다. 마지막으로, 회계적 이익은 우리가 관심을 가져야 할 것이 아니라는 것을 알았다!

a. 주어진 정보를 바탕으로 해서 이 프로젝트를 평가하기 위해 사용해야 하는 연도 0에서 연도 10까지의 가용현금흐름은 얼마인가?

b. 이 프로젝트의 자본비용이 14%라면, 당신은 프로젝트의 가치를 얼마로 추정하는가?

11. 5번 문제(a)의 가정을 사용하여(자기잠식이 없다고 가정)

a. 홈넷의 순운전자본 요건을 계산하라[즉, 5번 문제(a)의 가정하에 표 8.4를 다시 작성하라].

b. 홈넷의 가용현금흐름(FCF)을 계산하라[즉, (a)와 동일한 가정하에 표 8.3을 다시 작성하라].

대체안에서 선택

12. 자전거 제조업체는 현재 연간 30만 대를 생산하고 있으며 앞으로도 생산 수준이 안정적으로 유지될 것으로 예상된다. 그들은 외부 공급자로부터 체인을 $2에 구입한다. 공장장은 체인을 구입하는 것보다 직접 제조하는 것이 더 저렴하다고 생각한다. 직접 제작비용은 체인당 $1.50로 추정된다. 필요한 설비는 $250,000가 소요되며 10년 후에 폐기될 것이다. 이 투자설비는 세금 목적에 따라 10년 정액감가상각법으로 상각 예정이며 잔존가치는 0이다. 공장장은 이 작업을 수행하려면 재고 및 기타 운전자본 $50,000가 필요하다고 추정한다(연도 0). 하지만 10년 후에 다시 복구할 수 있기 때문에 무시할 수 있다고 주장하고 있다. 10년 후 기계를 폐기할 때 예상되는 수익은 $20,000다.

　　회사가 세금 35%를 지불하고 자본의 기회비용이 15%라고 할 때, 공급업체에서 체인을 구입하는 대신 직접 생산하는 결정의 순현재가치(NPV)는 얼마인가?

13. 홈넷의 외부 위탁생산과 사내 조립 사이의 선택 문제를 다시 고려해보자(8.3절과 표 8.6 참조). 직접 생산을 위한 초기비용은 $5 백만이 아니라 $6 백만이며, 단위당 제조비용은 $95가 아닌 $92가 될 것으로 예상된다.

a. 외부 공급업체가 개당 가격을 $110 이상으로 인상한다고 가정해보자. 외부 위탁생산과 사내 조립을 무차별하게 하는 외부 공급업체의 단위당 가격은 얼마인가?

b. 또는 외부 공급업체의 비용이 단위당 $110로 유지되지만 연간 예상 수요가 100,000단위 이상 증가한다고 가정해보자. 두 가지 선택을 무차별하게 하는 연간 매출 수준은 얼마인가?

14. 1년 전 당신의 회사는 제조기계를 중고로 $110,000에 구매하였다. 현재 당신은 여러 가지 이점을 가진 새 기계를 $150,000에 구입할 수 있다는 사실을 알게 되었다. 새로운 기계의 잔존가치는 없으며 10년에 걸쳐 정액감가상각을 할 것이다. 당신은 새로운 기계가 10년 동안 매년 $40,000의 EBITDA를 발생시킬 것으로 기대하고 있다. 현재 기계는 매년 $20,000의 EBITDA를 창출하고 있다. 현재 기계는 11년의 사용 수명으로 역시 정액감가상각되고 있으며 잔존가치는 없으므로 연간 감가상각비는 $10,000이다. 두 기계의 다른 비용들은 모두 동일하다. 현재 기계의 시장가치는 $50,000이다. 회사의 세율은 45%이고 이런 설비류의 기회 자본비용은 10%이다. 당신 회사는 1년 된 기계를 교체하는 것이 유리할까?

15. 베릴 아이스티는 음료 주입기계를 모든 유지비용을 포함해서 연간 $50,000에 빌려서 사용하고 있다. 지금 아래 두 가지 선택 사이에서 기계를 구매하는 것을 고려 중이다.

a. 현재 임대하여 사용하고 있는 기계를 $150,000에 구매한다. 이 기계는 연간 $20,000의 유지비용이 필요하다.

b. 새롭게 개선된 기계를 $250,000에 구매한다. 이 기계는 유지비용으로 연간 $15,000가 필요하지만 음료 주입비용을 연간 $10,000 줄일 수 있다. 그러나 새로운 기계를 작동하기 위해서 $35,000의 교육비용이 초기에 지출될 것이다.

　　적절한 할인율이 연간 8%이고 기계는 오늘 구매한다고 가정하자. 유지비용과 연료 주입비용은 임대비용처럼 모두 연말에 발생한다. 또한 모든 기계는 수명이 10년이지만 7년에 걸쳐서 정액으로 감가상각하며 잔존가치는 거의 없다고 가정한다. 한계법인세율은 35%이다. 베릴 아이스티는 계속 임대해야 하는가? 아니면 사용 중인 기계를 구입해야 하는가? 아니면 개선된 새 기계를 구매할 것인가?

가용현금흐름의 추가적 조정

16. 마코프 매뉴팩처링은 최근 디스크 드라이브를 생산하는 데 사용되는 기계설비의 구입에 $15 백만을 지출했다. 회사는 이 기계설비의 내용 연수를 약 5년으로 예측하고 있으며, 회사의 한계법인세율은 35%이다.

회사는 정액감가상각법을 사용할 계획이다.

a. 이 기계설비와 관련된 연간 감가상각비는 얼마인가?

b. 감가상각으로 인한 연간 세금 절감액은 얼마인가?

c. 마코프는 정액감가상각법 대신에 5년 수명의 수정가속 감가상각법을 사용할 것이라고 가정해보자. 가속감가상각 사용 시 기계설비의 감가상각으로 인한 매년의 세금 절감액을 계산하라.

d. 마코프가 정액감가상각법과 수정가속 감가상각법 중에서 선택할 수 있다고 하자. 한계법인세율이 일정하다고 하면, 어느 방법을 선택해야 할까? 그 이유는?

e. 마코프의 한계법인세율이 향후 5년에 급격하게 증가할 것이라면 (d)에서의 답변은 어떻게 바뀌게 될까?

17. 당신의 기업은 $7.5 백만 상당의 새로운 설비 구매가 필요한 프로젝트를 고려 중이다. 이 설비와 관련된 감가상각으로 인한 세금 절감액의 현재가치를 결정하라. 회사의 법인세율은 40%이고, 적절한 자본비용은 8%라고 가정하자. 그리고 장비는 다음과 같이 감가상각된다.

a. 10년에 걸쳐 정액감가상각을 실시한다. 첫 세금공제는 1년 후에 시작된다.

b. 5년에 걸쳐 정액감가상각을 실시한다. 첫 세금공제는 1년 후에 시작된다.

c. 회수기간 5년의 수정가속 감가상각을 즉시 사용한다.

d. 즉각적인 세금공제로 완전히 상각한다.

18. 아놀드는 보디 빌더들이 사용하는 보조식품인 고급 단백질 바를 제조할 것인지 고려하고 있다. 이 프로젝트는 3년 전 $1 백만에 인수했으며, 현재 $120,000에 임대한 기존 창고를 사용해야 한다. 임대 요금은 앞으로도 동일할 것으로 예상된다. 창고 사용 이외에도 프로젝트에는 $1.40 백만의 기계 및 기타 설비에 투자가 필요하다. 이 투자는 세금 목적상 향후 10년 동안 정액감가상각으로 완전히 상각될 예정이다. 그러나 아놀드는 8년 말에 이 프로젝트를 중지하고 기계설비를 $500,000에 판매할 예정이다. 마지막으로 이 프로젝트는 예측된 첫해 매출의 10%에 해당하는 순운전자본이 필요하다. 그다음 순운전자본은 다음 해 예측 매출액의 10%이다. 단백질 바의 매출은 첫해에 $4.8 백만이 될 것으로 예상되며, 8년간 꾸준히 유지될 것으로 예상된다. 총 제조원가와 운영비용(감가상각비 제외)은 매출액의 80%이고, 세율은 30%다.

a. 프로젝트의 가용현금흐름은 얼마인가?

b. 자본비용이 15%라면 프로젝트의 NPV는 얼마인가?

19. 베이는 상업용 부동산 사업부를 시작할 것을 고려하고 있다. 다음은 이 사업부에 대한 가용현금흐름의 예측이다.

	연도 1	연도 2	연도 3	연도 4
가용현금흐름	−$185,000	$12,000	$99,000	$240,000

4년 후 현금흐름은 연간 3%씩 영구히 성장한다고 가정하자. 만약 이 사업부의 자본비용이 14%라면 4년 후 현금흐름에 대한 연도 4의 가치는 얼마인가? 이 사업부의 현재가치는 얼마인가?

20. 당신의 회사는 새로이 제안된 운영부서를 평가하고자 한다. 당신은 향후 5년의 현금흐름을 예측해보았으며, 자본비용은 약 12%로 추정하였다. 당신은 지속가치를 추정하기 위해서 예측기간의 마지막 5년째 예측치를 다음과 같이 만들었다(단위 : $ 백만).

	연도 5
매출	1200
영업이익	100
순이익	50
가용현금흐름	110
주주지분의 장부가치	400

a. 5년 후의 가용현금흐름은 영구히 매년 2%씩 증가할 것으로 예측했다. 일정성장연금 공식을 이용하여 연도 5의 지속가치를 추정하라.

b. 운영 사업부와 동일한 산업 내에 있는 여러 회사를 확인한 결과, 동종업계 평균 P/E 비율은 30이다. 동종업계 P/E와 동일한 수준으로 연도 5의 사업부 P/E를 가정할 경우 지속가치를 추정하라.

c. 경쟁기업의 평균 시가/장부가 비율은 4.0이다. 시가/장부가 비율을 이용하여 지속가치를 추정하라.

21. 2008년 9월 IRS는 은행이 미래 소득공제를 목적으로 인수한 피인수 은행의 이월 결손금을 활용할 수 있도록 세법을 개정하였다. 파고 은행이 코비아 은행을 인수하여 이월 결손금 $74 십억을 취득했다고 가정하자. 만약 파고 은행이 미래에 연간 $10 십억의 과세 소득을 창출할 것으로 예측되면 인수된 이월 결손금의 현재가치는 얼마인가? 세율은 30%, 자본비용은 8%라고 가정한다.

프로젝트 분석

22. 11번 문제의 (b)에 있는 FCF 예측을 사용하여 아래와 같이 가정한 자본비용을 사용하여 홈넷 프로젝트의 NPV를 계산하라.

a. 10%

b. 12%

c. 14%

이 경우 프로젝트의 IRR은 무엇인가?

23. 5번 문제의 (a)에서 자본비용을 12%로 가정할 때 다음을 계산하라.

a. 연간 판매가격 하락 시 손익분기

b. 연간 판매량 증가 시 손익분기

24. 바우어는 자동차 제조업을 한다. 현재 경영진은 소형 트럭 생산을 위해 공장을 지으려는 계획을 평가하고 있다. 바우어는 이 프로젝트의 평가에 12%의 자본비용을 사용할 예정이다. 집중적인 연구분석을 통해서 회사는 이 프로젝트의 증분 가용현금흐름을 아래와 같이 계산하였다(단위 : $ 백만).

	연도 1	연도 1~9	연도 10
매출액		100.0	100.0
− 제조비용(감가상각비는 제외)		−35.0	−35.0
− 마케팅비용		−10.0	−10.0
− 감가상각비		−15.0	−15.0
= EBIT		40.0	40.0
− 세금(35%)		−14.0	−14.0
= 무차입 순이익		26.0	26.0
+ 감가상각비		+15.0	+15.0
− 순운전자본의 증가		−5.0	−5.0
− 자본지출	−150.0		
+ 지속가치			+12.0
= 가용현금흐름	−150.0	36.0	48.0

a. 표에서 제시된 기본 시나리오에서 소형 트럭 생산을 위한 공장의 NPV는 얼마인가?

b. 마케팅 부서의 자료를 바탕으로 할 때, 바우어는 매출액 추정에 대해 확신하지 못한다. 특히 경영진은 매출액에 대한 가정이 NPV에 미치는 민감도를 검토하려고 한다. 만일 매출액 추정치보다 매출액이 10% 높다면 이 프로젝트의 NPV는 얼마인가? 만일 10% 낮다면 NPV는 얼마인가?

c. 이 프로젝트의 현금흐름이 일정하다고 가정하기보다는 경영진은 매출액과 운영비용이 성장하는 경우 분석의 민감도를 알고 싶다. 특히 경영진은 매출액, 제조비용, 마케팅비용이 연도 1에는 표에서 제시된 바와 같고, 연도 2부터는 매년 2%씩 성장한다고 가정하려고 한다. 또한 최초의 자본 투자 (그리고 감가 상각비), 운전자본의 추가, 지속가치는 표에서와 같다고 가정한다. 이러한 가정의 변화를 감안한 NPV 는 얼마인가? 만일 매출액과 운영비용이 매년 2%가 아니라 매년 5%씩 성장한다면 NPV는 어떻게 달라지나?

d. 이 프로젝트에서 할인율의 민감도를 검토하기 위해서 경영진은 할인율의 변화에 따른 NPV를 계산하려고 한다. 할인율을 x축에 NPV를 y축으로 하고 할인율을 5%에서 30%로 하는 그래프를 작성하라. 프로젝트가 양(+)의 NPV를 가지는 할인율의 범위는 무엇인가?

*25. 빌링햄은 새로운 기계인 XC-750을 구매하여 생산능력을 확장하는 것을 고려하고 있다. XC-750의 비용은 $2.75 백만이다. 불행히도 이 기계를 설치하려면 몇 개월이 걸리고 생산을 일부 중단해야 한다. 회사는 XC-750 구매 결정 가능성 검토를 위해서 $50,000를 들여서 분석하였고, 다음과 같은 예측을 얻었다.

■ 마케팅 : XC-750이 내년에 활용되면, 추가 용량은 매년 $10 백만의 추가적인 매출액을 발생시키는데, 그것은 기계의 수명기간인 10년 동안 계속될 것이라고 예상된다.

■ 생산운영 : 기계 설치를 위한 생산 중단은 올해 매출액을 $5 백만만큼 줄일 것이다. 빌링햄의 기존 제품을 생산하는데, 새로운 XC-750의 생산원가는 매출가격의 70%로 예상된다. 생산량 증가로 인해 연도 0부터 프로젝트 존속 동안 보유 재고자산은 $1 백만 증가할 것이다.

■ 인적자원 : 확장으로 인해 추가적인 판매 및 관리 인원이 필요하고 매년 $2 백만의 비용을 초래할 것이다.

■ 회계 : XC-750은 10년의 수명 동안 정액상각으로 감가상각될 것이다. 회사는 새로운 매출로 인한 15% 의 추가적인 매출채권과 10%의 매출원가에 해당하는 매입채무를 예상한다. 빌링햄의 한계법인세율은 35%이다.

a. XC-750의 구매에서 발생하는 증분 이익을 결정하라.

b. XC-750의 구매에서 발생하는 가용현금흐름을 결정하라.

c. 만일 이러한 확장에 대한 적절한 자본비용이 10%라면 이 구매의 NPV는 얼마인가?

d. 확장으로 인해 예상되는 매출액이 매년 $10 백만이더라도, 예상 범위는 $8 백만에서 $12 백만이다. 최악의 경우에 NPV는 얼마인가? 최상의 경우에는?

e. 확장으로 인한 매출액의 손익분기 수준은 얼마인가? 매출원가의 손익분기 수준은 얼마인가?

f. 빌링햄은 대안으로 XC-900을 구매할 수 있다. 그것은 더 용량이 크다. XC-900의 비용은 $4 백만이다. 초과 용량은 운영 후 첫 2년 동안은 소용이 없지만 3~10년 사이에는 추가적인 매출을 가져올 것이다. 대용량 기계 구입을 정당화하기 위해서는 매년 어느 정도의 추가 매출이 발생해야 할까? (XC-750은 매년 $10 백만 이상이 예상된다.)

데이터 사례

당신은 IBM의 자본예산 수립부서에 채용되었다. 당신의 첫 번째 과제는 아이패드와 크기가 비슷하지만 고급 사양의 데스크톱 시스템의 운영능력을 갖춘 새로운 형태의 테블릿 PC의 순현금흐름과 NPV를 결정하는 것이다.

새로운 시스템의 개발은 2014년의 회계 연도 말에 IBM의 공장 및 기계설비(PPE)의 10%에 해당하는 최초 투자를 필요로 할 것이다. 이 사업은 1년 뒤에 최초 투자금액의 10%에 해당하는 추가 투자를 2년 뒤에는 최초 투자의 5% 증가금액을, 그리고 3년, 4년, 5년째는 각각 최초 투자의 1% 증가금액의 투자를 요구할 것이다. 이 제품의 수명은 5년으로 예상된다. 신제품의 첫해 매출액은 IBM의 2014년 회계 연도 총매출액의 3%가 될 것으로 예상된다. 신제품의 매출액은 2년째에 15%로 성장하고 3년에는 10%, 나머지 2년 동안은 각각 연간 5%씩 성장할 것으로 예상된다. 당신의 업무는 이 사업과 관련된 현금흐름을 결정하는 것이다. 당신의 상사는 운영비용과 순운전자본 필요액은 회사의 다른 제품과 유사할 것이며 자본예산 수립 목적에서 감가상각비는 정액상각법에 따른다고 알려주었다(실제 업무에 온 것을 환영한다!). 당신의 상사는 도움을 주는 타입이 아니며, 당신의 분석을 도와줄 몇 가지 힌트가 아래에 있다.

1. IBM의 재무제표를 구한다. (당신이 "실제로" IBM에서 일을 한다면 이미 이 자료는 가지고 있을 것이다. 그 대신 당신의 분석이 빗나가더라도 최소한 여기서는 해고될 일은 없다.) 4년 동안의 회계 연도에 해당하는 연간 손익계산서, 대차대조표(재무상태표), 현금흐름표를 Yahoo! Finance(finance.yahoo.com)에서 다운로드한다. IBM의 주식 심벌을 입력하고 "Financials(재무 정보)"로 들어 간다.

2. 이제 가용현금흐름을 계산할 준비가 되었다. 이 장의 식 (8.5)를 이용하여 매년의 가용현금흐름을 계산하라.

$$
\text{가용현금흐름} = \overbrace{(\text{매출액} - \text{비용} - \text{감가상각비}) \times (1 - \tau_c)}^{\text{무차입 순이익}}
$$
$$
+ \text{감가상각비} - \text{자본지출} - \Delta NWC
$$

시간선을 만들고 프로젝트 동안 매년 해당되는 가용현금흐름을 별도로 칸에 계산한다. 유출은 음수(−) 유입은 양수(+)임을 잊지 않는다.

   a. 프로젝트의 수익성이 IBM의 2014년 기존 사업의 수익성과 유사하다고 가정한다. 2014년 EBITDA/매출액 수익률을 이용하여 매년의 (수익 − 비용)을 추정한다. EBITDA는 현금흐름표의 EBIT + 감가상각비로 구한다.

   b. IBM이 자산을 5년 동안 정액상각법으로 감가상각한다는 가정에 의해 연간 감가상각비를 결정한다.

   c. IBM의 2014년 법인세율로 IBM의 세율을 결정한다.

   d. 매년 필요한 순운전자본을 계산한다. NWC의 수준이 프로젝트 매출액의 일정한 비율이라는 가정을 한다. IBM의 2014년 NWC/매출액을 사용하여 필요한 비율을 추정한다. [매출채권, 매입채무, 재고자산만을 가지고 운전자본을 계산한다. 유동자산과 유동부채의 다른 요소(예 : IBM의 현금보유액)는 해석하기 어렵고 프로젝트의 NWC를 반드시 반영한다고 하기 어렵다.]

   e. 가용현금흐름을 결정하기 위해서 매년의 추가적인 자본 투자와 순운전자본의 변화를 계산한다.

3. 엑셀을 이용하여 자본비용 12%에서의 프로젝트의 NPV를 결정한다. 또한 엑셀의 IRR 기능을 이용하여 IRR을 계산한다.

4. 프로젝트의 예측이 아래와 같이 변동함에 따라 민감도 분석을 실행한다.

   a. 첫해의 매출액이 IBM 매출액의 2~4%와 같을 것이라고 가정한다.

   b. 자본비용이 10~15%라고 가정한다.

   c. 매출액 성장률이 첫해 이후 0~10% 비율로 일정하다고 가정한다.

주석 : 이 사례 분석에 대한 갱신은 www.berkdemarzo.com에서 찾을 수 있다.

CHAPTER 8
부록

수정가속 감가상각법

미국 세법은 대부분 자산의 가속감가상각을 허용한다. 감가상각법은 자산을 사용하기 시작하면서 사실 모든 자산에 적용할 수 있다. (의회가 감가상각 법규를 여러 차례 바꾸어서 많은 기업은 오래된 자산의 경우에 동시에 여러 가지 감가상각법을 사용하고 있다.)

1986년 이후 거의 모든 재산에 대해 이 국세청(IRS)은 수정가속 감가상각법을 사용하도록 허용했다. 이 방법에서 자산의 비용을 처리할 수 있는 상각 기간을 결정하기 위해 각 개별 자산을 분류에 따라 나눈다. 가장 일반적으로 사용되는 자산을 기준으로 분류하면 아래와 같다.

- 3년 자산 : 트랙터, 2년 초과한 경주마, 12년 초과한 말
- 5년 자산 : 자동차, 버스, 트럭, 컴퓨터와 주변기기, 사무기계, 연구 실험용 기자재, 번식 및 낙농용 가축
- 7년 자산 : 사무용 가구, 다른 분류에 속하지 않는 자산
- 10년 자산 : 물 운송설비, 단일 목적의 농업용 혹은 원예용 구조물, 과일이나 견과류가 열리는 나무 혹은 식물
- 15년 자산 : 펜스, 도로, 다리 등 토지를 위한 상각되는 설치물
- 20년 자산 : 농업용이나 원예용이 아닌 농장의 구조물
- 27.5년 자산 : 거주용 혹은 임대용 재산
- 39년 자산 : 가정용 사무실 포함한 비거주용 건축물(토지가치는 상각되지 않음)

일반적으로 거주용과 비거주용 재산은 정액감가상각법으로 상각되지만, 다른 분류에 속한 자산은 초기에 더 많이 감가상각된다. 표 8A.1은 상각기간에 따른 자산별 표준 감가상각 비율을 보여준다. 이 표를 세밀화해서 사용되기 시작한 월부터 적용할 수 있을 것이다(IRS 자료 참조). 이 표는 매년 감가상각 금액을 자산의 비용에 대한 퍼센트를 보여준다. 0년은 이 자산이 처음 사용되기 시작한 연도이다. 일반적으로 0년은 자산의 취득 연도인데 "반년" 관례에 따라서 취득 연도에는 감가상각의 절반을 허용한다. 그것이 첫해의 감가상각 비율이 2년 차의 비율보다 작은 이유이다.

| 표 8A.1 | 상각 기간에 따라 매년 상각될 비용의 퍼센트를 보여주는 수정가속 감가상각표 |

	상각 기간에 따른 감가상각 비율					
연도	3년	5년	7년	10년	15년	20년
1	33.33	20.00	14.29	10.00	5.00	3.750
2	44.45	32.00	24.49	18.00	9.50	7.219
3	14.81	19.20	17.49	14.40	8.55	6.677
4	7.41	11.52	12.49	11.52	7.70	6.177
5		11.52	8.93	9.22	6.93	5.713
6		5.76	8.92	7.37	6.23	5.285
7			8.93	6.55	5.90	4.888
8			4.46	6.55	5.90	4.522
9				6.56	5.91	4.462
10				6.55	5.90	4.461
11				3.28	5.91	4.462
12					5.90	4.461
13					5.91	4.462
14					5.90	4.461
15					5.91	4.462
16					2.95	4.461
17						4.462
18						4.461
19						4.462
20						4.461
21						2.231

주식의 가치평가

2006년 1월 16일 신발 및 의류 제조업체인 케네스 콜은 폴 블룸 사장이 사직한다고 발표했다. 회사 주식의 가격은 이미 지난 2년간 16% 이상 하락했고, 주요 브랜드의 구조 조정을 이미 진행하고 있었다. 15년 이상 회사를 운영하던 사장이 사직한다는 것은 많은 투자자들에게 나쁜 소식으로 인식되었다. 다음날 뉴욕증권거래소(NYSE)에서 케네스 콜의 주가는 6% 이상 하락하여 $26.75가 되었고 거래량은 평균 거래량의 2배가 넘는 약 30만 주를 기록하였다. 투자자는 케네스 콜과 같은 주식을 이 가격에 사거나 파는 결정을 어떻게 내리는 것일까? 이러한 뉴스의 발표에 주식의 가격이 갑자기 6% 이상 하락하는 이유는 무엇일까? 케네스 콜의 경영자라면 주가를 올리기 위해서 어떤 조치를 취해야 할까?

이러한 질문에 답하기 위해서 우리는 일물일가의 법칙을 설정한다. 일물일가의 법칙이란 증권의 가격은 증권 투자자가 증권을 보유함으로써 받게 될 것이라고 기대되는 현금흐름의 현재가치와 같아야 한다는 것이다. 이 장에서 우리는 이 원칙을 주식에 적용한다. 따라서 주식을 가치평가하기 위해서 투자자가 받을 것으로 기대되는 현금흐름과 그러한 현금흐름을 할인하는 데 사용할 적절한 자본비용(할인율)을 알아야만 한다. 현금흐름과 자본비용을 예측하는 것은 어려운 작업이기 때문에 두 가지 추정을 위해서 필요한 상세한 내용을 교재 전반에 걸쳐 설명할 것이다. 이 장에서 우선 관련된 현금흐름을 인식하고 실무자들이 그것을 평가하는 데 사용하는 주요 방법들로 확장해 가면서 주식가치 평가의 학습을 시작할 것이다.

우리의 분석은 상이한 기간에 주식을 보유하는 투자자가 받는 배당금과 자본이득을 검토하는 것을 시작으로 주식가치 평가의 배당할인모형(dividend discount model)으로 발전한다. 그다음에 기업이 창출한 잉여현금흐름(가용현금흐름)을 기초로 하는 주식의 평가에 제8장에서 소개한 방법을 적용한다. 할인된 현금흐름을 기초로 하는 주식가치 평가 방법을 학습한 후에, 이러한 가치평가법들이 비교기업을 기반으로 하는 가치평가 배수를 사용하는 실무와 연관되도록 한다. 마지막으로 주식가격에 포함되는 정보를 결정하는 데 있어서 경쟁의 역할과 투자자와 기업 경영자에게 주는 경쟁의 시사점을 토론하면서 장을 마무리한다.

9.1 배당할인모형

일물일가의 법칙은 어느 증권의 가치를 평가하기 위해서는 투자자가 증권을 보유하면서 받게 될 것으로 기대되는 현금흐름을 결정해야만 한다는 것을 의미한다. 따라서 1년의 투자 기간을 가진 투자자의 현금흐름을 고려하여 주식의 가치평가에 대한 분석을 시작한다. 다음으로 보다 장기의 투자 기간을 가진 투자자의 관점을 검토한다. 만일 투자자들이 동일한 기대를 가진다면, 투자자의 주식가치 평가는 투자 기간에 의존하지 않는다는 것을 보여준다. 이러한 결과를 이용하여 우리는 첫 번째 주식의 가치평가 모형인 배당할인모형(dividend-discount model)을 도출한다.

1년 투자자

주식의 보유를 통해 얻는 두 가지 현금흐름의 잠재적 원천을 생각할 수 있다. 첫째, 기업은 배당금의 형태로 주주에게 현금을 지급할 수 있다. 둘째, 투자자는 미래의 어느 시점에 주식을 매도하여 현금을 발생시킬 수 있다. 배당금과 주식의 매도로 얻게 되는 총현금은 투자자의 투자 기간에 의존할 것이다. 우선 1년 투자자의 관점을 고려해보자.

투자자가 주식을 매입하면 그녀는 주식에 대해 현재의 시장가격인 P_0를 지급할 것이다. 주식을 보유하는 동안 그녀는 주식에 지급되는 배당금을 받을 자격이 있다. 1년 동안 투자자에게 지급되는 주당 총배당금을 Div_1이라 하자. 연말에 투자자는 새로운 시장가격인 P_1에 주식을 매도할 것이다. 단순화를 위해서 모든 배당금은 연말에 지급된다고 가정하면, 투자의 시간선은 아래 그림과 같다.

$$\begin{array}{ccc} 0 & & 1 \\ \vert & \rule{3cm}{0.4pt} & \vert \\ -P_0 & & Div_1 + P_1 \end{array}$$

물론 이 시간선 위의 미래 배당 지급액과 미래 주식가격은 확실히 알려진 것은 아니다. 대신에 이 가치들은 주식의 매수시점 투자자의 기대에 기초한다. 이러한 기대치가 주어지면, 투자자는 거래의 NPV가 음수가 아닌 한, 시가가 기대 미래 배당금과 매도가격의 현재가치를 초과하지 않는 한, 오늘의 가격에 주식을 매수할 의도가 있을 것이다. 이러한 현금흐름은 위험하기 때문에 무위험 이자율로 현재가치를 계산하지 않는다. 대신에 우리는 주식을 평가하기 위해서는 **자기자본 비용**(equity cost of capital)인 r_E로 할인해야만 한다. 그것은 기업의 주식과 동등한 위험에 이용 가능한 다른 투자안의 기대 수익률이다. 자기자본 비용을 포함하면 투자자가 주식의 매수를 희망할 수 있는 조건은 다음과 같다.

$$P_0 \leq \frac{Div_1 + P_1}{1 + r_E}$$

마찬가지로 주식을 매도하려는 투자자의 입장에서는 내년까지 기다려서 매도하는 경우에 받게 될 금액의 현재가치만큼 최소한 받아야만 한다.

$$P_0 \geq \frac{Div_1 + P_1}{1 + r_E}$$

그러나 주식의 모든 매수자에게는 상대방 매도자가 있기 때문에 두 수식은 모두 성립되어야 하고 결국 주식가격은 아래 수식을 만족한다.

$$P_0 = \frac{Div_1 + P_1}{1 + r_E} \tag{9.1}$$

다시 말해서 제3장에서 이해하였듯이 경쟁적인 시장에서, 주식의 매수와 매도는 영(zero)의 NPV 투자 기회여야만 한다.

배당 수익률, 자본이득률, 총수익률

식 (9.1)에 $(1 + r_E)$을 곱하고 P_0로 나눈 후 양변에서 1을 빼면 다시 해석할 수 있다.

총수익률

$$r_E = \frac{Div_1 + P_1}{P_0} - 1 = \underbrace{\frac{Div_1}{P_0}}_{\text{배당 수익률}} + \underbrace{\frac{P_1 - P_0}{P_0}}_{\text{자본이득률}} \tag{9.2}$$

식 (9.2) 우변의 첫 번째 항은 주식의 **배당 수익률**(dividend yield)인데, 이는 주식에서 기대되는 연간 배당금을 현재의 주가로 나눈 값이다. 배당 수익률은 투자자가 주식으로부터 배당금 지급 형태로 얻을 것으로 기대하는 수익률이다. 식 (9.2) 우변의 두 번째 항은 투자자가 주식에서 얻게 될 **자본이득**(capital gain)을 반영한다. 자본이득은 주식의 매수 가격과 기대하는 매도 가격의 차이로 $P_1 - P_0$이다. 자본이득을 현재의 주가로 나누게 되면 **자본이득률**(capital gain rate)이라는 자본이득을 표현하는 수익률을 얻게 된다.

배당수익률과 자본이득률의 합이 주식의 **총수익률**(total return)이다. 총수익률은 투자자가 주식의 1년 투자로 얻게 될 기대 수익률이다. 따라서 식 (9.2)는 주식의 총수익률이 자기자본 비용과 같아야만 한다는 것을 보여준다. 다시 말해서 주식의 기대 총수익률은 시장에서 이용 가능한 동일한 위험을 가진 다른 투자의 기대 수익률과 같아야만 한다.

주식가격과 수익률   예제 9.1

문제

당신은 월그린이 연간 주당 $1.40의 배당금을 지급하고 내년 말에 주가는 $80가 될 것이라고 기대하고 있다. 월그린 주식과 동일한 위험을 가진 투자의 기대 수익률은 8.5%이다. 월그린 주식을 위해 최대한 얼마를 지불하겠는가? 배당수익률과 자본이득률은 얼마가 될 것으로 예상하는가?

풀이

식 (9.1)을 이용하여 주식가격 P_0를 구한다.

$$P_0 = \frac{Div_1 + P_1}{1 + r_E} = \frac{1.40 + 80.00}{1.085} = \$75.02$$

이 가격에서 월그린의 배당 수익률은 $Div_1/P_0 = 1.40/75.02 = 1.87\%$이다. 또한 기대 자본이득은 $80.00 - $75.02 = $4.98이며, 자본이득률은 $4.98/75.02 = 6.63\%$이다. 따라서 이 가격에 월그린의 기대 총수익률은 $1.87\% + 6.63\% = 8.5\%$이고, 그것은 자기자본 비용과 같다.

공매도의 원리

주식의 기대 총수익률이 같은 정도의 위험이 있는 다른 투자의 수익률보다 낮다면 주식을 보유한 투자자는 매도하고 다른 곳에 투자할 것이다. 그러나 만일 당신이 주식을 보유하지 않고 있다면 이런 상황에서 이익을 얻을 수 있을까?

정답은 그렇다는 것이다. 주식을 공매도하는 것이다. 주식을 공매도하려면 주식 브로커(증권회사)에 연락을 해야 하는데, 브로커는 현재 주식을 소유하고 있는 누군가로부터 주식을 빌리려고 할 것이다.* 브로커가 관리하는 계좌에 존 도가 주식을 소유하고 있다고 가정해보자. 당신의 브로커는 계좌에 있는 존의 주식을 당신에게 빌려주고 당신은 현재의 주식가격에 시장에서 그 주식을 매도할 수 있다. 물론 어느 시점에 당신은 시장에서 주식을 매수하여 존의 계좌에 돌려주고 공매도 포지션을 정리해야 한다. 그 기간에 당신에게 주식을 빌려준 존 도가 손해를 보아서는 안 되기 때문에 주식이 지불하는 모든 배당금은 그에게 지불해야만 한다.**

아래 표는 주식을 매수하는 현금흐름과 공매도 현금흐름을 비교하고 있다.

	시점 0	시점 t	시점 1
주식 매수의 현금흐름	$-P_0$	$+Div_t$	$+P_1$
주식 공매도의 현금흐름	$+P_0$	$-Div_t$	$-P_1$

투자자가 주식을 공매도하면, 우선 현재 주식의 가격을 받는다. 그리고 공매도 포지션이 열려 있는 동안에는 모든 배당금을 지불해야만 한다. 마지막으로 포지션을 닫기 위해서 미래 주식가격을 지급해야 한다. 이러한 현금흐름은 정확하게 주식 매수의 현금흐름과 반대가 된다.

현금흐름이 반대이기 때문에 투자자는 주식을 공매도하면 수익률을 받는 대신에 주식을 빌려온 사람에게 수익률을 지불해야만 한다. 만일 이 수익률이 당신이 동등한 위험을 가진 대안이 되는 투자에 자금을 투자하여 얻을 것으로 기대하는 것보다 낮다면 이 전략은 양(+)의 NPV를 가진 매력적인 것이다.† (그런 종류의 전략은 제11장에서 더 논의한다.)

실무에서 공매도는 통상적으로 일부 투자자가 주식에 대하여 걸겠다는 희망을 반영한다. 예를 들어 2008년 7월에 서브프라임 모기지에 노출되어 워싱턴 뮤추얼은 파산 직전에 있었다. 주식가격이 전년에 비해 90% 이상 하락하였음에도 불구하고, 많은 투자자들은 주식이 여전히 매력적이지 못하다고 느꼈다. 워싱턴 뮤추얼의 **공매도 총액**(short interest, 공매도된 주식의 수)은 500 백만 주를 초과했는데, 그것은 발행주식 수의 50%를 넘는 것이었다.

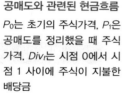

공매도와 관련된 현금흐름
P_0는 초기의 주식가격, P_1은 공매도를 정리했을 때 주식가격, Div_t는 시점 0에서 시점 1 사이에 주식이 지불한 배당금

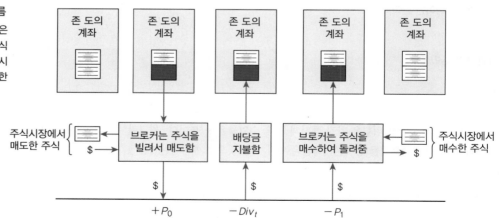

---

* 초기에 주식의 대여자를 찾지 않고 주식을 매도하는 것을 무차입 공매도(naked short sale)라 하며 SEC에 의해 금지되어 있다.

** 실제로는 존 도가 당신이 그의 주식을 빌리는 것을 알지 못한다. 그는 계속 배당금을 받으며, 주식이 필요하면 브로커가 (1) 또 다른 사람에게서 주식을 빌리거나 (2) 공매도자에게 포지션을 정리하고 시장에서 주식을 매수하도록 강제한다.

† 통상적으로 브로커는 주식의 대여자를 찾는 데 수수료를 부과하고 공매도자에게 차후에 주식을 매수하는 능력을 보증하는 담보를 제공하도록 요구한다. 공매도의 이러한 비용은 특별한 상황이 아니면 비교적 작은 규모이다.

식 (9.2)의 결과는 우리의 예상과 일치한다. 기업은 같은 위험을 감수하고 다른 곳에서 얻을 수 있는 수익률에 상응하는 수익률을 투자자에게 지불해야만 한다. 만일 어느 주식이 같은 위험을 가진 다른 증권보다 높은 수익률을 제공하면 투자자는 낮은 수익률의 투자를 매각하고 높은 수익률의 주식을 매수할 것이다. 이러한 행위는 식 (9.2)가 성립될 때까지 높은 수익률 주식의 현재가치를 상승시키고 배당수익률과 자본이득률을 낮추게 된다. 만일 주식이 낮은 기대 수익률을 제공한다면, 식 (9.2)가 만족되는 수준까지 투자자는 주식을 매도하고 이는 주가를 낮추게 된다.

다기간 투자자

식 (9.1)은 1년 뒤 예상 주가인 P_1에 의존한다. 그러나 주식을 1년 더 보유하여 2년간 보유하기로 한다면 배당금으로 주식을 매도하기 전에 1년치와 2년치를 받게 되고 시간선은 아래와 같이 표현된다.

$$\begin{array}{c@{\hspace{3cm}}c@{\hspace{3cm}}c}
\mathbf{0} & \mathbf{1} & \mathbf{2} \\[-2pt]
\vert & \vert & \vert \\[-4pt]
-P_0 & Div_1 & Div_2 + P_2
\end{array}$$

주식가격을 미래 현금흐름의 현재가치와 같다고 하면 이 경우 식 (9.3)으로 표현된다.[1]

$$P_0 = \frac{Div_1}{1 + r_E} + \frac{Div_2 + P_2}{(1 + r_E)^2} \tag{9.3}$$

식 (9.1)과 식 (9.3)은 다르다. 식 (9.1)에서 나타나지 않았던 2년째 배당금과 2년 말의 주식가격을 2년 투자자는 고려하고 있다. 이런 차이는 2년 투자자가 1년 투자자의 주식가치 평가와 다르게 주식을 평가하는 것을 의미할까?

정답은 "아니다"이다. 1년 투자자는 2년째 배당금과 주가에 대하여 직접적으로 고려하지는 않지만, 간접적으로는 고려하고 있다. 왜냐하면 2년째 현금흐름은 1년 말에 주식을 매도할 수 있는 가격에 영향을 주기 때문이다. 예를 들어 1년 투자자가 보유한 주식을 같은 기대를 가지고 있는 다른 1년 투자자에게 매도한다고 가정하자. 새로운 1년 투자자는 2년 말에 배당금과 주식가격을 받을 것으로 기대할 것이며, 1년 말에 주식에 대한 가격으로 아래 P_1을 지불하려 할 것이다.

$$P_1 = \frac{Div_2 + P_2}{1 + r_E}$$

식 (9.1)의 P_1에 위 식을 대입하면 우리는 식 (9.3)을 얻을 수 있다.

$$P_0 = \frac{Div_1 + P_1}{1 + r_E} = \frac{Div_1}{1 + r_E} + \frac{1}{1 + r_E} \overbrace{\left(\frac{Div_2 + P_2}{1 + r_E} \right)}^{P_1}$$

$$= \frac{Div_1}{1 + r_E} + \frac{Div_2 + P_2}{(1 + r_E)^2}$$

---

1 동일한 자기자본 비용을 양 기간에 사용하였는데, 이는 자기자본 비용이 현금흐름의 기간과 무관하다고 가정한 것이다. 그렇지 않으면, 자기자본 비용의 기간구조를 조정할 필요가 있다(제5장에서 무위험 현금흐름의 수익률 곡선에서 다루었던 것처럼). 이 과정은 분석을 복잡하게 할 수 있지만 결과를 크게 바꾸지는 않는다.

따라서 2년 투자자의 주가 공식은 1년 투자자 2명의 연속적인 투자와 같다.

배당할인모형의 수식

우리는 마지막 주가를 주식의 다음 기 주식 보유자가 지불하려는 가치로 대체하면서 앞서 행했던 과정을 여러 기간으로 확장할 수 있다. 결과적으로 임의의 N 기간을 가진 주식가격의 일반화된 **배당할인모형** (dividend-discount model)에 도달할 수 있다.

배당할인모형

$$P_0 = \frac{Div_1}{1 + r_E} + \frac{Div_2}{(1 + r_E)^2} + \cdots + \frac{Div_N}{(1 + r_E)^N} + \frac{P_N}{(1 + r_E)^N} \tag{9.4}$$

식 (9.4)는 N년 동안의 배당금을 받고 주식을 매도하는 단일의 N년 투자자에게 적용하거나 혹은 더 짧은 기간 주식을 보유하고 매도하는 여러 명의 연속적인 투자자들에게 적용할 수 있다. 식 (9.4)는 어떠한 시점 N이든 적용이 가능하다. 따라서 (같은 기대를 하는) 모든 투자자는 자신의 투자 기간에 상관없이 어떤 주식에 대해 동일한 가치를 부여할 것이다. 얼마나 오랫동안 주식을 보유할 의도인가 혹은 배당금이나 자본이득 중 어느 쪽으로 수익을 취할 것인가는 무관하다. 만일 기업이 계속 배당을 지불하고 합병이 되지 않는 특별한 경우를 가정하면, 주식을 영원히 보유하는 것도 가능하다. 결과적으로 식 (9.4)에서 N을 무한대로 보내고 다음과 같이 표현할 수 있다.

$$P_0 = \frac{Div_1}{1 + r_E} + \frac{Div_2}{(1 + r_E)^2} + \frac{Div_3}{(1 + r_E)^3} + \cdots = \sum_{n=1}^{\infty} \frac{Div_n}{(1 + r_E)^n} \tag{9.5}$$

즉, 주식가격은 기업이 미래에 지불하는 기대 배당금의 현재가치와 같다.

개념 확인

1. 주식의 총수익률은 어떻게 계산하는가?
2. 주식의 미래 현금흐름을 할인하기 위해 당신이 사용하는 할인율은 무엇인가?
3. 동일한 기대를 가진 단기투자자와 장기투자자가 어떤 주식에 같은 가격을 지불할 의향을 갖는 이유는 무엇인가?

9.2 배당할인모형의 적용

식 (9.5)는 기업이 미래에 지불할 것으로 기대되는 배당금으로 주식의 가치를 표현한다. 물론 배당금의 (특히 먼 미래의 배당금) 예측은 어려운 일이다. 장기 배당금 예측에서 일반적으로 이용하는 근사치는 배당금이 일정한 비율로 성장한다는 것이다. 이번 절에서 이러한 가정이 주식가격에 대하여 의미하는 바를 고려할 것이며 배당금과 성장의 상충관계(trade-off)를 알아볼 것이다.

일정배당성장

기업의 미래 배당금에 대한 가장 단순한 예측은 배당금이 일정한 비율 g로 영원히 성장한다는 것이다. 이제 오늘 주식을 매입하여 보유하는 투자자에게는 아래의 현금흐름 시간선이 주어진다.

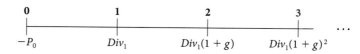

기대 배당금이 일정한 비율로 성장하는 영구연금이기 때문에 현재가치를 계산하기 위해 식 (4.11)을 사용할 수 있다. 그러면 주식가격에 대한 단순한 수식을 아래와 같이 얻을 수 있다.[2]

일정배당성장 모형

$$P_0 = \frac{Div_1}{r_E - g} \tag{9.6}$$

일정배당성장 모형(constant dividend growth model)에 따르면, 기업의 가치는 다음기 배당금을 주식 비용에서 기대 배당 성장률로 조정한 것으로 나눈 값에 의존한다.

일정배당성장을 이용한 기업의 가치평가　　　　　　　　　　　　　　　　　　**예제 9.2**

문제

에디슨 사는 뉴욕시 지역에서 전력 및 가스를 공급하는 회사이다. 에디슨은 돌아오는 해에 배당금으로 주당 $2.60를 지급하려고 계획 중이다. 자기자본 비용이 6%이고 배당금이 미래에 연간 2%씩 성장한다고 하면, 에디슨의 주식은 얼마로 예측할 수 있나?

풀이

배당금은 일정한 비율 2%로 성장하는 영구연금으로 식 (9.6)을 이용하여 에디슨 주식의 가치평가를 할 수 있다.

$$P_0 = \frac{Div_1}{r_E - g} = \frac{\$2.60}{0.06 - 0.02} = \$65$$

식 (9.6)에 대한 다른 해석을 위해 아래와 같이 변형할 수 있다.

$$r_E = \frac{Div_1}{P_0} + g \tag{9.7}$$

식 (9.7)을 총수익률 식 (9.2)와 비교하면, 배당 성장률 g는 기대 자본이득률과 같다. 다시 말해서 일정성장 배당금을 가진 기업의 주식가격 기대성장률은 배당금의 성장률과 동일하다.

배당과 투자 그리고 성장

식 (9.6)에서 기업의 주식가격은 현재의 배당금 수준(Div_1)과 기대성장률(g)이 커지면 증가한다. 따라서 주식가격을 극대화하기 위해서 기업은 위 두 가지 숫자를 모두 올리려고 할 것이다. 그러나 기업은 곧 상충관계에 직면하게 된다. 성장률을 올리려면 투자를 늘려야 하는데 투자에 투입되는 돈은 배당금 지불에 사용할 수는 없다. 이러한 상충관계에서 통찰력을 얻기 위해 일정배당성장 모형을 활용할 수 있다.

단순성장 모형　기업의 배당 성장률을 무엇이 결정하는가? 만일 기업의 **배당성향**(dividend payout rate)을 순이익 중에서 매년 배당금으로 기업이 지불하는 부분으로 정의한다면 어느 시점 t의 주당 배당금은

2　제4장에서 살펴봤듯이 이 수식은 $g < r_E$를 만족해야 한다. 그렇지 않으면 성장하는 영구연금의 현재가치는 발산하게 된다. 이것이 의미하는 것은 주식의 배당 성장률이 자본비용보다 영구히 클 수는 없다는 것이다. 만일 성장률이 r_E를 초과하게 되면, 일시적인 것이며, 일정성장 모형은 적용할 수 없다.

존 버 윌리엄스의 투자가치의 이론

배당할인모형이 처음 정식으로 도출된 것은 1938년 존 버 윌리엄스(John Burr Williams)가 저술한 **투자가치의 이론**(*Theory of Investment Value*)으로 볼 수 있다. 윌리엄스는 정식의 분석적 방법을 이용하여 도출한 어떤 원칙에 의존하는 기업재무를 처음으로 제시하였기 때문에, 그 책은 기업재무 연구사에 획기적인 사건이었다. 윌리엄스는 서문에서 다음과 같이 기술하였다.

수학적 방법이 그것을 사용함으로써 "투자 분석"에 주목할 만한 발전을 가져오는 강력하고 새로운 도구라는 것은 진실이다. 새로운 도구의 발명이 새로운 발견의 열쇠가 되는 것은 과학의 역사에서 항상 그러하였다. 동일한 법칙이 경제학 분야에서도 성립할 것으로 예상된다.

당시에 윌리엄스의 책은 널리 이해될 수 없었다. 실제로 하버드대학교에서 그의 박사학위 논문의 인정 여부에 대해 활발한 토론이 있었다는 것은 이야깃거리였다. 그러나 윌리엄스는 매우 성공적인 투자자가 되었고, 1989년에 사망하기까지 기업재무에서 수학적 방법의 중요성에 대해 논란의 여지는 없어졌고, 또한 그의 "새로운" 방법에서 생겨난 발견들은 실무를 크게 바꾸었다. 오늘날 윌리엄스는 "기본적 분석"의 창시자로 간주되며, 그의 저서는 재무제표의 사전 예측 모델과 가치평가 과정에서 현금흐름의 이용을 개척한 것으로 평가되며, 동시에 그의 아이디어 대부분은 현대 재무 이론의 핵심이기도 하다(그의 기여에 관하여는 제14장 참조).

아래와 같이 쓸 수 있다.

$$\text{배당금}_t = \underbrace{\frac{\text{순이익}_t}{\text{발행주식 수}_t}}_{\text{주당 순이익}(EPS_t)} \times \text{배당성향}_t \tag{9.8}$$

즉, 어떤 해의 배당금은 기업의 주당 순이익(EPS)에 배당성향을 곱한 것과 같다. 따라서 기업은 배당금을 아래 세 가지 방법으로 증가시킬 수 있다.

1. 순이익을 증가시킨다.
2. 배당성향을 증가시킨다.
3. 발행주식 수를 감소시킨다.

기업이 신주를 발행하거나 자사주 매입을 하지 않는다고 가정하면 발행주식 수는 고정되었다고 볼 수 있다. 따라서 1과 2의 잠재적으로 상충되는 선택에 직면하게 된다.

기업은 순이익과 관련하여 두 가지 중 하나를 할 수 있다. 투자자에게 순이익을 지불하거나 혹은 유보해서 기업에 재투자한다. 오늘 현금을 더 투자하면 미래의 순이익과 배당금을 증가시킬 수 있다. 쉽게 정리하면 기업이 투자하지 않으면 성장하지 않고, 기업이 창출한 현재 수준의 순이익은 일정하게 유지된다. 만일 미래의 순이익 모든 증가가 순전히 유보된 이익의 새로운 투자에서 온다면 식 (9.9)의 관계를 얻는다.

$$\text{순이익의 변화} = \text{신규투자} \times \text{신규투자의 수익률} \tag{9.9}$$

신규투자는 기업의 순이익에 **유보율**(retention rate)을 곱한 것과 같다. 유보율은 현재의 순이익에서 기업이 유보하는 부분이다.

$$\text{신규투자} = \text{순이익} \times \text{유보율} \tag{9.10}$$

식 (9.9)를 식 (9.10)으로 대체하고 순이익으로 나누면 순이익 성장률의 식으로 표현할 수 있다.

$$\text{순이익 성장률} = \frac{\text{순이익의 변화}}{\text{순이익}}$$

$$= \text{유보율} \times \text{신규투자의 수익률} \qquad (9.11)$$

만일 기업이 배당성향을 일정하게 유지한다면 배당 성장률(g)은 순이익 성장률과 같아진다.

$$g = \text{유보율} \times \text{신규투자의 수익률} \qquad (9.12)$$

이 성장률을 때로는 기업의 **지속가능 성장률**(sustainable growth rate)이라고 하며, 오직 유보된 이익만을 이용하여 성장할 수 있는 비율이다.

수익성 있는 성장   식 (9.12)는 기업이 순이익을 많이 유보함으로써 성장률을 증가시킬 수 있음을 보여준다. 기업이 좀 더 많이 유보하게 되면 배당성향은 줄어들게 되고 식 (9.8)에 의해 단기에 배당금을 줄여야만 한다. 만일 주가를 올리길 원한다면 배당을 줄이고 투자를 늘려야 할까, 아니면 투자를 줄이고 배당을 늘려야 할까? 당연히 이 질문에 대합 해답은 기업의 투자 수익률에 달려 있다. 아래 예제 9.3을 살펴보자.

수익성 있는 성장을 위한 배당 삭감	예제 9.3

문제

크레인 스포팅 굿즈는 올해 주당 $6의 순이익을 예상하고 있다. 순이익을 재투자하여 성장하기 보다는 모든 순이익을 배당금으로 지급할 계획이다. 성장이 없다는 예상하에 크레인의 현재 주가는 $60이다.

만일 크레인이 가까운 미래에 배당성향을 75%로 낮추고 유보 이익으로 새로운 점포를 여는 데 투자한다고 가정하자. 이러한 신규 점포의 투자 수익률은 12%로 기대된다. 기업의 자기자본 비용은 변화가 없다고 가정하면, 새로운 정책이 크레인의 주가에 어떤 영향을 주겠는가?

풀이

우선 자기자본 비용을 산출해야 한다. 다음으로 새로운 정책하에서 크레인의 배당금과 성장률을 결정해야 한다. 현재 크레인은 $6의 주당 순이익과 동일하게 배당금을 지불하려고 계획하고 있다. 크레인의 배당수익률은 $6/$60 = 10%이다. 성장을 기대하지 않는다면($g=0$), 식 (9.7)을 이용하여 자기자본 비용(r_E)을 추정할 수 있다.

$$r_E = \frac{Div_1}{P_0} + g = 10\% + 0\% = 10\%$$

다시 말해서 크레인의 현재 정책하에서 주식가격을 정당화하기 위해서 동일한 위험이 있는 시장의 다른 주식의 기대 수익률이 10%여야 한다.

다음으로 새로운 정책의 결과를 고려한다. 만일 크레인이 배당성향을 75%로 낮춘다면, 식 (9.8)을 이용하여 새로운 배당금을 계산하면, $Div_1 = EPS_1 \times 75\% = \$6 \times 75\% = \$4.50$가 된다. 동시에 회사는 순이익의 25%를 새로운 점포에 신규투자하기 위해서 유보할 것이고 식 (9.12)에 따라 성장률은 증가한다.

$$g = \text{유보율} \times \text{신규투자의 수익률} = 0.25 \times 0.12 = 3\%$$

크레인이 이러한 성장률로 지속적으로 성장한다고 가정하면, 식 (9.6)인 일정배당성장 모형에 따라 주식가격은 $64.29가 된다.

$$P_0 = \frac{Div_1}{r_E - g} = \frac{\$4.50}{0.10 - 0.03} = \$64.29$$

따라서 크레인이 배당을 줄이고 순이익의 일부를 자기자본 비용(10%)보다 높은 수익률(12%)을 내는 프로젝트에 한다면 크레인의 주가는 $60에서 $64.29로 증가한다. 이러한 프로젝트는 양(+)의 NPV를 가지고 있고 크레인이 그런 프로젝트를 선택하는 것은 주주에게 가치를 창출하는 것이다.

예제 9.3에서 성장을 위해서 기업의 배당금을 줄이는 것이 주가를 올리고 있음을 보여준다. 그러나 모든 경우에 다 그런 것은 아니다. 다음 예제를 살펴보자.

예제 9.4 | 수익성 없는 성장

문제

크레인이 예제 9.3에서처럼 배당성향을 75%로 줄이고 신규점포에 투자한다고 가정해보자. 그러나 신규투자의 수익률은 12%가 아니라 8%라고 추정된다. 주당 순이익은 $6, 자기자본 비용은 10%로 예제 9.3과 동일하게 주어질 경우에 크레인의 주가는 어떻게 될까?

풀이

예제 9.3과 같이 크레인의 배당금은 $6×75% = $4.50가 된다. 새로운 정책에서 성장률은 g = 25%×8% = 2%로 낮아진다. 크레인의 새로운 주가는 $56.25가 된다.

$$P_0 = \frac{Div_1}{r_E - g} = \frac{\$4.50}{0.10 - 0.02} = \$56.25$$

따라서 크레인이 새로운 정책 아래에서 성장한다고 하지만, 신규투자는 음(−)의 NPV를 가진다. 유사한 위험을 가진 다른 투자에서 10%를 얻을 수 있는 데, 배당금을 줄여서 신규투자한 프로젝트의 수익률이 8%에 불과하기 때문에 크레인의 주가는 하락한다.

예제 9.3과 예제 9.4를 비교해보면, 기업의 배당 삭감의 효과가 계획하고 있는 신규투자의 수익률에 전적으로 달려 있음을 알 수 있다. 예제 9.3에서 신규투자 수익률은 12%로 자기자본 비용인 10%를 초과하고 있어서 투자는 양(+)의 NPV를 가진다. 반면에 예제 9.4는 신규투자 수익률이 8%로 (순이익의 성장이 있더라도) 신규투자는 음(−)의 NPV를 가진다. 따라서 **투자를 늘리기 위해 기업의 배당금을 감소시켜 주식가격을 상승시키는 것은 신규 투자가 양(+)의 NPV를 가지는 경우에만 한정된다.**

성장률의 변화

성공적인 신설기업은 때때로 초기에 매우 높은 이익 성장률을 보여준다. 이러한 고성장의 시기에 기업은 수익성 있는 투자 기회를 이용하기 위해서 순이익의 100%를 유보하기도 한다. 기업이 성숙해 가면서 성장은 낮은 비율로 늦춰지고 전형적인 기존의 기업에 가까워진다. 어느 시점이 되면 순이익이 필요한 투자 자금을 초과하고 배당금을 지급하기 시작한다.

그러한 기업의 주식을 평가하는 데 몇 가지 이유에서 일정배당성장 모형을 사용할 수 없다. 첫째, 기업이 설립 초기에는 배당금을 전혀 지급하지 않는 경우가 있다. 둘째, 기업이 성숙해 가면서 시간에 따라 성장률이 지속적으로 변화한다. 그러나 미래의 어느 시점부터 기업이 성숙하고 배당 성장률이 안정화되면 미래 주식가격 P_N을 구하기 위해서 일정배당성장 모형을 적용함으로써 그러한 기업의 가치평가에 일반화된 배당할인모형을 사용할 수 있다.

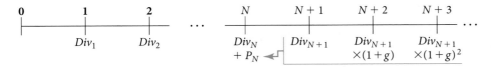

구체적으로 살펴보면 기업이 $N+1$년 뒤부터 g의 장기 성장률로 성장할 것으로 예상된다면 일정배당성장 모형을 통해 P_N을 구할 수 있다.

$$P_N = \frac{Div_{N+1}}{r_E - g} \tag{9.13}$$

이렇게 추정된 P_N을 배당할인모형의 최종가치(지속가치)로 사용한다. 식 (9.13)과 식 (9.4)를 결합하면 아래 수식을 얻는다.

일정한 장기 성장률을 나타내는 배당할인모형

$$P_0 = \frac{Div_1}{1 + r_E} + \frac{Div_2}{(1 + r_E)^2} + \cdots + \frac{Div_N}{(1 + r_E)^N} + \frac{1}{(1 + r_E)^N}\left(\frac{Div_{N+1}}{r_E - g}\right) \tag{9.14}$$

두 개의 다른 성장률을 보이는 기업의 가치평가　　　　　　　　　　　　　　　**예제 9.5**

문제

스몰프라이는 감자튀김과 동일한 모양과 맛을 가진 새로운 감자칩을 발명했다. 시장에서의 폭발적인 반응에 힘입어, 스몰프라이는 모든 순이익을 생산설비 확장을 위해 재투자하고 있다. 지난해의 주당 순이익(EPS)은 $2였고 앞으로 연도 4까지 연간 20%로 성장할 것으로 기대된다. 그 시점이 되면 다른 경쟁사도 유사제품을 출시할 가능성이 있다. 애널리스트는 연도 4의 말에 스몰프라이가 투자를 줄이고 순이익의 60%를 배당금으로 지급하기 시작할 것으로 추정하고 있다. 성장률도 둔화되어 장기적으로 4%가 될 것이다. 만일 스몰프라이의 자기자본 비용이 8%라면 주식의 현재가치는 얼마인가?

풀이

스몰프라이의 예상 순이익의 성장률과 배당성향을 이용하여 아래 스프레드시트와 같이 미래 순이익과 배당금을 예측한다.

연도	0	1	2	3	4	5	6
순이익							
1 EPS 성장률(전년 대비)		20%	20%	20%	20%	4%	4%
2 EPS(주당 순이익)	$2.00	$2.40	$2.88	$3.46	$4.15	$4.31	$4.49
배당금							
3 배당성향		0%	0%	0%	60%	60%	60%
4 주당 배당금		$ —	$ —	$ —	$2.49	$2.59	$2.69

연도 0에 $2.00로 시작해서 EPS는 연도 4까지 매년 20%로 성장하고 그 이후 4%로 성장이 둔화된다. 스몰프라이의 배당성향은 연도 4가 되기 전까지 0이다. 경쟁이 시작되면 투자 기회가 감소하고 배당성향은 60%로 늘어난다. EPS와 배당성향을 곱하면 스몰프라이의 미래 배당금을 얻을 수 있는데 4행에 표현되어 있다.

연도 4를 지나면서 스몰프라이의 배당금은 연간 4%로 일정하게 장기적으로 성장할 것으로 예상된다. 따라서 연도 3 말의 주가를 추정하기 위해서 일정배당성장 모형을 사용할 수 있다. 주어진 자기자본 비용이 8%면, 아래 식에 따라 연도 3 말의 주가는 $62.25가 된다.

$$P_3 = \frac{Div_4}{r_E - g} = \frac{\$2.49}{0.08 - 0.04} = \$62.25$$

이제 최종가치 $62.25를 포함해서 수식 (9.4)의 배당할인모형을 적용할 수 있다.

$$P_0 = \frac{Div_1}{1 + r_E} + \frac{Div_2}{(1 + r_E)^2} + \frac{Div_3}{(1 + r_E)^3} + \frac{P_3}{(1 + r_E)^3} = \frac{\$62.25}{(1.08)^3} = \$49.42$$

이 예제가 보여주듯이 배당할인모형은 어떤 형태의 배당금이라도 충분히 다룰 수 있는 유연성을 가지고 있다.

배당할인모형의 한계

배당할인모형은 주식의 가치를 미래에 주주에게 지불하는 배당금의 예측에 기반하여 평가한다. 그러나 현금흐름이 거의 확실하게 알려져 있는 재무부 채권(T-bond)과 달리 기업의 미래 배당금 예측에 관해서는 엄청난 불확실성이 존재한다.

이 장의 서두에 소개된 케네스 콜(KCP)의 사례를 다시 고려하자. 2006년 초에 KCP의 연간 배당금은 $0.72였다. 자기자본 비용은 11%이고 배당 성장률은 8%로 추정되었다. 일정배당성장 모형에 따라 KCP의 주가는 $24로 계산된다.

$$P_0 = \frac{Div_1}{r_E - g} = \frac{\$0.72}{0.11 - 0.08} = \$24$$

당시 시장에서 주식가격이 $26.75였기에 그런대로 실제 주가에 가깝게 계산되었다고 볼 수 있다. 그러나 만일 배당 성장률이 10%로 추정된다면 계산된 주가는 $72가 된다. 반면에 배당 성장률이 5%로 추정되면 주가는 $12로 산출된다. 이렇듯 배당 성장률의 작은 변화도 주가의 예측에 큰 변화를 가져다준다.

더구나 합리적으로 배당 성장률을 추정하기는 어렵다. KCP는 2003년에서 2005년 사이에 순이익의 변화가 크지 않았는데도 배당금을 2배로 늘렸다. 결과적으로 그렇게 높은 배당 성장률을 지속하기는 어렵다. 배당을 예측하기 위해서는 기업의 이익, 배당성향, 미래 발행주식 수를 예측해야만 한다. 그러나 미래 이익은 (기업이 얼마를 차입하는가에 달려 있는) 이자비용에, 기업의 발행주식 수와 배당성향은 기업이 순이익의 얼마를 자사주 매입에 사용하는지에 달려 있다. 기업의 차입이나 자사주 매입 결정은 경영자의 재량이기 때문에 신뢰할 수 있는 예측은 어렵다.[3] 다음 절에서 이러한 어려움 중 일부를 피할 수 있는 두 가지 대안적 방법을 살펴본다.

개념 확인

1. 기업이 미래의 주당 배당금을 증가시킬 수 있는 세 가지 방법은 무엇인가?

2. 어떤 환경에서 기업이 배당금을 줄이고 투자를 늘리는 정책이 주식가격을 올릴 수 있는가?

---

3 경영자의 차입 결정이나 자사주 매입 결정은 제5부에서 논의한다.

9.3 총현금지급 모형과 가용현금흐름 가치평가 모형

이 절에서 우리는 기업의 주식을 평가하는 데 있어서 배당할인모형에서 나타나는 어려움을 피할 두 가지 대안적인 접근법을 소개한다. 첫째, 우리는 **총현금지급 모형**(total payout model)은 배당금과 자사주 매입 사이에서 기업이 무엇을 선택하든 무시할 수 있도록 허용한다. 다음으로 우리는 가용현금흐름 할인모형(discounted free cash flow model)을 고려하는데, 이 모형은 순이익에 대한 기업의 차입 의사결정의 영향을 추정하는 것을 피할 수 있도록 채권자와 주주 모두에게 돌아가는 현금흐름에 초점을 맞춘다.

자사주 매입과 총현금지급 모형

지금까지 배당할인모형에서는 기업이 주주에게 지급한 현금은 배당금의 형태로 이루어졌다고 가정하고 있다. 최근 들어서 점차 많은 기업이 배당금 지급을 자사주 매입으로 대체하고 있다. **자사주 매입**(share repurchase)에서 기업은 초과현금(excess cash)으로 자기회사 주식을 되사는 데 사용한다. 자사주 매입은 배당할인모형에 두 가지 점에서 영향을 준다. 첫째, 자사주 매입에 현금을 많이 사용할수록 배당금으로 지급할 현금의 양은 줄어든다. 둘째, 자사주 매입을 통해 기업은 발행주식 수를 줄일 수 있게 되고 결과적으로 주당 순이익과 주당 배당금은 증가하게 된다.

배당할인모형에서 우리는 한 명의 주주 관점에서 주주가 받게 될 배당금을 할인함으로써 아래와 같이 1개 주식의 가치를 평가하였다.

$$P_0 = PV(\text{미래의 주당 배당금}) \tag{9.15}$$

기업이 자사주 매입을 할 경우에 좀 더 믿을 수 있는 대안은 **총현금지급 모형**(total payout model)을 사용하는 것이다. 그것은 1개의 주식이 아니라 기업 주식의 모든 가치를 평가하는 것이다. 이 모형을 사용하기 위해서는 기업이 주주에게 지급하는 총현금 지급액인 배당금과 (신주발행 금액을 제외한) 자사주 매입 금액을 모두 할인한다.[4] 할인을 통해 기업의 모든 주식의 가치를 얻게 된다. 그리고 주식 총액을 발행주식 수로 나누게 되면 주식가격을 얻을 수 있다.

총현금지급 모형

$$P_0 = \frac{PV(\text{미래 총배당금과 자사주 매입})}{\text{발행주식 수}} \tag{9.16}$$

9.2절의 일정성장의 가정이라는 동일한 단순화를 총현금지급모형에 적용할 수 있다. 차이점은 **총배당금과 자사주 매입액을 할인**하고, 기업의 총현금 지급의 성장률을 추정할 때 (주당 순이익의 성장률이 아니라) 순이익의 성장률을 사용하는 것이다. 기업이 자사주 매입을 사용할 때에는 이 방법이 배당할인모형에 비해 믿을 만하고 적용하기 쉽다.

---

4 총현금 지급액은 기업의 지분 100%를 소유하고 있을 때 받게 될 금액으로 생각하면 된다. 즉, 모든 배당금과 함께 기업의 자사주 매입 시에 주식을 매도하는 주주에게 지급하는 금액도 받는다.

예제 9.6   자사주 매입의 가치평가

문제

타이탄 인더스트리는 217 백만 주의 발행주식을 가지고 있는데, 연말에 순이익이 $860 백만이 될 것으로 예상된다. 타이탄은 순이익의 50%를 현금으로 주주에게 지급하려고 하는데, 30%는 배당금으로 20%는 자사주 매입에 사용하려고 한다. 만일 타이탄의 순이익이 매년 7.5%씩 성장하고, 이러한 현금 지급 정책이 유지된다면 자기자본 비용이 10%일 때 타이탄의 주가는 얼마인가?

풀이

자기자본 비용이 10%이고 순이익 성장률이 7.5%로 예측된다면 우리는 타이탄의 미래 현금 지급을 일정 성장영구연금을 이용하여 현재가치를 계산할 수 있다.

$$PV \text{ 미래 총배당금과 자사주 매입액} = \frac{\$430 \text{ 백만}}{0.10 - 0.075} = \$17.2 \text{ 십억}$$

타이탄의 모든 현금 지급의 현재가치는 총주식의 가치이다. 주식가격을 구하기 위해서 기업의 총가치를 발행주식 수로 나눈다.

$$P_0 = \frac{\$17.2 \text{ 십억}}{217 \text{ 백만 주}} = \text{주당 } \$79.26$$

총현금지급 모형을 이용할 때, 우리는 배당금과 자사주 매입을 구분할 필요가 없다. 이 모형을 배당할인모형과 비교하면 타이탄이 주당 배당금으로 $1.19[= 30%×($860 백만/217 백만 주)]를 지급하고 배당수익률은 1.50%(= 1.19/79.26)이다. 식 (9.7)에서 타이탄의 EPS, 배당금, 그리고 주가 성장률을 구할 수 있는데 그것은 8.5%이다. 이 "주당" 성장률은 총순이익의 성장률인 7.5%를 초과하는데, 그것은 타이탄의 발행주식 수가 자사주 매입 때문에 시간이 지나면서 감소할 것이기 때문이다.[5]

가용현금흐름 할인모형

총현금지급 모형에서 우리는 단일 주식보다는 기업의 주식(자기자본)을 평가한다. **가용현금흐름 할인모형**(discounted free cash flow model)은 한 걸음 더 나가서 주주와 채권자 모두를 포함하는 모든 투자자에게 돌아가는 기업의 전체 가치를 결정하는 것으로 시작한다. 즉, 우리는 회사의 사업가치를 추정하는 것으로 시작하는데, 그것은 제2장에서 다음과 같이 정의하였다.[6]

$$\text{사업가치} = \text{주식의 시장가치} + \text{채무} - \text{현금} \qquad (9.17)$$

기업의 사업가치는 회사가 영위하는 사업의 가치이며, 그것은 채무의 영향을 받지 않으며, 현금 및 유가증권과는 별개로 분리된 것이다. 사업가치를 기업의 주식을 취득하고 현금을 인수하고, 모든 채무를

---

5   타이탄의 총순이익 성장률과 주당 성장률의 차이는 "자사주 매입 수익률"인 1%(= (20%×$860 백만/217 백만 주)/주당 $79.26)의 결과에서 온다. 사실 내년 주식가격 $79.26×1.085 = $86.00에 타이탄은 2 백만 주를 내년에 자사주 매입을 할 것이다(2 백만 주 = 20%×$860 백만 ÷ 주당 $86.00). 발행주식 수는 217 백만 주에서 215 백만 주로 감소하고 EPS는 8.5%(1.085 = 1.075×217/215)로 증가한다.

6   정확하게 말하면 "현금"이라고 할 때 우리는 순운전자본 필요액을 초과하는 기업의 현금을 지칭한다. 그것은 경쟁적인 시장의 이자율로 투자된 현금의 양이다.

갚은 경우의 순비용, 즉 무차입 사업을 소유하는 것과 동일한 비용으로 해석할 수 있다. 이 때문에 가용현금흐름 할인모형은 배당금과 자사주 매입 혹은 부채의 이용에 대해 명시적으로 예측하지 않아도 기업가치를 평가할 수 있다는 장점이 있다.

기업의 사업가치 평가 우리는 어떻게 기업의 사업가치를 추정할 수 있을까? 회사의 주식을 평가하기 위해서 우리는 기업의 주주에 대한 총현금 지급액의 현재가치를 계산한다. 마찬가지로 기업의 사업가치를 추정하기 위해서 우리는 채권자와 주주로 구성된 모든 투자자에게 지급이 가능한 **가용현금흐름(FCF)**의 현재가치를 계산한다. 프로젝트의 가용현금흐름의 계산법은 제8장에서 보았으며, 동일한 계산을 전체 회사를 대상으로 계산한다.

$$\text{가용현금흐름} = \overbrace{EBIT \times (1 - \tau_c) + \text{감가상각비}}^{\text{무차입 순이익}}$$
$$- \text{자본 지출} - \text{순운전자본의 증가} \tag{9.18}$$

우리가 전체 회사를 보고 있을 때 회사의 **순투자**(net investment)를 감가상각비를 초과하는 자본 지출로 정의하는 것은 당연하다.

$$\text{순투자} = \text{자본 지출} - \text{감가상각비} \tag{9.19}$$

순투자는 기존의 자본을 유지하는 데 필요한 수준 이상으로 회사의 성장을 지원하기 위한 의도의 투자로 대략 해석할 수 있다. 이 정의를 통해 우리는 아래와 같은 가용현금흐름 계산식을 작성할 수 있다.

$$\text{가용현금흐름} = EBIT \times (1 - \tau_c) - \text{순투자} - \text{순운전자본의 증가} \tag{9.20}$$

가용현금흐름은 채권자나 주주에게 어떠한 현금 지급도 고려되기 전에 기업이 창출한 현금을 측정한다.

따라서 프로젝트의 가용현금흐름의 NPV를 계산하여 프로젝트의 가치를 결정하는 것처럼, 회사의 가용현금흐름의 현재가치를 계산하여 기업의 현재 사업가치 V_0를 추정한다.

가용현금흐름 할인모형

$$V_0 = PV(\text{회사의 미래 가용현금흐름}) \tag{9.21}$$

사업가치를 가지고, 우리는 식 (9.17)을 이용하여 주식가치를 구하고 총발행주식 수로 나누어서 주식의 가격을 추정할 수 있다.

$$P_0 = \frac{V_0 + \text{현금}_0 - \text{채무}_0}{\text{발행주식 수}_0} \tag{9.22}$$

직관적으로 배당할인모형과 가용현금흐름 할인모형의 차이는 배당할인모형에서 회사의 현금과 채무는 이자수입과 비용으로 순이익에 영향을 미치므로 간접적으로 계산에 포함되었다. 가용현금흐름 할인모형에서 우리는 EBIT(이자, 세금 차감전 이익)에 근거하여 가용현금흐름을 계산하기 때문에 이자수입과 비용을 무시하고, 현금과 채무를 식 (9.22)에서 보듯이 직접 조정한다.

모형 적용하기 가용현금흐름 할인모형과 이전에 고려했던 모형의 핵심적인 차이점은 할인율이다. 이전 계산에서 우리는 주주에게 돌아가는 현금흐름을 할인했기 때문에 자기자본 비용(r_E)을 사용했다. 여기에서 우리는 채권자와 주주에게 지급하는 가용현금흐름을 할인한다. 따라서 기업의 **가중평균 자본비용**

(weighted average cost of capital, WACC)인 r_{wacc}를 사용해야만 한다. 이것은 회사의 주식과 채무를 모두 합친 위험인 전반적인 사업 위험을 반영한 자본비용이다. 우리는 r_{wacc}를 기업이 주식과 채무를 함께 보유하는 위험에 대해 보상하기 위해서 투자자에게 지불해야 하는 기대 수익률로 해석한다. 만일 회사에 부채가 없다면 $r_{wacc} = r_E$가 된다. WACC를 계산하는 방법은 교재의 제4부와 제5부에서 명시적으로 다룰 것이다.

기업의 가중평균 자본비용을 가지고 우리는 배당할인모형에서 했던 것과 같은 방법으로 가용현금흐름 할인모형을 적용한다. 그것은 회사의 가용현금흐름을 어느 시점까지 추정하고 사업의 최종가치(지속가치)를 함께 고려한다.

$$V_0 = \frac{FCF_1}{1 + r_{wacc}} + \frac{FCF_2}{(1 + r_{wacc})^2} + \cdots + \frac{FCF_N + V_N}{(1 + r_{wacc})^N} \qquad (9.23)$$

종종 최종가치를 연도 N을 넘어서 가용현금흐름이 일정한 장기 성장률인 g_{FCF}로 성장하는 가정으로 추정하는데, 그 결과는 아래와 같다.

$$V_N = \frac{FCF_{N+1}}{r_{wacc} - g_{FCF}} = \left(\frac{1 + g_{FCF}}{r_{wacc} - g_{FCF}} \right) \times FCF_N \qquad (9.24)$$

장기 성장률인 g_{FCF}는 일반적으로 회사 수익(매출액)의 장기 기대 성장률을 근거로 한다.

예제 9.7 ── **가용현금흐름을 이용한 케네스 콜의 가치평가**

문제

케네스 콜(KCP)은 2005년에 $518 백만의 매출액을 기록했다. 2006년에 매출액이 9% 증가할 것으로 예상하지만, 매년 1%씩 성장률이 하락하여 2011년에 의류업계의 장기 성장률인 4%가 될 것으로 기대한다. KCP의 과거 수익성과 필요한 투자금액에 근거해서, 당신은 매출액의 9%가 EBIT가 될 것이고 매출액 증가분의 10%가 순운전자본의 필요 증가액이 될 것으로 예상한다. 순투자(감가상각비를 초과하는 자본지출액)는 매출액 증가의 8%가 된다고 가정한다. 만일 KCP가 $100 백만의 현금, $3 백만의 채무, 그리고 21 백만 주의 발행주식을 가지고 있으며, 세율이 37%, 가중평균 자본비용이 11%라면 KCP의 2006년 초반 주식가치를 얼마로 예측할 수 있는가?

풀이

식 (9.20)을 사용하여 주어진 예측을 기반으로 KCP의 미래 가용현금흐름을 추정한다.

연도	2005	2006	2007	2008	2009	2010	2011
FCF 추정(단위 $ 백만)							
1 매출액	518.0	564.6	609.8	652.5	691.6	726.2	755.3
2 전년 대비 성장률		9.0%	8.0%	7.0%	6.0%	5.0%	4.0%
3 **EBIT**(매출액의 9%)		50.8	54.9	58.7	62.2	65.4	68.0
4 차감 : 법인세(EBIT 37%)		(18.8)	(20.3)	(21.7)	(23.0)	(24.2)	(25.1)
5 차감 : 순투자(매출액 증가 8%)		(3.7)	(3.6)	(3.4)	(3.1)	(2.8)	(2.3)
6 차감 : NWC의 증가분(매출액 증가 10%)		(4.7)	(4.5)	(4.3)	(3.9)	(3.5)	(2.9)
7 **가용현금흐름**		23.6	26.4	29.3	32.2	35.0	37.6

KCP의 가용현금흐름이 2011년 이후 일정한 비율로 성장하기 때문에 우리는 식 (9.24)를 이용하여 기말 사업가치를 계산할 수 있다.

$$V_{2011} = \left(\frac{1 + g_{FCF}}{r_{wacc} - g_{FCF}}\right) \times FCF_{2011} = \left(\frac{1.04}{0.11 - 0.04}\right) \times 37.6 = \$558.6 \text{ 백만}$$

식 (9.23)을 이용하면 KCP의 현재 사업가치는 가용현금흐름의 현재가치와 기말 사업가치의 현재가치를 합한 것이다.

$$V_0 = \frac{23.6}{1.11} + \frac{26.4}{1.11^2} + \frac{29.3}{1.11^3} + \frac{32.2}{1.11^4} + \frac{35.0}{1.11^5} + \frac{37.6 + 558.6}{1.11^6} = \$424.8 \text{ 백만}$$

이제 식 (9.22)를 이용하여 KCP 주식의 주당가치를 추정할 수 있다.

$$P_0 = \frac{424.8 + 100 - 3}{21} = \$24.85$$

자본예산과의 관련성 가용현금흐름 할인모형과 제8장에서 학습한 자본예산을 위한 NPV 규칙 사이에는 중요한 관련성이 있다. 기업의 가용현금흐름은 기업의 현재와 미래의 투자에서 발생하는 가용현금흐름의 합계와 같기 때문에, 우리는 기존 사업의 현재가치와 새로운 미래사업의 NPV의 합계로 기업의 사업가치를 해석할 수 있다. 따라서 어떤 개별 프로젝트의 NPV는 기업의 사업가치에 대한 공헌을 나타낸다. 따라서 기업의 주식가격을 극대화하기 위해서 우리는 양(+)의 NPV를 가지는 사업을 선택해야만 한다.

또한 제8장에서 많은 추정과 예측이 프로젝트의 가용현금흐름을 예측하는 데 필요하다는 것을 배웠다. 이것은 기업을 대상으로도 역시 동일하다. 우리는 미래의 매출액, 운영비용, 세금, 자본의 필요액 등 가용현금흐름을 얻기 위한 여러 요소들을 예측해야만 한다. 한편으로는 이런 방식으로 가용현금흐름을 예측하면 기업의 미래 전망에 대한 특정한 세부 사항을 포함하는 유연성을 가질 수 있다. 반면에 여러 가정에는 피할 수 없는 불확실성이 있다. 이런 상황에서 제8장에서 설명한, 주식의 잠재적 가치의 범위에 이런 불확실성을 해석하는 민감도 분석을 수행하는 것이 필요하다.

그림 9.1은 지금까지 논의했던 다양한 가치평가 방법을 요약하고 있다. 우리는 주식의 미래 배당금의 현재가치로 기업의 가치를 결정하였다. 우리는 배당금과 자사주 매입을 포함한 기업의 총현금 지급액의 현재가치를 통해 회사 주식의 총시가총액을 예측할 수 있다. 마지막으로 주주와 채권자에게 지급이 가능한 회사의 가용현금흐름의 현재가치로 기업의 사업가치를 결정한다.

그림 9.1

주식가치 평가를 위한 현금흐름 할인모형의 비교

기업의 배당금, 총현금 지급액, 혹은 가용현금흐름의 현재가치를 계산함으로써 우리는 주식의 가치, 주식의 총가치, 혹은 회사의 사업가치를 추정할 수 있다.

아래의 현재가치로	아래 내용을 결정한다
배당금 지급액	주식가격
총현금 지급액 (배당금과 자사주 매입 금액)	주식가치
가용현금흐름 (모든 증권 보유자에게 지불 가능한 현금)	사업가치

| 예제 9.8 | 주식의 가치평가를 위한 민감도 분석 |

문제

예제 9.7에서 KCP의 매출액 성장률은 2006년에 9%, 장기 성장률은 4%로 가정하였다. 만일 KCP의 매출액 성장률이 2006년부터 4%로 기대되었다면 주식의 가치는 어떻게 변할 것으로 예상되는가? 만일 추가적으로 매출액의 9%가 아니라 7%로 EBIT를 예측한다면 주가는?

풀이

매출액 성장률 4%와 EBIT 마진 9%를 가진 KCP는 2006년에 $538.7 백만의 매출액(= 518×1.04)과 $48.5 백만의 EBIT(= 9%×538.7)를 가질 것이다. 주어진 매출액 증가액 $20.7 백만(= 538.7 − 518.0)에서 우리는 순투자 $1.7 백만(= 8%×20.7)과 추가적인 순운전자본 $2.1 백만(= 10%×20.7)을 예측한다.

$$FCF_{06} = 48.5(1 − .37) − 1.7 − 2.1 = \$26.8 \text{ 백만}$$

이제 성장이 4%로 일정하다고 예상되기 때문에 KCP의 사업가치는 성장영구연금으로 추정할 수 있다.

$$V_0 = \$26.8/(0.11 − 0.04) = \$383 \text{ 백만}$$

초기의 주가 $P_0 = (382 + 100 − 3)/21 = \$22.86$이다. 따라서 이 결과를 예제 9.7의 결과와 비교하면 초기 매출 성장률 4% 대신에 더 높은 9%가 KCP의 주식가치에 약 $2 공헌했음을 알 수 있다.

만일 추가적으로 KCP의 EBIT 마진을 7%로 추정하면 FCF는 $20 백만으로 줄어든다.

$$FCF_{06} = (.07 × 538.7)(1 − .37) − 1.7 − 2.1 = \$20.0 \text{ 백만}$$

이때 사업가치는 $286 백만$[V_0 = \$20/(0.11 − 0.04)]$이고 주식가치는 18.24[P_0 = (286 + 100 − 3)/21]$이다. 따라서 우리는 EBIT 마진을 7% 대신에 9%로 유지하는 시나리오에서 KCP의 주식가치에 $4.50 이상 공헌하는 것을 볼 수 있다.

개념 확인	1. 총현금지급 모형에 사용된 성장률과 배당할인모형에 사용된 성장률은 어떻게 다른가?
	2. 기업의 사업가치란 무엇인가?
	3. 예측된 가용현금흐름을 기반으로 어떻게 기업의 주식가격을 예측할 수 있는가?

9.4   비교기업에 근거한 가치평가

지금까지 우리는 기업이 자금의 제공인 채권자와 주주에게 제공할 기대 현금흐름을 고려하여 기업이나 주식의 가치를 평가하였다. 현재가치는 동일한 위험을 가지는 현금흐름을 모방하기 위해 시장의 다른 투자처에 투자해야만 하는 금액이기 때문에, 일물일가의 법칙은 가치가 미래의 현금흐름의 현재가치라는 것을 알려준다.

일물일가의 법칙의 또 다른 적용은 비교기업 방법이다. **비교기업 방법**[method of comparable, 혹은 비교법(comps)]에서 기업의 현금흐름을 직접 평가하기보다는 비교기업의 가치 혹은 미래에 아주 유사한 현금흐름을 창출할 것으로 기대되는 투자의 가치와 같이 다른 것의 가치를 근거로 기업의 가치를 추정한다. 예컨대 공개되어 거래되고 있는 기존기업과 **동일한**(identical) 신설기업의 예를 고려해보자. 이들 기업이 동일한 현금흐름을 창출할 것이고, 일물일가의 법칙은 신설기업의 가치를 결정하기 위하여 기존기업의 가치를 이용할 수 있다는 것을 의미한다.

물론 동일한 회사는 현실적으로 존재하지 않는다. 같은 상품을 판매하는 동일산업에 속한 기업조차도 많은 측면에서 유사하더라도 크기나 규모는 다른 것이다. 이 절에서 우리는 유사한 사업을 하고 있는 비교기업을 이용하여 기업을 평가하기 위해서 이러한 규모의 차이를 조정하는 방법을 고려할 것이며, 이러한 방법의 장점과 약점에 대해 논의할 것이다.

가치평가 배수

우리는 기업의 가치를 기업의 규모를 측정하는 숫자에 대한 가치의 비율인 **가치평가 배수**(valuation multiple)라는 용어로 표현하여 기업 간의 규모 차이를 조정할 수 있다. 같은 맥락에서 오피스 빌딩의 가치평가를 생각해보자. 고려할 수 있는 자연스러운 측정치는 같은 지역에서 최근 거래된 빌딩의 면적당 가격이 될 것이다. 평균 면적당 가격에 고려하고 있는 오피스 빌딩의 면적을 곱하면 빌딩의 가치에 대한 합리적인 추정치를 얻게 될 것이다. 우리는 동일한 원리를 주식에 적용할 수 있는데, 면적을 나타내는 측정치 대신에 기업의 규모에 대한 적절한 측정치를 사용한다.

주가 순이익 비율 가장 일반적으로 사용되는 가치평가 배수는 주가 순이익 비율인데 제2장에서 이미 언급했다. 기업의 P/E 비율은 주식가격을 주당 순이익으로 나눈 값과 같다. 이 비율의 사용에 담긴 의미는 주식을 매수할 때 기업의 미래 순이익에 대한 권리를 산다는 것과 같은 뜻이다. 기업의 순이익 규모가 지속적으로 다르다면 아마도 더 높은 현재 순이익을 가진 주식에 비례하여 더 지불하려고 할 것이다. 따라서 우리는 비교가 될 만한 기업의 평균 P/E 비율에 현재 주당 순이익을 곱하여 기업의 주식가격을 추정할 수 있다.

P/E 배수를 이해하기 위해서 일정배당성장의 경우를 위한 식 (9.6)에서 도출한 주식가격 공식인 $P_0 = Div_1/(r_E - g)$를 고려하자. 만일 이 수식의 양변을 EPS_1으로 나누면 다음 수식을 얻는다.

$$\text{선도 P/E} = \frac{P_0}{EPS_1} = \frac{Div_1/EPS_1}{r_E - g} = \frac{\text{배당성향}}{r_E - g} \tag{9.25}$$

식 (9.25)는 기업의 **선도 P/E**(forward P/E)의 공식이다. 이것은 (향후 12개월의 기대 순이익인) **선도 순이익**(forward earnings)을 근거로 계산한 P/E 배수이다. 우리는 또한 기업의 **후행 P/E**(trailing P/E) 비율을 (앞선 12개월 동안의 순이익인) **후행 순이익**(trailing earnings)을 이용하여 계산할 수 있다.[7] 가치평가 목적에서 우리는 미래 순이익에 대해 가장 관심을 많이 가지기 때문에 선도 P/E가 일반적으로 선호된다.[8]

식 (9.25)는 만일 2개의 주식이 동일한 위험(따라서 동일한 자기자본 비용)뿐만 아니라 동일한 배당성향과 EPS 성장률을 가진다면, 두 주식이 동일한 P/E를 가져야 한다는 것을 의미한다. 또한 높은 성장률을 가진 기업과 산업은 투자를 쉽게 초과하는 현금을 창출하기 때문에 높은 배당성향을 유지할 수 있고 높은 P/E 배수를 가지게 된다.

---

7 EPS가 기간 0에서 기간 1 사이에 g_0의 비율로 성장한다고 가정하면,

$$\text{후행 P/E} = P_0/EPS_0 = (1 + g_0)P_0/EPS_1 = (1 + g_0)\,(\text{선도 P/E})$$

이기 때문에 후행 배수는 성장형 기업에서 더 높은 경향이 있다. 따라서 기업 간 배수를 비교할 때 후행 배수인지 선도 배수인지 동일한 배수를 사용하도록 확인해야 한다.

8 기업 순이익의 지속적인 요인들에 관심이 있기 때문에 가치평가 목적에서 P/E 비율을 계산할 때 반복되지 않을 특별 항목은 제외하는 것이 실무에서는 일반적이다.

예제 9.9 | **주가 순이익 비율을 이용한 가치평가**

문제

가구 제조업체인 허먼 밀러는 주당 순이익이 \$1.38이다. 만일 비교대상 가구업체의 평균 P/E가 21.3이라면 가치평가 배수로 그 P/E를 사용했을 때 허먼 밀러의 주식가격은 얼마로 추정되는가? 이러한 추정을 위해서는 어떤 가정이 필요한가?

풀이

우리는 허먼 밀러의 주식가격을 EPS에 비교기업의 P/E를 곱하여 추정할 수 있다. 따라서 $P_0 = \$1.38 \times 21.3 = \$29.39$이다. 이 예측치는 허먼 밀러가 산업 내의 비교기업과 유사한 미래 위험, 배당성향, 성장률을 가질 것이라는 가정을 하고 있다.

사업가치 배수 기업의 사업가치를 바탕으로 하는 가치평가 배수를 사용하는 것이 일반적으로 실무에서 활용된다. 9.3절에서 논의를 했듯이, 단지 주식의 가치가 아니라 기업이 실행하고 있고 사업의 총가치를 대표하기 때문에 사업가치를 사용하는 것은 채무 금액이 다른 비교기업을 비교하는 데 유용하다.

사업가치는 기업이 채무를 갚기 이전 전체 기업가치를 대표하기 때문에 적절한 배수를 만들기 위해서 이자 지급 이전의 이익이나 현금흐름의 측정치로 사업가치를 나눈다. 고려할 수 있는 일반적인 배수는 사업가치 대비 EBIT 혹은 EBITDA(이자, 세금, 감가상각, 무형자산상각 차감전 이익), 또는 현금흐름이다. 그러나 자본지출은 시기별로 매우 다르기 때문에(예 : 어느 해에 새로운 설비나 빌딩이 필요하고 몇 년간은 추가 확장이 필요 없음), 대부분의 실무자는 사업가치 계산을 EBITDA(EV/EBITDA) 배수에 의존한다. 사업가치 배수는 전체 기업을 가치평가하기 때문에 현금흐름 할인모형과 밀접하다. 기대 가용현금흐름이 일정하면, 식 (9.24)를 이용해 사업가치 대비 EBITDA를 아래와 같이 표현할 수 있다.

$$\frac{V_0}{EBITDA_1} = \frac{FCF_1/EBITDA_1}{r_{wacc} - g_{FCF}} \tag{9.26}$$

P/E 배수처럼 이 배수는 성장률은 높고 자본 필요액은 낮은 기업에서 (그것은 EBITDA에 비해 가용현금흐름이 높다는 것을 의미한다) 높게 나타난다.

예제 9.10 | **사업가치 배수를 이용한 가치평가**

문제

록키 슈즈 앤 부츠(RCKY)는 주당 순이익 \$2.30, EBITDA \$30.7 백만을 가진다. RCKY는 또한 5.4 백만 주의 발행주식 수와 \$125 백만의 채무(현금공제 이후)를 가진다. 당신은 주력사업 측면에서 RCKY의 비교기업으로 데커스 아웃도어주식회사가 적합하다고 생각하지만 데커스는 채무가 적다. 만일 데커스가 13.3의 P/E와 사업가치/EBITDA 배수로 7.4를 가진다면 양 배수를 이용한 RCKY의 주식가치는 얼마로 추정되는가? 어느 배수를 이용한 추정이 좀 더 정확하다고 하겠는가?

풀이

데커스의 P/E를 이용하여 RCKY의 주식가격(P_0)을 \$30.59(= \$2.30 \times 13.3)로 추정할 수 있다. 사업가치/EBITDA 배수를 이용하여, RCKY의 사업가치(V_0)를 \$227.2 백만(= \$30.7 백만 \times 7.4)으로 추정할 수 있다.

그리고 채무를 차감하고 발행주식 수로 나누면 RCKY의 주식가격(P_0)을 $18.93[= (227.2 - 125)/5.4)]$로 구할 수 있다. 비교기업과 차입규모에서 큰 차이가 있기 때문에 사업가치를 기반으로 계산한 두 번째 추정치가 더 현실적이다.

기타 가치평가 배수 기타 여러 가지 가치평가 배수가 가능하다. 미래에도 유사한 순이익률을 유지한다고 가정하면 사업가치(EV)를 매출액에 대한 배수로 사용할 수 있다. 상당히 많은 무형자산을 가진 기업은 주주지분의 주가-장부가(price-book value of equity) 비율이 가치평가 배수로 활용될 수 있다. 어떤 배수는 특정 산업에 적합하다. 예를 들어 케이블 TV 산업을 평가할 때 분석가들은 가입자 수당 사업가치를 사용하기도 한다.

가치평가 배수의 한계점

비교기업이 평가를 받는 기업과 동일하다면 기업의 배수는 완전히 일치할 것이다. 그러나 당연히 기업은 동일하지 않기 때문에, 가치평가 배수의 유용성은 기업 간 차이의 특성과 차이에 대한 배수의 민감도에 따라 달라질 수밖에 없다.

표 9.1은 2006년 1월 기준으로 케네스 콜(KCP)과 신발산업 비교기업의 몇 가지 가치평가 배수를 보여준다. 표에는 각 배수의 평균값과 평균의 범위도 (백분율로) 제시되었다. 산업평균과 케네스 콜을 비교할 때, KCP는 P/E에 있어서 고평가된 것 같고(즉, 높은 P/E 배수로 거래됨), 다른 배수에 따르면 저평가된 것으로 보인다. 그러나 모든 배수에서 산업 전체에 걸쳐 상당히 편차가 있음이 명백해 보인다. 사업가치/EBITDA 배수의 변동이 가장 작지만 그 배수로도 정확한 가치의 추정을 얻을 것이라고 기대할 수 없다.

표 9.1 **신발산업의 주식가격과 배수(2006년 1월)**

표식	회사명	주가($)	시가총액 ($ 백만)	사업가치 ($ 백만)	P/E	주가/장부가	사업가치/ 매출액	사업가치/ EBITDA
KCP	케네스 콜	26.75	562	465	16.21	2.22	0.90	8.36
NKE	나이키	84.20	21,830	20,518	16.64	3.59	1.43	8.75
PMMAY	푸마	312.05	5,088	4,593	14.99	5.02	2.19	9.02
PBK	리벅	58.72	3,514	3,451	14.91	2.41	0.90	8.58
WWW	울버린	22.10	1,257	1,253	17.42	2.71	1.20	9.53
BWS	브라운슈	43.36	800	1,019	22.62	1.91	0.47	9.09
SKX	스케처스	17.09	683	614	17.63	2.02	0.62	6.88
SRR	스트라이드	13.70	497	524	20.72	1.87	0.89	9.28
DECK	데커스	30.05	373	367	13.32	2.29	1.48	7.44
WEYS	웨이코	19.90	230	226	11.97	1.75	1.06	6.66
RCKY	록키 슈즈 앤 부츠	19.96	106	232	8.66	1.12	0.92	7.55
DFZ	베리	6.83	68	92	9.20	8.11	0.87	10.75
BOOT	라크로세	10.40	62	75	12.09	1.28	0.76	8.30
			평균(KCP 제외)		**15.01**	**2.84**	**1.06**	**8.49**
			최고값(평균에 비해)		+51%	+186%	+106%	+27%
			최저값(평균에 비해)		−42%	−61%	−56%	−22%

이러한 배수들의 차이는 추정된 미래 성장률, 수익성, 위험(따라서 자본비용)의 차이, 그리고 푸마의 경우 미국과 독일 사이의 회계 관행의 차이에 기인할 가능성이 매우 크다. 시장의 투자자들은 이러한 차이가 존재한다는 것을 이해하기 때문에 주식은 그에 따라 적절하게 가격이 매겨진다. 그러나 배수를 이용하여 기업을 평가할 때 사용할 비교기업 집단을 좁히는 것 이외에 이러한 차이를 어떻게 조정해야 하는지에 대한 명확한 지침이 없다.

따라서 비교기업 접근법의 핵심적인 단점은 기업들 사이의 중요한 차이를 고려하지 않는다는 것이다. 기업은 매우 우수한 경영진을 보유하고 있을 수 있다. 그에 대하여 다른 기업은 효율적인 제조공정을 개발했거나 신기술에 대한 특허를 출원하여 확보했을 수도 있다. 그러나 우리가 가치평가 배수를 적용할 때 이러한 기업 간의 차이가 무시된다.

비교기업에 관한 또 다른 문제점은 비교집단에 있는 다른 기업에 대한 상대적인(relative to) 기업의 가치에 대한 정보를 제공할 뿐이라는 것이다. 배수를 이용하는 것은 예를 들어 전체 산업이 고평가되었는지 여부를 결정하는 데 도움이 안 된다. 이러한 예는 1990년 말의 인터넷 붐 시절에 중요한 이슈가 되었다. 많은 수의 기업이 양(+)의 현금흐름이나 순이익을 보여주지 않았기 때문에 가치평가를 위해서 새로운 배수를 만들어 사용하였다(예 : 웹사이트 방문 횟수당 주가). 그러나 이러한 배수들은 기업의 가치를 산업 내 타사와의 비교를 통해서 상대적으로 정당화한 것이고, 현금흐름의 현실적인 추정치와 가용현금흐름 할인 접근법을 이용해서 이러한 기업들의 주식가격을 정당화하는 것은 상당히 무리가 있다.

현금흐름 할인법과의 비교

비교기업을 기초로 가치평가 배수를 사용하는 것은 현금흐름 할인법 가치평가의 "간편법"으로 보인다. 기업의 자본비용과 미래 순이익이나 가용현금흐름을 각각 예측하는 것이 아니라 유사한 미래 전망을 가진 다른 기업에 대한 시장의 평가에 의존한다. 단순하다는 장점 외에도 배수 접근법은 미래 현금흐름에 대한 비현실적인 예측에 바탕을 두기보다는 실존하는 기업의 실제 주식가격에 기초한다는 장점이 있다.

반면에 현금흐름 할인법(DCF)은 기업의 수익성, 자본비용, 또는 미래 성장잠재력에 대한 특정 정보를 고려하여 반영하고 민감도 분석을 실행한다는 장점이 있다. 어떤 기업의 진정한 요인이 투자자에게 현금흐름을 창출하는 능력이기 때문에 현금흐름 할인법은 가치평가 배수의 사용보다 더 정확하고 통찰력 있는 잠재력을 지닌다. 특히 DCF는 기업이 현재가치를 정당화하기 위해 달성해야만 하는 미래 성과를 명확하게 제시한다.

주식가치 평가 방법 : 결론

결론적으로 어떠한 방법도 주식의 진정한 가치를 평가하는 최종적인 답을 제공하지 못한다. 사실 모든 평가 방법은 가정을 필요로 하고 있으며, 기업의 가치를 확정적으로 평가하기에는 불확실성이 너무 크다. 대부분의 실무 전문가들은 이러한 방법들의 조합을 사용하고 다양한 방법을 통한 결론이 일관되면 확신을 하게 된다.

그림 9.2는 이 장에서 논의했던 다양한 가치평가 방법을 이용한 케네스 콜(KCP) 가치평가의 범위를 비교한다.[9] 케네스 콜의 주식가격은 2006년 1월에 $26.75였는데, 이것은 몇 가지 방법이 제시한 가격 범위

9　각각의 가치평가 방법에 의해 산출된 가치의 범위를 보여주는 이 같은 그림은 종종 실무자들이 "축구장 차트(football field chart)" 가치평가로 언급된다.

2005년부터 더글라스 케링은 오라클의 기업 개발 및 전략 계획부의 선임 부회장으로 오라클의 인수합병 관련 업무에서 계획, 자문, 실행, 통합 관리를 하고 있다.

질문 오라클은 어떻게 표적기업을 인수하는가?

답변 오라클은 잠재적인 인수 표적을 찾기 위하여 지속적인 전략 계획 과정을 실행한다. 기업 개발부는 CEO의 사무실과 하향식으로 대규모로 판도를 바꾸는 인수를 위해 함께 일한다. 또한 고객의 니즈와 제품 사이의 격차를 메꾸기 위해서 잠재적인 인수의 필요성을 제기하는 스폰서 엔지니어링 임원들과 함께 상향식으로 일을 한다. 함께 계획을 검토하고, 표적기업에 접촉하고, 실사를 수행하고 사업 계획을 개발하고 실행 가능한 거래를 진행한다. 우리는 또한 오라클의 전반적인 니즈와 우선순위에 근거하여 CEO의 사무실에 인수 스폰서의 제안에 대하여 객관적인 의견을 제공한다. CEO의 사무실에서 모든 거래를 승인한다.

우리는 1년에 약 300~400개의 기회를 보고 벤처 캐피털 및 투자은행 출신을 포함하여 적절한 제품 그룹 임원들에게 모든 것을 보여준다. 일반적으로 20~40건 정도가 관심을 얻게 되고 철저한 분석을 진행하기 위해 우리는 기밀유지 계약서에 서명한다. 그중 약 12건이 의향서의 단계에 도달하고, 여기에서 우리는 조건 계약을 작성하고 거래를 완료하기 위해 독점 기간을 설정하게 된다.

질문 기업을 인수하기로 결정하면 얼마를 지불할 것인지 어떻게 결정하는가?

답변 가격 결정은 실사 후에 이루어지지만 의향서 발송 전에 발생한다. 실용적인 관점에서 볼 때 우리는 피인수 회사와 인수가격을 협상한다. 바로 예술이 나오는 곳이다. DCF 분석은 가치를 정당화하는 데 있어서 가장 중요한 부분이다. 우리가 선택한 기준 수익률에서의 손익분기점의 가치를 결정하기 위해서 손익계산서 관점에서 사업과 관련하여 우리가 무엇을 할 수 있을지 고려한다. 우리가 적은 돈을 내면 더 높은 수익률을 올리는 것이 된다. 물론 반대의 경우도 성립한다.

질문 인수가격을 결정하는 데 있어서 현금흐름 할인 분석과 비교기업 분석의 역할에 대해 알려준다면?

답변 우리는 5년 DCF를 사용한다. 안정적인 상태에 도달하기에

인터뷰
더글라스 케링
(Douglas Kehring)

는 오랜 시간이 걸리고 그 이상을 예측하는 것은 어렵기 때문이다. 가장 어려운 부분은 손익계산서에 들어가는 자료를 정하는 것이다. 5년째 숫자가 가치를 결정한다. 그 시점에 얼마나 빨리 성장하고 얼마나 많은 수익을 내느냐에 달려 있다. 가정이 핵심이 된다. 우리는 이용 가능한 정보를 활용하는 보수적인 접근을 취한다. 지나치게 공격적인 스폰서의 가정은 극단적인 평가를 만들고 인수기업에게는 가장 큰 문제를 야기한다.

프로젝트의 기준 수익률은 다양하다. 우리는 자기자본 비용이나 WACC를 사용한다. 그리고 "어떤 것이 이번 거래에 적합한 옳은 위험/수익률 프로파일이지?"라고 자문하고 그에 따라 수익률을 조정한다. 예를 들어 소규모의 변동성이 높은 기업에는 더 높은 수익률을 요구한다.

오라클의 80건에 이르는 성공적인 거래는 현실적인 가정에 근거한 실제 경험을 준다. 우리는 거래가 제품라인의 인수인지, 특수한 특성을 가졌는지, 혹은 독립적 인수인지 변수와 속성을 살펴보고 우리가 모형에 기반하여 잘 평가하였는지 미래 인수를 위해서 우리의 현금흐름 분석을 개선해야 하는지 검토한다. 그리고 우리는 공개되어 거래되는 비교기업과 유사한 M&A 거래를 근거로 일반적인 가치평가 배수를 이용하여 벤치마크를 만든다.

질문 당신의 분석이 비상장기업인 경우 상장기업과 어떻게 다르게 적용되는가?

답변 기본적인 DCF 분석에는 차이가 없다. 우리는 비상장과 상장기업에 대해 동일한 실사를 수행하고 동일한 유형의 정보를 받는다. 일반적으로 상장회사의 경우에 수익이 많고 안정되고 전문성이 강하다. 우리는 위험 요소와 우리가 받는 정보에 대해 보다 자신감을 느낀다. 상장회사를 인수할 때, 우리는 통합된 기업의 주당 순이익이 증가할 것인지 감소할 것인지 여부를 결정하기 위해 추정재무제표를 준비한다.

우리에게 더 큰 관심사는 표적기업의 규모이다. $2 십억 규모의 회사는 상장기업이든 비상장기업이든 간에 여러 제품라인과 대규모 시설기반을 갖추고 있어 위험 프로파일을 줄여준다. $100 백만 규모의 회사는 하나의 제품라인을 보유할 수 있으므로 위험과 변동성이 크다. 반면에 작은 회사는 큰 회사보다 빠르게 성장할 수 있다.

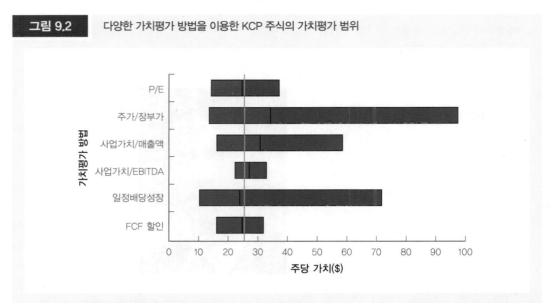

그림 9.2 다양한 가치평가 방법을 이용한 KCP 주식의 가치평가 범위

가치 배수를 이용한 가치평가는 표 9.1의 비교대상 기업의 저가, 고가, 평균 가치를 근거로 하였다(연습문제 25~26번 참조). 일정배당성장 모형은 9.2절의 시작 부분에서 논의한 바와 같이 11%의 자기자본 비용과 배당 성장률 4%, 8%, 10%를 근거했다. 가용현금흐름 할인모형은 예제 9.7을 근거로 했다(연습문제 22번에서 변수의 범위를 다룬다). 중앙점은 평균 가치 배수나 기본 가정을 바탕으로 한다. 빨간색과 파란색 영역은 최저 배수/최악의 경우 시나리오와 최고 배수/최상의 경우 시나리오 사이의 변화를 보여준다. KCP의 실제 주가인 $26.75는 회색 줄로 표현했다.

내에 들어 있다. 따라서 이러한 증거에 기초하여 우리는 주식이 명백하게 저평가 혹은 고평가되었다고 말할 수는 없다.

개념 확인

1. 일반적인 가치평가 배수는 무엇인가?
2. 비교기업 배수를 이용하여 기업의 가치를 평가할 때 암묵적으로 어떤 가정을 하는가?

9.5 정보, 경쟁, 그리고 주식가격

그림 9.3에서 보듯이 이 장에서 설명한 모형은 기업의 미래 기대 현금흐름, 자본비용(위험에 의해 결정됨), 그리고 주식의 가치와 연관되어 있다. 그러나 실제 주식의 시장가격이 예측된 가치와 일치하지 않는 것 같다면 우리는 어떤 결론을 내려야 하는가? 주식이 가격 오류를 범하는 것인가 혹은 위험과 미래 현금흐름에 대한 우리의 추정이 틀린 것인가? 이 질문에 대한 검토와 기업 경영자에게 시사점을 주면서 이 장을 마친다.

주식가격의 정보

다음 상황을 고려해보자. 당신은 케네스 콜(KCP) 주식의 가치를 평가하는 업무를 맡은 젊은 분석가라고 가정하자. 당신은 회사의 최근 재무제표를 세밀히 살피고 산업의 경향을 분석하고 회사의 미래 순이익, 배당금, 가용현금흐름을 추정한다. 이러한 수치를 계산한 후에 주식의 가치를 주당 $30로 예측하였다.

상사에게 당신의 분석을 설명하러 가는 길에 좀 더 경험이 풍부한 동료를 엘리베이터에서 만났다. 동료의 분석에 따르면 KCP 주식의 가치는 주당 $20에 불과하다. 당신은 어떻게 할 것인가?

이런 상황에서 대부분은 자신의 분석을 다시 살펴볼 것이다. 같은 주식을 세밀하게 연구한 다른 사람이 매우 다른 결론에 도달했다는 사실은 아마도 우리가 잘못했을 수도 있다는 강한 증거가 된다. 동료로부터 얻은 정보에 직면하면 우리는 아마도 스스로 자신의 주식가치 평가를 낮추는 고려를 다시 시도할 것이다. 물론 당신 동료는 당신의 평가로 인해 자신의 견해를 조정할 수도 있다. 서로의 분석을 공유한 후에 주당 $20에서 $30 사이의 어느 지점에서 일치되는 예측에 도달할 수도 있다. 즉, 이런 과정의 끝에서 우리의 믿음은 서로 유사해질 것이다.

이런 형태의 우연한 만남이 주식시장에서 매일 수백만 번 일어난다. 매수자가 주식을 매수하려고 할 때, 매수와 매도의 NPV가 모두 양(+)이 될 수는 없기 때문에 같은 주식을 팔려고 하는 상대방의 의도는 주식을 다르게 평가한다는 것을 알려준다. 따라서 거래를 하려는 타인의 정보는 매수자와 매도자의 평가를 수정하도록 한다. 결국 투자자는 주식의 가치에 관한 일치된 견해에 도달할 때까지 거래를 하게 된다. 이런 방식으로 주식시장은 정보를 통합하고 여러 다양한 투자자의 견해를 모은다.

따라서 만일 시장에서의 가치가 $20인 주식인데 당신의 가치평가 모형이 주식의 가치가 주당 $30라고 한다면, 이러한 격차가 의미하는 것은 주식에 대한 얻을 수 있는 최상의 정보에 접근할 수 있는 많은 전문가를 포함한 수많은 투자자가 당신의 평가에 동의하지 않는다는 것이다. 그렇다면 당신의 원래 분석을 다시 고려해야 할 것이다. 이러한 반대 견해에 대면하면서도 스스로의 예측을 믿으려면 당신은 매우 확고한 이유를 가지고 있어야 할 것이다.

이러한 논의에서 우리는 어떤 결론을 얻을 수 있는가? 그림 9.3을 살펴보면 가치평가 모형은 기업의 미래 현금흐름, 자본비용, 그리고 주식가격을 연결한다. 달리 표현하면 2개의 변수에 대하여 주어진 정확한 정보가 정확하다면 가치평가 모형은 3번째 변수에 대한 추론을 가능하게 만든다. 따라서 가치평가 모형의 사용 여부는 우리가 보유한 정보의 질(quality)에 좌우된다. 이 모형은 우리의 사전 정보가 가장 신뢰할 수 없는 변수에 대해 가장 많이 알려줄 것이다.

공개 상장기업의 경우 시장가격은 이미 다수의 투자자로부터 모아진 진정한 주식의 가치에 관련하여 매우 정확한 정보를 제공해야 한다. 따라서 대부분의 경우에 가치평가 모형은 현재 주식가격에 근거하여 기업의 미래 현금흐름 및 자본비용에 관해 무엇인가 알려주는 데 가장 적합하다. 상대적으로 드물지만

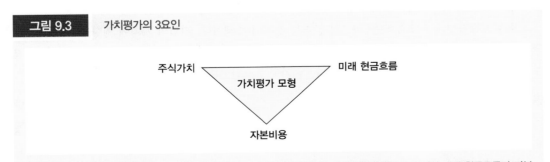

| 그림 9.3 | 가치평가의 3요인 |

가치평가 모형은 기업의 미래 현금흐름, 자본비용, 그리고 주식가치 사이의 관계를 결정한다. 주식의 기대 현금흐름과 자본비용은 시장가격을 평가하는 데 사용된다. 반대로 시장가격은 기업의 미래 현금흐름이나 자본비용을 평가하는 데 이용될 수 있다.

다른 투자자들은 기업의 현금흐름과 자본비용에 관한 정보가 부족하고 우리는 우월한 정보를 가진 경우에만 주식가격을 다시 추정하는 것이 타당할 것이다.

예제 9.11   **시장가격에서 정보 활용하기**

문제

텍너 인더스트리는 내년에 주당 $5의 배당금을 지불할 것이다. 자기자본 비용은 10%이고, 확신할 수는 없지만 배당금은 매년 4%의 비율로 증가할 것으로 기대한다. 만일 현재의 주가가 $76.92라면, 당신은 배당금의 성장률에 대한 믿음을 어떻게 변경할 것인가?

풀이

일정배당성장 모형을 적용하면 매년 4%씩 성장하는 주식의 가격은 $83.33[$P_0 = 5/(0.10 - 0.04) = 83.33$]로 추정된다. 그러나 $76.92인 시장가격은 대부분의 투자자들이 너 낮은 성장률로 배당금이 증가할 것이라고 예측하고 있음을 의미한다. 우리가 일정배당성장 모형을 계속 가정하고, 현재 시장가격에 일치하는 성장률을 식 (9.7)을 이용하여 계산할 수 있다.

$$g = r_E - Div_1/P_0 = 10\% - 5/76.92 = 3.5\%$$

따라서 주어진 시장가격에서 우리의 예측을 믿을 만한 아주 강력한 이유가 없다면 배당 성장률의 추정치를 낮춰야만 한다.

경쟁과 효율적 시장

시장가격이 많은 투자자의 정보를 모으고 정보는 증권가격에 반영된다는 것은 투자자 경쟁의 자연스러운 결과이다. 만일 주식을 매수하는 것이 양(+)의 NPV라는 정보를 얻을 수 있다면, 그 정보를 가진 투자자는 주식을 매수하는 선택을 할 것이다. 또한 이러한 매수 시도로 인해 주식가격은 상승할 것이다. 같은 논리로 주식을 매도하는 것이 양(+)의 NPV라는 정보를 가진 투자자는 매도할 것이고 주가는 하락할 것이다.

투자자 사이의 경쟁이 모든 양(+)의 NPV 거래 기회를 소멸시키는 기능을 한다는 생각은 **효율적 시장가설**(efficient markets hypothesis)이라고 한다. 그것은 모든 정보를 투자자가 얻을 수 있다는 가정에서 미래 현금흐름을 바탕으로 증권가격이 정당하게 책정될 것이라는 것을 의미한다.

효율적 시장가설의 기초가 되는 이론적 근거는 경쟁의 존재이다. 기업의 가치에 영향을 주는 새로운 정보를 얻을 수 있게 되면 무슨 일이 벌어지나? 경쟁의 정도 그리고 효율적 시장가설의 정확성은 이 정보를 소유한 투자자의 수에 달려 있을 것이다. 두 가지 중요한 예를 고려해보자.

공개된, 쉽게 해석 가능한 정보   모든 투자자가 얻을 수 있는 정보는 뉴스 보도, 재무제표, 기업의 언론 발표, 기타 공적인 자료원을 포함한다. 만일 기업의 미래 현금흐름에 대한 이런 정보의 영향이 쉽게 확인될 수 있다면, 모든 투자자는 이런 정보가 기업의 가치에 미치는 영향을 결정할 수 있을 것이다.

이 상황에서 우리는 투자자 사이에 경쟁이 치열해질 것이며 주식가격은 그런 뉴스에 거의 즉각적으로 반응할 것임을 예상한다. 아주 적은 수의 투자자만이 가격이 완전한 조정을 이루기 전에 약간의 주식을 거래할 수 있을 것이다. 다시 말해서 효율적 시장가설은 이런 유형의 정보에 대해서는 매우 잘 작동할 것이다.

공개 정보에 대한 주식가격의 반응

문제

마이옥스 랩은 시장에서 자사의 선도적인 약품 중 하나를 잠재적인 부작용 때문에 철회할 것이라고 공시하였다. 그 결과 회사의 미래 기대 가용현금흐름은 향후 10년간 매년 $85 백만 하락할 것으로 예상된다. 마이옥스는 50 백만 주의 발행주식을 가지고 있으며, 채무는 없고 자기자본 비용은 8%이다. 이 뉴스가 완전히 새로운 소식으로 투자자에게 알려진 것이라면, 마이옥스 주식의 가격은 이 공시에 대해 어떻게 반응할까?

풀이

이 경우에 우리는 가용현금흐름 할인모형을 사용할 수 있다. 채무가 없기 때문에 $r_{wacc} = r_E = 8\%$이다. 연금의 공식을 이용하면, 기대 가용현금흐름의 하락이 마이옥스의 사업가치를 낮추는 것을 계산할 수 있다.

$$\$85 \text{ 백만} \times \frac{1}{0.08}\left(1 - \frac{1}{1.08^{10}}\right) = \$570 \text{ 백만}$$

따라서 주식가격은 주당 $570/50 = $11.40 하락해야 한다. 이 뉴스는 공개적인 것이고 기업의 기대 현금흐름에 대한 영향이 명확하기 때문에, 우리는 주가가 거의 순간적으로 주당 $11.40 하락할 것이라고 예상한다.

사적인 혹은 해석이 어려운 정보 어떤 정보는 공개적으로 얻을 수 없다. 예를 들어 증권분석가는 기업의 미래 현금흐름에 관련된 정보를 회사의 종업원, 경쟁자, 관계회사, 혹은 고객으로부터 얻기 위해 노력하고 상당한 시간을 소비한다. 이런 정보를 얻기 위해 유사한 노력을 기울이지 못하는 다른 투자자는 얻을 수 없는 정보이다.

심지어 정보가 공개되더라도 해석이 어려울 수 있다. 예를 들면 어느 분야에 대한 비전문가가 신기술에 대한 연구 보고서를 평가하는 것은 어려운 일이다. 매우 복잡한 사업 거래의 결과에 대한 완전한 이해를 위해서는 수많은 법률 전문가 혹은 회계 전문가를 필요로 한다. 경우에 따라 컨설팅 전문가는 고객의 취향과 상품의 성공 가능성에 대한 직관을 가지고 있을 수 있다. 이러한 경우에 기본적 정보는 공개된 것이라도 이 정보가 기업의 미래 현금흐름에 어떻게 영향을 미칠 것인지에 대한 해석은 사적인 정보이다.

사적인 정보가 단지 상대적으로 적은 수의 투자자의 손에만 있다면 이러한 투자자는 그들의 정보를 활용한 거래를 통해 이익을 얻을 수 있을 것이다.[10] 이 경우 효율적 시장가설은 엄밀한 의미에서 성립되지 못할 것이다. 그러나 이러한 정보 거래자가 거래를 시작함으로써 그들의 거래 행동이 가격을 변동시킬 것이고, 시간이 지나면서 그들의 정보가 또한 가격에 반영될 것이다.

만일 이런 유형의 정보를 가짐으로써 이익을 취할 기회가 크다면, 다른 개인들도 전문성을 얻거나 그것을 얻기 위해 필요한 자원을 투입하려고 할 것이다. 점점 더 많은 개인들이 더 나은 정보 보유자가 되면, 이 정보를 얻으려는 경쟁은 더욱 증가할 것이다. 따라서 장기적으로 우리는 시장의 "비효율성"의 정도는 필요한 정보를 얻는 비용에 의해서 제한될 것이라고 예상해야만 한다.

---

10 사적인 정보라고 하더라도, 정보 투자자가 정보를 통해 이익을 얻는 것은 어려울 수 있다. 왜냐하면 그들은 거래 상대방을 찾아야만 하기 때문이다. 그것은 주식시장이 충분한 **유동성(liquidity)**를 가지고 있어야만 한다는 것이다. 유동적인 시장은 다른 거래 동기(예 : 주택 구입을 위해 주식을 매도)를 가지고 있으며, 더 우수한 정보를 보유한 투자자와 거래하는 위험에 직면해서도 거래를 할 의향을 가지고 있는 시장의 다른 투자자의 존재를 필요조건으로 한다. 상세한 내용은 제13장을 참조하라.

예제 9.13	사적 정보에 대한 주식가격의 반응

문제

피닉스 제약이 신약을 개발했고 미국 식품의약국(FDA)에 승인을 요청했다고 방금 공시했다. 약품이 승인되면 신약의 미래 순이익으로 인해 피닉스의 시장가치가 $750 백만(혹은 50 백만 주 발행주식 수에서 주당 $15) 증가할 것이다. 신약의 개발은 투자자에게는 처음 접하는 것이며 FDA의 승인 가능성이 10%라고 하면, 이번 공시로 인해 피닉스 주식가격에 무슨 일이 일어날까? 시간이 흐르면 주가는 어떻게 될까?

풀이

이 경우 많은 투자자가 FDA의 승인 가능성이 10%라는 것을 알기 때문에 경쟁은 피닉스 주가를 주당 10% × $15 = $1.50만큼 즉각 상승시킬 것이다. 그러나 시간이 지나면 증권분석가와 이 분야 전문가가 신약의 효능에 대하여 자체적인 평가를 하게 될 것이다. 만일 신약이 평균보다 더 긍정적이라고 결론을 내리면, 이런 사적인 정보를 근거로 주식을 매수하고 회사 주가는 시간이 지나면서 상승하는 흐름을 보일 것이다. 그러나 만일 전문가들이 새로운 약품이 평균보다 부정적이라고 결론을 내리게 되면, 주식을 매도하는 경향이 나타날 것이고 회사의 주가는 시간이 지나면서 하락하는 흐름을 보일 것이다. 일어날 수 있는 주식가격 경로의 예를 그림 9.4에서 보여준다. 전문가는 신빙성 있는 정보를 이용하여 거래를 하고 이익을 얻을 수도 있지만, 결과를 알지 못하는 정보가 없는 투자자의 경우 주가는 상승 또는 하락할 수 있기 때문에 공시 시점의 주가는 공정하게 가격이 매겨진 것으로 보일 수 있다.

투자자와 기업 경영자에 주는 교훈

주식가격에 대한 정보에 근거한 경쟁의 효과는 투자자와 기업 경영자 모두에게 중요한 결론을 알려준다.

투자자에게 주는 중요성   다른 시장에서처럼 투자자가 증권시장에서 양(+)의 NPV가 되는 거래 기회를 식별할 수 있는 경우는 자유 경쟁을 저해하는 장벽이나 제약이 있는 경우에만 한정된다. 투자자의 경쟁적 우위는 여러 형태를 지닌다. 예를 들어 투자자는 전문지식을 갖거나 일부에게만 알려진 정보에 접근할 수 있다. 혹은 투자자는 다른 시장 참가자보다 거래비용이 낮아서 다른 사람에게는 이익이 나지 않는 기회를 활용할 수도 있다. 모든 경우에서 양(+)의 NPV 거래 기회의 원천은 모방하기 어려운 어떤 것이어야 한다. 그렇지 않다면 어떠한 이득도 단기간에 경쟁으로 사라질 것이다.

양(+)의 NPV 거래 기회를 얻기 어렵다는 사실이 실망스럽긴 하지만 그래도 기쁜 소식은 있다. 우리가 아는 가치평가 모형에 따라 주식이 공정하게 평가를 받는다면, 주식을 매수한 투자자는 투자 위험을 정당하게 보상하는 미래 현금흐름을 받는 것을 기대할 수 있다는 것이다. 이 경우라면 비록 완벽하게는 정보를 얻지 못하는 평균 투자자라도 확신을 가지고 투자할 수 있을 것이다.

기업 경영자를 위한 조언   주식이 우리가 논의한 모형에 따라서 공정하게 평가를 받는다면 기업의 가치는 투자자에게 지불할 수 있는 현금흐름에 의해 결정된다. 이 결과는 기업 경영자에게 몇 가지 중요한 의미를 준다.

- NPV와 가용현금흐름에 집중하라. 회사 주식가격을 올리는 방안을 찾고 있는 경영자는 기업의 가용현금흐름의 현재가치를 증가시키는 투자를 해야만 한다. 따라서 제8장에서 설명한 자본예산 방법은 기업의 주식가격을 극대화하는 목적과 완전히 일치한다.

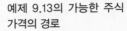

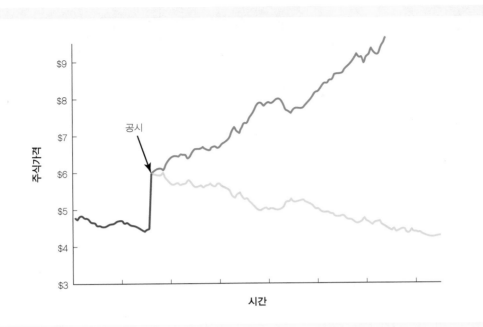

그림 9.4

예제 9.13의 가능한 주식 가격의 경로

피닉스의 주식가격은 FDA의 승인 가능성의 평균값을 근거로 공시일에 상승한다. 주식가격은 정보 거래자가 신약의 승인 가능성에 대한 보다 정확한 평가에 따라 거래함으로써 상승(위로 향한 경로)하거나 하락(아래로 향한 경로)하는 흐름을 보인다. 정보가 없는 투자자는 결과를 알지 못하기 때문에 나중에 주식이 저평가 혹은 고평가될지라도 공시 시점에는 공정하게 가격이 매겨진 것으로 보인다.

- **회계의 환상을 회피하라.** 많은 경영자가 가용현금흐름이 아니라 회계 이익에 집중하는 실수를 저지른다. 효율적 시장에서 의사결정의 회계적 결과는 기업의 가치에 직접적인 영향을 주지 않으며 그것이 의사결정에 영향을 주어서도 안 된다.
- **투자를 지지하기 위해서 재무거래를 이용하라.** 효율적 시장에서 회사는 새로운 투자자에게 주식을 공정한 가격에 팔 수 있다. 따라서 기업은 양(+)의 NPV 투자 기회에 대한 자금조달을 위해서 제약을 가해서는 안 된다.

효율적 시장가설과 무차익 기회

효율적 시장가설과 무차익의 아이디어에 기반한 제3장에서 소개한 정상시장의 개념 사이에는 중요한 차이점이 있다. 차익거래 기회라는 것은 동일한 현금흐름을 가지는 2개의 증권(혹은 포트폴리오)이 다른 가격을 가지는 상황이다. 이런 상황에서 누구라도 낮은 가격의 증권을 사고 높은 가격의 증권을 팔아서 확실한 이익을 얻을 수 있기 때문에, 우리는 투자자가 즉각적으로 이 기회를 활용하고 기회는 사라질 것으로 예상한다. 따라서 차익거래 기회는 발견할 수 없을 것이다.

효율적 시장가설은 투자의 NPV가 0이 되는 식 (9.2)처럼 수익률로 가장 잘 표현된다. 투자의 NPV가 0일 때 모든 증권의 가격은 기대 현금흐름을 위험을 반영한 자본비용으로 할인했을 때의 현재가치와 같다. 따라서 효율적 시장가설은 동일한 위험(equivalent risk)을 가지는 증권들은 모두 동일한 기대 수익률(expected return)을 가져야 한다는 것을 의미한다. 효율적 시장가설은 따라서 "동일한 위험"의 정의 없이는 완성될 수 없다. 더구나 투자자들은 증권의 위험을 예측해야만 하고 예측이 어렵기 때문에 효율적 시장가설이 완벽하게 유지될 것이라고 기대할 이유가 없다. 즉, 효율적 시장가설은 매우 경쟁적인 시장에서 이상적인 근사치로 봐야 한다.

케네스 콜 프로덕션 — 무슨 일이 일어났나?

주식의 가치를 평가하는 가장 큰 도전은 미래를 예측하는 것이다. 기업의 성과가 애널리스트의 예측을 초과하거나 미달하게 만드는 사건들이 종종 발생한다. 이러한 사건은 해당 기업에만 해당된다. 그러나 어떤 경우에는 사건이 기업의 통제 범위를 벗어난다. 예를 들어 2008년에서 2009년 사이에 발생했던 경제적 붕괴의 심각성과 전세계 소매업계에 미쳤던 영향을 예측한 사람은 아무도 없다. 케네스 콜 프로덕션(Kenneth Cole Productions, KCP)에 실제로 일어난 일을 생각해보자.

회사 내 예상치 못한 문제로 인해 2006년의 나머지는 KCP에 도전이었다. 도매 부서의 높은 매출 성장에도 불구하고 소매 점포는 예상치 못한 13%의 대형 매장 판매 감소를 경험했다. 전반적으로 2006년 KCP의 매출 성장은 분석가의 예측보다 훨씬 낮은 3.6%에 그쳤다. 소매부문의 손실로 인해 KCP의 EBIT 마진은 7% 미만으로 떨어졌다.

KCP는 사장의 퇴임 후 새로운 리더십을 찾기 위해 애썼다. 회장이며 CEO로서 설립자인 케네스 콜(Kenneth Cole)은 브랜드의 창조적 측면에 더 적은 시간을 할애했고, 그 이미지는 어려움을 겪었다. 2007년 매출은 4.8% 감소했으며 EBIT 마진은 1%로 하락했다. 그러나 2008년 봄, KCP는 리즈 클레이본의 전임 원인 질 그래노프(Jill Granoff)를 새로운 CEO로 영입한 것이 어떤 종류의 낙관주의를 일으킨 원인이 되었다.

낙관주의는 오래 가지 못했다. 다른 많은 소매업체들과 마찬가지로 2008년 가을, KCP는 금융위기의 영향으로 많은 어려움을 겪었다. 회사는 대량의 재고를 안고 대폭적인 가격인하를 해야 했다. 연말까지 매출은 3.6% 하락했다. 더욱이 KCP는 −2%의 EBIT 마진으로 영업 손실을 보고했다. 애널리스트들은 2009년 매출이 8% 이상 감소하고 EBIT 마진이 −4%를 밑돌면서 KCP의 가장 어려운 해가 될 것이라고 전망했다.

KCP는 실적 악화를 반영하여 2008년 초 배당금을 절반으로 줄였으며 2009년 초 배당금 지급을 중단했다. 아래 그림은 KCP의 주가 추이를 보여준다. KCP의 투자자는 이 기간에 확실히 성과가 좋지 않았다. 주식은 2009년 초까지 가치의 70% 이상을 잃었는데, 손실의 절반 이상이 금융위기의 여파 속에서 발생하였다.

2010년 경기가 회복되면서 KCP는 흑자로 돌아섰고 매출은 두 자릿수 성장을 경험했다. 2012년 초 설립자인 케네스 콜은 주주로부터 회사를 인수하겠다고 제안했다. 거래는 2012년 9월 25일에 마감되었으며 가격은 주당 $15.25로 2006년 초의 가치보다 여전히 낮았다.

그러나 2006년에 KCP가 고평가되었음을 지금은 알지만, 그렇다고 KCP 주식에 대하여 시장이 그 당시 "비효율적"이었던 것은 아니다. 사실 우리가 이전에 보았듯이, KCP는 투자자들이 당시에 가지고 있던 미래 성장에 대한 합리적인 기대에 근거하여 적절히 가격이 책정되었을 수도 있다. 불행히도 KCP와 보다 광범위한 경제 문제로 인해 그러한 기대는 실현되지 않았다.

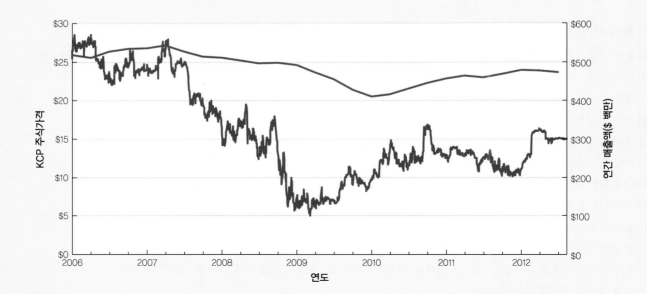

효율적 시장가설의 타당성을 검증하고 또한 더 중요한, 이 장에서 소개한 주식가치 평가의 현금흐름 할인법을 실행하기 위해서 우리는 어떻게 투자자들이 증권에 대한 투자의 위험을 예측할 수 있는지, 그리고 이러한 위험이 증권의 기대 수익률을 어떻게 결정하는지에 대한 이론이 필요하다. 그러한 이론을 개발하는 것은 다음에 나올 제4부의 주제가 된다.

1. 효율적 시장가설을 설명하라.
2. 효율적 시장가설이 기업 경영자에게 주는 조언은 무엇인가?

핵심 요점 및 수식

9.1 배당할인모형

- 일물일가의 법칙은 주식의 가치가 투자자가 받을 배당금과 미래의 주식 판매가격의 현재가치와 같다는 것을 의미한다. 이러한 현금흐름은 위험하기 때문에 기업의 주식과 동일한 위험을 가지는 시장에 존재하는 다른 증권의 기대 수익률인 자기자본 비용으로 할인해야만 한다.
- 주식의 총수익률은 배당수익률과 자본이득률의 합과 같다. 주식의 예측된 총수익률은 자기자본 비용과 같다.

$$r_E = \frac{Div_1 + P_1}{P_0} - 1 = \underbrace{\frac{Div_1}{P_0}}_{\text{배당 수익률}} + \underbrace{\frac{P_1 - P_0}{P_0}}_{\text{자본이득률}} \tag{9.2}$$

- 투자자들이 동일한 믿음을 가지고 있으며 어느 시점 N을 기준으로 할 때, 배당할인모형은 주식가격이 아래 수식을 만족함을 보여준다.

$$P_0 = \frac{Div_1}{1+r_E} + \frac{Div_2}{(1+r_E)^2} + \cdots + \frac{Div_N}{(1+r_E)^N} + \frac{P_N}{(1+r_E)^N} \tag{9.4}$$

- 주식이 언젠가는 배당금을 지급하고 합병을 당하지 않는다면, 배당할인모형은 주식가격이 미래의 모든 배당금의 현재가치와 같음을 의미한다.

9.2 배당할인모형의 적용

- 일정배당성장 모형은 배당금이 일정한 추정 비율인 g로 성장한다는 가정을 한다. 이 경우 g는 또한 예측된 자본이득률이 된다.

$$P_0 = \frac{Div_1}{r_E - g} \tag{9.6}$$

- 미래 배당금은 순이익, 발행주식 수, 배당성향에 따라 변한다.

$$배당금_t = \underbrace{\frac{순이익_t}{발행주식 수_t}}_{\text{주당 순이익}(EPS_t)} \times 배당성향_t \tag{9.8}$$

- 배당성향과 발행주식 수가 일정하고, 순이익의 변화가 이익잉여금의 신규투자에서 발생한 것이라면 기업의 순이익, 배당금, 주식가격의 성장률은 아래 식으로 계산한다.

$$g = 유보율 \times 신규투자의 수익률 \qquad (9.12)$$

- 투자를 늘리기 위한 배당금 삭감이 주가를 상승시키는 경우는 신규투자 수익률이 자본비용을 초과하는 경우 뿐이다. 또한 역으로 신규투자의 수익률이 자본비용을 초과할 때에만 투자를 위한 배당금 삭감이 주가를 상승시킨다.

- 기업이 $N+1$기 이후에 장기 성장률 g를 가진다면 배당할인모형을 적용할 수 있다. 그리고 기말 주가인 P_N을 추정하기 위해서는 일정배당성장 공식을 사용한다.

- 배당할인모형은 정확하게 추정하기 어려운 배당 성장률에 민감하다.

9.3 총현금지급 모형과 가용현금흐름 가치평가 모형

- 만일 기업이 자사주 매입을 행한다면 기업의 가치평가를 위해서 총현금지급 모형을 사용하는 것이 더 적합하다. 이 모형에서 주식 가치는 미래의 총배당금과 자사주 매입액의 현재가치와 같다. 주식가격을 평가하려면 주식의 가치를 기업의 발행주식 수로 나눈다.

$$P_0 = \frac{PV(\text{미래 총배당금과 자사주 매입})}{\text{발행주식 수}} \qquad (9.16)$$

- 기업의 총현금 지급의 성장률은 주당 순이익(EPS)의 성장률이 아니라 전체 순이익의 성장률에 따른다.

- 기업이 채무를 가질 때 가용현금흐름 모형을 사용하는 것이 믿을 만하다. 이 모형은 다음과 같이 구성된다.

  - 기업의 미래 가용현금흐름은 다음 식으로 추정한다.

$$\text{가용현금흐름} = EBIT \times (1 - \tau_c) - \text{순투자} - \text{순운전자본의 증가} \qquad (9.20)$$

  여기서 순투자는 감가상각비를 초과하는 자본지출액과 같다.

  - 기업의 사업가치(주식과 채무의 시장가치에서 초과현금 차감)는 기업의 미래 현금흐름의 현재가치와 같다.

$$V_0 = PV(\text{기업의 미래 가용현금흐름}) \qquad (9.21)$$

  - 기업의 채무와 주식을 동시에 보유하는 위험을 보상하기 위해 기업이 투자자에게 지불해야만 하는 기대 수익률인 가중평균 자본비용을 이용하여 현금흐름을 할인한다.

  - 가용현금흐름이 일정한 (장기적인 수익 성장률과 같음) 비율로 증가한다는 가정에 의해 기말 사업가치를 예측할 수 있다.

  - 기업가치에 채무를 차감하고 현금을 가산하고 기업의 초기 발행주식 수로 나누어서 주식가격을 구한다.

$$P_0 = \frac{V_0 + \text{현금}_0 - \text{채무}_0}{\text{발행주식 수}_0} \qquad (9.22)$$

9.4 비교기업에 근거한 가치평가

- 비교기업에 기반을 둔 가치평가 배수를 이용하여 주식을 가치평가할 수 있다. 이러한 목적으로 사용되는 배수는 일반적으로 P/E 비율, EV/EBITDA 비율을 포함한다. 배수를 사용할 때 비교기업이 평가 대상이 되는 회사와 동일한 위험과 미래 성장을 가지고 있다고 가정한다.

- 어떤 가치평가 방법도 주식에 대한 확정적인 가치를 제공하지 못한다. 가치의 합리적인 범위를 알아보기 위해서 몇 가지 방법을 사용하는 것이 최상이다.

9.5 정보, 경쟁, 그리고 주식가격

- 주식가격은 많은 투자자의 정보를 총합한다. 따라서 우리의 평가가 주식의 시장가격과 어긋나면, 그것은 기업의 현금흐름에 대한 우리의 가정이 틀린 것을 알려줄 가능성이 크다.
- 투자자 사이의 경쟁이 양(+)의 NPV 거래 기회를 소멸시키는 경향이 있다. 정보가 공개된 것이고 해석하기 쉬울 때 경쟁이 가장 강하다. 사적으로 정보를 가진 거래자는 정보를 통해 이익을 얻을 수 있다. 그 정보는 오직 점진적으로 가격에 반영된다.
- 효율적 시장가설은 경쟁이 모든 양(+)의 NPV 거래를 소멸시킨다고 말한다. 그것은 동일한 위험을 가진 증권이 같은 기대 수익률을 갖는다는 것과 같다.
- 효율적 시장에서 투자자는 어떤 경쟁우위의 원천 없이 양(+)의 NPV 투자 기회를 발견할 수 없을 것이다. 반면에 평균 투자자는 자신의 투자에서 공정한 수익률을 얻을 것이다.
- 효율적 시장에서 주식가격을 올리기 위해 기업 경영자는 회계처리 결과나 재무정책이 아니라 회사의 투자에서 나오는 가용현금흐름의 현재가치를 극대화하는 데 관심을 기울여야만 한다.

주요 용어

가용현금흐름 할인모형(discounted free cash flow model)	일정배당성장 모형(constant dividend growth model)
가중평균 자본비용(weighted average cost of capital, WACC)	유보율(retention rate)
가치평가 배수(valuation multiple)	자기자본 비용(equity cost of capital)
공매도 총액(short interest)	자사주 매입(share repurchase)
배당성향(dividend payout rate)	자본이득(capital gain)
배당 수익률(dividend yield)	자본이득률(capital gain rate)
배당할인모형(dividend-discount model)	지속가능 성장률(sustainable growth rate)
비교기업 방법(method of comparables)	효율적 시장가설(efficient markets hypothesis)
선도 순이익(forward earnings)	총수익률(total return)
선도 P/E(forward P/E)	총현금지급 모형(total payout model)
순투자(net investment)	후행 순이익(trailing earnings)
	후행 P/E(trailing P/E)

추가 읽을거리

주식평가 방법에 대한 상세한 논의는 다음 논문을 참고하라. T. Copeland, T. Koller, and J. Murrin, *Valuation: Measuring and Managing the Value of Companies* (John Wiley & Sons, 2001).

거액의 차입을 수반한 거래의 예를 바탕으로 한 가용현금흐름 할인법과 비교기업 방법의 비교에 관해서는 다음 문헌을 참고하라. S. Kaplan and R. Ruback "The Valuation of Cash Flow Forecasts: An Empirical Analysis," *Journal of Finance* 50 (1995): 1059 – 1093.

효율적 시장에 대한 소개 자료로 흥미로운 것은 다음 문헌이다. B. Malkiel's popular book, *A Random Walk Down Wall Street: Completely Revised and Updated Eighth Edition* (W. W. Norton, 2003).

시장효율성에 대한 전통적인 논의와 그것을 지지하는 주장과 중요한 실증연구는 다음 논문을 참고하라. E. F. Fama, "Efficient Capital Markets: A Review of Theory and Empirical Work," *Journal of Finance* 25 (1970):

383 – 417, and "Efficient Capital Markets: II," *The Journal of Finance* 46(5)(1991): 1575 – 1617. 또한 위와 다른 문헌 검토와 이례 현상은 다음 논문에서 찾을 수 있다. R. Ball, "The Development, Accomplishments and Limitations of the Theory of Stock Market Efficiency," *Managerial Finance* 20(2,3) (1994): 3 – 48.

1990년대 후반 인터넷 기업의 가격이 평가 모형에 의해 정당화될 수 있는지에 대한 논쟁의 양측에 대하여 아래를 참고하라. L. Pástor and P. Veronesi, "Was There a Nasdaq Bubble in the Late 1990s?" *Journal of Financial Economics* 81(2006): 61 – 100; M. Richardson and E. Ofek, "DotCom Mania: The Rise and Fall of Internet Stock Prices," *Journal of Finance* 58 (2003): 1113 – 1138.

어떻게 사모 펀드 투자자가 기업의 가치를 평가하는지에 대한 검토는 다음 논문을 참고하라. P. Gompers, S. Kaplan, and V. Mukharlyamov, "What Do Private Equity Firms Say They Do?," *Journal of Financial Economics* (2016) forthcoming.

연습문제

* 표시는 난이도가 높은 문제다.

배당할인모형

1. 에브코의 현재 주가는 $50이고 1년 뒤에 $2의 배당금을 지급한다고 가정하자. 자기자본 비용은 15%이다. 현재의 주가가 맞는다면, 1년 뒤 배당금을 지급한 직후에 얼마의 가격에 에브코 주식을 매도해야 할까?

2. 앤르 주식회사의 현재($t = 0$) 주가는 $20이고 1년 뒤에($t = 1$) $1의 배당금을 지급할 것으로 예상된다. 배당금 지급 직후($t = 1$) 주가는 $22가 될 것으로 기대되고 있다.
   a. 앤르의 배당 수익률은 얼마인가?
   b. 앤르의 자본이득률는 얼마인가?
   c. 앤르의 자기자본 비용은 얼마인가?

3. 에이캡 주식회사가 연말에($t = 1$) $2.80, 그리고 내년 말에($t = 2$) $3의 배당금을 지급할 것으로 가정하자. 에이캡의 주식가격은 2년 뒤($t = 2$) $52로 예상된다. 자기자본 비용은 10%이다.
   a. 2년 동안 주식을 보유한다고 가정하면 현재의 주식가격은 얼마로 예상하는가?
   b. 주식을 1년만 보유한다고 가정하면 1년 뒤에 얼마에 주식을 매도할 것으로 기대하는가?
   c. (b)의 해답을 주어진 것으로 하고, 1년간 주식을 보유한다면 현재의 주식가격은 얼마로 예상하는가? 이 가격과 (a)에서의 가격은 어떻게 비교할 수 있나?

4. 크렐 인더스트리의 현재 주식가격은 $22이다. 만일 올해($t = 0$) $0.88의 배당금을 지급하고 내년($t = 1$) 주식가격이 $23.54로 오를 것으로 예상된다면 배당 수익률과 자기자본 비용은 얼마인가?

배당할인모형의 적용

5. 노그로스 주식회사의 연간 배당금은 $2이고 배당금은 영구히 지급할 것이다. 자기자본 비용이 연 15%라면 노그로스의 주식가격은 얼마인가?

6. 서밋 시스템즈는 올해($t = 0$) 배당금을 $1.50 지급하고 매년 6%로 성장할 것으로 예상된다. 자기자본 비용이 11%일 때 주당 가격은 얼마인가?

7. 도팍 주식회사의 배당 수익률은 1.5%이다. 주식 비용이 8%이고 배당금은 일정한 비율로 성장할 것으로 예상된다.
   a. 도팍 배당금의 기대성장률은 얼마인가?
   b. 도팍 주식가격의 기대성장률은 얼마인가?

8. 캐나다의 채굴회사인 엘 도라도(EGO)는 2016년 3월 금가격 하락과 그리스 광산의 허가 지연으로 인해 배당을 중단했다. EGO가 2년 내에 배당금을 재개하고 주당 $0.25의 배당금을 지급할 것이며 연간 2%씩 성장할 것으로 예상한다고 가정하자. EGO의 자기자본 비용이 10%라면 EGO의 현재의 주식가격은 얼마인가?

9. 2006년과 2007년 케네스 콜(KCP)은 연간 배당금 $0.72를 지급했다. 2008년 KCP는 연간 배당금 $0.36를 지불하고 2012년까지 더 이상 배당을 지급하지 않았다. KCP는 2012년 말에 주당 $15.25에 인수되었다.

   a. 2006년 초 완벽한 예측능력을 지닌 투자자는 KCP 주식 구입에 얼마까지 기꺼이 지급할까? (힌트 : 완벽한 예측능력을 지닌 투자자는 위험을 부담하지 않으므로 무위험 자본비용 5%를 사용한다.)

   b. (a)에 대한 귀하의 대답은 2006년 KCP에 대해 시장이 비효율적이었음을 의미하는가?

10. DFB 주식회사는 올해($t = 0$) 주당 $5의 이익을 얻고 $3를 배당으로 지급할 것으로 기대된다. 주당 순이익의 $2는 유보하여 연간 15%로 성장하는 투자안에 투자할 계획이다. 만일 DFB가 미래에도 동일한 배당정책, 투자정책, 발행주식 수를 유지한다고 가정하자.

    a. DFB 순이익의 성장률은 얼마로 예상되는가?

    b. 만일 DFB의 자기자본 비용이 12%이면, DFB의 현재 주식가격은 얼마로 예상되나?

    c. 배당정책을 바꿔서 배당금을 $4 지급했고 $1를 유보했다고 가정하자. 신규투자를 많이 하는 대신에 배당금을 높이는 것을 선택하는 것이다. 미래에도 이러한 높은 배당성향을 유지한다면 현재의 주식가격은 어떻게 될까? 새로운 배당정책을 따라야 할까?

11. 쿠퍼톤 광업은 연말($t = 1$) 배당금을 $4에서 $2.50로 낮추고 대신에 사업 확장을 위한 자금으로 사용하기로 했다. 이러한 공시 이전에 쿠퍼톤의 배당금은 3%씩 성장할 것으로 예상되었고 주식가격은 $50였다. 확장정책 후 쿠퍼톤의 성장률은 5%로 예상된다. 공시 이후 주식가격은 어떻게 기대되는가? (새로운 확장정책이 기업의 위험을 증가시키지 않는 것으로 가정한다) 확장정책은 알맞은 투자인가?

12. 프록터 앤 갬블(PG)은 2009년에 $1.72의 연간 배당금을 지급했다. PG는 향후 5년간(2014년까지) 8%씩 성장하고, 이후에는 연간 3%씩 성장할 것으로 예상된다. PG의 적절한 자기자본 비용이 연간 8%라면, 배당할인모형을 사용하여 2009년 말의 주식가격을 추정해보자.

13. 콜게이트-팜올리브는 연간 배당금 $1.50를 방금($t = 0$) 지급했다. 증권분석가들은 향후 5년간 콜게이트의 배당이 연간 $0.12 증가할 것이라고 예측하였다. 그 후에 콜게이트의 순이익은 매년 6%씩 증가하고 배당 지급액은 일정하게 유지될 것으로 보았다. 콜게이트의 자기자본 비용이 8.5%일 때, 배당할인모형을 통한 현재 콜게이트의 주식가격은 얼마인가?

14. 만일 최초 배당금이 Div이고, n년 동안($n + 1$년까지) g_1으로 상장하고 그 이후 g_2로 영구히 성장하는 기업의 자기자본 비용이 r이면 기업의 가치는 얼마인가?

15. 핼리포드 주식회사는 다가오는 해의($t = 1$) 주당 순이익을 $3로 예상한다. 핼리포드는 지금부터 2년 동안 모든 순이익을 유보할 계획이다. 그 이후 2년 동안 기업은 순이익의 50%를 유보할 것이고, 그다음부터는 20%를 유보할 계획이다. 매년 유보 이익은 연간 기대 수익률이 25%인 신규 사업에 투자될 것이다. 유보되지 않은 순이익은 배당금으로 지급될 것이다. 핼리포드의 주식 숫자가 일정하고 모든 순이익의 성장이 유보 이익의 투자에서 발생한다고 가정하자. 만일 핼리포드의 자기자본 비용이 10%이면, 주식가격은 얼마로 예상되는가?

총현금지급 모형과 가용현금흐름 가치평가 모형

16. 아마존은 배당금을 지급하지 않고 지난해 $3 십억의 자사주 매입을 했다고 가정하자. 아마존의 자기자본 비용은 8%이고 자사주 매입에 사용된 금액은 연간 6.5% 증가할 것으로 예상된다. 아마존의 시가총액은 얼마인가? 만일 아마존의 발행주식 수가 450 백만 주라면 주식가격은 얼마인가?

17. 메이나드 철강은 연말에($t = 1$) \$3의 배당금을 지급할 계획이다. 회사는 순이익이 매년 4%씩 성장하고 주식 비용은 10%일 것으로 예상하고 있다.

    a. 메이나드의 배당성향과 기대성장률이 일정하고 신주 발행이나 자사주 매입은 없다고 가정하면 현재의 주식가격은 얼마로 추정할 수 있나?

    b. 메이나드가 연말에($t = 1$) 배당금으로 \$1를 지급하고 주당 \$2의 현금으로 자사주를 매입하기로 했다고 가정하자. 메이나드의 총현금 지급액이 이처럼 일정할 때 주식가격은?

    c. 만일 메이나드가 배당금과 총현금 지급액을 (b)로 유지한다면 메이나드의 배당금과 주당 순이익의 성장률은 어떻게 예상할 수 있나?

18. 무차입 기업인 벤치마크(BMI)는 2008년 EPS가 \$5.00라고 보고했다. 경기침체에도 불구하고 BMI는 현재 투자 기회에 대해 확신하고 있다. 그러나 금융위기로 인해 BMI는 투자 자금을 외부에서 조달하길 원하지 않는다. 따라서 이사회는 자사주 매입 계획을 일시 중지하고 배당금을 주당 \$1로 줄이기로 결정하고(2007년에는 주당 배당금이 약 \$2) 이 자금을 대신 유보하기로 했다. 회사는 방금 2008년 배당금을 지불했으며 2009년에도 배당금을 주당 \$1로 유지할 계획이다. 그 이후로는 성장 기회가 둔해질 것으로 예상하므로 40%의 배당성향을 통해 내부적으로 성장 자금을 조달할 수 있으며, 총현금 지급 비율이 60%가 되도록 자사주 매입 계획을 재개할 것이다(모든 배당과 자사주 매입은 매년 말에 일어남).

    BMI의 기존 운영이 향후에도 현재 주당 순이익 수준을 계속 발생시킨다고 가정하자. 또한 새로운 투자 수익률이 15%라고 가정하고, 재투자가 미래의 모든 순이익 성장을 고려한 것이라고 가정한다. 마지막으로 BMI의 자기자본 비용이 10%라고 가정한다.

    a. 2009년과 2010년의 BMI의 EPS는 얼마인가?(자사주 매입 전)

    b. 2009년 초 BMI의 주식가격은 얼마인가?

19. 헤비메탈은 아래와 같이 가용현금흐름을 향후 5년간 창출할 것으로 예상된다.

연도	1	2	3	4	5
FCF(단위 : \$ 백만)	53	68	78	75	82

그 이후에 가용현금흐름은 산업 평균인 연간 4%로 성장할 것이다. 가용현금흐름 할인모형을 이용하라. 가중평균 자본비용은 14%이다.

    a. 헤비메탈의 사업가치를 추정하라.

    b. 헤비메탈의 초과현금은 없고, 부채는 \$300 백만, 발행주식 수는 40 백만이라면, 주식가격을 추정하라.

20. IDX 테크놀로지는 시카고에 본사를 둔 비상장 보안 시스템 개발업체이다. 비즈니스 개발 전략의 일환으로 2008년 말에 IDX 창업자와 함께 IDX의 인수 가능성에 대한 논의를 시작했다. 가용현금흐름 할인모형과 다음 자료를 사용하여 주당 IDX 가치를 예측해보라.

- 부채 : \$30 백만
- 초과현금 : \$110 백만
- 발행주식 수 : 50 백만 주
- 2009년 예상 FCF : \$45 백만
- 2010년 예상 FCF : \$50 백만
- 2010년 이후의 미래 FCF 성장률 : 5%
- 가중평균 자본비용 : 9.4%

21. 소라 인더스트리는 60 백만 주의 발행주식, \$120 백만의 부채, \$40 백만의 현금, 그리고 4년 동안의 가용현금흐름을 다음과 같이 가지고 있다.

연도	0	1	2	3	4
순이익과 FCF의 추정($ 백만)					
1 매출액	433.0	468.0	516.0	547.0	574.3
2 전년 대비 성장률		*8.1%*	*10.3%*	*6.0%*	*5.0%*
3 매출원가		(313.6)	(345.7)	(366.5)	(384.8)
4 총이익		154.4	170.3	180.5	189.5
5 판매 및 일반관리비		(93.6)	(103.2)	(109.4)	(114.9)
6 감가상각비		(7.0)	(7.5)	(9.0)	(9.5)
7 EBIT		53.8	59.6	62.1	65.2
8 차감 : 세금 40%		(21.5)	(23.8)	(24.8)	(26.1)
9 가산 : 감가상각비		7.0	7.5	9.0	9.5
10 차감 : 자본지출액		(7.7)	(10.0)	(9.9)	(10.4)
11 차감 : NWC의 증가		(6.3)	(8.6)	(5.6)	(4.9)
12 가용현금흐름		**25.3**	**24.6**	**30.8**	**33.3**

a. 소라의 매출과 가용현금흐름이 4년이 지나고 난 후에 매년 5%씩 성장한다고 가정하자. 만일 소라의 가중평균 자본비용이 10%이면 주어진 정보 아래 소라 주식의 가치는 얼마인가?

b. 소라의 매출원가를 매출액의 67%로 가정하자. 만일 매출원가가 실제 매출액의 70%라면 주식의 예상가치는 어떻게 변화하는가?

c. 위 (a)의 가정으로 돌아가서 소라가 매출원가를 매출액의 67%로 유지할 수 있다고 하자. 그러나 기업이 판매 및 일반관리비를 매출의 20%에서 매출액의 16%로 낮췄다. 주식가격은 이제 얼마로 예상되는가?(다른 비용, 세금은 영향이 없다고 가정)

*d. 소라의 순운전자본 필요액이 매출액의 18%로 추정되었다(0연차에 현재 수준). 만일 소라가 이 필요액을 1년 차가 시작되면서 매출액의 12%로 변경하고 모든 다른 가정은 (a)와 같다면 당신은 소라의 주식가격을 얼마로 예상하는가? (힌트 : 이런 변화는 소라의 1년 차 가용현금흐름에 가장 큰 영향을 미칠 것이다.)

22. 예제 9.7의 케네스 콜(KCP)의 가치평가를 고려해보자.

a. KCP의 초기 매출액 성장률이 4%에서 11% 사이가 될 것으로 가정하자(성장률은 일정하게 줄어들어서 2011년에 4%가 됨). 이러한 추정이 맞으려면 KCP 주식의 가격 범위가 얼마나 될까?

b. KCP의 매출액-EBIT 수익률이 매출액의 7%에서 10% 사이가 될 것으로 가정하자. 이러한 추정에 맞으려면 KCP 주식의 가격 범위는 얼마나 되겠는가?(KCP의 초기 매출액의 성장은 동일하고, EBIT 수익률은 9%로 가정한다.)

c. KCP의 가중평균 자본비용이 10%에서 12% 사이가 될 것으로 가정하자. 이러한 추정에 맞으려면 KCP 주식의 가격 범위는 얼마나 될까?(KCP의 초기 매출액의 성장은 동일하고, EBIT 수익률은 9%로 가정한다.)

d. 위 (a), (b), (c)의 예상치를 동시에 변경했을 때 이에 일치하는 주식가격의 범위는 얼마인가?

23. 케네스 콜(KCP)은 2012년에 주당 $15.25에 인수되었다. 인수 당시 KCP의 발행주식 수는 18.5 백만 주이고 현금은 $45 백만을 가지고 있었으며 부채는 없었다.

a. 가중평균 자본비용이 11%이고 미래의 성장이 없다고 가정할 때, 연간가용 현금이 얼마가 되어야 인수가격을 정당화하겠는가?

b. KCP의 현재 연간 매출액이 $480 백만이고, 순수 자본지출이나 순운전자본의 증가가 없다고 가정하자. 법인세율은 35%이다. (a)의 답변에 필요한 EBIT 수익률은 얼마인가?

비교기업에 근거한 가치평가

24. 펩시(PEP)의 주가가 $72.62이고 EPS가 $3.80이다. 경쟁자인 코카콜라(KO)는 EPS가 $1.89이다. 이러한

자료를 이용하여 코카콜라의 주식가치를 추정하라.

25. 2006년 1월, 케네스 콜(KCP)이 $1.65의 EPS와 주당 $12.05의 주식 장부가치를 가지고 있다고 가정하자.

a. 표 9.1의 평균 P/E 배수를 이용하여 KCP의 주식가격을 추정하라.

b. 표 9.1의 최고와 최저 P/E 배수를 근거로 주식가격의 범위는 얼마로 예측되는가?

c. 표 9.1의 평균 주가/장부가 가치 배수를 이용하여 KCP의 주식가격을 추정하라.

d. 표 9.1의 최고와 최저 주가/장부가 가치 배수를 근거로 주식가격의 범위는 얼마로 예측되는가?

26. 2006년 1월에, 케네스 콜(KCP)은 $518 백만의 매출액, $55.6 백만의 EBITDA, $100 백만의 초과현금, $3 백만의 부채, 그리고 21 백만 주의 발행주식을 가지고 있다고 가정하자.

a. 표 9.1의 평균 사업가치/매출액 배수를 이용하여 KCP의 주식가격을 추정하라.

b. 표 9.1의 최고와 최저 사업가치/매출액 배수를 근거로 주식가격의 범위는 얼마로 예측되는가?

c. 표 9.1의 평균 사업가치/EBITDA 배수를 이용하여 KCP의 주식가격을 추정하라.

d. 표 9.1의 최고와 최저 사업가치/EBITDA 배수를 근거로 주식가격의 범위는 얼마로 예측되는가?

27. 케네스 콜(KCP)은 신발 외에도 핸드백, 의류 및 기타 액세서리를 디자인하고 판매한다. 따라서 신발산업 이외의 산업에 대한 경쟁기업 비교를 고려해야 한다.

a. 파슬의 사업가치/EBITDA 배수는 9.73이고 P/E 배수는 18.4이다. 25~26번 문제의 KCP에 대한 자료를 기반으로 각각의 배수를 사용하여 KCP의 주가를 추정하라.

b. 타미힐피거의 사업가치/EBITDA 배수는 7.19이며, P/E 배수는 17.2라고 가정하자. 25~26번 문제의 KCP에 대한 자료를 기반으로 각각의 배수를 사용하여 KCP의 주가를 추정하라.

28. 2015년 12월 항공업계에 대한 다음 데이터를 고려하라(EV = 사업가치, 장부 = 주식의 장부가). 항공사 가치평가를 위해 배수를 사용할 때 발생할 수 있는 잠재적인 문제점에 대해 토론하라.

회사명	시가총액	사업가치	EV/매출액	EV/EBITDA	EV/EBIT	P/E	P/장부
델타 항공(DAL)	40,857	45,846	1.1x	6.0x	7.6x	15.0x	4.0x
아메리칸 항공(AAL)	27,249	38,937	0.9x	4.5x	5.5x	6.2x	7.5x
유나이티드-컨티넨탈(UAL)	22,000	28,522	0.7x	4.2x	5.6x	3.4x	2.6x
사우스웨스트(LUV)	28,499	28,125	1.5x	6.0x	7.4x	16.1x	4.1x
알래스카 항공(ALK)	10,396	9,870	1.8x	6.3x	7.9x	13.4x	4.4x
제트블루 항공(JBLU)	7,338	8,189	1.3x	6.1x	7.9x	13.8x	2.4x
스카이웨스트(SKYW)	1,039	2,590	0.8x	5.2x	11.1x	21.2x	0.7x
하와이안 항공(HA)	1,974	2,281	1.0x	5.3x	6.9x	15.1x	5.3x

출처 : Capital IQ and Yahoo! Finance

29. 하와이안 항공(HA)의 발행주식 수는 53 백만 주라고 가정하자. 28번 문제의 다섯 가지 가치평가 배수를 활용하여 하와이안 항공의 주식가치를 추정해보자.

정보, 경쟁, 그리고 주식가격

30. 당신은 6번 문제의 서밋 시스템즈가 성장 전망을 수정했다고 신문에서 읽었다. 그리고 현재 배당금은 영구히 매년 3%씩 성장할 것으로 기대된다.

a. 이러한 정보를 바탕으로 서밋 시스템즈의 새로운 주식가치는 얼마인가?

b. 만약 당신이 신문기사를 읽고 난 후, 서밋 시스템즈 주식을 팔려고 한다면, 당신이 얻을 수 있을 것 같은 가격은 얼마이고, 그 이유는 무엇인가?

31. 2015년 중반에 코카콜라(KO) 주식은 주당 $41였다. 직전 연도에 주당 $1.32의 배당금을 지불했다. 그리고 당신은 코카콜라가 대략 연간 7%씩 배당금을 영구적으로 증가시킬 것이라고 예상한다.

    a. 만약 코카콜라의 자기자본 비용이 8%라면, 추정된 배당 성장률에 근거한 주식가격은 얼마인가?

    b. 주어진 코카콜라의 주식가격을 고려해볼 때, 코카콜라의 미래 배당금 성장률에 대해 당신은 어떻게 평가하겠는가?

32. 로이버스는 플래시 메모리의 제조회사이며, 타이완에 있는 주된 생산시설이 화재로 인해 손해를 보았다고 보도되었다. 생산설비공장이 모두 보험에 들어 있음에도 불구하고, 생산 손해는 올해 말 로이버스의 FCF가 $180 백만으로 줄어들 것이고, 내년 말에는 $60 백만으로 줄어들 것이다.

    a. 만약 로이버스의 발행주식 수는 35 백만 주이고 가중평균 자본비용이 13%라면, 위 기사의 로이버스의 주식가격은 어떻게 변화할 것이라고 기대하는가?(로이버스의 부채는 이 사건에 영향을 끼치지 않음을 가정한다)

    b. 위의 기사를 듣고 로이버스의 주식을 팔고 이익을 얻을 수 있을 것이라고 기대하는가? 설명하라.

33. 아프넥스는 생명공학회사이며 잠재적인 새로운 암치료제의 임상시험 결과를 곧 발표하려고 한다. 만약 임상시험이 성공적이라면, 아프넥스의 주가는 주당 $70일 것이다. 만약 임상시험이 실패라면, 아프넥스의 주가는 주당 $18일 것이다. 발표되기 전 오전에 아프넥스의 주식이 주당 $55로 거래되었다고 가정하자.

    a. 현재 주식가격을 기본으로 투자자들은 임상시험의 성공을 어떻게 기대한 것으로 보이는가?

    b. 헤지펀드 매니저인 폴 클라이너는 몇몇의 유명한 연구과학자를 약에 대한 보증과 공공자료을 시험하기 위해 고용했다. 클라이너 펀드는 결과가 발표되기 이전에 주식을 거래함으로써 이익을 얻을 수 있을까?

    c. 어떠한 요소들이 약에 대한 정보로부터 이익을 얻는 클라이너 펀드의 능력을 제한시키는가?

데이터 사례

당신은 대형 증권회사의 신입 애널리스트로 MBA 과정에서 배운 기법을 보여주고 당신이 고액의 연봉을 받을 만한 가치를 가지고 있음을 입증하려고 한다. 당신의 첫 번째 업무는 제너럴 일렉트릭(GE)의 주식을 분석하는 것이다. 당신의 상사는 배당할인모형과 가용현금흐름 할인모형을 이용하여 가격을 책정하라고 권유한다. GE는 자기자본 비용으로 10.5%를 세후 가중평균 자본비용으로 7.5%를 사용한다. 그리고 새로운 투자의 기대 수익률은 12%로 예상된다. 그러나 당신은 상관이 추천한 방법을 약간 걱정한다. 왜냐하면 당신의 재무 교수가 당신에게 말하길 두 가지 가치평가 방법으로 실제 데이터에 적용했을 때에는 크게 다르게 측정될 수 있다고 하였다. 당신은 두 가지 방법이 비슷한 가격에 도달하기를 진심으로 희망한다. 행운을 빈다!

1. Yahoo로 가자! Finance(http://fianance.yahoo.com) 그리고 GE의 회사로 들어가라. GE의 메인 페이지로부터 정보를 모으고 스프레드시트로 옮기자.

    a. 페이지 상단에서 현재 주식가격(마지막 거래)을 찾을 수 있다.

    b. 현재 배당금, 주가 테이블 우측 하단에서 찾을 수 있다.

2. 페이지 왼편에 "Key Statistics"를 클릭하라. Key Statistics로부터 발행주식 수를 찾을 수 있다.

3. 페이지 왼편에 "Analyst Estimates"를 클릭하라. 페이지 Analyst Estimates에서, 향후 5년간의 기대 성장률을 찾아서 당신의 스프레드시트에 기입하라. 페이지 하단 부분에 있을 것이다.

4. 왼편 메뉴의 하단 부분 가까이에 "Income Statement"를 클릭하라. 전체 3년간의 손익계산서를 당신의 엑셀에 새로운 워크시트에 복사하여 붙여 넣어라. 이 과정을 GE의 재무상태표와 현금흐름표에서도 반복하라. 같은 엑셀 워크시트에 모든 장부를 저장한다.

5. 마지막으로 모닝스타(www.morningstar.com)에 들어가서 GE를 찾는다. 메인 페이지에서 "Key Ratios"를 클릭하고 과거 5년간의 평균 배당성향을 계산한다.

6. 배당할인모형을 근거로 주식가치를 결정한다.

   a. 5년간의 시간선을 엑셀에 만든다.

   b. 야후에서 얻은 배당금을 이용하여 현재 배당금으로 5년 성장률을 근거로 향후 5년의 배당금을 추정한다.

   c. GE의 배당성향을 근거로 식 (9.12)를 이용하여 장기 성장률을 결정한다. (1에서 유보율을 차감한 값이다)

   d. 장기 성장률을 이용하여 식 (9.13)에 따라 5년간의 주식가격을 결정한다.

   e. 식 (9.14)를 이용하여 현재 주식가격을 계산한다.

7. 가용현금흐름 할인방법으로 주식가격을 결정한다.

   a. 야후에서 재무자료의 과거 자료를 이용하여 가용현금흐름을 예측한다. 3년간 평균 비율을 계산한다.

      i. EBIT/매출액

      ii. 세율(소득세 비용/세전 이익)

      iii. 유형자산/매출액

      iv. 감가상각비/유형자산

      v. 순운전자본/매출액

   b. 향후 7년간의 시간선을 그린다.

   c. 야후에서 얻은 가장 최근 5년간의 매출 성장률을 근거로 하여 앞으로 초기 5년 동안과 연도 6 및 연도 7 의 미래 매출액의 성장률을 예측한다.

   d. (a)에서 계산된 평균 비율들을 이용하여 향후 7년간의 EBIT, 유형자산, 감가상각비, 순운전자본을 예 측한다.

   e. 식 (9.18)을 이용하여 향후 7년간의 가용현금흐름을 예측한다.

   f. 식 (9.24)를 이용하여 연도 5의 기업가치를 계산한다.

   g. 가용현금흐름의 현재가치로 회사의 기업가치를 계산한다.

   h. 식 (9.22)를 이용하여 주식가격을 책정한다.

8. 두 가지 방법으로 측정된 주식가격과 실제 주식가격을 비교한다. 당신은 당신의 가격 측정방법을 이용하 여 손님에게 GE의 주식을 살 것인지 팔 것인지 추천할 것인가?

9. 당신 상사에게 두 가지 가치평가 방법의 측정치가 왜 다른지 설명한다. 특히 당신의 분석을 위해 가정들과 모형 자체에 내포된 가정들을 설명한다. 왜 GE의 실제 주식가격과 측정치들이 다를까?

주석 : 이 사례 분석에 대한 갱신은 www.berkdemarzo.com에서 찾을 수 있다.

위험과 수익률

일물일가의 법칙 연계. 일물일가의 법칙을 올바르게 응용하기 위해서는 동일한 위험의 투자 기회를 비교할 수 있어야 한다. 여기서는 투자 기회의 위험을 측정하고 비교하는 방법을 설명한다. 제10장은 투자자가 아무런 비용 없이 포트폴리오 분산 투자만으로는 제거할 수 없는 위험에 대해 프리미엄을 요구한다는 핵심 개념을 소개한다. 따라서 투자 기회의 비교를 위해서는 분산 불가능한 위험만이 중요하다. 직관적으로 이 개념은 투자의 위험 프리미엄이 시장 위험에 민감하다는 것을 의미한다. 제11장은 이 개념을 계량화하여 투자자의 최적 투자 포트폴리오 선택을 도출한다. 이어서 모든 투자자가 위험 투자 포트폴리오를 최적으로 선택한다는 가정의 의미를 고려할 것이다. 이러한 가정은 자본자산 가격결정 모형(capital asset pricing model, CAPM)으로 이어지는데, 이는 재무 경제학의 핵심 모형으로 동일 위험의 개념을 계량화하여 위험과 수익률의 관계를 가르쳐 준다. 제12장에서는 CAPM의 개념을 응용하여 기업과 개별 투자 프로젝트의 자본비용을 추정하는 실용성을 보여줄 것이다. 제13장은 개인과 전문 투자자의 행동을 자세히 살펴본다. 이를 이용하여 CAPM과 더 일반적인 위험과 수익률 모형에 대한 차익거래 불가능 원칙을 비교하고, CAPM의 장단점을 알아본다.

자본시장과 위험의 가격결정

2006년부터 2015년까지의 지나간 10년 동안 투자자는 가정용품 제조업체인 프록터 앤 갬블에서 연 7%의 평균 수익률을 얻었다. 그동안 이 기업의 연별 수익률은 2008년의 −14%에서 2013년의 24%까지 어느 정도의 변동성을 보였다. 동기간 경매기업인 소더비는 27%의 연평균 수익률을 보였지만, 이 기업 투자자는 2008년에는 75%를 잃었고, 2009년에는 160%를 벌었다. 마지막으로 3개월 미국 재무부 증권 투자자의 동기간 연평균 수익률은 1.1%였지만, 2006년에는 4.7%, 2014년에는 0.02%의 수익률을 얻었다. 분명히 이 3개의 투자는 다른 연평균 수익률과 변동성을 보였다. 무엇이 이 차이를 설명할 수 있을까?

이 장에서는 왜 이런 차이가 존재하는지를 살펴본다. 우리의 목적은 평균 수익률과 수익률 변동성의 관계를 설명하는 이론을 개발하고, 투자자가 서로 다른 증권과 투자를 보유하면서 요구하는 위험 프리미엄을 도출하는 것이다. 이 이론으로 투자 기회에 대한 자본비용을 어떻게 결정하는지를 설명하고자 한다.

먼저 공개적으로 거래되는 증권의 과거 자료를 이용하여 위험과 수익률의 관계를 살펴보고자 한다. 예를 들어 주식이 채권보다 더 위험하지만, 더 높은 평균 수익률을 낸다는 것을 알아볼 것이다. 주식이 더 높은 수익률을 가지는 것은 투자자가 감수하는 위험이 더 큰 것에 대한 보상이라고 해석할 수 있다.

그러나 모든 위험이 보상받는 것은 아니다. 다양한 투자로 이루어진 포트폴리오를 보유하면 개별 증권에 고유한 위험을 제거할 수 있다. 대규모 포트폴리오를 보유하여 제거할 수 없는 위험만이 투자자에 의해 요구되는 위험 프리미엄을 결정한다. 이러한 사실들이 위험의 정의와 측정 및 자본비용의 결정에 대한 근거를 제공해줄 것이다.

기호

p_R 수익률 R의 확률

$Var(R)$ 수익률 R의 분산

$SD(R)$ 수익률 R의 표준편차

$E[R]$ 수익률 R의 기댓값

Div_t t 시점의 배당금

P_t t 시점의 가격

R_t $t-1$ 시점부터 t 시점까지 증권의 실현 또는 총수익률

$\overline{R}$ 평균 수익률

β_s 증권 s의 베타

r 자본비용

10.1   위험과 수익률 : 89년 투자자 역사로부터의 통찰

위험이 투자자의 의사결정과 수익률에 미치는 영향을 설명하면서 위험과 수익률에 접근해보자. 당신의 훌륭한 조부모가 1925년 말에 $100를 투자하였다고 하자. 그들은 브로커에게 2015년 시작 시점까지 투자에 의한 배당과 이자 등을 모두 동일 계정에 재투자하라고 했다. 그 $100가 다음 투자 대안 중의 하나에 투자되었다면 지금 어떻게 되었을까?

1. S&P 500 : 스탠더드 & 푸어스에 의해 구성된 포트폴리오로, 1957년까지는 90개의 미국 주식으로, 그 이후에는 500개의 미국 주식으로 구성되었다. 구성 종목들은 모두 해당 산업의 대표적 주식들이고, 시가총액으로 평가할 때 가장 대형주들이다.

2. 소형주 : 시가총액으로 볼 때 NYSE에서 거래되는 모든 주식 중 하위 20%에 해당하는 미국 주식의 포트폴리오로 분기마다 재구성된다.

3. 월드 포트폴리오 : 북미, 유럽, 아시아의 주요 주식시장에서 거래되는 국제 주식들로 구성된 포트폴리오[1]

4. 회사채 : 20년 정도의 만기와 AAA 신용등급으로 이루어진 미국의 장기 회사채[2]

5. 미국 단기국채 : 1개월짜리 미국 단기국채 투자

그림 10.1은 거래비용을 무시하고 위의 5개 포트폴리오 각각에 1925년 말에 $100를 투자하였을 때, 2015년 말의 결과를 보여주고 있다. 89년 동안 미국에서 소형주의 장기 수익률이 가장 좋았고, S&P 500의 대형주, 월드 포트폴리오의 국제 주식, 회사채, 마지막으로 단기국채의 순으로 수익률 순위를 보였다. 모든 투자가 소비자 물가지수에 의한 인플레이션보다는 빠르게 성장하였다.

그래프를 처음 볼 때 깜짝 놀랄 만한 것은 당신의 조부모가 소형주에 $100를 투자하였다면 2015년 초에 $4.6 백만이 되었다는 것이다. 이에 비해 단기국채에 투자하였다면 겨우 $2,000에 불과하였을 것이다. 이런 차이가 있음에도 불구하고 왜 사람들은 소형주에 투자하지 않을까?

하지만 이런 첫인상은 오해를 불러일으킬 수 있다. 주식, 특히 소형주가 다른 투자들을 압도하지만, 상당한 손실을 견디는 기간도 있었다. 당신의 조부모가 1930년대의 대공황 시기에 $100를 소형주에 투자하였다면, 1928년에 $181가 되었겠지만 1932년에는 $15로 떨어졌을 것이다. 과연 주식 투자가 회사채를 능가하기 위해서 제2차 세계대전 때까지 투자할 수 있을까?

더 중요한 것은 당신의 조부모가 저축했던 돈을 가장 필요로 했던 대공황 시점에 손실을 견디어야 했다는 것이다. 비슷한 얘기가 2008년의 금융위기에도 적용될 수 있다. 최고점인 2007년부터 최저점인 2009년까지 모든 주식 포트폴리오가 50% 이상 하락하였고, 소형주는 거의 70%($1.5 백만 이상) 하락하였다. 다시 한 번 많은 투자자들은 두 가지 악마의 눈을 보아야만 했다. 저축 금액의 가치가 날아가 버렸을 그때에, (기업들의 종업원 해고에 의해) 증가된 실업의 위험을 안게 되었다. 주식 포트폴리오가 89년 동안 가장 높은 수익률을 보였지만 상당한 비용(주식시장 침체기의 큰 손실)을 감수해야만 했다. 한편 단기국채는 조촐하지만 매년 꾸준히 수익을 주었다.

---

1   Global Financial Data에 의해 작성된 세계시장지수로, 최초에 북미 44%, 유럽 44%, 아시아·아프리카·호주 12%의 비중으로 시작하였다.

2   Global Financial Data의 회사채 지수로 분석하였다.

그림 10.1 1925년 말에 투자된 주식, 채권, 단기채권 $100의 가치

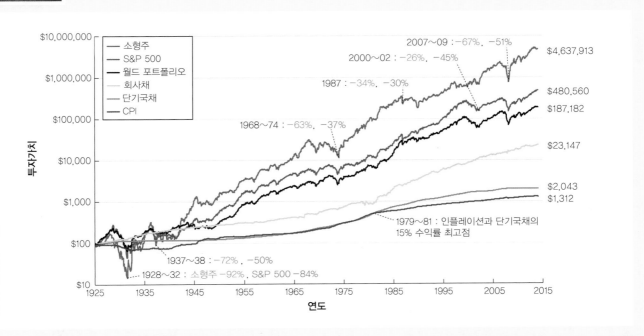

이 그래프는 1925년에 $100가 미국의 대규모 및 소형주, 월드 포트폴리오, 회사채 또는 단기국채에 투자되었을 때의 가치 변화를 소비자 물가지수의 수준에 대비하여 보여준다. 거래비용을 고려하지 않고 배당과 이자를 포함하여 매년 말의 수치를 표시하였다. 일반적으로 주식이 채권과 단기국채를 압도하지만 큰 손실을 겪는 기간도 있다. (숫자는 고점에서 저점까지의 수익률을 나타내는데, 빨간색 숫자는 소형주, 파란색 숫자는 S&P 500의 경우다.)

출처 : Chicago Center for Research in Security Prices, Standard and Poor's, MSCI, and Global Financial Data.

그림 10.1에 나타난 것과 같이 89년 동안 투자하는 사람은 거의 없다. 투자 위험과 수익률에 대한 추가적인 이해를 위해서 그림 10.2는 현실적인 투자 기간과 서로 다른 투자 시점에 대한 결과를 보여준다. 예를 들어 패널 (a)는 1년 뒤 각 투자의 가치를 보여주는데, 1년 동안의 가치 증감의 변동성에 의해 순위를 정하면 수익률 성과에 의해 정한 순위와 같다. 소형주의 변동성이 가장 크고, S&P 500, 월드 포트폴리오, 회사채, 마지막으로 단기국채 순이다.

그림 10.2의 패널 (b), (c), (d)는 각각 5년, 10년, 20년 동안의 투자 결과를 보여준다. 투자 기간이 길어질수록 주식 포트폴리오의 상대적인 성과는 좋아진다. 10년의 투자 기간을 가정하면 주식이 단기국채에 미달하는 경우도 있었다. 그리고 소형주 투자자들은 대부분 가장 좋은 수익을 보지만, 20년의 투자 기간일지라도 반드시 그런 것이 보장되지는 않는다. 1980년대 초반의 투자자들은 향후 20년 동안 S&P 500과 회사채 투자자보다 수익률이 좋지 않았다. 마지막으로, 투자 기간이 길어지는 주식 투자자들은 투자 기간 중에 현금의 필요성 때문에 안전 자산에 비해 손실을 보면서 주식을 매도하게 될 수도 있다.

제3장에서 투자가치의 변동을 왜 회피하는가와 시장 침체기의 손실 감수에 대해 더 높은 기대 수익률의 보상이 있어야 하는 것을 설명하였다. 그림 10.1과 10.2는 우리가 효율적 시장에서 기대했던 것과 같은 위험과 수익률에 대한 역사적 증거를 보여주었다. 투자자들이 위험을 싫어하고 위험 감수에 대해 위험 프리미엄을 요구하지만, 이 장의 목적은 위험과 수익률의 관계를 계량화하는 것이다. 주어진 위험에

그림 10.2   서로 다른 투자 기간에 대한 $100의 투자가치

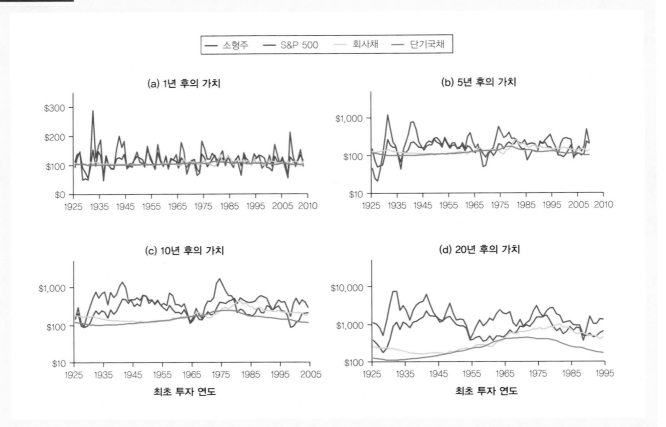

각 패널은 1년, 5년, 10년, 20년의 투자 기간을 가정하여, 최초 투자 연도의 말에 투자한 $100의 가치를 보여준다. 그래프의 각 점은 최초 투자 연도 말에 투자하여 가정된 기간 동안 투자되었을 경우의 가치를 의미한다. 배당과 이자는 재투자되고 거래비용은 존재하지 않는다고 가정한다. 1년 투자 기간의 경우 성과 변동성이 가장 크고, 대형주와 회사채가 뒤따르고 있다. 투자 기간이 길어질수록 주식의 상대적인 성과는 향상되지만 위험도 더 커진다.

출처 : Chicago Center for Research in Security Prices, Standard and Poor's, MSCI, and Global Financial Data.

대해 투자자들이 어느 정도의 프리미엄(높은 기대 수익률)을 요구하는가를 설명하고자 한다. 이를 위해서 위험과 수익률을 측정하여야 하는데, 이것이 다음 절의 목적이다.

개념 확인	1. 1926년부터 2012년까지의 투자 동안 다음 중 어떤 투자가 가장 높은 수익률을 냈는가? S&P 500, 소형주, 월드 포트폴리오, 회사채, 또는 미 재무부 단기채? 어떤 것이 가장 낮은 수익률을 냈나?
	2. 단 1년의 투자 동안, 어떤 투자가 가장 변동성이 컸을까? 어떤 것이 가장 변동성이 작았을까?

10.2   위험과 수익률의 일반적 측정

투자 의사결정을 할 때 투자자들은 위험과 수익률을 예상한다. 이를 위해 여기서는 위험을 정의하고 측정하는 방법을 제시하고자 한다.

표 10.1	BFI 수익률의 확률 분포		
		확률 분포	
현재 주가($)	1년 뒤 주가($)	수익률, R	확률, p_R
	140	0.40	25%
100	110	0.10	50%
	80	−0.20	25%

확률 분포

서로 다른 증권들은 최초 가격이 다르고, 다른 현금흐름을 주면서, 미래에 다른 가격으로 매도된다. 서로 다른 투자들을 비교하기 위해서 성과를 수익률로 표시할 필요가 있다. 수익률이란 최초 $1의 투자에 대한 가치 증가분을 백분율로 표시한 것이다. 위험이 있는 투자라면 당연히 수익도 달라진다. 각각의 발생 가능한 수익률은 같은 발생 빈도를 가지게 된다. 발생 빈도를 p_R이라는 확률로, 각 수익률을 R로 표시하여 **확률 분포**(probability distribution)의 정보를 요약할 수 있다.

간단한 예를 들어보자. 주식 BFI가 현재 주당 $100에 거래되고 있다. 1년 뒤에 $140가 될 확률 25%, $110가 될 확률 50%, $80가 될 확률이 25%이다. BFI는 배당을 지급하지 않기 때문에 최종 수익은 각각 40%, 10%, −20%가 된다. 표 10.1은 BFI 수익률의 확률 분포를 요약하고 있다.

그림 10.3에 나타난 바와 같이 히스토그램으로 확률 분포를 나타낼 수 있다.

기대 수익률

수익률의 확률 분포가 주어졌을 때 기대 수익률을 계산할 수 있다. **기대(평균) 수익률**[expected (mean) return]이란 가능한 수익률의 가중평균으로 가중치는 확률이다.[3]

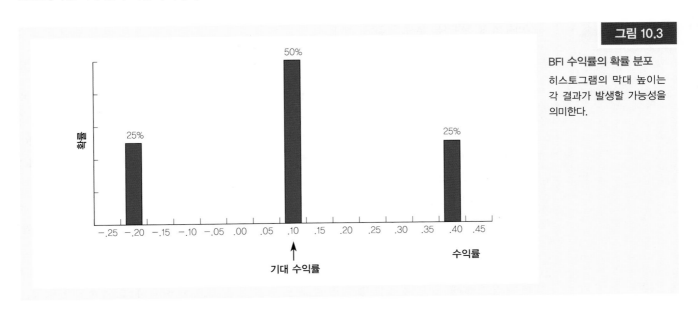

그림 10.3

BFI 수익률의 확률 분포
히스토그램의 막대 높이는 각 결과가 발생할 가능성을 의미한다.

---

[3] Σ_R 표시는 모든 가능한 수익률에 대해 확률로 가중평균($p_R \times R$)한다는 의미다.

기대(평균) 수익률

$$\text{기대 수익률} = E(R) = \sum_R p_R \times R \tag{10.1}$$

기대 수익률은 당해 투자를 여러 번 반복했을 때 (매번 같은 분포로부터 수익률을 추출하여) 얻게 되는 평균 수익률을 말한다. 확률을 가중치로 생각하면 히스토그램에서 기대 수익률은 분포의 "균형점"이 된다. BFI의 기대 수익률은 다음과 같다.

$$E[R_{BFI}] = 25\%(-0.20) + 50\%(0.10) + 25\%(0.40) = 10\%$$

이 기대 수익률은 그림 10.3에서 균형점에 해당한다.

분산과 표준편차

확률 분포에서 2개의 위험 척도는 **분산**(variance)과 **표준편차**(standard deviation)이다. 분산은 평균편차 제곱의 기대치이고, 표준편차는 분산에 제곱근을 씌운 것이다.

수익률 분포의 분산과 표준편차

$$Var(R) = E[(R - E[R])^2] = \sum_R p_R \times (R - E[R])^2$$
$$SD(R) = \sqrt{Var(R)} \tag{10.2}$$

만약 수익률이 무위험 수익률이고 평균으로부터 전혀 벗어나지 않는다면 분산은 0이 된다. 그렇지 않으면, 분산은 평균편차의 크기가 커지면 증가하게 된다. 따라서 분산은 수익률 분포에 대한 "퍼짐"의 척도이다. BFI 수익률의 분산은 다음과 같다.

$$Var(R_{BFI}) = 25\% \times (-0.20 - 0.10)^2 + 50\% \times (0.10 - 0.10)^2 + 25\% \times (0.40 - 0.10)^2$$
$$= 0.045$$

수익률의 표준편차는 분산의 제곱근이다.

$$SD(R) = \sqrt{Var(R)} = \sqrt{0.045} = 21.2\% \tag{10.3}$$

재무론에서는 수익률의 표준편차를 **변동성**(volatility)이라고 부른다. 분산과 표준편차 모두 수익률 변동성을 측정하지만, 수익률과 같은 단위(%)를 사용하는 표준편차가 해석하기가 쉽다.[4]

AMC와 BFI는 동일한 기대 수익률 10%를 가진다. 그러나 그림 10.4의 히스토그램이 보여주듯이 AMC의 수익률은 BFI보다 더 퍼져 있다. (높은 수익률은 더 높고, 낮은 수익률은 더 낮다.) 결과적으로 AMC는 BFI보다 더 큰 분산 또는 변동성을 가지게 된다.

서로 다른 증권에 대해 투자자들이 예상하는 확률 분포를 관찰할 수 있다면, 기대 수익률과 변동성을 계산하여 그들의 관계를 분석할 수 있을 것이다. 물론 대부분의 경우에 있어서 BFI와 같이 명백한 확률

---

4 분산과 표준편차가 가장 일반적인 위험의 척도이지만, 상방 및 하방 위험을 구별하지는 못한다. 하방 위험에 초점을 맞춘 척도는 준분산(s emivariance)과 기대 꼬리손실(결과가 하위 x%인 경우의 기대손실)이 있다. 하지만 이것들도 종종 (예제 10.1 또는 수익률이 정규 분포를 가지는 경우)분산과 같은 순위를 가지면서도 분석에 어려움이 있기 때문에 특별한 경우를 제외하고는 잘 사용하지 않는다.

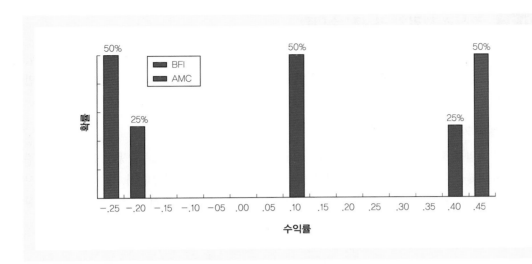

그림 10.4

BFI와 AMC 수익률의 확률 분포

두 주식은 모두 같은 기대 수익률을 가지지만 AMC의 수익률이 더 큰 분산과 표준편차를 가진다.

분포를 알 수는 없다. 이런 정보 없이 위험과 수익률을 어떻게 추정해서 비교할 수 있을까? 가장 일반적이 방법이 과거 수익률로부터 추론하는 것인데, 수익률이 안정된 분포로 미래 수익률이 과거 수익률을 반영한다고 믿는다면 가장 현명한 방법이다. 이제부터 위험과 수익률 간에 어떤 관계가 있는지를 알아보기 위하여 주식과 채권의 과거 수익률을 살펴보자.

기대 수익률과 변동성의 계산	예제 10.1

문제

AMC 주식의 수익률이 45%이거나 −25%일 것으로 예상된다. 기대 수익률과 변동성은 얼마인가?

풀이

먼저 확률의 가중평균으로 다음과 같이 기대 수익률을 계산한다.

$$E[R] = \sum_R p_R \times R = 50\% \times 0.45 + 50\% \times (-0.25) = 10.0\%$$

변동성을 계산하기 위해서 분산을 계산해보자.

$$Var(R) = \sum_R p_R \times (R - E[R])^2 = 50\% \times (0.45 - 0.10)^2 + 50\% \times (-0.25 - 0.10)^2$$
$$= 0.1225$$

변동성 또는 표준편차는 분산의 제곱근이 된다.

$$SD(R) = \sqrt{Var(R)} = \sqrt{0.1225} = 35\%$$

개념 확인

1. 주식의 기대 수익률을 어떻게 계산하는가?
2. 2개의 가장 일반적인 위험 척도는 무엇이며, 서로의 관계는?

10.3 주식과 채권의 역사적 수익률

이번 절에서는 과거의 주식 수익률 자료를 이용하여 평균 수익률과 투자 위험인 변동성을 계산하는 방법을 설명하고자 한다. 과거 수익률의 분포는 투자자들이 미래 수익률을 예측하기 위해 유용할 수 있다. 먼저 과거 수익률 계산법부터 알아보자.

과거 수익률의 계산

모든 가능한 수익률 중에서 **실현 수익률**(realized return)은 정해진 기간에 실제로 발생한 수익률이다. 주식의 실현 수익률을 어떻게 측정할까? t 시점에 가격 P_t로 주식에 투자하였다고 하자. 이 주식이 $t+1$ 시점에 Div_{t+1}의 배당을 지불하고 당신은 P_{t+1}의 가격으로 이 주식을 팔았다고 하면, t에서 $t+1$까지의 실현 수익률은 얼마인가?

$$R_{t+1} = \frac{Div_{t+1} + P_{t+1}}{P_t} - 1 = \frac{Div_{i+1}}{P_t} + \frac{P_{t+1} - P_t}{P_t}$$
$$= 배당 수익률 + 자본이익 수익률 \tag{10.4}$$

제9장에서 언급한 바와 같이 실현 수익률 R_{t+1}이란 배당과 자본이익으로부터 발생하는 모든 수익을 최초 매입 가격에 의한 백분율로 표시한 것이다.[5]

실현 연별 수익률의 계산 주식을 첫 번째 배당일을 초과하여 보유할 것이라면, 수익률을 계산하기 위해서 중간에 받는 배당을 어떻게 투자할 것인가를 결정하여야 한다. 한 증권의 수익률 계산을 위해서 모든 배당을 받는 즉시 그것으로 곧 같은 주식 또는 증권을 추가적으로 매입한다고 가정하자. 이 경우에 식 (10.4)를 이용하여 배당 사이에 발생하는 주식의 수익률을 계산하고, 더 오랜 기간의 수익률을 얻기 위해서는 수익률을 복리로 계산할 수 있다. 예를 들어 매 분기 말마다 배당을 지급하는 주식이라면, 분기마다 R_{Q1}, R_{Q2}, R_{Q3}, R_{Q4}의 4개 실현 수익률이 있으니까, 이의 연 실현 수익률은 다음과 같다.

$$1 + R_{annual} = (1 + R_{Q1})(1 + R_{Q2})(1 + R_{Q3})(1 + R_{Q4}) \tag{10.5}$$

예제 10.2 | **마이크로소프트 주식의 실현 수익률**

문제

2004년과 2008년 마이크로소프트 주식의 실현 연별 수익률은 얼마인가?

풀이

마이크로소프트의 연별 수익률을 계산할 때, 배당금 지급은 곧 마이크로소프트 주식에 재투자된다고 가정한다. 그렇게 하여 전체 기간에 대한 마이크로소프트의 투자 수익률을 계산할 수 있다. 이를 위하여 배당과 함께 시작 시점과 연말의 마이크로소프트 주가를 살펴보자. (그런 자료를 찾기 위해서는 Yahoo!Finance가 좋은 출처가 된다.) 이 자료들로부터 다음과 같은 표(주당 $ 가격과 배당들)를 만들 수 있다.

---

[5] 배당 지급을 당해 증권의 다른 현금흐름(채권의 경우 이자 지급이 배당을 대체할 수 있음)으로 대체하면, 같은 방법으로 어떤 증권의 실현 수익률도 계산할 수 있다.

날짜	가격	배당	수익률	날짜	가격	배당	수익률
12/31/03	27.37			12/31/07	35.60		
8/23/04	27.24	0.08	−0.18%	2/19/08	28.17	0.11	−20.56%
11/15/04[6]	27.39	3.08	11.86%	5/13/08	29.78	0.11	6.11%
12/31/04	26.72		−2.45%	8/19/08	27.32	0.11	−7.89%
				11/18/08	19.62	0.13	−27.71%
				12/31/08	19.44		−0.92%

2003년 12월 31일부터 2004년 8월 23일까지의 수익률은 다음과 같다.

$$\frac{0.08 + 27.24}{27.37} - 1 = -0.18\%$$

표의 나머지 수익률도 비슷하게 계산된다. 식 (10.5)를 사용하여 연별 수익률을 다음과 같이 계산할 수 있다.

$$R_{2004} = (0.9982)(1.1186)(0.9755) - 1 = 8.92\%$$
$$R_{2008} = (0.7944)(1.0611)(0.9211)(0.7229)(0.9908) - 1 = -44.39\%$$

예제 10.2는 마이크로소프트와 같은 주식을 보유한 경우 수익률 계산의 두 가지 특징을 보여주고 있다. 첫째, 배당과 자본이익이 총수익률에 기여하기 때문에 어느 하나라도 무시하면 마이크로소프트의 성과를 잘못 측정하게 된다. 둘째, 수익률은 위험이 있다는 것이다. 2004년에는 수익률이 양(+)의 값이지

표 10.2	S&P 500, 마이크로소프트, 단기국채의 실현 수익률(2002~2014)				
연말	S&P 500 지수	배당*	S&P 500 실현 수익률	마이크로소프트 실현 수익률	1 개월 단기국채
2001	1148.08				
2002	879.82	14.53	−22.1%	−22.0%	1.6%
2003	1111.92	20.80	28.7%	6.8%	1.0%
2004	1211.92	20.98	10.9%	8.9%	1.2%
2005	1248.29	23.15	4.9%	−0.9%	3.0%
2006	1418.30	27.16	15.8%	15.8%	4.8%
2007	1468.36	27.86	5.5%	20.8%	4.7%
2008	903.25	21.85	−37.0%	−44.4%	1.5%
2009	1115.10	27.19	26.5%	60.5%	0.1%
2010	1257.64	25.44	15.1%	−6.5%	0.1%
2011	1257.60	26.59	2.1%	−4.5%	0.0%
2012	1426.19	32.67	16.0%	5.8%	0.1%
2013	1848.36	39.75	32.4%	44.2%	0.0%
2014	2058.90	42.47	13.7%	27.5%	0.0%

* S&P 500에 포함된 각 주식의 수에 따라 배당이 즉시 재투자된다는 가정하에, 연말까지 조정된 전체 포트폴리오의 총배당이 사용되었다.

출처 : Standard & Poor's, 마이크로소프트와 미국 단기국채 자료

---

6 2004년 11월의 대규모 배당은 마이크로소프트의 누적된 현금 잔고를 감소시키기 위해 투자자에게 $32 십억을 지급하는 특별 배당 $3를 포함하는데, 이는 역사상 가장 큰 규모의 배당이었다.

만, 2008년은 수익률이 음(−)이어서 그 해에는 마이크로소프트 주주들이 손실을 입었다는 것이다.

어떤 투자에 대해서도 이렇게 실현 수익률을 계산할 수 있다. 전체 포트폴리오에 대해서도 포트폴리오의 시장가치와 전체 이자 및 배당을 고려하여 실현 수익률을 계산할 수 있다. 예를 들어 표 10.2는 비교 목적을 위해 마이크로소프트와 1개월 단기국채의 수익률과 함께 S&P 500의 실현 수익률을 보여주고 있다.

실현 연별 수익률의 비교　일단 실현 연별 수익률이 계산되면 당해 연도에 여러 투자들의 수익성이 어땠는지를 알기 위하여 수익률들을 비교할 수 있다. 표 10.2로부터 2007년, 2009년, 2013년, 2014년에 마이크로소프트 주식의 수익률이 S&P 500과 단기국채보다 좋았음을 알 수 있다. 하지만 2002년과 2008년에는 단기국채가 마이크로소프트와 S&P 500의 수익률을 앞질렀다. 전체적으로 마이크로소프트의 수익률은 S&P 500과 비슷한 방향으로 움직이는 경향이 있는데, 13년 중 10년 동안 그랬던 것으로 나타났다.

어떤 특정 기간에 우리는 수익률의 확률 분포로부터 하나의 시행 결과를 얻을 수 있다. 그러나 확률 분포가 동일하게 유지된다면, 여러 기간의 실현 수익률을 관찰하여 여러 개의 시행 결과들도 얻을 수 있다. 실현 수익률이 특정한 범위에서 발생하는 횟수를 계산하여 수익률의 확률 분포를 추정할 수도 있다. 그림 10.1에서의 자료들을 가지고 이런 과정을 설명하고자 한다.

그림 10.5는 그림 10.1에서 각 투자의 연별 수익률을 표시한 것이다. 각 막대의 높이는 연별 수익률이 가로축에서 표시된 구간에 포함되는 연도 수의 합계를 의미한다. 이렇게 히스토그램에 의해 확률 분포를 그릴 때, 이것을 수익률의 **실증 분포**(empirical distribution)라고 부른다.

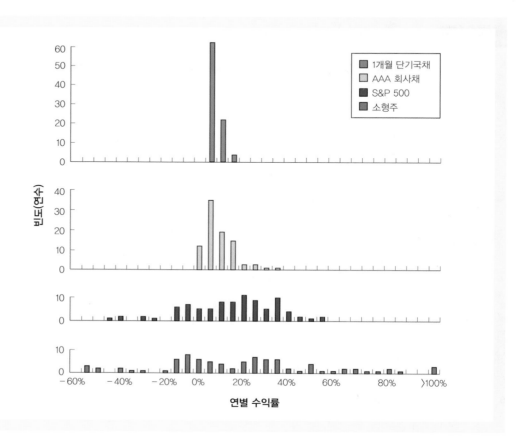

그림 10.5

미국 대형주(S&P 500), 소형주, 회사채, 단기국채에 대한 연별 수익률의 실증 분포(1926~2014)

각 막대의 높이는 연별 수익률이 각 5%의 구간에 포함되는 개수를 나타낸다. 회사채와 단기국채에 비해 주식(특히 소형주) 수익률의 퍼짐 정도가 크다는 것을 알 수 있다.

표 10.3	미국의 소형주, 대형주(S&P 500), 회사채, 단기국채의 연평균 수익률(1926~2014)	
투자	**연평균 수익률**	
소형주	18.8%	
S&P 500	12.0%	
회사채	6.5%	
단기국채	3.5%	

연평균 수익률

어떤 과거의 기간 투자의 **연평균 수익률**(average annual return)은 매년 실현 수익률들의 평균값이다. R_t가 t 연도 당해 증권의 실현 수익률이라고 할 때, 1년부터 T년까지의 연평균 수익률은 다음과 같이 계산된다.

증권의 연평균 수익률

$$\overline{R} = \frac{1}{T}(R_1 + R_2 + \cdots + R_T) = \frac{1}{T}\sum_{t=1}^{T} R_t \tag{10.6}$$

연평균 수익률은 실증 분포의 균형점이 된다. 이 경우에 특정한 범위에서 발생하는 수익률의 확률은 그 구간에서 발생한 실현 수익률들의 개수에 의해 측정된다. 따라서 수익률의 확률 분포가 주어진 기간에 동일하다면 평균 수익률은 기대 수익률의 추정치가 된다.

표 10.2의 자료를 이용하면 2002년에서 2014년까지의 S&P 500의 연평균 수익률은 다음과 같다.

$$\overline{R} = \frac{1}{13}(-0.221 + 0.287 + 0.109 + 0.049 + 0.158$$
$$+ 0.055 - 0.37 + 0.265 + 0.151 + 0.021 + 0.160 + 0.324 + 0.137) = 8.7\%$$

2002년에서 2014년까지의 단기국채 평균 수익률은 1.4%에 불과하였다. 따라서 동기간 단기국채보다 S&P 500을 보유하였으면 평균 7.3%를 더 얻을 수 있었다. 표 10.3은 1926년부터 2014년까지 미국에서의 여러 가지 투자에 대한 평균 수익률을 보여주고 있다.

수익률의 분산과 변동성

그림 10.5를 보면 수익률의 변동성이 투자 대안마다 매우 다르다는 것을 알 수 있다. 소규모 주식들의 수익률 분포는 가장 넓게 퍼져 있다. 만약 이 주식들에 투자했다면 어떤 해에는 50%의 손실을 보고, 어떤 해에는 100% 이상의 이익을 얻었을 수도 있다. S&P 500 대형주의 수익률은 소형주보다 변화의 폭이 작지만, 회사채나 단기국채보다는 변화의 폭이 더 크다.

변동성의 차이를 계량화하기 위하여 확률 분포의 표준편차를 추정할 수 있다. 이전과 같이 우리는 추정을 위해서 실증 분포를 사용할 것이다. 평균편차 제곱의 평균에 의해 분산을 계산하지만, 실제로 평균을 알 수 없기 때문에 평균 수익률의 가장 좋은 추정치인 평균 실현 수익률을 사용한다.[7]

---

7 여기서 T 대신에 왜 $T-1$을 나눌까? 그것은 기대 수익률을 모르는 상황에서 추정된 평균 수익률 $\overline{R}$를 대신 사용하여 평균편차를 계산하기 때문이다. 자료로부터 평균 수익률을 계산할 때 자유도 하나를 잃기 때문에 분산을 추정하기 위해서는 나머지 $T-1$개의 자료만을 사용하여야 한다. 평균 수익률을 이미 추정하여 알기 때문에 T개의 자료 중 $T-1$개만이 정보의 가치를 가진다는 것이다.

실현 수익률을 사용한 분산 추정치

$$Var(R) = \frac{1}{T-1}\sum_{t=1}^{T}(R_t - \overline{R})^2 \tag{10.7}$$

표준편차 또는 변동성은 분산의 제곱근으로 추정한다.[8]

예제 10.3 　역사적 변동성의 계산

문제

표 10.2의 자료를 이용하여 2002년부터 2014년까지 S&P 500 수익률의 분산과 변동성을 계산하라.

풀이

동기간 S&P 500의 연평균 수익률을 계산하면 8.7%가 된다. 따라서 다음과 같이 분산을 추정할 수 있다.

$$\begin{aligned}
Var(R) &= \frac{1}{T-1}\sum_{t}(R_t - \overline{R})^2 \\
&= \frac{1}{13-1}[(-0.221 - 0.087)^2 + (0.287 - 0.087)^2 + \cdots + (0.137 - 0.087)^2] \\
&= 0.038
\end{aligned}$$

변동성 또는 표준편차는 $SD(R) = \sqrt{Var(R)} = \sqrt{0.038} = 19.5\%$가 된다.

그림 10.5에서 관찰된 분포들의 변동성 차이를 계량화하기 위해 수익률의 표준편차를 계산할 수 있다. 그 결과들이 표 10.4에 제시되어 있다.

표 10.4에 여러 투자의 변동성을 비교하면 예상했던 대로 소형주가 역사적 변동성이 가장 크고, 그 다음이 대형주 변동성이다. 회사채와 단기국채의 수익률은 주식보다 변동성이 상당히 작은데, 그중에서도 단기국채가 가장 변동성이 작은 투자 범주에 해당한다.

추정 오차 : 미래 예측을 위한 과거 수익률 사용하기

어떤 투자에 대한 자본비용을 추정하기 위해서는 투자자들이 당해 투자의 위험을 보상하도록 요구하는 기대 수익률을 결정하여야 한다. 과거와 미래 수익률의 분포가 같다면, 동일 투자에 대해 과거에 기대했

표 10.4	미국의 소형주, 대형주(S&P 500), 회사채, 단기국채의 변동성(1926~2014)
투자	**수익률 변동성(표준편차)**
소형주	38.8%
S&P 500	20.1%
회사채	7.0%
단기국채	3.1%

8 　식 (10.7)에서 사용된 수익률이 연별 수익률이 아니면 분산은 1년당 기간 수를 곱하여 연율화할 수 있다. 예를 들어 월별 수익률을 사용하였다면 분산에 12를 곱하여 연별 분산을 얻을 수 있고, 표준편차의 경우는 $\sqrt{12}$를 곱하면 된다.

던 수익률을 보고 미래에도 동일한 수익률을 요구할 것이라고 가정할 수 있다. 그러나 이러한 접근에는 두 가지 문제점이 있다. 첫째,

과거에 투자자들이 기대했던 것이 무엇인지 알 수 없고, 단지 과거의 실현 수익률만을 관찰할 수 있다.

예로 2008년에 투자자들은 S&P 500에 투자하여 37%의 손실을 보았고, 그것이 당해 연도 초에 투자자들이 기대했던 것은 분명히 아니다(그랬다면 그들은 단기국채에 투자했을 것이다).

투자자들이 지나치게 낙관적이거나 비관적이지 않다고 믿는다면, 평균 실현 수익률은 투자자들의 기대 수익률과 유사해질 것이다. 이런 가정을 한다면 어떤 증권의 기대 수익률을 추정하기 위해서 역사적 평균 수익률을 사용할 수 있다. 하지만 여기서도 두 번째 문제에 부딪힌다.

평균 수익률은 진정한 기대 수익률의 추정치이므로 추정 오차의 문제점이 있다.

주식 수익률의 변동성이 주어진 경우 수년간의 자료를 사용하여도 추정 오차가 커질 수 있다. 이에 대해서 알아보자.

표준오차 표준오차에 의해 통계적 추정의 추정 오차를 측정해보자. **표준오차**(standard error)란 실제 분포 평균 추정치의 표준편차이다. 표준오차는 표본 평균이 기대 수익률로부터 어느 정도의 편차가 있는가에 대한 지표이다. 주식 수익률의 분포가 매년 동일하고 각 연도의 수익률이 지난해와 독립이라면 (independent and identically distributed, IID),[9] 다음과 같이 기대 수익률 추정치의 표준오차를 계산한다.

기대 수익률 추정치의 표준오차

$$SD(독립적, 동일성 위험의 평균) = \frac{SD(개별 위험)}{\sqrt{관찰치 개수}} \tag{10.8}$$

평균 수익률이 기대 수익률의 (2×표준오차)의 범위에 있을 확률은 근사적으로 95% 정도이므로,[10] 진정한 기대 수익률의 합리적인 범위를 정하기 위하여 표준오차를 사용할 수 있다. 기대 수익률의 **95% 신뢰구간**(95% confidence interval)은 다음과 같다.

$$역사적 평균 수익률 \pm (2 \times 표준오차) \tag{10.9}$$

예를 들어 1926년부터 2014년까지 S&P 500의 평균 수익률이 12.0%이고, 변동성이 20.1%였다. 수익률이 매년 독립적, 동일성 분포를 한다면, 이 기간 S&P 500 기대 수익률의 95% 신뢰구간은 다음과 같다.

$$12.0\% \pm 2\left(\frac{20.1\%}{\sqrt{89}}\right) = 12.0\% \pm 4.3\%$$

이를 (7.7%, 16.3%)로 표현할 수도 있다. 지난 89년 동안의 S&P 500 기대 수익률을 정확히 추정할 수는 없다. 만약 수익률 분포가 시간에 따라 변할 수 있고 기대 수익률 추정을 위해서 최근의 자료만 사용할 수 있다면, 그런 추정은 정확성이 떨어질 것이다.

---

9 수익률이 독립이고 동일하게 분포한다는 의미는 수익률이 어떤 결과가 나올 가능성(likelihood)이 매년 동일하고 과거 수익률과 관계가 없다(동전 던지기에서 앞면이 나올 가능성이 과거의 던진 결과와는 관계가 없다는 것과 같음)는 것이다. 이런 조건이 주식 수익률을 위한 합리적인 첫 번째 접근법이 된다.

10 수익률이 독립적이고 정규분포로부터 추출되었다면, 추정된 평균은 진정한 평균 주위의 (2×표준오차) 구간에 있을 확률이 95.44%가 된다. 수익률이 정규분포를 하지 않아도, 독립적 관찰치의 개수가 많아지면 이 공식은 근사적으로 성립한다.

기대 수익률 추정의 제한   개별 주식들은 대형 포트폴리오에 비해 변동성이 더 심하고, 몇 년 동안만 생존하는 경우가 있어서 수익률 추정에 자료가 부족하다. 이 경우에는 상대적으로 추정 오차가 커지기 때문에 투자자들이 과거에 얻었던 평균 수익률은 기대 수익률의 믿을 만한 추정치가 되지 못한다. 그런 경우에는 더 믿을 만한 통계적 방법으로 기대 수익률을 추정하는 다른 방법을 필요로 한다. 이 장의 나머지 부분에서는 다음과 같은 대안적 전략을 추구하고자 한다. 먼저 증권의 위험을 어떻게 추정할 것인가를 생각하고, 기대 수익률을 추정하기 위하여 위험과 수익률의 관계를 사용할 것이다.

예제 10.4   **기대 수익률 추정치의 정확성**

문제

2002년부터 2014년까지의 S&P 500 수익률을 이용하여(표 10.2 참조), S&P 500 기대 수익률 추정치의 95% 신뢰구간을 구하라.

풀이

먼저 이 기간 S&P 500의 평균 수익률이 8.7%이고, 변동성이 19.5%인 것을 계산한다(예제 10.3 참조). 기대 수익률 추정치의 표준오차는 19.5% ÷ $\sqrt{13}$ = 5.4%이고, 95% 신뢰구간은 8.7% ± (2 × 5.4%) 또는 (−2.1%, 19.5%)가 된다. 이 예제가 보여주듯이 관찰치 개수가 얼마 되지 않으면, [양(+)이든 음(−)이든 상관없이] 믿을 만한 주식의 기대 수익률 추정치를 추정할 수 없다.

개념 확인

1. 투자의 연평균 수익률을 어떻게 추정하는가?
2. 89년 동안의 S&P 500 수익률 자료가 있다. 그럼에도 불구하고 S&P 500 기대 수익률을 정확히 추정할 수 없다. 왜 그럴까?

10.4   위험과 수익률의 역사적 상쇄관계

제3장에서 투자자들이 위험 회피형이라는 개념에 대해 논의하였다. 수입 증가에서 얻게 되는 혜택은 같은 금액의 수입 감소에 의한 개인적 비용에 비해 작다는 것이다. 이러한 개념은 투자자들이 더 높은 수익률을 얻을 것이라고 기대하지 못하면 변동성이 더 큰 포트폴리오를 보유하지 않을 것임을 의미한다. 이번 절에서는 변동성과 평균 수익률의 역사적 관계를 계량화하고자 한다.

대규모 포트폴리오의 수익률

우리는 그림 10.3과 10.4에서 다양한 투자에 대해 역사적 평균 수익률과 변동성을 계산하였다. 표 10.5에 이 자료들을 이용하여 각 투자의 변동성과 초과 수익률을 나열하였다. **초과 수익률**(excess return)은 각 투자의 평균 수익률과 무위험 투자인 단기국채의 평균 수익률의 차이로, 투자 위험을 감수하는 것에 대해 투자자가 얻게 되는 평균 위험 프리미엄을 측정한다.

그림 10.6에서는 서로 다른 투자들의 평균 수익률과 변동성을 나타내고 있다. 우리가 이미 고려했던 투자 이외에 미국의 중간 규모 주식으로 이루어진 중형주 포트폴리오 자료를 포함하였다. 더 높은 변동성을 가진 투자는 더 높은 평균 수익률로 보상하고 있다. 표 10.5와 그림 10.6은 투자자들이 위험 회피형

산술 평균 수익률과 연평균 복리 수익률

우리는 산술 평균을 이용하여 연평균 수익률을 계산한다. 이에 대한 한 가지 대안은 연별 수익률 $R_1, R_2, \cdots, R_T$의 기하 평균으로 계산되는 연평균 복리 수익률이다.

연평균 복리 수익률 =

$$[(1+R_1) \times (1+R_2) \times \ldots \times (1+R_T)]^{1/T} - 1$$

이것은 주어진 기간 투자의 IRR에 해당한다.

$$(최종 가치/최초 투자)^{1/T} - 1$$

그림 10.1의 자료를 이용하여 1926년부터 2014년까지 S&P 500의 연평균 복리 수익률을 계산하면 다음과 같다.

$$(480,560/100)^{1/89} - 1 = 9.99\%$$

즉, 1926년부터 2015년까지 S&P 500에 투자하는 것은 연 9.99%를 얻는 투자다. 비슷하게 소형주의 연평균 복리 수익률은 12.8%이고, 회사채는 6.3%이며, 단기국채는 3.4%이다.

각 경우에 있어서 연평균 복리 수익률은 표 10.3의 연평균 수익률이다. 그 차이가 나타나는 이유는 수익률 변동성이 있기 때문이다. 변동성 효과를 알아보기 위해서 어떤 해에는 +20%, 다음 해에는 −20%의 연별 수익률을 생각해보자. 이 경우 연평균 수익률은 $\frac{1}{2}(20\% - 20\%) = 0\%$가 되지만, 처음 \$1는 2년 뒤에 $\$1 \times (1.20) \times (0.80) = \$0.96$가 된다.

즉, 투자자는 손실을 본 것이다. 왜 그럴까? 20%의 이익은 \$1 투자에서 나타났고, 20%의 손실은 더 큰 투자인 \$1.20에서 나타났기 때문이다. 이 경우에 연평균 복리 수익률은 $(0.96)^{1/2} - 1 = -2.02\%$이다.

이런 논리는 연평균 복리 수익률이 항상 평균 수익률보다 작고, 그 차이는 연별 수익률의 변동성이 커질수록 커지게 된다. (대개 그 차이는 수익률 분산의 반 정도가 된다.)

투자 수익률로서 좋은 척도는 어떤 것일까? 연평균 복리 수익률이 투자의 장기 역사적 성과를 더 잘 표현한다. 이것은 동기간 투자 성과를 재현하기 위해 요구되는 무위험 수익률의 크기를 의미한다. 서로 다른 투자들의 장기 성과 순위는 연평균 복리 수익률의 순위와 일치한다. 따라서 연평균 복리 수익률이 비교 목적으로 가장 많이 사용되는 수익률이다. 예를 들어 뮤추얼 펀드들은 일반적으로 5년 또는 10년 동안의 연평균 복리 수익률을 보고한다.

반대로 과거의 성과에 근거하여 미래 투자의 기대 수익률을 추정하려고 할 때에는 산술 평균 수익률을 사용하여야 하다. 과거의 수익률을 동일한 분포로부터의 독립된 시행으로 간주하면, 산술 평균 수익률이 진정한 기대 수익률의 불편 추정치를 제공하기 때문이다.[*]

위에서 언급했던 투자가 미래에 같은 확률로 +20%와 −20%로 나타날 것이라면, 여러 2년 기간에 대해서 \$1가 다음과 같이 성장할 것이다.

$$(1.20)(1.20) = \$1.44,$$
$$(1.20)(0.80) = \$0.96,$$
$$(0.80)(1.20) = \$0.96,$$
또는 $(0.80)(0.80) = \$0.64.$

따라서 2년 후의 평균 가치는 $(1.44 + 0.96 + 0.96 + 0.64)/4$ = \$1가 되어서, 연별 기대 수익률과 2년 수익률은 0%가 된다.

---

[*] 이런 결과가 성립하기 위해서 우리가 추정하려는 기대 수익률의 기간과 동일한 기간에 대한 역사적 수익률을 사용하여야 한다. 즉, 미래의 월별 수익률을 추정하기 위해서는 과거 월별 수익률의 평균을 사용해야 하고, 연별 수익률을 추정하기 위해서는 과거 연별 수익률을 사용해야 한다. 추정 오차 때문에 서로 다른 기간의 추정치는 일반적으로 연평균 수익률을 복리화해서 얻게 되는 결과와 다르게 된다. 그러나 자료가 충분히 많아지면 그 결과들은 서로 수렴할 것이다.

표 10.5	미국의 소형주, 대형주(S&P 500), 회사채, 단기국채의 변동성과 초과 수익률(1926~2014)	
투자	수익률 변동성 (표준편차)	초과 수익률 (단기국채 평균 초과 수익률)
소형주	38.8%	15.3%
S&P 500	20.1%	8.5%
회사채	7.0%	3.0%
단기국채(30일)	3.1%	0.0%

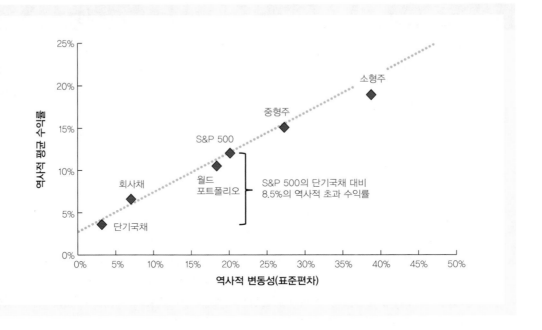

그림 10.6

대규모 포트폴리오의 위험과 수익률의 역사적 관계

대규모 포트폴리오의 역사적 변동성과 평균 수익률의 관계는 일반적으로 비례한다. 그림 10.1의 포트폴리오 이외에 미국에서 규모가 중간값보다 큰 10% 주식으로 구성된 중형주 포트폴리오도 포함하였다(1926~2014).

출처 : CRSP, MSCI

이라는 개념과 정합성을 가진다. 더 위험한 투자는 투자자들이 감수하는 추가적인 위험을 보상하기 위해 더 높은 평균 수익률을 제공해야만 한다.

개별 주식들의 수익률

그림 10.6은 위험 프리미엄의 간단한 모형을 제시하고 있다. 높은 변동성을 가지는 투자는 더 높은 위험 프리미엄을 가지므로 더 높은 수익률을 가져야 한다. 그림 10.6을 보면 포트폴리오를 연결하는 직선을 그려서 그 선 또는 근처에 모든 투자가 위치해 있음을 알 수 있다. 즉, 기대 수익률이 변동성에 비례하여 상승해야 한다는 것이다. 이 결론은 우리가 살펴보았던 대규모 포트폴리오에 대해서는 거의 옳은 것처럼 보인다. 정말로 그럴까? 개별 주식들에도 그런 결론이 적용될 수 있을까?

불행하게도 두 질문에 대한 대답은 '아니요'이다. 그림 10.7은 개별 주식 수익률과 변동성의 관계는 그런 명백한 관계를 알 수 없다는 것을 보여준다. 각 점은 미국의 500개 주식을 규모에 의해 3개로 분류하여 변동성과 평균 수익률의 관계를 보여주고 있다.

여기서 우리는 몇 가지 중요한 사실을 발견할 수 있다. 첫째, 기업 규모와 위험의 관계를 보면, 평균적으로 대형주들이 소형주들에 비해 낮은 변동성을 갖는다. 대형주라 할지라도 대개 S&P 500과 같은 대형주 포트폴리오보다는 변동성이 더 크다. 마지막으로 변동성과 수익률의 명백한 관계가 나타나지 않는다는 것이다. 소형주들이 약간 더 높은 평균 수익률을 가지지만, 많은 주식들이 다른 주식들에 비해 변동성은 더 높고 평균 수익률은 더 낮다. 모든 주식이 대규모 포트폴리오에서 예상했던 것보다 더 높은 위험과 더 낮은 수익률을 가진다.

따라서 변동성이란 것이 대규모 포트폴리오를 평가할 때 위험의 합리적인 척도이지만, 개별 주식들의 수익률 설명에 있어서는 적절하지 않다. 투자자들은 왜 변동성이 더 높은 주식들에 대해 더 높은 수익률을 요구하지 않을까? 그리고 S&P 500(500개 대형주의 포트폴리오)은 S&P 500을 구성하는 개별 주식들

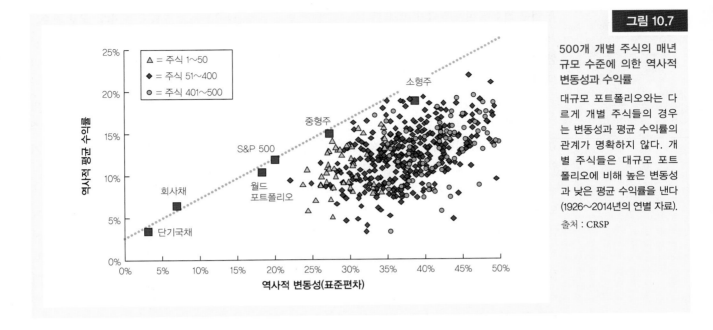

그림 10.7

500개 개별 주식의 매년 규모 수준에 의한 역사적 변동성과 수익률

대규모 포트폴리오와는 다르게 개별 주식들의 경우는 변동성과 평균 수익률의 관계가 명확하지 않다. 개별 주식들은 대규모 포트폴리오에 비해 높은 변동성과 낮은 평균 수익률을 낸다 (1926~2014년의 연별 자료).

출처 : CRSP

보다 왜 위험이 많이 작을까? 이 질문에 답하기 위해서는 위험을 어떻게 측정하는지에 대하여 좀 더 생각해보아야 한다.

개념 확인

1. 초과 수익률이란?
2. 잘 분산된 대규모 주식 포트폴리오의 경우 변동성이 증가하면 기대 수익률도 증가하는가?
3. 개별 주식들의 기대 수익률의 경우 변동성이 증가하면 기대 수익률도 증가하는가?

10.5 공통 위험과 독립적 위험

이 절에서는 개별 증권의 위험이 비슷한 증권들로 구성된 포트폴리오의 위험과 다른 이유를 설명하고자 한다. 보험산업의 예로 시작해보자.

절도보험과 지진보험 : 예

2개의 가정 보험을 생각해보자. 절도보험과 지진보험. 설명의 목적상 샌프란시스코 지역의 가정에 대해서 이 두 사고의 위험은 비슷하다고 가정하자. 즉, 매년 가정이 절도를 당할 가능성은 1% 정도이고, 지진 피해를 입을 가능성도 1%이다. 이 경우에 보험사가 어떤 가정에 대해 보험금을 지급할 확률은 두 사고에 대해서 같다고 할 수 있다. 어떤 보험사가 샌프란시스코의 주택 소유자들에게 각각의 보험을 100,000개씩 판매하였다고 가정하자. 각 보험의 위험이 비슷하다는 것을 알지만, 100,000개 보험으로 구성된 포트폴리오의 위험도 비슷할 것인가?

먼저 절도보험을 생각해보자. 한 가정의 절도 가능성이 1%이므로, 100,000 가정의 1%가 절도를 당할 것이라고 기대할 수 있다. 따라서 절도보험금의 청구는 1년에 1,000개 정도가 될 것이다. 매년 실제 보험금 청구 건수는 이보다 약간 많거나 적을 수 있겠지만, 그렇게 많이 다르지는 않을 것이다. 청구 건수는 거의 항상 875개에서 1,125개 사이(가입된 보험의 0.875%에서 1.125%)에 존재할 것이다. 이 경우에 보험사가 1,200개의 청구 건수에 대한 준비금을 가지고 있다면, 절도보험에 대한 보험금을 지급하는 데 거의 확실히 충분할 것이다.

이제 지진보험을 생각해보자. 매년 지진이 발생하지는 않을 것이다. 모든 가정이 같은 도시에 살고 있으므로, 지진이 발생한다면 모든 가정이 영향을 받을 것이고, 보험사는 100,000개의 보험 청구를 당할 수 있다. 결과적으로 지진이 발생하면 100,000개의 보험 청구가 있을 수 있으므로, 보험사가 책임을 다하기 위해서는 판매한 100,000개의 보험 청구를 감당할 수 있는 준비금을 가지고 있어야 한다.

따라서 보험 청구의 기댓값은 같을지라도, 지진보험과 절도보험은 아주 다른 특성을 가지는 포트폴리오를 가지게 된다. 지진보험의 경우 보험 청구는 매우 위험하다. 즉, 대부분의 경우 보험 청구가 없겠지만, 보험사가 판매한 모든 보험에 대해 엄청난 보험금을 지급할 가능성이 1%이기 때문이다. 이 경우 보험 정책의 포트폴리오 위험(전부가 아니면 아무것도 아닌)은 보험 1개의 위험과 다르지 않다. 한편 매년 절도보험에 대한 청구 건수는 예측하기 아주 쉽다. 연도에 관계없이 절도보험의 청구 가능성은 1%에 가까울 것이므로 1,000개 정도가 될 것이다. 따라서 절도보험 포트폴리오는 거의 위험이 없다![11] (보험금 지급이 거의 안정적이고 예측 가능하다는 것이다.)

위험의 유형   개별 보험의 위험이 비슷할 때 보험 포트폴리오의 위험이 왜 다를까? 직관적으로 생각하면, 그 차이는 지진이 모든 가정에 동시적으로 영향을 미치기 때문에 가정들 간의 위험이 완전 상관관계를 갖는다는 것이다. 이러한 위험을 완전 상관관계를 가지는 **공통 위험**(common risk)이라고 부른다. 이에 비해 각 가정의 절도 발생은 다른 가정과 연계되어 있지 않기 때문에 절도 위험은 가정들 간에 상관관계가 없고 독립적이다. 이러한 위험을 상관관계가 전혀 없는 **독립적 위험**(independent risk)이라고 부른다. 위험이 독립적이면 어떤 가정은 운이 안 좋고 다른 가정은 운이 좋을 수 있지만, 전체적인 보험 청구 건수는 예측 가능하다. 이렇게 대형 포트폴리오에 의해 위험을 평준화시키는 것을 **분산**(diversification)이라고 한다.

분산의 역할

보험 청구 비율의 표준편차에서 이 차이를 계량화할 수 있다. 첫째, 개별 가구주의 표준편차를 생각하자. 연초에 가구주는 절도와 지진보험에 대해 1%의 청구 가능성을 예상할 것이다. 그러나 연말에 가구주의 보험 청구는 100% 또는 0%가 된다. 식 (10.2)를 사용하여 표준편차를 계산해보자.

$$SD(청구) = \sqrt{Var(청구)}$$

$$= \sqrt{0.99 \times (0 - 0.01)^2 + 0.01 \times (1 - 0.01)^2} = 9.95\%$$

각 가구주에 대해 이 표준편차는 지진이나 절도로부터의 손실에 대해서 동일하다.

보험회사에 대한 청구 비율의 표준편차를 생각해보자. 지진보험의 경우 위험이 공통적이기 때문에 가구주의 경우와 같이, 보험 청구는 100%이거나 0%가 된다. 따라서 지진보험회사가 받는 청구 비율은 평균 1%이고, 표준편차는 9.95%가 된다.

---

11 보험의 경우 위험(요구되는 준비금)의 차이는 보험비용의 상당한 차이로 이어진다. 결국 개별 가정에의 위험이 절도나 화재와 같은 다른 위험과 비슷할지라도, 지진보험은 일반적으로 상당히 비싸다고 할 수 있다.

절도보험회사가 받는 청구도 평균적으로 1%지만, 절도의 위험은 가구마다 독립적이기 때문에 절도보험 포트폴리오는 위험이 덜하다. 이 차이를 계량화하기 위해서 식 (10.8)을 사용하여 평균 청구 비중의 표준편차를 계산해보자. 위험들이 독립적이고 동일하기 때문에 평균의 표준편차는 관찰치 개수가 커짐에 따라 감소하게 되는 표준오차가 된다.

$$SD(\text{절도 청구의 비중}) = \frac{SD(\text{개별 청구})}{\sqrt{\text{관찰치 개수}}}$$

$$= \frac{9.95\%}{\sqrt{100,000}} = 0.03\%$$

따라서 절도보험회사에 대한 위험은 거의 없어지게 된다.

분산의 원칙은 보험산업에서 일상적으로 사용된다. 절도보험 이외에도 많은 다른 유형의 보험(생명보험, 건강보험, 자동차보험)이 대규모 포트폴리오에서 청구 건수가 상대적으로 예측 가능하다는 사실을 이용한다. 지진보험의 경우일지라도 보험회사는 서로 다른 지역에 대한 보험을 판매하거나 또는 서로 다른 보험을 결합하여 분산의 효과를 달성한다. 분산은 여러 가지 다른 경우에도 위험을 감소시킨다. 예를 들어, 농부들은 개별 작물의 위험을 감소시키기 위해 경작하는 작물을 다양화한다. 비슷하게 기업들은 원자재 공급의 어려움이나 수요 충격의 위험을 감소시키기 위해 원자재 공급망이나 생산라인을 분산할 수 있다.

예제 10.5

분산과 도박

문제

도박장의 룰렛 바퀴들은 대개 1부터 36까지와 0과 00이라는 숫자가 새겨져 있다. 각각의 결과는 바퀴가 돌아갈 때마다 매번 같은 확률을 가진다. 어떤 숫자에 베팅을 했는데 그 숫자가 나오면 35:1의 배당금을 받는다. 즉, $1를 베팅하면 이길 경우 ($35에 최초 투자금 $1를 합하여) $36를 받게 되고, 지면 아무것도 받지 못한다. 당신이 좋아하는 숫자에 $1를 베팅할 때 카지노의 기대 이익은 얼마인가? 단 한 번의 베팅에 대한 이익의 표준편차는 얼마인가? 이 카지노에서 매월 9백만 번의 베팅이 있다고 하자. 매월 $1의 베팅에 대한 카지노 평균 수익의 표준편차는 얼마인가?

풀이

바퀴에는 38개의 숫자가 있기 때문에 이길 가능성은 1/38이다. 당신이 이기면 카지노는 $35를 잃고, 당신이 지면 $1를 벌게 된다. 따라서 식 (10.1)을 이용하면 카지노의 기대 이익이 계산된다.

$$E(\text{수익}) = (1/38) \times (-\$35) + (37/38) \times (\$1) = \$0.0526$$

즉, $1의 베팅에 대해 카지노는 평균 5.26센트를 벌게 된다. 단 한 번의 베팅에 대해 식 (10.2)를 사용하여 이 수익의 표준편차를 계산하면 다음과 같다.

$$SD(\text{수익}) = \sqrt{(1/38) \times (-35 - 0.0526)^2 + (37/38) \times (1 - 0.0526)^2} = \$5.76$$

이 표준편차는 수익의 크기에 비해 상대적으로 너무 크다. 그러나 베팅의 횟수가 커지면 위험은 분산될 것이다. 식 (10.8)을 사용하여 $1 베팅에 대한 카지노 평균 수익의 표준편차(수익의 표준오차)는 다음과 같이 작아질 것이다.

$$SD(평균 이익) = \frac{\$5.76}{\sqrt{9,000,000}} = \$0.0019$$

다시 말해서 식 (10.9)와 같은 논리로, \$1 베팅에 대한 카지노 이익이 \$0.0526 ± (2 × 0.0019) = (\$0.0488, \$0.0564)의 구간에 있을 확률은 대략 95%가 될 것이다. 9백만 번의 베팅이 있으면, 카지노의 월별 이익은 거의 항상 \$439,000에서 \$508,000 사이에 있을 것이며 위험은 거의 없을 것이다. 물론 중요한 가정은 각 베팅이 독립적으로 이루어져야 한다는 것이다. 한 번에 \$9 백만의 베팅을 한다면 카지노의 위험은 매우 커져서, 당신이 이길 경우 카지노는 35 × \$9 백만 = \$315 백만의 손해를 볼 것이다. 이런 이유 때문에 카지노는 종종 개별 베팅의 금액을 제한한다.

개념 확인

1. 공통 위험과 독립적 위험의 차이는 무엇인가?
2. 보험 계약의 대규모 포트폴리오에서 위험이 분산되는 조건은 무엇인가?

10.6 주식 포트폴리오의 분산

보험의 예가 보여주듯이 포트폴리오의 위험은 그 속의 개별 위험이 공통적인가 아니면 독립적인가에 달려 있다. 공통 위험은 대형 포트폴리오에서 분산될 수 없지만, 독립적 위험은 분산될 수 있다. 우리의 목적은 자본시장에서 투자 위험과 수익률의 관계를 이해하는 것이므로, 주식 포트폴리오 위험에 대해서 차별적 시사점을 생각해보자.[12]

기업에 고유한 위험과 체계적 위험

주어진 기간에 어떤 주식을 보유하는 위험은 배당과 마지막 주가가 예상했던 것보다 높거나 낮은 것으로, 실현 수익률을 확률적으로 움직이게 만든다. 배당과 주가로 표현될 수 있는 수익률이 기대한 것보다 높거나 낮게 움직이는 요인은 무엇인가? 대개 주가와 배당은 두 가지 뉴스에 의해 움직인다.

1. **기업에 고유한 뉴스**는 기업 자체만의 뉴스로 좋을 수도 있고 나쁠 수도 있다. 예를 들어 어떤 기업이 산업 내에서 시장 점유율을 얻는 데 성공하였다고 발표할 수 있다.
2. **시장 전체의 뉴스**는 경제 전반에 영향을 미치는 뉴스로 모든 주식에 영향을 미친다. 예를 들어 연방준비제도(Fed)가 경제 활성화를 위해 이자율을 낮춘다고 발표할 수 있다.

기업에 고유한 뉴스에 의해 주가가 움직인다면, 이는 독립적 위험이다. 가정 절도의 경우처럼 기업에 고유한 뉴스들은 주식들 사이에 연계성이 없다. 이런 형태의 위험을 **기업 특정**(firm-specific), **특이한**(idiosyncratic), **고유한**(unique), 또는 **분산 가능한 위험**(diversifiable risk)이라고 한다.

시장 전체의 뉴스에 의해 주가가 움직인다면, 이는 공통 위험을 나타낸다. 지진의 경우처럼 모든 주식에 동시에 영향을 주게 되는데, 이런 형태의 위험을 **체계적**(systematic), **분산 불가능한**(undiversifiable), 또는 **시장 위험**(market risk)이라고 한다.

---

12 해리 마코위츠는 최적 주식시장 포트폴리오를 만들기 위해 분산의 역할을 최초로 공식화한 학자였다. 다음을 참조하라. H. Markowitz, "Portfolio Selection," *Journal of Finance* 7 (1952): 77-91.

대규모 포트폴리오에 많은 주식을 편입하면, 각 주식의 기업에 고유한 위험들은 서로 간의 상호작용에 의해 분산되어 없어진다. 좋은 뉴스가 어떤 주식들에 좋은 영향을 줄 것이고, 나쁜 뉴스는 다른 주식들에 나쁜 영향을 줄 것이며, 좋은 뉴스와 나쁜 뉴스의 전체적인 양은 상대적으로 일정할 것이다. 하지만 체계적 위험은 모든 기업 또는 전체 포트폴리오에 영향을 주어서 분산에 의해 제거되지 않을 것이다.

예로써 S 유형 기업들은 경제 전반의 체계적 위험에만 영향을 받는데, 경제가 좋거나 안 좋을 가능성이 50 대 50이라고 하자. 경제가 좋으면 S 유형 주식들은 40%의 수익을 얻을 것이고, 안 좋으면 −20%를 얻을 것이다. 이 기업들이 직면하는 위험은 체계적 위험이기 때문에 S 유형 주식들로 구성된 대규모 포트폴리오는 위험을 분산할 수 없다. 경제가 좋을 때 이 포트폴리오는 S 유형의 개별 주식과 같이 40%의 수익을 얻지만, 반대로 경제가 안 좋으면 −20%의 수익을 얻을 것이다.

이에 비해 I 유형 기업들은 기업에 고유한 위험에 의해서만 영향을 받는다고 하자. 이들의 수익률은 각 기업의 특유한 요인에 의해서만 영향을 받는데, 같은 확률로 35%와 −25%를 얻는다고 하자. 이런 위험들은 기업 각각에 특유한 위험이기 때문에, 많은 I 유형 주식들로 구성된 포트폴리오를 만들면 위험이 분산된다. 기업들의 반은 수익률이 35%이고 나머지 반은 −25%일 것이므로 포트폴리오 수익률은 평균 수익률인 0.5(30%) + 0.5(−25%) = 5%에 가까울 것이다.

그림 10.8은 S 및 I 유형 기업들로 구성된 포트폴리오 규모가 커지면 (또는 주식 수가 많아지면) 표준편차에 의해 측정된 변동성이 감소하는 것을 보여주고 있다. S 유형 기업들은 체계적 위험만을 가지고 있다. 지진보험과 비슷하게 포트폴리오의 변동성은 기업의 수가 증가해도 변하지 않는다. 이에 비해 I 유형 기업들은 기업에 고유한 위험만을 갖는다. 절도보험과 마찬가지로 기업의 수가 증가하면 위험이 분산되어서 변동성이 줄어든다. 그림 10.8에서 보듯이 기업의 수가 많아지면 이 위험은 본질적으로 제거될 것이다.

물론 실제 기업들이 S 유형이나 I 유형은 아니다. 대부분의 기업들은 체계적인 시장 전체의 위험과 기업에 고유한 위험 모두의 영향을 받는다. 그림 10.8은 주식 수가 증가하면서 일반적인 기업 포트폴리오

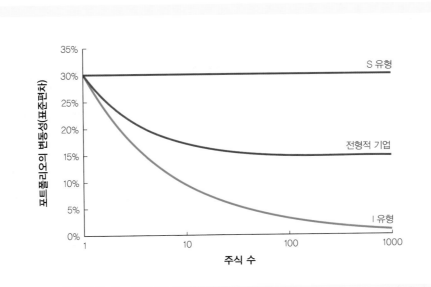

그림 10.8

S 및 I 유형 주식들의 포트폴리오 변동성

S 유형은 체계적 위험만을 가지고 있기 때문에, 포트폴리오의 변동성은 주식 수 증가에 따라 변하지 않는다. 이에 비해 I 유형의 기업들은 기업에 고유한 위험만을 가지고 있기 때문에, 포트폴리오를 구성하는 주식 수가 증가함에 따라 위험이 분산되어 제거되어 버린다. 일반적인 주식들은 양 위험을 모두 가지고 있기 때문에, 구성 주식 수가 증가하면서 기업에 고유한 위험은 줄어들고 체계적 위험은 그대로 유지된다.

의 변동성이 감소하는 모습을 보여주고 있다. 기업들이 두 가지 위험을 모두 가지고 있다면 많은 기업을 포트폴리오에 포함할 경우 분산에 의해 기업에 고유한 위험만이 제거될 것이다. 변동성은 모든 기업에 영향을 미치는 체계적 위험만 남을 때까지 감소할 것이다.

이 예는 그림 10.7에서 보여준 퍼즐 중 하나를 설명하고 있다. 즉, S&P 500이 개별 주식들보다 아주 작은 변동성을 가지는 이유를 설명했다는 것이다. 이제 우리는 개별 주식들 각각이 대규모 포트폴리오로 구성되면 기업에 고유한 위험이 제거된다는 사실을 알게 되었다. 따라서 포트폴리오는 그 속에 있는 개별 주식 각각보다 낮은 변동성을 가질 수 있다.

| 예제 10.6 | 포트폴리오 변동성 |

문제

S 유형 기업들 평균 수익률의 변동성은 얼마인가? I 유형 기업들 평균 수익률의 변동성은 얼마인가?

풀이

S 유형의 기업들은 40% 또는 −20%의 수익률을 가질 가능성이 동일하다. 그들의 기대 수익률은 $\frac{1}{2}(40\%)+\frac{1}{2}(-20\%)=10\%$가 되고, 표준편차는 다음과 같다.

$$SD\,(R_S) = \sqrt{\tfrac{1}{2}(0.40-0.10)^2 + \tfrac{1}{2}(-0.20-0.10)^2} = 30\%$$

모든 S 유형의 기업들은 동시에 다소 높거나 낮은 수익률을 가지기 때문에 이 기업들의 평균 수익률도 40% 또는 −20%가 될 것이다. 따라서 그림 10.8에서 본 것과 같이 30%의 동일한 변동성을 가지게 된다.

I 유형의 기업들은 35% 또는 −25%의 수익률을 가질 가능성이 동일하다. 그들의 기대 수익률은 $\frac{1}{2}(35\%)+\frac{1}{2}(-25\%)=5\%$가 되고, 표준편차는 다음과 같다.

$$SD\,(R_I) = \sqrt{\tfrac{1}{2}(0.35-0.05)^2 + \tfrac{1}{2}(-0.25-0.05)^2} = 30\%$$

I 유형 기업들의 수익률은 독립적이기 때문에 식 (10.8)을 이용하여 10개의 I 유형 기업의 평균 수익률의 변동성은 그림 10.8에서와 같이 $30\% \div \sqrt{10} = 9.5\%$가 된다.

차익거래 불가능과 위험 프리미엄

I 유형의 기업들을 다시 생각해보자. 그들은 기업에 고유한 위험에 의해서만 영향을 받는다. I 유형의 개별 기업들이 위험을 가지고 있으니까, I 유형 기업들에 투자할 경우 위험 프리미엄을 얻는다고 기대할 수 있을까?

경쟁적 시장에서 이에 대한 답은 '아니요'이다. 왜 그런지 알기 위해서 I 유형 기업의 기대 수익률이 무위험 이자율을 초과한다고 가정하자. I 유형 기업으로 구성된 대규모 포트폴리오를 보유하면, 투자자는 기업에 고유한 위험을 모두 분산시켜서 아무런 위험을 부담하지 않고 무위험 이자율을 초과하는 수익률을 얻게 된다.

이런 상황은 거의 차익거래 기회에 가까운 것으로 투자자들이 아주 매력적이라고 느낄 것이다. 그들은 무위험 이자율로 돈을 빌려서 I 유형 기업으로 구성된 대규모 포트폴리오에 투자하면, 아주 작은 위험만을 부담하면서 더 높은 수익률을 얻을 수 있다.[13] 더 많은 투자자들이 이런 상황을 이용하여 I 유형 기업

---

[13] 투자자들이 실제로 규모가 충분히 큰 포트폴리오를 보유하여 모든 위험을 완전히 분산시킬 수 있다면, 이것이 진정한 차익거래 기회가 될 것이다.

의 주식들을 매입하면, [식 (10.4)에서 주식 수익률을 계산할 때 현재의 주가는 분모로 들어가기 때문에] 이들 기업의 주가가 상승할 것이고 자연히 기대 수익률은 감소할 것이다. 이런 거래는 I 유형 기업의 수익률이 무위험 이자율과 같아지면 중단될 것이다. 자연스럽게 투자자들의 경쟁이 I 유형 기업의 수익률을 무위험 이자율이 되도록 할 것이다.

위의 논리는 본질적으로 일물일가의 법칙에 해당한다. I 유형 기업들의 대규모 포트폴리오는 위험이 없기 때문에 무위험 이자율을 벌어야 한다. 이런 차익거래 불가능 주장은 다음과 같이 좀 더 일반적인 원칙을 시사한다.

분산 가능한 위험의 위험 프리미엄은 0이기 때문에, 기업에 고유한 위험을 보유하는 투자자는 보상을 받지 못한다.

이 원칙은 모든 주식과 증권에 적용할 수 있다. 이것은 주식의 위험 프리미엄이 분산 가능하고 기업에 고유한 위험에 의해 영향을 받지 않는다는 것을 의미한다. 분산 가능한 위험이 추가적인 위험 프리미엄에 의해 보상을 받는다면, 투자자들은 그 주식들을 매입하여 추가적인 프리미엄을 얻을 수 있고 동시에 위험은 분산시켜 제거할 수 있다. 아무것도 아닌 것으로부터 무언가를 얻는다는 이런 기회는 빠르게 활용되어서 없어질 것이다.[14]

투자자들은 그들의 포트폴리오를 분산시켜서 "공짜로" 기업에 고유한 위험을 제거할 수 있기 때문에, 어떤 보상이나 위험 프리미엄을 요구하지 않을 것이다. 그러나 분산이 체계적 위험을 제거하지는 못한다. 대규모 포트폴리오를 보유하여도, 투자자는 전체 경제에 영향을 미쳐서 모든 증권에 영향을 미치는 위험에 노출된다. 투자자들은 위험 회피적이기 때문에 체계적 위험을 보유하기 위해서는 위험 프리미엄을 요구할 것이다. 그렇지 않으면 그들은 그 주식들을 팔고 무위험 채권에 투자할 것이다. 기업에 고유한 위험은 분산에 의해 공짜로 제거할 수 있지만 체계적 위험은 기대 수익률의 희생에 의해서만 제거할 수 있으므로, 체계적 위험이 위험 프리미엄을 결정한다. 이런 사실이 두 번째 주요 원칙을 만들어낸다.

증권의 위험 프리미엄은 체계적 위험에 의해 결정되고 분산 가능한 위험에는 의존하지 않는다.

이 원칙은 체계적 위험과 분산 가능한 위험의 합으로 계산되는 총 위험 척도인 주식 변동성이 투자자가 얻게 되는 위험 프리미엄의 결정에 유용하지 않다는 것을 의미한다. 예를 들어, S 유형과 I 유형 기업들을 생각해보자. 예제 10.6에서 계산된 것처럼 두 유형 기업의 변동성은 모두 30%라고 하자. 두 유형의 기업 모두 같은 변동성을 가질지라도, S 유형 기업은 10%의 기대 수익률을 가지고, I 유형 기업은 5%의 기대 수익률을 가진다. 기대 수익률의 차이는 각 기업이 감수하는 위험의 종류 차이에 의해 결정된다. I 유형 기업은 위험 프리미엄을 요구하지 않는 기업에 고유한 위험만을 가지기 때문에, I 유형 기업의 기대 수익률 5%는 무위험 이자율과 같다. S 유형 기업들은 체계적 위험만을 가진다. 투자자들은 이 위험을 감수하는 것에 대해 보상을 요구하기 때문에 S 유형 기업들의 10% 기대 수익률은 무위험 이자율을 능가하는 5%의 위험 프리미엄을 제공한다.

우리는 그림 10.7의 두 번째 퍼즐에 대해 설명을 했다. 변동성이 잘 분산된 포트폴리오에 대한 합리적인 위험 척도일 수 있지만, 개별 주식에 대해서는 적절한 측정 기준이 아니다. 따라서 개별 증권의 변동성과 평균 수익률 사이에는 확실한 관계가 존재하지 않는다. 결과적으로 증권의 기대 수익률을 추정하기 위해서는 증권의 체계적 위험의 척도를 찾을 필요가 있다.

---

14 이 주장의 주요 핵심은 다음 논문에서 알 수 있다. S. Ross, "the Arbitrage Theory of Capital Asset Pricing," *Journal of Economic Theory* 13 (December 1976): 341-360.

글로벌 금융위기   시장 붕괴 기간의 분산 혜택

아래의 그림은 최근 40년 동안 분산의 혜택을 보여주고 있다. 파란색 그래프는 S&P 500 포트폴리오의 (각 반기의 일별 수익률에 의해 계산하여 연율화된) 역사적 변동성을 보여준다. 주황색 그래프는 포트폴리오에 속한 개별 주식들의 (각 주식의 규모에 의해 가중된) 평균 변동성이다. 따라서 주황색으로 표시된 영역은 포트폴리오를 보유함으로써 제거되는 기업에 고유한 위험이다. 파란색 영역은 분산이 불가능한 시장 위험이다.

시장 변동성은 금융위기 기간에 엄청나게 상승한다. 분산 가능한 위험 부분도 변하지만 위기 기간에 감소하는 경향이 있다. 예를 들어 1970년 이후 평균적으로 개별 주식 변동성의 50% 정도가 분산 가능하였다. (주황색 영역은 전체의 50% 정도가 된

다는 의미이다.) 그러나 그림에서 보듯이 1987년의 주식시장 붕괴, 2008년 금융위기, 최근의 유로존 채무 위기 기간에는 이 부분이 엄청나게 감소하여 개별 주식 변동성의 20% 정도만이 분산되었다. 2008년 금융위기 기간에 증강된 변동성과 감소된 분산의 결합 효과는 매우 심각하여, 투자자의 관심이 되는 시장 위험이 2006년에서 2008년의 마지막 분기까지 10%에서 70%로 7배 증가하였다.

분산이 항상 유익하지만 분산의 혜택이 경제 상황에 따라 달라진다는 것을 명심할 필요가 있다. 극단적인 위기에는 분산의 혜택이 감소할 수 있어서 시장 하락이 투자자들에게 특히 고통스러울 수 있다.

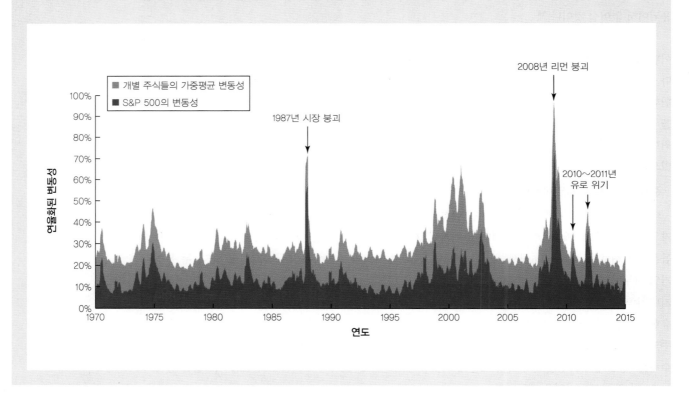

제3장에서 어떤 투자의 위험 프리미엄은 그 수익률이 전체 경제와 관련하여 어떻게 움직이는가에 달려 있다고 하였다. 특히 위험 회피적 투자자는 침체기에 성과가 좋지 않은 증권에 투자하기 위해서는 프리미엄을 요구할 것이다. (예를 들어 대공황 시기에 그림 10.1에서 소형 주식들의 성과를 생각하자.) 이 개념은 이 장에서 우리가 정의한 체계적 위험의 개념과 일치한다. 침체기 또는 활황기 위험과 같은 경제 전반의 위험은 분산 불가능한 체계적 위험이다. 따라서 경제와 함께 움직이는 자산은 체계적 위험을 포함하고 있어서 위험 프리미엄을 요구하게 된다.

분산 가능 대 체계적 위험

문제

다음의 주식 위험 중 기업에 고유한 분산 가능한 위험은 어떤 것이고, 체계적 위험에 가까운 것은 어떤 것인가? 어떤 위험이 투자자가 요구하는 위험 프리미엄에 영향을 미칠까?

 a. 설립자와 최고 경영자가 은퇴하는 위험

 b. 석유 가격이 상승하여 생산비가 증가하는 위험

 c. 제품 디자인이 잘못되어 제품이 회수되어야만 하는 위험

 d. 경제가 침체되어 기업 제품의 수요를 감소시키는 위험

풀이

석유 가격과 경제의 건전성은 모든 주식에 영향을 주기 때문에, 위험 (b)와 (d)는 체계적 위험이다. 이런 위험들은 대규모 포트폴리오에서 분산이 되지 않아서, 주식 투자자들이 요구하는 위험 프리미엄에 영향을 미친다. 위험 (a)와 (c)는 기업에 고유한 위험으로 분산이 가능하다. 이런 위험들은 개별 기업의 미래 현금흐름의 추정에 고려되어야 하지만, 투자자들이 요구하는 위험 프리미엄에는 영향을 미치지 못하기 때문에 기업의 자본비용에도 영향을 미치지 못한다.

일상적인 실수   장기 분산의 오류

투자자가 다양한 투자에 분산하면 분산 가능한 위험을 제거하기 때문에 위험을 크게 줄일 수 있다는 것을 알았다. 똑같은 논리가 시간에도 적용이 될까? 즉, 여러 해에 걸쳐 투자하면 어떤 특정한 해에 감수해야 하는 위험을 분산시킬 수 있다는 것이다. 장기적인 관점에서도 위험이 중요하다는 것인가?

식 (10.8)이 말해주듯이, 매년 수익률들이 독립적이면 연평균 수익률의 변동성은 투자하는 연수에 따라 감소한다. 물론 장기투자라면 평균 수익률의 변동성에 큰 관심은 없다. 대신 전체 기간에 대한 누적 수익률의 변동성에 관심을 가지게 된다. 다음의 예에서 볼 수 있듯이, 누적 수익률의 변동성은 투자 기간이 길어질수록 증가하게 된다.

1925년에 미국 대형주들의 가격은 약 30% 상승하였다. 사실, 1925년 초에 $77를 투자했다면 그 해 말에는 $77 × 1.30 = $100가 되었다. 그림 10.1에서 보듯이, $100가 S&P 500에 투자됐다면 1926년부터 시작하여 2015년 초에는 $480,560로 성장하였을 것이다. 그러나 1925년에는 주식들이 35% 하락하였다고 가정해보자. 그러면 최초에 투자된 $77는 1926년 초에 $77 × (1 − 35%) = $50가 되었을 것이다. 1925년 말의 $50는 2015년에 $240,280로 성장하여 $480,560의 절반에 불과하였을 것이다. 따라서 장기간에도 불구하고 첫해의 수익률 차이가 마지막 수익에 중요한 영향을 미치게 된다.

2008년의 금융위기는 많은 투자자들에게 이런 오류의 현실을 인식시켜주었다. 예컨대 1925년에 소형주에 $100를 투자한 장기

투자자를 생각해보자. 그녀의 투자 기간이 2006년 말까지 81년이라면, 그녀는 $2 백만을 넘는 돈을 가졌을 것이다. 대신 그녀의 투자 기간이 2008년 말까지로 83년이었다면 그녀의 포트폴리오는 50% 이상 하락하여 $1 백만에 불과하였을 것이다. 다시 말해서 투자 기간이 길어진다고 위험이 감소되는 것은 아니다.

일반적으로 수익률이 시간에 따라 독립적이면 미래의 수익률은 과거 수익률에 영향을 받지 않기 때문에 오늘 포트폴리오의 가치 변화가 미래 포트폴리오의 가치에 그대로 반영되어 시간에 따른 분산 효과는 전혀 없다. 오늘의 평균 미만 수익률이 미래의 평균 초과 수익률을 의미할 경우, 이런 현상을 **평균 회귀**(mean reversion)라고 부르는데, 이 경우에만 투자 기간이 위험을 감소시키는 유일한 방법이다. 평균 회귀는 주식시장에서 과거의 낮은 수익률이 미래의 높은 수익률을 예측하기 위해 사용될 수 있다는 것을 의미한다.

몇 년 동안의 짧은 기간에 대해서 주식시장의 평균 회귀에 대한 실증적 증거는 없다. 장기간에 대해서는 역사적으로 시장 예측에 대한 실증적 증거가 있기도 하지만, 신뢰성과 지속성 여부는 분명하지 않다. 주가 수익률의 장기 평균 회귀 현상이 존재한다면, 매입-보유 분산 전략도 최적은 아니다. 과거의 수익률이 미래 수익률 예측을 위해 사용될 수 있기 때문에, 높은 수익률이 예측되는 경우에는 주식 투자를 늘리고, 그렇지 않은 경우에는 줄이는 것이 최적일 것이다. 이 전략은 기업에 고유한 충격이 긍정적일지 부정적일지 예측할 수 없을 때 다양한 주식들을 보유하여 달성하는 분산과는 아주 다른 개념이다.

1. 분산 가능한 위험의 위험 프리미엄이 0인 이유를 설명하라.
2. 어떤 증권의 위험 프리미엄이 왜 체계적 위험에 의해 결정되는가?

10.7   체계적 위험의 측정

앞에서 논의 되었듯이 투자자들은 포트폴리오를 분산시켜서 기업에 고유한 위험을 제거할 수 있다. 따라서 투자의 위험을 평가할 때는 분산에 의해 제거할 수 없는 체계적 위험만을 고려하여야 한다. 체계적 위험을 감수하는 대가로 투자자들은 더 높은 수익률에 의해 보상받는다. 추가적 수익률 또는 위험 프리미엄을 결정하기 위해서 먼저 투자의 체계적 위험을 측정할 필요가 있다.

체계적 위험의 식별 : 시장 포트폴리오

주식의 체계적 위험을 측정하기 위하여 주식 수익률의 변동성이 체계적 (또는 시장) 위험과 분산 가능한 (또는 기업에 고유한) 위험에 의해 어느 정도 결정되는가를 알아야 한다. 즉, 주식이 경제 전체에 영향을 주는 체계적 충격에 어느 정도 민감한가를 알고자 한다.

예를 들어 주식 수익률이 이자율 변동에 어느 정도 민감한가를 알기 위하여, 1%의 이자율 변동에 대한 주식 수익률의 평균적 변동 크기를 알아야 한다. 비슷하게 주식 수익률이 유가에 얼마나 민감한가를 알기 위하여, 1%의 유가 1% 변동에 대한 주식 수익률의 평균적 변동 크기를 알아야 한다. 같은 방법으로 주식이 체계적 위험에 얼마나 민감한가를 알기 위하여, 체계적 위험에 의해서만 움직이는 포트폴리오의 1% 수익률 변동에 대한 평균적 주식 수익률 변동의 크기를 살펴볼 수 있다.

따라서 체계적 위험을 측정하는 첫 단계는 체계적 위험만을 포함하는 포트폴리오를 발견하는 것이다. 이 포트폴리오의 가격 변화는 경제에 대한 체계적 충격과 같다. 이런 포트폴리오를 **효율적 포트폴리오** (efficient portfolio)라고 부른다. 효율적 포트폴리오는 더 이상 분산될 수 없다. 즉, 기대 수익률을 낮추지 않고 포트폴리오의 위험을 감소시킬 방법이 없다는 것이다. 그런 포트폴리오를 어떻게 식별할 수 있을까?

다음 몇 개 장에서 알 수 있듯이 효율적 포트폴리오를 식별하는 가장 좋은 방법은 현대 재무론에서 중요한 질문 중의 하나다. 분산의 효과는 포트폴리오에 포함된 주식의 개수가 증가함에 따라 개선되기 때문에, 효율적 포트폴리오는 서로 다른 주식의 개수가 많은 대규모 포트폴리오여야 한다. 따라서 효율적 포트폴리오의 자연스러운 후보는 자본시장에서 거래되는 모든 주식과 증권으로 구성된 **시장 포트폴리오** (market portfolio)이다. 많은 채권과 소형주 자료를 찾기 어렵기 때문에 실무적으로 S&P 500 포트폴리오를 시장 포트폴리오의 대용으로 사용하는 것이 일반적이다. 이 경우 S&P 500이 본질적으로 완전히 분산될 정도로 충분히 규모가 충분하다는 가정을 하게 된다.

체계적 위험에 대한 민감도 : 베타

시장 포트폴리오(또는 S&P 500)가 효율적이라고 가정하면, 시장 포트폴리오의 가치 변화는 경제에 대한 체계적 충격을 의미한다. 어떤 증권 수익률의 시장 포트폴리오에 대한 민감도를 계산하여 체계적 위험을 측정할 수 있는데, 이를 당해 증권의 **베타**(beta, β)라고 한다. 좀 더 정확히 말하면 다음과 같다.

어떤 증권의 베타는 시장 포트폴리오의 1% 수익률 변화에 대한 당해 증권 수익률의 기대 수익률 변화(%)이다.

베타 추정하기

문제

시장 포트폴리오는 경제가 활황이면 47% 증가하고, 침체이면 25% 감소한다고 하자. 경제가 활황일 때 평균 40%의 수익률을, 경제가 침체일 때 −20%의 수익률을 가지는 S 유형 기업의 베타는 얼마인가? 기업에 고유한 위험만을 가지는 I 유형 기업의 베타는 얼마인가?

풀이

경제 상황에 따른 체계적 위험으로 인해 시장 포트폴리오 수익률은 47% − (−25%) = 72%의 변화가 가능하다. S 유형 기업의 수익률은 평균 40% − (−20%) = 60%의 변화가 있을 수 있다. 따라서 이 기업의 베타는 $\beta_S = 60\%/72\% = 0.833$이다. 즉, 시장 포트폴리오의 1% 수익률 변화는 평균적으로 S 유형 기업의 수익률을 0.833%만큼 변화시킨다.

그러나 I 유형 기업의 수익률은 기업에 고유한 위험만을 가져서 경제 전체의 영향을 받지 않는다. 이 기업의 수익률은 기업의 고유한 요인에 의해서만 영향을 받는다. 이런 기업들은 당연히 똑같은 기대 수익률을 가질 것이기 때문에 경제의 활황이나 침체에 관계없이 $\beta_S = 0\%/72\% = 0$이 된다.

실제 기업의 베타 제12장에서 주식의 과거 수익률들을 사용하여 베타를 추정하는 통계적 기법을 살펴볼 것이다. 몇 년간의 자료를 사용하여 상대적으로 정확하게 베타를 추정할 수 있다. (예제 10.4에서 본 것과 같은 기대 수익률 경우와는 다르다.) 표 10.6은 시장 수익률을 나타내는 S&P 500을 이용하여 2010~2015년 기간의 몇몇 주식들의 베타를 보여주고 있다. 이 표에서 보듯이 동기간에 시장의 1% 수익률 변화는 평균적으로 1.21%의 야후 수익률 변화를 초래하지만, 코카콜라의 경우에는 0.52%의 변화만이 있었다.

베타의 해석 베타는 시장 전체의 위험 요인들에 대한 증권의 민감도를 측정한다. 주식의 경우 이 가치는 당해 기업의 수입과 현금흐름이 일반적인 경제 상황에 대한 민감성 정도와 관계가 있다. 시장에서 주식의 평균 베타는 1에 가까워야 한다. 즉, 전체 시장이 1% 움직이면 평균 주가도 1% 움직인다는 것이다. 수입과 이익이 경기 순환에 따라 변하는 산업에 속하는 주식들은 체계적 위험에 더 민감하여 베타가 1을 초과하지만, 경기 순환에 둔감한 기업들의 주식은 1보다 작은 베타를 가진다.

예를 들어 PG&E(전기 및 가스회사), 존슨 앤 존슨(제약회사), 제너럴 밀스 앤 허쉬(식품가공회사), 암젠(생물공학회사)은 상대적으로 낮은 베타를 가진다. 전기 및 가스회사들은 안정적이고 상당한 규제를 받기 때문에 전체 시장의 움직임에 둔감하다. 제약과 식품산업도 제품들에 대한 수요가 경제 전체의 상황과 관계가 없기 때문에 둔감할 수밖에 없다.

하지만 기술주들은 높은 베타를 가진다. 오라클, 휴렛-팩커드(HP), 넷기어, 오토데스크, 어드밴스트 마이크로 디바이스를 생각하자. 경제에 대한 충격이 이들 주식에 대해서는 더욱 확대된다. 시장이 상승기이면 어드밴스트 마이크로 디바이스의 주식은 그보다 2배 이상 상승한다. 그러나 시장이 부진하면 2배 이상 하락한다. 아주 낮은 베타를 가지는 월마트에 비해 사치스러운 소매기업인 코치 앤 티파니는 높은 베타를 가진다. 아마도 그들의 매출이 경기에 아주 다르게 반응하기 때문일 것이다. 마지막으로 경기 순환 산업에서 채무가 아주 많은 기업인 제너럴 모터스와 유에스 스틸은 경제 상황 민감하기 때문에 높은 베타를 가진다.

개념 확인

1. 시장 포트폴리오란?
2. 증권의 베타를 정의하라.

표 10.6   S&P 500에 속하는 개별 기업들의 베타(2010~2015년 기간의 월별 자료 이용)

기업	표식	산업	주식 베타
PG&E	PGE	Utilities	0.26
General Mills	GIS	Packaged Foods	0.30
Newmont Mining	NEM	Gold	0.32
The Hershey Company	HSY	Packaged Foods	0.33
McDonald's	MCD	Restaurants	0.39
Clorox	CLX	Household Products	0.40
Pepsico	PEP	Soft Drinks	0.42
Wal-Mart Stores	WMT	Superstores	0.49
Procter & Gamble	PG	Household Products	0.52
Coca-Cola	KO	Soft Drinks	0.52
Altria Group	MO	Tobacco	0.54
Amgen	AMGN	Biotechnology	0.64
Johnson & Johnson	JNJ	Pharmaceuticals	0.65
Nike	NKE	Footwear	0.67
Southwest Airlines	LUV	Airlines	0.80
Kroger	KR	Food Retail	0.80
Starbucks	SBUX	Restaurants	0.80
Whole Foods Market	WFM	Food Retail	0.83
Intel	INTC	Semiconductors	0.87
Microsoft	MSFT	Systems Software	0.89
Pfizer	PFE	Pharmaceuticals	0.89
Apple	AAPL	Computer Hardware	0.92
Amazon.com	AMZN	Internet Retail	0.94
Macy's	M	Department Stores	0.95
Foot Locker	FL	Apparel Retail	0.99
Alphabet (Google)	GOOG	Internet Software and Services	0.99
Molson Coors Brewing	TAP	Brewers	0.99
Harley-Davidson	HOG	Motorcycle Manufacturers	1.14
Yahoo!	YHOO	Internet Software and Services	1.21
salesforce.com	CRM	Application Software	1.22
Marriott International	MAR	Hotels and Resorts	1.24
Walt Disney	DIS	Movies and Entertainment	1.25
Coach	COH	Apparel and Luxury Goods	1.25
Cisco Systems	CSCO	Communications Equipment	1.27
Williams-Sonoma	WSM	Home Furnishing Retail	1.27
Staples	SPLS	Specialty Stores	1.36
Oracle	ORCL	Systems Software	1.42
Hewlett-Packard	HPQ	Computer Hardware	1.52
J. C. Penney	JCP	Department Stores	1.52
Wynn Resorts Ltd.	WYNN	Casinos and Gaming	1.59
Ryland Group	RYL	Homebuilding	1.60
Caterpillar	CAT	Construction Machinery	1.62
United States Steel	X	Steel	1.62
General Motors	GM	Automobile Manufacturers	1.66
Netgear	NTGR	Communications Equipment	1.91
Tiffany & Co.	TIF	Apparel and Luxury Goods	1.92
Autodesk	ADSK	Application Software	1.96
Ethan Allen Interiors	ETH	Home Furnishings	2.04
Advanced Micro Devices	AMD	Semiconductors	2.23
Sotheby's	BID	Auction Services	2.48

출처 : CapitalIQ

10.8 베타와 자본비용

이 책 전체에서 우리는 재무관리자들이 자본비용에 근거하여 투자 기회를 평가하여야 한다는 것을 강조하였다. 자본비용이란 시장에서 비슷한 위험과 조건을 가지는 대안적 투자로부터 얻을 수 있는 기대 수익률이다. 위험 투자의 경우 자본비용은 무위험 이자율에 적절한 위험 프리미엄을 더한 값이다. 이제 베타에 의해 투자의 체계적 위험을 측정할 수 있으므로 투자자들이 요구하는 위험 프리미엄을 추정하려고 한다.

위험 프리미엄의 추정

개별 주식의 위험 프리미엄을 추정하기 전에 투자자의 위험에 대한 성향을 평가하는 방법을 알아야 한다. 투자자가 위험 투자를 하기 위해서 요구하는 위험 프리미엄의 규모는 위험 회피도(risk aversion)에 달려 있다. 위험 회피도를 직접 측정하기보다 체계적 또는 시장 위험에 투자하려는 투자자가 요구하는 위험 프리미엄에 의해 위험 회피도를 간접적으로 측정할 수 있다.

시장 위험 프리미엄   시장 포트폴리오로부터 시장 위험에 대한 투자자의 성향을 측정할 수 있다. 투자자가 시장 위험을 보유하여 얻게 되는 위험 프리미엄은 시장 포트폴리오의 기대 수익률과 무위험 이자율의 차이로 정의될 수 있다.

$$\text{시장 위험 프리미엄} = E[R_{Mkt}] - r_f \qquad (10.10)$$

예를 들어 무위험 이자율이 5%이고 시장 포트폴리오의 기대 수익률이 11%라면, 시장의 위험 프리미엄은 6%가 된다. 시장의 이자율이 투자자의 인내심을 반영하여 돈의 시간 가치를 결정하는 것과 같이 시장의 위험 프리미엄도 투자자의 위험에 대한 인내심을 반영하여 경제 내에서 위험의 시장가격을 결정한다.

베타의 조정   시장의 위험 프리미엄은 투자자가 베타가 1인 포트폴리오(시장 포트폴리오)를 보유하면서 얻기를 기대하는 보상이다. 베타가 2인 투자 기회를 생각해보자. 이 투자는 시장 포트폴리오에 투자한 것보다 2배의 체계적 위험을 안는다. 즉, $1 투자가 시장 포트폴리오에 2배를 투자한 것과 같고, 체계적 위험도 2배가 된다. 체계적 위험이 2배이기 때문에 투자자들은 베타가 2인 투자 기회에 투자하기 위해서 2배의 위험 프리미엄을 요구할 것이다.

　요약하면 어떤 투자의 베타를 동일한 체계적 위험을 갖게 하는 시장 포트폴리오 투자의 규모에 의해

일상적인 실수　　**베타와 변동성**

베타는 변동성과 다르다. 변동성은 전체 위험(시장 위험과 기업에 고유한 위험의 합)을 측정하기 때문에 변동성과 베타 사이에는 어떤 관계가 존재할 필요가 없다. 예를 들어 2010년부터 2015년까지 버텍스 제약과 네트워크 장비회사인 넷기어의 주식들은 월 12%의 비슷한 변동성을 가지지만, 버텍스는 훨씬 작은 베타(버텍스 : 0.6, 넷기어 : 2)를 가진다. 제약회사들은 신약의 개발과 승인을 위해 상당한 위험을 감수해야 하지만, 이 위험은 나머지 경제에 관계가 없다. 또한 건강 관리 지출은 경제 상황에 따라 많이 변하지 않는다. 특히 기술제품에 대한 지출보다는 변동이 훨씬 덜하다. 따라서 그들의 주가 변동성은 비슷하지만, 넷기어의 주식은 상당히 높은 체계적 위험을 가지는 데 비해 버텍스 주식의 위험은 분산 가능하다.

결정할 수 있다. 따라서 투자자들이 감수하는 체계적 위험과 돈의 시간 가치에 대한 보상으로, β_I를 가지는 투자의 자본비용 r_I는 다음을 만족하여야 한다.

투자의 자본비용을 베타로부터 추정하기

$$r_I = \text{무위험 이자율} + \beta_I \times \text{시장 위험 프리미엄}$$
$$= r_f + \beta_I \times (E[R_{Mkt}] - r_f) \qquad (10.11)$$

예를 들어 표 10.6의 베타 추정치를 이용하여 소더비(BID)와 프록터 앤 갬블(PG) 주식을 생각해보자. 식 (10.11)에 따라 시장의 위험 프리미엄이 6%이고, 무위험 이자율이 5%이면, 각 자기자본 비용은 다음과 같다.

$$r_{BID} = 5\% + 2.48 \times 6\% = 19.9\%$$
$$r_{PG} = 5\% + 0.52 \times 6\% = 8.1\%$$

따라서 이 장의 소개 부분에서 보고하였던 이 두 주식의 평균 수익률 차이는 그리 놀라운 것이 아니다. 소더비의 투자자는 소더비의 아주 높은 체계적 위험을 보상받기 위하여 더 높은 평균 수익률을 요구하는 것이다.

예제 10.9   **기대 수익률과 베타**

문제

무위험 이자율이 5%이고, 경제는 강세 또는 약세가 될 확률이 같다고 하자. 식 (10.11)을 사용하여 예제 10.8에서 고려한 S 유형 기업들의 자본비용을 결정해보자. 이 기업들에 대한 자본비용과 기대 수익률이 어떻게 비교될 수 있는가?

풀이

경제가 강세 또는 약세가 될 확률이 같다면 시장의 기대 수익률은 $E[R_{Mkt}] = \frac{1}{2}(0.47) + \frac{1}{2}(-0.25) = 11\%$이고, 시장의 위험 프리미엄은 $E(R_{Mkt}) - r_f = 11\% - 5\% = 6\%$가 된다. S 유형 기업의 베타가 예제 10.8에서 0.833으로 계산되었기 때문에, 식 (10.11)에 의해 S 유형 기업의 자본비용 추정치는 다음과 같다.

$$r_s = r_f + \beta_s \times (E[R_{Mkt}] - r_f) = 5\% + 0.833 \times (11\% - 5\%) = 10\%$$

이것은 기대 수익률 $\frac{1}{2}(40\%) + \frac{1}{2}(-20\%) = 10\%$와 같다. 따라서 이 주식들을 보유한 투자자들은 그들이 감수하는 체계적 위험에 대해 적절히 보상하는 (경쟁적 시장에서 기대하는) 수익률을 기대할 수 있다.

어떤 주식이 음(−)의 베타를 가진다면 어떨까? 식 (10.11)에 따라 그런 주식은 음(−)의 위험 프리미엄을 가질 것이다. 즉, 기대 수익률이 무위험 이자율보다 작다. 언뜻 보기에는 비합리적인 것처럼 보이지만, 이런 주식들은 시장이 안 좋을 때 수익성이 좋아져서, 포트폴리오 내의 다른 주식들의 체계적 위험에 대한 보험이 될 수 있다(그런 증권의 예는 예제 3A.1 참조). 위험 회피형 투자자들은 이런 보험에 대한 보상으로 무위험 이자율을 하회하는 수익률을 받아들이게 된다.

자본자산 가격결정 모형

자본비용 추정을 위한 식 (10.11)은 흔히 **자본자산 가격결정 모형**(capital asset pricing model, CAPM)이라고 부르는데,[15] 실무적으로 가장 중요한 자본비용 추정 방법이다. 이 장에서 우리는 CAPM에 대한 직관적 정당성을 제공하고, 체계적 위험을 위한 벤치마크로 시장 포트폴리오를 이용하였다. 제11장에서는 이 모형에 대한 좀 더 완전한 개발 과정과 가정을 제공하고, 전문적 펀드 매니저가 사용하는 포트폴리오 최적화 과정을 자세히 설명할 것이다. 제12장에서는 CAPM의 적용 실례를 보고, 개별 주식들의 베타를 추정하기 위한 통계적 수단을 개발할 것이다. 또한 기업 내부 프로젝트의 베타와 자본비용도 함께 살펴볼 것이다. 마지막으로, 제13장에서는 투자자 행동과 기대 수익률의 예측 모형으로 CAPM에 대한 실증적 증거를 살펴보고, CAPM의 확장에 대해 소개하고자 한다.

> **개념 확인**
>
> 1. 자본비용을 추정하기 위해 증권의 베타를 어떻게 사용하는가?
> 2. 위험 투자의 베타가 0이라면, CAPM에 의거할 경우 자본비용은 얼마일까? 이것을 어떻게 정당화하겠는가?

핵심 요점 및 수식

10.1 위험과 수익률 : 89년 투자자 역사로부터의 통찰

- 역사적으로 장기간의 경우 주식 투자는 채권 투자의 성과보다 높았다.
- 역사적으로 주식 투자는 채권 투자보다 훨씬 위험했다. 5년의 기간일지라도 실질적으로 주식이 채권에 비해 성과가 저조한 경우가 많이 있었다.

10.2 위험과 수익률의 일반적 측정

- 확률 분포는 서로 다른 수익률과 결과의 발생 가능성에 대한 정보를 요약해준다.
  - 기대 또는 평균 수익률은 평균적으로 얻기를 기대하는 수익률이다.

$$기대 수익률 = E[R] = \sum_R p_R \times R \tag{10.1}$$

  - 분산이나 표준편차는 수익률의 변동성을 측정한다.

$$Var(R) = E[(R - E[R])^2] = \sum_R p_R \times (R - E[R])^2$$
$$SD(R) = \sqrt{Var(R)} \tag{10.2}$$

---

15 CAPM은 윌리엄 샤프(William Sharpe), 잭 트레너(Jack Treynor), 존 린트너(John Lintner), 잰 모신(Jan Mossin)에 의해 각기 독립적으로 개발되었다(역주 : 하지만 윌리엄 샤프의 연구가 가장 쉽고 널리 알려졌기 때문에, 윌리엄 샤프만 1900년에 노벨 경제학상을 수상함). 다음 논문을 참조하라. J. Lintner "The Valuation of Risk Assets and the Selection of Risky Investments in Stock Portfolios and Capital Budgets," *Review of Economics and Statistics* 47 (1965): 13–37; W. Sharpe, "Capital Asset Prices: A Theory of Market Equilibrium Under Conditions of Risk," *Journal of Finance* 19 (1964): 425–442; J. Treynor, "Toward a Theory of the Market Value of Risky Assets" (1961); and J. Mossin "Equilibrium in a Capital Asset Market," *Econometrica*, 34 (1966): 768–783.

- 수익률의 표준편차를 변동성이라고 부른다.

10.3 주식과 채권의 역사적 수익률

- 투자의 실현 또는 총수익률은 배당 수익률과 자본이익률을 합한 것이다.
  - 실현 수익률의 실증 분포를 사용하면 연평균 수익률과 실현 수익률의 분산을 계산하여 수익률 분포의 기대 수익률과 분산을 계산할 수 있다.

$$\overline{R} = \frac{1}{T}(R_1 + R_2 + \cdots + R_T) = \frac{1}{T}\sum_{t=1}^{T} R_t \tag{10.6}$$

$$Var(R) = \frac{1}{T-1}\sum_{t=1}^{T}(R_t - \overline{R})^2 \tag{10.7}$$

  - 추정된 분산의 제곱근은 수익률 변동성의 추정치가 된다.
  - 증권의 역사적 평균 수익률이 진정한 기대 수익률의 추정치이기 때문에 추정 오차의 크기를 측정하기 위해서 추정치의 표준오차를 사용한다.

$$SD(\text{독립적, 동일성 위험의 평균}) = \frac{SD(\text{개별 위험})}{\sqrt{\text{관찰치 개수}}} \tag{10.8}$$

10.4 위험과 수익률의 역사적 상쇄관계

- 대규모 포트폴리오의 과거 수익률을 비교하면, 소형주는 대형주에 비해 높은 변동성과 높은 평균 수익률을 갖고, 대형주는 채권에 비해 높은 변동성과 높은 평균 수익률을 갖는다.
- 개별 주식의 변동성과 수익률 사이에는 명백한 관계가 없다.
  - 규모가 클수록 전체적으로 변동성은 낮지만, 초대형주들은 대개 대형주 포트폴리오보다 위험성이 더 높다.
  - 모든 개별 주식은 대규모 포트폴리오 자료의 추정에 근거한 예측보다 더 높은 위험과 더 낮은 수익률을 갖는다.

10.5 공통 위험과 독립적 위험

- 증권의 총 위험은 기업에 고유한 위험과 체계적 위험을 나타낸다.
  - 기업에 고유한 뉴스에 의해 발생하는 주식 수익률의 분산을 기업에 특이한 위험이라고 부른다. 이런 위험을 기업 특정, 고유한, 또는 분산 가능한 위험이라고 부른다. 이들은 경제의 다른 위험과는 독립성을 가진다.
  - 체계적 위험, 즉 시장 또는 분산 불가능한 위험은 개별 주식 전체에 동시적으로 영향을 주는 시장 전체의 뉴스에 의해 발생한다. 이는 모든 주식의 공통 위험이다.

10.6 주식 포트폴리오의 분산

- 분산은 기업에 특이한 위험을 제거하지만 체계적 위험을 제거하지는 못한다.
  - 투자자들은 기업에 특이한 위험을 제거할 수 있지만, 그런 행위에 대해 위험 프리미엄을 요구하지 않는다.
  - 투자자들은 체계적 위험을 제거할 수 없지만, 그것을 보유하는 것에 대해 보상을 받아야 한다. 결과적으로 주식에 대한 위험 프리미엄은 총 위험보다는 체계적 위험의 크기에 의해 결정된다.

10.7 체계적 위험의 측정

- 효율적 포트폴리오는 체계적 위험만을 포함하여 더 이상 분산될 수 없다. 즉, 기대 수익률을 낮추지 않으면 포트폴리오의 위험을 감소시킬 수 없다.
- 시장 포트폴리오는 시장의 모든 주식과 증권을 포함한다. 시장 포트폴리오는 종종 효율적이라고 가정된다.

- 시장 포트폴리오가 효율적이면, 증권의 체계적 위험을 베타(β)에 의해 측정할 수 있다. 증권의 베타는 시장 전체의 수익률에 대한 당해 증권 수익률의 민감도이다.

10.8 베타와 자본비용

- 시장의 위험 프리미엄은 시장 포트폴리오의 기대 초과 수익률이다.

$$\text{시장 위험 프리미엄} = E[R_{Mkt}] - r_f \tag{10.10}$$

그것은 투자자 전체의 위험 허용도로 경제 내에서 위험의 시장가격을 나타낸다.

- CAPM은 위험 프리미엄이 투자의 베타에 시장의 위험 프리미엄을 곱하여 얻는 모형이다.

$$r_I = r_f + \beta_I \times (E[R_{Mkt}] - r_f) \tag{10.11}$$

주요 용어

공통 위험(common risk)
기대(평균) 수익률[expected (mean) return]
기업 특정, 특이한, 고유한, 분산 가능한 위험 (firm-specific, idiosyncratic, unique, or diversifiable risk)
독립적 위험(independent risk)
베타(beta, β)
변동성(volatility)
분산(diversification)
분산(variance)
시장 포트폴리오(market portfolio)
실증 분포(empirical distribution)

실현 수익률(realized return)
연평균 수익률(average annual return)
체계적, 분산 불가능한, 시장 위험(systematic, undiversifiable, or market risk)
초과 수익률(excess return)
표준오차(standard error)
표준편차(standard deviation)
확률 분포(probability distribution)
효율적 포트폴리오(efficient portfolio)
자본자산 가격결정 모형(capital asset pricing model, CAPM)
95% 신뢰구간(95% confidence interval)

추가 읽을거리

분산에 관한 최초의 연구는 다음 논문들에서 개발되었다. H. Markowitz, "Portfolio Selection," *Journal of Finance* 7 (1952): 77 – 91; A. Roy, "Safety First and the Holding of Assets," Econometrica 20 (July 1952): 431 – 449; and, in the context of insurance, B. de Finetti, "Il problema de pieni," *Giornale dell'Instituto Italiano degli Attuari*, 11 (1940): 1 – 88.

서로 다른 자산의 역사적 수익률 정보는 다음을 참조하라. E. Dimson, P. Marsh, and M. Staunton, *Triumph of the Optimist: 101 Years of Global Equity Returns* (Princeton University Press, 2002); and Ibbotson Associates, Inc., *Stocks, Bonds, Bills, and Inflation* (Ibbotson Associates, 2009).

여러 책들이 이 장의 주제들을 더 깊이 다루고 있다. E. Elton, M. Gruber, S. Brown, and W. Goetzmann, *Modern Portfolio Theory and Investment Analysis* (John Wiley & Sons, 2006); J. Francis, *Investments: Analysis and Management* (McGraw-Hill, 1991); R. Radcliffe, Investment: Concepts, Analysis, and Strategy (Harper-Collins, 1994); F. Reilly and K. Brown, *Investment Analysis and Portfolio Management* (Dryden Press, 1996); and Z. Bodie, A. Kane, and A. Marcus, Investments (McGraw-Hill/Irwin, 2008).

연습문제

* 표시는 난이도가 높은 문제다.

위험과 수익률의 일반적 측정

1. 아래 그림은 RCS 주식의 1년 수익률 분포를 보여주고 있다. 다음을 계산하라.

    a. 기대 수익률

    b. 수익률의 표준편차

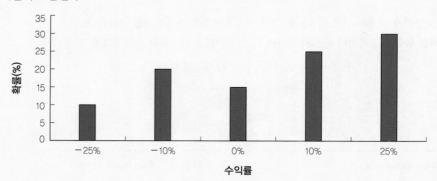

2. 다음의 표는 스타트업 주식회사의 1년 수익률 분포를 보여주고 있다. 다음을 계산하라.

    a. 기대 수익률

    b. 수익률의 표준편차

확률	40%	20%	20%	10%	10%
수익률	−100%	−75%	−50%	−25%	1000%

3. 1, 2번 문제의 두 주식의 차이는 무엇인가? 어떤 주식 하나를 보유할 때 당신이 직면하는 상충관계는 무엇인가?

주식과 채권의 역사적 수익률

4. 어떤 주식을 1년 전에 주당 $50에 매입하여 오늘 주당 $55에 매도하였다. 오늘 주당 $1의 배당을 받았다.

    a. 당신의 실현 수익률은 얼마인가?

    b. 배당 수익률과 자본이익은 각각 얼마인가?

5. 4번 문제에서 주가가 $5 하락하여 $45가 되었다.

    a. 당신의 자본이익은 달라지는가? 이유를 설명하라.

    b. 당신의 배당 수익률은 달라지는가? 이유를 설명하라.

6. 다음 표의 자료를 이용하여, 배당은 즉시 당해 주식에 재투자된다고 가정할 때, 2008년 1월 2일에서 2009년 1월 2일까지, 2011년 1월 3일에서 2012년 1월 3일까지, 보잉(BA) 주식의 투자 수익률을 계산하라.

보잉의 주식 및 배당의 과거 자료					
날짜	가격	배당	날짜	가격	배당
1/2/2008	86.62		1/3/2011	66.40	
2/6/2008	79.91	0.40	2/9/2011	72.63	0.42
5/7/2008	84.55	0.40	5/11/2011	79.08	0.42
8/6/2008	65.40	0.40	8/10/2011	57.41	0.42
11/5/2008	49.55	0.40	11/8/2011	66.65	0.42
1/2/2009	45.25		1/3/2012	74.22	

7. 어떤 주식의 지난 4년간 수익률이 다음과 같다.

연도	1	2	3	4
수익률	−4%	+28%	+12%	+4%

a. 연평균 수익률은 얼마인가?

b. 주식 수익률의 분산은 얼마인가?

c. 주식 수익률의 표준편차는 얼마인가?

*8. 과거의 수익률과 미래의 수익률이 서로 독립적이고 동일한 분포로부터 추출된다고 가정하자.

a. 표 10.3과 10.4에 포함된 서로 다른 투자들에 대한 기대 수익률의 신뢰구간을 계산하라.

b. 표 10.3과 10.4의 값들이 진정한 기대 수익률과 변동성(오차를 가지고 추정됨)이고, 수익률이 정규분 포를 따른다고 가정하자. 각 투자에 대해서 투자자가 내년에 5% 이상의 손실을 볼 확률을 계산하라. (힌트 : 기댓값과 변동성이 주어진 정규분포 확률변수가 어떤 값보다 작은 값을 가지게 될 확률을 엑셀 의 정규분포 표에서 계산하라.)

c. (b)에서 계산된 확률들이 의미가 있나? 그렇다면 설명해보라. 그렇지 않다면 그 이유를 서술하라.

9. 표 10.2의 자료를 이용한다.

a. 2001~2014년 기간 마이크로소프트 주식의 연평균 수익률은 얼마인가?

b. 2002~2014년 기간 마이크로소프트 주식의 연별 변동성은 얼마인가?

10. 표 10.2의 자료를 이용한다.

a. 2002~2014년 기간 S&P 500의 평균 배당 수익률은 얼마인가?

b. 배당 수익률의 변동성은 얼마인가?

c. 배당을 제외할 때(자본이익만 고려할 때), 2002~2014년 기간 S&P 500의 연평균 수익률은 얼마인가?

d. 자본이익만을 고려할 때 S&P 500 수익률의 변동성은 얼마인가?

e. 동기간 배당 수익률과 자본이익률 중 S&P 500의 평균 수익률에서 중요한 요소는 어떤 것이었나? 어떤 것이 더 중요한 변동성 요인인가?

11. 4년 동안 다음 수익률을 가지는 투자를 생각해보자.

연도	1	2	3	4
수익률	10%	20%	−5%	15%

a. 주어진 4년 동안 이 투자의 연복리 성장률은 얼마인가?

b. 주어진 4년 동안 이 투자의 연평균 수익률은 얼마인가?

c. 이 투자의 과거 성과로 더 적절한 척도는 무엇인가?

d. 투자 수익률이 독립적이고 동일한 분포를 가진다면, 내년의 기대 수익률로 더 좋은 척도는 무엇인가?

12. 온라인에서 1994년 8월부터 1998년 8월까지 포드 자동차 주식(표식 : F)의 역사적 월별 가격과 배당을 포 함하는 스프레드시트를 다운로드받아라. 동기간 실현 수익률을 월별 수익률(%)로 계산하라. (즉, 동기간 포드 자동차와 같은 누적 수익률을 내게 하는 월별 수익률은 얼마인가?)

13. 12번 문제에서 주어진 자료를 이용하여 다음을 계산하라.

a. 동기간 월평균 수익률

b. 동기간 월별 변동성

14. 13(a) 문제에서 계산된 평균 수익률과 12번 문제에서 계산된 실현 수익률의 차이를 설명하라. 두 숫자 모 두 유용한가? 그렇다면 왜 그럴까?

15. 13(a) 문제에서 계산된 월평균 수익률의 95% 신뢰구간을 계산하라.

위험과 수익률의 역사적 상쇄관계

16. 개별 주식들의 평균 수익률과 역사적 변동성의 관계가 잘 분산된 포트폴리오의 평균 수익률과 역사적 변동성의 관계와 어떻게 다른가?

17. 그림 10.1의 자료를 포함하는 스프레드시트를 온라인에서 다운로드하라.

    a. 대공황 시기인 1929년부터 1940년까지 각 자산의 평균 수익률을 계산하라.

    b. 1929년부터 1940년까지 각 자산의 분산과 표준편차를 계산하라.

    c. 대공황 시기에 어떤 자산이 가장 위험했는가? 그것이 당신의 직관과 일치하는가?

18. 17번 문제의 자료를 이용하여 1990년대에 대해서 동일한 분석을 반복하라.

    a. 어떤 자산이 가장 위험했는가?

    b. 1990년대에 자산들의 표준편차를 대공황 시기의 표준편차들과 비교하라. 두 기간의 가장 큰 차이는 무엇인가?

    c. 당신이 1990년대의 정보만을 가졌다면, 소형주 투자의 상대적 위험에 대한 결론은 무엇이었을까?

19. 지난 25년 동안이 평범한 기간이었다면 어땠을까? 그림 10.1의 자료를 포함하는 스프레드시트를 온라인에서 다운로드하라.

    a. 1926년부터 1989년까지의 산술 평균 수익률을 계산하라.

    b. S&P 500이 (a)에서의 평균 수익률로 계속 성장했다고 가정하면, 1925년 말에 투자된 $100가 2014년 말에 얼마가 되었을까?

    c. 소형주에 대해서 같은 분석을 하라.

공통 위험과 독립적 위험

20. 2개의 지역 은행을 생각해보자. 은행 A는 $1 백만짜리 대출을 100개 가지고 있는데, 오늘 상환될 예정이다. 각 대출의 부도 발생 확률은 5%이고, 그 경우에 은행은 아무것도 받지 못한다. 모든 대출의 부도 발생 가능성은 독립적이다. 은행 B는 $100 백만짜리 대출 1개를 가지고 있고, 오늘 상환될 예정이다. 이 대출이 상환되지 않을 확률도 5%이다. 각 은행이 직면한 위험 유형의 차이를 설명하라. 어떤 은행이 위험이 더 작을까? 왜 그럴까?

*21. 20번 문제에서의 자료를 이용하여 다음을 계산하라.

    a. 각 은행의 전체적인 상환 기대 금액은 얼마인가?

    b. 각 은행의 전체적인 상환 금액의 표준편차는 얼마인가?

주식 포트폴리오의 분산

22. 2개의 완전히 떨어져 있는 경제를 생각해보자. 두 경제에서 모든 주식의 기대 수익률과 변동성은 동일하다. 첫 번째 경제에서 모든 주식은 함께 움직인다. 즉, 경기가 좋을 때는 모든 주식이 함께 상승하고, 경기가 안 좋을 때는 모든 주식이 함께 하락한다. 두 번째 경제에서는 주식 수익률들이 상호 독립적이어서, 한 주식의 가격 상승이 다른 주식의 가격에 영향을 미치지 못한다. 당신이 위험 회피형이고 둘 중의 하나에 투자하여야 한다고 가정할 때, 어떤 것을 선택하겠는가? 설명하라.

23. S와 I 두 유형의 경제를 생각해보자. S 유형 기업들은 함께 움직이고, I 유형 기업들은 독립적으로 움직인다. 두 유형의 기업에 대해서 15%의 수익률을 얻을 확률이 60%, −10%의 수익률을 얻을 확률이 40%이다. (a) S 유형 기업 20개에 동일한 투자를 하는 포트폴리오의 변동성(표준편차)은 얼마인가? (b) I 유형 기업 20개에 동일한 투자를 하는 포트폴리오의 변동성(표준편차)은 얼마인가?

*24. 23번 문제의 자료를 이용하여, 두 포트폴리오의 기업 개수의 함수로 변동성을 그려보자.

25. 주식의 위험 프리미엄이 분산 가능한 위험에 의존하지 않는다는 것을 설명하라.

26. 다음 각각의 위험을 체계적 위험 또는 분산 가능한 위험 중 하나로 설명하라.

    a. 당신의 주요 생산 공장이 대폭풍으로 폐쇄될 위험

    b. 경기 침체로 당신 기업의 제품에 대한 수요가 감소할 위험

    c. 당신의 가장 훌륭한 종업원이 다른 곳으로 이직할 위험

    d. 당신의 연구개발 부서가 개발하여 생산할 것으로 생각했던 신제품이 실현되지 않을 확률

27. 무위험 이자율이 5%이고, 주식시장은 동일한 확률로 40% 또는 −20%의 수익률을 제공할 것이다. 다음의 두 투자 전략을 비교하라. (1) 1년 무위험 투자를 하고, 1년 주식시장에 투자하거나, (2) 주식시장에 2년 투자한다.

    a. 어떤 전략의 기대 수익률이 더 높을까?

    b. 어떤 전략의 수익률 표준편차가 더 높을까?

    c. 더 긴 기간 주식을 보유하는 것이 위험을 감소시키는가?

28. 1929년부터 2008년까지 S&P 500의 실현 수익률을 포함하는 스프레드시트를 온라인에서 다운로드하라. 1929년부터 20년 기간 표본을 4개 만들어라. 각 20년 동안, 처음에 $1,000를 투자할 경우 마지막에 얻게 되는 금액을 계산하라. 각 수익률을 연율화하여 나타내라. 20년 동안 주식을 보유하여 위험이 제거된다면 당신은 무엇을 기대해야 하는가? 장기간 분산에 대해 어떤 결론을 얻을 수 있나?

체계적 위험의 측정

29. 효율적 포트폴리오란 무엇인가?

30. 주식의 베타가 측정하는 것은 무엇인가?

31. 뉴스에서 주식시장이 10% 상승할 것이라고 한다. 표 10.6의 자료에 근거하여 당신이 기대하는 다음 각 주식들의 상승 또는 하락 수익률은 얼마인가? (1) 스타벅스, (2) 티파니, (3) 허쉬, (4) 맥도날드

32. 표 10.6의 자료를 이용하여 시장의 심각한 하락기에 가장 많은 손실이 예상되는 투자는? (1) 허쉬에 $2,000 투자, (2) 메이시 백화점에 $1,500 투자, (3) 캐터필라에 $1,000 투자

33. 시장 포트폴리오가 30% 상승하거나 10% 하락할 확률이 동일하다고 가정하자.

    a. 평균적으로 시장 상승기에 43% 상승하고, 시장 하락기에 17% 하락하는 기업의 베타를 계산하라.

    b. 평균적으로 시장 하락기에 18% 상승하고, 시장 상승기에 22% 하락하는 기업의 베타를 계산하라.

    c. 시장과 관계없이 4% 상승이 기대되는 기업의 베타를 계산하라.

베타와 자본비용

34. 무위험 이자율이 4%라고 하자.

    a. i. 33(a) 문제의 주식에 대해서 계산했던 베타를 이용하여 기대 수익률을 추정하라.

       ii. 이 주식의 실제 기대 수익률과 비교하라.

    b. i. 33(b) 문제의 주식에 대해서 계산했던 베타를 이용하여 기대 수익률을 계산하라.

       ii. 이 주식의 실제 기대 수익률과 비교하라.

35. 시장의 위험 프리미엄이 5%이고, 무위험 이자율이 4%이다. 표 10.6의 자료를 이용하여 다음 투자들의 기대 수익률을 계산하라.

    a. 스타벅스의 주식

    b. 허쉬의 주식

    c. 오토데스크의 주식

36. 35번 문제의 결과에서 모든 투자자가 허쉬 주식보다 오토데스크의 주식을 보유하지 않는 이유는 무엇인가?

37. 시장의 위험 프리미엄이 6.5%이고, 무위험 이자율이 5%이다. 베타가 1.2인 프로젝트에 투자하는 경우의 자본비용은 얼마인가?

38. 다음 각각이 효율적 자본시장과 CAPM 또는 2개 모두와 정합성이 없는 것인지를 서술하라.

    a. 분산 가능한 증권이 무위험 이자율을 초과하는 기대 수익률을 가진다.

    b. 베타가 1인 증권이 시장이 9%의 수익률을 가진 작년에 15%의 수익률을 가졌다.

    c. 베타가 1.5인 소형주들이 베타가 1.5인 대형주들보다 더 높은 수익률을 가지는 경향이 있다.

데이터 사례

2015년 4월 30일 오늘, 당신은 재무설계회사에서 새로운 일을 시작하였다. 당신의 모든 자격증 시험 공부에 추가적으로, 고객의 주식 포트폴리오 검토를 위해 포트폴리오에 속하는 12개 주식의 위험과 수익률 분석을 요구받았다. 불행하게도 당신이 근무하는 작은 회사는 간단한 키 조작에 의해 모든 정보를 제공하는 값비싼 데이터베이스를 제공할 수 없다. 이를 해결하기 위해서 당신을 고용한 것이다. 지난 5년간 12개 주식에 대해 월평균 수익률과 표준편차를 추정해야 한다. 다음 장에서 동일한 주식들에 대해 더 포괄적인 분석을 요구 받을 것이다.

다음의 주식들(괄호 안은 각 주식의 표식)이 있다.

Archer Daniels Midland (ADM)	Hershey (HSY)
Boeing (BA)	International Business Machines Corporation (IBM)
Caterpillar (CAT)	JPMorgan Chase & Co. (JPM)
Deere & Co. (DE)	Microsoft (MSFT)
General Mills, Inc. (GIS)	Procter and Gamble (PG)
eBay (EBAY)	Walmart (WMT)

1. Yahoo! Finance(finance.yahoo.com)에서 각 주식의 가격 정보를 다음과 같이 얻자.

    a. 주식의 표식을 입력하라. 그 주식에 대한 페이지에서 왼쪽의 "Historical Prices"(과거 주가)를 클릭하라.

    b. 5년의 기간을 위하여, "start date"에 April 30, 2010, "end date"에 April 30, 2015를 입력하라. 날짜 다음에 "monthly"(월별) 클릭을 잊지 마라. 야후는 각 월의 마지막 날의 종가들을 보여줄 것이다.

    c. "Get Prices"를 누르고, 첫 페이지의 바닥으로 스크롤해서 "Download to Spreadsheet"를 클릭하라. 파일의 열기 또는 저장을 요구 받으면, 열기를 클릭하라.

    d. 전체 스프레드시트를 복사하여, 엑셀을 열고, 웹 데이터를 스프레드시트에 붙여 넣어라. 날짜와 조정된 종가(첫째 및 마지막 열)를 제외하고 나머지 열들은 모두 삭제한다.

    e. 엑셀 파일의 열기 상태를 유지하고 Yahoo! Finance의 웹페이지로 돌아가서 되돌리기 단추를 누른다. 파일의 열기 또는 저장을 요구 받으면, 아니요를 클릭하라.

    f. 가격 페이지로 돌아가서 다음 주식의 표식을 입력하여 다시 "Get Prices"를 누른다. 날짜와 빈도를 바꾸지 말고, 다운로드 받을 모든 주식에 대해 동일한 날짜인가를 확인하라. 다시 "Download to Spreadsheet"을 클릭하고 파일 열기를 하라. 마지막 열인 "Adj.Close"를 복사하여 엑셀 파일에 붙여 넣고 "Adj. Close"를 주식 표식으로 변경하라. 처음과 마지막 가격들이 첫 주식과 같은 행에 있는가를 확인하라.

    g. 나머지 10개 주식에 대해서도 같은 작업을 하여, 다른 주식의 오른쪽 옆에 종가들을 붙여넣되, 올바른 가격들이 같은 행의 올바른 날짜에 기입되었는가를 확인한다.

2. 이 가격들의 월별 수익률을 월별 가격의 퍼센트 변화로 계산하라. (힌트 : 엑셀 파일에 별개의 스프레드시트로 만들어라.) 각 월의 수익률을 계산하기 위해서 시작과 마지막 가격이 필요하기 때문에 첫 월에 대해서는 수익률을 계산할 수 없다.

3. 각 주식의 월별 수익률로 월평균 수익률과 표준편차를 계산하라.[16] 손쉬운 해석을 위하여 월별 통계를 연별 통계로 변환할 필요가 있다. (월평균 수익률에 12를 곱하고, 월별 표준편차에 $\sqrt{12}$를 곱하면 된다.

4. 당신의 엑셀 워크시트에 각 월의 주식 평균 수익률을 새로운 열로 더하라. 이것이 12개 주식으로 구성된 동일가중 포트폴리오의 월별 수익률이다. 동일가중 포트폴리오 월별 수익률의 평균과 표준편차를 계산하라. 동일가중 포트폴리오의 평균 수익률이 모든 개별 주식의 평균 수익률과 같다는 것을 확인하라. 해석을 위해 3번째 단계처럼 월별 통계를 연별통계로 변환하라.

5. 연별 통계를 이용하여 가로축에 표준편차를 세로축에 평균 수익률을 표시하여 엑셀 그래프를 만들어라.

　　a. 개별 주식 각각과 동일가중 포트폴리오를 위해 3번과 4번 문항에서 만든 통계 스프레드시트에 3개의 열을 만들어라. 첫 번째 열은 표식을, 두 번째 열은 연평균 표준편차, 세 번째 열은 연평균 수익률을 가질 것이다.

　　b. 마지막 두 열(표준편차와 평균)의 자료에 그림자 표시를 하여, 삽입 > 차트 > XY 분산형 플롯을 선택하라. 플롯을 마치기 위하여 차트 마법사를 완성하라.

6. 동일가중 포트폴리오의 변동성에 비해 개별 주식들의 변동성 평균에 대해 무엇을 알 수 있나?

주석 : 이 사례 분석에 대한 갱신은 www.berkdemarzo.com에서 찾을 수 있다.

---

16 식 (10.4)에서 주가와 배당 자료를 이용한 수익률 계산법을 소개하였다. Yahoo! Finance의 "adusted close"는 이미 배당과 주식 분할에 대해서 조정된 것이어서 월별 조정된 가격의 퍼센트 변화율로 수익률을 계산할 수 있다.

최적 포트폴리오 선택과 CAPM

이 장에서는 제10장에서 소개하였던 개념에 의해 투자자가 어떻게 효율적 포트폴리오를 선택할 수 있는지를 설명하고자 한다. 특히 평균-분산 포트폴리오 최적화의 통계적 기법을 개발하여, 감수하고자 하는 변동성 수준에서 가능한 가장 높은 수익률을 원하는 투자자를 위해 최적 포트폴리오를 찾는 방법을 보여줄 것이다. 실무적으로 훌륭한 이 기법들은 전문적 투자자, 머니 매니저, 금융기관들에 의해서 일상적으로 사용되고 있다. 그러고 나서 위험과 수익 관계의 가장 중요한 모형인 CAPM의 가정을 소개하고자 한다. 이 가정들하에서 효율적 포트폴리오는 모든 주식과 증권으로 구성된 시장 포트폴리오이다. 결과적으로 어떤 증권의 기대 수익률은 시장 포트폴리오와의 베타에 의해 결정된다.

제10장에서 우리는 어떤 주식의 기대 수익률과 변동성을 어떻게 계산하는지를 설명하였다. 효율적 포트폴리오를 찾기 위하여, 주식 포트폴리오에 대해 동일한 작업을 어떻게 하는가를 이해하여야 한다. 이 장을 포트폴리오의 기대 수익률과 변동성 계산 방법의 소개로 시작하고자 한다. 이런 통계적 기법을 가지고 개별 주식들을 이용하여 효율적 포트폴리오를 어떻게 구성하는지를 설명하고, 투자의 기대 수익률과 자본비용을 위해서 모든 투자자가 동일하게 행동할 경우의 시사점을 생각해볼 것이다.

이런 개념들을 탐구하여 주식시장 투자자의 관점을 가지게 된다. 그러나 이런 개념들은 기업의 재무관리자에게도 중요하다. 결국 재무관리자도 주주들을 대표하여 자금을 투자하는 투자자이다. 기업이 새로운 투자를 할 때 재무관리자는 당해 투자의 NPV가 양(+)임을 확신해야 한다. 그러기 위해서는 투자 기회의 자본비용을 알아야 하는데, 다음 장에서 알 수 있듯이, CAPM은 자본비용을 계산하기 위해 대부분의 주요 기업들이 사용하는 중요한 방법이다.

기호

R_i 증권(또는 투자) i의 수익률

x_i 증권 i에 투자된 비중

$E[R_i]$ 증권 i의 기대 수익률

r_f 무위험 이자율

$\overline{R_i}$ 증권(또는 투자)의 평균 수익률

$Corr(R_i, R_j)$ i와 j의 수익률 간 상관계수

$Cov(R_i, R_j)$ i와 j의 수익률 간 공분산

$SD(R)$ 수익률 R의 표준편차(변동성)

$Var(R)$ 수익률 R의 분산

n n 포트폴리오 증권의 수

R_{xP} 포트폴리오 P에 x, 무위험 증권에 $(1-x)$ 투자된 포트폴리오의 수익률

β_i^P 포트폴리오 P의 움직임에 대한 투자 i의 베타 또는 민감도

β_i 시장 포트폴리오에 관계된 증권 i의 베타

r_i 증권 i의 요구 수익률 또는 자본비용

11.1 포트폴리오의 기대 수익률

최적 포트폴리오를 찾기 위해서는 포트폴리오를 정의하고 수익률을 분석하는 방법이 필요하다. 포트폴리오는 당해 포트폴리오의 개별 투자의 가치가 포트폴리오의 전체 가치에서 차지하는 **포트폴리오 비중** (portfolio weights)에 의해 정의될 수 있다.

$$x_i = \frac{\text{투자 } i\text{의 가치}}{\text{포트폴리오의 전체 가치}} \tag{11.1}$$

이 포트폴리오 비중은 모두 더하면 1이 되기 때문에(즉, $\sum_i x_i = 1$), 이는 우리가 전체 투자금액을 서로 다른 투자들에 어떻게 나누었는가를 보여준다

예를 들어 주당 $30인 돌비 연구소 주식 200주와, 주당 $40인 코카콜라 주식 100주로 구성된 포트폴리오를 생각해보자. 이 포트폴리오의 총가치는 $200 \times \$30 + 100 \times \$40 = \$10,000$이고, 각각의 포트폴리오 비중은 다음과 같다.

$$x_D = \frac{200 \times \$30}{\$10,000} = 60\%, \qquad x_C = \frac{100 \times \$40}{\$10,000} = 40\%$$

포트폴리오 비중이 주어지면 포트폴리오의 수익률을 계산할 수 있다. 포트폴리오의 n개 투자 비중이 x_1, $x_2, \cdots, x_n$이고, 각각의 수익률이 $R_1, R_2, \cdots, R_n$이라고 하자. 이때 포트폴리오의 수익률 R_p는 투자 비중을 가중치로 하는 투자 수익률들의 가중평균이다.

$$R_P = x_1 R_1 + x_2 R_2 + \cdots + x_n R_n = \sum_i x_i R_i \tag{11.2}$$

개별 주식의 수익률과 포트폴리오 비중을 알면 포트폴리오 수익률의 계산은 아주 간단하다.

예제 11.1   **포트폴리오 수익률의 계산**

문제
주당 $30의 돌비 연구소 200주와, 주당 $40의 코카콜라 100주를 매입하였다. 돌비는 $36로 상승하였고, 코카콜라는 $38로 하락하였다면, 포트폴리오의 새로운 가치와 수익률은 얼마인가? 식 (11.2)가 성립함을 보여라. 가격 변화 이후에 새로운 포트폴리오 비중은 어떻게 되는가?

풀이
포트폴리오의 새로운 가치는 $200 \times \$36 + 100 \times \$38 = \$11,000$가 되어, $10,000의 투자에 대해 $1,000의 자본이익 또는 10%의 수익이 발생하였다. 돌비의 수익률은 $36/30 - 1 = 20\%$이고, 코카콜라의 수익률은 $38/40 - 1 = -5\%$이다. 돌비 60%, 코카콜라 40%의 최초 비중으로 식 (11.2)로부터 포트폴리오의 수익률을 다음과 같이 계산할 수 있다.

$$R_P = x_D R_D + x_C R_C = 0.6 \times (20\%) + 0.4 \times (-5\%) = 10\%$$

가격 변화 이후에 새로운 포트폴리오의 비중은 다음과 같다.

$$x_D = \frac{200 \times \$36}{\$11,000} = 65.45\%, \qquad x_C = \frac{100 \times \$38}{\$11,000} = 34.55\%$$

아무런 거래가 없더라도 포트폴리오 수익률을 초과하는 수익률을 가진 주식들의 비중은 상승한다.

식 (11.2)로부터 포트폴리오의 기대 수익률을 계산할 수 있다. 합계의 기댓값은 기댓값의 합계와 같고, 곱셈값의 기댓값은 기댓값의 곱셈값과 같으므로, 다음과 같이 포트폴리오의 기대 수익률을 계산할 수 있다.

$$E[R_P] = E\left[\sum_i x_i R_i\right] = \sum_i E[x_i R_i] = \sum_i x_i E[R_i] \tag{11.3}$$

즉, 포트폴리오의 기대 수익률은 각 종목의 기대 수익률을 비중에 의해 가중평균한 값이다.

포트폴리오의 기대 수익률　　　　　　　　　　　　　　　　　　**예제 11.2**

문제

포드 주식에 $10,000를, 타이코 인터내셔널 주식에 $30,000를 투자하였다. 포드에서는 10%, 타이코에서는 16%의 수익률을 기대한다. 포트폴리오의 기대 수익률은 얼마인가?

풀이

총 $40,000를 투자하였으므로 포드의 비중은 10,000/40,000 = 0.25, 타이코의 비중은 30,000/40,000 = 0.75 이다. 따라서 포트폴리오의 기대 수익률은 다음과 같다.

$$E[R_P] = x_F E[R_F] + x_T E[R_T] = 0.25 \times 10\% + 0.75 \times 16\% = 14.5\%$$

개념 확인

1. 포트폴리오 비중이란 무엇인가?
2. 포트폴리오의 수익률을 어떻게 계산하는가?

11.2　두 주식으로 구성된 포트폴리오의 변동성

제10장에서 설명하였듯이, 포트폴리오에 많은 주식들을 포함하면 분산을 통해 제거될 수 있는 위험이 있다. 분산 이후에도 남아 있는 위험의 양은 주식들이 공통 위험에 의존하는 정도에 따라 달라진다. 이 절에서는 주식들이 공통적으로 가지고 있는 위험을 계량화하여 포트폴리오의 분산을 계산할 수 있는 통계적 기법을 설명하려고 한다.

위험의 결합

주식들이 포트폴리오로 결합되어 있을 때, 위험이 어떻게 변하는가를 간단한 예를 통해서 알아보자. 표 11.1은 가상의 세 주식에 대해 연별 수익률, 평균 수익률 및 변동성을 보여주고 있다. 세 주식은 평균 수익률과 변동성은 같지만 수익률의 행태는 다르다. 항공사 주식이 오를 때 정유 주식은 성과가 저조하고 (2010~2011), 항공사 주식의 성과가 저조할 때 정유 주식의 성과는 좋았다(2013~2014).

　표 11.1은 2개 주식 포트폴리오의 연별 수익률 모습도 보여주고 있다. 첫 번째 포트폴리오는 2개 항공사인 노스 항공과 웨스트 항공의 주식에 동일한 금액을 투자한 것이고, 두 번째 포트폴리오는 웨스트 항공과 텍스 정유에 동일한 금액을 투자한 것이다. 마지막 두 줄은 각 주식과 포트폴리오의 평균 수익률과 변동성을 나타내고 있다. 식 (11.3)에서 의미하는 바와 같이 두 포트폴리오의 평균 수익률 10%는 각 주식

| 표 11.1 | 3개의 개별 주식과 2개 주식으로 구성된 포트폴리오의 수익률 | | | | |

| 연도 | 주식 수익률 | | | 포트폴리오 수익률 | |
	노스 항공	웨스트 항공	텍스 정유	$1/2R_N + 1/2R_W$	$1/2R_W + 1/2R_T$
2010	21%	9%	-2%	15.0%	3.5%
2011	30%	21%	-5%	25.5%	8.0%
2012	7%	7%	9%	7.0%	8.0%
2013	-5%	-2%	21%	-3.5%	9.5%
2014	-2%	-5%	30%	-3.5%	12.5%
2015	9%	30%	7%	19.5%	18.5%
평균 수익률	10.0%	10.0%	10.0%	10.0%	10.0%
변동성	13.4%	13.4%	13.4%	12.1%	5.1%

의 평균 수익률과 같다. 그러나 표준편차로 측정된 변동성은 12.1%와 5.1%로 서로 다를 뿐만 아니라 개별 주식과도 매우 다르다.

이 예제는 지난 장에서 공부했던 중요한 사실들을 보여주고 있다. 먼저 주식들을 포트폴리오로 결합하면, 분산을 통해서 위험을 줄일 수 있다는 것이다. 주식 수익률들이 동일하게 움직이지 않기 때문에 어떤 위험은 포트폴리오에서 평준화되어 없어지게 된다. 결과적으로 두 포트폴리오는 개별 주식들보다 낮은 위험을 가지게 된다. 두 번째는 포트폴리오에 의해 제거되는 위험의 양은 주식들이 공통적으로 직면하게 되는 위험의 정도에 따라 달라진다는 것이다. 2개의 항공사 주식이 동시에 성과가 좋거나 또는 나쁘다면, 항공사 주식 포트폴리오의 변동성은 개별 주식의 변동성보다 그렇게 호전되지는 않을 것이다. 한편 항공사와 정유 주식들은 함께 움직이지 않는다. 결과적으로 추가적인 위험들은 서로 상쇄되어 포트폴리오의 위험은 감소하게 된다. 분산의 혜택은 평균 수익률의 감소 없이 얻어지기 때문에 아무런 비용이 없는 것이다.

공분산과 상관계수의 계산

포트폴리오의 위험을 알기 위해서는 구성 주식의 위험과 수익률보다 더 많은 것을 알 필요가 있다. 주식들이 갖는 공통 위험과 수익률이 함께 움직이는 정도를 알아야 한다. 이 절에서는 공분산과 상관계수라는 통계적 척도를 가지고 주식 수익률들의 공통적 움직임을 측정한다.

공분산   공분산(covariance)은 두 주식 수익률의 평균 편차를 곱한 값의 기댓값으로 다음과 같다.

수익률 R_i와 R_j의 공분산

$$Cov(R_i, R_j) = E[(R_i - E[R_i])(R_j - E[R_j])] \tag{11.4}$$

과거 자료로부터 공분산을 계산할 때는 다음의 공식을 사용한다.[1]

과거 자료로부터의 공분산 추정치

$$Cov(R_i, R_j) = \frac{1}{T-1} \sum_t (R_{i,t} - \overline{R}_i)(R_{j,t} - \overline{R}_j) \tag{11.5}$$

---

1   과거 변동성을 위한 식 (10.7)과 같이 T가 아닌 $T-1$을 사용한다. 그 이유는 평균 수익률이라는 하나의 정보를 알고 있기 때문에 T개의 정보에서 1개를 차감하기 때문이다.

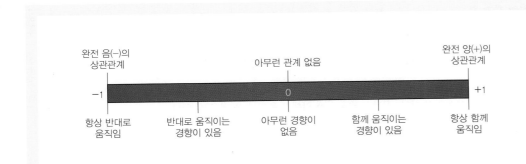

직관적으로 두 주식이 함께 움직인다면 그들의 수익률은 동시에 평균 이상이나 이하가 될 것이기 때문에 공분산은 양(+)의 값이 될 것이다. 두 주식이 반대 방향으로 움직인다면, 한 주식이 평균 이상이면 다른 주식은 평균 이하가 될 것이기 때문에 공분산은 음(−)의 값이 될 것이다.

상관계수　공분산의 방향은 해석하기 쉽지만 크기는 그렇지 않다. 주식들의 변동성이 크다면 공분산도 커질 것이고, 두 주식이 더 가깝게 움직여도 공분산은 커질 것이다. 각 주식의 변동성을 통제하면서 주식 수익률 상호관계의 크기를 계량화하기 위해서 **상관계수**(correlation)를 계산할 수 있다. 상관계수는 다음과 같이 공분산을 각 표준편차로 나누어서 계산한다.

$$Corr(R_i, R_j) = \frac{Cov(R_i, R_j)}{SD(R_i)\, SD(R_j)} \tag{11.6}$$

두 주식의 상관계수는 공분산과 같은 부호이기에 비슷한 해석이 가능하다. 식 (11.6)에서 각 주식의 변동성으로 나누는 것 때문에 상관계수는 항상 −1과 +1 사이에 존재하는데, 이를 이용하여 두 주식 관계의 수준을 측정할 수 있다. 그림 11.1이 보여주듯이 상관계수는 수익률들이 공통 위험을 공유하고 함께 움직이는 경향의 정도를 말해주는 척도이다. 상관계수가 +1에 가까울수록 공통 위험의 결과로 수익률들이 함께 움직인다는 것이다. 상관계수(또는 공분산)가 0이라는 것은 수익률 간에 아무런 관계가 존재하지 않아서(uncorrelated), 함께 움직이지도 반대로 움직이지도 않는다는 것이다. 독립적인 위험들은 아무런 관계를 가지지 않는다. 마지막으로 상관계수가 −1에 가깝다는 것은 수익률들이 반대 방향으로 움직인다는 것이다.

일상적인 실수　**엑셀로 분산, 공분산, 상관계수 계산하기**

컴퓨터 스프레드시트 프로그램인 엑셀은 표준편차, 분산, 공분산, 상관계수를 일관성 있게 계산해주지 않는다. 엑셀 함수인 STDEV와 VAR은 과거 자료로부터 표준편차와 분산을 추정하기 위해서 식 (10.7)을 올바르게 이용한다. 그러나 엑셀 함수인 COVAR은 식 (11.5)를 이용하지 않는다. 엑셀은 $T-1$이 아닌 T로 나눈다. 따라서 COVAR을 이용하여 과거 자료의 표본으로부터 공분산을 추정하기 위해서는 자료의 개수를 곱하고 (자료의 개수 − 1)로 나누어 [즉, COVAR*$T/(T-1)$] 수정해야 한다. 대안적인 방법으로 CORREL 함수에 의해 상관계수를 계산하고 여기에 2개의 표준편차를 곱하여 공분산을 추정할 수도 있다. 엑셀 2010에서는 새로운 함수인 COVARIANCE.S를 도입하여 표준편차 및 분산과 일관성이 있는 공분산을 계산해주고 있다.

예제 11.3 주식의 자기 자신과의 공분산과 상관계수

문제

주식의 자기 자신과의 공분산과 상관계수는 무엇인가?

풀이

R_s가 주식의 수익률이라고 하자. 공분산의 정의에 의해 다음의 식을 얻을 수 있다.

$$Cov(R_s, R_s) = E[(R_s - E[R_s])(R_s - E[R_s])] = E[(R_s - E[R_s])^2]$$
$$= Var(R_s)$$

마지막 등식은 분산의 정의와 같다. 즉, 주식의 자기 자신과의 공분산은 분산이 된다.

$$Corr(R_s, R_s) = \frac{Cov(R_s, R_s)}{SD(R_s)\,SD(R_s)} = \frac{Var(R_s)}{SD(R_s)^2} = 1$$

분산은 표준편차의 제곱이므로 마지막 등식이 유도된다. 즉, 주식의 수익률은 자기 자신과 완전한 양(+)의 상관관계를 가지며, 이는 정확히 함께 움직인다는 의미다.

예제 11.4 공분산과 상관계수의 계산

문제

표 11.1의 자료를 이용하여 노스 항공과 웨스트 항공의 공분산과 상관계수를 계산하라. 웨스트 항공과 텍스 정유의 공분산과 상관계수도 계산하라.

풀이

표 11.1의 수익률들에 의해 각 수익률에서 평균 수익률인 10%를 차감하여 주식 쌍에 대해 평균편차를 곱한 값을 얻는다. 이들을 합산하여 $(T-1=5)$로 나누어 표 11.2와 같이 공분산을 계산한다.

표에서 노스 항공과 웨스트 항공은 양(+)의 공분산을 가지는데, 이는 양 주식이 함께 움직이는 경향이 있음을 의미한다. 웨스트 항공과 텍스 정유는 음(−)의 공분산을 가져서 반대로 움직이는 경향이 있음을 알 수 있다. 이러한 움직임의 정도를 공분산을 각 주식의 표준편차(13.4%)로 나누어 얻어진 상관계수에 의해 평가할 수 있다. 노스 항공과 웨스트 항공의 상관계수는 62.4%이고, 웨스트 항공과 텍스 정유의 상관계수는 −71.3%이다.

언제 주식 수익률들이 다른 주식들과 높은 상관관계를 가질까? 만약 주식들이 경제적 사건들에 의해 비슷하게 영향을 받는다면, 주식 수익률들은 함께 움직일 것이다. 따라서 같은 산업에 속하는 주식은 다른 산업에 속한 주식보다 더 높은 상관관계를 가질 것이다. 이런 경향을 표 11.3에 제시된 각 주식의 변동성과 상관계수에 의해 알 수 있다. 예를 들어 마이크로소프트와 HP를 생각해보자. 이 두 기술 주식들의 수익률은 다른 비기술 주식들에 비해 39%의 높은 상관계수를 가진다. 비슷한 현상이 항공 주식과 음식 가공업 주식에서 나타난다. 각각의 산업 내에서는 다른 주식과 높은 상관관계를 보이지만 다른 산업의 주식과는 상관관계가 그렇게 높지 않다. 제너럴 밀스와 켈로그는 다른 산업들의 주식과 상관관계가 크지 않다. 켈로그와 마이크로소프트는 겨우 5%의 상관계수를 가져서, 두 주식은 거의 관계가 없는 위험에 노출되어 있다고 할 수 있다. 그러나 모든 상관계수가 양(+)의 값이라는 것은 일반적으로 주식들이 함께 움직이는 경향이 있음을 의미한다.

| 표 11.2 | 주식 쌍의 공분산과 상관계수의 계산 |

연도	평균편차			노스 항공과 웨스트 항공	웨스트 항공과 텍스 정유
	$(R_N - \bar{R}_N)$	$(R_W - \bar{R}_W)$	$(R_T - \bar{R}_T)$	$(R_N - \bar{R}_N)(R_W - \bar{R}_W)$	$(R_W - \bar{R}_W)(R_T - \bar{R}_T)$
2010	11%	−1%	−12%	−0.0011	0.0012
2011	20%	11%	−15%	0.0220	−0.0165
2012	−3%	−3%	−1%	0.0009	0.0003
2013	−15%	−12%	11%	0.0180	−0.0132
2014	−12%	−15%	20%	0.0180	−0.0300
2015	−1%	20%	−3%	−0.0020	−0.0060

$$\text{Sum} = \sum_t (R_{i,t} - \bar{R}_i)(R_{j,t} - \bar{R}_j) = \quad 0.0558 \qquad -0.0642$$

공분산
$$Cov(R_i, R_j) = \frac{1}{T-1}\text{Sum} = \quad 0.0112 \qquad -0.0128$$

상관계수
$$Corr(R_i, R_j) = \frac{Cov(R_i, R_j)}{SD(R_i)SD(R_j)} = \quad 0.624 \qquad -0.713$$

| 표 11.3 | 선택된 주식들의 연별 변동성과 상관계수(1996~2014년의 월별 수익률 이용) |

	마이크로소프트	HP	알래스카 항공	사우스웨스트 항공	포드 자동차	켈로그	제너럴 밀스
변동성(표준편차)	33%	37%	37%	31%	50%	20%	17%
상관계수							
마이크로소프트	1.00	0.39	0.21	0.24	0.27	0.05	0.08
HP	0.39	1.00	0.28	0.35	0.27	0.11	0.06
알래스카 항공	0.21	0.28	1.00	0.39	0.15	0.15	0.20
사우스웨스트 항공	0.24	0.35	0.39	1.00	0.30	0.15	0.22
포드 자동차	0.27	0.27	0.15	0.30	1.00	0.18	0.06
켈로그	0.05	0.11	0.15	0.15	0.18	1.00	0.54
제너럴 밀스	0.08	0.06	0.20	0.22	0.06	0.54	1.00

| 상관계수로부터 공분산 계산하기 | 예제 11.5 |

문제

표 11.3의 자료를 이용하여 마이크로소프트와 HP의 공분산을 계산하라.

풀이

공분산을 계산하기 위해서 식 (11.6)을 다음과 같이 다시 쓸 수 있다.

$$Cov(R_M, R_{HP}) = Corr(R_M, R_{HP})SD(R_M)SD(R_{HP})$$
$$= (0.39)(0.33)(0.37) = 0.0476$$

포트폴리오의 분산과 표준편차 계산하기

이제 포트폴리오의 분산 계산 방법을 살펴보자. 두 주식으로 구성된 포트폴리오($R_P = x_1 R_1 + x_2 R_2$)의 분산을 계산하는 방법은 다음과 같다.

$$
\begin{aligned}
Var(R_P) &= Cov(R_P, R_P) \\
&= Cov(x_1 R_1 + x_2 R_2, x_1 R_1 + x_2 R_2) \\
&= x_1 x_1 Cov(R_1, R_1) + x_1 x_2 Cov(R_1, R_2) + x_2 x_1 Cov(R_2, R_1) + x_2 x_2 Cov(R_2, R_2)
\end{aligned}
\tag{11.7}
$$

식 (11.7)의 마지막 줄에서 공분산의 통계적 성질을 사용하였다.[2] 또한 $Cov(R_i, R_i) = Var(R_i)$라는 성질도 사용하여 이 절의 핵심 결과를 유도할 수 있다.

두 주식으로 구성된 포트폴리오의 분산

$$
Var(R_P) = x_1^2 Var(R_1) + x_2^2 Var(R_2) + 2 x_1 x_2 Cov(R_1, R_2)
\tag{11.8}
$$

항상 변동성은 분산의 제곱근이다. 즉, $SD(R_P) = \sqrt{Var(R_P)}$.

표 11.1의 항공 및 정유 주식들에 이 공식을 적용해보자. 포트폴리오가 웨스트 항공과 텍스 정유로 구성된 포트폴리오라고 하자. 각 주식의 분산은 변동성의 제곱이므로 $0.134^2 = 0.018$이다. 예제 11.3에서 두 주식의 공분산은 -0.0128이다. 따라서 각 주식에 50%씩 투자된 포트폴리오의 분산은 다음과 같다.

$$
\begin{aligned}
Var\left(\tfrac{1}{2} R_W + \tfrac{1}{2} R_T\right) &= x_W^2 Var(R_W) + x_T^2 Var(R_T) + 2 x_W x_T Cov(R_W, R_T) \\
&= \left(\tfrac{1}{2}\right)^2 (0.018) + \left(\tfrac{1}{2}\right)^2 (0.018) + 2\left(\tfrac{1}{2}\right)\left(\tfrac{1}{2}\right)(-0.0128) \\
&= 0.0026
\end{aligned}
$$

포트폴리오의 변동성은 $\sqrt{0.0026} = 5.1\%$이고, 이는 표 11.1의 계산과 동일하다. 노스 항공과 웨스트 항공으로 구성된 포트폴리오의 경우에도 공분산이 0.0112로 높은 것을 제외하고는 동일한 값이어서 변동성은 12.1%가 되었다.

식 (11.8)은 포트폴리오의 분산이 각 주식의 분산과 그들 간의 공분산에 달려 있음을 보여주고 있다. 예제 11.5에서와 같이 상관계수로부터 공분산을 계산하여 식 (11.8)을 다시 쓸 수 있다.

$$
Var(R_P) = x_1^2 SD(R_1)^2 + x_2^2 SD(R_2)^2 + 2 x_1 x_2 Corr(R_1, R_2) SD(R_1) SD(R_2)
\tag{11.9}
$$

식 (11.8)과 (11.9)는 모든 주식에 양(+)의 투자 비중이 주어진 경우, 주식들이 함께 움직이고 공분산 또는 상관계수가 클수록 포트폴리오의 변동성은 커진다는 것을 보여주고 있다. 주식들의 상관계수가 +1로 완전 상관관계에 있으면 포트폴리오의 분산은 가장 커질 것이다.

예제 11.6   두 주식으로 구성된 포트폴리오의 변동성 계산하기

문제

표 11.3의 자료를 이용하여 마이크로소프트와 HP 주식에 동일 금액이 투자된 포트폴리오의 변동성을 계산하라. 마이크로소프트와 알래스카 항공에 동일 금액이 투자된 포트폴리오의 변동성도 계산하라.

---

2 $Cov(A + B, C) = Cov(A, C) + Cov(B, C)$, $Cov(mA, B) = m\, Cov(A, B)$.

풀이

식 (11.9)에 의해 마이크로소프트와 HP 주식에 50%씩 투자된 포트폴리오의 분산은 다음과 같이 계산된다.

$$Var(R_P) = x_M^2 SD(R_M)^2 + x_{HP}^2 SD(R_{HP})^2 + 2x_M x_{HP} Corr(R_M, R_{HP}) SD(R_M) SD(R_{HP})$$

$$= (0.50)^2(0.33)^2 + (0.50)^2(0.37)^2 + 2(0.50)(0.50)(0.39)(0.33)(0.37)$$

$$= 0.0853$$

따라서 변동성은 $SD(R) = \sqrt{Var(R)} = \sqrt{0.0853} = 29.2\%$가 된다.

마이크로소프트와 알래스카 항공 포트폴리오의 분산은 다음과 같다.

$$Var(R_P) = x_M^2 SD(R_M)^2 + x_A^2 SD(R_A)^2 + 2x_M x_A Corr(R_M, R_A) SD(R_M) SD(R_A)$$

$$= (0.50)^2(0.33)^2 + (0.50)^2(0.37)^2 + 2(0.50)(0.50)(0.21)(0.33)(0.37)$$

$$= 0.0743$$

이 경우에 변동성은 $SD(R) = \sqrt{Var(R)} = \sqrt{0.0743} = 27.3\%$가 된다.

마이크로소프트와 알래스카 항공의 포트폴리오는 각 주식보다 변동성이 낮다. 이는 또한 마이크로소프트와 HP 포트폴리오보다 낮은 변동성을 가진다. 알래스카 항공의 주식 수익률이 HP보다 변동성이 더 크지만, 마이크로소프트 수익률과의 상관계수가 낮기 때문에 포트폴리오 분산 효과가 커지게 된 것이다.

개념 확인

1. 상관계수란 무엇인가?
2. 포트폴리오 주식들의 상관계수가 포트폴리오의 변동성에 어떤 영향을 미치는가?

11.3 대형 포트폴리오의 변동성

포트폴리오가 2개 이상의 주식을 보유하면 추가적인 분산의 혜택을 볼 수 있다. 이러한 계산은 컴퓨터에 의해서 가장 잘 수행될 수 있지만, 이 개념을 알게 되면 많은 주식을 보유하여 얻을 수 있는 분산 효과의 크기에 대해 직관적 이해가 가능하다.

대형 포트폴리오의 분산

n개의 주식으로 구성된 포트폴리오의 수익률은 포트폴리오 구성 주식 수익률의 가중평균이다.

$$R_P = x_1 R_1 + x_2 R_2 + \cdots + x_n R_n = \sum_i x_i R_i$$

공분산의 성질을 이용하여 포트폴리오의 분산을 다음과 같이 쓸 수 있다.

$$Var(R_P) = Cov(R_P, R_P) = Cov(\Sigma_i x_i R_i, R_P) = \sum_i x_i Cov(R_i, R_P) \tag{11.10}$$

이 등식은 **포트폴리오의 분산이 포트폴리오 구성 주식 수익률의 가중평균**이라는 것을 보여준다. 또한 포트폴리오의 수익률에 대한 각 주식 수익률의 움직임에 어떻게 포트폴리오 위험에 영향을 주는지를 보여주고 있다.

위 식에서 R_P를 가중평균으로 대체하여 다음과 같이 단순화할 수 있다.

$$Var(R_P) = \sum_i x_i\, Cov(R_i, R_P) = \sum_i x_i\, Cov(R_i, \sum_j x_j R_j)$$
$$= \sum_i \sum_j x_i x_j\, Cov(R_i, R_j) \tag{11.11}$$

이 식은 포트폴리오 분산이 포트폴리오 구성 주식 쌍의 공분산에 각 투자 비중을 곱한 값을 모두 합계한 것임을 의미한다.[3] 즉, 포트폴리오의 전체적인 변동성은 구성 주식 쌍별로 함께 움직이는 정도에 달려 있다.

동일가중 포트폴리오의 분산

식 (11.11)을 이용하여 각 주식에 동일한 금액이 투자된 **동일가중 포트폴리오**(equally weighted portfolio)의 분산을 계산할 수 있다. n개의 주식으로 구성된 동일가중 포트폴리오의 각 주식 투자 비중은 $x_i = 1/n$이다. 이 경우 다음과 같은 분산 식을 얻을 수 있다.[4]

n 주식으로 구성된 동일가중 포트폴리오의 분산

$$Var(R_P) = \frac{1}{n}(\text{각 주식의 평균 분산}) + \left(1 - \frac{1}{n}\right)(\text{주식들의 평균 공분산}) \tag{11.12}$$

식 (11.12)는 주식의 개수 n이 커짐에 따라 포트폴리오의 분산이 주식들의 평균 공분산에 의해 주로 결정된다는 것을 보여주고 있다. 예를 들어 주식시장에서 무작위로 선택된 포트폴리오를 생각해보자. 주식시장에서 전형적인 대규모 주식의 수익률 변동성은 약 40% 정도이고, 대규모 주식 간의 상관계수는 25% 정도이다. 식 (11.12)와 예제 11.5의 상관계수를 사용하여 공분산을 계산하면 n개 주식으로 구성된 동일가중 포트폴리오의 변동성은 다음과 같다.

$$SD(R_P) = \sqrt{\frac{1}{n}(0.40^2) + \left(1 - \frac{1}{n}\right)(0.25 \times 0.40 \times 0.40)}$$

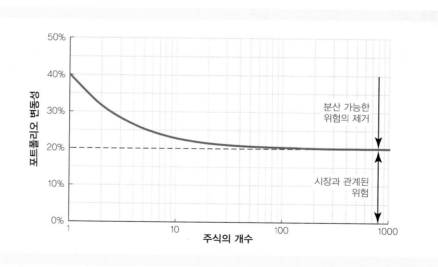

그림 11.2

동일가중 포트폴리오의 변동성과 주식의 수

포트폴리오 구성 주식의 개수가 증가할수록 변동성은 감소한다. 그러나 대규모 포트폴리오에서도 시장 위험은 남아 있다.

---

3   식 (11.11)은 두 주식의 분산을 계산하는 식 (11.7)을 일반화한 것임을 수 있다.

4 n개 주식으로 구성된 포트폴리오의 경우, 각 주식은 $x_i^2 = 1/n^2$의 비중을 가지는 n개의 분산이 존재하기 때문에, 평균 분산은 $n/n^2 = 1/n$의 비중을 가진다. 또한 각각 $x_i x_j = 1/n^2$의 비중을 가지는 $n^2 - n$($n \times n$개에서 분산 n개를 차감함)개의 공분산이 존재하기 때문에 평균 공분산은 $(n^2 - n)/n^2 = 1 - 1/n$의 비중을 가진다.

그림 11.2는 주식 수에 따른 포트폴리오 변동성을 보여주고 있다. 주식 수가 증가할수록 변동성은 감소한다. 대규모 포트폴리오에서는 분산 투자의 효과로 변동성이 반 정도가 제거된다. 처음에는 분산 투자의 효과가 매우 크다. 주식이 1개에서 2개로 갈 때의 변동성 감소 크기는 주식이 100개에서 101개로 갈 때보다 훨씬 크다. 30개 정도의 주식이면 대부분의 분산 투자 효과가 달성될 수 있다. 포트폴리오 분산은 평균 공분산으로 수렴하기 때문에 변동성은 $\sqrt{0.25 \times 0.4 \times 0.4} = 20\%$로 감소한다.[5]

다른 유형의 주식을 사용한 분산 **예제 11.7**

문제

동일 산업 내의 주식들은 다른 산업의 주식들과는 다르게 높은 상관계수를 가진다. 또한 다른 나라의 주식들은 미국 내의 주식들보다 평균적으로 낮은 상관계수를 가진다. 주식의 변동성이 40%이고, 상관계수가 60%인 산업 내 주식들의 대규모 포트폴리오의 변동성은 얼마일까? 변동성이 40%이고 상관계수가 10%인 국제 주식들로 구성된 대규모 포트폴리오의 변동성은 얼마인가?

풀이

식 (11.12)에서 주식 수가 무한대로 갈 때 $(n \rightarrow \infty)$ 산업 포트폴리오의 변동성은 다음과 같다.

$$\sqrt{\text{평균 공분산}} = \sqrt{0.60 \times 0.40 \times 0.40} = 31.0\%$$

이 변동성은 그림 11.2에서와 같이 서로 다른 산업 주식들을 이용할 때보다 커졌다. 높은 상관관계를 가지는 동일한 산업 내의 주식들로 포트폴리오를 구성하면 분산 효과가 작아진다는 것이다. 하지만 국제 주식들로 포트폴리오를 구성하면 분산 효과가 다음과 같이 매우 높아진다.

$$\sqrt{\text{평균 공분산}} = \sqrt{0.10 \times 0.40 \times 0.40} = 12.6\%$$

식 (11.12)를 사용하여 제10장에서 논의된 주요 결과 중의 하나를 쉽게 유도할 수 있다. 위험들이 독립적일 때 대규모 포트폴리오를 구성하여 모든 위험을 제거할 수 있다는 것이다.

위험들이 독립적일 때의 변동성 **예제 11.8**

문제

n개의 독립되고 동일한 위험을 가지는 동일가중 포트폴리오의 변동성은 얼마인가?

풀이

위험들이 독립적이면 상관관계가 전혀 없으므로 공분산은 0이 된다. 식 (11.12)를 사용하여 동일가중 포트폴리오의 변동성은 다음과 같다.

$$SD(R_P) = \sqrt{Var(R_P)} = \sqrt{\frac{1}{n}Var(\text{개별 위험})} = \frac{SD(\text{개별 위험})}{\sqrt{n}}$$

이 결과는 독립적 위험을 평가하기 위해서 사용한 식 (10.8)과 같다. n이 무한대로 갈수록 변동성은 0으로 수렴한다. 말하자면 대규모 포트폴리오의 위험은 없어진다는 것이다. 이 경우에는 공통 위험이 없기 때문에 모든 위험을 제거할 수 있다.

---

5 평균 공분산이 음(−)의 값인 경우를 생각할 수도 있다. 포트폴리오 구성 종목 개수가 커질수록 어떤 주식 쌍의 공분산이 음수가 될 수는 있지만, 모든 종목이 동시에 반대 방향으로 움직일 수는 없기 때문에 평균 공분산이 음(−)의 값이 될 수는 없다.

존 파우어스는 2006~2015년 기간에 스탠퍼드 관리회사의 최고경영자로서 $22 십억 스탠퍼드 대학 기금의 관리 책임자였다. 스탠퍼드에 근무하기 전에 투자자문사인 Offit Hall Capital Management의 관리 및 연구 책임자였다.

질문 $16.5 십억의 스탠퍼드 기금을 어떻게 운영하였나?

답변 우리의 목적은 스탠퍼드대학에 대한 연 지급액 5%를 만족시킬 수 있도록 기금을 증식시키는 것이다. 인플레이션과 적당한 기금 성장을 위해 유동성 전략과 사적 (비유동성) 전략을 혼합하여, 우리가 생각하기에 5% 이상의 수익으로 시작한다. 자산 클래스의 예측된 수익률과 변동성을 이용하여 수정된 평균-분산 최적화 방법을 사용한다. 이를 이용하여 우리의 장기 목적에 알맞은 효율적 프런티어의 투자점을 찾아낸다. 우리의 자산 할당 전략이 수립되면, 자금을 선정된 제3의 운용 그룹에게 아웃소싱을 주어 그들의 전문성을 활용한다. 비유동적 자산에서는 높은 수익률을 얻고 분산 투자의 효과를 증가시킨다. ETF와 같은 시장 복제 금융상품에는 상대적으로 적은 비중을 투자하여, 우리가 시장에서 인식하는 가격 변화에 빠르게 반응하여 자산 할당을 수정한다.

질문 아주 다른 기대 수익률을 가지는 자산들을 보유하였다고 했다. 당신의 목적이 스탠퍼드 기금의 가치를 극대화하는 것이라면, 왜 기대 수익률이 가장 높은 자산만을 보유하지 않았나?

답변 비유동적 자산이 가장 높은 수익을 주는 것은 맞다. 하지만 비유동적 자산이 포트폴리오를 지배하면, 대학은 변동성과 위험이 너무 커진다. 영업 목적으로 생각할 때 스탠퍼드는 현재의 지급금과 미래의 계획에 대한 예측 가능성이 있어야 한다. 분산과 균형 잡힌 포트폴리오를 구성하지 않으면 포트폴리오 가치가 심하게 들쑥날쑥하게 되어서 위험이 극도로 커질 수 있다.

우리는 또 시간이 흐름과 다른 자산들 간의 상관관계에 따른 결과도 고려한다. 분산 투자를 증가시키면 더 낮은 위험을 가지면서 더 좋은 수익성을 얻을 수 있다. 예를 들어 실물자산(상품

인터뷰
존 파우어스
(John Powers)

과 부동산)은 주식시장과 매우 낮은 상관관계에 있다. 그러나 2008~2009년 금융위기 기간에는 이들 자산들이 신용과 주식과 높은 상관관계를 가지게 되었다. 실물자산과 주식이 같은 방향으로 움직여서 "상관관계 폭풍(correlation storm)"을 유발하였다. 결국 그로 인하여 포트폴리오를 다시 구성하게 되었다.

질문 역사적으로 대학 기금은 일반 시장보다 수익성이 훨씬 좋다. 왜 그렇다고 생각하는가?

답변 기금 운용자들은 이전부터 분산 투자의 효과를 알고 있었다. 사모 주식 펀드와 같은 대체 투자 자산에 투자하려는 그들의 의지는 엄청난 수익률을 내게 하였다. 더구나 지난 25년간의 이자율 하락은 레버리지의 사용이 수익률 제고에 도움이 되게 하였다. 따라서 우수한 펀드 매니저의 고용, 사모 자산에의 투자, 레버리지를 사용한 매입 전략 등이 수익성을 높였다. 2001~2011년 기간에, 스탠퍼드의 연평균 수익률은 9.3%로 S&P 500의 2.7%와 미국 채권시장의 5.7%에 비해 훨씬 높았다.

질문 금융위기 기간에도 당신이 기대했던 분산 투자의 효과를 달성하였나? 금융위기 이후에 당신의 전략이 변경되었나?

답변 앞에서 말씀드린 "상관관계 폭풍" 때문에 우리는 기대하였던 분산의 효과를 얻지 못했다. 우리는 투자 가능 등급 채권의 가격에 민감하였는데, 채권가격들이 이전 수준으로부터 너무 많이 움직여서, 회사채의 규모를 줄이기로 하였다. 이로부터 현금과 유동성이 확보되어 매력적인 가격을 가지는 자산으로 자금을 이동시켰다.

우리는 높아진 시장 변동성이 계속 진행될 것이라고 예측한다. 가능한 수준에서 포트폴리오의 분산을 증가시키는 것이 우리의 전략이다. 우리는 가치 기준의 자산을 매입하는 펀드 매니저들과 함께 장기적인 가격 상승을 기대하고, (주식과 기업 신용시장의 펀더멘탈에 덜 의존하는) 차익거래 추구 전략을 더 많이 사용하려고 한다. 시장이 압박을 받을 때에는 상당히 할인되어 거래되는 부실 자산의 매입으로 우리의 목적이 맞추어진다.

일반적인 포트폴리오의 분산

앞에서의 결과는 동일가중 포트폴리오를 대상으로 하였다. 임의의 비중을 가지는 포트폴리오에 대해서도 식 (11.10)을 상관계수를 이용하여 다음과 같이 쓸 수 있다.

$$Var(R_P) = \sum_i x_i Cov(R_i, R_P) = \sum_i x_i SD(R_i) SD(R_P) Corr(R_i, R_P)$$

위 식의 양변을 포트폴리오의 표준편차로 나누어 주면 다음과 같이 포트폴리오의 변동성을 분해할 수 있다.

임의의 비중을 가지는 포트폴리오의 변동성

포트폴리오 변동성에 대한 증권 i의 공헌

$$SD(R_P) = \sum_i \overbrace{x_i \times SD(R_i) \times Corr(R_i, R_P)}$$ (11.13)

i의 비중 　 i의 전체 위험 　 P에 공통적인 i 위험의 부분

식 (11.13)은 각 증권과 포트폴리오의 상관계수에 의해 조정된 변동성 또는 전체 위험에 따른 각 증권의 포트폴리오 변동성에 대한 공헌을 보여주고 있다. 따라서 각 증권을 양(+)의 비중으로 결합하면, 모든 주식이 포트폴리오와 +1의 완전한 양(+)의 상관관계를 갖지 않는 한 포트폴리오의 위험은 각 주식의 가중평균 변동성보다 작아질 것이다.

$$SD(R_P) = \sum_i x_i SD(R_i) Corr(R_i, R_P) < \sum_i x_i SD(R_i)$$ (11.14)

식 (11.14)를 기대 수익률을 위한 식 (11.3)과 대비해보자. 포트폴리오의 기대 수익률은 가중평균 기대 수익률과 같지만, 포트폴리오의 변동성은 가중평균 변동성보다 작아지는 것을 알 수 있다. 즉, 분산에 의해서 어느 정도의 변동성을 제거할 수 있다.

개념 확인

1. 더 많은 주식들이 더해지면, 동일가중 포트폴리오의 변동성은 어떻게 변하는가?
2. 포트폴리오의 변동성은 주식들의 가중평균 변동성과 어떻게 비교될 수 있는가?

11.4 위험과 수익률 : 효율적 포트폴리오의 선택

이제 포트폴리오의 기대 수익률과 변동성 계산법을 이해하게 되었으므로, 이 장의 주요 목적인 효율적 포트폴리오의 구성으로 돌아가자.[6] 투자자가 2개의 주식 중에서 선택하는 가장 간단한 예제부터 시작하자.

2개의 주식을 이용한 효율적 포트폴리오

인텔과 코카콜라의 포트폴리오를 생각해보자. 두 주식은 상관관계가 없으며, 기대 수익률과 변동성은 다음과 같다.

주식	기대 수익률	변동성
인텔	26%	50%
코카콜라	6%	25%

---

[6] 포트폴리오 최적화 기법은 1952년에 마코위츠에 의해 개발되었고, 관련 연구로는 앤드류 로이(1952)와 브루노 피네티(1940)가 있다.

표 11.4	두 주식으로 구성된 서로 다른 포트폴리오들의 기대 수익률과 변동성		
포트폴리오 비중		**기대 수익률(%)**	**변동성(%)**
x_I	x_C	$E[R_P]$	$SD[R_P]$
1.00	0.00	26.0	50.0
0.80	0.20	22.0	40.3
0.60	0.40	18.0	31.6
0.40	0.60	14.0	25.0
0.20	0.80	10.0	22.4
0.00	1.00	6.0	25.0

투자자는 두 주식의 포트폴리오를 어떻게 구성해야 할까? 어떤 포트폴리오가 다른 포트폴리오보다 선호될까?

서로 다른 주식의 결합에 대해 기대 수익률과 변동성을 계산해보자. 인텔 주식에 40%, 코카콜라 주식에 60% 투자된 포트폴리오가 있다고 하자. 식 (11.3)을 이용하여 기대 수익률을 계산할 수 있다.

$$E[R_{40\text{-}60}] = x_I E[R_I] + x_C E[R_C] = 0.40(26\%) + 0.60(6\%) = 14\%$$

식 (11.9)를 이용하여 분산도 계산할 수 있다.

$$Var(R_{40\text{-}60}) = x_I^2 SD(R_I)^2 + x_C^2 SD(R_C)^2 + 2x_I x_C Corr(R_I, R_C) SD(R_I) SD(R_C)$$
$$= 0.40^2(0.50)^2 + 0.60^2(0.25)^2 + 2(0.40)(0.60)(0)(0.50)(0.25) = 0.0625$$

따라서 변동성은 $SD(R_{40\text{-}60}) = \sqrt{0.0625} = 25\%$가 된다. 표 11.4는 서로 다른 포트폴리오 비중에 따른 기대 수익률과 변동성의 결과를 보여주고 있다.

분산 투자 때문에 각 주식보다 낮은 변동성을 가지는 포트폴리오를 찾아내는 것이 가능하다. 예를 들어 인텔에 20%, 코카콜라에 80% 투자하면 22.3%의 변동성을 가지게 된다. 하지만 투자자가 변동성과 기대 수익률에 관심이 있다는 것을 알아도, 우리는 이 두 가지를 함께 고려하여야 한다. 그러기 위해서 그림 11.3에 각 포트폴리오의 변동성과 기대 수익률을 보여주었다. 표 11.4의 포트폴리오를 포트폴리오 비중과 함께 표시하였다. 포물선으로 나타난 곡선은 임의의 포트폴리오 비중들을 이용하여 나타낸 포트폴리오의 집합을 보여주고 있다.

그림 11.3과 같은 선택에 직면하면 포트폴리오의 기대 수익률과 변동성 모두에 관심이 있는 투자자는 어떻게 해야 할까? 투자자가 코카콜라에 100% 투자한다고 생각해보자. 그림 11.3에서 보는 바와 같이 다른 포트폴리오들을 선택하는 것이 두 가지 관점에서 투자자를 유리하게 한다. (1) 다른 포트폴리오들의 기대 수익률이 더 크고, (2) 변동성은 더 낮다. 결과적으로 코카콜라에만 투자하는 것은 좋은 생각이 아니다.

비효율적 포트폴리오의 식별   일반적으로 기대 수익률과 변동성 모두에서 더 좋은 포트폴리오를 찾을 수 있으면 당해 포트폴리오는 **비효율적 포트폴리오**(inefficient portfolio)라고 한다. 그림 11.3을 보면 어떤 포트폴리오의 왼쪽과 윗쪽(북서쪽)에 다른 포트폴리오가 있다면, 당해 포트폴리오는 비효율적이라는 것을 알 수 있다. 따라서 코카콜라에 모두 투자하거나 80% 이상 투자하는 포트폴리오(곡선의 파란색 부분)는

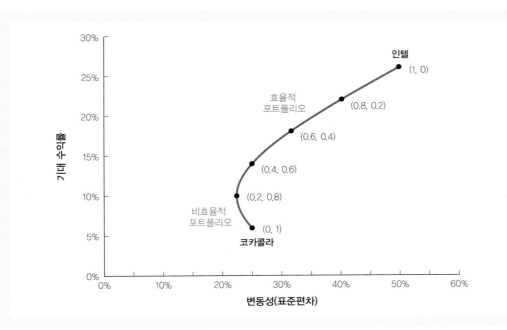

그림 11.3

인텔과 코카콜라 주식으로 구성된 포트폴리오의 변동성과 기대 수익률

(x_I, x_C)는 인텔과 코카콜라 각각의 포트폴리오 비중을 나타낸다. 인텔에 적어도 20%가 투자된 빨간색 곡선 부분은 효율적 포트폴리오를, 인텔에 20% 미만이 투자된 파란색 곡선 부분은 비효율적 포트폴리오를 나타낸다. 즉, 효율적 포트폴리오를 선택하면 더 낮은 위험에서 더 높은 기대 수익률을 얻을 수 있다는 것이다.

비효율적이다. 비효율적 포트폴리오는 높은 수익률과 낮은 변동성을 추구하는 투자자에게 최적이 될 수 없다.

효율적 포트폴리오의 식별 반대로 인텔 주식에 20% 이상 투자하는 포트폴리오는 효율적(곡선의 빨간색 부분)이다. 두 주식으로 구성된 어떤 포트폴리오도 더 높은 기대 수익률과 더 낮은 변동성을 제공하지 못한다. 비효율적 포트폴리오를 열등한 투자 선택으로 제외할 수는 있지만, 효율적 포트폴리오는 쉽게 순위를 정할 수 없다. 투자자들은 효율적 포트폴리오 중에서 수익률과 위험에 대한 각자의 선호도에 따라 최적 포트폴리오를 선택하기 때문이다. 예를 들어 위험을 최소화하는 데에 관심이 있는 극히 보수적인 투자자는 가장 작은 변동성을 가지는 포트폴리오(인텔 20%, 코카콜라 80%)를 선택할 것이다. 적극적인 투자자는 인텔 주식에 100% 투자할 수도 있다. 그렇게 하는 것이 더 위험할 수도 있지만, 더 높은 기대 수익률을 얻을 가능성을 선택하려 할 수 있다는 것이다.

효율적 포트폴리오의 수익률 제고

예제 11.9

문제

샐리 퍼슨은 그녀의 모든 자금을 코카콜라에 투자하고 자문을 구하고 있다. 그녀는 변동성을 증가시키지 않은 상태에서 가장 높은 기대 수익률을 얻고자 한다. 어떤 포트폴리오를 추천하겠는가?

풀이

그림 11.3에서 변동성을 증가시키지 않으면서 인텔 주식에 40%까지 투자할 수 있음을 알 수 있다. 인텔 주식은 코카콜라 주식보다 더 높은 기대 수익률을 가지기 때문에 인텔 주식에 더 많은 투자를 하면 더 높은 기대 수익률을 얻을 수 있을 것이다. 따라서 당신은 샐리에게 자금의 40%를 인텔 주식에 투자하고, 나머지 60%를 코카콜라 주식에 투자하라고 추천해야 한다. 이 포트폴리오는 변동성을 지금과 같이 25%로 유지하면서, 현재의 6%보다 훨씬 높은 14%의 기대 수익률을 가지게 된다.

상관계수의 효과

그림 11.3에서 인텔과 코카콜라의 주식은 서로 상관관계를 가지지 않는 것으로 가정했다. 이제 상관계수가 다르면 위험과 수익률의 결합이 어떻게 변하는가를 알아보자.

상관계수는 포트폴리오의 기대 수익률에 아무런 영향을 주지 않는다. 예컨대 40-60 포트폴리오는 아직도 14%의 기대 수익률을 가질 것이다. 그러나 포트폴리오의 변동성은 11.2절에서 본 바와 같이 상관계수에 따라 달라진다. 특히 상관계수가 작을수록 우리가 얻을 수 있는 변동성은 작아진다. 그림 11.3에서 보듯이 상관계수를 감소시켜 포트폴리오들의 변동성을 작게 하면, 그림 11.4에서와 같이 포트폴리오를 나타내는 곡선이 왼쪽으로 심하게 구부러지게 된다.

두 주식이 양(+)의 완전 상관관계를 가지면, 그들을 연결하는 직선에 의해 포트폴리오의 집합을 나타낼 수 있다. 이런 극단적인 경우(그림 11.4에서 빨간선)에는 포트폴리오의 변동성은 두 주식의 가중평균 변동성이 되어, 포트폴리오 분산의 효과가 전혀 없다. 하지만 상관계수가 1보다 작으면, 분산 투자에 의해 포트폴리오의 변동성은 감소하게 되어 곡선이 왼쪽으로 구부러지게 된다. 위험의 감소(곡선의 구부러짐)는 상관계수가 감소할수록 커진다. 음(−)의 완전 상관관계를 가지는 극단적인 경우(파란선)에는 포트폴리오 선이 다시 직선이 되는데, 수직축에서 다시 반사되어 나온다. 이 경우에는 특히 완전한 무위험 포트폴리오를 얻을 수 있다.

공매도

지금까지는 포트폴리오를 구성할 때 각 주식의 비중이 양(+)의 값인 경우를 고려하였다. 이와 같이 증권에 양(+)의 비중을 투자하는 것을 **매입**(또는 **롱**) **포지션**(long position)이라고 하고, 음(−)의 비중을 투자하는 것을 **매도**(또는 **숏**) **포지션**(short position)이라고 한다. 공매도란 지금 보유하고 있지 않은 주식을

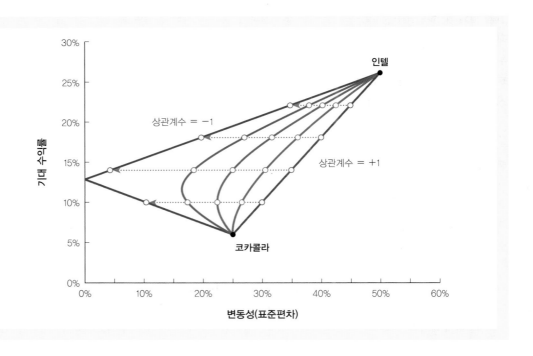

그림 11.4

인텔과 코카콜라의 상관계수 변화가 변동성과 기대 수익률에 미치는 영향

이 그림은 상관계수가 1, 0.5, 0, −0.5, −1인 경우를 보여주고 있다. 상관계수가 낮을수록 포트폴리오의 위험도 낮아진다.

매도하는 거래인데, 미래에 당해 주식을 매입해야 하는 의무가 주어진다[공매도의 과정에 대해서는 제9장 290쪽 '공매도의 원리' 참조]. 다음의 예제에서 포트폴리오의 일부가 음(−)의 비중을 가지는 매도 포지션을 확인할 수 있다.

공매도를 하는 경우의 기대 수익률과 변동성　　　　　　　　　　　　　　　**예제 11.10**

문제

당신은 $20,000의 투자 자금을 가지고 있다. $10,000의 코카콜라 주식을 공매도하여 얻은 금액을 인텔에 투자하고, 나머지 $20,000도 인텔에 투자하고자 한다. 포트폴리오의 기대 수익률과 변동성은 어떻게 될까?

풀이

코카콜라 주식의 공매도는 −$10,000에 해당하는 음(−)의 투자이다. 여기에 추가적으로 +$30,000를 인텔 주식에 투자하면, 총 순투자는 $30,000 − $10,000 = $20,000가 된다. 이에 해당하는 포트폴리오 비중은 다음과 같다.

$$x_I = \frac{인텔의\ 투자가치}{포트폴리오의\ 총가치} = \frac{30,000}{20,000} = 150\%$$

$$x_C = \frac{코카콜라의\ 투자가치}{포트폴리오의\ 총가치} = \frac{-10,000}{20,000} = -50\%$$

포트폴리오 비중은 합하여 100%가 된다. 이 포트폴리오 비중과 식 (11.3)과 식 (11.8)을 이용하여 이 포트폴리오의 기대 수익률과 변동성을 계산할 수 있다.

$$E[R_P] = x_I E[R_I] + x_C E[R_C] = 1.50 \times 26\% + (-0.50) \times 6\% = 36\%$$

$$SD(R_P) = \sqrt{Var(R_P)} = \sqrt{x_I^2 Var(R_I) + x_C^2 Var(R_C) + 2x_I x_C Cov(R_I, R_C)}$$

$$= \sqrt{1.5^2 \times 0.50^2 + (-0.5)^2 \times 0.25^2 + 2(1.5)(-0.5)(0)} = 76.0\%$$

이 경우에 공매도는 포트폴리오의 기대 수익률을 증가시키지만 동시에 변동성도 증가시켜서 변동성이 개별 주식들보다도 커지게 된다.

　공매도는 미래에 주식의 가격이 하락할 것이라고 예상하면 수익성이 있다. 하지만 주식을 빌려서 매도한다는 것은 미래에 당해 주식을 매입하여 반환해야 하는 의무가 있다는 것을 의미한다. 만약 주가가 하락하면, 미래 주식 매입 및 반환의 비용보다 더 많은 수입을 얻게 될 것이다. 그러나 앞의 예제가 보여주듯이, 공매도한 주식의 가격이 상승하더라도 매입한 다른 주식의 수익률이 더 높을 때에도 공매도는 유리한 투자 수단이 될 수 있다.

　그림 11.5는 공매도가 허용될 때 투자자의 선택에 대한 영향을 보여주고 있다. 코카콜라에 투자하기 위해서 인텔을 공매도하는 것은 비효율적(파란색 막대 선)이다. 왜냐하면 더 높은 기대 수익률과 더 낮은 변동성을 가지는 포트폴리오가 존재하기 때문이다. 인텔이 코카콜라의 수익률보다 클 것으로 기대되기 때문에 코카콜라를 공매도하고 인텔에 투자하는 것이 효율적이다. 그런 전략에 의해 변동성이 더 커지지만 기대 수익률도 더 커지게 된다. 적극적 투자자에게는 이런 전략이 매력적일 수 있다.

그림 11.5

공매도를 허용한 인텔과 코카콜라의 포트폴리오

(X_I, X_C)는 인텔과 코카콜라의 포트폴리오 비중을 표시한다. 빨간색은 효율적 포트폴리오를, 파란색은 비효율적 포트폴리오를 나타낸다. 단속 곡선은 코카콜라(빨간색) 또는 인텔(파란색)을 공매도하는 것을 의미한다. 코카콜라에 투자하기 위해서 인텔을 공매도하는 것은 비효율적이다. 인텔에 투자하기 위해서 코카콜라를 공매도하는 것은 효율적이고, 높은 기대 수익률을 추구하는 적극적 투자자에게 매력적일 수 있다.

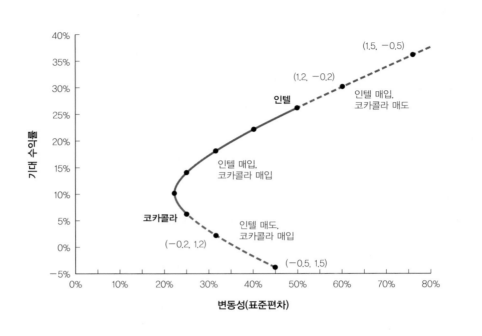

그림 11.6

인텔, 코카콜라, 보어 산업 주식으로 구성된 포트폴리오의 기대 수익률과 변동성

보어(B)를 인텔(I), 코카콜라(C), 또는 인텔과 코카콜라의 포트폴리오와 결합하여 새로운 위험과 수익률의 가능성을 만들어낸다. 새로운 포트폴리오는 코카콜라와 인텔만을 사용한 경우(검은색 곡선)보다 더 좋아진다. 보어-코카콜라 포트폴리오(B + C)와 보어-인텔 포트폴리오(B + I)는 그림에서 밝은 파란색으로 표시되어 있다. 짙은 파란색 곡선은 보어와 인텔-코카콜라 포트폴리오의 결합이다.

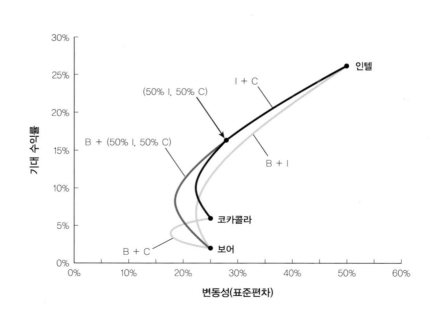

노벨상 **해리 마코위츠와 제임스 토빈**

주어진 분산(변동성)에 대해 가장 높은 기대 수익률을 찾도록 해주는 평균-분산 포트폴리오 최적화 기법은 1952년 *Journal of Finance*에 게재된 해리 마코위츠의 "포트폴리오 선택"이라는 논문에서 개발되었다. 마코위츠의 접근법은 월 스트리트에서 사용하는 포트폴리오 최적화의 주요 방법 중 하나로 진화하였다. 이 분야의 공헌이 인정되어 마코위츠는 1990년에 노벨 경제학상을 수상하였다.

마코위츠의 업적은 위험의 증분을 결정하는 것은 포트폴리오와 개별 증권의 공분산이며, 개별 증권의 투자 위험은 그 자체만으로 평가될 수 없다는 것을 명확하게 하였다. 그는 또 분산이 기대 수익률을 희생하지 않고 위험을 감소시킬 수 있는 기회인 "공짜 점심(free lunch)"을 제공한다고 하였다. 그 이후로 마코위츠는 여러 증권을 이용한 효율적 프런티어(efficient frontier)의 계산 알고리즘을 개발하였다.

동일한 개념들이 앤드류 로이에 의해 동시에 개발되어 같은 해에 경제학 학술지인 *Econometrica*에 "안전 우선과 자산의 보유"라는 제목으로 게재되었다. 노벨상 수상 후 마코위츠는 다음과 같이 정중하게 표현하였다. "내가 종종 현대 포트폴리오 이론의 아버지로 불리지만, 로이도 이 같은 영광을 주장할 수 있다."[*] 재미있게도 마크 루빈슈타인은 1940년 초반에 이탈리아 학술지인 *Giornale dell'Instituto Italiano degli Attuari*에 브루노

드 피네티에 의해 게재된 논문에서 같은 아이디어를 발견했지만, 이런 사실은 2004년에 번역될 때까지 알려지지 않고 있었다.[**]

마코위츠는 투자자들이 위험 투자의 효율적 프런티어에서 어떤 포트폴리오라도 선택할 수 있다고 가정하였지만, 제임스 토빈은 이 이론을 더욱 확장하여 투자자들이 위험 증권들과 무위험 투자를 결합하는 것의 시사점을 고려하였다. 11.5절에서 보겠지만, 그런 경우에는 투자자의 위험 허용도에 따라 유일한 위험 증권의 결합을 찾아낼 수 있다. 1958년에 *Review of Economic Stuides*에 게재된 그의 논문 "위험에 대한 행동으로의 유동성 선호"에서 토빈은 "분리 정리"를 증명하였는데, 이것은 마코위츠의 기법을 최적 위험 포트폴리오의 발견에 응용한 것이다. 이 분리 정리에 의하면 투자자들은 최적 포트폴리오와 무위험 투자에 대한 비중을 변경하여서 이상적인 위험 노출을 결정할 수 있다는 것이다. 토빈은 재무론과 경제학에 대한 공헌으로 1981년에 노벨 경제학상을 수상하였다.

[*] 해리 마코위츠, "포트폴리오 이론의 초기 역사: 1600–1960," *Financial Analysts Journal* 55 (1999): 5–16.
[**] 마크 루빈슈타인, "브루노 드 피네티와 평균-분산 포트폴리오 선택," *Journal of Investment Management* 4 (2006) 3–4; 드 피네티의 논문 번역과 해리 마코위츠에 의한 논평을 포함한다.

여러 주식으로 구성된 효율적 포트폴리오

11.3절에서 분산을 통해 더 많은 주식을 포함하여 포트폴리오의 위험을 감소시킨다는 것을 기억하자. 우리의 포트폴리오에 세 번째 주식인 보어 산업을 추가하는 효과를 생각해보자. 이 기업은 인텔과 코카콜라와 상관관계가 없지만, 2%의 아주 작은 수익률과 코카콜라와 같은 변동성(25%)을 가질 것으로 기대된다. 그림 11.6은 이 세 주식을 이용한 포트폴리오를 보여주고 있다.

보어 주식은 코카콜라보다 열위에 있기 때문에 (같은 변동성을 가지지만 수익률이 너 낮음) 어떤 투자자도 보어를 매입하고자 하지 않을 것이라고 추측할 수 있다. 그러나 그런 결론은 보어가 제공하는 분산의 기회를 무시한 것이다. 그림 11.6은 보어와 코카콜라 또는 인텔을 결합한 결과(밝은 파란색 곡선), 또는 보어와 코카콜라-인텔의 50-50 포트폴리오의 결합의 결과(짙은 파란색 곡선)를 보여준다.[7] 인텔과 코카콜라만을 결합하여 얻은 포트폴리오(검은색 곡선)는 새로운 포트폴리오보다 열위에 있다.

---

7 포트폴리오가 다른 포트폴리오를 포함할 때 각 주식의 비중을 포트폴리오 비중을 곱하여 계산할 수 있다. 예를 들어 보어 주식에 30%, 포트폴리오(50% 인텔과 50% 코카콜라) 70%인 경우 최종 포트폴리오 비중은 보어 주식 30%, 인텔 주식 70%×50%=35%, 코카콜라 주식 70%×50%=35%가 된다.

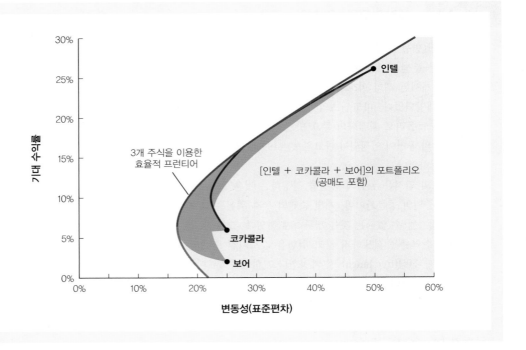

그림 11.7

인텔, 코카콜라, 보어 주식을 포함하는 모든 포트폴리오의 변동성과 기대 수익률

3개 주식 모두를 포함하는 포트폴리오로 짙은 파란색은 공매도가 허용되지 않는 경우이고, 밝은 파란색은 공매도가 허용되는 경우다. 가장 좋은 위험-수익의 결합은 빨간색으로 표시된 효율적 프런티어다. 효율적 프런티어는 2개 주식에서 3개 주식으로 확장하면 각각의 위험 수준에 대해 더 높은 수익률을 가진다.

인텔과 코카콜라의 모든 포트폴리오에 보어 주식을 결합하고 공매도를 허용하면, 예전보다 더 큰 위험과 수익률 관계 가능성을 얻을 수 있다. 이 부분이 그림 11.7에서 어둡게 표시되어 있다. 하지만 그중 대부분의 포트폴리오가 비효율적이다. 효율적 포트폴리오(주어진 변동성에 대해 가능한 가장 높은 기대 수익률을 제공함)는 밝은 파란색 부분의 북서쪽 가장자리에 있는데, 이를 세 주식에 의한 효율적 프런티어라고 부른다. 이 경우에 어떤 주식도 **효율적 프런티어**(efficient frontier)상에 있지 않은데, 이는 모든 자금을 어떤 하나의 주식에 투자하는 것이 효율적이지 않다는 것을 의미한다.

투자 기회 집합이 2개에서 3개 주식으로 확장되면 효율적 프런티어는 개선된다. 시각적으로 두 주식으로 구성된 옛 프런티어는 새 프런티어의 내부에 위치한다. 일반적으로 새로운 투자 기회가 더해지면 분산 효과가 커지고, 효율적 프런티어가 개선된다. 그림 11.8은 과거 자료를 이용하여 주식 수를 3개(아마존, GE, 맥도날드)에서 10개로 증가시키는 효과를 보여주고 있다. 더해진 주식들이 그 자체로는 위험-수익 조합에 있어서 열위에 있는 것처럼 보이지만, 그것들이 추가적인 분산을 허용하기 때문에 효율적 프런티어는 개선된다. 따라서 가능한 가장 좋은 위험-수익률 기회를 얻기 위해서는 모든 투자 기회들이 고려될 때까지 주식들을 추가하여야 한다. 궁극적으로 수익률, 변동성, 상관계수 추정치에 근거하여 모든 가능한 위험 투자를 포함하는 효율적 프런티어를 구성하면, 최적 분산에 가장 좋은 위험과 수익률 조합을 얻을 수 있다.

개념 확인

1. 두 주식의 상관계수가 두 주식으로 구성된 포트폴리오의 위험-수익률에 어떻게 영향을 미치는가?
2. 효율적 프런티어란 무엇인가?
3. 포트폴리오 구성을 위해 더 많은 주식을 추가하면 효율적 프런티어는 어떻게 변하는가?

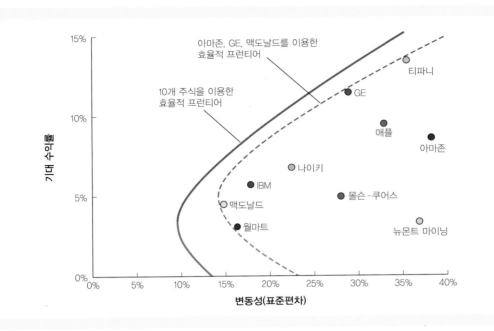

그림 11.8

3개 주식과 10개 주식으로 구성된 효율적 프런티어

새로운 투자가 추가될수록 효율적 프런티어는 확장된다. (변동성과 상관계수는 2005~2015년의 월별 수익률에 의해 추정하였고, 기대 수익률은 예측된 값이다.)

11.5 무위험 저축과 차입

지금까지 우리는 위험 투자들을 포트폴리오로 결합하여 위험과 수익률의 관계를 살펴보았다. 효율적 프런티어를 만들기 위하여 모든 위험 투자들을 포함하면 최대의 분산을 얻을 것이다.

우리가 고려하지 않았지만 분산 이외에 위험을 감소시키는 다른 방법이 있다. 자금의 일부를 재무부 단기채와 같은 안전한 무위험 자산에 투자하는 것이다. 물론 그렇게 하면 기대 수익률도 감소할 것이다. 역으로 우리가 높은 기대 수익률을 추구하는 공격적 투자자라면 주식시장에 더 많이 투자하기 위하여 자금 차입을 결정할 수도 있다. 이번 절에서는 위험 및 무위험 증권에 투자하는 금액을 선택하는 능력이 위험 증권의 **최적 포트폴리오**를 결정한다는 것을 공부할 것이다.

무위험 증권 투자

수익률 R_P를 가지는 임의의 위험 포트폴리오를 생각하자. 이 포트폴리오에 우리 자금의 일부인 x를 투자하고, 나머지$(1-x)$를 r_f의 수익률을 가지는 무위험 재무부 단기채에 투자할 때의 위험과 수익률을 알아보자.

식 (11.3)과 (11.8)을 이용하여 이 포트폴리오의 기대 수익률과 분산을 계산할 수 있다. 이 포트폴리오의 수익률을 R_{xP}로 표시하자. 먼저 기대 수익률은 다음과 같다.

$$E[R_{xP}] = (1-x)r_f + xE[R_P]$$
$$= r_f + x(E[R_P] - r_f) \tag{11.15}$$

첫 등식은 기대 수익률이 단기채와 포트폴리오 기대 수익률의 가중평균이라는 것을 말한다. (단기채에 지급되는 현재의 이자율을 알고 있기 때문에 단기채의 기대 수익률을 계산할 필요는 없다.) 두 번째 등식

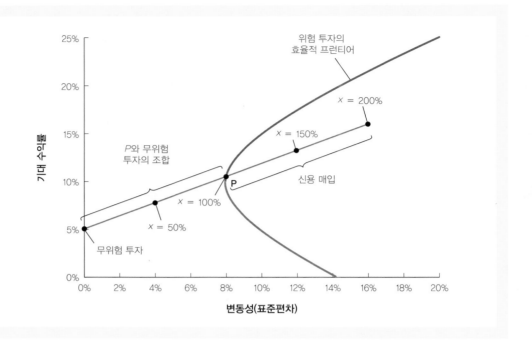

그림 11.9

무위험 투자와 위험 포트폴리오를 이용한 위험–수익률 조합

무위험 이자율 5%를 가정할 때, 0%의 변동성과 5%의 기대 수익률인 점은 무위험 투자를 나타낸다. 파란색 선은 포트폴리오 P에 x, 무위험 투자에 (1 − x)를 투자하여 얻어지는 포트폴리오를 보여준다. 포트폴리오 P에 100% 이상 투자하는 전략은 무위험 이자율로 차입하는 것을 의미한다.

은 유용한 해석을 위해서 첫 번째 등식을 재배열한 것이다. 기대 수익률은 무위험 이자율에 투자 비중 x에 해당하는 포트폴리오 위험 프리미엄($E[R_P] - r_f$)을 더한 값이다.

이제 변동성을 계산해보자. 무위험 이자율 r_f는 고정되어서 포트폴리오와 함께 움직이지 않기 때문에 변동성과 포트폴리오와의 공분산은 모두 0이다.

$$
\begin{aligned}
SD(R_{xP}) &= \sqrt{(1-x)^2 Var(r_f) + x^2 Var(R_P) + 2(1-x)x Cov(r_f, R_P)} \\
&= \sqrt{x^2 Var(R_P)} \\
&= x SD(R_P)
\end{aligned}
\tag{11.16}
$$

즉, 변동성은 포트폴리오에 투자된 비중에 따른 포트폴리오 변동성의 일부가 된다.

그림 11.9에서 파란색 선은 x 값에 따른 변동성과 기대 수익률의 조합을 보여주고 있다. 식 (11.15)와 (11.16)을 보면, 포트폴리오 P의 투자 비중 x를 증가시키면 비례적으로 위험과 위험 프리미엄이 증가함을 알 수 있다. 따라서 파란색 선은 무위험 이자율과 P를 연결하는 직선이다.

차입과 주식의 신용 매입

포트폴리오 P에 투자하는 비중인 x를 0%에서 100%로 증가시키면, 그림 11.9의 선을 따라서 무위험 투자에서 P로 움직여 간다. 만약 비중 x가 100%를 초과하여 증가하면, 그래프에서 P를 넘어서는 점들에 이르게 된다. 이 경우는 무위험 자산을 공매도한 것으로 무위험 이자율을 지급해야 한다. 즉, 무위험 이자율로 자금을 차입한 것이다.

주식에 투자하기 위해 자금을 차입하는 것을 **신용 매입**(buying stocks on margin) 또는 레버리지의 사용이라고 한다. 무위험 투자에 대한 공매도를 포함하는 포트폴리오를 **차입 포트폴리오**(levered portfolio)라고 한다. 쉽게 알 수 있듯이 신용 투자는 위험 투자 전략이다. 그림 11.9에서 x가 100%보다 큰 파란색 부분은 포트폴리오 P보다 더 높은 위험을 가진다. 신용 투자는 우리가 사용 가능한 펀드들을 이용하여 P에 투자하는 것보다 더 높은 기대 수익률을 제공할 수 있다.

신용 투자　　　　　　　　　　　　　　　　　　　　　　　　　　　　　**예제 11.11**

문제

현금 $10,000가 있는 상황에서, 10%의 기대 수익률과 20%의 변동성을 가지는 포트폴리오 Q에 투자하려고 5%의 이자율로 $10,000를 차입하기로 하였다. 이 투자의 기대 수익률과 변동성은 얼마인가? 1년 동안 Q가 30% 상승하면 실현 수익률은 얼마인가? Q가 10% 하락하면 기대 수익률은 얼마인가?

풀이

신용을 이용하여 투자금액을 2배로 하여 Q에 투자하면, $x = 200\%$가 된다. 식 (11.15)와 (11.16)에 의해, 기대 수익률과 위험이 포트폴리오 Q에 비해 상대적으로 증가한다는 것을 알 수 있다.

$$E(R_{xQ}) = r_f + x(E[R_Q] - r_f) = 5\% + 2 \times (10\% - 5\%) = 15\%$$

$$SD(R_{xQ}) = xSD(R_Q) = 2 \times (20\%) = 40\%$$

만약 Q가 30% 상승한다면 투자금액은 $26,000가 될 것이고, 차입에 대해 $10,000 \times 1.05 = $10,500를 지불해야 하기 때문에, $10,000의 최초 투자에 대해 $15,500의 수입 또는 55%의 수익률이 발생할 것이다. 만약 Q가 10% 하락한다면 $18,000 - $10,500 = $7,500가 남을 것이고, 수익률은 -25%가 될 것이다. 따라서 신용을 사용하면 수익률의 범위가 2배가 될 것이고, 포트폴리오의 변동성 범위(55% - (-25%) = 80% 대 30% - (-10%) = 40%)도 2배가 될 것이다.

접점 포트폴리오 찾기

그림 11.9를 보면 포트폴리오 P가 무위험 투자와 결합할 때 최선의 포트폴리오가 아님을 알 수 있다. 포트폴리오 P보다 위에 있는 효율적 프런티어상의 어떤 포트폴리오와 무위험 자산을 결합하면 P를 통과하는 선보다 기울기가 더 큰 선을 얻을 수 있다. 선의 기울기가 클수록 주어진 변동성에서 더 높은 기대 수익률을 얻을 것이다.

주어진 변동성 수준에서 가능한 가장 높은 기대 수익률을 얻기 위해서는 무위험 투자와 결합할 때 가장 기울기가 큰 선을 나타내는 포트폴리오를 찾아야 한다. 주어진 포트폴리오 P를 통과하는 선의 기울기를 종종 포트폴리오의 **샤프 비율**(Sharpe ratio)이라고 부른다.

$$\text{샤프 비율} = \frac{\text{포트폴리오의 초과 수익률}}{\text{포트폴리오의 변동성}} \tag{11.17}$$

샤프 비율은 포트폴리오가 제공하는 변동성 보상 비율을 측정한다.[8] 무위험 자산과 결합된 최적 포트폴리오는 가장 높은 샤프 비율을 가질 것이고, 이것과 무위험 자산의 결합은 그림 11.10에 나타난 위험 투자의 효율적 프런티어에 접선이 될 것이다. 이러한 접선을 만드는 포트폴리오를 **접점 포트폴리오**(tangent

---

8 샤프 비율은 뮤추얼 펀드의 성과를 비교하기 위한 척도로 윌리엄 샤프에 의해서 처음 소개되었다. "Mutual Fund Performance", *Journal of Business* 39 (1966): 119-138을 참조하라.

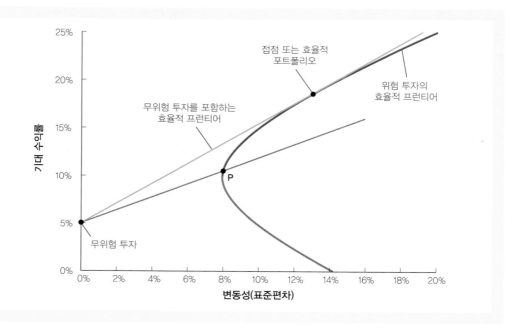

그림 11.10

접점 또는 효율적 포트폴리오

접점 포트폴리오는 가장 높은 샤프 비율을 가지는 포트폴리오이다. 투자자가 무위험 투자와 접점 포트폴리오를 연결하는 녹색선에 투자하면 최선의 위험-수익률 관계를 얻을 수 있다. 결과적으로 접점 포트폴리오는 효율적 포트폴리오다.

portfolio)라고 한다. 위험 자산들의 다른 모든 포트폴리오들은 이 선 밑에 위치하여야 한다. 접점 포트폴리오는 경제 내에서 가장 높은 샤프 비율을 가지기 때문에, 접점 포트폴리오는 포트폴리오의 단위당 변동성에 대해서 가장 높은 보상을 제공한다.[9]

그림 11.10에서 보듯이 무위험 자산과 접점 포트폴리오의 결합은 투자자에게 최선의 위험-수익률 관계를 제공한다. 이런 사실은 다음과 같이 놀라운 결과로 이어진다. 접점 포트폴리오는 효율적이고, 무위험 투자가 포함되면, 모든 효율적 포트폴리오는 무위험 투자와 접점 포트폴리오의 결합이 된다(역주 : 이 결합 또는 선이 새로운 효율적 프런티어가 된다. 즉, 무위험 투자가 허용될 때의 효율적 프런티어다). 따라서 위험 투자의 최적 포트폴리오는 더 이상 투자자가 얼마나 보수적인가 또는 적극적인가의 여부와는 관계가 없어진다. 모든 투자자는 자신의 위험 선호도와는 관계없이(independent of his or her taste for risk) 접점 포트폴리오에 투자해야 한다. 다만 투자자의 선호도는 접점 포트폴리오와 무위험 투자에 비중을 결정할 때 사용된다. 보수적 투자자는 새로운 무위험 투자에 가까운 포트폴리오를 선택하여 위험 투자가 적어질 것이다. 적극적 투자자는 접점 포트폴리오 근처 또는 신용으로 주식을 더 매입하여 접점 포트폴리오를 넘어서는 포트폴리오를 선택하여 위험 투자가 더 많아질 것이다. 그러나 두 투자자 모두 위험 자산 투자를 위해서는 동일한 접점 포트폴리오만을 선택하게 된다.

우리는 이 장의 주요 목적 중의 하나를 달성하였고, 위험 자산의 효율적 포트폴리오를 어떻게 찾는지를 설명했다. 효율적 포트폴리오는 접점 포트폴리오로, 경제 내에서 가장 높은 샤프 비율을 가지는 포트폴리오이다. 그것과 무위험 투자를 결합하면 투자자는 원하는 변동성 수준에서 가능한 가장 높은 기대 수익률을 얻게 될 것이다.

---

9   샤프 비율은 변동성 한 단위당 포트폴리오의 수익률이 무위험 이자율을 능가하는 수익률을 의미한다. 수익률이 정규분포를 하면, 접점 포트폴리오는 무위험 이자율 이상을 초과하는 수익률을 얻을 가능성이 가장 큰 포트폴리오다.

최적 포트폴리오 선택

문제

당신의 삼촌이 투자 조언을 요구한다. 현재 그는 기대 수익률이 10.5%이고 변동성이 8%인 그림 11.10의 포트폴리오 P에 $100,000를 투자하고 있다. 무위험 이자율이 5%이고, 접점 포트폴리오는 18.5%의 기대 수익률과 13%의 변동성을 가지고 있다. 변동성을 증가시키지 않고 기대 수익률을 최대화하기 위해 당신은 어떤 포트폴리오를 추천하겠는가? 당신의 삼촌이 기대 수익률을 동일하게 유지하면서 위험을 감소시키고 싶다면 어떤 포트폴리오를 추천하겠는가?

풀이

두 경우 모두 무위험 투자와 접점 포트폴리오의 결합이 최선의 포트폴리오이다. 식 (11.15)와 (11.16)을 이용하여, 접점 포트폴리오 T에 비중 x를 투자하면, 기대 수익률과 변동성은 다음과 같다.

$$E[R_{xT}] = r_f + x(E[R_T] - r_f) = 5\% + x(18.5\% - 5\%)$$

$$SD(R_{xT}) = x\,SD(R_T) = x(13\%)$$

변동성을 8%로 유지하기 위해서 $x = 8\%/13\% = 61.5\%$가 된다. 이 경우 당신의 삼촌은 접점 포트폴리오에 $61,500를 투자해야 하고, 나머지 $38,500를 무위험 자산에 투자해야 한다. 기대 수익률은 5% + (61.5%)(13.5%) = 13.3%로, 주어진 위험에서 가능한 가장 높은 기대 수익률이다.

대안적으로 기대 수익률을 현재의 10.5%로 유지한다면, x는 5% + x(13.5%) = 10.5%를 만족하여 40.7%가 된다. 이번에 당신의 삼촌은 $40,700를 접점 포트폴리오에 투자하고, $59,300를 무위험 자산에 투자하여, 변동성을 (40.7%)(13%) = 5.29%로 낮추게 되는데, 이는 주어진 기대 수익률에서 가능한 가장 낮은 변동성이다.

1. 효율적 포트폴리오의 샤프 비율이란 무엇인가?
2. 투자자들이 최적 포트폴리오를 보유하고 있다면, 보수적 투자자와 적극적 투자자의 포트폴리오가 다를까?

11.6 효율적 포트폴리오와 요구 수익률

지금까지 우리는 투자자를 위한 최적 포트폴리오 선택에 대해 알아보았고, 그림 11.10의 접점 또는 효율적 포트폴리오가 가장 높은 샤프 비율을 제공하기 때문에 최선의 위험-수익률 관계를 제공한다고 결론지었다. 이제 이 결과의 기업 자본비용에 대한 시사점을 알아보자. 결국 기업이 새로운 자본을 조달하고자 하면, 투자자들은 그런 투자를 증가시키는 것이 매력적인가를 확인해야 한다. 이 절에서는 어떤 증권을 더 포함하여 포트폴리오를 개선할 수 있는지를 결정하기 위한 조건을 유도하고, 그것을 이용하여 투자 유지를 위한 투자자의 요구 수익률을 계산하고자 한다.

포트폴리오의 개선 : 베타와 요구 수익률

임의의 포트폴리오 P를 생각하자. 무위험 자산을 매도(또는 차입)하고 그 금액으로 어떤 투자 i에 투자하여 포트폴리오의 샤프 비율을 높일 수 있을까? 그러기 위해서는 다음의 두 가지 결과를 알아야 한다.

1. 기대 수익률 : 무위험 이자율을 포기하고 그것을 i의 수익률로 대체하기 때문에 기대 수익률은 초과 수익률인 $E[R_i] - r_f$ 만큼 증가할 것이다.

2. 변동성 : 투자 i가 포트폴리오와 공통으로 가지고 있는 위험을 더하여야 한다. (i의 나머지 위험은 분산되어 사라질 것이다.) 식 (11.13)으로부터 증분위험은 i의 변동성에 그들의 상관계수를 곱하여 계산된다. $SD(R_i) \times Corr(R_i, R_p)$.

i에 투자하여 증가된 수익률이 위험 증가를 보상하는가? 위험을 증가시키는 다른 방법은 포트폴리오 P에 더 많이 투자하는 것이다. 이 경우 샤프 비율

$$\frac{E[R_P] - r_f}{SD(R_P)}$$

는 위험 증가에 대해서 수익률이 얼마나 증가하는지를 가르쳐 준다. i에 투자하는 것이 위험을 $SD(R_i) \times Corr(R_i, R_p)$만큼 증가시키기 때문에 다음과 같은 조건이면 P로부터 얻게 되는 것보다 더 큰 수익률 증가를 얻게 될 것이다.[10]

$$\underbrace{E[R_i] - r_f}_{\substack{i\ 투자로부터의 \\ 추가적인\ 수익률}} > \overbrace{\underbrace{SD(R_i) \times Corr(R_i, R_p)}_{\substack{i\ 투자로부터의 \\ 증분\ 변동성}} \times \underbrace{\frac{E[R_P] - r_f}{SD(R_P)}}_{\substack{포트폴리오\ P의 \\ 단위당\ 수익률}}}^{\substack{P에\ 투자하는\ 것과\ 같은 \\ 위험으로부터의\ 추가적인\ 수익률}} \qquad (11.18)$$

이 조건에 대해 추가적인 해석을 위해서, 식 (11.18)의 변동성과 상관계수를 결합하여 포트폴리오 P에 대한 i 투자의 베타를 다음과 같이 정의해보자.

$$\beta_i^P \equiv \frac{SD(R_i) \times Corr(R_i, R_p)}{SD(R_P)} \qquad (11.19)$$

β_i^P는 포트폴리오 P의 변동에 대한 i 투자의 민감도를 측정한다. 즉, 포트폴리오 수익률이 1% 변할 때, i가 포트폴리오 P와 공통으로 가지는 위험 때문에 i 투자의 수익률이 β_i^P%만큼 변할 것으로 기대된다. 이 정의에 의해 식 (11.18)을 다음과 같이 다시 쓸 수 있다.

$$E[R_i] > r_f + \beta_i^P \times (E[R_P] - r_f)$$

즉, 포트폴리오 P가 주어진 경우 i의 요구 수익률이 다음과 같을 때 기대 수익률 $E[R_i]$가 요구 수익률을 초과하면, i에 투자되는 금액의 증가는 포트폴리오 P의 샤프 비율을 증가시킬 것이다.

$$r_i \equiv r_f + \beta_i^P \times (E[R_P] - r_f) \qquad (11.20)$$

---

10 투자 i의 샤프 비율을 상관계수에 의해서 조정된 포트폴리오의 샤프 비율(그들이 공통적으로 가지는 위험의 부분)과 비교하기 위해서 식 (11.18)을 다시 쓸 수 있다.

$$\frac{E[R_i] - r_f}{SD(R_i)} > Corr(R_i, R_p) \times \frac{E[R_P] - r_f}{SD(R_P)}$$

요구 수익률(required return)은 i 투자가 포트폴리오에 기여하는 위험을 보상하기 위해 필요한 기대 수익률이다. i 투자의 요구 수익률은 무위험 이자율에 현재 포트폴리오인 P의 β_i^P(P에 대한 i의 민감도)에 의해 조정된 위험 프리미엄을 더한 값이다. 만약 i의 기대 수익률이 요구 수익률을 초과하면, i를 더 많이 투자하는 것이 포트폴리오의 성과를 향상시킬 것이다.

| 새로운 투자의 요구 수익률 | 예제 11.13 |

문제

당신은 현재 15%의 기대 수익률과 20%의 변동성을 가지면서 폭넓은 투자를 하는 오메가 펀드와 3%의 무위험 단기채에 투자하고 있다. 브로커는 당신의 포트폴리오에 부동산 펀드를 추가하라고 권한다. 이 부동산 펀드는 9%의 기대 수익률과 35%의 변동성을 가지며, 오메가 펀드와는 0.10의 상관계수를 가진다. 부동산 펀드의 추가가 당신의 포트폴리오를 개선할 것인가?

풀이

R_{re}를 부동산 펀드의 수익률, R_O를 오메가 펀드의 수익률이라고 하자. 식 (11.19)에 의해 오메가 펀드에 대한 부동산 펀드의 베타는 다음과 같다.

$$\beta_{re}^O = \frac{SD(R_{re}) \, Corr(R_{re}, R_O)}{SD(R_O)} = \frac{35\% \times 0.10}{20\%} = 0.175$$

식 (11.20)을 사용하여 현재의 포트폴리오에 부동산 펀드를 추가하는 것이 매력적이도록 하는 요구 수익률을 계산할 수 있다.

$$r_{re} = r_f + \beta_{re}^O(E[R_O] - r_f) = 3\% + 0.175 \times (15\% - 3\%) = 5.1\%$$

부동산 펀드의 기대 수익률 9%가 요구 수익률 5.1%를 초과하기 때문에 부동산 펀드 투자는 현재 포트폴리오의 샤프 비율을 증가시킬 것이다.

기대 수익률과 효율적 포트폴리오

증권의 기대 수익률이 요구 수익률보다 크면 당해 증권을 추가하여 포트폴리오 P의 성과를 개선할 수 있다. 그렇다면 얼마나 더 투자해야 할까? 우리가 i 증권을 매입하면 포트폴리오와의 상관계수(결과적으로 i의 베타)가 증가하여, 궁극적으로 요구 수익률을 $E[R_i] = r_i$가 될 때까지 증가시킬 것이다. 이 점에서 i 증권의 보유가 최적이 된다. 비슷하게 i 증권의 기대 수익률이 요구 수익률 r_i보다 작으면 i의 보유를 줄여야 한다. 그렇게 하여 상관계수와 요구 수익률 r_i가 $E[R_i] = r_i$가 될 때까지 떨어질 것이다.

시장에서 거래되는 증권을 매입 또는 매도하는 것에 아무런 제약이 없다면, 각 증권의 기대 수익률이 요구 수익률($E[R_i] = r_i$)과 같아질 때까지 거래해야 한다. 더 이상의 거래가 포트폴리오의 위험-보상 비율을 개선할 수 없는 점에서 우리의 포트폴리오는 최적화 또는 효율적 포트폴리오가 된다. 즉, 모든 증권의 기대 수익률이 각각의 요구 수익률과 같아지는 것이 효율적 포트폴리오가 되는 필요충분 조건이다.

식 (11.20)에 의해 어떤 증권의 기대 수익률과 효율적 포트폴리오에 대한 베타가 다음 관계를 가져야 한다.

증권의 기대 수익률

$$E[R_i] = r_i \equiv r_f + \beta_i^{eff} \times (E[R_{eff}] - r_f) \tag{11.21}$$

여기서 R_{eff}는 경제 내에서 가장 높은 샤프 비율을 가지는 효율적 포트폴리오의 수익률이다.

예제 11.14	효율적 포트폴리오 찾기

문제

예제 11.13의 오메가 펀드와 부동산 펀드를 생각해보자. 당신은 오메가 펀드에 $100 백만을 투자했다. 여기서 두 펀드의 효율적 포트폴리오를 구성하기 위해 부동산 펀드에 얼마를 투자해야 하나?

풀이

오메가 펀드에 투자된 $1마다 부동산 펀드에 투자할 x_{re} 달러를 차입(또는 x_{re}에 해당하는 가치의 단기채를 매도)한다. 그러면 우리의 포트폴리오 수익률은 $R_P = R_O + x_{re}(R_{re} - r_f)$가 된다. 여기서 R_O는 오메가 펀드의 수익률이고, R_{re}는 부동산 펀드의 수익률이다. 표 11.5는 다음의 공식을 이용하여 부동산 펀드에 투자하는 x_{re}가 증가함에 따라 우리 포트폴리오의 기대 수익률과 변동성이 변하는 것을 보여주고 있다.

$$E[R_P] = E[R_O] + x_{re}(E[R_{re}] - r_f)$$

$$Var(R_P) = Var[R_O + x_{re}(R_{re} - r_f)] = Var(R_O) + x_{re}^2 Var(R_{re}) + 2x_{re}Cov(R_{re}, R_O)$$

처음 부동산 펀드를 추가하면 식 (11.17)에 의해 정의된 포트폴리오의 샤프 비율이 개선된다. 부동산 펀드가 더 많이 추가될수록 우리 포트폴리오와의 상관계수가 다음과 같이 계산된다.

$$Corr(R_{re}, R_P) = \frac{Cov(R_{re}, R_P)}{SD(R_{re})SD(R_P)} = \frac{Cov(R_{re}, R_O + x_{re}(R_{re} - r_f))}{SD(R_{re})SD(R_P)}$$

$$= \frac{x_{re}Var(R_{re}) + Cov(R_{re}, R_O)}{SD(R_{re})SD(R_P)}$$

식 (11.19)로부터 계산된 부동산 펀드의 베타가 상승하여 요구 수익률을 증가시킬 것이다. $x_{re} = 11\%$가 되면 요구 수익률이 부동산 펀드의 기대 수익률과 같아지는데, 이때 샤프 비율이 가장 커진다. 따라서 두 펀드의 효율적 포트폴리오는 오메가 펀드에 투자된 $1당 부동산 펀드에 $0.11를 투자하는 것이다.

표 11.5	부동산 펀드의 투자 비중에 따른 샤프 비율과 요구 수익률

x_{re}	$E[R_P]$	$SD(R_P)$	샤프 비율	$Corr(R_{re}, R_P)$	B_{re}^P	요구 수익률 r_{re}
0%	15.00%	20.00%	0.6000	10.0%	0.18	5.10%
4%	15.24%	20.19%	0.6063	16.8%	0.29	6.57%
8%	15.48%	20.47%	0.6097	23.4%	0.40	8.00%
10%	15.60%	20.65%	0.6103	26.6%	0.45	8.69%
11%	15.66%	20.74%	0.6104	28.2%	0.48	9.03%
12%	15.72%	20.84%	0.6103	29.7%	0.50	9.35%
16%	15.96%	21.30%	0.6084	35.7%	0.59	10.60%

더 나아가기 전에 식 (11.21)의 중요성을 살펴보자. 이 등식은 투자 위험과 기대 수익률의 관계를 나타낸다. 이것은 **효율적 포트폴리오에 대한 베타에 의해 적절한 투자의 위험 프리미엄을 계산할 수 있다는 것이다.** 시장에서 가능한 가장 높은 샤프 비율을 가지는 효율적 또는 접점 포트폴리오는 경제 내에서 체계적 위험을 찾는 벤치마크를 제공해준다.

제10장에서 모든 증권의 시장 **포트폴리오**는 잘 분산되어야 하고, 이것이 체계적 위험을 측정하는 벤치마크로 사용될 수 있다고 언급하였다. 시장 포트폴리오와 효율적 포트폴리오의 관계를 이해하기 위해서 우리는 모든 투자자의 종합적 투자 의사결정이 시사하는 바를 생각해야 한다.

1. 언제 새로운 투자가 포트폴리오의 샤프 비율을 개선하는가?
2. 투자의 자본비용이 어떤 포트폴리오와의 베타에 의해 결정되는가?

11.7 자본자산 가격결정 모형

11.6절에서 보여준 바와 같이, 일단 효율적 포트폴리오를 확인했으면 식 (11.21)에 따른 효율적 포트폴리오에 대한 베타에 근거하여 증권의 기대 수익률을 계산할 수 있다. 그러나 이렇게 하기 위해서는 중요한 실무적 문제에 접하게 된다. 효율적 포트폴리오를 확인하기 위해서 기대 수익률, 변동성, 투자 간의 상관계수를 알아야 한다. 이런 수치들은 예측하기 어렵다. 이런 상황에서 어떻게 이론을 실무에 적용할 수 있을까?

이 질문에 답하기 위해서 제10장에서 소개된 CAPM을 다시 알아보기로 하자. 이 모형은 각 증권의 기대 수익률을 알지 못하는 상태에서 위험 자산들의 효율적 포트폴리오를 확인할 수 있게 해준다. 대신 CAPM은 투자자가 효율적 포트폴리오를 시장 내의 모든 주식과 증권들의 포트폴리오인 시장 포트폴리오로 인식하게 하는 최적 선택을 사용한다. 이런 훌륭한 결과를 얻기 위하여 투자자 행동에 관하여 세 가지 가정을 할 것이다.[11]

CAPM의 가정

세 가지 주요 가정이 CAPM의 기저에 존재한다. 첫 번째 가정은 제3장 이후로 채택하였던 친숙한 내용이다.

1. **투자자들은 경쟁적인 시장가격으로 모든 증권을 (세금이나 거래비용 없이) 매입하거나 매도할 수 있고, 무위험 이자율로 빌리거나 빌려줄 수 있다.**

두 번째 가정은 모든 투자자가 이 장에서 기술한 바와 같이 행동하고, 그들이 받아들이고자 하는 변동성 수준에서 가능한 가장 높은 기대 수익률을 제공하는 거래 증권들의 포트폴리오를 선택한다는 것이다.

2. **투자자들은 거래 증권을 이용하여 주어진 변동성 수준에서 최대의 기대 수익률을 제공하는 효율적 포트폴리오만을 보유한다.**

---

11 CAPM은 1964년 윌리엄 샤프에 의해 위험과 수익률의 모형으로 제시되었지만, 잭 트레너(1962), 존 린트너(1965), 잰 모신(1966)의 논문에서도 제시되었다.

물론 세상에는 수많은 투자자들이 존재하고, 그들 각자는 매매 가능한 증권들의 변동성, 상관계수, 기대 수익률에 대한 자신만의 추정치를 가질 수 있다. 그러나 투자자들은 임의적으로 추정치들을 생각해내지 않는다. 그들은 공공 대중에게 널리 알려진 역사적 패턴과 시장가격을 포함하는 다른 정보들에 의존한다. 모든 투자자가 공공적으로 이용 가능한 정보의 원천을 이용한다면, 그들의 추정치는 비슷해질 것이다. 결과적으로 모든 투자자가 미래의 투자와 수익률에 관해 동일한 추정치를 가지는 특별한 경우를 가정하는 것이 그렇게 비합리적이지는 않다. 우리는 이를 **동일한 기대**(homogeneous expectations)라고 부른다. 실제로 투자자들의 기대가 완전히 동일하지는 않음에도 불구하고, 여러 시장에서 동일한 기대를 가정하는 것이 합리적인 접근이어야 하고, CAPM의 세 번째 가정이 된다(역주 : 저자들의 이러한 설명에도 불구하고 동일한 기대 가정은 가장 비현실적인 CAPM의 가정으로 인정되고 있다).

3. 투자자들은 증권의 변동성, 상관계수, 기대 수익률에 대해 동일한 기대를 갖는다.

공급 및 수요와 시장 포트폴리오의 효율성

만약 투자자들이 동일한 기대를 갖는다면, 각 투자자는 경제 내에서 가장 높은 샤프 비율을 가지는 동일한 포트폴리오를 찾아낼 수 있다. 따라서 모든 투자자들은 그들의 위험 성향에 따라 위험 증권으로 구성된 동일한 효율적 포트폴리오(그림 11.10의 접점 포트폴리오)와 무위험 증권을 적절히 조절하여 투자할 것이다.

그러나 모든 투자자가 접점 포트폴리오를 보유한다면, 모든 투자자의 위험 증권 결합 포트폴리오는 접점 포트폴리오와 동일해야 한다. 또한 각 증권이 어떤 이에 의해서 보유되기 때문에 모든 투자자의 포트폴리오 총합은 시장에서 매매 가능한 모든 증권의 포트폴리오(제10장에서 정의된 시장 포트폴리오)가 되어야 한다. 따라서 위험 증권의 효율적, 접점 포트폴리오(모든 투자자가 보유하는 포트폴리오)는 시장 포트폴리오와 같아야 한다.

시장 포트폴리오가 효율적이라는 개념은 실제로 수요와 공급이 일치하여야 한다는 것이다. 모든 투자자들이 효율적 포트폴리오를 수요로 하고, 증권의 공급이 시장 포트폴리오가 되기 때문에 둘은 일치하여야만 한다. 만약 어떤 증권이 효율적 포트폴리오의 일부가 아니면, 어떤 투자자도 그것을 보유하지 않을 것이기 때문에 그 증권에 대한 수요는 공급과 같지 않게 될 것이다. 이 증권의 가격은 하락하고 매력적인 투자가 될 때까지 기대 수익률은 상승할 것이다. 이렇게 해서 시장에서 가격들이 조정되어 효율적 포트폴리오와 시장 포트폴리오가 일치하게 되고, 수요는 공급과 같아질 것이다.

| 예제 11.15 | 포트폴리오 비중과 시장 포트폴리오 |

문제

많은 연구 끝에 당신은 효율적 포트폴리오를 찾아냈다. 포트폴리오의 일부로 마이크로소프트에 $10,000, 화이자 주식에 $5,000를 투자하기로 하였다. 그런데 더 부자이고 좀 더 보수적 투자자인 친구가 $2,000의 화이자 주식을 보유하고 있다. 당신 친구의 포트폴리오가 효율적 포트폴리오라면 그녀는 마이크로소프트에 얼마나 투자하고 있겠는가? 모든 투자자들이 효율적 포트폴리오를 보유하고 있다면, 화이자에 비하여 마이크로소프트의 시가총액은 얼마일까?

풀이

모든 효율적 포트폴리오들이 무위험 투자와 접점 포트폴리오의 결합이기 때문에 그들은 위험 증권을 동일한 비율로 가지고 있을 것이다. 따라서 당신이 화이자에 마이크로소프트보다 2배를 투자했다면 친구도 그럴 것이다. 따라서 그녀는 마이크로소프트에 $4,000를 투자했을 것이다. 만약 모든 투자자들이 효율적 포트폴리오를 보유했다면 그들의 포트폴리오도 마찬가지여야 한다. 전체적으로 볼 때 모든 투자자들이 마이크로소프트와 화이자의 모든 주식을 보유하기 때문에 마이크로소프트의 시가총액은 화이자의 2배가 되어야 한다.

그림 11.11

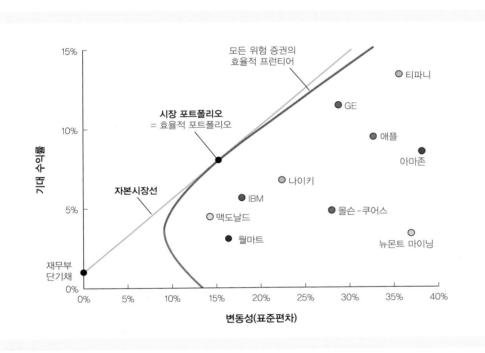

자본시장선

투자자들이 동일한 기대를 가지고 있으면 시장 포트폴리오와 효율적 포트폴리오는 일치한다. 따라서 무위험 투자에서 시장 포트폴리오를 통과하는 자본시장선은 주어진 변동성 수준에서 얻을 수 있는 가장 높은 기대 수익률을 표시한다(그림 11.8의 자료를 이용함).

최적 투자 : 자본시장선

CAPM의 가정이 성립한다면 시장 포트폴리오는 효율적이고, 그림 11.10의 접점 포트폴리오가 실제로 시장 포트폴리오가 된다. 이를 그림 11.11에 표시하였다. 접선은 주어진 변동성 수준에서 얻을 수 있는 가장 높은 기대 수익률을 표시하고 있다. 접선이 시장 포트폴리오를 통과할 때 **자본시장선**(capital market line, CML)이라고 부른다. CAPM에 따르면 모든 투자자들은 무위험 증권과 시장 포트폴리오를 결합하여 자본시장선 위의 포트폴리오를 선택하여야 한다.

개념 확인

1. 시장 포트폴리오가 CAPM에 따라 효율적이라는 것을 설명하라.
2. 자본시장선(CML)이란 무엇인가?

11.8 위험 프리미엄의 결정

CAPM의 가정하에서 우리는 효율적 포트폴리오를 찾을 수 있다. 이것은 시장 포트폴리오와 같다. 따라서 증권의 기대 수익률 또는 투자의 자본비용을 모른다면 시장 포트폴리오를 벤치마크로 이용하는 CAPM을 사용할 수 있다.

시장 위험과 베타

식 (11.21)에서 투자의 기대 수익률이 효율적 포트폴리오에 대한 베타에 의해 주어진다는 것을 보여주었다. 그러나 시장 포트폴리오가 효율적이라면 식 (11.21)을 다음과 같이 다시 쓸 수 있다.

기대 수익률을 위한 CAPM의 등식

$$E[R_i] = r_i = r_f + \underbrace{\beta_i \times (E[R_{Mkt}] - r_f)}_{\text{증권 } i \text{의 위험 프리미엄}} \tag{11.22}$$

여기서 β_i는 시장 포트폴리오에 대한 증권의 베타로 식 (11.19)와 (11.6)에 의해 다음과 같이 정의된다.

$$\beta_i = \frac{\overbrace{SD(R_i) \times Corr(R_i, R_{Mkt})}^{\text{시장과 공통인 } i \text{의 변동성}}}{SD(R_{Mkt})} = \frac{Cov(R_i, R_{Mkt})}{Var(R_{Mkt})} \tag{11.23}$$

증권의 베타는 총체적으로 시장에 상대적인 시장 위험에 대한 변동성을 측정하고, 시장 위험에 대한 증권의 민감도를 의미한다.

식 (11.22)는 제10장의 결론에서 직관적으로 유도한 것과 같은 결과다. 어떤 투자의 적절한 위험 프리미엄을 결정하기 위해서는, 시장 베타에 의해 추정되는 증권 수익률의 시장 위험 크기에 의해 시장 위험 프리미엄(시장 기대 수익률이 무위험 이자율을 초과하는 양)을 다시 조정해야 한다.

우리는 CAPM 식을 다음과 같이 해석할 수 있다. 일물일가의 법칙에 따라 경쟁시장에서는 비슷한 위험을 가지는 투자들은 동일한 기대 수익률을 가져야 한다. 투자자들은 포트폴리오를 분산하여 기업에 고유한 위험을 제거할 수 있기 때문에 위험의 올바른 척도는 투자의 시장 포트폴리오에 대한 베타인 β_i가 된다. 다음 예제가 보여주듯 식 (11.22)의 CAPM 식에 의하면, 투자의 기대 수익률은 자본시장선에서 동일한 시장 위험 수준을 가지는 포트폴리오의 기대 수익률을 말한다.

예제 11.16   **주식의 기대 수익률 계산하기**

문제

무위험 이자율이 4%이고, 시장 포트폴리오는 10%의 기대 수익률과 16%의 변동성을 가진다고 하자. 3M 주식은 22%의 변동성과 시장과의 상관계수 0.50을 가진다. 3M의 시장 베타는 얼마인가? 자본시장선의 어떤 포트폴리오가 동일한 시장위험을 가지는가? 그 포트폴리오의 기대 수익률은 얼마인가?

풀이

식 (11.23)을 이용하여 베타를 계산할 수 있다.

$$\beta_{MMM} = \frac{SD(R_{MMM})Corr(R_{MMM}, R_{Mkt})}{SD(R_{Mkt})} = \frac{22\% \times 0.50}{16\%} = 0.69$$

즉, 시장 포트폴리오의 1% 움직임에 대해 3M 주식은 0.69% 움직이는 경향이 있다. 우리는 시장 포트폴리오에 69%, 무위험 증권에 31%를 투자하여 시장 위험에 동일한 민감도를 얻을 수 있다. 그런 포트폴리오가 동일한 시장 위험을 가지기 때문에, 3M 주식은 이 포트폴리오와 동일한 기대 수익률을 가져야 한다. 여기서 식 (11.15)를 이용할 때 $x = 0.69$가 된다.

$$E[R_{MMM}] = r_f + x(E[R_{Mkt}] - r_f) = 4\% + 0.69(10\% - 4\%)$$
$$= 8.1\%$$

$x = \beta_{MMM}$이기 때문에 CAPM 식 (11.22)와 같다. 따라서 투자자들은 3M 주식의 위험을 보상하기 위해 8.1%의 기대 수익률을 요구할 것이다.

노벨상   **CAPM을 개발한 윌리엄 샤프**

윌리엄 샤프는 CAPM 개발에 대한 공로로 1990년에 노벨상을 수상하였다. 1998년에 조나단 버튼과의 인터뷰에서 그의 의견은 다음과 같았다.[*]

포트폴리오 이론은 최적 포트폴리오를 가진 투자자의 행동에 초점을 맞추었다. "모든 투자자가 최적화를 한다면 어떻게 될까?"라고 말했다. 그들 모두는 마코위츠와 같은 주식을 가질 것이고, 그가 말한 대로 행동할 것이다. 어떤 사람들이 IBM을 더 가지고 싶어 하지만 그 수요를 만족할 만한 충분한 주식이 없다. 따라서 그들이 IBM에 매매 압박을 주면 가격이 상승할 것이고, 그들은 IBM에 대해 더 많이 지불해야 하기 때문에 그들의 위험과 수익률 추정은 변할 것이다. 가격에 대한 상승과 하락 압박 과정은 가격이 균형 상태에 도달하여 모든 사람이 가능한 주식들을 총체적으로 보유하고 싶을 때까지 계속될 것이다. 그 점에서 위험과 수익률의 관계는 어떨까? 그 대답은 기대 수익률이 시장 포트폴리오에 대한 베타에 비례한다는 것이다.

CAPM은 균형 이론이었고 지금도 그렇다. 왜 다른 증권이 아닌 어떤 증권에 투자하여 더 많이 벌 것을 기대해야 하는가? 시장이 안 좋을 때 증권의 성과가 안 좋은 것에 대한 보상을 받을 필요가 있다. 시장이 안 좋을 때, 자금을 필요로 할 때 성과가 안 좋은 증권을 사람들은 싫어할 것이고, 그에 대한 보상이 없다면 누가 그런 증권을 보유할 것인가? 그 보상은 정상적인 시기에 더 좋은 수익률이어야 한다. CAPM의 주요 개념은 시장이 안 좋을 때 성과가 안 좋게 되는 큰 위험에 대해서 높은 기대 수익률이 함께 주어진다는 것이다. 베타는 그 척도가 된다. 높은 베타를 가지는 증권이나 자산 클래스들은 시장이 안 좋을 때 낮은 베타를 가지는 것보다 수익률이 안 좋다.

CAPM은 아주 간단했고, 아주 강한 가정들은 멋있고 깨끗하며 아름다운 결과를 도출하였다. 얼마 되지 않아서 우리는 모두 얘기했다. 실제 세상에 더 가까워지도록 복잡한 내용들을 모형에 추가하자. 나를 포함하여 사람들은 "확장된" CAPM이라고 부르는 모형으로 나아갔는데, 여기서 기대 수익률은 베타, 세금, 유동성, 배당 수익률, 그리고 사람들이 관심이 있는 것들의 함수가 된다.

CAPM이 진화했을까? 물론 그렇다. 하지만 위험 감수에 대해 보상을 기대해야 할 이유가 없다는 기본적인 아이디어는 그대로 유지되고 있다. 그렇지 않다면 당신은 라스베이거스에서 엄청난 돈을 벌 것이다. 위험에 대해 보상이 있다면, 그건 특별한 경우다. 그 이면에는 경제적 이유가 있어야 하거나 그렇지 않다면 세상은 아주 미친 곳일 것이다. 나는 그런 기본적 아이디어에 대해 전혀 다르게 생각하지 않는다.

[*] Jonathan Burton, "revisiting the Capital Asset Pricing Model," *Dow Jones Asset Manager* (May/June 1998): 20–28.

예제 11.17	음(−)의 베타 주식

문제

파산 경매 서비스(BAS)의 주식은 −0.30이라는 음(−)의 베타를 가진다. CAPM의 의하면 이것의 기대 수익률을 무위험 이자율과 어떻게 비교할 수 있을까? 이 결과는 의미가 있을까?

풀이

시장의 기대 수익률이 무위험 이자율보다 높기 때문에 식 (11.22)는 BAS의 기대 수익률은 무위험 이자율보다 작을 것이다. 예를 들어 무위험 이자율이 4%이고 시장의 기대 수익률이 10%라면, 이 주식은 기대 수익률은 다음과 같다.

$$E[R_{BAS}] = 4\% - 0.30(10\% - 4\%) = 2.2\%$$

이 결과는 좀 이상하다. 투자자들이 무위험 자산에 투자하여 4%의 수익률을 얻을 수 있을 때, 이 주식에 투자하여 왜 2.2%의 기대 수익률을 받아들일까? 현명한 투자자는 BAS만을 보유하려 하지 않을 것이다. 대신 그녀는 잘 분산된 포트폴리오의 일부분으로 다른 증권들과 함께 결합하여 이 주식을 보유할 것이다. BAS는 시장과 대부분의 다른 주식들이 하락할 때 상승할 것이기 때문에, BAS는 포트폴리오에 "침체기 보험(recession insurance)"을 제공할 것이다. 즉, 경기가 안 좋고 대부분의 주식들이 하락할 때, BAS는 성과가 좋아서 다른 음(−)의 수익률들을 상쇄할 것이다. 투자자들은 이 보험을 매입하기 위해서 무위험 이자율보다 낮은 기대 수익률을 수용한다는 것이다.

그림 11.12	

자본시장선(CML)과 증권시장선(SML)

(a) CML은 무위험 투자와 효율적 포트폴리오를 연결하는 포트폴리오이고, 각 변동성 수준에 대해 얻을 수 있는 가장 높은 기대 수익률을 보여준다. CAPM에 따르면 시장 포트폴리오는 CML에 있고, 다른 모든 주식과 포트폴리오들은 분산 가능한 위험을 포함하고 있으며, 그림에서 맥도날드(MCD)와 같이 CML의 오른쪽에 위치하고 있다.

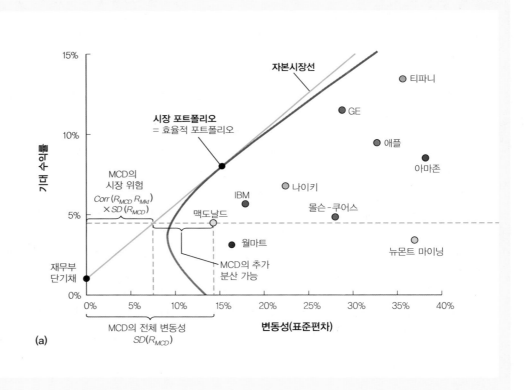

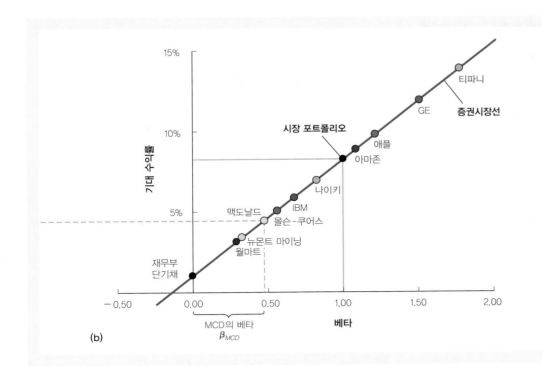

(b) SML은 시장 베타의 함수로 각 증권의 기대 수익률을 보여준다. CAPM에 따르면 시장 포트폴리오는 효율적이어서 모든 주식과 포트폴리오는 SML에 존재해야 한다.

증권시장선

식 (11.22)는 주식의 베타와 기대 수익률 간에 선형관계가 존재한다는 것을 의미한다. 그림 11.12의 패널 (b)는 무위험 자산(베타 0)에서 시장(베타 1)을 연결하는 선을 나타내고 있다. 이 선을 **증권시장선(SML)**이라고 부른다. CAPM의 가정하에서 패널 (b)에 나타난 바와 같이 모든 증권이 기대 수익률과 베타에 따라 표시되면 반드시 **증권시장선**(security market line, SML)에 위치하여야 한다.

이 결과를 그림 11.12의 패널 (a)에 나타난 자본시장선과 비교해보자. 개별 증권의 변동성과 기대 수익률 간에는 명백한 관계가 없다. 맥도날드(MCD)에 대해서 예시한 바와 같이, 주식의 기대 수익률은 시장과의 공통적인 변동성 부분[$Corr(R_{MCD}, R_{Mkt}) \times SD(R_{MCD})$]에 의해 결정된다. 각 주식에서 자본시장선의 오른쪽까지 거리는 분산 가능한 위험에 의해 발생하는 부분이다. 개별 증권들의 위험과 수익률의 관계는 전체 위험보다는 시장 위험을 측정할 때 명백해진다.

포트폴리오의 베타

증권시장선은 모든 거래 가능한 투자 기회에 적용되기 때문에 포트폴리오에도 적용된다. 결과적으로 포트폴리오의 기대 수익률은 식 (11.22)에 의해 주어지고, 포트폴리오의 베타에 의존한다. 식 (11.23)을 이용하여 포트폴리오($R_p = \sum_i x_i R_i$)의 베타를 다음과 같이 계산한다.

$$\beta_P = \frac{Cov(R_P, R_{Mkt})}{Var(R_{Mkt})} = \frac{Cov\left(\sum_i x_i R_i, R_{Mkt}\right)}{Var(R_{Mkt})} = \sum_i x_i \frac{Cov(R_i, R_{Mkt})}{Var(R_{Mkt})}$$

$$= \sum_i x_i \beta_i \tag{11.24}$$

즉, 포트폴리오의 베타는 포트폴리오 증권들의 가중평균 베타이다.

포트폴리오의 기대 수익률

문제

크래프트 식품의 주식은 0.50의 베타이고, 보잉의 베타는 1.25이다. 무위험 이자율이 4%이고, 시장 포트폴리오의 기대 수익률이 10%라면, CAPM에 의한 크래프트 식품과 보잉 주식의 동일가중 포트폴리오의 기대 수익률은 얼마인가?

풀이

두 가지 방법으로 포트폴리오의 기대 수익률을 계산할 수 있다. 먼저 크래프트 식품(KFT)과 보잉(BA)의 기대 수익률을 각각 계산하기 위하여 SML을 사용할 수 있다.

$$E[R_{KFT}] = r_f + \beta_{KFT}(E[R_{Mkt}] - r_f) = 4\% + 0.50(10\% - 4\%) = 7.0\%$$

$$E[R_{BA}] = r_f + \beta_{BA}(E[R_{Mkt}] - r_f) = 4\% + 1.25(10\% - 4\%) = 11.5\%$$

그러면 동일가중 포트폴리오 P의 기대 수익률은 다음과 같다.

$$E[R_P] = \tfrac{1}{2} E[R_{KFT}] + \tfrac{1}{2} E[R_{BA}] = \tfrac{1}{2}(7.0\%) + \tfrac{1}{2}(11.5\%) = 9.25\%$$

다른 방법은 식 (11.24)를 이용하여 포트폴리오의 베타를 계산하는 것이다.

$$\beta_P = \tfrac{1}{2}\beta_{KFT} + \tfrac{1}{2}\beta_{BA} = \tfrac{1}{2}(0.50) + \tfrac{1}{2}(1.25) = 0.875$$

그리고 나서 SML로부터 포트폴리오의 기대 수익률을 찾을 수 있다.

$$E[R_P] = r_f + \beta_P(E[R_{Mkt}] - r_f) = 4\% + 0.875(10\% - 4\%) = 9.25\%$$

CAPM의 요약

마지막 두 절에서 시장은 경쟁적이고, 투자자들은 효율적 포트폴리오를 선택하며 동일한 기대를 갖는다는 CAPM의 가정에 의한 결과들을 검토하였다. CAPM은 다음과 같은 두 가지 결론을 내릴 수 있다.

- 시장 포트폴리오는 효율적 포트폴리오이다. 따라서 주어진 변동성 수준에서 가장 높은 기대 수익률은 시장 포트폴리오와 무위험 저축 또는 차입을 결합한 자본시장선의 포트폴리오에 의해서 얻어진다.
- 어떤 투자의 위험 프리미엄은 시장 베타에 비례한다. 따라서 위험과 기대 수익률의 관계는 식 (11.22)와 (11.23)에 의한 증권시장선에 의해 주어진다.

CAPM은 강한 가정들에 의존한다. 어떤 가정들은 투자자들의 행동을 설명하지 못하기 때문에, 모형의 결론들이 완전히 정확하지는 않다. 예를 들어 모든 투자자가 시장 포트폴리오를 보유하지는 않는다는 것이다. 제13장에서 CAPM의 확장성에 대해 다시 생각하면서 개별 투자자에 대해 더 자세히 검토할 것이다. 그럼에도 불구하고 금융 경제학자들은 CAPM의 바탕을 이루는 질적인 직관적 통찰이 강력하다고 하면서, CAPM이 위험과 수익률의 가장 일반적이고 중요한 모형이라고 한다. CAPM은 완벽하지 않지만 증권의 기대 수익률과 투자의 자본비용을 추정하는 아주 유용한 방법이며, 기업과 실무자들에 의해 실용적으로 사용되고 있다. 제12장에서 시장 포트폴리오의 구성을 살펴보고 기업 투자와 증권의 베타를 추정하는 방법을 개발하여, 이 모형을 어떻게 활용할 것인가를 더 자세히 설명할 것이다.

개념 확인

1. 증권시장선이란 무엇인가?
2. CAPM에 의해 주식의 기대 수익률을 어떻게 결정할 수 있는가?

핵심 요점 및 수식

11.1 포트폴리오의 기대 수익률

■ 포트폴리오 비중은 각 자산에 투자된 투자자 자금의 지분 x_i를 말한다. 포트폴리오 비중은 합계하면 1이 된다.

$$x_i = \frac{\text{투자 } i \text{의 가치}}{\text{포트폴리오의 전체 가치}} \tag{11.1}$$

■ 포트폴리오의 기대 수익률은 포트폴리오 비중에 의해 계산된 모든 투자의 기대 수익률의 가중평균이다.

$$E[R_p] = \sum_i x_i E[R_i] \tag{11.3}$$

11.2 두 주식으로 구성된 포트폴리오의 변동성

■ 포트폴리오의 위험을 알기 위해서 주식 수익률들이 함께 움직이는 정도를 알 필요가 있다. 공분산과 상관계수는 수익률들의 공통된 움직임을 측정한다.

   ■ 수익률 R_i와 R_j의 공분산은 다음과 같이 정의된다.

$$Cov(R_i, R_j) = E[(R_i - E[R_i])(R_j - E[R_j])] \tag{11.4}$$

과거 수익률을 사용하여 다음과 같이 추정할 수 있다.

$$Cov(R_i, R_j) = \frac{1}{T-1} \sum_t (R_{i,t} - \overline{R}_i)(R_{j,t} - \overline{R}_j) \tag{11.5}$$

   ■ 상관계수는 수익률의 공분산을 각각의 표준편차로 나눈 것으로 정의된다. 상관계수는 항상 -1과 $+1$ 사이에서 존재한다(역주 : -1과 $+1$을 포함하는 개념이다). 이것은 증권에 공통적으로 존재하는 위험에 의한 변동성의 부분이다.

$$Corr(R_i, R_j) = \frac{Cov(R_i, R_j)}{SD(R_i)\,SD(R_j)} \tag{11.6}$$

■ 포트폴리오의 분산은 포함된 주식 수익률의 공분산에 의해 결정된다.

   ■ 두 주식으로 구성된 포트폴리오의 경우 포트폴리오 분산은 다음과 같이 계산된다.

$$Var(R_p) = x_1^2 Var(R_1) + x_2^2 Var(R_2) + 2x_1 x_2 Cov(R_1, R_2)$$
$$= x_1^2 SD(R_1)^2 + x_2^2 SD(R_2)^2 + 2x_1 x_2 Corr(R_1, R_2) SD(R_1) SD(R_2) \tag{11.8과 11.9}$$

   ■ 포트폴리오 비중이 양(+)이면, 포트폴리오 내 두 주식의 공분산이나 상관계수가 작을수록 포트폴리오의 분산을 낮출 수 있다.

11.3 대형 포트폴리오의 변동성

■ 동일가중 포트폴리오의 분산은 다음과 같다.

$$Var(R_p) = \frac{1}{n}(\text{각 주식의 평균 분산}) + \left(1 - \frac{1}{n}\right)(\text{주식들의 평균 공분산}) \tag{11.12}$$

■ 분산은 독립적인 위험을 제거해준다. 대형 포트폴리오의 변동성은 포트폴리오 주식들의 공통 위험에 의해 결정된다.

■ 각 증권은 포트폴리오와의 상관계수에 의해 조정된 총 위험에 따라 포트폴리오의 변동성에 기여하는데, 다음과 같이 포트폴리오에 공통된 전체 위험의 일부를 조정한다.

$$SD(R_P) = \sum_i x_i \times SD(R_i) \times Corr(R_i, R_P) \tag{11.13}$$

11.4 위험과 수익률 : 효율적 포트폴리오의 선택

■ 효율적 포트폴리오는 주어진 위험 수준에 대해 가장 높은 기대 수익률을 제공한다. 효율적 포트폴리오의 집합을 효율적 프런티어라고 부른다. 포트폴리오에 주식 수가 증가할수록 효율적 포트폴리오는 개선된다.

　■ 높은 기대 수익률과 낮은 변동성을 추구하는 투자자는 효율적 포트폴리오에만 투자해야 한다.

　■ 투자자들은 위험 허용도에 따라 효율적 포트폴리오 집합으로부터 선택할 것이다.

■ 투자자들은 포트폴리오에서 공매도를 사용할 수 있다. 음(−)의 포트폴리오 비중은 공매도를 의미한다. 공매도는 가능한 포트폴리오 집합을 확장한다.

11.5 무위험 저축과 차입

■ 포트폴리오는 위험 자산의 포트폴리오에 무위험 자산을 결합하여 구성할 수 있다.

　■ 이런 포트폴리오의 기대 수익률과 변동성은 다음과 같다.

$$E[R_{xP}] = r_f + x(E[R_P] - r_f) \tag{11.15}$$

$$SD(R_{xP}) = xSD(R_P) \tag{11.16}$$

　■ 무위험 투자와 위험 포트폴리오의 위험-수익률 결합은 두 투자를 연결하는 직선 위에 존재한다.

■ 주어진 변동성 수준에서 가장 높은 기대 수익률을 얻고자 하는 투자자의 목적은 무위험 투자와 결합하여 가장 기울기를 크게 하는 포트폴리오를 발견하는 것이다. 이 직선의 기울기를 포트폴리오의 샤프 비율이라고 부른다.

$$\text{샤프 비율} = \frac{\text{포트폴리오의 초과 수익률}}{\text{포트폴리오의 변동성}} = \frac{E[R_P] - r_f}{SD(R_P)} \tag{11.17}$$

■ 가장 큰 샤프 비율을 가지는 위험 포트폴리오를 효율적 포트폴리오라고 부른다. 효율적 포트폴리오는 투자자의 위험 성향과는 관계없는 위험 투자의 최적 조합이다. 투자자는 무위험 투자와 효율적 포트폴리오의 상대적인 투자 비율을 결정하여 바람직한 위험 수준을 정할 수 있다.

11.6 효율적 포트폴리오와 요구 수익률

■ 베타는 포트폴리오의 수익률 움직임에 대한 투자 수익률의 민감도를 의미한다.

■ 포트폴리오에 대한 투자의 베타는 다음과 같다.

$$\beta_i^P \equiv \frac{SD(R_i) \times Corr(R_i, R_P)}{SD(R_P)} \tag{11.19}$$

■ 증권 i의 주식 매입은 기대 수익률이 요구 수익률을 초과하면, 포트폴리오의 샤프 비율을 증가시킨다.

$$r_i \equiv r_f + \beta_i^P \times (E[R_P] - r_f) \tag{11.20}$$

■ 모든 증권에 대해서 $E[R_i] = r_i$이면 포트폴리오는 효율적이다. 따라서 거래되는 증권에 대해서 베타와 기대 수익률 간에 다음의 관계가 성립해야 한다.

$$E[R_i] = r_i \equiv r_f + \beta_i^{eff} \times (E[R_{eff}] - r_f) \tag{11.21}$$

11.7 자본자산 가격결정 모형

■ CAPM의 세 가지 주요 가정은 다음과 같다.

- 투자자들은 경쟁적 시장가격으로 증권을 거래하고 무위험 이자율로 차입하거나 대출할 수 있다.
- 투자자들은 효율적 포트폴리오를 선택한다.
- 투자자들은 증권의 변동성, 상관계수, 기대 수익률에 대해서 동일한 기대를 갖는다.

- 증권의 공급은 증권의 수요와 같아야 하기 때문에 CAPM은 모든 위험 증권의 시장 포트폴리오가 효율적 포트폴리오라는 것을 의미한다.

- CAPM의 가정하에 무위험 증권과 시장 포트폴리오를 결합하여 얻은 포트폴리오 집합인 자본시장선(CML)은 주어진 변동성 수준에서 가능한 가장 높은 기대 수익률을 가지는 포트폴리오 집합이다.

- CAPM은 어떤 증권의 위험 프리미엄이 당해 증권의 베타에 시장 위험 프리미엄을 곱한 값이라는 것을 말한다. 그 관계를 증권시장선(SML)이라고 부르고, 이에 의해 투자의 요구 수익률을 결정한다.

$$E[R_i] = r_i = r_f + \underbrace{\beta_i \times (E[R_{Mkt}] - r_f)}_{\text{증권 } i \text{의 위험 프리미엄}} \tag{11.22}$$

- 증권의 베타는 시장 포트폴리오에 공통인 당해 증권의 위험 또는 시장 위험을 측정한다. 베타는 다음과 같이 정의된다.

$$\beta_i = \frac{\overbrace{SD(R_i) \times Corr(R_i, R_{Mkt})}^{\text{시장과 공통인 } i \text{의 변동성}}}{SD(R_{Mkt})} = \frac{Cov(R_i, R_{Mkt})}{Var(R_{Mkt})} \tag{11.23}$$

- 포트폴리오의 베타는 포트폴리오 내 증권들의 가중평균 베타이다.

주요 용어

공분산(covariance)
동일가중 포트폴리오(equally weighted portfolio)
동일한 기대(homogeneous expectations)
매도 포지션(short position)
매입 포지션(long position)
비효율적 포트폴리오(inefficient portfolio)
상관계수(correlation)
샤프 비율(Sharpe ratio)

신용 매입(buying stocks on margin)
요구 수익률(required return)
자본시장선(capital market line, CML)
접점 포트폴리오(tangent portfolio)
증권시장선(security market line, SML)
포트폴리오 비중(portfolio weights)
효율적 프런티어(efficient frontier)

추가 읽을거리

다음의 문헌은 최적 포트폴리오 선택에 대해 더 자세한 내용을 제시한다. W. Sharpe, G. Alexander, and J. Bailey, *Investments* (Prentice Hall, 1999).

최적 포트폴리오 선택에 대한 두 개의 결정적 논문 : H. Markowitz, "Portfolio Selection," *Journal of Finance* 7 (March 1952): 77-91; and J. Tobin, "Liquidity Preference as Behavior Toward Risk, *Review of Financial Studies* 25 (February 1958): 65-86. 마코위츠의 논문이 영향력이 가장 컸지만, 포트폴리오 이론에 평균-분산 최적화를 응용한 것은 앤드류 로이에 의해 동시에 개발되었다("Safety First and the Holding of Assets," *Econometrica* 20 (1952): 431-449). 더 오래된 브루노 드 피네티의 분석은 다음 논문에서 보라. M. Rubinstein, "Bruno de Finetti and Mean-Variance Portfolio Selection," *Journal of Investment Management* 4 (2006): 3-4; 이 논문집은 드 피네티의 번역과 해리 마코위츠의 논평을 포함하고 있다.

공매도가 자산의 기대 수익률에 미치는 영향에 대한 연구자들의 인식을 다음 논문에서 보라. M. Rubinstein,

"Great Moments in Financial Economics: III. Short-Sales and Stock Prices," *Journal of Investment Management* 2(1) (First Quarter 2004): 16-31.

증권의 기대 수익률이 효율적 포트폴리오에 대한 베타에 의해 주어진다는 개념은 다음 논문에서 처음 개발되었다. R. Roll, "A Critique of the Asset Pricing Theory's Tests," *Journal of Financial Economics* 4 (1977): 129-176.

다음의 전통적인 연구들이 CAPM을 개발하였다. J. Lintner, "the Valuation of Risk Assets and the Selection of Risky Investments in Stock Portfolios and Capital Budgets," *Review of Economics and Statistics* 47 (February 1965): 13-37; J. Mossin, "Equilibrium in a Capital Asset market," *Econometrica* 34 (1966): 768-783; W. Sharpe, "Capital Asset Prices: A theory of Market Equilibrium under Conditions of Risk," *Jounal of Finance* 19 (September 1964): 425-442; and J. Treynor, "Toward a Theory of the Market Value of Risky Assets," unpublished manuscript (1961).

연습문제

* 표시는 난이도가 높은 문제다.

포트폴리오의 기대 수익률

1. 당신은 퇴직 저축의 일부를 어떻게 투자할 것인가를 고려 중이다. 3개의 주식에 $200,000를 투자하기로 결정하였다. 골드핑거(현재 주당 $25)에 50%, 무스헤드에 25%(현재 주당 $80), 벤처 어소시에이트(현재 주당 $25)에 나머지 투자. 만약 골드핑거가 주당 $30로 상승하면, 무스헤드가 $60로 하락하고 벤처 어소시에이트가 $3로 상승한다.
   a. 포트폴리오의 새로운 가치는 얼마인가?
   b. 포트폴리오는 얼마를 벌었는가?
   c. 가격 변화 이후에 매입이나 매도를 하지 않으면, 새로운 포트폴리오의 비중은 어떻게 되었나?

2. 당신은 3개의 주식을 가지고 있다. 애플 컴퓨터 600주, 시스코 시스템즈 10,000주, 콜게이트-팔모리브 5,000주. 현재 애플, 시스코, 콜게이트-팔모리브의 주가와 기대 수익률은 각각 $500, $20, $100와 12%, 10%, 8%이다.
   a. 포트폴리오에서 세 주식의 포트폴리오 비중은 어떻게 되나?
   b. 당신 포트폴리오의 기대 수익률은 얼마인가?
   c. 애플과 시스코 주식이 각각 $25, $5 상승하고, 콜게이트-팔모리브는 $13 하락하였다. 새로운 포트폴리오의 비중은 어떻게 되었나?
   d. 주식의 기대 수익률들이 그대로 유지된다면, 새로운 가격에서 포트폴리오의 기대 수익률은 얼마인가?

3. 아래 표의 3개 주식으로만 구성된 세상을 생각해보자.

주식	총 발행주식 수	주당 현재 가격	기대 수익률
퍼스트 뱅크	100 백만	$100	18%
패스트 무버	50 백만	$120	12%
퍼니 본	200 백만	$30	15%

   a. 현재 모든 발행주식의 총가치는 얼마인가?
   b. 모든 발행주식 총가치에서 각 주식이 차지하는 비중은 얼마인가?
   c. 당신은 시장 포트폴리오를 보유하고 있다. 즉, (b)에서 계산된 비중(각 주식의 비중은 전체 가치에서 차지하는 비율임)에 해당하는 포트폴리오를 가지고 있다. 당신 포트폴리오의 기대 수익률은 얼마인가?

4. 포트폴리오의 기대 수익률을 계산하는 방법은 두 가지가 있다. 포트폴리오 전체의 가치 변화와 배당에 의

한 기대 수익률을 계산하거나, 아니면 포트폴리오를 구성하는 개별 주식 기대 수익률의 가중평균을 계산하는 것이다. 어떤 수익률이 더 높을까?

두 주식으로 구성된 포트폴리오의 변동성

5. 다음의 자료를 이용하여 (a) 각 주식의 평균 수익률과 변동성, (b) 두 식의 공분산, (c) 두 주식의 상관계수를 추정하라.

연도	2010	2011	2012	2013	2014	2015
주식 A	−10%	20%	5%	−5%	2%	9%
주식 B	21%	7%	30%	−3%	−8%	25%

6. 5번 문제의 자료를 이용하여 주식 A에 50%, 주식 B에 50%를 투자하는 포트폴리오를 생각하자.

   a. 이 포트폴리오의 연별 수익률은 어떻게 되나?

   b. (a)에서의 결과에 의해 포트폴리오의 평균 수익률과 변동성을 계산하라.

   c. (i) 이 포트폴리오의 평균 수익률이 두 주식의 평균 수익률의 평균과 같고, (ii) 이 포트폴리오의 변동성이 식 (11.19)에서 계산된 것과 같다는 것을 보여라.

7. 5번 문제에서의 추정치를 사용하여 주식 A에 70%, 주식 B에 30% 투자한 포트폴리오의 변동성(표준편차)을 계산하라.

8. 표 11.3의 자료를 이용하여 알래스카 항공과 사우스웨스트 항공 주식의 공분산을 계산하라.

9. 상관계수가 1인 두 주식이 있다. 첫 주식이 금년에 평균 초과 수익률을 냈다면, 두 번째 주식이 평균 초과 수익률을 낼 확률은 얼마인가?

10. 아보 시스템과 젠코어 주식이 모두 40%의 변동성을 갖는다. 양 주식의 상관계수가 (a) +1, (b) 0.50, (c) 0, (d) −0.50일 때 각 주식에 50%씩 투자된 포트폴리오의 변동성을 계산하라. 어떤 경우에 변동성이 원래 주식보다 작아지는가?

11. 애디슨 인쇄소 주식이 30%의 변동성을 갖는 데 비해, 웰슬리 출판사 주식은 60%의 변동성을 갖는다. 두 주식의 상관계수가 25%라면, 애디슨과 웰슬리의 비중이 다음과 같을 때 포트폴리오의 변동성은 얼마인가? (a) 100% 애디슨, (b) 75% 애디슨, 25% 웰슬리, (c) 50% 애디슨, 50% 웰슬리.

12. 에이번과 노바 주식은 각각 50%와 25%의 변동성을 가지고, 그들은 완전한 음(−)의 상관계수를 가진다. 이 두 주식의 어떤 포트폴리오가 0의 위험을 가지는가?

13. 텍스 주식은 40%의 변동성을, 멕스 주식은 20%의 변동성을 가진다. 텍스와 멕스는 상관관계가 없다.

   a. 두 주식의 어떤 포트폴리오가 멕스와 같은 변동성을 가지는가?

   b. 두 주식의 어떤 포트폴리오가 가장 작은 변동성을 가지는가?

대형 포트폴리오의 변동성

14. 표 11.1의 자료를 이용한다.

   a. 노스 항공에 25%, 웨스트 항공에 25%, 텍스 정유에 50% 투자된 포트폴리오의 연별 수익률을 계산하라.

   b. (a)에서 포트폴리오의 가장 낮은 연별 수익률은 얼마인가? 이 수익률을 표 11.1의 개별 주식 또는 포트폴리오의 가장 낮은 연별 수익률과 비교하라.

15. 표 11.3의 자료를 이용하여 마이크로소프트, 알래스카 항공, 포드 자동차 주식으로 구성된 동일가중 포트폴리오의 변동성을 계산하라.

16. 평균 주식의 변동성은 50%이고, 상관계수는 20%이다. (a) 1 주식, (b) 30 주식, (c) 1,000 주식으로 구성된 동일가중 포트폴리오의 변동성은 얼마인가?

17. 주식들이 50%의 변동성과 40%의 상관계수를 가지는 산업 내에서 포트폴리오가 점점 커질수록 동일가중 포트폴리오의 변동성은 얼마가 되는가?

18. 각 주식이 40%의 변동성과 20%의 상관계수를 가지는 경우 동일가중 포트폴리오를 생각해보자.

    a. 주식의 수가 점점 많아질수록 포트폴리오의 변동성은 얼마가 되는가?

    b. 이 대형 포트폴리오와 각 주식의 평균 상관계수는 얼마인가?

19. 주식 A는 65%의 변동성을 가지고, 당신의 현재 포트폴리오와 10%의 상관계수를 가진다. 주식 B는 30%의 변동성을 가지고, 당신의 현재 포트폴리오와 25%의 상관계수를 가진다. 어떤 것이 당신 포트폴리오의 변동성을 증가시키는가? (i) 주식 B를 조금 매도하고, 매도 금액으로 주식 A에 투자함, 또는 (ii) 주식 A를 조금 매도하고, 매도 대금으로 주식 B에 투자함.

20. 당신은 현재 3개의 주식(델타, 감마, 오메가)으로 구성된 포트폴리오를 보유하고 있다. 델타는 60%의 변동성을, 감마는 30%의 변동성을, 오메가는 20%의 변동성을 가진다. 당신의 자금을 델타에 50%, 감마와 오메가에 25%씩 투자하였다.

    a. 당신 포트폴리오의 가능한 가장 높은 변동성은 얼마인가?

    b. 만약 당신의 포트폴리오가 (a)에서의 변동성을 가진다면, 델타와 오메가의 상관계수가 어떨 것이라고 결론을 내릴 수 있을까?

위험과 수익률 : 효율적 포트폴리오의 선택

21. 포드 자동차 주식은 20%의 기대 수익률과 40%의 변동성을 가지고, 몰슨-쿠어스는 10%의 기대 수익률과 30%의 변동성을 가진다. 두 주식은 아무런 상관관계를 갖지 않는다.

    a. 두 주식으로 구성된 동일가중 포트폴리오의 기대 수익률과 변동성은 얼마인가?

    b. (a)에서의 답변에 의할 때, 당신의 모든 자금을 몰슨-쿠어스에 투자하는 것이 두 주식의 효율적 포트폴리오의 하나가 되는가?

22. 코카콜라가 6%의 기대 수익률과 25%의 변동성을 가지는 데 비해, 인텔 주식은 26%의 기대 수익률과 50%의 변동성을 가진다고 하자. 두 주식이 완전한 음(−)의 상관관계를 가진다고 하자(즉, 상관계수가 −1이다).

    a. 모든 위험을 제거하는 포트폴리오 비중을 계산하라.

    b. 차익거래의 기회가 없다면 이 경제에서 무위험 이자율은 얼마인가?

23~26번 문제에서 존슨 앤 존슨과 월그린 부츠 얼라이언스는 22%의 상관계수와 아래의 기대 수익률 및 변동성을 가진다.

	기대 수익률	표준편차
존슨 앤 존슨	7%	16%
월그린 부츠 얼라이언스	10%	20%

23. (a) 존슨 앤 존슨과 월그린 주식에 동일하게 투자된 포트폴리오의 (a) 기대 수익률과 (b) 변동성(표준편차)을 계산하라.

24. 23번 문제에서 존슨 앤 존슨과 월그린 주식의 상관계수가 증가했다고 하자.

    a. 포트폴리오의 기대 수익률이 상승 또는 하락했을까?

    b. 포트폴리오의 변동성이 상승 또는 하락했을까?

25. 존슨 앤 존슨에 $10,000 매입 포지션과 월그린에 $2,000 매도 포지션을 가지는 포트폴리오의 (a) 기대 수익률과 (b) 변동성(표준편차)을 계산하라.

*26. 23번 문제와 동일한 자료를 이용하여 존슨 앤 존슨과 월그린 주식의 다양한 포트폴리오 비중에 따르는 포트폴리오들의 기대 수익률과 변동성을 계산하라. 포트폴리오 변동성의 함수로 기대 수익률을 표시하라.

그래프를 이용하여 두 주식의 효율적 결합을 제공하는 존슨 앤 존슨의 비중(가장 가까운 % 포인트로 반올림한 값)의 범위를 찾으라.

27. 어떤 헤지 펀드가 두 주식으로 구성된 포트폴리오를 만들었다. 오라클 주식 $35,000,000를 공매도 하고, 인텔 주식 $85,000,000를 매입하였다. 오라클과 인텔의 상관계수는 0.65이다. 두 주식의 기대 수익률과 표준편차는 아래의 표와 같다.

	기대 수익률	표준편차
오라클	12.00%	45.00%
인텔	14.50%	40.00%

　a. 헤지 펀드 포트폴리오의 기대 수익률은 얼마인가?

　b. 헤지 펀드 포트폴리오의 표준편차는 얼마인가?

28. 27번 문제의 포트폴리오를 생각해보자. 인텔과 오라클 주식의 상관계수가 증가하는 것을 제외하고는 아무 것도 변하지 않았다. 이 변화에 의해 포트폴리오 위험은 어떻게 변할까?

*29. 프레드는 30%의 변동성을 가지는 포트폴리오를 보유하고 있다. 그는 40%의 변동성을 가지는 주식을 약간 공매도 하고 매도 대금을 자신의 포트폴리오에 더 투자하고자 한다. 이 거래가 포트폴리오의 위험을 감소시킨다면, 그가 공매도한 주식과 포트폴리오 간의 가능한 최소 상관계수는 얼마인가?

30. 타깃 주식은 20%의 기대 수익률과 40%의 변동성을 가진다. 허쉬 주식은 12%의 기대 수익률과 30%의 변동성을 가지고, 두 주식은 상관관계가 없다.

　a. 두 주식으로 구성된 동일가중 포트폴리오의 기대 수익률과 변동성은 얼마인가?

　　16%의 기대 수익률과 30%의 변동성을 가지는 새로운 주식을 고려해보자. 이 새 주식이 타깃 및 허쉬 주식과 상관관계가 없다고 하자.

　b. (a)에서의 포트폴리오를 보유하는 것에 비해 이 주식만을 보유하는 것이 매력적인가?

　c. 포트폴리오에 새로운 주식을 추가하여 (a)에서의 포트포리오를 개선할 수 있을까?

31. 당신은 투자 자금 $10,000를 보유하고 있다. 구글에 $20,000를 투자하고 야후 $10,000를 공매도 하기로 하였다. 구글은 15%의 기대 수익률과 30%의 변동성을, 야후는 12%의 기대 수익률과 25%의 변동성을 가진다. 두 주식의 상관계수는 0.9이다. 이 포트폴리오의 기대 수익률과 변동성은 얼마인가?

32. HGH 주식은 내년에 20%의 수익률과 20%의 변동성을 가질 것으로 기대된다. 당신은 $25,000의 투자 자금을 가지고 있지만, KBH나 LWI 주식의 공매도로 추가적인 $25,000를 조달하여 HGH에 $50,000를 투자하기로 계획하였다. KBH와 LWI는 모두 10%의 기대 수익률과 20%의 변동성을 가진다. 만약 KBH와 HGH의 상관계수가 +0.5이고, LWI와 HGH의 상관계수가 −0.5이면, 어느 주식을 공매도 하는 것이 좋을까?

무위험 저축과 차입

*33. 당신은 현금 $100,000를 가지고 있고, 주식시장에 투자하기 위해서 4% 이자율로 $15,000를 차입하기로 하였다. 당신은 $115,000를 15%의 기대 수익률과 25%의 변동성을 가지는 포트폴리오 J에 투자할 것이다.

　a. 당신 투자의 기대 수익률과 변동성은 얼마인가?

　b. J가 1년 동안 25% 상승한다면 당신의 실현 수익률은 얼마인가?

　c. J가 1년 동안 20% 하락한다면 당신의 실현 수익률은 얼마인가?

34. 당신은 $100,000의 투자 자금을 가지고 있다. $50,000를 차입하여 시장에 $150,000를 투자하고자 한다.

　a. 무위험 이자율이 5%이고 시장의 기대 수익률이 10%라면, 당신 투자의 기대 수익률은 얼마인가?

　b. 시장 변동성이 15%라면, 당신 투자의 변동성은 얼마인가?

35. 당신은 현재 12%의 기대 수익률과 8%의 변동성을 가지는 포트폴리오에 투자하고 있다. 무위험 이자율이 5%이고, 20%의 기대 수익률과 12%의 변동성을 가지는 다른 투자 대안이 있다.

    a. 어떤 포트폴리오가 동일한 변동성을 가지면서 당신의 포트폴리오보다 더 높은 기대 수익률을 가지는가?

    b. 어떤 포트폴리오가 동일한 기대 수익률을 가지면서 당신의 포트폴리오보다 더 낮은 변동성을 가지는가?

36. 무위험 이자율이 4%이다. 당신은 재무 설계사로 아래의 펀드 중 하나를 고객들에게 추천해야 한다. 어떤 펀드를 추천해도 당신의 고객은 그들의 선호 위험 수준에 따라 추천 펀드와 무위험 차입 또는 대출을 결합할 것이다.

	기대 수익률	변동성
펀드 A	10%	10%
펀드 B	15%	22%
펀드 C	6%	2%

고객의 위험 선호도를 모르는 상태에서 어떤 펀드를 추천할 것인가?

37. 주어진 변동성 수준에서 모든 투자자가 가능한 최대의 기대 수익률을 가지는 포트폴리오를 보유하고 싶다고 가정하자. 무위험 자산이 존재할 때 모든 투자자가 동일한 위험 주식의 포트폴리오를 선택하는 이유를 설명하라.

효율적 포트폴리오와 요구 수익률

38. 당신은 무위험 증권과 함께 다양한 주식과 증권들에 투자하면서 12%의 기대 수익률과 25%의 변동성을 가지는 탱글우드 펀드에 투자하고 있다. 현재 무위험 이자율은 4%이다. 당신의 브로커는 현재의 포트폴리오에 벤처 캐피털 펀드를 추가하라고 추천하였다. 벤처 캐피털 펀드는 20%의 기대 수익률과 80%의 변동성을 가지고, 탱글우드 펀드와의 상관계수는 0.2이다. 요구 수익률을 계산하고, 이를 이용하여 당신의 포트폴리오에 벤처 캐피털 펀드를 추가할 것인가를 결정하라.

39. 당신의 현재 포트폴리오가 주어진 상태에서 당신의 요구 수익률을 초과하는 기대 수익률을 가지는 시장 투자 기회가 존재하다는 것을 알았다. 현재 포트폴리오에 대해서 어떻게 생각하는가?

40. 옵티마 뮤추얼 펀드는 20%의 기대 수익률과 20%의 변동성을 가진다. 옵티마는 어떤 포트폴리오도 더 높은 샤프 비율을 제공하지 못한다고 주장한다. 이 주장이 진실이고 무위험 이자율이 5%라고 하자.

    a. 옵티마의 샤프 비율은 얼마인가?

    b. 이베이 주식이 40%의 변동성과 11%의 기대 수익률을 가진다면, 옵티마 펀드와의 상관계수는 얼마인가?

    c. 서브옵티마 펀드가 옵티마 펀드와 80%의 상관계수를 가진다면, 서브옵티마 펀드의 샤프 비율은 얼마인가?

41. 당신은 현재 (무위험 증권을 제외하고) 나타샤 펀드에 투자하고 있다. 이 펀드는 14%의 기대 수익률과 20%의 변동성을 가진다. 현재 무위험 이자율은 3.8%이다. 당신의 브로커는 당신의 포트폴리오에 한나 주식회사를 추가하라고 추천한다. 한나 주식회사는 20%의 기대 수익률과 60%의 변동성을 가지고, 나타샤 펀드와의 상관계수는 0이다.

    a. 당신의 브로커가 옳은가?

    b. 브로커의 조언에 따라 한나 주식에 상당한 금액을 투자해서, 위험 투자로 나타샤 펀드는 60%, 한나 주식은 40%가 되었다. 이 투자에 대해서 재무 교수는 실수하는 것이라고 하면서 한나 투자를 축소해야 한다고 말한다. 당신의 재무 교수가 옳은가?

    c. 재무 교수의 조언을 받아들여서 한나에 대한 노출을 감소시키기로 하였다. 이제 한나는 위험 포트폴리오의 15%가 되었고, 나머지는 나타샤 펀드에 투자되었다. 15%가 한나 주식의 올바른 보유 규모인가?

42. 41번 문제에서 3개 포트폴리오의 샤프 비율을 계산하라. 한나 주식의 비중을 어떻게 하면 샤프 비율을 최대로 만드는가?

43. 38번 문제에서 브로커의 조언에 따라 당신 자금의 50%를 벤처 펀드에 넣으려고 한다.

    a. 탱글 펀드의 샤프 비율은 얼마인가?

    b. 새로운 포트폴리오의 샤프 비율은 얼마인가?

    c. 벤처 펀드에 얼마를 투자하는 것이 최적이 되는가? (힌트 : 엑셀을 사용하여 소수 두 번째 자리까지 계산하라.)

자본자산 가격결정 모형

44. CAPM이 위험의 가격을 정확하게 결정한다면 시장 포트폴리오는 효율적이다. 왜 그런지 설명하라.

45. 대형 제약회사인 DRIg는 암의 잠재적인 치료약 개발을 발표하였다. 하루 만에 주가가 $5에서 $100로 상승하였다. 어떤 친구가 당신에게 DRIg를 매입하라고 전화하였다. 당신도 역시 그러겠다고 응답하였다. 당신은 상당 기간 친구였기 때문에 그가 당신처럼 시장 포트폴리오에 투자하였고, 이 주식에도 투자하였다는 것을 알고 있다. 그와 당신은 기대 수익률과 변동성에만 관심이 있다. 무위험 이자율은 365일 기준의 APR로 3%이다. DRIg는 뉴스 발표 이전에 시장 포트폴리오의 0.2%를 구성하고 있었다.

    a. 발표 시점에 당신의 전체 부는 1% 상승하였다. (다른 모든 가격 변화는 서로 상쇄되어서 DRIg를 제외한 시장 수익률은 전혀 변하지 않았다.) 당신은 얼마나 투자하였는가?

    b. 당신 친구의 전체 부는 2% 상승하였다. 당신 친구는 얼마나 투자하였는가?

46. 당신의 투자 포트폴리오는 마이크로소프트 한 주식으로만 구성되어 있다. 무위험 이자율이 5%이고, 마이크로소프트 주식은 12%의 기대 수익률과 40%의 변동성을 가지고 있으며, 시장 포트폴리오는 10%의 기대 수익률과 18%의 변동성을 가진다. CAPM의 가정하에서 다음에 대해 답하라.

    a. 어떤 투자 대안이 마이크로소프트와 동일한 기대 수익률을 가지면서 가능한 가장 낮은 변동성을 가지는가? 이 투자의 변동성은 얼마인가?

    b. 어떤 투자 대안이 마이크로소프트와 동일한 변동성을 가지면서 가능한 가장 높은 기대 수익률을 가지는가? 이 투자의 기대 수익률은 얼마인가?

47. 세상의 모든 주식을 2개의 서로 배타적인 포트폴리오로 나누었다. 성장 주식과 가치 주식. (즉, 각 주식은 하나의 포트폴리오에만 포함된다.) 두 포트폴리오는 (전체 가치 측면에서) 동일한 규모를 가지고, 상관계수가 0.5이며, 다음의 특성을 가진다.

	기대 수익률	변동성
가치 주식	13%	12%
성장 주식	17%	25%

무위험 이자율은 2%이다.

    a. (두 포트폴리오의 50-50 결합인) 시장 포트폴리오의 기대 수익률과 변동성은 얼마인가?

    b. 이 경제에서 CAPM이 성립하는가? (힌트 : 시장 포트폴리오가 효율적인가?)

위험 프리미엄의 결정

48. 무위험 이자율은 4%이고, 시장 포트폴리오는 10%의 기대 수익률과 16%의 변동성을 가진다. 머크 앤 컴퍼니(MRK)는 20%의 변동성을 가지며 시장과의 상관계수는 0.06이다.

    a. MRK의 시장 베타는 얼마인가?

    b. CAPM의 가정하에서 MRK의 기대 수익률은 얼마인가?

49. 다음의 세 주식으로 구성된 포트폴리오를 생각하자.

	포트폴리오 비중	변동성	시장 포트폴리오와의 상관계수
HEC 기업	0.25	12%	0.4
그린 미젯	0.35	25%	0.6
얼라이브 앤 웰	0.4	13%	0.5

시장 포트폴리오의 변동성은 10%이고 기대 수익률은 8%이다. 무위험 이자율은 3%이다.

　a. 각 주식의 베타와 기대 수익률을 계산하라.

　b. (a)에서의 답변에 근거하여 포트폴리오의 기대 수익률을 계산하라.

　c. 포트폴리오의 베타는 얼마인가?

　d. (c)에서의 답변에 근거하여 포트폴리오의 기대 수익률을 계산하고 이것이 (b)에서의 답변과 일치하는 지를 증명하라.

50. 오토데스크 주식은 2.16의 베타를 가지고, 코스트코 주식은 0.69의 베타를 가진다. 무위험 이자율이 4%이고 시장 포트폴리오의 기대 수익률은 10%라고 하면, CAPM에 따르면 오토데스크 60%, 코스트코 40%로 구성된 포트폴리오의 기대 수익률은 얼마인가?

51. 제로-베타 주식의 위험 프리미엄은 얼마인가? 포트폴리오에서 제로-베타 주식을 무위험 자산으로 대체하여 기대 수익률에는 변함이 없이 포트폴리오의 변동성을 낮출 수 있는가?

데이터 사례

당신의 관리자는 제10장에서 12개 주식 수익률과 표준편차를 분석하는 작업이 마음에 들어서 분석을 계속 진행하기를 원하고 있다. 특히 다음과 같은 주식 포트폴리오의 갱신을 원하고 있다.

■ 새로운 12개 주식 포트폴리오에 대해 최선의 위험과 수익률 결합을 제공하는 최적 포트폴리오 재구성

■ 동일가중 포트폴리오 방법에 대비하여 최적 비중을 사용하면 수익률과 위험이 개선된다는 것을 보임

엑셀의 해 찾기(Solver) 함수를 이용하여 이 분석을 수행하라. (다른 대안으로는 시간을 들여서 시행착오 방법에 의해 최적 비중을 구하는 것이다.)

1. 제10장에서 분석된 동일가중 포트폴리오로 시작하라. 포트폴리오 비중에 의존하는 공식을 사용하여 포트폴리오의 기대 수익률을 정하자. 먼저 모든 비중을 1/12로 하자. 포트폴리오 비중을 변화시켜 분리된 셀들에 각 주식의 비중을 기입하고 다른 셀에 모든 비중의 합계를 계산한다. 각 월의 포트폴리오 수익률은 이 비중들을 이용하여 엑셀의 해 찾기가 계산한다.

2. 포트폴리오의 월별 평균 수익률과 표준편차 값을 계산하라. 해석이 편리하도록 이 값들을 (제10장에서처럼) 연율화하라.

3. 공매도가 허용되지 않을 경우 효율적 프런티어를 계산하라. 엑셀의 해 찾기를 사용하라. (분석 도구의 데이터 탭에 있음)* 해 찾기 모수를 다음과 같이 정한다.

　a. 목표 셀을 관심 셀로 정하여 그 셀이 (연율화된) 포트폴리오의 표준편차를 계산하도록 한다. 이 값을 최소화하라.

---

* 해 찾기 기능이 없으면 그 기능을 엑셀에 추가하여야 한다(역주 : 아래 내용은 한글 엑셀 2016을 기준으로 작성하여 원문과는 약간 다르다).
  1. 파일 탭을 클릭하고, 맨 밑의 옵션을 클릭하라.
  2. 엑셀 옵션의 관리 상자가 나오면, 추가 기능을 클릭하고, 다시 해 찾기 추가기능을 클릭한다.
  3. 그리고 하단의 Excel 추가 기능 상자 오른쪽의 이동 탭을 클릭한다.
  4. 사용 가능한 추가 기능의 모든 상자에 체크를 한다.
  5. 이제 메뉴의 데이터를 클릭하면 맨 오른쪽에 분석이라는 섹션이 나오고, 여기에 데이터 분석과 해 찾기가 포함되어 있다. 이제부터 해 찾기 기능이 작동한다.

b. 콘트롤 키와 함께 각 주식의 비중을 포함하는 12개 셀 각각을 클릭하여 "셀 바꾸기(By Changing Cells)"를 시행한다.

c. "제약식(Subject to the Constraints)" 상자 옆의 추가하기 단추를 클릭하여 제약식을 추가한다. 제약식 중의 하나는 0보다 크거나 같은 각 주식의 비중이 될 것이다. 제약식을 개별적으로 계산하라. 두 번째 제약식은 비중의 합이 0이라는 것이다.

d. 가장 작은 표준편차를 가지는 포트폴리오를 계산하라. 모수가 올바르게 정해지면 "해 찾기(Solver)" 클릭에 의해 해답을 얻어야 한다. 오류가 있다면 제약식을 포함하여 모수들을 다시 확인할 필요가 있다.

4. 기대 수익률의 목표 수준에 대해 가장 작은 표준편차를 가지는 포트폴리오를 계산하라.

a. 최소 분산 포트폴리오보다 2% 높은 기대 수익률을 가지는 포트폴리오를 찾으라. 그러기 위해서 (연율화된) 포트폴리오 수익률이 목표 수준과 같도록 하는 제약식을 추가하라. "해 찾기"를 클릭하고 해답인 표준편차와 평균 수익률을 기록하라. (평균 수익률이 목표와 같음을 확인하라. 그렇지 않으면 제약식을 확인하라.)

b. 목표 수익률을 2%씩 증가시키면서 (a) 절차를 반복하여 각 결과를 기록하라. 목표 수익률을 계속 증가시켜서 해 찾기가 더 이상 해답을 발견하지 못할 때까지 기록하라.

c. 어느 수준에서 해 찾기가 해답을 발견하지 못하는가? 왜 그런가?

5. 공매도가 허용되지 않는 효율적 프런티어를 그리라. 그러기 위해서 최소 분산 포트폴리오와 4번 절차에서 계산된 포트폴리오 자료를 이용하여, x-축에 포트폴리오 표준편차, y-축에 수익률을 나타내는 (제10장에서 한 것과 비슷한) XY 산포도를 표시하라. 이 포트폴리오들을 제10장에서 분석된 동일가중 포트폴리오의 평균과 표준편차와 비교하라.

6. 각 포트폴리오 비중이 0보다 크거나 같다는 제약식을 제거하여 공매도가 허용된 분석을 다시 하라. 최소 분산 포트폴리오와 연율화된 포트폴리오 수익률이 0.05, 0.1, 0.2, 0.3, 0.4일 때의 (연율화된) 표준편차를 계산하기 위하여 해 찾기를 사용하라. 제약이 없는 효율적 프런티어를 XY 산포도에 표시하라. 공매도의 허용이 프런티어에 어떤 영향을 미치는가?

7. 매월 0.05%의 수익률을 가지는 새로운 무위험 증권을 추가하여 당신의 분석을 다시 하라. 월별 포트폴리오 수익률을 계산할 때 이 증권의 비중을 포함하라. 즉, 12개 주식과 무위험 증권에 해당하는 13개의 비중이 있을 것이다. 다시 이 비중들의 합은 1이 되어야 한다. 공매도를 허용할 때 연율화된 포트폴리오 수익률이 0.05, 0.1, 0.2, 0.3, 0.4인 경우 (연율화된) 표준편차를 계산하기 위하여 해 찾기를 사용하라. 그 결과를 동일한 XY 산포도에 표시하고 최적 포트폴리오의 포트폴리오 비중을 기록하라. 목표 수익률을 변경할 때 포트폴리오의 다른 주식들의 상대적인 비중이 어떻게 변하는가? 접점 포트폴리오를 찾을 수 있는가?

주석 : 이 사례 분석에 대한 갱신은 www.berkdemarzo.com에서 찾을 수 있다.

무위험 이자율이 다를 경우의 CAPM

이 장에서 우리는 투자자들이 저축이나 차입의 경우 동일한 무위험 이자율을 가진다고 가정하였다. 실무적으로 투자자들은 차입할 때 지불하는 것보다 저축할 때 더 낮은 이자를 받는다. 예를 들어 브로커로부터의 단기 신용 대출은 미 재무부 단기채의 이자율보다 1~2% 더 높을 것이다. 은행, 연금 펀드, 그리고 상당한 담보를 가지는 투자자들은 무위험 이자율의 1%(포인트) 이내로 차입할 수 있지만, 거기에도 차이가 존재한다. 이자율의 이런 차이가 CAPM의 결론에 영향을 미칠까?

저축과 차입이 다른 이자율을 가지는 효율적 프런티어

그림 11A.1은 저축과 차입이 서로 다른 이자율을 가질 때 위험과 수익률의 결과를 표시하고 있다. 이 그래프에서 $r_S = 3\%$는 무위험 저축과 또는 대출 이자율이고, $r_B = 6\%$는 차입 이자율이다. 각 이자율은 각각 T_S와 T_B로 표시된 서로 다른 접점 포트폴리오와 관계가 있다. 낮은 위험 포트폴리오를 원하는 보수적인 투자자는 아래쪽 녹색선상의 위험 수익률 조합을 얻기 위해서 포트폴리오 T_S와 저축 이자율 r_S를 결합한다. 높은 기대 수익률을 원하는 적극적 투자자는 이자율 r_B로 차입된 자금을 이용하여 T_B에 투자할 수 있다. 차입의 양을 조절하여 투자자는 위쪽 초록색선상의 위험과 수익률 조합을 얻을 수 있다. 위쪽 선의 조합은 투자자들이 r_S로 차입할 경우보다 바람직하지 않지만, 투자자는 더 낮은 이자율로 차입할 수 없다. 마지막으로 중간 정도의 선호도를 가지는 투자자들은 차입이나 대출과는 관계없는 T_S와 T_B를 연결하는 빨간 곡선상의 포트폴리오를 선택할 수 있다.

따라서 차입과 대출 이자율이 다를 경우 다른 선호도를 가지는 투자자들은 위험 증권의 서로 다른 포트폴리오들을 선택할 것이다. T_S와 T_B를 연결하는 곡선상의 어떤 포트폴리오가 선택될 수 있다. 따라서 시장 포트폴리오는 위험 투자의 유일한 효율적 포트폴리오라는 CAPM의 첫 번째 결론은 더 이상 타당하지 않게 된다.

서로 다른 이자율을 가지는 증권시장선

기업재무를 위한 CAPM의 더 중요한 결론은 투자의 위험을 요구 수익률에 대응시키는 증권시장선이다. 이자율이 다를 때에도 SML은 타당하다는 결론이 밝혀졌다. 왜 그런지 알기 위하여 다음의 결과를 사용할 것이다.

위험 투자의 효율적 포트폴리오상의 포트폴리오 조합은 위험 투자의 효율적 프런티어상에만 있다.[12]

모든 투자자가 T_S와 T_B를 연결하는 효율적 프런티어상의 포트폴리오를 보유하고, 그들은 총체적으로 시장 포트폴리오를 보유하고 있기 때문에, 시장 포트폴리오는 T_S와 T_B를 연결하는 프런티어상에 있다. 결과적으로 시장 포트폴리오는 그림 11A.1의 점선에 의해 표시되었듯이 r_S와 r_B 사이의 무위험 이자율 r^*와의 접점이 된다. 증권시장선의 결정이 어떤 이자율에 대한 접점이 되는 시장 포트폴리오에 의존하기 때문에 SML은 다음의 형태로 성립한다.

---

12 이 결과를 직관적으로 이해하기 위하여 효율적 프런티어상의 포트폴리오들은 분산 가능한 위험을 포함하지 않는다. (그렇지 않으면 기대 수익률의 감소 없이 위험을 감소시킬 수 있다.) 그러나 분산 가능한 위험을 포함하지 않는 포트폴리오의 조합도 분산 가능한 위험을 포함하지 않기 때문에 그것도 효율적이다.

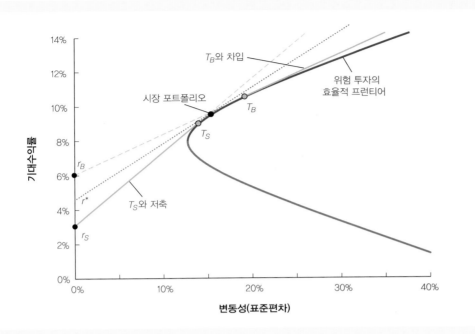

그림 11A.1

저축과 차입이 다른 이자율을 가지는 CAPM

r_S로 저축하는 투자자들은 포트폴리오 T_S에 투자하고, r_B로 차입하는 투자자들은 포트폴리오 T_B에 투자할 것이다. 어떤 투자자들은 저축도 차입도 하지 않고 T_S와 T_B를 연결하는 효율적 프런티어상의 포트폴리오에 투자할 것이다. 모든 투자자가 T_S와 T_B 사이의 효율적 프런티어상의 포트폴리오를 선택하기 때문에, 시장 포트폴리오는 그들 사이의 효율적 프런티어상에 있다. 시장 포트폴리오를 통과하는 점선의 접선은 SML에 사용될 수 있는 이자율 r^*를 결정한다.

$$E[R_i] = r^* + \beta_i \times (E[R_{Mkt}] - r^*) \tag{11A.1}$$

즉, SML은 r_f 대신에 r_S와 r_B 사이의 이자율 r^*에 의해 성립한다. 이자율 r^*는 경제 내에서 저축자와 차입자의 비율에 의해 결정된다. 그러나 이런 비율을 알지 못할지라도, 저축과 차입 이자율이 서로 근접해 있으면, r^*는 좁은 범위에 있어야만 하기 때문에, 우리는 기대 수익률의 합리적인 추정을 하기 위하여 식 (11A.1)을 사용할 수 있다.[13]

우리는 무위험 이자율의 선택에 관하여 비슷한 주장을 할 수 있다. 제6장에서 언급하였듯이 수익률 곡선에 의해서 무위험 이자율은 투자 기간에 따라 변한다. 최적 포트폴리오를 선택할 때, 투자자는 투자 기간에 상응하는 무위험 이자율을 이용하여 접선을 찾을 것이다. 모든 투자자의 투자 기간이 동일하다면 투자 기간에 상응하는 무위험 이자율이 SML을 결정할 것이다. 투자자들의 투자 기간이 서로 다르다면 식 (11A.1)은 각 투자 기간을 가지는 투자자의 비율에 따른 수익률 곡선상의 어떤 r^*에 대해서 성립할 것이다.[14]

---

13 이 결과는 다음 논문에서 보여주었다. M. Brennan, "Capital Market Equilibrium with Divergent Borrowing and Lending rates," *Journal of Financial and Quantitative Analysis* 6 (1971): 1197-1205.

14 이 절에서의 논의를 무위험 이자율이 존재하지 않는 경우로 일반화할 수 있다. 다음을 참조하라. Fischer Black, "Capital Market Equilibrium with Restricted Borrowing," *Journal of Business* 45 (1972): 444-455, Mark Rubinstein, "The Fundamental Theorem of Parameter-Preference Security Valuation," *Journal of Financial and Quantitative Analysis* 1 (1973): 61-69.

자본비용의 추정

투자 기회의 평가는 재무 담당자의 자본비용 추정을 필요로 한다. 예를 들어 인텔 주식회사의 임원진이 자본 투자 프로젝트를 평가할 때, 프로젝트의 NPV를 결정하기 위하여 적절한 자본비용을 추정하여야 한다. 자본비용은 인텔 투자자들이 새 프로젝트의 위험을 감수하는 것에 대해 보상하는 위험 프리미엄을 포함한다. 인텔은 위험 프리미엄, 즉 자본비용을 어떻게 추정할 수 있을까?

지난 두 장에서 이 질문에 답할 수 있는 방법인 CAPM에 대해서 알아보았다. 이 장에서는 그 지식을 투자 기회에 대한 자본비용 계산에 응용할 것이다. 먼저 기업 주식의 투자에 초점을 맞추어보자. 시장 포트폴리오 찾기와 주식의 베타 추정의 실무적 내용을 포함하여 기업 주식의 자본비용 추정을 알아본다. 그다음에는 수익률이나 베타에 근거하여 타인자본 비용 추정 방법을 소개할 것이다. 그리고 비교 가능한 기업의 무차입 자본비용에 근거하여 새로운 프로젝트의 자본비용 추정법을 학습할 것이다. 마지막으로 차입 프로젝트와 투자의 평가를 위한 도구로 가중평균 자본비용의 개념을 소개할 것이다.

기호

r_i 증권 i의 요구 수익률

$E[R_i]$ 증권 i의 기대 수익률

r_f 무위험 이자율

r_{wacc} 가중평균 자본비용

β_i 투자 i의 시장 베타

MV_i 증권 i의 총(또는 전체) 시가 총액

E 주식의 가치

D 채무의 가치

α_i 증권 i의 알파

τ_C 법인세율

β_U 무차입 또는 자산 베타

β_E 주식의 베타

β_D 채무의 베타

r_E 자기자본 비용

r_D 타인자본 비용

r_u 무차입 자본비용

12.1 자기자본 비용

자본비용은 시장에서 비슷한 위험을 가지는 투자에 대해 얻을 수 있는 최선의 기대 수익률이라는 것을 상기하자. CAPM은 비슷한 위험을 가지는 투자를 확인하는 실무적 방법을 제시하고 있다. CAPM에서 시장 포트폴리오는 경제 내에서 분산 불가능한 위험을 대표하는 잘 분산된, 효율적 포트폴리오이다. 따라서 투자 대안들이 시장 베타에 의해 측정되는 시장 위험 민감도가 동일하다면 그들은 비슷한 위험을 가진 것이다.

어떤 투자 기회의 자본비용은 동일한 베타를 가지는 다른 투자의 기대 수익률과 같다. 이 추정치는 CAPM의 증권시장선에 의해서 제공되는데, 투자 기회의 베타(β_i)가 주어지면 그것의 자본비용은 다음과 같다.

자본비용을 위한 CAPM 공식(증권시장선, SML)

$$r_i = r_f + \underbrace{\beta_i \times (E[R_{Mkt}] - r_f)}_{\text{증권 } i \text{의 위험 프리미엄}}$$

(12.1)

즉, 투자자들은 당해 투자와 동일한 시장 위험을 가질 때 얻을 수 있는 위험 프리미엄을 요구한다.

CAPM의 첫 번째 응용으로 기업 주식의 투자를 생각해보자. 제9장에서 보여준 바와 같이 주식을 평가하기 위해서는 자기자본 비용을 계산할 필요가 있다. 기업 주식의 베타를 안다면 식 (12.1)을 이용하여 자기자본 비용을 추정할수 있다.

예제 12.1 | **자기자본 비용의 계산**

문제

디즈니 주식(DIS)이 20%의 변동성과 1.25의 베타를 가진다고 추정되었다. 비슷하게 추정한 결과 치포틀(CMG)은 30%의 변동성과 0.55의 베타를 가진다. 어떤 주식의 전체 위험이 더 클까? 어떤 주식의 시장 위험이 더 클까? 무위험 이자율이 3%이고 시장의 기대 수익률이 8%인 경우, 디즈니와 치포틀의 자본비용을 계산하라. 어떤 기업의 자기자본 비용이 더 클까?

풀이

총 위험은 변동성에 의해 측정된다. 따라서 치포틀 주식이 디즈니보다 총 위험이 더 크다. 체계적 위험은 베타에 의해 측정된다. 디즈니의 베타가 더 크기 때문에 치포틀보다 시장 위험이 더 크다.

디즈니의 추정된 베타가 1.25이므로 1%의 시장 움직임에 대해서 디즈니 주식은 1.25% 움직일 것으로 예상된다. 따라서 디즈니의 위험 프리미엄은 시장 위험 프리미엄의 1.25배가 되고, 디즈니 주식의 자본비용은 식 (12.1)에 의해 다음과 같이 계산된다.

$$r_{DIS} = 3\% + 1.25 \times (8\% - 3\%) = 3\% + 6.25\% = 9.25\%$$

치포틀은 0.55의 낮은 베타를 가지므로, 치포틀 주식의 자본비용은 디즈니보다 더 작아진다.

$$r_{CMG} = 3\% + 0.55 \times (8\% - 3\%) = 3\% + 2.75\% = 5.75\%$$

시장 위험은 분산이 가능하지 않기 때문에 자본비용을 결정하는 것은 시장 위험이다. 따라서 디즈니는 치포틀보다 변동성이 작지만 자기자본 비용은 더 크다.

예제 12.1의 계산은 매우 쉽지만 실제로 이를 수행하기 위해서는 많은 입력 요인이 필요하다. 특히 다음 작업을 해야 한다.

■ 시장 포트폴리오를 구성하여 무위험 이자율을 초과하는 시장의 기대 수익률을 결정해야 한다.

■ 주식의 베타 또는 시장 포트폴리오에 대한 민감도를 추정해야 한다.

다음 두 절에서는 입력 요인들의 추정에 대해서 더 자세히 설명할 것이다.

개념 확인

1. CAPM에 의하면 어떤 포트폴리오와 비교하여 투자의 자본비용을 결정할 수 있는가?
2. CAPM을 이용하여 기업의 자기자본 비용을 추정하기 위하여 어떤 입력 요인이 필요한가?

12.2 시장 포트폴리오

CAPM을 응용하기 위해서는 먼저 시장 포트폴리오를 찾아야 한다. 이 절에서는 시장 포트폴리오의 구성과 시장 포트폴리오를 대표하기 위해 사용되는 일반적인 대용치 및 시장 위험 프리미엄의 추정에 대해서 알아보고자 한다.

시장 포트폴리오의 구성

시장 포트폴리오는 증권의 총공급이기 때문에 각 증권의 비중은 전체 시장에서 당해 증권이 차지하는 시가총액 비율에 따라 결정된다. 따라서 시장 포트폴리오는 대형주를 많이, 소형주를 적게 포함한다. 특히 증권 i의 투자는 총 발행주식의 시장가치인 시가총액에 비례한다.

$$MV_i = (i의\ 총\ 발행주식\ 수) \times (i의\ 주당\ 가격) \tag{12.2}$$

이에 의해 각 증권의 포트폴리오 비중을 계산할 수 있다.

$$x_i = \frac{i의\ 시장가치}{포트폴리오\ 모든\ 주식의\ 총\ 시장가치} = \frac{MV_i}{\sum_j MV_j} \tag{12.3}$$

각 증권이 시가총액에 비례하여 포함되는 시장 포트폴리오와 같은 포트폴리오를 **가치가중 포트폴리오** (value-weighted portfolio)라고 한다. 가치가중 포트폴리오는 **동일 소유권 포트폴리오**(equal-ownership portfolio)이기도 하다. 포트폴리오에 각 증권의 총 발행주식 수의 동일한 비율을 보유하는 것이다(역주 : 두 주식만 존재하고, 발행주식 수가 각각 1,000과 100이라면, 동일한 비율 50%를 적용하면 된다. 결국, 전자를 500주, 후자를 50주 보유하게 된다). 이는 증권의 발행주식 수가 변하지 않으면, 시장가격이 변하여도 가치가중 포트폴리오를 유지하기 위해서 거래할 필요가 없다는 것이다. 포트폴리오를 유지하기 위해 증권을 거래할 필요가 거의 없기 때문에 가치가중 포트폴리오는 **소극적 포트폴리오**(passive portfolio)이다.

시장지수

미국 주식에 초점을 맞추면 시장 포트폴리오를 직접 구성하는 것보다는 미국 주식시장의 성과를 대표하는 여러 가지 대중적인 시장지수를 사용하는 것이 좋을 수 있다.

가치가중 포트폴리오와 재구성

가치가중 포트폴리오는 소극적이기 때문에 거래비용 측면에서 아주 효율적이다. 즉, 가격 변화가 있을 경우 포트폴리오를 재구성할 필요가 없다. 왜 그런지 알아보기 위해서 다음의 예제를 생각해보자. 아래와 같이 제너럴 일렉트릭, 홈 디포, 시스코로 구성된 가치가중 포트폴리오에 $50,000를 투자하였다고 하자.

| 주식 | 시장 자료 | | | | 우리 포트폴리오 | |
	주가	발행주식 수(십억)	시가총액($ 십억)	비중	최초 투자	매입 주식 수
제너럴 일렉트릭	$25.00	10.00	250	50%	$25,000	1000
홈 디포	$100.00	1.50	150	30%	$15,000	150
시스코	$20.00	5.00	100	20%	$10,000	500
		합계	500	100%	$50,000	

각 주식의 투자는 각 주식의 시가총액에 비례한다. 또한 매입 주식 수는 각 주식의 발행주식 수에 비례한다.

제너럴 일렉트릭의 가격이 주당 $30로 상승하고, 홈 디포의 가격이 주당 $80로 하락하였다고 하자. 우리 포트폴리오에 대한 효과와 함께 새로운 가치 비중을 계산해보자.

주식	주가	발행주식 수(십억)	시가총액($ 십억)	비중	최초 투자	새로운 투자가치
제너럴 일렉트릭	$30.00	10.00	300	57.7%	1000	$30,000
홈 디포	$80.00	1.50	120	23.1%	150	$12,000
시스코	$20.00	5.00	100	19.2%	500	$10,000
		합계	520	100%		$52,000

가치 비중이 변하였지만 각 주식의 투자가치도 변하여서 시가총액 비례는 유지되고 있다. 예를 들어 제너럴 일렉트릭의 비중은 $30,000/$52,000 = 57.7%인데, 이는 시장에서의 비중과 일치한다. 따라서 가치가중 포트폴리오를 유지하기 위해 가격 변화에 따라 거래할 필요가 없다. 포트폴리오 재구성은 기업이 주식을 새로 발행 또는 소각시키거나 포트폴리오 기업의 구성이 바뀔 때에만 필요하다.

시장지수의 예 시장지수(market Index)는 특정한 증권 포트폴리오의 가치를 대변한다. S&P 500은 미국 대형 주식 500개의 가치가중 포트폴리오를 나타내는 지수이다.[1] S&P 500은 최초로 널리 알려진 가치가중 지수로, CAPM을 사용할 때 시장 포트폴리오를 대표하는 표준적인 포트폴리오이다. S&P 500은 미국에서 거래되는 약 5,000개의 주식 중에서 500개만을 포함하지만, 가장 규모가 큰 주식들을 포함하기 때문에 시가총액 기준으로 미국 주식의 약 80% 정도를 대표하고 있다.

Wilshire 5000과 같이 최근에 만들어진 지수들은 주요 거래소에 상장된 모든 미국 주식의 가치가중 지수를 제공하고 있다.[2] 이들은 S&P 500보다 더 완전하고 전체 시장을 더 잘 대표하지만, 수익률은 아주 비슷하다. 1990년에서 2015년까지 주별 수익률의 상관계수는 거의 99%에 가깝다. 이런 유사성으로 인

---

1 스탠더드 앤 푸어스(S&P)는 정기적으로 지수의 구성 종목(1년에 평균 20~25개)을 대체한다. 규모가 하나의 기준이지만, S&P는 경제의 서로 다른 부문의 대표성을 유지하면서 산업의 대표적 기업들을 선택하려고 한다. 또한 2005년부터는 지수의 가치 비중이 실제로 거래가 가능한 **유동성**(free float) 주식 수에 근거하도록 하였다.

2 Wilshire 5000은 1974년에 처음 발표되었을 때 거의 5,000개의 주식으로 시작했으나, 시간이 흐름에 따라 미국 주식시장과 함께 지수 구성 종목 수도 변화하였다. 비슷한 지수로는 다우존스 미국 전체 시장지수(Dow Jones U.S. Total Market Index)와 S&P 전체 시장지수(Total Market Index)가 있다.

해, 많은 투자자들이 S&P 500을 전체적인 미국 주식시장 성과의 적절한 척도로 생각하고 있다.

더 광범위하게 인용되는 미국 주가지수는 다우존스 산업평균(Dow Jones Industrial Average, DJIA)인데, 이는 30개의 대형 산업 주식으로 구성된 포트폴리오이다. DJIA가 어느 정도 대표성은 있지만 전체 시장을 정확히 나타내지는 못한다. 또한 DJIA는 (가치가중이 아닌) 가격가중 포트폴리오이다. **가격가중 포트폴리오**(price-weighted portfolio)는 각 주식을 동일 수만큼 보유하는 것으로 증권의 규모와는 관계가 없다. DJIA는 전체 시장을 대변하지는 못하지만 가장 오래된(1884년에 처음 발표된) 주식시장지수 중 하나이기 때문에 널리 인용되고 있다.

시장지수에 투자하기 미국 시장의 성과를 얻는 것 말고도 S&P 500과 Wilshire 5000은 투자하기가 쉽다는 장점이 있다. 많은 뮤추얼 펀드들이 이들의 포트폴리오에 투자하는 펀드를 제공하는데, 이를 **지수 펀드**(index fund)라고 부른다. 또 상장지수 펀드도 이들 포트폴리오에 투자한다. **상장지수 펀드**(exchange-traded fund)는 주식처럼 거래소에서 거래되지만, 주식 포트폴리오의 소유권이다. 예를 들어 스탠더드 앤 푸어스 예탁증서(Standard and Poor's Depository Receipts, SPDR, 별명이 스파이더임)는 아메리칸증권거래소(표식이 SPY임)에서 거래되는 상장지수 펀드로 S&P 500을 추종한다. 뱅가드의 전체 주식시장(Total Stock Market) ETF(표식이 VTI이고, 별명은 바이퍼임)는 Wilshire 5000을 추종한다. 소액의 투자자금을 가진 개인 투자자들은 지수 또는 상장지수 펀드에 투자하여 광범위한 분산의 효과를 쉽게 얻을 수 있다.

실무자들은 CAPM에서 흔히 S&P 500을 시장 포트폴리오로 사용하지만, S&P 500이 실제로 시장 포트폴리오라는 믿음 때문에 그런 것은 아니다. 그들은 지수를 **시장 대용치**(market proxy)로 본다. 여기서 시장 대용치란 그것의 수익률이 진정한 시장 포트폴리오를 가깝게 추적한다고 믿는 포트폴리오이다. 물론 이 모형이 잘 작동하는지의 여부는 시장 대용치가 진정한 시장 포트폴리오를 실제로 얼마나 가깝게 추적하는가에 달려 있다. 제13장에서 이 문제로 다시 돌아올 것이다.

시장 위험 프리미엄

CAPM의 주요 요소는 시장 포트폴리오의 무위험 초과 기대 수익률($E[R_{Mkt}] - r_f$)인 시장의 위험 프리미엄이라는 것을 명심하자. 시장의 위험 프리미엄은 시장 위험을 보유하려는 투자자의 의사를 평가하는 벤치마크가 된다. 그것을 추정할 수 있기 전에 먼저 CAPM에서 사용하는 무위험 이자율의 선택에 대해서 논의해야 한다.

무위험 이자율의 결정 CAPM에서 무위험 이자율은 투자자가 차입하거나 저축할 수 있는 무위험 이자율에 해당한다. 일반적으로 무위험 저축 이자율은 미국 재무부 증권의 수익률을 이용한다. 그러나 차입의 경우에는 대부분의 투자자가 좀 더 높은 이자율을 지불해야 한다. 2015년 중반에는 가장 신용이 높은 차입자가 단기 대출에 대해서 미국 재무부 이자율보다 0.35% 정도를 더 지불해야 했다. 대출 위험이 없을지라도 이 프리미엄은 재무부 증권 투자에 대한 대출의 유동성 차이를 대출자에게 보상해주는 것이다. 실무자들은 때때로 식 (12.1)에서 재무부 증권 이자율 대신에 신용도가 가장 좋은 회사채 수익률을 사용하기도 한다.

미국 재무부 증권들이 부도 위험은 없지만, 투자 기간에 해당하는 만기를 선택하지 않으면 이자율 위험이 존재하게 된다. 수익률 곡선에서 이자율을 선택할 때 어떤 투자 기간을 이용해야 할까? 우리는 CAPM을 서로 다른 투자 기간으로 확장할 수 있고, 우리가 선택하는 무위험 이자율은 평균 투자 기간에 대한 수익률이어야 한다.[3] 설문 조사에 의하면 대형 기업과 재무 분석가들 대부분은 무위험 이자율을 결정하기 위하여 장기채(10년에서 30년)의 수익률을 사용한다고 보고되었다.[4]

역사적 위험 프리미엄   시장 위험 프리미엄($E[R_{Mkt}] - r_f$)을 추정하는 한 방법은 무위험 이자율을 초과하는 시장의 역사적 평균 초과 수익률을 사용하는 것이다.[5] 이 방법을 사용할 때 중요한 것은 역사적 주식 수익률과 무위험 이자율의 측정기간이 같아야 한다는 것이다.

미래의 위험 프리미엄에 관심이 있기 때문에 사용하는 자료의 양을 선택하는 것에도 상쇄관계(trade-off)를 접하게 된다. 제10장에서 언급한 바와 같이 기대 수익률의 웬만큼 정확한 추정치를 얻기 위해서도 수년간의 자료가 필요하다. 하지만 너무 오래된 자료는 현 시점에서 시장의 위험 프리미엄에 대한 투자자들의 기대와는 큰 관계가 없을 수 있다.

표 12.1은 지난 50년 동안과 1926년부터의 자료에 근거하여 1년 및 10년 재무부 증권의 수익률을 초과하는 S&P 500의 기대 수익률을 보여주고 있다. 각 기간에 대해서 S&P 500을 장기 재무부 채권에 비교할 때 위험 프리미엄이 작아진다는 것을 알 수 있다. 이 차이는 주로 과거에 수익률 곡선이 우상향하는 경향(즉, 장기 이자율이 단기 이자율보다 큰 경향)이 있기 때문에 발생하는 것이다.

표 12.1은 시장의 위험 프리미엄이 시간이 흐름에 따라 감소한다는 것도 보여주고 있다. S&P 500은 지난 50년 동안 전체 기간보다 상당히 작은 초과 수익률을 보여주었다. 이러한 감소에는 여러 가지 잠재적인 설명들이 있다. 먼저 오늘날 많은 투자자들이 주식시장에 참여하기 때문에, 위험이 아주 폭넓게 공유될 수 있게 되었다. 둘째, 뮤추얼 펀드나 상장지수 펀드와 같은 금융 혁신이 분산의 비용을 크게 감소시켰다. 셋째, 2008년 금융위기의 소용돌이 시기를 제외할 경우 전체적인 시장 변동성이 점점 감소하였다. 이런 모든 이유들이 주식 보유의 위험과 함께 투자자들이 요구하는 프리미엄을 감소시켰을 수 있다. 대부분의 연구 및 분석자들은 시장에 대한 미래의 기대 수익률이 재무부 단기채보다 4~6% 높은 (장기채보다 3~5% 높은) 최근의 경향에 가까울 가능성이 클 것이라고 믿고 있다.[6]

표 12.1	1년과 10년 미국 재무부 증권 대비 S&P 500의 역사적 초과 수익률	
	기간	
S&P 500 초과 수익률	1926~2015	1965~2015
1년 재무부 증권 초과	7.7%	5.0%
10년 재무부 증권 초과	5.9%	3.9%

* 10년 이상의 보유 기간에 해당하는 복리 수익률 비교

---

3   제11장에서 설명하였듯이, 사용할 정확한 이자율은 투자자들의 투자 기간과 그들의 차입 및 저축 의지에 달려 있다. 이런 특성들을 쉽게 알 수 있는 방법이 없기 때문에 판단이 필요하다. 이 장에서는 이런 불분명한 영역을 명확히 하고 일반적인 실무를 강조하고자 한다.

4   다음을 참조하라. Robert Bruner, et al., "Best Practices in Estimating the Cost of Capital: Survey and Synthesis," *Financial Practice and Education* 8 (1998): 13 – 28.

5   기대 수익률을 예측하기 때문에 산술 평균을 사용하는 것이 적절하다. 제10장을 보라.

6   I. Welch, "Views of Financial Economists on the Equity Premium and on Professional Controversies," *Journal of Business* 73 (2000): 501 – 537 (with 2009 update), J. Graham and C. Harvey, "The Equity Risk Premium in 2008: Evidence from the Global CFO Outlook Survey," SSRN 2008, and Ivo Welch and Amit Goyal, "A Comprehensive Look at The Empirical Performance of Equity Premium Prediction," *Review of Financial Studies* 21 (2008): 1455 – 1508.

기본적 접근 과거 자료를 이용하여 시장의 위험 프리미엄을 추정하는 것에는 두 가지 단점이 있다. 첫째, 50년 이상의 자료를 사용해도 추정치의 표준오차가 크다는 것이다. 예컨대 1926년부터의 자료를 사용해도 초과 수익률에 대한 95% 신뢰구간은 ±4.3%이다. 둘째, 과거 자료는 이미 지난 시절에 대한 것이므로 현재의 기대치를 대표한다고 할 수 없다.

시장의 위험 프리미엄을 추정하는 대안으로 기본적 접근법이 있다. 미래의 기업 현금흐름에 대한 평가에 의해 현재의 지수 수준과 정합성이 있는 할인율을 이용하여 시장의 기대 수익률을 추정할 수 있다. 제9장에서 제시된 일률적인 기대 성장 모형을 이용하면 시장의 기대 수익률은 다음과 같다.

$$r_{Mkt} = \frac{Div_1}{P_0} + g = 배당\ 수익률 + 기대\ 배당\ 성장률 \tag{12.4}$$

이 모형이 개별 기업에 대해서는 아주 정확하지는 않지만, 일률적인 기대 성장의 가정이 전체 시장을 대상으로 할 때에는 합리적인 측면이 있다. 예를 들어 S&P 500이 현재 2%의 배당 수익률을 가지고 수익과 배당이 연 6%로 성장할 것이라면, 이 모형에 의해서 S&P 500의 기대 수익률을 8%로 추정할 수 있다. 그런 방법들에 의해 연구자들은 미래 주식의 위험 프리미엄의 범위를 일반적으로 3~5%로 추정하고 있다.[7]

개념 확인

1. 시장 포트폴리오의 주식 비중을 어떻게 결정하는가?
2. 시장 대용치란 무엇인가?
3. 시장의 위험 프리미엄을 어떻게 추정할 수 있는가?

12.3 베타의 추정

시장 대용치를 정했으면 CAPM을 실행하는 다음 단계는 시장 수익률에 대한 증권 수익률의 민감도를 측정하는 증권 베타를 결정하는 것이다. 베타는 분산 가능한 위험이 아닌 시장 위험을 측정하기 때문에 잘 분산된 투자자에게 적절한 위험 척도가 된다.

과거 수익률의 사용

우리는 미래의 주식 베타를 알고 싶어 한다. 즉, 미래의 주식 수익률이 시장 위험에 얼마나 민감한가? 실무적으로는 주식의 과거 민감도에 근거하여 베타를 추정한다. 이 방법은 시간에 따라 주식의 베타가 안정적으로 유지된다면 의미가 있는데, 대부분의 기업에서 안정성이 유지된다고 한다.

많은 자료 제공자들이 과거 자료에 의해 추정된 베타를 제공하고 있다. 대개 이런 자료 제공자들은 5년 동안의 주별 또는 월별 수익률을 이용하여 상관계수와 변동성을 추정하고, 시장 포트폴리오로는 S&P 500을 사용한다. 356쪽의 표 10.6은 서로 다른 산업의 대규모 기업들에 대한 추정된 베타 값들을 보여주고 있다.

제10장에서 언급한 바와 같이 베타의 차이는 각 기업의 이익이 일반적인 경제의 건전성에 대한 민감도

---

7   E. Fama and K. French, "The Equity Premium," *Journal of Finance* 57 (2002): 637 – 659; and J. Siegel, "The Long-Run Equity Risk Premium," CFA Institute Conference Proceedings *Points of Inflection: New Directions for Portfolio Management* (2004). Similarly, L. Pástor, M. Sinha, and B. Swaminathan report a 2 – 4% implied risk premium over 10-year Treasuries ["Estimating the Intertemporal Risk-Return Tradeoff Using the Implied Cost of Capital," *Journal of Finance* 63 (2008): 2859 – 2897].

를 반영한다. 가령 애플, 오토데스크 및 다른 기술 주식들은 경기 순환에 따라 그들 제품에 대한 수요가 변하기 때문에 높은 (1보다 큰) 베타를 가진다. 기업과 소비자들은 경기가 좋을 때 기술 주식에 투자하는 경향이 있고, 경제가 침체하면 이들에 대한 지출을 삭감한다. 이에 비해 개인 및 가정용품에 대한 수요는 경제 상태와 거의 관계가 없다. 프록터 앤 갬블과 같이 이런 제품을 생산하는 기업들은 낮은 (0.5 근처의) 베타를 가진다.

시스코 시스템즈를 예로 살펴보자. 그림 12.1은 2000년에서 2015년까지 시스코와 S&P 500의 월별 수익률을 보여주고 있다. 시스코의 전체적인 경향은 시장 상승기에 높은 수익률을 가지고 하락기에 낮은 수익률을 가진다는 것을 알 수 있다. 즉, 시스코는 시장과 같은 방향으로 움직이는 경향이 있지만, 그 변화의 폭은 시장보다 더 크다. 이런 모양은 시스코의 베타가 1보다 크다는 것을 의미한다.

시간에 따른 수익률 표시보다는 그림 12.2와 같이 시스코의 초과 수익률을 S&P 500 초과 수익률의 함수로 표시하면, 시장에 대한 시스코의 민감도를 쉽게 알 수 있다. 이 그림의 각 점은 그림 12.1의 각 월에 해당하는 시스코와 S&P 500의 초과 수익률을 나타내고 있다. 예를 들어 2002년 11월에 무위험 재무부 증권은 수익률이 0.12%였지만, 시스코는 33.4% 상승하였고, S&P 500은 6.1% 상승하였다. 이런 방식으로 각 월에 대해 표시하면 이 점들을 연결하는 가장 적합한 추정선을 얻을 수 있다.[8]

그림 12.1   시스코 주식과 S&P 500의 월별 수익률(2000~2015)

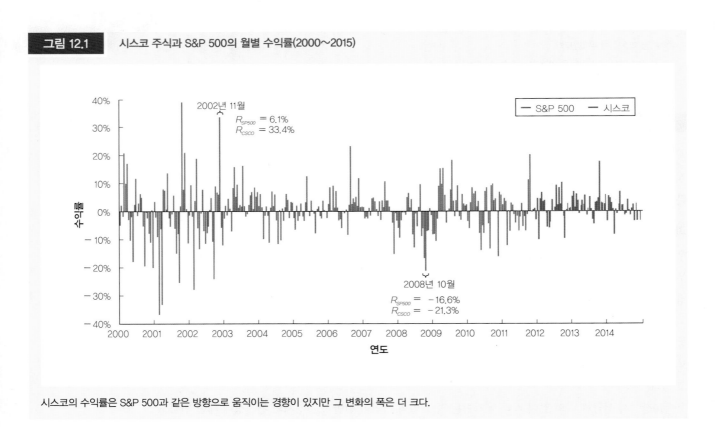

시스코의 수익률은 S&P 500과 같은 방향으로 움직이는 경향이 있지만 그 변화의 폭은 더 크다.

---

8 "추정선"이란 선으로부터의 편차 제곱합을 최소화하는 직선을 의미한다. 엑셀에서 차트에 '추세선'을 '선형'으로 추가하면 얻을 수 있다.

가장 적합한 추정선의 확인

산포도에서 더욱 확실해진 것처럼 시스코의 수익률은 시장과 양(+)의 공분산을 가진다. 시스코는 시장이 상승하면 상승하고, 그 반대도 성립한다. 또한 추정선으로 볼 때, 시장 수익률의 10% 변화는 15% 정도의 시스코 수익률 변화에 해당한다. 즉, 시스코의 수익률은 전체 시장의 1.5배 정도로 움직이기 때문에 시스코의 추정된 베타는 1.5 정도이다. 이를 일반적으로 표현하면 다음과 같다.

베타는 어떤 증권과 시장의 초과 수익률 산포도에서 추정선의 기울기에 해당한다.[9]

이 결과를 완전하게 이해하기 위해서 베타는 어떤 증권의 시장 위험을 측정한다는 것을 상기하자. 즉, 시장 포트폴리오 수익률의 1% 변화에 대한 어떤 증권의 수익률 변화이다. 그림 12.2에서 가장 적합한 추정선은 시장 위험에 근거하여 설명할 수 있는 증권 수익률의 요소를 측정하기 때문에, 그 기울기가 증권의 베타가 된다. 어떤 월에 증권의 수익률이 가장 적합한 추정선보다 위 또는 아래에 있을 것이다. 그런 편차는 시장 전체에 관련이 없는 위험 때문에 발생한다. 이 추정선의 위와 아래에 위치하는 점들이 균형을 이루기 때문에 이 그래프에서 그런 편차들은 평균적으로 0이 된다. 그것들은 분산될 수 있는 위험으로 대형 포트폴리오에서는 평균적으로 사라지게 된다.

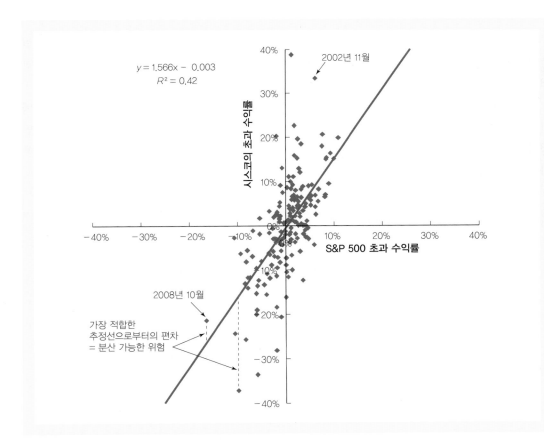

그림 12.2

시스코 주식과 S&P 500 월별 초과 수익률의 산포도 (2000~2015)

베타는 가장 적합한 추정선의 기울기이다. 베타는 시장 초과 수익률의 1% 변화에 대한 시스코의 초과 수익률 기대치를 측정한다. 가장 적합한 추정선으로부터의 편차는 분산 가능하고 시장에 관련이 없는 위험이다. 이 경우에 시스코의 추정된 베타는 약 1.57이다.

---

9 기울기는 엑셀의 SLOPE() 함수나 차트의 추세선 식으로 계산할 수 있다. (R^2는 수익률 상관계수의 제곱이다.) 더 자세한 내용은 부록을 참조하라.

선형 회귀식의 이용

산포도의 관찰치들을 이용하여 가장 적합한 추정선을 찾는 통계적 기법을 **선형 회귀**(linear regression)라고 한다. 그림 12.2에서 선형 회귀는 초과 수익률을 다음의 세 가지 요소로 표현한다.[10]

$$(R_i - r_f) = \alpha_i + \beta_i (R_{Mkt} - r_f) + \varepsilon_i \tag{12.5}$$

첫 번째 항인 α_i는 회귀식의 상수항이다. 두 번째 항인 $\beta_i(R_{Mkt} - r_f)$는 시장 위험에 대한 주식의 민감도를 나타낸다. 예를 들어 시장의 초과 수익률이 1% 상승하면, 증권 수익률도 β_i% 상승할 것이다. 마지막 항인 ε_i는 오차(또는 잔차)항으로 가장 적합한 추정선으로부터의 편차를 나타내고 평균적으로는 0이 된다(평균적으로 0이 아니면 더 좋은 추정선이 존재한다는 것이다). 이 오차항은 주식의 분산 가능한 위험으로 시장과는 관계가 없는 위험이다.

식 (12.5)의 양변에 기대치를 취하면 오차항의 평균이 0이기 때문에(즉, $E[\varepsilon_i] = 0$), 다음과 같은 식을 얻을 수 있다.

$$E[R_i] = \underbrace{r_f + \beta_i (E[R_{Mkt}] - r_f)}_{\text{SML에서 } i\text{의 기대 수익률}} + \underbrace{\alpha_i}_{\text{SML을 벗어나는 편차}} \tag{12.6}$$

상수항 α_i는 주식의 **알파**(alpha)라고 불리는데, 증권시장선에 의해 예측되는 기대 수익률에 상대적인 증권의 과거 성과를 측정하는 것으로, 주식의 평균 수익률과 SML의 차이다. 따라서 α_i를 과거 주식 성과의 위험 조정된 척도로 해석한다.[11] CAPM에 따르면 α_i는 0과 통계적으로 다르지 않아야 한다.

2000~2015년 기간의 월별 수익률 자료를 이용하여 엑셀의 회귀분석을 적용하면, 시스코의 추정된 베타는 1.57이고, 95%의 신뢰구간은 (1.3, 1.8)이다. 시장 위험에 대한 시스코의 민감도가 시간에 대해 안정적이면 가까운 미래에도 시스코의 베타가 이 범위에 있을 것이라고 예상할 수 있다. 이 추정치를 이용하여 시스코 주식의 자본비용을 추정할 수 있다.

예제 12.2 | 회귀식 추정을 이용한 자기자본 비용 추정

문제

무위험 이자율이 3%이고 시장의 위험 프리미엄이 5%이다. 시스코 주식 베타의 95% 신뢰구간과 정합성을 가지는 주식 자본비용의 95% 신뢰구간은 어떻게 되나?

풀이

2000년에서 2015년까지의 자료를 이용하여 CAPM 식을 적용하면 추정된 베타 1.53은 시스코 주식의 자본비용은 3% + 1.57 × 5% = 10.85%이다. 그러나 추정치는 불확실하고, 시스코 베타의 95% 신뢰구간(1.3, 1.8)은 시스코 주식 자본비용이 3% + 1.3 × 5% = 9.5%에서 3% + 1.8 × 5% = 12%의 범위에 있다는 것을 의미한다.

---

10 회귀 용어로 주식의 초과 수익률은 **종속변수**(또는 y)이고, 시장 초과 수익률은 **독립변수**(또는 x)가 된다.

11 이렇게 사용될 경우 α_i를 젠센 알파라고 부르기도 한다. 이것은 엑셀에서 INTERCEPT() 함수를 사용하여 계산한다(부록 참조). CAPM의 검증 방법으로 회귀식을 사용한 것은 블랙, 젠센, 숄즈가 처음이었다. "The Capital Asset Pricing Model: Empirical Tests," in M. Jensen, ed., *Studies in the Theory of Capital Markets* (Praeger, 1972).

CAPM이 베타를 추정하기 위해서 과거 자료를 사용하여 증권의 기대 수익률(투자의 자본비용)을 결정한다면, 왜 기대 수익률에 대한 추정치로 과거의 평균 수익률을 사용하지 않는가? 이 방법이 분명히 더 간단하고 직접적일 것이다.

그러나 제10장에서 본 바와 같이 과거 자료로부터 개별 주식의 평균 수익률을 추정하는 것은 매우 어려운 일이다. 예를 들어 2000~2015년 기간의 월별 자료에 근거하여 연평균 수익률 3.3%와 변동성 37%를 가졌던 시스코 주식을 생각해보자. 15년의 자료가 주어진 경우 기대 수익률 추정치의 표준오차는 37%/

$\sqrt{15}=9.6\%$가 되어, 95% 신뢰구간은 3.3%±19%가 된다. 100년인 경우에도 신뢰구간은 ±7.4%가 된다. 물론 시스코가 100년 동안 존재하지는 않았지만, 그랬다 할지라도 100년 전과 오늘날의 상황이 같을 수는 없다.

이 절에서 사용한 방법을 이용하면 2년 정도의 자료만 있어도 과거 자료를 이용하여 합리적으로 정확한 베타를 추정할 수 있다. 적어도 이론적으로 CAPM은 과거의 평균 수익률보다는 더 정확한 기대 수익률을 제공할 수 있다.

회귀식의 시스코 알파 추정치는 −0.33%이다. 즉, 베타에 의한 시스코의 평균 월별 수익률은 0.33%로 증권시장선에 의해 요구되는 것보다 낮았다. 그러나 알파 추정치의 표준오차가 0.6% 정도이기 때문에 그 추정치는 유의적으로 0과 다르지 않다. 기대 수익률과 마찬가지로, 알파도 매우 오랜 기간의 자료 없이는 아주 정확하게 추정하기가 어렵다.[12] 시스코의 수익률이 이 기간에 요구 수익률에 미달하였어도, 그런 현상이 계속될 필요는 없다.

이 절에서는 증권의 시장 위험을 추정하는 주요 방법론의 개요를 알아보았다. 이 장의 부록에서는 추가적인 실무적 사항과 베타를 예상하는 일반적인 기법에 대해 알아보고자 한다.

1. 과거 자료로부터 주식의 베타를 어떻게 추정하는가?
2. 주식의 알파를 어떻게 정의하고 해석할 것인가?

12.4 타인자본 비용

지금까지 우리는 기업 주식의 자본비용을 추정하기 위해서 CAPM을 어떻게 사용하는가를 공부하였다. 기업 채권의 경우에는 어떨까? 기업의 채권자가 요구하는 기대 수익률은 얼마일까? 이번 절에서는 기업이 채무에 대해서 지급해야 하는 **타인자본 비용**(debt cost of capital)을 추정하는 주요 방법들을 다루고자 한다. 다음 절에서는 타인자본 비용을 아는 것이 기업과 투자자에게 유용한 정보의 범위를 넘어서 프로젝트의 자본비용을 추정할 때 도움이 된다는 것을 알게 될 것이다.

채무의 만기 수익률 대 수익률

제6장에서 채권의 YTM은 투자자가 채권을 만기까지 보유해 정해진 현금흐름을 받아서 얻게 되는 내부 수익률 IRR이라고 했다. 따라서 기업이 도산할 위험이 거의 없다면 채권의 YTM을 투자자의 기대 수익률 추정치로 사용할 수 있다. 하지만 채권 부도의 상당한 위험이 있다면 약속된 기업 채권의 YTM은 투자자의 기

---

12 1996~2000년 기간에 시스코의 수익률은 월 3%로 요구 수익률을 유의적으로 초과하였지만, 앞에서 본 바와 같이 양(+)의 알파가 미래의 우월한 수익률을 예측하지는 못했다.

| 일상적인 실수 | 채무의 만기 수익률을 자본비용으로 사용하기 |

기업들은 종종 타인자본 비용을 추정하기 위해서 그들 채무의 만기 수익률을 사용하지만, 이러한 채무가 매우 안전할 경우에만 합리적이다. 그렇지 않으면 제6장에서 설명한 바와 같이, (약속된 현금흐름에 근거하는) 채무의 만기 수익률은 부도 위험을 고려할 때 채권 보유에 의한 진정한 기대 수익률을 과대평가할 것이다.

예를 들어 2009년 중반에 AMR 기업(아메리칸 항공의 모기업)에 의해 발행된 장기채권이 20%를 초과하는 만기 수익률을 가졌던 것을 생각해보자. 이 채권은 CCC 등급이라 아주 위험했기 때문에, 이것의 만기 수익률은 AMR의 상당한 부도 위험을 고려할 때 기대 수익률을 과대평가하고 있었다. 무위험 이자율

3%와 시장의 위험 프리미엄 5%를 고려할 때, 20%의 기대 수익률은 AMR의 채무 베타가 3보다 크다는 것을 의미한다. 이는 비합리적으로 높은 값이었고, 산업 내 많은 기업들의 주식 베타보다도 높은 것이었다.

문제는 만기 수익률이 약속된 채무의 현금흐름을 이용하여 계산된다는 것인데, 약속된 현금흐름은 투자자가 기대했던 실제 현금흐름과 너무 다르다. AMR이 2011년에 파산 신청을 했을 때, 채권자들은 받기로 했던 금액의 80% 가까이 손해 보았다. 이 절에서 서술하는 방법은 AMR 기업과 같이 부도 위험이 상당한 경우에 타인자본 비용을 좀 더 잘 추정할 것이다.

대 수익률을 과대평가할 것이다.

만기 수익률과 기대 수익률의 관계를 이해하기 위해서 만기 수익률 y를 가지는 1년짜리 채권을 생각해보자. 오늘 이 채권에 $1가 투자되면, 이 채권은 1년 뒤에 $(1 + y)$를 지불할 것이다. 그러나 이 채권이 확률 p로 부도가 발생할 것이라고 생각하면, 부도가 발생할 경우 $1에 대한 기대 손실을 L이라고 할 때, 채권 보유자는 $(1 + y - L)$를 받게 될 것이다. 이 경우 이 채권의 기대 수익률은 다음과 같다.[13]

$$r_d = (1 - p)y + p(y - L) = y - pL$$
$$= \text{만기 수익률} - \text{부도율} \times \text{기대 손실률} \tag{12.7}$$

이러한 조정의 중요성은 낮은 등급을 가지는 (높은 만기 수익률을 가지는) 채권이 부도 위험이 크다는 채권의 위험성에 의존한다. 표 12.2는 채권의 등급별로 침체기에 경험된 최고 부도율과 함께 연평균 부도율을 보여주고 있다. 채권자들의 기대 수익률에 미치는 영향을 알기 위해서는 무보증 채무의 평균 손실률이 60%라는 것을 알아야 한다. B 등급 채권의 경우 평균적인 기간에 채권자의 기대 수익률은 채권의 호가된 만

표 12.2	채무 등급에 따른 연평균 부도율(1983~2011)*							
등급	AAA	AA	A	BBB	BB	B	CCC	CC−C
부도율								
평균	0.0%	0.1%	0.2%	0.5%	2.2%	5.5%	12.2%	14.1%
침체기	0.0%	1.0%	3.0%	3.0%	8.0%	16.0%	48.0%	79.0%

출처 : "Corporate Defaults and Recovery Rates, 1920 – 2011," *Moody's Global Credit Policy*, February 2012.

* 평균은 10년 보유 기간에 근거하여 연율화한 값이다. 침체기 추정치는 연 최고치를 말한다.

---

13 1년짜리 채권에 대해 이 식을 유도하지만 상수의 만기 수익률, 부도율, 손실률을 가지는 다기간 채권에 대해서도 동일한 공식이 성립한다. 채권의 회생률 R을 가정할 때 부도로 인한 손실을 다음과 같이 나타낼 수 있다. $(1 + y - L) = (1 + y)R$, 또는 $L = (1 + y)(1 - R)$.

표 12.3	신용등급과 만기에 따른 채무의 평균 베타*				
신용등급	A 이상	BBB	BB	B	CCC
평균 베타	0.05 미만	0.10	0.17	0.26	0.31
만기	(BBB 이상)	1~5년	5~10년	10~15년	15년 초과
평균 만기		0.01	0.06	0.07	0.14

출처: S. Schaefer and I. Strebulaev, "Risk in Capital Structure Arbitrage," Stanford GSB working paper, 2009.

* 이 수치들은 전체 산업 채무의 평균 베타이다. 시장 위험에 덜 (더) 노출된 산업의 경우에는 채무의 베타가 낮을 (높을) 것으로 예상할 수 있다. 이런 차이를 알아보는 간단한 방법은 각 산업의 상대적인 자산 베타에 의해 표 12.3의 채무 베타를 조정하는 것이다(437쪽 그림 12.4 참조).

기 수익률보다 약 $0.055 \times 0.60 = 3.3\%$ 작을 것이다. 한편 침체기가 아닌 경우의 미미한 부도율로 볼 때, AA 등급 채권의 만기 수익률은 기대 수익률의 합리적인 추정치를 제공한다.

채무의 베타

타인자본 비용을 CAPM을 이용해서 추정할 수도 있다. 원칙적으로 주식의 베타를 추정한 것과 동일한 방법으로 과거 수익률을 사용하여 채무의 베타를 추정하는 것이 가능하다. 그러나 은행 대출과 많은 회사채들이 그렇게 빈번하게 거래되지 않기 때문에 실무적인 차원에서 개별 채무 증권의 믿을 만한 수익률 자료를 얻기가 매우 힘들다. 따라서 다른 방법으로 채무의 베타를 추정하는 방법이 필요하다. 제21장에서 주가 자료를 이용하여 개별 기업에 대한 채무의 베타 추정 방법을 개발할 것이다. 표 12.3에서와 같이 신용평가 등급에 따라 채권 지수의 베타를 이용하여 베타를 추정할 수도 있다. 낮은 신용등급과 긴 만기를 가지는 위험 채무의 경우에는 베타가 아주 클 수도 있지만, 표에서 보는 바와 같이 채무의 베타는 작은 경향이 있다.

예제 12.3

타인자본 비용 추정하기

문제

2015년 중반에 주택건설업자인 케이비 홈은 6%의 만기 수익률과 신용등급 B인 6년 만기채권을 발행한 상태였다. 무위험 이자율이 1%이고 시장의 위험 프리미엄이 5%인 경우, 케이비 홈 채무의 기대 수익률을 추정하라.

풀이

케이비 홈의 채무는 신용등급이 낮기 때문에 만기 수익률이 기대 수익률을 상당히 과대평가할 것이다. 표 12.2의 평균 추정치와 식 (12.7)의 기대 손실률 60%를 이용하면 다음의 기대 수익률을 얻을 수 있다.

$$r_d = 6\% - 5.5\%(0.60) = 2.7\%$$

다른 방법으로는 CAPM과 0.26의 추정 베타를 이용하여 채권의 기대 수익률을 추정할 수 있다. 이 경우의 기대 수익률은 다음과 같다.

$$r_d = 1\% + 0.26(5\%) = 2.3\%$$

두 추정치 모두 추정치이지만 케이비 홈 채무의 기대 수익률은 약속된 만기 수익률보다 매우 작다는 것을 알 수 있다.

이 절에서 논의된 두 방법은 모두 추정 기법이다. 기업과 부도 위험에 대해 더 자세한 정보가 있다면 추정의 질을 분명히 높일 수 있을 것이다. 지금까지 우리는 외부 투자자의 입장에서 타인자본 비용에 초점을 맞추었다. 이자비용의 세금공제를 고려한다면, 기업에 대한 실질적인 타인자본 비용은 더 낮아질 수 있다. 12.6절에서 이 문제에 대해 살펴볼 것이다.

12.5 프로젝트의 자본비용

제8장에서 우리는 어떤 프로젝트를 할 것인가의 의사결정에 대해서 설명하였다. 이런 결정을 하기 위해서는 그 프로젝트의 자본비용이 필요하지만, 그때는 나중에 그것에 대해서 설명하겠다고 하였다. 이제 그 약속을 지킬 때가 왔다. 제8장에서 그랬던 것처럼 프로젝트는 자금조달 의사결정과는 별개의 것으로 평가될 것이다. 따라서 프로젝트는 완전히 자기자본으로 조달되는 (자금조달을 위해서 채무는 사용하지 않음) 12.6절의 프로젝트 자금조달에 따를 것이다.

기업의 자기자본 또는 채무 경우에는 이 증권들의 역사적 위험에 근거하여 자본비용을 추정한다. 새로운 프로젝트는 공공적으로 거래되는 증권이 아니기 때문에 이런 방법은 가능하지 않다. 대신 프로젝트의 베타를 추정하는 가장 일반적인 방법은 우리가 고려하고 있는 프로젝트와 동일한 영업라인을 가지는 비교기업을 찾아내는 것이다. 그 프로젝트를 수행하는 기업으로 종종 하나의 비교 대상 기업밖에 없을 수 있다. 비교기업 자산의 자본비용을 추정할 수 있다면, 프로젝트 자본비용의 대용치로 그 추정치를 사용할 수 있다.

자기자본만 가진 비교기업

가장 간단한 경우는 당해 프로젝트와 비교 가능한 하나의 영업라인을 구축하고, 채무가 전혀 없이 자기자본만으로 자금을 조달한 기업을 찾는 것이다. 이 기업은 자기자본만으로 자금을 조달하였기 때문에 이 기업의 주식을 가지는 것은 기초자산의 포트폴리오를 보유하는 것과 같다. 따라서 이 기업의 평균적 투자가 우리 프로젝트와 비슷한 시장 위험을 가진다면, 우리 프로젝트의 베타와 자본비용의 추정치로 비교기업 주식의 베타와 자본비용을 사용할 수 있다.

문제

당신은 최근에 MBA를 마쳤고, 여성 디자이너 의복과 액세서리 영업을 시작하는 꿈을 추구하기로 결정하였다. 지금 사업 계획을 세우고 있고, 마이클 코어스(Michael Kors)와 같은 기업을 설립하고자 한다. 무위험 이자율이 3%이고 시장의 위험 프리미엄이 5%일 경우, 당신의 재무 계획을 개발하기 위하여 이 기회의 자본비용을 추정하라.

풀이

Google : Finance에서 마이클 코어스 홀딩스 리미티드(KORS)가 채무가 없으며 1.13의 베타 추정치를 가진다는 것을 알 수 있다. KORS의 베타를 프로젝트의 베타 추정치로 사용하면, 식 (12.1)을 적용하여 이 투자 기회의 자본비용을 다음과 같이 추정할 수 있다.

$$r_{프로젝트} = r_f + \beta_{KORS}\,(E[R_{Mkt}] - r) = 3\% + 1.13 \times 5\% = 8.65\%$$

따라서 당신의 영업이 KORS와 비슷한 시장 위험 민감도를 가졌다고 할 경우, 8.65% 정도의 자본비용을 추정할 수 있다. 즉, 새로운 영업에 투자하기보다 KORS 주식을 매입하여 패션산업에 투자할 수 있다는 것이다. 이런 대안이 존재할 경우 새로운 투자가 매력을 갖기 위해서는 적어도 CAPM으로 추정된 KORS의 기대 수익률 8.65%와 같은 기대 수익률을 가져야 한다.

비교 대상으로서의 차입 기업

비교 대상 기업이 채무를 가지고 있다면 상황이 약간 복잡해진다. 이 경우에는 기업 자산에 의해 창출된 현금흐름이 채무와 자기자본인 주식 보유자에게 지급된다. 결과적으로 기업 주식의 수익률은 기초자산을 대표하지 못한다. 기업의 레버리지로 인하여 자기자본이 좀 더 위험할 것이기 때문이다. 따라서 차입 기업 주식의 베타는 그 자산의 베타 또는 우리 프로젝트 베타의 좋은 추정치가 아닐 것이다.

이 경우에 비교 대상 기업 자산의 베타를 어떻게 추정해야 할까? 그림 12.3에서 보는 바와 같이, 채무와 자기자본을 모두 보유하여 기업 자산에 대한 청구권을 만들 수 있다. 기업의 현금흐름은 채무와 주식 보유자에게 지급될 수 있기 때문에, 양 증권을 모두 보유하면 기업 자산에 의해 창출되는 모든 현금흐름에 대하여 권리가 주어진다. 따라서 기업 자산의 수익률은 기업의 채무와 주식 모두로 구성된 포트폴리오의 수익률과 같다. 같은 이유로 기업 자산의 베타는 이 포트폴리오의 베타와 같을 것이다.

무차입 자본비용

제11장에서 보았듯이 포트폴리오의 기대 수익률은 포트폴리오 증권들의 기대 수익률 가중평균이고, 가중치는 각 증권의 시장가치에 비례한다. 따라서 기업의 기초자산을 보유한 투자자가 요구하는 기업 **자산의 자본비용**(asset cost of capital) 또는 **무차입 자본비용**(unlevered cost of capital)은 기업의 주식과 채무 자본비용의 가중평균이다.

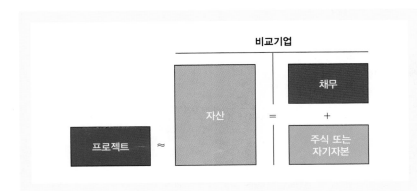

그림 12.3

프로젝트 위험을 위한 비교 대상으로 차입 기업 사용하기

자산이 우리 프로젝트의 시장 위험과 비슷한 차입 기업을 찾으면, 그 기업의 채무와 주식 포트폴리오에 따라 프로젝트의 자본비용을 추정할 수 있다.

$$\left(\begin{array}{c}\text{자산 또는}\\\text{무차입 자본비용}\end{array}\right)=\left(\begin{array}{c}\text{주식으로 조달된}\\\text{기업가치 부분}\end{array}\right)\left(\begin{array}{c}\text{자기자본}\\\text{비용}\end{array}\right)+\left(\begin{array}{c}\text{채무로 조달된}\\\text{기업가치 부분}\end{array}\right)\left(\begin{array}{c}\text{타인자본}\\\text{비용}\end{array}\right)$$

E와 D를 비교기업의 주식(또는 자기자본)과 채무라고 하고 r_E와 r_D를 주식과 타인자본 비용이라고 하면, 기업의 자산 또는 무차입 기업의 자본비용 r_U를 다음과 같이 추정할 수 있다. [14]

자산 또는 무차입 자본비용

$$r_U = \frac{E}{E+D}r_E + \frac{D}{E+D}r_D \qquad (12.8)$$

무차입 베타 포트폴리오의 베타는 포트폴리오에 속한 증권들의 베타 가중평균이기 때문에, 우리 프로젝트의 베타 추정을 위해 사용할 수 있는 **기업의 자산 또는 무차입 베타**(asset or unlevered beta)를 다음과 같이 표현할 수 있다.

자산 또는 무차입 베타

$$\beta_U = \frac{E}{E+D}\beta_E + \frac{D}{E+D}\beta_D \qquad (12.9)$$

이 공식들을 예제에 적용해보자.

예제 12.5 **자본비용의 무차입화**

문제

당신의 기업은 가정용품 부문을 확장하려고 한다. 비교 투자 기업으로 프록터 앤 갬블(PG)을 찾았다. PG의 주식은 \$144 십억의 시가총액과 0.57의 베타를 가진다. PG는 3.1%의 평균 만기 수익률을 가지는 AA 등급 채무를 \$37 십억 발행하였다. 무위험 이자율이 3%이고 시장의 위험 프리미엄이 5%인 경우 당신 투자의 자본비용을 추정하라.

풀이

이 부문에 투자하는 것은 채무와 자기자본을 보유하여 PG의 자산에 투자하는 것과 같기 때문에, PG의 무차입 자본비용을 이용하여 우리의 자본비용을 추정할 수 있다. 먼저 CAPM을 사용하여 PG의 자본비용을 추정할 수 있다. $r_E = 3\% + 0.57(5\%) = 5.85\%$. PG의 채무는 신용등급이 높기 때문에 채무의 만기 수익률인 3.1%를 타인자본 비용으로 사용한다. 따라서 PG의 무차입 자본비용은 다음과 같다.

$$r_U = \frac{144}{144+37}5.85\% + \frac{37}{144+37}3.1\% = 5.29\%$$

다른 방법으로는 PG의 무차입 베타를 추정하는 것이다. 신용등급이 높으므로 PG의 채무 베타가 0이라고 가정하면 다음의 무차입 베타를 얻을 수 있다.

$$\beta_U = \frac{144}{144+37}0.57 + \frac{37}{144+37}0 = 0.453$$

---

14 편의상 여기서는 비교 대상 기업이 일정한 채무-자기자본 비율을 유지해서 $E/(E+D)$와 $D/(E+D)$ 비중이 고정되어 있는 경우를 가정한다. 결과적으로 식 (12.8)과 (12.9)는 세금이 존재하는 경우에도 성립한다. 레버리지 비율이 변하는 경우에 대한 자세한 분석은 제18장을 참조하라.

이 결과를 우리 프로젝트의 베타 추정치라고 하면, CAPM에 의해 우리 프로젝트의 자본비용을 계산할 수 있다. $r_U = 3\% + 0.453(5\%) = 5.27\%$.

두 방법에 의한 r_U가 약간 다른 이유는, 두 번째 경우에는 채무의 베타가 0이라고 하여 CAPM에 의해 기대 수익률이 3%의 무위험 이자율과 같지만, 첫 번째 경우에는 PG 채무의 기대 수익률이 약속된 만기 수익률 3.1%라고 했기 때문이다. PG의 채무가 완전한 무위험이 아니기 때문에 진정한 자본비용은 두 결과의 중간 어딘가에 있을 것이다.

현금과 순채무 때때로 기업들은 영업상의 필요성을 초과하여 많은 현금 잔고를 유지한다. 이 현금은 대차대조표에 무위험 자산으로 표시되어서 기업 자산의 평균 위험을 감소시킨다. 하지만 우리는 현금 보유와는 별개로 기업의 기초자산 운영 위험에 관심이 있는 경우가 많다. 즉, 제2장에서 기업의 자기자본과 채무에서 초과 현금을 차감한 **사업가치**의 위험에 관심이 있다는 것이다. 이 경우에 **순채무**(net debt)로 기업의 레버리지를 측정할 수 있다.

$$순채무 = 채무 - 초과 현금과 단기투자 \qquad (12.10)$$

순채무를 사용하는 것은 기업이 현금 $1를 보유하고 동시에 무위험 채무 $1를 차입했다면, 현금 보유의 이자 수입은 채무에 대한 이자 지급과 같을 것이기 때문이다. 이 경우에 현금과 채무가 없는 기업과 같이 현금 보유와 채무로부터의 현금흐름은 서로 상쇄된다.[15]

기업이 채무보다 많은 현금을 보유하고 있다면 순채무는 음(−)이 된다. 이 경우에는 현금 보유에 의해 기업 주식의 위험이 감소되기 때문에 무차입 베타와 자본비용이 주식 베타와 자본비용을 초과할 것이다.

예제 12.6

현금과 베타

문제

2015년 중반에 마이크로소프트는 $340 십억의 시가총액, $35 십억의 채무, $96 십억의 현금을 보유하고 있었다. 추정된 주식의 베타가 0.87이었다면, 마이크로소프트의 기본적인 사업 베타를 추정하라.

풀이

마이크로소프트의 순채무는 (35 − 96) = −$61 십억이었다. 따라서 마이크로소프트의 사업가치는 (340 − 61) = $279 십억으로, 이는 현금을 차감한 후 채무와 무관한 기본적인 영업의 총가치이다. 마이크로소프트의 채무와 현금 투자가 모두 무위험이라고 가정할 때, 이 사업가치의 베타를 다음과 같이 추정할 수 있다.

$$\beta_U = \frac{E}{E+D}\beta_E + \frac{D}{E+D}\beta_D = \frac{340}{340-61}0.87 + \frac{-61}{340-61}0 = 1.06$$

이 경우에 마이크로소프트의 주식은 현금 보유분 때문에 기본적인 영업 활동보다 덜 위험하다.

---

15 기업의 사업가치를 자기자본과 채무에서 현금을 차감한 포트폴리오로 생각할 수 있다. $V = E + D - C$, 여기서 C는 초과 현금이다. 이 경우에 식 (12.9)는 다음과 같이 확장될 수 있다.

$$\beta_U = \frac{E}{E+D-C}\beta_E + \frac{D}{E+D-C}\beta_D - \frac{C}{E+D-C}\beta_C$$

기업의 현금 투자와 채무가 비슷한 위험을 가지거나 채무 베타가 기업의 채무와 현금의 결합된 위험을 반영한다면, 순채무를 사용하는 것이 적정이다[역주 : 식 (12.8)에서 채무 대신 순채무를 사용하면 된다는 의미이다].

산업 자산 베타

서로 다른 기업의 자산 베타를 결정하기 위하여 레버리지를 조정할 수 있고, 동일한 산업 또는 영업의 여러 기업에 대한 자산 베타의 추정치를 결합하는 것이 가능하다. 이는 추정 오류를 감소시켜 프로젝트를 위한 추정된 베타의 정확성을 높일 것이기 때문에 아주 유용한 방법이다.

예제 12.7 | 산업 자산 베타 추정하기

문제

2009년 중반에 미국 백화점들의 주식 베타, 사업가치에 대한 순채무 비율, 채무의 신용등급을 보여주는 다음 자료들을 생각해보자. 이 산업 자산 베타의 평균 및 중위수를 추정하라.

기업	표식	주식 베타	D/V	채무의 신용등급
딜라즈	DDS	2.38	0.59	B
JC페니	JCP	1.60	0.17	BB
콜스	KSS	1.37	0.08	BBB
메이시	M	2.16	0.62	BB
노드스트롬	JWN	1.94	0.35	BBB
삭스	SKS	1.85	0.50	CCC
시어스 지주	SHLD	1.36	0.23	BB

풀이

D/V와 $(1-D/V)$는 각각 채무와 자기자본으로 자금을 조달한 비율이다. 표 12.3의 채무 베타 자료를 이용하여 각 기업에 식 (12.9)를 적용할 수 있다. 예를 들어 딜라즈의 경우는 다음과 같다.

$$\beta_U = \frac{E}{E+D}\beta_E + \frac{D}{E+D}\beta_D = (1-0.59)2.38 + (0.59)0.26 = 1.13$$

각 기업에 대해 이렇게 계산하여 다음과 같은 추정치를 얻을 수 있다.

표식	주식 베타	D/V	채무의 신용등급	채무 베타	자산 베타
DDS	2.38	0.59	B	0.26	1.13
JCP	1.60	0.17	BB	0.17	1.36
KSS	1.37	0.08	BBB	0.10	1.27
M	2.16	0.62	BB	0.17	0.93
JWN	1.94	0.35	BBB	0.10	1.30
SKS	1.85	0.50	CCC	0.31	1.08
SHLD	1.36	0.23	BB	0.17	1.09
				평균	1.16
				중위수	1.13

주식 베타의 큰 차이는 주로 레버리지의 차이 때문에 발생한다. 기업의 자산 베타가 많이 비슷하다는 것은 이 산업의 기본적인 영업이 비슷한 위험을 가진다는 것을 말한다. 이런 방법으로 밀접하게 관련이 있는 기업들의 추정치들을 결합하면, 이 산업 투자에 대해 좀 더 정확한 베타 추정치를 얻을 수 있다.

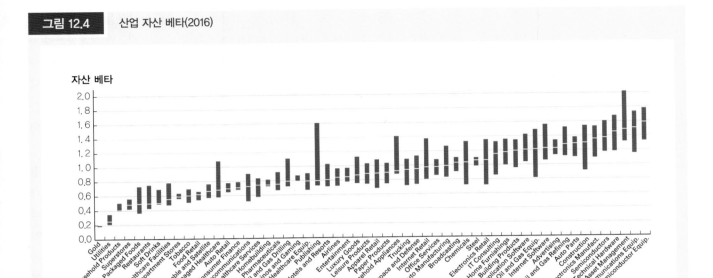

그림 12.4 산업 자산 베타(2016)

이 그림은 선택된 산업에서 S&P 1500 기업들의 추정된 자산 베타에 대한 상위 25%, 하위 25% 및 중위수를 보여주고 있다. 전기와 가스 및 가정용품과 같은 경기 비순환적인 산업의 낮은 자산 베타와, 기술 기업, 자산 운용, 자본 집약적 경기 순환 (자동차와 건설) 산업의 훨씬 높은 자산 베타를 비교하라.

출처 : CapitalQ 자료에 의해 저자가 직접 계산함

그림 12.4는 미국 기업들의 산업 자산 베타 추정치들을 보여주고 있다. 전기 및 가스업 또는 가정용품과 같이 시장과 경제 상황에 덜 민감한 사업들은 자동차와 하이테크와 같이 경기 순환적인 산업보다 낮은 자산 베타를 가지는 경향이 있다.

1. 프로젝트의 베타를 추정하기 위해서 어떤 자료를 사용할 수 있는가?
2. 차입 기업의 주식 베타가 자산 베타와 다른 이유는 무엇인가?

12.6 프로젝트 위험의 특징과 자금조달

지금까지 프로젝트의 자본비용을 비슷한 영업을 하는 기업의 무차입 자산 자본비용과 비교하여 평가하였다. 여기서 우리는 프로젝트 자체를 무차입으로 진행하는 것을 가정하였다. 특히 자기자본으로 자금조달이 이루어진 것이다. 이 절에서는 프로젝트의 위험과 자금조달의 유형에 따라 프로젝트 간의 차이를 설명하기 위하여 우리의 분석을 왜 그리고 어떻게 조정할 필요가 있는지에 대해서 생각해보자.

프로젝트 위험의 차이

기업 자산 베타는 평균적인 프로젝트의 시장 위험을 반영한다. 그러나 개별 프로젝트는 시장 위험에 다소 다른 민감도를 가질 수 있다. 새로운 투자를 평가하는 재무 담당자는 이 프로젝트가 평균적인 프로젝트와 어떻게 비교될 수 있는지를 평가하려는 시도를 해야 한다.

예를 들어 복합 기업인 3M은 건강 관리 부문과 컴퓨터 디스플레이 및 그래픽스 부문을 모두 보유하고 있다. 이 부문들은 시장 위험이 서로 매우 다를 것이다(그림 12.4에서 건강 관리와 컴퓨터 그래픽스의 자산 베타는 차이가 있다). 3M의 자산 베타는 이들과 다른 부문 위험의 평균을 나타낼 것이지만, 어떤 부문의 프로젝트 위험에 대해서도 좋은 척도가 되지는 않을 것이다. 그 대신 재무 담당자는 비슷한 영업에 집중하는 기업의 자산 베타에 의거하여 프로젝트를 평가해야 한다. 따라서 여러 부문을 보유하고 있는 기업들의 경우에는, 각 부문에 대해 순수하게 전문 영업을 하는 비교기업을 찾는 것이 부문 자본비용의 적절한 추정에 도움이 된다.

영업부문만 보유한 기업의 경우에도 어떤 프로젝트들은 분명히 여타 활동과 다른 시장 위험의 특징을 가진다. 예를 들어 시스코 시스템즈가 본사 확장을 위하여 사무용 빌딩의 매입 또는 임차를 고려한다고 하자. 이 의사결정과 관련된 현금흐름들은 네트워킹 소프트웨어나 하드웨어의 전형적인 개발 프로젝트와 관련된 현금흐름과는 다른 시장 위험을 가질 것이기 때문에 다른 자본비용을 사용해야 한다(임차와 관련된 위험과 적절한 자본비용에 대해서는 제25장에서 자세히 논의하고자 한다).

프로젝트의 시장 위험에 영향을 미칠 수 있는 다른 요인은 고정 또는 변동비용의 상대적인 비중인 **영업 레버리지**(operating leverage)의 수준이다. 프로젝트 수입의 순환성을 고정으로 보면 높은 고정비용 비율이 시장 위험에 대한 프로젝트 현금흐름의 민감도를 증가시켜서 프로젝트의 베타를 높일 것이다. 이 효과를 설명하기 위하여 평균 이상의 고정비용 비율을 가지는 프로젝트를 지정하여야 한다. 즉, 평균보다 큰 레버리지를 가지는 경우에는 자본비용도 크게 생각해야 한다.

예제 12.8   **영업 레버리지와 베타**

문제

영원히 기대 연수입이 $120이고 비용이 $50인 프로젝트를 생각해보자. 비용이 완전히 변동적이어서 이 프로젝트의 이익률은 일정할 것이다. 이 프로젝트의 베타는 1.0, 무위험 이자율은 5%, 시장의 기대 수익률은 10%라고 하자. 이 프로젝트의 가치는 얼마인가? 수입이 1.0의 베타를 가지면서 계속해서 변하지만 대신 비용은 연 $50로 완전히 고정된다면, 이 프로젝트의 가치와 베타는 얼마인가?

풀이

이 프로젝트의 기대 현금흐름은 연 $120 − $50 = $70이다. 베타가 1.0으로 주어졌기 때문에, 적절한 자본비용은 $r = 5\% + 1.0(10\% − 5\%) = 10\%$이다. 따라서 비용이 완전히 변동적이라면 프로젝트의 가치는 $70/10% = $700이다.

대신 비용이 고정된다면 수입과 비용을 각각 할인하여 프로젝트의 가치를 계산할 수 있다. 수입은 아직 1.0의 베타를 가지고 자본비용은 10%이기 때문에, 현재가치는 $120/10% = $1,200이다. 비용이 고정되기 때문에 5%의 무위험 이자율로 할인하면, 현재가치는 $50/5% = $1,000가 된다. 따라서 비용이 고정되면, 프로젝트는 $1,200 − $1,000 = $200의 가치를 지닌다.

이제 프로젝트의 베타는 얼마인가? 이 프로젝트를 수익을 매입하고 비용을 매도하는 포트폴리오로 생각할 수 있다. 이 경우 프로젝트의 베타는 수익과 비용 베타의 가중평균이 된다.

$$\beta_P = \frac{R}{R-C}\beta_R - \frac{C}{R-C}\beta_C = \frac{1200}{1200-1000}1.0 - \frac{1000}{1200-1000}0 = 6.0$$

베타가 6.0으로 주어지면, 고정비용을 가지는 프로젝트의 자본비용은 $r = 5\% + 6.0(10\% - 5\%) = 35\%$가 된다. 기대 이익의 현재가치가 $\$70/35\% = \$200$이 되는 것은 이 결과를 증명하고 있다. 이 예제가 보여주듯이, 고정 대 변동비용의 비중을 증가시키면 프로젝트의 베타를 증가시키고 가치를 감소시킬 수 있다.

| 일상적인 실수 | 실행 위험의 조정 |

기업이 새로운 프로젝트나 다른 유형의 새로운 투자를 시도할 때 종종 **실행 위험**(execution risk)의 정도가 더 커질 수 있다. 이것은 (기업의 실행 단계 오류에 의해) 프로젝트가 예상된 현금흐름을 창출하지 못할 위험이다. 예를 들어 생산 지연 또는 마케팅 실수의 가능성이 클 수 있다.

기업들은 때때로 새로운 프로젝트에 높은 자본비용을 적용하여 이런 위험을 조정한다. 실행 위험은 대개 기업에 고유한 위험이어서 분산 가능하기 때문에 이런 조정이 일반적으로 올바른 것은 아니다. (직관적으로 여러 기업에 투자하는 주주들은 몇몇 기업들이 실행 실패를 겪을 수 있는 위험을 분산할 수 있다.) 프로젝트의 자본비용은 시장 전체적인 위험에 대한 민감도에 의해 결정되어야 한다.

물론 이것이 실행 위험을 무시해야 한다는 것을 의미하지는 않는다. 프로젝트에 의해서 창출되는 기대 현금흐름에서는 이 위험을 고려하여야 한다. 이를테면 어떤 프로젝트가 내년에 $\$100$의 가용현금흐름을 창출할 것으로 기대되지만 실패하여 아무런 현금흐름이 없을 확률이 20%라면, 우리의 기대 가용현금흐름은 $\$80$에 불과할 것이다. 따라서 자본비용의 변화가 없더라도 실행 위험의 정도가 커질수록 할인해야 하는 기대 가용현금흐름은 작아질 것이다.

자금조달과 가중평균 자본비용

12.5절에서 우리는 평가할 프로젝트가 자기자본으로만 구성된다고 가정하였다. 즉, 프로젝트를 위해서 추가적인 차입을 계획하고 있지 않다는 것이다. 이런 자금조달 가정의 중요성은 무엇이고, 기업이 프로젝트 자금을 조달하기 위해서 레버리지를 사용한다면 프로젝트의 자본비용이 어떻게 변할까?

이 질문에 대해 완전한 답변은 기업 자금조달 정책 선택의 여러 가지 시사점을 다룰 제5부의 주제가 될 것이다. 여기서는 주요 결과만을 잠깐 검토할 것이다.

완전자본시장 완전자본시장(세금과 거래비용 및 다른 마찰 요인이 없는 시장)에서는 자본조달의 선택이 프로젝트의 자본비용이나 NPV에 아무런 영향을 미치지 않는다는 제3장에서의 결과들을 상기해보자. 대신 프로젝트의 자본비용과 NPV는 가용현금흐름에 의해서만 결정된다. 이런 환경에서는 프로젝트의 자금조달에 관한 가정은 아무런 문제가 없다. 부분적으로 또는 어느 정도 채무로 자금조달이 되든지 상관없이 자본비용은 동일할 것이다. 제3장에서 논의된 이런 결과의 직관적 통찰은 경쟁적인 완전시장에서 모든 자금조달 거래의 NPV가 0이어서 가치에 전혀 영향을 미치지 않는다는 것이다.

세금—중요한 불완전성 시장 마찰 요인이 존재하면 프로젝트의 자금조달 의사결정은 프로젝트의 가치에 영향을 미치는 결과를 가져올 수 있다. 아마도 가장 중요한 예는 과세소득에서 채무의 이자를 차감하는 법인세법일 것이다. 제5장에서 보았듯이 기업이 채무에 대해 r의 이자를 지급한다면, 소득공제에 의해서 기업의 순자본비용은 다음과 같아진다.

$$\text{실효 세후 이자율} = r(1 - \tau_C) \tag{12.11}$$

여기서 τ_C는 기업의 법인세율이다.

쉘라그 글레이저는 인텔의 금융부문 부사장이자 고객 컴퓨팅 그룹의 관리자이다. 그녀의 임무는 손익의 예측, 보고 및 통제를 포함한다.

질문 인텔은 기업 또는 프로젝트 수준에서 할인율을 정하는가?

답변 우리는 대개 기업 수준에서 할인율을 정한다. 기업으로서 인텔은 비슷한 시장에 판매할 다양한 제품을 만들기 때문에 우리의 핵심 영업에는 하나의 목표 할인율이 의미를 가진다. 투자의 정당성을 부여하기 위해서는 모든 프로젝트가 주주들을 위한 수익률 수준을 초과하는 수익성을 가져야 한다.

우리는 인수합병을 위해 서로 다른 할인율을 사용할 수 있다. 이를테면 최근에 우리는 더 많은 소프트웨어 기업들을 인수했다. 소프트웨어 산업은 반도체 산업과는 달리 상이한 위험 요인이 있기 때문에 우리는 이런 사항들을 고려하여 목표 할인율을 정하였다.

질문 인텔은 새로운 투자 기회를 위해 자본비용을 어떻게 계산하는가?

답변 우리가 고려하는 요소들이 올바른지 또는 변했는지를 알아보기 위하여 매년 WACC를 검토한다. 현재 시장의 위험 프리미엄은 얼마일까? 올바른 무위험 이자율을 사용하고 있을까? 우리는 베타 결정을 위해 CAPM을 사용하지만 5년 주별 베타를 계속 사용할지 아니면 일별 또는 월별 베타로 변경할지를 고민한다. 또한 최근의 학술 연구를 검토하여 고려할 요소들을 결정한다.

일단 WACC를 추정하면 우리의 환경에서 적절한 목표 할인율에 대해 생각한다. 최근에 WACC는 변하였지만 WACC보다 높은 우리의 목표 할인율을 변경하지 않고 계속 사용하고 있다. 이런 높은 할인율은 투자 시기를 결정하는 우리의 능력을 반영하여, 기대 수익률을 최대화하는 프로젝트를 선택하게 해준다. 인텔은 목표 할인율보다 높은 프로젝트가 많아서 기회비용을 평가하는 것이 의사결정의 중요한 부분이다. 어떤 프로젝트가 전략적으로 중요하다면 목표 할인율보다 낮은 프로젝트에도 투자할 수 있다.

인터뷰
쉘라그 글레이저
(Shelagh Glaser)

질문 프로젝트별로 특이한 고려 사항이 인텔의 자본비용 계산에 영향을 미치는가?

답변 웨이퍼 제조공장에 수십억 투자를 결정할 때, 인텔은 물리적인 공장과 생산라인을 함께 고려한다. 제품으로부터 얻어야 하는 이익을 계산하고, 대규모 자본 투자를 정당화할 수 있는 포괄적인 평가 방법을 개발한다. 대개 우리의 표준적인 목표 할인율을 사용하여 제품의 위험 요소와 함께 출시 시점을 고려한다. 인텔의 영업은 2년마다 반도체 집적회로의 성능이 2배로 증가한다는 무어의 법칙에 의존한다. 새로운 기술의 각 세대는 비용 삭감을 가능하게 하여 새로운 제조공장이 목표 할인율을 달성할 수 있게 한다. 이런 공장들이 우리의 첨단기술 제품들을 생산하여 가장 높은 이익률을 달성하게 한다. 프리미엄 가격을 얻기 위하여 우리의 고객들은 최근 기술의 성과와 전기 효율성 제품을 요구한다.

질문 2008년의 금융위기가 투자 기회의 평가에 영향을 미쳤는가?

답변 2008년에 시장은 매우 침체되었다. 우리는 기술개발(R&D) 투자를 계속하면서 마케팅이나 단기 홍보와 같은 다른 영역의 비용을 감소시켰다. 제품개발 주기가 대개 4년이기 때문에 R&D 비용을 삭감했다면, 우리의 제품라인을 몇 년 뒤지게 만들었을 것이다. 이 산업에서는 단기 이익을 높이기 위해서 R&D를 멈추는 것은 기업의 장기 생존을 위협하는 것이다. R&D는 우리의 기본적 영업 모형에 결정적인 핵심 사항이어서, 단기 결과에 부정적인 영향을 미치는 장기 의사결정을 요구하기도 한다.

인텔은 침체기에도 선도적 성과를 유지하기 위하여 오랜 기간 투자해 왔다. 인텔은 채무가 거의 없다. 우리의 자본정책은 제조공장과 수년간의 R&D 비용을 충당하기에 충분한 현금을 유지하여서, 지속적인 영업을 위한 자금조달을 위해 자본시장에 의존하는 것을 회피하는 것이다. 인텔의 자본시장 접근이 축소되었던 1980년대의 아픈 경험들이 이러한 보수적 자본정책의 중요성을 강조하게 하였다. 채무 없이 아주 충분한 현금을 보유한 상태로 위기를 맞이하는 것은 매우 현명한 방법이다.

| 일상적인 실수 | 여러 부문을 보유한 기업이 하나의 자본비용을 사용하는 것 |

많은 기업들은 상당히 상이한 시장 위험을 가지는 영업 단위들을 결합하고 있다. 그럼에도 불구하고 몇몇 기업들은 조직 전체의 프로젝트를 평가하기 위하여 하나의 자본비용을 사용한다. 서로 다른 위험을 가지는 프로젝트에 대해서 동일한 자본비용을 사용하는 것은 명백한 실수이고, 기업이 많은 위험 프로젝트들을 수행하여도 안전한 프로젝트들은 거의 없게 만든다. 즉, 위험에 관계없이 모든 투자 기회에 대해서 동일한 자본비용을 이용한다면, 더 위험한 프로젝트가 너무 낮은 자본비용으로 할인되기 때문에 음(−)의 NPV를 가지는 투자가 양(+)의 NPV를 가지는 것처럼 보여서 채택될 것이다. 비슷하게 덜 위험한 프로젝트가 너무 높은 자본비용으로 할인되기 때문에 기각하는 실

수를 범할 수 있다. 설문조사는 이런 실수가 아주 일상적으로 발생한다는 것을 보여준다. 필립 크루거, 오스틴 랜디어, 데이비드 테즈마 교수는 복합기업들의 행동을 검토하여, 그들이 이런 실수를 한다는 증거를 발견하였다.[*] 각 복합기업에 대해 그들은 핵심부문이라고 할 수 있는 가장 중요한 부문을 찾아내었다. 그들은 복합기업들이 평균적으로 핵심부문보다 덜 위험한 부문에 상대적으로 덜 투자하고, 더 위험한 부문에 상대적으로 더 투자한다는 것을 보여주었다.

[*] "The WACC Fallacy: The Real Effects of Using a Unique Discount Rate," *Journal of Finance* 70 (2015): 1253–1285.

가중평균 자본비용   제15장에서 살펴보겠지만 기업이 프로젝트를 위한 자금을 채무로 조달하면 이자의 세금 경감 효과를 보게 된다. NPV 계산에 이 혜택을 포함하는 한 방법은 기업의 실효 자본비용을 이용하는 것으로, 이것을 **가중평균 자본비용**(weighted-average cost of capital) 또는 **WACC**라고 부른다.[16]

가중평균 자본비용(WACC)

$$r_{wacc} = \frac{E}{E+D} r_E + \frac{D}{E+D} r_D (1 - \tau_C) \tag{12.12}$$

가중평균 자본비용인 r_{wacc}를 식 (12.8)에서 정의된 무차입 자본비용 r_U와 비교하면, 무차입 자본비용은 기업 채무의 세전 자본비용으로 계산하지만 가중평균 자본비용은 실효 세후 자본비용으로 계산한다는 것이 다르다. 따라서 무차입 자본비용은 **세전 WACC**(pretax WACC)라고 부르기도 한다. 양자 간의 주요 차이점을 살펴보자.

1. 무차입 자본비용(세전 WACC)은 투자자가 기업의 자산을 보유하여 얻는 기대 수익률이다. 세금이 존재하는 경우 기업과 동일한 위험을 가지는 **자기자본 프로젝트**(all-equity financed project)의 평가를 위해서 사용될 수 있다.

2. 가중평균 자본비용(또는 WACC)은 기업의 실효 세후 자본비용이다. 이자비용은 세금공제가 되기(tax deductible) 때문에 WACC는 기업 자산의 기대 수익률보다 작다. 세금이 존재하는 경우 WACC는 기업과 동일하게 자금을 조달하여 동일한 위험을 가지는 프로젝트의 위험을 평가하기 위해서 사용될 수 있다.

---

16 제18장의 부록은 이 공식의 유도 방법을 보여줄 것이다. 식 (12.12)는 채무의 이자가 채무의 기대 수익률 r_D와 같다는 것을 가정한다. 이는 채무의 위험이 낮고 액면가와 비슷하게 거래되는 경우에 합리적인 근사치가 된다. 그렇지 않은 경우 채무의 세후 자본비용을 $(r_D - \tau_c \bar{r}_D)$로 정확히 추정할 수 있다. 여기서 $\bar{r}_D = \dfrac{\text{현재 이자비용}}{\text{채무의 시장가치}}$ 인데, 이를 채무의 **경상 수익률**이라고 부른다.

목표 레버리지 비율이 주어진 경우 식 (12.8)과 식 (12.2)를 비교하면 다음과 같이 WACC를 계산할 수 있다.

$$r_{wacc} = r_U - \frac{D}{E+D}\tau_C r_D \tag{12.13}$$

즉, WACC는 무차입 자본비용에서 채무와 관련된 세금 절약분을 차감한 값이다. 이런 WACC 공식은 WACC를 결정할 때 12.5절에서 추정한 산업 자산 베타의 장점을 이용할 수 있도록 해준다.[17] 제5부에서 기업 자금조달 의사결정의 시사점과 함께 더 자세하게 WACC에 대해서 생각해보기로 하자.

예제 12.9   **WACC의 추정**

문제

던랩 주식회사는 $100 백만의 시가총액과 $25 백만의 채무로 구성되어 있다. 던랩의 자기자본 비용은 10%이고, 타인자본 비용은 6%이다. 던랩의 무차입 자본비용은 얼마인가? 법인세율이 40%라면 던랩의 가중평균 자본비용은 얼마인가?

풀이

던랩의 무차입 자본비용(세전 WACC)은 다음과 같다.

$$r_U = \frac{E}{E+D}r_E + \frac{D}{E+D}r_D = \frac{100}{125}10\% + \frac{25}{125}6\% = 9.2\%$$

따라서 던랩의 자산과 동일한 위험을 가지는 자기자본 프로젝트를 평가하기 위해서 9.2%의 자본비용을 사용할 수 있다.

던랩의 가중평균 자본비용(또는 WACC)은 식 (12.12) 또는 (12.13)을 이용하여 계산할 수 있다.

$$r_{wacc} = \frac{E}{E+D}r_E + \frac{D}{E+D}r_D(1-\tau_C) = \frac{100}{125}10\% + \frac{25}{125}6\%(1-40\%) = 8.72\%$$

$$= r_U - \frac{D}{E+D}\tau_C r_D = 9.2\% - \frac{25}{125}(40\%)6\% = 8.72\%$$

던랩 자산과 동일한 주식과 채무의 비중을 가지는 동일한 위험의 프로젝트를 평가하기 위해서 8.72%의 WACC를 사용할 수 있다. 이것은 이자비용이 세금공제 효과를 반영하기 때문에 무차입 자본비용보다 작다.

개념 확인

1. 동일한 기업 내의 프로젝트가 왜 상이한 자본비용을 갖는가?
2. 어떤 조건에서 기업의 가중평균 자본비용을 사용하여 프로젝트를 평가할 수 있을까?

---

17   식 (12.13)은 추가적인 장점이 있다. 세금 절약을 추정하기 위해서 이것을 사용하기 때문에, 채무가 위험이 있을 경우 r_D 대신 채무의 경상 수익률($\bar{r}_D$)을 사용할 수 있다(각주 16 참조).

12.7 CAPM의 사용을 위한 마지막 고려 사항

이 장은 CAPM을 사용하여 기업이나 프로젝트의 자본비용 추정 방법을 개발하였다. 그 일환으로 여러 가지 선택과 추정 방법들을 제시하였다. 이런 의사결정들은 완전히 현실적이지 못한 CAPM 자체의 가정들을 기반으로 하고 있다. 이 순간 당신은 의심할 수 있다. 이런 것들이 얼마나 믿을 수 있고 가치가 있을까?

이 질문에 대해 만족할 만한 답변은 없지만 여러 가지를 생각해볼 수 있다. 첫째, 자본비용을 추정하기 위해 사용하는 근사법들이 자본예산 수립 과정을 통한 다른 근사법들과 다르지 않다는 것이다. 특히 주식이나 신제품 투자 평가를 할 때 우리가 사용하는 수입과 다른 현금흐름들은 자본비용을 추정할 때보다 훨씬 불확실한 경우가 많다. 따라서 프로젝트의 현금흐름 추정 오류가 자본비용의 작은 차이보다 훨씬 더 큰 영향이 있을 수 있는 자본예산 수립이나 기업재무의 입장에서 CAPM의 불완전성들이 결정적인 오류가 될 수는 없다.

둘째, CAPM에 근거한 접근법은 매우 실무적이고 수행하기 편리하다는 것 이외에 아주 강건하다는 장점이 있다. CAPM이 완전히 정확하지는 않지만, 오류가 있어도 그것이 작은 경향이 있다는 것이다. 과거의 평균 수익률을 이용하는 다른 방법들은 더 큰 오류를 야기할 수 있다.

셋째, CAPM은 자본비용을 찾기 위해 관리자에게 훈련의 과정을 요구한다. 하지만 원하는 결과를 얻기 위하여 조작하는 모수가 거의 없고, 가정들이 직설적이다. 결과적으로 CAPM은 자본예산 수립 과정에서 경영자가 명백한 정당성 없이 프로젝트의 자본비용을 정할 때보다 관리상의 여러 가지 조작에 의존하지 않도록 해준다.

마지막으로, 가장 중요할 수도 있는 것은 CAPM이 완전히 정확한 방법은 아니지만 경영자로 하여금 위험에 대해 올바르게 생각할 수 있는 여지를 준다는 것이다. 많은 사람이 보유하고 있는 주식회사의 경영자는 주주들이 포트폴리오에 의해 쉽게 제거할 수 있는 분산 가능한 위험에 대해서 걱정하지 말아야 한다. 경영자들은 투자자들이 기업 의사결정에 따른 시장 위험에 의해 보상받을 수 있도록 신경을 쓰고 준비해야 한다.

따라서 잠재적인 단점에도 불구하고 CAPM을 자본비용 계산의 기본으로 사용할 만한 충분한 이유가 있다. 특히 (제13장에서 개발하고자 하는) 더 복잡한 모형의 수행에 필요한 노력을 고려해볼 때, CAPM은 더욱 실행 가능한 방법이라고 생각한다. 결과적으로 자본비용의 계산 실무에서 CAPM이 지배적인 모형인 것이 그리 놀라운 것은 아니다.

CAPM이 자본예산 수립을 위한 적절하고 실무적인 방법으로 보이지만, 그러한 결론들이 투자자들에게 얼마나 신뢰성이 있을지에 대해서는 아직도 의심이 있을 수 있다. 예를 들어 시장 주가지수를 보유하는 것이 정말로 투자자에게 최선의 전략일까, 또는 뉴스에 따라 거래하거나 전문적인 펀드 매니저를 고용하는 것이 더 좋을 수 있을까? 이에 대해서는 제13장에서 생각해볼 것이다.

1. 자본예산 수립 과정에서의 어떤 오류가 자본비용 추정에서의 차이보다 더 중요할 수 있을까?
2. CAPM이 완전하지 않음에도 불구하고, 우리는 왜 기업재무에서 그것을 계속 사용하는 것일까?

핵심 요점 및 수식

12.1 자기자본 비용

■ 어떤 증권의 베타가 주어진 경우 증권시장선을 위한 CAPM 식을 사용하여 그 증권의 자본비용을 추정할 수 있다.

$$r_i = r_f + \underbrace{\beta_i \times (E[R_{Mkt}] - r_f)}_{\text{증권 } i \text{의 위험 프리미엄}}$$

(12.1)

12.2 시장 포트폴리오

■ CAPM을 실행하기 위해서 (a) 시장 포트폴리오를 구성하고, 무위험 수익률을 초과하는 기대 수익률을 계산하여, (b) 시장 포트폴리오에 대한 주식의 베타 또는 민감도를 추정한다.

■ 시장 포트폴리오는 시장에서 거래되는 모든 증권의 가중평균 포트폴리오이다. CAPM에 따르면 시장 포트폴리오는 효율적이다.

■ 가중평균 포트폴리오에서 각 증권에 투자된 금액은 각각의 시가총액에 비례한다.

■ 가중평균 포트폴리오도 동일 소유권 포트폴리오이다. 따라서 소극적 포트폴리오이므로 매일매일의 가격 변화에 따라 재구성할 필요가 없다.

■ 진정한 시장 포트폴리오를 구성하는 것이 불가능하지는 않지만 어렵기 때문에 실무에서는 S&P 500이나 Wilshire 5000 지수 같은 시장 포트폴리오의 대용치를 사용한다.

■ 증권시장선에서 무위험 이자율은 무위험 차입과 대출 이자율의 평균을 반영하여야 한다. 실무자들은 대개 투자 기간에 따라 수익률 곡선(yield curve)에서 무위험 이자율을 선택한다.

■ 1926년 이후에 S&P 500의 과거 수익률은 1년 재무부 채권 수익률보다 7.7% 정도 높았지만, 여러 연구들은 미래의 초과 수익률은 이보다는 낮을 것이라고 한다. 1965년 이후에 S&P 500의 1년 재무부 채권 초과 수익률 평균은 5%였고, 10년 재무부 채권 초과 수익률 평균은 3.9%였다.

12.3 베타의 추정

■ 베타는 시장 위험에 대한 증권의 민감도를 측정한다. 특히, 베타는 시장 포트폴리오의 1% 수익률 변화에 대해 당해 증권 수익률의 기대 변화치(%)를 나타낸다.

■ 베타를 추정하기 위해서 종종 과거 수익률을 사용한다. 베타는 증권의 초과 수익률과 시장의 초과 수익률의 관계를 나타내는 그래프에서 가장 적합한 추정선의 기울기이다.

■ 주식의 초과 수익률을 시장의 초과 수익률에 회귀시켰을 때 상수항이 주식의 알파이다. 알파는 과거에 증권시장선에 비해 어느 정도의 수익성을 보였는가를 측정한다.

■ 평균 수익률을 추정하는 것과 달리 신뢰성 있는 베타 추정치는 몇 년의 자료로부터 얻을 수 있다.

■ 베타는 시간이 흐름에 따라 안정적인 경향이 있지만, 알파는 지속성이 없는 경향이 있다.

12.4 타인자본 비용

■ 부도 위험 때문에 투자자에 대한 기대 수익률인 타인자본 비용은 약속된 수익률인 만기 수익률보다 작다.

■ 연 부도율과 기대 손실률이 주어지면, 타인자본 비용은 다음과 같이 추정될 수 있다.

$$r_d = \text{만기 수익률} - \text{부도율} \times \text{기대 손실률}$$

(12.7)

- CAPM에 의해 채무의 기대 수익률을 추정할 수도 있다. 그러나 개별 채무 증권의 베타 추정치는 추정하기가 매우 어렵다(역주 : 이 세상의 모든 증권을 포함하는 시장 포트폴리오의 구성이 현실적으로 거의 불가능하기 때문이다). 실무적으로는 채권의 신용등급에 의한 추정치를 사용할 수 있다.

12.5 프로젝트의 자본비용

- 동일한 영업을 하는 비교 대상 기업의 자산이나 무차입 자본비용을 이용하여 프로젝트의 자본비용을 추정할 수 있다. 주식과 채무의 시장가치에 따른 목표 레버리지 비율이 주어지면, 그 기업의 무차입 자본비용은 다음과 같다.

$$r_U = \frac{E}{E+D}r_E + \frac{D}{E+D}r_D \tag{12.8}$$

- 프로젝트의 베타를 비교 대상 기업의 무차입 베타를 이용하여 추정할 수 있다.

$$\beta_U = \frac{E}{E+D}\beta_E + \frac{D}{E+D}\beta_D \tag{12.9}$$

- 현금 보유가 기업의 주식 베타를 감소시키기 때문에 무차입 베타를 추정할 때 채무에서 현금을 차감한 순채무를 사용할 수 있다.
- 어떤 산업의 자산 베타를 결정하기 위해서 동일 산업 내 여러 기업의 무차입 베타를 평균하면 추정 오류를 감소시킬 수 있다.

12.6 프로젝트 위험의 특징과 자금조달

- 기업이나 산업 자산 베타는 그 기업이나 산업의 평균 프로젝트의 시장 위험을 반영한다. 개별 프로젝트는 전체 시장에 다소 민감할 수 있다. 영업 레버리지는 프로젝트의 시장 위험을 증가시킬 수 있는 하나의 요인이다.
- (실행 위험과 같은) 프로젝트의 고유한 위험 때문에 자본비용을 수정해서는 안 된다. 이런 위험은 프로젝트의 현금흐름 추정치에 반영되어야 한다.
- 무차입 자본비용은 자기자본 프로젝트를 평가하기 위해 사용될 수 있다. 부분적으로 프로젝트의 자금이 채무로 조달되면 기업의 실효 세후 채무비용은 투자자에 대한 기대 수익률보다 작아진다. 이 경우에 가중평균 자본비용이 사용될 수 있다.

$$r_{wacc} = \frac{E}{E+D}r_E + \frac{D}{E+D}r_D(1-\tau_C) \tag{12.12}$$

- WACC는 산업 자산 베타를 이용하여 다음과 같이 추정될 수 있다.

$$r_{wacc} = r_U - \frac{D}{E+D}\tau_C r_D \tag{12.13}$$

12.7 CAPM의 사용을 위한 마지막 고려 사항

- CAPM이 완전하지는 않지만 사용하기 편리하고 상대적으로 강건하며 조작하기 힘들다. 또한 시장 위험의 중요성을 올바르게 강조하는 방법이다. 결과적으로 자본예산 수립을 위해 가장 대중적이고 사용하기 편리한 방법이다.

주요 용어	가격가중 포트폴리오(price-weighted portfolio)	선형 회귀(linear regression)
	가중평균 자본비용(weighted average cost of capital, WACC)	세전 WACC(pretax WACC)
		소극적 포트폴리오(passive portfolio)
	가치가중 포트폴리오(value-weighted portfolio)	순채무(net debt)
	동일 소유권 포트폴리오(equal-ownership portfolio)	시장 대용치(market proxy)
	무차입 자본비용(unlevered cost of capital)	시장지수(market index)
	무차입 포트폴리오(unlevered beta)	실행 위험(execution risk)
	알파(alpha)	자산 베타(asset beta)
	영업 레버리지(operating leverage)	자산의 자본비용(asset cost of capital)
	유동성(free float)	지수 펀드(index funds)
	상장지수 펀드(exchange-traded fund, ETF)	타인자본 비용(debt cost of capital)

추가 읽을거리

다음 논문들은 CAPM에 대한 추가적인 정보들을 제공할 것이다. F. Black, "Beta and Return," *Journal of Portfolio Management* 20 (Fall 1993): 8 – 18; and B. Rosenberg and J. Guy, "Beta and Investment Fundamentals," *Financial Analysts Journal* (May – June 1976): 60 – 72.

이 장의 초점은 아니지만 CAPM의 검증에 대해서는 상당한 연구들이 진행되었다. 본문에서 언급한 연구들 외에도 관심 있는 독자들이 볼 만한 논문들은 다음과 같다. W. Ferson and C. Harvey, "The Variation of Economic Risk Premiums," *Journal of Political Economy* 99 (1991): 385 – 415; M. Gibbons, S. Ross, and J. Shanken, "A Test of the Efficiency of a Given Portfolio," *Econometrica* 57 (1989): 1121 – 1152; S. Kothari, J. Shanken, and R. Sloan, "Another Look at the Cross-Section of Expected Stock Returns," *Journal of Finance* 50 (March 1995): 185 – 224; and R. Levy, "On the Short-Term Stationarity of Beta Coefficients," *Financial Analysts Journal* (November – December 1971): 55 – 62.

연습문제

* 표시는 난이도가 높은 문제다.

자기자본 비용

1. 펩시코 주식은 0.57의 베타를 가진다. 무위험 이자율이 3%이고, 시장 포트폴리오의 기대 수익률이 8%라면, 펩시코 주식의 자본비용은 얼마인가?

2. 마이크로소프트 주식은 30%의 변동성을 가지지만, 시장 포트폴리오는 10%의 기대 수익률과 20%의 변동성을 가진다.
   a. 변동성이 높기 때문에 마이크로소프트가 10%보다 높은 자기자본 비용을 가져야 하는가?
   b. 마이크로소프트 주식의 자본비용이 10%이기 위해서 어떤 조건이 만족되어야 하나?

3. 호멜 푸드는 0.45의 베타를 가지고, 알루미늄 제조업체인 알코아는 2.0의 베타를 가진다. 시장 포트폴리오의 기대 초과 수익률이 5%라면, 어떤 기업이 얼마나 더 높은 자기자본 비용을 가지는가?

시장 포트폴리오

4. 세상의 모든 가능한 투자 기회들이 아래 표에 나열된 5개의 주식으로 제한되어 있다. 시장 포트폴리오는 어떻게 구성되는가? (포트폴리오의 비중은?)

주식	주당 가격($)	발행주식 수(백만)
A	10	10
B	20	12
C	8	3
D	50	1
E	45	20

5. 4번 문제의 자료를 이용한 시장 포트폴리오를 보유하고 있다고 하자. 주식 C에는 $12,000가 투자되어 있다.

   a. 주식 A에 얼마나 투자하였나?

   b. 주식 B는 몇 주를 보유하고 있는가?

   c. 주식 C의 가격이 주당 $4로 하락하면 시장 포트폴리오를 유지하기 위해서 어떤 거래를 해야 하는가?

6. 시가총액 $9 십억의 베스트 바이 주식이 주당 $30에 거래되고, 월트 디즈니는 1.65 십억의 주식을 발행하였다. 당신은 시장 포트폴리오를 보유하고 있고, 그중 일부로 베스트 바이 100주를 보유하고 있다면, 월트 디즈니 주식을 몇 주 보유하고 있는가?

7. S&P는 S&P 동일가중 주가지수를 발표하는데, S&P 500의 동일가중 주가지수이다.

   a. 이 주가지수를 추종하는 포트폴리오를 유지하기 위하여 매일의 가격 변화에 따라 어떤 거래가 이루어질 필요가 있을까?

   b. 이 주가지수는 시장 대용치로 적합할까?

8. 시장 대용치로 S&P 500 대신 좀 더 광범위한 미국의 주식 및 채권 포트폴리오를 사용하고자 한다. CAPM을 적용할 때 시장 위험의 프리미엄을 위해 동일한 추정치를 사용할 수 있는가? 그렇지 않다면 올바른 위험 프리미엄을 어떻게 추정해야 하는가?

9. 1999년 연초부터 2009년 연초까지 S&P 500은 음(-)의 수익률을 가졌다. 이것이 우리가 CAPM에서 사용해야 하는 시장의 위험 프리미엄이 음(-)의 값이라는 것을 의미하는가?

베타의 추정

10. XYZ 주식회사의 자기자본 비용을 추정할 필요가 있다. 과거 수익률에 대해 다음과 같은 자료가 있다.

연도	무위험 이자율	시장 수익률	XYZ 수익률
2007	3%	6%	10%
2008	1%	-37%	-45%

   a. XYZ의 과거 평균 수익률은 얼마인가?

   b. 매년 시장과 XYZ의 초과 수익률을 계산하라. XYZ의 베타를 추정하라.

   c. XYZ의 과거 알파를 추정하라.

   d. 현재 무위험 이자율이 3%이고, 시장의 기대 수익률은 8%라고 하자. CAPM을 사용하여서 XYZ 주식회사 주식의 기대 수익률을 추정하라.

   e. XYZ의 자본비용을 추정하기 위해서 (a)와 (d) 중 어떤 것을 사용할 것인가? (c)의 답변이 당신의 추정에 영향을 미치는가?

*11. 인터넷으로 가서 2011년부터 2015년까지 월별 수익률 자료에 의거하여 나이키와 델 주식의 베타를 추정하기 위해 스프레드시트에 주어진 자료를 사용하라. (힌트 : 엑셀에서 slope() 함수를 사용할 수 있다.)

*12. 11번 문제의 자료를 이용하여 나이키와 델 주식의 월별 알파(%)를 추정하라. (힌트 : 엑셀에서 intercept() 함수를 사용할 수 있다.)

[X] ***13.** 11번 문제의 자료를 이용하여 엑셀의 (자료분석 메뉴의) 회귀분석 또는 linest() 기능에 의해 나이키와 델 주식의 알파와 베타에 대한 95% 신뢰구간을 추정하라.

타인자본 비용

14. 2012년 중반에 랠스톤 퓨리나는 신용등급이 AA이고 만기 수익률이 2.05%인 10년 만기 미상환 채권을 가지고 있다.

    a. 이 채권이 가질 수 있는 최고의 기대 수익률은 얼마인가?

    b. 비슷한 만기를 가지는 미 재무부 채권의 만기 수익률은 1.5%이다. 이 채권이 실제로 (a)에서의 답변과 같은 기대 수익률을 가질 수 있을까?

    c. 랠스톤 퓨리나의 채권이 연 0.5%의 부도 확률이 있고 부도 시의 손실률이 60%라고 하면, 이 채권의 기대 수익률 추정치는 얼마인가?

15. 2009년 중반에 라이트 에이드는 신용등급이 CCC이고 만기 수익률이 17.3%인 6년 만기 미상환 채권을 가지고 있다. 비슷한 만기를 가지는 재무부 채권의 만기 수익률은 3%이다. 시장의 위험 프리미엄이 5%이고, 라이트 에이드 채권의 베타는 0.31이라고 하자. 부도가 발생할 경우 이 채권의 기대 손실률은 60%이다.

    a. 2009년 중반에 이 채권의 만기 수익률과 정합성을 가지는 연 부도 확률은 얼마인가?

    b. 2015년 중반에 미 재무부 채권의 만기 수익률은 1.5%이지만, 라이트 에이드 채권의 만기 수익률은 7.1%이다. 지금 부도 확률은 얼마라고 추정할 수 있는가?

16. 2009년 중반의 침체기에 주택건설기업인 케이비 홈은 신용등급이 BB이고 만기 수익률이 8.5%인 6년 만기 미상환 채권을 가지고 있다. 이에 상응하는 무위험 이자율이 3%이고 시장의 위험 프리미엄이 5%라고 하면, 2개의 방법을 사용하여 케이비 홈 채권의 기대 수익률을 추정하라. 두 결과를 비교하라.

17. 던리 주식회사는 5년 만기 채권을 발행하려고 한다. 이 채권은 BBB의 신용등급을 가질 것으로 예상된다. 동일한 만기를 가지는 AAA 등급의 채권은 4%의 만기 수익률을 가진다. 시장의 위험 프리미엄이 5%일 때 표 12.2와 12.3의 자료를 이용하여 아래의 질문에 답하라.

    a. 평균적인 경제 상황에서 부도 시의 기대 손실률이 60%라고 가정할 때, 던리가 지급해야 하는 만기 수익률은 얼마인가? AAA 채권 만기 수익률과의 차이인 스프레드는 얼마인가?

    b. 침체기인 경우 기대 손실률은 80%가 되지만, 채권의 베타와 시장의 위험 프리미엄은 평균적인 경제 상황일 경우와 동일하다면, 침체기에 던리가 지급해야 하는 만기 수익률은 얼마인가? AAA 채권에 대한 던리 채권의 스프레드는 얼마인가?

    c. 사실 사람들은 침체기에 위험 프리미엄과 베타가 증가할 것이라고 기대한다. 시장의 위험 프리미엄과 채권의 베타가 20%씩 증가한다고 가정하여 (b)에 대해 다시 답하라. 즉, 침체기에 시장의 위험 프리미엄과 베타가 1.2배가 된다는 것이다.

프로젝트의 자본비용

18. 당신의 기업이 자동화 포장공장에 투자하려고 한다. 하버틴 산업은 이 영업에 특화된 무차입 기업이다. 하버틴의 주식 베타는 0.85이고, 무위험 이자율은 4%이며, 시장의 위험 프리미엄은 5%이다. 당신의 기업 프로젝트가 자기자본만으로 자금을 조달할 경우 자본비용을 추정하라.

19. 18번 문제의 경우를 다시 생각하자. 당신은 자본비용 추정의 추정 오류를 줄이기 위해 다른 비교 대상 기업들을 찾아보기로 하였다. 써비나 디자인이라는 두 번째 기업을 찾았는데, 이 기업도 비슷한 영업을 한다. 써비나는 주당 $20인 주식을 15 백만 주 발행하였다. 발행 채무는 $100 백만이고, 이의 만기 수익률은 4.5%이다. 써비나의 주식 베타는 1.00이다.

    a. 써비나의 채무는 베타가 0이다. 써비나의 무차입 베타를 추정하라. 써비나의 무차입 자본비용을 추정

하기 위해 무차입 베타와 CAPM을 사용하라.

b. CAPM을 이용하여 써비나의 자본비용을 추정하라. 타인자본 비용이 만기 수익률과 같다고 할 때, 이 결과를 이용하여 써비나의 무차입 자본비용을 추정하라.

c. (a)와 (b)의 추정치가 다른 이유를 설명하라.

d. (a)와 (b)의 결과를 평균하고, 이 결과를 18번 문제의 추정치와 다시 평균하기로 하였다. 이 프로젝트의 자본비용 추정치는 얼마인가?

20. IDX 테크는 고급 안전 시스템에 투자를 확대하려고 한다. 이 프로젝트는 자기자본으로 자금이 조달될 것이다. 이 투자의 가치를 평가하고 자본비용을 추정하여야 한다. 비슷한 영업을 하는 기업에 대해 다음과 같은 자료가 주어졌다.

발행 채무(장부가치, 신용등급 AA)	$400 백만
보통주 발행주식 수	80 백만
주당 가격	$15.00
주당 주식의 장부가치	$6.00
주식의 베타	1.20

이 프로젝트의 베타 추정치는 얼마인가? 어떤 가정을 해야 하는가?

21. 2015년 중반에 시스코 시스템즈의 시가총액은 $130 십억이었다. 현금과 단기투자가 $60 십억이었고, 신용등급 A의 채무 $25 십억이 있으며, 추정된 주식 베타는 1.11이었다.

a. 시스코의 사업가치는 얼마인가?

b. 시스코 채무의 베타가 0이라고 할 때 시스코 영업 사업가치의 베타를 추정하라.

22. 2009년 중반부터 항공산업 자료는 다음과 같다.

기업명	시가총액($ mm)	전체 사업가치($ mm)	주식 베타	채무의 신용등급
델타 항공(DAL)	4,938.5	17,026.5	2.04	BB
사우스웨스트 항공(LUV)	4,896.8	6,372.8	0.966	A/BBB
제트블루 항공(JBLU)	1,245.5	3,833.5	1.91	B/CCC
콘티넨탈 항공(CAL)	1,124.0	4,414.0	1.99	B

a. 각 기업의 채무 베타를 추정하기 위하여 표 12.3의 추정치를 이용하라. (여러 개의 신용등급이 있으면 평균하라.)

b. 각 기업의 자산 베타를 추정하라.

c. 주어진 기업들로 평가할 때 이 산업의 평균 자산 베타는 얼마인가?

프로젝트 위험의 특징과 자금조달

23. 웨스톤 기업은 2개 부문을 보유한 자기자본 조달기업이다. 음료부문은 0.60의 자산 베타를 가지는데, 올해에 $50 백만의 가용현금흐름을 기대하고 있으며, 3%의 지속적 성장을 기대하고 있다. 산업화학 부문은 1.20의 자산 베타를 가지는데, 올해에 $70 백만의 가용현금흐름을 기대하고 있으며, 2%의 지속적인 성장을 기대하고 있다. 무위험 이자율은 4%이고, 시장의 위험 프리미엄은 5%이다.

a. 각 부문의 가치를 추정하라.

b. 현재 웨스톤의 주식 베타와 자본비용을 추정하라. 이 자본비용이 웨스톤 프로젝트를 평가하기 위해 유용한가? 웨스톤의 주식 베타가 시간에 따라 어떻게 변하겠는가?

*24. 해리슨 홀딩스 주식회사(HHI)는 상장기업으로 현재 주당 $32이다. HHI는 20 백만 주식을 발행하였고 $64 백만의 채무를 가지고 있다. HHI의 설립자인 해리 해리슨은 즉석식품 경영에서 성공하였다. 그는 일부 부문을 매도하여 프로 하키팀을 매입하였다. HHI의 자산은 해리의 핫도그 식당 체인의 주식 50%와 하키팀이다. 해리의 핫도그(HDG)는 $850 백만의 시가총액을 가지며 사업가치는 $1.05 십억이다. 조사해보았더니 다른 즉석 식품 식당 체인의 평균 자산 베타는 0.75이다. HHI와 HDG의 채무는 매우 양호하여, 양 기업 채무의 베타를 0으로 추정하기로 했다. 마지막으로 S&P 500과 비교하기 위해 HHI의 과거 수익률에 대한 회귀분석을 하여 1.33의 주식 베타를 추정하였다. 이런 정보에 의거할 때 HHI의 하키팀 투자 베타를 추정하라.

25. 당신의 기업은 철강공장을 운영하고 있다. 이 공장의 1년 평균 수입은 $30 백만이다. 공장의 모든 비용은 변동비로 수입의 80%에 해당하는데, 이는 1년에 평균 $6 백만으로 공장비용의 1/4에 해당하는 전력과 관계된 에너지 비용을 포함한다. 이 공장은 1.25의 자산 베타를 가지고, 무위험 이자율은 4%이며, 시장의 위험 프리미엄은 5%이다. 법인세율은 40%이고 다른 비용은 없다.

    a. 성장이 없을 경우 이 공장의 현재가치는 얼마인가?

    b. 1년에 (세전) $3 백만의 고정비용으로 공장에 에너지를 공급할 수 있는 장기 계약을 하려고 한다. 이 계약을 체결하면 이 공장의 가치는 얼마인가?

    c. (b)의 계약을 체결하는 것이 공장의 자본비용을 어떻게 변화시키는가? 설명하라.

26. 유니다 시스템즈는 주당 $10의 가치를 가지는 주식 40 백만 주를 발행하였고, $100 백만의 채무를 가지고 있다. 유니다의 자기자본 비용은 15%이고, 타인자본 비용은 8%이며, 법인세율은 40%이다.

    a. 유니다의 무차입 자본비용은 얼마인가?

    b. 유니다의 채무의 세후 자본비용은 얼마인가?

    c. 유니다의 가중평균 자본비용은 얼마인가?

27. 새로운 항공 영업을 위한 가중평균 자본비용을 추정하고자 한다. 이 산업의 자산 베타에 의거하여 이 기업의 무차입 자본비용은 9%로 추정하였다. 그러나 새로운 영업을 위해 25%를 채무로 자금을 조달할 것이고, 타인자본 비용은 6%로 기대하고 있다. 법인세율이 40%라면 이 기업의 WACC는 얼마인가?

데이터 사례 당신은 월트 디즈니 주식회사의 재무 부문에 근무하는데, 최근에 디즈니의 WACC를 추정하는 팀에 배치되었다. 내일 있을 팀 회의를 준비하기 위하여 WACC를 추정하여야 한다. 필요한 정보는 온라인으로 쉽게 얻을 수 있다.

  1. finance.yahoo.com으로 간다. Investing Tab 아래의 "Market Overview"에서 "10 Yr Bond(%)"로 표시된 10년짜리 재무부 장기채의 만기 수익률을 발견할 것이다. 이것을 무위험 이자율로 사용하라.

  2. "Get Quotes" 버튼 다음의 상자에서 월트 디즈니의 표식인 DIS를 입력하고 입력 키를 누른다. 디즈니에 대한 기본적 정보를 본 다음 스크린의 왼쪽에 있는 "Key Statistics"를 찾아 클릭한다. 이 정보로부터 디즈니의 시가총액(주식의 시장가치), 사업가치(시가총액 + 순채무), 현금 및 베타를 찾으라.

  3. 디즈니의 타인자본 비용과 장기채무의 시장가치를 얻기 위하여 현재 장기채무의 가격과 만기 수익률을 알 필요가 있다. finra-markets.morningstar.com으로 가라. "Market Data" 아래의 "Bonds"를 선택한다. "Serch" 아래의 "Corporate"를 클릭하고 디즈니의 표식을 입력한다. 디즈니의 현재 채권 목록이 나타날 것이다. 디즈니의 정책은 비수의상환(non-callable) 10년 채권의 기대 수익률을 채권의 자본비용으로 사용하는 것이다. (힌트 : "Callable"이라는 열을 찾는다. 당신이 선택하는 채권은 이 열에서 "No"라고 표기되어 있어야 한다. 채권들이 여러 장에 나타날 수 있다.) 당신이 찾은 채권의 신용등급과 만기 수익률을 찾

으라. (그것은 "Yield"라고 표시된 열에 있다.) 디즈니 채권의 표 위에 마우스를 올려 놓고 오른쪽 클릭을 한다. "Export to Microsoft Excel"을 선택한다. (이 옵션은 IE에서 이용이 가능하지만 다른 브라우저에서는 아닐 수 있다.) 표에 모든 자료를 가지는 엑셀 스프레드시트가 나타날 것이다.

4. 이제 당신은 각 채권의 가격을 알게 되었고, 그들의 발행 규모를 알 필요가 있다. 웹페이지로 다시 돌아가서, 첫 행의 "Walt Disney Company"를 클릭하라. 이렇게 하여 웹 페이지로 채권에 대한 모든 정보를 불러올 수 있다. 오른쪽에서 "Amount Outstanding"을 찾을 때까지 내려가라. 이 금액은 $1,000 단위로 표시된다(예 : $6,000는 $60 백만 = $60,000,000를 의미). 스프레드시트의 적당한 행에 발행 규모를 기록하라. 모든 채권에 대해 이 단계를 반복하라.

5. 스프레드시트에 각 채권의 가격을 액면가에 대한 백분율로 기록한다. 예를 들어 104.50은 당해 채권이 액면가의 104.5%로 거래된다는 것이다. 발행 규모에 (가격 ÷ 100)을 곱하여 각 채권의 시장가치를 계산할 수 있다. 각 채권에 대해 동일하게 반복하여 전체 채권의 가치를 계산하라. 이것이 디즈니 채무의 시장가치이다.

6. 디즈니 주식의 시장가치와 5번 단계에서 계산된 채권의 시장가치에 의해 디즈니 주식과 채권의 비중을 계산하라.

7. CAPM과 1번 단계에서의 무위험 이자율 및 5%의 시장 위험 프리미엄을 이용하여 디즈니 주식의 자본비용을 계산하라.

8. 디즈니의 법인세율이 35%라고 가정하여 채무의 세후 자본비용을 계산하라.

9. 디즈니의 WACC를 계산하라.

10. 디즈니의 채무에서 2번 단계에서 수집된 현금을 차감하여 순채무를 계산하라. 순채무에 의한 비중을 이용하여 디즈니의 WACC를 다시 계산하라. 얼마나 변하는가?

11. 당신의 추정치를 어느 정도 신뢰할 수 있는가? 자료 수집 과정에서 어떤 내재적인 가정들을 하였는가?

CHAPTER 12 부록

베타 예측을 위한 실무적 고려 사항

12.3절에서 언급하였듯이 실무적으로는 과거의 주식 수익률을 시장 포트폴리오 수익률에 회귀하여 베타를 추정할 수 있다. 이런 과정에서 여러 가지 실무적인 고려 사항들이 떠오른다. 베타 추정을 위해 중요한 선택은 (1) 추정 기간, (2) 시장 포트폴리오로서의 주가지수, (3) 과거 베타로부터 미래 베타를 추론하는 방법, (4) 자료의 극단값 처리 등이다.

추정 기간

과거 수익률을 사용하여 베타를 추정할 때, 수익률을 측정하기 위해 사용하는 추정 기간에 관한 상쇄관계가 있다. 너무 짧은 기간을 사용하면 베타 추정치의 신뢰성이 떨어진다. 하지만 너무 오랜 기간을 사용하면, 베타 추정치가 증권의 현재 시장 위험을 잘 나타내지 못할 수 있다. 주식의 경우 2년간의 주별 수익률 또는 5년 간의 월별 수익률 자료를 사용하는 것이 일반적인 실무 관행이다.[18]

시장 대용치

CAPM은 증권의 기대 수익률을 시장 포트폴리오에 대한 베타에 의해 예측한다. 여기서 시장 포트폴리오란 투자자에게 이용 가능한 모든 위험 투자의 포트폴리오이다. 앞에서 언급하였듯이 실무적으로는 S&P 500이 시장 대용치로 사용되고 있다. NYSE 종합지수(모든 NYSE 주식의 가중평균 주가지수), 모든 미국 주식을 대상으로 하는 Wilshire 5000, 주식과 채권을 포함하여 더 광범위한 시장지수가 사용될 수도 있다. 국제 주식들을 평가할 때는 당해 국가 또는 국제시장지수를 사용하는 것이 일반적인 실무이다. 그러나 식 (12.1)에서 사용하는 시장의 위험 프리미엄은 시장 대용치의 선택을 반영한다는 것을 유념해야 한다. 예를 들어 시장 대용치가 채권을 포함한다면 위험 프리미엄이 작아질 수밖에 없다.

베타의 변동과 추론

어떤 기업의 추정 베타는 시간이 흐름에 따라 변하는 경향이 있다. 예컨대 그림 12A.1은 1999년부터 2015년까지 시스코 베타 추정치의 변동을 보여주고 있다. 변동의 많은 부분은 추정 오류 때문에 발생한다. 따라서 추정치가 역사적 또는 산업의 기준에 대해 극단적인가를 의심해보아야 한다. 사실 많은 실무자들은 추정 오류를 줄이기 위해 개별 주식의 베타보다는 산업의 평균적인 자산 베타들을 선호한다. 한편 베타는 시간이 흐름에 따라 평균 베타인 1.0으로 회귀하려는 경향이 있다.[19] 이 두 가지 이유 때문에 많은 실무자들은 **조정된 베타**(adjusted betas)를 사용하는데, 이는 추정된 베타와 1.0을 평균하여 계산한다. 예를 들어 블룸버그는 다음의 공식을 이용하여 조정된 베타를 계산한다.

$$\text{증권 } i\text{의 조정된 베타} = \tfrac{2}{3}\beta_i + \tfrac{1}{3}(1.0) \tag{12A.1}$$

---

18 일별 수익률이 더 많은 표본을 제공해주지만, 증권의 장기 위험을 나타내지 못하는 단기 요인들이 일별 수익률에 영향을 미칠 수 있다는 염려 때문에 종종 일별 수익률을 사용하지 않는다. 이상적으로는 투자 기간과 동일한 수익률 기간을 사용해야 한다. 하지만 충분한 자료를 얻기 위해서 실무적으로 월별 수익률을 사용하는 것이 가장 긴 기간이다.

19 다음 논문을 보라. M. Blume, "betas and Their Regression Tendencies," *Journal of Finance* 30 (1975): 785–795.

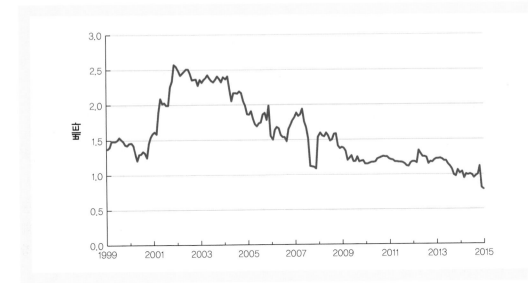

시스코 시스템즈의 추정된 베타(1999~2015)

추정된 베타는 시간이 흐름에 따라 변할 것이다. 3년의 월별 수익률을 사용하여 추정된 시스코의 베타는 2002년에 2.5로 가장 높다가 2015년에는 1 밑으로 떨어졌다. 이런 변동의 일부는 추정 오류 때문이지만, 이런 경향은 성장하다가 성숙 단계에 이르는 많은 기술주들 경우의 전형적인 모습이다.

5개 자료 제공사의 추정 방법론이 표 12A.1에 나타나 있다. 각 기업은 고유한 방법을 사용하기 때문에 보고된 베타들은 서로 차이를 보인다.

극단값

선형 회귀에서 얻은 베타 추정치는 특이하게 큰 값을 가지는 극단값에 매우 민감하다.[20] 예를 들어 설명하기 위해 그림 12A.2는 2002년부터 2004년까지 제넨테크와 S&P 500 수익률의 산포도를 보여주고 있다. 이 수익률에 의하면 제넨테크의 베타 추정치는 1.21이다. 그러나 월별 수익률을 자세히 보면 지나치게 큰 수익률을 가지는 2개의 점을 확인할 수 있다. 2002년 4월에 제넨테크 주식의 가격은 거의 30% 정도 하락하였고, 2003년 5월에는 거의 65% 상승하였다. 각각의 과도한 움직임은 신약개발과 관계된 제넨테크의 뉴스 발표에 대한 반응이었다. 2002년 4월에 제넨테크는 건선 치료제 랩티바 개발에 차질이 있다고 하였다. 2003년 5월에는 항암제 아바스틴의 성공적인 임상시험을 발표하였다. 이 2개의 수익률은 시장 전체보다는 기업에 고유한 위험을 나타낸다. 이 수익률들이 우연히 시장과 같은 방향으로 발생하였기

표 12A.1	선택된 자료 제공자가 사용하는 추정 방법				
	밸류라인	구글	블룸버그	야후!	캐피털 IQ
수익률	주별	월별	주별	월별	주별, 월별(5년)
기간	5년	5년	2년	3년	1, 2, 5년
시장지수	NYSE 종합지수	S&P 500	S&P 500	S&P 500	S&P 500(미국 주식) MSCI(국제 주식)
조정	조정	비조정	모두	비조정	비조정

20 예를 들어 다음 논문을 참조하라. Peter Knez and Mark Ready, "On the Robustness of Size and Book-to-Market in Cross-Sectional Regression," *Journal of Finance* 52 91997): 1355-1382.

적합성을 제고하기 위해 주가지수를 바꾸기

베타를 추정하기 위해 회귀분석을 사용할 수 있기 때문에 더 높은 적합도가 더 정확한 결과를 의미한다고 잘못 생각할 수 있다. 적합도는 회귀분석의 설명력인 R^2(R-squared)에 의해 측정되는데, 이는 당해 주식과 시장의 초과 수익률 간의 상관계수를 제곱한 값이다.

예를 들어 S&P 500 대신에 기술주에 심하게 집중된 NASDAQ 100 주가지수를 사용했다면, 회귀분석에 의한 시스코의 R^2는 훨씬 더 커질 것이다. 그러나 회귀분석의 목적은 시장 위험에 대한 시스코의 민감도를 결정하는 것임을 기억하자. NASDAQ 100 주가지수는 잘 분산되어 있지 않기 때문에 시장 위험을 잘 나타내지 못한다. 따라서 NASDAQ 100을 이용한 시스코 베타는 시스코의 시장 위험에 대한 의미 있는 추정치가 아니다.

때문에 표준적인 회귀분석에 의한 베타 추정치는 편의(bias)를 가지게 된다. 이 두 달의 제넨테크 수익률을 비슷한 바이오테크 기업의 평균 수익률로 대체하여 회귀분석을 하면 그림 12A.2에서와 같이 제넨테크의 베타는 0.60으로 훨씬 낮게 추정된다. 아마도 새로운 추정치는 이 기간의 제넨테크의 진정한 시장 위험을 더 정확하게 평가할 것이다.

베타를 추정할 때 과거의 어떤 자료를 비정상적이라고 제외하는 다른 이유가 있을 수 있다. 예를 들면 어떤 실무자들은 기술, 미디어, 원거리 통신의 투기적 과열과 관계된 왜곡을 피하기 위해서 1998년에서 2001년까지의 자료를 무시하자고 한다.[21] 비슷한 염려가 2008~2009 금융위기 동안의 금융주 성과에 대해서도 제기될 수 있다. 한편 침체기의 자료를 포함하는 것이 미래의 시장 하락에 대한 주식의 민감도를 평가하기 위하여 도움이 될 수 있다.

그림 12A.2

제넨테크의 베타 추정을 위한 극단값의 영향(2002~2004년의 월별 수익률 사용)

2002년 4월과 2003년 5월 제넨테크의 수익률은 기업 고유의 뉴스로 인한 것이다. 이 수익률(파란색 점)을 산업의 평균 수익률(빨간 점)로 대체하면 이 기간의 제넨테크의 시장 위험에 대해 더 정확한 평가를 할 수 있다.

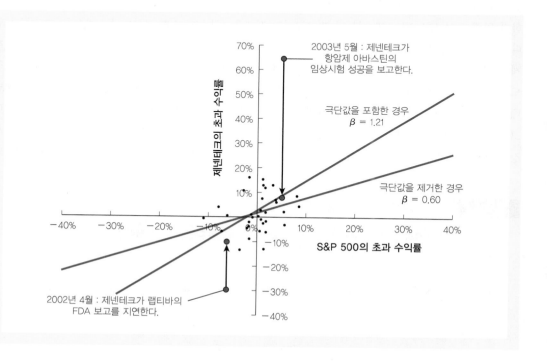

21 예를 들어 다음 논문을 보라. A. Annema and M. H. Goedhart, "Better Betas," *McKinsey on Finance* (Winter 2003): 10-13.

주식의 과거 수익률과 이자율이 주어진 경우 엑셀을 사용하여 베타를 추정하는 것은 상대적으로 쉽다. 원하는 과거 기간에 대해 주식과 시장의 초과 수익률을 계산하면서 시작한다. 그림 12.2에서 사용된 계산을 설명하고자 한다. C와 D 열은 SPY(시장 포트폴리오의 대용치로 사용할 상장지수 펀드인 SPDR S&P 500의 표식)와 CSCO(시스코의 표식)에 대해 finanace.yahoo.com으로부터 내려받은 월별 수정 종가를 보여준다. ^IRX의 표식을 이용하여 단기(13주) 미 재무부 증권의 수익률을 내려받기 하였다. 수정 종가는 분할과 배당에 대해 조정됐기 때문에, 그로부터 총수익률을 계산하고 초과 수익률을 계산하기 위하여 1개월 이자율을 차감한다. (H5의 식과 함께 G와 H 열을 보라.)

	A	B	C	D	E	F	G	H	I	J	K	L	M	N
1														
2			Adjusted Close	Adjusted Close	Interest Rate		Monthly Excess Return							
3		Date	SPY	CSCO	^IRX		SPY	CSCO						
4		Dec-99	$155.73	$ 964.13						=(D5/D4-1)-$E5/12				
5		Jan-00	$147.97	$ 985.50	5.53%		(5.44%)	1.76%						
6		Feb-00	$145.72	$ 1,189.69	5.64%		(1.99%)	20.25%						
7		Mar-00	$159.83	$ 1,391.63	5.72%		9.21%	16.50%		Beta	1.57	=SLOPE($H$5:$H$184,$G$5:$G$184)		
8		Apr-00	$154.22	$ 1,247.91	5.65%		(3.98%)	(10.80%)		Alpha	(0.33%)	=INTERCEPT($H$5:$H$184,$G$5:$G$184)		
9		May-00	$151.79	$ 1,024.88	5.49%		(2.03%)	(18.33%)						
10		Jun-00	$154.79	$ 1,144.13	5.70%		1.50%	11.16%				Beta	Alpha	
11		Jul-00	$152.36	$ 1,177.88	6.02%		(2.07%)	2.45%		Value		1.57	(0.33%)	
12		Aug-00	$162.31	$ 1,235.25	6.11%		6.02%	4.36%		Standard Error		0.14	0.61%	
13		Sep-00	$153.02	$ 994.50	6.03%		(6.23%)	(19.99%)				↑		
14		Oct-00	$152.31	$ 969.75	6.15%		(0.98%)	(3.00%)				{=LINEST($H$5:$H$184,$G$5:$G$184,1,1)}		
181		Sep-14	$273.27	$ 496.30	0.01%		(1.37%)	1.48%						
182		Oct-14	$279.70	$ 482.50	0.00%		2.35%	(2.78%)						
183		Nov-14	$287.39	$ 545.00	0.01%		2.75%	12.95%						
184		Dec-14	$286.66	$ 548.55	0.04%		(0.26%)	0.65%						
185														

월별로 초과 수익률을 계산하면 엑셀의 SLOPE 함수를 이용하여 베타를 추정할 수 있다. 첫 번째 요소는 "y" 또는 종속변수로 H 열에 있는 시스코의 초과 수익률이고, 두 번째 요소는 "x" 또는 독립변수로 G 열에 있는 시장 초과 수익률이다. 똑같은 요소들과 INTERCEPT 함수를 이용하여 회귀분석의 알파를 비슷하게 추정할 수 있다. (K7과 K8을 보라.)

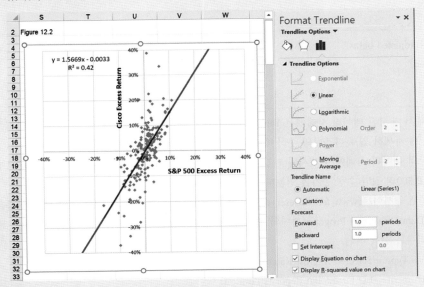

두 번째 방법은 산포도로 초과 수익률을 그리는 것이다. 엑셀의 삽입(insert) 탭에 있는 차트(Charts) 메뉴를 보라. 시계열 자료가 있으면("x"로 시장의 초과 수익률을, "y"로 시스코의 초과 수익률을 사용함), 이용할 자료를 선택하고 오른쪽 클릭을 하여 "추세선 더하기(Add Trendline)"를 선택하라. 차트에서 추정된 회귀식을 보기 위해 "선형(Linear)"을 선택하고 "절편(Set Intercept)"은 체크하지 않으며 "수식을 차트에 표시(Display Equation on Chart)"는 체크한다.

마지막으로, 알파 또는 베타의 신뢰구간을 추정하기 위하여 엑셀의 LINEST 함수를 이용하여 표준오차를 계산한다. LINEST는 베타, 알파, 그리고 그들의 표준오차를 2×2 행렬로 제공하는 배열 공식이다. 이 함수를 입력하기 위해 위에서 보인 바와 같이 L11:M12의 4개 셀을 선택하고 (중괄호 없이) LINEST를 기입한다. 이제 "Ctrl-Shift-Enter"를 눌러서 이것이 4개 셀의 결과를 나타내는 배열 공식임을 엑셀에 알리면 중괄호가 나타날 것이다. 베타와 알파 추정치와 그들의 표준오차를 얻게 되면 식 (10.9)를 이용하여 95% 신뢰구간을 계산할 수 있다. 예를 들어 이 기간 시스코 베타의 신뢰구간은 $1.57 \pm (2 \times 0.14) = (1.29, 1.85)$가 된다.

다른 고려 사항

미래의 베타를 예측하기 위해 과거의 수익률을 사용할 때 미래와 과거를 다르게 할 환경적 변화를 고려해야만 한다. 어떤 기업이 산업을 변경한다면, 과거의 베타를 사용하는 것은 새로운 산업에 속하는 다른 기업의 베타를 이용하는 것보다 효과가 없을 것이다. 베타를 예측할 때, 많은 실무자들은 과거 수익률뿐만 아니라 산업 특성, 기업 규모, 재무 특성 같은 다른 정보들을 분석한다는 것을 명심하자. 끝으로 대부분의 예측과 마찬가지로 베타 예측도 과학과 같은 기술이고, 최선의 추정치는 기업과 산업의 상세한 사항에 대해 완전한 지식을 주어야 한다.

주요 용어   조정된 베타(adjusted betas)
R²(R-squared)

데이터 사례   이 장의 앞에서 제시된 데이터 사례에서 Yahoo!Finance에 의해 제공된 월트 디즈니의 베타 추정치를 분석하였다. 이제 좀 더 자세히 월트 디즈니의 주식 베타를 다른 방법에 의해 추정해보자.

   1. 제10장의 데이터 사례에서 제시된 기간과 방법에 의해 Yahoo!Finance(finance.yahoo.com)로부터 디즈니와 S&P 500의 월별 수정 종가를 얻는다(Yahoo!Finance에서 S&P 500의 표식은 ^GSPC이다).
   2. 연방은행 웹사이트(www.federalreserve.gov/releases/h15/data.htm)에서 1개월 유로달러 이자율을 얻어보자.[22] Data Download Program(화면의 오른쪽 위에 있는 "DDP")를 클릭하라. Build Package 버튼을 클릭하고 다음을 선택하라.

   1. Series Type—Selected Interest Rates
   2. Instrument—ED Eurodollar deposits(London)
   3. maturity—1-month
   4. Frequenc y—Monthly

---

22 유로달러 예금 이자율은 런던 은행 간 시장의 달러 예금 이자율 평균이다. 이것은 금융기관 간의 차입 및 대출 이자율의 평균 척도이기 때문에 무위험 이자율의 가장 가까운 대용치로 인식되고 있다(제11장 부록 참조).

Go to Package와 Format Package를 클릭한다. Dates(From 2010 May to 2015)를 선택한다. File Type (Excel)을 선택하라. Go to Download를 클릭하여 파일을 내려받는다. 내려받은 파일을 열어서 엑셀 파일로 저장한다.

3. 유로달러 이자율을 월별 자료로 변환하기 위하여 100으로 나눈다. 이 수치를 다시 12로 나눈다. 이렇게 하여 얻은 결과는 CAPM의 월별 무위험 이자율이 될 것이다. (Yahoo! 자료에 맞게 날짜를 다시 배열할 수도 있다.)

4. 월트 디즈니와 S&P 500의 초과 수익률을 계산하기 위해 별개의 수익률 열들을 만든다. 초과 수익률은 월별 수익률에서 무위험 이자율을 차감한 값이라는 것을 명심하자.

5. 이 장의 식 (12.5)에 의한 디즈니 주식의 베타를 엑셀의 SLOPE 함수를 이용하여 계산하라. 이 값이 Yahoo!Finance가 제공한 베타와 어떻게 다른가? 두 결과가 왜 다를 수 있을까?

6. 엑셀의 INTERCEPT 함수를 이용하여 이 기간의 디즈니의 알파를 계산하라. 이 알파를 어떻게 해석할 수 있을까?

주석 : 이 사례 분석에 대한 갱신은 www.berkdemarzo.com에서 찾을 수 있다.

투자자 행동과
자본시장 효율성

레그 메이슨 벨류 트러스트의 펀드 매니저로서 윌리엄 H. 밀러는 세계에서 가장 경이로운 투자자 중 한 명으로 명성을 얻고 있었다. 밀러의 펀드는 1991~2000년 동안 매년 전체 시장을 월등히 상회하였고, 다른 펀드 매니저와의 비교는 거의 불가능했다. 그러나 2007~2008년에 레그 메이슨 벨류 트러스트는 65% 가까이 하락했으며, 이것은 전체 시장의 거의 2배에 가까운 하락이었다. 레그 메이슨 벨류 트러스트는 2009년에 시장을 다시 상회했지만, 2010년부터 밀러가 2012년 결국 매니저 및 최고투자책임자(CIO)를 사임할 때까지 다시 뒤처졌다. 이 성과로 인해 펀드 투자자들은 1991년부터 그동안 시장에 비해 더 많이 벌었던 것을 사실상 되돌려주었으며, 밀러의 명성은 넝마가 되었다.[1] 2007년 이전의 밀러의 성과는 단순히 행운이었던 것일까? 혹은 2007년 이후의 성과는 판단 착오였을까?

CAPM에 따르면 시장 포트폴리오는 효율적이기 때문에 추가적인 위험을 감수하지 않고 시장보다 일관되게 더 뛰어난 성과를 올리는 것은 불가능하다. 이 장에서 우리는 CAPM의 예측을 면밀히 검토하고 시장 포트폴리오가 효율적인지 또는 효율적이지 않은지 평가할 것이다. 일부 투자자는 시장을 이기고 어떤 투자자는 시장보다 낮은 포트폴리오를 기꺼이 보유해야만 한다는 것을 지적하면서, CAPM 결과를 이끌어내는, 경쟁의 역할을 살펴보는 것에서 시작할 것이다. 그리고 자신의 수익을 줄이는 실수를 저지르는 경향이 있는 개인 투자자의 행동을 살펴본다. 일부 전문 펀드 매니저가 이러한 실수를 악용하여 이익을 얻을 수는 있지만, 이러한 펀드를 보유한 투자자의 손에 들어가는 이익은 있다고 하더라도 많은 것 같지 않다.

우리는 또한 특정한 투자 "스타일", 즉 소규모 주식, 가치 주식 및 최근 높은 수익을 얻은 주식을 보유하는 것이 CAPM에 의해 예측된 것보다 높은 성과를 보임으로써 시장 포트폴리오가 효율적이지 않을 수 있다는 증거를 검토할 것이다. 이 증거를 탐구하고 대안적인 위험 모델(다요인 자산 가격결정 모형)을 유도하여 실제로 시장 포트폴리오가 효율적이지 않은 경우의 자본비용 계산 방법을 검토한다.

기호

x_i i에 투자한 포트폴리오 비중

R_s 주식이나 포트폴리오 s의 수익률

r_f 무위험 이자율

α_s 주식 s의 알파

β_s^i 포트폴리오 i에 포함된 주식 s의 베타

ε_s 주식 s의 잔차 리스크

1　T. Lauricella, "The Stock Picker's Defeat," *Wall Street Journal*, December 10, 2008.

13.1   경쟁과 자본시장

시장에서 경쟁의 역할을 이해하기 위해서 개인 투자자의 행동을 기초로 제11장에서 도출한 CAPM 균형이 어떻게 발생할 수 있는지 고려하는 것이 유용하다. 이 절에서 기대 수익률과 분산에 대해서만 관심 있는 투자자가 어떻게 새로운 정보에 반응하고 그들의 행동이 CAPM 균형을 만드는지 설명한다.

주식 알파의 식별

CAPM이 유지되고 그림 11.12에 묘사된 것처럼 시장 포트폴리오가 효율적인 균형이라고 고려해보자. 이제 새로운 정보가 도착했다고 가정하자. 만일 시장가격이 변하지 않는다면, 이 뉴스가 월마트와 나이키 주식의 기대 수익률을 2% 올리고 맥도날드와 티파니 주식의 기대 수익률을 2% 낮추어 시장의 기대 수익률을 변하지 않도록 유지하도록 한다.[2] 그림 13.1은 이 변화가 효율적 프런티어에 미치는 영향을 보여준다. 새로운 정보로 인해 시장 포트폴리오는 더 이상 효율적이지 않다. 대체 포트폴리오는 시장 포트폴리오를 보유함으로써 얻을 수 있는 것보다 높은 기대 수익률과 낮은 변동성을 제공한다. 이 사실을 인식한 투자자들은 자신의 포트폴리오를 효율적으로 만들기 위해 투자를 변경할 것이다.

투자자들이 포트폴리오의 성과를 개선하기 위해서 시장 포트폴리오를 보유한 투자자는 CAPM[식 (12.1)]에서 도출된 요구 수익률과 개별 증권 s의 기대 수익률을 비교할 것이다.

$$r_s = r_f + \beta_s \times (E[R_{Mkt}] - r_f) \tag{13.1}$$

그림 13.1

비효율적 시장 포트폴리오
만일 시장 포트폴리오가 효율적 포트폴리오와 같지 않으면, 시장은 CAPM 균형이 아니다. 그림은 이러한 가능성을 보여준다. 만일 뉴스가 공표되면 그림 11.12에서 묘사된 그림에 비해서 월마트와 나이키 주식의 기대 수익률은 올라가고 맥도날드와 티파니 주식의 기대 수익률은 낮아진다.

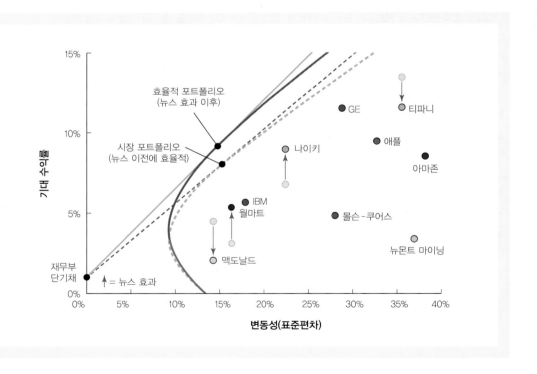

---

2   일반적으로 개별 주식들이 시장 포트폴리오의 일부이기 때문에 개별 주식들에 대한 정보는 시장의 기대 수익률에 영향을 미친다. 상황을 단순화하기 위해서 우리는 개별 주식들이 서로 상쇄되어 시장의 기대 수익률이 변경되지 않는다고 가정한다.

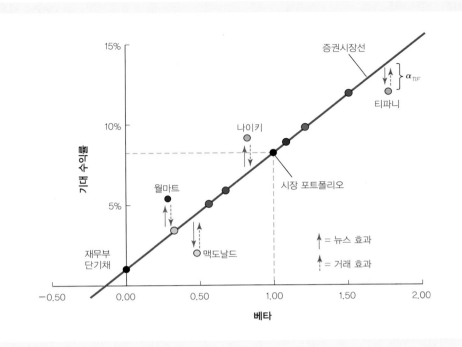

그림 13.2

증권시장선에서의 괴리
만일 시장 포트폴리오가 효율적이지 않다면, 주식은 모두 증권시장선의 선상에 있지 않을 것이다. 증권시장선부터 위쪽이나 아래쪽까지 거리가 주식의 알파이다. 양(+)의 알파를 가진 주식을 매수하거나 음(−)의 알파를 가진 주식을 매도하여 시장 포트폴리오를 개선할 수 있다. 그러나 우리가 그렇게 하게 되면 가격은 변동하고 알파는 0을 향해 축소될 것이다.

그림 13.2는 이런 비교를 보여준다. 수익률이 변하지 않은 주식들은 더 이상 증권시장선(SML) 선상에 놓이지 않는다. 주식의 기대 수익률과 증권시장선에 따르는 요구 수익률 사이의 차이는 주식의 알파(alpha)이다.

$$\alpha_s = E[R_s] - r_s \tag{13.2}$$

시장 포트폴리오가 효율적이면 모든 주식은 증권시장선 선상에 있고 알파는 0이다. 주식의 알파가 0이 아니면, 투자자는 시장 포트폴리오의 성과를 향상시킬 수 있다. 제11장에서 보았듯이, 포트폴리오의 샤프 비율(Sharpe ratio)은 기대 수익률이 요구 수익률을 초과하는, 즉 양(+)의 알파를 가진, 주식을 매수한다면 상승할 것이다. 마찬가지로 우리는 음(−)의 알파를 가진 주식을 매도하여 포트폴리오의 성과를 개선할 수 있다.

알파가 0이 아닌 주식으로 이익을 얻음

그림 13.2의 상황에 직면한 시장 포트폴리오를 보유한 현명한 투자자들은 월마트와 나이키 주식을 매수하고 맥도날드와 티파니 주식을 매도하려고 할 것이다. 월마트와 나이키 주식에 대한 폭주하는 매수 주문은 주식가격을 상승시키고, 맥도날드와 티파니 주식에 대한 매도 주문은 주식가격을 낮출 것이다. 주식가격이 변함에 따라서 기대 수익률도 변한다. 주식의 총수익률은 배당수익률에 자본이득률을 더한 것임을 기억하자. 다른 것이 일정하면 현재 주식가격의 상승은 주식의 배당수익률과 미래 자본이득률을 낮출 것이다. 따라서 기대 수익률은 내려간다. 포트폴리오를 개선하려고 하는 현명한 투자자는 주식이 다시 증권시장선 선상에 위치하고 시장 포트폴리오가 효율적이 될 때까지 양(+)의 알파 주식의 가격을 올리고 기대 수익률을 낮추게 되고 음(−)의 알파 주식의 가격을 억누르고 기대 수익률을 올리게 된다.

투자자의 행동이 두 가지 중요한 결과를 가져온다. 첫째, 시장이 항상 효율적이라는 CAPM 결론이 말처럼 진실이 아닐 수는 있지만, "시장을 이기겠다"고 노력하고 양(+)의 알파를 얻으려는 현명한 투자자 사이의 경쟁은 포트폴리오가 대부분의 시간에 효율성에 가깝도록 유지하게 만든다. 이런 의미에서 우리는 CAPM이 경쟁적인 시장을 거의 정확하게 설명하고 있다고 볼 수 있다.

둘째, 0이 아닌 알파 주식을 이용한 거래 전략이 존재할 수 있고 그렇게 함으로써 실제 시장을 이길 수 있다. 이 장의 나머지 부분에서 우리는 이 두 가지 결과를 모두 검토할 예정이다. 즉, 시장이 거의 효율적이라는 증거를 살펴보고 실제로 시장을 이길 수 있는 거래 전략을 확인한다.

개념 확인

1. 만일 투자자가 양(+)의 알파를 가진 주식을 매수한다면 주식의 가격과 기대 수익률에 어떤 일이 일어날까? 이것이 알파에 어떤 영향을 줄까?
2. 투자자가 알파가 0이 아닌 주식을 이용하는 투자를 하게 되면 시장 포트폴리오의 효율성에 어떤 결과를 미치게 될까?

13.2   정보와 합리적 기대

어떤 상황에서 투자자는 0이 아닌 알파 주식의 거래를 통해 이익을 얻을 수 있을까? 그림 13.2의 새로운 정보가 공시된 이후의 상황을 고려하자. 엑손 모빌은 가격이 조정되기 전에 양(+)의 알파를 가지고 있기 때문에, 투자자들은 가격이 오를 것을 예상할 것이고 현재의 가격에 매수 주문을 낼 것이다. 만일 엑손 모빌의 기대 수익률을 변경하는 정보가 공개적으로 공표되면, 이 정보를 접한 많은 투자자들이 그에 따라 움직일 것이다. 마찬가지로 새로운 정보를 접한 사람들 중에서 예전 가격에 매도를 원하는 이는 없을 것이다. 즉, 주문 불균형이 크게 생기게 된다. 이러한 불균형을 없애는 유일한 방법은 알파가 0이 되도록 가격이 상승하는 것이다. 이 경우에 거래 없이 새로운 가격에 도달할 가능성이 꽤 있다. 즉, 투자자 사이의 경쟁은 너무 격렬해서 어느 투자자가 실제로 예전 가격으로 거래하기 전에 가격은 움직이고, 어느 투자자도 뉴스를 통해 이익을 얻을 수 없다.[3]

정보 우위 투자자와 정보가 없는 투자자

위의 논의에서 분명히 알 수 있듯이, 양(+)의 알파 주식을 매수하여 이익을 얻기 위해서는 그것을 매도하고자 하는 사람이 있어야 한다. 모든 투자자가 똑같은 정보를 갖고 있다는 동질적인 기대에 대한 CAPM 가정하에서 모든 투자자는 주식이 양(+)의 알파를 가졌다는 것을 알고 아무도 매도할 의향을 갖지 않을 것이다.

물론 동질적 기대의 가정이 항상 실제 세계를 잘 설명하는 것은 아니다. 현실적으로 투자자들은 서로 다른 정보를 가지고 있으며 주식을 조사하기 위해 서로 다른 노력을 기울이고 있다. 결과적으로 정교한 투자자는 엑손 모빌이 양(+)의 알파를 보유하고 있음을 알 것이고 더 순진한 투자자로부터 주식을 매수할 수 있을 것이라고 예상할 수 있다.

그러나 투자자 정보의 질 차이가 이러한 상황에서 거래를 창출하는 데 반드시 필요한 것은 아니다. CAPM의 중요한 결론은 투자자가 시장 포트폴리오(무위험 투자와 함께)를 유지해야 한다는 것이며, 이

---

3   거래 없이 가격이 정보에 적응한다는 아이디어는 때로는 무거래 정리(no-trade theorem)로 언급된다. (P. Milgrom and N. Stokey, "Information, Trade and Common Knowledge," *Journal of Economic Theory* 26(1982): 17-27.)

러한 투자 조언은 투자자의 정보 또는 거래 기술의 질에 의존하지 않는다는 것이다. 정보가 없는 순진한 투자
자조차도 이 투자 조언을 따를 수 있으며, 다음 예제에서처럼 투자자가 보다 정교한 투자자에게 이용당
하는 것을 피할 수 있다.

| 금융시장에서 패자가 되는 것을 방지하는 방법 | 예제 13.1 |

문제

당신은 주식에 대한 어떤 정보에도 접근하지 못하는 투자자라고 가정하자. 시장의 다른 투자자들은 많은
정보를 가지고 있고, 정보를 이용하여 적극적으로 효율적 포트폴리오를 구성하고 있다는 것을 알고 있다.
당신은 평균적인 투자자에 비해 정보가 부족한 투자자이기 때문에 당신의 포트폴리오가 평균 투자자의 포
트폴리오를 하회할 것이라는 우려를 하고 있다. 이러한 결과를 방지하고 당신의 포트폴리오가 평균 투자자
의 것과 같아지는 방법은 없을까?

풀이

당신이 정보가 없다고 하더라도 단순히 시장 포트폴리오를 보유하기만 한다면 평균 투자자와 같은 수익률
을 확보할 수 있다. 모든 투자자 포트폴리오의 총합이 시장 포트폴리오와 같기(즉, 수요와 공급이 같은 것
처럼) 때문에, 시장 포트폴리오를 보유하게 되면 평균 투자자와 같은 수익률을 얻게 된다.

반면에 시장 포트폴리오를 보유하고 있지 않다면, 당신은 어느 주식, 예를 들어 구글과 같은 주식을 시
장에서 비중보다 적게 보유하게 된다. 이것은 모든 다른 투자자의 총계는 전체 시장에 비해 구글 비중이 많
다는 것을 의미한다. 그러나 다른 투자자는 당신보다 정보를 많이 가지고 있기 때문에 그들은 구글이 좋은
종목이라는 것을 알 것이며 당신의 비용으로 이익을 얻게 되어 기분이 좋을 것이다.

합리적 기대

예제 13.1은 매우 강력하다. 모든 투자자는 그가 접근할 수 있는 정보의 양이 적을지라도 시장 포트폴리
오를 보유함으로써 평균 수익률을 보장받고 0의 알파를 얻을 수 있음을 의미한다. 따라서 어떤 투자자
도 음(−)의 알파를 가진 포트폴리오를 선택해서는 안 된다. 그러나 모든 투자자의 평균 포트폴리오가 시
장 포트폴리오이므로 모든 투자자의 평균 알파는 0이다. 만일 어떤 투자자도 음(−)의 알파를 얻지 못한
다면 어떤 투자자도 양(+)의 알파를 얻을 수 없기 때문에, 시장 포트폴리오가 효율적이어야 한다. 결과
적으로, CAPM은 동일한 기대의 가정에 의존하지 않는다. 오히려 단지 투자자들이 **합리적 기대**(rational
expectation)를 가진다는 것만을 요구한다. 그것은 모든 투자자가 시장가격이나 다른 사람들의 거래에서
추론할 수 있는 정보뿐만 아니라 자신의 정보까지 올바르게 해석하고 사용하는 것을 의미한다.[4]

투자자가 양(+)의 알파를 얻고 시장을 이기려면 일부 투자자는 음(−)의 알파를 가진 포트폴리오를 보
유해야 한다. 이러한 투자자들은 시장 포트폴리오를 보유함으로써 0의 알파를 얻을 수 있기 때문에 우리
는 다음과 같은 중요한 결론에 도달한다.

시장 포트폴리오는 상당수의 투자자들이 아래 중 하나를 행할 때에만 비효율적일 수 (따라서 시장을 이길 수) 있다.

---

4 아래 논문을 참고하라. P. DeMarzo and C. Skiadas, "Aggregation, Determinacy, and Informational Efficiency for a Class of
Economies with Asymmetric Information," *Journal of Economic Theory* 80 (1998): 123-152.

1. 합리적 기대가 없어서 정보를 잘못 해석하고 그리고 실제로는 음(−)의 알파를 얻고 있으면서 양(+)의 알파를 얻고 있다고 믿는다.

2. 기대 수익률과 변동성 외에 포트폴리오의 특성에 대해 관심을 가지고, 비효율적인 증권 포트폴리오를 보유하려고 한다.

투자자는 실제로 어떻게 행동하는가? 정보가 없는 투자자는 CAPM 조언을 따르고 시장 포트폴리오를 보유하는가? 이러한 질문을 조명하기 위해 다음 절에서 개인 투자자 행동에 대한 실증 결과를 검토한다.

개념 확인

1. 정보가 없거나 비숙련된 투자자는 어떻게 음(−)이 아닌 알파를 확실히 보장받을 수 있는가?
2. 어떤 조건에서 양(+)의 알파를 얻고 시장을 이길 수 있는가?

13.3 개인 투자자의 행동

이번 절에서 소규모의 개인 투자자가 CAPM이 제시하는 조언에 따라서 시장 포트폴리오를 보유하는지 여부에 대해 검토한다. 우리가 확인하듯이 많은 투자자들이 효율적 포트폴리오를 보유하지 않는 것 같다. 대신에 분산투자에 실패하고 너무 자주 거래를 한다. 우리는 이제 이러한 시장으로부터의 일탈이 좀 더 경험이 풍부한 투자자들에게 개인 투자자의 비용으로 이익을 얻을 수 있는 기회를 만들어 주는지 고려할 것이다.

불충분한 분산투자와 포트폴리오 편견

위험과 수익률에 대한 논의에서 가장 중요한 의미 중 하나는 분산투자의 이점이다. 포트폴리오를 적절하게 분산투자함으로써 투자자는 기대 수익률을 감소시키지 않으면서 위험을 줄일 수 있다. 그런 의미에서 분산투자는 모든 투자자가 활용해야 하는 "공짜 점심"이다.

이러한 이점에도 불구하고 개인 투자자가 포트폴리오를 적절하게 분산투자하지 못한다는 많은 증거가 있다. 미국 소비자 금융 조사자료에 따르면 주식을 보유한 가구의 경우 2001년 투자자가 보유한 종목수의 중앙값은 4개였으며 투자자의 90%는 10개 미만의 종목을 보유했다.[5] 더욱이 이러한 투자는 종종 같은 산업에 있거나 지리적으로 가까운 회사의 주식에 집중되어, 성취된 분산투자의 정도를 더욱 제한한다. 이와 비슷한 사례는 개인이 자신의 퇴직에 대비한 저축계좌(401K 플랜)의 배분 방법의 연구도 있다. 배분 방법에 대한 대규모 연구 결과에 따르면 직원들은 자산의 3분의 1 가까이를 자기회사 주식에 투자했다.[6] 이러한 분산되지 않은 결과는 미국 투자자들만의 것이 아니다. 스웨덴 투자자에 대한 포괄적인 연구에 따르면 투자자 포트폴리오의 변동성의 약 절반은 기업 특성 위험으로 인한 것이다.[7]

이러한 행동에는 여러 가지 잠재적인 설명이 있다. 하나는 투자자가 **친근성 편향**(familiarity bias)을 겪

---

5   V. Polkovnichenko, "Household Portfolio Diversification: A Case for Rank Dependent Preferences," *Review of Financial Studies* 18 (2005): 1467-1502.

6   S. Benartzi, "Excessive Extrapolation and the Allocation of 401 (k) Accounts to Company Stock," *Journal of Finance* 56 (2001): 1747-1764.

7   J. Campbell, "Household Finance," *Journal of Finance* 61 (2006): 1553-1604.

어서 익숙한 회사에 대한 투자를 선호한다는 것이다.[8] 또 다른 관점은 투자자들이 **상대적 부에 대한 관심**(relative wealth concerns)을 가지고 있고 동료들의 성과와 비교한 포트폴리오 성과에 대해 가장 신경을 쓴다는 것이다. 이러한 "이웃 따라 잡기"의 욕구는 투자자들이 동료나 이웃과 일치하는 분산되지 않은 포트폴리오를 선택하게 한다.[9] 어쨌든 이러한 불충분한 분산투자는 개인 투자자가 최선이 아닌 포트폴리오를 선택한다는 중요한 하나의 증거이다.

과도한 거래와 과잉확신

CAPM에 따르면 투자자는 무위험 자산과 모든 위험 증권으로 구성된 시장 포트폴리오의 조합을 보유해야만 한다. 제12장에서 우리는 시장 포트폴리오가 가중평균 포트폴리오이기 때문에 그것을 유지하기 위해서 매일 가격변화에 따라 거래를 할 필요가 없는 소극적 포트폴리오임을 보여주었다. 따라서 만일 모든 투자자가 시장 포트폴리오를 보유하면, 금융시장에서는 상대적으로 매우 작은 거래량을 보게 될 것이다.

현실에서는 매일 엄청나게 많은 거래가 발생한다. 예를 들어 2008년에 최고치를 기록했는데 연간 NYSE의 매매회전율은 거의 140%였는데, 그것은 모든 종목의 각 주식이 평균 1.4회 거래되었다는 것을 의미한다. 평균 매매회전율이 금융위기의 여파로 극적으로 줄었지만, 그림 13.3에서 보듯이 여전히 CAPM에서 예측한 수준을 훨씬 초과하고 있다. 더구나 증권사 개인계좌의 거래를 연구한 브래드 바버(Brad Barber)와 터랜스 오딘(Terrance Odean) 교수는 개인 투자자들이 매우 적극적으로 거래하는 경향이 있음을 발견했다. 평균 매매회전율은 그들의 연구 기간 동안에 그림 13.3에서 보고된 평균 매매회전율의 거의 1.5배였다.[10]

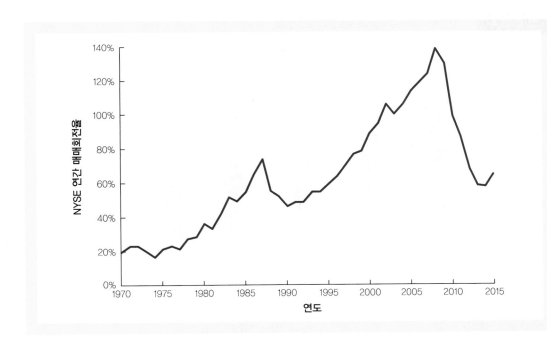

그림 13.3

NYSE의 연간 주식 매매회전율(1970∼2015)

그림은 연간 주식의 매매회전율(연간 거래된 주식의 수 / 총발행주식 수)을 보여준다. 이렇게 높은 매매회전율은 CAPM과 부합되지 않는다. CAPM은 투자자는 소극적으로 시장 포트폴리오를 보유해야 한다는 것을 의미한다. 또한 2008년을 앞두고 회전율이 급격히 증가한 후에 위기 이후 극적인 하락을 보이고 있음에 유의하자.

8 G. Huberman, "Familiarity Breeds Investment," *Review of Financial Studies* 14 (2001): 659-680.

9 P. DeMarzo, R. Kaniel, and I. Kremer, "Diversification as a Public Good: Community Effects in Portfolio Choice," *Journal of Finance* 59 (2004): 1677-1715.

10 B. Barber and T. Odean, "Trading Is Hazardous to Your Wealth: The Common Stock Investment Performance of Individual Investors," *Journal of Finance* 55 (2000): 773-806.

이러한 거래 행동은 무엇을 설명하는가? 심리학자들은 이미 1960년대에 정보가 없는 개인이 자신이 가진 지식의 정확성을 과도하게 평가하는 경향이 있다는 것을 알고 있었다. 예를 들어 관중석에 앉아 있는 많은 스포츠 팬들은 경기 중인 감독에 대해 평가하면서 실제로 자신들이 더 잘할 수 있다고 믿고 있다. 재무금융에서는 이러한 주제넘음을 **과잉확신 편향**(overconfidence bias)이라고 한다. 바버와 오딘은 이런 종류의 행동을 개인의 투자 의사결정의 특징으로 가정하였다. 스포츠 팬처럼 개인 투자자는 실제 그럴 수 없는데도 승자와 패자 주식을 선택할 수 있다고 믿는다. 이러한 과잉확신은 그들을 과도하게 거래하도록 만든다.

이런 과잉확신 편향의 의미는 투자자에게 우월한 진짜 능력은 없다고 가정할 때, 투자자가 자주 거래할수록 높은 수익률을 얻을 수 없다는 것이다. 대신에 투자자의 성과는 거래비용(수수료와 매수-매도 스프레드로 인한)을 고려해보면 더욱 나빠진다. 그림 13.4는 이런 결과를 나타내는데, 투자자의 대부분 거래가 성과에 대한 합리적 평가에 근거하여 이루어지는 것 같지는 않다.

추가적인 증거로서, 바버와 오딘은 남성 대 여성의 행동과 성과를 대조하였다.[11] 심리학 연구는 금융과 같은 분야에서 남성은 여성보다 과잉확신하는 경향이 있음을 보여주었다. 이는 과잉확신 가설과 일치하며, 남성이 여성보다 더 많이 거래하는 경향이 있고, 그 결과 남성의 포트폴리오의 성과가 더 낮다는 것을 밝혔다. 이러한 차이는 미혼 남성과 여성에서 더욱 두드러진다.

연구자들은 국제적인 맥락에서 비슷한 결과를 얻었다. 마크 그린블라트(Mark Grinblatt)와 매티 켈로

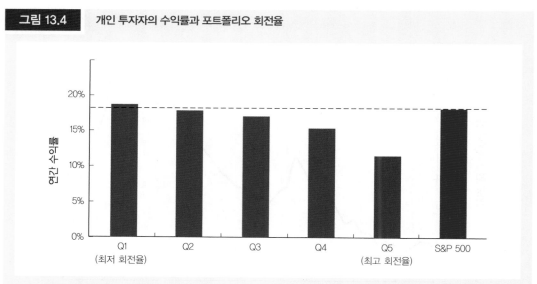

| 그림 13.4 | 개인 투자자의 수익률과 포트폴리오 회전율 |

그림은 1991~1997년 사이의 대형 할인 증권사 개인 투자자의 평균 연간 수익률(수수료와 거래비용의 제외)을 보여준다. 투자자들은 평균 연간 회전율에 따라 5개 그룹으로 분류되었다. 가장 덜 활동적인 투자자가 S&P 500보다 약간 높은 성과(통계적으로 유의적이지는 않음)를 보여준 반면에, 투자 성과는 회전율이 증가할수록 떨어진다.

출처 : B. Barber and T. Odean, "Trading is Hazardous to Your Wealth: The Common Stock Investment Performance of Individual Investors," *Journal of Finance* 55(2000): 773-806.

---

11 B. Barber and T. Odean, "Boys Will Be Boys: Gender, Overconfidence, and Common Stock Investment," *Quarterly Journal of Economics* 116(2001): 261-292.

하주(Matti Keloharju) 교수는 핀란드 투자자의 매우 상세한 자료를 이용하여 과잉확신의 심리적 측정치와 함께 거래 활동이 증가한다는 것을 발견했다. 흥미롭게도 그들은 또한 개인이 받는 속도위반 티켓의 수와 함께 거래 활동이 증가한다는 것을 발견했다. 그들은 이것을 **감각 추구**(sensation seeking)의 척도로 해석하는데, 이는 또한 새로움의 추구와 격렬한 위험감수 경험에 대한 개인의 욕구로 해석한다. 두 경우 모두 증가한 거래 활동이 투자자에게 이익이 되지는 않는 것으로 보인다.[12]

개인의 행동과 시장가격

따라서 현실적으로 개인 투자자는 불충분하게 분산투자하고 지나치게 자주 거래하여 CAPM의 주요 예측을 위반하게 된다. 그러나 이러한 관찰이 CAPM의 나머지 결론이 타당하지 않다는 것을 의미하는가?

대답은 반드시 그런 것은 아니다. 만일 개인이 무작위로 특유의 방식에 따라 CAPM에서 이탈한다면 각 개인이 시장 포트폴리오를 보유하지 않는 것이 사실이라도 그들의 포트폴리오를 하나로 결합하면 이러한 개인적인 이탈은 다른 특유의 위험처럼 서로 상쇄될 것이다. 이 경우 각 개인은 시장 포트폴리오를 **총계로**(in aggregate) 보유할 것이며, 시장가격이나 수익률에 영향을 미치지 않을 것이다. 이러한 정보가 없는 투자자는 단순히 상호 거래를 하고 증권회사에 거래수수료를 발생시키지만 시장의 효율성에는 영향을 미치지 않는다.

따라서 시장에 영향을 미칠 수 있는 정보가 없는 투자자의 행동이 되려면, 그들의 행동이 체계적인 방법으로 CAPM에서 이탈하도록 하는 따라서 가격에 체계적인 불확실성을 부여하는 패턴이 있어야 한다. 투자자의 거래가 이러한 방식으로 서로 관련이 있으려면 그들이 공통의 동기를 공유해야만 한다. 따라서 13.4절에서 우리는 무엇이 투자자로 하여금 시장 포트폴리오에서 벗어나도록 동기를 부여하는지 조사하고, 투자자가 어떤 공통의 예측 가능한 편견을 겪고 있는지 제시한다.

1. 투자자들은 잘 분산된 포트폴리오를 보유하는가?
2. CAPM 균형과 일치하지 않는 높은 주식 거래량이 시장에서 나타나는 이유는 무엇일까?
3. 소규모 정보가 없는 투자자가 시장가격에 영향을 줄 수 있는 행동 중에서 진실이라고 할 수 있는 것은 무엇일까?

13.4 체계적 거래 편향

개인 투자자의 행동이 시장가격에 영향을 주고 보다 정교한 투자자에게는 이익이 나는 기회를 창출하기 위해서는 개인 투자자의 잘못된 행동을 예상할 수 있는 체계적인 패턴이 있어야 한다. 이 절에서 연구자들이 발견한 몇 가지 체계적인 거래 편향에 대한 증거를 살펴본다.

패자 주식 집착과 기질효과

투자자들은 매수 시점에 비해서 가치를 손실한 주식은 보유하고, 가치가 상승한 주식은 매도하려는 경향이 있다. 패자에 집착하고 승자를 매도하려는 이러한 경향을 **기질효과**(disposition effect)라고 한다. 허쉬 세프린과 메이어 스탯먼은 심리학자인 대니얼 카너먼과 에이모스 트버스키의 연구를 기초로 하여 손실이 발생할

---

12 M. Grinblatt and M. Keloharju, "Sensation Seeking: Overconfidence, and Trading Activity," *Journal of Finance* 64(2009): 549-578.

2002년에 노벨 경제학상은 공동 연구인인 심리학자 트버스키(Amos Tversky, 그가 1996년 사망하지 않았다면 확실히 노벨상을 공동 수상하였을 것임)와 함께 프로스펙트 이론(Prospect Theory)을 개발한 기여로 카너먼(Daniel Kahneman)에게 수여되었다. 프로스펙트 이론은 사람들이 해야만 하는(should) 선택보다는 실제 행하는(do) 선택을 예측함으로써 개인이 불확실성하에서 의사결정을 하는 방식에 대해 서술적인 모델을 제공한다.

사람은 현상유지 혹은 유사한 준거점과 비교하여 결과를 평가하고(framing effect), 손실의 실현을 피하기 위해 위험을 감수하고, 일어나지 않을 만한 사건에 과대한 비중을 둔다고 설명한다. 기질효과는 투자자가 개별 주식의 매수가격과 매도가격을 비교하여 의사결정의 틀(frame)을 만든다고 가정함으로써 프로스펙트 이론을 따르고 있다. 같은 방법으로 프로스펙트 이론은 행동경제학과 행동재무학의 많은 연구에 중요한 기초를 제공한다.

가능성에 직면했을 때 위험을 택하려는 투자자의 의지가 증가하기 때문에 이러한 효과가 발생한다고 제안했다.[13] 이것은 또한 손실을 실현함으로써 "실수를 인정하지" 않으려는 성향을 반영하는 것이다.

연구자들은 기질효과를 여러 연구에서 확인했다. 예를 들어 1995~1999년 동안 타이완 증권시장의 모든 거래자에 대한 연구에서 전체적으로 투자자들은 손실을 실현하는 것보다 2배 많이 이익을 실현하는 것으로 나타났다. 또한 개인 투자자의 거의 85%가 이러한 오류를 저지르고 있었다.[14] 반면에 뮤추얼 펀드와 외국인 투자자는 같은 경향을 보이지 않았다. 또 다른 연구에서는 좀 더 정교한 투자자가 기질효과의 영향을 덜 받는 것으로 나타났다.[15]

승자를 팔고 패자에 매달리는 행동 경향은 세금 관점에서 비용이 많이 발생한다. 자본이득은 주식이 매도될 때만 과세되기 때문에 이득이 있는 투자를 지속적으로 유지하여 과세 이득을 연기하는 것이 세금 목적에서는 최선이다. 세금 지급을 늦추면 세금의 현재가치는 줄어든다. 반면에 손실이 난 투자는 빨리 처분하여 손실을 인식해야 한다. 특히 연말 근처에는 손실이 난 투자 대상을 매각해서 절세효과를 높여야 한다.

물론 패자를 보유하고 승자를 매도하는 것은 만약 패자 주식이 마지막에 "반등(bounce back)"하여 미래에는 승자를 상회할 것으로 투자자들이 예상한다면 그럴듯할 수도 있다. 그러나 투자자가 실제 그런 믿음을 가지고 있더라도, 이것은 정당화되지 못하는 것 같다. 투자자가 지속해서 보유한 패자 주식은 매도한 승자 주식에 못 미치는(underperform) 경향이 있다. 연구에 따르면 패자는 승자를 매도한 이후 1년 동안 승자에 비해 약 3.4% 수익률이 하회하는 것으로 나타났다.[16]

투자자의 주목, 기분, 경험

개인 투자자는 일반적으로 전업 거래자가 아니다. 결과적으로 그들은 투자 결정에 쏟는 시간이나 관심에 한계가 있고 관심을 끄는 뉴스나 사건에 영향을 받게 된다. 연구에 따르면 개인은 최근에 뉴스에 나오거나,

13 H. Shefrin and M. Statman, "The Disposition to Sell Winners Too Early and Ride Losers Too Long: Theory and Evidence," *Journal of Finance* 40 (1985): 777-790, and D. Kahneman and A. Tversky, "Prospect Theory: An Analysis of Decision under Risk," *Econometrica* 47 (1979): 263-291.

14 B. Barber, Y. T. Lee, Y. J. Liu, and T. Odean, "Is the Aggregate Investor Reluctant to Realize Losses? Evidence from Taiwan," *European Financial Management*, 13 (2007): 423-447.

15 R. Dhar and N. Zhu, "Up Close and Personal: Investor Sophistication and the Disposition Effect," *Management Science*, 52 (2006): 726-740.

16 T. Odean, "Are Investors Reluctant to Realize Their Lossers," *Journal of Finance* 53 (1998): 1775-1798.

광고를 하거나, 비정상적으로 높은 거래량을 보이거나, 극단적인 수익률(상승 혹은 하락)을 보인 주식을 매수하는 경향이 있다.[17]

투자 행동은 또한 투자자의 기분에 의해 영향을 받는 것 같다. 예를 들어 햇볕은 일반적으로 기분에 긍정적인 영향을 주는데, 연구에 따르면 거래소가 위치한 지역이 맑은 날일 때 주식 수익률이 높은 경향이 있음을 밝혀냈다. 뉴욕시의 경우 완벽하게 맑은 날의 연간 시장 수익률은 약 24.8%로 완벽하게 구름 낀 날의 수익률인 8.7%와 차이가 났다.[18] 투자자 기분과 주가 수익률의 관련성의 증거는 주요 스포츠 경기에서 발견할 수 있다. 최근 연구에서는 월드컵 예선 탈락 이후 다음날 해당 국가의 주식 수익률 하락은 약 0.50%로, 아마도 투자자의 나쁜 기분에 기인한 것으로 보인다.[19]

마지막으로 투자자는 과거의 모든 증거를 고려하기보다는 자기 자신의 경험에 무게를 더욱 많이 두는 것으로 보인다. 결과적으로 높은 주가 수익률 시절에 성장하고 살았던 사람들은 낮은 주가 수익률 시절에 성장하고 살았던 사람들보다 주식에 더 많이 투자하는 것 같다.[20]

군중 행동

지금까지 우리는 투자자의 거래 행동과 상관관계가 있는 공통적인 요소를 고려했다. 투자자가 비슷한 거래상의 오류를 범하는 또 다른 이유는 그들이 적극적으로 서로의 행동을 따르려고 노력한다는 것이다. 개인이 서로의 행동을 모방하는 이 현상을 **군중 행동**(herd behavior)이라고 한다.

거래자들이 포트폴리오 선택에서 무리를 지을 수 있는 몇 가지 이유가 있다. 첫째, 그들은 다른 사람들의 거래를 복사함으로써 타인이 가지고 있는 우수한 정보를 활용할 수 있다고 믿을 수 있다. 이러한 행동은 거래자들이 자신의 정보를 무시하고 다른 사람들의 정보로부터 이익을 얻으려는 **정보 폭포수 효과**(information cascade effect)로 이어질 수 있다.[21] 두 번째 가능성은 상대적인 부에 대한 관심으로 인해 실적이 저조할 위험을 피하기 위해서 개인들이 군중 행동을 선택하는 것이다.[22] 셋째, 전문 펀드 매니저는 동료와의 행동에서 너무 멀어지면 평판 위험에 직면할 수 있다.[23]

행동적 편향의 의미

투자자가 실수를 범하는 것은 새로운 사실이 아니다. 그러나 놀랍게도 이러한 실수는 비용을 많이 발생시키고 시장 포트폴리오를 매수하고 보유함으로써 비교적 쉬운 방법으로 피할 수 있는데도 불구하고 지

17 G. Grullon, G. Kanatas, and J. Weston, "Advertising, Breadth of Ownership, and Liquidity," *Review of Financial Studies*, 17 (2004): 439-461; M. Seasholes and G. Wu, "Predictable Behavior, Profits, and Attention," *Journal of Empirical Finance*, 14 (2997): 590-610; B. Barber and T. Odean, "All That Glitters: The Effect of Attention and News on the Buying Behavior of Individual and Institutional Investors," *Review of Financial Studies*, 21 (2008): 785-818.

18 1982~1997년 자료에 근거한 논문 참조. D. Hirshleifer and T. Shumway, "Good Day Sunshine: Stock Returns and the Weather," *Journal of Finance*, 58 (2003): 1009-1032.

19 A. Edman, D. Garcia, and O. Norli, "Sports Sentiment and Stock Returns," *Journal of Finance*, 62 (2007): 1967-1998.

20 U. Malmendier and S. Nagel, "Depression Babies: Do Macroeconomic Experience Affect Risk-Taking?" NBER working paper no. 14813.

21 S. Bikhchandani, D. Hirshleifer, and I. Welch, "A Theory of Fads, Fashion, Custom and Cultural Change as Informational Cascades," *Journal of Political Economy* 100 (1992): 992-1026; 그리고 C. Avery and P. Zemsky, "Multidimensional Uncertainty and Herd Behavior in Financial Markets, *American Economic Review* 88 (1998): 724-748를 참고할 것.

22 P. DeMarzo, R. Kaniel, and I. Kremer, "Relative Wealth Concerns and Financial Bubbles," *Review of Financial Studies* 21 (2008): 19-50.

23 D. Scharfstein and J. Stein, "Herd Behavior and Investment," *American Economic Review* 80 (1990): 465-479.

속된다.

개인 투자자가 시장 포트폴리오를 보유하여 자신을 보호하는 것을 하지 않겠다는 선택의 이유와는 관계없이, 그들이 그렇게 하지 않는다는 사실은 CAPM에 대한 몇 가지 잠재적인 시사점을 준다. 만약 개인 투자자가 음(−)의 알파를 획득하는 전략에 빠져 있다면, 보다 정교한 투자자가 이러한 행동을 이용해서 양(+)의 알파를 획득하는 것이 가능할지도 모른다. 그런 경험이 풍부한 투자자가 존재한다는 증거는 있는 것일까? 13.5절에서 이 가능성에 대한 증거를 검토한다.

개념 확인	
	1. 개인 투자자가 빠지기 쉬운 체계적인 행동적 편향은 무엇인가?
	2. 이러한 행동적 편향은 CAPM에 대하여 어떤 의미를 주는가?

13.5 시장 포트폴리오의 효율성

개인 투자자들이 실수를 범할 때 정교한 투자자들이 그런 실수를 이용하여 쉽게 이익을 얻을 수 있을까? 정교한 투자자가 다른 투자자의 실수에서 이익을 얻기 위해서는 두 가지 조건이 성립해야 한다. 첫째, 실수가 주식가격에 영향을 끼칠 만큼 충분히 만연되고 지속되어야 한다. 즉, 그림 13.2에서 보듯이, 0이 아닌 알파의 거래 기회가 명백할 수 있도록 투자자의 행동이 주가를 끌어올려야 한다. 둘째, 이러한 0이 아닌 알파 기회를 얻기 위해 경쟁의 제한이 필요하다. 만일 경쟁이 너무 심하면 거래자가 이러한 기회를 잘 이용하기 전에 기회는 빠르게 사라질 것이다. 이 절에서는 개인 및 전문 투자자가 추가적인 위험을 취하지 않고 시장을 능가할 수 있는 증거가 있는지 검토한다.

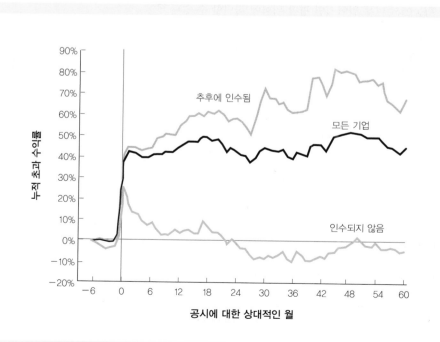

그림 13.5

인수합병 공시 이후 표적기업 주식의 보유 수익률

공시 시점에 주가의 초기 상승 이후에 표적기업 주식은 평균적으로 추가적으로 초과 수익률을 얻지 못하는 것 같다. 그러나 궁극적으로 인수가 되는 주식은 상승하는 경향이 있고 양(+)의 알파를 가진다. 반면에 인수가 무산되는 주식은 음(−)의 알파를 가진다. 따라서 투자자는 결과를 정확하게 예측할 수 있으면 이익을 얻을 수 있다.

출처 : M. Bradely, A. Desai, E.H. Kim, "The Rationale Behind Interfirm Tender Offers: Information or Synergy?" *Journal of Financial Economics* 11(1983): 183–206.

뉴스나 추천에 따른 거래

이익을 올릴 수 있는 거래 기회를 찾을 수 있을 것 같다고 판단되는 경우는 큰 뉴스의 공시나 애널리스트의 추천에 대한 반응에서이다. 충분히 다른 투자자들이 주의를 기울이지 않는다면, 아마도 우리는 이러한 공개된 정보 출처에서 이익을 얻을 수 있을 것이다.

인수 제안 주식가격에 미치는 영향이라는 측면에서 기업에 대한 가장 큰 뉴스 발표 중 하나는 인수 제안의 표적기업이 되었을 때이다. 일반적으로 제안은 표적기업의 현재 주가에 상당한 프리미엄을 제시하기 때문에 공시 시점에 표적기업 주가는 크게 뛴다. 그러나 종종 제안 가격을 완전히 반영하면서 상승하지는 않는다. 이 차이는 이익이 발생하는 거래 기회인 것처럼 보이지만, 대부분의 경우에 인수합병이 제안 가격 혹은 더 높은 가격에 이루어질 것인지 아니면 실패할 것인지 여전히 불확실성이 남아 있는 것으로 보인다. 그림 13.5는 그러한 인수합병 공시에 대한 평균 반응을 보여준다. 반응은 사건 시점에 베타를 근거로 추정된 상대적 주가 수익률을 측정한 표적기업 주식의 **누적 초과 수익률**(cumulative abnormal return)을 보여준다. 그림 13.5는 주식가격의 초기 상승이 충분히 높아서 주식의 미래 수익률이 평균적으로 시장을 능가하지 못하는 것을 보여준다. 그러나 만일 기업이 궁극적으로 인수가 되는지 아닌지를 우리가 예측을 할 수 있다면, 우리는 그 정보를 근거로 거래하여 이익을 얻을 수 있다.

주식 추천 우리는 또한 주식 추천을 고려할 수 있다. 예를 들어 유명한 추천인으로 짐 크레머(Jim Cramer)는 저녁 TV 쇼인 'Mad Money'에서 여러 주식을 추천한다. 투자자가 이러한 추천에 따를 때 이익을 얻을까? 그림 13.6은 추천이 기업에 대한 새로운 정보를 가지고 있는지 여부에 근거해서 이러한 추천에 대한 평균 주식가격의 반응을 분석한 최근의 연구 결과를 보여준다. 뉴스가 있는 경우, 다음날 주가는 이 정보를 정확하게 반영하는 것 같고 그 이후에는 (시장과 비교해서) 고른 평평한 모습을 보인다. 반연에 뉴스가 없는 경우에, 다음날 눈에 띄는 주가 상승이 있는 것 같지만, 주가는 몇 주에 걸쳐서 시장에

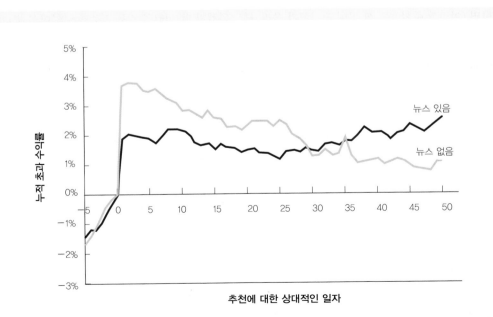

그림 13.6

'Mad Money' 추천에 대한 주가의 반응

추천이 뉴스와 함께 발생하면 초기 주가는 이를 반영하고 미래 알파는 0과 통계적으로 다르지 않다. 뉴스가 없는 경우에는 주가가 과잉반응하는 것 같다. 정교한 투자자들이 이러한 주식의 공매도에서 이익을 얻을 수 있겠지만 공매도 비용은 그렇게 하는 것을 제한한다.

출처 : J. Enfelberg, C. Sassevile, J. Williams, "Market Madness? The Case of Mad Money," *Management Science*, 2011.

2013년의 노벨상 : 수수께끼인가?

2013년 노벨 경제학상이 3명의 금융경제학자에게 주어졌을 때 대부분의 사람들은 깜짝 놀랐다. 유진 파마(Eugen Fama), 로버트 쉴러(Robert Shiller), 라스 피터 핸센(Las Peter Hansen)이 수상자라서가 아니라(이들의 공헌으로 보아 노벨상을 받을 만하다고 대부분의 경제학자들은 동의한다), 그들이 공동 수상을 했다는 것에 놀란 것이다. 무엇보다 파마는 시장이 매우 경쟁적이어서 주가의 움직임을 예측하려는 시도를 통해서 돈을 버는 것이 불가능하다고 주장하는 **효율적 시장가설**이라는 용어를 만든 것으로 가장 잘 알려져 있다. 반면에 쉴러는 시장의 과도한 변동성은 비이성적 행동의 결과이며, 이를 취할 수 있다는 정반대의 주장을 하였다. 핸센은 이러한 상반된 견해를 구분하는 데 도움이 될 수 있는 통계학적 도구를 개발한 업적을 인정받는다. 노벨위원회는 다음과 같이 이번 결정을 정당화하고 있다.

"1960년대부터 시작해서 파마는 공동 연구자들과 함께 주가가 단기에 예측하기 매우 어렵고 새로운 정보는 가격에 매우 빠르게 반영된다는 것을 보여주었다. 만일 가격이 며칠 혹은 몇 주에 걸쳐 예측하는 것이 거의 불가능하다면 몇 년에 걸쳐 예측하는 것은 더욱 어려워야 하지 않을까? 이 질문에 대한 해답은 쉴러가 1980년대 초반에 발견을 하였듯이 어렵지 않다는 것이다. 그는 주가가 기업의 배당금보다 더 많이 변동하는 것과 배당금에 대한 가격의 비율이 높을 때 가격이 하락하는 경향이 있고, 이 비율이 낮을 때 상승하는 경향이 있다는 것을 발견했다. 이런 패턴은 주식뿐만 아니라 채권이나 다른 자산에서도 발견된다. 핸센은 자산가격평가의 합리적 이론을 검증하는 데 매우 적합한 통계적 방법을 개발하였다. 이 방법을 이용하여 핸센과 연구자들은 자산가격을 설명하기 위해 먼 길을 가는 이러한 이론들의 수정하여 개선해 왔다."

출처 : "The Prize in Economic Science 2013 – Press Release." Nobelprize.org

비해 하락해서 음(−)의 알파를 만드는 경향이 있다. 이 연구의 저자들은 뉴스가 없는 주식이 소규모이고, 덜 유동적인 주식인 경향이 있으며, 이러한 주식을 추천에 근거해서 매수하는 개인 투자자들이 주가를 높게 밀어 올리는 것 같다는 것을 발견했다. 그들은 과잉확신 편향을 하기 쉽고 크레머의 추천을 너무 믿으며 동료 투자자들의 행동을 적절하게 고려하지 않는 것 같다. 더욱 흥미로운 질문은 "왜 정교한 투자자들은 이런 주식을 공매도하지 않고, 그 결과 과잉반응을 방지하지 못하는 것일까?"이다. 만일 그렇게 하면 (이러한 주식에 대한 공매도 잔고가 올라가고) 되겠지만, 이러한 소규모 주식은 찾아서 빌리기도 쉽지 않기 때문에 공매도 비용이 많이 들고 따라서 가격은 즉각 수정되지 않는다.

펀드 매니저의 성과

지금까지 결과는 단순히 뉴스에 따라 거래함으로써 이익을 얻는 것이 쉽지 않지만 정교한 투자자들은 그렇게 할 수도 있다(예 : 인수 결과를 더 잘 예측하거나 소규모 주식을 공매도한다)는 것을 제안한다. 아마도 뮤추얼 펀드를 운용하는 사람들처럼 전문적인 펀드 매니저들은 그런 기회를 이용할 수 있는 가장 유리한 위치에 있을 것이다. 금융시장에서 그들이 이익 창출의 기회를 발견할 수 있을까?

펀드 매니저의 부가가치   위 질문의 해답은 "그렇다"이다. 펀드 매니저가 이익 창출의 거래에 관여하여 늘리는 부가가치는 펀드의 수수료 차감전 알파(**총 알파**, gross alpha) 곱하기 펀드의 운용자산(asset under management, AUM)이다. 평균적인 펀드 매니저가 발견하는 이익이 나는 거래 기회는 연간 약 $3 백만의 가치를 가지고, 최소한 5년 이상 경험이 있는 펀드 매니저의 경우에는 그 가치가 연간 거의 $9 백만에 이른다(그림 13.7 참조).[24]

---

[24] J. Berk and J. van Binsbergen, "Measuring Managerial Skill in the Mutual Fund Industry," *Journal of Financial Economics* 118(2015): 1–20.

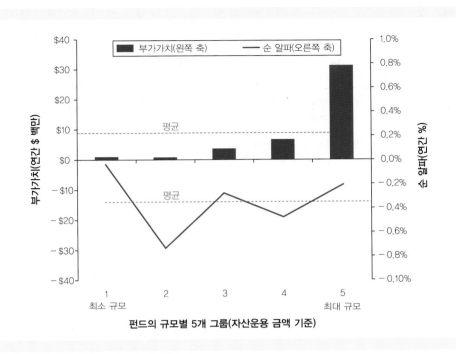

그림 13.7

미국 뮤추얼 펀드의 매니저의 부가가치와 투자자의 수익률(1977~2011)

부가가치는 수수료 이전의 알파(총 알파)에 운용자산(AUM)을 곱한 것으로 알파는 소극적 인덱스 펀드에 대해 상대적으로 계산된다. 순 알파는 펀드 투자자들이 얻는 알파(총 알파에서 수수료 차감)이다. 결과는 최소한 5년 경력의 모든 펀드 매니저의 5개로 나눈 규모별 평균이다. 뮤추얼 펀드 매니저가 평균적으로 부가가치를 만들지만, 매니저는 이 가치를 수수료를 통해 가져가고 투자자는 양(+)의 알파를 얻지 못한다.

물론 평균적인 뮤추얼 펀드 매니저가 이익 창출의 기회를 찾을 수 있다는 것이 모든 매니저가 그렇게 할 수 있다는 것을 의미하지 않는다. 사실 대부분은 그렇지 못한다. 중간의 펀드 매니저는 실제로 가치를 훼손한다. 즉, 대부분의 펀드 매니저는 개인 투자자처럼 행동하는 것 같다. 너무 자주 거래하여 그들이 발견했을 거래 기회의 이익을 거래비용이 초과한다. 그러나 정교한 매니저가 더 많은 자산을 운용하기 때문에 뮤추얼 펀드 산업 전체로 보면 양(+)의 부가가치를 가진다.

투자자의 수익률 투자자는 이익 창출의 펀드를 찾고 거기에 투자하여 이익을 보는가? 이번에 해답은 "아니다"이다. 그림 13.7에서 보듯이 평균 펀드의 수수료 차감후 알파(**순 알파**, net alpha)는 투자자가 얻는 알파로 −0.34%이다. 평균적으로 적극적으로 운용되는 뮤추얼 펀드는 소극적인 인덱스 펀드에 투자에 비해서 투자자에게 뛰어난 수익률을 제공하지 못하는 것 같다.[25] 펀드 매니저가 부가가치를 만들지만 투자자가 평균 이득을 얻지 못하는 이유는 부가된 가치가 펀드가 매기는 수수료에 의해 상쇄되기 때문이다.

평균적인 뮤추얼 펀드가 양(+)의 알파를 투자자에게 제공하지 못한다 해도 일부 펀드는 가능하다. 투자자는 일관되게 양(+)의 알파를 제공하는 펀드를 구분할 수 있을까? 모닝스타(Morningstar)는 매년 과거 성과에 근거해서 펀드 매니저의 순위를 매긴다. 예를 들어 이 장의 서두에서 언급하고 있는 레그 메이슨의 윌리엄 밀러를 모닝스타는 1998년의 매니저로, 그리고 다음 10년의 매니저로 지목했다. 이미 강조

---

25 여러 연구가 미국 주식형 뮤추얼 펀드의 투자에 대해 평균 음(−)의 알파를 보고하고 있다. 다음 연구들을 참고하자. R. Kosowski, A. Timmermann, R. Wermers, and H. White, "Can Mutual Fund 'Stars' Really Pick Stocks? New Evidence from a Bootstrap Analysis," *Journal of Finance* 61 (2006): 2551–2596 and E. Fama, and K. French, "Luck versus Skill in the Cross Section of Mutual Fund Alpha Estimates," *Journal of Finance* 65 (2010) 1915–1947. Using an expanded time period, and considering funds that hold international as well as domestic stocks, J. Berk and J. van Binsbergen, find that alphas are not significantly different from zero ("Measuring Managerial Skill in the Mutual Fund Industry," *Journal of Financial Economics* 118 (2015): 1–20).

했듯이 이런 상에 근거하여 투자하는 투자자들은 다음 10년에 걸쳐 낮은 성과를 목격해야 했다. 밀러의 경험은 예외적인 것이 아니다. 매년 말 **포브스**는 과거 성과와 펀드의 위험도를 분석하여 최고의 뮤추얼 펀드라는 명예의 명단을 발표한다. 1994년의 연구에서, 뱅가드(Vanguard)의 CEO인 존 보글(John Bogle)은 매년 새롭게 발표된 명예의 명단에 오른 펀드의 투자 수익률과 시장 인덱스에 투자한 수익률을 비교하였다. 19년간의 연구에 걸쳐, 명예의 명단 포트폴리오는 연간 11.2%의 수익률을 얻었고, 시장 인덱스 펀드는 연간 수익률 13.1%를 얻었다.[26] 따라서 펀드의 뛰어난 과거 성과는 시장을 능가하는 미래 능력의 좋은 예측치가 아니다. 다른 연구들도 이 결과를 확인했으며, 펀드 성과에는 예측력이 없음을 발견하였다.[27]

뮤추얼 펀드의 성과에 대한 이러한 결과가 놀라운 것일 수 있지만, 그것은 경쟁적 자본시장과 일치하는 결과이다. 만일 투자자가 미래에 양(+)의 알파를 창출할 정교한 매니저를 예측할 수 있다면, 그는 엄청난 자금의 홍수를 맞이하게 될 것이다. 레그 메이슨의 밀러의 혜성 같은 명성의 시기에 그의 운용자산은 1992년에 약 $700 백만에서 2007년에 $28 십억으로 증가했다. 그러나 더 많은 자금을 운용하려고 하면 할수록, 이익이 있는 거래 기회를 발견하는 것은 더 어려워진다. 이러한 기회가 고갈되면 매니저는 더 이상 평균 이상의 성과를 만들기 어려워진다.[28] 궁극적으로 새로운 자본이 투자되면서 펀드의 수익률은 하락한다. 자본의 유입은 펀드의 알파가 더 이상 양(+)이 아닐 때 중단된다.[29] 사실 알파는 이러한 펀드가 제공하는 다른 이득을 반영하거나 과잉확신의 결과로 인해 약간은 음(−)의 값을 가질 수 있다. 투자자들이 펀드 매니저를 선택하는 스스로의 능력에 대해 과도한 확신을 가지고 너무 많은 자본을 그들에게 투자할 수 있다.

위에서 말하고자 하는 바는 정교한 투자자들이 더 많은 자본을 유인하기 때문에 가장 규모가 큰 펀드를 운영한다는 것이다. 결과적으로 펀드의 규모는 펀드 매니저가 만들어낼 미래의 부가가치에 대한 강력한 예측치이다.[30] 그러나 투자자들이 매니저 선택에 유능해 보여도 우월한 성과는 매니저에 의해 수수료의 형태로 돌아가기 때문에 결국 투자자들은 작은 이익만을 얻는다. 뮤추얼 펀드는 거의 같은 비율로 수수료를 부과하기 때문에, 대형 펀드는 더 높은 총수수료를 가져간다. 이 결과는 우리의 예상과 정확하게 같다. 경쟁적인 노동시장에서 펀드 매니저는 자신의 고유한 기술과 부합하는 경제적 렌트를 취해야만 한다. 요약하면 뮤추얼 펀드 매니저가 얻는 이익은 시장에서 수익성 있는 거래 기회를 찾을 수 있다는 것을 의미한다. 그렇게 꾸준히 할 수 있는 것은 아주 기술이 뛰어난 펀드 매니저만이 가진 희귀한 능력이며, 이러한 매니저들은 능력에 어울리는 수수료를 받는다.

---

26 J. Bogle, *Bogle on Mutual Funds: New Perspectives for the Intelligent Investor*, McGraw-Hill, 1994.

27 M. Carhart, "One Persistence in Mutual Find Performance," *Journal of Finance* 52(1997): 57-82을 참고. 하나의 예외는 펀드의 수수료이다. 역설적으로 소규모 펀드는 높은 비중의 수수료를 부과하기 때문에 투자자에게 더 낮은 수익률을 만드는 것으로 예측된다.

28 밀러의 경우에 대부분의 투자자는 그에 대한 믿음으로 기꺼이 자금을 투자했다. 비록 2007년 이후 그의 손실이 1992년의 이득과 같아도, 대부분의 투자자는 1992년에 투자하지 않아서 그들은 S&P 500에 뒤처지는 성과를 경험했다. 놀랍지 않게, 2007년 이후에 그는 대규모 자금이탈을 경험했고 2008년 말에는 단지 $1.2 십억의 운용자산을 가지고 있었다.

29 이러한 메커니즘은 아래 논문에서 제시되었다. J. Berk and R. Green, "Mutual Fund Flows in Rational Markets," *Journal of Political Economy* 112(2004): 1269-1295. 아래 연구들은 모두 잘하는 펀드로 새로운 자금의 유입이 잘못하는 펀드에서 자금의 유출이 일어나는 것을 발견한다. M. Gruber, "Another Puzzle: The Growth in Actively Managed Fund Flows," *Journal of Finance* 51(1996): 783-810; E. Sirri and P. Tufano, "Costly Search and Mutual Fund Flows," *Journal of Finance* 53(1998): 1589-1622; J. Chevalier and G. Ellison, "Risk Taking by Mutual Funds as a Response to Incentives," *Journal of Political Economy* 105(1997): 1167-1200.

30 J. Berk and J. van Binsbergen, "Measuring Managerial Skill in the Mutual Fund Industry," *Journal of Financial Economics* 118(2015): 1-20.

퇴직연금, 연기금, 기금조성 자산과 같은 기관의 펀드 매니저들에 대한 연구들도 유사한 결과를 얻었다. 연기금 제도 제공자가 행하는 고용 결정에 대한 연구는 스폰서가 과거에 벤치마크를 유의적으로 능가했던 매니저를 선택하는 것을 발견했다(그림 13.8 참조). 그러나 일단 고용이 되면 이러한 새로운 매니저들의 성과는 평균적인 펀드와 아주 유사한 것으로 보인다. 그들이 벤치마크를 초과하는 수익률은 거의 관리 수수료와 같다.

승자와 패자

이번 절의 증거는 시장 포트폴리오를 개선하는 것이 가능할지 모르지만 쉽지 않다는 것을 말하고 있다. 이 결과는 아마도 놀라운 것이 아닐 것이다. 평균적인 (가중평균 기준으로) 투자자는 0의 알파를 거래비용을 포함하기 전에 얻는다는 것을 이미 13.2절에서 지적했다. 시장을 능가하는 것은 '정보에 대한 우월한 분석'이나 '낮은 거래비용'과 같이 특별한 기술을 필요로 하는 것이다.

개인 투자자는 양쪽에서 모두 불리하고 행태적 편향에 빠지기 쉽기 때문에, CAPM의 지혜는 투자자들에게 "시장을 보유하라"고 하는데, 그것은 대부분 투자자에게 주는 최선의 조언이다. 사실 타이완 주식시장에 대한 연구는 개인 투자자들이 평균적으로 거래에서 연간 3.8%를 잃고 대략 손실의 1/3은 잘못된 거래 때문에 그리고 나머지 2/3는 거래비용 때문이라는 것을 발견했다.[31]

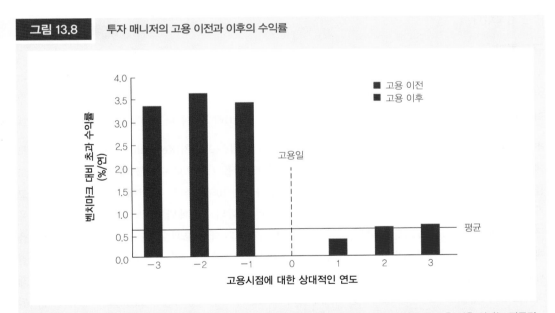

| 그림 13.8 | 투자 매니저의 고용 이전과 이후의 수익률 |

연기금 제도 제공자가 과거에 벤치마크를 유의적으로 능가했던 매니저를 고용하는 경향이 있지만, 고용 이후 성과는 평균적인 펀드의 초과 수익률과 유사하다(가중평균 기준 0.64%). 자료는 1994~2003년 사이에 있었던 3,400개 연기금 제도 제공자가 행한 8,755 고용 결정을 바탕으로 했고, 수익률은 관리 수수료를 포함한 총수익률이다(수수료는 연간 0.5~0.7% 사이).

출처 : A. Goyal and S. Wahal, "The Selection and Termination of Investment Management Firms by Plan Sponsors," *Journal of Finance* 63(2008): 1805–1847 그리고 J. Busse, A. Goyal, and S. Wahal "Performance and Persistence in Institutional Investment Management," *Journal of Finance* 65(2010): 765–790.

---

31 타이완은 어떻게 이익이 배분되는지 연구할 수 있는 독특한 기회를 제공한다. 미국과 달리 매수자와 매도자의 신원이 모든 거래에서 확인된다. B. Barber, Y. Lee, Y. Liu, and T. Odean, "Just How Much Do Individual Investors Lose by Trading?" *Review of Financial Studies* 22(2009): 609–632.

같은 연구가 기관 투자자는 거래에서 평균 연간 1.5%를 얻는다고 보고하였다. 전문 펀드 매니저는 그들의 능력, 정보 및 우월한 거래 인프라 등으로 인해 이익을 얻겠지만, 이번 절의 결과는 그런 이익이 펀드에 투자한 투자자에게는 아주 조금만 돌아간다고 말하고 있다.

13.6 스타일 기반 기법과 시장 효율성 논쟁

13.5절에서 전문 투자자가 소액 투자자의 희생을 통해 이익을 얻을 수 있고 시장을 능가할 수 있다는 증거를 찾았다. 이 절에서는 다른 관점을 택할 것이다. 펀드 매니저의 이익에 주목하기보다는 실행 가능한 거래 전략을 살펴볼 것이다. 특히 많은 펀드 매니저들은 보유하고자 하는 주식의 유형에 따라 자신의 거래 전략을 구분한다. 구체적으로 소형주 대 대형주 그리고 가치주 대 성장주가 있다. 이 절에서는 이러한 양자택일 투자 스타일을 고려하여 CAPM이 예측하는 것보다 더 높은 수익률을 창출했던 전략이 있었는지를 검토한다.

규모효과

제10장에서 보았듯이 소규모 주식(시가총액이 작은 소형주)은 역사적으로 시장 포트폴리오보다 평균 수익률이 높다. 또한 소규모 주식은 높은 시장 위험을 지니는 경향이 있지만 높은 베타를 고려하더라도 수익률이 높아 보이는데, 이러한 실증 결과를 **규모효과**(size effect)라고 부른다.

초과수익률과 시가총액 유진 파마(Eugene Fama) 교수와 케네스 프렌치(Kenneth French) 교수는[32] 규모에 따라 형성된 포트폴리오의 성과를 비교하기 위해 시가총액을 기준으로 순위를 매기고 가장 작은 규모를 가지는 10%의 주식은 첫 번째 포트폴리오로 그다음 규모의 10% 주식은 두 번째 포트폴리오로 그리고 가장 큰 규모를 가지는 10% 주식은 열 번째 포트폴리오에 포함되도록 매년 10개의 포트폴리오로 주식을 구분하여 모은다. 그리고 그들은 다음 해 각 10개 포트폴리오의 매월 초과수익률을 기록했다. 이 과정을 매년 반복한 후 각 포트폴리오의 평균 초과수익률과 포트폴리오의 베타를 계산한다. 그림 13.9는 그 결과를 보여준다. 그림에서 볼 수 있듯이 높은 베타가 높은 수익률을 보여주지만 하나의 포트폴리오를 제외하고 모두 양(+)의 알파를 보여주면서 대부분의 포트폴리오가 증권시장선(SML)보다 위쪽에 배치된다. 가장 소규모 포트폴리오가 가장 극단적인 효과를 나타낸다.

물론 이 결과는 추정 오차로 인한 것일 수 있다. 그림에서 알 수 있듯이 표준 오차는 크고 어떤 알파 추정치도 0과 크게 다르지 않다. 그러나 10개의 포트폴리오 중 9개가 SML보다 위쪽에 있다. 만일 양(+)의 알파가 단순히 통계적 오류에 의한 것이라면 직선 위쪽에 있는 포트폴리오 숫자만큼 아래쪽에 포트폴리오가 나타나야 할 것이다. 결과적으로 모든 10개 포트폴리오의 알파가 모두 0이라는 복합 가설은 통계적으로 기각된다.

---

[32] E. Fama and K. French, "The Cross-Section of Stock Returns," *Journal of Finance* 47 (1992): 427–465.

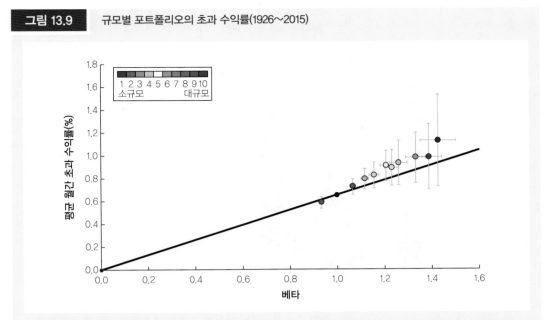

그림 13.9 규모별 포트폴리오의 초과 수익률(1926~2015)

그림의 각 점은 10개의 포트폴리오에 대한 평균 월별 초과 수익률(수익률에서 1개월 무위험 수익률을 뺀 값)을 보여준다. 포트폴리오는 매년 기업의 시가총액을 기준으로 작성하여 포트폴리오의 추정된 베타 함수로 분산형 차트로 나타내고 있다. 직선은 증권시장선(SML)이다. 만약 시장 포트폴리오가 효율적이고 측정 오차가 없다면 모든 포트폴리오가 이 직선을 따라 존재한다. 오차를 나타내는 수직 막대는 베타의 95% 신뢰구간과 예상 초과수익률 추정치를 표시한다. 소규모 종목이 증권시장선보다 위쪽에 표시되는 경향이 있음을 주목하자.

출처 : 자료는 Kenneth French의 호의로 사용함.

초과수익률과 장부가/시가 비율 연구자들은 주식의 시장가치에 대한 주식의 장부가액의 비율인 **장부가/시가 비율**(book-to-market ratio)을 사용하여 포트폴리오를 규모별 주식으로 구성하는 것과 유사한 결과를 발견했다. 제2장에서 실무에서 높은 장부가/시가 비율을 가진 주식을 가치주로 낮은 장부가/시가 비율을 가진 종목을 성장주로 부르고 있음을 기억하자. 그림 13.10은 가치주가 양(+)의 알파를 가지는 경향이 있음을 보여주며, 성장주는 낮거나 음(-)의 알파를 가지는 경향이 있음을 보여준다. 다시 한 번 모든 10개 포트폴리오의 알파 값이 0이라고 하는 복합 가설은 기각된다.

규모효과와 실증 증거 소형 주식(또는 장부가/시가 비율이 높은 주식)이 양(+)의 알파를 가졌다는 관찰인 규모효과는 1981년 롤프 밴츠(Rolf Banz)에 의해 처음 발견되었다.[33] 당시에 금융경제학자들은 양(+)의 알파를 가진 주식을 찾고(searching) 있었기 때문에 연구자들은 설득력이 있는 증거를 찾지 못했다. 추정 오차 때문에 양(+)의 알파 값을 가진 주식을 찾는 것은 언제나 가능하다. 실제로 우리가 충분히 자세히 본다면, 이러한 주식들이 공통적으로 가지고 있는 것을 찾는 것은 항상 가능하다. 결과적으로 많은 연구자들은 밴츠의 연구 결과를 **데이터 스누핑 편향**(data snooping bias) 탓으로 돌리는 경향이 있었는데, 이는 충분한 특성이 주어지면 단순히 우연에 의해 평균 수익률의 추정 오차와 상관관계가 있는 몇 가지

---

33 R. Banz, "The Relationship between Return and Market Values of Common Stock," *Journal of Financial Economics* 9 (1981): 3-18. (규모가 아닌) 주식가격과 미래 수익률 간의 유사한 관계는 아래 논문 참조. M. Blume and F. Husic, "Price, Beta and Exchange Listing," *Journal of Finance* 28 (1973): 283-299.

조나단 클레멘츠는 전직 월스트리트저널 (WSJ) 개인 재무 칼럼니스트이며 *The Little Book of Main Street*(Wiley, 2009)의 저자이다.

질문 당신은 개인 재무에 관해 지난 몇 년간 글을 썼다. 학문적 이론이 투자자 행동에 어떻게 영향을 주었나?

답변 내가 1980년대에 뮤추얼 펀드에 관해 글을 쓰기 시작했을 때, 투자자들은 "어떤 것이 최고의 펀드입니까?" 하고 물었다. 지금이라면 그들은 "포트폴리오에 해외주식펀드를 넣으려고 합니다. 이 부류에서 어떤 펀드가 가장 마음에 드십니까? 아니면 대신에 인덱스에 투자해야 할까요?"라고 말할 것이다.

우리는 시장을 능가하는 수익률에 대한 맹목적 추구에서 벗어났으며, 포트폴리오 구성에 초점을 두고 인덱스 투자를 고려하는 의지가 커지고 있다. 그것은 학문적 연구의 영향을 반영한다.

투자자에게 실제로 영향을 미친 것은 역사적인 시장 수익률의 모습이 어떤지를 적절하게 이해할 수 있도록 해준 과거 40년 동안의 학문적인 "지루하고 고된 작업"이었다. 이 연구 덕분에 많은 일반 투자자들은 주식이 채권에 비해 어떻게 성과를 내는지 더 잘 이해하게 되었다. 가장 적극적으로 관리되는 주식형 뮤추얼 펀드가 시장을 이길 수 없다는 것을 알게 되었고, 따라서 인덱스 투자를 선택하게 되었다. 투자자들은 여러 시장 분야가 서로 다른 시기에 성과가 좋다는 것을 잘 알기 때문에 분산투자에 진정한 가치가 있다.

질문 일부는 2008~2009년 금융위기에서 분산투자가 효과가 없다고 주장하면서 잘 분산된 포트폴리오를 보유한다는 생각을 비판했다. 분산투자는 여전히 최고의 전략인가?

답변 그렇다. 시장이 붕괴되면 거의 모든 분야가 타격을 받는다. 그러나 투자가 서로 동시에 상승하고 하락한다는 것이 같은 금액만큼 상승하고 내리는 것을 의미하지는 않는다. 한 섹터가 40% 하락하고 다른 섹터가 20% 하락하는 포트폴리오가 있을 수 있다. 물론 20%의 하락은 고통스럽다. 그러나 그 섹터를 보유하는 것이 포트폴리오 전체의 손실을 줄여준다. 따라서 실제로 분산투자의 이점이 있는 것이다.

질문 학계에서는 효율적 프런티어와 최적 포트폴리오에 대해 이야기한다. 포트폴리오를 구성하려는 사람에게 어떻게 조언할 수 있는가?

인터뷰

조나단 클레멘츠
(Jonathan Clements)

답변 학술적 연구가 일반 투자자들에게 영향을 미쳤지만, 우리는 이 사례를 과장해서는 안 된다. 어느 정도 연구는 투자자들이 이미 직관적으로 알고 있는 것을 성문화했을 뿐이다. 예를 들어 투자자는 언제나 수익률뿐만 아니라 위험도 생각해 왔으며, 항상 분산투자하려는 경향을 보여왔다. 학술적 연구 결과 투자자들은 자신의 생각을 좀 더 엄격하게 만들었을지도 모르지만, 그들의 행동을 근본적으로 바꾸지는 않았다.

게다가 그 연구가 투자자들의 직관과 부합하지 않을 경우, 그들은 그것을 분명히 거부했다. 투자자들은 여전히 학계가 차선책이라고 고려하는 방식으로 행동한다. 그들은 잘 분산된 포트폴리오를 구축하지 않고 전체 포트폴리오의 위험과 수익률에 초점을 둔다. 대신에 그들은 적절하게 다각화된 포트폴리오를 구축하고 그들이 소유한 투자의 위험과 보상에 많은 관심을 기울인다.

질문 위험 허용도가 개인이 구축해야 하는 포트폴리오 유형에 어떤 영향을 주나?

답변 이론적으로 투자자는 전세계적으로 분산투자된 모든 자산인 "시장 포트폴리오"를 보유해야 하며, 위험 허용도에 따라서 변동성을 줄이기 위해 무위험 자산을 추가하거나 수익률을 높이기 위해 차입을 해야 한다. 그러나 거의 아무도 그런 식으로 투자하지 않는다. 사실 나는 한때 시장 포트폴리오가 어떻게 생겼는지 알아내려고 노력했는데, 아무도 확실히 모른다는 것을 알게 되었다.

대다수의 일반 투자자들 사이에서 투자를 매수하기 위해 차입금을 이용한다는 생각은 금기이다. 사실은 많은 사람들이 그렇게 하고 있다. 그들은 주식, 채권 및 부동산을 포함한 자산 포트폴리오를 보유하고 있으며 모기지, 자동차 대출 및 신용카드 잔고를 포함하여 많은 채무를 가지고 있다. 그러나 그들이 실제로 차입금으로 주식시장에 투자했다는 암시는 대부분의 투자자를 놀라게 할 것이다.

아무도 시장 포트폴리오가 어떻게 생겼는지 알지 못하는 반면, 투자자들은 외국주식, 부동산투자신탁 및 원자재를 포함한 더 광범위한 자산을 기꺼이 고려하고 있다. 사람들이 위험한 투자를 추가함으로써 포트폴리오의 위험 수준을 낮출 수 있다는 사실을 깨닫게 되면서 이 추세는 계속될 것이라 생각한다.

특성을 발견할 수 있다는 생각이다.[34]

그러나 밴츠의 연구가 발표된 후 시가총액과 기대 수익률 사이의 관계를 설명하는 이론적인 이유가 드러났다. 금융경제학자들은 베타가 추정 오류로 인해 혹은 시장 포트폴리오가 효율적이지 않기 때문에, 베타가 위험에 대한 완벽한(perfect) 척도가 아니라면 규모효과를 관찰할 것으로 기대(expect)해야만 한다는 사실을 깨달았다.[35] 왜 그런지 이해하기 위해 양(+)의 알파를 고려하자. 모든 것이 동일할 때 양(+)의 알파는 주식이 상대적으로 높은 기대 수익률을 가졌음을 의미한다. 기대 수익률이 높다는 것은 가격이 낮다는 것을 의미한다. 투자자에게 높은 기대 수익률을 제공하는 유일한 방법은 주식의 배당금 흐름을 낮은 가격에 사는 것이다. 낮은 가격은 낮은 시가총액(또한 시가총액은 장부가/시가 비율의 분모에 해당되기 때문에 높은 장부가/시가 비율)을 의미한다. 따라서 금융경제학자가 낮은 시가총액(또는 높은 장부가/시가 비율)을 가진 주식 포트폴리오를 구성할 때, 그 포트폴리오는 기대 수익률이 더 높을 것으로 예상되는 주식을 포함하고, 시장 포트폴리오가 효율적이지 않은 경우 양(+)의 알파를 포함할 것이다. 마찬가지로 증권시장선 아래에 그려진 주식은 더 낮은 기대 수익률을 가지며, 다른 것이 동일할 때 더 높은 가격을 가지며, 시가총액이 높고 장부가/시가 비율이 낮다는 것을 의미한다. 따라서 높은 시가총액을 가진 주식 포트폴리오나 낮은 장부가/시가 비율은 시장 포트폴리오가 효율적이지 않으면 음(−)의 알파를 가질 것이다. 간단한 예를 들어 설명해보자.

시장 포트폴리오가 효율적이지 않을 때 이론은 시가총액이 낮거나 장부가/시가 비율이 높은 주식은 양(+)의 알파를 가질 것이라고 예측한다. 이러한 관찰에 비추어보면, 규모효과는 사실 시장 포트폴리오의 효율성에 반대되는 잠재적인 증거이다.

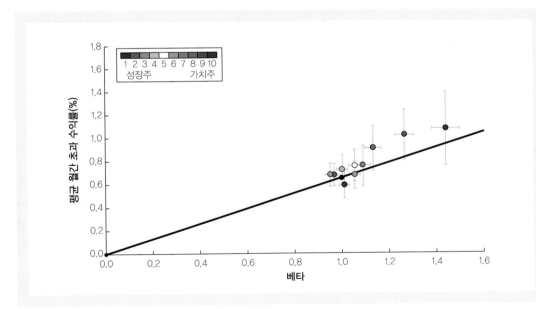

그림 13.10

장부가/시가 비율 포트폴리오의 초과 수익률(1926~2015)

이 그림은 그림 13.9와 같은 자료를 보여준다. 포트폴리오는 규모 대신에 주식의 장부가/시가 비율에 근거하여 만들었다. 가치주(높은 장부가/주가)가 증권시장선 위쪽에 성장주(낮은 장부가/시가)가 증권시장선 부근이나 아래쪽에 있는 경향이 있음에 주목하자.

출처 : 자료는 Kenneth French 의 호의로 사용함.

---

34 데이빗 라인베버(David Leinweber)는 그의 책 *Nerds on Wall Street*(Wiley Financial, 2008)에서 수익률과 상관관계를 가진 말도 안 되는 특성을 데이터를 통해 찾는 것을 보여준다. 그는 13년 동안 방글라데시의 연간 버터 생산량이 S&P 500 수익률의 연간 변동성을 설명할 수 있음을 발견하였다.

35 J. Berk, "A Critique of Size-Related Anomalies," *Review of Financial Studies* 8 (1995): 275 – 286.

| 예제 13.2 | 위험과 주식의 시장가치 |

문제

매년 $1 백만의 배당금을 영구히 지급할 것으로 추정되는 SM과 BiG 2개의 기업을 고려해보자. SM의 배당금 흐름은 BiG보다 위험하기 때문에 자본비용은 14%이고, BiG의 자본비용은 10%이다. 어느 기업의 시장가치가 클 것인가? 기대 수익률이 높은 기업은 어느 기업인가? 이제 베타 추정의 오류 때문인지 혹은 시장 포트폴리오가 비효율적이기 때문인지 양 주식이 동일한 베타를 가진다고 가정하자. 이 베타에 기초하면 CAPM은 양 주식에 12%의 기대 수익률을 배정할 것이다. 기업의 시장가치는 이들의 알파와 어떻게 관련이 될까?

풀이

양 기업에게 동일한 배당금의 시간선을 그릴 수 있다.

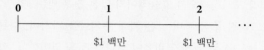

SM의 시장가치를 계산하기 위해서 자본비용 14%와 영구연금의 공식으로 미래 기대 배당금의 현재가치를 계산한다.

$$\text{SM의 시장가치} = \frac{1}{0.14} = \$7.143 \text{ 백만}$$

마찬가지로 BiG의 시장가치를 구한다.

$$\text{BiG의 시장가치} = \frac{1}{0.10} = \$10 \text{ 백만}$$

SM은 더 낮은 시장가치를 가지고 더 높은 기대 수익률(14% 대 10%)을 가진다. 그리고 더 높은 알파를 가진다.

$$\alpha_{SM} = 0.14 - 0.12 = 2\%$$

$$\alpha_{BiG} = 0.10 - 0.12 = -2\%$$

결과적으로 낮은 시장가치를 가진 기업이 더 높은 알파를 가진다.

모멘텀

연구자들은 또한 과거의 주식 수익률을 사용하여 양(+)의 알파를 가진 포트폴리오를 형성하는 데 사용했다. 예를 들어 1965년에서 1989년 사이에 나리시먼 제가데시(Narishiman Jegadeesh)와 세리던 티트만(Sheridan Titman)은 매월 6~12개월 동안 실현된 수익률로 주식의 순위를 매겼다.[36] 그들은 실적이 가장 좋은 종목이 그다음 3~12개월 동안 양(+)의 알파를 가졌다는 것을 발견했다. 이 증거는 CAPM에 반대되는 결과이다. 시장 포트폴리오가 효율적이면 과거 수익률은 알파를 예측하지 않는다.

투자자들은 과거 높은 수익률을 보였던 주식을 매수하고, 낮은 수익률을 기록한 주식을 (단기) 매도함으로써 이 결과를 이용할 수 있다. 이를 **모멘텀 전략**(momentum strategy)이라고 한다. 제가데시와 티트만은 1965에서 1989년 사이에 이 전략이 연간 12% 이상의 알파를 생산했음을 보여주었다.

---

36 N. Jegadeesh and S. Titman, "Returns to Buying Winners and Selling Losers: Implications for Market Efficiency," *Journal of Finance* 48 (1993): 65–91.

시장 효율성과 시장 포트폴리오의 효율성

제9장에서 우리는 경쟁이 양(+)의 NPV 거래 기회를 소멸시킨다는 혹은 같은 의미로 동일한 위험을 가진 증권은 동일한 기대수익률을 가져야 한다는 효율적 시장가설을 소개하였다. 그러나 "동일한 위험"은 명확하게 정의되어 있지 않기 때문에 우리는 효율적 시장가설을 직접 검증할 수 없다. 반면에 CAPM 가정에서는 위험 척도가 명확히 정의되어 있기 때문에 우리는 양(+)의 NPV 거래 기회가 CAPM에서 존재하지 않는다는 생각을 검증할 수 있다. 그러기 위해서는 시장 포트폴리오가 효율적인지 여부와 모든 거래 전략이 0의 알파를 가지는지 여부를 검증하면 된다.

일부 연구자들은 이러한 검증을 약형(weak form) · 준강형(semi-strong form) · 강형(strong form) 효율성(efficiency)의 검증으로 분류한다. **약형 효율성**(weak form efficiency)은 승자를 팔고 패자를 보유하는 것이나 반대로 모멘텀에 따라 거래하는 것처럼 과거 가격의 정보에 따라 거래함으로써 이익을 얻을 수 없어야 한다고 말한다. **준강형 효율성**(semi-strong form efficiency)은 뉴스 발표 또는 분석가의 권고와 같은 공개 정보를 따라서 거래함으로써 지속적으로 이익을 얻는 것이 가능하지 않아야 한다고 말한다. 마지막으로 **강형 효율성**(strong form efficiency)은 사적인 정보를 따라서 거래하는 것조차도 일관되게 이익을 얻을 수 없어야 한다고 말한다.

효율적 시장가설은 미래의 정보를 감안할 때 시장가격이 항상 정확하다고 말하는 것은 아니다. 예를 들어 2008년 금융위기로 인해 많은 은행과 여러 회사의 주가가 2007년에 과대 평가되

었다는 사실이 분명해졌다. 이 정보를 감안할 때 2007년에 은행 주식을 매각하는 것은 양(+)의 NPV 거래 기회였을 것이다. 그러나 이 사실 자체만으로는 시장 효율성에 위배되지 않는다. 금융위기가 2007년에 쉽게 예측할 수 있었던 것이고, 많은 투자자들이 그 지식에 따라 거래함으로써 이득을 보았다는 것을 입증할 필요가 있는 것이다. 금융위기 이후의 "승자"가 없다는 것은 이 예측이 결코 당연한 것이 아님을 분명히 보여준다. 실제로 모기지담보증권(MBS)을 매도함으로써 은행 위기를 예견한 가장 유명한 거래자인 존 폴슨은 그의 Advantage Plus 펀드가 2010년 8월부터 2015년 8월까지 60%의 손실을 기록하여 금융위기 이후 평범한 성과를 보였다고 밝혔다. 아마도 그가 거둔 이전의 성과는 기술이 아닌 운에 따른 것이 더 많았고 위험을 수용한 결과였을 것이다.

이 장의 증거가 분명히 보여주듯이, CAPM을 사용하여 위험을 측정할 때 시장 효율성에 대한 증거는 혼재한다. 개인 투자자는 평균적으로 "시장을 이길" 것 같지 않지만 동시에 어떤 특정 거래 전략은 수익성이 있는 것으로 보인다. 재무 연구자가 직면한 핵심 질문은 어떻게 위험을 정확하게 측정할 수 있느냐이다. 이러한 "수익성 있는" 전략들은 CAPM으로 확인되지 않는 체계적 위험을 수반하는가? 즉, CAPM보다 더 일반적인 위험 모델에 따르면 이러한 위험들이 공정하게 가격으로 책정될 것인가? 아니면 이러한 전략들은 위험을 높이지 않고 더 높은 수익률을 올릴 수 있는 진정한 기회를 의미하는가?

양(+)의 알파 거래전략의 의미

CAPM이 발견된 이후 수년간에 걸쳐서 시가총액, 장부가-시가 비율, 과거 수익률 기준으로 포트폴리오를 구성함으로써 투자자들은 양(+)의 알파를 가진 거래 전략을 세울 수 있다는 것이 연구자들과 실무자들 모두에게 점점 더 명확해졌다. 주어진 결과를 보면 다음 두 가지 결론 중 하나에 도달하게 된다.

1. 투자자들은 양(+)의 NPV 투자 기회를 체계적으로 무시하고 있다. 즉, CAPM은 요구되는 위험 프리미엄을 정확하게 계산하지만, 투자자는 추가적인 위험을 감수하지 않고 추가적인 수익률을 얻을 수 있는 기회를 무시하고 있다. 그것은 투자자들이 그 기회를 인식하지 못하기 때문이거나 전략 수행비용이 NPV보다 높기 때문이다.

2. 양(+)의 알파 거래 전략은 투자자들이 감당할 수 없는 CAPM이 포착하지 못하는 위험을 담고 있다. 즉, 시장 포트폴리오에 대한 주식의 베타는 주식의 체계적 위험을 적절하게 측정하지 못하기 때문에 CAPM은 위험 프리미엄을 정확하게 계산하지 못한다.

양(+)의 NPV 기회가 시장에서 지속될 수 있는 유일한 방법은 진입 장벽이 경쟁을 제한하는지 여부이다. 이 경우 경쟁 제한 장벽이 무엇인지 식별하는 것은 매우 어렵다. 이러한 거래 전략의 존재는 15년 이상 널리 알려져 왔다. 포트폴리오를 구성하는 데 필요한 정보는 쉽게 이용할 수 있을 뿐만 아니라 많은 뮤추얼 펀드가 모멘텀 및 시가총액/장부가-시가 전략을 따른다. 따라서 첫 번째 결론은 그럴듯하게 보이지 않는다.

그렇다면 두 번째 가능성이 남는다. 시장 포트폴리오가 효율적이지 않아서 시장에 대한 주식의 베타가 체계적 위험에 대한 적절한 척도가 되지 못한다는 것이다. 다른 말로 표현하자면 거래 전략의 이익[양(+)의 알파]은 투자자가 회피하고자 하고 CAPM이 포착하지 못하는 위험에 대한 보상이다. 시장 포트폴리오가 효율적이지 않은 몇 가지 이유가 있다. 각각의 가능성을 차례로 살펴보려고 한다.

대리변수 선택의 오류   진정한 시장 포트폴리오는 효율적일 수 있지만 우리가 사용했던 대리변수는 부정확할 수 있다. 진정한 시장 포트폴리오는 채권, 부동산, 예술품, 귀금속 등 경제에서 거래되는 모든 투자 자산으로 구성된다. 경쟁적인 가격 데이터를 구할 수 없기 때문에 이들 투자 대상의 대부분은 시장의 대리변수에 포함할 수 없다. 결과적으로 S&P 500과 같은 표준적인 대리변수는 실제 시장에 비해 비효율적일 수 있으며 주식은 0이 아닌 알파를 가질 수 있다.[37] 이 경우 알파는 잘못된 대리변수가 사용되고 있음을 나타낸다. 그들은 양(+)의 NPV 투자 기회를 나타내지 않는다.[38]

행동 편향   13.4절에서 논의했듯이 일부 투자자는 체계적인 행동 편향을 겪을 수 있다. 예를 들어 투자자는 뉴스에서 크게 보도하는 대형 성장주에 매력을 느낄 수 있다. 혹은 반전투자 전략에 따라 승자를 팔고 패자를 보유할 수도 있다. 이러한 편향에 사로잡혀서 투자자들은 비효율적인 포트폴리오를 보유한다. 보다 정교한 투자자는 효율적인 포트폴리오를 보유하지만 공급이 수요와 같아야 하기 때문에, 효율적인 포트폴리오는 편향된 투자자의 거래를 상쇄하기 위해 소형주, 가치주 및 모멘텀 주식을 더 포함해야 한다. 효율적인 포트폴리오로 측정하면 알파는 0이지만, (편향된 투자자와 정교한 투자자의 보유를 합한) 시장 포트폴리오와 비교할 때는 양(+)의 값이다.

대안적 위험 선호도와 거래불가능 자산   투자자들은 또한 그들이 거래하는 포트폴리오의 변동성 이외의 위험 특성에 관심을 갖기 때문에 비효율적인 포트폴리오를 선택할 수도 있다. 예컨대 극도로 높은 수익을 받을 확률이 낮은 왜곡된 분포로 인해 투자에 끌릴 수 있다. 결과적으로 그들은 그러한 수익을 얻기 위해 일부 분산 가능한 위험을 기꺼이 감당하기도 한다. 또한 투자자는 자신의 포트폴리오 밖에 시장에서 거래되지 않는 다른 중요한 위험에 노출되어 있다. 그중 가장 중요한 것은 인적 자본으로 인한 것이다.[39] 예를

---

37 진정한 시장 포트폴리오가 효율적이면 대리변수와 진정한 시장 포트폴리오와의 작은 차이도 베타와 수익률의 유의적이지 않은 관계를 나타낼 수 있다. R. Roll and S. Ross, "On the Cross-Sectional Relation between Expected Returns and Beta," *Journal of Finance* 49(1) (1994): 101 – 121.

38 우리가 실제로 모든 위험 투자의 진정한 시장 포트폴리오를 구성할 수 없기 때문에 CAPM 이론은 어떤 의미에서 검증이 불가능하다(R. Roll, "A Critique of the Asset Pricing Theory's Tests," *Journal of Financial Economics* 4 (1977): 129 – 176). 물론 효율적 포트폴리오를 확인할 수만 있다면 자본비용을 계산하는 데 사용할 수 있기 때문에, 기업 경영자의 관점에서 CAPM이 검증 가능한가는 관련이 없다.

39 드물기는 하지만 사람들이 자신의 교육 자금을 얻기 위해 자신의 인적 자본을 거래할 수 있도록 하는 혁신적인 신시장이 있다. 다음 문헌을 참고하라. M. Palacios, *Investing in Human Capital: A Capital Markets Approach to Student Funding*, Cambridge University Press, 2004.

들어 골드만 삭스의 은행가는 금융 섹터의 위험에 노출되어 있는 반면 소프트웨어 엔지니어는 첨단기술 섹터의 위험에 노출되어 있다. 포트폴리오를 선택할 때 투자자는 이러한 타고난 노출 위험을 상쇄하기 위해 시장 포트폴리오에서 벗어날 수 있다.[40]

시장 포트폴리오가 효율적이지 않기 때문에 다른 포트폴리오가 효율적일 가능성을 배제하지는 않는다는 것을 인식하는 것이 중요하다. 실제로 제11장에서 지적했듯이, CAPM의 가격결정 관계식은 모든 효율적인 포트폴리오에서 성립된다. 결과적으로 시장 포트폴리오의 효율성에 반대되는 증거에 비추어, 연구자들은 시장 포트폴리오의 효율성에 특별히 의존하지 않는 위험과 수익률의 대안적인 모형을 개발했다. 우리는 13.7절에서 그러한 모형을 검토한다.

개념 확인

1. 양(+)의 알파 거래 전략의 존재가 의미하는 것은 무엇인가?
2. 만일 투자자들이 거래할 수 없으나 위험이 있는 부를 가지고 있다면 시장 포트폴리오는 왜 효율적이지 못한가?

13.7 다요인 모형

제11장에서 우리는 유가증권의 기대 수익률을 효율적 포트폴리오의 기대 수익률 함수로 다음과 같이 표현했다.

$$E[R_s] = r_f + \beta_s^{eff} \times (E[R_{eff}] - r_f) \tag{13.3}$$

시장 포트폴리오가 효율적이 아니면 식 (13.3)을 사용하기 위해서는 효율적 포트폴리오를 식별할 수 있는 대안적 방법을 찾을 필요가 있다.

실제 문제로서 포트폴리오의 기대 수익률과 표준편차를 매우 정확하게 측정할 수 없기 때문에 효율적 포트폴리오를 식별하는 것은 매우 어렵다. 그러나 효율적 포트폴리오 자체를 식별할 수 없더라도 우리는 효율적 포트폴리오의 몇 가지 특성을 안다. 첫째, 효율적 포트폴리오는 잘 분산되어 있을 것이다. 둘째, 우리는 다른 잘 분산된 포트폴리오로부터 효율적 포트폴리오를 구성할 수 있다. 후자의 관찰은 사소하게 보일지 모르지만 실제로는 매우 유용하다. 이는 **효율적 포트폴리오 자체를 식별하는 것이 실제로 필수적이지 않다**는 것을 의미한다. 효율적 포트폴리오를 구성할 수 있는 잘 분산된 포트폴리오들의 집합을 식별할 수 있다면 위험을 측정하기 위해서 그 집합을 이용할 수 있다.

요인 포트폴리오의 활용

효율적 포트폴리오를 구성하기 위해 결합할 수 있는 포트폴리오들을 식별했다고 가정하자. 이러한 포트폴리오들을 **요인 포트폴리오**(factor portfolio)라고 한다. 부록에서 보겠지만 우리는 수익률로 $R_{F1}, \cdots, R_{FN}$ 을 가지는 N개의 요인 포트폴리오를 이용하여 자산 s의 기대 수익률을 다음과 같이 구한다.

---

40 확실히 인적 자본의 위험은 잘 알려진 시장 대리변수 비효율성의 일부를 설명할 수 있다. 다음 문헌을 참고하라. R. Jagannathan and Z. Wang, "The Conditional CAPM and the Cross-Sections of Expected Returns," *Journal of Finance* 51 (1996): 3–53; 그리고 I. Palacios-Huerta, "The Robustness of the Conditional CAPM with Human Capital," *Journal of Financial Econometrics* 1 (2003): 272–289.

다요인 위험 모형

$$E[R_s] = r_f + \beta_s^{F1}(E[R_{F1}] - r_f) + \beta_s^{F2}(E[R_{F2}] - r_f) + \cdots + \beta_s^{FN}(E[R_{FN}] - r_f)$$

$$= r_f + \sum_{n=1}^{N} \beta_s^{Fn}(E[R_{Fn}] - r_f) \tag{13.4}$$

여기서 β_s^{F1}, $\cdots$, β_s^{FN}은 **요인 베타**(factor beta)로 각각의 위험 요인에 대응하고 CAPM의 베타와 같은 해석이 가능하다. 각각의 요인 베타는 (다른 요인을 일정하게 유지하고) 요인 포트폴리오의 초과수익률의 1% 변동에 대한 증권 기대 수익률의 예상되는 퍼센트 변동이다.

식 (13.4)는 모든 유가증권의 위험 프리미엄을 각 요인의 위험 프리미엄에 해당 요인의 민감도(요인 베타)를 곱한 값으로 쓸 수 있음을 나타낸다. 여러 요인에 관하여 기대 수익률을 제공하는 식 (13.4)와 효율적 포트폴리오에 관하여만 기대 수익률을 제공하는 식 (13.3) 사이에는 일관성이 없다. 두 방정식은 모두 성립한다. 그들 사이의 차이점은 단지 우리가 사용하는 포트폴리오이다. 효율적 포트폴리오를 사용하면 모든 체계적 위험을 포착할 수 있다. 따라서 우리는 종종 이 모형을 **단일요인 모형**(single-factor model)이라고 부른다. 여러 포트폴리오를 요인으로 사용하면 이러한 요인들이 모든 체계적인 위험을 포착하고, 식 (13.4)의 각 요인은 체계적 위험의 다른 구성 요소들을 포착한다. 위험을 포착하기 위해 둘 이상의 포트폴리오를 사용할 경우 이 모형을 **다요인 모형**(multifactor model)이라고 한다. 각 포트폴리오는 위험 요인 그 자체 또는 측정 불가능한 위험 요인과 관련된 주식 포트폴리오로 해석될 수 있다.[41] 이 모형은 **차익거래 가격결정이론**(Arbitrage Pricing Theory, APT)이라고도 부른다.

우리는 식 (13.4)를 조금 더 단순화할 수 있다. 각 요인의 기대 초과수익률 $E[R_{Fn}] - r_f$를 요인 포트폴리오에 투자할 이자율 r_f로 자금을 차입한 포트폴리오의 기대 수익률로 생각하자. 이 포트폴리오는 (우리는 투자하기 위한 자금을 차입하고 있다) 구성비용이 들지 않기 때문에, 이를 **자기조달 포트폴리오**(self-financing portfolio)라고 한다. 우리는 또한 주식을 보유하고 동일한 시장가치를 가진 다른 주식을 공매도하여 자기조달 포트폴리오를 구성할 수 있다. 일반적으로 자기조달 포트폴리오는 포트폴리오 가중치의 합이 1이 아닌 가중치 합이 0이 되는 포트폴리오이다. 모든 요인 포트폴리오가 (자금을 차입하거나 또는 주식을 공매도하여) 자기금융을 요구한다면 식 (13.4)를 아래와 같이 다시 쓸 수 있다.

자기조달 포트폴리오를 가진 다요인 위험 모형

$$E[R_s] = r_f + \beta_s^{F1}E[R_{F1}] + \beta_s^{F2}E[R_{F2}] + \cdots + \beta_s^{FN}E[R_{FN}]$$

$$= r_f + \sum_{n=1}^{N} \beta_s^{Fn}E[R_{Fn}] \tag{13.5}$$

다시 요약하자면 다요인 위험 모형을 사용하면 효율적 포트폴리오를 실제로 식별하지 않고도 자본비용을 계산할 수 있다. 다요인 모형은 (시장과 같은) 단일 포트폴리오의 효율성에 의존하는 것이 아니라 충분히 분산된 포트폴리오 혹은 요인의 집합에서 효율적 포트폴리오를 구축할 수 있다는 좀 더 느슨한 조건에 의존한다. 다음으로 요인을 선택하는 방법을 설명한다.

---

41 로버트 머튼이 더 일찍 대안이 되는 다요인 모형을 개발했지만, 이 유형의 다요인 모형은 원래 스티븐 로스가 개발하였다. 아래 문헌을 참고하라. S. Ross, "The Arbitrage Theory of Capital Asset Pricing," *Journal of Economic Theory* 13 (1976): 341-360; and R. Merton, "An Intertemporal Capital Asset Pricing Model," *Econometrica* 41 (1973): 867-887.

포트폴리오의 선택

효율적 포트폴리오를 포함하는 포트폴리오 집합을 식별할 때 사용할 가장 확실한 포트폴리오는 시장 포트폴리오 자체이다. 역사적으로 시장 포트폴리오는 재무부 단기채 같은 단기간의 무위험 투자에 비해 큰 프리미엄을 요구하고 있다. 시장 포트폴리오가 효율적이지 않더라도, 체계적 위험 요소들을 여전히 많이 포착한다. 그림 13.9와 13.10에서 보듯이, 모형이 실패하더라도 평균 수익률이 높은 포트폴리오는 높은 베타를 가지는 경향이 있다. 따라서 집합의 첫 번째 포트폴리오는 위험이 없는 증권의 공매도에 의해 자금이 조달된 시장 포트폴리오의 보유로 구성된 자기조달 포트폴리오이다.

다른 포트폴리오를 선택하는 방법은 무엇인가? 앞에서 지적했듯이 시가총액, 장부가-시가 비율 및 모멘텀을 기반으로 한 거래 전략은 양(+)의 알파를 가지는 것으로 보이는데, 이는 거래 전략을 구현하는 포트폴리오가 시장 포트폴리오에 포착되지 않는 위험을 포착한다는 것을 의미한다. 따라서 이러한 포트폴리오들은 다요인 모형의 다른 포트폴리오로 적합한 후보이다. 우리는 이 거래 전략에서 세 가지 추가 포트폴리오를 구성할 것이다. 첫 번째 거래 전략은 시가총액을 기준으로 주식을 선택하고, 두 번째는 장부가-시가 비율을 사용하고 세 번째는 과거 수익률을 사용한다.

시가총액 전략 매년 기업을 2개 포트폴리오 중 하나에 주식의 시장가치에 따라 배정한다. NYSE 기업의 중앙값 이하의 시장가치를 가지는 기업들로 동일 비중 포트폴리오 S를 형성하고, 중앙값 시장가치를 초과하는 기업들은 동일 비중 포트폴리오 B를 형성한다. 매년 포트폴리오 S(소형주)를 매입하고 이 자금은 포트폴리오 B(대형주)를 공매도하여 조달하는 거래 전략은 양(+)의 위험조정 수익률을 산출했다. 이 자기조달 포트폴리오는 **소형-마이너스-대형 포트폴리오**[small-minus-big(SMB) portfolio]로 널리 알려져 있다.

장부가-시가 비율 전략 양의 위험조정 수익률을 역사적으로 산출한 두 번째 거래 전략은 주식의 장부가-시가 비율(book-to-market ratio)로 주식을 선택하는 것이다. 매년 NYSE 기업의 30번째 백분위수보다 작은 장부가-시가 비율을 가진 기업은 낮은(Low) 포트폴리오라고 불리는 동일 비중 포트폴리오 L을 형성한다. NYSE 기업의 70번째 백분위수보다 큰 장부가-시가 비율을 가진 기업은 높은(High) 포트폴리오로 불리는 동일 비중 포트폴리오 H를 형성한다. 매년 포트폴리오 L을 공매도하여 자금을 조달하고 그 자금으로 포트폴리오 H를 보유하는 거래 전략은 양(+)의 위험조정 수익률을 창출하였다. 이 자기조달 포트폴리오(우리는 이 포트폴리오를 가치주를 보유하고 성장주를 공매도하는 것으로 생각할 수도 있다)를 우리의 집합에 포함시키고, 이를 **하이-마이너스-로우 포트폴리오**(high-minus-low[HML] portfolio)라고 부른다.

과거 수익률 전략 세 번째 거래 전략은 모멘텀 전략이다. 해마다 매년 지난 1년 동안의 수익률에 따라 주식의 순위를 매기고,[42] 주식의 상위 30%를 보유하고 하위 30%를 공매도하는 포트폴리오를 만든다. 이 거래 전략은 이 포트폴리오를 1년 동안 보유해야 한다. 그리고 새로운 자기조달 포트폴리오를 구성하고 또 다른 1년 동안 보유한다. 매년 이 과정을 반복한다. 그 결과 자기조달 포트폴리오는 **최근 1년 모멘텀 포트폴리오**(prior one-year momentum[PR1YR] portfolio)로 알려져 있다.

---

42 단기의 거래 효과 때문에 가장 최근월의 수익률은 종종 제거되고 실제로는 11개월의 수익률을 사용한다.

파마-프렌치-카하트 요인 모형의 명세   이러한 시장의 초과 수익률($Mkt - r_f$), SMB, HML, PR1YR의 네 가지 포트폴리오는 현재 가장 잘 알려진 다요인 모형의 선택이다. 이들을 이용하여 증권 s의 기대 수익률을 구하면 아래와 같다.

파마-프렌치-카하트 요인 모형

$$E[R_s] = r_f + \beta_s^{Mkt}(E[R_{Mkt}] - r_f) + \beta_s^{SMB} E[R_{SMB}]$$
$$+ \beta_s^{HML} E[R_{HML}] + \beta_s^{PR1YR} E[R_{PR1YR}] \qquad (13.6)$$

여기서 β_s^{Mkt}, β_s^{SMB}, β_s^{HML}, β_s^{PR1YR}는 주식 s의 요인 베타로 각 포트폴리오에 대한 주식의 민감도를 측정한다. 식 (13.6)의 4개 포트폴리오가 유진 파마, 케네스 프렌치, 마크 카하트에 의해 특정되었기 때문에 이들 포트폴리오의 집합을 **파마-프렌치-카하트 요인 모형**(FFC factor specification)이라고 부른다.

파마-프렌치-카하트 요인 모형과 자본비용

다요인 모형은 체계적 위험을 포착하는 데 포트폴리오 집합으로 식별하는 것이 하나의 포트폴리오보다 훨씬 쉽기 때문에 단일요인 모형에 비해 뚜렷한 이점이 있다. 그러나 다음과 같은 중요한 단점도 있다. 각 포트폴리오의 기대 수익률을 예측해야만 한다. 기대 수익률은 예측이 쉽지 않기 때문에 집합에 추가하는 각 포트폴리오는 모형 구현의 어려움을 증가시킨다. 이 작업은 포트폴리오가 어떤 경제적 위험을 포착했는지 불분명하기 때문에 특히 복잡하다. 경제적인 주장을 근거로 수익률이 어떻게 되어야 하는지에 대한 (CAPM에서 했던 것처럼) 합리적인 추정을 기대하기 어렵다. 모형을 구현하기 위해서 포트폴리오의 역사적 평균 수익률을 사용하는 것 외에 다른 선택의 여지가 없다.[43]

FFC 포트폴리오의 수익률은 변동성이 매우 크기 때문에, 80년 이상의 자료를 사용하여 기대수익을 추정한다. 표 13.1은 FFC 포트폴리오의 월평균 수익률과 95% 신뢰구간을 보여준다(우리는 모든 NYSE, AMEX 및 NASDAQ 주식의 가중 포트폴리오를 시장 포트폴리오의 대리변수로 사용함). 그러나 80년 동안의 자료에도 불구하고 기대 수익률에 대한 모든 추정치는 정확하지 않다.

표 13.1 FFC 포트폴리오 월평균 수익률(1927~2015)		
요인 포트폴리오	월평균 수익률(%)	95% 신뢰구간(%)
$Mkt - r_f$	0.65	±0.33
SMB	0.23	±0.19
HML	0.39	±0.21
PR1YR	0.68	±0.29

출처 : Kenneth French mba.tuck.dartmouth.edu/pages/faculty/ken.french/data_library.html

---

43 대부분의 요인 모형에 두 번째로 더 미묘한 단점이 있다. 요인 모형은 거래되는 증권의 가격을 책정하기 위해 설계되었기 때문에 현재 거래되지 않는 위험(예 : 새로운 기술과 관련된 위험)에 대해 정확하게 가격을 매길 것이라는 보장은 없다. 실제로 거래되지 않는 위험은 특유한 것으로 간주되므로 위험 프리미엄을 요구하지 않는다.

FFC 요인 모형을 이용하여 자본비용 계산

문제

당신은 패스트푸드 산업 프로젝트에 대한 투자를 고려 중이다. 당신은 프로젝트가 맥도날드 주식에 투자하는 것과 같은 수준의 분산 불가능 위험을 가지고 있다고 판단한다. FFC 요인 모형을 사용하여 자본비용을 결정하라(무위험 수익률은 연간 1.2%).

풀이

당신은 맥도날드 주식(MCD)의 요인 베타를 추정하기 위해 지난 10년간의 자료를 모으기로 했다. 따라서 당신은 맥도날드 주식의 월간 초과 수익률(매월 실현 수익률에서 무위험 수익률을 차감한 수익률)을 각 포트폴리오의 수익률에 대해 회귀분석한다. 여기에 2005~2015년의 자료를 근거로 95% 신뢰구간과 4요인 베타의 추정치가 있다.

요인	베타 추정치	하한 95%	상한 95%
Mkt	0.62	0.44	0.81
SMB	−0.47	−0.80	−0.15
HML	−0.10	−0.41	0.22
PR1YR	0.12	−0.03	0.28

이러한 추정치와 월간 무위험 수익률 1.2%/12 = 0.10%를 이용하여 맥도날드 주식에 투자하는 월간 기대 수익률을 계산할 수 있다.

$$E[R_{MCD}] = r_f + \beta_{MCD}^{Mkt}(E[R_{Mkt}] - r_f) + \beta_{MCD}^{SMB}E[R_{SMB}] + \beta_{MCD}^{HML}E[R_{HML}] + \beta_{MCD}^{PR1YR}E[R_{PR1YR}]$$

$$= 0.10\% + 0.62 \times 0.65\% - 0.47 \times 0.23\% - 0.10 \times 0.39\% + 0.12 \times 0.68\%$$

$$= 0.44\%$$

APR로 표현하면 기대 수익률은 0.44% × 12 = 5.28%이다. 따라서 이 투자 기회의 연간 자본비용은 5.3%이다. (주의 : 그러나 요인 베타와 기대 수익률 모두 커다란 불확실성을 가진다.)

비교를 위해서 전통적인 CAPM 회귀분석을 동일한 기간에 하게 되면 맥도날드의 시장 베타는 0.46이다. 여기서 계산되었던 0.62의 시장 베타와 다른데, 그 이유는 CAPM 회귀분석에서는 단일요인만을 사용했기 때문이다. 시장에 대한 역사적 초과수익률을 이용하면 맥도날드 주식은 0.10% + 0.46 × 0.65% = 0.40%의 월간 기대 수익률을, 연간 약 4.8%를 의미한다.

FFC 요인 모형은 20여 년 전에 개발되었다. 위험을 측정하기 위해 학술문헌에 널리 사용되기는 하지만, CAPM을 실제로 크게 개선한 것인지에 대해 많은 논쟁이 계속되고 있다.[44] FFC 요인 모형이 CAPM보다 더 나은 것으로 보이는 한 가지 영역은 적극적으로 관리되는 뮤추얼 펀드의 위험을 측정하는 것이다. 연구자들은 과거에 높은 수익률을 낸 펀드가 CAPM에서 양(+)의 알파를 가졌다는 것을 발견했다.[45]

---

[44] M. Cooper, R. Gutierrez, Jr., and B. Marcum, "On the Predictability of Stock Returns in Real Time," *Journal of Business* 78 (2005): 469–500.

[45] M. Grinblatt and S. Titman, "The Persistence of Mutual Fund Performance," *Journal of Finance* 47 (1992): 1977–1984; and D. Hendricks, J. Patel, and R. Zeckhauser, "Hot Hands in Mutual Funds: Short-Run Persistence of Performance 1974–1988," *Journal of Finance* 4 (1993): 93–130.

마크 카하트(Mark Carhart)는 알파를 계산하기 위해 FFC 요인 모형을 사용하여 동일한 검증을 반복했을 때 과거 수익률이 높은 뮤추얼 펀드가 미래에 양(+)의 알파를 가졌다는 어떠한 증거도 발견하지 못했다.[46]

13.8   실무에서 이용하는 방법

시장 포트폴리오의 효율성을 지지하거나 배척하는 증거가 있을 때, 사람들은 실무에서 어떤 방법을 사용할까? 유가증권의 기대 수익률을 계산하는 데 사람들이 관심을 갖는 이유는 두 가지이다. 첫째, 재무관리자에게 기대 수익률의 계산은 투자 결정을 위한 자본비용을 예측할 수 있는 믿을 만한 방법을 제공한다. 둘째, 투자자는 이를 통해 이러한 증권에 대한 투자 위험을 평가할 수 있다. 사람들이 이러한 결정을 내리는 데 사용하는 방법을 살펴본다.

재무관리자

재무관리자는 실제로 자본비용을 어떻게 계산할까? 존 그레이엄과 캠벨 하비 교수가 진행한 392명의 CFO에 대한 조사에 따르면,[47] 그림 13.11에서 보듯이 조사한 기업의 73.5%는 CAPM을 사용하여 자본비용을 계산했다. 그들은 또한 대기업이 중소기업보다 CAPM을 사용할 확률이 높다는 것을 발견했다. 다른 방법은 어떨까? 그레이엄과 하비가 조사한 기업 중 1/3만이 다요인 모형을 사용하여 자본비용을 계산한다고 보고했다. 조사에서 일부 회사가 사용한 두 가지 다른 방법은 역사적 평균 수익률(40%)과 배당

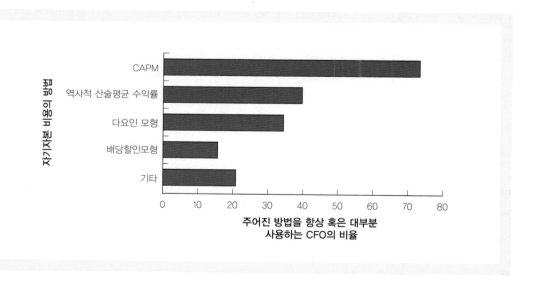

그림 13.11

기업이 자본비용을 계산하는 방법

그림은 CAPM, 다요인 모형, 역사적 평균, 배당할인모형을 사용하는 기업의 비율을 보여준다. 배당할인모형은 제9장에서 설명하였다.

출처 : J. R. Graham and C. R. Harvey, "The Theory and Practice of Corporate Finance: Evidence from the Field," *Journal of Financial Economics* 60 (2001): 187 – 243.

46 M. Carhart, "On Persistence in Mutual Fund Performance," *Journal of Finance* 52 (1997): 57 – 82.

47 "How Do CFOs Make Capital Budgeting and Capital Structure Decisions?" *Journal of Applied Corporate Finance* 15 (2002): 8 – 23.

할인모형(16%)이다. 실무가에게 배당할인모형은 제9장의 식 (9.7)을 의미한다. 그들은 기업의 기대 미래 성장률을 추정하고 여기에 현재의 배당 수익률을 추가하여 주식의 총 기대 수익률을 결정한다.

투자자

투자자는 어떻게 위험을 측정하는가? 이 경우에 간단히 묻는 것보다 더 잘 알아낼 수 있는 방법이 있다. 우리는 투자자가 실제로 무엇을 하는지 살펴볼 수 있다. 13.1절의 토론에서 알 수 있듯이 양(+)의 알파 투자 기회가 시장에 나타나면 투자자는 투자를 서두르고 결국 기회를 없애게 된다. 투자 기회의 알파를 계산하려면 투자자는 우선 위험을 조정해야 하며 여기에 위험 모형이 필요하다. 따라서 투자자가 달려드는 투자를 관찰함으로써 그들이 사용하는 위험 모형을 추론하는 것이 가능하다.

최근 연구에서 조나던 버크(Jonathan Berk)와 줄스 반 빈스베르겐(Jules van Binsbergen) 교수는 투자자가 뮤추얼 펀드에 투자할 때 사용하는 위험 모형을 추론하기 위해서 이러한 통찰력을 사용한다.[48] 그림 13.12는 그 결과를 보여준다. 분석한 다양한 위험 모형 중에서 투자자 행동은 CAPM과 가장 일치한다. (즉, 뮤추얼 펀드 투자 결정의 많은 부분이 어떤 모형과도 일치하지 않는다는 것을 보여준다.)

간단히 말해서 두 출처의 증거는 유사하다. 대부분의 기업과 대부분의 투자자가 CAPM을 사용하는 것처럼 보이고 다른 방법도 사용된다. 방법의 선택은 기업과 섹터에 달려 있다. 이용하는 방법에 대해서 현실에서 합의가 거의 없는 이유는 사실은 이해하기 쉽다. 우리가 설명한 모든 방법은 정확하지 않다. 금융

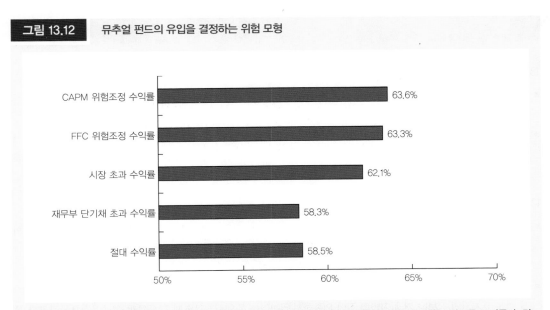

그림 13.12   뮤추얼 펀드의 유입을 결정하는 위험 모형

그림은 펀드 유입의 신호가 여러 위험 모형에 근거한 지난 분기의 위험조정 수익률의 징후와 일치하는 빈도를 보여준다. 만약 자금 유입과 유출이 무작위적이라면, 빈도는 50%가 되었을 것이다. 펀드가 양(+)의 수익률을 보일 경우에 펀드 흐름이 늘어나고, 시장을 상회하는 경우에는 펀드 흐름이 더 많아지고, CAPM의 예측 수익률을 상회하는 경우에 펀드 흐름은 많을 가능성이 가장 크다. CAPM은 심지어 13.7절의 FFC 다요인 모형보다 뛰어나서, 추가된 요인이 투자자의 행동을 예측하는 데 도움이 되지 않는다는 것을 보여준다.

경제학은 자본비용의 정확한 추정치를 제공하는 기대 수익률 이론을 제공할 수 있는 시점에 도달하지 못했다. 또한 모든 방법을 실무에서 똑같이 구현하기가 쉽지 않다는 것도 고려해야 한다. 단순성과 정밀성 사이의 상충관계가 섹터에 따라 다르기 때문에 실무자는 특정 상황에 가장 적합한 방법을 적용하고 있는 것이다.

자본예산 결정을 내릴 때 자본비용은 NPV 계산에 필요한 몇 가지 부정확한 추정치 중의 하나일 뿐이다. 사실 많은 경우에 자본비용 예측의 부정확성은 미래 현금흐름 예측의 부정확성만큼 중요하지 않다. 가장 덜 복잡한 모형이 잘 이용된다. 그런 점에서 CAPM은 실행하기에 가장 단순하며, 이론적으로 정당하며, 투자자 행동과 합리적으로 일치한다는 장점이 있다.

개념 확인	
	1. 기업이 자본비용을 계산하는 데 가장 많이 사용하는 방법은 무엇인가?
	2. 자본비용을 계산하기 위해 기업이 사용하는 다른 방법에는 무엇이 있나?
	3. 투자자의 뮤추얼 펀드 투자에서 투자자 선택과 가장 일관되는 위험 모형은 무엇인가?

핵심 요점 및 수식

13.1 경쟁과 자본시장

■ 주식의 기대 수익률과 증권시장선에 따르는 요구 수익률의 차이는 주식의 알파이다.

$$\alpha_s = E[R_s] - r_s \tag{13.2}$$

■ 시장이 항상 효율적이라는 CAPM 결론이 말처럼 진실이 아닐 수는 있지만, "시장을 이기겠다"고 노력하고 양(+)의 알파를 얻으려는 현명한 투자자 사이의 경쟁은 포트폴리오가 대부분의 시간에 효율성에 가깝도록 유지하게 만든다.

13.2 정보와 합리적 기대

■ 모든 투자자가 동일한 정보를 가지고 있다고 말하는 동질 기대를 모든 투자자가 가진다면, 주식에 양(+)의 알파가 있다면 모든 투자자는 아무도 매도할 의사가 없음을 알게 된다. 이 경우에 균형을 회복하는 유일한 방법은 가격이 즉시 상승하여 알파가 0이 되도록 하는 것이다.

■ CAPM의 중요한 결론은 투자자가 시장 포트폴리오(무위험 투자와 함께)를 유지해야 한다는 것이며, 이 투자 조언은 투자자의 정보나 거래 기법의 질에 의존하지 않는다는 것이다. 그렇게 함으로써 그들은 보다 정교한 투자자에게 자신들이 이용당하는 것을 피할 수 있다.

■ CAPM은 투자자들이 합리적 기대를 가지고 있어야 한다는 것을 요구한다. 즉, 모든 투자자가 시장가격이나 다른 사람들의 거래에서 추론할 수 있는 정보는 물론 자신의 정보를 올바르게 해석하고 사용한다.

■ 기대 수익률이나 변동성 이외에도 포트폴리오 측면에서 상당수의 투자자가 합리적인 기대나 관심을 가지고 있지 않은 경우에만 시장 포트폴리오가 비효율적일 수 있다.

13.3 개인 투자자의 행동

- 개인 투자자가 포트폴리오를 적절하게 다각화하지 못하고 (불충분 분산투자 편향) 자신이 잘 알고 있는 회사에 대한 투자를 선호한다는 (친근성 편향) 증거가 있다.
- 투자자들은 너무 많이 거래하는 것처럼 보인다. 이러한 행동은 적어도 부분적으로는 투자자의 과신에 기인한다. 과신은 정보가 없는 개인이 지식의 정확성을 과잉확신하는 경향이다.

13.4 체계적 거래 편향

- 정보가 없는 투자자의 행동이 시장에 영향을 미치기 위해서는 체계적으로 CAPM에서 벗어나고 체계적으로 가격에 불확실성을 부여하는 행동 패턴이 있어야 한다.
- 투자자들 사이에서 체계적일 수 있는 행동의 예로는 기질효과(패자에게 매달리고 승자를 팔려는 경향), 날씨와 같은 일반적인 사건으로 인한 투자자 기분 변화, 자신의 경험에 너무 많은 비중을 두는 것 등이 있다. 투자자들은 또한 서로의 행동을 따르려고 적극적으로 노력할 수 있다. 주식가격은 배당의 변동성을 기반으로 예상할 수 있는 것보다 변동성이 더 큰 것처럼 보인다.

13.5 시장 포트폴리오의 효율성

- 단순히 뉴스에 따라 거래함으로써 이익을 얻는 것은 쉽지 않지만, 전문 투자자는 예를 들어 인수 결과를 더 잘 예측할 수 있다. 그러나 균형 상태에서 개인 투자자는 이러한 전문 투자자에게 투자하여 이 기술의 이점을 공유할 것을 기대할 수 없다. 경험적 증거는 평균적으로 투자자가 관리된 뮤추얼 펀드에 투자할 때 0의 알파를 얻는다는 것을 보여준다.
- 시장을 이기기 위해서는 거래비용뿐만 아니라 행동 편향을 극복하기 위한 충분한 거래 기술이 필요하기 때문에, 투자자는 "시장을 보유해야 한다"는 CAPM의 지혜는 아마도 대부분의 사람들에게 최고의 조언일 것이다.

13.6 스타일 기반 기법과 시장 효율성 논쟁

- 규모효과는 시가총액이 낮은 주식이 CAPM의 예측과 비교하여 역사적으로 양(+)의 알파를 가졌다는 관찰을 가리킨다. 규모효과는 시장 포트폴리오가 효율적이지 않다는 증거이며, 이는 CAPM이 기대 수익률을 정확하게 모델링하지 못한다는 것을 의미한다. 연구자들은 기업 규모가 아닌 장부가-시가 비율을 사용하여 유사한 결과를 얻는다.
- 과거의 위험조정 수익률이 높은 주식을 보유하고 과거 수익률이 낮은 주식을 매도하는 모멘텀 거래 전략은 양(+)의 CAPM 알파를 생성하여 시장 포트폴리오가 효율적이지 않고 CAPM이 기대 수익률을 정확하게 모델링하지 못한다는 추가적인 증거를 제공한다.
- 사용되는 시장 포트폴리오가 실제의 시장 포트폴리오의 좋은 대리변수가 아닌 경우 증권은 0이 아닌 알파를 가질 수 있다.
- 시장 포트폴리오는 일부 투자자의 포트폴리오 보유가 체계적인 행동 편향의 대상인 경우 비효율적이다.
- 시장 포트폴리오는 투자자가 거래된 포트폴리오의 변동성 이외의 위험 특성에 관심이 있거나 투자자가 거래가 불가능한 자신의 포트폴리오 외부에서 (가장 중요한 것은 인적 자본으로 인한 경우) 다른 중요한 위험에 노출된 경우 비효율적이다.

13.7 다요인 모형

- 위험을 포착하기 위해 둘 이상의 포트폴리오가 사용되는 경우, 이 모형을 다요인 모형이라고 한다. 이 모델은 때로 차익거래 가격결정이론이라고도 한다. N개의 잘 분산된 포트폴리오의 집합을 사용한 주식 s의 기대 수익률은 아래와 같다.

$$E[R_s] = r_f + \beta_s^{F1}(E[R_{F1}] - r_f) + \beta_s^{F2}(E[R_{F2}] - r_f) + \cdots + \beta_s^{FN}(E[R_{FN}] - r_f)$$

$$= r_f + \sum_{n=1}^{N} \beta_s^{Fn}(E[R_{Fn}] - r_f) \tag{13.4}$$

■ 다요인 모형을 만드는 더 간단한 방법은 자기조달 포트폴리오에 대한 기대 수익률로 위험 프리미엄을 표현하는 것이다. 자기조달 포트폴리오는 구축 비용이 들지 않는 포트폴리오이다. 자기조달 포트폴리오의 기대 수익률을 사용함으로써 주식의 기대 수익률은 다음과 같이 나타낼 수 있다.

$$E[R_s] = r_f + \beta_s^{F1}E[R_{F1}] + \beta_s^{F2}E[R_{F2}] + \cdots + \beta_s^{FN}E[R_{FN}]$$

$$= r_f + \sum_{n=1}^{N} \beta_s^{Fn}E[R_{Fn}] \tag{13.5}$$

■ 다요인 모형에서 가장 일반적으로 사용되는 포트폴리오는 시장 포트폴리오(Mkt), 소형-마이너스-대형(SMB) 포트폴리오, 하이-마이너스-로우(HML) 포트폴리오 및 최근 1년 모멘텀(PR1YR) 포트폴리오이다. 이 모델은 파마-프렌치-카하트 요인 모형으로 알려져 있다.

$$E[R_s] = r_f + \beta_s^{Mkt}(E[R_{Mkt}] - r_f) + \beta_s^{SMB}E[R_{SMB}]$$

$$+ \beta_s^{HML}E[R_{HML}] + \beta_s^{PR1YR}E[R_{PR1YR}] \tag{13.6}$$

13.8 실무에서 이용하는 방법

■ CAPM은 실제로 자본비용을 추정하는 데 가장 일반적으로 사용되는 방법이다. 그것은 구현하기 쉽고, 이론적으로 정당하며, 투자자 행동과 합리적으로 일치하는 장점이 있다.

주요 용어

감각 추구(sensation seeking)
강형 효율성(strong form efficiency)
과잉확신 편향(overconfidence bias)
군중 행동(herd behavior)
규모효과(size effect)
기질효과(disposition effect)
누적 초과 수익률(cumulative abnormal return)
다요인 모형(multifactor model)
단일요인 모형(single-factor model)
데이터 스누핑 편향(data snooping bias)
모멘텀 전략(momentum strategy)
상대적 부에 대한 관심(relative wealth concerns)
소형-마이너스-대형 포트폴리오(small-minus-big [SMB] portfolio)
순 알파(net alpha)
약형 효율성(weak form efficiency)
요인 베타(factor beta)

요인 포트폴리오(factor portfolios)
자기조달 포트폴리오(self-financing portfolio)
장부가-시가 비율(book-to-market ratio)
정보 폭포수 효과(informational cascade effect)
준강형 효율성(semi-strong form efficiency)
차익거래 가격결정이론(arbitrage pricing theory, APT)
총 알파(gross alpha)
최근 1년 모멘텀 포트폴리오(prior one-year momentum[PR1YR] portfolio)
친근성 편향(familiarity bias)
파마-프렌치-카하트 요인 모형(Fama-French-Carhart[FFC] factor specification)
하이-마이너스-로우 포트폴리오(high-minus-low [HML] portfolio)
합리적 기대(rational expectation)

경영자가 실제로 무엇을 하는지 더 알고 싶은 독자는 아래 자료를 참고하라. B. Barber and T. Odean, "The Courage of Misguided Convictions: The Trading Behavior of Individual Investors," *Financial Analyst Journal* (November/December 1999): 41 – 55. For a broad introduction to the topic of behavioral finance, see N. Barberis and R. Thaler, "A Survey of Behavioral Finance," in G. Constantinides, M. Harris, and R. Stulz (ed.), *Handbook of the Economics of Finance Vol. 1*, Elsevier, 2003. For a review of the impact of behavioral theories on corporate finance, see M. Baker, R. Ruback, and J. Wurgler, "Behavioral Corporate Finance: A Survey," in E. Eckbo (ed.), *The Handbook of Corporate Finance: Empirical Corporate Finance*, Elsevier/North Holland, 2007. For a review of the evidence on the relative volatility of short and long maturity risk assets, see J. van Binsbergen and R. Koijen, "The Term Structure of Returns: Facts and Theory," NBER working paper 21234.

동일한 자원을 두고 경쟁하는 프로젝트들 사이에서 어떻게 선택하는가에 관심이 있는 독자는 아래 자료를 참고하라. S. Sharma and S. Bikhchandani, "Herd Behavior in Financial Markets—A Review," IMF Working Papers 00/48, 2000. For its role in mispricing and crashes, see M. Brunnermeier, *Asset Pricing under Asymmetric Information: Bubbles, Crashes, Technical Analysis, and Herding*, Oxford University Press, 2001.

능동적인 관리자의 성과에 대한 심층적인 설명에 관심 있는 독자는 아래 자료를 참조하라. J. Berk, "Five Myths of Active Portfolio Management," *Journal of Portfolio Management* 31(3): 27; and J. Berk and J. van Binsbergen, "Active Managers Are Skilled," *Journal of Porfolio Management* (January 2016).

More detail on the theoretical relation between firm size and returns can be found in J. Berk, "Does Size Really Matter?" *Financial Analysts Journal* (September/October 1997): 12 – 18.

위험조정 수익률과 시장가치 간의 관계에 대한 실증 증거를 요약한 다음 연구를 참조하라. E. Fama and K. French, "The Cross-Section of Expected Stock Returns," *Journal of Finance* 47 (June 1992): 427 – 465.

모멘텀 투자 전략이 양(+)의 위험조정 수익을 창출한다는 증거를 제시한 최초 논문은 다음과 같다. N. Jegadeesh and S. Titman, "Returns to Buying Winners and Selling Losers: Implications for Stock Market Efficiency," *Journal of Finance* 48 (March 1993): 65 – 91.

FFC 요인에 대한 자세한 정보를 제공하는 연구는 아래를 참고하라. E. Fama and K. French, "Common Risk Factors in the Returns on Stocks and Bonds," *Journal of Financial Economics* 33 (1993): 3 – 56; and M. Carhart, "On Persistence in Mutual Fund Performance," *Journal of Finance* 52 (March 1997): 57 – 82.

마지막으로 기업의 가치는 기업의 미래 성장 옵션에 대한 가치를 포함하기 때문에 아래 논문은 프로젝트를 평가할 경우에 CAPM이 다요인 모형에 비해 더 신뢰할 만하다고 주장하고 있다. Z. Da, R. Guo, and R. Jagannathan, "CAPM for Estimating the Cost of Equity Capital: Interpreting the Empirical Evidence," *Journal of Financial Economics* 103 (2012): 204 – 220 argue that when it comes to evaluating projects (rather than securities), the CAPM may be more reliable than multifactor models.

---

* 표시는 난이도가 높은 문제다.

경쟁과 자본시장

1. 모든 투자자는 동일한 정보를 가지고 있으며 오직 기대 수익률과 변동성만 고려한다고 가정한다. 만약 어떤 주식에 새로운 정보가 발생하면, 이 정보는 다른 주식 수익률에 영향을 미칠까? 만약 그렇다면 이유는 무엇인가?

2. CAPM이 주식 수익률을 잘 설명한다고 가정하자. 시장 기대 수익률은 7%이며 변동성은 10%이며 무위험 이자율은 3%이다. 새로운 뉴스가 도착해도 이 수치는 변경되지 않지만 아래 주식의 기대 수익률은 변경된다.

	기대 수익률(%)	변동성(%)	베타
그린 리프	12	20	1.5
낫샘	10	40	1.8
한벨	9	30	0.75
레베카 자동차	6	35	1.2

a. 현재의 시장가격에서 어떤 주식을 매수해야 할까?

b. 어떤 주식을 매도해야 할까?

3. CAPM 균형이 완벽하게 적용된다고 가정해보자. 무위험 이자율이 증가하고 다른 것들은 변화되지 않는다.

a. 시장 포트폴리오는 여전히 효율적인가?

b. (a)에 대한 대답이 "예"인 경우 그 이유를 설명하라. 그렇지 않다면 어떤 주식을 매수해야 하고 어떤 주식을 매도해야 하는지 설명하라.

정보와 합리적 기대

4. 당신은 주식시장에 정보 우위 투자자가 있다는 것을 알지만, 정보가 없는 투자자다. 정보 우위 투자자에게 돈을 잃지 않는 투자 전략에 대해서 설명하고 그 근거를 설명하라.

5. 시장 포트폴리오가 효율적인 포트폴리오가 아닐 수 있는 유일한 조건은 무엇인가?

6. 다음 문장이 의미하는 바를 설명하라. 시장 포트폴리오는 양떼를 늑대로부터 보호하는 울타리이지만, 아무것도 양을 스스로 보호할 수 없다.

7. 당신은 당신보다 정보 우위에 있는 고도의 숙련된 투자자가 존재하고 있다는 것을 알고 있는 시장에서 거래하고 있다. 시장의 거래비용은 없다. 당신은 매일 무작위로 5개의 주식을 매수하고 5개의 주식을 매도한다(다트 판에서 다트를 던짐).

a. 당신의 전략은 장기적으로 시장 포트폴리오에 투자하는 전략과 비교할 때 성과가 나쁘거나, 성과가 뛰어나거나, 혹은 동일한 수익을 올릴 것인가?

b. 시장의 모든 투자자가 동일한 정보를 가지고 있으며 동일하게 숙련되어 있다면, (a)에서의 당신의 대답을 바꾸겠는가?

개인 투자자의 행동

8. 왜 CAPM은 투자자들이 아주 드물게 거래해야 한다고 의미할까?

9. 당신의 형제 조는 과도한 자신감으로 인해 심한 고통을 겪는 의사이다. 그는 주식 거래를 좋아하며 자신의 예측을 100% 신뢰한다. 사실 그는 대부분의 투자자처럼 정보가 없는 투자자이다. 바이탈 사인(의료업계에서 경고 라벨을 만드는 신생기업)이 주당 $20의 인수 제안을 받을 것이라는 루머가 퍼지고 있다. 인수 제안이 없다면 주당 $15로 거래될 것이다. 이 불확실성은 앞으로 몇 시간 이내에 해결될 것이다. 조는 인수가 확실하게 일어날 것이라 믿고 그의 중개인에게 주식을 $20 미만으로 매수하도록 주문하였다. 사실 실제 인수가 일어날 진정한 확률은 50%이다. 하지만 소수의 사람들만이 정보를 얻고 실제 인수가 일어날지 여부에 대해 알고 있다. 그들 역시 주식 주문을 넣었으며, 시장에 다른 투자자는 없다.

a. 실제로 인수가 몇 시간 안에 일어날 경우 이러한 주문이 제출되면 시장가격에 어떤 일이 일어날지 설명하라. 당신 형제의 이익은 어떻게 될까? 이익, 손실 혹은 아무 영향도 없을까?

b. 실제로 인수가 몇 시간 내에 일어나지 않을 경우 이러한 주문이 제출되면, 가능한 주식의 가격 범위는

얼마인가? 이 경우에 당신 형제의 이익은 어떻게 될까? 이익, 손실 혹은 아무 영향도 없을까?

   c. 당신 형제의 기대 이익은 얼마인가?

10. 그림 13.3의 매매회전율의 관점에서 S&P 500 포트폴리오에 투자하는 정책을 따르는 투자자의 주당 평균 매매회전율을 대략적으로 계산해보자. 이 포트폴리오는 가치 가중평균 포트폴리오이므로 S&P에서 구성 주식을 변경할 때 거래가 필요하다(새로운 주식 발행과 자사주 매입과 같은 부수적이고 덜 중요한 것은 무시한다). S&P에서 1년에 23종목을 변경한다고 가정했을 때(1962년 이후 역사적 평균치), 투자자들의 주당 매매회전율은 어느 정도로 추정되는가? 지수에 추가되거나 삭제된 주식의 평균 총 발행주식 수는 S&P 500 종목의 평균 발행주식 수와 동일하다고 가정한다.

체계적 거래 편향

11. 기질효과는 투자자의 세금 의무에 어떻게 영향을 미치는가?

12. 6개월 동안 다음 두 주식의 가격 경로를 고려하자.

	1	2	3	4	5	6
주식 1	10	12	14	12	13	16
주식 2	15	11	8	16	15	18

어느 주식도 배당금을 지불하지 않는다. 당신은 기질효과가 있는 투자자라고 가정하고 시간 1에 구입했고 지금은 시간 3이다. 이 질문을 통해 이 주식에서 (지정된 것 외의) 거래를 하지 않는다고 가정하라.

   a. 어떤 주식을 매도하고 싶은가? 보유하고 싶은 주식은 어느 것인가?

   b. 지금 시간이 6이라면 당신의 대답은 어떻게 바뀔까?

   c. 현재가 시간 6이고 매수 시점이 1이 아닌 3인 경우라면 어떨까?

   d. 현재가 시간 5이고 매수 시점이 1이 아닌 3인 경우라면 어떨까?

13. 모든 투자자가 기질효과가 있다고 가정한다. 새로운 주식이 $50의 가격으로 발행되었고, 이 주식의 모든 투자자는 오늘 주식을 구입했다. 지금부터 1년 후의 뉴스에 따라 $60 또는 $40의 가격으로 이 주식이 인수될 것이다. 주식은 배당을 지급하지 않는다. 투자자는 가격이 10% 이상 올라가면 주식을 매도할 것이다.

   a. 좋은 소식이 6개월 만에 나온다고 가정해보자(인수 제안 가격은 $60). 뉴스 이후의 주식 거래의 균형 가격은 얼마가 될 것인가? 즉, 공급과 수요를 동일시하는 가격은 얼마인가?

   b. 당신이 기질효과를 가지고 있지 않은 유일한 투자자이며, 당신의 거래가 가격에 영향을 미치지 않을 만큼 작다고 가정해보자. 실제 무엇이 일어날지 알지 못할 때, 당신은 주식 중개인에게 어떠한 거래 전략을 따르라고 할 것인가?

시장 포트폴리오의 효율성

14. 데이비타 스펜서는 하프 돔의 자산관리 매니저이다. 그녀는 연간 2%의 알파를 $100 백만까지 만들 수 있다. 그녀의 능력이 널리 퍼져나간 이후로 가치를 만들어내지 못했으며, 그녀의 알파는 0이다. 하프 돔은 매년 관리하에 있는 총금액의 1%를 수수료로 부과한다. 양(+)의 알파를 추구하는 투자자가 언제나 존재하고 음(−)의 알파인 펀드에는 어떤 투자자도 투자하지 않는다고 가정하자. 어떤 투자자도 돈을 인출하거나, 새로운 돈을 투자하길 원하지 않는 균형상태일 때 다음 질문에 답하라.

   a. 데이비타의 펀드 투자자는 어떤 알파를 받을까?

   b. 데이비타는 얼마의 돈을 관리할까?

   c. 하프 돔은 수수료 수입으로 얼마의 돈을 벌까?

15. 앨리슨과 빌은 둘 다 뮤추얼 펀드 매니저로, 앨리슨이 빌보다 더 숙련자이다. 둘 다 $100 백만의 관리 자

산을 보유하고 있으며, 연간 1%의 수수료를 받는다. 앨리슨은 수수료 부과 전에 2%의 알파를 만들어내고 빌은 수수료 부과 전 1%의 알파를 만들 수 있다

a. 투자자들이 각 펀드에서 얻는 순 알파는 얼마인가? (즉, 수수료를 지급 후의 알파)

b. 어떤 자금이 자금 유입을 경험할 것인가?

c. 두 관리자가 모두 좋은 투자 기회를 잃어서 시장 포트폴리오의 어떤 새 펀드를 선택할 것이고, 새 펀드는 0의 알파를 벌었다고 가정하자. 얼마나 많은 새로운 자본이 각 펀드에 유입될 것인가?

d. 새로운 자본이 유입되지 않으면 각 펀드의 수수료 전후 알파는 얼마인가? 어느 펀드가 더 커질 것인가?

e. 자본이 움직이지 않을 때 각 매니저의 보상을 계산해보자. 어떤 매니저가 더 높은 보상을 받겠는가?

16. 경제는 세 가지 유형의 사람들로 구성된다고 가정해보자. 50%는 유행 추종자, 45%는 소극적 투자자(그들은 이 책을 읽고 시장 포트폴리오를 보유하고 있음)이며, 5%는 정보 우위의 투자자다. 모든 정보 우위 투자자로 구성된 포트폴리오는 1.5의 베타를 가지고 있으며, 15%의 기대 수익률을 가지고 있다. 시장 기대 수익률은 11%이며, 무위험 이자율은 5%이다.

a. 정보 우위 투자자들이 만드는 알파는 무엇인가?

b. 소극적 투자자의 알파는 무엇인가?

c. 유행 추종자들의 기대 수익률은 얼마인가?

d. 유행 추종자들의 알파는 무엇인가?

스타일 기반 기법과 시장 효율성 논쟁

17. 규모효과는 무엇인지 설명하라.

18. 모든 기업이 동일한 기대 배당금을 받는다고 가정하자. 만일 서로 다른 기대 수익률을 받는다면 어떻게 시장가치와 기대 수익률이 관련되어 있을까? 배당 수익률과 기대 수익률의 관계는 어떠할까?

19. 다음 6개 기업은 주어진 배당금을 매년 영구연금으로 지불할 것으로 예상된다.

기업	배당금($ 백만)	자본비용(%/년)
S1	10	8
S2	10	12
S3	10	14
B1	100	8
B2	100	12
B3	100	14

a. 표에 있는 자본비용을 사용하여 각 회사의 시장가치를 계산하라.

b. 3개의 S회사를 시장가치로 평가하고 자본비용이 어떤 순서인지 살펴보자. 가장 큰 시장가치를 지닌 기업을 보유하고 가장 낮은 시장가치의 기업을 공매도하는 자기조달 포트폴리오에 대한 기대 수익률은 무엇인가? (자기조달 포트폴리오의 기대 수익률은 구성하는 증권들의 가중평균 수익률이다.) B회사를 이용하여 반복하라.

c. 6개 기업 모두 시장가치로 평가한다. 이 순위에 따라 자본비용은 어떤 순서가 되는가? 가장 큰 시장가치를 지닌 기업을 보유하고 가장 낮은 시장가치의 기업을 공매도하는 자기조달 포트폴리오에 대한 기대 수익률은 무엇인가?

d. 위 문제 (c)를 반복하되 시장가치가 아닌 배당 수익률로 기업의 순위를 매겨보자. 시장가치 순위와 비교하여 배당 수익률 순위에 의한 결론은 무엇인가?

20. 다음과 같은 주식을 고려하자. 모두 청산 배당금을 지불하고 중간 배당은 없다.

	시가총액($ 백만)	기대 청산 배당금($ 백만)	베타
주식 A	800	1000	0.77
주식 B	750	1000	1.46
주식 C	950	1000	1.25
주식 D	900	1000	1.07

a. 각 주식의 기대 수익률을 계산해보자.

b. 기대 수익률과 주식의 시가총액 간의 상관관계의 부호는 무엇인가?

21. 20번 문제에서, 무위험 이자율은 3%이고 시장 위험 프리미엄은 7%라고 가정한다.

a. CAPM은 각 주식의 기대 수익률을 어떻게 예측하는가?

b. 명백히 CAPM 예측은 실제 기대 수익과 동일하지 않기 때문에 CAPM은 성립하지 않는다. 당신은 이것을 더 깊이 알아보기로 결정했다. CAPM이 어떤 종류의 실수를 들었는지 알아보기 위해서 당신은 CAPM이 예측하는 기대 수익률에 실제 기대 수익률을 회귀분석하기로 결정했다.[49] 이 회귀분석의 절편과 기울기 계수는 얼마인가?

c. (b)의 회귀분석의 잔차는 얼마인가? 즉, (b)의 절편과 기울기에 의해 만들어진 최적 적합선과 실제 기대 수익률 사이의 차이를 계산한다.

d. (b)에서 계산한 잔차와 시가총액 사이의 상관관계의 부호는 무엇인가?

e. 기업 규모(시가총액)와 수익 간의 관계에 관해서 (b)와 (d)의 답을 통해서 어떤 결론을 내릴 수 있는가? (결과는 이 문제의 특정 수치에 의존하지 않는다. 주식의 베타와 시가총액을 무작위로 선택하고 시장 위험 프리미엄을 다른 값으로 문제를 풀어도 결과는 확인 가능하다.[50])

22. 과거에 상대적으로 수익률이 높았던 주식이 양(+)의 알파값을 갖는 경향이 있고, 과거에 상대적으로 수익률이 낮았던 주식이 음(−)의 알파값을 가진다면 어떻게 양(+)의 알파를 갖는 투자 전략을 수립할 수 있는지 설명하라.

*23. 과거 수익률을 사용하여 돈을 벌 수 있는 거래 전략[양(+)의 알파를 가짐]을 구축할 수 있다면 시장 포트폴리오가 효율적이지 않다는 증거가 된다. 그 이유는 무엇인가?

24. 진정한 시장 포트폴리오가 효율적이라 할지라도 시장 대용 포트폴리오가 실제 시장 포트폴리오와 높은 상관관계가 없는 경우 왜 주식이 0이 아닌 알파를 가질 것이라고 기대할 수 있는지 설명하라.

25. 일부 투자자가 체계적인 행동적 편향을 겪고 있을 때 다른 투자자가 효율적인 포트폴리오를 선택하는 경우, 왜 시장 포트폴리오가 효율적이지 않은지 설명하라.

26. 기대 수익률과 변동성에만 관심이 있는 종업원이 근무하는 회사에서 일하지 않는 투자자와 비교해서 자신의 회사 주식에 투자한 금액의 비중을 낮추려고 하는 이유를 설명하라.

---

49 엑셀 함수 SLOPE가 원하는 답을 산출할 것이다.

50 엑셀 함수 RAND가 무작위 숫자를 0에서 1 사이에서 산출할 것이다.

다요인 모형

27~29번 문제는 아래 표의 2005~2015년 동안의 자료를 근거로 예측된 요인 베타를 참고하라.

요인	MSFT	XOM	GE
MKT	1.06	0.78	1.29
HML	−0.45	−0.62	−0.39
SMB	−0.12	0.21	0.82
PR1YR	−0.06	0.32	−0.22

27. 표 13.1의 월별 기대 수익률 추정치와 제시된 표에서 보여지는 요인 베타 추정치를 사용하여, 제너럴 일렉트릭(표식 : GE)의 위험 프리미엄을 FFC 요인 모형을 사용하여 계산해보라(결과에 12를 곱하면 연간 결과가 산출됨). 같은 기간에 GE의 CAPM 베타는 1.45였다. CAPM으로 예측한 리스크 프리미엄과 비교해보자.

28. 당신은 현재 에너지 분야의 프로젝트에 대한 투자를 고려 중이다. 이 투자는 엑손 모빌(표식 : XOM)과 동일한 위험을 가지고 있다. 표 13.1의 자료와 위의 표를 사용하여 FFC 요인 모형을 사용한 자본비용을 계산해보자. 현재의 무위험 이자율은 연 3%이다.

29. 당신은 마이크로소프트(표식 : MSFT)에서 일하면서 새로운 소프트웨어 제품을 개발할 것인지 고려하고 있다. 이 투자의 위험은 회사의 위험과 동일하다.

  a. 표 13.1의 자료와 위의 표를 사용하여, FFC 요인 모형을 통한 자본비용을 계산해보자. 현재 무위험 이자율은 연 3%이다.

  b. 동일한 기간에 마이크로소프트의 CAPM 베타는 0.96이었다. CAPM을 사용하여 추정된 자본비용은 얼마인가?

다요인 모형의 구축

이 부록에서 우리는 효율적 포트폴리오가 잘 분산된 포트폴리오의 집합으로 구성될 수 있다면, 포트폴리오 집합은 자산을 정확하게 가격을 매길 수 있음을 보여준다. 단순하게 설명하기 위해 효율적 포트폴리오를 구성하기 위해 결합할 수 있는 두 가지 포트폴리오를 확인했다고 가정한다. 우리는 이러한 포트폴리오를 요인 포트폴리오라고 하고 그들의 수익률을 각각 R_{F1} 및 R_{F2}로 표시한다. 효율적 포트폴리오는 두 가지 요인 포트폴리오의 일부 (알려지지 않은) 조합으로 구성되면 포트폴리오의 가중치는 x_1과 x_2로 나타낸다.

$$R_{eff} = x_1 R_{F1} + x_2 R_{F2} \tag{13A.1}$$

이러한 요인 포트폴리오를 사용하여 위험을 측정할 수 있는지 확인하기 위해서 두 요인의 초과수익률에 대한 일부 주식의 초과 수익률을 회귀분석하는 것을 고려한다.

$$R_s - r_f = \alpha_s + \beta_s^{F1}(R_{F1} - r_f) + \beta_s^{F2}(R_{F2} - r_f) + \varepsilon_s \tag{13A.2}$$

이 통계 기법은 다중 회귀분석(multiple regression)으로 알려져 있다. 제12장에서 설명한 선형 회귀분석 기법과 정확히 동일하다. 그러나 이제는 $R_{F1} - r_f$와 $R_{F2} - r_f$라는 2개의 회귀 인자를 갖지만 제12장에서 회귀변수는 시장 포트폴리오의 초과수익률 하나뿐이었다. 그렇지만 해석은 동일하다. 주식 s의 초과 수익률을 상수 α와 각 요인과 관련된 주식의 변동과 기댓값이 0이고 어느 요인과도 무관련한 오차항 ε을 더한 값으로 기록한다. 오차항은 두 요인과 관련이 없는 주식의 위험을 나타낸다.

만일 2개의 요인 포트폴리오를 사용하여 효율적인 포트폴리오를 식 (13A.1)처럼 구성할 수 있다면, 식 (13A.2)의 상수항 α는 0이다(추정 오차까지). 그 이유를 알기 위해 우리는 주식 s를 매수한 후 첫 번째 요인 포트폴리오의 일부 β_s^{F1}와 두 번째 요인 포트폴리오의 일부 β_s^{F2}를 매도하고 이러한 매도 금액으로 무위험 투자에 투자하는 것을 고려한다. 우리가 P라고 부르는 이 포트폴리오는 수익률 R_p를 얻는다.

$$\begin{aligned} R_P &= R_s - \beta_s^{F1} R_{F1} - \beta_s^{F2} R_{F2} + (\beta_s^{F1} + \beta_s^{F2})r_f \\ &= R_s - \beta_s^{F1}(R_{F1} - r_f) - \beta_s^{F2}(R_{F2} - r_f) \end{aligned} \tag{13A.3}$$

식 (13A.2)를 이용하여 R_s를 대체하고 단순화하면 이 포트폴리오의 수익률은 다음과 같다.

$$R_P = r_f + \alpha_s + \varepsilon_s \tag{13A.4}$$

즉, 포트폴리오 P는 위험 프리미엄 α_s와 ε_s로 주어진 위험을 가진다. 여기서 ε_s는 각 요인과 무관하기 때문에 효율적 포트폴리오와 관련이 없어야만 한다. 즉,

$$\begin{aligned} Cov(R_{eff}, \varepsilon_s) &= Cov(x_1 R_{F1} + x_2 R_{F2}, \varepsilon_s) \\ &= x_1 Cov(R_{F1}, \varepsilon_s) + x_2 Cov(R_{F2}, \varepsilon_s) = 0 \end{aligned} \tag{13A.5}$$

그러나 제11장에서 **효율적 포트폴리오와 관련이 없는 위험**은 위험 프리미엄을 요구하지 않는 기업 특유 위험이라는 것을 기억하자. 따라서 포트폴리오 P의 기대 수익률은 r_f이며, 이는 α_s가 0이어야 함을 의미한다.[51]

α_s를 0으로 설정하고 식 (13A.2)의 양변에 기댓값을 취하면, 우리는 다음과 같은 기대 수익률의 2요인 모형을 얻게 된다.

$$E[R_s] = r_f + \beta_s^{F1}(E[R_{F1}] - r_f) + \beta_s^{F2}(E[R_{F2}] - r_f) \tag{13A.6}$$

---

51 식 (13A.5)는 $\beta_P^{eff} = \dfrac{Cov\,(R_{eff},\,\varepsilon_s)}{Var\,(R_{eff})} = 0$을 의미한다. 식 (13.3)에 이 결과를 삽입하면 $E[R_p] = r_f$를 얻는다. 그러나 식 (13A.4)에서 $E[R_p] = r_f + \alpha_s$이고, 따라서 $\alpha_s = 0$이다.

자본구조

일물일가의 법칙 연계. 기업재무의 기본적 질문 중의 하나는 기업이 투자자들로부터 자본을 조달하기 위해 발행하려는 증권들을 어떻게 선택하는가이다. 이 의사결정은 기업의 자본구조를 결정하는데, 자본구조란 기업이 발행하는 채무와 주식 및 기타 증권들의 조합을 말한다. 자본구조의 선택은 기업의 가치에 영향을 미칠까? 제14장에서는 완전자본시장에서 이 질문에 대해 생각한다. 기업 자산에 의해 창출되는 현금흐름이 변하지 않는 한 기업가치(발행증권의 총가치)가 자본구조에 의존하지 않는다는 것을 보여주기 위하여 일물일가의 법칙을 적용할 것이다. 따라서 자본구조가 기업가치의 결정에 어떤 역할을 한다면, 시장의 불완전성에 의해 기업의 현금흐름이 바뀌어야만 한다는 것이다. 다음 장에서는 시장의 불완전성에 대해 알아볼 것이다. 제15장에서는 기업이나 그 투자자가 지불해야 하는 세금을 줄이기 위한 채무의 역할을 분석할 것이고, 제16장에서는 레버리지로부터 발생하는 재무적 곤경과 경영 인센티브의 변화를 고려한다. 마지막으로, 제17장에서는 기업의 현금배분정책 선택을 고려하고 다음과 같은 질문을 할 것이다. 기업이 자본을 투자자에게 돌려주는 가장 좋은 방법은 무엇인가? 일물일가의 법칙은 완전자본시장에서 배당을 지급하거나 자사주를 매입하는 기업의 선택은 기업가치에 영향을 미치지 않는다는 것을 말해준다. 여기서 우리는 시장의 불완전성이 이런 중요한 통찰에 어떻게 영향을 미치고 기업의 최적 현금배분정책을 형성해 가는가를 검토할 것이다.

완전시장에서의 자본구조

기업이 투자를 수행하기 위해 새로운 자본을 조달할 때 투자자에게 매도할 증권의 유형을 결정해야 한다. 새로운 자금이 필요하지 않을 때에도 기업은 새로운 증권을 발행하여 채무를 상환하거나 자사주를 매입할 수 있다. 이런 의사결정을 할 때 무엇을 고려해야 할까?

기업의 주요 확장 계획을 검토하는 일렉트로닉 비즈니스 서비스(EBS)의 최고재무관리자(CFO)인 댄해리스의 경우를 생각해보자. 확장을 추구하기 위해서 EBS는 외부 투자자들로부터 $50 백만을 조달하기로 하였다. 하나의 가능성은 EBS 주식을 팔아서 자금을 조달하는 것이다. 기업의 위험 때문에 댄은 주식 투자자들이 5%의 무위험 이자율을 10% 초과하는 위험 프리미엄을 요구할 것이라고 추정하였다. 즉, 이 기업의 자기자본 비용은 15%이다.

그러나 어떤 임원들은 $50 백만을 차입해야 한다고 주장했다. EBS는 이전에 차입한 적이 없고 재무상태표가 건실하기 때문에 6%의 이자율로 차입할 수 있을 것이라고 했다. 낮은 채무 이자율이 EBS의자금조달 선택에 있어서 차입을 더 유리하게 하는가? EBS가 차입을 한다면, 이 선택이 확장의 NPV에영향을 주어 기업가치와 주가에 영향을 미칠 것인가?

이 장에서는 완전자본시장의 가정 아래 이 질문들에 대해서 탐구해볼 것이다. 완전자본시장이란 모든 증권이 공정하게 평가되고, 세금과 거래비용이 존재하지 않으며, 기업 프로젝트의 전체 현금흐름이자금조달 방법에 의해 영향을 받지 않는 시장이다. 사실 자본시장은 완전하지 않지만, 이런 가정이 중요한 벤치마크를 제공해준다. 아마 놀랍게도 완전자본시장인 경우에는 일물일가의 법칙은 채무와 주식의 자금조달 의사결정이 기업의 총가치, 주가 또는 자본비용에 영향을 미치지 않는다는 것을 의미한다.따라서 완전한 세상에서 EBS는 확장을 위해 자금조달 선택에 무차별적일 것이다.

기호

PV 현재가치

NPV 순현재가치

E 차입 주식의 시장가치

D 채무의 시장가치

U 무차입 주식의 시장가치

A 기업 자산의 시장가치

R_D 채무의 수익률

R_E 차입 주식의 수익률

R_U 무차입 주식의 수익률

r_D 채무의 기대 수익률
(타인자본 비용)

r_E 차입 주식의 기대 수익률
(자기자본 비용)

r_U 무차입 주식의 기대 수익률
(자본비용)

r_A 기업 자산의 기대 수익률
(자본비용)

r_{wacc} 가중평균 자본비용

r_f 무위험 이자율

β_E 차입 주식의 베타

β_U 무차입 주식의 베타

β_D 채무의 베타

EPS 주당 순이익

14.1 주식과 채무로 자금조달하기

기업이 발행하는 채무, 주식, 다른 증권들의 상대적 비중이 **자본구조**(capital structure)를 형성한다. 주식회사가 외부 투자자들로부터 자금을 조달할 때, 그들은 발행할 증권의 유형을 선택하여야 한다. 가장 일반적인 선택이 주식으로만 또는 채권과 주식을 결합하여 자금을 조달하는 방법이다. 이 두 가지 자금조달 방법 모두를 고려하여 논의를 시작하자.

주식으로 기업 자금조달하기

다음의 투자 기회가 있는 기업을 생각하자. 금년에 $800의 최초 투자를 하는 프로젝트가 내년에 $1,400 또는 $900의 현금흐름을 창출할 것이다. 현금흐름은 경제가 활황 또는 침체의 여부에 따라 결정된다. 2개의 시나리오는 확률이 동일하며, 표 14.1과 같다.

프로젝트의 현금흐름이 전체적인 경제 상황에 의존하기 때문에 시장 위험을 가진다. 결과적으로 위험 프리미엄을 요구하게 된다. 현재 무위험 이자율은 5%이고, 이 투자 프로젝트의 시장 위험을 고려할 때 적절한 시장 프리미엄은 10%이다.

이 투자 기회의 NPV는 얼마인가? 5%의 무위험 이자율과 10%의 위험 프리미엄이 주어진 경우, 이 프로젝트의 자본비용은 15%이다. 1년 뒤의 기대 현금흐름은 $\frac{1}{2}(\$1,400) + \frac{1}{2}(\$900) = \$1,150$이므로, NPV는 다음과 같다.

$$NPV = -\$800 + \frac{\$1150}{1.15} = -\$800 + \$1000$$
$$= \$200$$

따라서 이 투자는 양(+)의 NPV를 가진다.

만약 이 프로젝트가 주식으로만 자금을 조달한다면 투자자들은 이 기업의 주식에 대해 얼마를 지불할 것인가? 제3장의 내용을 되새겨보면, 차익거래가 없을 경우 어떤 증권의 가격은 현금흐름의 현재가치이다. 이 기업은 다른 라이어빌리티가 없기 때문에 주식 보유자는 1 시점에 프로젝트에 의해 발생하는 모든 현금흐름을 얻게 될 것이다. 따라서 오늘 기업 주식의 시장가치는 다음과 같다.

$$PV(주식의 \ 현금흐름) = \frac{\$1150}{1.15} = \$1000$$

기업인은 이 기업의 주식을 판매하여 $1,000를 조달할 수 있다. 투자비용 $800를 상환하면 기업인은 프로젝트의 NPV인 $200를 이익으로 가질 수 있다. 즉, 프로젝트의 NPV는 최초 기업 보유자에게 귀속된 프로젝트의 가치를 의미한다.

채무가 없는 기업의 주식을 **무차입 주식**(unlevered equity)이라고 부른다. 채무가 없기 때문에 무차입

표 14.1	프로젝트의 현금흐름		
0 시점		**1 시점**	
		경제 활황	경제 침체
−$800		$1400	$900

표 14.2	무차입 주식의 현금흐름과 수익률				
	0 시점	1 시점 : 현금흐름		1 시점 : 수익률	
	최초 가치	경제 활황	경제 침체	경제 활황	경제 침체
무차입 주식	$1000	$1400	$900	40%	−10%

주식의 1 시점 현금흐름은 프로젝트의 현금흐름과 같다. 주식의 최초 가치가 $1,000라면, 표 14.2에서 보는 바와 같이 주주의 수익률은 40%이거나 −10%이다.

경제 활황과 침체의 확률이 같으므로 무차입 주식의 기대 수익률은 $\frac{1}{2}(40\%) + \frac{1}{2}(-10\%) = 15\%$이다. 무차입 주식의 위험은 프로젝트의 위험과 같기 때문에 주주들은 그들이 감수하는 위험에 대해 적절한 수익률을 얻게 된다.

채무와 주식으로 기업 자금조달하기

주식에 의해 배타적으로 기업의 자금을 조달하는 것이 기업인의 유일한 선택은 아니다. 채무를 사용하여 최초 자본의 일부를 조달할 수도 있다. 기업인이 주식의 매도 이외에 $500을 차입하기로 결정하였다. 프로젝트의 현금흐름은 항상 채무를 상환하기에 충분하기 때문에 이 채무는 무위험이다. 따라서 이 기업은 무위험 이자율 5%로 차입할 수 있고, 채권자에게 1년 뒤에 $500 × 1.05 = $525를 상환하여야 한다.

채무를 발행한 기업의 주식을 **차입 주식**(levered equity)이라고 부른다. 채권자에게 약속된 금액은 주식 보유자보다 우선하여 지급되어야 한다. 기업 채무가 $525일 경우 주주는 시장이 활황일 경우 $1,400 − $525 = $875를 받고, 시장이 침체일 경우 $900 − $525 = $375를 받는다. 표 14.3은 채무와 차입 주식의 현금흐름과 기업의 총 현금흐름을 보여주고 있다.

차입 주식은 어떤 가격에 매도되고 기업인의 최적 자본구조는 무엇인가? 프랑코 모딜리아니와 머튼 밀러 교수는 이 질문에 대한 답을 제시하여 그 당시 연구자들과 실무자들을 놀라게 하였다.[1] 그들은 완전 자본시장인 경우 기업의 총가치는 자본구조와 관계없다고 하였다. 그들이 제시한 이유는 다음과 같다. 기업의 총 현금흐름은 프로젝트의 현금흐름과 같으므로 이미 계산된 $1,000의 현재가치와 같다(표 14.3의 마지막 줄 참조). 채무와 주식의 현금흐름은 프로젝트의 현금흐름과 같기 때문에 일물일가의 법칙에 의해 채무와 주식의 결합가치는 $1,000여야 한다. 따라서 채무의 가치가 $500면 차입 주식의 가치는 $E = \$1,000 - \$500 = \$500$여야 한다.

표 14.3	차입 기업의 채무와 주식가치와 현금흐름		
	0 시점	1 시점 : 현금흐름	
	최초 가치	경제 활황	경제 침체
채무	$500	$525	$525
차입 주식	E = ?	$875	$375
기업	$1000	$1400	$900

1 F. Modigliani and M. Miller, "the Cost of Capital, Corporation Finance and the Theory of Investment," *American Economic Review* 48(3) (1958): 261–297.

   차입 주식의 현금흐름은 무차입 주식의 현금흐름보다 작기 때문에 차입 주식은 더 낮은 가격($500 대 $1,000)에 매도될 것이다. 그러나 레버리지가 있을 것이다. 결과적으로 그는 기업의 자본구조에 대한 두 가지 선택에 대해 무차별하다.

레버리지의 위험과 수익률에 대한 영향

모딜리아니와 밀러의 결론은 완전경쟁시장에서도 레버리지가 기업의 가치에 영향을 미친다는 일반적인 견해와 배치되었다. 특히 차입 주식의 기대 현금흐름의 현재가치는 15%의 할인율이 적용될 경우

$$\frac{\frac{1}{2}(\$875) + \frac{1}{2}(\$375)}{1.15} = \$543$$

이기 때문에, 차입주식의 가치는 $500를 초과한다.

   이 논리가 옳지 않은 이유는 레버리지가 기업 주식의 위험을 증가시킨다는 것이다. 따라서 차입 주식의 현금흐름을 무차입 주식과 동일한 15%로 할인하는 것은 적절하지 않다는 것이다. 차입 주식의 투자자는 증가된 위험을 보상하기 위해 더 높은 기대 수익률을 요구한다.

   표 14.4는 기업인이 무차입 주식으로 자금을 조달하는 것과 $500를 차입하고 나머지 $500를 차입 주식으로 조달할 경우의 주식 수익률을 비교하고 있다. 주식 보유자의 수익률은 레버리지가 있는 경우와 없는 경우가 상당히 다르다. 무차입 주식은 40% 또는 −10%의 수익률을 가지고, 기대 수익률은 15%이다. 그러나 차입 주식은 위험이 더 높아서 75% 또는 −25%의 수익률을 가진다. 이 위험을 보상하기 위해서 차입 주식의 보유자는 25%의 더 높은 기대 수익률을 받는다.

   각 증권 수익률이 경제의 체계적 위험에 대한 민감도를 계산하여 위험과 수익률의 관계를 좀 더 정식으로 평가할 수 있다(우리의 간단한 두 가지 상황 예제에서 민감도는 증권의 베타를 결정한다. 제3장 부록의 위험에 대한 논의 참조). 표 14.5는 각 증권의 수익률 민감도와 위험 선호도를 보여주고 있다. 채무의 수익률은 체계적 위험이 없기 때문에 위험 프리미엄이 0이다. 그러나 이 특별한 경우에 차입 주식은

표 14.4	레버리지가 있는 경우와 없는 경우의 주식 수익률					
	0 시점	1 시점 : 현금흐름		1 시점 : 수익률		
	최초 가치	경제 활황	경제 침체	경제 활황	경제 침체	기대 수익률
채무	$500	$525	$525	5%	5%	5%
차입 주식	$500	$875	$375	75%	−25%	25%
무차입 주식	$1000	$1400	$900	40%	−10%	15%

표 14.5	채무, 무차입 주식, 차입 주식의 체계적 위험과 위험 프리미엄	
	수익률 민감도(체계적 위험)	위험 프리미엄
	$\Delta R = R(활황) - R(침체)$	$E[R] - r_f$
채무	5% − 5% = 0%	5% − 5% = 0%
무차입 주식	40% − (−10%) = 50%	15% − 5% = 10%
차입 주식	75% − (−25%) = 100%	25% − 5% = 20%

무차입 주식보다 2배의 체계적 위험을 가진다. 결과적으로 차입 주식 보유자는 2배의 위험 프리미엄을 받게 된다.

정리하면 완전자본시장인 경우 기업이 100% 자기자본 조달기업이라면 주식 보유자는 15%의 기대 수익률을 요구할 것이다. 기업이 각각 50%의 채무와 주식으로 자본을 조달했다면 차입 주식의 보유자는 증가한 위험 때문에 25%의 높은 기대 수익률을 요구할 것이지만, 채권자는 5%의 낮은 수익률을 받을 것이다. 이 예제가 보여주듯이, 레버리지는 기업이 부도가 발생할 위험이 없을 때에도 주식의 위험을 증가시킨다. 따라서 채무는 자체만으로 고려할 때 저렴하다고 생각할 수 있지만, 이것이 자기자본 비용을 증가시킨다. 두 종류의 자본을 모두 고려할 때, 레버리지를 가지는 기업의 평균 자본비용은 $\frac{1}{2}(5\%) + \frac{1}{2}(25\%) =$ 15%가 되어, 무차입 기업의 자본비용과 동일하다.

레버리지와 자기자본 비용

문제

기업인이 프로젝트의 자금을 조달하기 위하여 $200를 차입하였다. 모딜리아니-밀러에 따르면 주식의 가치는 얼마인가? 기대 수익률은 얼마인가?

풀이

기업 총 현금흐름의 가치는 아직 $1,000이기 때문에, 기업이 $200를 차입하면 주식의 가치는 $800가 된다. 이 기업은 1년 뒤에 $200 × 1.05 = $210를 갚아야 한다. 따라서 경제가 활황이면 주식 보유자들은 $1,400 − $210 = $1,190를 받아서, 수익률은 $1,190/$800 − 1 = 48.75%가 될 것이다. 경제가 침체되면 주식 보유자들은 $900 − $210 = $690를 받게 되어, 수익률은 $690/$800 − 1 = −13.75%가 될 것이다. 주식은 다음과 같은 기대 수익률을 가지게 된다.

$$\frac{1}{2}(48.75\%) + \frac{1}{2}(-13.75\%) = 17.5\%$$

여기서 주식은 48.75% − (−13.75%) = 62.5%의 수익률 민감도를 가지기 때문에 무차입 주식 민감도의 62.5%/50% = 125%에 해당한다. 이의 위험 프리미엄도 17.5% − 5% = 12.5%로 무차입 주식 위험 프리미엄의 125%에 해당하는데, 이는 위험에 대해 적절한 보상이 된다. 20%의 채무로 자금을 조달하면 이 기업의 가중평균 자본비용은 80%(17.5%) + 20%(5%) = 15%이다.

---

1. 차입 주식의 가치와 현금흐름이 무차입 주식을 발행한 경우보다 왜 작아질까?
2. 차입 주식의 위험과 자본비용을 무차입 주식과 비교하라. 완전자본시장에서 우월적인 자본구조의 선택은 무엇인가?

14.2 모딜리아니-밀러 정리 I : 레버리지, 차익거래 및 기업가치

전 절에서 레버리지가 기업의 총가치(기업인이 조달한 돈의 가치)에 영향을 미치지 않는다는 것을 주장하기 위하여 일물일가의 법칙을 사용하였다. 기업의 총 현금흐름을 바꾸지 않고 채무와 주식의 현금흐름 할당만을 변경하기도 하였다. 모딜리아니와 밀러(간단히 MM)는 이 결과가 **완전자본시장**(perfect capital markets)의 조건에서 더 일반적으로 성립한다는 것을 보였다.

MM과 실제 세상

학생들은 종종 실제 세상에서 결국 자본시장이 완전하지 않다면 모딜리아니와 밀러의 결과가 왜 중요한가를 질문한다. 자본시장이 완전하지 않다는 것이 사실이지만, 모든 과학적 이론은 결론이 도출될 수 있는 이상적인 가정들로부터 시작한다. 우리는 이론을 응용할 때 가정이 실제를 어느 정도 설명하는가를 평가하여 중요한 차이의 결과를 고려하여야 한다.

쓸 만한 비유로 낙하물에 대한 갈릴레오의 법칙을 생각해보

자. 갈릴레오는 마찰 또는 저항이 없을 경우 낙하물은 질량과 관계없이 동일한 속도로 낙하한다는 것을 보여주어서 전통적인 상식을 뒤집었다. 당신이 이 법칙을 검증한다면 이것이 정확히 성립하지는 않는다는 것을 발견할 가능성이 크다. 그 이유는 진공 상태가 아니라면 공기의 저항이 물체의 속도를 낮추기 때문이다.

1. 투자자와 기업은 미래 현금흐름의 현재가치에 해당하는 경쟁적 시장가격으로 증권들을 거래할 수 있다.
2. 증권거래와 관련된 세금, 거래비용, 또는 발행비용이 없다.
3. 기업의 자금조달 의사결정은 투자에 의해 창출되는 현금흐름에 영향을 미치지 못하고, 현금흐름에 대한 새로운 정보도 제공하지 못한다.

이 조건에서 MM은 기업가치를 결정함에 있어서 자본구조의 역할에 관한 다음 결과를 보여주었다.[2]

MM 정리 I : 완전자본시장에서 기업 증권의 총가치는 기업 자산에 의해 창출되는 총 현금흐름의 시장가치와 같고, 기업의 자본구조 선택에 의해 영향을 받지 않는다.

MM과 일물일가의 법칙

MM은 다음과 같이 간단한 방법으로 그들의 결과를 도출하였다. 세금과 다른 거래비용이 없는 경우, 기업의 모든 증권 보유자에게 지급되어야 하는 총 현금흐름은 기업 자산에 의해 창출되는 총 현금흐름과 같다. 따라서 일물일가의 법칙에 의해 기업의 증권과 자산은 동일한 총 시장가치를 지녀야 한다. 기업의 증권 선택이 자산에 의해 창출되는 현금흐름을 바꾸지 않는 한, 이 의사결정이 기업의 총가치나 기업이 조달할 수 있는 자본의 양을 바꾸지 않을 것이다.

MM의 결과를 제3장에서 소개된 분리 원칙과 관련하여 해석할 수 있다. 공정하게 증권의 가격이 결정된다면 증권의 매매는 NPV가 0이므로, 기업의 가치를 바꾸지 말아야 한다. 기업이 채무에 대해 미래에 지불해야 하는 상환액은 기업이 미리 받는 차입의 가치와 같다. 따라서 레버리지로부터의 순이익 또는 순손실은 없고, 기업의 가치는 현재와 미래 투자로부터 발생하는 현금흐름의 현재가치에 의해 결정된다.

홈메이드 레버리지

MM은 기업의 가치가 자본구조의 선택에 의해 영향을 받지 않는다고 하였다. 그러나 어떤 투자자들은 기업의 선택과 다른 자본구조를 선호한다고 생각해보자. 이 경우 MM은 그들 스스로 차입을 하거나 대

---

2   기업가치가 자본구조에 의해 영향을 받지 않는다는 주장은 그 당시에 널리 인정되지 않았지만, 그런 아이디어는 이미 존 부르 윌리엄스의 다음 책에서 주장되었다. *The Theory of Investment Value* (North Holland Publishing, 1938; 1977년에 Fraser Publishing이 재출간함).

출을 하여 목적을 달성할 수 있다고 하였다. 예를 들어 기업보다 레버리지가 더 커지기를 원하는 투자자는 차입을 하여 그 레버리지로 포트폴리오에 투자하는 것이다. 레버리지 선택을 조정하기 위하여 투자자들이 레버리지를 자신들의 포트폴리오에 사용할 때, 투자자들이 **홈메이드 레버리지**(homemade leverage)를 사용한다고 말한다. 투자자들이 기업과 동일한 이자율로 차입하거나 대출할 수 있는 한, 홈메이드 레버리지는 기업의 레버리지 사용에 대한 완전한 대체재이다.[3]

예시를 위해 기업인이 레버리지를 사용하지 않고 무차입 기업을 만들었다고 하자. 차입 주식을 보유하고 싶어 하는 투자자는 레버리지를 사용하여 자신의 포트폴리오를 그렇게 만들 수 있다. 즉, 표 14.6과 같이 주식을 신용으로 매입하는 것이다.

무차입 주식의 현금흐름이 신용 차입에 대한 담보가 된다면, 이 차입은 무위험이고 투자자는 5%의 이자율로 차입을 할 수 있다. 이 기업은 무차입이지만 홈메이드 레버리지를 사용하여 투자자는 $500의 비용으로 표 14.3에서 예시된 차입 주식의 수익 구조를 복제하였다. 일물일가의 법칙에 의해 차입 주식의 가치는 $500여야 한다.

이제 기업인이 채무를 사용하지만 투자자는 무차입 주식을 보유하고 싶다고 하자. 투자자는 기업의 채무와 주식을 모두 매입하여 무차입 주식의 수익을 복제할 수 있다. 두 증권의 현금흐름을 결합하면 표 14.7에서와 같이 $1,000의 총비용으로 무차입 주식과 동일한 현금흐름을 만들 수 있다.

각 경우에 기업인의 자본구조 선택은 투자자가 이용 가능한 기회에 영향을 미치지 못한다. 투자자는 자신의 개인적 취향에 따라 차입하고 레버리지를 투자하거나 채권을 보유하여 레버리지를 감소시켜서 기업의 레버리지 선택을 변경할 수 있다. 완전자본시장에서는 자본구조의 상이한 선택이 투자자에게 혜택을 주지 못하기 때문에 기업가치에도 영향을 주지 못한다.

표 14.6	홈메이드 레버리지를 사용한 차입 주식의 복제		
	0 시점	1 시점 : 현금흐름	
	최초 비용	경제 활황	경제 침체
무차입 주식	$1000	$1400	$900
신용 차입	−$500	−$525	−$525
차입 주식	$500	$875	$375

표 14.7	채무와 주식을 보유하여 무차입 주식 복제하기		
	0 시점	1 시점 : 현금흐름	
	최초 비용	경제 활황	경제 침체
채무	$500	$525	$525
차입 주식	$500	$875	$375
무차입 주식	$1000	$1400	$900

---

3 대출 이자율이 위험에 의존해야 하기 때문에 이 가정은 완전자본시장인 경우에 해당한다.

예제 14.2	홈메이드 레버리지와 차익거래

문제

2개의 기업이 있는데, 각각의 1 시점 현금흐름은 $1,400 또는 $900이다(표 14.1과 같다). 이 기업들은 자본 구조를 제외하고는 동일하다. 한 기업은 무차입이고, 주식은 $990의 시장가치를 지닌다. 다른 기업은 $500를 차입하였고, 주식은 $510의 시장가치를 지닌다. MM 정리 I이 성립하는가? 홈메이드 레버리지를 사용한 차익거래 기회는 무엇인가?

풀이

MM 정리 I은 각 기업의 총가치는 그 자산의 가치와 같다고 한다. 이 기업들의 자산이 같기 때문에 총가치도 같아야 한다. 그러나 이 문제는 차입 기업이 $510(주식) + $500(채무) = $1,010의 총 시장가치를 가지는데 비해, 무차입 기업은 $990의 총 시장가치를 가진다고 가정한다. 따라서 이 가격들은 MM 정리 I을 위반한다.

동일한 두 기업이 서로 다른 가격에 거래되기 때문에 일물일가의 법칙에 위배되고 차익거래의 기회가 존재하게 된다. 이 기회를 이용하기 위하여 $500를 차입하고 무차입 기업의 주식을 $990에 매입하면, 단지 $990 − $500 = $490의 비용에 의한 홈메이드 레버리지에 의해 차입 주식을 만들 수 있다. 차입 기업의 주식을 $510에 매도하여 $20의 차익거래 이익을 얻을 수 있다.

	0 시점	1 시점 : 현금흐름	
	현금흐름	경제 활황	경제 침체
차입	$500	−$525	−$525
무차입 주식 매입	−$990	$1400	$900
차입 주식 매도	$510	−$875	−$375
총 현금흐름	$20	$0	$0

무차입 기업을 매입하고 차입 기업을 매도하는 차익거래는 기업가치가 같아지고 MM 정리 I이 성립할 때까지 무차입 기업의 주가를 상승시키고 차입 기업의 주가를 하락시킬 것이다.

시장가치 재무상태표

14.1절에서 우리는 기업의 자본구조에 대한 두 가지 선택을 고려하였다. 그러나 MM 정리 I이 채무와 주식의 모든 선택에 매우 폭넓게 적용된다. 사실 기업이 전환사채나 워런트(이 책의 뒷부분에서 언급할 주식 옵션의 한 형태)와 같은 증권들을 발행하는 경우에도 적용된다. 논리는 동일하다. 투자자들은 마음대로 증권을 매매할 수 있기 때문에, 기업이 스스로를 위하여 증권을 매매하여도 아무런 가치도 창출할 수 없다.

MM 정리 I의 응용은 기업의 **시장가치 재무상태표**(market value balance sheet)로 알려진 유용한 수단이다. 시장가치 재무상태표는 회계 재무상태표와 비슷하지만 두 가지의 중요한 차이가 있다. 첫째, 기업의 모든 자산(표준회계 재무상태표에서 제외되는 평판, 브랜드 이름, 또는 인적 자본과 같은 무형의 자산)과 라이어빌리티가 포함된다. 둘째, 모든 가치는 역사적 비용이 아닌 현재의 시장가치이다. 표 14.8에서 보인 바와 같이 시장가치 재무상태표에는 기업에 의해 발행된 모든 증권의 총가치가 기업 자산의 총가치와 같아야 한다.

시장가치 재무상태표는 가치는 기업의 자산과 투자 선택에 의해 창출된다는 아이디어를 바탕으로 한다. 최초 투자보다 가치가 높은 양(+)의 NPV 프로젝트를 선택하여 기업가치를 제고할 수 있다. 그러나

표 14.8	기업의 시장가치 재무상태표
자산	**부채 및 자기자본**
기업이 선택한 자산과 투자의 집합	기업이 발행한 증권의 집합
유형 자산	채무
현금	단기채무
공장, 재산, 장비	장기채무
재고와 다른 운전자본 (등)	전환채무
무형 자산	자기자본(주식)
지적 재산	보통주
평판	우선주
인적 자본 (등)	워런트(옵션)
기업 자산의 총 시장가치	**기업 증권의 총 시장가치**

기업 자산에 의해 창출되는 현금흐름을 고정하면 자본구조의 선택은 기업가치를 변경시키지 못한다. 대신 기업가치를 서로 다른 증권들에 분배하는 것뿐이다. 시장가치 재무상태표를 만들어서 다음과 같이 주식의 가치를 계산할 수 있다.

$$\text{주식의 시장가치} = \text{자산의 시장가치} - \text{채무 및 기타 부채의 시장가치} \tag{14.1}$$

예제 14.3

여러 증권이 있는 경우 주식의 가치 결정하기

문제

우리의 기업인이 기업을 3개의 증권으로 분리하여 매도하고자 한다. 주식, $500의 채무, 기업의 현금흐름이 높을 때 $210를 지급하고 좋지 않을 때는 아무것도 지급하지 않는 워런트라고 불리는 제3의 증권. 세 번째 증권인 워런트는 $60로 공정하게 가격이 형성되었다고 하자. 완전경쟁시장에서 주식의 가치는 얼마인가?

풀이

MM 정리 I에 따라 발행된 모든 증권의 총가치는 기업 자산의 가치인 $1,000와 같아야 한다. 채무는 $500의 가치가 있고 새로운 증권은 $60이기 때문에, 주식의 가치는 $440여야 한다. (이 가격에서 주식과 워런트가 표 14.5의 증권들과 비교하여 그들의 위험에 상응하는 위험 프리미엄을 가지는가를 증명하여 이 결과를 확인할 수도 있다.)

응용 : 차입 자본 재구성

지금까지 투자 기회의 자금을 조달하는 기업인의 관점에서 자본구조를 바라보았다. 사실 MM 정리 I은 기업이 존재하는 어떤 시점에도 결정할 수 있는 자본구조에 응용된다.

한 예를 들어보자. 해리슨 산업은 현재 완전자본시장에서 주당 $4에 거래되는 50 백만 주를 발행하여 완전한 자기자본 조달기업이다. 해리슨이 $80 백만을 차입하여 레버리지를 증가시키고 그 자금으로 20 백만 주의 자사주를 매입하려고 한다. 이런 방법으로 자사주를 다시 매입할 때, 이 거래를 **차입 자본 재구성**

표 14.9	해리슨이 레버리지로 자본을 재구성한 이후의 시장가치 재무상태표(단위 : $ 백만)					
최초		**차입 이후**		**자사주 매입 이후**	
자산	부채 및 자기자본	자산	부채 및 자기자본	자산	부채 및 자기자본
		현금	채무	현금	채무
		80	80	0	80
현재 자산	주식	현재 자산	주식	현재 자산	주식
200	200	200	200	200	120
200	200	280	280	200	200
	발행주식(백만) 50		발행주식(백만) 50		발행주식(백만) 30
	주당 가치 $4.00		주당 가치 $4.00		주당 가치 $4.00

(leveraged recapitalization)이라고 한다.

이 거래는 두 단계로 볼 수 있다. 첫째, 해리슨이 현금 $80 백만을 조달하기 위하여 채무를 매도한다. 둘째, 해리슨이 조성된 현금을 자사주 매입에 사용한다. 표 14.9는 각 단계 이후의 시장가치 재무상태표를 보여준다.

처음에 해리슨은 자기자본 조달기업이다. 즉, 해리슨 주식의 시장가치인 50 백만×$4＝$200 백만은 현재 자산의 시장가치와 같다. 차입 이후에 해리슨의 라이어빌리티는 조달된 현금 규모와 같은 $80 백만 증가한다. 자산과 라이어빌리티 모두 같은 금액만큼 증가하기 때문에 주식의 시장가치는 변함이 없다.

자사주 매입을 위하여 해리슨은 차입 현금 $80 백만을 $80 백만÷$4＝20 백만의 자사주 매입에 사용한다. 기업의 자산이 $80 백만 감소하고, 부채는 변동이 없으므로 자산과 라이어빌리티가 균형을 이루기 위해서 주식의 시장가치는 $200 백만에서 $120 백만으로 $80 백만 감소한다. 그러나 남아 있는 30 백만 주식의 가격은 전과 같이 $120 백만÷30 백만＝$4로 동일하다.

주당 가격이 변하지 않는다는 사실이 놀라울 것은 없다. 이 기업은 새로운 채무로 $80 백만을 매도하였고 $80 백만의 주식을 매입하였기 때문에, 이 NPV 0의 거래는 주주의 가치를 바꾸지 못한다.

개념 확인

1. 왜 투자자들이 기업의 자본구조 선택에 무관심한가?

2. 시장가치 재무상태표란 무엇인가?

3. 완전자본시장에서 자사주 매입을 위해 차입을 하면 기업의 시가총액은 어떻게 되나? 자사주 매입이 주당 가격에 어떻게 영향을 미치는가?

14.3 모딜리아니-밀러 정리 II : 레버리지, 위험 및 자본비용

모딜리아니와 밀러는 기업의 자금조달 선택이 기업가치에 영향을 미치지 않는다는 것을 보여주었다. 그러나 이 결론을 증권마다 자본비용이 다르다는 사실과 어떻게 조화시킬 수 있을까? 14.1절의 기업인을 다시 생각해보자. 프로젝트의 자금이 완전히 주식으로만 조달됐다면 주식 보유자는 15%의 기대 수익률을 요구할 것이다. 대안으로 기업은 5%의 무위험 이자율로 차입할 수도 있다. 이 경우에 채무가 주식보다 더 저렴하고 좋은 자본의 원천이 아닌가?

채무가 주식보다 낮은 자본비용을 갖지만 이 비용만 따로 고려할 수는 없다. 14.1절에서 본 바와 같이, 채무가 저렴할 수 있지만 위험을 증가시켜서 자기자본 비용을 증가시킬 수 있다. 이 절에서는 레버리지가 기업 주식의 기대 수익률 또는 자기자본 비용에 미치는 영향을 계산할 것이다. 그리고 나서 기업 자산의 자본비용을 어떻게 추정하고, 이것이 레버리지에 의해 어떤 영향을 받는지를 살펴볼 것이다. 끝으로 채무에 대해 낮은 기대 수익률(자본 비용)로부터의 절약이 더 높아진 자기자본 비용에 의해 상쇄되기 때문에 기업에 대한 순절약은 없어진다.

레버리지와 자기자본 비용

레버리지와 자기자본 비용 간의 명백한 관계를 유도하기 위하여 모딜리아니와 밀러의 첫 번째 정리를 사용할 수 있다. 차입 기업의 경우 E와 D를 각각 주식과 채무의 시장가치라고 하자. 무차입 기업의 경우 U를 주식의 시장가치라고 하자. A를 기업 자산의 시장가치라고 하자. MM 정리 I에 의해 다음의 관계가 성립한다.

$$E + D = U = A \tag{14.2}$$

즉, 기업 증권의 총 시장가치는 차입 또는 무차입 기업의 여부와 관계없이 자산의 시장가치와 동일하다.

식 (14.2)의 첫 번째 등식을 홈메이드 레버리지를 이용하여 설명할 수 있다. 기업 주식과 채무의 포트폴리오를 보유하여 차입 주식을 보유한 현금흐름을 복제할 수 있다. 포트폴리오의 수익률은 증권들의 가중평균 수익률과 같기 때문에 이 등식은 차입 주식(R_E), 채무(R_D), 무차입 주식(R_U)의 수익률 간에 다음의 관계가 성립함을 의미한다.

$$\frac{E}{E+D}R_E + \frac{D}{E+D}R_D = R_U \tag{14.3}$$

식 (14.3)을 풀면 차입 주식의 수익률을 다음과 같이 표현할 수 있다.

$$R_E = \underbrace{R_U}_{\substack{\text{레버리지가 없는}\\\text{경우의 위험}}} + \underbrace{\frac{D}{E}(R_U - R_D)}_{\substack{\text{레버리지에 의한}\\\text{추가적인 위험}}} \tag{14.4}$$

이 등식은 레버리지의 차입 주식 수익률에 대한 영향을 말해준다. 차입 주식 수익률은 무차입 수익률과 레버리지에 의한 추가적인 수익률을 더한 값이다. 이 추가적인 수익률은 기업의 수익성이 좋은 경우($R_U > R_D$)에 차입 주식의 수익률을 밀어 올리지만, 기업의 수익성이 안 좋은 경우($R_U < R_D$)에는 차입 주식의 수익률을 하락하게 만든다. 추가적인 위험의 양은 레버리지의 양(기업의 시장가치 부채/주식 비율 또는 부채 비율, D/E)에 따라 달라진다. 식 (14.4)가 실현 수익률에 대해 성립하기 때문에 (R 대신에 r로 표현한) 기대 수익률에 대해서도 성립한다. 이것은 자연스럽게 모딜리아니와 밀러의 두 번째 정리로 이어진다.

MM 정리 II : 차입 주식의 자본비용은 기업의 시장가치 부채/주식 비율에 따라 증가한다.

차입 주식의 자본비용

$$r_E = r_U + \frac{D}{E}(r_U - r_D) \tag{14.5}$$

MM 정리 II를 14.1절의 기업인 프로젝트를 예로 들어 설명할 수 있다. 기업이 자기자본으로 자금을 조달했다면 무차입 주식의 기대 수익률은 15%라는 것을 상기하자(표 14.1 참조). 기업이 $500의 채무로 자금을 조달했다면, 채무의 기대 수익률은 무위험 이자율인 5%가 된다. 따라서 MM 정리 II에 따라 차입 기업 주식의 기대 수익률은 다음과 같다.

$$r_E = 15\% + \frac{500}{500}(15\% - 5\%) = 25\%$$

이 결과는 표 14.4에서 계산된 기대 수익률과 같다.

예제 14.4   자기자본 비용 계산하기

문제

14.1절의 기업인이 프로젝트의 자금을 조달하기 위하여 $200를 차입하였다고 하자. MM 정리 II에 따른 기업의 자기자본 비용은 얼마인가?

풀이

기업의 자산이 $1,000의 시장가치를 가지기 때문에, MM 정리 I에 의해 주식은 $800의 시장가치를 가질 것이다. 그러면 식 (14.5)를 이용하여 주식의 기대 수익률을 계산할 수 있다.

$$r_E = 15\% + \frac{200}{800}(15\% - 5\%) = 17.5\%$$

이 결과는 예제 14.1에서 계산된 기대 수익률과 같다.

자본예산 편성과 가중평균 자본비용

새로운 투자를 위한 기업의 자본비용에 대한 레버리지의 효과를 이해하기 위하여 모딜리아니와 밀러의 통찰력을 사용할 수 있다. 기업이 주식과 채무로 자금을 조달한다면, 그 기초자산의 위험은 주식과 채무 포트폴리오의 위험과 같을 것이다. 따라서 기업의 자산에 대한 적절한 자본비용은 포트폴리오의 자본비용이 되는데, 이것은 기업의 자본과 채무의 가중평균 자본비용이다.

무차입 자본비용(세전 WACC)

$$r_U \equiv \left(\begin{array}{c} \text{자기자본에 의한} \\ \text{자금조달 비중} \end{array} \right) \left(\begin{array}{c} \text{자기자본} \\ \text{비용} \end{array} \right) + \left(\begin{array}{c} \text{채무에 의한} \\ \text{자금조달 비중} \end{array} \right) \left(\begin{array}{c} \text{타인자본} \\ \text{비용} \end{array} \right)$$

$$= \frac{E}{E+D}r_E + \frac{D}{E+D}r_D \tag{14.6}$$

제12장에서 우리는 이 자본비용을 기업의 무차입 자본비용 또는 세전 WACC라고 불렀다. 또한 기업의 세후 타인자본 비용을 이용하여 계산한 실효 세후 가중평균 자본비용 또는 WACC를 도입하였다. 완전자본시장을 가정하기 때문에 세금이 없어서 기업의 WACC와 무차입 자본비용은 일치한다.

$$r_{wacc} = r_U = r_A \tag{14.7}$$

즉, 완전자본시장에서 기업의 WACC는 자본 구조와 독립적이며 무차입인 경우 자기자본 비용과 같은데, 이는 기업

그림 14.1

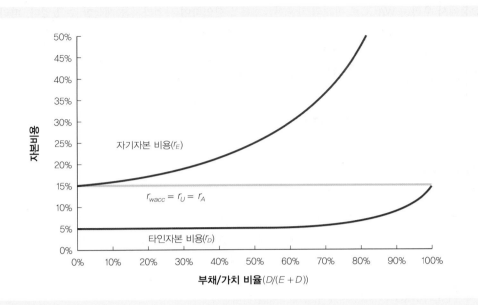

(a)

완전자본시장에서 WACC 와 레버리지

채무로 자금을 조달한 비중이 증가할수록 주식과 채무는 더 위험해지고, 자본비용은 상승한다. 그럼에도 불구하고 낮은 비용의 채무 비중이 더 커지기 때문에 가중평균 자본비용은 일정하게 유지된다. (a) 서로 다른 레버리지에 대한 자기자본 및 타인자본 비용 및 가중평균 자본비용. r_D와 r_E의 증가율과 그 곡선의 모양은 기업의 현금흐름 특성에 의존한다. (b) 이 표는 14.1절의 특정 예제에 대한 WACC를 계산한다.

E	D	r_E	r_D	$\dfrac{E}{E+D}r_E + \dfrac{D}{E+D}r_D$	$= r_{wacc}$
1000	0	15.0%	5.0%	$1.0 \times 15.0\% + 0.0 \times 5.0\%$	$= 15\%$
800	200	17.5%	5.0%	$0.8 \times 17.5\% + 0.2 \times 5.0\%$	$= 15\%$
500	500	25.0%	5.0%	$0.5 \times 25.0\% + 0.5 \times 5.0\%$	$= 15\%$
100	900	75.0%	8.3%*	$0.1 \times 75.0\% + 0.9 \times 8.3\%$	$= 15\%$

(b)

* 이 레버리지 수준은 1,050의 액면가에 따른 것으로 약속된 수익률은 16.67%이다. 50%의 확률로 기업이 파산하면 채권의 수익률이 0이기 때문에, 채무의 기대 수익률(r_D)은 8.33%에 불과하다. 이 위험 프리미엄은 무차입 주식의 1/3에 해당하는 것으로, 1/3의 수익률 민감도(16.67% 대 50%, 표 14.5 참조)를 가지기 때문에 정당화될 수 있다. 더욱 일반적으로 이 예제에서 증권의 가격을 결정하기 위하여 무차익 가격결정(No-Arbitrage Pricing)을 사용할 수 있다(연습문제 14.20과 제3장 부록 참조).

자산의 자본비용과 동일하다.

그림 14.1은 기업의 자본구조에서 레버리지의 증가가 자기자본 비용, 타인자본 비용 및 WACC에 미치는 영향을 보여준다. 이 그림에서 **부채/가치 비율**[debt-to-value ratio, $D/(E+D)$]로 기업의 레버리지를 측정하는데, 이는 채무가 기업의 총가치에서 차지하는 비중이다. 채무가 없다면 WACC는 무차입 자기자본 비용이다. 기업은 채무의 낮은 자본비용으로 차입하기 때문에, 자기자본 비용은 식 (14.5)에 따라 증가한다. 하지만 레버리지 증가의 순효과는 기업의 WACC가 변하지 않는다는 것이다. 물론 채무가 증가하면서 기업이 파산할 위험이 있기 때문에 채무는 더 위험해진다. 결과적으로 타인자본 비용인 r_D도 증가한다. 채무 비중이 100%가 되면 채무의 위험은 (무차입 주식과 비슷하게) 자산의 위험과 같아진다. 그러나 레버리지가 높아질 때 채무와 자기자본 비용이 상승함에도 불구하고, 낮은 채무비용의 비중이 더 커지기 때문에 WACC는 일정하게 유지된다.

제9장에서 우리는 WACC로 미래의 가용현금흐름을 할인하여 사업가치를 계산할 수 있었다. 따라서 식 (14.7)은 다음과 같은 MM 정리 I의 직관적인 해석을 제공해준다. 채무가 주식보다 낮은 자본비용을 가지지만, 레버리지가 기업의 WACC를 낮추지는 못한다. 결과적으로, WACC로 평가된 기업의 가용현금흐름 가치는 변하지 않고, 기업의 사업가치는 자금조달 방법의 선택과는 관계가 없다. 이러한 결과로부터 우리는 이 장을 시작할 때 EBS의 CEO에게 제기된 질문에 답변을 할 수 있다. 완전자본시장에서 기업의 가중평균 자본비용과 확장으로부터의 NPV는 EBS의 새로운 투자 자금조달을 위한 선택과는 아무런 관계가 없다.

예제 14.5　　**레버리지의 감소와 자본비용**

문제

NRG 에너지(NRG)는 부채/주식 비율이 3인 에너지 기업이다. 현재 타인자본 비용은 6%이고, 자기자본 비용은 14%이다. NRG가 주식을 발행하고 이를 채무 상환에 상환하여 부채/주식 비율을 2로 감소시키면 타인자본 비용을 5.5%로 낮출 것이다. 완전자본시장에서 이것이 NRG의 자기자본 비용과 WACC에 어떤 영향을 미치는가? NRG가 더 많은 주식을 발행하여 채무를 완전히 상환해 버리면 어떻게 되나? 이러한 대안적 자본구조가 NRG의 사업가치에 어떻게 영향을 미치는가?

풀이

NRG의 최초 WACC와 식 (14.6)과 (14.7)을 사용하여 무차입 자본비용을 계산할 수 있다.

$$r_{wacc} = r_U = \frac{E}{E+D}r_E + \frac{D}{E+D}r_D = \frac{1}{1+3}(14\%) + \frac{3}{1+3}(6\%) = 8\%$$

NRG의 무차입 자본비용이 8%인 경우, 레버리지 감소 후 NRG의 자기자본 비용을 계산하기 위하여 식 (14.5)를 사용할 수 있다.

$$r_E = r_U + \frac{D}{E}(r_U - r_D) = 8\% + \frac{2}{1}(8\% - 5.5\%) = 13\%$$

레버리지의 감소가 NRG의 자기자본 비용을 13%로 낮출 것이다. 그러나 완전자본시장에서는 NRG의 WACC가 $8\% = \frac{1}{2}(13\%) + \frac{1}{2}(5.5\%)$로 유지될 것이고, 이 거래의 순이익은 아무것도 없다.

　NRG가 채무를 완전히 상환한다면 무차입 기업이 될 것이다. 따라서 이 기업의 자기자본 비용은 WACC와 같은 8%의 무차입 자본비용과 같을 것이다.

　어떤 시나리오에서도 NRG의 WACC와 가용현금흐름은 변하지 않는다. 따라서 완전자본시장에서 기업 가치는 서로 상이한 자본구조의 선택에 의해 영향을 받지 않을 것이다.

일상적인 실수　　**채무가 주식보다 좋은가?**

채무가 주식보다 낮은 자본비용을 내기 때문에 기업은 채무에 의한 자금조달을 증가시켜서 전체적인 WACC를 감소시킬 수 있다고 사람들이 말하는 것이 특별한 일은 아니다. 이 전략이 작동하려면, 적어도 채무가 위험하지 않은 상태에서 기업이 가능한 한 많은 채무를 가져야 하지 않을까?

　이 주장은 채무가 위험이 없고 기업이 파산하지 않는다 할지라도 레버리지 증가가 주식의 위험을 증가시킨다는 사실을 무시한 것이다. 위험이 증가하는 경우 주식 보유자는 더 높은 위험 프리미엄(기대 수익률)을 요구할 것이다. 주식의 비용 증가는 저렴한 채무 자본의 혜택을 상쇄하여 기업의 전체적인 자본 비용은 변하지 않고 유지될 것이다.

여러 증권이 존재할 경우 WACC 계산하기

기업이 단지 주식과 채무라는 2개의 증권만을 발행했다는 가정하에 식 (14.6)과 (14.7)에서 기업의 무차입 자본비용과 WACC를 계산하였다. 그러나 기업의 자본구조가 더 복잡하다면 r_U와 r_{wacc}는 기업이 발행한 모든 증권의 가중평균 자본비용으로 계산될 수 있다.

	예제 14.6
여러 증권의 WACC	

문제

예제 14.3에서 서술된 자본구조를 가지는 기업인 프로젝트의 WACC를 계산하라.

풀이

이 기업은 채무, 주식, 워런트의 3개 증권으로 구성된 자본구조이기 때문에 가중평균 자본비용은 3개 투자자 그룹에 지불해야 하는 평균 수익률이다.

$$r_{wacc} = r_U = \frac{E}{E+D+W}r_E + \frac{D}{E+D+W}r_D + \frac{W}{E+D+W}r_W$$

예제 14.3에서 $E = 440$, $D = 500$, $W = 60$이다. 각 증권에 대한 기대 수익률은 얼마인가? 주어진 기업의 현금흐름에서 채무는 무위험이고 $r_D = 5\%$의 기대 수익률을 가진다. 워런트는 $\frac{1}{2}(\$210) + \frac{1}{2}(\$0) = \$105$의 기대 수익을 가져서, 기대 수익률은 $r_W = \$105/\$60 - 1 = 75\%$이다. 주식은 현금흐름이 높을 때 ($1,400 - $525 - $210) = 665의 수익을 가지고, 현금흐름이 낮을 때 ($900 - $525) = 520의 기대수익을 가진다. 따라서 주식의 기대 수익률은 $r_E = \$520/\$440 - 1 = 18.18\%$이다. 이제 WACC를 계산할 수 있다.

$$r_{wacc} = \frac{\$440}{\$1000}(18.18\%) + \frac{\$500}{\$1000}(5\%) + \frac{\$60}{\$1000}(75\%) = 15\%$$

자기자본만으로 자금을 조달한 기업처럼 WACC와 무차입 자본비용은 15%가 된다.

차입 및 무차입 베타

가중평균 자본비용을 위한 식 (14.6)과 (14.7)은 제12장에서와 같이 기업의 무차입 자본비용 계산과 동일하다. 거기에서 기업의 무차입 또는 자산 베타는 주식과 채권 베타의 가중평균이다.

$$\beta_U = \frac{E}{E+D}\beta_E + \frac{D}{E+D}\beta_D \tag{14.8}$$

무차입 베타는 기업 기초자산의 시장 위험을 측정하고, 비교 가능 투자를 위한 자본비용을 평가하기 위하여 사용될 수 있다. 기업이 투자를 변경하지 않고 자본구조를 변경할 때, 무차입 베타는 동일하게 유지된다. 그러나 기업 위험에 대한 자본구조의 영향을 반영하기 위하여 주식 베타는 바뀌게 된다.[4] β_E를 계산하기 위해 식 (14.8)을 재정리하면 다음을 얻을 수 있다.

$$\beta_E = \beta_U + \frac{D}{E}(\beta_U - \beta_D) \tag{14.9}$$

---

4 레버리지와 주식 베타의 관계는 다음 논문에서 개발되었다. R. Hamada in "The Effect of the Firm's Capital Structure on the Systematic Risk of Common Stocks," *Journal of Finance* 27(2) (1972): 435–452; and by M. Rubinstein in "A Mean-Variance Synthesis of Corporate Financial Theory," *Journal of Finance* 28(1) (1973): 167–181.

베타를 기대 수익률로 대체하면, 식 (14.9)는 식 (14.5)와 비슷하다. 즉, 기업의 주식 베타는 레버리지가 커지면 증가하게 된다는 것이다.

예제 14.7   베타와 레버리지

문제

약 소매업자인 CVS는 0.8의 주식 베타와 0.1의 부채/주식 비율을 갖는다고 하자. 채무 베타가 0이라고 할 때 CVS의 자산 베타를 추정하라. CVS가 레버리지를 증가시켜서 부채/주식 비율이 0.5가 되었다. 이 기업의 채무 베타가 아직 0이라고 할 때, 레버리지 증가 이후에 주식 베타는 어떻게 될 것인가?

풀이

식 (14.8)을 이용하여 CVS의 무차입 또는 자산 베타를 추정할 수 있다.

$$\beta_U = \frac{E}{E+D}\beta_E + \frac{D}{E+D}\beta_D = \frac{1}{1+D/E}\beta_E = \frac{1}{1+0.1} \times 0.8 = 0.73$$

레버리지 증가와 함께 식 (14.9)에 따라서 CVS의 주식 베타가 증가할 것이다.

$$\beta_E = \beta_U + \frac{D}{E}(\beta_U - \beta_D) = 0.73 + 0.5(0.73 - 0) = 1.09$$

따라서 CVS의 주식 베타(와 자기자본 비용)는 레버리지와 함께 증가할 것이다. CVS의 채무 베타가 증가하면 주식 베타에 대한 레버리지의 영향은 어느 정도 작아질 것이다. 채권자가 기업의 시장 위험을 공유하게 되면 주식 보유자가 감내할 시장 위험이 작아진다.

노벨상   **프랑코 모딜리아니와 머튼 밀러**

모딜리아니-밀러 정리의 저자인 프랑코 모딜리아니와 머튼 밀러는 자본구조 정리를 포함하여 재무 경제학에서의 공로를 인정 받아서 각자 노벨 경제학상을 수상하였다. 모딜리아니는 개인 저축에 대한 업적과 밀러와의 자본구조 이론으로 1985년에 노벨상을 받았다. 밀러는 그의 포트폴리오 이론과 자본구조 이론으로 1990년에 노벨상을 받았다.

밀러는 인터뷰에서 MM 정리를 다음과 같이 설명하였다.

사람들은 종종 다음과 같이 질문한다. 당신의 이론을 짧게 정리할 수 있습니까? 그러면 나는 이렇게 대답한다. 다음 농담을 이해한다면 당신은 MM 이론을 이해한 것이다. 경기 후에 피자 배달원이 요기 베라에게 와서 "요기, 피자를 어떻게 잘라 드릴까요, 4조각 또는 8조각으로?" 그러면 요기가 다음과 같이 말한다. "8조각으로 잘라 주세요. 오늘 밤은 배가 고픈 것 같아요."

조각의 수와 모양은 피자의 크기에 영향을 미치지 않기 때문에 모든 사람은 이것이 농담이라는 것을 안다. 비슷하게 발행된 주식, 채권, 워런트 등은 기업의 총가치에 영향을 미치지 못한다. 그들은 기본 수익을 다른 방법으로 분배할 뿐이다.*

모딜리아니와 밀러는 완전자본시장에서 기업가치가 자본구조에 의해 영향을 받지 않는다는 것을 발견한 공로로 노벨상을 수상하였다. MM 정리의 기반이 되는 직관은 피자 자르기처럼 간단할 수 있지만, 기업재무에 대한 시사점은 광범위하다. 이 정리들은 기업 재무정책의 참역할은 세금 및 거래비용과 같은 시장의 재무적 비완전성을 다루는 (잠재적으로 이용하는) 것임을 의미한다. 모딜리아니와 밀러의 업적은 이러한 시장의 비완전성에 대한 오랜 연구로부터 시작되었는데, 다음 몇 장에서 이들에 대해 다룰 것이다.

* Peter J. Tanous, *Investment Gurus* (Prentice Hall Press, 1997).

기업 재무상태표의 자산은 현금 또는 무위험 증권을 포함한다. 이런 자산의 보유는 위험이 없기 때문에 기업 자산의 위험과 요구되는 위험 프리미엄을 감소시킨다. 이런 이유로 초과 현금을 보유하는 것은 위험과 수익률에 대해 레버리지와는 반대의 영향을 미친다. 이런 관점에서 현금을 음(−)의 채무라고 할수 있다. 따라서 제12장에서 언급한 바와 같이 기업의 사업가치(현금 보유를 제외한 사업 자산)를 평가하려고 할 때에는 순채무로 레버리지를 측정해야 하는데, 순채무는 채무에서 초과 현금 또는 단기투자를차감한 값이다.

예제 14.8

현금과 자본비용

문제

2015년 8월 시스코 시스템즈의 시가총액은 $140 십억이었다. 또한 $60.4 십억의 현금과 단기투자뿐만 아니라 $25.4 십억의 채무를 지고 있다. 주식 베타는 1.09이고 채무 베타는 0이라고 할 수 있다. 이때 시스코의 사업가치는 얼마인가? 2%의 무위험 이자율과 5%의 시장 위험 프리미엄을 가정할 경우 시스코 영업의무차입 자본비용을 추정하라.

풀이

시스코는 $25.4 십억의 채무와 $60.4 십억의 현금을 보유하고 있기 때문에 순채무는 $25.4 십억 − $60.4 십억 = −$35.0 십억이다. 따라서 사업가치는 $140 십억 − $35 십억 = $105 십억이다.

순채무의 베타가 0이라고 할 때 시스코의 무차입 베타는 다음과 같다.

$$\beta_U = \frac{E}{E+D}\beta_E + \frac{D}{E+D}\beta_D = \frac{\$140}{\$105}(1.09) + \frac{-\$35}{\$105}(0) = 1.45$$

따라서 무차입 자본비용은 $r_U = 2\% + 1.45 \times 5\% = 9.25\%$이다. 현금 보유 때문에 시스코의 주식은 기본 영업보다 위험이 작아진다.

개념 확인

1. 기업의 가중평균 자본비용은 어떻게 계산하는가?
2. 완전자본시장에서 기업이 레버리지를 증가시키면 타인자본 비용은 어떻게 변하는가? 자기자본 비용은? 가중평균 자본비용은?

14.4 자본구조의 오류

MM 정리 I과 II는 완전자본시장에서 레버리지가 기업가치나 기업의 전체적인 자본비용에 영향을 미치지못한다는 것을 말하고 있다. 여기서는 레버리지를 선호하여 종종 인용되는 잘못된 2개의 주장을 비판적으로 살펴보고자 한다.

레버리지와 주당 순이익

레버리지는 기업의 주당 순이익을 증가시킬 수 있다. 이런 사실 때문에 종종 레버리지가 기업의 주식가격을 증가시켜야 한다는 주장이 있다.

다음 예제를 생각해보자. 레비트론 산업(LVI)은 현재 자기자본 조달기업이다. 내년에 $10 백만의 이자, 세금 차감전 이익(EBIT)을 창출할 것으로 기대된다. 현재 LVI는 10 백만 개의 주식을 발행하였고, 주식은 주당 $7.50로 거래되고 있다. LVI는 $15 백만을 8%의 이자율로 차입하고, 이를 이용해서 주당 $7.50에 2 백만 개의 자사주를 매입하여 자본구조를 변경하려고 한다.

완전자본시장에서 이 거래의 결과를 생각해보자. LVI는 채무가 없다고 하자. LVI는 이자를 지급하지 않고, 완전자본시장에서 세금이 없기 때문에 LVI의 순이익은 EBIT와 같다. 따라서 채무가 없을 경우 LVI는 다음의 주당 순이익을 기대할 것이다.

$$EBS = \frac{\text{순이익}}{\text{주식 수}} = \frac{\$10 \text{ 백만}}{10 \text{ 백만}} = \$1$$

새로운 채무는 LVI가 매년 다음과 같은 이자를 지급하도록 할 것이다.

$$\$15 \text{ 백만} \times 8\% \text{ 이자/연} = \$1.2 \text{ 백만/연}$$

결과적으로 LVI는 이자 차감 이후에 다음의 순이익을 기대할 것이다.

$$\text{순이익} = \text{EBIT} - \text{이자} = \$10 \text{ 백만} - \$1.2 \text{ 백만} = \$8.8 \text{ 백만}$$

채무에 대한 이자 지급은 LVI의 총이익을 감소시킬 것이다. 그러나 자사주 매입 이후에 주식 수가 10 백만 − 2 백만 = 8 백만으로 감소하였기 때문에 LVI의 주당 기대 순이익은 다음과 같다.

$$EPS = \frac{\$8.8 \text{ 백만}}{8 \text{ 백만}} = \$1.10$$

LVI의 주당 순이익은 레버리지에 따라 증가한다는 것을 알 수 있다.[5] 이러한 증가는 주주들을 이롭게 하는 것처럼 보이고, 잠재적으로 주가를 상승시킬 수 있다. 그렇지만 MM 정리 I에 따라 증권이 공정하게 평가되면 이런 금융 거래는 0의 NPV를 가지고 주주들에게 아무런 혜택을 주지 못한다. 이런 모순처럼 보이는 결과를 어떻게 조화시킬 수 있을까?

이에 대한 답은 순이익의 위험이 변하였다는 것이다. 지금까지 우리는 주당 기대 순이익만을 고려하였고, 이 거래가 순이익의 위험에 주는 결과를 고려하지 않았다. 위험을 고려하여 여러 가지 시나리오에서 레버리지 증가가 주당 순이익에 미치는 영향을 결정하여야 한다.

이자차감전이익이 $4 백만에 불과하였다고 하자. 레버리지 증가가 없는 경우, EPS는 $4 백만 ÷ 10 백만 주 = $0.40이다. 그러나 새로운 채무가 있으면, 이자 지급 후 이익은 $4 백만 − $1.2 백만 = $2.8 백만이 되어 EPS는 $2.8 백만 ÷ 8 백만 주 = $0.35가 될 것이다. 순이익이 낮을 경우 레버리지는 그렇지 않을 경우보다 EPS를 더 하락시킬 것이다. 그림 14.2는 여러 가지 시나리오를 보여주고 있다.

그림 14.2가 보여주듯이, 이자차감전이익이 $6 백만을 초과하면 EPS는 레버리지에 따라 높아질 것이다. 그러나 순이익이 $6 백만보다 작으면, EPS는 레버리지에 따라 (그렇지 않은 경우보다) 낮아질 것이다. 사실 이자차감전이익이 $1.2 백만(이자비용 수준) 밑으로 떨어지면, 이자가 차감된 후에 LVI는 음(−)의 EPS를 가질 것이다. LVI의 기대 EPS가 레버리지에 따라 증가하지만 EPS의 위험도 증가한다. 그

---

5   더 일반적으로 레버리지는 기업의 세후 차입비용이 기대 순이익/주가 비율[이익률(earnings yield)이라고 불리는 포워드 P/E 비율의 역수]보다 작을 때 기대 EPS를 증가시킬 것이다. LVI의 경우 세금이 없을 때, 8% < EPS/P = 1/7.50 = 13.33%이다.

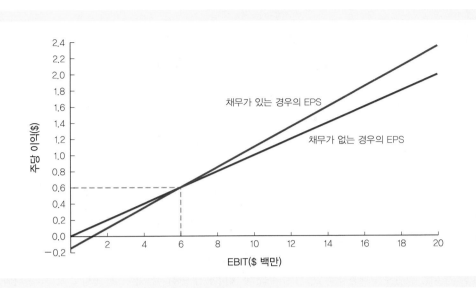

그림 14.2

레버리지가 있는 경우와 없는 경우의 LVI의 주당 이익

EPS의 EBIT에 대한 민감도는 무차입 기업보다 차입 기업이 더 높다. 따라서 동일한 위험을 가지는 자산인 경우 차입 기업의 EPS는 더욱 변동적이다.

림 14.2에서 증가된 위험을 쉽게 알 수 있다. 레버리지가 있는 경우의 EPS 직선이 레버리지가 없는 경우보다 기울기가 크다는 것은, 레버리지가 도입되면 EBIT의 동일한 움직임이 EPS를 더 크게 움직이도록 만든다는 것이다. 이런 사실들은 MM 정리 I과 정합성을 갖는다. 평균적으로 EPS가 증가하더라도 이 증가는 주주들이 감당하는 추가적인 위험에 대한 보상이어서, LVI의 주가는 이 거래의 결과로 상승하지 않는다. 다음 예제로 이를 점검해보자.

예제 14.9

MM 정리와 주당 순이익

문제

LVI의 EBIT가 미래에 증가하지 않을 것이고 모든 순이익은 배당으로 지급할 것이라고 가정하자. LVI의 기대 EPS 증가가 주식가격을 상승시키지 않는다는 것을 보여주기 위하여 MM 정리 I과 II를 사용하라.

풀이

레버리지가 없는 경우 주당 기대 순이익과 배당이 매년 $1이고, 주가는 $7.50이다. r_U를 차입이 없는 경우 LVI의 자본비용이라고 하자. 영구 연금으로 LVI의 가치를 다음과 같이 결정할 수 있다.

$$P = 7.50 = \frac{배당}{r_U} = \frac{EPS}{r_U} = \frac{1.00}{r_U}$$

따라서 LVI의 현재 주가는 무차입 자본비용이 $r_U = 1/7.50 = 13.33\%$라는 것을 의미한다.

레버리지가 없는 경우 LVI 주식의 시장가치는 주당 7.50×10 백만 = $75 백만이다. LVI가 기업 주식 $15 백만(즉, 2 백만 주)을 매입하기 위하여 채무를 사용하면, MM 정리 I에 의해 남은 주식의 가치는 $75 백만 − $15 백만 = $60 백만이다. 이 거래 이후 LVI의 부채/주식 비율은 $15 백만 ÷ $60 백만 = $\frac{1}{4}$이다. MM 정리 II에 의해 레버리지가 있는 경우 LVI의 자본비용은 다음과 같다.

$$r_E = r_U + \frac{D}{E}(r_U - r_D) = 13.33\% + \frac{1}{4}(13.33\% - 8\%) = 14.66\%$$

기대 EPS가 주당 $1.10인 경우 주식의 새로운 가치는 다음과 같다.

$$P = \frac{\$1.10}{r_E} = \frac{\$1.10}{14.66\%} = \$7.50$$

따라서 EPS가 더 높아져도 추가적인 위험 때문에 주주들은 더 높은 수익률을 요구할 것이다. 이 효과들은 서로 상쇄되어 주당 가격은 변하지 않는다.

글로벌 금융위기 은행 자본 규제와 ROE 오류

은행업 용어로 "자본 요구액"은 부채/주식 비율을 정해진 수준 이하로 맞추기 위해 자기자본으로 조달해야 하는 최소 금액을 정하는 것이다. 레버리지 허용 수준은 매우 높아서, 국제 표준은 보통주가 은행 전체 자금의 3%가 되는 것까지를 허용하고 있다.* 이 숫자를 의미 있게 하기 위해서 전형적인 비금융 기업의 자기자본은 기업가치의 50%를 넘어선다는 것을 기억하자. 그런 지나친 레버리지는 은행의 자기자본을 매우 위험하게 만든다.

지나친 은행의 레버리지는 2008년의 금융 붕괴와 이어진 침체에 중요한 기여 요인이었다. 그런 작은 자기자본 완충으로는 자산가치의 사소한 하락에도 지급 불가능의 가능성을 야기할 수 있다. 위기 이후의 좀 더 엄격한 국제 규정들이 은행의 레버리지 감소를 요구한 반면, 많은 정책 입안자들은 금융 부문의 위험과 더 광범위한 경제로 넘어가는 것을 감소시키기 위하여 자본 요구액이 증가돼야 한다고 믿고 있다.

은행가들은 감소된 레버리지가 그들의 자기자본이익률을 낮추어서 효과적으로 경쟁하는 그들의 능력을 제한할 것이라고 반대한다. 도이치뱅크의 CEO였던 조세프 애커만에 따르면, 새로운 자본 요구액이 "ROE를 억눌러서 은행부문의 투자가 다른 비즈니스부문에 비해 상대적으로 매력이 없게" 만들 것이라고 하였다.** 자기자본이익률은 기업 레버리지의 함수이기는 하다. 레버리지를 더 낮추는 것이 침체기에 ROE를 높일 수 있다 할지라도, 평균적으로 EPS와 함께 기업의 ROE를 낮출 것이다.

그러나 레버리지 감소는 평균적으로 주식의 위험과 요구되는 위험 프리미엄을 낮추는 것으로 보상받는다. 따라서 투자자의 관점에서 레버리지 감소로부터 나타나는 ROE 감소는 기업에 대한 투자를 더 매력 없게 만들지는 않는다. 프랑코 모딜리아니와 머튼 밀러는 완전자본시장에서 은행의 자본구조가 경쟁력에 영향을 미칠 수 없다는 것을 지적하여 노벨상을 수상하였다.

레버리지 변화가 주식 또는 자기자본의 "매력"(과 은행의 경쟁력)에 영향을 미칠 수 있는 경우는 시장 불완전성이 존재하는 경우이다. 다음 두 장에서 불완전성에 대해서 토의하고, 왜 불완전성이 은행이 레버리지를 최대화할 강한 인센티브를 주는가를 설명할 것이다. 불행하게도 가장 중요한 불완전성은 정부의 보조금이기 때문에 레버리지에 의한 은행의 수익은 대부분 납세자들의 비용에서 발생한다.

* 금융위기 이전에는 글로벌 규제 표준은 2%까지 은행의 자기자본 조달을 허용했다. 2013년에 새로운 바젤 III 협약은 이 자기자본 요구액을 전체 자산의 3%(위험 가중 자산의 4.5%)로 인상하였다. 많은 나라들이 체계적으로 중요한 금융기관(systematically important financial institutions, SIFIs)에 대해서는 더욱 엄격한 요구를 하고 있다. 예를 들어 미국은 대형 은행에 대해서 적어도 6%를 요구하고 있다.

** J. Ackermann, "The new architecture of financial regulation: Will it prevent another crisis?" Special Paper 194, FMG Deutsche Bank Conference, London School of Economics, October 2010.

기업의 주당 순이익과 주가/순이익(P/E) 비율이 레버리지에 의해 변하지 않기 때문에, 서로 다른 자본구조를 가지는 기업들에 대해 이런 척도들을 신뢰성 있게 비교할 수 없다. 자기자본이익률(ROE)과 같은 회계적 실적 척도도 마찬가지다. 따라서 대부분의 분석가들은 이자가 차감되기 이전의 기업 이익에 근거한 실적 척도와 가치 비율을 사용하려고 한다. 예를 들어 EBIT(EBITDA)에 대한 사업가치 비율은 서로 다른 자본구조를 가진 기업들을 비교할 때 P/E 비율보다 더 유용하다.

주식의 발행과 희석화

종종 들리는 또 다른 오류는 주식의 발행이 현재 주주들의 소유권을 희석하기 때문에 그보다는 채무로 자금을 조달해야 한다는 것이다. 이 오류의 지지자들은 기업이 새로운 주식을 발행하면 **희석화**(dilution)에 의해 창출되는 현금흐름이 많은 주식들로 나누어져야 하고, 이로 인하여 주당 가치가 감소한다는 것이다. 이러한 추론의 문제점은 새로운 주식의 발행으로 조달된 현금이 기업의 자산을 증가시킨다는 사실을 무시한다는 것이다. 한 예를 들어보자.

제트 스카이 항공(JSA)은 미국 남서부에서 영업하는 아주 성공적인 저가 항공이다. 아직 채무는 없고 발행주식만 500 백만 개이다. 이 주식들은 현재 $16에 거래되고 있다. 지난달 이 기업은 영업을 북동부로 확장한다고 발표하였다. 이 확장은 새 비행기 구입을 위해 $1 십억을 필요로 하는데, 새 주식을 발행하여 자금을 조달할 것이다. 오늘 새로운 주식이 발행될 때 주가는 어떻게 변할까?

이 기업의 현재 (발행 이전) 주가에 따라 자기자본과 기업의 자산은 500 백만 개 × $16 = $8 십억이 된다. 이 확장 의사결정이 이미 결의되어 발표되었기 때문에 완전자본시장에서 이 가치는 확장과 관련된 NPV를 포함할 것이다.

JSA가 새 비행기 구입을 위해 필요한 추가적인 $1 십억을 조달하기 위해 현재 가격인 $16로 새 주식을 62.5 백만 개 매도한다고 하자.

자산($ 백만)	주식 발행 이전	주식 발행 이후
현금		1000
현재 자산	8000	8000
총가치	8000	9000
발행주식 수(백만)	500	562.5
주당 가치	$16.00	$16.00

JSA가 주식을 발행할 때 두 가지 현상이 발생한다. 첫째, 이 기업이 조달하는 추가적인 현금 $1 십억 때문에 자산의 시장가치가 증가한다. 둘째, 주식의 수가 증가한다. 주식의 수가 562.5 백만으로 증가함에도 불구하고 주당 가치는 $9 십억 ÷ 562.5 백만 = $16로 변하지 않는다.

일반적으로 기업이 공정한 가격으로 새 주식을 매도하는 한 주주들에게 주식 발행 자체와 관련된 손익은 없다. 주식 발행의 결과로 기업이 수취하는 자금은 주식의 희석화를 완전히 상쇄한다. 이 거래와 관련된 이익 또는 손실은 조달된 자금에 의한 새로운 투자의 NPV로부터 얻어질 것이다.[6]

개념 확인

1. 레버리지의 변화가 기업의 주당 이익을 증가시킨다면, 이것이 완전시장에서 주가를 증가시켜야 하나?
2. 참 혹은 거짓 : 기업이 주식을 발행할 때 시장에서 주식의 공급을 증가시키는데, 이것이 주가를 하락시키는가?

---

6 JSA가 발행 채무가 있다면 새 주식의 발행은 위험을 감소시켜서 주주의 비용으로 채권자들에게 혜택을 주는 것이다. 제16장에서 과잉 채무 효과(debt overhang effect)에 대해서 토의할 것이다.

14.5   MM : 정리를 넘어서

최초의 논문을 발표한 이후에 모딜리아니와 밀러의 아이디어는 금융 연구와 실무에 큰 영향을 미쳤다. 특정한 정리보다 더 중요한 것은 그 정리들을 유도하기 위하여 사용한 접근법이다. 정리 I은 일물일가의 법칙이 경쟁시장에서 증권 가격과 기업가치에 대해 강한 시사점을 가진다는 것을 보여주기 위한 첫 번째 주장의 하나였다. 그것은 기업 재무에 관한 현대 이론의 시작이었다.

모딜리아니와 밀러의 작품은 존 부르 윌리엄스의 1938년 책 *The Theory of Investment Value*에서 처음 제기되었던 금융시장에 관한 새로운 사고의 방법을 정형화하였다. 그 책에서 윌리엄스는 다음과 같이 주장하였다.

전체적으로 사업의 투자가치가 이자 또는 배당의 형태로 증권 보유자에 대한 미래 분배의 현재가치로 정의된다면, 이 가치는 기업의 자본 구성에는 의존하지 않는다. 분명히 한 개인 또는 한 기관투자자가 주식회사에 의해 발행된 채권, 주식 및 워런트를 모두 보유하고 있다면, 이 투자자에게 (소득세 관련 사항을 제외하고는) 기업의 자본 구성이 중요하지 않을 것이다. 이자로 받은 어떤 이익도 배당으로 받을 수는 없다. 그런 개인에게 총이자와 배당 지급 능력이 기업 소유자에게 발행된 증권의 종류에 의존하지는 않는다는 것은 확실히 명백할 것이다. 더구나 자본 구성에 변화가 있어도 전체적으로 사업의 투자가치에 변화가 없을 것이다. 전체적으로 기업의 투자가치가 변하지 않으면서 채권은 주식 발행으로 소멸시킬 수 있고, 2개의 하위 증권 클래스가 하나로 통합될 수 있다. 그런 투자가치의 불변성은 물질이나 에너지의 파괴 불가능성과 비슷하다. 이로부터 우리는 물리학에서 물질 보존의 법칙 또는 에너지 보존의 법칙을 얘기하듯이 투자가치 보존의 법칙을 말하게 한다.

따라서 이 장의 결과는 금융시장에 관한 **가치 원칙의 보존**(conservation of value principle)으로 더 광범위하게 해석될 수 있다. 완전자본시장에서 금융 거래는 가치를 더하거나 파괴하지 않지만 대신 위험(과 수익률)의 재포장을 나타낸다.

가치 원칙의 보존은 채무 대 주식 또는 자본구조에 대한 질문을 넘어서 확장한다. 그것은 부가가치를 주는 좋은 거래로 보이는 어떤 금융 거래도 너무 좋아서 진실일 수 없거나, 시장 불완전성의 유형을 이용하는 것임을 의미한다. 다음의 몇 장에서 우리는 기업의 자본구조 선택과 다른 금융 거래를 위해 도입하는 다른 유형의 시장 불완전성과 잠재적인 가치의 원천에 대해서 검토할 것이다.

개념 확인

1. 이 장의 시작에서 EBS의 CFO인 댄 해리스가 직면한 질문을 생각해보라. 모딜리아니와 밀러 정리를 기반으로 당신은 어떤 답변을 주겠는가? 자본구조 의사결정이 어떤 고려 사항을 기반으로 해야 하는가?
2. 금융시장에 대한 가치 원칙의 보존에 대해 서술하라.

핵심 요점 및 수식

14.1 주식과 채무로 자금조달하기

■ 기업이 투자자로부터 자금을 조달하기 위해 발행하는 증권의 조합을 기업의 자본구조라고 한다. 주식과 채무가 기업이 발행하는 가장 일반적인 증권이다. 채무 없이 주식만 사용하면 그 기업은 무차입이라고 한다. 그렇지 않으면 채무의 양이 기업의 레버리지를 결정한다.

■ 기업의 소유자는 발행된 증권의 총가치를 최대화하는 자본구조를 선택해야 한다.

14.2 모딜리아니-밀러 정리 I : 레버리지, 차익거래 및 기업가치

■ 자본시장은 다음 세 가지 조건을 만족하면 완전하다고 한다.
  ■ 투자자와 기업이 미래 현금흐름의 현재가치인 경쟁적 시장가격에 의해 동일한 증권들을 거래할 수 있다.
  ■ 증권거래와 관련된 세금, 거래비용, 발행비용이 없다.
  ■ 기업의 자금조달 의사결정은 투자에 의해 창출되는 현금흐름을 변경시키지 못하며 현금흐름에 대해 새로운 정보를 제공하지도 못한다.

■ MM 정리 I에 의하면 완전자본시장에서 기업의 가치는 자본구조와 무관하다.
  ■ 완전자본시장에서 홈메이드 레버리지는 기업 레버리지에 대해 완전한 대체재이다.
  ■ 자본구조는 다르지만 다른 모든 것이 같은 기업이 다른 가치를 가지면, 일물일가의 법칙에 위배되고 차익거래의 기회가 존재한다.

■ 시장가치 재무상태표는 기업 자산의 총 시장가치가 기업 라이어빌리티의 총 시장가치와 같다는 것을 보여준다. 따라서 자본구조의 변경은 자산의 가치가 각 증권으로 어떻게 분배되는가를 변경하지만 기업의 총가치를 변경하지는 못한다.

■ 기업은 언제든지 새 증권을 발행하고 그 금액을 현재 투자자에게 상환하여 자본구조를 변경할 수 있다. 하나의 예는 기업이 자금을 차입하고 (채무를 발행하여) 자사주를 매입(또는 배당을 지급)하여 레버리지를 재구성하는 것이다. MM 정리 I은 그런 거래가 주가를 변경시키지 않는다는 것을 의미한다.

14.3 모딜리아니-밀러 정리 II : 레버리지, 위험 및 자본비용

■ MM 정리 II에 따르면 차입 주식의 자본비용은 다음과 같다.

$$r_E = r_U + \frac{D}{E}(r_U - r_D) \tag{14.5}$$

■ 채무는 주식보다 덜 위험해서 더 낮은 자본비용을 가진다. 그러나 레버리지는 주식 위험을 증가시켜서 자기자본 비용을 증가시킨다. 채무의 더 낮은 자본비용 혜택은 더 높은 자기자본 비용에 의해 상쇄되지만, 완전자본시장에서 기업의 가중평균 자본비용은 변하지 않는다.

$$r_{wacc} = r_A = r_U = \frac{E}{E+D}r_E + \frac{D}{E+D}r_D \tag{14.6, 14.7}$$

■ 기업 자산의 시장 위험은 무차입 베타에 의해 추정될 수 있다.

$$\beta_U = \frac{E}{E+D}\beta_E + \frac{D}{E+D}\beta_D \tag{14.8}$$

■ 레버리지는 기업 주식의 베타를 증가시킨다.

$$\beta_E = \beta_U + \frac{D}{E}(\beta_U - \beta_D) \tag{14.9}$$

- 기업의 순채무는 채무에서 현금과 무위험 증권을 차감한 값이다. WACC나 무차입 베타를 계산할 때 순채무를 사용하여, 현금을 제외한 기업 영업 자산의 자본비용과 베타를 계산할 수 있다.

14.4 자본구조의 오류

- 레버리지는 기업의 주당 기대 순이익과 주식의 수익률을 증가시킬 수 있지만, 주당 순이익의 변동성과 주식의 위험도 증가시킨다. 결과적으로 완전시장에서 주주들에게 혜택이 있는 것은 아니고 주식의 가치도 변하지 않는다.
- 주식이 공정한 가격에 투자자에게 매도되면, 주식 발행과 관련된 희석화 비용은 없다. 주식이 발행될 때 주식의 수는 증가하지만, 자금이 조달되었기 때문에 기업 자산도 증가하고 주식의 주당 가치도 변하지 않는다.

14.5 MM : 정리를 넘어서

- 완전자본시장에서 금융 거래는 스스로 부가가치를 창출하거나 가치를 해치지 않는 NPV 0의 활동이지만, 기업의 위험과 수익률을 재포장한다. 자본구조(더 일반적으로 금융 거래)는 시장 불완전성의 여러 유형에 대한 영향 때문에 기업가치에 영향을 미친다.

주요 용어

가치 원칙의 보존(conservation of value principle)
무차입 주식(unlevered equity)
부채/가치 비율(debt-to-value ratio)
시장가치 재무상태표(market value balance sheet)
완전자본시장(perfect capital markets)

자본구조(capital structure)
차입 자본 재구성(leveraged recapitalization)
차입 주식(levered equity)
홈메이드 레버리지(homemade leverage)
희석화(dilution)

추가 읽을거리

MM의 주장에 대한 자세한 내용, 특히 그들의 결과를 유도하는 일물일가의 법칙 사용에 대해서는 MM의 최초 논문을 참조하라. F. Modigliani and M. Miller, The Cost of Capital, Corporation Finance and the Theory of Investment," *American Economic Review* 48(3) (1958): 261 – 297.

모딜리아니와 밀러의 업적과 기업재무에 있어서의 중요성을 되짚어보고 싶으면 다음을 참조하라. "The Modigliani-Miller Propositions After Thirty Years," by M. Miller (pp. 99 – 120); "Comment on the Modigliani-Miller Propositions," by S. Ross (pp. 127 – 133); "Corporate Finance and the Legacy of Modigliani and Miller," by S. Bhattacharya (pp. 135 – 147); and "MM—Past, Present, Future," by F. Modigliani (pp. 149 – 158)를 포함하는 Volume 2, Issue 4 of the *Journal of Economic Perspectives* (1988).

머튼 밀러의 업적에 대한 밀러와의 재미있는 인터뷰를 위해서는 P. Tanous, *Investment Gurus* (Prentice Hall Press, 1997)를 보라.

자본구조 이론개발에 MM의 공헌에 대한 최근의 논의는 R. Cookson, "A Survey of Corporate Finance ('The Party's Over' and 'Debt Is Good for You')," *The Economist* (January 27, 2001): 5 – 8를 보라.

밀러와 모딜리아니의 결과에 대한 역사적 설명은 다음을 참조하라. P. Bernstein, *Capital Ideas: The Improbable Origins of Modern Wall Street* (Free Press, 1993); and M. Rubinstein, "Great Moments in Financial Economics: II. Modigliani-Miller Theorem," *Journal of Investment Management* 1(2) (2003).

은행의 자본 요구에 대한 논의와 많은 오류에 대해서는 다음을 참조하라. A. Admati, P. DeMarzo, M. Hellwig, and P. Pfleiderer, Further Reading 511 512 Chapter 14 Capital Structure in a Perfect Market "Fallacies, Irrelevant Facts, and Myths in the Discussion of Capital Regulation: Why Bank Equity Is Not Expensive," Rock Center for Corporate Governance Research Paper No. 86, August 2010; and A. Admati and M. Hellwig, *The Bankers' New Clothes: What's Wrong with Banking and What to Do about It* (Princeton University Press, 2013).

---

* 표시는 난이도가 높은 문제다.

연습문제

주식과 채무로 자금조달하기

1. 1년 뒤에 같은 확률을 가지고 $130,000 또는 $180,000의 현금흐름을 가지는 프로젝트를 생각해보자. 프로젝트를 위해 필요한 최초 투자는 $100,000이고 프로젝트의 자본비용은 20%이다. 무위험 이자율은 10%이다.

   a. 이 프로젝트의 NPV는 얼마인가?

   b. 최초 투자를 위해 자금을 조달하는데, 이 프로젝트는 무차입 기업으로 매도될 것이다. 주식 보유자는 1년 뒤에 이 프로젝트의 현금흐름을 받게 될 것이다. 이 방법으로 어떻게 자금이 조달될 것인가? 즉, 무차입 주식의 최초 가치는 얼마인가?

   c. 최초 $100,000가 무위험 이자율로 차입에 의해 조달될 것이다. 차입 주식의 현금흐름은 얼마이고, MM에 따른 최초 가치는 얼마인가?

2. 당신은 바이오 기술기업을 시작하려는 기업인이다. 당신의 연구가 성공적이면, 이 기술은 $30 백만에 매도될 수 있다. 연구가 성공적이지 않으면, 아무런 가치도 없을 것이다. 연구 자금을 조달하기 위하여 $2 백만을 조달할 필요가 있다. 투자자들은 기업의 무차입 주식 50%를 받는 대가로 당신에게 최초 자본 $2 백만을 제공하고자 한다.

   a. 레버리지가 없는 경우 기업의 총 시장가치는 얼마인가?

   b. 당신은 $2 백만을 모두 주식으로 조달하지 않고, $1 백만은 차입을 고려한다고 하자. MM에 의하면 필요로 하는 추가적인 $1 백만을 조달하기 위하여 매도해야 하는 주식의 비중은 얼마인가?

   c. (a)와 (b)의 경우에 기업 주식에서 당신 지분의 가치는 얼마인가?

3. 아코트 산업은 1년 뒤에 80%의 확률로 $50 백만의 시장가치를 지니는 자산을 보유하고 있다. 그 자산이 $20 백만이 될 확률은 20%이다. 현재 무위험 이자율은 5%이고, 아코트의 자산은 10%의 자본비용을 가진다.

   a. 아코트가 무차입이면 현재 주식의 시장가치는 얼마인가?

   b. 1년 뒤에 $20 백만의 액면가를 가지는 채무를 가지고 있다고 하자. MM에 의하면 이 경우에 아코트 주식의 가치는 얼마인가?

   c. 레버리지가 없는 경우 아코트 주식의 기대 수익률은 얼마인가? 레버리지가 있는 경우 아코트 주식의 기대 수익률은 얼마인가?

   d. 레버리지가 있는 경우와 없는 경우, 아코트 주식의 가장 낮은 실현 수익률은 얼마인가?

4. 월프럼 기술(WT)은 채무가 없다. 경제 활황이면 1년 뒤에 이 기업의 자산가치는 $450 백만이지만, 경제가 침체이면 $200 백만이 될 것이다. 양 경우는 확률이 같다. 이 자산의 오늘 시장가치는 $250 백만이다.

   a. 레버리지가 없는 경우 WT 주식의 기대 수익률은 얼마인가?

   b. 무위험 이자율은 5%이다. 만약 WT가 무위험 이자율로 오늘 $100 백만을 차입하여 당장 현금 배당을 지급한다면, MM에 의할 경우 배당 직후에 주식의 시장가치는 얼마가 될까?

   c. (b)에서 배당이 지급된 후에 WT 주식의 기대 수익률은 얼마인가?

모딜리아니-밀러 정리 I : 레버리지, 차익거래 및 기업가치

5. 세금이 없다고 하자. 기업 ABC는 채무가 없고, 기업 XYZ는 1년 뒤에 10%의 이자를 지급하는 $5,000의 채무가 있다. 두 기업은 매년 $800 또는 $1,000의 현금흐름을 창출하는 동일한 프로젝트를 가지고 있다. 매년 채무에 대한 이자를 지급한 후에 양 기업은 남은 모든 가용현금흐름을 배당으로 지급한다.

   a. 2개의 가용현금흐름의 경우에 각 기업의 채권자 및 주주가 받는 금액을 보여주는 아래의 표를 채워보라.

FCF	ABC		XYZ	
	채무 지급	주식 배당	채무 지급	주식 배당
$800				
$1000				

   b. 당신은 ABC 주식의 10%를 보유하고 있다. 동일한 현금흐름을 주는 다른 포트폴리오는 무엇인가?

   c. 당신은 XYZ 주식의 10%를 보유하고 있다. 10%로 차입할 수 있다면, 동일한 현금흐름을 제공하는 대안적 전략은 무엇인가?

6. 알파 산업과 오메가 기술은 동일한 현금흐름을 창출하는 동일한 자산을 가지고 있다. 알파 산업은 주당 $22에 거래되는 10 백만 개의 발행주식을 가지고 있는 무차입 기업이다. 오메가 기술은 $60 백만의 채무와 20 백만의 발행주식을 가지고 있다.

   a. MM 정리 I에 의하면 오메가 기술의 주가는 얼마인가?

   b. 오메가 기술 주식은 현재 주당 $11에 거래되고 있다. 어떤 차익거래 기회가 존재하는가? 이 기회를 이용하기 위해 필요한 가정들은 무엇인가?

7. 시소프트는 현금으로 $5 백만을 현재 보유하고 있는 매우 수익성 좋은 기술기업이다. 이 기업은 투자자로부터 자사주를 매입하기 위하여 이 현금을 사용하기로 하였고, 이 계획을 투자자들에게 발표하였다. 현재 시소프트는 5 십억 개의 발행주식을 가진 무차입 기업이다. 이 주식은 현재 주당 $12에 거래되고 있다. 시소프트는 종업원들에게 주어진 주식 옵션을 제외하고 다른 증권을 발행하지 않았다. 이 옵션의 현재 시장가치는 $8 십억이다.

   a. 시소프트 비현금 자산의 시장가치는 얼마인가?

   b. 완전자본시장의 경우 자사주 매입 이후에 시소프트 주식의 시장가치는 얼마인가? 주당 가치는 얼마인가?

8. 슈바르츠 산업은 100 백만 개의 발행주식을 가지는 시가총액(주식가치) $4 십억의 공업기업이다. 이 기업은 $2 십억의 채무를 발행하였다. 경영진은 새 주식을 발행하고 모든 발행 채무를 상환하여 레버리지를 없애기로 하였다.

   a. 이 기업은 몇 개의 주식을 발행하여야 하나?

   b. 당신은 100개의 주식을 보유한 주주이고, 이 결정에 찬성하지 않는다. 완전자본시장을 가정할 경우, 이 의사결정의 효과를 없애기 위해 할 수 있는 행동을 서술하라.

9. 제타트론은 100 백만 개의 발행주식을 가지는 무차입 기업으로 주당 가격은 $7.50이다. 한 달 전에 제타트론은 단기채무로 $100 백만, 장기채무로 $100 백만을 차입하고, $100 백만의 우선주를 발행할 것을 발표하였다. 이 발행에 의해서 조달된 $300 백만과 제타트론이 보유한 현금 $50 백만은 자사주 매입을 위하여 사용될 것이다. 이 거래는 오늘 발생할 것이다. 완전자본시장을 가정하자.

   a. 제타트론의 시장가치 재무상태표는 어떻게 되나?

      i. 이 거래 이전

      ii. 새 증권의 발행 이후지만 자사주 매입 이전

      iii. 자사주 매입 이후

    b. 이 거래의 결과로 제타트론의 발행주식 수와 이 주식들의 가치는 얼마가 되는가?

모딜리아니-밀러 정리 II : 레버리지, 위험 및 자본비용

10. 다음 주장에서 무엇이 잘못인지 설명하라. "어떤 기업이 채무불이행의 위험이 없기 때문에 무위험인 채무를 발행한다면, 기업 주식의 위험은 변하지 않는다. 따라서 무위험 채무는 자기자본 비용을 증가시키지 않고 기업이 채무의 낮은 자본비용 혜택을 받을 수 있도록 한다."

11. 14.1절(과 표 14.1~14.3에서 언급)의 기업인을 생각해보자. 그녀는 $500보다는 $750를 차입하여 프로젝트의 자금을 조달한다고 하자.

    a. MM 정리 I에 의하면 주식의 가치는 얼마인가? 경제가 활황이면 현금흐름은 얼마인가? 경제가 침체이면 현금흐름은 얼마인가?

    b. 각 경우에 주식의 수익률은 얼마인가? 기대 수익률은 얼마인가?

    c. 각 경우에 주식의 위험 프리미엄은 얼마인가? 차입 주식 수익률의 체계적 위험에 대한 민감도는 얼마인가? 무차입 주식의 민감도에 비해 어떤가? 무차입 주식의 민감도에 비해 위험 프리미엄은 어떤가?

    d. 이 경우에 채무-자기자본 비율은 얼마인가?

    e. 이 경우에 기업의 WACC는 얼마인가?

12. 하드몬 기업은 현재 12%의 기대 수익률을 가지는 무차입 기업이다. 차입하여 현재의 자사주를 매입하는 차입 자본 재구성을 고려하고 있다.

    a. 하드몬은 채무-자기자본 비율이 0.50가 될 때까지 차입을 하려고 한다. 이 규모의 채무인 경우 타인자본 비용은 6%이다. 이 거래 이후에 주식의 기대 수익률은 얼마가 될까?

    b. 하드몬은 채무-자기자본 비율이 1.50이 될 때까지 차입을 하려고 한다. 이 규모의 채무인 경우 하드몬의 채무는 더욱 위험해질 것이다. 결과적으로 타인자본 비용은 8%가 될 것이다. 이 경우에 주식의 기대 수익률은 얼마가 될까?

    c. 한 경영자는 가장 높은 주식의 기대 수익률을 낼 수 있는 자본구조를 선택하는 것이 최선의 주주 이익과 부합한다고 주장한다. 이 주장에 대해 어떻게 반응할 것인가?

13. 비자 주식회사(V)는 채무가 없고 9.2%의 자기자본 비용을 가진다고 하자. 신용 서비스 산업의 평균 부채/가치 비율은 13%이다. 이 기업이 산업의 평균 채무 규모를 6%의 채무비용으로 가진다면 주식의 비용은 얼마가 될 것인가?

14. 글로벌 피스톤즈(GP)는 $200 백만의 시장가치를 가지는 보통주와 $100 백만을 가지는 채무를 가지고 있다. 투자자들은 주식 15%, 채무 6%의 수익률을 기대하고 있다. 완전자본시장을 가정하자.

    a. GP는 채무를 상환하기 위하여 새 주식 $100 백만을 발행하려고 한다. 이 거래 이후에 주식의 기대 수익률은 얼마인가?

    b. GP는 자사주 매입을 위해 새로운 채무 $50 백만을 발행하려고 한다.

      i. 채무의 위험이 변하지 않는다면, 이 거래 이후에 주식의 기대 수익률은 얼마인가?

      ii. 채무의 위험이 증가한다면, 주식의 기대 수익률이 (i)에서보다 커질까 또는 작아질까?

15. 허버드 산업은 10%의 기대 수익률을 가지는 주식을 가진 무차입 기업이다. 허버드는 채무-자기자본 비율이 0.60이 될 때까지 채무 발행과 자사주 매입을 하는 레버리지에 의한 자본 재구성을 한다. 증가한 위험 때문에 주주들은 13%의 수익률을 기대한다. 세금이 없고 허버드의 채무가 무위험이라고 할 때 채무에 대한 이자율은 얼마인가?

16. 하트포드 마이닝은 주당 $4에 거래되는 50 백만 개의 주식과 $200 백만의 채무를 가지고 있다. 채무는 무위험이고 5%의 이자율을 가지며, 하트포드 주식의 기대 수익률은 11%이다. 광업 파업이 하트포드의 주식 가격을 주당 25% 하락시켜 주당 $3가 되었다. 무위험 채무의 가치는 변함이 없다. 세금이 없고 하트포드

자산의 위험(무차입 베타)이 변하지 않았다고 가정할 때 하트포드의 자기자본 비용은 어떻게 되는가?

17. 머서 주식회사는 10 백만 개의 주식과 $100 백만의 채무를 발행하였다. 현재 주식가격은 $75이다. 머서의 자기자본 비용은 8.5%이다. 머서는 $350 백만의 채무를 발행할 것이라고 발표하였다. 채무로부터의 수입으로 현재의 채무를 상환하고 당장 $250 백만의 배당을 지급하기 위하여 사용할 것이다. 완전자본시장을 가정하자.

　　a.　자본 재구성 발표 직후 거래 이전인 경우 머서의 주식가격을 추정하라.

　　b.　이 거래의 결과에 의한 머서의 주식가격을 추정하라. (힌트 : 시장가치 재무상태표를 사용하라.)

　　c.　머서의 현재 채무는 무위험으로 4.25%의 기대 수익률을 가지고, 새로운 채무는 5%의 기대 수익률을 가진다. 이 거래 이후에 머서의 자기자본 비용을 추정하라.

18. 2015년 중반에 퀄컴은 $11 십억의 채무와 $89 십억의 주식 시가총액을 가지며, 주식 베타는 1.43이다. (Yahoo!Finance에 보고된 바와 같음.) 퀄컴의 자산은 현금과 무위험 증권 $21 십억을 포함한다. 무위험 이자율을 3%, 시장의 위험 프리미엄을 4%라고 가정하자.

　　a.　퀄컴의 사업가치는 얼마인가?

　　b.　퀄컴 영업 자산의 베타는 얼마인가?

　　c.　퀄컴의 WACC는 얼마인가?

*19. 인델 주식은 $120 백만의 시장가치와 1.50의 베타를 가진다. 인델은 현재 무위험 채무를 가지고 있다. 이 기업은 $30 백만의 추가적인 무위험 채무를 발행하고, 조달된 $30 백만과 보유 현금 $10 백만으로 자사주를 매입하여 자본구조를 변경하려고 한다. 완전자본시장인 경우 이 거래 이후에 인델 주식의 베타는 얼마가 될까?

*20. 짐 캠벨은 혁신적인 소프트웨어 기업인 오픈스타트의 CEO이다. 이 기업은 모두 자기자본으로 자금을 조달하였으며 100 백만 개의 발행주식이 있다. 주식은 $1에 거래되고 있다. 캠벨은 현재 20 백만의 주식을 소유하고 있다. 1년 뒤에 두 가지 상황이 가능하다. 그들 소프트웨어의 새로운 버전이 히트를 쳐서 기업의 가치는 $160 백만이 되거나, 아니면 기업의 가치가 $75 백만으로 하락할 것이다. 현재 무위험 이자율은 2%이다. 캠벨은 1년 뒤에 만기가 되는 채무를 발행하고 발행주식의 일부를 매입하여 기업을 사유화하려고 한다. 채무는 할인채로 1년 뒤에 액면가를 상환할 것이다.

　　a.　발행해야만 하는 새 채무의 시장가치는 얼마인가?

　　b.　오픈스타트는 $75 백만의 액면가를 가지는 무위험 채무의 발행하고자 한다. 채무 발행의 수입으로 매입할 수 있는 주식의 규모는 얼마인가? 짐이 아직 소유하지 않은 남은 주식의 비중은 얼마인가?

　　c.　무위험 채무와 짐이 소유하지 못한 주식의 비중을 결합해보자. 이 결합 포트폴리오의 수익은 얼마인가? 이 포트폴리오의 가치는 얼마인가?

　　d.　(c)에서의 포트폴리오와 동일한 수익을 가지는 위험 채무의 액면가는 얼마인가?

　　e.　기업을 사유화하기 위해 필요한 (d)에서의 위험 채무 만기 수익률은 얼마인가?

　　f.　두 결과의 확률이 같다면 오픈스타트의 현재 (이 거래 이전에) WACC는 얼마인가?

　　g.　이 거래 이후에 오픈스타트의 타인자본 및 자기자본 비용은 얼마인가? 새로운 레버리지에 의해 WACC가 변하지 않는다는 것을 보이라.

자본구조의 오류

21. 예르바 산업은 베타가 1.2이고 기대 수익률이 12.5%인 주식을 가지는 무차입 기업이다. 5%의 새로운 무위험 채무를 발행하여 자기 주식의 40%를 매입하려고 한다. 완전자본시장을 가정하자.

　　a.　이 거래 이후에 예르바 주식의 베타는 얼마인가?

　　b.　이 거래 이후에 예르바 주식의 기대 수익률은 얼마인가?

이 거래 이전에 예르바는 내년도에 주당 이익을 $1.50로 기대해서, 14의 포워드 P/E 비율(주가를 내년도 기대 이익으로 나눈 값)을 가지게 된다.

c. 이 거래 이후에 예르바의 주당 기대 이익은 얼마인가? 이 변화가 주주들에게 혜택이 되는가? 설명하라.

d 이 거래 이후에 예르바의 포워드 P/E 비율은 얼마인가? P/E 비율의 변화가 합리적인가? 설명하라.

22. 당신은 고성장 기술기업의 CEO이다. 당신은 새로운 주식과 채무를 발행하여 확장을 위한 $180 백만의 자금을 조달하려고 한다. 이 확장과 함께 내년도에 $24 백만의 이익을 기대하고 있다. 이 기업은 현재 주당 $90의 가격을 가지는 주식을 10 백만 개 발행하였다. 완전자본시장을 가정하자.

a. 만약 주식을 매도하여 $180 백만을 조달하면, 내년도의 주당 이익 예상은 얼마인가?

b. 이자율 5%로 새로운 채무를 발행하여 $180 백만을 조달하면, 내년도의 주당 이익 예상은 얼마인가?

c. 주식을 발행한다면 이 기업의 포워드 P/E 비율(주가를 내년도의 기대 이익으로 나눈 값)은 얼마인가? 채무를 발행하면 이 기업의 포워드 P/E 비율은 얼마인가? 그 차이를 어떻게 설명할 수 있나?

23. 젤너는 주당 $8.50로 거래되는 주식을 100 백만 개 발행한 무차입 기업이다. 젤너는 새로운 보상 계획으로 10 백만의 새 주식을 종업원들에게 제공하는 의사결정을 하였다. 이것은 비용이 소요되지 않기 때문에 새로운 보상 계획이 종업원들에게 동기를 주어 급여 보너스 지급보다 더 좋은 전략이라고 이 기업은 주장한다.

a. 새로운 보상 계획이 젤너 자산의 가치에 아무런 영향을 미치지 않는다면, 이 계획이 시행될 때 주식의 가격은 어떻게 될까?

b. 젤너 투자자들에 대한 이 계획의 비용은 얼마인가? 이 경우에 주식 발행이 비싼가?

*24. 레버드 은행은 2%의 주식과 98%의 채무로 자금을 조달하였다. 현재 시가총액은 $10 백만이고, 시장가치-장부가치 비율은 1이다. 레버드 은행은 자산(대출 자산)에 대해 4.22%의 기대 수익률을 얻고, 채무에 대해 4%를 지급한다.

새로운 자본 요구는 레버드 은행이 자본구조의 4%까지 주식을 증가시키도록 할 것이다. 새 주식을 발행하여 현재의 채무를 상환하기 위해 사용할 것이다. 이 채무의 이자율은 4%로 남아 있을 것으로 기대한다.

a. 2%의 주식에 대한 레버드 은행의 기대 ROE는 얼마인가?

b. 완전자본시장을 가정할 경우 레버드 은행이 주식을 4%까지 증가시킨 이후에 기대 ROE는 얼마인가?

c. 레버드 은행의 ROE와 채무비용 간의 차이를 생각해보자. 은행의 레버리지 감소 이전과 이후에 이 프리미엄을 비교하라.

d. 레버드 은행의 자산 수익률이 0.25%의 변동성을 가진다고 하자. 주식 증가 이전과 이후에 레버드 은행의 ROE 변동성은 얼마인가?

e. 주식 증가 이후에 레버드 은행의 ROE 감소가 주주들에게 주식의 매력을 감소시키는가?

당신은 홈 디포의 기업재무 부문에서 일하고 있는데, 당신의 상사가 이 기업의 자본구조를 검토해보라고 요청하였다. 특히 상사는 이 기업의 채무 수준 변경을 고려하고 있다. 당신의 상사는 MBA 과정에서 자본구조의 무관련성을 기억하지만, 그것이 정확히 무엇을 의미하는지는 모른다. 당신은 완전자본시장의 상황에서 자본구조가 무관하다는 것을 알고 있고, 여러 채무 수준에 대해 WACC가 불변이라는 것을 상사에게 보여주어 이 점을 증명하려고 한다. 당신 상사에게 답변을 준비한 것과 같이 자본시장이 완전하다고 하자.

데이터 사례

홈 디포 자본구조의 적당한 변화를 분석하고자 한다. 2개의 시나리오를 생각하자. 자사주 매입을 위해 새로운 채무 $1 백만을 발행하는 것과 채무 상환을 위해 $1 십억의 새 주식을 발행하는 것. 식 (14.5)와 (14.6)을 이용하고 무차입 주식의 비용이 12%라고 가정하여, 다음의 질문에 답변하기 위해 엑셀을 사용하라.

1. 홈 디포를 위해 필요한 재무 정보를 얻으라.

   a. www.nasdaq.com으로 가서 "Quotes"를 클릭한다. 홈 디포의 주식 표식(HD)을 입력하고, "Summary Quotes"를 클릭한다. Stock Quote & Summary Data 쪽으로부터 현재의 주가를 찾는다. 왼쪽 열에 있는 "Stock Report"를 클릭하여 발행주식 수를 찾는다.

   b. "Income Statement"를 클릭하면 연별 손익계산서가 나온다. 손익계산서의 중간 쯤에 커서를 올리고, 마우스의 오른쪽을 클릭하여 "Export to Microsoft Excel"을 선택한다. (제15장까지 손익계산서를 필요로 하지 않을 것이지만, 한 번에 배경 자료들을 모두 수집한다.) 웹페이지에서 재무상태표 탭을 클릭한다. 재무상태표를 엑셀로 내보내고 손익계산서와 마찬가지로 같은 워크시트에 재무상태표를 잘라서 붙인다.

   c. 홈 디포의 채무비용을 얻기 위해 NASD BondInfo(finra-markets.morningstar.com)로 가라. "Market Data" 아래의 "Bonds"를 선택한다. "Search" 옵션을 선택하여 홈 디포의 표식을 입력한다. "Corporate" Bond Type을 선택하고 "Show Results"를 클릭한다. 다음 쪽은 홈 디포의 발행 채무와 최근에 만기가 도래한 채권의 모든 정보를 포함한다. 가장 짧은 잔여 만기를 가지는 발행 채권의 가장 최근 만기 수익률을 선택한다. (만기일은 각 발행을 설명하는 줄에 있다. 때때로 이 목록은 최근에 상환된 채권도 포함하기 때문에 그들 중의 하나를 사용하지 않도록 한다.) 당신은 상사에게 주요 개념을 설명하려고 하기 때문에, 발행 채권의 현재 만기 수익률 r_D를 사용하는 것이 간단할 것이다.

2. 홈 디포의 시장 D/E 비율을 계산하라. 채무의 시장가치를 순채무의 장부가치로 사용하라. 재무상태표로부터 장기채무와 단기채무에서 현금 부문을 차감한다. 주식의 시장가치를 계산하기 위하여 주가와 발행주식 수를 사용한다.

3. 식 (14.5)의 시장 부채/주식 비율을 이용하여 홈 디포 차입 주식의 비용(r_E)을 계산하라.

4. 주어진 현재의 부채/주식 비율에 따라 식 (14.6)을 이용하여 홈 디포의 현재 WACC를 계산하라.

5. 분석하고자 하는 2개의 시나리오(자사주 매입을 위해 $1 십억의 채무 발행, 채무 상환을 위해 $1 십억의 주식 발행)에 대해 3단계와 4단계를 반복한다. (레버리지에 따라 타인자본 비용 r_D가 변할 수 있다는 것을 알고 있지만, 이런 작은 변화에 대해 r_D가 일정하다고 가정하기로 한다. 레버리지 변화와 r_D 변화 간의 관계는 제24장에서 더 자세히 다룰 것이다.) 각 경우에 있어서 시장 D/E 비율은 얼마인가?

6. 자본구조와 이 연습에서의 자본비용 간의 관계를 당신의 상사에게 설명하는 보고서를 준비하라.

7. 이 연습에서 5번 문제에서 발견된 결과를 만들어내는 내재적 가정들은 무엇인가?

주석 : 이 사례 분석에 대한 갱신은 www.berkdemarzo.com에서 찾을 수 있다.

채무와 세금

완전자본시장에서 일물일가의 법칙은 모든 금융 거래가 0의 NPV를 가지고, 가치 창출이나 파괴를 발생시키지 않는다는 것을 의미한다. 따라서 우리는 제14장에서 채무와 주식의 조달 방식 선택이 기업가치에 영향을 미치지 않는다는 것을 알 수 있었다. 기업이 채무를 발행하여 조달한 금액은 미래 이자와 원금의 현재가치와 같다. 레버리지는 기업 주식의 위험과 자본비용을 증가시키지만, 기업의 가중평균 자본비용, 총가치, 주가는 레버리지 변화의 영향을 받지 않는다. 즉, 완전자본시장에서 기업의 자본구조 선택은 중요하지 않다.

하지만 기업들이 자본구조의 관리를 위해 시간과 노력뿐만 아니라 투자은행 보수 관점에서 상당한 자원을 투자한다는 측면에서 이 결론은 좀 이상하다. 많은 경우에 레버리지 선택이 기업가치와 미래의 성공에 상당히 중요하다. 나중에 보이겠지만 산업에 따른 전형적 자본구조에 있어서 분명하고 체계적인 다양성이 있다. 예를 들어 2015년 8월에 생명공학 및 제약회사인 암젠은 $32 십억의 채무, $30 십억의 현금, $126 십억 이상 가치의 주식으로 구성되어서, 순채무가 아주 작은 0.25의 부채비율을 가지고 있다. 이와는 대조적으로 자동차와 트럭 제조업체인 나비스타 인터내셔널은 3.7의 부채비율을 가지고 있다. 일반적으로 트럭 제조업체는 생명공학 및 제약회사보다 더 높은 부채비율을 가진다. 자본구조가 중요하지 않다면, 우리는 왜 기업과 산업별로 자본구조의 차이를 보아야 할까? 경영진들은 왜 자본구조의 선택에 많은 시간과 노력 및 비용을 소비할까?

모딜리아니와 밀러는 이 분야 최초인 그들의 연구에서, 완전자본시장에서 자본구조는 중요하지 않다고 하였다. 제14장으로부터 다음과 같은 가정하에 완전자본시장이 존재한다는 것을 되새기자.

1. 투자자와 기업은 미래 현금흐름의 현재가치와 같은 경쟁적 시장가격으로 동일한 증권들은 거래할 수 있다.
2. 증권거래와 관련된 세금, 거래비용, 발행비용이 존재하지 않는다.
3. 기업의 자본조달 의사결정은 투자로부터 발생하는 현금흐름을 변화시키지 않고, 현금흐름에 관한 어떤 새로운 정보도 제공하지 못한다.

만약 자본구조가 중요하다면 이는 시장의 불완전성 때문이다. 이 장에서는 불완전성 요소의 하나인 세금에 초점을 맞추고자 한다. 주식회사와 투자자들은 투자로부터 얻은 소득에 대해 세금을 지불한다. 나중에 알게 되겠지만 기업은 레버리지에 의해 기업과 투자자들이 지불해야 하는 세금을 최소화하여 기업가치를 증가시킬 수 있다.

15.1 이자의 세금 절감

기업은 그들이 얻은 소득에 대해 세금을 지불해야 한다. 이자 지급 이후의 이익에 대해 세금을 지불하기 때문에 이자비용은 기업이 지불해야 하는 법인세를 감소시킨다. 세법의 이런 특성은 채무를 이용하게 하는 인센티브를 제공한다.

소매 백화점인 메이시에 의해 지불된 이자비용의 세금에 대한 영향을 생각해보자. 2014년에 메이시는 $2.8 십억의 EBIT를 가졌고, $400 백만의 이자비용을 지불하였다. 메이시의 35% 한계법인세율을 가정할 때[1] 레버리지가 메이시의 이익에 미치는 영향이 표 15.1에 제시되어 있다.

표 15.1에서 볼 수 있듯이 메이시의 2014년 순이익은 레버리지가 없을 때보다 있을 때 더 낮다. 따라서 메이시의 채무 발행은 주식 보유자가 받을 순이익을 감소시켰다. 그러나 더 중요한 것은 모든 투자자에게 이용 가능한 총금액은 레버리지가 있을 때 더 높다는 것이다.

	레버리지가 있는 경우	레버리지가 없는 경우
채권자에게 지급되는 이자	400	0
주식 보유자의 순이익	1560	1820
모든 투자자의 이익	$1960	$1820

레버리지가 있는 경우에 메이시는 투자자에게 $1,960 백만을 지불할 수 있었으므로, 레버리지가 없는 경우에 지불할 수 있었던 $1,820 백만에 비해, $140 백만의 증가가 있었다.

레버리지가 있으면 순이익이 더 낮아도 기업은 더 좋아진다고 하는 것이 좀 이상할 수 있다. 그러나 제14장에서 배웠듯이 기업의 가치는 주식 보유자만이 아니라 모든 투자자로부터 조달한 전체 금액이다. 레버리지로 인해 (채권자에게 지급되는 이자를 포함하여) 더 많은 금액을 모든 투자자에게 제공할 수 있다면, 처음부터 더 많은 자본을 조달할 수 있을 것이다.

추가적인 $140 백만은 어디서 오는 것일까? 표 15.1을 보면, 이 이익은 레버리지가 있는 경우의 세금 절감액이다. $980 백만 − $840 백만 = $140 백만. 메이시는 이자 지급을 위해 사용하는 $400 백만에 대해 세금을 지불할 필요가 없기 때문에, $400 백만은 법인세로부터 보호되어, 세금 절감액은 35% × $400 백만 = $140 백만이 된다.

일반적으로 이자 지급의 세금공제로부터 투자자들이 얻는 수익을 **이자의 세금 절감액**(interest tax shield)

표 15.1	레버리지가 있는 경우와 없는 경우 메이시의 소득(2014년, $ 백만)	
	레버리지가 있는 경우	레버리지가 없는 경우
EBIT	$2800	$2800
이자비용	−400	0
세전이익	2400	2800
법인세(35%)	−840	−980
순이익	$1560	$1820

---

1 다른 신용과 법인세 이연을 고려한 이후에 메이시는 2014년에 약 36.2%의 평균 세율을 지불하였다. 여기서는 레버리지 변화의 영향에 관심이 있기 때문에 메이시의 (추가적인 과세소득에 적용되는) 한계세율이 우리의 논의와 관계가 있다.

이라고 한다. 이자의 세금 절감은 레버리지가 없다면 지불해야 하는 세금을 절약하여 투자자에게 지급할 수 있는 추가적인 금액이다. 이자의 세금 절감액을 다음과 같이 계산할 수 있다.

$$\text{이자의 세금 절감} = \text{법인세율} \times \text{이자 지급액} \qquad (15.1)$$

예제 15.1

이자의 세금 절감 계산하기

문제

아래 표는 디에프 빌더(DFB)의 손익계산서이다. 35%의 한계법인세율인 경우 2012년에서 2015년까지 이자의 세금 절감액은 얼마인가?

DFB 손익계산서($ 백만)	2012	2013	2014	2015
매출총액	$3369	$3706	$4077	$4432
매출원가	−2359	−2584	−2867	−3116
판매 및 일반관리비	−226	−248	−276	−299
감가상각	−22	−25	−27	−29
영업이익	762	849	907	988
영업외이익	7	8	10	12
EBIT	769	857	917	1000
이자비용	−50	−80	−100	−100
세전 이익	719	777	817	900
법인세(35%)	−252	−272	−286	−315
순이익	$467	$505	$531	$585

풀이

식 (15.1)로부터 이자의 세금 절감액은 매년 35%에 이자 지급액을 곱한 값이다.

($ 백만)	2012	2013	2014	2015
이자비용	−50	−80	−100	−100
이자의 세금 절감(35% × 이자비용)	17.5	28	35	35

따라서 이자의 세금 절감으로 인해 DFB가 투자자에게 지급할 수 있는 추가적인 금액은 4년 동안 $115.5 백만이다.

개념 확인

1. 법인세가 있을 경우 레버리지가 있으면 순이익은 더 작아도 기업의 가치가 증가하는 이유를 설명하라.
2. 이자의 세금 절감이란?

15.2 이자의 세금 절감 평가

기업이 채무를 사용할 때 이자의 세금 절감은 기업에게 매년 법인세 절감 혜택을 준다. 이러한 레버리지 효과가 기업가치에 주는 혜택을 알아보기 위하여 기업이 받게 될 미래 이자의 세금 절감 흐름을 모두 현재가치로 전환해야 한다.

이자의 세금 절감과 기업가치

기업이 매년 이자를 지급하면 투자자에게 지불하는 현금흐름이 레버리지가 없을 때보다 이자의 세금 절감액만큼 커지게 된다.

$$\left(\begin{array}{c}\text{레버리지가 있는 경우}\\\text{투자자로의 현금흐름}\end{array}\right)=\left(\begin{array}{c}\text{레버리지가 없는 경우}\\\text{투자자로의 현금흐름}\end{array}\right)+\left(\begin{array}{c}\text{이자의}\\\text{세금 절감}\end{array}\right)$$

그림 15.1은 이러한 관계를 보여주고 있다. 세전 현금흐름이 어떻게 나누어지는가를 볼 수 있다. 기업은 세전 현금흐름의 일부로 세금을 내고, 나머지를 투자자에게 지급한다. 이자를 통해서 채권자들에게 주는 금액이 증가하면, 세금으로 지불되어야 하는 세전 현금흐름의 양이 감소한다. 총 현금흐름에서 투자자에게 제공하는 수익이 이자의 세금 절감이다.

차입 기업의 현금흐름이 무차입 기업의 현금흐름과 이자의 세금 절감의 합이기 때문에, 일물일가의 법칙에 따라 이 현금흐름의 현재가치에 대해서도 동일한 결론이 성립하여야 한다. 따라서 V^L과 V^U를 각각 차입 기업과 무차입 기업의 가치라고 하면, 세금을 고려할 경우 MM 명제 I은 다음과 같이 변한다.

차입 기업의 가치는 채무로 인한 세금 절감 금액의 현재가치 때문에 무차입 기업의 가치를 초과한다.

$$V^L = V^U + PV(\text{이자의 세금 절감}) \tag{15.2}$$

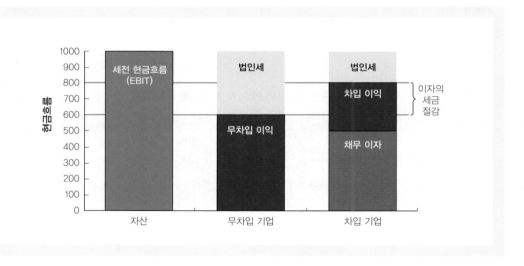

그림 15.1

무차입 및 차입 기업의 현금흐름

이자 지급을 통해 채권자의 현금흐름을 증가시키면 기업은 법인세 지급을 줄이게 된다. 투자자에게 지급된 현금흐름을 파란색으로 표시하였다. 투자자에게 지급되는 전체 현금흐름의 증가는 이자의 세금 절감이다. (이 그림은 40%의 법인세율을 가정한다.)

피자와 세금

제14장에서 머튼 밀러는 피자 비유로 완전자본시장에서 MM 명제를 설명하였다. 즉, 피자를 어떻게 나누어도 피자의 양은 동일하다.

여기서는 이 비유를 세금의 상황에도 확장할 수 있지만, 이야기가 조금 달라진다. 이 경우 주식 보유자가 피자 조각을 받을 때마다 샘 아저씨(역주 : 미국 국세청)가 세금을 거두어 간다. 하지만 채권자들이 피자 조각을 받을 때는 세금을 거두지 않는다. 따라서 주식 보유자보다 채권자에게 더 많은 조각을 주면 샘 아저씨가 세금으로 가져가는 피자가 줄어들기 때문에 투자자들에게 더 많은 피자가 남게 된다.

채무에 의해 자금을 조달하면 중요한 세금 절감의 혜택이 분명히 있다. 그러나 그런 세금 효과가 얼마나 클까? 이자의 세금 절감과 관계된 기업 총가치의 증가를 계산하기 위하여 기업 채무(이자 지급액)가 시간에 따라 어떻게 변하는가를 예측할 필요가 있다. 미래의 예상 이자 지급액이 주어질 때, 이자의 세금 절감액을 결정할 수 있고 채무의 위험에 따른 할인율로 할인하여 현재가치도 계산할 수 있다.

| 무위험인 경우 이자의 세금 절감 가치 | 예제 15.2 |

문제

DFB가 향후 10년 동안 매년 $100 백만의 이자를 지급하고, 10년 뒤에는 $2 십억의 원금을 상환하여야 한다고 하자. 이 상환은 위험이 없고, 이 기간에 DFB의 한계법인세율은 35%로 유지될 것이다. 무위험 이자율이 5%라면, 이자의 세금 절감에 의해 DFB의 가치는 얼마나 증가할까?

풀이

이 경우에 향후 10년 동안 매년 이자의 세금 절감은 35%×$100 백만 = $35 백만이다. 따라서 10년 연금으로 이 가치를 평가할 수 있다. 세금 절감 금액은 알려져 있고 무위험이기 때문에 5%의 무위험 이자율로 할인할 수 있다.

$$PV(\text{이자의 세금 절감}) = \$35 \text{ 백만} \times \frac{1}{0.05}\left(1 - \frac{1}{1.05^{10}}\right)$$

$$= \$270 \text{ 백만}$$

10년 이후의 원금 상환액은 세금 절감 대상이 아니므로 원금은 세금 절감에 기여하지 못한다.

영구 채무를 가진 경우 이자의 세금 절감

예제 15.2에서 기업의 미래 이자 지급액과 세금 절감 금액을 확실히 알고 있다. 실무에서는 이런 경우가 드물다. 전형적으로 미래의 이자 지급 수준은 기업이 발행한 채무의 규모 변화, 채무의 이자율 변화, 기업이 파산하거나 이자 지급에 실패할 수 있는 위험 등과 같은 원인에 의해 변한다. 또한 기업의 한계법인세율도 세법의 변화 및 기업의 이익 구간 변화에 따라 변동할 수 있다.

여기서 모든 가능성을 설명하기보다는 기업이 채무를 발행하고 채무의 규모를 영원히 일정하게 유지하는 계획을 가진 특별한 경우를 고려하자.[2] 예를 들어 기업이 영구 채권을 발행하여, 이자만 지급하고 원금은 상환하지 않는다고 하자. 더욱 현실적인 예를 들자면 기업이 5년 이표채를 발행하고, 원금 지급의 만기가 돌아오면 새로운 채무를 발행하여 필요한 자금을 조달한다고 하자. 이렇게 하면 기업은 원금을 상환하지 않고 만기가 돌아오면 새로 자금을 조달하는 것이다. 이런 경우에 이 채무는 실질적으로 영구채가 된다.

많은 대기업이 그들의 재무상태표에 어느 정도의 채무를 유지하는 정책을 사용하고 있다. 오래된 채권이나 차입의 만기가 돌아오면 새로이 차입을 한다. 여기서 중요한 가정은 기업 규모 변화에 따라 채무의 규모가 변하는 경우보다 발행된 채무의 규모가 **고정된** 경우에 이자의 세금 절감 가치를 고려한다는 것이다.

---

2 제18장에서는 더 복잡한 레버리지 정책에서 이자의 세금 절감 가치에 대해 다룰 것이다.

어떤 기업이 D의 채무를 차입하고, 이 채무를 영원히 가져간다고 하자. 기업의 한계법인세율이 τ_c이고, 채무가 무위험이어서 무위험 이자율 r_f를 가질 때, 매년 이자의 세금 절감은 $\tau_c \times r_f \times D$가 되고 이를 영구 연금으로 취급하여 그 가치를 계산할 수 있다.

$$PV(\text{이자의 세금 절감}) = \frac{\tau_c \times \text{이자}}{r_f} = \frac{\tau_c \times (r_f \times D)}{r_f}$$
$$= \tau_c \times D$$

위의 계산은 채무가 무위험이고, 무위험 이자율은 일정하다고 가정한다. 하지만 이러한 가정이 반드시 필요한 것은 아니다. 채무가 공정하게 평가되면, 차익거래 불가능 조건에 의해 채무의 시장가치가 미래 이자 지급액들의 현재가치와 같아야 한다.[3]

$$\text{채무의 시장가치} = D = PV(\text{미래의 이자 지급액}) \tag{15.3}$$

기업의 한계법인세율이 일정하다면,[4] 다음의 일반적 공식을 얻는다.

영구채 이자의 세금 절감 가치

$$PV(\text{이자의 세금 절감}) = PV(\tau_c \times \text{미래의 이자 지급액})$$
$$= \tau_c \times PV(\text{미래의 이자 지급액})$$
$$= \tau_c \times D \tag{15.4}$$

이 식은 이자의 세금 절감 규모를 보여준다. 법인세율이 35%일 때, 기업이 발행하는 새로운 영구채 \$1에 대해서 기업가치가 \$0.35 증가한다는 것을 의미한다.

세금이 있는 경우의 가중평균 자본비용

레버리지의 세금 혜택은 가중평균 자본비용으로 표현할 수 있다. 기업이 채무로 자금을 조달할 때, 이자비용은 이자의 세금 절감으로 어느 정도 상쇄될 수 있다. 예를 들어 어떤 기업의 법인세율이 35%이고, \$100,000를 연이자율 10%로 차입하였다고 하자. 연말의 순비용은 다음과 같다.

		연말
이자비용	$r \times \$100,000 =$	\$10,000
세금 절감	$-\tau_c \times r \times \$100,000 =$	$-3,500$
세후 실효 채무비용	$r \times (1 - \tau_c) \times \$100,000 =$	\$6,500

채무의 실효비용은 차입 금액의 10%가 아니라 차입 금액의 \$6,500/\$100,000 = 6.50%이다. 따라서 이자의 세금공제는 기업 채무의 비용을 감소시킨다. 일반적으로[5]

세금공제 이자가 있는 경우 세후 실효 차입 이자율은 $r(1 - \tau_c)$이다.

---

3   식 (15.3)은 이자율이 변하고 채무의 위험이 있어도 성립한다. 이것은 기업이 원금을 상환하지 않는다는(새로운 자금을 재조달하거나 원금 지급 불이행이라는) 가정을 필요로 한다. 이 결과는 주식가격이 미래 모든 배당의 현재가치라는 제9장에서와 같은 주장에 따른다.

4   기업의 과세소득이 크게 변동하여 기업의 법인세 구간이 변하게 되면, 법인세율이 일정하지 않을 수 있다(15.5절에서 이러한 가능성을 더 다루고자 한다).

5   제5장에서 개인의 세금공제 이자를 고려할 경우에도 동일한 결과를 유도했다(예 : 주택담보대출).

송금세 : 현금 부자인 기업들이 차입하는 이유

2013년 4월, 애플은 미국 최대의 채권 발행이었던 $17 십억을 차입하였다. 하지만 $100 십억 이상의 현금을 보유한 기업이 차입한 이유는 무엇일까? 애플은 실제로 많은 현금을 보유하고 있었지만 대부분의 현금이 해외에 있어서, 그것을 미국으로 송금하기 위해서는 애플이 회피하고 싶은 20%를 초과하는 세금을 지불해야 했다. 애플은 이것을 피하고 싶어서 차입을 한 것이다.

애플의 상황은 드문 일이 아니다. 미국 기업이 해외에서 이익을 얻으면, 그 이익은 발생 국가의 법인세 적용을 받는다. 하지만 이익을 해외에 투자하지 않고 미국으로 "송금"하면, 기업은 외국 법인세와 미국 법인세의 차액을 또 지불해야 한다. 종종 외국 법인세율이 아주 낮기 때문에(예 : 아일랜드의 법인세는 12.5%이지만, 미국의 법인세는 35%임), 소위 **송금세**(repatriation tax)는 상당한 비용이 될 수 있다. 이 비용을 감수하기보다 많은 기업들은 해외에서 채권 또는 다른 유가증권의 형태로 자금을

보유하고, 미국 내에서 채권을 발행하여 필요한 자금을 조달한다. 애플의 경우 차입한 $17 십억을 자사주 매입에 사용하였다.

따라서 해외에 현금을 보유하고 자국에서 차입하면, 기업은 해외 이익에 대한 추가 세금 지불을 피하거나 지연할 수 있다. 최근에 많은 기업이 이러한 전략을 채택하고 있다. 다음은 2015년에 일부 대기업의 현금 보유 및 채무뿐만 아니라 미국의 모든 기업이 해외에서 보유하고 있는 총현금의 증가를 보여주고 있다.

기업들의 더 많은 국내 투자를 격려하기 위하여 의회는 2004년에 "세금 공휴일"을 제정하여, 기업들이 낮은 비용으로 송금할 수 있도록 허용하였으나 큰 효과는 없었다. 송금세를 줄이거나 없애는 세법의 더 영구적인 변화를 위한 민주 · 공화 양당의 제안이 지금까지 성공하지 못했지만, 그러는 사이에 기업들은 그러한 변화를 기대하면서 지속적으로 차입하여 세금 납부를 지연하고 있다.

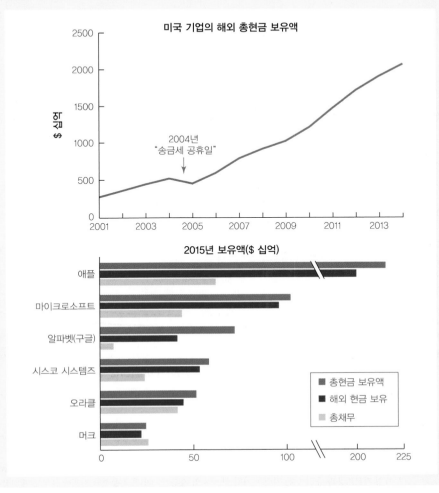

제14장에서 세금이 없을 경우, 기업의 WACC는 기업이 투자자들(주식 보유자와 채권 보유자)에게 지급해야 하는 평균 수익률인 자본비용과 동일하다는 것을 보여주었다. 그러나 이자 지급의 세금공제는 기업의 세후 실효 채무비용을 절감시킨다. 제12장에서 언급한 것처럼 세후 실효 채무비용을 고려한 WACC를 계산하여 이자의 세금 절감 혜택을 설명할 수 있다.

(세후) 가중평균 자본비용[6]

$$r_{wacc} = \frac{E}{E+D}r_E + \frac{D}{E+D}r_D(1-\tau_c) \tag{15.5}$$

이 WACC는 이자의 세금 절감 혜택을 반영한 기업의 실효 자본비용을 의미한다. 따라서 기업 투자자들에게 지급하는 평균 수익률인 세전 WACC보다 낮다. 식 (15.5)로부터 WACC와 세전 WACC의 관계는 다음과 같다.

$$r_{wacc} = \underbrace{\frac{E}{E+D}r_E + \frac{D}{E+D}r_D}_{\text{세전 WACC}} - \underbrace{\frac{D}{E+D}r_D\tau_c}_{\substack{\text{이자의 세금 절감에}\\\text{의한 감소}}} \tag{15.6}$$

제18장에서 보여주겠지만 세금이 존재하여도 기업의 목표 레버리지 비율은 무차입 자본비용과 동일하고, 기업 자산의 위험에만 의존하는 세전 WACC에 전혀 영향을 미치지 않는다.[7] 따라서 기업의 레버리

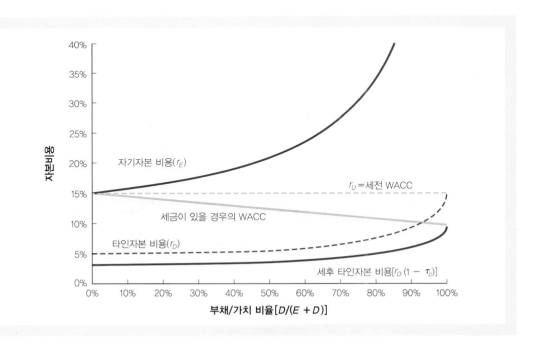

그림 15.2

법인세가 있을 경우와 없을 경우의 WACC

식 (15.5)를 이용하여 기업의 목표 부채/가치 비율의 함수로 WACC를 계산하고 있다. 그림 14.1에 제시된 것처럼 기업의 무차입 자본비용 또는 세전 WACC는 일정한데, 이는 기업의 위험 자산에 대한 투자자들의 요구 수익률을 반영하고 있다. 하지만 기업에 대한 세후 비용인 (세후 실효) WACC는 이자의 세금 절감이 증가할 때 레버리지가 커지면 감소한다. 이 그림에서는 한계법인세율을 $\tau_c = 35\%$로 가정하고 있다.

---

6   제18장에서 이 공식을 유도할 것이다. 타인자본 비용을 추정하는 방법은 제12장을 보라[441~442쪽에 있는 WACC에 관한 내용 중 식 (12.12)와 (12.13)].

7   특히 기업이 목표 부채 비율 또는 이자보상 비율을 유지하기 위하여 레버리지를 조정해도, 세전 WACC는 일정하게 유지되어 무차입 자본비용과 동일하다. 기업의 차입 및 무차입 자본비용의 관계에 관한 자세한 논의는 제18장을 보라.

지가 높을수록 채무의 세금 혜택을 더 많이 이용하게 되어 WACC는 감소한다. 그림 15.2는 기업의 레버리지에 따라 WACC가 감소하는 것을 보여주고 있다.

목표 부채비율을 가질 경우 이자의 세금 절감

이전에 우리는 기업이 일정한 채무 수준을 유지한다고 가정할 때 세금 절감의 가치를 계산하였다. 많은 경우에 이러한 가정은 비현실적이다. 많은 기업들은 채무를 일정한 수준으로 유지하는 것이 아니라, 특정 부채비율을 목표로 삼고 있다. 기업이 그렇게 할 때, 채무 수준은 회사의 규모에 따라 증가(축소)될 것이다.

제18장에서 공식적으로 보여주겠지만, 기업이 시간의 흐름에 따라 채무를 조정하면, 부채비율은 일정하게 유지될 것이므로, WACC로 가용현금흐름을 할인하여 레버리지가 있는 경우의 기업가치(V^L)를 계산할 수 있다. 이자의 세금 절감 가치는 V^L과 세전 WACC인 무차입 자본비용으로 할인한 가용현금흐름의 무차입 가치 V^U를 비교하여 알 수 있다.

목표 부채비율에서 이자 세금 절감의 가치　　　　　　　　　　　　　　　**예제 15.3**

문제

웨스턴 럼버 기업은 내년에 $4.25 백만의 가용현금흐름을 기대하고 있고, 그 후 매년 4%로 성장할 것으로 예상한다. 웨스턴 럼버의 자기자본 비용은 10%이고, 타인자본 비용은 6%이며, 법인세율은 35%이다. 웨스턴 럼버가 부채비율을 0.5로 유지하면, 이자의 세금 절감 가치는 얼마인가?

풀이

레버리지가 있을 경우와 없을 경우의 기업가치를 비교하여 웨스턴 럼버의 이자의 세금 절감 가치를 추정할 수 있다. 가용현금흐름을 세전 WACC로 할인하여 무차입 가치를 계산할 수 있다.

$$\text{세전 WACC} = \frac{E}{E+D}r_E + \frac{D}{E+D}r_D = \frac{1}{1+0.5}10\% + \frac{0.5}{1+0.5}6\% = 8.67\%$$

웨스턴 럼버의 가용현금흐름이 일정한 비율로 성장할 것이기 때문에 영구성장연금으로 가치를 계산할 수 있다.

$$V^U = \frac{4.25}{8.67\% - 4\%} = \$91 \text{ 백만}$$

웨스턴 럼버의 차입 가치를 계산하기 위하여 WACC를 계산한다.

$$\text{WACC} = \frac{E}{E+D}r_E + \frac{D}{E+D}r_D(1-\tau_c)$$

$$= \frac{1}{1+0.5}10\% + \frac{0.5}{1+0.5}6\%(1-0.35) = 7.97\%$$

따라서 이자의 세금 절감을 포함한 웨스턴 럼버의 가치는 다음과 같다.

$$V^L = \frac{4.25}{7.97\% - 4\%} = \$107 \text{ 백만}$$

그러므로 이자의 세금 절감 가치는 다음과 같이 계산된다.

$$PV(\text{이자의 세금 절감}) = V^L - V^U = 107 - 91 = \$16 \text{ 백만}$$

1. 법인세가 유일한 시장 불완전 요인일 때, 레버리지가 있는 기업의 가치는 레버리지가 없는 기업의 가치와 어떻게 다른가?
2. 레버리지는 기업의 가중평균 자본비용에 어떤 영향을 주는가?

15.3 세금 절감을 위한 자본재구성

기업이 자본구조에 중요한 변화를 가져올 때, 이 거래를 자본재구성(recapitaliation)이라고 한다[또는 간단히 "리캡(recap)"이라고 함]. 제14장에서 기업이 많은 채무를 발행하여 그 자금으로 특별 배당을 지급하거나 자사주를 매입하는 차입 자본 재구성을 소개하였다. 많은 기업들이 이런 거래가 세금을 줄일 수 있다는 것을 알았을 때, 차입 리캡(leveraged recap)은 특히 1980년대 중반에서 후반까지 인기가 있었다.

그런 거래가 현재의 주주들에게 어떤 혜택이 있는지를 알아보자. 미드코 산업은 시장가격이 주당 $15인 주식을 20 백만 주를 발행하였고, 채무는 없다. 미드코는 지속적으로 안정적인 이익을 올렸고, 35%의 법인세를 납부하였다. 경영진은 차입 리캡을 통해 $100 백만을 영구적으로 차입하여, 그 자금으로 자사주를 매입할 예정이다. 그들은 이 거래로 세금을 절감하여 미드코의 주가를 상승시키고 주주들에게 혜택을 줄 것으로 기대한다. 이러한 기대가 현실적인지 알아보자.

세금 혜택

먼저, 미드코 차입 리캡의 세금 결과를 알아보자. 레버리지가 없을 때, 미드코의 총 시장가치는 무차입 주식의 가치이다. 현재 주가가 레버리지가 없는 경우의 공정한 주가라고 가정하면, 이 기업의 가치는 다음과 같다.

$$V^U = (20 \text{ 백만}) \times (\$15/\text{주}) = \$300 \text{ 백만}$$

레버지리가 있을 경우 미드코는 연별 세금 납부액을 감소시킬 것이다. 미드코가 영구 채무로 $100 백만을 차입하면, 미래 세금 절감의 현재가치는 다음과 같다.

$$PV(\text{이자의 세금 절감}) = \tau_c D = 35\% \times \$100 \text{ 백만} = \$35 \text{ 백만}$$

따라서 차입 기업의 총가치는 다음과 같다.

$$V^L = V^U + \tau_c D = \$300 \text{ 백만} + \$35 \text{ 백만} = \$335 \text{ 백만}$$

이 총가치는 자본 재구성 후의 채무와 주식의 합산 가치를 나타낸다. 채무의 가치가 $100 백만이므로 주식의 가치는 다음과 같다.

$$E = V^L - D = \$335 \text{ 백만} - \$100 \text{ 백만} = \$235 \text{ 백만}$$

기업의 총가치가 증가하는 반면, 리캡 이후 주식의 가치는 하락한다. 주주들은 이런 거래에서 어떤 혜택을 볼까?

주식의 가치가 $235 백만으로 하락하였지만, 주주들은 미드코가 자사주 매입을 통해 조성한 자금 $100 백만을 받았다는 것을 잊지 말자. 전체적으로 그들은 총 $335 백만을 얻게 되고, 레버리지가 없는 경우의 주식가치에 비해 $35 백만의 이익을 얻게 된 것이다. 자사주 매입에 대해 자세히 살펴보고, 이것이 어떻게 주가 상승으로 이어지는지를 추적해보자.

자사주 매입

미드코가 주당 $15의 현재 가격으로 자사주를 매입한다고 하자. 이 기업은 $100 백만 ÷ 주당 $15 = 6.667 백만 주의 자사주를 매입하여, 20 − 6.667 = 13.333 백만 주만 남게 된다. 주식의 총가치가 $235 백만이기 때문에 새로운 주가는 다음과 같다.

$$\frac{\$235\ 백만}{13.333\ 백만\ 주} = \$17.625$$

주주들은 주식을 보유하여 주당 $17.625 − $15 = $2.625의 자본이익을 얻을 수 있고, 총이익은 다음과 같다.

$$\$2.625/주 \times 13.333\ 백만\ 주 = \$35\ 백만$$

이 경우 리캡 이후에도 주식을 보유하고 있는 주주들은 세금 절감의 혜택을 받는다. 하지만 이전 계산에서 이상한 것을 발견할 수 있다. 우리는 미드코가 주당 $15의 최초 가격으로 자사주를 매입할 수 있다고 가정하여, 거래 이후에 주가가 $17.625가 될 것이라고 하였다. 주주는 왜 가치가 $17.625인 주식을 $15에 매도할까?

차익거래 불가능 가격 결정

이전의 시나리오는 차익거래 기회를 보여주고 있다. 투자자들은 자사주 매입 직전에 주당 $15를 지불하여 매입하고, 그들은 즉시 더 높은 가격으로 이 주식을 팔 수 있다. 그러나 이러한 투자는 자사주 매입 전에도 주가가 $15 이상으로 상승하게 만들 것이다. 일단 투자자들이 리캡될 것을 알게 되면, 주가는 이자의 세금 절감 가치인 $35 백만을 반영하는 수준으로 즉시 상승할 것이다. 즉, 미드코 주식의 가치는 즉시 $300 백만에서 $335 백만으로 상승할 것이다. 20 백만 주의 발행주식에 대해서 주가는 다음과 같이 상승하게 된다.

$$\$335\ 백만 ÷ 20\ 백만\ 주 = \$16.75/주$$

미드코는 적어도 이 가격으로 자사주를 매입해야 한다.

$16.75의 가격으로 자사주를 매입하여, 주식을 매도한 주주와 주식을 보유하고 있는 주주는 결과적으로 주당 $1.75의 이익을 얻게 된다. 이자의 세금 절감혜택인 총 $1.75/주 × 20 백만 주 = $35 백만은 원래 발행된 20 백만 주에 돌아간다. 다시 말하자면,

증권 가격이 공정하게 평가되면, 기업의 기존 주주들은 레버리지의 증가로 이자 세금 절감의 모든 혜택을 얻게 된다.

대안적인 자사주 매입 가격	예제 15.4

문제

미드코가 $100 백만 가치의 자사주 매입 가격을 발표한다고 하자. $16.75가 기업이 제시할 수 있는 가장 저렴한 가격이고, 이 가격에 주주들이 주식을 매도한다는 것을 보이라. 미드코가 주당 $16.75 이상의 가격을 제시하면 혜택은 어떻게 분배될까?

풀이

자사주 매입 가격마다 자사주 매입 이후 남는 주식 수뿐만 아니라 미드코가 매입해야 하는 주식 수를 계산할 수 있다. $235 백만의 총 주식가치를 자사주 매입 이후 남는 주식 수로 나누어, 이 거래 이후 미드코의 새로운 주가를 알 수 있다. 자사주 매입 가격이 적어도 거래 후 주가보다 높지 않으면 주주는 자신의 주식을 매도하지 않을 것이다. 그렇지 않으면 그들은 나중에 주식을 매도하는 것이 더 나을 것이다. 표에서 제시한 것처럼 주주들이 더 높은 가격을 받기 위하여 기다리지 않고 주식을 매도하기 위해서는 자사주 매입 가격이 최소 $16.75가 되어야 한다.

자사주 매입 가격($/주)	매입 자사주 수(백만)	남는 주식 수(백만)	새로운 주가($/주)
P_R	$R = 100/P_R$	$N = 20 - R$	$P_N = 235/N$
15.00	6.67	13.33	17.63
16.25	6.15	13.85	16.97
16.75	5.97	14.03	16.75
17.25	5.80	14.20	16.55
17.50	5.71	14.29	16.45

미드코가 $16.75보다 더 높은 가격을 제시하면, 거래 이후에 주가가 하락할 것이기 때문에 기존 주주들은 자신의 주식을 매도하고 싶을 것이다. 이 경우 미드코의 자사주 매입 제안에는 과도한 수요가 발생하여, 미드코는 로토나 추첨 방법으로 누구로부터 주식을 매입할 것인지를 결정하게 된다. 이 경우 운 좋게 자사주 매입의 대상이 되는 주주에게 리캡으로 인한 더 많은 이익은 돌아갈 것이다.

리캡의 분석 : 시장가치 재무상태표

제14장에서 개발한 방법인 시장가치 재무상태표를 이용하여 자본 재구성을 분석할 수 있다. 기업 증권의 총 시장가치는 기업 자산의 총 시장가치와 같아야 한다고 하였다. 법인세가 존재할 때 우리는 기업 자산 중의 하나로 이자의 세금 절감을 포함해야 한다.

표 15.2와 같이 이 거래를 단계별로 분리하여 차입 리캡을 분석해보자. 첫째, 리캡이 발표되었다. 이 시점

표 15.2   미드코 차입 리캡의 단계별 시장가치 재무상태표

시장가치 재무상태표($ 백만)	최초	1단계 : 리캡 발표	2단계 : 채무 발행	3단계 : 자사주 매입
자산				
현금	0	0	100	0
원래 자산(V^U)	300	300	300	300
이자의 세금 절감	0	35	35	35
총자산	300	335	435	335
부채				
채무	0	0	100	100
주식 = 자산 − 부채	300	335	335	235
발행주식 수	20	20	20	14.03
주당 가격	$15.00	$16.75	$16.75	$16.75

에서 투자자들이 미래 이자의 세금 절감을 예상하여 미드코의 자산가치를 $35 백만으로 증가시켰다. 그리고 미드코가 $100 백만의 새로운 채무를 발행하면 미드코의 현금과 라이어빌리티는 그만큼 증가한다. 마지막으로, 미드코가 $16.75로 자사주를 매입하기 위해 이 현금을 사용한다. 이 단계에서 미드코의 현금이 감소하고, 동시에 발행주식 수도 감소한다.

리캡 발표 후 주가가 상승하였다는 점에 유의하자. 이러한 주가의 상승은 (예상된) 이자 세금 절감의 현재가치 때문이다. 따라서 레버리지가 기업 주식의 총 시가총액을 감소시키지만, 주주들은 이자 세금 절감의 혜택을 미리 확보할 수 있다.[8]

개념 확인

1. 차입 리캡이 주식의 총가치를 감소시킬 때 주주들은 어떻게 혜택을 얻을 수 있을까?
2. 이자의 세금 절감이 시장가치 재무상태표에 어떻게 반영되는가?

15.4 개인 세금

지금까지 우리는 기업이 지불해야 하는 세금에 대한 레버리지의 이점을 살펴보았다. 기업의 법인세 라이어빌리티를 감소시켜서, 채무는 투자자에게 더 많은 현금흐름을 지급할 수 있게 한다.

불행하게도 투자자들은 현금흐름을 받은 후에 다시 과세의 대상이 되는 것이 일반적이다. 개인의 경우 채무로부터 받은 이자는 소득으로 과세된다. 주식 투자자는 배당과 자본이익에 대해 세금을 납부해야 한다(역주 : 미국의 경우 주식의 자본이익 과세가 있지만 없는 나라도 있다. 2017년 현재 우리나라는 주식의 자본이익에 대한 과세가 없다). 이런 추가적인 세금이 기업가치에 어떤 영향을 미칠까?

이자의 세금 절감에서 개인 세금의 포함

기업의 가치는 증권을 발행하여 조달할 수 있는 금액과 같다. 투자자가 증권에 대해 지불하는 금액은 투자자가 받게 될 이익에 따라 달라진다. 즉, 모든 세금을 납부한 후에 투자자가 받게 되는 현금흐름이다. 그러므로 법인세와 마찬가지로 개인 세금도 투자자들의 현금흐름을 감소시켜서 기업가치를 하락시킨다. 결과적으로 실제 이자의 세금 절감은 지불되는 총세금(법입세와 개인세)의 감소에 따라 달라진다.[9]

개인 세금은 앞에서 설명한 레버리지에 의한 법인세 혜택의 일부를 상쇄할 잠재적 가능성이 있다. 특히 미국과 많은 다른 나라들에서는 자본이익보다 이자소득에 대해 더 많은 과세를 한다. 표 15.3은 최근 미국의 최고 연방세율을 보여준다. 표에 제시된 주식소득의 평균 세율은 최고 자본이익과 배당세율의 평균이다.

레버리지의 진정한 세금 혜택을 정하기 위해 법인세와 개인세의 결합 효과를 평가할 필요가 있다. 이자와 세금 이전에 수익이 $1인 기업을 생각해보자. 이 기업은 $1를 채권자에게 이자로 지불하든지, 아니면 주주들에게 배당으로 직접 지불하거나 또는 이익을 유보하여 간접적으로 주주들이 자본이익을 얻을 수 있도록 할 수 있다. 그림 15.3은 각 선택의 세금 결과를 보여주고 있다.

---

8 우리는 미래의 재무적 곤경비용과 같은 레버리지의 다른 잠재적 영향을 무시하고 있다. 이 비용은 제16장에서 논의하고자 한다.

9 이 분야의 개척자인 머튼 밀러의 다른 논문에서 이 점을 제시하고 있다. "Debt and Taxes," *Journal of Finance* 32 (1977): 261 – 275. M. Miller and M. Scholes의 다음 논문을 참고하라. "Dividends and Taxes," *Journal of Financial Economics* 6 (1978): 333 – 364.

2015년 세율에 의하면 법인세로 인하여 채무는 분명한 세금 혜택을 제공한다. 현재 세율인 경우 채권자가 받는 $1의 세전 현금흐름에서 주식 보유자는 $\tau_c = 35\%$를 받는다. 그러나 개인 수준에서 이자소득에 대한 최고 소득세율은 $\tau_i = 39.6\%$이고, 주식소득에 대한 세율은 $\tau_e = 20\%$에 불과하다. 법인세와 개인세를 고려하면 다음과 같은 비교가 가능하다.

	세후 현금흐름	현재 세율
채권자	$(1 - \tau_i)$	$(1 - 0.396) = 0.604$
주식 보유자	$(1 - \tau_c)(1 - \tau_e)$	$(1 - 0.35)(1 - 0.20) = 0.52$

채무에 대한 세금의 혜택은 유지되지만 법인세만으로 계산한 것만큼 크지는 않다. 상대적인 비교를 하면 주식 보유자는 채권자보다 세후 13.9% 작은 수익을 얻게 된다.

$$\tau^* = \frac{0.604 - 0.52}{0.604} = 13.9\%$$

이 경우 개인 세금은 채무의 세금 혜택을 35%에서 13.9%로 감소시킨다.

τ^*를 채무의 실효 세금 혜택으로 해석할 수 있다. 기업이 $(1 - \tau^*)$의 이자를 지급하면, 채권자는 기업이 주식 보유자에게 이익으로 $1를 지급할 때 주식 보유자가 받게 될 동일한 금액을 세후로 받게 될 것이다.

$$(1 - \tau^*)(1 - \tau_i) = (1 - \tau_c)(1 - \tau_e)$$

이 식을 풀면 τ^*는 다음과 같다.

채무의 실효 세금 혜택

$$\tau^* = 1 - \frac{(1 - \tau_c)(1 - \tau_e)}{(1 - \tau_i)} \tag{15.7}$$

다시 말해 이자 지급으로 채권자가 받게 되는 세후 $1은 주식 보유자에게 세후 기준으로 $(1 - \tau^*)$를 비용으로 요구한다는 것이다.

개인 세금이 없을 때, 또는 채무와 주식소득의 개인세율이 동일할 때 $(\tau_i = \tau_e)$, 이 공식은 $\tau^* = \tau_c$가 된다. 하지만 주식소득의 과세가 낮을 때$(\tau_i > \tau_e)$, τ^*는 τ_c보다 작아진다.

예제 15.5　**채무의 실효 세금 혜택 계산**

문제

1980년 채무의 실효 세금 혜택은 얼마인가? 1990년에는?

풀이

식 (15.7)과 표 15.3에 제시된 세율을 이용하여 계산하면 다음과 같다.

$$\tau^*_{1980} = 1 - \frac{(1 - 0.46)(1 - 0.49)}{(1 - 0.70)} = 8.2\%, \quad \tau^*_{1990} = 1 - \frac{(1 - 0.34)(1 - 0.28)}{(1 - 0.28)} = 34\%$$

당시의 세율에서 1980년 채무의 실효 세금 혜택은 1990년보다 훨씬 작았다.

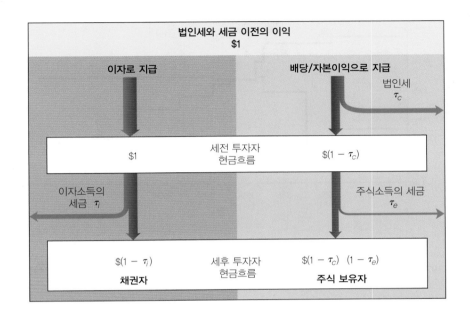

그림 15.3

$1의 EBIT로부터 세후 투자자의 현금흐름

투자자의 이자소득은 τ_i의 세율로 과세된다. 배당소득 또는 자본이익은 기업 차원에서 τ_c의 세율로 과세되고, 투자자 차원에서 τ_e의 세율로 다시 과세된다.

표 15.3 미국 연방정부의 최고 세율(1971~2015)

		개인세율*			
			주식소득의		
연도	법인세율†	이자소득	평균 세율	배당	자본이익
1971~1978	48%	70%	53%	70%	35%
1979~1981	46%	70%	49%	70%	28%
1982~1986	46%	50%	35%	50%	20%
1987	40%	39%	33%	39%	28%
1988~1990	34%	28%	28%	28%	28%
1991~1992	34%	31%	30%	31%	28%
1993~1996	35%	40%	34%	40%	28%
1997~2000	35%	40%	30%	40%	20%
2001~2002	35%	39%	30%	39%	20%
2003~2012	35%	35%	15%	15%	15%
2013~2015	35%	39.6%	20%	20%	20%

* 이자소득은 경상소득으로 과세된다. 2003까지 배당도 경상소득으로 과세되었다. 자본이익에 대한 평균 세율은 배당소득과 자본이익세율의 평균이다(50%의 배당성향과 자본이익의 연간 실현값에 따른 것임). 자본이익세율은 1년 이상 보유 자산에 적용되는 장기세율이다.

† 제시된 법인세율은 소득 수준이 가장 높은 C 주식회사를 대상으로 한 것이다. 한계 세율은 낮은 과표인 경우보다 높을 수 있다(예 : 2000년 이후 35%의 세율이 \$18.3 백만 이상의 소득 수준에 적용되는 반면, \$100,000~\$335,000의 소득 수준에 대한 세율은 39%이다).

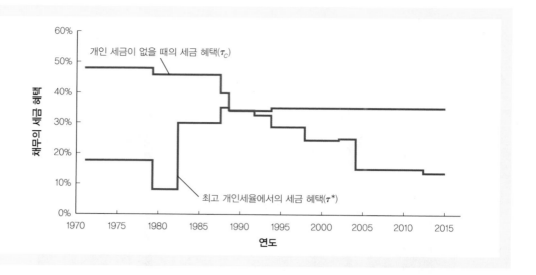

그림 15.4

개인 세금이 있는 경우와 없는 경우 채무의 실효 세금 혜택(1971~2015)

개인 세금을 조정한 후 채무의 세금 혜택 τ^*는 일반적으로 τ_c보다 작지만 양(+)의 값을 유지한다. 그 값은 세법의 변화에 따라 다양하게 변화해 왔다.

그림 15.4는 1971년 이후 미국 채무의 실효 세금 혜택을 보여준다. 이는 세법의 변화에 따라 다양하게 변화해 왔다.

개인 세금이 있을 경우 이자 세금 절감의 가치

앞서 설명한 개인 세금에 대한 분석이 채무의 세금 절감 평가에 어떤 영향을 미칠까? 제18장에서 이 질문에 대해 자세히 설명하기로 하고, 여기서는 몇 가지 중요한 점에 대해 언급하고자 한다. 첫째, $\tau^* > 0$이면, 개인 수준에서 채무로 인한 세금 불이익에도 불구하고 레버리지로 인한 세금 순혜택은 존재한다. 영구 채무의 경우 레버리지를 가진 기업의 가치는 다음과 같다.

$$V^L = V^U + \tau^* D \tag{15.8}$$

채무의 개인 세금 혜택이 일반적으로 $\tau^* < \tau_c$이기 때문에 식 (15.8)과 (15.4)를 비교하면, 레버리지의 혜택이 감소하는 것을 알 수 있다.

개인 세금은 기업의 가중평균 자본비용에 비슷하지만 간접적인 영향을 미친다. 식 (15.5)처럼 법인세 τ_c를 이용하여 WACC를 계산하지만, 개인 세금이 있을 경우 기업 주식과 타인자본 비용은 투자자 각각의 세금 부담을 보상하기 위해 조정될 것이다. 결과적으로 레버리지가 있을 때 채무에 대한 개인 세금의 불이익으로 인해 WACC가 더 천천히 하락한다.

예제 15.6   **개인 세금이 있을 경우 이자의 세금 절감 추정**

문제

2015년 개인 세금을 고려할 때 $100 백만의 차입 리캡 이후 미드코의 가치를 추정하라.

풀이

2015년에 $\tau^* = 13.9\%$, 미드코의 현재가치가 $V^U = \$300$ 백만인 경우, $V^L = V^U + \tau^* D = \$300$ 백만 + 13.9% ($100 백만) = $313.9가 된다. 기존 발행주식 수가 20 백만 주이므로, 주가는 $13.9 백만 ÷ 20 백만 주 = 주당 $0.695만큼 상승한다.

채무의 실제 세금 혜택의 결정

개인 세금을 고려하여 채무의 실효 세금 혜택을 추정할 때, 특정 기업이나 투자자의 실제 세금 혜택 결정을 위해 필요한 몇 가지 가정을 했다.

첫째, 자본이익세율과 관련하여 매년 투자자가 자본이익세를 납부했다고 가정했다. 하지만 매년 지불되는 이자소득과 배당에 대한 세금과는 달리, 자본이익세는 투자자가 주식을 매도하여 이익을 실현할 때에만 지급한다. 자본이익세의 납부를 연기하면 세금의 현가는 낮아지는데, 이는 더 낮은 **실효** 자본이익세율로 해석될 수 있다. 예를 들어 자본이익세율이 20%이고 이자율이 6%일 때, 자산을 10년 이상 보유하면 금년 실효세율은 (20%)/1.06^{10} = 11.2%이다. 또한 이익을 상쇄하기 위해 사용할 수 있는 누적 손실을 가진 투자자들의 실효 자본이익세율은 0이다. 결론적으로 보유 기간이 길거나 누적 손실이 있는 투자자는 주식 이익에 대한 세율이 낮아지므로 채무의 실효 세금 혜택도 감소한다.

우리의 분석에서 두 번째로 중요한 가정은 주식소득에 대한 세율(τ_e)의 계산이다. 현재 미국의 배당과 자본이익세율은 동일하다. 하지만 다른 나라들에서는 다를 수 있으므로 주식소득에 대한 세율의 계산은 두 비율의 가중 평균 계산을 요구한다. 가중치를 계산할 때 기업의 실제 배당 정책을 반영하는 것이 중요하다. 예컨대 배당을 지급하지 않는 기업의 경우, 자본이익세율이 주식소득에 대한 세율로 사용되어야 한다.

마지막으로, 투자자들의 최고 연방 한계 소득세율을 가정하였다. 실제로 개인 투자자에 따라 세율이 다르고, 많은 투자자들이 더 낮은 세율을 가진다. [주(state)에 따라 폭넓게 변하여 추가적인 영향을 미치는 주 세금을 무시하였다.] 더 낮은 세율에서 개인 세금의 영향은 덜 중요하다. 또한 많은 투자자들은 개인 세금을 납부하지 않는다. 세금이 부과되지 않는 퇴직저축 계좌나 연금 펀드에 투자하는 것을 생각해

배당세율 삭감

2003년 1월 조지 부시 대통령은 $674 십억 감세 계획으로 미국 경제를 부양하기 위한 제안을 발표했는데, 그중 절반은 배당에 대한 세금을 없애는 것이었다. 발표된 순간부터 이러한 세금 감면은 엄청난 논란을 일으켰다.

지지자들은 투자자들의 배당소득에 대한 과세 완화는 주식시장을 부양시키고 부진한 경기를 자극할 것이라고 주장했다. 비평가들은 이는 부유한 사람들에 대한 감세라고 비난하였다. 경제학자인 글렌 허바드가 지적한 것처럼, 이러한 계획의 내재적 동기 중 하나는 이자는 세금공제가 되지만 배당은 공제되지 않기 때문에 주식회사가 채무를 누적하도록 조장하는 현재의 세법 왜곡을 끝내자는 것이었다.

법인 소득과 배당금 또는 투자자에게 지불된 자본이익에 대해 세금을 부과하는 것을 이중과세(double taxation)라고 한다. 자본이익에 대한 낮은 세율은 이중과세로부터의 구제책을 제공했다. 하지만 2002년에 배당은 여전히 경상소득과 동일한 비율로 과세되어, 배당에 대해 (산업화 국가 중에서 배당에 대해 가장 높은 세율인) 60%를 초과하는 결합 세율이 나타났다. 우리가 본 것처럼 이러한 이중과세는 채무에 의한 자금조달에 세금 혜택을 가져온다.

최종적으로 정책 입안자들은 (60일 이상 보유한 주식의) 배당과 (1년 이상 보유한 자산의) 자본이익 모두에 대한 개인의 세율을 15%로 감소하는 것에 동의하였다. 이러한 타협은 여전히 채무에 세금 혜택을 제공하지만, 예전보다는 감소된 수준이다(그림 15.4 참조).

(소득 및 자본이익세율을 감소시킨) "부시의 세금 삭감"은 원래 2010년 말에 만료될 예정이었다. 감세 만료가 초기 경제 회복의 속도를 낮추는 것이 두려워서, 2010년 12월 의회는 2012년까지 감세를 연장했다. 2013년에 조세 감면은 영구 조항으로 바뀌어, 소득에 대해 39.6%까지, 배당 및 자본이익에 대해서는 20%까지로 최고 세율을 인상하였다.

보자.[10] 이러한 투자자들에 대한 채무의 실효 세금 혜택은 법인세율과 동일하다($\tau^* = \tau_c$). 이 완전 세금 혜택은 이자, 배당 및 자본이익이 이익으로 모두 동등하게 과세되는 증권 딜러들에게도 적용될 것이다.

결론은 무엇인가? 채무의 실효 세금 혜택을 정확히 계산하는 것은 극히 어렵고, 이러한 혜택은 기업(투자자)마다 다르다. 기업은 τ_i를 추정하기 위하여 전형적인 채무자들의 과세 구간을 고려해야 하고 τ_e를 추정하기 위하여 전형적인 주주들의 과세 구간과 보유 기간을 고려해야 한다. 예를 들면 기업 투자자들이 주로 퇴직계좌를 통해 주식을 보유할 때 $\tau^* = \tau_c$가 된다. 특정 기업의 τ^*가 τ_c보다 다소 낮을 가능성이 있을 때, 정확히 얼마나 낮은지에 대해서는 논쟁의 여지가 있다. 그림 15.4에 제시된 τ^*의 계산은 기껏해야 아주 개략적인 기준으로만 해석되어야 한다.[11]

개념 확인

1. 2015년 현행법에서 채무의 개인 세금 불이익은 왜 존재하는가?
2. 채무의 개인 세금 불이익은 기업의 레버리지 가치를 어떻게 변경시키는가?

15.5   세금이 있는 경우의 최적 자본구조

모딜리아니와 밀러의 완전자본시장에서 기업가치의 변함없는 투자에 필요한 자금을 채무와 주식의 조합으로 조달할 수 있다. 모든 자본구조는 최적이었다. 하지만 이 장에서 이자 지급으로 세금 절감을 할 수 있기 때문에 세금이 그 결론을 바꾼다는 것을 보여주었다. 개인 세금 조정 후에도 레버리지가 있는 기업의 가치가 레버리지가 없는 기업의 가치를 초과하여, 채무로 자금을 조달하면 세금 혜택이 있다.

그림 15.5

미국 주식회사의 외부 순자금조달과 자본 지출 (1975~2014)

전체적으로 기업들은 주로 채무를 발행하여 외부 자본을 조달한다. 이러한 자금은 주식 소각과 펀드 투자에 사용되었다. 하지만 대다수의 자본 지출은 내부적으로 조달되었다(2014년 달러 가치로 인플레이션을 조정한 금액).

출처 : Federal Reserve, *Flow of Funds Accounts of the United States*, 2014.

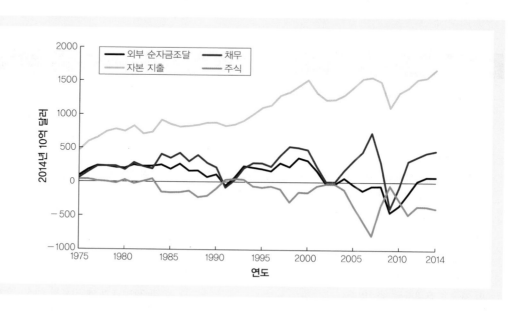

---

10 1990년대 중반부터 연기금이 증가하여 투자자의 평균 한계세율이 표 15.3에 제시된 것의 약 절반으로 낮아졌다. J. Poterba, "The Rate of Return to Corporate Capital and Factor Shares: New Estimates Using Revised National Income Accounts and Capital Stock Data," NBER working paper no. 6263 (1997)을 참조하라.

11 τ^*를 추정하는 방법과 개인 세금 포함의 필요성에 대한 내용은 J. Graham, "Do Personal Taxes Affect Corporate Financing Decisions?" *Journal of Public Economics* 73 (1999): 147–185를 보라.

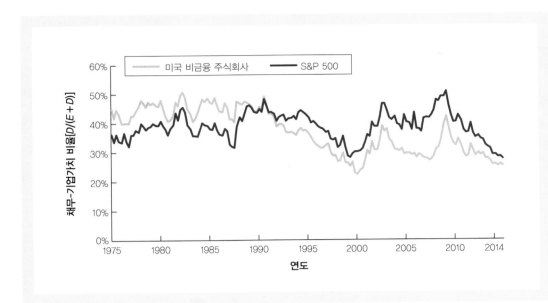

그림 15.6

미국 기업의 채무-기업가치 비율[$D/(E+D)$](1975 ~2014)

기업들이 주식보다 주로 채무를 발행했지만, 기존 주식의 가격 상승으로 그들의 자본구조에서 채무의 평균 비중이 증가하지는 않았다.

출처 : Compustat and Federal Reserve, *Flow of Funds Accounts of the United States*, 2014.

기업이 채무를 선호하는가

기업은 실무적으로 채무를 선호하는가? 그림 15.5에서는 미국 기업의 주식 및 채무의 순발행 가치를 보여준다. 이 그림에서 주식은 신주발행 총액에서 자사주 매입이나 인수로 인한 금액을 차감한 값이다. 채무는 신규 차입에서 대출 상환 금액을 차감한 값이다.

그림 15.5는 기업들이 투자자로부터 자금을 조달할 때 주로 채무를 발행한다는 것을 확실히 보여주고 있다. 사실 대부분의 경우 주식발행 총액이 음(−)의 값이라는 것은 주식발행 규모가 감소하였다는 것을 의미한다. (이는 모든 기업이 채무를 발행하여 자금을 조달한다는 것을 의미하지는 않는다. 많은 기업이 자금을 조달하기 위해 주식을 매도할 수도 있다. 그러나 동시에 다른 기업들이 같거나 더 많은 금액의 주식을 매입하였거나 자사주를 매입하였다.) 이 자료는 전체 미국 기업들이 채무를 외부 자금조달의 원천으로 선호한다는 것을 보여준다. 사실 기업들은 자사주 매입에 필요한 자금을 초과하여 차입하는 것으로 보인다.

기업들이 외부 자금을 조달할 때 채무를 선호하는 것처럼 보이지만, 모든 투자가 외부 자금으로 조달되는 것은 아니다. 그림 15.5가 보여주는 것처럼 자본 지출이 기업의 외부 자금조달을 훨씬 초과하는데, 이는 대부분의 투자 및 성장이 이익잉여금과 같은 내부 자금으로 조달된다는 것을 의미한다. 따라서 기업이 새로운 주식을 발행하지 않아도, 기업이 성장함에 따라 주식의 시장가치는 상승하였다. 사실 그림 15.6에서 알 수 있듯이 기업가치의 일부인 채무는 평균적으로 30~50% 범위이다. 1990년대의 강세 시장으로 평균 채무-기업가치 비율은 하락하였고, 주식시장의 하락과 이자율 하락에 따른 채무 발행의 급격한 증가로 인해 2000년 이후 역전 현상이 나타났다.

그림 15.6의 전체 자료로 두 가지의 중요한 경향을 알 수 있다. 첫째, 레버리지의 사용은 산업에 따라 크게 다르다. 둘째, 많은 기업이 실효 레버리지를 줄이기 위해 많은 현금 잔고를 보유하고 있다. 이러한 패턴을 보여주는 그림 15.7은 많은 산업과 전체 시장에서 총채무와 순채무는 기업 사업가치의 한 부분임을 알 수 있다. 기업의 현금 보유액이 발행 채무를 초과하는 경우 순채무는 음(−)이 된다. 산업 간 순례

그림 15.7

산업의 채무-사업가치 비율 (2015)

이 그림은 순채무와 총채무의 산업 중간값 수준을 기업가치의 백분율로 나타낸 것이다. 파란색 막대로 표시된 그들 간의 스프레드는 현금보유를 의미한다. 예를 들어 생명공학회사는 채무가 없는 경향이 있지만 많은 현금을 보유하고 있으므로 순채무가 음(−)이다. 석유 및 가스 드릴링 회사는 현금이 훨씬 적고 75% 이상의 총채무를 가지고 있다. 모든 미국 기업에 대한 채무의 중간값 수준은 사업가치의 약 23%이지만 산업별로 큰 차이가 있음을 주목하라.

출처 : Capital IQ, 2015

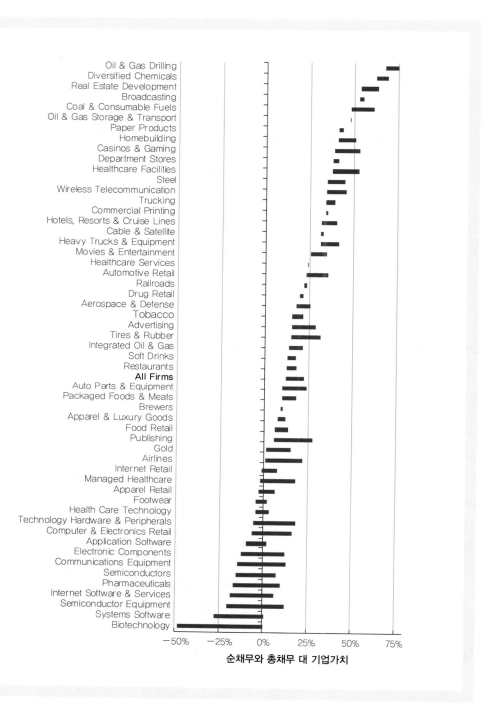

버리지에 큰 차이가 있다는 것도 알 수 있다. 생명공학이나 첨단기술과 같은 성장산업의 기업들은 채무가 거의 없고 많은 현금을 유지하는 반면 무선통신, 부동산회사, 트럭 및 자동차회사, 그리고 가스 및 전기회사들은 높은 레버리지 비율을 갖는다. 따라서 이 장의 첫 부분에서 언급된 암젠과 나비스타 인터내셔널의 레버리지 비율 차이는 이들 기업의 고유 특성이 아니라 오히려 각 산업의 전형적인 특성이다.

이런 자료는 중요한 질문을 제기한다. 채무가 세금 혜택을 제공하여 기업의 가중평균 자본비용을 낮추고 기업가치를 높일 수 있다면, 채무는 왜 대부분 기업들의 자본구조에서 절반에도 미치지 못하는가? 또한 왜 산업 전반에서 레버리지 선택이 매우 다르고 어떤 기업들은 순레버리지가 없을까? 이러한 질문에 답하기 위해 세금의 관점에서 최적 자본구조가 무엇인지 신중하게 생각해보자.

채무의 세금 혜택 제한

레버리지의 세금 혜택 전부를 받기 위해 기업이 100% 채무로 자금을 조달할 필요는 없다. 기업이 먼저 세금을 내야만 세금 혜택을 받는다. 즉, 기업은 과세소득이 있어야 한다. 이러한 제약은 세금 절감에 필요한 채무의 규모를 제한할 수 있다.

최적의 레버리지 수준을 결정하기 위해 표 15.4에 제시된 세 가지 레버리지 선택을 비교해보자. 이 기업의 EBIT는 $1,000이고 법인세율은 $\tau_c = 35\%$이다. 무차입 기업은 EBIT $1,000에 대해 $350의 세금을 납부해야 한다. 만약 기업이 $1,000의 이자 지급으로 높은 레버리지를 가졌다면, 세금에서 이익을 절약하여 $350를 절약할 수 있다. 이제 기업이 초과 레버리지를 가지고 있어 이자 지급이 EBIT를 초과하는 세 번째 사례를 생각해보자. 이 경우 기업은 순영업손실이 있지만 세금 절감이 증가하지는 않는다. 이 기업은 이미 세금을 내지 않기 때문에 초과 레버리지로 인한 즉각적인 세금 절감은 없다.[12]

그러므로 정기적으로 EBIT를 초과하는 이자 지급이 발생할 경우에는 법인세 혜택이 발생하지 않는다. 그리고 15.4절에서 논의된 바와 같이 이자 지급이 투자자 수준에서 세금 불이익이 되기 때문에 투자자들은 과도한 레버리지로 더 높은 개인 세금을 내게 되어 더 안 좋아진다.[13] 식 (15.7)에서 $\tau_c = 0$(과도한 이자 지급에 대한 법인세가 감면되지 않는다고 가정할 때)으로 하여 과도한 이자 지급에 대한 세금 불이익 (τ^*)을 계량화할 수 있다.

$$\tau_{ex}^* = 1 - \frac{(1 - \tau_e)}{(1 - \tau_i)} = \frac{\tau_e - \tau_i}{(1 - \tau_i)} < 0 \tag{15.9}$$

표 15.4	레버리지에 따른 세금 절감		
	무차입	높은 레버리지	과도한 레버리지
EBIT	$1000	$1000	$1000
이자비용	0	−1000	−1100
세전이익	1000	0	0
세금(35%)	−350	0	0
당기순이익	650	0	−100
레버리지로 인한 세금 절감	$0	$350	$350

---

12 이전 2년 동안 기업이 세금을 납부했으면, 해당 세금의 일부를 환급받기 위해 당기 순영업손실을 "전기 이월(carry back)"할 수 있다. 대안적으로 기업은 (세금 혜택을 받기 위해 기다리는 것이 현재가치를 떨어뜨리지만) 미래 영업 수입을 세금으로부터 보호하기 위해 순영업손실을 20년까지 "차기 이월(carry forward)"할 수 있다. 따라서 EBIT를 초과하는 이자가 정기적으로 발생하지 않는다면 세금 혜택이 있을 수 있다. 단순화를 위해 이 논의에서 전기 이월과 차기 이월을 무시하고자 한다.

13 물론 과도한 레버리지로 인해 다른 문제가 발생할 수 있다. 기업이 과도한 이자를 감당할 수 없어서 채무불이행이 발생할 수 있다. 제16장에서 재무적 곤경(그리고 잠재비용)을 논의할 것이다.

앤드류 발슨은 베인 케피털의 전무이사로 이 회사는 관리 자산이 거의 $57 십억에 이르는 주요 사모투자기업이다. 베인 케피털은 사모주식(PE)과 레버리지 매입(LBO) 거래를 전문으로 하며, 이에 의한 매입과 자산 재구성으로 채무-사업가치 비율이 70%를 초과하는 경우도 있다. 베인 케피털은 버거킹, 도미노 피자, 던킨 브랜드, HCA, 미셸즈 스토어즈, 실리 매트리스 컴퍼니, 토이저러스를 포함하여 많은 유명 기업들에 투자했다.

질문 베인 케피털과 같은 민간투자회사의 역할은 무엇이며, 어떤 유형의 기업이 최고의 LBO 후보자인가?

답변 우리 사업은 대중의 투자 대상이 아니고 다른 대기업 범주에 적합하지 않은 기업들에게 대체 자본시장의 역할을 한다. 다양한 산업과 유형의 기업을 대상으로 인수를 한다. 실제로 가장 좋은 특별한 유형은 없다. 우리는 해당 산업에서 확고한 위치를 차지하고, 경쟁 우위를 확보하여, 고객에게 실질적인 가치를 제공하는 기업들을 지켜본다. 어떤 기업들은 실적이 안 좋을 수 있지만 변화에 의해 실적을 올릴 수 있다. 다른 기업들은 실적이 좋을 수 있지만 더 잘할 수 있다. 아마도 경영진에게 적절한 인센티브가 제공되지 않았거나, 아니면 기업이 최적화되지 않았거나, 충분히 적극적으로 관리되지 않았을 수 있다. 때로는 내재가치에 비해 저렴한 가격으로 매입할 수 있는 회사를 찾을 수 있다. 그것은 10년 전 우리 사업의 큰 부분이었지만 현재의 비중은 작아졌다. 우리는 기업의 현재 이익을 고려하여 상대적으로 충분한 가격을 지불한다. 이러한 방법은 현재 이익이나 현금흐름을 제고하는 우리의 능력 때문에 효과적이다.

질문 레버리지가 투자자의 위험과 수익에 어떻게 영향을 미치는가?

답변 내 경험에 의하면 이익 궤도를 바꿀 수 있는 재미난 회사를 찾으면, 레버리지가 궁극적으로 우리 투자의 영향과 투자자들의 수익률을 확대하는 데 도움이 될 것이다. 지난 20년 동안 베인 케피털 포트폴리오는 모든 주식 벤치마크보다 성과가 훨씬 좋았다. 이러한 성과는 레버리지로 확대된 영업이익 개선 때문이다. 성장은 우리 성공의 중요한 원동력이기 때문에, 우리 전략을 보완하고 사업 기회에 투자할 수 있는 효율적인 자본구조를 창출하

앤드류 발슨
(Andrew Balson)

기 위해 노력한다. 하지만 지나친 것과 충분하지 않은 것의 구분이 명확하지 않다. 우리는 경영진의 전략을 바꾸지 않는 범위에서 가능한 많은 채무를 사용하려고 한다.

질문 2008년 금융위기가 미래의 자본구조와 자금조달 정책에 어떤 영향을 미칠 것인가?

답변 2006년부터 2008년까지 채무는 많이 늘어났고, 이익 $1당 레버리지도 급격하게 증가했다. 일반적으로 이자, 세금, 무형자산상각 차감전 이익(EBITDA)의 4~6배를 차입하였던 기업들이 EBITDA의 7~8배를 차입하였다. 차입비용이 내려가고, 스프레드가 작아지며, 차입 조건이 완화된 "계약 조건 석화(covenant-lite)" 융자가 발생했다(역주 : 계약 조건 석화란 채무불이행 위험이 있을 때 발동되는 조건이 없다는 의미). 시장은 지갑을 열어 PE 회사에 자금을 쏟아부어 궁극적으로 수익률을 낮추었다.

PE 시장은 2008년 늦봄에 균열이 발생하기 시작했다. 은행들은 재무상태표를 강화해야 했고 인수 자금은 말라버렸다. PE 시장은 현재 2006년 이전의 레버리지 비율과 조건(EBITDA의 5배)으로 되돌아가고 있다.

질문 금융위기가 PE 기업들에게 어떤 도전과 기회를 가져다주는가?

답변 많은 기업에 대한 PE의 기본적인 혜택은 지속될 것이다. PE는 올바른 레버리지와 가격으로 매력적인 자산 클래스를 유지할 것이다. 경제적 불확실성은 어려운 자본시장을 견뎌내려는 기업 매도자들에게 동기 부여를 잘하지 못한다. 하지만 자본을 가진 PE 투자자가 되기에는 좋은 때이다. 우리는 관심 있는 회사의 상당한 소수 지분을 가질 수 있었다. PE 금융은 이제 더 비싸고, 그것이 당분간 그럴 것이라고 생각한다. 성장 또는 전략적 변화를 위해 자금조달을 필요로 하는 기업들은 PE와 같은 고비용의 자본을 찾을 것이다.

우리와 같은 포트폴리오 회사에 대해서는 도전적인 시기다. 대부분의 회사에서 판매가 급격히 감소했다. 우리의 회사들이 비용을 절감하고 유동성을 창출하여 그들이 "얼음 강을 건너"도록 하였다. 그리고 우리는 대다수 기업이 성공할 것으로 기대한다.

주식이 이자보다 덜 과세되기($\tau_e > \tau_i$) 때문에 τ_{ex}^*는 음($-$)의 값을 갖는다. 2012년 세율에 의하면 세금 불이익은 다음과 같다.

$$\tau_{ex}^* = \frac{15\% - 35\%}{(1 - 35\%)} = -30.8\%$$

따라서 세금 절감 관점에서 레버리지의 최적 수준은 이자와 EBIT가 같은 수준이다. 기업은 모든 과세소득을 보호하고 세금에 불리한 과도한 이자를 가지지 않아야 한다. 그림 15.8은 EBIT가 확실히 $1,000일 때 다양한 이자 지급 수준에서 세금 절감 효과를 보여준다. 이 경우 $1,000의 이자 지급은 세금 절감을 극대화한다.

물론 기업이 향후 EBIT를 정확하게 예측할 수는 없다. EBIT가 불확실할 경우, 이자비용이 높을수록 이자가 EBIT를 초과할 위험이 커진다. 결과적으로 높은 이자 수준에 대한 세금 절감은 그림 15.8과 같이 이자 지급의 최적 수준을 감소시킬 수 있다.[14] 일반적으로 기업의 이자비용이 기대 과세소득에 근접함에 따라 채무의 한계 세제 혜택은 감소하여 기업이 사용해야 하는 채무 금액이 제한된다.

성장과 채무

세금-최적화 자본구조에서 이자 지급 수준은 EBIT 수준에 의존한다. 이 결론은 기업의 자본구조에서 채무의 최적 비중에 대해 무엇을 말해줄까?

신생기술 또는 생명공학기업들을 보면 과세소득이 없는 경우가 종종 있다. 그들의 가치는 주로 미래의 높은 이익 창출 전망에서 나온다. 생명공학기업은 엄청난 잠재력을 가진 의약품개발을 할 수도 있지만 이 의약품으로부터 수입을 얻어야만 한다. 그런 회사는 과세소득을 가지지 않을 것이다. 이 경우 세금 최

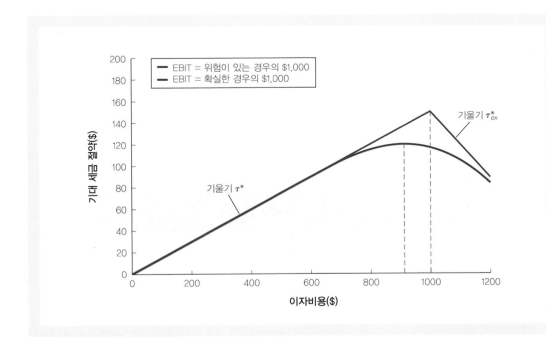

그림 15.8

다양한 이자 수준의 세금 절감

EBIT를 확실히 알 때 이자비용이 EBIT와 같으면 세금 절감이 극대화된다. EBIT가 불확실할 때, 이자 지급이 EBIT를 초과하는 위험 때문에 높은 수준의 이자에 대해서는 세금 절감이 감소한다.

14 이익이 위험할 때 채무의 최적 수준 계산 방법에 대한 자세한 내용은 J. Graham의 논문을 참고하라. "How Big Are the Tax Benefits of Debt?" *Journal of Finance* 55(5) (2000): 1901–1941.

적화 자본구조는 채무를 포함하지 않는 것이다. 이런 기업은 주식으로만 투자 자금을 조달할 것으로 기대된다. 나중에 기업이 성장하여 수익을 얻게 되면 과세 현금흐름을 갖게 될 것이다. 그때에는 자본구조에 채무가 포함되어야 한다.

　이익이 있는 기업일지라도 성장은 최적의 레버리지 비율에 영향을 미칠 것이다. 과도한 이자를 피하기 위하여, 이 유형의 기업은 기대 과세소득보다 낮은 이자 지급을 가진 채무를 가져야 한다.

$$이자 = r_D \times 채무 \leq EBIT \quad 또는 \quad 채무 \leq EBIT/r_D$$

즉, 세금 관점에서 볼 때 기업 채무의 최적 수준은 현재 이익에 비례한다. 하지만 기업 주식의 가치는 이익 성장률에 의존한다. 성장률이 높을수록 주식의 가치가 높아진다(기업의 가격/이익 비율(PER)이 더 높아진다는 의미와 같음). 결과적으로 성장률이 높을수록 기업 자본구조에서 부채비율[$D/(E+D)$]의 최적값이 낮아진다.[15]

기타 세금 절감

지금까지 우리는 이자가 법인세로부터 이익을 보호할 수 있는 유일한 수단이라고 생각해 왔다. 그러나 감가상각, 투자세액 공제, 과거 영업손실의 이월 등과 같은 소득공제(deduction) 및 세액공제(tax credit)를 위해 세법에 다양한 다른 조항들이 있다. 예를 들어 많은 첨단기술기업들은 종업원 주식옵션과 관련된 소득공제로 인해 세금을 거의 내지 않는다(558쪽 '종업원 스톡옵션' 참조). 기업이 다른 세금 절감을 가지고 있는 범위 내에서 과세소득은 감소될 것이고, 이자의 세금 절감에 크게 의존하지 않을 것이다.[16]

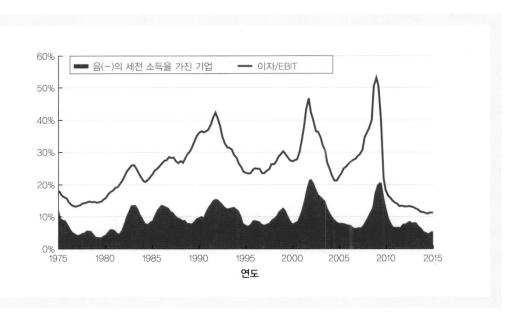

그림 15.9

EBIT의 비율로 표시된 이자 지급과 음(−)의 세전 이익을 가진 기업의 비율 (S&P 500, 1975~2015)

평균적으로 기업은 이자비용을 통해 이익의 1/3 미만을 절약한다. 단지 약 10% 정도로 이자비용이 과세소득을 초과하였다.

출처 : Compustat

---

15 고성장 기업의 낮은 레버리지에 대한 설명은 J. Berens와 C. Cuny의 논문에 의해 개발되었다. "The Capital Structure Puzzle Revisited," *Review of Financial Studies* 8 (1995): 1185–1208.

16 다음 논문을 보라. H. DeAngelo and R. Masulis, "Optimal Capital Structure Under Corporate and Personal Taxation," *Journal of Financial Economics* 8 (1980): 3–27. 이러한 효과를 설명하는 기업의 한계세율 추정 방법은 다음 논문을 참고하라. J. Graham, "Proxies for the Corporate Marginal Tax Rate," *Journal of Financial Economics* 42 (1996): 187–221.

표 15.5	국제 레버리지 및 세율(1990)				
	현금 차감 기준				
국가	$D/(E+D)$	$D/(E+D)$	이자/EBIT	τ_c	τ^*
미국	28%	23%	41%	34.0%	34.0%
일본	29%	17%	41%	37.5%	31.5%
독일	23%	15%	31%	50.0%	3.3%
프랑스	41%	28%	38%	37.0%	7.8%
이탈리아	46%	36%	55%	36.0%	18.6%
영국	19%	11%	21%	35.0%	24.2%
캐나다	35%	32%	65%	38.0%	28.9%

출처 : R. Rajan and L. Zingales, "What Do We Know About Capital Structure? Some Evidence from International Data," *Journal of Finance* 50 (1995): 1421–1460. 기업들의 중간값과 최고 한계세율에 대한 자료이다.

낮은 레버리지 퍼즐

기업은 채무의 세금 혜택을 충분히 활용하는 자본구조를 선택하는가? 이 절의 결과들은 이 질문을 평가하기 위하여 자본구조에서 채무의 비중을 단순히 고려하기보다는 과세소득에 대한 기업의 이자 지급 수준을 비교해야 한다. 그림 15.9는 S&P 500 기업의 이자비용과 EBIT를 비교한다. 이는 두 가지 중요한 패턴을 가르쳐준다. 첫째, 기업들은 채무를 사용하여 평균적으로 소득의 1/3 미만을 보호하였고, (소득이 감소하는 경향이 있는) 하락기에도 50% 정도만을 보호하였다. 둘째, 음(-)의 과세소득이 발생하는 빈도가 약 10% 정도인데, 이때에는 증가된 이자의 세금 절감 혜택을 받지 못한다. 전반적으로 이자의 세금 절감 예측의 분석에 비하여 기업들은 훨씬 더 낮은 레버리지를 가지고 있다.[17]

이러한 낮은 수준의 레버리지는 미국 기업에만 국한되는 것은 아니다. 표 15.5는 1990년 자료를 사용한 라구람 라잔과 루이지 징갈레스 교수의 1995년 연구에서 분석한 국제 레버리지 수준을 보여주고 있다. 전세계적으로 기업들은 비슷하게 낮은 채무 자금조달 비율은 가지고 있으며, 특히 영국 기업들은 매우 낮은 레버리지를 가진다. 또한 이탈리아와 캐나다를 제외한 기업들은 이자 지급을 통해 과세소득의 절반 미만을 보호한다. 채무의 세금 혜택 관점에서 법인세법은 모든 국가에서 유사하다. 그러나 개인세율은 크게 변동하여 τ^*의 변동이 더 크다.[18]

기업들은 왜 낮은 레버리지를 이용할까? 기업들은 주주 가치를 극대화하는 것보다 더 많은 세금을 지불함에 만족하거나, 아니면 자본구조 이야기에 지금까지 우리가 발견한 것보다 더 많은 것이 있을 수 있다. 일부 기업들은 의도적으로 차선의 자본구조를 선택할 수 있지만, 대부분의 기업이 차선으로 행동하였다는 것을 받아들이기는 어렵다. 낮은 수준의 레버리지를 선택함에 있어 많은 경영자들의 의견에 의하면, 채무 자금조달에 기업이 이자의 세금 절감을 완전히 사용하지 못하도록 하는 다른 비용이 있음을 알 수 있다.

---

17 추가적인 증거는 J. Graham의 논문을 참고하라. "How Big Are the Tax Benefits of Debt?" *Journal of Finance* 55 (2000): 1901–1941. 전형적인 기업이 채무의 잠재적인 세금 혜택의 절반 미만을 이용한다고 추정하였다.

18 2006년의 최신 자료를 사용하여도 비슷하게 낮은 레버리지가 지속되었다. 아래 논문을 보라. J. Fan, S. Titman, and G. Twite, "An International Comparison of Capital Structure and Debt Maturity Choices," *Journal of Financial and Quantitative Analysis* 47(2012): 23–56.

종업원 스톡옵션

일부 기업들의 경우 종업원 스톡옵션은 중요한 세금 절감의 역할을 할 수 있다. 전형적인 종업원 스톡옵션은 종업원이 기업의 주식을 할인된 (고용했을 때의 주식) 가격으로 구매할 수 있게 해준다. 직원이 스톡옵션을 행사할 때 기업은 직원에게 주식을 할인하여 매도한다. 할인이 클 경우 직원은 옵션을 행사하여 큰 이익을 얻을 수 있다.

시장가격보다 낮은 매도가격이 주식의 가치를 희석하기 때문에 할인 금액은 주주의 비용이다. 이 비용을 반영하기 위해 IRS는 기업이 세금 목적으로 할인 금액을 소득에서 공제할 수 있게 하였다. (IRS는 종업원들의 이익에 세금을 부과하여 세금 부담이 사라지지는 않지만, 기업에서 종업원으로 세금 부담이 이동한다.) 이자의 세금 절감과 달리 종업원 스톡옵션으로부터의 소득공제는 기업의 가치를 증가시키지 않는다. 옵션이 아닌 급여를 통해 동일한 금액이 종업원에게 지급되면, 기업은 과세소득에서 추가 급여를 공제할 수 있다. 그러나 최근까지 종업원 스톡옵션은 EBIT에 영향을 주지 않아서, EBIT는 옵션비용을 가진 회사의 과세소득을 과대평가했다.

1990년대 후반의 주식시장 호황기에 수많은 종업원들에게 종업원 스톡옵션을 발행했던 많은 기술기업들이 이런 공제를 청구하여, EBIT로부터 단순하게 차감할 수 있는 가치에 따라 그들의 법인세를 낮출 수 있었다. 2000년 미국에서 수익성이 가장 높은 회사 중 일부(순이익 기준), 예컨대 마이크로소프트, 시스코 시스템즈, 델, 퀄컴 등은 스톡옵션 공제를 이용하여 세금 목적으로 손실을 보고할 수 있었다.[*] 2000년 그레이엄, 랭, 샤켈포드 교수들의 연구는, 전체 NASDAQ 100에 대한 스톡옵션 공제가 세전 총이익을 초과한다고 보고하였다.[†] 이들 기업의 경우 채무 관련 세금 혜택이 없었을 것이다. 이는 채무 자금조달을 거의 사용하지 않은 이유를 설명하는 데 도움이 될 수 있다.

2006년 이후 기업은 종업원 스톡옵션을 비용화하도록 강제되었다. 그러나 옵션비용화에 대한 규정은 세금공제와 동일하지 않다. 결과적으로 이 규정이 변경된 후에도 스톡옵션은 기업의 회계적 이익과 세법상의 소득 간에 상당한 차이를 가져올 수 있다. 예를 들어 페이스북에서 마크 저커버그의 창립 옵션은 $10 백만 미만의 회계적 비용을 초래했지만 페이스북에 $2 십억을 초과하는 세금공제를 제공했다.

[*] 다음을 보라. M. Sullivan, "Stock Options Take $50 Billion Bite Out of Corporate Taxes," Tax Notes (March 18, 2002): 1396–1401.

[†] "Employee Stock Options, Corporate Taxes and Debt Policy," *Journal of Finance* 59 (2004): 1585–1618.

재무관리자들과 이야기하면 그들은 우리의 분석에서 누락된 채무의 핵심비용을 신속하게 지적할 것이다. 채무의 수준을 높이면 파산 확률이 높아진다. 세금 외에도 채무와 주식 자금조달의 또 다른 중요한 차이점은 파산을 피하기 위해 채무는 상환되어야 하지만, 주식의 경우에는 기업이 배당을 지급하거나 자본이익을 실현할 의무는 없다는 것이다. 파산비용이 많이 들면 이러한 비용이 채무 자금조달의 세금 혜택을 상쇄할 수 있다. 제16장에서 금융 파산비용의 역할과 기타 시장의 불완전성에 대해 알아볼 것이다.

| 개념 확인 | 1. 기업의 성장률은 자본구조의 최적 부채비율에 어떤 영향을 주는가? |
| | 2. 기업들은 채무의 세금 혜택을 충분히 활용하는 자본구조를 선택하는가? |

핵심 요점 및 수식

15.1 이자의 세금공제

- 이자비용은 세금공제가 되므로 레버리지는 모든 투자자가 이용할 수 있는 총이익을 증가시킨다.
- 이자 지불의 세금공제로부터 투자자들이 이익을 얻는 것을 이자의 세금 절감이라고 한다.

$$\text{이자의 세금 절감} = \text{법인세율} \times \text{이자 지급액} \tag{15.1}$$

15.2 이자의 세금 절감 평가

- 법인세를 고려할 때 차입 기업의 총가치는 무차입 기업의 가치에 이자의 세금 절감의 현가를 합한 것과 같다.

$$V^L = V^U + PV(\text{이자의 세금 절감}) \tag{15.2}$$

- 기업의 한계법인세율이 일정하고 개인세가 없는 경우 영구 채무에 대한 이자의 세금 절감의 현재가치는 법인세율에 채무의 가치를 곱한 것과 같다($\tau_c D$).
- 기업의 세전 WACC는 투자자들의 요구 수익률을 측정한다. 실효 세후 WACC 또는 단순 WACC는 이자의 세금 절감의 이익을 포함한 후 기업의 비용을 측정한다. 두 가지 개념은 다음과 같이 관련된다.

$$r_{wacc} = \frac{E}{E+D}r_E + \frac{D}{E+D}r_D(1-\tau_c) \tag{15.5}$$

$$= \underbrace{\frac{E}{E+D}r_E + \frac{D}{E+D}r_D}_{\text{세전 WACC}} - \underbrace{\frac{D}{E+D}r_D\tau_c}_{\substack{\text{이자의 세금 절감에}\\ \text{의한 감소}}} \tag{15.6}$$

다른 시장 불완전성이 없으면 WACC는 기업의 레버리지에 따라 감소한다.

- 기업이 목표 레버리지 비율을 유지할 때 무차입 가치(V^U)는 무차입 자본비용 또는 세전 WACC를 이용하여 계산한 가용현금흐름의 현재가치이지만, 차입 가치(V^L)는 WACC를 이용하여 계산한 가용현금흐름의 현재가치이다.

15.3 세금 절감을 위한 자본재구성

- 유가증권 가격이 공정하게 결정되면 기업의 기존 주주는 레버리지의 증가로부터 이자의 세금 절감의 완전한 혜택을 받을 수 있다.

15.4 개인 세금

- 개인 세금은 레버리지의 일부 법인세 혜택을 상쇄한다. 이자 지급으로 채무자가 받은 세후 \$1는 주식 보유자가 받은 세후 $(1-\tau^*)$와 같아야 한다.

$$\tau^* = 1 - \frac{(1-\tau_c)(1-\tau_e)}{(1-\tau_i)} \tag{15.7}$$

15.5 세금이 있는 경우의 최적 자본구조

- 세금 절감 관점에서 레버리지의 최적 수준은 이자가 EBIT와 같은 수준이다. 이 경우 기업은 이자의 법인세 공제를 최대한 활용하지만, 개인 수준에서 과도한 레버리지의 세금 단점도 회피한다.
- 기업 자본구조에 비례하는 최적 부채비율은 기업 성장률에 따라 감소한다.
- 평균 기업의 이자비용은 과세소득보다 훨씬 낮은데, 이는 기업이 채무의 세금 혜택을 충분히 활용하지 못한다는 것을 의미한다.

주요 용어

송금세(repatriation tax)
이자의 세금 절감액(interest tax shield)

추가 읽을거리

1963년 논문인 "Corporate Income Taxes and the Cost of Capital: A Correction," *American Economic Review* 53 (June 1963): 433-443에서 모딜리아니와 밀러는 레버리지의 그들의 분석을 조정하여 세금 혜택을 반영하였다. 과세가 자본비용 및 최적 자본구조에 미치는 영향에 대한 고전적 연구들은 다음을 포함한다. M. King, "Taxation and the Cost of Capital," Review of Economic Studies 41 (1974): 21-35; M. Miller, "Debt and Taxes," *Journal of Finance* 32 (1977): 261-275; M. Miller and M. Scholes, "Dividends and Taxes," *Journal of Financial Economics* 6 (1978): 333-364; and J. Stiglitz, "Taxation, Corporate Financial Policy, and the Cost of Capital," *Journal of Public Economics* 2 (1973): 1-34.

기업이 세금 인센티브에 어떻게 반응하는지에 관한 내용은 다음 논문을 참고하라. J. MacKie-Mason, "Do Taxes Affect Corporate Financing Decisions?" *Journal of Finance* 45 (1990): 1471-1493. 세금 및 기업재무 관련 최근 연구는 다음을 참고하라. J. Graham, "Taxes and Corporate Finance: A Review," *Review of Financial Studies* 16 (2003): 1075-1129.

다음 논문들은 과세 및 최적 자본구조에 관한 여러 논제를 심도 있게 분석하였다. M. Bradley, G. Jarrell, and E. Kim, "On the Existence of an Optimal Capital Structure: Theory and Evidence," *The Journal of Finance* 39 (1984): 857-878; M. Brennan and E. Schwartz, "Corporate Income Taxes, Valuation, and the Problem of Optimal Capital Structure," *Journal of Business* 51 (1978): 103-114; H. DeAngelo and R. Masulis, "Optimal Capital Structure Under Corporate and Personal Taxation," *Journal of Financial Economics* 8 (1980): 3-29; and S. Titman and R. Wessels, "The Determinants of Capital Structure Choice," *Journal of Finance* 43 (1988): 1-19.

다음 논문들은 자본구조 결정에 대한 경영자들의 의견을 포함하고 있다. J. Graham and C. Harvey, "How Do CFOs Make Capital Budgeting and Capital Structure Decisions?" *Journal of Applied Corporate Finance* 15 (2002): 8-23; R. Kamath, "Long-Term Financing Decisions: Views and Practices of Financial Managers of NYSE Firms," *Financial Review* 32 (1997): 331-356; E. Norton, "Factors Affecting Capital Structure Decisions," Financial Review 26 (1991): 431-446; and J. Pinegar and L. Wilbricht, "What Managers Think of Capital Structure Theory: A Survey," *Financial Management* 18 (1989): 82-91.

국제적인 자본구조 결정에 관한 추가적 내용을 이해하기 위해 다음 논문을 참고하라. F. Bancel and U. Mittoo, "Cross-Country Determinants of Capital Structure Choice: A Survey of European Firms," *Financial Management* 33 (2004): 103-132; R. La Porta, F. Lopez-de-Silanes, A. Shleifer, and R. Vishny, "Legal Determinants of External Finance," Journal of Finance 52 (1997): 1131-1152; and L. Booth, V. Aivazian, A. Demirguq-Kunt, and V. Maksimovic, "Capital Structures in Developing Countries," *Journal of Finance* 56 (2001): 87-130.

연습문제

* 표시는 난이도가 높은 문제다.

이자의 세금 절감

1. 펠라메드 제약은 2006년에 $325 백만의 EBIT를 가졌다. 또한 펠라메드는 $125 백만의 이자비용과 40%의 법인세율을 가지고 있다.
   a. 펠라메드의 2006년 순이익은 얼마인가?
   b. 펠라메드의 2006년 순이익 및 이자 지급은 얼마인가?

    c. 펠라메드가 이자비용을 지불하지 않았다면, 2006년 순이익은 얼마였을까? (b)에서의 답변과 비교해보라.

    d. 2006년 펠라메드의 이자의 세금 절감액은 얼마인가?

2. 그로밋 엔지니어링은 내년에 \$20.75 백만의 순이익과 \$22.15 백만의 가용현금흐름을 기대하고 있다. 그로밋의 한계법인세율은 35%이다.

    a. 그로밋이 레버리지를 증가시켜 이자비용이 \$1 백만 상승하면 순이익은 어떻게 변할까?

    b. 동일한 이자비용 증가의 경우 가용현금흐름은 어떻게 변화하는가?

3. 법인세율이 40%라고 하자. 위험 없이 매년 이자와 세금 차감 전 \$1,000의 이익을 가지는 기업이 있다. 이 기업의 자본 지출은 매년 감가상각비와 동일하고, 순운전자본에 변화가 없다. 무위험 이자율은 5%이다.

    a. 이 기업이 채무가 없고 매년 순이익을 배당으로 지급한다고 하자. 이 기업의 주식의 가치는 얼마인가?

    b. 이 기업이 매년 \$500의 이자를 지급한다고 가정하자. 주식의 가치는 얼마인가? 채무의 가치는 얼마인가?

    c. 차입 기업과 무차입 기업의 총가치의 차이는 얼마인가?

    d. (c)에서의 차이는 채무 가치의 어느 정도에 해당하는가?

4. 브랙스톤 기업은 이자율 8%로 \$35 백만의 채무를 발행하였다. 브랙스톤은 향후 5년 동안 매년 말에 \$7 백만의 원금을 상환하여 채무를 줄일 계획이다. 브랙스톤의 한계법인세율이 40%라면, 향후 5년 동안 매년 브랙스톤의 채무로 인한 이자의 세금 절감은 얼마인가?

이자의 세금 절감 평가

5. 당신의 회사는 현재 10%의 이자율로 \$100 백만의 채무를 발행한 상태이다. 대출 조건에 따라 이 기업은 매년 \$25 백만을 상환해야 한다. 한계법인세율이 40%이고 이자의 세금 절감이 대출과 동일한 위험을 갖는다고 가정하자. 이 채무로 인한 이자 세금 절감의 현재가치는 얼마인가?

6. 아넬 산업은 최근 (액면가) \$10 백만의 채무를 발행하였다. 이 기업은 이 채무에 대해서만 이자를 지급한다. 아넬의 한계법인세율은 35%이다.

    a. 아넬이 채무에 대해 매년 6%의 이자를 지급한다고 하자. 연별 이자의 세금 절감은 얼마인가?

    b. 이자의 세금 절감이 대출 위험과 동일하다고 가정할 때, 이의 현재가치는 얼마인가?

    c. 채무 이자율이 5%라고 하자. 이 경우 이자 세금 절감의 현재가치는 얼마인가?

7. 6번 문제에서와 같이 아넬은 매년 6%의 이표 영구 이자를 지급하는 \$10 백만의 채무를 발행한 지 10년이 지났다. 법인세율은 35%로 동일하게 유지되었지만 이자율은 하락하여 아넬의 현재 타인자본 비용은 4%이다.

    a. 아넬의 연별 이자의 세금 절감은 얼마인가?

    b. 이자 세금 절감의 현재가치는 얼마인가?

8. 베이 트랜스포트 시스템즈(BTS)는 현재 \$30 백만의 채무를 발행한 상태이다. 이자율 6.5%에 더하여, 매년 잔액의 5%를 상환할 예정이다. BTS의 한계법인세율이 40%이고, 이자의 세금 절감이 대출과 위험이 동일하다고 가정할 때, 이 채무로 인한 이자 세금 절감의 현재가치는 얼마인가?

9. 세이프코는 채무가 없으며, 위험이 없는 재무부 증권에 투자된 초과현금 보유액 \$10 백만을 유지하고 있다. 세이프코의 법인세율이 35%이면, \$10 백만을 영원히 유지하는 비용은 얼마인가? (힌트 : 세이프코가 지불할 추가적인 세금의 현재가치는 얼마인가?)

10. 로곳 인스트루먼트는 고급 바이올린과 첼로를 만든다. 발행 채무가 \$1 백만이고, \$2 백만의 주식가치가 있으며, 법인세율은 35%이다. 주식비용은 12%이고 타인자본 비용은 7%이다.

    a. 로곳의 세전 WACC는 얼마인가?

    b. 로곳의 (실효 세후) WACC는 얼마인가?

11. 루몰트 자동차는 주당 \$15의 가격으로 30 백만 주를 발행하였다. 게다가 루몰트는 총 \$150 백만 가치의 채

권을 발행하였다. 루몰트 자기자본 비용은 10%이고, 타인자본 비용은 5%이다.

    a. 루몰트의 세전 WACC는 얼마인가?

    b. 루몰트의 법인세율이 35%일 때 세후 WACC는 얼마인가?

12. 서밋 빌더스는 0.65의 부채비율과 40%의 법인세율을 가지고 있으며, 채무에 7%의 이자를 지급한다. 채무로 인한 이자의 세금 절감은 서밋의 WACC를 어느 정도 낮추는가?

13. 음향 액세서리 제조업체인 낫나는 채무가 없고 15%의 자기자본 비용을 가진다. 낫나가 레버리지를 높이고 시장가치 부채/가치 비율을 0.5로 유지하기로 결정했다. 채무의 자기자본 비용이 9%이고 법인세율이 35%라고 가정하자. 낫나의 세전 WACC가 일정하게 유지된다면, (실효 세후) WACC는 레버리지의 증가에 따라 어떻게 변화할까?

14. 레스텍은 부채/주식 비율을 0.85로 유지하고, 주식과 타인자본 비용은 각각 12%, 7%이다. 레스텍의 법인세율은 40%이고, 시가총액은 $220 백만이다.

    a. 레스텍의 가용현금흐름이 1년 만에 $10 백만이 될 것으로 예상하면, 기대 미래 성장률은 이 기업의 현재 시장가치와 정합성을 가지는가?

    b. 레스텍 이자의 세금 절감 가치를 추정하라.

15. Acme 저장의 시가총액은 $100 백만이며 채무는 $40 백만이다. Acme는 앞으로도 동일한 부채/주식 비율을 유지할 계획이다. 이 기업은 채무에 대해 7.5%의 이자를 지급하고 법인세율은 35%이다.

    a. Acme의 가용현금흐름이 내년에 $7 백만이고, 매년 3%로 성장할 것으로 예상하는 경우 Acme의 WACC는 얼마인가?

    b. Acme 이자의 세금 절감 가치는 얼마인가?

16. 밀튼 산업은 매년 $5 백만의 가용현금흐름을 기대한다. 밀튼의 법인세율은 35%이고 무차입 자본비용은 15%이다. 회사는 $19.05 백만의 채무를 가지고 있으며, 영원히 이 수준의 채무를 유지할 것으로 기대한다.

    a. 레버리지가 없을 경우 밀튼 산업의 가치는 얼마인가?

    b. 레버리지가 있을 경우 밀튼 산업의 가치는 얼마인가?

17. 마이크로소프트는 8.75 백만 주를 발행하였고 35%의 한계법인세율을 지불한다. 마이크로소프트가 특별배당과 자사주 매입을 통해 투자자에게 현금 $50 백만을 지불할 것이라고 발표하였다. 마이크로소프트가 이 초과현금을 영원히 보유하면 발표 직후에 마이크로소프트의 주가는 어떻게 변하겠는가?

18. 커즈는 현재 주당 $7.50인 주식 20 백만 주로 구성된 무차입 기업이다. 투자자들은 커즈가 무차입 기업으로 유지하기를 기대하지만, 커즈는 $50 백만을 차입하여 자사주를 매입하기로 결정하였다. 커즈는 이 채무에만 이자를 지급할 것이고, 채무의 금액을 증가 또는 감소시킬 계획이 없다. 커즌의 법인세율은 40%이다.

    a. 발표 전에 커즌의 기존 자산의 시장가치는 얼마인가?

    b. 채무가 발행되었으나 자사주를 매입하기 전에, 커즈 자산(세금 절감 포함)의 시장가치는 얼마인가?

    c. 자사주 매입 직전 커즈의 주가는 얼마인가? 커즈는 자사주를 얼마나 매입할까?

    d. 자사주 매입 후 커즈의 시장가치 재무상태표는 무엇이고 얼마인가?

19. 랠리는 $25 백만의 자산과 10 십억 주를 발행한 무차입 기업이다. 랠리는 $10 백만을 차입하여 이 자금을 자사주 매입에 사용할 것이다. 이 기업의 법인세율은 35%이고 랠리는 영원히 $10 백만의 채무를 유지할 것이다.

    a. 레버리지가 증가하지 않으면 랠리의 주가는 어떻게 될 것인가?

    b. 랠리가 자사주를 매입하기 위해 주당 $2.75를 제안하였다. 주주들이 이 가격으로 매도하겠는가?

    c. 랠리가 주당 $3.00를 제안하면 주주들은 이 가격으로 그들의 주식을 입찰할 것인가? 자사주 매입 후

랠리의 주가는 어떻게 될까?

    d. 랠리가 제공하여 주주들이 입찰에 응할 수 있는 최저 가격은 얼마인가? 이 경우 자사주 매입 이후 주가 는 얼마가 될 것인가?

개인 세금

20. 법인세율이 40%이고, 투자자의 배당 및 자본이익에 대한 세율은 15%이며, 이자소득세율은 33.3%라고 하 자. 당신 회사는 채무를 증가시켜 매년 $15 백만의 추가 이자를 지급할 것이다. 배당을 축소하여 이자비용 을 지급할 것이다.

    a. 채무 소유자는 그들이 얻은 이자에 대해 세후 얼마를 받게 되는가?

    b. 매년 이자비용을 지급하기 위해 얼마의 배당을 축소하여야 하나?

    c. 이 배당을 축소하면 주주들의 연간 세후 소득이 어느 정도 감소할 것인가?

    d. 매년 정부의 세수는 얼마나 줄어드는가?

    e. 채무 τ^*의 실효 세금 혜택은 얼마인가?

21. 페이스북은 2014년 재무상태표에 채무가 없었지만, $2 십억의 세금을 냈다. 페이스북이 연간 $250 백만의 세금을 영원히 감소시키기에 충분한 채무를 발행했다고 하자. 페이스북의 한계법인세율은 35%이고 차입 비용은 5%이다.

    a. 페이스북의 투자자가 개인 세금을 내지 않는다면 (투자자들은 페이스북 주식을 비과세 퇴직계좌에 보 유하고 있기 때문에), 얼마나 많은 가치가 창출될 것인가? (세금 절감의 가치는 얼마인가?)

    b. 페이스북 투자자가 주식으로부터의 이익에 20%의 세율을, 이자소득에 39.6%의 세율을 지불한다고 가 정하면 당신의 답변은 어떻게 변할까?

22. 마컴 기업은 자본구조에 영원히 $100 백만의 채무를 추가할 것을 고려하고 있다. 마컴의 법인세율은 35% 이다.

    a. 개인 세금이 없다면 새로운 채무로 인한 이자의 세금 절감 가치는 얼마인가?

    b. 투자자가 이자소득에 대해 40%의 세율을, 배당 및 자본이익에 20%의 세율을 지불하면, 새로운 채무에 대한 이자의 세금 절감 가치는 얼마인가?

*23. 가넷 주식회사는 무위험 채무 또는 무위험 우선주 발행을 고려하고 있다. 이자소득에 대한 세율은 35%이 며, 우선주의 배당 또는 자본이익에 대한 세율은 15%이다. 그러나 우선주 배당은 법인세 면제 대상이 아 니며, 법인세율은 40%이다.

    a. 채무에 대한 무위험 이자율이 6%라면, 무위험 우선주의 자본비용은 얼마인가?

    b. 기업의 세후 타인자본 비용은 얼마인가? 어떤 것이 기업에 대해 더 저렴한가?

    c. 세후 타인자본 비용이 우선주 자본비용 곱하기 $(1 - \tau^*)$와 같다는 것을 보여라.

*24. 이자소득에 대한 세율이 35%이고, 자본이익 및 배당에 대한 평균 세율이 10%라고 하자. 채무가 세금 혜택 을 제공하기 위해서는 한계법인세율이 얼마나 높아야 할까?

세금이 있는 경우의 최적 자본구조

25. 현재의 레버리지로 Impi 주식회사는 내년에 $4.5 백만의 순이익을 얻을 것이다. Impi의 법인세율이 35% 이고 채무에 8%의 이자를 지불한다면, 금년에 얼마의 추가적인 채무를 발행하여야 내년에도 이자의 세금 절감 혜택을 받을까?

*26. 콜트 시스템즈는 내년에 $15 백만의 EBIT를 가질 것이다. 또한 총 자본지출 및 순운전자본 증가에 $6 백만 을, 감가상각비로 $3 백만을 지출할 것이다. 콜트는 현재 법인세율 35%, 자본비용 10%의 무차입 기업이다.

    a. 콜트의 가용현금흐름이 매년 8.5% 증가할 것으로 예상되면 현재 주식의 시장가치는 얼마인가?

b. 채무 이자율이 8%라면, 콜트는 지금 얼마를 차입하여 내년에 음(-)이 아닌 순이익을 가지는가?

c. 콜트가 50%를 초과하는 부채/가치 비율을 선택하기 위한 현재의 세금 인센티브가 있는가? 설명하라.

*27. PMF는 내년에 $10 백만, $15 백만 또는 $20 백만의 EBIT를 가질 동일한 가능성이 있다. 법인세율은 35%이고, 투자자는 주식소득에 대해 15%의 세율을 적용받으며, 소득에 대해서는 35%의 세율이 적용된다.

a. PMF가 내년에 $8 백만의 이자비용을 지급하면 채무의 실효 세금 혜택은 얼마인가?

b. $20 백만을 초과하는 이자비용에 대한 채무의 실효 세금 혜택은? (이월 무시)

c. $10 백만과 $15 백만 사이의 이자비용에 대한 채무의 실효 세금 혜택은 얼마인가? (이월 무시)

d. 어떤 수준의 이자비용이 PMF에게 최고의 세금 혜택을 주는가?

데이터 사례

당신의 상사는 제14장 자본구조의 무관련성에 대한 당신의 발표에 깊은 인상을 받았지만, 예상한 바와 같이 세금과 같은 시장의 불완전성이 고려되어야 함을 알게 되었다. 당신의 분석에 세금을 포함시켜 달라는 요청을 받았다. 이 상사는 이자가 공제될 수 있음을 알았고, 채무 이용을 늘리면 홈디포의 주가가 상승해야 한다고 하였다. 따라서 그는 새로운 채무 발행에 의한 수입으로 자사주 매입을 제안하고자 하며, 이 계획을 CEO 및 이사회에 보고하려고 한다.

그는 두 가지 시나리오의 영향을 검토하라고 하였다. 즉, 적당한 수준의 채무와 더 높은 수준의 채무 발행이다. 특히 그는 $1 십억 또는 $5 십억의 새로운 채무 발행을 고려하고 있다. 두 경우 모두 홈디포는 채무 발행 수입으로 자사주를 매입할 것이다.

1. 제14장에서 다운로드한 홈디포의 재무제표를 이용하여, 지난 4년 각각에 대해 소득세를 세전 소득으로 나누어 홈디포의 지난 4년간 평균 법인세 세율을 결정하라.

2. $1 십억의 새로운 채무로 시나리오를 분석하면서 시작하라. 이 기업이 새 채무를 영원히 유지할 계획이라고 가정하고, 새 채무의 세금 절감 현재가치를 결정하라. 이 계산을 위해 필요한 추가 가정은 어떤 것이었나?

3. 채무 중 $1 십억을 자사주 매입에 사용할 경우 새 주가는 얼마인가?

a. 제14장에서 계산한 홈디포 주식의 현재 시장가치를 이용하라.

b. 자사주 매입을 하면 주식의 새로운 시장가치는 얼마인가?

c. 자사주 매입이 발표된 후 새로운 주식 수와 주가는 얼마인가?

4. 새 채무를 발행하고 자사주 매입을 한 후에 홈디포의 장부가치 D/E 비율은 얼마인가? 시장가치 D/E 비율은 얼마인가?

5. 홈디포가 $5 십억의 채무를 발행하고 자사주를 매입하는 시나리오에 대해 2~4단계를 반복하라.

6. 주가에 의해 판단할 때 채무 증가와 자사주 매입이 좋은 아이디어로 보이는가? 왜 또는 왜 아닌가? 당신의 분석에서 고려하지 않아서 홈디포의 경영진이 제기할 수 있는 문제점은 무엇인가?

주석 : 이 사례 분석에 대한 갱신은 www.berkdemarzo.com에서 찾을 수 있다.

재무적 곤경과
경영 인센티브 및 정보

모딜리아니와 밀러는 완전자본시장에서 자본구조는 중요하지 않다는 것을 보여주었다. 제15장에서는 기업의 EBIT가 채무에 대한 이자 지급을 초과할 때까지 레버리지의 세금 혜택이 있다는 것을 공부하였다. 하지만 평균적으로 미국 기업들이 이러한 방식으로 이익의 절반 이하를 보호한다는 것을 알았다. 왜 기업들은 더 많은 채무를 사용하지 않을까?

유나이티드 항공(UAL 주식회사)을 보고 어느 정도의 통찰력을 얻을 수 있다. 1996년부터 2000년까지 5년 동안 UAL은 $6 십억이 넘는 EBIT에 비해 $1.7 십억의 이자비용을 지불했다. 이 기간에 $2.2 십억을 초과하는 손익계산서의 세금에 대한 모든 준비 사항을 보고했다. 이 기업은 세금 절감을 완전히 사용하지 않는 수준의 채무를 가지고 있는 것처럼 보였다. 그럼에도 불구하고 높은 연료 및 노동비용, 2001년 9월 11일의 테러 공격 이후의 여행 감소, 저가 항공사와의 경쟁 증가로 UAL은 2002년 12월에 파산, 법원의 보호를 신청했다. 유나이티드는 2006년에 결국 파산으로부터 탈출했다. 수익성 좋았던 2007년 이후, 2008년 금융위기의 흔적 속에서 손실을 경험하고 채권자의 관심을 새로이 만들었다. 이 항공사는 2010년에 콘티넨탈 항공 인수 계획을 발표하면서 수익성이 좋아지기 시작했다. 비슷한 운명이 곧 아메리칸 항공으로 이어졌다. 모기업은 2011년에 $29 십억이 넘는 채무를 지고 파산을 선언하였지만, 2년 후에 전미 항공과의 합병으로 파산에서 살아났다. 이러한 예에서 알 수 있듯이 미래의 현금흐름이 불안정하고 경제 충격에 민감한 항공사와 같은 기업이 너무 많은 레버리지를 사용하면 파산 위험에 빠진다.

기업이 채무 상환에 어려움을 겪을 때 우리는 기업이 **재무적 곤경**(financial distress)에 빠졌다고 한다. 이 장에서 우리는 시장의 불완전성으로 인해, 기업의 자본구조 선택이 어떻게 재무적 곤경의 비용에 영향을 미치고, 경영 인센티브를 바꾸며, 투자자에게 정보를 전달하는가를 공부한다. 자본구조 결정의 각 결과는 중요할 수 있으며, 레버리지가 높을 때 레버리지리의 세금 혜택을 상쇄할 수 있다. 따라서 이러한 불완전성은 우리가 일반적으로 관찰하는 채무 수준을 설명하는 데 도움이 될 수 있다. 또한 여러 유형의 기업에서 불완전성의 효과가 크게 달라질 수 있기 때문에, 이전 장의 그림 15.7에서 설명한 대로 이러한 불완전성은 산업 간에 존재하는 레버리지 선택의 상당한 차이를 설명하는 데 도움이 될 수 있다.

기호

E 주식의 시장가치

D 채무의 시장가치

PV 현재가치

β_E 주식의 베타

β_D 채무의 베타

I 투자

NPV 순현재가치(또는 순현가)

V^U 무차입 기업의 가치

V^L 차입 기업의 가치

τ^* 채무의 실효적 세금 혜택

16.1 완전시장에서의 채무불이행과 파산

채무에 의한 자금조달은 기업에 의무를 부과하는 것이다. 채무에 대해 필요한 이자나 원금을 지불하지 못한 기업을 **채무불이행**(default) 상태라고 한다. 기업의 채무불이행 이후 채권자는 당해 기업의 자산에 대해 권리가 주어진다. 극단적인 경우 파산이라는 과정을 통해 기업 자산에 대해 법적 권리를 갖는다. 주식에 의한 자금조달은 이런 위험이 없다. 주주는 배당을 받고자 하지만 기업은 법적으로 배당을 지급할 의무가 없다.

따라서 레버리지의 중요한 결과는 파산 위험으로 보인다. 이 위험이 채무 사용의 단점을 대표하는가? 꼭 그렇지는 않다. 제14장에서 지적했듯이 채무가 위험해서 기업이 채무불이행 상태일지라도 완전시장에서 모딜리아니와 밀러의 결과는 유지된다. 가설적인 예를 생각하여 그 결과를 알아보자.

아민 산업 : 레버리지와 채무불이행 위험

아민 산업은 어려운 비즈니스 환경에서 불확실한 미래를 맞이하고 있다. 외국 수입품과의 경쟁이 증가하면서 지난해에 수익은 급감했다. 아민의 관리자는 신제품이 기업의 명운을 회복할 것으로 기대한다. 신제품이 아민의 경쟁사 제품보다 확실한 기술 경쟁력이 있지만, 이 제품이 소비자들에게 인기가 있을지 여부는 불확실하다. 성공할 경우 매출 및 이익이 증가하여 아민은 연말에 $150 백만의 가치가 있을 것이다. 실패하면 아민은 $80 백만의 가치만을 가질 것이다.

아민 산업은 두 가지 자본구조 대안 중 하나를 선택할 수 있다. (1) 모두 주식으로 자금을 조달하거나, 또는 (2) 연말에 만기가 되는 총 $100 백만의 채무를 사용할 수 있다. 완전자본시장에서 신제품이 성공할 때와 실패할 때 자본구조 선택의 결과를 보자.

시나리오 1 : 신제품 성공 신제품이 성공하면 아민은 $150 백만의 가치가 있다. 레버리지가 없으면 주주는 전액을 가지게 된다. 레버리지가 있을 경우 아민은 $100 백만의 채무 상환을 해야 하며, 아민의 주주들은 나머지 $50 백만을 소유하게 된다.

그러나 아민이 연말에 $100 백만의 현금을 이용할 수 없다면 어떻게 될까? 자산가치는 $150 백만이 되겠지만, 그 가치의 상당 부분은 은행의 현금보다는 신제품의 미래 예상 수익에서 나올 수 있다. 이 경우 만약 아민이 채무를 진다면 채무불이행이 될까?

완전자본시장에서의 대답은 '아니요'이다. 기업의 자산가치가 채무 가치를 초과하는 한 아민은 대출을 상환할 수 있다. 현금을 즉시 사용할 수 없더라도 새로운 대출을 얻거나 새로운 주식을 발행하여 현금을 조달할 수 있다.

아민은 현재 발행주식 10 백만 주를 보유하고 있다고 하자. 주식의 가치가 $50 백만이기 때문에 이 주식은 주당 $5의 가치가 있다. 이 가격으로 아민은 20 백만 개의 신주 발행에 의해 $100 백만을 조달하여 채무를 상환할 수 있다. 채무가 상환된 후에 기업의 주식은 $150 백만의 가치가 있다. 현재 총 30 백만 주가 있기 때문에 주가는 주당 $5이다.

이 시나리오는 기업이 자본시장을 이용하여 공정한 가격에 새로운 유가증권을 발행할 수 있을 경우, 자산의 시장가치가 라이어빌리티를 초과하는 한 채무불이행이 발생할 필요가 없음을 보여준다. 즉, 채무불이행 여부는 기업 자산과 채무의 상대가치에 달려 있으며, 현금흐름과는 상관이 없다. 많은 기업들이 수년간 음(−)의 현금흐름을 경험했지만 여전히 상환 능력을 가지고 있다.

표 16.1	레버리지가 있는 경우와 없는 경우의 채무와 주식의 가치($ 백만)			
	레버리지가 없는 경우		레버리지가 있는 경우	
	성공	실패	성공	실패
채무의 가치	—	—	100	80
주식의 가치	150	80	50	0
투자자들의 총가치	150	80	150	80

시나리오 2 : 신제품 실패 만약 신제품이 실패할 경우 아민은 $80 백만의 가치가 있다. 기업이 주식으로만 자금을 조달할 경우, 주주들은 안 좋겠지만 기업에 대한 즉각적인 법적 결과는 없다. 반대로 아민이 $100 백만의 만기 도래 채무를 가지고 있으면 재무 곤경에 빠질 것이다. 기업은 $100 백만의 채무를 상환할 수 없어서 채무불이행 이외에는 선택의 여지가 없다. 파산할 경우 채권자는 기업 자산에 대한 법적 소유권을 갖게 되어 아민의 주주에게는 아무것도 남지 않는다. 채권자가 받는 자산은 $80 백만의 가치가 있기 때문에, 그들은 채무의 원금 $100 백만에 비해 $20 백만의 손실을 입을 것이다. 기업의 주주들은 유한 책임을 지기 때문에, 채권자는 아민의 주주들에게 $20 백만에 대한 고소를 할 수 없다. 즉, 그들은 이 손실을 받아들여야 한다.

두 시나리오의 비교 표 16.1은 레버리지가 있을 때와 없을 때, 각 시나리오의 결과를 비교하고 있다. 만약에 제품이 성공하지 못하고 실패하면 채권자와 주주는 모두 안 좋아진다. 레버리지가 없을 경우 제품이 실패하면 주주는 $150 백만 – $80 백만 = $70 백만을 잃는다. 레버리지가 있을 경우, 주주는 $50 백만을 잃고, 채권자는 $20 백만을 잃지만 두 경우 모두 총손실은 $70 백만으로 동일하다. 전반적으로 신제품이 실패하면 아민의 투자자들은 기업이 차입하고 파산을 선언하든지, 아니면 무차입하고 주가가 하락하는지의 여부에 관계없이 동일하게 좋지 않다.[1]

이 점은 중요하다. 한 기업이 파산을 선언하면 그 뉴스는 헤드라인을 장식한다. 기업의 저조한 실적과 투자자들의 손실에 많은 관심이 쏟아진다. 그러나 가치 하락은 파산으로 인한 것이 아니다. 기업의 레버리지 여부와는 상관없이 가치 하락은 어느 경우나 동일하다. 즉, 신제품이 실패하면 아민은 **경제적 곤경**(economic distress)에 처하게 될 것인데, 그것은 레버리지로 인한 재무적 곤경의 여부와 관계없이 기업의 자산가치를 크게 하락시킨다.

파산과 자본구조

완전자본시장에서 모딜리아니-밀러 정리 I은 다음과 같다. 모든 투자자에 대한 총가치는 기업의 자본구조에 의존하지 않는다. 한 집단으로서 투자자들은 기업이 레버리지를 사용하기 때문에 더 나빠지는 것은 아니다. 기업의 레버리지로 인해 파산이 발생한다는 것은 사실이지만, 파산만으로는 투자자들의 총가치를 크게 감소시키지 않는다. 따라서 채무 조달에 단점이 있는 것은 아니며, 기업의 총가치는 변함이 없다. 기업은 자본구조를 선택하여 투자자들로부터 동일한 금액을 조달할 수 있다.

---

1 아민 주식의 가치가 없기 때문에 차입할 때 주주들만을 보고 그들이 더 나쁘다고 말하게 할 수 있는 유혹이 있다. 사실 기업이 차입한 경우 주주들은 성공에 비하여 $50 백만을 잃고, 무차입 경우에는 $70 백만을 잃는다. 실제로 중요한 것은 모든 투자자들의 총가치이며, 이는 기업이 초기에 조달할 수 있는 총자본의 금액을 결정한다.

예제 16.1   **파산 위험과 기업가치**

문제

무위험 이자율이 5%이고, 아민의 신제품은 성공하거나 실패할 가능성이 동일하다고 가정하자. 단순화를 위해 아민의 현금흐름(예 : 위험 분산이 가능하여)이 경제 상황과 무관하다고 하자. 이 프로젝트는 0의 베타를 가지고, 자본비용은 무위험 이자율과 같다. 레버리지가 있을 때와 없을 때의 연초 아민의 주가를 계산하고, MM 정리 I이 성립한다는 것을 보이라.

풀이

레버리지가 없을 때 연말에 주식은 $150 백만 또는 $80 백만의 가치가 있다. 위험이 분산 가능하기 때문에 위험 프리미엄이 필요하지 않고, 무위험 이자율로 기업의 기대가치를 할인하여 연초에 레버리지가 없을 때의 가치를 결정할 수 있다.[2]

$$\text{주식(무차입)} = V^U = \frac{\frac{1}{2}(150) + \frac{1}{2}(80)}{1.05} = \$109.52 \text{ 백만}$$

레버리지가 있을 때 주주는 $50 백만 또는 아무것도 받지 못하며, 채권자는 $100 백만 또는 $80 백만을 받을 수 있다.

$$\text{주식(차입)} = \frac{\frac{1}{2}(50) + \frac{1}{2}(0)}{1.05} = \$23.81 \text{ 백만}$$

$$\text{채무} = \frac{\frac{1}{2}(100) + \frac{1}{2}(80)}{1.05} = \$85.71 \text{ 백만}$$

따라서 차입 기업의 가치는 $V^L = E + D = 23.81 + 85.71 = \$109.52$ 백만이다. 레버리지가 있을 때 또는 없을 때, 주식의 총가치는 동일하여 MM 정리 I이 성립한다. 이 기업은 자본구조를 선택하여 투자자로부터 동일한 금액을 조달할 수 있다.

개념 확인

1. 완전자본시장에서 파산 가능성은 채무 조달을 불리하게 하는가?
2. 채무불이행의 위험은 기업가치를 하락시키는가?

16.2   파산과 재무적 곤경비용

완전자본시장에서 파산의 위험은 채무의 단점이 아니다. 파산은 모든 투자자에게 이용 가능한 총가치는 바꾸지 않으면서 기업의 소유권을 주주에서 채권자로 옮길 뿐이다.

파산에 대한 이러한 설명이 현실적일까? 아니다! 파산은 결코 간단하지 않다. 주주들은 기업이 채무를 이행하지 못하는 순간에 채권자에게 단순히 "열쇠를 넘겨 주는" 것이 아니다. 오히려 파산은 기업과 투자자들에게 완전자본시장의 가정을 무시하는 직접 및 간접비용을 부과하는 길고도 복잡한 과정이다.

---

2 만약 위험이 분산될 수 없고 위험 프리미엄이 필요하다면, 이 계산은 더 복잡해질 것이지만 결론은 변하지 않을 것이다.

파산법

기업이 채권자에게 필요한 지불을 하지 못할 때 채무불이행 상태가 된다. 채권자는 기업의 자산을 압수하여 강제로 징수하는 법적 행동을 취할 수 있다. 대부분의 기업들은 여러 채권자를 가지고 있기 때문에, 조정 없이는 각 채권자가 공정하게 대우 받을 것을 보장하기 어렵다. 또한 기업의 자산이 함께 유지된다면 더 가치가 있을 수 있기 때문에, 채권자가 자산을 조금씩 압수하면 나머지 기업가치의 상당 부분을 해칠 수 있다.

미국의 파산법은 이런 과정을 조직화하여 채권자들이 공정하게 대우 받고 자산의 가치가 불필요하게 훼손되지 않도록 만들어졌다. 1978년 파산법에 따르면, 미국 기업은 두 가지 유형의 파산 보호 신청을 할 수 있다(미국법 제7장 또는 제11장 참조).

제7장 청산법(Chapter 7 liquidation)에서는 수탁자가 경매를 통해 기업 자산의 청산을 감독하도록 지명된다. 청산 수익금은 기업의 채권자들에게 지급되며, 기업은 더 이상 존재하지 않게 된다.

대기업 파산의 좀 더 일반적인 형태인 **제11장 갱생법**(Chapter 11 reorganization)에서는 계류 중인 모든 징수 시도는 자동으로 중지되며, 기업의 기존 경영진에게 갱생 계획을 제안할 기회가 주어진다. 계획을 수립하는 동안 경영진은 사업을 계속 운영한다. 갱생 계획은 기업의 각 채권자에 대한 처리를 명시한다. 채권자는 현금 지급 이외에 기업의 새로운 채무 또는 주식 증권을 받을 수 있다. 현금과 증권의 가치는 일반적으로 각 채권자의 채무액보다 작지만, 기업이 즉시 폐쇄되어 청산될 경우에 받을 금액보다는 많다. 채권자는 계획을 수락하기 위해 투표해야 하며, 이 계획은 파산 법원의 승인을 받아야 한다.[3] 수용 가능한 계획이 제시되지 않을 경우 법원은 궁극적으로 미국법 제7장의 기업 청산을 강제할 수 있다.

파산의 직접비용

파산법은 기업의 채무를 정산하기 위해 질서 있는 절차를 제공하도록 설계되었다. 하지만 이 과정은 복잡하고, 시간이 많이 소요되며, 비용도 많이 든다. 기업이 재무적 곤경에 빠질 때 일반적으로 법률 전문가, 회계 전문가, 컨설턴트, 감정 평가사, 경매인 등 부실자산 판매 경험이 있는 외부 전문가가 고용된다. 투자 은행가도 잠재적인 재무적 구조조정을 도울 수 있다.

이러한 외부 전문가에게는 많은 비용이 든다. 2003년에서 2005년 사이에, 유나이티드 항공은 제11장 갱생법에 관계된 법률 및 전문 서비스를 위해 30개 이상의 자문사로 구성된 팀에게 평균적으로 월 $8.6 백만을 지불했다. 엔론은 파산 시 법률 및 회계비용에 그 당시 최고인 월 $30 백만을 지출했으며, 총비용은 $750 백만을 초과했다. 월드콤은 MCI가 되기 위한 갱생의 일환으로 자문 기업에게 $620 백만을 지불했으며, 역사상 가장 큰 리먼 브러더스 파산은 $2.2 십억의 비용을 수반한 것으로 알려졌다.[4]

기업이 지출한 돈 이외에도 채권자는 파산 과정에서 비용을 부담할 수 있다. 미국법 제11장 갱생의 경우, 채권자는 갱생 계획이 승인되고 지불을 받기까지 수년을 기다려야 한다. 그들의 권리와 이익이 존중

---

3 특히 경영진은 초기 120일 동안 갱생 계획을 제안할 배타적 권리를 보유하고 있으며, 이 기간은 파산 법원에 의해 무기한 연장될 수 있다. 그 이후 모든 이해 관계자가 갱생 계획을 제안할 수 있다. 전액 지불을 받거나 이 계획에 의해 청구가 완전히 회복될 청구권을 가진 채권자는 아무런 문제가 없는 것으로 간주되며, 갱생 계획에 투표하지 않는다. 손해가 발생할 모든 채권자는 청구의 특성에 따라 분류된다. 이 계획이 각 그룹 청구 금액의 3분의 2와 각 그룹 청구 건수의 과반수를 보유한 채권자에 의해 승인되면, 법원은 이 계획을 확정할 것이다. 모든 그룹이 이 계획을 승인하지 않더라도, 법원은 반대하는 각 그룹에 대해 공정하고 공평한 계획이라고 간주할 경우 [일반적으로 "강제 배정(cram down)"으로 알려진 과정에서] 이 계획을 강제할 수 있다.

4 J. O'Toole, "Five years later, Lehman bankruptcy fees hit $2.2 billion," CNNMoney, September 13, 2013.

되고, 제안된 갱생 계획에서 그들의 몫을 평가하는 데 도움을 주기 위해 채권자들은 별도의 법적 대리와 전문적인 조언을 구할 수 있다. 기업이 지불하든 또는 채권자가 지불하든, 이러한 직접 파산비용은 기업의 투자자가 궁극적으로 받게 될 자산가치를 감소시킨다. 엔론과 같은 경우에는 갱생비용이 자산가치의 10%에 근접했다. 연구에 따르면 일반적으로 파산의 평균적인 직접비용은 파산 전 총자산 시장가치의 약 3~4%이다.[5] 기업 자산의 최종 처분과 관련하여 채권자가 많을수록 합의에 이르기가 더 어려울 수 있기 때문에, 사업 운영이 더 복잡한 기업과 채권자가 많은 기업일수록 비용이 더 커지는 경향이 있다. 파산 절차의 많은 측면이 기업 규모와 무관하므로 대개 소규모 기업의 경우 기업가치에 대한 백분율로 환산된 파산비용이 더 높다. 미국법 제7장의 중소기업의 청산에 대한 한 연구에 의하면 파산의 평균 직접비용은 기업 자산가치의 12%였다.[6]

파산의 상당한 법적 및 기타 직접비용을 감안할 때, 재무적 곤경에 처한 기업은 먼저 채권단과 직접 협상을 통해 파산 신청을 피할 수 있다. 재무적 곤경에 빠진 기업이 파산으로부터 갱생하는 데 성공하면, 이를 **워크아웃**(workout)이라고 한다. 결과적으로, 파산의 직접비용은 실질적으로 워크아웃 비용을 초과해서는 안 된다. 다른 접근법은 **프리패키지드 파산** 또는 **사전조정 제도**[prepackaged bankruptcy, 또는 프리팩("prepack")]이다. 기업은 먼저 주요 채권자들의 동의를 얻어 갱생 계획을 수립한 다음, 이 계획을 실행하기 위해 (더 나은 조건을 고수하려고 시도하는 채권자들에게 압력을 가하기 위해) 제11장의 갱생을 신청한다. 프리팩을 이용하여 기업은 최소한의 직접비용으로 신속하게 파산에서 탈출한다.[7]

재무적 곤경의 간접비용

파산의 직접적인 법적 · 행정비용 이외에도 많은 다른 간접비용이 (기업이 파산을 공식적으로 신청했는지의 여부에 따라) 재무적 곤경과 관련되어 있다. 이러한 비용들은 정확하게 측정하기 어렵지만, 종종 파산의 직접비용보다 훨씬 크다.

고객의 손실 파산은 기업이 고객에 대한 약속을 이행할 수 없게 하기 때문에, 고객은 기업의 향후 지원이나 서비스에 의존하는 제품을 구매하지 않을 수 있다. 예를 들어 고객들은 운행을 중단할 수 있는 부실 항공사로부터의 티켓 구매나, 보증을 하지 못하거나 교체 부품을 제공할 수 없는 제조업체로부터의 자동차 구매를 꺼릴 수 있다. 비슷하게 기술기업의 많은 고객들은 미래에 지원되거나 업그레이드되지 않을 수 있는 하드웨어나 소프트웨어 플랫폼의 사용을 주저할 수 있다. 이와는 대조적으로 한 번 납품된 상품의 가치가 판매자의 지속적인 성공에 달려 있지 않은 (설탕이나 알루미늄과 같은) 원재료 생산자의 경우

---

5 다음을 참고하라. J. Warner, "Bankruptcy Costs: Some Evidence," *Journal of Finance* 32 (1977): 337 – 347; L. Weiss, "Bankruptcy Resolution: Direct Costs and Violation of Priority of Claims," *Journal of Financial Economics* 27 (1990): 285 – 314; E. Altman, "A Further Empirical Investigation of the Bankruptcy Cost Question," *Journal of Finance* 39 (1984): 1067 – 1089; and B. Betker, "The Administrative Costs of Debt Restructurings: Some Recent Evidence," *Financial Management* 26 (1997): 56 – 68. L. LoPucki and J. Doherty estimate that due to speedier resolution, the direct costs of bankruptcy fell by more than 50% during the 1990s to approximately 1.5% of firm value ("The Determinants of Professional Fees in Large Bankruptcy Reorganization Cases," *Journal of Empirical Legal Studies* 1 (2004): 111 – 141).

6 R. Lawless and S. Ferris, "Professional Fees and Other Direct Costs in Chapter 7 Business Liquidations," *Washington University Law Quarterly* (1997): 1207 – 1236. For comparative international data, see K. Thorburn, "Bankruptcy Auctions: Costs, Debt Recovery and Firm Survival," *Journal of Financial Economics* 58 (2000): 337 – 368; and A. Raviv and S. Sundgren, "The Comparative Efficiency of Small-firm Bankruptcies: A Study of the U.S. and the Finnish Bankruptcy Codes," *Financial Management* 27 (1998): 28 – 40.

7 다음을 참고하라. E. Tashjian, R. Lease, and J. McConnell, "An Empirical Analysis of Prepackaged Bankruptcies," *Journal of Financial Economics* 40 (1996): 135 – 162.

에는 고객의 손실이 작을 것이다.[8]

공급업체의 손실 고객들이 재무 곤경에 처한 기업에서 손실을 보는 유일한 존재는 아니다. 재료 공급업체가 지불 불능을 두려워하면 그들은 재고를 제공하지 않을 수 있다. 예를 들어 K마트 주식회사는 주가 하락이 공급업체들을 두렵게 하여 제품 납품을 거부했기 때문에, 2002년 1월 부분적으로 파산 보호를 신청했다. 비슷하게 스위스 항공은 공급업체가 비행기 연료의 공급을 거부했기 때문에 영업을 중단하게 되었다. 이러한 유형의 붕괴는 거래 신용에 크게 의존하는 기업에게 중요한 재무적 곤경비용이다. 많은 경우 파산 신청 자체는 **법정관리 기업에 대한 대출**(debtor-in possession financing) 또는 **DIP 자금조달**을 통해 이러한 문제를 완화할 수 있다. DIP 자금조달은 파산한 기업이 발행한 새로운 채무다. 이러한 종류의 채무는 기존의 모든 채권자들보다 우선권이 있기 때문에 파산을 신청한 기업은 영업의 지속성을 위해 계속해서 자금을 조달할 수 있다.

종업원들의 손실 재무 곤경에 빠진 기업은 장기 고용 계약을 통한 고용 안정을 제공할 수 없기 때문에, 새로운 직원을 고용하는 데 어려움을 겪을 수 있으며, 기존 직원은 그만두거나 다른 곳으로 떠날 수 있다. 핵심 직원을 유지하는 데는 많은 비용이 소요될 수 있다. 퍼시픽 가스 및 전기 주식회사는 파산 중에 17명의 핵심 직원을 남겨두기 위해 $80 백만 이상의 비용을 들이는 유지 프로그램을 시행하였다.[9] 이러한 유형의 재무적 곤경비용은 인적 자원에서 가치가 크게 창출되는 기업의 경우 높은 경향이 있다.

매출채권의 손실 재무 곤경에 빠진 기업은 그들에게 빚진 돈을 모으는 데 어려움을 겪는다. 엔론의 파산 변호사 중 한 사람에 따르면, "상대적으로 적은 금액을 빚진 많은 고객들이 우리에게서 숨으려고 한다. 그들은 어떤 개별적 경우에도 그 금액이 특별히 크지 않기 때문에 엔론이 귀찮지 않을 것이라고 믿는 것 같다."[10] 기업의 영업 중단 또는 중요한 경영자 교체 사실을 알게 되면, 대금의 적시 지불을 위한 고객들의 명성 유지 인센티브가 감소한다.

자산의 긴급 매도 파산 및 관련 비용을 피하기 위해 곤경에 빠진 기업은 현금을 조달하기 위해 자산을 신속하게 매도하려고 시도할 수 있다. 하지만 이 경우에는 재무적으로 건전한 기업이 받을 수 있는 최적 가격보다 저렴한 가격을 받아들여야 한다. 사실 토드 풀비노의 항공사 연구에 따르면 파산 또는 재무 곤경에 처한 기업은 건전한 경쟁자가 받는 가격보다 15~40% 낮은 가격으로 항공기를 매도한다.[11] 부실 기업이 자회사를 매도하려고 할 때도 할인이 적용된다. 경쟁력과 유동성이 없는 자산을 보유한 기업의 경우 제값 밑으로 자산을 매도해야 하는 비용이 가장 크다.

비효율적인 청산 파산 보호는 경영진이 폐쇄해야 하는 기업의 청산을 지연시키는 데 사용할 수 있다. 로렌스 와이스와 카렌 우르크의 연구에 의하면, 이스턴 항공은 경영진이 음(−)의 NPV 투자를 계속 수행

---

8 다음을 참고하라. S. Titman, "The Effect of Capital Structure on a Firm's Liquidation Decision," *Journal of Financial Economics* 13 (1984): 137–151. T. Opler and S. Titman report 17.7% lower sales growth for highly leveraged firms compared to their less leveraged competitors in R&D-intensive industries during downturns ("Financial Distress and Corporate Performance," *Journal of Finance* 49 (1994): 1015–1040).

9 R. Jurgens, "PG&E to Review Bonus Program," *Contra Costa Times*, December 13, 2003.

10 K. Hays, "Enron Asks Judge to Get Tough on Deadbeat Customers," *Associated Press*, August 19, 2003.

11 "Do Asset Fire-Sales Exist? An Empirical Investigation of Commercial Aircraft Transactions," *Journal of Finance* 53 (1998): 939–978; and "Effects of Bankruptcy Court Protection on Asset Sales," *Journal of Financial Economics* 52 (1999): 151–186. For examples from other industries, see T. Kruse, "Asset Liquidity and the Determinants of Asset Sales by Poorly Performing Firms," *Financial Management* 31 (2002): 107–129.

할 수 있었기 때문에 파산 상태에서 50% 이상의 가치가 손상되었다고 한다.[12] 한편, 자산을 보유하는 것의 가치가 더 높을 경우에도 파산 상태의 기업이 자산을 청산하게 될 수도 있다. 예를 들어 채무불이행의 결과로 리먼 브라더스는 거래 상대방과 파생상품 계약의 80%를 해지해야만 했는데, 많은 경우에 있어서 불리한 조건으로 종료되었다.[13]

채권자들의 비용 기업이 채무를 불이행할 때 채권자가 직접적으로 부담해야 하는 법적 비용 이외에도 채권자들에게는 다른 간접비용이 있을 수 있다. 기업에 대한 대출이 채권자에게 중요한 자산인 경우, 당해 기업의 채무불이행은 채권자에게 상당한 비용의 재무 곤경을 발생시킬 수 있다.[14] 일례로 2008년 금융위기에서, 리먼 브라더스의 파산은 리먼의 채권자 대부분을 재무 곤경에 처하게 했다.

파산은 기업의 투자자와 채권자가 선택하는 것이기 때문에, 파산 과정을 거치기로 한 기업의 결정으로 인한 직접 및 간접비용에는 한계가 있다. 이러한 비용이 너무 클 경우 워크아웃 협상이나 프리패키지드 파산을 통해 대부분 피할 수 있다. 따라서 이러한 비용은 기업의 채권자와 재협상하는 비용을 초과해서는 안 된다.[15]

한편 기업의 고객, 공급업체 또는 종업원으로부터 발생하는 재무 곤경의 간접비용에는 그런 한계가 없다. 기업이 파산을 계약 및 약정의 재협상 기회로 활용할 수 있다는 사실을 기대하여, 파산 이전에도 이러한 비용 중 많은 것들이 발생한다. 예를 들어 기업은 종업원에 대한 미래의 고용 또는 퇴직급여에 대한 약속과 제품에 대한 보증의 중지, 공급업체와의 불리한 인도 계약을 철회하는 방법으로 파산을 이용할 수 있다. 기업이 파산할 경우 장기적 약속을 지키지 않을 것이라는 두려움 때문에, 차입이 심한 기업들은 종업원들에게 더 높은 급여를 지급하고, 제품을 더 싸게 팔며, 차입이 작은 유사한 기업보다 공급업체에게 더 많은 금액을 지불할 수도 있다. 이러한 비용은 파산을 피하기 위한 재협상 비용에 의해 제한되지 않기 때문에 다른 파산비용보다 실질적으로 더 클 수 있다.[16]

간접비용의 전반적인 영향 전체적으로 재무 곤경의 간접비용이 실질적인 비용이 될 수 있다. 그러나 그것들을 추정할 때 두 가지 중요한 점을 기억해야 한다. 첫째, 총 기업가치에 대한 손실을 식별해야 한다. (주주 또는 채권자에 대한 손실뿐만 아니라 그들 간의 이전) 둘째, 기업의 경제적 어려움으로 인해 발생할 수 있는 손실 이상의 재무적 곤경과 관련된 증분 손실을 구별해야 한다. 그레거 안드레이드와 스티븐 카플란의 차입이 큰 기업에 대한 연구는 재무적 곤경으로 인한 잠재적 손실을 기업가치의 10~20%로 추정하였다.[17] 이제 기업가치에 대한 레버리지의 잠재적 비용 결과를 고려할 것이다.

---

12 "Information Problems, Conflicts of Interest, and Asset Stripping: Ch. 11's Failure in the Case of Eastern Airlines," *Journal of Financial Economics* 48 (1998): 55–97.

13 다음을 보라. C. Loomis, "Derivatives: The risk that still won't go away," *Fortune*, June 24, 2009.

14 이 비용은 기업이 아니라 채권자가 부담하는 반면, 채권자는 대출 금리를 정할 때 이러한 잠재적 비용을 고려한다.

15 이 점에 대한 통찰력 있는 논의를 위해서는 다음 논문을 보라. R. Haugen and L. Senbet, "Bankruptcy and Agency Costs: Their Significance to the Theory of Optimal Capital Structure," *Journal of Financial and Quantitative Analysis* 23 (1988): 27–38.

16 기업이 효율성을 제고하기 위해 파산을 이용할 수 있다는 증거가 있지만 (A. Kalay, R. Singhal, and E. Tashjian, "Is Chapter 11 costly?" *Journal of Financial Economics*, 84 (2007): 772–796) 이러한 이익은 노동자의 희생에서 올 수 있다. (L. Jacobson, R. LaLonde, and D. Sullivan, "Earnings Losses of Displaced Workers," *American Economic Review* 83 (1993): 685–709). 버크와 제크너는 기업들이 장기 노동 계약을 약속할 능력을 높이기 위해 채무를 발행하지 않기로 결정할 수도 있다고 주장한다. J. Berk, R. Stanton, and J. Zechner, "Human Capital, Bankruptcy and Capital Structure," *Journal of Finance* 65 (2009): 891–925.

17 "How Costly Is Financial (Not Economic) Distress? Evidence from Highly Leveraged Transactions That Became Distressed," *Journal of Finance* 53 (1998): 1443–1493.

글로벌 금융위기 | 크라이슬러의 프리팩

2008년 11월, 크라이슬러의 최고경영자인 로버트 나델리는 다음과 같은 간단한 얘기를 하려고 민간 제트기로 워싱턴으로 날아갔다. 정부의 구제금융이 없으면 크라이슬러의 파산은 불가피하다. 의회는 설득되지 않았다. 구제금융의 유무에 관계없이 파산은 피할 수 없고, 자동차 제조기업은 정부의 자금조달을 정당화하기 위해 보다 설득력 있는 계획을 제공해야 한다고 생각했다. 12월의 재방문(이번에는 자동차로)에서도 비슷한 결과가 나타났다. 의회를 우회하여, 퇴임하는 부시 대통령은 부실자산 구제 프로그램(Troubled Asset Relief Program, TARP)의 자금으로 크라이슬러를 구제하기로 결정했다. 결국 정부는 크라이슬러에게 $8 십억을 채무로 제공하였다.

내구재 제조업체의 경우 파산이 길어지면 파산비용이 상당히 많이 든다. 실제 부분적으로 크라이슬러의 미래에 대한 고객의 우려로 인해 판매는 이미 어려움을 겪고 있었다. 이에 대해 오바마 대통령은 2009년 3월에 새로운 크라이슬러 자동차의 모든 보증을 보장하는 전례 없는 단계를 밟았다.

이 모든 도움에도 불구하고 크라이슬러는 2009년 4월 30일에 정부와 협의하여 프리팩으로 파산을 선언했다. 그로부터 불과 41일 후 크라이슬러는 피아트가 운영하는 종업원 소유의* 정부 지원 기업으로 파산에서 탈출했다.

크라이슬러는 프리팩 합의에 따라 파산 절차를 신속히 이행하여 많은 잠재적 파산비용을 회피하였다. 그러나 채권자들의 동의를 위해 추가적인 정부의 자본 투입 약속과 전례 없는 정치적 압력을 요구하게 했다. 많은 경우에 선순위 채권자는 이미 TARP 지원을 받는 은행이었다. 아마도 이 원조를 받는 비용으로 그들은 전미자동차노동조합(UAW)과 같은 무담보 채권자의 청구권을 그들의 선순위 청구권보다 앞서는 거래로 받아들였다.** 따라서 일부 채권자가 해를 주었을 수는 있었지만, 투자자들 사이의 전례 없는 협력과 (더 중요하게는) 정부의 개입이 장기간의 값비싼 파산을 피하게 했다는 데는 의심의 여지가 없다.

* 크라이슬러 종업원 연금 플랜은 크라이슬러의 55%를 소유하였고, 피아트는 20%, 미국 재무부는 8%, 캐나다 정부는 2%를 소유하였다. 나머지 주식은 나머지 채무 청구자들에게 분할되었다.
** 모든 채권자들이 기꺼이 정부의 압력에 굴복한 것은 아니었다. 한 연금 펀드 그룹이 프리팩에 반대했다. 결국 대법원은 기업 편을 들어 그들의 상고를 기각했다. 아마도 이 개입의 결과로, 노동조합이 있으면서 대규모 연금을 가지는 다른 기업들에게 채권자들이 유사한 결의안의 가능성을 예상함에 따라 차입비용이 증가한다는 것이 놀랄 일이 아니다. (다음을 참고하라. B. Blaylock, A. Edwards, and J. Stanfield, "The Role of Government in the Labor−Creditor Relation−ship: Evidence from the Chrysler Bankruptcy," *Journal of Financial and Quantitative Analysis* 50 (2015): 325 – 348.)

개념 확인

1. 기업이 제11장 갱생법에 따라 파산 신청을 하면 어느 당사자가 제일 먼저 기업 갱생 계획을 제안할 기회를 얻게 되는가?
2. 기업의 보증 중단을 걱정하는 고객들의 손실은 재무적 곤경비용이지만, 채무 금액이 완전히 상환되지 않는 채권자들의 손실이 재무적 곤경비용이 아닌 이유는 무엇인가?

16.3 재무적 곤경비용과 기업가치

이전 절에서 설명한 재무적 곤경비용은 모딜리아니와 밀러의 완전자본시장 가정에 위배된다. MM은 기업 자산의 현금흐름이 자본구조의 선택에 의존하지 않는다고 가정하였다. 그러나 우리가 논의한 바와 같이, 차입 기업은 투자자들의 현금흐름을 감소시킬 수 있는 재무적 곤경비용을 초래할 수 있다.

아민 산업 : 재무적 곤경비용의 영향

이러한 재무적 곤경비용이 기업가치에 어떤 영향을 미치는지를 설명하기 위하여 아민 산업의 사례를 다시 생각해보자. 자기자본으로 자금을 조달한 아민의 자산은 신제품이 성공하면 $150 백만, 실패하면 $80 백만의 가치가 있다. 이에 비해 $100 백만의 채무가 있을 경우, 새로운 제품이 실패하면 아민은 파산할 수밖에 없다. 이 경우 아민 자산의 가치 중 일부는 파산 및 재무적 곤경비용으로 손실될 것이다. 결과적으로 채권자들은 $80 백만 미만을 받을 것이다. 표 16.2에서 이런 비용의 영향을 보여주는데, 여기서는 채권자가 재무적 곤경비용을 고려한 후 $60 백만을 받는 것으로 가정한다.

표 16.2가 보여주듯이 신제품이 실패할 때 모든 투자자에 대한 총가치는 레버리지가 없는 것보다 레버리지가 있는 경우가 작아진다. $80 백만 − $60 백만 = $20 백만의 차이는 재무적 곤경비용 때문에 발생한다. 이러한 비용은 레버리지가 있는 기업의 총가치를 낮추고, 예제 16.2에서처럼 MM 정리 I은 더 이상 성립하지 않을 것이다.

예제 16.2   재무적 곤경비용이 높을 때의 기업가치

문제

표 16.2에 제시된 데이터를 이용하여 레버리지가 있는 경우와 없는 경우, 아민 산업의 현재가치를 비교하라. 무위험 이자율이 5%이고, 신제품이 성공 또는 실패할 확률은 동일하며, 위험이 분산 가능하다고 가정하자.

풀이

레버리지가 있는 경우와 없는 경우에 주주들에 대한 지불은 예제 16.1과 같다. 무차입 주식의 가치를 $109.52 백만으로, 차입 주식의 가치를 $23.81 백만으로 계산했다. 그러나 파산비용으로 채무의 가치는 다음과 같다.

$$\text{채무} = \frac{\frac{1}{2}(100) + \frac{1}{2}(60)}{1.05} = \$76.19 \text{ 백만}$$

차입 기업의 가치는 $V^L = E + D = 23.81 + 76.19 = \$100$ 백만인데, 이는 무차입 기업의 가치보다 작아서, $V^U = \$109.52$ 백만이다. 따라서 파산비용으로 인해 차입 기업의 가치는 무차입 기업의 가치보다 $9.52 백만 작다. 이 손실은 제품이 실패할 경우 기업이 지불하게 될 재무적 곤경비용 $20 백만의 현재가치와 동일하다.

$$PV(\text{재무적 곤경비용}) = \frac{\frac{1}{2}(0) + \frac{1}{2}(20)}{1.05} = \$9.52 \text{ 백만}$$

누가 재무적 곤경비용을 지불하는가

표 16.2의 재무적 곤경비용은 신제품이 실패했을 때 채권자에게 지불하는 금액을 줄인다. 이 경우 주주들은 이미 투자금액을 잃었고 기업에 대해 더 이상의 관심이 없다. 주주의 관점에서 이런 비용들이 관련이 없는 것처럼 보일 수 있다. 그런데 왜 주주들은 채권자가 부담해야 하는 비용에 신경을 쓸까?

기업이 파산한 후에 주주가 파산비용을 거의 신경 쓰지 않는다는 것은 사실이다. 하지만 채권자들은 어리석지 않다. 그들은 기업이 채무의 상환을 이행하지 못할 때, 자산의 가치를 모두 받게 될 수 없다는 것을 알고 있다. 결과적으로 그들은 처음에 채무에 대해서 더 적은 금액을 지불할 것이다. 얼마나 적게 지불할까? 그들이 궁극적으로 포기할 금액은 정확히 파산비용의 현재가치이다.

그러나 채권자가 채무에 대해 적은 금액을 지불하면 기업이 배당 지급, 자사주 매입 및 투자에 사용할

표 16.2	레버리지가 있는 경우와 없는 경우의 채무와 주식의 가치($ 백만)			
	레버리지가 없는 경우		레버리지가 있는 경우	
	성공	실패	성공	실패
채무의 가치	—	—	100	60
주식의 가치	150	80	50	0
투자자들의 총가치	150	80	150	60

재원이 작아진다. 즉, 이 차이는 주주들의 지갑에서 나오는 돈이다. 이 논리는 다음과 같이 일반적인 결과로 정리된다.

유가증권이 공정하게 가격이 결정되면, 기업의 기존 주주는 파산 및 재무적 곤경과 관련된 비용의 현재가치를 지불한다.

재무적 곤경비용과 주가

문제

연초에 아민 산업은 10 백만 주의 주식을 보유하고 있으며 채무는 없다고 가정하자. 아민은 액면가 $100 백만의 1년짜리 채무를 발행하여, 그 수익금을 자사주 매입에 사용할 것이라고 발표했다. 표 16.2에 주어진 자료에 의하면 새로운 주가의 가격은 얼마인가? 이전 예에서와 마찬가지로 무위험 이자율은 5%이고, 신제품의 성공 및 실패 확률은 동일하며, 이 위험은 분산 가능하다.

풀이

예제 16.1에서 레버리지가 없는 기업의 가치는 $109.52 백만이다. 10 백만 주를 발행한 주식의 가치는 주당 $10.952이다. 예제 16.2에서 레버리지가 있는 기업의 총가치는 $100 백만에 불과하다는 것을 알았다. 이 가치 하락을 예상하여, 자본을 재구성하면 주가는 $100 백만 ÷ 10 백만 주 = $10.00로 하락할 것이다.

이 결과를 확인해보자. 예제 16.2에서 파산비용으로 인해 새로운 채무는 $76.19 백만의 가치를 가진다. 따라서 아민은 주당 $10의 가격으로 7.619 백만 주를 매입하여 2.381 백만 주가 남게 된다. 예제 16.1에서 우리는 차입 주식의 가치를 $23.81 백만으로 계산했다. 이를 주식 수로 나누면 거래 후 주가는 다음과 같다.

$$\$23.81 \text{ 백만} \div 2.381 \text{ 백만 주} = \text{주당 } \$10.00$$

따라서 자본 재구성은 주주들에게 주당 $0.952 또는 총 $9.52 백만의 비용을 부과할 것이다. 이 비용은 예제 16.2에서 계산된 재무적 곤경비용의 현재가치와 일치하다. 따라서 채권자는 결국 이러한 비용을 부담하지만, 주주들은 재무적 곤경비용에 대한 현재가치를 미리 지불하는 것이다.

1. 아민은 신제품이 실패한 경우에만 재무적 곤경비용이 발생했다. 신제품의 성공 또는 실패를 알기 전에 아민에게는 왜 재무적 곤경비용이 발생할까?
2. 참 혹은 거짓 : 기업이 파산하여 주식의 가치가 모두 없어질 때만 파산비용이 발생한다면, 이 비용은 기업의 초기 가치에 영향을 미치지 않는다.

16.4   최적 자본구조 : 상쇄이론

이제는 기업가치를 극대화하는 채무 발행량을 결정하기 위하여, (제15장에서 언급된) 이자의 세금 절감액에 의한 레버리지 효과와 재무적 곤경비용을 결합할 필요가 있다. 이 절에서 제시된 분석은 세금이 절감된 현금흐름으로부터 발생하는 채무의 효과와 레버리지와 관계된 재무적 곤경비용을 비교하는 것이기 때문에 **상쇄이론**(trade-off theory)이라고 한다.

이 이론에 의하면 차입 기업의 전체 가치는 레버리지가 없는 기업의 가치에 채무의 세금 절감 현재가치를 더하고 재무적 곤경비용의 현재가치를 차감한 값이다.

$$V^L = V^U + PV(\text{이자의 세금 절감액}) - PV(\text{재무적 곤경비용}) \tag{16.1}$$

식 (16.1)은 기업의 가치가 레버리지 효과와 함께 비용도 작아진다는 것을 보여준다. 기업은 채무의 세금 효과를 활용하기 위해서 레버리지를 증가시킬 유인이 있다. 그러나 채무가 너무 많아지면 채무불이행 상태가 되어 재무적 곤경비용이 발생할 수 있다.

재무적 곤경비용의 현재가치

간단한 예제가 아니더라도 재무적 곤경비용의 정확한 현재가치를 계산하는 것은 정말 복잡하다. 다음의 세 가지 요인이 재무적 곤경비용의 현재가치를 결정한다. (1) 재무적 곤경의 확률, (2) 기업이 재무적 곤경에 있을 경우 비용의 크기, (3) 곤경비용을 위한 적절한 할인율.

이 각각의 요인을 어떻게 결정할 것인가? 재무적 곤경의 확률은 기업이 채무 상환 요구를 만족할 수 없어서 채무불이행 상태가 될 가능성에 달려 있다. 이 확률은 기업의 (자산 대비) 라이어빌리티 규모가 커질수록 증가한다. 또한 기업 현금흐름과 자산가치의 변동성이 커질수록 증가한다. 따라서 공공전기 및 가스 서비스 기업과 같이 안정되고 믿을 만한 현금흐름을 가진 기업들은 높은 수준의 채무를 사용해도 채무불이행 확률은 매우 낮아진다. 기업의 가치와 현금흐름의 변동성이 심한 기업(예 : 반도체기업)의 경우에는 상당한 채무불이행 위험을 회피하기 위하여 채무의 수준이 매우 낮아야 한다.

재무적 곤경비용의 크기는 16.2절에서 논의된 것처럼 그 비용의 상대적 중요성에 달려 있으며 또한 산업에 따라 다를 수 있다. 예를 들면 인적 자본에 가치가 있는 기술기업은 고객의 손실 가능성과 핵심 인재 채용 및 유지의 필요성 및 청산이 손쉬운 유형 자산의 부족으로, 재무적 곤경에 처할 때 높은 비용이 발생할 수 있다. 이에 비해 부동산 자산과 같은 물적 자본이 주요 자산인 기업은 기업가치의 상당 부분이 상대적으로 쉽게 팔릴 수 있는 자산으로 인해 발생하기 때문에 재무적 곤경비용이 낮은 경향이 있다.

마지막으로, 재무적 곤경비용의 할인율은 기업의 시장 위험에 달려 있다. 기업의 성과가 저조할 경우 재무적 곤경비용이 높기 때문에, 곤경비용의 베타는 기업의 베타와 반대의 부호를 가질 것이다.[18] 또한 기업의 베타가 높을수록 경기 침체기에 어려움을 겪을 가능성이 커지므로 재무적 곤경비용의 베타가 더 음(−)의 값을 가질 수 있다. 음(−)의 베타가 클수록 자본비용을 (무위험 이자율 밑으로) 낮추기 때문에, 다른 조건이 동일한 경우, 재무적 곤경비용의 현재가치는 베타가 높은 기업이 더 높을 것이다.

---

18 직관적 이해를 위해, 파산전문 법률기업을 생각해보자. 이 기업은 경기 침체기에 이익이 증가하기 때문에 음(−)의 베타를 가진다. 공식적으로 재무적 곤경비용의 베타는 기업재무, 제4판 제21장에서 계산하는 기업의 풋옵션 베타와 유사하다(그림 21.8 참조). 다음 논문을 참조하라. H. Almeida and T. Philippon, "The Risk-Adjusted Cost of Financial Distress," *Journal of Finance* 62 (2007): 2557 – 2586.

최적 레버리지

그림 16.1은 식 (16.1)에 의한 차입 기업의 가치인 V^L이 영구 채무의 수준인 D에 따라 어떻게 변하는가를 보여주고 있다. 채무가 없으면 기업의 가치는 V^U가 된다. 채무 수준이 낮을 때는 채무불이행 위험이 낮게 유지되기 때문에 레버리지 증가의 주요 효과는 이자의 세금 절감 효과가 증가하는 것인데, 이것은 현재가치인 τ^*D이며, 여기서 τ^*는 제15장에서 계산된 실효 세율이다. 재무적 곤경비용이 없다면 채무의 이자가 기업의 EBIT를 초과하여 세금 절감 효과가 소진될 때까지 기업의 가치는 채무 규모에 따라 증가할 것이다.

재무적 곤경비용은 차입 기업의 가치인 V^L을 감소시킬 것이다. 감소량은 채무불이행 확률이 커질수록 증가하는데, 채무불이행 확률은 채무 수준 D가 커질수록 증가한다. 상쇄이론은 V^L이 극대화되는 채무 수준인 D^*에 이를 때까지 기업의 레버리지를 증가시켜야 한다는 것이다. 이 점에서 레버리지를 증가시키는 것으로부터 발생하는 세금 절감 효과는 재무적 곤경비용의 발생 확률 증가에 의해 완전히 상쇄된다.

그림 16.1은 두 가지 형태의 기업에 대한 최적 채무 선택을 설명하고 있다. 재무적 곤경비용이 작은 기업의 최적 채무 선택은 D^*_{low}로, 높은 기업의 최적 채무 선택은 D^*_{high}로 표시하였다. 재무적 곤경비용이 높은 기업이 낮은 최적 채무 수준을 선택한다는 것은 놀라운 일이 아니다.

상쇄이론은 제15장에서 제기된 레버리지와 관련된 두 가지 퍼즐을 해결하는 데 도움이 된다. 첫째, 재무적 곤경비용의 존재는 기업이 왜 이자의 세금 절감액을 완전히 활용하기에는 너무 낮은 채무 수준을 선택하는가를 설명할 수 있다. 둘째, 재무적 곤경비용의 크기와 현금흐름 변동성의 차이는 산업 전반에 걸친 레버리지 이용의 차이를 설명할 수 있다. 즉, 파산비용만으로는 관찰된 모든 변동을 설명하기에 충

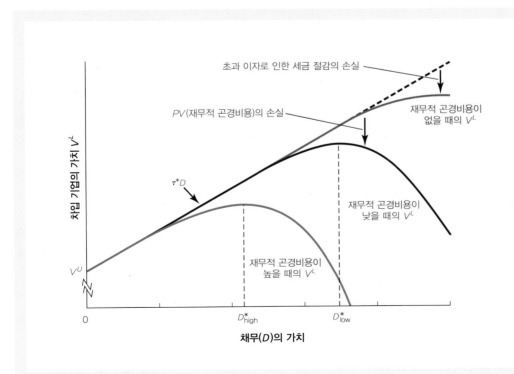

그림 16.1

세금 및 재무적 곤경비용을 고려한 최적 레버리지

채무 수준(D)이 증가함에 따라 이자비용이 기업의 EBIT를 초과할 때까지 채무의 세금 혜택은 τ^*D만큼 증가한다 (그림 15.8 참조). 채무불이행 확률, 따라서 재무적 곤경비용의 현재가치도 D와 함께 증가한다. 이러한 효과가 균형을 이루어 V^L이 최대가 될 때, 최적 채무 수준인 D^*가 얻어진다. D^*는 재무적 곤경비용이 높은 기업의 경우 더 낮을 것이다.

분하지 않을 수 있다. 다행히 상쇄이론은 재무적 곤경비용보다 더 중요할 수 있는 레버리지의 다른 효과를 포함하도록 쉽게 확장될 수 있다.

예제 16.4 ### 최적 채무 수준의 선택

문제

그린리프 산업은 자본구조에 레버리지 추가를 고려하고 있다. 그린리프의 경영자들은 $35 백만의 채무를 추가하고 세금 절감의 혜택을 이용할 수 있다고 믿는다($\tau^* = 15\%$라고 추정). 하지만 채무가 많을수록 재무적 곤경에 빠질 위험이 있음을 알고 있다. 이 기업의 미래 현금흐름을 시뮬레이션한 결과 CFO는 다음과 같은 추정치를 산출했다(단위 : $ 백만).[19]

채무	0	10	20	25	30	35
PV(이자의 세금 절감액)	0.00	1.50	3.00	3.75	4.50	5.25
PV(재무적 곤경비용)	0.00	0.00	0.38	1.62	4.00	6.38

그린리프의 최적 채무 선택은 무엇인가?

풀이

식 (16.1)로부터 채무의 순혜택은 *PV*(이자의 세금 절감액)에서 *PV*(재무적 곤경비용)를 차감한 값에 의해 결정된다. 각 채무 수준의 순혜택은 다음과 같다.

채무	0	10	20	25	30	35
순이익	0.00	1.50	2.62	2.13	0.50	−1.13

순혜택이 가장 높은 채무 수준은 $20 백만이다. 그린리프는 세금 절감으로 인해 $3 백만을 얻고, 재무적 곤경비용의 현재가치로 인해 $0.38 백만을 잃어서, 순이익은 $2.62 백만이 된다.

개념 확인

1. 상쇄이론에서 "상쇄"는 무엇인가?
2. 상쇄이론에 의하면 다른 모든 것이 동일하면, 어떤 유형의 기업이 높은 수준의 최적 채무를 가지는가? 매우 변동적인 현금흐름을 가진 기업인가, 아니면 매우 안전하고 예측 가능한 현금흐름을 가진 기업인가?

16.5   채권자를 부당하게 이용하기 : 레버리지의 대리인 비용

이 절에서는 자본구조가 기업의 현금흐름에 영향을 미칠 수 있는 다른 방법을 고려한다. 이는 경영자의 인센티브를 바꾸어 투자 의사결정을 변경할 수 있다. 이런 변화가 음(−)의 NPV를 가지면, 기업에 비용을 초래하게 된다.

이 절에서 언급하는 비용의 유형은 **대리인 비용**(agency costs)의 예이다. 즉, 이해 관계자들 사이에 이해상충이 발생할 때의 비용이다. 고위급 경영자들은 종종 기업의 주식을 보유하면서 주주가 선출한 이사

---

19 이자의 세금 절감액 *PV*가 $\tau^* D$로 계산된다. 재무적 곤경비용의 *PV*는 일반적으로 예측하기 어려워서 제7부에서 소개하는 옵션 평가 기법을 요구한다.

회의 승인을 받아 고용을 유지하기 때문에, 일반적으로 기업의 주식가치를 높이는 의사결정을 한다. 기업이 레버리지를 가질 때, 투자 의사결정이 주식과 채무의 가치에 다른 결과를 갖는다면 이해상충이 발생한다. 그런 갈등은 재무적 곤경 위험이 높을 때 발생하는 경향이 높다. 어떤 상황에서는 경영진이 주주에게는 이익이 되지만 채권자에게는 해가 되어 기업의 총가치를 낮추는 행동을 할 수 있다.

재무적 곤경에 처해 있는 박스터 주식회사의 예를 들어 그럴 가능성을 설명하고자 한다. 박스터는 연말에 만기가 도래하는 $1 백만의 차입이 있다. 아무런 전략 변경이 없다면, 박스터의 자산가치는 연말에 $900,000에 불과할 것이어서 박스터는 채무불이행에 빠질 것이다. 이 상황에서 발생할 수 있는 여러 가지 유형의 대리인 비용을 생각해보자.

과도한 위험 감수와 자산 대체

박스터 경영진은 초기에 유망한 것으로 보이는 새로운 전략을 고려하고 있지만, 자세히 분석해보니 위험해 보인다. 이 새 전략은 선행 투자가 필요하지 않지만 성공 가능성은 50%에 불과하다. 성공하면 기업의 자산가치를 $1.3 백만으로 증가시킬 것이다. 실패하면 기업의 자산가치는 $300,000로 떨어진다. 따라서 새 전략에 따른 자산의 기대가치는 50% × $1.3 백만 + 50% × $300,000 = $800,000로, 기존 전략에서의 가치인 $900,000에서 $100,000 하락할 것이다. 음(−)의 기대 수익에도 불구하고 기업 측은 박스터가 주주들에게 더 유리하게 하기 위해 새로운 전략을 추진해야 한다고 제안했다. 주주들은 이 결정으로 어떤 혜택을 얻을 수 있을까?

표 16.3이 보여주듯이 박스터가 아무런 조치를 취하지 않으면 궁극적으로 채무를 상환하지 못하여 주주는 아무것도 얻지 못할 것이다. 따라서 박스터가 위험한 전략을 시도하면 주주는 잃을 것이 전혀 없다. 전략이 성공하면 주주는 채무를 갚고 $300,000를 받게 된다. 50%의 성공 가능성을 감안할 때 주주의 기대 이익은 $150,000이다.

이 전략의 기대 이익이 음(−)일지라도 주주는 이 전략으로부터 이익을 얻는다. 누가 손실을 부담하는가? 채권자이다. 만약 전략이 실패하면 그들은 손실을 부담한다. 표 16.3에서 제시한 것처럼 프로젝트가 성공하면, 채권자는 $1 백만의 완전한 상환을 받는다. 프로젝트가 실패하면 $300,000만 받는다. 전체적으로 채권자의 기대 이익은 $650,000여서, 기존 전략에서 얻을 수 있는 $900,000에 비해 $250,000의 손실이 생긴다. 이 손실은 위험한 전략의 기대 손실 $100,000와 주주의 $150,000 이익에 해당한다. 주주는 효과적으로 채권자 돈으로 도박을 하는 것이다.

이 예제는 일반적인 사항을 설명하고 있다. 기업이 재무적 곤경에 직면할 때, 주주들은 음(−)의 NPV를 가졌다고 할지라도 기업의 위험을 충분히 증가시키는 의사결정으로 이익을 얻을 수 있다. 레버리지는 주주들에게 위험이 낮은 자산을 위험이 높은 자산으로 대체할 동기를 부여하기 때문에, 이를 종종 **자산 대체 문제**(asset

표 16.3	각 전략에 따른 박스터의 채무와 주식의 결과(단위 : $1,000)			
		새로운 위험 전략		
	기존 전략	성공	실패	기대
자산의 가치	900	1300	300	800
채무	900	1000	300	650
주식	0	300	0	150

substitution problem)라고 한다.[20] 기업이 음(−)의 NPV를 가지지만 충분히 위험한 프로젝트를 수행하면, 주주가 이익을 얻을 수 있기 때문에 과잉 투자로 이어질 수도 있다.

어떤 경우에도 기업이 음(−)의 NPV 의사결정 또는 투자를 통해 위험을 증가시키면, 기업의 총가치는 감소할 것이다. 이렇게 나쁜 행동을 예상하기 때문에 증권 보유자는 처음에 기업에게 적은 비용을 지불하게 된다. 투자 위험을 쉽게 높일 수 있는 기업에 대해서는 이 비용이 가장 높아지는 경향이 있다.

채무 과잉과 과소 투자

박스터가 위험한 전략을 추구하지 않는다고 가정하자. 대신 기업 경영자는 초기 투자액이 $100,000를 요구하면서 무위험으로 50%의 수익을 창출할 수 있는 매력적인 투자 기회를 고려하고 있다. 즉, 다음과 같은 현금흐름을 가진다(단위 : 천 달러).

현재의 무위험 이자율이 5%라면, 이 투자는 명백히 양(+)의 NPV이다. 유일한 문제는 박스터가 투자를 위해 현금을 보유하고 있지 않다는 것이다.

박스터는 새로운 주식을 발행하여 $100,000를 조달할 수 있을까? 불행하게도 그렇게 할 수 없다. 주주가 필요한 새 자본 $100,000를 기여해야 한다고 가정하자. 연말에 그들의 이익이 표 16.4에 제시되어 있다.

따라서 주주가 프로젝트 자금으로 $100,000를 기여하면, 그들은 $50,000만을 돌려받게 된다. 이 프로젝트의 나머지 $100,000는 채권자에게 돌아가서 그들이 받는 금액은 $900,000에서 $1 백만으로 증가한다. 채권자가 혜택을 가장 많이 받기 때문에, 이 프로젝트는 기업에 양(+)의 NPV를 제공하더라도, 주주에게는 음(−)의 NPV 투자 기회를 제공한다.

이 예제는 또 다른 일반적인 사항을 보여준다. 기업이 재무적 곤경에 처할 때 새로운 양(+)의 NPV 프로젝트에 자금을 공급하지 않을 수도 있다. 이 경우 주주들이 양(+)의 NPV 프로젝트에 투자하지 않기를 바란다면, 우리는 **채무 과잉**(debt overhang) 또는 **과소 투자 문제**(under-investment problem)가 있다고 말한다.[21] 잃어버린 기회의 NPV를 포기하였기 때문에, 이 투자 실패는 채권자와 기업의 전반적인 가치에 대해 비용

표 16.4	새로운 프로젝트가 있을 경우와 없을 경우, 박스터의 채무와 주식의 결과(단위 : $1,000)	
	새로운 프로젝트가 없을 경우	새로운 프로젝트가 있을 경우
기존 자산	900	900
새로운 프로젝트		150
기업의 총가치	900	1050
채무	900	1000
주식	0	50

---

20 다음 논문을 참고하라. M. Jensen and W. Meckling, "Theory of the Firm: Managerial Behavior, Agency Costs and Ownership Structure," *Journal of Financial Economics* 3 (1976): 305 – 360.

21 채무의 이런 대리인 비용은 마이어스에 의해 정형화되었다. "Determinants of Corporate Borrowing," *Journal of Financial Economics* 5 (1977): 147 – 175.

기업 구제, 재무적 곤경비용, 채무 과잉

2008년 금융위기가 심할 때에 재무적 곤경 또는 이에 가까운 기업들과 금융기관들은 우리가 언급하였던 재무 곤경에 관련된 비용들을 많이 경험하여서, 실물 경제에 부정적인 결과를 초래하였다.

특별한 관심이었던 것은 차입자에게 합리적인 조건으로 대출을 하려는 은행의 의지가 없어 보였다는 것이다. 한 가지 가능한 설명은 차입자가 신용이 없어서 그들에 대한 대출은 음(−)의

NPV 투자였다. 그러나 은행 자체를 포함하여 많은 이들이 다른 범죄자를 지적했다. 은행들은 양(+)의 NPV 대출에 필요한 자본 조달을 극도로 어렵게 만드는 채무 과잉 상태에 있었다. 따라서 위기 상황에서 정부의 구제금융을 위한 주요 합리성은 은행에 자본을 직접 제공하여, 채무 과잉을 줄이고 나머지 경제 부문의 신용 이용을 높이는 것이었다.

을 초래한 것이다. 많은 투자를 요구하면서 수익성 있는 미래의 성장 기회를 가지는 기업인 경우 이런 비용이 가장 높다.

현금 인출 기업이 재무 곤경에 처할 때, 주주는 가능하다면 기업에서 현금을 인출할 인센티브를 가지게 된다. 예를 들어 박스터는 연초에 $25,000에 매도할 수 있는 장비를 가지고 있다고 하자. 연중 정상적인 작업을 이어가려면 이 장비가 필요하다. 그것이 없으면 박스터는 일부 운영을 중단해야 하며, 연말에 기업가치는 $800,000가 될 것이다. 장비를 매도하면 기업의 가치가 $100,000 정도 감소하지만, 연말에 부도가 발생하면 그 비용은 채권자가 부담하게 된다. 따라서, 박스터가 장비를 매도하고, 즉시 $25,000의 현금 배당을 지불하면 주주는 이익을 얻게 된다. 자산의 실제 가격보다 낮은 가격으로 자산을 처분하려는 동기는 채무 과잉으로 인한 과소 투자의 극단적인 형태이다.

채무 과잉의 추정 기업에 상당한 채무 과잉 문제가 있으려면 얼마나 많은 레버리지가 필요할까? 정확하게 추정하기는 어렵지만, 유용한 근사 방법을 사용할 수 있다. 주주가 기업의 나머지 부분과 비슷한 위험을 가지는 새로운 투자 프로젝트에 금액 I를 투자하고자 한다. D와 E가 기업 채무와 주식의 시장가치이고, β_D와 β_E가 각각의 베타라고 하자. 그러면 다음과 같은 개략적인 규칙이 적용된다. 주주는 다음과 같을 경우에만 새로운 투자로부터 이익을 얻을 수 있다.[22]

$$\frac{NPV}{I} > \frac{\beta_D D}{\beta_E E} \tag{16.2}$$

즉, 프로젝트의 수익성 지수(NPV/I)는 기업 채무의 상대적인 위험(β_D/β_E)에 채무-주식 비율(D/E)을 곱한 임계치를 초과해야 한다. 만약 기업이 채무가 없거나($D = 0$) 채무가 무위험이면($\beta_D = 0$), 식 (16.2)는 $NPV > 0$과 동일하다. 그러나 기업의 채무가 위험하다면, 요구되는 임계치는 양(+)의 값이고 기업의 레버리지에 따라 증가한다. 주주는 임계치 이하의 수익성 지수를 가진 양(+)의 NPV 프로젝트를 거절하여, 과소 투자 및 기업가치 하락을 초래할 것이다.

---

22 이러한 결과를 이해하기 위해 dE와 dD를 $dE + dD = I + NPV$의 총가치를 가지는 투자에 의한 주식과 채무 가치의 변화라고 하자. $I < dE$이 되어 주주가 투자보다 많은 이익을 얻으면 혜택이 되는 것으로, 채권자가 투자의 NPV보다 적은 금액을 가지게 되는 것($NPV > dD$)과 동일하다. 두 번째 부등식을 첫 번째 부등식으로 나누면 $NPV/I > dD/dE$를 얻는다. 식 (16.2)는 $dD/dE \approx \beta_D D/\beta_E E$라는 근삿값에 따른다. 즉, 자산가치의 변화에 대한 채무와 주식의 상대적 민감도는 투자 의사결정 또는 시장 상황에 따라 달라질 수 있다. 이 근삿값은 제21장에서 유도할 것이다.

예제 16.5	채무 과잉의 추정

문제

예제 12.7에서 삭스의 주식 베타는 1.85이고, 채무 베타는 0.31이며, 부채/주식 비율은 1.0인 반면, 시어스의 주식 베타는 1.36이고, 채무 베타는 0.17이며, 부채/주식 비율은 0.3이다. 두 기업 모두에 대해 (기업의 변동성을 변하게 하지 않을) 새로운 $100,000의 투자가 주주들에게 혜택을 줄 수 있는 최소 NPV를 추정하라. 어느 기업의 채무 과잉이 더 심각할까?

풀이

우리는 식 (16.2)를 이용하여 시어스 수익성 지수의 임계치 수준을 다음과 같이 추정할 수 있다. $(0.17/1.36) \times 0.30 = 0.0375$. 따라서 주주에게 혜택을 주기 위한 투자로 NPV는 적어도 $3,750여야 한다. 삭스의 임계치는 $(0.31/1.85) \times 1.0 = 0.1675$이다. 따라서 삭스의 최소 NPV는 $16,750이다. 주주가 이렇게 높은 임계치까지 양(+)의 NPV를 가진 프로젝트를 거절할 것이기 때문에, 삭스는 더 심각한 채무 과잉이 된다. 비슷하게 삭스 주주들은 이 기업이 $100,000를 배당금으로 지불하기 위해 최대 $116,750의 자산을 처분하여 현금 인출을 하면 이익을 얻을 것이다.

대리인 비용과 레버리지의 가치

이러한 예제들은 레버리지가 어떻게 경영자 및 주주가 기업가치를 하락시킬 수 있는가를 설명한다. 각각의 경우에 주주는 채권자를 희생시켜 이익을 얻는다. 그러나 재무적 곤경비용과 함께 궁극적으로 이러한 대리인 비용을 부담하는 것은 기업의 주주이다. 주주가 비록 곤경에 처한 음(−)의 NPV 의사결정에 의해 채권자의 비용으로 이익을 얻을 수 있지만, 채권자는 이 가능성을 인식하여 초기 발행 시 채무에 대해 적은 금액을 지불한다. 이로 인해 기업이 주주들에게 배분할 수 있는 금액이 줄어든다. 이의 순효과는 그 의사결정에 의한 음(−)의 NPV에 해당하는 금액만큼 초기 주가를 하락시킨다.

이러한 채무의 대리인 비용은 기업이 채무를 이행하지 않아 채권자들에게 손실을 입힐 가능성이 있는 경우에만 발생할 수 있다. 대리인 비용의 크기는 기업 채무의 위험과 그에 따른 금액에 따라 증가한다. 따라서 대리인 비용은 기업의 최적 자본구조 선택에 영향을 주는 것으로, 기업 레버리지를 증가시키는 또 다른 비용을 의미한다.

예제 16.6	대리인 비용과 레버리지의 크기

문제

박스터가 $1 백만이 아닌 $400,000의 레버리지를 갚아야 한다면 앞에서 설명한 대리인 비용이 발생할까?

풀이

박스터가 새로운 투자나 전략 변경을 하지 않으면, 이 기업은 $900,000의 가치가 있다. 따라서 이 기업은 채무 이행 상태를 유지할 것이며, 자본의 가치는 $900,000 − $400,000 = $500,000이다.

먼저 위험 증가 결정을 생각해보자. 박스터가 위험한 전략을 취하면 자산가치는 $1.3 백만 또는 $300,000가 되므로 주주는 $900,000 또는 $0를 받게 된다. 이 경우 위험한 프로젝트로 인한 주주의 기대수입은 $900,000 × 0.5 = $450,000이다. 따라서 주주는 이러한 위험 전략을 거절할 것이다.

과소 투자는 어떨까? 박스터가 주주로부터 $100,000를 조달하여 자산가치를 $150,000 인상하는 새로운 투자에 자금을 제공하면 주식은 가치가 증가할 것이다.

$$\$900,000 + \$150,000 - \$400,000 = \$650,000$$

이것은 투자 없이 주주가 얻는 $500,000에 비해 $150,000만큼 이익이다. 수입이 $100,000의 투자로 $150,000만큼 증가하기 때문에, 그들은 새로운 프로젝트에 투자하려고 할 것이다.

마찬가지로 박스터는 배당 지급을 위한 현금 인출을 위해 장비를 매도할 인센티브가 없다. 기업이 배당을 지급하면 주주는 $25,000를 받지만, 그들의 미래 수입은 $800,000 - $400,000 = $400,000로 감소한다. 따라서 그들은 $25,000의 이익을 위해 1년 후의 $100,000를 포기하는 것이다. 합리적인 할인율을 사용할 경우 이것은 안 좋은 거래이기 때문에 주주는 배당을 거부할 것이다.

레버리지의 톱니 효과

앞에서 보았듯이 무차입 기업이 새로운 채무를 발행할 때, 주주는 새로운 채무로부터 받는 가격의 할인을 통해 예상되는 대리인 비용 또는 파산비용을 부담할 것이다. 이 할인은 기업이 초기에 높은 레버리지를 취하지 못하게 하여 기업의 가치를 하락시킬 것이다.

그러나 기업이 이미 채무가 있으며, 추가 레버리지를 취하여 발생하는 대리인 또는 파산비용 중 일부는 기존 채권자에게 귀속된다. 채무가 이미 팔렸기 때문에, 이 채권자들에 대한 부정적인 결과는 주주들에 의해 부담되지 않을 것이다. 결과적으로 주주들은 기업의 총가치를 감소시킬지라도 더 높은 레버리지를 취하여 이익을 얻을 수 있다(이 결과는 채무 과잉에 의한 현금 인출 효과의 다른 형태로, 차입 기업은 더 차입하여 주주에게 수익금을 지불할 인센티브를 가질 수 있다).

또한 채무 과잉은 일단 발생하면 기업이 레버리지를 줄이는 것을 막을 것이다. 기업이 채무를 다시 매입하려고 할 경우, 기존 채권자는 레버리지 감소와 관련된 위험, 대리인 비용 및 파산비용의 감소로 인해 이익을 얻을 것이다(채무를 매도하는 채권자들은 프리미엄을 요구할 것이다). 따라서 채무를 다시 매입하는 것은 주주의 비용으로 채권자에게 혜택을 주는 것이다.

레버리지 톱니 효과(leverage ratchet effect)는 다음과 같은 사항들을 포함한다. 기존 채무가 이미 존재하면, (1) 주주는 기업의 가치가 하락하더라도 레버리지를 증가시키는 인센티브를 가질 수 있고,[23] (2) 주주들은 기업의 가치를 높일지라도, 채무를 다시 매입하여 레버리지를 줄이려는 인센티브를 갖지 않을 것이다.[24] 레버리지 톱니 효과는 기업의 향후 (투자 결정보다는) 재무 의사결정에 영향을 미치는 레버리지의 중요한 추가적 대리인 비용이다. 기업이 이러한 비용을 피하기 위해 초기에 차입금을 줄이는 데 비해, 시간이 지남에 따라 주주들이 기업의 채무를 증가시키지만 감소시키는 것을 선호하지 않기 때문에 과도한 레버리지로 이어질 수 있다.

예제 16.7에서 주주가 채무를 줄여서 이익을 얻지 못하는 이유는 채무를 다시 매입하기 위해 기업이 거래 후의 시장가치를 지불해야 하기 때문인데, 이는 예상되는 투자의 가치를 포함한다. 과도한 위험을

---

23 이러한 효과와 대출시장에 미치는 영향에 대한 분석을 위해 다음을 참고하라. D. Bizer and P. DeMarzo, "Sequential Banking," *Journal of Political Economy* 100 (1992): 41–61.

24 이 결과는 채무가 사후적으로 공정한 가치로 재매입되어야만 하는 한 유지된다. 다음을 참고하라. A. Admati, P. DeMarzo, M. Hellwig, and P. Pfleiderer, "The Leverage Ratchet Effect," papers.ssrn.com/sol3/papers.cfm?abstract_id=2304969.

감수하는 경우에도 유사한 결과가 적용될 것이다. 채무를 줄이면 주주들은 위험한 음(−)의 NPV 투자를 채택할 인센티브를 잃게 된다. 이 효과는 기업의 가치를 증가시키지만, 주주들은 과도한 위험 부담에 대한 인센티브 제거의 가치를 반영하는 채무에 대해 가격을 지불해야 하기 때문에 이득을 얻을 수 없다.

예제 16.7	채무 과잉과 레버리지 톱니 효과

문제

과소 투자비용을 제거하여 기업가치가 상승하더라도, 레버리지를 $1 백만에서 $400,000로 줄여서 박스터의 주주는 이익을 얻지 못할 것임을 보여주어라.

풀이

$1 백만의 채무로 박스터는 양(+)의 NPV 무위험 프로젝트(표 16.4 참조)에 대한 투자를 포기할 것이다. 따라서 주식의 가치는 0이 될 것이고, 채무의 가치는 $900,000이다. 또한 예제 16.6에서 보았듯이, 채무 수준이 $1 백만 대신 $400,000였다면 아무런 문제가 없을 것이다. 주주는 양(+)의 NPV 투자를 선택하고 기업가치는 프로젝트의 NPV만큼 증가할 것이다.

그럼에도 불구하고 주주는 채무 감소를 선택하지 않을 것이다. 채무는 환매 후에 부도 위험이 없기 때문에 무위험 이자율이 5%일 때, 각 채권자는 적어도 $1당 $1/1.05 = $0.952를 받거나, 다른 사람들은 매도해도 채무의 유지를 선호할 것이다. 따라서 채무를 $400,000로 줄이기 위해 박스터는 주주로부터 $600,000/1.05 = $571,429의 자금을 조달해야 한다. 박스터는 새로운 프로젝트에 투자하기 위해 주주들로부터 $100,000를 더 조달할 수 있다. 결국 기업의 가치는 $1.05 백만이 될 것이고, $400,000의 채무를 지불한 후에 주주들은 $650,000를 받게 될 것이다. 그러나 이 금액은 주주들이 투자를 위해 미리 지불해야 하는 $671,429의 총액보다 적다.

채무 만기와 계약 조건

기업은 채무의 대리인 비용을 줄이기 위해 여러 가지 일을 할 수 있다. 첫째, 대리인 비용의 크기는 채무의 만기에 달려 있다. 장기 채무의 경우 주주들은 채무 만기 전에 채권자의 비용으로 이익을 얻을 수 있는 더 많은 기회가 있다. 따라서 대리인 비용은 단기채무가 가장 낮다.[25] 예를 들어 박스터의 채무가 오늘 만기가 된다면 기업은 위험 증가, 투자 실패, 또는 현금을 인출할 수 있기 전에, 부도가 나거나 아니면 채권자와 재협상을 해야 한다. 그러나 단기채무에 의존하면, 기업은 채무 상환이나 자금 재조달이 빈번할 것이다. 단기채무는 또한 기업의 재무적 곤경 위험과 그와 관련된 비용을 증가시킬 수 있다.

둘째, 채권자는 종종 대출을 위한 조건으로 기업이 취할 수 있는 행동에 제한을 가한다. 이러한 제한을 **채무 계약 조건**(debt covenants)이라고 한다. 계약 조건은 기업의 많은 배당 지급을 제한하거나 기업의 투자 유형을 제한한다. 기업이 취할 수 있는 새로운 채무의 금액을 제한하는 것도 전형적인 조건이다. 이런 계약 조건들은 경영진의 채권자 악용을 방지하여 대리인 비용을 줄이는 데 도움을 줄 수 있다. 반대로 계약 조건은 경영 유연성을 방해하기 때문에, 그들은 양(+)의 NPV 기회를 가질 가능성이 있고 이로 인해 그들 자신의 비용을 가질 수도 있다.[26]

---

25 다음을 참고하라. S. Johnson, "Debt Maturity and the Effects of Growth Opportunities and Liquidity on Leverage," *Review of Financial Studies* 16 (March 2003): 209–236.

26 채권 계약 조건의 비용 및 혜택의 분석을 위해 다음을 참고하라. C. Smith and J. Warner, "On Financial Contracting: An Analysis of Bond Covenants," *Journal of Financial Economics* 7 (1979): 117–161.

기업은 왜 파산하는가?

과도한 레버리지의 비용이 실질적이라면 기업이 왜 부도가 나는지가 궁금할 것이다. 기업은 수익성이 좋고 이자의 세금 절감으로 이익을 얻을 때 높은 레버리지를 선택할 수 있고, 이익이 떨어지면 레버리지를 줄이기 위해 주식을 발행하여 파산을 피할 수 있다. 이렇게 함으로써 기업은 이 장에서 언급한 대리인 비용, 곤경비용 및 부도비용을 피할 수 있다. 잠재적인 비용을 회피하면서 채무의 혜택을 유지한다는 것이다.

실제로 기업이 이렇게 행동하는 것을 보는 것은 드물다. 대신 이익이 떨어지면 레버리지는 보통 증가하며, 종종 그 폭도 상당하다(주로 주식가치의 하락 때문이다). 기업은 왜 이 문제를 상쇄하기 위해 새로운 주식을 발행하지 않을까?

레버리지의 톱니 효과는 이를 설명하는 데 도움이 된다. 재무적 곤경 상태에서 새로운 주식을 발행하여 그 수익금으로 채무를 갚아 레버리지를 낮추는 것은, 파산비용이 발생할 확률을 낮추어, 기업의 가치가 증가할 것이다. 그러나 주주는 이 가치를 얻지 못한다. 파산비용의 절감은 주주가 아닌 채권자에게 간다. 따라서 기업이 새로운 주식 발행, 또는 배당이나 자사주 매입 감소에 의해 조달한 현금으로 현재의 채무를 상환하면, 채권자는 그 혜택을 누리지만, 주주는 레버리지 감소비용을 지불해야 하기 때문에 주가는 실제로 감소할 것이다. 따라서 주주는 그러한 전략을 선택하지 않을 것이다.

개념 확인

1. 기업들이 재무적 곤경에 처했을 때 과도한 위험의 감수와 과소 투자의 동기를 가지는 이유는 무엇인가?
2. 왜 채권자들은 배당 지급 능력을 제한하는 계약 조건을 원하는가? 왜 주주들도 이 제한으로부터 혜택을 볼까?

16.6 경영자 동기 부여 : 레버리지의 대리인 혜택

16.5절에서 경영자는 기업 주주의 이익을 위해 행동한다고 가정하면서, 기업이 레버리지를 가질 때 채권자와 주주 간의 잠재적인 이해 충돌을 고려했다. 물론 경영자는 자신의 개인적인 이해를 가지며, 이는 주주와 채권자의 입장과 다를 수 있다. 경영진이 종종 당해 기업의 주식을 보유하고 있지만, 대부분의 대기업에서 그들의 보유 비중은 전체 발행 주식에서 아주 작다. 그리고 이사회를 통해 주주들이 경영진을 해산할 수 있는 권한을 가지고 있지만, 기업의 실적이 예외적으로 저조하지 않는 한 주주는 거의 그렇게 하지 않는다.[27]

소유와 통제의 분리는 **경영자 참호 구축**(management entrenchment) 가능성을 만들어낸다. 해고당해 교체될 위험이 거의 없으면 경영자는 자신의 이해관계에 따라 기업을 자유롭게 운영한다. 결과적으로 경영자는 투자자의 비용으로 그들 스스로에게 이익이 되는 의사결정을 내릴 수 있다. 이 절에서 우리는 레버리지가 어떻게 기업을 보다 효율적이고 효과적으로 운영할 수 있는 인센티브를 제공할 수 있는지를 생각해보고자 한다. 레버리지의 세금 혜택과 함께 이 절에서 설명하는 혜택은 기업에게 주식보다 채무를 통한 자금조달의 인센티브를 제공한다.

소유권의 집중

레버리지를 사용하는 한 가지 이점은 기업의 기존 소유자가 자신의 지분을 유지할 수 있다는 것이다. 주요 주주로서 그들은 기업에 가장 적합한 것을 하는 것에 큰 관심을 가질 것이다. 다음의 간단한 예를 보자.

---

27 예를 들어 다음 논문을 참고하라. J. Warner, R. Watts, and K. Wruck, "Stock Prices and Top Management Changes," *Journal of Financial Economics* 20 (1988): 461–492. 최근의 연구는 경영진 교체는 이전보다 저조한 성과에 더 민감할 수 있다고 한다(다음 논문을 보라. D. Jenter and K. Lewellen, "Performance-induced CEO Turnover," working paper, 2012).

로스 잭슨은 성공적인 가구점의 소유자이다. 그는 여러 매장을 개설하여 확장할 계획이다. 로스는 확장에 필요한 자금을 빌리거나 기업 주식을 매각하여 자금을 조달할 수 있다. 그가 주식을 발행하면 필요한 자금을 조달하기 위해 기업의 40%를 매각해야 한다.

로스가 채무를 사용한다면 그는 100%의 기업 소유권을 유지한다. 기업이 부도가 나지 않는 한, 로스의 의사결정으로 인해 기업가치가 $1 증가하면 그의 지분가치도 $1 증가한다. 그러나 로스가 주식을 발행하면 그는 자본의 60%만을 보유한다. 따라서 로스는 기업가치가 $1 상승할 때 $0.60만을 얻게 된다.

로스의 소유 지분 차이는 기업 운영에 대한 인센티브를 변화시킨다. 기업의 가치가 로스의 개인적인 노력에 의해 크게 좌우된다고 가정해보자. 로스는 더 열심히 일할 가능성이 높으며, 60%가 아니라 100%의 이익을 가진다면 기업가치는 더 커질 것이다.

주식을 발행하는 또 다른 효과는 기업의 특혜를 누리는 것이다. 예를 들면 화려한 예술품이 있는 대규모 사무실, 기업용 리무진과 운전기사, 기업 비행기, 또는 대규모 비용 계정 등. 레버리지가 있을 경우 로스는 단독 주인이며 이러한 특혜의 모든 비용을 부담한다. 그러나 주식을 발행하면 로스는 비용의 60%만을 부담한다. 나머지 40%는 새로운 주주들이 부담하게 된다. 따라서 주식 자금조달을 통해 로스가 이러한 사치에 더 많이 투자할 가능성이 크다. 따라서 주식으로 자금을 조달하면 로스는 이런 사치에 더 많은 돈을 쓸 것이다.

노력의 감소와 특혜를 위한 지나친 소비는 대리인 비용의 또 다른 형태이다. 이런 대리인 비용은 주식으로 자금을 조달할 때 발생하는 소유권의 희석에 의해 발생한다. 누가 이러한 대리인 비용을 지불하는가? 항상 그렇듯이 증권 가격이 공정하게 결정된다면, 기업의 기존 소유자가 이 비용을 지불한다. 우리의 예에서 로스가 주식 발행을 선택하면 로스의 노력 감소와 특혜 지출 증가를 반영하여 새로운 투자자들은 지불할 가격을 할인하게 된다. 이 경우 레버리지를 사용하면 소유권 집중을 유지하고 이런 대리인 비용을 회피하여 기업에 도움이 될 수 있다.[28]

낭비적인 투자 감소

소규모 신생기업의 소유권은 종종 집중되지만, 소유권은 기업이 성장함에 따라 일반적으로 희석된다. 첫째, 기업의 기존 소유자는 은퇴할 수 있으며, 새로운 경영자는 큰 지분을 보유하지 않을 가능성이 높다. 둘째, 기업들은 종종 채무만으로 지속될 수 있는 것보다 더 많은 자본을 조달할 필요가 있다(제15장에서의 성장과 레버리지에 대한 논의를 생각해보자). 셋째, 소유주는 종종 위험을 줄이기 위해 지분을 매각하고 잘 분산된 포트폴리오에 투자한다.[29] 결과적으로 미국 대기업의 경우 대부분의 CEO가 자사 주식의 1% 미만을 소유하고 있다.

이렇게 낮은 소유 지분으로 인해 경영자와 주주 간의 이해상충 가능성이 크다. 남용을 방지하기 위해서는 적절한 모니터링과 책임의 기준이 필요하다. 대부분의 성공적인 기업들은 주주를 보호하기 위해 적절한 메커니즘을 실행하지만, 매년 관리자가 주주의 이익에 반하는 행동을 하는 스캔들이 알려지고 있다.

---

28 이러한 레버리지의 잠재적 이점은 젠센과 매클링의 논문을 참고하라. "Theory of the Firm: Managerial Behavior, Agency Costs and Ownership Structure," *Journal of Financial Economics* 3 (1976): 305 – 360. 하지만 대규모 주식을 보유한 경영자는 대체하기 더 어려우므로 낮은 수준의 소유권 집중 증가(예 : 5~25% 범위)는 참호 구축을 증가시키고 인센티브를 낮출 수 있다. 다음 논문을 보라. R. Morck, A. Shleifer, and R. Vishny, "Management Ownership and Market Valuation," *Journal of Financial Economics* 20 (1988): 293 – 315.

29 한 연구에 따르면 기존 소유자는 기업이 상장된 후 9년 이내에 그들 지분의 50% 이상을 줄이는 경향이 있다. (B. Urošević, "Essays in Optimal Dynamic Risk Sharing in Equity and Debt Markets," 2002, University of California, Berkeley)

과도한 특혜 및 기업 스캔들

대부분의 CEO와 경영자들이 주주의 돈을 쓸 때 적절한 구속을 받지만, 기업 스캔들로 드러난 몇 가지 유명한 예외가 있었다.

전 엔론 CFO인 앤드류 패스토우는 최소한 $30 백만의 주주 돈으로 자신의 이익을 위해 복잡한 금융 거래를 했다고 한다. 타이코 주식회사의 전 CEO인 데니스 코즐로브스키는 $6,000의 샤워 커튼, $6,300의 반짇고리, $17 백만의 뉴욕 5번가 콘도를 타이코 펀드로 지불한 사람으로 기억될 것이다. 그와 전 CFO인 마크 스왈츠는 기업 재원으로 총 $600 백만을 횡령한 혐의로 유죄 판결을 받았다.* $11 십억 회계 스캔들로 유죄 판결을 받은 전 월드컴의 CEO인 버니 에버스는 2000년 말에서 2002년 초까지 자기에게 유리한 조건으로 회사로부터 $400 백만 이상을 빌

렸다. 집을 짓고 친구와 가족에게 선물을 주기 위해서 이 대출금을 사용했다.† 아델피아 통신의 전 CEO 겸 CFO였던 존 리가스와 그 아들 티모시는 기업 채무에서 $2 십억을 숨겼을 뿐만 아니라 기업에서 $100 백만을 훔친 혐의로 유죄 판결을 받았다.

그러나 이것들은 예외적인 경우다. 그들 자체가 기업 실패의 원인은 아니었지만, 그들의 행위는 관련된 경영자들의 기회주의적 태도와 함께 기업 내부의 감시와 책임 부족이라는 광범위한 문제의 증상이었다.

* M. Warner, "Exorcism at Tyco," *Fortune*, April 28, 2003.
† A. Backover, "Report Slams Culture at WorldCom," *USA Today*, November 5, 2002.

대기업에게는 개인적 특혜의 과잉 지출이 문제가 될 수 있지만, 이러한 비용은 기업의 전체 가치에 비하면 상대적으로 작은 편이다. 대기업의 더 심각한 우려는 경영자가 이익이 없는 대규모 투자를 할 수 있다는 것이다. 형편없는 투자 의사결정은 많은 성공적인 기업들을 파괴해버렸다. 그럼에도 불구하고 경영자가 음(−)의 NPV 투자를 하도록 하는 동기는 무엇일까?

일부 금융 경제학자들은 경영자가 **기업 왕국 건설**(empire building)로 음(−)의 NPV 투자에 참여할 의도가 있다고 설명한다. 이 견해에 따르면 경영자는 작은 기업보다 큰 기업의 운영을 선호하므로, 기업의 수익성보다는 규모를 증가시키는 투자를 취한다는 것이다. 이런 선호에 대해 잠재적인 한 가지 이유는 대기업의 경영자들이 소기업 경영자들보다 높은 급여를 받는 경향이 있으며, 더 높은 명성을 얻고 더 큰 인지도를 얻을 수 있다는 것이다. 결과적으로 경영자들은 수익성이 낮은 부문을 확장하거나 (또는 종료하지 못하거나), 인수에 너무 많은 비용을 지불하거나, 불필요한 자본 지출을 하거나, 불필요한 직원들을 고용할 수 있다.

경영자가 과도하게 투자할 수 있는 또 다른 이유는 그들이 과신한다는 것이다. 경영자가 주주의 이익을 위해 행동하려고 할지라도 실수할 수 있다. 경영자는 기업의 전망에 대해 낙관적인 경향이 있으므로 새로운 기회가 실제보다 좋다고 믿을 수 있다. 그들은 또한 기업이 이미 행한 투자에 전념하게 되어 취소해야 마땅한 프로젝트에 계속 투자할 수 있다.[30]

경영자가 낭비적인 투자를 하려면 투자할 현금이 있어야 한다. 이러한 견해는 **가용현금흐름 가설**(free cash flow hypothesis)의 기초가 되는데, 이는 기업이 모든 양(+)의 NPV 투자와 채권자에게 지불하기 위해 필요한 것보다 높은 수준의 현금흐름을 가질 때 낭비 지출이 발생할 가능성이 더 높다는 견해다.[31] 현

---

30 CEO의 과신과 투자 왜곡의 관계에 대해서 다음을 보라. U. Malmendier and G. Tate, "CEO Overconfidence and Corporate Investment," *Journal of Finance* 60 (2005): 2661–2700; J. Heaton "Managerial Optimism and Corporate Finance," *Financial Management* 31 (2002): 33–45; and R. Roll, "The Hubris Hypothesis of Corporate Takeovers," *Journal of Business* 59 (1986): 197–216.

31 가용현금흐름이 기업 왕국 건설을 유도한다는 가설은 젠센에 의해 제기되었다. "Agency Costs of Free Cash Flow, Corporate Finance, and Takeovers," *American Economic Review* 76 (1986): 323–329.

글로벌 금융위기 도덕적 해이, 정부의 구제 금융, 그리고 레버리지의 매력

도덕적 해이(moral hazard)라는 용어는 개인이 그 결과에 완전히 노출되지 않을 경우 자신의 행동을 변화시킬 것이라는 개념이다. 2008년 금융위기에서 도덕적 해이의 역할에 대한 논의는 경영 성과가 좋을 때 큰 보너스를 받지만, 일이 잘 안 되었을 때 받았던 보너스를 환불할 필요가 없었던 모기지 중개인, 투자은행가 및 기업 경영자에 집중되었다. 이 장에서 설명된 대리인 비용은 부정적인 결과에 대해 채권자들이 책임을 진다면 주주들은 과도한 위험을 감수하고 과도한 배당을 지급할 수 있기 때문에, 또 다른 형태의 도덕적 해이를 보여주고 있다.

주주의 그러한 남용이 보통 어떻게 확인될까? 채권자는 채무비용을 증가시켜 이 남용의 위험에 대해 주주에게 비용을 부과하거나, 아주 강력한 채권 계약과 기타 감시에 주주가 동의하도록 하여 그들이 지나친 위험을 감수하지 않도록 한다.

역설적이게도 2008년 금융위기에 대응한 잠재적이며 즉각적인 연방정부의 구제 금융에도 불구하고, 많은 대기업의 채권자들을 보호하였기 때문에, 정부는 이런 규율 메커니즘을 약화시켰고 동시에 미래 위기의 가능성을 증가시켰다. 이러한 선례가 자리 잡으면, "대마불사"로 간주된 기업들에 대한 모든 채권자들은 그들이 암묵적인 정부 보증을 가지고 있기 때문에 강력한 계약을 주장하거나 계약 조건들의 만족 여부를 감시할 인센티브가 낮아지게 된다.[*] 이러한 감시가 없으면 정부의 책임이 있기 때문에, 주주 및 경영자의 향후 남용 가능성이 커질 것이다.

도덕적 해이는 또한 은행이 높은 자본 요건에 반대하는 이유를 설명하는 데 도움이 될 수 있다. 제14장에서 지적했듯이, 완전시장에서 자본 요건은 은행의 경쟁력에 영향을 줄 수 없다. 그러나 예금보험과 정부의 구제 금융 모두가 은행 채무를 보조하기 때문에 은행의 차입비용은 채무불이행과 관련된 비용이나 위험을 반영하지 않는다. 따라서 레버리지가 높을수록 은행의 조세 의무가 완화되고, 파산했을 때 보조금으로 얻게 되는 혜택이 증가하여, 조세 보조금과 파산비용 간의 상쇄관계 때문에 채무를 선호하게 된다. 납세자가 궁극적으로 이러한 보조금을 지불하기 때문에, 은행 주주에 대한 레버리지의 혜택은 대개 납세자 비용에 의해 발생한다.[**]

[*] 예를 들어 많은 대형 은행들이 구제 금융을 받은 후에도 위기 상황에서 배당을 계속 지급했다. 정부의 보증 없이 자금이 외부 투자자로부터 조달되었다면, 새로운 투자자가 그러한 지급을 제한했을 가능성이 크다.

[**] 다음을 보라. A. Admati, P. DeMarzo, M. Hellwig, and P. Pfleiderer, "Fallacies, Irrelevant Facts, and Myths in the Discussion of Capital Regulation: Why Bank Equity Is Not Socially Expensive," papers.ssrn.com/sol3/papers.cfm?abstract_id=2349739.

금이 빠듯한 경우에만 경영자가 가능한 한 효율적으로 기업을 운영할 동기가 부여될 것이다. 이 가설에 따르면, 레버리지는 기업이 향후 이자 지급을 약속한 것이기 때문에 초과 현금흐름과 경영자의 낭비적 투자를 줄여서 기업가치를 높인다.[32]

경영자가 재무적 곤경에 빠질 때 해고될 가능성이 높기 때문에, 레버리지는 경영자 참호의 정도를 줄일 수 있다. 지위가 확고하지 못한 경영자는 성과에 대해 더 관심을 보일 것이며 낭비적인 투자를 하지 않을 수 있다. 또한 기업이 높은 레버리지 수준에 있을 때, 채권자 스스로가 경영자의 행동을 면밀히 감시하여 추가적인 관리 감독 기능을 제공할 것이다.[33]

레버리지와 약속

레버리지는 경영자의 손을 묶어서 그들이 재무적 곤경의 위협이 없을 경우에 그들이 하는 것보다 더 활력을 가지고 경영 전략을 추구할 수 있도록 할 수 있다. 예를 들어 아메리칸 항공이 2003년 4월 노동조합

---

32 물론 경영자는 낭비적인 투자를 위해 새로운 자본을 마련할 수도 있다. 그러나 투자자들은 그러한 노력에 기여하는 것을 꺼리고 불리한 조건을 제시할 것이다. 또한 외부 자금을 모으는 것은 투자와 관련하여 더 심층적인 조사와 대중 비판을 유도할 것이다.

33 다음을 보라. M. Harris and A. Raviv, "Capital Structure and the Informational Role of Debt," *Journal of Finance* 45(2) (1990): 321–349.

과 노동 협상을 벌였을 때, 이 기업은 비용이 높아질수록 파산으로 이어질 것이라는 점을 설명하여 임금 양보를 얻어낼 수 있었다. (델타 항공도 이와 비슷한 상황에서 조종사를 설득하여 2004년 11월에 33%의 임금 삭감을 얻어냈다.) 재무적 곤경의 위협이 없었다면 아메리칸의 경영자들은 노동조합과의 합의에 빨리 도달하지 않았거나 동일한 임금 양보를 얻어내지 못했을 것이다.[34]

레버리지가 더 큰 기업은 파산 위험을 감수할 수 없기 때문에 치열한 경쟁자가 되어 시장 보호에 보다 적극적으로 나설 수 있다. 공격적인 행동에 대한 이런 약속은 잠재적인 경쟁자들에게 겁을 줄 수 있다. (이 주장은 역으로 생각할 수도 있다. 너무 많은 레버리지로 인해 약화된 기업은 재정적으로 취약하기 때문에 경쟁에 뒤져서 다른 기업의 시장을 침식을 허용할 수 있다.)[35]

1. 기업 인수에 과다 지출하여 경영자는 어떻게 혜택을 보는가?
2. 주주들은 이 문제를 방지하기 위해 기업의 자본구조를 어떻게 활용할 수 있을까?

16.7 대리인 비용과 상쇄이론

레버리지가 있을 경우 인센티브의 비용과 혜택을 포함하여 기업의 가치를 구하기 위해 식 (16.1)을 조정할 수 있다. 이를 고려한 더 완전한 수식은 다음과 같다.

$$V^L = V^U + PV(\text{이자의 세금 절감액}) - PV(\text{재무적 곤경비용})$$
$$- PV(\text{채무의 대리인 비용}) + PV(\text{채무의 대리인 혜택}) \tag{16.3}$$

기업의 가치에 대한 레버리지의 비용과 혜택의 순효과가 그림 16.2에 있다. 채무가 없을 때 기업의 가치는 V^U이다. 채무 수준이 높아지면 기업은 이자의 세금 절감 혜택을 갖는다(현재가치는 $\tau^* D$가 된다). 기업은 낭비적인 투자와 개인적 특혜를 줄이는 경영 인센티브 개선으로 이익을 얻는다. 그러나 채무 수준이 너무 크면, 세금 혜택의 손실(이자가 EBIT를 초과하는 경우), 재무적 곤경비용 및 레버리지의 대리인 비용 등으로 인해 기업가치는 감소한다. 최적 수준의 채무(D^*)는 레버리지의 비용과 혜택을 균형 있게 유지하는 것이다.

34 다음을 보라. E. Perotti and K. Spier, "Capital Structure as a Bargaining Tool: The Role of Leverage in Contract Renegotiation," *American Economic Review* 83 (1993): 1131 – 1141. Debt can also affect a firm's bargaining power with its suppliers; see S. Dasgupta and K. Sengupta, "Sunk Investment, Bargaining and Choice of Capital Structure," *International Economic Review* 34 (1993): 203 – 220; O. Sarig, "The Effect of Leverage on Bargaining with a Corporation," *Financial Review* 33 (1998): 1 – 16; and C. Hennessy and D. Livdan, "Debt, Bargaining, and Credibility in Firm-Supplier Relationships," *Journal of Financial Economics* 93 (2009): 382 – 399. Debt may also enhance a target's bargaining power in a control contest; see M. Harris and A. Raviv, "Corporate Control Contests and Capital Structure," *Journal of Financial Economics* 20 (1988): 55 – 86; and R. Israel, "Capital Structure and the Market for Corporate Control: The Defensive Role of Debt Financing," *Journal of Finance* 46 (1991): 1391 – 1409.

35 다음을 참고하라. J. Brander and T. Lewis, "Oligopoly and Financial Structure: The Limited Liability Effect," *American Economic Review* 76 (1986): 956 – 970. 실증 분석에서 슈발리에는 레버리지가 슈퍼마켓 기업의 경쟁력을 감소시켰음을 발견했다. ("Capital Structure and Product-Market Competition: Empirical Evidence from the Supermarket Industry," *American Economic Review* 85 (1995): 415 – 435). 다음 논문에서 볼튼과 샤프스타인은 깊은 자금력 부족 효과에 대해 논한다. "A Theory of Predation Based on Agency Problems in Financial Contracting," *American Economic Review* 80 (1990): 93 – 106.

그림 16.2

세금, 재무적 곤경 및 대리인 비용이 있을 경우의 최적 레버리지

채무 수준(D)이 증가함에 따라 기업의 가치는 경영 인센티브와 이자의 세금 절감으로 인해 증가한다. 그러나 레버리지가 너무 높으면, 채권자와 주주의 갈등으로 인한 대리인 비용과 재무적 곤경 비용의 현재가치가 기업가치를 지배하여 기업가치를 감소시킨다. 최적의 채무 수준은 레버리지의 혜택과 비용의 균형을 유지하는 것이다.

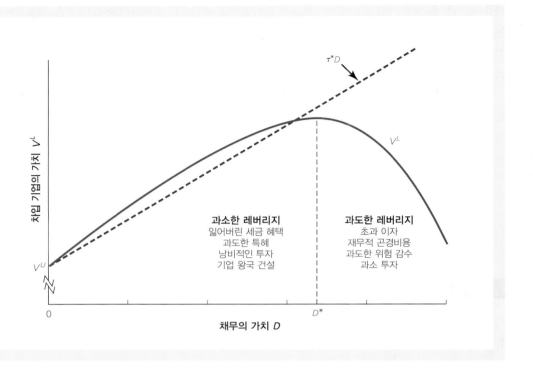

최적 채무 수준

채무의 다른 비용과 혜택의 상대적인 크기는 기업의 특성에 따라 달라진다는 점에 유의해야 한다. 마찬가지로 채무의 최적 수준도 다양하다. 예를 들어 두 가지 유형의 기업에 대한 최적 자본구조 선택을 비교해보자.[36]

연구개발 집약기업   R&D 비용이 높고 향후 성장 기회가 있는 기업은 일반적으로 낮은 채무 수준을 유지한다. 이들 기업은 현재 낮은 가용현금흐름을 가지는 경향이 있으므로, 세금 절감을 제공하거나 경영상의 지출을 통제하기 위한 채무가 거의 필요하지 않다. 또한 그들은 고급 인적 자본을 갖는 경향이 있어서 재무적 곤경이 있으면 많은 비용이 발생할 것이다. 이런 기업들도 사업 전략의 위험을 쉽게 증가시킬 수 있다는 것을 알게 되어, 종종 새로운 투자 기회를 마련하기 위해 추가 자본을 조달할 수 있다. 따라서 그들의 채무 대리인 비용도 높다. 생명공학 및 기술기업은 종종 10% 미만의 레버리지를 유지한다.

저성장, 성숙 기업, 안정적인 현금흐름과 유형자산을 보유한 저성장 기업은 종종 높은 채무 범주에 속한다. 이러한 기업들은 투자 기회가 거의 없이 높은 가용현금흐름을 가지는 경향이 있다. 따라서 레버리지의 세금 절감액과 인센티브 혜택이 높은 경향이 있다. 유형자산이 있는 경우 정상적인 가격에 가깝게 자산이 청산될 수 있기 때문에, 레버리지의 재무적 곤경비용은 낮아지곤 한다. 기업들이 전형적으로 20% 이상의 레버리지를 유지하는 저성장 산업의 예로는 부동산, 유틸리티 및 슈퍼마켓 체인이 있다.

---

36 기업과 산업의 그림 16.2에서의 변화에 대한 실증적 추정에 대해서는 다음을 보라. J. van Binsbergen, J. Graham, and J. Yang, "The Cost of Debt," *Journal of Finance* 65 (2010): 2089 – 2136; and A. Korteweg, "The Net Benefits to Leverage," *Journal of Finance* 65 (2010): 2137 – 2170.

실무에서의 채무 수준

상쇄이론은 기업이 현재 주주들에게 주어진 가치를 극대화하기 위해 자본구조를 어떻게 선택해야 하는지를 설명한다. 레버리지 비용 중 많은 부분은 측정하기 어렵기 때문에, 실제로 그렇게 하는지 여부를 평가하는 것은 그리 간단하지 않다.

왜 기업들이 최적 자본구조를 선택하지 않을 수 있을까? 첫째, 기업이 (부정적인 충격으로 인해) D^*를 초과하는 채무를 지면, 기업의 채권자에게 그 혜택이 돌아가기 때문에 주주들이 레버리지를 줄이기 위해 비용을 지불해야 한다는 레버리지의 톱니 효과를 상기해보자.

한편, 투자 의사결정과 같은 자본구조 의사결정은 스스로의 인센티브를 가진 경영자에 의해 이루어진다. 자본구조에 대한 **경영자 참호이론**(management entrenchment theory)의 옹호자들은 경영자가 주로 채무의 규율을 피하고 자신의 참호를 유지하기 위해 자본구조를 선택한다고 생각한다. 따라서 경영자는 재무적 곤경으로 인한 실직을 예방하기 위해 레버리지를 **최소화**하려고 노력한다. 물론 경영자들이 기업가치를 너무 많이 희생한다면, 불만을 가진 주주는 그들을 대체하거나 기업을 인수자에게 매각하려고 할 수 있다. 이 가설에서 기업은 그림 16.2의 최적 수준 D^*보다 낮은 레버리지를 갖게 되고, 인수 위협이나 주주 행동주의의 위협에 대응하기 위해서만 D^*로 증가시킬 것이다.[37]

개념 확인

1. 기술기업인 인텔은 순채무가 전혀 없는 반면, 코카콜라는 50% 정도의 채무로 자금을 조달하였다. 이 기업들은 왜 그렇게 다른 자본구조를 선택할 수 있을까?
2. 과도한 레버리지를 가진 기업이 즉시 줄이지 않는 이유는 무엇일까?
3. 경영자 참호가 기업의 가치에 어떻게 영향을 미치는가를 설명하라.

16.8 비대칭적 정보와 자본구조

이 장에서는 경영자, 주주 및 채권자는 동일한 정보를 가지고 있다고 가정한다. 또한 유가증권의 가격이 공정하게 결정되었다고 가정한다. 기업의 주식과 채무는 진정한 기초 가치에 따라 가격이 결정된다. 실무에서 이런 가정이 항상 정확하다고 할 수는 없다. 기업과 기업의 미래 현금흐름에 대한 경영자의 정보는 외부 투자자보다 우월한 경향이 있다—경영자와 투자자 간에 **비대칭적 정보**(asymmetric information)가 있다. 이 절에서는 비대칭 정보가 어떻게 경영자가 기업의 자본구조를 바꾸도록 유도할 수 있는지를 생각할 것이다.

믿을 만한 신호로서의 레버리지

자신의 기업 주식이 저평가되어 있다고 믿는 벨트란 인터내셔널의 CEO인 킴 스미스의 어려움을 생각해보자. 시장 분석가들과 투자자들은 벨트란의 핵심 특허들이 곧 만료될 것이어서, 새로운 경쟁으로 인해 벨트란이 제품 가격을 인하하거나 고객을 잃게 될 것을 걱정하고 있다. 스미스는 신제품 혁신과 곧 출시

---

37 다음을 보라. "Dynamic Capital Structure Under Managerial Entrenchment," *American Economic Review* 86 (1996): 1197–1215; L. Zingales and W. Novaes, "Capital Structure Choice When Managers Are in Control: Entrenchment versus Efficiency," *Journal of Business* 76 (2002): 49–82; and E. Morellec, "Can Managerial Discretion Explain Observed Leverage Ratios?" *Review of Financial Studies* 17 (2004): 257–294.

될 생산 방법 개선이 벨트란을 경쟁사보다 앞서게 하여 현재의 수익성을 미래에도 잘 유지할 것이라고 믿고 있다. 그녀는 벨트란의 유망한 미래를 투자자들에게 확신시켜서 벨트란의 현재 주가를 높이려고 한다.

하나의 잠재적 전략은 기업 홍보 캠페인을 시작하는 것이다. 스미스는 새로운 혁신과 생산 방법 개선의 장점을 설명하는 보도자료를 발표할 수 있다. 그러나 스미스는 투자자들의 입증 요구가 확인될 수 없다면 그들은 이 보도자료에 회의적일 수 있음을 알고 있다. 결국 정치인과 마찬가지로 경영자는 달성할 수 있는 목표에 대해 낙관적이고 그것에 대해 확신을 가질 인센티브가 있다.

투자자들은 그녀가 편파적일 것을 기대하기 때문에, 시장을 설득하기 위해 스미스는 회사 정보의 믿을 만한 신호를 주는 행동을 해야 한다. 즉, 그녀의 말이 사실이 아니라면 그렇게 안 할 것을 시장이 이해하도록 하는 행동을 취해야 한다. 이 아이디어는 경영자와 투자자의 의사소통보다 더 일반적이다. 그것은 많은 인간 상호작용의 핵심이다. 이것을 **신뢰성 원칙**(credibility principle)이라고 한다.

자신의 이익에 대한 주장은 그것이 사실이 아닐 경우 비용이 아주 많이 드는 행동에 의해 뒷받침될 경우에만 신뢰할 수 있다.

이 원칙은 "행동은 말보다 중요하다."라는 격언의 핵심이다.

기업이 투자자에게 자신의 힘을 신뢰할 수 있게 전달할 수 있는 한 가지 방법은 투자자와 분석가가 궁극적으로 증명할 수 있는 미래 전망에 대해 발표를 하는 것이다. 의도적으로 투자자를 기만하는 것에 대한 벌칙이 크기 때문에, 투자자들은 일반적으로 그러한 언급을 믿을 것이다.[38]

예를 들어 스미스가 미국, 영국 및 일본 정부로부터 계류 중인 장기 계약이 벨트란의 내년 수익을 30% 증가시킬 것이라고 발표했다고 하자. 이 발표의 진실성은 입증될 수 있기 때문에, 사실이 아니라면 값비싼 비용을 초래할 것이다. 즉, 미국의 증권거래위원회(SEC)는 고의적인 허위 진술로 기업에 벌금을 부과하고 스미스를 기소할 가능성이 있다. 기업은 투자자로부터 고소될 수 있다. 이러한 대규모 비용은 스미스와 벨트란이 일시적으로 투자자를 호도하여 주가를 상승시켜 얻게 되는 잠재적인 혜택을 크게 능가할 것이다. 따라서 투자자들은 이 발표를 신뢰할 만하다고 생각할 것이다.

그러나 벨트란이 미래의 전망과 관련하여 구체적인 내용을 밝힐 수 없다면 어떨까? 아마도 정부 주문에 대한 계약이 아직 이루어지지 않았거나 다른 이유로 공개될 수 없을 것이다. 스미스는 기업에 대한 자신의 긍정적 정보를 어떻게 신뢰성 있게 전달할 수 있을까?

하나의 전략은 기업의 미래 대규모 채무 상환을 약속하는 것이다. 스미스가 옳다면 벨트란은 채무 상환에 문제가 없을 것이다. 그러나 스미스가 허위 발표를 하고 기업이 성장하지 않는다면, 벨트란은 채권자에 대한 채무 상환에 어려움을 겪을 것이고 재무 곤경에 처할 것이다. 이 곤경은 기업과 스미스에게 비용을 많이 요구하게 되고, 그녀는 해고될 가능성이 높다. 따라서 스미스는 투자자에게 성장 요인에 대해 검증 가능한 세부 정보를 제공할 수는 없더라도, 레버리지로 기업이 성장할 것이라는 정보를 그녀가 가지고 있다고 투자자를 설득할 수 있는 방법을 사용할 수 있다. 투자자는 벨트란이 부도가 발생할 위험이 있음을 알고 있기 때문에, 추가적인 레버리지를 CEO의 자신감에 대해 믿을 만한 신호로 해석할 것이다. 좋은 정보를 투자자에게 알리는 수단으로 레버리지를 사용하는 것을 **채무의 신호이론**(signaling theory of debt)이라고 한다.[39]

---

38 2002년 사베인스-옥슬리법(Sarbanes-Oxley Act of 2002)은 증권 사기에 대한 벌칙을 10년까지의 징역에 처하도록 강화했다.

39 다음을 보라. S. Ross, "The Determination of Financial Structure: The Incentive-Signalling Approach," *Bell Journal of Economics* 8 (1977): 23–40.

| 채무 신호의 강도 | | 예제 16.8 |

문제

벨트란이 현재 모두 자기자본으로 자금을 조달하였고, 1년 후에 벨트란의 시장가치는 새로운 전략의 성공 여부에 따라 $100 백만 또는 $50 백만이 될 것이라고 가정하자. 현재 투자자들은 성공 여부의 가능성을 동일하게 보고 있지만, 스미스는 성공이 사실상 확실하다는 정보를 가지고 있다. $25 백만의 레버리지는 스미스의 주장에 신뢰성을 줄 것인가? $55 백만의 레버리지는 어떨까?

풀이

레버리지가 $50 백만보다 상당히 적으면 벨트란은 성공 여부에 관계없이 재무 곤경의 위험이 없을 것이다. 결과적으로 스미스가 긍정적 정보를 갖고 있지 않더라도 레버리지 비용은 없다. 따라서 $25 백만의 레버리지는 투자자들에게 믿을 만한 신호가 되지 않을 것이다.

그러나 $55 백만의 레버리지는 믿을 만한 신호일 수 있다. 스미스에게 긍정적인 정보가 없다면, 채무 부담으로 인해 벨트란이 파산에 직면할 가능성이 커진다. 따라서 스미스는 기업 전망에 확신이 없다면 이 정도의 레버리지에 동의하지 않을 것이다.

주식 발행과 역선택

중고차 딜러가 적정 가격보다 저렴한 $5,000에 멋진 스포츠카를 판매할 의사가 있다고 당신에게 얘기한다. 행운이라는 느낌보다 당신의 첫 번째 반응은 의심이어야 한다. 딜러가 그렇게 저렴한 가격에 멋진 중고차를 판매하고자 한다면, 틀림없이 자동차에 이상이 있을 것이다. 그것은 아마 "레몬"일 것이다.

구매자가 판매자의 판매 동기에 회의적일 것이라는 아이디어는 조지 에커로프에 의해 정형화되었다.[40] 에커로프는 판매자가 자동차의 품질에 대해 사적인 정보를 가지고 있으면, 팔고 싶어 하는 그의 욕구 때문에 차의 품질이 낮을 가능성이 있다는 것을 보여주었다. 따라서 구매자는 크게 할인된 가격이 아니면 구매를 꺼리게 된다. 반면에 고품질 차의 소유자 입장에서는, 레몬을 팔면서 저렴한 가격을 제공한다고 구매자가 생각하기 때문에 판매를 꺼리게 된다. 결과적으로 중고차 시장에서 판매되는 자동차의 품질과 가격은 모두 낮아진다. 이러한 결과를 **역선택**(adverse selection)이라고 한다. 중고차 시장에서 판매되는 자동차의 선택은 평균보다 나쁘다.

역선택은 중고차 시장을 넘어서 확대된다. 사실 역선택은 판매자가 구매자보다 많은 정보를 가지고 있는 모든 환경에 적용된다. 역선택은 **레몬 원칙**(lemon principle)으로 이어진다.

판매자가 상품의 가치에 대해 사적인 정보를 가지고 있을 때, 구매자는 역선택으로 인해 지불하고자 하는 가격을 할인한다.

우리는 이 원칙을 주식시장에 적용할 수 있다.[41] 신생기업의 소유주가 자신의 기업이 훌륭한 투자 기회라고 말하고 나서, 기업 지분의 70%를 당신에게 판매하려고 한다. 그는 자신이 소유 분산을 원하기 때문에 판매한다고 말한다. 이런 뜻에 당신은 감사하지만, 그가 기업의 미래 전망에 대해 부정적인 정보를 가

40 "The Market for Lemons: Quality, Uncertainty, and the Market Mechanism," *Quarterly Journal of Economics* 84 (1970): 488–500.

41 다음을 보라. H. Leland and D. Pyle, "Information Asymmetries, Financial Structure and Financial Intermediation," *Journal of Finance* 32 (1977): 371–387.

지고 있기 때문에 그런 큰 지분을 매도하고 싶어 할 것이라고 의심할 것이다. 즉, 그는 나쁜 소식이 알려지기 전에 현금화하려고 할 수 있다.[42]

중고차 딜러와 마찬가지로 주식을 팔고자 하는 기업 소유주의 욕구가 실제로 투자 기회가 얼마나 좋은지에 대한 질문으로 이어질 수 있다. 레몬 원칙에 따라 당신은 지불하고자 하는 금액을 낮출 수 있다. 역선택으로 인한 이런 가격 할인은 주식 발행의 잠재적인 비용이며, 좋은 정보를 가진 소유자는 주식을 발행하지 않을 수 있다.

예제 16.9   **주식시장의 역선택**

문제

자이코르 주식은 주당 $100, $80, 또는 $60의 가치가 있다. 투자자들은 각 경우가 동일한 가능성이 있다고 생각하여 현재 주가는 평균 $80이다.

자이코르 CEO는 지분 분산을 위해 주식 보유량의 대부분을 매도할 것이라고 발표했다. 분산은 주가의 10% 가치를 가진다. 즉, CEO는 주식 분산의 이점을 달성하기 위해 10% 저렴하게 받으려고 한다. CEO가 진정한 주식가치를 알고 있다고 투자자들이 믿으면, 그가 주식을 매도하려고 시도할 때 주가는 어떻게 변할까? CEO는 새로운 주가로 매도할 것인가?

풀이

주식의 진정한 가치가 $100라면, CEO는 진정한 가치보다 20% 낮은 $80로 판매하려 하지 않을 것이다. 따라서 CEO가 매각을 시도하면 주주는 주가가 $80 또는 $60의 가치가 있다고 결론을 내릴 수 있다. 이 경우 주가는 $70의 평균 가격으로 하락해야 한다. 그러나 다시 진정한 가치가 $80라면 CEO는 주당 $72에 매도할 의사가 있지만, $70에는 매도하지 않을 것이다. 따라서 그가 여전히 매도를 시도한다면, 투자자들은 그 주식의 진정한 가치가 주당 $60라는 것을 알게 될 것이다. 따라서 CEO는 진정한 가치가 가능한 가장 낮은 가격은 $60이고, 이것이 그가 받게 될 가격인 경우에만 매도할 것이다. CEO가 기업 주식이 주당 $100 또는 $80의 가치가 있음을 알고 있으면, 그는 분산을 원할지라도 매도하지 않을 것이다.

노벨상   **2001년 노벨 경제학상**

2001년 조지 에커로프, 마이클 스펜스, 조셉 스티글리츠는 비대칭 정보와 역선택을 갖는 시장 분석으로 노벨 경제학상을 공동 수상했다. 이 장에서는 기업 자본구조에 대한 그들 이론의 시사점에 대해 논의한다. 그러나 이 이론은 더욱 광범위하게 응용될 수 있다. 노벨상 웹사이트(www.nobelprize.org)에 다음과 같이 설명되어 있다.

많은 시장은 비대칭적 정보의 특징을 가진다. 시장의 한 편에 있는 사람은 다른 편에 있는 사람보다 훨씬 좋은 정보를 가지고 있다. 차입자들은 상환 가능성에 대해 대출자보다 더 많이 알고 있고, 경영자와 이사회는 기업의 수익성에 대해 주주보다 많이 알고 있으며, 잠재고객은 사고 위험에 대해 보험사보다 더 많이 알고 있다. 1970년대에, 올해의 수상자들은 비대칭 정보를 가지는 시장에 대한 일반 이론의 기초를 마련했다. 전통적인 농산물시장에서 현대 금융시장에 이르기까지 응용은 풍부하다. 수상자들의 공헌은 현대 정보 경제학의 핵심을 형성하고 있다.

출처 : "The Prize in Economic Sciences 2001—Press Release." Nobelprize. org.

---

42 다시 말하지만 기업(앞의 예에서는 자동차)의 소유자가 사후에 증명될 수 있는 매우 구체적인 정보를 가지고 있는 경우, 해당 정보를 구매자에게 공개하지 않을 경우 잠재적인 법적 결과가 발생할 수 있다. 그러나 일반적으로 증명할 수 없는 많은 미묘한 정보를 판매자가 가질 수 있다.

역선택을 설명할 때 자기 주식을 매도하는 기업의 소유자를 고려했다. 기업 경영자가 기업을 대신하여 증권을 매도하기로 결정하면 어떻게 될까? 유가증권이 진정한 가격보다 낮은 가격으로 매도되면, 매수인의 혜택은 현재 주주의 비용이 된다. 현재 주주를 대행하는 경영자는 매도하지 않을 수 있다.[43]

간단한 예제를 생각해보자. 젠텍은 채무가 없는 생명공학기업으로, 20 백만 주가 현재 주당 $10로 거래되고 있으며, 총 시장가치는 $200 백만이다. 젠텍의 신약 중 하나의 전망에 따라, 경영진은 기업의 진정한 가치가 $300 백만 또는 주당 $15라고 생각한다. 경영진은 내년에 이 신약의 임상시험이 끝난 후에 주가가 더 높은 가치를 반영할 것이라고 생각한다.

젠텍은 이미 새로운 연구실을 설립하기 위해 투자자로부터 $60 백만의 조달 계획을 발표했다. 주당 $10의 현재 가격으로 6 백만 신주를 발행하여 자금을 조달할 수 있다. 이 경우 좋은 소식이 나온 후에, 기업 자산의 가치는 $300 백만(기존 자산에서)과 $60 백만(새로운 실험실)의 합인 $360 백만이 될 것이다. 총 26 백만 주가 발행되면, 새로운 주가는 $360 백만 ÷ 26 백만 주 = 주당 $13.85가 된다. 그러나 젠텍이 새로운 증권을 발행하기 전에 좋은 소식이 알려져서 주가가 $15가 되는 것을 기다린다고 하자. 그러면 기업은 4 백만 주를 매도하여 $60 백만을 조달할 수 있을 것이다. 기업 자산은 역시 총 $360 백만의 가치를 가지지만, 젠텍은 24 백만 주만을 갖게 되어, 이는 주당 가격이 $360 백만 ÷ 24 백만 주 = $15가 된다.

따라서 경영진이 주가가 저평가되었음을 알 때 새로운 주식을 발행하는 것은 기존 주주에게 비용을 요구하는 것이다. 그들의 주가는 $15가 아니라 $13.85에 불과할 것이다. 결과적으로 젠텍의 경영자가 기업의 현재 주주를 생각할 경우 진정한 가치보다 낮은 가격으로 유가증권을 판매하려고 하지는 않을 것이다. 주식가격이 싸다고 생각하면, 경영진은 주식가격이 상승할 때까지 기다려서 주식을 발행하려고 할 것이다.

저평가된 주식을 발행하려 하지 않는 것은 이전에 언급했던 것과 동일한 레몬 문제로 이어진다. 경영자는 높은 가치를 가진 증권은 매도하지 않고, 낮은 가치를 가진 증권은 매도할 것이다. 이러한 역선택으로 인해 투자자들은 증권에 대해 낮은 가격만을 지불하려고 할 것이다. 레몬 문제는 새로운 투자를 위해 투자자로부터 자본을 조달해야 하는 기업에게 비용을 발생시킨다. 그들이 주식을 발행하려고 하면, 투자자들은 경영자가 나쁜 소식을 숨길 가능성을 반영하여 가격을 할인한다.

주식 발행에 대한 시사점

역선택은 주식 발행에 여러 가지 중요한 시사점을 가진다. 가장 먼저 레몬 원칙은 다음과 같은 사항을 직접적으로 암시한다.

1. **주식 발행 발표로 주가는 하락한다.** 기업이 주식을 발행할 때, 이는 투자자에게 주가가 과대평가되었다는 것을 알려준다. 결과적으로 투자자는 발표 전의 주식가격을 지불하지 않으려고 할 것이므로 주가는 하락한다. 여러 연구들이 이러한 사실을 확인하여, 상장되어 거래되는 미국 기업의 주식 발행 발표로 주가가 평균 약 3% 하락한다는 것을 발견했다.[44]

---

43 마이어스와 마즐루프는 영향력 있는 그들의 논문에서 이러한 결과를 보여주면서 자본구조를 위한 여러 가지 시사점을 제시하였다. S. Myers and N. Majluf, "Corporate Financing and Investment Decisions When Firms Have Information that Investors Do Not Have," *Journal of Financial Economics* 13 (1984): 187 – 221.

44 다음을 보라. P. Asquith and D. Mullins, "Equity Issues and Offering Dilution," *Journal of Financial Economics* 15 (1986): 61 – 89; R. Masulis and A. Korwar, "Seasoned Equity Offerings: An Empirical Investigation," *Journal of Financial Economics* 15 (1986): 91 – 118; and W. Mikkelson and M. Partch, "Valuation Effects of Security Offerings and the Issuance Process," *Journal of Financial Economics* 15 (1986): 31 – 60.

젠텍의 경우와 마찬가지로 주식을 발행하는 경영자는 주식가격에 긍정적인 영향을 미칠 수 있는 뉴스가 공개될 때까지 발행을 지연시킬 동기가 있다. 이와는 반대로 경영자가 부정적인 뉴스가 나올 것으로 예상하는 경우에는 발행을 지연시킬 동기가 없다. 이러한 동기들은 다음과 같은 현상으로 이어진다.

2. **주식가격은 주식 발행 발표 이전에 상승하는 경향이 있다.** 그림 16.3은 데보라 루카스와 로버트 맥도널드 교수의 연구에 사용된 것으로 이 결과를 지지하고 있다. 그들은 주식 발행이 예정된 주식은 발행 발표 1년 반 전에 시장 대비 50% 이상의 우월한 성과를 거둔다는 것을 발견하였다.

경영자는 투자자에 비해 정보 우위가 가장 작은 시기에 주식을 발행하여 역선택과 관련된 가격 하락을 피하려고 할 수도 있다. 예를 들어 이익 발표 시 많은 정보가 투자자에게 공개되기 때문에, 주식 발행은 종종 이러한 발표 직후에 이루어진다.

3. **기업은 이익 발표 직후와 같이 정보 비대칭이 최소화될 때 주식을 발행하는 경향이 있다.** 여러 연구들이 이런 시기 조절을 확인하여 이익 발표 직후에 음(−)의 주가 반응이 가장 작다고 보고하였다.[45]

자본구조에 대한 시사점

경영자는 과소평가된 주식을 발행하는 데 비용이 많이 든다는 것을 알기 때문에, 다른 형태의 자금조달 방법을 모색할 수 있다. 채무 발행은 역선택으로 인해 어려움을 겪을 수도 있지만, 저위험 채무의 가치는 기업에 대한 경영자의 개인 정보에 매우 민감하지 않기 때문에(그보다는 주로 이자율에 의해 결정됨), 저

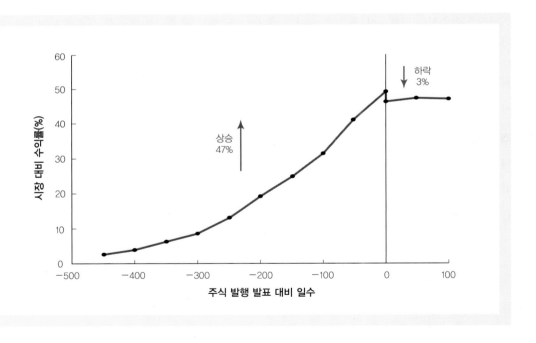

그림 16.3

주식 발행 전후의 주식 수익률

주식은 주식 발행이 발표되기 전에 (시장 대비) 상승하는 경향이 있다. 발표하자마자 평균적으로 주가는 하락한다. 이 그림은 발표 전후의 시장 대비 평균 수익률을 보여주는데, 다음 연구에서 인용하였다. D. Lucas and R. McDonald, "Equity Issues and Stock Price Dynamics," Journal of Finance 45 (1990): 1019– 1043.

45 R. Korajczyk, D. Lucas, and R. McDonald, "The Effect of Information Releases on the Pricing and Timing of Equity Issues," *Review of Financial Studies* 4 (1991): 685–708.

평가의 정도는 주식보다 채무의 경우가 더 작아지는 경향이 있다. 물론 기업은 가능한 경우 자신의 현금 (유보 이익)을 사용하여 투자 자금을 조달함으로써 저평가를 피할 수 있다.

기업의 주가가 저평가되어 있다고 생각하는 경영자는 주식보다는 이익잉여금 또는 채무를 사용한 투자 자금의 조달을 선호한다.

이와 반대도 사실이다. 기업의 주식이 과도평가되었다는 것을 인식한 경영자는 투자 자금을 조달하기 위하여 채무를 발행하거나 이익잉여금을 사용하는 것과 달리 주식 발행을 선호한다. 하지만 주식 발행 시 음(−)의 주가 반응 때문에 주식을 발행할 때 주식이 과대평가될 가능성은 낮다. 사실 주식 발행을 위한 다른 동기가 없을 때 경영자와 투자자가 합리적으로 행동한다면, 발표 시의 가격 하락은 경영진이 최후의 수단인 경우를 제외하고는 주식 발행을 억제하기에 충분할 수 있다.

경영자가 이익잉여금을 먼저 선호하고 마지막 수단으로만 주식을 발행한다는 생각은 스튜어트 마이어스가 제기한 **페킹오더 가설**(pecking order hypothesis)이다.[46] 이를 직접적으로 테스트하기는 어렵지만, 이 가설은 그림 16.4의 기업 자금조달에 대한 시장 데이터와 일치한다. 즉, 기업은 채무의 발행자이지만, 주식은 발행자가 아닌 순재매입자(net repurchaser)인 경향이 있다. 대다수의 투자 자금은 이익잉여금으로 조달되는데, 대부분의 기간에 외부 자금조달은 25% 미만이고, 평균적으로는 약 10%에 해당한다. 이런 현상들은 자본구조의 상쇄이론과 일치할 수 있지만, 기업은 차입이 가능할 때조차도 주식을 발행하기 때문에 엄격한 페킹오더를 따르지 않는다는 실질적인 증거가 있다.[47]

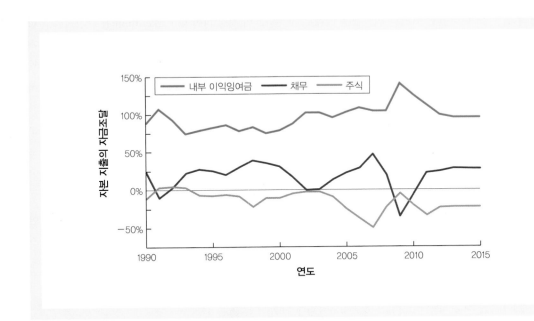

그림 16.4

미국 기업들의 자본 지출에 대한 자금조달의 총체적인 원천

이 차트는 순주식 및 채무 발행을 총 자본지출의 백분율로 표시한 것이다. 전반적으로 기업은 자사주를 매입하고 채무를 발행하는 경향이 있다. 그러나 자본 지출의 75% 이상은 이익잉여금으로 조달된다.

출처 : Federal Reserve Flow of Funds.

---

46 S. Myers, "The Capital Structure Puzzle," *Journal of Finance* 39 (1984): 575 – 592.

47 예를 들어 다음을 보라. M. Leary and M. Roberts, "The Pecking Order, Debt Capacity, and Information Asymmetry," *Journal of Financial Economics* 95 (2010): 332 – 355.

예제 16.10	자금조달 대안의 페킹오더

문제

액슨 산업은 새로운 투자 프로젝트를 위해 $10 백만을 조달해야 한다. 기업이 1년 만기 채무를 발행하면, 액슨의 경영자들은 주어진 위험 수준을 감안할 때 6%가 공정한 이자율이라고 믿지만, 7%의 이자율을 지급해야 할 수도 있다. 하지만 이 기업이 주식을 발행하면, 주가가 5% 과소평가될 수 있다고 생각한다. 이익잉여금, 채무 및 주식으로 프로젝트의 자금을 조달할 때, 현재 주주의 비용은 얼마인가?

풀이

기업이 주주에게 배당을 지급하지 않고 이익잉여금에서 $10 백만을 지급하면, 주주비용은 $10 백만이 된다. 채무를 사용하면 1년 후에 기업에게 $10 × (1.07)=$10.7 백만의 비용이 발생하는데, 이는 기업의 위험에 대한 경영진의 관점에서 현재가치가 $10.7 ÷ (1.06) = $10.094 백만이다. 마지막으로 주식이 5% 과소평가되면, $10 백만을 조달하기 위해서 이 기업은 $10.5 백만의 주식을 발행해야 한다. 따라서 기존 주주비용은 $10.5 백만이 될 것이다. 세 가지를 비교하면 이익잉여금이 가장 저렴한 자금원이며, 그다음이 채무, 그리고 마지막이 주식이다.

주식 대신 이익잉여금이나 채무를 자금의 원천으로 사용하는 일반적인 선호와는 달리, 역선택 비용은 기업의 전반적인 자본구조에 관한 명확한 예측으로 이어지지 못한다. 대신 이러한 비용은 이 장에서 논의된 다른 비용과 혜택에 추가적으로, 경영자의 자금조달 선택이 기업이 현재 과소평가인지 과대평가인지 여부에 달려 있음을 의미한다. 이러한 의존성을 때때로 자본구조의 **시장 타이밍**(market timing) 관점이라고 한다. 기업의 전체 자본구조는 과거에 자금조달을 원했을 때의 시장 조건에 부분적으로 의존한다. 결과적으로 같은 산업에 속하는 유사 기업들은 매우 다름에도 불구하고 결국 최적의 자본구조를 가질 수 있다.[48]

실제로 페킹오더 가설은 그 자체로 자본구조에 대해 명확한 예측을 제공하지 않는다. 기업은 이익잉여금, 채무, 그리고 주식을 자금조달의 순서로 사용하는 것을 선호해야 한다고 주장하지만, 이익잉여금은 단순히 주식에 의한 자금조달의 다른 형태일 뿐이다. (이익잉여금은 채무의 가치는 그대로 유지한 채 주식의 가치를 증가시킨다.) 따라서 기업들은 추가 채무를 발행할 수 없어서 주식에 의한 자금조달에 의존하거나, 또는 이익잉여금을 사용하여 모든 투자에 자금을 제공할 수 있을 정도로 충분히 수익성이 있기 때문에 레버리지가 낮을 수 있다.

또한 기업이 향후 자금조달을 시도할 때 역선택이나 기타 자금조달 비용에 의해 고통받을 것을 예상한다면, 이익잉여금이나 저위험 채무로부터 투자 자금을 조달할 수 있는 재무적 융통성과 능력을 유지하기 위해 현재 낮은 레버리지를 선택할 수 있다.[49]

개념 확인	1. 비대칭 정보는 주식 발행 발표에 대한 음(−)의 주가 반응을 어떻게 설명하는가?
	2. 기업들은 왜 주식을 발행하기보다는 이익잉여금이나 채무를 사용한 투자 자금의 조달을 선호하는가?

---

48 다음을 보라. J. Wurgler and M. Baker, "Market Timing and Capital Structure," *Journal of Finance* 57 (2002): 1–32.

49 다음을 보라. A. Gamba and A. Triantis, "The Value of Financial Flexibility," *Journal of Finance* 63 (2008): 2263–2296, and H. DeAngelo, L. DeAngelo, and T. Whited, "Capital Structure Dynamics and Transitory Debt," *Journal of Financial Economics* 99 (2011): 235–261.

16.9 자본구조 : 결론

지난 제3장에서 기업의 자본구조 선택에 영향을 미칠 수 있는 여러 가지 요인을 알아보았다. 재무관리자를 위한 결론은 무엇인가?

자본구조에 관한 가장 중요한 통찰은 모딜리아니와 밀러에게 돌아간다. 완전자본시장에서 기업의 증권 선택은 기업 주식의 위험을 변화시키지만, 기업가치와 외부 투자자로부터 조달할 수 있는 금액을 바꾸지는 않는다. 따라서 최적 자본구조는 세금, 재무적 곤경비용, 대리인 비용 및 비대칭 정보와 같은 시장 불완전성에 달려 있다.

자본구조를 유도하는 여러 가지 불완전성 중에서 가장 명확하고 아마도 가장 중요한 것은 세금이다. 이자의 세금 절감은 기업이 투자자에게 돌려주고 법인세를 피하도록 해준다. 영구 채무 조달의 1달러는 τ^* 달러의 세금 절감 가치를 기업에 제공하는데, 여기서 τ^*는 채무의 실효 세금 혜택이다. 일관된 과세소득을 가진 기업의 경우 레버리지의 이 혜택을 고려하는 것이 중요하다.

기업이 세금에서 소득을 절약하기 위해 레버리지를 사용해야 한다면 얼마의 소득을 절약해야 할까? 레버리지가 너무 높으면 기업이 채무를 이행하지 못할 수 있으며, 채무불이행을 당할 위험이 커진다. 채무불이행 위험은 그 자체로 문제가 되지 않지만, 재무적 곤경은 기업의 가치를 떨어뜨리는 다른 결과로 이어질 수 있다. 따라서 기업은 채무의 세금 혜택과 재무적 곤경비용의 균형을 유지해야 한다.

레버리지의 대리인 비용과 혜택은 중요한 자본구조의 결정 요인이다. 과도한 채무는 경영자와 주주가 과도한 위험을 감수하거나 과소 투자로 유도할 수 있다. 가용현금흐름이 높을 때 너무 작은 레버리지는 지출 낭비를 발생시킬 수 있다. 이러한 효과는 자기 이익을 추구하는 경영자에 대한 투자자의 보호가 부족한 기업에 특히 중요할 수 있다.[50] 대리인 비용이 상당할 경우 단기채무가 가장 매력적인 외부 자금조달 방법이 될 수 있다.

기업은 자금조달 선택의 잠재적 신호 및 역선택 결과를 고려해야 한다. 파산비용이 높기 때문에 레버리지가 증가하면 경영자의 채무 이행 능력에 대한 확신을 알려줄 수 있다. 경영자가 증권의 가치에 대해 다른 견해를 가질 때, 경영자는 가장 과대평가된 채권을 발행하여 현재 주주에게 혜택을 줄 수 있다. 하지만 새로운 투자자는 이 증권에 대해 지불하고자 하는 가격을 낮추어서 이런 유인에 반응할 것인데, 이는 새로운 증권의 발행 발표가 음(−)의 가격 반응으로 이어진다는 것을 의미한다. 주식의 가치가 경영자의 사적인 정보에 가장 민감하기 때문에, 이 효과는 주식 발행에 있어서 가장 뚜렷하다. 이 "레몬 비용"을 피하기 위해 기업은 우선 이익잉여금, 채무, 마지막으로 주식에 의존해야 한다. 경영자가 기업의 가치에 대해 많은 사적 정보를 가질 가능성이 있을 때, 자금조달 대안의 페킹오더가 가장 중요하다.

마지막으로, 기업의 자본구조를 적극적으로 변화시키는 것(예 : 주식이나 채권을 매매하거나 재매입함으로써)은 거래비용을 수반하기 때문에, 기업은 최적 수준에서 크게 벗어나지 않는 한 자본구조를 변경하지 않을 수도 있다는 것을 인식하는 것이 중요하다. 결과적으로 기업 주식의 시장가치가 기업의 주가 변동에 따라 움직이기 때문에 기업의 채무-주식 비율의 변화는 소극적으로 발생할 수 있다.[51]

---

50 다음을 보라. J. Fan, S. Titman, and G. Twite, "An International Comparison of Capital Structure and Debt Maturity Choices," SSRN working paper, 2008.

51 다음을 보라. I. Strebulaev, "Do Tests of Capital Structure Theory Mean What They Say?," *Journal of Finance* 62 (2007): 1747 – 1787.

핵심 요점 및 수식

16.1 완전시장에서의 채무불이행과 파산

- 모딜리아니-밀러에서 레버리지는 파산을 초래할 수 있지만, 파산만으로는 기업의 가치가 하락하지 않는다. 완전자본시장에서 파산은 모든 투자자들이 얻을 수 있는 총가치를 바꾸지 못하고 소유권을 주주에서 채권자로 바꿀 뿐이다.

16.2 파산과 재무적 곤경비용

- 미국 기업은 1978년 파산법 개정 조항에 따라 파산 보호 신청을 할 수 있다.
  - 제7장 청산법에서 수탁자는 기업 자산의 청산을 감독한다.
  - 제11장 갱생법에서 경영진은 운영을 개선할 갱생 계획을 수립하여 투자자에 대한 가치를 극대화할 것이다. 기업이 성공적으로 재구성될 수 없는 경우 제7장 갱생법의 파산에 따라 청산될 수 있다.
- 파산은 기업과 투자자에게 직접 및 간접비용을 부과하는 비싼 과정이다.
  - 직접비용에는 파산 과정에서 기업 또는 채권자에 의해 고용된 변호사, 회계사, 감정사 및 투자은행가와 같은 전문가 또는 자문자 비용을 포함한다.
  - 간접비용에는 파산 기간의 고객, 공급업체, 종업원 또는 매출채권의 손실을 포함한다. 기업이 곤경 상태의 낮은 가격으로 자산을 매도할 때 간접비용이 발생한다.

16.3 재무적 곤경비용과 기업가치

- 유가증권의 가격이 공정하게 결정되면 기업의 기존 주주는 파산 및 재무 곤경과 관련된 비용의 현재가치를 지불한다.

16.4 최적 자본구조 : 상쇄이론

- 상쇄이론에 따르면 차입 기업의 총가치는 무차입 기업의 가치에 채무의 세금 절감 현재가치를 더하고 재무적 곤경비용의 현재가치를 차감한 값과 같다.

$$V^L = V^U + PV(\text{이자의 세금 절감액}) - PV(\text{재무적 곤경비용}) \tag{16.1}$$

- 최적 레버리지는 V^L을 최대화하는 채무 수준이다.

16.5 채권자를 부당하게 이용하기 : 레버리지의 대리인 비용

- 대리인 비용은 이해 관계자들 간에 이해상충이 있을 때 발생한다. 위험 채무를 가져서 레버리지가 높은 기업은 다음의 대리인 비용에 직면한다.
  - 자산 대체 : 주주는 음(−)의 NPV 투자나 기업의 위험을 충분히 높이는 결정을 하여 이익을 얻을 수 있다.
  - 채무 과잉 : 주주는 새로운 양(+)의 NPV 프로젝트의 자금조달을 꺼릴 수 있다.

- 현금 인출 : 주주들은 자산을 시장가치보다 낮은 가격으로 청산하고 수익금을 배당금으로 분배할 인센티브를 가진다.
- 과잉 채무가 있을 경우 주주는 다음과 같은 상황에서 새로운 투자로부터 이익을 얻을 수 있다.

$$\frac{NPV}{I} > \frac{\beta_D D}{\beta_E E} \tag{16.2}$$

- 기업이 기존 채무를 가지고 있을 때 채무 과잉은 레버리지 톱니 효과로 이어진다.
  - 주주들은 기업의 가치를 하락시키더라도 레버리지를 높이기 위한 인센티브를 가질 수 있다.
  - 주주들은 기업의 가치를 높일지라도 채무를 되사서 레버리지를 줄이려는 인센티브를 가지지 않는다.

16.6 경영자 동기 부여 : 레버리지의 대리인 혜택

- 다음과 같은 이유 때문에 레버리지는 대리인 혜택이 있고 경영자가 기업을 더 효율적이고 효과적으로 운영할 수 있는 인센티브를 제고할 수 있다.
  - 소유권 집중 증가 : 높은 소유 집중을 가진 경영자는 열심히 일하고 주식회사의 사적인 특혜를 누릴 가능성이 낮다.
  - 감소된 가용현금흐름 : 가용현금흐름이 작은 기업은 낭비적 투자를 하지 않는 경향이 있다.
  - 경영자 참호의 감소와 약속의 증가 : 재무적 곤경과 해고의 위협은 경영진이 운영을 개선하는 전략을 보다 완벽하게 추구할 수 있게 한다.

16.7 대리인 비용과 상쇄이론

- 대리인 비용을 포함하여 상쇄이론을 확장할 수 있다. 대리인 비용과 혜택을 포함한 기업의 가치는 다음과 같다.

$$V^L = V^U + PV(\text{이자의 세금 절감액}) - PV(\text{재무적 곤경비용}) \tag{16.3}$$
$$- PV(\text{채무의 대리인 비용}) + PV(\text{채무의 대리인 혜택})$$

- 최적 레버리지는 V^L을 최대화하는 채무의 수준이다.

16.8 비대칭적 정보와 자본구조

- 경영자가 투자자보다 더 좋은 정보를 가질 때 비대칭적 정보가 존재한다. 비대칭적 정보가 주어지면 경영자는 레버리지를 미래의 가용현금흐름을 창출할 수 있는 믿을 만한 신호로 활용할 수 있다.
- 레몬 원칙에 따르면 경영자가 기업의 가치에 대한 사적 정보를 가지고 있을 때, 투자자는 역선택으로 인해 새로운 주식 발행에 대해 지불할 가격을 할인하게 된다. 결과적으로,
  - 기업이 주식 발행을 발표하면 주가가 하락한다.
  - 경영자는 좋은 소식이 공개될 때까지 주식 발행을 지연시키는 경향이 있기 때문에 주가는 주식 발행 발표 이전에 상승하는 경향이 있다.
  - 기업은 정보 비대칭이 최소화될 때 주식을 발행하는 경향이 있다.
  - 기업 주식이 저평가되어 있다는 것을 인지하는 경영자는 주식보다는 이익잉여금 또는 채무를 사용하여 투자 자금을 조달하는 경향이 있다. 이 결과를 페킹오더 가설이라고 한다.

16.9 자본구조 : 결과

- 기업의 최적 자본구조를 이끌어내는 수많은 마찰적 요소들이 있다. 하지만 기업의 자본구조를 변경하기 위해 상당한 거래비용이 있을 경우, 기업 레버리지의 대부분의 변화는 기업의 주가 변동에 따라 수동적으로 발생할 수 있다.

주요 용어

가용현금흐름 가설(free cash flow hypothesis)

경영자 참호 구축(management entrenchment)

경영자 참호이론(management entrenchment theory)

경제적 곤경(economic distress)

과소 투자 문제(under-investment problem)

대리인 비용(agency costs)

도덕적 해이(moral hazard)

레몬 원칙(lemons principle)

레버리지 톱니 효과(leverage ratchet effect)

법정관리 기업에 대한 대출[debtor-in-possession
   (DIP) financing]

비대칭적 정보(asymmetric information)

상쇄이론(trade-off theory)

시장 타이밍(market timing)

신뢰성 원칙(credibility principle)

역선택(adverse selection)

워크아웃(workout)

자산 대체 문제(asset substitution problem)

재무적 곤경(financial distress)

제7장 청산법(Chapter 7 liquidation)

제11장 갱생법(Chapter 11 reorganization)

채무 계약 조건(debt covenants)

채무 과잉(debt overhang)

채무불이행(default)

채무의 신호이론(signaling theory of debt)

페킹오더 가설(pecking order hypothesis)

프리패키지드 파산, 사전조정 제도(prepackaged
   bankruptcy)

추가 읽을거리

자본구조의 대안 이론에 대한 조사는 다음을 참고하라. M. Harris and A. Raviv, "The Theory of Capital Structure," *Journal of Finance* 46 (1991): 197 – 355. For a textbook treatment, see J. Tirole, *The Theory of Corporate Finance*, Princeton University Press, 2005.

이 장에서는 기업이 자본구조를 어떻게 관리하는지에 대해서는 논의하지 않았다. 이 주제는 이 책의 범위를 벗어나지만, 관심 있는 독자는 다음 논문을 참고할 수 있다. R. Goldstein, N. Ju, and H. Leland, "An EBIT-Based Model of Dynamic Capital Structure," *Journal of Business* 74 (2001): 483 – 512; O. Hart and J. Moore, "Default and Renegotiation: A Dynamic Model of Debt," *Quarterly Journal of Economics* 113(1) (1998): 1 – 41; C. Hennessy and T. Whited, "Debt Dynamics," *Journal of Finance* 60(3) (2005): 1129 – 1165; and H. Leland, "Agency Costs, Risk Management, and Capital Structure," *Journal of Finance* 53(4) (1998): 1213 – 1243.

주가의 변화에 대응하여 기업의 자본구조가 어떻게 진화하는지, 이러한 역동성이 기존 이론과 어떻게 관련되는지에 대한 실증적 연구는 다음을 참고하라. R. Goldstein, N. Ju, and H. Leland, "An EBIT-Based Model of Dynamic Capital Structure," *Journal of Business* 74 (2001): 483 – 512; O. Hart and J. Moore, "Default and Renegotiation: A Dynamic Model of Debt," *Quarterly Journal of Economics* 113(1) (1998): 1 – 41; C. Hennessy and T. Whited, "Debt Dynamics," *Journal of Finance* 60(3) (2005): 1129 – 1165; and H. Leland, "Agency Costs, Risk Management, and Capital Structure," *Journal of Finance* 53(4) (1998): 1213 – 1243.

자본구조의 산업 내 다양성을 설명하는 것은 중요한 문제로 남아 있다. 관심 있는 독자는 다음을 보라. M. Lemmon, M. Roberts, and J. Zender, "Back to the Beginning: Persistence and the Cross-Section of Corporate Capital Structure," *Journal of Finance* 63 (2008): 1575 – 1608. 그림 16.2는 산업별 실증적 추정이다. 다음을 보라. A. Korteweg, "The Net Benefits to Leverage," *Journal of Finance* 65 (2010): 2137 – 2170. 페킹오더 이론의 실증 검증 결과는 다음에서 찾을 수 있다. E. Fama and K. French, "Testing Tradeoff and Pecking Order Predictions About Dividends and Debt," *Review of Financial Studies* 15(1): 1 – M. Frank and V. Goyal, "Testing the Pecking Order Theory of Capital Structure," *Journal of Financial Economics* 67(2) (2003): 217 – 248; and L. Shyam-Sunder and S. Myers, "Testing Static Tradeoff Against Pecking Order Models of Capital Structure," *Journal of Financial Economics* 51(2) (1999): 219 – 244.

* 표시는 난이도가 높은 문제다.

완전시장에서의 채무불이행과 파산

1. 글래드스톤 주식회사는 새로운 제품을 출시하려고 한다. 신제품의 성공 여부에 따라 글래드스톤은 내년에 $150 백만, $135 백만, $95 백만 또는 $80 백만 중 하나의 가치를 가지게 될 것이다. 이러한 결과는 모두 동일한 가능성이 있으며, 이 위험은 분산 가능하다. 글래드스톤은 연중에 투자자들에게 돈을 지급하지 않을 것이다. 무위험 이자율이 5%이고 완전자본시장이라고 가정하자.
   a. 레버리지가 없는 경우 글래드스톤 주식의 초기 가치는 얼마인가?
   글래드스톤이 내년에 $100 백만의 액면가로 무이표 채무를 발행할 것이다.
   b. 글래드스톤 채무의 초기 가치는 얼마인가?
   c. 채무의 만기 수익률은 얼마인가? 기대 수익률은 얼마인가?
   d. 글래드스톤 주가의 초기 가치는 얼마인가? 레버리지가 있을 경우 글래드스톤의 총가치는 얼마인가?

2. 바룩 산업은 현금이 없고 $36 백만의 채무를 상환해야 한다. 바룩 자산의 시장가치는 $81 백만이며, 다른 라이어빌리티는 없다. 완전자본시장을 가정하라.
   a. 바룩이 10 백만 주를 보유하고 있다고 가정하자. 바룩의 현재 주가는 얼마인가?
   b. 바룩이 채무 상환에 필요한 자본을 조달하기 위해 몇 개의 신주를 발행해야 하는가?
   c. 채무 상환 후 바룩의 주가는 얼마인가?

파산과 재무적 곤경비용

3. 기업이 채무불이행을 할 경우 채권자는 받아야 할 금액의 50% 미만을 받는 경우가 종종 있다. 채권자가 받아야 하는 금액과 받게 되는 금액의 차이가 파산비용인가?

4. 재무적 곤경이 발생할 경우 고객 손실을 경험할 가능성이 큰 기업은 어떤 유형인가?
   a. 캠벨 수프 기업 또는 인튜이트(회계 소프트웨어 제작자)?
   b. 오스테이트 주식회사(보험기업) 또는 아디다스 AG(운동화, 의류 및 스포츠 장비 제조업체)

5. 재무적 곤경에 처할 경우 시장가격에 가깝게 청산될 가능성이 큰 자산의 유형은 어떤 것인가?
   a. 사무실 건물 또는 브랜드 이름?
   b. 제품 재고 또는 원자재?
   c. 특허권 또는 엔지니어링 "노하우"

6. 테프코 주식회사는 계속 운영된다면 $100 백만의 가치를 가지지만, 지금 $120 백만의 미상환 채무가 있다. 이 기업이 파산을 선언하면 파산비용은 $20 백만이 될 것이고, 나머지 $80 백만은 채권자에게 돌아갈 것이다. 파산을 선언하는 대신 경영진은 워크아웃으로 기업 채무를 주식의 일부로 교환할 것을 제안한다. 워크아웃이 성공하기 위해 채권자에게 제공해야 할 기업 주식의 최소 비율은 얼마인가?

7. 당신은 두 가지 취업 기회를 받았다. 기업 A는 2년 동안 연 $85,000를 지급한다. 기업 B는 2년간 연 $90,000를 지급한다. 두 직장은 동일하다. 기업 A의 계약이 확실하지만, 기업 B는 연말에 파산할 확률이 50%이다. 이 경우 계약을 취소하고 당신이 그만두지 않을 선에서의 가장 작은 금액을 지급할 것이다. 당신이 그만둘 경우, 당신은 1년에 $85,000를 지급하는 새로운 일자리를 찾을 수 있을 것이라고 기대하지만, 일자리를 찾는 3개월 동안 당신은 실직하게 된다.
   a. B 기업에서 일한다고 가정해보자. 당신이 그만둘 경우 B 기업이 내년에 당신에게 줄 수 있는 최소 금액은 얼마인가?
   b. (a)에서의 답이 주어졌고, 자본비용이 5%라고 가정하면, 어떤 기업이 당신에게 더 높은 기대 급여의 현재가치를 지급하는가?

c. 이 예를 이용하여, 파산 위험이 높은 기업이 직원을 유지하기 위해 더 높은 임금을 제공해야 하는 이유에 대해 논의하라.

재무적 곤경비용과 기업가치

8. 1번 문제에서와 같이 글래드스톤 기업은 신제품을 출시할 예정이다. 신제품의 성공 여부에 따라 글래드스톤은 내년에 \$150 백만, \$135 백만, \$95 백만 또는 \$80 백만 중 하나의 가치를 가질 것이다. 이러한 결과는 모두 동일한 가능성이 있으며, 이 위험은 분산 가능하다. 무위험 이자율이 5%이고, 부도가 발생할 경우 글래드스톤 자산가치의 25%가 파산비용으로 소요될 것이다. (세금과 같은 다른 모든 시장 불완전성을 무시하라.)

a. 레버리지가 없는 경우 글래드스톤 주식의 초기 가치는 얼마인가?

글래드스톤이 내년에 \$100 백만의 액면가로 순수 할인 채무를 발행한다고 하자.

b. 글래드스톤 채무의 초기 가치는 얼마인가?

c. 채무의 만기 수익률은 얼마인가? 기대 수익률은 얼마인가?

d. 글래드스톤 주가의 초기 가치는 얼마인가? 레버리지가 있을 경우 글래드스톤의 총가치는 얼마인가?

글래드스톤은 10 백만 주의 주식을 발행하였고 연초에 채무가 없었다.

e. 글래드스톤이 채권을 발행하지 않는다면 주가는 얼마인가?

f. 글래드스톤이 내년 만기인 \$100 백만의 채무를 발행하고 그 수익금으로 자사주를 매입한다면, 주가는 얼마인가? 당신의 답변이 (e)와 다른 이유는 무엇인가?

9. 코훼 주식회사는 새로운 투자를 위해 \$50 백만을 조달하려고 주식을 발행할 계획이다. 투자를 한 후 코훼는 매년 \$10 백만의 가용현금흐름을 얻을 것으로 기대한다. 코훼는 현재 5 백만 주의 주식을 발행했으며, 다른 자산이나 기회가 없다. 코훼의 미래 가용현금흐름에 대한 적정 할인율이 8%라고 가정하면, 자본시장의 불완전성은 법인세와 재무적 곤경비용뿐이다.

a. 코훼의 NPV는 얼마인가?

b. 이러한 계획을 감안할 때 현재 코훼의 주당 가치는 얼마인가?

코훼가 대신 \$50백만을 빌렸다고 가정하자. 이 기업은 매년 대출에만 이자를 지불할 것이고, 대출금으로 \$50 백만의 미상환 잔액을 유지할 것이다. 코훼의 법인세율이 40%이고, 기대 가용현금흐름이 매년 \$10 백만이라고 하자.

c. 채무로 투자 자금을 조달하는 경우 코훼의 주가는 얼마인가?

레버리지를 가지는 코훼의 기대 가용현금흐름은 감소된 매출 및 기타 재무적 곤경비용으로 인해 연간 \$9 백만으로 감소할 것으로 가정한다. 코훼의 미래 가용현금흐름에 대한 적정 할인율은 여전히 8%라고 하자.

d. 레버리지의 재무적 곤경비용을 고려할 때 코훼의 주가는 얼마인가?

10. 당신이 재정적으로 건전한 대형 자동차 제조업체에서 일한다. 경영자는 기업이 자동차 보증비용을 줄일 수 있기 때문에 더 많은 채무를 감당해야 한다고 생각한다. "파산하면 보증 서비스를 제공할 필요가 없다. 따라서 우리는 대부분의 기업보다 파산비용이 적으므로 더 많은 채무를 사용해야 한다."라고 경영자는 말했다. 그가 옳을까?

최적 자본구조 : 상쇄이론

11. 페이스북은 채무가 없다. 제15장의 21번 문제에서 설명한 것처럼, 채무를 발행하여 페이스북은 잠재적으로 거의 \$2 십억 상당의 매우 큰 세금 절감을 할 수 있다. 페이스북의 성공을 감안할 때, 페이스북의 경영진은 순진하고 가치를 창출할 수 있는 이 거대한 잠재력을 알지 못한다고 주장하기는 어려울 것이다. 더

많은 가능성이 있는 설명은 채무를 발행하면 다른 비용을 수반한다는 것이다. 이 비용은 무엇일까?

12. 하워 인터내셔널은 현재 주가가 $5.50이고 10 백만 주를 가지고 있는 운송기업이다. 하워가 $20 백만의 차입과 자사주 매입을 통해 법인세를 낮추겠다는 계획을 발표했다고 하자.

   a. 완전자본시장에서 이번 발표 이후 주가는 어떻게 될 것인가?

   하워가 법인세 30%를 지불하고 주주는 채무의 변동이 영구적일 것으로 예상한다고 하자.

   b. 유일한 불완전성이 법인세라면 이 발표 이후 주가는 얼마일까?

   c. 유일한 불완전성이 법인세 및 재무적 곤경비용이라고 하자. 이 발표 이후 주가가 $5.75로 상승하면, 하워가 이 새로운 채무의 결과로 초래할 재무적 곤경비용의 현재가치는 얼마일까?

13. 당신의 1년 만기 채무의 발행을 고려하고 있으며, 이자의 세금 절감 가치와 채무 수준에 따른 곤경 가능성에 대한 추정치를 다음과 같이 제시하였다.

	채무 수준(단위 : $ 백만)						
	0	40	50	60	70	80	90
PV(이자의 세금 절감액, $ 백만)	0.00	0.76	0.95	1.14	1.33	1.52	1.71
재무적 곤경의 가능성	0%	0%	1%	2%	7%	16%	31%

   기업이 0의 베타를 가지고 있다고 가정하면, 재무적 곤경비용에 대한 적절한 할인율은 무위험 이자율 5%이다. 곤경에 빠진 상황에서 기업이 다음과 같은 재무적 곤경비용이 발생한다면, 위의 채무 중 어느 수준이 최적일까?

   a. $2 백만?

   b. $5 백만?

   c. $25 백만?

14. 마포르 산업은 채무가 없으며 매년 $16 백만의 가용현금흐름을 창출할 것으로 기대한다. 마포르는 채무 수준을 $40 백만으로 영원히 늘리면 재무적 곤경 위험으로 인해 일부 고객을 잃게 되고, 공급업체로부터 불리한 조건을 받을 수 있다고 생각한다. 결과적으로 마포르의 채무로 인한 기대 가용현금흐름은 연간 $15 백만에 불과하다. 마포르의 세율이 35%, 무위험 이자율이 5%, 시장의 기대 수익률이 15%, 가용현금흐름의 베타가 1.10(레버리지 유무에 관계없이)이라고 하자.

   a. 레버리지 없을 경우 마포르의 가치를 추정하라.

   b. 새로운 레버리지가 있을 경우 마포르의 가치를 추정하라.

15. 부동산 매입은 종종 최소 80%의 채무로 자금을 조달한다. 그러나 대부분의 기업은 50% 미만의 채무를 보유하고 있다. 상쇄이론을 이용하여 이 차이를 설명하라.

채권자를 부당하게 이용하기 : 레버리지의 대리인 비용

16. 2008년 5월 14일, 제너럴 모터스(GM)는 주당 $0.25의 배당금을 지불했다. 같은 분기에 GM은 믿기 어려울 정도인 $15.5 십억 또는 주당 $27.33의 손해를 보았다. 7개월 후 이 기업은 수십억 달러의 정부 지원을 요청했으며, 2009년 6월 1일에 결국 파산을 선포했다. 그 시점에 GM의 주가는 단지 $1를 넘을 정도였다.

   a. 정부의 구제 금융 가능성을 무시한다면, 거의 재무적 곤경 상태였던 것을 고려할 때, 배당을 지급하겠다는 의사결정이 어떤 비용의 예가 될까?

   *b. GM 경영진이 파산을 선언해야 하는 정부 구제 금융의 가능성이 있다고 예상했다면 당신의 대답은 무엇일까?

17. 딘론 주식회사의 주요 사업은 방대한 가스 파이프라인 네트워크를 사용하는 천연가스 운송이다. 딘론의 자산은 현재 시장가치가 $150 백만이다. 이 기업은 파이프라인 네트워크의 일부를 판매하여 $50 백만을

조달하고, 고속 네트워크 대역폭의 판매에 의해 수입을 창출하기 위해 $50 백만을 광섬유 네트워크에 투자하는 가능성을 모색하고 있다. 이 새로운 투자로 이익 증가가 예상되지만, 딘론의 위험을 상당히 증가시킬 것이다. 딘론이 레버리지가 있다면, 없는 경우보다 이 투자가 주주에게 다소 매력적일까?

18. 유일한 자산이 빈 땅이며, 1년 뒤에 만기가 되는 $15 백만의 라이어빌리티를 가진 기업이 있다. 공지로 남겨두면 토지는 1년 뒤에 $10 백만의 가치가 있다. 대안으로 이 기업은 $20 백만의 비용으로 토지를 개발할 수 있다. 개발된 토지는 1년 뒤에 $35 백만의 가치가 있을 것이다. 무위험 이자율이 10%이고 모든 현금흐름이 무위험이며, 세금이 없다고 하자.

a. 기업이 토지를 개발하지 않기로 결정했다면, 오늘 기업 주식의 가치는 얼마인가? 채무의 가치는 얼마인가?

b. 토지개발의 NPV는 얼마인가?

c. 기업이 토지개발을 위해 주주로부터 $20 백만을 조달한다고 하자. 기업이 토지를 개발한다면, 오늘 기업 주식의 가치는 얼마인가? 오늘 기업 채무의 가치는 얼마인가?

d. (c)에 대한 당신의 답변이 주어졌을 때, 주주는 토지개발에 필요한 $20 백만을 기꺼이 제공할까?

19. 사르본 시스템즈의 부채/주식 비율은 1.2, 주식 베타는 2.0, 채무 베타는 0.30이다. 현재 다음 프로젝트를 평가 중이며, 그중 어느 것도 기업의 변동성을 변화시키지 않는다(단위 : $ 백만).

프로젝트	A	B	C	D	E
투자	100	50	85	30	75
NPV	20	6	10	15	18

a. 어떤 프로젝트에 주주들이 자금을 지원할까?

b. 채무 과잉인 기업에 대한 비용은 무엇인가?

20. 지마세는 생명공학 신생기업이다. 지마세의 연구원은 세 가지 연구 전략 중 하나를 선택해야 한다. 세후 수익과 각 전략에 대한 가능성은 아래와 같다. 각 프로젝트의 위험은 분산 가능하다.

전략	가능성	이익($ 백만)
A	100%	75
B	50%	140
	50%	0
C	10%	300
	90%	40

a. 어떤 프로젝트가 가장 높은 기대 이익을 가지는가?

b. 지마세가 프로젝트 이익의 지불 시점에 $40 백만의 채무가 있다고 하자. 어느 프로젝트가 가장 높은 주주의 기대 이익을 가질까?

c. 지마세가 프로젝트 이익의 지불 시점에 $110 백만의 채무가 있다고 하자. 어느 프로젝트가 가장 높은 주주의 기대 이익을 가질까?

d. 경영자가 주주에 대한 이익을 최대화하는 전략을 선택한다면, 기업에 $40 백만 채무의 만기가 도래함으로써 기대하는 대리인 비용은 얼마인가? 기업에 $110 백만 채무의 만기가 도래함으로써 기대하는 대리인 비용은 얼마인가?

21. 페트론 주식회사의 경영진은 새로운 기업 전략을 결정하기 위해 만났다. 네 가지 옵션이 있는데, 각각의 성공 확률과 성공할 경우 기업의 총가치는 다음과 같다.

	전략			
	A	B	C	D
성공 가능성	100%	80%	60%	40%
성공할 경우 기업가치($ 백만)	50	60	70	80

각 전략에 대해 실패의 경우 기업가치는 0이라고 하자.

a. 어떤 전략이 가장 높은 기대 이익을 가질까?

b. 페트론 경영진이 페트론 주식의 가장 높은 기대가치를 가지는 전략을 선택한다고 하자. 페트론이 현재 가지고 있는 전략 중 경영진은 어떤 전략을 선택할까?

  i. 채무가 없다?

  ii. $20 백만의 액면가를 가진 채무?

  iii. $40 백만의 액면가를 가진 채무?

c. 채무의 어떤 대리인 비용이 (b)의 답변에서 설명되는가?

22. 21번 문제의 상황에서 페트론 주식회사가 $40 백만의 액면가를 가진 채무를 가지고 있다고 하자. 간단히 하기 위해 모든 위험은 기업에 고유한 것이며, 무위험 이자율은 0이고, 세금이 없다.

a. 페트론이 자기 주식의 가치를 극대화하는 전략을 선택한다고 가정할 때, 주식의 기대가치는 얼마인가? 기업의 총 기대가치는 얼마인가?

b. 페트론이 주식을 발행하고 채무를 환매하여, 채무의 액면가를 $5 백만으로 줄인다고 가정하자. 그렇다면, 거래 후 어떤 전략을 선택할까? 기업의 총가치는 증가할까?

c. 채무를 기업에 다시 매도할 것인지의 여부를 결정하는 채권자라고 하자. 기업이 채무를 $5 백만으로 줄이기를 기대한다면, 채무를 매도하기 위해 어떤 가격을 요구할 것인가?

d. (c)에 대한 답변에 의해 페트론이 채무를 환매하기 위해 주주로부터 조달해야 하는 금액은 얼마인가?

e. 레버리지를 줄이는 자본 재구성에 의해 주주의 손익은 얼마인가? 채권자의 손익은 얼마인가? 페트론의 경영진이 레버리지를 줄이기로 결정할 것이라고 기대하는가?

***23.** 21, 22번 문제 상황에서 페트론 주식회사는 주주에게 지불되는 최종 이익에 대해 25%의 세금을 지불해야 한다. 채권자에 대한 지불이나 채권자로부터 조달한 자본에 대해서는 세금을 지불하지 않는다.

a. 채무가 없을 경우 페트론은 어떤 전략을 선택할까? $10 백만, $30 백만 또는 $50 백만 중 어떤 액면가를 가지는 채무를 선택할까? (경영진이 주식의 가치를 최대화하면서 동률이 발생하면 더 안전한 전략을 선택한다고 하자.)

b. (a)에 대한 답변이 주어졌을 때, 페트론의 주식과 채무의 합산된 총액은 채무의 액면가가 $30 백만일 때 최대화되는 것을 보여라.

c. 페트론이 $30 백만의 채무가 있다면 기업의 총가치가 줄어들지만 주주들은 채무의 액면가를 $50 백만으로 증가시켜서 이익을 얻는다는 것을 보여라.

d. 페트론이 $50 백만의 채무가 있다면, 기업의 총가치가 증가하더라도 주주들은 채무의 액면가를 $30 백만으로 줄이기 위해 채무를 환매하여 손실을 본다는 것을 보여라.

경영자 동기 부여 : 레버리지의 대리인 혜택

24. 당신은 자신의 기업을 소유하고 있으며, 확장을 위해 $30 백만을 조달하고자 한다. 현재 당신은 기업 주식의 100%를 소유하고 있으며 채무는 없다. 주식으로만 $30 백만을 조달하려면, 기업의 3분의 2를 팔아야 한다. 그러나 지배력을 유지하기 위해 주식 지분의 50% 이상을 유지하고 싶어 한다.

a. $20 백만을 차입하면 남은 $10 백만을 조달하기 위해 얼마만큼의 주식을 매도할 필요가 있을까? (완전 자본시장을 가정하자.)

b. 기업 지배를 포기하지 않고 $30 백만을 조달하기 위해 차입할 수 있는 가장 작은 금액은 얼마인가? (완전 자본시장을 가정하자.)

25. 엠파이어 산업은 아래에 제시된 내년 순이익을 예측한다($ 1,000).

EBIT	$1000
이자비용	0
세전 소득	1000
세금	−350
당기순이익	$650

약 $200,000의 엠파이어 이익은 새로운 양(+)의 NPV 투자를 위해 필요할 것이다. 불행하게도 엠파이어의 경영진은 기업에 기여하지 못하는 불필요한 특혜, 작은 프로젝트 및 기타 지출에 순이익의 10%를 낭비할 것으로 예상된다. 나머지 모든 수입은 배당과 자사주 매입을 통해 주주들에게 반환될 것이다.

a. 엠파이어의 채무 자금조달의 두 가지 이점은 무엇인가?

b. 이자비용의 $1이 엠파이어의 배당과 자사주 매입을 얼마나 줄일까?

c. 엠파이어의 이자비용 $1당 투자자에게 지불할 총자금의 증가는 얼마인가?

26. 랠스톤 기업은 1년 뒤에 다음과 같은 시장가치가 있는 자산을 보유하고 있다.

가능성(%)	1	6	24	38	24	6	1
가치($ 백만)	70	80	90	100	110	120	130

즉, 자산가치가 $70 백만이 될 확률은 1%이고, $80 백만이 될 확률은 6%이다. CEO가 스스로에게 혜택이 되는 의사결정을 고려하고 있지만, 이는 자산가치를 $10 백만 감소시킬 것이다. CEO는 기업의 파산 위험이 실질적으로 증가하지 않는 이상 이 의사결정을 진행할 가능성이 있다.

a. 랠스톤이 1년 후에 만기가 되는 $75 백만의 채무를 지고 있다면, CEO의 의사결정은 파산 가능성을 몇 퍼센트 증가시킬까?

b. 의사결정을 진행하지 않는 가장 큰 인센티브를 CEO에게 제공하는 채무 수준은 얼마인가?

대리인 비용과 상쇄이론

27. 채무에 의한 자금조달의 주요 혜택은 세금 절감이지만, 이의 간접비용 중 많은 것들은 상당히 매우 미묘하고 관찰하기 어려울 수 있다. 이러한 비용들을 설명하라.

28. 효율적으로 관리된다면 레멜 기업은 내년에 $50 백만, $100 백만, 또는 $150 백만의 시장가치를 가진 자산을 보유하게 될 것이며, 각 결과의 가능성은 동일하다. 그러나 경영자들은 낭비적인 기업 왕국 건설에 관여하여, 어떤 경우에도 기업의 시장가치를 $5 백만 정도 줄일 것이다. 또한 경영자는 기업의 위험을 높여 각 결과의 확률을 각각 50%, 10% 및 40%로 바꿀 것이다.

a. 레멜의 자산이 효율적으로 운영되면 자산의 기대가치는 얼마인가?

그 행동이 파산 가능성을 증가시키지 않는다면 경영자는 기업 왕국 건설에 참여할 것이다. 그들은 주주에 대한 기대 이익을 최대화할 수 있는 위험을 선택할 것이다.

b. 레멜이 아래와 같이 1년 뒤 만기가 도래하는 채무가 있다. 각 경우에 경영자가 왕국 건설에 참여할 것인가와 위험을 증가시킬 것인가의 여부를 판단하라. 각각의 경우 레멜 자산의 기대가치는 얼마인가?

    i. $44 백만

    ii. $49 백만

    iii. $90 백만

    iv. $99 백만

c. 투자자의 세금을 포함한 후에 채무의 세금 절감이 채무 기대 수익의 10%라고 하자. 채무가 발행될 때 세금 절감액과 채무의 수입이 배당으로 주주에게 즉시 지급될 것이다. (b)에서 어느 채무 수준이 레벨에 최적일까?

29. 상쇄이론에 따를 때 다음 중 어떤 산업이 낮은 최적 채무 수준을 가지는가? 높은 최적 채무 수준을 가지는 것은?

a. 담배기업

b. 회계기업

c. 성숙한 레스토랑 체인

d. 목재기업

e. 휴대전화 제조업체

30. 경영자 참호이론에 따르면 경영자는 기업의 지배력을 유지하기 위해 자본구조를 선택한다. 한편 채무불이행 시 통제력을 잃을 위험이 있기 때문에 채무는 경영자에게 비용을 요구하는 것이다. 반면 채무가 제공하는 세금 절감의 혜택을 이용하지 않으면 적대적인 인수를 통해 통제력을 잃을 위험이 있다.

    기업이 연간 $90 백만의 가용현금흐름을 창출할 것이고, 이 현금흐름에 대한 할인율이 10%라고 하자. 기업은 40%의 세금을 지불한다. 기업 사냥꾼이 기업을 인수하면서 $750 백만의 영구 채무로 자금을 조달하려고 한다. 이 사냥꾼은 동일한 가용현금흐름을 창출할 것이며, 기업의 현재가치보다 20%의 프리미엄을 제공할 수 있다면 인수 시도는 성공적일 것이다. 경영자 참호 가설에 따르면 기업은 어떤 수준의 영구 채무를 선택할까?

비대칭적 정보와 자본구조

31. 인포 시스템즈 테크놀로지(IST)는 가전제품과 기타 응용 분야에 사용하기 위한 마이크로프로세서 칩을 제조한다. IST는 채무가 없고 1억 주를 발행한 상태다. 주식들의 정확한 가격은 주당 $14.50 또는 $12.50이다. 투자자들은 두 가지 가능성을 똑같이 예상하므로 주식은 현재 $13.50에 거래되고 있다.

    IST는 새로운 생산시설을 건설하기 위해 $500 백만을 조달해야 한다. 재무적 곤경에 처할 때 이 기업은 고객과 엔지니어링 인재의 막대한 손실을 겪을 것이기 때문에, 경영자는 IST가 $500 백만을 차입하면 재무적 곤경비용의 현재가치가 세금 혜택보다 $20 백만을 초과할 것이라고 생각한다. 동시에 투자자들은 경영자가 정확한 주가를 알고 있다고 생각하기 때문에, IST가 주식 발행으로 $500 백만을 조달하려고 시도하면 레몬 문제에 직면하게 된다.

a. IST가 주식을 발행하면 주가는 $13.50로 유지된다고 하자. 주식의 진정한 가치가 알려졌을 때 기업의 장기 주가를 최대화하기 위해, 경영진은 주식 발행을 선택하거나 $500 백만의 차입을 선택할 것이다. 다음 중 언제 그럴까?

    i. 그들이 주식의 진정한 가치가 $12.50라는 것을 알고 있을 때?

    ii. 그들이 주식의 진정한 가치가 $14.50라는 것을 알고 있을 때?

b. (a)의 답변이 주어졌을 때, IST가 주식을 발행한다면 투자자는 어떤 결론을 내려야 할까?

c. (a)의 답변이 주어졌을 때, IST가 채무를 발행한다면 투자자는 어떤 결론을 내려야 할까? 이 경우 주가는 어떻게 될까?

d. 곤경비용이 없고 레버리지의 세금 혜택만 존재한다면 당신의 답변은 어떻게 바뀔까?

32. 1990년대 후반 인터넷 붐 동안 많은 인터넷 기업의 주가가 극단적 고가로 급등했다. 그러한 기업의 CEO로서 당신 기업의 주식이 현저하게 과대평가되었다고 믿는다면, 인수를 위해 공정한 시장가격에 작은 프리미엄을 지불해야 한다고 해도, 당신의 주식을 사용하여 비인터넷 주식을 인수하는 것이 현명한 아이디어였을까?

*33. "We R Toys"(WRT)는 새로운 지리적 시장으로의 확장을 고려하고 있다. 확장은 WRT의 기존 자산과 동일한 비즈니스 리스크를 갖게 된다. 이 확장을 위해서는 초기 투자가 $50 백만이 필요하며 영원히 EBIT는 연간 $20 백만이 될 것으로 예상된다. 초기 투자 이후 미래의 자본 지출은 감가상각과 동일할 것으로 예상되며, 추가적인 순운전자본은 필요하지 않을 것이다.

WRT의 기존 자본구조는 $500 백만의 주식과 $500 백만의 채무(시장가치)로 구성되어 있으며, 10 백만 주의 주식을 발행한 상태이다. 무차입 자본비용은 10%이고, WRT의 채무는 4%의 이자율을 가지며 위험이 없다. 법인세율은 35%이며 개인 세금이 없다.

a. WRT는 처음에는 주식을 발행하여 확장 자금을 조달할 것을 제안한다. 투자자들이 이 확장을 기대하지 않은 상태에서 확장의 수익성에 대해 WRT와 같은 견해를 가질 경우, 기업이 확장 계획을 발표하면 주가는 어떻게 될까?

b. 투자자들이 WRT의 확장에 따른 EBIT가 $4 백만에 불과하다고 생각한다. 이 경우 주가는 얼마일까? 기업은 얼마나 많은 주식을 발행해야 하는가?

c. WRT가 (b)에서처럼 주식을 발행한다고 가정하자. 주식 발행 직후 확장으로부터의 현금흐름에 대한 경영진의 예측이 정확하다는 것을 투자자들에게 확신시키는 새로운 정보가 나왔다. 현재 주가는 얼마일까? 왜 (a)에서의 주가와 다를까?

d. WRT가 영구적인 무위험 채무 $50 백만의 발행으로 확장 자금을 조달한다고 하자. WRT가 채무를 사용하여 확장을 수행한다면, 새로운 정보가 나왔을 때 새로운 주가는 얼마일까? (c)에서의 답변과 비교할 때, 이 경우에 채무에 의한 자금조달의 두 가지 이점은 무엇일까?

현금배분정책

수년간 마이크로소프트는 투자자에게 현금을 배분하는 데 주로 자사주 매입을 선택하였다. 2004년 6월 말까지 5년 동안 마이크로소프트는 연간 평균 $5.4 십억을 자사주 매입에 사용했다. 마이크로소프트가 투자자에게 배당을 지급하기 시작한 것은 2003년이다. 회사의 CFO인 존 코너스는 주당 $0.08를 "출발 배당금"이라 하였다. 그리고 2004년 7월 20일 마이크로소프트는 2004년 11월 17일에 주주명부에 기재된 모든 주주에게 주당 $3의 총 $32 십억의 일회성 배당금을 역사상 가장 큰 현금배당으로 지불하겠다고 공시하여 금융시장을 놀라게 하였다. 그때부터 마이크로소프트는 $120 십억이 넘는 자사주식을 매입했고 분기 배당금을 10번이나 올려서 2015년 후반에 배당은 주당 $0.36였고 그것은 연간 3%에 해당하는 배당 수익률이다.

기업의 투자가 현금흐름을 창출하면, 기업은 그 현금을 어떻게 사용할 것인지를 결정해야만 한다. 기업이 새로운 양의 NPV 투자 기회를 가지고 있으면 기업가치를 높이기 위해 현금을 재투자할 수 있다. 급속히 성장하는 신생기업은 현금흐름의 100%를 이런 방식으로 재투자한다. 그러나 수익성이 있는 성숙기업은 종종 매력적인 투자 기회에 투자할 자금보다 많은 현금을 창출한다. 과잉 현금을 보유하게 되면 자금을 현금 보관하든지 주주에게 배분할 수 있다. 만일 기업이 주주에게 배분한다면 두 가지 선택이 있다. 배당으로 지불할 수 있고 현재의 주주로부터 주식을 매입할 수 있다. 이러한 결정을 기업의 현금배분정책이라고 한다.

이 장에서 우리는 자본구조에서처럼 기업의 현금배분정책이 세금, 대리인문제, 거래비용, 경영진과 투자자 사이의 정보 비대칭과 같은 시장 불완전성에 의해 달라지는 것을 살펴본다. 우리는 왜 어떤 기업은 배당금을 지불하지 않고 전적으로 자사주 매입에 의존하는 반면에 일부 기업은 배당금을 선호하는지 알아본다. 추가적으로 우리는 어떤 기업은 과잉 현금을 모두 배분하는 반면에 일부 기업은 현금을 유보하여 대규모 잉여금을 적립하는지를 살펴볼 것이다.

기호

PV	현재가치
P_{cum}	배당부 주가
P_{ex}	배당락 주가
P_{rep}	자사주 매입 후 주가
τ_d	배당세율
τ_g	자본이득세율
τ_d^*	유효배당세율
τ_c	법인세율
P_{retain}	과잉현금이 유보될 때 주가
τ_i	이자소득세율
τ_{retain}^*	유보현금에 대한 유효세율
Div	배당금
r_f	무위험 수익률

17.1 주주에게 배분

그림 17.1은 가용현금흐름의 대안적인 사용을 보여주고 있다.[1] 이러한 대안들 사이에서 기업이 결정하는 방법을 **현금배분정책**(payout policy)이라고 한다. 우리는 기업의 현금배분정책을 배당금 지급과 자사주 매입 사이의 선택을 고려하는 것에서 시작하려 한다. 이번 절에서 우리는 현금을 주주에게 지급하는 방법에 대해 상세히 알아본다.

배당금

상장회사의 이사회는 기업의 배당금 지급액을 결정한다(역주 : 한국의 배당은 미국과 달리 주주총회에서 결정하며 중간 배당이 있기는 하지만 1년에 1회 지급하는 경우가 많다. 따라서 배당과 관련된 일자도 다르다. 배당기준일은 회계 연도 말이 되며 한국의 결제는 2일의 영업일이 걸리기 때문에 배당락일은 배당기준일의 영업일 기준으로 1일 전이된다). 이사회는 지급할 주당 배당금과 언제 배당을 할 것인지를 정한다. 이사회가 배당을 승인한 날을 **배당공시일**(declaration date)이라고 한다. 이사회가 배당을 공시한 후에 회사는 법적으로 배당금을 지불해야만 하는 의무를 지게 된다.

회사는 어떤 특정한 날에 주주로 기록된 모든 주주에게 배당을 지불하게 되는데, 그 특정한 날을 **배당기준일**(record date)이라고 한다. 주식이 등록되려면 3일의 영업일이 걸리기 때문에 배당기준일보다 최소한 3일 전(영업일 기준)에 주식을 매입한 주주만이 배당금을 받는다. 따라서 배당기준일보다 2일 영업일 전날이 **배당락일**(ex-dividend date)로 알려져 있다. 배당락일에 혹은 그날 이후에 주식을 매입한 사람은 배당금을 받을 수 없다. 마지막으로 **배당지급일**(payable date) 혹은 **배분일**(distribution date)이 있는데, 이 날은 일반적으로 배당기준일이 지난 후 한 달 이내로 회사가 등록된 주주에게 배당금 수표를 발송한다. 그림 17.2는 마이크로소프트의 $3.00 배당금에 대한 주요 일자를 보여준다.

대부분의 회사는 정기적으로 분기별 배당금을 지불한다. 회사들은 일반적으로 배당금을 서서히 조정하는데, 이는 분기마다 배당금을 거의 변화시키지 않는다는 것이다. 경우에 따라 마이크로소프트가 2004년

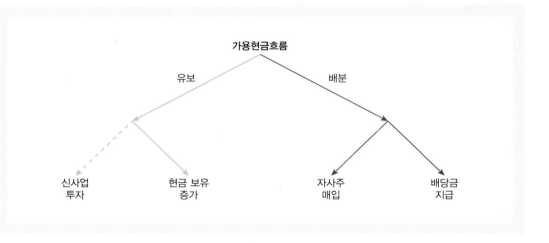

그림 17.1

가용현금흐름의 사용
기업은 가용현금흐름을 투자나 누적을 통해 유보하거나 배당금이나 자사주 매입을 통해 배분할 수 있다. 이러한 선택은 기업의 현금배분정책에 의해 결정된다.

---

1   엄밀히 말하면 그림 17.1은 무차입 기업을 대상으로 한다. 채무기업의 경우 주주에게 돌아가는 가용현금흐름은 세후 채권자에게 돌아가는 가용현금흐름을 제외한 것으로 시작해야 할 것이다.

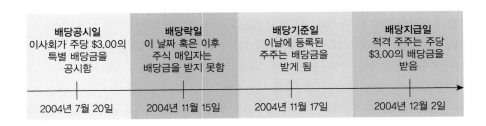

> **그림 17.2** 마이크로소프트 특별배당금의 주요 일자
>
> | **배당공시일**
이사회가 주당 $3.00의
특별 배당금을
공시함 | **배당락일**
이 날짜 혹은 이후
주식 매입자는
배당금을 받지 못함 | **배당기준일**
이날에 등록된
주주는 배당금을
받게 됨 | **배당지급일**
적격 주주는 주당
$3.00의 배당금을
받음 |
> | :---: | :---: | :---: | :---: |
> | 2004년 7월 20일 | 2004년 11월 15일 | 2004년 11월 17일 | 2004년 12월 2일 |
>
> 마이크로소프트는 2004년 11월 17일을 기준일로 모든 주주에게 12월 2일에 배당금을 지불하겠다고 2004년 7월 20일에 공시하였다. 배당기준일이 11월 17일이기 때문에 영업일 기준으로 이틀 전인 2004년 11월 15일이 배당락일이 되었다.

에 $3를 지급한 것과 같이, 기업은 정기 배당금보다는 큰 액수로 일회성 **특별배당금**(special dividend)을 지급한다. 그림 17.3은 1983년부터 2008년 사이에 GM이 지급한 배당금을 보여준다. 정기 배당금에 추가하여, GM은 1997년 12월과 1999년 5월에(17.7절에서 논의하게 될 자회사 분리와 관련해서) 특별배당금을 지급했다.

GM은 1989년 3월에 주식을 분할하여 주식 1주의 소유자가 2주를 각각 받았다. 이러한 종류의 거래를 2대 1 주식분할이라고 한다. 일반적으로 **주식분할**(stock split) 또는 **주식배당**(stock dividend)에서 회사는 주주들에게 현금을 배분하지 않고 추가적인 주식을 발행한다. GM 주식분할의 경우 주식 수는 2배가 되었지만 주당 배당금은 주당 $1.50에서 주당 $0.75로 반감되었다. 따라서 GM이 배당금으로 지불한 총

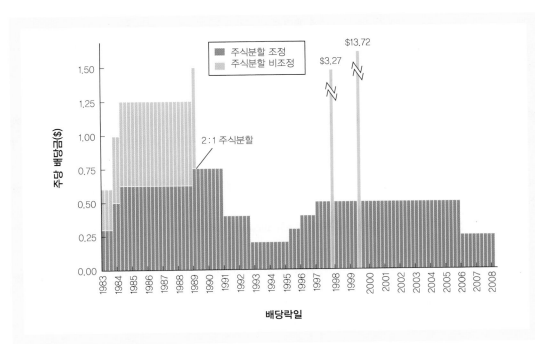

> **그림 17.3**
>
> **GM 주식의 배당 역사(1983~2008)**
>
> 1983년부터 금융위기로 배당금을 정지했던 2008년 7월까지 GM은 정기배당금을 분기마다 지급하였다. GM은 1997년 12월과 1999년 5월에 특별배당금을 지불했고, 1989년 3월 2대 1 주식분할을 했다. GM은 2009년 파산신청을 하여 모든 주식을 없앴고, 이후 파산에서 회생하여 신주를 발행하고 2014년 다시 배당을 시작했다.

금액은 주식분할 전후에 같다(주식분할과 주식배당에 대해서 17.7절에서 논의한다). GM은 1980년대 내내 배당금을 늘렸으나 1990년대 초반 불황기에는 배당금을 삭감했다. GM은 1990년대 후반에 다시 배당을 확대했지만, 2006년 초에 다시 배당을 낮췄고 금융위기에 대한 대응으로 2008년 7월에 배당을 일시 중단했다. 1년 후 GM은 챕터 11 파산을 신청했고 기존 주주들은 사라졌다. GM은 이후 (2009년) 파산에서 회생하였고, 새로운 주식을 발행했지만 2014년 되기까지 배당금을 재도입하지 않았다.

배당금은 회사의 입장에서는 현금유출이다. 회계적 관점에서 배당금은 회사의 현재 (혹은 누적된) 이익 잉여금을 줄인다. 어떤 경우에 배당금은 납입자본금(paid-in capital)이나 자산의 청산과 같은 다른 회계 원천에서 오기도 한다. 그런 경우에 배당금은 **투자금의 환급**(return of capital) 혹은 **청산배당금** (liquidating dividend)이라고 한다. 자금의 원천이 다르다고 해도 회사나 투자자에게 직접적으로 차이는 없으며, 세금처리에서 차이가 있다. 투자금의 환급은 투자자에 대한 배당금이 아니라 자본이득으로 과세된다.[2]

자사주 매입

투자자에게 현금을 지불하는 또 다른 대안은 자사주 매입(share repurchase or buyback)이다. 자사주 매입에서 기업은 현금을 이용하여 자사의 발행주식을 매입한다. 이렇게 매입된 주식은 일반적으로 회사의 금고주로 보관되고 기업이 미래에 현금이 필요하게 되면 다시 매도될 수 있다. 자사주 매입의 세 가지의 방법을 살펴보자.

공개시장 매입 공개시장 자사주 매입(open market repurchase)이 기업이 행하는 자사주 매입의 가장 일반적인 방법이다. 기업은 공개시장에서 자사의 주식을 매입할 의도를 공시하고 다른 투자자와 마찬가지로 시간을 두고 매입을 한다. 기업이 자사주 매입을 행하는 데 1년 이상의 시간이 걸리고, 최초에 공시한 물량을 모두 매입해야 하는 의무가 있는 것은 아니다. 또한 기업은 가격을 조작할 것 같은 방법으로 주식을 매입해서는 안 된다. 예컨대 SEC의 가이드라인은 기업이 일일평균 거래량의 25% 이상을 매입하지 않도록 그리고 개장시 혹은 장마감 30분 이전에 매입하지 못하도록 권고하고 있다.[3]

공개시장 자사주 매입이 전체 자사주 매입의 95%를 차지하지만 기업이 자사주를 매입하고자 한다면 다른 방법도 있다.[4] 이러한 방법은 종종 자본재구성(recapitalization)의 일환으로 대량의 자사주 매입을 하려고 할 때 사용된다.

공개매수 기업은 미리 정한 가격에 단기간(일반적으로 20일 이내)에 주식을 매입하기로 제안하는 **공개매수**(tender offer)를 통해서 자사주 매입을 할 수 있다. 일반적으로 가격은 현재의 시장가격에 상당한 (약 10~20%) 프리미엄이 붙어서 정해진다. 공개매수는 충분한 수의 주식을 매도하려는 주주의 의사에 달려 있다. 만일 주주가 충분한 의사를 표시하지 않으면 기업은 공개매수를 취소하고 자사주 매입을 하지 않을 수 있다.

공개매수와 연관된 방법은 **네덜란드식 경매**(Dutch auction) 자사주 매입이 있는데, 여기서 기업은 매수

---

2 회계처리에도 차이가 있다. 현금배당은 재무상태표의 현금과 이익 잉여금을 감소시키는 반면, 투자금의 환급은 납입 자본금을 감소시킨다. 그러나 이러한 회계상의 차이는 직접적인 경제적 의미는 없다.

3 1983년에 도입된 SEC Rule 10b-18는 공개시장 자사주 매입의 가이드라인을 정하고 있다.

4 G. Grullon and D. Ikenberry, "What Do We Know About Stock Repurchases?" *Journal of Applied Corporate Finance* 13 (1) (2000): 31-51.

할 가격을 다양하게 제시하고 주식을 매도하려는 주주는 각 가격에 매도할 의향이 있는 주식의 수를 표시한다. 기업은 매입하고자 하는 물량을 매입할 수 있는 가장 낮은 가격을 지불한다.

자사주 직접 매입 기업은 주식을 직접 주요 주주로부터 **자사주 직접 매입**(targeted repurchase)을 하기도 한다. 이 경우 매입가격은 매도자와 직접 협상을 통해 정한다. 자사주 직접 매입은 주요 주주가 대량의 주식 매도를 원하는 데 시장에서 그런 대량의 매도에 대하여 주가에 심각한 영향을 주지 않을 충분한 유동성이 유지되지 않을 때 발생한다. 이런 상황에서 주주는 현재 시장가격보다 낮은 가격에 할인해서 기업에 주식을 매도하기도 한다. 대안적으로, 만일 주요 주주가 기업을 인수하고 기존의 경영진을 제거하려는 위협을 가한다면, 기업은 주식을 종종 현재 시장가격보다 높은 프리미엄을 주고 매입하여 위협을 제거하기도 한다. 이런 유형의 거래를 **그린메일**(greenmail)이라고 부른다.

개념 확인

1. 주식의 배당락일은 어떻게 결정되는가? 왜 그날은 중요한가?
2. 네덜란드식 경매 자사주 매입은 무엇인가?

17.2 배당과 자사주 매입의 비교

기업이 주주에게 현금을 지급하기로 결정하면, 그것을 배당금 지급이나 자사주 매입을 통해 할 수 있다. 그렇다면 회사는 두 대안 중에서 어떻게 선택을 할까? 이번 절에서 우리는 모딜리아니와 밀러가 제안한 완전자본시장에서 지급 방법이 중요하지 않다는 것을 보여준다.

가상의 회사인 젠론을 고려해보자. 젠론은 $20 백만의 초과현금이 있고 채무는 없다. 회사는 추가적으로 매년 $48 백만의 가용현금흐름을 창출할 것으로 예상한다. 젠론의 무차입 자본비용이 12%이면 계속 영업하는 사업가치(EV)는 아래와 같다.

$$\text{사업가치} = PV(\text{미래 FCF}) = \frac{\$48\ \text{백만}}{12\%} = \$400\ \text{백만}$$

현금을 포함하면 젠론의 총 시장가치는 $420 백만이 된다.

젠론의 이사회는 $20 백만의 초과현금을 주주에게 어떻게 배분할 것인지를 결정하려고 한다. 어떤 이사는 주당 $2의 배당금으로 젠론의 10 백만 발행주식에 $20 백만을 지급하자고 주장한다. 다른 이사는 배당금을 지급하는 대신에 자사주 매입을 주장한다. 또한 다른 이사는 젠론이 추가적으로 현금을 조달해서 얻을 것으로 기대되는 미래의 높은 가용현금흐름 수준을 예상해서 현재 더 많은 배당금을 지급하는 것을 제안한다. 현재 배당금은 젠론의 주가에 영향을 미칠까? 어떤 정책을 주주는 선호할까?

이러한 세 가지 대안정책의 결과를 완전자본시장의 가정 아래에서 설명하고 분석한다.

대안 1 : 초과현금으로 배당금 지급

이사회가 첫째 대안으로 모든 초과현금을 배당금으로 지급하기로 했다고 가정하자. 10 백만의 발행주식 수를 가진 젠론은 당장 주당 $2의 배당금을 지급할 수 있다. 회사는 미래 현금흐름으로 매년 $48 백만을 창출할 것으로 예상되기 때문에 이후 매년 주당 $4.80의 배당금을 지급할 수 있을 것이다. 이사회는 배당금을 공시하면서 배당기준일을 12월 14일로 정했기 때문에 배당락일은 12월 12일이 된다. 이 결정의 영향을 알아보기 위해 배당락일 전후의 젠론 주가를 계산해보자.

주식의 공정한 가격은 젠론의 자기자본 비용으로 계산한 기대되는 배당금의 현재가치이다. 젠론은 채무가 없기 때문에 자기자본 비용은 무차입 자본비용인 12%이다. 배당락일 전에 주식은 **배당부**(cum-dividend, "배당금이 포함된")라고 하는데, 그 이유는 주식을 매입하는 투자자는 모두 배당금을 받을 자격이 있기 때문이다.

$$P_{cum}(\text{배당부 주가}) = \text{현재 배당금} + PV(\text{미래 배당금들}) = 2 + \frac{4.80}{0.12} = 2 + 40 = \$42$$

배당락일이 되면 새로운 매입자는 현재의 배당금을 받을 수 없다. 이 시점에 주식가격은 차후 배당금만을 반영하게 될 것이다.

$$P_{ex}(\text{배당락 주가}) = PV(\text{미래 배당금들}) = \frac{4.80}{0.12} = \$40$$

주식가격은 배당락일인 12월 12일에 $42에서 $40로 떨어질 것이다. 주가 하락의 정도는 현재의 배당금인 $2와 같다. 우리는 또한 주가의 변화를 시장가치 재무상태표를 이용하여 구할 수 있다(단위 : $ 백만).

	12월 11일(배당부)	12월 12일(배당락)
현금	20	0
기타 자산	400	400
총 시장가치	420	400
발행주식 수(백만 주)	10	10
주가	$42	$40

시장가치 재무상태표에서 보듯이 배당금이 지급되면 회사의 현금이 감소하여 자산의 시장가치가 하락하기 때문에 주가는 하락한다. 주가가 하락하더라도, 젠론 주식의 보유자는 손실을 입지 않는다. 배당금이 지급되기 전 주가는 $42의 가치가 있다. 배당금이 지급되고 나면 주가는 $40의 가치를 갖고 투자자는 $2의 배당금을 갖게 되어 총가치는 $42이다.[5]

주식가격이 배당금만큼 하락한다는 사실은 차익거래의 기회가 존재하지 않는다는 가정을 따르는 것이다. 만일 주식이 배당금보다 덜 하락하면, 배당금이 주식의 자본손실 이상에 해당되고 투자자는 배당락일 바로 전에 주식을 매입하고 배당락일 직후 매도하여 이익을 얻을 수 있다. 마찬가지로 만일 주식가격이 배당금보다 더 하락하면 투자자는 배당락일 직전에 매도하고 직후에 매입하여 이익을 얻을 수 있다. 따라서 차익거래 기회가 없다는 것은 다음을 의미한다.

완전자본시장에서 배당금이 지급될 때, 주식이 배당락일에 거래되기 시작할 때 주가는 배당금액만큼 하락한다.

대안 2 : 배당금 없이 자사주 매입

젠론이 올해 배당금을 지급하지 않고 대신에 $20 백만으로 공개시장에서 자사주를 매입한다고 가정하자. 자사주 매입은 주가에 어떤 영향을 미칠까?

---

5 간단히 하기 위해 우리는 배당락일과 배당금지급일 간의 짧은 지연을 무시했다. 실제로 주주들은 배당금을 즉시 받지는 못하고, 몇 주 내에 배당금을 받을 약속을 받는다. 주가는 이 약속의 현재가치로 조정되며, 금리가 극단적으로 높지 않으면 이 금액은 배당금과 실질적으로 동일하다.

최초 주가가 $42이므로 젠론은 0.476 백만 주($20 백만/$42 = 0.476 백만)의 자사주를 매입하게 될 것이고 발행주식 수는 9.524 백만 주(10 − 0.476 = 9.524)가 된다. 다시 젠론의 시장가치 재무상태표를 가지고 이 거래를 분석하면 아래와 같다.

	12월 11일(자사주 매입 이전)	12월 12일(자사주 매입 이후)
현금	20	0
기타 자산	400	400
총 시장가치	420	400
발행주식 수(백만 주)	10	9.524
주가	$42	$42

이 경우에 젠론 자산의 시장가치는 회사가 현금을 지불하면서 하락하지만 발행주식 수도 또한 10 백만 주에서 9.524 백만 주로 떨어진다. 이 두 가지 변화는 서로 상쇄되고 주가는 이전과 같이 $42를 유지한다.

젠론의 미래 배당금 자사주 매입 이후 주가가 하락하지 않는 이유를 젠론의 미래 배당금에 미치는 영향을 통해 살펴볼 수 있다. 미래에 젠론은 $48 백만의 가용현금흐름을 예상하고 있으며, 주당 $5.04($48 백만/9.524 백만 주 = $5.04)의 배당금을 지급하는 데 사용할 수 있다. 따라서 자사주 매입을 실행하면 젠론의 현재 주가는 아래와 같다.

$$P_{rep}(\text{자사주 매입 후 주가}) = \frac{5.04}{0.12} = \$42$$

다시 말해서 오늘 배당금을 지급하지 않는 대신에 자사주 매입을 실행해서 젠론은 미래의 주당 배당금을 올릴 수 있다. 미래 배당금의 증가는 오늘의 배당금을 포기한 주주에게 보상이 된다. 이 예는 자사주 매입에 관한 다음과 같은 일반적인 결론으로 설명된다.

완전자본시장에서 공개시장 자사주 매입은 주가에 아무런 영향이 없다. 그리고 주가는 배당이 지급되는 경우의 배당부 주가와 같다.

투자자 선호도 투자자는 젠론의 배당금과 자사주 매입 중 어느 쪽을 선호할까? 두 정책은 모두 동일한 처음의 주식가격인 $42를 갖게 된다. 그러나 실행 이후의 주주가치에 차이가 있는가? 투자자가 젠론 주식 2,000주를 보유하고 있다고 하자. 투자자는 주식을 거래하지 않고 배당이나 자사주 매입 이후 계속 주식을 보유한다고 가정한다.

배당금 지급	자사주 매입
$40 × 2,000 = $80,000 주식	$42 × 2,000 = $84,000 주식
$2 × 2,000 = $4,000 현금	

어느 경우든 투자자 포트폴리오의 가치는 거래 실행 직후 $84,000이다. 유일한 차이점은 현금과 주식 보유의 배분이다. 따라서 투자자는 현금의 필요성에 따라 두 가지 대안 중에서 선호를 할 것이다.

그러나 만일 젠론이 자사주 매입을 하는데, 투자자가 현금을 원한다면 투자자는 주식을 매도하여 현금을 취할 수 있다. 예를 들어 투자자는 약 $4,000($4,000/$42 = 95주)를 주당 $42에 95주를 매도하여 현금으로 가질 수 있다. 그리고 주식으로 1,905주를 보유하여 1,905 × $42 ≈ $80,000 가치의 주식을 갖게 된다. 따라서 자사주 매입의 경우 투자자는 주식을 매도하여 **재택 배당금**(homemade dividend)을 만들 수 있다.

기업이 자사의 주식을 매입하는 경우 대표적인 오해는 발행주식 수(주식의 공급) 감소로 인해 주가가 오른다는 것이다. 이러한 직관은 경제학에서 배운 일반적인 수요와 공급 분석에서 볼 때 자연스러운 것이다. 그러나 이것은 틀린 것이다. 왜 그럴까?

기업이 자사주를 매입하게 되면 두 가지 일이 발생한다. 우선 주식의 공급이 줄어든다. 그러나 동시에 기업이 현금으로 주식을 매입하기 때문에 기업의 자산가치가 줄어든다. 만일 기업이 주식을 시장가격에 매입한다면 이러한 두 가지 효과는 서로 상쇄되며 주식가격은 변화하지 않는다.

이런 결과는 제14장에서 살펴본 희석효과의 오류와 유사하다. 기업이 시장가격으로 주식을 발행하더라도 공급의 증가로 인해 주식가격은 떨어지지 않는다. 주식발행을 통해 얻은 현금으로 인한 기업 자산의 증가가 주식의 공급 증가를 상쇄한다.

마찬가지로 만일 젠론이 배당금을 지급하는데, 투자자는 현금을 원하지 않는다면 투자자는 배당금으로 받은 $4,000로 배당락 주가인 $40에 100주의 주식을 매입하는 데 사용할 수 있다. 그 결과 투자자는 2,100주를 보유하게 되고 가치는 $2,100 \times \$40 = \$84,000$이 된다.[6] 두 경우를 요약하면 아래와 같다.

배당금 + 100주 매입	자사주 매입 + 95주 매도
$\$40 \times 2,100 = \$84,000$ 주식	$\$42 \times 1,905 \approx \$80,000$ 주식
	$\$42 \times 95 \approx \$4,000$ 현금

주식을 매도하거나 배당금을 재투자하여 투자자는 자신이 원하는 어떠한 현금과 주식의 조합도 만들 수 있다. 결국 투자자는 회사가 취할 수 있는 다양한 현금배분 방법에 있어서 무차별한 것이다.

완전자본시장에서 투자자는 회사가 자금을 배당금이나 자사주 매입으로 배분하는 것에 대해 무차별하다. 배당금을 재투자하거나 주식을 매도함으로써 투자자는 스스로 현금배분 방법을 복제할 수 있다.

대안 3 : 신주발행으로 높은 배당금 지급

젠론의 세 번째 현금배분정책 대안을 살펴보자. 이사회가 현재의 배당금인 $2보다는 더 많은 배당을 주기를 원한다고 가정하자. 그렇다면 높아진 배당금이 주주의 부를 증가시킬 수 있을까?

젠론은 내년부터 $48 백만을 배당금으로 계획하고 있다. 그런데 회사가 올해부터 $48 백만을 배당금으로 지급하기를 원한다고 가정하자. 현재 회사는 $20 백만의 현금만을 가지고 있기 때문에 현재의 배당금을 증가시키려면 젠론은 추가적으로 $28 백만의 현금이 필요하다. 투자에 투입될 돈을 모아서 현금을 조달할 수는 있지만, 양(+)의 NPV 투자를 가진 상태에서 그렇게 한다면 기업의 가치를 낮추게 된다. 대안으로 자금을 빌리든지 신주를 발행할 수 있다. 신주발행을 고려하자. 현재 주가가 $42이기 때문에 젠론은 $28 백만을 조달하기 위해서 0.67 백만 주($28 백만/$42 = 0.67 백만)를 발행해야 한다. 신주발행은 젠론의 발행주식 수를 10.67 백만으로 증가시키기 때문에 매년 지급할 주당 배당금액은 $4.50가 된다.

$$\frac{\$48 \text{ 백만}}{10.67 \text{ 백만 주}} = \$4.50$$

새로운 정책 아래에서 젠론의 배당부 주가는 $42이다.

---

6 사실 많은 회사가 투자자에게 배당금 재투자 프로그램(dividend re-investment program, DRIP)에 가입하도록 허용하여 자동적으로 배당금을 신주에 투자하도록 하고 있다.

$$P_{cum}(\text{배당부 주가}) = 4.50 + \frac{4.50}{0.12} = 4.50 + 37.50 = \$42$$

이전의 정책에서처럼 처음 주식의 가치인 배당부 주가는 변함이 없으며, 배당금의 증가는 주주에게 아무런 혜택을 가져다주지 못한다.

재택 배당금	예제 17.1

문제

젠론이 세 번째 대안을 선택하지 않고 대신에 주당 \$2의 배당금을 오늘 지급한다고 가정하자. 2,000주의 주식을 보유하고 있는 투자자가 \$4.50×2,000주 = \$9,000의 재택 배당금을 스스로 만들 수 있음을 보이라.

풀이

젠론이 \$2의 배당금을 지급한다면 투자자는 \$4,000의 현금을 받게 되고, 나머지는 주식으로 보유하게 된다. 오늘 \$9,000를 받으려면, 그는 추가적으로 125주를 배당금이 지급된 후에 주당 \$40에 매도하면 \$5,000를 현금으로 받을 수 있다. 미래에 젠론은 주당 \$4.80의 배당금을 지급할 것이다. 이제 투자자는 2,000 − 125 = 1,875주를 보유하게 되고, 투자자는 향후 매년 \$9,000(1,875주 × \$4.80 = \$9,000)를 받게 될 것이다.

모딜리아니-밀러와 현금배분정책 무관련성

우리는 분석에서 회사가 취할 수 있는 세 가지 가능한 현금배분정책을 고려했다. (1) 배당금으로 모든 현금을 지급, (2) 배당을 지급하지 않고 현금으로 자사주 매입을 실행, (3) 주식발행으로 자금을 조달해서 배당금을 더 많이 지급하는 것이다. 이러한 현금배분정책은 표 17.1에 정리되어 있다.

표 17.1은 중요한 상충관계를 보여준다. 젠론이 현재 배당금을 높일수록 미래 배당금은 낮아진다는 것이다. 예를 들어 만일 회사가 주식발행을 통해 현재 배당금을 높이면 좀 더 많은 주식을 갖게 되고, 결국 미래에 배당을 지급하기 위해서 주당 가용현금흐름이 더 작아진다. 만일 기업이 현재 배당금을 낮추고 자사주 매입을 실행하면, 미래에는 발행된 주식 수가 적어질 것이고 주당 배당금을 더 높게 지급할 수 있게 될 것이다. 이러한 상충관계의 순효과는 모든 미래 배당금의 현재가치로 반영되며, 현재의 주가는 변함없이 \$42를 유지한다.

이번 절의 논리는 제14장의 자본구조의 논의와 일치한다. 우리는 이미 완전자본시장에서 주식과 채무의 거래가 기업가치에 영향을 주지 않는 0의 NPV 거래임을 설명했다. 또한 기업의 어떠한 채무 선택도

표 17.1	세 가지 대안하의 젠론의 매년 주당 배당금				
		주당 배당금(주당 \$)			
	처음 주가(\$)	연도 0	연도 1	연도 3	⋯
대안 1	42.00	2.00	4.80	4.80	⋯
대안 2	42.00	0	5.04	5.04	⋯
대안 3	42.00	4.50	4.50	4.50	⋯

일상적인 실수 **손안의 새 오류**

"손안의 새 한 마리는 숲 속의 두 마리보다 낫다."

손안의 새 가설(bird in the hand hypothesis)은 주주는 미래 배당금보다는 (현재가치로 같은 금액이라도) 현재 배당금을 선호하기 때문에 기업이 현재 배당금을 더 많이 지급하는 선택을 하면 높은 주가를 가져다준다는 것이다. 이런 관점에서 보면 젠론의 경우 대안 3이 가장 높은 주가를 가져다주어야 한다.

모딜리아니와 밀러는 완전자본시장에서 주주는 언제든지 주식을 매도하여 동일한 재택 배당금을 만들 수 있음을 보여주었다. 따라서 회사의 배당 선택은 관련이 없다.*

* 손안의 새 가설은 현금배분정책의 초기 연구에서 제안되었다. 다음 문헌을 참고하라. M. Gordon, "Optimal Investment and Financing Policy," *Journal of Finance* 18 (1963): 264–272; 그리고 J. Lintner, "Dividends, Earnings, Leverage, Stock Prices and the Supply of Capital to Corporations," *Review of Economics and Statistics* 44 (1962): 243–269.

투자자의 재택 레버리지에 의해 재연될 수 있다. 결과적으로 기업의 자본구조 선택은 무관련하다.

여기에서 우리는 기업의 배당 선택에 있어서 동일한 원리를 설정하였다. 기업이 가진 현금의 양에 상관없이, 기업은 (남은 현금은 자사주 매입을 하고) 작은 배당금을 지급할 수도 있고 (주식발행으로 자금을 조달하여) 많은 배당금을 지급할 수도 있다. 주식의 매입과 매도는 영의 NPV 거래이기 때문에 기업의 초기 주가에 영향을 주지 않는다. 또한, 주주는 주식을 스스로 매입하거나 매도하여 재택 배당금을 만들 수 있다.

모딜리아니와 밀러는 1961년에 또 다른 영향력 있는 논문에서 이러한 생각을 발표했다.[7] 자본구조의 결과에서처럼 시장의 불완전성이 없는 경우라도 현금배분정책이 기업의 가치를 변화시키고, 주주의 부를 증진시킬 수 있다는 전통적인 생각과는 다른 것이었다. 그들의 명제는 다음과 같다.

MM 배당 무관련성 : 완전자본시장에서 기업의 투자정책이 일정할 때, 기업의 현금배분정책 선택은 무관련하고 처음 주식가격에 영향을 주지 않는다.

완전자본시장의 현금배분정책

이번 절의 예제들은 기업이 자사주 매입이나 신주발행을 이용해서 쉽게 배당금 지급을 변경할 수 있음을 보여준다. 이러한 거래들이 기업의 가치를 변경하지 않기 때문에 어떤 현금배분정책도 기업가치와 무관하다.

언뜻 보면 이 결과는 주식가격이 미래 배당금의 현재가치와 같다는 생각과는 모순인 것처럼 보인다. 그러나 예제들은 기업의 현재 현금배분정책 선택은 미래에 지불해서 감당해야 할 배당금에 상쇄되는 방향으로 영향을 미친다. 따라서 배당금이 주가를 확실히 결정한다고 하더라도 기업의 현금배분정책은 그렇지 않다.

모딜리아니와 밀러가 명확하게 했듯이, 기업의 가치는 궁극적으로 기업의 가용현금흐름으로부터 나온다. 기업의 가용현금흐름이 주주에게 지급할 수 있는 현금배분 수준을 결정한다. 완전자본시장에서 이러한 배분은 배당금이든 자사주 매입으로 실행되든 중요하지 않다. 물론 현실에서 자본시장은 완전하지 않다. 자본구조에서 그랬듯이 자본시장의 불완전성이 기업의 배당과 현금배분정책을 결정한다.

개념 확인   1. 참 혹은 거짓 : 기업이 자사주를 매입할 때 발행주식 수의 공급 감소로 인하여 주가가 상승한다.

2. 완전자본시장에서 기업의 배당 지급과 자사주 매입 사이의 선택은 얼마나 중요한가?

---

7   M. Modigliani and M. Miller, "Dividend Policy, Growth, and the Valuation of Shares," *Journal of Business* 34 (4) (1961): 411-433. J. B. Williams, *The Theory of Investment Value* (Cambridge, MA: Harvard University Press, 1938).

17.3 배당의 세금 불이익

자본구조에서처럼 세금은 기업이 배당금을 지급하느냐 자사주를 매입하느냐를 결정하는 데 영향을 주는 중요한 시장 불완전성이다.

배당금과 자본이득에 대한 세금

주주는 일반적으로 자신이 받은 배당금에 대해 세금을 납부해야만 한다. 또한 주식을 매도할 때 얻게 되는 자본이득에 대해서 세금을 내야만 한다. 표 17.2는 배당금과 투자자의 장기 자본이득에 부과된 최고 세율 구간에 해당하는 미국 세율의 역사를 보여준다.

세금이 투자자의 배당금과 자사주 매입 사이의 선호도에 영향을 줄까? 회사가 배당금을 지급하면 주주는 배당세율에 의해 과세된다. 만일 배당금 대신에 기업이 자사주 매입을 실행하고 주주가 주식을 매도하여 재택 배당금을 만든다면 재택 배당금은 자본이득세율에 따라 과세될 것이다. 2003년 이전까지 그랬듯이, 만일 배당금이 자본이득보다 높은 세율로 과세되면 주주는 배당금보다 자사주 매입을 선호할 것이다.[8] 최근의 세법 변화가 배당금과 자본이득에 대한 세율을 같게 만들었지만, 자본이득세는 자산을 매도할 때까지 미룰 수 있기 때문에, 여전히 장기투자자에게 자사주 매입은 배당금보다 세금에서 우위에 있다.

배당에 대한 높은 세율은 또한 기업이 배당을 지급하기 위해 자금을 조달하는 것을 바람직하지 않게 만든다. 세금과 발행비용이 없는 경우 기업이 주식을 발행해서 자금을 조달하고 주주에게 배당으로 지급하게 되면 주주는 납입한 돈을 돌려받기 때문에 이득도 손해도 아니다. 그러나 배당이 자본이득보다 높은 세율로 과세되면, 이러한 거래로 주주는 초기 투자금보다 낮은 금액을 받기 때문에 손해를 보게 된다.

표 17.2 장기 자본이득과 배당금에 대한 미국의 세율(1971~2012)

연도	자본이득	배당금
1971~1978	35%	70%
1979~1981	28%	70%
1982~1986	20%	50%
1987	28%	39%
1988~1990	28%	28%
1991~1992	28%	31%
1993~1996	28%	40%
1997~2000	20%	40%
2001~2002	20%	39%
2003~2012	15%	15%
2013*~	20%	20%

* 세율은 1년 이상 보유하는 금융자산에 해당한다. 1년 이하의 자산에 대한 자본이득은 일반적인 소득세율(현재 최고세율 39.6%)이 적용된다. 배당의 경우에는 61일 이하 보유한 경우에 소득세율이 적용된다. 자본이득세는 자산이 매각되기 전에는 납부하지 않기 때문에 1년이상 보유하는 자산에 대한 실효 자본이득세율은 표에 나타난 세율을 자산을 보유한 추가 기간 동안 세후 무위험 이자율로 할인한 현재가치와 같다.

---

8 일부 국가는 자본이득보다 배당에 낮은 세금을 부과한다. 현재 미국에서도 주식의 보유기간이 61일에서 1년 사이인 경우에는 동일한 관계가 성립한다.

예제 17.2	배당금 지급을 위해 주식을 발행

문제

주주에게 $10 백만을 조달해서 이 현금을 사용하여 $10 백만의 배당금으로 지급하는 기업을 고려해보자. 만일 배당금이 40% 세율로 과세되고 자본이득이 15% 세율에 해당된다면 주주는 세후 얼마를 받게 될까?

풀이

주주는 $10 백만의 40%인 $4 백만을 배당 세금으로 지불해야 하는 의무가 있다. 배당이 지급되면 기업의 가치는 하락할 것이기 때문에, 주식에 대한 자본이득은 투자에 비해 $10 백만 줄어들 것이고 $10 백만의 15% 혹은 $1.5 백만만큼 자본이득세금을 낮출 것이다. 따라서 주주는 총 $4 백만 − $1.5 백만 = $2.5 백만을 세금으로 지불할 것이고, $10 백만의 투자에 대해 세후 $7.5 백만을 받게 될 것이다.

세금이 있는 경우 최적 현금배분정책

배당금에 대한 세율이 자본이득세율을 초과하면, 주주는 회사가 배당금 대신에 자사주 매입을 선택할 때 낮은 세금을 내게 된다. 이러한 세금 절감액은 배당금 대신에 자사주 매입을 사용하는 기업의 가치를 증가시킬 것이다. 우리는 또한 세금 절감액을 기업의 자기자본 비용으로 표현할 수 있다. 배당금을 사용하는 기업은 자사주 매입을 사용하는 기업과 동일한 세후 수익률을 투자자에게 돌려주기 위해서 더 높은 세전 수익률을 투자자에게 제공해야만 할 것이다.[9] 결과적으로 배당세율이 자본이득세율을 초과하는 경우 최적의 현금배분정책은 배당을 지급하지 않는 것이다.

아직 많은 기업이 배당금을 지급하고는 있지만, 실증결과는 많은 기업이 세금의 불이익을 인식하고 있음을 보여준다. 가령 1980년 이전에 대부분의 기업은 주주에 대한 현금배분 방법으로 배당만을 사용했다 (그림 17.4 참조). 그러나 배당지급 기업의 비중이 1978년에서 2002년 사이에 약 절반 이하로 극적으로 감소

그림 17.4	

배당과 자사주 매입의 사용 추세

그림은 미국 상장기업의 비율을 매년 집계한 것으로 배당금 지급 기업과 자사주 매입 기업의 비율을 보여준다. 배당금 지급 기업 비율이 1975년에서 2002년까지 75%에서 35%로 전반적으로 하락하는 추세임을 볼 수 있다. 그러나 이 추세는 2003년의 배당세율이 인하되면서 역전된다. 자사주 매입 기업의 비중이 매년 약 30%에 머물러 있다.

출처: Compustat

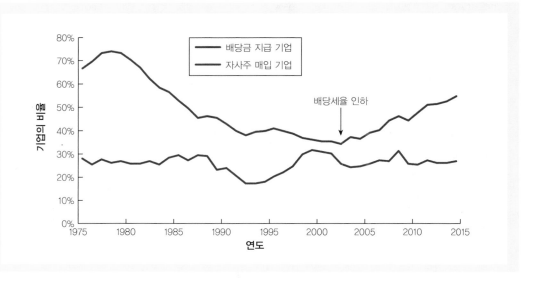

---

9   투자자 세금을 포함한 CAPM의 확장에 대해서는 다음 문헌을 참조하라. M. Brennan, "Taxes, Market Valuation and Corporation Financial Policy," *National Tax Journal* 23 (1970): 417 – 427.

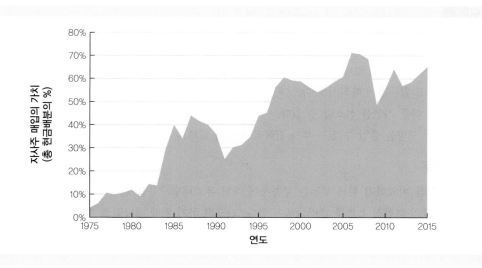

그림 17.5

주주에의 현금배분 구성의 변화

그림은 주주에게 지급하는 총 현금배분(배당금과 자사주 매입)에서 자사주 매입의 가치를 보여준다. 1990년대 후반 자사주 매입은 배당금을 초과하면서 미국 기업의 현금배분에서 가장 큰 부분을 차지하였다. 그러나 자사주 매입은 경기침체기에 하락하는 것을 볼 수 있다.

출처 : Compustat(금융업종과 공공산업 제외)

했다. 그러나 배당에서 벗어나는 이러한 추세는 2003년 배당세율의 인하로 눈에 띄게 바뀌고 있다.[10]

그러나 그림 17.4가 기업의 현금배분정책의 변화에 대한 모든 것을 보여주는 것은 아니다. 배당과 자사주 매입에 사용된 금액을 비교하면 좀 더 극적인 추세를 볼 수 있다. 그림 17.5는 주주에 대한 총 현금배분에 대한 자사주 매입의 상대적인 중요성을 보여준다. 배당금이 1980년대 초반까지 총 현금배분의 80% 이상을 차지했지만 1980년대 중반을 거치면서 SEC가 기업에게 주가조작 혐의에 대한 "면책 규정 (safe harbor)"을 적용하는 지침을 내린 후 자사주 매입의 중요성이 극적으로 증가하였다.[11] 자사주 매입 활동은 1990~1991년 침체기 동안에 주춤했지만 미국 제조업에 있어서 자사주 매입을 통한 현금배분은 배당 지급액을 초과하였다.[12]

실증 결과는 기업의 현금배분정책의 하나로써 자사주 매입의 중요성이 증가하고 있음을 보여주고 있지만, 배당금이 여전히 주주에 대한 현금배분의 핵심적인 형태임을 보여준다. 세금의 불이익에도 불구하고 기업이 계속 배당금을 지급한다는 사실을 **배당 퍼즐**(dividend puzzle)이라고 한다.[13] 다음 절에서 우리는 세금 불이익을 줄이는 몇 가지 요인을 고려한다. 17.6절에서 우리는 경영진과 투자자 사이 존재하는 정보 비대칭을 근거로 기업이 배당을 사용하는 또 다른 동기를 살펴본다.

1. 어떤 조건에서 투자자는 배당금에 비해 자사주 매입에 대하여 세금에서 선호를 하는가?
2. 배당 퍼즐이란 무엇인가?

---

10 E. Fama and K. French, "Disappearing Dividends: Changing Firm Characteristics or Lower Propensity to Pay?" *Journal of Financial Economics* 60 (2001): 3–43. For an examination of recent trends since 2000, B. Julio and D. Ikenberry, "Reappearing Dividends," *Journal of Applied Corporate Finance* 16 (2004): 89–100.

11 SEC Rule 10b-18(1982년 채택 2003년 개정)은 매입 방법(1일 1브로커), 시기와 가격(개장이나 종장 금지, 바로 이전 거래나 제시된 매수가격보다 고가 금지), 그리고 거래량(거래량의 25% 미만)에 대한 가이드라인을 제공한다.

12 자사주 매입이 배당금을 대체한다는 추가적인 증거는 아래 문헌을 참조하라. G. Grullon and R. Michaely, "Dividends, Share Repurchases, and the Substitution Hypothesis," *Journal of Finance* 57 (2002): 1649–1684; J. Farre-Mensa, R. Michaely, and M. Schmalz, "Payout Policy," *Annual Review of Financial Economics* 6 (2014): 75–134.

13 F. Black, "The Dividend Puzzle," *Journal of Portfolio Management* 2 (1976): 5-8.

17.4   배당취득 이론과 세금의 고객효과

많은 투자자가 세금으로 인해 배당보다는 자사주 매입을 선호하더라도, 선호의 강도는 투자자가 직면한 두 세율 간의 차이에 달려 있다. 세율은 소득, 과세 관할지역, 투자 기간에 따라 다르고 주식을 퇴직연금 계좌로 보유하고 있는가에 따라서도 다르다. 이러한 차이로 인해 기업의 현금배분정책에 따라서 다른 집단의 투자자가 다른 기업을 선호할 수 있다. 이번 절에서 배당금이 세금에 미치는 결과와 기업가치에 대한 배당의 세금 영향을 줄일 수 있는 투자 전략을 자세히 살펴본다.

유효배당세율

투자자 선호도를 비교하기 위해 우리는 투자자에 대한 유효배당세율을 결정하기 위해 배당금과 자본이득에 대한 세금의 복합적 효과를 계량화해야 한다. 간단히 하기 위해 배당락일 바로 직전에 주식을 매입하고 배당락일 직후에 주식을 매도하는 투자자를 생각해보자.[14] 이렇게 함으로써 투자자는 배당금을 계산하고 취득할 수 있다. 주식이 Div의 배당금을 지불하고 투자자의 배당세율이 T_d인 경우 배당금에서 나오는 세후 현금흐름은 $Div(1 - T_d)$이다.

또한 배당락일에 도달하기 직전의 주식가격인 P_{cum}이 배당락일 직후의 가격 P_{ex}를 초과하기 때문에 투자자는 거래에 대한 자본손실이 발생할 것으로 예상된다. 자본이득에 대한 세율이 τ_g이면 세후 손실은 $(P_{cum} - P_{ex})(1 - \tau_g)$이다.

따라서 투자자는 세전 배당금이 세후 자본손실을 초과할 경우 배당금을 취득하기 위해 거래함으로써 이익을 얻는다. 반대로 세후 자본손실이 세후 배당금을 초과하면 투자자는 배당락 직전에 주식을 매도하고 이후에 그것을 매입함으로써 배당을 피한다. 즉, 세후 기준으로 가격 하락과 배당금이 동등하지 않으면 차익거래 기회가 있다.

$$(P_{cum} - P_{ex})(1 - \tau_g) = Div(1 - \tau_d) \tag{17.1}$$

식 (17.1)을 주가 하락의 식으로 아래와 같이 쓸 수 있다.

$$P_{cum} - P_{ex} = Div \times \left(\frac{1 - \tau_d}{1 - \tau_g} \right) = Div \times \left(1 - \frac{\tau_d - \tau_g}{1 - \tau_g} \right) = Div \times (1 - \tau_d^*) \tag{17.2}$$

여기서 τ_d^*는 **유효배당세율**(effective dividend tax rate)이다.

$$\tau_d^* = \left(\frac{\tau_d - \tau_g}{1 - \tau_g} \right) \tag{17.3}$$

유효배당세율 τ_d^*는 배당금을 받는 대신에 세후 자본이득 소득에서 투자자가 지불하는 추가적인 세금을 측정한다.[15]

---

14 배당락일 직전 혹은 직후에 주식을 매도하는 것을 결정하는 장기투자자도 똑같이 고려할 수 있다. 분석은 동일하게 적용된다 (적용 세율은 보유 기간에 따라 다름).

15 식 (17.2)와 (17.3)을 지지하는 분석과 실증 결과는 아래 논문을 참고하라. E. Elton and M. Gruber, "Marginal Stockholder Tax Rates and the Clientele Effect," *Review of Economics and Statistics* 52 (1970): 68 – 74. 주요 세율 변화에 대한 투자자 반응은 아래 논문을 참고하라. J. Koski, "A Microstructure Analysis of Ex-Dividend Stock Price Behavior Before and After the 1984 and 1986 Tax Reform Acts," *Journal of Business* 69 (1996): 313 – 338.

| 유효배당세율의 변화 | 예제 17.3 |

문제

1년 이상 주식을 보유하는 계획을 가진 최고 세율에 해당하는 미국의 개인 투자자를 고려해보자. 2002년 투자자의 유효배당세율은 얼마인가? 2003년에 유효배당세율은 어떻게 변화되었는가?(주정부 세금은 무시하자.)

풀이

표 17.2에서 2002년의 세율은 각각 $\tau_d = 39\%$, $\tau_g = 20\%$이다. 따라서 유효배당세율은 아래와 같다.

$$\tau_d^* = \frac{0.39 - 0.20}{1 - 0.20} = 23.75\%$$

이것은 배당금이 세금에서 상당한 불이익이 있음을 의미한다. 배당금 $1는 자본이득 $0.7625의 가치만을 갖는다. 그러나 2003년의 세율 인하로 $\tau_d = 15\%$, $\tau_g = 15\%$가 되었고 유효배당세율은 0%가 되었다.

$$\tau_d^* = \frac{0.15 - 0.15}{1 - 0.15} = 0\%$$

따라서 2003년의 세율 인하는 1년 투자자에게 배당의 세금 불이익을 제거하였다.

투자자 간 세금의 차이

투자자에 대한 유효배당세율 τ_d^*는 투자자가 직면하는 배당과 자본이득에 대한 세율에 달려 있다. 이러한 세율은 여러 이유로 인해 투자자에 따라 다르다.

소득 수준 투자자는 소득 수준에 따라 다른 세금 구간에 속하고 다른 세율을 적용받는다.

투자 기간 1년 미만 보유한 주식에 대한 자본이득과 61일 이내로 보유한 주식의 배당금은 높은 소득세율로 과세된다. 장기투자자는 자본이득세의 납부를 연기할 수 있다(실효 자본이득세율을 더 낮출 수 있음). 상속인에게 주식을 증여할 계획을 가진 투자자는 자본이득세를 모두 회피할 수 있다.

과세 관할권 미국 투자자는 주마다 상이한 주세를 납부해야 한다. 예를 들어 뉴햄프셔는 이자소득과 배당소득에 대해 5%의 세금을 부과하지만 자본이득세는 없다. 미국 주식에 투자한 외국인 투자자는 (모국과 세금협정이 체결되어 감세되지 않는 한) 배당금에 30%의 원천징수를 받는다. 자본이득에 대해서는 원천징수가 없다.

투자자 유형이나 투자 계정 퇴직연금 계좌로 주식을 보유한 개인 투자자는 배당금이나 자본이득에 대한 세금이 없다.[16] 마찬가지로 연기금이나 비영리기금에서 보유한 주식도 배당금이나 자본이득에 대해 과세하지 않는다. 주식을 보유한 주식회사는 지급받은 배당금의 70%를 법인세 대상에서 공제할 수 있지만, 자본이득은 공제할 수 없다.[17]

네 종류의 각기 다른 투자자를 통해서 세금과 배당을 설명한다. (1) 과세 대상의 계좌에 주식을 보유하

---

[16] 퇴직연금 계좌에서 현금을 인출하면 세금(혹은 벌칙금)이 부과될 수 있는데, 이러한 세금은 현금이 배당에서 나왔는지 자본이득에서 나왔는지 상관하지 않는다.

[17] 배당금을 지급하는 회사 주식의 20% 이상을 보유한 기업은 80%를 공제할 수 있다.

고 장래에 주식을 상속하려는 "매입 보유" 투자자, (2) 과세 대상의 계좌에 주식을 보유하고 1년 뒤에 매도하려는 투자자, (3) 연금기금, (4) 주식회사, 이렇게 네 가지 투자자이다. 현재 미국 연방세율에 따르면 각각의 투자자에 대한 유효배당세율은 다음과 같다.

1. 매입 보유 개인 투자자 : $\tau_d = 20\%$, $\tau_g = 0$, $\tau_d^* = 20\%$
2. 1년 개인 투자자 : $\tau_d = 20\%$, $\tau_g = 0$, $\tau_d^* = 0$
3. 연금기금 : $\tau_d = 0$, $\tau_g = 0$, $\tau_d^* = 0$
4. 주식회사(법인세율 35%) : $\tau_d = (1 - 70\%) \times 35\% = 10.5\%$, $\tau_g = 35\%$, $\tau_d^* = -38\%$

세율의 차이로 인해서 이들 투자자들은 배당금에 대하여 다양한 선호도를 갖게 된다. 장기투자자는 배당금에 더 높은 세금이 부과되기 때문에 배당금 지급보다는 자사주 매입을 선호할 것이다. 1년 투자자, 연금기금, 그리고 비과세 투자자는 배당금에 비해 자사주 매입에 대한 세금 선호가 없다. 따라서 현금 수요에 가장 적합한 현금배분정책을 선호할 것이다. 예를 들면 현재 소득을 원하는 비과세 투자자는 주식 매도에 따르는 매매 수수료와 기타 거래비용을 피하기 위해서 높은 배당금을 선호할 것이다.

마지막으로 주식회사에 대한 음(−)의 유효배당세율은 기업이 배당금과 관련된 세금의 이익을 즐긴다는 것을 의미한다. 이런 이유로 현금을 투자하기로 선택한 주식회사는 배당 수익률이 높은 주식을 보유하는 것을 선호할 것이다. 표 17.3은 투자자 집단별 선호도 차이를 요약한다.

고객효과

투자자 집단 사이의 세금 선호도의 차이가 투자고객의 세금 선호도에 맞춰서 기업이 현금배분정책을 최적화한다는 **고객효과**(clientele effects)를 만들어낸다. 높은 세율의 개인 투자자는 무배당이나 낮은 배당금을 선호한다. 반면에 면세 투자자나 주식회사는 고배당 주식을 선호한다. 이 경우 기업의 현금배분정책은 투자고객의 세금 선호도에 맞게끔 최적화된다.

실증 연구는 세금의 고객효과가 존재하는 것을 뒷받침한다. 이를테면 프랭크 알렌과 로니 마이클리 교수는[18] 1996년 개인 투자자가 모든 주식의 54%를 시장가격으로 보유하고 있었지만 지불된 모든 배당금의 35%만을 받았기 때문에 개인이 배당 수익률이 낮은 주식을 보유하는 경향이 있음을 보고했다. 물론

표 17.3	투자자 집단별 현금배분정책에 대한 선호도 차이	
투자자 집단	**현금배분정책 선호도**	**투자자 비율**
개인 투자자	배당금의 세금 불이익. 일반적으로 자사주 매입 선호(퇴직연금 제외)	~52%
기관, 연금기금	세금 선호 없음. 소득 수요에 맞추는 현금배분정책 선호	~47%
주식회사	배당금에 대한 세금 이익	~1%

출처 : 비율은 *Federal Reserve Flow of Funds Accounts*에 근거.

---

18 F. Allen and R. Michaely, "Payout Policy," in G. Constantinides, M. Harris, and R. Stulz, eds., *Handbook of the Economics of Finance: Corporate Finance Volume* 1A (Elsevier, 2003).

존 코너스는 마이크로소프트의 부사장이며 최고재무관리자(CFO)였다. 그는 2005년에 은퇴하여 현재 시애틀의 벤처회사인 이그니션 파트너에서 근무 중이다.

질문 마이크로소프트는 2003년에 처음으로 배당금을 선언했다. 회사가 배당을 시작하기로 결정한 이유는 무엇인가?

답변 마이크로소프트는 독특한 상황에 있었다. 회사는 이전까지 배당금을 지급하지 않았고, $60 십억의 현금을 가지고 무엇이든 해야 한다는 주주의 압력에 직면했다. 회사는 현금배분 전략을 수립하면서 다섯 가지 핵심적인 질문을 고민하고 있었다.

인터뷰

존 코너스
(John Connors)

1. 회사는 현금 배당을 영구히 유지할 수 있고 시간이 흐르면서 증가시킬 수 있는가? 마이크로소프트는 약속을 이행할 수 있으며 미래에 배당을 증가시킬 수 있을 것이라고 확신하였다.

2. 현금배당이 자사주 매입 프로그램보다 주주에게 더 나은 수익을 돌려주는가? 이것은 자본구조와 관련된 결정이었다. 우리는 발행주식 수를 줄이기를 원하는가? 우리 주식이 자사주 매입을 하기에 매력적으로 가격이 형성되었는가, 아니면 배당금으로 현금을 배분하기를 원하는가? 마이크로소프트는 배당을 지불하고 또한 자사주 매입을 지속할 수 있는 충분한 여력이 있었다.

3. 현금배당과 자사주 매입이 회사와 주주에게 주는 세금효과는 무엇인가? 주주에 대한 세금의 관점에서 마이크로소프트의 경우는 대체로 중립적이었다.

4. 투자자에게 주는 심리적 충격은 무엇이었고, 투자자에게 전달하고자 하는 이야기와 어떻게 맞아 들어가는가? 이것은 질적인 요인이다. 정기적이고 지속적인 배당금은 마이크로소프트가 배당 및 이자소득 투자자에게 매력적인 투자처로 자리잡는다는 것이었다.

5. 배당 프로그램이 주는 공적 관계의 의미는 무엇인가? 투자자는 마이크로소프트를 현금을 보유했다는 점에서 중요하게 생각하지 않으며, 대신에 소프트웨어 개발의 선두주자이며 성장을 제공한다는 점에 유의한다. 따라서 투자자는 배당 프로그램을 긍정적으로 보았다.

질문 회사는 투자자에게 자금을 돌려주기 위해서 배당금을 증가시킬 것인지, 특별배당금을 지급할 것인지 혹은 자사주 매입을 할 것인지를 어떻게 결정하는가?

답변 배당금 증가 결정은 현금흐름 전망에서 얻었다. 배당금을 유지하고 미래의 증가를 위해 적절한 현금흐름을 가지고 있다고 확신할 수 있을까? 일단 배당금을 증가시키면 투자자는 또한 미래의 증가를 예상한다. 어떤 회사는 배당 증가를 위한 명백한 기준을 설정하기도 한다. CFO로서 내 경험에 따르면 분석적 기법은 상대적인 비교기업 집단과 관련이 있다. 일반적인 시장과 비교집단의 배당성향과 배당 수익률은 어떠하고 우리는 그들에 비해서 상대적으로 어디에 위치하고 있을까? 우리는 주요 투자자와 의견을 나누고 주주의 장기적인 가치를 높이기 위해 무엇이 최선인지를 고려한다.

특별배당금은 사업부서의 매각이나 법적인 이유에서 얻은 현금보상과 같이 일반적으로는 재발하지 않는 상황에서 현금을 배분하는 매우 효율적인 수단이다. 또한 포괄적인 배당 전략이 없는 회사는 대규모 현금 축적을 낮추기 위해서 특별배당금을 사용한다. 마이크로소프트의 경우 2004년의 특별배당금과 주식배당과 자사주 매입 프로그램의 공시는 그 많은 현금으로 무엇을 할 것인가의 이슈를 해결하고 미래의 나갈 방향을 명확하게 했다.

질문 배당 결정을 실행하는 다른 요인으로 무엇이 있는가?

답변 강력한 재무와 회계 도구들이 더 나은 그리고 폭넓은 사업 결정을 도와준다. 그러나 이러한 결정은 수학만큼이나 심리학과 시장에 대한 고민과 관련되어 있다. 투자자의 심리와 같은 비계량적인 요인을 고려해야만 한다. 얼마 전까지 사람들은 성장주식을 원했다. 아무도 배당을 지급하는 주식을 원하지 않았다. 지금은 배당 지급 주식이 유행이다. 또한 산업과 경쟁자의 행동도 고려해야만 한다. 많은 기술 기업에서 옵션 프로그램의 형태로 종업원 소유권이 완전히 희석된다면 상당히 높은 비중을 차지한다. 배당금 지급은 옵션의 가치를 낮춘다.

마지막으로 투자자에게 전반적인 회사의 이야기를 전달하는 데 현금배분 전략이 도움을 줄 수 있다는 점을 확신하기를 원한다.

높은 세율의 투자자가 어떤 배당이든 받는다는 사실은 고객효과가 완전하지 않은, 즉, 배당 세금이 투자자 포트폴리오의 유일한 결정 요인이 아니라는 것을 의미한다.

또 다른 고객 전략은 동적 고객효과로 **배당취득 이론**(dividend-capture theory)이라 불린다.[19] 이 이론은 거래비용이 없을 때 투자자들이 배당이 지급되는 시점에 주식을 거래할 수 있으므로, 비과세 투자자가 배당을 받을 수 있다는 것이다. 즉, 비과세 투자자는 항상 높은 배당 주식을 보유할 필요는 없고, 배당금이 실제로 지급될 때 고배당 주식을 보유하기만 하면 된다.

이 이론에 따르면 배당이 예상되는 주식을 고세율 투자자가 매도하고 저세율 투자자가 매입하며 배당락일 직후에 반대 매매를 하기 때문에 배당락일 부근에 주식의 대규모 거래량을 관찰할 수 있다. 밸류 라인의 2004년 주식가격 및 거래량을 보여주는 그림 17.6을 고려해보자. 밸류 라인은 4월 23일 누적된 현금을 사용하여 주당 $17.50의 특별배당금을 지급하며, 배당락일은 5월 20일이라고 공시하였다. 특별 배당 지급시점의 거래량이 크게 증가했음을 주목하자. 특별배당금 공시 다음 달의 거래량은 공시 이전 달의 25배 이상이었다. 특별배당금 공시 후 3개월 동안 누적 거래량은 거래 가능한 총주식의 65%를 초과했다.

이 증거가 배당취득 이론을 뒷받침하지만, 배당금이 지급되더라도 많은 고세율 투자자가 주식을 보유하고 있다는 것도 사실이다. 소규모 일반 배당금의 경우 거래비용과 주식 거래의 위험이 배당취득에 관

| 그림 17.6 | 밸류 라인의 특별배당금의 거래량과 주가 효과 |

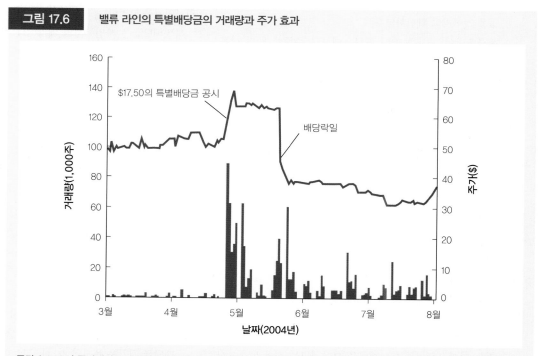

주당 $17.50의 특별배당금의 공시일에 밸류 라인의 주가는 상승하고 거래량도 증가하였다. 배당락일에 주가는 $17.91만큼 하락하고 거래량도 그 후 몇 주 동안 천천히 줄어들었다. 거래량의 이 패턴은 배당락일 이전에 주식을 매수하고, 그 후 매도하는 비과세 투자자와 일치한다(17.5절과 17.6절에서 배당공시일의 주가 상승 원인에 대해 고려한다).

---

19 이 개념을 처음 개발한 논문은 A. Kalay, "The Ex-Dividend Day Behavior of Stock Prices: A Reexamination of the Clientele Effect," *Journal of Finance* 37 (1982): 1059–1070이며, J. Boyd and R. Jagannathan, "Ex-Dividend Price Behavior of Common Stocks," *Review of Financial Studies* 7 (1994): 711–741는 복수의 세금 고객이 있는 경우에 생기는 복잡한 관계를 논의했다.

련된 이익을 상쇄할 수 있다.[20] 밸류 라인의 경우와 같이 대규모 특별배당금만으로도 거래량이 크게 증가하는 경향이 있다. 따라서 고객효과와 배당취득 전략은 배당의 상대적인 세금 불리함을 줄이지만 이를 제거하지는 못한다.[21]

1. 어떤 조건에서 투자자는 배당금에 비해 자사주 매입에 대하여 세금에서 선호를 하는가?
2. 배당취득 이론이 배당락일 부근의 주식 거래량에 대해 무엇을 의미하는가?

17.5 현금의 배분과 유보

그림 17.1을 되돌아보면 이제까지 우리는 기업의 현금배분정책 중 오직 한 측면인 배당과 자사주 매입 사이의 선택만을 고려해 왔다. 그러나 그 이전에 기업은 주주에게 얼마를 배분해야만 하느냐와 얼마를 유보하느냐를 어떻게 결정하겠는가?

이 질문에 답하기 위해서는 유보한 현금으로 기업은 무엇을 할 것인지를 먼저 고려해야만 한다. 현금으로 새로운 사업에 투자하거나 금융상품에 투자할 수 있다. 우리는 완전자본시장의 개념 아래서 기업이 모든 양(+)의 NPV 투자를 선택하면 초과현금을 저축하는 것과 분배하는 것이 무차별적임을 증명할 것이다. 그러나 시장의 불완전성을 고려하면 상충관계가 있다. 현금을 유보하는 것이 미래에 자본을 조달하는 비용을 줄이지만, 또한 세금과 대리인 비용을 증가시킬 수 있다.

완전자본시장에서의 현금유보

기업이 현금을 유보하면 그 자금을 새로운 프로젝트에 투자하는 데 사용할 수 있다. 만일 새로운 양의 프로젝트가 존재하면 이 결정은 확실히 옳은 것이다. 양(+)의 NPV 투자를 하는 것은 기업의 투자자에게 가치를 창출할 것이고 현금을 저축하거나 배분하면 그렇지 않다. 그러나 기업이 이미 모든 양(+)의 NPV 프로젝트에 투자했다면 추가적인 프로젝트는 0이나 음(−)의 NPV 투자가 될 것이다. 음(−)의 NPV 투자는 투자의 이득이 비용을 초과하지 않기 때문에 주주가치를 낮출 것이다.

물론 기업이 초과현금을 음(−)의 NPV 프로젝트에 낭비하지 않고, 현금을 은행에 예금하거나 금융자산을 구매할 수 있다. 그러면 기업은 미래 어느 시점에 주주에게 현금을 배분하거나 양(+)의 NPV 투자 기회가 생기면 투자할 수 있다.

현금을 유보와 금융증권에 투자하는 장단점은 무엇인가? 완전자본시장에서 증권을 사고파는 것은 0의 NPV 거래이기 때문에 기업의 가치에 영향을 주지 않는다. 기업이 주주에게 현금을 배분하면 주주는 스

---

20 배당취득 전략은 거래가 마무리되기 전에 관련이 없는 이유로 주가가 변동할 수 있기 때문에 위험하다. 코스키와 마이클리는 "Prices, Liquidity, and the Information Content of Trades," *Review of Financial Studies* 13 (2000): 659 – 696에서 이 위험을 배당락일 전후의 결제일에 매수와 매도를 동시에 처리하여 제거할 수 있음을 보였다. 그러한 거래가 가능하다면 배당 관련 거래량은 크게 증가할 것이다.

21 배당취득 전략은 배당 수익률이 자기자본 비용에 영향을 미친다는 증거를 찾지 못하는 이유 중 하나이다. 그 증거는 R. Litzenberger and K. Ramaswamy ["The Effects of Personal Taxes and Dividends on Capital Asset Prices: Theory and Empirical Evidence," *Journal of Financial Economics* 7 (1979): 163 – 195]에서 볼 수 있고, 이 연구는 F. Black and M. Scholes ["The Effects of Dividend Yield and Dividend Policy on Common Stock Prices and Returns," *Journal of Financial Economics* 1 (1974): 1 – 22]와 일치하지 않는다. 칼레이와 마이클리는 이러한 상이한 결과들에 대한 설명을 ["Dividends and Taxes: A Reexamination," *Financial Management* 29 (2000): 55 – 75]에서 제시했지만 배당 수익률이 기대 수익률에 유의적인 영향을 주는 것을 발견하지는 못했다.

스로 기업이 투자하는 것과 동일한 금융 투자를 할 수 있다. 따라서 완전자본시장에서 유보와 배분 결정은 배당과 자사주 매입 결정과 마찬가지로 총 기업가치와 무관하다는 것은 놀랍지 않다.

예제 17.4   완전자본시장에서의 현금배분정책

문제

바스톤 광업은 $100,000의 초과 현금을 보유하고 있다. 바스톤은 현금을 이자율 6%인 1년 미 재무부 단기채 (T-bill)에 투자하고 내년에 배당금으로 배분하는 것을 고려하고 있다. 다른 대안으로 기업은 배당금을 지금 지급하고 주주가 스스로 투자를 할 수 있다. 완전자본시장에서 어떤 선택을 주주가 선호할까?

풀이

바스톤이 지금 배당을 지급하면 주주는 오늘 $100,000를 받는다. 만일 바스톤이 현금을 유보하면 1년 뒤 회사는 $106,000를 배당금으로 지급할 수 있다.

$$\$100,000 \times (1.06) = \$106,000$$

이 금액은 주주가 스스로 $100,000를 미 재무부 단기채에 투자한 것과 동일하다. 다시 말해서 미래 배당금의 현재가치는 정확하게 $100,000(= $106,000/1.06)이다. 따라서 주주는 기업이 배당금을 지금 지급하는 것과 현금을 유보하는 것에 대해서 무차별적이다.

예제 17.4에서 설명하듯이 기업이 현금을 즉시 지급하는 것과 현금을 유보하고 미래에 지급하는 것은 주주에게 차이가 없다. 이 예제는 완전자본시장에서 재무정책 무관련성과 관련된 모딜리아니와 밀러의 근본적인 통찰력에 관한 또 다른 설명을 제공해준다.

MM 현금배분 무관련성 : 완전자본시장에서 기업이 가용현금흐름을 금융증권에 투자하면 기업의 현금배분과 현금 유보의 선택은 무관련하고 기업의 처음 가치에 영향을 주지 않는다.

따라서 현금을 유보하느냐의 결정은 시장 불완전성에 달려 있으며, 이제 그것에 대해 알아본다.

세금과 현금유보

예제 17.4는 완전자본시장을 가정하고 있고 세금의 효과를 무시하였다. 세금이 있으면 결과는 어떻게 변할까?

예제 17.5   법인세가 있는 경우 현금의 유보

문제

바스톤은 6%의 이자율로 미 재무부 단기채(T-bill)에 1년 투자해서 얻는 소득에 대하여 35%로 법인세를 납부해야 한다고 가정하자. 연기금 투자자(투자소득에 대한 면세 투자자임)는 바스톤이 초과 현금 $110,000를 즉시 배당으로 지급하는 것과 1년 동안 유보하는 것 중 어떤 것을 선호할까?

풀이

만약 바스톤이 즉시 현금을 지급하는 경우 주주는 $100,000를 오늘 받게 된다. 만약 바스톤이 1년 동안 현금을 유보하는 경우에 1년 미 재무부 단기채를 통해 다음과 같은 세후 수익률을 얻게 될 것이다.

$$6\% \times (1 - 0.35) = 3.90\%$$

따라서 1년 뒤 바스톤은 배당금으로 $100,000 \times (1.039) = \$103,900$을 지급하게 될 것이다.

단기채에 투자해서 얻게 될 $106,000보다 적다. 바스톤은 이자 수익에 대해서 법인세를 납부해야 하기 때문에 현금 유보는 세금 불이익이 존재한다. 그러므로 연기금 투자자는 바스톤이 배당금을 지금 지급하는 것을 선호할 것이다.

예제 17.5에서 보여주듯이 법인세는 기업이 초과현금을 유보하는 것을 불리하게 만든다. 이 효과는 제15장에서 채무와 관련해서 확인했던 것과 매우 유사하다. 기업이 이자를 지급하면 이자에 대한 세금 감면을 얻는 반면에, 이자를 받으면 이자에 대한 세금을 납부하게 된다. 제14장에서 논의했듯이 현금은 음(−)의 채무(negative leverage)와 동일하다. 따라서 채무의 세금 이익은 현금 보유의 세금 불이익을 의미한다.

예제 17.6

마이크로소프트의 특별 배당금

문제

이 장의 서두에서 우리는 2004년 말에 있었던 마이크로소프트의 주당 $3 혹은 총 $32 십억의 특별배당금을 설명하였다. 만일 마이크로소프트가 대신에 그 현금을 영구히 유보했다면 추가적인 세금의 현재가치는 얼마일까?

풀이

만일 마이크로소프트가 현금을 유보한다면, 그로 인해 얻은 이자수입은 35%의 법인세 대상이 된다. 이자수입은 무위험으로 세금을 무위험 이자율(마이크로소프트의 한계법인세율이 일정하거나 세율에 대한 이자율 변화가 제로 베타라고 가정)로 할인할 수 있다. 따라서 마이크로소프트의 추가적인 이자소득에 대한 세금 납부액의 현재가치는 아래와 같다.

$$\frac{\$32 \text{ 십억} \times r_f \times 35\%}{r_f} = \$32 \text{ 십억} \times 35\% = \$11.2 \text{ 십억}$$

혹은 1주당 기준으로 현금을 유보하는 대신에 배분하는 것으로 마이크로소프트의 세금 절감액은 주당 $3 \times 35\% = \$1.05$이다.

현금을 보유해서 세금을 낮출 수 있는 상황이 하나 있다. 기업은 순이익을 미국으로 송금할 때 국제적인 이익에 대해 미국의 세금만 납부한다. 어떤 경우에는 기업은 이익을 본국으로 송금하지 않고 해외에서 현금으로 보유함으로써 미국의 세금 부담을 줄일 수 있다. 현금이 궁극적으로 미래의 해외투자에 쓰이면 회사는 이러한 수입에 대해 미국 세금을 내는 것을 피할 수 있다. 또는 기업이 현금을 보유하고 동시에 미국에서 차입하여 순채무를 변동 없이 유지할 수 있다(539쪽 글상자 "송금세 : 현금 부자인 기업들이 차입하는 이유" 참조).

투자자 세금조정

현금을 배분할 것인가 유보할 것인가의 결정은 주주가 납부하는 세금에도 영향을 준다. 연금기금이나 퇴직연금 투자자가 면세라고 하지만, 대부분의 개인 투자자는 이자소득, 배당금, 자본이득에 대하여 세금을 내야만 한다(역주 : 한국에서 개인 투자자에 대한 자본이득에 대한 세금은 2018년 현재는 없으나 향후 도입이 논의될 여지는 충분하다). 투자자의 세금이 현금 유보에 대한 세금 불이익에 어떻게 영향을 줄까?

간단한 예로 세금 효과를 설명한다. 유일한 자산이 현금 $100인 기업을 가정한다. 또한 모든 투자자의 세율은 동일하다고 가정한다. 이 현금을 즉시 $100 배당으로 지급하는 옵션과 $100를 영구히 유보하고 이자를 배당 지급에 사용하는 옵션을 비교한다.

기업이 현금을 모두 배당으로 지급하면 활동을 마친다고 가정한다. 배당락일 기업의 가치는 (청산하므로) 0이므로, 식 (17.2)를 이용하여 배당금이 지급되기 이전 기업의 주식가격을 구한다.

$$P_{cum} = P_{ex} + Div_0 \times \left(\frac{1 - \tau_d}{1 - \tau_g} \right) = 0 + 100 \times \left(\frac{1 - \tau_d}{1 - \tau_g} \right) \tag{17.4}$$

이 가격은 투자자가 배당에 대해 τ_d의 세금을 납부할 것이고, 기업이 청산할 때 자본손실에 대해 (τ_g의 자본이득세율에 따라) 세금환급을 받을 것이라는 사실을 반영한다.

혹은 기업은 현금을 유보하고 미 재무부 단기채에 투자하고 매년 r_f의 이자율을 얻을 수 있다. 이 이자에 대해 법인세를 τ_c의 비율로 납부한 후에 기업은 영구 배당금을 아래와 같이 매년 지급하고 현금으로 영구히 $100를 유보할 수 있다.

$$Div = 100 \times r_f \times (1 - \tau_c)$$

이 경우 투자자가 지불하는 가격은 얼마인가? 투자자의 자본비용은 본인이 스스로 미 재무부 단기채에 투자하여 얻을 수 있는 세후 수익률로 $r_f \times (1 - \tau_i)$이다. 여기서 τ_i는 투자자의 이자수입에 대한 세율이다. 투자자는 배당에도 세금을 지불해야만 하기 때문에 기업이 $100를 유보하면 기업의 가치는 아래와 같다.[22]

$$P_{retain} = \frac{Div \times (1 - \tau_d)}{r_f \times (1 - \tau_i)} = \frac{100 \times r_f \times (1 - \tau_c) \times (1 - \tau_d)}{r_f \times (1 - \tau_i)}$$

$$= 100 \times \frac{(1 - \tau_c)(1 - \tau_d)}{(1 - \tau_i)} \tag{17.5}$$

식 (17.4)와 식 (17.5)를 비교하면 아래와 같다.

$$P_{retain} = P_{cum} \times \frac{(1 - \tau_c)(1 - \tau_g)}{(1 - \tau_i)} = P_{cum} \times (1 - \tau_{retain}^*) \tag{17.6}$$

여기서 τ_{retain}^*은 현금 유보의 유효세금 불이익을 측정한다.

$$\tau_{retain}^* = \left(1 - \frac{(1 - \tau_c)(1 - \tau_g)}{(1 - \tau_i)} \right) \tag{17.7}$$

---

22 이 경우에 주식가격은 매년 동일하게 유지될 것이기 때문에 자본이득세금은 없다.

배당 세금은 기업이 즉시 현금을 지급하든지 혹은 현금을 유보하고 시간의 경과에 따라 이자를 지불하든지 상관없이 지급될 것이기 때문에 배당세율은 식 (17.7)의 현금 유보비용에 영향을 주지 않는다.[23] 식 (17.7)은 기업이 현금을 유보할 때 발생한 이자에 대해 법인세를 납부해야만 한다는 것이다. 또한 투자자는 기업가치 증가분에 대하여 자본이득세를 납부해야 할 것이다. 간단히 말해서 유보된 현금의 이자 수입은 두 번 과세된다. 유보 대신에 기업이 현금을 주주에게 지급하면, 주주는 현금을 투자하여 얻은 이자에 대해서만 세금을 납부한다. 따라서 이자소득에 대한 단일 세금과 비교해보면 현금 유보비용은 법인세와 자본이득세의 통합된 효과에 달려 있다. 2015년 세율(표 15.3)의 $\tau_c = 35\%$, $\tau_i = 39.6\%$, $\tau_g = 20\%$를 이용하면, 우리는 현금 유보의 유효세금 불이익 $\tau_{retain}^* = 13.9\%$를 얻는다. 따라서 투자자의 세금을 조정한 이후라도, 초과현금을 유보하는 것은 기업에게 상당한 세금 불이익으로 남는다.

발행비용과 곤경비용

현금을 유보하는 것에 세금 불이익이 있다면 왜 일부 기업은 대규모의 현금 계정을 쌓는 것일까? 일반적으로 그러한 기업은 현금 계정으로 잠재적인 미래의 현금 부족을 감당하려는 것이다. 예컨대 만일 미래에 있을 양(+)의 NPV 투자 기회를 위한 자금으로 미래의 이익이 불충분할 가능성이 있다면, 기업은 이러한 부족분을 메우기 위해 현금을 축적하기 시작할 것이다. 이러한 동기는 대규모 연구개발 프로젝트나 대형 인수를 위해 자금이 필요할 기업에게 특히 관련이 있다.

미래의 잠재적인 현금 수요를 감당하기 위해 현금을 보유하는 장점은 (신규 채무나 주식발행으로) 이 전략으로 기업은 새로운 자금을 조달하는 데 들어가는 거래비용을 피할 수 있다는 것이다. 채권발행의 경우 직접비용은 1%에서 3%이고 주식발행의 직접비용은 3.5%에서 7%에 이른다. 또한 자금조달에는 제16장에서 논의한 대리인 비용과 역선택(레몬 자동차) 비용과 같은 상당한 간접비용이 발생할 수 있다. 따라서 기업은 현금 보유로 인한 세금비용과 미래에 외부자금을 조달하지 않는 잠재적인 이득 사이에서 균형을 찾아야 한다. 매우 변동이 심한 순이익을 가진 기업은 일시적 영업 손실 기간에 견딜 수 있는 현금 보유고를 쌓아야 할 것이다. 충분한 현금을 보유함으로써 기업은 재무적 곤경 그리고 그와 관련된 비용을 피할 수 있다.

현금유보의 대리인 비용

그러나 기업이 미래 투자 혹은 유동성 필요량보다 더 많은 현금을 보유하는 것은 주주에게 이익이 되지 않는다. 사실 세금비용뿐만 아니라 기업이 너무 많은 현금을 보유하는 것과 관련된 대리인 비용이 있을 수 있다. 제16장에서 논의했듯이 기업이 과도한 현금을 가질 때 경영진은 돈을 잃지만 본인이 좋아하는 사업을 계속 추진하거나 과도한 경영자 특권을 지원하거나 인수합병에 과도한 돈을 지불하는 등 비효율

---

23 기업이 배당금과 자사주 매입을 어떤 (일정한) 비율로 함께 사용한다면 식 (17.7)은 성립한다. 그러나 기업이 처음에 자사주 매입만 줄여서 현금을 유보한 다음 나중에 배당과 자사주 매입에 병행하여 그 현금을 지급했다면, 우리는 식 (17.7)에서 τ_g를 배당과 자본이득의 평균세율인 $\tau_e = \alpha\tau_d + (1 - \alpha)\tau_g$ (여기서 α는 배당과 자사주 매입의 비율)가 대신할 것이다. 이 경우 τ_{retain}^*은 식 (15.7)에서 유도된 채무의 유효세금 불이익인 τ^*와 같다. 식 (15.7)에서 우리는 채무가 자사주 매입을 위한 (신주발행을 피하기 위한) 자금으로 사용되었고, 미래 이자지급은 배당과 자사주 매입의 병용을 대신하는 것을 암묵적으로 가정하고 있다. 여기에서 τ_g를 사용하는 것은 때로는 이익 잉여금에 대한 "새로운 관점" 또는 "사로잡힌 주식"의 관점이라고 부른다. 예를 들어 A. Auerbach, "Tax Integration and the 'New View' of the Corporate Tax: A 1980s Perspective," *Proceedings of the National Tax Association - Tax Institute of America* (1981): 21 - 27. τ_e를 사용하면 "전통적 관점"이며, 관련 연구는 J. Poterba and L. Summers, "Dividend Taxes, Corporate Investment, and 'Q'," *Journal of Public Economics* 22 (1983): 135 - 167이 있다.

적으로 자금을 사용할 가능성이 있다. 또한 노동조합, 정부, 기타 기관들이 기업의 "재력"을 이용하려고 할 수 있다.[24] 채무는 기업의 초과현금과 이러한 비용을 줄이는 하나의 방법이다. 또한 배당과 자사주 매입도 기업의 현금을 없애며 유사한 역할을 수행한다.

과도한 채무 기업에서 주주는 현금배분의 추가적 동기를 가진다. 제16장에서 논의된 과잉채무의 문제로 인해서, 유보 현금 가치의 일부는 채권자에게 도움을 줄 것이다. 따라서 주주는 "현금 지출"을 선호하고 기업의 현금배분액을 증가시킬 것이다. 이것을 예상하는 채권자는 높은 채무비용을 청구하거나 기업의 현금배분정책을 제한하는 계약을 포함할 것이다(16.5절 논의 참조).

따라서 초과현금을 배당이나 자사주 매입을 통해 배분하는 것은 경영자의 낭비 혹은 기업의 자원을 다른 이해관계자에게 이전하는 것을 줄임으로써 주식가격을 높일 수 있다. 세금 이득과 함께 이러한 잠재적인 이점이 그림 17.6의 특별배당금 공시일에 밸류 라인 주가의 대략 $10의 상승을 설명할 수 있을 것이다.

예제 17.7   음(−)의 NPV 제거하기

문제

렉스톤 오일은 무차입 기업으로 100 백만 주의 발행주식을 가지고 있다. 렉스톤은 현금으로 $150 백만을 보유하고 있으며 미래 가용현금흐름으로 매년 $65 백만을 예상하고 있다. 경영진은 현금으로 기업의 영업을 확장하려고 계획 중인데, 영업 확장으로 미래 가용현금흐름이 12% 증가할 것이다. 렉스톤의 투자에 대한 자본비용이 10%라면 현금을 영업 확장 대신에 자사주 매입에 사용하는 결정이 주가를 어떻게 변화시킬까?

풀이

만일 렉스톤이 현금을 확장에 사용하면 미래 가용현금흐름은 12% 증가한 $72.8 백만이 될 것이다. $65 백만 × 1.12 = $72.8 백만. 영구연금의 공식을 이용하면 렉스톤의 시장가치는 $72.8 백만/10% = $728 백만 혹은 주당 $7.28가 될 것이다.

만일 렉스톤이 확장을 하지 않으면, 미래 가용현금흐름의 현재가치는 $65 백만/10% = $650 백만이 될 것이다. 현금을 더하면 렉스톤의 시장가치는 $800 백만 혹은 주당 $8.00이다. 만일 렉스톤이 자사주 매입을 실행하면 주가의 변화는 없을 것이다. 회사는 $150 백만/$8 = 18.75 백만 주의 자사주를 매입할 것이며, 자산의 가치는 $650 백만이 되며 발행주식 수는 81.25 백만 주가 된다. 따라서 주가는 $650 백만/81.25 백만 주 = $8.00이다.

이 예제의 경우 투자를 줄이고 자사주 매입에 자금을 늘리는 것이 주가를 주당 $0.72(= $8.00 − $7.28) 올리게 된다. $150 백만의 비용이 들고 미래 가용현금흐름의 증가는 매년 $7.8 백만에 불과하기 때문에 확장은 음(−)의 NPV를 가진다.

$$-\$150\ 백만 + \$7.8\ 백만/10\% = -\$72\ 백만\ 혹은\ 주당\ -\$0.72$$

궁극적으로 미래 성장 기회를 위한 재무적 여유를 남기고 재무적 곤경비용을 회피하기 위해서 적은 채무를 사용해야 하는 것과 동일한 이유에서 기업은 현금의 유보를 선택해야 한다.[25] 이러한 유보의 필요성

---

24 예를 들어 포드의 대규모 현금계정은 2008년 금융위기를 극복하는 데 도움을 주었지만, 더 큰 어려움에 처한 경쟁사가 얻은 것과 동일한 정부 보조금이나 노조의 양보를 받지는 못했다.

25 제14장에서 논의했듯이, 초과 현금을 음(−)의 채무로 해석할 수 있다. 결과적으로 초과 현금을 보유하는 상충효과는 자본구조 결정과 관련된 상충효과와 매우 유사하다.

표 17.4	대규모 현금계정을 가진 기업(2015)		
표식	기업명	현금(단위 : $ 십억)	시가총액에 대한 비중(%)
AAPL	애플	215.7	37
GE	제너럴 일렉트릭	113.8	39
MSFT	마이크로소프트	102.3	23
GOOGL	알파벳(구글)	73.1	14
CSCO	시스코 시스템즈	59.1	43
ORCL	오라클	52.3	34
AMGN	암젠	31.4	26
GM	제너럴 모터스	20.3	38

은 현금의 보유로 인한 세금 불이익과 낭비적 투자의 대리인 비용 방지 사이에서 균형을 맞추어야 한다. 대형 글로벌 첨단기술 혹은 생명공학기업에서 전형적으로 적은 채무를 선택하고 대량의 현금을 축적하려는 경향은 놀라운 것이 아니다. 표 17.4는 대규모의 현금계정을 가진 미국 기업 명단을 보여준다.

　그러나 자본구조 결정에서처럼 현금배분정책은 주주의 동기와는 다른 동기를 가질 수 있는 경영진에 의해 일반적으로 결정된다. 경영자는 현금을 배분하기보다는 유보하여 이에 대한 통제를 유지하는 것을 선호할 것이다. 유보된 현금은 주주에게는 값이 비싼 투자 자금으로 사용될 수 있지만 경영자에게는 (예컨대 선호 사업 추진과 높은 보상과 같은) 혜택이 될 수 있다. 혹은 경영자 자신의 고용 안정을 위협할 수 있는 채무와 재무적 곤경의 위험을 줄이기 위한 수단으로써 단순히 현금을 보유할 수 있다. 배당의 경영자 참호이론(entrenchment theory)에 따르면 경영자는 투자자에 의한 배당 압력이 있는 경우에만 현금을 배분한다.[26]

1. 완전자본시장에서 회사가 현금을 배당으로 주주에게 지급하는 대신 유보하는 것이 장점이 되는가?
2. 법인세가 회사의 초과현금의 유보 결정에 어떻게 영향을 주는가?

17.6　현금배분정책의 정보신호

아직 고려하지 않은 시장 불완전성의 하나는 비대칭 정보이다. 경영진이 투자자보다 기업의 미래 전망에 대하여 더 나은 정보를 가지고 있을 때, 그들의 현금배분정책은 이 정보를 신호하는 것이 된다. 이번 절에서 우리는 기업이 현금배분정책을 설정할 때의 경영진의 동기를 살펴보고, 이러한 결정이 투자자에게 어떻게 전달되는지를 평가할 것이다.

배당 평탄화

기업은 배당을 언제든지 바꿀 수 있지만, 실제로는 상대적으로 드물게 배당 규모를 변경한다. 예로써 제

---

26 자본구조의 경영자 참호이론은 경영자가 채무의 규율을 피하거나 자신의 고용안정을 보호하기 위해서 낮은 채무 수준을 선택한다고 주장한다. 16.7절을 참조하라. 동일한 이론이 현금배분정책에 적용된다면 경영자들이 현금을 너무 많이 보유하는 것을 선택함으로써 채무를 더 많이 줄일 것임을 의미한다.

너럴 모터스(GM)는 20년 동안 정기배당금을 8번만 바꾸었다. 같은 기간 GM의 순이익은 그림 17.7에서 보듯이 매우 크게 변화하였다.

GM의 이러한 행태는 대부분 배당 지급 회사의 전형이다. 기업은 상대적으로 드물게 배당금을 조정하고 배당금은 순이익보다 훨씬 작은 변동성을 보인다. 상대적으로 일정한 배당금을 유지하려는 이러한 관행을 **배당 평탄화**(dividend smoothing)라고 한다. 기업은 또한 배당금을 삭감하는 것보다는 증가시키는 것을 더 자주 행한다. 예를 들어 1971년에서 2001년 사이에, 미국 기업의 배당 변화 중 5.4%만이 감소하였다.[27] 기업 경영자에 대한 고전적 설문조사에서 존 린트너는 이러한 관찰이 (1) 투자자가 지속적인 성장을 가지는 안정적인 배당을 선호할 것이라는 경영자의 믿음과 (2) 순이익의 일부를 장기적인 목표 배당 수준으로 유지하고자 하는 경영자의 욕구에서 비롯된다고 주장하였다.[28] 따라서 기업은 예상된 미래의 순이익 수준이 지속적으로 장기간 증가할 것으로 인식하는 경우에만 배당을 올리고, 배당을 줄이는 것은 최종적인 수단으로 행한다.[29]

기업은 순이익이 변동하는데 어떻게 배당금을 평탄하게 유지할까? 이미 논의했듯이 기업은 자사주 매입을 통해 발행주식 수를 조정하거나 신주발행을 통해 현금을 확보하여 단기간에는 거의 어떤 수준으로도 배당금을 유지할 수 있다. 그러나 세금과 배당금 조달을 위한 거래비용으로 인하여, 경영자는 정기적인 순이익으로 배분을 감당할 수 없는 수준의 배당금을 정하는 것을 원하지 않는다. 이러한 이유에서 기업은 일반적으로 기업의 순이익 전망에 근거해서 유지할 수 있다고 예상되는 수준으로 배당금을 정한다.

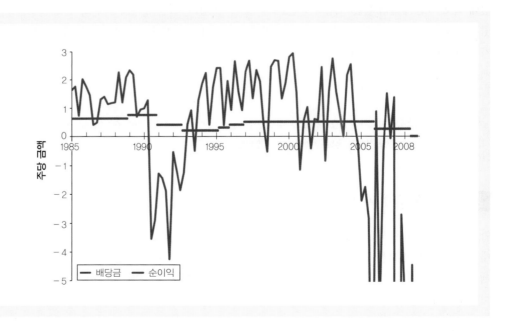

그림 17.7

GM의 순이익과 주당 배당금(1985~2008)

GM의 순이익과 비교해보면 배당 지급액은 파산선고 1년 전인 2008년에 중단되기 전까지는 상대적으로 안정적이다(자료는 주식분할을 조정했고, 순이익은 특별항목을 제외하였음).

출처 : Compustat과 Capital IQ

---

27 F. Allen and R. Michaely, "Payout Policy," in G. M. Constantinides, M. Harris, and R. M. Stulz, eds., *Handbook of the Economics of Finance: Corporate Finance* (2003).

28 J. Lintner, "Distribution of Income of Corporation Among Dividends, Retained Earnings and Taxes," *American Economic Review* 46 (1956): 97-113.

29 우리가 이 장에서 보여주었듯이 기업이 배당을 어떻게 설정하는지에 대한 좋은 설명일지 모르지만, 기업들이 배당을 평탄화해야만 하는 명확한 이유나 투자자가 이러한 관행을 선호한다는 증거는 없다.

배당 정보신호

기업이 배당을 평탄화한다면 기업의 배당 선택은 미래 순이익에 대한 경영자의 예측과 관련된 정보를 포함하고 있을 것이다. 기업이 배당금을 증가시키면, 가까운 미래에 더 큰 배당금을 감당할 수 있을 것이라는 경영자의 예측을 투자자에게 긍정적인 신호로 보낸다. 반대로 경영자가 배당금을 줄인다면, 순이익이 가까운 시기 내에 반등할 것이라는 기대를 포기한 것이고 또한 현금을 절약하기 위해 배당금을 줄이는 것이 필요하다는 신호가 될 것이다. 배당금의 변화가 기업의 미래 순이익 전망에 대한 경영자의 관점을 반영한다는 생각을 **배당 신호 가설**(dividend signaling hypothesis)이라고 한다.

기업의 배당 변화에 대한 시장의 반응에 관한 연구는 이 가설과 일치한다. 예를 들어 1967~1993년 사이에 배당금을 10% 이상 증가시킨 기업은 공시 이후에 1.34%의 주가 상승을 보았고, 배당금을 10% 이상 줄인 기업은 −3.71%의 가격 하락을 경험했다.[30] 주가 반응의 평균 크기는 배당 변화의 규모와 함께 증가하며, 배당금 삭감에서는 더욱 크다.[31]

배당의 정보신호는 제16장에서 보았던 채무를 정보신호로 사용하는 현상과 유사하다. 채무의 증가는 경영자가 기업이 미래 이자 지급액을 감당할 수 있다는 것을 믿고 있음을 알려준다. 그러나 경영자의 평판과 투자자 반응의 관점에서 배당의 삭감은 경영자에게 비용이 되지만, 결코 채무 상환에 실패한 것만큼 비용이 되는 것은 아니다. 결과적으로 배당의 변화는 채무의 변화와 비교해서 다소 약한 신호가 되는 것으로 보인다. 사실 실증분석에서 기업이 주식을 채무로 바꾼 때에 평균 10% 넘는 주가 상승을 보이고, 채무를 주식으로 바꿨을 때에는 4%에서 10%의 평균 주가 하락을 보여준다.[32]

기업의 배당 증가는 기업의 미래 현금흐름에 대한 경영자의 낙관을 신호하는 반면에 또한 투자 기회가 부족함을 알리는 것일 수 있다. 예를 들어 마이크로소프트의 2003년 최초 배당금의 실행은 미래 수익성 증가를 알리는 것과는 반대로 성장 전망이 감소했다는 결과로 인식되었다.[33] 반대로 회사가 배당금을 삭감하는 것은 새로운 양(+)의 NPV 성장 기회를 취하기 위한 것일 수 있다. 이 경우라면 배당의 삭감은 부정적이라기보다는 긍정적인 주가 반응을 가져올 것이다[638쪽 글상자 "로열 앤 선얼라이언스의 배당금 삭감" 참조]. 일반적으로 우리는 배당금을 경영자가 가지고 있을 것으로 보이는 새로운 정보 유형의 맥락에서 신호로 해석해야만 한다.

정보신호와 자사주 매입

자사주 매입은 배당과 마찬가지로 경영자의 정보를 시장에 신호를 보낸다고 할 수 있다. 그러나 자사주 매입은 배당금과는 구별되는 몇 가지 중요한 차이점이 있다. 첫째, 경영자는 배당금 지급에 비해 자사주 매입에 대한 이행 의지가 약하다. 앞에서 지적했듯이 기업이 공개시장 자사주 매입의 승인을 공시할 때

---

30 G. Grullon, R. Michaely, and B. Swaminathan, "Are Dividend Changes a Sign of Firm Maturity?" *Journal of Business* 75 (2002): 387–424. 이런 효과는 배당 개시(+3.4%)와 배당 생략(−7%)에서 더욱 크게 나타나며 결과는 아래 논문을 참고하라. R. Michaely, R. Thaler, and K. Womack, "Price Reactions to Dividend Initiations and Omissions: Overreaction or Drift?" *Journal of Finance* 50 (1995): 573–608. 또한 아래 논문에서 유사 결과를 확인할 수 있다. P. Healy and K. Palepu, "Earnings Information Conveyed by Dividend Initiations and Omissions," *Journal of Financial Economics* 21 (1988): 149–176.

31 그러나 모든 실증 결과가 배당 정보신호와 일치하는 것은 아니다. 예를 들어 배당 변화와 실현된 미래 순이익의 관계를 보여주는 결과를 찾는 것은 어렵다. S. Benartzi, R. Michaely, and R. Thaler, "Do Changes in Dividends Signal the Future or the Past?" *Journal of Finance* 52 (1997): 1007–1034.

32 C. Smith, "Raising Capital: Theory and Evidence," in D. Chew, ed., *The New Corporate Finance* (McGraw-Hill, 1993).

33 "An End to Growth?" *The Economist* (July 22, 2004): 61.

로열 앤 선얼라이언스의 배당금 삭감

몇 분기 동안 줄리언 핸스는 이단자처럼 느껴졌다. 2001년 11월 8일, 영국의 보험회사이자 연간 수익으로 £12.6 십억(€20.2 십억)을 올리는 로얄 앤 선얼라이언스(Royal & SunAlliance)의 재무이사였던 그는 상상할 수 없는 일을 실행했다. 즉, 회사의 배당금을 삭감하겠다고 공시한 것이다.

많은 사람들이 그 결정에 숨이 막힐 만큼 놀랐다. 배당금 삭감은 확실한 약점의 신호라고 주장했다. 회사는 이익이 떨어질 때만 배당금을 줄이는 것 아니었던가?

오히려 그 반대로 핸스는 반박을 했다. 미국 세계무역센터의 비극 이후로 전세계적으로 보험료의 상승이 있었고, 로열 앤 선얼라이언스는 보험업계에 높은 성장 기회가 있다고 믿었다.

"2002년 이후의 사업 기회 전망을 보면 주주에게 자금을 돌려주기보다는 사업에 재투자하는 것이 필요하다고 봅니다." 핸스는 설명하였다.

주식시장은 회사의 배당 소식 이후에 주가를 5% 올리면서 그의 주장에 동의했다. "배당금의 삭감이 긍정적으로 움직였다. 미래 수익성이 좋을 것이라는 것을 회사가 기대하고 있음을 보여준다."고 크레딧 리오네의 보험 분야 분석가인 매튜 라이트는 말했다.

출처 : Justin Wood, http://CFO Europe.com, 2001년 12월.

일반적으로 자사주 매입에 사용할 계획인 최대 금액을 공시한다. 그러나 실제 실행하는 금액은 훨씬 적을 수 있다. 또한 자사주 매입을 완전히 실행하는 데 몇 년이 걸리기도 한다.[34] 둘째, 배당과는 달리 기업은 자사주 매입을 매년 평탄화하지는 않는다. 그 결과 오늘의 자사주 매입 공시는 장기적으로 자사주 매입을 하겠다는 약속을 나타내지는 않는다. 이런 점에서 자사주 매입은 배당금보다는 기업의 미래 순이익에 대하여 약한 신호라고 할 수 있다.

배당금과 자사주 매입의 세 번째 핵심적인 차이는 자사주 매입의 비용은 주식의 시장가격에 달려 있다는 것이다. 만일 경영자가 현재 주식이 고평가되었다고 믿는다면 자사주 매입은 주식을 매입하고자 하는 주주에게는 높은 비용이 될 것이다. 왜냐하면 주식을 현재(고평가된) 가격에 매입하는 것은 음(−)의 NPV 투자이기 때문이다. 반면에 경영자가 주식이 저평가되었다고 인식할 때 자사주 매입은 매입하는 주주에게 양(+)의 NPV 투자이다. 따라서 경영자가 장기적인 주주의 이익을 위해 그리고 기업의 미래 주가의 극대화를 위해 행동한다면, 주식이 저평가되었다고 믿을 때 자사주 매입을 하려고 할 것이다. (반면에 만일 경영자가 주식을 매도하는 주주를 포함해서 전체 주주의 이익을 위해 행동한다면 낮은 가격에 매도하는 어느 누구의 비용으로 다른 이가 이익을 얻는 그런 동기는 없을 것이다.)

2004년의 설문조사에서 87%의 최고재무관리자(CFO)는 주식가격이 진정한 가치에 비해 상대적으로 가치가 낮다면 기업이 자사주 매입을 해야만 한다는 데 동의했으며,[35] 이것은 대부분의 CFO가 장기적인 주주의 이익을 위해 행동해야 한다고 믿고 있음을 의미한다. 그러므로 자사주 매입은 경영자가 주식이 저평가되었다고 믿고 있다는 신뢰할 만한 신호이다. 따라서 만일 투자자가 기업의 전망에 대해 경영자가 자신들보다 더 나은 정보를 가지고 있다고 믿는다면 자사주 매입 공시에 대해 긍정적으로 반응해야 한다. 사실 그렇다. 공개시장 자사주 매입 프로그램의 공시에 대하여 평균적인 시장가격의 반응은 약 3%이

---

34 C. Stephens and M. Weisbach, "Actual Share Reacquisitions in Open-Market Repurchase Programs," *Journal of Finance* 53 (1998): 313 – 333는 얼마나 많은 기업이 계획에 비해 실제 자사주 매입을 실행하는지 비교하였다. 자사주 매입 미실행에 대한 자세한 내용은 아래 논문을 참고하라. D. Cook, L. Krigman, and J. Leach, "On the Timing and Execution of Open Market Repurchases," *Review of Financial Studies* 17 (2004): 463 – 498.

35 A. Brav, J. Graham, C. Harvey, and R. Michaely, "Payout Policy in the 21st Century," *Journal of Financial Economics* 77 (3) (2005): 483-527.

다(반응의 정도는 계획 중인 자사주 매입 주식의 비중이 커질수록 증가함).[36] 반응은 고정가격 공개매수 (12%)와 네덜란드 경매방식 자사주 매입(8%)에서 더 크게 나타난다.[37] 이러한 자사주 매입 방식이 일반적으로 대규모 매입이고 매우 짧은 기간에 전반적인 자본구조 조정의 일환으로 발생한다는 것을 기억하자. 따라서 공개매수와 네덜란드 경매의 방식이 공개시장 자사주 매입에서 보다 경영자가 현재의 주식가격이 저평가되었다는 관점을 더욱 강하게 신호하고 있다.

자사주 매입과 시장의 시기 선택	예제 17.8

문제

클락 인더스트리는 200 백만 주의 발행주식을 가지고 있고 현재 주가는 $30이고 채무가 없다. 클락의 경영진은 주식이 저평가되었으며 진정한 가치는 주당 $35라고 믿는다. 클락은 현금 $600 백만을 주주에게 지급해서 현재 시장가격으로 자사주를 매입하려고 한다. 이 거래가 완료되면 새로운 정보가 나와서 투자자가 기업에 대한 견해를 수정하고 경영자의 가치평가에 동의할 것이라고 가정하자. 새로운 정보가 나올 때 클락의 주식가격은 얼마인가? 만일 클락이 새로운 정보가 나온 후까지 자사주 매입을 기다린다면 주식가격은 어떻게 다를까?

풀이

클락의 최초 시가총액은 $6 십억이다. $30/주당 × 200 백만 주 = $6 십억은 $600 백만의 현금과 기타 자산의 가치 $5.4 십억으로 구성된다. 현재의 주가에서 클락은 $600 백만/$30 = 20 백만 주의 자사주를 매입할 것이다. 자사주 매입 전후의 시장가치 재무상태표는 아래와 같다(단위 : $ 백만).

	자사주 매입 이전	자사주 매입 이후	새로운 정보 이후
현금	600	0	0
기타 자산	5400	5400	6400
자산의 총 시장가치	6000	5400	6400
주식 수(백만 주)	200	180	180
주가	$30	$30	$35.56

경영진에 따르면 클락의 최초 시가총액은 $7 십억(= $35 × 200 백만 주)이 되어야 하며, 이에 해당하는 기타 자산의 가치는 $6.4 십억일 것이다. 시장가치 재무상태표에서 보듯이 새로운 정보가 나타나면 클락의 주식가격은 $35.556로 오를 것이다.

만일 클락이 자사주 매입 이전에 새로운 정보가 나올 때까지 기다린다면, 주당 $35의 시장가격에 주식을 매입할 것이다. 따라서 17.1 백만 주의 주식만을 매입할 수 있을 것이다. 자사주 매입 이후 주가는 $6.4 십억/182.9 백만 주 = $35가 될 것이다.

---

[36] D. Ikenberry, J. Lakonishok, and T. Vermaelen, "Market Underreaction to Open Market Share Repurchases," *Journal of Financial Economics* 39 (2) (1995): 181-208. 그리고 G. Grullon and R. Michaely, "Dividends, Share Repurchases, and the Substitution Hypothesis," *Journal of Finance* 57 (2002): 1649-1684. 실제 주식의 구매를 하지 않아도 공시에 대하여 주식가격이 긍정적으로 반응할 것이라는 정보신호 설명은 아래 논문을 참고하라. J. Oded, "Why Do Firms Announce Open-Market Repurchase Programs?" *Review of Financial Studies* 18 (2005): 271-300.

[37] R. Comment and G. Jarrell, "The Relative Signaling Power of Dutch-Auction and Fixed-Price Self-Tender Offers and Open-Market Share Repurchases," *Journal of Finance* 46 (1991): 1243-1271.

주식이 저평가인 상태에서 자사주 매입을 통해 최종 주가는 $0.556 더 높으며, 그것은 장기적인 주주에게 $0.556×180 백만 주＝$100 백만의 이득을 주는 것을 의미한다. 이러한 이득은 진짜 가치보다 $5 낮은 가격에 20 백만 주를 매도한 매도 주주의 손실과 같다.

이 예제가 보여주듯이 주식이 저평가되었을 때 주식을 매입한 이득은 기업의 장기적인 주가를 올리게 된다. 마찬가지로 주식이 고평가되었을 때 주식을 매입하면 장기적인 주가는 하락할 것이다. 따라서 기업은 적절하게 자사주 매입의 시기를 선택할 것이다. 이런 전략을 예상한다면 주주는 자사주 매입을 기업이 저평가되었다는 신호로서 해석할 수 있을 것이다.

개념 확인

1. 배당금을 줄인다면 회사가 주는 가능한 정보신호는 무엇인가?
2. 주식이 저평가되었을 때 혹은 고평가되었을 때 어느 경우에 경영자가 자사주 매입을 실행하는 경우가 많을까?

17.7 주식배당, 주식분할, 자회사 분리

이 장에서 우리는 기업이 현금을 주주에게 지급하는 결정에 관심을 가져왔다. 그러나 기업은 현금이 연관되지 않은 다른 형태의 배당을 지급할 수 있는데, 그것은 주식배당이다. 이 경우 배당락일 이전에 주식을 소유한 개별 주주는 기업 자체의 주식지분을 추가적으로 받거나(주식분할과 유사함), 자회사의 주식지분을 추가적으로 받는다(자회사 분리, spin-off). 따라서 이러한 두 가지 형태의 거래를 살펴볼 것이다.

주식배당과 주식분할

만일 회사가 10%의 주식배당을 선언하면, 개별 주주는 보유한 주식 10주당 1주의 신주를 받게 될 것이다. 50% 이상의 주식배당은 일반적으로 주식분할로 알려져 있다(역주 : 주식배당은 배당이기 때문에 재무상태표의 이익 잉여금이 자본금으로 이전하는 것으로 나타나지만, 주식분할의 경우에는 이러한 변화 없이 발행주식 수만 바뀐다. 그러나 둘 모두 자기자본 전체 금액의 변화는 발생하지 않는다). 예를 들어 50%의 주식배당에서 개별 주주는 2주를 보유한 경우 1주의 주식을 추가로 받게 될 것이다. 이 경우 2주를 소유한 주주가 최종적으로 3주의 신주를 받게 되기 때문에, 이 거래는 3:2(3-for-2) 주식분할이 된다. 마찬가지로 100% 주식배당은 2:1 주식분할과 동일한 효과를 가져온다.

주식배당에서 기업은 주주에게 아무런 현금도 지급하지 않는다. 결과적으로 기업의 자산과 채무, 자기자본의 총 시장가치는 변하지 않는다. 오로지 달라지는 것은 발행주식 수이다. 따라서 동일한 총 자기자본의 가치를 늘어난 발행주식 수로 나누기 때문에 주식가격은 떨어질 것이다.

젠론의 주식배당을 예로 살펴보자. 젠론이 현금배당 대신에 50%의 주식배당(3:2 주식분할)을 실행한다고 하자. 표 17.5는 시장가치 재무상태표와 주식배당 전후의 주가를 보여준다.

주식배당 이전에 100주를 가진 주주의 포트폴리오 가치는 $42×100＝$4,200이다. 주식배당 이후에 주주는 $28의 주식 150주를 갖고 전체 포트폴리오 가치는 $28×150＝$4,200가 된다. (주식분할과 주식발행의 중요한 차이를 기억하자. 기업이 주식을 발행하면, 주식의 숫자가 증가하지만 기업은 또한 기존 자산에 현금을 추가하게 된다. 따라서 주식발행 후 만일 주식이 공정한 가격에 거래된다면 주가는 변화가 없다.)

표 17.5	50% 주식배당의 경우 배당부와 배당락일의 젠론의 주가($ 백만)	
	12월 11일(배당부)	**12월 12일(배당락)**
현금	20	20
기타 자산	400	400
자산의 총 시장가치	420	420
주식 수(백만 주)	10	15
주가	**$42**	**$28**

현금배당과는 달리 주식배당은 과세되지 않는다. 따라서 기업과 주주의 입장에서 주식배당은 어떠한 실질적인 변화도 결과로 가져오지 않는다. 발행주식 수는 지분에 비례하여 증가하고 주당 가격도 비례하여 하락하기 때문에 아무런 가치의 변화가 없다.

가치의 변화가 없다면 왜 기업은 주식배당이나 주식분할을 하는 것일까? 주식분할의 전형적인 동기는 소액 투자자가 매력적이라고 생각하는 가격대로 주식가격을 유지하려는 것이다. 주식은 일반적으로 100주를 단위로(한국에서는 1주 단위 거래도 가능함) 거래가 되며 어떤 경우라도 1주보다 작은 단위로는 거래가 일어날 수는 없다. 결과적으로 주가가 너무 높으면 소액 투자자로서 100주는 말할 것도 없고 1주도 감당하기 어려워질 수 있다. 주식을 소액 투자자에게 좀 더 매력적으로 만들면 주식의 수요가 늘어나고 유동성이 증가하기 때문에 결국 주가를 상승시킬 수 있다. 평균적으로 주식분할 공시는 주가를 2% 증가시키는 것으로 알려져 있다.[38]

대부분의 기업은 주가가 $100를 넘지 않도록 유지하는 데 주식분할을 활용한다. 1990년에서 2000년 사이에, 시스코는 9번의 주식분할을 실행해서 IPO 시점에 주식을 매입한 경우 288주가 되었다. 만일 주식분할을 하지 않았다면, 시스코의 주식가격은 2000년 3월의 마지막 분할 시점에는 288×$72.19인 $20,7909.72가 되었을 것이다.

기업들은 또한 주가가 너무 낮아지기를 원하지 않는다. 첫째, 주가가 매우 낮으면 투자자의 거래비용이 올라간다. 예를 들어 주식의 매도가와 매수가의 차이인 스프레드에는 주가와 관계없이 가격변동의 최소 단위인 틱(NYSE와 NASDAQ 거래의 경우 $0.01)을 갖는다. 백분율로 보면 틱 사이즈(tick size)는 주가가 높은 주식보다 낮은 주식에서 상대적 크기가 더 커진다. 또한 거래소는 상장 최소 가격을 유지하도록 요구한다(예 : NYSE와 NASDAQ는 상장회사가 주당 최소 $1의 가격을 유지해야 함).

주식가격이 너무 낮아지면 회사는 **주식병합**(reverse split)을 행하고 발행주식 수를 감소시킬 수 있다. 예를 들어 1:10 주식병합의 경우 주식 10주마다 하나의 주식으로 대체된다. 결과적으로 주가는 10배 상승하게 된다. 주식병합은 2000년 인터넷 붕괴 이후 많은 닷컴 기업에게 필요했고, 금융위기 이후 금융회사에도 마찬가지였다. 예로 시티 그룹은 1990년에서 2000년 사이에 주식을 7차례나 분할하여 12:1의 누

---

38 S. Nayak and N. Prabhala, "Disentangling the Dividend Information in Splits: A Decomposition Using Conditional Event-Study Methods," *Review of Financial Studies* 14 (4) (2001): 1083 – 1116. 주식분할이 개인 투자자를 유인한다는 연구는 R. Dhar, W. Goetzmann, and N. Zhu, "The Impact of Clientele Changes: Evidence from Stock Splits," Yale ICF Working Paper No. 03-14 (2004). 주식분할이 주주의 숫자를 늘리는 것 같지만 유동성에 미치는 영향에 대한 실증 결과는 혼재되어 있다. T. Copeland, "Liquidity Changes Following Stock Splits," *Journal of Finance* 34 (1979): 115 – 141; 그리고 J. Lakonishok and B. Lev, "Stock Splits and Stock Dividends: Why, Who and When," *Journal of Finance* 42 (1987): 913 – 932.

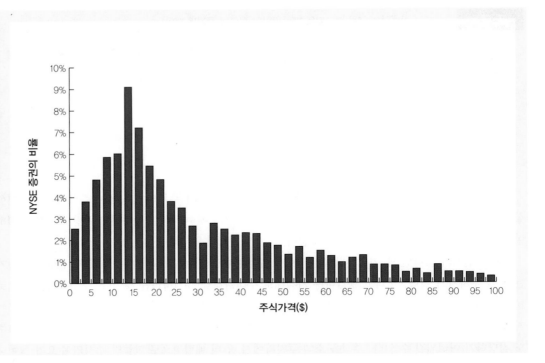

그림 17.8

NYSE의 주식가격 분포 (2015년 1월)

주식분할과 주식병합을 이용하여 대부분의 기업은 투자자의 거래비용을 낮추기 위해서 주가를 $10에서 $50 사이에 유지한다. 주가가 $100를 넘는 기업이 약 6% 있지만 주식가격의 중앙값은 $23이다.

적된 증가를 보였다. 그러나 2011년 5월에 1:10 주식병합을 통해서 주가를 $4.50에서 $45로 상승시켰다.

주식분할과 주식병합의 조합을 통해 기업은 원하는 범위 내로 주가를 유지할 수 있다. 그림 17.8에서 볼 수 있듯이, 거의 모든 회사는 주당 $100 미만의 주가를 가지고 있으며, 주당 $2.50에서 $65 사이에 주가의 90%를 가지고 있다.

자회사 분리

현금으로 배당을 지급하거나 자사주를 매입하는 대신에 **자회사 분리**(spin-off)라고 하는 거래를 통해 기업은 또한 자회사의 주식을 배분할 수도 있다. 비현금 특별배당이 자산이나 자회사를 별개의 기업으로 분리하는 데 보통 사용된다. 2000년 10월에 IPO를 통해 몬산토(Monsanto Corporation)의 15%를 매각한 후에, 파마시아(Pharmacia Corporation)는 2002년 7월 남아 있는 몬산토의 85% 지분을 분리하겠다고 선언하였다. 이러한 자회사 분리는 파마시아의 모든 주주가 1주당 몬산토 주식 0.170593주를 받는 특별배당을 통해 이루어졌다. 몬산토의 주식을 받은 후에 파마시아 주주는 모회사의 주식으로부터 몬산토 주식을 분리해서 거래할 수 있었다.

2002년 8월 13일 배당지급일에 몬산토 주식은 평균 $16.21로 거래되었다. 따라서 특별배당의 가치는 다음과 같다.

$$0.170593 \text{ 몬산토 주식} \times \text{주당 } \$16.21 = \text{주당 } \$2.77$$

초기에 100주의 파마시아 주식을 가진 주주는 몬산토 주식 17주와 주식의 나머지 대신에 $0.0593 \times \$16.21 = \$0.96$를 현금으로 가지게 될 것이다.

버크셔 해서웨이의 A주식과 B주식

많은 경영자는 소액 투자자가 쉽게 매매할 수 있도록 그들이 감당할 수 있는 가격을 유지하기 위해 주식을 분할한다. 버크셔 해서웨이(Berkshire Hathaway)의 회장이며 최고경영자인 워렌 버핏은 이에 반대한다. 버크셔의 1983년 연차보고서에서 "우리는 왜 버크셔가 주식분할을 안 하는지 질문을 받았다. … 우리는 스스로를 기업의 소유자라고 생각하는 장기적으로 투자할 의향을 가진 사람(주주)을 원한다. 그리고 우리는 시장가격이 아니라 사업 결과에 관심을 유지하는 사람을 원한다."고 말했다." 40년 동안 버크셔는 결코 주식분할을 하지 않았다.

버크셔 해서웨이의 높은 성과와 주식분할이 없었기 때문에 주가는 상승했다. 1996년에 주당 주가가 $30,000를 넘었다. 이 가격은 소액 투자자에게는 매우 비싸기 때문에 몇몇 금융회사가 버크셔 주식에만 투자하는 특정금전신탁(unit investment trust, 뮤추얼 펀드와 유사하지만 투자 포트폴리오는 확정되어 있음)을 만들었다. 투자자는 이러한 신탁상품에 소액 지분의 투자를 통해 버크셔 주식을 훨씬 낮은 가격에 처음 실질적으로 소

유할 수 있었다.

이에 따라 버핏은 1996년 2월에 버크셔 해서웨이 주식의 두 번째 종류로 B주식(Class B share)을 만든다고 선언했다. 원래 주식(이제 A주식으로 불림)의 소유자는 A주식을 30개의 B주식으로 바꿀 수 있는 기회를 가졌다. "우리는 주주에게 원한다면 스스로 분할하는 기회가 생겼다."고 버핏은 말했다. B주식을 통해 투자자는 버크셔 주식을 소액 투자로 소유할 수 있으며, 신탁상품을 통해 주식을 사기 위해 필요했던 추가적인 거래비용을 지불할 필요가 없어졌다.

그러는 동안에 A주식의 가치는 계속 상승했다. 2014년 12월에 최고치인 $230,000에 도달한 이후 1주의 가격은 2016년 초에 $195,000로 하락했다.*

* 주식분할을 하지 않는 버핏의 논리는 다소 수수께끼이다. 극단적으로 높은 주가가 이롭다면, 버핏은 주식병합을 통해 훨씬 빨리 고가에 도달할 수 있었을 것이다.

다른 대안으로 파마시아는 몬산토의 주식을 매도하고 현금을 주주에게 현금배당으로 배분할 수 있다. 파마시아가 선택한 자회사 분리 거래는 현금배당 전략보다 두 가지 점에서 이점이 있다. (1) 주식 매도에 따르는 거래비용을 피할 수 있다. (2) 특별배당은 현금배당으로 과세되지 않는다. 대신에 몬산토의 주식을 받은 파마시아 주주는 몬산토 주식을 매도하는 경우에만 자본이득세를 납부할 책임이 있다. [39]

여기까지는 주식배당을 실시함으로써 혹은 직접 주식을 매각하고 그 현금을 배분(또는 보유)하는 것으로 분리되는 자회사 주식을 배분하는 방법만을 고찰하였다. 그러나 원래 자회사로 분사를 할 것인지 아닌지에 대한 결정은 새로운 질문을 제기한다. 즉, 두 회사가 단일통합회사가 아닌 별도의 회사로 운영하는 것이 더 좋은 경우는 언제인가? 이 문제를 해결할 때 발생하는 문제는 두 회사를 합병하기로 결정한 문제와 동일하며, 이에 대해서는 제28장에서 자세히 논의한다.

개념 확인

1. 주식배당과 주식분할의 차이점은 무엇인가?
2. 주식병합의 주요 목적은 무엇인가?

---

39 자본이득을 받은 몬산토 주식에 대한 파마시아 주식의 원가기준 비율로 할당하여 계산한다. 파마시아는 배분일에 배당락 가격 $42.54에 거래되고 있었고, 특별배당은 전체 가치의 6.1% = 2.77/(2.77 + 42.54)에 달했다. 따라서 파마시아 주식은 원가기준으로 몬산토 주식에 6.1%를 할당하고, 나머지 93.9%를 파마시아에 할당한다.

핵심 요점 및 수식

17.1 주주에게 배분

- 만일 기업이 현금을 주주에게 배분하기를 원한다면 기업은 현금배당금을 지급하거나 자사주를 매입할 수 있다.
    - 대부분의 회사는 정기적으로 분기별 배당금을 지불한다. 경우에 따라 회사는 일회성 특별배당금을 지급한다.
    - 회사는 공개시장 매입, 공개매수, 네덜란드식 경매, 혹은 직접 매입을 이용하여 자사주를 매입한다.
- 배당공시일에, 기업은 배당기준일에 주주로 기록된 모든 주주에게 배당금을 지급할 것이라고 공시한다. 배당락일은 예정된 배당금을 받을 권리가 사라진 주식을 거래한 첫날이다. 일반적으로 배당기준일보다 2일 영업일 전의 날이다. 배당금수표는 배당지급일에 발송된다.
- 주식분할이나 주식배당에서 기업이 주주에게 현금이 아니라 추가적인 주식을 배분한다.

17.2 배당과 자사주 매입의 비교

- 완전자본시장에서 배당금이 지급될 때 주식가격은 배당금액만큼 하락한다. 공개시장 자사주 매입은 주식가격에 아무런 영향을 주지 않으며, 주식가격은 배당이 지급되었을 경우 배당부 가격과 같다.
- 모딜리아니-밀러 배당 무관련 명제는 완전자본시장에서 회사의 투자정책이 일정할 때, 회사의 현금배분정책 선택은 무관련하고 처음 주식가격에 영향을 주지 않는다고 한다.

17.3 배당의 세금 불이익

- 현실에서 자본시장은 완전하지 않으며 시장 불완전성은 회사의 현금배분정책에 영향을 준다.
- 세금을 유일한 시장 불완전성으로 고려해보면, 배당세율이 자본이득세율을 초과할 때 최적 현금배분정책은 배당을 지급하지 않는 것이다. 기업은 모든 현금배분으로 자사주 매입을 이용해야만 한다.

17.4 배당취득 이론과 세금의 고객효과

- 유효배당세율 τ_d^*는 받은 배당소득 1달러당 투자자의 순세금비용을 측정한다.

$$\tau_d^* = \left(\frac{\tau_d - \tau_g}{1 - \tau_g} \right) \tag{17.3}$$

- 유효배당세율은 소득 수준, 투자 기간, 세금 관할지역, 투자 계좌의 유형 등을 포함한 여러 가지 이유로 투자자에 따라 다르다.
- 상이한 투자자 세금이 고객효과를 만든다. 기업의 현금배분정책은 투자자 고객의 세금 선호도에 적합하다.

17.5 현금의 배분과 유보

- 모딜리아니-밀러의 현금배분정책 무관련성은 완전자본시장에서 기업이 가용현금흐름을 금융증권에 투자하면 기업의 현금배분과 현금 유보의 선택은 무관련하고 기업의 가치에 영향을 주지 않는다고 말한다.
- 법인세는 기업이 초과현금을 유보하는 것을 불리하게 만든다. 투자자의 세금을 조정한 이후라도 초과현금을 유보하는 것은 기업에게 상당한 세금 불이익으로 남는다. 현금 유보의 유효 세금 불이익은 아래와 같다.

$$\tau_{retain}^* = \left(1 - \frac{(1 - \tau_c)(1 - \tau_g)}{(1 - \tau_i)} \right) \tag{17.7}$$

- 현금 유보의 세금 불이익이 있더라도 일부 기업은 현금계정을 쌓는다. 현금계정은 잠재적인 미래의 현금 수요가 있어서 새로 자금을 조달하는 데 들어가는 거래비용을 최소화하는 데 도움을 준다. 그러나 미래 투자 필요성을 초과하여 현금을 보유하게 되면 주주에게 이익이 되지 않는다.
- 경영자는 비효율적인 투자와 경영자 특권에 초과현금을 소비하는 유혹에 빠질 수 있기 때문에 현금 유보의 세금 불이익에 덧붙여서 대리인 문제가 발생할 수 있다. 주주에 의한 압력이 없다면 경영자는 현금을 낭비하는 방식으로 사용하거나 회사의 채무는 줄이고 고용 안정을 공고히 하기 위해 현금을 쌓는 선택을 할 것이다.
- 배당금과 자사주 매입은 회사가 초과현금을 가질 때 낭비적인 지출의 대리인 문제를 최소화하는 데 도움이 된다.
- 기업은 상대적으로 일정한 배당금을 전형적으로 유지하려고 한다. 이러한 관행을 배당 평탄화라고 한다.

17.6 현금배분정책의 정보신호

- 배당금의 변화가 기업의 미래 순이익 전망에 대한 경영자의 관점을 반영한다는 생각을 배당 신호 가설이라고 한다.
    - 경영자는 일반적으로 기업이 가까운 미래에 더 높은 배당금을 감당할 수 있다는 확신이 있을 때만 배당금을 증가시킨다.
    - 경영자가 배당을 감축할 때는 순이익이 개선될 희망을 잃었다는 신호가 될 수 있다.
- 경영자가 현재 가격에 주식이 저평가되었다고 믿을 때에 자사주 매입이 좀 더 매력적일 것이라는 긍정적인 정보신호로 자사주 매입이 사용될 수 있다.

17.7 주식배당, 주식분할, 자회사 분리

- 주식배당을 통해 주주는 기업 자체의 주식지분을 추가적으로 받거나(주식분할), 자회사의 주식지분을 추가적으로 받는다(자회사 분리). 주식가격은 일반적으로 분할 규모에 비례하여 하락한다.
- 주식병합은 발행주식 수를 감소시키고, 그 결과 주가를 높이게 된다.

주요 용어

고객효과(clientele effects)
공개매수(tender offer)
공개시장 자사주 매입(open market repurchase)
그린메일(greenmail)
네덜란드식 경매(Dutch auction)
배당공시일(declaration date)
배당기준일(record date)
배당락일(ex-dividend date)
배당부(cum-dividend)
배당 신호 가설(dividend signaling hypothesis)
배당지급일(payable date)
배당취득 이론(dividend-capture theory)
배당 퍼즐(dividend puzzle)
배당 평탄화(dividend smoothing)

배분일(distribution date)
손안의 새 가설(bird in the hand hypothesis)
유효배당세율(effective dividend tax rate)
자사주 직접 매입(targeted repurchase)
자회사 분리(spin-off)
재택 배당금(homemade dividend)
주식배당(stock dividend)
주식병합(reverse split)
주식분할(stock split)
청산배당금(liquidating dividend)
투자금의 환급(return of capital)
특별배당금(special dividend)
현금배분정책(payout policy)

추가 읽을거리

현금배분정책에 관한 전체적인 검토를 위해서는 다음 연구를 참고하라. F. Allen and R. Michaely, "Payout Policy," in G. Constantinides, M. Harris, and R. Stulz, eds., *Handbook of the Economics of Finance: Corporate Finance Volume 1A* (Elsevier, 2003), 그리고 좀 더 최근 자료로는 H. DeAngelo, L. DeAngelo, and D. Skinner, "Corporate Payout Policy," *Foundations and Trends in Finance* 3 (2008): 95 – 287; 또한 J. Farre-Mensa, Joan, R. Michaely, and M. Schmalz, "Payout Policy," *Annual Review of Financial Economics* 6 (2014): 75 – 134가 있다.

현금배분정책에 관한 문헌은 방대하다. 독자들은 다음 연구목록에서 흥미로운 주제를 찾을 수 있을 것이다.

현금배분정책의 정보신호에 관한 연구 : K. Dewenter and V. Warther, "Dividends, Asymmetric Information, and Agency Conflicts: Evidence from a Comparison of the Dividend Policies of Japanese and U.S. Firms," *Journal of Finance* 53 (1998): 879 – 904; E. Dyl and R. Weigand, "The Information Content of Dividend Initiations: Additional Evidence," *Financial Management* 27 (1998): 27 – 35; G. Grullon and R. Michaely, "The Information Content of Share Repurchase Programs," *Journal of Finance* 59 (2004): 651 – 680.

배당과 자사주 매입의 선택에 관한 연구 : L. Bagwell and J. Shoven, "Cash Distributions to Shareholders," *Journal of Economic Perspectives* 3 (1989): 129 – 140; M. Barclay and C. Smith, "Corporate Payout Policy: Cash Dividends Versus Open-Market Repurchases," *Journal of Financial Economics* 22 (1988): 61 – 82; A. Dittmar, "Why Do Firms Repurchase Stock?" *Journal of Business* 73 (2000): 331 – 355; G. Fenn and N. Liang, "Corporate Payout Policy and Managerial Stock Incentives," *Journal of Financial Economics* 60 (2001): 45 – 72; W. Guay and J. Harford, "The Cash-Flow Permanence and Information Content of Dividend Increases Versus Repurchases," *Journal of Financial Economics* 57 (2000): 385 – 415; M. Jagannathan, C. Stephens, and M. Weisbach, "Financial Flexibility and the Choice Between Dividends and Stock Repurchases," *Journal of Financial Economics* 57 (2000): 355 – 384; K. Kahle, "When a Buyback Isn't a Buyback: Open Market Repurchases and Employee Options," *Journal of Financial Economics* 63 (2002): 235 – 261; and M. Rozeff, "How Companies Set Their Dividend Payout Ratios," in Joel M. Stern and Donald H. Chew, eds., *The Revolution in Corporate Finance* (Basil Blackwell, 1986).

세금의 고객효과에 관한 연구 : F. Allen, A. Bernardo, and I. Welch, "A Theory of Dividends Based on Tax Clienteles," *Journal of Finance* 55 (2000): 2499 – 2536.

자사주 매입의 시기 선택에 관한 연구: P. Brockman and D. Chung, "Managerial Timing and Corporate Liquidity: Evidence from Actual Share Repurchases," *Journal of Financial Economics* 61 (2001): 417 – 448; and D. Cook, L. Krigman, and J. Leach, "On the Timing and Execution of Open Market Repurchases," *Review of Financial Studies* 17 (2004): 463 – 498

연습문제

* 표시는 난이도가 높은 문제다.

주주에게 배분

1. 기업은 이자 지급 의무를 다한 뒤 가용현금흐름을 사용하는 데 어떤 선택안을 가지고 있는가?

2. ABC 주식회사는 2012년 4월 2일(월요일)을 배당기준일로 모든 주주에게 배당금을 지불하겠다고 공시하였다. 새로 주식을 매수한 후 주주로 등록되는 데 3일의 영업일이 소요된다.
   a. ABC 주식을 매수해서 배당금을 받을 수 있는 마지막 날은 언제인가?
   b. 배당락일은 언제인가?

3. 기업이 자사주 매입을 위해서 사용할 수 있는 다양한 방법을 설명하라.

배당과 자사주 매입의 비교

4. RFC는 $1의 배당금을 공시했다. 만일 RFC의 배당부 종가가 $50였다면 배당락 시초가는 얼마인가? (완전자본시장을 가정함)

5. EJH는 20 백만 주의 발행주식에 시가총액 $1 십억이다. 이 회사는 $100 백만을 공개시장 자사주 매입을 통해 배분하려고 한다. 완전자본시장을 가정한다.
   a. 자사주 매입 직전 EJH의 주당 가격은 얼마가 될까?
   b. 자사주 매입 주식 수는 얼마인가?
   c. 자사주 매입 직후 EJH의 주당 가격은 얼마가 될까?

6. KMS는 $500 백만의 자산을 가지고 있는데, $50 백만은 현금이다. 채무는 $200 백만이다. KMS는 $20 백만의 채무를 지고 있고, 10 백만 주의 발행주식이 있다. 완전자본시장을 가정한다.
   a. 현재의 주가는 얼마인가?
   b. 만일 KMS가 $50 백만을 배당금으로 지급한다면, 배당금이 지급된 후에 주가는 얼마가 되겠는가?
   c. 배당 대신 KMS가 $50 백만은 자사주 매입을 한다면, 자사주 매입 이후 주가는 얼마가 되겠는가?
   d. 이러한 거래 이후에 레버리지 비율은 어떻게 될까?

7. 낫삼 주식회사는 $250 백만의 초과현금을 보유하고 있다. 회사는 채무가 없고 500 백만의 발행주식 수를 가지고 있는데, 주가는 시장가격으로 $15이다. 낫삼의 이사회가 이 현금을 일회성 배당금으로 지급하려고 결정했다.
   a. 완전자본시장에서 배당락일의 주가는 얼마인가?
   b. 만일 이사회가 배당 대신에 일회성 자사주 매입을 결정하였다면, 완전자본시장에서 자사주 매입이 완료된 이후 주가는 얼마인가?
   c. 완전자본시장에서 (a)와 (b)의 어느 정책이 주주에게 더 이로운가?

8. 낫삼의 이사회가 7번 문제 (b)의 자사주 매입을 결정했는데, 당신은 배당금을 선호하는 투자자라고 가정하자. 이사회가 배당금 지급을 결정한 것과 동일한 상황에 당신 스스로 처한 것으로 만들려면 어떻게 해야 할까?

9. 당신은 오라클 주식회사에서 일하고 있으며 보상의 일부로 스톡옵션을 받는다. 스톡옵션의 가치는 옵션 행사시기의 오라클의 주식가격과 주당 행사가격인 $10의 차이다. 오라클이 주주들에게 현금을 지불하기 위해 배당금이나 자사주 매입을 이용할 때, 옵션 보유자로서 어떤 방안을 선호하는가? 그 이유를 설명하라.

10. B&E 프레스가 매년 말 아래 일정에 따라 배당금을 지급했다고 가정하자. 또한 B&E는 연말 배당락 주가로 5 백만 주를 자사주 매입을 실행 후 주식 수를 줄였다(완전자본시장 가정).

	2009	2010	2011	2012	2013
배당락 주가($/1주)	10.00	12.00	8.00	11.00	15.00
배당($/1주)		0.50	0.50	0.50	0.50
발행주식 수(백만 주)	100	95	90	85	80

   a. B&E 자기자본의 총 시장가치는 무엇이며, 매년 말에 주주에게 지급되는 총금액은 얼마인가?
   b. B&E가 배당금 지급만으로 동일한 총금액을 배분했다면(주식 수를 일정하게 유지하면서), 배당금은 얼마를 지급할 것이며, 매년 배당락 주가는 얼마가 될까?
   c. B&E가 자사주 매입만으로 동일한 총금액을 배분했다면 (배당은 지급하지 않음), 발행주식 수는 몇 주가 될 것이며, 매년 주가는 얼마가 될까?
   d. 최초에 B&E 주식을 10주 보유한 주주를 고려해보자. 주식을 매도하지 않고 모든 배당금을 배당락 주가로 재투자한다고 할 때, 주주는 지급정책 중 (b), (c) 또는 원래의 정책 중 어떤 것을 선호할 것인가?

배당의 세금 불이익

11. HNH는 일정한 배당금으로 매년 주당 $2를 영구히 지급할 것이다. 모든 투자자가 배당금에 대한 세금으로 20%를 납부해야만 하고 자본이득세는 없다고 가정하자. HNH 주식에 투자하는 자본비용은 12%이다.

   a. HNH의 주식가격은 주당 얼마인가?

   b. 경영자가 HNH가 더 이상 배당금을 지급하지 않고 대신에 같은 현금으로 자사주 매입을 하겠다고 갑작스러운 공시를 했다. HNH 주식의 현재 가격은 얼마인가?

12. 표 17.2를 이용하여 다음 연도에 대하여 각각 1년 투자 기간의 개인 투자자에게 배당의 세금 불이익이 있는지 설명하라.

   a. 1985   b. 1989   c. 1995   d. 1999   e. 2005

배당취득 이론과 세금의 고객효과

13. 1981년에 1년간 주식을 보유할 계획이었던 미국 투자자에 대한 유효배당세율은 얼마인가? 투자자는 최고세율을 적용받는다. 레이건의 감세가 발효된 1982년에 유효배당세율은 어떻게 바뀌었는가? (주세는 무시한다.)

14. 2003년에 통과된 배당금 삭감은 최고 세율의 미국 투자자에 대한 유효배당세율을 역사적인 최저 수준으로 낮췄다. 지난 35년 중 유효배당세율이 이 정도로 낮았던 기간은 언제인가?

15. 모든 자본이득세율이 25%이고, 배당세율이 50%라고 가정해보자. 알버클은 현재 $30에 거래 중이며 $6의 특별배당을 지급하려고 한다.

   a. 다른 거래 마찰이나 뉴스가 없다면 배당을 지불한 직후 주가는 얼마인가?

   알버클이 특별배당금을 지불하기보다는 자사주 매입을 할 것이라는 깜짝 뉴스를 발표했다고 가정하자.

   b. 이 결정으로 인해 투자자의 한 주당 순세금 감면액은 얼마인가?

   c. 이 뉴스의 발표 후 알버클의 주가는 어떻게 될까?

16. 당신은 1년 전에 CSH 주식을 $40에 구입했으며 현재 $50에 판매 중이다. 회사는 $10의 특별배당을 계획한다고 발표했다. 지금 주식을 매도할지 아니면 배당을 받고 나서 매도할지를 고려 중이다.

   a. 2008년 세율을 가정할 때 지금 매도하는 것과 기다리는 의사결정을 무차별하게 만드는 CSH의 배당락 주가는 얼마인가?

   b. 자본이득세율이 20%이고 배당세율이 40%라고 가정할 때, 현재 당신을 무차별하게 하는 배당락 주가는 얼마인가?

17. 더스트리트닷컴은 2004년 11월 15일 월요일에 "마이크로소프트 주주들에게 지급하기로 한 특별배당금 $3.08에 대한 권리가 만료되면서 금융시장의 효율성에 대한 실험이 월요일에 진행될 것"이라고 보도하면서 다음과 같이 언급하였다. "현재 주식은 $3 특별배당금과 분기배당금 $0.08를 고려한 배당락 가격으로 거래되고 있습니다. 즉, 구매자가 지금 주식을 취득하면 돈을 받지 못한다는 의미입니다." 마이크로소프트 주식은 결국 배당락일(11월 15일)에 $27.34의 시초가로 거래되었으며, 이는 전날 대비 $2.63 하락한 가격이다.

   a. 이 주가 하락은 배당금 지급으로 인해 발생한 것(그날 주가에 영향을 미치는 다른 정보는 없음)이라고 가정할 때, 이러한 주가 하락은 마이크로소프트의 유효배당세율에 대해 어떤 의미를 지니는가?

   b. 이 정보를 바탕으로 마이크로소프트 주식에서 한계 투자자(가격을 결정하는 사람)가 될 가능성이 가장 큰 투자자는 다음 중 누구인가?

   i. 장기 개인 투자자   ii. 1년 개인 투자자   iii. 연기금   iv. 기업

18. 현행 세율에서 배당 수익률이 높은 주식을 보유할 가능성이 가장 큰 투자자는 누구인가?

   a. 개인 투자자   b. 연기금   c. 뮤추얼 펀드   d. 기업

19. 큐 주식회사는 주당 $1의 정기배당을 지급한다. 일반적으로 주가는 배당락이 이루어질 때 주당 $0.80가 하락한다. 자본이득세율이 20%일 때 투자자는 배당금에 대해 다른 세율을 적용받는다. 거래비용이 없다면, 배당을 얻기 위한 거래를 한 투자자가 적용받는 가장 높은 배당세율은 얼마인가?

20. 장기 개인 투자자가 보유하고 있는 어떤 주식이 대규모의 일회성 배당금을 지급했다. 당신은 배당락일의 주가 하락은 배당 지급액의 규모와 관계가 있다는 것을 알고 있다. 배당의 세금 불이익을 고려하면 이 관계가 수수께끼인 것을 알 수 있다. 배당취득 이론이 이러한 행동을 어떻게 설명하는지 설명하라.

현금의 배분과 유보

21. 클로빅스 주식회사는 현금 $50 백만을 가지고 있으며, 발행주식 수는 10 백만 주이고 현재 주가는 $30이다. 클로빅스는 주당 $5의 즉각적인 특별배당을 지불하기 위해 $50 백만을 사용할 것인지, 아니면 유보 후에 10%의 무위험 이자율로 투자해서 얻는 이자 $5 백만으로 연간 정규배당금을 주당 $0.50 증가시킬 것인지 고려하고 있다. 완전자본시장을 가정하라.

   a. 클로빅스가 특별배당금을 지불한다고 가정하자. 정기배당금의 증가를 선호하는 주주는 어떻게 자체적으로 그것을 만들 수 있을까?

   b. 클로빅스가 정규배당금을 증가시킨다고 가정하자. 특별배당금을 선호하는 주주는 어떻게 자체적으로 그것을 만들 수 있을까?

22. 완전자본시장을 가정하자. 케이 산업은 이자율 7%를 지급하는 미 재무부 단기채에 $100 백만을 투자하고, 이자수입은 배당금으로 지급할 것이다. 이사회는 미 재무부 단기채를 매각하고 일회성 배당금으로 매각대금을 지급하는 것을 고려 중이다.

   a. 원래 계획을 추진하려던 이사회가 정책 변경을 공시하면 케이의 주식가치는 어떻게 될까?

   b. 일회성 배당금의 배당락일에 케이 주식의 가치는 어떻게 될까?

   c. 위와 같은 주가 반응을 고려할 때, 정책 변경은 투자자에게 이익이 될까?

23. 케이 산업이 35%의 법인세를 납부해야만 하고 개인 투자자의 세금은 없다고 가정하고 22번 문제에 대하여 다시 답하라.

24. 해리스 주식회사는 $250 백만의 현금을 가지고 있으며 발행주식 수는 100 백만 주이다. 법인세율이 35%라고 가정하고 투자자는 배당 및 자본이득세, 이자소득에 대하여 세금을 내지 않는다. 투자자들은 해리스가 자사주 매입을 통해서 $250 백만을 지급할 것이라고 기대하고 있다. 대신 해리스가 현금을 영구히 보유하고 현금의 이자수익을 통해 정규배당을 지급할 것이라고 공시하였다고 가정해보자. 현금 유보의 다른 이점이 없다면, 해리스의 주가는 공시 이후 어떻게 변화할 것인가?

25. 22번 문제에 대하여 다음을 가정하고 다시 답하라.

   a. 투자자는 배당세율로 15%를 납부하고 자본이득이나 이자소득에 대한 세금은 없다. 그리고 케이는 법인세를 납부하지 않는다.

   b. 투자자는 배당세율과 자본이득세율로 15%를 납부하고 이자소득에 대한 세율은 35%이다. 그리고 케이는 법인세로 35%를 납부한다.

26. 라비브 산업은 자사주 매입에 사용할 수 있는 현금 $100 백만을 보유하고 있다. 대신 라비브가 연간 10%의 이자를 지불하는 계좌에 자금을 투자한다고 가정하자.

   a. 법인세율이 40%라면, 라비브는 연말에 법인세를 제외하고 얼마나 많은 추가 현금을 얻게 될 것인가?

   b. 투자자들이 자본이득에 대하여 20%의 세금을 납부해야 한다면, 자본이득세를 제외하고 주식가치가 얼마나 증가할 것인가?

   c. 투자자들이 이자소득에 대하여 30%의 세금을 납부해야 한다면, 자체적으로 $100 백만을 투자했을 경우에 얼마가 되었을까?

d. 라비브가 내년에 계획한 확장을 위해 외부 투자자로부터 새로운 자금을 모을 필요가 없도록 현금을 유보했다고 가정하자. 새로운 자금을 모으는 경우에는 발행 수수료를 지불해야 한다. 투자자들에게 현금 유보의 이점이 있으려면 발행 수수료를 얼마나 절감해야 할까? (수수료는 법인세 목적상 비용 처리된다고 가정한다.)

27. 표 15.3의 자료를 이용하여 아래 연도의 유보 현금의 세금 불이익을 계산하라.

　　a. 1998　　　　　　　　　b. 1976

현금배분정책의 정보신호

28. 배당금 지급의 증가가 어떤 상황에서 아래의 정보신호로 해석될 수 있는지 설명하라.

　　a. 긍정적인 뉴스　　　　b. 부정적인 뉴스

29. 자사주 매입 공시가 긍정적인 정보신호로 간주되는 이유는 무엇인가?

*30. AMC 주식회사는 현재 사업가치(EV) $400 백만과 $100 백만의 초과현금을 가지고 있다. 회사는 10 백만 주의 발행주식을 가지고 있으며 채무는 없다. 만일 AMC가 보유한 초과현금으로 자사주를 매입한다고 하자. 자사주 매입 이후 AMC의 사업가치는 $600 백만이 되거나 $200 백만으로 변할 것이라는 뉴스가 나올 것이다.

　　a. 자사주 매입 이전의 AMC 주가는 얼마인가?

　　b. 만일 사업가치가 올라간다면 자사주 매입 이후 AMC의 주가는 얼마가 될까? 사업가치가 떨어진다면 주가는 얼마가 되겠는가?

　　c. 뉴스가 나올 때까지 AMC가 기다린 후에 자사주 매입을 실행하였다고 가정하자. 만일 사업가치가 올라간다면 자사주 매입 이후 AMC의 주가는 얼마가 될까? 사업가치가 떨어진다면 주가는?

　　d. AMC의 경영진이 희소식이 나올 것으로 기대하고 있다고 가정하자. (b)와 (c)의 해답에 근거해서, 만일 경영진이 AMC의 최종 주가를 극대화하기를 원한다면 자사주 매입을 뉴스 이전에 실행해야 하는가, 뉴스 이후에 실행해야 하는가? 만일 나쁜 소식이 나올 것으로 경영진이 예상한다면 언제 자사주 매입을 실행해야 하는가?

　　e. (d)의 해답을 근거로 당신은 자사주 매입 공시가 주가에 어떤 영향을 줄 것이라고 기대하였는가? 그 이유는?

주식배당, 주식분할, 자회사 분리

31. 버크셔 해서웨이의 A주식이 $120,000에 거래되고 있다면, 주식가격을 $50로 낮추기 위해서는 주식분할을 어떤 비율로 행해야 할까?

32. 호스트 호텔 앤 리조트의 주식이 현재 주당 $20에 거래되고 있다고 하자.

　　a. 만일 호스트가 20%의 주식배당을 한다면, 새로운 주식가격은 얼마가 되겠는가?

　　b. 만일 호스트가 3:2의 주식분할을 한다면, 새로운 주식가격은 얼마가 되겠는가?

　　c. 만일 호스트가 1:3의 주식병합을 한다면, 새로운 주식가격은 얼마가 되겠는가?

33. 대부분의 기업이 주식배당(주식 분할)을 선택하는 이유를 설명하라.

34. 주식병합을 실행하는 것이 이로운 시기는 언제인가?

35. 어댑텍은 2001년 5월 11일 시장 마감 후에 소프트웨어 부서인 록시오의 주식을 배당으로 지급하였다. 모든 어댑텍 주주는 주당 0.1646주의 록시오 주식을 받았다. 당시 어댑텍 주식은 주당(배당부)$10.55에 거래되었고, 록시오의 주식가격은 주당 $14.23였다. 완전자본시장에서 록시오 주식의 지급이 끝난 후 어댑텍의 배당락 주가는 어떻게 되겠는가?

자산운용회사의 컨설턴트인 당신은 2003년 2월 28일에 시스코 주식 백만 주를 매입한 매우 영향력이 있는 고객을 맡게 되었다. 시스코를 연구하면서 당신은 시스코가 대량의 현금을 보유하고 있다는 것을 알게 되었다. 추가적으로 고객은 시스코 주가가 최근 정체되었다고 불만을 드러냈다. 고객은 이사회에 축적한 현금의 절반을 배분하는 것을 요청하려고 하고 있으나 자사주 매입과 특별배당금 중 어느 것이 유리한지는 결정하지 못하고 있다. 당신은 자사주 매입에서 고객이 동일한 지분율을 유지한다고 가정할 때, 어떤 쪽이 세후 금액이 더 나은 방법인지 알려달라는 요청을 받았다. 배당금과 자본이득에 동일한 세율(20%)이 적용되기 때문에, 고객은 배당금과 자사주 매입에 차이가 없다는 생각을 하고 있다. 고객에게 확신을 주기 위해 시나리오별 "숫자로 보여주기"가 필요한 시점이다.

1. Yahoo! Finance(finance.yahoo.com)에 가서 시스코를 주가 심볼(CSCO)로 입력한다. 그리고 "Key Statistics(주요 통계)"를 클릭한다.
   a. 현재 주가와 발행주식 수를 기록한다.
   b. "Financials" 아래의 "Balance Sheets(재무상태표)"를 클릭한다. 엑셀에 정보를 복사하여 카피한다.
2. 재무상태표에 보고된 가장 최근의 "현금 및 유가증권(Cash and Cash Equivalents)"의 절반을 이용하여(단위 : $1,000) 다음을 계산한다.
   a. 현재 시장가격을 기준으로 자사주 매입할 수 있는 주식의 수
   b. 총 발행주식 수를 기준으로 지급할 수 있는 주당 배당금
3. Yahoo! Finance(finance.yahoo.com)에 가서 고객이 2003년 2월 28일에 주식을 매입했을 때의 가격을 구한다.
   a. 시스코의 심볼을 "Get Quotes(호가 구하기)"에 입력한다.
   b. "Historical Prices(과거 주가)"를 클릭하고, 고객이 주식을 매입한 날짜는 시작일과 종료일로 입력하고 "Enter"를 누른다. 조정 종가를 기록한다.
4. 세전과 세후에 당신 고객이 자사주 매입과 배당금으로 받게 될 총현금을 계산한다.
5. 위 4단계의 계산은 고객의 즉각적인 현금흐름과 세금을 반영하지만, 자사주 매입에서 매도되지 않은 주식이 청산된 이후에 고객에게 돌아가는 최종적인 금액을 고려하지는 않는다. 이것을 고려하기 위해서는 우선 고객이 배당금과 자사주 매입 직후에 남아 있는 모든 주식을 매도했을 때 어떻게 되는지를 결정해야 한다. 배당금이 지급되면 주가는 배당금만큼 하락한다고 가정한다. 이 경우 배당금과 자사주 매입에서 (배당과 자본이득을 고려하여) 고객의 총 세후 현금흐름은 얼마인가?
6. 세전 기준으로 고객에게 이로운 프로그램은 어느 것인가? 세후 기준으로 고객에게 이로운 프로그램은 어느 것인가? 남은 주식을 배당이 지급된 이후에 모두 매도한다고 가정한다.
7. 당신의 고객이 오늘 1 백만 주를 매도하지 않을 것이기 때문에 배당/자사주 매입 시점에 당신은 2개의 장기 보유기간 고려를 결정해야 한다. 양쪽 계획 모두에서 고객은 모든 남은 주식을 5년 뒤에 매도하거나 혹은 10년 뒤에 모두 매도한다. 주식이 연간 10%의 수익률을 얻을 것이라고 가정한다. 또한 시스코가 향후 10년간 배당금을 지급하지 않을 것이라고 가정한다.
   a. 배당금이 지금 지급된다면, 5년 뒤 혹은 10년 뒤의 주가는 얼마가 될 것인가?
   b. 만일 시스코가 지금 자사주 매입을 한다면, 5년 뒤 혹은 10년 뒤의 주가는 얼마가 될 것인가?
   c. 두 가지 현금 지급 방법 모두에서 남은 모든 주식이 5년 후에 매도된다면 두 시점(배당금 지급 혹은 자사주 매입이 이루어지는 시점과 나머지 주식이 매도되는 시점)에서 총 세후 현금흐름을 계산한다. 각 시점에서 두 가지 현금 지급 방법하의 현금흐름 간의 차이를 계산한다. 주식이 10년 후에 매도된다는 가정을 가지고 반복한다.

8. 주식이 연간 20%의 수익률을 얻을 것이라는 가정에서 질문 7을 반복한다. 수익률이 20%와 10%일 때 두 현금 지급 방법하의 현금흐름의 차이에 대해 무엇을 알게 되었나?

9. 할인율의 범위에 대한 양 보유기간 가정하에서의 현금흐름의 차이에 대한 NPV를 계산하라. 질문 8에 대한 해답을 바탕으로 올바른 할인율은 무엇인가?

주석 : 이 사례 분석에 대한 갱신은 www.berkdemarzo.com에서 찾을 수 있다.

가치평가

일물일가의 법칙과의 연계. 이 책의 제6부는 가치평가의 주제로 돌아가서, 위험과 수익률에 대한 이해와 기업의 자본구조 선택을 통합한다. 제18장에서는 이 책의 이전 5개의 장에서 다뤘던 주제의 지식을 합쳐서 불완전시장에 놓인 차입 기업의 세 가지 자본예산 방법을 제시한다. 그것은 가중평균 자본비용(WACC) 방법, 조정현재가치(APV) 방법, 그리고 주주 귀속 현금흐름(FTE) 방법이다. 일물일가의 법칙이 보장하듯이, 궁극적으로는 세 가지 방법이 모두 동일한 가치의 평가에 이르겠지만, 우리는 어느 경우에 어떤 방법이 가장 적용하기 쉬운지 그 조건들을 확인할 것이다. 제19장은 레버리지를 이용한 인수라는 관점에서 기업의 가치평가를 하기 위해서 제18장의 평가 방법을 적용한다. 따라서 제19장은 지금까지 책에서 배운 모든 개념이 어떻게 복잡한 현실의 재무 의사결정에 이용되는지를 보여주는 종합 사례가 된다.

차입 기업의 자본예산과 가치평가

2015년 가을, GE는 약 $255 십억의 시가총액을 가지고 있었다. 순채무(= 채무 − 현금)로 $224 십억을 가진 GE의 총 기업가치는 $479 십억으로 세계(애플 다음이고 알파벳과 엑손 모빌보다 앞선)에서 두 번째의 가치를 가졌다. GE의 사업에는 발전 및 항공운송장비, 의료 및 의료장비, 가전제품, 소비자 및 상업금융 및 보험이 포함된다. 부채/가치 비율이 50%를 초과하는 상황에서 부채는 분명히 GE의 사업 전략의 일부이다. GE와 같이 레버리지를 사용하는 회사는 레버리지와 관련된 비용 및 이득을 자본예산 결정에 어떻게 반영해야 하는가? 기업은 다양한 사업 활동과 관련한 위험의 차이와 채무 필요액을 어떻게 조정해야 하는가?

우리는 제7장에서 자본예산 수립을 소개하였다. 거기에서 다음의 기본적인 절차를 설명하였다. 우선 프로젝트가 창출하는 증분 가용현금흐름을 추정한다. 그리고 NPV를 결정하기 위해서 가용현금흐름을 프로젝트의 자본비용으로 할인한다. 지금까지 우리는 무차입 프로젝트에 초점을 맞추었다. 이 장에서 우리는 제4부와 제5부의 교훈을 자본예산 수립에 통합하고 대안적인 자금조달 방안을 고려한다. 특히 우리는 기업의 자금조달 결정이 자본비용과 궁극적으로 할인할 현금흐름에 어떻게 영향을 미칠 수 있는지 설명한다.

우리는 레버리지와 시장 불완전성이 있는 상황에서 자본예산 수립의 세 가지 주요 방법인 가중평균 자본비용(WACC) 방법, 조정 현재가치(APV) 방법, 그리고 주주 귀속 현금흐름(FTE) 방법을 소개한다. 그들의 세부내용은 다르지만, 적절하게 적용되면 모두 동일한 투자(기업)가치를 예측하게 된다. 알게 되겠지만 이들 방법의 선택은 어떤 방법이 주어진 상황에 따라 가장 간단하게 사용할 수 있는 것인가에 달려 있다. 궁극적인 해결책으로 우리는 각 기업의 자금조달정책에 따라 적용할 최선의 방법에 관한 처방을 개발할 것이다.

이 장에서 우리는 주요 자본예산 수립 방법의 직관과 구현에 초점을 맞추게 된다. 이 장의 부록에서는 이 장에서 사용된 결과 중 일부에 대한 정당성 및 가정에 대한 추가 세부정보를 제공한다. 또한 레버리지와 가치를 동시에 해결하기 위해 엑셀에서 사용할 수 있는 고급 계산 기술을 소개한다.

기호

FCF_t	t 시점의 가용현금흐름
r_{wacc}	가중평균 자본비용
r_E, r_D	자기자본 비용, 타인자본 비용
r_D^*	주식 등가채무 자본비용
E	주식의 시장가치
D	채무의 시장가치
τ_c	한계법인세율
D_t	t 시점에 프로젝트에 의해 증가된 채무 필요액
V_t^l	투자의 t 시점 차입 가치
d	부채/가치 비율
r_U	무차입 자본비용
V^U	투자의 무차입 가치
T^s	미리 정해진 이자의 세금 절감액 가치
k	이자보상 배율
Int_t	t 시점의 이자비용
D^s	미리 정해진 이자의 세금 절감액 차감후 채무잔액
ϕ	채무 수준의 영구성
τ_e, τ_i	주식세율, 이자수입세율
τ^*	채무의 실효적 세금 혜택

18.1 주요 개념의 개관

우리는 자본예산 수립의 세 가지 중요 방법을 18.2절에서부터 18.4절에 걸쳐 소개한다. 자세히 들어가기 전에 가치평가 방법을 뒷받침하는 이 책의 앞부분에서 살펴보았던 중요한 개념을 다시 검토할 것이다.

제15장은 이자지급액이 기업의 비용으로써 세금을 줄이기 때문에 채무로 자금조달을 한 기업에게 이자의 세금 절감액(interest tax shield)이라는 가치를 창출하는 것을 보여주었다. 우리는 이러한 세금 절감액의 가치를 몇 가지 방법으로 자본예산 결정에 포함시킬 수 있다. 첫째, 우리는 18.2절에서 설명할 WACC 방법(WACC method)을 사용할 수 있는데, 그 방법에서 무차입 가용현금흐름을 가중평균 자본비용 혹은 WACC로 할인한다. WACC를 계산할 때 타인자본 비용으로 유효 세후(after-tax) 이자율을 사용하기 때문에, 이 방법은 자본비용을 통해 암묵적으로 채무의 세금 이득을 포함하고 있다.

대안으로는 우선 채무가 없는 프로젝트의 가용현금흐름을 무차입 자본비용으로 할인하여 프로젝트의 가용현금흐름의 가치를 구할 수 있다. 그리고 별도로 채무에서 발생하는 이자의 세금 절감액의 현재가치를 추정해준다. 이 방법은 프로젝트의 무차입 가치에 이자의 세금 절감액의 현재가치를 명시적으로 더하는 것으로 조정현재가치(adjusted present value, APV) 방법이며 18.3절에서 설명할 것이다.

세 번째 방법은 가용현금흐름을 기준으로 기업을 평가하는 것이 아니라 주주에게 주는 총현금 지급액을 기준으로 주식의 가치를 평가할 수 있다는 제9장에서의 관찰을 이용한다. 주주 귀속 현금흐름(flow-to-equity, FTE) 방법은 18.4절에서 소개되는데, 프로젝트와 관련된 주주 귀속 증분 지급액을 평가하는 개념을 적용한다.

이러한 방법들을 아주 명확하게 살펴보기 위해서 우리는 단일한 예제에 각 방법을 적용하면서 이 장을 시작한다. 다음 몇 가지 단순화 가정을 한다.

1. 프로젝트는 평균적인 위험이 따른다. 우선 프로젝트의 시장 위험은 기업 투자의 평균 시장 위험과 동일하다고 가정한다. 이 경우 프로젝트의 자본비용은 기업의 위험을 기반으로 평가될 수 있다.

2. 기업의 시장가치로 측정된 부채/주식 비율은 일정하다. 우선은 기업이 시장가치 기준으로 일정한 부채/주식 비율을 유지하도록 채무를 조정한다고 간주한다. 이 정책에서는 기업이 새로운 프로젝트를 채택할 때 조달해야 할 채무의 양이 결정된다. 또한 이 비율은 기업의 주식과 채무의 위험을 의미하기 때문에 이것은 채무 변동 때문에 가중평균 자본비용이 변동하지 않는다는 것을 의미한다.

3. 법인세는 유일하게 시장에 존재하는 불완전성이다. 우선 우리는 가치평가에 대한 채무의 주요 효과가 법인세 절감액 때문이라고 가정한다. 개인 세금과 발행비용은 무시하고, 재무적 곤경 혹은 대리인 비용과 같은 다른 불완전성은 선택된 채무 수준에서 중요하지 않다고 가정한다.

이러한 가정들은 제한적이지만 많은 프로젝트나 기업들과 합리적으로 가까운 점도 있다. 첫 번째 가정은 투자가 단일 산업에 집중된 기업의 전형적인 프로젝트에 적합할 것이다. 두 번째 가정은 정확하게 맞는 것 같지는 않지만 기업이 더 커지면 채무 수준을 높이는 경향이 있다는 사실을 반영한다. 심지어 일부 기업은 명시적인 목표 부채/주식 비율을 가질 수도 있다. 마지막으로, 매우 높은 수준의 채무가 없는 기업의 경우에, 이자의 세금 절감액은 자본예산 결정에 영향을 미치는 가장 중요한 시장 불완전성일 수 있다. 따라서 세 번째 가정은 분석을 시작할 때 적합한 출발점이다.

물론 이러한 세 가지 가정이 많은 상황에서 합리적이지만, 확실하게 적용되지 않는 프로젝트와 기업들이 있다. 따라서 이 장의 나머지 부분에서는 이러한 가정을 완화하고 보다 복잡한 설정에서 일반화된 방법을 보여준다. 18.5절에서 우리는 위험이나 차입 능력이 기업의 나머지 부분과 크게 다른 프로젝트에 대해 이러한 방법을 조정한다. 이러한 조정은 GE와 같은 여러 지역 기업의 경우 특히 중요하다. 18.6절 에서 일정한 부채/주식 비율을 유지하기보다는 대안적인 레버리지 정책을 수립한 기업을 고려하고, 그 러한 사례를 다루기 위해 APV 방법을 조정한다. 18.7절에서 발행비용, 재무적 곤경비용, 대리인 비용과 같은 가치평가에 시장의 다른 불완전성의 결과를 고려한다. 마지막으로, 18.8절에서 우리는 주기적으로 조정된 레버리지 정책과 투자자 세금의 영향을 포함하는 여러 고급의 주제를 검토한다.

개념 확인

1. 자본예산 결정에서 세금 절감액의 가치를 포함시키기 위해 사용할 수 있는 세 가지 방법은 무엇인가?
2. 어떤 상황에서 프로젝트의 위험이 전체 회사의 위험과 일치할 가능성이 있는가?

18.2 가중평균 자본비용(WACC) 방법

WACC 방법은 세후 자본비용을 할인율로 사용하여 이자의 세금 절감액을 고려한다. 프로젝트의 시 장 위험이 기업 투자의 평균 시장 위험과 비슷할 때, 프로젝트의 자본비용은 기업의 가중평균 자본비용 (WACC)과 동일하다. 제15장에서 보았듯이 WACC는 기업의 채무에 대한 **세후** 자본비용을 사용하여 이 자의 세금 절감액의 혜택을 포함한다.

$$r_{wacc} = \frac{E}{E + D} r_E + \frac{D}{E + D} r_D (1 - \tau_c) \tag{18.1}$$

이 수식에서 기호는 아래와 같다.

E = 주식의 시장가치 r_E = 자기자본 비용

D = 채무의 시장가치(현금 차감 순가치) r_D = 타인자본 비용

τ_c = 한계법인세율

여기에서는 기업이 일정한 부채/주식 비율을 유지하고 있으며 식 (18.1)에서 계산된 WACC는 시간이 지나도 일정하게 유지된다. WACC는 채무로 인한 세금 절감액을 포함하기 때문에, 미래의 가용현금흐름 을 WACC로 할인하여 주어진 기업의 레버리지 정책에서 이자의 세금 절감액의 이득을 포함한 가치인 투 자의 **차입 가치**(levered value)를 계산할 수 있다. 특히 FCF_t가 연도 t의 연말 시점 투자의 기대 가용현금흐 름이라면, 투자의 초기 차입 가치 V_0^L는 아래와 같다.[1]

$$V_0^L = \frac{FCF_1}{1 + r_{wacc}} + \frac{FCF_2}{(1 + r_{wacc})^2} + \frac{FCF_3}{(1 + r_{wacc})^3} + \ldots \tag{18.2}$$

프로젝트 평가를 위해 WACC 이용

WACC 방법을 적용하여 프로젝트의 가치를 평가하자. 애브코는 맞춤 포장제품 제조업체이다. 애브코는 표준 바코드보다 훨씬 효율적이며 더 적은 오류로 포장물을 추적할 수 있는 소형 무선안테나와 응답기인 전자태그(RFID)를 포함한 새로운 포장라인인 RFX 시리즈를 도입할 계획이다.

---

1   이 결과의 합리화에 대해서는 이 장의 부록을 참조하라.

재인 로우는 가상화 및 클라우드 인프라 소프트웨어 솔루션 분야의 선두주자인 브이엠웨어(VMware Corp)의 CFO로 재직하면서 관련 데이터 스토리지 회사인 EMC의 총부사장 겸 CFO였다. 또한 컨티넨탈 항공에서 19년간의 CFO를 거쳐 유나이티드 컨티넨탈 지주사의 CFO로 근무하였다.

질문 새로운 투자를 분석하기 위해 모형을 개발할 때 미래 현금흐름을 둘러싼 불확실성을 어떻게 처리하는가? 새로운 기술을 분석할 때와 다른가?

답변 불확실성을 다루는 것은 과학이며 기술이다. 기업은 성장을 위한 위험을 택해야 하며, 확고한 투자 전략을 요구한다. 모형은 전략을 추진하는 것이 아니라 지원하는 것이다. 모형에 집중하고 WACC가 2포인트 너무 높거나 낮은지 여부를 결정할 수 있지만, 더 중요한 것은 최고의 성장 방안과 예상되는 사업 환경과 같은 사업 계획과 핵심적인 동인을 이해하는 팀을 갖추는 것이다. 그들은 모형에 적합한 입력값을 선택함으로써 의사결정에 도움이 되는 적절한 시나리오를 개발한다.

항공사의 항공기 구매라면 더 확실한 입력 자료를 사용하고 잘 정의된 모형을 미세 조정할 수 있다. 그러나 어떤 산업이든 다른 회사를 인수한다면 투자에 대한 사업상의 근거가 무엇인지에 관심을 두어야 한다. 이것이 훨씬 더 큰 불확실성을 수반한다.

질문 자본예산 수립 과정이 브이엠웨어와 유나이티드 컨티넨탈에서 어떻게 다른가?

답변 성숙되고 자본 집약적인 항공사와 같은 수익률이 낮은 회사는 NPV, IRR 및 WACC와 같은 보다 전통적인 측정치를 강조할 것이다. 모형의 가정을 위해서 입력에 필요한 많은 과거 자료가 있고 자료의 변동성이 낮기 때문에 측정치들의 가변성이 낮다. 예를 들어 새로운 항공기를 구매하거나 임대하기로 결정할 때 항공사 지출은 매우 클 수 있다. WACC와 현금흐름의 발생 시기가 종종 분석을 주도한다.

기술기업의 경우에 신제품이나 새로운 인수로 인해 예상되는 기대효과를 정량화하는 것은 때로는 매우 어렵다. 우리는 더 큰 가변성을 포함하도록 모형을 개선하고 WACC의 구성 요소 같은

인터뷰
재인 로우
(Zane Rowe)

특정 세부 요인보다는 매출 성장이나 마진율 가정에 더 큰 관심을 둔다. 이들이 정확한 자본비용보다 투자의 전반적인 가치를 추진하는 데 더 중요한 경향이 있다.

질문 투자 결정을 내릴 때 사용하는 핵심적인 재무 수치는 무엇인가? 기업 간에 차이가 있나?

답변 공개 혹은 비공개, 기술기업 혹은 자본 집약기업 등 어떤 유형의 기업이든지 기본적인 자료와 재무 수치들은 모두 중요하다. 자본예산 모형은 입력 자료가 좋아야만 잘 활용된다. 가장 중요한 요소는 정확한 변수가 모형에 사용될 수 있도록 투자에 영향을 받는 모든 사업 단위가 참여하는 것이다.

항공사에서 우리는 정확한 WACC에서 산출된 NPV, IRR과 시장 배수 등 전통적인 재무 수치를 살펴본다. 기술기업도 이러한 변수들을 이용하지만 다르게 비중을 둔다. 매출이나 마진과 같이 핵심 가정에 최종 결정에서 더 큰 비중이 주어질 것이다. 또한 모든 자본예산 결정은 경쟁환경, 경제환경, 기업의 성장률, 지역적 위험 등을 고려해야만 한다.

질문 재무 결정에서 단지 순이익 측면보다 가용현금흐름(FCF)을 고려하는 중요성은 무엇인가?

답변 가용현금흐름(FCF)은 기업이나 산업의 유형과 무관하게 중요하다. FCF와 순이익은 모두 재무 결정에 영향을 준다. 항공사는 사업 주기의 단계에 따라서 순이익보다 FCF에 더 민감할 수 있다. 우리는 9/11, 오일쇼크, 경제위기 등 도전의 시기를 겪었고, 당시 높은 부채비율로 인해 FCF는 의사결정의 핵심이었다. 단기적으로 순이익이 작거나 적자라도 양(+)의 FCF를 가지는 프로젝트를 선택했을 것이다.

기술회사에서도 FCF는 정당한 비중을 차지한다. 여러 변수와 재무적 요인들에 대해 애널리스트 및 투자자들과 대화를 나눌 때 포함된다. 순이익과 FCF가 서로 일치되지 않을 때, 우리는 의사결정의 목적을 더 상세하게 전달한다. 높은 성장성을 가진 산업이나 기업에서 미래 성장을 돕기 위한 투자를 결정하기 위해서 좀 더 유연해야 한다. 즉, 자본예산 수립 모형 그 자체의 세부적인 변수들을 덜 강조해야 한다.

표 18.1 스프레드시트	애브코 RFX 프로젝트의 기대 가용현금흐름				
연도	**0**	**1**	**2**	**3**	**4**
증분 순이익 추정($ 백만)					
1 매출액	—	60.00	60.00	60.00	60.00
2 매출원가	—	(25.00)	(25.00)	(25.00)	(25.00)
3 **총이익**	—	35.00	35.00	35.00	35.00
4 영업비용	(6.67)	(9.00)	(9.00)	(9.00)	(9.00)
5 감가상각비	—	(6.00)	(6.00)	(6.00)	(6.00)
6 EBIT	(6.67)	20.00	20.00	20.00	20.00
7 법인세(세율 40%)	2.67	(8.00)	(8.00)	(8.00)	(8.00)
8 **무차입 순이익**	(4.00)	12.00	12.00	12.00	12.00
가용현금흐름					
9 가산 : 감가상각비	—	6.00	6.00	6.00	6.00
10 차감 : 자본지출	(24.00)	—	—	—	—
11 차감 : NWC 증가	—	—	—	—	—
12 **가용현금흐름**	**(28.00)**	**18.00**	**18.00**	**18.00**	**18.00**

표 18.2	RFX 프로젝트가 없는 애브코의 시장가치 재무상태표($ 백만)와 자본비용			

자산		부채 및 자기자본		자본비용	
현금	20	채무	320	채무	6%
기존 자산	600	자기자본(주식)	300	주식	10%
자산 총계	620	부채 및 자기자본 총계	620		

애브코 기술진은 이 제품에 사용된 기술이 4년이 지나면 쓸모없어질 것으로 예상한다. 그러나 마케팅 부서는 이 제품라인에 대해 향후 4년간 연간 $60 백만의 매출을 기대하고 있다. 제조원가와 영업비용은 각각 연간 $25 백만과 $9 백만이 될 것으로 예상되면 설비투자에 $24 백만이 필요하다. 제품개발을 위해서 초기에 R&D 및 마케팅 비용으로 $6.67 백만이 필요하다. 이 설비는 4년에 폐기되며 해당 기간에 정액법을 적용하여 감가상각된다. 애브코는 고객의 대부분에게 사전에 비용을 청구하며, 프로젝트에 대한 순운전자본 필요액은 기대하지 않는다. 애브코는 40%의 법인세율을 지급한다. 주어진 정보를 가지고, 표 18.1의 스프레드시트에 프로젝트의 기대 가용현금흐름을 예측한다.

RFX 프로젝트의 시장 위험은 회사의 다른 사업부문과 비슷할 것으로 예상된다. 따라서 애브코의 주식과 채무를 사용하여 새 프로젝트의 가중평균 자본비용을 결정할 수 있다. 표 18.2는 RFX 프로젝트가 없는 애브코의 현재 시장가치 재무상태표와 자기자본 비용과 타인자본 비용을 보여준다. 애브코는 투자 필요금을 위해 $20 백만의 현금을 조성하여 순채무가 $D = 320 - 20 = \$300$ 백만이 된다. 비현금 자산의 시장가치인 애브코의 사업가치는 $E + D = \$600$ 백만이다. 애브코는 RFX 프로젝트와 관련된 자금조달을 포함한 가까운 장래에 비슷한 부채비율(debt-equity ratio)을 유지하려 한다.

이 자본구조에서 애브코의 가중평균 자본비용은 6.8%이다.

$$r_{wacc} = \frac{E}{E+D}r_E + \frac{D}{E+D}r_D(1 - \tau_c) = \frac{300}{600}(10.0\%) + \frac{300}{600}(6.0\%)(1 - 0.40)$$
$$= 6.8\%$$

우리는 WACC를 이용하여 미래 가용현금흐름의 현재가치 V_0^L를 계산하여 채무의 세금 절감액을 포함한 프로젝트의 가치를 결정할 수 있다.

$$V_0^L = \frac{18}{1.068} + \frac{18}{1.068^2} + \frac{18}{1.068^3} + \frac{18}{1.068^4} = \$61.25 \text{ 백만}$$

제품라인을 시작하기 위한 초기비용이 단지 $28 백만이기 때문에, 이 프로젝트의 NPV는 61.25 − 28 = $33.25 백만이다. 따라서 이 프로젝트를 수행하는 것은 좋은 생각이다.

WACC 방법의 요약

요약하면 WACC 평가 방법의 주요 단계는 다음과 같다.

1. 투자의 가용현금흐름을 결정한다.
2. 식 (18.1)을 사용하여 가중평균 자본비용을 계산한다.
3. WACC를 사용하여 투자의 가용현금흐름을 할인하여 채무의 세금 혜택을 포함한 투자가치를 계산한다.

많은 기업에서 기업 재무관리자는 기업의 WACC를 계산하여 두 번째 단계를 수행한다. 이 비율은 기업의 나머지 부분과 비교할 만한 위험을 가지고 기업의 부채비율을 변경하지 않을 새로운 투자에 대한 기업 전반의 자본비용으로 기업 전체에 걸쳐서 사용할 수 있다. 이런 방식으로 WACC 방법을 채택하는 것은 매우 간단하고 직설적이다. 결과적으로 이 방법은 자본예산 수립 목적으로 실무에서 가장 널리 사용된다.

예제 18.1	WACC 방법을 이용한 기업 인수의 가치평가

문제

애브코는 소비재 포장에 특화된 산업에서 다른 기업의 인수를 고려하고 있다. 인수는 애브코의 가용현금흐름을 첫해에 $3.8 백만 증가시킬 것이고, 이 공헌은 그 이후 연간 3%의 비율로 증가할 것으로 예상된다. 애브코는 구매가격을 $80 백만으로 협상하였다. 거래 이후에 애브코는 자본구조를 현재의 부채비율을 유지하도록 조정할 것이다. 만일 인수 위험이 애브코의 나머지 부문의 위험과 동일하다면 이 거래의 가치는 얼마인가?

풀이

인수의 가용현금흐름은 성장영구연금으로 평가할 수 있다. 인수 위험이 애브코의 나머지 부문의 위험과 동일하기 때문에 그리고 애브코가 동일한 부채비율을 앞으로도 유지할 것이기 때문에 우리는 6.8%의 WACC로 현금흐름을 할인할 수 있다. 따라서 인수의 가치는 아래와 같다.

$$V^L = \frac{3.8}{6.8\% - 3\%} = \$100 \text{ 백만}$$

주어진 $80 백만의 구매가격을 고려하면, 기업인수는 $20 백만의 NPV를 가진다.

일정한 부채비율을 유지해 가는 경우

지금까지 우리는 단순히 기업이 부채비율을 일정하게 유지하는 정책을 채택했다고 가정했다. 사실 WACC 방법의 중요한 장점은 자본예산 결정을 내리기 위해 이러한 레버리지 정책이 어떻게 구현되는지 알 필요가 없다는 것이다. 그럼에도 불구하고 부채비율을 일정하게 유지하는 것은 새로운 투자로 회사의 총채무가 어떻게 변할 것인지를 의미한다. 예를 들어 애브코는 현재 300/300 = 1의 부채비율 또는 50%의 부채/가치 비율[$D/(E + D)$]을 가지고 있다. 이 비율을 유지하려면 회사의 새로운 투자는 시장가치의 50%에 해당하는 채무로 자금을 조달해야 한다.

RFX 프로젝트를 수행함으로써 애브코는 초기 시장가치 $V_0^L = \$61.25$ 백만의 새로운 자산을 기업에 추가한다. 따라서 애브코는 부채/가치 비율을 유지하기 위해서 새로운 순채무로 $50\% \times 61.25 = \$30.625$ 백만을 추가해야 한다.[2] 애브코는 현금을 줄이거나 차입을 하거나 채무를 늘려서 순채무를 추가할 수 있다. 애브코가 \$20 백만을 현금으로 사용하기로 결정하고 추가로 \$10.625 백만을 차입한다고 가정하자. 프로젝트의 자금조달에 \$28 백만이 필요하기 때문에 애브코는 남은 현금(30.625 − 28 = \$2.625 백만)을 배당(또는 자사주 매입)을 통해 주주에게 지불하게 된다. 표 18.3은 이 경우 RFX 프로젝트를 가진 애브코의 시장가치 재무상태표를 보여준다.

이 자금조달 계획은 애브코의 50% 부채비율을 유지한다. 애브코 주식의 시장가치는 330.625 − 300 = \$30.625 백만만큼 증가한다. 배당금 \$2.625 백만을 추가하면, 주주의 총이득은 30.625 + 2.625 = \$33.25 백만으로, 이것은 RFX 프로젝트로 계산한 NPV와 정확하게 일치한다.

프로젝트의 존속 동안 무슨 일이 일어날까? 첫째, 투자의 **채무 필요액**(debt capacity) D_t를 기업의 목표 부채/가치 비율 d를 유지하기 위해 t 시점에 필요한 채무의 양으로 정의한다. 만일 V_t^L가 프로젝트의 t 시점에 차입 지속가치(levered continuation value)인 t 시점 이후의 가용현금흐름의 차입 가치이면 아래 관계를 얻는다.

$$D_t = d \times V_t^L \tag{18.3}$$

| 표 18.3 | 프로젝트를 가진 애브코의 시장가치 재무상태표(\$ 백만) |

자산		부채 및 자기자본	
현금	—	채무	330.625
기존 자산	600.00		
RFX 프로젝트	61.25	자기자본(주식)	330.625
자산 총계	661.25	부채 및 자기자본 총계	661.25

| 표 18.4 스프레드시트 | 시간 경과에 따른 RFX 프로젝트의 지속가치와 채무 필요액 |

	연도	0	1	2	3	4
프로젝트의 채무 필요액(\$ 백만)						
1 **가용현금흐름**		(28.00)	18.00	18.00	18.00	18.00
2 차입 가치, $V^L (r_{wacc} = 6.8\%)$		61.25	47.41	32.63	16.85	—
3 **채무 필요액, $D_t (d = 50\%)$**		**30.62**	**23.71**	**16.32**	**8.43**	—

---

2 우리는 또한 프로젝트의 채무를 다음과 같이 평가할 수 있다. 프로젝트의 초기비용 \$28 백만 중 50%(\$14 백만)가 채무로 조달된다. 또한 이 프로젝트는 \$33.25 백만의 NPV를 창출하여 회사의 시장가치를 높인다. 부채비율을 1로 유지하려면 애브코는 프로젝트의 NPV가 예상되는 시점(새 투자가 이루어지기 전에 발생할 수 있음)에 $50\% \times 33.25 = \$16.625$ 백만의 채무를 추가해야 한다. 따라서 총순채무는 14 + 16.625 = \$30.625 백만이다.

우리는 표 18.4의 스프레드시트에서 RFX 프로젝트의 채무 필요액을 계산한다. 프로젝트의 가용현금흐름에서 시작해서, 식 (18.2)처럼 WACC로 미래 가용현금흐름을 할인하여 2행에서 차입 지속가치를 계산한다. 각 시점의 지속가치는 모든 차후의 현금흐름의 가치를 포함하기 때문에 기간 4에서부터 역산으로 각 시점의 가치를 계산하는 것이 더 쉽다. 즉, 다음 기간의 가용현금흐름과 지속가치를 할인한다.

$$V_t^L = \frac{FCF_{t+1} + \overbrace{V_{t+1}^L}^{\substack{t+2 \text{ 이후 기간의} \\ FCF\text{의 가치}}}}{1 + r_{wacc}} \tag{18.4}$$

일단 프로젝트의 V_t^L를 각 시점에 계산하면, 식 (18.3)을 적용하여 프로젝트의 채무 필요액을 각 시점(3행)에 계산한다. 스프레드시트가 보여주듯이 프로젝트의 채무 필요액은 매년 감소하고 연도 4의 말에는 0으로 떨어진다.

예제 18.2	인수를 위한 채무 필요액

문제

애브코는 예제 18.1에서 설명한 인수를 진행한다. 애브코는 부채/가치 비율을 유지하면서 인수에 사용할 자금을 위해 채무를 얼마나 조달해야 하는가? 인수비용 중 얼마나 주식으로 조달해야 하는가?

풀이

예제 18.2의 풀이에서 인수로 얻어지는 자산의 시장가치 V^L은 \$100 백만이다. 따라서 50%의 부채/가치 비율을 유지하기 위해서 애브코는 채무를 \$50 백만 증가시켜야 한다. 인수비용 \$80 백만의 남은 \$30 백만은 신규 주식으로 조달될 것이다. \$30 백만의 신규 주식에 더하여, 애브코의 기존 주식가치는 \$20 백만의 인수 NPV만큼 증가할 것이다. 따라서 애브코 주식의 총 시장가치는 \$50 백만 증가할 것이다.

개념 확인	1. 가중평균 자본비용(WACC) 가치평가 방법의 핵심 단계에 대해 설명하라.
	2. WACC 방법이 어떻게 세금 절감액을 고려할 수 있는가?

18.3 조정현재가치(APV) 방법

조정현재가치(adjusted present value, APV) 방법은 먼저 채무가 없는 투자의 가치인 무차입 가치(V^U)를 계산하고 이자의 세금 절감액을 더하여 투자의 차입 가치(V^L)를 결정하는 대안적인 가치평가 방법이다. 그것은 제15장에서 보았듯이 아래와 같다.[3]

APV 공식

$$V^L = APV = V^U + PV(\text{이자의 세금 절감액}) \tag{18.5}$$

---

3   스튜어트 마이어스는 자본예산 수립을 위해 APV의 적용을 개발했다. "Interactions of Corporate Financing and Investment Decisions—Implications for Capital Budgeting," *Journal of Finance* 29 (1974): 1 – 25.

WACC 방법과 마찬가지로 여기서는 채무의 법인세 혜택에만 초점을 맞추고 채무의 다른 영향에 관한 논의는 18.7절로 미룬다. 식 (18.5)가 보여주듯이, APV 방법은 WACC 방법에서와 같이 할인율을 조정하는 것이 아니라 이자의 세금 절감액(interest tax shield)의 가치를 직접 반영한다. 애브코의 RFX 프로젝트로 돌아가 APV 방법을 설명한다.

프로젝트의 무차입 가치

표 18.1의 가용현금흐름 추정에서 RFX 프로젝트의 초기비용은 $28 백만이며 향후 4년간 연간 $18 백만의 현금흐름이 생성된다. APV 방법의 첫 번째 단계는 채무 없이 자금을 조달했다면 프로젝트의 자본비용을 사용하여 이러한 가용현금흐름의 가치를 계산하는 것이다.

프로젝트의 무차입 자본비용은 얼마인가? RFX 프로젝트는 애브코의 다른 투자와 위험이 유사하기 때문에 무차입 자본비용은 기업 전체의 자본비용과 동일하다. 따라서 제12장에서와 같이 기업의 투자자가 기대하는 평균 수익률인 애브코의 세전 WACC를 사용하여 무차입 자본비용을 계산할 수 있다.

목표 부채비율을 가진 무차입 자본비용

$$r_U = \frac{E}{E+D} r_E + \frac{D}{E+D} r_D = \text{세전 WACC} \tag{18.6}$$

기업의 무차입 자본비용이 세전 WACC와 동일한 이유를 이해하려면, 세전 WACC는 전체 기업(주식 및 채무)을 소유하는 투자자의 요구 수익률을 나타낸다는 점에 주목하자. 따라서 그것은 기업의 전체적인 위험에만 의존하고 있다. 기업의 레버리지 선택이 회사의 전반적인 위험을 변화시키지 않는 한, 세전 WACC는 기업이 차입 기업인지 무차입 기업인지에 관계없이 동일해야 한다(그림 15.2 참조).

물론 이 주장은 기업의 전반적인 위험이 레버리지의 선택과 무관하다는 가정에 기반하고 있다. 제14장에서 보았듯이, 이 가정은 항상 완전한 시장에서 유지된다. 그러나 세금 절감액의 위험이 기업의 위험과 같을 때마다 세금이 있는 세계에서도 유지될 것이다(따라서 세금 절감액의 크기가 기업의 전체적인 위험을 변화시키지 않을 것임). 이 장의 부록에서 우리는 기업이 목표 부채비율을 유지한다면 세금 절감액이 기업 전체의 위험과 동일하다는 것을 보여준다. **목표 부채비율**(target leverage ratio)은 기업이 프로젝트의 가치 혹은 현금흐름에 비례하여 채무를 조정하며 지속적으로 일정한 부채비율은 특별한 경우라는 것을 의미한다.

식 (18.6)을 애브코에 적용하면 우리는 무차입 자본비용을 구한다.

$$r_U = 0.50 \times 10.0\% + 0.50 \times 6.0\% = 8.0\%$$

애브코의 무차입 자본비용은 채무의 재무 위험을 포함한 10.0%인 자기자본 비용보다 작지만, 채무의 세금 혜택을 포함한 6.8%의 WACC보다는 크다.

무차입 자본비용 r_U와 프로젝트의 가용현금을 가지고 채무가 없는 프로젝트의 가치를 계산한다.

$$V^U = \frac{18}{1.08} + \frac{18}{1.08^2} + \frac{18}{1.08^3} + \frac{18}{1.08^4} = \$59.62 \text{ 백만}$$

이자의 세금 절감액의 평가

위에 계산된 무차입 프로젝트의 가치 V^U에는 채무에 대한 이자 지급으로 제공되는 세금 절감액의 가치

	연도	0	1	2	3	4
표 18.5 스프레드시트	**애브코 RFX 프로젝트의 채무 필요액, 이자 지급액, 세금 절감액 예측**					

		연도	0	1	2	3	4
이자의 세금 절감액($ 백만)							
1	채무 필요액, $D_t(d = 50\%)$		30.62	23.71	16.32	8.43	—
2	이자 지급액($r_D = 6\%$)			1.84	1.42	0.98	0.51
3	**이자의 세금 절감액($\tau_c = 40\%$)**			**0.73**	**0.57**	**0.39**	**0.20**

는 포함되지 않는다. 순전히 주식으로 조달한 프로젝트의 가치이다. 표 18.4에 있는 프로젝트의 채무 필요액을 감안할 때, 표 18.5의 스프레드시트에 표시된 이자 지급액과 세금 절감액을 예상할 수 있다. 연도 t의 이자 지급액은 전년도 말 채무액을 기준으로 추정한다.

$$\text{연도 } t\text{의 이자 지급액} = r_D \times D_{t-1} \tag{18.7}$$

이자의 세금 절감액의 현재가치를 계산하려면 적절한 자본비용을 결정해야 한다. 표 18.5에 나타난 이자의 세금 절감액은 추정된 가치이며, 매년 실제 이자의 세금 절감액은 프로젝트의 현금흐름에 따라 달라질 것이다. 애브코는 고정된 부채비율을 유지하기 때문에 프로젝트가 잘 수행된다면 그 가치는 더 높아질 것이고, 채무를 더 늘릴 수 있을 것이며, 이자의 세금 절감액도 더 커질 것이다. 프로젝트가 제대로 수행되지 않으면 가치가 떨어지고 애브코는 채무 수준을 낮추고, 이자의 세금 절감액도 줄어들 것이다. 따라서 세금 절감액은 프로젝트와 함께 변동될 것이고 따라서 프로젝트의 위험을 공유하게 된다.[4]

기업이 목표 부채비율을 유지하고 있을 때, 기업의 미래 이자의 세금 절감액은 프로젝트의 현금흐름과 유사한 위험을 가지기 때문에 프로젝트의 무차입 자본비용으로 세금 절감액을 할인해야 한다.

예제 18.3 | **부채비율이 일정한 경우 세금 절감액의 위험**

문제

ABC는 채무와 주식이 동일한 1의 부채비율을 일정하게 유지하고 있고, 현재 기업의 총가치는 $100 백만이고 기존의 채무는 무위험이다. 다음 달에 발표될 뉴스는 ABC의 가치를 20% 올리든지 내리게 될 것이다. ABC는 채무 수준을 어떻게 조정해야 할까? 이자의 세금 절감액의 위험에 대해 어떤 결론을 내릴 수 있는가?

풀이

원래 ABC는 $50 백만의 주식과 $50 백만의 채무를 가지고 있다. 뉴스가 발표되면 ABC의 가치는 $120 백만으로 상승하거나 $80 백만으로 하락할 것이다. 따라서 1의 부채비율을 유지하기 위해서 ABC는 채무 수준을 $60 백만으로 올리든지 $40 백만으로 낮춰야 할 것이다. 기업의 이자 지급액과 세금 절감액은 비례적으로 변동할 것이기 때문에 세금 절감액은 전체 기업과 동일한 위험을 가지고 있다.

애브코 RFX 프로젝트에서 이자의 세금 절감액은 다음과 같이 구할 수 있다.

$$PV(\text{이자의 세금 절감액}) = \frac{0.73}{1.08} + \frac{0.57}{1.08^2} + \frac{0.39}{1.08^3} + \frac{0.20}{1.08^4} = \$1.63 \text{ 백만}$$

---

4 18.6절에서 우리는 채무 수준이 사전에 고정된 경우를 고려하였고, 따라서 프로젝트의 현금흐름에 따라 변동하지 않는다. 이 경우에 세금 절감액은 위험이 낮고, 따라서 프로젝트보다 자본비용이 낮다.

채무가 있는 프로젝트의 가치를 구하기 위해서 우리는 이자의 세금 절감액의 가치를 프로젝트의 무차입 가치에 더해준다.[5]

$$V^L = V^U + PV(\text{세금 절감액}) = 59.62 + 1.63 = \$61.25 \text{ 백만}$$

여기에서 $28 백만의 초기 투자가 필요하기 때문에 채무를 가진 RFX 프로젝트는 $61.25 - 28 = \$33.25$ 백만의 NPV를 가진다. 이것은 18.2절에서 WACC 방법으로 계산한 가치와 정확하게 일치한다.

APV 방법의 요약

APV 방법을 사용하여 채무 투자의 가치를 결정하기 위해 다음과 같이 진행한다.

1. 무차입 자본비용(r_U)으로 가용현금흐름을 할인하여 무차입 투자가치(V^U)를 결정한다. 일정한 부채비율을 가진 무차입 자본비용 r_U는 식 (18.6)으로 추정한다.
2. 이자의 세금 절감액의 현재가치를 결정한다.
    a. 예상되는 이자의 세금 절감액을 결정한다. 예상되는 채무가 t 시점에 D_t로 주어지면, $t+1$ 시점의 이자의 세금 절감액은 $\tau_C r_D D_t$이다.[6]
    b. 이자의 세금 절감액을 할인한다. 일정한 부채비율이 유지된다면 r_U를 사용하는 것이 적절하다.
3. 이자의 세금 절감액의 현재가치에 무차입 가치 V^U를 더하여 투자의 차입 가치 V^L을 결정한다.

이 경우 두 가지 별개의 가치, 즉 무차입 프로젝트와 이자의 세금 절감액의 평가 계산을 해야 하기 때문에 APV 방법은 WACC 방법보다 복잡하다. 게다가 이 예에서는 이자의 세금 절감액의 계산 때문에 프로젝트의 채무 필요액도 결정해야 한다. 즉, 표 18.4처럼 **프로젝트의 가치에 의존한 계산**을 해야 한다. 따라서 우리는 APV를 계산하기 위해 채무 수준을 알아야 하지만, 일정한 부채비율로 채무 수준을 계산하기 위해서 프로젝트의 가치를 알아야 한다. 결과적으로 일정한 부채비율로 APV 방식을 구현하려면 프로젝트의 채무와 가치를 동시에 풀어야 한다(이 계산의 예제는 이 장의 부록 참조).

이러한 복잡성에도 불구하고 APV 방법은 몇 가지 장점이 있다. 18.6절과 같이 기업이 일정한 부채비율을 유지하지 않을 때는, APV 방법은 WACC 방법보다 더 쉽게 적용할 수 있다. 또한 APV 방법은 경영자에게 프로젝트의 이자의 세금 절감액의 계산결과를 명시적으로 제공한다. 애브코의 RFX 프로젝트의 경우, 이자의 세금 절감액은 상대적으로 적다. 법인세율이 변화되어도 혹은 애브코가 어떤 이유로 채무를 늘리지 않더라도, 프로젝트의 수익성에 대한 영향은 작을 것이다. 그러나 항상 그렇게 되는 것은 아니다. 예제 18.1에서 기업 인수에 대하여 다시 고려하자. 이 예제에서 APV 방법은 기업 인수의 이득이 이자의 세금 절감액에 결정적으로 의존하고 있음을 분명히 하고 있다.

우리는 APV 방법이 재무적 곤경, 대리인 문제, 발행비용과 같은 시장 불완전성을 포함하도록 쉽게 확장할 수 있다. 우리는 이러한 복잡성을 18.7절에서 다룬다.

---

5 가용현금흐름과 세금 절감액에 동일한 할인율을 사용하기 때문에, 프로젝트와 세금 절감액의 현금흐름을 먼저 합친 다음 비율 r_U로 할인할 수 있다. 이러한 합산된 현금흐름은 자본현금흐름(CCF) : "CCF = FCF + 이자의 세금 절감액"이라고도 한다. 이 방법은 CCF 또는 "압축된 APV" 방법으로 알려져 있다. S. Kaplan and R. Ruback, "The Valuation of Cash Flow Forecasts: An Empirical Analysis," *Journal of Finance* 50 (1995): 1059–1093; 그리고 R. Ruback, "Capital Cash Flows: A Simple Approach to Valuing Risky Cash Flows," *Financial Management* 31 (2002): 85–103

6 채무의 수익률은 이자 지급액으로만 산출될 필요가 없기 때문에 가치는 근사치이다. 동일한 근사치가 WACC의 정의에도 내포된다(추가적 정밀도를 위해서 이 장의 부록 각주 26 참조).

| 예제 18.4 | 기업 인수 평가를 위해 APV 방법을 사용 |

문제

예제 18.1에서 18.2에 있는 애브코의 기업 인수를 고려하자. 인수는 첫해에 $3.8 백만의 가용현금흐름에 공헌할 것이고 이것은 매년 3% 성장할 것이다. 인수비용 $80 백만 중 $50 백만은 새로운 채무로 조달될 것이다. APV 방법을 이용하여 인수의 가치를 계산하라. 애브코는 일정한 부채비율을 유지할 것이다.

풀이

첫째, 무차입 가치를 계산한다. 애브코의 무차입 자본비용 $r_U = 8\%$를 이용하여 무차입 가치를 구한다.

$$V^U = 3.8/(8\% - 3\%) = \$76 \text{ 백만}$$

애브코는 신규 채무 $50 백만을 인수 자금으로 조달할 것이다. 6%의 이자율에서 첫해의 이자비용은 $6\% \times 50 = \$3$ 백만이고, 이자의 세금 절감액 $40\% \times 3 = \$1.2$ 백만을 만든다. 인수가치는 매년 3% 증가할 것으로 예상되기 때문에, 인수와 더불어 채무의 금액과 이자의 세금 절감액도 같은 비율로 증가할 것으로 예상된다. 이자의 세금 절감액의 현재가치는 다음과 같다.

$$PV(\text{이자의 세금 절감액}) = 1.2/(8\% - 3\%) = \$24 \text{ 백만}$$

인수의 차입 가치는 APC에 의해 계산된다.

$$V^L = V^U + PV(\text{이자의 세금 절감액}) = 76 + 24 = \$100 \text{ 백만}$$

이 가치는 예제 18.1에서 계산한 가치와 동일하며, 인수는 100 − 80 = $20 백만의 NPV를 의미한다. 이자의 세금 절감액의 혜택이 없다면 NPV는 76 − 80 = −$4 백만일 것이다.

| 개념 확인 | 1. 조정현재가치(APV) 방법을 설명하라. |
| | 2. 기업이 목표 부채비율을 유지할 때 이자의 세금 절감액을 어떤 할인율로 할인해야 하는가? |

18.4 주주 귀속 현금흐름(FTE) 방법

WACC 및 APV 방법에서 우리는 이자 및 채무 상환을 무시하고 계산된 가용현금흐름에 따라 프로젝트를 평가한다. 일부 학생들은 이러한 방법을 혼란스럽게 생각한다. 왜냐하면 목표가 주주에 대한 프로젝트의 혜택을 결정하는 것이라면, 주주들이 받게 될 현금흐름에 초점을 맞추어야 하기 때문이다.

주주 귀속 현금흐름(flow-to-equity, FTE) 방법에서는 채권자에게 그리고 채권자로부터의 모든 자금의 움직임을 고려한 뒤에 주주가 사용할 수 있는 가용현금흐름을 명시적으로 계산한다. 주주에 대한 현금흐름은 자기자본 비용을 사용하여 할인된다.[7] 이러한 상이한 계산 방법의 차이에도 불구하고, FTE 방법은 WACC 또는 APV 방법과 동일한 프로젝트 가치를 산출한다.

주주 가용현금흐름(FCFE) 계산하기

FTE 방법의 첫 번째 단계는 프로젝트의 **주주 가용현금흐름**(free cash flow to equity, FCFE)을 결정하는

---

[7] FTE 접근법은 제9장에서 설명된 기업의 가치평가를 위한 총 현금배분 방법을 일반화한다. 이 방법에서는 기업이 주주들에게 지급하는 총배당금과 자사주 매입의 가치를 평가한다. 또한 회계에서 사용되는 잔여이익 평가 방법(부록 참조)과 동일하다.

표 18.6 스프레드시트	애브코 RFX 프로젝트의 주주 가용현금흐름(FCFE)					
	연도	**0**	**1**	**2**	**3**	**4**
증분 순이익 추정($ 백만)						
1 매출액		—	60.00	60.00	60.00	60.00
2 매출원가		—	(25.00)	(25.00)	(25.00)	(25.00)
3 **총이익**		—	35.00	35.00	35.00	35.00
4 영업비용		(6.67)	(9.00)	(9.00)	(9.00)	(9.00)
5 감가상각비		—	(6.00)	(6.00)	(6.00)	(6.00)
6 **EBIT**		(6.67)	20.00	20.00	20.00	20.00
7 이자 지급액		—	(1.84)	(1.42)	(0.98)	(0.51)
8 **세전 이익**		(6.67)	18.16	18.58	19.02	19.49
9 법인세(세율 40%)		2.67	(7.27)	(7.43)	(7.61)	(7.80)
10 **순이익**		(4.00)	10.90	11.15	11.41	11.70
주주 가용현금흐름						
11 가산 : 감가상각비		—	6.00	6.00	6.00	6.00
12 차감 : 자본지출		(24.00)	—	—	—	—
13 차감 : NWC 증가		—	—	—	—	—
14 가산 : 순차입		30.62	(6.92)	(7.39)	(7.89)	(8.43)
15 **주주 가용현금흐름**		**2.62**	**9.98**	**9.76**	**9.52**	**9.27**

것이다. FCFE는 이자 지급액, 채무의 발행 및 상환을 조정한 후에도 남아 있는 가용현금흐름이다. 표 18.6에 나와 있는 스프레드시트는 애브코의 RFX 프로젝트에 대한 FCFE를 계산한다.

표 18.6의 FCFE 추정치와 표 18.1의 가용현금흐름 추정치를 비교하면 두 가지 변화가 있음을 알 수 있다. 첫째, 세전에 표 18.5의 7행에 있는 이자비용을 차감한다. 결과적으로 우리는 가용현금흐름을 계산할 때 얻는 것과 같은 무차입 순이익이 아니라 10행에서 프로젝트의 증분 순이익을 계산한다. 두 번째 변경은 14행에서 기업의 순차입 금액을 더한다. 이 금액은 기업이 순채무를 증가할 때 양(+)의 값을 가진다. 기업이 원금을 상환(또는 현금을 유보)하여 순채무를 줄이면 이 금액은 음(−)이 된다. RFX 프로젝트의 경우, 애브코는 초기에 $30.62 백만의 채무를 발행한다. 그러나 프로젝트의 채무 필요액은 시점 1에서 $23.71 백만으로 하락하여(표 18.4 참조), 애브코는 30.62 − 23.71 = $6.91 백만의 채무를 상환해야 한다.[8] 일반적으로 프로젝트의 채무 필요액 D_t가 주어지면 아래 식처럼 나타낼 수 있다.

$$t \text{ 시점의 순차입} = D_t - D_{t-1} \tag{18.8}$$

표 18.6의 대안으로 가용현금흐름에서 프로젝트의 FCFE를 직접 계산할 수 있다. 7행에서 세금 납부 전에 이자지급액이 차감되기 때문에 FCF를 세후비용으로 조정한다. 그런 다음 순채무를 가산하여 FCFE를 결정한다.

주주 가용현금흐름

$$FCFE = FCF - \underbrace{(1 - \tau_C) \times (\text{이자 지급액})}_{\text{세후 이자비용}} + (\text{순차입}) \tag{18.9}$$

표 18.7에서 애브코의 RFX 프로젝트에 대한 대안적인 계산을 설명한다. 채무에 대한 이자 및 원금 지급으로 인해 프로젝트 FCFE는 연도 1에서 연도 4 사이 FCF보다 낮다. 그러나 연도 0에 대출로 조달한 금액은 음의 가용현금흐름을 상쇄하고 남기 때문에 FCFE는 양이다(18.2절에서 계산한 배당금과 동일함).

---

8 스프레드시트의 $0.01 백만 차이는 반올림 때문이다.

	연도	0	1	2	3	4
표 18.7 스프레드시트	애브코의 RFX 프로젝트를 위해 FCF에서 FCFE를 계산					
주주 가용현금흐름($ 백만)						
1 **가용현금흐름**		(28.00)	18.00	18.00	18.00	18.00
2 세후 이자비용		—	(1.10)	(0.85)	(0.59)	(0.30)
3 순차입		30.62	(6.92)	(7.39)	(7.89)	(8.43)
4 **주주 가용현금흐름**		**2.62**	**9.98**	**9.76**	**9.52**	**9.27**

주주 귀속 현금흐름 가치평가

프로젝트의 주주 가용현금흐름은 기업이 매년 배당금을 지급(또는 자사주 매입을 실행)할 수 있는 추가적인 현금의 예상 금액을 보여준다. 이러한 현금흐름은 주주에게 지급되기 때문에 프로젝트의 자기자본 비용으로 할인해야 한다. RFX 프로젝트의 위험과 레버리지가 애브코 전체와 동일하다는 점을 감안할 때 애브코의 자기자본 비용 $r_E = 10.0\%$를 이용하여 프로젝트의 FCFE를 할인할 수 있다.

$$NPV(FCFE) = 2.62 + \frac{9.98}{1.10} + \frac{9.76}{1.10^2} + \frac{9.52}{1.10^3} + \frac{9.27}{1.10^4} = \$33.25\ \text{백만}$$

프로젝트의 FCFE 가치는 프로젝트에서 얻은 주주의 이득을 나타낸다. 이것은 WACC 및 APV 방법을 사용하여 계산한 NPV와 동일하다.

우리가 현금흐름에서 이자와 채무 지급액을 차감했는데, 왜 프로젝트 NPV가 더 낮아지지 않는가? 이러한 채무비용은 채권이 발행된 시점에 받았던 현금으로 상쇄된다. 표 18.6을 보면 채권이 공정가치를 가진다는 가정에서, 7행과 14행의 채무로 인한 현금흐름의 NPV는 0이다.[9] 결국 가치에 대한 유일한 효과는 법인세 지급액의 감소에서 생기며 다른 방법들과 같은 결과를 남긴다.

FTE 방법의 요약

차입 투자를 평가하기 위한 주주 귀속 현금흐름(FTE) 방법의 주요 단계는 다음과 같다.

1. 식 (18.9)를 이용하여 투자의 주주 가용현금흐름(FCFE)을 결정한다.
2. 자기자본 비용인 r_E를 결정한다.
3. 자기자본 비용을 이용하여 주주 가용현금흐름을 할인하여 주식 가치인 E에의 공헌 금액을 계산한다.

우리의 예에서는 프로젝트의 위험과 레버리지가 기업 전체와 일치하기 때문에 FTE 방법을 적용하는

---

9   RFX 프로젝트의 이자와 원금 지급은 다음과 같다

	연도	0	1	2	3	4
1	순차입	30.62	(6.92)	(7.39)	(7.89)	(8.43)
2	이자비용	—	(1.84)	(1.42)	(0.98)	(0.51)
3	**채무의 현금흐름**	**30.62**	**(8.76)**	**(8.81)**	**(8.87)**	**(8.93)**

현금흐름이 채무와 위험이 동일하기 때문에, NPV를 계산하기 위해서 타인자본 비용 6%로 할인한다.

$$30.62 + \frac{-8.76}{1.06} + \frac{-8.81}{1.06^2} + \frac{-8.87}{1.06^3} + \frac{-8.93}{1.06^4} = 0$$

무엇이 "채무"에 포함되는가?

기업은 종종 리스 같은 기타 부채와 함께 여러 유형의 채무를 가지고 있다. 실무자들이 WACC를 계산할 때, 채무에 포함하는 결정을 내리기 위해서 서로 다른 지침을 사용한다. 일부는 장기채무만 사용한다. 다른 이는 장기 및 단기채무와 리스 의무를 모두 사용한다. 학생들은 종종 이러한 다양한 접근 방법에 대해 혼란스러워하며 궁금해한다. 어떤 부채가 채무로 포함되어야 하는가?

사실 올바르게 사용한다면 모든 선택이 적용 가능하다. 우리는 WACC 및 FTE 방법을 기업의 자산과 부채의 집합에서 얻은 세후 현금흐름을 기업이 현재 보유한 자산과 부채의 세후 가중평균 자본비용으로 할인하여 가치를 평가하는 좀 더 일반적인 접근법의 특수한 경우로 간주할 수 있다. WACC 방법에서 FCF에 채무에 대한 이자와

원금 지급액이 포함되어 있지 않으므로 채무는 가중평균 자본비용을 계산하는 데 포함된다. FTE 방법에서 FCFE는 채권자에 귀속된 세후 현금흐름을 통합하므로 채무는 가중평균 자본비용(단순히 자기자본 비용)에서 제외된다.

다른 조합도 가능하다. 장기채무는 가중평균 자본비용에 포함될 수 있으며, 단기채무는 현금흐름의 일부로 포함될 수 있다. 마찬가지로 현금 같은 기타 자산이나 리스 같은 기타 부채도 가중평균 자본비용 또는 현금흐름의 일부로 포함될 수 있다. 그러한 모든 방법이 일관되게 적용된다면 동등한 가치평가로 이어질 것이다. 일반적으로 가장 편리한 것은 일정한 부채/가치 비율의 가정이 합리적인 근사치가 되는 방법을 선택하는 것이다.

것이 단순화되었고, 기업의 자기자본 비용은 일정하게 유지될 것으로 예상되었다. 그러나 WACC와 마찬가지로, 이 가정은 기업이 일정한 부채비율을 유지하는 경우에만 합리적이다. 부채비율이 시간이 지남에 따라 변하면 주식의 위험 및 자본비용이 바뀔 것이다.

이 설정에서 FTE 방식은 APV 방식과 동일한 단점을 가지고 있다. 우리가 자본예산 결정을 내리기 위해서는 이자와 순차입을 결정하기 위한 프로젝트의 채무 필요액을 계산해야 한다. 이런 이유로 대부분의 상황에서 WACC를 적용하는 것이 더 쉽다. 기업의 자본구조가 복잡하고 기업의 자본구조에 속한 다른 증권의 시장가치를 알지 못하는 경우라면, FTE 방법이 전체 기업의 주식가치를 계산할 때 이점을 제공할 수 있다. 이 경우 FTE 방법을 사용하면 주식의 가치를 직접 계산할 수 있다. 반대로 WACC 및 APV 방법은 기업의 사업가치를 계산하므로 주식의 가치를 결정하는 데 자본구조의 다른 구성 요소에 대한 별도의 평가가 필요하다. 마지막으로 주식에 대한 프로젝트의 의미를 강조하고 있으므로, FTE 방식은 프로젝트의 주주에 대한 편익을 논의할 때 경영자 관점에서 검토할 때보다 투명한 방법이라고 볼 수 있다.

인수를 평가하기 위해 FTE 방법을 사용

문제

예제 18.1, 18.2, 18.4에서 애브코의 인수를 다시 고려하자. 이번 인수로 인해 첫해에는 $3.8 백만의 가용 현금흐름이 창출될 것이며, 그 후 매년 3%씩 성장할 것이다. 인수비용은 $80 백만으로 처음에는 $50 백만의 신규 채무로 조달된다. FTE 방법을 사용한 이 인수의 가치는 무엇인가?

풀이

이번 인수는 새로운 채무가 $50 백만 조달되기 때문에 나머지 $30 백만은 주식에서 나온다.

$$FCFE_0 = -80 + 50 = -\$30 \text{ 백만}$$

1년 동안 채무에 대한 이자는 6%×50 = $3 백만일 것이다. 애브코는 일정한 부채비율을 유지하기 때문에 인수와 관련된 채무도 3%로 증가할 것으로 예상된다. 50×1.03 = $51.5 백만. 따라서 애브코는 1년에 51.5 − 50 = $1.5 백만을 추가로 빌려올 것이다.

$$FCFE_1 = +3.8 - (1 - 0.40) \times 3 + 1.5 = \$3.5 \text{ 백만}$$

1년 후에도 FCFE는 3%의 속도로 성장할 것이다. 주식 비용 $r_E = 10\%$를 이용하여 NPV를 계산한다.

$$NPV(FCFE) = -30 + 3.5/(10\% - 3\%) = \$20 \text{ 백만}$$

이 NPV는 우리가 WACC 및 APV 방법으로 얻은 결과와 일치한다.

개념 확인

1. 차입 투자 가치평가를 평가하기 위한 주주 귀속 현금흐름(FTE) 방법의 핵심 단계를 설명하라.
2. 기업이 일정한 부채비율을 유지하는 가정이 주주 귀속 현금흐름 계산을 왜 단순화하는가?

18.5 프로젝트 기반의 자본비용

지금까지 우리는 고려 중인 프로젝트의 위험과 레버리지가 모두 기업 전체의 특성과 일치한다고 가정했다. 이 가정은 프로젝트의 자본비용이 기업의 자본비용과 일치한다고 가정하도록 한다.

현실 세계에서 특정한 프로젝트는 종종 기업이 행한 평균적인 투자와 다르다. 이 장의 도입에서 논의된 GE를 고려하자. 의료건강부문의 프로젝트는 항공운송장비 또는 방송 언론(NBC Universal) 프로젝트보다 시장 위험이 다를 수 있다. 또한 프로젝트를 지원하는 레버리지의 수준이 다를 수 있다. 예를 들어 부동산이나 자본설비의 인수는 종종 높은 레버리지 수준을 가지는 반면, 지적 재산에 대한 투자는 그렇지 않다. 이 절에서는 프로젝트의 위험과 레버리지가 기업 전체의 위험과 레버리지와 다른 경우 프로젝트의 현금흐름에 대한 자본비용을 계산하는 방법을 보여준다.

무차입 자본비용의 추정

기업의 나머지와는 매우 다른 시장 위험을 가진 프로젝트의 무차입 자본비용을 계산하기 위하여 제12장에서 소개된 방법을 검토한다. 애브코가 기업의 주요 포장사업과는 다른 시장 위험에 직면한 새로운 플라스틱 제조부문을 시작한다고 가정해보자. 무차입 자본비용이 이 부문에 적절한가?

유사한 사업 위험을 가진 단일부문 플라스틱 기업을 통해서 플라스틱부문의 r_U를 예측할 수 있다. 예를 들어 다음 두 기업이 플라스틱 사업부와 비슷하며 다음과 같은 특성을 가지고 있다고 가정하자.

기업	자기자본 비용	타인자본 비용	부채/가치 비율, D/(E + D)
비교대상기업 #1	12.0%	6.0%	40%
비교대상기업 #2	10.7%	5.5%	25%

두 기업이 모두 목표 부채비율을 유지한다고 가정할 때, 우리는 식 (18.6)의 세전 WACC를 사용하여 각 경쟁자에 대한 자본의 무차입 자본비용을 추정할 수 있다.

$$\text{경쟁자 1}: r_U = 0.60 \times 12.0\% + 0.40 \times 6.0\% = 9.6\%$$
$$\text{경쟁자 2}: r_U = 0.75 \times 10.7\% + 0.25 \times 5.5\% = 9.4\%$$

이러한 유사 기업을 기초로 한 플라스틱부문의 무차입 자본비용은 약 9.5%로 추정된다.[10] 이 비율로 APV 방식을 사용하여 플라스틱 제조에 대한 애브코의 투자가치를 계산할 수 있다. 그러나 WACC 또는 FTE 방법을 사용하려면 프로젝트의 자기자본 비용을 추정해야 한다. 자기자본 비용은 기업이 프로젝트의 결과로 취하게 될 증분 채무에 따라 다르다.

프로젝트의 레버리지와 자기자본 비용

기업이 목표 부채비율에 따라 프로젝트에 자금을 지원한다고 가정한다. 이 부채비율은 회사의 전체 부채비율과 다를 수 있다. 다른 부문이나 투자 유형이 상이한 최적의 채무 필요량을 가질 수 있기 때문이다. 우리는 식 (18.6)을 정리하여 자기자본 비용에 대한 식으로 표현할 수 있다.[11]

$$r_E = r_U + \frac{D}{E}(r_U - r_D) \tag{18.10}$$

식 (18.10)은 프로젝트의 자기자본 비용이 무차입 자본비용인 r_U와 프로젝트 지원을 위한 증분 자금조달의 부채비율에 달려 있음을 보여준다. 예를 들어 애브코는 플라스틱 제조부문으로 확장됨에 따라 채무와 주식의 조합을 동일하게 유지할 계획이며, 차입비용은 6%로 유지될 것으로 예상한다. 9.5%의 무차입 자본비용을 감안할 때 플라스틱 부문의 자기자본 비용은 아래와 같다.

$$r_E = 9.5\% + \frac{0.50}{0.50}(9.5\% - 6\%) = 13.0\%$$

우리가 자기자본 비용을 얻으면, 식 (18.1)을 이용하여 플라스틱부문의 WACC를 결정할 수 있다.

$$r_{wacc} = 0.50 \times 13.0\% + 0.50 \times 6.0\% \times (1 - 0.40) = 8.3\%$$

이러한 추정치를 기반으로 애브코는 플라스틱부문에 대해 8.3%의 WACC를 사용해야 한다. 이것은 18.2절에서 계산한 포장부문의 WACC 6.8%와 비교된다. 사실 우리는 기업이 프로젝트의 목표 부채비율을 유지할 때, 식 (18.1) 및 식 (18.10)을 결합하여 WACC에 대한 직접 공식을 구할 수 있다. 만일 d가 프로젝트의 부채/가치 비율인 $[D/(E+D)]$라면 아래 식을 얻는다.[12]

프로젝트 기반 WACC 공식

$$r_{wacc} = r_U - d\tau_c r_D \tag{18.11}$$

예를 들어 애브코의 플라스틱부문의 경우에 WACC는 8.3%이다.

$$r_{wacc} = 9.5\% - 0.50 \times 0.40 \times 6\% = 8.3\%$$

---

10 CAPM을 사용하여 기대 수익률을 추정한다면, 이 절차는 식 (12.9)를 사용하여 비교 가능한 기업의 무차입 베타를 구하는 것과 동일하다.

$$\beta_U = [E/(E+D)]\,\beta_E + [D/(D+E)]\,\beta_D$$

11 이와 동일한 수식을 완전자본시장에 대해서 식 (14.5)에서 도출하였다.

12 우리는 식 (18.1)과 식 (18.6)에서 WACC와 세전 WACC를 비교하여[식 (12.13)과 동일한] 식 (18.11)을 도출한다. 이러한 공식은 아래 연구에서 제안되었다. R. Harris and J. Pringle, "Risk Adjusted Discount Rates: Transition from the Average Risk Case," *Journal of Financial Research* 8 (1985): 237 – 244.

| 예제 18.6 | 부문의 자본비용 계산 |

문제

하스코 주식회사는 벌목 및 연마장비를 제공하는 다국적 기업이다. 현재 하스코의 주식 비용은 12.7%이며 차입비용은 6%이다. 하스코는 전통적으로 40%의 부채/가치 비율을 유지해 왔다. 하스코 엔지니어는 GPS 기반 재고관리 추적 시스템을 개발했으며, 이 시스템은 별도의 사업 부문으로 상업적으로 개발하려고 한다. 경영진은 이 투자의 위험을 다른 기술회사의 투자와 비슷하게 보고 있으며, 비교기업들은 대개 15%의 무차입 자본비용을 가지고 있다. 하스코는 타인자본 비용이 6%인 채무로 10%를 조달(부채/가치 비율이 10%로 일정함)하여 새 부문의 대한 자금지원을 계획하고 있으며, 법인세율 35%이다. 각 부문에 대한 무차입 자본비용, 자기자본 비용, 가중평균 자본비용을 추정하라.

풀이

벌목 및 연마장비부문에서는 기업의 현재 자기자본 비용 $r_E = 12.7\%$와 부채/가치 비율 40%를 사용할 수 있다.

$$r_{wacc} = 0.60 \times 12.7\% + 0.40 \times 6\% \times (1 - 0.35) = 9.2\%$$
$$r_U = 0.60 \times 12.7\% + 0.40 \times 6\% = 10.0\%$$

기술부문에서는 비교대상기업들을 이용하여 무차입 자본비용 $r_U = 15\%$를 계산한다. 하스코의 기술부문이 10% 부채/가치 비율로 채무 조달을 하기 때문에 아래와 같다.

$$r_E = 15\% + \frac{0.10}{0.90}(15\% - 6\%) = 16\%$$
$$r_{wacc} = 15\% - 0.10 \times 0.35 \times 6\% = 14.8\%$$

자본비용은 두 부문 사이에 상당히 다르다는 것에 주의해야 한다.

프로젝트에 의한 증분 레버리지 결정

프로젝트의 자기자본 비용 또는 가중평균 자본비용을 결정하려면 프로젝트와 관련된 채무 금액을 알아야 한다. 자본예산 수립 목적에서 프로젝트의 자금조달은 기업이 프로젝트를 수행할 때 발생하는 **증분(incremental)** 자금조달이다. 즉, 프로젝트가 없는 기업과 있는 기업 사이의 총채무(현금 차감)의 변화이다.

프로젝트의 증분 자금조달은 프로젝트에 직접 관련된 자금조달과 일치할 필요는 없다. 예를 들어 프로젝트는 새로운 창고를 구입하는 것과 관련되고, 창고의 구매는 그 가치의 90%에 해당하는 자금을 담보로 조달한다고 가정한다. 그러나 기업이 전체적으로 40%의 부채/가치 비율을 유지하는 정책을 가지고 있다면, 해당 비율을 유지하기 위해 창고를 구매한 후 기업의 다른 곳에서 채무를 줄일 것이다. 이 경우 창고 프로젝트를 평가할 때 사용할 적절한 부채비율은 90%가 아니라 40%이다.

다음은 프로젝트의 점진적인 자금조달을 결정할 때 기억해야 할 중요한 개념이다.

현금은 음의 채무 기업의 채무는 모든 현금을 차감한 채무를 기준으로 평가해야 한다. 따라서 투자로 인해 기업의 현금 보유가 줄어들면 기업이 채무를 추가하는 것과 동일하다. 마찬가지로 프로젝트로부터 양(+)의 가용현금흐름이 기업의 현금 보유를 증가시킨다면, 이 현금 증가는 기업의 채무 감소와 동일하다.

WACC 계산에서 부채비율 재조정

식 (18.1)의 정의를 이용하여 WACC를 계산할 때, 기업의 상이한 부채비율의 선택에 따라 자기자본 비용 r_E와 타인자본 비용 r_D가 변화하는 것을 항상 잊어서는 안 된다. 예를 들어 부채/가치 비율이 25%, 타인자본 비용이 6.67%, 자기자본 비용이 12%, 법인세율이 40%인 기업을 고려해보자. 식 (18.1)에 의해 현재 WACC는 다음과 같다.

$$r_{wacc} = 0.75(12\%) + 0.25(6.67\%)(1 - 0.40)$$
$$= 10\%$$

기업이 부채/가치 비율을 50%로 증가시킨다고 가정하자. WACC가 8%로 하락할 것이라고 결론 내리기 쉽다.

$$0.50(12\%) + 0.50(6.67\%)(1 - 0.40) = 8\%$$

사실 기업이 부채/가치 비율을 증가시키면 주식과 채무의 위험도 증가할 것이고 자기자본 비용과 타인자본 비용을 상승시키게 된다. 새로운 WACC를 정확하게 계산하기 위해서, 우리는 먼저 기업의 무차입 자본비용을 식 (18.6)을 통해 계산해야 한다.

$$r_U = 0.75(12\%) + 0.25(6.67\%) = 10.67\%$$

만일 채무 증가로 인해 기업의 타인자본 비용이 7.34%로 증가하면, 식 (18.10)에서 자기자본 비용도 상승하게 된다.

$$r_E = 10.67\% + \frac{0.50}{0.50}(10.67\% - 7.34\%) = 14\%$$

식 (18.1)을 사용하여 새로운 자기자본 비용과 타인자본 비용을 가지고 새로운 WACC를 정확하게 계산할 수 있다.

$$r_{wacc} = 0.50(14\%) + 0.50(7.34\%)(1 - 0.40)$$
$$= 9.2\%$$

우리는 또한 새로운 WACC를 식 (18.11)을 사용하여 구할 수 있다.

$$r_{wacc} = 10.67\% - 0.50(0.40)(7.34\%) = 9.2\%$$

레버리지의 증가에 따른 기업의 자기자본 비용과 타인자본 비용 증가의 효과를 반영하지 못하면, 그에 따른 WACC의 감소를 과대 평가할 것임을 유의하자.

고정된 현금배분정책은 100% 채무 조달을 의미한다 배당금 지급 및 자사주 매입에 대한 지출이 사전에 설정되어 있고 프로젝트의 가용현금흐름의 영향을 받지 않는 회사를 생각해보자. 이 경우 유일한 자금조달의 원천은 채무다. 이 프로젝트에 필요한 모든 현금은 기업의 현금 혹은 차입금으로 조달되고 프로젝트가 창출하는 현금은 채무를 상환하거나 기업의 현금을 증가시키게 될 것이다. 결과적으로 기업의 자금조달에 대한 프로젝트의 증분 효과는 채무 수준을 변경하는 것이므로 이 프로젝트는 100% 채무 조달(즉, 부채/가치 비율 $d = 1$)이다. 만일 기업의 현금배분정책이 프로젝트 기한 동안 고정되어 있다면, 프로젝트에 사용해야 할 적절한 WACC는 $r_U - \tau_C r_D$이다. 이런 경우는 가용현금흐름을 채무 상환에 사용하고자 하는 채무 수준이 높은 기업이나 현금을 쌓아 두려는 기업에게 해당한다.

최적의 레버리지는 프로젝트와 기업의 특성에 달려 있다 안전한 현금흐름을 가진 프로젝트는 기업의 재무적 곤경 위험을 증가시키지 않고 더 많은 채무를 감당할 수 있다. 그러나 제5부에서 논의했듯이, 기업이 직면할 수 있는 재무적 곤경의 가능성은 곤경의 심각성, 대리인 비용, 비대칭 정보비용에 달려 있다. 이러한 비용은 프로젝트에만 국한되지 않고 오히려 기업 전체의 특성에 의존한다. 결과적으로 프로젝트에 대한 최적의 레버리지는 프로젝트와 기업의 특성에 달려 있다.

안전한 현금흐름은 100% 채무 조달이 가능하다 투자가 무위험 현금흐름을 가지면 기업이 이러한 현금흐름 100%를 채무로 상쇄하고 기업 전체의 위험을 변화없이 유지할 수 있다. 그렇게 하면 안전한 현금흐름에 대한 적절한 할인율은 $r_D(1 - \tau_c)$이다.

예제 18.7	치포틀의 채무 자금조달

문제

2015년 중반에 치포틀(Chipotle Mexican Grill)은 거의 $800 백만을 현금과 유가증권으로 보유하고 채무는 없었다. 무차입 자본비용인 $r_U = 12\%$를 가진 프로젝트를 고려하자. 치포틀의 현금배분정책은 이 프로젝트의 수명 동안 완전히 고정되어 프로젝트의 가용현금흐름이 치포틀의 현금계정에만 영향을 미친다고 가정한다. 현금 보유액에 4%의 이자를 얻고 35%의 법인세를 낸다면 치포틀이 프로젝트를 평가하는 데 사용할 자본비용은 얼마인가?

풀이

프로젝트의 유입과 유출로 인해 치포틀의 현금계정이 변경되기 때문에, 이 프로젝트는 100% 채무로 충당된다. 즉, $d = 1$이다. 프로젝트의 적절한 자본비용은 아래와 같다.

$$r_{wacc} = r_U - \tau_c r_D = 12\% - 0.35 \times 4\% = 10.6\%$$

치포틀 자체에는 채무가 없음에도 불구하고 현금이 프로젝트 자금조달에 사용되지 않았다면 치포틀을 현금에서 얻은 이자에 대해 세금을 납부해야 하기 때문에, 이 프로젝트는 실제로 100% 채무로 조달된 것이다.

개념 확인	1. 프로젝트의 위험이 기업의 위험과 다를 때 프로젝트의 무차입 자본비용을 어떻게 예측하는가?
	2. 프로젝트와 관련된 증분 채무는 무엇인가?

18.6   기타 레버리지 정책과 APV

이 시점까지는 프로젝트의 증분 채무가 일정한 부채비율(혹은 부채/가치 비율)을 유지하도록 설정되었다고 가정했다. 일정한 부채비율은 분석을 단순화하는 편리한 가정이지만 모든 기업이 이 레버리지 정책을 채택하지는 않는다. 이 절에서는 두 가지 대안적인 레버리지 정책, 즉 일정한 이자보상 배율과 미리 정해진 채무 수준을 고려한다.

일정한 부채비율 가정을 완화하면 부채비율이 변경됨에 따라 프로젝트의 주식 비용과 WACC가 시간이 지남에 따라 변할 것이다. 결과적으로 WACC 방법과 FTE 방법을 구현하기가 어렵다(자세한 내용은 18.8절 참조). 그러나 APV 방법은 사용하기가 비교적 단순하기 때문에 대안적인 레버리지 정책에서 선호되는 방법이다.

일정한 이자보상 배율의 정책

제15장에서 논의된 바와 같이 만일 기업이 이익에 대한 법인세를 절약하기 위해 레버리지를 이용한다면, 기업은 순이익과 함께 이자 지급액이 증가하도록 채무 수준을 조정할 것이다. 이 경우 기업의 증분 이자 지급액을 프로젝트의 가용현금흐름의 목표 비율인 k로 지정하는 것이 자연스럽다.[13]

---

13 과세 이익의 일부로 이자를 명시하는 것이 더 나을 수도 있다. 그러나 일반적으로 과세 이익과 가용현금흐름은 대략 비례하므로 두 명제는 매우 유사하다. 또한 식 (18.12)를 정확하게 유지하려면, 기업은 연중 계속해서 채무를 조정해야 한다. 우리는 18.8절의 이 가정을 향후 현금흐름의 예상 수준에 따라 주기적으로 채무를 조정하는 설정으로 가정을 완화할 것이다(예제 18.11 참조).

$$\text{연도 } t \text{의 이자 지급액} = k \times FCF_t \qquad (18.12)$$

기업이 FCF에 대한 목표 비율로 이자 지급액을 유지할 때, 기업은 **일정한 이자보상 배율**(constant interest coverage ratio)을 가지고 있다고 말한다.

APV 접근 방식을 구현하려면, 이 정책에 따라 세금 절감액의 현재가치를 계산해야 한다. 세금 절감액은 프로젝트의 가용현금흐름에 비례하기 때문에 프로젝트의 현금흐름과 동일한 위험을 가지므로 동일한 할인율, 즉 무차입 자본비용(unlevered cost of capital)인 r_U로 할인해야 한다. 그러나 프로젝트의 가용현금흐름의 현재가치는 할인율 r_U로 프로젝트의 무차입 가치이다.

$$PV(\text{이자의 세금 절감액}) = PV(\tau_c k \times FCF) = \tau_c k \times PV(FCF) = \tau_c k \times V^U \qquad (18.13)$$

즉, 일정한 이자보상 정책에서 이자의 세금 절감액의 가치는 프로젝트의 무차입 가치에 비례한다. APV 방법을 사용하면 프로젝트의 차입 가치는 다음 공식으로 표현된다.

일정한 이자보상 배율을 가진 차입 가치

$$V^L = V^U + PV(\text{이자의 세금 절감액}) = V^U + \tau_c k \times V^U = (1 + \tau_c k)V^U \qquad (18.14)$$

예를 들어 우리는 애브코의 RFX 프로젝트의 무차입 가치를 18.3절에서 $V^U = \$59.62$ 백만으로 계산했다. 애브코가 자사의 가용현금흐름의 20%를 목표 이자로 한다면 차입 가치는 $V^L = [1 + 0.4\,(20\%)]$ 59.62 = \$64.39 백만이다. (이 결과는 우리가 18.3절에서 계산한 프로젝트에 대해 $61.25 백만의 가치와 다른데, 거기서는 50% 부채/가치 비율과 다른 레버리지 정책을 가정했다.)

식 (18.14)는 많은 기업에 적합한 레버리지 정책에 기반한 투자의 차입 가치를 결정하는 간단한 규칙을 제공한다.[14] 투자의 가용현금흐름이 일정한 비율로 증가할 것으로 예상된다면, 일정한 이자보상 배율과 일정한 부채비율은 다음 예제처럼 동일하다.

목표 이자보상 배율 정책에 의한 인수의 가치평가	예제 18.8

문제

예제 18.1과 18.2에서 애브코의 인수를 다시 고려한다. 이번 인수로 인해 첫해에는 $3.8 백만의 가용현금흐름이 창출될 것이며 그 이후 매년 3%씩 성장할 것이다. 인수비용은 $80 백만으로 처음에는 $50 백만의 신규 채무로 조달된다. 애브코가 인수에 대한 일정한 이자보상 배율을 유지한다고 가정할 때 APV 방법을 사용하여 인수가치를 계산하라.

풀이

애브코의 무차입 자본비용 $r_U = 8\%$인 경우, 인수는 $76 백만의 무차입 가치를 가진다.

$$V^U = 3.8/(8\% - 3\%) = \$76 \text{ 백만}$$

새로운 채무가 $50 백만이고 이자율이 6%인 첫해의 이자비용은 $6\% \times 50 = \$3$ 백만 또는 $k = $ 이자/FCF $= 3/3.8 = 78.95\%$이다. 애브코는 이 이자보상 배율을 유지할 것이기 때문에 다음과 같다.

---

14 그레이엄과 하비 교수는 대다수의 기업이 채무를 발행할 때 신용등급을 목표로 한다고 보고한다. ["The Theory and Practice of Corporate Finance: Evidence from the Field," *Journal of Financial Economics* 60 (2001)] 이자보상 배율은 신용등급의 중요한 결정 요인이다. 또한 기업과 신용평가기관은 시장가치보다는 회사의 현금흐름에 더 가깝게 변동하는 장부가치 부채비율을 고려한다. (예를 들어 기업이 확장을 위해 물적 자본에 투자할 때 장부가치가 높아지면 일반적으로 현금흐름이 증가한다.)

$$V^L = (1 + \tau_c k)V^U = [1 + 0.4\,(78.95\%)]\,76 = \$100 \text{ 백만}$$

이 값은 예제 18.1의 WACC 방법을 사용하여 계산한 값과 동일하다. 여기서 우리는 일정한 부채비율을 가정했다.

미리 정해진 채무 수준

목표 부채비율 또는 이자보상 수준에 따라 채무를 설정하는 대신에 기업은 사전에 정해진 일정에 따라 채무를 조정할 수 있다. 예를 들어 애브코가 $30.62 백만을 빌려올 계획이고 1년 후 정해진 일정에 따라 채무를 $20 백만으로, 2년 후에는 $10 백만으로, 3년 후에는 0으로 낮추겠다고 가정해보자. RFX 프로젝트는 성공 여부에 관계없이 애브코의 채무에 영향을 미치지 않는다. 부채비율(debt-equity ratio)보다 미래의 채무 수준(debt level)이 미리 알려지면 우리는 어떻게 이런 투자를 평가할 수 있을까?

채무 수준이 미리 알려지면 이자 지급액과 기업이 얻게 될 상응하는 세금 절감액을 계산하는 것이 간단하다. 문제는 현재의 가치를 결정하기 위해 이 세금 절감액을 어느 정도 할인해야 하는가 하는 것이다. 18.3절에서 우리는 프로젝트의 무차입 자본비용을 사용했는데, 그 이유는 채무의 양과 세금 절감액이 프로젝트 자체의 가치와 함께 변동하여 유사한 위험을 감당하기 때문이다. 그러나 정해진 채무 일정으로 인해 채무 금액은 변동하지 않는다. 이 경우 세금 절감액은 프로젝트보다 위험이 적으므로 더 낮은 할인율로 할인해야 한다. 실제로 세금 절감액의 위험은 채무 상환의 위험과 유사하다. 그러므로 우리는 다음의 일반적인 규칙을 권고한다.[15]

채무 수준이 정해진 일정에 따라 정해지면, 우리는 타인자본 비용 r_D를 사용하여 미리 정해진 이자의 세금 절감액을 할인할 수 있다

표 18.8에 있는 채무 일정과 이자의 세금 절감액을 감안하여, 애브코 예제에 적용해보자. 타인자본 비용 $r_D = 6\%$를 이용하면 세금 절감액의 현재가치를 구할 수 있다.

$$PV(\text{이자의 세금 절감액}) = \frac{0.73}{1.06} + \frac{0.48}{1.06^2} + \frac{0.24}{1.06^3} = \$1.32 \text{ 백만}$$

그런 다음 APV를 결정하기 위해 세금 절감액의 가치와 프로젝트의 무차입 가치(18.3절에서 이미 계산)를 결합한다.

표 18.8 스프레드시트 애브코 RFX 프로젝트의 채무 일정이 주어진 경우 이자 지급액 및 이자의 세금 절감액

이자의 세금 절감액($ 백만)	연도	0	1	2	3	4
1 채무 필요액, D_t(정해진 일정)		30.62	20.00	10.00	—	—
2 이자 지급액($r_D = 6\%$)			1.84	1.20	0.60	—
3 **이자의 세금 절감액($\tau_c = 40\%$)**			**0.73**	**0.48**	**0.24**	—

---

15 세금 절감액의 위험은 지급액의 이자 부분만 기반으로 하고 기업의 한계세율 변동의 위험에 노출되기 때문에 채무 상환의 위험과 문자 그대로 동일하지는 않다. 그럼에도 불구하고 이 가정은 훨씬 더 상세한 정보가 부족한 상황에서 합리적인 근사치이다.

$$V^L = V^U + PV(\text{이자의 세금 절감액}) = 59.62 + 1.32 = \$60.94 \text{ 백만}$$

여기서 계산된 이자의 세금 절감액의 가치는 $1.32 백만이며, 18.3절에서 일정한 부채비율을 기반으로 계산한 $1.63 백만의 가치와 다르다. 두 경우에서 기업의 채무를 비교하면, 표 18.4보다 표 18.8에서 더 빠르게 지급된다는 것을 알 수 있다. 또한 이 예제에서 프로젝트의 부채비율이 시간이 지남에 따라 변하기 때문에 프로젝트의 WACC도 변경되기 때문에, 이 경우 WACC 방법을 적용하기가 어렵다. 그러나 18.8절에서는 심화 주제에서 이 경우에 어떻게 실행하는 것이 좋은지 보여주고, 그럼으로써 동일한 결과를 얻는지 확인한다.

기업이 동일한 수준의 채무를 영구히 유지하면서 기업이 영구적으로 정해진 채무를 가지고 있을 때, 미리 정해진 채무 수준의 특히 단순한 예가 발생한다. 우리는 15.2절에서 이 레버리지 정책에 대해 논의했고 기업이 정해진 채무 수준 D를 유지한다면 세금 절감액의 가치가 $\tau_c \times D$임을 보여주었다.[16] 따라서 이 경우에 프로젝트의 차입 가치는 아래와 같다.

영구적 일정한 채무를 가진 차입 가치

$$V^L = V^U + \tau_c \times D \tag{18.15}$$

주의 사항 채무 수준이 미리 결정되면, 기업은 목표 부채비율에 따라서 현금흐름 또는 가치의 변동을 기준으로 채무를 조정하지 않으며, 이자의 세금 절감액의 위험은 현금흐름의 위험과 다르다. 결과적으로 기업의 세전 WACC는 더 이상 무차입 자본비용과 일치하지 않으므로 식 (18.6), 식 (18.10) 및 식 (18.11)이 적용되지 않는다. [예를 들어 식 (18.11)을 사용하여 WACC를 계산하고, 영구 채무의 경우에 적용한다면 우리가 추정한 가치는 식 (18.15)와 일치하지 않을 것이다.] 기업의 WACC, 무차입 자본비용, 그리고 자기자본 비용 간의 정확한 관계를 위해서, 이들 수식보다는 18.8절의 식 (18.20)과 식 (18.21)이 제공하는 보다 일반적인 형태의 수식을 사용할 필요가 있다.

세 가지 방법의 비교

차입 투자를 평가하는 세 가지 방법인, WACC, APV, FTE를 소개하였다. 어떤 상황에서 어떤 방법을 사용할 것인지 어떻게 결정할까?

일관되게 사용하면 모든 방법이 투자에 대해 동일한 평가를 산출한다. 따라서 방법의 선택은 대부분 편의상 문제이다. 일반적으로 WACC 방법은 기업이 투자 기간 동안 고정된 부채비율을 유지할 때 가장 쉽게 사용할 수 있다. 대안적인 레버리지 정책의 경우 APV 방법은 대개 가장 단순화된 방법이다. FTE 방법은 일반적으로 기업의 자본구조에 속해 있는 다른 증권의 가치 또는 이자의 세금 절감액을 결정하기 어려운 복잡한 설정에서만 사용된다.

개념 확인

1. 일정한 이자보상 배율 정책을 유지하기 위해 기업은 어떤 조건을 맞추어야 하는가?
2. 채무 스케줄이 사전에 고정되어 있을 때 세금 절감액을 위한 적절한 할인율은 얼마인가?

---

16 이자의 세금 절감액인 $\tau_c r_D D$가 영구연금이기 때문에 할인율 r_D를 이용하여 아래 식을 얻는다.

$$PV(\text{이자의 세금 절감액}) = \tau_c r_D D / r_D = \tau_c D$$

18.7   자본조달에 미치는 기타 효과

WACC, APV 및 FTE 방법은 채무와 관련된 세금 절감액을 통합한 투자의 가치를 결정한다. 그러나 제16장에서 논의했듯이, 몇 가지 다른 잠재적인 불완전성이 채무와 관련되어 있다. 이 절에서는 발행비용, 증권의 가격오류, 재무적 곤경 및 대리인 비용과 같은 불완전성을 고려하여 평가를 조정하는 방법을 살펴본다.

발행비용 및 기타 비용

기업이 대출을 받거나 증권을 발행하여 자본을 조달할 때, 대출을 제공하거나 증권 매도의 인수를 제공하는 은행은 수수료를 부과한다. 표 18.9에는 일반적인 거래에 대한 전형적인 수수료를 보여준다. 프로젝트의 자금조달과 관련된 수수료는 프로젝트의 필수적 투자의 일부로 포함되어야 하는 비용으로 프로젝트의 NPV를 줄인다.

예를 들어 프로젝트의 차입 가치가 $20 백만이고 최초 투자액이 $15 백만이라고 가정하자. 프로젝트의 자금조달을 위해 기업은 $10 백만을 차입하고 나머지 $5 백만을 배당금을 줄임으로써 지원한다. 은행이 대출에 따른 수수료로 총 $200,000(세후 기준)를 요구한다면, 프로젝트의 NPV는 아래와 같다.

$$NPV = V^L - (투자액) - (세후\ 발행비용) = 20 - 15 - 0.2 = \$4.8\ 백만$$

이 계산은 프로젝트에 의해 생성된 현금흐름이 지급될 것으로 추정한다. 대신에 새로운 프로젝트에 재투자하여 미래의 발행비용을 절감한다면, 이러한 절감액의 현재가치도 통합되어야 하며 현재 발행비용을 상쇄할 것이다.

증권의 가격 오류

완전자본시장에서 모든 증권은 공정하게 가격이 매겨지고 증권발행은 0의 NPV 거래이다. 그러나 제16장에서 논의된 바와 같이 경영진은 때로는 자신이 발행하는 증권이 진정한 가치보다 낮은(또는 높은) 가

표 18.9	자금조달액의 비율로 표현한 여러 증권의 전형적인 발행비용[17]
자금조달 형태	**인수 수수료(%)**
은행대출	< 2
회사채	
투자등급	1~2
투자비 적격등급	2~3
신주발행	
IPO(최초기업공개)	8~9
유상증자	5~6

---

17 거래액의 규모에 따라 수수료가 달라진다. 표의 추정치는 $50 백만의 거래에 대하여 전형적으로 발생하는 법적 수수료, 증권 인수 수수료, 회계 서류 절차의 수수료를 기초로 하였다. 자세한 것은 아래 논문을 참고하라. I. Lee, S. Lochhead, J. Ritter, and Q. Zhao, "The Cost of Raising Capital," *Journal of Financial Research* 19 (1996): 59–74.

격으로 책정되어 있다고 믿을 수 있다. 그렇다면 실제 조달된 자금과 판매된 증권의 진정한 가치 사이의 차이인 거래의 NPV가 의사결정을 평가할 때 포함되어야 한다. 예를 들어 프로젝트의 자금조달이 주식 발행과 관련되어 있고 경영진이 주식이 진정한 가치보다 낮은 가격으로 판매될 것으로 판단한다면, 이 가격 오류는 기존 주주에 대한 프로젝트의 비용이다.[18] 이 비용이 기타 발행비용과 함께 프로젝트의 NPV 에서 차감된다.

기업이 자금을 차입할 때, 만일 주어진 대출의 실제 위험에 적절한 이자율과 다른 이자율이 은행에서 요구된다면 가격오류 상황이 발생한다. 예컨대 기업의 신용등급을 개선하는 뉴스가 아직 알려지지 않았 을 때 기업은 매우 높은 이자율을 지불해야 한다. WACC 방법에서 이자율이 높아지면 가중평균 자본비 용이 올라가고 투자가치는 낮아진다. APV 방법을 사용하는 경우에는 대출 현금흐름의 실제 위험에 해당 하는 "올바른" 이자율로 평가되었을 때 대출 현금흐름의 NPV를 프로젝트의 가치에 더해야 한다.[19]

예제 18.9

대출을 가치평가

문제

갭은 자사 매장의 확장을 위해 $100 백만을 빌리는 방안을 검토 중이다. 잠재고객에 대한 투자자의 불확실 성을 감안할 때 갭은 이 대출에 대해 6%의 이자율을 지불하게 된다. 그러나 회사의 경영진은 대출의 실제 위험이 매우 낮아서 대출에 대한 적절한 비율이 5%라는 것을 알고 있다. 연도 5에 모든 대출금이 상환되는 5년 만기 대출이라고 가정한다. 갭의 한계법인세율이 40%라면, 그 확장의 가치에 대한 대출의 순효과는 무 엇인가?

풀이

다음 표는 5%의 이자율의 공정한 대출과 6%의 이자율인 갭이 받을 시장 이자율보다 높은 대출의 현금흐름 ($ 백만)과 이자의 세금 절감액을 보여준다. 각 대출에 대해 우리는 올바른 이자율 $r_D = 5\%$를 사용하여 대 출 현금흐름의 NPV와 이자의 세금 절감액의 현재가치를 계산한다.

	연도	0	1	2	3	4	5
1	공정한 대출	100.00	(5.00)	(5.00)	(5.00)	(5.00)	(105.00)
2	이자의 세금 절감액		2.00	2.00	2.00	2.00	2.00
3	$r_D = 5\%$로 평가 :						
4	NPV(대출 현금흐름)	0.00					
5	PV(이자의 세금 절감액)	8.66					
6	실제 대출	100.00	(6.00)	(6.00)	(6.00)	(6.00)	(106.00)
7	이자의 세금 절감액		2.40	2.40	2.40	2.40	2.40
8	$r_D = 5\%$로 평가 :						
9	NPV(대출 현금흐름)	(4.33)					
10	PV(이자의 세금 절감액)	10.39					

공정한 대출의 경우 대출 현금흐름의 NPV는 0이다. 따라서 프로젝트 가치에 대한 대출의 이득은 이자의 세금 절감액의 현재가치인 $8.66 백만이다. 실제 대출의 경우 높은 이자율은 이자의 세금 절감액의 가치를 증가시키지만 대출 현금흐름에 대해서는 음(−)의 NPV를 의미한다. 프로젝트 가치에 대한 대출의 결합 효 과는 다음과 같다.

---

18 물론 새로운 주주들도 저렴한 가격으로 주식을 매입하는 혜택을 볼 수 있다.

19 또한 자본비용을 차입 혹은 무차입할 때 r_D에 대한 정확한 비율을 사용해야 한다.

$$NPV(\text{대출 현금흐름}) + PV(\text{이자의 세금 절감액}) = -4.33 + 10.39 = \$6.06 \text{ 백만}$$

채무는 세금 절감액으로 인해 여전히 중요하지만, 높은 이자율을 지불하면 기업에 대한 이득이 8.66 − 6.06 = \$2.60 백만으로 줄어든다.

재무적 곤경과 대리인 비용

제16장에서 논의된 바와 같이, 채무 자금조달에서 오는 하나의 결과는 재무적 곤경의 가능성과 대리인 비용의 발생이다. 이러한 비용은 프로젝트가 창출하는 미래의 가용현금흐름에 영향을 미치므로 프로젝트의 예상 가용현금흐름에 대한 추정치에 직접 반영될 수 있다. 채무 수준이 높고 따라서 재무적 곤경의 가능성이 클 때, 재무적 곤경과 대리인 문제와 관련된 추정비용에 의해 기대 가용현금흐름은 감소한다. (반대로 제16장에서 언급했듯이 어떤 상황에서는 파산의 위협이 경영의 효율성을 향상시키고, 이로 인해 기업의 가용현금흐름을 증가시킬 수도 있다.)

재무적 곤경과 대리인 비용은 또한 자본비용에 영향을 미친다. 예를 들어 경제 상황이 악화될 때 재무적 곤경이 발생할 가능성이 더 크다. 결과적으로 곤경비용은 시장침체기에 기업의 가치를 더욱 떨어뜨린다. 재무적 곤경비용은 시장 위험에 대한 기업가치의 민감성을 높이는 경향이 있으며, 높은 채무 수준을 가진 기업의 자본비용을 더욱 높여준다.[20]

이 장에서 설명하는 평가 방법에 재무적 곤경비용을 어떻게 반영하는가? 한 가지 방법은 재무적 곤경으로 인한 비용 및 증가된 위험을 고려하여 가용현금흐름의 추정치를 조정하는 것이다. 또 다른 방법은 먼저 이러한 비용을 무시하고 프로젝트를 평가한 다음에 재무적 곤경과 대리인 문제와 관련된 증분 현금흐름의 현재가치를 별개로 더하는 것이다. 이러한 비용은 기업이 파산(또는 거의 파산)에 처한 경우에만

글로벌 금융위기 **정부 대출 보증**

위기 상황에서 기업은 연방정부에 재정 지원을 요청할 수 있다. 종종 이러한 정부 지원은 보조금 대출 혹은 대출 보증의 형태로 제공된다. 예를 들어 2001년 9월 11일의 비극 이후, 미국 정부는 항공회사가 신용을 얻을 수 있도록 \$10 십억의 대출 보증을 제공했다. US 항공사는 \$900 백만의 가장 큰 대출 보증을 받았으며 아메리카웨스트 항공은 \$429 백만으로 두 번째로 많은 대출 보증을 받았다. 궁극적으로 이러한 대출은 납세자의 비용 없이 상환되었다.

대출 보증은 또한 2008년 금융위기에 대한 정부 대응의 중요한 부분이었다. 미국 정부는 금융기관이 발행한 채무나 은행이 보유한 자산 \$1 조 이상에 대하여 보험을 제공하였다. 정부는 또한 부실기업에 \$500 십억이 넘는 직접 대출을 했다. 더욱이 "실패하기에는 너무 큰" 것으로 보이는 기업과 은행은 명시적인 보증은 아니라도 암시적 보증을 받았다고 생각된다.

이러한 보증은 기업에게 정부의 지원 없이 받는 이자율보다 더 낮은 이자율로 대출을 받을 수 있게 하였다. 연방정부 보증의 도움으로 얻은 대출은 이러한 대출이 시장이자율로 공정하게 가격이 책정된 경우라면 채무자에게 양(+)의 NPV를 주는 것이며 직접적인 현금 보조금과 동일하다. 한편으로는 만일 이러한 대출의 시장 이자율이 비대칭 정보 혹은 이용 가능한 대출기관의 부족으로 인해 매우 높다면, 이러한 대출과 보증은 납세자에게 저렴한 비용으로 직접적인 현금 구제보다 채무자에 대한 조건을 개선한다.

---

20 다시 말해 재무적 곤경비용은 음(−)의 베타를 갖는 경향이 있다(시장침체기에 더 높다). 이것은 비용이기 때문에 기업의 가용현금흐름에 재무적 곤경비용이 포함되면 기업의 베타를 높이게 된다.

발생하는 경향이 있기 때문에, 이 비용의 가치를 평가하는 것은 복잡하며 제7부에서 소개한 옵션 평가 기법을 사용하여 가장 잘 실행된다. 그러나 일부 특수한 경우에는 다음 예제에서처럼 재무적 곤경의 가치를 추정하는데, 기업의 기존 증권의 가치를 이용할 수 있다.

예제 18.10

재무적 곤경에 대한 평가

문제

당신의 회사는 5년 만기인 $100 백만의 액면가를 가진 무이표채가 있으며 다른 채무는 없다. 현재 무위험 이자율은 5%이지만 파산위험으로 인해 채무의 만기 수익률은 12%이다. 채무불이행 시 10%의 손실 파산과 재무적 곤경비용으로 발생한다. (예를 들어 파산으로 채권자가 $60 백만을 잃고 $40 백만을 회수한 경우에, 기업이 무차입이고 파산을 회피한 경우에는 $6 백만의 손실은 발생하지 않을 것이다.) 재무적 곤경비용의 현재가치를 추정하자.

풀이

12%의 수익률로 기업 채무의 현재 시장가치는 $100/1.12^5 = $56.74 백만이다. 기업의 채무가 무위험인 경우 시가는 $100/1.05^5 = $78.35 백만이다. 이 값들의 차이인 $78.35 - $56.74 = $21.61 백만은 채권자의 파산 손실의 현재가치이다. 이러한 손실 중 10%가 파산 및 재무적 곤경으로 인한 것이라면, 이 비용의 현재가치는 $21.61 \times 0.10 = $2.16 백만이다.

개념 확인

1. 프로젝트의 가치를 평가할 때 증권 발행비용과 가격 오류비용은 어떻게 다뤄야 하는가?
2. 기업의 레버리지 사용은 재무적 곤경과 대리인 비용에 어떤 영향을 미칠까?

18.8 자본예산의 심화 주제

이전 절에서는 레버리지를 가진 자본예산 수립의 가장 중요한 방법들을 설명하고 공통적인 상황에서의 응용을 보여주었다. 이 절에서는 몇 가지 더 복잡한 시나리오를 고려하고 우리의 도구들이 이러한 상황에서 어떻게 확장될 수 있는지를 보여준다. 첫째, 단기적으로 채무를 고정시키고 장기적으로는 목표 부채비율로 조정하는 레버리지 정책을 고려한다. 둘째, 대안적인 레버리지 정책에 대한 기업의 자기자본비용과 무차입 자본비용 간의 관계를 살펴본다. 셋째, 기업의 부채비율이 시간에 따라 변할 때 WACC와 FTE 방법을 실행한다. 그런 다음 개인 세금의 영향을 통합하여 절을 마무리한다.

정기적으로 채무를 조정하는 경우

지금까지는 채무를 계속해서 목표 부채비율로 조정하거나 결코 변하지 않는 고정된 계획에 따라 설정하는 레버리지 정책을 고려했다.[21] 보다 현실적으로 대부분의 기업에서 부채비율은 목표에서 벗어나고 주기적으로 채무를 조정하여 목표와 일치하도록 한다.

---

21 이 장의 앞부분에서 연차적으로 채무와 이자 지급액을 계산함으로써 우리의 설명을 단순화시켰지만, 목표 부채비율이나 이자보상 배율의 경우에 사용한 공식은 기업이 목표 부채비율을 유지한다고 가정한 것이다.

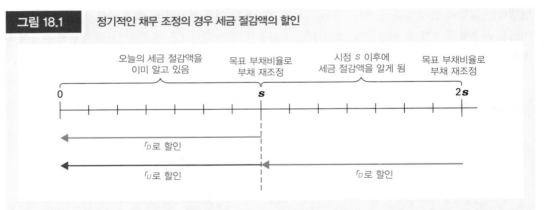

| 그림 18.1 | 정기적인 채무 조정의 경우 세금 절감액의 할인 |

채무가 매번 s 기간마다 목표 부채 비율로 조정되어 간다면, 첫 번째 s 기간의 이자의 세금 절감액이 알려져 있기 때문에 우선 r_D로 할인되어야 한다. 또한 s 기간 이후에 발생하는 이자의 세금 절감액은 오늘은 아직 모르고 s 기간 이후에는 알게 된다. 따라서 s 기간 이후의 금액에 대해서는 r_D로 할인하고 그 이전의 모르는 기간에서는 r_U로 할인해야 한다.

그림 18.1과 같이 기업이 매번 s 기간마다 채무를 조정한다고 가정하자. 그러면 기업의 이자의 세금 절감액이 s 시점까지 미리 결정되어 있으므로 r_D로 할인해야 한다. 반면에, s 시점 이후에 발생하는 이자의 세금 절감액은 기업이 채무를 조달할 미래의 조정에 달려 있으므로 위험이 존재한다. 기업이 목표 부채비율 또는 이자보상 배율에 따라 채무를 조정한다면, s 시점에 도달하기 이전인 현재에서 보면 그 정책이 이루어지는 것을 이미 알고 있는 s 시점 이후 미래의 이자의 세금 절감액은 r_D로 할인되고, s 시점 이전 기간에 대해서는 아직 채무의 조정에 위험이 있기 때문에 이자율 r_U로 할인되어야 한다.

중요하며 특수한 경우는 채무가 매년 조정되는 경우이다. 이 경우 시점 t의 예상 이자비용 Int_t는 시점 $t-1$에 알려진다. 따라서 시점 t에서 $t-1$까지의 기간의 이자의 세금 절감액은 (그 당시에 알려짐) r_D로 할인한 다음 시점 $t-1$에서 0까지는 r_U로 할인한다.

$$PV(\tau_c \times Int_t) = \frac{\tau_c \times Int_t}{(1+r_U)^{t-1}(1+r_D)} = \frac{\tau_c \times Int_t}{(1+r_U)^t} \times \left(\frac{1+r_U}{1+r_D}\right) \tag{18.16}$$

식 (18.16)은 이전과 같이 이자율 r_U로 할인하여 세금 절감액의 가치를 구할 수 있음을 암시하며, 세금 절감액이 1 기간 전에 미리 알려진다는 사실을 고려하여 $(1+r_U)/(1+r_D)$ 요소를 결과에 곱한다.

동일한 조정이 다른 평가 방법에도 적용될 수 있다. 예를 들어 채무가 목표 부채비율 d에 따라 연속적으로 조정되는 것이 아니라 매년 조정되는 경우, 식 (18.11)의 프로젝트 기반 WACC 공식은 아래 수식이 된다.[22]

$$r_{wacc} = r_U - d\,\tau_c\,r_D\,\frac{1+r_U}{1+r_D} \tag{18.17}$$

마찬가지로 기업이 예상 미래 가용현금흐름을 기반으로 매년 채무를 결정할 때, 식 (18.14)의 일정한 이자보상 배율 모형은 다음 수식이 된다.

---

22 동등한 WACC 공식이 마일스와 에젤의 "The Weighted Average Cost of Capital, Perfect Capital Markets and Project Life: A Clarification," *Journal of Financial and Quantitative Analysis* 15 (1980): 719–730에서 제시되었다.

그림 18.2 기업의 레버리지 정책

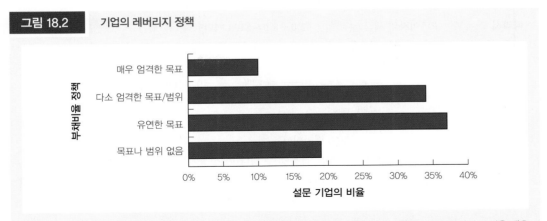

그레이엄과 하비 교수가 조사한 392명의 CFO 중 81%가 목표 부채비율을 보고했다. 그러나 응답자의 10%만이 표적을 매우 엄격하게 본 것으로 나타났다. 대부분은 기업의 부채비율이 목표에서 벗어나고 주기적으로 채무를 조정하여 기업의 재무구조를 다시 정상화시켰다.

출처 : J. R. Graham and C. Harvey, "The Theory and Practice of Corporate Finance: Evidence from the Field," *Journal of Financial Economics* 60 (2001): 187–243.

$$V^L = \left(1 + \tau_c k \frac{1 + r_U}{1 + r_D}\right) V^U \tag{18.18}$$

기업은 실제로 어떻게 채무를 조정하는가? 그림 18.2에서 볼 수 있듯이 조사기업의 약 50%는 부채비율을 엄격한 범위로 유지하려고 시도한다. 기업이 채무 수준을 주기적으로 조정할 때 세금 절감액의 위험은 감소하고, 그 가치는 식 (18.17) 및 (18.18)에서 보듯이 증가한다. 예제 18.11은 일정하게 성장하는 상황에서 이러한 모형들을 보여준다.

예제 18.11

매년 목표 부채비율을 달성

문제
셀맥스 주식회사는 올해 가용현금흐름이 $7.36 백만이며 연간 성장률은 4%이다. 이 회사는 현재 $30 백만의 채무를 보유하고 있다. 이 채무는 연중 고정될 것이나 셀맥스는 매년 부채비율을 일정하게 유지하기 위해 채무를 늘리거나 줄일 것이다. 셀맥스는 채무에 대해 5%의 이자를 지급하고 40%의 법인세율, 12%의 자본비용을 지급한다. 이러한 레버리지 정책으로 셀맥스의 가치를 추정하라.

풀이
APV 방식을 사용하면 무차입 가치는 $V^U = 7.36/(12\% - 4\%) = \$92.0$ 백만이다. 첫해에 셀맥스는 $\tau_c r_D D = 0.40 \times 5\% \times \$30$ 백만 $= \$0.6$ 백만의 이자의 세금 절감액을 갖는다. 셀맥스는 1년 후에 채무를 조정할 것이기 때문에 세금 절감액은 기업과 함께 연 4%씩 성장할 것으로 예상된다. 그러므로 이자의 세금 절감액의 현재가치는 아래와 같다.

$$PV(\text{이자의 세금 절감액}) = \underbrace{\frac{0.6}{(12\% - 4\%)}}_{r_U\text{로 구한 } PV} \times \underbrace{\left(\frac{1.12}{1.05}\right)}_{\substack{\text{채무는 1년} \\ \text{전으로 조정}}} = \$8.0 \text{ 백만}$$

따라서 $V^L = V^U = PV$(이자의 세금 절감액) $= 92.0 + 8.0 = \$100$ 백만이다.

우리는 또한 WACC 방법을 적용할 수 있다. 식 (18.17)에서 셀맥스의 WACC는 아래와 같다.

$$r_{wacc} = r_U - d\,\tau_c\, r_D \frac{1 + r_U}{1 + r_D} = 12\% - \frac{30}{100}(0.40)(5\%)\frac{1.12}{1.05}$$

$$= 11.36\%$$

따라서 $V^L = 7.36/(11.36\% - 4\%) = \$100$ 백만이다.

마지막으로 일정한 이자보상 배율 모형을 적용할 수 있다(이 설정에서 일정한 성장, 일정한 부채비율은 일정한 이자보상 배율을 의미함). 식 (18.18)로부터 올해 5% × \$30 백만 = \$1.50 백만의 이자가 주어지면 아래 수식을 얻는다.

$$V^L = \left(1 + \tau_c\, k\, \frac{1 + r_U}{1 + r_D}\right) V^U$$

$$= \left(1 + 0.40 \times \frac{1.50}{7.36} \times \frac{1.12}{1.05}\right) 92.0 = \$100 \text{ 백만}$$

레버리지와 자본비용

식 (18.6), 식 (18.10), 식 (18.11)에서 레버리지와 프로젝트의 자본비용 간의 관계는 기업이 목표 부채비율을 유지한다는 가정에 의존한다. 이자의 세금 절감액이 기업의 현금흐름과 위험이 동일하기 때문에 그러한 관계가 유지된다. 그러나 채무가 일정 기간 정해진 일정에 따라 고정되면 예정된 채무에 대한 이자의 세금 절감액이 알려져 비교적 안전한 현금흐름이 된다. 이러한 안전한 현금흐름은 레버리지가 기업의 주식의 위험에 미치는 효과를 감소시킨다. 이러한 효과를 설명하기 위해 우리는 기업의 채무를 평가할 때 현금을 차감하는 것과 같은 방식으로 이러한 "안전한" 세금 절감액의 가치를 채무에서 차감해야 한다. 즉, T^s가 미리 정해진 채무로부터의 이자의 세금 절감액의 현재가치라면, 기업의 주식의 위험은 미리 정해진 세금 절감액을 차감한 순채무(실질적 채무)에 달려 있다.

$$D^s = D - T^s \tag{18.19}$$

또한 식 (18.6)과 식 (18.10)이 D를 D^s로 교체해도 성립되는 것은 이 장의 부록에서 제시되고 있다. 무차입 자본비용과 자기자본 비용 사이의 보다 일반적인 관계는 다음과 같이 관련된다.

정해진 채무 일정의 채무 구조와 자본비용

$$r_U = \frac{E}{E + D^s} r_E + \frac{D^s}{E + D^s} r_D \quad \text{혹은 동등하게}, \ r_E = r_U + \frac{D^s}{E}(r_U - r_D) \tag{18.20}$$

우리는 또한 식 (18.20)에 식 (18.1)의 WACC 정의를 조합하면 식 (18.21)로 프로젝트 기반 WACC 공식을 일반화할 수 있다.

정해진 채무 일정의 프로젝트 WACC

$$r_{wacc} = r_U - d\,\tau_c\,[r_D + \phi(r_U - r_D)] \tag{18.21}$$

여기에서 $d = D/(D + E)$는 부채비율이고, $\phi = T^s/(\tau_c D)$는 채무 수준 D의 지속성을 나타내는 척도이다. 채무가 투자 증가에 따라 조정되는 가정이 빈도에 따라 다른 세 가지 경우가 실무에서 종종 사용된다.[23]

1. 연속적인 채무의 변경 : $T^s = 0$, $D^s = D$, $\phi = 0$

2. 연도마다 채무를 조정 : $T^s = \dfrac{\tau_c r_D D}{1 + r_D}$, $D^s = D\left(1 - \tau_c \dfrac{r_D}{1 + r_D}\right)$, $\phi = \dfrac{r_D}{1 + r_D}$

3. 영구적으로 일정한 채무 : $T^s = \tau_c D$, $D^s = D(1 - \tau_c)$, $\phi = 1$

마지막으로, d와 ϕ가 시간이 지남에 따라 일정하게 유지되지 않으면 WACC와 자기자본 비용이 기간별로 계산되어야 한다는 점에 주의한다.

| 채무가 영구적으로 일정한 경우의 APV와 WACC | 예제 18.12 |

문제

인터내셔널 페이퍼는 미국 남동부에서 추가 산림지 확보를 고려 중이다. 토지에서 수확된 목재는 연간 $4.5 백만의 가용현금흐름을 창출할 것이며 무차입 자본비용은 7%이다. 이 인수의 결과로 인터내셔널 페이퍼는 $30 백만의 채무를 영구적으로 늘릴 것이다. 법인세율이 35%인 경우 APV 방법을 사용하면 이번 인수의 가치는 얼마인가? 또한 WACC 방법을 사용하여 이 결과를 확인하라.

풀이

APV 방법을 사용하면 토지의 무차입 가치는 $V^U = FCF/r_U = 4.5/0.07 = \$64.29$ 백만이다. 채무가 영구적이기 때문에 세금 절감액의 가치는 $\tau_c D = 0.35(30) = 10.50$이다. 따라서 $V^L = 64.29 + 10.50 = \$74.79$ 백만이다.

WACC 방법을 사용하기 위해 식 (18.21)에 따라 $\phi = T^s/(\tau_c D) = 1$ 및 $d = 30/74.79 = 40.1\%$를 이용하면 WACC는 아래와 같다.

$$r_{wacc} = r_U - d\tau_c r_U = 7\% - 0.401 \times 0.35 \times 7\% = 6.017\%$$

따라서 $V^L = 4.5/0.06017 = \$74.79$ 백만이다.

부채비율이 변화하는 경우의 WACC와 FTE 방법

기업이 프로젝트의 부채비율을 일정하게 유지하지 못하면 일반적으로 APV 방법을 적용하는 것이 가장 단순한 방법이다. WACC 방법과 FTE 방법은 채무 조달금액의 비중이 변경될 때 프로젝트의 자기자본 비용과 WACC가 시간이 지남에 따라 일정하게 유지되지 않기 때문에 사용하기가 더 어려워진다. 그러나 약간의 주의를 기울이면 이러한 방법을 계속 사용할 수 있다. 물론 APV 방법과 동일한 결과로 나타난다.

예를 들어 애브코가 APV 방식을 사용하여 분석했던 정해진 채무 일정이 있는 경우 RFX 프로젝트에 WACC 방법 혹은 FTE 방법을 적용하는 방법을 살펴본다. 표 18.10 스프레드시트의 3행에 정해진 채무 일정이 주어지면 매년 RFX 프로젝트의 자기자본 비용과 WACC를 계산한다. 이 프로젝트의 가치는 7

---

[23] 사례 1은 해리스-프링글 공식(각주 13 참조)으로, 사례 2는 마일스-에젤 공식(각주 22 참조)이며, 사례 3은 영구 채무가 있는 모딜리아니-밀러-하마다 공식과 동일하다. F. Modigliani and M. Miller, "Corporate Income Taxes and the Cost of Capital: A Correction," *American Economic Review* 53 (1963): 433 – 443; and R. Hamada, "The Effect of a Firm's Capital Structure on the Systematic Risks of Common Stocks," *Journal of Finance* 27 (1972): 435 – 452.

		연도	0	1	2	3	4
표 18.10 스프레드시트	**정해진 채무일정을 가진 애브코 RFX 프로젝트의 APV와 자본비용**						
무차입 가치($ 백만)							
1	가용현금흐름		(28.00)	18.00	18.00	18.00	18.00
2	무차입 가치, $V^U (r_u = 8.0\%)$		59.62	46.39	32.10	16.67	—
이자의 세금 절감액							
3	채무 일정, D_t		30.62	20.00	10.00	—	—
4	이자 지급액($r_d = 6\%$)		—	1.84	1.20	0.60	—
5	이자의 세금 절감액($\tau_c = 40\%$)		—	0.73	0.48	0.24	—
6	세금 절감액 가치, $T^s (r_D = 6.0\%)$		1.32	0.67	0.23	—	—
조정현재가치(APV)							
7	**차입 가치, $V^L = V^U + T^s$**		**60.94**	**47.05**	**32.33**	**16.67**	**—**
실질적 채무와 자본비용							
8	자기자본, $E = V^L - D$		30.32	27.05	22.33	16.67	—
9	실질적 채무, $D^s = D - T^s$		29.30	19.33	9.77	—	—
10	실질적 부채비율, D^s/E		0.966	0.715	0.438	0.000	
11	**자기자본 비용, r_E**		**9.93%**	**9.43%**	**8.88%**	**8.00%**	
12	**WACC, r_{wacc}**		**6.75%**	**6.95%**	**7.24%**	**8.00%**	

		연도	0	1	2	3	4
표 18.11 스프레드시트	**정해진 채무일정을 가진 애브코 RFX 프로젝트의 WACC 방법**						
WACC 방법($ 백만)							
1	가용현금흐름		(28.00)	18.00	18.00	18.00	18.00
2	WACC, r_{wacc}		6.75%	6.95%	7.24%	8.00%	
3	**차입 가치 $V^L (r_{wacc}$에서)**		**60.94**	**47.05**	**32.33**	**16.67**	**—**

행의 APV 방법을 사용하여 무차입 가치와 세금 절감액 가치의 합계로 계산된다. 프로젝트의 주식가치와 순채무 D^s를 감안할 때, 우리는 식 (18.20)을 사용하여 매년 프로젝트의 자기자본 비용을 계산한다(11행). 자기자본 비용은 프로젝트의 부채비율 D^s/E가 감소함에 따라 시간이 지나면서 감소한다는 점에 유의한다. 연도 3까지 채무는 완전히 상환되며 자기자본 비용은 8%의 무차입 자본비용과 동일하다.

프로젝트의 자기자본 비용이 주어지면, 우리는 WACC를 식 (18.1)을 이용하여 12행에 계산한다. 예를 들어 프로젝트의 시작 시점에 WACC는 아래와 같다.

$$r_{wacc} = \frac{E}{E+D} r_E + \frac{D}{E+D} r_D (1 - \tau_c)$$

$$= \frac{30.32}{60.94} 9.93\% + \frac{30.62}{60.94} 6\% (1 - 0.40) = 6.75\%$$

프로젝트 레버리지가 하락하면 WACC가 상승하여 프로젝트 채무가 연도 3에 완전히 상환될 때 무차입 자본비용 8%와 같아진다.

WACC 또는 자기자본 비용을 계산하면, 우리는 WACC 방법 혹은 FTE 방법을 사용하여 프로젝트를 평가할 수 있다. 이러한 방법을 적용할 때 자본비용은 시간이 지남에 따라 변하기 때문에 매년 다른 할인율을 사용해야 한다. 예를 들어 WACC 방법을 사용하면 매년 차입 가치가 식 (18.22)로 계산된다.

$$V_t^L = \frac{FCF_{t+1} + V_{t+1}^L}{1 + r_{wacc}(t)} \tag{18.22}$$

여기서 $r_{wacc}(t)$는 연도 t에 프로젝트의 WACC이다. 이 계산은 표 18.11에서 볼 수 있다. 차입 가치는 APV 방법의 (표 18.10의 7행) 결과와 일치한다. FTE 방법을 적용할 때도 동일한 접근법을 사용할 수 있다.[24]

개인소득세

제15장에서 논의한 바와 같이 채무는 투자자와 기업 모두에게 세금 효과가 있다. 개인의 경우 일반적으로 채무로 인한 이자소득은 주식 소득(자본이득 및 배당금)보다 더 많이 과세된다. 개인 세금이 우리의 평가방법에 어떤 영향을 미치는가?

투자자가 보유한 주식이나 채권에서 얻는 소득에 대해 과세한다면, 투자자는 증권을 보유하기 위해 필요한 수익률을 올릴 것이다. 즉, 시장에서 자기자본 비용과 타인자본 비용은 이미 투자자 세금의 영향을 반영한다. 결과적으로 WACC 방법은 투자자 세금이 있는 경우 변경되지 않는다. 우리는 식 (18.1)에 따라 WACC를 계속 계산하고, 18.2절처럼 차입 가치를 계산할 수 있다.

그러나 APV 접근법에서 투자자 세금의 존재를 반영하는 것이 필요하다. 왜냐하면 APV 방법은 무차입 자본비용을 계산하는 것이 필요하기 때문이다. 이 계산은 투자자 세금의 영향을 받는다. 투자자가 주식 소득(배당금)에 대해 지불하는 세율을 τ_e라 하고, 투자자가 이자소득에 대해 지불하는 세율을 τ_i라 하자. 그리고 채무에 대한 기대 수익률이 r_D로 주어지면, r_D^*를 투자자에게 동일한 세후 수익률을 주는 주식의 기대 수익률로 정의한다. 따라서 $r_D^*(1 - \tau_e) = r_D(1 - \tau_i)$이다.

$$r_D^* \equiv r_D \frac{(1 - \tau_i)}{(1 - \tau_e)} \tag{18.23}$$

무차입 자본비용은 채무가 없는 가설적인 기업에 대한 것이므로 그러한 기업에 대해 주식을 보유한 투자자의 수입에 적용할 세율은 주식 보유에 대해서 과세되는 세율이기 때문에, 무차입 자본비용을 계산할 때 r_D가 아닌 r_D^*를 사용해야 한다. 따라서 식 (18.20)은 아래 수식이 된다.

개인소득세가 있는 무차입 자본비용

$$r_U = \frac{E}{E + D^s} r_E + \frac{D^s}{E + D^s} r_D^* \tag{18.24}$$

다음으로 우리는 τ_c 대신에 채무의 실효적 세금 혜택 τ^*를 사용하여 이자의 세금 절감액을 계산해야 한다. 세금의 유효세율 τ^*는 투자자의 주식 소득세율 τ_e와 이자소득세율 τ_i를 반영하며 제15장에서 다음과 같이 정의했다.

$$\tau^* = 1 - \frac{(1 - \tau_c)(1 - \tau_e)}{(1 - \tau_i)} \tag{18.25}$$

---

24 그러나 APV를 사용하여 각 기간의 부채비율을 계산했는데, 그것이 r_E와 r_{wacc}를 계산하기 위해서도 필요하다. 만약 APV에 대해 아직 풀고 있지 않다면, 이 장의 부록에 설명된 방법을 이용하여 프로젝트의 가치와 WACC를 동시에 결정해야 한다.

그런 다음 세율 τ^*와 할인율 r_D^*를 사용하여 이자의 세금 절감액을 계산한다.

$$\text{연도 } t \text{의 이자의 세금 절감액} = \tau^* \times r_D^* \times D_{t-1} \tag{18.26}$$

마지막으로 기업이 목표 부채비율을 유지한다면 r_U로, 채무가 미리 정해진 일정에 따라 설정된다면 r_D^*로 이자의 세금 절감액을 할인한다.[25]

예제 18.13   개인소득세가 있는 경우 APV 방법의 사용

문제

에이펙스 주식회사의 자기자본 비용은 14.4%이고 타인자본 비용은 6%이며, 기업은 1의 부채비율을 유지한다. 에이펙스는 첫해에 $4 백만의 가용현금흐름을 제공하고 매년 4%씩 상장할 것으로 예상하는 확장을 고려하고 있다. 이 확장은 $60 백만이 소요될 것이며, 처음에는 새로운 채무로 $40 백만을 조달하고 그 이후에는 일정한 부채비율을 유지할 것이다. 에이펙스의 법인세율은 40%, 이자소득세율은 40%, 주식 소득세율은 20%이다. APV 방법을 사용하여 이 확장의 가치를 계산하라.

풀이

첫째, 우리는 채무가 없는 가치를 계산한다. 식 (18.23)에서 6%의 타인자본 비용은 아래 주식 수익률과 동일하다.

$$r_D^* = r_D \frac{1 - \tau_i}{1 - \tau_e} = 6\% \times \frac{1 - 0.40}{1 - 0.20} = 4.5\%$$

에이펙스는 일정한 부채비율을 유지하기 때문에, $D^s = D$이고 식 (18.24)를 이용한 에이펙스의 무차입 자본비용은 아래와 같다.

$$r_U = \frac{E}{E + D^s} r_E + \frac{D^s}{E + D^s} r_D^* = 0.50 \times 14.4\% + 0.50 \times 4.5\% = 9.45\%$$

따라서 $V^U = 4/(9.45\% - 4\%) = \$73.39$ 백만이다.

식 (18.25)에서 채무의 실효적 세금 혜택은 아래와 같다.

$$\tau^* = 1 - \frac{(1 - \tau_c)(1 - \tau_e)}{(1 - \tau_i)} = 1 - \frac{(1 - 0.40)(1 - 0.20)}{(1 - 0.40)} = 20\%$$

에이펙스는 초기에 새로운 채무를 $40 백만 추가한다. 식 (18.26)에서 이자의 세금 절감액은 첫해에 20% × 4.5% × 40 = $0.36 백만이다(여기서 r_D^*를 사용한다). 성장률이 4%인 경우 이자의 세금 절감액의 현재가치는 아래와 같다.

$$PV(\text{이자의 세금 절감액}) = 0.36/(9.45\% - 4\%) = \$6.61 \text{ 백만}$$

따라서 채무를 통한 확장의 가치는 APV에 의해 주어진다.

$$V^L = V^U + PV(\text{이자의 세금 절감액}) = 73.39 + 6.61 = \$80 \text{ 백만}$$

$60 백만의 비용을 감안할 때 NPV는 $20 백만이다.

---

25 채무가 영구적인 경우, 세금 절감액의 가치는 $\tau^* r_D^* D/r_D^* = \tau^* D$이다(제15장 참조).

WACC 방법을 사용하여 이 결과를 확인해보자. 확장은 기업 전체적으로 40/80 = 50%의 동일한 부채비율을 가진다. 따라서 WACC는 기업의 WACC와 동일하다.

$$r_{wacc} = \frac{E}{E+D}r_E + \frac{D}{E+D}r_D(1-\tau_c)$$

$$= 0.50 \times 14.4\% + 0.50 \times 6\% \times (1-0.40) = 9\%$$

따라서 $V^L = 4/(9\% - 4\%) = \$80$ 백만으로 앞의 계산과 같다.

예제 18.13에서 볼 수 있듯이, 투자자 세금을 고려한 경우 WACC 방법은 APV 방법보다 적용이 훨씬 간단하다. 더 중요한 것은 WACC 접근 방식은 투자자 세율에 대한 지식을 요구하지 않는다. 실제로 이 사실은 중요하다. 왜냐하면 실무에서 투자자의 한계세율을 추정하는 것이 매우 어려울 수 있기 때문이다.

그러나 투자의 레버리지 혹은 위험이 기업의 레버리지 및 위험과 일치하지 않는다면, WACC 방법을 사용하는 경우에도 투자자 세율이 필요하다. 식 (18.24)를 사용한 기업의 자본비용으로 상환하거나 차입해야만 하기 때문이다. 이자소득에 대한 투자자의 세율이 주식 소득에 대한 세율을 초과하면 채무의 증가는 WACC에 약간의 감소를 가져온다(연습문제 28번 참조).

개념 확인

1. 기업이 사전에 결정된 세금 절감액을 가질 때, 무차입 자본비용을 계산할 때 순채무를 어떻게 측정해야 하는가?
2. 기업의 부채비율이 시간에 따라 변화하여도 WACC 방법은 여전히 적용할 수 있는가?

핵심 요점 및 수식

18.1 주요 개념의 개관

- 자본예산 수립의 세 가지 주요 방법은 가중평균 자본비용(WACC), 조정현재가치(APV), 그리고 주주 귀속 현금흐름(FTE)이다.

18.2 가중평균 자본비용(WACC) 방법

- WACC 가치평가 방법의 핵심 단계는 다음과 같다.
  - 투자의 무차입 가용현금흐름을 결정한다.
  - 가중평균 자본비용을 계산한다.

$$r_{wacc} = \frac{E}{E+D}r_E + \frac{D}{E+D}r_D(1-\tau_c) \qquad (18.1)$$

  - 투자의 가용현금흐름을 WACC로 할인하여 차입 가치(V^L)를 계산한다.

18.3 조정현재가치(APV) 방법

■ APV 방법을 이용하여 투자의 차입 가치를 결정하기 위한 절차는 다음과 같다.
- 가용현금흐름을 무차입 자본비용 r_U로 할인하여, 채무가 없는 투자의 가치 V^U를 결정한다.
- 이자의 세금 절감액의 현재가치를 결정한다.
  a. 시점 t에 주어진 채무가 D_t면, 시점 $t+1$의 세금 절감액은 $\tau_c\, r_D\, D_t$이다.
  b. 투자가치나 가용현금흐름에 따라 채무 수준이 변하면, 할인율로 r_U를 사용한다. (만일 채무가 미리 정해져 있으면, 세금 절감액은 할인율 r_D로 할인한다. 18.6절 참조).
- 무차입 가치 V^U에 이자의 세금 절감액의 현재가치를 더해서 채무가 있는 투자의 가치 V^L을 결정한다.

18.4 주주 귀속 현금흐름(FTE) 방법

■ 차입 투자의 가치를 평가하기 위한 주주 귀속 현금흐름(FTE) 방법의 핵심 절차는 다음과 같다.
- 투자의 주주 가용현금흐름(FCFE)을 결정한다.

$$FCFE = FCF - (1 - \tau_C) \times (\text{이자 지급액}) + (\text{순차입}) \qquad (18.9)$$

- FCFE를 자기자본 비용으로 할인하여 주식의 가치인 E에의 공헌 금액을 계산한다.

18.5 프로젝트 기반의 자본비용

■ 프로젝트의 위험이 기업 전체의 위험과 다른 경우, 기업의 자본비용과 별도로 자본비용을 추정해야 한다. 우리는 프로젝트와 비슷한 시장 위험을 가진 다른 회사들에 대한 무차입 자본비용을 조사하여 프로젝트의 무차입 자본비용을 추정한다.
■ 목표 채무에서 무차입 자본비용과 자기자본 비용은 가중평균 자본비용과 다음과 같은 관계를 갖는다.

$$r_U = \frac{E}{E+D}r_E + \frac{D}{E+D}r_D = \text{세전 WACC} \qquad (18.6)$$

$$r_E = r_U + \frac{D}{E}(r_U - r_D) \qquad (18.10)$$

$$r_{wacc} = r_U - d\,\tau_c\, r_D \qquad (18.11)$$

여기서 $d = D/(D+E)$는 프로젝트의 부채비율이다.
■ 프로젝트와 관련된 채무를 평가할 때, 우리는 투자에 사용되는 특정 자금조달만이 아니라 기업 전체의 채무에서 현금잔액을 차감한 순채무에 미치는 증분 효과를 고려해야만 한다.

18.6 기타 레버리지 정책과 APV

■ 기업이 채무를 이자비용이 가용현금흐름의 비율 k를 유지하도록 정하면 기업은 일정한 이자보상 배율을 가진다. 이러한 레버리지 정책을 가지는 프로젝트의 차입 가치는 $V^L = (1 + \tau_c\, k)V^U$이다.
■ 채무 수준이 정해진 일정에 따라 정해질 때
- 우리는 미리 정해진 세금 절감액을 타인자본 비용 r_D로 할인할 수 있다.
- 무차입 자본비용은 세전 WACC로 더 이상 계산할 수 없다(18.8절 참조).
■ 만일 기업이 채무 수준을 일정한 수준 D로 영구적으로 유지하기로 한다면, 이런 레버리지 정책을 가진 프로젝트의 차입 가치는 $V^L = V^U + \tau_c \times D$이다.
■ 일반적으로 WACC 방법은 기업이 투자의 수명 동안 유지할 목표 부채비율을 가질 때 사용하기 가장 쉽다. 다른 레버리지 정책에서는 통상 APV 방법이 가장 간단한 방법이다.

18.7 자본조달에 미치는 기타 효과

■ 발행비용 및 발행증권의 가격 오류로 인한 모든 비용과 이득이 프로젝트의 가치평가에 고려되어야만 한다.

■ 재무적 곤경비용은 (1) 프로젝트의 기대 가용현금흐름을 낮추고, (2) 기업의 자본비용을 높이는 경향이 있다. 이러한 효과를 대리인 비용 및 비대칭 정보비용과 함께 기업의 채무 사용을 제한할 수 있다.

18.8 자본예산의 심화 주제

■ 만일 기업이 채무를 매년 목표 부채비율로 조정한다면, 이자의 세금 절감액의 가치는 $(1+r_U)/(1+r_D)$ 요소만큼 증가될 것이다.

■ 만일 기업이 채무를 연속하여 조정하지 않는다면, 세금 절감액의 일부가 미리 정해지기 위해 무차입 자본비용과 자기자본 비용은 가중평균 자본비용과 다음과 같은 관계를 갖는다.

$$r_U = \frac{E}{E+D^s}r_E + \frac{D^s}{E+D^s}r_D \quad \text{혹은 동등하게,} \quad r_E = r_U + \frac{D^s}{E}(r_U - r_D) \tag{18.20}$$

$$r_{wacc} = r_U - d\,\tau_c\,[r_D + \phi(r_U - r_D)] \tag{18.21}$$

■ 여기서 $d = D/(D+E)$는 프로젝트의 부채비율이고, $D^s = D - T^s$, 그리고 T^s는 미리 정해진 이자의 세금 절감액이며, $\phi = T^s/(\tau_c D)$는 채무 수준의 영속성을 반영한다.

■ WACC 방법은 투자자 세금을 고려하여 수정할 필요가 없다. APV 방법에서 우리는 r_D 대신에 아래 이자율을 사용한다.

$$r_D^* \equiv r_D\frac{(1-\tau_i)}{(1-\tau_e)} \tag{18.23}$$

■ 또한 아래 식의 유효세율로 τ_c를 대체한다.

$$\tau^* = 1 - \frac{(1-\tau_c)(1-\tau_e)}{(1-\tau_i)} \tag{18.25}$$

■ 만일 투자의 채무나 위험이 기업 전체와 일치하지 않으면, 투자자 세율은 WACC 방법에서도 필요하다. 기업의 자본비용을 아래 수식을 이용하여 무차입하고 다시 차입하는 조정을 해야만 한다.

$$r_U = \frac{E}{E+D^s}r_E + \frac{D^s}{E+D^s}r_D^* \tag{18.24}$$

주요 용어

경제적 부가가치(economic value added)

목표 부채비율(target leverage ratio)

일정한 이자보상 배율(constant interest coverage ratio)

주주 가용현금흐름(free cash flow to equity, FCFE)

주주 귀속 현금흐름(flow-to-equity, FTE)

잔여이익 방법(residual income method)

장부 사업가치(book enterprise value)

조정현재가치(adjusted present value, APV)

채무 필요액(debt capacity)

추가 읽을거리

채무를 가진 가치평가의 처리에 관해 더 자세한 내용은 아래에서 참고하라. T. Copeland, T. Koller, and J. Murrin, *Valuation: Measuring and Managing the Value of Companies* (McGraw-Hill, 2000); and S. Pratt, R. Reilly, and R. Schweihs, *Valuing a Business: The Analysis and Appraisal of Closely Held Companies* (McGraw-Hill, 2000).

이 장에서 논의했던 주제에 대한 더 상세한 내용은 아래 문헌을 참고하라. E. Arzac and L. Glosten, "A Reconsideration of Tax Shield Valuation," *European Financial Management* 11 (2005): 453–461; R. Harris and J. Pringle, "Risk-Adjusted Discount Rates—Extensions from the Average-Risk Case," *Journal of Financial Research* 8 (1985): 237–244; I. Inselbag and H. Kaufold, "Two DCF Approaches in Valuing Companies Under Alternative Financing Strategies (and How to Choose Between Them)," *Journal of Applied Corporate Finance* 10 (1997): 114–122; T. Luehrman, "Using APV: A Better Tool for Valuing Operations," *Harvard Business Review* 75 (1997): 145–154; J. Miles and J. Ezzell, "The Weighted Average Cost of Capital, Perfect Capital Markets, and Project Life: A Clarification," *Journal of Financial and Quantitative Analysis* 15 (1980): 719–730; J. Miles and J. Ezzell, "Reformulation Tax Shield Valuation: A Note," *Journal of Finance* 40 (1985): 1485–1492; R. Ruback, "Capital Cash Flows: A Simple Approach to Valuing Risky Cash Flows," *Financial Management* 31 (2002): 85–104; and R. Taggart, "Consistent Valuation and Cost of Capital Expressions with Corporate and Personal Taxes," *Financial Management* 20 (1991): 8–20

연습문제

* 표시는 난이도가 높은 문제다.

주요 개념의 개관

1. 다음 프로젝트 각각이 기업의 평균 위험과 유사한 위험을 가질 가능성이 있는지를 설명하라.
   a. 클로록스는 노트북 컴퓨터를 청소하고 보호하도록 설계된 제품인 "Armor All"의 새로운 버전을 출시할 것을 고려한다.
   b. 구글은 부동산을 구입하여 본사를 확장할 계획이다.
   c. 타깃은 미국 남동부에 있는 매장 수를 확장하기로 결정했다.
   d. GE는 중국에 새로운 유니버설 스튜디오 테마파크를 열기로 결정했다.

2. 캐터필라는 665 백만 주의 발행주식 수를 가지고 있으며 주가는 $74.77이다. 또 회사의 채무는 $25 십억이라고 가정하자. 3년 후 캐터필라의 발행주식 수가 700 백만 주이며 주당 $83에 거래되고 있다면, 동일한 부채비율을 유지하고 있을 경우 캐터필라의 채무는 얼마인가?

3. 2015년 인텔은 시가총액 $134 십억, 채무 $13.2 십억, 현금 $13.8 십억, EBIT $16 십억을 기록했다. 만약 인텔이 현금을 자사주 매입에 사용하여 채무를 $1 십억 증가시킨다면, 인텔의 가치에 대한 결과를 이해하는 데 가장 관련 있는 시장 불완전성은 어떤 것일까? 그 이유는?

4. 백컨트리 어드벤처는 콜로라도 주에 있는 아웃도어 여행사로, 겨울철 오지 오두막을 운영한다. 현재 회사의 가치(채무 + 주식)는 $3.5 백만이다. 그러나 이익은 강설량에 의존하기 때문에 좋은 해에는 기업가치가 $5 백만이 되고, 나쁜 해에는 $2.5 백만이 된다. 관리자는 무위험 채무를 통해 기업의 부채비율을 25%로 항상 유지하고 있다고 가정하자.
   a. 초기 채무 금액은 얼마인가?
   b. 강설량 수준이 밝혀지고 기업이 목표 부채비율을 달성하기 위하여 채무 수준을 조정하기 전에 이 회사의 가치, 주식가치, 채무 가치의 변화율을 계산해보자.
   c. 회사가 목표 부채비율을 조정했을 때 채무의 가치 변동 비율을 계산하라.
   d. 회사의 세금 절감액의 위험에 대해 의미하는 바는 무엇인가? 설명하라.

가중평균 자본비용(WACC) 방법

5. 굿이어 타이어 앤 러버가 제조공장 중 하나의 매각을 고려한다고 가정하자. 공장은 연간 $1.5 백만의 가용

현금흐름을 창출하며 연간 2.5%씩 성장할 것으로 예상된다. 굿이어는 자기자본 비용 8.5%, 타인자본 비용 7%를 부담하고 있으며, 한계법인세율은 35%이며 부채비율은 2.6이다. 만약 공장이 평균 위험을 가지고 있으며 회사가 부채비율을 일정하게 유지하려는 계획을 가지고 있다면, 수익성을 얻기 위한 공장 매각 가격은 세후로 얼마가 되어야 할까?

6. 알카텔-루슨트의 자기자본 비용은 10%, 시가총액은 $10.8 십억, 사업가치는 $14.4 십억이라고 가정하자. 알카텔-루슨트의 타인자본 비용이 6.1%이고 한계세율이 35%라고 가정한다.

   a. 알카텔-루슨트의 WACC는 얼마인가?

   b. 알카텔-루슨트가 일정한 부채비율을 유지한다면, 다음과 같은 기대 가용현금흐름과 평균 위험을 가진 프로젝트의 가치는 얼마인가?

연도	0	1	2	3
FCF	−100	50	100	70

   c. 만일 알카텔-루슨트가 부채비율을 유지한다면, (b)에서 프로젝트의 채무 필요액은 얼마인가?

7. 아코트 산업은 10 백만 주의 발행주식을 가지고 있으며, 현재 주가는 $40이다. 또한 회사는 만기가 4년 남은 무위험 장기채무를 가지고 있다. 채무의 연간 액면 이자율은 10%이며, 액면가는 $100 백만이다. 첫 번째 이표 지급일은 정확히 1년이 남았다. 모든 만기에서 무위험 이자율은 6%로 동일하다. 아코트 EBIT는 $106 백만이고, 매년 동일하게 유지할 것으로 예상된다. 새로운 자본지출은 감가상각과 동일하고 연간 $13 백만이다. 또한 이후에는 순운전자본의 변화는 없다. 법인세율은 40%이고 아코트는 부채비율을 일정하게 유지할 것으로 예상된다(새로운 채무를 추가로 발행하거나 시간이 지남에 따라 일부 채무를 상환함).

   a. 주어진 정보하에서 아코트의 가중평균 자본비용(WACC)을 추정하라.

   b. 아코트의 자기자본 비용은 얼마인가?

조정현재가치(APV) 방법

8. 굿이어 타이어 앤 러버의 자기자본 비용은 8.5%, 타인자본 비용은 7%, 한계법인세율은 35%, 부채비율은 2.6이라고 가정한다. 굿이어가 일정한 부채비율을 유지한다고 가정하자.

   a. 굿이어의 가중평균 자본비용(WACC)는 무엇인가?

   b. 굿이어의 무차입 자본비용은 무엇인가?

   c. 굿이어의 무차입 자본비용이 자기자본 비용보다 낮고 WACC보다 높은 이유를 직관적으로 설명하라.

9. 당신은 마쿰 기업의 새로운 제품라인을 평가하기 위해 고용된 컨설턴트이다. 제품라인을 출시하는 데 필요한 초기 투자는 $10 백만이다. 이 제품은 첫해에 $750,000의 가용현금흐름을 창출할 것이며, 이 가용현금흐름은 연간 4%의 비율로 증가할 것으로 예상된다. 마쿰은 자기자본 비용 11.3%, 타인자본 비용 5%, 세율 35%를 가지고 있다. 마쿰은 0.40의 부채비율을 유지한다.

   a. 새로운 제품라인의 NPV는 무엇인가? (채무의 세금 절감액을 모두 포함)

   b. 이 제품라인을 시작한 결과로 마쿰이 초기에 택해야 할 채무는 얼마인가?

   c. 이자의 세금 절감액의 현재가치가 제품라인의 가치에 얼마나 차지하는가?

10. 6번 문제의 알카텔-루슨트의 프로젝트를 고려하자.

    a. 알카텔-루슨트의 무차입 자본비용은 무엇인가?

    b. 프로젝트의 무차입 가치는 무엇인가?

    c. 프로젝트로 인한 이자의 세금 절감액은 얼마인가? 현재가치는 얼마인가?

    d. 알카텔-루슨트 프로젝트의 APV가 WACC를 이용하여 계산한 가치와 일치하는지 보여라.

주주 귀속 현금흐름(FTE) 방법

11. 6번 문제의 알카텔-루슨트의 프로젝트를 고려하자.

    a. 이 프로젝트의 주주 가용현금흐름은 무엇인가?

    b. FTE 방법을 사용하여 계산한 NPV는 무엇인가? WACC를 이용하여 계산한 NPV와 비교하면 어떠한가?

12. 연도 1에, AMC의 이자와 세금 전 이익이 $2,000일 것이다. 시장은 이러한 이익이 연간 3%의 비율로 증가할 것으로 기대한다. 회사는 순투자(즉, 자본지출은 감가상각과 동일하다)를 하거나 혹은 순운전자본을 변경하지 않을 것이다. 법인세율이 40%라고 가정한다. 현재 이 회사는 무위험 채무 $5,000를 가지고 있다. 매년 부채비율을 일정하게 유지하기 때문에, 채무는 평균 3%씩 증가할 것이다. 무위험 이자율이 5%이고 시장의 기대 수익률이 11%라고 가정한다. 이 업계의 자산 베타는 1.11이다.

    a. 만일 AMC가 무차입 기업이라면 AMC의 시장가치는 얼마인가?

    b. 채무가 공정하게 평가된다고 가정하면, 내년에 AMC가 지불할 이자는 얼마인가? 만일 AMC의 채무가 매년 3%씩 증가한다면, 이자 지급액은 어떤 비율로 성장할 것인가?

    c. 비록 AMC의 채무(채무불이행 없음)가 무위험이라고 하더라도, AMC의 채무의 미래 성장은 불확실하기 때문에 미래 이자 지급액의 정확한 금액은 위험하다. 미래 이자 지급액이 AMC의 자산과 동일한 베타를 가진다고 가정하면, AMC의 이자의 세금 절감액의 현재가치는 얼마인가?

    d. APV 방법을 사용하면, AMC의 총 시장가치 V^L은 얼마인가? AMC 주식의 시장가치는 얼마인가?

    e. AMC의 WACC는 무엇인가? (힌트 : FCF와 V^L에서 역산)

    f. WACC 방법을 사용하면, AMC 주식에 대한 기대 수익률은 얼마인가?

    g. AMC에서 다음 수식이 성립함을 보여라. $\beta_A = \dfrac{E}{D+E}\beta_E + \dfrac{D}{D+E}\beta_D$

    h. 채무 증가로 인한 조달 금액이 주주에게 지급된다고 가정할 때, 주주가 1년 이내에 받을 것으로 예상되는 현금흐름은 무엇인가? 이 현금흐름은 어느 정도의 속도로 증가할 것으로 예상되는가? FTE 방법을 사용하여 주식의 시장가치를 도출하기 위해 해당 정보와 위 (f)에 대한 답을 사용하라. 위 (d)에서 당신의 답변과 어떻게 비교되는가?

프로젝트 기반의 자본비용

13. 프록터 앤 갬블(PKGR)은 역사적으로 약 0.20의 부채비율을 유지해 왔다. 현재 주식가격은 주당 $50이며, 발행주식 수는 2.5 십억이다. 회사는 제품에 대한 수요가 매우 안정적이어서 0.50의 낮은 주식 베타를 보유하고 있다. 또 무위험 이자율 4%에서 20 베이시스 포인트 높은 4.20%로 차입이 가능하다. 시장의 기대 수익률은 10%이고 PKGR의 세율은 35%이다.

    a. 올해 PKGR에는 $6 십억의 가용현금흐름이 창출될 것으로 예상한다. 현재 주식가격과 일치하는 가용현금흐름의 지속적인 기대 성장률은 무엇인가?

    b. PKGR은 심각한 곤경 위험이나 다른 비용 없이 채무를 증가시킬 수 있다고 믿는다. 부채비율이 0.50으로 높아지면서 차입비용은 4.50%로 소폭 증가할 것으로 전망된다. PKGR이 채무 조정을 통해 부채비율을 0.5로 인상한다고 발표하면 예상되는 세금 절감 효과로 인한 주가 상승은 얼마인가?

14. AMR(Amarindo, Inc.)은 10 백만 주의 주식을 발행하고 있는 신규 상장기업이다. 당신은 AMR에 대한 평가 분석을 하고 있다. 당신은 회사의 내년 가용현금흐름이 $15 백만이 될 것이라고 추정했다. 또 이 가용현금흐름은 이후에 매년 4%씩 성장할 것으로 예상한다. 회사는 최근에 증권거래소에 상장되었기 때문에 AMR의 주식 베타에 대한 정확한 평가가 없다. 그러나 동종업계의 다른 회사인 UAL에 대한 베타 데이터가 있다.

	주식 베타	채무 베타	부채비율
UAL	1.5	0.30	1

AMR의 부채비율은 0.30으로 훨씬 낮아 안정적으로 유지될 것으로 예상되며, 채무는 무위험이다. AMR의 법인세율은 40%, 무위험 이자율은 5%, 시장 수익률은 11%이다.

a. AMR의 자기자본 비용을 추정하라.

b. AMR의 주식가격을 추정하라.

15. 리멕스(RMX)는 현재 무차입 기업이며 기업의 주식 베타는 1.50이다. 리멕스의 가용현금흐름은 영구히 매년 $25 백만이 될 것으로 예상된다. 리멕스는 채무를 발행하고 그 금액으로 자사주 매입을 실행해 자본구조를 변경하고자 한다. 변화 후에 30%의 부채비율을 가지게 될 것이며 이 부채비율을 영원히 유지될 것이다. 리멕스의 타인자본 비용은 6.5%라고 가정한다. 리멕스는 35%의 법인세율에 직면해 있다. 법인세율 35%를 제외하고는 시장의 불완전성은 없다. CAPM이 유지되고, 무위험 이자율이 5%이고, 시장의 기대 수익률이 11%라고 가정한다.

a. 아래 주어진 정보를 사용하여 표의 빈칸을 완성하라.

	부채비율	타인자본 비용	자기자본 비용	가중평균 자본비용
자본구조 변경 전	0	N/A		
자본구조 변경 후	0.30	6.5%		

b. 주어진 정보와 위 (a)에서 구한 값을 이용하여, 위에서 고려한 대로 자본구조를 변경한다면 리멕스가 얻는 세금 절감액의 가치를 결정하라.

기타 레버리지 정책과 APV

16. 당신은 현재 $90의 투자가 필요한 프로젝트를 평가 중이다. 이 프로젝트는 1년 후 $115의 현금흐름을 제공한다. 당신은 100% 채무를 통해 자금을 조달하기로 했다. 즉, $90를 차입할 것이다. 무위험 이자율은 5%이며, 세율은 40%이다. 무차입 투자를 할 경우 투자가 연말에 완전히 감가상각된다고 가정하면, 프로젝트 현금흐름과 투자금액의 차이, 즉 $25에 대해 세금이 적용된다.

a. APV 방법을 통하여 투자 기회의 NPV를 계산하라.

b. (a)에서의 답을 이용하여 프로젝트의 WACC를 계산하라.

c. WACC 방법을 사용하여 NPV를 계산하여도 동일한 값을 얻었는지 보여라.

d. 마지막으로, 주주 귀속 현금흐름(FTE)도 투자 기회의 NPV의 값을 정확하게 나타낸다는 것을 보여라.

17. 타이보 주식회사는 이자비용이 가용현금흐름의 20%가 되도록 채무를 조정한다. 타이보는 올해 $2.5 백만의 가용현금흐름을 창출하는 확장을 고려 중이며, 그 이후 매년 4%의 비율로 성장할 것으로 예상된다. 타이보의 한계법인세율은 40%라고 가정한다.

a. 이 확장에 대한 무차입 자본비용이 10%라면, 무차입 가치는 얼마인가?

b. 확장의 부채/가치는 얼마인가?

c. 만약 타이보가 채무에 대해 5%의 이자를 지급한다면, 확장을 위해 초기에 얼마의 채무를 조달해야 할까?

d. 이 확장에 대한 부채/가치 비율은 얼마인가? WACC는?

e. WACC 방법을 이용하여 구한 확장의 차입 가치는 얼마인가?

18. 당신은 중요한 예산 회의에 가는 중이다. 당신은 엘리베이터에서 동료가 준비해준 토론할 프로젝트 중 하나에 대한 평가분석을 검토한다.

	0	1	2	3	4
EBIT		10.0	10.0	10.0	10.0
이자(5%)		−4.0	−4.0	−3.0	−2.0
세전이익		6.0	6.0	7.0	8.0
세금		−2.4	−2.4	−2.8	−3.2
감가상각비		25.0	25.0	25.0	25.0
자본지출	−100.0				
NWC 증가액	−20.0				20.0
새로운 순채무	80.0	0.0	−20.0	−20.0	−40.0
FCFE	−40.0	28.6	8.6	9.2	9.8
NPV(주식 비용 11%)	5.9				

스프레드시트를 살펴보면서 모든 현금흐름 추정치가 정확하지만 당신은 동료가 주주 귀속 현금흐름(FTE) 방법을 사용하였으며, 회사의 자기자본 비용을 11%를 사용하여 현금흐름을 할인했다는 것을 깨달았다. 프로젝트의 위험은 회사의 위험과 유사하지만 프로젝트의 증분 부채비율은 회사의 과거 부채비율 0.20과 매우 다르다. 이 프로젝트의 경우 회사는 먼저 $80 백만을 차입하는 대신에 연도 2에 $20 백만, 연도 3에 $20 백만, 연도 4에 $40 백만을 상환할 것이다. 따라서 동료가 계산한 프로젝트의 자기자본 비용은 시간에 따라 일정한 것이 아니라 회사의 자기자본 비용보다 높을 가능성이 크다.

명확하게도 주주 귀속 현금흐름(FTE) 방법은 이 프로젝트를 분석하는 데 최선이 아니다. 운 좋게도 당신이 계산기를 가지고 있으며 예산회의 시작 전에 더 나은 방법을 이용하여 계산할 수 있다.

a. 이 프로젝트와 관련된 이자의 세금 절감액의 현재가치는 얼마인가?

b. 이 프로젝트의 가용현금흐름은 무엇인가?

c. 주어진 정보에서 프로젝트의 가치에 대한 가장 적절한 추정은 무엇인가?

19. 귀사는 HDTV 회로를 제조하기 위해 $600 백만 규모의 공장을 건설할 것을 고려 중이다. 향후 10년간 연간 $145 백만의 영업이익(EBITDA)이 예상된다. 공장은 10년 동안 정액감가상각법에 따라 상각한다(세금 목적상 잔존가치가 없다고 가정). 10년 후, 공장은 $300 백만의 잔존가치를 갖게 될 것이다(공장은 완전히 상각되었으므로, 잔존가치는 과세된다). 이 프로젝트는 착수 시 운전자금으로 $50 백만이 필요하며, 프로젝트가 종료되는 연도 10에 회수된다. 법인세율은 35%이다. 모든 현금흐름은 연말에 발생한다.

a. 무위험 이자율이 5%이고 시장의 기대 수익률은 11%이다. 전자산업의 자산 베타는 1.67이라면 프로젝트의 NPV는 얼마인가?

b. 액면가에 발행되는 10년 만기 9% 이표 채권을 사용하여 공장비용 $400 백만을 조달할 수 있다고 가정하자. 이 금액은 이 프로젝트와 관련된 증분 신규 채무이며 회사의 자본구조의 다른 측면을 변경하지 않을 것이다. 채무의 세금 절감액을 포함한 프로젝트의 가치는 얼마인가?

자본조달에 미치는 기타 효과

20. 파나수스 주식회사는 새로운 발전기에 $150 백만을 투자하여 영원히 연간 $20 백만의 가용현금흐름을 창출할 계획이다. 회사는 자기자본 비용이 10%인 무차입 기업이다.

a. 자금조달 비용을 무시한 프로젝트의 NPV는 얼마인가?

b. 기업이 $150 백만을 모으기 위해 새로운 지분을 발행함에 따라 원금의 8%에 해당하는 세후비용을 부담한다고 가정하자. 미래의 가용현금흐름이 모두 실현될 것이라고 가정할 경우 발행비용을 고려한 프로젝트의 NPV는 얼마인가?

c. 프로젝트의 미래 가용현금흐름을 지급하는 대신 이 가용현금흐름의 상당 부분이 유보되어 다른 투자에

투자될 경우, 미래의 파나수스의 요구 자금조달액이 감소할 것이라 가정하자. 특히 회사가 향후 10년 간 모든 가용현금흐름을 재투자한 다음 그 이후의 현금흐름을 지불한다고 가정한다. 발행비용이 8%로 일정하다면 이 경우 발행비용을 고려한 프로젝트의 NPV는 얼마인가?

21. DFS 주식회사는 현재 시가총액이 $100 백만이고 4 백만 주의 발행주식을 가진 무차입 기업이다. DFS는 주가를 끌어올리기 위하여 차입을 증가시켜 자본재구성 여부를 고려하고 있다. 회사는 일정 금액의 영구 채무(미상환 원금은 일정)를 늘려 자사주 매입에 사용할 계획이다. DFS는 35%의 법인세율을 지급하고 있어서 이러한 조세 의무를 줄이고자 발행하는 동기도 가지고 있다. 그러나 자본재구성과 관련한 투자 은행의 선불 수수료는 채무 발행비용의 약 5%를 차지한다. 이러한 채무 확충은 미래 재무적 곤경이나 대리인 비용의 발생 가능성을 높이기도 한다. 아래 채무 수준에 따른 DFS의 추정치를 보여라.

채무액($ 백만)	0	10	20	30	40	50
미래 재무적 곤경과 대리인 비용의 현재가치	0.0	−0.3	−1.8	−4.3	−7.5	−11.3

   a. 이 정보를 토대로 DFS에 가장 적절한 채무 수준은 무엇인가?

   b. 이 거래가 공시될 경우 주가를 예측하라.

22. 귀하의 회사는 신제품라인을 출시하기 위해 $150 백만의 투자를 고려하고 있다. 이 프로젝트는 연간 $20 백만의 가용현금흐름을 창출할 것으로 예상되며, 무차입 자본비용은 10%다. 투자를 위해서 회사는 $100 백만의 영구 채무를 감당할 것이다.

   a. 한계법인세율이 35%라고 가정한다. 발행비용을 무시하고 투자의 NPV는 얼마인가?

   b. 채무를 발행할 때 회사가 2%의 인수 수수료를 지불한다고 가정하자. 주식을 발행함으로써 나머지 $50 백만을 조달할 예정이다. 주식발행에 대한 인수 수수료 5%뿐 아니라 당신은 현재 기업의 주가 $40가 실제 가치에 비해 $5 낮다고 생각한다. 채무조달로 인한 세금 혜택을 포함한 투자의 NPV는 얼마인가? (모든 수수료는 세후 기준으로 가정함)

23. 18.3 절에서 애브코의 RFX 프로젝트로 돌아가자. 애브코가 정부 대출 보증을 받아 6%의 이자율로 빌릴 수 있다고 가정한다. 이러한 보증이 없으면 애브코는 6.5%의 타인자본 비용을 부담한다.

   a. 실제 타인자본 비용 6.5%를 감안할 때 애브코의 무차입 자본비용은 얼마인가?

   b. 이 경우 RFX 프로젝트의 무차입 가치는 무엇인가? 이자의 세금 절감액의 현재가치는 얼마인가?

   c. 대출 보증의 NPV는 얼마인가? (힌트 : 프로젝트의 가치에 따라 실제 대출금액이 변동하기 때문에, 무차입 자본비용으로 예상되는 이자 절감액을 할인해야 한다.)

   d. 이자의 세금 절감액과 대출 보증의 NPV를 고려한 RFX 프로젝트의 채무 가치는 무엇인가?

자본예산의 심화 주제

24. 아덴 주식회사는 무차입 자본비용 9%로 새로운 프로젝트에 투자를 고려 중이다. 아덴의 한계법인세율은 40%이며 타인자본 비용은 5%이다.

   a. 아덴이 부채비율을 50%로 유지하기 위해 지속적으로 채무를 조정한다고 가정하자. 새 프로젝트에 적합한 WACC는 무엇인가?

   b. 아덴이 부채비율을 50%로 유지하기 위해 1년에 한 번 채무를 조정한다고 가정한다. 지금 새 프로젝트에 적합한 WACC는 무엇인가?

   c. 프로젝트에 연간 $10 백만의 가용현금흐름을 가져다준다고 가정하자. 이는 연간 2%씩 감소할 것으로 예상된다. 이제 (a)와 (b)에서 프로젝트의 가치는 무엇인가?

25. XL 스포츠는 연간 $10.9 백만의 가용현금흐름을 창출할 것으로 예상된다. XL은 영구 채무를 $40 백만 가지고 있으며, 세율은 40%이다. 무차입 자본비용은 10%이다.

    a. APV 방법을 사용한 XL의 주식가치는 얼마인가?

    b. XL의 WACC는 무엇인가? WACC 방법을 사용하면 XL의 주식가치는 얼마인가?

    c. XL의 타인자본 비용이 5%라면 XL의 자기자본 비용은 얼마인가?

    d. FTE 방법을 사용하면 XL의 주식가치는 얼마인가?

*26. 프로펠 주식회사는 초기에 채무로 완전히 자금을 조달한 $50 백만의 투자를 계획하고 있다. 투자의 가용현금흐름과 프로젝트의 프로펠의 증분 채무는 다음과 같다.

연도	0	1	2	3
가용현금흐름	−50	40	20	25
채무	50	30	15	0

프로젝트에 대한 프로펠의 증분 채무는 표시된 일정에 따라 지급된다. 프로펠의 타인자본 비용은 8%이며 세율은 40%이다. 또한 프로펠은 프로젝트에 대해 12%의 무차입 자본비용을 추정한다.

    a. APV 방법을 사용하여 각각의 시점에서의 차입 가치와 초기 NPV를 결정하라.

    b. 각 시점에서 프로젝트의 WACC를 계산하라. WACC는 시간이 지남에 따라 어떻게 변화하는가? 그 이유는 무엇인가?

    c. WACC 방법을 사용하여 프로젝트의 NPV를 계산하라.

    d. 각 시점에서의 프로젝트의 자기자본 비용을 계산하라. 자기자본 비용은 시간이 지남에 따라 어떻게 변하는가? 그 이유는 무엇인가?

    e. FTE 방법을 사용하여 프로젝트의 주식가치를 계산하라. 초기 주식가치는 위 (a)와 (c)에서 계산된 NPV와 어떻게 다른가?

*27. 가트너 시스템즈는 채무가 없고 자기자본 비용은 10%이다. 가트너의 현재 시가총액은 $100 백만이며, 가용현금흐름은 매년 3%씩 증가할 것으로 예상된다. 가트너의 법인세율은 35%이다. 투자자는 이자소득에 대해 40%의 세율을 적용받으며, 자본이득에 대해 20%의 세율을 적용받는다.

    a. 가트너가 영구 채무로 $50 백만을 추가하고 그 금액을 자사주 매입에 사용한다고 가정하자. 이 경우 가트너의 차입 가치는 얼마인가?

    b. 대신 가트너가 향후 50%의 부채/가치 비율을 유지하기로 결정한다고 가정하자. 가트너의 타인자본 비용이 6.67%라면 이 경우 가트너의 차입 가치는 얼마인가?

*28. 레브텍은 자기자본 비용 12% 및 타인자본 비용 6%를 가지고 있다. 레브텍은 일정한 부채비율 0.5를 유지하고 세율은 35%이다.

    a. 현재의 부채비율하에서 레브텍의 WACC는 무엇인가?

    b. 개인 세금이 없다는 가정하에 레브텍의 WACC는 부채비율을 2로, 타인자본 비용을 6%로 올리면 WACC는 어떻게 변화할 것인가?

    c. 이제 투자자가 이자소득에 대해 40%의 세율과 자본이득에 15%의 세율을 지불한다고 가정해보자. 이 경우 부채비율을 2로 올리면 레브텍의 WACC는 어떻게 변화하는가?

    d. 위 (b) 및 (c)에 대한 답변의 차이에 대해 직관적인 설명을 제공하라.

데이터 사례　토요타 자동차는 휘발유/전기 하이브리드 시스템의 생산을 확대하고 있으며 미국에서 생산을 전환할 계획이다. 확장을 위해서, 그들은 10년의 수명이 예상되는 새로운 공장에 $1.5 백만 투자를 염두에 두고 있다. 새 공장에서 예상되는 가용현금흐름은 운영 첫해에 $220 백만이 될 것이며, 그 후 2년 동안 매년 10%, 나머지 7년 동안 매년 5%씩 증가할 것을 예상하고 있다. 당신은 자본예산 부서의 새로 고용된 MBA로서 WACC, 조정현재가치

(APV) 및 주주 귀속 현금흐름(FTE) 방법을 사용하여 새 프로젝트를 평가해달라는 요청을 받았다. 각 방법을 이용하여 적절한 자본비용과 순현재가치를 계산할 것이다. 이것은 회사에서의 첫 번째 주요 임무이기 때문에, 당신은 다양한 평가 방법을 처리할 능력이 있음을 입증해야 한다. 가용현금흐름을 평가하는 데 필요한 정보를 찾아야 하지만, 당신이 따라야 할 몇 가지 지침이 제공된다. (이것은 당신에게 관련된 과제이기는 하지만, 최소한 프로젝트의 실제 현금흐름을 산출하지 않아도 된다!)

1. Yahoo! Finance(http://fianance.yahoo.com)에서 토요타 자동차의 주가 심벌(TM)을 입력한다.

   a. "Financials(재무정보)" 아래의 "Income Statement(손익계산서)"를 클릭한다. 최근 3년의 회계 연도 손익계산서가 나타나면, 엑셀에 정보를 복사하여 붙여 넣기를 한다.

   b. 다시 웹페이지로 돌아가서 "Balance Sheet(재무상태표)"를 페이지 상단에서 찾는다. 재무상태표에도 동일한 내려받기를 하고 손익계산서처럼 동일한 워크시트에 복사하여 붙여 넣는다.

   c. 왼쪽 열에 "Historic Data(과거 자료)"를 클릭하고, 토요타의 지난 3년간 매월 말의 마지막 날 주식가격을 찾는다. 해당일의 주식가격을 스프레드시트에 기록한다.

2. 엑셀에 프로젝트의 10년 가용현금흐름을 가지는 시간선을 작성한다.

3. 식 (18.1)을 이용하여 WACC를 결정한다.

   a. 타인자본 비용 r_D :

   i. 핀라(FINRA)의 finra-markets.morningstar.com/BondCenter/Default.jsp로 가서 찾기(search)를 클릭한다. 토요타의 심벌(TM)을 입력하고 "Show Results(결과보기)"를 클릭한다.

   ii. 토요타 장기채권의 신용등급 평균을 살펴본다. 만일 등급이 A 이상이면, 타인자본 비용을 무위험 이자율로 근사치를 정할 수 있다. 만일 토요타의 신용등급이 하락하였다면, 신용등급에 따라 채무의 베타를 추정하는 데 표 12.3을 사용한다.

   b. 자기자본 비용 r_E :

   i. Yahoo! Finance(finance.yahoo.com)에서 10년 만기 미국 미 재무부 장기채(T-bond)의 수익률을 얻는다. "Market Data"를 클릭한다. 채권 요약(Bonds Summary)을 아래로 스크롤한다. 수익률을 무위험 이자율로 입력한다.

   ii. Yahoo! Finance에서 토요타의 베타를 찾는다. 토요타의 심벌을 입력하고 "Key Statistics(핵심 통계치)"를 클릭한다. 토요타의 베타를 찾을 수 있을 것이다.

   iii. 시장 위험 프리미엄으로 4.50%를 사용하여 CAPM으로 r_E를 계산한다. 필요하다면 r_D를 계산하기 위해 연습을 반복한다.

   c. 식 (18.1)을 위해서 토요타의 E와 D를 결정한다. 부채/가치 비율과 주식/가치 비율도 결정한다.

   i. 토요타의 순채무를 계산하기 위해서 매년 재무상태표에서 장기채무와 단기채무를 더하고 현금과 유가증권을 차감한다.

   ii. 구글 금융(www.google.com/finance)에서 과거 발행주식 수를 구한다. 토요타의 심벌을 찾기(search) 박스에 입력하고, "Financials(재무정보)"를 클릭한다. 손익계산서에서 "Diluted Weighted Average Shares(희석 가중평균 주식)"을 살펴본다. 토요타의 매년 회계 연도말 시가총액을 계산하기 위해서 과거 주가에 수집한 발행주식 수를 곱한다.

   iii. 토요타의 사업가치를 주식의 시가총액과 순채무로 얻은 가치를 합산하여 매년 회계 연도말 계산한다.

   iv 토요타의 순채무를 사업가치로 나누어서 매년 말 부채/가치 비율을 계산한다. 지난 4년 동안의 평균 비율을 이용하여 토요타의 목표 부채/가치 비율을 추정한다.

   d. 토요타의 세율을 매년 법인세를 세전이익으로 나누어 구한다. 4개의 세율의 평균으로 토요타의 한계법인세율로 정한다.

　　e. 식 (18.1)을 이용하여 토요타의 WACC를 계산한다.

4. WACC 방법을 이용하여 계산한 가용현금흐름이 고려해서 주어진 하이브리드 엔진 확장의 NPV를 계산한다.

5. 조정현재가치(APV) 방법을 사용하여 NPV를 결정하고 FTE 방법을 사용하여 NPV를 결정한다. 두 경우 모두 토요타가 질문 3(c)에서 계산한 목표 부채비율을 유지한다고 가정한다.

6. 세 가지 방법의 결과를 비교하고, 세 가지 방법으로 어떻게 각각의 NPV 결과를 얻었는지 설명하라.

주석 : 이 사례 분석에 대한 갱신은 www.berkdemarzo.com에서 찾을 수 있다.

기초이론

이번 장의 부록은 WACC 방법의 기초와 기업의 타인자본 비용과 무차입 자본비용의 관계에 대한 기초이론을 다룬다. 또한 기업의 레버리지 정책과 가치평가를 동시에 해결하는 방법에 대해 상세히 설명한다.

WACC 방법의 도출

WACC는 식 (18.2)에서와 같이 차입 투자를 평가하는 데 사용될 수 있다. 채무와 주식으로 함께 조달된 투자를 고려해보자. 주식 보유자는 투자에 대해 r_E의 기대 수익률을 요구하고 채권 보유자는 r_D의 수익률을 요구하기 때문에, 회사는 아래의 수익률을 내년에 투자자들에게 지불해야만 한다.

$$E(1 + r_E) + D(1 + r_D) \tag{18A.1}$$

내년에 투자의 가치는 얼마인가? 프로젝트는 가용현금흐름 FCF_1을 연말에 창출한다. 또한 채무의 이자의 세금 절감액은 세금을 $\tau_c\, r_D\, D\, (\approx \tau_c \times$ 채무의 이자금액$)$ 줄인다.[26] 마지막으로 투자는 내년 이후에도 지속될 것이기 때문에 지속가치는 V_1^L이다. 따라서 투자자를 만족시키기 위해서 프로젝트의 현금흐름은 다음 수식을 충족해야 한다.

$$E(1 + r_E) + D(1 + r_D) = FCF_1 + \tau_c r_D D + V_1^L \tag{18A.2}$$

$V_0^L = E + D$이기 때문에 식 (18.1)의 WACC 정의는 아래와 같이 쓸 수 있다.

$$r_{wacc} = \frac{E}{V_0^L} r_E + \frac{D}{V_0^L} r_D(1 - \tau_c) \tag{18A.3}$$

이자의 세금 절감액을 식 (18A.2)의 좌변으로 이항하면, 우리는 WACC의 정의를 이용하여 식 (18A.2)를 다음과 같이 쓸 수 있다.

$$\underbrace{E(1 + r_E) + D[1 + r_D(1 - \tau_c)]}_{V_0^L(1+r_{wacc})} = FCF_1 + V_1^L \tag{18A.4}$$

또한 $(1 + r_{wacc})$로 양변을 나누면, 오늘의 투자가치를 내년의 가용현금흐름과 지속가치의 현재가치로

---

[26] 채권 수익률 r_D는 이자 지급액에서만 발생할 필요는 없다. 만일 C_t가 지불된 이표(coupon)이고 D_t가 t 기간의 채무의 시장가치라면, t 기간에 r_D는 아래와 같이 정의된다.

$$r_D = \frac{E(\text{이표 지급액} + \text{자본이득})}{\text{현재 가격}} = \frac{E[C_{t+1} + D_{t+1} - D_t]}{D_t}$$

기업의 이자비용을 결정하는 수익률은 아래와 같다.

$$\bar{r}_D = \frac{E[C_{t+1} + \overline{D}_{t+1} - \overline{D}_t]}{D_t}$$

여기서 D_t는 채권의 최초 가격과 액면가의 차이에 기초한 세법에서 따라 정해진 일정에 따른 t 시점의 채권의 가치로 채권의 **최초발행할인**(original issue discount, OID)이라고 한다. (만일 채권이 액면 발행되고 회사가 다음 이표를 불이행하지 않으면, $\overline{D}_t = \overline{D}_{t+1}$이고 채권의 경상수익률 $\bar{r}_D = C_{t+1}/D_t$이다.) 따라서 실제 세후 타인자본 비용은 $(r_D - \tau_c r_D)$이다. 실제로 r_D와 $\bar{r}_D$의 차이는 종종 무시되며, 세후 타인자본 비용은 $r_D(1 - \tau_c)$로 계산된다. 또한 채권의 만기 수익률은 종종 r_D 대신에 사용된다. 수익률은 채무불이행 위험을 무시하기 때문에 r_D와 WACC가 과대평가된다. 대안적인 방법은 제12장을 참조하라.

표현할 수 있다.

$$V_0^L = \frac{FCF_1 + V_1^L}{1 + r_{wacc}} \tag{18A.5}$$

동일한 방법으로, 1년 후의 가치 V_1^L은 2년 후의 가용현금흐름과 지속가치의 할인된 가치로 쓸 수 있다. 만일 내년에도 WACC가 동일하다면, 다음 식이 성립한다.

$$V_0^L = \frac{FCF_1 + V_1^L}{1 + r_{wacc}} = \frac{FCF_1 + \dfrac{FCF_2 + V_2^L}{1 + r_{wacc}}}{1 + r_{wacc}} = \frac{FCF_1}{1 + r_{wacc}} + \frac{FCF_2 + V_2^L}{(1 + r_{wacc})^2} \tag{18A.6}$$

WACC가 일정하게 유지된다는 가정 아래 미래의 지속가치를 순차적으로 대입을 반복하면 우리는 식 (18.2)를 도출할 수 있다.[27]

$$V_0^L = \frac{FCF_1}{1 + r_{wacc}} + \frac{FCF_2}{(1 + r_{wacc})^2} + \frac{FCF_3}{(1 + r_{wacc})^3} + \cdots \tag{18A.7}$$

즉, 차입 투자의 가치는 미래 가용현금흐름에 가중평균 자본비용을 적용한 현재가치이다.

차입 및 무차입 자본비용

이 부록에서 우리는 기업의 차입 및 무차입 자본비용 사이의 관계를 유도한다. 투자자가 기업의 모든 주식과 채무를 포트폴리오로 보유하고 있다고 가정한다. 그러면 투자자는 기업의 가용현금흐름과 이자의 세금 절감액의 세금 혜택을 받게 된다. 이는 투자자가 가용현금흐름을 창출하는 무차입 기업의 포트폴리오와 매 기간 세금 절감액을 투자자에게 지불한 별도의 "세금 절감액" 증권으로부터 받는 현금흐름과 동일하다. 이 두 포트폴리오는 동일한 현금흐름을 생성하기 때문에 일물일가의 법칙에 의해서 동일한 시장 가치를 가진다.

$$V^L = E + D = V^U + T \tag{18A.8}$$

여기서 T는 이자의 세금 절감액의 현재가치이다. 식 (18A.8)은 APV 방법의 기초이다. 이들 포트폴리오는 현금흐름이 동일하기 때문에 동일한 기대 수익률을 가져야 한다.

$$E\,r_E + D\,r_D = V^U r_U + T r_T \tag{18A.9}$$

여기서 r_T는 이자의 세금 절감액과 관련된 기대 수익률이다. r_E, r_D 및 r_U 간의 관계는 이자의 세금 절감액의 위험에 따라 결정되는 기대 수익률 r_T에 따라 달라진다. 본문에서 논의된 두 가지 경우를 생각해보자.

목표 부채비율

기업이 목표 부채비율 또는 이자와 현금흐름의 목표 비율을 유지하기 위해 지속적으로 채무를 조정한다고 가정한다. 기업의 채무와 이자 지급액은 기업의 가치와 현금흐름에 따라 달라지기 때문에 이자의 세금 절감액의 위험은 기업의 가용현금흐름의 위험과 같을 것이므로 $r_T = r_U$이다. 이 가정을 이용하면 위 식 (18A.9)는 다음 식이 된다.

---

27 이 전개 방법은 제9장에서 주식가격의 할인배당 공식을 도출하는 것과 같은 방식이다.

$$E\,r_E + D\,r_D = V^U r_U + Tr_U = (V^U + T)r_U$$
$$= (E + D)r_U \tag{18A.10}$$

양변을 $(E + D)$로 나누면 식 (18.6)이 된다.

미리 정해진 채무 일정

회사의 채무 중 일부가 회사의 성장과 무관한 미리 결정된 일정에 따라 설정된다고 가정하자. 예정된 채무에서 세금 절감액의 가치가 T^s이고, 세금 절감액 $T - T^s$의 나머지 가치가 목표 부채비율에 따라 조정될 채무로부터 나온다고 가정한다. 예정된 채무에 대한 이자의 세금 절감액의 위험은 채무 자체의 위험과 유사하기 때문에 식 (18A.9)는 다음 수식이 된다.

$$E\,r_E + D\,r_D = V^U r_U + Tr_T = V^U r_U + (T - T^s)r_U + T^s r_D \tag{18A.11}$$

양변에서 $T^s r_D$를 차감하고, $D^s = D - T^s$를 대입하면 다음 식을 얻는다.

$$E\,r_E + D^s r_D = (V^U + T - T^s)r_U = (V^L - T^s)r_U$$
$$= (E + D^s)r_U \tag{18A.12}$$

양변을 $(E + D^s)$로 나누면 식 (18.20)이 된다.

목표 부채비율을 가진 세금 절감액의 위험

위에서 우리는 목표 부채비율로 $r_T = r_U$라고 가정하는 것이 합리적이라고 가정했다. 이 경우는 어떤 환경에서 해당하는가?

우리는 기업이 시점 t에서 투자가치의 비율인 $d(t)$ 또는 가용현금흐름의 비율인 $k(t)$로 채무를 조정하여 설정하는 것으로 목표 부채비율을 정의한다. (두 정책의 목표 비율은 시간이 지남에 따라 일정할 필요는 없으며 미리 결정된 일정에 따라 달라질 수 있다.)

두 정책 중 하나를 사용하면, 시점 s에서 프로젝트의 가용현금흐름 FCF_s로부터 증분 세금 절감액의 시점 t의 가치가 현금흐름의 $V_t^l(FCF_s)$의 가치에 비례하기 때문에, 세금 절감액은 FCF_s에서와 같은 할인율로 할인해야 한다. 그러므로 각 시점에서 미래 가용현금흐름의 가치와 관련된 자본비용이 동일할 때까지 가정 $r_T = r_U$는 동일하다(자본예산 수립의 표준 가정임).[28]

레버리지 정책과 가치평가를 동시에 풀기

APV 방법을 사용할 때, 우리는 이자의 세금 절감액을 계산하고 프로젝트의 가치를 결정하기 위해 채무 수준을 알아야 한다. 그러나 기업이 부채/가치 비율을 일정하게 유지한다면 채무 수준을 결정하기 위해 프로젝트의 가치를 알아야 한다. 이 경우 APV 방법을 어떻게 적용할 수 있을까?

기업이 일정한 부채비율을 유지할 때 APV 방법을 사용하려면 채무 수준과 프로젝트 가치를 동시에 해결해야 한다. 수작업은 복잡하지만 엑셀에서는 (다행스럽게도) 간단하다. 표 18A.1에 나와 있는 스프레드시트에서 시작하여 교재의 18.3절에는 표준 APV 계산을 보여준다. 여기서 우리는 3행에 있는 프로젝트의 채무 필요액에 대하여 임의의 값을 입력했다.

---

28 만일 개별 현금흐름의 위험이 다른 경우 r_T는 개별 현금흐름의 무차입 가중평균 자본비용이며, 가중치는 d 또는 k 일정에 따라 달라진다. P. DeMarzo, "Discounting Tax Shields and the Unlevered Cost of Capital," 2005, ssrn.com/abstract=1488437.

| 표 18A.1 스프레드시트 | 임의의 채무 수준을 가진 애브코 RFX 프로젝트의 조정현재가치(APV) |

	연도	0	1	2	3	4
무차입 가치($ 백만)						
1	가용현금흐름	(28.00)	18.00	18.00	18.00	18.00
2	무차입 가치, $V^U(r_u = 8.0\%)$	59.62	46.39	32.10	16.67	—
이자의 세금 절감액						
3	채무 필요액(임의적임)	*30.00*	*20.00*	*10.00*	*5.00*	—
4	이자 지급액($r_d = 6\%$)	—	1.80	1.20	0.60	0.30
5	이자의 세금 절감액($\tau_c = 40\%$)	—	0.72	0.48	0.24	0.12
6	세금 절감액 가치, $T(r_u = 8.0\%)$	1.36	0.75	0.33	0.11	
조정현재가치						
7	차입 가치, $V^L = V^U + T$	**60.98**	**47.13**	**32.42**	**16.78**	**—**

| 표 18A.2 스프레드시트 | 채무 수준을 반복 계산한 애브코 RFX 프로젝트의 조정현재가치(APV) |

	연도	0	1	2	3	4
무차입 가치($ 백만)						
1	가용현금흐름	(28.00)	18.00	18.00	18.00	18.00
2	무차입 가치, $V^U(r_u = 8.0\%)$	59.62	46.39	32.10	16.67	—
이자의 세금 절감액						
3	채무 필요액($d = 50\%$)	30.62	23.71	16.32	8.43	—
4	이자 지급액($r_d = 6\%$)	—	1.84	1.42	0.98	0.51
5	이자의 세금 절감액($\tau_c = 40\%$)	—	0.73	0.57	0.39	0.20
6	세금 절감액 가치, $T(r_u = 8.0\%)$	1.63	1.02	0.54	0.19	—
조정현재가치						
7	차입 가치, $V^L = V^U + T$	**61.25**	**47.41**	**32.63**	**16.85**	**—**

3행에 명시된 채무 필요액은 프로젝트의 50% 부채/가치 비율과 일치하지 않는다. 예를 들어 연도 0에 $60.98 백만의 가치가 주어지면 초기 채무 필요액은 0년에 50%×$60.98 백만＝$30.49 백만이 되어야 한다. 그러나 3행의 각 채무 필요액을 7행의 가치의 50% 숫자의 가치로 변경하면, 이자의 세금 절감액과 프로젝트 가치는 변할 것이고, 여전히 부채/가치 비율은 50%가 되지 않을 것이다.

해결책은 같은 해에 7행의 프로젝트 가치 50%로 채무 필요액을 설정하는 공식을 3행에 입력하는 것이다. 이제 7행은 3행에 의존하고 3행이 7행에 따라 달라지며 스프레드시트에 (오류 메시지가 나타날 가능성이 큰) 순환 참조가 작성된다. 엑셀에서 계산 옵션을 변경하여 (파일＞옵션＞수식＞반복 계산 사용 확인란 선택) 스프레드시트를 반복적으로 계산하면, 표 18A.2에서 보듯이 엑셀은 스프레드시트의 3행과 7행의 값들이 일관될 때까지 계산을 반복한다.

따라서 우리는 18.1절과 동일한 $NPV = V_0^L = FCF_0 = 61.25 - 28 = \$33.25$ 백만을 계산한다.

채무 수준이 알려진 WACC 방법을 사용할 때도 동일한 방법을 적용할 수 있다. 이 경우 부채/가치 비율을 결정하고 WACC를 계산하려면 프로젝트의 가치를 알아야 하며, 프로젝트 가치를 계산하려면 WACC를 알아야 한다. 엑셀의 반복 계산을 사용하여 프로젝트의 가치와 부채/가치 비율을 동시에 결정할 수 있다.

잔여이익과 경제적 부가가치(EVA) 평가 방법

회계학 문헌에서 처음 개발된 대안적인 가치평가 방법이 **잔여이익 방법**(residual income method)이다.[29]

---

29 J. A. Ohlson, "Earnings, Book Values, and Dividends in Equity Valuation," *Contemporary Accounting Research* (1995): 661–687.

연도 t의 기업의 잔여이익은 순이익에서 주식에 대해 주주가 요구하는 요구 수익률을 (자기자본 비용인 r_E를 이용함) 차감한 것으로 정의한다.

$$\text{잔여이익}_t = \text{순이익}_t - \underbrace{r_E \times \text{주식의 장부가치}_{t-1}}_{\text{주식의 청구액}}$$

(18A.13)

$$= (ROE_t - r_E) \times \text{주식의 장부가치}_{t-1}$$

우리는 잔여이익을 주식에 대한 요구 수익을 초과하는 기업의 이익으로 생각할 수 있으며, 기업에 추가적으로 부가된 주식의 가치를 측정한다고 생각할 수 있다. 잔여이익은 기업의 자기자본 수익률(또는 ROE)가 자기자본 비용을 초과하는 경우에만 양(+)의 값을 가진다.

잔여이익 평가 방법은 기업의 주식 시장가치가 장부가치와 미래의 잔여이익의 현재가치를 합한 금액과 같아야 한다고 말한다. 즉, 시장가치로 E_0를, 기간 말의 장부가치로 BE_0를, 연도 t에서의 잔여이익을 RI_t로 하면 아래 식을 얻는다.

잔여이익 평가 방법

$$E_0 = BE_0 + PV(\text{잔여이익}) = BE_0 + \sum_{t=1}^{\infty} \frac{RI_t}{(1+r_E)^t}$$

(18A.14)

잔여이익 방법은 18.4절에서 설명된 주주 귀속 현금흐름(FTE) 방법과 동일하다. FTE 방법에서 우리는 FCFE의 현재가치, 즉 총 현금흐름이 주주에게 지급된다는 것을 상기하자. 회사 주식의 장부가치가 매년 순이익(NI)과 주주 가용현금흐름(FCFE)을 차감하여 증가하기 때문에 아래 관계를 얻는다.

$$BE_t = BE_{t-1} + NI_t - FCFE_t$$

(18A.15)

그리고 식 (18A.15)와 (18A.13)을 이용하여 FCFE를 다시 정리할 수 있다.

$$FCFE_t = NI_t + BE_{t-1} - BE_t = RI_t + (1+r_E)\,BE_{t-1} - BE_t$$

현재가치를 취하면 우리는 $t \geq 1$을 가진 모든 BE를 제거하고 다음을 얻는다.

$$E_0 = PV(FCFE) = PV(RI) + BE_0$$

식 (18A.14)는 시간이 지나도 자기자본 비용이 일정하다고 가정하는데, 이는 기업이 목표 부채비율을 가지고 있는 경우에만 유지된다. 그렇지 않은 경우 표 18.10과 같이 기간별 r_E를 계산해야 한다.

잔여이익 방법을 적용하여 프로젝트의 가치를 평가할 수도 있다. 이 경우 프로젝트의 초기 및 말기 주식의 장부가치가 0이라고 가정하면 아래와 같다.

$$NPV(\text{프로젝트}) = PV(\text{증분 잔여이익})$$

(18A.16)

표 18A.3은 $d = 50\%$의 목표 부채비율을 가정한 애브코의 RFX 프로젝트 가치에 이 접근법을 적용한다. 프로젝트의 잔여이익을 계산하기 위해, 우리는 재무상태표에서 주식의 장부가치에 대한 증분 기여만 고려한다. 이 예에서는 프로젝트의 증분 채무가 설비의 장부가치를 초과하기 때문에 증분 주식은 (그리고 주식의 청구액은) 음(−)의 값을 가진다.

유사한 논리를 사용하여 WACC 방법의 대안이 되는 수식을 개발할 수 있다. 여기서 우리는 기업의 총 투자자본(주식 및 채무 모두)에 대해 요구되는 수익에서 청구액을 차감한 기업의 무차입 순이익과 동일한 **경제적 부가가치**(economic value added)의 측정으로 시작한다. 총 투자자본을 기업의 **장부사업가치**

표 18A.3 스프레드시트	잔여이익 방법을 이용한 애브코의 RFX 프로젝트의 평가(목표 부채비율은 표 18.4를 가정)					
	연도	0	1	2	3	4
증분 순이익 추정($ 백만)						
1 매출액		—	60.00	60.00	60.00	60.00
2 매출원가		—	(25.00)	(25.00)	(25.00)	(25.00)
3 총이익		—	35.00	35.00	35.00	35.00
4 영업비용		(6.67)	(9.00)	(9.00)	(9.00)	(9.00)
5 감가상각비		—	(6.00)	(6.00)	(6.00)	(6.00)
6 EBIT		(6.67)	20.00	20.00	20.00	20.00
7 이자 지급액		—	(1.84)	(1.42)	(0.98)	(0.51)
8 세전이익		(6.67)	18.16	18.58	19.02	19.49
9 법인세(세율 40%)		2.67	(7.27)	(7.43)	(7.61)	(7.80)
10 순이익		(4.00)	10.90	11.15	11.41	11.70
프로젝트의 재무상태표 자료						
11 토지, 공장 및 설비(PPE)		24.00	18.00	12.00	6.00	—
12 채무		30.62	23.71	16.32	8.43	—
13 증분 주식		**(6.62)**	**(5.71)**	**(4.32)**	**(2.43)**	**—**
잔여이익						
14 주식 청구액(r_e = 10%)		—	0.66	0.57	0.43	0.24
15 순이익		(4.00)	10.90	11.15	11.41	11.70
16 잔여이익		**(4.00)**	**11.56**	**11.72**	**11.84**	**11.94**
17 PV r_e = 10%		**33.25**				

(book enterprise value)로 측정한다.

$$투자자본 = 주식의 장부가치 + 순채무 = 장부사업가치 \qquad (18A.17)$$

그러면 연도 t의 경제적 부가가치(EVA)는 다음과 같이 정의된다.

$$경제적 부가가치_t = \underbrace{EBIT_t \times (1 - \tau_c)}_{무차입 \ 순이익} - \underbrace{r_{wacc} \times 장부사업가치_{t-1}}_{주식의 \ 청구액}$$
$$= (ROIC_t - r_{wacc}) \times 장부사업가치_{t-1} \qquad (18A.18)$$

경제적 부가가치는 기업의 투자자본 수익률(return on invested capital, ROIC)이 가중평균 자본비용을 초과하는 경우에만 양(+)의 값을 갖는다.

$$BEV_t = BEV_{t-1} + EBIT_t(1 - \tau_c) - FCF_t \qquad (18A.19)$$

위 관계가 성립하기 때문에, WACC 방법이 기업의 현재(시장) 사업가치(V_0)가 장부사업가치(BEV_0)에 향후 경제적 부가가치(EVA)의 현재가치를 합한 것과 같다는 것을 보여준다.

경제적 부가가치 평가 방법

$$V_0 = BEV_0 + PV(경제적 부가가치) = BEV_0 + \sum_{t=1}^{\infty} \frac{EVA_t}{(1 + r_{wacc})^t} \qquad (18A.20)$$

다시 말하지만 이 방법을 적용하여 프로젝트의 NPV를 계산할 수 있다. 프로젝트의 시작 및 종료 증분 장부사업가치가 0이라고 가정하면 아래 수식을 얻는다.

$$NPV(프로젝트) = PV(증분 \ EVA) \qquad (18A.21)$$

가치평가와 재무 모형화

이 장의 목적은 재무적 방법론의 응용이다. 우리는 지금까지 기업의 가치평가 모형이 실제로 어떻게 사용되는지를 보여주기 위해 이 모형의 구축을 전개해 왔다. 이 장에서는 가상의 기업인 아이데코 주식기업의 가치를 평가할 것이다. 아이데코는 시카고에 본사를 둔 개인 스포츠 디자이너 안경 제조업체다. 2005년 중반 소유주이자 설립자인 준 왕(June Wong)은 약 4년 전에 경영 통제를 포기한 후에 사업체를 판매하기로 결정했다. 당신은 KKP 인베스트먼츠의 파트너로서 이 기업의 구매를 조사하고 있다. 거래가 성사되면 현재 회계 연도 말에 인수가 이루어진다. 이 경우 KKP는 향후 5년 동안 아이데코에서 영업 및 재무 개선을 실시할 예정이며 그 후에 사업체를 판매할 계획이다.

아이데코는 총자산이 $87 백만, 연간 매출액이 $75 백만이다. 이 기업은 또한 올해 순이익이 거의 $7 백만에 달하고, 순이익률이 9.3%로 상당히 수익성이 높다. 회계 연도 말에 약 $150 백만의 인수가격으로 아이데코의 주주지분을 매입할 수 있다고 생각한다. 이는 아이데코의 현재 주주지분 장부가치의 거의 두 배이다. 이 가격은 적당한가?

우리는 비교기업의 데이터를 사용하여 아이데코의 가치를 추정함으로써 이 장을 시작한다. 우리는 인수 후 사업체 운영을 위한 KKP의 운영 전략을 검토하여 개선 가능한 분야를 파악한다. 우리는 이러한 운영 개선 사항을 반영한 현금흐름을 계획할 수 있는 재무 모형을 구축한다. 이러한 현금흐름 예측은 아이데코로 하여금 제18장에서 소개한 APV 모형을 사용한 기업가치 평가와 KKP의 투자 수익률 추정을 가능하게 한다. 마지막으로 주요 가정들에 대한 기업가치 평가 추정치의 민감도를 조사한다.

기호

R_s 증권 s의 수익률

r_f 무위험 이자율

α_s 증권 s의 알파

β_s 증권 s의 베타

R_{mkt} 시장 포트폴리오의 수익률

$E[R_{mkt}]$ 시장 포트폴리오의 기대 수익률

ε_s 회귀분석 오차항

β_U 무차입 기업의 베타

β_E 주식의 베타

β_D 채무의 베타

r_U 무차입 자본비용

r_{wacc} 가중평균 자본비용

r_D 타인자본 비용

V_T^L 날짜 T에서 프로젝트의 지속가치

V^U 무차입 기업의 가치

FCF_t t 시점의 가용현금흐름

g 성장률

T^s 미리 정해진 이자의 세금 절감액 가치

19.1 비교기업을 이용한 가치평가

당신은 아이데코의 설립자와의 예비 회의를 가진 후, 표 19.1에 나와 있는 아이데코의 이번 회계 연도 손익계산서 및 재무상태표 정보를 추정했다. 아이데코는 현재 채무 $4.5 백만을 가지고 있지만, 또한 상당한 현금 잔고를 가지고 있다. 아이데코의 기업가치에 대한 첫 번째 추정치를 얻기 위해, 당신은 아이데코와 비교할 만한 기업에 대한 조사를 통해 아이데코의 기업가치를 평가하기로 결정했다. 아이데코의 제안된 인수가격의 합리성을 측정하는 빠른 방법은 제9장에서 소개한 비교기업을 이용한 가치평가 방법을 이용하여 이 가격을 공개적으로 거래되는 다른 기업의 가격과 비교하는 것이다. 예를 들어 $150 백만의 가격에서 아이데코의 P/E 비율은 $150{,}000/6{,}939 = 21.6$으로 2005년 중반의 시장 평균 P/E 비율과 거의 같다. 아이데코와 비슷한 사업 분야의 기업들과 비교를 통해 훨씬 더 많은 정보를 얻을 수 있다. 전체 제품라인 측면에서 아이데코와 정확히 일치하는 기업은 없지만, 유사성을 가진 기업은 오클리, 룩소티카 그룹, 나이키 등이다. 아이데코의 가장 가까운 경쟁자는 스포츠 안경을 디자인하고 제조하는 오클리다. 룩소티카 그룹은 이탈리아의 안경 제조업체로, 처방 안경이 사업의 대부분을 차지하지만, 다수의 소매용 안경 체인도 소유하고 운영한다. 나이키는 특수 스포츠웨어 제품의 제조업체로 신발이 주된 관심 사업이다. 또한 당신은 아이데코를 스포츠용품 산업의 기업들로 구성된 포트폴리오와 비교하기로 결정했다.

표 19.2는 아이데코의 제안된 인수가격에 대한 가치평가를 비교기업들 및 스포츠용품 업계의 평균적인 기업과 비교하고 있다. 이 표는 P/E 비율을 열거하고, 각 기업의 사업가치(EV)를 매출액 및 EBITDA(이자, 세금, 감가상각, 무형자산상각 차감전 이익)의 배수로 나타내고 있다. 사업가치는 주식의 총가치에서 순채무를 차감한 값이고, 순채무는 채무에서 정상적인 기업의 운영을 위해 요구되지 않는 현금 및 시장성 있는 유가증권에 대한 투자를 차감한 값임을 상기하자. 아이데코는 $4.5 백만의 채무와 운전자금 필요액을 초과하는 $6.5 백만의 현금을 보유하고 있다. 따라서 이 제안된 인수가격에서의 아이데코의 사업가치는 $150 + 4.5 - 6.5 = \$148$ 백만이다.

제안된 인수가격에서 아이데코의 P/E 비율은 나이키와 업계 평균 P/E 비율보다 약간 높지만, 오클리와 룩소티카에 비해 낮다. 아이데코 가치의 매출액 배수에 대한 비교에서도 동일한 결과를 얻는

표 19.1 스프레드시트	아이데코에 대한 2005년 추정 손익계산서 및 재무상태표 정보

손익계산서($ 000)	연도 2005년	재무상태표($ 000)	연도 2005년
		자산	
1 매출액	75,000	1 현금 및 현금 등가물	12,664
2 매출원가		2 매출채권	18,493
3 원재료	(16,000)	3 재고자산	6,165
4 직접 노동비용	(18,000)	4 유동자산 총계	37,322
5 총이익	41,000	5 유형고정자산	49,500
6 영업 및 마케팅비용	(11,250)	6 영업권	—
7 관리비	(13,500)	7 자산 총계	86,822
8 EBITDA	16,250	부채 및 자기자본	
9 감가상각	(5,500)	8 매입채무	4,654
10 EBIT	10,750	9 채무	4,500
11 이자비용(순)	(75)	10 부채 총계	9,154
12 세금전이익	10,675	11 자기자본	77,668
13 세금	(3,736)	12 부채 및 자기자본 총계	86,822
14 순이익	6,939		

표 19.2	아이데코 재무비율 비교(2005년 중반)				
비율	아이데코 (제안 가격)	오클리	룩소티카	나이키	스포츠용품 업계
P/E	21.6×	24.8×	28.0×	18.2×	20.3×
EV/매출액	2.0×	2.0×	2.7×	1.5×	1.4×
EV/EBITDA	9.1×	11.6×	14.4×	9.3×	11.4×
EBITDA/매출액	21.7%	17.0%	18.5%	15.9%	12.1%

다. 따라서 이 두 가지 지표에 근거할 때, 아이데코는 오클리와 룩소티카에 비해 싸게 보이지만 나이키와 평균적인 스포츠용품 기업에 비해 가격 프리미엄을 받고 있다. 그러나 이 거래는 아이데코의 EV/EBITDA 비율을 비교할 때 두드러진다. EBITDA의 9배를 조금 넘는 인수가격은 업계 평균 기업, 그리고 비교기업들의 인수가격보다 낮다. 아이데코의 높은 이익률도 참고하길 바란다. EBITDA 이익률이 16,250/75,000 = 21.7%로, 모든 비교 대상의 EBITDA 이익률을 능가한다. 표 19.2는 제안된 인수가격이 업계의 다른 기업에 비해 합리적이라는 확신을 주지만, 이 인수가 좋은 투자 기회라는 것을 결코 확증하지 않는다. 이러한 비교가 항상 그렇지만, 표 19.2의 각 배수 간에 상당한 차이를 보인다. 또한 이러한 비교는 기업의 운영 효율성 및 성장 전망과 같은 중요한 차이를 무시하고, KKP의 아이데코 운영 개선 계획을 반영하지 않는다. 이 투자 기회가 매력적인지를 평가하기 위해서는 기업의 운영 측면과 이 거래가 창출할 것으로 기대되는 궁극적인 현금흐름 및 요구 수익률에 대해 면밀한 분석을 해야 한다.

비교기업을 이용한 가치평가	예제 19.1

문제

표 19.2의 P/E, EV/매출액 및 EV/EBITDA의 배수의 범위에 의해 아이데코의 인수가격 범위가 암시되는가?

풀이

각 배수에 대해 우리는 세 기업과와 업계 포트폴리오에서 최고값과 최저값을 찾을 수 있다. 표 19.1의 아이데코 데이터에 각 배수를 적용하면 다음 결과가 산출된다. 예를 들어 나이키는 P/E 비율이 18.2로 가장 낮다. 이 P/E 비율에 아이데코의 순이익을 곱하면, 18.2 × 6.94 = $126.3 백만의 가치를 얻을 수 있다.

배수	범위		가격(단위 : $ 백만)	
	최저	최고	최저	최고
P/E	18.2×	28.0×	126.3	194.3
EV/매출액	1.4×	2.7×	107.0	204.5
EV/EBITDA	9.3×	14.4×	153.1	236.0

사업가치/매출액의 배수의 최고값은 2.7(룩소티카)이다. 아이데코의 사업가치는 2.7 × 75 = $202.5 백만이다. 아이데코의 사업가치에 초과현금을 더하고 채무를 뺀 값, 202.5 + 6.5 − 4.5 = $204.5 백만은 인수가격이다. 위의 표는 비교 대상이 유용한 벤치마크를 제공하지만 정확한 가치 추정을 위해 비교 대상에 의존할 수 없음을 보여준다.

1. 비교기업을 사용한 가치평가의 목적은 무엇인가?
2. 비교 항목을 사용한 평가에서 취득 가격이 업계의 다른 기업과 비교하여 합리적인 것으로 나타나면, 인수가 좋은 투자 기회임을 입증하는가?

19.2 사업계획

비교기업을 이용한 가치평가는 유용한 출발점을 제공한다. 하지만 이 인수가 KKP에 대한 성공적인 투자인지 여부는 아이데코의 취득 후 성과에 달려 있다. 따라서 아이데코의 운영, 투자 및 자본구조를 자세히 살펴보고, 이들에 대한 개선과 미래 성장 가능성을 평가할 필요가 있다.

운영의 개선

운영면에서 당신은 이 기업의 전망과 관련하여 매우 낙관적이다. 시장은 매년 5%씩 성장할 것으로 예상되며 아이데코는 우수한 제품을 생산한다. 현재의 경영진은 제품개발, 판매 및 마케팅에 충분한 자원을 투입하지 않아서 아이데코의 시장점유율은 증가하지 않았다. 반대로 아이데코는 관리비용이 많이 든다. 실제로 표 19.1은 현재의 관리비용이 매출액의 18%(= 13,500/75,000)이며, 영업 및 마케팅비용(매출액의 15%)을 초과하는 것으로 나타났다. 이는 영업 및 마케팅보다 관리비용이 적게 드는 경쟁업체와 완전히 대조를 이룬다. KKP는 즉시 관리비용을 절감하고 신제품개발, 영업 및 마케팅에 자원을 재분배할 계획이다. 이렇게 함으로써 아이데코는 향후 5년 동안 시장점유율을 10%에서 15%까지 늘릴 수 있다고 생각한다. 증가된 판매 수요는 초과 근무를 늘리고 주말 교대를 실행하면, 기존 생산라인을 사용하여 단기적으로 충족시킬 수 있다. 그러나 생산량의 증가가 50%를 초과하면 아이데코는 생산능력을 향상시키기 위한 중요한 확장 작업을 반드시 수행해야 한다. 표 19.3의 스프레드시트는 이 계획에 근거한 향후 5년간의 영업 및 운영비용 가정을 보여준다. 스프레드시트에서 파란색으로 표시된 숫자는 입력된 데이터를 나타내지만 검은색 숫자는 입력된 데이터를 기반으로 계산된다. 예를 들어 현재 시장규모가 10 백만 개이고 연간 성장률이 5%라고 가정할 경우 스프레드시트는 1~5년 단위로 예상 시장규모를 계산한다. 또한 아이데코의 시장점유율이 증가할 것으로 예상된다.

   아이데코의 평균 판매가격은 인플레이션율을 반영하여 매년 2%씩 증가할 것으로 예상된다. 마찬가지

표 19.3 스프레드시트	아이데코의 영업 및 운영 비용 가정							
		연도	**2005**	**2006**	**2007**	**2008**	**2009**	**2010**
매출액 데이터	**성장률/연도**							
1 시장규모 (단위 : 1,000개)		5.0%	10,000	10,500	11,025	11,576	12,155	12,763
2 시장점유율		1.0%	10.0%	11.0%	12.0%	13.0%	14.0%	15.0%
3 평균 판매가격	($/개)	2.0%	75.00	76.50	78.03	79.59	81.18	82.81
매출원가 데이터								
4 원재료	($/개)	1.0%	16.00	16.16	16.32	16.48	16.65	16.82
5 직접 노동비용	($/개)	4.0%	18.00	18.72	19.47	20.25	21.06	21.90
영업비용 및 세금 데이터								
6 영업 및 마케팅	(% 매출액)		15.0%	16.5%	18.0%	19.5%	20.0%	20.0%
7 관리비	(% 매출액)		18.0%	15.0%	15.0%	14.0%	13.0%	13.0%
8 세율			35.0%	35.0%	35.0%	35.0%	35.0%	35.0%

로 매출원가도 증가할 것으로 예상된다. 원자재는 1%의 성장률로 증가할 것으로 예상되며, 일부 생산성 향상이 기대되지만 추가 초과 근무로 인건비가 4%의 성장률로 상승할 것이다. 또한 이 표는 5년 동안 관리에서 영업 및 마케팅에 이르기까지의 자원 재할당도 보고하고 있다.

						예제 19.2

생산능력 필요 요건

문제

표 19.3의 데이터를 기반으로 매년 아이데코가 요구하는 생산능력은 얼마일까? 확장은 언제 필요할까?

풀이

매년 생산량은 표 19.3의 전체 시장규모와 아이데코의 시장점유율을 곱하여 산정할 수 있다.

	연도	2005	2006	2007	2008	2009	2010
	생산량(단위 : 천)						
1	시장규모	10,000	10,500	11,025	11,576	12,155	12,763
2	시장점유율	10.0%	11.0%	12.0%	13.0%	14.0%	15.0%
3	생산량(1 × 2)	1,000	1,155	1,323	1,505	1,702	1,914

이 예측을 바탕으로 생산량은 2008년까지 현재 수준을 50% 초과할 것이므로 확장이 필요하다.

자본지출 : 필요한 확장

표 19.4의 스프레드시트는 향후 5년 동안의 아이데코의 자본지출에 대한 예측을 보여준다. 자본지출 및 감가상각에 대한 추정치를 바탕으로 이 스프레드시트는 2005년 초 수준에서 시작된 아이데코의 부동산, 공장 및 장비의 장부가치를 추적한다. 투자는 향후 2년 동안 현재 수준을 유지할 것으로 예상된다. 이는 감가상각 수준과 거의 같다. 아이데코는 기존 공장을 보다 효율적으로 사용하여 이 기간에 생산을 확장할 것이다. 그러나 2008년에 공장을 크게 확장해야 할 필요가 있으며, 이는 2008년과 2009년에 자본지출이 크게 증가하도록 한다. 표 19.4의 감가상각 입력값들은 각 유형의 자산에 대한 적절한 감가상각 스케줄을 기준으로 계산된다. 이러한 계산은 각 자산의 유형에 따라 매우 구체적이므로 여기서 자세히 설명하지 않는다. 표시된 감가상각은 세금 목적으로 사용될 것이다.[1]

운전자본 관리

이 기업의 약한 판매 및 마케팅 노력을 보완하기 위해 아이데코는 매우 느슨한 신용정책을 유지함으로

표 19.4 스프레드시트	아이데코의 자본지출 가정						
	연도	2005	2006	2007	2008	2009	2010
	고정자산 및 자본투자($ 000)						
1	기초 장부가치	50,000	49,500	49,050	48,645	61,781	69,102
2	자본투자	5,000	5,000	5,000	20,000	15,000	8,000
3	감가상각	(5,500)	(5,450)	(5,405)	(6,865)	(7,678)	(7,710)
4	기말 장부가치	49,500	49,050	48,645	61,781	69,102	69,392

---

1 기업은 회계 및 세무 목적을 위해 별도의 장부를 보유하고 있으며, 각기 다른 감가상각 가정을 사용할 수 있다. 감가상각은 감세 효과를 통해 현금흐름에 영향을 주기 때문에 감가상각이 가치평가와 더 관련이 있음을 기억하기 바란다.

써 부분적으로 소매점의 충성도를 유지하려고 노력했다. 이 정책은 아이데코의 운전자본 요구사항에 영향을 미친다. (현금을 받지 않아) 고객이 지불해야 하는 모든 추가적인 날짜에 대해 추가적인 하루 매출액이 매출채권에 추가된다. 아이데코의 현재 손익계산서 및 재무상태표(표 19.1)에서 매출채권 회수일을 추정할 수 있다.

$$\text{매출채권 회수일} = \frac{\text{매출채권(\$)}}{\text{매출액(\$/연)}} \times 365\text{일/연}$$

$$= \frac{18,493}{75,000} \times 365\text{일} = 90\text{일} \tag{19.1}$$

매출채권 회수일의 업계 표준은 60일이다. 당신은 많은 매출을 희생하지 않으면서 이 목표를 달성하기 위해 신용정책을 강화할 수 있다고 생각한다. 당신은 또한 아이데코의 재고관리의 개선을 희망한다. 표 19.1에 있는 아이데코의 재무상태표에 $6.165 백만의 재고가 기록되어 있다. 이 금액 중 약 $2 백만은 원자재에 해당하는 반면 나머지는 완제품이다. 이 연도에 $16 백만의 원재료 지출을 감안하여, 아이데코는 현재 (2/16)×365 = 45.6일의 원재료 재고를 보유하고 있다. 당신은 생산 정지를 방지하려면 일정량의 재고를 유지하는 것이 필요하지만, 생산공정을 보다 엄격하게 통제하면 30일분의 재고로도 충분할 것으로 판단한다.

자본구조 변경 : 도약

적은 채무, 초과현금 및 상당한 이익을 고려할 때, 아이데코의 레버리지가 현저하게 낮은 것으로 보인다. 당신은 이 기업의 채무를 크게 늘릴 계획인데, 은행과 $100 백만의 대출에 대한 합의를 했다. 이 만기 대출은 6.8%의 이자율을 가지며, 아이데코는 향후 5년 동안 이자만 지불한다. 기업은 표 19.5의 스프레드시트에서 볼 수 있듯이 제조공장의 확장과 관련하여 2008년과 2009년에 추가적인 자금조달을 모색할 것이다. 아이데코의 신용도가 시간이 지남에 따라 개선되는 반면, 수익률 곡선의 가파른 경사는 이자율이 상승할 수 있음을 시사한다. 따라서 플러스/마이너스 요인이 서로 상쇄되어 아이데코의 차입 이자율은 6.8%로 유지될 것으로 예상된다.

아이데코의 주어진 채무 잔액에 대하여 매년 이자비용은 다음과 같이 계산된다.[2]

$$\text{연도 } t \text{ 이자비용} = \text{이자율} \times \text{연도}(t-1)\text{의 기말 잔액} \tag{19.2}$$

아이데코의 채무에 대한 이자는 과세대상 이익을 줄여 세금을 줄이는 감세 효과를 가져온다.

표 19.5 스프레드시트	아이데코의 계획된 채무 및 이자 지급액						
	연도	**2005**	**2006**	**2007**	**2008**	**2009**	**2010**
채무 및 이자표($ 000)							
1　채무 잔액		100,000	100,000	100,000	115,000	120,000	120,000
2　만기 대출에 대한 이자	6.80%		(6,800)	(6,800)	(6,800)	(7,820)	(8,160)

2　식 (19.2)는 채무의 변화가 연말에 발생한다고 가정한다. 채무가 1년 내내 바뀌면 연중 채무의 평균 수준을 기준으로 이자비용을 계산하는 것이 더 정확하다.

표 19.6 스프레드시트	아이데코 인수를 위한 자금의 원천 및 사용			

인수 자금조달($ 000)				
원천		**사용**		
1 새로운 만기 대출	100,000	아이데코 주식 매입	150,000
2 아이데코 초과현금	6,500	아이데코 기존 채무의 상환	4,500
3 KKP 주식 투자	53,000	자문 및 기타 수수료	5,000
4 총 자금 원천	159,500	총 자금 사용	159,500

이러한 감세 효과 외에도 대출은 KKP로 하여금 아이데코에 대한 투자를 제한하고, 다른 투자 및 인수에 필요한 자본금을 보존할 수 있도록 한다. 인수를 위한 자금의 출처와 사용은 표 19.6에 제시되어 있다. 아이데코의 주식 매입을 위해 $150 백만, 아이데코의 기존 채무를 상환하기 위해 $4.5 백만이 각각 사용될 것이다. 이 거래와 관련하여 $5 백만의 자문 및 기타 수수료가 부과될 경우 $159.5 백만의 총자금이 필요할 것이다. KKP의 자금원에는 (KKP가 이용할 수 있는) 아이데코의 초과현금과 함께 $100 백만의 신규 대출이 포함된다. 따라서 이 거래를 필요한 KKP의 주식 출연금 필요액은 159.5 − 100 − 6.5 = $53 백만이다.

개념 확인

1. KKP의 다양한 운영 개선사항들은 무엇인가?
2. 인수가 매력적인지 평가하기 위해 이러한 개선사항들을 고려해야 하는 이유는 무엇인가?

19.3 재무 모형의 작성

투자 기회의 가치는 미래 현금흐름에서 발생한다. 아이데코에 대한 투자로 인한 현금흐름을 예측하기 위해 아이데코의 미래 수익을 예상한다. 우리는 아이데코의 운전자본 및 투자의 필요액을 고려하여 가용현금흐름을 추정한다. 이러한 데이터를 바탕으로 아이데코의 재무상태표 및 현금흐름표를 예측할 수 있다.

이익 예측

우리는 제안된 운영 및 자본구조 변화를 기반으로 인수 후 5년 동안 아이데코의 손익계산서를 예측할 수 있다. 이 손익계산서는 실제 데이터를 기반으로 하지 않고 가설적인 가정들의 집합하에서 기업의 재무를 묘사하기 때문에 종종 **추정 손익계산서**(pro forma income statement)라고 한다. 추정 손익계산서는 KKP가 아이데코에서 달성할 수 있는 운영 개선에 대한 당신의 기대를 이 기업의 이익에 대한 결과로 해석한다. 추정 손익계산서를 작성하기 위해 아이데코의 매출액에서 시작한다. 매년 매출액은 표 19.3의 추정치를 사용하여 다음과 같이 계산할 수 있다.

$$매출액 = 시장규모 \times 시장점유율 \times 평균\ 판매가격 \tag{19.3}$$

예를 들어 2006년 아이데코는 10.5 백만 × 11% × 76.5 = $88.358 백만의 매출을 예상했다. 표 19.7의 스프레드시트는 아이데코의 현재(2005년) 매출액과 인수 후 5년간의 매출액 예상치(2006~2010)를 보여준다.

조셉 라이스 3세는 클레이튼, 더빌리에 앤 라이스(CD&R)의 창립 파트너이자 전 의장이다. 이 기업은는 세계에서 가장 존경받는 사모 투자 기업 중 하나이다. 이 기업은 사업 가치 \$1 십억~\$15 십억인 다양한 산업부문의 기업들에 투자하고 있다.

질문 당신이 이 업계에 들어온 이후 사모 투자 사업이 어떻게 바뀌었나?

답변 "사모 펀드"라는 용어는 매우 광범위하며, 오늘날 주식시장이나 채권시장에 투자하지 않는 거의 모든 종류의 투자를 포괄할 수 있다. 인수 사업은 사모 주식시장의 중요한 구성 요소다. 1966년에 시작한 이래 자산 종류가 성숙해짐에 따라 많은 변화가 있었다. 1960년대와 1970년대에는 기업 인수 비즈니스가 상대적으로 적었다. 우리는 제한된 자본 가용성으로 인해 적은 거래를 할 수밖에 없었고, 전통적이지 않은 자금원에 의존해야 했다. 첫 번째 거래의 총 구매가격은 약 \$3 백만이었고, 이는 담보부의 은행 여신한도와 \$25,000에서 \$50,000에 이르는 개인의 기부금으로 조달되었다. 이와 대조적으로 우리는 2005년에 약 \$15 십억에 포드로부터 허츠를 샀다. 업계가 진화함에 따라 기업 인수 투자로부터 창출되는 매력적인 수익률이 개인 및 기관 모두에게 더 큰 관심을 불러일으켰다. 인수기업은 금융공학, 다중 차익거래, 기술 또는 건강관리와 같은 산업부문 베팅 등 다양한 가치 창출 모델을 적용한다. 오늘날에는 항상 CD&R의 근본적인 투자 접근법이었던 비즈니스 성과 개선으로 인한 수익률 창출에 보다 중점을 두고 있다. 우리가 매입하는 사업의 성격도 바뀌었다. 전통적으로 우리가 매입하는 사업은 자산이 많은 사업이었고, 대부분의 매입 자금이 재고 및 매출채권의 비율과 고정자산의 청산가치에 대해 대출하는 은행으로부터 조달되어 왔다. 이제는 이러한 사업이 더 많은 현금흐름을 창출하는 비즈니스가 되었다.

질문 기업을를 좋은 인수 후보로 만드는 요인은 무엇인가?

답변 우리는 공정한 가격으로 좋은 사업을 인수하기를 원한다. 대기업의 비핵심 및 저성과 사업부를 더욱 효율적으로 만드는 것

은 CD&R의 비옥한 투자 지역이었다. 이러한 기업분할 인수는 복잡하고 실행에 경험과 인내가 필요하다. 예를 들어 우리는 허츠 사업부 인수를 이끌기 전에 3년 동안 포드의 경영진과 논의 중이었다. 경영진의 정보를 기반으로 일련의 예측을 실행한 후, 우리는 인수 후보자의 생존 가능성을 보장하기 위해 고안된 자본구조를 개발한다. 우리는 EPS에 상대적으로 관심이 없지만, 현금과 장기적인 주주 가치를 창출에 초점을 맞추면서 수익률에 많은 관심을 갖는다. 또한 우리는 우리의 기준에 부합하는 주주지분 수익률을 창출할 수 있으며 투자자들의 우리에 대한 계약을 정당화할 수 있다고 믿어야 한다. 우리는 또한 우리의 영업 전문지식이 가치를 발휘할 수 있는 전략적 이슈(예 : 훌륭한 브랜드 프랜차이즈인 킨코스를 재구성하고 확장하는 것)에 직면한 사업을 인수한다. 아시아, 미국 및 유럽 간의 임금 격차가 있기 때문에, 우리는 대기업에 서비스 및 유통을 제공하는 사업을 선호한다. 우리는 또한 공급업체 및 고객의 다양성을 지닌 기업과 영업 실적을 개선하기 위해 여러 가지 통제를 받는 기업을 선호한다.

질문 사후 인수에서 사모 투자기업의 역할은 무엇인가?

답변 CD&R은 실용적인 소유 스타일과 자본을 제공한다. 거래를 종결한 후, 우리는 현재의 경영진이 우리의 투자 사례에서 요구하는 업무를 수행할 능력을 평가한다. 필요한 경우 관리팀을 구성하고 강화한다. 그런 다음 뛰어난 결과를 산출하기 위한 전략을 결정하기 위해 협력한다. 마지막으로, 우리는 생산성과 비용 절감 및 성장 전략을 적극적으로 추구하여 운영 및 재무 성과를 향상시킨다. 킨코스에서는 129개의 소규모기업(S-corporations)을 하나의 중앙화된 기업으로 재구성하고 새로운 경영진을 취임시켰다. 우리의 주요 전략적 결정은 킨코스를 소비자 및 소기업 중심의 복사 상점들로 구성된 느슨한 연합에서 주요 기업을 지원하는 고도로 네트워크화된 기업으로로 전환시키는 것이었다. 이러한 결정은 결과적으로 2004년 페덱스로 하여금 킨코스를 매력적인 인수 대상으로 인식하도록 하였다.

표 19.7 스프레드시트	아이데코의 추정 손익계산서(2005~2010)					
연도	**2005**	**2006**	**2007**	**2008**	**2009**	**2010**
손익계산서($ 000)						
1 **매출액**	75,000	88,358	103,234	119,777	138,149	158,526
2 매출원가						
3 원재료	(16,000)	(18,665)	(21,593)	(24,808)	(28,333)	(32,193)
4 직접 노동비용	(18,000)	(21,622)	(25,757)	(30,471)	(35,834)	(41,925)
5 **총이익**	41,000	48,071	55,883	64,498	73,982	84,407
6 영업 및 마케팅	(11,250)	(14,579)	(18,582)	(23,356)	(27,630)	(31,705)
7 관리비	(13,500)	(13,254)	(15,485)	(16,769)	(17,959)	(20,608)
8 **EBITDA**	16,250	20,238	21,816	24,373	28,393	32,094
9 감가상각	(5,500)	(5,450)	(5,405)	(6,865)	(7,678)	(7,710)
10 **EBIT**	10,750	14,788	16,411	17,508	20,715	24,383
11 이자비용(순)	(75)	(6,800)	(6,800)	(6,800)	(7,820)	(8,160)
12 **세금전이익**	10,675	7,988	9,611	10,708	12,895	16,223
13 세금	(3,736)	(2,796)	(3,364)	(3,748)	(4,513)	(5,678)
14 **순이익**	**6,939**	**5,193**	**6,247**	**6,960**	**8,382**	**10,545**

손익계산서의 다음 항목들에 매출원가의 상세내역이 제시되고 있다. 원재료비는 다음과 같은 매출액에서 계산할 수 있다.

$$원재료 = 시장규모 \times 시장점유율 \times 단위당 원재료 \tag{19.4}$$

2006년 원자재비용은 10.5 백만 × 11% × 16.16 = \$18.665 백만이다. 직접 노동비용을 결정하는 데에도 이와 동일한 방법을 적용할 수 있다. 영업, 마케팅 및 관리 비용은 매출액의 비율로 직접 계산할 수 있다.

$$영업 및 마케팅 = 매출액 \times (영업 및 마케팅비용의 매출액 대비 \%) \tag{19.5}$$

따라서 영업 및 마케팅비용은 2006년에 \$88.358 백만 × 16.5% = \$14.579 백만이 될 것으로 예상된다. 아이데코의 매출액에서 이러한 영업비용을 차감하면 표 19.7의 8행과 같이 향후 5년간 EBITDA를 추정할 수 있다. EBITDA에서 표 19.4에서 추정한 감가상각비를 차감하면, 아이데코의 EBIT가 추정된다. 그다음에는 표 19.5에 주어진 일정에 따라 이자비용을 차감한다.[3] 마지막 비용은 세금인데, 세금은 표 19.3의 세율을 사용하여 다음과 같이 계산할 수 있다.

$$세금 = 세금차감전이익 \times 세율 \tag{19.6}$$

세금차감전이익에서 세금을 차감한 후에 얻게 되는 아이데코의 추정 순이익은 표 19.7의 마지막 행에 추정되어 있다. 이러한 추정에 따르면, 순이익이 새로운 채무로 인한 큰폭의 이자비용 증가에 따라 단기간에 하락할 것이나, 5년 후(\$10.545 백만)에는 현재(\$6.939 백만)보다 52% 증가할 것이다.

---

3 이 이자비용은 투자에서 얻게 되는 이자수입으로 상쇄되어야 한다. 이 장의 뒷부분에서 설명할 것처럼 아이데코는 초과현금 잔액을 투자하지 않는 대신, 소유자인 KKP에게 지불한다고 가정한다. 따라서 순이자비용은 아이데코의 채무 잔액에 대해서만 발생한다.

예제 19.3	이익 예측

문제

아이데코의 EBITDA는 5년 동안 몇 퍼센트 증가할 것으로 예상되는가? 아이데코의 시장점유율이 10%를 유지한다면, EBITDA는 얼마나 성장할 것인가?

풀이

EBITDA는 5년 동안 $16.25 백만에서 $32.09 백만으로, 즉 (32.09/16.25) − 1 = 97% 증가할 것이다. 시장점유율이 15%가 아닌 10%인 경우 매출액은 표 19.7에서 예측치의 (10%/15%) = 66.7%에 불과하다. 아이데코의 영업비용은 매출액에 비례하므로, 이 기업의 비용 및 EBITDA는 현재 추정치의 66.7%일 것이다. 따라서 EBITDA는 66.7%×32.09 = $21.40 백만으로 증가할 것이며, 이는 단지 (21.40/16.25) − 1 = 32%의 증가이다.

운전자본 요구액

표 19.8의 스프레드시트는 아이데코의 현재 운전자본 요건들을 나열하고 이 기업의 향후 운전자본 요구액을 예측한다(운전자본 요건 및 그 결정 요인에 대한 자세한 내용은 기업재무, 제4판 제26장 참조). 이 예측에는 아이데코의 신용정책 강화, 고객 지불의 가속화, 원자재 재고의 감축 등의 계획이 포함된다. 이러한 운전자본 요건들을 바탕으로 표 19.9의 스프레드시트는 향후 5년간 아이데코의 순운전자본(NWC)을 예측한다. 스프레드시트의 각 행 항목은 손익계산서(표 19.7)에서 해당 수익 또는 비용의 적절한 일수를 계산하여 찾는다. 예를 들어 2006년 매출채권은 다음과 같이 계산된다.[4]

$$\text{매출채권} = \text{요구 일수} \times \frac{\text{연 매출액}}{365\text{일/연}}$$

$$= 60\text{일} \times \frac{\$88.358 \text{ 백만/연}}{365\text{일/연}} = \$14.525 \text{ 백만} \tag{19.7}$$

마찬가지로 아이데코의 완성품 재고량은 45×(18.665 + 21.622)/365 = $4.967 백만이다.

표 19.9는 또한 매년 아이데코의 최소현금잔액을 열거하고 있다. 이 잔액은 사업의 운영을 원활하게

표 19.8 스프레드시트	아이데코의 순운전자본 필요액

		연도	2005	>2005
운전자본 일수				
자산	근거 :		**일수**	**일수**
1 매출채권	매출액		90	60
2 원재료	원재료 비용		45	30
3 완제품	원재료 + 노동비용		45	45
4 최소현금잔액	매출액		30	30
부채				
5 미지급 급여	직접 노동비용 + 관리비		15	15
6 기타 매입채무	원재료 + 영업 및 마케팅비용		45	45

---

4 제품의 계절성이 높으면 1년 동안 운전자본의 큰 변동이 발생할 수 있다. 이러한 효과가 중요할 경우 분기별 또는 월간 기준으로 예측을 개발하여 계절적인 영향을 추적할 수 있도록 하는 것이 최선이다.

표 19.9 스프레드시트	아이데코의 순운전자본 예측					
연도	**2005**	**2006**	**2007**	**2008**	**2009**	**2010**
운전자본($ 000)						
자산						
1 매출채권	18,493	14,525	16,970	19,689	22,709	26,059
2 원재료	1,973	1,534	1,775	2,039	2,329	2,646
3 완제품	4,192	4,967	5,838	6,815	7,911	9,138
4 최소현금잔액	6,164	7,262	8,485	9,845	11,355	13,030
5 총자산	30,822	28,288	33,067	38,388	44,304	50,872
부채						
6 미지급 급여	1,294	1,433	1,695	1,941	2,211	2,570
7 기타 매입채무	3,360	4,099	4,953	5,938	6,900	7,878
8 총 유동부채	4,654	5,532	6,648	7,879	9,110	10,448
순운전자본						
9 순운전자본 (5 − 8)	26,168	22,756	26,419	30,509	35,194	40,425
10 순운전자본의 증가		(3,412)	3,663	4,089	4,685	5,231

유지하는 데 필요한 최소한의 현금 수준을 나타내므로 소득 및 지출시기의 일일 변동이 가능하다. 기업은 일반적으로 현금, 수표 또는 단기 저축예금으로 보유되는 이러한 잔액에 대해 거의 또는 전혀 이자를 받지 못한다. 결과적으로 우리는 기업의 운영자본의 일부로 최소한의 현금 잔액을 포함시킴으로써 이 기회비용을 설명한다. 우리는 아이데코가 이 최소현금잔액에 대해 아무런 이자도 받지 않을 것이라고 가정한다. (만약 그렇다면 이자는 손익계산서에서 이 기업의 순이자비용을 감소시킬 것이다.) 우리는 또한 아이데코가 운전자본의 일부로 필요하지 않은 모든 현금을 배당금으로 지불한다고 가정한다. 따라서 아이데코는 표 19.9에 보고된 최저 수준을 초과하는 초과현금 잔액이나 단기투자를 하지 않는다. 아이데코가 초과현금을 보유하게 되면, 이 잔액은 운영자금의 일부가 아닌 자금조달 전략의 일부(순채무 축소)로 간주된다.[5]

아이데코의 매년 순운전자본은 예상되는 유동자산과 유동부채의 차이로 표 19.9에서 계산된다. 순운전자본의 증가는 기업에 드는 비용을 의미한다. 매출채권 및 재고관리가 개선된 결과, 아이데코가 2006년에 순운전자본을 $3.4 백만 이상 절감할 것임을 주목하길 바란다. 이 초기 절감 이후 운전자본 요구액은 이 기업의 성장과 함께 증가할 것이다.

가용현금흐름 예측

우리는 이제 향후 5년 동안 아이데코의 가용현금흐름을 예측하는 데 필요한 데이터를 보유하고 있다. 아이데코의 순이익은 감가상각비와 이자비용과 마찬가지로 손익계산서(표 19.7)에서 얻을 수 있다. 자본지출은 표 19.4에서, 순운전자본의 변동은 표 19.9에서 찾아볼 수 있다. 우리는 표 19.10의 스프레드시트에서 이 항목들을 결합하여 가용현금흐름을 추정한다.

레버리지와 관련된 현금흐름을 제외한 아이데코의 가용현금흐름을 계산하기 위해, 우리는 먼저 순이익에 자본구조에서 순채무와 관련된 세후 이자비용을 다시 더하는 조정을 한다.[6]

---

5 기업은 종종 미래의 투자 필요성 또는 가능한 현금 부족을 예상하여 초과현금을 보유한다. 아이데코는 필요한 자본을 KKP로부터 제공받을 수 있기 때문에 초과현금 보유는 불필요하다.

6 아이데코가 운전자본에서 이자소득 또는 비용을 얻었다면, 여기에 그 이자를 포함시키지 않을 것이다. 우리는 기업의 자금조달과 관련된 이자, 즉 채무 및 초과현금(운전자본의 일부로 포함되지 않은 현금)과 관련된 이자에 대해서만 조정한다.

표 19.10 스프레드시트	아이데코의 가용현금흐름 예측치					
연도		2005	2006	2007	2008	2009	2010

	연도	2005	2006	2007	2008	2009	2010
	가용현금흐름($ 000)						
1	**순이익**		5,193	6,247	6,960	8,382	10,545
2	더하기 : 세후 이자비용		4,420	4,420	4,420	5,083	5,304
3	**무차입 순이익**		9,613	10,667	11,380	13,465	15,849
4	더하기 : 감가상각		5,450	5,405	6,865	7,678	7,710
5	빼기 : 순운전자본 증가		3,412	(3,663)	(4,089)	(4,685)	(5,231)
6	빼기 : 자본지출		(5,000)	(5,000)	(20,000)	(15,000)	(8,000)
7	**기업의 가용현금흐름**		13,475	7,409	(5,845)	1,458	10,328
8	더하기 : 순차입금		—	—	15,000	5,000	—
9	빼기 : 세후 이자비용		(4,420)	(4,420)	(4,420)	(5,083)	(5,304)
10	**주주 가용현금흐름**		9,055	2,989	4,735	1,375	5,024

$$\text{세후 이자비용} = (1 - \text{세율}) \times (\text{채무에 대한 이자} - \text{초과현금에 대한 이자}) \tag{19.8}$$

아이데코는 초과현금이 없기 때문에 2006년 세후 이자비용은 $(1 - 35\%) \times 6.8 = \$4.42$ 백만으로 5.193 + 4.42 = $9.613 백만의 무차입 순이익을 제공한다. 또한 EBIT에서 세금을 차감함으로써 표 19.10의 무차입 순이익을 계산할 수 있다. 예를 들어 2006년 EBIT는 $14.788 백만으로 예상되며, 이는 세금 지급 후에 $14.788 \times (1 - 35\%) = \$9.613$ 백만이 된다.

무차입 순이익에서 아이데코의 가용현금흐름을 계산하기 위해 (현금비용이 아닌) 감가상각을 다시 더해주고, 아이데코의 순운전자본 및 자본지출 증가액을 차감한다. 표 19.10의 7행에 있는 가용현금흐름은 이 기업이 모든 투자자, 즉 주주 및 채권자를 위해 창출할 현금흐름을 보여준다. 아이데코는 향후 5년 동안 상당한 현금흐름을 창출하지만, 가용현금흐름 수준은 연도별로 크게 다르다. 가용현금흐름은 2006년 (운전자본이 크게 감소했기 때문에)에 가장 높았으며, 2008년(공장 확장이 시작될 때)에는 음수가 될 것으로 예상된다. 주주의 가용현금흐름을 결정하기 위해 먼저 아이데코의 순차입금(즉, 순채무 증가액)을 더한다.

$$\text{연도 } t \text{의 순차입금} = \text{연도 } t \text{의 순채무} - \text{연도}(t-1)\text{의 순채무} \tag{19.9}$$

아이데코는 확장의 일환으로 2008년과 2009년에 차입할 예정이다. 그다음에는 2행에서 더해진 세후 이자비용을 차감한다.

표 19.10의 마지막 줄에 표시된 것처럼 아이데코는 향후 5년 동안 KKP에 대한 배당금을 지급하는 데 사용할 수 있는 양수의 주주의 가용현금흐름을 창출할 것으로 기대된다. 주주의 가용현금흐름은 2006년에 가장 높을 것이다. KKP는 2010년까지 초기 투자의 상당한 부분을 회수할 것이다.

예제 19.4 | **레버리지와 가용현금흐름**

문제

아이데코가 2008년과 2009년에 레버리지를 증가하지 않는 대신, 2010년까지 $100 백만으로 고정된 채무를 유지한다고 가정해보자. 이러한 레버리지 정책의 변경은 예상되는 가용현금흐름에 어떤 영향을 미치는가? 이것은 주주의 가용현금흐름에 어떤 영향을 미치는가?

풀이

가용현금흐름은 무차입 순이익을 기초로 하기 때문에 아이데코의 레버리지 정책의 영향을 받지 않는다. 그러나 주주의 가용현금흐름은 영향을 받을 것이다. 순차입금은 매년 0이 될 것이며, 기업의 세후 이자비용은 2006년 수준인 $4.42 백만으로 유지될 것이다.

연도	2005	2006	2007	2008	2009	2010
가용현금흐름($ 000)						
1 기업의 가용현금흐름		13,475	7,409	(5,845)	1,458	10,328
2 더하기 : 순차입금		—	—	—	—	—
3 빼기 : 세후 이자비용		(4,420)	(4,420)	(4,420)	(4,420)	(4,420)
4 주주 가용현금흐름		9,055	2,989	(10,265)	(2,962)	5,908

이 경우 아이데코는 2008년과 2009년에 음수의 주주의 가용현금흐름을 갖게 된다. 즉, 추가적인 차입이 없다면, KKP는 확장에 대한 자금조달을 위해 기업에 추가적인 자본을 투자해야 한다.

이익 및 현금흐름 예측을 완료한 후에는 모형의 주요 산출물을 요약표로 작성하는 것이 좋다. 아래 스프레드시트는 아이데코의 매출액, 이익 및 현금흐름 예측을 강조 표시한다. 원수치와 함께 연간 성장률, 이익률, 누적 현금흐름 및 레버리지 배수를 계산하여 추가적인 내용을 제공한다.

	A B	C	D	E	F	G	H	I	J
1									2005-2010
2	Ideko Key Financials		2005	2006	2007	2008	2009	2010	CAGR
3	Revenue		75,000	88,358	103,234	119,777	138,149	158,526	16.1%
4	% Growth			17.8%	16.8%	16.0%	15.3%	14.8%	
5	EBITDA		16,250	20,238	21,816	24,373	28,393	32,094	14.6%
6	% Margin		21.7%	22.9%	21.1%	20.3%	20.6%	20.2%	
7	EBIT		10,750	14,788	16,411	17,508	20,715	24,383	17.8%
8	% Margin		14.3%	16.7%	15.9%	14.6%	15.0%	15.4%	
9	Net Income		6,939	5,193	6,247	6,960	8,382	10,545	8.7%
10	% Margin		9.3%	5.9%	6.1%	5.8%	6.1%	6.7%	
11	Cash Flows								Cumulative
12	FCF			13,475	7,409	(5,845)	1,458	10,328	26,825
13	Dividends (FCFE)			9,055	2,989	4,735	1,375	5,024	23,178
14	Leverage								
15	Debt / EBITDA		6.2x	4.9x	4.6x	4.7x	4.2x	3.7x	
16	EBITDA / Interest			3.0x	3.2x	3.6x	3.6x	3.9x	

상기 요약은 원 번호에서 즉시 드러나지 않는 통찰력을 신속하게 나타낸다. 첫째, 매출액은 (연복리 성장률이 나타내는 바와 같이) 연평균 16.1%씩 성장하지만, 예측기간 동안 전년 대비 성장률이 감소하고 있음을 알 수 있다. 둘째, 이익률 하락으로 EBITDA가 매출액(14.6% 대 16.1%)보다 느리게 성장하는데, 이는 아이데코의 영업비용이 매출보다 빠르게 증가하고 있음을 나타낸다. 그러나 EBIT 증가율은 연간 17.8%로 높은데, 이는 이 기업의 향상된 자본 효율성으로 인해 감가상각비가 매출액보다 느리게 증가하기 때문이다. 최종적으로 순이익 증가율은 8.7%에 불과한데, 이는 2008년 이후 순이익률이 개선되기 시작했음에도 불구하고 이자비용이 증가했기 때문이다. 아이데코의 현금흐름 변동성은 이익 변동성과 비교할 때 높은데, 이는 변동하는 투자 필요성에 기인함을 주목하길 바란다. 누적 현금흐름은 주주가 처음 5년 동안 배당금만으로 $23 백만 또는 투자액의 거의 절반을 회수하기를 희망한다는 것을 보여준다. 마지막으로 레버리지 배수는 초기 레버리지가 높을 때 레버리지를 빠르게 감소시키고 이자보상 배율을 향상시킬 것임을 보여준다.

재무상태표 및 현금흐름표(선택적)

지금까지 계산한 정보는 2010년까지 아이데코의 재무상태표와 현금흐름표를 작성하는 데 사용될 수 있다. 이 재무제표들은 우리의 평가에 중요하지 않지만, 종종 기업이가 예측기간 동안 어떻게 성장할 것인지에 대한 완전한 그림을 제공하는 데 도움이 된다. 아이데코의 현금흐름표와 재무상태표는 각각 표 19.11과 표 19.12의 스프레드시트에 각각 제시되어 있다.

표 19.11 스프레드시트   아이데코의 추정 현금흐름표(2005~2010)

	연도	2005	2006	2007	2008	2009	2010
	현금흐름표($ 000)						
1	순이익		5,193	6,247	6,960	8,382	10,545
2	감가상각		5,450	5,405	6,865	7,678	7,710
3	운전자본 변동						
4	매출채권		3,968	(2,445)	(2,719)	(3,020)	(3,350)
5	재고자산		(336)	(1,112)	(1,242)	(1,385)	(1,544)
6	매입채무		878	1,116	1,231	1,231	1,338
7	영업 활동 현금흐름		15,153	9,211	11,095	12,885	14,699
8	자본지출		(5,000)	(5,000)	(20,000)	(15,000)	(8,000)
9	기타 투자		—	—	—	—	—
10	투자 활동 현금흐름		(5,000)	(5,000)	(20,000)	(15,000)	(8,000)
11	채무 발행(또는 상환)		—	—	15,000	5,000	—
12	배당금		(9,055)	(2,989)	(4,735)	(1,375)	(5,024)
13	주식의 매도(또는 매입)		—	—	—	—	—
14	자본조달 현금흐름		(9,055)	(2,989)	10,265	3,625	(5,024)
15	현금 변동(7 + 10 + 14)		**1,098**	**1,223**	**1,360**	**1,510**	**1,675**

표 19.12 스프레드시트   아이데코의 추정 재무상태표(2005~2010)

	연도	2005PF	2006	2007	2008	2009	2010
	재무상태표($ 000)						
	자산						
1	현금 및 현금 등가물	6,164	7,262	8,485	9,845	11,355	13,030
2	매출채권	18,493	14,525	16,970	19,689	22,709	26,059
3	재고자산	6,165	6,501	7,613	8,854	10,240	11,784
4	유동자산 총계	30,822	28,288	33,067	38,388	44,304	50,872
5	유형고정자산	49,500	49,050	48,645	61,781	69,102	69,392
6	영업권	72,332	72,332	72,332	72,332	72,332	72,332
7	자산 총계	152,654	149,670	154,044	172,501	185,738	192,597
	부채						
8	매입채무	4,654	5,532	6,648	7,879	9,110	10,448
9	채무	100,000	100,000	100,000	115,000	120,000	120,000
10	부채 총계	104,654	105,532	106,648	122,879	129,110	130,448
	자기자본						
11	최초 주식		48,000	44,138	47,396	49,621	56,628
12	순이익	(5,000)	5,193	6,247	6,960	8,382	10,545
13	배당금		(9,055)	(2,989)	(4,735)	(1,375)	(5,024)
14	주식의 매도(또는 매입)	53,000	—	—	—	—	—
15	자기자본	48,000	44,138	47,396	49,621	56,628	62,149
16	부채 및 자기자본 총계	152,654	149,670	154,044	172,501	185,738	192,597

표 19.11의 현금흐름표는 순이익으로 시작한다. 영업 활동으로 인한 현금에는 표 19.9의 운전자본 항목(현금 제외)의 변경과 함께 감가상각이 포함된다. 매출채권이나 재고의 증가는 현금의 사용이지만, 매입채무의 증가는 현금의 원천임을 주목하길 바란다. 투자 활동으로 인한 현금에는 표 19.4의 자본지출이 포함된다. 재무 활동으로 인한 현금에는 표 19.5의 채무 잔액의 변동과 표 19.10의 주주에 대한 가용현금흐름에 따라 결정된 배당금 또는 주식 발행이 포함된다. (주주에 대한 가용현금흐름이 어떤 연도에 음수였다면, 이는 표 19.11의 13행에 주식 발행으로 나타난다.) 계산에 대한 최종 점검으로 표 19.11의 15행에 대한 현금 및 현금 등가물의 변동은 표 19.9에 나와 있는 최소현금잔액의 변동과 같다.

우리는 이 거래를 재무상태표에 반영하기 위해 표 19.1에 제시된 아이데코의 2005년 재무상태표에서 시작해야 한다. 이 거래는 기업의 영업권, 주식, 현금 및 채무 잔액에 영향을 미친다. 우리는 거래가 종결된 직후 기업을 나타내는 새로운 "추정" 2005년 재무상태표를 작성함으로써 이러한 변화를 알 수 있다 (표 19.12 참조). 각각의 변화가 어떻게 결정되는지 고려해보자.

첫째, 우리는 인수가격과 인수한 순자산가치의 차이로 영업권을 계산한다.

$$\text{새로운 영업권} = \text{인수가격} - \text{인수된 순자산 가치} \qquad (19.10)$$

이 경우 인수가격은 아이데코의 기존 주식에 대한 $150 백만의 매입 가격이다. 인수한 순자산은 아이데코의 기존 장부가치인 $77.668 백만에서 기존의 영업권($0)을 차감한 값을 사용한다. 따라서 새로운 영업권은 150 − (77.668 − 0) = $72.332 백만이다.[7]

다음으로 주식을 고려해보자. 새로운 주식은 다음과 같이 계산된다.

$$\text{새로운 주식} = \text{주식 출자액} - \text{지출된 거래 수수료} \qquad (19.11)$$

이 경우 우리는 KKP의 초기 주식 출자액인 $53 백만에서 자문 수수료 지출인 $5 백만을 차감하여 $48 백만의 새로운 주식을 계산한다.[8]

마지막으로, 우리는 아이데코의 현금 및 채무 잔액의 조정을 위해 이 거래의 자금조달에 사용된 $6.5 백만의 초과현금을 차감하고, 아이데코의 기존 채무(상환 예정)를 차감하고, $100 백만의 신규 채무 발생액을 더한다. 이 단계는 표 19.12에 나와 있는 거래 완료 시점의 2005년 재무상태표를 완성한다.

선행 재무상태표를 작성하려면, 표 19.11의 현금흐름표 15행의 현금 변동을 반영하여 현금 잔액을 조정해야 한다. 기타 모든 유동자산과 유동부채는 순운전자본 스프레드시트(표 19.9)에서 가져온 것이다. 재무상태표의 재고 항목에는 원자재와 완제품이 포함된다. 부동산, 공장 및 장비 정보는 자본지출 스프레드시트(표 19.4)에서, 채무는 표 19.5에서 각각 가져온 것이다. 식 (2.7)에 따라 주식은 이익잉여금(순이익과 배당금의 차이) 및 신규 자본 출자(주식 발행과 자사주 매입의 차이)를 통해 매년 증가한다. 2005년 이후의 배당금은 표 19.10의 양수의 주주의 가용현금흐름과 일치하지만, 음수의 주주의 가용현금흐름은 주식 발행을 나타낸다. 계산에 대한 점검 차원에서, 재무상태표는 실제로 균형을 유지한다는

---

7 우리는 영업권 계산에서 재무상태표 조정을 다소 단순화했다. 특히 아이데코의 자산과 부채의 장부가치는 현재의 공정가치를 반영하기 위해 "상승"할 수 있으며 초과 매입 가격의 일부는 영업권이 아닌 무형자산에 배분될 수 있다.

8 SFAS 141R에 따라 2008년 12월 현재 인수 관련 자문 및 법정비용은 발생 시점에 비용으로 인식하고 있다. 이 방법을 설명하기 위해 여기에 적용했다. 한편, 채무 발행과 관련된 자금조달 수수료는 주식에서 차감되지 않고 새로운 자산으로 자본화되고, 이 대출의 만기 동안 상각된다. 단순화를 위해 우리는 이러한 수수료 및 관련 세금의 결과를 무시했다.

엑셀 사용하기

당신의 재무 모형의 감사

세 가지 재무제표의 재무 모형을 작성하는 것은 복잡하며 경험이 풍부한 재무 모형 작성자조차도 실수를 저지르게 된다. 다음 모범 관행을 이용하여 당신의 모형을 감사하여 오류를 확인하길 바란다.

주식을 총자산과 총부채의 차이로 계산하지 마라

재무상태표가 균형을 이루어야 하기 때문에 스프레드시트에서 주식을 총자산과 총부채의 차이로 계산하고자 하는 유혹에 빠질 수 있다. 그러나 이렇게 하면 재무 모형의 나머지 부분에 대한 감사 도구로 활용할 수 있는 재무상태표의 주요 이점을 무효화하게 된다. 최선의 방법은 항상 여기에 표시된 대로 주식을 직접 계산하는 것이다. 그런 다음 재무상태표 아래의 줄에 총자산과 총부채의 일치 여부를 테스트하는 "확인"라인을 포함하고, 차이가 0이 아닌 경우 굵은 빨간색 글꼴로 표시하여 오류가 분명해지도록 한다.

모형에 오류가 있는 경우 차이 금액은 해당 원천에 대한 단서를 제공한다. 이 차이가 매년 상수일 경우 최초 추정 재무상태표의 조정 중 하나로부터 발생하였을 가능성이 크다. 만약 이 차이가 시간이 지남에 따라 다르면 재무상태표의 각 행을 점검하여 추세가 합리적인지 확인하라(예 : 재고는 매출액에 비례하여 증가함). 현금흐름표의 각 행 항목(특히 운전자본)의 부호를 체크하여 모든 현금의 사용은 양수이며 모든 현금 사용은 음수임을 확인한다.

현금과 배당정책을 체크하라

기업의 현금과 배당금이 의도된 정책과 일치하는지 확인하라. 이 경우 아이데코는 초과현금을 모두 지불할 것으로 예상된다. 따라서 재무상태표상의 현금 잔액은 표 19.9에 명시된 최소 잔액과 일치해야 한다. 그렇지 않다면, 표 19.10의 주주의 가용현금흐름 계산을 감사하라. 이 예에서 주주의 가용현금흐름(즉, 배당금)은 모형의 산출물이라는 것을 유의하길 바란다. 우리는 아이데코가 초과현금을 보유할 것이라고 생각할 수도 있다. 이 경우 주주의 가용현금흐름은 0이 될 것이고(즉, 배당금은 지불되지 않을 것이고), 현금의 변동 (그리고 이에 따른 이 기업의 순차입금)은 산출물이 된다.

점에 유의하길 바란다. 총자산은 총부채와 주식의 합계와 같다.[9]

아이데코는 운전자본을 줄이고 대규모 배당의 형태로 이익잉여금을 지급하므로 아이데코의 주식은 2006년에 감소할 것이다. 이 기업이 확장함에 따라 주식은 증가할 것이다. 아이데코의 장부 부채비율은 5년 동안 $100,000/48,000 = 2.1$에서 $120,000/62,149 = 1.9$로 하락할 것이다.

개념 확인

1. 추정 손익계산서는 무엇인가?
2. 기업의 가용현금흐름과 주주의 가용현금흐름은 각각 어떻게 계산되는가?

19.4 자본비용의 추정

KKP의 아이데코 투자에 대한 가치를 평가하기 위해 아이데코와 관련된 위험을 평가하고 적절한 자본비

---

9 표 19.12에서 영업권은 일정하게 유지된다고 가정한다. 거래가 (주식이 아니라) 자산 취득으로 이루어진 경우, 내국세수입법 제197조(Section 197 of the Internal Revenue Code)에 따라 세금 보고를 목적으로 이루어지는 영업권 상각은 15년 동안 이루어질 것이다. 재무회계 목적상 영업권은 상각되지 않지만, FASB 142에 명시된 바와 같이 적어도 1년에 한 번 감액 검사를 받아야 한다(감액으로 인한 영업권의 변동이 세무회계상의 영향이 없음).

용을 추정해야 한다. 아이데코는 비공개기업이므로, 이 기업의 위험을 평가하기 위해 과거 수익률을 사용할 수는 없다. 대신 기업공개 및 상장이 이루어진 비교기업들에 의존하여 이 기업의 위험을 평가해야 한다. 이 절에서는 아이데코의 자본비용을 추정하기 위해 이전에 파악된 비교기업의 데이터를 사용한다.

우리의 접근법은 다음과 같다. 먼저 제4부에서 개발한 기법을 사용하여 오클리, 룩소티카 그룹 및 나이키의 자본비용을 추정한다. 그다음에 우리는 각 기업의 자본구조를 기반으로 각 기업에 대한 무차입 자본비용을 추정한다. 우리는 비교대상 기업의 자본비용을 사용하여 아이데코의 무차입 자본비용을 추정한다. 이 추정치를 얻으면 아이데코의 자본구조를 이용하여 채택된 평가 방법에 따라 주식비용 또는 WACC를 결정할 수 있다.

CAPM 기반 추정

적절한 자본비용을 결정하려면 먼저 적절한 위험의 지표를 결정해야 한다. KKP의 아이데코 투자는 KKP 포트폴리오의 상당 부분을 차지할 것이다. 결과적으로 KKP의 포트폴리오는 잘 분산된 포트폴리오가 아니다. 그러나 KKP의 투자자는 주로 연기금과 대형 기관투자자이며, 이들은 잘 분산된 포트폴리오를 갖고, 성과 평가를 위한 벤치마크 수익률로 시장 수익률을 사용한다. 따라서 당신은 CAPM 접근법을 사용하여 시장 위험을 추정하는 것이 정당하다고 결정할 수 있다. 우리는 CAPM을 사용하여 각 비교기업에 대해 주식의 베타를 기반으로 한 자기자본 비용을 추정할 수 있다. 제12장에서 설명한 바와 같이 개별 주식의 베타를 추정하는 표준적인 접근법은 선형 회귀분석을 통해 다음 등식의 기울기 계수를 추정함으로써 개별 주식 수익률의 시장 수익률에 대한 역사적 민감도를 결정하는 것이다.

$$\underbrace{R_s - r_f}_{\substack{\text{주식 } s\text{의} \\ \text{기대 수익률}}} = \alpha_s + \beta_s \underbrace{(R_{mkt} - r_f)}_{\substack{\text{시장 포트폴리오의} \\ \text{초과수익률}}} + \varepsilon_s \tag{19.12}$$

시장 포트폴리오의 대용치로서 우리는 NYSE, AMEX 및 NASDAQ 모든 주식의 가중평균 포트폴리오를 사용할 것이다. 2000년부터 2004년까지의 데이터를 사용하여, 개별 주식 및 시장 포트폴리오에 대한 초과 수익률(실현된 수익률에서 1개월 미 재무부 채권 수익률을 차감한 값)을 계산한다. 우리는 개별 주식의 초과 수익률을 시장 포트폴리오의 초과 수익률에 대해 회귀분석하여 개별 기업의 주식 베타를 추정한다. 월별 수익률과 10일 수익률 데이터를 이용하여 선형 회귀분석을 수행한다. 추정된 주식 베타와 95% 신뢰구간이 표 19.13에 제시되어 있다.

우리는 위험을 평가하기 위해 (투자자의 투자 기간과 일치하는) 보다 긴 시계의 수익률을 기반으로 베타를 추정한다. 이에 따라 월별 데이터를 사용하면 우리가 얻게 되는 신뢰 구간이 매우 넓다. 10일 수익

표 19.13	비교기업에 대한 주식 베타 추정치 및 신뢰구간			
	월별 수익률		10일 수익률	
기업	베타	95% 신뢰구간	베타	95% 신뢰구간
오클리	1.99	1.2~2.8	1.37	0.9~1.9
룩소티가	0.56	0.0~1.1	0.86	0.5~1.2
나이키	0.48	−0.1~1.0	0.69	0.4~1.0

19.5   투자안의 가치평가

지금까지 우리는 KKP의 아이데코 투자에 대한 첫 5년 동안의 현금흐름을 예측했고, 이 투자의 무차입 자본비용을 추정했다. 이 절에서는 이러한 입력값들을 결합하여 이 투자 기회의 가치를 추정한다. 첫 번째 단계는 5년의 예측기간의 말에 아이데코의 가치에 대한 추정치를 개발하는 것이다. 이를 위해 우리는 배수 접근법과 WACC 기법을 사용한 할인된 현금흐름(DCF) 가치평가를 함께 고려한다. 아이데코의 가용현금흐름 및 지속가치가 주어졌을 때, APV 방식을 사용하여 2005년 총 사업가치를 추정한다. 아이데 코의 사업가치에 대한 추정치에서 채무의 가치와 KKP의 초기 투자가치를 차감하여 이 투자 기회의 NPV 를 얻을 수 있다. NPV 외에도 IRR 및 현금 배수를 비롯한 몇 가지 일반적인 통계를 살펴본다.

지속가치의 여러 가지 접근법

실무자는 일반적으로 가치 배수를 사용하여 예측 시계의 끝에서 기업의 지속가치(continuation value) 또 는 최종가치(terminal value)를 추정한다.

단기적으로는 현금흐름을 명시적으로 예측하는 것이 경쟁업체와 구별되는 어떤 기업의 특정 국면을 포착하는 데 유용하다. 하지만 장기적으로는 동일 산업의 기업들은 일반적으로 유사한 성장률, 수익성 및 위험을 기대할 수 있다. 그 결과 기업별 가치 배수들이 상대적으로 동질적일 수 있다. 따라서 가치 배 수를 적용하여 얻는 가치 추정치는 먼 현금흐름들을 명시적으로 예측하여 얻는 가치 추정치만큼 신뢰할 수 있다.

여러 가지 이용 가능한 가치 배수 중에서 EBITDA 배수가 실제로 가장 많이 사용된다. 대부분의 환경 에서 EBITDA 배수는 기업의 영업 효율성을 고려하고 기업들 간 레버리지 차이의 영향을 받지 않기 때문 에, 매출액 또는 이익 배수보다 더 신뢰할 수 있다. 우리는 EBITDA 배수를 사용하여 지속가치를 다음과 같이 추정한다.

$$\text{예측 시계에서 사업의 지속가치} =$$
$$\text{예측 시계에서 EBITDA} \times \text{예측 시계에서 EBITDA 배수} \tag{19.14}$$

표 19.7의 손익계산서에서 2010년의 아이데코의 EBITDA는 \$32.09 백만이 될 것으로 예상된다. 2010 년의 EBITDA 배수가 원래 매입 당시 계산한 9.1의 값과 동일하다면, 아이데코의 2010년 지속가치는 32.09 × 9.1 = \$292.05 백만이다. 이 계산은 표 19.15 스프레드시트에 제시되어 있다. 2010년 아이데코의 \$120 백만의 채무를 감안하면, 이 회사의 지속 주식가치가 \$172.05 백만임을 의미한다.

표 19.15는 이 지속가치에 근거한 아이데코의 사업가치/매출액 배수와 P/E 비율을 보고하고 있다. 지

표 19.15
스프레드시트   아이데코에 대한 지속가치 추정치

지속가치 : 배수 접근법(\$ 000)		일반적인 배수	
1 2010년 EBITDA	32,094		
2 EBITDA 배수	9.1×	EV/매출액	1.8×
3 **지속 사업가치**	**292,052**	P/E(차입)	16.3×
4 채무	(120,000)	P/E(무차입)	18.4×
5 **지속 주식가치**	**172,052**		

속가치는 아이데코의 2010년 매출액의 1.8배이며, 주주지분 가치는 아이데코의 2010년 순이익의 16.3배이다. P/E 비율은 레버리지의 영향을 받는다. 이로 인해 우리는 아이데코의 **무차입 P/E 비율**(unlevered P/E ratio)을 함께 보고하는데, 이 비율은 2010년에 사업가치를 무차입 순이익(표 19.10에 있음)으로 나눈 값으로 계산된다. 만약 아이데코가 2010년에 채무가 없다면 무차입 P/E 비율을 가질 것이므로, 이 정보는 아이데코를 동일 산업 내의 무차입 기업들과 비교할 때 유용하다.

우리는 추정된 지속가치의 합리성을 평가하기 위해 다양한 배수를 사용할 수 있다. 사업가치/매출액 배수가 스포츠용품 산업 전반에 비해 높기는 하지만, 이 배수는 표 19.2와 비교하여 낮은 편이다. 만약 우리가 이러한 산업 배수들이 안정적으로 유지되기를 기대하는 경우, 아이데코에 대한 이 지속가치 추정치는 (상대적으로 보수적이지는 않지만) 합리적인 것으로 보인다.

지속가치에 대한 현금흐름 할인 접근법

지속가치를 예측할 때 비교기업에만 의존하는 데 따른 한 가지 어려움은 기업의 미래 배수와 경쟁사의 현재 배수를 비교하는 것이다. 2010년 아이데코의 여러 제품과 우리가 선택한 비교기업의 제품 모두가 매우 다를 수 있다. 특히 이 산업이 현재 비정상적인 성장을 경험하고 있다면 더욱 그렇다. 이러한 편향에 대비하기 위해 현금흐름 할인 접근법을 사용하여 펀더멘털을 기반으로 지속가치에 대한 추정치를 확인하는 것이 좋다.

할인된 현금흐름을 사용하여 T년도의 지속가치를 산정하기 위해 일정한 성장률 g와 일정한 부채비율을 가정한다. 제18장에서 설명한 바와 같이 부채비율이 일정할 때 WACC 가치평가 기법이 가장 간단하게 적용된다.

$$연도\ T의\ 사업가치 = V_T^L = \frac{FCF_{T+1}}{r_{wacc} - g} \tag{19.15}$$

$T+1$년의 가용현금흐름을 추정하기 위해서는 가용현금흐름은 무차입 순이익에 감가상각비를 더하고, 자본지출 및 순운전자본의 증가를 차감한 금액과 같다(표 19.10 참조).

$$FCF_{T+1} = 무차입\ 순이익_{T+1} + 감가상각_{T+1}$$
$$- 순운전자본의\ 증가_{T+1} - 자본지출_{T+1} \tag{19.16}$$

기업의 매출액이 명목 성장률 g로 증가할 것으로 예상된다고 가정하자. 기업의 영업비용이 매출액의 고정 비율로 남아 있는 경우, 무차입 순이익도 성장률 g로 증가할 것이다. 마찬가지로 기업의 매출채권, 매입채무 및 기타 순운전자본의 요소들이 성장률 g로 증가할 것이다.

자본지출은 어떻게 해야 할까? 기업은 감가상각비를 상쇄하기 위해 새로운 자본이 필요할 것이다. 생산량이 증가함에 따라 생산능력을 추가할 필요가 있다. 매출액 성장률 g를 감안할 때, 우리는 기업이 유형고정자산에 대한 투자를 거의 동일한 비율로 확장해야 할 것으로 예상할 수 있다. 이 경우 아래와 같이 나타낼 수 있다.[11]

$$자본지출_{T+1} = 감가상각_{T+1} + g \times 유형고정자산_T$$

---

[11] 여기서 고정자산은 장부가치에서 감가상각 누적액을 차감한 금액으로 측정하고 있다. 이 수준의 자본지출은 매출액/고정자산 비율(고정자산 회전율이라고도 함)을 유지하는 데 필요하다. 고정자산 회전율의 변화가 예상되는 경우 바람직한 대안인 접근법은 제9장에서와 같이(예제 9.7 참조) 식 (19.16)을 이용하여 목표 매출액 증가율로 NWC 증가와 순투자(감가상각을 초과하는 자본지출)를 추정하는 것이다. 이때 목표 매출액 증가율은 NWC 및 PP&E의 기대 장기 성장률이다.

따라서 이 기업의 성장률을 g로 하면, 우리는 가용현금흐름을 다음과 같이 추정할 수 있다.

$$FCF_{T+1} = (1+g) \times \text{무차입 순이익}_T - g \times \text{순운전자본}_T - g \times \text{유형고정자산}_T \qquad (19.17)$$

식 (19.15) 및 식 (19.17)은 함께 장기 성장률에 근거한 기업의 지속가치를 추정할 수 있게 해준다.

예제 19.6   **지속가치의 DCF 추정치**

문제

미래의 기대성장률 5%, 미래의 부채비율 40%, 타인자본 비용 6.8%를 가정하고 2010년 아이데코의 지속가치를 추정하라.

풀이

2010년 아이데코의 무보수 순이익은 \$15.849 백만(표 19.10), 운전자본은 \$40.425 백만(표 19.9)로 예측된다. 이 회사는 \$69.392 백만(표 19.4)의 유형고정자산을 가지고 있다. 우리는 2011년 아이데코의 가용현금흐름을 식 (19.17)을 이용하여 추정할 수 있다.

$$FCF_{2011} = (1.05)(15.849) - (5\%)(40.425) - (5\%)(69.392) = \$11.151 \text{ 백만}$$

이 추정치는 아이데코의 2010년 가용현금흐름인 \$10.328 백만에서 거의 8% 증가한 값이다. 이 가용현금흐름 성장률은 5%의 매출액 성장률을 초과하는데, 이는 성장률 둔화에 따라 아이데코의 순운전자본 추가 필요액이 감소하였음에 기인한다. 부채비율이 40%일 때, 아이데코의 WACC는 식 (18.11) 또는 식 (12.13)을 사용하여 다음과 같이 계산된다.

$$r_{wacc} = r_U - d\,\tau_c\,r_D = 10\% - 0.40(0.35)\,6.8\% = 9.05\%$$

아이데코의 가용현금흐름 및 WACC의 추정치가 주어졌을 때, 2010년 아이데코의 지속가치를 다음과 같이 추정할 수 있다.

$$V^L_{2010} = \frac{11.151}{9.05\% - 5\%} = \$275.33 \text{ 백만}$$

이 지속가치 값은 275.33/32.09 = 8.6의 EBITDA 배수를 의미한다.

표 19.16
스프레드시트   **지속가치의 할인된 현금흐름 추정치와 내재 EBITDA 배수**

지속가치 : DCF와 EBITDA 배수($ 000)			
1 장기 성장률	5.3%		
2 목표 $D/(E+D)$	40.0%		
3 예측된 WACC	9.05%		
2011년 가용현금흐름			
4 무차입 순이익	16,695	지속 사업가치	292,052
5 차감 : NWC 증가	(2,158)		
6 차감 : 순투자*	(3,705)	내재 EBITDA 배수	9.1×
7 가용현금흐름	10,832		

* 순투자는 자본지출과 감가상각의 차이와 같다. 이에 따라 이 금액을 차감하는 것은 감가상각을 다시 더해주고 자본지출을 빼는 것과 동일하다.

　지속가치와 장기 성장

지속가치는 기업의 가치를 평가할 때 가장 중요한 추정치 중 하나다. 일반적인 실수는 지나치게 낙관적인 지속가치를 사용하는 것인데, 이는 기업의 예상 현재가치에 상향 편이를 가져올 것이다. 다음 함정에 유의하길 바란다.

현재의 높은 성장률에 근거한 배수 사용　지속가치 산정은 종종 기존 기업의 현재가치 배수를 기반으로 한다. 그러나 이들 기업이 현재 성장 속도가 감소하면 결국 가치 배수는 시간이 지남에 따라 감소할 것으로 예상된다. 만약 우리가 이 시나리오에서 성장이 둔화됨에 따른 가치 배수의 감소를 고려하지 않고 현재가치 배수에 근거하여 지속가치를 산정하면, 지속가치 추정치에 상향 편이가 발생할 것이다.

성장에 필요한 투자 무시　현금흐름 할인 접근법을 사용할 때 기업의 성장률이 T와 $T+1$ 사이에서 변경되면 $FCF_{T+1} = FCF_T(1+g)$라고 가정할 수 없다. 성장률이 바뀔 때마다 운전 및 고정자본에 대한 지출이 영향을 받을 것이고, 우리는 식 (19.17)에서와 같이 이 효과를 고려해야 한다.

지속 불가능한 장기 성장률 사용　현금흐름 할인 접근법을 사용할 때, 우리는 기업의 장기 성장률을 선택해야 한다. 우리가 높은 성장률을 선택하면 지속가치 추정치가 극도로 높아질 수 있다. 그러나 장기적으로 기업은 경제 전반보다 더 빠르게 성장할 수 없다. 따라서 우리는 GDP 성장률을 초과하는 장기 성장률에 대해 의심해야 하는데, 미국의 실질(즉, 인플레이션율을 제외한) GDP 성장률이 지난 수십 년간 평균 2.5~3.5%였다.

　배수 접근법과 현금흐름 할인 접근법은 모두 현실적인 지속가치 추정치를 유도하는 데 유용하다. 표 19.16에서 보는 바와 같이 두 방식을 결합하는 것이 권장된다. 이 스프레드시트에서 볼 수 있듯이 9.1의 EBITDA 배수 추정치는 명목 장기 성장률 약 5.3%의 현금흐름 할인 접근법으로 정당화될 수 있다.[12] 미래의 인플레이션율 2.5%를 감안할 때, 이 명목 장기 성장률은 2.8%의 실질 성장률을 의미한다. 이 내재 성장률(implied growth rate)은 지속가치 추정치의 현실성을 확인할 수 있는 또 다른 중요한 수단이다. 만약 내재 성장률이 산업 전반의 기대 장기성장률보다 훨씬 높다면, 우리는 사용되는 추정치에 대해 회의적이어야 한다.

아이데코 주식의 APV 가치평가

아이데코의 지속가치 추정치는 예측 시계를 넘어서는 이 기업의 가용현금흐름의 가치를 요약한다. 우리는 아이데코의 오늘 가치를 평가하기 위해 이 지속가치 추정치를 2010년까지 가용현금흐름에 대한 예측

표 19.17 스프레드시트	아이데코의 초기 주식가치에 대한 APV 추정치					
연도	**2005**	**2006**	**2007**	**2008**	**2009**	**2010**
APV 기법($ 000)						
1　가용현금흐름		13,475	7,409	(5,845)	1,458	10,328
2　무차입 가치 $V^U(r = 10\%)$	202,732	209,530	223,075	251,227	274,891	292,052
3　이자의 세금 절감액		2,380	2,380	2,380	2,737	2,856
4　세금 절감액 가치 $T^S(r = 6.8\%)$	10,428	8,757	6,972	5,067	2,674	—
5　APV : $V^L = V^U + T^S$	213,160	218,287	230,047	256,294	277,566	292,052
6　채무	(100,000)	(100,000)	(100,000)	(115,000)	(120,000)	(120,000)
7　주식가치	**113,160**	**118,287**	**130,047**	**141,294**	**157,566**	**172,052**

12　9.1의 EBITDA 배수와 일치시키는 데 필요한 정확한 명목 성장률은 5.33897%이며 엑셀에서 해 찾기(solver)를 사용하여 찾을 수 있다.

치(표 19.10, 7행)와 결합할 수 있다. 제18장의 내용을 상기하면, 채무가 예측기간에 고정된 일정으로 지불되었기 때문에 APV 방법이 가장 쉬운 평가 방법이다.

아이데코의 가치를 APV 방법을 사용하여 추정하는 단계는 표 19.17의 스프레드시트에 제시되어 있다. 먼저 아이데코의 무차입 가치 V^U를 계산한다. V^U는 예측기간에 레버리지 없이 이 회사를 운영하고 예측기간 말에 지속가치로 매도할 때 이 회사의 가치이다. 따라서 2010년의 최종가치는 표 19.15에서 추정한 지속가치가 될 것이다. 이전 기간의 가치는 이 기업에 의해 지급된 가용현금흐름(표 19.10)을 19.4절에서 추정한 무차입 자본비용(r_U)으로 할인한 값이 포함된다.[13]

$$V_{t-1}^U = \frac{FCF_t + V_t^U}{1 + r_U} \tag{19.18}$$

다음으로 우리는 예측 시계 동안 아이데코의 이자 세금 절감액을 통합한다. 이자 세금 절감액은 35%의 세율(표 19.3)과 아이데코의 예정된 이자 지급(표 19.5 참조)을 곱한 값이다. 채무 수준은 미리 정해져 있기 때문에 우리는 세금 절감액을 채무 이자율, $r_D = 6.80\%$로 할인하여 세금 절감액의 가치 T^s를 계산한다.

$$T_{t-1}^s = \frac{\text{이자 세금 절감액}_t + T_t^s}{1 + r_D} \tag{19.19}$$

무차입 가치와 세금 절감액을 결합하면 APV가 산출되는데, 이는 계획된 레버리지 정책하에서 아이데코의 사업가치다. APV에서 채무를 차감하면, 우리는 예측기간에 아이데코의 주식 가치에 대한 추정치를 얻는다.

따라서 아이데코의 초기 사업가치는 $213 백만이며 주식 가치는 $113 백만이다. KKP가 아이데코 주식을 인수하기 위한 최초 비용이 $53 백만(표 19.6 참조)이므로 NPV가 $113 백만 − $53 백만 = $60 백만으로 이 거래가 매력적으로 보인다.

현실성 체크

이 시점에서 우리의 평가 결과가 이치에 맞는지 여부를 평가하는 것이 현명한 방법이다. 아이데코에 대한 초기 기업가치 $213 백만은 업계의 다른 기업가치와 비교하여 합리적으로 보이는가? 여기서 다시 배수가 도움이 된다. 우리의 예상 기업가치 $213 백만에 의해 암시된 초기 평가 배수를 계산하고, 표 19.2에서와 같이 아이데코의 가장 가까운 경쟁업체와 비교해본다. 표 19.18은 우리의 결과를 제시해준다. 당연히 아이데코의 기존 채무 및 초과 현금을 고려한 구매 금액 $215 백만에 상응하는 예상 기업가치 $213 백만에 근거한 평가 배수는 구매 가격 $150 백만을 기준으로 한 것보다 높다. 그들은 이제 우리가 비교를 위해 사용했던 다른 기업가치의 최상위 또는 약간 위에 있다.

KKP가 이행할 운영 개선을 감안할 때 이 배수들이 비합리적이지 않지만, 이 배수들이 다소 낙관적이며 KKP가 계획한 운영 개선을 달성하는 능력에 크게 좌우될 수 있음을 나타낸다.

우리의 추정된 최초 EBITDA 배수인 13.1배는 지속가치로 가정한 9.1배를 초과한다. 따라서 우리의 추

---

13 비록 이 가치가 미래의 세금 절감액을 포함할지라도(예제 19.6에서처럼), 우리는 2010년에 $292 백만의 지속가치를 최종 "무차입" 가치로 사용한다. 예측 시계 동안 얻은 추가적인 세금 절감액의 가치를 평가하기 위해서만 APV 계산을 사용하기 때문에 이 접근법이 정확하다. 우리가 여기에서 했던 것처럼 할인 방법을 결합하는 것은 이 기업이 출구 시계에서 자본이 확충될 가능성이 있는 이와 같은 상황에서 매우 유용하다.

기업의 가용현금흐름을 이용하여 사업가치를 계산할 때, 기업의 자산과 부채 중 그 현금흐름의 결과가 우리의 예측에 포함되는 것만 가치평가한다는 것을 기억하길 바란다. 어떤 누락된 자산이나 부채는 주식의 가치를 결정하기 위해 APV 추정치에 추가되어야 한다. 이 경우 우리는 기업의 채무를 차감하고 포함되지 않은 초과현금이나 기타 시장성 유가증권을 더한다(아이데코의 경우 초과현금은 이미 지급되었으며 0으로 유지되므로 따

로 조정할 필요가 없다). 우리는 또한 명시적으로 고려되지 않은 다른 자산이나 부채를 조정한다. 예를 들어 기업이 빈 토지를 소유하거나 잠재적인 현금흐름이 예측치에 포함되지 않은 특허권 또는 기타 권리가 있는 경우, 이러한 자산의 가치는 별도로 회계처리되어야 한다. 스톡 옵션 부여, 잠재적 법적 책임, 리스(리스료가 순이익에 포함되지 않은 경우) 또는 미적립 연금 부채 같은 부채에 대해서도 마찬가지다.

표 19.18	아이데코 재무비율 비교, 2005년 중반, DCF 추정치 대 제안된 인수가격					
비율	아이데코 (추정가치)	아이데코 (인수가격)	오클리	룩소티카	나이키	스포츠용품
P/E	31.0×	21.6×	24.8×	28.0×	18.2×	20.3×
EV/매출액	2.8×	2.0×	2.0×	2.7×	1.5×	1.4×
EV/EBITDA	13.1×	9.1×	11.6×	14.4×	9.3×	11.4×

정치는 EBITDA 배수가 감소할 것으로 예상하는데, 이는 단기에 성장이 더 높을 것이라는 기대를 감안할 때 적절하다. EBITDA 배수가 감소하지 않는다면, 우리는 지속가치가 너무 낙관적인지에 대한 의문을 제기해야 한다.

IRR과 현금 배수

KKP의 아이데코 인수와 같은 거래를 평가할 때 NPV 방법이 가장 신뢰할 수 있는 방법이지만, 현실의 실무자들은 종종 IRR과 현금 배수를 대체 가치평가 방법으로 사용한다. 이 절에서는 이 두 가지 방법을 모두 논의한다.

　우리는 IRR을 계산하기 위해 이 거래 동안 KKP의 현금흐름을 계산해야 한다. 표 19.6에서 KKP의 아이데코에 대한 초기 투자는 $53 백만이다. KKP는 표 19.10에 보고된 주주에 대한 가용현금흐름에 근거하여 아이데코로부터 현금 배당을 받게 된다. 마지막으로 우리는 KKP가 5년 후에 주식 지속가치를 받고 아이데코의 주식을 매각하는 것으로 가정한다. 우리는 이 데이터를 결합하여 표 19.19의 스프레드시트에서 KKP의 현금흐름을 결정한다. 이 현금흐름이 주어졌을 때 우리는 이 거래의 IRR을 33.3%로 계산할 수 있다.

　33.3%의 IRR이 매력적인 것처럼 들릴 수도 있지만, 이 맥락에서 평가하는 것이 쉽지 않다. 이를 위해서는 KKP의 투자에 대한 적절한 자본비용과 비교해야 한다. KKP는 아이데코의 주식을 보유하고 있으므로 아이데코 주식의 자본비용을 사용해야 한다. 당연히 아이데코의 레버리지 비율은 이 5년 동안 변했는데, 이는 주식의 위험을 변화시킬 것이다. 따라서 IRR과 비교할 단일의 자본비용은 없다.[14]

---

14 아이데코의 연 평균 자기자본 비용 계산에 대해서는 이 장의 부록을 참조하라.

표 19.19 스프레드시트	KKP의 아이데코 투자에 대한 IRR과 현금 배수						
	연도	2005	2006	2007	2008	2009	2010
IRR과 현금 배수							
1 최초 투자액		(53,000)					
2 주주 가용현금흐름			9,055	2,989	4,735	1,375	5,024
3 지속 주식 가치							172,052
4 KKP 현금흐름		(53,000)	9,055	2,989	4,735	1,375	177,077
5 **IRR**		**33.3%**					
6 **현금 배수**		**3.7×**					

표 19.19의 스프레드시트는 이 거래에 대한 현금 배수도 계산한다. **현금 배수**(cash multiple) 또는 **절대 수익률**(absolute return)은 총현금 수취액과 총현금 투자액의 비율이다. KKP의 아이데코 투자에 대한 현금 배수는 다음과 같이 계산된다.

$$현금\ 배수 = \frac{총현금\ 수취액}{총현금\ 투자액}$$

$$= \frac{9055 + 2989 + 4735 + 1375 + 177,077}{53,000} = 3.7 \tag{19.20}$$

즉, KKP는 아이데코에 투자금의 3.7배를 수익으로 얻게 될 것으로 기대한다. 현금 배수는 투자자가 이 거래와 같은 거래에서 공통적으로 사용하는 측정 척도이다. 현금 배수는 명백한 약점이 있다. 현금 배수는 현금을 받는 데 걸리는 시간에 의존하지 않으며, 또한 투자의 위험을 고려하지 않는다. 이에 따라 현금 배수는 유사한 투자 기간과 위험이 있는 거래를 비교할 때만 유용하다.

개념 확인

1. 예측 시계의 말에 기업의 지속가치를 추정하는 주요 방법은 무엇인가?
2. IRR 또는 현금 배수에 근거하여 이와 같은 거래를 분석할 때 잠재적인 함정은 무엇인가?

19.6 민감도 분석

재무적 가치평가의 정확성은 그 가치평가가 근거로 하고 있는 추정치의 정확성에 의존한다. 우리의 분석에 대한 결론을 내리기 전에 추정치의 불확실성을 평가하고, 이 불확실성이 이 거래의 가치에 미치는 영향을 결정하는 것이 중요하다. 일단 우리가 KKP의 아이데코 투자에 대한 스프레드시트 모형을 개발하면, 다른 변수들의 변동이 이 거래의 가치에 미치는 영향을 결정하기 위해 민감도 분석을 수행하는 것이 쉽다. 예를 들어 표 19.20에서 스프레드시트는 KKP의 투자가치 추정치의 아이데코의 무차입 자본비용 및 아이데코가 매도될 때 KKP가 얻게 되는 **철수 EBITDA 배수**(exit EBITDA multiples)에 대한 가정의 변화에 대한 민감도를 보여준다.

우리의 초기 분석에서 9.1의 철수 EBITDA 배수를 가정했다. 표 19.20은 이 배수의 매 1.0 증가는 약 $20 백만의 초기값을 나타낸다.[15] 철수 EBITDA 배수가 6.0 이상의 값을 가지면 KKP는 $53 백만의 아이

---

15 사실 우리는 이 값을 2010년 아이데코 추정 EBITDA의 현재값으로 직접 구할 수 있다. ($32.094 백만)/(1.105) = $19.928 백만.

표 19.20 스프레드시트	KKP의 아이데코 투자에 대한 민감도 분석					
철수 EBITDA 배수	6.0	7.0	8.0	9.1	10.0	11.0
내재 장기 성장률	1.60%	3.43%	4.53%	**5.34%**	5.81%	6.21%
아이데코 사업가치(단위: $ 백만)	151.4	171.3	191.2	**213.2**	231.1	251.0
KKP 주식(단위 : $ 백만)	51.4	71.3	91.2	**113.2**	131.1	151.0
KKP IRR	14.8%	22.1%	28.0%	**33.3%**	37.1%	40.8%
무차입 자본비용	9.0%	10.0%	11.0%	12.0%	13.0%	14.0%
내재 장기 성장률	3.86%	**5.34%**	6.81%	8.29%	9.76%	11.24%
아이데코 사업가치(단위: $ 백만)	222.1	**213.2**	204.7	196.7	189.1	181.9
KKP 주식(단위 : $ 백만)	122.1	**113.2**	104.7	96.7	89.1	81.9

데코 투자가 손익분기점에 놓이게 된다. 하지만 이 표는 6.0의 철수 EBITDA 배수가 아이데코의 2% 미만의 미래 성장률과 일관성이 있다는 것을 보여준다. 이 미래의 성장률은 심지어 기대 인플레이션보다 낮고, 아마도 비현실적으로 낮은 수준이다.

표 19.20은 또한 아이데코의 무차입 자본비용에 대한 우리의 가정에 대한 변화의 효과를 보여준다. 무차입 자본비용이 높으면 KKP의 투자가치가 낮아진다. 그러나 14%의 높은 이자율에도 불구하고 주식의 가치는 KKP의 초기 투자액을 초과한다. 그러나 무차입 자본비용이 12%를 초과하면, 가정된 9.1의 철수 EBITDA 배수를 정당화하는 내재 장기 성장률이 비현실적으로 높을 것이다. 따라서 만약 무차입 자본비용이 이 범위 내에 있다면, 우리는 철수 EBITDA 배수에 대한 예측치를 낮추어야 하며, 이는 KKP의 주식 가치를 더욱 낮출 것이다. 반대로, 우리의 철수 EBITDA 배수에 대한 추정치에 확신이 있다면, 이 분석은 우리의 무차입 자본비용 선택에 대한 추가적인 지원을 제공한다. 이 장의 끝에 있는 실습은 시장점유율 성장률의 수준과 운전자본 관리의 변화를 고려하여 민감도 분석을 계속하게 한다.

개념 확인

1. 민감도 분석의 목적은 무엇인가?
2. 표 19.20은 KKP의 아이데코 투자에 대한 민감도 분석을 보여준다. 당신은 이 정보를 기반으로 아이데코 인수에 대해 어떤 제안을 하겠는가?

핵심 요점 및 수식

19.1 비교기업을 이용한 가치평가

- 비교기업을 이용한 가치평가는 기업의 가치를 평가하기 위한 예비적인 방법으로 사용될 수 있다. 일반적인 배수로 주가/순이익 비율, 사업가치/매출액 배수, 사업가치/EBITDA 배수 등이 있다.

19.2 사업계획

■ 인수를 평가할 때 기업의 운영, 투자 및 자본구조를 자세히 살펴보고 개선 및 향후 성장 가능성을 평가해야 한다.

19.3 재무 모형의 작성

■ 투자가치는 궁극적으로 기업의 미래 현금흐름에 달려 있다. 현금흐름을 예측하려면 먼저 대상 기업의 운영, 투자 및 자본구조에 대한 예측을 개발해야 한다.
■ 재무 모형은 투자로부터 발생하는 미래 현금흐름을 예측하는 데 사용될 수 있다.
    ■ 추정 손익계산서는 주어진 가설적인 가정하에 기업의 순이익을 예측한다.
    ■ 재무 모형은 미래의 가용현금흐름을 예측하기 위해 미래의 운전자본 필요액과 자본지출을 고려해야 한다.
    ■ 이 추정치들을 바탕으로 하여 재무상태표와 현금흐름표를 예측할 수 있다.
■ 재무상태표를 예측할 때 먼저 이 거래를 반영하기 위해 기업의 초기 재무상태표를 조정해야 하며, 여기에는 다음 사항들이 포함된다.

$$\text{새로운 영업권} = \text{인수가격} - \text{인수된 순자산 가치} \tag{19.10}$$

$$\text{새로운 주식} = \text{주식 출자액} - \text{지출된 거래 수수료} \tag{19.11}$$

■ 재무상태표 잔액이 재무 모형의 일관성을 위한 중요한 감사 도구인지를 확인한다.

19.4 자본비용의 추정

■ 어떤 투자의 가치를 평가하려면, 우리는 이 투자의 위험을 평가하고 적절한 자본비용을 추정해야 한다. 적절한 자본비용을 추정하는 한 가지 방법은 CAPM을 사용하는 것이다.
    ■ CAPM을 사용하여 주식의 베타를 바탕으로 비교기업의 자기자본 비용을 추정한다.
    ■ 각 비교기업의 주식 베타 추정치가 주어지면, 기업의 자본구조에 근거한 무차입 베타를 구한다.
    ■ CAPM과 비교기업의 무차입 베타의 추정치를 사용하여 투자에 대한 무차입 자본비용을 추정한다.

19.5 투자안의 가치평가

■ 수년간의 현금흐름을 예측하는 것 외에도 예측 시계 말에 기업의 지속가치를 추정해야 한다.
    ■ 한 가지 방법은 비교기업을 기반으로 한 가치 배수를 사용하는 것이다.
    ■ 현금흐름 할인 접근법을 사용하여 T년도의 지속가치를 산정하기 위해서는 일정한 기대성장률과 일정한 부채비율을 가정하는 것이 일반적이다.

$$\text{연도 } T \text{의 지속가치} = V_T^L = \frac{FCF_{T+1}}{r_{wacc} - g} \tag{19.15}$$

■ 예측된 현금흐름과 자본비용 추정치가 주어졌을 때 마지막 단계는 이 입력값들을 결합하여, 이 투자 기회의 가치를 추정하는 것이다. 우리는 제18장에서 설명된 가치평가 방법을 사용하여 기업의 가치를 계산할 수 있다.
■ NPV 방법이 투자의 가치평가를 위한 가장 신뢰할 수 있는 방법이지만, 실무자들은 종종 IRR과 현금 배수를 대체평가 측정지표로 사용한다.
    ■ IRR을 계산하기 위해 전 투자 기간의 현금흐름을 사용한다.
    ■ 투자에 대한 현금 배수는 총현금 수취액과 총현금 투자액의 비율이다.

$$\text{현금 배수} = \frac{\text{총현금 수취액}}{\text{총현금 투자액}} \tag{19.20}$$

19.6 민감도 분석

■ 민감도 분석은 평가에 사용된 추정치의 불확실성을 평가하고, 이 불확실성이 이 거래의 가치에 미치는 영향을 평가하는 데 유용하다.

주요 용어

무차입 P/E 비율(unlevered P/E ratio)   추정 손익계산서(pro forma income statement)
절대 수익률(absolute return)   현금 배수(cash multiple)

추가 읽을거리

기업 및 프로젝트의 재무 모형과 관련된 이슈를 더 자세히 살펴보려면 다음 책들을 참고하길 바란다. T. Koller, M. Goedhart, and D. Wessels, *Valuation: Measuring and Managing the Value of Companies* (John Wiley & Sons, 2010); S. Benninga and O. Sarig, *Corporate Finance: A Valuation Approach* (McGraw-Hill/Irwin, 1996); E. Arzac, *Valuation for Mergers, Buyouts and Restructuring* (John Wiley & Sons, 2007); S. Pratt, R. Reilly, and R. Schweihs, *Valuing a Business: The Analysis and Appraisal of Closely Held Companies* (McGraw-Hill, 2007); and J. Rosenbaum and J. Pearl, *Investment Banking* (John Wiley & Sons, 2009).

연습문제

* 표시는 난이도가 높은 문제다.

비교기업을 이용한 가치평가

1. 당신은 EBITDA/매출액 배수를 사용하여 아이데코의 수익성을 경쟁업체들의 수익성과 비교하고 싶다. 아이데코의 현재 매출액 $75 백만이 주어졌을 때 아이데코가 경쟁업체와 동등한 수익성을 창출한다고 가정하에 표 19.2의 정보를 이용하여 아이데코의 EBITDA 범위를 계산하라.

사업계획

2. 이데코의 시장점유율이 이 장에서 가정된 1%가 아니라 매년 0.5%씩 증가할 것이라고 가정한다. 아이데코에게 요구되는 매년 생산능력은 얼마일까? 확장이 언제 필요할까(생산량이 현재 수준을 50% 초과할 때)?

3. 당신은 아이데코의 시장점유율이 매년 0.5%씩 증가할 것이라는 가정하에 2010년에 공장이 확장될 필요가 있다고 판단한다. 이 확장비용은 $15 백만이 될 것이다. 이에 따라 확장 자금조달이 지연된다고 가정하면, 2010년까지 계획된 이자 지급액과 계획된 이자 세금 절감액을 계산한다(대출 이자율은 이 장과 동일하다고 가정함).

재무 모형의 작성

4. 아이데코의 시장점유율이 매년 0.5%씩 증가할 것으로 가정하고(3번 문제에서 설명한 대로 투자 및 자금조달이 조정될 것임) 다음과 같은 감가상각비를 계획한다.

	연도	2005	2006	2007	2008	2009	2010
고정자산 및 자본지출($ 000)							
2	신규 투자	5,000	5,000	5,000	5,000	5,000	20,000
3	감가상각	(5,500)	(5,450)	(5,405)	(5,365)	(5,328)	(6,795)

이 정보를 사용하여 2010년까지 순이익을 추정하라(즉, 새로운 가정하에 표 19.7을 다시 작성하라).

5. 아이데코의 시장점유율이 매년 0.5%씩 증가할 것이라는 가정(3~4번 문제에서 설명한 바와 같이 투자, 자금조달 및 감가상각이 조정될 것임을 의미함)과 표 19.8의 예측치가 동일하게 유지된다는 가정하에, 아이데코의 운전자본 필요액을 계산하라(즉, 새로운 가정하에 표 19.9를 다시 작성하라).

6. 아이데코의 시장점유율은 문제 매년 0.5%씩 증가할 것이라는 가정(3~4번 문제에서 설명한 바와 같이 투자, 자금조달 및 감가상각이 조정될 것이라는 것을 의미함)과 계획된 순운전자본의 개선이 발생하지 않는다는 가정(표 19.8의 값들이 2010년까지 2005년 수준을 유지함)하에, 2010년까지 아이데코의 운전자본 필요액을 계산하라(즉, 이러한 가정하에 표 19.9를 다시 작성하라).

7. 아이데코의 시장점유율은 연간 0.5% 증가할 것이며, 투자, 자금조달 및 감가상각이 이에 따라 조정될 것이며, 계획된 운전자본의 개선이 발생한다(5번 문제의 가정하에서)는 가정하에, 아이데코의 가용현금흐름을 예측하라(즉, 표 19.10을 다시 작성하라).

8. 아이데코의 시장점유율은 연간 0.5% 증가할 것이고, 투자, 자금조달 및 감가상각이 이에 따라 조정될 것이고, 계획된 운전자본의 개선이 발생하지 않는다는 가정(6번 문제의 가정하에)하에, 아이데코의 가용현금흐름을 예측하라(즉, 표 19.10을 다시 작성하라).

*9. 아이데코의 시장점유율이 매년 0.5% 증가할 것이고, 투자, 자금조달 및 감가상각이 이에 따라 조정될 것이고, 계획된 운전자본의 개선이 발생한다는 가정(5번 문제의 가정하에)하에, 아이데코의 재무상태표와 현금흐름표를 다시 작성하라.

*10. 아이데코의 시장점유율이 매년 0.5% 증가할 것이고 투자, 자금조달 및 감가상각이 이에 따라 조정될 것이고, 계획된 운전자본의 개선이 발생하지 않는다는 가정(6번 문제의 가정하에)하에, 아이데코의 재무상태표와 현금흐름표를 다시 작성하라.

자본비용의 추정

11. 아이데코의 무차입 베타가 1.2가 아닌 1.1이고 다른 모든 필요한 추정치가 이 장과 동일할 때, 아이데코의 무차입 자본비용을 계산하라.

12. 시장 위험 프리미엄이 5%가 아닌 6%이고 무위험 이자율이 4%가 아닌 5%이고 다른 모든 필요한 추정치가 이 장과 동일한 경우 아이데코의 무차입 자본비용을 계산하라.

투자안의 가치평가

13. 4번 문제의 손익계산서에서 산출된 정보와 EBITDA 배수를 사용하여 현재가치가 변하지 않는다는 가정하에 2010년 지속가치를 추정하라(표 19.15를 다시 작성하라). 당신이 계산한 지속가치에 내재된 EV/매출액, 무차입 및 차입 P/E 비율을 추정하라.

14. 미래의 운전자본 개선에 대한 가정이 13번 문제에 대한 당신의 답에 어떤 영향을 미치는가?

15. 2010년에 아이데코가 현재 보유하고 있는 것과 동일한 EBITDA 배수(예 : 9.1)를 제공할 것으로 기대되는 미래 장기 성장률은 대략 얼마일까? 미래의 부채비율은 40%로 일정하고, 타인자본 비용은 6.8%이고, 아이데코의 시장점유율이 2010년까지 매년 0.5%씩 증가할 것이고, 투자, 자금조달 및 감가상각이 이에 따라 조정될 것이고, 계획된 운전자본의 개선이 발생한다(5번 문제의 가정)고 가정한다.

16. 아이데코가 현재 보유하고 있는(예 : 9.1) 미래 장기 성장률이 2010년에 동일한 EBITDA 배수를 제공할 것으로 예상되는 정도는 대략 얼마인가? 미래의 부채비율은 40%로 일정하고, 타인자본 비용은 6.8%이고, 아이데코의 시장점유율이 2010년까지 매년 0.5%씩 증가할 것이고, 투자, 자금조달 및 감가상각이 이에 따라 조정될 것이고, 계획된 운전자본의 개선이 발생하지 않는다(6번 문제의 가정)고 가정한다.

17. APV 기법, 13번 문제에서 계산한 지속가치, 19.4절의 무차입 자본비용 추정치를 사용하여 아이데코의 가치와 이 거래의 NPV를 추정하라. 타인자본 비용은 6.8%이고, 아이데코의 시장점유율이 매년 0.5%씩 증

가할 것이고, 투자, 자금조달 및 감가상각이 이에 따라 조정될 것이고, 계획된 운전자본의 개선이 발생한다(5번 문제의 가정)고 가정한다.

18. APV 기법, 13번 문제에서 계산한 지속가치, 19.4절의 무차입 자본비용 추정치를 사용하여 아이데코의 가치와 이 거래의 NPV를 추정하라. 타인자본 비용은 6.8%이고, 아이데코의 시장점유율이 2010년까지 매년 0.5%씩 증가할 것이고, 투자, 자금조달 및 감가상각이 이에 따라 조정될 것이고, 계획된 운전자본의 개선이 발생하지 않는다(6번 문제의 가정)고 가정한다.

19. 아이데코의 시장점유율이 매년 0.5%씩 증가할 것이고 투자, 자금조달 및 감가상각이 이에 따라 조정될 것이라는 가정하에 17~18번 문제의 답을 사용하여 계획된 운전자본 개선의 현재가치를 추정하라.

기호

r_E 자기자본 비용

경영진 보상 관리

KKP 투자의 성공 여부는 사업계획에서 정한 운영 개선 능력에 따라 결정된다. KKP는 운영 개선을 적용할 책임이 있는 경영진에게 성공을 위한 강력한 인센티브를 부여하면 목표 달성 가능성이 훨씬 더 높다는 것을 경험을 통해 알게 되었다. 따라서 KKP는 아이데코 주식의 10%를 경영진 인센티브 플랜에 배정하는 것을 고려하고 있다. 이 주식 지분은 5년 후에 부여될 예정이며, 아이데코의 경영진에게 이 사업의 성공에 대한 강력한 재무적인 이해관계를 제공할 것이다. KKP가 이 주식 지분을 경영진에게 부여하는 데 드는 비용은 얼마일까? 이 인센티브 플랜은 인수의 NPV에 어떤 영향을 미칠까?

경영진에게 부여된 주식 지분 10%의 비용을 포함하여 KKP 인수의 가치를 결정해야 한다. 5년이 경과한 후에 주식이 부여되므로, 경영진이 5년 동안 배당금을 지급받지 못한다. 경영진은 5년 후에 주식을 받게 될 것인데, 이 시점에서 아이데코의 주식가치는 $172 백만으로 추산되었다(표 19.15 참조). 따라서 이 추정치에 의하면 2010년 경영진의 지분 비용은 10% × $172 백만 = $17.2 백만이다. 우리는 이 금액의 현재가치를 결정해야 한다.

경영진에게 지급하는 것이 주식에 대한 요구권이므로, 자기자본 비용을 사용하여 현재가치를 계산해야 한다. 우리는 FTE 가치평가 접근법을 사용하여 표 19A.1의 스프레드시트에 제시되어 있는 아이데코의 경영진 지분의 비용을 추정할 수 있다.

우리는 아이데코의 자기자본 비용 r_E를 계산하기 위해 식 (18.20)을 사용하는데, 이 식은 기업의 채무 수준이 알려진 일정을 따를 때 적용된다.

$$r_E = r_U + \frac{D - T^s}{E}(r_U - r_D)$$

표 19.17의 스프레드시트의 채무, 주식 및 세금 절감액의 가치를 사용하여 유효 레버리지 비율 $(D - T^s)/E$를 계산할 때 이 스프레드시트에 표시된 대로 매년 r_E를 계산한다. 그다음에는 경영진의 지분 비용을 이 비율로 할인하여 현재가치를 계산한다.

$$경영진\ 지분\ 비용_t = \frac{경영진\ 지분\ 비용_{t+1}}{1 + r_E(t)} \tag{19A.1}$$

우리는 아이데코의 주식 총액(표 19.17 참조)에서 경영진 지분 비용을 차감하여 아이데코의 주식 중 KKP 지분 가치를 결정한다(이 금액은 스프레드시트의 마지막 행에 표시됨). 인수 초기 비용 $53 백만과 경영자 보상을 고려할 때, KKP가 이 투자로부터의 얻게 되는 NPV는 $103.58 백만 − $53 백만 = $50.58 백만이다.

표 19A.1 스프레드시트	경영진 지분 비용에 대한 FTE 추정치와 KKP의 주식가치						
	연도	2005	2006	2007	2008	2009	2010
경영진/KKP 지분($ 000)							
1 경영진 보상(10% 지분)							17,205
2 유효 레버리지$(D - T^s)/E$		0.792	0.771	0.715	0.778	0.745	
3 자기자본 비용 r_E		12.53%	12.47%	12.29%	12.49%	12.38%	
4 **경영진 지분 비용**		**(9,576)**	**(10,777)**	**(12,120)**	**(13,610)**	**(15,309)**	**(17,205)**
5 아이데코 주식가치		113,160	118,287	130,047	141,294	157,566	172,052
6 **KKP 주식**		**103,583**	**107,511**	**117,927**	**127,684**	**142,256**	**154,847**

옵션

일물일가의 법칙. 투자 의사결정을 하기 위한 도구를 개발했으므로 기업이나 투자자가 미래의 투자 의사결정을 하기 위한 옵션을 가지는 상황으로 눈을 돌리자. 제20장에서는 투자자에게 미래 어떤 증권을 사거나 팔 권리를 의미하는 금융 옵션에 대해 소개한다. 금융 옵션은 기업의 재무관리자에게 위험을 측정하거나 관리하는 데 매우 중요한 수단이다. 옵션은 파생증권의 한 예가 된다. 지난 30년 동안 파생증권시장은 크게 성장하였고, 옵션시장의 성장은 특히 두드러진다. 이러한 성장은 옵션의 가치를 평가하는 방법의 발견으로 인정될 수 있는데, 이에 관련된 내용은 일물일가의 법칙을 이용하여 제21장에서 다룰 것이다. 옵션 이론의 중요한 기업 응용은 실제 투자 의사결정의 영역이다. 기업 내에서 미래를 위한 투자 의사결정은 실물 옵션으로 알려져 있고, 제22장은 실물 옵션 이론을 기업의 의사결정에 적용할 것이다.

금융 옵션

본 장에서는 두 당사자 사이의 금융 계약인 금융 옵션을 소개한다. 1973년에 시카고옵션거래소(Chicago Board Options Exchange, CBOE)에서 옵션의 거래가 이루어진 이후부터 금융 옵션은 가장 중요하고 활발하게 거래되는 금융자산의 하나가 되었고, 기업의 재무관리자에게 중요한 수단이 되었다. 많은 대기업은 전세계의 서로 다른 지역에서 운영을 하기 때문에 환위험과 다른 종류의 영업 위험에 노출되었다. 이러한 위험을 통제하기 위해, 그들은 옵션을 기업 위험 관리의 일부분으로 사용한다. 추가적으로 우리는 기업의 시가총액(채무와 주식의 합계) 자체를 기업 기본자산의 옵션으로 생각할 수 있다. 앞으로 살펴보는 바와 같이, 이렇게 기업의 시가총액을 보는 것은 주식과 채무 투자자 사이에 발생하는 이해갈등뿐만 아니라 기업의 자본구조에 대해 중요한 통찰력을 제공할 것이다.

옵션의 기업 응용에 대한 논의에 앞서, 먼저 옵션이 무엇이며 어떠한 요인이 옵션 가치에 영향을 미치는지 이해할 필요가 있다. 본 장에서는 금융 옵션의 기초적인 형태에 대한 개요를 알아보고, 중요한 전문용어들을 소개할 것이며, 다양한 옵션 기반 전략의 수익을 설명할 것이다. 다음으로 옵션 가격에 영향을 미치는 요인들에 대해 논의할 것이다. 마지막으로 위험 채무의 가격결정뿐만 아니라 기업의 주주와 채권자 간의 이해갈등에 대한 통찰력을 얻기 위하여 기업의 주식과 채무를 옵션으로 모형화할 것이다.

기호

PV 현재가치

Div 배당

C 콜옵션 가격

P 풋옵션 가격

S 주식가격

K 행사가격

dis 액면가치의 할인

NPV 순현재가치

20.1 옵션의 기초

금융 옵션(financial option) 계약은 소유자에게 미래의 정해진 날짜에 정해진 가격으로 자산을 사거나 팔 수 있는 (의무가 아닌) 권리를 준다. 두 가지 형태의 옵션 계약이 있다. 콜옵션과 풋옵션. **콜옵션**(call option)은 소유자에게 자산을 살 권리를 준다. **풋옵션**(put option)은 소유자에게 자산을 팔 권리를 준다. 옵션은 두 상대방 사이의 계약이기 때문에, 모든 금융 옵션의 소유자에 대해 계약의 반대쪽을 가지는 사람인 **옵션 매도자**(option writer)가 있다.

가장 일반적으로 만나는 옵션 계약은 주식 옵션이다. 주식 옵션은 소유자에게 정해진 날짜 또는 그 이전에 정해진 가격으로 주식을 사거나 팔 수 있는 권리를 제공한다. 예를 들어 3M 기업의 콜옵션은 정해진 날짜까지(예를 들어 2019년 1월 18일까지) 3M 주식 한 주를 $75에 매입할 수 있는 권리를 제공한다.

옵션 계약에 대한 이해

실무자들은 옵션 계약의 자세한 내용을 설명하기 위해 특별한 단어들을 사용한다. 옵션 소유자가 계약을 실행하여 합의된 가격으로 주식을 매입하거나 매도한다면, 이를 옵션의 **행사**(exercising)라고 한다. 소유자가 옵션을 행사할 때 주식을 사거나 파는 가격을 **행사가격**(strike price, exercise price)이라고 한다. 옵션에는 두 가지 종류가 있다. 가장 일반적인 옵션인 **아메리칸 옵션**(American options)은 소유자가 계약의 마지막 날인 **만기일**(expiration date)을 포함하여 그 이전에 옵션의 행사를 허락한다. **유러피언 옵션**(European options)은 옵션 소유자가 계약의 만기일에만 옵션을 행사할 수 있으며, 만기일 전에는 행사할 수 없다. 아메리칸과 유러피언이라는 이름은 옵션이 거래되는 지역과는 아무런 관계가 없다. 두 옵션 모두 전세계에서 거래되고 있다.

옵션 계약은 두 당사자 사이에서 이루어진다. 옵션 매입자(옵션 소유자)는 옵션을 행사할 권리를 가지고 있으며, 계약의 매입 포지션을 가진다. 옵션의 매도자(옵션 발행자)는 옵션을 매도한(발행한) 것이며, 계약의 매도 포지션을 가진다. 옵션의 매입 측은 옵션을 행사할 수 있기 때문에, 매도 측은 계약을 이행할 의무가 있다. 예를 들어 당신이 휴렛-팩커드 주식을 $10에 행사할 수 있는 콜옵션을 소유했다고 하자. 휴렛-팩커드 주식이 현재 $25에 거래되는데, 이 옵션을 행사하려고 결정하였다. 옵션 계약의 매도 포지션을 가진 사람은 휴렛-팩커드 주식을 $10에 매도해야 할 의무가 있다. 이 경우 주식을 매입하기 위해 지불하는 가격과 주식을 시장에서 매도할 수 있는 가격의 차이인 $15의 이익을 얻게 된다. 하지만 매도 포지션은 손실을 보게 된다.

투자자는 그들에게 이익이 있을 때만 옵션을 행사한다. 따라서 언제든지 옵션이 행사될 때마다 매도 포지션 소유자가 그 이익을 보전해주어야 한다. 즉, 의무에 따른 비용이 발생한다는 것이다. 그렇다면 왜 사람들은 옵션을 발행(매도)할까? 그 이유는 옵션 매도자가 옵션을 매도할 때 이에 대한 보상을 받기 때문이다. 옵션은 항상 양(+)의 값을 가진다. 옵션의 시장가격을 **옵션 프리미엄**(option premium)이라고 부른다. 이러한 선지불은 옵션 소유자가 옵션을 행사할 경우 옵션 매도자의 손실 위험에 대한 보상이다.

주식 옵션 공시에 대한 이해

주식 옵션은 조직화된 거래소에서 거래된다. 가장 크고 오래된 거래소는 시카고옵션거래소이다. 관례적으로 거래되는 모든 옵션은 매월 세 번째 금요일 다음 날인 토요일에 만기가 된다.

표 20.1은 CBOE 웹사이트(www.cboe.com)에서 발췌한 2009년 7월 8일 아마존의 근월물 옵션을 보여

표 20.1	아마존 주식에 대한 옵션 호가

AMZN   **77.03 +1.40**

Jul 08 2009 @ 15:26 ET   **Bid** 77.02 **Ask** 77.03   **Size** 1 x 3   **Vol** 6548487

Calls	Last Sale	Net	Bid	Ask	Vol	Open Int	Puts	Last Sale	Net	Bid	Ask	Vol	Open Int
09 Jul 70.00 (ZQN GN-E)	7.65	1.60	7.20	7.30	221	2637	09 Jul 70.00 (ZQN SN-E)	0.36	−0.18	0.36	0.38	684	11031
09 Jul 75.00 (ZQN GO-E)	3.35	0.86	3.20	3.30	943	6883	09 Jul 75.00 (ZQN SO-E)	1.30	−0.66	1.38	1.40	2394	15545
09 Jul 80.00 (QZN GP-E)	0.94	0.24	0.93	0.96	2456	9877	09 Jul 80.00 (QZN SP-E)	4.15	−1.05	4.00	4.10	700	10718
09 Jul 85.00 (QZN GQ-E)	0.22	0.07	0.19	0.21	497	26679	09 Jul 85.00 (QZN SQ-E)	8.25	−1.25	8.25	8.35	112	7215
09 Aug 70.00 (ZQN HN-E)	9.75	1.04	9.60	9.70	51	326	09 Aug 70.00 (ZQN TN-E)	2.77	−0.39	2.75	2.79	225	1979
09 Aug 75.00 (ZQN HO-E)	6.50	0.70	6.40	6.50	65	1108	09 Aug 75.00 (ZQN TO-E)	4.60	−0.55	4.55	4.60	2322	6832
09 Aug 80.00 (QZN HP-E)	4.00	0.50	3.90	4.00	172	2462	09 Aug 80.00 (QZN TP-E)	6.95	−0.95	7.05	7.15	145	2335
09 Aug 85.00 (QZN HQ-E)	2.15	0.15	2.22	2.26	833	5399	09 Aug 85.00 (QZN TQ-E)	10.15	−1.00	10.30	10.40	43	4599

출처 : 시카고옵션거래소 www.cboe.com

주고 있다. 콜옵션은 왼편에, 풋옵션은 오른편에 나타나 있다. 각 줄은 서로 다른 옵션을 나타낸다. 옵션 이름의 처음 두 숫자는 만기 연도를 의미한다. 옵션의 이름은 만기월, 행사가격 그리고 각 옵션의 표식을 (괄호에) 포함한다. 표 20.1을 보면 왼쪽 열의 첫 번째 줄은 2009년 7월 세 번째 금요일(7월 18일) 다음 날인 토요일이 만기인 콜옵션의 행사가격이 $70임을 나타낸다. 이름의 오른쪽 열들은 옵션의 시장 자료를 보여주고 있다. 두 번째 열은 종가를, 세 번째 열은 전날 종가로부터의 순변화를, 그다음은 현재의 매입호가 및 매도호가, 일별 거래량을 나타낸다.[1] 마지막 열은 **미결제약정**(open interest)으로, 옵션 발행 계약의 총수를 나타낸다.

표의 윗부분에서 주식 자체에 대한 정보를 얻을 수 있다. 이 경우에 아마존 주식의 최종 거래가격은 $77.03이다. 주식의 현재 매입 및 매도호가와 거래 규모(100주 단위) 및 거래량을 알 수 있다.

옵션의 행사가격이 주식의 현재 가격과 동일하다면, 이 옵션은 **등가격**(at-the-money)이라고 한다. 근월물 옵션의 경우 옵션 거래는 콜옵션과 풋옵션의 행사가격인 $75 또는 $80에 가장 가까운 등가격에서 많이 이루어진다. 어떻게 행사가격이 $80인 7월물 콜옵션(July 80 calls)이 높은 거래량을 가질까? 마지막 거래가격은 $0.94이며, 이는 매입호가 $0.93와 매도호가 $0.96 사이의 값으로 거래가 최근에 발생하였을 것임을 의미한다. 만약 최근의 거래가 아니라면, 마지막 가격은 현재의 매입 및 매도호가와 큰 관계가 없는 가격일 수 있다.

주식 옵션 계약은 항상 주식 100주에 대해 발행된다. 만약 July 75 콜 계약을 매입하면, 이는 100주에 대해 한 주당 $75로 매입하는 계약을 의미한다. 옵션 가격은 주당 가격으로 호가되기 때문에, $3.30의 매도호가는 결과적으로 100 × $3.30 = $330를 지불하겠다는 것을 의미한다. 비슷하게, July 70 풋 계약을 매입한다면, 아마존 주식 한 주당 $70로 100주를 매도하는 옵션을 사기 위해 100 × $0.38 = $38를 지불한다는 것이다.

표 20.1에서 알 수 있듯이 각 만기일에 대해 콜옵션이 낮은 행사가격을 가질수록 높은 시장가격을 가진다. 이는 낮은 가격에 주식을 살 권리는 높은 가격에 주식을 살 권리보다 더 가치 있기 때문이다. 이와

---

1   만약 당일 발생한 거래가 없다면 종가는 전일 종가이며 순변화 열에는 "pc"라고 쓴다.

는 반대로, 풋옵션은 소유자에게 행사가격으로 주식을 매도할 권리를 의미하기 때문에, 동일한 만기일에서 높은 가격을 가지는 풋옵션의 가치가 더 크다. 한편 행사가격을 고정하였을 때, 콜옵션과 풋옵션은 만기일이 길수록 가치가 더 커진다. 이 옵션들은 정해진 시점 이전에 아무 때나 행사할 수 있는 아메리칸 옵션이기 때문에 만기가 길어질수록 주식을 사거나 팔 권리의 가치가 더 커진다.

만약 옵션을 즉시 행사하는 경우의 수익이 양(+)의 값이면, 이를 **내가격**(in-the-money)이라고 한다. 행사가격이 현재의 주가보다 낮은 콜옵션이나 행사가격이 현재 주가보다 높은 풋옵션은 내가격이다. 이와는 반대로 옵션을 즉시 행사하는 경우의 수익이 음(−)의 값이면, 이를 **외가격**(out-of-the-money)이라고 한다. 행사가격이 현재의 주가보다 높은 콜옵션이나 행사가격이 현재 주가보다 낮은 풋옵션은 외가격이다. 옵션이 외가격에 있을 때 당연히 소유자는 옵션을 행사하지 않는다. 옵션의 행사가격과 주식가격의 차이가 클 경우 이를 **심내가격**(deep in-the-money) 또는 **심외가격**(deep out-of-the-money)이라 한다.

예제 20.1 **옵션의 매입**

문제

2009년 7월 8일 오후에 행사가격이 $80인 8월물 아마존 주식 콜옵션 10 계약을 매입하기로 하였다. 매입이기 때문에 매도호가를 지불해야 한다. 콜옵션의 매입에 얼마의 비용이 발생하는가? 이 옵션은 내가격인가, 외가격인가?

풀이

표 20.1에서 이 옵션의 매도호가는 $4.00이다. 10 계약을 매입하는데, 각 계약은 100주 단위이므로 4.00 × 10 × 100 = $4,000의 비용을 요구할 것이다. (중개 수수료를 무시한 것임) 이는 콜옵션이고 행사가격이 현재 주가($77.03)보다 높기 때문에, 외가격 상태에 있다.

다른 금융증권에 대한 옵션

가장 일반적으로 거래되는 옵션은 주식에 대해 발행되지만, 다른 금융자산에 대한 옵션도 존재한다. 가장 잘 알려진 것은 S&P 100, S&P 500, 다우존스 산업지수, NYSE 주가지수와 같은 주가지수를 기초자산으로 하는 옵션이다. 이러한 옵션들은 예상치 못한 시장 변화에 대하여 투자자의 투자가치를 보호하기 때문에 매우 대중적이다. 주가지수 풋옵션은 시장 하락에 대해 투자자의 포트폴리오 손실을 상쇄하기 위하여 사용될 수 있다. 이처럼 옵션을 이용하여 위험을 감소시키는 것을 **헤징**(hedging)이라고 한다. 옵션은 또한 투자자들의 **투기**(speculate)를 허용하여, 투자자가 예측하는 시장의 움직임에 베팅할 수 있게 한다. 예를 들어 콜옵션을 매입하는 것은 시장 인덱스에 투자하는 것보다 작은 투자로 시장 상승에 베팅할 수 있다.

또한 옵션은 미국의 재무부 증권을 기초자산으로 거래되기도 한다. 이러한 옵션은 투자자가 이자율 위험에 베팅 또는 헤지하도록 할 수 있다. 이와 유사하게 통화나 상품을 기초자산으로 하는 옵션은 이 시장들에서의 위험을 헤지 또는 투기하는 것을 가능하게 해준다.

1. 아메리칸 옵션과 유러피언 옵션의 차이점은 무엇인가?
2. 옵션의 소유자는 옵션을 행사해야 하는가?
3. 옵션을 발행한(매도한) 투자자는 왜 의무를 져야 하는가?

20.2 만기 시점의 옵션 수익

일물일가의 법칙에 의하면, 증권의 가치는 당해 증권을 소유한 투자자가 받는 미래 현금흐름에 의해 결정된다. 따라서 옵션의 가치에 대해 살펴보기 전에 만기 시점의 옵션 수익을 알아야 한다.

옵션 계약의 매입 포지션

행사가격이 $20인 옵션을 소유하고 있다고 하자. 만약 옵션 만기에 주가가 행사가격보다 높은 $30라면 콜옵션을 행사(행사가격 $20를 지불)하고, 주식을 즉시 $30에 매도하여 이익을 얻을 수 있다. 이때 차액인 $10가 옵션의 가치가 된다. 결국 만기 시점에 행사가격보다 주가가 높다면, 콜옵션의 가치는 행사가격과 주식가격의 차이가 될 것이다. 만기 시점에 주가가 행사가격보다 낮다면, 콜옵션의 소유자는 옵션을 행사하지 않을 것이고, 옵션의 가치는 없어지게 된다. 옵션의 수익은 그림 20.1에 나타나 있다.[2]

S가 만기 시점의 주식가격이고, K가 행사가격이며, C가 콜옵션의 가치라고 하면, 만기 시점에 콜옵션의 가치는 다음과 같다.

만기 시점에 콜옵션의 가치

$$C = max(S - K, 0) \tag{20.1}$$

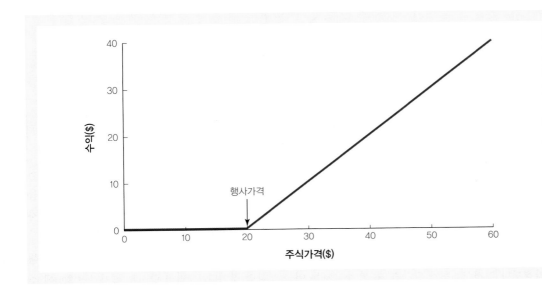

그림 20.1

만기 시점에 행사가격이 $20인 콜옵션의 수익

주식가격이 행사가격 $20보다 높으면 콜옵션은 행사될 것이고, 옵션 소유자의 수익은 주식가격과 행사가격의 차이가 된다. 주식가격이 행사가격보다 낮으면, 콜옵션은 행사되지 않을 것이고, 옵션의 가치는 없을 것이다.

---

2 이 장의 내용과 같은 수익 도표는 1900년에 발간된 Louis Bachelier의 다음 책에 소개된 것과 비슷하다. *Theorie de la Speculation* (Villars, 1900). P. Cootner(ed.)의 다음 책에서 영어로 번역되어 재출간되었다. *The Random Character of Stock Market Prices*(M.I.T Press, 1964).

여기서 *max*는 괄호 안의 두 값 중 큰 값이다. 따라서 만기 시점에 콜옵션의 가치는 행사가격과 주식가격의 차이인 $S - K$와 0 중에 큰 값이다.

풋옵션의 소유자는 주식가격 S가 행사가격 K보다 작을 때 이를 행사할 것이다. 주식가격이 S일 때 소유자는 K를 받기 때문에 풋옵션 소유자의 이익은 $K - S$와 같다. 즉, 만기 시점에 풋옵션의 가치는 다음과 같다.

만기 시점에 풋옵션의 가치

$$P = max(K - S, 0) \tag{20.2}$$

예제 20.2   **만기 시점에 풋옵션의 수익**

문제
오라클 주식회사의 주식에 대해 행사가격 $20인 풋옵션을 소유하고 있다고 하자. 주식가격에 대한 함수로 옵션의 가치를 그려보라.

풀이
S는 주식가격이고, P는 풋옵션의 가치이다. 이때 옵션의 가치는 $P = max(20 - S, 0)$이다. 이를 그림으로 나타내면 다음과 같다.

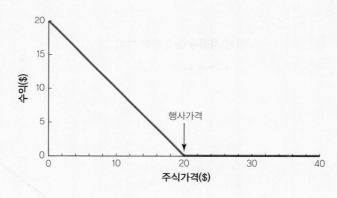

옵션 계약의 매도 포지션

옵션의 매도 포지션을 소유한 투자자는 의무를 가진다. 이 투자자는 옵션 계약에서 매입 포지션을 가진 투자자의 반대 포지션이다. 즉, 매도 포지션의 현금흐름은 매입 포지션 현금흐름의 음(−)의 값이다. 옵션 계약에서 매입 포지션을 취한 투자자는 만기 시점에 돈을 수령할 수 있기 때문에 매도 포지션의 투자자는 돈을 지급할 수 있다. (매입 포지션의 투자자는 옵션이 외가격일 때 행사하지 않는다.)

이를 보여주기 위해서 당신이 행사가격 $20인 콜옵션의 매도 포지션을 가졌다고 하자. 주식가격이 행사가격보다 커져서 $25가 된다면, 옵션 소유자는 이를 행사할 것이다. 그러면 당신은 행사가격 $20에 주식을 매도할 의무가 있다. 당신은 시장가격 $25에 주식을 매입해야 하므로, 두 가격의 차이인 $5의 손실을 보게 된다. 하지만 만기 시점에 주식가격이 행사가격보다 낮아졌다면, 소유자는 옵션을 행사하지 않을 것이고, 당신은 손실도 없고 의무도 없게 된다. 이러한 수익을 그림 20.2에 나타내었다.

그림 20.2

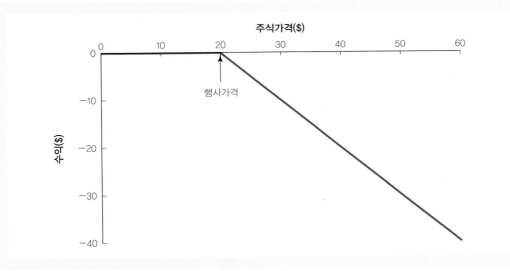

만기 시점에 콜옵션의 매도 포지션

주식가격이 행사가격보다 크다면 콜옵션은 행사될 것이고, 콜옵션의 매도 포지션은 주식가격과 행사가격의 차이만큼 손해를 본다. 주식가격이 행사가격보다 작다면 콜옵션은 행사되지 않을 것이고, 매도자는 아무런 의무를 갖지 않는다.

풋옵션 매도 포지션의 수익

문제

오라클 주식회사의 주식에 대해 행사가격이 $20인 풋옵션을 매도하였다고 하자. 주식가격의 함수로 만기 시점의 수익을 나타내라.

풀이

S가 주식가격이라면 현금흐름은 다음과 같이 나타난다.

$$-max(20 - S, 0)$$

현재 주식가격이 $30라면 풋옵션은 행사되지 않을 것이고, 매도 포지션의 손실도 없다. 현재 주식가격이 $15라면 풋옵션은 행사될 것이고, 매도 포지션의 손실은 $5가 된다. 풋옵션 매도 포지션의 현금흐름은 다음과 같다.

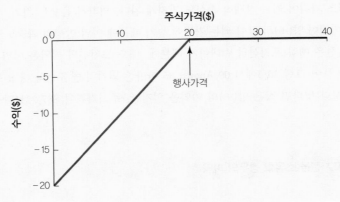

주식가격은 0보다 작아질 수 없기 때문에, 풋옵션 매도 포지션의 아래쪽은 예제 20.3에서와 같이 옵션의 행사가격으로 제한된다. 하지만 콜옵션 매도 포지션의 경우에는 하방 위험에 대한 제한이 없다(그림 20.2 참조).

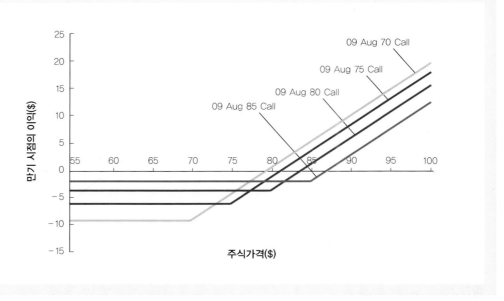

그림 20.3

만기 시점에 콜옵션 소유의 이익

이 곡선은 2009년 7월 8일에 표 20.1의 8월물 콜옵션을 매입하기 위해 3%로 차입을 하여 만기 시점까지 보유한 포지션의 주당 이익을 보여준다.

만기까지 옵션을 소유할 경우의 이익

옵션 계약의 매입 포지션 수익이 음(-)이 될 수는 없지만, 만기 시점의 수익이 옵션의 초기 비용보다 작을 수 있기 때문에 옵션을 매입하여 만기까지 소유하는 경우의 이익이 음(-)이 될 수 있다.

이를 자세히 살펴보기 위하여 표 20.1에 호가된 아마존 주식의 09 August 80 콜옵션 매입의 잠재적 이익을 생각해보자. 옵션의 비용(프리미엄)은 $4.00이고, 45일 뒤에 만기가 된다. $4.00를 연 3%의 이자율로 빌렸다고 가정하자. 만기의 주식가격이 S라면 콜옵션의 수익에서 대출로 빌린 돈을 빼면 $max(S - 80, 0) - 4.00 \times 1.03^{45/365}$이 된다. 그림 20.3의 빨간색 선에 해당한다. 포지션에 대한 비용을 생각하면, 주식 가격이 $84.01보다 클 때만 양(+)의 이익을 가지게 된다. 표 20.1에서 알 수 있듯이 옵션이 내가격일수록 최초 가격이 커져 잠재적 손실도 커지게 된다. 외가격 옵션은 최초 비용이 작아서 잠재적 손실도 작지만, 이익이 양(+)의 값이 되는 가격이 높기 때문에 이익 발생의 확률도 작아진다.

옵션의 매도 포지션은 매입 포지션의 반대이기 때문에, 매도 포지션의 이익은 매입 포지션 이익의 음(-)의 값이다. 예를 들어 그림 20.3에서 09 August 85 아마존 외가격 콜옵션의 매도 포지션은 아마존의 주식가격이 $87.23보다 낮다면 작은 양(+)의 이익을 얻지만, 주식가격이 $87.23보다 크면 손실이 발생한다.

예제 20.4 | **만기까지 풋옵션 포지션을 소유할 경우의 이익**

문제

2009년 7월 8일에 표 20.1에 호가된 8월물 풋옵션의 매입을 결정하고, 각 포지션을 3% 만기수익률을 가지는 2개월 채권을 매도하여 자금을 조달하였다. 각 포지션의 이익을 만기 시점의 주식가격의 함수로 그려보자.

풀이

S는 만기 시점의 주식가격이고, K는 행사가격이며, P는 7월 8일 각 풋옵션의 가격이다. 만기일의 현금흐름은 다음과 같다.

$$max(K - S, 0) - P \times 1.03^{45/365}$$

그림은 아래와 같다. 최대 손실과 잠재적 이익 간의 상쇄관계는 콜옵션에서와 동일하다.

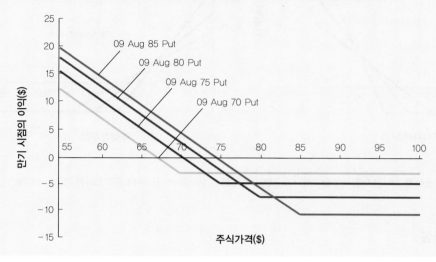

만기까지 옵션을 소유할 경우의 수익률

옵션의 잠재적인 수익률을 기준으로 옵션을 비교할 수 있다. 그림 20.4는 2009년 7월 8일에 표 20.1의 August 2009 옵션 중 하나를 2009년 매입하여 만기까지 소유하였을 경우의 수익률을 나타낸다. 그림 20.4(a)와 같이 콜옵션에 집중하여 살펴보자. 모든 경우에 최대 손실은 100%로, 옵션이 만기가 도래하였지만 아무런 가치가 없는 경우다. 행사가격의 함수로 그래프의 변화를 보면, 외가격 콜옵션의 수익률 분포가 내가격 콜옵션보다 기울기가 더 심한 것을 알 수 있다. 즉, 외가격 콜옵션이 −100%의 수익률일 가능성이 많겠지만, 주식가격이 충분히 상승하면 내가격 콜옵션보다 훨씬 높은 수익률을 가질 것이다. 이와 유사한 논리에 의해 모든 콜옵션은 주식 자체의 수익률보다 더 극심한 수익률을 가진다. (아마존의 최초 가격이 $77.03로 주어진 경우 그림에서 보여준 주식가격의 범위는 ±30%의 수익률을 나타낸다.) 결과적으로 콜옵션의 위험은 주식의 위험에 비하여 증폭되는데, 증폭의 크기는 심외가격 콜옵션일수록 더 커진다. 즉, 주식이 양(+)의 베타를 가지면, 이 주식에 기초하여 발행된 콜옵션은 주식보다 더 높은 베타와 기대 수익률을 가질 것이다.[3]

이제 풋옵션의 수익률을 생각해보자. 그림 20.4(b)를 주의 깊게 살펴보자. 풋옵션은 주식가격이 낮을수록 높은 수익률을 가진다. 즉, 주식이 양(+)의 베타를 가지면 풋옵션은 음(−)의 베타를 가진다. 따라서 양(+)의 베타를 가지는 주식의 풋옵션은 기초주식보다 낮은 기대 수익률을 가지게 된다. 풋옵션이 심외가격일수록 기대 수익률은 더욱 낮아진다. 결과적으로 풋옵션은 일반적인 투자 수단이라기보다 포트폴리오에서 다른 위험을 헤지하기 위한 보험의 역할로 사용된다.

---

3 제21장에서 옵션의 위험과 기대 수익률을 계산하는 방법에 대해 설명할 것이다. 이 과정에서 이들의 관계를 엄밀히 찾아낼 것이다.

그림 20.4   옵션을 매입하여 만기까지 소유한 경우의 옵션 수익률

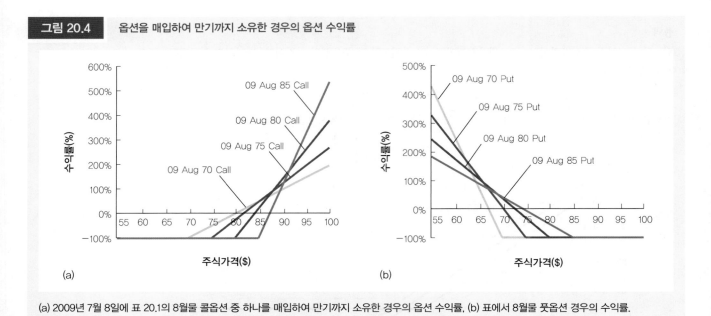

(a) 2009년 7월 8일에 표 20.1의 8월물 콜옵션 중 하나를 매입하여 만기까지 소유한 경우의 옵션 수익률. (b) 표에서 8월물 풋옵션 경우의 수익률.

옵션의 합성

가끔 투자자는 옵션의 포트폴리오를 소유함으로써 옵션 포지션을 합성한다. 본 장에서는 가장 일반적인 합성에 대해 기술할 것이다.

스트래들   동일한 행사가격을 가지는 콜옵션과 풋옵션 하나씩을 매입하면, 만기에 어떻게 될까? 그림 20.5는 두 옵션의 만기 수익을 보여주고 있다.

그림 20.5

스트래들의 이익과 수익

행사가격과 만기가 동일한 풋옵션과 콜옵션 한 개씩의 매입 포지션 합성은 행사가격과 주식가격이 동일하지 않는 한 양(+)의 수익(실선)을 제공한다. 옵션의 비용을 차감한 후에는 주식가격이 행사가격에 가까우면 음(−)의 이익을, 그렇지 않으면 양(+)의 이익이 발생한다.

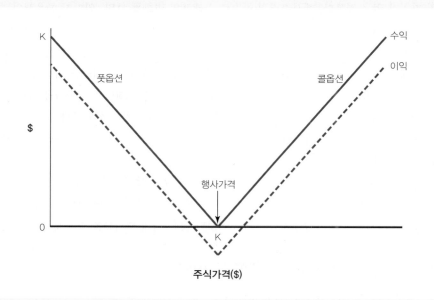

한 개의 콜옵션(파란색 선)과 한 개의 풋옵션(빨간색 선)을 합성한 매입 포지션은 만기에 등가격만 아니면 현금을 얻게 된다. 옵션이 등가격으로부터 벗어날수록 당신은 더 많은 이익(실선)을 얻게 될 것이다. 그러나 이런 합성옵션을 만들기 위해서는 두 옵션을 매입해야 하기 때문에 주식가격이 행사가격에 가까우면 이 비용을 차감한 이익(단속선)은 음(−)의 값이 되고, 그렇지 않은 경우에는 양(+)의 값이 된다. 이러한 옵션의 합성을 **스트래들(straddle)**이라고 한다. 이러한 전략은 주식이 매우 변동적이어서 크게 상승 혹은 하락할 것이라고 예상하지만, 그 움직임의 방향에 대해서는 알지 못하는 투자자들이 사용한다. 반대로 만기가 되었을 때 주식가격이 행사가격과 비슷할 것이라고 예상하는 투자자는 스트래들을 매도할 수 있다.

예제 20.5

스트랭글

문제

휴렛-팩커드 주식에 대해 만기가 동일한 한 개의 콜옵션과 한 개의 풋옵션을 매입하였다. 콜옵션의 행사가격은 $40이며, 풋옵션의 행사가격은 $30일 때 만기 시점에 합성옵션의 수익을 그려보라.

풀이

빨간색 선은 풋옵션의 수익을 나타내고 파란색 선은 콜옵션의 수익을 나타낸다. 이 경우에 주식가격이 두 행사가격 사이에 존재하면 아무런 이익이 없을 것이다. 이런 합성옵션을 **스트랭글(strangle)**이라고 한다.

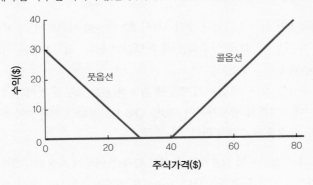

나비형 스프레드 그림 20.5에 나타난 합성옵션은 주식가격과 행사가격의 차이가 클 때 이익을 얻는 구조이다. 반대의 상황을 가지는 옵션의 합성도 가능하다. 주식가격이 행사가격과 비슷할 때 이익을 보는 합성.

인텔 주식에 대해 동일한 만기를 가지는 두 개의 콜옵션을 매입하였다고 하자. 첫 번째의 행사가격은 $20이며, 두 번째의 행사가격은 $40이다. 추가적으로 인텔 주식에 대해 $30의 행사가격을 가지는 두 개의 콜옵션을 매도하였다고 하자. 그림 20.6은 만기 시점에 이 합성의 가치를 그림으로 보여주고 있다.

그림 20.6의 노란색 선은 행사가격이 $20인 콜옵션을 매입한 경우의 수익을, 빨간색 선은 행사가격이 $40인 콜옵션을 매입한 경우의 수익을 나타내고 있다. 파란색 선은 행사가격이 $30인 콜옵션 두 개를 매도한 경우의 수익을 보여주고 있다. 마지막으로 검은색 선은 위의 전체를 합성한 경우의 수익이다. 주식가격이 $20보다 낮으면, 모든 옵션은 외가격이며 수익은 0이 된다. 주식가격이 $40보다 높으면 행사가격이 $30인 콜옵션의 매도 포지션 손실은 행사가격 $20와 $40인 옵션의 이익으로 상쇄되며, 이러한 합성옵

그림 20.6

나비형 스프레드

노란색 선은 행사가격이 $20인 콜옵션을 매입한 경우의 수익을, 빨간색 선은 행사가격이 $40인 콜옵션을 매입한 경우의 수익을 나타내고 있다. 파란색 선은 행사가격이 $30인 콜옵션 두 개를 매도한 경우의 수익을 보여주고 있다. 검은색 선은 위의 전체를 합성한 경우의 수익이다.

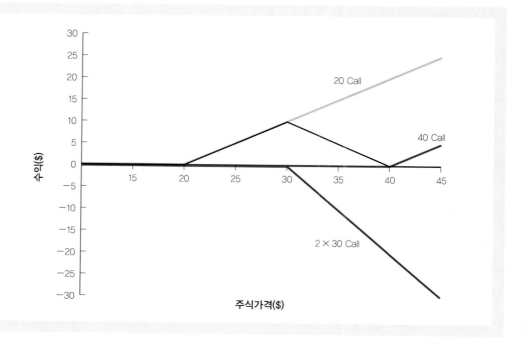

션 포트폴리오의 가치는 0이 된다.[4] 그러나 주식가격이 $20와 $40 사이라면, 전체 합성의 수익은 양(+)의 값을 가지게 된다. 수익은 주식가격이 $30일 때 최댓값이 된다. 실무자들은 이러한 합성옵션을 **나비형 스프레드**(butterfly spread)라고 부른다.

나비형 스프레드의 수익이 양(+)의 값이기 때문에 최초 비용을 요구할 것이다. (그렇지 않으면 차익거래 기회가 존재할 것이다.) 그래서 행사가격이 $20인 콜옵션과 $40인 콜옵션의 비용은 행사가격이 $30인 콜옵션 두 개를 매도한 것을 초과해야 한다.

포트폴리오 보험   주식을 손실로부터 보호하는 옵션의 합성을 어떻게 사용하는지 알아보자. 당신은 아마존 주식을 소유하고 있는데 아마존 주가의 하락 가능성을 피하려고 보험을 들고 싶다고 하자. 이를 위하여 단순히 주식을 매도할 수 있지만, 주가가 상승한다면 그에 따른 이익 발생 가능성을 포기해야만 한다. 어떻게 하면 주가 상승의 이익을 포기하지 않고 손실을 피하는 보험을 들 수 있을까? 풋옵션을 매입하면 가능한데, 이를 **방어적 풋**(protective put)이라고 한다.

예를 들어 아마존 주식가격이 $45 밑으로 떨어질 가능성에 대해 보험을 들고 싶다고 하자. 행사가격 $45인 8월물 유러피언 풋옵션을 매수하자. 아마존 주식가격이 8월에 $45 이상으로 상승하면 당신은 이 주식을 계속 보유할 것이고, $45 밑으로 하락하면 풋옵션을 행사하여 아마존 주식을 $45에 매도할 것이다. 따라서 당신은 아마존 주식의 가격 상승으로 인한 이익은 얻을 수 있으면서, 주가 하락에 의한 손실에 대해서는 보호를 받을 수 있다. 그림 20.7(a)의 주황색 선은 만기 시점에 이 합성 포지션의 가치를 보여주고 있다.

개별 주식이 아닌 주식 포트폴리오에 대한 풋옵션을 사용하여 손실에 대한 보험을 드는 전략을 사용할

---

4   이것을 알기 위하여 다음을 보자. $(S - 20) + (S - 40) - 2(S - 30) = 0$.

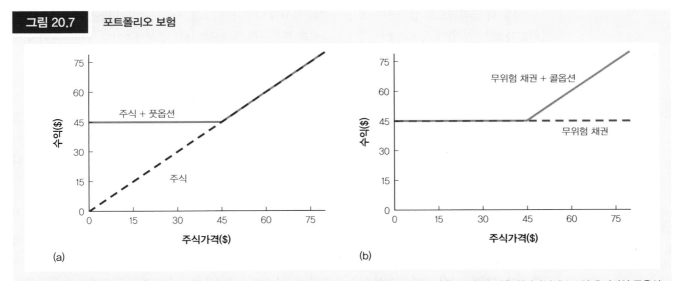

그림 20.7 포트폴리오 보험

이 그래프는 아마존 주식가격이 $45 밑으로 떨어질 가능성을 피하기 위한 두 가지 보험을 보여준다. (a)의 주황색 선은 행사가격이 $45인 유러피언 풋옵션과 아마존 주식 한 주를 매입한 포지션의 만기 시점 가치이다. (파란 점선은 주식의 수익이다.) (b)의 주황색 선은 액면가가 $45인 무위험 채권과 행사가격이 $45인 유러피언 콜옵션 매입 포지션의 만기 시점 가치이다. (녹색 점선은 채권의 수익이다.)

수 있다. 결과적으로 이 합성에서 주식들과 풋옵션을 보유하는 것은 **포트폴리오 보험**(portfolio insurance) 이라고 알려져 있다.

풋옵션을 매입하는 것만이 포트폴리오 보험의 유일한 방법은 아니다. 채권과 콜옵션을 매입하여 이와 동일한 효과를 얻을 수 있다. 아마존 주식에 대해 매입하였던 보험으로 돌아가자. 아마존 주식은 배당을 지급하지 않기 때문에 옵션의 만기 이전에 현금흐름이 발생하지 않는다. 따라서 풋옵션과 아마존 주식을 한 개씩 보유하는 대신에 액면가 $45인 무위험 할인채와 행사가격이 $45인 유러피언 콜옵션을 보유하여 동일한 효과를 볼 수 있다. 이 경우 아마존 주식가격이 $45 밑으로 하락하면 채권의 수익을 얻게 된다. 주식가격이 $45를 초과하면 콜옵션을 행사하고, $45의 행사가격으로 주식을 매입하기 위하여 채권으로 부터의 수익을 사용한다. 그림 20.7(b)의 주황색 선은 옵션의 만기일에 합성옵션의 가치를 보여준다. 이는 정확히 풋옵션과 함께 주식을 보유하는 전략과 동일한 수익을 제공해준다.

개념 확인

1. 스트래들이란 무엇인가?
2. 포트폴리오 보험을 만들기 위해 풋옵션을 어떻게 사용할 수 있는지를 설명하라. 콜옵션을 이용하여 포트폴리오 보험을 어떻게 만들 수 있는가?

20.3 풋-콜 패리티

그림 20.7에 나타난 포트폴리오 보험을 구축하는 두 가지 방법을 살펴보자. (1) 주식과 풋옵션을 매입하거나, (2) 채권과 콜옵션을 매입한다. 두 가지 방법 모두 동일한 수익을 제공하기 때문에 일물일가의 법칙에 의하여 동일한 가격이어야 한다.

이를 더 공식적으로 알아보자. K는 옵션의 행사가격(주가가 그 밑으로 하락하지 않을 것이라고 확신하고자 하는 가격)이고, C와 P는 각각 콜옵션과 풋옵션의 가격이며, S는 주식가격이다. 만약 두 가지 방법이 동일한 가격을 가진다면 다음이 성립해야 한다.

$$S + P = PV(K) + C$$

이 등식의 좌변은 주식과 풋옵션(행사가격 K를 가지는)을 매입하는 비용이 되며, 우변은 액면가 K인 할인채와 콜옵션(행사가격 K를 가지는)을 매입하는 비용이다. 할인채의 가격은 액면가의 현재가치이며, 이를 $PV(K)$로 나타낼 수 있다. 위 식을 정리하면 무배당 주식의 유러피언 콜옵션 가격을 다음과 같이 나타낼 수 있다.

$$C = P + S - PV(K) \tag{20.3}$$

주식, 채권, 콜옵션과 풋옵션 가치 사이의 관계는 **풋-콜 패리티**(put-call parity)라고 알려져 있다. 유러피언 콜옵션의 가격은 주식가격에 풋옵션 가격을 더하고, 옵션의 만기일에 만기가 되는 채권의 가격을 차감한 값이다. 다시 말해 콜옵션은 주식 차입 포지션인 $S - PV(K)$에 주식가격 하락에 대한 보험인 풋옵션(P)을 더한 값이다.

예제 20.6	풋-콜 패리티의 활용

문제

당신은 거래소에서 거래되지 않는 옵션을 취급하는 딜러이다. 고객이 HAL 컴퓨터 시스템즈 주식에 대해 행사가격이 $20인 1년짜리 유러피언 콜옵션을 매입하고 싶어 한다. 다른 딜러는 행사가격이 $20인 HAL 주식의 1년 풋옵션을 주당 $3.50에 매도하고자 한다. HAL은 무배당 주식이고, 현재 주식가격은 주당 $18이며, 무위험 이자율이 6%라면, 이 옵션에 대해 부과하여 당신의 이익을 보장할 수 있는 가장 낮은 금액은 얼마인가?

풀이

풋-콜 패리티를 이용하면 행사가격이 $20인 1년 콜옵션의 수익은 행사가격이 $20인 1년 풋옵션을 딜러로부터 매입하고, 주식을 매입하며, 액면가 $20인 1년 무위험 할인채를 매도하는 포트폴리오로 나타낼 수 있다. 합성옵션의 최종 수익은 HAL의 1년 뒤의 주식가격인 S_1에 따라 달라진다.

	1년 뒤의 HAL 주식가격	
	$S_1 < \$20$	$S_1 > \$20$
풋옵션 매입	$20 - S_1$	0
주식 매입	S_1	S_1
채권 매도	-20	-20
포트폴리오	0	$S_1 - 20$
콜옵션 매도	0	$-(S_1 - 20)$
전체 수익	0	0

3개의 증권을 합성한 포트폴리오의 마지막 수익은 콜옵션의 수익과 일치한다. 따라서 고객에게 콜옵션을 매도하여 어떤 상황이 되어도 미래의 수익이 0이 되게 할 수 있다. 콜옵션을 다음의 포트폴리오 비용보다 비싸게 팔 수 있으면 그렇게 하는 것이 가치가 있다.

$$P + S - PV(K) = \$3.50 + \$18 - \$20/1.06 = \$2.632$$

주식이 배당을 지급한다면 어떻게 될까? 이 경우 주식은 배당을 지급하지만 할인채는 지급하지 않기 때문에 포트폴리오 보험을 만드는 두 가지 다른 방법은 동일한 수익을 제공하지 않는다. 즉, 할인채와 콜옵션의 합성옵션에 미래 배당의 현재가치를 더할 때만 두 전략은 동일한 실행 비용을 갖게 된다.

$$S + P = PV(K) + PV(Div) + C$$

식의 좌변은 주식과 풋옵션의 가치를, 우변은 할인채, 콜옵션, 그리고 Div로 나타낸 옵션 만기까지 주식의 미래 배당의 현재가치를 나타낸다. 이를 정리하면 일반적인 풋-콜 패리티 공식을 얻을 수 있다.

풋-콜 패리티

$$C = P + S - PV(Div) - PV(K) \tag{20.4}$$

이 경우 콜옵션은 배당이 없는 주식의 차입 포지션과 주가 하락을 방지하는 보험을 합한 것과 같다.

예제 20.7

가까운 미래의 배당 가치평가를 위한 옵션의 사용

문제

2016년 2월 현재, 당신은 재무분석가로서 향후 몇 년간 대중적인 여러 주가지수의 기대 배당 비교를 요청받았다. 시장을 점검한 후에 다음과 같은 주가지수의 종가와 함께 2018년 12월에 만기가 도래하는 주가지수 옵션 자료를 얻게 되었다.

주가지수	2016년 2월 주가지수 가치	2018년 12월 주가지수 옵션 행사가격	콜옵션 가격	풋옵션 가격
다우존스 산업평균	164.85	160	19.78	22.73
S&P 500	1929.80	1900	243.25	278.00
나스닥 100	4200.66	4200	636.35	666.85
러셀 2000	1022.08	1000	150.10	166.80

2018년 12월 만기 무위험 이자율이 0.90%라면, 각 주가지수의 가치에 대한 가까운 미래 배당의 상대적인 기여를 추정하라.

풀이

풋-콜 패리티의 관계를 다시 정리하면 다음과 같다.

$$PV(Div) = P - C + S - PV(K)$$

이를 다우존스 산업평균에 적용하면 미래 34개월 기대 배당의 현재가치는 다음과 같다.

$$PV(Div) = 22.73 - 19.78 + 164.85 - \frac{160}{1.009^{34/12}} = 11.81$$

따라서 2018년 12월까지 다우존스 산업평균의 기대 배당은 주가지수 현재가치의 11.81/164.85 = 7.2%이다. 다른 주가지수에 대해서도 비슷하게 계산하면, 가까운 미래의 배당은 S&P 500 가치의 5.8%, 나스닥 100의 3.2%, 러셀 2000의 6.2%가 된다.

개념 확인

1. 풋-콜 패리티를 설명하라.
2. 풋옵션이 풋-콜 패리티 식에 의한 가치보다 높게 거래되면, 당신은 어떻게 행동하겠는가?

20.4 옵션 가격에 영향을 미치는 요인

풋-콜 패리티는 유러피언 콜옵션의 가격을 유러피언 풋옵션, 기초주식, 할인채 가격에 의해 제공해준다. 따라서 풋-콜 패리티를 이용하여 콜옵션의 가격을 계산하기 위해서는 풋옵션의 가격을 알아야 한다. 제 21장에서는 풋옵션의 가격을 알지 못한 상태에서 콜옵션의 가격을 어떻게 계산하는지를 다룰 것이다. 이에 앞서 옵션 가격에 영향을 미치는 요인에 대해 먼저 살펴보도록 하자.

행사가격과 주식가격

표 20.1에서 아마존 옵션의 호가에 대해 살펴본 것처럼 다른 것이 동일한 경우, 옵션 소유자가 주식을 매입하기 위해 지불해야 하는 행사가격이 낮을수록 콜옵션의 가치는 높아진다. 풋옵션은 주식을 매도할 수 있는 권리이기 때문에, 행사가격이 낮을수록 풋옵션의 가치도 낮아진다.

행사가격이 주어진 경우, 현재 주가가 높을수록 내가격으로 만기가 도래할 가능성이 크기 때문에, 콜옵션의 가치는 높아진다. 반대로 주가가 낮아질수록 풋옵션의 가치는 증가한다.

옵션 가격의 차익거래 경계

앞에서 살펴본 것처럼 옵션의 가격은 음(−)의 값이 될 수 없다. 또한 아메리칸 옵션은 다른 조건이 동일한 유러피언 옵션과 모든 권리와 특권이 동일하기 때문에, 유러피언 옵션보다 가치가 낮을 수 없다. 유러피언 옵션의 가치가 더 높으면, 유러피언 콜옵션을 매도하고 이와 동일한 아메리칸 옵션을 매입하여 차익을 얻을 수 있다. 즉, 아메리칸 옵션은 동일한 조건의 유러피언 옵션보다 가치가 작을 수 없다.

주식의 가치가 없어지면(말하자면 회사가 파산 신고를 한다면) 풋옵션은 최대 수익을 얻을 것이다. 이 경우 풋옵션의 수익은 행사가격과 같다. 이러한 수익이 가능한 가장 큰 값이기 때문에 풋옵션의 가치는 행사가격을 초과할 수 없다.

콜옵션인 경우 행사가격이 낮을수록 콜옵션의 가치는 커진다. 콜옵션이 0의 행사가격을 가지면, 옵션 소유자는 항상 옵션을 행사하여 아무런 비용 없이 주식을 받을 것이다. 이러한 사실은 콜옵션 가격의 상한을 제시해준다. 콜옵션의 가치는 주식가격을 초과할 수 없다.

옵션의 **내재가치**(intrinsic value)는 만기가 될 때 즉시 가지는 옵션의 가치이다. 따라서 내재가치는 현재 옵션이 내가격인 정도의 금액이거나 아니면 (외가격인 경우) 0이 된다. 아메리칸 옵션의 가치가 내재가치보다 작으면, 옵션을 매입해서 이를 즉시 행사하여 차익을 얻을 수 있다. 따라서 **아메리칸 옵션의 가치는 내재가치보다 작을 수 없다.**

옵션의 **시간가치**(time value)는 현재 옵션의 가격과 내재가치의 차이이다. 아메리칸 옵션의 가치는 내재가치보다 작을 수 없기 때문에 음(−)의 시간가치를 가질 수 없다.

옵션 가격과 행사일

아메리칸 옵션인 경우 행사일이 멀수록 옵션의 가치는 높아진다. 그 이유를 알기 위해서 두 옵션을 생각해보자: 만기까지 1년인 옵션과 6개월인 옵션. 1년 옵션의 소유자는 자신의 옵션을 일찍 행사하여 6개월 옵션으로 변환할 수 있다. 즉, 1년 옵션은 6개월 옵션과 권리와 특권이 동일하므로 일물일가의 법칙에 의해 1년 옵션의 가치는 6개월 옵션의 가치보다 작아질 수 없다. 만기가 늦은 아메리칸 옵션은 다른 조건은 동일하고 만기만 짧은 아메리칸 옵션보다 가치가 작을 수 없다. 보통 옵션의 행사를 연기하는 권리는 그만큼의 가치가 있기 때문에 만기일이 늦어질수록 옵션의 가치는 높다.

유러피언 옵션은 어떨까? 1년 유러피언 옵션은 조기 행사가 불가능하기 때문에, 동일한 논리가 유러피언 옵션에 대해서도 성립하지는 않는다. 늦은 만기일을 가진 유러피언 옵션은 다른 조건은 동일하고 만기만 짧은 유러피언 옵션보다 낮은 가치로 거래될 수 있다. 예를 들어 8개월 후에 청산 배당을 지급하는 주식에 대한 유러피언 콜옵션을 생각해보자. (청산 배당이란 기업이 영업을 종료하고, 자산을 모두 매도하여, 그 수익을 모두 배당으로 지급하는 것이다.) 이런 주식의 1년 유러피언 콜옵션은 가치가 없을 것이고, 6개월 콜옵션은 어느 정도 가치가 있을 것이다.

옵션 가격과 변동성

옵션의 가격을 결정하는 중요한 요인은 기초자산의 변동성이다. 다음의 간단한 예제를 생각해보자.

예제 20.8

옵션 가치와 변동성

문제

행사가격이 $50인 서로 다른 두 주식에 대한 유러피언 콜옵션이 있다. 내일, 낮은 변동성을 가지는 주식의 가격은 $50가 되고, 높은 변동성을 가지는 주식의 가격은 같은 확률로 $60 또는 $40가 될 것이다. 두 옵션의 행사일이 내일이라면, 오늘 어떤 옵션의 가치가 더 높을까?

풀이

내일 두 주식의 기대가치는 $50이다. [낮은 변동성 주식의 가치는 확실하고, 높은 변동성 주식의 기대가치는 $\frac{1}{2}(\$40) + \frac{1}{2}(\$60) = \$50$이다.] 하지만 옵션은 매우 다른 가치를 지닌다. 낮은 변동성을 가지는 옵션의 경우 내가격에서 옵션이 만기가 될 가능성이 전혀 없기 때문에(낮은 변동성을 가지는 주식의 가치는 $50, 행사가격은 $50) 가치가 전혀 없다. 반면 높은 변동성을 가지는 옵션의 경우 50%의 확률로 $60 − $50 = $10의 가치를 가지고, 50%의 확률로 가치가 없기 때문에 양(+)의 가치를 가지게 된다. 양(+)의 수익을 가질 50% 가능성(손실의 가능성은 없음)의 오늘 가치는 양(+)의 값이 된다.

예제 20.8은 중요한 원칙을 제시하고 있다. 일반적으로 옵션의 가치는 주식의 변동성과 함께 상승한다. 이 결과의 직관은 변동성의 증가가 주식의 수익률이 아주 높거나 낮을 가능성을 증가시킨다는 것이다. 콜옵션의 소유자는 주식가격이 상승하여 옵션이 내가격이 되면 혜택을 보게 되지만, 주식가격이 하락하여 옵션이 외가격이 되어도 하락 정도와는 상관없이 0의 수익을 얻게 된다. 옵션 수익의 비대칭성 때문에 옵션 소유자는 변동성 증가의 혜택을 보게 된다.[5]

풋옵션을 포트폴리오에 포함시키는 것은 가치 하락에 대한 보험을 매입하는 것과 비슷하다. 높은 변동성이 존재할 때 보험의 가치는 더 높아진다. 따라서 변동성이 높은 주식에 대한 풋옵션의 가치도 더 높아진다.

개념 확인

1. 옵션의 내재가치란 무엇인가?
2. 늦은 만기일을 가진 유러피언 옵션이 짧은 만기일을 가진 유러피언 옵션보다 가치가 작을 수 있나?
3. 주식의 변동성은 주식 콜옵션과 풋옵션 가치에 어떤 영향을 주는가?

---

5 주식의 변동성과 옵션 가치의 관계는 (제21장에서 자세히 설명될) 실무자에 의해 가정된 실제 주가 분포에 대해 성립한다. 실제 주가 분포에서 변동성의 증가는 미래 주가의 전체 범위에 대해 더욱 퍼진("spread out") 분포를 의미한다. 하지만 주식 변동성이 어떤 영역에서는 증가하지만 다른 영역에서는 하락한다면, 이 명제가 성립할 필요가 없음을 의미한다.

20.5 옵션의 조기 행사

아메리칸 옵션의 조기 행사 능력이 아메리칸 옵션이 유러피언 옵션보다 더 가치 있게 만들 것이라고 추측할 수 있다. 놀랍게도 항상 그런 것은 아니며, 가끔 두 옵션은 가치가 동일하다. 왜 그런지 살펴보도록 하자.

무배당 주식

옵션의 만기일 이전에 배당을 지급하지 않는 주식에 대한 옵션을 먼저 생각하자. 이 경우 콜옵션의 가치에 대한 풋-콜 패리티 식은 다음과 같다(식 20.3 참조).

$$C = P + S - PV(K)$$

할인채의 가격은 $PV(K) = K - dis(K)$인데, $dis(K)$는 액면가로부터의 할인 금액이다. 이를 풋-콜 패리티에 대입하면 다음과 같다.

$$C = \underbrace{S - K}_{\text{내재가치}} + \underbrace{dis(K) + P}_{\text{시간가치}} \tag{20.5}$$

이 경우 콜옵션의 시간가치를 보상하는 두 항은 만기일 전에 양(+)의 값을 가진다. 이자율이 양(+)의 값이면 만기 전에 할인채의 할인액은 양(+)이고 풋옵션의 가격은 항상 양(+)이기 때문에, 유러피언 콜옵션은 항상 양(+)의 시간가치를 가진다. 아메리칸 옵션의 가치는 적어도 유러피언 옵션만큼은 되기 때문에, 아메리칸 옵션도 만기 전에 양(+)의 시간가치를 갖는다. 따라서 **무배당 주식에 대한 콜옵션의 가격은 항상 내재가치를 초과한다.**[6]

이는 무배당 주식 콜옵션을 일찍 행사하는 것은 최적이 아님을 의미한다. 차라리 옵션을 매도하는 것이 더 좋다. 그 이유는 너무 당연하다. 옵션을 행사하면 당신은 내재가치를 얻게 된다. 하지만 앞에서 본 바와 같이, 무배당 주식의 콜옵션 가격은 항상 내재가치를 초과한다. 즉, 무배당 주식의 콜옵션 포지션을 청산하고 싶으면, 옵션을 행사하는 것보다 매도하는 것이 더 높은 가격을 받을 것이다. 무배당 주식의 아메리칸 콜옵션을 일찍 행사하는 것은 최적이 아니기 때문에, 콜옵션을 일찍 행사하는 것은 가치가 없다. 이런 이유로 **무배당 주식의 아메리칸 콜옵션은 유러피언 콜옵션과 동일한 가격을 갖는다.**

이러한 결과의 경제학을 이해하기 위해서 콜옵션의 행사를 연기하는 두 가지 혜택을 알아보자. 첫째, 옵션 소유자는 행사가격 지불을 연기하고, 둘째, 행사하지 않고 권리를 유지하면 옵션 소유자의 손실은 시간가치로 제한된다. (이러한 혜택은 식 20.5의 할인액과 풋옵션 가치에 의해 나타나고 있다.)

무배당 주식의 아메리칸 풋옵션 경우는 어떨까? 일찍 행사를 하는 것이 의미가 있을까? 어떤 상황에서는 그렇다. 그 이유를 알기 위해서 유러피언 풋옵션의 가격을 알기 위한 식 (20.5)의 풋-콜 패리티 관계를 정리해보자.

---

6 거래자의 이자율이 음(−)의 값이면 이 결론이 성립하지 않는다. 이 경우에는 이 장에서의 콜옵션과 풋옵션에 대한 결과가 뒤집어질 것이다.

$$P = \underbrace{K - S}_{\text{내재가치}} + \underbrace{C - dis(K)}_{\text{시간가치}} \qquad (20.6)$$

이 경우에 옵션의 시간가치는 액면가 K를 가지는 채권의 할인액인 음($-$)의 값을 포함한다. 이 항은 행사가격 K를 받기 위해서 기다리는 기회비용을 나타낸다. 행사가격이 높고 풋옵션이 충분히 심내가격일 때, 이 할인액은 콜옵션의 가치에 비해 상대적으로 커질 것이고, 유러피언 풋옵션의 시간가치는 음($-$)이 될 것이다. 이 경우에 유러피언 풋옵션은 내재가치보다 낮은 가격으로 팔릴 것이다. 하지만 아메리칸 풋옵션은 내재가치보다 낮게 팔릴 수 없는데(이를 즉시 행사하여 차익을 얻을 수 있기 때문에), 이는 아메리칸 옵션의 가치가 다른 조건이 동일한 유러피언 옵션보다 가치가 더 크다는 것을 의미한다. 이 두 옵션 사이의 유일한 차이점은 조기 행사 권리이기 때문에, 이 권리는 가치가 있음이 분명하다. 아메리칸 풋옵션을 일찍 행사하는 것이 최적인 경우가 있다는 것이다.

아메리칸 옵션을 일찍 행사하는 것이 최적일 때를 보여주는 극단적인 예를 살펴보자. 기업이 파산으로 가고 주식의 가치는 전혀 없다고 가정하자. 이런 경우에 풋옵션의 가치는 행사가격인 상한값과 동일해서, 풋옵션의 가격은 더 이상 높아질 수 없다. 즉, 미래를 기대할 수 없다. 하지만 풋옵션을 일찍 행사하면 오늘 행사가격을 얻을 수 있고, 그 가치에 대해 만기까지 남은 시간 동안의 이자를 얻을 수 있다. 따라서 옵션을 일찍 행사하는 것이 의미가 있다. 이 예는 극단적이지만 심내가격인 풋옵션을 일찍 행사하는 것이 최적이라는 것을 보여주고 있다.

예제 20.9

무배당 주식의 풋옵션 조기 행사

문제

표 20.2는 2015년 10월 5일 시카고옵션거래소에서 호가된 2015년 11월 만기 알파벳 주식(구글의 지주회사)의 옵션이다. 알파벳은 이 기간 동안 배당을 지급하지 않을 것이다. 옵션을 매도하는 것보다 일찍 행사하는 것이 더 좋은 옵션들을 찾아보라.

풀이

알파벳은 옵션의 생애 동안 (2015년 10월부터 2015년 11월까지) 배당을 지급하지 않기 때문에, 콜옵션을 일찍 행사하는 것은 최적이 아니다. 실제로는 각 콜옵션의 매입호가가 옵션의 내재가치를 초과하는 것을 알 수 있으므로, 콜옵션을 행사하는 것보다 매도하는 것이 더 좋을 수 있다. 예를 들어 행사가격 620인 콜옵션 행사의 수익은 667.50 − 620 = $47.50지만, $59.10에 매도할 수 있다.

반면 행사가격이 $795 또는 더 높은 풋옵션을 소유한 알파벳 주주는 옵션의 매도보다 행사가 더 좋을 것이다. 예를 들어 주식과 행사가격 $795인 풋옵션을 매도하면 $667.15 + $127.50 = $794.65를 받지만, 풋옵션을 행사하면 주식에 대해 $795를 받을 것이다. 하지만 행사가격이 $795보다 낮은 경우에는 이것이 성립하지 않는다. 예컨대 행사가격 $750인 풋옵션 소유자가 조기 행사를 하면 주식에 대해 $750를 받지만, 주식과 풋옵션을 매도하면 $667.15 + 86.50 = $753.65를 받을 것이다. 따라서 조기 행사는 심내가격 풋옵션의 경우에만 최적이 된다.[7]

---

7 어떤 투자자에게 매도와 옵션 행사는 세금과 거래비용 측면에서 다른 결과를 가져올 수 있기 때문에 이 의사결정에 영향을 미칠 수 있다.

표 20.2	알파벳 옵션의 호가

GOOGL[ALPHABET INC(A)] **667.35** 10.36
Oct 05 2015 @ 13:40 ET   **Bid** 667.15   **Ask** 667.5   **Size** 1 × 1   **Vol** 1111445

Calls	Bid	Ask	Open Int	Puts	Bid	Ask	Open Int
15 Nov 620.00 (GOOGL1520K620)	59.10	62.00	237	15 Nov 620.00 (GOOGL1520W620)	13.20	14.10	167
15 Nov 630.00 (GOOGL1520K630)	51.80	54.00	91	15 Nov 630.00 (GOOGL1520W630)	15.80	16.60	238
15 Nov 640.00 (GOOGL1520K640)	45.10	47.10	103	15 Nov 640.00 (GOOGL1520W640)	18.70	20.00	182
15 Nov 650.00 (GOOGL1520K650)	38.90	40.60	478	15 Nov 650.00 (GOOGL1520W650)	22.30	23.50	326
15 Nov 660.00 (GOOGL1520K660)	33.10	34.70	358	15 Nov 660.00 (GOOGL1520W660)	26.40	27.50	106
15 Nov 670.00 (GOOGL1520K670)	27.60	29.20	281	15 Nov 670.00 (GOOGL1520W670)	30.80	32.10	85
15 Nov 680.00 (GOOGL1520K680)	23.20	24.30	164	15 Nov 680.00 (GOOGL1520W680)	35.60	37.30	66
15 Nov 750.00 (GOOGL1520K750)	4.50	5.10	1897	15 Nov 750.00 (GOOGL1520W750)	86.50	89.10	10
15 Nov 795.00 (GOOGL1520K795)	0.90	1.70	0	15 Nov 795.00 (GOOGL1520W795)	127.50	130.80	0
15 Nov 805.00 (GOOGL1520K805)	0.60	1.35	0	15 Nov 805.00 (GOOGL1520W805)	136.90	140.50	0

출처 : 시카고옵션거래소 www.cboe.com

배당 주식

주식이 배당을 지급할 때 조기 행사 권리는 일반적으로 풋옵션과 콜옵션 모두 가치가 있다. 이를 살펴보기 위해 배당 주식의 풋-콜 패리티 관계를 살펴보도록 하자.

$$C = \underbrace{S - K}_{\text{내재가치}} + \underbrace{dis(K) + P - PV(Div)}_{\text{시간가치}} \tag{20.7}$$

$PV(Div)$가 충분히 크면, 유러피언 콜옵션의 시간가치가 음(−)이 될 수 있다는 것은 이 옵션의 가격이 내재가치보다 작을 수 있다는 것이다. 아메리칸 옵션은 내재가치보다 작은 가치를 가질 수 없기 때문에, 아메리칸 옵션의 가격은 유러피언 옵션의 가격을 초과할 수 있다.

아메리칸 콜옵션의 조기 행사가 최적일 때를 이해하기 위하여, 기업이 배당을 지급할 때 투자자는 현금 지급에 따라 주식가격이 하락할 것을 예상한다고 하자. 주식 보유자와는 달리 옵션 소유자는 주식가격 하락에 의한 배당을 보상으로 받지 못하기 때문에, 주식가격 하락은 콜옵션의 소유자에게 해로울 것이다. 그러나 조기 행사를 하면 옵션 소유자는 배당의 가치를 얻을 수 있다. 따라서 조기 행사는 콜옵션의 행사를 기다릴 때의 혜택과 배당으로 인한 손실의 상쇄관계에 달려 있다. 콜옵션은 배당을 얻기 위해 일찍 행사되어야 하기 때문에, 주식의 배당락일 전에 행사하는 것이 최적일 것이다.

배당은 풋옵션의 시간가치와 반대 효과를 가진다. 풋-콜 패리티 관계에서 풋옵션의 가치를 다음과 같이 쓸 수 있다.

$$P = \underbrace{K - S}_{\text{내재가치}} + \underbrace{C - dis(K) + PV(Div)}_{\text{시간가치}} \tag{20.8}$$

직관적으로 주식이 배당을 지급할 때, 풋옵션 소유자는 행사 전에 배당락이 되고 주식가격이 하락하는 것을 기다려서 혜택을 볼 수 있다. 즉, 배당 주식의 풋옵션은 조기에 행사될 가능성이 작다.

	예제 20.10

배당 주식 옵션의 조기 행사

문제

제너럴 일렉트릭(GE) 주식은 2005년 12월 22일에 배당락 상태다. (전날의 주식 보유자만 배당을 받을 권리가 있다.) 배당은 $0.25이다. 표 20.3은 2005년 12월 21일의 옵션 호가를 보여주고 있다. 이 호가로부터 매도보다 조기에 행사되어야 할 옵션을 찾아보라.

풀이

$32.50 또는 더 작은 행사가격인 GE 주식 콜옵션 소유자는 매도보다 옵션을 조기 행사하는 것이 더 좋을 것이다. 예를 들어 06 January 10 콜옵션을 행사하고 즉시 주식을 매도하면 $35.52 − 10 = $25.52를 얻게 된다. 이 옵션을 $25.40에 매도할 수 있기 때문에, 옵션 소유자는 매도보다는 조기 행사하여 $0.12 이익을 더 얻게 된다. 이 경우에 옵션의 조기 행사가 최적인 이유를 알기 위해서 이자율이 월 0.33%라고 가정하자. 1월까지 행사가격 $10의 지급을 연기하는 것의 가치는 $0.033가 되고, 풋옵션의 가치는 $0.05보다 작다. 즉, 식 (20.7)에 의해 연기의 가치는 배당의 가치 $0.25보다 작다.[8]

반면 호가된 모든 풋옵션은 양(+)의 시간가치를 가지므로 일찍 행사되지 말아야 한다. 이 경우 주식의 배당락 전까지 기다리는 것이 행사가격의 수령을 연기하는 비용보다 더 가치가 있다.

대부분의 거래 옵션은 아메리칸 스타일이지만, S&P 500과 같은 주가지수 옵션들은 전형적으로 유러피언 스타일이다. 표 20.4는 S&P 500 유러피언 콜옵션과 풋옵션의 내재가치와 함께 호가를 보여주고 있다. 호가 시점에 총체적 배당 수익률은 대략 2.8%이고, 옵션 만기까지의 이자율은 1.6%이다. 이것들이 유러피언 스타일 옵션이기 때문에, 옵션 가격이 내재가치보다 낮을 수 있어서 시간가치는 음(−)의 값이 된다. 표에 나타나 있듯이 400 또는 더 낮은 행사가격을 가진 콜옵션과 1,600 또는 더 높은 행사가격을 가

표 20.3	2005년 12월 21일 GE 옵션의 호가(2005년 12월 22일 배당락일에 GE는 $0.25의 배당금 지급했음)

GE
Dec 21, 2005 @ 11:50 ET

35.52 −0.02
Vol 8103000

Calls	Bid	Ask	Open Interest	Puts	Bid	Ask	Open Interest
06 Jan 10.00 (GE AB-E)	25.40	25.60	738	06 Jan 10.00 (GE MB-E)	0	0.05	12525
06 Jan 20.00 (GE AD-E)	15.40	15.60	1090	06 Jan 20.00 (GE MD-E)	0	0.05	8501
06 Jan 25.00 (GE AE-E)	10.40	10.60	29592	06 Jan 25.00 (GE ME-E)	0	0.05	36948
06 Jan 30.00 (GE AF-E)	5.40	5.60	37746	06 Jan 30.00 (GE MF-E)	0	0.05	139548
06 Jan 32.50 (GE AZ-E)	2.95	3.10	13630	06 Jan 32.50 (GE MZ-E)	0	0.05	69047
06 Jan 35.00 (GE AG-E)	0.70	0.75	146682	06 Jan 35.00 (GE MG-E)	0.30	0.35	140014
06 Jan 40.00 (GE AH-E)	0	0.05	84366	06 Jan 40.00 (GE MH-E)	4.70	4.80	4316
06 Jan 45.00 (GE AI-E)	0	0.05	7554	06 Jan 45.00 (GE MI-E)	9.70	9.80	767
06 Jan 50.00 (GE AJ-E)	0	0.05	17836	06 Jan 50.00 (GE MJ-E)	14.70	14.80	383
06 Jan 60.00 (GE AL-E)	0	0.05	7166	06 Jan 60.00 (GE ML-E)	24.70	24.80	413

출처 : 시카고옵션거래소 www.cboe.com

---

8 옵션의 조기 행사 의사결정에서 세금을 무시하고 분석하였다. 옵션을 매도 또는 소유하는 것보다 조기 행사할 경우 어떤 투자자들은 높은 세금에 노출된다.

표 20.4	S&P 500 주가지수의 2년 콜옵션과 풋옵션

SPX   **879.56** −1.47
JUL 08 2009 @16:25ET

Calls	Bid	Ask	Intrinsic Value	Puts	Bid	Ask	Intrinsic Value
11 Dec 200.00 (SZD-LH-E)	632.5	638.2	679.56	11 Dec 200.00 (SZD-XH-E)	2.20	3.40	0.00
11 Dec 400.00 (SZD-LP-E)	454.9	461.3	479.56	11 Dec 400.00 (SZD-XP-E)	14.7	19.0	0.00
11 Dec 600.00 (SZJ-LR-E)	299.3	306.0	279.56	11 Dec 600.00 (SZJ-XR-E)	53.5	59.3	0.00
11 Dec 800.00 (SZJ-LL-E)	172.2	179.2	79.56	11 Dec 800.00 (SZJ-XL-E)	118.7	125.4	0.00
11 Dec 1000.00 (SZT-LR-E)	82.0	88.7	0.00	11 Dec 1000.00 (SZT-XR-E)	220.1	227.5	120.44
11 Dec 1200.00 (SZT-LU-E)	30.5	36.5	0.00	11 Dec 1200.00 (SZT-XU-E)	360.4	367.9	320.44
11 Dec 1400.00 (SZT-LA-E)	8.60	11.8	0.00	11 Dec 1400.00 (SZT-XA-E)	530.5	537.7	520.44
11 Dec 1600.00 (SZV-LO-E)	2.20	3.40	0.00	11 Dec 1600.00 (SZV-XO-E)	716.5	721.8	720.44
11 Dec 1800.00 (SZV-LD-E)	0.00	1.15	0.00	11 Dec 1800.00 (SZV-XD-E)	907.6	912.0	920.44
11 Dec 2000.00 (SZV-LE-E)	0.00	0.65	0.00	11 Dec 2000.00 (SZV-XE-E)	1099.9	1103.9	1120.44

출처 : 시카고옵션거래소 www.cboe.com

진 풋옵션의 경우가 그렇다. 심내가격 콜옵션의 경우 배당의 현재가치는 낮은 행사가격에 대한 이자 수익보다 크기 때문에 옵션 행사를 연기하는 것은 비용이 더 크다. 심내가격 풋옵션의 경우 높은 행사가격에 대한 이자는 배당 수익보다 크기 때문에, 이 또한 옵션의 행사를 연기하는 것은 비용이 더 크다.

개념 확인

1. 무배당 주식 아메리칸 콜옵션을 조기 행사하는 것이 항상 최적인가?
2. 아메리칸 풋옵션을 조기 행사하는 것이 언제 최적인가?
3. 아메리칸 콜옵션을 조기 행사하는 것이 언제 최적인가?

20.6 옵션과 기업재무

옵션의 가치 결정을 설명할 때까지 기업이 옵션을 사용하는 용도에 대해서는 논의를 미루었지만, 하나의 중요한 기업 응용은 옵션 가격 결정의 이해를 필요로 하지 않는다: 기업 자산에 대한 옵션으로 자본구조를 해석하는 것. 자본을 옵션으로 생각해야 하는 이유를 설명하면서 시작하자.

콜옵션으로서의 자기자본

주식 한 주를 발행 채무의 가치와 동일한 행사가격을 가지는 기업 자산에 대한 콜옵션으로 생각하자.[9] 설명을 위해서 기말에 기업이 청산하는 1기간 세상을 생각하자. 기말에 기업의 가치가 발행 채무를 초과하지 못하면, 기업은 파산을 발표하여야 하고 주주는 아무것도 받지 못한다. 반대로 기업의 가치가 발행 채무의 가치를 초과하면, 채무가 상환이 되는 한 소유자는 남은 재산을 얻게 될 것이다. 그림 20.8은 이런 수익 구조를 보여주고 있다. 주식에 대한 수익이 어떻게 정확히 콜옵션의 수익과 동일한지를 알아야 한다.

---

9 피셔 블랙(Fisher Black)과 마이론 숄즈(Myron Scholes)는 그들의 선구자적인 옵션의 가치평가 논문에서 이에 대한 통찰력을 제시하였다. The Pricing of Options and Corporate Liabilities," *Journal of Political Economy* 81 (1973): 637-654.

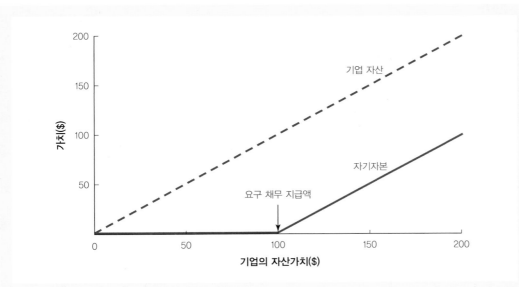

그림 20.8

콜옵션으로서의 자기자본
기업의 자산가치가 요구되는 채무 지급액을 초과하면, 주주는 채무 상환 이후의 남은 재산을 받는다. 그렇지 않으면 기업은 파산이 되어 자기자본은 아무런 가치가 없게 된다. 즉, 주식에 대한 수익은 요구되는 채무 지급액과 동일한 행사가격을 가지는 기업 자산에 대한 콜옵션과 같다.

옵션 포트폴리오로서의 채무

옵션을 이용해서 채무를 표현할 수 있다. 이 경우에 채무 소유자는 기업을 소유하면서 요구되는 채무 지급액과 동일한 행사가격을 가지는 콜옵션을 매도한 것으로 생각할 수 있다. 기업가치가 요구되는 채무 지급액을 초과하면 콜옵션은 행사될 것이다. 채무 소유자는 행사가격을 받고 당해 기업을 "포기"할 것이다. 기업가치가 요구되는 채무 지급액을 초과하지 못하면, 콜옵션은 아무런 가치가 없게 될 것이고 당해 기업은 파산을 발표하여 채무 소유자는 기업 자산에 대한 권리를 행사할 것이다. 그림 20.9는 이런 수익을 보여주고 있다.

기업 채무를 바라보는 다른 방법도 있다. 무위험 채무의 포트폴리오와 요구되는 채무 지급액과 동일한 행사가격을 가지는 기업 자산 풋옵션의 매도 포지션.

$$위험 채무 = 무위험 채무 - 기업 자산의 풋옵션 \qquad (20.9)$$

기업의 자산가치가 요구되는 채무 지급액보다 작을 때 풋옵션은 내가격 상태이다. 풋옵션의 소유자는 옵션을 행사할 것이고, 요구되는 채무 지급액과 기업 자산 가치의 차이를 받을 것이다(그림 20.9 참조). 이는 포트폴리오 소유자(채무 소유자)에게 기업 자산을 남겨준다. 기업의 요구되는 채무 지급액보다 크면, 풋옵션의 가치는 없어지고 포트폴리오 소유자는 요구되는 채무 지급액을 갖게 된다.

신용부도스왑

식 (20.9)를 재정리하면 채무를 보호하는 동일한 옵션을 매입하여 채권의 신용 위험을 제거할 수 있다는 것을 알자.

$$무위험 채무 = 위험 채무 + 기업 자산에 대한 풋옵션$$

우리는 이것을 풋옵션이라고 하는데, 이는 기업의 신용 위험을 신용부도스왑(또는 CDS)으로 보험을 드는 것이다. **신용부도스왑**(credit default swap, CDS)에서 매입자는 매도자에게 프리미엄을 (종종 정기적인

그림 20.9

옵션 포트폴리오로서의 채무

기업 자산의 가치가 요구되는 채무 지급액을 초과하면, 채무 소유자는 완전 상환을 받을 수 있다. 그렇지 않으면 기업은 파산하고 채무 소유자는 자산가치를 받게 된다. 채무에 대한 수익(주황색선)은 (1) 기업 자산가치에서 주식 콜옵션 가치를 차감한 값, 또는 (2) 무위험 채권가치에서 요구되는 채무 지급액과 동일한 행사가격을 가지는 자산에 대한 풋옵션 가치를 차감한 값으로 볼 수 있다.

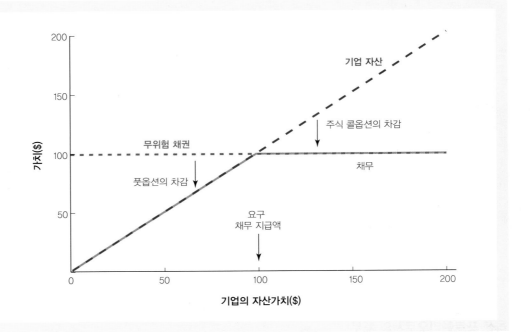

지불 형태로) 지불하고, 기초자산에 부도가 발생하면 매도자가 지불하는 손실 보전 금액을 받는다.

투자은행은 1990년대 후반부터 채권 투자자가 그들의 포트폴리오에서 채권의 신용 위험을 보험으로 제거하기 위한 수단으로서 CDS를 개발하여 거래하기 시작하였다. CDS의 개발 이후 많은 헤지 펀드와 다른 투자자들은 그들이 당해 채권들을 보유하고 있지 않은 경우에도 이 계약을 기업 전망과 부도 가능성에 대한 투기 수단으로 사용하기 시작하였다. 2007년 후반까지 $45 조를 초과하는 채권에 대한 CDS가 발행되었다. 이 금액은 회사채 시장의 전체 규모인 $6 조를 훨씬 초과하는 금액이다.

이 시장이 대규모라는 것은 인상적인 반면 오해를 일으키는 측면도 있다. CDS는 상대방끼리의 계약이기 때문에 포지션을 해지하고 싶어 하는 계약의 매입자는 표준적인 주식 옵션과 같이 그 계약을 거래소에서 간단하게 매도할 수 없다. 대신 매입자는 가능한 한 새로운 상대방과 새로운 상쇄 CDS 계약을 맺어야 한다. (예를 들어 GE의 보험 매입자는 다른 사람에게 GE의 CDS 보험을 매도하여 GE에 대한 순노출

글로벌 금융위기   신용부도스왑

모순적이게도 2008년의 금융위기 와중에 CDS 시장 자체는 규제 당국의 관심이 되는 신용 위험의 중요한 원천이 되었다. 아메리칸 인터내셔널 그룹(AIG)은 (1) 그들이 매도한 CDS 보장 손실, (2) 이 보험의 지급에 부도가 나면, 자기들의 위험 노출을 헤지하기 위해 이 보험을 매입한 은행과 다른 기업들도 파산할 것이라는 걱정으로 $100 십억이 넘는 연방 구제기금을 요구하게 되었다. 미래에 발생활 수 있는 이러한 체계 위험(systemic

risk)을 줄이기 위해, 규제 당국자들은 모든 거래자에 대한 거래 상대방이 되는 중앙 청산소를 통한 거래의 제공뿐만 아니라, CDS의 표준화를 위해 움직였다. 투명성 제고 이외에 이 과정은 다른 계약을 상쇄시키는 계약이 단순한 상쇄보다는 완전한 취소가 되게 하였다. 이는 CDS를 통제하도록 설계된 시장에 의해 새로운 신용 위험의 감소에 도움을 주었다.

을 제거해버리는 것이다.) 이런 방법으로 리먼 브라더스가 2009년 9월에 파산하였을 때, 그 부도에 대해 CDS의 보호를 받은 매입자는 거의 $400 십억 규모의 채무 상태였다. 그러나 모든 상쇄 포지션을 처리하고 난 후에 실제로는 $7 십억만이 교환되었다.

위험 채무의 가격결정

채무를 옵션 포트폴리오로 보는 것은 위험 채무에 대한 신용 스프레드 결정에 대한 통찰력을 제공하기 때문에 유용하다. 예제를 통해 알아보자.

예제 20.11

새로운 기업 채무의 수익률 계산

문제

2012년 9월, 구글(GOOG)은 채무가 없다. 기업 관리자가 2014년 1월에 만기가 도래하는 액면가 $163.5 십억의 할인채를 발행하여 기업의 자본구조를 재구성하고, 그 금액으로 특별 배당을 지급하려고 한다. 구글은 327 백만의 주식을 발행하였고, 현재 주당 $700.77에 거래되고 있어서, $229.2 십억의 시장가치를 가지고 있다. 이 기간 동안 무위험 이자율은 0.25%이다. 그림 20.10의 콜옵션 호가를 이용하여 완전자본시장에서 구글이 채무에 대해 지불해야 하는 신용 스프레드를 추정하라.

풀이

완전자본시장에서 구글의 주식과 채무의 총가치는 자본 재구성 이후에도 변화가 없다. 채무의 액면가인 $163.5 십억은 구글의 현재 자산에 대해 한 주당 $163.5 십억/(327 백만 주) = $500의 청구권과 같다. 구글의 주주는 채무 청구권을 초과하는 가치를 받을 것이기 때문에, 자본 재구성 이후 구글의 주식가치는 행사가격 $500인 콜옵션의 현재가치와 같다. 그림 20.10의 호가에서 그런 콜옵션은 (매입호가와 매도호가의 평균을 사용하여) 주당 약 $222.05의 가치를 지닌다. 구글의 총 발행주식 수를 곱하면, 자본 재구성 이후에 구글 주식의 총가치를 $222.05 × 327 백만 주 = $72.6 십억으로 추정할 수 있다.

새로운 채무의 가치를 추정하기 위해 구글의 총가치인 $229.2 십억에서 추정된 주식가치를 차감할 수 있다. 추정된 채무가치는 229.2 − 72.6 = $156.6 십억이다. 채무는 호가일 후 16개월 뒤에 만기가 되기 때문에, 이 가치는 다음과 같은 만기 수익률에 해당한다.

$$\left(\frac{163.5}{156.6}\right)^{12/16} - 1 = 3.29\%$$

즉, 새로운 채무에 대한 구글의 신용 스프레드는 3.29% − 0.25% = 3.04%이다.

예제 20.11의 방법을 이용하여 그림 20.10은 구글 채무의 수익률을 차입 금액의 함수로 나타내어 차입 금액과 수익률의 관계를 설명하고 있다. 이 예제의 분석은 신용 위험 평가와 위험 채무의 가격결정을 위해 옵션 가격결정 방법의 사용을 보여주고 있다. 여기서는 옵션 호가 자료를 사용했지만, 다음 장에서는 기업의 기본 정보로부터 위험 채무와 다른 곤경비용 및 옵션의 가치결정 방법을 개발하고자 한다.

대리인 갈등

가격결정 이외에 주식과 채무 증권의 옵션 특성은 제16장에서 논의하였던 채무와 주식 보유자 간의 대리인 갈등에 대한 새로운 해석을 제공한다. 옵션의 가격은 일반적으로 기초 증권의 변동성 증가에 따라 증

그림 20.10 구글의 콜옵션 호가와 내재적 채무 수익률

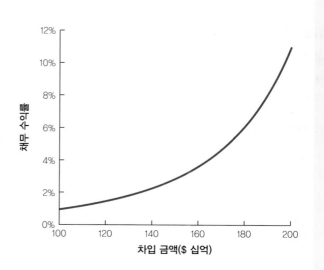

GOOG (GOOGLE INC)   **700.77** − 5.38
Sep 10 2012 @ 21:39 ET   **Vol** 2560067

Calls	Bid	Ask	Open Int
14 Jan 300.00 (GOOG1418A300-E)	402.90	405.90	4
14 Jan 350.00 (GOOG1418A350-E)	355.30	358.00	34
14 Jan 400.00 (GOOG1418A400-E)	308.20	311.60	471
14 Jan 450.00 (GOOG1418A450-E)	263.00	266.50	25
14 Jan 500.00 (GOOG1418A500-E)	220.20	223.90	229
14 Jan 550.00 (GOOG1418A550-E)	181.00	184.70	122
14 Jan 600.00 (GOOG1418A600-E)	145.20	148.60	303
14 Jan 650.00 (GOOG1418A650-E)	114.30	117.30	292
14 Jan 660.00 (GOOG1418A660-E)	108.50	111.60	63
14 Jan 680.00 (GOOG1418A680-E)	97.80	101.70	91
14 Jan 700.00 (GOOG1418A700-E)	87.60	91.00	508
14 Jan 750.00 (GOOG1418A750-E)	66.20	68.10	534

구글 주식에 대한 CBOE 콜옵션 호가가 주어질 때, 우리는 완전자본시장에서 구글이 16개월 할인채를 발행하여 차입을 한다면 내재적 채무 수익률을 계산할 수 있다. 차입 금액에 따라 채무 수익률이 증가하는 것을 보이라.

가한다. 주식은 기업 자산에 대한 콜옵션과 유사하기 때문에 주식 보유자는 기업의 위험을 증가시키는 투자로부터 혜택을 볼 것이다. 한편, 채무 소유자는 기업 자산에 대한 풋옵션을 매도한 것과 같다. 즉, 기업의 위험이 증가할수록 해를 입을 것이다. 위험 채택에 대한 이런 이해 갈등은 자산 대체 문제이고 (16.5절 참조), 기업의 변동성에 대한 옵션 가치의 민감도로 이를 계량화할 수 있다.

이와 유사하게 기업이 자산의 가치를 증가시키는 새로운 투자를 할 때 기업에 대한 풋옵션 가치는 하락할 것이다. 채무 소유자는 풋옵션의 매도 포지션이므로, 기업 채무의 가치는 증가할 것이다. 즉, 자산 가치 증가의 일부는 주식 보유자가 아닌 채무 소유자에게 갈 것이므로 투자에 대한 주식 보유자의 인센티브를 감소시키게 된다. 이 문제는 16.5절에서 논의한 채무 과잉 문제로 기업의 기초자산 가치에 대한 콜옵션과 풋옵션의 민감도로 이를 계량화할 수 있다.

기업 관리자에게 옵션의 유용성은 이 절에서 논의한 응용에만 국한되는 것은 아니다. 하지만 다른 응용을 이해하고 여기서 논의한 결과들을 계량화하기 위해서 옵션의 가격을 결정하는 깊은 지식이 필요하다. 제21장에서 그런 수단들을 개발하고 옵션 가격 계산에 대해 탐구해보기로 하자.

개념 확인

1. 주식을 어떻게 기업에 대한 콜옵션으로 볼 수 있는지를 설명하라.
2. 채무를 어떻게 옵션 포트폴리오로 볼 수 있는지를 설명하라.

핵심 요점 및 수식

20.1 옵션의 기초

- 콜옵션은 소유자에게 미래의 정해진 날짜에 정해진 자산을 매입할 수 있는 (의무가 아닌) 권리를 부여한다. 풋옵션은 소유자에게 미래의 정해진 날짜에 정해진 자산을 매도할 수 있는 권리를 부여한다.
- 옵션의 소유자가 계약의 이행을 실행하여 정해진 가격에 주식을 사거나 팔 때, 이를 옵션의 행사라고 한다.
- 옵션이 만기가 될 때, 소유자가 주식을 사거나 팔기로 약정한 가격을 행사가격이라 한다.
- 소유자가 옵션을 행사할 수 있는 마지막 날을 만기일이라고 한다.
- 아메리칸 옵션은 만기일까지 언제든지 행사가 가능하다. 유러피언 옵션은 오직 만기일에만 행사가 가능하다.
- 즉시 옵션을 행사할 경우의 수익이 양(+)의 값이면, 그 옵션은 내가격이다. 주식가격이 행사가격과 동일하면, 그 옵션은 등가격이다. 마지막으로 옵션을 즉시 행사하여 손실을 본다면, 그 옵션은 외가격이다.

20.2 만기 시점의 옵션 수익

- S를 주식가격, K를 행사가격이라 할 경우 만기일의 콜옵션 가치는 다음과 같다.

$$C = max(S - K, 0) \tag{20.1}$$

- 만기일의 풋옵션 가치는 다음과 같다.

$$P = max(K - S, 0) \tag{20.2}$$

- 옵션의 매도 포지션을 소유한 투자자는 의무를 가진다. 그는 매입 포지션 투자자와 반대되는 계약을 취한 것이다.
- 지금 옵션이 만기가 되었을 때 옵션이 가지는 가치를 내재가치라고 한다. 옵션의 시간가치는 현재가치와 내재가치의 차이이다.

20.3 풋-콜 패리티

- 풋-콜 패리티는 유러피언 콜옵션의 가치를 유러피언 풋옵션과 주식의 가치로 표현할 수 있다.

$$C = P + S - PV(Div) - PV(K) \tag{20.4}$$

20.4 옵션 가격에 영향을 미치는 요인

- 낮은 행사가격을 가지는 콜옵션의 가치는 다른 조건은 동일하면서 높은 행사가격을 가지는 콜옵션의 가치보다 크다. 반면, 풋옵션은 행사가격이 높을수록 가치가 크다.
- 주식가격이 높아지면 콜옵션의 가치는 상승하고, 풋옵션의 가치는 하락한다.
- 옵션 가격의 차익거래 경계
  - 아메리칸 옵션은 다른 조건이 동일한 유러피언 옵션보다 가치가 낮을 수 없다.
  - 풋옵션은 행사가격보다 높은 가치를 가질 수 없다.
  - 콜옵션은 주식 그 자체보다 높은 가치를 가질 수 없다.
  - 아메리칸 옵션은 내재가치보다 낮은 가치를 가질 수 없다.
  - 늦은 만기일을 가지는 아메리칸 옵션은 다른 조건이 동일하면서 짧은 만기일을 가진 아메리칸 옵션보다 낮은 가치를 가질 수 없다.
- 옵션의 가치는 일반적으로 주식의 변동성에 따라 상승한다.

20.5 옵션의 조기 행사

■ 무배당 주식의 아메리칸 콜옵션을 조기 행사하는 것은 최적이 아니다. 즉, 무배당 주식의 아메리칸 콜옵션은 다른 조건이 동일한 유러피언 콜옵션과 동일하다.

■ 심내가격 아메리칸 풋옵션을 행사하는 것은 최적일 수 있다. 배당락 전에 아메리칸 콜옵션을 행사하는 것은 최적일 수 있다.

20.6 옵션과 기업재무

■ 주식은 기업 자산의 콜옵션으로 나타낼 수 있다.

■ 채무 소유자는 기업의 자산을 소유하고 요구되는 채무 지급액과 동일한 행사가격을 가진 콜옵션을 매도한 것으로 볼 수 있다.

■ 기업 채무는 무위험 채무와 요구되는 채무 지급액과 동일한 행사가격을 가지는 기업 현금흐름의 풋옵션 매도 포지션의 포트폴리오이다. 이때의 풋옵션을 신용부도스왑이라고 한다.

■ 옵션 가치평가는 기업 대리인 비용 문제의 크기를 추정하는 것뿐만 아니라, 위험 채무의 적절한 수익률 측정을 위해서 사용될 수 있다.

주요 용어

금융 옵션(financial option)	아메리칸 옵션(American options)
나비형 스프레드(butterfly spread)	옵션 매도자(option writer)
내가격(in-the-money)	옵션 프리미엄(option premium)
내재가치(intrinsic value)	외가격(out-of-the-money)
등가격(at-the-money)	유러피언 옵션(European options)
만기일(expiration date)	콜옵션(call option)
미결제 약정(open interest)	투기(speculate)
방어형 풋(protective put)	포트폴리오 보험(portfolio insurance)
시간가치(time value)	풋옵션(put option)
신용부도스왑(credit default swap, CDS)	풋-콜 패리티(put-call parity)
심내가격(deep in-the-money)	행사(exercising)
심외가격(deep out-of-the-money)	행사가격(strike price, exercise price)
스트래들(straddle)	헤징(hedging)
스트랭글(strangle)	

추가 읽을거리

옵션과 다른 파생증권들의 더 깊은 논의를 위해서 다음 책들을 보라. R. McDonald, Derivative Markets (Prentice Hall, 2009); and J. Hull, *Options, Futures, and Other Derivatives* (Prentice Hall, 2011).

연습문제

* 표시는 난이도가 높은 문제다.

옵션의 기초

1. 다음의 의미를 설명하라.

    a. 옵션   b. 만기일   c. 행사가격   d. 콜옵션   e. 풋옵션

2. 유러피언 옵션과 아메리칸 옵션의 차이는 무엇인가? 유러피언 옵션은 유럽에서만, 아메리칸 옵션은 미국에서만 이용 가능한 것인가?

3. CBOE에서 호가된 2015년 10월과 11월 만기인 IBM 옵션의 호가가 아래와 같다.

   a. 어떤 옵션이 당해 날짜에 가장 많은 거래량을 가지는가?

   b. 어떤 옵션의 미결제 약정이 가장 많은가?

   c. IBM1516J150의 표식을 가진 옵션을 한 개 매입한다고 하자. (수수료를 제외하고) 옵션을 위해 브로커에게 얼마의 비용을 지불해야 하는가?

   d. 최종 거래가격이 항상 매입호가와 매도호가 사이에 존재하는 것은 아닌 이유를 설명하라.

   e. IBM1516V150의 표식을 가진 옵션을 한 개 매도한다고 하자. (수수료를 제외하고) 옵션에 대해 얼마를 받을 것인가?

   f. 행사가격이 현재 내가격인 콜옵션은? 어떤 풋옵션이 내가격인가?

   g. IBM1516J140의 표식을 가진 옵션과 IBM1506K140의 표식을 가진 옵션의 차이는 무엇인가?

   h. IBM1516V140의 표식을 가진 옵션의 만기일은 언제인가? 만기 시점에 IBM 주식의 어떤 가격 범위에서 이 옵션이 가치가 있을까?

IBM (INTL BUSINESS MACHINES)

Oct 05 2015 @ 16:39 ET   **Bid** 148.72   **Ask** 149.04   **Size** 3 × 3

149.04 4.46   **Vol** 4997840

Calls	Last Sale	Net	Bid	Ask	Vol	Open Int	Puts	Last Sale	Net	Bid	Ask	Vol	Open Int
15 Oct 140.00 (IBM1516J140)	9.55	4.10	9.15	9.50	35	390	15 Oct 140.00 (IBM1516V140)	0.36	−0.62	0.35	0.36	834	3762
15 Oct 145.00 (IBM1516J145)	4.95	2.86	4.80	5.20	234	1689	15 Oct 145.00 (IBM1516V145)	0.89	−1.30	0.86	0.87	855	2395
15 Oct 150.00 (IBM1516J150)	1.50	1.13	1.53	1.54	786	3380	15 Oct 150.00 (IBM1516V150)	2.44	−3.62	2.24	2.47	180	2774
15 Oct 155.00 (IBM1516J155)	0.23	0.19	0.18	0.19	662	4569	15 Oct 155.00 (IBM1516V155)	6.01	−5.99	5.60	6.30	81	2985
15 Nov 140.00 (IBM1506K140)	6.77	0	10.45	11.05	0	73	15 Nov 140.00 (IBM1506W140)	1.76	−1.64	1.93	2.00	34	54
15 Nov 145.00 (IBM1506K145)	5.83	1.58	6.70	6.90	94	191	15 Nov 145.00 (IBM1506W145)	3.00	−2.69	3.20	3.35	33	78
15 Nov 150.00 (IBM1506K150)	3.86	1.84	3.65	3.85	314	43	15 Nov 150.00 (IBM1506W150)	8.66	0	5.40	5.55	0	11
15 Nov 155.00 (IBM1506K155)	1.72	0.90	1.67	1.74	135	123	15 Nov 155.00 (IBM1506W155)	8.30	0	7.85	8.80	2	0

출처 : 시카고옵션거래소 www.cboe.com

만기 시점의 옵션 수익

4. 풋옵션 매입 포지션과 콜옵션 매도 포지션의 차이를 설명하라.

5. 주식가격이 상승할 때 어떤 포지션이 이익을 보는가?

   a. 콜옵션의 매입 포지션

   b. 콜옵션의 매도 포지션

   c. 풋옵션의 매입 포지션

   d. 풋옵션의 매도 포지션

6. 당신은 행사가격이 $40인 인튜이트 주식의 콜옵션을 소유하였다. 정확히 3개월 후에 옵션의 만기가 될 것이다.

   a. 3개월 후에 주식가격이 $55라면, 콜옵션의 수익은 어떻게 되는가?

   b. 3개월 후에 주식가격이 $35라면, 콜옵션의 수익은 어떻게 되는가?

   c. 만기 시점에 주식가격의 함수로 콜옵션의 가치를 그림으로 나타내라.

7. 6번 문제의 콜옵션을 매도하였다고 하자.

   a. 3개월 후에 주식가격이 $55라면, 얼마를 지불하여야 하는가?

   b. 3개월 후에 주식가격이 $35라면, 얼마를 지불하여야 하는가?

   c. 만기 시점에 주식가격의 함수로 지불 금액을 그림으로 나타내라.

8. 행사가격이 $10인 포드 주식의 풋옵션을 소유하였다고 하자. 옵션의 만기는 정확히 6개월 후이다.
   a. 3개월 후에 주식가격이 $8라면, 풋옵션의 수익은 어떻게 되는가?
   b. 3개월 후에 주식가격이 $23라면, 풋옵션의 수익은 어떻게 되는가?
   c. 만기 시점에 주식가격의 함수로 풋옵션의 가치를 그림으로 나타내라.

9. 8번 문제의 풋옵션을 매도하였다고 하자.
   a. 3개월 후에 주식가격이 $8라면, 얼마를 지불하여야 하는가?
   b. 3개월 후에 주식가격이 $23라면, 얼마를 지불하여야 하는가?
   c. 만기 시점에 주식가격의 함수로 지불 금액을 그림으로 나타내라.

10. 다음 중 어떤 포지션이 손실에 더 노출되는가: 콜옵션의 매도 포지션 또는 풋옵션의 매도 포지션? 즉, 최악의 경우에, 두 포지션 중 손실이 더 큰 것은 어떤 것인가?

11. 3번 문제에서 2015년 10월물 IBM 콜옵션과 풋옵션을 생각해보자. 옵션의 존속 기간 동안 이자를 무시한다.
    a. 각 옵션에 대해 IBM 주식가격의 손익분기점(옵션을 매입하여 행사하는 총이익이 0이 되는 가격)을 계산하라.
    b. 어떤 콜옵션이 −100%의 수익률을 가질 가능성이 제일 큰가?
    c. IBM 주식의 가격이 만기일에 $156면, 어떤 옵션이 가장 높은 수익률을 가지는가?

12. 동일한 주식에 대해 동일한 만기일을 가지는 콜옵션과 풋옵션의 매입 포지션을 취하였다. 콜옵션의 행사가격은 $40이고, 풋옵션의 행사가격은 $45이다. 만기일에 주식가격의 함수로 이 합성의 가치를 그림으로 나타내라.

13. 동일한 주식에 대해 동일한 만기를 가지는 2개의 콜옵션 매입 포지션을 취하였다. 첫 번째 콜옵션의 행사가격은 $40이고, 두 번째 콜옵션의 행사가격은 $60이다. 추가적으로 행사가격이 $50지만 다른 조건이 동일한 2개의 콜옵션을 매도하였다. 만기일에 주식가격의 함수로 이 합성의 가치를 그림으로 나타내라. 이 합성옵션의 이름은 무엇인가?

*14. 선도계약은 미래의 정해진 날짜에 정해진 가격으로 자산을 매입하는 계약이다. 양쪽 당사자는 계약을 만족시킬 의무가 있다. 옵션의 포지션으로부터 주식의 선도계약을 어떻게 구성할지를 설명하라.

15. 당신은 코스트코 주식을 소유하고 있다. 주식가격이 하락할 것을 걱정하여 이 가능성에 대해 보험을 들고 싶다. 이 가능성에 대한 보험을 어떻게 매입할 것인가?

16. 당신은 2015년 10월 5일에 IBM 주식을 소유하고 있다. 당신의 포지션 가치가 크게 하락하지 않도록 보험을 매입하고 싶다고 하자. 3번 문제의 자료를 이용하여 현재 포트폴리오 가치의 백분율로 답하라.
    a. 지금부터 10월 세 번째 금요일까지, 포지션의 가치가 주당 $140 밑으로 떨어지지 않기 위해서 얼마의 비용을 지불해야 하는가?
    b. 지금부터 11월 세 번째 금요일까지, 포지션의 가치가 주당 $140 밑으로 떨어지지 않기 위해서 얼마의 비용을 지불해야 하는가?
    c. 지금부터 11월 세 번째 금요일까지, 포지션의 가치가 주당 $145 밑으로 떨어지지 않기 위해서 얼마의 비용을 지불해야 하는가?

풋-콜 패리티

17. 다이내믹 에너지 시스템즈 주식은 현재 주당 $33에 거래되고 있다. 이는 무배당 주식이다. 행사가격이 $35인 다이내믹의 1년 유러피언 풋옵션이 $2.10에 거래되고 있다. 무위험 수익률이 연 10%라고 하면, 행사가격이 $35인 다이내믹의 1년 유러피언 콜옵션의 가격은 얼마인가?

18. 당신이 신문을 보고 차익거래 기회를 발견하였다고 하자. 현재 인트라웨스트의 주식가격은 주당 $20이고, 1년 무위험 이자율은 8%이다. 행사가격이 $18인 인트라웨스트의 1년 풋옵션은 $3.33에 매도되고, 다

른 조건이 동일한 콜옵션은 $7에 매도된다. 이 차익거래 기회를 이용하기 위해서 무엇을 해야 하는지 설명하라.

19. 3번 문제에서의 2015년 10월물 IBM 콜옵션과 풋옵션을 생각해보자. 옵션의 남은 생존 기간 동안의 단기 국채 이자를 무시할 때, 행사가격이 $140인 옵션에 대해 풋-콜 패리티를 이용하여 차익거래 발생 기회가 없음을 보여라.

    a. 콜옵션과 단기국채를 매입하고, IBM 주식과 풋옵션을 매도한 경우의 손익은 얼마인가?

    b. IBM 주식과 풋옵션을 매입하고, 콜옵션과 단기국채를 매도한 경우의 손실은 얼마인가?

    c. (a)와 (b)에 대한 답변이 모두 0이 아닌 이유를 설명하라.

    d. 행사가격이 $150인 10월물 옵션에 대해 동일한 계산을 하라. 무엇을 발견하였는가? 이를 어떻게 설명할 수 있는가?

20. 2016년 2월 중순, 2017년 12월 만기인 S&P 100 주가지수(OEX)의 유러피언 옵션은 다음과 같다.

2017년 12월 OEX 주가지수 옵션		
행사가격	콜옵션 가격	풋옵션 가격
840	88.00	
860	76.30	102.21
880		111.56

2017년 12월 만기(미래 22개월 동안)까지의 이자율이 0.4%일 때, 풋-콜 패리티(배당 포함)를 이용하여 다음을 계산하라.

    a. 행사가격 840인 2017년 12월물 OEX 풋옵션의 가격

    b. 행사가격 880인 2017년 12월물 OEX 콜옵션의 가격

옵션 가격에 영향을 미치는 요인

21. 아마존 주식은 주당 $500에 거래되고 있으며 무배당 주식이다.

    a. 아마존 콜옵션의 가능한 최대 가격은 얼마인가?

    b. 행사가격이 $550인 아마존 풋옵션의 가능한 최대 가격은 얼마인가?

    c. 행사가격이 $475인 아마존 콜옵션의 가능한 최소 가치는 얼마인가?

    d. 행사가격이 $550인 아마존 아메리칸 풋옵션의 최소 가치는 얼마인가?

22. 3번 문제에서 IBM 옵션의 자료를 생각해보자. 행사가격이 $155이고 만기일이 11월 1일인 IBM 새로운 아메리칸 풋옵션을 가정하자.

    a. 이 옵션의 가능한 최대 가격은 얼마인가?

    b. 이 옵션의 가능한 최소 가격은 얼마인가?

23. 당신은 뉴스가 갑자기 발표되었을 때, 당신이 선호하는 주식의 옵션 호가를 보았다. 어떤 뉴스가 다음 효과를 발생시키는지를 설명하라.

    a. 콜옵션 가격 상승, 풋옵션 가격 하락

    b. 콜옵션 가격 하락, 풋옵션 가격 상승

    c. 콜옵션과 풋옵션 가격 상승

옵션의 조기 행사

*24. 무배당 주식의 아메리칸 콜옵션이 다른 조건이 동일한 유러피언 콜옵션과 항상 같은 가격인 이유를 설명하라.

25. 행사가격이 $55인 XAL의 아메리칸 풋옵션 만기가 1년 남았다고 하자. XAL은 무배당 주식이고, 현재 주

당 $10에 거래되고 있으며, 1년 이자율은 10%이다. 옵션을 일찍 행사하는 것이 최적이라면

   a. 행사가격이 주당 $60인 XAL 주식의 1년 만기 아메리칸 풋옵션의 가격은 얼마인가?

   b. 행사가격이 주당 $55인 XAL 주식의 1년 만기 아메리칸 콜옵션의 최대 가격은 얼마인가?

26. 하포드 주식은 $0.30의 배당을 지급하려고 한다. 다음 달에는 배당이 없다. 콜옵션의 만기는 1개월 후이다. 이자율이 6% APR(월복리)이라면, 콜옵션의 조기 행사가 최적일 가능한 최대 행사가격은 얼마인가?

27. S&P 500은 900이고, 행사가격 $400인 1년 유러피언 콜옵션이 음(−)의 시간가치를 가진다. 이자율이 5%라면, S&P 500의 배당 수익률에 대해서 어떤 결론을 내리겠는가? (배당은 매년 말에 지급한다.)

28. S&P 500은 900이고, 연말에 $30의 배당을 지급할 것이다. 이자율은 2%이다. 만약 1년 유러피언 풋옵션의 시간가치가 음(−)의 값이라면, 가능한 가장 낮은 행사가격은 얼마인가?

옵션과 기업재무

29. 웰슬리 주식회사의 주식은 주당 $25에 거래된다. 웰슬리는 20 백만 주식을 발행하였으며 시장 부채비율(채무/주식)은 0.5이다. 웰슬리의 채무는 5년 만기 할인채로 만기 수익률은 10%이다.

   a. 웰슬리의 자기자본을 콜옵션으로 설명하라. 콜옵션의 만기는? 이 콜옵션의 기초자산의 시장가치는 얼마인가? 이 콜옵션의 행사가격은 얼마인가?

   b. 콜옵션을 이용하여 웰슬리의 채무를 설명하라.

   c. 풋옵션을 이용하여 웰슬리의 채무를 설명하라.

*30. 풋옵션과 관련하여 주식 보유자의 포지션을 설명하라.

31. 다음 표에서 2009년 7월 13일의 옵션 자료를 이용하여, 구글이 2011년 1월에 만기인 $128 십억의 할인채를 발행하였다면 구글이 지급해야 하는 이자율은 얼마인지 계산하라. 구글은 현재 320 백만의 주식을 발행하였고, 총 시장가치는 $135.1 십억이다. (완전자본시장을 가정한다.)

GOOG   **422.27** +7.87

Jul 13 2009 @ 13:10 ET   **Vol** 2177516

Calls	Bid	Ask	Open Int
11 Jan 150.0 (OZF AJ)	273.60	276.90	100
11 Jan 160.0 (OZF AL)	264.50	267.20	82
11 Jan 200.0 (OZF AA)	228.90	231.20	172
11 Jan 250.0 (OZF AU)	186.50	188.80	103
11 Jan 280.0 (OZF AX)	162.80	165.00	98
11 Jan 300.0 (OZF AT)	148.20	150.10	408
11 Jan 320.0 (OZF AD)	133.90	135.90	63
11 Jan 340.0 (OZF AI)	120.50	122.60	99
11 Jan 350.0 (OZF AK)	114.10	116.10	269
11 Jan 360.0 (OZF AM)	107.90	110.00	66
11 Jan 380.0 (OZF AZ)	95.80	98.00	88
11 Jan 400.0 (OZF AU)	85.10	87.00	2577
11 Jan 420.0 (OUP AG)	74.60	76.90	66
11 Jan 450.0 (OUP AV)	61.80	63.30	379

*32. 2009년 7월에 구글은 $96 십억의 선순위 할인채를, $32 십억의 후순위 할인채를 발행하였는데, 모두 만기는 2011년 1월이다. 앞의 표의 옵션 자료를 이용하여, 구글이 후순위 채무에 대해 지급해야 하는 이자율을 계산하라. (완전자본시장을 가정한다.)

당신의 삼촌은 월마트 주식 10,000주를 소유하고 있다. 그는 임박한 "주요 발표"로 인해 월마트 주식에 대한 단기 전망을 걱정하고 있다. 이 발표는 언론의 많은 주목을 받고 있기 때문에 주식가격이 다음 달에 크게 움직일 것이라 기대하고 있지만, 이익 또는 손실에 대해서는 확신이 없다. 그는 주식가격이 상승하길 원하지만, 단기적으로 하락할 경우에도 고통을 받고 싶지 않다.

그의 브로커는 주식에 대한 "방어형 풋(protective put)"을 매입하라고 권하였지만, 삼촌은 이전에 한 번도 옵션을 거래해본 적이 없고, 그렇게 위험 선호자도 아니다. 그는 당신에게 발표가 긍정적일 때 이익을 보지만 뉴스가 주가를 하락시켜도 방어할 수 있는 계획을 고안해주길 원한다. 당신은 방어형 풋이 손실 위험으로부터 그를 보호할 것이라고 알고 있지만, 스트래들이 주가 상승으로 인한 이익을 증가시키면서도 비슷한 보호 전략이 될 것이라고 생각한다. 당신은 두 가지 전략 모두와 각각의 이익과 수익률을 삼촌에게 보여주기로 하였다.

1. 시카고옵션거래소(www.cboe.com)에서 만기가 약 1개월인 월마트의 옵션 호가를 엑셀 스프레드시트로 다운로드하라. (화면 왼쪽 위의 Quotes & Data를 클릭하고, "Delayed Quotes"를 선택하라.) "near term at-the-money" 옵션의 다운로드를 선택하면, 만기가 약 1개월인 옵션들을 얻을 것이다.

   참고 : 옵션이 거래 중일 때 활발한 호가를 얻을 수 있다. 매입호가 또는 매도호가는 거래가 중단되면 얻을 수 없다.

2. 방어형 풋을 이용하여 삼촌의 이익과 수익률을 나타내라.
   a. 현재의 주식가격과 비슷하지만 낮지 않은 행사사격을 가지는 풋옵션을 확인하라. 10,000주를 모두 보호하기 위해 필요한 투자를 계산하라.
   b. 식 (20.2)를 이용하여 월마트 현재 주가의 $40 범위 내에서 각 주가에 대해 $5 단위로 풋옵션 가격을 계산하라.
   c. (b)에서의 각 주가에 대한 풋옵션의 손익을 계산하라.
   d. (b)에서의 각 주가에 대해 현재 주가로부터 주식의 이익을 계산하라.
   e. (c)와 (d)에서의 각 주가에 대해 주식과 풋옵션을 결합한 방어형 풋의 총손익을 계산하라.
   f. 방어형 풋의 총수익률을 계산하라.

3. 스트래들을 이용하여 당신 삼촌의 이익과 수익률을 나타내라.
   a. 삼촌이 10,000주를 모두 보호하기 위해, 질문 2에서의 풋옵션과 동일한 만기와 행사가격을 가지는 콜옵션과 풋옵션을 매입하는 데 필요한 투자를 계산하라.
   b. 식 (20.1)과 (20.2)를 이용하여 월마트의 현재 가격의 $40 범위 내에서 주가의 $5 증가마다 만기 시점의 콜옵션과 풋옵션의 가치를 계산하라.
   c. (b)에서의 각 주식가격에 대해서 옵션의 손익을 계산하라.
   d. (b)에서의 각 주식가격에 대해 현재 주가로부터 주식의 손익을 계산하라.
   e. (c)와 (d)에서의 각 주식가격에 대해 주식과 양 옵션의 포지션을 결합하는 스트래들의 총손익을 계산하라.
   f. 이 포지션의 총수익률을 계산하라.

4. 발표로 인해 주식가치가 크게 감소할 경우 방어형 풋이 삼촌의 손실을 보호한다는 브로커의 말이 옳은가? 방어형 풋을 이용할 때 삼촌의 가능한 최대 손실은 얼마인가?

5. 스트래들을 이용할 때 삼촌의 가능한 최대 손실은 얼마인가?

6. 방어형 풋과 스트래들 중 어떤 전략이 삼촌의 잠재적 최대 이익을 제공하는가? 이런 일이 발생하는 이유는 무엇인가?

주석 : 이 사례 분석에 대한 갱신은 www.berkdemarzo.com에서 찾을 수 있다.

옵션의 가치평가

로버트 머튼과 마이론 숄즈는 1997년 노벨 경제학상을 수상하였다. 이는 1973년에 피셔 블랙과 함께 옵션의 가격을 계산하는 공식인 블랙-숄즈의 옵션 가격결정 모형을 발견한 공로를 인정한 것이다.[1] 이 공식은 경제학에 지대한 공헌을 하였지만 더 중요한 것은 블랙, 숄즈, 머튼이 옵션 가격결정을 위해 개발한 기법들이다. 이 기법들은 금융경제학의 수업 과정을 바꾸었으며, 금융공학이라는 새로운 분야를 만들어냈다. 일상적으로 금융공학자들은 토목공학자들이 교량을 세우기 위해 뉴턴의 법칙을 사용하듯이, 아주 비슷한 방법으로 금융증권의 가격결정을 위해 공식을 사용한다. 시장에서 이용 가능한 금융증권들의 발전에 가장 중요한 기여 요인은 그것들의 가격결정에 사용되는 기법들인데, 이 기법들은 블랙-숄즈의 공식에 따라 만들어진다. 오늘날 가장 큰 기업들도 위험 관리를 위해 이러한 금융증권에 의존한다. 블랙-숄즈의 공식 없이 기업의 관리자라는 직무는 매우 어려웠을 것이다. 많은 기업들이 지금 그들이 감내하는 것보다 더 많은 위험에 노출되었을 것이다.

이 공식들은 기본적으로 일물일가의 법칙에 의존하고 있다. 즉, 이 공식들은 투자자의 취향이나 믿음과 같이 관찰 불가능한 모수에 의존하지 않는다. 블랙, 숄즈, 머튼이 경제학에 가져온 위대한 통찰력은 옵션의 경우에 선호도를 모형화할 필요가 없다는 것이다. 이 장은 주식과 채권의 현재 시장가격에 입각하여, 그들의 업적에 의해 일물일가의 법칙을 새로운 금융증권의 범주에 광범위하게 적용하는 방법을 설명한다.

이 장의 목적은 옵션의 가격 계산을 위해서 (모두 블랙과 숄즈의 통찰력으로부터 유도된) 가장 흔히 사용되는 기법을 설명할 것이다: 이항 옵션 가격결정 모형, 블랙-숄즈 공식, 위험-중립 확률. 주식옵션의 가격을 결정하고 이들의 위험과 수익률을 계량화하기 위해서 이런 기법들을 적용할 것이다. 그리고 블랙-숄즈 공식을 이용해서 위험 채무의 베타 결정 방법을 보여줄 것이다. 이런 기초하에 다음 장들에서는 기업 관리자들을 위한 옵션 가격결정의 중요한 응용에 대해 살펴볼 것이다.

기호

Δ 복제 포트폴리오의 주식 수, 주가에 대한 옵션 가격의 민감도

B 복제 포트폴리오의 무위험 투자

S 주식가격

r_f 무위험 이자율

C 콜옵션 가격

T 옵션 만기일까지의 연수

K 행사가격

σ 주식 수익률의 변동성

$N(d)$ 누적 정규분포

ln 자연로그

PV 현재가치

P 풋옵션 가격

S^x 배당을 제외한 주식가치

q 배당 수익률

ρ 위험-중립 확률

β_S, β_B 주식과 채무의 베타

β_E, β_D 차입 주식과 채무의 베타

β_U 기업 자산의 베타, 무차입 주식의 베타

A, E, D 자산, 주식, 채무의 시장가치

---

1 블랙-숄즈 공식은 로버트 머튼(Robert Merton)의 업적을 기반으로 피셔 블랙(Fischer Black)과 마이론 숄즈(Myron Scholes)에 의해 유도되었다. ("The Pricing of Options and Corporate Liabilities," *Journal of Political Economy* 81, 1973). 불행하게도 블랙은 노벨상이 수여되기 2년 전에 사망하였다.

21.1 이항 옵션 가격결정 모형

이항 옵션 가격결정 모형(Binomial Option Pricing Model)과 함께 옵션의 가격결정 공부를 시작하자.[2] 이 모형은 다음 시점에 주식가격이 두 개의 가능한 가격만을 가질 수 있다고 간단하게 가정하여 옵션의 가격을 결정한다. 이 가정하에 옵션의 수익은 무위험 채권과 기초주식으로 구성된 포트폴리오에 의해 정확히 복제될 수 있다는 블랙과 숄즈의 중요한 통찰력을 보여주고자 한다. 또한 매우 짧은 구간에서 주식가격이 움직인다고 생각하면, 이 모형이 아주 현실적일 수 있다는 것을 알게 될 것이다.

두 상태 단일 기간 모형

아주 간단한 세상에서 단일 기간 옵션의 가격을 계산해보자. 먼저 1 기간 후에 옵션과 정확히 동일한 가치를 가지는 다른 증권들의 포트폴리오인 복제 포트폴리오(replicating portfolio)를 구성하여 옵션의 가치를 결정할 것이다. 복제 포트폴리오가 옵션과 동일한 수익을 갖기 때문에 일물일가의 법칙에 의해 콜옵션과 복제 포트폴리오의 현재가치는 같아야 한다.

1 기간 후에 만기가 되는 행사가격 $50의 유러피언 콜옵션이 있다. 오늘 주식가격이 $50라고 가정하자. 이번 장에서는 명시적으로 언급하지 않는 한 무배당 주식을 가정한다. 1 기간 후에 주식가격은 $10 상승하거나 $10 하락한다. 1 기간 무위험 이자율은 6%이다. 이러한 정보를 이항 나무(binomial tree)로 정리할 수 있는데, 이는 날짜마다 발생할 수 있는 가능성을 나타내는 두 개의 가지를 갖는 시간선이다.

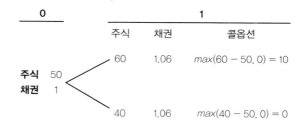

이항 나무에는 우리가 현재 알고 있는 모든 정보가 포함된다: 오늘의 주식과 채권의 가격뿐만 아니라 1 기간 후의 주식, 채권 및 콜옵션의 가치. (단순히 오늘의 채권가격은 $1이고, 1 기간 후에는 $1.06가 될 것이다.) 주식가격이 $60로 상승하는 것을 상승 상태(up state), $40로 하락하는 것을 하락 상태(down state)라고 정의한다.

일물일가의 법칙을 이용하여 옵션 가격을 결정하기 위해서 주식과 채권으로 구성된 포트폴리오로 옵션의 수익을 복제할 수 있다는 것을 알아야 한다. Δ를 매입하는 주식의 수, B를 채권의 최초 투자라고 하자. 주식과 채권을 이용한 콜옵션 복제를 위하여 주식과 채권으로 구성된 포트폴리오의 가치는 가능한 모든 상태에서 옵션의 가치와 일치해야 한다. 즉, 상승 상태에서 포트폴리오의 가치는 반드시 $10(그 상태에서의 콜옵션 가치)가 되어야 한다.

$$60\Delta + 1.06B = 10 \tag{21.1}$$

---

2 이 기법은 다음의 두 논문에서 최초로 유도되었다. J. Cox, S. Ross, and M. Rubinetein, "Option Pricing, a Simplified Approach," *Journal of Financial Economics* 7 (1979): 229-263; J. Rendleman and B. Bartter, "Two-State Option Pricing," *Journal of Finance* 34 (December 1979): 1093-1110.

하락 상태에서 포트폴리오의 가치는 0(그 상태에서의 콜옵션 가치)이 되어야 한다.

$$40\Delta + 1.06B = 0 \tag{21.2}$$

식 (21.1)과 (21.2)는 두 개의 미지수 Δ와 B를 가지는 두 개의 구조 방정식이다. 이 식을 풀기 위해 일반적인 방법을 간단히 보이겠지만 해답은 다음과 같다.

$$\Delta = 0.5$$
$$B = -18.8679$$

주식 0.5주를 매입하고, 약 $18.87의 채권을 매도하는 (즉, $18.87를 6%에 차입함) 이 포트폴리오는 1 기간 후에 정확히 콜옵션 가치와 같은 가치를 가질 것이다.

$$60 \times 0.5 - 1.06 \times 18.87 = 10$$
$$40 \times 0.5 - 1.06 \times 18.87 = 0$$

따라서 일물일가의 법칙에 의해 오늘 콜옵션의 가격은 복제 포트폴리오의 시장가치와 같아야 한다. 오늘 포트폴리오의 가치는 현재 주가 $50인 주식 0.5주의 가치에서 차입 금액을 차감한 것이다.

$$50\Delta + B = 50(0.5) - 18.87 = 6.13 \tag{21.3}$$

즉, 콜옵션의 오늘 가치는 $6.13이다.[3]

그림 21.1은 주식과 채권으로 콜옵션과 동일한 수익을 가지는 포트폴리오의 구성 방법을 보여주고 있다. 미래 주식가격의 함수로 표현된 복제 포트폴리오의 수익은 $\Delta = 0.5$의 기울기와 $FV(B) = 1.06$ $(-18.87) = -20$의 절편을 가지는 직선이다. 이 선은 콜옵션의 수익을 보여주는 선과는 매우 다르다. 콜옵션은 주식가격이 행사가격 $50보다 작을 때 수익은 0이고, 행사가격 $50보다 클 때 1:1의 비율로 상승한다. 이항 모형의 비밀은 옵션과 복제 포트폴리오가 일반적으로 동일한 수익을 갖지는 않지만, 주식가격이 움직일 수 있는 $40와 $60에서는 수익이 동일하다.

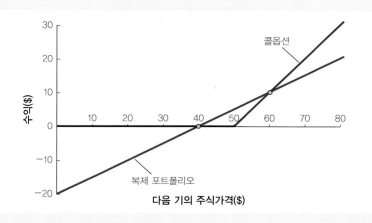

그림 21.1

이항 모형의 옵션 복제

빨간색 선은 다음 시점에 주가의 함수로 표현된 복제 포트폴리오의 수익을, 파란색 선은 콜옵션의 수익을 나타낸다. 복제 포트폴리오와 콜옵션이 항상 같은 값을 갖지는 않지만, 다음 시점에 가능한 주가의 두 값인 $40와 $60에서는 동일한 값을 갖는다.

---

3 콜옵션의 가격이 (예를 들어 $6.50가 되어) 포트폴리오의 가치와 다르면, 차익거래가 발생할 것이다. $6.13인 복제 포트폴리오를 매입하고, $6.50인 콜옵션을 매도하여 이익을 얻을 수 있다. 그들은 동일한 가치를 가지기 때문에 아무 위험 없이 즉시 옵션당 6.50 − 6.13 = $0.37의 이익을 얻게 된다.

일물일가의 법칙에 의해 이항 나무에서 각 상태의 확률을 몰라도 옵션의 가격을 계산할 수 있다. 즉, 주식가격의 상승과 하락 가능성을 명시할 필요가 없다. 미래 상태의 확률은 추정하기 매우 어려운 투자자 믿음의 일부이기 때문에 이 놀라운 결과는 매우 중요한 발견이다. 이러한 주장은 옵션의 가치를 평가하기 위해 이 확률들을 알 필요가 없다는 것을 보여주었다. 이는 또한 이 확률들에 의해 결정되는 주식의 기대수익률을 알 필요가 없다는 뜻이기도 하다.

이항 가격결정 공식

이제 기초적인 개념을 알았으니 좀 더 일반적인 예제를 살펴보자. 현재 주식가격이 S이고, 다음 시점에 주식가격이 상승하면 S_u로, 하락하면 S_d가 된다고 하자. 무위험 이자율은 r_f이다. 옵션의 가격은 주식가격이 상승하면 C_u, 하락하면 C_d라고 하자.

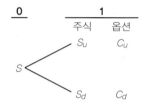

위의 이항 나무 그림을 간단하게 하기 위해 무위험 이자율 r_f의 수익률을 얻는 채권의 수익은 표시하지 않았다.

오늘 옵션의 가치는 얼마인가? 주식가격이 상승 또는 하락할 때 복제 포트폴리오가 옵션과 동일한 수익을 가지게 하는 주식의 수 Δ와 채권 포지션인 B를 결정해야 한다.

$$S_u \Delta + (1 + r_f)B = C_u, \quad S_d \Delta + (1 + r_f)B = C_d \tag{21.4}$$

두 미지수 Δ와 B를 위한 두 개의 방정식을 풀어, 이항 모형에서 복제 포트폴리오를 위한 일반적인 공식을 얻는다.

이항 모형에서 복제 포트폴리오

$$\Delta = \frac{C_u - C_d}{S_u - S_d}, \quad B = \frac{C_d - S_d \Delta}{1 + r_f} \tag{21.5}$$

식 (21.5)에서 Δ의 공식은 주가 변화에 따른 옵션 가치의 민감도로 해석될 수 있다. 이는 그림 21.1에 나타난 복제 포트폴리오의 수익을 보여주는 직선의 기울기이다.

복제 포트폴리오를 알면 오늘 옵션의 가치를 이 포트폴리오의 비용으로 계산할 수 있다.

이항 모형에서 옵션 가격

$$C = S\Delta + B \tag{21.6}$$

식 (21.5)와 (21.6)은 이항 옵션 가격결정 모형을 요약한 것이다. 위의 식은 상대적으로 간단하지만, 이를 다른 방법으로 응용하면 이것들이 상당히 강력한 개념이라는 것을 알게 된다. 먼저 이것은 가치를 평가하려는 옵션이 콜옵션일 것을 요구하지 않는다. 즉, 주식가격에 의해 수익이 결정되는 어떤 증권에도 적용할 수 있다. 예제 21.1과 같이 풋옵션의 가격결정에 사용할 수도 있다.

	예제 21.1

풋옵션의 가치평가

문제

어떤 주식이 현재 $60에 거래되고 있으며, 1 기간 후에 20% 상승하거나 10% 하락할 것이다. 1 기간 무위험 이자율이 3%라면, 행사가격이 $60이고 1 기간 후에 만기가 도래하는 유러피언 풋옵션의 가격은 얼마인가?

풀이

다음과 같이 이항 나무를 구성해보자.

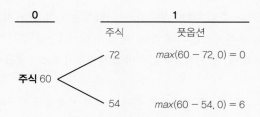

0	1	
	주식	풋옵션
	72	$max(60 - 72, 0) = 0$
주식 60		
	54	$max(60 - 54, 0) = 6$

즉, $C_u = 0$(주식가격이 상승하였을 때의 풋옵션 가치)이고, $C_d = 6$(주식가격이 하락하였을 때의 풋옵션 가치)을 식 (21.5)와 (21.6)에 적용하여 풋옵션의 가치를 계산할 수 있다.

$$\Delta = \frac{C_u - C_d}{S_u - S_d} = \frac{0 - 6}{72 - 54} = -0.3333, \quad B = \frac{C_d - S_d \Delta}{1 + r_f} = \frac{6 - 54(-0.3333)}{1.03} = 23.30$$

이 포트폴리오는 주식 0.3333주를 매도하고, $23.30를 무위험 채권에 투자하여 구성한다. 주식가격의 등락에 따라 풋옵션을 정말 복제하는지의 여부를 알아보자.

$$72(-0.3333) + 1.03(23.30) = 0 , \ 54(-0.3333) + 1.03(23.30) = 6$$

풋옵션의 가치는 포트폴리오의 최초 비용이 된다. 식 (21.6)에 따르면 풋옵션의 가치는 다음과 같다.

$$풋옵션의 가치 = C = S\Delta + B$$
$$= 60(-0.3333) + 23.30 = \$3.30$$

이 순간에 당신은 회의적일 수 있다. 간단한 두 상태의 예제로 콜옵션과 풋옵션의 가치를 평가하는 것과 실제 상황에서 옵션의 가격을 결정하는 것은 다른 것이다. 다음 절에서 이 간단한 두 상태의 모형이 쉽게 일반화된다는 것을 보여줄 것이다.

다기간 모형

두 상태 예제에 대한 불신의 이유는 실제 상황에서는 주식가격이 가능한 결과가 두 개 이상이라는 것이다. 이 모형을 좀 더 현실적으로 만들기 위해 이제는 상태의 수와 기간이 더 많아지는 것을 허용하자.

주식가격에 대한 2 기간 이항 모형을 살펴보자.[4]

---

4 다기간 나무는 때때로 이항 격자(binomial lattice)로 언급된다.

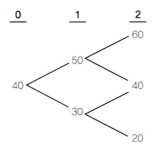

이항 모형의 특징은 시점마다 주식가격이 상승 또는 하락하는 오직 두 가지의 가능한 결과만이 존재한다는 것이다. 하지만 시점을 추가적으로 더해 가면, 마지막에는 가능한 주식가격의 개수가 증가한다. 무위험 이자율이 기간마다 6%일 때, 만기가 2 기간이며 행사가격이 $50인 콜옵션의 가격을 어떻게 결정할지 생각해보자.

다기간 이항 나무에서 옵션의 가치를 계산하기 위해 마지막 시점에서 시작하여 후진으로 거슬러 온다. 옵션의 만기인 시점 2에서 옵션의 가치는 내재가치와 같다. 이 경우에 주식가격이 $60로 상승하면 콜옵션의 가치는 $10이고, 하락하면 콜옵션의 가치는 0이 된다.

이제 시점 1에서 가능한 각 상태의 옵션 가치를 결정해보자. 주식가격이 시점 1에서 $50로 상승하면 옵션의 가치는 얼마일까? 이 경우에 옵션이 다음 시점에 만기가 도래하므로 이항 나무의 나머지 부분은 다음과 같다.

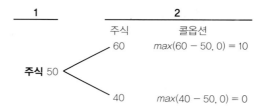

이 이항 나무는 이 절을 시작할 때 1 기간 모형에서 생각했던 나무와 정확히 같다. 거기서 $6.13의 최초 콜옵션 가치를 복제하는 포트폴리오는 $\Delta = 0.5$주를 매입하고 $B = -$18.87$의 채권 포지션을 가지도록 계산하였다.

시점 1에 주식가격이 $30로 하락하면 어떻게 될까? 이 경우에 다음 시점의 이항 나무는 다음과 같다.

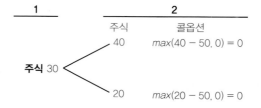

시점 2의 두 상태에서는 옵션의 가치가 없기 때문에 시점 1에서 하락 상태인 경우에 옵션의 가치는 0이 된다. (간단히 포트폴리오는 $\Delta = 0$, $B = 0$이다.)

시점 1의 두 상태에서 콜옵션의 가치가 주어지면, 이제 후진으로 작업을 하여 시점 0에서 콜옵션의 가치를 결정할 수 있다. 이 경우에 다음 시점의 이항 나무를 다음과 같이 나타낼 수 있다.

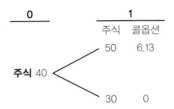

이 경우에 시점 1의 나무 끝에서 콜옵션의 가치는 옵션의 최종 수익이 아니고, 만기 이전 시점의 가치이다. 그럼에도 불구하고 시점 0에서 복제 포트폴리오를 계산하기 위해 동일한 이항 공식을 사용할 수 있는데, 이때 포트폴리오의 가치는 시점 1에서의 옵션 가치와 같아야 한다. 식 (21.5)에 의해 다음이 성립한다.

$$\Delta = \frac{C_u - C_d}{S_u - S_d} = \frac{6.13 - 0}{50 - 30} = 0.3065$$

$$B = \frac{C_d - S_d\,\Delta}{1 + r_f} = \frac{0 - 30(0.3065)}{1.06} = -8.67$$

식 (21.6)에서 콜옵션의 최초 가치는 이 포트폴리오의 최초 비용과 같다.

$$C = S\Delta + B = 40(0.3065) - 8.67 = \$3.59$$

따라서 시점 0에서 콜옵션의 최초 가치는 $3.59이다.

주식과 채권으로 옵션을 만들 수 있는 2 기간 콜옵션에서는 각 기간 말에 포트폴리오를 수정해야 한다. 즉, (최초 비용 $3.59로) 0.3065주를 매입하고, $8.67를 차입한다. 주식가격이 $30로 하락하면, 주식의 가치는 $30 × 0.3065 = $9.20가 되고 채무는 $8.67 × 1.06 = $9.20로 상승한다. 따라서 포트폴리오의 순가치는 (옵션의 가치와 동일한) 0이 되어, (아무런 비용 없이) 포트폴리오를 청산할 수 있다. 주식가격이 $50로 상승하면, 포트폴리오의 순가치는 $6.13로 상승한다. 이 경우 복제 포트폴리오의 새로운 Δ는 0.5가 된다. 새로운 Δ에 맞게 재구성을 하면, 0.50 − 0.3065 = 0.1935주를 더 매입하고, 0.1935 × $50 = $9.67를 더 차입한다. 이 재거래는 새로운 자금을 필요로 하지 않는다. 마지막에 우리의 총채무는 앞에서 계산한 B와 일치하는 $8.67 × 1.06 + $9.67 = $18.87가 된다. 마지막으로 시점 2인 만기에 주식가격이 $60로 상승하면, 포트폴리오의 가치는 $10가 되고, 그렇지 않으면 0이 된다.

기초주식과 무위험 채권으로 구성된 포트폴리오를 계속 거래하여 옵션을 복제할 수 있다는 개념은 이 분야 최초인 블랙-숄즈 연구 논문의 가장 중요한 공헌 중 하나이다. 오늘날 이런 복제 전략을 **동적 거래 전략**(dynamic trading strategy)이라고 한다.

예제 21.2

풋옵션의 가치평가를 위한 이항 옵션 가격결정 모형 이용하기

문제

나버 네트워크 시스템즈 주식의 현재 가격은 주당 $50이다. 향후 2년 동안 매년 주식가격은 20% 상승하거나, 10% 하락할 것이다. 1년 무위험 이자율은 3%로 일정하게 유지될 것이다. 행사가격이 $60인 나버 네트워크 시스템즈의 2년 유러피언 풋옵션의 가격을 계산하라.

풀이

다음의 이항 나무는 주식가격과 풋옵션의 마지막 수익을 나타낸다.

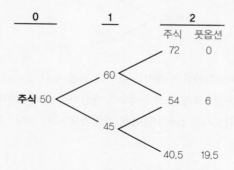

주식가격이 시점 1에 \$60로 상승하면, 예제 21.1과 정확히 동일한 상황이다. 예제 21.1의 결과를 이용하여 시점 1에 주식가격이 \$60로 상승하면 풋옵션의 가치는 \$3.30이다.

시점 1에 주가가 \$45로 하락하고, 시점 2에 상승하면 풋옵션의 가치는 \$6이고, 또 하락하면 \$19.50가 된다. 식 (21.5)를 이용하면 다음과 같다.

$$\Delta = \frac{C_u - C_d}{S_u - S_d} = \frac{6 - 19.5}{54 - 40.5} = -1, \quad B = \frac{C_d - S_d \Delta}{1 + r_f} = \frac{19.5 - 40.5(-1)}{1.03} = 58.25$$

이 포트폴리오는 한 개의 주식을 매도하고, \$58.25를 무위험 채권에 투자하는 것이다. 시점 2에 채권의 가치가 \$58.25 × 1.03 = \$60로 성장하기 때문에, 복제 포트폴리오의 가치는 \$60에서 최종 주가를 차감하여, 풋옵션의 가치와 동일하게 될 것이다. 즉, 풋옵션의 가치는 이 포트폴리오의 비용이다. 식 (21.6)을 이용하면 다음과 같다.

$$\text{풋옵션의 가치} = C = S\Delta + B = 45(-1) + 58.25 = \$13.25$$

시점 0에서 풋옵션 가치를 생각해보자. 시점 1에서 주가가 \$60로 상승하면 풋옵션의 가치는 \$3.30이고, \$45로 하락하면 \$13.25라는 것을 계산하였다. 시점 0에서 이항 나무는 다음과 같다.

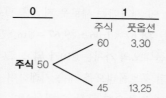

식 (21.5)와 식 (21.6)을 이용하여 시점 0에 복제 포트폴리오와 풋옵션의 가치는 다음과 같다.

$$\Delta = \frac{C_u - C_d}{S_u - S_d} = \frac{3.30 - 13.25}{60 - 45} = -0.6633$$

$$B = \frac{C_d - S_d \Delta}{1 + r_f} = \frac{13.25 - 45(-0.6633)}{1.03} = 41.84$$

$$\text{풋옵션의 가치} = C = S\Delta + B = 50(-0.6633) + 41.84 = \$8.68$$

즉, 시점 0에 유러피언 풋옵션의 가치는 \$8.68이다.

모형 현실화하기

이전 절의 방법을 사용하면 여러 시점이 주어진 경우에도 이항 주식가격 나무로 옵션의 가치를 평가할 수 있다. 하지만 물론, 실제 주식 옵션의 가격을 결정하기 위해서는 이항 나무가 미래 주식가격의 현실적인 모형이 되어야 한다.

주가의 이진적인 상승 또는 하락 움직임은 연별 또는 일별 기준으로도 현실적이지 않지만, 아주 짧은 기간 (거래 간의 시간) 동안의 주가 움직임으로서는 더 합리적인 측면이 있다. 주가 나무에서 각 기간의 길이를 감소시키고 기간의 수를 증가시켜서, 주가에 대한 현실적인 모형을 만들 수 있다. 그림 21.2는 1년 동안 900개의 각 기간에 1% 상승 또는 하락하는 주가 경로의 예를 보여주고 있다. 수많은 짧은 기간 동안 주가의 경로는 실제 주식 차트와 매우 유사하게 보인다. 실무자들은 일상적으로 옵션과 다른 종류의 파생증권 가격을 계산하기 위해 이 방법을 사용한다. 컴퓨터가 급속히 발전함에 따라, 수천 개의 기간이라 할지라도 매우 빠르게 가격이 계산될 수 있다.[5]

앞에서 언급하였듯이, 이항 옵션 가격결정 모형의 기법들은 유러피언 콜옵션과 풋옵션에 국한되지 않는다. 이것을 사용하여 주가에 따라 수익이 결정되는 어떤 증권의 가격도 계산할 수 있다. 하지만 유러피언 콜옵션과 풋옵션 같이 특별한 경우에는 다른 접근법이 있다. 각 기간의 길이를 0으로 축소시키고 1년 동안 기간의 수를 무한대로 증가시키면, 이항 옵션 가격결정 모형의 결과는 하나의 간단한 공식으로 나타낼 수 있다. 그것이 블랙-숄즈 공식이다. 다음 절에서 이를 살펴보도록 하자.

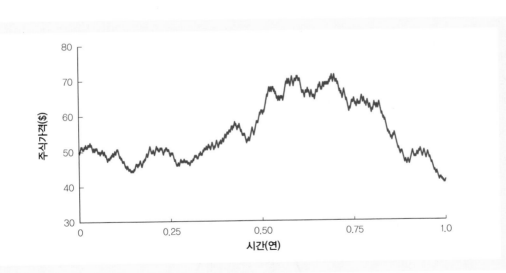

그림 21.2

이항 주식가격의 경로

이 수치는 1년 동안 900개 기간과 기간당 +1% 또는 −1%의 무작위 주식 수익률을 가지는 주가 경로를 나타낸다. 기간의 수가 많고 각 기간 주가 움직임이 작으면 이항 모형은 주식가격의 현실적인 모형이 된다.

개념 확인

1. 이항 옵션 가격결정 모형의 중요한 가정은 무엇인가?
2. 옵션의 가격을 알기 위해 이항 나무에서 각 단계의 확률을 알 필요가 없는 이유는 무엇인가?
3. 복제 포트폴리오란 무엇인가?

---

5 각 기간의 상승 또는 하락 움직임의 눈금을 어떻게 조정할 것인가에 대한 질문이 있다. 표준적인 접근법은 각 기간의 주식 수익률을 $\pm\sigma/\sqrt{n}$로 가정하는 것이다. 여기서 σ는 주식의 변동성이고, n은 1년당 기간의 수이다.

21.2 블랙-숄즈 옵션 가격결정 모형

피셔 블랙과 마이론 숄즈가 처음부터 의도하지는 않았지만, **블랙-숄즈의 옵션 가격결정 모형**(Black-Scholes Option Pricing Model)은 각 기간의 길이와 주가 움직임을 0으로 수렴시켜서 기간의 수가 무한대로 증가하는 이항 옵션 가격결정 모형에서 유도될 수 있다. 여기서는 그 공식을 유도하기보다 그 공식을 언급하고 그 응용에 초점을 맞추고자 한다.

블랙-숄즈 공식

옵션의 가격결정을 위해 블랙-숄즈 공식을 언급하기 전에 몇 가지 용어에 대해 소개할 필요가 있다. S는 현재 주식가격, T는 만기까지 남은 연수, K는 행사가격, σ는 주식 수익률의 연별 변동성(표준편차)이다. t 시점에, 옵션 만기일 이전에 배당을 지급하지 않는 주식 콜옵션의 가치는 다음과 같다.

무배당 주식 콜옵션의 블랙-숄즈 가격

$$C = S \times N(d_1) - PV(K) \times N(d_2) \tag{21.7}$$

$PV(K)$는 옵션 만기일에 K를 지급하는 무위험 할인채의 현재가치이고, $N(d)$는 **누적 정규분포**(cumulative normal distribution)로 그림 21.3과 같이 d보다 작은 정규분포 변수의 확률이다.

$$d_1 = \frac{\ln[S/PV(K)]}{\sigma\sqrt{T}} + \frac{\sigma\sqrt{T}}{2}, \quad d_2 = d_1 - \sigma\sqrt{T} \tag{21.8}$$

콜옵션의 가격을 평가하기 위해서 오직 5개의 입력 모수만이 필요하다: ① 주식가격, ② 행사가격, ③ 행사일, ④ 무위험 이자율(행사가격의 현재가치를 계산하기 위해), ⑤ 주식의 변동성. 동일하게 주목할 것은 우리가 무엇을 필요로 하지 않느냐는 것이다. 이항 옵션 가격결정 모형에서 확률을 알 필요가 없는 것과 마찬가지로 블랙-숄즈 옵션 가격결정 모형에서도 옵션 가격을 계산하기 위해 주식의 기대 수익률을

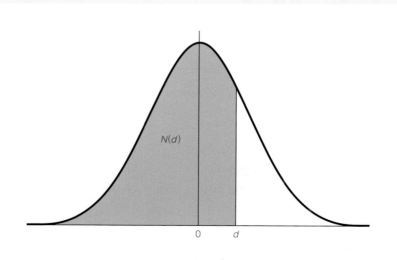

그림 21.3

정규분포

$N(d)$는 누적 정규분포로 정규분포 확률변수가 d보다 작은 값을 가질 확률이다. 이 확률은 그림의 음영 영역인 점 d의 왼쪽에서 정규분포(종 모양) 하부 영역의 크기이다. 확률이기 때문에 $N(d)$의 최솟값은 0이고, 최댓값은 1이다. 엑셀에서 함수 NORMSDIST(d)를 사용하여 계산할 수 있다.

알 필요가 없다. 제4부에서 공부한 바와 같이 주식의 기대 수익률은 아주 정확성을 가지고 추정하기 어렵다. 이것이 요구된다면 옵션의 가격을 매우 정확하게 제공하는 공식을 기대할 수 없었을 것이다. 블랙-숄즈 공식에서 우리가 예측해야 하는 유일한 모수는 주식 변동성이다. 주식의 변동성은 기대 수익률보다 더 추정하기 쉽기 때문에 블랙-숄즈 모형은 매우 정확할 수 있다.

주식의 기대 수익률을 모르면서 미래의 주가에 심하게 의존하는 것처럼 보이는 옵션과 같은 증권의 가치를 계산하는 것이 가능한지 궁금할 것이다. 사실 주식의 기대 수익률은 이미 (미래 수익의 할인가치인) 주식의 현재가치에 반영되어 있다. 블랙-숄즈 모형은 주식의 현재 가격에 의존하기 때문에, 어떤 의미에서 이 정보를 내재적으로 사용하고 있다.

블랙-숄즈 공식은 콜옵션이 유러피언 옵션임을 가정하여 유도된다. 제20장에서 살펴본 것처럼 무배당 주식의 아메리칸 콜옵션은 다른 조건이 동일한 유러피언 콜옵션과 항상 동일하다. 즉, 블랙-숄즈 모형은 무배당 주식의 아메리칸 또는 유러피언 콜옵션에 사용될 수 있다.

블랙-숄즈 공식에 의한 콜옵션 가치평가 | **예제 21.3**

문제

제트블루 항공은 배당을 지급하지 않는다. 표 21.1을 이용하여 행사가격이 $6인 2009년 12월물 제트블루의 2009년 7월 24일 아메리칸 콜옵션의 가격을 블랙-숄즈 모형에 의해 예측되는 가격과 비교하라. 제트블루의 변동성은 연 65%이고, 무위험 수익률은 연 1%라고 가정하자.

풀이

제트블루 주식의 주당 가격은 $5.03(종가)이다. 12월 계약의 만기일은 12월 세 번째 금요일 다음의 토요일이 만기이므로, 만기까지 148일이 남았다. 행사가격의 현재가치는 $PV(K) = 6.00/(1.01)^{148/365} = \$5.976$이다. 식 (21.8)을 이용하여 d_1과 d_2를 계산하면 다음과 같다.

$$d_1 = \frac{\ln[S/PV(K)]}{\sigma\sqrt{T}} + \frac{\sigma\sqrt{T}}{2}$$

$$= \frac{\ln(5.03/5.976)}{0.65\sqrt{\frac{148}{365}}} + \frac{0.65\sqrt{\frac{148}{365}}}{2} = -0.209$$

$$d_2 = d_1 - \sigma\sqrt{T} = -0.209 - 0.65\sqrt{\frac{148}{365}} = -0.623$$

식 (21.7)의 블랙-숄즈 공식에 d_1과 d_2의 값을 대입하면 다음과 같다.

$$C = S \times N(d_1) - PV(K) \times N(d_2)$$
$$= 5.03 \times 0.417 - 5.976 \times 0.267$$
$$= \$0.50$$

표 21.1에서 이 옵션의 매입호가와 매도호가는 각각 $0.45와 $0.55이다.

그림 21.4는 현재 제트블루 주가의 함수로 예제 21.3의 콜옵션 가치를 그리고 있다. 옵션의 가치가 항상 내재가치보다 크다는 것에 주목하라.

마이론 숄즈 교수는 블랙-숄즈 옵션 가격 결정 모형의 공동 개발자이며, 그 공로로 1997년에 노벨 경제학상을 수상하였다. 숄즈는 스탠퍼드대학교 경영대학원 재무학과의 프랭크 E. 버크 명예교수이다.

질문 블랙-숄즈 공식을 유도할 때 이 공식이 금융 세계에 줄 영향을 예측했나?

답변 피셔 블랙과 나는 옵션 가격결정 기법이 주식 옵션, 워런트, 기업 채무, 모기지와 같은 계약들의 가격결정을 위해 사용될 것이라고 믿었다. 우리만 이 분야의 연구를 하는 외로운 사람은 아니었지만, 우리의 기법이 새로운 증권의 개발과 가격결정에 사용되리라고 기대할 정도는 아니었다. 한 예로 여러 학술지에서 우리 논문의 게재를 거절했다. 머튼 밀러가 *Journal of Political Economy*의 편집위원들에게 우리의 발견이 신비로운 게 아니라 일반적인 중요성을 지닌 공식이라고 설명한 이후에야 논문 게재를 결정하였다. 피셔와 나는 경제 내에서 기업 자본구조를 구성하는 위험 채무와 주식의 평가 방법과 같은 옵션의 중요성을 서술하기 위하여 논문을 다시 썼다.

질문 블랙-숄즈 공식의 가장 중요한 공헌은 무엇인가?

답변 블랙-숄즈의 옵션 논문은 두 가지 부분으로 나누어진다. 옵션의 가격결정 기법과, 정형화된 여러 가정하에 나중에 블랙-숄즈 옵션 가격결정 모형이라고 불리게 된 옵션의 가격결정 기법의 서술이다. 노벨 경제학상은 부분적으로 파생상품의 가격결정 기법 개발에 대해 수여되었다. 투자자가 자산 수익률의 체계적 부분을 헤지할 수 있다면, 남아 있는 위험은 비체계적이 되고 비체계적 위험 포트폴리오의 기대 수익률은 무위험 수익률이 된다는 것을 보여주었다. 또한 거래 시간이 연속적일 때, 비체계적 위험은 사라질 것이다.

우리가 이 모형을 개발했을 때 무위험 수익률이나 자산의 변동성이 일정하다는 것을 믿지 않았다. 그러나 이 모형의 응용을 설명하기 위해서 그럴 것이라고 가정했다. 이 설명이 블랙-숄즈 모형이 되었다. 기초 기법은 어떤 모수도 상수라는 것을 가정하지 않는다. 나에게 인상적이었고 특히 기분 좋았던 것은 투자자들이 기초자산의 기대 수익률이나 만기일 옵션의 기대 수익을 알지 못하면서 옵션의 가격을 결정한다는 것이다. 옵션의 가격결정을 위한 기법과 이 개발을 뒷받침하는 기저의 경제학은 우리 논문의 가장 중요한 부분이라고 믿는다.

질문 주식과 옵션을 거래하는 무위험 포트폴리오를 만들 수 있다는 통찰력을 어떻게 하게 되었나?

답변 먼저 기초주식의 작은 가격 변화가 옵션 가격의 반대 움직임에 의해 상쇄(헤지된 포지션)되도록, 기초 옵션의 매입 포지션에 대한 주식의 매도량을 결정할 필요가 있었다. 위에서 설명하였듯이, 이 주식과 옵션 결합 투자의 수익률은 시장 포트폴리오와 상관관계가 없거나 (짧은 시간에 CAPM이 성립하는 것을 가정하는 것으로 수익률이 정규분포라는 것임), 연속적 시간에서 (투자자들이 그들의 주식 포지션을 수정하기 위해 연속적으로 거래할 수 있다면) 무위험이라면, 차익거래 이익을 방지하기 위해 헤지된 포지션의 수익률은 무위험 이자율과 같아야 한다.

질문 2007~2009년 금융위기의 관점에서 미래의 실무자들에게 블랙-숄즈 공식을 사용하는 것에 대해 어떤 지혜의 말을 주겠는가?

답변 금융위기로 인해 우리와 같은 모형들을 비난하는 사람들이 있었다. 부분적이지만 상대적으로 만기가 짧은 옵션이 아니면 이 모형은 적절하지 않을 수 있다. 오랜 기간에 걸쳐 가격결정 기법의 동일한 보정을 사용하는 것은 경제적 의미가 없다. 모형들을 사용함에 있어서 가장 큰 어려움은 기법의 잘못된 사용과 모형을 보정하는 가정들이다. 금융위기는 모형을 만들고 보정함에 있어서 가정이 중요하다는 것을 다시 한 번 강조하였다.

유러피언 풋옵션 제20장에서 유도하였던 풋-콜 패리티 공식(식 20.3)을 이용하여 무배당 주식의 유러피언 풋옵션 가격을 계산하기 위해 블랙-숄즈 모형을 이용할 수 있다. 풋-콜 패리티로부터의 유러피언 풋옵션의 가격은 다음과 같다.

$$P = C - S + PV(K)$$

표 21.1 제트블루의 옵션 호가

JBLU   **5.03** +0.11
Jul 24 2009 @ 17:17 ET   **Bid** 5.03   **Ask** 5.04   **Size** 168 × 96   **Vol** 7335887

Calls	Bid	Ask	Vol	Open Int	Puts	Bid	Ask	Vol	Open Int
09 Dec 5.00 (JGQ LA)	0.80	0.90	47	5865	09 Dec 5.00 (JGQ XA)	0.80	0.90	6	1000
09 Dec 6.00 (JGQ LF)	0.45	0.55	2	259	09 Dec 6.00 (JGQ XF)	1.40	1.50	0	84
10 Jan 5.00 (JGQ AA)	0.85	1.00	125	6433	10 Jan 5.00 (JGQ MA)	0.85	0.95	10	14737
10 Jan 6.00 (JGQ AF)	0.50	0.60	28	0	10 Jan 6.00 (JGQ MF)	1.45	1.55	0	22
10 Jan 9.00 (JGQ AI)	0.05	0.15	0	818	10 Jan 9.00 (JGQ MI)	4.00	4.10	0	0
10 Mar 5.00 (JGQ CA)	1.05	1.15	0	50	10 Mar 5.00 (JGQ OA)	1.00	1.10	0	40
10 Mar 6.00 (JGQ CF)	0.65	0.75	0	146	10 Mar 6.00 (JGQ OF)	1.60	1.70	10	41
10 Mar 7.00 (JGQ CG)	0.40	0.50	5	3	10 Mar 7.00 (JGQ OG)	2.30	2.45	10	0

출처 : 시카고옵션거래소 www.cboe.com

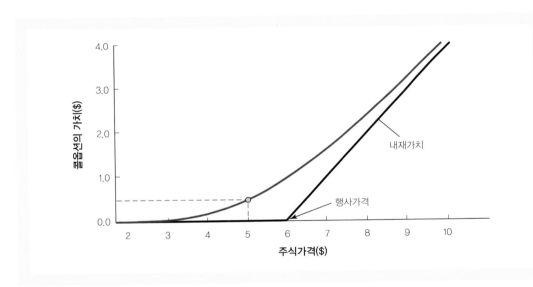

그림 21.4

행사가격이 $6인 제트블루 주식의 2009년 12월물 콜옵션의 2009년 7월 24일 블랙-숄즈 가치

빨간색 곡선은 제트블루 주가의 함수로 나타낸 콜옵션의 블랙-숄즈 값을 보여준다. 동그라미는 제트블루의 현재 주가인 $5.03를 나타낸다. 검은색 선은 콜옵션의 내재가치를 나타낸다.

블랙-숄즈 공식을 이용하여 C를 대체하면 다음과 같다.

블랙-숄즈 모형을 이용한 무배당 주식 유러피언 풋옵션의 가치평가

$$P = PV(K)[1 - N(d_2)] - S[1 - N(d_1)] \tag{21.9}$$

예제 21.4

블랙-숄즈 공식에 의한 풋옵션의 가치평가

문제

블랙-숄즈 공식과 표 21.1의 자료를 이용하여 행사가격 $5인 2010년 1월물 풋옵션의 가격을 계산하고 그것을 시장가격과 비교하라. 블랙-숄즈 공식이 이 옵션들의 가격을 계산하는 올바른 방법인가? (이전과 같이 제트블루의 변동성은 연 65%이고, 무위험 이자율은 연 1%이다.)

이므로

$$C(S) = S^x N(d_1) - PV(K)N(d_2) = 28.57(0.981) - 19.23(0.970) = 9.37$$

이다. 아래 그래프는 주가 수준에 따라 콜옵션(빨간색 선)의 가치를 보여주고 있다. 주식가격이 충분히 높으면, 콜옵션의 가치는 내재가치보다 낮아진다.

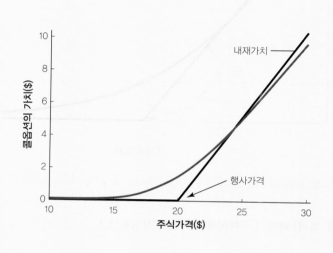

내재 변동성

블랙-숄즈 공식의 5개 모수 중 S, K, T, 무위험 이자율의 4개는 직접 관찰이 가능하다. 오직 하나의 모수 변동성 σ만 직접 관찰이 불가능하다. 실무자들은 이 모수를 추정하기 위해 두 가지 전략을 사용한다. 첫째, 가장 직접적인 방법은 지난 몇 개월간의 주식 변동성을 추정하기 위해 일별 주식 수익률을 이용하는 것이다. 변동성은 계속 유지되는 경향이 있기 때문에, 그런 추정이 가까운 미래의 주식 변동성에 대해 합리적인 예측치를 제공할 수 있다.

둘째, 거래된 옵션의 현재 시장가격을 사용하여 블랙-숄즈 공식에 의해 계산된 가격과 일치하는 변동성을 "역추정"하는 것이다. 옵션 가격으로부터 역추정하는 주식의 변동성을 **내재 변동성**(implied volatility)이라고 한다. 한 옵션에서 추정된 내재 변동성은 만기가 동일한 당해 주식의 다른 옵션 가치를 평가하기 위해 사용될 수 있다. (주식의 변동성이 시간에 따라 변화하지 않을 것으로 기대되면 다른 만기를 가지는 옵션에도 사용할 수 있다.)

예제 21.6   옵션 가격으로부터 내재 변동성 계산하기

문제

2009년 7월부터 2010년 3월까지 제트블루의 내재 변동성을 계산하기 위해 표 21.1에서 행사가격이 $5인 제트블루의 2010년 3월물 콜옵션 가격을 사용한다. 무위험 이자율은 연 1%로 가정한다.

풀이

콜옵션은 2010년 3월 10일 만기이며, 호가일로부터 239일이 남았다. 주식가격은 $5.03이며 $PV(K) = 5.00/$ $(1.01)^{239/365} = \$4.968$이다. 이를 식 (21.7)의 블랙-숄즈 모형에 대입하면 다음과 같다.

$$C = 5.03N(d_1) - 4.968N(d_2)$$

$$d_1 = \frac{\ln(5.03/4.968)}{\sigma\sqrt{\frac{239}{365}}} + \frac{\sigma\sqrt{\frac{239}{365}}}{2}, \quad d_2 = d_1 - \sigma\sqrt{\frac{239}{365}}$$

위의 식을 이용해 다양한 변동성에 대한 블랙-숄즈 옵션 가치 C를 계산할 수 있다. 옵션 가치 C는 σ와 함께 증가하며, σ가 67%일 때 $1.10(콜옵션 매입호가와 매도호가의 평균)와 같아진다. (엑셀의 해 찾기를 이용하여 시행착오에 의해 이 값을 찾을 수 있다.) $1.05의 매입호가로 하면 내재 변동성은 약 64%이고, $1.15의 매도호가로 하면 내재 변동성은 약 70%이다. 따라서 예제 21.3과 21.4에서 사용한 65%의 변동성은 이 옵션의 호가 차이 내에 있다.

글로벌 금융위기 **VIX 지수**

내재 변동성을 계산하기 위해 블랙-숄즈 옵션 가격결정 공식을 사용하는 것은 이제 어디에서나 사용하는 방법으로, 1990년 1월에 시카고옵션거래소는 **VIX 지수**(VIX index)를 도입하였다. 이는 S&P 500 지수에 대한 1개월 옵션의 내재 변동성을 추적한다. 연별 백분율로 표시되는 이 지수는 이후 가장 많이 인용되는 시장 변동성의 척도가 되었다. 이는 투자자 불확실성 수준의 특징을 나타내기 때문에 종종 "공포 지수"라고 불린다.

아래 그림에서 볼 수 있듯이 VIX의 평균 수준은 약 20%지만 위기와 불확실성이 높아지는 시기에는 실제로 상승한다. VIX 지수는 2008년 9월과 10월 사이에 거의 4배로 증가하여 이전 최고치의 거의 2배가 되어서 공포 지수임을 증명하였다. 이 지수는 금융위기를 동반한 전례 없는 불확실성을 반영하여, 수 개월 동안 역사적으로 높은 수준을 유지했다. 이 불확실성이 2009년 중반에 사라졌기 때문에, 새로워진 투자자의 신뢰를 반영하여 지수가 하락하기 시작했다고 볼 수 있다. 그러나 그 이후 유럽과 아시아의 불확실성으로 인해 VIX가 다시 40%를 넘었다.

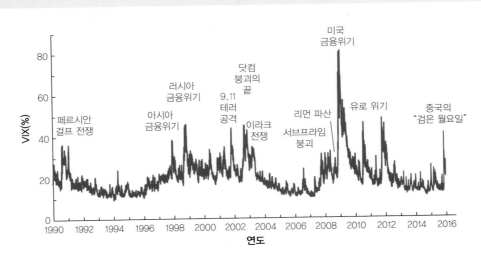

출처 : Yahoo! Finance

복제 포트폴리오

이항 옵션 가격결정 모형에 대한 논의에서 복제 포트폴리오의 개념을 도입했지만, 실제로 이 모형을 유도하는 중요한 통찰력을 발견한 것은 피셔 블랙과 마이론 숄즈였다. 블랙-숄즈 모형에서 복제 포트폴리오가 어떻게 구성되는지 확인하기 위하여, 콜옵션의 가격이 복제 포트폴리오의 가격에 의해 결정된다는 이항 옵션 가격결정 모형을 상기하자. 식 (21.6)은 다음과 같다.

$$C = S\Delta + B$$

이 표현을 식 (21.7)의 블랙-숄즈 공식과 비교하면, 블랙-숄즈의 복제 포트폴리오에서 주식의 양과 채권의 금액을 알 수 있다.

콜옵션을 위한 블랙-숄즈의 복제 포트폴리오

$$\Delta = N(d_1)$$
$$B = -PV(K)N(d_2)$$

(21.12)

$N(d)$는 누적 정규분포 함수이다. 즉, 최솟값은 0이고 최댓값은 1이다. 따라서 Δ는 0과 1 사이이며, B는 $-K$와 0 사이에 있다. **옵션 델타**(option delta, Δ)는 주식가격 \$1 변화에 따른 옵션 가격의 변화를 의미한다. Δ는 항상 1보다 작기 때문에 콜옵션 가격의 변화는 항상 주가의 변화보다 작다.

예제 21.7 | **복제 포트폴리오 계산**

문제

PNA 시스템즈는 배당금을 지급하지 않고, 그 주식은 현재 주당 \$10의 가격으로 거래되고 있다. 수익률 변동성이 40%이고, 무위험 이자율이 5%인 경우 주식의 1년 만기 등가격 콜옵션을 복제하기 위해 현재 보유할 포트폴리오는 무엇인가?

풀이

블랙-숄즈의 공식을 다음 조건에 적용해보자. $S = 10$, $PV(K) = 10/1.05 = 9.524$

$$d_1 = \frac{\ln[S/PV(K)]}{\sigma\sqrt{T}} + \frac{\sigma\sqrt{T}}{2} = \frac{\ln(10/9.524)}{40\%} + \frac{40\%}{2} = 0.322$$

$$d_2 = d_1 - \sigma\sqrt{T} = 0.322 - 0.40 = -0.078$$

식 (21.12)에 의해 복제 포트폴리오는 다음과 같다.

$$\Delta = N(d_1) = N(0.322) = 0.626$$
$$B = -PV(K)N(d_2) = -9.524 \times N(-0.078) = -4.47$$

즉, PNA 주식 0.626주를 사야 하고, \$4.47를 차입하여, 총비용은 \$10(0.626) - 4.47 = \$1.79가 되는데, 이는 콜옵션의 블랙-숄즈 가치이다.

그림 21.6은 예제 21.7의 복제 포트폴리오(노란색 선)와 콜옵션 가치(빨간색 곡선)를 주가의 함수로 나타낸 것이다. 빨간색 곡선과 노란색 선은 최초 주식가격에서 접하기(기울기 Δ) 때문에, 복제 포트폴리오의 가치는 작은 주가 변화에 대한 콜옵션 가치의 근삿값을 나타낸다. 그러나 주가가 변함에 따라 복제 포

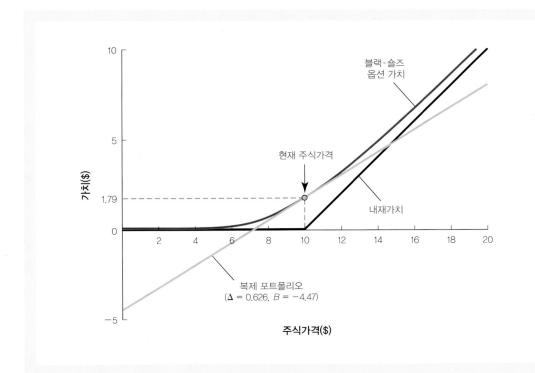

그림 21.6

예제 21.7의 콜옵션 복제 포트폴리오

복제 포트폴리오는 콜옵션과 동일한 최초 가치와 주가 민감도(Δ)를 가진다. 빨간색 곡선과 노란색 선은 접하기 때문에, 복제 포트폴리오의 가치는 주가의 작은 변화에 대해 콜옵션 가치의 근사치를 제공한다. 그러나 정확성을 유지하려면 주가가 변할 때마다 포트폴리오가 갱신되어야 한다.

트폴리오는 정확성을 유지하기 위해 갱신되어야 한다. 예를 들어 주가가 상승하면 복제 포트폴리오는 빨간색 곡선에서 더 가파른 새 접선이 된다. 더 가파른 접선은 더 큰 Δ에 해당하기 때문에 옵션을 복제하려면 주가가 올라갈 때 주식을 더 매입해야 한다.

이 동적 거래 전략은 이전의 이항 옵션 가격결정 모형에 대한 유도와 비슷하다. 이항 모형에서 언제든지 두 개의 수익에 일치하는 가격을 계산했기 때문에 우리는 옵션의 수익을 복제할 수 있었다. 블랙, 숄즈, 머튼의 뛰어난 통찰력은 포트폴리오를 연속적으로 갱신할 수 있으면, 우리의 포트폴리오가 옵션 가격의 접선에 머무르도록 조정하여 주식 옵션을 복제할 수 있다.

콜옵션의 복제 포트폴리오는 항상 주식의 매입 포지션과 채권의 매도 포지션으로 구성된다. 즉, 복제 포트폴리오는 주식의 레버리지 포지션이다. 주식의 레버리지 포지션은 주식 자체보다 위험하기 때문에 양(+)의 베타를 가지는 주식의 콜옵션은 기초주식보다 위험하여 더 높은 기대 수익률과 베타를 가진다.

풋옵션을 위한 복제 포트폴리오도 유도할 수 있다. 식 (21.9)에서 풋옵션의 블랙-숄즈 가격을 식 (21.6)과 비교하면 다음과 같다.

풋옵션의 블랙-숄즈 복제 포트폴리오

$$\Delta = -[1 - N(d_1)]$$
$$B = PV(K)[1 - N(d_2)] \tag{21.13}$$

이경우 Δ는 −1과 0 사이에 존재하고, B는 0과 K 사이에 존재한다. 즉, 풋옵션의 복제 포트폴리오는 항상 채권의 매입 포지션과 주식의 매도 포지션으로 구성되며, 양(+)의 베타를 가지는 주식의 풋옵션은 음(−)의 베타를 가질 것이다.

개념 확인

1. 블랙-숄즈 옵션 가격결정 공식의 입력 모수는 무엇인가?
2. 주식의 내재 변동성은 무엇인가?
3. 주식가격이 증가할 때 콜옵션의 델타는 어떻게 변하는가?

21.3 위험-중립 확률

이항 및 블랙-숄즈 가격결정 모형에서 옵션 가격을 계산하기 위해 가능한 미래 주가의 각 확률을 알 필요가 없다. 그러나 우리가 이 확률을 안다면 어떻게 될까? 그러면 다른 금융자산의 경우와 마찬가지로 옵션의 가격을 계산할 수 있다. 옵션의 기대 수익을 계산하여 적절한 자본비용으로 할인하면 된다. 이 방법의 단점은 확률을 알더라도, 특정 자산에 대한 자본비용을 추정하기가 매우 어렵고 옵션의 경우도 예외는 아니다. 그러나 자본비용이 정확히 추정될 수 있는 경우가 하나 있다. 모든 시장 참가자가 위험-중립적인 경우 모든 금융자산(옵션 포함)은 동일한 무위험 이자율의 자본비용을 가질 것이다. 이러한 경우를 검토하고 이것이 옵션 가격에 미치는 영향을 살펴보자.

위험-중립적인 두 상태 모형

위험-중립적인 투자자로만 구성된 위험-중립 세상에서 21.1절의 두 상태 예제를 살펴보자. 오늘 주가는 $50이다. 1 기간 후에 $10 상승하거나 $10 하락할 것이며, 1 기간 무위험 이자율은 6%이다. ρ를 주가 상승 확률이라고 하면, $(1 - \rho)$는 주가 하락 확률이다. 오늘 주식의 가치는 무위험 이자율로 할인한 기대 가격의 현재가치와 동일해야 한다.

$$50 = \frac{60\rho + 40(1 - \rho)}{1.06} \tag{21.14}$$

이 식은 $\rho = 65\%$로 풀린다. 우리는 각 상태의 확률을 알기 때문에 다음 시점의 기대 수익 현재가치를 계산하여 콜옵션의 가격을 결정할 수 있다. 콜옵션의 행사가격은 $50이므로 만기일에는 $10 또는 아무 가치가 없을 것이다. 기대 수익의 현재가치는 다음과 같다.

$$\frac{10(0.65) + 0(1 - 0.65)}{1.06} = 6.13 \tag{21.15}$$

이것은 투자자가 위험-중립적이라고 가정하지 않은 이항 옵션 가격결정 모형을 사용하여 계산한 가치로 21.1절에서의 값과 정확하게 동일하다. 이것은 우연이 아니다. 이항 가격결정 모형 또는 블랙-숄즈 공식을 사용하여 옵션 가격을 계산하기 위하여 투자자의 위험 선호도에 대한 가정이 없기 때문에, 이 모형들은 위험-중립 투자자를 포함한 모든 선호도에 대해 성립해야 한다.

위험-중립 세상의 시사점

한 걸음 물러나서 이항 모형이나 블랙-숄즈 모형을 사용하여 옵션의 가격을 결정하면, 투자자의 위험 선호, 각 상태의 확률 및 주식의 기대 수익률에 대해 어떤 가정을 할 필요가 없다는 결론의 중요성을 생각해보자. 이 모형들은 실제 위험 선호와 기대 수익률에 관계없이 동일한 옵션 가격을 제공한다. 이 두 가지 점이 동일한 주식가격과 어떻게 정합성을 갖는지를 이해하기 위해 다음을 고려해야 한다.

- 현실에서 투자자들은 위험 회피적이다. 따라서 전형적인 주식의 기대 수익률은 투자자의 위험을 보상하기 위한 양(+)의 위험 프리미엄을 포함한다.
- 가상의 위험-중립 세상에서 투자자는 위험에 대한 보상을 요구하지 않는다. 주식가격이 현실 세상과 같기 위해서 투자자들은 더 비관적이어야 한다. (역주 : 상승 확률을 더 작게 하고, 하락 확률을 더 크게 한다는 의미이다.) 따라서 실제보다 비관적인 확률을 사용하여 평가할 때, 무위험 이자율보다 높은 수익률을 기대할 수 있는 주식이 무위험 이자율과 동일한 기대 수익률을 갖는다.

다시 말하면 식 (21.14)와 (21.15)에서 ρ는 실제 주가 상승 확률이 아니다. 그보다는 위험-중립 세상에서 주가를 동일하게 유지하기 위해 실제 확률을 조정해야 하는 방법을 나타낸다. 이런 이유로 ρ와 $(1 - \rho)$를 **위험-중립 확률**(riskneutral probabilities)이라고 부른다. 이 위험-중립 확률을 **상태-의존 가격**(state-contingent prices), **상태 가격**(state prices) 또는 **마팅게일 가격**(martingale prices)이라고도 한다.

예를 들어 현재 주가가 \$50인 주식이 \$60로 오를 확률이 75%, \$40로 하락할 확률이 25%라고 하자.

주식의 실제 기대 수익률은 다음과 같다.

$$\frac{60 \times 0.75 + 40 \times 0.25}{50} - 1 = 10\%$$

무위험 이자율 6%를 감안할 때 이 주식의 위험 프리미엄은 4%이다. 그러나 앞의 식 (21.14)에서 계산한 바와 같이 주가가 상승할 위험-중립 확률은 $\rho = 65\%$로, 실제 확률보다 낮다. 따라서 위험-중립 세상에서 주식의 기대 수익률은 $(60 \times 0.65 + 40 \times 0.35)/50 - 1 = 6\%$(무위험 이자율과 동일)이다. 위험-중립 세상에서 모든 자산이 무위험 이자율과 동일한 기대 수익률을 갖도록 하기 위해 위험-중립 확률은 나쁜 상태를 과대평가하고, 좋은 상태를 과소평가한다.

위험-중립 확률과 옵션 가격결정

위험-중립적 세상과 위험-회피적 세상에서 주가 움직임이 동일하다면, 옵션의 가격결정을 위한 다른 기법을 개발하기 위해 옵션 가격은 동일해야 한다. 일반적인 이항 주식가격 나무를 살펴보자.

	0	1	
		주식	옵션
		S_u	C_u
	S		
		S_d	C_d

먼저 주식의 기대 수익률을 무위험 이자율과 동일하게 하는 위험-중립 확률을 계산할 수 있다.

$$\frac{\rho S_u + (1 - \rho) S_d}{S} - 1 = r_f$$

이 식을 위험-중립 확률 ρ에 대해 풀면 다음과 같다.

$$\rho = \frac{(1 + r_f)S - S_d}{S_u - S_d} \tag{21.16}$$

그런 다음 위험-중립 확률에 의해 기대 수익을 계산하고 무위험 이자율로 기대 수익을 할인하여 옵션의 가치를 계산할 수 있다.

예제 21.8 **위험-중립 확률을 이용한 옵션의 가격결정**

문제

예제 21.2의 나버 네트워크 시스템즈 주식을 사용하여, 모든 투자자가 위험-중립적이라고 가정하고 향후 2년 동안 모든 상태의 확률을 계산하라. 이러한 확률을 사용하여 나버 네트워크 시스템즈 주식에 대해 행사가격이 $60인 2년 콜옵션의 가격을 계산하라. 또한 동일한 행사가격을 갖는 2년 유러피언 풋옵션의 가격을 결정하라.

풀이

3단계 이항 나무는 다음과 같다.

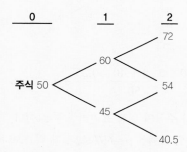

먼저 식 (21.16)을 이용하여 시점 0에서 주식가격이 상승할 위험-중립 확률을 계산하면 다음과 같다.

$$\rho = \frac{(1 + r_f)S - S_d}{S_u - S_d} = \frac{(1.03)50 - 45}{60 - 45} = 0.433$$

주식은 각 날짜에 동일한 수익률(20% 상승 또는 10% 하락)을 나타내므로, 위험-중립 확률이 각 날짜에서 동일하다는 것을 확인할 수 있다.

　행사가격이 $60인 콜옵션을 생각해보자. 이 콜옵션은 주가가 두 번 증가하면 $12를 지급하고, 그렇지 않으면 아무런 가치가 없다. 주가가 두 번 증가할 위험-중립 확률은 0.433×0.433이므로, 콜옵션의 기대 수익은 다음과 같다.

$$0.433 \times 0.433 \times \$12 = \$2.25$$

이 기대 수익을 무위험 이자율로 할인하여 콜옵션의 현재 가격을 계산하면 다음과 같다. $C = \$2.25/1.03^2 = \$2.12$.

　이제 행사가격이 $60인 유러피언 풋옵션을 생각해보자. 주식가격이 두 번 하락하거나, 상승 이후에 하락하거나, 아니면 하락 이후에 상승하면 풋옵션은 내가격으로 끝난다. 주가 하락의 위험-중립 확률은 $1 - 0.433 = 0.567$이기 때문에 풋옵션의 기대 수익은 다음과 같다.

$$0.567 \times 0.567 \times \$19.5 + 0.433 \times 0.567 \times \$6 + 0.567 \times 0.433 \times \$6 = \$9.21$$

따라서 풋옵션의 오늘 현재가치는 $P = \$9.21/1.03^2 = \$8.68$이며, 이는 예제 21.2에서 계산한 가격이다.

예제 21.8의 풋옵션 가격 계산이 확실했던 것처럼 위험-중립 세상의 확률을 사용하여 (시장에서 거래되는 자산가격에만 의존하는 수익을 가지는) 어떤 **파생증권**(derivative security)의 가격도 결정할 수 있다. 즉, 나무를 구성하고 위험-중립 확률을 계산한 후에는, 무위험 이자율로(위험-중립 확률을 이용하여) 기대 수익을 단순히 할인하여 파생증권의 가격을 결정할 수 있다.

위험-중립적인 가격결정 방법은 **몬테카를로 시뮬레이션**(Monte Carlo simulation)이라고 불리는 일반적인 파생증권 가격결정 기법의 기초이다. 이 접근법에서 파생증권의 기대 수익은 기초주식 가격의 많은 무작위 경로를 생성하여 평균 수익을 계산하여 추정된다. 무작위 추출에서 위험-중립 확률이 사용되므로 파생증권의 가치를 추정하기 위해서 평균 수익을 무위험 이자율로 할인할 수 있다.

1. 위험-중립 확률은 무엇인가? 그것들이 옵션 가격결정에 어떻게 이용될 수 있는가?
2. 이항 모형 또는 블랙-숄즈 모형은 투자자가 위험-중립이라고 가정하는가?

21.4 옵션의 위험과 수익률

옵션의 위험을 측정하려면 옵션의 베타를 계산해야 한다. 이를 위해 가장 간단한 방법은 복제 포트폴리오의 베타를 계산하는 것이다. 포트폴리오의 베타는 포트폴리오를 구성하는 구성 증권의 가중평균 베타임을 기억하자. 이 경우에 포트폴리오는 주식에 투자된 $S \times \Delta$ 달러와 채권에 투자된 B 달러로 구성되므로 옵션의 베타는 다음과 같다.

$$\beta_{option} = \frac{S\Delta}{S\Delta + B}\beta_S + \frac{B}{S\Delta + B}\beta_B$$

β_S는 주식의 베타이고, β_B는 채권의 베타이다. 채권이 무위험이므로 $\beta_B = 0$이 되어 옵션의 베타는 다음과 같다.

옵션의 베타

$$\beta_{option} = \frac{S\Delta}{S\Delta + B}\beta_S \tag{21.17}$$

콜옵션에 대해 Δ는 0보다 크고 B는 0보다 작다. 따라서 양(+)의 베타를 가지는 주식의 콜옵션 베타는 항상 주식의 베타를 초과한다. 풋옵션의 경우 Δ는 0보다 작고 B는 0보다 크다. 따라서 양(+)의 베타를 가지는 주식의 풋옵션 베타는 항상 음(−)의 값이다. 이 결과는 놀라운 일이 아니다. 풋옵션은 헤지이므로 주식가격이 하락할 때 가격이 상승한다.

예제 21.9   옵션의 베타

문제

제트블루 주식의 베타가 0.85라고 하자. 이때 예제 21.3과 21.4에서 제트블루 콜옵션과 풋옵션의 베타를 계산하라.

풀이

예제 21.3에서 행사가격이 $6인 2009년 12월물 콜옵션은 $C = \$0.50$의 가치를 가지고, 델타는 $N(d_1) = 0.417$이다. 이의 베타는 다음과 같다.

$$\beta_{\text{콜옵션}} = \frac{S\Delta}{S\Delta + B}\beta_{\text{주식}} = \frac{S \times N(d_1)}{C}\beta_{\text{주식}}$$

$$= \frac{5.03 \times 0.417}{0.50} \times 0.85 = 3.57$$

비슷하게 행사가격이 $5인 2010년 1월물 풋옵션의 베타는 다음과 같다.

$$\beta_{\text{풋옵션}} = \frac{S\Delta}{S\Delta + B}\beta_{\text{주식}} = \frac{-S[1 - N(d_1)]}{P}\beta_{\text{주식}}$$

$$= \frac{-5.03[1 - 0.599]}{0.87} \times 0.85 = -1.97$$

$S\Delta/(S\Delta + B)$는 복제 포트폴리오의 주식 포지션 금액의 복제 포트폴리오 가치(또는 옵션 가격)에 대한 비율이다. 이것은 옵션의 **레버리지 비율**(leverage ratio)로 알려져 있다. 그림 21.7은 풋옵션과 콜옵션의 레버리지 비율이 어떻게 변하는가를 보여준다. 그림에서 알 수 있듯이 옵션 레버리지 비율의 크기는 매

그림 21.7

옵션의 레버리지 비율

콜옵션의 레버리지 비율은 항상 1보다 크지만, 외가격 콜옵션은 내가격 콜옵션보다 높은 레버리지 비율을 갖는다. 풋옵션의 레버리지 비율은 항상 음(−)의 값이며, 외가격 풋옵션은 항상 내가격 풋옵션보다 더 음(−)의 레버리지 비율을 갖는다. 자료는 무위험 이자율이 5%인 상태에서 30%의 변동성을 가지는 1년 옵션에 대한 것이다.

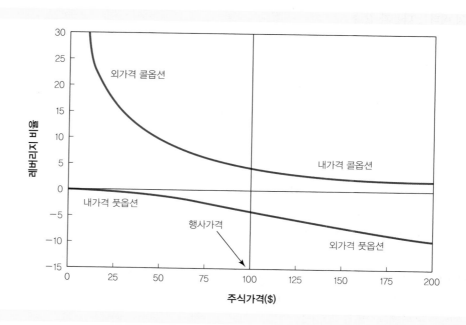

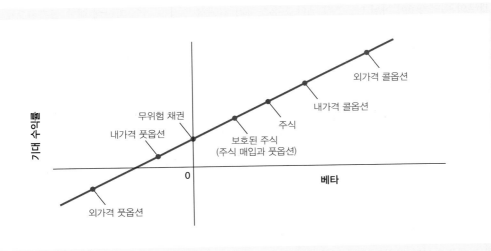

그림 21.8

증권시장선과 옵션
이 그림은 서로 다른 옵션의 기대 수익률이 어떻게 연계되어 있는지를 보여준다.

우 클 수 있다. 특히 저렴한 비용의 외가격 옵션이 그렇다. 따라서 양(+)의 베타를 가지는 주식의 콜옵션 및 풋옵션은 각각 매우 큰 양(+)의 베타와 음(−)의 베타를 가진다. 주가가 변하면 옵션의 베타도 변하는데, 옵션이 내가격이 되면 그 크기도 하락한다.

기대 수익률과 베타는 선형 관계에 있음을 상기하자. 따라서 외가격 콜옵션은 가장 높은 기대 수익률을 가지며, 외가격 풋옵션은 가장 낮은 기대 수익률을 갖는다. 다양한 옵션의 기대 수익률이 그림 21.8의 증권시장선에 표시되어 있다.

개념 확인

1. 콜옵션의 베타는 기초주식의 베타보다 큰가, 아니면 작은가?
2. 콜옵션의 레버리지 비율은 무엇인가?

21.5 옵션 가격결정의 기업 적용

이제 옵션 가격결정의 두 가지 기업 적용을 알아보면서 이 장을 끝내고자 한다: (1) 주식 베타의 무차입화와 위험 채무의 베타 계산하기, (2) 제16장에서 소개된 과잉 채무의 가치평가를 위한 근사 공식의 유도.

위험 채무의 베타

제14장에서 주식의 무차입 베타로부터 주식의 베타 계산 방법을 설명하였다. 채무의 베타가 0이라는 일반적인 추정을 하면 다음을 얻을 수 있다.

$$\beta_E = \beta_U + \frac{D}{E}(\beta_U - \beta_D) \approx \left(1 + \frac{D}{E}\right)\beta_U \tag{21.18}$$

여기서 β_E는 주식의 베타이고, β_U는 무차입 주식의 베타(또는 기업 자산의 베타)이다. 그러나 부채비율이 높은 회사의 경우 채무 베타가 0이라는 추정은 비현실적이다. 그런 기업들은 파산 확률이 있으며, 이런 불확실성은 대개 체계적인 요소를 가진다.

채무의 베타가 0이 아닐 때, 주식 베타를 유도하기 위해서 주식을 기업 자산에 대한 콜옵션으로 볼 수 있다는 제20장의 논의를 상기해보자.[7] A를 기업 자산의 가치, E를 주식의 가치, D를 채무의 가치라고 하면, 주식은 기업 자산에 대한 콜옵션이므로, 기업 자산과 무위험 채권의 복제 포트폴리오로 주식의 가치를 나타낼 수 있다.

$$E = A\Delta + B$$

여기서 기업의 자산가치 $A = E + D$를 옵션의 기초자산을 나타내는 주식가격 S 대신 사용할 수 있다. 이 식들을 식 (21.17)에 대입하면, 기업 채무의 베타가 0이라고 가정하지 않는 주식 베타에 대한 식을 얻을 수 있다.

$$\beta_E = \frac{A\Delta}{A\Delta + B}\beta_U = \frac{(E+D)\Delta}{E}\beta_U = \Delta\left(1 + \frac{D}{E}\right)\beta_U \tag{21.19}$$

채무가 무위험이면 기업의 주식은 항상 내가격이다. (역주 : 채무가 무위험이면 부도가 전혀 없고 상환이 가능하다는 것으로 주식의 가치가 적어도 0보다 크다는 것이다.) 따라서 $\Delta = 1$이 되고, 식 (21.19)는 식 (21.18)과 같게 된다.

유사한 방법으로 채무의 베타를 유도할 수 있다. 채무 D는 기업 자산의 매입 포지션과 주식의 매도 포지션으로 구성된 포트폴리오와 동일하다. 즉, $D = A - E$이다. 따라서 채무의 베타는 이 포트폴리오의 가중평균 베타이다.

$$\beta_D = \frac{A}{D}\beta_U - \frac{E}{D}\beta_E$$

식 (21.19)를 이용하여 단순화하면 자산 베타로 채무 베타를 표현할 수 있다.

$$\beta_D = (1 - \Delta)\frac{A}{D}\beta_U = (1 - \Delta)\left(1 + \frac{E}{D}\right)\beta_U \tag{21.20}$$

채무가 무위험일 때 $\Delta = 1$이어서 $\beta_D = 0$이 되는데, 이것은 식 (21.18)에서 가정한 것이다.

그림 21.9는 식 (21.12)를 이용하여 기업 레버리지의 함수로 채무와 주식 베타의 예를 보여주고 있다. 채무의 수준이 낮은 경우 채무의 베타가 0이라는 추정은 합리적으로 성립한다. 그러나 부채비율이 더 커지면, 채무의 베타가 0을 넘어서기 때문에, 주식의 베타가 부채비율에 비례하여 더 이상 증가하지 않는다.

대부분의 경우 주식의 베타를 추정할 수 있다. 주식의 베타를 이용하여 채무 베타와 무차입 베타를 계산할 수 있다. 예를 들어 베타를 무차입화하기 위해서 식 (21.19)의 해인 β_U를 구할 수 있다.

$$\beta_U = \frac{\beta_E}{\Delta\left(1 + \dfrac{D}{E}\right)} \tag{21.21}$$

---

7   채무와 주식을 옵션으로 보는 개념은 R. Merton in "On the Pricing of Corporate Debt: The Risk Structure of Interest Rates," *Journal of Finance* 29 (1974): 449–470에 있다.

그림 21.9

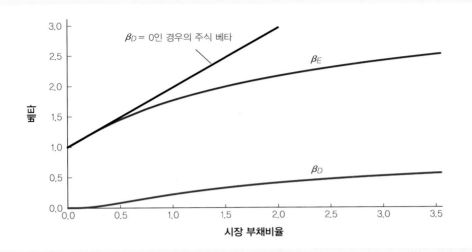

채무와 주식의 베타

파란색 곡선은 기업 부채비율의 함수로 나타낸 주식의 베타이고, 빨간색 곡선은 채무 베타이다. 검은색 선은 채무 베타를 0으로 가정할 때의 주식 베타이다. 이 기업은 5년 할인재를 소유하고 있으며, 모든 수익을 재투자한다고 가정한다. 기업의 자산 베타는 1이며, 무위험 이자율은 연 3%이고, 자산의 변동성은 연 30%이다.

채무의 베타 계산하기

예제 21.10

문제

BB 산업의 채무 베타를 알고자 한다. 우수한 BB의 주식가치는 $40 백만이며, 베타는 1.2로 추정되었다. 그러나 채무 베타를 추정할 정도의 충분한 시장 자료를 찾을 수 없어서, 블랙-숄즈 공식을 이용하여 채무 베타에 대한 근사치를 찾기로 하였다. BB는 현재 $75 백만에 거래되는 액면가 $100 백만의 4년 할인재를 발행한 상태다. BB는 배당을 지급하지 않고 모든 수익을 재투자한다. 4년 무위험 이자율은 현재 5.13%이다. BB의 채무 베타는 얼마인가?

풀이

BB의 주식을 $100 백만의 행사가격을 가지는 기업 자산에 대한 4년 콜옵션으로 해석할 수 있다. 행사가격의 현재가치는 $100 백만$/(1.0513)^4 = $81.86 백만이다. BB 자산의 현재 시장가치는 $40 + 75 = $115 백만이다. 따라서 BB 자산의 내재 변동성은 주가가 115이고 행사가격의 현재가치가 81.86인 콜옵션의 내재 변동성과 같다. 시행착오법을 이용하여 약 25%의 내재 변동성을 찾았다. 이 변동성을 가지는 콜옵션의 델타는 다음과 같다.

$$\Delta = N(d_1) = N\left(\frac{\ln(115/81.86)}{0.25(2)} + 0.25\right) = 0.824$$

먼저 식 (21.21)을 이용하여 BB의 무차입 베타를 계산하면 다음과 같다.

$$\beta_U = \frac{\beta_E}{\Delta\left(1 + \dfrac{D}{E}\right)} = \frac{1.2}{0.824\left(1 + \dfrac{75}{40}\right)} = 0.51$$

식 (21.20)을 이용하여 BB의 채무 베타를 계산하면 다음과 같다.

$$\beta_D = (1 - \Delta)\left(1 + \frac{E}{D}\right)\beta_U = (1 - 0.824)\left(1 + \frac{40}{75}\right)0.51 = 0.14$$

일상적인 실수   종업원 스톡옵션의 가치평가

지난 20년 동안 경영자에 대한 보상으로 기업 주식의 콜옵션인 **경영자 스톡옵션**(executive stock option, ESO)을 부여하는 것이 일반적인 관행이 되었다. 2005년까지 미국 회계기준은 스톡옵션의 교부를 보상비용의 일부로 포함하는 것을 요구하지 않았다. 그러나 이제 기업들은 그들의 수익을 계산할 때 이 옵션을 비용으로 처리해야 한다. 회계 요건에 관계없이 기업과 종업원들은 모두 이 보상의 가치를 알고 싶어 할 것이다. ESO를 평가하기 위하여 블랙-숄즈 공식을 사용하고 싶지만, 그렇게 할 때 주의해야 하는 몇 가지 중요한 단점이 있다.

ESO를 평가하기 위해 블랙-숄즈 공식을 사용하는 데 따른 어려움을 이해하려면, 대개 그것들이 부여되는 방식을 이해하는 것이 중요하다. ESO는 전형적으로 향후 10년까지의 행사 날짜가 주어지는 아메리칸 옵션이다. 그러나 대개 종업원이 실제로 옵션을 소유하지 못하는 기간(종종 4년 정도)인 수급 기간이 있다. 종업원은 그 기간의 마지막에 옵션에 대한 권리를 갖게 된다. 이 기간 동안 종업원이 기업을 떠나면, 그들은 그 권리를 상실하여 옵션을 얻지 못한다. 수급 기간이 지나가면, 종업원은 옵션을 소유하지만 그것을 거래할 수 없다. 종업원이 그 옵션을 청산할 수 있는 유일한 방법은 그것을 행사하는 것이다. 또한 대부분의 경영자들은 그들 자신의 기업 주식 거래에 제약이 있으므로, 복제 포트폴리오를 효과적으로 구성할 수 없다. 이러한 제한으로 ESO는 종업원과 기업의 경우와 동일한 금액의 가치를 갖지는 않는다.

블랙-숄즈 공식을 그런 옵션에 적용하는 데 있어서 한 가지 명백한 어려움은 옵션의 생존 기간 동안 주식의 변동성을 추정해야 한다는 것이다. 최대 미래 10년까지의 변동성을 예측하는 것은 극히 어려운 일이다. 그러나 주식의 변동성을 알더라도, 블랙-숄즈 공식은 다음과 같은 ESO와 일반적인 주식 옵션의 중요한 차이를 고려하지 않는다.

1. ESO는 주식의 희석화를 야기한다. 행사 시 회사의 발행주식 수가 증가한다.
2. ESO는 몰수될 수 있다. 직원이 회사를 떠나는 경우 수급권이 없는 옵션은 즉시 몰수된다. 이미 수급권이 부여된 옵션도 종업원 이직 후 3개월 이내에 행사되지 않으면 몰수된다.
3. ESO는 조기 행사가 가능하다. 일단 수급권이 부여되면 종업원은 언제든지 옵션을 행사할 수 있다.

총 발행주식 수에 비하여 옵션의 수가 크지 않으면, 첫 번째 차이는 그렇게 중요하지 않다. 두 번째 차이점은 종업원 회전율이 높은 기업과 종업원에게 중요하다.

세 번째 차이점은 종업원과 모든 기업에 매우 중요하다. 종업원들은 위험 회피적이지만 복제 포트폴리오를 거래하여 옵션의 위험을 회피할 수 없다. 결과적으로 종업원의 선호도와 믿음이 ESO의 가치 계산에 중요하다. 더 위험 회피적이거나 비관적인 종업원은 덜 위험 회피적이거나 낙관적인 종업원보다 옵션에 더 낮은 가치를 부여할 것이다. 또한 종업원이 옵션에서 자신의 위험을 제거할 수 있는 유일한 방법은 그것을 행사하고 주식을 매도하는 것이다. 따라서 대부분의 종업원들은 조기 행사를 선택한다.[*] 이 경우에 종업원들은 위험 감소에 대한 교환으로 그들 옵션의 남은 시간가치를 상실하게 된다.

따라서 (조기 행사가 없는 것을 가정하는) 블랙-숄즈 공식은 기업에 대한 옵션의 비용과 종업원에 대한 혜택을 과대평가한다. 기업은 옵션 라이어빌리티를 헤지할 수 있기 때문에, 기업에 대한 옵션 비용을 평가할 때 위험은 문제가 되지 않는다. 따라서 블랙-숄즈 공식은 권리 몰수와 조기 행사를 고려하지 않음으로써 비용을 과대평가한다. 종업원은 옵션의 위험을 매도하거나 헤지할 수 없기 때문에, 블랙-숄즈 공식은 위험 감수에 대한 개인의 비용을 고려하지 않는다는 점에서 종업원 옵션의 가치를 과대평가한다.

이런 차이점이 얼마나 중요할까? 그 대답은 매우 중요하다로 보인다. 최근의 논문에서 아시시 제인과 어제이 수브라마니암은 이런 차이들을 조정하여, 합리적인 모수 값에 대해 블랙-숄즈 공식이 수급 기간 5년인 옵션의 기업에 대한 비용을 최대 40%까지 과대평가할 수 있음을 발견하였다.[†] 일단 옵션을 보유하면서 분산 미달의 개인적 비용을 고려하면, 종업원에 대한 옵션의 가치는 기업에 대한 옵션 비용의 1/3로 작아질 수 있다. 이런 불일치를 설명하기 위해 연구자들은 21.1절의 이항 모형에 입각하여 몰수와 조기 행사의 확률과 효과를 이항 나무에 직접적으로 반영하는 방법을 개발하였다. (추가 읽을거리를 참조하라.)

[*] 다음을 보라. S. Huddart and M. Lang, "Employee Stock Option Exercises: An Empirical Analysis," *Journal of Accounting and Economics* 21 (1996): 5–43.

[†] "The Intertemporal Exercise and Valuation of Employee Options," *Accounting Review* 79 (2004): 705–743.

노벨상   1997년 노벨 경제학상

현대의 시장경제에서 기업과 가계가 거래에서 적절한 수준의 위험을 선택할 수 있다는 것은 필수적이다. 옵션과 기타 소위 파생상품 시장은 미래의 수익이나 지급을 예상하는 사람에게 특정 수준을 초과하는 이익을 보장하거나 특정 수준 이상의 손실에 대비할 수 있다는 점에서 중요하다. 그러나 위험을 효율적으로 관리하기 위한 전제 조건은 그런 수단들의 가격이 올바르게 정해져야 한다는 것이다. 파생품의 가치를 결정하는 새로운 방법이 지난 25년간 경제과학의 가장 중요한 공헌 중에 두드러졌다.

올해의 수상자인 로버트 머튼과 마이론 숄즈는 50대 중반으로 1995년에 사망한 피셔 블랙과 긴밀히 협력하여 이 방법을 개발했다. 블랙, 머튼, 숄즈는 지난 10년간 파생상품 시장의 급성장을 위한 기반을 마련했다. 그들의 방법은 보다 일반적인 응용성을 가지지만, 그 수준을 넘어서 금융경제학의 내적 또는 외적으로 새로운 연구 영역을 만들어냈다. 비슷한 방법을 사용하여 보험 계약 및 보증 또는 물리적 투자 프로젝트의 유연성도 평가할 수 있다.

출처 : "1997년 경제과학상-보도 자료." Nobelprize.org.

채무의 대리인 비용

제16장에서 레버리지가 주식 보유자의 투자 유인을 왜곡할 수 있다고 언급했다. 이러한 왜곡은 주식을 기업 자산에 대한 콜옵션으로 볼 때 쉽게 이해될 수 있다. 첫째, 레버리지는 주식 콜옵션의 가치가 기업의 변동성에 따라 증가하기 때문에 자산 대체 문제를 야기한다. 따라서 주주는 과도한 위험을 감수하는 인센티브를 가질 수 있다. 둘째, 콜옵션의 경우 $\Delta < 1$이므로, 주주는 기업 자산의 가치가 \$1 상승할 때마다 \$1 미만을 얻기 때문에 투자에 대한 인센티브가 감소하고 과도한 채무 또는 과소 투자 문제가 발생할 수 있다. 예제 21.11은 이 두 가지 효과를 계량화하기 위해서 이 장에서 제시된 방법을 어떻게 사용하는지를 보여준다.

잠재적 대리인 비용 평가하기	예제 21.11

문제

예제 21.10의 BB 산업을 생각해보자. BB는 자산 변동성을 25%에서 35%로 증가시키는 위험 전략을 시작할 수 있다고 하자. 이 전략이 −\$5 백만의 NPV를 가지더라도, 주주들에게 혜택이 된다는 것을 보여라. 대안적으로 주주들이 BB는 기업의 위험을 변화시키지 않으면서 양(+)의 NPV를 가지는 새로운 프로젝트에 투자하도록 \$100,000를 조달하려고 한다. 이 투자가 주주들에게 혜택이 되려면 요구되는 최저 NPV는 얼마인가?

풀이

BB의 주식을 행사가격이 \$100 백만인 기업 자산의 4년 콜옵션이라고 볼 수 있다. 무위험 이자율 5.13%, 자산가치 \$115 백만, 자산 변동성 25%라고 할 때, 주식 콜옵션의 가치는 \$40 백만이고 $\Delta = 0.824$이다.

BB가 위험 전략을 수행하면 자산가치는 \$115 − 5 = \$110 백만으로 떨어지고 자산 변동성은 35%로 증가할 것이다. 블랙-숄즈 공식에 새로운 모수를 적용하면, 주식 콜옵션의 가치는 \$42.5 백만으로 증가하여 주식 보유자에게 \$2.5 백만의 이익이 발생할 것이다. 따라서 레버리지는 주식 보유자가 위험한 음(−)의 NPV를 가지는 위험 전략 의사결정을 지지하게 할 수 있다.

둘째, BB가 NPV = V인 새 프로젝트에 I = \$100,000를 조달하여 투자한다고 하자. 그러면 기업 자산의 가치는 \$100,000 + V만큼 증가할 것이다. Δ는 기초자산 가치에 대한 콜옵션의 민감도를 나타내므로, 주식의 가치는 이 금액의 약 Δ배만큼 증가할 것이고, 주식 보유자는 다음 조건이 성립하면 투자보다 더 많이 얻게 된다.

$$\Delta(100,000 + V) > 100,000$$

식 (21.19)와 (21.20)을 이용하여, 식 (16.2)와 같은 식으로 이 조건을 나타낼 수 있다.

$$\frac{NPV}{I} = \frac{V}{100,000} > \frac{1 - \Delta}{\Delta} = \frac{\beta_D D}{\beta_E E}$$

예제 21.10의 베타를 사용하여, 이익 지수가 $(0.14 \times 75)/(1.2 \times 40) = 0.21875$를 초과하여 프로젝트의 NPV가 \$21,875를 초과하는 경우에만 이 투자가 주주에게 혜택이 된다. 주식 보유자는 이 금액 미만의 양(+)의 NPV를 가지는 프로젝트를 거부할 수 있기 때문에 레버리지에 의한 과잉 채무는 기업이 과소 투자를 하게 할 수 있다.

따라서 옵션 가격결정 방법은 과잉 채무나 자산 대체와 위험 감수의 인센티브 때문에 발생할 수 있는 잠재적인 투자 왜곡을 평가하기 위해 사용될 수 있다. 이런 방법을 사용하여 재무적 곤경비용과 같은 상태-의존 비용을 평가할 수 있다.

위의 경우 경영진과 주식 보유자의 채무 불이행 옵션은 기업에 비용을 부과한다. 그러나 많은 경우에 투자가 양호할 수 있는 경우에 "옵션"을 가지는 것은 기업의 가치를 향상시킨다. 다음 장에서 이런 상황들을 살펴볼 것이다.

개념 확인

1. 채무의 베타를 어떻게 측정할 수 있는가?
2. 주식이 기업 자산의 콜옵션이라는 사실이 어떤 대리인 비용을 발생시키는가?

핵심 요점 및 수식

21.1 이항 옵션 가격결정 모형

- 옵션은 여러 상태의 수익을 복제하는 포트폴리오를 사용하여 평가할 수 있다. 이항 옵션 가격결정 모형은 지금 주어진 상태에서 다음 시점의 두 가지 가능한 상태를 가정한다.
- 옵션의 가치는 그것의 수익을 복제하는 포트폴리오의 가치이다. 복제 포트폴리오는 기초자산과 무위험 채권을 보유하는 것으로 시간에 따라 재구성될 필요가 있다.
- 이항 옵션 가격결정 모형을 위한 복제 포트폴리오는 다음과 같다.

$$\Delta = \frac{C_u - C_d}{S_u - S_d}, \quad B = \frac{C_d - S_d \Delta}{1 + r_f} \tag{21.5}$$

■ 복제 포트폴리오가 주어졌을 때 옵션의 가치는 다음과 같다.

$$C = S\Delta + B \tag{21.6}$$

21.2 블랙-숄즈 옵션 가격결정 모형

■ 무배당 주식의 유러피언 콜옵션 가격을 위한 블랙-숄즈 옵션 가격결정 모형은 다음과 같다.

$$C = S \times N(d_1) - PV(K) \times N(d_2) \tag{21.7}$$

$N(d)$는 누적 정규분포이다.

$$d_1 = \frac{\ln[S/PV(K)]}{\sigma\sqrt{T}} + \frac{\sigma\sqrt{T}}{2}$$
$$d_2 = d_1 - \sigma\sqrt{T} \tag{21.8}$$

■ 콜옵션 가격을 결정하기 위해 5개의 입력 모수만이 요구된다. 주가, 행사가격, 만기일, 무위험 이자율, 주식의 변동성. 옵션 가격을 계산하기 위해 주식의 기대 수익률을 알 필요가 없다.

■ 무배당 주식의 유러피언 풋옵션 가격을 위한 블랙-숄즈 옵션 가격결정 모형은 다음과 같다.

$$P = PV(K)[1 - N(d_2)] - S[1 - N(d_1)] \tag{21.9}$$

■ S를 S^x로 대체하여 블랙-숄즈 옵션 가격결정 모형을 사용하여 배당 주식의 유러피언 옵션을 평가할 수 있다.

$$S^x = S - PV(Div) \tag{21.10}$$

만기일 이전에 주식이 (복리) 배당 수익률 q를 지급하면 다음의 S^x를 사용하면 된다.

$$S^x = S/(1 + q) \tag{21.11}$$

■ 블랙-숄즈 복제 포트폴리오는 다음과 같다.
  ■ 무배당 주식 유러피언 콜옵션

$$\Delta = N(d_1), \quad B = -PV(K)N(d_2) \tag{21.12}$$

  ■ 무배당 주식 유러피언 풋옵션

$$\Delta = -[1 - N(d_1)], \quad B = PV(K)[1 - N(d_2)] \tag{21.13}$$

  ■ 복제 포트폴리오는 옵션 가치에 접하기 위해 계속 갱신되어야 한다.

21.3 위험-중립 확률

■ 위험-중립 확률은 모든 증권의 기대 수익률이 무위험 이자율과 같도록 하는 확률이다. 이 확률은 각 상태에서 수익이 알려져 있는 다른 어떤 자산의 가격결정에도 사용될 수 있다.

■ 이항 나무에서 주식가격이 상승할 위험-중립 확률 ρ는 다음과 같다.

$$\rho = \frac{(1 + r_f)S - S_d}{S_u - S_d} \tag{21.16}$$

■ 위험-중립 확률을 사용하여 계산된 기대 현금흐름을 무위험 이자율로 할인하여 어떤 파생증권의 가격도 얻을 수 있다.

21.4 옵션의 위험과 수익률

■ 옵션의 베타는 복제 포트폴리오의 베타에 의해 계산할 수 있다. 양(+)의 베타를 가지는 주식의 경우 콜옵션은 기초주식보다 큰 베타를 가지며, 풋옵션은 음(−)의 베타를 가진다. 옵션 베타의 크기는 외가격 옵션일수록 더 높아진다.

■ 옵션의 베타는 기초주식의 베타에 옵션의 레버리지 비율을 곱한 값이다.

$$\beta_{option} = \frac{S\Delta}{S\Delta + B}\beta_S \tag{21.17}$$

21.5 옵션 가격결정의 기업 적용

■ 위험 채무일 경우 주식과 채무의 베타는 다음과 같이 레버리지와 함께 상승한다.

$$\beta_E = \Delta\left(1 + \frac{D}{E}\right)\beta_U, \quad \beta_D = (1 - \Delta)\left(1 + \frac{E}{D}\right)\beta_U \tag{21.19, 21.20}$$

기업 주식의 베타와 델타의 추정치가 주어진 경우 기업의 무차입 베타와 채무 베타의 계산을 위해 식 (21.19)를 사용할 수 있다.

■ 옵션의 평가 방법은 대리인 비용의 크기를 평가하기 위해 사용될 수 있다.

　■ 과잉 채무의 결과로 다음의 경우 주식 보유자는 새 투자로부터 혜택을 본다.

$$\frac{NPV}{I} > \frac{1 - \Delta}{\Delta} = \frac{\beta_D D}{\beta_E E}$$

　■ 주식 보유자가 변동성을 증가시키려는 인센티브는 변동성의 증가에 대한 주식 콜옵션 가치의 민감도로 추정될 수 있다.

주요 용어

경영자 스톡옵션(executive stock options, ESO)

내재 변동성(implied volatility)

누적 정규분포(cumulative normal distribution)

동적 거래 전략(dynamic trading strategy)

레버리지 비율(leverage ratio)

마팅게일 가격(martingale prices)

몬테카를로 시뮬레이션(Monte Carlo simulation)

복제 포트폴리오(replicating portfolio)

블랙-숄즈의 옵션 가격결정 모형(Black-Scholes Option Pricing Model)

상태 가격(state prices)

상태-의존 가격(state-contingent prices)

옵션 델타(option delta)

위험-중립 확률(risk-neutral probabilities)

이항 나무(binomial tree)

이항 옵션 가격결정 모형(binomial option pricing model)

파생증권(derivative security)

VIX 지수(VIX index)

추가 읽을거리

피셔 블랙과 마이론 숄즈가 옵션에 대한 최초의 가격결정 논문을 썼다. "The Pricing of Options and Corporate Liabilities," *Journal of Political Economy* 81 (1973): 637 – 654. 이는 Robert Merton의 "Theory of Rational Option Pricing," *Bell Journal of Economics and Management Science* 4 (1973): 141 – 183.

옵션과 기타 파생증권에 대해 심도 있는 논의를 위해 다음을 보라. R. McDonald, *Derivative Markets* (Prentice

Hall, 2006); J. Hull, *Options, Futures, and Other Derivatives* (Prentice Hall 2008); R. Jarrow and S. Turnbull, *Derivative Securities* (South-Western, 1999); P. Wilmott, *Paul Wilmott on Quantitative Finance* (John Wiley & Sons, 2006).

피셔 블랙의 다음 논문들은 블랙-숄즈 공식의 개발과 그 한계점들에 대해 재미있는 설명을 하고 있다. "How We Came Up with the Option Formula," *Journal of Portfolio Management* 15 (1989): 4-8; "The Holes in Black-Scholes," *RISK Magazine* 1 (1988): 30-33; "How to Use the Holes in Black-Scholes," *Journal of Applied Corporate Finance* 1 (Winter 1989): 67-73.

종업원 스톡옵션의 대안적 가치평가를 위해 다음을 보라. M. Rubinstein, "On the Accounting Valuation of Employee Stock Options," *Journal of Derivatives* (Fall 1995); J. Hull, A. White, "How to Value Employee Stock Options," *Financial Analysts Journal* 60 (2004): 114-119; N. Brisley and C. Anderson, "Employee Stock Option Valuation with an Early Exercise Boundary," *Financial Analysts Journal* 64 (2008): 88-100.

최적 자본구조 결정에서 대리인 비용의 역할에 대해 더 깊이 이해하기 위한 옵션 가격결정 방법이 다음 논문에서 개발되었다. H. Leland, "Agency Costs, Risk Management, and Capital Structure," *Journal of Finance* (1998): 1213-1243.

---

* 표시는 난이도가 높은 문제다.

연습문제

이항 옵션 가격결정 모형

1. 에스텔 주식회사의 현재 주가는 $25이다. 향후 2년 동안 매년, 이 주가는 20% 상승 또는 하락할 것이다. 이 주식은 배당을 지급하지 않는다. 1년 무위험 이자율은 6%이며, 동일하게 유지될 것이다. 이항 모형을 사용하여 행사가격이 $25인 에스텔 주식의 1년 콜옵션 가격을 계산하라.

2. 1번 문제의 정보를 이용하여 행사가격이 $25인 에스텔 주식의 1년 풋옵션 가격을 계산하라.

3. 나타샤 주식회사의 현재 주가는 $6이다. 향후 2년 동안 매년, 이 주가는 $2.50 상승 또는 하락할 수 있다. 이 주식은 배당을 지급하지 않는다. 1년 무위험 이자율은 3%이며 동일하게 유지될 것이다. 이항 모형을 사용하여 행사가격이 $7인 나타샤 주식의 2년 유러피언 콜옵션의 가격을 계산하라.

4. 3번 문제의 정보를 이용하여, 행사가격이 $7인 나타샤 주식의 2년 유러피언 풋옵션의 가격을 계산하라.

5. 예제 21.1의 옵션이 실제로 $8에 시장에서 매도되었다고 하자. 차익거래 이익을 창출할 거래 전략을 설명하라.

*6. 예제 21.2의 옵션이 실제로 $5에 매도되었다고 하자. 다음 시점에 그 옵션이 얼마에 거래될지 알 수 없다. 차익거래 이익을 발생시킬 거래 전략을 설명하라.

7. 이글트론의 현재 주가는 $10이다. 1년 동안 주가가 100% 상승 또는 50% 하락할 것이라고 한다. 무위험 이자율은 (EAR) 25%이다.

   a. 오늘 이글트론 주식의 등가격인 1년 유러피언 풋옵션의 가치는 얼마인가?

   b. 행사가격 $20인 이글트론 주식의 1년 유러피언 풋옵션의 가치는 얼마인가?

   c. (a)와 (b)의 풋옵션이 즉시 또는 1년 후에 행사될 수 있다고 하자. 이 경우에 각 옵션의 가치는 얼마인가?

8. 콜옵션 델타의 가능한 가장 높은 값은 얼마인가? 가장 낮은 값은 얼마인가? (힌트 : 그림 21.1 참조.)

*9. 헤마 주식회사는 현재 $1,000 백만($1 십억)의 시장가치를 가지는 자기자본 기업이고, 1년 뒤에는 $900 백만이나 $1,400 백만이 될 것이다. 무위험 이자율은 5%이다. 헤마 주식회사는 $1,050 백만의 액면가를 가지는 1년 할인채를 발행하여, 그 수입을 주주들에게 특별 배당으로 지급하고자 한다. 완전자본시장을 가정할 때 이항 모델을 사용하여 다음에 답하라.

    a. 1년 뒤에 기업 채무의 수익은 얼마인가?

    b. 오늘 채무의 가치는 무엇인가?

    c. 채무의 수익률은 얼마인가?

    d. 모딜리아니-밀러 정리를 사용하면 배당을 지급하기 전에 헤마의 주식가치는 얼마인가? 배당을 지급한 직후의 주식가치는 얼마인가?

    e. 헤마 주식의 배당락 가치가 이항 모형과 정합성을 가지는 것을 보여라. 주식을 기업 자산에 대한 콜옵션으로 볼 때 주식의 Δ는 얼마인가?

*10. 9번 문제의 상황을 생각하자. 헤마 주식회사가 부도가 나는 경우 파산비용으로 $90 백만의 손실이 발생한다. 시장의 다른 불완전성이 없다고 하자.

    a. 파산비용의 현재가치는 얼마이며, 기업 자산에 대한 델타는 얼마인가?

    b. 이 경우에 헤마 채무의 가치와 수익률은 얼마인가?

    c. 이 경우에 배당 지급 전 헤마 주식의 가치는 얼마인가? 배당 지급 직후에 주식의 가치는 얼마인가?

블랙-숄즈 옵션 가격결정 모형

11. 로즐린 로보틱스 주식은 30%의 변동성을 가지면서 현재 주당 $60이다. 로즐린 주식은 배당을 지급하지 않는다. 무위험 이자율은 5%이다. 로즐린 주식의 등가격 1년 콜옵션의 블랙-숄즈 가치를 계산하라.

12. 레베카는 인기 있는 새 주식인 업 주식의 유러피언 콜옵션 매입에 관심이 있다. 이 콜옵션의 행사가격은 $100이며 90일 후에 만기가 된다. 업 주식의 현재 가격은 $120이며, 표준편차는 연 40%이다. 무위험 이자율은 연 6.18%이다.

    a. 블랙-숄즈 공식을 사용하여 콜옵션의 가격을 계산하라.

    b. 풋-콜 패리티를 사용하여 동일한 행사가격과 만기를 가지는 풋옵션의 가격을 계산하라.

13. 표 21.1의 자료를 이용하여, 다음 제트블루 주식 옵션의 2009년 7월 24일 가격을 블랙-숄즈 공식에 의한 예측 가격과 비교하라. 제트블루 주식의 표준편차는 연 65%이고, 단기 무위험 이자율은 연 1%라고 하자.

    a. 행사가격이 $5인 2009년 12월물 콜옵션

    b. 행사가격이 $6인 2009년 12월물 풋옵션

    c. 행사가격이 $7인 2010년 3월물 풋옵션

14. 그림 20.10의 시장 자료와 연 0.25%의 무위험 이자율을 이용하자. 행사가격 700인 2014년 1월물 콜옵션의 매입호가를 이용하여 2012년 9월 구글 주식의 내재 변동성을 계산하라.

15. 14번 문제에서 계산된 내재 변동성과 해당 정보를 이용하여 행사가격이 800인 2014년 1월물 콜옵션의 가치를 블랙-숄즈 옵션 가격결정 공식으로 계산하라.

16. 행사가격이 $20인 월드 와이드 플랜츠의 2년 유러피언 풋옵션의 가치를 주식가격의 함수로 표시하라. 월드 와이드 플랜츠는 연 5%의 일정한 배당 수익률과 연 20%의 변동성을 가진다. 2년 무위험 이자율은 연 4%이다. 옵션이 내재가치보다 작게 거래되는 영역의 존재 이유를 설명하라.

17. 11번 문제에서 평가된 로즐린 로보틱스의 등가격 콜옵션을 생각하자. 이 콜옵션이 시장에서 거래되지 않는다고 하자. 1,000개의 콜옵션 매입 포지션을 복제하고자 한다.

    a. 오늘 어떤 포트폴리오를 보유해야 하는가?

    b. (a)에서 포트폴리오를 매입했다고 하자. 로즐린 주가가 오늘 주당 $62로 상승하면, 지금 이 포트폴리오의 가치는 얼마인가? 이 콜옵션이 거래가 된다면, (콜옵션 가치의 백분율로 표시된) 이 콜옵션과 포트폴리오의 가치 차이는 얼마인가?

    c. (b)에서의 주가 변동 이후에 옵션을 계속 복제하려면 포트폴리오를 어떻게 조정해야 하는가?

18. 11번 문제에서 평가된 로즐린 로보틱스의 등가격 콜옵션을 다시 생각하자. 다음 각각의 변화에 대해 이 콜

옵션의 가치에 대한 영향은 무엇인가? (별도로 평가)

a. 주식 가격이 $1 상승하여 $61가 된다.

b. 주식의 변동성이 1% 상승하여 31%가 된다.

c. 이자율이 1% 상승하여 6%가 된다.

d. 한 달이 지났지만 아무런 변화가 없다.

e. 이 기업은 $1의 배당을 선언하고 곧 지급하였다.

위험-중립 확률

19. 하얼빈 제조는 주당 $20를 가지는 10 백만의 주식을 발행하였다. 1년 후에 주가가 $30 또는 $18가 될 확률이 동일하다. 무위험 이자율은 5%이다.

a. 하얼빈 주식의 기대 수익률은 얼마인가?

b. 하얼빈의 주가가 상승할 위험-중립 확률은 얼마인가?

20. 19번 문제에서 하얼빈 제조의 정보를 이용하여 다음에 답하라.

a. 위험-중립 확률을 이용하면, 행사가격이 $25인 하얼빈 주식의 1년 콜옵션 가치는 얼마인가?

b. 콜옵션의 기대 수익률은 얼마인가?

c. 위험-중립 확률을 이용하면, 행사가격이 $25인 하얼빈 주식의 1년 풋옵션 가치는 얼마인가?

d. 풋옵션의 기대 수익률은 얼마인가?

21. 1번 문제의 정보를 이용하여, 위험-중립 확률들을 계산하라. 이 확률을 이용하여 옵션의 가격을 결정하라.

22. 3번 문제의 정보를 사용하여 위험-중립 확률을 계산하라. 이 확률을 이용하여 옵션의 가격을 결정하라.

23. 위험-중립과 실제 확률의 차이를 설명하라. 어느 상태에서 위험-중립 확률이 다른 상태보다 더 높아지는가? 왜 그런가?

24. 위험-중립 확률이 위험 회피적 투자자의 세상에서 파생증권의 가격을 결정하기 위해 사용될 수 있는 이유를 설명하라.

옵션의 위험과 수익률

25. 표 21.1에서 행사가격이 $9인 제트블루의 2010년 1월물 콜옵션의 베타를 계산하라. 제트블루의 변동성은 연 65%이고 베타는 0.85라고 하자. 단기 무위험 이자율은 연 1%이다. 옵션의 레버리지 비율은 얼마인가?

26. 표 21.1에서 행사가격이 $5인 제트블루의 2010년 3월물 풋옵션을 생각하자. 제트블루의 변동성은 연 65%이고, 베타는 0.85라고 하자. 단기 무위험 이자율은 연 1%이다.

a. 풋옵션의 레버리지 비율은 얼마인가?

b. 풋옵션의 베타는 무엇인가?

c. 시장의 예상 기대 프리미엄이 6%라면, CAPM에 의한 풋옵션의 기대 수익률은 얼마인가?

d. 기대 수익률이 주어졌을 때 투자자가 풋옵션을 매입하는 이유는 무엇인가?

옵션 가격결정의 기업 적용

27. 구글이 $163.5 십억의 액면가를 가지는 16개월 만기의 할인채를 발행하여 그 수입을 특별 배당으로 지급하려고 하는 예제 20.11(765쪽)로 돌아가자. 구글의 현재 시장가치는 $229.2 십억이고, 무위험 이자율은 0.25%이다. 그림 20.10의 시장 자료를 이용하여 다음에 답하라.

a. 구글의 현재 주식 베타가 1.2라면, 채무 발행 뒤에 구글 주식의 베타는 얼마인가?

b. 새로운 채무의 베타를 추정하라.

*28. 슈바르츠 산업(SI)의 무차입 베타에 대해 알고자 한다. SI의 발행주식 가치는 $400 백만이고, 베타는 1.2로 추정된다. SI는 현재 $75 백만으로 거래되는 액면가 $100 백만의 4년 할인채를 발행한 상태다. SI는 배당

을 지급하지 않고 모든 수익을 재투자한다. 4년 무위험 이자율은 현재 5.13%이다. 블랙-숄즈 공식을 사용하여 무차입 베타를 추정하라.

*29. 제이 마일즈 주식회사는 주당 $20인 발행주식 25 백만을 가지고 있다. 마일즈는 액면가 $900 백만, 만기 수익률 9%인 5년 만기 할인채를 발행한 상태다. 무위험 이자율은 5%이다.

   a. 마일즈 자산의 내재 변동성은 얼마인가?

   b. 마일즈 자산의 변동성을 변화시키지 않는 새로운 투자에 자금을 조달하여 주식 보유자가 이익을 얻기 위해 요구되는 최소 이익 지수는 얼마인가?

   c. 마일즈가 자산의 변동성을 10% 증가시키는 새로운 투자에 보유 현금을 투자하려고 한다. 이 투자가 마일즈의 주식가치를 증가시키는 최소 NPV는 얼마인가?

실물 옵션

22

기업재무에서 옵션의 가장 중요한 응용은 자본예산 결정이다. 글로벌 생명공학 기업인 암젠을 예로 들어보자. 암젠은 2014년 매출액이 $20 십억이었으며 매출액의 20% 이상을 연구개발에 투자했다. 초기 단계 신약개발 프로젝트의 극소수가 결국 시장에 진출하지만, 이 기업이 개발한 것은 매우 성공적이었다. 암젠은 가치를 극대화하기 위해 연구개발 비용을 어떻게 관리할까?

암젠의 경우 연구개발에 투자하는 것은 콜옵션을 매입하는 것과 같다. 초기 단계의 약품개발 프로젝트에 대한 연구 결과가 호의적일 때, 암젠은 제품개발의 다음 단계에 추가적인 자원을 투입한다. 연구 결과가 유망하지 않으면 프로젝트의 자금 지원을 중단한다. 암젠은 가장 유망한 것으로 입증된 기술에 선택적으로 투자하여 제품개발을 위한 옵션을 행사한다. 추가적인 투자는 행사가격을 지불하고 기초자산을 취득하는 것과 같다. 이 경우에는 계속된 제품개발의 혜택이 기초자산이다. 추가 투자를 하지 않기로 결정하면 (연구개발 프로젝트를 폐쇄하거나 포기하면), 암젠은 옵션을 행사하지 않기로 결정한 것이다.

암젠과 같은 실물 투자 옵션은 자본예산에서 매우 중요할 수 있지만, 자본예산 의사결정에 대한 그런 실물 옵션의 효과는 일반적으로 실행의 특수성을 가지고, 모든 경우에 적용되는 하나의 방법론은 존재하지 않는다. 이 사실에 비추어 이 장은 자본예산 및 옵션 가격을 관리하기 위해 이미 개발한 일반 원칙들이 자본예산 결정의 실물 옵션을 평가하는 데 어떻게 적용될 수 있는지를 보여준다. 자본예산 결정에서 발생하는 가장 일반적인 세 가지 옵션을 검토하기 위해 이 원칙들을 적용한다: 투자의 최적 시점을 기다리는 옵션, 미래 성장에 대한 옵션, 그리고 저조한 성과 프로젝트를 포기할 옵션. 그리고 두 가지 중요한 응용을 고려할 것이다: 단계적 투자 기회를 완성하는 순서 결정하기, 수명이 다른 두 개의 상호 배타적인 프로젝트 중 더 지혜로운 투자 결정하기. 끝으로 경영자가 자본예산 결정에서 실물 옵션을 설명하기 위해 종종 사용하는 경험 법칙을 설명한다.

기호

NPV	순현재가치
S^x	배당을 제외한 주식가치
S	주식가격
PV	현재가치
Div	배당
K	행사가격
ln	자연 로그
T	옵션 만기일까지의 연수
σ	기초자산의 수익률 변동성
C	콜옵션 가격
N(d)	누적 정규분포
ρ	위험-중립 확률
r_f	무위험 이자율

22.1   실물 옵션 대 금융 옵션

이전 두 장에서 학습한 금융 옵션은 보유자에게 주식과 같이 거래되는 자산을 사거나 팔 수 있는 권리를 부여한다. 새로운 제품의 연구개발에 투자하는 암젠의 옵션은 실물 옵션이라고 하는 다른 유형의 옵션 예이다. **실물 옵션**(real option)은 새로운 정보의 습득 이후에 자본 투자와 같은 특정 사업의 의사결정을 내릴 수 있는 권리이다. 실물 옵션과 금융 옵션의 주요 차이점은 실물 옵션과 이를 기반으로 하는 기초자산이 경쟁적 시장에서 거래되지 않는다는 점이다. 예를 들어 특정 약품에서 암젠의 연구개발에 대한 시장은 없다.

이러한 차이에도 불구하고 금융 옵션에 대한 이전 두 장에서 개발한 많은 원칙들이 실물 옵션에도 적용된다. 특히 실물 옵션은 새로운 정보를 이용할 수 있게 된 후 의사결정자가 가장 매력적인 대안을 선택할 수 있으므로 실물 옵션의 존재는 투자 기회에 가치를 더해준다. 이 가치는 특히 불확실성이 큰 환경에서 실질적일 수 있다. 따라서 가장 정확한 투자 의사결정을 내리기 위해서는 이러한 옵션의 가치가 의사결정 과정에 포함되어야 한다.

지금까지 자본예산 결정에 대한 접근 방식은 프로젝트의 수명 동안 요구될 수 있는 미래의 의사결정을 명시적으로 고려하지 않고 초기의 투자 의사결정에 중점을 두었다. 오히려 프로젝트의 예상된 미래 현금흐름에 대한 우리의 예측은 미래 의사결정의 효과를 이미 반영한다고 가정했다. 이 장에서는 기업이 프로젝트 수명 동안 변화하는 사업 조건에 대응해야 할 때, 이러한 현금흐름 및 프로젝트의 NPV가 어떻게 결정되는지 자세히 살펴보고자 한다. 그러기 위해 의사결정 나무라는 새로운 분석 도구를 소개하면서 시작한다.

1. 실물 옵션과 금융 옵션의 차이점은 무엇인가?
2. 왜 실물 옵션은 투자 의사결정에 가치를 더해주는가?

22.2   의사결정 나무 분석

대부분의 투자 프로젝트는 시간이 지난 이후에 투자를 위한 의사결정을 재평가할 기회가 있다. 자연스러운 예를 들어 이러한 가능성을 설명하고자 한다.

유나이티드 스튜디오는 전국적인 베스트셀러에 대한 영화 권리를 보유하고 있으며, 이러한 권리 중 일부로 동일한 책을 기반으로 하는 속편을 제작할 수 있는 권리도 가지고 있다. 이 스튜디오는 현재 제작 일정을 조율 중이다. 두 영화를 동시에 촬영하면 비용을 상당히 절감할 수 있어서, 두 영화를 총 $525 백만의 예산으로 제작할 수 있다고 믿는다. 대신 영화가 순차적으로 제작되면, 총 예상비용은 $575 백만으로 상승할 것이다. 반면, 첫 번째 영화가 공개될 때까지 두 번째 영화의 제작을 기다리면, 이 스튜디오는 속편에 대한 가능성 전망에 대해 훨씬 더 좋은 정보를 얻을 것이다. 이 상황을 분석하기 위해 의사결정 나무를 어떻게 사용할 것인가를 살펴보자.

먼저 영화가 동시에 제작되는 경우를 생각해보자. 일단 제작이 완료되면 이 스튜디오는 두 영화에서 총 $650 백만을 벌어 $125 백만의 순이익을 올릴 것으로 예상한다.[1] 그림 22.1은 **의사결정 나무**(decision

---

1   단순화를 위해 우리는 이 예에서 0의 이자율과 비체계적 위험만을 가정하여 할인을 무시한다. (대안적으로 모든 금액을 동일한 현재가치로 해석할 수 있다.) 이후의 예에서는 할인 및 체계적 위험을 고려할 것이다.

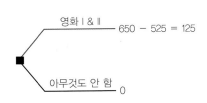

tree)를 이용하여 간단한 시나리오를 보여주는데, 이는 현재와 미래의 의사결정 및 시간 경과에 따른 관련 위험과 결과를 보여준다.

의사결정 나무는 제21장에서 사용된 이항 나무와는 다르다. 이항 나무에서 나무의 가지는 통제될 수 없는 불확실성을 나타낸다. 의사결정 나무는 의사결정자가 이용할 수 있는 서로 다른 선택을 나타내는 가지도 포함한다.

그림 22.1의 의사결정 나무는 실물 옵션이 없는 표준적인 투자 문제에 대한 의사결정 나무다. 우리는 투자하여 프로젝트의 NPV를 얻거나 투자하지 않고 0을 얻을 수 있다. 사각 마디(node)는 의사결정자가 선택해야 하는 의사결정 시점을 나타낸다. 파란색은 최적 결정을 나타낸다. 이 경우 유나이티드 스튜디오는 예상 수입이 지급한 비용을 초과하기($650 백만 − $525 백만 = $125 백만) 때문에 영화에 투자하여 제작하는 것을 선택할 것이다.

불확실성 나타내기

유나이티드의 기대 이익은 영화가 제작될 가치가 있음을 의미하지만, 실제 결과에 대해서는 상당한 불확실성이 있다. 실제로 두 영화 모두에 대한 $650 백만의 예상 총수입은 두 가지 대안적인 결과를 반영한다. 해당 책의 인기를 바탕으로 유나이티드는 첫 번째 영화가 블록버스터로 성공할 확률이 50%라고 믿는데, 이 경우 스튜디오는 단독으로 $500 백만, 속편으로 $400 백만을 벌어들일 것으로 예상한다. 첫 번째 영화가 보통 수준의 성공작이면, 이것은 $300 백만, 속편은 $100 백만의 수입이 있을 것으로 예상한다. 이러한 불확실성을 그림 22.2로 보여주었다.

의사결정 나무는 두 종류의 마디를 포함하고 있다: 정사각형 **의사결정 마디**(decision node) (투자 대 아무것도 안 함), 의사결정자의 통제를 벗어난 불확실성이 해소되는 원형 **정보 마디**(information node) (예를 들어 영화가 블록버스터인지 아닌지). 그림 22.2는 각 현금흐름이 확정되었거나 실현되는 점을 가

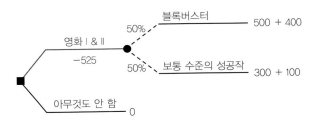

리킨다. 제작비는 미리 지불되기 때문에 유나이티드가 영화의 성공 여부를 알기 전에 현금흐름이 발생한다.

실물 옵션

그림 22.2의 의사결정 나무가 유나이티드의 대안에 대한 완전한 설명은 아니다. 영화를 동시에 제작하는 대신 유나이티드는 첫 번째 영화가 공개될 때까지 속편의 촬영을 연기할 수 있다.

첫 번째 영화에 대한 유나이티드의 예산은 $300 백만이다. 이것이 중간 수준의 성공작일 경우 $250 백만으로 속편을 제작할 것으로 예상된다. 그러나 첫 번째 영화가 블록버스터인 경우, 두 번째 영화의 비용은 $300 백만으로 증가할 것이다. (더 많은 투자가치가 있을 것이며, 배우들은 더 높은 임금을 요구할 수 있다.) 전반적으로 순차적으로 영화를 제작하는 데 예상되는 총비용은 $575 백만으로 함께 촬영하는 비용보다 $50 백만 증가한다.

그림 22.3은 순차적 제작을 위한 의사결정 나무를 보여준다. 이 그림과 그림 22.2의 중요한 차이점은 유나이티드가 속편을 제작할지 여부를 결정하기 전에 첫 번째 영화가 얼마나 성공적인지를 알 때까지 유나이티드가 기다릴 수 있다는 사실을 보여준다. 의사결정 나무에서 정보 마디 이후에 발생하는 의사결정 마디가 실물 옵션이다. 나중에 결정할 권리는 유나이티드가 알게 될 새로운 정보 때문에 가치가 있다.

그림 22.3에서 알 수 있듯이, 첫 번째 영화가 블록버스터가 아닌 이상 유나이티드가 속편을 제작하는 것은 적절하지 않다. 보통 수준의 성공 이후 속편을 제작하면 $250 백만이라는 비용이 들지만, 수입은 $100백만에 불과하다. 그 시점에서 속편을 만드는 것은 −$150 백만의 음(−)의 NPV를 갖는다. 유나이티드의 최적 전략(파란색으로 표시)을 감안하면, 기대 손익은 다음과 같다.

$$-300 + 50\% \times \overbrace{(500 - 300 + 400)}^{\substack{\text{블록버스터,} \\ \text{속편 제작}}} + 50\% \times \overbrace{(300)}^{\substack{\text{보통 수준의 성공,} \\ \text{속편 없음}}} = \text{백만}$$

이 손익을 영화가 동시에 제작되는 경우의 손익인 $125 백만과 비교하면, 속편 제작 여부를 나중에 결정할 수 있는 옵션은 유나이티드에게 $25 백만의 가치가 된다. 이 옵션은 유나이티드가 의사결정에 영향을 줄 수 있는 충분한 정보를 알 수 있기 때문에 가치가 있다. 첫 번째 영화가 블록버스터가 아닐 경우 속편이 취소될 것이다. 옵션 가치는 예상 제작비용에서 $50 백만의 증가분을 초과하는 $150 백만 손실의 50% 가능성(또는 $75 백만)을 피할 수 있는 이점과 같다.

그림 22.3

순차적 제작의 실물 옵션을 가지는 유나이티드의 투자

영화가 순차적으로 제작되면 유나이티드는 속편 제작에 대해 정보를 더 가지고 의사결정을 할 수 있다.

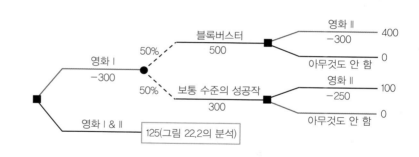

의사결정 나무의 해법

많은 기업 투자 의사결정에는 유나이티드 스튜디오가 직면한 것과 같은 실물 옵션이 포함되어 있다. 이러한 옵션의 정확한 본질은 투자에 따라 다르지만, 다음과 같은 사항들을 식별하는 의사결정 나무를 작성하여 분석할 수 있다.

- 각 단계에서 이용할 수 있는 선택 사항을 보여주는 의사결정 마디
- 학습된 손익 관련 정보를 보여주는 정보 마디
- 수행된 투자와 시간에 따른 손익

의사결정 나무가 만들어지면, 나무 끝에서 앞으로 오면서 투자 기회의 가치를 평가할 수 있다.

(i) **의사결정 마디** : 각 가지에 따라 남아 있는 손익의 현재가치를 비교하여 최적 선택을 결정한다.

(ii) **정보 마디** : 다음 가지로부터 손익의 기대 현재가치를 계산한다.

항상 그렇듯이 (i)과 (ii) 두 단계에서 (이전 장들에서 개발된 방법론들을 사용하여) 일물일가의 법칙에 따라 현재가치를 계산한다.

우리의 예제는 오직 두 가지 상태와 두 가지 선택 사항을 가져 매우 단순화되어 있지만, 의사결정 나무 방법론은 매우 일반적이며 실무적으로 매우 복잡한 실제 예제를 분석하기 위해 사용된다. 이 장의 나머지 부분에서는 다양한 실물 옵션을 고려할 것이다.

1. 의사결정 나무에서 실물 옵션을 어떻게 식별할 수 있나?
2. 어떤 상황에서 실물 옵션이 가치를 가질까?
3. 최고의 투자 의사결정을 하기 위해 어떻게 의사결정 나무를 사용하겠는가?

22.3 지연 옵션 : 콜옵션으로의 투자

유나이티드 스튜디오의 영화 속편 제작 옵션은 투자를 위한 최적의 시간을 선택하는 것이 어떻게 가치를 창출할 수 있는지를 보여준다. 이러한 지연 옵션(option to delay)은 실무적으로 많이 존재한다. 일반적으로 투자 의사결정을 지연시키기 위해서는 비용이 든다. 프로젝트 수명 중의 이익이 없어지고, 비용이 상승할 수 있으며, 경쟁자가 진입할 수 있다. 반면, 지연함으로써 투자가치에 관한 추가적인 정보를 얻을 수 있다. 일반적으로 의사결정을 내리기 전에 정보를 획득하여 얻은 이익과 지연으로부터 발생한 비용을 상쇄해야 한다. 이 절에서는 최적의 타이밍 의사결정을 분석하기 위해 금융 옵션 가격결정에서 개발된 수리적 방법을 어떻게 사용하는지를 살펴본다.

투자 옵션

다음의 투자 기회를 생각해보자. 고향에서 대리점을 열기 위해 주요 전기 자동차 제조업체와 거래 협상을 했다. 계약 조건에는 당신이 대리점을 즉시 또는 정확히 1년 후에 개점해야 한다고 규정되어 있다. 당신이 어느 쪽도 하지 않으면 당신은 대리점을 열 수 있는 권리를 잃어버린다. 그림 22.4는 의사결정 나무

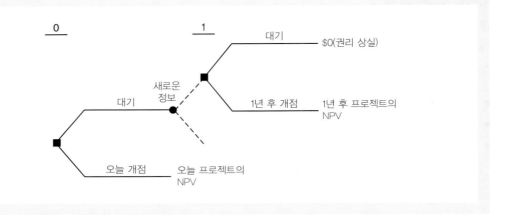

그림 22.4

전기 자동차 대리점 투자 기회
전기 자동차 대리점은 즉시 또는 정확히 1년 뒤에 개점해야 한다. 대리점 개점을 위해 기다린다면, 많은 가치를 취할 수 있는 대리점의 가치에 대한 새로운 정보를 기반으로 의사결정을 할 수 있다.

에서의 이러한 선택을 보여준다.

당신은 이 기회를 위해 얼마를 지불해야 하는지 궁금하다. 지금 또는 1년 후의 여부와는 관계없이 대리점을 개점하기 위해서는 $5 백만이 소요된다. 즉시 대리점을 열면, 첫해에 가용현금흐름으로 $600,000을 얻을 것으로 예상한다. 미래의 현금흐름은 소비자의 취향과 경제 상황에 따라 다르지만, 평균적으로 이러한 현금흐름은 연 2%로 성장할 것으로 예상한다. 이 투자에 대한 적절한 자본비용은 12%이므로, 오늘 개점한다면 대리점의 가치는 다음과 같다.

$$V = \frac{\$600{,}000}{12\% - 2\%} = \$6 \text{ 백만} \tag{22.1}$$

비교 대상을 이용하여 이 가치를 다시 확인하자. 미국에서 동일한 주의 다른 곳에서 대리점을 운용하고 있는 상장기업이 있는데, 이 기업은 본질적으로 당신의 투자와 완벽하게 비교될 수 있다. 이 기업은 가용현금흐름의 10배에 해당하는 기업가치를 지니고 있는데, 동일한 가치평가가 가능할 것이다.

따라서 즉시 대리점을 개점하는 NPV는 $1 백만이고, 이 계약이 최소한 $1 백만의 가치가 있다는 것을 의미한다. 그러나 1년 동안 개점을 연기하는 유연성이 있을 때, 더 많은 비용을 지불할 의향이 있을까? 그러면 언제 대리점을 개점해야 할까?

이 질문에 답하기 위해 나무의 끝에서 시작하여 1년 후에 대리점을 개점하는 NPV를 평가한다. 기다린다면, 1년 후에 대리점을 개점하기 위해 $5 백만을 투자하거나, 개점권을 상실하고 아무것도 받지 않게 되는 선택권을 가질 것이다. 따라서 그 시점에서의 결정은 쉽다. 경제, 소비자 취향 및 추세에 대한 새로운 정보를 토대로, 그때의 가치가 $5 백만을 초과할 경우 대리점을 개점할 것이다. 그러나 이 산업의 추세가 빠르게 바뀔 수 있기 때문에, 예상 현금흐름과 대리점 가치가 그때 어떻게 될지에 대해서는 많은 불확실성이 있다.

다음으로 정보 마디에서 현재가치를 계산하기 위해 일물일가의 법칙을 사용할 수 있다. 연기한다면 우리의 손익은 $5 백만의 행사가격으로 대리점을 개점하는 1년 유러피언 콜옵션의 손익과 같다. 1년 후의 최종 손익은 콜옵션과 같기 때문에 제21장의 기법을 사용하여 이를 평가할 수 있다. 무위험 이자율은 5%라고 가정하자. 상장된 유사 기업의 수익률 변동성을 이용하여 대리점 가치의 변동성을 추정할 수 있다. 이 변동성이 40%라고 가정하자. 마지막으로 대리점을 개점하기 위해 기다린다면, 첫해에 얻게 될 가용

표 22.1	투자를 위한 실물 옵션의 평가를 위한 블랙-숄즈 옵션 가치의 모수		
금융 옵션		**실물 옵션**	**예**
주식가격	S	자산의 현재 시장가치	$6 백만
행사가격	K	요구되는 선행 투자	$5 백만
만기일	T	최종 결정일	1년
무위험 이자율	r_f	무위험 이자율	5%
주식의 변동성	σ	자산가치의 변동성	40%
배당	Div	지연으로 인한 FCF 손실	$0.6 백만

현금흐름 $600,000를 잃게 될 것이다. 금융 옵션의 경우 이 가용현금흐름은 주식이 지불한 배당과 같다. 옵션을 행사할 때까지 콜옵션 보유자는 배당을 받지 못한다. 지금 이 비용이 지연의 유일한 비용이라고 가정하자. 즉, 대리점 현금흐름의 성장 손실과 관련하여 추가비용은 없다.

표 22.1은 대리점에 투자하는 실물 옵션을 평가하기 위해 금융 옵션에 대한 블랙-숄즈 공식의 모수를 어떻게 재해석하는가를 보여준다. 블랙-숄즈 공식을 적용하기 위해 누락될 배당금 없이 자산의 현재가치를 계산해야만 하는 식 (21.10)을 상기하자.

$$S^x = S - PV(Div) = \$6\ 백만 = \frac{\$0.6\ 백만}{1.12} = \$5.46\ 백만$$

프로젝트의 자본비용 12%를 이용하여 손실된 현금흐름의 현재가치를 계산한다. 다음으로 1년 후에 대리점 개점비용의 현재가치를 계산할 필요가 있다. 이 현금흐름은 확실하기 때문에 무위험 이자율로 할인한다.

$$PV(K) = \frac{\$5\ 백만}{1.05} = \$4.76\ 백만$$

이제 식 (21.7)과 (21.8)을 이용하여 대리점을 개점하기 위한 콜옵션의 가치를 계산할 수 있다.

$$d_1 = \frac{\ln[S^x/PV(K)]}{\sigma\sqrt{T}} + \frac{\sigma\sqrt{T}}{2} = \frac{\ln(5.46/4.76)}{0.40} + 0.20 = 0.543$$
$$d_2 = d_1 - \sigma\sqrt{T} = 0.543 - 0.40 = 0.143$$

따라서

$$C = S^x N(d_1) - PV(K)N(d_2)$$
$$= (\$5.46\ 백만) \times (0.706) - (\$4.76\ 백만) \times (0.557)$$
$$= \$1.20\ 백만 \tag{22.2}$$

식 (22.2)에 의하면 대리점 투자를 내년까지 기다려서 이익이 있는 경우에만 개점하는 것의 오늘 가치는 $1.20 백만이다. 이 가치는 오늘 대리점을 개점하여 얻는 NPV $1 백만을 초과한다. 따라서 투자를 기다리는 것이 더 좋으며, 이 계약의 가치는 $1.20 백만이다.

큰 도시의 건축 지역에 왜 빈 부지가 있을까?

도시에 있는 다층 빌딩 바로 옆에 빈 부지(예 : 주차장)가 있는 이유를 궁금해한 적이 있는가? 결국 이웃 부지가 다층 빌딩을 짓는 데 최적이라면, 누가 왜 그 빈 부지를 내버려두기로 결정했을까? 많은 경우 재산세가 빈 부지에서 발생한 수익을 초과하므로 수익을 창출하는 빌딩을 이 부지에 건축하여 보유자는 음 (−)의 현금흐름을 양(+)의 현금흐름으로 바꿀 수 있다. 그러나 건물을 지으면, 소유자는 미래에 다른 빌딩을 짓는 옵션을 포기하는 것이다. 부지에 지을 건물의 종류에 대한 불확실성이 크고, 향후 이 불확실성이 해소될 수 있다면, 건물을 짓기 전에 추가 정보를 기다리는 것이 합리적일 것이다. 기다리는 것에 대한 가치는 오늘 빌딩의 순현재가치를 초과할 수 있다.*

대도시와 가까운 농지의 가격에도 유사한 효과가 있음을 주목하자. 이 토지가 100마일 떨어진 유사한 토지와 동일한 농업 수입을 산출할지라도, 도시에 가까운 토지의 가격이 더 높다. 왜냐하면 가격은 이 토지가 비농업 용도로 전환되어 경제성이 커질 가능성을 반영하기 때문이다. 즉, 토지를 분할하여 단독주택 건설에 이용할 수 있다. 이 방법으로 토지를 사용하는 어떤 날까지의 옵션이 토지의 현재 가격에 반영되어 있다는 것이다.

* S. Titman, "Urban Land Prices Under Uncertainty," *American Economic Review* 75 (1985): 505 – 514, develops this idea.

이 경우에 기다리는 것의 이점은 무엇일까? 기다릴 경우 비교 가능한 기업의 성과를 관찰하여 비즈니스의 성공 여부에 대해 더 많이 알게 된다. 대리점에 대한 투자가 아직 결정되지 않았기 때문에 전기 자동차의 인기가 떨어지면 계획을 취소할 수 있다. 오늘 대리점을 개점하면 "손을 떼는(walk away)" 옵션을 포기하는 것이다.[2]

당연히 상쇄관계가 있다. 투자를 기다리면 대리점이 첫해에 얻을 이익을 포기하는 것이다. 오늘 투자하는 것이 최적인지 여부는 손실된 이익의 크기와 의사결정 변경 권리의 유지 혜택과 비교하여 알 수 있다. 이러한 상쇄를 보기 위해 대리점의 첫해 가용현금흐름이 $700,000가 될 것으로 예상되기 때문에 대리점의 현재가치는 $7 백만이라고 가정하자[비교 대상의 10배수 또는 식 (22.1)과 유사한 계산을 사용]. 이 경우 동일한 분석을 하면 콜옵션의 가치가 $1.91 백만이 된다. 오늘 이 대리점을 개점하는 가치는 $7 백만 − 5 백만 = $2 백만이기 때문에, 이 경우에는 기다리는 것이 최적이 아니라 즉시 대리점을 개점해야 한다.

그림 22.5는 오늘 투자의 NPV와 대리점의 첫해 기대 가용현금흐름을 변화시키면서 얻게 되는 대기 가치를 현재 영업가치로 표시하고 있다. 그림이 명확하게 가르쳐 주듯이, 대리점의 현재가치가 $6.66 백만을 초과하는 경우에만(기다리는 옵션을 포기하고) 오늘 투자해야 한다. 따라서 최적 투자 전략은 투자 기회의 NPV가 $6.66 백만 − 5 백만 = $1.66 백만을 초과하는 경우에만 오늘 투자하는 것이다.

투자 시기에 영향을 미치는 요인

이 예제는 투자 대기에 대한 실물 옵션이 자본예산 의사결정에 어떻게 영향을 미치는지 보여준다. 투자할 시점에 대한 옵션이 없는 경우 NPV가 0보다 클 때 투자하는 것이 최적이다. 그러나 투자할 시기를 결정할 옵션이 있을 때, NPV가 0보다 상당히 클 경우에만 투자하는 것이 대개 최적이다.

이 결과를 이해하기 위해 상호 배타적인 두 프로젝트 중 선택하는 타이밍 의사결정을 생각하자: (1) 오늘 투자, 또는 (2) 대기. 상호 배타적 선택인 경우에는 NPV가 높은 프로젝트를 선택해야 한다. 즉, 오늘

---

2   기다리는 데 대한 두 번째 이점은 대리점 개점비용이 동일하기 때문에($5 백만), 기다리면 이 비용의 현재가치가 감소한다. 이러한 이점은 이 예제에만 해당된다. 시나리오에 따라 투자비용이 시간이 지나면 증가하거나 감소할 수 있다.

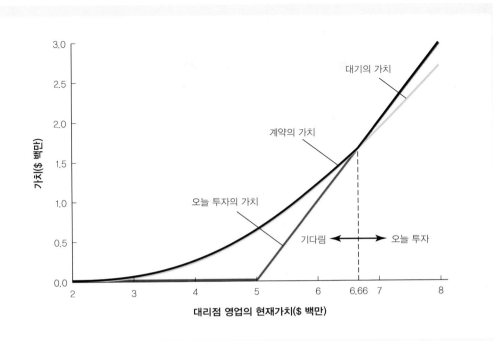

그림 22.5

대리점 투자 의사결정

빨간색 선은 오늘 투자의 NPV를 나타낸다. 노란색 곡선은 의사결정을 하기 위해 1년 기다리는 것의 오늘 가치(즉, 콜옵션의 가치)를 보여준다. 검은색 곡선은 계약의 가치를 나타내는 것으로, 오늘 또는 1년 후에 투자하거나 아무것도 하지 않는 옵션을 의미한다. 최적의 투자 전략은 대리점 영업의 가치가 $6.66 백만을 초과하는 경우에만 오늘 투자하는 것이다.

투자의 NPV가 대기의 옵션가치를 초과하는 경우에만 오늘 투자해야 한다. 항상 프로젝트에서 손을 뗄 수 있다면, 대기의 옵션은 양(+)의 값을 가질 것이고, 오늘 투자의 NPV는 기다리지 않는 선택이 훨씬 더 높아야 한다.

대리점의 지속적인 가치가 $5 백만 미만일 때, 대리점 투자 기회의 흥미로운 측면은 거래의 가치이다. 이 경우 대리점을 개점하는 NPV는 음(−)이므로 대기의 옵션이 없는 투자 기회는 가치가 없다. 그러나 그림 22.5에서 대기의 옵션이 있음에도 불구하고 투자 기회가 분명히 가치가 없다는 것을 알 수 있다. 전기 자동차 대리점의 현재가치는 $4 백만임에도 불구하고(즉, 오늘 투자의 NPV가 −$1 백만임), 투자 기회의 가치는 여전히 $248,000이다. 즉, 여전히 거래에 서명하기 위해 최대 $248,000를 기꺼이 지불한 다는 것이다. 따라서 대기 옵션이 주어지면 현재 NPV가 음(−)인 투자는 양(+)의 가치를 가질 수 있다.

투자의 현재 NPV를 제외하고 투자가치 및 대기결정에 영향을 미치는 다른 요인은 무엇일까? 그림 22.5에서 콜옵션의 가치를 높이는 요인이 대기의 이점을 증가시킨다는 것을 알 수 있다. 제20장과 제21 장의 금융 옵션에 대한 검토에서 주식의 변동성과 배당 모두 콜옵션의 가치와 콜을 행사할 최적 시점에 영향을 미친다는 것을 상기하자. 이러한 요인은 실물 옵션에서 대응 요인을 가진다.

■ **변동성** : 투자를 지연하면 의사결정이 추가적인 정보에 근거할 수 있다. 대기 옵션은 미래의 투자가치 에 대해 상당한 불확실성이 있을 때 가장 중요하다. 불확실성이 거의 없다면 대기의 이점이 줄어든다.
■ **배당** : 배당이 없다면 조기에 콜옵션을 행사하는 것은 바람직하지 않다. 실물 옵션 맥락에서 배당은 우 리가 대기를 포기하는 투자의 어떤 가치에 해당한다. 그런 비용이 들지 않는 한 항상 기다리는 것이 좋다. 비용이 클수록 지연 옵션이 덜 매력적이게 된다.

예제 22.1	대기 의사결정의 평가

문제

전기 자동차 대리점 가치의 현재 추정치가 $6 백만이라고 가정하자. 대리점 가치의 변동성이 40%가 아닌 25%라면 대리점 계약의 가치는 얼마일까? 대안적으로 변동성이 40%이지만 대기하면 경쟁자가 확장을 하여 대리점의 미래 가용현금흐름이 10% 감소한다고 하자. 이 경우 계약의 가치는 얼마일까?

풀이

25%의 낮은 변동성이면,

$$d_1 = \frac{\ln[S^x/PV(K)]}{\sigma\sqrt{T}} + \frac{\sigma\sqrt{T}}{2} = \frac{\ln(5.46/4.76)}{0.25} + 0.125 = 0.674$$

$$d_2 = d_1 - \sigma\sqrt{T} = 0.674 - 0.25 = 0.424$$

콜옵션의 가치는 다음과 같다.

$$C = S^x N(d_1) - PV(K)N(d_2)$$

$$= (\$5.46 \text{ 백만}) \times (0.750) - (\$4.76 \text{ 백만}) \times (0.664)$$

$$= \$0.93 \text{ 백만}$$

따라서 대기하는 것보다 즉시 투자하고 $1 백만의 NPV를 받는 것이 좋다. 변동성이 낮으면 대기비용을 정당화하기 위한 내년의 충분한 정보가 부족할 가능성이 있다.

  이제 변동성이 40%이지만 대기는 경쟁 증가로 이어진다고 하자. 이 경우 우리는 경쟁 증가로 인한 손실을 대기함으로써 포기한 추가적인 "배당"으로 공제해야 한다. 따라서,

$$S^x = S - PV(\text{첫해 가용현금흐름}) - PV(\text{경쟁으로 인한 가용현금흐름 손실})$$

$$= \left(\$6 \text{ 백만} - \frac{\$0.6 \text{ 백만}}{1.12} \right) \times (1 - 0.10) = \$4.92 \text{ 백만}$$

이제,

$$d_1 = \frac{\ln[S^x/PV(K)]}{\sigma\sqrt{T}} + \frac{\sigma\sqrt{T}}{2} = \frac{\ln(4.92/4.76)}{0.40} + 0.20 = 0.283$$

$$d_2 = d_1 - \sigma\sqrt{T} = 0.283 - 0.40 = 0.117$$

이 경우 콜옵션의 가치는

$$C = S^x N(d_1) - PV(K)N(d_2)$$

$$= (\$4.92 \text{ 백만}) \times (0.611) - (\$4.76 \text{ 백만}) \times (0.453)$$

$$= \$0.85 \text{ 백만}$$

다시 말하면 대기는 최적이 아닐 것이다. 이 경우 얻게 될 정보에도 불구하고 대기와 관련된 비용이 너무 높다.

투자 옵션과 기업의 위험

당신은 법인을 설립하여 이 기업의 대표로서 전기 자동차 대리점 계약에 서명했다고 하자. 이 기업이 다른 자산을 가지고 있지 않다면, 이 기업의 가치는 얼마이며, 어느 정도 위험할까?

이미 실물 옵션으로 계약의 가치를 계산했다. 실제로 영업 대리점의 가치가 $6 백만일 때, 이 계약(당신의 기업)은 $1.2 백만의 가치가 있다. 위험을 평가하기 위해 전기 자동차 대리점은 경제에 매우 민감하여 베타가 약 2라는 것을 알고 있다. 그러나 이 기업은 대리점 영업을 즉시 시작하지 않을 것이다. 대신, 투자 여부를 결정하기 위해 내년까지 기다릴 것이다. 따라서 이 기업의 베타는 대리점의 옵션 베타와 동일할 것이기 때문에, 앞 장에서 소개한 블랙-숄즈 모형과 식 (21.17)을 이용하여 계산할 수 있다. 영업 대리점 가치 $6 백만과 식 (22.2)의 가치를 이용하며, 대리점 개점 옵션의 베타(결국 이 기업의 베타)는 다음과 같다.

$$\beta_{기업} = \frac{S^x \times N(d_1)}{C} \beta_{대리점} = \frac{(\$5.46\,백만) \times 0.706}{\$1.2\,백만} \beta_{대리점} = 3.2 \times \beta_{대리점} = 6.4$$

대리점 개점의 옵션이 있는 기업의 베타(즉, 6.4)는 대리점 자체의 베타(2.0)보다 상당히 큰 것을 알 수 있다. 또한, 기업의 베타는 옵션의 가치에 따라 변동되며, 대리점을 즉시 개점하는 것이 최적인 경우 대리점의 베타와 같다.

이 예에서 알 수 있듯이 동일한 산업의 기업과 비교할 때, 베타는 기업의 성장 기회에 따라 달라질 수 있다. 다른 모든 조건이 동일할 때, 미래 성장에 따라 가치가 더 높은 기업이 더 높은 베타를 가진다.[3]

기업의 베타가 기업의 성장 옵션 베타를 포함한다는 사실은 자본예산 의사결정에 영향을 미친다. 성장

---

3 CAPM이 주식 수익률의 횡단면을 설명할 때 명백한 실패는 적어도 부분적으로는 미래 투자 옵션이 이 기업의 베타에 미치는 영향을 무시한 결과이다. 다음을 보라. Z. Da, R. J. Guo, and R. Jagannathan, "CAPM for estimating the cost of equity capital: Interpreting the empirical evidence," *Journal of Financial Economics* 103 (2012): 204 – 220.

옵션의 베타는 기업 투자의 적절한 베타보다 높은 경향이 있기 때문에, 기업의 베타는 일반적으로 기존 자산의 베타를 과대평가한다. 따라서 재무분석가가 상당한 성장 옵션을 가진 기업의 베타를 사용하여 개별 프로젝트의 베타를 추정할 때, 프로젝트의 베타를 과대평가할 수 있다.[4]

개념 확인

1. 투자하거나 대기하는 것 사이의 경제적 상쇄관계는 무엇인가?
2. 지연 옵션은 자본예산 의사결정에 어떤 영향을 주는가?
3. 투자 옵션은 투자 자체와 동일한 베타를 갖는가?

22.4 성장 옵션 및 포기 옵션

대리점의 예와 같이 기업이 미래에 투자할 실물 옵션을 가지고 있을 경우, 이는 **성장 옵션**(growth option)으로 알려져 있다. 다른 상황에서 기업은 미래에 투자 규모를 줄일 수 있는 옵션을 가질 수 있다. 투자를 중단하는 옵션은 **포기 옵션**(abandonment option)으로 알려져 있다. 이러한 옵션들이 가치가 있기 때문에, 그들은 미래의 가능한 투자 기회와 함께 기업의 가치에 기여한다.

성장 잠재력의 평가

미래의 성장 기회는 잠재적인 프로젝트에 대한 실물 콜옵션 집합으로 생각할 수 있다. 외가격 콜은 내가격 콜보다 위험하며, 대부분의 성장 옵션은 외가격이기 때문에 기업가치의 성장 요소는 사용 중인 자산보다 위험하다. 이는 신생기업 (및 소규모 기업)이 오래된 기업보다 높은 수익을 갖는 이유를 설명한다. 또한 R&D 집약적인 기업이 R&D 리스크의 상당 부분이 비체계적인 경우에도 종종 더 높은 기대 수익률을 보이는 이유를 설명한다.[5]

대리점 사례에서 불확실성의 주요 원인은 투자의 기대 현금흐름이다. 투자의 자본비용이 불확실성이 되는 성장 옵션의 두 번째 예를 생각해보자. 이 경우 제21장에서 소개된 위험-중립 확률 기법을 사용하여 옵션 평가 방법을 설명할 것이다.[6]

스타트업 주식회사는 신약에 대한 특허만 가지고 있는 새로운 기업이다. 신약이 생산된다면 약품은 특허 수명 17년 동안 연간 약 $1 백만의 확실한 이익을 창출하게 된다. (그 이후 경쟁으로 인해 이익은 0이 될 것이다.) 약품을 생산하기 위해서는 오늘 $10 백만의 비용이 든다. 17년 무위험 연금 수익률은 현재 연 8%라고 하자. 특허의 가치는 얼마인가?

연금의 현재가치에 대한 수식을 이용하여 오늘 약품에 투자하는 NPV는 다음과 같다.

$$NPV = \frac{1}{0.08}\left(1 - \frac{1}{1.08^{17}}\right) - 10 = -\$878,362$$

---

4 이 잠재적 편의와 그 수정 접근법을 위해 다음을 보라. A. Bernardo, B. Chowdhry, and A. Goyal, "Assessing Project Risk," *Journal of Applied Corporate Finance* 24 (2012): 94 – 100.

5 R&D 위험과 수익 사이의 관계에 대해 더 깊은 토론에 관심이 있는 독자는 다음을 보라. J. Berk, R. Green, and V. Naik, "The Valuation and Return Dynamics of New Ventures," *Review of Financial Studies* 17 (2004): 1 – 35.

6 의사결정 나무에서 위험-중립 확률을 사용하는 것은 자산가치의 로그 정규분포를 가정하고 고정된 시점에만 옵션을 행사할 수 있는 블랙-숄즈 공식보다 일반적이다.

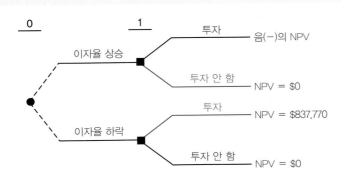

이 계산에 의하면 오늘 이 약품에 투자하는 것이 옳지 않다. 그러나 이자율이 바뀌면 어떨까? 이자율이 정확히 1년 후에 변할 것이라고 가정해보자. 그때 모든 무위험 이자율은 연 10% 또는 5%가 될 것이며, 그다음에는 영원히 그 수준을 유지할 것이다. 분명히 이자율의 상승은 사태를 더욱 악화시킬 것이다. 이자율이 새롭게 높은 수준에서 영원히 유지될 것이기 때문에 투자하는 것이 결코 최적이 되지 않을 것이다. 따라서 이 성장 옵션의 가치는 그 상태에서 0이다. 그러나 이자율이 하락하면 특허권의 잔여 유효 수명이 16년이라는 점을 고려할 때, 이 투자의 NPV는 다음과 같이 된다.

$$NPV = \frac{1}{0.05}\left(1 - \frac{1}{1.05^{16}}\right) - 10 = \$837,770$$

이 경우 투자하는 것이 최적이다. 그림 22.6과 같이 이 정보를 의사결정 나무에 반영할 수 있다.

0 시점의 정보 마디로 돌아가면, 이자율이 상승하는 경우 $0, 하락하는 경우 $837,770를 가지는 두 가지 결과가 나온다. 각 결과의 실제 확률을 알지 못하더라도, 제21장에서 보았듯이 위험-중립 확률을 사용하여 현재가치를 계산할 수 있다. 위험-중립 확률을 찾기 위해 모든 금융자산의 기대 수익률이 현재의 무위험 이자율과 같도록 하여 확률을 구한다. 제21장에서 우리는 금융자산으로 주식을 사용했다. 이 경우 1년에 $1,000를 지불하는 17년 무위험 연금을 금융자산으로 사용한다. 오늘 이 연금의 가치는 다음과 같다.

$$S = \frac{1000}{0.08}\left(1 - \frac{1}{1.08^{17}}\right) = \$9122$$

지금부터 1년 후 이 연금은 $1,000를 지불할 것이고, 만기는 16년 남았다. 따라서 이 지불을 포함하여 연금의 가치는 이자율이 상승하면 다음과 같다.

$$S_u = 1000 + \frac{1000}{0.1}\left(1 - \frac{1}{1.1^{16}}\right) = \$8824$$

이자율이 하락하면,

$$S_d = 1000 + \frac{1000}{0.05}\left(1 - \frac{1}{1.05^{16}}\right) = \$11,838$$

현재 1년 무위험 이자율이 6%라고 하자. (이 이자율은 현재 17년 만기 연금 수익률인 8%보다 낮으므로 현재의 수익률 곡선은 우상향임을 알자.) 식 (21.16)의 ρ로 표현되는 이자율이 증가할 위험-중립 확률을 계산할 수 있다.

$$\rho = \frac{(1 + r_f)S - S_d}{S_u - S_d} = \frac{1.06 \times 9122 - 11,838}{8824 - 11,838} = 71.95\%$$

즉, 이자율이 상승할 위험-중립 확률 71.95%는 내년 이후에도 연금의 기대 수익률이 6%의 무위험 이자율과 동일할 것을 요구한다.

이자율 움직임에 대한 위험-중립 확률을 계산했으므로, 이를 이용하여 스타트업 특허의 가치를 평가할 수 있다. 오늘 투자 기회의 가치는 무위험 이자율로 할인된 (위험-중립 확률을 이용한) 기대 현금흐름의 현재가치다.

$$PV = \frac{837,770 \times (1 - 0.7195) + 0 \times 0.7195}{1.06} = \$221,693$$

이 예에서 프로젝트의 현금흐름을 확실히 알고 있음에도 불구하고, 미래 이자율에 대해 불확실성이 상당한 기업의 옵션가치를 창출한다. 이자율이 하락하면 기업의 특허 사용과 성장 능력은 $0.25 백만에 가깝다.

확장 옵션

미래 성장 옵션은 기업가치에 중요할 뿐만 아니라 개별 프로젝트의 가치에서도 중요할 수 있다. 프로젝트를 수행함으로써 기업은 종종 그 산업 외부의 기업들이 쉽게 접근할 수 없는 새로운 프로젝트에 투자할 기회를 얻는다. 예를 들어 패션 디자이너는 어떤 스타일의 옷이 인기 있는 것으로 판명되면 새로운 옷 라인을 선보일 수 있고, 그 옷을 기반으로 새로운 액세서리 라인을 출시하는 옵션을 택한다.

오늘 $10 백만의 투자를 요구하는 성장 옵션을 가진 투자 기회를 생각해보자. 1년 후에 사무기기 시장에 새로운 제품의 도입을 포함하는 프로젝트가 성공적인지의 여부를 알게 될 것이다. 프로젝트가 영원히 연 $1 백만을 창출할 위험-중립 확률은 50%이다. 그렇지 않으면 프로젝트는 아무것도 창출하지 못할 것이다. 언제든지 프로젝트의 규모를 원래의 2배로 늘릴 수 있다. 그림 22.7은 의사결정 나무에서 이러한 결정을 보여주고 있다.

그림 22.7

단계별 투자 기회
언제든지 프로젝트의 규모는 원래의 2배가 될 수 있다. 프로젝트의 성공 여부를 파악한 후 결정을 내리는 것이 최적이다. 이 성장 옵션은 초기 투자를 가치 있게 만들 수 있다.

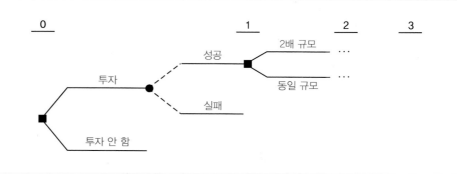

스콧 매튜즈는 보잉의 고등 R&D 부서의 컴퓨터 금융 및 확률 모형팀의 기술 위원이었다. 그는 신제품과 전략적으로 중요한 프로젝트에 실물자산 옵션 가격결정을 응용하는 복잡한 금융 및 투자 위험 모형 기법인 비즈니스 엔지니어링 전문가다. 매튜즈는 실물 옵션 분야에서 다수의 특허를 보유하고 있다.

질문 프로젝트 관리를 위해 실물 옵션이 어떻게 사용될 수 있는가?

답변 잠재성이 높은 프로젝트는 일반적으로 기술 및 시장의 불확실성으로 인해 불확실한 현금흐름이 많으므로, 기업재무팀은 이러한 프로젝트 관리에 보다 적극적이어야 한다. 본질적으로 이들은 위험한 프로젝트로부터 높은 수익을 얻으려는 내부 벤처 자본가의 역할을 한다. 우리는 이러한 유형의 투자 기회를 평가하기 위해 실물 옵션을 사용한다. 실물 옵션으로 다음과 같은 질문에 답할 수 있다. 프로젝트의 기술 및 시장 위험이 주어졌을 때, 초기 단계에서 얼마를 지출해야 하나? 점진적 투자를 통해 수익 기회가 증가하거나 위험이 감소하는가? 후속 투자를 유치하기 위해서는 어느 정도의 기술 및 시장 "학습"을 수행해야 하는가?

실물 옵션은 기회에 대한 콜옵션으로 향후에 프로젝트를 중지, 시작 또는 수정할 수 있는 권리를 부여한다. 그것은 우발적이기 때문에 전술적인 투자가 아닌 전략적으로 투자할 수 있다. 단계마다 소액을 투자하여 다음에 수행할 작업을 결정할 수 있는 충분한 정보를 수집할 수 있다. 이것은 당신의 손실을 제한하면서 발생하는 기회를 이용하게 해준다. 프로젝트를 완전히 거부(또는 승인)하지 않고, 이 투자가 기업의 전략을 최적화하고 장기적으로 긍정적인 수익을 창출할 수 있는지의 여부를 결정하는 충분한 정보를 수집하기 위해 기술 또는 시장에 점진적으로 투자하게 한다.

인터뷰
스콧 매튜즈
(Scott Mathews)

질문 "시험용(pilot)"과 "상업용(commercial)" 단계의 개념들에 대해 설명한다면?

답변 "시험용" 단계는 프로젝트 위험을 줄이면서 기술 및 시장에 대한 정보를 수집하기 위해 적절한 소액을 투자하여 프로젝트를 "의사결정 단계"로 움직이도록 수행하는 점진적 단계적 투자를 나타낸다. 각 의사결정 단계가 끝나면 프로젝트는 재평가된다. 성공적인 결과의 합리적인 가중 확률이 존재한다면, 다시 투자하여 다음 의사결정 단계로 계속 진행한다. 프로젝트는 여러 개의 단계를 거치며, "시험용" 개념을 생산 ("상업용") 단계로 바꾸는 재량에 의한 대규모 일회성 투자 또는 프로젝트를 중단하는 의사결정에 도달할 때까지 각 단계에서 위험을 감소시키는 것에 초점을 맞춘다.

질문 단계적 개발이 가치 있는 실물 옵션을 창출하는가?

답변 단계적 개발은 프로젝트를 관리하기 위한 실물 옵션의 사용 방법이다. 단계적 개발을 통해 프로젝트의 위험과 기회에 대한 지식을 매입하는 것이다. 프로젝트가 단계를 지나갈 때 프로젝트는 자금조달을 위해 경쟁하며, 학습된 지식을 사용하여 어떤 프로젝트를 진행해야 하는지 아니면 연기해야 하는지를 결정한다. 이 접근 방식은 엔지니어링, 마케팅 및 재무적 원칙들이 함께 위험 및 투자 기회에 대한 통일된 시각을 제공하도록 한다. 이것은 기술의 거대한 힘 중 하나이다.

고도의 효율성을 요구하는 항공 문제를 해결하는 보잉의 능력이 우리의 경쟁적 장점이자, 엔지니어링 프로세스의 투자(옵션의 "프리미엄")를 통해 시장가치보다 낮은 가격으로 이러한 옵션을 "매입"하게 해준다. 옵션을 저렴하게 매입하면 주주에게 직접적인 가치를 제공하는 것이다. 상대적으로 적은 돈으로 내부 지식을 활용하여 위험을 헤지할 수 있다. 이것은 까다로운 과정이며, 완전히 재무적인 것도 아니다. 종종 판단을 필요로 하기도 한다.

무위험 이자율은 연 6%로 일정하다고 가정한다. 우리가 프로젝트의 규모를 2배로 늘리는 옵션을 무시하고 오늘 투자하면, 기대 현금흐름은 연 $1 백만 × 0.5 = $500,000이다. NPV를 계산하면 다음과 같다.

$$NPV_{\text{성장 옵션 없음}} = \frac{500,000}{0.06} - 10,000,000 = -\$1.667 \text{ 백만}$$

이 분석에 따르면 오늘 프로젝트를 수행하는 것이 최적이 아닌 것으로 보인다. 물론 이는 프로젝트가 성공적인지의 여부를 결코 알 수 없다는 것을 의미한다.

제품이 출시되면 1년 뒤에 프로젝트를 수행하여 규모를 2배로 늘리는 성장 옵션을 행사한다. 이 상태에서 1년 뒤에 프로젝트 규모를 2배로 늘리는 것의 NPV는 다음과 같다.

$$NPV_{\text{성공하여 2배로 함}} = \frac{1,000,000}{0.06} - 10,000,000 = \$6.667\ \text{백만}$$

이 상태가 발생할 위험-중립 확률은 50%이므로, 이 성장 옵션의 기대가치는 $6.667 \times 0.5 = \$3.333$ 백만이다. 오늘 이 금액의 현재가치는 다음과 같다.

$$PV_{\text{성장 옵션}} = \frac{3.333}{1.06} = \$3.145\ \text{백만}$$

오늘 투자를 선택하는 경우에만 이 옵션을 사용할 수 있어서(그렇지 않으면 제품의 성과를 결코 알 수 없다), 이 투자를 수행하는 NPV는 위에 계산된 NPV와 프로젝트 수행으로 얻은 성장 옵션의 가치를 더한 값이다.

$$NPV = NPV_{\text{성장 옵션 없음}} + PV_{\text{성장 옵션}}$$
$$= -1.667 + 3.145 = \$1.478\ \text{백만}$$

이 분석은 투자 기회의 NPV가 양(+)의 값이고, 기업은 이를 수행해야 한다는 것을 보여준다.

미래의 확장 옵션이 있기 때문에 오늘 투자를 수행하는 것이 최적이라는 것에 주목하자. 제품을 실제로 생산하지 않고 제품이 얼마나 잘 팔리는지를 알 수 있다면, 이 정보를 찾을 때까지 투자하는 것은 타당하지 않을 것이다. 제품이 성공적인지의 여부를 알아내는 유일한 방법은 제품을 만들어 시장에 내는 것이므로 계속 진행하는 것이 최적이다. 이 경우 작은 규모로 실험하여 나중에 성장할 수 있는 옵션을 보존할 수 있기 때문에 프로젝트가 실행 가능한 것이다.

이 프로젝트는 많은 기업들이 큰 프로젝트를 수행할 때 사용하는 전략의 한 예이다. 처음에 완전한 프로젝트에 투입하기보다는 단계적으로 프로젝트를 수행하여 실험하는 것이다. 작은 규모로 먼저 프로젝트를 수행하고, 작은 프로젝트가 성공적이면, 프로젝트를 성장시키는 옵션을 행사하는 것이다.

포기 옵션

앞의 두 예제는 프로젝트가 성공한 것으로 입증될 경우, 기업이 성장 또는 확장할 수 있는 경우를 고려하고 있다. 또는 프로젝트가 실패할 경우, 기업은 프로젝트를 포기하여 손실을 줄일 수 있다. 포기 옵션은 떠날 수 있는 옵션이다. 포기 옵션은 성공하지 못하면 프로젝트를 포기할 수 있기 때문에 프로젝트에 가치를 더할 수 있다.

설명을 위해 당신이 상장된 고급 음식점 전국 체인의 CFO라고 가정하자. 이 기업은 보스턴의 개조된 페리 빌딩에 새 매장의 개점을 고려 중이다. 오늘 상점에서 임대 계약을 하지 않으면, 다른 사람이 할 것이므로, 나중에 상점을 개점할 기회가 없다. 임대 계약에는 2년 뒤에 비용 없이 임대 계약을 해지할 수 있는 조항이 있다.

임차료 지불을 포함하여 새로운 상점은 매달 운용을 위해 $10,000의 비용이 든다. 건물이 최근에 재단장되었기 때문에 보행자의 교통량을 알 수 없다. 고객이 주로 아침 및 저녁 통근자로 제한될 경우, 영원히 월수입 \$8,000를 기대한다. 그러나 건물이 샌프란시스코 페리 빌딩처럼 관광 명소가 되면, 수입은 그 2배가 될 것이라고 믿는다. 페리 빌딩이 관광 명소가 될 확률은 50%이다. 상점 개점비용은 \$400,000이다. 사업을 위한 자본비용은 연 7%라고 가정하자.

보스턴 페리 빌딩이 관광 명소가 될지의 여부는 당신 기업의 투자자가 비용을 거의 들이지 않고 분산할 수 있는 비체계적 불확실성을 나타내므로 위험 확률을 조정할 필요가 없다. (즉, 위험-중립 확률은 50%의 실제 확률과 동일하다.) 모든 상황에서 상점을 운영해야 하는 경우 예상 수입은 $\$8,000 \times 0.5 + \$16,000 \times 0.5 = \$12,000$이다. $1.07^{1/12} - 1 = 0.565\%$의 월별 할인율을 감안할 때 투자의 NPV는 다음과 같다.

$$NPV = \frac{12,000 - 10,000}{0.00565} - 400,000 = -\$46,018$$

따라서 상점을 개점하는 것은 경제성이 없다.

물론 상점을 계속 운영할 필요는 없다. 2년 후 아무런 비용 없이 임대 계약을 해지할 수 있는 옵션이 있고, 상점을 개점한 후에 페리 빌딩이 관광 명소인지 즉시 알 수 있다. 이 경우 의사결정 나무는 그림 22.8과 같다.

페리 빌딩이 관광 명소일 경우 투자 기회의 NPV는 다음과 같다.

$$NPV = \frac{16,000 - 10,000}{0.00565} - 400,000 = \$661,947$$

페리 빌딩이 관광 명소가 되지 않으면 2년 뒤에 상점을 닫을 것이다. 이 상태에서 투자 기회의 NPV는 2년 동안 운영하는 NPV이다.

$$NPV = \frac{8000 - 10,000}{0.00565}\left(1 - \frac{1}{1.00565^{24}}\right) - 400,000$$
$$= -\$444,770$$

위험은 비체계적이고 실제와 위험-중립 확률은 동일하기 때문에 상태마다 확률은 동일하다. 따라서 상점을 개점하는 NPV는 실제 확률을 사용하는 기댓값이다.

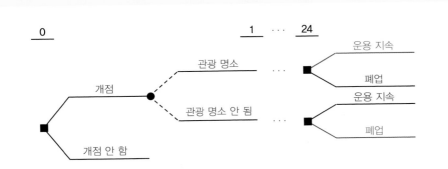

그림 22.8

보스턴 페리 빌딩의 상점 개점 결정

임대 계약에 서명하고 상점을 개점할 것인지 여부를 결정해야 하지만 24개월(2년) 뒤에 임대를 포기할 수 있는 옵션이 있다. 상점의 수익성은 페리 빌딩이 관광 명소가 되는지의 여부에 달려 있다.

$$\$661,947 \times 0.5 - \$444,770 \times 0.5 = \$108,589$$

벤처를 포기할 수 있는 옵션을 행사하여 손실을 제한하기 때문에 투자를 수행하는 NPV는 양(+)이 된다. 포기 옵션의 가치는 옵션이 있는 경우와 없는 경우의 NPV 차이이다. $108,589 - (-46,018) = \$154,607$.[7]

포기 옵션의 중요성을 무시하거나 과소평가하기 쉽다. 많은 응용 분야에서 경제적으로 실패한 벤처 기업을 죽이는 것은 새로운 벤처기업을 시작하는 것보다 가치가 더 클 수 있다. 그러나 종종 경영자는 새로운 벤처기업의 창업가치는 강조하지만, 오래된 벤처기업을 포기하여 창출되는 가치는 강조하지 않는다. 이러한 행동 중 일부는 의심할 여지 없이 제13장에서 논의된 바와 같이 개인 투자자가 패자를 보유하게 하는 행동 편의와 같은 원인 때문에 발생한다. 경영자가 대규모 투자를 한 후에 프로젝트를 포기하지 않아야 한다는 생각은 매몰비용 오류와 밀접하게 관련이 있다. 제8장에서 지적했듯이, 매몰비용은 투자 의사결정에 아무런 영향을 미치지 않아야 한다. 프로젝트를 계속 진행하는 것의 NPV가 음(-)의 값이라면, 이미 투자된 금액이 얼마인가에 상관없이 프로젝트를 포기하여 가치를 창출할 수 있다.

개념 확인

1. 현재 진행 중인 프로젝트가 없고 음(-)의 NPV를 가지는 투자 기회를 가진 기업이 여전히 양(+)의 가치가 있을 수 있을까?
2. 단계적으로 투자하는 것이 때때로 왜 최적일까?
3. 포기 옵션은 프로젝트에 어떻게 가치를 추가할 수 있을까?

22.5 수명이 다른 투자

앞서 살펴본 바와 같이 실물 옵션은 투자 의사결정에 상당한 가치를 부여할 수 있다. 따라서 대안 투자 중에서 선택할 수 있는 경우에, 각각의 실물 옵션이 제공하는 차이를 평가할 필요가 있다. 특히 중요한 한 가지 예는 수명이 다른 투자를 비교하는 경우이다. 장기투자는 비용 또는 수익만 고려하면 된다는 이점이 있지만, 단기투자는 무시해서는 안 되는 재투자 옵션을 포함한다. 이 상쇄관계를 예를 들어 설명해 보자.

캐나디안 모터스의 재무분석가의 다음 문제를 고려하자. 작년에 어드밴스트 메카닉스라는 엔지니어링 기업이 차량 창틀을 차체에 부착할 새 기계를 설계하도록 요청받았다. 이 기업은 두 가지 디자인을 생산했다. 저렴한 디자인을 구현하는 데 $10 백만이 소요되며, 5년 동안 사용할 수 있다. 고가의 디자인은 $16 백만이 소요되며, 10년 동안 사용할 수 있다. 두 경우 모두 캐나디안 모터스가 연 $3 백만을 절약하게 해줄 것이다. 자본비용이 10%라면, 캐나디안 모터스는 어떤 디자인을 승인해야 할까?

각 설계의 단독 NPV 먼저 각 결정의 NPV를 단독으로 계산해보자. 5년 기계를 채용할 경우의 NPV는 다음과 같다.

---

[7] 옵션가치를 직접 계산할 수도 있다. 50% 확률로 2년 후부터 매월 $2,000의 손실을 피할 수 있다.

$$50\% \times \frac{1}{1.00565^{24}} \times \frac{2000}{0.00565} = \$154,607$$

$$NPV_{5년} = \frac{3}{0.10}\left(1 - \frac{1}{1.10^5}\right) - 10 = \$1.37 \text{ 백만}$$

10년 기계의 NPV는 다음과 같다.

$$NPV_{10년} = \frac{3}{0.10}\left(1 - \frac{1}{1.10^{10}}\right) - 16 = \$2.43 \text{ 백만}$$

애널리스트가 더 높은 단독 NPV로 디자인을 선택했다면 수명이 긴 디자인을 선택할 것이다. 그러나 앞의 NPV 계산은 이 프로젝트의 수명 차이를 무시한다. 수명이 더 긴 디자인은 10년의 생산 계획을 예상한다. 수명이 짧은 디자인은 향후 5년 동안의 생산만을 예상한다. 두 가지 옵션을 올바르게 비교하려면, 수명이 짧은 장비가 마모되면 어떻게 될지를 고려해야 한다. 세 가지 가능성을 고려해보자: (1) 기술이 대체되지 않는다, (2) 동일 조건으로 대체된다, (3) 기술 발전으로 인해 개선된 조건으로 이를 대체할 수 있다.

교체 없음　수명이 짧은 기술을 대체하지 않으면(기업은 기존 생산 공정으로 되돌아감), 5년 수명이 끝나면 추가 혜택은 없다. 이 경우 기존의 비교가 정확하고, 10년 기계는 수명이 짧은 디자인보다 기업가치를 2.43 − 1.37 = \$1.06 백만 더 높일 것이다.

기술을 대체하지 못할 수도 있는 한 가지 이유는 비용이 증가할 것으로 기대하는 경우이다. 예를 들어 5년 후의 비용은 (연간 2.6% 증가하여) \$11.37 백만이거나 더 높을 것이라고 하자. 이 경우 기계비용이 현재 \$1.37 백만의 현재 NPV보다 많아서 교체가 최적이 되지 않을 것이다.

동일한 조건으로 교체　수명이 짧은 디자인의 비용과 혜택이 5년 후에 동일할 것으로 예상한다. 이 경우 NPV가 \$1.37 백만이 될 것이므로, 새로운 기계로 교체하는 것이 최적이다. 5년 디자인의 NPV를 평가할 때 이 혜택을 포함해야 하며, 10년 동안의 NPV를 계산해야 한다.

$$NPV_{5년, 동일한 조건으로 교체} = 1.37 + \frac{1.37}{1.10^5} = \$2.22 \text{ 백만}$$

동일한 조건에서 교체를 허용하면 5년 디자인에 대해 계산한 NPV가 상당히 증가한다. 그러나 10년 디자인의 \$2.43 백만 NPV보다 여전히 열등하다.

향상된 조건으로 교체　현실적으로 기계의 미래비용은 불확실하다. 기술 발전으로 인해 기계는 더 저렴해질 수 있다. (컴퓨터의 꾸준한 가격 하락을 생각하자.) 새로운 기술의 비용이 5년 후에 \$7 백만으로 떨어질 것으로 예상한다. 비용이 \$3 백만 감소했기 때문에 NPV는 3 + 1.37 = \$4.37 백만이 될 것이다. 이 경우 10년 동안 5년 디자인의 NPV는 다음과 같다.

$$NPV_{5년, 향상된 조건으로 교체} = 1.37 + \frac{4.37}{1.10^5} = \$4.08 \text{ 백만}$$

따라서 조건이 이렇게 향상되면, 5년 디자인이 기업가치를 4.08 − 2.43 = \$1.65 백만 증가시켜서 10년 기계에 비해 최적이다.

대체 옵션 평가　위의 분석에서 알 수 있듯이 5년 기계를 채택하면 5년 후에 교체 옵션이 제공된다. 두 가지 디자인을 올바르게 비교하려면 이 교체 옵션의 가치를 결정해야 하는데, 이것은 기계비용의 감소 또는 증가 가능성에 달려 있다.

균등 연간 혜택 방법

전통적으로 경영자는 각 프로젝트의 **균등 연간 혜택**(equivalent annual benefit, EAB)을 계산하여 프로젝트의 수명 차이를 고려하였는데, 이는 현재 NPV를 받는 것과 동일한 프로젝트 수명 동안 지속되는 연금과 같다. **균등 연간 혜택 방법**(equivalent annual benefit method)은 가장 높은 연간 혜택을 선택하는 것이다. [모든 현금흐름이 비용인 경우 이 방법을 때때로 **균등 연간 비용**(equivalent annual cost) 방법이라고 한다.]

예를 들어 캐나디언 모터스의 경우 각 기계의 균등 연간 혜택은 다음과 같다.

$$EAB_{5년} = \frac{1.37}{\frac{1}{0.10}\left(1 - \frac{1}{1.10^5}\right)} = \$0.361 \text{ 백만}$$

$$EAB_{10년} = \frac{2.43}{\frac{1}{0.10}\left(1 - \frac{1}{1.10^{10}}\right)} = \$0.395 \text{ 백만}$$

따라서 10년 기계는 균등 연간 혜택이 더 높아 이 방법에서도 선택될 것이다.

균등 연간 혜택 방법은 전체 예측 수명 동안 프로젝트의 EAB를 얻는 것으로 가정한다. 5년 기계의 경우 이 가정은 10년 동안 다음의 NPV를 얻는다는 것을 가정한다.

$$NPV_{5년\ EAB} = \frac{0.361}{0.10}\left(1 - \frac{1}{1.10^{10}}\right) = \$2.22 \text{ 백만}$$

이 결과를 이전 분석과 비교하면, EAB 방법을 사용하는 것은 전체 수명에 걸쳐 동일한 조건으로 프로젝트를 대체할 수 있다고 가정하는 것과 같다. 이 가정이 정확할 수도 있지만, 대부분의 경우 미래 프로젝트 조건과 관련하여 상당한 불확실성이 있다. 이 경우 올바른 선택을 결정하기 위해 실물 옵션 방법이 사용될 수 있다.

예제 22.2   **대체 옵션 평가**

문제

수명이 짧은 기계의 비용이 동일한 확률로 $13 백만 증가, $10 백만으로 유지, 또는 $7 백만으로 떨어질 것이고, 이 위험은 비체계적이고 프로젝트의 자본비용을 변경하지 않는다고 하자. 어떤 기계를 선택해야 할까?

풀이

비용이 $13 백만 상승하면, 기업은 기계를 교체하지 않고 NPV는 0이 된다. 비용이 동일하거나 떨어지면, 기업은 기계를 교체하고 각각 $1.37 백만 또는 $4.37 백만의 NPV를 얻을 것이다. 확률을 감안할 때 10년 동안 5년 기계의 NPV는

$$NPV_{5년,불확실한\ 교체} = 1.37 + \frac{\frac{1}{3}(0) + \frac{1}{3}(1.37) + \frac{1}{3}(4.37)}{1.10^5} = \$2.56 \text{ 백만}$$

따라서 이 불확실성을 감안할 때, 수명이 짧은 기계는 수명이 더 긴 기계의 NPV $2.43 백만보다 10년 동안 더 높은 NPV를 제공한다. 수명이 긴 프로젝트를 선택하면 기업은 기술 및 시장 변화에 대응할 수 있는 실물 옵션을 포기하는 것이다.

개념 확인

1. 서로 다른 수명을 가진 상호 배타적인 투자 기회를 비교할 때, 단순히 더 높은 NPV 프로젝트를 선택하는 것이 왜 적절하지 않을까?

2. 균등 연간 혜택 방법의 주요 단점은 무엇인가?

22.6 최적의 단계적 투자

성장 옵션의 가치 분석에서 단계적 투자 기회의 실물 옵션 가치를 고려했다. 단계적 투자의 장점은 중요한 새로운 정보를 알 때까지 투자를 연기할 수 있다는 것이다. 새로운 정보가 가치가 있다고 제시하지 않는 한 투자를 하지 않을 수 있다.

많은 응용 분야에서 단계는 자연적인 순서가 있다. 예를 들어 대규모 개발을 하기 전에 시험용 상품에 투자하는 것이다. 그러나 어떤 상황에서는 개발 단계의 순서를 선택할 수 있다. 그렇다면 이런 실물 옵션의 가치를 어떻게 극대화할 수 있을까?

예 : 이클렉틱 모터스 이클렉틱 모터스는 휘발유 구동 자동차와 직접 경쟁할 수 있는 전기 자동차 개발을 고려하고 있다. 그들은 성공적인 자동차를 생산하기 위해 세 가지의 기술적 장해를 극복해야 한다.

1. 자동차 무게를 크게 줄이는 물질을 개발하시오.
2. 건전지를 빠르게 충전하는 방법을 개발하시오.
3. 무게를 줄이고 저장 용량을 늘리기 위해 건전지 기술을 개선하시오.

표 22.2에서 알 수 있듯이, 이클렉틱의 엔지니어가 이미 획기적인 발전을 이루었지만, 과제마다 추가 연구와 실질적인 위험이 남아 있다.

세 가지 위험이 모두 비체계적이고, 무위험 이자율은 6%라고 하자. 이클렉틱의 자원을 감안할 때, 이 기업은 한 번에 하나의 기술만 사용할 수 있다. 이클렉틱의 경영자는 이러한 투자를 적절하게 준비하여 기업의 가치를 향상시킬 수 있다는 것을 알고 있다. 문제는 진행하는 것이 합리적이라고 할 때 어떤 기술에 먼저 도전해야 하는가이다.

상호 의존적 투자 이클렉틱의 전기 자동차 프로젝트는 하나의 프로젝트 가치가 다른 프로젝트의 결과에 달려 있는 **상호 의존적 투자**(mutually dependent investments) 상황을 나타낸다. 이 경우 세 가지 문제 모두를 극복해야 하거나, 그렇지 않으면 아무런 혜택이 없을 것이라고 가정하자. 따라서 우리는 기대 개발비용을 최소화하는 최적 투자 순서를 결정할 필요가 있다.

투자 규모 먼저 재료 및 충전기 기술을 고려하자. 이 두 가지는 선행 투자비용을 제외하고는 동일하다. 서로 다른 순서로 완수할 때의 기대비용을 비교해보자. 재료 기술로 시작한다면, 두 개 모두 완료하는 기대비용은 다음과 같다.

$$\underbrace{100}_{\substack{\text{재료} \\ \text{투자}}} + \underbrace{0.50}_{\substack{\text{재료 기술} \\ \text{성공 확률}}} \times \underbrace{\frac{1}{1.06}}_{\substack{\text{지연의} \\ \text{PV}}} \times \underbrace{400}_{\substack{\text{충전기} \\ \text{투자}}} = \$288.7 \text{ 백만}$$

충전기 기술로 시작한다면 기대비용은 다음과 같다.

$$\underbrace{400}_{\substack{\text{충전기} \\ \text{투자}}} + \underbrace{0.50}_{\substack{\text{충전기 기술} \\ \text{성공 확률}}} \times \underbrace{\frac{1}{1.06}}_{\substack{\text{지연의} \\ \text{PV}}} \times \underbrace{100}_{\substack{\text{재료} \\ \text{투자}}} = \$447.2 \text{ 백만}$$

표 22.2	이클렉틱 프로젝트에 요구되는 시간, 비용 및 성공 가능성		
기술	비용	시간	성공 확률
재료	$100 백만	1년	50%
충전기	$400 백만	1년	50%
건전지	$100 백만	4년	25%

따라서 이클렉틱은 충전기 작업 전에 재료 기술에 투자해야 하는 것이 분명하다. 충전기 비용이 더 높기 때문에 재료 기술이 실패할 경우 투자를 낭비하고 싶지 않다는 것이다. 이 예에서 알 수 있듯이 다른 모든 것이 동일하다면, 비용이 가장 적게 드는 투자를 먼저 하는 것이 혜택이 커서 더 비싼 투자는 성공이 확실할 때까지 지연시키는 것이 좋다.

투자 시간 및 위험 이제 재료와 건전지 기술을 비교해보자. 이 프로젝트의 비용은 같지만, 건전지 기술은 오래 걸리고 실패 가능성이 더 크다. 이 두 가지 프로젝트만 고려할 때, 재료 기술로 시작하면 두 개 모두 완수하는 기대비용은 다음과 같다.

$$\underbrace{100}_{\substack{재료 \\ 투자}} + \underbrace{0.50}_{\substack{재료 기술 \\ 성공 확률}} \times \underbrace{\frac{1}{1.06}}_{\substack{지연의 \\ PV}} \times \underbrace{100}_{\substack{건전지 \\ 투자}} = \$147.2 \text{ 백만}$$

건전지 기술로 시작하면 기대비용은 다음과 같다.

$$\underbrace{100}_{\substack{건전지 \\ 투자}} + \underbrace{0.25}_{\substack{건전지 기술 \\ 성공 확률}} \times \underbrace{\frac{1}{1.06^4}}_{\substack{지연의 \\ PV}} \times \underbrace{100}_{\substack{재료 \\ 투자}} = \$119.80 \text{ 백만}$$

따라서 이클렉틱은 재료 기술 이전에 건전지 기술에 먼저 도전해야 한다. 더 큰 위험을 감안할 때 전체 프로젝트의 실행 가능성과 관련하여 건전지 프로젝트가 성공하면 더 많은 것을 학습할 것이다. 건전지 프로젝트에 시간이 오래 걸리므로, 후속 투자를 연기하는 시간 가치에서 이익을 얻게 된다. 일반적으로 다른 모든 것이 동일할 경우, 더 위험하고 수명이 긴 프로젝트에 우선적으로 투자하여 가장 많은 정보를 학습할 수 있을 때까지 미래의 투자를 지연시키는 것이 좋다.

일반 규칙 지금까지 보았듯이 각 프로젝트의 비용, 시간 및 위험이 투자의 최적 순서를 결정한다. 직관적으로 규모가 작고 위험한 투자를 먼저 수행하여 최저 비용으로 가장 많은 정보를 얻어야 한다. (따라서 건전지 프로젝트는 확실히 충전기 프로젝트 전에 수행해야 한다.) 일반적으로 상호 의존적인 프로젝트를 수행하기 위해서는 **실패 비용 지수**(failure cost index)에 따라 순위가 가장 높은 프로젝트에서 가장 낮은 프로젝트로 최적의 순서를 찾을 수 있다.

$$\text{실패 비용 지수} = \frac{1 - PV(성공)}{PV(투자)} \tag{22.3}$$

여기서 PV(성공)는 프로젝트가 성공할 경우 \$1를 받는 프로젝트 시작 시점의 가치(즉, 성공의 위험-중립 확률 현재가치)이고, PV(투자)는 프로젝트가 요구하는 투자로 프로젝트 시작 시점의 현재가치로 표현된다. 실패 비용 지수는 가장 낮은 선행비용으로 가장 많은 정보를 얻을 수 있도록 투자의 순위를 매긴다.

여러 단계를 가지는 투자의 순서 결정 **예제 22.3**

문제

이클렉틱의 전기 자동차 프로젝트에 대한 최적 투자 순서를 결정하기 위해 실패 비용 지수를 사용하라.

풀이

각 단계의 실패 비용 지수를 평가하면 다음과 같다.

$$재 \quad 료: [1 - (0.50/1.06)]/100 = 0.00528$$
$$충전기: [1 - (0.50/1.06)]/400 = 0.00132$$
$$건전지: [1 - (0.25/1.06^4)]/100 = 0.00802$$

따라서 이클렉틱은 먼저 건전지를 개발해야 하며, 그다음에 본체 재료, 마지막으로 충전기를 개발하는 것이 위의 분석과 일치한다.

지금까지 우리는 개발하는 것 자체가 최적인가에 대한 결정은 무시했다. 전체적인 투자 의사결정을 평가할 때, 첫 번째 단계는 각 단계에서 투자의 최적 순서를 결정하는 것이다. 순서가 결정되면 그 기회의 모든 NPV를 계산하고 진행 여부에 대한 결정을 내릴 수 있다.

여러 단계를 가지는 프로젝트의 투자 여부 결정 **예제 22.4**

문제

이클렉틱의 경영자는 이러한 기술 혁신으로 전기 자동차를 개발할 수 있으며, 미래의 모든 이익의 현재가치는 \$4 십억이 될 것으로 추정한다. 자동차 개발에 대한 결정이 옳을까?

풀이

예제 22.3의 최적 순서를 사용하면, NPV는 다음과 같다.

$$NPV = -100 - 0.25\frac{100}{1.06^4} - 0.25 \times 0.5\frac{400}{1.06^5} + 0.25 \times 0.5 \times 0.5\frac{4000}{1.06^6} = \$19.1 \text{ 백만}$$

따라서 전기 자동차를 개발하는 것이 이익이 된다. 그러나 이 결과는 결정적으로 최적 단계 결정에 달려 있다. 이클렉틱이 다른 순서를 선택하면, NPV는 음(−)이 된다.

개념 확인

1. 단계적 투자 의사결정이 왜 가치를 더할 수 있을까?
2. 단계적 투자 의사결정에서 투자 순서를 어떻게 결정할 수 있을까?

22.7 경험 법칙

이 장에서 소개한 개념을 사용하는 데 있어서 가장 큰 단점 중 하나는 구현하기가 어렵다는 것이다. 실무적으로 불확실성의 원천과 적절한 동적 의사결정을 올바르게 모형화하기 위해서는 대개 상당한 시간과 금융 전문가를 필요로 한다. 또한 대부분의 경우 해답은 문제에 따라 달라지므로 한 가지 문제에 소요되었던 시간과 전문지식을 다른 문제로 옮길 수 없다. 결과적으로 많은 기업들은 다음과 같은 경험 법칙에 의거한다.[8] 여기서 일반적으로 사용되는 두 가지 경험 법칙을 검토하고자 한다: 수익성 지수와 최저 목표 수익률.

수익성 지수 규칙

22.1절에서 설명한 것처럼 투자 기회를 지연할 수 있을 때, 투자 프로젝트의 NPV가 충분히 높을 때만 투자하는 것이 가장 좋다. 대부분의 응용에서 NPV가 투자를 얼마나 유발하는지를 정확하게 계산하는 것은 매우 어렵다. 결과적으로 일부 기업들은 다음의 경험 법칙을 사용한다: 수익성 지수가 지정된 수준을 초과할 때만 투자한다.

제7장을 생각해보면 유일한 자원이 선행 투자인 단순한 프로젝트의 경우 수익성 지수는 다음과 같다.

$$수익성\ 지수 = \frac{NPV}{초기\ 투자}$$

수익성 지수 규칙(profitability index rule)은 수익성 지수가 사전에 결정된 수준을 초과할 때마다 투자하도록 한다. 투자를 지연시킬 수 없을 때, 최적 규칙은 수익성 지수가 0보다 클 때 투자하는 것이다. 지연 옵션이 있는 경우 일반적으로 수익성 지수가 1처럼 높은 임계값을 초과할 때만 투자하는 것이 일반적이다. 때로는 잘못된 시기에 투자하는 비용은 대개 비대칭적이기 때문에 기업들은 높은 기준을 설정한다. (너무 낮은 수익성 지수 기준을 사용하여) 너무 빨리 투자하는 것보다 (아주 높은 수익성 지수 기준을 사용하여) 아주 오래 기다리는 것이 더 좋다.

최저 목표 수익률 규칙

수익성 지수 규칙은 대기 옵션을 고려하기 위해 NPV의 기준을 높인다. NPV가 0일 때 투자하는 대신, NPV가 초기 투자의 몇 배가 될 때까지 기다리는 것이다. NPV의 기준을 높이는 대신, **최저 목표 수익률 규칙**(hurdle rate rule)은 할인율을 증가시킨다. 최저 목표 수익률 규칙은 NPV를 계산하기 위해 자본비용보다 더 높은 할인율을 사용하지만, 보통의 NPV 법칙을 적용한다. 더 높은 할인율을 사용하여 계산된 NPV가 양(+)일 때만 투자하라. 프로젝트가 이 할인율을 뛰어넘을 수 있다면 [즉, 더 높은 할인율에서 양(+)의 NPV를 가지는 경우] 프로젝트를 수행해야 하기 때문에 더 높은 할인율을 **최저 목표 수익률**(hurdle rate)이라고 한다.

대기하려는 동기를 만드는 불확실성의 원천이 이자율 불확실성일 때, 최저 목표 수익률은 개략적으로 추정하는 자연스러운 방법이 있다. 이 경우의 경험 법칙은 자본비용에 **수의상환 연금 이자율**(callable

---

[8] 다른 경험 법칙 성과의 자세한 분석을 위해 다음을 보라. Robert McDonald, "Real Options and Rules of Thumb in Capital Budgeting," in M. Brennan and L. Trigeorgis (eds.), *Project Flexibility, Agency, and Competition* (Oxford University Press, 2000).

annuity rate) 비율을 곱하는 것으로, 언제든 상환될 수 있는 무위험 연금의 이자율을 무위험 이자율로 나누어 계산한다.

$$최저 목표 수익률 = 자본비용 \times \frac{수의상환 \ 연금 \ 이자율}{무위험 \ 이자율} \tag{22.4}$$

이 최저 목표 수익률을 할인율로 사용하여 프로젝트의 NPV가 양(+)일 때만 투자해야 한다.

이 규칙의 직관은 무엇일까? 지연할 수 있는 무위험 프로젝트가 있다고 하자. 그 프로젝트는 현재 양(+)의 NPV를 가진다. 초기 투자금을 차입하려고 하지만, 이자율이 떨어질 것이라는 희망으로 더 기다려야 할지 확신할 수 없다. 정규 대출을 받았는데 이자율이 하락하면 더 높은 이자율을 지불해야 한다. 그러나 수의상환 대출을 받아서 이자율이 하락하면, 대출을 다시 받아서 더 낮은 이자율의 장점을 이용할 수 있다. 따라서 프로젝트를 수의상환 연금 이자율로 할인하여 양(+)의 NPV를 가진다면 일거양득이 될 수 있다. 프로젝트를 수행하여 투자 혜택을 얻을 수 있고, 이자율이 하락하면 낮은 이자율의 장점도 누릴 수 있다. 따라서 즉시 투자하는 것이 좋다. 경험 법칙은 개략적으로 이 의사결정 규칙을 구현하는 것이다.

최저 목표 수익률과 자본비용의 차이는 얼마일까? 정부-보증 모기지는 채무불이행에 대해 보험이 되어 있고 언제든지 차입자에 의해 상환될 수 있기 때문에 (836쪽 '모기지 상환 옵션'에서 설명하듯이) 수의상환 연금의 한 예가 된다. 모기지와 무위험 이자율의 차이에 근거하여, 기업의 자본비용보다 20% 더 높은 최저 목표 수익률을 사용하는 것은 이자율이 투자하기에 충분히 유리할 때까지 기다릴 수 있는 기업의 능력을 설명하기 위해 합리적인 조정일 수 있다. (역주 : 20%포인트 더 높다는 의미가 아니다. 즉, 자본비용이 10%이면 모기지 이자율은 12%라는 것이다.)

예제 22.5

지연 옵션을 위한 최저 목표 수익률 규칙의 사용

문제

당신은 $1 백만의 선급금을 요구하면서 연 $90,000의 현금흐름을 영원히 받는 무위험 기술에 투자할 수 있다. 모든 이자율이 1년 뒤에 10% 또는 5%가 될 것이며, 이는 영원히 지속될 것이라고 하자. 이자율이 5%로 하락하는 위험-중립 확률은 90%이다. 1년 무위험 이자율은 8%이고, 오늘 무위험 영구채권의 이자율은 5.4%이다. 언제든지 상환할 수 있는 동일한 영구채권의 이자율(수의상환 연금 이자율)은 9%이다.[9] 오늘 이 기술에 투자해야 할까, 아니면 이자율이 하락하기를 기다렸다가 투자해야 할까?

풀이

투자가 무위험이기 때문에 자본비용은 무위험 이자율이다. 따라서 식 (22.4)에 따라 최저 목표 수익률은 9%의 수의상환 연금 이자율과 같다. 그 할인율로 NPV를 계산하면 다음과 같다.

$$NPV = \frac{90,000}{0.09} - 1,000,000 = 0$$

---

9 이 이자율들이 옳다는 것을 확인하기 위하여, 연 $54를 지급하는 $1,000의 영구채권은 이자율이 하락하면 $54 + 54/.05 = $1,134의 가치가 있을 것이고, 이자율이 상승하면 $54 + 54/.10 = $594의 가치가 있을 것이므로, (위험-중립) 기대 수입은 $0.9 \times 1,134 + 0.1 \times 594 = $1,080가 될 것이고, 기대 수익률은 8%의 1년 무위험 이자율과 같을 것이다. 마찬가지로 $90의 이표를 지급하는 $1,000의 수의상환 채권은 이자율이 하락하여 상환되면 $90 + 1,000 = $1,090의 가치가 있을 것이고, 이자율이 상승하면 $90 + 90/.10 = $990의 가치가 있을 것이므로, 위험-중립 기대 수입은 다시 $0.9 \times 1,090 + 0.1 \times 990 = $1,080가 될 것이다.

최저 목표 수익률 규칙은 당신이 무차별하다는 것을 의미한다. 이것이 올바른지 알아보자. 실제 자본비용은 5.4%(무위험 영구채권의 이자율)이기 때문에, 투자 기회는 분명히 양(+)의 NPV를 가진다.

$$NPV = \frac{90,000}{.054} - 1,000,000 = \$666,667$$

기다렸을 때의 NPV가 얼마인가를 보자. 투자를 연기하면 이자율이 5%로 하락할 때에만 투자하는 것이 합리적이다. 이 경우 NPV는 다음과 같다.

$$NPV_{\text{이자율 하락}} = \frac{90,000}{0.05} - 1,000,000 = \$800,000$$

따라서 위험-중립 확률을 사용한 기대 NPV의 현재가치는 다음과 같다.

$$\frac{800,000 \times 0.90}{1.08} = \$666,667$$

최저 목표 수익률 규칙이 정확하다. 정말 당신은 오늘 투자하는 것과 기다리는 것에 무차별하다.

예제 22.5와 같은 상황에서 현금흐름이 일정하고, 영구적이며, 기다리는 이유가 이자율 불확실성 때문일 때, 경험 법칙은 정확하다.[10] 그러나 이러한 조건이 충족되지 않을 때 경험 법칙은 단지 올바른 의사결정의 근사치를 제공할 뿐이다.

투자 시기 결정을 위해 최저 목표 수익률 규칙을 사용하는 것이 투자 의사결정을 내리는 데 비용-효율적인 방법이지만, 이것이 가치의 정확한 측정을 제공하지 않는다는 것을 알아야 한다. 투자의 가치는 할인율로 최저 목표 수익률이 아닌 자본비용을 사용하여 계산된 NPV이다. 따라서 경험 법칙이 예제 22.5에서 정확한 투자 시점을 제공하지만, 투자 실행의 실제 가치는 $666,667이다. 이는 올바른 자본비용을

모기지 상환 옵션

대부분의 주택 소유자가 알고 있듯이, 모기지 이자율은 30년 만기 재무부 채권 수익률과 같은 비교 가능한 무위험 이자율보다 높다. 모기지 이자율이 재무부 채권의 이자율보다 높은 이유 중 하나는 주택 소유자가 채무불이행을 하게 되는 위험 때문이다. 그러나 높은 신용의 차입자에게는 금융위기에서도 이런 위험이 상대적으로 작다. 또한 많은 경우 모기지 대출 기관들은 정부기관의 보증에 의해 채무불이행 위험을 가지지 않는다. 그럼에도 불구하고 최고의 차입자에 대한 모기지 이자율은 여전히 기업 채무의 이자율을 초과한다.

모기지는 재무부 채권이 없는 상환 옵션을 가지고 있기 때문에 이자율이 재무부 채권의 이자율보다 높다. 왜냐하면 미국 정

부는 상환할 수 없지만, 당신은 언제 모기지를 상환할 수 있다. 결과적으로 이자율이 하락하면 모기지 보유자는 다시 **재차입**(refinance)할 수 있다. (즉, 기존 모기지를 상환하고 더 낮은 이자율로 새로운 모기지 차입을 할 수 있다.) 다시 차입하는 옵션은 차입자에게 가치가 있지만, 대출자에게는 비용이 발생한다. 이자율이 상승하면 시장 이자율보다 낮은 대출에 갇히게 되고, 이자율이 하락하면 모기지 보유자는 모기지를 상환하고 더 낮은 이자율을 가진 새 모기지로 전환할 것이다. 물론 은행들은 이 옵션의 매도를 알기 때문에, 모기지가 상환 옵션을 갖고 있지 않은 경우보다 대출 이자율을 더 높게 요구한다. 그 결과 모기지 이자율은 장기 무위험 이자율보다 적어도 20% 높은 경향이 있다.

---

10 다음을 보라. J. Berk, "A Simple Approach for Deciding When to Invest," *American Economic Review* 89 (1999): 1319 – 1326.

할인율로 사용할 때의 NPV이다.

잠재적으로 최저 목표 수익률 비율과 수익성 지수 규칙을 동시에 사용하는 것이 이로울 수 있다. 즉, 이자율 불확실성을 고려하는 식 (22.4)의 최저 폭표 수익률 비율을 이용하여 우선 NPV를 계산하고, 이로부터 투자 시점을 결정할 수 있다. 이 NPV를 사용하여 수익성 지수가 계산될 수 있는데, 기업은 수익성 지수가 현금흐름 불확실성을 설명할 수 있는 임계값을 초과하는 경우에만 프로젝트를 수락한다.

1. 수익성 지수의 경험 법칙을 설명하라.
2. 최저 목표 수익률 비율 규칙이 무엇이며, 이는 어떤 불확실성을 반영할까?

22.8   실물 옵션에 대한 주요 통찰력

모든 실물 옵션을 설명하는 일반적인 규칙은 없지만, 이 장에서 다루었던 몇 가지 간단한 원칙이 있다. 이 장을 마무리하면서 다음과 같은 원칙은 다시 언급할 가치가 있다.

외가격 실물 옵션은 가치를 가진다 현재 투자 기회가 음(−)의 NPV를 가질지라도, 기회가 쓸모없다는 것을 의미하지는 않는다. 투자 기회가 미래에 양(+)의 NPV를 가질 수 있는 가능성이 있는 한 그 기회는 오늘 가치를 지닌다.

내가격 실물 옵션은 즉시 행사할 필요가 없다 오늘 양(+)의 NPV를 가지는 투자 기회를 반드시 수행할 필요는 없다. 투자 기회를 지연시킬 수 있다면, 지연 옵션은 즉시 투자를 수행하는 NPV보다 더 가치가 있을 수 있다. 이 경우 투자를 수행하지 말고 지연시켜야 한다.

대기는 가치가 있다 불확실성이 해소되면 더 좋은 정보로 더 바람직한 의사결정을 할 수 있기 때문에, 불확실성이 해소되기를 기다려서 가치를 창출할 수 있다. 따라서 대기비용이 들지 않으면, 일찍 투자하는 것이 결코 바람직하지 않다. 비용이 있다면 불확실성 해소를 위한 대기의 혜택을 대기비용과 비교하여야 한다.

가능한 한 많은 투자비용을 지연시켜라 대기는 가치가 있으므로, 가능한 한 마지막 순간에 투자비용이 발생해야 한다. 절대적으로 필요하기 전에 자본을 투입하는 것은 불확실성이 해소되면 더 좋은 의사결정을 하는 옵션을 포기하는 것이기 때문에 가치를 감소시킨다.

실물 옵션을 활용하여 가치를 창출하라 불확실한 환경에서 실물 옵션은 기업의 가치를 창출한다. 이 가치를 실현하려면, 기업은 지속적으로 투자 기회를 재평가하고 동태적으로 의사결정을 최적화해야 한다. 프로젝트를 만들거나 성장시키는 것처럼 프로젝트를 최적으로 지연 또는 포기하여 가치를 창출할 수 있다는 사실을 명심해야 한다.

이러한 통찰력을 종합해볼 때 기업이 투자 기회를 포기, 연기, 진행 또는 성장시킬지를 각 단계에서 결정하기 위해 투자를 단계화하고 명확한 가치평가 기법을 사용하여 경영자는 기업가치를 실질적으로 증가시킬 수 있다는 것을 알게 되었다.

핵심 요점 및 수식

22.1 실물 옵션 대 금융 옵션

- 실물 옵션은 기초자산이 금융상품이 아니라 실물인 옵션이다.

22.2 의사결정 나무 분석

- 의사결정 나무는 불확실한 경제 상황에서 대안적 의사결정과 잠재적 결과를 나타내는 도표화된 방식이다. 이것은 의사결정 마디와 정보 마디를 포함한다.

22.3 지연 옵션 : 콜옵션으로의 투자

- 투자를 하기 전에 대기하여 투자 수익에 대해 더 많은 정보를 얻을 수 있다. 투자할 시기를 올바르게 선택하여 가치를 높일 수 있다.
- 투자 시기를 결정하는 옵션을 가지고 있을 때, NPV가 0보다 상당히 큰 경우에만 투자하는 것이 일반적으로 최적이다.
- 대기 옵션이 주어지면, 현재 NPV가 음(−)인 투자가 양(+)의 가치를 가질 수 있다.
- 대기 옵션은 미래의 투자가치에 대해 많은 불확실성이 있을 때 가장 가치가 있다.
- 실물 옵션 맥락에서 배당은 우리가 대기해서 포기한 투자의 가치에 해당한다. 배당이 없을 경우 콜옵션을 조기에 행사해서는 안 된다.
- 투자 옵션의 베타는 기초 투자 기회 베타의 배수이며, 그 가치에 따라 다르다.

22.4 성장 옵션 및 포기 옵션

- 프로젝트를 수행하여 기업은 종종 다른 경우에는 얻지 못할 투자의 기회를 얻는다. 미래 프로젝트에 투자할 기회(즉, 기업의 성장 옵션)는 오늘 가치를 가진다.
- 기업들이 (미래에 상황이 반전될 가능성이 거의 없는) 금전적 손실을 보는 프로젝트에 참여할 때 포기 옵션을 행사하고 떠날 수 있다.

22.5 수명이 다른 투자

- 서로 다른 생존 수명을 가진 투자 중에서 선택하는 경우, 기업은 기존 수명이 끝날 때 수명이 짧은 프로젝트를 교체하거나 연장하는 옵션을 고려하여야 한다.
- 경영자는 때때로 균등 연간 혜택 방법을 사용하여 서로 다른 수명의 프로젝트를 비교한다. 프로젝트가 기존의 조건으로 대체될 수 있다고 암묵적으로 가정한다. 미래의 불확실성을 고려할 때 균등 연간 혜택 방법을 사용하면 다른 권고안을 제시할 수 있다.

22.6 최적의 단계적 투자

- 여러 단계의 투자 의사결정을 위한 투자 순서를 결정할 때, 저렴한 비용으로 추가 정보를 얻기 위해서 먼저 규모가 작고 위험한 투자를 하는 것이 좋다. 프로젝트가 상호 의존적이어서 모든 프로젝트가 성공해야만 기업이 이익을 실현할 수 있다면, 최적 순서는 식 (22.3)의 실패 비용 지수에 따라 프로젝트의 순위를 결정할 수 있다.

22.7 경험 법칙

- 수익성 지수 경험 법칙은 수익성 지수가 사전 결정된 수준을 초과할 때만 투자를 요구한다. 현금흐름의 불확

실성이 존재할 때 대기 옵션을 설명하는 방법이다.

- 최저 목표 수익률 경험 법칙은 자본비용보다 더 높은 할인율인 최저 목표 수익률을 이용하여 NPV를 계산하는데, 이렇게 계산된 NPV가 양(+)인 경우에만 투자가 이루어져야 한다는 것을 말한다. 이자율 불확실성이 존재할 때 대기 옵션을 설명하는 방법이다.

22.8 실물 옵션에 대한 주요 통찰력

- 외가격 실물 옵션은 가치를 가진다.
- 내가격 실물 옵션은 즉시 행사할 필요가 없다.
- 대기는 가치가 있다.
- 가능한 한 많은 투자비용을 지연시켜라.
- 실물 옵션을 활용하여 가치를 창출하라.

주요 용어

균등 연간 비용(equivalent annual cost)
균등 연간 혜택(equivalent annual benefit, EAB)
균등 연간 혜택 방법(equivalent annual benefit method)
성장 옵션(growth option)
상호 의존적 투자(mutually dependent investments)
수익성 지수 규칙(profitability index rule)
수의상환 연금 이자율(callable annuity rate)
실물 옵션(real option)

실패 비용 지수(failure cost index)
의사결정 나무(decision tree)
의사결정 마디(decision node)
재차입(refinance)
정보 마디(information node)
최저 목표 수익률(hurdle rate)
최저 목표 수익률 규칙(hurdle rate rule)
포기 옵션(abandonment option)

추가 읽을거리

많은 사람들이 경영자가 이 장에서 설명된 실물 옵션을 명시적으로 고려하지 않기 때문에 값비싼 실수를 저지른다고 생각한다. 이 문제에 대한 심층적인 토론을 위해 다음을 보라. T. Copeland, V. Antikarov, and T. Texere, *Real Options: A Practitioner's Guide* (W. W. Norton & Company, 2003). 자본예산 목적을 위해 기업 베타를 조정하는 논의를 위해서 다음을 보라. A. Bernardo, B. Chowdhry, and A. Goyal, "Assessing Project Risk," *Journal of Applied Corporate Finance* 24 (2012): 94–100.

다음 책들은 이 장의 주제들을 보다 자세하고 쉽게 다룬다. M. Amran and N. Kulatilaka, *Real Options: Managing Strategic Investments in an Uncertain World* (Harvard Business School Press, 1999); M. Brennan and L. Trigeorgis, eds., *Flexibility, Natural Resources, and Strategic Options* (Oxford University Press, 1998); A. Dixit and R. Pindyck, *Investment Under Uncertainty* (Princeton University Press, 1994); H. Smit and L. Trigeorgis, *Strategic Investment, Real Options and Games* (Princeton University Press, 2004); and L. Trigeorgis, *Real Options* (MIT Press, 1996).

이 장에서 다루었던 경험 법칙이 실무적으로 얼마나 잘 쓰이는가에 대한 논의를 위해 다음을 보라. R. McDonald, "Real Options and Rules of Thumb in Capital Budgeting," in M. Brennan and L. Trigeorgis (eds.), *Project Flexibility, Agency, and Competition* (Oxford University Press, 2000).

실물 옵션이 학자와 실무자가 가진 기업재무 관점에 미치는 영향에 대해서는 다음을 보라. T. Luehrman,

"Strategy as a Portfolio of Real Options," *Harvard Business Review* (September – October 1998): 89 – 99; S. Mason and R. Merton, "The Role of Contingent Claims Analysis in Corporate Finance," in E. Altman and M. Subrahmanyan (eds.), *Recent Advances in Corporate Finance* (Richard D. Irwin, 1985); and A. Triantris and A. Borison, "Real Options: State of the Practice," *Journal of Applied Corporate Finance* 14(2) (2001): 8 – 24.

연습문제

* 표시는 난이도가 높은 문제다.

의사결정 나무 분석

1. 당신의 기업은 일본에 사무실을 개점할 계획이다. 이 기업의 이익은 일본 경제가 현재의 경기침체에서 얼마나 빨리 회복하는가에 달려 있다. 올해 회복 가능성은 50%이다. 지금 또는 1년 후의 사무실 개점 여부를 결정하려고 한다. 오늘 또는 1년 후에 사무실을 개점하는 선택을 보여주는 의사결정 나무를 만들어라.

2. 에버라스팅 곱스타퍼를 생산하는 신기술에 $500 백만을 투자할지의 여부를 결정하려고 한다. 이 캔디 시장이 연간 $100 백만의 이익을 창출할 확률은 60%, $50 백만의 이익을 창출할 확률은 20%, 이익이 없을 확률은 20%이다. 시장의 규모는 앞으로 1년 뒤에 분명해질 것이다. 현재 이 프로젝트의 자본비용은 연 11%이다. 자본비용이 1년 뒤에 9%로 떨어지고 영원히 그 수준에 머물 확률이 20%이며, 영원히 11%에 머무를 확률은 80%이다. 자본비용의 움직임은 캔디 시장의 규모와 관련이 없다. 오늘 또는 1년 뒤에 투자를 할 것인가의 선택을 보여주는 의사결정 나무를 만들어라.

3. 22.2절의 유나이티드 스튜디오 예를 생각하자. 유나이티드가 첫 번째 영화를 제작할 권리가 있지만, 아직 속편의 권리를 매입하지는 않았다고 하자.

   a. 속편 권리는 유나이티드에게 얼마의 가치가 있을까?

   b. 유나이티드가 지금 $30 백만으로 속편의 권리를 매입할 수 있다고 하자. 대안적으로 유나이티드는 미래에 $30 백만으로 속편 권리를 매입할 수 있는 옵션을 현재 $10 백만에 매입할 수 있다. 어느 것을 선택해야 할까?

4. 2번 문제의 정보를 이용하여 투자 1년 후에 에버라스팅 곱스타퍼 시장의 크기를 알게 된다고 가정하고 문제를 다시 해결하라. 즉, 투자를 하지 않으면 시장 규모를 알 수 없다. 이런 상황에서 당신이 가진 선택을 보여주는 의사결정 나무를 만들어라.

지연 옵션 : 콜옵션으로의 투자

5. 투자 기회 지연의 혜택과 비용을 설명하라.

6. 당신은 글로벌 콘글로머리트의 재무분석가로서 신발 사업에 진출하려고 한다. 이 시장에 진출하기 위해 매우 좁은 기회가 있다고 믿는다. 크리스마스 수요로 인해 시기가 현재도 맞고, 지금부터 1년 후에도 좋은 기회가 될 것이라고 믿는다. 이 두 기회 이외에, 이 사업에 진입할 다른 기회가 있다고 생각하지는 않는다. 이 시장에 진입하기 위해서 $35 백만이 들 것이다. 다른 신발 제조업체가 존재하고 그들이 상장기업이기 때문에, 완벽하게 비교 가능한 기업을 생각할 수 있다. 따라서 블랙-숄즈 공식을 이용하여 신발 비즈니스 진입 시기와 여부를 결정하기로 하였다. 분석에 의하면 신발 기업 영업의 현재가치가 $40 백만이며 베타가 1이라고 한다. 그러나 고객의 반응이 확실하지 않으므로 기업가치는 변동적이다. (분석 결과에 따르면 변동성은 연 25%이다.) 기업가치의 15%는 첫해에 예상되는 가용현금흐름(당신이 원하는 대로 사용할 수 있는 현금)의 가치에 달려 있다. 1년 무위험 이자율은 4%이다.

   a. 글로벌은 이 사업에 진출해야 하나? 그렇다면 언제인가?

   b. 신발 기업의 현재가치가 $40 백만이 아닌 $36 백만이라면 의사결정이 어떻게 바뀌는가?

   c. 신발 기업의 현재가치의 함수로 투자 기회의 가치를 그려라.

d. 신발 기업의 현재가치의 함수로 투자 기회의 베타를 그려라.

7. 9월 초에 헬리-스키를 타기 위해 다음과 같은 거래가 제안되었다. 1월 첫 주를 선택하고 지금 휴가비를 내면 $2,500에 헬리-스키를 1주일간 이용할 수 있다. 그러나 헬리콥터가 악천후로 날 수 없어서 스키를 타지 못하거나, 눈이 내리지 않거나, 당신이 아플 경우 환불을 받지 못한다. 스키를 탈 수 없는 확률은 40%이다. 마지막 순간까지 기다리다가 조건이 완벽하고 당신이 건강하다는 것을 알 경우에는 휴가비가 $4,000가 된다. 헬리-스키에서 얻는 즐거움은 주당 $6,000의 가치가 있는 것으로 추정된다. (그 이상을 지불해야 한다면 당신은 가지 않을 것이다.) 자본비용이 연 8%라면, 사전 예약을 할까, 아니면 기다릴 것인가?

8. 미국 공과대학의 컴퓨터과학과 교수는 새로운 검색 엔진 기술에 대한 특허를 얻어서, 관심 있는 벤처 자본가인 당신에게 그것을 팔고 싶다. 이 특허의 수명은 17년이다. 이 기술은 구현에 1년이 걸리고 (첫해에는 현금흐름이 없음) 선행비용이 $100 백만이다. 이 기술은 인터넷 검색시장의 1%를 차지할 수 있을 것으로 믿으며, 현재 이 시장은 연간 $1 십억의 이익을 창출하고 있다. 향후 5년 동안 이익이 연 10%로 증가할 위험-중립 확률은 20%이고, 연 5%로 증가할 위험-중립 확률은 80%이다. 이 성장률은 앞으로 1년 후 (성장 첫해 이후) 분명히 알 수 있다. 5년 후 이 이익은 매년 2%씩 감소할 것으로 예상된다. 특허가 만료되면 아무 이익도 기대할 수 없다. 모든 무위험 이자율은 (수명에 관계 없이) 연 10%로 일정하다고 하자.

a. 오늘 투자를 시작하는 NPV를 계산하라.

b. 투자 의사결정을 내리기 위해 1년 대기하는 것의 NPV를 계산하라.

c. 최적 투자 전략은 무엇인가?

9. 22.3절의 전기 자동차 대리점을 다시 생각해보자. 1년 가용현금흐름이 $600,000가 아닌 $500,000가 될 것으로 기대하므로 대리점의 현재가치는 $5 백만이라고 하자. 유일한 자산이 대리점을 개점하기 위한 1년 옵션인 기업의 베타는 얼마인가? 첫해의 현금흐름이 $700,000가 될 것으로 기대해서 대리점 운용가치가 $7 백만이라면, 베타는 얼마인가?

10. 22.3절과 동일한 가정을 할 때 추가로 5개를 더 개점하는 1년 옵션을 가지고 있으며, 전기 자동차 대리점을 운영하고 있다.

a. 모든 대리점의 첫해 기대 가용현금흐름이 $600,000라면, 기업의 가치와 베타는 얼마인가?

b. 모든 대리점의 첫해 기대 가용현금흐름이 $300,000라면, 기업의 가치와 베타는 얼마인가?

c. 어떤 경우에 당신의 옵션이 더 높은 베타를 가지는가? 어떤 경우에 당신의 기업이 더 높은 베타를 가지는가? 왜 그런가?

*11. 서던 익스프레스 주식회사의 경영진은 미래 수익의 10%를 성장에 투자할 것을 고려하고 있다. 이 기업은 현재 또는 1 기간 뒤에 수행할 수 있는 단일 성장 기회를 가지고 있다. 경영자는 투자 수익을 확실히 알지 못하지만, 연 10% 또는 14%가 될 가능성이 동일하다는 것을 알고 있다. 1 기간 뒤에 그들은 어떤 상태가 될 것인지를 알 것이다. 현재 이 기업은 $10 백만의 배당으로 모든 이익을 지급한다. 투자를 하지 않으면 배당은 영원히 이 수준에 머물 것으로 예상된다. 서던 익스프레스가 투자를 하면, 새로운 배당은 투자의 실현 수익률을 반영하며, 실현된 수익률로 영원히 성장할 것이다. 자본의 기회비용이 10.1%라고 가정할 때, 현재 배당을 지급하기 직전의 기업가치는 얼마인가(누적 배당 가치)?

*12. 1년 자본비용이 15.44%이고 이익이 영원히 지속된다면 2번 문제에서 어떤 결정을 해야 할까?

성장 옵션 및 포기 옵션

13. 당신의 R&D 부서는 실온에서 전기를 초전도로 만드는 재료를 합성했다. 이 재료를 상업적으로 생산하려고 시도하려고 한다. 재료가 상업적으로 실행 가능한지 여부를 확인하는 데 5년이 걸릴 것이며, 성공 확률은 25%라고 추정한다. 개발비용은 매년 $10 백만이고, 매년 초에 지급된다. 개발이 성공적이며 재료를 생산하기로 결정하면, 공장은 즉시 건설될 것이다. 실행비용은 $1 십억이고, 영구적으로 매년 말 $100 백만

의 이익을 창출할 것이다. 지금부터 5년 동안 무위험 이자율은 연 10%이고, 무위험 영구채권의 수익률은 5년 뒤에 12%, 10%, 8% 또는 5%가 될 것이다. 가능한 각 이자율의 위험-중립 확률은 동일하다. 이 프로젝트의 오늘 가치는 얼마인가?

*14. 당신은 골드만 삭스에서 애널리스트로 일하고 있으며, 견실한 대기업인 빅 인더스트리의 성장 잠재력을 평가하려고 한다. 빅 인더스트리는 꾸준히 성공적인 제품을 출시해온 훌륭한 R&D 부서를 두고 있다. 평균적으로 이 R&D 부서는 3년마다 두 가지의 신제품 제안을 하기 때문에, 매년 프로젝트가 제안될 확률은 2/3이다. 전형적으로 R&D 부서의 투자 기회는 $10 백만의 초기 투자를 요구하고, 매년 $1 백만의 이익을 창출하는데, 영구적으로 세 가지 가능한 성장률 중 하나로 성장한다: 3%, 0%, −3%. 주어진 프로젝트의 세 가지 성장률 모두는 가능성이 동일하다. 이 기회들은 항상 "받아들이거나 포기하라."는 기회이다. 즉 각적으로 수행하지 않으면 영원히 사라진다는 것이다. 자본비용은 항상 연 12%로 유지된다고 하자. 빅 인더스트리가 만들 미래의 모든 성장 기회들의 현재가치는 얼마인가?

*15. 14번 문제를 반복하되, 이번에는 모든 확률이 위험-중립 확률이라고 가정하자. 즉, 자본비용은 항상 무위험 이자율이며, 무위험 이자율은 다음과 같다. 무위험 영구연금의 현재 이자율은 8%이고, 1년 뒤에 모든 무위험 이자율이 10%가 되어 영원히 머무를 확률이 64.375%이며, 6%가 되어 영원히 머무를 확률이 35.625%이다. 현재 1년 무위험 이자율은 7%이다.

16. 당신은 작은 네트워크 신생기업을 소유하고 있다. 대형 상장기업인 JCH 시스템즈로부터 당신의 기업을 매입하겠다는 제안을 받았다. 제안 조건에 따라 당신은 JCH 1백만 주를 받게 된다. JCH 주식은 현재 주당 $25에 거래되고 있다. 언제든지 JCH의 주식을 시장에서 매도할 수 있다. 그러나 그 제안의 일환으로, JCH는 내년 말에 당신이 원할 경우 주당 $25에 그 주식을 다시 매입할 것에 동의하였다. 현재 1년 무위험 이자율이 6.18%이고, JCH 주식의 변동성이 30%이며, JCH는 배당을 지불하지 않는다고 하자.

a. 이 제안이 $25 백만을 초과하는 가치가 있을까? 설명하라.

b. 이 제안의 가치는 얼마인가?

17. 당신은 도매 배관 공급 상점을 소유하고 있다. 이 매장은 현재 연간 $1 백만의 매출을 올리고 있다. 내년에는 동일한 확률로 수입이 10% 감소하거나 5% 증가할 것이고, 매장을 운영하는 한 그 수준에 머무를 것이다. 당신은 매장을 완전히 소유하고 있다. 다른 비용은 연 $900,000이다. 폐쇄비용은 없다. 이 경우 항상 매장을 $500,000에 매도할 수 있다. 자본비용이 10%로 고정되면 오늘 영업의 가치는 얼마일까?

*18. 당신은 구리 광산을 소유하고 있다. 구리의 가격은 현재 파운드당 $1.50이다. 광산은 연간 1백만 파운드의 구리를 생산하며 연 $2 백만의 비용이 든다. 100년 동안 영업할 구리가 충분하다. 광산을 폐쇄하면 토지를 환경보호국 기준에 따라 처리해야 하기 때문에 $5 백만의 비용이 발생할 것으로 예상된다. 광산이 일단 폐쇄되면 광산을 재개하는 것은 현재의 환경 기준에서 볼 때 불가능하다. 구리의 가격이 향후 2년 동안 연 25% 오르거나 내릴 확률이 (독립적으로) 동일하며, 그런 다음 영원히 그 수준에 머물 것이다. 자본비용이 15%로 고정되면, 광산 운영을 계속하는 NPV를 계산하라. 광산을 포기하거나 계속 운용하는 것 중 어느 것이 최적인가?

19. 18세기 후반부터 최초 은 1달러는 약 24그램의 은으로 구성되어 있다. 그램당 $0.19(트로이 온스당 $6)의 가격에, 동전의 은 함량은 약 $4.50이다. 이 동전들은 풍부한 공급이 있고 수집가의 물건이 아니므로, 화폐의 연구가치가 없다고 하자. 현재 은의 가격이 그램당 $0.19라면 동전의 가격은 $4.50보다 클까, 작을까, 아니면 같을까? 당신 답변의 근거를 제시하라.

*20. 당신은 고담 시의 떠오르는 지역에 약간의 나대지를 소유하고 있다. 건물을 짓는 데 드는 비용은 건물의 크기에 비례하지 않고 증가한다. q 평방피트 건물은 $0.1 \times q^2$의 비용으로 건축된다. 그 토지에 건물을 짓고 나면 건물은 영원히 지속되지만, 당신은 그 건물에 묶여야 한다. 그 지점에 다른 건물을 지을 수 없다.

건물들은 현재 평방피트당 한 달 $100에 임대된다. 이 지역의 임대료는 5년 뒤에 증가할 것으로 예상된다. 매달 평방피트당 $200로 상승하여 영원히 머무를 확률이 50%이며, 매달 평방피트당 $100를 유지할 확률은 50%이다. 자본비용은 연 12%로 고정되어 있다.

a. 당장 건물을 짓는 게 좋을까? 그렇다면 건물은 얼마나 커야 할까?

b. 결정을 연기하기로 했다면, 5년 뒤에 가능한 상태에서 얼마나 큰 건물을 지을 것인가?

수명이 다른 투자

21. 경영자가 동일한 자원을 사용하는 서로 다른 수명을 가진 두 프로젝트 중 의사결정을 위해 균등 연간 혜택 방법을 사용할 때, 어떤 암시적 가정이 이루어질까?

22. 당신은 택시기업을 소유하고 있으며 택시를 대체할 두 가지 옵션을 평가하고 있다. 택시당 매월 $500에 대체 택시를 5년 임차할 수 있거나, 8년간 영업할 택시를 $30,000에 구입할 수도 있다. 임대가 끝나면 택시를 임대기업에 반납해야 한다. 임대기업은 모든 유지 및 보수비용을 책임지고 있지만, 택시를 구입하면 각 택시의 수명 동안 월 $100의 유지 및 보수 계약을 맺어야 한다. 각 택시는 매월 $1,000의 수입을 올릴 것이다. 자본비용이 12%로 고정되어 있다고 하자.

a. 두 가지 가능성의 택시당 NPV를 계산하라: 택시를 구입하거나 임차함

b. 두 기회의 균등한 월별 연간 혜택을 계산하라.

c. 택시를 임차하는 경우 5년 후에 사용한 택시를 매입할 수 있다. 5년 뒤에 5년 사용한 택시를 구입하기 위해 동일한 가능성으로 $10,000 또는 $16,000의 비용이 소요될 것이고, 유지비용이 한 달에 $500가 될 것이며, 3년 더 영업할 것이라고 가정하자. 어떤 옵션을 선택할 것인가?

최적의 단계적 투자

23. 제넨코는 노화 과정을 늦출 수 있는 신약을 개발 중이다. 성공하려면 두 가지 획기적인 기술이 필요하다. 하나는 약품의 효능을 증가시키는 것이고, 두 번째는 독성 부작용을 제거하는 것이다. 신약의 효능을 개선하기 위한 연구는 $10 백만의 선행 투자가 필요하고, 2년이 걸릴 것이며, 성공 확률은 5%로 예상된다. 약품 독성을 줄이기 위해서는 $30 백만의 선행 투자가 필요하고, 4년이 걸릴 것이며, 성공 확률은 20%이다. 두 가지 노력이 모두 성공하면, 제넨코는 약품에 대한 특허를 주요 제약기업에 $2 십억에 판매할 수 있다. 모든 위험은 비체계적이고, 무위험 이자율은 6%이다.

a. 두 가지 연구 노력을 동시에 시작하는 NPV는 얼마인가?

b. 투자를 단계적으로 시작하기 위한 최적 순서는 무엇인가?

c. 최적의 단계를 가지는 것의 NPV는 얼마인가?

24. 엔지니어들은 소프트웨어 및 하드웨어 혁신을 필요로 하는 신제품을 내년에 출시하기 위해 개발하고 있다. 소프트웨어팀은 $5 백만의 예산을 요구하고 성공 확률을 80%로 예측하고 있다. 하드웨어팀은 $10 백만의 예산을 요구하고 성공 확률을 50%로 예측하고 있다. 두 팀은 제품 작업을 위해 6개월이 필요하며, 무위험 이자율은 6개월 복리로 4%의 APR이다.

a. 어느 팀이 먼저 프로젝트 작업을 해야 할까?

b. 누구든지 프로젝트 작업을 하기 전에, 하드웨어팀이 돌아와서 새로운 정보를 기반으로 추정 성공 가능성을 75%로 변경하여 제안을 수정한다고 가정하자. 이것이 (a)의 결정에 영향을 줄까?

경험 법칙

25. 당신의 기업은 확장을 생각하고 있다. 오늘 투자하면, 연말에 FCF로 $10 백만을 벌어들일 것이며, $150 백만(경제가 개선되는 경우) 또는 $50 백만(경제가 개선되지 않을 경우)의 지속가치를 갖게 된다. 내년까지 투자를 기다리면 FCF에서 $10 백만을 벌 수 있는 기회를 놓치게 될 것이다. 하지만 다음 해의 투자 지

속가치를 알게 될 것이다. (즉, 앞으로 1년 후에 그다음 해의 투자 지속가치를 알게 될 것이다.) 무위험 이자율이 5%이고, 경제가 개선되는 위험-중립 확률이 45%라고 하자. 올해와 내년의 확장비용은 동일하다.

a. 확장비용이 $80 백만이라면 오늘 그렇게 할 것인가, 아니면 내년까지 기다릴 것인가?

b. 현재 확장하는 것과 대기하는 것의 차이가 없을 확장비용은 얼마인가? 이것은 어떤 수익성 지수와 일치하는가?

26. 예제 22.5의 프로젝트가 ($90,000 대신) $100,000의 연간 현금흐름을 지불한다고 하자.

a. 오늘 투자의 NPV는 얼마인가??

b. 기다렸다가 내일 투자하면 NPV는 얼마인가?

c. 최저 목표 수익률 경험 법칙이 이 경우에 투자할 올바른 시점을 제공하는지를 증명하라.

27. 예제 22.5의 프로젝트가 ($90,000 대신) $80,000의 연간 현금흐름을 지불한다고 하자.

a. 오늘 투자의 NPV는 얼마인가??

b. 기다렸다가 내일 투자하면 NPV는 얼마인가?

c. 최저 목표 수익률 경험 법칙이 이 경우에 투자할 올바른 시점을 제공하는지를 증명하라.

장기 자금조달

일물일가의 법칙과의 연계. 기업이 투자를 성사시키는 데 필요한 자금을 어떻게 조달해야 할까? 이 교재의 자본구조 부분에서 우리는 자본조달의 주요 범주인 채무와 자기자본 사이에서 재무관리자의 선택에 대해 논의했다. 제8부에서 우리는 이러한 결정들을 실행하는 방법을 설명한다. 제23장은 기업이 자기자본을 조달할 때 겪는 과정을 기술하고 있다. 제24장에서 우리는 자본을 마련하기 위해 기업이 채권시장을 이용하는 것을 검토한다. 제25장은 장기채무 자금조달의 대안인 리스에 대하여 소개한다. 리스를 자본조달의 대안으로 제시하고, 일물일가의 법칙을 적용함으로써 리스의 편익은 세금 차이, 인센티브 효과 또는 기타 시장의 불완전성에서 도출된다.

자기자본 조달

제1장에서 지적했듯이 대부분의 미국 내 기업들은 소형 개인회사와 파트너십이다. 그러나 이러한 기업들은 미국 전체 매출액의 10%만을 창출한다. 개인회사의 첫 번째 한계는 외부의 주식자본에 접근할 수 없기 때문에 기업이 상대적으로 성장할 가능성이 거의 없다는 것이다. 또 다른 한계는 개인 기업가들이 자신의 재산 중 많은 부분을 기업이라는 단일 자산으로 보유하고 있다는 것이다. 따라서 자신의 순자산을 분산하지 않은 상태이다. 창업자는 법인화를 통해서 자신이 보유한 주식의 일부를 매각하고 분산하여 포트폴리오의 위험을 낮추는 동시에 외부 자본에 접근할 수 있다. 결과적으로 주식회사는 미국 기업의 20% 미만이지만 미국 경제에서 매출의 거의 85%를 담당한다.

이 장에서 우리는 어떻게 기업이 자기자본을 조달하는지 논의한다. 우선 비공개기업의 자기자본 조달을 살펴보면서 시작한다. 이러한 자본의 원천은 엔젤 투자자, 벤처캐피털 회사, 사모 펀드 회사를 포함한다. 그리고 우리는 널리 알려진 거래소에서 모든 투자자에 의해 주식이 거래될 수 있도록 기업을 상장하는 기업공개(IPO) 과정을 살펴본다. 마지막으로 어떻게 공개기업이 유상증자를 통해 추가적인 주식 자본을 조달하는지 살펴본다. 이러한 개념을 설명하기 위해 우리는 실제 회사인 리얼네트웍스(RealNetworks, RNWA)의 사례를 사용한다. 리얼네트웍스는 디지털 미디어 서비스와 소프트웨어의 선두적인 제작자이다. 고객은 리얼네트웍스의 제품을 이용하여 디지털 음악, 비디오, 게임을 검색, 재생, 구매, 관리한다. 리얼네트웍스는 1993년에 설립되었고 1994년에 주식회사가 되었다. 리얼네트웍스의 사례를 이용하여, 우리는 우선 새로운 기업이 자본을 조달할 수 있는 대안에 대해 논의한 다음에 이러한 자금조달 대안이 현재 투자자와 신규 투자자에게 미치는 영향을 살펴본다.

23.1 비공개기업의 자기자본 조달

사업을 시작하기 위해 필요한 최초의 자본은 일반적으로 창업자 자신이나 가까운 가족에게서 제공된다. 그러나 기업 성장에 필요한 자금의 원천을 충분히 가진 가족은 거의 없으며 결국 성장은 거의 대부분 외부 자본을 필요로 한다. 비공개기업은 자본을 제공할 수 있는 원천을 찾아야 하지만, 외부 자본의 유입이 어떻게 기업의 통제권에 영향을 미치는지 특히 투자자가 회사에서 투자금을 현금화하기로 결정할 때 어떤 영향이 있는지 이해해야 한다.

자본조달의 원천

비공개기업이 외부로부터 자기자본으로 자본을 조달하기로 결정할 때, 몇 가지 잠재적인 자본의 원천을 찾게 된다. 엔젤 투자자, 벤처캐피털 회사, 기관 투자자, 그리고 기업 투자자이다. 자본의 원천은 기업의 수명주기와 밀접하게 연결되어 있다. 창업기업(start-up)은 가장 초기에는 엔젤에 의존한다. 기업이 성장하면서 자기자본의 다른 원천에 문을 두드릴 수 있다.

엔젤 투자자   전통적으로 기업가들이 아이디어를 가지고 회사를 시작할 때, 최초 자금의 원천으로 친구들과 가족에게 의존한다. 하지만 오늘날 아주 초기 단계의 자금조달을 위한 시장이 좀 더 효율적이 되었다. 점차적으로 초기 단계 기업가들은 사업을 시작하는 데 필요한 초기 자본을 제공할 **엔젤 투자자**(angel investors)라고 불리는 개인투자자들을 찾을 수 있게 되었다. 엔젤 투자자들은 종종 부유하고 성공한 기업가들로서, 기업의 지분을 대가로 새로운 회사의 시작을 기꺼이 도우려 한다.

최근 몇 년 동안 엔젤 투자자들의 역할이 변해서 신생기업들이 엔젤 자금에 훨씬 더 오랫동안 의존하는 것을 허용한다. 이 변화에는 두 가지 이유가 있다. 첫째, 엔젤 투자자의 수가 엄청나게 늘어나서 엔젤 투자자들 사이에 엔젤 집단이 형성되었다. **엔젤 집단**(angel group)은 엔젤 투자자들의 자금을 모으고 엔젤 자금조달에 대한 투자를 집단적으로 결정하는 엔젤 투자자들의 그룹이다. 엔젤캐피털협회(Capital Association, ACA)는 웹사이트에 400개가 넘는 엔젤 집단을 등록하고 있으며, 전형적인 엔젤 집단은 회원이 42명이며 2013년에 연간 9.8건의 거래에 평균 $2.42 백만을 투자했다.[1] 그리고 해마다 엔젤 투자를 하는 개인이 100,000명을 넘는다고 추정된다.

둘째, 아마도 더 중요한 것은 엔젤 자금조달의 중요성이 증가한 이유가 사업을 시작하는 비용이 현저히 줄어들었기 때문일 것이다. 20년 전에 새로운 기업은 서버, 데이터베이스 및 기타 후선 기능에 상대적으로 큰 자본투자를 해야 했다. 오늘날 이러한 기능의 대부분은 아웃소싱할 수 있기 때문에 개인은 훨씬 적은 자본으로 사업을 시작하고 성장시킬 수 있다.

엔젤 자금조달은 종종 기업의 가치를 평가하기 어려운 사업의 초기 단계에서 발생한다. 엔젤 투자자들은 종종 주식보다는 **전환 채권**(convertible note)을 보유하여 이러한 문제를 우회한다. 전형적인 거래에서, 투자에 대한 보상으로 엔젤은 기업이 처음으로 주식으로 자금을 조달할 때 주식으로 전환할 수 있는 채권을 받는다. 채권 소유자는 최초 투자가치에 덧붙여서 발생한 이자를 주식으로 전환하는데, 주식은 새로운 투자자가 지불하는 가격의 (종종 20%) 할인가격으로 환산한다. 이런 방식으로 거래를 구조화함으로써 엔젤과 기업가들은 기업이 좀 더 성숙하고 벤처캐피털에게 매력적이 될 때까지 평가를 연기하면서 기업의 가치에 동의하지 않고도 거래 조건에 동의할 수 있다.

---

1 "엔젤 집단은 무엇인가?"는 www.angelcapitalassociation.org/faqs/를 참조하라.

크라우드펀딩 : 미래의 물결인가?

기업이 많은 사람들에게서 아주 작은 금액을 조달하는 **크라우드펀딩**(crowdfunding)이라고 알려진 신생기업들을 위한 완전히 새로운 종류의 자금조달이 지난 10년 동안 성장하였다. 투자 수준은 미미해서 경우에 따라 100달러도 채 되지 않을 수 있다.

과거 미국에서 SEC는 "자격을 갖춘 투자자"(순자산이 큰 투자자)에게만 사모 펀드에 투자할 수 있도록 허용하는 엄격한 규칙을 시행했다. 이러한 규정들은 사실상 미국의 크라우드펀딩 사이트들이 투자자들에게 지분을 제공하는 것을 금지했다. 결과적으로 킥스타터(Kicjstarter)나 인디에고고(Indegogo)와 같은 회사들은 투자자들에게 그 기업이 궁극적으로 생산하게 될 상품들과 같은 다른 대가(payoff)를 제공했다. 많은 경우 이러한 "자금 조달" 계약은 고급 구매 주문서처럼 보였다.

그러나 2012년에 의회가 사모 펀드 투자에 대한 전통적인 규제로부터 크라우드펀딩을 제외하는 JOBS 법안을 통과시키면서 지형은 극적으로 바뀌었다. 이 법은 크라우드펀딩 사이트가 거래 수수료를 부과하지 않는 한, 자격을 갖추지 않은 개인에 의한 지분 투자를 허용하였다. 이 법의 결과로 투자 실적에 따라 수수료가 부과하는 엔젤리스트(AngelList)와 같은 여러 주식 기반 플랫폼이 등장하였다. 최근 SEC는 크라우드펀딩을 통한 주식 투자의 규모를 제한한다고 발표했다. 예를 들어 기업들은 크라우드펀딩을 통해 매년 $1 백만 이하를 모금할 수 있으며, 연간 소득 또는 순자산이 $100,000 미만인 개인은 $2,000 이하로 혹은 연간 소득 또는 순자산 중 작은 금액의 5%까지 투자할 수 있다.

엔젤 투자의 전형적인 규모는 개인투자자의 수십만 달러에서 엔젤 집단의 몇 백만 달러에 이른다. 비록 엔젤 자금조달로 얻을 수 있는 자금의 풀이 계속 증가하고 있지만, 대부분의 기업들의 자금조달 필요는 궁극적으로 벤처캐피털과 같은 더 큰 자금 원천을 이용하는 시기에 도달하게 된다.

벤처캐피털 회사 벤처캐피털 회사(venture capital firm)는 신생기업의 사모 지분에 투자하는 자금을 조달하는 데 전문화된 파트너십 회사이다. 표 23.1은 미국에서 활동 중인 2015년 계약 성립 건수 12개 벤처캐피털 회사를 보여준다.

전형적으로 연금기금과 같은 기관투자자들도 파트너십 회사이다. 회사의 무한책임 파트너(general

표 23.1 미국에서 2015년에 가장 활동적인 벤처회사(계약성사 건수 기준)

벤처캐피털 회사	거래 숫자	평균 거래당 투자금액($ 백만)
Sequoia Capital	265	36.3
500 Startups	164	2.1
New Enterprise Associates	163	25.7
Accel Partners	158	31.1
Matrix Partners	143	19.8
Y Combinator	113	3.5
Intel Capital	111	16.1
Tiger Global Management	96	73.4
Kleiner Perkins Caufield & Byers	96	53.4
Silicon Valley Bank	94	29.0
Andreessen Horowitz	93	39.3
Bessemer Venture Partners	92	42.0

출처 : Preqin

케빈 로즈는 적극적인 엔젤 투자자이고 메이든 래인 벤처(Maiden Lane Ventures)의 파트너이며, 신생기업이 투자자들을 만나고 재능 있는 사람들을 모을 수 있는 온라인 플랫폼인 엔젤리스트(AngelList)의 최고운영책임자(COO)이다.

인터뷰

케빈 로즈
(Kevin Laws)

질문 지난 10년간 엔젤 투자는 어떻게 변화했는가?

답변 역사적으로 엔젤 투자자는 일반적으로 벤처캐피털(VC)이 잘 다루지 않는 지역 및 시장에서 함께 그룹으로 활동하거나 일부 기술 회사의 초기 단계에서 조언과 함께 자금을 제공한다. 투자자들은 창업 자금을 제공하는 것을 풀타임 사업이 아니라 부업으로 간주했다.

오늘날 기술 회사를 시작하는 데 드는 비용이 크게 떨어졌다. 클라우드 서비스, 소셜 마케팅, 검색 엔진 최적화 및 기타 플랫폼 및 도구를 통해 기업가는 $5 백만이 아니라 $500,000로 사업에 착수할 수 있다. 벤처 투자자는 수백만 달러를 투자하기를 원하기 때문에 엔젤은 현재 회사의 가장 초기 단계인 시드(seed) 단계의 현금 확보를 위한 가장 지배적인 자금모금 형태이다.

질문 엔젤 투자는 벤처캐피털 산업에 어떤 영향을 미쳤는가?

답변 엔젤 투자와 벤처캐피털 사이의 경계는 모호해지고 있다. 오늘날의 엔젤들은 엔젤 투자가 취미일 때와는 달리 계약조건을 요구한다. 예를 들면 나중에 있을 자금조달에서 자신의 소유비율 수준을 유지하기 위한 비례기준의 투자권과 정보 권리를 요구한다. 벤처 산업은 수많은 신규 참여자의 후원에 적응하고 있으며, 아주 초기 단계의 시장은 엔젤 투자자에게 양보하고 시리즈 A(시드 자본 후 첫 번째 자금조달) 이상에 참여함으로써 주로 대응하고 있다.

질문 엔젤 투자 수익률은 다른 투자 클래스와 어떻게 비교되는가?

답변 역사적으로 엔젤 투자는 조카의 세탁소에 투자한 불운한 투자자부터 초기 구글 투자자에 이르기까지 다양한 투자를 포괄하고 있어서 수익률을 정의하기가 어려웠다. 엔젤캐피털협회(ACA)의 연구에 따르면 더 많은 "전문적인" 엔젤 투자자가 벤처캐피털 투자자가 얻은 수익률을 앞지른 것으로 나타났다. 대부분의 투자가 결실을 맺기까지 7년에서 10년이 걸리기 때문에 기술 투자에 대한 엔젤의 투자가 급격히 증가하는지 여부를 말하기는 시기상조이다. 초기 지표는 초기 단계 벤처 수익률에 수렴할 가능성이 높다.

질문 엔젤 투자자는 도메인 전문성을 갖춘 부유한 투자자인가? 혹은 소액 투자자에게도 접근성/매력을 가지는가?

답변 현재 대규모 자금으로 투자하는 적극적인 엔젤은 여전히 도메인 전문성을 갖춘 부유한 투자자이다. 전형적인 엔젤의 투자금이 $25,000지만, 각 개인 투자의 리스크 프로파일은 좋은 포트폴리오에 30~50건의 투자를 원한다. 또한 좋은 거래를 인식하고 관리팀과 시장에 충분히 익숙해져서 신속하게 움직이려면 도메인 전문지식이 필요하다.

엔젤 투자는 여전히 숙련된 투자자를 위한 자산 클래스이지만, 참여하기 위해서 더 이상 부자이거나 창업 경험이 필요하지는 않다. 엔젤리스트와 같은 서비스를 통해 투자자는 부유하고 경험이 풍부한 투자자의 뒤에서 수백 개의 회사에 $1,000씩 투자할 수 있다. 이것은 (당신의 친구가 당신과 자신의 자금을 결합하여 적절한 규모로 만들 수 있기 때문에) 부의 표준이 떨어졌으며, 숙련된 투자자의 뒤에서 투자함으로써 그들과 동일한 전문지식 없이도 접근할 수 있음을 의미한다. 이로 인해 투자자 기반이 크게 확대되었다.

질문 엔젤 투자자는 어떤 기준으로 투자 결정을 내릴 수 있는가?

답변 여러 경제학자와 공동 저술한 최근의 저의 연구에 따르면 팀, 견인력, 사회적 인정을 순서대로 사용한다. 설립 팀의 특성이 가장 중요한 요인이고, 회사가 (산업에 따라 다르지만 다운로드, 지불 고객, 선주문 등에서) 얼마나 많은 발전을 했는지를 그 다음으로 한다. 세 번째 요소인 사회적 인정은 회사의 투자자 혹은 고문으로 참여한 사람이다. 가장 가능성이 많은 실패의 이유가 "현금이 곧 고갈되는 것"이라고 말하는 기업에 당신이 소액을 투자한다면, 많은 투자자들이 당신과 함께 투자하고 있음을 확인하려고 할 것이다. 워렌 버핏이 투자한 후에 투자자들이 주식을 매입하는 것처럼, 성공적인 투자자는 알려지지 않은 투자자보다 다른 투자자가 뒤따를 가능성이 훨씬 크다. 당신에게서만 $25,000를 모금하는 회사에 투자하면, 그 회사의 제품이나 시장에 대해 당신이 얼마나 "옳은"가와 무관하게 확실하게 돈을 잃게 된다.

그림 23.1 미국에서의 벤처캐피털 자금조달

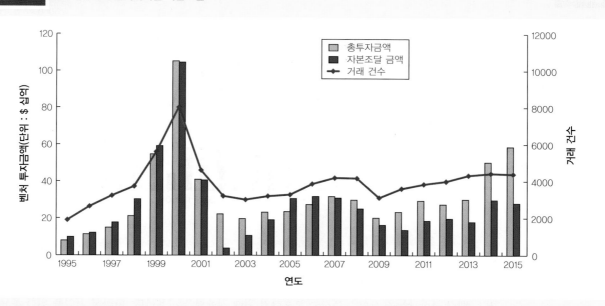

막대그래프는 투자자로부터 조달된 총투자금액과 미국 벤처캐피털 회사가 매년 신생기업에 출자한 자본조달 금액을 보여준다. 꺾은선 차트는 투자 거래 건수를 보여준다. 2000년에 최고점을 기록한 다음 인터넷 붕괴 후 급격히 감소했다. 금융위기로 활동이 다시 잠잠해졌음에도 불구하고 2000년 이래 최고 수준의 투자를 보여주며 2015년에 회복되었다.

출처 : National Venture Capital Association

partner)는 **벤처캐피털리스트**(venture capitalists)로 알려져 있으며 벤처캐피털 회사를 운영한다. 창업기업에 직접 투자하는 것보다는 벤처캐피털 회사의 유한책임 파트너로 투자하는 것이 여러 장점이 있다. 벤처회사는 여러 창업기업에 투자하기 때문에, 유한책임 파트너는 분산투자의 이득을 얻을 수 있다. 더 중요한 것은 유한책임 파트너는 또한 책임 파트너의 전문성이라는 혜택을 볼 수 있다. 그러나 장점은 비용을 수반한다. 벤처회사의 책임 파트너는 일반적으로 상당한 수수료를 청구한다. 또한 펀드의 관여 자본에 대해 연간 1.5~2.5%의 관리 수수료에 덧붙여서, 책임 파트너는 **성공 보수**(carried interest)로 알려진 펀드가 창출한 양의 수익에 대하여 지분을 취한다. 대부분의 회사는 20%를 청구하지만, 일부에서는 30%까지 성공보수로 이득을 얻는다.

벤처캐피털 분야의 중요성은 지난 50년 동안 엄청나게 증가해 왔다. 그림 23.1이 보여주듯이, 이 분야의 성장은 1990년대에 커졌고 인터넷 붐 시기에 절정에 달했다. 비록 산업의 규모가 2000년대에 상당히 줄었지만, 다시 1990년대 후반 수준으로 회복되었다.

벤처캐피털 회사는 젊은 기업들에게 상당한 자금을 제공할 수 있다. 예를 들어 2015년에, 벤처캐피털 회사들은 4,380개의 개별 거래에 $58.8 십억을 투자하여, 거래당 평균 $13.4 백만의 투자를 했다. 이에 대한 대가로 벤처 투자가들은 종종 상당한 통제권을 요구한다. 폴 곰퍼스(Paul Gompers)와 조쉬 러너(Josh Lerner) 교수는 벤처 투자가들이 전형적으로 창업기업 이사회 의석의 3분의 1을 통제하며, 종종 이사회에서 가장 큰 단일 투표권을 차지한다고 밝혔다.[2] 기업가들이 이러한 통제를 대개 벤처 자금을 획득

---

2   P. Gompers and J. Lerner, *The Venture Capital Cycle* (MIT Press, 1999).

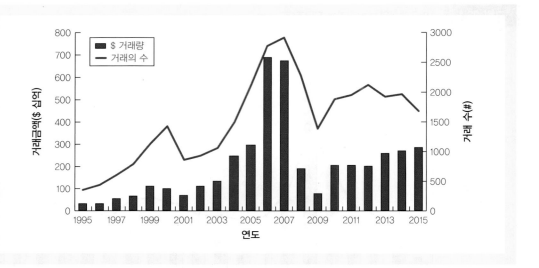

그림 23.2

전세계 LBO 거래량과 거래
의 수

전세계 차입매수(LBO)를 달
러 거래량과 거래의 수로 측
정한다. 사모 펀드 활동은
2003~2007년 기간에 치솟
았는데, 거래량, 거래규모, 거
래의 수에서 최고치를 반영
한다. 그러나 2008년 금융위
기에 이런 활동은 급격하게
감소했다.

출처 : Dealogic

하는 데 필요한 비용으로 간주하지만, 실제로 그것은 벤처 자금을 받아들이는 데 있어 중요한 이점일 수 있다. 벤처 투자가들은 자신의 투자를 보호하기 위해 지배력을 사용한다. 따라서 기업을 위한 주요 육성 및 감시 역할을 수행할 수 있다. 샤이 번스타인(Shai Bernstein), 사비에르 지루(Xavier Giroud), 리처드 타운센드(Richard Townsend) 교수는 주요 벤처 투자가의 위치와 소개된 기업 사이에 직행 비행기가 있어서 이러한 육성을 더 쉽게 할 수 있을 때 더 잘한다는 사실을 발견했다.[3]

사모 펀드 회사   사모 펀드 회사(private equity firm)는 벤처캐피털 회사와 매우 유사하게 구성되지만, 창업기업보다는 기존의 비공개기업의 지분에 투자한다. 종종 사모 펀드 회사는 상장기업을 찾아서 발행된 지분을 매입하는 것으로 투자를 시작하고, 이에 따라 **차입매수**(leveraged buyout, LBO)라고 불리는 거래에서 비공개기업을 인수한다. 대부분의 경우에 사모 펀드 회사는 구매를 위한 자금으로 주식뿐만 아니라 채무도 사용한다.

사모 펀드 회사는 벤처캐피털 회사의 이점을 함께 누리고, 수수료도 비슷하다. 사모 펀드와 벤처캐피털 사이의 한 가지 주요 차이점은 투자 규모이다. 예를 들어 그림 23.2는 2006~2007년(사모 주식시장의 절정)의 총 LBO 거래량이 거의 $700 십억이었고, 평균 거래 규모가 $250 백만임을 보여준다. 표 23.2는 지난 5년 동안 각 기업이 조달한 투자금 총액을 기준으로 2015년 사모 펀드 상위 10개를 보여 주고 있다.

기관 투자자   연금기금, 보험회사, 기부기금, 재단과 같은 기관 투자자는 많은 자금을 운영한다. 그들은 매우 다양한 자산의 주요 투자자이며, 따라서 자연스럽게 비공개 회사에도 활발하게 투자한다. 기관 투자자는 비공개 회사에 직접 투자하기도 하며, 벤처캐피털 회사나 사모 펀드 회사의 유한책임 파트너로서 간접적으로 투자하기도 한다. 사모 펀드에 대한 기관 투자자의 관심은 최근에 급격하게 증가했다. 예를 들어 2015년에 캘리포니아공무원연금기금(California Public Employees' Retirement System, CalPERS)은 전체 투자한 $302 십억의 포트폴리오에서 사모 펀드에 $29 십억을 투자하고 추가적으로 $12 십억을 이 분야에 자금 관여를 하고 있다고 보고했다.

---

3 "The Impact of Venture Capital Monitoring," *Journal of Finance* (2016).

표 23.2	2015년 상위 10위 사모 펀드		
순위	회사	본부	첫해 총자금조달금액($ 십억)
1	The Carlyle Group	워싱턴 DC	31.9
2	TPG	포트워스	30.3
3	Kohlberg Kravis Roberts	뉴욕	29.1
4	The Blackstone Group	뉴욕	25.6
5	Apollo Global Management	뉴욕	22.2
6	CVC Capital Partners	런던	21.2
7	EnCap Investments	휴스턴	21.2
8	Advent International	보스턴	15.7
9	Warburg Pincus	뉴욕	15.2
10	Bain Capital	보스턴	14.6

출처 : Private Equity International, www.peimedia.com/pei300

기업 투자자   이미 설립된 많은 기업이 신생, 비공개기업의 주식을 매입한다. 비공개기업에 투자하는 회사는 여러 이름으로 불리는데, **기업 투자자**(corporate investor), **기업 파트너**(corporate partner), **전략적 파트너**(strategic partner) 혹은 **전략적 투자자**(strategic investor)로 불린다. 지금까지 살펴보았던 비공개기업에 대한 다른 유형의 투자자는 대부분 투자로부터 얻게 될 재무적 수익에 주로 관심을 가진다. 반면에, 기업 투자자는 투자 수익을 얻으려는 이유에 덧붙여서 기업의 전략적 목표를 위해 투자하곤 한다. 예를 들어 2009년 5월에 자동차 회사인 다임러(Daimler)는 리튬이온 배터리 시스템, 전자 주행 시스템, 개인 자동차 프로젝트의 개발에서 전략적 협력의 일환으로 전기자동차 제조사인 텔사(Telsa) 지분의 10%에 $50 백만을 투자하였다.

벤처캐피털 투자

기업의 설립자가 주식을 처음으로 외부의 투자자에게 매도하려고 할 때, 비공개 회사의 일반적인 관행은 보통주가 아니라 우선주를 발행하여 자본을 조달하는 것이다. 성숙한 기업에 의해 발행되는 **우선주**(preferred stock)는 보통주에 비해 상대적으로 배당, 청산, 혹은 의결권에서 우선권을 갖는다. 반면에, 신생기업이 발행하는 우선주는 정규 현금배당을 지급하지 않고 일반적으로 보통주로 전환할 수 있는 선택권을 주기 때문에 **전환우선주**(convertible preferred stock)라고 불린다. 만일 기업이 재무적 곤경에 빠지게 되면, 우선주 주주는 기업의 자산에 대하여 (종종 회사의 종업원인) 다른 보통주 주주에 비해 선순위 청구권을 가진다. 문제가 없으면, 이러한 우선주식은 전환되고 보통주 주주가 가지는 모든 권리와 혜택을 받게 된다.

기업이 자금을 조달하는 각 시기를 **자금조달 라운드**(funding round)라고 하고, 각 라운드는 특유의 계약 조건과 조항을 가진 증권 집합을 가진다. 대략 최초의 "시드(seed) 라운드" 이후에, 시리즈 A, 시리즈 B 등으로 증권을 알파벳으로 명명하는 것이 일반적이다.

예를 들어 1993년에 로버트 글래서(Robert Glaser)가 설립한 리얼네트웍스(RealNetworks)는 초기에 글래서가 약 $1 백만을 투자하여 자금을 조달했다. 1995년 4월에 리얼네트웍스에 대한 글래서의 $1 백만 초기 투자금은 시리즈 A 우선주 13,713,439주를 주당 $0.07에 매입한 것을 의미한다. 리얼네트웍스의 자금이 더 필요하자 경영진은 전환우선주의 형태로 자본을 조달하기로 결정했다.

회사의 첫 번째 외부 자기자본 조달은 시리즈 B 우선주였는데, 리얼네트웍스는 1995년 4월에 주당 $0.67로 2,686,567주를 매도하였다.[4] 이러한 자금조달 라운드 이후에 소유권의 분포는 아래와 같다.

	발행주식 수	주당 가격($)	총가치($ 백만)	소유권 비율
시리즈 A	13,713,439	0.67	9.2	83.6%
시리즈 B	2,686,567	0.67	1.8	16.4%
	16,400,006		11.0	100.0%

시리즈 B 우선주는 리얼네트웍스가 판매한 새로운 주식이다. 매도한 신주의 가격으로 글래서의 주식을 평가하면 $9.2 백만이며 발행주식의 83.6%를 차지한다. 자금조달 라운드의 가격으로 평가한 이전의 발행주식 가치(이 사례에서 $9.2 백만)를 **투자 전 가치**(pre-money valuation)라고 한다. 자금조달 라운드의 가격으로 평가한 전체(신주와 구주 합계) 기업의 가치($11.0 백만)를 **투자 후 가치**(post-money valuation)라고 한다. 투자 전 가치와 투자 후 가치의 차이는 투자금액이다.

$$\text{투자 후 가치} = \text{투자 전 가치} + \text{투자금액} \tag{23.1}$$

추가적으로 새로운 투자자가 보유한 소유권 비율은 아래와 같다.

$$\text{소유권 비율} = \text{투자금액}/\text{투자 후 가치} \tag{23.2}$$

예제 23.1   **자금조달과 소유권**

문제

당신은 2년 전에 회사를 설립했다. 최초 투자금으로 $100,000를 투자하고 1.5 백만 주의 주식을 대가로 받았다. 그 이후 당신은 추가로 500,000주를 발행해서 엔젤 투자자에게 팔았다. 이제 당신은 벤처캐피털리스트(VC)에게서 자금을 더 조달하는 것을 고민하고 있다. VC는 투자 후 가치로 $10 백만을 가진 $6 백만을 투자하기로 하였다. 이것이 벤처 투자자의 첫 번째 투자라고 가정하면, VC는 결국 기업의 몇 퍼센트를 소유하게 될까? 당신의 지분율은 얼마가 될까? 당신 지분의 가치는 얼마일가?

풀이

투자 후 가치 $10 백만에 $6 백만을 VC가 투자할 것이기 때문에, 소유권 비율은 6/10 = 60%이다. 식 (23.1)에서 투자 전 가치는 10 − 6 = $4 백만이다. 2 백만 주의 투자 전 발행주식이 있기 때문에 주당 가격은 $4 백만/2 백만 주 = $2이다. 따라서 VC는 투자에 대해 3 백만 주를 받을 것이고, 자금조달 라운드가 끝나면, 총 5 백만 주의 발행주식이 있게 될 것이다. 당신은 기업의 1.5/5 = 30%를 소유하게 될 것이고, 당신의 투자 후 가치는 $3 백만이다.

몇 년이 지난 후 리얼네트웍스는 시리즈 B 자금조달 라운드 이후에 외부에서 추가로 3번의 자금조달 라운드에서 주식발행으로 자금을 조달하였다. 기업이 성숙하면서 조달된 자금의 크기도 증가하는 것을 볼 수 있다.

---

4   리얼네트웍스의 우선주 발행주식 수와 자금조달 정보는 IPO 사업설명서(prospectus)를 근거로 했다. [자료는 EDGAR(www. sec.gov/edgar/searchedgar/webusers.htm)에서 구할 수 있다.] 단순화를 위해서 추가적인 주식 매입을 위한 워런트와 소규모인 기존의 종업원 주식은 무시했다.

시리즈	날짜	발행주식 수	주당 가격($)	자본조달액($ 백만)
B	1995년 4월	2,686,567	0.67	1.8
C	1995년 10월	2,904,305	1.96	5.7
D	1996년 11월	2,381,010	7.53	17.9
E	1997년 7월	3,338,374	8.99	30.0

매번 투자자는 비공개기업의 우선주를 매입하였다. 투자자들은 앞서 설명한 비공개 회사에 투자하는 투자자의 전형적인 모습과 매우 유사하다. 엔젤 투자자는 시리즈 B 주식을 매입했다. 시리즈 C와 D 주식의 투자자는 주로 벤처캐피털 자본이었다. 마이크로소프트는 기업 투자자로 시리즈 E 주식에 투자하였다.

벤처캐피털 자금조달 용어

앞서 지적했듯이 외부 투자자는 일반적으로 전환우선주를 받는다. 상황이 좋으면 이러한 증권은 궁극적으로 보통주로 전환되기 때문에 모든 투자자는 동등하게 대우받게 된다. 그러나 전환되지 않는 경우, 일반적으로 이러한 증권은 외부 투자자들에게 우선권을 준다. 이러한 증권이 가지는 전형적인 특징은 다음과 같다.

청산 우선권 회사의 청산, 매각 또는 합병이 발생할 경우에, **청산 우선권**(liquidation preference)은 보통주 주주에게 어떤 지급을 하기 전에 전환우선주 주주에게 지불해야 하는 최소 금액을 특정한다. 최소 금액은 일반적으로 초기 투자 가치의 1~3배로 설정된다.

우선순위 나중 라운드의 투자자가 초기 라운드의 투자자에 비해 상환을 우선 보장받는 **우선순위**(seniority)를 요구하는 것은 흔히 있는 일이다. 나중 라운드 투자자가 동등한 순위의 증권을 받아들이면, 그들은 **동등순위**(*pari passu*)가 된다고 한다.

일상적인 실수 — 신생기업 가치평가의 그릇된 해석

새로운 자금조달 라운드의 평가가 발생하면, 인기 있는 언론에서 투자 후 가치를 회사의 "현재 가치"로 인용한다. 투자 후 가치는 모든 우선주 주주가 주식을 전환한다고 가정한 총 주식수를 라운드의 가격에 곱하여 계산한다. 비공개기업에 대한 투자 후 가치가 공개기업의 시가총액과 비슷하지만, 중요한 차이가 있다. 공개기업의 대부분의 주주는 동일한 증권을 보유하고 있지만 일반적으로 창업기업의 경우에는 그렇지 않다. 각 자금조달 라운드에 따라 조건이 크게 달라질 수 있다. 결과적으로 투자 후 가치는 오해의 소지가 있다.

예를 들어 이전의 자금조달 라운드에서 주당 $3로 투자 후 가치 $300 백만(100 백만 주 발행)을 가진 창업기업을 고려해보자. 회사는 현재 운영을 확대하기 위해 $100 백만을 조달하려고 한다. 투자자는 1배의 청산 우선권과 동등순위를 가진 시리즈라면 주당 $8.50를 지불하겠지만, 3배의 청산 우선권과 우선순위를 가진 시리즈라면 주당 $10를 지불할 것이다. 따라서 조건에 따라서 투자 후 가치는 $950 백만 혹은 $1.1 십억이 될 수 있다. 일부 기업은 소위 **유니콘**(unicorn) 지위(가치가 $1 십억이 넘는 창업기업)를 달성하는 명성을 즐기려고 후자를 선택할 수 있다. 분명히 회사의 실제 가치는 투자자의 청산 권한에 의존하지 않는다.

현실에서 신규 투자자에게 더 나은 조건을 제공함으로써 달성된 높은 투자 후 가치는 인공적인 것이다. 신주는 주당 $10의 가치가 있지만 구주는 그렇지 않다. 이 시나리오는 또한 심각한 이해 상충을 야기할 수 있다. 미래에 회사가 $400 백만의 인수 제안을 받는다면, (청산 우선권으로 $300 백만을 가지는 우선권이 있는) 신규 투자자는 300%의 수익률을 얻을 것이다. 반면에 이전 투자자들은 남은 $100 백만을 나누어 가질 것이고 설립자와 직원은 거의 또는 전혀 받지 못할 것이다.

출발에서 유동화까지

이 차트는 첫 공개에서 기업공개(IPO)를 통해 공개회사로 출구를 찾아 퇴장하는 성공적인 창업기업의 생애주기를 보여준다. 차트는 자금조달 라운드별로 기업의 가치와 소유권 분포의 변화를 보여준다. 우리의 가상사례 기업은 아이디어와 2명의 공동설립자로 시작한다. 2명의 설립자는 엔젤 투자자로부터 $500,000를 조달하고 대가로 지분의 20%를 주었다. 6개월 후에 그들은 첫 번째 시제품을 가지고 투자 전 가치 $6 백만을 가지고 VC 시드 자금 $2 백만을 받는다. 이번 라운드에서는 또한 전체 주식의 15%로 종업원 옵션 풀을 만들어서 신입사원을 유치

하고 경영진을 채우는 데 사용할 수 있다.

1년 내에 첫 고객을 확보하고, 시리즈 A 라운드에서 $6 백만을 조달하여 투자 후 가치 $18 백만이 된다. 이 시점에서 공동설립자는 각각 회사 주식의 16%를 보유하고 VC 투자자와 통제권을 공유한다. 제품이 지속적으로 인기를 얻고 회사가 성장함에 따라 향후 4년간 3회에 걸쳐 $15 백만, $25 백만, 그리고 $50 백만을 자금조달 라운드에서 조달하여 기업의 가치가 $18 백만에서 $200 백만으로 성장한다. 라운드마다 종업원 옵션 풀을 늘려 10%로 유지하여 최고의 인재를 채용할 수 있다.

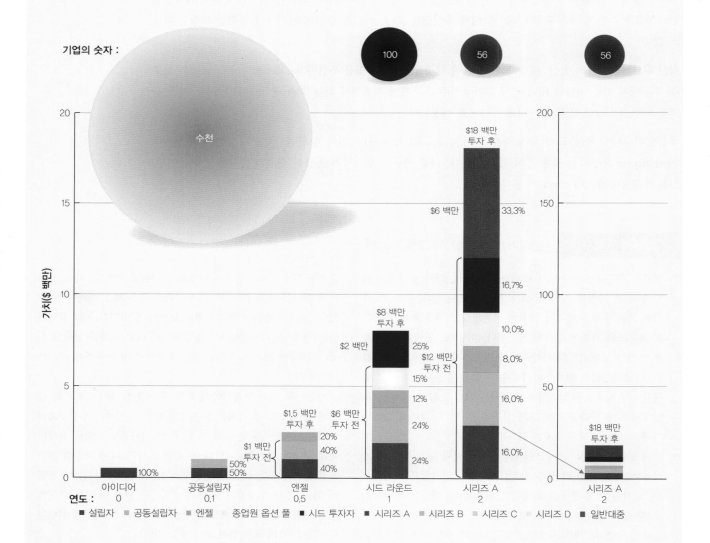

9년 후 회사는 시장의 선두 주자로서의 위상을 확립하고 지속적으로 수익을 올리고 IPO를 통해서 $200 백만의 자금을 조달하여 시가총액 $2.2 십억을 달성한다. 이 시점에서 공동설립자는 각각 회사의 5.5%를 보유하고 그들의 주식은 각각 $121 백만으로 평가된다.

이 그림은 성공적인 기업의 "전형적인" 길을 보여주는 반면, 모든 창업기업이 성공하는 것은 아니라는 것을 기억하는 것이 중요하다. 이 차트의 상단에는 각 단계에서 기업의 비율 추정치가 나와 있다. VC는 시드 자금을 100개에 투자하기 전에 수천 개의 시드를 들 것이다. 시드 자금을 받은 기업 중에서 56

개만이 후속적인 시리즈 A 라운드에서 자금을 조달하여 살아남고 이들 후보 집단은 점점 줄어들어서 원래 100개 중에서 4개만 공개할 수 있을 것이다. 따라서 이 예에서는 시리즈 A 투자자가 초기 투자액의 42배인 11.4%×$2.2 십억 = $250 백만을 벌었지만 투자의 일부만 성공적으로 회수될 것으로 예상되어 기대 금액 배수는 이를 고려해야 한다. 이 경우 만약 우리가 그들이 실패한 투자에 대해서는 아무것도 회수하지 못한다고 가정하면, 그들의 예상되는 금액 배수는 4/56×42 = 3배에 불과할 것이고, 그들의 7년 투자에서 예상되는 연간 수익률은 $3^{1/7} - 1 = 17%$에 해당한다.

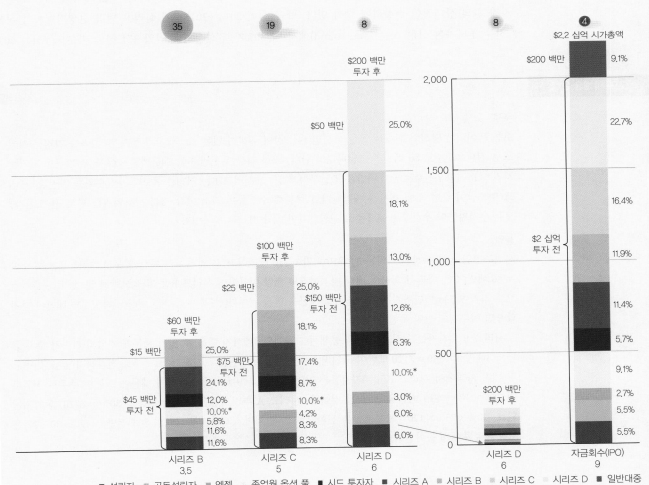

* 2.78%의 종업원 옵션 풀의 추가로 2.78% 증가한 항목을 포함

참여 권한   참여 권한(participation rights)이 없는 전환주식 주주는 청산 우선권을 요구하거나 혹은 주식을 보통주로 전환하면서 청산 우선권 및 기타 권리를 상실하는 것 중에서 선택해야 한다. 참여 권한은 투자자에게 청산 우선권과 함께 마치 주식을 전환한 것처럼 보통주 주주가 받는 지불금을 모두 "이중으로(double-dip)" 받을 수 있게 한다. 흔히 투자자가 초기 투자 금액의 2~3배를 받으면 이러한 참여 권한이 상실된다[한도가 없는 경우 완전 참여(fully participating)로 간주된다].

희석방지 보호   일이 잘 진행되지 않고 회사가 앞선 라운드보다 낮은 가격으로 새로운 자금을 조달하면, 이를 "**하향 라운드(down round)**"라고 한다. **희석방지 보호**(anti-dilution protection)는 이전 라운드의 투자자가 자신의 주식을 보통주로 전환할 수 있는 가격을 낮춘다. 따라서 설립자와 종업원의 비용으로 하향 라운드에서 소유권 비율을 효과적으로 증가시킬 수 있다.[5]

이사회 구성원   신규 투자자는 통제 권한을 확보하기 위한 방법으로 회사의 **이사회 구성원**(board membership)을 선임할 수 있는 권리를 협상할 수도 있다.

이러한 모든 조항은 협상이 가능하므로 각 자금조달 라운드의 실제 조건은 해당 시점의 회사와 신규 투자자 간의 상대적인 협상력에 달려 있다. 예를 들어 2014~2015년에 실리콘 밸리 신생기업을 선정할 때 신규 투자자는 상향 라운드(up-round)에서 약 30%가 우선순위를 얻었지만 하향 라운드에서는 50%

예제 23.2

문제

보통주 이외에 당신의 회사는 청산 우선권 1배, 참여 권한이 없는 $20 백만의 투자 후 가치를 가지는 시리즈 A 전환우선주로 $6 백만을 조달하려고 한다. 또한 청산 우선권 3배, $40 백만의 투자 후 가치를 가지는 시리즈 B 전환우선주로 $10 백만을 조달하려고 한다. 시리즈 B는 시리즈 A보다 우선순위를 가진다. 시리즈 B 조달이 끝난 후에 회사를 매각한다면 보통주 주주들은 최소 매각 가격으로 얼마를 받게 될 것인가? 모든 투자자들이 우선주를 보통주로 전환한다면 매각 가격은 얼마인가?

풀이

시리즈 B의 청산 우선권 가치는 3 × $10 백만 = $30 백만이고, 시리즈 A의 청산 우선권 가치는 1 × $6 백만 = $6 백만이다. 따라서 회사의 매각 가격이 $30 백만 이하이면 시리즈 B만 지급을 받게 될 것이고, 추가적으로 가격이 $36 백만까지는 시리즈 A도 지급을 받을 것이다. 보통주 주주는 매각 가격이 $36 백만이 넘지 않으면 아무것도 받지 못한다.

시리즈 B 투자자는 청산 우선권을 통해 투자금액의 3배까지 받을 수 있기 때문에 기업의 가치가 투자 금액의 3배인 3 × $40 = $120 백만이 되지 않는 한 (청산 우선권을 포기하고) 보통주로 전환하지 않을 것이다. 그 매각 가격에서 시리즈 B의 투자자들은 기업의 25%(= 10/40)를 소유하기 때문에 보통주 주주로 전환하면 25% × 120 = $30 백만을 받게 될 것이다. 시리즈 A 투자자들은 나머지 지분의 30%(= 6/20)를 가지게 되고, 30% × 75% × 120 = $27 백만을 전환으로 받게 되며, 그 나머지 금액인 $63 백만(= 120 − 30 − 27)은 보통주 주주에게 돌아간다.

---

5   가장 간단한 형태는 기존 투자자의 전환 가격을 신규 투자자의 가격과 일치하도록 조정하는 **완전한 일방향 보호**(full ratchet protection)이다. 가장 보편적인 형태는 전환 가격을 이전의 가격과 새로운 가격의 가중평균으로 재설정하는 **광범위 가중평균 보호**(broad-based weighted average protection)이다.

이상에서 우선순위를 얻었다. 마찬가지로 자금조달 라운드의 약 25%만이 투자자에게 참여 권한을 주었지만 하향 라운드에서는 거의 50%가 참여 권한을 받았다. 정확한 보호 형태는 다양하지만 거래의 80% 이상이 희석방지 보호를 포함한다.[6] 이러한 보호 조항으로 인해 전환하기 전에 우선주는 일반적으로 회사의 보통주보다 더 가치가 있으며 각 자금조달 라운드의 실제 가치는 다를 수 있다.

비공개 회사에 투자한 자금의 회수

리얼네트웍스의 주식의 가치와 자금조달 라운드의 규모는 시간이 흐르면서 증가하였다. 투자자들은 시리즈 E에서 1997년 7월 본질적으로 동일한 권리를 가진 우선주에 대해 주당 $8.99를 지불하려 했기 때문에 기존의 우선주의 가치는 상당히 증가한 것이며 초기 투자자에게는 상당한 자본 이득을 의미하는 것이다. 그러나 리얼네트웍스가 여전히 비상장이었기 때문에, 투자자들은 공개적인 주식시장에서 보유 주식을 매도하여 자신의 투자를 청산할 수 없었다.

비공개 회사에 대한 투자자의 중요한 관심은 **출구 전략**(exit strategy)이다. 그것은 투자에 대한 그들의 수익을 궁극적으로 어떻게 실현할 것인가를 말하는 것이다. 투자자는 두 가지 방법으로 출구를 찾을 수 있는데 인수(acquisition)와 공모(public offering)이다. 때때로 대기업은 성공적인 창업기업을 인수한다. 이 경우 인수회사는 비공개 회사의 발행주식을 매입하여 모든 투자자가 현금을 챙겨서 나갈 수 있도록 한다. 2002년에서 2012년 사이에 약 88%의 벤처캐피털이 인수합병을 통해 투자자금을 회수했고, 거래 규모는 $100 백만에서 $150 백만이었다.[7]

기업의 투자자에게 유동성을 제공하는 대안적인 방법은 기업이 공개적으로 거래하는 회사가 되는 것이며, 이는 다음 절에서 논의한다.

---

1. 비공개 회사가 외부에서 자기자본을 조달하는 주요한 원천은 무엇인가?
2. 벤처캐피털(VC)이 보유하는 증권은 어떤 유형이며, 어떤 보호조항이 있는가?

23.2 기업공개(IPO)

처음으로 주식을 대중에게 매도하는 과정을 **기업공개**(initial public offering, IPO)라고 한다.[8] 이번 절에서 IPO의 방법과 IPO와 관련된 시장의 퍼즐에 대해 논의한다.

기업공개의 장단점

기업공개의 두 가지 장점은 더 높은 유동성을 제공하고 자본에 접근하기를 더 용이하게 해준다는 것이다. 공개를 통해 회사는 사모 주식 투자자에게 분산 투자할 수 있는 기회를 제공한다. 또한 공개기업은 일반적으로 기업공개와 후속적인 공모를 통해 공개시장에서 더 많은 자본을 조달할 수 있게 된다. 예를 들어 표 23.3은 (2015년 가을 기준) 미국에서 발행 금액이 $5 십억이 넘는 대형 IPO를 보여준다. 물론 대부분의 IPO는 소규모로 2014년에 중간값 규모가 $100 백만이다. 리얼네트웍스 사례에서 1997년 7월에

6　"Private Company Financing Trends," Wilson Sonsini Goodrich & Rosati, 2015.

7　The National Venture Capital Association.

8　신규 주식공모 혹은 최초공모라는 용어를 사용하기도 한다.

표 23.3	미국의 대형 IPO				
발행회사	공모일자	거래소	산업	인수회사	거래규모($ 백만)
Alibaba Group Holding	09/18/2014	NYSE	Technology	Credit Suisse	$21,767
Visa	03/18/2008	NYSE	Financial	J.P. Morgan	$17,864
ENEL SpA	11/01/1999	NYSE	Utilities	Merrill Lynch	$16,452
Facebook	05/17/2012	NASDAQ	Technology	Morgan Stanley	$16,007
General Motors	11/17/2010	NYSE	Capital Goods & Services	Morgan Stanley	$15,774
Deutsche Telekom	11/17/1996	NYSE	Communications	Goldman Sachs	$13,034
AT&T Wireless Group	04/26/2000	NYSE	Communications	Goldman Sachs	$10,620
Kraft Foods	06/12/2001	NYSE	Consumer	Credit Suisse	$8,680
France Telecom	10/17/1997	NYSE	Communications	Merrill Lynch	$7,289
Telstra Corporation	11/17/1997	NYSE	Communications	Credit Suisse	$5,646
Swisscom	10/04/1998	NYSE	Communications	Warburg Dillon Read	$5,582
United Parcel Service	11/09/1999	NYSE	Transportation	Morgan Stanley	$5,470

출처 : Renaissance Capital IPO Home

마지막 사모 자금조달 라운드에서 $30 백만을 조달했다. 이 회사는 같은 해 11월에 공개하면서 $43 백만을 조달했다. 이후 2년 내에 추가적으로 $267 백만을 공모로 조달했다. 따라서 공개기업으로 리얼네트웍스는 비공개 회사에서보다 엄청난 자금을 조달할 수 있었다.

IPO를 실행하는 주된 장점은 또한 IPO의 주된 단점이다. 투자자가 주식을 매도하여 보유지분을 분산하게 되면 회사의 주주는 널리 퍼지게 된다. 소유권 집중의 약화는 투자자가 회사 경영진을 감시하는 능력을 약화시키고 투자자는 통제권의 상실을 반영하여 지불할 주가를 할인할 수 있다. 더구나 21세기 초반에 널리 알려졌던 일류기업의 스캔들로 인해 기업의 부당행위를 방지하기 위한 규제 강화가 촉진되었다. 증권관리위원회(SEC), 증권거래소(NYSE, Nasdaq), 의회(사베인즈-옥슬리법)와 같은 조직은 좀 더 철저한 재무 공시, 보다 강화된 책임, 이사회의 구성과 책임에 있어서 더 엄격한 요건과 같은 새로운 기준을 채택하였다. 일반적으로 이러한 기준은 투자자에 대한 더 나은 보호를 위해 고안되었다. 그러나 새로운 기준을 따르기 위해서 공개기업은 비용이나 시간을 소모해야만 한다.

공모의 유형

기업을 공개하기로 결정하고 나면 회사의 경영진은 **인수회사**(underwriter)와 함께 일하게 된다. 인수회사는 투자은행으로 공모를 관리하고 구조를 설계한다. 공모 구조의 선택에는 매각하는 주식의 종류와 재무 조언자가 이용할 매도하는 방법이 포함된다.

신규발행과 구주매도 공모   IPO에서 기업은 처음으로 대중에게 대규모로 주식을 매각하는 공개모집을 하게 된다. IPO에서 매각되는 주식은 새로 자금을 조달하기 위해 신주를 발행하는 **신규발행 공모**(primary offering)이거나 아니면 현재의 주주가 (출구 전략의 일환으로) 기존의 보유한 주식을 매각하는 **구주매도 공모**(secondary offering)가 될 수 있다.

위탁모집, 총액인수, 경매 IPO   소규모 IPO에서 인수회사는 일반적으로 **위탁모집 IPO**(best-efforts IPO) 거래를 받아들인다. 이 방식에서는 인수회사는 주식의 판매를 보장하는 것이 아니라 대신에 가능한 최선의 가격에 매도하려고 노력을 한다. 때로는 이런 거래의 IPO에서 모든 주식이 팔리든지 혹은 거래가 취소되는 **전부-혹은-전무 조항**(all-or-none clause)이 있을 수 있다.

좀 더 일반적으로 인수회사와 발행회사는 **총액인수 IPO**(firm commitment IPO)에 합의하는데, 여기서 인수회사는 전체 발행주식을 (공모가격보다 약간 낮은 가격에) 모두 매입하고 공모가격에 재판매한다. 만일 전체 발행주식이 모두 매각되지 않으면 인수회사는 곤경에 빠진다. 남아 있는 주식을 낮은 가격에라도 팔아야 하고 인수회사는 손실을 입게 된다. 가장 최악의 사례로 알려진 것은 영국 정부가 BP(British Petroleum)를 민영화할 때 발생했다. 매우 특이한 경우로 회사는 단계적으로 대중에게 매각되었다. 영국정부가 BP의 최종 지분을 매각한 시점은 1987년 10월로 주가폭락이 일어났다. 공모가격은 대폭락 이전에 결정되었지만 기업공개는 폭락 이후에 일어났다.[9] 첫날 거래가 끝났을 때 인수회사는 $1.29 십억의 손실을 겪었다. 그 이후 쿠웨이트 투자청(Kuwaiti Investment Office)이 관여하여 주식을 대량 매입하기 시작할 때까지 주가는 더 떨어졌다.

1990년대 후반에 투자은행인 햄브레치(WR Hambrecht and Company)는 직접 대중에게 신주를 판매하는 OpenIPO라는 온라인 **경매 IPO**(auction IPO) 방식을 이용하여 IPO 과정을 변경하려고 했다. 전통적인 방식으로 가격을 결정하기보다는 햄브레치는 경매를 통해 시장이 주식가격을 결정하도록 했다. 투자자는 일정 기간 경매가격을 주문한다. 경매 IPO는 높은 주문가격부터 주식 물량을 합하여 공모주식 수와 일치하는 물량의 주식에 해당되면 그 가격을 최고가로 결정한다. 모든 성공적인 경매 참여자는 자신의 주문가격이 최고가보다 높더라도 최고가를 지불하면 된다. 최초의 OpenIPO는 1999년에 있었던 랜번스우드(Ravenswood Winery)의 $11.55 백만의 IPO이다.

<table>
<tr><td>**경매 IPO의 가격결정**</td><td>**예제 23.3**</td></tr>
</table>

문제

플레밍 에듀케이션 소프트웨어는 500,000주를 경매 IPO를 통해 매각하고 있다. 입찰 기간이 끝나고 플레밍의 투자은행은 다음과 같은 가격대별 주문을 받았다.

가격($)	수요 주식 수
8.00	25,000
7.75	100,000
7.50	75,000
7.25	150,000
7.00	150,000
6.75	275,000
6.50	125,000

이 주식의 발행가격은 얼마가 될 것인가?

---

9 이 거래는 특별하게도 공모가격이 발행일보다 일주일 전에 결정되었다. 미국에서 인수회사는 대개 IPO 날짜 하루 이내에 최종 공모가격을 결정한다.

풀이

우선 주어진 가격대별로 그 가격 이상의 총 주식 수요를 계산해야 한다.

가격($)	누적 수요 물량
8.00	25,000
7.75	125,000
7.50	200,000
7.25	350,000
7.00	500,000
6.75	775,000
6.50	900,000

예를 들어 회사는 주당 $7.75에서 총 125,000(= 25,000 + 100,000)주의 수요 물량을 가진다.

플레밍은 총 500,000주를 공모하고 있다. 경매낙찰가격은 주당 $7이다. 왜냐하면 투자자는 $7 이상에서 총 500,000주를 주문했기 때문이다. 이 가격 이상으로 주문한 모든 투자자는 높은 가격으로 입찰을 했더라도 주식을 $7에 매입할 수 있다.

이 예제에서 낙찰가격에서의 누적 수요는 정확하게 공급수량과 같다. 만일 총수요가 공급보다 많다면 낙찰가격보다 높은 가격에 주문한 모든 경매 참가자는 원하는 물량을 모두 받게 된다. 낙찰가격에 주문한 투자자는 자신의 주문량에 비례하여(pro rata basis) 주식을 받게 된다.

2004년 구글은 경매 방식을 통해 공개기업이 되었고, 경매는 새로운 대안으로 큰 관심을 끌었다. 2005년 5월에 모닝스타는 햄브레치의 OpenIPO 경매를 통해 $140 백만을 IPO로 조달하였다.[10] 경매 IPO 방식은 전통적인 IPO 절차의 매력적인 대안이 될 것처럼 보이지만 미국이나 해외에서 널리 채택되지 않고 있다. 1999년에서 2008년 사이에, 햄브레치는 단지 30여 건의 경매 IPO를 성사시키고, 그 이후로 단 1건의 다른 유형의 IPO를 완료했을 뿐이다.

IPO의 방법

전통적인 IPO 과정은 표준화된 형식을 따른다. 이 절에서는 기업공개 과정에서 인수회사가 거치는 단계를 살펴본다.

인수회사와 신디케이트   IPO에서 특히 대형 공모는 인수회사들의 집단에 의해서 관리된다. **대표 주관사**(lead underwriter)는[11] 거래를 관리하는 책임을 진 주된 은행회사이다. 대표 주관사는 대부분의 조언을 하고, 발행증권의 시장 판매를 돕는 **신디케이트**(syndicate)라고 불리는 여러 인수회사의 집단을 조정한다. 표 23.4는 2014년에 미국에서 있었던 대형 IPO를 책임졌던 인수회사들을 보여준다. 2013~2014년의 자료는 또한 총 발행 금액으로 불과 $26 십억을 조달하였고, 발행 건수는 보잘것없는 29건에 불과했던 2008년 경제위기에서의 강력한 회복을 보여준다.

인수회사는 IPO를 마케팅하고 발행회사의 모든 필요한 서류작업을 돕는다. 무엇보다도 아래에서 설명

---

10 경매 IPO와 전통적인 IPO의 비교는 아래 논문을 참고. A. Sherman, "Global Trends in IPO Methods: Book Building versus Auctions with Endogenous Entry," *Journal of Financial Economics* 78(3) (2005): 615-649.

11 주간사(主幹事), 간사회사(幹事會社) 혹은 주관회사(主管會社)로 불린다.

구글의 IPO

2004년 4월 29일 구글은 IPO 계획을 공시했다. 전통적인 방식을 깨뜨리고 구글은 주식 공모에 경매 IPO 방식에 따르겠다는 의사를 발표하였다. 구글은 2001년 이후 이익을 내왔고 구글의 경영진에 따르면 자본조달만이 IPO의 주된 동기는 아니었다. 회사는 종업원과 사모 투자자에게 유동성을 제공하고자 했다.

경매 방식의 주된 매력은 주식을 좀 더 많은 개인 투자자에게 배분할 수 있다는 것이었다. 구글은 또한 시장이 IPO 가격을 정하도록 하여 좀 더 정확하게 공모가격을 결정하고자 했다. 인터넷 주식시장의 열기 이후에 많은 인수회사가 주식배분에 관한 소송에 연관되었다. 구글은 경매로 주식을 배분하여 주식배분의 스캔들을 피하고자 하였다.

경매에 참여하고자 하는 투자자는 담당 인수회사에 계좌를 개설하고 경매 주문을 냈다. 구글과 인수회사는 모든 발행주식을 판매할 수 있는 최고가를 확인하였다. 그리고 그들은 그보다 낮은 가격에 주식을 판매할 수 있는 유연성도 가지고 있었다.

2004년 8월 18일에 구글은 주당 $85에 19.6 백만 주를 매도하였다. 당시 $1.67 십억은 경매 IPO 사상 쉽게 최대 규모의 자금조달이 되었다. 구글의 주식(표지자 : GOOG)은 나스닥 시장에서 다음날 주당 $100에 거래가 시작되었다. 비록 구글의 IPO가 진행과정에서 일부 어려움은 있었지만, 전통적인 IPO 방식의 대안으로 경매 방식을 사용한 가장 성공적인 사례가 되었다.

출처 : K. Delaney and R. Sidel, "Google IPO Aims to Change the Rules," *The Wall Street Journal*, April 30, 2004, p. C1; R. Simon and E. Weinstein, "Investors Eagerly Anticipate Google's IPO," *The Wall Street Journal*, April 30, 2004, p. C1; and G. Zuckerman, "Google Shares Prove Big Winners – for a Day," *The Wall Street Journal*, August 20, 2004, p. C1.

표 23.4 IPO의 국제적 인수회사 2014년 발행 금액 순위

인수회사	2014년 발행 금액($ 십억)	시장점유율	발행 건수	인수회사	2013년 발행 금액($ 십억)	시장점유율	발행 건수
Morgan Stanley	22.19	8.9%	130	Goldman Sachs	15.80	9.6%	113
Goldman Sachs	21.32	8.6%	114	JPMorgan	12.59	7.6%	106
JPMorgan	17.67	7.1%	126	Morgan Stanley	11.93	7.2%	100
Deutsche Bank	17.35	7.0%	95	Bank of America Merrill Lynch	11.45	6.9%	106
Credit Suisse	16.19	6.5%	113	Deutsche Bank	10.57	6.4%	93
Citi	14.68	5.8%	96	Credit Suisse	9.91	6.0%	102
UBS	11.02	4.4%	86	Citi	9.40	5.7%	87
Bank of America Merrill Lynch	10.23	4.1%	88	UBS	7.35	4.5%	68
Barclays Capital	7.41	3.0%	76	Barclays Capital	6.77	4.1%	69
HSBC Holdings	6.12	2.5%	23	Nomura	5.39	3.3%	42
상위 10개사 합계	144.18	57.9%	947	상위 10개사 합계	101.16	61.3%	886
산업 전체 합계	249.02	100.0%	1205	산업 전체 합계	164.91	100.0%	843*

출처 : dmi.thomsonreuters.com/Content/Files/4Q2014_Global_Equity_Capital_Markets_Review.pdf, 2014

* 동일한 발행에 여러 인수회사가 있을 수 있기 때문에 총 발행 건수는 개별 발행 건수의 합계보다 작다.

하듯이 공모가격을 결정하는 데 적극적으로 참여하게 된다. 많은 경우에 인수회사는 발행 이후에 시장을 조성하는 역할을 하며, 주식이 유동성을 유지하도록 보장한다.

SEC 서류제출 미국증권거래위원회(SEC)는 발행회사가 유가증권의 **발행신고서**(registration statement)를 준비하도록 요구한다. 발행신고서는 증권발행에 앞서서 투자자에게 회사에 대한 재무정보와 기타 정보를 제공하는 법적인 서류이다. 회사의 경영진은 발행신고서를 준비하고 SEC에 제출하기 위해서 인수회사와 밀접하게 일한다. 발행신고서의 일부에 **예비 투자설명서**(preliminary prospectus, red herring)[12]라고 불리는 서류가 있는데 주식을 공모하기 전에 투자자에게 배포된다.

그림 23.3

리얼네트웍스 IPO 투자설명서의 표지

겉장은 회사의 이름, 인수회사들의 명단, 그리고 거래의 가격에 관련된 요약 정보를 담고 있다.

출처: www.sec.gov/edgar.shtml

3,000,000 Shares

RealNetworks, Inc.

(formerly "Progressive Networks, Inc.")

Common Stock

(par value $.001 per share)

All of the 3,000,000 shares of Common Stock offered hereby are being sold by RealNetworks, Inc. Prior to the offering, there has been no public market for the Common Stock. For factors considered in determining the initial public offering price, see "Underwriting".

The Common Stock offered hereby involves a high degree of risk. See "Risk Factors" beginning on page 6.

The Common Stock has been approved for quotation on the Nasdaq National Market under the symbol "RNWK," subject to notice of issuance.

THESE SECURITIES HAVE NOT BEEN APPROVED OR DISAPPROVED BY THE SECURITIES AND EXCHANGE COMMISSION OR ANY STATE SECURITIES COMMISSION NOR HAS THE SECURITIES AND EXCHANGE COMMISSION OR ANY STATE SECURITIES COMMISSION PASSED UPON THE ACCURACY OR ADEQUACY OF THIS PROSPECTUS. ANY REPRESENTATION TO THE CONTRARY IS A CRIMINAL OFFENSE.

	Initial Public Offering Price(1)	Underwriting Discount(2)	Proceeds to Company(3)
Per Share	$12.50	$0.875	$11.625
Total(4)	$37,500,000	$2,625,000	$34,875,000

(1) In connection with the offering, the Underwriters have reserved up to 300,000 shares of Common Stock for sale at the initial public offering price to employees and friends of the Company.

(2) The Company has agreed to indemnify the Underwriters against certain liabilities, including liabilities under the Securities Act of 1933, as amended. See "Underwriting".

(3) Before deducting estimated expenses of $950,000 payable by the Company.

(4) The Company has granted the Underwriters an option for 30 days to purchase up to an additional 450,000 shares at the initial public offering price per share, less the underwriting discount, solely to cover over-allotments. If such option is exercised in full, the total initial public offering price, underwriting discount and proceeds to Company will be $43,125,000, $3,018,750 and $40,106,250, respectively. See "Underwriting".

The shares offered hereby are offered severally by the Underwriters, as specified herein, subject to receipt and acceptance by them and subject to their right to reject any order in whole or in part. It is expected that certificates for the shares will be ready for delivery in New York, New York on or about November 26, 1997, against payment therefor in immediately available funds.

Goldman, Sachs & Co.

BancAmerica Robertson Stephens

NationsBanc Montgomery Securities, Inc.

The date of this Prospectus is November 21, 1997.

---

12 "붉은 청어(red herring)"라는 용어는 투자설명서의 겉장에 붉은 잉크로 이 서류가 예비적인 것이라는 경고 문양이 물고기 모양으로 찍혀 있는 것에서 유래한다.

SEC는 발행신고서를 검토하여 투자자가 주식을 매입하는 결정을 하는 데 필요한 모든 중요 정보를 회사가 공개하고 있는지를 확인한다. 회사가 SEC의 정보공개 기준을 만족시키면 SEC는 대중에게 주식을 판매하도록 승인한다. 회사는 최종 발행신고서를 준비하는데, 거기에는 발행주식 수와 공모가격을 포함한 IPO의 모든 상세정보를 담은 **최종 투자설명서**(final prospectus)가 포함된다.[13]

이 과정을 설명하기 위해서 리얼네트웍스를 살펴보자. 그림 23.3은 리얼네트웍스의 IPO를 위한 최종 투자설명서의 표지를 보여준다. 표지에는 회사의 이름, 인수회사들의 명단(대표 주관사가 처음 등장)과 거래의 가격에 대한 요약 정보를 포함한다. 이 건은 3 백만 주의 발행이었다.

가치평가 공모가격을 결정하기 전에 인수회사는 제9장에서 학습한 기법을 이용하여 발행회사의 합리적인 가치를 제공한다고 믿어지는 가격의 범위를 가지고 발행회사와 밀접하게 협의한다. 앞서 학습했듯이 회사의 가치평가 방법은 두 가지가 있다. 미래 현금흐름을 추정하여 현재가치를 계산하는 것과 비교대상 회사를 검토하여 가치를 평가하는 방법이다. 대부분의 인수회사는 두 가지 방법을 모두 사용한다. 그러나 이러한 기법이 상이한 결과를 가져올 때면 인수회사는 최근의 IPO 회사를 비교대상으로 하는 평가 방법에 의존하는 경우가 많다.

처음의 가격 범위가 설정되면 인수회사는 시장에서 생각하는 가치평가가 무엇인지를 결정하려고 노력한다. 인수회사는 **순회설명회**(road show)를 준비하는데, 설명회에서 고위 경영자와 대표 주관사는 전국을 (때로는 세계를) 여행하면서 회사를 알리고 공모가격의 근거를 주로 뮤추얼 펀드나 연금기금과 같은 기관 투자자인 대형 고객에게 설명한다.

비교대상을 이용한 IPO의 가치평가

문제

와그너는 비공개 회사로 브랜드 상품을 디자인, 생산, 유통하는 회사이다. 최근의 회계연도에 와그너는 $325 백만의 수익(매출액)과 $15 백만의 순이익을 기록했다. 와그너는 IPO를 위해서 발행신고서를 SEC에 제출했다. 주식을 공모하기 전에 와그너의 투자은행은 비교대상 회사를 이용하여 가치를 추정하려고 한다. 투자은행은 최근 공개한 동종 산업에 속한 회사의 자료를 근거로 아래와 같은 정보를 수집했다. 각각의 경우 비율은 모두 IPO 공모가격을 바탕으로 계산하였다.

회사명	P/E 비율	PSR(가격/매출액 비율)
Ray Products Corp.	18.8×	1.2×
Byce-Frasier, Inc.	19.5×	0.9×
Fashion Industries Group	24.1×	0.8×
Recreation International	22.4×	0.7×
평균	21.2×	0.9×

IPO 이후에 와그너는 20 백만 주의 발행주식을 갖게 될 것이다. 와그너의 IPO 가격을 P/E 비율과 PSR을 이용하여 예측해보자.

---

13 발행신고서는 EDGAR에서 찾을 수 있다. SEC의 웹사이트(www.sec.gov/edgar/searchedgar/webusers.htm)는 등록 서류를 투자자에게 제공한다.

풀이

P/E 비율을 근거로 한 와그너의 IPO 가격이 최근에 IPO를 한 기업과 유사하려면, 이 비율이 최근 공개한 기업의 평균과 같을 것이다. 따라서 최근 IPO 기업의 평균 P/E 비율은 21.2이다. 와그너의 순이익이 $15 백만이므로 주식의 총시장가치는 $15 백만×21.2 = $318 백만이 된다. 20 백만 주가 발행된다면 주당 가격은 $318 백만/20 백만 = $15.90이다.

유사한 방법으로 만일 와그너의 가격을 PSR이 평균 0.9와 같다고 가정하여 계산하면, 매출액 $325 백만을 곱하여 총시장가격은 $325 백만×0.9 = $292.5 백만이 되고 주당가격은 ($292 백만/20) $14.63가 된다.

이러한 예측을 통해서 인수회사는 와그너의 초기 가격범위를 순회설명회에서 주당 $13에서 $17로 제시할 수 있을 것이다.

순회설명회의 마지막에 고객은 그들이 매입하고자 하는 주식의 물량을 인수회사에게 말하여 자신의 관심을 알린다. 비록 이러한 약속이 확정적인 것은 아니지만, 인수회사의 고객은 인수회사와의 장기적인 관계를 중요시하기 때문에 약속을 파기하는 경우는 드물다. 인수회사는 수요를 합산하여 총수요를 계산하고 발행이 실패하지 않을 정도의 가격으로 조정한다. 고객의 관심 표명에 근거하여 공모가격을 얻어내는 이러한 과정을 **수요예측**(book building)이라고 한다.

경매 IPO에서 공모가격이 결정되지 않기 때문에 수요예측은 전통적인 IPO에서만큼 경매 방식에서는 중요하지 않다. 최근 논문에서 라비 자가나산(Ravi Jagannathan)과 앤 셔먼(Ann Sherman) 교수는 왜 경매 IPO가 일반적인 IPO 방법이 되지 못하였고 부정확한 가격결정과 상장 이후 유통시장에서 낮은 실적에 시달렸는지를 검증했다. 분석 결과에 따르면 경매에는 가격 발견을 도와주는 수요예측 같은 과정이 존재하지 않아, 그것이 투자가의 경매 참가를 저해할 가능성이 있다고 시사되고 있다.[14]

가격결정과 위험관리
리얼네트웍스의 IPO에서 최종 공모가격은 주당 $12.50였다.[15] 회사는 인수회사에 수수료인 **인수 스프레드**(underwriting spread)를 발행가격의 정확하게 7%인 주당 $0.875를 지불하기로 했다. 총액인수 거래이기 때문에 인수회사는 리얼네트웍스의 주식을 주당 $11.625(= $12.50 − $0.875)에 매입하고 고객에게 주당 $12.50에 재판매하였다.

인수회사가 총액인수를 제공할 때 인수회사는 공모주식을 공모가격보다 낮은 가격에 팔아서 손실을 입게 되는 잠재적인 위험에 처할 수 있다. 그러나 팀 로그란(Tim Lougran)과 제이 리터(Jay Ritter)의 연구에 따르면, 1990년에서 1998년 사이에 미국 IPO의 9%만이 첫날 공모가격 아래로 떨어졌다.[16] 약 16%는 첫날의 종가가격이 공모가격과 같았다. 따라서 대부분의 IPO는 거래 첫날에 주가 상승을 경험하는데, 이것은 최초 공모가격이 일반적으로 주식시장에서 투자자가 지불하려는 가격보다 낮았다는 것을 의미한다.

인수회사는 수요예측 단계에서 얻은 정보를 사용하여 의도적으로 IPO를 저가발행하고 손실에 노출되는 것을 줄이는 것 같다. 더구나 발행가격(공모가격)이 결정되면, 인수회사는 손실에서 자신을 보호하고 성공적인 공모에서는 추가적으로 주식을 더 매각할 수 있는 기회인 **초과배정**(overallotment allocation) 혹

---

14 "Why Do IPO Auctions Fail?," NBER working paper 12151, March 2006.

15 이 장에서 다룬 리얼네트웍스의 주식가격은 공모 이후 주식분할(병합)을 반영하지 않았다. (1999년에 2:1 분할, 2000년에 다시 2:1 분할, 2011년에 1:4 주식병합이 있었음)

16 "Why Don't Issuers Get Upset About Leaving Money on the Table in IPOs?" *Review of Financial Studies* 15 (2) (2002): 413-443.

은 **그린슈 조항**(greenshoe provision)을 채택할 수 있다.[17] 이 옵션은 인수회사에게 원래 공모 규모의 15%에 해당하는 더 많은 주식을 IPO 공모가격에 판매할 수 있도록 허락한다. 그림 23.3의 리얼네트웍스의 투자설명서 4번 주석이 그린슈 조항이다.

인수회사가 어떻게 그린슈 조항을 통해 손실로부터 자신을 보호하고 그에 따른 위험을 관리하는지 설명해보자. 리얼네트웍스의 투자설명서에는 3 백만 주가 주당 $12.50로 제공될 것이라고 명시되어 있다. 게다가 그린슈 조항은 주당 $12.50에 추가로 450,000주의 발행을 허용했다. 인수 회사는 처음부터 원래 발행주식과 그린슈 물량을 판매한다. 리얼네트웍스의 경우 3.45 백만 주를 주당 $12.50에 매도하기로 하는데, 이것은 그린슈 물량을 "공매도"한 것이다. 그런데 만일 발행이 성공적이면 인수회사는 그린슈 옵션을 행사하여 공매도 포지션을 커버한다. 만일 발행이 성공적이지 못하여 주가가 하락하면, 인수회사는 그린슈 물량을 (리얼네트웍스 IPO의 경우 450,000주) 유통시장에서 매입하여 공매도 포지션을 커버하여 주식가격을 지지한다.[18]

IPO 과정이 끝나면 회사의 주식은 증권거래소에 상장되어 거래된다. 대표 주관사는 주식의 원활한 거래를 위해서 매도자와 매수자를 연결시키는 시장조성을 하고 담당 애널리스트를 배정한다. 이런 행위를 통해 인수회사는 유통시장에서 주식의 유동성을 향상시킨다. 이런 서비스는 발행회사에 인수회사의 고객 모두에게 도움이 된다. 유동성 있는 시장에서 투자자는 IPO를 통해 매입한 주식을 쉽게 거래할 수 있다. 만일 주식이 활발하게 거래된다면, 발행회사는 신주를 발행하여 자금을 조달하려고 할 때 계속하여 주식시장을 활용할 수 있게 될 것이다. 대부분의 경우 기존의 주주는 180일의 **보호예수**(lockup)에 해당된다. 즉, 기존 주주가 보유주식을 IPO 이후 180일 동안 매각할 수 없도록 하는 것이다. 보호예수 기간이 종료되면 주식을 자유롭게 매도할 수 있다.

개념 확인

1. 기업을 공개하는 것의 장점과 단점은 무엇인가?
2. 경매 IPO의 운영방식에 대하여 설명하라.

23.3 IPO 퍼즐

IPO의 네 가지 특징이 재무경제학자에게는 퍼즐이며, 모두 재무관리자에게 중요한 의미를 지닌다.

1. 평균적으로 IPO는 저가발행되는 듯하다. IPO 공모가격에 비해서 거래 첫날 종가는 종종 상당히 높다.
2. IPO 건수는 뚜렷한 순환주기를 가진다. 시장환경이 좋을 때 시장에는 신규 발행이 넘쳐나고, 시장 환경이 나쁠 때는 IPO가 줄어든다.
3. IPO의 비용은 상당히 높고, 기업이 그렇게 높은 비용을 지불하는 이유는 명확하지 않다.
4. 새롭게 공개한 기업의 (공모 이후 3~5년) 장기 성과는 나쁘다. 즉, 평균적으로 3~5년의 매입보유 (buy-and-hold) 전략은 나쁜 투자인 것 같다.

우리는 이제 재무경제학자가 이해하려는 이러한 퍼즐에 대하여 설명하려고 한다.

---

17 이 용어는 Green Shoe Company에서 유래한다. IPO에서 초과배정 옵션을 처음으로 가졌던 발행회사의 이름이다.

18 R. Aggarwal, "Stabilization Activities by Underwriters After IPOs," *Journal of Finance* 55(3) (2000): 1075–1103,에서 인수회사가 초기에 평균 10.75%를 초과 판매하고 필요하다면 그린슈 옵션을 사용하여 커버하는 것을 발견하였다.

IPO의 저가발행 현상

일반적으로 인수회사는 첫날의 평균 수익률이 양(+)의 값을 가지도록 발행가격을 결정한다. 리얼네트웍스에서 인수회사는 1997년 11월 21일에 IPO 주식의 가격을 주당 $12.50로 정하였다. 리얼네트웍스의 나스닥 개장 거래 시장가격은 주당 $19.375였고, 첫날 종가는 $17.875로 마감하였다. 이러한 현상은 특별한 것이 아니다. 1960년에서 2015년 사이에 평균적으로 공모 이후 미국에서 거래 첫날 종가는 IPO 가격에 비해 17% 높았다. 그림 23.4에서 보듯이 전세계적으로 IPO의 1일 평균 수익률은 매우 높다는 것은 명확하다.

저가발행에서 이익을 얻는 사람은 누구인가? 우리는 인수회사가 어떻게 위험을 통제하여 이득을 얻는지를 설명하였다. 물론 IPO 가격에 인수회사로부터 주식을 살 수 있는 투자자도 첫날의 저가발행 현상에서 이익을 얻는다. 누가 비용을 지불하는가? 발행회사의 IPO 이전 주주이다. 사실 기존의 주주들은 공모 이후 받을 수 있는 가격보다 낮은 가격에 그들 회사의 주식을 매도하는 것이다.

발행회사의 기존 주주는 이러한 저가발행을 왜 참는 것일까? 순진한 관점은 비교적 적은 수의 인수회사들이 시장을 지배하기 때문에 주주에게 선택의 여지가 없다는 것이다. 그러나 이러한 설명은 현실적이지 못한 것 같다. 이 업계는 최소한 사례에 근거하면 매우 경쟁이 치열하다. 게다가 햄브레치와 같이 전통적인 인수과정에 비해 훨씬 저렴한 대안을 제공하는 진입자들이 시장점유율을 크게 확보하는 데 그다지 성공적이지 못했다.

저가발행의 존재를 감안하면 새로운 IPO 투자는 매우 이익이 남는 거래로 보일 수 있다. 거래 첫날의 평균 수익률이 17%라면, 연간 250일 영업일에 새로운 IPO 주식을 매일 매입해서 첫날 종가로 판매할 수 있다면 누적 연간 수익률은 $(1.17)^{250} - 1 = 11,129,238,168,937,200,000\%$이다. 왜 모든 투자자가 이 거래를 하지 않는 것일까?

이전 계산에서는 매일 전날의 투자 수익 금액을 모두 투자할 수 있다고 가정한다. 그러나 IPO가 잘되면 주식에 대한 수요가 공급을 초과한다(이는 주식가격이 저평가되었다는 것과 같다). 따라서 각 투자자에게 배분되는 주식은 제한적이다. 반대로 IPO가 잘 진행되지 않으면 발행가격에서의 수요가 약하므로 모든 초기 주문은 완전하게 채워진다. 이 시나리오에서 지난번 IPO에서 얻은 것으로 다음번 IPO에 재투자하는 전략을 따르면, 주가가 떨어지면 주문이 완전히 채워지지만 주가가 올라갈 때에는 배분이 제한된다. 이것은 **승자의 저주**(winner's curse)라고 불리는 역선택의 한 형태이다. 주식에 대한 타인의 수요가 낮고 IPO가 실패로 끝날 수 있는 경우에 당신은 "승자"(희망하는 모든 주식 물량을 얻는다)가 된다. 이 효과는 모든 IPO에 투자하는 전략에서 시장 평균 이상의 수익률을 산출하지 못하는 것을 충분히 설명한다.[19] 또한 다음 예제에서 알 수 있듯이, 이 효과는 정보가 별로 없는 투자자를 IPO에 적극 참여할 수 있도록 하기 위해서 인수회사가 발행가격을 평균적으로 저가발행하는 것이 필요할 수도 있음을 의미한다.

---

19 이 설명을 처음 제안한 연구는 K. Rock: "Why New Issues Are Underpriced," *Journal of Financial Economics* 15(2) (1986): 197–212이며, 또한 M. Levis, "The Winner's Curse Problem, Interest Costs and the Underpricing of Initial Public Offerings," *Economic Journal* 100 (1990): 76–89를 참고하라.

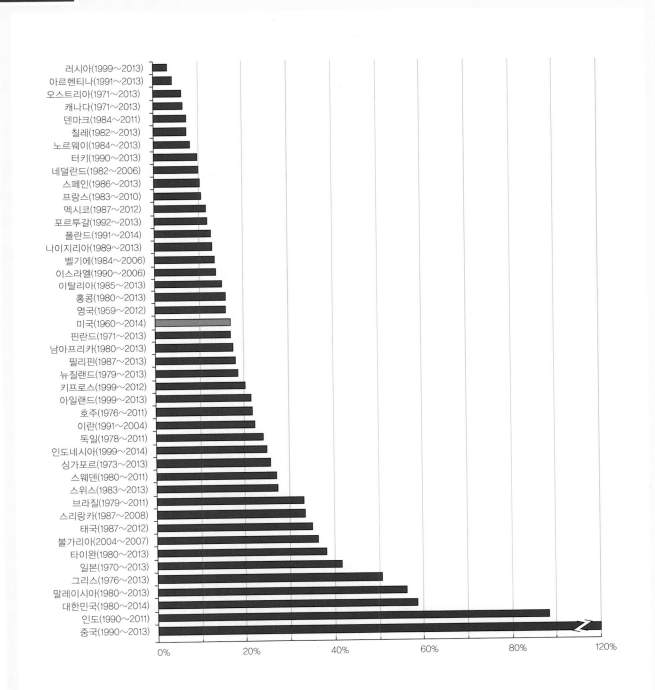

그림 23.4 첫날 IPO 수익률의 국제비교

막대는 공모가격을 기준으로 첫날 시장 종가의 평균 초기 수익률이다. 중국의 경우 막대는 중국 국민만 투자할 수 있는 A Share 주식 IPO의 평균 초기 수익률을 보여준다. 괄호 안의 연도는 각국의 표본기간을 의미한다.

출처 : Jay Ritter 교수의 자료를 수정(bear.warrington.ufl.edu/ritter/).

예제 23.5   IPO 투자자와 승자의 저주

문제

대형 인수회사인 톰슨 브라더스는 다음 투자 기회를 고객에게 제안하고 있다. 톰슨은 자신이 관여한 모든 IPO에 대하여 구입을 보증한다. 당신이 고객이라고 가정하자. 모든 거래에서 당신은 2,000주 구입을 약속해야 한다. 그 주식이 취득 가능하다면 그만큼의 주식을 얻고, 반대로 청약이 초과되면 총 신청 주식 수에 비례해서 주식이 배분된다. 당신의 시장조사에 따르면, 톰슨 IPO 거래의 80%에서 모집 주식 1에 대해서 청약 주식의 수는 16이다(즉, 모든 16개 주문 중에서 1개의 주식이 배분된다). 그리고 이런 초과 수요는 첫날의 주가를 20% 상승시킨다. 한편 톰슨 거래의 나머지 20%는 청약이 모집 총주식을 넘지 않는 것이다. 톰슨은 (그린슈 조항을 행사하지 않고 대신 주식을 재매입함으로써) 주가를 떠받치기는 하나 그 경우에 첫날 주가는 평균 5% 하락한다. 이러한 통계량에 근거하여 톰슨이 IPO에서 어느 정도 저가발행을 하고 있는지 구하라. 또한 투자가로서 당신의 평균 수익률을 구하라.

풀이

우선 톰슨 거래의 평균 첫날 수익률이 $0.8(20\%) + 0.2(-5\%) = 15\%$로 크다는 것을 확인한다. 만일 톰슨이 매달 IPO를 한다면, 1년 뒤에 당신이 버는 연간 수익률은 $1.15^{12} - 1 = 435\%$가 될 것이다.

현실적으로 이런 수익률은 얻을 수 없다. 성공적인 IPO에서 20% 수익률을 얻을 수 있지만, 당신은 $2,000/16 = 125$주만 배정을 받을 것이다. 주당 평균 IPO 가격이 $15라고 가정하면, 당신의 이익은 $375이다.

$$\$15(\text{주당}) \times (125\text{주 배정}) \times (20\% \text{ 수익률}) = \$375$$

그러나 실패한 IPO에서 당신은 2,000주를 모두 받을 것이다. 이러한 주식은 5% 하락할 것이기 때문에 당신의 이익은 $-\$1,500$가 된다.

$$\$15(\text{주당}) \times (2,000\text{주 배정}) \times (-5\% \text{ 수익률}) = -\$1,500$$

톰슨 IPO의 80%가 성공적이기 때문에 당신의 평균 이익은 다음과 같다.

$$0.80(\$375) + 0.20(-\$1,500) = \$0$$

즉, 평균적으로 당신은 손익분기점에 서 있는 것이다. 이 예제가 보여주듯이 IPO가 평균적으로 이익을 낸다고 해도, 덜 성공적인 IPO에서 많은 배정을 받기 때문에 당신의 평균 수익률은 훨씬 낮을 것이다. 또한 만일 톰슨의 평균 저가발행이 15%보다 작다면, 정보가 없는 투자자는 돈을 잃을 것이고 IPO에 참여하지 않으려고 할 것이다.

IPO의 순환주기

그림 23.5는 1975년에서 2014년 사이에 있었던 매년의 IPO 건수와 발행 금액을 보여준다. 그림에서 보듯이, IPO 발행 금액은 1999~2000년 사이에 최고에 달했다. 자료에서 발견되는 좀 더 중요한 특징은 발행 건수와 발행 금액에 순환주기가 있다는 것이다. 2000년에 그랬듯이 때로는 IPO의 발행 금액이 역사적 기준에서 전례가 없을 만큼 최고 수준에 이른다. 그러나 불과 1~2년 사이에 IPO 발행 물량은 급격하게 줄어들었다. 이러한 순환주기 자체는 놀라운 것이 아니다. 성장 기회가 적은 시기보다는 성장 기회가 더 많은 시기에 자금의 필요성이 커지는 것을 예상할 수 있다. 놀라운 것은 변동하는 크기이다. 예를 들어 2000년에서 2003년 사이에는 발행 금액이 75% 이상 감소하는 것을 성장 기회의 존재와 자금의 필요성이 급격하게 변한 것 때문이라고 믿는 것은 매우 어렵다. IPO 건수는 단순히 자금의 수요에서 발생하는 것은 아닌 것 같다. 때에 따라 발행회사나 투자자가 IPO를 선호하는 것 같다. 그리고 또 다른 시기에

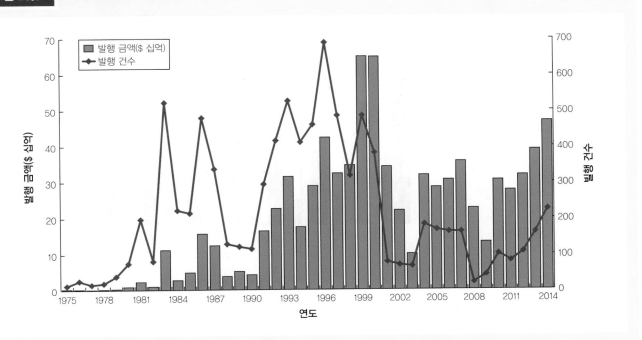

그래프는 연도별 IPO의 건수와 연간 누적 발행 금액을 보여준다. IPO 건수와 발행 물량은 1990년 후반에 최고에 이르렀으며, 확실히 순환주기를 가지고 있음을 보여준다.

출처 : Jay Ritter 교수의 "Initial Public Offerings: Tables Updated through 2014" 자료를 수정(bear.warrington.ufl.edu/ritter/)

회사는 자본의 출처로 다른 대안을 선택하는 것 같다. 그러나 재무학자는 그 이유에 대해서는 설명하지 못하고 있다.

IPO의 비용

미국에서 전형적인 공모가격과 발행회사로부터 인수회사가 구매하는 가격의 차이인 스프레드는 발행가격의 7%이다. 발행 규모가 $50 백만이면 이 금액은 $3.5 백만이 된다. 그러나 저가발행과 관련하여 발행회사가 지불하는 비용까지 고려하면, 대부분의 기준에서 IPO 비용은 규모가 큰 것이다. 그림 23.6에서 보듯이 다른 증권의 발행과 비교했을 때 주식을 처음 발행하는 총비용은 상당히 크다.

더욱 이해하기 어려운 것은 수수료가 발행 규모와는 관련이 거의 없다는 것이다. 대규모 발행에는 추가적인 노력이 필요할 텐데 증가한 노력에 대한 추가적인 이익을 기대하지 않는다. 예를 들어 수앙-치 첸(Hsuan-Chi Chen)과 제이 리터(Jay Ritter)는 $20 백만에서 $80 백만 사이의 발행 규모를 가지는 거의 모든 발행에서 인수회사에 지불하는 수수료는 거의 7%임을 발견했다.[20] $80 백만의 발행 규모에서 수수료는 $5.6 백만인 반면에, $20 백만의 발행 규모에서는 "단지" $1.4 백만의 이익을 얻는다는 것을 이해하기는 어렵다.

이 퍼즐에 대한 만족스러운 답변을 제공한 연구는 없다. 첸과 리터는 인수회사들에 의한 암묵적 담합을

---

20 "The Seven Percent Solution," *Journal of Finance* 55 (3) (2000): 1105–1131.

그림 23.6

증권 발행비용의 상대적 비교

오른쪽 그림은 증권 발행의 총 직접비용(모든 인수비용, 법률비용, 그리고 회계감사 비용)을 자금조달 금액의 비율로써 보여준다. 그림은 IPO, 유상증자(SEO), 전환사채, 일반 채권의 결과를 1990~1994년 사이의 발행 규모에 따라 보여준다.

출처 : I. Lee, S. Lochhead, J. Ritter, and Q. Zhao, "The Costs of Raising Capital," *Journal of Financial Research* 19 (1) (1996): 59-74.

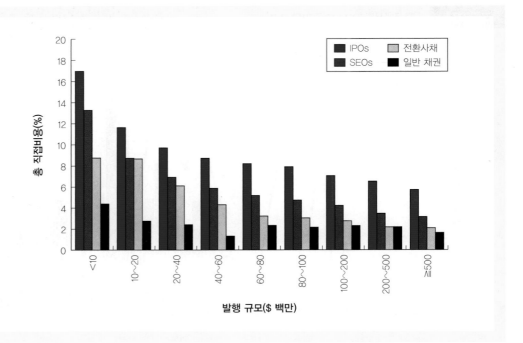

글로벌 금융위기   2008~2009년의 전세계 IPO 거래

2008년의 금융위기 동안에 IPO 발행의 하락은 전세계적이고 극적이었다. 아래 그림은 10억 달러 기준으로 전세계 IPO 발행 금액(막대)과 거래 건수(선)를 분기별로 2006년 4/4분기부터 2009년 1/4분기까지 보여준다. 2007년 4/4분기와 2008년 4/4분기를 비교해보면, IPO 금액은 $102 십억에서 $3 십억으로 97%나 급락했다. 2009년 1/4분기는 더욱 악화되어 $1.4 십억의 IPO만이 일어났다. IPO 시장은 본질적으로 모두 말라버렸다.

2008년 금융위기 시기에 IPO 시장만이 붕괴된 주식 발행시장은 아니다. 유상증자와 LBO를 통한 주식 발행시장도 붕괴되었다. 이 시기에 존재하던 극단적인 시장의 불확실성이 "양질 추구현상(flight to quality)"을 만들어냈다. 투자자는 위험을 회피하기 위해 자본을 미국 국채와 같은 무위험 투자로 옮겼다. 결과적으로 기존의 주식가격은 폭락하고 위험자산에 대한 새로운 자본의 공급이 급격하게 줄어들었다.

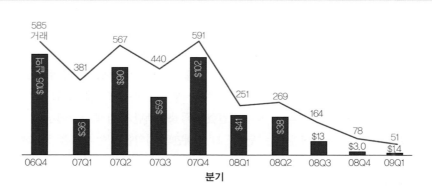

출처 : Shifting Landscape—Are You Ready? Global IPO Trends report 2009, Ernst & Young

주장하지만, 그들 연구에 대한 반응으로 로버트 한센(Robert Hansen)은 그러한 담합에 대한 어떠한 증거도 발견하지 못했다.[21] 그는 인수 업계의 집중도가 낮음을 보여주면서, IPO 인수시장에 상당수의 신규 진입자들이 있었다는 것과 7%의 스프레드는 정상적인 투자은행 활동보다 낮은 수익성이라는 것을 제시한다.

하나의 가능한 설명은 인수회사가 경쟁회사보다도 낮은 수수료(스프레드)를 붙이려는 것은 가격 설정이 높은 경쟁 상대와 동등한 품질을 가지지 않았음을 신호로 전달하는 위험과 결과적으로 발행회사가 인수회사를 선택하지 않게 될 위험을 감수하겠다는 것이다. 크레이그 던바(Craig Dunbar) 교수는 이 가설을 검토하였다.[22] 그는 인수회사가 약간 낮은 수수료를 부과하면 더 큰 시장점유율을 차지하는 것으로 나타났지만, 상당히 낮은 수수료를 부과하는 인수회사는 더 작은 시장점유율을 가진다는 것을 발견하였다. 사실 인수회사의 품질이 중요하다는 생각을 뒷받침하듯이, 매우 높은 수수료를 부과하는 인수회사가 시장점유율을 확보한다.

IPO 이후 장기 성과

우리는 IPO의 주식이 일반적으로 공모 직후에는 좋은 성과를 보인다는 것을 알고 있다. 그런데 리터 교수가 새로 상장된 회사가 IPO 이후 3년에서 5년 이후에 상대적으로 나쁜 성과를 나타내는 것을 찾았다는 것은 아마도 놀랄 만할 것이다.[23] 추가 연구에서 알론 브라브(Alon Brav), 크리스토퍼 겟지(Christopher Geczy), 폴 곰퍼스(Paul Gompers) 교수는 1975년에서 1992년 동안의 IPO에서 상장 이후 5년 동안 S&P 500에 비해 평균 44% 낮은 성과를 발견하였다.[24] 리터와 이보 웰치(Ivo Welch) 교수는 1980년에서 2001년 사이 IPO가 이후 3년 동안 평균 23.4% 시장보다 낮은 성과를 발견하였다.[25]

다음 절에서 살펴보겠지만 저조한 장기 성과는 주식의 IPO에만 해당되는 것이 아니다. 유상증자에서도 관련되어 있기 때문에, 저조한 성과는 주식을 처음 발행하는 동기가 되는 상황에 원인이 있기보다는 주식발행 자체에서 비롯된 것이라는 가능성을 생각하게 한다. 우리는 다음 절에서 공개기업이 추가적인 주식발행을 어떻게 하는지에 대해 설명한 후에 이 가능성에 대해 좀 더 자세히 살펴볼 것이다.

개념 확인

1. 재무학자들이 퍼즐로 발견한 IPO에 대한 네 가지 특성을 기술하고 논의하라.
2. IPO 저가발행에 대한 가능한 설명으로는 어떤 것들이 있는가?

23.4 유상증자(SEO)

기업의 외부 자본의 필요성은 IPO로 끝나지 않는다. 일반적으로 수익성이 있는 성장 기회는 기업이 존재하는 한 발생하며, 어떤 경우 이러한 기회를 위한 자금조달이 유보이익만으로는 불가능하다. 따라서 공개기업은 대부분의 경우에 주식시장으로 돌아가서 공모의 형태로 새로운 주식을 판매하게 되는데, 이를 **유상증자**(seasoned equity offering, SEO)라고 한다.

---

21 "Do Investment Banks Compete in IPOs?: The Advent of the '7% Plus Contract,'" *Journal of Financial Economics* 59(3) (2001): 313 – 346.

22 "Factors Affecting Investment Banks Initial Public Offering Market Share," *Journal of Financial Economics* 55(1) (2000): 3 – 41.

23 "The Long-Run Performance of Initial Public Offerings," *Journal of Finance* 46 (1) (1991): 3 – 27.

24 "Is the Abnormal Return Following Equity Issuances Anomalous?" *Journal of Financial Economics* 56 (2000): 209 – 249.

25 "A Review of IPO Activity, Pricing, and Allocations," *Journal of Finance* 57(4) (2002): 1795 – 1828.

유상증자 방법

기업이 유상증자(SEO)를 통해 주식을 발행하는 경우 대개 IPO와 같은 절차를 밟는다. 주된 차이점은 주식의 시장가격이 이미 존재하기 때문에 공모가격 결정과정이 불필요하다는 것이다.

리얼네트웍스는 1997년의 IPO 이후에 몇 차례의 유상증자를 실행했다. 1999년 6월 17일에 회사는 주당 $58에 4 백만 주의 주식을 공모했다. 이 중에 3,525,000주는 회사가 새로 발행한 주식인 **신규발행 주식**(primary shares)이고 475,000주는 기존 주주가 판매하는 주식인 **구주매도 주식**(secondary shares)이었다.[26] 기존 주주 중에는 회사의 설립자인 로버트 글래서(Robert Glaser)가 포함되었는데 그는 보유주식 310,000주를 매도하였다. 리얼네트웍스의 나머지 유상증자는 1999년에서 2004년 사이에 일어났는데, 리얼네트웍스가 직접 신규로 발행한 주식보다는 기존 주주의 구주매도가 주를 이루었다.

역사적으로 인수회사는 **묘석광고**(tombstone)라는 신문광고를 이용하여 (IPO와 SEO 모두) 주식의 판매를 광고해 왔다. 이 광고를 통해 투자자는 주식을 매입하기 위해서 누구에게 연락을 취해야 하는지 알게 된다. 오늘날 투자자는 뉴스 미디어, 인터넷, 순회설명회, 수요예측 과정을 통해 임박한 주식 판매에 대하여 정보를 얻을 수 있기 때문에 묘석광고는 단순한 관례가 되었다.

유상증자는 두 가지 형태로 이루어지는데 일반공모 방식과 주주배정 방식이다. **일반공모 방식**(cash offer)에서 기업은 신주를 전체적으로 투자자에게 공모를 행한다. **주주배정 방식**(rights offer)에서는 기존 주주에게만 신주를 발행한다. 미국에서 대부분의 공모는 일반공모인 반면에 국제적으로는 다르다. 예를

예제 23.6	주주배정 방식 발행을 통한 자본조달

문제

당신은 시가총액 $1 십억인 회사의 최고재무관리자(CFO)이다. 회사는 100 백만 주의 발행주식을 가지고 주당 가격은 $10이다. 당신은 $200 백만의 자금이 필요하여 주주배정 방식을 공시하였다. 기존의 주주에게는 주당 1개의 신주인수권증서(right)가 배정될 것이다. 당신은 신주인수권증서당 몇 주의 신주를 매입할 수 있는 권리를 줄 것인지를 결정하지 않았다. 당신은 주당 $8의 주식 1주를 4개의 신주인수권증서로 매입할 수 있도록 하든지, 주당 $5로 신주 2주를 5개의 신주인수권증서로 매입할 수 있도록 할 것이다. 어느 방법이 더 많은 자금을 조달할 것인가?

풀이

모든 주주가 신주인수권증서를 행사하면, 첫 번째 경우에 25 백만 주의 신주가 주당 $8로 매입되고 $200 백만의 자금이 조달된다. 두 번째 경우 40 백만 주의 신주가 발행되고 주당 $5이기 때문에 역시 $200 백만의 자금이 조달된다. 만일 모든 주주가 신주인수권증서를 행사하면 두 가지 방법은 동일한 자금을 조달하게 될 것이다.

두 경우에서 기업의 가치는 발행 이후에 $1.2 십억이 된다. 첫 번째 경우에 125 백만 주의 발행주식이 있게 되고 신주발행 이후 주당 가격은 $9.60가 된다. 이 가격은 발행가격 $8를 초과하기 때문에 주주는 신주인수권증서를 행사할 것이다. 두 번째 경우 총 발행주식 수는 140 백만으로 늘어나고 신주발행 이후 주당 가격은 $8.57가 된다(역시 발행가격보다 높다). 역시 주주는 신주인수권증서를 행사할 것이다. 두 방법 사이에 차이 없이 동일한 금액이 조달되고 주주 역시 동일하게 이익을 얻게 된다.

---

26 기존 주식의 매출인 구주매도는 증자가 아니라는 점에서 유상증자라는 용어와는 엄밀하게 말해서 거리가 있다.

들어 영국에서는 대부분의 신주 유상증자는 주주배정으로 이루어진다.[27]

주주배정 방식은 기존 주주를 저가발행으로부터 보호한다. 예를 들어 어느 회사가 $100의 현금과 50주의 발행주식이 있다고 가정하자. 주당 가치는 $2이다. 회사는 주당 $1에 50주를 일반공모하기로 공시하였다. 공모가 완료되면 회사는 $150의 현금과 100주의 발행주식을 갖게 된다. 주당 가격은 이제 $1.50가 되어서 발행된 신주가 할인된 영향을 반영한다. 신 주주는 구 주주의 비용으로 주당 $0.50의 횡재를 하게 된 것이다.

구 주주는 일반공모 대신에 주주배정 방식을 통해 보호받을 수 있다. 이번 예에서 일반공모 대신에 모든 주주가 주당 $1에 신주를 매입할 수 있는 신주인수권증서(rights)를 갖는다고 가정하자. 모든 구 주주가 신주인수권증서를 행사한다면 회사의 가치는 일반공모와 동일할 것이다. $150의 현금과 100주의 발행주식으로 주당 $1.50가 된다. 그러나 $0.50의 횡재는 구 주주에게 돌아가서 주가하락을 정확하게 만회한다. 따라서 만일 회사의 경영진이 주가가 시장에서 저평가되었다고 우려하면, 주주배정 방식을 이용하여 기존 주주에게 손실을 입히지 않고 주식을 발행할 수 있다.

그러나 주주배정 방식을 지지하는 주장은 모든 주주가 참여하고 있다고 가정한다. 놀랍게도 (새로운 주식은 할인된 가격이기 때문에) 배정에 참여하는 것이 이익이지만, 클리포드 홀더니스(Clifford Holderness)와 제프리 폰티프(Jeffrey Pontiff) 교수는 평균 70% 미만의 주주가 미국의 주주배정 유상증자에 참여한다고 보고한다.[28] 따라서 주주배정 방식의 유상증자는 소액 개인투자자의 경향이 있는 비참여 주주로부터 참여 주주에게 부의 이전을 만든다.

유상증자에 대한 주가 반응

학자들의 연구에서 유상증자에 대해 평균적으로 시장은 가격 하락으로 반응한다는 것이 발견되었다.[29] 주가 하락에 의한 가치 손실이 때로는 새로운 자금 조달의 상당히 큰 부분을 차지할 수 있다. 가격의 하락은 제16장에서 논의한 역선택(adverse selection)과 일치한다. 기존 주주를 보호하는 데 관심이 있는 회사는 가격이 정확한 가치를 가지거나 고평가되었을 때에만 주식을 판매하는 경향이 있기 때문에 투자자들은 주식의 판매 결정에서 기업이 고평가되었을 가능성이 있음을 추론한다. 따라서 가격은 유상증자 공시에 대하여 하락한다.

역선택이 SEO 가격 반응에 대한 그럴듯한 설명이지만 일부 퍼즐은 여전히 남아 있다. 첫째, 주주배정 방식으로 공모를 하면 기업은 역선택을 완화시킬 수 있다. 그렇다면 기업들이 주주배정 방식을 더 자주 실행하지 않는 이유가 최소한 미국에서는 명확하지 않다. 둘째, IPO에서처럼 실증 결과는 유상증자 이후 기업의 낮은 성과를 제시하고 있다(그림 23.7 참조). 얼핏 보아도 이러한 낮은 성과는 주식가격 하락이 충분하지 않았음을 제시하고 있다. 왜냐하면 장기적으로 낮은 성과는 발행 이후 가격이 너무 높았음을 암시하기 때문이다.

---

27 한국의 유상증자에서도 주주배정 방식이 우세하다. 주주배정 방식에서 회사는 신주인수권증서(rights)를 기존 주주에게 제공한다. 기존 주주는 신주를 인수하거나 포기할 수 있는데, 이때 기존 주주가 인수를 포기한 발행 물량의 발행을 취소하거나 공모를 통해 발행할 수 있다.

28 "Shareholder Nonparticipation in Valuable Rights Offerings: New Findings for an Old Puzzle," *Journal of Financial Economics* (2016).

29 한국의 유상증자에 대한 시장의 반응은 복합적이다. 이것은 주주배정 방식이 한국의 일반적인 증자 방식이기 때문일 수 있다. 따라서 미국 유상증자 사례를 보편적 현상이라고 결론짓기에는 한계가 있다.

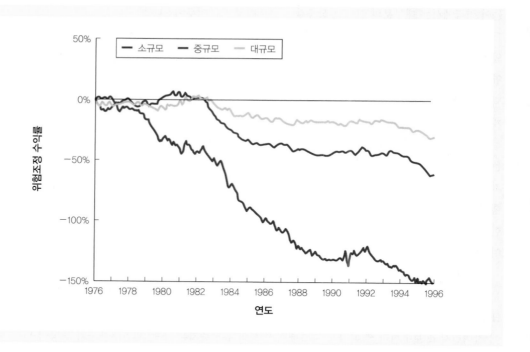

그림 23.7

유상증자 이후 성과
그림은 1976년에서 1996년
사이의 유상증자 포트폴리오
의 누적 초과수익률(파마-프
렌치-카하트 요인 모형의 실
현된 알파를 이용)을 보여준
다. 장기의 낮은 성과는 소규
모 기업에서 더욱 심한 것으
로 보인다.

출처 : A. Brav, C. Geczy,
and P. Gompers, "Is
the Abnormal Return
Following Equity Issuances
Anomalous?" *Journal of
Financial Economics* 56
(2000): 209–249, Figure 3
수정.

SEO 이후 낮은 성과에 대한 머리 칼슨(Murray Carlson), 아들라이 피셔(Adlai Fisher), 론 지아마리노
(Ron Giammarino) 교수의 가능한 설명은 SEO 공시 자체와 관련된 것이 아니라 기업이 SEO를 선택하도
록 만드는 상황과 관련되었다는 것이다.[30] 외부에서 자금을 조달하는 결정은 일반적으로 기업이 투자 기
회를 추구하는 계획을 하고 있음을 의미한다. 제22장에서 설명했듯이 기업이 투자를 하면 성장 옵션을 행
사하는 것이다. 성장 옵션은 프로젝트 자체보다 위험하고 행사가 되면서 기업의 베타는 감소한다. 따라서
낮아진 베타가 SEO 이후 낮은 수익률을 설명한다. 연구자들은 이 가설에 대한 실증적 지지를 발견했다.[31]

유상증자 발행비용

IPO만큼의 비용이 들지는 않지만 그림 23.6에서 보듯이 유상증자 역시 비용이 발생한다. 인수 수수료는
발행 금액의 5%인데, 발행 규모에 따른 비용의 차이가 크지 않다. 주주배정 방식은 일반공모 방식에 비
해 비용이 낮다.[32] 이렇듯 주주배정 방식의 여러 유리한 점에도 불구하고 대부분의 미국에서의 공모가 일
반공모 방식인 이유는 퍼즐이다. 일반공모 방식의 한 가지 장점은 인수회사가 공모에서 큰 역할을 담당하
기 때문에 발행회사의 질에 대해 신뢰성을 증명해준다는 것이다. 만일 비대칭 정보의 양이 크고 기존 주주

30 M. Carlson, A. Fisher, and R. Giammarino, "Corporate Investment and Asset Price Dynamics: Implications for the Cross-
section of Returns," *Journal of Finance* 59(6) (2004): 2577–2603.

31 A. Brav, C. Geczy, and P. Gompers (see footnote 20); B. E. Eckbo, R. Masulis, and O. Norli, "Seasoned Public Offerings:
Resolution of the New Issues Puzzle," *Journal of Financial Economics* 56(2) (2000): 251–291; E. Lyandres, L. Sun, and L.
Zhang, "The New Issues Puzzle: Testing the Investment-Based Explanation" *Review of Financial Studies* 21 (6) (2008): 2825–
2855; and M. Carlson, A. Fisher, and R. Giammarino, "SEO Risk Dynamics," University of British Columbia working paper
(2009).

32 영국의 경우 평균적인 일반공모 방식의 비용은 6.1%인데 주주배정 방식은 4.6%로 나타났다. Myron Slovin, Marie Sushka, and
Kam Wah Lai (*Journal of Financial Economics* 57 (2), 2000).

의 다수가 공모 주식을 매수한다면, 이러한 증명의 이점이 비용의 불리함을 극복할 것이다. 에스펜 에크보 (Espen Eckbo)와 로널드 마술리스(Ronald Masulis) 교수는 이 가설에 대한 실증적 지지를 얻었다.[33]

1. 유상증자에서 일반공모 방식과 주주배정 방식의 차이는 무엇인가?
2. 유상증자에 대한 평균적인 주가 반응은 무엇인가?

핵심 요점 및 수식

23.1 비공개기업의 자기자본 조달

- 비공개기업은 엔젤투자자, 벤처캐피털 회사, 기관투자자 혹은 기업 투자자로부터 외부의 자기자본을 조달할 수 있다.
- 초기 단계 기업가들은 사업을 창업할 수 있는 최초의 자본을 제공하는 엔젤 투자자들을 더 많이 발견할 수 있다.
- 회사의 설립자가 자본조달을 위해 외부에 주식을 매각하면 설립자의 지분율과 회사 경영권은 줄어든다.
- 비공개 회사에 대한 벤처캐피털 투자자는 종종 회사의 투자 전 가치에 대한 조건을 협상한다. 투자 전 가치 는 자금조달 라운드에서 사용되는 주식가격을 이전의 발행주식 수에 곱한 것이다.
- 투자 전 가치가 주어지면 투자금액은 아래의 관계를 가진다.

$$\text{투자 후 가치} = \text{투자 전 가치} + \text{투자금액} \tag{23.1}$$

추가적으로 새로운 투자자가 보유한 소유권 비율은 아래와 같다.

$$\text{소유권 비율} = \text{투자금액} / \text{투자 후 가치} \tag{23.2}$$

- 벤처캐피털 투자자는 전환우선주를 가진다. 전환우선주는 청산 우선권, 우선순위, 희석방지 보호, 참여 권 한, 이사회 구성원 권리 등과 같은 조항으로 인해 보통주와 차이가 있다.
- 비공개 회사에 대한 지분 투자자는 한두 가지의 출구 전략을 통해 주식을 궁극적으로 매도할 계획을 한다. 그것은 인수나 혹은 공모이다.

23.2 기업공개(IPO)

- 기업공개(IPO)는 회사가 처음으로 주식을 대중에게 매도하는 것이다.
- 기업을 공개하는 주된 장점은 더 높은 유동성을 가지며 자본조달이 더 용이하다는 것이다. 단점은 규제와 재 무보고 요건의 강화를 포함하고 회사의 경영진을 감시하는 투자자의 능력을 감소시키는 것이다.
- IPO 동안에 판매되는 주식은 신규발행(주식이 새로운 자금조달을 위해 사용됨)이거나 구주매도(주식이 구 주주로부터 매각됨)이다.
- IPO 동안에 판매되는 주식은 위탁모집 기준으로 총액인수 IPO로, 혹은 경매 IPO를 이용하여 판매된다. 총 액인수 과정은 미국에서 가장 보편적인 관행이다.

---

33 "Adverse Selection and the Rights Offer Paradox," *Journal of Financial Economics* 32 (1992): 293 – 332.

- 인수회사는 IPO 과정을 관리하고 발행회사가 주식을 매도하도록 도와주는 투자은행이다.
  - 대표 주관사는 IPO를 관리하는 책임이 있다.
  - 대표 주관사는 주식 매각을 돕기 위해 신디케이트라고 불리는 인수회사 집단을 구성한다.
- SEC는 IPO 이전에 유가증권 발행신고서를 제출하도록 요구한다. 예비 투자설명서는 유가증권 발행신고서의 일부로 주식이 모집되기 이전에 투자자에게 배포된다. 거래가 완료되면 회사는 최종 투자설명서를 제출한다.
- 인수회사는 IPO 이전에 가치평가 기법과 수요예측을 통해 발행회사의 가치를 평가한다.
- 인수회사는 IPO 과정에서 위험에 직면한다. 그린슈 조항은 인수회사가 IPO와 관련된 위험을 관리하는 하나의 방안이다.

23.3 IPO 퍼즐

- IPO와 관련된 몇 가지 퍼즐이 있다.
  - 평균적으로 IPO는 저가발행된다.
  - 신주발행은 뚜렷한 순환주기를 가진다.
  - IPO의 거래비용은 상당히 높다.
  - IPO 이후 장기 성과는 평균적으로 나쁘다.

23.4 유상증자(SEO)

- 유상증자(SEO)는 이미 공개되어 거래되는 회사가 주식을 판매하는 것이다.
- 두 종류의 SEO가 있다. 일반공모 방식(신주가 투자자에게 대대적으로 매각됨)와 주주배정 방식(신주가 기존 주주에게만 매각됨)이다.
- 유상증자(SEO)에 대한 주식가격의 반응은 평균적으로 부정적이다.

주요 용어

경매 IPO(auction IPO)
구주매도 공모(secondary offering)
구주매도 주식(secondary shares)
그린슈 조항(greenshoe provision)
기업공개(initial public offering, IPO)
기업 투자자(corporate investor)
기업 파트너(corporate partner)
대표 주관사(lead underwriter)
동등순위(pari passu)
묘석광고(tombstones)
발행신고서(registration statement)
벤처캐피털리스트(venture capitalists)
벤처캐피털 회사(venture capital firm)
보호예수(lockup)
사모 펀드 회사(private equity firm)
성공 보수(carried interest)
수요예측(book building)

순회설명회(road show)
승자의 저주(winner's curse)
신규발행 공모(primary offering)
신규발행 주식(primary shares)
신디케이트(syndicate)
엔젤 집단(angel group)
엔젤 투자자(angel investors)
예비 투자설명서(preliminary prospectus, red herring)
우선주(preferred stock)
우선순위(seniority)
유니콘(unicorn)
유상증자(seasoned equity offering, SEO)
위탁모집 IPO(best-efforts IPO)
이사회 구성원(board membership)
인수 스프레드(underwriting spread)
인수회사(underwriter)
일반공모 방식(cash offer)

자금조달 라운드(funding round)

전략적 투자자(strategic investor)

전략적 파트너(strategic partner)

전환우선주(convertible preferred stock)

전환 채권(convertible note)

주주배정 방식(rights offer)

차입매수(leveraged buyout, LBO)

참여 권한(participation rights)

청산 우선권(liquidation preference)

초과배정(over-allotment allocation)

총액인수 IPO(firm commitment IPO)

최종 투자설명서(final prospectus)

출구 전략(exit strategy)

크라우드펀딩(crowdfunding)

투자 전 가치(pre-money valuation)

투자 후 가치(post-money valuation)

하향 라운드(down round)

희석방지 보호(anti-dilution protection)

추가 읽을거리

이 장에서 다룬 주제에 대하여 좀 더 상세한 내용은 아래 자료를 참고하라. B. E. Eckbo, R. Masulis, and O. Norli, "Security Offerings: A Survey," in B. E. Eckbo (ed.), *Handbook of Corporate Finance, Vol. 1: Empirical Corporate Finance* (Elsevier/North Holland, 2007); and J. Ritter, "Investment Banking and Securities Issuance," in G. Constantinides, M. Harris, and R. Stulz (eds.), *Handbook of the Economics of Finance* (North-Holland, 2012).

특정한 주제에 대해 상세한 내용은 아래 자료를 참조하라.

엔젤 자금조달 엔젤캐피털협회(ACA, www.angelcapitalassociation.org)와 엔젤자금기구(ARI, www.angelresourceinstitute.org)는 엔젤 자금조달에 대한 최근 자료를 제공한다. W. Kerr, J. Lerner and A. Schoar, "The Consequences of Entrepreneurial Finance: Evidence from Angel Financings," *Review of Financial Studies* 27 (2014)는 엔젤 투자의 성공을 연구한다. 그리고 S Bernstein, A. Korteweg, and K. Laws, "Attracting Early Stage Investors: Evidence from a Randomized Field Experiment," *Journal of Finance* (2016)에서 AngelList를 이용한 무작위 필드 스터디를 통해 투자자에게 초기 단계 기업에서 가장 중요한 창업 특성을 확인한다.

벤처캐피털 P. Gompers, "Venture Capital," in B. E. Eckbo (ed.), *Handbook of Corporate Finance, Vol. 1: Empirical Corporate Finance* (Elsevier/North Holland, 2007); P. Gompers and L. Lerner, "The Venture Capital Revolution," *Journal of Economic Perspectives* 15(2) (2001): 145–168; and S. Kaplan and P. Stromberg, "Contract, Characteristics and Actions: Evidence from Venture Capitalist Analysis," *Journal of Finance* 59(5) (2004): 2177–2210.

IPOs 제이 리터 교수의 웹사이트(bear.warrington.ufl.edu/ritter/)는 IPO 주제에 대한 풍부한 자료와 최근 연구를 연결하고 있다. 기타 연구는 아래 문헌을 포함한다. L. Benveniste and W. Wilhelm, "Initial Public Offerings: Going by the Book," *Journal of Applied Corporate Finance* 10(1) (1997): 98–108; F. Cornelli and D. Goldreich, "Bookbuilding and Strategic Allocation," *Journal of Finance* 56(6) (2001): 2337–2369; A. Ljungqvist, "IPO Underpricing," in B. E. Eckbo (ed.), *Handbook of Corporate Finance, Vol. 1: Empirical Corporate Finance* (Elsevier/North Holland, 2007); T. Jenkinson and A. Ljungqvist, *Going Public: The Theory and Evidence on How Companies Raise Equity Finance* (Oxford University Press, 2001); M. Lowry and G. W. Schwert, "IPO Market Cycles: Bubbles or Sequential Learning?" *Journal of Finance* 57(3) (2002): 1171–1200; M. Pagano, F. Panetta, and L. Zingales, "Why Do Companies Go Public? An Empirical Analysis," *Journal of Finance* 53(1) (1998): 27–64; L. Pástor and P. Veronesi, "Rational IPO Waves," *Journal of Finance* 60(4) (2005): 1713–1757; and I. Welch, "Seasoned Offerings, Imitation Costs and the Underpricing of Initial Public Offerings," *Journal of Finance* 44(2) (1989): 421–449.

SEOs A. Brav, C. Geczy, and P. Gompers, "Is the Abnormal Return Following Equity Issuances Anomalous?" *Journal of Financial Economics* 56(2) (2000): 209–249; J. Clarke, C. Dunbar, and K. Kahle, "Long-Run Performance and Insider Trading in Completed and Canceled Seasoned Equity Offerings," *Journal of Financial and Quantitative Analysis* 36(2) (2001): 415–430; and B. E. Eckbo and R. Masulis, "Seasoned Equity Offerings: A Survey." In R. Jarrow et al. (eds.), *Handbooks in Operations Research and Management Science*, 9th ed. (1995): 1017–1059; C. Holderness and J. Pontiff, "Shareholder Nonparticipation in Valuable Rights Offerings: New findings for an Old Puzzle," *Journal of Financial Economics* (2016).

가기자본 조달의 비용 O. Altinkilic and R. Hansen, "Are There Economies of Scale in Underwriting Fees? Evidence of Rising External Financing Costs," *Review of Financial Studies* 13(1) (2000): 191–218.

연습문제

* 표시는 난이도가 높은 문제다.

비공개기업의 자기자본 조달

1. 기업이 자기자본을 조달하기 위한 대안적인 자금원에는 무엇이 있는가?

2. 비공개 회사가 기업 투자자에게 자금을 조달하는 장점과 단점은 무엇인가?

3. 스타웨어 소프트웨어는 작년에 설립되어 게임 애플리케이션 소프트웨어를 개발하고 있다. 설립자는 최초 $800,000를 투자하여 8 백만 주를 받았다. 스타웨어는 현재 2차 자본조달 라운드가 필요한 시점으로 투자에 관심을 가지는 벤처캐피털리스트(VC)와 협의 중이다. 이 VC는 $1 백만을 투자하고 투자 완료 후에 회사 지분의 20%를 원하고 있다.

   a. 회사 지분의 20%를 받으려면 VC가 얼마의 주식을 받아야만 하는가? 이번 자금조달의 주당 가격은 얼마로 추정되는가?

   b. 이번 투자 이후 전체 기업의 가치(투자 후 가치)는 얼마가 되겠는가?

4. 벤처캐피털 회사인 GSB는 $100 백만의 약속된 자금을 조달하였다. 10년의 펀드 수명 동안에 매년 GSB의 관리 수수료로 약속된 자금의 2%가 지불될 것이다. 벤처캐피털 산업의 관행에 따라 GSB는 $80 백만(약속된 자금의 수명 동안의 관리 수수료를 차감)만을 투자할 것이다. 10년 말에 펀드의 투자는 $400 백만의 가치가 되었다. GSB는 펀드의 이익에 대해서 (관리 수수료를 제외하고) 20%를 성공보수로 부과한다.

   a. 투자 자금 $80 백만이 즉시 투자되었고 모든 투자를 10년 말에 회수한다고 가정하면, GSB의 투자 IRR은 얼마인가? IRR의 계산에서 관리 수수료는 무시한다.

   b. 물론 투자자(혹은 유한책임 파트너)로서 자신의 IRR, 즉 지불된 수수료를 차감한 후의 IRR에 관심이 있을 것이다. 투자자들이 GSB에게 전체 $100 백만을 미리 모두 주었다고 가정하면, GSB의 투자자인 유한책임 파트너의 IRR(즉, 모든 수수료 지불 후의 IRR)은 무엇인가?

5. 당신은 3년 전에 회사를 설립하였다. $100,000를 투자하고 시리즈 A 우선주 5 백만 주를 받았다. 당신의 회사는 그 이후에 3차 라운드에 걸쳐 자금을 조달하였다.

자금조달 라운드	가격($)	발행주식 수
시리즈 B	0.50	1,000,000
시리즈 C	2.00	500,000
시리즈 D	4.00	500,000

   a. 시리즈 D 자금조달 라운드 이전 투자 전 가치는 얼마인가?

   b. 시리즈 D 자금조달 라운드 이후 투자 후 가치는 얼마인가?

c. 당신은 오직 시리즈 A 우선주만을 보유하고 있다고 가정하자(각 시리즈의 우선주는 1주의 보통주로 전환할 수 있다). 마지막 자금조달 라운드가 끝난 후 당신이 보유한 지분율은 얼마인가?

6. 당신의 로봇 자동화 창업기업인 켈라 컨트롤은 다음과 같이 자금을 조달하였다.

자금조달 라운드	투자 전 가치($)	투자 후 가치($)
시리즈 A	8 백만	12 백만
시리즈 B	25 백만	40 백만
시리즈 C	100 백만	150 백만

a. 켈라는 각 라운드에서 얼마를 조달하는가?

b. 다른 증권의 발행이 없다고 가정하면, (설립자와 종업원인) 보통주 주주가 보유한 지분이 각 라운드가 끝난 후에 전체에서 차지하는 비중은 얼마인가?

c. 시리즈 C 자금조달이 끝난 후에 각 시리즈의 소유권 분포는 어떻게 되는가?

d. 기업이 최종적으로 $500 백만에 매각되면, 각 시리즈는 얼마의 금액 배수를 얻는가? 설립자와 종업원은 얼마를 받는가? (모든 우선주는 보통주로 전환된다고 가정)

7. 베루는 최근 투자 전 가치 $9 백만을 가지고 $5 백만을 조달했다. 추가적으로 $6 백만을 조달하려고 한다. 하향 라운드를 피하면서 기업이 모집할 수 있는 최대 지분은 얼마인가?

*8. 비트박스는 $40 백만의 투자 후 가치와 1.5배의 청산 우선권을 가지는 시리즈 A 라운드에서 $10 백만을 조달하였다. 그리고 $75 백만의 투자 후 가치와 3배의 청산 우선권 및 시리즈 A에 대하여 우선순위를 가지는 시리즈 B 라운드에서 $25 백만을 조달하였다. 만일 비트박스가 매각된다면 시리즈 A, 시리즈 B, 그리고 보통주 주주는 얼마를 받게 될까?

a. $85 백만

b. $100 백만

c. $200 백만

d. $300 백만

기업공개(IPO)

9. 기업공개의 주요 장점과 단점은 무엇인가?

10. 인수회사에게 위탁모집 IPO, 총액인수 IPO, 경매 IPO 중에서 가장 위험이 큰 것은 무엇인가? 그 이유는?

11. 라운드트리 소프트웨어는 경매 IPO를 이용하여 기업공개를 할 예정이다. 회사는 다음과 같은 수요 물량을 받았다.

가격($)	수요 주식 수
14.00	100,000
13.80	200,000
13.60	500,000
13.40	1,000,000
13.20	1,200,000
13.00	800,000
12.80	400,000

라운드트리가 이번 IPO에서 1.8 백만 주를 매각할 것이라고 가정하면, 경매낙찰 공모가격은 얼마인가?

12. 당신은 3년 전에 캠핑, 스키, 하이킹과 같은 활동에 필요한 장비와 의류를 판매하는 전문 소매점인 아웃도어 레크리에이션을 설립하였다. 지금까지 회사는 3차에 걸친 자금조달 라운드를 실행하였다.

자금조달 차수	일자	투자자	발행주식 수	주당 가격($)
시리즈 A	2009년 2월	당신	500,000	1.00
시리즈 B	2010년 8월	엔젤 투자자	1,000,000	2.00
시리즈 C	2011년 9월	벤처캐피털	2,000,000	3.50

지금 현재(2012년) 당신은 사업확장을 위해 추가적으로 자금조달이 필요하다. 당신은 IPO를 통해 기업을 공개하기로 결정하였다. 당신은 추가적으로 IPO를 통해 6.5 백만 주의 신주를 발행하려고 한다. 회사가 성공적으로 공모에 성공하면, 2012년 순이익은 $7.5 백만이 될 것으로 예상하고 있다.

a. 당신의 투자은행은 최근의 다른 IPO의 P/E 비율인 20.0에 맞춰 2012년 예상 순이익을 바탕으로 하여 공모가격을 설정하라고 조언한다. 당신의 IPO가 유사한 주가배수을 가진다고 하면 주당 가격은 얼마가 되겠는가?

b. IPO 이후에 당신이 보유한 지분율은 얼마가 되겠는가?

IPO 퍼즐

13. IPO 저가발행은 무엇인가? 당신이 모든 IPO에서 주식을 매수한다면, 저가발행에서 반드시 이득을 볼 수 있을까?

14. 마골리스는 최근에 IPO를 하였다. 주식은 주당 $14에 공모되었다. 거래 첫날에 주식은 주당 $19에 마감하였다. 마골리스의 첫날 수익률은 얼마인가? 저가발행에서 누가 이익을 얻는가? 누가 손해를 보는가? 그 이유는?

15. 첸브라더스는 IPO로 주당 $18.50에 4 백만 주를 매각했다. 경영진은 수수료(인수 스프레드)로 7%를 협의하였다. 이 수수료는 금액으로 얼마인가?

16. 당신의 회사는 IPO에서 10 백만 주를 매각하였다. IPO에서 5 백만 주는 신규발행주식이다. IPO 가격은 주당 $20로 정해졌고, 인수 수수료는 7%이다. IPO는 투자자들에게 성공적이어서 거래 첫날에 $50로 상승했다.

a. 당신의 회사는 IPO에서 얼마의 자금을 조달했는가?

b. IPO 이후 기업의 시가총액은 얼마인가?

c. 당신 회사의 IPO 이후 시장가치는 적정한 것이라고 가정한다. 인수 수수료가 없고 또한 저가발행이 없는 완전한 시장에서, 당신 회사가 적정한 시장가치로 투자가에게 직접 주식을 판매했다고 가정하자. (a)에서와 같은 금액의 자본을 조달할 때 주가는 어떻게 될까?

d. (b)와 (c)를 비교하여 IPO에서 시장 불완전성에 기인한 회사의 원래 투자자의 총비용은 얼마인가?

17. 당신은 중개인에게 모든 가능한 IPO의 주식 1,000주를 요청하는 계약을 맺었다. 첫날 100% 상승하는 "매우 성공적"인 IPO는 10%이며, 10% 상승하는 "성공적인" IPO는 80%, 첫날 15% 하락하는 "실패하는" 경우는 10%이다.

a. 첫날에 평균 IPO는 어느 정도 상승하는가? 즉, IPO의 평균 저가발행은 얼마인가?

b. 당신은 IPO가 매우 성공적인 경우에 50주, 성공적인 경우 200주, 실패하는 경우 1,000주를 받을 것이라고 예상한다. 평균 IPO 주가는 $15이다. IPO 투자에서 첫날 기대되는 수익률은 얼마인가?

유상증자(SEO)

18. 메트로폴리탄은 1월 20일에 유상증자를 통해 8 백만 주를 팔았다. 당시 메트로폴리탄의 시장에서의 주가는 주당 $42.50였다. 8 백만 주에서 5 백만 주는 회사의 신규발행이었고, 나머지 3 백만 주는 벤처캐피털 투자자의 구주매도였다. 인수회사가 총 조달금액의 5%를 인수 수수료로 요구했다고 가정하자(신규발행과 구주매도 주식에 따라 비례하여 공유).

a. 메트로폴리탄은 얼마의 자금을 조달했는가?

b. 벤처캐피털은 얼마의 현금을 회수했는가?

19. 기업이 일반공모 방식을 이용한 유상증자로 주식을 매도하는 것의 장점은 무엇인가? 주주배정 방식의 장점은 무엇인가?

20. 맥켄지는 현재 10 백만 주의 주식을 주당 $40에 가지고 있다. 회사는 주주배정 방식으로 자금을 조달하려고 한다. 모든 주주는 1개의 신주인수권증서를 가지게 될 것이다. 회사는 주당 $40에 1주당 5개의 신주인수권증서를 요구할 계획이다.

a. 주주배정 방식이 성공한다면, 회사는 얼마의 자금을 조달하게 되는가?

b. (완전자본시장을 가정) 신주인수권증서가 모두 행사된 이후 주가는 얼마인가?

회사가 계획을 변경해서 1개의 신주인수권증서는 주당 $8에 1주를 매수할 수 있다고 하자.

c. 새로운 계획에서 회사는 얼마의 자금을 조달하게 되는가?

d. 신주인수권증서 행사 이후 주식의 가격은 얼마인가?

e. 기업의 주주에게 어느 계획이 유리한가? 어느 방식이 자금을 더 많이 조달할 수 있는가?

데이터 사례

2012년 5월 18일에 있었던 소셜 미디어의 거인인 페이스북의 공모만큼 관심을 끈 IPO는 없을 것이다. 이것은 8년 전 구글의 IPO를 쉽게 뛰어넘는 인터넷 역사상 가장 큰 IPO였다. 페이스북의 초기 투자자들의 수익뿐만 아니라 IPO 자체를 자세히 살펴보자.

1. 기업의 등록 서류 및 보고서 양식에 접근할 수 있는 SEC의 EDGAR 웹사이트(www.sec.gov/edgar.shtml)에 들어가 보자. "회사 등록 정보 검색(Search for Company Filings)"을 선택하고 회사 등록(company filings)에서 이름을 선택한다. "페이스북(Facebook)"을 입력하고 IPO 투자설명서(prospectus)를 검색한다. 서류는 IPO 일자에 "424B4"로 등록되어 있는데, 이것은 규정 424(b)(4)에 따라 투자설명서를 등록하기 때문에 규정에 따라 붙인 것이다. 투자설명서에서 다음 정보를 계산하자.

a. 비율 기준으로 인수 수수료는 얼마인가? 이 수수료는 전형적인 IPO와 비교했을 때 어떤 수준인가?

b. 신규발행 주식과 구주매도 주식이 공모에서 차지하는 비중은 얼마인가?

c. 그린슈 조항의 규모와 주식의 수는 얼마인가? 전체 거래에서 그린슈 조항에 해당되는 비율은 얼마나 되는가?

2. 이제는 구글 금융(Google Finance)으로 들어가서 "페이스북(Facebook)"을 검색하자. IPO 당일의 종가를 알아보자["과거 주가(Historical prices)"를 이용함]. 첫날의 수익률은 얼마인가? 전형적인 IPO와 비교해서 이 수익률 수준은 어떠한가?

3. 구글 금융에서 제공하는 자료를 이용하여, 페이스북의 IPO 이후 3개월 성과를 계산해 보자. 즉, IPO 당일에 종가로 페이스북 주식에 투자해서 나중에 3개월 뒤에 매도한 투자자가 얻을 것으로 생각되는 연간 수익률을 계산한다. 만일 1년 보유할 경우라면 수익률은 얼마인가?

4. 공모 이전에 페이스북은 이 장에서 언급한 모든 자금원에서 자금을 조달할 수 있었다. 한 가지 특정 자금원인 마이크로소프트(Microsoft Corporation)에 집중해보자.

a. 마이크로소프트는 2007년 10월에 페이스북에 투자를 했다. 페이스북의 기업 뉴스 사이트(newsroom. fb.com)에 가서 이 투자를 공시한 언론보도문을 찾아보자. 언론보도의 정보와 IPO 투자설명서에 언급된 마이크로소프트의 소유 지분을 이용해서 마이크로소프트가 지불한 주당 가격을 계산하자.

b. IPO를 통해서(IPO 가격을 이용) 마이크로소프트가 투자로 얻은 수익률(연간 기준으로 표현)을 계산하자.

c. IPO를 통해서 마이크로소프트는 어느 정도의 돈을 받게 되는가?

5. 페이스북은 페이팔(PayPal) 설립자인 피터 티엘(Peter Thiel)을 엔젤 투자자로 영입했다. 티엘 씨는 페이스북에 엔젤로 한 번만 투자한 것이 아니라 나중 라운드에서도 자신의 벤처캐피털 회사인 파운더 펀드(Founder Fund)의 투자자를 위해서 투자했다. 엔젤로서 티엘 씨는 2004년 9월에 $500,000를 투자했다. 엔젤 라운드에서 투자한 모든 주식이 리븐델 원(Rivendell One LLC)[34]의 이름으로 등록되었다고 가정하고, 투자설명서의 정보를 이용하여 아래 사항을 계산하자.

   a. 엔젤로 투자한 주식의 주당 가격은 얼마인가?

   b. 이 투자로 얻은 (IPO 가격을 이용) 연간 수익률은 얼마인가?

   c. IPO 조달금액에서 티엘 씨가 받은 (리븐델 투자 하나로 가정) 엔젤 자금은 얼마인가?

주석 : 이 사례 분석에 대한 갱신은 www.berkdemarzo.com에서 찾을 수 있다.

---

34 티엘 씨가 페이스북에 투자한 것을 어떻게 가지고 있는지는 개인적인 정보이기 때문에, 이러한 추정의 실질적인 근거는 없다. 다만 티엘 씨는 반지의 제왕의 팬인 것으로 알려져 있다. 리븐델은 반지의 제왕 촬영지이다.

타인자본 조달

2005년 중반 포드 자동차는 자회사 중의 하나인 허츠 주식회사(Hertz Corporation)를 매각하기 위해 이 회사를 경쟁 입찰에 올렸다. 2005년 9월 13일 월스트리트 저널은 사모 펀드인 클레이튼 듀빌리어 앤 라이스(Clayton, Dubilier & Rice, CDR)의 주도로 사모 투자자 그룹이 포드로부터 허츠의 발행주식을 $5.6 십억에 매수하는 계약이 체결되었다고 보도했다. 또한 허츠는 $9.1 십억의 기존 채무를 가지고 있었는데, 이 채무를 차환하는 것이 계약 사항 중의 하나이다. CDR은 이 거래를 위해 $11 십억의 신규 채무를 통해 추가적인 자금조달을 할 계획이었다. 대부분의 매수 자금이 차입(레버리지)을 통해 조달되므로, 이러한 거래를 차입매수(LBO)라고 한다. 타인자본 조달에 대한 예시를 위해 이 장의 전반에서 이 거래에 대한 자세한 사항들을 살펴보게 될 것이다.

기업이 채무를 통해 자본을 조달할 때 몇 가지 원천이 있다. 허츠의 매수 입찰에 응하기 위하여 CDR이 주도하는 사모 펀드 그룹은 국내 및 외국 통화 표시 고수익 채권, 은행 대출, 자산담보 채권 등 적어도 네 종류 이상의 채무에 의존해야 한다. 또한 각 채무는 발행 시점에 결정되는 각각의 고유한 조건을 가지고 있다. 그러므로 우리는 타인자본 조달에 대한 고찰을 채무의 발행 과정에 대한 설명에서부터 시작한다.

기업은 채무로 자금을 조달하는 유일한 주체는 아니다. 정부, 지방정부, 준정부기관(예 : 주정부기업)과 같은 기타 지방정부기관도 채무시장을 이용하여 자본을 조달한다. 따라서 이 장의 범위는 반드시 제23장의 범위보다 넓어야 한다. 여기서는 기업 채무가 아닌 모든 중요 채무의 유형을 소개한다. 마지막으로 수의상환 조항 및 전환 옵션과 같은 고도화된 채권의 특성에 대해 논의한다.

24.1 기업 채무

제23장에서 비공개기업이 공개기업이 되는 방법에 대해 논의한 내용을 상기해보자. CDR이 허츠를 인수한 거래는 공개기업이 비공개기업이 되는 반대되는 전환의 예이다. 이 경우 차입매수(leveraged buyout, LBO)를 통해 이루어진다. 차입매수에서는 사모 투자자 그룹이 공개기업의 모든 지분을 매입한다는 것을 상기하자.[1] 총가치 $15.2 십억의[2] 허츠의 차입매수는 당시 두 번째로 큰 거래였다(당시 최대 LBO는 1989년 RJR-나비스코의 $31.3 십억 인수였다). 이런 방식으로 공개기업을 비공개기업으로 만드는 것은 대량의 기업 채무 발행을 필요로 한다. 표 24.1은 허츠의 차입매수 자금조달을 위해 발행된 채무를 보여준다. 이러한 채무 발행을 예로 들어 기업이 채무를 발행하는 방법을 설명하고자 한다.

공모발행 채무

회사채는 주식회사가 발행한 유가증권이다. 회사채는 투자 자본의 상당한 금액을 차지한다. 2015년 중반 미국의 회사채의 발행 잔액 가치는 약 $8.1 조이다.

채권안내서 채권의 공모발행은 주식의 공모발행과 유사하다. 채권안내서(prospectus 또는 offering memorandum)는 공모발행되는 채권에 대한 세부사항들을 기술하도록 작성되어야 한다. 그림 24.1은 허츠의 채권안내서 표지를 보여주고 있다. 공모발행에 대한 채권안내서는 **발행계약서**(indenture)를 포함하여야 한다. 발행계약서는 채권 발행자의 채권 보유자에 대한 의무를 규정하는 공식적인 계약이다. 이 계약은 채권 발행자와 채권 보유자의 이해를 대변하고 발행계약서 조건의 이행을 보증하는 신탁회사 간에 이루어지는 계약이다. 채무불이행 시 신탁회사는 채권 보유자의 이해를 대변해야 한다.

회사채는 거의 대부분 이표를 반년마다 지급하지만, 소수의 기업(예 : 코카콜라)들은 무이표채를 발행하기도 한다. 역사적으로 볼 때 회사채는 여러 가지 만기를 갖고 발행되었다. 과거에는 회사채의 발행 시 만기가 999년인 적도 있었지만, 대부분 회사채의 만기는 30년 또는 그 이하이다. 예를 들어 1993년 7월 월트 디즈니는 $150 백만의 채권을 100년 만기로 발행했는데, 발행 후 이 채권은 "잠자는 미녀(Sleeping

표 24.1	허츠의 LBO 일환으로 발행된 신규 채무	
채무의 유형		금액($ 백만)
공모발행 채무		
정크본드 발행		2,668.9
사모발행 채무		
만기대출		1,707.0
자산담보 회전 한도 대출		400.0
자산담보 "차량군" 채무		6,348.0
합계		**$11,123.9**

---

1 허츠는 이 거래 당시 공개기업인 포드자동차주식회사의 전액 출자 자회사였다. 2001년 포드가 허츠의 발행주식을 인수하기 전에 허츠는 공개적으로 거래되었다.

2 총가치에는 $5.6 십억의 주식, $9.1 십억의 채무 및 $0.5 십억의 수수료 및 비용이 포함된다. 이 거래는 $11.1 십억의 신규 채무 외에도 허츠의 자체 현금 및 유가증권 $1.8 십억(포드의 $1.2 십억 채무 포함)을 사용하여 자금을 조달했다. 남은 $2.3 십억의 사모 주식은 클레이튼, 더빌리어 앤 라이스, 칼라일 그룹, 메릴린치 글로벌 사모 펀드가 출자했다.

OFFERING MEMORANDUM   CONFIDENTIAL

Hertz®

CCMG Acquisition Corporation
to be merged with and into The Hertz Corporation
$1,800,000,000 8.875% Senior Notes due 2014
$600,000,000 10.5% Senior Subordinated Notes due 2016
€225,000,000 7.875% Senior Notes due 2014

The Company is offering $1,800,000,000 aggregate principal amount of its 8.875% Senior Notes due 2014 (the "Senior Dollar Notes"), $600,000,000 aggregate principal amount of its 10.5% Senior Subordinated Notes due 2016 (the "Senior Subordinated Notes" and, together with the Senior Dollar Notes, the "Dollar Notes"), and €225,000,000 aggregate principal amount of its 7.875% Senior Notes due 2014 (the "Senior Euro Notes"). The Senior Dollar Notes and the Senior Euro Notes are collectively referred to as the "Senior Notes," and the Dollar Notes and the Senior Euro Notes are collectively referred to as the "Notes."

The Senior Notes will mature on January 1, 2014 and the Senior Subordinated Notes will mature on January 1, 2016. Interest on the Notes will accrue from December 21, 2005. We will pay interest on the Notes on January 1 and July 1 of each year, commencing July 1, 2006.

We have the option to redeem all or a portion of the Senior Notes and the Senior Subordinated Notes at any time (1) before January 1, 2010 and January 1, 2011, respectively, at a redemption price equal to 100% of their principal amount plus the applicable make-whole premium set forth in this offering memorandum and (2) on or after January 1, 2010 and January 1, 2011, respectively, at the redemption prices set forth in this offering memorandum. In addition, on or before January 1, 2009, we may, on one or more occasions, apply funds equal to the proceeds from one or more equity offerings to redeem up to 35% of each series of Notes at the redemption prices set forth in this offering memorandum. If we undergo a change of control or sell certain of our assets, we may be required to offer to purchase Notes from holders.

The Senior Notes will be senior unsecured obligations and will rank equally with all of our senior unsecured indebtedness. The Senior Subordinated Notes will be unsecured obligations and subordinated in right of payment to all of our existing and future senior indebtedness. Each of our domestic subsidiaries that guarantees specified bank indebtedness will guarantee the Senior Notes with guarantees that will rank equally with all of the senior unsecured indebtedness of such subsidiaries and the Senior Subordinated Notes with guarantees that will be unsecured and subordinated in right of payment to all existing and future senior indebtedness of such subsidiaries.

We have agreed to make an offer to exchange the Notes for registered, publicly tradable notes that have substantially identical terms as the Notes. The Dollar Notes are expected to be eligible for trading in the Private Offering, Resale and Trading Automated Linkages (PORTAL℠) market. This offering memorandum includes additional information on the terms of the Notes, including redemption and repurchase prices, covenants and transfer restrictions.

Investing in the Notes involves a high degree of risk. See "Risk Factors" beginning on page 23.

We have not registered the Notes under the federal securities laws of the United States or the securities laws of any other jurisdiction. The Initial Purchasers named below are offering the Notes only to qualified institutional buyers under Rule 144A and to persons outside the United States under Regulation S. See "Notice to Investors" for additional information about eligible offerees and transfer restrictions.

Price for each series of Notes: 100%

We expect that (i) delivery of the Dollar Notes will be made to investors in book-entry form through the facilities of The Depository Trust Company on or about December 21, 2005 and (ii) delivery of the Senior Euro Notes will be made to investors in book-entry form through the facilities of the Euroclear System and Clearstream Banking, S.A. on or about December 21, 2005.

Joint Book-Running Managers

Deutsche Bank Securities   **Lehman Brothers**

Merrill Lynch & Co.   **Goldman, Sachs & Co.**   **JPMorgan**

Co-Lead Managers

BNP PARIBAS   **RBS Greenwich Capital**   **Calyon**

The date of this offering memorandum is December 15, 2005.

Beauty) 채권"이라는 이름을 갖게 되었다.

채권의 액면가치 또는 원금은 표준적인 증가액(대개 $1,000)으로 표시된다. 발행비용이 존재하고 채권이 발행 시에 할인되어 발행될 가능성이 있기 때문에 채권의 액면가치는 실제 자금조달 금액과 항상 일치하지 않는다. 만약 이표채가 할인되어 발행된다면, 이 이표채를 **할인발행 채권**(original issue discount,

OID)이라고 부른다.

무기명 채권 및 등록 채권   공모발행에서 발행계약서는 채권의 발행 조건을 제시한다. 대부분의 회사채는 이표채이며, 이표는 두 가지 방법 중 하나로 지급된다. 역사적으로 대부분의 채권은 무기명 채권이었다. **무기명 채권**(bearer bonds)은 화폐와 같다. 누구든지 채권 증서를 물리적으로 보유하고 있는 사람이 그 채권을 소유한다. 이표를 지급 받으려면 무기명 채권의 보유자가 소유권을 명시적으로 증명해야 한다. 보유자는 말 그대로 채권 증서에서 이표(coupon)를 잘라내어 지급 대행사에게 우편을 보내서 그 소유권을 증명한다. 누구든지 이표를 제시하면 지급이 이루어진다. 이에 따라 이표 지급을 "쿠폰" 지급이라고 부른다. 이표를 잘라내어 우편을 보내는 것과 관련된 명백한 번거로움 외에도 무기명 채권에 심각한 보안 문제가 있다. 채권 증서를 잃어버리는 것은 화폐를 잃어버리는 것과 같다.

이에 따라 현재 발행되는 거의 모든 채권은 **등록 채권**(registered bonds)이다. 발행자는 채권자 전체 목록을 관리한다. 중개인은 발행자에게 소유권의 변경 사항을 통보한다. 각 이표 지급일에 채권 발행자는 등록된 소유자 목록을 참고하여 각 소유자에게 수표를 송부한다(또는 이표 지급액을 소유자의 중개 계좌에 직접 입금한다). 이 시스템은 또한 정부가 모든 이자 지급액을 손쉽게 추적할 수 있기 때문에 세금 징수를 용이하게 한다.

기업 채무의 유형   기업 채무에는 **중기 무담보 채무**(notes), **장기 무담보 채무**(debentures), **모기지 채권**(mortgage bonds), **자산담보 채권**(asset-backed bonds) 등 네 가지 유형이 있다(표 24.2 참조). 이 네 가지 유형의 기업 채무는 **무담보 채무**(unsecured debt)와 **담보 채무**(secured debt)로 분류할 수 있다. 무담보 채무는 보유자들에게 기업의 파산 시에 다른 채무에 담보로 제공된 기업 자산을 제외한 기업 자산에 대한 요구권을 부여하는 채무이다. 일반적으로 중기 무담보 채무는 만기가 10년 미만인 무담보 채무이며, 장기 무담보 채무는 만기가 10년 또는 그 이상인 무담보 채무이다. 담보 채무는 특정 자산을 담보로 제공하며, 채무불이행 시에 채권 보유자가 담보로 제공된 자산에 대해 직접적인 청구권을 행사할 수 있다. 모기지 채권은 부동산을 담보로 제공한다. 하지만 자산담보 채권은 어떤 유형의 자산이든지 상관없이 자산을 담보로 제공할 수 있다. 흔히 "채권"이란 용어가 모든 유형의 채무 증권을 의미하는 데 사용되지만, 기술적으로 회사채는 담보가 제공된 채무여야 한다.

허츠 차입매수로 돌아가서 이러한 개념을 설명하자. CDR은 기존 허츠의 기업 채무 중 약 $9 십억을 차환할 예정이었다. 그래서 합의에 이어 허츠는 기존의 모든 채권 보유자들에게 기존 채무를 다시 사겠다는 제안을 공개적으로 발표함으로써 공개매수 제안을 했다. 이 채권의 재매입은 몇 가지 종류의 신규 채무(담보 및 무담보 채무)를 발행함으로써 자금을 조달했으며, 이 모든 것은 허츠의 기업 자산에 대한 청구권이었다.

CDR과의 거래를 위한 자금조달의 일환으로 허츠는 $2.7 십억의 무담보 채무의 발행을 계획했다.[3] 허츠가 발행하려는 고수익 중기 무담보 채무(high-yield notes)는 정크본드(즉, 투자적격 등급 미만의 신용등급을 갖는 채권)라고 불린다.[4] 허츠의 거래를 위한 고수익 채권 발행은 세 가지 유형의 **트란쉐**(tranches)로 분류된다(표 24.3 참조). 허츠가 발행한 고수익 채권은 반년마다 이표를 지급하고 액면가(at

---

3   채권 보유자들이 예상보다 더 적게 채권을 매도했으며(LBO가 완료된 후 기존 채무 중 $1.6 십억이 재무상태표에 남아 있었음), 이로 인해 결국 $2 십억의 채무만을 발행했다.

4   기업 신용등급에 대한 설명은 제6장(표 6.4 참조)에서 찾을 수 있다.

표 24.2	기업 채무의 유형	
담보 채무		**무담보 채무**
모기지 채권(부동산을 담보)		중기 무담보 채무(만기가 10년 미만)
자산담보 채권(자산을 담보)		장기 무담보 채무

표 24.3 허츠의 2005년 12월 정크본드 발행

	선순위 달러 표시 중기채무	선순위 유로 표시 중기채무	후순위 달러 표시 중기채무
액면가	$1.8 십억	€225 백만	$600 백만
만기	2014년 12월 1일	2014년 12월 1일	2016년 12월 1일
이표	8.875%	7.875%	10.5%
발행가격	액면가	액면가	액면가
만기 수익률	8.875%	7.875%	10.5%
수의상환 특성	처음 3년 동안 미상환 채권 원금의 35%까지 108.875%에 상환가능	처음 3년 동안 미상환 채권 원금의 35%까지 107.875%에 상환가능	처음 3년 동안 미상환 채권 원금의 35%까지 110.5%에 상환가능
	4년 후부터 다음 수의상환가격으로 전액 수의상환 가능	4년 후부터 다음 수의상환가격으로 전액 수의상환 가능	5년 후부터 다음 수의상환가격으로 전액 수의상환 가능
	• 2010년 104.438%	• 2010년 103.938%	• 2011년 105.25%
	• 2011년 102.219%	• 2011년 101.969%	• 2012년 103.50%
	• 이후 액면가치	• 이후 액면가치	• 2013년 101.75%
			• 이후 액면가치
결제일	2005년 12월 21일	2005년 12월 21일	2005년 12월 21일
신용등급			
스탠다드 앤 푸어스	B	B	B
무디스	B1	B1	B3
피치	BB−	BB−	B+

par)에 발행되었다. 가장 규모가 큰 트란쉐는 $1.8 십억의 액면가치를 갖고 만기가 8년인 중기 무담보 채무다. 이 채권의 이표율은 8.875%로 미 재무부 채권 대비 4.45%의 스프레드를 갖고 발행되었다. 두 번째 트란쉐는 유로화로 표시되었고, 세 번째 트란쉐는 다른 두 트란쉐에 비해 후순위이고 10.5%의 이표율로 이표를 지급했다. 타인자본 조달의 나머지 부분은 사모 매출된 자산담보 채무와 은행 대출로 구성되었다.

우선순위 중기채무 및 장기채무는 안전하지 않다는 것을 상기하자. 하나 이상의 채권이 발행되어 있을 수 있기 때문에, 채권 보유자의 **우선순위**(seniority)라고 알려진 채무불이행 시 채권자의 우선순위가 중요하다. 결과적으로 대부분의 장기채무 발행에는 회사가 기존 채무와 동등하거나 높은 우선순위로 새로운 채무를 발행하는 것을 제한하는 조항이 포함되어 있다.

회사가 기존 채무보다 우선순위가 낮은 후속 장기채무를 발행할 경우 새로운 채무는 **후순위 무담보 채무**(subordinated debenture)로 알려져 있다. 채무불이행 시에 채권에 담보로 제공되지 않은 자산들은 선순

위 채무가 모두 상환될 때까지 후순위 채권자에게 상환하는 데 사용될 수 없다

허츠의 경우 정크본드 발행의 한 트란쉐는 다른 두 트란쉐보다 후순위인 중기채무다. 파산이 발생하는 경우 이 중기채무는 회사의 자산에 대해 더 낮은 우선권이 부여된다. 이 트란쉐 보유자는 허츠 채무불이행이 발생할 경우 더 적게 받는 경향이 있기 때문에, 이 채무의 수익률(10.5 %)은 첫 번째 트란쉐의 수익률(8.875 %)보다 더 높다.

채권시장   허츠 정크본드의 두 번째 트란쉐는 미 달러가 아닌 유로로 표시된 중기 무담보 채무로 국제 채권이다. 국제 채권은 크게 다음과 같은 네 가지 유형으로 분류된다. **국내 채권**(domestic bonds)은 현지 주체에 의해 발행되고 현지 시장에서 거래되지만, 외국인이 매입할 수 있는 채권이다. 국내 채권은 발행된 국가의 현지 통화로 표시된다. **외국 채권**(foreign bonds)은 외국 기업들이 현지 투자자들을 대상으로 현지 시장에서 발행하는 채권이다. 외국 채권 역시 현지 통화로 표시된다. 미국에서 발행되는 외국 채권은 **양키본드**(Yankee bonds)라고 불린다. 다른 나라들에서도 외국 채권은 특별한 이름을 가지고 있다. 예를 들어 일본에서 발행되는 외국 채권은 **사무라이본드**(Samurai bonds), 영국에서 발행되는 외국채권은 **불독**(Bulldogs)이라는 이름을 각각 가지고 있다.

유로본드(Eurobonds)는 발행되는 국가의 현지 통화로 표시되지 않는 국제 채권이다. 따라서 유로본드는 채권이 거래되는 시장의 물리적인 장소와 발행 주체의 위치 간에 아무런 상관관계가 없다고 할 수 있다. 유로본드는 발행자의 위치와 연관되거나 연관되지 않는 임의의 수의 통화들로 표시될 수 있다. 유로본드의 거래는 어느 특정 국가의 규제를 받지 않는다. **글로벌 채권**(global bonds)은 국내 채권, 외국 채권 및 유로본드의 특성을 결합한 채권으로 서로 다른 여러 국가에서 동시에 모집 및 매출되는 채권이다. 유로본드와 달리 글로벌 채권은 발행 국가의 통화와 동일한 통화로 발행할 수 있다. 허츠가 발행한 정크본드는 미국과 유럽에서 동시에 모집 및 매출되었으므로 글로벌 채권이라고 할 수 있다.

외국 통화로 지급하는 채권은 해당 통화의 보유 위험에 노출된다. 이로 인해 외국 통화로 지급하는 채권의 수익률은 다른 모든 조건은 동일하지만 국내 통화로 지급하는 채권의 수익률과 괴리되어 결정된다. 비록 허츠의 정크본드 중 유로 표시 중기 무담보 채무와 달러 표시 중기 무담보 채무는 동일한 우선순위와 만기를 가졌지만, 두 채권의 수익률은 서로 다르다. 비록 두 채권은 동일한 채무불이행 위험을 가졌지만, 현지 통화에 비해 외국 통화의 가치가 상대적으로 더 절하될 수 있기 때문에 두 채권의 환율 위험이 다르기 때문이다.

사모발행 채무

허츠는 정크본드 발행과 함께 $2 십억이 넘는 은행 대출을 받았다. 은행 대출은 채무가 공개적으로 거래되지 않는 **사모발행 채무**(private debt)의 한 가지 예이다. 사모발행 채무시장의 규모는 공모발행 채무시장의 규모보다 훨씬 크다. 사모발행 채무는 공개적으로 거래되지 않기 때문에 유동성이 낮고, 이로 인해 보유자가 제때에 팔 수 없는 단점을 가지고 있다.

사모발행 채무시장에는 은행 대출(기간 대출과 한도 대출), 사모발행(private placements)의 두 가지 세부 시장이 있다.

기간 대출   허츠는 $1.7 십억의 **기간 대출**(term loan)을 협상했는데, 기간 대출은 특정 기간까지 유지되는 은행 대출이다. 한 개 대출의 자금이 여러 은행의 그룹에 의해 조달될 때, 이를 **신디케이트 은행 대출**(syndicated bank loan)이라고 한다. 대개 신디케이트의 한 구성원(리드 뱅크)이 은행 대출의 조건을 협

상한다. 허츠의 경우 도이치뱅크가 이 대출을 CDR과 협상했고, 이 대출을 분할하여 다른 은행들(대부분 잉여 현금은 보유하지만 이렇게 큰 규모의 대출을 개별적으로 협상할 자원을 보유하지 못한 소규모의 지역 은행들)에게 매각하였다.

대부분의 신디케이트 대출은 투자적격 등급으로 평가된다. 그러나 허츠의 기간 대출은 예외다. 차입매수와 관련된 허츠의 기간 대출은 레버리지 신디케이트 대출(leveraged syndicated loans)로 알려져 있으며, 투기 등급으로 평가된다. 허츠의 경우 스탠다드 앤 푸어스는 BB, 무디스는 Ba2로 이 대출의 등급을 평가했다.

다우존스는 허츠가 기간 대출 이외에 자산담보 한도 대출을 협상했다고 보고했다. **회전 한도 대출**(revolving line of credit)은 특정 기간 동안 기업이 필요시 사용할 수 있는 한도 대출(허츠의 경우 5년 $1.6 십억)을 제공하기로 한 신용약정이다. 허츠가 한도 대출에서 대출한 최초 금액은 $400 백만이었다. 특정 자산이 담보로 제공된 허츠의 한도 대출은 허츠의 기간 대출보다 더 안전했다. 이에 따라 스탠다드 앤 푸어스는 BB+ 등급을 부여했다.

사모발행 사모발행(private placement)은 공개시장에서 거래되지 않고 소수의 투자자들에게 매도함으로써 이루어지는 채무 발행이다. 사모발행은 금융감독 당국에 등록할 필요가 없어 발행비용이 적게 든다. 사모발행은 단지 약속어음(simple promissory note)만으로도 충분한 경우가 있다. 사모발행 채무는 공모발행 채무와 동일한 기준을 따를 필요가 없다. 따라서 사모발행 채무는 특정한 상황에 맞게 맞춤설계 될 수 있다.

허츠의 사례로 다시 돌아가면, CDR은 $4.2 십억의 미국 자산담보증권과 $2.1 십억의 국제 자산담보증권을 사모발행했다. 이 경우 채무에 대한 담보자산은 이 회사가 소유한 렌터카 차량군(fleet)이었다. 이에 따라 이 채무는 모집 요강에서 "차량군 채무(fleet debt)"라는 이름이 붙었다.

1990년 미국 증권거래위원회는 특정 사모발행 채무의 유동성을 크게 확대한 룰 144A를 제정했다. 이 룰에 의해 발행된 사모발행 채무는 대규모 금융기관 간에 거래가 가능하다. 이 룰은 미국의 채무시장에 대한 외국 기업들의 접근성을 높이려는 목적으로 제정되었다. 이 룰 하에 발행되는 채무는 대개 사모발행 채무다. 하지만 금융기관 간에 거래가 이루어지기 때문에, 사모발행 채무의 유동성이 공모발행 채무의 유동성보다 약간 낮은 수준이다. 허츠는 표 24.3에 있는 $2.8 십억의 정크본드를 룰 144A에 따라 발행했다. (그림 24.1의 모집 문서가 "채권안내서"가 아닌 "모집 요강"이라고 불리는 이유는 채권안내서라는 용어가 공모발행 등록에만 사용되기 때문이다.) 허츠는 채권 발행을 위해 390일 이내에 채권을 공모발행 등록을 하기로 약속했다.[5] 공모발행 채무가 될 것이라는 인식하에서 모집되고 매출되기 때문에 이 채권은 공모발행 채무로 분류된다.

1. 일반적으로 거래되는 네 가지 유형의 기업 채무를 열거하라.
2. 국제 채권의 네 가지 유형은 무엇인가?

---

5 만약 허츠가 이 의무를 이행하지 못했다면 모든 채권의 이자가 0.5%씩 상승할 것이다.

24.2 다른 유형의 채무

기업은 채무를 자금조달 수단으로 사용하는 유일한 주체는 아니다. 우리는 채무 규모가 가장 큰 부문인 정부에 대한 대출부터 시작한다.

국채

국채(sovereign debt)는 한 나라의 정부가 발행한 채무이고 미국 정부가 발행한 채권은 미 재무부 채권으로 불린다는 제6장의 내용을 상기하자. 미 재무부 채권은 미국 채권시장의 단일 부문 중에서 가장 큰 부문이다. 2015년 6월 30일, 미 재무부 채권의 시장가치는 $12.70 조였다. 이 채권은 미국 정부가 돈을 빌려 적자 지출(즉, 세입보다 많은 지출)이 가능하도록 해준다.

미 재무부는 네 가지 종류의 증권을 발행한다(표 24.4 참조). 미 재무부 단기채는 만기가 수일에서 1년에 이르는 순수할인채다. 현재 미 재무부는 4, 13, 26, 52주 만기의 단기채를 발행한다. 미 재무부 중기채는 만기가 1년에서 10년 사이인 반년 이표채다. 미 재무부는 현재 2, 3, 5, 7 및 10년 만기의 채권을 발행한다. 미 재무부 장기채는 만기가 10년 이상인 반년 이표채다. 미 재무부는 현재 만기가 30년인 채권[종종 **장기채권**(long bonds)이라고 부름]을 발행한다. 이 모든 미 재무부 채권은 채권시장에서 거래된다.

미 재무부가 현재 발행하고 있는 마지막 채권 유형은 만기가 5, 10, 30년인 **물가연동국채**(Treasury Inflation-Protected Securities, TIPS)다. 이 채권은 표준적인 이표채와 한 가지 차이가 있다. 원금 잔액이 인플레이션에 따라 조정된다. 따라서 이표율은 고정되어 있지만 반년 달러 이표 지급액은 인플레이션 조정 원금의 일정한 비율이기 때문에 달러 이표가 다르다. 또한 만기의 원금(이자 지급이 아닌)의 최종 상환은 디플레이션으로부터 보호된다. 즉, 최종 인플레이션 조정 원금이 원래의 원금보다 작으면 원래의 원금이 상환된다.

예제 24.1 | **물가연동국채에 대한 이표 지급**

문제

2008년 1월 15일, 미 재무부는 만기 10년 이표율 $1\frac{5}{8}\%$의 물가연동 중기채를 발행했다. 발행일에 소비자물가지수(CPI)는 209.49645였다. 2015년 1월 15일, CPI가 236.85403으로 증가했다. 2015년 1월 15일에 지급되는 이표 지급액은 얼마인가?

풀이

CPI는 발행일과 2015년 1월 15일 사이에 226.33474/184.77419 = 1.13059배 증가했다. 이에 따라 이 채권의 원금은 이 금액만큼 증가했다. 즉, $1,000의 액면가치가 $1130.59가 되었다. 이 채권은 반년 이표를 지급하므로 이표 지급액은 $1130.59 × 0.01625/2 = $9.19이다.

미 재무부 채권은 처음에는 경매를 통해 일반에게 판매된다. 경쟁 입찰 및 비경쟁 입찰의 두 가지 형태의 입찰이 가능하다. 비경쟁 입찰자(보통 개인)는 매입하고자 하는 채권의 금액을 제출하고 경매에서 주문이 이행되는 것을 보장한다. 모든 경쟁 입찰자는 매입 의사가 있는 채권의 수익률 및 금액에 대한 봉인된 입찰서를 제출한다. 미 재무부는 각 거래의 자금조달에 필요한 최저 수익률(최고 가격)의 경쟁 입찰을 수락한다. 최고 수익률은 **스톱아웃 수익률**(stop-out yield)이라고 부른다. 스톱아웃 수익률은 입찰에 성공

표 24.4	현존하는 미 재무부 채권		
미 재무부 채권	유형		발행시 만기
단기채(Bills)	할인채		4, 13, 26, 52주
중기채(Notes)	이표채		2, 3, 5, 7, 10년
장기채(Bonds)	이표채		30년
물가연동국채	이표채		5, 10, 30년

한 모든 입찰자(비경쟁 입찰자 포함)에게는 적용된다. 미 재무부 단기채의 경우 스톱아웃 수익률은 채권 가격을 결정하는 데 사용되고, 모든 입찰자는 이 가격을 지불한다. 미 재무부 중기채 및 장기채의 경우 이 수익률은 채권의 이표를 결정하고, 모든 입찰자는 채권의 액면가치를 지불한다.[6] 미 재무부 채권에서 발생하는 모든 소득은 연방정부 차원에서 과세된다. 그러나 이 소득은 주정부 또는 지방정부 수준에서는 과세되지 않는다.[7]

만기가 1년 이상인 무이표 미 재무부 채권도 채권시장에서 거래된다. 이 채권은 **스트립 채권**(Separate Trading of Registered Interest and Principal Securities, STRIPS)이라고 부른다. 재무부는 스트립 채권을 발행하지 않는다. 대신 투자자(또는 더 일반적으로 투자은행)는 재무부 중기채와 장기채를 매입한 다음 이표와 원금을 분리하여 무이표채로 만들어서 판매한다.

위험에 노출된 디트로이트 아트 박물관

2013년 7월, 디트로이트 시는 챕터 9 파산 보호 신청을 발표하였으며, 이는 역사상 최대의 도시 채무불이행으로 기록되었다. 이 도시는 15개월 후 파산했고, 이 도시의 채무 중 $7 십억이 채무불이행되었고 연금 지급액이 4.5%나 감소했다. 그러나 이 도시가 미술관을 효과적으로 "팔지" 않았더라면 상황이가 더 나빠졌을 수 있다.

이 도시의 미술관 문제는 파산 신청이 시작되기 전에 케빈 오르(Kevyn Orr)가 이 도시의 비상 관리인으로 임명되고 미술관이 도시 채무의 상환을 돕기 위해 $500 백만의 예술 작품을 판매할 것을 요구했을 때 시작되었다. 미술관은 기부자들로부터 $800 백만을 모으고 이 돈을 사용하여 이 도시로부터 독립을 하는 데 사용하겠다고 응답했다. 이 도시의 파산 이후 미술관의 소유권은 도시에서 독립적인 신탁으로 이전되었다.

기업 파산 시에는 채권자가 기업의 모든 자산을 요구할 수 있다. 반면 지방정부 파산 시에는 채권자가 지방정부의 자산을 요구할 수 있는 능력이 매우 제한적이다. 박물관이 궁극적으로 파산 해결에 기여했지만, 기부 금액은 예술 분야에서 평가한 $4.6 십억보다 훨씬 적었다. 마찬가지로 연금 수급자가 연금 지급액의 삭감을 받아들였지만, 연금을 뒷받침하는 자산은 연금 계획에 그대로 남겨두고 채무를 상환하는 데 사용되지 않았다. 결국 채무 보유자는 청산하면 모든 손실의 전부는 아니더라도 일부를 충당할 수 있는 이 도시의 자산이 존재했음에도 불구하고 손실을 입었다.

출처 : Slate 11/7/2014 "Detroit Exits Bankruptcy, Thanks to Its Art Museum" and *New York Times*, 11/7/2014, "Grand Bargain' Saves the Detroit Institute of Arts."

---

6 이표는 1/8 단위로 지정된다. 낙찰된 수익률이 8로 나누어 떨어질 수 없다면, 이표율은 이 채권의 가격이 액면가에 가장 근접하지만 액면가를 넘지 않는 수준으로 설정된다.

7 더 자세한 내용은 미 재무부 웹사이트(www.treasurydirect.gov/)를 참고하길 바란다.

지방정부 채권

지방정부 채권(municipal bonds, 줄여서 "지방채")는 주정부 및 지방정부가 발행한 채권이다. 이 채권의 차별화된 특징은 이 채권에서 발생하는 소득이 연방정부 차원에서 과세되지 않는다는 점이다. 결과적으로 지방채는 때로는 면세 채권이라고 한다. 일부 지방채는 주세 및 지방세가 면제되기도 한다.

대부분의 지방채는 반년 이표를 지급한다. 한 번의 발행에 종종 여러 가지 다른 만기가 포함된다. 이러한 발행은 수년에 걸쳐 순차적으로 만기가 도래하기 때문에 종종 **연속상환 채권**(serial bonds)이라고 부른

글로벌 금융위기   채무담보부증권(CDO), 서브프라임 모기지, 그리고 금융위기

지니매(GNMA)와 주택저당증권을 발행하는 기타 정부 대행기관은 증권화하는 모기지의 유형을 제한한다. 예를 들어 이들은 일정 액면가치 이하, 그리고 (보다 중요하게) 일정한 신용 기준을 충족하는 모기지를 증권화할 것이다. 이 조건을 충족시키지 못하고, 채무불이행 위험이 높은 모기지는 **서브프라임 모기지**(subprime mortgages)라고 알려져 있다. 2000년대 중반 주택 붐은 부분적으로 서브프라임 모기지의 가용성 증가에 기인한 것일 수 있다. 서브프라임 모기지의 수가 폭발적으로 증가함에 따라 증권화에 대한 유인도 커졌다. 은행과 같은 민간기관들은 서브프라임 모기지를 바탕으로 많은 양의 주택저당증권을 발행했다.

금융위기의 기원을 이해하려면 서브프라임 대출이 증권화되는 방법을 이해하는 것이 도움이 된다. 이 대출을 창출한 은행들은 먼저 이들을 결합하여 대규모 **자산 풀**(asset pools)을 만들었다. 이 주택저당증권 풀의 현금흐름은 **모기지담보부증권**(collateralized mortgage obligations, CMO)이라고 불리는 우선

순위로 구분되는 서로 다른 트란쉐의 증권에 대한 약속을 보증하는 데 사용되었다. 먼저 모기지를 모으고 분산시킨 후 이들을 선순위 증권 및 후순위 증권으로 분할발행함으로써 기초자산인 모기지보다 훨씬 낮은 위험도를 가진 선순위 증권을 창출할 수 있다. 예를 들어 모든 원금 상환액의 절반까지의 원금 상환에 대한 선순위 청구권을 가진 증권을 고려하자. 이 증권은 풀에 있는 모기지의 50% 이상이 채무불이행되는 경우에만 손실을 입을 것이다. 아래 그림은 모기지 현금흐름의 흐름도를 보여줌으로써 이 아이디어를 그림으로 보여준다.

이 그림은 모기지 현금흐름들이 MBS 풀로 유입된 다음 CMO 증권 트란쉐를 나타내는 양동이로 유입되는 흐름을 보여준다. 첫 번째 라인에 있는 양동이는 채워질 가능성이 크다. 이 선순위들은 AAA 등급을 받았고, 투자자들에게 매력적인 것으로 나타났다. 물론 여기서 더 아래로 내려가면, 나중 양동이들은 완전히 채워지지 않을 위험이 훨씬 높다. 대부분의 후순위 트란

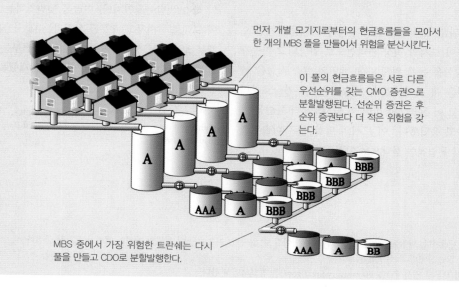

먼저 개별 모기지로부터의 현금흐름들을 모아서 한 개의 MBS 풀을 만들어서 위험을 분산시킨다.

이 풀의 현금흐름들은 서로 다른 우선순위를 갖는 CMO 증권으로 분할발행된다. 선순위 증권은 후순위 증권보다 더 적은 위험을 갖는다.

MBS 중에서 가장 위험한 트란쉐는 다시 풀을 만들고 CDO로 분할발행한다.

다. 지방채에 대한 이표는 고정되거나 **변동적**일 수 있다. 고정 이표 지방채는 채권의 수명 동안 동일한 이표를 갖는다. 변동 이표 지방채는 채권의 이표가 주기적으로 조정된다. 재설정 공식은 채권이 처음 발행되었을 때 설정된 기준 금리(예 : 미 재무부 채권 이자율)에 일정한 스프레드를 더하는 것이다. 또한 지방채가 무이표채로 발행되는 소수의 경우도 존재한다.

지방채는 지급을 보증하는 자금의 출처가 상이할 수 있다. **수익 채권**(revenue bonds)은 채권 발행으로 자금이 조달된 프로젝트가 창출하는 특정 수익의 지급을 약속한다. 예를 들어 네바다 주는 라스베이거

쉐는 낮은 등급(또는 등급이 매겨지지 않았음)이었으며, 원래의 풀보다 훨씬 위험했다(풀 전체에서 하나의 모기지가 채무불이행을 한 경우 이러한 유가증권이 영향을 받는다). 결과적으로 이러한 후순위 트란쉐는 자신의 위험에 대한 선호와 평가 능력을 갖춘 매우 수준 높은 투자자에게만 매력적이었다.

서브프라임 시장이 성장함에 따라 후순위 트란쉐를 보유하려는 투자자를 찾는 것이 더욱 어려워졌다. 이 문제를 해결하기 위해 투자은행은 이러한 후순위 증권들의 풀을 생성한 후 새로운 일련의 선순위 및 후순위 증권들(CDO)로 분할발행했다. 이전과 동일한 추론에 따라 이러한 새로운 CDO의 선순위 트란쉐는 매우 낮은 위험으로 인식되어 AAA 등급을 받음으로써 다양한 투자자에게 쉽게 판매할 수 있게 되었다. (분산투자로 인해 CDO 유가증권은 기초자산으로 하는 개별 자산보다 더 높은 평균 등급을 받을 수 있다.)

무엇이 잘못되었을까? 2002년부터 2005년까지 서브프라임 모기지의 부도율은 상당히 낮아 6% 미만으로 떨어졌다. 그 결과 신용평가기관은 요구 사항들을 완화하고 AAA 등급을 받은 트란쉐의 규모를 증가시켰다. 그러나 이러한 낮은 부도율은 주택가격이 상승했기 때문에 발생했으며, 이는 서브프라

임 대출자가 대출을 차환하고 채무불이행을 피하기 쉽게 했다. 2006~2007년 주택시장이 둔화되고 주택가격이 하락하기 시작하자, (은행이 주택 가치 이상을 빌려주지 않으려고 하자) 차환이 더 이상 가능하지 않았으며, 채무불이행 비율은 40% 이상으로 급등했다.

증가된 부도율로 인한 두 가지 중요한 결과가 있었다. 첫째, 원래의 주택저당증권은 예상했던 것보다 위험한 것으로 나타났다. 2005년에 안전한 것으로 보였던 20% 초과 부도율에 대해 보호된 유가증권에서도 손실이 발생하기 시작했다. 그러나 이러한 손실은 후순위 주택저당증권에서 창출된 CDO 증권에서 훨씬 더 극적이었다. 이러한 CDO 중에서 선순위 트란쉐의 안전성은 위험 분산에 달려 있었다. 만약 20% 이하의 후순위 주택저당증권이 채무불이행되지 않으면 이러한 유가증권은 완전히 상환된다. 그러나 주택위기의 예기치 못하게 만연되는 속성은 이러한 CDO의 기초자산이 되는 거의 모든 유가증권들이 고갈되고 있다는 것을 의미했다. 결과적으로 선순위 AAA 등급의 CDO 트란쉐 중에서 상당수는 사실상 가치가 파괴되어 그 가치가 센트대로 떨어졌다. 이 결과는 이들이 안전한 투자라고 믿고 이들을 보유한 많은 투자자에게 극단적인 충격이었다.

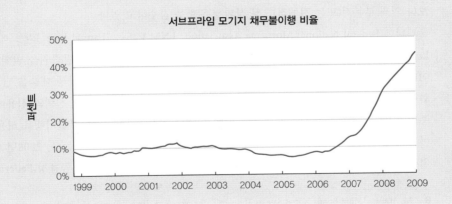

서브프라임 모기지 채무불이행 비율

스 모노레일의 자금조달을 위해 모노레일의 운임 수입으로 상환하는 수익채권을 발행했다. 지방정부에 대한 전폭적인 신뢰와 신용을 바탕으로 발행되는 채권은 **일반공채**(general obligation bonds)로 알려져 있다. 때로는 지방정부가 일반적인 약속에 특별 요금과 같은 특정 수입원의 지급 약속을 더해 지급 약속을 더욱 강화할 수 있다. 지방정부는 항상 일반공채를 상환하기 위해 일반 세입을 사용할 수 있다. 이에 따라 특정 수입원의 지급 약속이 보강된 채권은 일반공채보다 더 상위의 채권이며, 이러한 채권을 **2연발식** (double-barreled)이라고 한다. 이러한 보호장치에도 불구하고 지방채는 연방정부의 보증을 받는 채권만큼 안전하지 못하다. 1970년 이후, 약 4%의 지방채가 채무불이행을 했고, 2008년 금융위기의 여파로 (앞서 언급된 라스베이거스 모노레일 채권을 포함하여) 채무불이행의 빈도와 규모가 증가했다.[8] 미국 역사상 가장 큰 규모의 지방채 채무불이행은 2013년 $7 십억 이상의 디트로이트 채무불이행이었는데, 곧 2016년 $72 십억의 푸에르토리코 채무불이행이 이를 넘어섰다.

자산유동화증권

자산유동화증권(asset-backed security, ABS)은 서로 다른 금융증권들로 구성된 증권이다. 즉, 이 증권의 현금흐름은 이 증권이 기초자산으로 하는 다른 금융증권의 현금흐름에서 비롯된다. 우리는 자산유동화증권을 만드는 과정, 즉 금융증권의 포트폴리오 구축과 이 포트폴리오를 기초자산으로 하는 자산유동화증권의 발행 과정을 **자산 증권화**(asset securitization)라고 부른다.

자산유동화증권 시장에서 지금까지 가장 큰 부문을 차지하고 있는 부문은 **주택저당증권**(mortgage-backed security, MBS) 시장이다. 주택저당증권(MBS)은 주택 모기지(home mortgages)를 기초자산으로 하는 자산유동화증권이다. 지니매(Government National Mortgage Association, GNMA 또는 "Ginnie Mae")를 비롯한 미국 정부기관 및 정부지원 기업이 이 부문에서 가장 큰 비중을 차지하는 발행기관이다. 기초자산인 모기지에서 주택 소유자가 모기지 지급액을 지불하면, 이 현금은 서비스 수수료를 제외하고 주택저당증권 보유자에게 전달된다. 따라서 주택저당증권의 현금흐름은 모기지의 현금흐름을 반영한다고 할 수 있다.

지니매가 발행한 주택저당증권의 경우 미국 정부는 채무불이행 위험에 대한 명시적인 보증을 투자자에게 제공한다. 이 보증은 이러한 증권이 위험 부담이 없다는 것을 의미하지는 않는다. 제22장에서 논의했듯이, 모기지 차입자는 항상 모기지 대출의 일부 또는 전부를 조기에 (종종 차입자가 모기지를 이전 또는 차환하기 때문에) 상환할 수 있는 옵션을 가지고 있다. 그리고 이러한 **상환 위험** (prepayment risk)은 주택저당증권의 보유자에게 전달된다. 따라서 주택저당증권 보유자는 채권이 예상보다 일찍 부분적(또는 전체적)으로 상환될 위험을 감수하고 있다.

패니매(Federal National Mortgage Association, FNMA 또는 "Fannie Mae")와 프레디맥(Federal Home Loan Mortgage Corporation, FHLMC 또는 "Freddie Mac")은 주택저당증권을 발행하는 정부지원 기업이다. 셀리매(Student Loan Marketing Association, "Sallie Mae")는 학생 대출을 담보로 하는 자산유동화증권을 발행한다. 지니매와는 달리 이 기업들은 미국 정부의 완전한 신뢰와 신용에 의해 명백하게 보증되지 않는다. 하지만 대부분의 투자자들은 미국 정부가 이들의 채무불이행을 허용하지 않을 것이며, 이들이 발행하는 증권이 미국 정부의 암묵적인 보증을 포함한다고 믿는다. 2008년 9월, 실패의 위기에 처한 패니매(Fannie Mae)와 프레디맥(Freddie Mac)이 모두 연방주택금융청(Federal Housing Finance

---

8 M. Walsh, "Muni Bonds Not as Safe as Thought," *The New York Times*, August 15, 2012.

Agency)의 관리하에 놓이게 되면서 효과적으로 구제되었다. **2010년 6월 16일 패니매와 프레디맥의 주식**은 NYSE에서 상장 폐지되었다.

은행과 같은 민간기관도 자산유동화증권을 발행한다. 민간의 자산유동화증권은 주택 모기지(일반적으로 정부기관이 발행한 자산유동화증권에 포함될 수 있는 기준을 충족시키지 못하는 대출) 또는 자동차 대출 및 신용카드 매출채권과 같은 다른 유형의 소비자 대출을 기초자산으로 발행될 수 있다. 또한 민간의 자산유동화증권은 다른 자산유동화증권을 기초자산으로 발행될 수 있다. 은행이 자산유동화증권 및 기타 고정소득증권을 재유동화할 때, 새로운 자산유동화증권은 **채무담보부증권**(collateralized debt obligation, CDO)으로 알려져 있다. CDO의 현금흐름은 일반적으로 다른 우선순위가 지정된 여러 트란쉐로 나뉜다. 예를 들어 자산유동화증권의 후순위 트란쉐 투자자는 선순위 트란쉐 투자자가 받기로 한 현금흐름을 받을 때까지 현금흐름을 받지 못한다. 이러한 우선순위 결정으로 인해 서로 다른 CDO는 서로 다른 위험 특성을 가질 수 있으며, 기초자산 자체와 매우 다른 위험 특성을 가질 수 있다(894~895쪽 '글로벌 금융위기' 참조).

1. 미 재무부가 발행한 네 종류의 채권을 열거하라.
2. 지방정부 채권의 차별화된 특징은 무엇인가?
3. 자산유동화증권은 무엇인가?

24.3 채권 대출조항

대출조항(covenants)은 채권 계약에서 발행자가 채권 원리금에 대한 상환능력을 감소시키는 행동을 취하는 것을 제한하는 조항이다. 이러한 대출조항이 필요한지, 결국에는 경영자가 기업의 채무불이행 위험을 증가시키는 행동을 자발적으로 취하려고 하는지에 대한 의문이 들 수 있다. 하지만 경영자는 주주를 위해 일하고 때때로 채권 보유자의 이익을 희생시켜 주주를 이롭게 하는 행동을 취할 수 있다는 제16장의 내용을 상기하기 바란다.

예를 들어 채권이 발행되면 주식 보유자는 채권 보유자에게 손해를 입히면서 배당을 증가시킬 유인을 가지고 있다. 기업이 채권 발행 직후 자산을 처분하여 조달한 금액(채권 발행을 통해 조달한 금액 포함)을 배당으로 주주에게 지급하고 파산을 선언하는 극단적인 경우를 생각해보자. 이 경우 주주는 기업 자산의 가치와 함께 채권으로부터 조달한 금액을 지급받지만, 채권자에게 남겨진 것은 아무것도 없다. 이로 인해 채권 계약에는 종종 발행계약서를 경영자가 배당금을 지급하는 능력을 제한하는 대출조항을 포함한다. 기업이 얼마나 더 많은 금액의 채무를 발행할 수 있는지 또는 기업이 최소 금액의 운전자본을 유지해야 하는지 등에 대한 제한을 대출조항에 포함하기도 한다. 만약 기업이 어떤 대출조항을 지키지 못하면, 발행한 채권은 채무불이행이 된다.

허츠 정크본드의 대출조항은 이 회사가 추가적인 채무의 발행, 배당 지급, 자사주 매입, 투자, 자산의 이전 또는 매각, 인수합병 등을 할 수 있는 능력을 제한하였다. 또한 대출조항은 허츠의 기업 지배권에 변동이 생기면, 이 회사가 채권을 액면가치의 101%에 재매입할 것을 요구하는 조항도 포함하고 있다.

CDR이 허츠의 모든 미상환 채무를 환매하기 위한 공개매수 제안을 했음을 상기하자. CDR이 이 제안을 한 이유는 미상환 채무가 허츠의 합병 또는 인수를 완료하기가 어려워지는 대출조항을 가지고 있었기 때문이다. CDR이 주도하는 그룹이 이 채무의 50% 이상을 소유하게 되면, 채권안내서의 조건에 따라 CDR이 일방적으로 계약을 변경하여 차입매수를 진행할 수 있게 된다.

주식 보유자가 채권 계약에 최소한의 대출조항을 포함시키려고 할 것으로 예상할 수 있다. 하지만 실제로는 그렇지 않다. 채권 계약에서 대출조항이 강하면 강할수록 채권에 대해 채무불이행이 발생할 가능성이 작아진다. 이로 인해 채권에 대해 투자자들이 요구하는 이자율도 더 낮아지게 된다. 즉, 더 많은 대출조항을 추가함으로써 기업은 차입비용을 낮출 수 있다. 제16장에서 논의한 바와 같이 대출조항은 채무 보유자의 이익을 침해하는 음(−)의 NPV 행동을 취할 수 있는 경영진의 능력을 제한하여 대리인 비용을 줄이기 위해 고안된 것이다. 기업의 차입비용의 감소는 대출조항과 관련하여 더 많은 재량권을 잃는 비용을 상쇄하고도 남을 수 있다.

개념 확인

1. 발행자가 채권 대출조항을 지키지 못하면 어떻게 되는가?
2. 대출조항이 발행자의 차입비용을 줄여주는 이유는 무엇인가?

24.4 채권 상환조항

기업은 채권 계약에서 명시한 대로 이표와 원금을 지급함으로써 채권을 상환할 수 있다. 하지만 이러한 방식이 채권을 상환하는 유일한 방식은 아니다. 예를 들어 기업은 시장에서 미상환 채권(outstanding bonds)의 일부를 재매입하거나, 허츠가 기존 채권에 대해 했던 것처럼 미상환 채권의 전부를 공개매수(tender offer)함으로써 채권을 상환할 수 있다. 발행자가 채권을 상환하는 또 다른 방법은 수의상환조항(call provisions)을 행사하는 것이다. 이 조항을 포함하는 채권은 **수의상환채**(callable bonds)라고 알려져 있다.

수의상환조항

허츠의 정크본드는 수의상환채에 대한 예시를 제공한다. 표 24.3은 각 트란쉐의 수의상환 특성을 나열하고 있다. 수의상환채는 **수의상환일**(call date)이라고 불리는 특정일 또는 그 이후에 채권의 발행 시 명시된 **수의상환가격**(call price)으로 발행된 모든 채권을 상환할 수 있는 권리(의무가 아님)를 발행자에게 부여한다. 수의상환가격은 액면가치의 퍼센트로 표시되고 일반적으로 액면가치 또는 그보다 높게 책정된다. 허츠의 경우 두 개의 선순위 채무에 대한 수의상환일은 발행일로부터 4년 후인 2010년도 말이다. 트란쉐 1(선순위 달러 표시 중기채무)의 2010년도 수의상환가격은 액면가치 104.438%이다. 그다음 연도부터는 트란쉐 1의 수의상환가격이 점차 줄어들어 2012년도부터는 수의상환가격이 액면가치의 100%가 된다. 트란쉐 2(선순위 유로 표시 중기채무)는 수의상환가격이 트란쉐 1과 유사하지만 약간 다른 조건을 가지고 있다. 후순위 채무인 트란쉐 3의 수의상환일은 선순위 채무보다 1년 더 늦은 2011년도 말이고 수의상환가격 구조도 선순위 채무들과 다르다.

허츠의 채권은 처음 3년 동안 부분적인 수의상환이 가능하다. 허츠는 채권을 매입하는 데 필요한 자금을 주식 발행을 통해 조달한다면, 미상환 채권 액면가치의 35%까지 표 24.3에 열거된 수의상환가격으로 수의상환할 수 있는 옵션이 있다.

수의상환조항이 채권의 가격에 미치는 영향을 이해하기 위해 우리는 먼저 언제 발행자가 채권을 조기상환 권리를 행사할 것인지를 고려해야 한다. 발행자는 항상 공개시장에서 채권을 재매입하여 채권 중 일부

전환조항

채권을 상환하는 또 다른 방법 중의 하나는 채권을 주식으로 전환하는 것이다. 어떤 회사채들은 채권 보유자에게 각 채권을 **전환비율**(conversion ratio)이라는 비율에 따라 고정된 수의 보통주로 전환할 수 있는 옵션을 부여한다. 이러한 회사채를 **전환사채**(convertible bonds)라고 부른다. 대부분의 경우 전환사채는 채권 보유자에게 채권의 만기일 이전 언제든지 채권을 주식으로 전환할 수 있는 권리를 부여한다.[9]

전환 특성이 채권의 가치를 어떻게 변화시키는지를 이해하려면, 전환조항이 채권 보유자에게 콜옵션을 제공한다는 것을 주목해야 한다. 따라서 전환사채는 일반 채권에 **워런트**(warrant)라고 하는 특별한 유형의 콜옵션을 더한 것으로 생각할 수 있다. 워런트는 회사가 새로운 주식에 대해 발행한 콜옵션이다(반면 일반 콜옵션은 기존 주식에 대해 발행됨). 즉, 워런트 보유자가 이를 행사하여 주식을 매입하면, 회사는 새로운 주식을 발행하여 이 주식을 전달한다. 다른 모든 면에서 워런트는 개별 주식에 대한 콜옵션과 동일하다.[10]

전환사채의 만기일에 전환사채에 내재된 워런트의 행사가격은 이 채권의 액면가치를 전환비율로 나눈 값인 **전환가격**(conversion price)과 같다. 액면가치가 $1,000, 전환비율이 15인 전환사채를 고려해보자. 만약 만기일에 이 전환사채를 주식으로 전환한다면, 15주의 주식을 받을 수 있다. 만약 전환하지 않으면, 액면가치인 $1,000를 받을 수 있다. 따라서 전환사채를 주식으로 전환함으로써 $1,000를 지불하고 15주의 주식을 받는다. 이는 주식 한 주당 가격이 $66.67(= $1,000/15)임을 의미한다. 만약 주식가격이 전환가격인 $66.67를 초과하면, 전환사채의 전환을 선택하고, 초과하지 않으면 전환사채의 전환을 선택하지 않는다. 따라서 만기일의 전환사채 가치는 그림 24.4에서처럼 액면가치($1,000)와 주식 15주의 가치 중 더 큰 값으로 결정된다고 할 수 있다.

만기일 이전에는 어떨까? 주식이 배당금을 지불하지 않으면, 우리는 제20장의 콜옵션에 대한 논의를 통해 콜옵션을 일찍 행사하는 것이 결코 바람직하지 않다는 것을 알고 있다. 따라서 전환사채의 보유자는 전환 여부를 결정하기 전에 전환사채의 만기일까지 기다려야 한다. 만기일 이전 전환사채의 가치는 그림 24.4에 그려져 있다. 주가가 낮아 내장된 워런트가 깊은 외가격(deep out-of-the-money) 상태라면 전환조항은 별로 가치가 없으며 전환사채의 가치가 보통채(전환조항이 없다는 것을 제외하면 다른 모든 것이 동일한 채권)의 가치에 가깝다. 주가가 높아 내장된 워런트가 깊은 내가격(deep in-the-money) 상태라면 전환사채는 전환될 때의 가치에 가깝지만 (옵션의 시간가치를 반영하기 위해) 이보다 더 높은 가치에 거래된다.

기업들은 종종 수의상환 가능한 전환사채를 발행한다. 이러한 채권에 대하여 발행자가 수의상환을 하면 보유자는 채권이 수의상환되지 않도록 하기 위해 전환을 선택할 수 있다. 채권이 수의상환되면 보유자는 채권의 만기일에 직면하였던 것과 동일한 의사결정에 직면하게 된다. 즉, 보유자는 주가가 전환가격을 초과하면 채권이 주식으로 전환되는 것을 선택하고, 그렇지 않으면 채권이 수의상환되도록 한다. 따라서 기업은 수의상환을 통해 채권 보유자가 원래 선호하고 있었던 시점 이전에 전환에 대한 의사결정

---

9 어떤 전환사채는 발행일 이후 지정된 기간 동안 전환을 허용하지 않는다.

10 일반적인 콜옵션이 행사되면 콜옵션의 발행자가 입은 손실은 알려지지 않은 제3자에게 귀속된다. 그러나 워런트가 행사되면, (신주를 시장가격보다 낮게 매각해야 하므로) 기업의 주식 보유자가 손실을 입게 된다. 워런트를 보유한 주식 보유자 역시 손실을 입게 되는데, 그 이유는 워런트가 행사되면 워런트 보유자가 주식 보유자가 되기 때문이다. 이러한 희석 효과는 워런트 발행으로 얻는 이익이 콜옵션으로 인한 이익보다 적기 때문에 워런트가 콜옵션보다 더 적은 가치를 가짐을 의미한다.

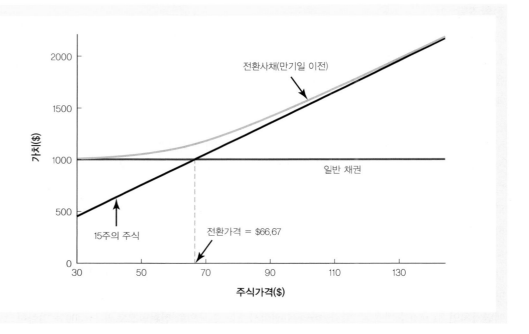

그림 24.4

전환사채의 가치

만기일에 전환사채의 가치는 $1,000의 보통채 가치와 15주의 주식가치 중 큰 값으로 결정되고, 주식의 가격이 전환가격보다 크면 전환사채가 주식으로 전환된다. 만기일 이전에는 전환사채의 가치가 전환의 가능성에 의존하며, 보통채 또는 15주의 주식가치보다 더 높다.

을 하도록 강요할 수 있다.

어떤 기업이 전환사채를 발행하면 이 기업은 채권 보유자에게 옵션인 워런트를 부여한다. 제20장에서 학습한 바와 같이 옵션은 항상 양(+)의 가치를 가지므로, 전환사채는 보통채보다 더 높은 가치를 갖는다. 이에 따라 전환사채는 다른 모든 조건이 동일한 수의상환채나 전환사채가 아닌 일반 채권(플레인 바닐라라고 불린다)보다 더 가치가 있다. 따라서 보통채와 전환사채가 액면가에 발행되었다면, 보통채는 전환사채보다 더 높은 이자율을 제시해야 한다. 많은 사람들이 전환사채의 낮은 이자율을 지적하면서 전환사채가 보통채보다 더 싸다고 주장한다.

제14장에서 학습했듯이, 완전자본시장에서 자금조달의 선택은 기업의 가치에 영향을 줄 수 없다. 따라서 전환사채가 낮은 이자율을 가지므로 보통채보다 더 싸다는 주장은 잘못된 것이다. 전환사채는 워런트가 내장되어 있기 때문에 이자율이 낮다. 기업의 주가가 상승하여 전환사채의 보유자가 전환을 결정하면, 현재의 주주는 시장가격보다 낮은 주가에 주식을 매각해야 한다. 낮은 이자율은 이러한 사건이 발생할 가능성에 대한 보상이다.

개념 확인

1. 감채기금은 무엇인가?
2. 수의상환채는 수의상환조항을 제외한 다른 모든 조건이 동일한 채권보다 수익률이 더 높아야 하는가 아니면 더 낮아야 하는가? 왜 그런가?
3. 전환사채가 전환옵션을 제외한 다른 모든 조건이 동일한 채권보다 수익률이 더 낮은 이유는 무엇인가?

핵심 요점 및 수식

24.1 기업 채무

- 기업들은 다른 원천들을 이용하여 채무를 조달할 수 있다. 채무의 전형적인 유형에는 시장에서 거래되는 공모발행 채무, 은행 소규모의 투자자들과 직접적인 교섭을 통해 조달하는 사모발행 채무가 있다. 기업이 채무를 조달할 때 발행하는 증권을 회사채라고 한다.
- 공모발행에서 채권 계약은 발행계약서라는 형태를 취한다. 발행계약서는 채권 발행자와 신탁회사 간의 공식적인 계약으로 채권의 발행조건을 기술한다.
- 일반적으로 발행되는 네 가지 유형의 회사채는 중기 무담보 채무, 장기 무담보 채무, 모기지 채권, 자산담보 채권이다. 중기 무담보 채무와 장기 무담보 채무는 무담보 채무다. 모기지 채권과 자산담보 채권은 담보 채무다.
- 회사채는 우선순위에 따라 달라진다. 파산 시에 선순위 채무는 후순위 채권의 상환에 앞서서 전액 상환된다.
- 국제적으로 채권은 넓게 네 가지 유형으로 구분된다. 국내 채권은 현지 발행 주체에 의해 현지 통화로 표시 발행되어 현지 채권시장에서 거래된다. 미국 채권은 외국 발행 주체에 의해 현지 시장에서 발행된다. 유로본드는 채권이 발행되는 국가의 현지 통화로 표시되지 않는다. 글로벌 채권은 여러 채권시장에서 동시에 거래된다.
- 사모 채무는 대출 또는 사모발행 채권의 형태가 될 수 있다. 기간 대출은 일정 기간 유지되는 은행의 대출이다. 사모발행 채권은 소규모 그룹의 투자자들에게 판매된 채권 발행물이다.

24.2 다른 유형의 채무

- 정부, 주정부 및 기타 주정부지원 기업도 채권을 발행한다.
- 미 재무부는 미 재무부 단기채, 중기채 및 장기채, 물가연동국채(TIPS)의 네 가지 종류의 채권을 발행해왔다.
- 지방채는 주정부 및 지방정부에서 발행한다. 지방채의 차별화된 특징은 지방채로부터 발생하는 소득이 연방정부 차원에서 과세되지 않는다는 점이다.
- 자산유동화증권(ABS)은 다른 금융증권으로 구성된 증권이다. 즉, 자산유동화증권의 현금흐름은 이 증권을 "보증"하는 기초자산의 현금흐름에서 발생한다.
- 주택저당증권(MBS)은 주택 모기지로 보증되는 자산유동화증권이다. 지니매(GNMA 또는 "Ginnie Mae")와 같은 미국 정부기관은 이 분야에서 가장 큰 발행자이다.
- 정부 대행기관이 발행하는 주택저당증권 보유자는 상환 위험에 노출되는데, 이는 채권이 예상보다 일찍 부분적(또는 전체적)으로 상환될 위험이 있음을 의미한다. 사모발행 주택저당증권 보유자도 채무불이행 위험에 노출된다.
- 채무담보부증권은 다른 자산유동화증권에 의해 보증되는 자산유동화증권이다.

24.3 채권 대출조항

- 대출조항은 채권 계약에서 발행자가 채권 원리금에 대한 상환능력을 감소시키는 행동을 취하는 것을 제한함으로써 투자자에게 도움이 되는 조항이다.

24.4 채권 상환조항

- 수의상환조항은 채권 발행자에게 특정일 이후(하지만 만기일 이전)에 채권을 상환할 수 있는 권리(의무가 아님)를 부여한다.
- 수의상환채는 일반적으로 다른 모든 조건이 동일하지만 수의상환조항을 갖지 않은 채권보다 더 낮은 가격에 거래된다.
- 수의상환 수익률은 채권이 가능한 한 가장 빠른 기회에 수의상환된다는 가정하에 계산한 수의상환채의 수익

률이다.
- 만기일 이전에 채권을 상환하는 또 다른 방식은 감채기금을 통해 채무의 일부를 정기적으로 재매입하는 것이다.
- 전환사채라고 불리는 회사채는 채권 보유자가 채권을 주식으로 전환하는 것을 허용하는 조항을 가지고 있다.
- 전환사채는 다른 모든 조건은 동일하지만 전환조항을 갖지 않는 채권보다 더 낮은 이자율을 제시한다.

주요 용어

감채기금(sinking fund)	스톱아웃 수익률(stop-out yield)
국내 채권(domestic bonds)	스트립 채권(Separate Trading of Registered Interest and Principal Securities, STRIPS)
국채(sovereign debt)	
글로벌 채권(global bonds)	신디케이트 은행대출(syndicate bank loan)
기간 대출(term loan)	양키본드(Yankee bonds)
담보 채무(secured debt)	연속상환 채권(serial bonds)
대출조항(covenants)	외국 채권(foreign bonds)
등록 채권(registered bonds)	우선순위(seniority)
만기일괄지불(balloon payment)	워런트(warrant)
모기지담보부증권(collateralized mortgage obligation, CMO)	유로본드(Eurobonds)
	일반공채(general obligation bonds)
모기지 채권(mortgage bonds)	자산담보 채권(asset-backed bonds)
무기명 채권(bearer bonds)	자산유동화증권(asset-backed security, ABS)
무담보 채무(unsecured debt)	자산 증권화(asset securitization)
물가연동국채(Treasury Inflation-Protected Securities, TIPS)	자산 풀(asset pools)
	장기 무담보 채무(debentures)
발행계약서(indenture)	장기채권(long bonds)
채무담보부증권(collateralized debt obligation, CDO)	전환가격(conversion price)
불독(Bulldogs)	전환비율(conversion ratio)
사모발행(private placement)	전환사채(convertible bonds)
사모발행 채무(private debt)	주택저당증권(mortgage-backed security, MBS)
사무라이본드(Samurai bonds)	중기 무담보 채무(notes)
상환 위험(prepayment risk)	지방정부 채권(municipal bonds)
서브프라임 모기지(subprime mortgages)	트란쉐(tranches)
수익 채권(revenue bonds)	할인발행 채권(original issue discount, OID)
수의상환가격(call price)	후순위 무담보 채무(subordinated debenture)
수의상환 수익률(yield to call, YTC)	회전 한도 대출(revolving line of credit)
수의상환일(call date)	2연발식(double-barreled)
수의상환채(callable bonds)	

추가 읽을거리

채권시장의 포괄적인 요약을 보려면 다음 두 교과서 중 하나를 참고하라. F. Fabozzi (ed.), *Handbook of Fixed Income Securities* (McGraw-Hill, 2011); M. Stigum and A. Crescenzi, *The Money Market* (McGraw-Hill, 2007).

이 장에서 설명한 주제들의 심화된 내용에 관심 있는 독자들은 다음 문헌들을 참고할 수 있다.

전환사채. R. Billingsley and D. Smith, "Why Do Firms Issue Convertible Debt?" *Financial Management* 25(2) (1996):

93 – 99; M. Brennan and E. Schwartz, "The Case for Convertibles," *Journal of Applied Corporate Finance* 1(1) (1988): 55 – 64; W. Buhler and C. Koziol, "Valuation of Convertible Bonds with Sequential Conversion," *Schmalenback Business Review* 54 (October 2002): 302 – 334; R. Green, "Investment Incentives, Debt and Warrants," *Journal of Financial Economics* 13 (1984), 115 – 136; C. Hennessy and Y. Tserlukevich, "Taxation, Agency Conflicts and the Choice between Callable and Convertible Debt," *Journal of Economic Theory* 143 (2008): 374 – 404; and J. Stein, "Convertible Bonds as Backdoor Equity Financing," *Journal of Financial Economics* 32(1) (1992): 3 – 21.

수의상환채. P. Asquith, "Convertible Bonds Are Not Called Late," *Journal of Finance* 50(4) (1995): 1275 – 1289; and M. Brennan and E. Schwartz, "Savings Bonds, Retractable Bonds, and Callable Bonds," *Journal of Financial Economics* 5(1) (1997): 67 – 88.

For an analysis of how callable convertible debt may reduce the lemons problem, see B. Yilmaz and A. Chakraborty, "Adverse Selection and Convertible Bonds," *Review of Economic Studies* (2011) 78: 148 – 175.

채권 대출조항. C. Smith and J. Warner, "On Financial Contracting: An Analysis of Bond Covenants," *Journal of Financial Economics* 7 (1979): 117 – 161; and M. Bradley and M. Roberts, "The Structure and Pricing of Corporate Debt Covenants," SSRN working paper (2004).

---

* 표시는 난이도가 높은 문제다.

연습문제

기업 채무

1. 사모채무 발행과 공모채무 발행의 차이를 설명하라.
2. 우선순위가 낮은 채권이 다른 모든 조건이 동일하지만 우선순위가 더 높은 채권보다 수익률이 높은 이유는 무엇인가?
3. 담보 회사채와 무담보 회사채의 차이를 설명하라.
4. 외국 채권과 유로본드의 차이는 무엇인가?

다른 유형의 채무

5. 미국 정부가 연방 채무를 조달하기 위하여 사용하는 채권의 종류를 설명하라.
6. 미 재무부가 2013년 1월 15일에 이표율 3%, 만기 5년의 물가연동국채를 발행했다고 가정하자. 발행일에 소비자물가지수(CPI)가 250이었다. 2018년 1월 15일까지 CPI는 300으로 상승했다. 2018년 1월 15일에 원금 및 이표 지급액은 얼마였을까?
7. 2020년 1월 15일 미 재무부는 이표율 6%, 만기 10년의 물가연동국채를 발행했다. 발행일에 CPI는 400이었다. 2030년 1월 15일까지 CPI는 300으로 떨어졌다. 2030년 1월 15일에 원금 및 이표 지급액은 얼마였을까?
8. 지니매(GNMA)의 상환 위험을 설명하라.
9. 과세 방식과 관련하여 지방채의 차별화된 특징은 무엇인가?

채권 대출조항

10. 채권의 발행자가 새로운 채권 발행물에 제한적인 대출조항을 자발적으로 두는 이유를 설명하라.

채권 상환조항

11. 제너럴 일렉트릭(GE)은 방금 6%의 이표율로 매년 이표를 지급하는 10년 만기 전환사채를 발행했다. 이 채권은 1년 후 또는 그 이후에는 매 이표 지급일에 액면가에 수의상환할 수 있다. 이 채권의 가격은 $102이다. 이 채권의 만기 수익률과 수의상환 수익률은 각각 얼마인가?

12. 보잉 주식회사는 방금 5%의 이표율로 반년마다 이표를 지급하는 3년 만기 전환사채를 액면가에 발행했다. 이 채권은 2년 후 또는 그 이후에는 매 이표 지급일에 액면가에 수의상환할 수 있다. 이 채권의 가격은 $99이다. 이 채권의 만기 수익률과 수의상환 수익률은 각각 얼마인가?

13. 전환사채의 수익률이 전환조항을 비롯한 다른 모든 것이 동일한 채권의 수익률보다 낮은 이유를 설명하라.

14. 당신은 액면가치 $10,000, 전환비율 450의 채권을 보유하고 있다. 이 채권의 전환가격은 얼마인가?

데이터 사례

당신은 여전히 홈 디포(Home Depot)에 근무하고 있다. 제15장에서 레버리지를 높이기 위한 계획을 이사회에서 발표한 것을 상기하자. 홈 디포의 자본구조를 변화시키는 아이디어는 최고경영자들 사이의 토의를 유발했다. 재무부서의 CFO 및 기타 최고경영자는 채무 부담을 늘리면 신용시장에 파급 효과가 있음을 모두 알고 있다. 특히 그들은 이 회사의 채무 등급이 변경될 수 있다는 것을 알고 있다. 이는 차입비용을 높이고 기존 채무의 가치를 낮출 것이다. 어느 누구도 그 영향이 정확히 무엇인지 확신할 수는 없지만, 그들은 모두 이에 대한 조사를 할 가치가 있다는 데 동의한다.

스프레드시트 데이터를 준비했으므로 당신은 임원 회의를 소집했고, 이 회사의 채무 증가에 따른 영향을 예측할 것을 요구했다. 제15장의 데이터 사례의 스프레드시트를 출발점으로 사용하라. $1 십억, $10 십억, $20 십억 및 $30 십억의 새로운 채무 발행이라는 네 가지 시나리오를 고려해야 한다. 각각의 경우 채무로부터 얻은 수익금은 자사주를 매입하는 데 사용될 것이다. CFO는 $1 십억 수준의 채무는 이 회사의 신용등급에 영향을 주지 않을 것이라고 생각한다. 그러나 채무의 수준이 이보다 더 증가하면, $10 십억의 채무 증가액당 한 글자 등급이 하향 조정된다(예 : Baa에서 Ba로). 예를 들어 $10 십억의 시나리오는 현재 채무 등급을 한 글자 등급 낮추고, $20 십억의 시나리오는 현재 채무 등급을 두 글자 등급 낮출 것이다. 당신의 임무는 각 채무 수준에서 추가적인 채무가 차입비용에 미치는 영향을 결정하는 것이다. 10년 만기 채권을 발행함으로써 새로운 채무가 조달될 것이라고 가정한다.

1. 홈 디포의 현재 부채비율을 결정하라.
   - FINRA(finra-markets.morningstar.com/BondCenter/)에서 현재 채권 등급을 조사하라. "Corporate" 토글 키를 선택하고 홈 디포의 기호(HD)를 입력한 다음 "Show Results"를 클릭하라.
   - 무디스가 평가한 오늘부터 10년 후 또는 이와 근사한 시점에 만기가 되는 홈 디포 채권의 채권 등급은 무엇인가? 이 채권의 수익률은 얼마인가?

2. 채권 등급이 낮을수록 이자비용이 높아지므로 이러한 비용을 결정해야 한다. Bonds Online(www.bondsonline.com)으로 가서 "Today's Market"을 클릭하라. 다음으로 "US Corporate Bond Spreads"를 클릭하라. 당신은 로이터가 준비한 채권 스프레드 테이블과 바로 밑에 그 테이블이 작성된 날짜를 발견할 것이다. 각 스프레드는 어떤 채권이 동일한 만기의 미 재무부 채권 대비 증가된 수익률을 나타낸다. 홈 디포의 현재 등급에 대한 10년 스프레드와 그 아래에 있는 세 가지 등급을 선택하라. 스프레드의 단위는 베이시스 포인트다. 베이시스 포인트는 1%p의 1/100이다(따라서 50 베이시스 포인트는 0.5%이다). 우리는 현재 스프레드를 추정하기 위해 이러한 기존 스프레드를 조정할 것이다.
   - 이러한 스프레드들은 날짜가 있기 때문에 다양한 등급에 대해 새로운 수익률 스프레드를 만들어야 한다. 홈 디포 채권의 수익률과 10년 미 재무부 채권의 현재 차이를 신용등급의 실제 스프레드로 사용하라. 엑셀을 사용하여 다른 등급에 대한 스프레드를 계산한다. 이는 홈 디포의 등급에 대한 새로운 실제 스프레드에 이 테이블에서의 스프레드 차이를 추가함으로써 가능하다. 마지막으로 10년 재무부 채권 수익률에 새로운 스프레드를 추가하여 각 등급의 수익률을 결정한다.
   - 요청된 새로운 채무 수준마다 10년 채권의 요구 수익률을 계산하라.

3. 홈 디포의 채무가 증가함에 따라 채권 등급이 하락하고 채권 수익률이 증가하는 요인은 무엇일까?

주석 : 이 사례 분석에 대한 갱신은 www.berkdemarzo.com에서 찾을 수 있다.

리스

CHAPTER

25

기업은 투자 프로젝트를 수행하기 위해 필요한 부동산, 공장 및 장비를 취득해야 한다. 기업은 이러한 자산을 구매하지 않고 리스할 수 있다. 만약 당신이 자동차를 리스하거나 아파트를 임대하였다면, 리스에 대해 잘 알고 있을 것이다. 이러한 소비자 렌탈은 기업이 사용하는 리스와 유사하다. 소유주는 자산에 대한 소유권을 보유하고, 기업은 정기적인 리스료 지불을 통해 자산의 사용료를 지불한다. 기업이 부동산, 공장 및 장비를 리스하는 경우 리스는 일반적으로 1년을 초과한다. 이 장에서는 이러한 장기 리스에 중점을 둔다.

자산을 구입할 수 있다면 당신은 아마 리스도 할 수 있다. 상업용 부동산, 컴퓨터, 트럭, 복사기, 항공기, 발전소가 기업이 구매하는 대신 리스할 수 있는 자산의 예이다. 장비 리스는 빠르게 성장하는 산업으로, 전세계의 장비 리스 중 절반 이상이 유럽과 일본 기업들에 의해 이루어지고 있다. 2012년 미국 기업이 인수한 생산 자산의 33% 이상이 리스 계약을 통해 조달되었으며, 총 리스 규모는 $264 십억을 초과한다. 미국 기업 중 85%가 장비의 전부 또는 일부를 리스한다.[1] 예를 들어 항공사가 자사 소유의 항공기가 많지 않은 것은 놀라운 일이다. 2015년 초 항공기 비행대 규모에서 최대 항공기 리스회사는 GE 상업항공서비스였다. GE는 2,200대 이상의 항공기를 소유하고 관리하여, 세계 최대의 상업용 항공기 비행대를 보유하고 있다.[2] GE는 이 상업용 항공기들을 75개국의 270개 항공사에 리스한다.

앞으로 알게 되겠지만 리스는 단지 구매의 대안만이 아니다. 리스는 유형 자산에 대한 중요한 자금조달 수단으로도 기능한다. 사실 장기 리스는 장비 자금조달의 가장 일반적인 방법이다. GE 상업항공서비스와 같은 회사는 리스 계약 조건을 어떻게 정할까? 고객(상업 항공사)은 어떻게 이러한 리스를 평가하고 협상할까? 이 장에서 우리는 먼저 기본 유형의 리스를 논의하고, 리스의 회계 및 세무 처리에 대한 개요를 설명한다. 그다음 우리는 리스 대 구매결정을 평가하는 방법을 설명한다. 기업들은 종종 부동산과 장비를 구매하는 것과 비교하여 리스의 다양한 편익을 언급하는데, 우리는 기업들의 이러한 추론을 평가하면서 이 장을 마무리한다.

기호

L 리스료

PV 현재가치

r_D 타인자본 비용

τ_c 한계법인세율

r_U 무차입 자본비용

r_{wacc} 가중평균 자본비용

---

1 Beacon Funding(www.beaconfunding.com/vendor_programs/statistics.aspx).

2 GE Capital Aviation Services Global Fact Sheet www.gecas.com/en/common/docs/ GECAS_FactSheet.pdf.

25.1 리스의 기초

리스는 리스이용자와 리스제공자 양 당사자 간의 계약이다. **리스이용자**(lessee)는 자산을 사용할 권리에 대한 대가로 정기적인 지급의 책임이 있다. **리스제공자**(lessor)는 자산을 빌려주는 대가로 리스료(lease payments)를 수령할 수 있는 자산 소유자이다. 대부분의 리스는 선불금을 거의 또는 전혀 받지 않는다. 대신 리스이용자는 계약 기간 동안 정기적인 리스료(또는 임대료)의 지급을 약속한다. 리스는 계약 기간 이 끝날 때 자산의 소유권을 누가 그리고 어떤 조건으로 가질지를 명시한다. 또한 리스는 취소 규정, 갱 신 및 매입에 대한 옵션, 유지 보수 및 관련 서비스 비용에 대한 의무도 명시한다.

리스 거래의 예

리스이용자와 리스제공자의 관계를 기반으로 여러 종류의 리스 거래가 가능하다. **판매 유형 리스**(sales-type lease)에서 리스제공자는 자산의 제조업체(또는 공인 딜러)다. 예를 들어 IBM은 컴퓨터를 제조하고 리스한다. 마찬가지로 제록스는 복사기를 리스한다. 제조업체는 일반적으로 광범위한 판매 및 가격 전략 의 일환으로 이러한 리스 조건을 설정하고 리스의 일부로 다른 서비스 또는 제품(예 : 소프트웨어, 유지 관리 또는 제품 업그레이드)을 함께 제공할 수 있다.

    직접 리스(direct lease)에서 리스제공자는 제조업체는 아니지만 해당 자산을 매입하고 고객에게 리스하 는 데 특화된 독립적인 회사이다. 예를 들어 라이더 시스템즈 주식회사(Ryder Systems, Inc.)는 135,000 개 이상의 상업용 트럭, 트랙터 및 트레일러를 소유하고, 이를 미국, 캐나다 및 영국 전역의 중소기업 및 대기업에 리스하고 있다. 대부분의 직접 리스 계약에서 리스이용자는 먼저 필요한 장비를 식별한 다음, 자산을 구매할 리스 회사를 찾는다.

    기업이 자산을 이미 소유하고 있으나 이 자산에 대해 리스를 하고자 하는 경우, **세일 앤 리스백**(sale and leaseback) 거래를 할 수 있다. 이러한 유형의 리스에서 리스이용자는 자산 매각으로 현금을 수령한 다음 자산의 사용을 유지하기 위해 리스료를 납부한다. 2002년 샌프란시스코 시립철도(Municipal Railway, Muni)는 경량 철도 차량 118대를 세일 앤 리스백을 하여 얻은 $35 백만의 수익금을 대규모 영 업 예산적자를 상쇄하는 데 사용했다. 구매자인 CIBC 월드 마켓츠 오브 캐나다(CIBC World Markets of Canada)는 Muni가 대중 교통 기관으로 받을 수 없는 철도 차량 감가상각 세금 혜택을 받았다.

    많은 리스를 통해 리스제공자는 자산을 구입하는 데 필요한 초기 자본을 제공한 다음 리스료를 수령하 고 보유한다. 그러나 **차입 리스**(leveraged lease)에서는 리스제공자가 자산의 구매를 위한 초기 자본을 얻 기 위해 은행이나 다른 대출기관으로부터 차입하고, 대출에 대한 이자와 원금을 지불하기 위해 리스료를 사용한다. 또한 일부 상황에서 리스제공자는 독립적인 회사가 아니라, 리스를 하는 한 가지 목적으로 리 스이용자에 의해 만들어진 **특수목적회사**(Special-Purpose Entity, SPE)라고 하는 별도의 사업 파트너십이 다. SPE는 일반적으로 **합성 리스**(synthetic leases)에서 사용되며, 특정 회계 및 세무 처리(25.2절에서 더 자세히 논의됨)를 받도록 고안된다.

리스료 및 잔여가치

당신 회사는 창고 운영을 위해 새로운 $20,000의 전동 지게차 한 대가 필요하고, 이를 4년 동안 리스하는 것을 고려하고 있다고 가정하자. 이 경우 리스제공자는 지게차를 구입하여 당신에게 4년 동안 사용할 수 있게 할 것이다. 당신은 4년 후 지게차를 리스제공자에게 반납할 것이다. 당신이 내용 연수의 첫 4년 동안 이 지게차를 사용하는 권리에 대해 얼마를 지불해야 하는가? 리스비용은 리스 종료일의 시장가치인 자산의 **잔존가치**(residual value)에 따라 달라질 수 있다. 4년 후 이 지게차의 잔존가치가 $6,000라고 가정하자. L 금액의 리스료가 매월 지불되는 경우, 리스제공자의 현금흐름은 다음과 같다(리스료가 일반적으로 각 지불 기간의 기초에 지불됨을 주목하길 바란다).

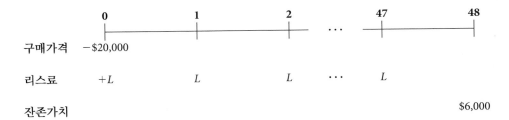

완전자본시장에서(리스를 할 때 리스제공자가 서로 경쟁하는 경우), 이 거래의 NPV가 0이 되고 리스자가 손익분기점에 이르도록 리스료가 설정되어야 한다.

$$PV(리스료) = 구매가격 - PV(잔존가치) \tag{25.1}$$

즉, 완전자본시장에서 리스료는 자산을 구매하고 재판매하는 비용과 같다.

따라서 리스료는 구매가격, 잔존가치 및 현금흐름에 대한 적절한 할인율에 따라 달라질 것이다.

예제 25.1

완전자본시장에서 리스 조건

문제

지게차의 구매가격이 $20,000이고, 4년 후 잔존가치가 확실히 $6,000가 될 것이며, 리스에서 리스이용자의 채무불이행 위험이 없다고 가정하자. 무위험 이자율이 월복리 6% APR이라면, 완전자본시장에서 4년 리스에 대한 월별 리스료는 얼마일까?

풀이

모든 현금흐름은 위험이 없으므로 매월 6%/12 = 0.5%의 무위험 이자율을 사용하여 할인할 수 있다. 식 (25.1)로부터 아래와 같이 이끌어낼 수 있다.

$$PV(리스료) = \$20,000 - \$6000/1.005^{48} = \$15,277.41$$

이 현재가치가 얼마의 월별 리스료 L을 가질까? 우리는 리스료를 연금으로 해석할 수 있다. 첫 번째 리스료가 오늘부터 시작되므로, 이 리스를 초기 지불액 L과 L의 47개월 연금으로 볼 수 있다. 이에 따라 우리는 연금 공식을 사용하여 L을 찾아야 한다.

$$15,277.41 = L + L \times \frac{1}{0.005}\left(1 - \frac{1}{1.005^{47}}\right) = L \times \left[1 + \frac{1}{0.005}\left(1 - \frac{1}{1.005^{47}}\right)\right]$$

위 등식을 L에 대해 풀면, 우리는 L을 구할 수 있다.

$$L = \frac{15,277.41}{1 + \frac{1}{0.005}\left(1 - \frac{1}{1.005^{47}}\right)} = \$357.01 \text{ 매월}$$

리스 대 대출

또 다른 대안으로 당신은 구매가격에 대해 4년 대출을 받아 지게차를 직접 구매할 수 있다. 만약 M이 원리금 균등상환 대출에 대한 매월 상환금이라면, 대출자의 현금흐름은 다음과 같다.

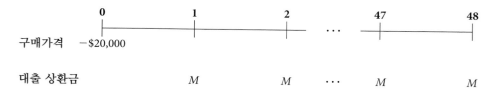

만약 이 대출이 공정하게 가격이 결정된다고 가정하면, 대출 상환금은 다음과 같다.

$$PV(\text{대출 상환금}) = \text{구매가격} \tag{25.2}$$

식 (25.2)를 식 (25.1)과 비교하면, 우리가 표준 대출에서는 자산의 전체 비용을 조달하지만, 리스에서는 리스 기간 동안 자산의 경제적 감가상각 비용만을 조달한다. 우리가 대출 자산을 구입할 때 전체 자산을 얻고 있기 때문에 대출 상환금은 리스료보다 높다.

예제 25.2   **완전자본시장에서의 대출 상환금**

문제

4년 연금 대출을 통해 구매가격을 빌려 $20,000의 지게차를 구입했다고 가정하자. 채무불이행 위험이 없다고 가정할 때, 무위험 이자율이 월복리 6% APR인 완전자본시장에서 월별 대출 상환금은 얼마일까? 이것은 예제 25.1의 리스료와 어떻게 비교되는가?

풀이

모든 현금흐름은 위험이 없으므로 무위험 이자율을 이용하여 할인할 수 있다. 6%/12 = 0.5%/월. 대출 상환금 지불은 매달 말에 이루어지기 때문에, 대출 상환금을 평가하는 연금 수식, 식 (25.2)를 이용하면 다음과 같다.

$$M \times \frac{1}{0.005}\left(1 - \frac{1}{1.005^{48}}\right) = 20,000$$

위 등식을 L에 대해 풀면, 우리는 M의 값을 구할 수 있다.

$$M = \frac{20,000}{\dfrac{1}{0.005}\left(1 - \dfrac{1}{1.005^{48}}\right)} = \$469.70 \text{ 매월}$$

물론 리스료가 대출 상환금보다 더 적다. 우리가 지게차를 리스하면, 4년 동안만 이를 사용할 수 있다. 하지만 우리가 대출을 받아 지게차를 구입하면, 우리는 이를 내용 연수 기간 동안 소유할 수 있다.

예제 25.2의 월별 대출 상환금은 예제 25.1의 리스료를 초과한다. 이러한 차이는 리스가 대출보다 우월하다는 것을 의미하지는 않는다. 리스료가 더 적지만, 리스의 경우 4년 동안만 지게차를 사용해야 한다. 우리가 대출을 이용하여 지게차를 구입하면, 4년 후에 이를 소유하고 $6,000의 잔존가치로 판매할

자동차 리스료 계산

예제 25.1에서와 같이 연금 공식을 사용하여 리스료를 계산하는 대신, 많은 경우 실무자는 다음과 같은 근사치를 사용하여 리스료를 계산한다.

$$L = \underbrace{\frac{구매가격 - 잔존가치}{기간}}_{평균\ 감가상각}$$

$$+ \underbrace{\left(\frac{구매가격 + 잔존가치}{2}\right) \times 이자율}_{자금조달\ 비용}$$

여기서 구매가격은 리스에 대해 부과되는 수수료를 포함하고, 선급금을 제외한다. 그리고 기간은 지급 기간의 수이다. 이 근사치의 기본 개념은 첫 번째 항은 지급 기간의 평균 감가상각이며, 두 번째 항은 자산의 평균가치에 대한 이자비용이다. 두 항의 합계는 한 지급 기간에 자산을 사용하기 위해 지불해야 하는 금액이다.

단순함에도 불구하고 이 수식은 리스 기간이 최대 5년, 이자율이 최대 10%까지 매우 정확하다. 예제 25.1에서 리스료를 계산하기 위해 이 수식을 사용하면 다음과 같다.

$$\frac{20{,}000 - 6000}{48} + \left(\frac{20{,}000 + 6000}{2}\right) \times 0.005 = \$356.67$$

이 금액과 예제 25.1에서 계산된 금액과의 차이는 $1 이내이다.

이 리스료에 대한 근차치는 자동차 리스에 대한 리스료를 계산하는 데 사용된다. 이 경우 이 수식은 다음과 같이 표현된다.

$$L = \frac{구매가격 - 잔존가치}{기간}$$

$$+ (구매가격 + 잔존가치) \times 화폐\ 요인$$

자동차를 처음으로 리스하는 많은 사람들은 구매가격과 잔존가치 모두에 대해 이자를 지불해야 하는 이유를 궁금해한다. 실제로 일어난 모든 것은 리스료의 두 번째 항목에는 화폐 요인에 포함되어 있다는 것이다. 즉, 화폐 요인은 이자율의 절반이다.

수 있다. 또 다른 대안으로 리스 종료 후에도 지게차를 보유하고 싶다면 $6,000의 시장가격으로 구입할 수 있다. 우리가 이 잔존가치의 이점을 고려하면, 일물일가의 법칙에 의해 대출 또는 리스를 통한 총구매 비용은 동일하다. 즉, 식 (25.2) 및 식 (25.1)을 결합하면 다음과 같다.

$$PV(리스료) + PV(잔존가치) = PV(대출\ 상환금) \tag{25.3}$$

즉, 완전자본시장에서 자산을 리스한 후 나중에 구입하는 비용은 자산을 구매하기 위해 차입하는 비용과 같다.[3]

계약 종료 시 리스 옵션

예제 25.1에서 우리는 리스 기간 종료 시점에 지게차가 리스제공자에게 반환될 것이며, 리스제공자는 잔여 시장가치 $6,000를 얻게 될 것이라고 추정했다. 실제로 다른 리스 조건이 가능하다. 대부분의 경우 리스 계약에 따라 리스이용자는 자산의 소유권을 일정 가격으로 취득할 수 있다.

• **공정 시장가치 리스**[fair market value (FMV) lease]는 리스 기간 종료 시점에 리스이용자에게 공정 시장가치에 자산을 구매할 수 있는 옵션을 제공한다. (공정한 시장가치는 자산에 따라 복잡할 수 있다. 리스 계약은 일반적으로 이에 대한 절차를 규정할 것이다. 이를 위해 독립적인 제3자에 의해 제공되는 공정 시장가치에 대한 추정치가 필요할 것이다.) 완전자본시장에서는 FMV 리스와 자산이 리스제공자에 의해 보유되는 리스 사이에 차이가 없으며, 이는 공정 시장가치로 자산을 취득하는 것은 0의 NPV 거래이기 때문이다.

---

3 경쟁적 시장 리스 가격결정에 대한 이론적인 분석에 대해서는 다음 논문을 참고하길 바란다. M. Miller and C. Upton, "Leasing, Buying, and the Cost of Capital Services," *Journal of Finance* 31(3) (1976): 761–786; and W. Lewellen, M. Long, and J. McConnell, "Asset Leasing in Competitive Capital Markets," *Journal of Finance* 31(3) (1976): 787–798.

- **$1.00 구매리스**($1.00 buyout lease) 또는 금융 리스(finance lease)에서는 리스 기간 종료 시점에 명목비용 $1.00에 자산의 소유권이 리스이용자에게 이전된다. 따라서 리스이용자는 자산의 전체적인 경제적인 내용 연수 기간 동안 자산에 대한 사용권을 계속 유지할 수 있다. 리스이용자는 리스료를 지급하고 사실상 자산을 구입했다. 결과적으로 이 유형의 리스는 여러모로 표준 대출을 이용하여 자산을 위한 자금조달을 하는 것과 동등하다.
- **고정가격 리스**(fixed price lease)의 경우 리스이용자는 리스 기간 종료 시점에 리스 계약에서 정한 고정가격에 자산을 구매할 수 있는 옵션을 가지고 있다. 이 유형의 리스는 소비자 리스(예 : 자동차)에서 매우 흔하다. 이 유형의 리스는 리스이용자에게 다음 옵션들을 부여한다. 리스 기간 종료 시점에 자산의 시장가치가 고정가격을 초과하면, 리스이용자는 시장가격 이하로 자산을 매입할 수 있다. 하지만 자산의 시장가치가 고정가격을 초과하지 않으면, 리스이용자는 리스 계약을 이행하지 않고 다른 곳에서는 더 적은 돈으로 자산을 구입한다. 결과적으로 리스제공자는 리스이용자에게 부여하는 이 옵션의 가치를 보상받기 위해 더 높은 리스료를 설정할 것이다.
- **공정 시장가치 상한리스**(fair market value cap lease)에서는 리스이용자는 공정 시장가치와 고정가격("상한선") 중 최솟값에 자산을 구매한다. 리스이용자는 고정가격 리스와 동일한 옵션을 가진다. 이 경우의 옵션이 고정가격 리스의 옵션보다 더 행사하기 쉬운데, 그 이유는 고정가격이 시장가치를 초과할 때 리스이용자가 다른 곳에서 유사한 자산을 찾을 필요가 없기 때문이다.

예제 25.3   리스료 지급과 리스 기간 종료 시점의 옵션

문제

(a) 공정 시장가치 리스제공자 경우, (b) $1.00 구매 리스제공자 경우, 그리고 (c) 리스이용자가 리스 기간 종료 시점에 $4,000에 자산을 매입할 수 있는 고정가격인 경우에 대해 각각 예제 25.1의 지게차 리스에 대한 리스료를 계산하라.

풀이

FMV 리스에서 리스이용자는 $6,000의 공정 시장가치에 지게차를 구매할 수 있다. 리스제공자는 지게차 자체에서 또는 리스이용자의 지불로부터 $6,000의 잔존가치를 얻는다. 따라서 리스료는 매월 $357이며, 예제 25.1에서와 달라지지 않는다.

$1.00 구매리스에서 리스제공자는 본질적으로 잔존가치를 갖지 않는다. 따라서 리스료만으로 $20,000의 구입가격을 리스제공자에게 보상해야 할 것이다. 따라서 리스료는 다음과 같다.

$$L = \frac{20,000}{1 + \dfrac{1}{0.005}\left(1 - \dfrac{1}{1.005^{47}}\right)} = \$467.36 \text{ 매월}$$

이 지불액은 예제 25.2에서 계산된 매월 $470의 대출 상환금보다 약간 적은데, 그 이유는 리스료 지불이 월 말이 아니라 월초에 발생하기 때문이다.

고정가격 리스에서는 지게차가 $6,000의 가치를 확실히 가질 것이므로 리스이용자는 $4,000에 구매할 수 있는 옵션을 행사할 것이다. 결과적으로 리스제공자는 리스 종료 시에 $4,000만을 받게 될 것이다. 이 리스가 0의 NPV를 갖기 위해 리스료의 현재가치는 $20,000 − $4,000/1.005^{48} = $16,851.61여야 한다. 따라서 리스료는 다음과 같다.

$$L = \frac{16,851.61}{1 + \frac{1}{0.005}\left(1 - \frac{1}{1.005^{47}}\right)} = \$393.79 \text{ 매월}$$

이 리스료는 FMV 리스의 리스료를 초과하는데, 이는 리스이용자가 리스 기간 종료 시점에 할인된 가격으로 자산을 매입할 수 있는 능력에 기인한다.

다른 리스 조항

리스는 사적으로 협의된 계약이며 여기에 설명된 것보다 더 많은 조항을 포함할 수 있다. 예를 들어 리스 계약은 리스이용자가 리스를 조기에 종료할 수 있는 조기 취소 옵션(아마 수수료를 받고)을 포함할 수 있다. 리스 계약은 리스 종료 이전에 리스이용자가 자산을 매입할 수 있는 바이아웃 옵션을 포함할 수 있다. 조항들에 따라 리스이용자로 하여금 특정 시점에 장비를 교환 또는 새로운 모델로 업그레이드할 수 있도록 한다. 각 리스 계약은 자산의 정확한 성격과 당면한 당사자의 필요에 맞게 조정될 수 있다.

리스의 이러한 특성은 리스료의 일부로 책정된다. 리스이용자에게 가치 있는 옵션을 부여하는 조항은 리스료를 인상하는 반면, 이러한 옵션을 제한하는 조항은 리스료를 낮추게 된다. 시장 불완전성이 없다면, 리스는 기업이 이용할 수 있는 0의 NPV 자금조달의 또 다른 형태이며, 모딜리아니-밀러 정리가 다음과 같이 적용된다. 리스는 기업의 가치를 높이거나 낮추지 않지만, 기업의 현금흐름과 위험을 다른 방식으로 나누기 위한 역할을 한다.[4]

1. 완전자본시장에서 리스료는 어떻게 결정되는가?
2. 어떤 유형의 리스 옵션이 리스료 금액을 상승시키는가?

25.2 리스의 회계적 · 세무적 · 법적 결과

우리는 완전자본시장에서 리스가 0의 NPV를 갖는 기업의 또 다른 자금조달 대안임을 알았다. 따라서 리스의 결정은 종종 리스의 회계적 · 세무적 · 법적 처리와 관련된 현실의 시장 불완전성에 의해 좌우된다.[5] 특히 기업이 자산을 리스하는 경우 다음과 같은 몇 가지 중요한 질문이 제기된다. 기업은 이 자산을 재무상태표에 기재하고 감가상각비를 공제해야 할까? 기업은 이 자산을 채무로 기재해야 할까? 세금 명목으로 리스료를 공제할 수 있을까? 파산이 발생한 경우 리스 자산을 채권자로부터 보호받을 수 있을까? 이 절에서 살펴보겠지만 이 질문에 대한 답은 리스가 어떻게 설계되어 있는가에 달려 있다.

---

4 리스 계약에 내재된 옵션 분석에 대해서는 다음 논문을 참고하길 바란다. J. McConnell and J. Schallheim, "Valuation of Asset Leasing Contracts," *Journal of Financial Economics* 12(2) (1983): 237–261; and S. Grenadier, "Valuing Lease Contracts: A Real-Options Approach," *Journal of Financial Economics* 38(3) (1995): 297–331.

5 자동차 리스를 고려해본 사람이라면 누구나 이러한 불완전성을 잘 알고 있을 것이다. 대부분의 주에서 리스사용자는 판매세를 차의 구입가격이 아닌 리스료에 대해서 지불한다. 이는 리스이용자가 구매자가 지불해야 하는 판매세의 상당 부분에 대한 지불을 피할 수 있음을 의미한다.

리스 회계

공개기업이 재무제표에 리스 거래를 공개하는 경우 재무회계기준심의회(Financial Accounting Standards Board, FASB)의 권고를 따라야 한다. 역사적으로 FASB는 리스에 대해 리스 기간에 따라 두 가지 유형의 리스로 구별했으며, 이 분류에 따라 리스의 회계 처리가 결정된다.

- **운영 리스**(operating lease)는 회계 목적상 렌탈(rental)로 간주된다. 이 경우 리스이용자는 전체 리스료를 영업비용으로 보고한다. 리스이용자는 자산에 대한 감가상각비를 공제하지 않으며, 자산 또는 리스료 지급 의무를 재무상태표에 보고하지 않는다. 운영 리스는 리스이용자 재무제표의 주석에 공지된다.
- **자본 리스**(capital lease) 또는 **금융 리스**(finance lease)는 회계 목적상 취득(acquisition)으로 간주된다. 취득한 자산은 리스이용자의 재무상태표에 기재되며, 리스이용자는 이 자산에 대한 감가상각비를 부담하게 된다. 또한 미래 리스료의 현재가치는 채무로 계상되고 리스료의 이자 부분은 이자비용으로 공제된다.[6]

리스 유형별로 서로 다른 회계 처리 방법은 예제 25.4와 같이 기업의 부채비율과 재무상태표에 영향을 미친다.

예제 25.4 — 리스 및 재무상태표

문제

하보드 크루즈 라인즈는 현재 다음과 같은 재무상태표(단위 : $ 백만)를 가지고 있다.

자산		부채 및 자기자본	
현금	100	채무	900
부동산, 공장 및 설비	1500	자기자본	700
총자산	**1600**	**총부채 및 자기자본**	**1600**

하보드는 새로운 크루즈 선단을 추가하려고 한다. 이 선단의 가격은 $400 백만이다. 만약 (a) $400 백만을 빌려서 이 선단을 구매하거나, (b) $400 백만의 금융 리스를 통해 이 선단을 취득하거나, (c) 운영 리스를 통해 이 선단을 취득한 경우 하보드의 재무상태표는 각각 어떻게 될까?

풀이

(a)와 (b)의 경우 재무상태표 결과는 동일하다. 이 선단이 이 회사의 새로운 자산이 되고, $400 백만이 추가적인 채무가 된다.

자산		부채 및 자기자본	
현금	100	채무	1300
부동산, 공장 및 설비	1900	자기자본	700
총자산	**2000**	**총부채 및 자기자본**	**2000**

이 경우 이 회사의 부채비율은 증가함(900/700 = 1.29에서 1300/700 = 1.86으로)을 주목하길 바란다.

이 선단을 (c)에 기술된 것처럼 운영 리스를 통해 취득한 경우 원래의 재무상태표에서 바뀐 것이 없다. 이 선단은 자산으로 기재되지 않고, 리스는 채무로 간주되지 않는다. 따라서 명백히 부채비율은 변하지 않는다.

---

[6] 금융 리스의 리스제공자에 대한 회계 처리는 리스가 판매 유형 리스, 직접 리스 또는 차입 리스(리스제공자가 자산의 구매를 60% 이상의 채무 자금조달을 하는 직접 리스이며, 이 채무가 자산의 소득에 의해서만 뒷받침된다는 점에서 비소구금융임) 중에서 어떤 유형인가에 의존한다.

금융 리스는 기업의 재무상태표에서 명백히 레버리지를 증가시킨다. 이로 인해 기업은 때로 리스를 부외(off the balance sheet)로 유지하기 위해 운영 리스로 분류되는 리스를 선호한다. FASB는 재무회계 기준서 13(FAS13)에서 운영 리스와 금융 리스를 구별하는 특정 기준을 제공한다. 리스이용자는 리스가 다음 조건들을 충족하는 경우 금융 리스로 간주되고, 이를 재무상태표에 등재해야 한다.

1. 부동산 명의는 리스 기간 종료 시점에 리스이용자에게 이전된다.
2. 리스가 실질적으로 공정 시장가치보다 현저하게 할인된 가격으로 자산을 매입할 수 있는 옵션을 포함하고 있다.
3. 리스 기간이 자산의 추정 경제적 내용 연수의 75% 이상이다.
4. 리스 시작 시점 최소 리스료의 현재가치가 자산의 공정 시장가치의 90% 이상이다.

이러한 조건들은 리스 계약이 리스이용자에게 내용 연수의 상당 기간 동안 자산의 사용권을 제공하는 상황을 식별할 수 있도록 고안되었다. 예를 들어 $1.00 구매리스는 두 번째 조건을 충족하므로, 회계 목적상 금융 리스로 간주된다. 리스를 부외로 유지하기를 선호하는 기업은 종종 이러한 조건들을 피하기 위해 리스 계약을 설계할 것이다.

리스가 운영 리스로 특징지어질 수 있는 FASB의 엄격한 규정에도 불구하고, SEC는 많은 투자자들이 이 규정이 오용되고 있다고 생각했다. 이에 따라 2006년 FASB와 국제회계기준위원회(International Accounting Standards Board, IASB)는 규정을 개정하기 위한 공동 프로젝트에 착수했다. 그 결과 2016년에 발표되고 2019년에 완전한 효력을 발휘할 예정인 새로운 표준이 마련되었다. 리스비용의 보고가 리스의 특성에 의존하는 것이 유지되지만, 새로운 규정하에서 기업은 리스 기간이 1년을 초과하는 모든 리스를 재무상태표에 기재해야 한다.

알래스카 에어 그룹의 운영 리스

알래스카 에어 그룹은 1985년 알래스카 에어와 호라이즌 에어 인더스트리즈의 두 자회사의 지주회사로 설립되었다. 알래스카 에어는 미국 전역에 항공편이 있는 주요 항공사다. 호라이즌 에어는 태평양 북서부에 집중되어 있는 지역 항공사다. 다음 표에 요약된 대로 알래스카 에어 그룹은 많은 항공기들을 리스하고 있으며, 이는 항공사들의 전형적인 경우이다.

	소유	리스	합계
알래스카 에어	111	34	145
호라이즌 에어	36	15	51

출처 : 알래스카 에어 그룹, 2014년 12월 10-K.

알래스카 에어는 항공기의 1/4 이상을, 호라이즌 에어는 거의 1/3을 리스한다. 이 리스는 거의 대부분 운영 리스다. (대부분의 경우 리스제공자는 알래스카 에어에 항공기를 구매, 금융 및 리스하도록 제3자에 의해 특별히 설립된 신탁이다.) 또한 알래스카 에어는 공항 및 터미널 시설의 대부분을 리스한다.

이 리스들이 운영 리스여서 알래스카 에어는 전체 리스료를 운영비용으로 보고한다. 2014년 알래스카 에어는 영업수입은 $5.4 십억인데, 항공기 렌트비용을 $110 백만으로 보고했다. 이 회사는 리스 항공기에 대한 감가상각비를 공제하지 않았으며, 이 항공기들은 재무상태표에 자산으로 기재되지 않았다. (알래스카 에어가 소유하고 있는 항공기의 가치는 재무상태표에 자산으로 기재된다.) 그리고 리스 지급 의무가 채무로 기재되지 않는다. 만약 기재된다면 알래스카 에어의 채무는 보고된 채무의 2배 이상이 될 것이다.

| 예제 25.5 | 운영 리스와 금융 리스의 비교 |

문제

$12.5 백만의 공정 시장가치와 10년의 잔여 수명을 갖는 걸프스트림 제트에 대한 7년의 리스 계약을 고려하자. 월 리스료가 $175,000이고 적절한 할인율은 월복리 6% APR이다. 이 리스가 리스이용자에게 영업 리스 또는 금융 리스로 분류될 것인가? 리스이용자를 위한 리스 또는 만약 리스 계약이 리스이용자에게 5년 후에 이 계약을 취소할 수 있는 옵션을 부여하면 이 리스는 어떻게 분류되는가?

풀이

우리는 리스 시작 시점에 월간 이자율 6%/12 = 0.5%, 최초 지불 이후 7 × 12 − 1 = 83회의 월별 지불 및 연금 공식을 이용하여 월 리스료의 현재가치를 계산한다.

$$PV(\text{리스료}) = 175,000 \times \left[1 + \frac{1}{0.005}\left(1 - \frac{1}{1.005^{83}}\right)\right] = \$12.04 \text{ 백만}$$

리스료의 현재가치는 제트기 가치의 12.04/12.50 = 96.3%이기 때문에 이 리스는 조건 4를 충족시키므로 자본 리스다. 이 계약에서 리스이용자가 5년 후에 이 계약을 해지할 수 있는 경우 리스료 지급의 최소 횟수는 60이다.

$$PV(\text{리스료}) = 175,000 \times \left[1 + \frac{1}{0.005}\left(1 - \frac{1}{1.005^{59}}\right)\right] = \$9.10 \text{ 백만}$$

이는 제트기 가치의 9.10/12.5 = 73%에 불과하다. 금융 리스에 대한 다른 조건들이 충족되지 않았기 때문에 이 리스는 운영 리스로 분류될 것이다.

리스의 세금 처리

재무제표에 리스를 보고하는 데 사용되는 범주는 재무상태표상의 자산가치에 영향을 미치지만 리스 거래로 발생하는 현금흐름에는 직접적인 영향을 미치지 않는다. 미국 국세청은 리스의 세금 처리를 결정하는 자체의 분류 규칙을 가지고 있다. 세금 처리가 현금흐름에 영향을 미치기 때문에, 이러한 규칙은 재무 가치평가 관점에서 더 중요하다. 미국 국세청은 리스를 두 가지 범주, 즉 진정 세금 리스와 비세금 리스로 구분한다. 이러한 범주는 운영 리스 및 금융 리스와 대략 일치하지만 정의하는 기준은 동일하지 않다.

진정 세금 리스(true tax leases)에서 리스제공자는 자산의 소유와 관련된 감가상각비 공제를 받는다. 리스이용자는 리스료 지급액 전액을 영업비용으로 공제할 수 있으며, 리스료는 리스제공자의 수입으로 간주된다.

비록 **비세금 리스**(non-tax leases)에서 자산의 법적 소유권은 리스제공자에게 있지만, 리스이용자는 감가상각비 공제를 받는다. 리스이용자는 리스료의 이자 부분을 이자비용으로 공제할 수 있다. 리스료의 이자 부분은 리스제공자의 이자 수입이다.

미국 국세청 세수 규칙(IRS Revenue Ruling) 55-540은 리스의 세금 분류를 결정하는 조건을 제공한다. 리스가 다음 조건 중 하나를 충족하면 비세금 리스로 취급된다.

1. 리스이용자는 리스 자산에서 주주지분을 취득한다.
2. 리스이용자는 모든 리스료를 완납하면 자산의 소유권을 얻는다.

3. 리스이용자가 비교적 짧은 사용 기간 동안 지불해야 하는 총금액이 자산의 총가치에서 차지하는 비중이 과도하다.

4. 리스료가 자산에 대한 현재의 공정 리스 가치를 크게 상회한다.

5. 옵션을 행사할 수 있는 시점에 자산에 대한 공정 시장가치 대비 할인된 가격으로 자산을 취득할 수 있다.

6. 리스료의 일부가 이자 또는 이와 동등한 금액으로 특별히 지정되어 있다.[7]

회계 기준과 마찬가지로 이 규칙은 리스가 자산의 내용 연수 중 상당 기간 리스이용자에게 자산의 사용권을 제공할 가능성이 있는지를 확인하려고 한다. 이 규칙은 다소 모호하고, 오직 세금 회피 목적으로 리스를 사용하는 것을 방지하기에 충분한 재량을 IRS에게 제공할 수 있도록 고안되었다.

예를 들어 세금 명목으로 $200,000의 자산을 10년 동안 연간 $20,000씩 감가상각해야 한다고 가정한다. 연간 $50,000를 지불하는 4년 $1.00 구매리스를 통해 자산을 취득할 때, 기업은 이 리스가 진정 세금 리스로 분류될 경우에 총 $200,000의 세금공제를 더 빠른 속도로 받을 수 있다.[8] IRS 규정은 이러한 유형의 리스를 (조건 3 및 5를 통해) 비세금 리스로 분류함으로써 이러한 유형의 거래를 방지한다.

리스 및 파산

미국 파산법 제11조(Chapter 11 of the U.S. bankruptcy code)에 따라 파산 신청을 하면 기업의 채권단이 자산을 압류하지 못하며, 기존 경영진에게는 재조정 계획을 제안할 기회가 주어진다는 제16장의 내용을 상기하자. 담보 대출자도 이 기간에는 대출에 대한 담보 역할을 하는 자산을 취할 수 없으며, 이는 수개월에서 수년까지 지속될 수 있다. 대신 파산법은 기업이 지속적인 영업을 위해 자산을 계속 사용하도록 허용한다.

파산에서의 리스 자산 처리는 리스가 파산 판사에 의해 담보권으로 취급되는지 아니면 진정 리스로 분류되는지에 따라 달라진다. 리스가 **담보권**(security interest)으로 간주되는 경우 기업은 자산의 유효한 소유권을 가지고 있다고 간주되고, 자산은 압류로부터 보호된다. 리스제공자는 다른 담보 채권자로 취급되며, 기업의 구조조정 또는 최종적인 청산을 기다려야 한다.

만약 리스가 파산에서 **진정 리스**(true lease)로 분류된 경우, 리스제공자가 자산에 대한 소유권을 보유한다. 파산 신청을 제출한 후 120일 이내에 파산 기업은 리스 계약을 받아들일지 아니면 거부할지를 선택해야 한다. 리스 계약을 받아들일 경우 모든 미지급 청구를 정산하고, 약속된 모든 리스료를 계속 지불해야 한다. 리스 계약을 거부하면 자산을 리스제공자에게 반환해야 한다(리스제공자의 미지급 청구가 파산 기업에 대한 무담보 청구가 되는 경우).

따라서 리스 계약이 파산에서 진정 리스로 분류된다면, 리스제공자는 기업이 채무불이행할 때 채권자보다 우월한 지위에 있게 된다. 리스제공자는 자산의 소유권을 유지함으로써 파산 보호를 요구하는 경우에도 리스료가 지급되지 않는다면 자산을 회수할 권리를 가지고 있다. 따라서 리스는 리스이용자로 하여금 채무불이행 시에 리스제공자에게 일반 채권자와 비교하여 특별한 대우를 제공하는 것을 약정할 수 있게 한다. 이러한 약정은 자산이 채무불이행 기업에 의해 보유될 때보다 리스제공자에 의해 보유될 때 더 가치가 있

---

7 IRS Revenue Ruling 55-540, 1955. 리스가 차입 리스제공자의 경우 리스제공자에 대한 세무 처리에 대한 추가 고려 사항이 있다.

8 이 거래는 리스제공자에 대해 정반대의 세금 결과를 낳는다. 리스료는 수입으로 과세되지만 자산비용은 느린 속도로 감가상각된다. 그러나 리스제공자가 리스이용자보다 더 낮은 세율을 적용하면 유리할 수 있다.

합성 리스

합성 리스는 회계 명목상 운영 리스로 세무 명목상 비세금 리스로 취급되도록 설계된다. 리스이용자는 합성 리스로 자산을 구매하기 위해 차입한 것과 동일하게 감가상각비 및 이자비용을 세금 목적으로 공제할 수 있지만, 재무상태표에 자산이나 채무를 보고할 필요가 없다.

이러한 회계 및 세무 처리를 위해 합성 리스는 일반적으로 리스제공자로 활동하고, 자금조달을 하고, 자산을 취득하여 기업에 리스하는 특수 목적 회사를 만들어 구조화되었다. 리스가 운영 리스로 분류될 수 있도록 보장하기 위해 리스 계약은 (1) 최초 평가가격을 기초로 리스 기간 종료 시점에 고정 구매가격을 제공하므로(협상가격이 아님), (2) 자산의 경제적 내용 연수의 75% 미만 (특정 조건하에서 재생 가능함), (3) 자산의 공정가치의 90% 미만의 현재가치로 최소 리스료를 가진다. 또한 재무상태표 기재를 피하기 위해 SPE의 기록 소유자는 전체 리스 기간 동안 위험에 노출된 최소 3%의 주주지분 투자를 해야 한다. 이 리스는 리스료의 일부를 이자로 지정함으로써 비세금 리스로 분류될 수 있다.

이러한 리스에 대한 주요 동기는 기업이 채무의 회계적인 결과를 회피하면서 채무를 사용할 수 있게 한다는 것이다. 특히 채무를 부외로 유지시켜서 기업의 부채비율이 개선되고, 자산수익률이 일반적으로 상승하고, 리스료가 이자 및 감가상각비보다 적은 경우 보고되는 주당 순이익이 높아질 것이다.

엔론 주식회사는 몰락 이전에 이러한 유형의 거래를 사용 및 악용하여 이익을 늘리고 채무를 감추었다. 엔론 사건 이후, FASB는 SPE의 위험 주주지분 투자를 10%로 올리고, 소유권이 진정으로 리스제공자로부터 독립되도록 요구하면서 SPE에 대한 요구사항을 대폭 강화하였다. 투자자들은 또한 이러한 거래에 회의적으로 반응하여 많은 기업들이 합성 리스를 기피하거나 이미 있던 합성 리스를 해체하게 했다. 예를 들어 2002년 포브스 매거진이 이 거래에 대한 비판적인 기사를 발표한 이후, 크리스피 크림 도넛 주식회사(Krispy Kreme Doughnuts Corporation)는 약 $35 백만을 조달하는 데 합성 리스를 사용하기로 한 결정을 취소했다. 이와 같은 남용으로 인해 2019년부터 FASB는 모든 리스를 재무상태표 항목으로 요구한다.

는 경우에 효율적이다. 이 경우 기업은 자금조달을 선택하지 않는 자산을 리스하기로 선택할 수 있다.[9]

어떤 거래가 진정 리스 또는 담보권으로 분류되는지 여부는 각 사례의 사실에 따라 다르겠지만, 파산에서의 구별은 앞서 하였던 회계 및 세금에서의 구별과 매우 유사하다. 운영 리스 및 진정 세금 리스는 일반적으로 법원에서 진정 리스로 간주된다. 금융 및 비세금 리스는 담보권으로 간주될 가능성이 더 크다. 특히 리스이용자가 잔여 경제적인 내용 연수(계약 내 또는 명목상의 수수료로 갱신 또는 구매하는 옵션을 통해) 동안 자산을 소유하고 있는 리스는 일반적으로 담보권으로 간주된다.[10]

1. 운영 리스와 금융 리스의 회계적인 처리에서의 차이는 무엇인가? 2019년에 이러한 회계적 처리의 어떤 점이 달라졌는가?
2. 어떤 리스가 회계 명목상 영업리스로, 세무 명목상 비세금 리스로 취급받을 수 있는가?

25.3   리스 의사결정

기업이 자산의 매입 또는 리스 여부를 어떻게 결정해야 할까? 완전자본시장에서의 이러한 결정은 동일한 결과를 가져오므로, 현실에서의 결정은 시장 마찰에 의존함을 상기하자. 이 절에서는 중요한 시장 마

---

9   기업의 차입 능력에 대한 이러한 리스 처리 결과 분석에 대해서는 다음 논문을 참고하길 바란다. A. Eisfeldt and A. Rampini, "Leasing, Ability to Repossess, and Debt Capacity," *Review of Financial Studies* 22(4) (2008): 1621–1657.

10   Article 1 of the Uniform Commercial Code, Section 1-203 at www.law.upenn.edu/bll/ulc/ulc .htm#ucc1을 참고하길 바란다.

찰인 세금을 고려하여 리스이용자의 관점에서 리스 결정의 재무적 결과를 평가한다. 우리는 자산을 리스하는 것, 구매하는 것, 그리고 (잠재적으로) 채무로 구매 자금을 조달하여 구매하는 것 중에서 어떤 것이 더 매력적인지 여부를 결정하는 방법을 살펴볼 것이다. 먼저 우리는 진정 세금 리스를 고려한다. 그다음에 이 절의 마지막 부분에서 비세금 리스로 전환한다.

진정 세금 리스에 대한 현금흐름

한 회사가 장비를 구입하면 이에 대한 비용은 자본지출이다. 따라서 구매가격은 시간이 지나면 감가상각될 수 있으며, 감가상각비의 세금공제가 발생한다. 만약 장비가 리스되고, 이 리스가 진정 세금 리스라면 자본지출은 발생하지 않지만, 리스료라는 운영비용이 발생한다. 예제를 통해 진정 세금 리스에서 발생하는 현금흐름과 구매를 통해 발생하는 현금흐름을 비교해보자. 에모리 프린팅(Emory Printing)은 새로운 고속 인쇄기가 필요하다. 현금으로 $50,000에 구매할 수 있다. 이 기계는 5년의 내용 연수를 갖고, 이 기간 동안 정액 감가상각법을 이용하여 세금 명목상 감가상각된다.[11] 이는 에모리가 감가상각비로 연간 $10,000를 공제할 수 있음을 의미한다. 세율 35%를 감안할 때 에모리는 감가상각비 공제로 인해 연간 $3,500의 세금을 절감할 것이다.

또는 에모리는 기계를 구매하는 대신 리스할 수 있다. 5년 리스 계약은 연간 $12,500의 비용이 발생할 것이다. 에모리는 매년 초에 지불을 해야 한다. 에모리의 리스가 진정 세금 리스이므로 리스료 지불 시에 운영비용으로 공제된다. 따라서 각 리스료의 세후비용은 $(1 - 35\%) \times 12,500 = \$8,125$이다. 이 리스 계약은 기계의 유지 보수 또는 서비스를 제공하지 않으므로 기계가 리스 또는 구매 여부에 상관없이 이러한 비용은 동일하다.

표 25.1은 구매 및 리스의 가용현금흐름 결과를 보여준다. 여기서 우리는 리스와 구매의 결과에 따라 달라진 현금흐름만을 고려한다. 기계를 사용하여 발생하는 판매 수입 및 유지 보수 비용처럼 두 가지 상황에서 동일한 현금흐름을 고려할 필요가 없다. 또한 우리는 기계를 구입한 경우 5년 후에 잔존가치가 없다고 가정한다. 우리는 이러한 차이가 존재한다면, 이를 현금흐름에 포함시킬 것이다. 제8장의 식 (8.6)에 의하면, 가용현금흐름은 EBITDA에서 세금, 자본지출, 순운전자본 증가를 차감한 다음 감가상각비 세금 절감액(즉, 세율×감가상각비)으로 계산될 수 있다. 따라서 에모리가 구매하는 경우 가용현금흐름에 대한 변경 사항은 자본지출 및 감가상각비 세금 절감액에 의해서만 발생한다. 그리고 에모리가 리스하는 경우 변경 사항은 리스료로 인한 EBITDA 감소와 이로 인한 세금에 의해서만 발생한다.

표 25.1 스프레드시트　리스 및 구매의 현금흐름(단위 : $)

	연도	0	1	2	3	4	5
구매							
1	자본지출	(50,000)	—	—	—	—	—
2	35% 세율에 감가상각비 세금 절감액	—	3,500	3,500	3,500	3,500	3,500
3	**가용현금흐름(구매)**	(50,000)	3,500	3,500	3,500	3,500	3,500
리스							
4	리스료	(12,500)	(12,500)	(12,500)	(12,500)	(12,500)	—
5	35% 세율에 이자 세금 절감액	4,375	4,375	4,375	4,375	4,375	—
6	**가용현금흐름(리스)**	(8,125)	(8,125)	(8,125)	(8,125)	(8,125)	—

---

11 실무적으로 세금 명목상 더 가속화된 감가상각표가 사용된다. 여기에서는 단순화를 위해 정액 감가상각법을 사용한다.

리스의 현금흐름이 구매의 현금흐름과 다르다는 것을 주목하자. 구매는 많은 초기 지출을 요구하고, 이후 일련의 감가상각비 세금공제가 뒤따른다. 이와 달리 리스된 기계의 비용은 시간에 걸쳐 균등하게 분산된다.

리스 대 구매(불공평한 비교)

에모리가 인쇄기를 리스하거나 구매하는 것 중에서 어떤 것이 더 나을까? 이 질문에 대답하기 위해 각 거래에서 현금흐름의 현재가치를 비교해보자(혹은 두 현금흐름 차이의 NPV를 계산할 수 있다). 우리는 현재가치를 계산하기 위해 자본비용을 결정해야 한다.

물론 적절한 자본비용은 물론 현금흐름의 위험에 의존한다. 리스료는 기업의 확정된 지급 의무이다. 에모리가 리스료를 지불하지 못하면 리스 계약이 이행되지 않는다. 리스제공자는 잔여 리스료를 받고자 할 것이고, 추가적으로 인쇄기를 회수하려고 할 것이다. 이러한 의미에서 리스는 리스 자산이 담보로 제공되는 대출과 유사하다. 게다가 25.2절에서 논의된 바와 같이, 진정 리스 계약에서 리스제공자는 기업이 파산 신청을 하면 담보권자보다 더 나은 위치에 있게 된다. 따라서 **리스료의 위험은 담보부 채무의 위험보다 크지 않으므로,** 기업의 담보대출 이자율로 리스료를 할인하는 것이 합리적이다.

또한 리스료 및 감가상각비의 세금 절감액은 저위험 현금흐름이다. 이는 미리 결정되어 있고, 기업이 양수의 소득을 창출하는 한 실현될 것이다.[12] 따라서 실무에서 흔히 하는 가정은 이러한 현금흐름에 대한 할인율로 기업의 차입 이자율을 사용하는 것이다.

에모리의 차입 이자율이 8%라면, 기계 구매비용의 현재가치는 다음과 같다.

$$PV(\text{구매}) = -50{,}000 + \frac{3500}{1.08} + \frac{3500}{1.08^2} + \frac{3500}{1.08^3} + \frac{3500}{1.08^4} + \frac{3500}{1.08^5}$$

$$= -\$36{,}026$$

기계 리스비용의 현재가치는 다음과 같다.

$$PV(\text{리스}) = -8125 - \frac{8125}{1.08} - \frac{8125}{1.08^2} - \frac{8125}{1.08^3} - \frac{8125}{1.08^4}$$

$$= -\$35{,}036$$

따라서 리스는 구매보다 저렴하며, 순절감액은 $36{,}026 - $35{,}036 = $990이다.

위의 분석은 중요한 점을 무시한다. 기업이 리스 계약을 체결할 때 기업은 고정된 미래의 지급 의무인 리스료를 지불하는 것을 약정한다. 만약 기업이 재무곤경에 처해 있어 리스료를 지불할 수 없다면, 리스제공자가 기계를 점유할 수 있다. 게다가 리스 지급 의무 자체가 재무적 곤경을 초래할 수 있다. 따라서 기업이 자산을 리스하는 경우(회계 명목상 재무상태표에 리스가 기재되는지 여부에 관계없이) 자본구조상 레버리지가 유효하게 증가한다.

리스는 자금조달의 한 가지 형태이므로 에모리가 가질 수 있는 다른 자금조달 옵션들과 비교해야 한다. 에모리가 자산을 바로 구매하지 않고, 대신 기계 구매에 필요한 자금조달을 위해 자금을 차입(또는 계획된 현금잔고를 줄여 순채무를 늘릴 수 있음)할 수 있다. 이때 에모리는 레버리지를 리스의 레버리지

---

12 소득이 음수라고 할지라도 이 세제 혜택은 이연(carryback) 또는 이월(carryforward) 조항을 통해 여전히 얻어질 수 있다. 이연 (이월) 조항은 기업이 이 신용을 과거(미래)의 연도에 발생한 소득에 대해 적용할 수 있도록 하는 것이다.

와 일치시킬 수 있다. 또한 에모리가 차입을 하면, 레버리지에 의해 제공되는 이자 세금 절감액으로부터 편익을 얻는다. 이러한 세제 혜택은 기계를 구매하기 위해 차입하는 것을 리스보다 더 매력적으로 만들 수 있다. 따라서 리스를 정확하게 평가하려면, 리스를 동등한 금액의 레버리지를 사용하여 자산을 구매하는 것과 비교해야 한다. 다시 말해 적절한 비교는 리스 대 구매가 아니라 리스 대 차입이다.

리스 대 차입(올바른 비교)

리스를 차입과 비교하기 위해 에모리가 리스 계약과 동일한 수준의 고정 지급 의무를 부담하는 대출 금액을 결정해야 한다. 우리는 이 대출금을 **리스 동등 대출**(lease-equivalent loan)이라고 부른다. 즉, 리스 동등 대출은 자산 구매자에게 리스이용자와 동일한 지급 의무를 부과하기 위해 필요한 대출이다.[13]

리스 동등 대출 에모리의 경우에 리스 동등 대출을 계산하기 위해 먼저 리스와 구매의 현금흐름 차이를 계산한다. 우리는 이 차이를 리스의 증분 가용현금흐름이라고 한다. 표 25.2에서 볼 수 있듯이, 구매와 비교할 때 리스는 초기에 현금을 저축하지만 미래의 현금흐름은 낮다. 1년에서 5년까지의 증분 가용현금흐름은 기업이 리스를 통해 얻게 되는 유효 레버리지를 나타낸다. 혹은 에모리가 인쇄기를 구매하고 동일한 세후 채무 상환액을 갖는 대출을 받음으로써 동일한 레버리지를 취할 수 있다. 에모리가 이 대출을 통해 얼마를 차입할 수 있을까? 미래 증분 현금흐름은 에모리가 대출에 대해 지불하게 될 세후 지불이기 때문에, 리스 동등 대출의 초기 잔액은 에모리의 세후 차입비용을 사용하여 구한 이 현금흐름의 현재가치다.

$$\text{대출 잔액} = PV[\text{할인율 } r_D(1-\tau_c)\text{를 이용한 리스 대 구매의 미래 FCF}] \tag{25.4}$$

에모리의 세후 차입비용 $8\%(1-35\%) = 5.2\%$를 이용하여 초기 대출 잔액을 구하면 다음과 같다.

$$\text{대출 잔액} = \frac{11,625}{1.052} + \frac{11,625}{1.052^2} + \frac{11,625}{1.052^3} + \frac{11,625}{1.052^4} + \frac{3500}{1.052^5} = \$43,747 \tag{25.5}$$

식 (25.5)는 에모리가 리스에 의해 발생하는 미래의 지급 의무를 이행한다면, 이 회사는 인쇄기를 구입하고 $43,747를 차입할 수 있음을 의미한다. 이는 표 25.2에 표시된 리스에서 연도 0 $41,875의 절감액을 초과한다. 따라서 리스 동등 대출을 이용하여 차입하고 구매하면 에모리는 초기에 $43,747 − $41,875 = $1,872의 비용을 추가로 절감하므로, 이 기계를 리스하는 것이 이 대안에 비해 덜 매력적이다.

우리는 표 25.3의 스프레드시트에서 이 결과를 명시적으로 검증한다. 여기서 우리는 기계의 구매로부터 발생하는 현금흐름과 리스 동등 대출을 이용한 차입으로부터 발생하는 현금흐름을 계산한다. 이 표의

표 25.2
스프레드시트 · 리스 및 구매의 증분 가용현금흐름

	연도	0	1	2	3	4	5
	리스 대 구매(단위 : $)						
1	FCF 리스(6행, 표 25.1)	(8,125)	(8,125)	(8,125)	(8,125)	(8,125)	—
2	차감 : FCF 구매(3행, 표 25.1)	50,000	(3,500)	(3,500)	(3,500)	(3,500)	(3,500)
3	**리스-구매**	**41,875**	**(11,625)**	**(11,625)**	**(11,625)**	**(11,625)**	**(3,500)**

---

13 S. Myers, D. Dill, and A. Bautista, "Valuation of Financial Lease Contracts," *Journal of Finance* 31(3) (1976): 799–819, for a development of this method를 참고하길 바란다.

표 25.3
스프레드시트   구매 및 리스 동등 대출을 이용한 차입의 현금흐름

	연도	0	1	2	3	4	5
리스 동등 대출(단위 : $)							
1 대출 잔액(PV, 5.2% 할인율)		43,747	34,397	24,561	14,213	3,327	—
리스 동등 대출로 구매(단위 : $)							
2 순차입(상환)		43,747	(9,350)	(9,836)	(10,348)	(10,886)	(3,327)
3 이자율(8%)			(3,500)	(2,752)	(1,965)	(1,137)	(266)
4 세율 35%일 때 이자 세금 절감액			1,225	963	688	398	93
5 대출의 현금흐름(세후)		43,747	(11,625)	(11,625)	(11,625)	(11,625)	(3,500)
6 FCF 구매		(50,000)	3,500	3,500	3,500	3,500	3,500
7 차입 + 구매의 현금흐름		(6,253)	(8,125)	(8,125)	(8,125)	(8,125)	—

1행은 식 (25.4)를 적용하여 계산된 리스 동등 대출의 잔고를 보여준다. 2행은 대출의 초기 차입 및 원금 지급금액을 보여준다(전년 대비 대출 잔액의 변동으로 계산됨). 3행은 매년 지불해야 하는 이자(이전 대출잔액의 8%)를 표시하고, 4행은 이자의 세금 절감액(이자 금액의 35%)을 계산한다. 5행은 대출의 세후 현금흐름을 합산한다. 이 현금흐름은 인쇄기 구매로 인한 가용현금흐름과 결합하여 7행에서 구매 및 차입으로 발생하는 총 현금흐름을 계산한다.

인쇄기 구매 및 리스 동등 대출의 현금흐름(표 25.3의 7행)과 리스의 현금흐름(표 25.2의 1행)을 비교하면, 우리는 두 전략을 통해 에모리가 4년 동안 매년 $8,125의 순 미래지급 의무를 지게 됨을 알 수 있다. 그러나 두 전략에서 레버리지는 동일하지만, 초기 현금흐름은 그렇지 않다. 리스의 경우 에모리는 처음에 $8,125를 지불할 것이다. 대출의 경우 에모리는 인쇄기 구매가격에서 차입 금액을 뺀 금액, 즉 $50,000 − $43,747 = $6,253를 지불한다. 다시 말하지만 기계 구입을 위한 차입은 리스보다 저렴하며 $8,125 − $6,253 = $1,872의 비용 절감 효과가 있다. 리스는 에모리에게 매력적이지 않다. 만약 에모리가 이만큼의 레버리지를 기꺼이 감내한다면, 인쇄기를 리스하기보다는 차입하여 인쇄기를 구매하는 것이 더 낫다.

직접적인 방법   이제는 리스 동등 대출의 역할을 알았으므로 제18장의 방법론을 사용하여 리스와 리스 동등 대출로 자금조달한 구매를 직접 비교할 수 있다. 제18장에서 투자의 현금흐름이 레버리지에 의해 완전히 상쇄될 때 적절한 가중평균 자본비용은 $r_U − \tau_c r_D$로 주어지며, 여기서 r_U는 투자에 대한 무차입 자본비용이다[식 (18.11)과 670~673쪽 참조]. 리스 대 차입의 증분 현금흐름은 상대적으로 안전하기 때문에, $r_U = r_D$이고 $r_{wacc} = r_D(1 − \tau_c)$이다. 따라서 리스 대 차입의 증분 현금흐름을 세후 차입 이자율을 사용하여 할인함으로써 리스를 동등한 레버리지를 이용하여 자산을 구매하는 것과 비교할 수 있다.

에모리의 경우 아래와 같이 나타낼 수 있다. $8\% × (1 − 35\%) = 5.2\%$의 에모리 세후 차입비용으로 표 25.2의 증분 가용현금흐름을 할인하면 아래와 같이 나타낼 수 있다.

$$PV(리스 대 차입) = 41,875 − \frac{11,625}{1.052} − \frac{11,625}{1.052^2} − \frac{11,625}{1.052^3} − \frac{11,625}{1.052^4} − \frac{3500}{1.052^5}$$
$$= −\$1872$$

이것은 이전에 계산한 차이와 정확히 일치함을 주목하라.

유효 세후 리스 차입 이자율   리스와 관련된 유효 세후 차입 이자율(effective after-tax borrowing rate) 측면에서 리스와 구매를 비교할 수도 있다. 유효 세후 차입 이자율은 표 25.2의 증분 리스 현금흐름의 IRR로 주어지며, 이 예에서는 7%로 계산된다.

$$41,875 - \frac{11,625}{1.07} - \frac{11,625}{1.07^2} - \frac{11,625}{1.07^3} - \frac{11,625}{1.07^4} - \frac{3500}{1.07^5} = 0$$

따라서 리스는 세후 이자율 7%로 차입하는 것과 동등하다. 이 옵션은 에모리가 채무에 대해 지불하는 세후 이자율인 8% × (1 − 35%) = 5.2%에 비해 매력적이지 않다. 우리가 차입을 하고 있기 때문에(양수의 현금흐름 다음에 음수의 현금흐름이 발생함), IRR이 낮을수록 좋다. 그러나 제7장에서 논의했듯이 현금흐름의 부호가 한 번 이상 바뀌게 되면 IRR 기법을 의지할 수 없으므로, 이 접근법을 사용하는 데 주의해야 한다.

진정 세금 리스의 가치평가

요약하면 우리는 진정 세금 리스를 평가할 때, 리스와 동등한 레버리지로 자금조달한 구매를 비교해야 한다. 우리는 다음 접근 방식을 제안한다.

1. 표 25.2에서처럼 리스 대 구매에 대한 **증분 가용현금흐름**을 계산한다. 감가상각비 세금 절감액(구매의 경우)과 리스의 경우 리스료의 세금공제액을 포함한다.
2. 세후 차입 이자율로 증분 가용현금흐름을 할인함으로써 리스 대 동일 레버리지를 사용하는 구매의 NPV를 계산한다.

만약 2단계에서 계산된 NPV가 음수라면, 리스는 전통적인 채무 자금조달 방식에 비해 매력적이지 않다. 이 경우 회사는 리스를 해서는 안 되며, 최적의 레버리지를 사용하여 자산을 취득해야 한다(제5부 및 제6부에서 설명된 상쇄 및 기법을 기반으로 함).

만약 2단계에서 계산된 NPV가 양수이면, 리스가 전통적인 채무 자금조달에 비해 이점을 제공하므로 고려되어야 한다. 그러나 경영진은 재무상태표에 기재되지 않지만, 기업의 유효 레버리지를 리스 동등 대출만큼 증가시킨다는 것을 인식해야 한다.[14]

		예제 25.6
새로운 리스 조건의 평가		

문제
에모리가 우리가 분석한 리스를 거부하고, 리스제공자가 리스료를 매년 $11,800로 낮추는 데 동의한다고 가정한다. 이러한 변경은 이 리스를 매력적으로 만드는가?

풀이
증분 가용현금흐름은 다음 표에 표시되어 있다.

연도	0	1	2	3	4	5
구매						
1 자본지출	(50,000)	—	—	—	—	—
2 35% 세율하에서 감가상각비 세금 절감액	—	3,500	3,500	3,500	3,500	3,500
3 증분 가용현금흐름(구매)	(50,000)	3,500	3,500	3,500	3,500	3,500
리스						
4 리스료	(11,800)	(11,800)	(11,800)	(11,800)	(11,800)	—
5 35% 세율하에서 이자 세금 절감액	4,130	4,130	4,130	4,130	4,130	—
6 증분 가용현금흐름(리스)	(7,670)	(7,670)	(7,670)	(7,670)	(7,670)	—
리스 대 구매						
7 리스-구매	**42,330**	**(11,170)**	**(11,170)**	**(11,170)**	**(11,170)**	**(3,500)**

---

14 재무적 곤경이나 기타 차입비용이 큰 경우 이 회사는 다른 채무를 줄임으로써 이러한 레버리지 증가분을 상쇄할 수 있다.

에모리의 세후 차입비용 5.2%를 사용하면, 리스 대 리스와 동등한 레버리지를 이용한 구매의 이득은 다음과 같다.

$$
\begin{aligned}
NPV(\text{리스 대 차입}) &= 42,330 - \frac{11,170}{1.052} - \frac{11,170}{1.052^2} - \frac{11,170}{1.052^3} - \frac{11,170}{1.052^4} - \frac{3500}{1.052^5} \\
&= 42,330 - 42,141 \\
&= \$189
\end{aligned}
$$

따라서 이 리스는 새로운 조건하에서 매력적이다.

비세금 리스의 평가

비세금 리스를 평가하는 것은 진정 세금 리스를 평가하는 것보다 훨씬 쉽다. 비세금 리스의 경우 리스이용자는 여전히 (자산을 구매한 것처럼) 감가상각비 공제를 받는다. 그러나 리스료의 이자 부분만 공제된다. 따라서 현금흐름 측면에서 비세금 리스는 전통적 대출과 직접적으로 비교된다. 따라서 비세금 리스가 대출에서 얻을 수 있는 것보다 더 나은 이자율을 제공하면 매력적이다. 우리가 더 나은 이자율을 제공하는지 여부를 결정하기 위해, 리스료를 기업의 세전 차입 이자율로 할인한 후 이를 자산의 구매가격과 비교할 수 있다.

예제 25.7 | **비세금 리스와 표준 대출의 비교**

문제

예제 25.6의 리스가 비세금 리스라고 가정하자. 이 경우 이 리스가 에모리에게 매력적일까?

풀이

에모리는 기계를 $50,000에 구매하는 대신 매년 $11,800의 리스료를 지불할 것이다. 즉, 에모리는 매년 $11,800를 지불함으로써 $50,000를 유효하게 차입하고 있다. 에모리의 8% 차입 이자율을 감안할 때, 표준 대출에서 매년 $11,800를 지불하는 것은 에모리로 하여금 다음 금액을 차입하게 한다.

$$
PV(\text{리스료}) = 11,800 + \frac{11,800}{1.08} + \frac{11,800}{1.08^2} + \frac{11,800}{1.08^3} + \frac{11,800}{1.08^4} = \$50,883
$$

즉, 대출과 동일한 금액을 지불함으로써 에모리는 $50,000 이상을 조달할 수 있다. 따라서 만약 리스가 비세금 리스라면, 이 리스는 매력적이지 않다.

우리는 진정 세금 리스와 비세금 리스 모두에 대해 자산의 잔존가치, 리스 대 구매와 관련된 유지 보수 및 서비스 계약의 차이, 그리고 취소 또는 기타 리스 옵션을 무시했다. 이러한 특성이 있는 경우 리스와 채무 자금조달 구매를 비교할 때 포함되어야 한다.

개념 확인

1. 리스와 구매를 비교하는 것이 부적절한 이유는 무엇인가?
2. 진정 세금 리스를 차입과 비교하기 위해 증분 리스 현금흐름에 대해 어떤 할인율이 사용되어야 하는가?
3. 우리는 비세금 리스를 차입과 어떻게 비교할 수 있을까?

25.4 리스 이유

우리는 25.3절에서 리스가 리스이용자에게 매력적인지 여부를 결정하는 방법을 살펴보았다. 유사하지만 정반대의 주장이 리스제공자의 관점에서 사용될 수 있다. 리스제공자는 장비를 리스하는 것을 기업에게 돈을 빌려주고 장비를 구입할 수 있도록 하는 것과 비교할 수 있다. 리스제공자는 어떤 상황에서 리스가 리스제공자와 리스이용자 모두에게 수익을 낼 수 있도록 할까? 리스 계약이 당사자 중 한 사람에게 좋은 거래라면, 다른 당사자에게는 나쁜 거래일까? 혹은 리스 계약에서 기초 가치의 경제적 원천이 존재할까?

리스의 타당한 논거

리스가 리스이용자와 리스제공자 모두에게 매력적이기 위해 리스 계약이 제공하는 근본적인 경제적 편익이 존재해야 한다. 여기서 우리는 리스에 대한 타당한 이유를 고려한다.

세금 차이 리스이용자는 진정 세금 리스를 통해 감가상각비 및 이자의 세금공제를 리스료 공제로 대체한다. 한 세트의 공제 금액은 지급 시기에 따라 더 큰 현재가치를 가질 수 있다. 만약 리스가 더 큰 현재가치를 갖는 세금공제를 더 높은 세율을 가진 당사자에게 이동하면 세금 이득이 발생한다. 일반적으로 자산의 감가상각비 세금공제가 리스료보다 더 빠르게 이루어지고, 리스제공자가 리스이용자보다 높은 과세 구간에 속한 경우 진정 세금 리스가 유리하다.[15] 반대로 자산의 감가상각비 세금공제가 리스료보다 느리게 이루어지고, 리스제공자가 리스이용자보다 낮은 과세 구간에 속한 경우 진정 세금 리스로 인한 세금 이득이 존재한다.

예제 25.8

리스를 통한 세금 차이 활용

문제

에모리가 연간 $11,800의 리스료로 인쇄기에 대한 진정 세금 리스를 제안받았다고 가정하자. 이 리스 계약이 15%의 세율 및 8%의 차입비용을 가진 리스제공자와 에모리에게 수익성이 있음을 보여라.

풀이

우리는 이미 예제 25.6에서 이 조건들로 리스를 평가했다. 우리는 이 예제에서 에모리에 대한 리스 대 차입의 NPV가 $189라는 것을 알았다. 이제 리스제공자의 관점에서 이 리스를 고려해보자. 리스제공자는 인쇄기를 구입한 후 에모리에게 리스한다. 구매 및 리스로부터 발생하는 리스제공자의 증분 가용현금흐름은 다음과 같다.

	연도	0	1	2	3	4	5
구매							
1 자본지출		(50,000)	—	—	—	—	—
2 15% 세율하에서 감가상각비 세금 절감액		—	1,500	1,500	1,500	1,500	1,500
3 증분 가용현금흐름(구매)		(50,000)	1,500	1,500	1,500	1,500	1,500
리스							
4 리스료		11,800	11,800	11,800	11,800	11,800	—
5 15% 세율하에서 이자 세금 절감액		(1,770)	(1,770)	(1,770)	(1,770)	(1,770)	—
6 증분 가용현금흐름(리스)		10,030	10,030	10,030	10,030	10,030	—
리스제공자 증분 가용현금흐름							
7 구매 및 리스		(39,970)	11,530	11,530	11,530	11,530	1,500

---

15 J. Graham, M. Lemmon, and J. Schallheim, "Debt, Leases, Taxes, and the Endogeneity of Corporate Tax Status," *Journal of Finance* 53(1) (1998): 131–162, for evidence that low tax rate firms tend to lease more than high tax rate firms를 참고하길 바란다.

8% × (1 − 15%) = 6.8%의 세후 이자율로 이 현금흐름을 평가하면, 리스제공자에 대한 NPV = $341 > 0임을 알 수 있다. (리스제공자에 대한 세후 이자율 사용은 리스제공자가 이 거래의 미래 가용현금흐름을 담보로 차입하는 것을 의미한다.) 따라서 양측은 세율 차이로 인해 이 거래에서 이득을 얻는다. 에모리의 이득은 리스가 인쇄기 감가상각으로 인해 얻는 것보다 더 가속된 세금공제를 제공한다는 사실에서 비롯된다. 에모리가 리스제공자보다 높은 과세 구간에 있기 때문에 더 빠른 세금공제로 이동하는 것이 유리하다.

재판매비용 감소   많은 자산은 매각에 시간이 많이 소요되고 비용이 든다. 기업이 단기간에 자산을 사용할 필요가 있는 경우 자산을 구매하고 재판매하는 것보다 자산을 리스하는 것이 더 적은 비용이 든다. 이 경우 리스제공자는 자산에 대한 새로운 사용자를 찾는 책임이 있지만, 리스제공자는 종종 이 업무에 전문화되어 있으므로 훨씬 낮은 비용에 직면한다. 예를 들어 자동차 판매점은 리스 기간 종료 시점에 소비자보다 중고차를 판매할 수 있는 좋은 위치에 있다. 이 이점 중 일부는 낮은 리스료를 통해 전달될 수 있다. 또한 자산 소유자가 자산이 "레몬"인 경우에만 자산을 재판매할 것이다. 하지만 단기 리스는 자산의 사용자가 자산의 품질에 관계없이 자산을 회수하는 것을 약정할 수 있다. 이러한 방식으로 리스는 중고 상품 시장에서 역선택 문제를 완화하는 데 도움이 될 수 있다.[16]

전문화로 인한 효율성 향상   리스제공자는 종종 특정 유형의 자산을 유지 보수하거나 운영하는 데 있어서 리스이용자보다 효율성 이점을 가지고 있다. 예를 들어 사무용 복사기의 리스제공자는 전문 기술자를 고용하고 유지 보수에 필요한 예비 부품 목록을 유지 보수할 수 있다. 일부 유형의 리스는 운전자가 있는 트럭처럼 운전자가 함께 제공될 수 있다(사실 "운영 리스"라는 용어는 이러한 리스에서 유래했음). 이러한 보완적인 서비스와 함께 자산을 제공함으로써 리스제공자는 효율성 향상을 달성하고 매력적인 리스료를 제공할 수 있다. 또한 자산의 가치가 이러한 보완적인 서비스에 달려 있는 경우, 자산을 구매하는 기업이 서비스 제공업체에 의존할 수 있으며, 이 경우 서비스 제공업체는 서비스 가격을 인상하고 기업을 착취할 수 있다.[17] 서비스를 번들로 제공하는 경우 기업은 경쟁 장비로 전환할 수 있는 유연성을 유지함으로써 협상력을 유지한다.

재무적 곤경비용 감소 및 채무 수용능력 증가   25.2절에 명시된 바와 같이, 진정 리스로 리스되는 자산에는 파산 보호가 제공되지 않으며, 채무불이행 시 압수될 수 있다. 결과적으로 리스 의무는 담보 채무보다 더 높은 우선순위와 더 낮은 위험을 갖는다. 또한 리스제공자는 대출자보다 자산의 경제적 가치를 완전히 회수하는 능력이 우월하다. 채무불이행 시 위험이 감소하고 회수 가치가 높아지므로 리스제공자는 리스를 통해 일반 대출자가 할 수 있는 것보다 더 매력적인 자금조달 수단을 제공할 수 있다. 이러한 효과는 소기업 및 자본 제약이 있는 기업에 중요하다는 연구들이 존재한다.[18]

---

16 이 효과에 대한 증거는 다음 논문을 참고하길 바란다. T. Gilligan, "Lemons and Leases in the Used Business Aircraft Market," *Journal of Political Economy* 112(5) (2004): 1157 – 1180.

17 이러한 우려는 종종 보류 문제(hold-up problem)라고 언급된다. 자산의 최적 소유권을 결정하는 데 있어서 보류 문제의 중요성은 다음 논문에서 확인되었다. B. Klein, R. Crawford, and A. Alchian, "Vertical Integration, Appropriable Rents, and the Competitive Contracting Process," *Journal of Law and Economics* 21 (1978): 297 – 326.

18 S. Sharpe and H. Nguyen, "Capital Market Imperfections and the Incentive to Lease," *Journal of Financial Economics* 39(2 – 3) (1995): 271 – 294; and A. Eisfeldt and A. Rampini (referenced in footnote 9)를 참고하길 바란다.

2009년부터 엑스오젯(XOJET)의 수석 부사장 겸 최고재무관리자(CFO)를 맡고 있는 마크 롱은 25년간의 항공기 자금조달 경험을 보유하고 있다. 그는 XOJET의 운영 성과 극대화, 재무적 목표 달성 및 재무적 위험 관리, 항공기 기획 및 자산 관리를 담당한다.

질문 XOJET은 어떻게 자금을 조달하는가?

답변 북미 지역 최대 민간 항공회사 중 하나인 XOJET은 최대 규모의 전세 중대형 항공기 비행대를 소유 및 운영하고 있으며, 제트기를 리스하여 항공기 비행대를 보완한다. XOJET은 주식, 담보부 및 무담보 채무 및 운영리스로 자금을 조달한다. 자본 집약적인 사업의 민간기업인 XOJET는 확립된 거래신용을 통해 주로 자금조달된 항공기를 담보한 채무 자금조달의 사용을 극대화한다. 항공기를 안전 수단으로 사용함으로써 대출자 위험을 줄여 채무 자본시장에 대한 접근성을 넓히고 자금조달 비용을 최소화한다.

질문 항공기 비행대의 확장 여부를 어떻게 결정할까? 항공기를 구매하는 것과 리스하는 것을 어떻게 비교할까?

답변 XOJET의 비행대 확장 기준에는 다음과 같은 요소가 포함된다.

- ROIC(투자 자본 수익률)를 15% 이상 유지하기 위한 긍정적인 기여
- 충분하고 지속적인 고객 수요를 창출하는 소매 채널
- 적절한 리스 또는 채무 자금조달의 이용 가능성
- 비즈니스 환경 평가 : 경기순환 단계, 경쟁 환경 및 성장 전망
- 사업 모델에 부합하는 판매 또는 리스를 위한 적절한 자본비용으로 적절하게 가격 설정된 중고 항공기의 이용 가능성

항공기에 대한 전액 현금 지불("구매")은 일반적으로 현금 자원의 최적 사용이 아니기 때문에, 이 결정은 사용 가능한 자금조달의 유형 및 조건과 리스 회계 처리에 중점을 두고 이루어진다. 금융 리스(본질적으로 모기지와 같은 전액 지불 대출)는 재무상태표에 기재되지만, 운영 리스는 부외거래다. 따라서 XOJET의 재무상태표상 채무를 추가하는 능력을 고려하는 것도 중요하다.

인터뷰
마크 롱
(Mark Long)

우리는 먼저 리스 금융에 대한 시장 가용성과 초과 사용에 대한 잠재적인 자산 활용 페널티를 평가한다. 그다음에 현재와 미래의 잔존가치, 중고시장 상황, 리스 계약에 필요한 현금 예치금, (정상적인 마모를 초과하는) 수용 가능한 환수 조건 의무의 추가비용을 고려한다. 또한 일부 개인 및 중소기업은 항공기를 구입한 후 XOJET과 같은 운영자에게 리스하는 세금 유인을 갖는다. 이러한 특별한 상황은 XOJET에게 우선적인 리스 조건을 제공할 수 있는데, 이는 전통적인 채무시장에서 존재하지 않는 것이라서 리스를 매력적인 옵션으로 만든다.

질문 리스의 장단점 몇 가지를 들면?

답변 리스는 투자자에게 폭넓은 시장을 제공하여 금융 수단을 확대한다. 또 다른 이점은 잔존가치 위험을 리스제공자에게 이전하는 것이다. 재무 주석으로 보고되는 운영(부외) 리스는 레버리지 및 이자보상 비율에 대한 대출조항 준수를 관리하는 데 도움이 된다. 또한 리스는 자산의 계획된 내용 연수 동안 현금흐름 생산 및 세금 효율적인 자산의 사용에 가장 부합하는 리스 기간을 구조화할 수 있다. 비용 처리가 되는 운영 리스의 가장 큰 단점은 일반적인 수익성 측정 지표인 EBITDA에 부정적인 영향을 미친다는 점이다. (대출과 관련된 이자비용은 EBITDA에 영향을 미치지 않는다.) 또한 리스는 취소할 수 없으며, 조기 해약 위약금이 많이 부과된다. 이는 XOJET이 변화하는 시장 상황에 유연하게 대처할 수 없음을 의미한다.

질문 당신은 리스를 채무와 유사한 또 다른 형태의 자금조달이라고 생각하는가? 그 이유는 무엇인가?

답변 XOJET은 각 형태의 자금조달 유형을 비슷한 것으로 본다. 각각의 장점과 단점은 앞서 언급한 바와 같다. 상황적인 사실들과 매도자의 동기에 따라 리스 자금조달이 최선의 선택일 수 있다. 리스는 항상은 아니지만 일반적으로 비싼 자금조달 원천이다.

그 이유는 리스제공자는 보통 자금의 원가보다 프리미엄을 받고, 상당한 현금 예치를 통해 잠재적인 신용 위험을 완화하고, 미래의 잔존가치 위험을 보상받기를 원하기 때문이다.

채무 과잉의 완화   리스는 채무 과잉으로 어려움을 겪고 있는 기업에게 추가적인 편익을 줄 수 있다. 채무 과잉으로 인해 기존 채무 보유자가 새로운 자산의 가치를 상당 부분 차지할 수 있기 때문에, 양수의 NPV 를 갖는 투자를 하지 못할 수도 있다. 리스는 유효 우선순위로 인해 새로운 자산에 대한 청구권을 효과적으로 분리하면서 기업의 확장 자금을 조달할 수 있게 하므로 채무 과잉 문제를 해결할 수 있게 한다.[19]

예를 들어 의류 디자이너인 안드레아노 유한회사는 새로운 $1.1 백만의 로봇 재봉기 사용을 요구하는 프로젝트가 있다고 가정하자. 이 기계는 감가상각되지 않아 연말에 $1.1 백만에 판매될 수 있으며, 이 프로젝트는 추가적으로 $550,000를 확실하게 창출하므로, 총수익은 $1.65 백만이 된다. 만약 무위험 이자율이 10%라면, 이 프로젝트는 $1.65 백만/1.10 - 1.1 백만 = $400,000의 NPV를 갖는다.

그러나 안드레아노가 내년에 파산할 확률이 40%라고 가정하면, 이 회사의 주주지분이 사라질 것이다. 이 경우 주주에 대한 프로젝트 수익의 현재가치는 60% × $1.65 백만/1.10 = $900,000이며, 기계를 선불로 구입하는 데 필요한 $1.10 백만을 투자할 의향이 없다.[20]

다른 한편으로 안드레아노가 1년 동안 기계를 리스할 수 있다고 가정하자. 식 (25.1)에 따르면, 경쟁시장의 1년 리스료는 $1.1 백만 - $1.1 백만/1.10 = $100,000이다. 새로운 프로젝트의 주주 수익의 현재가치가 60% × $550,000/1.10 = $300,000이기 때문에 주주는 이 금액을 기꺼이 기부할 것이다. 리스는 채무불이행 시 채무 보유자가 기계를 요구하지 않고 안드레아노가 기계를 사용할 수 있도록 함으로써 채무 과잉을 해결한다.[21]

위험 요소 이전   리스의 시작 시점에 리스 자산의 잔존가치에 대한 상당한 불확실성이 존재할 수 있으며, 자산을 소유한 사람은 이 위험을 부담한다. 리스 계약을 통해 당사자는 보유하는 위험을 가장 잘 감당할 수 있다. 예를 들어 위험에 대한 관용도가 낮은 중소기업은 자산을 구매하는 것보다 리스를 더 선호할 수 있다.

인센티브 개선   리스제공자가 제조업체인 경우 리스제공자가 잔존가치의 위험을 부담하는 리스는 인센티브를 향상시키고 대리인 비용을 낮출 수 있다. 이러한 리스는 시간이 지남에 따라 가치를 유지할 고품질의 내구력 있는 제품을 생산할 수 있는 인센티브를 제조업체에게 제공한다. 또한 제조업체가 독점업체인 경우 제품을 리스하면 제조업체가 중고제품 판매에서 경쟁을 제한할 수 있을 뿐만 아니라 제품의 잔존가치를 과도하게 생성하고 낮추지 않는 인센티브를 얻을 수 있다.

이러한 잠재적 혜택에도 불구하고 리스와 관련된 상당한 대리인 비용이 발생할 수 있다. 리스제공자가 자산의 잔존가치에 상당한 관심을 가지고 있는 리스의 경우, 리스이용자는 구매 자산이 아닌 리스 자산을 적절하게 관리하려는 인센티브가 적다.[22]

---

19   R. Stulz and H. Johnson, "An Analysis of Secured Debt," *Journal of Financial Economics*, 14 (1985): 501–521을 참고하길 바란다.

20   단순화를 위해 이 예에서는 모든 위험이 고유위험이라고 가정했으므로 무위험 이자율로 할인할 수 있다. 보다 일반적으로 제21장에서 논의한 것처럼, 이를 위험 중립 확률로 해석하는 한 위험이 고유위험이 아니더라도 이와 동일한 결과가 유지된다.

21   이 예에서 담보부 채무가 유익할 수도 있지만, 담보부 채무 보유자는 파산 시 적절한 시기에 자산을 회수할 수 없으므로 완전한 청산가치를 얻을 수 없는 위험이 있다.

22   예를 들어 자동차 제조업체는 자동차를 리스하는 개인에게 적절한 유지 보수를 요구할 수 있다. 이러한 요구 사항이 없으면, 개인은 임대 기간이 끝날 무렵에 오일 교환 및 기타 유지 보수비용을 지불하지 않는 유혹을 받을 것이다. 물론 쉽게 통제할 수 없는 차를 학대하는 다른 방법이 존재한다(예: 과속 운전).

리스에 대한 회의적인 주장

리스이용자와 리스제공자가 구매보다 리스를 더 선호하는 이유로 제시한 몇 가지 이유는 경제적으로 정당화되기 힘들다. 일부 상황에서는 중요할 수도 있겠지만 주의 깊은 조사가 필요하다.

자본지출 통제 회피 일부 경영자가 장비를 구매하지 않고 리스하기로 선택하는 한 가지 이유는 종종 대규모 자본지출에 수반하는 상사의 정밀 조사를 피할 수 있다는 것이다. 예를 들어 일부 회사는 경영자가 일정 기간 투자할 수 있는 금액을 제한할 수 있다. 리스료는 이 한도 이하로 떨어질 수 있지만 구매비용은 그렇지 않다. 리스를 하면 경영자가 자금에 대한 특별 요청을 하지 않아도 된다. 리스에 대한 이 이유는 종종 공공부문에서도 명백하다. 그러나 리스는 장기적으로 주주 또는 납세자의 돈을 낭비하여 구매보다 더 많은 비용이 들 수 있다.

자본 보존 리스를 선호하는 일반적인 논거는 리스가 계약금이 필요 없어 "100% 자금조달"을 제공하며, 이로 인해 리스이용자는 다른 필요를 위해 사용할 현금을 저축할 수 있다. 물론 완전자본시장에서 자금조달은 무관련하므로, 리스가 금융상의 이점을 갖기 위해서는 약간의 시장 마찰이 있어야 한다. 가능한 불완전성은 앞서 언급된 재무적 곤경비용, 채무 과잉 및 세금 차이를 포함한다. 그러나 리스 계약의 이점은 100% 자금조달을 제공하기 때문이 아니고, 세금 명목과 파산에서의 차등 대우에서 파생된다는 점을 인식하는 것이 중요하다. 이러한 마찰의 영향을 받지 않는 기업의 경우, 기업이 리스를 통해 얻을 수 있는 레버리지의 양이 기업이 대출을 통해 얻을 수 있는 레버리지를 초과하지 않을 것이다.

부외 자금조달을 통한 레버리지 감소 회계 명목상 금융 리스를 정의하는 네 가지 기준을 신중하게 피함으로써 기업은 장기 리스를 채무로 기재하지 않을 수 있다. 리스는 대출과 동일하기 때문에 재무상태표상의 부채비율을 높이지 않고 실제 레버리지를 높일 수 있다. 그러나 재무상태표에 나타나든 그렇지 않든 리스 약정은 회사의 지급 의무이다. 결과적으로 다른 형태의 레버리지와 마찬가지로 기업의 위험과 수익률 특성에 동일한 효과를 미친다. 대부분의 금융 애널리스트와 고도화된 투자자는 이 사실을 이해하고 운영 리스(재무제표의 각주에 기재해야 함)를 활용하여 레버리지의 추가적인 원천을 고려한다.

개념 확인

1. 만약 리스이용자가 내용 연수 중 적은 부분 동안만 자산을 보유할 계획이라면, 리스에서 얻게 되는 잠재적인 이득은 무엇인가?

2. 만약 리스가 어떤 기업의 재무상태표에 채무로 기재되지 않는다면, 이 기업이 차입을 하지 않고 리스를 하는 것이 덜 위험하다는 것을 의미하는가?

핵심 요점 및 수식

25.1 리스의 기초

- 리스는 리스이용자와 리스제공자 두 당사자 간의 계약이다. 리스이용자는 자산 사용권에 대한 대가로 정기적인 지급의 법적 책임이 있다. 자산의 소유자인 리스제공자는 자산을 빌려주는 대가로 리스료를 수령할 권리가 있다.
- 리스이용자와 리스제공자의 관계에 따라 많은 종류의 리스 거래가 가능하다.
    - 판매 유형 리스에서 리스제공자는 자산의 제조업체 또는 1차 판매업자다.
    - 직접 리스의 리스제공자는 자산을 구매하고 고객에게 리스하는 전문 회사다.
    - 기업이 리스하고자 하는 자산을 이미 소유하고 있는 경우, 세일즈 앤 리스백 거래를 할 수 있다.
- 완전자본시장에서 리스비용은 자산을 구매하고 재판매하는 비용과 같다. 또한 자산의 리스 및 구입비용은 자산을 구매하기 위해 차입하는 비용과 같다.
- 대부분의 경우 리스는 리스이용자가 리스 기간 종료 시 자산의 소유권을 얻을 수 있는 옵션을 제공한다. 이에 대한 일부 예로 공정한 시장가치 리스, $ 1.00 구매리스, 고정가격 또는 공정 시장가치 상한리스를 들 수 있다.

25.2 리스의 회계적 · 세무적 · 법적 결과

- FASB는 리스 조건에 따라 운영 리스와 금융 리스의 두 가지 유형의 리스를 인식한다. 운영 리스는 재무상태표에 기재되지 않고 리스료는 임대비용으로 공제된다. 금융 리스는 이자 및 감가상각비가 있는 구매 및 대출로 취급된다. 2019년부터 기업은 재무상태표에 운영 리스 의무를 기재하게 될 것이다.
- 미국 국세청은 리스를 진정 세금 리스와 비세금 리스 두 가지 범주로 구분한다. 진정 세금 리스에서 리스이용자는 리스료를 운영비용으로 공제한다. 비세금 리스는 세금 명목상 대출로 취급되므로 리스이용자는 자산을 감가상각해야 하며 리스료의 이자 부분만 비용으로 처리할 수 있다.
- 진정 리스에서는 리스이용자가 파산을 선언한 경우 자산이 보호되지 않으며, 리스료가 지급되지 않으면 리스제공자가 자산을 취할 수 있다. 리스가 파산 법원의 담보권으로 간주되는 경우, 자산은 보호되고 리스제공자는 담보권자가 된다.

25.3 리스 의사결정

- 진정 세금 리스에 대한 리스 결정을 평가하려면, 경영자는 리스비용을 리스와 동일한 레버리지를 사용하는 자금조달의 비용과 비교해야 한다.
    - 리스 대 구매에 대한 증분 현금흐름을 계산하라.
    - 이 증분 현금흐름을 세후 차입 이자율로 할인하여 NPV를 계산하라.
- 비세금 리스의 현금흐름은 전통적인 대출의 현금흐름과 직접적으로 비교되므로, 비세금 리스는 대출보다 더 나은 이자율을 제공하는 경우에만 매력적이다.

25.4 리스 이유

- 리스를 하는 이유로 세금 차이, 재판매비용 감소, 전문화로 인한 효율성 향상, 파산비용 감소, 채무 과잉 완화, 위험 전가 및 인센티브 개선 등을 들 수 있다.
- 리스에 대한 회의적인 이유로 자본지출 통제 회피, 자본 보존 및 부외 자금조달을 통한 레버리지 감소를 들 수 있다.

고정가격 리스(fixed price lease)	자본 리스(capital lease)
공정 시장가치 리스[fair market value (FMV) lease]	잔존가치(residual value)
공정 시장가치 상한리스(fair market value cap lease)	직접 리스(direct lease)
금융 리스(finance lease)	진정 리스(true lease)
담보권(security interest)	진정 세금 리스(true tax lease)
리스 동등 대출(lease-equivalent loan)	차입 리스(leveraged lease)
리스이용자(lessee)	특수목적회사(special-purpose entity, SPE)
리스제공자(lessor)	판매 유형 리스(sales-type lease)
비세금 리스(non-tax lease)	합성 리스(synthetic lease)
세일 앤 리스백(sale and leaseback)	$1.00 구매리스($1.00 out lease)
운영 리스(operating lease)	

다음 책은 리스를 심도 있게 분석하고 있다. P. Nevitt and F. Fabozzi, Equipment Leasing (Frank Fabozzi Associates, 2000); and J. Schallheim, *Lease or Buy? Principles for Sound Decision Making* (Harvard Business School Press, 1994).

리스가 어떻게 회계 처리되는지에 대한 변경 사항을 계속 접하려면 FASB 웹사이트(www.fasb.org/jsp/FASB/Page/BridgePage&cid=1351027207574#section_1)의 리스 부분을 참조하라.

1970년대 이후 리스에 대한 학술 연구가 활발히 이루어졌다. 리스의 사용과 효과에 대한 실증 연구로 다음 논문들을 들 수 있다. J. Ang and P. Peterson, "The Leasing Puzzle," *Journal of Finance* 39(4) (1984): 1055 – 1065; R. Bowman, "The Debt Equivalence of Leases: An Empirical Investigation," *Accounting Review* 55(2) (1980): 237 – 253; T. Mukherjee, "A Survey of Corporate Leasing Analysis," *Financial Management* 20(3) (1991): 96 – 107; C. Smith and L. Wakeman, "Determinations of Corporate Leasing Policy," *Journal of Finance* 40(3) (1985): 895 – 908; J. Schallheim, K. Wells, R. Whitby, "Do Leases Expand Debt Capacity?," *Journal of Corporate Finance* 23 (2013): 368 – 381; A. Rampini and A. Eisfeldt, "Leasing, Ability to Repossess, and Debt Capacity," *Review of Financial Studies* 22 (2009): 1621 – 1657.

다른 시장 마찰이 리스 의사결정에 미치는 효과를 고찰하는 것에 관심 있는 독자는 다음 논문을 참조할 수 있다. C. Lewis and J. Schallheim, "Are Debt and Leases Substitutes?," *Journal of Financial and Quantitative Analysis* 27(4) (1992): 497 – 511; I. Hendel and A. Lizzeri, "The Role of Leasing Under Adverse Selection," *Journal of Political Economy* 110(1) (2002): 113 – 143; K. Sivarama and R. Moyer, "Bankruptcy Costs and Financial Leasing Decisions," *Financial Management* 23(2) (1994): 31 – 42.

리스 가치평가에 대한 심도 있는 분석은 이 책의 범위를 벗어난다. 이 분석을 보완하는 이슈에 관심 있는 독자는 다음 논문들을 참조하길 바란다. S. Grenadier, "An Equilibrium Analysis of Real Estate Leases," *Journal of Business* 78(4) (2005): 1173 – 1214; J. McConnell and J. Schallheim, "Valuation of Asset Leasing Contracts," *Journal of Financial Economics* 12(2) (1983): 237 – 261; J. Schallheim, R. Johnson, R. Lease, and J. McConnell, "The Determinants of Yields on Financial Leasing Contracts," *Journal of Financial Economics* 19(1) (1987): 45 – 67; R. Stanton and N. Wallace, "An Empirical Test of a Contingent Claims Lease Valuation Model," *Journal of Real Estate Research* 31 (2008): 1 – 26.

연습문제

* 표시는 난이도가 높은 문제다.

리스의 기초

1. H1200 슈퍼컴퓨터의 비용이 $200,000이고 5년 후 $60,000의 잔존 시장가치가 있다고 가정하자. 무위험 이자율은 월복리 5% APR이다.
   a. 완전자본시장에서 5년 리스에 대한 무위험 월별 리스료는 얼마일까?
   b. H1200을 구매하기 위한 $200,000의 5년 만기 무위험 대출에 대한 월별 상환액은 얼마일까?

2. 무위험 이자율이 월복리 5% APR이라고 가정하자. $2 백만의 MRI 장비를 7년 동안 매월 $22,000에 리스할 수 있다면, 무위험 완전자본시장에서 손익분기를 위해 리스제공자가 얼마의 잔존가치를 회수해야 할까?

3. 5년 후 잔존 시장가치가 $150,000인 $400,000의 보틀링(bottling) 기계에 대한 5년 리스 계약을 고려하자. 무위험 이자율이 월복리 6% APR이면, 다음 각 리스에 대한 완전자본시장에서 매월 리스료를 계산하라.
   a. 공정 시장가치 리스
   b. $ 1.00 구매리스
   c. 최종 가격이 $80,000인 고정가격 리스

리스의 회계적 · 세무적 · 법적 결과

4. 에크미 유통은 현재 재무상태표에 다음 항목을 포함하고 있다.

자산		부채 및 자기자본	
현금	20	채무	70
부동산, 공장 및 설비	175	자기자본	125

   현재 FASB 회계기준(즉, 2019년 이전)에 따라 새로운 창고에 대한 $80 백만의 금융 리스를 기입하면 에크미의 재무상태표가 어떻게 바뀔까? 이 회사의 부채비율은 얼마일까? 이 리스가 운영 리스인 경우 에크미의 재무상태표 및 부채비율은 어떻게 바뀔까?

5. 당신 회사는 $50,000의 복사기 리스를 고려 중이다. 이 복사기의 경제적 내용 연수는 8년으로 추정된다. 적절한 할인율이 월복리 9% APR이라고 가정하자. 아래의 각 리스를 금융 리스 또는 운영 리스로 분류하고, 그 이유를 설명하라.
   a. 매월 $1,150를 지불하는 4년 공정 시장가치 리스
   b. 매월 $790를 지불하는 6년 공정 시장가치 리스
   c. 매월 $925를 지불하는 5년 공정 시장가치 리스
   d. 매월 $1,000를 지불하고 $9,000의 취소 위약금으로 3년 후부터 취소할 수 있는 옵션을 가진 5년 공정 시장가치 리스

리스 의사결정

6. 크랙스톤 엔지니어링은 $756,000의 새로운 제조기를 구매하거나 리스할 것이다. 구입의 경우 이 제조기는 7년 동안 정액법으로 감가상각된다. 크랙스톤은 이 제조기를 연간 $130,000에 7년간 리스할 수 있다. 크랙스톤의 세율은 35%이다. (제조기는 7년 후 잔존가치가 없다고 가정한다.)
   a. 이 리스가 진정 세금 리스라면, 이 제조기의 구매로 발생하는 가용현금흐름의 결과는?
   b. 이 리스가 진정 세금 리스라면, 이 제조기의 리스로 발생하는 가용현금흐름의 결과는?
   c. 리스 대 구매의 증분 가용현금흐름은?

7. 리버턴 광업은 $220,000의 굴착장비를 구매하거나 리스할 계획이다. 구입의 경우 이 장비는 5년 동안 정액법으로 감가상각되며, 그 후에는 잔존가치가 없다. 리스의 경우 5년 동안 연간 리스료는 $55,000가 될 것이다. 리버턴의 차입비용은 8%이고, 세율은 35%이며 이 리스는 진정 세금 리스로 간주된다.

   a. 리버턴이 이 장비를 구매할 경우 리스 동등 대출의 금액은 얼마일까?

   b. 리버턴은 이 장비를 리스하거나 리스 동등 대출을 사용하여 구매 자금을 조달하는 것 중에서 어느 것이 더 나은가?

   c. 유효 세후 리스 차입 이자율은 얼마일까? 이것은 리버턴의 실제 세후 차입 이자율과 어떻게 비교될 수 있는가?

8. 클로락스가 5년 동안 매년 $975,000에 새로운 컴퓨터 데이터 처리 시스템을 리스할 수 있다고 가정한다. 이 회사는 $4.25 백만으로 이 시스템을 구매할 수 있는 대안을 가지고 있다. 클로락스의 차입비용은 7%이고 세율은 35%라고 가정하면 이 시스템은 5년 후에 쓸모없게 된다.

   a. 만약 클로락스가 향후 5년 동안 컴퓨터 장비를 정액법으로 감가상각하고, 리스 계약이 진정 세금 리스로 인정된다면, 이 장비를 리스하는 것과 구매 자금을 조달하는 것 중에서 어느 것이 더 나은가?

   b. 클로락스가 장비를 구입하면 세법상 가속 감가상각을 사용한다고 가정해보자. 특히 구매가격의 20%를 즉시 지불하고 다음 5년 동안 구매가격의 32%, 19.2%, 11.52%, 11.52% 및 5.76%에 해당하는 감가상각비 공제를 받을 수 있다고 가정한다. 이 경우 리스와 구매를 비교하라.

*9. 프록터 앤드 갬블(P&G)이 새로운 제조장비를 $15 백만에 구매할 것을 고려한다고 가정해보자. 이 장비를 구매하면 5년 동안 정액법으로 감가상각하며, 그 후에 이 장비는 쓸모없게 된다. 또한 이 회사는 매년 $1 백만의 유지 보수비용에 대한 책임이 있다. 또 다른 대안으로 이 회사는 5년 동안 매년 $4.2 백만의 리스료로 이 장비를 리스할 수 있다. 이 경우 리스제공자가 필요한 유지 보수를 제공한다. P&G의 세율은 35%이고 차입비용은 7%라고 가정한다.

   a. 이 장비를 리스하는 것과 리스 동등 대출을 통해 자금을 조달하는 것의 NPV는 각각 얼마일까?

   b. 손익분기 리스료, 즉 P&G가 매년 지불할 수 있는 리스료는 얼마인가? 리스와 구매의 자금조달 간에 무차별한가?

리스 이유

*10. 아마존이 클라우드 기반 컴퓨팅 제공을 통해 매우 성공적인 비즈니스 확장을 위해 컴퓨터 서버 및 네트워크 인프라를 구매하려고 한다고 가정해보자. 이 회사는 새 장비를 총 $48 백만으로 구매할 예정이다. 이 장비는 가속 감가상각에 대한 자격을 갖추고 있다. 즉시 20%가 상각되고, 향후 5년간 32%, 19.2%, 11.52%, 11.52% 및 5.76%의 순으로 상각된다. 그러나 이월 손실 및 기타 신용으로 인해 아마존은 향후 5년 동안 한계세율을 10%로 추정하기 때문에, 이 회사의 감가상각비로 인한 세제 혜택은 거의 없다. 따라서 아마존은 장비 리스를 고려한다. 아마존과 리스제공자가 똑같은 8% 차입 이자에 직면하고 있다고 가정한다. 하지만 리스제공자는 35%의 세율을 가지고 있다고 가정한다. 이 문제의 목적을 위해 장비가 5년 후에 쓸모가 없으며 리스 기간이 5년이고, 이 리스가 진정 세금 리스의 자격이 있다고 가정한다.

   a. 리스제공자가 손익분기점에 있는 리스료는 얼마일까?

   b. 이 리스료에 아마존이 얻게 되는 이득은 얼마일까?

   c. 이 거래에서 얻게 되는 이득의 원천은 무엇일까?

11. 웨스턴 항공은 보잉 777기를 추가해야 하는 새로운 루트를 고려 중이다. 웨스턴은 $225 백만에 항공기를 구매하거나 연간 $25 백만으로 리스할 수 있다. 항공기를 구매하면 좌석을 최적화할 수 있고 새로운 루트가 연간 $50 백만의 이익을 창출할 것으로 기대된다. 리스의 경우 이 루트는 연간 $35 백만의 이익을 창출한다. 만약 적절한 자본비용이 12.5%라고 가정하고, 구입한 항공기는 $225 백만의 예상 재판매 가격에 언

제든지 판매될 수 있다. 세금은 고려되지 않는다.

a. 1년의 결정에서 항공기를 구매하거나 리스하는 것 중에서 어떤 것이 NPV가 더 높을까?

b. 항공기를 구매하거나 리스할 자금이 주주로부터 나올 것이라고 (예를 들어 웨스턴의 현재 배당금을 줄임으로써) 가정한다. 웨스턴은 또한 1년 채무의 잔액을 가지고 있으며, 내년에 웨스턴이 파산을 선언하고 주주가 소멸될 확률이 10%(위험 중립적인[23])다. 그렇지 않으면 연말에 채무의 상환이 연장된다. 주주에게 항공기를 구매하거나 리스하는 것 중에서 어떤 것이 더 매력적인가?

c. 항공기 리스 대 구매에 대한 주주의 선호도를 변화시키는 (위험 중립적인) 채무불이행 확률은 얼마일까?

---

23   제21장은 위험 중립 확률을 설명한다. 만약 당신이 이 장을 읽지 않았다면 실제 채무불이행 확률이 제시된 확률이고, 채무불이행 확률이 독립적이라는 가정하에 이 문제를 풀어도 동일한 답을 얻을 수 있다.

단기 자금조달

일물일가의 법칙과의 연계. 지금까지 학습한 대부분의 재무 의사결정은 1년 이상의 기간 동안 발생하는 현금흐름과 관련된 장기 의사결정이다. 제9부에서 우리는 기업의 상세한 자금의 운용에 관심을 가지고 단기 재무관리에 초점을 둔다. 완전자본시장에서 일물일가의 법칙과 모딜리아니-밀러(MM)의 명제는 기업이 단기의 자금 필요를 관리하기 위해서 선택하는 조달 방식은 기업의 가치에 영향을 주지 않는다는 것을 의미한다. 현실에서는 시장의 마찰로 인해 단기 재무정책은 관련이 있다. 본 책의 제9부에서 우리는 이러한 시장 마찰을 확인하고 어떻게 기업이 단기 재무정책을 수립할 것인지 설명한다. 제26장에서 우리는 어떻게 기업이 매입채무, 매출채권, 재고자산 등 운전자본을 관리하는지 논의한다. 제27장에서는 어떻게 기업이 단기의 현금 필요액을 조달하는지 설명한다.

中지농농동

운전자본 관리

제2장에서 우리는 기업의 순운전자본을 유동자산에서 유동부채를 차감한 것으로 정의했다. 순운전자본은 사업을 단기에 운영하는 데 필요한 자본이다. 따라서 운전자본 관리는 현금, 재고자산, 매출채권 등의 단기자산과 매입채무와 같은 단기채무와 관련된다.

이러한 계정의 투자 수준은 기업마다 그리고 산업마다 다르다. 또한 사업의 유형과 산업 표준과 같은 요소에 의해 결정된다. 예를 들어 어떤 기업은 사업의 특성 때문에 대량의 재고자산을 보유해야만 한다. 소매 식료품 체인인 크로거(Kroger Company)와 크루즈 운항회사인 카니발(Carnival Corporation)을 생각해보자. 2015년에 크로거의 재고자산은 총자산의 20%에 달했는데, 카니발의 재고자산은 1% 미만이다. 식료품 상점은 대량의 재고자산이 필요한 반면에 크루즈 운항회사의 수익성은 공장, 기계 및 설비자산, 즉 100대의 운항선에서 발생한다.

재고자산과 매출채권에 대한 투자와 현금을 보유하는 것과 관련된 기회비용이 있다. 이러한 계정에 적정 수준을 초과한 자금을 투자하는 대신에 채무를 줄이거나 배당이나 자사주 매입을 통해 주주에게 분배할 수 있다. 이 장에서 기업이 운전자본을 효율적으로 관리하고 이러한 기회비용을 최소화하는 기법에 중점을 둔다. 왜 기업은 운전자본을 가지고 있으며 어떻게 운전자본이 기업가치에 영향을 주는지를 논의로 시작한다. 완전한 경쟁시장에서 대부분의 운전자본 계정은 기업가치와 무관하다. 당연히 실제 기업에서 이러한 계정에는 시장 마찰이 존재함을 볼 수 있다. 우리는 거래 신용의 비용과 이익을 논의하고, 기업이 다양한 운전자본 계정을 관리하면서 발생하는 상충관계를 평가한다. 마지막으로 기업의 현금잔액과 기업이 현금을 투자하는 단기투자에 대한 개요를 설명한다.

기호

CCC   현금전환주기

NPV   순현재가치

EAR   실효 연이자율

26.1   운전자본의 개요

대부분의 기업 프로젝트에는 순운전자본의 투자가 필요하다. 순운전자본의 주요 구성요소는 현금, 재고자산, 매출채권, 매입채무이다. 운전자본은 매일의 기업 경영에 필요한 현금을 포함한다. 기업 경영에 필요하지 않으며 시장수익률로 투자되는 현금인 초과현금(excess cash)은 운전자본에 포함하지 않는다. 제14장에서 설명했듯이 초과현금을 회사 채무를 상쇄하는 회사의 자본구조의 일부로 볼 수 있다. 제8장에서 우리는 모든 순운전자본의 증가는 기업의 사용 가능한 현금을 감소시키는 투자임을 설명했다. 가치평가 원칙은 기업의 가치가 가용현금흐름의 현재가치임을 말한다. 따라서 운전자본은 기업의 가용현금흐름에 영향을 미침으로써 기업가치를 변경한다. 이 절에서 우리는 순운전자본의 구성요소와 그것이 기업가치에 미치는 영향을 분석한다.

현금 주기

운전자본의 수준은 생산과정의 초기에 현금이 기업 밖으로 나가고 추후에 현금이 들어오는 시점 사이의 시간의 길이를 반영한다. 회사는 우선 공급업자로부터 재고자산을 원재료나 완성품의 형태로 구매한다. 회사는 대개 신용으로 재고자산을 구매한다. 그것은 현금을 구매 시점에 즉시 지불하지 않아도 된다는 것을 의미한다. 재고자산을 받은 뒤에 재고자산이 완성품이라고 하더라도 나중을 위해서 선반에 보관할 것이다. 마지막으로 재고가 팔릴 때 회사는 현금을 받을 시기를 늦추어서 고객에게 신용을 연장할 수 있다. 기업의 **현금 주기**(cash cycle)는 회사가 최초의 재고자산 구매의 현금을 지불한 시점에서 그 재고자산을 이용한 제품의 판매로부터 현금을 회수하는 시점까지의 시간의 길이이다. 그림 26.1은 현금 주기를 보여준다.

일부 실무자는 현금전환주기를 계산하여 현금 주기를 측정한다. **현금전환주기**(cash conversion cycle, CCC)는 아래와 같이 정의한다.

$$\text{CCC} = \text{매출채권 회수일} + \text{재고일수} - \text{매입채무 지급일} \tag{26.1}$$

$$\text{매출채권 회수일} = \frac{\text{매출채권}}{\text{평균 일간 매출액}}$$

그림 26.1

기업의 현금 주기와 운영 주기

현금 주기는 기업이 재고자산 대금을 지불한 시점에서 제품의 판매대금을 회수하는 시점까지의 평균 시간이다.

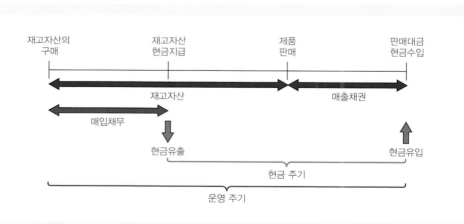

$$재고일수 = \frac{재고자산}{평균\ 일간\ 매출원가}$$

$$매입채무\ 지급일 = \frac{매입채무}{평균\ 일간\ 매출원가}$$

기업의 **운영 주기**(operating cycle)는 기업이 최초에 재고자산을 구매한 시점과 제품 판매로 현금을 회수하는 시점까지의 평균 시간의 기간이다. 기업이 재고자산을 현금을 지불하면 이 기간은 회사의 현금 주기와 동일하다. 그러나 대부분의 기업은 재고자산을 신용으로 구매한다. 따라서 현금 투입과 투자로부터 현금을 회수하는 시간의 길이는 줄어든다.

기업의 현금 주기가 길수록 운전자본을 많이 가지게 되고 일상 업무 수행을 위해 더 많은 현금이 필요하다. 표 26.1은 다양한 산업에 속한 일부 기업들의 운전자본 필요액에 대한 자료를 제공한다.

산업별 특성으로 인해 운전자본의 수준은 뚜렷하게 다르다. 예를 들어 식료품점(크로거)과 패스트푸드 식당(치포틀 멕시칸 그릴)은 대표적으로 현금 기준 업체이기 때문에 매출채권 회수일이 매우 짧다.[1] 유사

표 26.1		다양한 산업에서의 운전자본(2015년)				
기업명	심벌	산업	매출채권 회수일	재고일수	매입채무 지급일	현금전환기간
몰슨 쿠어스 브루잉	TAP	맥주	48	37	184	−99
펩시코	PEP	음료	40	40	164	−84
버라이존	VZ	텔레콤	37	8	117	−72
애플	AAPL	컴퓨터 하드웨어	20	7	76	−49
브리스톨-마이어즈	BMY	제약	72	126	223	−25
사우스웨스트 항공	LUV	항공	9	9	32	−14
아마존	AMZN	인터넷 소매	19	45	73	−9
뉴욕타임스	NYT	출판	41	0	49	−8
치포틀 멕시칸 그릴	CMG	식당	2	2	10	−6
크로거	KR	식료품	4	24	23	5
월마트	WMT	슈퍼스토어	4	47	39	12
마이크로소프트	MSFT	소프트웨어	62	33	77	18
메이시스	SHLD	백화점	4	147	133	18
페덱스	FDX	항공배송	43	5	22	26
스타벅스	SBUX	식당	12	30	16	26
노드스톰	JWN	백화점	29	79	62	46
나이키	NKE	신발	36	91	41	86
브라운-포맨	BF.B	증류양조	72	440	90	422
레나	LEN	주택개발	3	463	23	443
소더비	BID	경매서비스	393	169	117	445
티파니	TIF	명품	17	546	66	497
주요 미국 기업(가중평균)			**48**	**71**	**76**	**43**

출처 : www.capitaliq.com

---

1 비자카드나 마스터카드를 사용하여 식료품 구매를 지불하면, 상점 입장에서는 현금판매가 된다. 신용카드 회사는 거래가 확인되면 비록 소비자가 카드 구매대금을 지불하지 않았더라도 상점에 현금을 지불한다.

한 결과는 사우스웨스트 항공(Southwest Airlines)에도 해당된다. 항공 티켓은 현금이나 신용카드로 선불로 구매하기 때문이다. 매출액에 비해 재고자산의 비중이 높은 회사는 제품이 오랜 생산기간과 판매주기를 가지는 티파니, 브라운-포맨, 레나와 같은 기업이다. 반면에 치포틀과 뉴욕타임스는 최소 재고자산을 유지한다. 기업의 현금전환주기도 다양하다는 것을 기억하자. 아마존과 사우스웨스트의 현금전환주기는 음(−)인데 공급업자에게 지불하기 전에 소비자에게서 현금을 받는 사실을 반영한다. 반면에 티파니 같은 기업은 상품에서 수익을 얻기 전에 1년 넘게 상품을 생산하기 위해 현금을 지불해야만 한다.

기업가치와 운전자본

필요한 운전자본을 줄이는 것은 일반적으로 기업이 즉시 주주에게 분배할 수 있는 양의 가용현금흐름을 발생시키는 것이다. 예를 들어 만일 기업이 순운전자본을 $50,000만큼 줄일 수 있다면 주주에게 즉시 $50,000를 배당금으로 분배할 수 있고, 따라서 같은 금액만큼 기업가치를 높인다. 마찬가지로 프로젝트를 평가할 때 프로젝트의 수명 동안 필요한 순운전자본을 줄이는 것은 이러한 자본의 활용과 관련된 기회비용을 줄인다.

예제 26.1 | **프로젝트에 비용이 드는 운전자본**

문제

에메랄드 시티 페인트는 페인트를 제조하는 새로운 제조공장을 건설하려고 한다. 제조공장의 자본지출에 추가하여, 이 프로젝트는 순운전자본으로 현재 시점에서 $450,000의 투자가 필요하다고 경영진은 예상한다. 지금부터 8년 후 이 공장을 폐쇄할 시점으로 예상되는 때에 순운전자본의 투자를 회수할 것이다. 이런 종류의 현금흐름에 대한 할인율은 연간 6%이다. 페인트 공장에 대한 운전자본 비용의 현재가치는 얼마인가? 또한 순운전자본 필요 금액을 반으로 줄일 수 있는 재고자산 정책의 가치는 얼마인가?

풀이

순운전자본 투자의 현금흐름은 오늘 −$450,000이고, 8년 후에 +$450,000이다. 시간선을 그리면 아래와 같다.

주어진 할인율이 연간 6%이므로, 현금흐름의 NPV는 아래와 같다.

$$NPV = -\$450,000 + \frac{\$450,000}{(1 + 0.06)^8} = -\$167,664$$

에메랄드 시티 페인트가 모든 운전자본 투자액을 회수한다고 해도, 이 현금의 화폐의 시간가치를 손해본다. 새로운 재고자산 정책이 운전자본 필요 금액을 반으로 줄인다면, 그 가치는 기업에게 $167,664/2 = $83,882가 될 것이다.

운전자본을 효율적으로 관리하면 기업가치를 극대화할 수 있다. 이제부터 일부 특정한 운전자본 계정에 관심을 두기로 한다.

> 1. 기업의 현금 주기는 무엇인가? 운영 주기와의 차이는 무엇인가?
> 2. 운전자본이 기업의 가치에 어떻게 영향을 미치는가?

26.2 거래신용

기업이 고객에게 상품 대금을 구매일보다 나중에 지급하도록 허용하면, 그런 거래는 기업에게는 매출채권(account receivable)을 고객에게는 매입채무(account payable)를 창출하는 것이다. 매출채권은 기업이 아직 대금을 받지 않은 신용 매출을 의미한다. 매입채무는 기업이 이미 받았는데 아직 대금을 지불하지 않은 상품의 공급업자에게 채무를 진 금액이다. 기업이 소비자에게 제공한 신용은 **거래신용**(trade credit)으로 알려져 있다. 물론 기업은 판매 시점에 현금으로 지급받는 것을 선호한다. 그러나 "현금만으로(cash-only)" 정책은 경쟁자에서 고객을 잃는 결과를 가져올 수 있다. 이 절에서는 경영자가 거래신용의 비용과 이득을 비교하여 최적의 신용정책을 어떻게 결정할 수 있는 지를 보여준다.

거래신용 조건

거래신용의 조건이 어떻게 사용되는지 살펴보기 위해 다음 예를 보자. 공급업자가 고객에게 "Net 30"이라는 조건을 제시했다면 청구서(invoice) 날짜로부터 30일이 되기 전날까지는 지불 기한이 되지 않는다. 본질적으로 공급업자는 고객이 돈을 추가 30일 동안 사용할 수 있도록 허용하는 것이다. (여기서 "30"은 특별한 숫자가 아니다. 송장은 "Net 40"이나 "Net 15" 혹은 아무 날이나 지불 기한으로 정할 수 있다.)

때로는 판매기업이 구매기업에게 지급이 일찍 이루어지면 할인을 제시하기도 한다. 조건이 "2/10, Net 30"이라면 그것은 10일 이내에 지급이 이루어지면 구매기업이 2% 할인을 받을 수 있다는 의미이다. 그렇지 않으면 전액 지급은 30일째가 마감일이다. 매출을 빨리 현금으로 회수하기 원하는 기업은 고객이 일찍 대금을 갚도록 독려하기 위해 할인을 제공한다. 그러나 할인금액은 제품의 총판매가격을 받지 못하기 때문에 판매기업에게는 비용을 의미한다.

거래신용과 시장마찰

완전경쟁시장에서 거래신용은 단지 또 다른 형태의 자금조달이다. 모딜리아니-밀러의 완전자본시장의 가정하에서, 매입채무와 매출채권의 금액은 가치와 관련이 없다. 현실에서는 상품시장이 거의 완전경쟁이 아니므로 기업은 자신의 거래신용 선택을 효율적으로 활용해서 기업가치를 극대화할 수 있다.

거래신용 비용 거래신용은 본질적으로 판매회사가 고객에게 제공하는 대출이다. 가격할인은 내재적인 이자율을 의미한다. 종종 기업은 고객에게 가격할인으로 거래신용에 대하여 유리한 이자율을 제공한다. 따라서 재무관리자는 거래신용을 사용할 것인지를 결정하기 위해 거래신용의 조건을 평가해야만 한다.

거래신용의 이자율을 어떻게 계산할까? 기업이 상품을 $100에 판매하는데 고객은 2/10, Net 30 조건을 받았다. 첫 10일간은 고객은 아무것도 지불할 필요가 없기 때문에 실질적으로 이 기간 동안 무이자 대출을 받은 셈이다. 고객이 10일 할인 기간 내에 지불을 하여 할인 혜택을 받는다면, 고객은 상품을 구매하고 $98를 지불한다. 판매기업에게 할인비용은 판매가격에 할인율을 곱한 것과 같다. 이 경우 $0.02 \times \$100$ 혹은 $2이다.

10일 이내에 지급하는 대신에 고객은 $98를 20일간(30 − 10 = 20) 더 사용할 수 있는 선택권을 가지고 있다. 대출의 20일 조건의 이자율은 $2/$98 = 2.04%이다. 이 20일 이자율을 실효 연이자율(EAR)로 전환할 수 있는데, 44.6%가 된다.[2]

$$EAR = (1.0204)^{365/20} - 1 = 44.6\%$$

따라서 할인을 선택하지 않으면 20일간 돈을 빌리면서 실제로는 2.04%를 지불하는 것이고, 실효 연이자율로 환산하면 44.6%가 되는 것이다! 만일 기업이 더 낮은 이자율로 은행 대출을 받을 수 있다면, 더 낮은 이자율로 빌린 은행 대출금을 사용해서 공급업자가 제공하는 할인 혜택을 받는 것이 더 유리할 것이다.

예제 26.2   **거래신용의 실효비용 추정하기**

문제

당신 회사는 공급업자로부터 1/15, Net 40의 조건으로 원재료를 구매했다. 이러한 거래 할인 조건의 혜택을 선택하지 않을 때 실효 연이자율은 얼마인가?

풀이

할인이 1%이기 때문에 당신 회사는 $100 구매에 15일 이내에 $99를 지불하든지 40일에 $100를 지불해야 한다. 25일간(40 - 15) 차이에 해당되는 실효 연이자율은 $(100/99)^{365/25} - 1 = 15.8\%$이다.

거래신용의 이익   여러 가지 이유에서 거래신용은 매력적인 자금조달의 출처이다. 첫째, 거래신용은 사용하기 단순하고 편리하며, 따라서 다른 자금 출처보다 낮은 거래비용이 든다. 예를 들어 은행에서 대출을 받는 경우처럼 서류절차가 필요 없다. 둘째, 유연성을 가진 자금원이라서 필요에 따라 사용할 수 있다. 마지막으로 경우에 따라서는 기업에게 조달 가능한 유일한 자금원일 수 있다.

거래신용과 일반 대출   어떤 기업은 전혀 거래신용을 제공하지 않는 경우도 있다. 결국 대부분의 기업은 은행이 아닌데 굳이 사업을 하면서 대출을 할 필요가 있을까? 기업이 거래신용을 제공하는 경우 몇 가지 이유가 있다.[3] 첫째, 시장보다 낮은 이자율로 자금을 제공하는 것은 특정 고객에게만 가격을 낮춰주는 간접적인 방법이다. 예컨대 자동차회사를 고려해보자. 판매부서는 모든 자동차의 가격을 낮추기보다 신용도가 나쁜 고객에게는 매력적이지만 신용도가 좋은 고객에게는 매력적이지 못한 특별한 신용 조건을 제공할 수 있다. 이런 방법으로 자동차 회사는 자동차를 살 여력이 없는 신용도가 나쁜 고객에게만 가격을 할인해줄 수 있다.

둘째, 공급업자는 고객과 지속적인 사업관계를 맺기 때문에 은행과 같은 전통적인 외부의 대출자보다 고객의 신용 정보를 더 많이 보유하고 있을 수 있다. 또한 공급업자는 대금상환이 이루어지지 않으면 추가적인 원재료 공급을 중단할 것이라는 위협을 통해 상환 가능성을 높일 수 있다. 마지막으로 구매자가 파산하면 공급업자는 재고자산을 담보로 확보할 수 있다. 재고자산은 외부보다는 공급업자처럼 (공급업자는 재고자산에 대한 다른 고객을 가지고 있을 것이다) 같은 산업 내에 있는 기업에게 더 가치가 있을 것이다.

---

2   제5장의 식 (5.1) 참조

3   이 주제에 관한 자세한 논의는 아래 문헌을 참고. B. Biais and C. Gollier, "Trade Credit and Credit Rationing," *Review of Financial Studies* 10 (1997): 903 – 937; and M. Petersen and R. Rajan, "Trade Credit: Theories and Evidence," *Review of Financial Studies* 10 (1997): 661 – 691.

표류 관리

기업의 매출채권과 매입채무의 길이에 영향을 주는 한 가지 요소는 청구금액이 지불되는 시점과 실제 현금이 회수되는 시점까지의 지연이다. 이러한 지연 또는 내부처리 표류(float)[4]는 기업의 운전자본 필요액에 영향을 미친다.

회수 표류 고객이 상품 대금을 지불한 후에 기업이 그 자금을 사용할 수 있도록 하는 데 걸리는 시간을 **회수 표류**(float)라고 한다. 기업은 회수 표류를 줄여서 필요한 운전자본을 줄일 수 있다. 회수 표류는 세 가지 요인에 의해서 결정된다.

- **우편 표류**(mail float) : 고객이 우편으로 발송한 지불 수표를 기업이 받는 데 걸리는 시간
- **내부처리 표류**(processing float) : 기업이 고객의 지불 수표를 처리하고 은행에 예금하는 데 걸리는 시간
- **이용가능 표류**(availability float) : 은행이 기업의 자금으로 인정하기까지 걸리는 시간

지급 표류 지급 표류(disbursement float)는 공급업자에 대한 지급이 기업에게 실제 현금유출로 되기까지 걸리는 시간이다. 회수 표류와 마찬가지로 이것은 우송 시간, 처리 시간, 결제 시간의 함수이다. 기업이 매입채무 대금 지불을 연장하고 운전자본 필요액을 줄이기 위해서 지급 표류를 연장하려고 하면, 공급업자에게 지급을 연체할 위험이 있다. 그런 경우 기업은 연체 지불에 대하여 추가적인 수수료를 물거나 혹은 미래 구매에 있어서는 선급 지급(cash before delivery, CBD)이나 현금 인도(cash on delivery, COD) 조건을 요구받을 수 있다. 어떤 경우에는 공급업자가 미납된 회사와 장래에 사업을 거부할 수도 있다.

전자적 수표 처리 기업은 회수 표류와 지급 표류를 줄이기 위해 몇 가지 방안을 이용할 수 있다. 2004년 10월 28일에 효력을 발휘한 **21세기 수표결제법**(Check Clearing for the 21st Century Act, Check 21)은 수표 결제 과정에서 지급 표류의 일부를 제거하였다. 이 법에 따르면 은행은 수표 정보를 전자적으로 처리할 수 있고 대부분의 경우 기업의 원재료 공급업자가 수표를 은행에 예금하는 같은 날에 기업 당좌 계좌에서 자금이 차감된다. 안타깝게도 Check 21에 의해 수표 발행자의 계좌에서 자금이 거의 즉각적으로 빠져나가는 것과 달리 수표 예금자의 계좌에 그렇게 빨리 자금이 더해지지는 않는다. 따라서 이 법이 회수 표류를 줄이는 데 공헌하지는 못했다.

   그러나 기업이 회수 표류를 줄일 수 있는 몇 가지 방법이 있다. 예를 들면 기업은 사내 수표 처리 절차를 간소화할 수 있다. 또한 전자 회수를 통해 당일에 고객의 은행계좌에서 직접 기업의 은행계좌로 자동적으로 대금 지불이 이루어져서 회수 표류를 영(0)으로 줄일 수 있다. 물론 비용 없이 회수 표류를 줄이기 위해 기업이 쓸 수 있는 방법이다. 따라서 방법이 있더라도 기업이 어떤 방법을 선택할 것인가를 결정하기 위해서는 현금을 더 오랫동안 활용하게 하는 시스템의 비용과 이익을 비교해야만 한다.

개념 확인

1. "2/10, Net 30"은 무슨 의미인가?
2. 기업은 왜 거래신용을 제공하는가?

---

4 표류(float)는 일이 처리되는 데 지체되는 시간을 뜻한다. 시간상으로 일의 진행 과정 사이에 떠 있다는 의미에서 표류라는 용어를 사용한다.

26.3   매출채권 관리

이제까지 우리는 일반적인 거래신용의 비용과 이익을 논의했다. 다음으로 기업의 매출채권의 관리에서 발생하는 몇 가지 주제를 살펴볼 것이다. 특히 우리는 기업이 고객에게 신용을 제공하는 정책을 어떻게 채택하고 지속적으로 매출채권을 관리해 나가는지에 대해 초점을 맞춘다.

신용정책 결정

신용정책 설정에 관해 우리는 아래 세 가지 단계를 차례로 설명하려고 한다.

1. 신용 기준의 설정
2. 신용 조건의 설정
3. 회수 정책의 설정

신용 기준의 설정   경영자는 먼저 신용 기준을 결정해야만 한다. 신용을 요청하는 모든 사람에게 신용을 제공할 것인가? 혹은 매우 낮은 신용 위험을 가진 고객에게만 선택적으로 신용을 제공할 것인가? 기업이 전자의 정책을 채택하지 않는 한 신용을 제공할 것인지를 결정하기 전에 고객의 신용 위험을 평가해야만 한다. 대기업은 사내 신용부서에서 분석을 수행한다. 많은 소규모 기업은 던 앤 브래드스트리트 (Dun & Bradstreet)와 같은 신용평가사의 신용보고서를 구매한다.

어느 정도의 신용 위험을 가정할 것인가를 결정하는 것은 얼마나 많은 자금이 매출채권에 묶이는가를 결정하는 데 큰 역할을 한다. 비록 제한적인 정책이 매출 물량을 낮추는 결과로 나타나더라도, 기업은 매출채권을 되도록 적게 유지해야 될 것이다. 반대로 덜 선택적인 정책은 매출을 높이겠지만 매출채권의 수준도 상승하게 될 것이다.

신용 조건의 설정   기업이 신용 기준을 결정하고 나면, 다음으로 신용 조건을 설정해야만 한다. 기업은 대금 지불이 이루어져야만 하는 날 전까지 기간의 길이("net" 기간)를 결정하고 조기 상환을 촉진하기 위한 할인을 제안할 것인지를 선택한다. 할인을 제안하면 할인율과 할인 기간도 결정해야만 한다. 기업이 상대적으로 소규모이면, 이러한 조건을 설정한 산업 내의 다른 선도기업을 아마 따라갈 것이다.

회수 정책의 설정   신용정책의 결정에 있어서 마지막 단계는 회수 정책을 결정하는 것이다. 이 정책의 내용은 고객의 지불이 늦어질 때 아무것도 하지 않는 것(일반적으로 좋은 정책은 아님)부터 정중한 질의서를 보내거나, 정해진 기한을 넘어 연장하는 지불에 이자를 부가하거나, 최초의 연체에도 위협적인 법적 조치를 취하는 것까지 범위가 다양할 수 있다.

매출채권의 감시

신용정책을 설정한 후에 기업의 신용정책이 제대로 작동하는지를 분석하기 위해서 매출채권을 감시해야만 한다. 기업이 매출채권을 감시하기 위해 이용하는 두 가지 분석 도구로 매출채권 회수일(accounts receivable days 또는 평균회수기간)과 연령 분석표(aging schedule)가 있다.

매출채권 회수일   매출채권 회수일은 기업이 매출액을 회수하는 데 걸리는 평균 일수이다. 회사는 신용정책의 효과성을 판단하기 위해서 신용 조건에서 정하고 있는 정책과 이 기간을 비교할 수 있다. 만일 신용 조건이 "Net 30"이라고 정하고 있고 매출채권 회수일이 50일이라면, 기업은 고객이 평균적으로 20일

늦게 지불하고 있다고 판단할 수 있다.

기업은 또한 매출채권 회수일의 추세를 살펴봐야 한다. 만일 매출채권 회수일이 지난 몇 년간 약 35일이었다가 올해 43일이라면, 기업은 신용정책을 재검토해야 한다. 물론 경제가 불황이고 전체 산업이 영향을 받는 경우도 있다. 그럴 경우에는 이러한 증가가 기업 자체의 문제는 아닐 수 있다.

매출채권 회수일은 기업의 재무제표를 이용해서 계산할 수 있다. 외부 투자자는 기업의 신용정책을 평가하기 위해서 일반적으로 이 기간을 활용한다. 매출채권 회수일의 주요 문제점은 그것이 단순히 하나의 숫자일 뿐 다른 정보가 숨겨져 있다는 것이다. 계절적 매출이 있는 경우에 언제 매출채권 회수일을 측정했는지에 따라서 회수기간이 달라질 수 있다. 또한 상당수의 고객들이 늦게 지불하고 있을 때조차 매출채권 회수일은 합리적으로 보일 수도 있다.

연령 분석표 **연령 분석표**(aging schedule)는 기업의 장부에 기재되어 있는 날짜순으로 매출채권을 분류한 것이다. 매출채권 계정의 숫자 혹은 미회수된 매출채권 계정의 금액으로 이 표를 작성할 수 있다. 예를 들어 기업이 2/15, Net 30을 조건으로 하는데 장부에 15일 이내의 매출채권을 220개의 계정이 총 $530,000를 가지고 있다고 가정하자. 또 다른 $450,000는 16일에서 30일 동안 장부상으로 190개의 계정에, $350,000는 31일에서 45일 사이에 190개의 계정에, 그리고 $200,000가 46일에서 60일 사이에 60개의 계정에 기재되어 있다. 그리고 다른 $70,000가 장부에 60일 이상으로 20개의 계정에 있다. 표 26.2는 계정의 숫자와 기재된 미회수액을 근거로 만든 연령 분석표를 보여준다.

이 사례에서 기업의 평균 일간 매출액이 $65,000라면, 매출채권 회수일은 $1,600,000/$65,000 = 25일이다. 그러나 표 26.2의 연령 분석표를 이용해서 좀 더 자세히 보면, 회사 신용 고객의 28%(금액으로 39%)가 늦게 지불하는 것을 볼 수 있다.

표 26.2	연령 분석표			
미회수 일수	계정 수	계정 수의 비율(%)	미회수액($)	미회수액의 비율(%)
1~15	220	38.6	530,000	33.1
16~30	190	33.3	450,000	28.1
31~45	80	14.0	350,000	21.9
46~60	60	10.5	200,000	12.5
60+	20	3.5	70,000	4.4
	570	100.0	1,600,000	100.0

예제 26.3

연령 분석표

문제

파이낸셜 트레이닝 시스템(FTS)의 매출채권 계정은 "3/10, Net 30"의 조건이다. 회사의 매출채권 계정 중 $100,000는 10일 이하 미회수액이고, 11일에서 30일의 미회수액은 $300,000, 31일에서 40일은 $100,000, 41일에서 50일은 $20,000, 51일에서 60일은 $10,000, 60일을 초과하는 미회수액은 $2,000이다. FTS의 연령 분석표를 작성하라.

풀이

연령 분석표는 다양한 기간에 따른 총매출채권의 금액과 비율(%)을 보여준다. 주어진 정보에 따라 금액 기준으로 연령 분석표를 계산할 수 있다. (반올림에 따라 합계는 100%가 안 될 수 있음)

미회수 일수	미회수액($)	미회수액의 비율(%)
1~10	100,000	18.8
11~30	300,000	56.4
31~40	100,000	18.8
41~50	20,000	3.8
51~60	10,000	1.9
60+	2,000	0.3
	532,000	100.0

만일 연령 분석표가 "하체 비만형(bottom-heavy)"이라면, 즉 분석표의 아래쪽 절반의 비율이 증가하기 시작한다면, 기업은 신용정책을 재검토하는 것이 좋다. 연령 분석표는 매출 이후에 기업이 매달 회수하는 월별 매출의 비율에 대한 정보를 제공하는 **지불 패턴**(payments pattern)의 분석으로 가끔 확대하기도 한다. 과거 자료를 분석하여 회사는 매출의 10%가 일반적으로 매출월에 회수되고, 40%는 매출 다음 달에, 25%는 매출 2개월 뒤에, 20%는 3개월 뒤에, 그리고 5%는 4개월 뒤에 회수되는 것을 관찰할 수 있다. 경영자는 이러한 정상적 지불 패턴을 현재의 지불 패턴과 비교할 수 있다. 지불 패턴을 아는 것은 회사의 운전자본 필요액을 예측하는 데 역시 도움이 된다.

개념 확인

1. 신용정책을 설정하는 3단계를 설명하라.
2. 매출채권 회수일과 연령 분석표의 차이점은 무엇인가?

26.4 매입채무 관리

기업은 거래신용이 가장 저렴한 자금의 원천일 경우에만 매입채무를 이용해서 차입하는 선택을 해야만 한다. 거래신용의 비용은 신용 조건에 달려 있다. 제시된 할인 비율이 높을수록 할인을 포기하는 비용은 커진다. 할인 포기의 비용은 또한 대출기간이 짧을수록 커진다. 만일 기업이 두 곳의 공급업자와의 거래신용을 고려한다면 덜 비싼 대안을 선택해야만 한다.

또한 기업은 최대한 허용된 기한의 마지막 날에 상환을 해야만 한다. 예를 들어 만일 할인 기간이 10일이고 회사가 할인을 택한다면 지불은 2일째가 아닌 10일째에 해야 한다. 거래 조건이 2/10, Net 30이고 할인을 택하지 않는다면 최종 지불은 16일째가 아닌 30일째에 이루어져야 한다. 회사는 거래 상대방과의 관계를 해치지 않고 비윤리적인 행동이 아니라면 가능한 자금을 기업을 위해서 보유하려고 해야만 한다. 이번 절에서 우리는 기업이 매입채무를 감시하는 데 사용하는 두 가지 기법을 검토한다.

매입채무 지급일 결정

매출채권과 마찬가지로 기업은 최적의 시기에 상환을 하기 위해서 매입채무를 감시해야 한다. 한 가지 방법은 매입채무 지급일을 계산하고 신용 조건과 비교하는 것이다. 매입채무 지급일은 매입채무 잔액을 매출원가의 기간으로 표현한다. 만일 매입채무 지급일이 40일이고 조건이 2/10, Net 30이면, 기업은 일반적으로 늦게 상환하는 것이고 공급업자에게 어려움을 준다고 판단할 수 있다. 반면에 만일 매입채무 지급일이 25일이면 기업은 할인을 받지 못하면서 너무 일찍 상환하는 것이다. 5일 동안 이러한 자금으로 이자수입을 얻을 수 있을 것이다.

매입채무 관리 | **예제 26.4**

문제

라우드 컴퍼니는 평균 매입채무 잔액으로 $250,000를 가지고 있다. 평균 일간 매출원가는 $14,000이고 공급업자에게서 "2/15, Net 40"의 조건을 받았다. 라우드는 할인을 포기하기로 했다. 매입채무를 잘 관리한다고 할 수 있는가?

풀이

회사는 매입채무를 잘 관리한다고 할 수 없다. 라우드의 매입채무 지급일은 $250,000/$14,000 = 17.9일이다. 만일 라우드가 3일 먼저 상환을 하면 2%의 할인 혜택을 받을 수 있다. 혹은 할인을 포기한다면 40일이 될 때까지 총액 상환을 해서는 안 된다.

매입채무 지연지불

일부 기업은 상환 마감 기간을 무시하고 채무금액을 나중에 지불하는데, 실무에서는 이를 **매입채무 지연지불**(stretching the accounts payable)이라고 한다. 예를 들어 주어진 조건 2/10, Net 30에서 기업이 45일이 지나도록 채무 금액을 상환하지 않기로 결정할 수 있다. 이렇게 하면 거래신용의 직접비용을 줄인다. 왜냐하면 지불 기간을 지연함으로써 기업은 자금을 사용할 수 있기 때문이다. 비록 기간 이자율이 $2/$98 = 2.04%로 일정하다고 해도, 기업은 거래신용 조건으로 제시된 추가적인 20일이 아니라 할인 기간을 넘어 35일 동안 $98를 사용할 수 있다.

매입채무 관리 | **예제 26.5**

문제

기업이 매입채무를 60일로 지연한다면, "1/15, Net 40" 신용 조건의 실효 연이자율은 얼마인가?

풀이

기간당 이자율은 $1/$99 = 1.01%이다. 만일 기업이 지급을 60일째로 지체하면 할인 기간을 넘어서 45일 동안 자금을 사용하는 것이다. 45일은 1년에 365/45 = 8.11기간이 있다. 따라서 실효 연이자율은 $(1.0101)^{8.11} - 1 = 8.49\%$이다.

회사가 13일째에 할인 금액으로 지불을 하는 경우가 있을 수 있다. 일부에서는 할인된 금액으로 13일 이후에 지불하는 경우도 있다. 이러한 모든 행동으로 거래신용과 관련된 실효 연이자율을 낮출 수 있다고 하더라도, 기업은 이러한 조치로 인해 비용을 부담할 수 있다. 공급업자는 항상 상환을 늦게 하는 기업에게는 현금 인도(COD) 혹은 선급 지급(CBD)을 요구할 수도 있다. 규범을 어긴 기업은 이러한 조건

으로 인해 추가적인 비용을 부담하고 대금지급을 위한 현금 마련을 위해 은행 대출을 협의해야 할 것이다. 공급업자는 불성실한 고객과의 거래를 중단할 수도 있다. 불성실한 기업은 고가에 낮은 품질의 원재료로 전환해야 할지도 모른다. 낮은 신용 등급을 받게 되면 다른 공급업자와의 거래에서도 좋은 조건을 받지 못하게 된다. 무엇보다도 기업이 매출 조건에 명백하게 동의를 했음에도 이를 위반하는 것은 사람들 마음에 비도덕적인 사업 행위로 남을 것이다.

26.5 재고자산 관리

앞에서 논의했듯이 완전자본시장에서 기업은 매입채무나 매출채권을 보유할 이유가 없다. 거래신용에 대한 이자율은 경쟁적일 것이며 기업은 대안이 되는 자본조달 원천을 사용할 수 있다. 그러나 거래신용과는 달리 재고자산은 생산에 필수적인 요소이다. 따라서 모딜리아니-밀러의 정리가 유지되는 완전자본시장 아래서도 기업은 여전히 재고자산이 필요하다.

재고자산 관리는 운영관리 분야에서 집중적인 관심을 받아왔다. 그럼에도 불구하고 기업의 재고자산 정책을 유지하기 위해 필요한 자금을 조정하고 기업의 전반적인 수익성을 확보하는 책임을 지는 사람은 기업의 재무관리자이다. 따라서 재고자산 관리자의 역할은 재고자산과 관련된 비용과 이익의 균형을 맞추는 것이다. 초과 재고자산은 현금을 사용하기 때문에 효율적인 재고자산의 관리는 기업의 가치를 증진시킨다.

재고자산 보유의 이익

기업은 몇 가지 이유로 운영을 위해서 재고자산이 필요하다. 첫째, 재고자산은 기업이 생산에 필요한 원재료를 얻을 수 없는 위험을 최소화하는 데 도움을 준다. 기업이 너무 적은 재고자산을 보유하면 기업이 모든 재고자산을 소진하는 상태인 **재고소진**(stock-outs)이 일어날 수 있으며, 결과적으로 매출 손실로 이어진다. 실망한 고객은 우리 회사의 경쟁사로 구매처를 전환할 수 있다.

둘째, 수요의 계절성 같은 요인은 고객의 구매 패턴이 효율적인 생산 사이클과 완전히 일치되지 않음을 의미하므로, 기업은 재고자산을 보유하지 않으면 안 될 것이다. 샌드포인트(장난감 회사)의 사례를 살펴보자. 대부분의 장난감 생산자와 마찬가지로 샌드포인트의 연간 매출액의 80%는 9월에서 12월 이른바 연말 선물 시즌에 집중한다. 물론 샌드포인트의 입장에서는 연중에 비교적 일정 수준으로 장난감을 생산하는 것이 좀 더 효율적이다. 만일 샌드포인트가 일정한 속도로 생산을 한다면 9월에 매출이 증가하기 시작할 것을 기대하고 8월에 재고자산 수준을 증가시킬 것이다. 대조적으로 샌드포인트는 계절적 생산 전략을 계획하여 매출이 증가하는 9월에서 12월 사이에 생산을 늘릴 수 있다. 이 전략은 재고자산을 누적시키지 않아서 운전자본에 필요한 현금흐름을 자유롭게 하고 재고자산의 비용을 줄인다. 그러나 계절적으로 집중된 제조는 추가비용이 발생하는데, 수요가 최고조에 달할 때 생산설비를 과도하게 활용하면서 발생하는 마모비용을 증가시키고 계절적 근로자의 고용과 교육비용을 발생시킨다. 샌드포인트는 일정한 생산으로 인한 재고자산 누적의 비용과 효율적 생산의 이익을 비교 검토해야 한다. 최적의 선택은 두 극단적 선택을 조정하는 것으로, 샌드포인트는 연중 어느 정도의 재고자산을 보유하게 될 것이다.

재고자산 보유의 비용

샌드포인트의 예에서 제시된 바와 같이 자본을 재고에 묶어 두는 것은 기업에게 비용을 발생시킨다. 재고자산과 관련된 직접비용을 세 가지 부류로 나눌 수 있다.

- 획득비용(acquisition costs) : 분석기간(통상은 1년)에 발생하는 재고자산 자체의 비용이다.
- 주문비용(order costs) : 분석 기간 동안에 걸쳐 주문을 내는 총비용이다.
- 유지비용(carrying costs) : 보관비용, 보험, 세금, 손상, 진부화 비용, 재고에 묶인 자금의 기회비용 등을 포함한다.

이러한 총비용을 최소화하는 데에는 몇 가지 상충관계(tradeoff)가 있다. 예를 들어 대량주문 할인이 없다고 하고, 재고수준을 낮추어서 유지비용을 줄이면 더 자주 주문을 해야 하기 때문에 연간 주문비용이 증가한다.

재고자산 필요량을 줄임으로써 얻는 이득은 본질적인 것이다. 2003년에 의류 체인인 GAP은 재고 일수를 24% 줄임으로써 재고에 대한 투자액을 상당히 줄였다. 이러한 변화로 인해 $344 백만의 현금을 다른 목적에 사용할 수 있게 되었다. GAP은 이 현금의 일부를 만기 3개월에서 1년 사이인 미국 국공채와 은행 CD 등의 단기증권에 투자했다. 그리고 2002년에 비해 2003년에 이자수입이 $1.2 백만이 증가했음을 공시했다. 회사는 이러한 증가의 원인으로 투자를 가능하게 한 평균 현금 잔액의 증가를 들고 있다.[5]

어떤 기업은 가능한 한 최대한으로 유지비용을 줄이기 위한 방안을 강구한다. **"적시 재고 관리(just-in-time [JIT] inventory management)"**는 기업이 필요할 때만 재고를 정확하게 구매하여 재고수준을 항상 영(0)이나 영(0)에 가깝게 유지하는 것이다. 이 기법은 기업의 생산에 필요한 재고 수요를 예측하는 것뿐만 아니라 공급업자와의 각별한 협력이 필요하다. 또한 업계의 한 회사가 JIT를 채택할 때 낙수효과(trickle-down effect)가 있다. 1999년에 토이저러스(Toys-R-Us)는 JIT를 시행했는데, 그로 인해 공급업자 중 하나인 장난감 제조업체 하스브로(Hasbro)가 생산 계획을 변경하게 되었다.[6]

개념 확인

1. 재고를 보유하는 이득과 비용은 무엇인가?
2. 적시(JIT) 재고 관리를 설명하라.

26.6 현금 관리

모딜리아니-밀러 세상에서 현금 수준은 가치와 무관련하다. 완전자본시장에서 기업은 신규 현금을 정당한 이자율에 즉각적으로 조달할 수 있기 때문에 현금 부족은 발생하지 않는다. 마찬가지로 기업은 초과 현금을 영(0)의 NPV를 얻는 정당한 이자율로 투자할 수 있다.

물론 현실에서는 시장이 완전하지 않다. 유동성은 그에 따른 비용이 있다. 예를 들어 유동자산을 보유

---

5 GAP 2003년 연간 보고서
6 Hasbro 1999년 연간보고서

하면 시장 수익률 이하의 수익률을 얻을 수도 있고, 만일 기업이 현금을 급하게 조달하려면 거래비용이 들 것이다. 또한 법인 이자소득의 이중과세로 인해 초과 현금의 보유는 세금 측면에서 불리하다는 것을 제15장과 제17장에서 이미 학습했다. 이러한 경우를 보면 기업의 최적화 전략은 기업 경영에 영향을 주는 급작스러운 충격을 완화할 뿐만 아니라 영업 현금흐름 혹은 투자 현금흐름의 계절성을 예상한 현금을 보유하는 것이다. 위험한 기업과 높은 성장 기회를 가지는 기업은 비교적 자산에서 현금 비중을 높게 가져가는 경향이 있다. 자본시장에 쉽게 접근할 수 있는 (따라서 현금조달의 거래비용이 낮은) 기업은 현금을 덜 보유하는 경향이 있다.[7] 이번 절에서 우리는 기업의 현금 보유 동기, 현금 관리 기법, 그리고 기업이 투자하는 단기투자 상품을 검토한다.

현금 보유 동기

기업이 현금을 보유하는 데에는 다음 세 가지 이유가 있다.

- 일상적 요구(day-to-day needs)를 충족하기 위해서
- 현금흐름과 관련된 불확실성을 보상하기 위해서
- 은행의 요구를 만족시키기 위해서

이제 우리는 위 세가지 동기를 자세히 살펴볼 것이다.

거래적 동기 잔고   개인과 마찬가지로 기업은 청구서를 납부하기 위해서 충분한 현금을 보유하고 있어야 한다. 기업이 청구서를 지불하기 위해서 필요한 현금의 양을 **거래적 동기 잔고**(transactions balance)라고 부른다. 이러한 거래적 동기 잔고를 만족하기 위해 필요한 현금의 양은 기업의 평균 거래 규모와 이 장 앞에서 배운 기업의 현금 주기에 의해 좌우된다. 회사는 회사의 현금 및 기타 유동자산이 단기채무를 지불하기에 충분하도록 거래 잔액을 설정한다. 기업이 단기적인 필요성을 충족시키기에 충분한 유동성을 가지고 있는지 평가하는 데 사용되는 하나의 방법은 유동부채에 대한 재고자산을 제외한 유동자산의 비율인 **당좌비율**(quick ratio)이다. 기업은 현금 잔액을 늘림으로써 당좌비율을 바람직한 수준으로 올릴 수 있다.

예비적 동기 잔고   미래 현금 필요량을 둘러싼 불확실성에 대응하기 위해서 기업이 보유하는 현금의 양을 **예비적 동기 잔고**(precautionary balance)라고 한다. 이 잔고의 규모는 기업의 현금흐름을 둘러싼 불확실성의 정도에 달려 있다. 미래 현금흐름의 불확실성이 클수록 기업이 거래적 필요 금액을 예측하는 것이 어려워지고 예비적 동기 잔고는 커져야만 한다. 바람직한 예비적 동기 잔고를 평가하는 유용한 척도는 여러 시점에서 측정한 영업 현금흐름의 변동성이다. 기업은 현금 부족을 경험할 위험을 회피하기 위해서 전형적으로 이 변동성의 몇 배수와 동일하게 유동자산을 보유하는 것을 선택한다.

보상적 동기 잔고   은행이 수행하는 서비스에 대한 보상으로 은행의 계정에 **보상적 동기 잔고**(compensating balance)를 유지하도록 은행은 기업에게 요구한다. 보상적 동기 잔고는 일반적으로 이자를 지급하지 않거나 아주 낮은 이자율의 계정에 예금하도록 하는 것이다. 이러한 처리 방법은 은행이 개인에게 어느 수준 (예 : $1,000) 아래로 계정 잔고가 내려가지 않는 한 수표 발행을 무료로 할 수 있도록 하는

---

7   T. Opler, L. Pinkowitz, R. Stulz, and R. Williamson, "The Determinants and Implications of Corporate Cash Holdings," *Journal of Financial Economics* 52 (1) (1999): 3–46. 참고

현금 보유

회사의 유동성은 단기에 시장성 있는 증권에 대한 기업의 투자액으로 측정한다. IRS 통계에 따르면, 미국 기업의 현금 보유액은 1999년에서 2009년까지 $1.6 조에서 $4.8 조 이상으로 3배로 증가했다. 사실 2015년에 미국 상장기업의 39% 이상이 단기부채보다는 단기증권 투자액이 더 많은 순투자자의 입장이었다.

기업은 왜 현금을 축적하고 있는가? 몇 가지 요인이 있을 것이다. (i) 공장 및 기계설비에 막대한 비용을 지출하는 제조업 업종의 전환, (ii) 낮은 자본지출과 높은 현금흐름을 가지는 금융 서비스업의 강화, (iii) 다국적 기업에 의한 송환 세금의 회피, (iv) 기업이 유동성과 재무적 유연성을 유지하고자 하는 바람 등이 있다. 결과적으로 기업의 저축이 역대 최고 수준에 이르렀다.

기업은 현금을 어떻게 투자하는가? 트레저리 스트라티지 (Treasury Strategy)의 2007년 조사에 따르면 20%는 (표 26.3에서 설명하는 단기상품의 분산화된 포트폴리오에 투자하는 펀드인) 화폐시장 펀드(MMF)에 투자되었고, 18%는 채권에 나머지는 CP, CD, RP 등에 직접 투자되었다.

2008년의 금융위기 동안 단기 신용시장이 얼어붙고 단기 신용에 의존하는 많은 기업이 사업을 수행할 수 없다는 것을 깨달았다. 현금을 많이 보유한 기업도 현금을 어떻게 안전하게 할 것인지 걱정하였다. 많은 은행이 파산 혹은 파산의 위험에 처했고, 전통적으로 안전한 화폐시장 펀드마저 손실의 위험에 직면했다. 결과적으로 경영을 위해 현금 재고에 의존하는 기업에게 금융위기 초기의 신용시장 붕괴의 충격은 신용에 의존하는 기업에 대한 영향만큼 컸을 것이다.

것과 유사하다. 결국 고객은 수표를 사용하는 수수료를 지불하지 않으려면 $1,000 이상의 현금을 유지해야만 한다. 마찬가지로 기업이 보상적 동기 잔고 요구를 맞추기 위해 보유한 현금은 다른 곳에 사용할 수 없다.

그 외의 투자

회수 표류와 지급 표류의 논의에서 우리는 기업이 현금을 단기증권에 투자할 것이라고 가정했다. 사실 기업은 파산 위험과 유동성 위험 측면에서 각기 다른 단기증권 중에서 선택을 할 수 있다. 위험이 클수록 그 투자에 대한 기대 수익률은 커진다. 재무관리자는 높은 수익률을 얻기 위해서 어느 정도의 위험을 허용할 것인지를 결정해야만 한다. 만일 기업이 향후 30일 이내에 자금을 필요로 할 것이라면, 관리자는 낮은 유동성을 기피할 것이다. 표 26.3은 가장 자주 사용되는 단기투자 상품을 간략하게 설명하고 있다. 이러한 단기채무 증권은 **화폐시장**(money market) 증권으로 불린다. 기업은 이들 상품에 직접 투자하거나 화폐시장 펀드를 통해 투자할 수 있다.

그러므로 기업의 자금을 덜 위험한 상품에 투자하고자 하는 재무관리자는 미 재무부 단기채권(T-bill)을 선택할 것이다. 그러나 만일 재무관리자가 단기투자에서 높은 수익률을 얻기를 원한다면 기업어음 (CP)과 같은 위험한 대안 상품에 초과 현금의 일부 혹은 전부를 투자할 것이다.

개념 확인

1. 기업이 현금을 보유하는 세 가지 이유를 설명하라.
2. 기업이 현금을 투자하는 방법을 선택할 때 겪는 상충관계는 무엇인가?

표 26.3	화폐시장 투자 상품			
투자상품	특징	만기	위험	유동성
미 재무부 단기채 (T-Bill)	미국 정부의 단기채무	4주, 3개월(91일), 6개월(182일), 혹은 새로 발행될 경우 1년	파산 무위험	유동성 매우 높으며 시장성 있음
양도성 예금증서(CD)	은행이 발행하는 단기채무 최소 발행금액은 $100,000.	1년까지 다양함	발행은행은 FDIC에 의해 보험 커버되어 $250,000까지 무위험. $250,000를 초과하는 금액은 파산의 보험 대상이 아님	개인 구매 CD와 달리 이들 CD는 유통시장에서 매매되지만 유동성은 T-bill보다 낮음
환매조건부 채권(RP)	증권 딜러는 "채무자"이고 투자자는 "채권자"인 기본적으로 대출 계약. 투자자는 T-bill과 같은 증권을 딜러에게 정해진 날에 정해진 더 높은 가격에 되팔 것을 계약하고 딜러로부터 구매함	아주 단기로, 듀레이션은 오버 나잇부터 3개월까지임	증권이 대출의 담보로 기능하여 투자자의 위험 낮음. 위험평가 할 때 증권 딜러의 신용도를 평가해야 함	유통시장이 없음
은행 인수어음(BA)	채무자가 작성하고, 어음이 인출될 은행에 의해 보증된 증서. 주로 국제무역거래에서 사용됨. 채무자는 상품의 대금으로 증서를 작성하는 수입업자	전형적으로 1개월에서 6개월	채무자와 은행 모두 어음을 보증하여 위험이 아주 낮음	수출업자가 어음을 받으면 만기까지 보유하여 전액 수령하거나 만기 전에 할인하여 판매
기업 어음(CP)	대규모 주식회사가 발행하는 단기 무담보의 채무. 최소 발행금액은 $25,000지만, 대체로 CP의 액면가는 $1000,000임	전형적으로 1개월에서 6개월	파산 위험은 발행회사의 신용도에 따름	활발한 유통시장은 없으나 발행자가 CP를 되살릴 수는 있음
비과세 단기상품	주정부나 지방정부의 단기부채. 이자 수입에 대한 연방세를 면제받기 때문에 유사한 위험의 과세 상품의 세전 수익률보다 세전 수익률은 낮음	전형적으로 1개월에서 6개월	파산 위험은 발행한 지방정부의 신용도에 따름	중간 정도의 유통시장

핵심 요점 및 수식

26.1 운전자본의 개요

- 운전자본 관리는 기업의 단기자산과 단기부채를 관리하는 것과 관련된다.
- 기업의 현금 주기는 기업이 최초 재고자산 구매의 현금을 지불한 시점에서 그 재고자산을 이용한 제품의 판매로부터 현금을 회수하는 시점까지의 시간의 길이이다. 운영 주기는 기업이 최초에 재고자산을 구매한 시점과 제품 판매로 현금을 회수하는 시점까지의 평균 시간의 길이이다.

26.2 거래신용

- 거래신용은 본질적으로 판매회사가 고객에게 제공하는 대출이다. 거래신용의 비용은 신용 조건에 달려 있다. 공급업자가 제공하는 할인을 받지 않는 비용은 대출에 대한 이자율을 의미한다.
- 기업은 고객에게 두 가지 이유에서 거래신용을 제공한다. (1) 낮은 가격을 통한 간접적 방법으로써 그리고 (2) 고객에게 대출을 해주는 것이 다른 잠재적 신용 원천에 비해 이점이 있기 때문이다.
- 기업이 거래신용을 사용할 것인지를 결정하기 위해서는 거래신용 비용과 대안이 되는 자금의 비용을 비교해야만 한다.
- 신용정책에 대한 결정은 세 가지 단계와 관련이 있는데, 그것은 신용 기준의 설정, 신용 조건의 설정, 회수 정책의 설정이다.

26.3 매출채권 관리

- 매출채권 회수일과 연령 분석표는 기업이 매출채권을 감시하기 위해 취하는 두 가지 방법이다.

26.4 매입채무 관리

- 기업은 최적의 시기에 상환하기 위해서 매입채무를 감시해야 한다.

26.5 재고자산 관리

- 기업은 계절적 수요와 같은 요인 때문에 그리고 재고소진으로 인한 매출손실을 피하기 위해 재고자산을 보유한다.
  - 과도한 재고자산은 현금을 사용하기 때문에 효율적인 재고 관리는 기업의 가용현금흐름을 증가시키고 결과적으로 기업의 가치를 증진시킨다.
  - 재고의 비용은 획득비용, 주문비용, 유지비용을 포함한다.

26.6 현금 관리

- 기업의 현금 보유 필요성이 감소하면, 자금은 미 재무부 단기채권(T-Bill), 양도성 예금증서(CD), 기업어음(CP), 환매조건부 채권(RP), 은행 인수어음(BA), 비과세 단기상품 등의 다양한 단기증권에 투자될 수 있다.

주요 용어

거래신용(trade credit)
거래적 동기 잔고(transactions balance)
내부처리 표류(processing float)
매입채무 지연지불(stretching the accounts payable)
보상적 동기 잔고(compensating balance)
연령 분석표(aging schedule)
예비적 동기 잔고(precautionary balance)
우편 표류(mail float)
운영 주기(operating cycle)
이용가능 표류(availability float)
재고소진(stock-outs)

적시 재고 관리(just-in-time [JIT] inventory management)
지급 표류(disbursement float)
지불 패턴(payments pattern)
화폐시장(money market)
현금전환주기(cash conversion cycle, CCC)
현금 주기(cash cycle)
회수 표류(collection float)
21세기 수표결제법(Check Clearing for the 21st Century Act, Check 21)

추가 읽을거리

운전자본 관리에 대한 고도의 분석을 원하면 아래 교재를 참고하라. Cole and L. Mishler, *Consumer and Business Credit Management* (McGraw-Hill, 1998); F. Fabozzi, S. Mann, and M. Choudhry, *The Global Money Markets* (John Wiley, 2002); and T. Maness and J. Zietlow, *Short-Term Financial Management* (South-Western, 2004).

다음 논문들은 운전자본관리 연구의 과제를 다루고 있다.

현금관리 문제 H. Almeida, M. Campello, and M. Weisbach, "The Cash Flow Sensitivity of Cash," *Journal of Finance* 59(4), (2004): 1777 – 1804; W. Baumol, "The Transactions Demand for Cash: An Inventory Theoretic Approach," *Quarterly Journal of Economics* 66(4) (1952): 545 – 556; J. Gentry, "State of the Art of Short-Run Financial Management," *Financial Management* 17(2) (1988): 41 – 57; M. Miller and D. Orr, "A Model of the Demand for Money by Firms," *Quarterly Journal of Economics* 80(3) (1966): 413 – 435; T. Opler, L. Pinkowitz, R. Stulz, and R. Williamson, "The Determinants and Implications of Corporate Cash Holdings," *Journal of Financial Economics* 52(1) (1999): 3 – 46; C. Payne, "The ABCs of Cash Management," *Journal of Corporate Accounting and Finance* 16(1) (2004): 3 – 8; L. Pinkowitz and R. Williamson, "What Is the Market Value of a Dollar of Corporate Cash?" *Journal of Applied Corporate Finance* 19 (2007): 74 – 81; and L. Pinkowitz, R. Stulz, and R. Williamson, "Does the Contribution of Corporate Cash Holdings and Dividends to Firm Value Depend on Governance? A Cross-Country Analysis," *Journal of Finance* 61 (2006): 2725 – 2751.

거래신용 Y. Lee and J. Stowe, "Product Risk, Asymmetric Information and Trade Credit," *Journal of Financial and Quantitative Analysis* 28(2) (1993): 285 – 300; M. Long, I. Malitz, and S. A. Ravid, "Trade Credit, Quality Guarantees, and Product Marketability," *Financial Management* 22(4) (1993): 117 – 127; S. Mian and C. Smith, "Extending Trade Credit and Financing Receivables," *Journal of Applied Corporate Finance* 7(1) (1994): 75 – 84; S. Mian and C. Smith, "Accounts Receivable Management Policy: Theory and Evidence," *Journal of Finance* 47(1) (1992): 169 – 200; O. Ng, J. Smith, and R. Smith, "Evidence on the Determinants of Credit Terms Used in Interfirm Trade," Journal of Finance 54(3) (1999): 1109 – 1129; F. Scherr, "Optimal Trade Credit Limits," *Financial Management* 25(1) (Spring 1996): 71 – 85; and J. Smith, "Trade Credit and Information Asymmetry," *Journal of Finance* 42(4) (1987): 863 – 872.

연습문제

* 표시는 난이도가 높은 문제다.

운전자본의 개요

1. 다음 질문에 답하라.
   a. 기업의 현금 주기와 운영 주기는 어떤 차이가 있는가?
   b. 다른 것은 일정할 때 기업의 재고자산이 증가하면 현금 주기는 어떤 영향을 받는가?
   c. 다른 것은 일정할 때 기업이 공급업자가 제공하는 할인을 받기 시작하면 현금 주기는 어떤 영향을 받는가?

2. 기업의 현금 주기가 증가하는 것이 필연적으로 기업이 현금을 제대로 관리하지 못한다는 것을 의미하는가?

3. 에버딘 아웃보드 모터는 새로운 공장을 위해 빌딩 건축을 고민 중이다. 공장을 위해 최초 투자금액으로 $2백만의 순운전자본 투자가 필요할 것으로 예상한다. 공장은 10년 동안 유지될 것인데, 그 시점에 순운전자본은 회수될 것이다. 주어진 연간 할인율이 6%이면 순운전자본 투자의 NPV는 얼마인가?

4. 그릭 커넥션은 2015년에 $32 백만의 매출액과 $20 백만의 매출원가를 보여주었다. 단순화시킨 재무상태표는 아래와 같다.

그릭 커넥션

2015년 12월 31일 재무상태표

(단위 $1,000)

자산		부채와 자기자본	
현금	$2,000	매입채무	$1,500
매출채권	3,950	지급어음	1,000
재고자산	1,300	미지급액	1,220
총 유동자산	$ 7,250	총 유동부채	$ 3,720
		장기채무	
		총부채	$ 6,720
공장, 기계 및 설비	$ 8,500	자기자본	$ 9,030
총자산	$ 15,750	총부채와 자기자본	$ 15,750

a. 그릭 커넥션의 2015년 순운전자본을 계산하라.

b. 그릭 커넥션의 2015년 현금전환주기(CCC)를 계산하라.

c. 산업평균 매출채권 회수일은 30일이다. 산업평균 매출채권 회수일에 맞추려면 2015년 그릭 커넥션의 현금전환주기는 얼마가 되어야 하는가?

거래신용

5. 공급업자가 제공한 신용 조건이 3/5, Net 30이라고 하자. 할인을 받지 않고 30일에 지불을 하는 경우에 거래신용의 비용을 계산하라.

6. 공급업자가 1/10, Net 45의 조건을 제시했다. 할인을 받지 않고 45일에 지불한다면 거래신용의 실효 연이자율은 얼마인가?

7. 패스트 리더 컴퍼니는 전국의 호텔 체인에 게시판 서비스를 제공한다. 회사의 소유주는 수수료 청구와 회수를 대행하는 청구회사를 고용할 것인지를 조사하고 있다. 청구회사는 이러한 서비스에 특화되어 있어서 회수 표류가 20일 줄어들 것이다. 평균 일별 회수금액은 $1,200이고 소유주는 연간 8%(APR, 월간 복리계산)의 투자 수익률을 가지고 있다. 만일 청구회사가 월 $250의 서비스 비용을 요구한다면, 이 제안을 받아들여야 할까?

8. 새반 코퍼레이션은 새반의 고객으로부터의 전자송금 업무를 하는 은행을 교체할 것인지를 고민하고 있다. 새반의 재무관리자는 새로운 시스템이 회수 표류를 5일까지 줄일 수 있을 것으로 계산한다. 새로운 은행은 보상적 동기 잔고로 $30,000를 요구하고 있고, 현재 거래은행은 보상적 동기 잔고를 요구하지 않는다. 새반의 평균 일별 회수금액이 $10,000이고 단기투자에서 8%를 얻을 수 있다. 은행을 교체해야 할까? (새로운 은행의 보상적 동기 잔고는 이자가 없는 계정으로 가정한다.)

매출채권 관리

9. 신용정책을 세우는 데 필요한 3단계는 무엇인가?

10. 마나나 코퍼레이션은 올해 $60 백만의 매출액을 기록했다. 매출채권 잔고는 평균 $2 백만이었다. 평균적으로 매출액을 회수하는 데 걸리는 시간은 얼마인가?

11. 마이티 파워툴은 아래와 같은 매출 장부를 가지고 있다.

고객명	미회수액($)	기간(일)
ABC	50,000	35
DEF	35,000	5
GHI	15,000	10
KLM	75,000	22
NOP	42,000	40
QRS	18,000	12
TUV	82,000	53
WXY	36,000	90

회사는 신용 조건을 1/15, Net 30으로 하고 있다. 15일 단위로 60일까지의 연령 분석표를 만들고, 60일이 넘는 기재 기간을 가지는 계정을 확인하라.

매입채무 관리

12. "매입채무 지연지불"의 의미는 무엇인가?

13. 심플 시몬즈 베이커리는 원재료를 1/10, Net 25의 조건으로 구매한다. 심플 시몬즈가 할인을 선택하려면 은행에서 단기 대출을 받아야만 한다. 근처 은행에서는 심플 시몬즈의 소유주에게 대출 이자율로 12%를 제시하였다. 심플 시몬즈는 은행에서 대출을 받아 대금 지급에서 할인을 받아야 할까?

14. 당신의 회사는 3/15, Net 40의 조건으로 원재료를 구매한다.

   a. 할인을 택하지 않고 40일에 지불을 한다면 실효 연이자율은 얼마인가?

   b. 할인을 택하지 않고 50일에 지불을 한다면 실효 연이자율은 얼마인가?

*15. 아래 제시된 인터내셔널 모터의 재무제표를 이용하여 질문에 답하라.

   a. 2015년과 2016년 IMC의 현금전환주기(CCC)를 계산하라. 어떤 변화가 일어났는가? 다른 것이 일정할 때, 이 변화가 IMC의 현금 필요에 어떤 영향을 주었나?

   b. IMC의 공급업자는 Net 30의 조건을 제시한다. IMC는 매입채무를 잘 관리하고 있는가?

인터내셔널 모터(IMC)

손익계산서(단위 : $ 백만)
12월 31일에 끝나는 기준

	2015($)	2016($)
매출액	60,000	75,000
매출원가	52,000	61,000
총이익	8,000	14,000
판매 및 일반관리비	6,000	8,000
영업이익	2,000	6,000
이자비용	1,400	1,300
세전이익	600	4,700
법인세	300	2,350
세후이익	300	2,350

인터내셔널 모터(IMC)

재무상태표(단위 : $ 백만)

12월 31일 기준

	2015($)	2016($)		2015($)	2016($)
자산			**부채**		
현금	3,080	6,100	매입채무	3,600	4,600
매출채권	2,800	6,900	지급어음	1,180	1,250
재고자산	6,200	6,600	미지급액	5,600	6,211
총 유동자산	12,080	19,600	총 유동부채	10,380	12,061
공장, 기계 및 설비	23,087	20,098	장기채무	6,500	7,000
총자산	35,167	39,698	총부채	16,880	19,061
			자기자본		
			자본금	2,735	2,735
			이익잉여금	15,552	17,902
			총 자기자본	18,287	20,637
			총부채와 자기자본	35,167	39,698

재고자산 관리

16. 오하이오 밸리 홈케어(OVHS)는 2015년에 $20 백만의 매출액, $8 백만의 매출원가, 그리고 평균 재고자산 금액 $2,000,000를 기록했다.

    a. OVHS 평균 재고일수를 계산하라.

    b. 산업평균 재고일수가 73일이다. 산업평균에 맞추려면 OVHS는 재고자산 금액을 얼마로 줄여야 하는가?

현금 관리

17. 다음 단기증권 중에서 어느 것이 가장 높은 세전 수익률을 제공할 것으로 기대하는가? 미 재무부 단기채(T-bill), 양도성 예금증서(CD), 비과세 단기상품, 기업어음(CP)

데이터 사례

당신은 BP의 최고재무관리자(CFO)이다. 오늘 오후에 당신은 이사회 멤버와 골프를 쳤다. 라운딩 후반부에 이사회 멤버인 그녀는 어느 경영학 학술지에서 읽은 최근의 논문에 대해 열정적으로 설명하였다. 논문에서는 효과적인 운전자본 관리를 통해 주식가격이 개선된 몇 개 회사를 언급하고 있다고 역설했다. 그녀는 BP가 운전자본 관리를 효과적으로 하는지 만일 그렇지 않다면 BP도 개선을 통해 유사한 성과를 달성할 수 있지 않겠는지 궁금해하였다. BP는 운전자본을 어떻게 관리하고 있는가? 그리고 경쟁회사와 비교하면 어떤 상태인가?

집에 돌아온 당신은 인터넷에서 무료로 얻을 수 있는 자료를 이용해서 빠른 사전 분석을 해보기로 했다.

1. Yahoo! Finance(finance.yahoo.com)에서 BP의 지난 3년간의 재무제표를 얻는다.

    a. 박스에 주식 심벌(BP)을 치고 "Get Quote"를 클릭한다.

    b. 다음으로 "Financial(재무자료)"와 "Income Statement(손익계산서)"를 클릭한다. 자료를 복사해서 엑셀에 붙여 넣기 한다[만일 인터넷 익스플로러를 사용한다면, 커서를 손익계산서에 위치한 후에 마우스의 오른쪽 버튼을 클릭한다. 메뉴에서 "엑셀로 보내기(Export to Microsoft Excel)"를 선택한다].

    c. 웹페이지로 돌아가서 "Financial" 아래에 있는 "재무상태표(Balance Sheets)"를 클릭하고 동일한 다운로드 절차를 실행한다.

    d. 재무상태표를 손익계산서와 동일한 워크시트에 붙여 넣기 한다.

2. Yahoo! Finance(finance.yahoo.com)에서 비교를 위해 경쟁자의 비율을 얻는다.

    a. 엑손 모빌(ExxonMobil)의 주식 심벌(XOM)을 박스에 입력하고, "Get Quote"를 클릭한다.

    b. 제1부의 단계를 따라서 가장 최근의 연간 재무상태표에서 "net receivables(순매출채권)"와 "inventory (재고자산)"를 가장 최근의 손익계산서에서 "total revenue(총매출액)"와 "cost of revenue(매출원가)"를 얻는다.

    c. 쉐브론(Chevron Corporation)을 대상으로 (CVX)를 입력하고 위 2단계를 반복한다.

3. 지난 3년 동안의 BP의 현금전환주기를 계산한다.

    a. 매출원가로 "매출의 비용(cost of revenue)"을 이용하여 재고일수를 연간 365일로 계산한다.

    b. 연간 365일로 매출채권 회수일을 계산한다.

    c. 연간 365일로 매입채무 지급일을 계산한다.

    d. 매년 현금전환주기(CCC)를 계산한다.

4. BP의 지난 몇 년간 CCC는 어떻게 변화되었는가?

5. BP의 가장 최근의 재고자산과 매출채권 회전율을 가장 최근 연도의 경쟁자 비율과 비교한다.

    a. 매출의 비용(매출원가)/재고자산으로 재고자산 회전율을 계산한다.

    b. 총매출액/순매출채권으로 매출채권 회전율을 계산한다.

    c. 쉐브론과 엑손 모빌의 평균 재고자산 회전율 및 평균 매출채권 회전율을 계산한다. 경쟁사들의 평균 비율과 비교했을 때 BP의 비율은 어떤 상태인가? 질문 4에 대한 당신의 답변을 확인해주는가 혹은 다른 결론을 주는가?

6. BP의 재고자산과 매출채권이 산업평균의 수준으로 변화할 때 BP의 가용현금흐름이 어떻게 변화되는지 알아본다.

7. BP가 매입채무 지급일을 75일로 조정하면 추가적인 가용현금흐름이 어떻게 되는지 알아본다.

8. BP의 재고자산과 매출채권 회전율을 산업평균 수준으로 조정하고 매입채무 지급일을 75일로 조정하면 BP의 추가적인 가용현금흐름과 BP의 현금전환주기가 어떻게 되는지 알아본다.

9. 이러한 임시 분석을 통한 BP의 운전자본 관리에 대한 당신의 느낌은 무엇인가? 현금전환주기를 산업평균에 보다 가깝게 맞추는 것의 장점과 단점이 있다면 논의해보자.

10. 당신은 인터넷에서 얻은 재무 자료의 신뢰성에 대해 다소 우려하고 있으며, BP의 SEC 제출 자료와 비교하여 자료를 확인하기로 결정한다. 이러한 서류를 얻으려면 SEC 웹사이트에서 EDGAR 시스템에서 BP의 재무제표(www.sec.gov/edgar/searchedgar/companysearch.html)를 검색한다. 주가 심볼 영역에 BP를 입력하고 "Search(검색)"를 클릭한다. "Filing Type(등록 유형)" 영역에 20-F를 입력하고 "Search"를 클릭한다. 최신 20-F, "외국 개인 발행사의 연간 및 전환 보고서", 그런 다음 20-F 문서 링크를 클릭한다. 문서를 읽은 후 목차를 스크롤하여 "재무제표"를 선택한 다음 재무상태표 또는 손익계산서에서 필요한 번호를 찾는다. 이 숫자와 원래 다운로드한 데이터 사이에 어떤 불일치가 있는가?

주석 : 이 사례 분석에 대한 갱신은 www.berkdemarzo.com에서 찾을 수 있다.

단기 재무계획

마텔은 S&P 500 주가지수에 포함되는 기업으로 2014년 말에 $6.7 십억 이상의 자산을 가지고 있는 것으로 집계되었다. 마텔은 전세계를 대상으로 장난감을 디자인하여 생산한다. 이 기업의 주요 생산라인은 바비, 피셔-프라이스, 그리고 아메리칸 그릴 상품을 포함한다. 장난감에 대한 수요는 전형적으로 상당히 계절적이어서, 12월 휴가의 소매 시즌을 기대하여 가을에 피크를 이룬다. 결과적으로 마텔의 수입은 연중 급격하게 변한다. 예를 들어 4분기 수입은 전형적으로 1분기 수입보다 2배 이상 많다.

마텔의 변동적 영업 수입은 현금흐름도 매우 계절적으로 만든다. 이 기업은 어떤 달에는 잉여 현금을 창출하고, 다른 달에는 자본 수요를 가지기도 한다. 이런 계절적 자금조달 요구는 영구 자본에 대한 지속적이고 장기적인 수요와는 아주 다른 양상이다. 마텔과 같은 기업이 연중 단기 현금 필요성을 어떻게 관리해야 할까?

이 장에서는 단기 자금조달 계획을 분석하고자 한다. 기업이 단기 자금조달 필요성을 결정하기 위하여 현금흐름을 어떻게 예측하는가를 시작으로 하여, 기업이 단기 자금조달을 사용하는 이유를 살펴본다. 이러한 자금조달 의사결정을 이끄는 자금조달 정책에 대해서도 언급하고자 한다. 마지막으로 기업이 충분한 현금을 창출하지 못할 때 자금 부족을 해결하는 대안적 방법들을 비교하는데, 여기에는 단기 은행 대출, 기업 어음, 담보 대출에 의한 자금조달이 포함된다.

기호

EAR 실효 연이자율

APR 연율화 이자율

27.1   단기 자금조달 필요성의 예측

단기 자금조달 계획의 첫 단계는 기업의 미래 현금흐름을 예측하는 것이다. 이러한 예측은 두 가지 분명한 목적이 있다. 첫째는 기간마다 현금 잉여 또는 부족이 발생할 것인가를 알기 위해서다. 둘째는 현금 잉여나 부족이 일시적인지 또는 영구적인지를 결정할 필요성이다. 만약 영구적이라면 기업의 장기재무 의사결정에 영향을 미칠 것이다. 예를 들어 기업의 지속적인 현금 잉여가 예상된다면 배당 지급의 증가를 선택할 수 있다. 장기 프로젝트의 투자에 의해 발생하는 현금 부족은 주식이나 장기채권과 같은 장기 자본 원천으로부터 조달되어야 한다.

이 장에서는 단기 자금조달 계획에 특별히 집중할 것이다. 단기 자금은 일시적이기 때문에 성질상 단기적인 현금 잉여와 부족의 유형을 먼저 분석한다. 기업은 단기 자금조달 필요성을 분석할 때, 주로 분기별로 현금흐름을 검토한다. 설명을 위해 2018년 12월 현재 스프링필드 스노보드의 경우를 생각해보자. 스프링필드는 주로 스포츠 소매업자에게 팔리는 스노우보딩 장비를 생산한다. 스프링필드는 2019년에 매출이 10% 증가하여 $20 백만이 되고, 순이익은 $1,950,000가 될 것으로 기대하고 있다. 연중 매출과 생산이 일정하게 발생할 것으로 가정하여, 2013년의 분기별 순이익과 현금흐름표에 대한 경영진의 예측이 표 27.1의 스프레드시트에 제시되어 있다. (회색으로 표시된 것이 2012년 4분기의 손익계산서 수치다.)[1]

이 예측에서 스프링필드는 수익성이 있는 기업임을 알 수 있다. 분기별 예측 순이익은 거의 $500,000에 가깝다. 스프링필드의 자본지출은 감가상각과 같다. 1분기 매출액 증가로 인하여 스프링필드의 운전자본 요구액이 증가하였음에도, 그 이후에는 일정하게 지속되어 더 이상의 현금흐름을 요구하지 않는다. 이러한 예측에 근거하여 스프링필드는 영업이익으로부터 예측된 매출액 증가에 필요한 자본을 충당하고, 계속해서 잉여 현금을 쌓아나갈 것이다. 이듬해 이후에도 비슷한 성장 예측이 가능하다면 이런 잉여 현금의 축적은 장기간 지속될 것이다. 스프링필드는 배당이나 자사주 매입을 통하여 잉여 현금을 줄일 수 있다.

이제 스프링필드의 잠재적 단기 자금조달 요구액을 살펴보자. 기업들은 세 가지 이유로 단기 자금조달을 필요로 한다: 계절성, 음(−)의 현금흐름 충격, 양(+)의 현금흐름 충격.

계절성

여러 산업에서 매출액은 계절성을 보인다. 그림 27.1은 백화점, 스포츠 상품, 건물 자재의 계절적 매출 패턴을 보여주고 있다. 건물 자재 매출은 여름 건설 기간을 앞둔 봄에 절정을 이루지만, 백화점과 스포츠 상품 매출은 크리스마스 휴가 기간에 절정을 이룬다. 매출이 몇 달 동안에 집중될 때 현금의 원천과 사용이 계절성을 갖기 쉽다. 이런 기업들은 정해진 몇 달 동안 다른 달의 매출 부족을 보상하기에 충분할 정도로 매출이 발생한다. 그러나 이들은 매출의 계절성에 따르는 시간 차이 때문에 종종 단기 자금의 조달이 필요하다.

이를 설명하기 위해서 스프링필드 스노보드의 예로 돌아가자. 표 27.1에서 스프링필드의 경영진은 매출이 연중 고르게 발생한다고 가정하였다. 사실 스노보드 생산업자에게 매출은 상당한 계절성을 가진다. 매출의 20%는 1분기에, 2분기와 3분기에(대개 남반구의 매출)는 10%가 발생하며, 북반구 겨울의 스노보드 계절에 기대되는 4분기에 매출의 60%가 발생한다고 가정하자. 표 27.2의 스프레드시트는 이에 따른

---

[1]   제2장과 제19장에서 추정재무제표의 작성에 관해 상당히 다루었기 때문에 여기서 다시 언급하지는 않을 것이다. 이 장의 모든 스프레드시트에서의 완전한 엑셀 모델은 www.pearsonhighered.com/berk_demarzodptj에서 얻을 수 있다. 간단히 하기 위하여 스프링필드는 채무가 없고 보유 현금에 대해 이자가 없다고 가정했다.

분기	2018Q4	2019Q1	2019Q2	2019Q3	2019Q4
손익계산서($000)					
1　매출액	4,545	5,000	5,000	5,000	5,000
2　매출원가	(2,955)	(3,250)	(3,250)	(3,250)	(3,250)
3　판매 및 일반관리비	(455)	(500)	(500)	(500)	(500)
4　EBITDA	1,136	1,250	1,250	1,250	1,250
5　감가상각	(455)	(500)	(500)	(500)	(500)
6　EBIT	682	750	750	750	750
7　법인세	(239)	(263)	(263)	(263)	(263)
8　**당기순이익**	443	488	488	488	488
현금흐름표					
9　당기순이익		488	488	488	488
10　감가상각		500	500	500	500
11　운전자본 변동					
12　　매출채권		(136)	—	—	—
13　　재고자산		—	—	—	—
14　　매입채무		48	—	—	—
15　**영업 활동으로부터의 현금**		899	988	988	988
16　자본지출		(500)	(500)	(500)	(500)
17　기타 투자		—	—	—	—
18　**투자 활동으로부터의 현금**		(500)	(500)	(500)	(500)
19　순차입		—	—	—	—
20　배당		—	—	—	—
21　자본 출자		—	—	—	—
22　**자금조달 활동으로부터의 현금**		—	—	—	—
23　**현금 등가물 변동** (15 + 18 + 22)		399	488	488	488

표 27.1
스프레드시트

동일 매출액을 가정한 스프링필드 스노보드의 2019 예측 재무제표

현금흐름표를 제시하고 있다. 계속해서 생산은 연중 고르게 이루어진다고 가정하자.

　표 27.2로부터 볼 때 스프링필드는 아직도 수익성이 있는 기업이며 연간 순이익이 총 $1,950,000에 이른다. 그러나 매출의 계절성으로 인해 스프링필드의 현금흐름에 있어서 극적인 변화가 있게 된다. 계절성이 현금흐름에 주는 효과는 두 가지가 있다. 첫째, 매출원가는 매출액에 비례하여 변동하지만 다른 비용들(관리 간접비와 감가상각 등)은 그렇지 않기 때문에 기업의 순이익은 분기별로 크게 변화한다. 둘째,

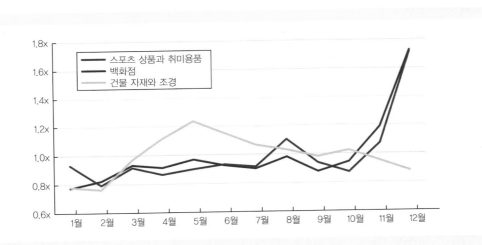

그림 27.1

매출의 계절성(2010~2015)
각 산업에 대해 월매출액이 월평균 매출액의 배수로 표시되었다.

표 27.2 스프레드시트	매출의 계절성을 가정한 스프링필드 스노보드의 2019년 예측 재무제표					
	분기	2018Q4	2019Q1	2019Q2	2019Q3	2019Q4
	손익계산서($000)					
1	매출액	10,909	4,000	2,000	2,000	12,000
2	매출원가	(7,091)	(2,600)	(1,300)	(1,300)	(7,800)
3	판매 및 일반관리비	(773)	(450)	(350)	(350)	(850)
4	EBITDA	3,045	950	350	350	3,350
5	감가상각	(455)	(500)	(500)	(500)	(500)
6	EBIT	2,591	450	(150)	(150)	2,850
7	법인세	(907)	(158)	53	53	(998)
8	**당기순이익**	1,684	293	(98)	(98)	1,853
	현금흐름표					
9	당기순이익		293	(98)	(98)	1,853
10	감가상각		500	500	500	500
11	운전자본 변동					
12	매출채권		2,073	600	—	(3,000)
13	재고자산		(650)	(1,950)	(1,950)	4,550
14	매입채무		48	—	—	—
15	**영업 활동으로부터의 현금**		2,263	(948)	(1,548)	3,903
16	자본지출		(500)	(500)	(500)	(500)
17	기타 투자		—	—	—	—
18	**투자 활동으로부터의 현금**		(500)	(500)	(500)	(500)
19	순차입		—	—	—	—
20	배당		—	—	—	—
21	자본 출자		—	—	—	—
22	**자금조달 활동으로부터의 현금**		—	—	—	—
23	**현금 등가물 변동** (15 + 18 + 22)		1,763	(1,448)	(2,048)	3,403

순운전자본 변화는 더욱 뚜렷하다. 1분기에 스프링필드는 지난해 4분기의 높은 매출로부터 발생한 매출채권으로부터 상당한 현금을 받게 된다. 2분기 및 3분기에는 기업의 재고가 증가하게 된다. 스프링필드는 여름철 매출은 낮지만, 생산장비의 생산 능력 제한으로 인하여 연중 고르게 스노보드를 생산해야 한다. 생산이 연중 고르게 발생하기 때문에 매입채무는 연중 변화하지 않는다. 하지만 4분기의 매출을 예상하여 재고는 증가하게 되고, 재고 증가는 현금을 소모하게 한다. 결국 스프링필드는 2분기와 3분기에 재고를 감당하기 위하여 음(−)의 순현금흐름을 갖게 되지만, 4분기의 높은 매출이 재고자산에 소비된 현금을 회복시켜준다.

계절적 매출은 단기 현금흐름 부족과 잉여를 발생하게 한다. 2분기와 3분기에 기업은 재고자산을 보관하기 위하여 추가적인 단기 현금의 원천을 필요로 한다. 4분기에 스프링필드는 단기 현금 잉여가 크게 발생한다. 계절적 현금흐름 필요성이 내년에도 발생할 것이므로, 스프링필드는 이 현금을 투자하기 위하여 제26장에서 언급한 단기투자 대안 중의 하나를 선택할 수 있다. 경영진은 다음 해에 단기 운전자본을 조달하기 위하여 이 현금을 사용할 수도 있다.

음(−)의 현금흐름 충격

기업은 때때로 예측하지 못한 이유로 현금흐름이 일시적인 음(−)이 되는 경우가 있다. 이런 경우를 음(−)의 현금흐름 충격(negative cash flow shock)이라고 한다. 계절성과 마찬가지로 음(−)의 현금흐름 충격은 단기 자금조달의 필요성을 야기할 수 있다.

스프링필드 스노보드의 예로 돌아가서, 2019년 4월에 경영진은 장비가 갑자기 망가졌다는 것을 알게

	분기	2018Q4	2019Q1	2019Q2	2019Q3	2019Q4
손익계산서($000)						
1 매출액		4,545	5,000	5,000	5,000	5,000
2 매출원가		(2,955)	(3,250)	(3,250)	(3,250)	(3,250)
3 판매 및 일반관리비		(455)	(500)	(500)	(500)	(500)
4 EBITDA		1,136	1,250	1,250	1,250	1,250
5 감가상각		(455)	(500)	(500)	(525)	(525)
6 EBIT		682	750	750	725	725
7 법인세		(239)	(263)	(263)	(254)	(254)
8 **당기순이익**		443	488	488	471	471
현금흐름표						
9 당기순이익			488	488	471	471
10 감가상각			500	500	525	525
11 운전자본 변동						
12 매출채권			(136)	—	—	—
13 재고자산			—	—	—	—
14 매입채무			48	—	—	—
15 **영업 활동으로부터의 현금**			899	988	996	996
16 자본지출			(500)	(1,500)	(525)	(525)
17 기타 투자			—	—	—	—
18 **투자 활동으로부터의 현금**			(500)	(1,500)	(525)	(525)
19 순차입			—	—	—	—
20 배당			—	—	—	—
21 자본 출자			—	—	—	—
22 **자금조달 활동으로부터의 현금**			—	—	—	—
23 **현금 등가물 변동** (15 + 18 + 22)			399	(513)	471	471

표 27.3 스프레드시트 동일한 매출과 음(−)의 현금흐름 충격을 가정한 스프링필드 스노보드의 2019년 예측 재무제표

되었다고 가정하자. 장비를 교체하기 위해서는 추가적으로 $1,000,000의 비용이 발생할 것이다.[2] 이런 음(−)의 현금흐름 충격 효과를 설명하기 위해 스프링필드의 매출이 계절적이라기보다 동일하다는 기본 경우로 돌아가자. [계절적 매출이 있어도 음(−)의 충격의 한계 영향은 비슷할 것이다.] 표 27.3의 스프레드시트는 동일한 매출과 장비가 고장난 경우의 현금흐름을 제시하고 있다.

이 경우에 장비 교체를 위해서 $1 백만의 일시적 지출은 2019년 2분기에 $513,000의 음(−)의 순현금흐름을 발생시킨다. 현금 보유액이 불충분하다면, 스프링필드는 $513,000의 부족분을 채우기 위해 차입(또는 다른 방법의 자금조달)을 할 것이다. 그러나 장비가 교체되면 다음 분기부터 양(+)의 현금흐름을 계속해서 창출할 것이고, 곧 대출을 상환할 수 있는 누적 현금흐름이 발생할 것이다. 따라서 이러한 음(−)의 현금흐름 충격은 단기 자금조달의 필요성을 대두시킨다.

양(+)의 현금흐름 충격

이제 양(+)의 현금흐름 충격이 단기 자금조달 필요성에 영향을 미치는 경우를 알아보자. 이것은 좋은 뉴스지만 그래도 단기 자금조달의 수요가 생기게 된다.

2019년 1분기에 스프링필드 스노보드의 마케팅 이사가 미드웨스트에 위치한 아웃도어 스포츠 상점 체인과의 계약 체결을 발표하였다. 스프링필드는 이 고객의 배타적인 공급자가 되어 전체적으로 20%의 매

---

2 간단히 하기 위해서 교체장비의 장부가치가 영(0)이라고 가정하면, 장비 교체는 당장 세금 측면에서 시사점을 가지지는 않는다. 또한 스프링필드가 교체장비를 빠르게 찾았다고 가정하면 생산 차질은 미미할 것이다. 마지막으로 스프링필드가 감가상각 증가분만큼 투자를 증가시킨다고 가정하자. 비록 계산이 더 복잡해졌지만, 여기서 논의되는 일반적인 결과는 이런 가정들이 없다.

표 27.4 스프레드시트	동일한 매출과 성장 기회를 가정한 스프링필드 스노보드의 2019년 예측 재무제표					
	분기	2018Q4	**2019Q1**	**2019Q2**	**2019Q3**	**2019Q4**
손익계산서($000)						
1	매출액	4,545	5,000	6,000	6,000	6,000
2	매출원가	(2,955)	(3,250)	(3,900)	(3,900)	(3,900)
3	판매 및 일반관리비	(455)	(1,000)	(600)	(600)	(600)
4	EBITDA	1,136	750	1,500	1,500	1,500
5	감가상각	(455)	(500)	(525)	(525)	(525)
6	EBIT	682	250	975	975	975
7	법인세	(239)	(88)	(341)	(341)	(341)
8	**당기순이익**	443	163	634	634	634
현금흐름표						
9	당기순이익		163	634	634	634
10	감가상각		500	525	525	525
11	운전자본 변동					
12	매출채권		(136)	(300)	—	—
13	재고자산		—	—	—	—
14	매입채무		48	105	—	—
15	**영업 활동으로부터의 현금**		574	964	1,159	1,159
16	자본지출		(1,500)	(525)	(525)	(525)
17	기타 투자		—	—	—	—
18	**투자 활동으로부터의 현금**		(1,500)	(525)	(525)	(525)
19	순차입		—	—	—	—
20	배당		—	—	—	—
21	자본 출자		—	—	—	—
22	**자금조달 활동으로부터의 현금**		—	—	—	—
23	**현금 등가물 변동**(15 + 18 + 22)		(926)	439	634	634

출 신장이 있을 것이고 다른 영업비용도 증가할 것이다. 이 계약에 의해 스프링필드는 이 체인 상점이 위치한 지역에 마케팅을 위해 $500,000의 일시적 비용 지출에 합의하였다. 생산 능력을 증가시키기 위해 1분기에 추가적인 $1 백만의 자본지출도 요구된다. 또한 매출 성장은 요구 운전자본에 영향을 미칠 것이다.

스프링필드의 경영자들은 이 새로운 영업을 반영하기 위해 표 27.4의 예측 재무제표를 준비했다. 마케팅비용 $500,000 증가 때문에 1분기 순수입은 더 적어진다. 하지만 매출 증가로 다음 분기의 순수입은 더 커질 것이다. 첫 두 분기 각각의 매출 증가는 매출채권과 매입채무를 증가시킬 것이다.

이 경우(더 빠른 성장 기회)에 기대하지 못한 현금흐름이 양(+)이라 할지라도, 새로운 마케팅비용과 자본지출로 인하여 1분기에 음(−)의 순현금흐름을 필요로 한다. 그러나 이 기업이 다음 분기에 더 수익성이 좋아질 것이라서 자금조달은 일시적이다.

우리는 기업이 단기 자금 필요성을 어떻게 결정하는지를 설명하였다. 이제 이런 필요성에 대해 어떻게 자금을 조달할지를 탐구해보자.

개념 확인

1. 기업의 미래 현금 요구액을 어떻게 예측하는가?
2. 계절성이 단기 현금흐름에 미치는 영향은 무엇인가?

27.2 대응 원칙

완전자본시장에서 자금조달 방법의 선택은 기업가치와 무관하다. 따라서 기업이 단기 현금 필요성을 어떻게 해결하는지가 기업가치에 아무런 영향을 미치지 않아야 하지만, 실제로는 거래비용을 포함하여 중요한 시장 마찰들이 존재하기 때문에 그렇지 않다. 예를 들어 거의 또는 전혀 이자를 지급하지 않는 계정에 현금을 보유하는 기회비용도 거래비용의 하나다. 또한 기업이 현금 부족을 충당하기 위해서 단기간에 대출 협상을 할 필요가 있으면 높은 거래비용에 직면하게 된다. 기업은 이런 비용들을 최소화하기 위한 정책을 채택하여 기업가치를 증가시킬 수 있다. 그런 정책 중의 하나가 대응 원칙이다. **대응 원칙**(matching principle)이란 단기 현금 요구액은 단기채무에 의해서 조달하고, 장기 현금 요구액은 장기자금 원천에 의해서 조달한다는 것을 말한다.[3]

영구적 운전자본

영구적 운전자본(permanent working capital)이란 지속적인 영업 지원을 위하여 단기자산에 투자해 놓은 금액을 말한다. 이러한 운전자본 투자는 기업이 사업을 운영하는 동안 필수적이기 때문에 장기투자를 구성하는 요소가 된다. 대응 원칙에 의하면 기업 운전자본의 영구적 투자는 장기자금 원천에 의해 조달되어야 한다. 장기자금 원천은 자주 대체되어야 하는 단기 원천보다 낮은 거래비용을 가지게 된다.

일시적 운전자본

매출채권과 재고자산에 대한 기업 투자는 일시적이어서 사업의 계절적 변동이나 기대하지 못했던 충격에 의해 발생한다. **일시적 운전자본**(temporary working capital)은 단기 운전자본 필요에 대한 기업의 실질적인 투자 수준과 영구적 운전자본 투자의 차이를 말한다. 일시적 운전자본은 단기 필요 자금을 나타내기 때문에 기업은 이러한 투자 부분을 단기 자금조달에 의해 해결해야 한다.

영구적 및 일시적 운전자본을 구별하기 위하여 스프링필드 스노보드 예로 다시 돌아가자. 표 27.2는 매출의 계절성을 가정한 현금흐름 예측을 나타내었다. 표 27.5의 스프레드시트는 이러한 예측에 상응하는 운전자본 수준을 보여주고 있다.

표 27.5에서 스프링필드의 운전자본이 2019년 1분기에 $2,125,000의 최소치에서 3분기에 $5,425,000까지 변하는 것을 알 수 있다. $2,125,000의 운전자본 최소 수준은 기업의 영구적 운전자본으로 생각할 수

표 27.5 스프레드시트	매출의 계절성을 가정한 2019년 스프링필드 스노보드의 운전자본 수준 예측				
분기	2018Q4	**2019Q1**	**2019Q2**	**2019Q3**	**2019Q4**
순운전자본 요구액($000)					
1 최저 현금 잔액	500	500	500	500	500
2 매출채권	3,273	1,200	600	600	3,600
3 재고자산	300	950	2,900	4,850	300
4 매입채무	(477)	(525)	(525)	(525)	(525)
5 **순운전자본**	3,595	2,125	3,475	5,425	3,875

3 대부분의 기업들이 대응 원칙을 따라 하는 것처럼 보인다는 연구들이 있다. 다음을 보라. W. Beranek, C. Cornwell, and S. Choi, "External Financing, Liquidity, and Capital Expenditures," *Journal of Financial Research* (Summer 1995): 207 – 222; and M. Stohs and D. Mauer, "The Determinants of Corporate Debt Maturity Structure," *Journal of Business* 69(3) (1996): 279 – 312.

있다. 이 최소 수준과 다음 분기 중의 가장 높은 수준과의 차이($3,300,000 = $5,425,000 - $2,125,000)가 스프링필드의 일시적 운전자본 요구액이 된다.

자금조달 정책의 선택

대응 원칙을 따르는 것이 장기적으로 기업의 거래비용을 최소화하는 데 도움이 된다. 그러나 대응 원칙을 사용하지 않고, 기업이 영구적 운전자본을 단기채무에 의해서 조달한다면 어떻게 될까? 단기채무의 만기가 도래하면 기업은 새로운 차입을 협상하여야 할 것이다. 새로운 차입은 추가적인 거래비용을 유발하게 되어, 차입 시점의 시장 이자율로 조달될 것이다. 결과적으로 이 기업은 이자율 위험에 노출된다. 영구적 운전자본의 일부 또는 전부를 단기채무로 조달하는 것을 **적극적 자금조달 정책**(aggressive financing policy)이라고 한다. 초적극적 정책(ultra-aggressive policy)은 공장, 재산 및 장비의 일부까지도 단기자금의 원천으로 조달하는 것이다.

수익률 곡선이 상승하는 경우에는 단기채무의 이자율이 장기채무의 이자율보다 낮다. 그 경우에 단기채무는 장기채무보다 저렴할 수 있다. 그러나 제14장에서 설명한 완전자본시장에서의 모딜리아니와 밀러 결과를 적용하면, 단기채무의 낮은 이자율 혜택은 장래에 높은 이자율의 채무로 다시 자금을 조달해야 하는 위험에 의해서 상쇄된다. 이 위험을 주식 보유자들이 감수해야 하므로 기업의 주식 자본비용이 증가하여서 낮은 차입 이자율의 혜택을 상쇄하게 될 것이다.

그렇다면 기업이 왜 적극적 자금조달 정책을 선택할 수도 있을까? 제16장에서 언급한 바와 같이 대리인 비용과 비대칭 정보와 같은 시장의 불완전성이 중요하면 그런 정책이 도움이 될 수 있기 때문이다. 단기채무의 가치는 장기채무보다 기업의 신용 수준에 덜 민감하다. 따라서 기업의 가치가 경영진의 행동과 정보에 의해 영향을 덜 받게 될 것이다. 결과적으로 단기채무는 장기채무보다 대리인 비용과 레몬(역선택) 비용을 줄일 수 있기 때문에 적극적 자금조달 정책이 주주들에게 도움이 될 수 있다. 반면 단기채무에 의존하게 되면 기업이 **자금조달 위험**(funding risk)에 노출되는데, 이는 기업이 제때에 또는 합리적인 이자율로 채무를 다시 조달하지 못할 때 발생하는 재무적 곤경비용의 위험이다.

대안적으로 기업은 단기 필요 자금을 장기채무로 조달할 수 있는데, 이를 **보수적 자금조달 정책** (conservative financing policy)이라고 한다. 보수적 자금조달 정책에 따르면 기업이 고정자산, 영구적 운전자본, 계절적 필요 자금을 모두 장기자금 원천을 이용하여 자금을 조달하게 된다. 기업은 계절적 자금 수요의 최대치를 충족하기 위해서도 단기채무를 거의 사용하지 않게 된다는 의미다. 그런 정책을 효과적으로 사용하기 위해서는 잉여 현금이 사용 가능하게 되는 기간이 필요한데, 기업이 일시적 운전자본에 대한 투자가 거의 또는 전혀 필요없는 기간이라고 할 수 있다. 불완전자본시장에서는 이 현금이 시장 이자보다 낮은 이자를 받을 것이므로 기업의 가치를 감소시키게 된다. 또한 경영자가 잉여 현금을 개인적인 부수입처럼 비생산적으로 사용할 가능성이 커진다.

기업이 단기자금 필요성을 결정하면 이 목적을 위해 사용할 수단을 선택해야 한다. 이 장의 나머지 부분에서는 특정한 자금조달 옵션들을 살펴보고자 한다: 은행 대출, 상업 어음, 담보부 자금조달.

개념 확인

1. 대응 원칙이란 무엇인가?
2. 일시적 운전자본과 영구적 운전자본의 차이는 무엇인가?

27.3 은행 대출을 이용한 단기 자금조달

단기 자금조달 주요 원천 중의 하나는, 특히 소규모 사업인 경우 상업은행으로부터의 대출이다. 은행 대출은 대개 **약속어음**(promissory note)으로 이루어지는데, 이는 대출 금액, 만기일, 이자율을 기술한 명세서 형식이다. 이 절에서는 세 가지 유형의 은행 대출을 살펴본다: 일회성 만기 지급 대출, 한도 대출, 브리지 론. 이러한 은행 대출들의 이자율을 비교하고, 이들과 관련된 공통 계약 조항과 수수료에 대해서 살펴보자.

일회성 만기 지급 대출

가장 간단한 형태의 은행 대출은 일회성 만기 지급 대출이다. 이 대출은 대출의 만기에 일시불로 이자와 원금을 상환해야 한다. 이자율은 고정일 수도 있고 가변일 수도 있다. 고정 이자율일 경우에는 대출이 이루어질 때 은행이 부과하는 이자율이 명기된다. 가변일 경우에는 대출 조건이 1년 국고채 금리나 **우대금리**(prime rate)와 같은 벤치마크와의 스프레드로 이자율이 변하게 된다. 우대금리는 은행이 신용이 가장 좋은 고객에게 부과하는 이자율이다. 그러나 대기업은 종종 은행 대출을 우대금리 미만의 이자율로 협상한다. 예를 들어 마텔은 2007년 연차보고서에서 국내 금융기관으로부터의 단기 차입금에 대해 평균적으로 지급하는 가중평균 이자율이 2007년에 5.5%라고 하였다. 2007년의 우대금리 평균은 8.05%였다.[4] 또 다른 일반적 벤치마크는 **런던 은행 간 대출 이자율**(London Inter-Bank Offered Rate, LIBOR)이다. LIBOR는 주요 10개 통화에 대해 1일에서 1년 만기까지의 이자율로 호가된다. 이것은 신용도가 가장 좋은 은행에 의해 지급되는 이자율이므로, 대부분의 기업들은 LIBOR를 초과하는 이자율로 차입하게 된다.

한도 대출

은행 대출의 다른 형태로 일반적인 것은 **한도 대출**(line of credit)이 있는데, 이것은 은행이 기업에게 정해진 최대 금액까지 대출하겠다는 계약이다. 유연한 계약 조건에 따라 기업은 자금이 필요할 때 한도 대출로부터 출금을 할 수 있다.

기업들은 계절적 자금조달 필요성을 해결하기 위해 한도 대출을 사용한다.[5] **비의무적 한도 대출**(uncommitted line of credit)은 은행이 법적으로 자금을 제공해줄 의무가 없는 비공식적 계약이다. 차입자의 재무적 여건이 양호하면 은행은 추가적인 자금을 제공하게 된다. **의무적 한도 대출**(committed line of credit)은 기업이 계약 시의 조건을 만족하면 (기업이 파산 상태가 아니라면) 기업의 재무적 여건과 무관하게 (정해진 대출 한도까지의) 자금을 공급해야 하는 법적인 구속력이 있는 문서상의 계약이다. 이런 계약들은 대개 보상 예금 잔액 요건(기업이 은행 예금의 최소 수준을 유지하는 요건)과 기업의 운전자본 수준에 대한 제약을 함께 수반하게 된다. 기업은 차입한 금액에 대한 이자에 추가적으로 한도 금액 중에서 사용하지 않은 금액에 대해 의무 수수료(commitment fee)를 지불한다. 한도 대출 계약은 어떤 시점에 발행 잔액이 영(0)이 될 것을 조건으로 요구할 수 있다. 이 대출정책은 기업이 장기채무를 조달하기 위해 단기자본을 사용하지 못하도록 한다.

4　마텔의 2007년 연차보고서와 *Federal Reserve Statistical Review* 웹사이트. 한편, 2015년에 마텔은 우대금리가 3.25%였는데 10% 이상을 지불하였다.

5　Lines of credit may be used for other purposes as well. For example, Gartner, Inc., which provides research and analysis on information technology, announced that it would use both cash on hand and an existing bank line of credit to finance its 2005 acquisition of competitor Meta Group (Craig Schneider, "Dealwatch," ww2.CFO.com, January 5, 2005).

은행들은 보통 연 단위로 한도 대출의 조건을 재협상한다. **회전 한도 대출**(revolving line of credit)은 의무적 한도 대출로 기업이 필요한 자금을 대개 2~3년의 오랜 기간 사용할 수 있다는 것을 은행이 확실하게 약속하는 것이다. 정해진 만기가 없는 회전 한도 대출을 **상록 신용**(evergreen credit)이라고 한다. 2014년 연차보고서에서 마텔은 계절적 운전자본 요구액을 충족하기 위하여 $1.6 십억의 상록 신용을 주요 자금조달 원천으로 사용했다고 보고하였다.

브리지 론

브리지 론(bridge loan)은 기업이 장기 자금조달을 할 수 있을 때까지의 기간 차이를 메우기 위해 사용하는 단기 은행 대출의 한 형태다. 예를 들어 부동산 개발업자가 쇼핑몰 건설을 위한 자금조달을 위해 일시 자금 대출을 사용할 수 있다. 쇼핑몰이 완성되면 개발업자는 장기 자금조달을 할 것이다. 다른 기업들은 장기채무나 주식 발행을 통한 수입이 생길 때까지 공장 및 설비자금을 조달하기 위하여 브리지 론을 사용하기도 한다. 자연재해 이후에 대출자들이 기업들에게 보험금 지급이나 장기 재해 구호 자금을 받을 때까지의 단기적 연결 자금으로 브리지 론을 사용할 수도 있다.

브리지 론은 종종 고정금리를 가지는 할인 대출로 이루어진다. **할인 대출**(discount loan)의 경우 차입자들은 할인된 금액을 대출받게 되므로 차입의 시작 시점에 이자를 지불하는 것이다. 대출자는 대출이 발생할 때 대출 금액으로부터 이자를 차감한다.

일반적인 대출 계약과 수수료

이제 대출 이자율에 영향을 주는 일반적인 대출 계약과 수수료에 대해서 알아보고, 대출 의무 수수료, 대출 발생 수수료, 보상 잔액 조건을 살펴보도록 하자.

대출 의무 수수료 은행에 의해서 부과되는 다양한 대출 수수료들은 차입자가 지불하는 실효 이자율에 영향을 미친다. 예를 들어 의무적 한도 대출과 관련된 의무 수수료는 기업의 대출 실효비용을 증가시킨다. 이 수수료가 실제로는 다른 명칭의 이자 부담으로 부과될 수도 있다. 어떤 기업이 $1 백만의 최대 금액과 10%(EAR : 실효 연이자율)의 이자율로 은행과 의무 한도 대출을 협상하였다고 하자. 의무 수수료는 EAR로 0.5%이고, 당해 연도 초에 $800,000를 차입하였다. 이 기업이 나머지 기간 동안 사용하지 않은 $200,000를 남기고 연말에 대출을 상환한다면, 대출의 총비용은 다음과 같다.

$$\text{차입 자금에 대한 이자} = 0.10 \, (\$800,000) = \$80,000$$
$$\text{미사용 부분에 지불된 의무 수수료} = 0.005(\$200,000) = \underline{\$\;1,000}$$
$$\text{총비용} = \$81,000$$

대출 발생 수수료 또 다른 일반적인 형태로 **대출 발생 수수료**(loan origination fee)가 있는데, 이는 은행이 신용 확인과 법적 수수료를 보상받기 위해서 부과한다. 기업은 대출이 발생할 때 이 수수료를 지불하여야 한다. 이것은 할인 대출과 비슷한 특징으로, 기업이 받게 되는 가용 수입의 양을 감소시켜서, 대출 의무 수수료와 같이 실질적인 추가적 이자비용이 된다.

티몬스 타월과 다이퍼 서비스가 12%의 APR로 $500,000의 3개월 대출을 제공받았다고 하자. 이 대출의 대출 발생 수수료는 1%이다. 대출 발생 수수료는 대출의 원금에 대해서 계산되고 부과된다. 이 경우의 대출 발생 수수료는 $5,000(= 0.01 × $500,000)이기 때문에 실제 차입 금액은 $495,000가 된다. 3개월 이자비용은 $15,000(= $500,000 × $\frac{0.12}{4}$)이다. 이러한 현금흐름이 다음의 시간선에 표시되어 있다.

0	1	2	3
$495,000			−$515,000

따라서 3개월 실제 이자율은 다음과 같다.

$$\frac{515,000}{495,000} - 1 = 4.04\%$$

이것을 EAR로 표현하면 $17.17\%(= 1.0404^4 - 1)$가 된다.

보상 잔액 요건   대출의 구조와는 관계없이 은행은 가용 대출 수입을 감소시키는 보상 잔액 요건을 대출 계약에 포함할 수 있다. 제26장에서 본 바와 같이 보상 잔액 요건은 기업이 당해 은행의 계정에 대출 원금의 일정 비율에 해당하는 금액을 예금해야 한다는 것이다. 대출 발생 수수료 이외에 티몬스 타월과 다이퍼 서비스의 담당 은행이 이 기업에게 대출 기간 동안 무이자 계정에 대출 원금의 10%에 해당하는 금액을 보유하도록 요구한다고 하자. 대출 원금이 $500,000이므로, 이 요건은 티몬스가 은행 계정에 $50,000(= 0.10 \times $500,000)를 보유해야 한다는 것을 의미한다. 따라서 이 기업은 대출 원금 전체에 대해서 이자를 지불해야 하지만, 실제로 차입하는 가용 자금은 $450,000에 불과하다. 대출 기간 말에 이 기업은 $515,000(= $500,000 \times (1 + 0.12/4))를 지불해야 하므로, 보상 잔액을 상환 금액에 포함시킨 이후에 $465,000(= $515,000 − $50,000)를 지불해야 한다. 이러한 현금흐름이 다음의 시간선에 표시되어 있다.

0	1	2	3
$450,000			−$465,000

3개월 실제 이자율은 다음과 같다.

$$\frac{465,000}{450,000} - 1 = 3.33\%$$

이것을 EAR로 표현하면 $14.01\%(= 1.0333^4 - 1)$가 된다.

여기서는 티몬스의 보상 잔액이 당해 은행의 무이자 계정에 보유되고 있는 것을 가정하였다. 종종 어떤 은행은 보상 잔액을 대출 이자의 일부를 상쇄할 수 있도록 약간의 이자를 지불하는 계정에 보유하는 것을 허용하기도 한다.

| 보상 잔액 요건과 실효 연이자율 | **예제 27.1** |

문제

티몬스 타월과 다이퍼 서비스가 보상 잔액에 대해서 1%(분기별 복리의 APR)를 은행에 지불한다고 가정하자. 티몬스의 3개월 대출에 대한 실효 연이자율은 얼마인가?

풀이

보상 잔액 계정의 잔액이 $50,125(= $50,000(1 + 0.01/4))로 증가할 것이다. 따라서 최종 대출 상환액은 $464,875(= $500,000 + $15,000 − $50,125)가 된다. 보상 잔액 계정의 이자는 티몬스가 대출에 대해 지불하는 이자의 일부를 상쇄하게 된다. 새로운 현금흐름이 다음의 시간선에 제시되어 있다.

실제 3개월 무위험 이자율은 다음과 같다.

$$\frac{464,875}{450,000} - 1 = 3.31\%$$

이를 EAR로 표현하면 13.89%($1.0331^4 - 1$)가 된다.

27.4   기업어음을 이용한 단기 자금조달

기업어음(commercial paper)은 그림에 나타난 바와 같이 단기 은행 대출보다 저렴한 자금의 원천으로, 대기업이 사용하는 단기 무담보 채무다. 최소 액면 금액은 $25,000이고, 대부분의 기업어음은 적어도 $100,000의 액면 금액을 가진다. 장기 대출과 비슷하게 기업어음은 신용평가 기관에 의해 등급이 정해진다. 기업어음의 이자는 최초 할인 발행에 의해 지불되는 것이 전형적인 사례다.

기업어음의 평균 만기는 30일이고, 최대 만기는 270일이다. 270일을 초과하여 만기를 연장하는 것은 SEC의 등록 조건을 까다롭게 하여 발행비용을 증가시키고 발행 매출의 시간적 지연을 초래하게 된다. 기업어음은 직접어음 또는 딜러어음이라고도 한다. **직접어음**(direct paper)은 기업이 증권을 투자자에게 직접 매도하는 것이고, **딜러어음**(dealer paper)은 딜러가 서비스에 대한 스프레드 또는 수수료를 받는 조건으로 투자자에게 기업어음을 판매하는 것이다. 스프레드는 발행기업이 받는 수입을 감소시켜서, 어음의 실효비용을 증가시킨다. 장기채무와 마찬가지로 기업어음도 신용평가 기관에 의해 등급이 정해진다.

예제 27.2   기업어음의 실효 연이자율

문제

어떤 기업이 $100,00의 액면가를 가지는 3개월 만기 기업어음을 발행하여 $98,000를 받았다. 이 자금에 대한 실효 연이자율은 얼마인가?

풀이

먼저 이 기업의 현금흐름을 시간선에 나타내면 다음과 같다.

```
        0              1
        |              |
     $98,000       -$100,000
```

3개월 기간에 대해 실제 지급되는 이자는 다음과 같다.

$$\frac{100,000}{98,000} - 1 = 2.04\%$$

이를 EAR로 환산하면 8.42%($= 1.0204^4 - 1$)가 된다.

글로벌 금융위기 2008년 가을의 단기 자금조달

금융위기 기간에 기업이 당면한 가장 큰 문제 중의 하나는 단기 자금조달이었다. 리먼 브라더스 파산 이후의 몇 주 동안 단기 신용시장은 얼어붙었다. 많은 투자자들은 단기투자 수단인 MMF에 대한 신뢰를 상실하여 자금을 인출하였다. 이에 대한 반응으로 펀드 매니저들은 단기투자를 정리하여, 단기 신용의 이용은 급격히 수축되었고 단기 수익률은 급상승하였다. 이런 현상이 기업어음 시장보다 더 뚜렷했던 곳은 없다. 아래의 그림은 하루(빨간색)와 30일(파란색) 최상급 기업어음(P1)과 두 번째 등급 기업어음(P2)의 수익률 스프레드(차이)를 보여주고 있다.

2007년의 주택 가격 붕괴와 서브프라임 위기 이전에 이 스프레드는 매우 작아서 0.2%도 안 되었다. 2007년 후반기에는 때때로 1%를 넘었고, 지속적으로 0.5%를 초과하였다. 2008년 가을

에 금융위기가 시작되자 스프레드의 급증을 재촉하였다. 10월까지 스프레드는 4%를 초과하였다. 정부의 개입이 하루 스프레드의 감소에 도움이 되었지만, 더 위험한 30일 스프레드는 더 심화되어 그해 마지막 날에는 6%를 찍었다. 새해가 되자 단기채무 시장이 더 진정되기 시작하여 2009년 말에는 2007년 가을 수준으로 돌아왔다. 그 이후로 (2015년까지 약간 상승하였지만) 스프레드는 낮게 유지되어 왔다.

금융위기 동안에 목격되었던 수준의 신용 스프레드는 마텔 같은 기업을 기업어음 시장에서 퇴출시켰고, 그들의 영업 능력을 심하게 방해하였다. 더구나 금융시장의 증가된 불확실성은 기업 투자를 약화시켰다. 두 효과는 금융위기를 수반하는 글로벌 침체에 상당한 기여를 했다.

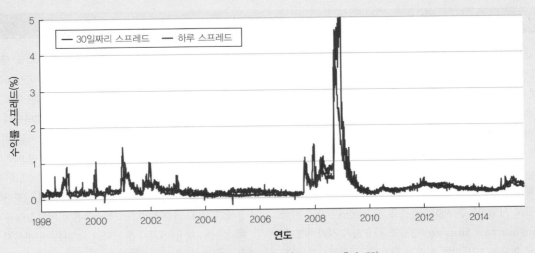

출처 : Federal Reserve Board(www.federalreserve.gov/DataDownload/Choose.aspx?rel=CP)

개념 확인

1. 기업어음이란 무엇인가?
2. 기업어음의 이자는 어떻게 지급되는가?

27.5   담보를 이용한 단기 자금조달

기업은 **담보 대출**(secured loans)을 이용해서 단기자금을 조달할 수도 있는데, 이는 기업의 매출채권이나 재고자산과 같은 특정 자산을 기업의 담보물로 제공하는 기업 대출의 한 형태이다. 상업은행 및 금융기관과 다른 기업의 매출채권을 매입하는 **팩토링업자**(factors)들이 담보부 단기 대출의 가장 일반적인 제공자들이다.

담보로서의 매출채권

기업들은 매출채권을 저당 또는 팩토링 대상 증권으로 사용할 수 있다.

매출채권의 저당화   매출채권의 **저당화**(pledging of accounts receivable) 계약에서 대출자는 차입 기업의 신용 매출을 나타내는 매출 명세서를 검토하여, 대출에 대한 담보물로 인정할 신용 계정을 자체적 신용 기준에 의해 결정한다. 대출자는 담보물로 인정한 매출 명세서의 일정 비율(예 : 75%)을 차입자에게 대출하는 것이 매출채권 담보화의 전형적인 사례이다. 차입 기업의 고객이 대금 지불에 실패할 경우 당해 기업은 대출자의 자금에 대해 책임을 져야 한다.

매출채권의 팩토링   매출채권의 **팩토링**(factoring of accounts receivable) 계약에서 기업은 매출채권을 대출자에게 매도하고, 대출자는 채권 회수기간 말에 기업이 고객으로부터 받을 금액을 당해 기업에게 지불할 것에 동의한다. 예를 들어 어떤 기업이 30일 신용으로 제품을 판매하면, 채권 매수업자는 받을 매출채권 액면 금액을 수수료를 제외하고 30일 뒤에 당해 기업에게 지불한다. 기업의 고객들은 보통 대출자에게 직접 지불하도록 조치된다. 많은 경우에 있어서 기업은 팩토링업자로부터 매출채권의 80% 정도를 차

17세기의 자금조달 해법

최근에 소규모 사업체들이 재고자산 매입을 위해 자금을 조달하는 것이 더 어려워졌다. 이런 추세에는 여러 가지 요인이 작용하였는데, 첫째는 대형 은행들이 전통적으로 소규모 사업체들의 중요한 대출 원천이었던 지역 은행들을 인수하였기 때문이다. 둘째는 대형 은행들이 소규모 차입자들에 대한 대출 요건을 강화하였다는 것이다. 셋째는 많은 소규모 사업체들이 점점 선지급을 요구하는 외국 납품업자들에 의존하는 경향이 커져서, 소규모 사업체들의 시급한 자본 수요가 증가하였기 때문이다.

몇몇 소규모 사업체들은 400년 전통을 가지는 벤처사업 자금조달(venture merchant financing) 방법을 사용하기 시작하였다. 이 자금조달 형태는 17세기에 시작된 것으로, 네덜란드 선장들의 항해에 다수의 투자자들이 자본을 제공하는 것이었다. 선장들은 이 자본을 이용하여 이국적인 상품들을 매입하면서 바다를 항해했다. 상품들이 팔리면 자금조달에 대한 보상으로 투자를 했던 은행들은 선장들 이익의 1/3을 갖게 되었다.

뉴욕 웨스트베리에서 음식점과 슈퍼마켓에 이국적인 유대인

정결 식품을 판매하는 코셔 디포(Kosher Depot)를 생각해보자. 이 기업은 성장을 원했지만 특별한 정결 음식의 재고를 더 많이 매입할 자본이 부족하였다. 코셔 디포는 캡스톤 비즈니스 크레딧(Capston Business Credit)과 $3.3 백만의 2년짜리 벤처사업 자금조달 계약을 체결하였다. 코셔 디포는 판매를 미리 예약하였고, 캡스톤에게 코셔 디포를 위해 그들의 자본으로 제품을 매입하라고 고지한다. 캡스톤은 제품을 매입하고 수입하여 자체 창고에 보관하였다. 이 창고는 주문에 따라 코셔 디포에게 제품을 공급하면 된다. 이런 서비스로 캡스톤은 이익의 30%를 취했다.

이 계약의 비용(벤처사업 이익의 30%)은 이 장에서 언급했던 다른 자금조달 계약과 비교하면 상대적으로 비쌀 수 있다. 그러나 다른 단기 자금조달 대안이 없는 소규모 사업체에게는 가치가 있는 계약이라고 할 수 있다.

출처 : Marie Leone, "Capital Ideas: A Little Cash'll Do Ya," ww2. CFO.com, March 3, 2005.

입할 수 있으므로, 매출채권으로 묶인 자금을 미리 받는 효과가 생긴다. 그런 경우에 대출자는 팩토링 수수료에 추가적으로 대출에 대한 이자를 부과한다. 대출자는 기업의 차입 규모와 관계없이 매출채권 액면 금액의 1~2% 정도에 해당하는 팩토링 수수료를 부과한다. 이자율과 팩토링 수수료는 기업의 규모와 매출채권의 크기에 따라 변한다. 팩토링 계약에 관계된 금액은 상당히 많을 수 있다. 예를 들어 2014년에 마텔은 팩토링 계약으로 매출채권의 $23 백만 정도를 매도하였다.

금융 계약의 **상환 청구권부**(with recourse)는 차입자의 고객이 파산할 경우 대출자가 차입자에게 지불을 청구할 수 있다는 것이다. 이에 비해 금융 계약의 **상환 비청구권부**(without recourse)는 고객이 파산할 경우 차입자 자산에 대한 대출자의 청구권이 보증된 담보물로 제한된다는 것이다. 후자의 경우 팩토링업자는 고객으로부터 대금을 지불받는 것과는 관계없이 당해 기업에게 만기 액면 금액을 지불하여야 한다. 만약 계약이 상환 청구권부라면 대출자는 매출이 발생하기 전에 고객 계정의 승인을 요구하지 않을 수 있다. 팩토링 계약이 상환 비청구권부이면, 차입 기업은 제품을 발송하기 전에 팩토링업자로부터 고객에 대한 신용 승인을 받아야 한다. 팩토링업자가 승인을 하면, 당해 기업은 제품을 발송하고 고객은 대출자에게 대금을 직접 지불하도록 조치된다.

담보로서의 재고자산

재고자산도 다음 세 가지 중 한 가지 방법에 의해 대출 담보물로 사용될 수 있다: 유동 담보권, 신탁 영수, 창고 계약.

유동 담보권 유동 담보권(floating lien), **일반 담보권**(general lien), 또는 **총괄 담보권**(blanket lien) 계약에서는 기업의 모든 재고자산이 대출을 보증하는 담보로 사용된다. 대출을 보증하기 위해 사용되는 담보의 가치가 재고자산이 판매되면서 감소하기 때문에, 이 계약은 대출자의 입장에서 가장 위험한 설정이다. 기업이 재무적 곤경에 빠지게 될 때, 경영진은 대출을 상환하지 않고 재고자산을 매도하고 싶어질 수 있다. 그런 경우에 기업은 재고자산을 대체할 충분한 자금을 가질 수 없다. 결과적으로 대출에 대한 담보 가치가 부족하게 될 수 있다. 그 위험 때문에 이 대출은 다음에 설명할 두 계약보다 더 높은 이자율을 감수하여야 한다. 또한 대출자는 재고자산 가치보다 작은 금액만을 대출하게 된다.

신탁 영수 신탁 영수 대출(trust receipt loan) 또는 **매입 자금 대출**(floor planning)에서는 확실히 구별되는 재고자산이 대출 보증을 위한 신탁으로 보유된다. 신탁이 된 재고자산이 판매되면 기업은 판매 대금을 대출 상환을 위해 대출자에게 보낸다. 대출자는 정기적으로 대리인을 통해서 차입자가 지정된 재고자산의 판매 여부와 대출 상환에 실패했는지의 여부를 확인한다. 자동차 딜러들은 생산자로부터 자동차를 구입하기 위한 자금을 마련하기 위하여 이런 형태의 보증된 자금조달 방법을 종종 사용한다.

창고 계약 창고 계약(warehouse arrangement)에서는 대출 담보로 사용되는 재고자산이 창고에 보관된다. 창고 계약은 대출자의 입장에서 가장 위험이 작은 담보 계약이다. 이런 형태의 계약은 다음 둘 중 한 가지 방법으로 체결될 수 있다.

첫 번째 방법은 **공공 창고**(public warehouse)를 사용하는 것인데, 공공 창고는 보관 및 재고자산의 유출입을 추적하는 단일 목적을 가지는 사업이다. 대출자는 보관된 재고자산 가치에 따라서 차입 기업에게 대출을 제공한다. 차입 기업이 재고자산을 판매할 필요가 있을 때에는 대출자로부터 허가를 받아서 이를 창고에 전달하고 재고자산을 찾아온다. 이 계약은 대출자에게 재고자산에 대해 가장 엄격한 통제권을 준

대출 보증 : 수출입은행 논란

운전자본을 조달하고자 하는 수출업자는 종종 국내 대출자로부터의 대출에 어려움이 있다. 대출자들은 외국 고객의 신용 위험을 적절하게 평가할 수 없다고 느낄 수 있다. 예를 들어 수출업자의 매출채권을 담보로 대출하거나 재고 매입 자금을 조달해 줄 의지가 없는 경우다.

미국의 수출입은행(또는 Ex-Im Bank)은 "국제시장에 미국 상품과 서비스 수출을 위한 자금조달을 도와주기" 위한 독립된 수출 신용기관으로 프랭클린 D. 루스벨트 대통령에 의해 1934년에 설립되었다. 이 은행은 전쟁이나 외환의 교환 불가능으로 인한 지불 위험뿐만 아니라 외국 고객에 의한 도산 위험에 대해 수출업자의 매출채권을 보장한다. 그런 대출 보증을 얻은 후에 수출업자는 전통적인 대출자로부터 단기적인 운전자본 요구액을 마련하는 것이 가능해진다.

비평가들은 이 은행이 정부의 후원을 받기 때문에, 대출 보증이 대출의 위험을 암묵적으로 미국 납세자들에게 전가한다고 주장한다. 도산의 규모가 이 은행의 준비금을 초과하면, 연방정부는 이 은행을 구제할 필요가 있을 것이다. 옹호자들은 이 은행이 미국 수출업자의 성장을 지지하여 일자리를 창출하고 있으며, 이런 보증이 없다면 이 은행이 도와주는 기업들은 경쟁적인 자금조달 계약을 하지 못할 것이라고 주장한다.

2012년과 2014년에 갈등이 있었던 재승인 투표 이후에, 미국 의회는 수출입은행의 승인이 2015년 6월 30일에 만료되어 은행을 폐쇄하도록 하였다. 하지만 몇 달 동안 미국 업계의 강력한 로비로 의회는 드물게도 초당파적인 노력으로 이 은행을 다시 승인하여 2015년 12월에 개점하도록 하였다.

다. 공공 창고는 판매 준비가 되기까지 잘 숙성되어야 하는 와인이나 담배제품과 같은 재고자산의 형태에 잘 맞는다. 이 방법은 창고로 운반하기 어려워서 손상되기 쉽거나 부피가 매우 커서 다루기 힘든 제품에 대해서는 적당하지 않다.

두 번째 방법은 제3자에 의해 운영되는 **수탁 창고**(field warehouse)로 대출 담보가 되는 재고자산이 차입자의 주된 공장과 떨어진 분리된 장소에 보관되도록 하는 차입자의 약속이 있어야 한다. 이런 형태의 계약은 차입자에게 편리하면서도 대출자에게도 담보로 제공된 재고자산이 제3자에 의해 통제된다는 추가적 안전성을 준다.

수탁 창고 계약은 비용이 많이 든다. 창고 운영 사업은 대출에 대해서 차입자가 대출자에게 지불하여야 하는 이자 이외에 수수료를 부과한다. 그러나 차입자는 재고자산 보관비용을 절약할 수도 있다. 창고업자는 대개 재고자산 통제의 전문가이기 때문에 제품의 손상과 절도에 의한 손실이 거의 없어서 보험비용을 낮춰 준다. 또한 재고자산의 통제가 제3자에 의해 이루어지기 때문에 대출자는 다른 재고자산 계약보다 더 높은 재고자산 시장가치 비율 금액을 대출할 수 있을 것이다.

예제 27.3   창고 자금조달의 연별 실효비용의 계산

문제

로우 캐너리는 1개월 동안 $2 백만을 차입하고자 한다. 재고자산을 담보로 하여 APR 12%의 대출을 받을 수 있다. 대출자는 창고 계약이 사용될 것을 요구한다. 창고 수수료는 월말에 지급되는 조건으로 $10,000이다. 이 대출에 대한 로우 캐너리의 실효 연이자율을 계산하라.

풀이

월별 수익률은 12%/12 = 1%이다. 월말에 로우는 원금과 이자에 해당하는 $2,000,000 × 1.01 = $2,020,000와 창고 수수료인 $10,000를 지불하여야 한다. 이 현금흐름을 시간선에 표현하면 다음과 같다.

$$\begin{array}{ccc} \mathbf{0} & & \mathbf{1} \\ \vdash & & \dashv \\ \$2{,}000{,}000 & & -\$2{,}030{,}000 \end{array}$$

실제 지불되는 1개월 이자는 다음과 같다.

$$\frac{2{,}030{,}000}{2{,}000{,}000} - 1 = 1.5\%$$

이것을 EAR로 표현하면 $1.015^{12} - 1 = 0.196$ 또는 19.6%가 된다.

대출 담보로 재고자산을 사용할 때 기업이 채용하는 방법은 최종 대출비용에 영향을 미치게 된다. 총괄 담보권 계약은 대출자를 가장 큰 위험에 노출시키고, 결국 위에서 언급된 세 가지 방법 중 가장 높은 이자율을 부담하도록 한다. 창고 계약은 대출자에게 가장 높은 재고자산 통제권을 제공하지만, 대출에 대해서 더 낮은 이자율을 부과하기 때문에 차입 기업에 도움이 된다. 이런 이유 때문에 차입 기업은 창고 업자에 의해 부과되는 추가 수수료를 지불하여야 하고, 재고자산 통제권 상실과 관련된 불편도 받아들여야 한다. 신탁 영수 계약이 총괄 담보권 계약보다 더 낮은 이자율을 제공하고 기업이 창고 계약과 관련된 높은 수수료를 회피할 수 있도록 하지만, 특정한 재고자산 형태에만 사용될 수 있다는 단점이 있다.

개념 확인

1. 매출채권의 팩토링이란 무엇인가?
2. 유동 담보권과 신탁 영수의 차이는 무엇인가?

핵심 요점 및 수식

27.1 단기 자금조달 필요성의 예측

- 단기 자금조달 계획의 첫 단계는 기업의 미래 현금흐름을 예측하는 것이다. 현금흐름의 예측은 기업이 현금흐름 잉여 또는 부족을 가지는지와 잉여나 부족이 단기적인지 장기적인지를 알게 한다.
- 기업은 계절적 음(−)과 양(+)의 현금흐름 충격과 운전자본 요구액을 관리하기 위하여 단기 자금조달을 필요로 한다.

27.2 대응 원칙

- 대응 원칙은 단기 현금 요구액은 단기로 조달되어야 하고, 장기 현금 요구액은 장기자금 원천에 의해서 조달되어야 한다는 것을 말한다.

27.3 은행 대출을 이용한 단기 자금조달

- 은행 대출은 단기 자금조달의 주요 원천이며, 소규모 기업의 경우에는 더욱 그렇다.

- 가장 일반적인 은행 대출의 유형이 일회성 만기 지급 대출이다.
- 브리지 론은 기업이 장기 자금조달을 할 수 있을 때까지의 기간 차이를 메우기 위해 사용하는 단기 은행 대출의 한 형태다.
- 복리 기간과 의무 수수료, 대출 발생 수수료 및 보상 잔액 조건과 같은 다른 대출 조항들은 은행 대출의 실효 연이자율에 영향을 미친다.

27.4 기업어음을 이용한 단기 자금조달

- 기업어음은 대개 신용등급이 높은 대형 기업이 이용 가능한 단기 자금조달 방법의 하나이다. 이것은 기업어음 시장을 이용할 수 있는 기업에게는 단기 은행 대출에 비해 저렴한 단기 자금조달 대안이다.

27.5 담보를 이용한 단기 자금조달

- 단기 대출은 담보 대출로도 구성될 수 있다. 매출채권과 기업의 재고자산은 대개 단기 담보부 자금조달 계약의 담보물로 사용된다.
- 매출채권은 대출의 담보물이나 팩토링을 위해 사용될 수 있다. 팩토링 계약에서 매출채권이 대출자(또는 팩토링업자)에게 매도되면, 기업의 고객들은 대개 팩토링업자에게 직접 지불하게 된다.
- 재고자산이 담보로 이용되는 방법에는 여러 가지가 있다. 유동 담보권(일반 또는 총괄 담보권), 신탁 영수 대출(매입 자금 대출), 또는 창고 계약이다. 이런 계약들은 재고자산의 특별 항목들이 담보로 이용되는 정도에 따라 달라진다. 결과적으로 대출자가 직면한 위험의 규모가 달라지게 된다는 것이다.

주요 용어

공공 창고(public warehouse)
기업어음(commercial paper)
담보 대출(secured loans)
대응 원칙(matching principle)
대출 발생 수수료(loan origination fee)
딜러어음(dealer paper)
런던 은행간 대출 이자율(London Inter-Bank Offered Rate, LIBOR)
매입 자금 대출(floor planning)
매출채권의 저당화(pledging of accounts receivable)
매출채권의 팩토링(factoring of accounts receivable)
비의무적 한도 대출(uncommitted line of credit)
보수적 자금조달 정책(conservative financing policy)
브리지 론(bridge loan)
상록 신용(evergreen credit)
상환 비청구권부(without recourse)
상환 청구권부(with recourse)
신탁 영수 대출(trust receipts loan)

수탁 창고(field warehouse)
약속어음(promissory note)
영구적 운전자본(permanent working capital)
우대금리(prime rate)
유동 담보권(floating lien)
일반 담보권(general lien)
일시적 운전자본(temporary working capital)
의무적 한도 대출(committed line of credit)
자금조달 위험(funding risk)
적극적 자금조달 정책(aggressive financing policy)
직접어음(direct paper)
창고 계약(warehouse arrangement)
총괄 담보권(blanket lien)
할인 대출(discount loan)
팩토링업자(factors)
한도 대출(line of credit)
회전 한도 대출(revolving line of credit)

단기 자금조달에 대한 깊은 논의는 다음을 보라. G. Gallinger and B. Healey, *Liquidity Analysis and Management* (Addison-Wesley, 1991); N. Hill and W. Sartoris, *Short-Term Financial Management: Text and Cases* (Prentice-Hall, 1994); J. Kallberg and K. Parkinson, *Corporate Liquidity: Management and Measurement* (Irwin/McGraw Hill, 1996); F. Scherr, *Modern Working Capital Management: Text and Cases* (Prentice-Hall, 1989); and K. Smith and G. Gallinger, *Readings on Short-Term Financial Management* (West, 1988).

추가 읽을거리

---

* 표시는 난이도가 높은 문제다.

연습문제

단기 자금조달 필요성의 예측

1. 다음 기업 중 높은 단기 자금조달 필요성을 가진 기업은 무엇인가? 왜 그럴까?
   a. 의류 소매업자
   b. 전문적 스포츠 팀
   c. 전기업자
   d. 유료 도로 운영업자
   e. 음식점 체인

2. 세일보트(Sailboats Etc.)는 요트와 기타 관련장비에 특화된 소매업 기업이다. 다음 표는 현재(0월)의 운전자본 수준과 재무적 예측을 포함하고 있다. 이 기업의 계절적 운전자본 필요성이 가장 클 때는 어떤 월인가? 이 기업은 언제 잉여 현금을 가지는가?

($000)	월						
	0	1	2	3	4	5	6
순이익		$10	$12	$15	$25	$30	$18
감가상각		2	3	3	4	5	4
자본 지출		1	0	0	1	0	0
운전자본 수준							
매출채권	$2	3	4	5	7	10	6
재고자산	3	2	4	5	5	4	2
매입채무	2	2	2	2	2	2	2

대응 원칙

3. 영구적 운전자본과 일시적 운전자본의 차이는 무엇인가?

4. 내년도 당신 기업의 분기별 운전자본 수준은 다음 표에 포함되어 있다. 당신 기업의 영구적 운전자본은 얼마인가? 일시적 운전자본은 얼마인가?

($000)	분기			
	1	2	3	4
현금	$100	$100	$100	$100
매출채권	200	100	100	600
재고자산	200	500	900	50
매입채무	100	100	100	100

5. 어떤 기업이 영구적 운전자본을 단기채무로 자금을 조달하려는 이유는 무엇일까?

은행 대출을 통한 단기 자금조달

6. 핸드투마우스 기업(H2M)은 현재 현금 제약이 있어서 공급업자에 대한 지출을 연기할지 아니면 대출을 받을지에 대한 의사결정을 해야 한다. 공급업자와 2/10 Net 40 조건이 있어서 이 기업이 (할인 기간이 만료되는) 오늘 지불하면 공급업자는 2%의 할인을 제공할 것이다. 대안적으로 송장이 만기가 되는 한 달 뒤에 $10,000를 지불할 수 있다. H2M은 다음 세 가지 옵션을 고려하고 있다.

   대안 A : 무역 신용 계약의 할인을 잊어버리고, 기다렸다가 한 달 뒤에 $10,000를 지불한다.

   대안 B : APR 12%로 한 달 대출을 제공하는 은행 A로부터 공급업자에게 지불해야 하는 금액을 차입한다. 이 은행은 이 기업에게 대출 액면 금액의 5%에 해당하는 무이자 보상 잔액 예금과 $100의 대출 발생비용을 요구한다. H2M은 현금이 없기 때문에 이 추가적인 금액을 조달하기 위하여 차입을 할 필요가 있다.

   대안 C : 은행 B로부터 자금을 차입하는데, 이 은행은 이 기업에게 30일 동안 15%의 APR로 $10,000를 대출하는 조건으로 1%의 대출 발생비용을 요구한다.

   어떤 대안이 H2M에게 가장 저렴한 자금조달 방법인가?

7. 1년 만기와 동일한 액면 금액을 가지는 두 가지 대출을 생각해보자 : 1%의 대출 발생비용과 8%의 이자율 대출, 5%의 무이자 보상 잔액 예금을 요구하는 8% 이자율의 대출. 어떤 대출이 가장 높은 실효 연이자율을 가지는가? 왜 그런가?

8. 상록 신용과 회전 한도 대출의 차이는 무엇인가?

9. 다음 1년 만기 $1,000 은행 대출 중 어떤 것이 가장 낮은 실효 연이자율을 가지는가?
   a. 월별 복리의 6% APR 대출
   b. 10%의 무이자 보상 잔액 요구를 가지는 연별 복리의 APR 6% 대출
   c. 1%의 대출 발생비용을 가지는 연별 복리의 6% APR 대출

10. 니디 주식회사는 이즈 은행으로부터 $10,000를 차입했다. 대출 조건에 따르면 니디는 3년의 대출 기간 동안 3개월마다 $400의 이자를 은행에 지불하고, 만기에 원금을 상환해야 한다. 니디가 지불해야 하는 실효 연이자율은 얼마인가?

기업어음을 이용한 단기 자금조달

11. 트레드워터 은행은 3개월 기업어음으로 $1 백만을 조달하고자 한다. 이 자금조달로부터 은행의 순수입은 $985,000가 될 것이다. 이 자금조달에 대한 트레드워터의 실효 연이자율은 얼마인가?

12. 마그나 주식회사는 $1,000,000의 액면 금액과 6개월 만기를 가지는 기업어음을 가지고 있다. 마그나는 이 어음을 발행하였을 때, $973,710의 순수입을 얻었다. 이 기업어음에 대한 마그나의 실효 연이자율은 얼마인가?

13. 직접어음과 딜러어음의 차이는 무엇인가?

14. 시그넷 주식회사가 $6 백만의 액면 금액을 가지는 4개월 기업어음을 발행하였다. 이 발행을 통하여 시그넷은 $5,870,850를 얻었다. 이 자금에 대한 시그넷의 실효 연이자율은 얼마인가?

담보를 이용한 단기 자금조달

15. 대출을 보증하는 매출채권의 저당화와 매출채권 팩토링의 차이는 무엇인가?

16. 오하이오 밸리 스틸 주식회사는 재고자산을 수탁 창고에 담보로 제공하여 정해진 9% 이자율로 1개월 동안 $5 백만을 차입하였다. 창고업자는 만기에 지급해야 하는 $5,000의 수수료를 부과한다. 이 대출의 실효 연이자율은 얼마인가?

17. 기업이 대출을 보증하기 위하여 재고를 사용할 수 있는 세 가지 계약은 무엇인가?

18. 라스퓨틴 양조는 공공 창고 대출을 이용하여 단기 자금의 일부를 조달하려고 한다. 이 기업은 $500,000의 대출을 요구할 것이다. 대출 이자율은 (연별 복리로 APR) 10%이며 연말에 지불해야 한다. 창고 수수료는 대출 액면 금액의 1%로 연말에 지불해야 한다. 이 창고 금융 계약의 실효 연이자율은 얼마인가?

특별 주제

일물일가의 법칙과의 연계. 제10부는 본 교재의 마지막 부분으로 기업재무의 특별 주제를 다룬다. 일물일가의 법칙은 이러한 주제를 고려하는 데 있어서 계속하여 통합된 틀을 제공한다. 제28장은 인수합병을 논의하고 제29장은 기업지배구조의 개관을 제공한다. 제30장에서 우리는 기업이 위험을 관리하기 위해 파생상품을 사용하는 것에 관심을 둔다. 우리는 일물일가의 법칙을 이용하여 위험 관리의 비용과 이득을 평가한다. 제31장은 기업이 해외투자를 할 때 직면하는 이슈를 소개하고 해외 프로젝트의 평가를 논의한다. 우리는 국제적으로 통합된 자본시장의 관점에서 외환 현금흐름을 평가한다. 또한 일물일가의 법칙이 적용되는 조건에 대해 학습한다.

인수합병

2008년 7월 14일 세인트루이스에 있는 앤호이저-부시(Anheuser-Busch)는 벨기에의 맥주 거인인 인베브(InBev)가 제안한 주당 $70의 현금 인수에 합의하였다. 이로 인해 상징적인 버드와 이저 맥주의 150년 독립의 역사는 끝났다. 사실 앤호이저-부시 이사회는 인베브의 주당 $65의 처음 제안을 거절하고 독립을 유지하려 하였다. 그러나 회사의 가치를 다시 $60 십억으로 평가한 매력적인 제안은 앤호이저의 이사회를 통과하게 되었다. 이제 인베브의 경영진은 앤호이저의 조직과 브랜드를 국제적으로 통합하고 자신들이 지불한 가격을 합리화할 만큼의 충분한 가치를 창출해야 하는 부담스러운 업무에 직면하였다. 앞에 놓인 복잡성과 잠재적인 자금의 위기 측면에서 재무관리자가 고려하는 가장 중요한 결정의 일부가 인수합병이라는 것은 명확하다.

　이 장에서 우리는 우선 인수합병(M&A) 시장의 역사적 배경을 살펴본다. 다음으로 기업의 재무관리자가 인수합병 추진을 결정하는 이유에 대해 논의한다. 그리고 인수 과정을 살펴보고 마지막으로 인수합병이 발생할 때 증가하는 가치에서 누가 이익을 얻는지를 알아본다.

기호

EPS 주당 순이익

P/E 주가 순이익 비율

A 합병전 인수기업의 가치

T 합병전 피인수기업의 가치

S 시너지의 가치

N_A 합병전 인수기업의 발행주식 수

x 피인수기업에게 지급하는 인수기업의 신주발행주식 수

P_T 합병전 피인수기업의 주가

P_A 합병전 인수기업의 주가

N_T 합병전 피인수기업의 발행주식 수

28.1 배경과 역사적 추세

합병(merger)과 인수(acquisition)는 이른바 "기업 경영권 시장"이라 불리는 시장의 일부를 구성하고 있다. 하나의 회사가 다른 회사를 인수할 때, 매입하는 회사는 **인수기업**(acquirer or bidder)이며, 매각되는 회사는 **피인수기업**(target)이다. 상장기업의 소유권과 경영권이 변경될 수 있는 방안에는 두 가지가 있다. 즉, 기업 혹은 개인의 집단이 피인수기업을 인수하거나 혹은 인수기업과 피인수기업이 합병할 수 있다. 양쪽 모두, 인수하는 회사는 피인수기업의 주식이나 기존의 자산을 현금이나 등가의 자산(인수기업 혹은 신규 합병회사의 주식)으로 구매해야만 한다. 단순화를 위해서 우리는 경영권의 변경이 일어나는 두 가지 방안을 **기업인수**(takeover)라고 부른다.

국제적인 기업인수 시장은 매우 활발하며 거래되는 가치로 연간 평균 $1 조가 넘는다. 표 28.1은 1998년부터 2015년 가을까지 일어났던 20개의 대규모 기업인수 거래를 보여준다. 표에서 보듯이 많은 기업이 잘 알려진 회사들이며 개별 거래는 대규모 자금이 관련되어 있다.

합병의 물결

기업인수 시장은 **합병의 물결**(merger wave)이라는 특징을 가지는데, 그것은 겨우 몇 건이 없는 침체 시기 이후 매우 활발한 활동의 절정을 나타낸다. 그림 28.1은 1926년부터 2015년까지의 기업인수 활동의 시기별 분포를 보여준다. 합병 활동은 경제 불황기보다는 경제 호황기에 더 활발하며 강세시장(bull market)

표 28.1	1998년부터 2015년 사이에 발생한 20대 기업인수 거래			
공시일	실행일	피인수회사	인수회사	자기자본 가치($ 십억)
1999년 11월	2000년 6월	Mannesmann AG	Vodafone AirTouch PLC	203
2004년 10월	2005년 8월	Shell Transport & Trading Co.	Royal Dutch Petroleum Co.	185
2000년 1월	2001년 1월	Time Warner	America Online Inc.	182
2007년 4월	2007년 11월	ABN-AMRO Holding NV	RFS Holdings BV	98
2006년 3월	2006년 12월	BellSouth Corp.	AT&T Inc.	89
1999년 11월	2000년 6월	Warner-Lambert Co.	Pfizer Inc.	89
1998년 12월	1999년 11월	Mobil Corp.	Exxon Corp.	85
2000년 1월	2000년 12월	SmithKline Beecham PLC	Glaxo Wellcome PLC	79
2006년 2월	2008년 7월	Suez SA	Gaz de France SA	75
1998년 4월	1998년 10월	Citicorp	Travelers Group Inc.	73
1998년 7월	2000년 6월	GTE Corp.	Bell Atlantic Corp.	71
1998년 5월	1999년 10월	Ameritech Corp.	SBC Communications Inc.	70
1998년 6월	1999년 3월	Tele-Communications Inc. (TCI)	AT&T Corp.	70
2014년 11월	2015년 3월	Allergan Inc.	Actavis PLC	68
2009년 1월	2009년 10월	Wyeth	Pfizer Inc.	67
1999년 1월	1999년 6월	AirTouch Communications Inc.	Vodafone Group PLC	66
2004년 1월	2004년 8월	Aventis SA	Sanofi-Synthelabo SA	66
1998년 4월	1998년 9월	BankAmerica Corp.	NationsBank Corp.	62
2002년 7월	2003년 4월	Pharmacia Corp.	Pfizer Inc.	61
2008년 6월	2008년 11월	Anheuser-Busch Cos. Inc.	InBev NV	60

출처 : Thomson Financial의 SDC M&A 자료

과 관련되어 있다. 강세시장을 일으킨 기술적 진보나 경제 발전 조건의 대부분이 동시에 경영자에게 인수합병을 통해서 자산을 재편성하는 동기가 된다. 따라서 호황을 불러오는 것과 동일한 경제적 움직임이 합병 활동의 정점을 만든다고 할 수 있다.[1]

그림 28.1은 가장 많은 기업인수 활동이 1960년대, 1980년대, 1990년대, 그리고 2000년대에 발생했음을 보여준다. 각각의 합병의 물결은 전형적인 거래 형태로 특징지을 수 있다. 인수회사는 전형적으로 비관련 사업에 있는 기업을 인수했기 때문에, 1960년대에 있었던 인수 활동의 증가는 "다각적 합병의 물결(conglomerate wave)"로 알려져 있다. 그 시기에는 경영자의 전문성이 사업 영역을 넘어서 나갈 수 있고 다각적 사업 형태는 많은 재무적인 이점을 제공한다고 생각하였다. 이러한 다각적 합병의 유행은 결국 인기를 잃었고, 성과가 나쁜 다각적 기업을 인수기업이 매입하여 개별 사업부서를 매입가격보다 높은 가격에 팔아 치우는 적대적인 인수가 1980년대의 "해체(bust-up)" 인수로 알려져 있다. 반면에 1990년대는 우호적 합병이며 연관된 사업에 좀 더 관련이 되었던 "전략적(strategic)" 혹은 "국제적(global)" 거래로 잘 알려져 있다. 이러한 합병은 국제적으로 경쟁할 수 있도록 규모에서 강점을 만들기 위해 종종 고안되었다. 2004년 말에 기업인수 활동은 다시 증가하면서 텔레커뮤니케이션과 소프트웨어 같은 다수 산업의 결합으로 알려진 새로운 대규모 합병의 물결이 시작되었다. 이 물결에는 또한 사모투자가 과거보다 중요한 역할을 하는 것으로 나타났다. KKR, TPG, 블랙록, 서러버스와 같은 사모투자 그룹이 허츠(제24장 참조), 크라이슬러, 하라스와 같은 대기업을 인수하였다. 2008년의 금융위기와 심각한 신용 경색은 가장 최근의 합병의 물결을 갑자기 중단시켰지만, 2014~2015년에 인수합병 활동은 다시 금액 기준으로 정점에 올랐다. 사실 톰슨 로이터(Thomson Reuters)의 자료에 따르면, 국제적 M&A에서 거의 $5 조의 거래가 2015년에 발표되어 새로운 기록을 세웠다.

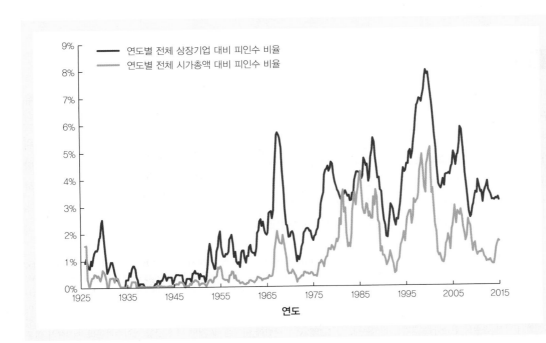

그림 28.1

분기별 피인수된 상장회사의 비율(1926~2015)

매년 피합병된 상장기업의 숫자와 시가총액을 전체의 비율로 보여준다. 합병은 뚜렷한 물결을 보이며 발생하는 것 같다. 가장 최근의 물결은 1980년대, 1990년대, 그리고 2000년대에 일어났다.

출처 : CRSP에 근거하여 저자가 계산함

---

1 J. Harford, "What Drives Merger Waves," *Journal of Financial Economics* 77 (2005): 529 – 560에서 왜 이러한 물결이 발생하는지를 분석한 부분을 참고할 것

합병의 종류

합병의 물결과 합병에 대해 일반적으로 서술하면서 "합병(merger)"이란 용어를 공통으로 사용하고 있지만, 피인수기업과 인수기업 사이의 관계와 거래에 사용되는 지급 방법에 따라 합병은 여러 종류의 거래를 포괄한다. 만일 피인수기업과 인수기업이 동일한 산업에 있다면 이런 합병은 일반적으로 **수평적 합병**(horizontal merger)이라고 한다. 반면에 만일 피인수기업의 산업이 인수기업의 산업과 구매 혹은 판매 거래를 하는 경우에는 **수직적 합병**(vertical merger)이라고 한다. 마지막으로 만일 피인수기업과 인수기업이 무관련한 산업에서 영업을 하면 이 거래는 **다각적 합병**(conglomerate merger)이다. 1960대에 유행했던 다각적 합병은 두 개의 무관련한 사업을 합칠 때 가치를 창출하기 어렵기 때문에 일반적으로 주주의 호감을 얻지 못했다.

피인수기업의 주식에 대한 지불수단으로 주식이나 현금 중 어느 것을 피인수기업 주주가 받느냐에 따라 거래는 달라질 수 있다. 지불수단으로 주식을 받게 되면, 피인수기업 주주는 구주를 인수기업 혹은 신설합병 기업의 주식으로 스왑(맞교환)하기 때문에 종종 **주식 스왑**(stock swap)으로 불린다. 피인수기업 주주에게 지불되는 대가의 종류는 채권, 옵션, 현금이나 주식 그리고 이들의 혼합을 포함하여 매우 복잡할 수 있다. 그러나 일반적으로 피인수기업 주주는 주식, 현금, 그리고 주식과 현금의 혼합을 받는다.

뉴스 보도는 당연히 가격과 지불 방법에 대해 초점을 맞추겠지만, **조건 규정서**(term sheet)에 요약된 합병 거래의 구조는 아주 단순하거나 믿을 수 없을 만큼 복잡할 수 있다. 협상의 항목은 예를 들어 누가 새로운 기업을 운영할 것인지, 새로운 이사회의 규모와 구성, 본부의 지역적 위치, 심지어 새로운 회사명을 포함한다.

개념 확인

1. 합병의 물결이란 무엇인가?
2. 수평적 합병과 수직적 합병의 차이는 무엇인가?

28.2   기업인수에 대한 시장의 반응

미국 대부분의 주에서 법규는 피인수기업의 기존 주주가 자신의 지분 매각을 강요당할 때는 자신의 보유 주식에 대해서 공정한 가격을 받을 수 있도록 요구하고 있다. 일반적으로 공정한 가치의 개념은 합병 그 자체에 의해서 일어나는 모든 가치를 제외한 가치로 해석된다. 실무적으로는 이러한 원칙은 합병 이전의 가격으로 해석된다. 결과적으로 인수회사는 기존의 시장가격보다 낮은 가격으로는 피인수기업을 인수하지는 않는다. 대신에 대부분의 인수회사는 상당한 금액의 **인수 프리미엄**(acquisition premium)을 지불하는데, 이것은 인수가격과 피인수기업의 합병전 가격의 차이를 비율로 표현한 것이다.

표 28.2는 과거의 평균적인 프리미엄과 기업인수에 대한 시장반응을 보여준다.[2] 표에서 볼 수 있듯이

---

2   1970년대와 1980년대에 이루어진 연구는 성공적인 기업인수에서 주주는 이익(20~30% 사이)을 얻는다는 것을 밝혔다. G. Mandelker, "Risk and Return: The Case of the Merging Firm," *Journal of Financial Economics* 1(4) (1974): 303 – 335; M. Jensen and R. Ruback, "The Market for Corporate Control: The Scientific Evidence," *Journal of Financial Economics* 11(1) (1983): 5 – 50; and M. Bradley, A. Desai, and E. Kim, "The Rationale Behind Interfirm Tender Offers: Information or Synergy?" *Journal of Financial Economics* 11(1) (1983): 183 – 206. 보다 최근의 연구에서는 기업인수 공시에서 합쳐서 $240 십억의 자본 손실을 얻는다는 결과를 얻었는데, 특히 1990년대 후반에 이것은 몇 개의 대형 상장 피인수기업의 손실에서 비롯한 것으로 보인다. T. Loughran and A. Vijh, "Do Long-Term Shareholders Benefit from Corporate Acquisitions?" *Journal of Finance* 52(5) (1997): 1765 – 1790; and S. Moeller, R. Stulz, and F. Schlingemann, "Wealth Destruction on a Massive Scale: A Study of Acquiring Firm Returns in the Recent Merger Wave," *Journal of Finance* 60(2) (2005): 757 – 782.

표 28.2	평균 인수 프리미엄과 합병에 대한 주가 반응		
		공시에 대한 주가 반응	
합병전 가격에 비교하여 지불된 프리미엄		피인수기업	인수기업
43%		15%	1%

출처 : 1980년부터 2005년 사이의 모든 미국에서의 거래를 근거로 함. *Handbook of Corporate Finance: Empirical Corporate Finance*, Vol. 2, Chapter 15, pp. 291–430, B.E. Eckbo 편집본 (2008) 참고

인수기업은 평균 프리미엄으로 피인수기업의 합병전 가격의 43%를 지불한다. 인수가 공시되면 피인수기업의 주주는 주식가격의 평균 15%를 이득으로 얻는다. 인수기업의 주주는 평균 1%를 얻지만, 절반의 거래에서 인수기업의 주가가 하락한다. 이러한 사실은 이 장에서 우리가 답해야 하는 세 가지 중요한 질문을 가져다준다.

1. 왜 인수기업은 피인수기업의 시장가치를 초과하는 프리미엄을 지불하는가?
2. 기업인수 공시 시점에 피인수기업의 가격이 평균적으로 상승하기는 하지만, 인수기업이 제안하는 프리미엄보다는 덜 상승하는 이유는 무엇인가?
3. 인수합병이 좋은 거래라고 한다면 왜 인수기업은 지속적인 주가상승을 경험하지 못하는가?

첫 번째 질문부터 시작하자. 왜 인수기업은 피인수기업의 시장가치를 초과하는 프리미엄을 지불하는가? 사실 이 질문은 두 가지로 구성되어 있다. 즉 "(1) 왜 피인수기업은 시장가치를 초과하는 프리미엄의 가치를 가지는가? (2) 피인수기업이 합병전 가치보다 높다고 하더라도, 인수기업은 왜 합병전 시장가격보다 많이 지불하는가?"이다. 다음 절에서 우리는 질문의 첫 번째 부분에 대해 답한다. 두 번째 부분에 대한 논의는 우리가 기업인수 과정을 완전히 이해한 뒤인 이 장의 끝으로 미룬다.

개념 확인

1. 평균적으로 기업인수 공시에 대해 피인수기업의 주가는 어떻게 반응하는가?
2. 평균적으로 기업인수 공시에 대해 인수기업의 주가는 어떻게 반응하는가?

28.3 기업인수의 이유

대부분의 투자자에게 주식시장에서의 투자는 영(0)의 NPV 투자이다. 그렇다면 어떻게 인수기업은 피인수기업에게 프리미엄을 지불하면서도 투자가 양(+)의 NPV 기회여야 한다는 조건도 만족시킬 수 있을까? 이에 대한 답변은 인수기업이 기업인수를 통해 개인 투자자는 할 수 없는 경제적 가치를 추가할 수 있다는 것이다.

대규모 시너지는 지금까지 인수기업이 피인수기업에게 지불하는 프리미엄의 가장 일반적인 정당화 이유이다. 극단적인 예는 SBC가 AT&T의 2005년 인수에서 $15 십억을 지불한 것이다. 공시 직후의 인터뷰에서 SBC의 회장인 에드 위태커(Ed Whitacre)는 SBC가 AT&T에게 지불하기로 한 $15 십억은 AT&T의 자산을 제외하고도 예상되는 시너지만으로도 정당화된다고 짧막하게 언급했다.

그러한 시너지는 대개 두 종류로 나뉘는데, 원가 절감과 매출 증대이다. 원가 절감 시너지는 일반적으로 중복되는 직원의 축소와 중복되는 자원의 제거로 해석되기 때문에 좀 더 일반적이고 달성하기 쉽다.

이론적으로 비효율적으로 기업을 운영하는 경영자가 기존 주주의 투표에 의해 쫓겨나고 이사회를 교체할 수 있지만 이런 방식으로 교체되는 경영진은 거의 없다. 대신에 불만이 있는 투자자는 일반적으로 주식을 매도하기 때문에 무능한 경영자에 의해 운영되는 기업의 주식가격은 좀 더 유능한 리더를 두었다면 받을 수 있는 가격보다 할인되어 거래된다. 이런 상황에서 인수기업은 기업의 경영권을 얻기 위해서 할인된 가격에 주식을 매입하고 좀 더 효율적인 경영자로 교체할 수 있다. 새로운 경영진에 의한 이익 증가가 투자자에게 명확하게 되면 과거의 경영진으로 인한 주가 할인은 사라질 것이고 인수기업은 주식을 매도하여 이익을 낼 수 있다.[5]

부실한 기업을 찾는 것은 비교적 용이하다고 해도 문제를 해결하는 것은 전혀 별개의 일이다. 피인수 기업의 경영 개선만을 주요 목적으로 하는 기업인수는 인수 이후 변화에 대한 저항이 커서 그것을 완성하기 어렵다. 따라서 비효율적으로 운영되는 모든 조직이 기업인수 이후에 반드시 더 효율적이 되는 것은 아니다.

영업손실을 이용한 세금절감

기업이 이익을 내게 되면 이익에 대한 세금을 납부해야만 한다. 그러나 손실이 발생하여도 정부가 세금을 돌려주지는 않는다. 따라서 복합기업은 한 부문의 이익을 다른 부문의 손실로 상쇄할 수 있기 때문에 단일 사업을 영위하는 기업보다 세금에서 이점을 가지고 있는 것으로 보인다. 예제를 가지고 이 시나리오를 살펴보자.

| 예제 28.1 | 합병된 기업의 세금 |

문제

두 개의 기업 잉(Ying)과 양(Yang)을 고려해보자. 두 기업 모두 동일한 확률로 매년 $50 백만의 이익 혹은 $20 백만의 손실을 얻을 것이다. 유일한 차이점은 두 기업의 이익이 완벽하게 반대되는 상관관계를 맺는다는 점이다. 즉, 어떤 해에 양이 $50 백만의 이익을 얻으면 잉은 $20 백만의 손실을 얻으며 반대의 경우에도 마찬가지다. 법인세율이 34%라고 가정하자. 두 기업이 별도로 존재하는 경우 총 세후 기대이익은 얼마인가? 만일 두 기업이 운영은 별개로 하지만 합쳐져서 잉-양(Ying-Yang Corporation)이 된다면 세후 기대이익은 얼마인가? (소급공제나 이월공제가 모두 가능하지 않다고 가정한다.)

풀이

잉(Ying)부터 계산하자. 이익 상태에서 법인세를 납부해야만 하기 때문에 세후이익은 $50 \times (1 - 0.34) =$ $33 백만이다. 손실을 보고한 기업에게 세금은 없기 때문에 잉의 세후 기대이익은 $33(0.5) - 20(0.5)$ $= $6.5 백만이다. 양(Yang)도 동일한 기대이익으로 $6.5 백만을 가진다. 따라서 두 기업을 별개로 운영할 때 총 기대이익은 $13 백만이다.

합병기업인 잉-양의 경우에 세전이익은 $50 - 20 = $30 백만이다. 세후이익은 따라서 $30 \times (1 - 0.34)$ $= $19.8 백만이다. 잉-양은 잉과 양이 별개로 독자적일 때 총 세후이익보다 상당히 높은 세후이익을 얻는다.

---

5 사모 인수의 관점에서 영업 개선을 다룬 연구가 많이 있다. 다음의 논문을 참고. S. Kaplan, "The Effects of Management Buyouts on Operating Performance and Value," *Journal of Financial Economics* 24 (1989): 217 – 254; and S. Bernstein and A. Sheen "The Operational Consequences of Private Equity Buyouts: Evidence from the Restaurant Industry," *Review of Financial Studies* (2016), forthcoming.

예제 28.1이 극단적이기는 하지만 다각적 합병의 이점을 보여주고 있다. 그러나 미국에서 국세청(IRS)이 2년 동안 손실을 소급공제(carry back)하고 20년간 이월공제(carry forward)하여 이익을 상쇄할 수 있도록 허용하기 때문에 이러한 이점은 완화된다. 그런 규정이 예제 28.1의 세금 편익을 감소시킨다 하더라도, 역시 이익이 많은 기업은 대규모 손실 이월공제를 한 피인수기업을 통해 세금을 절감할 수 있기 때문에 기업인수 동기를 가진다. 그러나 국세청은 인수의 주요 목적이 세금 회피라는 것을 밝히면, 이를 허용하지 않기 때문에 세금이익은 인수기업이 피인수기업을 인수하기 위한 정당한 이유가 될 가능성은 낮다.

다각화

다각화의 이점은 다각적 합병의 이유로 자주 언급이 된다. 이러한 이익의 정당성은 세 가지 형태에서 나온다. 직접적인 위험 감소, 낮은 차입비용 혹은 채무조달 능력 확대, 그리고 유동성 증대이다. 차례로 살펴보자.

위험 감소   다수의 종목을 포함한 포트폴리오처럼 대기업은 개별 위험(idiosyncratic risk)을 덜 진다. 따라서 합병은 종종 결합된 기업이 덜 위험하다는 생각에서 정당화된다. 이런 주장의 문제점은 투자자도 두 기업의 주식을 별도로 매입해서 분산화 이점을 스스로 성취할 수 있다는 사실을 무시하는 것이다. 대부분의 주주는 이미 잘 분산된 포트폴리오를 보유하고 있기 때문에 기업인수를 통한 기업 다각화로 인한 더 이상의 이익을 얻지 못한다. 더구나 이미 지적했듯이 합병으로 더 큰 다각화 기업을 경영하는 합병에는 이와 관련된 비용이 존재한다. 정확하게 다각적 합병의 성과를 측정하기 어렵기 때문에 대리인 비용이 증가하고 여러 부문에 자원을 배분하면서 자원이 비효율적으로 배분될 수 있다.[6] 결과적으로 투자자에게는 기업인수를 통해 다각화한 기업에 투자하는 것보다 스스로 포트폴리오를 구성해서 분산하는 것이 저렴하다.

채무조달 능력과 차입비용   다른 조건이 동일하면 같은 부채비율 아래서 규모가 크고 분산화 정도가 큰 기업일수록 더 낮은 파산 가능성을 가진다. 결과적으로 그러한 기업은 재무적 곤경비용을 심각하게 발생시키지 않으면서 채무를 높이면서 세금 절감 혜택을 누릴 수 있다. 따라서 채무를 통해 증가된 세금 이득과 파산비용의 감소는 다각적 합병의 잠재적 편익이 된다. 물론 합병을 정당화하기 위해서는 이러한 이득이 집중력이 저하된 대기업을 운영하는 단점을 충분히 상쇄할 수 있어야만 한다.

유동성   비공개기업의 주주는 분산투자가 불충분한 경우가 많다. 즉 비공개기업에 투자한 주주의 재산은 비공개기업에 대한 투자에 크게 치우쳐 있다. 결과적으로 인수기업이 비공개 피인수기업을 매입하면 피인수기업의 주주는 비공개 피인수기업에 대한 투자를 현금화하고 보다 분산된 포트폴리오에 재투자할 수 있기 때문에 위험 노출을 줄이는 방안을 제공하는 것이다. 인수기업이 비공개기업 주주에게 제공하는 이 유동성은 가치가 있으며 피인수기업 주주가 기업인수에 동의하도록 하는 중요한 동기가 된다.

이익의 성장

합병 자체가 경제적 가치를 창출하지 못하더라도, 두 기업의 합병으로 인해 합병후 기업의 주당 순이익(EPS)이 합병전 두 기업의 주당 순이익을 초과하는 것이 가능하다. 어떻게 그런 일이 일어나는지 살펴보자.

---

6   A. Goel, V. Nanda, and M. P. Narayanan, "Career Concerns and Resource Allocation in Conglomerates," *Review of Financial Studies* 17(1) (2004): 99 – 128.

예제 28.2	합병과 주당 순이익(EPS)

문제

주당 순이익이 $5인 두 기업을 고려하자. 첫 번째 기업은 올드월드(OldWorld Enterprises)로 성장 기회가 많지 않은 성숙형 기업이다. 1 백만 주의 발행주식을 가지고 있고 주당 가격은 $60이다. 두 번째 기업은 뉴월드(NewWorld Corporation)로 성장 기회가 풍부한 신생기업으로, 결과적으로 높은 가치를 가지고 있다. 발행주식 수가 같지만 주당 가격은 $100이다. 뉴월드가 자신의 주식을 이용하여 올드월드를 인수한다고 가정하자. 기업인수는 시너지를 창출하지는 않는다. 완전시장에서 인수 이후 뉴월드의 가치는 어떻게 될까? 현재 시장가격에서 뉴월드는 올드월드 주주에게 지분에 대한 대가로 얼마의 주식을 주어야 할까? 마지막으로 합병 이후에 뉴월드의 주당 순이익은 얼마인가?

풀이

기업인수가 새로운 가치를 발생시키지 않기 때문에, 뉴월드의 합병후 가치는 2개의 개별 기업가치의 합과 같다. 즉 ($100 × 1 백만) + ($60 × 1 백만) = $160 백만이다. 올드월드를 인수하기 위해 뉴월드는 $60 백만을 지불해야만 한다. 뉴월드의 인수전 주식가격 $100에, 거래에 필요한 발행주식 수는 600,000주이다. 전체적으로 보면 올드월드 주주는 올드월드 1 백만 주를 뉴월드 600,000주로 교환하게 될 것이다. 올드월드 주주는 1주당 뉴월드 주식 0.6주를 받게 될 것이다. 뉴월드 주식은 인수 이후에도 주당 가격이 같다는 점을 기억하자. 뉴월드의 새로운 가치는 $160 백만이고 1.6 백만 주의 발행주식 수가 있기 때문에 주당 가격은 $100이다.

그러나 뉴월드의 주당 순이익은 변한다. 인수 이전에 양 기업은 순이익으로 $5/주 × 1 백만 주 = $5 백만을 벌었다. 따라서 결합된 기업은 $10 백만의 이익을 얻는다. 이제 인수 이후에 1.6 백만 주의 주식이 있으니, 뉴월드의 합병후 주당 순이익은 아래와 같다.

$$EPS = \frac{\$10\ 백만}{1.6\ 백만\ 주} = \$6.25(주당)$$

올드월드를 인수함으로써 뉴월드는 주당 순이익을 $1.25만큼 증가시켰다.

예제 28.2에서 보여주듯이, 낮은 성장 잠재력을 가진(따라서 낮은 P/E 배수를 가진) 기업을 인수하면, 높은 성장 잠재력을 가진(높은 P/E 배수를 가진) 기업은 주당 순이익을 높일 수 있다. 과거에는 이런 주당 순이익의 증가를 합병 이유로써 언급하기도 했다. 물론 현명한 투자자는 이러한 합병이 **경제적 가치를 추가하지 않음**을 알 것이다. 여기에서 일어난 것은 높은 성장 기업이 낮은 성장 기업을 합쳐서 전반적인 성장률을 낮춘 것이다. 결과적으로 주당 순이익의 증가를 가져오기 위해서는 P/E 배수가 하락해야만 한다. 따라서 인수기업의 순이익에 미치는 영향만을 보고 합병의 이득이 있는지 여부를 판단하는 결론을 내릴 수는 없다.

예제 28.3	합병과 P/E 비율

문제

예제 28.2에서 기술한 기업인수 전후의 뉴월드 P/E 비율을 계산하라.

풀이

기업인수 이전에 뉴월드의 P/E 비율은 다음과 같다.

$$P/E = \frac{\$100(주당)}{\$5(주당)} = 20$$

기업인수 이후에 뉴월드의 P/E 비율은 다음과 같다.

$$P/E = \frac{\$100(주당)}{\$6.25(주당)} = 16$$

올드월드를 인수한 이후에 뉴월드의 가치는 미래의 성장 잠재력에서 나오는 이익보다는 현재의 프로젝트에서 나오는 이익에 좀 더 기울어졌기 때문에 P/E 비율은 하락하였다.

경영자의 합병 동기

이제까지 살펴본 합병의 이유는 대부분 경제적인 동기에 의한 것으로 인수기업의 주주가 주도하는 것이었다. 그러나 경영자도 때로는 기업인수를 실행하는 자기 자신만의 이유가 있다. 여러 연구에서 일관되게 발견되고 있는 것은 합병을 공시할 때 대규모 인수기업의 주가는 평균적으로 하락하며, 특히 상장된 피인수기업의 인수에서 더 하락한다는 것이다. 이에 대한 두 가지 가능한 설명은 주주와의 이해 상충과 과잉확신이다.

이해 상충   경영자는 추가적인 보상과 명성 때문에 규모가 더 큰 기업을 운영하는 것을 선호한다. 대부분의 CEO는 회사 지분의 아주 일부만을 보유하고 있기 때문에, 자신의 개인적인 이익을 늘리면서 다른 면에서는 나쁜 합병의 비용을 충분히 감당하지 않는다.[7] 예를 들어 회사 지분의 1%를 보유한 경영자는 잘못된 기업인수에서 발행하는 손실의 1%만을 감당하면서 대기업 CEO로서 얻게 되는 보상과 명성의 100%를 누리게 된다. 만일 기업인수가 주주가치의 $100 백만을 감소시키지만 경영자 자신은 추가적으로 $1 백만 이상을 현재가치로 보상받는다면 어찌되든 그는 합병을 실행하는 것을 선호할 것이다. 왜 이사회는 이러한 경영자의 동기를 그대로 두는가? 경영자에 대한 이사회의 감시가 잘못되었거나 혹은 주식시장이 동의하지 않더라도 그 전략이 옳다고 믿기 때문이며, 기업규모가 커짐에 따라 CEO에 대한 보상을 증가시킨다.[8] 비록 규모 확대가 실적이 나쁜 인수의 비용으로 발생하더라도 보상을 늘린다. 다음 장에서 기업지배구조에 대해 논의할 것이다.

과잉확신   제13장에서 설명했듯이 사람들은 일반적으로 자신의 능력을 과잉확신하는 경향이 있다. 심리학 연구는 자신이 평균 이상의 능력을 가지고 있다는 사람의 믿음을 바꾸는 것이 계속 실패하고 있음을 보여준다. 대부분의 CEO는 CEO로 재직하는 기간 중에 기껏해야 한 건의 대형 기업인수를 실행한다. 잘 알려진 1986년의 논문에서 리처드 롤(Richard Roll)은 과잉확신하는 CEO가 성공할 수 있을 만큼 충분히 훌륭한 경영능력을 갖추고 있다고 진짜로 믿기 때문에 가치 창출이 희박한 합병을 추구한다는 "거만 가설(hubris hypothesis)"로 기업인수를 설명하려 하였다.[9] 이 가설과 앞서 논의했던 이해 상충의 뚜렷한 차

---

7   M. Jensen은 1986년의 논문에서 기업인수 결정의 대리인 갈등을 보여주었다. "Agency costs of free cash flow, corporate finance and takeovers," *American Economic Review* 76 (1986): 323–329.

8   J. Harford and K. Li, "Decoupling CEO Wealth and Firm Performance: The Case of Acquiring CEOs," *Journal of Finance* 62 (2007): 917–949는 인수기업의 주주가 손실을 입더라도 합병의 75%에서 인수기업의 CEO는 결국 이득을 본다는 것을 보여준다.

9   R. Roll, "The Hubris Hypothesis of Corporate Takeovers," *Journal of Business* 59 (2) (1986): 197–216.

이점은 과잉확신하는 경영자가 주주를 위해 옳은 일을 하고 있다고 믿는다는 것이다. 그러나 비이성적으로 자신의 능력을 과대평가하는 것이다. 이해 상충 혹은 동기 갈등의 설명은 경영자가 주주가치를 훼손한다는 사실을 알지만 인수를 통해서 개인적인 이득을 얻는다는 것이다.

28.4   가치평가와 기업인수 과정

이 절에서 우리는 어떻게 기업인수 과정이 진행되는지를 살펴본다. 인수기업이 어떻게 최초 제안을 결정하는지를 가지고 시작한다. 그리고 특히 기업인수와 관련된 세금과 회계적 이슈를 논의하고 규제와 승인 과정을 설명한다. 마지막으로 기업인수를 저지하기 위한 이사회가 추진하는 방어전략을 포함하여 이사회 승인을 논의하면서 마무리한다.

가치평가

제19장에서 인수회사가 피인수회사를 어떻게 가치평가하는지를 사례 연구를 통해 설명하였다. 피인수기업의 가치를 평가하는 데 적용할 수 있는 가치평가 접근법에는 크게 두 가지 분류가 있다는 것을 기억하자. 첫째는 가장 단순한 방법으로 피인수기업을 다른 비교대상 기업과 비교하는 것이다. 비록 이 방법이 실행하기는 쉽지만, 기껏해야 대략적인 가치 추정치를 알려준다. 비교대상 기업의 배수를 사용하여 피인수기업의 가치를 평가하는 것에는 인수기업이 실행하려고 하는 기업운영의 개선과 기타 시너지 효율성이 직접적으로 포함되어 있지 않다. 회사를 매입하는 것은 일반적으로 대규모의 자본 투자 결정을 필요로 하기 때문에 기업의 운영 측면과 함께 인수합병으로 인해 창출될 궁극적인 현금흐름에 대한 주의 깊은 분석을 포함한 좀 더 정확한 가치 추정을 필요로 한다. 따라서 두 번째 가치평가 접근법은 인수합병의 결과로 발생할 기대 현금흐름의 전망과 이러한 현금흐름의 가치평가를 필요로 한다.

기업인수의 핵심 초점은 합병의 결과로 인한 가치 증분을 수치화하고 할인하는 것이다. 제19장에서 인수기업은 사업 개선을 실행하고 피인수기업의 자본구조를 조정하는 (잠재적으로 과세 효율성을 증진하는) 것으로 예상되었다. 28.3절에서 보였듯이, 기업인수는 여러 가지 가치의 원천을 창출할 수 있다. 단순화를 위해서 이 절에서는 만들어지는 모든 추가적인 가치를 **인수 시너지**(takeover synergies)라고 부른다.

개념적으로 피인수기업에게 지불한 가격은 피인수기업의 인수전 시장가치에 프리미엄을 더한 것으로 구분할 수 있다.

$$\text{지불한 가격} = \text{피인수기업의 인수전 시가총액} + \text{인수 프리미엄} \tag{28.1}$$

인수기업의 관점에서 인수의 편익은 피인수기업의 독립적인 가치(그 자체의 가치)와 모든 창출될 시너지를 포함한다.

$$\text{인수가치} = \text{피인수기업의 독립적인 가치} + \text{PV}(\text{시너지}) \tag{28.2}$$

식 (28.1)과 (28.2)를 비교하면, 인수전 시가총액을 피인수기업의 독립적인 가치로 본다면 인수기업의 관점에서 인수로 인해 창출될 시너지를 프리미엄이 초과하지 않을 때에만 기업인수는 양(+)의 NPV 사업이 된다.[10] 제안된 프리미엄이 확실한 금액인 반면에 시너지는 그렇지 않기 때문에 투자자는 인수기업의 시너지 추정치에 대해 회의적일 수 있다. 합병공시에 대한 인수기업의 주가 반응은 인수기업이 피인수기업에게 과도하게 지불했는가 혹은 덜 지불했는가에 대한 투자자의 평가를 보여준다. 표 28.2가 보여주듯이, 인수기업 주가 반응의 평균은 1%이고 중앙값은 영(0)에 가깝다. 따라서 평균적으로 시장은 프리미엄이 시너지와 대략 같다고 믿는 것이다. 그럼에도 불구하고 프리미엄은 거래에 따라 차이가 많이 난다. 합병의 가치 효과에 대한 최근의 대규모 연구에 따르면 인수기업에 대한 양(+)의 반응은 소규모 인수기업에만 국한되어 있음을 보여준다. 사실 1990년대에 기업인수를 선언한 87개의 대형 인수기업은 공시 시점에 $1 십억 이상의 가치 하락을 경험했다.[11] 이러한 결과는 앞의 절에서 논의한 경영자의 동기와 관련될 가능성이 크다.

인수합병 제안

인수기업이 가치평가 과정을 완료하고 나면 **공개매수**(tender offer)를 제안하는 단계에 있게 된다. 그것은 특정한 가격에 대규모로 주식을 매입할 의사가 있음을 공개적으로 선언하는 것이다. 인수기업은 피인수기업에게 현금 혹은 주식의 두 가지 지불방법을 사용할 수 있다. 현금거래의 경우 인수기업은 피인수기업에게 프리미엄을 포함해서 단순히 현금을 지불한다. 주식 스왑 거래의 경우 인수기업은 신주를 발행하여 피인수기업의 주주에게 대가로 지불한다. 제안된 "가격"은 피인수기업 주식에 대한 교환으로 받게 되는 인수기업 주식 수인, **교환비율**(exchange ratio)에 인수기업 주식의 시장가격을 곱하여 결정된다.

주식 스왑 합병에서 합병된 기업의 주가(인수합병 이후 인수기업의 주가)가 인수기업의 합병전 가격을 초과한다면 인수기업 주주에게 양(+)의 NPV 투자이다. 이러한 조건을 다음과 같이 표현할 수 있다. A를 합병전 독립적 인수기업의 가치로, T를 합병전(독립적) 피인수기업의 가치라고 하자. S는 합병으로 인해 창출되는 시너지의 가치이다. 만일 인수기업이 합병 전에 N_A의 발행주식 수를 가지고, P_A의 주가에 x의 신주를 피인수기업에게 발행한다면 인수기업의 주가는 합병 이후에 증가한다.

$$\frac{A + T + S}{N_A + x} > \frac{A}{N_A} = P_A \qquad (28.3)$$

식 (28.3)의 좌변은 합병된 기업의 주가이다. 분자는 합병된 기업의 총가치를 가리킨다. 즉, 인수기업과 피인수기업의 독립적 가치에 합병으로 인해 창출된 시너지를 더한 것이다. 분모는 합병이 끝난 후의 총 발행주식 수이다. 이 비율은 합병후 주가이다. 식 (28.3)의 우변은 인수기업의 합병전 주가이다. 즉, 인수기업의 합병전 가치를 합병전 발행주식 수로 나눈 것이다.

식 (28.3)을 x에 대해서 풀면 양(+)의 NPV를 얻기 위한 인수기업의 다음 조건을 얻을 수 있다.

$$x P_A < T + S \qquad (28.4)$$

식 (28.4)는 제안된 주식의 가치인 $x P_A$가 피인수기업 가치와 창출된 시너지보다 적어야만 한다는 것을

---

10 피인수기업에 대한 잠재적인 인수합병 소문은 프리미엄 제안의 기대감으로 피인수기업의 주가를 끌어올릴 것이다. 실무자들은 "영향을 받지 않은(unaffected)" 주가를 언급하는데, 그것은 소문에 의해 영향을 받기 이전의 피인수기업 주가를 의미한다. 이 가격이 피인수기업의 독립적 가치를 계산하는 데 사용된다.

11 S. Moeller, R. Stulz, and F. Schlingemann, "Wealth Destruction on a Massive Scale: A Study of Acquiring Firm Returns in the Recent Merger Wave," *Journal of Finance* 60 (2) (2005): 757-782. 변진호, 안소림(2007)은 한국의 합병연구에서 인수기업의 규모에 따른 상이한 시장반응을 발견하였다.

단순히 말하고 있다. 만일 $P_T = T/N_T$를 피인수기업의 합병전 가치로 두면, 우리는 이 조건을 인수기업이 제안하는 최대 교환비율을 발견할 수 있게 다시 표현할 수 있다.

$$\text{교환비율} = \frac{x}{N_T} < \frac{P_T}{P_A}\left(1 + \frac{S}{T}\right) \tag{28.5}$$

예를 들어 만일 시너지의 가치가 피인수기업 가치의 20%와 같다면, 현재의 가격비율보다 20% 높은 교환비율을 지불할 의사를 갖게 될 것이다.

예제 28.4	주식 인수에서의 최대 교환비율

문제

스프린트(Sprint)가 2004년 12월 넥스텔(Nextel)을 인수할 계획을 공시했을 때, 스프린트의 주식은 주당 $25에, 넥스텔의 주식은 주당 $30에 거래되었다. 만일 예상되는 시너지가 $12 십억이고 넥스텔은 1.033 십억 주의 발행주식을 가지고 있었다면 스프린트가 양(+)의 NPV를 만들어내면서 제안할 수 있는 최대 교환비율은 무엇인가? 스프린트가 제안할 수 있는 최대 현금제안 금액은 얼마인가?

풀이

넥스텔의 합병전 시가총액은 $T = 1.033 \times 30 = \$31$ 십억이다. 따라서 수식 (28.5)를 이용한다.

$$\text{교환비율} < \frac{P_T}{P_A}\left(1 + \frac{S}{T}\right) = \frac{30}{25}\left(1 + \frac{12}{31}\right) = 1.665$$

즉, 스프린트는 여전히 양(+)의 NPV를 창출하면서 1주의 넥스텔 주식에 대해 1.665주의 스프린트 주식을 제공할 수 있다. 현금 제안에 대해서는 주당 시너지는 $12 십억/1.033 십억 주 = $11.62이다. 스프린트는 $30 + $11.62 = $41.62를 제안할 수 있다. 이 현금 제안은 교환 제안과 동일한 가치를 지닌다. 교환 제안은 $25 \times 1.665 = $41.62이다.

합병 차익거래

공개매수가 공시되었다고 실제로 그 가격에 인수합병이 일어날 것이라는 보장은 없다. 인수기업은 거래를 성사시키기 위해 가격을 올려야만 할 때도 있다. 반대로 매수 제안이 종료되기도 한다. 인수기업이 피인수기업에게 제안을 할 때, 인수기업이 인수합병 제안 이전 주가에 상당한 프리미엄을 부과하더라도, 피인수기업의 이사회는 제안을 거부하고 기존 주주에게 매수에 응하지 말 것을 권할 수도 있다. 피인수기업의 이사회가 제안을 지지하더라도 규제당국이 인수합병을 불허할 가능성도 있다. 인수합병의 성공에는 불확실성이 존재하기 때문에 인수합병이 공시될 때 시장가격은 일반적으로 프리미엄만큼 오르지는 않는다.

이러한 불확실성은 투자자에게 거래의 결과에 대하여 투기를 할 수 있는 기회를 만들어 준다. 거래자는 **위험 차익거래자**(risk arbitrageurs)로 알려진다. 그들은 거래의 결과를 예측할 수 있다고 믿고 그 믿음에 따라 포지션을 취한다. 이러한 거래자가 사용하는 전략이 차익거래로 불리지만 사실은 꽤 위험하며, 이 교재에서 정의한 진정한 의미의 차익거래 기회는 아니다. 2002년의 휴렛팩커드(HP)와 컴팩(Compaq)의 주식 스왑 합병을 이용한 전략을 살펴보자.

2001년 9월 HP는 컴팩 주식 1주에 HP 주식 0.6325주를 스왑하여 컴팩을 매입하겠다는 주식 스왑 합병을 공시하였다. 공시 이후 HP는 주당 $18.87에 거래되었는데, 그것은 HP의 제안에서 컴팩의 내재된 주식가격이 $18.87 \times 0.6325 = \$11.9353$라는 것을 의미한다. 그러나 컴팩의 주식은 공시 이후에 주당 $11.08에 불과하여 HP의 제안보다 $0.8553 낮게 거래되었다. 따라서 위험 차익거래자는 10,000주의 컴팩 주식을 매입하고 동시에 HP 주식 6,325주를 공매도하여, 순이익 $(6,325 \times \$18.87) - (10,000 \times \$11.08) = \$8,553$를 즉시 얻을 수 있다. 만일 인수합병이 처음 조건대로 성공적으로 끝난다면, 10,000주의 컴팩 주식은 6,325주의 HP 주식으로 전환할 수 있고 이 차익거래자는 공매도한 HP 포지션을 추가비용 없이 마감하여 거래를 완결할 수 있다. 따라서 차익거래자는 최초 $8,553를 자신의 이익으로 취할 수 있을 것이다.[12]

위에서 서술한 잠재적 이익은 피인수기업의 주가와 내재된 제안 가격의 차이로부터 발생한다. 그리고 그것은 **합병-차익거래 스프레드**(merger-arbitrage spread)라고 불린다. 그러나 거래가 완료되지 못할 위험이 있기 때문에 이것은 진짜 차익거래 기회는 아니다. 만일 인수합병이 성공하지 않는다면 위험 차익거래자는 자신의 포지션을 어떤 시장가격이더라도 결국 마감해야만 한다. 대부분의 경우 가격은 불리하게 움직이기 때문에(특히 컴팩의 가격은 인수가 발생하지 않았다면 하락했을 것이다), 자신의 포지션에서 손실에 직면하게 될 수 있다.

HP-컴팩의 인수합병은 거래 성공의 불확실성이 피인수기업의 주저에서 온 것이 아니라 주로 인수기업의 불안에서 발생했다는 특징이 있다. 처음에는 합병을 지지했지만 휴렛 가족은 냉담했다. 거래가 공시된 이후 2개월 뒤에 월터 휴렛(Walter Hewlett)은 휴렛 가족의 반대를 선언했다. 월터 휴렛의 발표일에 HP

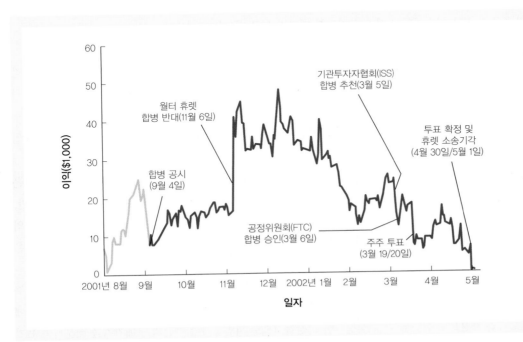

그림 28.2

HP와 컴팩의 합병에서 합병-차익거래 스프레드

합병이 궁극적으로 성공적으로 완결된다고 가정할 때, 그림은 표시된 날짜에 컴팩 주식 10,000주를 매입하고 HP 주식 6,325주를 공매도하는 잠재적 이익을 보여준다. 합병 거래가 이루어질 것을 예상하는 위험 차익거래자는 스프레드가 커질 때 포지션을 취하고 스프레드가 감소한 이후 포지션을 종료하여 이익을 얻을 수 있다.

---

12 단순화를 위해서 이 기간 동안의 배당금 지급은 무시하였다. 합병이 끝나기 전에 HP는 $0.24를 컴팩은 $0.075를 배당으로 지급하여, $(10,000 \times \$0.075) - (6,325 \times \$0.24) = -\$768$만큼 거래로 인한 이익을 감소시킨다.

주가는 \$19.81로 올랐고 컴팩의 주가는 \$8.50로 하락해서 합병-차익거래 스프레드는 (\$19.81 × 6,325) − (\$8.5 × 10,000) = \$40,298로 벌어졌다. HP-컴팩 합병의 합병-차익거래 스프레드는 그림 28.2에 그려져 있다. 위에서 약술한 위험-차익거래 전략은 이 스프레드에 대한 공매도 포지션이기 때문에 만일 스프레드가 줄어들면 이득이 된다. 따라서 거래가 공시되었을 때 전략을 취했던 차익거래자가 월터 휴렛이 반대를 공시했을 때 포지션을 마감하게 되면 \$40,298 − \$8,553 = \$31,745의 손실에 직면하게 되는 것이다.

휴렛 가족이 HP의 대주주이기는 했지만 지배 주주는 아니었다. 인수합병 거래를 막을 만큼의 독자 지분을 충분히 보유하고 있지는 않았다. 그러므로 휴렛 가족과 당시 CEO인 칼리 피오리나(Carly Fiorina)의 HP의 지배권을 확보하려는 싸움이 컴팩 인수의 배후 사정이었다. 이러한 갈등은 몇 달 뒤에 HP 주주가 근소한 차이로 신주 발행을 승인하면서 비로소 마무리되었다. 신주발행은 결과적으로 합병의 승인이며 합병을 기대하던 위험 차익거래자에게 순이익을 가져다주었다. 그림 28.2에서 보듯이, 계속 포지션을 유지할 만한 배포가 없는 차익거래자라면 롤러코스터를 타는 동안 몇 차례 대규모 손실을 겪었을 것이다. HP의 CEO인 피오리나가 이처럼 권위에 대한 초기 도전에서 살아남았지만, 합병 이후 HP의 초라한 성과는 휴렛 가족을 지지하게 되었다. 결국 HP의 이사회는 2005년에 피오리나를 해고하였다.

세금과 회계적 이슈

거래조건이 결정되면 합병에 관한 세금과 회계적 의미가 정해질 수 있다. 인수기업이 피인수기업에 대한 대금지불 방법은 피인수기업의 주주와 합병된 기업 양측의 세금에 영향을 미친다. 주식에 대한 대가로 전액 혹은 일부라도 받은 현금은 즉시 피인수기업 주주에게 개인소득세 의무로 부가된다. 피인수기업 주주는 주식의 대가로 받은 가격과 자신들이 최초에 주식을 매입했던 가격의 차이에 대해 자본이득세를 납부하게 될 것이다. 만일 인수기업이 피인수기업의 대가를 전부 인수기업의 주식으로 교환한다면 피인수기업 주주가 실제 인수기업의 신주를 매도할 때까지 세금 의무는 연기된다.

만일 인수기업이 (피인수기업의 주식이 아니라) 피인수기업의 자산을 직접 구매한다면, 피인수기업 자산의 장부가치를 구매한 가격으로 **가치 조정**(step up)될 수 있다. 높아진 감가상각가능 자산은 감가상각비의 증가를 통해 미래의 세금을 줄인다. 더구나 모든 영업권(goodwill)은 세금 목적에서 15년(한국의 경우 20년)에 걸쳐 상각될 수 있다. 피인수기업이 완전히 소멸하여 인수기업에 합병되고 피인수기업 주주가 그들의 주식에 대한 대가로 현금을 받는 직접 현금지급 합병(forward cash-out merger)에도 자산 매입과 동일한 처리방법이 적용된다.

많은 인수합병 거래가 세법상 인수기업의 구조조정(acquisitive reorganization)으로 처리된다. 이것은 피인수기업의 주주가 인수기업 주식으로 받은 지불의 일부에 대한 세금 채무를 미룰 수 있도록 하지만, 인수기업이 피인수기업의 자산의 장부가치를 가치 조정하는 것은 허용하지 않는다. 그러나 피인수기업의 자산과 부채를 인수기업의 자회사와 분리할 수 있도록 하고 있다. 이것은 피인수기업의 알려진 (혹은 알려지지 않은) 부채에 노출되기를 원하지 않는 인수기업에게는 매우 매력적이다.

지불 방법(현금 혹은 주식)이 세금 목적에서 피인수기업의 자산가치를 어떻게 기록하는가에 영향을 주지만 합병된 기업의 재무 보고를 위한 재무제표에는 영향을 주지 않는다. 합병된 기업은 재무제표상에 피인수기업 자산으로 할당된 가치를 정당한 시장가격으로 피인수기업 자산의 구매가격을 배분하여 표기해야만 한다. 만일 피인수기업의 자산으로 확인되는 자산의 구매가격이 정당한 시장가격을 초과하면 잔액은 영업권으로 기록하고 기업 내 회계사가 가치의 하락 여부를 결정하여 매년 검토하여야 한다. 예를 들어 HP의 컴팩 인수에서 HP는 $10 십억 이상을 영업권으로 기록했다. 재무제표의 주석은 이것을 컴팩 브랜드 가치에 대한 영업권이며 시한이 없다는 가정을 기록하고 있다.

인수합병이 양(0)의 NPV를 가진다고 해도, 인수회사 경영자는 합병이 순이익에 미치는 영향에 매우 신경을 쓴다. 이것은 합병을 하는 이유인 주당 순이익 증가 논의의 또 다른 측면이다. 두 기업의 합병이 경제적 가치에 영향을 주지 않고 순이익을 증가시킬 수 있는 것처럼, 경제적 가치에 영향을 주지 않고 순이익을 감소시킬 수도 있다. 경제적 영향이 없더라도 인수기업은 심지어 단기적이라도 주당 순이익에 희석이 발생하는 거래에 참여하는 것을 주저한다.

이사회와 주주 승인

합병이 진행되기 위해서는 피인수기업과 인수기업의 이사회가 거래를 승인해야만 하고 피인수기업의 (경우에 따라서는 인수기업도) 주주 투표에서 가부를 물어야 한다.

우호적 인수(friendly takeover)에서 피인수기업의 이사회는 합병을 지지하고 잠재적 인수기업과 협상을 하고 궁극적으로는 주주 투표에 상정할 가격에 동의한다. 인수회사 이사회가 합병에 반대하는 경우는 드물지만, 피인수기업 이사회는 인수회사가 많은 프리미엄을 제안하더라도 거래를 지지하지 않는 경우가 있다. **적대적 인수**(hostile takeover)에서 피인수기업의 (고위 경영자와 함께) 이사회는 인수기업의 인수 시도에 맞서 싸운다. 인수에 성공하기 위해서 인수기업은 피인수기업의 지배권을 갖기에 충분한 지분을 보유하고 이사회를 교체해야만 한다. 기업인수가 적대적일 때의 인수기업을 종종 **기업 사냥꾼**(corporate raider or raider)이라고 부른다.

피인수기업의 주주가 현재 시장가치를 초과하는 프리미엄을 받는데, 이사회는 왜 인수합병에 반대하는 것일까? 여러 가지 이유가 있다. 우선 이사회는 제안 가격이 너무 낮다고 합리적으로 믿을 수 있다. 이 경우에는 더 높은 가격을 지불할 의사가 있는 다른 인수회사를 찾거나 최초의 인수회사가 제안 가격을 올릴 것이라 확신하고 있는 것이다. 다른 이유로 인수 제안이 주식 스왑일 경우, 피인수기업 경영자는 인수회사의 주식이 고평가되었고, 따라서 제안된 가격이 실제로 피인수기업의 독립적 가치보다 낮다고 느끼기 때문에 반대할 수 있다. 마지막으로 경영자(그리고 이사회)는 자신들의 이해관계 때문에 특히 기업인수의 기본적인 동기가 효율성 향상이라면 인수를 반대할 수 있다. 이 경우에 인수기업은 기업 경영의 리더십을 완전히 바꿀 계획을 가지고 있을 것이다. 고위 경영자는 자신의 업무를 (그리고 종업원의 일을) 지키기 위해서 합병을 반대할 수 있다. 사실 이러한 우려는 아마도 적대적 인수가 만드는 부정적인 측면의 가장 큰 이유일 것이다. 매우 큰 효율성 향상이 실제 가능하다면 현재의 경영진은 효율적으로 자신의 업무를 수행하지 못한다고 생각해야 한다. 인수 혹은 인수합병의 위협은 따라서 투자자가 문제를 해결할 수 있는 유일한 궤도 수정이 될 것이다.

이론적으로 피인수기업 이사회의 의무는 피인수기업 주주 이익의 극대화를 위해 행동하는 것이다. 실제로 법원은 피인수기업의 이사에게 회사를 위한 가장 최선의 방안을 결정하기 위한 소위 "경영 판단의 원칙(business judgment rule)"이라고 불리는 폭넓은 자유도를 부여해 왔다. 거기에는 만약 이사회가 독립을 유지함으로써 주주에게 보다 높은 가치가 실현될 수 있다는 주장을 설득하여 전개할 수 있다면 프리미엄이 붙은 제의를 거절하는 것도 포함된다. 이 원칙의 전제는 직권남용과 자기 거래의 증거가 없는 한 법원은 주주총회에서 선임된 정보 우위를 가진 이사회의 판단을 대체하지 않는다는 것이다.

그러나 합병 거래는 보통 "레블론 의무(Revlon duties)"와 "유노칼(Unocal)"로 알려져 있는 엄격한 사법 감시 아래 있다. 레블롱 의무는 만일 기업 경영권의 변화가 발생하면 이사들은 주주를 위해 최고의 가치를 추구해야만 한다는 것을 말한다(주주의 가치 이외에는 어떠한 것에도 근거하지 말고 어느 한편에 서서는 안 된다). 유노칼 사례는 이사가 방어적 행위로 (다음 절에서 상세히 다룰 것임) 간주되는 행동을 취할 때 성립되는데, 이러한 방어적 행위가 강압적인 것이 아니고 단순히 인수합병 거래를 배제하려고 계획된 것이 아니라는 점을 증명하기 위해서 추가적인 정밀조사를 받아야 한다. 이사회는 경영 전략에 대한 위협이 존재하고, 이러한 방어적 행위는 위협의 중대성에 상응하는 것이라는 확신이 있어야 한다.

<table>
<tr><td>개념 확인</td><td>1. 기업인수 과정의 단계는 무엇인가?
2. 위험 차익거래자는 무엇을 하는가?</td></tr>
</table>

28.5 기업인수 방어전략

적대적 인수가 성공하기 위해서 인수기업은 피인수기업의 이사회를 회유하고 피인수기업 주주에게 직접 호소를 해야만 한다. 인수기업은 피인수기업 주주로부터 직접 주식을 매입하는 승인이 필요없는 제안인 공개매수를 통해서 실행할 수 있다. 인수기업은 대체로 공개매수를 **위임장 경쟁**(proxy fight)과 함께 진행한다. 인수회사는 피인수회사 이사회에 인수회사 후보를 선임하기 위해서 위임장 투표를 이용하여 피인수회사 이사회를 빼앗는 것을 피인수기업 주주에게서 납득시키려는 것이다. 피인수회사는 이러한 시도를 막는 데 사용할 전략을 가지고 있다. 이러한 전략은 피인수회사의 이사회의 독립성에 달렸지만, 인수회사의 인수 제안 가격을 올리게 만들거나 경영자의 방어 체계를 좀 더 확고하게 할 수 있다. 가장 효과적인 방어전략인 포이즌 필로 설명을 시작한다.

포이즌 필

포이즌 필(poison pill)은 기존의 피인수기업 주주에게 어떤 조건이 충족되면 시장가격보다 상당히 할인된 가격에 피인수기업의 주식을 매입할 수 있는 권리를 부여한 주주배정 유상증자이다. 다만 인수기업은 이러한 유상증자에서 특별히 배제된다. 피인수기업 주주는 시장가격보다 낮은 가격에 주식을 매입할 수 있기 때문에 주주배정 유상증자는 인수기업이 보유한 주식의 가치를 희석시킨다. 이러한 희석효과는 인수기업 주주에게 인수합병을 비싼 것으로 만들어서 거래를 미루는 선택을 하게 한다.

포이즌 필은 1982년 제너럴 아메리칸 오일(General American Oil)에 의한 엘파소 일렉트릭(El Paso Electric)에 대한 인수를 막는 데 성공했던 인수합병 변호사인 마틴 립톤(Martin Lipton)이 만들었다.[13] 원래 포이즌 필은 기업인수가 완료되는 (즉, 발행주식 수의 100% 매입) 사건에만 영향을 주었기 때문에 이것을 우회하는 방법은 기업인수를 완료하지 않는 것이다. 이러한 우회 전략은 발행주식 수의 50%를 상회하여 매입하여 크라운 젤러바흐(Crown Zellerbach)의 경영권을 취득한 제임스 골드스미스(Sir James Goldsmith)에 의해 처음 시도되었다. 나머지 지분을 매입하지 않았기 때문에 크라운 젤러바흐의 포이즌 필은 효력을 잃었다.

---

13 간략한 내용을 위해서는 Len Costa, "The Perfect Pill," *Legal Affairs* (March 2005) 참고. www.legalaffairs.org. 한국에서는 2011년 상법이 개정됨으로써 신주인수선택권의 형태로 포이즌 필이 도입될 계획이었으나 보류되었다.

크라운 젤러바흐의 기업인수에 대한 대응으로 기업 변호사들은 원래의 포이즌 필을 완벽하게 만들었다. 현재 대부분의 포이즌 필은 기업 사냥꾼이 피인수기업 주식의 촉발 물량(일반적으로 20%) 이상을 매입하면 (발행주식을 모두 매입하여 기업인수를 완료하지 않더라도), 인수기업을 제외한 기존 주주가 할인가격에 피인수기업의 주식을 매입할 수 있도록 정하고 있다.

포이즌 필이라는 용어는 스파이의 세계에서 유래한다. 체포되면 스파이는 중요한 비밀을 누설하기보다는 포이즌 필을 삼켜서 생명을 포기하게 되어 있다. 포이즌 필은 기업인수를 중지시키는 데 매우 효과적이지만, 자살이 기업에게 주는 의미는 무엇일까? 포이즌 필을 채택하는 것은 주주가 나쁜 경영자를 교체하는 것을 보다 어렵게 만듦으로써 기존 경영진이 그만두지 않고 남는 것이 가능해지고, 그 결과 잠재적으로 기업가치를 훼손하는 것이다. 재무 연구자들은 이러한 효과를 검증했다. 기업이 포이즌 필을 채택하면 회사의 주가는 전형적으로 하락한다. 더구나 일단 채택되면 포이즌 필을 가진 회사는 평균 이하의 재무성과를 낸다.[14]

포이즌 필을 채택한 회사가 인수합병되기 더 어렵다는 것은 놀라운 일이 아니며, 기업인수가 발생하면 기존 주주가 받는 프리미엄은 더 커진다. 따라서 포이즌 필은 기업인수 비용을 증가시키고, 다른 것이 일정할 때, 인수 경쟁의 저항에 따른 비용이 발생하기 때문에 피인수기업은 상태가 악화된다(따라서 더 큰 이익 기회가 있어야만 한다).

또한 포이즌 필은 피인수기업 이사회의 협조 없이는 기업인수를 완료하는 것을 어렵게 하기 때문에 인수기업과 협상할 때 피인수기업의 협상력을 증가시킨다. 효과적으로 사용되면 피인수기업의 주주가 포이즌 필이 없을 때 받을 것보다 더 높은 프리미엄을 협상할 수 있어서, 이러한 협상력은 피인수기업 주주에게 좀 더 많은 인수합병 이득을 줄 수 있다. 반기업인수 조항(anti-takeover provisions)의 영향에 관한 수많은 연구는 그러한 조항이 피인수기업의 기존 주주에게 더 높은 프리미엄을 가져다준다는 것을 발견하였다.[15]

시차임기제 이사회

포이즌 필에 직면하면 결의를 가진 인수기업에게는 또 다른 대안이 있다. 즉, 피인수기업의 이사회에 인수회사 측 인물이 선출되어 이사 직함을 갖는 것으로, 다음 정기 주주총회에서 안건을 제출할 수 있다. 피인수기업 주주가 그러한 후보자를 선출하게 되면, 새로운 이사는 포이즌 필을 취소하고 인수회사의 제안을 허용할 수 있다. 그러한 쿠데타가 발생하는 것을 막기 위해 상장회사의 약 3분의 2는 **시차임기제 이사회**(staggered or classified board)를 둔다. 전형적인 시차임기제 이사회에서 모든 이사는 3년 임기지만 임기는 시차를 가져서 오직 3분의 1의 이사만이 매년 선출된다. 따라서 인수회사의 후보자가 이사회 의석을 차지하더라도 피인수회사 이사회에서 소수의 지배권만을 갖게 된다. 인수회사가 피인수회사 이사회에서 다수를 차지하기 위해서는 인수회사의 후보자가 2년 연속으로 위임장 경쟁에서 이겨야만 한다. 피인수회사가 시차임기제 이사회를 두면, 이사회를 마음대로 운용하기 위해서 시간이 필요하기 때문

---

14 P. Malatesta and R. Walkling, "Poison Pill Securities: Stockholder Wealth, Profitability and Ownership Structure," *Journal of Financial Economics* 20(1) (1988): 347 – 376과 M. Ryngaert, "The Effects of Poison Pills Securities on Stockholder Wealth," *Journal of Financial Economics* 20(1) (1988): 377 – 417 참고

15 Georgeson and Company (1988) study; R. Comment and G. W. Schwert, "Poison or Placebo: Evidence on the Deterrence and Wealth Effects of Modern Antitakeover Measures," *Journal of Financial Economics* 39(1), (1995): 3 – 43; N. Varaiya, "Determinants of Premiums in Acquisition Transactions," *Managerial and Decision Economics* 8(3) (1987): 175 – 184; R. Heron and E. Lie, "On the Use of Poison Pills and Defensive Payouts by Takeover Targets," *Journal of Business* 79(4) (2006): 1783 – 1807.

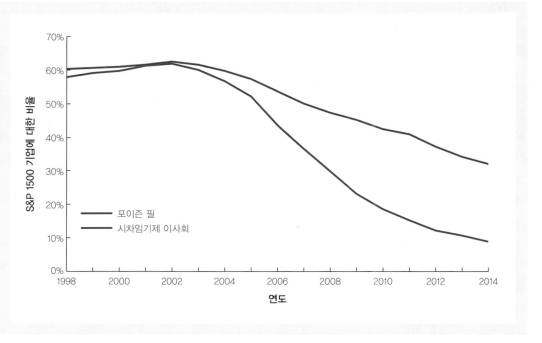

그림 28.3

인수 방어책의 감소
미국 기업 중에서 적대적 인수에 대응하는 포이즌 필과 시차임기제 이사회를 가진 비율이 2002년 이후 주주 행동주의의 증가에 따라 급격히 감소하였다.

출처 : Factset

에 인수회사의 기업인수 시도는 지연된다. 대부분의 전문가는 포이즌 필과 시차임기제 이사회의 결합을 피인수기업이 취할 수 있는 가장 효과적인 방어책으로 간주한다.

시차임기제 이사회와 포이즌 필은 적대적 인수에 대한 효과적인 방어책이지만 그렇게 인수를 방지하는 것이 주주의 이익에 부합하지 않을 수 있다. 실제로 많은 투자자들은 이러한 메커니즘을 경영권 참호를 구축하는 것으로 보았고, 무능한 경영자가 시장 규율을 회피할 수 있게 하였다. 2000년대의 주주 행동주의의 증가는 그림 28.3에서 볼 수 있듯이 이러한 방어책의 사용을 급격히 감소시켰다.

백기사

적대적 인수가 불가피한 것으로 보이면 피인수기업은 때로는 자사를 인수할 다른 우호적인 회사를 찾는다. 피인수기업의 구원을 책임지기 위해 나타난 이런 회사는 **백기사**(white knight)로 불린다. 백기사는 적대적 인수 제안보다 피인수기업에게 더 유리한 제안을 한다. 피인수기업의 현직 경영자는 자신의 지위를 유지해주겠다는 백기사와의 협정을 통해 지배권을 유지한다.

백기사 방어의 한 가지 변형이 **백지주**(white squire) 방어이다. 이 경우 대규모 투자자 혹은 기업이 특별의결권을 가진 피인수기업 주식의 상당한 물량을 매입하기로 약속한다. 이 행위는 적대적 사냥꾼이 피인수기업의 지배권을 인수하는 것을 막아준다. 백지주 스스로가 지배권을 행사하지 않을 것이라는 가정이 있다.

황금 낙하산

황금 낙하산(golden parachute)은 회사가 인수되고 경영자가 해고되는 상황에서 기업의 고위 경영자에게 보장하는 극단적으로 유리한 거액의 퇴직 계약 패키지이다. 예를 들어 프록터 앤드 갬블(Procter & Gamble, PG)이 2005년에 질레트(Gillette Company)를 인수했을 때, 질레트의 CEO인 제임스 킬츠(James

Kilts)는 $165 백만 가치의 황금 낙하산 보상 패키지를 받았다고 알려졌다.

황금 낙하산은 주주의 부를 남용하고 과도하기 때문에 비난을 받아왔다. 사실은 실증 증거는 이런 관점을 지지하지 않는다.[16] 오히려 있다면 황금 낙하산의 채택이 실제로 가치를 창출한다는 관점을 지지한다. 황금 낙하산이 존재하면 경영자는 기업인수에 대해 좀 더 수용적이다. 질레트의 CEO 제임스 킬츠가 이 관점의 사례이다. 오랫동안 주변에서 질레트를 탐내던 PG에게 킬츠가 제안을 요청한 것으로 알려져 있다. 이것은 황금 낙하산의 존재가 경영자의 참호 구축을 줄일 가능성이 있다는 의미이다. 연구자들은 회사가 황금 낙하산 정책의 시행 계획을 공시하면 주가가 평균적으로 상승하고, 황금 낙하산이 존재하면 피인수회사를 놓고 경쟁하는 인수기업의 숫자와 인수 프리미엄이 더 높다는 것을 발견했다.

자본재구성

기업인수에 대응하는 또 다른 방어는 회사가 자사의 자본구조를 변경하여 피인수기업으로서 덜 매력적으로 만드는 자본재구성이다. 예를 들어 현금이 풍부한 회사는 대규모 배당금을 지급하는 것을 선택한다. 현금이 부족한 회사는 대신에 채권을 발행하고, 그 대금으로 배당금을 지급하거나 자사주를 매입할 수 있다.

채무를 증가시키면 왜 피인수회사로서 덜 매력적이 되는가? 많은 경우에 인수기업이 기업인수에서 기대하는 상당 부분의 시너지는 비용절감과 채무 증가로 인한 세금 이득에서 온다. 피인수기업이 채무를 증가시키면 이자의 세금 절감 효과의 이득을 얻을 수 있다. 더구나 채무를 감당할 현금 창출의 필요성은 경영자에게 회사를 효율적으로 운영하는 강력한 동기를 제공한다. 사실 자본재구성 그 자체가 효율성 개선을 만들어내고, 종종 기업인수의 첫 번째 주요 동기를 제거한다.

기타 방어전략

기업의 경영자와 방어전략의 조언자는 기업인수를 미연에 방지하는 다른 방책을 개발해 왔다. 회사 정관은 합병 승인의 주주총회 의결을 위해 초다수(supermajority)의 (경우에 따라서는 80%까지) 승인을 요구할 수 있다. 또한 정관은 최대 주주의 투표권을 제한할 수 있다. 마지막으로 피인수기업은 "공정(fair)" 가격을 인수기업에게 요구할 수 있다. 무엇이 "공정"한 것인가는 이사회나 고위 경영자가 결정한다. 아름다움이 항상 보는 사람에 따라 결정되듯이, "공정"은 가치에 대한 낙관적 평가를 의미하는 경우가 많다.

우리는 방어전략의 존재가 기업가치를 낮춘다고 예상할 수 있다. 그러나 그레그 자렐(Gregg Jarrell)과 아네트 폴센(Annette Poulsen)[17]은 1979~1985년 사이 600개 기업의 반기업인수 정관변경 공시가 평균적으로 공시기업의 주식가치에 유의적이지 않은 영향을 주었다는 것을 발견했다.

규제당국의 승인

모든 합병은 규제당국의 승인[18]을 받아야만 한다. 28.2절에서 우리는 인수합병으로 인한 독점적 이익과

---

16 M. Narayanan and A. Sundaram, "A Safe Landing? Golden Parachutes and Corporate Behavior," *University of Michigan Business School Working Paper No. 98015* (1998).

17 G. Jarrell and A. Poulsen, "Shark Repellents and Stock Prices: The Effects of Antitakeover Amendments Since 1980," *Journal of Financial Economics* 19 (1988): 127–168.

18 한국의 경우 인수합병에 관련된 법 규제는 "상법", "자본시장과 금융투자업에 관한 법률(자본시장법)"과 "독점규제 및 공정거래에 관한 법률(공정거래법)"로 대별된다. "상법"에서는 제3자에 대한 신주인수권 배정, 상호주 규제, 정관에 의한 주식의 양도제한 등이 있고, "공정거래법"에서는 기업결합의 제한, 출자총액제한제도 및 상호출자제한제도 등이 있으며, "자본시장법"에서는 공개매수 제도, 주식 등의 대량보유상황의 보고, 의결권 대리행사의 권유, 외국인 유가증권 취득제한, 주식매수선택권, 자기주식취득 등이 있다.

그것을 제한하기 위한 반독점 규제가 어떻게 실시되고 있는지에 대해 설명했다. 미국에서 반독점 규제는 3개 규정에 의해 적용된다. 셔먼법(Sherman Act), 클레이튼법(Clayton Act), 그리고 하트-스콧-로디노법(Hart-Scott-Rodino Act)이다. 1890년의 셔먼법은 스탠다드 오일과 같은 대형 석유회사의 설립에 대응하기 위해 제정되었고, 독점이나 과도한 시장 지배를 만드는 합병을 금지한다. 1914년에 제정된 클레이튼법은 경쟁에 부정적인 영향을 주는 기업 간 주식 (추후에 '혹은 자산'으로 개정) 인수를 금지하여 정부의 입장을 강화해주었다. 셔먼법과 클레이튼법 아래에서 정부는 합병을 막기 위해 소송을 해야만 했다. 결정이 이루어질 무렵이면 합병은 이미 일어나서 되돌리기 어려웠다. 1976년의 하트-스콧-로디노(HSR)법은 입증 책임을 합병 당사자에게 부과했다. HSR 아래에서 일정 규모 (거래 자격을 결정하기 위한 수식은 복잡하지만 대략 $60 백만) 이상의 모든 합병은 제안된 인수가 일어나기 전에 정부의 승인을 얻어야만 한다. 그러나 승인을 결정하거나 제안된 합병 요청을 수령한 후 20일 이내에 추가정보를 요청하거나 승인해야 하기 때문에 정부는 거래를 영구히 지연할 수는 없다.

유럽위원회(EC)는 합병 당사자가 EC에 통지하고 요청을 받으면 합병 제안에 관한 추가 정보를 제공하고 합병을 진행하기 전에 승인을 기다려야만 하는 HSR 절차와 유사한 절차를 만든다. GE/허니웰의 사례에서 논의했듯이, EC가 기술적으로 미국 회사의 합병을 막을 법적 권한이 없다고는 해도 결합된 회사의 유럽 내 운영이나 매출에 제한을 부과하여 기업인수를 중지시킬 수 있다. 전세계적으로 기업인수가 80개국이 넘는 국가의 반독점 규제를 만족시켜야만 하지만, 기업이 소속된 나라의 규제 이외에 가장 중요한 규제 당국은 유럽과 미국이다.

윌러멧인터스트리스에 대한 와이어하우저의 적대적 인수

워싱턴 주 페더럴웨이에 있는 목재회사인 와이어하우저(Weyerhaeuser)는 오리건 주 포틀랜드에 있는 인근지역의 작은 회사인 윌러멧인터스트리스(Willamette industries)를 주당 $48에 적대적 인수하겠다는 제안을 2000년 11월에 공시하였다. 1998년 갑작스럽게 윌러멧의 CEO를 그만두고 와이어하우저의 CEO가 되었던 스티브 로젤(Steve Rogel)은 윌러멧을 인수하려고 하였다. 로젤은 오랫동안의 고용주를 사적으로 찾아갔지만 매번 거절당했다. 적대적 공개매수에 대한 반응도 다르지 않았다. 제안된 가격이 이전 주가에 상당한 프리미엄이 붙은 것이지만 윌러멧의 이사회는 제안을 거절하고 주주에게는 와이어하우저의 공개 매수에 응하지 말라고 강권하였다.

윌러멧의 방어는 시차임기제 이사회와 포이즌 필을 포함했고, 와이어하우저는 윌러멧의 이사회가 포이즌 필을 취소하는 조건으로 공개매수를 제안했다. 결과적으로 와이어하우저는 2001년 6월의 차기 주주총회에서 위임장 경쟁을 시작했다. 재선출을 앞둔 이사 중 한 명은 윌러멧의 CEO인 듀앤 맥도겔(Duane McDougall)이었다. 주주총회 한 달 전에 와이어하우저는 제안 가격을 주당 $50로 올렸지만, 윌러멧의 이사회는 여전히 너무 가격이 낮다고 믿었고, 합병 이후에 오래된 종업원들이 해고당할 것을 우려하고 있었다. 그럼에도 불구하고 주주총회에서 와이어하우저는 윌러멧보다 1.4%의 투표를 더 받았고, 결과적으로 윌러멧의 CEO는 이사회를 떠나게 되었다.

이사회 의석 상실이 윌러멧의 입장을 바꾸지 못했다. 와이어하우저의 제안 가격을 올리는 인수경쟁을 만들기 위해 백기사를 찾으려던 윌러멧의 시도는 실패했다. 윌러멧은 또한 조지아-퍼시픽의 빌딩 부서를 매입하려 하였다. 그러한 거래는 회사 규모를 증가시키고 채무를 늘려서 와이어하우저에게는 회사의 매력을 떨어뜨리는 것이었다.

결국 와이어하우저는 2002년 1월에 제안 가격을 주당 $55.50로 올렸고, 윌러멧은 인수에 동의하고 조지아-퍼시픽과의 협상을 취소하였다. 다른 인수의향 기업이 없었지만, 윌러멧의 이사회는 와이어하우저에게서 공정가격으로 간주되는 것을 얻어낼 수 있었다.

1. 원하지 않는 기업인수에 저항하는 피인수기업이 취할 수 있는 방어전략은 무엇인가?
2. 적대적 인수기업은 포이즌 필을 어떻게 극복할 수 있는가?

28.6 기업인수에서 누가 가치 증가를 취하는가

지금까지 우리는 기업인수 과정을 설명하였고, 다시 이 장의 초기에 제시되었던 남아 있는 질문으로 돌아갈 수 있다. 왜 인수기업의 가격은 기업인수 공시 시점에 상승하지 않는가? 그리고 왜 인수기업은 피인수기업에게 프리미엄을 지불해야만 하는가?

기업을 인수하고 경영진을 교체하는 일을 진행하는 사람이 합병을 통해 가치를 취할 것이라고 생각할 수 있다. 평균적인 주가 반응을 보면 인수회사가 이 가치를 가지는 것은 아닌 것 같다. 대신에 인수회사가 지불하는 프리미엄은 거의 증가된 가치와 같다. 그것은 피인수기업 주주가 궁극적으로 인수회사가 증가시키는 가치를 취한다는 것을 의미한다. 이유를 살펴보기 위해서 우리는 어떻게 시장이 기업인수 공시에 반응하는지 알 필요가 있다.

무임승차자 문제

당신은 모든 주주가 1주를 보유하고 있는 하이라이프(HighLife Corporation)의 1 백만 주주 중 한 명이라고 가정하자. 하이라이프는 채무가 없다. 최고경영자는 유능하지 못하며, 시카고의 본사에서 업무를 보는 것보다 콜로라도 주 아스펜의 회사 콘도에 회사 제트기를 타고 가서 시간을 보내는 것을 즐긴다. 따라서 회사의 주식은 저평가로 할인되어 거래되고 있다. 현재 주가는 주당 \$45로 하이라이프의 시가총액은 \$45 백만이다. 유능한 경영자라면 회사가치가 \$75 백만이 될 것이다. 하이라이프의 회사 정관은 모든 의사결정에 단순한 다수결을 요구하기 때문에 하이라이프의 지배권을 얻으려는 주주는 발행주식의 절반을 매입해야만 한다.

티 분 아이콘(T. Boone Icon)은 현금으로 주당 \$60에 발행주식의 절반을 매입하는 공개매수를 하여 상황을 개선하기로 (그리고 동시에 이익을 얻기로) 결심했다. 주주의 50% 미만이 공개매수에 응하면 거래는 취소된다.

원칙적으로 이러한 계획은 티 분에게 대단한 이익을 가져다줄 수 있다. 만일 주주의 50%가 공개매수에 응한다면, 주식 매입비용은 \$60 × 500,000 = \$30 백만이 된다. 일단 그가 지배권을 갖게 되면 경영진을 교체할 수 있다. 값비싼 제트기와 콘도를 매각하면 시장은 새로운 경영자가 회사의 성과를 개선하기 위해 노력하고 있다는 것을 알게 되고, 회사의 시장가치는 \$75 백만으로 상승할 것이다. 따라서 티 분의 주식은 주당 \$75가 되고, 그는 순이익으로 \$15 × 500,000 = \$7.5 백만을 얻게 된다. 그러나 50%의 주주가 공개매수에 응하겠는가?

제안 가격은 주당 \$60로 인수가 진행되지 않았을 때의 회사의 가치인 주당 \$45를 초과한다. 따라서 이 제안은 전반적으로 주주에게 이득이 되는 거래이다. 그러나 모든 주주가 공개매수에 응할 때, 개인 주주로서의 당신은 매수에 응하지 않을 때 가장 이득을 얻는다. 즉, 만일 티 분이 지배권을 얻으면, 당신의 지분은 매수에 응할 때 얻게 되는 \$60가 아니라 \$75의 가치를 갖게 될 것이다. 이 경우에 매수에 응하지 않는 것이 더 현명하다. 물론 모든 주주가 이런 식으로 생각을 하면 아무도 공개매수에 응하지 않을 것이고 티 분의 거래는 실행될 수 없을 것이다. 매수에 응하도록 주주를 설득할 수 있는 유일한 방법은 최소한 주당 $75를 제안하는 것인데, 이 경우 티 분의 모든 이익 기회는 사라진다. 여기서의 문제는 기존의 주주가 시간과 노력을 투자할 필요 없이 티 분 아이콘이 창출해내는 모든 기업인수의 이득에 여전히 참여하는 것으로 이것을 "무임승차자 문제(free rider problem)"라 한다. 이런 방식으로 이득을 나누어 가짐으로써 티 분은 상당한 이익을 포기해야만 하고 따라서 아무것도 하려고 하지 않을 것이다.[19]

사전 매집주

티 분이 공개매수에 대한 주주의 주저함을 우회하기 위한 방법은 주식을 시장에서 익명으로 매입하는 것이다. 그러나 SEC 규정은 투자자가 10% 이상의 주식을 비밀리에 매입하는 것을 어렵게 하고 있다.[20] 티 분이 피인수기업 초기 지분인 **사전 매집주**(toehold)를 매입한 후에 자신이 보유한 대규모 지분을 투자자에게 알림으로써 자신의 의도를 공개해야만 한다. 하이라이프의 지배권을 성공적으로 얻기 위해서 그는 주당 $75에 추가적으로 40%의 주식을 매입하는 공개매수를 공시해야만 할 것이다. 일단 경영권을 얻으면 그는 자신의 지분을 주당 $75에 매도할 수 있을 것이다. 최초 10%의 지분을 주당 $50에 매입했다고 가정하면 그의 이익은 $25 × 100,000 = $2.5 백만이 된다. 나쁘지는 않지만 그가 추가한 가치보다는 상당히 적다.

왜 투자자는 티 분의 이익이 그가 창출한 가치보다 상당히 낮거나 높은 것에 신경을 써야 하는가? 대답은 티 분과 같은 사람이 중요한 서비스를 제공하기 때문이다. 기업인수를 실행하고 자신을 해고하려는 사람이 존재한다는 위협 때문에 최고경영자는 자신의 의무를 게을리하지 않게 된다. 따라서 경영 활동을 더 수익성 있게 할수록, 인수합병에 의지해야 할 가능성은 작아진다. 만일 $2.5 백만이 티 분의 시간과 노력을 정당화할 만큼 크지 않다면, 그는 하이라이프를 인수하려고 하지 않을 것이다. 현재 경영자는 자신의 참호에 남게 되고, 티 분은 주가의 감소가 더 일어나서 그에게 거래가 충분한 이익을 가져올 경우에만 회사를 인수할 생각을 할 것이다.

인수회사가 무임승차자 문제를 피하고 인수에서 발생하는 이득을 더 많이 취할 수 있는 여러 가지 합법적인 방안이 있다. 그중 가장 일반적인 두 가지인 차입매수와 강제매수 합병에 대해 설명한다.

차입매수

주주에게 희소식은 티 분 같은 사람이 회사를 인수해서 무능한 경영자를 해고할 수 있는 상당히 저비용의 다른 방안이 있다는 것이다. 이 방안은 차입매수(leveraged buyout, LBO)로 불리는데, 제24장을 기억해보자. 하이라이프 주식회사로 돌아가서 이 방안이 어떻게 작동하는지 설명하도록 한다.[21]

티 분이 시장에서 어떤 주식도 비밀리에 매입하지 않고 대신에 주당 $50에 발행주식의 절반을 공개매수를 통해 매입하겠다고 공시한다고 가정하자. 그러나 주식 매입을 위해 자신의 현금을 사용하는 대신에 기업인수를 위한 목적에서 만들어진 페이퍼 컴퍼니(shell company)를 통해 **차입의 담보물로 매입하는 주식 자체를 설정하여 자금을 차입한다.** 자금이 필요한 시점은 오로지 차입매수가 성공했을 때이다. 따라서 은

---

19 인수합병에서의 무임승차자 문제의 철저한 분석은 아래 논문에서 찾을 수 있다. S. Grossman and O. Hart, "Takeover Bids, the Free-Rider Problem, and the Theory of the Corporation," *Bell Journal of Economics* 11(1) (1980): 42 - 64.

20 규정은 실제 회사의 5% 이상을 소유한 모든 주주가 이 사실을 공시하도록 요구한다. 그러나 공시 과정의 시간적인 지연은 투자자가 정보를 공개하기 전에 5% 이상을 축적하는 것을 가능하게 한다.

21 이 방안에 대한 상세한 논의는 아래 문헌을 참고. H. Mueller and F. Panunzi, "Tender Offers and Leverage," *The Quarterly Journal of Economics* 119 (2004): 1217 - 1248.

KKR에 의한 RJR-나비스코의 차입매수(LBO)

1988년 여름에 RJR-나비스코(Nabisco)의 CEO인 로스 존슨(Ross Johnson)은 자신의 다각적 기업이 보여주는 낮은 주식 가격 성과에 대한 근심이 점차 커지고 있었다. 뛰어난 순이익 실적에도 불구하고, 경영진은 담배회사의 이미지를 털어내지 못하고 있었고 주가는 $55에서 머물고 있었다. 1988년 10월에 존슨과 RJR의 일부 경영진은 월스트리트의 시어슨 리먼 허튼(Shearson Lehman Hutton)과 살로몬 브라더스(Salomon Brothers)의 도움을 받아 회사에 대한 주당 $75의 매수 제안을 공시했다. 이 가격의 제안은 $17.6 십억의 가치를 가지는 것이었고, 그때까지 있었던 최대 차입매수(LBO)보다 2배 큰 것이었다. 거래는 회사의 현직 경영진이 연루되었기 때문에 LBO의 특별 분류인 **경영자 매수**(management buyouts, MBO)라 불렸다.

공시는 RJR에 대한 월스트리트의 관심을 집중시켰다. 제안이 알려지고 경쟁이 발생하면서 존슨과 그 일행에게 MBO는 상당한 프리미엄에도 불구하고 훌륭한 거래로 보였다. 그중에서 가장 눈에 띄는 경쟁자는 콜버그-크레비-로버츠(Kohberg, Kravis, and Roberts, KKR)였다. KKR은 주당 $90의 현금 제안을 하였다. 인수경쟁은 제안 가격이 결국 $109까지 오르면서 거래가치가 $25 십억 이상이 되었다. 경영진의 최종 제안이 KKR보다 조금 높았지만, 결국 존슨과 KKR은 매우 유사한 거래를 제안했다. 결과적으로 RJR의 이사회는 KKR의 RJR 주식에 대한 주당 $109 제안을 받아들였다. 제안 가격은 현금 $81와 주당 $18의 우선주와 $10의 무담보채권으로 구성되었다.

경제적인 관점에서 이러한 결과는 놀라운 것이다. 회사에 대한 내부자 정보를 근거로 경영진은 회사의 가치를 평가하는 것뿐만 아니라 회사를 운영하는 것에도 최상의 위치에 있었을 것이라고 생각할 수 있다. 그런데 왜 외부자는 회사의 내부자보다 더 높은 가격을 제시할 수 있었는가? RJR의 사례에서 해답은 경영자 자신들을 가리키고 있는 것으로 보인다. 거래가 진행되면서, 경영자(그리고 이사회 구성원)가 전례 없는 특권을 누리는 것이 점차 투자자에게 명확하게 보이게 되었다. 예를 들어 존슨은 여러 도시에서 회사 소유 아파트를 개인적으로 사용하였고, 본인과 고위 경영자, 이사회 구성원이 개인적인 여행에 사용하는 소위 회사 제트기 편대가 있었다. 그들의 차입매수 제안에서는, 그들은 거의 $1 십억의 가치를 가지는 최고경영자를 위한 4%의 지분과 $52.5 백만의 황금 낙하산, 그리고 RJR 항공 (회사 제트기 편대)의 이용 확약을 얻었고, 화려한 애틀랜타의 본사는 예산 축소의 대상이 아니었다.

차입매수

예제 28.5

문제

FAT 주식은 현재 주당 $40에 거래되고 있다. 발행주식 수는 20 백만 주이며 회사는 채무가 없다. 당신은 차입매수(LBO) 전문회사의 파트너이다. 당신의 분석은 FAT의 경영을 상당히 개선할 수 있다는 것을 보여준다. 만일 좀 더 유능한 경영자로 교체되면 회사의 가치가 50% 증가할 것이라고 예상된다. 당신은 LBO를 실행하고 최소한의 지배권인 발행주식 수의 50%를 공개매수하려고 한다. 당신이 거래를 성립시키면서 얻을 수 있는 최대의 이익은 얼마인가?

풀이

현재 회사의 가치는 $40 × 20 백만 = $800 백만이다. 당신은 추가적으로 50%의 가치 혹은 $400 백만을 증가시킬 수 있다고 예상한다. 만일 $400 백만을 빌리고 공개매수가 성공하면 당신은 회사의 지배권을 가지게 되고 새로운 경영진으로 교체할 것이다. 회사의 총가치는 50% 증가하여 $1.2 십억이 될 것이고, 당신은 채무를 회사에 전가할 수 있기 때문에 회사는 $400 백만의 채무를 지게 된다. 거래가 끝난 후 자기자본의 가치는 총가치에서 채무를 차감한 것이다.

$$총자기자본 = \$1,200 \text{ 백만} - \$400 \text{ 백만} = \$800 \text{ 백만}$$

자기자본의 가치는 합병전 가치와 같다. 당신은 지분의 절반인 $400 백만을 보유하고 있고 갚을 것이 없기 때문에, 당신은 FAT가 얻게 될 증가된 가치를 취하게 된다.

만일 당신이 $400 백만 이상을 빌리게 되면 어떻게 될까? $450 백만을 빌린다고 가정하면 합병후 자기자본의 가치는 아래와 같다.

$$총자기자본 = \$1,200 \text{ 백만} - \$450 \text{ 백만} = \$750 \text{ 백만}$$

이것은 합병전 가치보다 낮다. 그러나 미국에서 기존 주주는 최소한 합병전 가격의 매수가격을 받아야만 한다. 기존 주주는 거래가 완료되면 주가가 낮아질 것임을 알기 때문에, 모든 주주가 공개매수에 응할 것이다. 이것은 당신이 거래를 완료하기 위해서 기존 주주의 주식에 $800 백만을 지불해야 한다는 것을 의미한다. 따라서 당신은 $800 백만 - $450 백만 = $350 백만을 직접 지불해야만 한다. 결국 당신은 $750 백만 가치의 모든 지분을 소유하게 된다. 이것을 위해 $350 백만을 지불했기 때문에, 당신의 이익은 역시 $400 백만이 된다. 따라서 기업인수를 통해 증가된 가치 이상의 가치를 취할 수는 없다.

행은 인수자가 담보물에 대한 지배권을 가질 것임이 확실하기 때문에 자금을 빌려준다. 더 중요한 것은 만일 공개매수가 성공하고 티 분이 회사의 지배권을 갖게 되면, 티 분은 피인수회사를 페이퍼 컴퍼니와 합병할 수 있어서 상환 의무를 효과적으로 직접 피인수기업에 합칠 수 있다. 즉, 티 분이 아니라 피인수기업이 자금을 차입한 것으로 만드는 것이다. 이 과정의 결과로 티 분은 주식의 절반을 보유하지만, 기업이 차입금을 상환할 의무를 지게 된다. 티 분은 회사에 대한 대가를 지불하지 않고 지분의 절반을 효과적으로 인수한 것이 된다!

아마도 당신은 어떤 주주도 이런 상황에서 공개매수에 응하지 않을 것이라고 상상할 것이다. 놀랍게도 이런 결론은 잘못되었다. 만일 당신이 주식 매수에 응하게 되면 주당 $50를 받게 될 것이다. 만일 당신이 매수에 응하지 않고 충분한 수의 다른 주주가 그렇게 한다면, 티 분은 회사의 지배권을 갖게 될 것이다. 경영자를 교체한 후에 회사의 가치는 $75 백만이 될 것이다. 만일 매수에 응하지 않으면 당신의 주식은 얼마의 가치를 받게 될까?

단순화를 위해서 시장마찰이나 세금이 없다고 가정하자. 회사의 지배권을 갖기 위해서 발행주식의 절반을 매입하기 위해서 티 분은 $50 × 500,000 = $25 백만을 차입했다. 이 부채는 이제 하이라이프의 것이기 때문에 하이라이프 자기자본의 총가치는 회사의 총가치에서 채무의 가치를 뺀 것이다.

$$하이라이프 자기자본의 총가치 = \$75 \text{ 백만} - \$25 \text{ 백만} = \$50 \text{ 백만}$$

발행주식 수는 이전과 같고(티 분이 기존 주식을 매입했음을 기억하자), 따라서 주당가격은 $50(= $50 백만/1 백만 주)이다. 만일 공개매수가 성공하면 당신은 무차별적일 것이다. 당신이 매수에 응하든 주식을 그대로 보유하든 주식가치는 항상 $50이다. 만일 주식을 보유한 상태에서 공개매수가 실패하면 주당가격은 $45에 머물 것이다. 명확하게 당신의 지분을 공개매수를 통해 매도하는 것이 최선의 선택이 되고, 티 분의 공개매수는 성공할 것이다. 티 분은 또한 사전 매집주 전략을 이용하면 더 많은 이익을 얻을 수 있다. 기업인수 완료 이후 그의 주식가치의 이익은 $50 × 500,000 = $25 백만이다.

우리가 보여준 것은 인수기업이 프리미엄이나 초기 투자금을 지불하지 않고 피인수기업을 인수한다는 극단적인 예이다. 실제로 LBO 거래에서 프리미엄은 상당히 크고, LBO가 무임승차자 문제를 피할 수 있다고 해도 인수회사는 포이즌 필과 같은 인수 방어책을 극복하고, 이사회 승인을 얻어야만 하고, 다른 잠재적 인수경쟁자를 이겨야만 한다. 초창기에는 90% 이상을 채무로 자금을 조달하는 것이 가능했던 반면에, 오늘날 채권자는 일반적으로 인수 후에 청구된 이익이 실현되지 않을 경우를 대비하여 채무자로부터

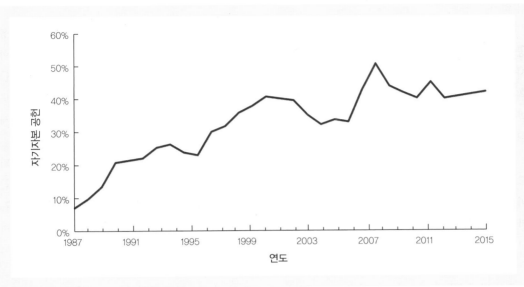

그림 28.4

LBO 거래에서 평균 자기
자본 지분(1987~2015)

초기 LBO가 90% 이상의 자
금이 채무로 조달된 반면에
지난 10여 년간 미국 LBO의
평균 자기자본 비중은 평균
약 40%이다. 2008~2009
년 금융위기 동안 채권시장
이 극단적으로 경색된 시기
에는 50%를 넘었다.

출처 : Standard & Poor's
Leveraged Commentary &
Data (LCD), 2015

자신을 보호하기 위해 인수회사가 상당량의 자기지분을 보유할 것을 요구한다. 제24장에서 기술했던 허
츠의 $15.2 십억 LBO(2006년에 역사상 두 번째 규모)에서, 총자본조달 금액인 $12.9 십억 중에서 $2.3
십억을 인수자가 공헌하였다. 그림 28.4에서 볼 수 있듯이 최근의 LBO는 40%에 가까운 자기자본 지분
을 소유하는 경향이 있다.

2003년에서 2007년 사이에 매수전문 (혹은 사모투자) 기업에 대한 막대한 자금흐름과 지분투자를 하
려는 매수전문 집단에게 매력적인 조건으로 기꺼이 자금을 제공한 대출자의 위험에 대한 선호도 증가의
결합으로 인하여 차입매수 활동이 급증했다(그림 23.2). 매수전문 기업은 피인수기업의 단기이익 성취를
바라는 대중 투자자의 압박에 대해 신경을 쓰지 않고, 피인수기업의 성과를 높이기 위해 많은 기업들을
비공개 기업화했다. 그들은 또한 많은 소규모 회사를 매입하는 소위 "말아 올리기(roll-up)" 전략을 채택
했는데, 그것은 특정 산업에서 비공개인 소규모 회사를 매입하여 하나의 대형 회사로 합치는 것이다. 전
형적인 LBO는 회사를 다시 공개하거나, 관리 회사에 매각하거나, 혹은 다른 사모투자 회사에 매각하는
등 5년 안에 투자금을 회수하는 계획을 세운다. 2008년에 금융위기와 신용 경색은 거의 모든 사모투자
활동을 중지시켰다. 절정기에 대규모 차입을 한 일부 사모투자 거래는 불황기에 채무부담으로 인해 흔들
렸다. 예를 들어 다임러 크라이슬러(Daimler Chrysler AG)에서 서버러스 그룹(Cerberus)의 사모투자에
의해 매입되어 비공개화되었던 크라이슬러는 서버러스의 크라이슬러 지분을 완전히 제거하고 2009년에
파산을 선언했다. LBO 시장은 금융위기 이후 매년 점차적으로 회복되었고, 2015년 연간 달러 기준 거래
는 2005년 수준으로 돌아갔다(그림 23.2).

강제매수 합병

차입매수가 투자자 집단이 기업을 매입하기 위해 사용하는 효과적인 수단이지만 어떤 회사가 다른 기업
을 인수하는 경우에는 그리 적합하지 않다. 대안적인 방법이 **강제매수 합병**(freezeout merger)이다. 공개
매수에 관한 법률은 인수기업이 공개매수 가격에 응하지 않은 주주가 공개매수 가격에 주식을 팔도록 강
제함으로써 합병의 이익을 기존 주주가 얻을 수 없도록 허용하고 있다. 어떻게 그것이 가능한지를 보도

록 하자.

인수기업은 피인수기업의 현재 주식가격보다 약간 높은 가격에 공개매수를 제안한다. 공개매수가 성공하면 인수기업은 피인수기업의 지배권을 얻고, 피인수기업 자산을 인수기업이 완전히 소유한 신설 회사에 합병한다. 사실 공개매수에 응하지 않은 주주는 피인수기업이 더 이상 존재하지 않기 때문에 그들의 지분을 잃는다. 이에 대한 보상으로 공개매수에 응하지 않은 주주는 보유 주식을 공개매수 가격으로 받을 권리를 획득한다. 결론적으로 인수기업은 공개매수 가격으로 피인수기업의 소유권을 완전히 갖게 된다.[22]

공개매수에 응하지 않은 주주는 보유 지분의 대가로 (합병전 주가보다 높은) 공개매수 가격을 받게 되므로, 법률은 일반적으로 공정가격으로 인식하고 응하지 않은 주주는 법적인 추가 행위를 취할 수 없다. 이러한 상황 아래에서 기존 주주는 주식을 오래 보유하는 이득이 없다는 생각에서 매수에 응할 것이다. 만일 공개매수가 성공하면 주주는 어차피 공개매수 가격을 받는다. 만일 끝까지 보유하면 거래가 망가지고 작은 이득도 잃어버릴 위험이 있다. 따라서 인수회사는 차입매수에서처럼 합병에서 발생하는 거의 모든 가치 증가분을 취할 수 있다. 그리고 무임승차자 문제를 효과적으로 제거할 수 있다.

주식 강제매수는 인수기업이 전액 현금 제안을 할 필요가 없기 때문에 차입매수에 비해 상당한 이점이 있다. 피인수기업의 주주에게 현금을 지급하는 대신에 인수기업의 주식으로 인수대금을 지불할 수 있다. 이 경우에 인수기업은 피인수기업 주주의 주식을 인수기업 주식으로 교환하는 제안을 한다. 인수기업 주식의 가치가 피인수기업의 합병전 가치를 초과하도록 교환비율이 정해지는 한, 공개매수에 응하지 않은 주주는 자신의 보유주식에 대해 공정가격을 받을 것이고 법적 행위를 취하지 않을 것이다.

경쟁

표 28.2의 실증 증거는 기업인수 전략으로써 주식 강제매수 합병과 차입매수가 가능하더라도 대부분의 가치 증분이 여전히 피인수기업의 주주에게 돌아간다는 것을 보여준다. 평균적으로 기업인수 공시에 대해 인수기업은 양(+)의 가격반응을 보이지 않는다. 왜 인수기업은 자신이 만든 가치를 피인수기업의 주주에게 넘겨주는 그렇게 많은 프리미엄을 지불하는 것을 선택할까?

이전에 논의했던 인수합병에 대한 방어전략의 존재와 함께 가장 그럴듯한 설명은 인수합병 시장에 존재하는 경쟁이다. 인수기업이 피인수기업에게 제안을 시작하면 상당한 이득이 있다는 것이 명확해지고 다른 잠재적 인수기업은 자신의 제안을 내놓으려 할 것이다. 이러한 경쟁의 결과는 피인수기업이 가장 높은 제안 가격에 팔리는 사실상의 경매이다. 인수경쟁이 일어나지 않았을 때라도 그것은 인수경쟁에 참여하기보다는 인수경쟁을 미연에 방지할 만큼 최초 프리미엄을 충분히 크게 제안한 인수기업 때문일 것이다. 간단히 말해서 인수기업은 대부분의 가치 증분을 피인수기업의 주주에게 양보해야만 한다.

개념 확인

1. 기업인수에서 무임승차자 문제를 극복하기 위한 기업 사냥꾼의 방법은 무엇인가?
2. 실증결과에 근거하면 기업인수에서 누가 가치 증가의 이익을 얻는가? 이런 사실에 대한 가장 합당한 설명은 무엇인가?

---

22 Y. Amihud, M. Kahan, and R. K. Sundaram, "The Foundations of Freezeout Laws in Takeovers," *Journal of Finance* 59 (2004): 1325–1344. 위 논문은 강제매수 합병에 대해 자세한 논의를 담고 있다.

핵심 요점 및 수식

28.1 배경과 역사적 추세

- 합병은 수평적, 수직적, 다각적일 수 있다. 국제적인 기업인수 시장은 매우 활발하며 거래되는 가치로 연간 평균 $1 조가 넘는다. 가장 많은 기업인수 활동이 발생했던 시기는 1960년대, 1980년대, 1990년대, 그리고 2000년대이다. 1960년대의 거래는 다각적 기업을 만드는 것이 목적이었다. 1980년대에서는 추세가 역전되어 다각적 기업은 개별적 사업으로 분할되었다. 1990년대는 국제적으로 경쟁할 수 있도록 "전략적" 혹은 "국제적" 거래가 증가하였다. 2004년에서 2008년 사이에 여러 산업의 결합과 국제적 규모의 거래가 가장 최근의 합병 물결에 기여하였다.

28.2 기업인수에 대한 시장의 반응

- 인수기업의 주주는 작거나 거의 영(0)의 이득을 평균적으로 얻는 반면에, 피인수기업의 주주는 일반적으로 기업인수 공시에서 15%의 이득을 누린다.

28.3 기업인수의 이유

- 기업인수의 가장 일반적인 정당화는 인수를 통해 얻을 수 있는 시너지이다. 시너지의 원천으로 가장 일반적으로 언급되는 것은 규모의 경제와 범위의 경제, 수직적 통합으로 얻는 통제력, 독점적 이익, 피인수기업에서 얻는 전문성, 운영 효율성, 그리고 차입능력 확대와 세금 절약과 같이 다각화와 관련된 이익이다. 비상장기업의 주주는 좀 더 유동성 높은 투자로 전환하는 이득을 얻는다. 일부 합병은 인수기업 경영자의 이해 갈등이나 과잉확신에서 비롯된다.

- 인수기업의 관점에서 기업인수는 지불한 프리미엄이 창출된 시너지를 초과하는 양(+)의 NPV 사업이다. 합병 공시에 대한 인수기업의 주가 반응은 인수기업이 피인수기업에 과도하게 지불했는가 덜 지불했는가에 대한 투자자의 평가를 측정하는 방법이다.

28.4 가치평가와 기업인수 과정

- 인수기업에게 인수가 양(+)의 NPV가 되는 경우는 오직 지불한 총금액이 피인수기업의 독립적인 가치와 거래로 인한 시너지 가치를 더한 것을 초과할 때이다.

- 피인수기업의 독립적인 가치를 합병전 가치와 같다고 하고, 만일 시너지 가치가 지불한 프리미엄을 초과한다면 거래는 인수기업에게 양(+)의 NPV가 된다. 모든 주식 거래의 경우 아래 수식이 성립한다.

$$교환비율 = \frac{x}{N_T} < \frac{P_T}{P_A}\left(1 + \frac{S}{T}\right) \tag{28.5}$$

- 공개매수는 특정한 가격에 대규모로 주식을 매입할 의사가 있음을 공개적으로 선언하는 것이다. 공개매수를 제안하는 것이 거래가 일어나는 것을 보장하지는 않는다.

- 인수기업은 피인수기업에게 현금과 주식의 두 가지 지불방법을 사용한다. 현금거래의 경우, 인수기업은 피인수기업에게 단순히 현금을 지불한다. 주식 스왑 거래의 경우, 인수기업은 신주를 발행하여 피인수기업의 주주에게 신주를 교부함으로써 피인수기업에 대한 대가를 지불한다. 인수기업이 사용하는 지불방법은 세금과 회계적 의미를 가진다.

- 합병을 진행하기 위해서 피인수기업과 인수기업의 이사회는 합병을 승인하여야 하고 피인수기업의 (경우에 따라서는 인수기업도) 주주 투표에 부쳐야 한다. 우호적 인수에서 피인수기업의 이사회는 합병을 지지하고 잠재적 인수기업과 협상을 한다. 만일 피인수기업 이사회가 합병을 반대하면, 인수기업은 피인수기업 이사

회를 우회하고 직접 피인수기업 주주에게 합병을 지지할 새로운 이사회를 선출할 것을 호소해야만 한다.

28.5 기업인수 방어전략

- 피인수기업의 이사회는 몇 가지 방법으로 합병을 막을 수 있다. 가장 효과적인 방어전략은 피인수기업 주주에게 피인수기업 혹은 인수기업의 주식을 상당히 할인된 가격에 매입할 수 있는 권리를 부여한 포이즌 필이다. 이러한 매입은 피인수기업의 기존 주주를 효과적으로 지원하여 인수비용을 비싸게 만든다.
- 또 다른 효과적인 방어전략은 인수회사가 단기간에 이사회를 통제하는 것을 방지하는 시차임기제 이사회를 두는 것이다.
- 기타 방어전략은 우호적 인수기업을 찾는 백기사, 경영자 교체의 비용을 높이는 것, 그리고 회사의 자본구조 변경을 포함한다.

28.6 기업인수에서 누가 가치 증가를 취하는가

- 인수기업이 제안을 하면, 피인수기업의 주주는 소유 주식을 계속 보유하고 다른 주주가 낮은 가격에 매도하게 하여 이익을 얻을 수 있다. 그러나 모든 주주가 주식을 보유할 동기가 있기 때문에 아무도 매도하려 하지 않을 것이다. 이러한 시나리오는 무임승차자 문제로 알려져 있다. 이 문제를 극복하기 위해서 인수회사는 사전 매집주 전략, 차입매수 시도를 할 수 있고 또한 인수자가 기업인 경우 강제매수를 제안할 수 있다.

주요 용어

가치 조정(step up)
강제매수 합병(freezeout merger)
경영자 매수(management buyout, MBO)
공개매수(tender offer)
교환비율(exchange ratio)
규모의 경제(economies of scale)
기업 사냥꾼(raider)
기업인수(takeover)
다각적 합병(conglomerate merger)
범위의 경제(economies of scope)
백기사(white knight)
백지주(white squire)
사전 매집주(toehold)
수직적 통합(vertical integration)
수직적 합병(vertical merger)
수평적 합병(horizontal merger)

시차임기제 이사회[staggered (classified) board]
우호적 인수(friendly takeover)
인수기업(acquirer, bidder)
인수 시너지(takeover synergies)
인수 프리미엄(acquisition premium)
위임장 경쟁(proxy fight)
위험 차익거래자(risk arbitrageurs)
적대적 인수(hostile takeover)
조건 규정서(term sheet)
주식 스왑(stock swap)
포이즌 필(poison pill)
피인수기업(target)
합병의 물결(merger waves)
합병-차익거래 스프레드(merger-arbitrage spread)
황금 낙하산(golden parachute)

추가 읽을거리

인수합병에 관한 문헌은 방대하다. 하나의 장에서 모든 주제를 담는 것은 불가능하지만, 아래 책은 이 장의 내용을 좀 더 자세히 다루고 있다. J. Weston, M. Mitchell, and J. Mulherin, *Takeovers, Restructuring and Corporate Finance* (Prentice-Hall, 2004); L. Herzel and R. Shepro, *Bidders and Targets: Mergers and Acquisitions in the U.S.* (Basil Blackwell, 1990); and S. Kaplan (ed.), *Mergers and Productivity* (University of Chicago Press, 2000).

연습문제

배경과 역사적 추세

1. 상장된 주식회사의 소유권과 통제권이 변화할 수 있는 두 가지 주요 방법은 무엇인가?

2. 합병이 시간상 무리를 지어 발생하는 합병의 물결은 왜 일어난다고 생각하는가?

3. 수평적 합병이 주주에게 가치를 창출하는 몇 가지 이유는 무엇인가?

기업인수에 대한 시장의 반응

4. 피인수기업의 주주가 기업인수에서 평균적으로 이득을 누리고, 반면에 인수기업의 주주는 아무것도 얻지 못하는 이유는 무엇이라고 생각하는가?

기업인수의 이유

5. 전문성을 얻기 위한 목적에서 인수합병을 계획 중이라면, 당신은 기본적으로 인적 자본을 얻으려는 것이다. 물적 자본을 매입할 때 고려하는 것과는 다르게 거래를 구조화하고 합병후 결합(PMI)에서 고려해야 할 것은 무엇인가?

6. 유럽연합(EU)이 미국 기반의 기업 간 합병을 막을 수 있다고 생각하는가? 그 이유는?

7. 미국의 세제에서 소급공제 조항과 이월공제 조항은 운영 손실을 얻기 위한 합병에 어떤 영향을 주는가?

8. 다각화는 주주에게 이롭다. 그렇다면 경영자가 회사를 다각화하기 위해서 다른 산업의 회사를 인수하지 않는 이유는 무엇인가?

9. 당신의 회사는 $4의 주당 순이익을 얻는다. 회사는 1 백만 주의 발행주식이 있고 주가는 $40이다. 당신은 주당 순이익 $2의 1 백만 주의 발행주식을 가지고 주가는 $25인 타깃코(TargetCo)를 매입하려고 한다. 당신은 신주를 발행하여 타깃코를 매입할 것이다. 이 거래에서 시너지는 기대하지 않는다.

    a. 타깃코의 매입에 프리미엄을 지불하지 않는다면, 합병후 주당 순이익은 얼마가 될 것인가?

    b. 타깃코의 매입 제안 가격은 20% 프리미엄을 가지도록 양사의 현재 공시전 주가를 이용하여 교환비율을 제안한다고 하자. 합병후 주당 순이익은 얼마인가?

    c. (a)에서 주당 순이익의 변화는 어떻게 설명할 수 있는가? 당신 회사의 주주는 이익을 얻는가 손실을 보는가?

    d. 합병후 (프리미엄을 지불하지 않으면) 당신의 주가 순이익 비율(P/E 비율)은 얼마인가? 합병전 P/E 비율과 비교하면 어떻게 되는가? 타깃코의 합병전 P/E 비율과 비교하면 어떠한가?

10. (9번 문제에서) 타깃코와 같은 산업에 속하는 회사의 이익의 14배의 배수로 거래된다면, 타깃코를 위한 적절한 프리미엄은 얼마로 추정되는가?

11. 당신은 그린프레임에 투자하였다. 회사 CEO는 그린프레임의 3%를 소유하고 있고 기업 인수합병을 하나 고려하고 있다. 인수합병이 그린프레임의 가치를 $50 백만만큼 해치고 CEO 보상은 현재가치로 $5 백만만큼 증가시킨다면 CEO는 이익을 얻는가 손실을 보는가?

가치평가와 기업인수 과정

12. 로키(Loki, Inc.)와 토르(Thor, Inc.)는 로키가 토르의 합병전 가격에 40% 프리미엄을 지불하는 주식 스왑 합병 협의에 들어갔다. 만일 토르의 합병전 주당 가격이 $40이고 로키는 $50이면, 로키가 제안에 필요한 교환비율은 얼마인가?

13. NFF는 LE를 합병하겠다는 계획을 공시하였다. NFF는 주당 $35에 LE는 주당 $25에 거래되고 LE의 합병전 가치는 $4 십억이다. 만일 추정된 시너지의 가치가 $1 십억이면, NFF가 양(+)의 NPV를 창출하면서 주식 스왑에서 지불할 수 있는 최대 교환비율은 얼마인가?

14. 9번 문제의 (b)로 돌아가 보자. 거래가 끝났을 때 당신 회사가 타깃코에 지불할 실제 프리미엄은 20%가 아니다. 시너지 없이도 당신 회사가 타깃코에 프리미엄을 지불할 의사가 있다는 것을 반영하여 공시일에 피인수기업의 주가는 상승하고 당신 회사의 주가는 하락하기 때문이다. 기업인수가 확실히 일어날 것이고 모든 시장 참가자가 기업인수 공시에 대해 알고 있다고 가정하자.

   a. 합병이 끝나자마자 합쳐진 회사의 주당가격은 얼마인가?

   b. 공시 직후 당신 회사의 주당가격은 얼마인가?

   c. 공시 직후 타깃코의 주당 가격은 얼마인가?

   d. 당신 회사가 지불할 실제 프리미엄은 얼마인가?

15. ABC는 1 백만 주의 발행주식이 있고 주식가격은 $20이다. 1 백만 주의 발행주식이 있고 주당 가격이 $2.50인 XYZ를 인수하는 제안을 했다. 기업인수가 확실히 일어날 것이고 모든 시장 참가자가 기업인수 공시에 대해 알고 있다고 가정하자. 그리고 두 기업의 합병에서 시너지는 없다.

   a. ABC가 XYZ를 $3 백만에 매입하는 현금제안을 했다고 가정하자. 공시에 대하여 ABC와 XYZ의 주식가격은 어떻게 되겠는가? 이 제안이 현재의 시장가격을 초과하는 어떤 프리미엄을 반영하는가?

   b. ABC가 교환비율 0.15인 주식 스왑 제안을 하였다고 가정하자. 이번에는 ABC와 XYZ의 주식가격은 어떻게 되겠는가? 이 제안이 현재의 시장가격을 초과하는 어떤 프리미엄을 반영하는가?

   c. 현재 시장 주가에서 두 제안 모두는 XYZ를 $3 백만에 매입하는 것이다. 그것은 (a)와 (b)의 답변이 동일하다는 것을 의미하는가? 설명하라.

기업인수 방어전략

16. BAD의 주식가격은 $20이고 2 백만 주의 발행주식을 가지고 있다. 당신은 회사를 매입하고 경영진을 교체하면 회사의 가치를 증가시킬 수 있다고 믿는다. BAD가 20%에 촉발되는 포이즌 필을 가지고 있다고 가정하자. 만일 촉발되면 (인수회사를 제외한) 모든 BAD의 주주는 보유물량만큼 BAD의 신주를 50% 할인하여 매입할 수 있다. 당신이 주식을 매입하는 동안에 가격이 $20에 머문다고 가정하자. 만일 BAD의 경영진이 당신의 매수시도에 저항한다면, 당신은 소유권의 20% 한계점을 넘어갈 것이다.

   a. 어느 가격에 얼마만큼의 신주가 발행될 것인가?

   b. 당신의 BAD 소유권 비율은 어떻게 되겠는가?

   c. 당신의 BAD 주식의 가격은 어떻게 되겠는가?

   d. 포이즌 필을 촉발하는 것이 당신에게 이득이 될까 손실이 될까? 손실이라면 손실은 어디로 가는가(누가 이득을 얻는가)? 이득이라면 이득은 어디에서 왔는가(누가 잃는가)?

기업인수에서 누가 가치 증가를 취하는가

17. 사전 매집주는 무임승차자 문제를 극복하는 데 어떻게 도움을 주는가?

18. 당신은 차입매수를 위해 일하고 있으며 언더워터의 잠재적 차입매수를 평가하고 있다. 언더워터의 주가는 $20이고 2 백만 주의 발행주식을 가지고 있다. 당신은 회사를 매입하고 경영진을 교체하면 가치가 40% 증가할 것이라고 믿고 있다. 당신은 언더워터의 차입매수를 실행할 계획을 가지고 있으며, 회사 경영권을 위해 주당 $25의 공개매수를 제안할 것이다.

   a. 당신이 50%의 통제권을 가지면, 공개매수에 응하지 않은 주식은 어떻게 될까?

   b. (a)의 답변이 주어졌을 때, 주주는 공개매수에 응하겠는가, 응하지 않겠는가, 아니면 상관없겠는가?

   c. 이 거래에서 얻는 당신의 이득은 무엇인가?

기업지배구조

21세기로 전환하면서 우리는 미국에서의 스캔들과 기업 사기를 목격했다. 한때 존경받던 회사인 엔론, 월드컴, 타이코, 아델피아와 같은 기업들의 이름이 뉴스에 등장했다. 최고 수준일 때 $68십억의 시가총액을 호가했던 엔론은 몇 달 만에 거의 가치가 없어져서 주주의 부와 직원들의 퇴직 계좌가 사라져버렸다. 월드컴의 경우도 마찬가지다. 잘 알려진 전화회사 MCI를 포함해서 연속적인 기업인수 후에 월드컴의 시가총액은 $115 십억에 달했다. 그러나 2002년에 월드컴은 사상 최대 규모의 파산 신청을 하였다. 미국 내 최대 규모의 유선방송회사인 아델피아를 바닥부터 만든 리가스 일가는 자신들이 만든 유선방송 시스템을 통해서 아델피아가 해체되는 방송이 전국의 가정에 전달되는 것을 지켜봐야만 하는 수모를 견뎌야 했다.

이러한 기업들의 공통적인 문제는 회계장부 조작에 의해 저질러진 사기의 고발이다. 주주, 애널리스트, 그리고 규제 당국은 기업의 재무 상황이 더욱 불안정해지고 있음에도 이를 알지 못하였고, 그 결과는 완전한 붕괴였다. 어떻게 이런 일이 일어났는가? 경영자는 주주의 이익을 위해 행동해야 하는 것이 아니었는가? 왜 감사는 사기에 공모했는가? 이런 모든 일이 벌어질 때 이사회는 어디에 있었나?

나쁜 지배구조에는 기회비용이 있다. 따라서 나쁜 지배구조를 좋은 지배구조로 교체함으로써 기업의 가치를 올릴 수 있다. 다시 말해서 좋은 지배구조는 양(+)의 NPV 프로젝트인 것이다. 이에 따라 우리는 경영자와 주인 사이의 대리인 갈등을 완화하도록 고안된 다양한 지배구조 메커니즘을 논의하면서 이 장을 시작한다. 이러한 대리인 갈등은 기업의 지배구조 메커니즘으로 완전히 없앨 수는 없다. 따라서 다음으로 우리는 경영자가 주주의 이해와 일치하지 않는 특정한 행동을 취할 수 없도록 고안된 규제에 대해 논의한다. 끝으로 세계의 기업지배구조 현황을 논의하면서 이 장을 마친다.

29.1 기업지배구조와 대리인 비용

기업지배구조(corporate governance)에 대한 모든 논의는 이해관계의 갈등에 대한 이야기이며, 그것을 최소화하기 위한 시도이다. 기업지배구조는 사기(fraud)를 방지하기 위해 고안된 통제, 규제, 그리고 인센티브 시스템이다. 제16장에서 보았듯이 기업의 서로 다른 이해관계자들은 모두 자신을 위한 이해관계를 가진다. 그러한 이해관계가 서로 다를 때 대리인 갈등이 생길 수 있다. 제16장은 채권자와 주주 사이의 갈등의 원인을 강조하였다. 이번 장에서 우리는 경영자와 투자자 사이의 갈등에 초점을 맞춘다.

경영자와 투자자 사이 이해관계의 갈등은 회사에 대한 소유와 경영의 분리에서 발생한다. 제1장에서 지적했듯이, 소유와 경영의 분리는 아마도 주식회사 조직의 성공을 위한 가장 중요한 이유일 것이다. 어떠한 투자자도 기업의 소유권을 가질 수 있기 때문에 투자자들은 분산될 수 있고, 따라서 비용 없이 위험 노출을 줄일 수 있다. 이것은 특히 주식회사의 경영자들에게 중요하다. 그들은 기업을 소유할 필요가 없기 때문에, 그들의 위험 노출은 소유와 경영이 분리되지 않았을 경우보다 훨씬 낮다.

그러나 소유와 경영이 일단 분리되면, 소유자와 회사의 통제권을 가지고 있는 사람들 사이에 이해관계의 갈등이 발생한다. 예를 들어 제28장에서 우리는 주주에게 최선의 이익을 주는 것이 아니더라도 대규모 기업을 경영하여 더 큰 존경과 더 많은 보수를 얻으려는 경영자의 욕구에 의해 유발된 합병에 대해 이야기하였다. 대리인 문제의 다른 예로는 가족 여행에 회사 전용기를 사용하는 것처럼 과도한 특권을 누리거나 자신 소유의 사업처럼 열심히 일하지 않는 경영자를 볼 수 있다. 대리인 갈등은 경영자가 자신의 행동으로 인한 모든 비용을 자신이 감당하지 않을 때 일어나는 것 같다. 회사가 지불할 때와 비교해서 당신이 지불하는 경우에 식당에서 어떻게 주문을 하는지 생각해보라!

이해관계 갈등의 심각성은 경영자와 주주의 이해관계가 얼마나 밀접하게 일치하는가에 달려 있다. 이해관계를 일치시키는 것은 비용을 유발하며, 경영자의 위험 노출을 증가시킨다. 예를 들어 경영자 보상을 기업 성과와 연계하면 경영자의 인센티브를 투자자의 이해관계에 일치시킨다. 그러나 (기업은 경영자의 성과와 무관한 이유로 나쁜 결과를 얻을 수도 있기 때문에) 경영자는 기업의 위험에 노출된다.

기업지배구조 시스템의 역할은 기업의 위험에 대한 경영자의 부당한 부담 없이 소유와 경영의 분리에서 발생하는 이해관계의 갈등을 완화하는 것이다. 기업지배구조 시스템은 옳은 행동에 인센티브를 제공하고 잘못된 행동에는 처벌을 하여 이러한 이해관계를 일치시키는 시도이다. 인센티브는 회사의 주식을 소유하고 성과에 민감한 보상을 함으로써 나온다. 처벌은 나쁜 성과나 사기를 저지른 경영자를 이사회가 해고하거나 이사회가 해고할 수 없는 경우에는 주주나 외부의 경영권 취득 세력이 이사회와 경영진을 대체하기 위해 경영권 분쟁을 시작하여 일어난다. 앞으로 보겠지만 이러한 행동은 복잡한 방식으로 엮여 있다. 예를 들어 경영자가 회사의 주식을 더 많이 소유할수록, 그의 인센티브는 회사와 더 일치하겠지만 그가 감당해야만 하는 위험은 증가한다. 또한 경영자에게 대규모 주식을 부여하면 그의 의결권이 늘어나게 되고, 따라서 해고가 더욱 어려워진다.

이제 기업지배구조 시스템의 구성요소에 대해 좀 더 자세히 알아보자.

개념 확인

1. 기업지배구조는 무엇인가?
2. 대리인 갈등은 기업지배구조에 어떤 영향을 주는가?

29.2 이사회 및 기타 모니터링

언뜻 보기에는 이해관계 갈등의 문제를 해결하는 단순한 방법, 즉 기업 경영자를 가까이서 감시하는 것이 있을 것이라고 생각할 수 있다. 이러한 해결 방식의 문제는 감시비용을 간과하고 있다는 것이다. 주식회사의 소유자는 널리 퍼져 있기 때문에 (감시의 모든 비용을 감당하지만 혜택은 모든 주주가 나누기 때문에) 한 명의 주주가 이 비용을 감당할 인센티브가 없다. 대신에 주주들은 하나의 집단으로 행동하여 경영자를 감시할 이사회를 선출한다. 그러나 이사 자체는 동일한 이해관계의 갈등에 있다. 감시는 비용이 들고 많은 경우에 이사들은 경영자를 가까이서 감시함으로써 다른 주주의 이득보다 더 큰 유의한 이득을 얻는 것이 아니다. 결과적으로 대부분의 경우에 주주들은 이사회로부터 기대할 수 있는 어느 정도의 감시에는 타당한 한계가 있다는 것을 이해한다.

원칙적으로 이사회는 임원진을 고용하여 보상을 정하고, 주요 투자 및 인수 계획을 승인하며, 필요하다면 임원을 해고한다. 미국에서 이사회는 기업 소유자인 주주의 이해관계를 보호하기 위한 명확한 충실의 의무를 진다. 대부분의 다른 나라에서는 종업원과 같은 기업의 다른 이해관계자의 이해관계에도 어느 정도의 무게를 둔다. 독일에서는 이러한 개념이 감독 이사회(supervisory board)라 부르는 상위의 이사회에 절반을 종업원에게 주는 두 단계 이사회 구조를 통해 공식화되어 있다.

이사의 종류

일반적으로 연구자들은 이사를 사내 이사, 회색 이사, 사외(혹은 독립) 이사의 세 가지 그룹으로 분류한다. **사내 이사**(inside director)는 종업원, 전직 종업원, 혹은 종업원의 가족 구성원이다. **회색 이사**(gray director)는 내부자와 같이 기업과 직접 연결되어 있지 않지만 기업과 현재 혹은 잠재적인 사업관계에 있는 사람들이다. 예를 들어 기업과 이미 연관된 은행가, 법률가, 컨설턴트 혹은 이사회에 자리를 차지할 것으로 이해되는 사람이다. 따라서 그들의 판단은 CEO를 기쁘게 하기 위한 욕구로 인해 타협할 가능성이 있다. 마지막으로 그 외 모든 이사들은 **사외**(혹은 **독립**) **이사**[outside or (independent) director]로 이들은 주주의 이해관계를 위한 독립적인 의사결정을 내릴 가능성이 가장 크다.

이사회의 독립성

연구자들은 다수의 사외 이사가 있는 이사회가 경영진의 노력과 행동을 더 잘 감시할 것이라는 가정을 세웠다. 초기 연구는 이사회가 다수의 사외 이사를 가지면 나쁜 성과의 CEO를 더 많이 해고하는 경향이 있다는 것을 보여주었다.[1] 다른 연구들에서는 독립적인 이사회를 둔 기업이 가치를 훼손하는 인수를 덜 행하고 인수의 표적이 되었을 때 주주의 이해관계를 위해 행동하는 경향이 있다는 것을 발견하였다.[2]

이사회의 독립성이 CEO를 해고하고 기업인수를 행하는 것과 같이 주요 의사결정에서 중요하다는 증거에도 불구하고, 연구자들은 이사회 구조와 기업 성과 사이의 연관성을 찾기 위해 노력하였다. 비록 독

---

1 M. Weisbach, "Outside Directors and CEO Turnover," *Journal of Financial Economics* 20(1-2) (1988): 431-460.

2 J. Byrd and K. Hickman, "Do Outside Directors Monitor Managers? Evidence from Tender Offer Bids," *Journal of Financial Economics* 32(2) (1992): 195-207; J. Cotter, A. Shivdasani, and M. Zenner, "Do Independent Directors Enhance Target Shareholder Wealth During Tender Offers?" *Journal of Financial Economics* 43(2) (1997): 195-218; H. Ryan and R. Wiggins 는 더 많은 사외 이사를 둔 기업이 이사회에 감시의 인센티브를 증가시키기 위해서 이사에게 더 많은 주식 기반의 보상을 하는 것을 보여주었다. ("Who is in Whose Pocket? Director Compensation, Board Independence, and Barriers to Effective Monitoring," *Journal of Financial Economics* 73(3) (2004): 497-525.

립적인 이사를 늘리는 공시에 대하여 기업의 주가가 오르더라도, 그 증가한 기업의 가치는 기업의 영업 성과의 개선에서 온 것보다는 인수 결정과 CEO 해고 결정에서 이사회가 더 나은 결정을 할 것이라는 잠 재적 기대에서 온 것으로 보인다. 연구자들은 많은 다른 요소들이 기업 성과에 영향을 주기 때문에 독립 이사의 영향이 큰지 작은지 확인하기 어렵다고 주장한다.

이사회 독립성과 기업 성과 사이의 관계를 설명하기 어려운 또 다른 이유는 독립 이사의 역할 특성 때 문이다. 사내 이사, 회색 이사, 독립 이사로 구성된 이사회에서 독립 이사의 역할은 실제로는 감시견의 역할이다. 그러나 독립 이사의 개인적인 부는 사내 이사나 회색 이사의 부보다는 성과에 덜 민감하기 때 문에 기업을 가까이서 감시할 인센티브가 작다. 그러나 사외 이사에게 주식 기반의 보상을 하는 경향이 커지고 있다. 1990년대 초반까지는 이사들에게 고정된 연봉과 더불어 회의 참석에 대해 추가 보상을 지 급하였다. 현재는 사외 이사에게 주식이나 옵션을 제공하여 그들의 이해관계를 주주와 좀 더 가깝게 일 치시키도록 하는 것이 표준이다.

인센티브에도 불구하고 가장 적극적인 독립 이사라도 매달 하루 혹은 이틀만 회사 사업에 소비할 뿐이 고, 대부분 독립 이사는 복수의 이사회에 단순히 참석하여 관심을 분산하고 있다. 사실 일부 연구는 이사 회의 이사들이 3개 이상의 이사회에 참석하는 것을 의미하는 너무 많이 "바쁘면" 기업가치가 하락하는 것을 발견하였다.[3]

이사회의 감시 의무가 경영진과의 관계나 인지된 충성심으로 위험에 처했을 때 이사회가 **포획된**(captured) 것이라고 말한다. 이론적 실증적 연구는 CEO로 일하는 기간이 길수록 또한 특히 이사회 의 장일 경우에 이사회는 포획된 상태가 되기 쉽다는 생각을 지지한다. 시간이 지나면서 대부분의 사외 이 사는 CEO에 의해 지명될 것이다. 심지어 기업과 연관성이 없더라도 CEO의 친구이거나 최소한 CEO와 친분이 있기 쉽다. CEO는 자신에게 도전하지 않을 이사들로 이사회를 구성해 나갈 수 있다. CEO가 또 한 이사회 의장이면, 신규 이사의 지명 제안이 의장 이름으로 발송된다. 이런 과정은 단순히 사외 이사가 CEO에게 자신의 자리를 빚졌다는 생각을 강화하고 주주가 아니라 CEO를 위해 일하게 만든다.

2002년의 사베인즈-옥슬리법(SOX)은 (29.5절에서 좀 더 깊이 있게 논의하겠지만) 기업의 재무제표 감사를 감독하는 책임을 진 이사회의 감사위원은 완전히 독립 이사로 구성하도록 요구하고 있다. SOX 의 시행에 따라 주요 미국의 거래소(NYSE와 NASDAQ)는 거래소에 상장된 기업은 이사회에 다수의 독 립 이사를 두어야만 하는 것으로 상장 조건을 변경하였다. 좀 더 최근에 2010년의 도드-프랭크법(Dodd-Frank Act)은 기업보상위원회의 모든 위원을 독립 이사로 하도록 요구한다. 이상적으로 이러한 변화는 참호 구축을 줄이고 지배구조를 개선할 것이다. 그러나 이사회의 다른 중요한 역할이 전략적 이슈에 조 언하는 것이기 때문에 모든 그러한 변화들은 비용을 발생시킨다. 독립 이사는 치우치지는 않겠지만, 사 업에 대해 전문가가 아닐 수 있으며 따라서 그들의 조언 능력이 줄어들게 된다.

이사회 규모와 성과

연구자들은 놀랍게도 이사회 규모가 작을수록 기업가치와 성과가 커지는 것과 관련이 있다는 강력한 결 과를 발견하였다.[4] 이런 현상에 대한 가능한 설명은 작은 집단이 큰 집단보다 나은 결정을 한다는 심리학

3   E. Fich and A. Shivadasani, "Are Busy Boards Effective Monitors?" *Journal of Finance* 61(2) (2006): 689-724.

4   D. Yermack, "Higher Market Valuation of Companies with Small Boards of Directors," *Journal of Financial Economics* 40(2) (1996): 185-211.

과 사회학 연구에서 나온다. 대부분 최근 공개한 기업은 신생기업이거나 차입매수(LBO) 이후 공개기업으로 돌아오려는 성숙기업으로 작은 이사회를 가지고 시작한다. 이사회는 여러 이유로 이사들이 추가되면서 시간이 흐름에 따라 커지는 경향이 있다. 이사회는 인수 이후에 표적기업 CEO와 한 명의 표적기업 이사를 위해서 종종 한두 자리를 확대한다.

기타 감시자

이사회는 기업 내부와 외부의 다른 감시자들로부터 보완된다. 우리는 29.4절에서 주주의 직접 감시와 행동을 논의하지만 증권 애널리스트, 채권자, SEC, 그리고 기업 내부의 종업원들도 기타 감시자들에 포함된다.

증권 애널리스트는 자신이 담당한 기업에 대한 독립적인 가치평가를 행하고 고객들에게 매수와 매도 추천을 한다. 가능한 한 많은 정보를 수집하고 담당 기업과 경쟁사들의 재무제표와 서류정리를 통해 전문가가 된다. 그 결과 애널리스트는 불규칙성을 먼저 발견하는 위치에 선다. 애널리스트는 종종 CEO와 CFO에게 분기별 이익 공표 시기에 까다롭고 탐구적인 질문을 한다. 누구든지 이러한 전화 회의를 들을 수 있으며, 일반적으로 회사의 IR 웹에서 동시에 방송이 된다.

대출기관도 조심스럽게 채권자로서 기업을 감시한다. 대출과 신용 한도는 문제를 조기에 경고하기 위해 만들어진 재무 약정을 포함한다. 기업에게 어떤 당좌비율이나 수익성 수준을 유지하도록 요구하는 이러한 약정은 기본적으로 기업의 상환 능력을 확실히 하기 위해 고안되었다. 그럼에도 불구하고 채권자는 잠재적인 지배구조 문제의 징후를 보완한다. 그러나 주주는 채권자와 이해관계가 완전히 일치하는 것은 아니라는 점을 기억해야만 한다. 기업의 성장에 참여가 제한되기 때문에, 심지어 양(+)의 NPV 프로젝트를 비용으로 하더라도 채권자는 위험을 최소화하는 데 우선적인 관심을 둔다.

기업의 종업원은 내부 정보를 알고 있기 때문에 명백한 사기 행위를 감지할 가능성이 가장 크다. 그러나 그들이 사기 행위를 밝히는 데 항상 강한 인센티브를 가지고 있는 것은 아니다. 그들은 사기 행위로부터 개인적 이득을 얻을 수도 있고 혹은 "내부 고발자"에 대한 응징을 두려워할 수도 있다. 일부 주는 당국에 사기를 보고한 종업원을 보호하기 위해 내부 고발자(whistle blower) 법규를 가지고 있다. 또한 미국 연방정부에 대한 사기 행위를 노출한 종업원을 보호하는 연방 법규가 있다.

증권거래위원회(SEC)는 사기와 주가 조작에 대응하여 공공의 투자자를 보호하는 업무를 책임진다. SEC의 집행력이 강력하고 형사 기소의 권한을 가지고 있더라도 적발을 위한 자원이 제한되어 있다. 어쩔 수 없이 SEC는 잠재적인 범법 행위를 고치기 위해서 지배구조 문제를 적발하는 데 이미 각자의 이해관계를 가지고 있는 일련의 다른 감시자들에게 의존해야만 한다.

개념 확인

1. 회색 이사와 사외 이사의 차이는 무엇인가?
2. 이사회가 포획된 것은 무슨 의미인가?

29.3 보상정책

감시감독이 없는 경우에 경영자와 주주 간의 이해 상충을 완화할 수 있는 다른 방법은 경영자의 보상정책을 통해 이해관계를 면밀하게 정렬하는 것이다. 성과에 보상을 연결함으로써 주주는 효과적으로 경영자에게 회사의 소유 지분을 제공한다.

주식과 옵션

경영자의 보수는 여러 가지 면에서 회사의 성과와 관련이 있다. 가장 기본적인 접근 방식은 이익 증가에 기반하여 보너스를 지급하는 것이다. 1990년대에 대부분의 회사는 임원에게 주식이나 스톡옵션을 부여하여 경영자에게 직접 소유권을 주는 보상정책을 채택하였다. 이러한 보상을 통해 주식이나 스톡옵션을 최대한 가치 있게 만들기 위해 주가가 상승할 수 있도록 경영자에게 직접적인 인센티브를 줄 수 있다. 결과적으로 주식이나 옵션 보상은 자연스럽게 주주의 부에 경영자의 부를 연결한다.

많은 연구가 기업의 보상정책을 조사하였다. 초기 연구 중 하나는 기업 성과에 대한 경영자의 보상 민감도를 조사한 것이다.[5] 저자들은 기업가치가 $1,000 상승할 때마다 CEO 보수가 평균 $3.25 변경되었다는 것을 발견하였다. 이 증가의 대부분은 주식 소유가치($2)의 변화에서 비롯된 것이다. 나머지는 옵션, 보너스 및 기타 보상의 변화에서 이루어졌다. 저자들은 이 금액은 경영자에게 주주를 대신하여 추가적인 노력을 기울일 적절한 인센티브를 제공하는 것으로는 너무 작은 민감도로 보인다고 주장한다. 그러나 성과에 대한 보상 민감도를 높이는 것은 경영자에게 부담을 준다. 결과적으로, 민감도의 최적 수준은 경영자의 위험 회피 수준에 달려 있는데, 이는 측정하기가 어렵다.

보수와 성과 민감도

그림 29.1은 1990년대 경제 확장기 동안 CEO 보수의 극적인 성장을 보여준다. 그림에서는 급여와 보너스로 구성된 현금 보수만 적당히 변동하는 것을 보여준다. CEO 총보상의 증가는 매년 주식, 옵션 및 이연 보상의 가치가 급격히 상승함에 따라 증가하였다. 부여된 옵션의 중간 금액은 1993년에 $200,000 미만에서 2001년에 $1 백만 이상으로 증가하였다. 놀라운 것은 아니지만 1990년대 주식 및 스톡옵션의 실

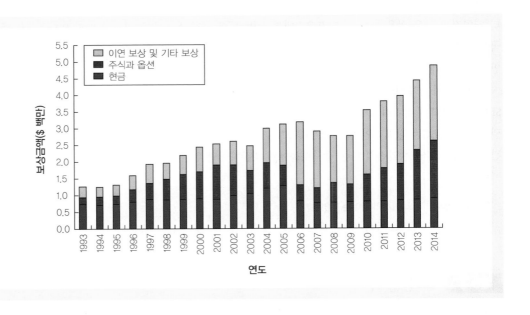

그림 29.1

CEO 보상

이 그림은 1993년부터 2014년 사이에 있었던 1,600개 대형 상장회사의 CEO에 지급된 현금, 주식과 옵션, 이연 보상과 기타 보상(예 : 장기 인센티브와 퇴직 보상금)을 보여준다.

출처 : Execucomp

5   M. Jensen and K. Murphy, "Performance Pay and Top-Management Incentives," *Journal of Political Economy* 98(2) (1990): 225–264.

질적인 사용은 경영자의 보상 민감도를 크게 증가시켰다. 결과적으로, 후속 연구에서 보상 민감도는 $1,000당 $25로 나타났다.[6] 주식과 옵션 보상의 가치는 2000년대의 전반적인 주식시장 성과에 따라 변동이 있었고, 이연 보상 및 퇴직 패키지로 대체가 일어났다. 이들 금액은 2014년에 중간 금액이 $2 백만을 초과하였다.

경영자의 위험 노출이 증가하는 것 외에도 경영 성과에 대한 경영자 보수와 부의 민감도가 올라가는 것은 또 다른 부정적인 영향을 미친다. 예를 들어 옵션은 종종 "등가격(at the money)"으로 부여된다. 즉, 행사가격은 현재 주가와 같다. 따라서 경영자는 재무 예측 공시를 조작할 인센티브를 가지므로 옵션이 부여되기 전에 (행사가격을 낮추기 위해) 나쁜 소식이 나오고 옵션을 부여한 후에 좋은 소식이 나온다. 연구 결과에 따르면 CEO 스톡옵션의 가치를 극대화하기 위한 정보 공개 시기를 정하는 관행이 널리 퍼져 있다는 증거가 발견되었다.[7]

최근 에릭 라이(Erik Lie) 교수는 많은 경영진이 스톡옵션 보상을 조작하는 보다 직접적인 형태로 관여하고 있다는 증거를 발견하였다.[8] 백 데이팅(backdating)이란 스톡옵션의 부여일을 소급하여 선택하는 관행을 의미하며 부여일은 주가가 분기 또는 연중 최저 수준이었던 날짜와 일치할 것이다. 이러한 방식으로 옵션의 날짜를 후퇴시킴으로써 임원은 이미 지급된 스톡옵션을 받게 되고, 행사가격은 상응하는 옵션 부여일의 낮은 가격과 같아진다.

백 데이팅의 사용은 일부 임원의 스톡옵션 보상이 실제로 기업의 미래 성과의 결과로 얻어지지 않았을 수 있음을 암시한다. 또한 적시에 IRS와 주주에게 보고되지 않고 회사의 재무제표에 반영되지 않는 한 백 데이팅은 불법이다. 2006년 중반, SEC 및 미국 법무부 조사에서 70개 이상의 기업에 대한 백 데이팅 혐의 조사가 진행되었다. 새로운 SEC 규정은 기업이 부여일로부터 2일 이내에 옵션 교부를 보고하도록 요구하고 있으며, 이로 인해 더 이상의 남용을 예방할 수 있다.

개념 확인

1. 경영자의 보상을 기업의 성과와 연계하는 가장 큰 이유는 무엇인가?
2. 기업 성과에 대한 경영자 보수의 민감도를 증가시키는 부정적인 효과는 무엇인가?

29.4 대리인 갈등의 관리

기업은 소유와 경영을 분리함으로써 이점과 위험을 보유하지만, 최고경영자가 상당한 소유권을 갖는 기업의 예는 여전히 있다(예 : 마이크로소프트). 그러한 기업은 경영자와 주주 사이의 이해 상충으로 인한 어려움을 겪지 않는다고 추측할 수 있다.

학술 연구는 경영진의 소유가 경영자의 가치 저하 행동의 감소와 관련이 있다는 개념을 뒷받침해 왔

---

6 B. Hall and J. Liebman, "Are CEOs Really Paid Like Bureaucrats?," *Quarterly Journal of Economics* 103(3) (1998): 653–691.

7 D. Yermack, "Good Timing: CEO Stock Option Awards and Company News Announcements," *Journal of Finance* 52(2) (1997): 449–476. 잘못된 보고를 유발한 옵션 보상의 실증 연구로 아래 연구도 참고하라. N. Burns and S. Kedia, "The Impact of Performance-Based Compensation on Misreporting," *Journal of Financial Economics* 79 (2006): 35–67.

8 E. Lie, "On the Timing of CEO Stock Option Awards," *Management Science* 51 (2005): 802–812. 또한, R. Heron and E. Lie 는 백 데이팅을 막기 위해서 옵션 부여를 2 영업일 이내에 보고하도록 요구하는 새로운 규정이 2002년 사베인즈–옥슬리법의 일부로 제정되었음을 보여준다. ("Does Backdating Explain the Stock Price Pattern Around Executive Stock Option Grants?" *Journal of Financial Economics* 83(2) (2007): 271–295).

다.[9] 그러나 경영자의 소유권을 늘리면 특권적 소비는 줄지만 경영자를 해고하기가 어려워지기 때문에 해고 위협을 통한 인센티브 효과가 줄어든다. 그러므로 경영진의 소유와 기업가치 간의 관계는 모든 회사 또는 동일한 회사의 각기 다른 임원에 있어서 동일하지는 않다. 주주들은 대리인 갈등을 관리하기 위해 모든 수단을 사용하려고 한다. 따라서 경영자의 소유 지분이 적으면 주주는 원하는 인센티브를 만들기 위해서 보상정책이나 보다 강력한 이사회를 활용하려고 한다. 해롤드 뎀세츠(Harrold Demsetz)와 케네스 레른(Kenneth Lehn)은 경영자의 위험 회피 성향을 포함해서 (때로는 관찰할 수 없는) 지배구조 시스템의 요소들을 모두 통제할 수 없다면 소유권과 기업가치 사이에 어떤 관련성을 반드시 찾을 수 있는 것은 아니라고 주장한다.[10] 더 많은 최근의 연구가 그들의 입장을 지지하고 있다.[11]

주주의 직접적 행동

다른 모든 것이 실패하면 이기적인 경영자에 대응하는 주주의 최후 방어선은 직접적 행동이다. 주주들이 이사회를 선출한다는 점을 상기하자. 전형적으로 이러한 선출은 구소련에서 있었던 선거와 비슷하다. 한 명의 후보자만 있고, 전체적으로 후보 명부에 "예" 또는 "아니요"로 투표한다. 회사 경영에 대해 분노하고 행동을 취하지 않는 이사회에 좌절감을 느낀다면, 주주들은 불만을 표명할 수 있는 다양한 선택권을 가지고 있다.

주주의 목소리   무엇보다 주주는 주주총회에 투표에 부쳐지는 결의안을 제출할 수 있다. 결의안은 이사회가 특정 사업이나 국가에 대한 투자를 중단하거나 포이즌 필(poison pill)을 제거하는 것과 같은 특정 조치를 취하도록 지시할 수 있다. 그러한 결의안은 다수 지지를 거의 받지 못하지만 대주주가 이를 지지하면 이사회가 당혹스러울 수 있다. 연구 결과에 따르면 시장은 그러한 결의안이 채택될 때 긍정적으로 반응하며, 이는 기업의 지배구조에 긍정적인 영향을 미친 것으로 보인다.[12] 캘리포니아 공무원 퇴직제도(CalPERS)와 같은 일부 대형 공적 연기금은 기업지배구조에서 행동주의적 역할을 한다. 일반적으로 이 기금은 주주의 우려를 고려하지 않는 회사를 대상으로행동을 취한다. 예를 들어 기금은 비공식적으로 회사 이사회에 접근하여 그 과정을 역전시킬 것을 요구할 수 있다. 이 단계에서 명백한 위협은 이사회가 준수하지 않을 경우 연기금이 이 문제를 주주 투표에 부칠 것이라는 것이다. 연구는 그러한 행동주의적 투자자들이 대개 공개적으로 문제를 공개할 필요없이 목표를 성취하는 데 성공했다고 보고한다.[13] 이러한 행동주의는 경영자의 참호를 위해 고안된 포이즌 필과 기타 방어책을 제거하는 데 매우 효과적이었다(그림 28.3 참조).

9   R. Walkling and M. Long, "Agency Theory, Managerial Welfare, and Takeover Bid Resistance," *Rand Journal of Economics* 15(1) (1984): 54 – 68.

10   H. Demsetz and K. Lehn, "The Structure of Corporate Ownership: Causes and Consequences," *Journal of Political Economy* 93(6) (1985): 1155 – 1177.

11   C. Himmelberg, R. G. Hubbard, and D. Palia, "Understanding the Determinants of Managerial Ownership and the Link Between Ownership and Performance," *Journal of Financial Economics* 53(3) (1999): 353 – 384; 그리고 J. Coles, M. Lemmon, and J. Meschke, "Structural Models and Endogeneity in Corporate Finance: the Link Between Managerial Ownership and Corporate Performance," *Journal of Financial Economics* 103(1) (2012): 149 – 168.

12   D. Levit and N. Malenko, "Non-Binding Voting for Shareholder Proposals," Journal of Finance 66(5) (2011): 1579 – 1614, 그러한 투표에 대한 정보 역할과 효과성에 대한 이론적 분석은 아래 논문을 참고하라. V. Cuñat, M. Guadalupe, and M. Gine, "The Vote Is Cast: The Effect of Corporate Governance on Shareholder Value," *Journal of Finance* 67 (2012): 1943 – 1977.

13   W. Carleton, J. Nelson, and M. Weisbach, "The Influence of Institutions on Corporate Governance Through Private Negotiations: Evidence from TIAA-CREF," *Journal of Finance* 53(4) (1998): 1335 – 1362.

최근 주주들은 "반대표"를 작성하기 시작했다. 즉, 이사회가 불만스럽다면 이사회의 후보자 명단을 승인하기 위한 투표를 거부하기만 하면 된다. 이러한 유형의 행동 중 가장 주목할 만한 사례는 2004년 월트 디즈니에서 발생했다. 주요 주주들은 오랫동안 CEO였던 마이클 아이즈너(Michael Eisner) 회장의 최근 성과에 불만을 나타냈다. 그들은 디즈니 주주 대다수를 대상으로 아이즈너의 이사와 이사회 의장 재선에 대한 승인을 보류하도록 설득하기 위한 조직적인 캠페인을 시작했다. 득표수를 집계할 때 디즈니의 주주 중 45%가 아이즈너의 승인을 보류하기로 결정했다. 아이즈너가 기술적으로 재선에서 승리했지만, 대형 상장회사에서 45%의 "반대" 투표는 사실상 전례가 없었다. 그 신호는 분명했고, 당혹감에 빠져 있던 아이즈너와 디즈니 이사회는 아이즈너가 CEO로 남아 있지만 이사회 의장직을 포기하겠다고 결정했다. 그 직후 아이즈너는 2006년에 완전히 은퇴할 계획을 발표했다.

주주의 승인 주주는 회사의 이사를 선출하는 것 외에도 이사회가 취한 많은 주요 조치를 승인해야 한다. 예를 들어 표적기업 주주는 합병 계약을 승인해야 하며 경우에 따라 합병기업의 주주도 동의해야 한다. 합병기업 주주가 합병을 직접 승인할 필요가 없는 경우에도, 뉴욕증권거래소(NYSE)의 상장 요건에 의하면 주식 교환 합병에 필요한 신주 발행을 승인해야만 한다. 일반적으로 승인은 형식적이지만 자동으로 승인되는 것은 아니다. 제28장에서 보았듯이 HP의 CEO인 칼리 피오리나가 HP와 컴팩의 합병을 협상한 후 휴렛 일가는 이사회 의석수와 의결권을 사용하여 합병 계약에 반대했다.

2008년 금융위기 당시 추진력과 규제 기관의 관심을 받았던 최근의 움직임은 주주들에게 "주주권고 투표(say on say)"를 허용하는 것이다. 이것은 일반적으로 매년 고위 임원에 대한 보상 계획을 승인하거나 거부하는 강제력이 없는 투표를 말한다. 투표가 강제력을 발휘하지는 못하지만 주주권고 투표를 요구하는 주주의 결의안을 가까스로 통과시킨 기업은 (가까스로 거부한 기업에 비해) 주가가 상승하는 반응을 보였다.[14]

뉴욕타임스에서 발생한 주주 행동주의

뉴욕타임스(NYT)의 발행사인 뉴욕타임스 주식회사는 B 클래스 의결 주식의 대부분을 소유하고 있는 오츠-슐츠버거(Ochs-Sulzberher) 일가가 70%의 이사진을 선임하는 실질적인 통제를 받고 있다. 그러나 2007년 12월과 2008년 1월에 헤지 펀드가 협조하여 시장에서 유통되는 A 클래스 주식의 대규모 지분을 인수하기 시작했다. 2개 펀드는 하빈저(Harbinger Capital Partners)와 파이어브랜드(Firebrand Partners)로 애초에 주식의 5%를 취득한 후 지분율을 19%로 끌어올렸다. 이들 펀드는 뉴욕타임스사의 이사회에 4명의 반대파 이사 후보를 지명하였다. 펀드는 뉴욕타임스가 디지털 콘텐츠를 개발하기에는 움직임이 너무 느리다는 점을 지적하고, 비핵심 자산을 처분하라고 주장하였다. 처음에는 뉴욕타임스가 저항했지만 이후 두 펀드의 후보자

중 두 사람을 받아들이기로 동의했기 때문에 두 펀드는 자신들의 반대 의견이 제시된 위임장을 철회하였다. 펀드가 자신들의 행동주의를 시작한 지 2개월 동안, 뉴욕타임스사의 주가는 거의 30% 가까이 상승했다. 이 사건은 투자자 행동주의에서 나타난 두 가지 새로운 경향을 시사하고 있다. 그것은 헤지 펀드들이 기업의 변화를 위해 적극적으로 행동가의 역할을 취하면서 함께 협조한다는 것과 표적기업이 행동가들과 화해 협상을 할 의사가 증가했다는 것이다(그림 29.2 참조).

출처 : "New York Times Co. Relents on Board Seats—Dissident Group Secures 2 on Expanded Panel; Dual-Stock Handcuffs," Merissa Marr, 18 March 2008, *The Wall Street Journal*, B3.

14 V. Cuñat, M. Guadalupe, and M. Gine, "Say Pays!: Shareholder Voice and Firm Performance," Financial Markets Group Working Paper, The London School of Economics (2012).

29.5   규제

지금까지 우리는 주주들이 주주와 경영자 간의 이해 상충을 완화할 필요성에 대한 경제적 대응으로 점차 발전해 온 기업지배구조 시스템에 집중해 왔다. 예를 들어 기업의 지배구조에 대한 규정이 있기 오래전에 이미 이사회가 열렸으며, CEO는 필수적인 것이 아닌데도 오랜 기간 이사회에 사외 이사를 임명해 왔다. 그럼에도 불구하고 정부는 수시로 최소한의 지배구조 표준을 강제하는 법률을 통과시켜서 기존의 요구사항을 확대해 왔다. 최근 사례로는 사베인즈-옥슬리법과 2010년 도드-프랭크법이 있다.

이 장의 서두에서 언급된 2000년대 초반 대규모 공개기업의 실패와 기업 사기 스캔들로 인해 국회는 공개기업 경영자의 불법 행위에 대한 부적절한 보호장치로 보였던 것을 수정하기 위한 법률의 제정을 서둘렀다. 그 결과 사베인즈-옥슬리법(SOX)이 탄생했다. SOX 이전에는 증권시장의 최대 개편과 규제 도입은 1929년의 주식시장 폭락과 그에 따른 대공황에 대한 반응으로 나타났다. 1933년과 1934년의 증권거래법(Exchange Acts of 1933 and 1934)은 증권거래위원회(SEC)를 설립하고 회사 내부자로서 얻은 개인 정보를 이용한 거래를 금지했다.

사베인즈-옥슬리법

감독 과정에서 가장 중요한 입력 중 하나는 정확한 정보이다. 이사회가 부정확한 정보를 가지고 있다면, 이사회는 제대로 감독을 할 수 없다. SOX에는 많은 조항이 있지만, 법률의 전반적인 목적은 이사회와 주주 모두에게 주어진 정보의 정확성을 향상시키는 것이다. SOX는 (1) 감사 과정에서 인센티브와 독립성을 정비하고, (2) 허위 정보를 제공하는 데 대한 처벌을 강화하고, (3) 회사가 내부 재무 통제 과정을 검증하도록 강제함으로써 이 목표를 달성하려고 하였다.

엔론(Enron), 월드콤(WorldCom) 및 여러 기업의 많은 문제는 너무 늦을 때까지 이사회와 주주로부터 정보를 숨겼다는 것이다. 이러한 스캔들을 통해서 많은 사람들이 이러한 기업들의 회계 재무제표가 GAAP의 지침에는 충실했지만 재무 건전성에 대한 정확한 모습을 제시하지는 못했다고 느꼈다.

감사를 담당한 회계법인은 회사의 재무제표가 기업의 재무 상태를 정확하게 반영하는지 확인해야 한다. 현실에서 대부분의 감사인은 감사 대상 고객사와 오랜 관계를 유지하고 있다. 이러한 장기간의 관계와 이익이 많은 감사 수수료를 유지하려는 감사인의 희망으로 인해 감사인은 경영진에 대해 덜 도전적이 된다. 더 중요한 것은 아마도 대부분의 회계법인이 대규모의 매우 수익성 높은 컨설팅 부문을 개발했다는 것이다. 명백하게도 감사팀이 고객의 경영진에 의한 요청을 수용하기를 거부한다면, 그 고객은 다음 컨설팅 계약을 위해 회계법인의 컨설팅 부서를 선택할 가능성이 작아질 것이다. SOX는 회계법인이 감사와 함께 동일한 고객사에서 얻을 수 있는 비감사 수수료(컨설팅 혹은 기타)의 양에 엄격한 제한을 두어 이 문제를 해결했다. 또한 오랜 기간의 감사 관계가 너무 느슨해질 가능성을 제한하기 위해 감사 파트너를 5년마다 교체해야 한다. 마지막으로 SOX는 SEC에 회사가 사외 이사가 지배하는 감사위원회를 두도록 하고 적어도 한 명의 사외 이사는 재무금융의 경험이 있어야 함을 요구했다.

또한 SOX는 주주들에게 허위 정보를 제공하는 경우에 형사 처벌을 강화했다. CEO와 CFO는 주주들에게 제시된 재무제표의 정확성을 개인적으로 증명하고 그 취지를 재무제표에 서명해야 한다. 거짓 또는 오도된 재무제표 제공에 대한 벌칙은 $5 백만의 SOX 벌금과 최대 20년의 징역형이 가능하다. 또한 CEO와 CFO는 나중에 재작성되는 재무제표에 포함된 기간의 주식매각이나 옵션 행사로 인한 보너스나 이익을 반환해야 한다.

2002년부터 2004년까지 미국 증권거래위원회(SEC)의 수석 이코노미스트였던 로렌스 해리스 박사는 모든 경제 문제에 대한 SEC의 주요 고문이었다. 그는 사베인즈-옥슬리법(SOX) 규제의 개발에 광범위하게 참여했다. 현재 해리스 박사는 서던캘리포니아대학교의 경영대학에서 재무 담당 석좌교수로 근무하고 있다.

질문 사베인즈-옥슬리법과 같은 법률이 왜 주주를 보호해야 하는가?

답변 일반 투자자는 투자한 자금이 현명하게 사용될 것이라고 믿을 때에만 새로운 사업 벤처에 자금을 조달하려는 기업가에게 자본을 공급할 것이다. 유감스럽게도 경영자가 너무 자주 신뢰를 위반해 왔다는 것을 역사는 보여주고 있다. 경영자와 주주의 이익은 종종 충돌한다. 이러한 대리인 문제를 해결하기 위해 주주들은 기업의 회계 시스템에서 생산된 정보에 의존한다. 사베인즈-옥슬리법은 기업의 재무정보 공개의 질을 향상시키기 위해 회계 및 감사 표준을 의무화했다.

지배구조 규제 반대자들은 주주들이 스스로를 돌볼 수 있으며 또 돌봐야 한다고 믿는다. 불행히도 주주들은 회사가 처음 설립되었을 때에는 예상하지 않았던 대리인 문제를 해결하기 위해서 필요한 통제권을 자주 행사할 수 없다. 회사의 창립자가 주로 자금을 조달하던 중소기업의 경우에 적합했던 회사의 지배구조는 현대 경제에서 널리 운영되는 대규모 기업의 경우 더 이상 적합하지 않을 수 있다. 소유권이 거의 없는 경영진이 참호를 구축할 수 있으며, 이사들이 서로 갈등을 일으킬 수 있다. 주주들이 대리인 문제를 해결할 수 없을 때 정부는 가능한 가장 낮은 수준으로 개입해야 한다.

질문 사베인즈-옥슬리법의 비용 및 이점은 무엇인가?

답변 기업의 성공적인 공시는 공공의 재무활동에 필수적이다. SOX는 회계 및 감사 표준을 강화하여 공시의 품질을 향상시켰다. CEO와 CFO가 계좌에 서명하고 그 정확성을 입증하도록 요구함으로써 SOX는 사기가 발견되면 이를 집행한다. 사람들이 SOX의 비용으로 인식하는 것은 사실 취약한 기업들이 회피했던

인터뷰

로렌스 해리스
(Lawrence E. Harris)

비용이다. 모든 게 잘 관리된 회사는 회계의 무결성을 보장해야 한다. SOX는 단지 사람들이 기존의 우수 사례를 채택할 것을 요구한다. 많은 기업이 가장 기본적인 측면에서 SOX를 완벽하게 준수했다.

비평가들은 SOX가 공개 회사가 되는 데 드는 비용을 늘림으로써 중소기업이 공개하기가 더 어려워졌다고 주장한다. 그러나 공개 회사는 주주를 보호하기 위한 통제 메커니즘을 확보해야 한다. SOX는 공개되는 회사의 수를 줄이지만 일반 투자자가 겪는 손실도 줄인다.

SOX는 감사를 규제하기 위해 공공감사위원회(PCAOB)를 설립했다. 회계사가 동료를 징계하지 않기 때문에 자체 규제에 대한 이전의 노력은 실패했다. 수많은 주목할 만한 실패를 계기로 의회는 PCAOB에 발을 들여놓았다.

질문 SOX는 훌륭한 법인가?

답변 규제 당국은 위기 발생 시 규제에 대한 책임이 있지만 규제의 비용은 부담하지 않는다. 이러한 비대칭성으로 인해 종종 규제비용을 과소평가하여 불필요한 규제를 채택하게 된다. 이 문제는 정치적 고려 사항 때문에 정보에 입각한 전문가로서 규제를 더 잘 작성할 수 있는 SEC와 같은 규제기관에게 의회가 규제를 작성하도록 강제할 때 가장 좋다. 의회는 대중을 크게 괴롭혔던 재무회계 위기에 대응하여 SOX를 작성했다. SEC가 공익이 아니라고 결정한 조항을 본질적으로 다시 작성할 수 있도록 SOX가 허용하지만, 상황에 따라 그렇게 할 수 없다.

SOX는 일반적으로 좋은 규정이지만, 의도하지 않은 결과가 일부 있다. 감사 회계법인이 기업 고객에게 행사하는 권한으로 SOX를 입맛에 맞게 해석하여 SOX 준수에 필요한 작업을 늘릴 수 있다. SOX는 또한 뮤추얼 펀드에 불필요한 비용을 부과한다. 투자회사는 공개기업이기 때문에 SOX의 대상이 되지만 운용회사가 직면한 것과 동일한 회계 문제에 직면하지는 않는다. 국민을 진정시키기 위한 서두름 때문에 의회는 할 수 있는 만큼 구분하는 데 실패하였다.

마지막으로 SOX의 404조는 상장기업의 고위 경영자 및 이사회에 회사의 자금이 배분되고 통제되는 과정과 기업 전체의 모니터링 결과에 대해 충분히 신뢰할 수 있는 상태를 구축하도록 요구하고, 그 유효성과 타당성에 대해 스스로 실행하여 보증할 것을 요구하고 있다. 404조는 SOX의 다른 조항보다 더 많은 주목을 받고 있다. 전체 재무관리 시스템을 검증하기 위해 모든 회사에 잠재적으로 엄청난 부담을 주기 때문이다. SEC가 404조의 시행비용을 예측했을 때, SEC의 이코노미스트는 총비용을 $1.24 십억으로 계산했다. 국제재무임원회(Financial Executives International)와 미국전자협회(American Electronics Association)의 조사에 근거한 최근 추정치에 따르면 실제 비용은 $20 십억에서 $35 십억이 될 것이다.[20] 이 조항을 준수하는 부담은 중소기업에게는 수익에 대한 비중으로 보면 더 크다. 앞서 언급한 설문조사에 따르면 수십억 달러짜리 회사는 수익의 0.05% 미만을 지불하고 수익이 $20 백만 미만인 소규모 회사는 수익의 3% 이상을 지불하게 된다.

캐드버리 위원회

SOX의 비용이 그 이익보다 무게가 나가는지 여부를 결정하는 것은 어렵다. 법률의 총 직접비용과 간접비용을 측정할 수 있다고 하더라도, 그 법률에 의해 얼마나 많은 사기 행위가 저지되는지 정확히 예측할 수는 없다. 다른 나라들의 경험을 통해서 교훈을 얻을 수 있다. 인디펜던트의 다음 인용문은 사베인즈-옥슬리법안의 동기를 설명하기 위해 작성된 것이다.[21]

최근 감사를 받은 기업들의 예기치 못한 연쇄적인 붕괴와 임원 급여의 큰 폭의 인상, 거래소 직원 및 공무원에 대한 대중의 우려로 인해 이사회의 독립성을 강화하고 감사 과정에서 이해 상충 문제를 해결하기 위한 기업지배구조 개혁에 공개적으로 분노의 물결이 몰아쳤다.

실제로 이 구절은 1992년에 작성되었으며 1991년 영국에서 일어난 일을 설명한다. 일부 대기업의 붕괴 이후 영국 정부는 에드리안 캐드버리(Adrian Cadbury) 경에게 기업지배구조의 모범 사례를 개발하기 위한 위원회를 구성하도록 위촉했다. 캐드버리 경은 그의 권고를 소개하면서 다음과 같이 말했다.

근본적인 문제는 압력입니다. 기업은 시장이 기대하는 결과를 보여주어야 한다는 부담이 있습니다. 일자리를 잃고 싶지 않은 감사인에게도 압박감이 있습니다. 문제는 구조가 주주들에게 그들이 얻어야 하는 것이 무엇이며 그들이 무엇에 의지할 수 있는지를 알 수 있을 만큼 견고한 대화를 통해서 나올 수 있는지 여부입니다. 내부 통제는 설명을 들어야 할 사람이 당연히 기대하는 것입니다.[22]

캐드버리 위원회가 인식한 문제는 10년 후 미국에서 SOX가 제기한 문제와 동일하다. 놀라운 일은 아니지만 아마 그 결과 제시된 제안도 거의 동일하다. 위원회의 조사 결과에 따르면, 감사 및 보상위원회는 전적으로 독립 이사로 구성되어야 하며, 적어도 대다수가 독립 이사로 구성되어야 한다. CEO는 이사회의 의장이 되어서는 안 되며 수석 독립 이사 혹은 최소한 유사한 의제 설정 권한을 가진 독립 이사가 있어야 한다. 감사인은 순환되어 변경되어야 하며 비감사 업무에 대한 보다 완전한 공시가 있어야 한다. SOX와 달리 이러한 캐드버리의 제안은 법의 힘으로 뒷받침되지 않았다. 오히려 회사는 이를 채택하거

---

20 American Electronics Association, "Sarbanes-Oxley Section 404: The 'Section' of Unintended Consequences and Its Impact on Small Business" (2005).

21 S. Pincombe, "Accountancy and Management: Auditors Look to Pass the Buck as Pressure for Reform Increases," *The Independent* (London), November 12, 1991, p. 21.

22 앞의 논문

나 혹은 연간보고서에 왜 채택하지 않기로 결정했는지 설명할 수 있게 되었다. 일부 연구자는 캐드버리 제안을 채택한 기업과 그렇지 않은 기업을 연구했다. 결과는 혼재된다. 한 연구에 따르면 CEO와 회장의 지위를 분리한 회사가 실적이 좋았으며, 다른 연구에서는 핵심 이사회위원회의 독립성과 캐드버리 이후의 기업 성과 간에 아무런 관련이 없음을 발견했다.[23]

도드-프랭크법

이전 사례에서 알 수 있듯이 규제 변화는 종종 위기에 의해 촉발된다. 제1장에서 설명했듯이 2010년 도드-프랭크법은 2008년 금융위기로 촉발되었다. 많은 사람들은 미흡한 기업지배구조가 위기에 기여하는 중요한 요소였기 때문에 다음을 포함하여 지배구조를 강화하기 위해 더 많은 조항이 필요하다고 믿었다.

- **독립 보상위원회**(independent compensation committee) : 모든 미국 거래소는 상장회사의 보상위원회가 독립적인 이사회 구성원만으로 구성되고 외부 보상 컨설턴트를 고용할 권한이 있어야 한다.
- **이사 지명**(nominating directors) : 최소한 3년간 회사 주식의 3% 이상을 소유한 대주주는 경영진 후보자들과 함께 회사 위임장에 열거된 이사 후보자들에 더하여 이사 후보자들을 지명할 수 있다.
- **임원 보상과 황금낙하산에 투표**(vote on executive pay and golden parachutes) : 적어도 3년에 한 번 회사는 CEO, CFO 및 기타 가장 높은 고임금을 받는 3명의 임원에 대한 보상에 대해 주주 투표를 실시해야 한다. 투표가 구속력을 발휘하지는 않지만 기업은 투표 결과를 어떻게 고려했는지 공식적으로 응답해야 한다.
- **환수 조항**(clawback provisions) : 상장회사는 회계 재조정에 따라 실수로 지급된 임원 인센티브 보상을 최고 3년까지 기업이 회수할 수 있도록 정책을 수립해야 한다.
- **보상 공시**(pay disclosure) : 기업은 CEO 연간 총보상을 종업원 임금의 중앙값의 비율로 공개해야 한다. 회사는 또한 임원 보상과 회사의 재무 성과 간의 관계를 공개해야 한다. 마지막으로 회사는 종업원 및 이사가 회사 주식의 시장가치 하락을 막을 수 있는지 여부를 공개해야 한다.

내부자 거래

우리가 아직 다루지 않은 경영자와 외부 주주 간의 이해 상충의 한 측면은 **내부자 거래**(insider trading)이다. 내부자 거래는 어떤 사람이 특권적 정보를 기반으로 거래를 할 때 발생한다. 경영자는 외부 투자자가 가지고 있지 않은 정보에 접근할 수 있다. 이 정보를 사용하여 경영자는 외부 투자자가 이용할 수 없는 수익성 있는 거래 기회를 활용할 수 있다. 만일 경영자들이 정보에 근거하여 거래할 수 있다면, 외부 투자자의 비용으로 자신들의 이익을 올릴 수 있으며, 결과적으로 외부 투자자는 기업에 투자할 의사가 줄어들 것이다. 이 문제를 해결하기 위해 내부자 거래 규제가 통과되었다.

미국에서 내부자 거래에 대한 규제는 대공황, 특히 1934년의 증권거래법으로 돌아간다. 회사 내부자는 경영자, 이사 및 기타 중요한 비공개 정보에 접근할 수 있는 일시적인 내부자(예 : 합병 계약을 맺은 변호사 또는 합병 계약서를 인쇄하기로 계약한 상업용 인쇄소 등)를 포함하도록 광범위하게 정의된다. 정보가 중요한지 여부는 정보가 증권의 가치에 대한 투자자의 결정에서 중요한 요소였는지 여부를 언급하는

---

23 J. Dahya, A. Lonie, and D. Power, "The Case for Separating the Roles of Chairman and CEO: An Analysis of Stock Market and Accounting Data," *Corporate Governance* 4(2) (1996): 71 – 77; 그리고 N. Vafeas and E. Theodorou, "The Association Between Board Structure and Firm Performance in the UK," *British Accounting Review* 30(4) (1998): 383 – 407 참고

마사 스튜어트와 임클론

가장 유명한 내부자 거래 사례 중 하나는 자기 이름을 딴 미디어 제국의 자수성가 유명인, 억만장자 및 CEO인 마사 스튜어트(Martha Stewart)와 관련이 있다. 스튜어트는 2001년 12월 임클론(ImClone System)의 3,928주를 매도했다. 미국 식품의약국(FDA)이 새로운 항암제의 평가를 신청한 임클론의 신청을 거부한다고 발표하기 직전이다. 증권거래위원회(SEC)는 스튜어트가 주식 브로커로부터 임클론 설립자와 그의 가족이 주식을 팔고 있다는 정보를 얻은 후 주식을 팔았다고 주장하면서 조사를 진행했다. 스튜어트는 임클론의 직원이 아니었지만 내부자 거래법은 정보의 원천이 신뢰의 의무를 위반했기 때문에 제보(tip)를 통해 얻은 정보에 따라 거래하는 것을 금지했다. 여러 반론에도 불구하고 결국 스튜어트는 연방 공무원에게 거짓말을 하고(그녀의

거래에 대해 조사하는) 정의를 방해하는 음모로 기소됐다. 그녀는 유죄 판결을 받았으며 5개월의 감옥 생활과 추가적인 5개월의 가택 구금을 받았다. 또한 그녀에게는 $30,000의 벌금이 부과되었다.

스튜어트 사건은 언론의 헤드라인을 장식했지만 SEC 기준에 비해 상대적으로 미미했다. 2009년부터 2015년까지 SEC는 내부자 거래로 600명 이상을 기소했으며 유죄 판결을 받은 사람들 중 일부는 $100 백만을 초과하는 징역형을 선고받았고 최대 11년의 징역형을 선고받았다. 가장 큰 벌금은 2013년에 헤지 펀드 SAC 캐피털에 대한 $18 십억이었으며, 적어도 8명의 개인이 유죄 판결을 받거나 일련의 위반에 대해 유죄를 인정했다.

것으로 법원에 정의되어 있다. 일부 사례에는 곧 발표될 합병 공시, 이익 공시 또는 배당정책 변경에 대한 정보가 포함된다. 이 법안은 인수 공시에 관해 특히 엄격하며, 곧 있을 혹은 진행 중인 공개매수에 대한 비공개 정보를 가진 (내부자이건 아니건 간에) 사람이 정보에 따라 거래하거나 거래할 가능성이 있는 사람에게 알리는 것을 금지한다.

내부자 거래법 위반에 대한 처벌에는 징역형, 벌금 및 민사 처벌이 포함된다. 미국 법무부 단독으로 혹은 SEC의 요청에 따라 징역형을 구형할 수 있다. 그러나 SEC는 민사소송을 제기할 수 있다. 1984년 미국 의회는 내부자 거래의 벌금을 내부자 거래에서 얻은 이득의 최대 3배까지 허용하는 내부자 거래 제재법안(Insider Trading Sanction Act)을 통과시킴으로써 내부자 거래에 대한 민사 처벌을 강화했다.

개념 확인

1. 2002년에 제정된 사베인즈-옥슬리법에서 요구되는 주요 요점을 설명하라.
2. 2010년의 도드-프랭크법에 추가된 기업지배구조의 새로운 요건은 무엇인가?
3. 내부자 거래는 무엇이고, 어떻게 투자자에게 해를 끼칠 수 있는가?

29.6   세계의 기업지배구조 현황

이 장에서 다루는 대부분의 논의는 미국의 기업지배구조에 초점을 맞추고 있다. 그러나 주주 권리 보호와 기업의 기본 소유권 및 통제 구조는 국가마다 다르다. 우리는 이러한 차이점을 여기에서 탐구한다.

주주 권리의 보호

최근의 사건에도 불구하고 미국의 투자자 보호는 일반적으로 세계 최고 수준인 것으로 나타났다. 경영자의 회사자금 횡령에 대하여 투자자가 보호받는 정도와 심지어 투자자 권리가 집행되는 정도까지 국가와 법령에 따라 크게 다르다. 중요 연구에서 연구자들은 30개국 이상의 주주 권리에 관한 자료를 수집했

다.[24] 그들은 투자자 보호의 정도가 법률 제도의 기원에 의해 주로 결정된다고 주장한다. 구체적으로 법률 시스템이 (더 많은 보호가 되는) 영국의 보통법인가 혹은 (보호가 적은) 프랑스, 독일 및 스칸디나비아의 시민법에 근거했는지에 따라 다르다. 그러나 법적 기원과 투자자 보호 간의 잘 알려진 연관성은 투자자에 대한 공식적인 법적 보호가 영국에서도 상대적으로 최근의 발전이라는 것을 보여주는 다른 연구자들에 의해 도전을 받았다.[25] 19세기 후반과 20세기 초반에는 소액 투자자에 대한 공식적인 법적 보호가 본질적으로 없었다.

지배 주주와 피라미드

미국의 주요 관심사는 대다수의 회사를 소유하고 있지만 분산된 그룹인 주주들과 회사를 거의 소유하지 않았지만 통제하고 있는 경영자 간의 대리인 갈등에 있다. 다른 많은 국가에서 중심이 되는 분쟁은 "지배 주주"와 "소액 주주" 사이에 있다. 유럽에서는 많은 주식회사를 통제하는 주식 블록을 소유하고 있는 가족들이 운영한다. 다른 누구도 주식의 집중 보유를 하지 않는다면, 실질적인 목적에서 20%를 초과하는 주식 블록이 통제로 간주된다. 당신이 20%의 지분을 소유하고 있고, 나머지 80%가 여러 주주에게 흩어져 있다면 당신은 회사의 운영에 대해 상당한 발언을 할 수 있다. 다른 주주들이 당신을 이기려는 투표를 하려면 서로 협동해야만 하는데, 그것은 만만찮은 도전이다.

이러한 기업에서는 일반적으로 지배하는 가족과 (종종 가족으로 구성되는) 경영자 간에 충돌이 거의 없다. 대신에 (통제 블록이 없는) 소액 주주와 지배 주주 간에 갈등이 발생한다. 지배 주주는 가장 유능한 경영자가 아닌 가족 구성원을 고용하거나 가족이 통제하는 다른 기업에 유리한 계약을 체결하는 것과 같이 소액 주주에 비해 상대적으로 자신들에게 유리한 불균형적인 의사결정을 내릴 수 있다.

차등의결권 주식과 지배의 가치   가족이 주식의 절반 이상을 소유하지 않아도 회사를 지배할 수 있는 한 가지 방법은 **듀얼 클래스 주식**(dual class share, **차등의결권 주식**)을 발행하는 것이다. 회사는 두 가지 이상의 주식 클래스가 있고 한 클래스는 다른 클래스보다 우월한 의결권을 가지고 있다. 예를 들어 마크 저커버그(Mark Zuckerberg)는 페이스북의 B 클래스 주식의 대부분을 통제하고 있기 때문에 페이스북 의결권의 50% 이상을 통제하며, 이 주식은 A 클래스 주식 1표마다 10표를 가진다. 지배 주주(종종 가족)는 모든 주식 혹은 대부분의 주식을 우월한 차등의결권 주식으로 보유하고 열등한 의결권 클래스 주식을 공모한다. 이 방법은 지배 주주가 자신의 통제를 희석시키지 않고 자본을 조달할 수 있게 한다. 브라질, 캐나다, 덴마크, 핀란드, 독일, 이탈리아, 멕시코, 노르웨이, 스웨덴, 스위스에서는 듀얼 클래스 주식이 일반적이다. 미국에서는 훨씬 덜 일반적이다. 벨기에, 중국, 한국, 일본, 싱가포르, 스페인과 같은 국가에서는 차등의결권이 모두 불법이다.

피라미드 구조   가족이 주식의 50%를 소유하지 않고 기업을 지배할 수 있는 또 다른 방법은 **피라미드 구조**(pyramid structure)를 만드는 것이다. 피라미드 구조에서 가족 일가는 먼저 회사가 지분의 50% 이상을 소유하고 있기 때문에 지배 지분을 소유하고 있다. 그런 다음 이 회사는 다른 회사의 지분 50% 이상을 소유한다. 가족은 두 회사를 모두 관리하지만 두 번째 회사는 25%만 소유하고 있다. 실제로 두 번째 회사가 세 번째 회사의 주식 50%를 매입한 경우 가족은 세 번째 회사의 12.5%만 소유하더라도 세 회사를 모

---

24 R. La Porta, F. Lopez-de-Silanes, A. Shleifer, and R. Vishny, "Law and Finance," *Journal of Political Economy* 106 (1998): 1113–1155.

25 J. Franks, C. Mayer, and S. Rossi, "Ownership: Evolution and Regulation," *Review of Financial Studies* 22 (2009): 4009–4056.

두 관리하게 된다. 당신이 피라미드를 아래로 내릴수록 소유권은 줄어들지만 모든 회사를 완전히 통제할 수 있다. 이러한 예는 정형화된 설명이지만 미국 이외의 지역에서는 이 아이디어를 기반으로 하는 다양한 피라미드 구조가 매우 일반적이다.

그림 29.3은 1995년 시점에서 이탈리아의 페센티(Peseti) 가문에 의해 통제된 실제 피라미드를 자세히 보여준다.[26] 페센티 가문은 이탈모빌래(Italmobiliare), 이탈세멘티(Italcementi), 프랑코 토시(Franco Tosi), 세멘테리 시실리에(Cementerie Siciliane) 및 세멘테리 드 사르데냐(Cementerie de Sardegna)와 같은 건설업계에 주로 집중한 5개 회사를 효과적으로 통제한다. 그중 어느 하나의 소유권도 50%를 넘지 않는다. 이 경우 페센티 일가는 피라미드 구조와 함께 소유권이 7%임에도 불구하고 회사를 통제하기 위해 특별의결권을 가진 주식을 사용한다.

지배 주주는 소액 주주를 피라미드 구조로 착취할 수 있는 많은 기회를 가지고 있다. 문제의 원인은 피라미드를 내려가면 가족의 통제 권리와 현금흐름 권리의 차이가 커진다는 것이다. 현금흐름 권리는 단순히 가족의 직접 소유지분을 말하며 따라서 회사가 생성한 현금흐름 중 가족이 가질 권리가 있음을 나

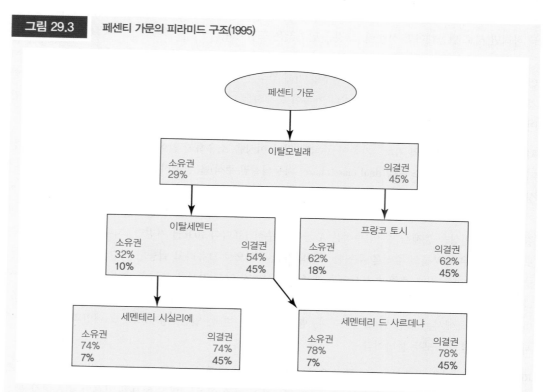

그림 29.3   페센티 가문의 피라미드 구조(1995)

각각의 박스는 소유권과 의결권(우위의 의결권을 가진 우선주의 경우에는 달라질 수 있음)을 보여준다. 첫 번째 파란색 숫자는 피라미드의 한 단계 위에 있는 선행기업의 권한을 보여준다. 두 번째 빨간색 숫자는 그 회사에 대한 페센티 가문의 실질적인 권리인 유효 의결권을 보여준다. 예를 들어 이탈모빌래는 54%의 의결권을 가지고 이탈세멘티를 통제하지만 32%의 소유권을 가질 뿐이다. 페센티 가문은 이탈모빌래에 투자하여 이탈세멘티의 10% 소유권을 갖는다. 그러나 페센티 가문은 이탈모빌래를 통제하기 때문에 이탈세멘티의 45%에 해당하는 유효 의결권이 있다.

---

26 P. Volpin, "Governance with Poor Investor Protection: Evidence from Top Executive Turnover in Italy," *Journal of Financial Economics* 64(1) (2002): 61–90.

타낸다. 이탈세멘티는 세멘테리 시실리에 배당금의 74%를 얻는다. 이탈모빌래는 이탈세멘티 배당금의 32%를 얻는다. 마지막으로 페센티 가는 이탈모빌래 배당금의 29%에 대한 권리가 있다. 따라서 가족은 세멘테리 시실리에를 지배하지만 배당금만으로는 단지 29% × 32% × 74% = 7%를 받는다.

이해 상충은 가족이 이익을 (즉, 배당금을) 피라미드의 꼭대기로 끌어올리려는 인센티브가 있기 때문에 발생한다. 즉, 작은 현금흐름 권리를 가진 기업에서 많은 현금흐름 권리를 가진 기업으로 옮기는 것이다. 이 과정을 **터널링**(tunneling)이라고 한다. 어떻게 이러한 일이 일어나는지를 보여주는 사례의 하나로 페센티 가문이 이탈모빌래에게 극히 유리한 조건의 가격에 이탈모빌래로부터 공급을 받는 계약을 세멘테리 시실리에게 체결하게 할 수 있다. 이러한 계약을 통해 세멘테리 시실리에의 이익을 줄이고 이탈모빌래의 이익을 증가시킨다.

물론 당신이 이러한 자회사들 중 하나에 투자한 소액주주라면 이러한 착취를 예상할 수 있을 것이며, 가족이 통제권을 가진 특히 피라미드의 아래에 있는 기업에는 지분을 덜 투자하려 할 것이다. 실제로 지배 주주가 아니라 소액 주주이기 때문에 예상되는 손실을 고려해야 한다. 많은 연구에서 지배 집단과 소액 주주의 가치 사이에 큰 차이가 있음을 발견하여 이러한 직관을 확인했다.[27] 따라서 기업은 외부 자본에 대한 높은 자본비용에 실제 직면하기 때문에 지배 주주는 통제권에 대해 값을 치른다.

이해관계자 모형

우리가 논의한 대리인 비용 및 이를 통제하는 방법은 전세계의 모든 회사에 일반적이다. 그러나 미국은 주주 복지의 극대화에 초점을 맞추기 때문에 다소 예외적이다. 대부분의 국가는 **이해관계자 모형** (stakeholder model)을 따르므로 다른 이해관계자, 특히 일반 직원을 분명하게 고려한다. 앞서 언급한 것처럼 독일과 같은 국가에서는 종업원에게 이사회 대표를 제공한다. 일부에는 노동조합의 유럽 버전인 노동자 평의회(mandatory work councils)가 있으며, 이는 주요 기업의 의사결정에 대해 정보를 통보받고 자문을 한다. 마지막으로 일부 국가에서는 헌법에 종업원의 의사결정 참여를 의무화한다. 표 29.1은 OECD(경제협력개발기구) 국가의 기업지배구조에 종업원의 위상을 요약한 것이다.

다른 이해관계자들을 회사의 목표에 명시적으로 고려하지 않는 미국과 같은 국가에서 이러한 이해관계자의 이익이 반드시 무시되는 것은 아니다. 대부분의 회사는 경쟁시장에서 운영되기 때문에 제약을 받는다. 종업원이나 고객과 같은 이해관계자들을 부당하게 대우하면 이러한 이해관계자들은 회사와의 관계를 끊기를 원할 것이다. 따라서 주주가치를 극대화하는 목표는 또한 암시적으로 이해관계자의 선호도를 고려해야 한다.

---

27 인수합병에 대한 연구에 기초한 추정은 아래 논문을 참조하라. P. Hanouna, A. Sarin, and A. Shapiro, "Value of Corporate Control: Some International Evidence," SSRN working paper (2004). 통제권의 가치 추정은 또한 각기 다른 의결권을 가진 주식의 가치를 비교하여 이루어졌다. 미국의 경우 C. Doidge, "U.S. Cross-listings and the Private Benefits of Control: Evidence from Dual Class Shares," *Journal of Financial Economics* 72(3) (2004): 519 – 553을 참조하라. 이탈리아에서 통제권의 가치는 더 크게 밝혀짐. Zingales는 소액 주주의 보호가 낮기 때문에 의결권에 82%의 프리미엄이 있다고 보고하였다. L. Zingales, "The Value of the Voting Right: A Study of the Milan Stock Exchange Experience," *Review of Financial Studies* 7(1) (1994): 125 – 148. 다른 연구로는 아래와 같다. H. Almeida and D. Wolfenzon, "A Theory of Pyramidal Ownership and Family Business Groups," *Journal of Finance* 61(6) (2006): 2637 – 2680; L. Bebchuk, R. Kraakman, and G. Triantis, "Stock Pyramids, Cross-Ownership, and Dual Class Equity," in R. Morck (ed.), *Concentrated Corporate Ownership* (Chicago: University of Chicago Press, 2000): 295 – 318; M. Bertrand, P. Mehta, and S. Mullainathan, "Ferreting Out Tunneling: An Application to Indian Business Groups," *Quarterly Journal of Economics* 117(1) (2002): 121 – 148; S. Johnson, R. La Porta, F. Lopez-de-Silanes, and A. Shleifer, "Tunneling," *American Economic Review* 90(2) (2000): 22 – 27.

표 29.1	OECD 국가의 기업지배구조에 있어서 종업원 참여		
노동자 평의회 보장	이사회 종업원 대표	헌법의 종업원 보호	명시적 요건 없음
오스트리아	오스트리아	프랑스	호주
벨기에	체코공화국	이탈리아	캐나다
덴마크	덴마크	노르웨이	아일랜드
핀란드	독일		일본
프랑스	네덜란드		멕시코
독일	노르웨이		뉴질랜드
그리스	스웨덴		폴란드
헝가리			슬로바키아공화국
대한민국			스위스
네덜란드			터키
포르투갈			영국
스페인			미국

출처 : Organization for Economic Cooperation and Development, *Survey of Corporate Governance Developments in OECD Countries* (2004).

상호 지분출자

미국에서 한 기업의 최대 주주가 다른 기업이 되는 일은 드물지만 독일, 일본, 한국에서는 정상적인 일이다. 일본에서 상호 지분출자를 통해 여러 기업이 연결되고 은행과 공통 관계를 맺은 기업집단은 게이레츠(keiretsu, 계열)로 알려져 있다. 각 회사의 감시는 그룹의 다른 구성원과 일차적으로는 그룹 내 은행에서 주로 이루어지는데, 은행은 채권자로서 그룹 내 기업의 재무 상태를 면밀히 감시하는 것이다. 한국에는 현대, 삼성, LG, SK와 같은 대형 그룹이 다양한 업종에 걸쳐 사업을 하는 회사들로 구성되는데 재벌(chaebol)로 알려져 있다. 예를 들어 SK 주식회사는 에너지, 화학, 제약, 텔레콤 등에 자회사와 그룹 소속의 회사들을 두고 있다. 한국의 재벌과 일본의 게이레츠의 가장 큰 차이점은 한국에서 기업은 하나의 은행과 공통의 관계를 공유하지 않는다는 것이다.

개념 확인

1. 주주의 보호는 국가별로 어떤 차이가 있는가?
2. 기업 주식의 과반수가 없는 소액 주주는 어떻게 지배력을 얻을 수 있는가?

29.7 기업지배구조의 상충관계

기업지배구조는 비용과 편익의 상충관계를 가지는 통제와 균형의 시스템이다. 이 장에서 확실히 보았듯이 이러한 상충관계는 매우 복잡하다. 어느 하나의 구조가 모든 기업에게 작동되는 것이 아니다. 예를 들어 빌 게이츠(Bill Gates)를 마이크로소프트의 지배 주주로 두는 것이 소액 투자자에게 해가 된다고 주장하기는 어렵다. 마이크로소프트를 위해서 게이츠의 지분에 의해 확실히 그의 동기가 마이크로소프트와 일치하는 편익이 그러한 참호 구축의 CEO를 두는 비용보다 큰 것으로 보인다. 그러나 다른 경우에는 옳지 않을 것이다.

기업지배구조 시스템의 비용과 편익은 또한 문화적 규범에 따른다. 어느 문화에서는 받아들일 수 있는 사업 관행을 다른 곳에는 받아들이지 않는다. 따라서 국가별로 지배구조의 다양한 유형이 있다는 것은 놀라운 일이 아니다.[28]

좋은 지배구조는 가치를 증진한다는 것을 기억하는 것이 중요하다. 따라서 원칙적으로 기업의 투자자들이 노력해야만 하는 것이다. 좋은 지배구조를 실행하는 여러 가지 방법이 있기 때문에 기업의 지배구조에는 다양한 유형이 있고 실제 그렇다는 것을 예상해야만 한다.

핵심 요점 및 수식

29.1 기업지배구조와 대리인 비용

■ 기업지배구조란 사기 발생을 방지하기 위한 통제, 규제 및 인센티브 시스템을 의미한다.
■ 기업 경영을 통제하는 사람들과 기업에 자본을 공급하는 사람들 사이의 갈등은 기업의 조직구조만큼이나 오래되었다. 주주들은 이 갈등을 완화하기 위해 인센티브와 해고 위협의 조합을 사용한다.

29.2 이사회 및 기타 모니터링

■ 이사회는 경영자를 고용하고, 보상을 설정하며, 필요한 경우 해고한다. 일부 이사회는 주주가 아닌 경영자의 이익을 위해 행동하게 된다. 현재의 CEO가 기업의 지배를 받기 전에 후보로 지명된 강한 사외 이사가 있는 이사회는 포획될 가능성이 가장 낮다.

29.3 보상정책

■ 경영자의 기업 주식 소유는 경영자의 특권적 소비를 줄일 수 있다. 그러나 주주의 이해관계와 완전히 일치하지 않은 상태에서는 (해고 위협을 줄여서) 경영자의 해고를 어렵게 하기 때문에 경영자의 적당한 주식 보유는 부정적인 영향을 줄 수 있다.
■ 경영자의 보상을 회사 성과에 연계시킴으로써 이사회는 경영자의 이익을 주주의 이익과 보다 일치시킬 수 있다. 경영자가 큰 보상을 받기 위해 회사의 주가를 조작하려는 인센티브를 갖지 않도록 주의를 기울여야 한다.

29.4 대리인 갈등의 관리

■ 이사회의 행동이 실패하면 주주들에게 방법이 없는 것은 아니다. 주주는 대체 이사회를 제안하거나 이사회의 특정 조치를 비준하지 않을 수 있다.
■ 이사회와 경영진은 시차임기제 이사회 및 특별 주주총회의 제한과 같은 조항을 채택하여 자신의 위치를 확고하게 보장할 수 있다. 이러한 조항은 적대적 인수의 효력을 제한하는 효과도 있다.

---

28 지배구조가 전세계 국가별로 다양하다는 것은 아래 연구를 참고하라. J. Charkham, *Keeping Good Company: A Study of Corporate Governance in Five Countries* (Oxford: Clarendon Press, 1994); J. Franks and C. Mayer, "Corporate Ownership and Control in the U.K., Germany and France," *Journal of Applied Corporate Finance* 9(4) (1997): 30-45; R. La Porta, F. Lopez-de-Silanes, and A. Shleifer, "Corporate Ownership Around the World," *Journal of Finance* 54(4) (1999): 471-571; D. Denis and J. McConnell, "International Corporate Governance," *Journal of Financial and Quantitative Analysis* 38(1) (2003): 1-38.

- 확고한 경영진이 세워놓은 방어책에도 불구하고, 회사를 인수하고 경영진을 해고할 수 있는 적대적 인수자는 이사회가 해고하지 않더라도 해고 위협의 한 원인이 된다.

29.5 규제

- 규제는 전체 기업지배구조 환경의 중요한 부분이다. 규제는 경영자와 자본 제공자 간의 비대칭 정보를 줄이고 전반적인 자본비용을 감소시킴으로써 유용할 수 있다. 규제에는 규정 준수와 집행에 따른 비용도 발생한다. 좋은 규제는 사회에 순이익을 창출하기 위해 세력 간의 균형을 유지한다.

- 사베인즈-옥슬리법은 정보의 정확성을 향상시킴으로써 경영자에 대한 주주의 모니터링을 개선하기 위한 것이다.
    - 감사 과정에서 인센티브와 독립성을 전면 개편한다.
    - 거짓 정보 제공에 대한 벌칙을 강화한다.
    - 기업은 내부의 재무관리 프로세스를 검증해야 한다.

- 최근 미국의 기업지배구조 규정의 전면 개정인 2010년 도드-프랭크법에서 기업으로 하여금 다음 사항을 준수하도록 한다.
    - 독립적인 보상위원회를 선택하고 장기적인 대주주 이사를 지명하도록 허용한다.
    - 주주가 임원 보수에 투표하고 잘못 지급된 인센티브를 없애도록 허용한다.
    - 임원 보수와 종업원의 중간 임금을 공개하고 기업의 재무 성과와의 관계를 공개한다.

- 1933년과 1934년의 증권거래법은 내부자 거래 규제의 기초이다. SEC 및 법원은 시간이 지남에 따라 다음과 같이 해석하고 있다.
    - 주주의 신중한 의무가 있는 내부자가 해당 주식의 중요한 비공개 정보를 거래하는 것을 금지한다.
    - 공개 또는 진행 중인 공개매수에 대해 비공개 정보를 보유하고 있는 사람이 해당 정보를 거래하거나 거래할 가능성이 있는 사람에게 공개하지 못하도록 한다.

29.6 세계의 기업지배구조 현황

- 기업지배구조, 규제 및 관행은 국가마다 매우 다양하다.
    - 보통법(common-law)의 뿌리를 가진 국가는 일반적으로 시민법(civil-law)에 근거한 국가보다 더 나은 주주 보호를 제공한다는 연구가 있다.
    - 유럽과 아시아의 소유구조는 한 가족에 의해 기업 집단을 피라미드로 통제하는 경우가 많다. 이러한 상황에서 통제하는 가족은 터널링을 통해 소액 주주를 착취할 기회가 많다.
    - 차등적 의결권이 있는 듀얼 클래스 주식은 현금흐름 권리가 상대적으로 적지만 지배 주주 또는 가족이 회사 또는 그룹을 통제할 수 있게 한다. 듀얼 클래스 주식은 미국 이외 지역에서 흔히 볼 수 있다.
    - 대부분의 국가에서 종업원에게 기업 경영에 어떠한 역할을 부여한다. 종업원 참여는 대개 주요 의사결정 이전에 협의된 이사회 또는 직장 협의회 형태로 이루어진다.
    - 미국 이외의 국가에서는 기업의 최대 주주가 다른 회사가 될 수 있다. 이러한 교차 보유는 기업이 서로를 모니터링할 수 있는 인센티브를 제공한다

29.7 기업지배구조의 상충관계

- 기업지배구조는 비용과 편익의 상충관계를 가지는 통제와 균형의 시스템이다.
- 좋은 지배구조는 가치를 증진한다. 따라서 원칙적으로 기업의 투자자들이 노력해야만 하는 것이다. 좋은 지배구조를 실행하는 여러 가지 방법이 있기 때문에 기업의 지배구조에는 다양한 유형이 있고 실제 그렇다는 것을 예상해야만 한다.

주요 용어

기업지배구조(corporate governance) 이해관계자 모형(stakeholder model)
내부자 거래(insider trading) 차등의결권 주식(dual class shares)
듀얼 클래스 주식(dual class share) 터널링(tunneling)
백 데이팅(backdating) 포획된(captured)
사내 이사(inside directors) 피라미드 구조(pyramid structure)
사외 (독립) 이사[outside (independent) directors] 회색 이사(gray directors)

추가 읽을거리

경영자가 실제로 무엇을 하는지 더 알고 싶은 독자는 아래 자료를 참고하라. M. Becht, P. Bolton, and A. Roell, "Corporate Governance and Control," in G. Constantinides, M. Harris, and R. Stulz (eds.), *Handbook of the Economics of Finance* (North-Holland, 2003: 1–109); and A. Shleifer and R. W. Vishny, "A Survey of Corporate Governance," *Journal of Finance* 52(2) (1997): 737–783.

연습문제

* 표시는 난이도가 높은 문제다.

기업지배구조와 대리인 비용

1. 어떠한 기업의 고유한 특징이 경영자의 행동을 체크하는 시스템의 필요성을 낳는가?
2. 대리인 문제의 예는 무엇이 있는가?
3. 기업의 조직구조의 장점과 단점은 무엇인가?

이사회 및 기타 모니터링

4. 기업지배구조에서 이사회의 역할은 무엇인가?
5. 이사회는 CEO에 의해 어떻게 포획되는가?
6. 보안 분석가는 모니터링에서 어떤 역할을 하는가?
7. 대출기관은 기업지배구조의 일부분인가?
8. 내부 고발자란 무엇인가?

보상정책

9. CEO에게 부여되는 스톡옵션을 늘리는 장점과 단점은 무엇인가?

대리인 갈등의 관리

10. 경영자의 소유 지분을 늘리면 기업 실적이 향상될 것이라는 점은 사실인가?
11. 포획된 이사회를 극복하기 위해 위임장 경쟁은 어떻게 사용할 수 있는가?
12. 주주권고 투표란 무엇인가?
13. 반대하는 주주와 직면할 때 이사회의 선택은 무엇인가?

규제

14. 정부가 공공기업의 규제를 설계할 때 직면하게 되는 필수적인 상충관계는 무엇인가?
15. 2002년도 사베인즈-옥슬리법의 많은 조항은 감사를 대상으로 하였다. 이것이 기업지배구조에 어떤 영향을 미치는가?
16. 도드-프랭크법은 직원과 이사가 회사의 주가 하락을 회사가 헤징할 수 있는지 여부를 공개하도록 회사에

요구한다. 왜 이것이 기업지배구조의 문제일까?

17. 내부자 거래를 금지함으로써 발생하는 비용과 이점은 무엇인가?

18. 내부자 거래에 관한 법률은 합병과 비합병 관련 거래에 대해 어떻게 다른가?

세계의 기업지배구조 현황

19. 주주의 권리는 미국과 프랑스 어느 곳에서 더 잘 보호되고 있는가?

20. 지배 주주가 피라미드 통제 구조를 사용하여 다른 주주를 희생시키면서 어떻게 이익을 얻을 수 있는가?

위험 관리

모든 기업은 다양한 원천의 위험에 노출되는데, 위험은 소비자 취향 및 제품에 대한 수요 변화, 원자재 비용 변동, 직원 이직률, 새로운 경쟁자의 진입, 그리고 수많은 다른 불확실성 등으로부터 발생한다. 기업가와 기업 경영자는 높은 수익을 추구할 때 이러한 위험들을 기꺼이 부담하고, 사업비용의 일부로 이들을 받아들인다. 그러나 다른 비용과 마찬가지로 기업은 기업의 가치에 미치는 영향을 최소화하기 위해 위험을 관리해야 한다.

위험 관리의 기본 방법은 예방이다. 예를 들어 기업은 작업장에서 안전 기준을 높이거나 신중한 투자 결정을 내리고 새로운 관계를 맺을 때 적절한 실사를 실시하여 많은 잠재적 위험을 피하거나 최소한으로 줄일 수 있다. 그러나 일부 위험 요소는 비용이 너무 많이 들거나 사업을 운영하는 과정에서 불가피한 결과일 수 있다. 제5부에서 논의된 바와 같이, 기업은 자본구조를 통해 투자자와 사업 위험을 공유한다. 위험의 일부는 기업의 채무불이행 위험을 부담하는 채권자에게 이전된다. 대부분의 위험은 주식의 실현된 수익률의 변동성에 노출된 주주가 부담한다. 두 가지 유형의 투자자 모두 잘 분산된 포트폴리오의 형태로 기업의 증권들을 보유함으로써 위험을 줄일 수 있다.

모든 위험을 기업의 채권자 및 주주에게 이전해야 할 필요는 없다. 보험 및 금융시장은 기업이 위험을 거래하여 채권자 및 주주를 위험으로부터 보호할 수 있도록 해준다. 예를 들어 선코 에너지는 2005년 1월 화재 발생으로 가공공장을 폐쇄한 후 공장이 수리되는 동안 공장 손상 및 사업 손실을 커버하는 보험 계약으로부터 $200 백만 이상을 받았다. 화재로 인한 많은 손실을 투자자가 아닌 선코 에너지의 보험회사가 부담한다. 2008년 사우스웨스트 항공은 제트 연료비용 상승을 보상하는 금융 계약으로부터 $1.3 십억을 받았다. 2015년 7월 시스코는 약 $3.5 십억 가치의 추정 외화 수입을 환율 변동으로부터 보호하기 위한 계약을 체결했으며, 제너럴일렉트릭스는 이자율 변동에 대한 노출을 줄이기 위해 설계된 $5 십억 이상의 총 시장가치를 갖는 계약을 체결했다.

이 장에서는 기업이 투자자가 부담하는 위험을 관리하고 줄이기 위해 사용하는 전략을 고려한다. 우리는 가장 일반적인 형태의 위험 관리인 보험으로 시작한다. 보험의 비용과 편익을 신중하게 고려한 후, 기업이 상품가격, 환율 변동 및 이자율 변동과 관련된 위험 부담을 줄이기 위해 금융시장을 활용할 수 있는 방법을 검토한다.

기호	
r_f	무위험 이자율
r	현재 이자율
r_L	보험을 든 손실에 대한 자본비용
β_L	보험을 든 손실의 베타
$r_\$, r_€$	달러 및 유로 이자율
S	현물환율
F, F_T	1년 및 T년 선도환율
K	옵션 행사가격
σ	환율 변동성
T	옵션(또는 선도계약) 만기일
$N()$	정규분포 함수
C_t	날짜 t의 현금흐름
P	증권의 가격
ε	이자율 변동
k	연간복리 계산 횟수
A, L, E	자산, 채무, 주식의 시장가치
D_P	증권 또는 포트폴리오 P의 듀레이션
$\tilde{r}_t$	날짜 t의 변동 이자율
δ_t	날짜 t의 신용 스프레드
N	스왑계약의 명목 원금
NPV	순현재가치

30.1 보험

보험은 기업이 위험을 줄이기 위해 사용하는 가장 일반적인 방법이다. 많은 기업이 화재, 폭풍 피해, 파괴 행위, 지진 및 기타 자연 및 환경 위험과 같은 위험으로부터 자산을 보호하기 위해 **손해보험**(property insurance)에 가입한다. 보험의 다른 일반적인 유형은 다음과 같다.

- **사업책임보험**(Business liability insurance) : 사업의 일부 측면이 제3자 또는 다른 사람의 재산에 피해를 끼치는 경우 초래되는 비용을 보상한다.
- **사업중단보험**(Business interruption insurance) : 화재, 사고 또는 기타 보험에 가입된 위험으로 인해 업무가 중단된 경우 회사를 수익 손실로부터 보호한다.
- **핵심인력보험**(Key personnel insurance) : 회사의 핵심 직원의 손실 또는 피할 수 없는 부재에 대해 보상한다.

이 절에서는 위험을 줄이기 위한 보험의 역할을 설명하고 보험의 가격결정, 기업에 대한 잠재적인 편익 및 비용을 검토한다.

보험의 역할 : 한 가지 예

위험을 줄이는 보험의 역할을 이해하기 위해 내년에 화재로 파괴될 확률이 1/5,000, 즉 0.02%인 정유공장을 고려하자. 만약 이 공장이 파괴된다면, 회사는 재건비용과 사업 손실로 $150 백만의 손실이 발생할 것으로 추정한다. 우리는 다음 확률분포를 이용하여 화재로 인한 위험을 요약할 수 있다.

사건	확률	손실($ 백만)
화재 미발생	99.98%	0
화재 발생	0.02%	150

이 확률분포가 주어졌을 때, 매년 화재로 인해 발생하는 이 회사의 기대 손실은 다음과 같다.

$$99.98\% \times (\$0) + 0.02\% \times (\$150 \text{ 백만}) = \$30,000$$

기대 손실은 상대적으로 적지만, 화재가 발생하면 회사는 큰 하방 위험에 직면하게 된다. 이 회사가 연간 $30,000의 현재가치보다 적은 비용으로 화재 가능성을 완전히 없앨 수 있다면 그렇게 할 것이다. 이러한 투자는 양수의 NPV를 가질 것이다. 그러나 현재의 기술로는 화재 가능성을 피하지 못할 수도 있다(또는 최소한 연간 $30,000 이상의 비용이 들 것이다). 대신 이 회사는 $150 백만의 손실을 보상하기 위해 보험을 구입함으로써 위험을 관리할 수 있다. 회사는 보험에 대한 대가로 이 연간 수수료, 즉 **보험료**(insurance premium)를 보험회사에 지불한다. 이러한 방식으로 보험은 이 회사로 하여금 확실한 선급비용과 무작위적인 미래의 손실을 교환할 수 있게 한다.

경쟁시장에서 보험가격 결정

기업이 보험에 가입하면 기업의 손실 위험은 보험회사로 넘어간다. 보험회사는 위험을 떠안기 위해 선급보험료를 부과한다. 보험회사는 완전자본시장에서 어떤 가격에 위험을 부담할까?

다른 시장 마찰이 없는 완전자본시장에서 보험회사는 공정한 수익률만을 얻고 보험 판매로 인한 NPV가 0이 될 때까지 경쟁해야 한다. 보험가격이 기대 지불액의 현재가치와 같으면 보험 판매로 인한 NPV

가 0이 된다. 우리는 이러한 가격을 **계리적으로 공정한**(actuarially fair) 가격이라고 한다. 주어진 손실의 위험 하에서 r_L이 적절한 자본비용이라면, 우리는 계리적으로 공정한 보험료를 다음과 같이 계산할 수 있다.[1]

계리적으로 공정한 보험료

$$보험료 = \frac{\Pr(손실) \times E[손실\ 사건\ 발생\ 시의\ 지급액]}{1 + r_L} \tag{30.1}$$

여기서 $\Pr(손실)$은 손실이 발생할 확률이고, $E[\ \cdot\ ]$는 손실이 발생할 경우 기대되는 지급액이며, r_L은 적절한 자본비용이다.

식 (30.1)에서 사용된 자본비용 r_L은 피보험자의 위험에 달려 있다. 정유공장을 다시 고려하자. 화재의 위험은 결코 주식시장이나 경제의 성과와 관련이 없다. 대신 이 위험은 이 회사에만 한정되므로 대형 포트폴리오에서 분산될 수 있다. 제10장에서 논의했듯이, 보험회사는 여러 계약들의 위험을 모아서 연간 보험금 청구가 상대적으로 예측 가능하고 매우 위험이 적은 포트폴리오를 만들 수 있다. 즉, 화재의 위험은 베타가 0이므로 위험 프리미엄을 요구하지 않는다. 이 경우 $r_L = r_f$, 무위험 이자율이다.

모든 보험의 위험이 베타가 0인 것은 아니다. 허리케인과 지진과 같은 일부 위험은 수백억 달러의 손실을 초래하며, 완전히 분산되기 어려울 수 있다.[2] 어떤 유형의 손실은 여러 회사 간에 서로 관련될 수 있다. 건강 관리비용이나 더 엄격한 환경 규제의 증가는 모든 기업에 대해 건강보험이나 책임보험으로부터 잠재적인 청구 건수들을 증가시킨다. 마지막으로 일부 위험은 주식시장에 인과관계의 영향을 미칠 수 있다. 2001년 9월 11일, 테러 공격은 보험회사에게 $34 십억[3]의 비용을 유발했으며, 테러 이후 거래된 첫 주 동안 S&P 500 지수를 12% 하락시켰다.

완전히 분산될 수 없는 위험의 경우 자본비용 r_L에 위험 프리미엄이 포함된다.[4] 본질적으로 분산 불가능한 위험에 대한 보험은 일반적으로 음수의 베타를 갖는 자산이다(나쁜 시기에 수익이 발생한다). 기업에 대한 보험 지급액이 총손실이 많고 시장 포트폴리오의 가치가 낮을 때 더 증가하는 경향이 있다. 따라서 손실에 대한 위험 조정 수익률 r_L은 무위험 이자율 r_f보다 낮아서 식 (30.1)에서 더 높은 보험료로 이어진다. 보험을 매입하는 기업은 무위험 이자율보다 낮은 투자 수익률을 얻지만, 보험 지급액의 음수의 베타 때문에 여전히 0의 NPV를 갖는 거래다.[5]

보험의 가치

완전자본시장에서 보험자와 피보험자 모두에게 NPV가 0이 되는 보험가격이 책정된다. 그러나 보험을

---

1 식 (30.1)은 연초에 보험료가 지불되고 손실의 사건이 발생한 경우 지불이 연말에 이루어지는 것으로 가정한다. 다른 대안적 지불 시기를 가정하여 확장하는 것은 간단하다.

2 예를 들어 2005년 미국 남동부를 연달아 강타한 카트리나, 리타, 윌마 등의 허리케인 손실은 $40 십억을 초과했으며, 총경제적 손실은 $100 십억을 넘어섰다. 이와 같은 대규모 위험을 보험에 가입할 경우 많은 보험회사가 자사의 포트폴리오에 대한 보험을 재보험회사로부터 구매한다. 재보험회사는 전세계적으로 다른 보험회사들의 위험을 모으고 있다. 자연재해의 경우 일반적으로 보험 가입된 손실의 1/4에서 1/3 정도가 재보험회사에 전달된다.

3 이 수치에는 Insurance Information Institute(www.iii.org)가 추정한 재산, 생명 및 책임보험이 포함된다.

4 또 다른 대안으로 제21장에서 정의된 위험 중립 확률을 사용하여 식 (30.1)의 분자에서 기대 손실을 계산할 수 있다. 이 경우에도 우리는 무위험 이자율을 할인율로 계속 적용한다.

5 모든 보험이 0 또는 음수의 베타를 보유해야 하는 것은 아니다. 시장 수익률이 높을 때 보험 가입된 손실 금액이 높으면 양수의 베타가 가능하다.

예제 30.1	보험료 및 CAPM

문제

당신은 시카고의 랜드마크인 고층빌딩의 소유주다. 당신은 이 빌딩이 테러리스트들에 의해 파괴될 경우 $1 십억을 지불하는 보험을 매입하기로 결정했다. 이러한 손실의 가능성이 0.1%이고, 무위험 이자율이 4%이고, 시장의 기대수익률이 10%라고 가정한다. 이 위험의 베타가 0일 경우 계리적으로 공정한 보험료는 얼마일까? 테러 보험의 베타가 −2.5일 경우 이 보험료는 얼마가 될까?[6]

풀이

기대 손실은 0.1% × $1 십억 = $1 백만이다. 이 위험의 베타가 0인 경우 무위험 이자율을 사용하여 보험료를 계산한다. ($1 백만)/1.04 = $961,538.

이 위험의 베타가 0이 아니면 CAPM을 사용하여 적절한 자본비용을 추정할 수 있다. 손실에 대한 베타 (β_L)가 −2.5이고 시장의 기대수익률(r_{mkt})이 10%인 경우 다음과 같다.

$$r_L = r_f + \beta_L(r_{mkt} - r_f) = 4\% - 2.5(10\% - 4\%) = -11\%$$

이 경우 계리적으로 공정한 보험료는 ($1 백만)/(1 − 0.11) = $1.124 백만이다. 이 보험료는 기대 손실을 초과하기는 하지만, 이 위험의 베타가 음수로 주어진다면 공정한 가격이다.

매입하는 것이 0의 NPV를 갖는다면, 이 기업에게 어떤 이점이 있을까?

모딜리아니와 밀러는 이미 이 질문에 대한 해답을 제시해주었다. 완전자본시장에서는 보험을 포함한 모든 금융 거래에서 발생하는 회사의 이익이 없다. 보험은 기업가치에 영향을 미치지 않는 0의 NPV를 갖는 거래이다. 보험은 회사로 하여금 새로운 방식으로 위험을 분담할 수 있게 하지만(예 : 채권자 및 주주가 아닌 보험회사가 화재 위험을 부담함), 회사의 총위험 변동과 이에 따른 기업가치 변동은 없다.

따라서 기업의 자본구조와 마찬가지로 보험의 가치는 기업에서 시장 불완전성 비용의 감소를 통해 발생되어야 한다. 제5부에서 고찰하였던 시장 불완전성과 연계하여 보험의 잠재적 이익을 살펴보자.

파산 및 재무적 곤경비용   기업이 차입을 하면 재무적 곤경을 겪을 가능성이 커진다. 제16장에서 우리는 재무적 곤경이 기업에게 상당한 직접 및 간접비용(지나친 위험 감수와 과소 투자 등 대리인 비용을 포함함)을 부과할 수 있음을 확인했다. 재무적 곤경으로 이어질 수 있는 위험을 피함으로써 기업은 이러한 비용의 발생 가능성을 줄일 수 있다.

예를 들어 많은 채무를 가진 항공사의 경우 항공기 중 한 대의 사고로 인한 손실이 이 회사의 경제적 어려움을 초래할 수 있다. 사고로 인한 실제 손실은 $150 백만일 수 있지만, 재무적 곤경비용에는 추가적인 $40 백만이 포함될 수 있다. 항공사는 $150 백만의 손실을 충당할 수 있는 보험을 매입함으로써 이러한 재무적 곤경비용을 피할 수 있다. 이 경우 보험회사가 지급한 $150 백만은 이 회사에 $190 백만의 가치가 있다.

보험비용   회사가 손실을 입으면 증권을 발행하여 외부 투자자로부터 현금을 조달해야 할 수도 있다. 증권 발행에는 비용이 소요된다. 발행 수수료 및 거래비용 외에도 역선택으로 인해 발생하는 저가 발행비용과 소유권 집중 감소로 인해 발생하는 잠재적인 대리인 비용이 발생한다. 보험은 회사에게 손실을 상

---

6   시장 변동성이 18%일 때 −2.5의 베타는 테러 사건이 발생할 때 약 9%의 시장 하락과 일치한다.

재무적 곤경 회피 및 보험비용

문제

주요 항공사의 항공 사고의 위험이 매년 1%이고, 베타가 0이라고 가정한다. 무위험 이자율이 4%라면, 손실 사고 발생 시에 $150 백만을 지급하는 보험에 대해 계리적으로 공정한 보험료는 얼마일까? 무보험일 경우 손실이 발생하면 $40 백만의 재무적 곤경비용과 $10 백만의 발행비용이 발생하는 항공사의 경우 보험 매입의 NPV는 얼마일까?

풀이

기대 손실은 1%×$150 백만=$1.50 백만이므로 계리적으로 공정한 보험료는 $1.50 백만/1.04=$1.44 백만이다.

항공사에 대한 보험의 총이익은 $150 백만에 보험이 있는 경우 피할 수 있는 재무적 곤경 및 발행비용인 $50 백만을 더한 금액이다. 따라서 보험을 매입하는 것의 NPV는 아래와 같다.

$$NPV = -1.44 + 1\% \times (150 + 50)/1.04 = \$0.48 \text{ 백만}$$

쇄할 수 있는 현금을 제공하기 때문에 회사의 외부 자본에 대한 필요성을 줄여 보험비용을 줄일 수 있다.

세율 변동 기업이 누진 소득 세율의 적용을 받을 때, 만약 기업이 보험료를 지급할 때의 과세등급이 손실 사건이 발생하여 보험금을 지급받았을 때의 과세등급보다 더 높다면, 보험이 감세 효과를 발생시킬 수 있다.

날씨와 관련된 작물 파손의 가능성이 10%인 아몬드 재배자를 고려해보자. 작물 파손 위험이 0의 베타를 갖고, 무위험 이자율이 4%라면, $100,000의 보험당 계리적으로 공정한 보험료는 아래와 같다.

$$\frac{1}{1.04} \times 10\% \times \$100,000 = \$9615$$

이 재배자의 현재 세율이 35%라고 가정한다. 그러나 농작물이 파손된 경우 재배자는 훨씬 더 적은 소득을 받고 15%의 낮은 세율에 직면한다. 그렇다면 이 재배자의 보험 매입으로 인한 NPV는 양수이다.

$$NPV = -\$9615 \times (1 - 0.35) + \underbrace{\frac{1}{1.04} \times 10\% \times \$100,000}_{= \$9615} \times (1 - 0.15)$$

$$= \$1923$$

이러한 편익은 재배자가 소득을 높은 세율의 구간에서 낮은 세율의 구간으로 이전할 수 있기 때문에 발생한다. 잠재적인 손실이 기업의 한계세율에 상당한 영향을 미칠 만큼 충분히 크다면, 이러한 보험의 세금 혜택은 클 수 있다.

차입 능력 기업은 재무적 곤경을 피하기 위해 자사의 레버리지를 제한한다. 보험은 재무적 곤경의 위험을 줄이고, 이는 이러한 상충관계를 완화하고 기업으로 하여금 채무 자금조달의 사용을 늘릴 수 있게 한다.[7] 제16장에서 우리는 채무 자금조달이 기업에게 몇 가지 중요한 이점이 있다는 것을 확인했다. 이자

---

7 실제로 채권단이 대출조항의 일부로 보험 가입을 요구하는 것은 드문 일이 아니다.

의 감세효과로 인한 세금 납부액 감소, 발행비용 감소, 대리인 비용 감소(주식 소유권 집중도 증가와 초과 현금 흐름 감소를 통해)가 이러한 이점에 포함된다.

경영자의 유인   보험은 경영진이 통제할 수 없는 위험의 결과로 발생하는 변동성을 제거함으로써 기업의 수익 및 주가를 경영 성과에 대한 정보력 있는 지표로 바꾼다. 따라서 기업은 경영진을 불필요한 위험에 노출시키지 않고 성과 기반 보상 체계의 일환으로 이러한 지표들에 대한 의존도를 높일 수 있다. 또한 보험은 주식의 변동성을 낮춤으로써 회사 및 경영진을 모니터링할 외부 이사 또는 투자자에 의한 집중된 소유권을 촉진할 수 있다.

위험 평가   보험회사는 위험을 평가하는 데 전문화된 회사이다. 많은 경우 보험회사는 기업이 직면한 특정 위험의 정도에 대해 해당 기업의 경영진보다 더 많은 정보를 가지고 있을 수 있다. 이러한 지식은 기업의 투자결정을 향상시킴으로써 기업에 도움이 될 수 있다. 예를 들어 기업에게 화재보험을 매입하도록 요구하는 것은 기업이 창고를 선택할 때 화재 안전성에서의 차이점들과 이들이 보험료에 미치는 영향을 고려할 것을 의미한다. 그렇지 않으면 경영진이 이러한 차이점들을 간과할 수 있다. 보험회사는 또한 기업들을 일상적으로 모니터링하고 가치를 향상시키는 안전 권장사항을 만들 수 있다.

보험의 비용

보험료가 계리적으로 공정한 경우 보험을 사용하여 기업의 위험을 관리하면 비용을 절감하고 투자결정을 향상시킬 수 있다. 그러나 현실적으로 시장 불완전성이 존재하여 보험의 비용이 계리적으로 공정한 가격보다 높을 수 있고 이러한 편익들의 일부를 상쇄할 수 있다.

보험시장의 불완전성   기업과 보험회사 간에 세 가지 주요 시장 마찰이 발생할 수 있다. 첫째, 위험을 보험회사에 전가하는 것은 행정적인 비용과 간접비를 수반한다. 보험회사는 고객을 찾는 영업 인력, 특정 자산의 위험을 평가하는 보험업자, 손실 사건의 발생 시 피해를 평가하는 감정사 및 조정자, 보험 청구로 인해 발생할 수 있는 잠재적인 분쟁을 해결할 수 있는 변호사를 고용해야 한다. 보험회사는 보험료를 정할 때 이러한 비용들을 포함한다. 2014년에 손해보험 업계의 비용은 청구된 보험료의 28%를 넘었다.[8]

보험비용을 높이는 두 번째 요소는 역선택(adverse selection)이다. 경영자가 주식을 팔고자 하는 욕구는 기업의 실적이 저조할 것이라는 것을 경영자가 알고 있다는 신호일 수 있다. 이와 마찬가지로 기업이 보험을 매입하겠다는 욕구는 기업이 평균 이상의 위험을 내포하고 있음을 알릴 수 있다. 기업이 얼마나 위험한지에 대한 사적 정보가 있는 경우 보험회사는 이러한 역선택에 대해 더 높은 보험료로 보상을 받아야 한다.

대리인 비용(agency costs)은 보험가격에 기여하는 세 번째 요소이다. 보험은 위험을 회피하기 위한 기업의 유인을 줄여준다. 예를 들어 화재보험을 매입한 후, 기업은 화재 방지비용을 줄임으로써 비용을 절감하기로 결정할 수 있다. 보험 가입으로 인한 행동 변화는 **도덕적 해이**(moral hazard)라고 불린다. 도덕적 해이의 극단적인 경우는 피보험자가 허위로 또는 고의적으로 보험금을 받기 위해 손실을 유발하는 보험사기이다. 손해보험회사는 도덕적 해이 비용이 보험료의 11% 이상을 차지하는 것으로 추정한다.[9]

---

8   "2014 Year End Results," Insurance Information Institute.

9   Insurance Research Council estimate (2002).

시장 불완전성의 해결 보험회사는 여러 가지 방법으로 역선택 및 도덕적 해이 비용을 완화하려고 한다. 보험회사는 역선택을 방지하기 위해 가능한 한 정확하게 위험을 평가한다. 종종 생명보험에 가입하려고 하는 개인에게 건강검진이 요구되는 것처럼, 대형 상업보험에 가입하려면 공장 검사와 안전 절차에 대한 검토가 요구된다. 도덕적 해이를 막기 위해 보험회사는 사기 또는 의도성 여부 증거를 찾기 위해 일상적으로 손실을 조사한다.

또한 보험회사는 이러한 비용을 줄이는 방법으로 보험증권을 만든다. 예를 들어 대부분의 보험증권에는 보험이 적용되지 않는 손실의 초기 금액인 **공제금액**(deductible)과 손실의 범위에 관계없이 보상되는 손실 금액을 제한하는 **보험책임 한도**(policy limits)가 포함된다. 이러한 조항들은 기업이 피보험자가 된 이후에도 손실의 위험을 계속 부담한다는 것을 의미한다. 기업은 이와 같은 방식으로 도덕적 해이를 줄이면서 손실을 피하기 위한 유인을 유지한다. 또한 위험한 회사는 더 적은 공제금액과 더 높은 보험책임 한도를 선호하기 때문에 (보험사가 손실을 경험할 가능성이 더 크기 때문에), 보험회사는 기업의 보험증권 선택을 이용하여 위험을 식별하고 역선택을 줄일 수 있다.[10]

예제 30.3

역선택 및 보험책임 한도

문제

당신 회사는 잠재적인 $100 백만의 손실에 직면하고 있으며, 이에 대한 보험을 가입하고자 한다. 세금 혜택과 재무적 곤경 및 발행비용의 회피로 인해 손실 사건 발생 시 받는 $1는 $1.50의 가치를 갖는다. 두 가지 보험증권을 사용할 수 있다. 손실이 발생할 경우 한 보험증권은 $55 백만을 지불하고 다른 한 보험증권은 $100 백만을 지급한다. 보험회사는 행정비용을 충당하기 위해 계리적으로 공정한 보험료보다 20% 더 높은 보험료를 부과한다. 보험회사는 역선택을 반영하기 위해 $55 백만 보험증권에 대해 5%의 손실 확률을, $100 백만의 보험증권에 대해서는 6%의 손실 확률을 예측한다.

이 위험의 베타가 0이고 무위험 이자율이 5%라고 가정한다. 손실 위험이 5%라면, 당신 회사는 어떤 보험증권을 선택해야 할까? 손실 위험이 6%라면, 어떤 보험증권을 선택해야 할까?

풀이

각 보험증권에 대해 부과되는 보험료는 다음과 같다.

$$보험료(\$55\ 백만\ 보험증권) = \frac{5\% \times \$55\ 백만}{1.05} \times 1.20 = \$3.14\ 백만$$

$$보험료(\$100\ 백만\ 보험증권) = \frac{6\% \times \$100\ 백만}{1.05} \times 1.20 = \$6.86\ 백만$$

손실 위험이 5%인 경우 각 보험증권의 NPV는 다음과 같다.

$$NPV(\$55\ 백만\ 보험증권) = -\$3.14\ 백만 + \frac{5\% \times \$55\ 백만}{1.05} \times 1.50 = \$0.79\ 백만$$

---

10 최적 보험증권 설계를 연구한 다음 논문들이 있다. A. Raviv, "The Design of an Optimal Insurance Policy," *American Economic Review* 69 (1979): 84–96; G. Huberman, D. Mayers, and C. Smith, "Optimal Insurance Policy Indemnity Schedules," *Bell Journal of Economics* 14 (1983): 415–426; M. Rothschild and J. Stiglitz, "Equilibrium in Competitive Insurance Markets: An Essay on the Economics of Imperfect Information," *Quarterly Journal of Economics* 90 (1976): 629–649.

$$NPV(\$100\text{ 백만 보험증권}) = -\$6.86\text{ 백만} + \frac{5\% \times \$100\text{ 백만}}{1.05} \times 1.50 = \$0.28\text{ 백만}$$

손실 위험이 6%인 경우 각 보험증권의 NPV는 다음과 같다.

$$NPV(\$55\text{ 백만 보험증권}) = -\$3.14\text{ 백만} + \frac{6\% \times \$55\text{ 백만}}{1.05} \times 1.50 = \$1.57\text{ 백만}$$

$$NPV(\$100\text{ 백만 보험증권}) = -\$6.86\text{ 백만} + \frac{6\% \times \$100\text{ 백만}}{1.05} \times 1.50 = \$1.71\text{ 백만}$$

따라서 손실 위험이 5%이면, 당신 회사는 보험 적용 범위가 더 작은 증권을 선택해야 한다. 만약 손실 위험이 6%이면, 보험 적용 범위가 더 큰 보험증권이 더 낫다. 역선택에 대한 보험회사의 우려는 다음과 같이 정당화된다: 더 위험한 기업이 더 큰 보험 적용 범위의 보험증권을 선택할 것이다.

보험 의사결정

완전자본시장에서 보험 매입은 기업가치를 증가시키지 못한다. 시장 불완전성이 존재할 때 보험은 기업가치를 증가시킬 수 있지만, 시장 불완전성은 보험회사가 부과하는 보험료의 인상을 가져올 가능성이 있다. 보험이 매력적이기 위해서는 기업에 제공하는 편익이 보험회사가 부과하는 추가적인 보험료를 초과해야 한다.

이러한 이유로 보험은 현재 재무적으로 건전하고 외부 자본을 필요로 하지 않으며, 높은 세율을 적용하고 있는 기업들에게 매력적일 수 있다. 이 기업들은 대부분의 편익을 현금 부족이나 재무적 곤경으로 이어질 수 있는 위험에 대한 보험 가입을 통해 얻을 것이며, 보험회사는 도덕적 해이를 예방하기 위해 정확하게 평가하고 모니터링할 수 있다.

완전한 보험은 기업이 많은 사적 정보를 보유하고 있거나 심각한 도덕적 해이의 발생 가능성이 있는 위험에 대해 매력적이지 않을 수 있다. 또한 이미 재무적 곤경에 처한 기업들은 보험을 매입하지 않을 강한 유인을 가지고 있다. 즉, 이 기업들은 현재 현금이 필요하고 채권자가 미래의 손실을 부담하기 때문에 위험을 감수하는 유인이 있다.

개념 확인	1. 보험은 기업가치를 어떻게 증가시킬 수 있는가?
	2. 시장 불완전성으로 인해 발생하는 보험비용은 무엇인가?

30.2 상품가격 위험

기업은 화재, 허리케인, 사고 및 정상적인 사업 과정을 벗어나는 기타 재해와 같은 위험에 의해 실제 자산이 손상되거나 파괴되는 경우에 대비하여 보험을 이용한다. 동시에 기업이 직면하는 많은 위험들은 사업 운영의 일부로 자연스럽게 발생한다. 많은 기업에서 그들이 사용하는 원자재와 생산하는 제품의 시장가격 변동이 수익성의 가장 중요한 위험 원천이 될 수 있다. 예를 들어 항공산업에서 제트 연료는 노동 다음으로 비용이 가장 많이 드는 부분이다. 유가가 2001년 배럴당 $17에서 2008년 중반 배럴당 $150로 급등하면서 대부분의 주요 항공사는 수익성을 달성하기 위해 힘썼다. 산업분석가들은 원유가격이 배럴당 $1 상승할 때마다 항공업계의 연간 제트 연료비가 $425 백만 증가할 것으로 추산한다. 유나이티드 항공은 2014년에 연간 매출액의 약 30%에 해당하는 $11 십억 이상을 연료로 사용했다. 항공사의 경우 유가 변동이 분명히 위험의 중요한 원천이다.

이 절에서는 기업이 상품가격 변동에 대한 노출을 줄일 수 있는, 즉 헤지(hedge)할 수 있는 방법을 논의한다. 보험과 마찬가지로 헤지는 가격 변동으로 인한 손실을 상쇄하는 현금흐름을 기업에게 제공하는 계약이나 거래를 수반한다.

수직적 통합과 저장을 이용한 헤지

기업은 위험을 상쇄할 수 있는 실물자산에 투자함으로써 위험을 헤지할 수 있다. 이를 위한 가장 일반적인 전략은 수직적 통합 및 저장이다.

수직적 통합(vertical integration)은 기업과 공급업체(또는 기업과 고객)의 합병을 수반한다. 상품가격의 상승은 기업의 비용과 공급업체의 수익을 증가시키기 때문에, 두 기업은 합병을 통해 위험을 상쇄시킬 수 있다. 예를 들어 2005년 일본의 타이어 제조업체 브리지 스톤은 비용을 관리하기 위해 인도네시아의 대형 고무농장을 매입했다. 고무가격의 상승은 이 고무농장의 이익 증가와 타이어 제조비용의 상승을 가져올 것이다. 마찬가지로 항공사는 정유회사와의 합병을 통해 유가 위험을 상쇄시킬 수 있다.

수직적 통합은 위험을 감소시킬 수 있지만 항상 가치를 증가시키는 것은 아니다. 모딜리아니와 밀러의 핵심 교훈을 상기해보자. 기업은 투자가가 스스로 할 수 있는 일을 함으로써 가치를 증가시키지는 않는다. 원자재 가격 위험에 관심이 있는 투자자는 자신의 포트폴리오를 "수직적으로 통합"하고 어떤 기업과 그 공급업체의 주식을 매입함으로써 분산투자할 수 있다. 인수기업은 종종 피인수기업의 현재 주가 대비 상당한 프리미엄을 지불하기 때문에 인수기업의 주주는 일반적으로 스스로 분산투자하는 것이 더 저렴하다고 생각한다. 회사 통합이 중요한 시너지 효과를 창출할 수 있다면, 수직적 통합은 가치를 증가시킬 수 있다. 예를 들어 보잉은 궁극적으로 품질 관리와 조정을 개선하고 생산 지연을 줄이기 위해 787 드림라이너에 관련된 여러 공급업체를 매입하기로 결정했다. 하지만 많은 경우 통합된 회사의 전략적 초점(예 : 항공사와 정유업체)이 부족하여, 수직적 통합의 결과가 비경제적이 될 수 있다. 마지막으로 수직적 통합은 완벽한 헤지가 아니다. 회사의 공급업체는 원자재 가격 외에 많은 다른 위험에 노출되어 있다. 기업을 수직적으로 통합함으로써 한 가지 위험을 제거하지만 다른 위험들을 얻게 된다.

또 다른 전략은 장기적인 재고 저장이다. 연료비 상승을 우려하는 항공사는 현재 대량의 연료를 구입하여 필요할 때까지 연료를 저장할 수 있다. 이렇게 함으로써 이 회사는 연료비를 오늘의 가격과 저장비용에 고정시킬 수 있다. 그러나 많은 상품의 경우 저장비용이 너무 높아서 이 전략이 매력적이지 않다. 이러한 전략을 위해서는 상당한 현금 지출이 필요하다. 기업이 필요한 현금을 보유하지 않은 경우 외부 자본을 조달해야 하므로, 발행비용 및 역선택 비용이 발생할 수 있다. 마지막으로 많은 양의 재고를 유지하면 기업의 운전자본 필요액이 크게 증가하는데, 이는 곧 기업의 비용이다.

장기 계약을 통한 헤지

수직적 통합 또는 저장의 대안은 장기 공급 계약이다. 기업들은 부동산에 대한 장기 리스 계약을 정기적으로 체결하여 오랜 기간 사무 공간을 확보한다. 이와 마찬가지로 유틸리티 회사(utility companies)는 발전회사와 장기 공급 계약을 체결하고, 철강업체는 철광석 광업회사와 장기 계약을 체결한다. 이러한 계

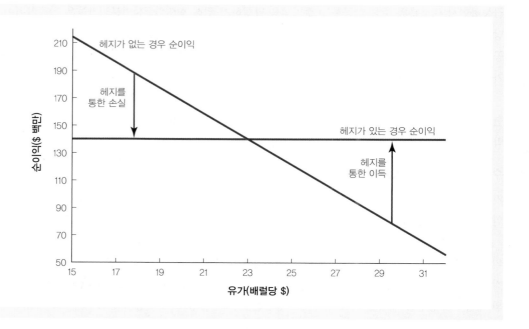

그림 30.1

순이익을 평탄화시키는 상품 헤지

사우스웨스트 항공은 장기 공급 계약을 통해 연료비를 고정시킴으로써 연료비 변동에 직면하고도 안정적인 수익을 유지하고 있다. 사우스웨스트가 배럴당 $23의 가격으로 장기 계약을 맺을 경우 유가가 배럴당 $23를 상회하면 이 가격에 매입하여 이득을 얻을 것이다. 만약 유가가 배럴당 $23를 하회하면 사우스웨스트는 더 높은 가격으로 매입하겠다는 약속으로 인해 손실을 볼 것이다.

약을 통해 양 당사자는 제품 또는 원자재에 대한 가격 안정성을 얻을 수 있다.

사우스웨스트 항공은 이에 대한 좋은 예를 제공한다. 2000년 초 유가가 배럴당 $20에 육박했을 때, 이 회사의 CFO인 게리 캘리(Gary Kelly)는 회사를 유가 급등 위험으로부터 보호하기 위한 전략을 개발했다. 그해 말에 유가가 배럴당 $30 이상으로 치솟아 항공산업이 재무적 위기를 겪었을 때, 사우스웨스트는 연료가격을 배럴당 $23로 보장하는 계약을 체결한 상태였다. 그림 30.1에서 볼 수 있듯이, 연료 헤지로 인한 연료비 절감액은 그해 사우스웨스트의 순이익의 거의 50%에 달했다. 게리 캘리는 사우스웨스트의 CEO가 되었고, 사우스웨스트는 연료비를 헤지하기 위해 이 전략을 고수하고 있다. 사우스웨스트는 1998~2008년 기간 동안 제트 연료에 대해 업계 평균 가격을 지급하였을 경우 지출했을 금액 대비 $3.5 십억을 절감했으며, 이는 이 기간 동안 이 회사 순이익의 83%를 차지한다.

물론 보험과 마찬가지로 상품 헤지가 항상 기업의 이익을 증가시키는 것은 아니다. 2000년 가을 유가가 배럴당 $23 이하로 떨어지면, 사우스웨스트의 헤지 정책은 원유에 대해 배럴당 $23를 지급하는 의무를 부여함으로써 이 회사의 이익을 감소시켰을 것이다. (그리고 켈리는 CEO가 되지 못했을 것이다.) 아마도 사우스웨스트는 유가가 하락하더라도 원유 1배럴당 $23를 지불할 여력이 있다고 생각했을 것이다. 사실 최근 몇 년 동안 유가가 급락하였으며, 이로 인해 사우스웨스트는 2018년까지 유지되는 헤지 계약으로 $1.8 십억의 손실을 입었다. 이에 따라 사우스웨스트는 2016년에 연료 소비량의 약 70%에서 30%로 헤지 프로그램을 대폭 축소하였다. 그러나 이러한 헤지가 최근에 나쁜 베팅 거래로 밝혀졌음에도 불구하고, 헤지로부터의 손실은 낮은 연료비로 인한 사우스웨스트의 높은 이익률로 상쇄되었다. 따라서 그림 30.1에서 볼 수 있듯이, 두 경우 모두 헤지가 순이익을 안정화시킨다.

종종 장기 공급 계약은 매수자와 매도자가 협상한 쌍무 계약(bilateral contracts)이다. 이러한 계약에는 몇 가지 단점이 있다. 첫째, 각 당사자는 거래 상대방이 채무불이행을 하여 계약 조건을 이행하지 못할 위험에 노출된다. 따라서 이 계약은 기업을 상품가격 위험으로부터 보호하지만 동시에 기업을 신용 위험

장기 계약을 통한 헤지

문제

내년에 10,000톤의 코코아 빈이 필요할 초콜릿 제조사를 생각해보자. 코코아 빈의 현재 시장가격이 톤당 $1,400라고 가정한다. 이 가격에 이 회사는 내년에 $22 백만의 EBIT를 기대하고 있다. 코코아 빈 가격이 톤당 $1,950까지 상승한다면 이 회사의 EBIT는 어떻게 될까? 코코아 빈 가격이 톤당 $1,200로 하락하면 이 회사의 EBIT는 어떻게 될까? 이 회사가 톤당 $1,450의 고정된 가격으로 코코아 빈 공급 계약을 체결하면, 각 시나리오에서 이 회사의 EBIT는 어떻게 될까?

풀이

코코아 빈 가격이 톤당 $1,950로 상승하면 이 회사의 비용은 $(1,950 - 1,400) \times 10,000 = \$5.5$ 백만 증가할 것이다. 다른 모든 것이 동일하다면 EBIT는 $22 백만 $-\$5.5$ 백만 $= \$16.5$ 백만으로 감소할 것이다. 코코아 빈 가격이 1톤당 $1,200로 하락하면 EBIT는 $22 백만 $-(1,200 - 1,400) \times 10,000 = \$24$ 백만으로 증가할 것이다. 또 다른 대안으로 이 회사는 각 시나리오에서 코코아 빈 가격을 톤당 $1,450로 고정시키는 공급 계약을 체결함으로써 이 위험을 피할 수 있으며, 이 경우 각 시나리오에서 이 회사의 EBIT는 $22 백만 $-(1,450 - 1,400) \times 10,000 = \$21.5$ 백만이다.

에 노출시킨다. 둘째, 이 계약은 익명으로 계약을 체결할 수 없다. 매수자와 매도자는 서로의 신원을 알고 있다. 이러한 익명성 부족은 전략적인 단점을 가지고 있다. 마지막으로 계약 시점의 시장가치를 결정하기 쉽지 않아 손익을 추적하기가 어려울 수 있으며, 필요한 경우 계약을 취소하기가 어려울 수 있다. 이러한 단점을 피할 수 있는 또 다른 대안 전략은 선물계약으로 헤지하는 것이다. 우리는 다음 절에서 이 전략을 고찰한다.

선물계약을 이용한 헤지

상품 선물계약은 앞서 언급된 단점들을 피하기 위해 고안된 장기 계약의 한 가지 유형이다. **선물계약**(futures contract)은 어떤 자산을 미래의 특정한 날에 현재 결정된 가격으로 거래하는 계약이다. 선물계약은 공개적으로 관찰할 수 있는 시장가격에 거래소에서 익명으로 거래되며, 일반적으로 유동성이 매우 높다. 매수자와 매도자 모두 현재 시장가격으로 제3자에게 판매함으로써 언제든지 이 계약에서 벗어날 수 있다. 마지막으로 선물계약은 곧 설명할 메커니즘을 통해 신용 위험을 제거할 수 있도록 설계되었다. 그림 30.2는 뉴욕상업거래소(NYMEX)에서 거래되는 저유황 경질유(light, sweet crude oil)에 대한 선물계약의 2015년 9월 가격을 보여준다. 각 계약은 인도일(delivery date)에 선물가격(futures price)으로 1,000배럴의 원유를 거래하겠다는 약속을 나타낸다. 예를 들어 2019년 3월 계약을 성사시킴으로써 매수자와 매도자는 배럴당 $57의 가격으로 1,000배럴의 원유를 2019년 3월에 교환하기로 2015년 9월에 합의했다. 그들은 이렇게 함으로써 3년 이상 사전에 원유에 대해 지급하거나 지급받을 가격을 고정시킬 수 있었다.

그림 30.2에 표시된 선물가격은 현재 지급되는 가격이 아니다. 선물가격은 미래에 지급될 오늘 합의된 가격이다. 선물가격은 각 인도일에 대한 수요와 공급에 따라 시장에서 결정된다. 선물가격은 미래의 유가에 대한 기대에 따라 적절한 위험 프리미엄을 반영하여 조정된다.[11]

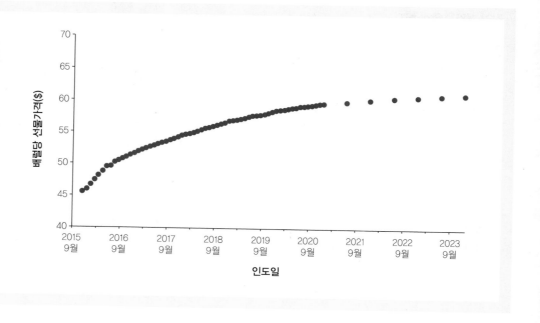

그림 30.2

저유황 경질유에 대한 선물가격(2015년 9월)

각 포인트는 표시된 달에 원유를 인도하기 위해 2015년 9월에 사용할 수 있었던 배럴당 선물가격을 나타낸다. 당시 유가의 현물가격은 배럴당 $45였지만 2019년 3월의 인도 선물계약 가격은 $57였다.

신용 위험의 제거   매수자가 2019년 3월 배럴당 $57에 원유를 매입하기로 약속한다면, 매도자는 매수자가 그 약속을 존중할 것이라는 확신을 어떻게 얻을 수 있을까? 2019년 3월의 실제 원유가격이 배럴당 $35에 불과하면, 매수자는 이 계약을 불이행할 강한 유인을 갖게 된다. 마찬가지로 2019년 3월 원유의 실제 가격이 $57 이상이면 매도자는 계약 불이행에 대한 유인을 갖게 된다. 선물 거래소는 매수자나 매도자가 계약 불이행을 하지 못하도록 두 가지 메커니즘을 사용한다. 첫째, 거래자는 선물계약을 이용해 상품을 매입 또는 매도할 때 **증거금**(margin)이라고 불리는 담보를 제시해야 한다. 이 담보는 거래자들이 그들의 의무를 이행할 것이라는 보증으로 사용된다. 또한 계약이 끝날 때까지 기다리지 않고 **시가평가**(marking to market)라는 절차를 통해 모든 이익과 손실에 대한 **일일정산**(daily settlement)이 이루어진다. 즉, 선물계약의 가격 변동에 기초하여 매일 이익 및 손익을 계산하고 교환한다.

시가평가 : 한 가지 예   2019년 3월 선물계약의 가격이 2015년 9월부터 2019년 3월까지의 900일의 남은 거래일 동안 표 30.1과 같이 변동한다고 가정한다. 날짜 0에 계약을 체결한 매수자는 원유 1배럴당 $57

---

11 P_t를 인도 시점의 원유의 시장가격으로, F_t를 날짜 t에 인도하기 위해 오늘 합의한 선물가격이라면, 선물계약의 매수자는 P_t의 가치가 있는 원유를 받고 인도 시 F_t를 지불하여, $P_t - F_t$의 순수익을 얻는다. 매도자의 순수익은 $F_t - P_t$다. 우리는 선물가격을 (계약 체결 시점이 알려졌기 때문에) 무위험 이자율로 할인하는 것으로 선물계약의 NPV를 계산하고, 기대 유가를 유가와 관련된 불확실성에 대한 위험 프리미엄을 반영한 이자율 r_p로 계산한다. 경쟁으로 인해 NPV가 0이 되어야 하므로 다음과 같이 계산할 수 있다.

$$0 = \frac{E[P_t]}{(1 + r_p)^t} - \frac{F_t}{(1 + r_f)^t} \quad \text{또는} \quad F_t = E[P_t]\frac{(1 + r_f)^t}{(1 + r_p)^t}$$

또한 선물가격은 미래의 원유에 대한 저장 또는 "보관(carrying)"비용을 초과할 수 없다. $F_t \leq P_0(1 + r_f)^t + FV$(저장비용). 그렇지 않으면 선물계약을 사용하여 원유를 매입, 저장 및 매도하는 것은 차익거래 기회를 제공할 것이다. (원유를 저장하는 가장 저렴한 방법은 기름을 땅속에 놔두는 것이므로, 선물가격은 종종 이 "보관비용"보다 훨씬 낮을 수 있다. 따라서 현재 가격 P_0과 선물가격 F_t는 원유 생산자가 생산을 시간 간에 이전할 수 있는 능력에 달려 있다.)

표 30.1	2018년 12월물 저유황 경질유 선물계약($/bbl)에 대한 시가평가 및 일일정산의 예								
	2015년 9월								**2019년 3월**
거래일	0	1	2	3	4	⋯	898	899	900
선물가격	57	55	56	54	53	⋯	32	34	35
일일 시가평가 이익/손실		−2	1	−2	−1	⋯	⋯	2	1
누적 이익/손실		−2	−1	−3	−4	⋯	−25	−23	−22

의 선물가격을 지불하기로 했다. 다음날 선물가격이 배럴당 $55로 하락하면, 매수자는 배럴당 $2의 손실을 보게 된다. 이 손실은 매수자의 증거금 계좌(margin account)에서 $2를 차감함으로써 즉시 해결된다. 2일째 가격이 배럴당 $56로 상승하면, 매수자의 증거금 계좌에 $1가 추가된다. 이러한 프로세스는 이 계약의 인도일까지 계속되며, 일일 이익과 손실은 이 표에 표시된 바와 같다. 매수자의 누적 손실은 일일 금액의 합계이며, 항상 원래 계약 가격인 배럴당 $57와 현재 계약 가격의 차이와 같다.

2018년 12월에 인도는 최종 선물가격으로 이루어지며, 그 당시의 실제 원유가격과 같다.[12] 표 30.1의 예에서 매수자는 궁극적으로 원유 1배럴당 $35를 지급하고 증거금 계좌에서 $22를 잃었다. 따라서 이 매

일상적인 실수 — 위험의 헤지

위험을 헤지할 때 피해야 하는 몇 가지 일반적인 실수가 있다.

자연 헤지에 대한 고려 상품 매입이 기업의 가장 큰 비용일지라도, 기업이 고객에게 비용을 전가할 수 있다면 위험의 원천이 아닐 수도 있다. 예를 들어 휘발유 가격과 매출액이 원유비용과 함께 변동한다고 하더라도, 주유소는 원유비용을 헤지할 필요가 없다. 기업이 고객에게 비용 증가를 전가하거나 공급업체에게 매출액 감소를 전가할 수 있는 경우, 이러한 위험에 대한 **자연 헤지**(natural hedge)가 발생한다. 위험이 과잉 헤지되거나 위험을 증가시키지 않도록 하기 위해 기업은 자연 헤지를 고려한 후에 이익에 대한 위험을 헤지해야 한다.

유동성 위험 선물계약으로 헤지를 할 때 회사는 선물계약의 이익으로 사업 손실을 상쇄하고, 선물계약 손실로 사업 이익을 상쇄하여 수익을 안정화시킨다. 후자의 시나리오에서 기업은 사업 이익의 현금흐름을 실현하기 전에 선물 포지션에서 증거금 요구(margin call)를 받을 위험이 있다. 기업은 효과적인 헤지를 위해 이 증거금 요구를 충족시키기 위해 필요한 현금을 보유해야 한다.

그렇지 않으면 기업은 자신의 포지션에서 계약을 불이행할 수 있다. 따라서 기업은 선물계약을 체결할 때 **유동성 위험**(liquidity risk)에 노출되어 있다. 1993년 원유 선물시장에서 $1 십억 이상의 손실을 입은 메탈게젤샤프트 정유 및 마케팅(MGRM)의 경우도 마찬가지였다. MGRM은 고객에게 원유를 공급하기 위한 장기 계약을 체결하고, 원유 선물을 매입을 통해 유가 상승의 위험을 헤지했다. 이후 유가가 하락하자 MGRM은 현금흐름 위기에 직면했고, 선물 포지션에 대한 증거금 요구를 충족시킬 수 없었다.

베이시스 위험 선물계약은 특정 인도일 및 인도 장소를 가진 표준화된 상품 집합에 대해서만 사용할 수 있다. 따라서 2018년 6월 오클라호마 주에서 원유를 인도하겠다고 약속한 선물계약은 2018년 7월 댈러스에서 발생하는 제트 연료비에 대한 합리적인 헤지이지만, 완벽한 메치는 아니다. **베이시스 위험**(basis risk)은 선물계약의 가치가 기업의 위험 노출과 완전한 상관관계를 갖지 않기 때문에 발생할 수 있는 위험이다.

---

12 선물계약은 인도일에 즉시 인도되는 계약이다. 따라서 일물일가의 법칙에 따라 인도일의 선물가격은 현물시장의 실제 원유 가격과 같아야 한다.

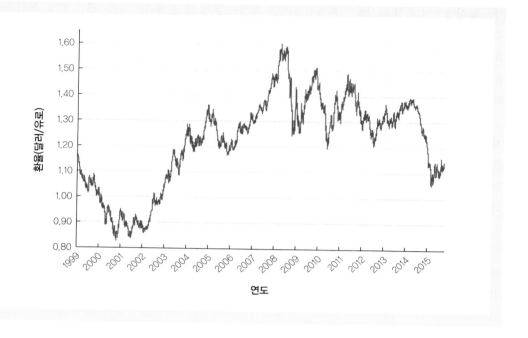

그림 30.3

유로당 달러($/€)(1999~2015)

유로당 달러 환율이 단기간 동안 극적인 변동을 하고 있음을 주목하길 바란다.

- **투자자의 거래 증권** : 일본인 투자자는 미국 채권을 매입하기 위해 엔을 달러로 교환한다.
- **각국 중앙은행의 행동** : 영국 중앙은행은 파운드를 유로화로 교환하여 파운드 가치를 낮게 유지하려고 시도할 수 있다.

　통화에 대한 수요와 공급은 세계 경제 상황에 따라 달라지기 때문에 환율은 변동이 심하다. 그림 30.3은 1999년 1월~2015년 10월 기간 중 유로의 달러 가격을 보여주고 있다.

　유로의 가격이 종종 수개월간이라는 짧은 기간 동안 20%나 변동함을 주목하기 바란다. 달러 대비 유로의 가치는 2008년 여름에 2000년의 낮은 수준 대비 거의 2배가 되었으며, 2008년 8월과 10월 사이에 금융위기로 인해 20% 가까이 하락하였으며, 2014년에 다시 유로존의 지속적인 불안정에 반응하여 하락했다.

　환율변동은 국제시장에서 사업을 하는 기업들에게 **수입업자-수출업자 딜레마**(importer-exporter dilemma)라고 알려진 문제를 유발한다. 예를 들어 미국의 소규모 자전거 주문제작회사인 만지니 사이클러(Manzini Cyclery)가 직면한 문제를 고려해보자. 만지니는 이탈리아 공급업자인 캄파뇰로(Campagnolo)부터 부품을 수입해야 한다. 캄파뇰로가 부품가격을 유로로 결정하면, 만지니는 달러 가치가 하락하고 유로 가치가 상승하여 필요한 부품이 더 비싸지는 위험에 직면한다. 만약 캄파뇰로가 부품가격을 달러로 결정하면, 캄파뇰로는 달러 가치가 하락하여 미국 제조업자에게 파는 부품에 대한 가격으로 더 적은 유로를 받게 되는 위험에 직면한다.

　환위험 문제는 수입업자와 수출업자 관계에서 발생하는 일반적인 문제이다. 두 회사 중 어떤 회사라도 환위험을 받아들이려고 하지 않는다면, 거래가 힘들어지거나 교섭 자체도 불가능해질 수 있다. 예제 30.5는 잠재적인 문제의 크기를 예시하고 있다.

환위험의 효과

문제

2002년 12월 환율은 $1/€였다. 만지니는 내년도 생산을 위해 캄파뇰로에 부품을 주문했다. 1년 후에 부품이 배달될 때, 만지니가 캄파뇰로에게 €500,000의 가격을 지급하기로 두 회사가 합의했다. 1년 후에 환율은 $1.22/€였다. 지급 기일이 되었을 때, 만지니의 달러 표시 실제 비용은 얼마인가? 만약 가격이 $500,000(합의 당시 환율인 $1/€에 €500,000를 달러로 전환한 금액)로 설정되었다면, 캄파뇰로가 지급받는 금액을 유로로 환산하면 얼마인가?

풀이

가격이 €500,000일 때 만지니가 지급해야 하는 금액은 (€500,000) × ($1.22/€) = $610,000이다. 만지니의 달러 표시 실제 비용은 가격이 달러로 설정되었을 때보다 $110,000 혹은 22% 증가하게 된다.

만약 가격이 달러로 설정되어 만지니가 $500,000를 지급했다면, 이 지급액은 $500,000 ÷ ($1.22/€) = €409,836의 가치를 갖고 캄파뇰로에게 지급되는 유로 금액이 18% 줄어들게 된다. 가격이 유로 또는 달러로 설정되는지에 관계없이 거래의 한 당사자는 막대한 손실을 입는다.

선도계약을 통한 헤지

환율 변동으로 발생하는 위험인 환위험은 거래 당사자들이 서로 다른 통화를 사용할 때 항상 발생한다. 즉, 환율이 변동하면 거래의 한 당사자가 환위험에 노출된다. 기업들이 환위험을 줄이기 위해 여러 가지 방법을 사용하는데, 그중 가장 많이 사용되는 방법이 통화선도계약이다.

통화선도계약(currency forward contract)은 특정 통화에 대한 환율과 교환하고자 하는 금액을 사전에 정하는 계약이다. 이 계약은 대개 기업과 은행 사이에 맺어지며, 미래의 특정일에 발생할 거래에 대한 환율을 사전에 고정시킨다. 통화선도계약은 (1) 환율, (2) 교환할 통화의 금액, (3) 교환이 발생할 인도일(delivery date)을 지정한다. 통화선도계약에서 설정되는 환율은 미래의 교환에 적용될 환율이므로 **선도환율**(forward exchange rate)이라고 부른다. 기업은 통화선도계약을 맺으면 환율을 사전에 고정시킬 수 있으며, 통화 가치의 변동으로 인한 위험노출을 줄이거나 제거할 수 있다.

선도계약을 이용한 환율의 고정

문제

2002년 12월, 은행들은 1년 통화선도계약을 $0.987/€의 선도환율로 제안하고 있었다. 이 당시 만지니는 캄파뇰로에 €500,000의 가격에 주문을 넣음과 동시에 2003년 12월에 €500,000를 $0.987/€의 선도환율에 매입하는 선도계약을 체결했다. 만지니가 2003년 12월에 지급해야 하는 금액은 얼마인가?

풀이

2003년 12월 환율이 $1.22/€로 올라 유로 가치가 상승해도, 만지니는 선도계약을 통해 $0.987/€의 선도환율에 €500,000를 매입할 수 있다. 따라서 만지니가 2003년 12월에 지급하여야 하는 금액은 다음과 같다.

$$€500,000 × \$0.987/€ = \$493,500$$

만지니는 이 금액을 은행에 지급하고, 은행으로부터 캄파뇰로에 지급할 €500,000를 지급받는다.

이 경우에는 선도계약이 만지니에게 이득이 되었다. 만약 헤지가 없었다면, $1.22/€의 환율에 달러를 유로로 바꾸었으면 비용이 $610,000로 상승했을 것이기 때문이다. 하지만 환율은 상승하지 않고 하락할 수도 있다. 만약 환율이 $0.85/€로 하락했다면, 선도계약을 체결한 만지니는 여전히 $0.987/€의 환율로 지급해야 할 의무가 있다. 바꾸어 말하면 선도계약은 환율을 고정시키고 환율이 유리한 방향 또는 불리한 방향으로 변동하느냐에 관계없이 환위험을 제거한다.

만약 선도계약이 수입업자로 하여금 유로 강세의 위험을 제거하도록 한다면, 위험은 어디로 가는 걸까? 적어도 초기에는 이 위험이 선도계약을 제공한 은행에게 전가된다. 은행이 고정된 환율에 달러와 유로를 교환하는 것에 동의했기 때문에, 유로 가치가 상승하면 은행은 손실을 입게 될 것이다. 예제 30.6에 따르면, 은행은 선도계약에서 $493,500를 받고 $610,000의 가치를 갖는 유로를 포기한다. 왜 은행은 이 위험을 기꺼이 받아들이려고 하는 걸까? 첫째, 은행은 수입업자보다 기업 규모가 더 크고, 자본이 더 많으므로 재무곤경에 빠지지 않고 이 위험을 감내할 수 있다. 더욱 중요한 것은 대부분의 경우 은행이 이 위험을 떠안지 않는다는 것이다. 대신 은행은 유로를 달러로 교환하는 두 번째 선도계약을 체결할 다른 거래자를 찾는다. 두 번째 선도계약의 체결은 두 계약의 위험을 서로 상쇄시켜 은행으로 하여금 두 계약의 위험을 동시에 제거하도록 한다.

이러한 경우가 그림 30.4에 예시되어 있다. 상품에 대한 대금을 유로로 지급하는 미국 수입업자는 선도계약을 통해 은행으로부터 $0.987/€의 선도환율에 유로를 매입했다. 이 거래는 수입업자의 비용을 $493,500에 고정시킨다. 유로로 대금을 지급받는 미국 수출업자도 유로를 은행에 파는 선도계약을 통해 수익을 $493,500에 고정시킬 수 있다. 은행은 달러를 유로로 교환하는 선도계약과 유로를 달러로 교환하는 선도계약 두 개의 선도계약을 보유한다. 결국 은행은 환위험을 떠안지 않으면서 수출업자와 수입업자로부터 수수료를 받는다.

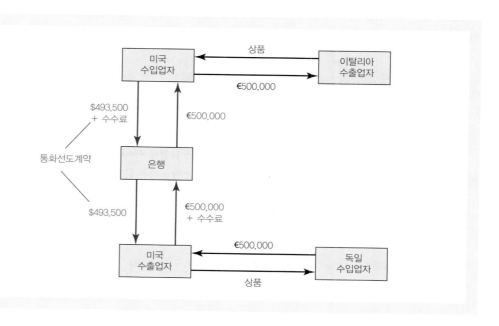

그림 30.4

통화선도계약을 이용한 환위험의 제거

이 예에서 미국 수입업자와 미국 수출업자는 통화선도계약(파란색으로 표시)을 이용하여 환위험을 헤지한다. 서로 상쇄되는 두 계약을 제공함으로써 은행은 환위험을 떠안지 않으면서 각 거래로부터 수수료를 받게 된다.

캐시 앤 캐리 전략과 통화선도계약의 가격결정

통화선도계약의 대안인 캐시 앤 캐리 전략 역시 기업 또는 은행이 환위험을 제거할 수 있도록 한다. 이 전략은 통화선도계약과 동일한 현금흐름을 가지고 있다. 이에 따라 우리는 일물일가의 법칙과 이 전략을 이용하여 선도환율을 결정할 수 있다. 투자자들이 미래의 외환을 미래의 달러로 교환할 수 있는 서로 다른 방식을 고려함으로써 시작해보기로 하자.

일물일가의 법칙과 선도환율   통화선도계약은 투자자들이 선도환율에 미래의 외환을 미래의 달러로 교환할 수 있도록 한다. 그림 30.5는 이러한 교환을 **통화시간선**(currency timeline)에 나타내고 있다. 통화시간선은 수평적으로는 표준적인 시간선처럼 날짜를, 수직적으로는 달러 및 유로 등과 같은 통화를 나타내는 시간선이다. 따라서 통화시간선에서 1년 후 달러는 위-오른쪽 점, 1년 후 유로는 아래-오른쪽 점에 각각 해당된다. 이 두 점 간의 현금흐름 전환을 위해서는 현금흐름들을 적절한 환율로 바꾸어야 한다. $F\$/€$로 표시된 선도환율(forward exchange rate)은 선도계약을 이용하여 1년 후 유로를 달러로 교환할 수 있는 환율을 말해준다.

그림 30.5는 또한 날짜 또는 통화 간 이동하기 위하여 사용할 수 있는 다른 거래들을 통화시간선에 예시하고 있다. $S\$/€$로 표시된 **현물환율**(spot exchange rate)이라 불리는 현재의 환율로 오늘 유로를 달러로 전환할 수 있다. 마지막으로 오늘의 유로는 유로 표시 계정에서 은행들이 돈을 빌리거나 빌려주는 데 적용되는 1년 유로 이자율에 1년 후의 유로로 전환할 수 있다.

그림 30.5가 예시하는 바와 같이 서로 다른 거래들을 결합하면, 1년 후 유로를 달러로 전환하는 또 다른 방법을 제공한다. **캐시 앤 캐리 전략**(cash-and-carry strategy)은 다음 세 가지 동시적인 거래로 이루어진다.

1. 오늘 1년 만기 대출을 통해 유로 이자율, $r_€$로 유로를 빌린다.
2. 오늘 현물환율, $S\$/€$에 유로를 달러로 교환한다.
3. 오늘 달러를 달러 이자율, $r_\$$로 이자가 가산되는 계좌에 1년 동안 예치한다.

1년 후에 거래 1의 대출로 인해 유로를 지급하여야 하며, 거래 3의 예치로 인해 달러를 지급받는다. 즉, 이 전략은 선도계약처럼 1년 후의 유로를 1년 후의 달러로 전환할 수 있도록 한다. 이 방법은 현금(cash)을 빌려서, 이를 미래까지 보관(carry) 또는 투자(invest)하기 때문에 캐시 앤 캐리 전략이라고 부른다.

선도계약과 캐시 앤 캐리 전략은 동일하게 1년 후 달러를 1년 후 유로로 전환할 수 있었다. 따라서 일물일

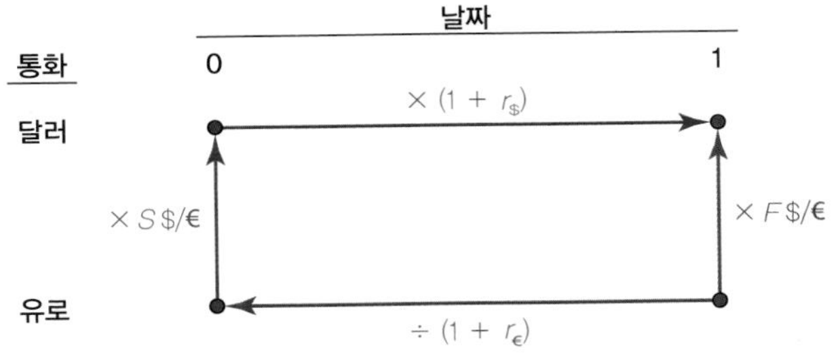

그림 30.5

선도계약과 캐시 앤 캐리 전략을 예시하는 통화시간선

캐시 앤 캐리 전략(빨간색의 세 가지 거래)은 한 통화를 빌려 현물환율에 다른 통화로 전환한 후 이 통화에 투자함으로써 선도계약(파란색)을 복제한다.

글로벌 금융위기 | 외환시장에서 차익거래

외환시장은 세계에서 가장 크고 가장 유동적인 시장 중의 하나다. 이에 따라 외환시장은 차익거래 기회를 기대할 수 있는 최후의 장소 중 하나다. 그러나 2008년 금융위기 동안 짧은 시간 캐시 앤 캐리 전략을 통해 결정된 선도환율과 선도시장의 선도환율이 일치하지 않아 차익거래 기회가 존재했다. 아래 그림은 1개월 동안 달러로 차입한 후 그 수익을 현물환율에 유로로 변환하여 1개월 동안 유로로 투자하고, 동시에 1개월 후 유로를 달러로 교환하는 선도계약을 체결할 때 발생하는 달러당 이익을 보여준다. 2008년 금융위기 이전에는 이 전략이 경제적으로 의미 있는 이익을 창출하지 못했다. 하지만 금융위기 상황에서 이 전략은 상당히 수익성이 있는 것처럼 보였다. 최고점에서 차입한 달러당 $0.25가 생겼다.

이처럼 명백한 이익은 무엇으로 설명될 수 있을까? 한 가지 가능성은 채무불이행 위험이다. 차익거래에는 차입과 대출이 필요하며 금융위기 발생 시 채무불이행 위험은 매우 높게 인식된다. 또한 거래 상대방 위험도 존재한다. 즉, 선도

계약의 거래 상대방이 계약 의무를 이행하지 않을 수 있다. 금융위기 상황에서 불확실성이 높아짐에 따라 투자자들은 1개월간의 약속을 위험하다고 생각했을 것이다. 따라서 이 전략은 실제로 무위험이 아니었다. 이 "이익"은 적어도 부분적으로 이러한 위험에 대한 보상이었다. 마지막으로, 로리아노 만치니(Loriano Mancini), 안젤로 로날도(Angelo Ranaldo) 및 얀 람펠마이어(Jan Wrampelmeyer)[*]는 유동성이 이 이익의 기여 요인 중의 하나라는 증거를 제공한다. 미국의 단기 금융시장(심지어 오버나잇 시장을 포함하여)은 금융위기 동안 얼어붙었다. 이로 인해 은행 및 다른 거래자들은 달러 차입이 매우 어려웠으며, 명백한 차익거래 기회를 이용하는 데 어려움을 겪었을 것이다. 다시 말해 금융위기 동안 외환시장에서 자연적인 차익거래자의 역할을 한 것은 자본제약이었다!

[*] "Liquidity in the Foreign Exchange Market: Measurement, Commonality, and Risk Premiums," *Journal of Finance* 68 (2012): 1805–1841.

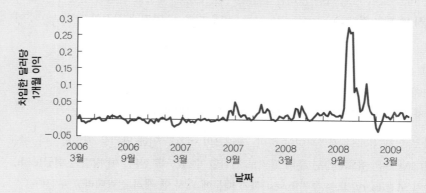

출처 : T. Griffoli and A. Ranaldo, "Deviations from covered interest parity during the crisis: a story of funding liquidity constraints," Swiss National Bank, 2009.

가의 법칙이 성립하려면 동일한 환율하에서는 선도계약과 캐시 앤 캐리 전략이 동일한 전환을 해야 한다.

커버된 이자율 패리티

$$F = S \times \frac{1 + r_\$}{1 + r_\euro}$$ (30.2)

$$\underbrace{F}_{\frac{\text{1년 후 \$}}{\text{1년 후 €}}} = \underbrace{S}_{\frac{\text{오늘 \$}}{\text{오늘 €}}} \times \underbrace{\frac{1 + r_\$}{1 + r_\euro}}_{\frac{\text{1년 후 \$/오늘 \$}}{\text{1년 후 €/오늘 €}}}$$

식 (30.2)는 선도환율을 현물환율과 각 통화에 대한 이자율의 함수로 나타내고 있다. 이 식 양변에서의 단위가 모두 1년 후 $/€임을 주목하기 바란다.

예를 통해 식 (30.2)를 평가해보자. 2002년 12월 현물환율은 $1/€, 1년 달러 이자율은 1.66%, 1년 유로 이자율은 3%였다. 식 (30.2)에 따르면, 교환이 1년 후에 이루어지는 2002년 12월의 무차익 선도환율은 다음과 같다.

$$F = S \times \frac{1 + r_\$}{1 + r_€} = (\$1/€) \times \frac{1.0166}{1.0300} = \$0.987/€$$

이 선도환율은 예제 30.6에서 은행이 제시하였던 선도환율이다.

식 (30.2)는 **커버된 이자율 패리티 등식**(covered interest parity equation)이라고 부른다. 이 등식은 선도환율과 현물환율 간의 차이가 두 통화의 이자율 차이와 관련되어 있다는 것을 말해주고 있다. 나라별로 이자율이 다를 때, 투자자들은 이자율이 낮은 통화로 돈을 빌려 이자율이 높은 통화에 투자할 유인을 갖는다. 물론 투자 기간 동안 이자율이 높은 통화의 가치가 하락하는 위험이 항상 존재한다. 당신이 선도계약을 통해 미래 환율을 고정시킴으로써 이 위험을 회피하려고 한다고 가정하자. 식 (30.2)는 선도환율이 높은 이자율에서 얻는 편익을 완전히 상쇄시켜 차익거래 기회를 제거한다는 것을 의미한다.

무차익 선도환율 계산하기	예제 30.7

문제

2019년 12월 일본 엔에 대한 현물환율은 ¥116/$이었다. 이때 1년 이자율이 미국에서 4.85%, 일본에서는 0.10%였다. 이 이자율에 근거하면, 1년 선도환율이 얼마의 값을 가지면 차익거래가 발생하지 않겠는가?

풀이

식 (30.2)를 이용하여 선도환율을 계산할 수 있다. 환율이 엔당 달러($/¥)가 아닌 달러당 엔(¥/$)으로 표시되므로, 이 식에서 분자에 '1 + 엔 이자율'이, 분모에 '1 + 달러 이자율'이 있어야 한다.

$$F = S \frac{1 + r_¥}{1 + r_\$} = ¥116/\$ \times \frac{1.0010}{1.0485} = ¥110.7/\$ \text{ 1년 후}$$

[이자율 비율의 단위가 환율의 단위와 일치하여야 한다는 것은 기억해야 할 유용한 규칙이다. 환율이 달러당 엔(¥/$)으로 표시되므로, 현물환율에 '1 + 엔 이자율'을 곱해주고 '1 + 달러 이자율'로 나누어 주어야 한다. 또한 환율의 단위를 엔당 달러($/¥)로 바꾸어도 이 문제를 풀 수 있다.] 선도환율이 현물환율보다 낮아 달러 투자에 대한 이자율이 높은 것을 상쇄시킨다.

선도계약의 장점 왜 기업들은 캐시 앤 캐리 전략이 아닌 선도계약을 사용하는가? 첫째, 선도계약은 단순하다. 즉, 캐시 앤 캐리 전략은 세 건의 거래를 필요로 하지만, 선도계약은 한 건의 거래만을 필요로 하고, 이로 인해 더 적은 거래비용이 들 수 있다. 둘째, 많은 기업들이 외환으로 쉽게 돈을 빌릴 수 없고, 만약 신용등급이 낮다면, 더 높은 이자율로 돈을 빌리게 된다. 일반적으로 이야기해서 캐시 앤 캐리 전략은 쉽게 그리고 적은 거래비용으로 돈을 빌릴 수 있는 대규모 은행이 주로 사용한다. 은행은 선도계약의 계약의무로부터 발생하는 통화 위험 노출(currency exposure)을 헤지하기 위해 캐시 앤 캐리 전략을 사용한다.

예제 30.8	캐시 앤 캐리 전략 사용하기

문제

2019년 12월 일본의 한 은행은 일본 수출업자 시마노와 선도계약을 체결했는데, 이 계약에서 시마노는 2020년 12월에 ¥110.7/$의 선도환율로 $100 백만을 엔화로 교환하기로 동의했다. 현재 환율이 ¥116/$이고, 1년 이자율이 미국에서는 4.85%, 일본에서는 0.10%이다. 통화선도계약에 관심이 있는 다른 고객이 없다면, 이 은행은 어떻게 위험을 헤지할 수 있을까?

풀이

선도계약은 시마노가 $100 백만을 은행에 지불하고 $100 백만 × ¥110.7/$ = ¥11.07 십억을 은행으로부터 수취할 것을 명시한다. 위험을 헤지하기 위해 은행은 엔을 달러로 전환하고 싶은 다른 고객을 찾을 수 있다. 그러한 고객을 찾을 수 없는 경우 은행은 캐시 앤 캐리 전략을 사용하여 위험을 헤지할 수 있다.

1. 오늘 4.85%의 달러 이자율로 달러를 빌린다. 이 은행은 오늘 $100 백만/1.0485 = $95.37 백만을 빌리고, 시마노로부터 받은 현금으로 대출금을 상환한다.

2. 달러를 ¥116/$의 현물환율로 엔으로 환전한다. 이 은행은 차입한 달러를 $95.37 백만 × ¥116/$ = ¥11.06 십억으로 바꿀 수 있다.

3. 0.10%의 엔 이자율로 오늘 엔에 투자한다. 1년 동안 엔을 입금하면, 이 은행은 1년 후에 11.06 십억 × 1.001 = ¥11.07 십억을 가질 것이다.

이 은행은 이러한 거래들의 결합을 통해 시마노와의 선도계약에 합의한 환율로 달러를 엔으로 전환할 수 있는 능력을 고정시킬 수 있다.

식 (30.2)는 1년보다 더 긴 계약기간에 대해서도 쉽게 일반화된다. 동일한 논리가 적용되지만, 1년이 아닌 T년 동안 투자나 차입이 이루어지고 1년 후가 아닌 T년 후에 교환이 이루어지는 점이 다르다. T년 무차익 선도환율을 다음과 같이 나타낼 수 있다.

$$F_T = S \times \frac{(1 + r_\$)^T}{(1 + r_€)^T} \tag{30.3}$$

위 식에서 현물환율과 선물환율의 단위는 $/€이고, 이자율은 각 통화의 수익률 곡선으로부터 구한 현재의 T년 무위험 이자율이다.

옵션을 이용한 헤지

통화 옵션(currency options)은 기업들이 환위험을 헤지하기 위하여 사용하는 또 다른 방법이다. 통화 옵션은 제20장에서 소개한 주식 옵션처럼 보유자에게 주어진 환율에 통화를 교환할 수 있는 권리(의무가 아님)를 부여한다. 통화선도계약은 기업들로 하여금 미래 환율을 고정시킬 수 있도록 한다. 즉, 통화 옵션은 기업들로 하여금 환율이 특정 수준을 초과하여 불리하게 변동하는 위험으로부터 스스로를 보호할 수 있도록 한다.

선도계약을 통한 헤지와 옵션을 통한 헤지의 차이에 대한 예시를 위해 다음과 같은 특정한 상황을 고려하자. 2005년 12월 선도환율이 $1.20/€였다. 1년 후 유로를 필요로 하는 기업이 선도계약을 통해 환율을 고정하지 않고, 1년 후에 미리 정해진 행사가격(strike price)에 유로를 매입할 권리를 부여하는 콜

표 30.2		행사가격 $1.20/€ 최초 프리미엄 $0.05/€인 통화 옵션을 이용한 헤지를 할 때 유로의 비용($/€)				
2006년 12월 현물환율	옵션 행사	환전하는 환율	+	옵션의 비용	=	총비용
1.00	없음	1.00		0.05		1.05
1.15	없음	1.15		0.05		1.20
1.30	있음	1.20		0.05		1.25
1.45	있음	1.20		0.05		1.25

옵션(call option)을 매입할 수 있다.[15] 유로를 기초자산(underlying asset)으로 하고 행사가격이 $1.20인 1년 유러피언 콜옵션이 유로당 $0.05에 거래된다고 가정하자. 즉, 이 기업은 1년 후에 유로당 $1.20에 유로를 매입할 수 있는 권리(의무가 아님)를 유로당 $0.05의 비용으로 매입할 수 있다. 이렇게 함으로써 이 기업은 유로 가치가 크게 상승하는 것으로부터 스스로를 보호할 수 있지만, 유로 가치가 하락할 때 발생하는 혜택 또한 얻을 수 있다.

표 30.2는 1년 후의 실제 환율이 첫 열에 보고되는 가치 중의 하나일 때, 콜옵션을 이용한 헤지의 성과를 보여주고 있다. 현물환율이 이 옵션의 행사가격인 $1.20/€보다 낮다면, 이 기업은 옵션을 행사하지 않고, 현물 외환시장에서 달러를 유로로 교환할 것이다. 만약 현물환율이 $1.20/€보다 높다면, 이 기업은 옵션을 행사하고 달러를 유로로 $1.20/€의 환율로 환전할 것이다(두 번째와 세 번째 열 참조). 여기에 옵션의 비용(네 번째 열)을 더하면, 유로당 총 달러비용(다섯 번째 열)이 결정된다.[16]

그림 30.6은 옵션을 이용한 헤지와 선도계약을 이용한 헤지, 그리고 헤지하지 않는 경우를 비교하고 있는 표 30.2의 자료를 도표로 나타내고 있다. 만약 기업이 헤지를 하지 않는다면, 유로의 비용은 단순하

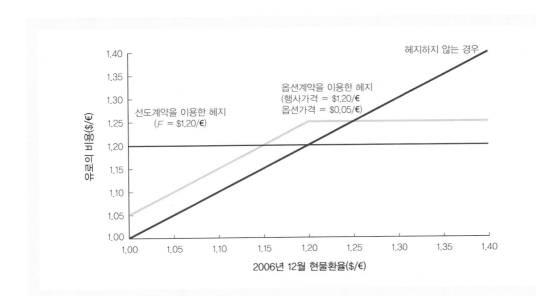

그림 30.6

선도계약을 이용한 헤지, 옵션을 이용한 헤지 및 헤지하지 않는 경우의 비교

선도계약을 통한 헤지는 환율을 고정하여 모든 위험을 제거한다. 헤지를 하지 않는 경우는 기업들이 환위험에 완전히 노출되도록 한다. 옵션을 통한 헤지는 환율이 하락하면 기업들이 이득을 얻도록 하고 환율이 큰 폭으로 상승하면 기업들을 보호한다.

---

15 통화 옵션은 장외시장에서 은행으로부터 또는 거래소에서 매수할 수 있다. 필라델피아증권거래소(PHLX, 지금은 NASDAQ OMX의 일원)는 통화 옵션을 거래하는 거래소 중의 하나이다.

16 총비용을 계산할 때 옵션 프리미엄에 대해 발생하는 적은 금액의 이자를 무시한다.

게 현물환율이다. 만약 기업이 선도계약을 통한 헤지를 한다면 유로의 비용이 선도환율에 고정되고 기업의 비용은 고정된다. 그림 30.6이 예시하는 것처럼 옵션을 통한 헤지는 선도계약을 통한 헤지와 헤지를 하지 않는 경우의 절충안을 제시한다. 즉, 이 기업은 잠재적인 비용에 상한을 씌우지만, 유로 가치가 하락하면 혜택을 얻을 수 있다. (이 경우 총비용은 $1.25였고, 2006년 12월에 실제 환율은 $1.30/€로 밝혀졌다.)

선도계약 대 옵션   왜 기업들은 선도계약을 통한 헤지 대신 옵션을 통한 헤지를 선택할까? 많은 경영자들은 시장 환율보다 더 높은 환율을 지불하는 것에 묶여 있기보다는 환율이 유리한 방향으로 움직일 때 자기 회사가 혜택을 보기를 원한다. 또한 헤지하는 거래가 발생하지 않을 수 있다면, 기업들은 선도계약보다 옵션을 선호한다. 이 경우 선도계약은 기업들로 하여금 불리한 환율로 필요하지도 않은 통화로의 교환을 약정하도록 할 수 있다. 하지만 옵션은 기업들로 하여금 교환으로부터 벗어날 수 있도록 한다.

예제 30.9   **조건부 위험 노출을 헤지하기 위한 옵션의 활용**

문제

ICTV는 케이블 TV 네트워크용 소프트웨어를 개발하는 미국 회사이다. ICTV의 임원들은 영국의 케이블 사업자인 텔레웨스트와 £20 백만의 거래를 협상했다. ICTV는 6개월 후에 기술의 실현 가능성을 입증하는 시제품을 보여주고 이 지불금을 받을 것이다. 텔레웨스트가 이 기술에 만족하지 않는다면, 텔레웨스트는 그때 이 계약을 취소하고 아무것도 지불할 수 없다. ICTV 임원들은 다음 두 가지 우려를 하고 있다. (1) 이 회사의 엔지니어가 텔레웨스트의 기술 요구사항을 충족시키지 못할 수도 있고, (2) 거래가 성공하더라도 영국 파운드 가치가 하락하여 £20 백만 지불액의 달러 가치를 떨어뜨릴 수 있다.

현재 환율이 $1.752/£이고 6개월 선도환율이 $1.75/£이고, 행사가격이 $1.75/£이고, 만기 6개월인 영국 파운드에 대한 풋옵션이 $0.05/£의 가격으로 거래되고 있다고 가정하자. 헤지를 하지 않는 경우, 선도계약을 이용하여 헤지하는 경우, 또는 풋옵션을 사용하여 헤지하는 경우에 대해 ICTV의 수입을 비교하라.

풀이

먼저 이 회사가 헤지를 하지 않기로 결정할 때 ICTV의 수입을 그려보자(이 그림의 빨간색 선).

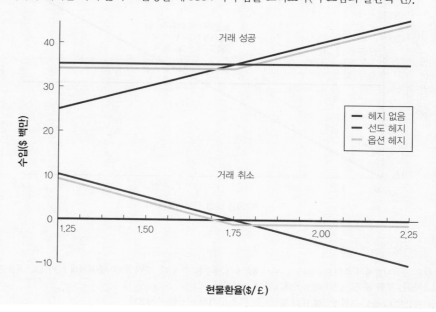

ICTV가 헤지를 하지 않고 영국 파운드가 $1.50/£로 하락한다고 가정하자. ICTV의 달러 수입은 £20 백만×$1.50/£ = $30 백만에 불과하다. 그러나 ICTV가 선도계약을 사용하여 £20 백만의 지불금을 헤지한다면, 거래가 성공할 때 £20 백만×$1.75/£ = $35 백만의 수입을 보장받게 될 것이다(위쪽 파란색 선). 그러나 텔레웨스트가 계약을 취소하면, ICTV는 $35 백만을 대가로 은행에 £20 백만을 지불할 의무가 있다. 현물환율이 $2.00/£로 상승하면, £20 백만은 £20 백만×$2.00/£ = $40 백만의 가치가 있고, ICTV는 선도계약으로 40 − 35 = $5 백만의 손실을 보게 된다(아래쪽 파란색 선).

따라서 ICTV가 선도계약을 사용하여 헤지하거나 혹은 헤지하지 않는 경우 큰 손실을 가져오는 시나리오가 있다. 이제 풋옵션을 사용하여 헤지를 고려하자. 풋옵션의 초기 비용은 £20 백만×$0.05/£ = $1 백만이며, 이 헤지의 결과는 노란색 곡선으로 표시된다. 예를 들어 거래가 성공하고 파운드가 $1.75/£ 이하로 하락하면, ICTV는 풋옵션을 행사하여 풋옵션 비용 차감 후 다음 금액을 받을 수 있다.

$$£20 \text{ 백만}×$1.75/£ − $1 \text{ 백만} = $35 \text{ 백만} − $1 \text{ 백만} = $34 \text{ 백만}$$

(우리는 6개월 동안 풋옵션의 비용에 대한 작은 이자를 무시했다.) 만약 텔레웨스트가 거래를 취소하고 현물환율이 상승하면 ICTV는 $1 백만의 비용을 잃게 된다. 텔레웨스트는 두 가지 경우 모두 잠재적 손실을 제한했다.

통화 옵션 가격결정 앞의 예에서 ICTV는 $0.05/£의 가격으로 통화 옵션을 매입할 수 있다고 가정했다. 그러나 우리는 통화 옵션의 가격을 어떻게 결정할까? 우리는 선도환율을 결정하기 위해 캐시 앤 캐리 전략을 사용하여 선도계약을 복제하는 은행의 능력을 평가했다. 이와 마찬가지로 우리는 통화 옵션의 가격을 결정하기 위해 스톡옵션에 대해 제21장에서 소개된 유형의 동적 거래 전략(dynamic trading strategies)을 사용하여 통화 옵션을 복제할 수 있는 은행의 능력을 확인한다. 실제로 블랙-숄즈(Black-Scholes) 공식이나 이항 모형(binomial model)과 같은 제21장에서 논의된 것과 동일한 가격결정 방법론을 통화 옵션에 적용할 수 있다. 이 경우 기초자산이 통화이므로 주가 대신 현물환율을 사용한다. 통화를 보유하면서 얻는 외국 이자율은 주식의 배당 수익률과 유사하다.

배당금을 지급하는 주식에 대한 유럽식 옵션의 가격결정을 위해서는 블랙-숄즈 공식의 주가 S를 옵션 기간 동안 지급한 배당금을 제외한 주식의 현재가치인 S^x로 대체하면 된다. 통화 옵션의 경우 해외 이자수입이 포함되지 않는다. 이에 따라 r_ϵ가 해외 이자율이면, 식 (21.11)로부터 $S^x = S/(1 + r_\epsilon)^T$이다. 따라서 유로당 K달러의 행사가격을 갖고 T년 내에 만기가 되는 유로에 대한 유럽식 콜옵션의 가격은 다음과 같다.[17]

통화에 대한 콜옵션 가격

$$C = \frac{S}{(1 + r_\epsilon)^T} N(d_1) - \frac{K}{(1 + r_\$)^T} N(d_2) \tag{30.4}$$

여기서 $N(\ )$은 정규분포 함수이고 d_1과 d_2는 $S^x/PV(K) = F_T/K$라는 사실을 이용하여 계산된다. 여기서 F_T는 식 (30.3)을 이용하여 계산된 선도환율이다.

---

17 통화 옵션의 가격에 대한 이 공식은 다음 논문에서 처음 유도되었다. M. Garman and S. Kohlhagen, "Foreign-Currency Option Values," *Journal of International Money and Finance* 2 (1983): 231–237.

$$d_1 = \frac{\ln(F_T/K)}{\sigma\sqrt{T}} + \frac{\sigma\sqrt{T}}{2}, \quad d_2 = d_1 - \sigma\sqrt{T} \tag{30.5}$$

우리는 옵션 가격결정 기법을 사용하여 환율의 내재 변동성을 추정할 수도 있다.

예제 30.10 환율의 내재 변동성

문제

현재 환율이 1.752/£이고 미국에서 이자율이 4.25%, 영국에서 이자율이 4.5%, 행사가격이 $1.75/£인 영국 파운드에 대한 6개월 유럽식 통화 옵션이 $0.05/£의 가격으로 거래된다고 가정하자. 블랙-숄즈 공식을 이용하여 $/£ 환율의 내재 변동성을 결정하라.

풀이

우리는 식 (30.4) 및 식 (30.5)를 사용하여 영국 파운드에 대한 통화 옵션의 블랙-숄즈 가격을 계산할 수 있다. 이때 투입물은 S = 현물환율 = 1.752, K = 1.75, T = 0.5, $r_\$$ = 4.25%, 영국의 이자율 $r_\pounds$ = 4.5%이다. 선도환율은 $F_{0.5}$ = 1.752 × $(1.0425)^{1/2}/(1.045)^{1/2}$ = 1.75이다. 변동성이 10%라면, d_1 = 0.035, d_2 = −0.035, $N(d_1)$ = 0.514, $N(d_2)$ = 0.486이므로, 이 콜옵션의 블랙-숄즈 가치는 $.048/£이다. 변동성이 11%라면 이 콜옵션의 블랙-숄즈 가치는 $.055/£이다. 따라서 $/£ 환율의 내재 변동성은 연간 10%에서 11% 사이에 있다.

개념 확인

1. 기업들은 어떻게 환위험을 헤지하는가?
2. 왜 기업들은 선도계약보다 옵션을 이용하여 환위험을 헤지하는 것을 더 선호하는가?

30.4 이자율 위험

차입 기업은 채무에 대한 이자를 지불해야 한다. 이자율 인상은 기업의 차입비용을 증가시키고 수익성을 떨어뜨릴 수 있다. 또한 많은 기업들이 금융 리스나 연기금 부채와 같은 미래의 장기 부채를 확정했다. 이자율의 하락은 이러한 부채의 현재가치를 높이고 차입 기업의 가치를 낮출 수 있다. 따라서 이자율의 변동성이 높을 때 이자율 위험은 많은 회사들에게 관심사이다.

이 장에서는 기업이 이자율 위험을 관리하는 데 사용하는 몇 가지 방법을 고려했다. 그러나 기업은 이 위험을 관리할 수 있기 전에 이 위험을 측정할 수 있어야 한다. 따라서 우리는 이자율 위험을 측정하는 데 사용되는 주요 도구인 듀레이션(duration)에 대해 논의하는 것으로 시작한다. 그다음에 우리는 기업들이 이자율 위험을 최소화하기 위해 듀레이션 헤징(duration-hedging)을 어떻게 사용할 수 있는지 살펴볼 것이다.

이자율 위험 관리 : 듀레이션

제6장에서 우리는 이자율 변동에 대한 민감도의 척도로서 채권의 듀레이션을 비공식적으로 소개했다. 거기에서 우리는 만기가 증가함에 따라 무이표채의 이자율에 대한 민감도가 증가한다는 것을 알았다. 예를 들어 만기 10년, 액면이 $100인 무위험 채권의 만기 수익률이 5%에서 6%로 1%p 상승하면, 채권가격이 (55.84 − 61.39)/61.39 = −9% 하락한다.

$$\frac{100}{1.05^{10}} = \$61.39 \quad \text{to} \quad \frac{100}{1.06^{10}} = \$55.84$$

만기 5년 채권의 가격은 동일한 수익률 변동에 대해 4.6%만 하락한다. 단일 현금흐름의 이자율 민감도는 만기에 대략 비례한다. 현금흐름이 멀어질수록 이자율 변동이 현재가치에 미치는 영향이 커진다.

이제 여러 현금흐름을 가진 채권이나 포트폴리오를 고려하자. 이자율이 상승하면 이들의 가치는 어떻게 변할까? 제11장에서 보았듯이, 포트폴리오의 수익률은 포트폴리오 구성 요소 수익률의 가중평균이다. 현금흐름의 이자율 민감도는 만기에 달려 있기 때문에 여러 현금흐름이 있는 증권의 이자율 민감도는 가중평균 만기에 의존한다. 따라서 우리는 증권의 듀레이션을 다음과 같이 공식적으로 정의한다.[18]

증권의 듀레이션

$$\text{듀레이션} = \sum_t \frac{PV(C_t)}{P} \times t \qquad (30.6)$$

여기서 C_t는 날짜 t에서의 현금흐름, $PV(C_t)$는 (채권의 수익률로 평가한) 현재가치, $P = \sum_t PV(C_t)$는 현금흐름들의 총 현재가치로, 현재 채권가격과 같다. 따라서 듀레이션은 각 만기 t 현금흐름의 총 현재가치에 대한 기여도, $PV(C_t)/P$에 따라 각 만기 t에 대한 가중치를 부여한다.

이표채의 듀레이션

문제

10년 무이표의 듀레이션은 얼마일까? 10%의 이표율로 연 이표를 지급하고 액면가에 거래되는 10년 채권의 듀레이션은 얼마일까?

풀이

무이표채의 경우 현금흐름은 하나뿐이다. 따라서 식 (30.6)에서 $PV(C_{10}) = P$이고 듀레이션은 채권의 만기인 10년과 같다.

이표채의 경우 채권이 액면가로 거래되기 때문에 만기 수익률이 10%의 이자율과 동일하다. 표 30.3은 식 (30.6)을 이용하여 이 채권의 듀레이션을 계산한 결과를 보고하고 있다.

이 채권은 만기 이전에 이표를 지급하므로 이 채권의 듀레이션이 10년 만기보다 짧다. 또한 이표율이 높을수록 이러한 초기의 현금흐름에 더 많은 가중치가 주어지므로 이 채권의 듀레이션이 단축된다.

단일 현금흐름의 이자율 민감도가 만기에 따라 증가하는 것처럼, 여러 기간 현금흐름의 이자율 민감도는 듀레이션에 따라 증가한다. 이는 다음 결과에서 표시된 바와 같다.

듀레이션 및 이자율 민감도 : 만약 여러 기간 현금흐름을 할인하기 위해 사용되는 APR이 $r + \varepsilon$(여기서 ε은 작은 변동)으로 증가하면, 이 현금흐름의 현재가치 변동은 대략 다음과 같다.[19]

---

18 이 지표는 맥컬리 듀레이션(Macaulay duration)이라고도 불린다.

19 듀레이션/$(1 + r/k)$는 수정 듀레이션이라고 한다. 따라서 식 (30.7)은 다음과 같이 표현될 수 있다.

$$\text{가치 변동 백분율} \approx -(\text{수정 듀레이션}) \times \varepsilon$$

$$\text{가치 변동 백분율} \approx -\text{듀레이션} \times \frac{\varepsilon}{1 + r/k} \tag{30.7}$$

여기서 k는 *APR*의 연간복리 계산 횟수다.

표 30.3	이표채의 듀레이션 계산			
t(년)	C_t	$PV(C_t)$	$PV(C_t)/P$	$[PV(C_t)/P] \times t$
1	10	9.09	9.09%	0.09
2	10	8.26	8.26%	0.17
3	10	7.51	7.51%	0.23
4	10	6.83	6.83%	0.27
5	10	6.21	6.21%	0.31
6	10	5.64	5.64%	0.34
7	10	5.13	5.13%	0.36
8	10	4.67	4.67%	0.37
9	10	4.24	4.24%	0.38
10	110	42.41	42.41%	4.24
	채권가격 = 100.00		100.00%	듀레이션 = 6.76년

예제 30.12	듀레이션을 사용한 이자율 민감도 추정

문제

연간 이표율 10%, 만기 10년인 채권의 수익률이 10%에서 10.25%로 상승한다고 가정하자. 듀레이션을 사용하여 가격 변동 백분율을 추정하고, 이를 실제 가격 변동과 비교하면 어떨까?

풀이

예제 30.11에서 우리는 이 채권의 듀레이션이 6.76년이라는 것을 알았다. 우리는 식 (30.7)을 이용하여 가격 변동 백분율을 다음과 같이 추정할 수 있다.

$$\text{가격 변동 백분율} \approx -6.76 \times \frac{0.25\%}{1.10} = -1.54\%$$

실제로 10.25%의 만기 수익률을 가진 이 채권의 가격을 계산하면 다음과 같다.

$$10 \times \frac{1}{0.1025}\left(1 - \frac{1}{(1.1025)^{10}}\right) + \frac{100}{(1.1025)^{10}} = \$98.48$$

이는 1.52%의 가격 하락을 의미한다.

식 (30.7)이 어떻게 유도되는지를 보기 위해 r의 작은 변동에 대한 가격 변동의 근삿값이 가격의 r에 대한 도함수와 같다는 것을 주목하길 바란다.

$$\partial P / \partial r = \sum_t \frac{\partial}{\partial r}\left(\frac{C_t}{(1 + r/k)^{kt}}\right) = \sum_t -\left(\frac{C_t}{(1 + r/k)^{kt+1}}\right)t = -\frac{1}{1 + r/k}\sum_t - PV(C_t)^t$$

식 (30.7)은 이 식을 P로 나누어서 가격 변화를 백분율로 표현한 것이다.

우리는 듀레이션을 이용하여 증권이나 포트폴리오의 이자율 민감도를 측정할 수 있음을 알게 되었다. 이제 우리는 기업들이 이 위험을 헤지할 수 있는 방법들을 고려해보자.

듀레이션에 기반한 헤지

기업의 시가총액은 자산과 부채의 시장가치의 차이에 의해 결정된다. 이자율의 변동이 이러한 가치에 영향을 미치는 경우 회사의 자기자본 가치에 영향을 미친다. 우리는 재무상태표의 기간을 계산함으로써 기업의 이자율 민감도를 측정할 수 있다. 또한 기간을 줄이기 위해 재무상태표를 재구성함으로써 회사의 이자율 위험을 헤지할 수 있다.

저축대부조합 : 한 가지 예 일반적인 저축대부조합(savings and loan, S&L)을 고려하자. 이 기관들은 당좌계좌, 저축계좌, 예금증서의 형태로 단기 예금을 가지고 있다. 이 기관들은 또한 자동차 대출 및 모기지와 같은 장기 대출을 한다. 대부분의 S&L은 일반적으로 대출 기간이 예금 기간보다 길기 때문에 문제가 있다. 기업의 자산과 부채의 기간이 현저하게 다른 경우 기업은 **듀레이션 불일치**(duration mismatch)가 발생한다. 이러한 불일치로 인해 이자율이 현저히 변동하면 S&L이 위험에 처하게 된다. 예를 들어 표 30.4는 에이콘 저축대부조합에 대한 시장가치 재무상태표를 제공하고 있는데, 이 표는 각 자산 및 부채의 시장가치 및 듀레이션을 나타낸다. 에이콘의 자산과 부채의 결합 듀레이션은 얼마일까? 투자 포트폴리오의 듀레이션은 포트폴리오 각 투자의 듀레이션에 대한 가중평균이다. 즉, 시장가치 A와 B, 듀레이션 D_A와 D_B를 갖는 증권들의 포트폴리오는 다음과 같은 듀레이션을 갖는다.

포트폴리오의 듀레이션

$$D_{A+B} = \frac{A}{A+B}D_A + \frac{B}{A+B}D_B \tag{30.8}$$

따라서 에이콘 자산의 듀레이션은 다음과 같다.

표 30.4	에이콘 저축대부조합의 시장가치 재무상태표	
	시장가치($ 백만)	**듀레이션(년)**
자산		
현금잔고	10	0
자동차 대출	120	2
모기지	170	8
총자산	300	
부채		
당좌 및 저축계좌	120	0
예금증서	90	1
장기 자금조달	75	12
총부채	285	
자기자본	15	
총부채와 자기자본	300	

$$D_A = \frac{10}{300} \times 0 + \frac{120}{300} \times 2 + \frac{170}{300} \times 8 = 5.33년$$

이와 유사하게 에이콘 부채의 듀레이션은 다음과 같다.

$$D_L = \frac{120}{285} \times 0 + \frac{90}{285} \times 1 + \frac{75}{285} \times 12 = 3.47년$$

에이콘의 자산과 부채의 불일치에 유의하길 바란다. 에이콘 자산 및 부채의 듀레이션은 이자율이 상승하면 자산의 가치가 부채의 가치보다 훨씬 더 빨리 하락할 것을 의미한다. 결과적으로 자산과 부채의 차이인 자기자본의 가치는 이자율 상승에 따라 크게 하락할 수 있다.

실제로 우리는 에이콘의 자기자본을 이 회사의 자산을 매수(long)하고, 이 회사의 부채를 매도(short)하는 포트폴리오로 표현함으로써 에이콘의 자기자본 듀레이션을 계산할 수 있다.

$$자기자본 = 자산 - 부채$$

그다음 우리는 식 (30.8)을 이용하여 자기자본 듀레이션을 다음과 같이 계산할 수 있다.

자기자본 듀레이션

$$D_E = D_{A-L} = \frac{A}{A-L}D_A - \frac{L}{A-L}D_L$$

$$= \frac{300}{15} \times 5.33 - \frac{285}{15} \times 3.47 = 40.67년 \tag{30.9}$$

따라서 이자율이 1% 상승하면 에이콘의 자기자본 가치는 약 40% 하락할 것이다. 자기자본 가치의 하락은 에이콘의 자산가치가 약 $5.33\% \times 300 = \$16$ 백만 감소한 결과 발생하며, 부채는 $3.47\% \times 285 = \$9.9$ 백만 감소한다. 에이콘의 시가총액은 따라서 약 $16 - 9.9 = \$6.1$ 백만 또는 $(6.1/15) = 40.67\%$ 감소한다.

에이콘은 어떻게 이자율 민감도를 줄일 수 있을까? 이자율 수준의 전반적인 증가 또는 감소로부터 자기자본을 완전히 보호하기 위해 에이콘은 0의 자기자본 듀레이션을 필요로 한다. 듀레이션이 0인 포트폴리오를 **듀레이션 중립 포트폴리오**(duration-neutral portfolio) 또는 **면역 포트폴리오**(immunized portfolio)라고 하며, 이는 작은 이자율 변동에 대해 자기자본의 가치가 변동이 없음을 의미한다.

에이콘은 자기자본을 듀레이션 중립으로 만들기 위해 자산의 듀레이션을 줄이거나 부채의 듀레이션을 늘려야 한다. 이 회사는 일부 모기지를 팔아 현금을 확보함으로써 자산의 듀레이션을 줄일 수 있다. 다음 공식을 이용하여 매도해야 하는 금액을 계산한다.[20]

---

20 식 (30.10)을 유도하기 위해 P를 원래 포트폴리오의 값으로, S를 매각된 자산의 양이라고 하고, D_P와 D_S를 각각의 듀레이션이라고 가정하자. D_B를 매입한 새로운 자산의 듀레이션으로 가정하면, 새로운 포트폴리오의 듀레이션 D_P^*는 다음과 같다.

$$D_P^* = \frac{P}{P}D_P + \frac{S}{P}D_B - \frac{S}{P}D_S$$

이를 S에 대해 풀면 $S = (D_P - D_P^*)P/(D_S - D_B)$가 된다.

$$교환금액 포트폴리오 = \frac{듀레이션 \ 변동 \times 포트폴리오 \ 가치}{자산 \ 듀레이션 \ 변동} \qquad (30.10)$$

에이콘은 이자율 변동 위험을 감소시키기 위해 자기자본 듀레이션을 40.7%에서 0%로 줄이고 싶다. S&L이 모기지를 현금으로 매도하는 경우 모기지의 듀레이션이 8일에서 0일로 변경되기 때문에, 식 (30.10)은 에이콘이 반드시 $(40.7 - 0) \times 15/(8 - 0) = \$76.3$ 백만 가치의 모기지를 판매해야 함을 의미한다. 이렇게 하면 자산의 듀레이션이 3.30이 된다.

$$\overbrace{\frac{10 + 76.3}{300}}^{\text{현금잔고 증가}} \times 0 + \frac{120}{300} \times 2 + \overbrace{\frac{170 - 76.3}{300}}^{\text{모기지 보유 감소}} \times 8 = 3.30년$$

따라서 자기자본의 듀레이션은 원하는 대로 $\frac{300}{15} \times 3.30 - \frac{285}{15} \times 3.47 = 0$이 될 것이다.

포트폴리오를 듀레이션 중립으로 만들기 위한 조정이 때로는 포트폴리오 **면역화**(immunization)라고도 표현된다. 이 용어는 포트폴리오가 이자율 변동으로부터 보호받고 있음을 나타낸다. 표 30.5는 면역화 후 에이콘의 시장가치 재무상태표를 보여준다. 이제 자기자본 듀레이션이 0이다.

주의 사항 듀레이션 일치는 이자율 위험 관리의 유용한 방법이지만 몇 가지 중요한 제한이 있다. 첫째, 포트폴리오 듀레이션은 현재 이자율에 의존한다. 이자율의 변동에 따라 포트폴리오의 증권 및 현금흐름의 시장가치도 변동하며, 이는 듀레이션을 가중평균 만기로 계산할 때 사용되는 가중치를 변경한다. 따라서 듀레이션 중립 포트폴리오를 유지하려면, 이자율 변동에 따른 지속적인 조정이 필요하다.[21]

표 30.5	면역화 후 에이콘 저축대부조합의 시장가치 재무상태표	
	시장가치($ 백만)	듀레이션(년)
자산		
현금잔고	86.3	0
자동차 대출	120	2
모기지	93.7	8
총자산	300	3.30
부채		
당좌 및 저축 계좌	120	0
예금증서	90	1
장기 자금조달	75	12
총부채	285	3.47
자기자본	15	0
총부채와 자기자본	300	3.30

---

21 이자율 민감도에 대한 또 다른 지표인 볼록성(convexity)은 이자율 변동에 대한 포트폴리오의 듀레이션 변동을 측정한다. 이에 대한 내용은 다음 책을 참고하길 바란다. F. Fabozzi, *Duration, Convexity, and Other Bond Risk Measures* (John Wiley & Sons, 1999).

두 번째 중요한 한계는 듀레이션 중립 포트폴리오는 **모든 수익률**에 동일한 영향을 미치는 이자율 변동에 대해서만 보호된다는 것이다. 즉, 수익률 곡선에서 수평적인 상향 또는 하향 이동하는 경우에만 보호 기능을 제공한다. 단기 이자율이 오르면서 장기 이자율이 안정적으로 유지된다면, 단기 유가증권은 이전보다 짧아진 듀레이션에도 불구하고 장기 증권 대비 가치가 하락할 것이다. 수익률 곡선의 기울기의 변동 위험을 헤지하기 위해 추가적인 방법들이 필요한데, 이는 이 책의 범위를 벗어난다.

마지막으로, 자산의 만기가 유사하더라도 자산의 신용 위험이 다르다면, 듀레이션 기반의 헤지가 자산의 상대적인 신용 스프레드 변동을 보호하지 못한다. 예를 들어 2008년 가을의 금융위기에서 미 재무부의 수익률이 급격히 하락하는 동시에 유사한 만기를 갖는 회사채의 수익률이 증가했다(예 : 201쪽 '글로벌 금융위기' 참조)

스왑 기반 헤지

에이콘 저축대부조합은 자산 매각을 통해 이자율 민감도를 줄일 수 있었다. 대부분의 기업에서 자산을 매각하는 것은 전망이 매력적이지 못하다. 일반적으로 자산이 기업의 정상적인 사업 운영을 수행하는 데 필요하기 때문이다. 이자율 스왑은 자산을 매매하지 않고 기업의 이자율 위험 노출을 변경하는 대안적인 수단이다. **이자율 스왑**(interest rate swap)은 은행과 체결하는 계약으로 선도계약과 유사하다. 이자율 스왑 계약에서 기업과 은행이 서로 다른 두 가지 유형의 대출에 대한 이표를 교환하는 데 동의하는 계약이다. 이 절에서는 이자율 스왑에 대해 설명하고, 이자율 스왑을 이용하여 이자율 위험을 관리하는 방법을 살펴본다.[22]

표준적인 이자율 스왑에서 한쪽 당사자는 각 이표 기간 동안 우세한 시장 이자율에 근거하여 이표를 받는 것에 대한 대가로 고정 이자율에 근거하여 이표를 지급하는 데 동의한다. 현재 시장 상황에 맞게 조정되는 이자율은 **변동 이자율**(floating rate)이라고 한다. 따라서 당사자들은 변동 이자율 이표에 대한 대가로 고정 이자율 이표를 교환하며, 이는 이 스왑이 "변동-고정 이자율 스왑(fixed-for-floating interest rate swap)"이라고도 불리는 이유를 설명한다.

이자율 스왑의 작동 방식에 대한 예시를 위해 7.8%의 고정 이자율을 가진 5년, $100 백만의 이자율 스왑을 고려하자. 표준적인 스왑은 반년 이표이므로, 6개월마다 지급되는 고정 이표 금액은 $\frac{1}{2}$(7.8% × $100 백만) = $3.9 백만이다. 변동 이자율 이표는 일반적으로 6개월 미 재무부 채권 이자율 또는 6개월 리보(London Interbank Offered Rate, LIBOR)와 같은 6개월 시장 이자율을 기반으로 한다.[23] 변동 이자율은 이 계약의 기간에 따라 달라진다. 각 이표는 이표 지급일 6개월 전에 시장에서 통용되는 6개월 이자율을 기준으로 계산된다. 표 30.6은 스왑의 계약 기간 동안 리보에 대한 가설적인 시나리오하에서 스왑의 현금흐름을 계산한다. 예를 들어 6개월 후 첫 번째 이표 지급일에 고정 이표는 $3.9 백만이고, 변동 이자율 이표는 $\frac{1}{2}$(6.8% × $10 백만) = $3.4 백만이며, 고정 이표 지급자의 변동 이표 지급자에 대한 순지급액은 $0.5 백만이다.

스왑의 각 지급액은 고정 이자율 이표와 변동 이자율 이표의 차이와 같다. 일반 대출과 달리 스왑에서

---

22 이자율 선도계약, 선물계약 및 옵션계약도 존재하며 이자율 위험을 관리하는 데 사용할 수 있다. 그러나 스왑은 기업에서 가장 많이 사용하는 전략이다.

23 리보(LIBOR)는 런던에 사무소를 둔 주요 국제은행이 은행 간 시장에서 빌릴 수 있을 것으로 예상하는 이자율이다. 스왑 및 기타 금융계약에 대한 일반적인 기준 이자율이다. 그러나 2012년에 일부 은행들이 리보를 조작하기 위해 예상치를 왜곡하고 있는 혐의가 부각되면서 이에 대한 재정비가 촉구되었다.

표 30.6		$100 백만의 고정-변동 이자율 스왑에 대한 현금흐름($ 백만)		
연	6개월 LIBOR	고정 이표	변동 이표	스왑 현금흐름 : 고정-변동
0.0	6.8%			0.0
0.5	7.2%	3.9	3.4	0.5
1.0	8.0%	3.9	3.6	0.3
1.5	7.4%	3.9	4.0	−0.1
2.0	7.8%	3.9	3.7	0.2
2.5	8.6%	3.9	3.9	0.0
3.0	9.0%	3.9	4.3	−0.4
3.5	9.2%	3.9	4.5	−0.6
4.0	8.4%	3.9	4.6	−0.7
4.5	7.6%	3.9	4.2	−0.3
5.0		3.9	3.8	0.1

는 원금에 대한 지급이 이루어지지 않는다. $100 백만의 스왑 금액 이표를 계산하는 데 사용되지만, 실제로는 지급되지 않으므로 스왑의 **명목 원금**(notional principal)이라고 한다. 마지막으로 스왑과 관련된 초기 현금흐름은 없다. 즉, 선도계약 및 선물계약과 마찬가지로 스왑계약은 일반적으로 "무비용(zero-cost)" 증권으로 구성된다. 스왑계약의 고정 이자율은 현재 시장 조건에 근거하여 설정되므로 스왑은 양측 모두에게 공정한 거래(즉, 0의 NPV를 갖는 거래)가 된다.

스왑과 표준 대출의 조합 기업은 이자율 변동에 대한 위험 노출을 변경하기 위해 정기적으로 이자율 스왑을 사용한다. 기업이 대출에 대해 지급하는 이자율은 두 가지 이유로 변동될 수 있다. 첫째, 시장에서 무위험 이자율이 변동할 수 있다. 둘째, 기업이 무위험 이자율을 초과하여 지급해야 하는 스프레드를 결정하는 기업의 신용도는 시간이 지남에 따라 달라질 수 있다. 스왑과 대출을 결합함으로써 기업은 이자

저축대부조합 위기

1970년대 후반, 많은 미국 저축대부조합(savings and loans, S&L)은 에이콘과 정확히 같은 위치에 있었다. S&L의 예금 이자율은 정부에 의해 엄격히 규제되었으며, 이는 이들이 예금을 사용하여 차입자에게 고정 이자율로 주택 모기지 대출을 하는 것을 조장했다. 에이콘의 사례와 같이 이 S&L은 특히 이자율 상승에 취약했다.

이자율의 증가는 1980년대 초반에 발생했으며, 이자율이 9% 미만에서 1년 이내에 15% 이상으로 증가했다. 그 결과 많은 S&L은 부채의 가치가 자산가치에 가깝거나 초과하는 즉시 지급 불능 상태가 되었다.

대부분의 기업들은 이러한 상황에서 새로운 자금을 조달할 수 없고, 신속하게 채무불이행을 할 것이다. 그러나 예금이 연

방예금보험(federal deposit insurance)에 의해 보호를 받았으므로, 부실한 S&L들은 기존 예금자에게 돈을 지급하기 위해 새로운 예금자를 끌어들이면서 영업을 계속할 수 있었다. 많은 S&L들은 지급 능력을 다시 회복할 수 있는 높은 수익률을 기대하고 정크본드 및 기타 증권에 매우 위험한 투자를 하는 전략에 착수했다. (기업이 채무불이행에 가까울 때 과도한 위험을 감수하는 유인에 대해서는 제16장의 논의를 상기하자.) 이러한 위험 투자가 대부분도 실패하여 S&L의 문제를 악화시켰다. 1980년대 말까지 미국 정부는 미국 S&L의 50% 이상을 폐쇄하고, $100 십억 이상의 비용을 납세자에게 부담시키면서 S&L 예금자를 구제하여 예금보험 의무를 이행해야 했다.

율 위험의 이러한 원인 중에서 어떤 것을 허용할 것인지, 그리고 제거할 것인지를 선택할 수 있다. 이에 대한 전형적인 예를 고려하자.

공작기계 제조업체인 알로이 커팅 코퍼레이션(Alloy Cutting Corporation, ACC)은 영업 확장 중에 있다. 이 확장에 대한 자금조달을 위해 $10 백만을 차입해야 한다. AA-등급 기업에 대한 현재 6개월 이자율(LIBOR)은 4%이고 10년 이자율은 6%이다. ACC의 낮은 현재의 신용등급을 감안할 때 은행은 이 회사에 AA-등급 이자율에 1%의 스프레드를 부과한다.

ACC의 경영자들은 단기 차입을 하고 6개월마다 대출을 차환해야 하는지, 아니면 10년의 장기 대출을 이용하여 차입해야 하는지를 고려하고 있다. 이들은 단기 차입 시 이자율이 상당히 상승하면 채무를 재융자할 때 지불해야 하는 이자율이 높아져서 ACC의 재무적 곤경을 초래할 수 있다고 우려하고 있다. 이들은 장기 차입하여 10년 동안 이자율을 고정시키면 이 위험을 회피할 수 있다. 그러나 장기 차입에도 단점이 있다. ACC의 경영자들은 확장이 추가 수익을 창출함에 따라 향후 몇 년 이내에 이 회사의 신용등급이 향상될 것이라고 믿고 있다. 이들이 10년 대출을 이용하여 차입을 하면, ACC는 현재 신용도에 따라 스프레드를 지불해야 한다.

표 30.7은 이러한 상쇄관계를 강조한다. 장기 차입은 이자율을 고정시키는 이점이 있지만 ACC가 신용도 향상의 편익을 얻지 못하게 하는 단점이 있다. 단기 차입은 신용등급 시 ACC가 편익을 얻을 수 있게 하지만 이자율 상승의 위험이 있다.

이 상황에서 ACC는 두 가지 전략의 장점을 결합하기 위해 이자율 스왑을 사용할 수 있다. 첫째, ACC는 6개월마다 상환이 연장되는 단기 대출을 사용하여 확장에 필요한 $10 백만을 빌릴 수 있다. 각 대출의 이자율은 $\tilde{r}_t + \delta_t$가 될 것이며, 여기서 $\tilde{r}_t$는 새로운 (LIBOR) 시장 이자율이고, δ_t는 당시 신용등급을 기준으로 지불해야 하는 스프레드이다. 시간이 지남에 따라 신용도가 향상될 것이라는 ACC의 믿음을 고려할 때 δ_t는 현재 1% 수준에서 하락해야 한다.

다음으로 미래에 $\tilde{r}_t$의 지불해야 하는 이자율 상승 위험을 제거하기 위해 ACC는 10년 이자율 스왑을 체결할 수 있다. ACC는 이자율 스왑에서 변동 이자율 $\tilde{r}_t$[24]를 수취하기 위해서 연 6%의 고정 이자율을 지불할 것에 동의한다. 우리는 ACC의 단기 차입과 스왑의 현금흐름을 결합하여 ACC의 차입비용을 다음과 같이 계산할 수 있다.

표 30.7 ACC에 대한 장기 및 단기 차입의 상쇄관계

전략	장점	단점
6% + 1% = 7%의 고정 이자율로 장기 차입	이자율이 현재의 낮은 수준(6%)으로 고정됨	낮은 초기 신용등급이 주어짐에 따라 현재의 높은 신용 스프레드(1%)가 고정됨
$\tilde{r}_t + \delta_t$의 이자율로 단기 차입	신용등급 향상에 따라 신용 스프레드 δ_t가 1% 이하로 하락하는 편익을 얻음	이자율 $\tilde{r}_t$가 6% 이상으로 상승할 위험

주 : $\tilde{r}_t$는 날짜 t의 6개월 이자율(LIBOR)이고, δ_t는 ACC가 날짜 t의 신용등급을 기준으로 지불해야 하는 스프레드이다.

---

24 스왑의 고정 이자율은 AA 등급 차용자의 10년 시장 이자율에 해당한다. ACC는 스왑에 신용 위험이 거의 없기 때문에(스왑 계약과 관련된 1천만 달러의 거래가 없기 때문에) 스왑에서 이 이자율을 얻을 수 있다(AA 등급이 아님). 결과적으로 스왑 이자율은 사용자의 신용등급과 상대적으로 독립적이다.

이자율 스왑의 활용

문제

볼트 인더스트리즈는 경쟁 심화에 직면하고 있으며, 미래의 수입 부족을 막기 위해 $10 백만의 현금을 차입하고자 한다. 현재 장기 AA 이자율은 10%이다. 볼트는 현재의 신용등급하에서 10.5%로 차입할 수 있다. 이 회사는 이자율이 향후 몇 년 이내에 하락할 것으로 예상하고 있으므로, 단기 이자율로 차입하고 이자율이 하락한 후 차환하는 것을 선호한다. 그러나 볼트의 경영진은 경쟁이 치열해짐에 따라 신용등급이 악화되고, 이로 인해 이 회사가 신규 대출에 지불해야 하는 스프레드가 크게 증가할 것을 우려하고 있다. 어떻게 하면 볼트가 신용등급의 변화를 걱정하지 않고 이자율 하락의 편익을 얻을 수 있을까?

풀이

볼트는 10.5%의 장기 이자율로 차입하고, 그다음에 10%의 고정 이자율을 수취하고 단기 이자율 $\tilde{r}_t$를 지급하는 스왑계약을 체결할 수 있다. 이 회사의 순차입비용은 다음과 같을 것이다.

단기 대출 이자율		스왑 지급 변동 이자율		스왑 수취 변동 이자율		순차입비용
10.5%	+	$\tilde{r}_t$	−	10%	=	$\tilde{r}_t + 0.5\%$

이러한 방식으로 볼트는 현재 신용 스프레드 0.5%를 고정시키지만, 이자율 하락에 따라 이자율 하락의 편익을 얻는다.

단기 대출 이자율		스왑 지급 고정 이자율		스왑 수취 변동 이자율		순차입비용
$\tilde{r}_t + \delta_t$	+	6%	−	$\tilde{r}_t$	=	$6\% + \delta_t$

즉, ACC는 초기 순차입비용이 7%(현재의 1% 신용 스프레드를 감안할 때)이지만, 신용등급이 향상되고 스프레드가 감소함에 따라 미래에 이 비용이 감소할 것이다. 동시에 이 전략은 이자율 인상으로부터 ACC를 보호한다.

듀레이션 변경을 위한 스왑의 활용 기업은 또한 이자율 스왑을 듀레이션 헤지 전략과 함께 사용할 수 있다. 스왑의 가치는 처음에는 0이지만 이자율이 변하면 시간이 지남에 따라 변동한다. 이자율이 상승하면 고정 이자율 수취 당사자의 스왑 가치가 하락할 것이다. 반면에 고정 이자율 지급 당사자의 스왑 가치는 상승할 것이다.

우리는 고정 이자율 수취 당사자에 대해 스왑을 명목 원금과 동일한 액면가치의 장기채권을 매수하고, 명목상 원금과 동일한 액면가치의 단기채권을 매도하는 포트폴리오로 생각하여 스왑의 이자율 민감도를 계산할 수 있다. 따라서 고정 이자율이 6%인 10년 $10 백만의 이자율 스왑은 이표율 6%의 10년 $10 백만의 채권을 매수하고, 현재의 단기 이자율로 6개월, $10 백만의 채권을 매도하는 포트폴리오와 동일하다. 마찬가지로 고정 이자율 지급 당사자는 10년 만기채권을 매도하고 6개월 만기채권을 매수하는 것이다.

따라서 스왑계약은 해당 장기채권과 단기채권의 듀레이션 차이에 따라 포트폴리오 듀레이션을 변경한다. 우리는 특정 듀레이션 변경을 달성하기 위해 필요한 명목 원금을 계산하기 위하여 식 (30.10)을 적용할 수 있다. 이러한 방식으로 사용되면 스왑은 자산을 매매하지 않고 포트폴리오 기간을 변경하는 편리한 방법이다.

예제 30.14	스왑을 활용한 포트폴리오 면역 전략

문제

에이콘은 모기지 매각 대신에 이자율 위험 노출을 헤지하기 위해 스왑을 어떻게 활용할 수 있을까?

풀이

에이콘은 자기자본 $15 백만의 듀레이션을 40.7에서 0으로 줄일 필요가 있다. 스왑의 정확한 명목 원금을 계산하기 위해 먼저 현재 10년 채권의 듀레이션을 계산해야 한다. 듀레이션이 6.76이라고 가정하자. 6개월 채권의 듀레이션은 0.5이다. 그다음에 식 (30.10)으로부터 다음을 얻을 수 있다.

$$N = \frac{40.7 \times 15}{(6.76 - 0.5)} = \$97.5 \text{ 백만}$$

에이콘은 $97.5 백만의 명목 원금으로 스왑을 체결해야 한다. 에이콘은 자기자본의 듀레이션을 줄이기를 원하므로, 고정 이자율 지급 및 변동 이자율 수취의 스왑을 체결해야 한다. 그 이유는 이자율이 상승하면 이 스왑의 가치가 상승하여 재무상태표가 면역되기 때문이다.

개념 확인	1. 우리는 포트폴리오의 듀레이션을 어떻게 계산할 수 있는가?
	2. 기업은 어떻게 이자율 위험을 관리하는가?

핵심 요점 및 수식

30.1 보험

- 보험은 기업이 위험을 줄이기 위해 사용하는 일반적인 방법이다. 완전자본시장에서 보험의 가격은 계리적으로 공정하다. 계리적으로 공정한 보험료는 기대 손실의 현재가치와 동일하다.

$$\text{보험료} = \frac{\Pr(\text{손실}) \times E[\text{손실 사건 발생 시의 지급액}]}{1 + r_L} \tag{30.1}$$

- 잘 분산될 수 없는 큰 위험에 대한 보험은 음수의 베타를 가지는데, 이는 보험의 비용을 증가시킨다.
- 보험의 가치는 기업의 시장 불완전성 비용을 줄이는 능력에서 비롯된다. 보험은 보험이 파산 및 재무적 곤경 비용, 발행비용, 세금, 차입 능력 및 위험 평가에 미치는 영향으로 인해 기업에 도움이 될 수 있다.
- 보험비용은 관리비, 간접비, 역선택 및 도덕적 해이를 포함한다.

30.2 상품가격 위험

- 기업은 상품가격에 대한 위험노출을 헤지하기 위해 여러 가지 위험 관리 전략을 사용한다.
  - 기업은 수직적 통합 및 저장과 같은 기법을 사용하여 위험을 상쇄하면서 실물자산에 투자할 수 있다
  - 기업은 공급자 또는 고객과 장기계약을 체결하여 가격을 고정할 수 있다.
  - 기업은 금융시장에서 상품 선물계약을 거래함으로써 위험을 회피할 수 있다.

- 선물계약은 증거금 요구, 시가평가 및 일일정산을 통해 장기계약의 신용 위험을 제거한다.
- 선물계약은 유동성이 높아서 계약 체결이나 취소가 쉽다. 하지만 기업은 헤지가 불완전한 경우 베이시스 위험에 노출되고, 마진 콜이 가능하여 유동성 위험에 노출된다.

30.3 환위험

- 기업들은 환위험 관리를 위해 금융시장에서 사전에 환율을 고정시키는 통화선도계약 또는 특정 수준을 초과하는 환율 변동으로부터 보호해주는 통화 옵션 계약을 이용한다.
- 캐시 앤 캐리 전략은 통화선도계약과 동일한 현금흐름을 제공하는 대안 전략이다. 우리는 일물일가의 법칙과 커버된 이자율 패리티 등식이라고 불리는 보관비용 공식을 이용하여 선도환율을 결정할 수 있다. T년 후 교환이 이루어지는 경우 선도환율(\$/€)은 다음과 같다.

$$F_T = S \times \frac{(1+r_\$)^T}{(1+r_€)^T} \tag{30.3}$$

- 통화 옵션은 기업들로 하여금 특정 수준을 초과하는 환율 변동으로부터 자신들을 보호할 수 있도록 한다. 기업은 아래 조건이 충족되면 선도계약 대신 옵션을 선택할 수 있다.
  - 유리한 환율 변동으로부터 혜택을 얻고 싶지만, 불리한 환율에 의무적으로 교환을 하고 싶지 않다.
  - 헤지하는 거래가 발생하지 않을 가능성이 있다.
- 해외 이자율을 배당수익률로 한 블랙-숄즈 공식을 이용하여 통화 옵션의 가격을 결정할 수 있다.

$$C = \frac{S}{(1+r_€)^T} N(d_1) - \frac{K}{(1+r_\$)^T} N(d_2) \tag{30.4}$$

여기서

$$d_1 = \frac{\ln(F_T/K)}{\sigma\sqrt{T}} + \frac{\sigma\sqrt{T}}{2}, \quad d_2 = d_1 - \sigma\sqrt{T} \tag{30.5}$$

- 환율 변동이 심할 때 기업은 이자율 위험에 직면한다. 이자율 위험을 측정하는 데 사용하는 주요 도구는 듀레이션이다. 듀레이션은 자산의 가중평균 만기를 측정한다.

$$\text{듀레이션} = \sum_t \frac{PV(C_t)}{P} \times t \tag{30.6}$$

30.4 이자율 위험

- 여러 기간 현금흐름의 이자율 민감도는 듀레이션에 비례하여 증가한다. 이자율의 작은 변동 ε에 대한 여러 기간 현금흐름의 현재가치 변동은 다음과 같다.

$$\text{가치 변동 백분율} \approx -\text{듀레이션} \times \frac{\varepsilon}{1+r/k} \tag{30.7}$$

여기서 r은 APR로 표시된 현재의 이자율이고, k는 연간복리 계산 횟수다.

- 포트폴리오 듀레이션은 포트폴리오를 구성하는 각 증권의 듀레이션을 가치 가중평균한 것과 같다. 기업의 자기자본 듀레이션은 자산과 부채의 듀레이션에 따라 결정된다.

$$D_E = D_{A-L} = \frac{A}{A-L} D_A - \frac{L}{A-L} D_L \tag{30.9}$$

- 기업은 자산을 매매함으로써 자기자본의 듀레이션을 중립으로 만들어 이자율 위험을 관리한다.
- 이자율 스왑은 기업으로 하여금 이자율 변동의 위험과 기업 신용도 변동의 위험을 분리할 수 있게 한다.
  - 장기 차입 후 기업이 고정 이표 수취 및 변동 이자율 이표 지급의 이자율 스왑 계약을 체결하면, 기업은

변동 이자율에 초기 신용도를 기준으로 고정된 스프레드를 더한 이자를 지급하게 될 것이다.
- 단기 차입 후 기업이 변동 이자율 이표 수취 및 고정 이표 지급의 이자율 스왑 계약을 체결하면, 기업은 고정 이자율에 기업 신용도에 따라 변동하는 신용 스프레드를 더한 이자를 지급하게 될 것이다.
- 기업은 자산의 매매 없이 이자율 스왑을 사용하여 이자율 위험 노출을 변경한다.

주요 용어

공제금액(deductible)	손해보험(property insurance)
계리적으로 공정한(actuarially fair)	수직적 통합(vertical integration)
도덕적 해이(moral hazard)	시가평가(marking to market)
듀레이션 불일치(duration mismatch)	유동성 위험(liquidity risk)
듀레이션 중립 포트폴리오(duration-neutral portfolio)	이자율 스왑(interest rate swap)
면역 포트폴리오(immunized portfolio)	일일정산(daily settlement)
면역화(immunizing)	자연 헤지(natural hedge)
명목 원금(notional principal)	증거금(margin)
변동환율(floating rate)	커버된 이자율 패리티 등식(covered interest parity equation)
보험료(insurance premium)	
보험책임 한도(policy limits)	캐시 앤 캐리 전략(cash-and-carry strategy)
베이시스 위험(basis risk)	통화선도계약(currency forward contract)
사업중단보험(business interruption insurance)	통화시간선(currency timeline)
사업책임보험(business liability insurance)	현물환율(spot exchange rate)
선도환율(forward exchange rate)	핵심인력보험(key personnel insurance)
선물계약(futures contract)	

추가 읽을거리

보험의 편익과 주식회사의 위험에 대한 논의는 다음 논문을 참고하길 바란다. D. Mayers and C. Smith, "On the Corporate Demand for Insurance," *Journal of Business* 55(2) (1982): 281 – 296.

위험 관리 주제에 특화된 교과서를 소개하면 다음과 같다. D. Chance and R. Brooks, *An Introduction to Derivatives and Risk Management* (South-Western College Publishing, 2009); M. Crouhy, D. Galai, and R. Mark, *Risk Management* (McGraw-Hill Professional, 2000); C. Smith, C. Smithson, and D. Wilford, *Managing Financial Risk* (McGraw-Hill, 1998); S. Sundaresan, *Fixed Income Markets and Their Derivatives* (Academic Press, 2009).

국제적인 위험 관리를 강조한 교과서를 소개하면 다음과 같다. D. Eiteman, A. Stonehill, and M. Moffett, *Multinational Business Finance* (Prentice Hall, 2012); P. Sercu and R. Uppal, *International Financial Markets and the Firm* (South-Western College Publishing, 1995); A. Shapiro, *Multinational Financial Management* (John Wiley & Sons, 2009).

위험 관리를 위한 선도, 선물 및 옵션의 사용에 대한 심도 있는 논의는 다음 교과서를 참고하길 바란다. R. McDonald, *Derivatives Markets* (Pearson, 2012).

다음 두 논문은 위험 관리와 기업의 전반적인 전략을 통합적으로 다루고 있다. K. Froot, D. Scharfstein, and J. Stein, "A Framework for Risk Management," *Harvard Business Review* 72 (November–December 1994):

59 – 71; P. Tufano, "How Financial Engineering Can Advance Corporate Strategy," *Harvard Business Review* (January–February 1996).

기업이 헤지를 하는 이유와 헤지 전략을 이행하는 방법에 대한 심도 있는 고찰에 관심이 있는 독자는 다음을 참고하길 바란다. K. Brown and D. Smith, "Default Risk and Innovations in the Design of Interest Rate Swaps," *Financial Management* 22(2) (1993): 94 – 105; P. DeMarzo and D. Duffie, "Corporate Incentives for Hedging and Hedge Accounting," *Review of Financial Studies* 8(3) (1995): 743 – 771; W. Dolde, "The Trajectory of Corporate Financial Risk Management," *Journal of Applied Corporate Finance* 6(3) (1993): 33 – 41; K. Froot, D. Scharfstein, and J. Stein, "Risk Management: Coordinating Corporate Investment and Financing Policies," *Journal of Finance* 48(5) (1993): 1629 – 1658; J. Graham and C. Smith, "Tax Incentives to Hedge," *Journal of Finance* 54(6) (1999): 2241 – 2262; M. Levi and P. Sercu, "Erroneous and Valid Reasons for Hedging Foreign Exchange Exposure," *Journal of Multinational Financial Management* 1(2) (1991): 25 – 37; R. Stulz, "Rethinking Risk Management," *Journal of Applied Corporate Finance* 9(3) (1996): 8 – 24.

기업이 위험 관리를 위해 실제로 무엇을 하는지와 기업의 위험 관리가 주식 수익률에 미치는 영향에 대한 많은 논문이 있다. G. Allayannis and E. Ofek, "Exchange Rate Exposure, Hedging, and the Use of Foreign Currency Derivatives," *Journal of International Money and Finance* 20 (2001): 273 – 296; H. Berkman and M. Bradbury, "Empirical Evidence on the Corporate Use of Derivatives," *Financial Management* 25(2) (1996): 5 – 13; D. Carter, D. Rogers, and B. Simkins, "Hedging and Value in the US Airline Industry," *Journal of Applied Corporate Finance* 18 (2006): 21 – 33. C. Geczy, B. Minton, and C. Schrand, "Why Firms Use Currency Derivatives," *Journal of Finance* 52(4) (1997): 1323 – 1354; R. Graham and D. Rogers, "Do Firms Hedge in Response to Tax Incentives?" *Journal of Finance* 58(2) (2002): 815 – 839; W. Guay and S. Kothari, "How Much Do Firms Hedge with Derivatives?" *Journal of Financial Economics* 70(3) (2003): 423 – 461; S. Howton and S. Perfect, "Currency and Interest-Rate Derivatives Use in U.S. Firms," *Financial Management* 27(4) (1998): 111 – 121; J. Koski and J. Pontiff, "How Are Derivatives Used? Evidence from the Mutual Fund Industry," *Journal of Finance* 54(2) (1999): 791 – 816; S. Mian, "Evidence on Corporate Hedging Policy," *Journal of Financial and Quantitative Analysis* 31(3) (1996): 419 – 439; D. Nance, C. Smith, and C. Smithson, "On the Determinants of Corporate Hedging," *Journal of Finance* 48(1) (1993): 267 – 284; A. Rampini, A. Sufi, and S. Viswanathan, "Dynamic Risk Management," *Journal of Financial Economics* 111 (2014): 271 – 296; P. Tufano, "The Determinants of Stock Price Exposure: Financial Engineering and the Gold Mining Industry," *Journal of Finance* 53(3) (1998): 1014 – 1052.

---

* 표시는 난이도가 높은 문제다.

연습문제

보험

1. 윌리엄 컴퍼니즈(WMB)는 미국에서 소비되는 천연가스의 12%를 공급하는 천연가스 파이프라인을 소유하고 운영한다. WMB는 주요 허리케인이 691마일에 걸쳐 멕시코만을 통과하는 걸프스트림의 파이프라인을 파괴할 수 있다는 우려를 하고 있다. 이 파이프라인이 파괴된다면, 회사는 $65 백만의 이익 손실을 예상한다. 파괴의 가능성이 연간 3%라고 가정하고, 이러한 손실과 관련된 베타는 −0.25이다. 무위험 이자율이 5%이고 시장의 기대 수익률이 10%라면 계리적으로 공정한 보험료는 얼마일까?

2. 제넨테크의 주요 설비는 샌프란시스코 남부에 있다. 제넨테크가 대규모 지진 발생 시 운영 중단으로 인해 $450 백만의 직접 손실을 경험했다고 가정하자. 이러한 지진의 가능성은 연간 2%이며, 베타는 −0.5다.

    a. 무위험 이자율이 5%이고 시장의 기대 수익률이 10%라면 제넨테크의 손실 보상에 필요한 계리적으로 공정한 보험료는 얼마일까?

    b. 보험회사가 관리비와 간접비를 충당하기 위해 (a)에서 계산한 금액보다 보험료를 15% 인상한다고 가정하자. 보험 가입을 정당화하기 위해 보험에 가입하지 않은 경우 제넨테크가 겪을 재무적 곤경이나 발행비용은 얼마일까?

3. 당신 회사는 중국에서 제조된 제품을 수입한다. 미국과 중국의 무역협상이 내년에 결렬되어 수입 유예를 초래할 수 있다는 우려를 하고 있다. 수입 유예가 발생할 경우 당신 회사는 영업이익이 크게 감소하고 한계 세율이 현재 수준인 40%에서 10%로 떨어질 것으로 예상한다.

보험회사는 수입 유예 발생 시 $500,000를 지불하는 무역보험증권을 발행하기로 합의했다. 수입 유예의 가능성은 10%로 추정되며 베타는 −1.5다. 무위험 이자율이 5%이고 시장의 기대 수익률이 10%라고 가정한다.

    a. 이 보험에 대한 계리적으로 공정한 보험료는 얼마일까?

    b. 당신 회사가 이 보험을 가입할 때 NPV는 얼마일까? 이 이득의 근원은 무엇일까?

4. 당신 회사는 내년에 $10 백만의 잠재적 손실이 발생할 가능성이 9%다. 당신 회사가 새로운 정책을 시행한다면 이 손실의 가능성을 4%까지 줄일 수 있지만, 이러한 새로운 정책은 $100,000의 선급비용이 발생한다. 손실의 베타가 0이고 무위험 이자율이 5%라고 가정한다.

    a. 이 회사가 보험에 들지 않으면 새로운 정책을 시행하는 것의 NPV는 얼마일까?

    b. 이 회사가 전액 보험을 가입한 경우 새로운 정책을 시행하는 것의 NPV는 얼마일까?

    c. (b)에 대한 당신의 답을 감안할 때, 전액 보험의 계리적으로 공정한 비용은 얼마일까?

    d. 이 회사가 새로운 정책을 시행할 동기를 부여하는 최소 규모의 공제금액은 얼마일까?

    e. (d)의 공제금액이 있는 보험증권의 계리적으로 공정한 가치는 얼마일까?

상품가격 위험

5. BHP 빌리턴은 세계 최대 광산회사다. BHP는 파운드당 $0.90의 생산비용으로 내년에 20억 파운드의 구리를 생산할 것으로 기대하고 있다.

    a. 구리의 가격이 $1.25, $1.50, $1.75이고, 이 회사가 내년에 구리의 전량을 해당 가격으로 팔려고 한다면, 내년 BHP의 영업이익은 얼마일까?

    b. 이 회사가 파운드당 평균 가격 $1.45로 최종 사용자에게 구리를 공급하는 계약을 체결하면, 내년 구리에서 얻는 BHP의 영업이익은 얼마일까?

    c. 구리 가격이 (a)에서 기술되고 이 회사가 전체 생산량의 50%만 (b)와 같이 공급계약을 체결하면, 내년 구리에서 얻는 BHP의 영업이익은 얼마일까?

    d. (a), (b) 및 (c)의 각 전략이 최적이 될 수 있는 상황을 설명하라.

6. 당신의 전력회사는 10일 이내에 100,000배럴의 원유를 매입할 필요가 있으며, 연료비가 걱정된다. 배럴당 $60의 현재 선물가격으로, 100개의 원유 선물계약(각 계약의 단위는 원유 1,000배럴)을 체결한다고 가정한다. 선물가격이 매일 다음과 같이 변동한다고 가정하자.

    a. 매일 시가평가의 결과로 발생하는 당신의 이익 또는 손실은 얼마일까?

    b. 10일 후 당신의 총이익 또는 총손실은 얼마일까? 당신은 유가 상승으로부터 보호될 수 있을까?

    c. 10일 동안 경험할 수 있는 최대 누적 손실은 얼마일까? 어떤 경우에 이것이 문제가 될 수 있을까?

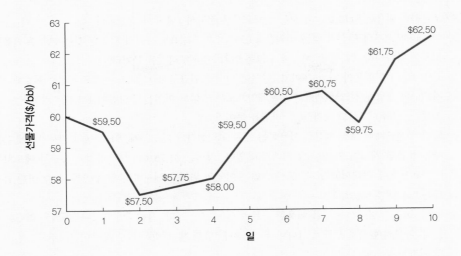

7. 스타벅스가 1년에 1억 파운드의 커피 원두를 소비한다고 가정하자. 스타벅스는 커피 원두가격 상승 시 커피 한 잔당 가격 인상을 통해 고객에게 60%의 비용을 전가할 것으로 기대한다. 스타벅스는 공급계약을 이용하여 커피 원두가격의 변동으로 인한 이익을 헤지하려고 한다. 이 회사는 몇 파운드의 커피 원두를 가격 고정해야 할까?

환위험

8. 당신의 신생회사는 폴란드의 제조회사에 데이터베이스 설치를 제공하는 계약을 협상했다. 이 회사는 데이터베이스가 설치되고 3개월 후에 $100,000의 대금을 지급하는 데 동의했다. 하지만 이 회사는 폴란드 즐로티(Polish zloty, PLN)로 대금을 지급하겠다고 주장한다. 당신은 거래를 잃고 싶지 않지만(이 회사는 당신 회사의 첫 고객!), 환위험이 걱정이 된다. 특히 즐로티의 달러 대비 상대가치 하락이 걱정된다. 당신은 폴란드의 포티스 은행에 사전에 즐로티 환율을 동결시킬 수 있는지를 문의하였다.

   a. 당신은 은행 웹사이트에 게시된 달러당, 유로당, 영국 파운드당 즐로티를 보여주는 다음 표를 찾았다.

	1주	2주	1개월	2개월	3개월
			USD		
매입	3.1433	3.1429	3.1419	3.1390	3.1361
매도	3.1764	3.1761	3.1755	3.1735	3.1712
			EUR		
매입	3.7804	3.7814	3.7836	3.7871	3.7906
매도	3.8214	3.8226	3.8254	3.8298	3.8342
			GBP		
매입	5.5131	5.5131	5.5112	5.5078	5.5048
매도	5.5750	5.5750	5.5735	5.5705	5.5681

   3개월 후 즐로티에 대해 어떤 환율로 고정시킬 수 있을까? 3개월 후에 $100,000를 받으려면 이 회사와의 계약에서 얼마의 즐로티를 요구하여야 하는가?

   b. (a)의 은행 선도환율이 주어졌다면, 이 당시 폴란드의 단기 이자율이 미국의 단기 이자율보다 높은가, 아니면 낮은가? 유로 또는 파운드 이자율 대비 즐로티 이자율은 어떤가? 그 이유를 설명하라.

9. 당신은 초이스 프로덕츠의 냉동 수산물 제품 브로커다. 당신은 방금 벨기에 판매점과 계약을 했다. 계약 조건에 따르면 당신은 1년 후에 4,000kg의 냉동 킹크랩을 €100,000를 받고 배송해야 한다. 당신이 킹크랩

을 조달하는 비용은 $110,000다. 모든 현금흐름은 정확히 1년 후에 발생한다.

a. 이 계약으로부터 당신이 얻는 이익을 $0.75/€부터 $1.50/€ 사이의 범위를 갖는 1년 후 환율의 함수로 도표에 나타내라. 이 선에 "헤지하지 않은 이익"이라는 라벨을 붙이라.

b. 만약 1년 선도환율이 $1.25/€이고, 당신이 이 선도환율에 유로를 파는 선도계약을 체결했다고 가정하자. (a)의 그림에 킹크랩 계약과 선도계약으로부터 얻는 이익을 결합하여 1년 환율의 함수로 도표로 나타내라. 이 선에 "선도 헤지"라는 라벨을 붙이라.

c. 당신이 선도계약 대신 옵션을 이용하는 것을 고려한다고 가정하자. $1.25/€의 행사가격에 유로를 매입하는 콜옵션 계약이 $0.10/€에 거래되고 있다. 그리고 $1.25/€의 행사가격에 유로를 매도하는 풋옵션이 $0.10/€에 거래되고 있다. 당신이 얻는 이익의 위험을 헤지하기 위해 콜과 풋 중 어떤 옵션을 매입 또는 매도해야 하는가?

d. (a)와 (b)의 그림에서 옵션을 이용한 모든 이익(킹크랩 계약, 옵션계약 및 옵션 가격을 결합한 이익)을 1년 후 환율의 함수로 도표에 나타내라. 이 선에 "옵션 헤지"라는 라벨을 붙이라. (주의 : 옵션 가격에 대한 이자는 무시할 수 있다.)

e. 그해 연말에 전쟁이 발발해서 미국 수산물 제품에 대한 유럽의 통상금지(embargo) 조치가 내려졌다고 가정하자. 이로 인해 당신의 거래가 취소되어 받기로 한 금액의 유로를 받지 못하고 킹크랩을 조달하는 비용이 발생하지 않았다. 하지만 당신은 선도계약 또는 옵션계약에 대한 이득 또는 손실을 여전히 가지고 있다. 새로운 그림에 선도 헤지 및 옵션 헤지와 관련된 이익을 도표로 나타내고 각 선에 "선도 헤지" 또는 "옵션 헤지"의 라벨을 붙이라. 취소 위험이 있을 때 어떤 유형의 헤지가 가장 적은 하방 위험을 갖는가? 그 이유를 간략히 설명하라.

10. 현재 환율이 $1.80/£이고, 미국의 이자율이 5.25%이며, 영국의 이자율이 4%이고, $/£ 환율 변동성이 10%라고 가정한다. 블랙-숄즈 공식을 이용하여 영국 파운드에 대한 행사가격 $1.80/£, 만기 6개월인 유럽식 콜옵션의 가격을 결정하라.

이자율 위험

11. 다음 증권들이 같은 만기 수익률을 가지고 있다고 가정하자: 5년 무이표채, 9년 무이표채, 5년 연금, 9년 연금. 이 증권들을 최저 듀레이션에서 최고 듀레이션까지 순위를 매기라.

12. 당신은 에이콘 저축대부조합의 위험 관리자로 고용되었다. 현재 에이콘의 재무상태표는 다음과 같다(단위 : $ 백만).

자산		부채 및 자기자본	
현금잔고	50	당좌 및 저축계좌	80
자동차 대출	100	양도성 예금증서	100
모기지	150	장기 자금조달	100
총자산	300	총부채	280
		자기자본	20
		총부채 및 자기자본	300

당신이 대출의 듀레이션을 분석한 결과, 자동차 대출의 듀레이션은 2년이며 모기지 듀레이션은 7년이다. 현금잔고와 당좌 및 저축계좌의 듀레이션은 모두 0이다. 양도성 예금증서의 듀레이션은 2년이고, 장기 자금조달의 듀레이션은 10년이다.

a. 에이콘의 자기자본 듀레이션은 얼마일까?

b. 에이콘이 모기지 조기상환의 빈발을 경험하고, 모기지 포트폴리오의 규모를 $150 백만에서 $100 백만

으로 줄이고 현금잔고를 $100 백만으로 늘리는 경우를 생각해보자. 현재 에이콘의 자기자본 듀레이션은 얼마일까? 이자율이 현재 4%지만 3%로 떨어질 경우 에이콘 자기자본의 대략적인 가치 변동을 추정하라.

c. (b)의 조기상환 후 이자율이 변경되기 전에 에이콘은 모기지 매도 및/또는 10년 미 재무부 스트립 채권(STRIPS, 미이표채) 매입을 통한 위험 관리를 고려한다고 가정한다. 현재의 이자율 위험을 제거하기 위해 얼마나 많이 매수 또는 매도해야 하는가?

13. 시트릭스 펀드는 현재 시장가치가 $44.8 백만인 국채 포트폴리오에 투자했다. 이 채권 포트폴리오의 듀레이션은 13.5년이다. 이 펀드는 이러한 채권들을 매입하기 위해 차입을 했고, 부채의 현재가치(즉, 발행한 채권의 현재가치)는 $39.2 백만이다. 이 부채의 듀레이션은 4년이다. 이 펀드의 자기자본(또는 순자산가치)은 분명히 $5.6 백만이다. 아래의 시장가치 재무상태표는 이 정보를 요약한다.

자산		부채 및 자기자본	
국채 포트폴리오		단기 및 장기채무	
(듀레이션 = 13.5)	$44,800,000	(듀레이션 = 4.0)	$39,200,000
		자기자본	$5,600,000
합계	$44,800,000	합계	$44,800,000

현재의 수익률 곡선이 5.5%로 평탄하다고 가정하자. 당신은 이 펀드의 위험을 평가하기 위해 이사회에 의해 고용되었다.

a. 이자율의 갑작스러운 상승으로 인해 수익률이 50 베이시스 포인트(즉, 수익률 곡선이 6%로 평탄해짐)만큼 상승하는 효과를 고려하자. 이 펀드 자산의 가치는 어떻게 될까? 이 펀드 부채의 가치는 어떻게 될까? 이러한 조건들하에서 자기자본 가치의 변동에 대해 당신은 어떤 결론을 내릴 수 있을까?

b. 이 펀드의 초기 듀레이션(즉, 자기자본 듀레이션)은 얼마일까?

c. 당신의 분석 결과 이사회는 현재의 펀드 매니저를 해고한다. 당신은 이 펀드에 고용되어 이 펀드의 이자율 변동에 대한 위험 노출을 최소화하고자 한다. 당신은 펀드 자산의 일부를 매각하고 그 수익금을 평균 2년의 듀레이션을 갖는 미 재무부 단기채 및 중기채에 재투자함으로써 그렇게 할 수 있다고 조언을 받았다. 이 펀드의 이자율 민감도를 최소화하기 위해 매각 및 재투자해야 하는 금액은 얼마일까?

d. 당신은 (c)의 전략을 사용하여 이 펀드를 면역화하는 대신 스왑계약을 사용하는 것을 고려한다. 10년 고정 이표채의 듀레이션이 7년이라면, 당신이 체결해야 할 스왑의 명목 원금은 얼마일까? 당신은 이 스왑에서 고정 이자율을 수취해야 하는가 아니면 지불해야 하는가?

14. 당신 회사는 $100 백만을 조달해야 한다. 당신은 리보(LIBOR) 대비 1%의 스프레드로 단기 대출을 받을 수 있다. 또 다른 대안으로 당신은 10년 만기 고정 이자율 채권을 10년 만기 미 재무부 채권 대비 2.50%의 스프레드로 발행할 수 있으며, 현재 이 채권의 만기 수익률은 7.60%다. 현재 10년 이자율 스왑은 리보 대 8%의 고정 이자율로 호가되고 있다.

경영진은 현재 이 회사의 신용등급이 "과소평가"되어 있으며 내년 또는 2년 후에 신용등급이 향상될 것으로 믿는다. 그럼에도 불구하고 경영진은 단기채무 사용과 관련된 이자율 위험에 익숙하지 않다.

a. $100 백만을 차입하는 전략을 제안하라. 당신의 유효 차입 이자율은 얼마일까?

b. 이 회사의 신용등급이 3년 후에 향상된다고 가정하자. 이제 7년 만기에 대해 미 재무부 채권 대비 0.50%의 스프레드로 차입할 수 있으며, 현재 이 채권의 만기 수익률은 9.10%다. 또한 7년 이자율 스왑은 리보 대 9.50%로 호가되고 있다. 당신은 향후 7년간 당신 회사의 새로운 신용도를 어떻게 고정시킬 수 있을까? 당신의 유효 차입 이자율은 얼마일까?

국제 기업재무

기호

C_{FC} 외환 현금흐름

S 현물환율

F 선도환율

$r_\$^*$ 달러 자본비용

$r_\$$ 달러 무위험 이자율

r_{FC}^* 외환 자본비용

r_{FC} 외환 무위험 이자율

r_{wacc} 가중평균 자본비용

D 채무의 시장가치

E 주식의 시장가치

r_E 주식에 대한 요구 수익률

r_D 채무에 대한 요구 수익률

τ_C 법인세율

1990년대에 스타벅스 커피는 일본을 수익성 좋은 커피 제품에 대한 잠재적인 신시장으로 파악하고, 일본에서 영업하기 위해 1996년에 $10 백만이나 되는 금액을 투자하기로 결정했다. 스타벅스는 일본 시장에 대한 전문적인 지식의 필요성을 인식하고, 일본의 소매 및 레스토랑 기업인 사자비 주식회사와 조인트 벤처를 설립했다. 스타벅스 커피 일본 유한회사라고 불린 이 조인트 벤처는 초기 단계에 12개의 점포를 개설할 계획이었다. 점포 개설이 예상했던 것보다 느리게 진행되었지만, 2001년에는 200개가 넘는 점포를 갖고 ¥29 십억($252 백만)의 매출을 올렸으며, 2003년 11월에는 500번째 점포가 개설되었다. 이 회사는 성장에 대한 자금조달을 위해 일본 자본시장을 이용했다. 2001년 10월 오사카 증권거래소에서 시가총액 ¥90.88 십억($756 백만)의 기업공개를 하여 확장을 위한 추가적인 자본으로 ¥18.8 십억($156 백만)을 조달했다. 2015년 기준으로 스타벅스는 일본에서 1,000개가 넘는 점포를 가지고 있다. 어떻게 스타벅스의 경영자가 이러한 투자 기회를 받아들이기로 결정했을까? 왜 미국 시장이 아닌 일본 시장에서 자본을 조달하기로 결정했을까?

이 장에서는 기업이 해외투자를 할 때 직면하게 되는 특별한 요소들에 초점을 맞춘다. 스타벅스 커피 일본 유한회사처럼 해외투자 프로젝트를 고려할 때, 기업들은 다음 세 가지 핵심적인 이슈에 직면하게 된다.

- 기업은 비록 프로젝트의 자국통화 가치에 관심이 있지만, 해외 프로젝트는 대부분 외환 현금흐름을 발생시킨다.
- 거시환경 차이로 인해 외국에서는 이자율과 자본비용이 다를 수 있다.
- 기업은 외국에서 다른 세율에 직면하고 해외와 국내에서 서로 다른 세법의 적용을 받을 수 있다.

이 장에서는 해외 프로젝트를 평가하는 첫 번째 단계로 국제 자본시장에 대해 논의한다. 우리는 먼저 국제적으로 통합된 자본시장을 살펴보는데, 이것은 서로 다른 해외 프로젝트 가치평가 기법들을 비교하는 유용한 벤치마크를 제공한다. 그다음에 우리는 해외 프로젝트의 가치평가 방법에 대해 살펴보고, 앞서 언급한 핵심 이슈들에 대해 논의한다. 이어서 두 가지 가치평가 방법을 이용하여 외환 현금흐름을 가치평가하고, 해외 및 국내 세법의 가치평가에 대한 시사점을 고찰한다. 마지막으로 자본시장이 분할된 시장이 시사하는 바를 살펴본다.

31.1 국제적으로 통합된 자본시장

우리는 해외 프로젝트의 가치평가를 살펴보기 위해 먼저 통화간 및 국경간 자본시장의 통합에 근거한 개념적인 벤치마크를 개발한다. 이 틀에서 자본시장은 해외투자의 가치가 분석에 사용되는 통화(국내 또는 해외)에 의존하지 않을 때 자본시장이 국제적으로 통합되어 있다고 한다.

1기 후에 현금흐름 C_{FC}를 지급할 것으로 기대되는 어떤 외국의 위험자산을 고려하자. 정상적인 시장에서 해외시장에서 이 자산의 가격은 현지 투자자의 자본비용을 할인율로 사용하여 구한 이 현금흐름의 현재가치다.

$$C_{FC}/(1 + r_{FC}^*) \qquad (31.1)$$

만약 어떤 미국 투자자가 이 자산을 달러로 매입하기를 원한다면 다음 금액을 지급할 것이다.

$$S \times \frac{C_{FC}}{(1 + r_{FC}^*)} \qquad (31.2)$$

여기서 S는 외화당 달러로 표시된 현물환율이다. 이제 이 증권을 실제로 매입한 미국 투자자는 미래의 현금흐름을 달러로 변환해야 한다. 이 증권이 창출하는 달러 현금흐름이 미국 투자자에 대해 지급되는 금액이다. 이 현금흐름을 평가하기 위해 미국 투자자가 오늘 계약하여 1기 후에 기대 현금흐름을 외화당 달러로 표시된 선도환율 F로 전환한다고 가정한다. 현물환율과 외환 현금흐름이 상관관계가 없다고 가정하면, 미국 투자자의 기대 달러 현금흐름은 $F \times C_{FC}$이다.[1] 만약 $r_\$^*$가 미국 투자자 입장에서 볼 때 적절한 자본비용이라면, 이 기대 현금흐름의 현재가치는 다음과 같다.

$$\frac{F \times C_{FC}}{(1 + r_\$^*)} \qquad (31.3)$$

일물일가의 법칙에 따르면 이 가치는 미국 투자자가 이 증권에 대하여 지급하는 금액과 같아야 한다.

$$S \times \frac{C_{FC}}{(1 + r_{FC}^*)} = \frac{F \times C_{FC}}{(1 + r_\$^*)}$$

항목들을 재정렬하면 위 식은 다음과 같이 표현할 수 있다.

$$F = \frac{(1 + r_\$^*)}{(1 + r_{FC}^*)} S \qquad (31.4)$$

식 (31.4)는 제30장에서 학습한 커버된 이자율 패리티이기 때문에 이 등식이 친숙하게 느껴질 것이다. 이 등식이 제30장의 등식과 차이가 있다면, 이 등식은 무위험 할인율이 아닌 위험 할인율에 대해 유도되었다는 점이다.

---

1 외화의 실제 현금흐름은 $C_{FC} + \varepsilon$이 되며, 여기서 ε은 현금흐름의 불확실성이며 기댓값은 0이다. 달러로 이 현금흐름은 $F \times C_{FC} + S_1 \times \varepsilon$이다. 그 이유는 선도계약은 C_{FC} 금액에 대해 이루어지기 때문이다. 나머지 금액은 1기 현물현물인 S_1의 환율로 전환되어야 한다. 그렇다면 현물환율은 이 프로젝트 현금흐름과 상관이 없기 때문에 $E[S_1 \times \varepsilon] = E[S_1] \times E[\varepsilon] = E[S_1] \times 0 = 0$이다.

이 시점에서 우리는 뒤로 물러나서 식 (31.4)를 유도하기 위해 필요한 국제적인 상황에 대한 가정을 고려해볼 필요가 있다. 정상적인 시장에서 가격은 경쟁적이라는 제3장의 내용을 상기하자. 이러한 맥락에서 볼 때, 이 개념은 다른 무엇보다 모든 투자자는 어떤 금액의 통화도 현물환율 또는 선도환율로 교환할 수 있으며, 두 국가에서 어떤 금액의 증권도 현재의 시장가격으로 자유롭게 매입 또는 매도할 수 있음을 의미한다. **국제적으로 통합된 자본시장**(internationally integrated capital markets)이라고 하는 이러한 조건 하에서 어떤 투자의 가치는 분석에 사용하는 통화에 의존하지 않는다.

예제 31.1

현재가치와 국제적으로 통합된 자본시장

문제

당신이 1년 후에 발생하는 ¥10 백만의 현금흐름의 현재가치를 계산하고자 하는 미국 투자자라고 가정하자. 현물환율은 ¥110/$이고 1년 선도환율은 ¥105.8095/$이다. 적절한 달러 자본비용($r_\$^*$)은 5%이고, 이 현금흐름에 대한 적절한 엔 자본비용($r_¥^*$)은 1%이다. 일본 투자자의 관점에서 ¥10 백만 현금흐름의 달러 현재가치는 얼마인가? 미국 투자자는 먼저 ¥10 백만을 달러로 전환한 다음 여기에 달러 할인율을 적용하여 현재가치를 구한다. 달러 할인율을 적용하여 ¥10 백만 현금흐름을 달러로 전환하고자 하는 미국 투자자의 관점에서 ¥10 백만 현금흐름의 달러 현재가치는 얼마인가?

풀이

엔화 현금흐름의 현재가치는 ¥10,000,000/(1.01) = ¥9,900,990이며, 이는 ¥9,900,990/(110¥/$) = $90,009와 동등하다. [환율이 엔당 달러가 아니라 달러당 엔으로 표시되기 때문에 식 (31.2)의 공식을 조정했다는 점에 유의해야 한다.] 선도환율을 이용하여 ¥10 백만을 먼저 달러로 환산한 다음 이를 달러 자본비용으로 할인하여 현재가치를 구하는 미국 투자자 입장에서 현재가치는 (¥10,000,000 ÷ 105.8095¥/$)/1.05 = $90,009이다. [역시 환율이 달러당 엔으로 표시되기 때문에 식 (31.3)의 공식을 조정했다.] 미국과 일본의 자본시장은 국제적으로 통합되어 있기 때문에 두 방법은 모두 동일한 결과를 가져온다.

개념 확인

1. 자본시장이 국제적으로 통합되기 위해 필요한 가정들은 무엇인가?
2. 국제적으로 통합된 자본시장은 서로 다른 나라에서 동일한 자산의 가치에 대해 어떤 시사점을 갖는가?

31.2 외환 현금흐름의 가치평가

해외 프로젝트가 국내 프로젝트와 가장 두드러지게 차이 나는 점은 해외 프로젝트의 경우 외환으로 표시된 현금흐름을 창출한다는 것이다. 해외 프로젝트가 국내기업에 의해 소유된다면, 경영자와 주주는 외환으로 표시된 현금흐름의 국내 통화가치를 결정해야 한다.

국제적으로 통합된 자본시장에서는 해외 프로젝트의 NPV를 계산하기 위하여 다음 두 가지의 동등한 방법을 사용할 수 있다. 첫째, 외환으로 표시된 NPV를 계산한 다음, 이를 현물환율을 이용하여 자국 통화로 전환한다. 둘째, 해외 프로젝트의 현금흐름을 자국 통화로 전환한 다음, 자국 통화로 표시된 현금흐름의 NPV를 계산한다. 첫 번째 방법은 단일통화로 프로젝트의 NPV를 계산하는 이 책 전반에서 사용해왔던 방법에 현물환율을 이용하여 NPV를 자국 통화로 전환하는 단계를 추가한 것이다. 지금 단계에서는 첫 번째 방법이 두 번째 방법보다 여러분에게 더 친숙하게 느껴질 것이므로 이하에서는 두 번째 방법을 중심으로 설명할 것이다.

WACC 가치평가 기법

두 번째 방법은 외환 현금흐름을 기대 달러 가치로 전환한 다음, 국내 프로젝트처럼 프로젝트의 가치를 평가하는 방법이다.

잇예시 주식회사 잇예시 주식회사(Ityesi, Inc.)는 미국에 본사를 둔 맞춤형 포장재 제조회사이다. 이 회사는 가중평균 자본비용(WACC) 기법을 이용하여 영국에서의 프로젝트에 대한 가치를 평가하고자 한다. 잇예시는 영국에서 포장재 생산라인을 도입하는 것을 고려하고 있는데, 이 프로젝트는 이 회사의 첫 번째 해외 프로젝트다. 이 프로젝트는 완전히 영국에서 자급하는 것이어서 모든 수입과 비용이 영국에서 창출된다.

엔지니어는 새로운 제품에 사용되는 기술이 4년 후에 진부해질 것이라고 예상한다. 마케팅 그룹은 이 생산라인에 대한 연 매출액이 £37.5 백만이 될 것으로 예상한다. 매출원가는 매년 £15.625 백만이고, 영업비용은 매년 £5.625 백만이 될 것으로 예상된다. 제품의 개발을 위해 4년 후 진부화되는 자본설비에 £15 백만의 초기 투자비용이 들고, 마케팅 경비로 £4.167 백만이 소요될 것이다. 잇예시는 제품을 생산하는 국가에 관계없이 40%의 세율로 법인세를 지급하고 있다. 표 31.1의 스프레드시트는 제안된 프로젝트의 기대 파운드 현금흐름을 나타내고 있다.

잇예시의 경영자는 프로젝트 현금흐름의 불확실성과 현물 달러-파운드 환율의 불확실성 간에 상관관계가 없다고 결정했다. 마지막 절에서 설명하겠지만, 이 조건이 충족되면 미래 달러 현금흐름의 기대가치가 파운드 현금흐름의 기대가치에 선도환율을 곱한 값으로 계산된다. 하지만 미래 시점이 4년 후처럼 먼 시점이라면, 은행들이 제시하는 선도환율 호가를 얻기 쉽지 않다. 따라서 잇예시 경영자는 커버된 이자율 패리티 공식(식 30.3)을 사용하여 선도환율을 계산하기로 결정했다.

선도환율 현재 현물환율(S)은 $1.60/£이다. 두 나라의 수익률 곡선이 수평이라고 가정하자. 달러 무위

표 31.1 스프레드시트	잇예시 영국 프로젝트의 기대 외환 가용현금흐름					
연도		**0**	**1**	**2**	**3**	**4**
증분 순이익 예측치(£ 백만)						
1 매출액		—	37.500	37.500	37.500	37.500
2 매출원가		—	(15.625)	(15.625)	(15.625)	(15.625)
3 매출 총이익		—	21.875	21.875	21.875	21.875
4 영업비용		(4.167)	(5.625)	(5.625)	(5.625)	(5.625)
5 감가상각		—	(3.750)	(3.750)	(3.750)	(3.750)
6 EBIT		(4.167)	12.500	12.500	12.500	12.500
7 세금(세율 40%)		1.667	(5.000)	(5.000)	(5.000)	(5.000)
8 무차입 순이익		(2.500)	7.500	7.500	7.500	7.500
가용현금흐름						
9 더하기 : 감가상각		—	3.750	3.750	3.750	3.750
10 빼기 : 자본지출		(15.000)	—	—	—	—
11 빼기 : NWC 증가		—	—	—	—	—
12 파운드 FCF		**(17.500)**	**11.250**	**11.250**	**11.250**	**11.250**

험 이자율($r_\$$)은 4%, 파운드 무위험이자율($r_£$)은 7%이다. 다년 선도환율에 대한 커버된 이자율 패리티 조건(식 30.3)을 이용하면, 각 연도의 선도환율은 다음과 같이 계산된다.

$$F_1 = S \times \frac{(1 + r_\$)}{(1 + r_£)} = (\$1.60/£) \frac{(1.04)}{(1.07)} = \$1.5551/£$$

$$F_2 = S \times \frac{(1 + r_\$)^2}{(1 + r_£)^2} = (\$1.60/£) \frac{(1.04)^2}{(1.07)^2} = \$1.5115/£$$

$$F_3 = S \times \frac{(1 + r_\$)^3}{(1 + r_£)^3} = (\$1.60/£) \frac{(1.04)^3}{(1.07)^3} = \$1.4692/£$$

$$F_4 = S \times \frac{(1 + r_\$)^4}{(1 + r_£)^4} = (\$1.60/£) \frac{(1.04)^4}{(1.07)^4} = \$1.4280/£$$

가용현금흐름 전환 표 31.2의 스프레드시트에서 보는 바와 같이 기대 파운드 가용현금흐름에 선도환율을 곱함으로써 기대 달러 가용 현금흐름을 계산할 수 있다.

WACC로 잇예시 해외 프로젝트의 가치평가 우리는 영국 프로젝트의 달러 표시 현금흐름을 이용하여 해외 프로젝트의 가치를 미국 프로젝트인 것처럼 계산할 수 있다. 제18장에서 했던 것처럼 영국 프로젝트의 시장위험이 이 회사 전체의 시장위험과 동일하다는 가정하에 가치평가를 한다. 그 결과 잇예시의 미국에서의 자기자본 비용과 타인자본 비용을 이용하여 해외 프로젝트의 WACC를 계산할 수 있다.[2]

잇예시는 투자 목적으로 $20 백만의 현금을 조달하여 보유하고 있고, $320 백만의 채무를 가지고 있다. 따라서 순채무(D)는 $320 − $20 = $300 백만이다. 이 금액은 자기자본의 시장가치(E)와 같으며, 이는 (순)부채비율이 1임을 의미한다. 잇예시는 예상할 수 있는 미래에 동일한 (순)부채비율을 유지하고자 한다. 따라서 WACC를 계산할 때 자기자본과 채무에 동일한 가중치를 부여한다(표 31.3).

잇예시의 자기자본 비용 10%와 타인자본 비용 6%를 이용하여 잇예시의 WACC를 다음과 같이 계산할 수 있다.

표 31.2 스프레드시트	잇예시 영국 프로젝트의 기대 달러 가용현금흐름					
		0	**1**	**2**	**3**	**4**
	달러 가용현금흐름($ 백만)					
1	파운드 FCF(£ 백만)	(17.500)	11.250	11.250	11.250	11.250
2	선도환율($/£)	1.600	1.555	1.512	1.469	1.428
3	**파운드 FCF의 달러 가치**(1 × 2)	(28.000)	17.495	17.004	16.528	16.065

---

2 해외 프로젝트의 위험은 국내 프로젝트(혹은 기업 전체)의 위험과 정확하게 일치하지 않을 것이다. 그 이유는 해외 프로젝트가 국내 프로젝트가 가지고 있지 않은 환위험을 포함하고 있기 때문이다. 잇예시의 경우 경영자가 환위험에 대한 추가적인 위험 프리미엄이 작다고 결정했다. 이로 인해 경영자들은 실용적인 목적으로 환 위험을 무시하고 국내 자본비용을 사용했다. 또 다른 방법으로 미국 시장에서 주식이 거래되는 동일 산업의 외국기업에 대한 수익률 데이터를 기반으로 이 프로젝트의 국내 자본비용을 추정할 수 있다.

표 31.3	잇예시의 현재 시장가치 재무상태표($ 백만)와 영국 프로젝트가 없을 때 자본비용				
자산		**부채 및 자기자본**		**자본비용**	
현금	20	채무	320	채무	6%
기존 자산	600	자기자본	300	자기자본	10%
	620		620		

$$r_{wacc} = \frac{E}{E+D}r_E + \frac{D}{E+D}r_D(1-\tau_C)$$
$$= (0.5)(10.0\%) + (0.5)(6.0\%)(1-40\%) = 6.8\%$$

이제 WACC를 이용하여 미래 가용현금흐름의 현재가치를 계산하면 해외 프로젝트의 가치를 결정할 수 있다.

$$\frac{17.495}{1.068} + \frac{17.004}{1.068^2} + \frac{16.528}{1.068^3} + \frac{16.065}{1.068^4} = \$57.20 \text{ 백만}$$

영국 프로젝트의 NPV는 미래 가용현금흐름의 현재가치에서 생산라인 도입을 위한 달러 표시 초기 비용 $28 백만을 뺀 값으로 구해진다. 따라서 영국 프로젝트의 NPV는 $57.20 − $28 = $29.20 백만이다. 따라서 잇예시는 영국 프로젝트를 수행해야 한다.

일물일가의 법칙과 강건성 점검

잇예시 프로젝트의 NPV에 도달하기 위해서는 자본시장이 국제적으로 통합되고, 환율과 프로젝트의 현금흐름 간에 상관관계가 없다는 가정을 비롯하여 여러 가지 가정을 필요로 한다. 잇예시의 경영자는 당연히 이러한 가정들이 정당화될 수 있는지에 대해 우려를 표할 것이다. 운 좋게도 이 분석을 점검할 수 있는 방법이 있다.

해외 프로젝트의 NPV를 계산하는 방식에 두 가지 방식이 있음을 상기하자. 잇예시는 해외 현금흐름을 해외 자본비용으로 할인함으로써 해외 NPV를 계산하고, 계산된 해외 NPV를 현물환율을 이용하여 국내 NPV로 전환할 수 있다. 이 방법은 마지막 단계를 제외하면 이 책 전반에서 수행해왔던 국내 프로젝트의 NPV 계산과 동일한 계산을 요구한다. NPV를 결정하기 위해 자본비용(이 경우는 영국에서 투자의 자본비용)을 알아야 한다. 자본비용을 계산하기 위해서는 공개시장에서 주식이 거래되는 단일제품(single-product) 회사(이 경우 영국 기업)의 주식 수익률 자료가 필요함을 상기하자. 이 방법이 다른 방법과 동일한 결과를 제시하기 위해서는 해외 자본비용($r_\pounds^*$)이 일물일가의 법칙을 만족해야 한다. 이는 식 (31.4)로부터 다음 등식이 성립하여야 함을 의미한다.

$$(1 + r_\pounds^*) = \frac{S}{F}(1 + r_\$^*) \tag{31.5}$$

만약 이 등식이 성립하지 않으면, 잇예시의 경영자는 분석에서 적용한 단순한 가정들이 타당하지 않다는 것을 파악해야 한다. 즉, 시장마찰이 존재하여 시장통합 가정이 현실에 대한 좋은 근사치가 아니거나 현물환율과 현금흐름 간에 유의한 상관관계가 존재할 수도 있다.

제30장에서 유도된 커버된 이자율 패리티 관계(식 30.3)을 사용하여 식 (31.5)를 다음과 같이 표현할

수 있다.

$$\frac{S}{F} = \frac{1 + r_£}{1 + r_\$} \tag{31.6}$$

여기서 $r_£$와 $r_\$$는 각각 해외 및 국내 무위험 이자율을 나타낸다. 식 (31.5)와 (31.6)을 결합하여 항목들을 재정렬하면, 해외 자본비용이 국내 자본비용과 이자율의 함수로 나타난다.

외화 표시 자본비용

$$\begin{aligned} r_£^* &= \frac{1 + r_£}{1 + r_\$}(1 + r_\$^*) - 1 \\ &\approx r_£ + (r_\$^* - r_\$) \end{aligned} \tag{31.7}$$

달리 표현하면 외국 위험 프리미엄은 국내 위험 프리미엄과 거의 동일하다. 이에 따라 외국 자본비용은 외국 무위험 이자율과 국내 위험 프리미엄을 더한 것과 거의 동일하다. 잇예시가 NPV 계산을 위해 적용한 단순한 가정들이 타당하다면, 식 (31.7)을 이용하여 계산된 자본비용 추정치가 영국의 단일제품 비교기업을 이용하여 직접 계산한 자본비용에 근사한 값을 갖게 될 것이다.

예제 31.2

자본비용의 국제화

문제

일물일가의 법칙을 사용하면 잇예시의 달러 WACC로부터 파운드 WACC를 추정할 수 있다. 추정된 파운드 WACC를 이용하여 파운드 가용현금흐름을 할인한 다음 이를 현물환율을 이용하여 달러로 전환했을 때 얻게 되는 NPV가 앞서 구한 잇예시 프로젝트의 NPV와 동일함을 보이라.

풀이

식 (31.7)을 이용하여 파운드 WACC를 추정하면 다음과 같다.

$$r_£^* = \frac{1 + r_£}{1 + r_\$}(1 - r_\$^*) - 1\left(\frac{1.07}{1.04}\right)(1.068) - 1 = 0.0988$$

파운드 WACC는 9.88%로 추정된다.

추정된 잇예시의 파운드 WACC를 이용하여 표 31.3에 보고된 파운드 가용현금흐름의 현재가치를 구할 수 있다.

$$\frac{11.25}{1.0988} + \frac{11.25}{1.0988^2} + \frac{11.25}{1.0988^3} + \frac{11.25}{1.0988^4} = £35.75 \text{ 백만}$$

이 투자 기회의 파운드 표시 NPV는 파운드 가용현금흐름의 현재가치에서 초기 투자비용을 뺀 값인 £18.25 백만(= £35.75 백만 − £17.5 백만)이다. 현물환율을 이용하여 이 금액을 달러로 전환하면, $29.20 백만 (= £18.25 백만 × 1.6$/£)이고, 이는 앞서 계산한 NPV와 정확히 일치한다.

개념 확인

1. 해외 프로젝트의 NPV를 계산하는 데 사용되는 두 가지 방법을 설명하라.
2. 언제 이 두 가지 방법은 해외 프로젝트에 대해 동일한 NPV를 산출하는가?

31.3 가치평가와 국제 과세

이 장에서 잇예시가 어디에서 이익을 창출하든지 40%의 세율로 세금을 지급한다고 가정했다. 현지 국가 (이 예에서는 영국)와 본국(미국) 두 국가에 세금을 납부하여야 하기 때문에 실제로 해외 소득에 대한 세금의 결정은 복잡하다. 만약 해외 프로젝트가 모회사에서 분리되어 설립된 주식회사 형태의 자회사라면, 기업이 납부하는 세금의 금액은 일반적으로 **본국 송금 이익**(repatriated)의 금액에 의존한다. 본국 송금 이익이란 기업이 본국으로 되가져 가는 해외 프로젝트 이익이다.

단일 해외 프로젝트와 즉각적인 이익의 본국 송금

우리는 기업이 단일 해외 프로젝트를 가지고 있고, 모든 해외 이익을 즉시 본국으로 송금한다는 가정에서 출발했다. 국제적으로 일반화된 기업 이익 과세에 대한 관행에 따르면, 현지 국가가 국경 내에서 창출된 이득에 대한 과세의 첫 번째 기회를 갖는 것이다. 그다음에 본국이 국내기업이 해외 프로젝트에서 창출한 이익에 대한 과세 기회를 갖는다. 특히 본국은 해외 이익과 해외 이득에 대한 외국에서의 과세를 처리하는 방식을 명시하는 과세정책을 수립하여야 한다. 또한 과세의 시점(timing of taxation)을 설정해야 한다.

미국의 과세정책은 미국 기업들이 해외 이익에 대한 세금을 미국 내에서 벌어들인 이익과 동일한 세율로 납부하도록 하고 있다. 하지만 해외에서 납부한 세금은 미국에서의 납세의무 금액(amount of U.S. tax liability)까지 전액 세액공제(full tax credit)를 받는다. 환언하면 만약 해외 세율이 미국 세율보다 낮으면, 기업은 해외 이익에 대해 미국 세율과 같은 세율로 총세금을 납부한다. 그 이유는 처음에 해외 세율로 세금을 내고, 미국 세율에 도달할 때까지의 추가적인 금액의 세금을 납부하기 때문이다. 이 경우 모든 기업의 이익은 잇예시에 대해 적용했던 가정처럼 이익의 발생 국가에 상관없이 동일한 세율로 과세된다.

만약 해외 세율이 미국 세율보다 높으면 해외 이익에 대하여 높은 세율로 세금을 납부하여야 한다. 미국 세액공제가 미국 납세의무 금액을 초과하므로, 미국에서 납부해야 하는 세금이 없다. 미국 과세정책은 기업들이 사용되지 않은 세액공제로 미국 납세의무 금액을 상쇄시키는 것을 허용하지 않는다. 따라서 미국 납세의무 금액을 초과하는 세액공제는 사용될 수 없다. 해외 세율이 미국 세율보다 높은 경우 기업은 해외 이익에 대해 높은 세율로 세금을 납부하고 미국에서 창출한 이익에 대해서는 낮은 세율로 세금을 납부한다.

복수 해외 프로젝트와 이익의 본국 송금의 연기

지금까지 기업이 단지 한 개의 프로젝트를 가지고 있고, 해외 프로젝트에서 발생하는 이익을 즉시 본국으로 송금한다고 가정했다. 하지만 이 두 가정 모두 현실적이지 않다. 기업들은 복수의 해외 프로젝트를 통합하거나 이익의 본국 송금을 연기함으로써 세금을 줄일 수 있기 때문이다. 먼저 모든 해외 프로젝트에서 발생하는 이익을 통합하는 방안에서 발생하는 혜택을 살펴보자.

복수 해외 프로젝트 통합   미국 세법에 의하면 세율이 높은 해외 국가에서 발생한 어떠한 세액공제도 세율이 낮은 국가에서 발생한 이익에 대한 순 미국 납세의무(net U.S. tax liability)를 상쇄하는 데 사용될 수 있다. 이러한 방식에서는 모든 해외 세금을 통합하여 합산한 금액을 해외 이익에 대한 총 미국 납세의무 금액과 비교한다. 만약 미국 세율이 모든 해외 이익의 통합 세율보다 높다면, 기업의 이익이 어디에서 발생했는지에 관계없이 모든 이익에 동일한 세율이 적용된다고 가정하는 것이 타당하다. 만약 그렇지 않다면, 기업은 해외 이익에 대해 더 높은 세율로 세금을 납부하여야 한다.

이익의 본국 송금의 연기   이제 해외 이익의 본국 송금을 연기하는 방안을 고려해보자. 만약 해외 사업체가 해외 지점이 아닌 모회사와 분리된 주식회사 형태의 자회사라고 한다면, 이익이 본국으로 송금되기 전까지 미국 납세액이 발생하지 않기 때문에 이익의 본국 송금을 연기하는 방안에 대한 고려가 중요하다. 예를 들어 어떤 기업이 £12.5 백만의 세전이익을 본국으로 송금하지 않기로 선택하면, 해외에서 발생한 이익을 사실상 재투자한 것이며 미국에서의 납세를 미루는 것이다. 해외 세율이 미국 세율보다 높다면, 이러한 경우 미국에서의 추가적인 납세의무가 없기 때문에 미국에서의 납세를 연기함으로써 얻는 혜택이 없다.

해외 세율이 미국 세율보다 낮다면, 기업이 미국에서 납세를 연기함으로써 현저한 혜택을 얻을 수 있다. 자본이득의 실현을 미루면 자본이득세에 의해 부과되는 세금부담이 줄어드는 것처럼, 이익의 본국 송금을 미루면 기업의 전반적인 세금 부담이 줄어든다. 이익의 본국 송금 연기로 인한 다른 혜택들은 기업이 이익의 본국 송금이 사실상 가장 적은 비용으로 가능한 시점에 이익을 본국으로 송금하는 실물 옵션을 갖기 때문에 발생한다. 예를 들어 기업은 해외 이익을 통합함으로써 사실상 모든 해외 이익에 대해 통합된 세금을 납부한다. 이 경우 나라별로 발생하는 이익이 매년 변동하므로, 해외 이익에 대한 결합된 세율도 매년 달라지게 될 것이다. 결합된 세율이 미국 세율보다 높은 연도에는 이익의 본국 송금액 증가가 미국에서의 납세의무의 증가를 가져오지 않을 것이며, 이로 인해 이익의 본국 송금이 세금을 내지 않고 가능해진다. 또한 미국 의회가 일시적으로 감면된 세율로 자금을 송금할 수 있는 "세금 공휴일(tax holiday)"을 부여한 경우가 과거에 있었다. 예를 들어 2004년에 통과된 미국의 일자리 만들기 법(American Jobs Creation Act)은 회사가 35%의 표준 법인세율이 아닌 5.25% 세율로 자금을 송금할 수 있게 했다.[3]

이러한 조세특례는 해외에서 상당한 이익이 발생하는 많은 미국 기업들이 본국 송금을 연기하고 해외에 현금을 축적하도록 유도한다. 예를 들어 2015년 7월 시스코는 재무상태표에 $60 십억이 넘는 총현금 및 단기 투자를 보고했다. 그러나 이 현금의 거의 90%가 해외에서 보유되었으며, 미국에서는 단지 $7 십억만 보유되었다.

개념 확인

1. 해외 프로젝트의 가치평가를 위해 어떤 세율을 사용하여야 하는가?
2. 미국 기업이 해외 프로젝트에 대한 세금을 어떻게 하면 낮출 수 있는가?

31.4 국제적으로 분할된 자본시장

여기까지는 국제 자본시장이 통합되었다는 가정하에 논의를 전개했다. 하지만 종종 이 가정이 적합하지 않다. 어떤 나라에서는, 특히 개발도상국에서는 모든 투자자가 금융증권에 동등한 접근이 불가능하다. 이 절에서는 왜 각국의 자본시장이 통합되지 않는지, 즉 **분할된 자본시장**(segmented capital markets)이라고 불리는 사례를 고려한다.

---

3   이에 대한 더 자세한 논의는 제15장 539쪽 "송금세 : 현금 부자인 기업들이 차입하는 이유"를 참고하길 바란다.

국제 재무관리에서 많은 흥미로운 질문들이 자본시장이 국제적으로 분할되었을 때 발생하는 결과와 관련되어 있다. 이 절에서는 분할된 자본시장의 주요 발생 원인을 간략하게 살펴보고, 분할된 자본시장의 국제 재무관리에 대한 시사점을 살펴본다.

시장에 대한 차별적 접근

어떤 나라의 무위험 증권시장은 국제적으로 통합되었지만, 그 나라의 특정 기업 증권에 대한 시장은 통합되어 있지 않은 경우가 종종 있다. 기업 정보에 대한 비대칭이 존재한다면, 기업은 시장에 대한 차별적 접근에 직면할 수 있다. 예를 들어 잇예시는 자기 회사에 대한 기업 분석을 하고 비교적 인정받고 있는 애널리스트 공동체에 정기적으로 정보를 제공한다. 이로 인해 잇예시가 미국에서는 잘 알려져 있고, 달러 주식시장 및 채권시장에 쉽게 접근할 수 있다. 하지만 영국에서는 정보제공 실적이 없기 때문에, 잇예시가 잘 알려져 있지 않고, 파운드 자본시장에 접근하는 것이 쉽지 않을 수 있다. 정보 비대칭으로 인해 영국 투자자들이 미국 기업이 발행한 파운드 주식 및 채권에 대해 더 높은 수익률을 요구할 수 있다.

국제시장에 대한 차별적 접근으로 잇예시는 식 (31.7)에 의한 WACC보다 더 높은 파운드 WACC에 직면할 수 있다. 이렇게 되면 잇예시는 영국에서 자금조달을 하면 미국에서 자금조달을 하는 것보다 해외 프로젝트의 가치를 더 낮게 평가하게 될 것이다. 사실상 주주가치를 극대화하기 위하여 이 회사는 자본을 본국에서 조달해야 한다. 그리고 해외 프로젝트를 국내 프로젝트처럼 가치평가하는 방법이 더 정확한 NPV를 제공할 것이다. 국가 자본시장(national capital markets)에 대한 차별적인 접근은 **통화 스왑**(currency swaps)이 존재하는 이유에 대한 최선의 설명이 될 정도로 매우 흔하다. 통화 스왑은 제30장에서 논의한 이자율 스왑과 유사하다. 하지만 통화 스왑의 보유자는 만기 이전에는 한 통화로 표시된 이표를 받고, 다른 통화로 표시된 이표를 지급하며, 만기 시에는 서로 다른 통화로 표시된 액면가치에 대한 교환을 한다. 기업은 가장 잘 접근할 수 있는 자본시장에서 채권을 발행하고, 발행된 채권의 이표와 액면가치를 통화 스왑을 이용하여 지급받고 싶은 통화로 표시된 이표와 액면가치로 교환한다. 따라서 통화 스왑은 기업들로 하여금 투자와 자금조달을 가장 유리한 곳에서 하면서 자산과 부채 간의 환위험 노출을 완화시킬 수 있도록 한다.

거시 수준의 왜곡

무위험 자산에 대한 시장도 분할될 수 있다. 분할된 자본시장에 대한 주요 거시경제적인 원인으로 국제 자본흐름에 대한 장해물을 만들어 분할된 국가시장(national market)을 만드는 자본 통제와 외환 통제를 들 수 있다. 많은 나라들은 자본의 유입과 유출을 규제 또는 제한하거나, 자국의 통화를 달러로 자유롭게 바꾸는 것을 허용하지 않는다. 이로 인해 자본시장이 분할된다. 어떤 나라들은 금융증권의 보유자를 제한하기도 한다.

나라별로 서로 다른 정치적·법적·사회적·문화적 특징들은 국가 위험 프리미엄이라는 형태의 보상을 요구한다. 예를 들어 지적 재산권 시행을 약하게 하는 전통이 있는 나라의 국채 또는 다른 증권에 지급되는 이자율은 진정한 무위험 이자율이 아닐 수 있다. 대신 이러한 나라의 이자율은 채무불이행에 대한 위험 프리미엄을 반영할 수 있으며, 이로 인해 커버된 이자율 패리티와 같은 관계가 정확하게 성립되지 않을 수 있다.

위험이 있는 정부 채권

문제

2009년 7월 27일 루블-달러 현물환율이 R30.9845/$이고, 1년 선도환율이 R33.7382/$이었다. 이 당시 러시아의 단기국채 수익률이 11%였고, 이 채권과 비교될 수 있는 1년 만기 미 재무부 채권 수익률이 0.5%였다. 커버된 이자율 패리티를 이용하여 1년 내재 선도환율(implied forward rate)을 계산하라. 그리고 이를 실제 선도환율과 비교하고 두 선도환율이 다른 이유를 설명하라.

풀이

커버된 이자율 패리티를 이용하여 내재 선도환율을 구하면 다음과 같다.

$$F = S \times \frac{(1 + r_R)}{(1 + r_\$)} = (R30.9845/\$)\frac{1.110}{1.005} = R34.2217/\$$$

내재 선도환율은 이 당시 현물환율보다 더 높다. 그 이유는 러시아 국채 수익률이 미국 국채 수익률보다 더 높기 때문이다. 하지만 실제 선도환율이 내재 선도환율보다 더 낮다. 실제 선도환율과 내재 선도환율의 차이는 러시아 국채의 불이행 위험을 반영하였을 가능성이 크다(러시아 정부는 비교적 최근인 1998년에 채무에 대한 채무불이행을 선언했다). 100,000루블을 보유한 투자자가 진정한 무위험 투자를 찾는다면, 루블을 달러로 바꾸어 미 재무부 채권에 투자하고, 이로부터 얻는 수익을 선도계약을 통해 동결된 환율에 다시 루블로 바꿀 수 있다. 이렇게 함으로써 이 투자자가 얻는 수익은 다음과 같다.

$$\frac{R100,000}{R30.9845/\$\text{오늘}} \times \frac{\$1.005(1년 후)}{\$\text{오늘}} \times (R33.7382/\$1년 후) = R109,432(1년 후)$$

루블의 실효 무위험 이자율은 9.432%가 될 것이다. 러시아 국채에 대한 11%의 높은 수익률은 채권 보유자에게 채무불이행 위험을 보상하기 위한 1.568%(= 11% − 9.432%)의 신용 스프레드를 반영한 것이다.

시사점

분할된 자본시장은 국제 기업재무에 중요한 시사점을 갖는다. 두 수익률이 동일한 통화로 비교되었을 때, 한 국가 또는 통화의 수익률이 다른 국가 또는 통화의 수익률보다 더 높다. 만약 수익률 차이가 자본 통제와 같은 시장 마찰로 발생한다면, 기업들은 수익률이 낮은 국가에서(또는 통화로) 자금을 조달하여 수익률이 높은 국가에서(또는 통화로) 프로젝트를 수행함으로써 이 시장 마찰을 활용할 수 있다. 물론 기업들이 이 전략을 이용하여 이익을 얻을 수 있는 정도는 당연히 제한적이다. 만약 이러한 전략을 쉽게 이행할 수 있다면, 기업들이 이 전략을 경쟁적으로 사용하려 하면서 수익률 차이가 쉽게 사라지기 때문이다. 그럼에도 불구하고 특정 기업들은 이 전략을 이행하는 데 있어서 경쟁우위를 확보할 수 있을 것이다. 예를 들어 해외 정부는 투자 유인을 제공하기 위해 특정 기업에 대해서만 자본 통제를 완화하는 협상을 할 수 있을 것이다.

예제 31.4에서 예시하는 것처럼 분할된 자본시장의 존재는 국제 기업재무에서 많은 결정들을 더욱 복잡하게 만들지만, 시장 분할을 잘 활용할 수 있는 포지션을 갖은 기업들에게는 유리한 기회를 제공한다.

| 예제 31.4 | 분할된 시장에서 해외기업 인수의 가치평가 |

문제

카마쵸 엔터프라이즈(Camacho Enterprises)는 미국 회사로 멕시코에 있는 회사인 제타파 주식회사(Xtapa, Inc.) 인수를 통한 기업 확장을 고려하고 있다. 이 인수는 카마쵸의 첫해 가용현금흐름을 21백만 페소 증가시킬 것으로 기대된다. 그다음부터는 가용현금흐름이 매년 8%의 성장률로 성장할 것으로 기대된다. 이 투자의 가격은 525백만 페소이며, 이를 10pesos/$의 현재 환율에 달러로 환산하면 $52.5 백만이다. 멕시코 시장에서의 분석에 근거하여, 카마쵸는 적절한 페소 세후 WACC가 12%라고 결정했다. 만약 카마쵸가 이 확장에 대한 달러 세후 WACC가 7.5%라고 결정했다면, 멕시코에서의 인수에 대한 가치는 얼마인가? 멕시코와 미국의 무위험 증권시장이 통합되었고, 두 나라의 수익률 곡선이 수평이라고 가정하자. 미국의 무위험 이자율은 6%, 멕시코의 무위험 이자율은 9%라고 한다.

풀이

확장의 NPV를 페소로 계산하고 계산된 값을 현물환율에 달러로 전환할 수 있다. 기업 인수로 인해 가용현금흐름(단위 : 백만)은 다음과 같다.

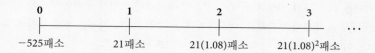

페소 WACC를 이용하여 구한 페소 현금흐름의 NPV는 다음과 같다.

$$NPV = \frac{21}{0.12 - 0.08} - 525 = 0$$

따라서 이 기업 인수는 NPV가 0인 거래다. 아마도 카마쵸는 다른 멕시코 기업들과 인수를 위해 경쟁하고 있으며, 이로 인해 NPV가 0인 인수가격을 제안했을 것이다.

우리는 페소 기대 현금흐름을 선도환율을 이용하여 달러 기대 현금흐름으로 전환한 후, 달러로 NPV를 계산할 수도 있다. pesos/$로 표시된 N기 선도환율, F_N[제30장에서 식 (30.3)]은 다음과 같다.

$$F_N = S \times \frac{(1 + r_p)^N}{(1 + r_\$)^N} = 10 \times \left(\frac{1.09}{1.06}\right)^N = 10 \times 1.0283^N = 10.283 \times 1.0283^{N-1}$$

따라서 (앞의 시간선에 있는) 페소 기대 현금흐름을 적절한 선도환율(으로 표시)을 이용하여 전환된 달러 기대 현금흐름은 다음과 같다(선도환율이 pesos/$로 표시되기 때문에 페소 현금흐름을 선도환율로 나누어 준다).

$$C_p^N / F_N = \frac{21(1.08)^{N-1}}{10.283 \times 1.0283^{N-1}} = 2.0422 \times 1.0503^{N-1}$$

따라서 달러 기대 현금흐름은 다음과 같다.

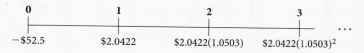

달러 현금흐름은 매년 5%의 성장률로 성장한다. 이 현금흐름의 NPV는 다음과 같다.

$$NPV = \frac{2.0422}{0.075 - 0.0503} - 52.5 = \$30.18 \text{ 백만}$$

서로 다른 NPV가 계산되었다. 둘 중 어떤 NPV가 확장의 혜택을 더 정확하게 나타낼까? 이 문제에 대한 정답은 차이의 발생 원인에 의존한다. 선도환율에 페소 기대 현금흐름을 달러 기대 현금흐름으로 전환하기 위해서는 현물환율이 프로젝트의 현금흐름과 상관관계가 없다는 가정을 받아들여야 한다. 단지 이 가정이 성립하지 않기 때문에 차이가 발생할 수 있다. 또 다른 가능성은 차이의 발생 원인이 각 WACC 추정에 있어서 추정 오차를 반영하기 때문일 수 있다.

만약 카마쵸가 현물환율과 WACC 추정에 대한 가정에 있어서 상대적으로 자신이 있다면, 세 번째 가능성은 멕시코와 미국의 자본시장이 통합되지 않았다는 데 있다. 아마도 제타파의 인수를 위해 경쟁하는 다른 기업들은 멕시코 밖의 자본시장에 접근하지 못할 수 있다. 이로 인해 카마쵸가 다른 기업들보다 더 낮은 비용에 자본을 조달할 수 있다. 물론 이러한 논의는 다른 미국 기업들이 제타파의 인수를 위해 경쟁하지 않는다는 전제를 필요로 한다. 하지만 카마쵸가 다른 미국 기반 기업들이 갖지 못한 제타파 시장에 대한 특별한 지식을 갖고 있을 수 있으며, 이로 인해 카마쵸가 다른 미국 기업들보다 제품시장에서의 경쟁우위를 확보하고, 제품시장에서 다른 멕시코 기업들과 동등한 위치에 놓이도록 할 수 있다. 카마쵸가 자본시장에서 다른 멕시코 기업들보다 경쟁우위에 있기 때문에 인수의 NPV가 양수의 값을 갖지만, 다른 제타파 입찰자들은 인수의 NPV가 0의 값을 가질 수 있다.

개념 확인

1. 분할된 자본시장의 국제 기업재무에 대한 주된 시사점은 무엇인가?
2. 자본시장이 분할된 이유는 무엇인가?

31.5 환위험과 자본예산

기업이 해외 프로젝트를 고려할 때 발생하는 마지막 이슈는 프로젝트의 현금흐름이 환위험에 노출될 수 있다는 것이다. 환위험은 프로젝트에 의해 창출되는 현금흐름이 미래 환율의 수준에 의존하는 것이다. 국제 기업재무에서 많은 부분이 환위험을 다룬다. 이 절은 외환 현금흐름의 가치평가 관점에서 환위험에 대한 개관을 제공한다.

이 장에서 지금까지 해왔던 가정은 프로젝트의 가용현금흐름이 현물환율과 상관관계가 없다는 것이다. 종종 이러한 가정이 타당할 때도 있다. 만약 기업이 외국시장에서 현지 기업을 운영하여 현지에서 모든 투입요소를 구입하고 완제품을 판매한다면, 투입요소와 완제품의 가격은 환율과의 상관관계가 존재하지 않을 것이다. 하지만 많은 기업들은 수입된 투입요소를 생산 과정에 사용하거나 완제품을 해외로 수출한다. 이러한 시나리오는 프로젝트 환위험의 본질을 바꾸며, 이는 외환 현금흐름의 가치평가를 변화시킨다.

예를 들어 영국에 있는 잇예시 프로젝트가 미국에서 원재료를 수입한다고 가정해보자. 이 경우 프로젝트의 파운드 가용현금흐름이 환율과 상관관계를 갖게 될 것이다. 미국에서 원재료비용이 안정적이라고 가정할 때 파운드 대비 달러가치가 상승한다면, 원재료의 파운드 비용이 증가하고, 이로 인해 파운드 가용현금흐름이 줄어들게 될 것이다. 반대의 경우도 성립하여 파운드 대비 달러 가치가 하락한다면, 파운

윌리엄 바렛은 바렛 주식회사의 공동 의장이며 바렛 익스플로러의 CEO다. 바렛 주식회사는 캐나다 가족기업으로, 뉴브런즈윅의 우드스탁에 본사를 두고 레크리에이션 및 아웃도어 용품, 소비자 가전제품, 무선 광대역 서비스, 기타 제품들을 유통하고 있다.

질문 국제화의 이점은 무엇인가?

답변 기업이 성장을 모색하는 경우 조만간 국제적인 시장을 고려해야 한다. 오늘날 세계에서는 일반적으로 국제적인 사업에 관여하게 되는데, 그 이유는 중국에서 많은 생산과 제조가 이루어지기 때문이다. 우리는 중국 기업들과 오랫동안 관계를 맺어왔으며 30년 동안 중국과 일본에서 수입해왔다. 우리는 또한 인도에서 한 사업을, 그리고 아프리카, 유럽, 영국에서 다른 사업을 투자하고 파트너가 되었다.

질문 외환 환율은 당신 회사에 어떤 영향을 주는가?

답변 환율 변동은 큰 영향을 미친다. 시장에서 물건을 CAD 1의 가격에 사는 데 익숙했다. 하지만 지금은 환율 변동으로 인해 이 가격이 CAD 1.20가 되어 관리하기가 까다로운 상황이다. 때때로 우리는 헤지를 한다. 통화 옵션을 매입하고, 통화선도계약을 매입하기도 한다. 우리는 미래를 예측하고 선도계약을 통해 스

인터뷰
윌리엄 바렛
(William Barrett)

로를 보호하려고 노력한다. 우리는 환 노출의 100%를 헤지하지 않고, 50~70%를 헤지한다.

질문 당신 회사가 직면하는 중요한 국제 세금 고려 사항이 있는가?

답변 국제적인 조세 규정은 우리가 사업하는 곳과 방법에 영향을 미친다. 우리는 대서양 연안에 위치한 캐나다 회사다. 세금 영향에 따라 세계 여러 곳에 지주회사를 만든다. 인도의 특정 사례에서 우리는 중국에서 제조하고 인도에 수출함으로써 거대한 수입 관세에 직면하게 될 것이라고 판단했다. 이 문제에 대한 해결책은 인도에서 제조하는 것이었다. 그렇게 함으로써 우리는 약 27%의 세금을 절약했다.

질문 합작 벤처, 라이선스 계약 등에 관여하는가? 아니면 다른 나라에 직접 투자하는가?

답변 우리는 합작 벤처 관계, 유통 관계 및 대행사 관계를 비롯한 다양한 방식으로 사업을 수행한다. 복잡한 규제 문제가 있는 많은 국가에서 합작 벤처가 유일하게 실행할 수 있는 방법이다. 유럽연합(EU)과 같은 다른 상황에서는 종업원들을 고용하는 방법, 종업원들에 대한 의무, 종업원들의 당신에 대한 의무 등과 관련하여 공통적인 규제, 세금 및 배치 이슈가 존재한다.

드 가용현금흐름이 증가하게 될 것이다. 따라서 이 경우 가용현금흐름의 변동이 환율 변동과 상관관계를 갖지 않는다는 가정이 성립하지 않는다. 더 이상 기대 파운드 가용현금흐름을 선도환율을 이용하여 기대 달러 가용현금흐름으로 전환하는 계산이 적절하지 않다.

프로젝트가 여러 통화의 가치에 의존하는 현금흐름을 갖고 있을 때 가장 편리한 접근법은 현금흐름을 의존하는 통화에 따라 분리하는 방법이다. 예를 들어 잇예시의 매출원가의 일부가 달러 가치에 따라 변동하는 원재료에 대한 것일 수 있다. 보다 구체적으로 £5.625 백만의 비용이 파운드 표시 비용이고, 추가적인 $16 백만(혹은 $1.60/£의 현재 환율로 환산하면 £10 백만)의 비용이 달러 가치에 따라 가격이 변동하는 원재료에 대한 비용이다. 이 경우 잇예시의 파운드 표시 가용현금흐름은 표 31.4에서 보는 바와 같이 달러 기반 비용을 제외하고 계산한다.

만약 표 31.4의 스프레드시트에서 수익과 비용이 현물환율의 변동에 영향을 받지 않는다면, 가용현금흐름의 변동이 현물환율 변동과 상관관계를 갖지 않는다는 가정이 타당하다. 따라서 31.2절에서 했던 것처럼 파운드 표시 가용현금흐름을 선도환율을 이용하여 달러 표시 가용현금흐름으로 전환할 수 있다. 표 31.5의 스프레드시트는 이와 같은 계산을 하여 3행에 파운드 표시 가용현금흐름의 달러 가치를 보고하고 있다.

	연도	0	1	2	3	4
표 31.4 스프레드시트	**잇예시의 파운드 가용현금흐름**					
증분 순이익 예측치(£ 백만)						
1 매출액		—	37.500	37.500	37.500	37.500
2 매출원가		—	(5.625)	(5.625)	(5.625)	(5.625)
3 매출 총이익		—	31.875	31.875	31.875	31.875
4 영업비용		(4.167)	(5.625)	(5.625)	(5.625)	(5.625)
5 감가상각		—	(3.750)	(3.750)	(3.750)	(3.750)
6 EBIT		(4.167)	22.500	22.500	22.500	22.500
7 세금(세율 40%)		1.667	(9.000)	(9.000)	(9.000)	(9.000)
8 무차입 순이익		(2.500)	13.500	13.500	13.500	13.500
가용현금흐름						
9 더하기 : 감가상각		—	3.750	3.750	3.750	3.750
10 빼기 : 자본지출		(15.000)	—	—	—	—
11 빼기 : 순운전자본 증가		—	—	—	—	—
12 파운드 가용현금흐름		**(17.500)**	**17.250**	**17.250**	**17.250**	**17.250**

그다음에는 달러 기반 현금흐름을 더하여 프로젝트의 달러 표시 전체 가용현금흐름을 계산한다. 표 31.5의 4행부터 6행까지가 이 계산에 해당된다. 잇예시의 달러 표시 비용을 뺀 다음 달러 표시 비용과 관련된 감세효과를 더한다. 비록 세금이 영국에서 파운드로 지급되더라도, 원재료의 달러비용에 따라 세금이 변동하게 되므로 세금을 달러 표시 현금흐름으로 볼 수 있다.

표 31.5의 6행에 달러 표시 가용현금흐름이 주어졌으므로, 이제 우리는 잇예시의 달러 WACC를 이용하여 이 프로젝트의 NPV를 계산할 수 있다.[4]

$$\frac{17.225}{1.068} + \frac{16.473}{1.068^2} + \frac{15.744}{1.068^3} + \frac{15.033}{1.068^4} - 28.000 = \$27.05 \text{ 백만}$$

우리가 달러 기반의 기대비용을 $16 백만으로 잡고 표 31.4에 그것들을 먼저 환율로 파운드로 변환하여 포함시켰다고 하더라도 동일한 답변을 얻었을 것임을 주목하라. 그러나 우리가 그렇게 했다면, 이 현금흐름들은 기대 현금흐름에 더 이상 상응하지 않을 것이다. 왜냐하면 선도환율은 미래의 현물환율에 대

	연도	0	1	2	3	4
표 31.5 스프레드시트	**잇예시 영국 프로젝트의 기대 달러 가용현금흐름**					
달러 가용현금흐름($ 백만)						
1 파운드 FCF(£ 백만)		(17.500)	17.250	17.250	17.250	17.250
2 선도환율($/£)		1.600	1.555	1.512	1.469	1.428
3 파운드 FCF의 달러 가치(1 × 2)		**(28.000)**	**26.825**	**26.073**	**25.344**	**24.633**
4 달러비용		—	(16.000)	(16.000)	(16.000)	(16.000)
5 세금(세율 40%)		—	6.400	6.400	6.400	6.400
6 가용현금흐름		**(28.000)**	**17.225**	**16.473**	**15.744**	**15.033**

---

4 우리는 환위험에 대한 추가적인 위험 프리미엄이 작다는 가정을 유지하기 때문에, 이 현금흐름을 할인하기 위해 다시 국내 WACC를 사용한다. 이 가정이 성립하지 않는다면, 달러비용과 기대 파운드 가용현금흐름의 달러 가치는 국내 WACC가 아닌 파운드 가용현금흐름에 내포된 추가적인 환위험을 반영하는 할인율로 할인되어야 한다.

한 불편 예측자가 아니기 때문이다. 따라서 환율과 상관관계가 있는 현금흐름을 고려하는 또 다른 방법은 결과값들이 기댓값이 아니라는 명백한 이해와 함께 이 현금흐름을 선도환율을 이용하여 전환하는 것이다.

잇예시 예는 단순화되었다. 달러-파운드 환율과 완전한 상관관계를 가질 수 있는 현금흐름이 환율과 전혀 상관관계를 갖지 않는다는 가정을 했기 때문이다. 실제로 프로젝트 현금흐름의 환율에 대한 민감도를 결정하는 것은 어렵다. 만약 역사적 자료가 획득 가능하면, 프로젝트의 현금흐름의 환율에 대해 회귀분석하는 방법론을 사용하여 프로젝트 현금흐름의 환위험을 파악할 수 있다. 이 방법론은 제4부에서 증권 수익률의 시장위험을 파악하는 방법과 매우 유사하다.

우리는 이 장에서 국제 자본예산에 대한 입문을 제공하는 데 주력했다. 이 주제는 이 책 전반에서 다룰 정도로 충분히 복잡하다. 따라서 이 이슈를 한 개의 장에서 다루는 것에 대한 정당성을 부여하기 힘들다. 그럼에도 불구하고 이 책에서는 이러한 주제에 대한 기본적인 프레임워크를 제공하고자 한다. 해외 모험 사업을 신중하게 고려하고 있는 독자는 이 장의 마지막에 제시된 '추가 읽을거리'를 참고하길 바란다.

개념 확인

1. 어떤 조건들이 해외 프로젝트의 현금흐름이 환위험에 노출되도록 하는가?
2. 프로젝트의 투입과 산출이 서로 다른 통화로 표시될 때 어떻게 조정해야 하는가?

핵심 요점 및 수식

31.1 국제적으로 통합된 자본시장

- 국제적으로 통합된 자본시장 보장을 위해 필요한 조건은 해외투자의 가치가 분석에 사용되는 통화(본국 또는 현지 통화)에 의존하지 않아야 한다는 것이다.

31.2 외환 현금흐름의 가치평가

- 자본시장이 국제적으로 통합되고 현물환율의 불확실성이 외환 현금흐름과 상관관계가 없다면, 외환 현금흐름의 가치평가를 위해 다음 두 가지 방법이 사용된다.
    - 기대 외환 현금흐름에 선도환율을 곱함으로써 외환 현금흐름의 기대가치를 본국 통화로 계산한다. 그다음에는 국내 자본비용을 이용하여 이 본국 통화 현금흐름의 NPV를 계산한다.
    - 기대 외환 현금흐름을 해외 자본비용으로 할인한 NPV를 구함으로써 해외 프로젝트의 외환 가치를 계산한다. 그다음에는 현물 이자율을 이용하여 외환 NPV를 본국 통화로 전환한다.
- 자본시장이 국제적으로 통합되고 현물환율의 불확실성이 외환 현금흐름과 상관관계가 없다면, 해외 WACC와 국내 WACC는 다음과 같은 관계를 갖는다.

$$r_\pounds^* = \frac{1 + r_\pounds}{1 + r_\$}(1 + r_\$^*) - 1 \approx r_\pounds + (r_\$^* - r_\$) \tag{31.7}$$

31.3 가치평가와 국제 과세

- 미국 기업들은 해외 또는 국내 세율 중 높은 세율을 적용하여 해외 프로젝트에 대한 세금을 낸다. 미국 기업들은 서로 다른 나라들에서 벌어들인 이익을 통합하거나 본국 송금 이익을 연기함으로써 납세액을 줄일 수 있다.

31.4 국제적으로 분할된 자본시장

- 자본시장은 국제적으로 분할되어 있을 수 있다. 동일한 통화로 비교할 때 한 국가 또는 통화가 다른 국가 또는 통화보다 더 높은 자본비용을 갖고 있으면 자본시장이 분할되어 있음을 시사한다. 자본시장의 분할은 기업에게 시장 전반에 걸친 자본 접근성에 근거한 비교우위를 제공할 수 있다.

31.5 환위험과 자본예산

- 프로젝트가 서로 다른 통화로 표시되는 투입요소와 산출물을 갖고 있는 경우, 외화 표시 현금흐름이 현물환율 변동과 상관관계를 가질 수 있다. 이 경우 프로젝트의 가치를 정확하게 평가하기 위해서는 해외 현금흐름과 국내 현금흐름이 분리되어 가치평가되어야 한다.

주요 용어

국제적으로 통합된 자본시장(internationally integrated capital markets)
본국 송금 이익(repatriated)

분할된 자본시장(segmented capital markets)
통화 스왑(currency swaps)

추가 읽을거리

다음 국제 기업재무 교과서들을 참고하라. R. Click and J. Coval, *The Theory and Practice of International Financial Management* (Prentice Hall, 2001); M. Eaker, F. Fabozzi, and D. Grant, *International Corporate Finance* (The Dryden Press, 1996); D. Eiteman, A. Stonehill, and M. Moffett, *Multinational Business Finance* (Addison-Wesley, 2009); J. Grabbe, *International Financial Markets* (Prentice-Hall, 1995); M. Levi, *International Finance* (McGraw-Hill, 1996); J. Madura, *International Financial Management* (South-Western, 2003); P. Sercu and R. Uppal, *International Financial Markets and the Firm* (South-Western College Publishing, 1995); and A. Shapiro, *Multinational Financial Management* (John Wiley & Sons, 2009).

국제적인 영업이 기업의 가치 및 자본비용에 미치는 영향을 연구한 논문들은 다음과 같다. V. Errunza and L. Senbet, "Market Segmentation and the Cost of Capital in International Equity Markets," *Journal of Financial and Quantitative Analysis* 35(4) (2000): 577 – 600; and R. Stulz, "Globalization, Corporate Finance, and the Cost of Capital," *Journal of Applied Corporate Finance* 12(3) (1999): 8 – 25.

연습문제

* 표시는 난이도가 높은 문제다.

국제적으로 통합된 자본시장

1. 당신은 1년 후에 발생하는 €5 백만 현금흐름의 현재가치를 계산하고자 하는 미국 투자자다. 현물환율(S)은 $1.25/€이고, 선도환율($F_1$)은 $1.215/€이다. 당신은 이 현금흐름에 대한 적절한 달러 할인율이 4%, 적절한 유로 할인율이 7%라고 추정한다.

a. 먼저 유로 현금흐름을 할인한 다음 이를 달러로 바꾸면, €5 백만의 현재가치는 얼마로 계산되는가?

b. 먼저 현금흐름을 달러로 바꾼 다음 이를 할인하면 €5 백만의 현재가치는 얼마로 계산되는가?

c. (a)와 (b)의 정답에 근거하면, 이 시장들이 국제적으로 통합되었는지에 대해 어떤 결론을 내릴 수 있는가?

2. 미국의 완구 제조회사인 미아 카루소 엔터프라이즈는 불가리아에서 판매를 하고 1년 후에 4 백만 불가리아 레바(BGN)의 현금흐름이 유입될 것으로 예상하고 있다. 현물환율(S)은 $1.80/BGN이고, 1년 선도환율($F_1$)은 $1.8857/BGN라고 한다.

a. 불가리아 레바 현금흐름을 5%의 적절한 레바 할인율로 할인한 다음 달러로 전환하면, 미아 카루소가 받게 될 BGN4 백만의 현재가치는 얼마로 계산되는가?

b. 불가리아 레바 현금흐름을 먼저 달러 현금흐름으로 바꾼 다음 이를 10%의 적절한 달러 할인율로 할인하면, 미아 카루소가 받게 될 BGN4 백만의 현재가치는 얼마로 계산되는가?

c. (a)와 (b)의 정답에 근거하면, 이 시장들이 국제적으로 통합되었는지에 대해 어떤 결론을 내릴 수 있는가?

외환 현금흐름의 가치평가

3. 미국 제조업자인 에테마디 아말가메이티드는 포르투갈에 신규 프로젝트를 고려하고 있다. 당신은 에테마디의 재무부서에 근무하고 있고, 이 프로젝트의 수행 여부를 결정하는 책임을 맡고 있다. 유로 표시 기대 가용현금흐름은 다음과 같다.

연도	가용현금흐름(€ 백만)
0	−15
1	9
2	10
3	11
4	12

당신은 현물환율(S)이 $1.15/€라는 것을 알고 있다. 한편 달러 무위험 이자율은 4%, 유로 무위험 이자율은 6%라고 한다. 미국과 포르투갈 양국의 시장이 국제적으로 통합되었고, 프로젝트의 현금흐름이 환율의 불확실성과 상관관계가 없다고 가정한다. 당신은 이 현금흐름에 대한 달러 WACC가 8.5%라고 결정했다. 이 프로젝트의 달러 현재가치는 얼마인가? 에테마디는 이 프로젝트를 수행해야 하는가?

4. 3번 문제의 미국 제조회사인 에테마디 아말가메이티드는 아직도 포르투갈의 신규 프로젝트를 고려하고 있다. 현물환율(S)이 26% 낮아져서 $0.85/€인 것을 제외하면, 3번 문제에서 제시된 모든 정보가 아직 정확하다. 신규 프로젝트의 현재가치는 달러로 얼마인가? 에테마디는 이 프로젝트를 수행해야 하는가?

5. 당신은 한 미국 회사에서 일하고 있다. 당신의 상사는 당신에게 유로를 사용하는 국가들에 대한 자본비용을 계산할 것을 요청했다. 당신은 현물환율(S)이 $1.20/€, 선도환율($F_1$)이 $1.157/€라는 것을 알고 있다. 당신 회사의 달러 WACC가 8%로 알려져 있다고 가정하자. 미국과 유로 사용 국가들의 자본시장이 국제적으로 통합되었다면, 현물환율과 상관관계가 없는 가용현금흐름을 갖는 프로젝트에 대한 유로 자본비용을 추정하라. 당신 회사는 이익이 어디에서 발생하는지에 관계없이 동일한 세율로 세금을 납부한다고 가정한다.

6. 미국의 조명기구 제조회사인 메릴랜드 라이트는 일본에서의 투자를 고려하고 있다. 메릴랜드 라이트의 달러 자기자본 비용은 11%다. 당신은 이 회사의 경리부서에 근무하고 있고, 현물환율과 상관관계가 없는 가용현금흐름을 갖는 프로젝트에 대한 엔 자기자본 비용을 알아내야 한다. 달러 무위험 이자율($r_\$$)은 5%, 엔 무위험 이자율($r_¥$)은 1%라고 한다. 메릴랜드 라이트는 미국과 일본의 자본시장이 국제적으로 통합되었다고 흔쾌히 가정한다. 엔 자기자본 비용은 얼마인가?

7. 미국의 리서치 회사인 코발 컨설팅에 대한 달러 타인자본 비용은 7.5%라고 한다. 이 회사는 이익이 어디에서 발생했는지에 관계없이 모든 이익에 대해 30%의 세율에 직면한다. 이 회사의 경영자는 엔 타인자본

비용을 알아야 한다. 그 이유는 이 회사가 일본에서 신규 투자를 하기 위해 동경에서 신규 채권 발행을 고려하고 있기 때문이다. 달러 무위험 이자율($r_\$$)은 5%, 엔 무위험 이자율($r_¥$)은 1%라고 한다. 코발 컨설팅은 미국과 일본의 자본시장이 국제적으로 통합되었고, 가용현금흐름이 엔-달러 현물환율과 상관관계를 갖지 않는다고 흔쾌히 가정한다. 코발 컨설팅의 엔 세후 타인자본 비용은 얼마인가? (힌트: 먼저 달러 세후 타인자본 비용을 찾은 다음, 이에 상응하는 엔 세후 타인자본 비용을 찾는다.)

8. 미국의 식품가공 및 판매회사인 만제티 푸드스는 독일에서의 투자를 고려하고 있다. 당신은 만제티 기업의 재무부서에서 일하고 있고, 이 프로젝트의 수행 여부를 결정하는 책임을 맡고 있다. 유로 기대 가용현금흐름은 다음과 같으며, 현물환율과 상관관계를 갖지 않는다.

연도	가용현금흐름(€ 백만)
0	−25
1	12
2	14
3	15
4	15

이 신규 프로젝트는 만제티의 다른 프로젝트와 동일한 달러 위험을 가지고 있다. 이 회사는 회사 전체의 달러 WACC가 9.5%라고 알고 있으며, 이 프로젝트에 대한 WACC로 회사 전체 WACC를 흔쾌히 이용하려고 한다. 달러 무위험 이자율은 4.5%, 유로 무위험 이자율은 7%라고 한다.

    a. 만제티는 미국과 유럽연합이 국제적으로 통합되었다고 가정하고 있다. 이 회사의 유로 WACC는 얼마인가?

    b. 이 프로젝트의 현재가치는 유로로 얼마인가?

가치평가와 국제 과세

9. 미국의 남성복 제조회사인 테일러 존슨은 에티오피아에 자회사를 가지고 있다. 올해 이 자회사는 이자, 세금 차감전 이익(EBIT)이 100 백만 에티오피아 비르(Ethiopian birr)라고 보고하고, 이를 본국 송금했다. 현재 현물환율이 8birr/$ 혹은 $S_1 = \$0.125/birr$라고 가정한다. 이 영업 활동에 대한 에티오피아의 세율은 25%이다. 미국의 세법은 테일러 존슨으로 하여금 미국에서 창출한 이익과 동일한 세율(현재 45%)로 에티오피아 이익에 대한 세금을 납부하도록 요구하고 있다. 하지만 미국은 해외 납부 세금에 대해서 미국에서의 납세의무 금액까지 전액 세액공제를 해주고 있다. 테일러 존슨의 에티오피아 자회사에 대한 미국 납세액은 얼마인가?

*10. 9번 문제에서 기술된 바와 같이 테일러 존슨은 에티오피아에 자회사를 둔 남성복 제조회사이다. 이 회사는 자회사에서 벌어들인 이익의 본국 송금을 늦춤으로써 감세혜택을 얻는 것을 고려하고 있다. 미국 세법하에서는 자회사 이익이 본국으로 송금될 때까지 미국에서의 납세의무가 발생하지 않는다. 데일러 존슨은 본국 송금이 10년간 연기될 것을 예상한다. 이 시점에 비르 순이익이 당시 현물환율인 S_{10}에 달러로 전환되고, 에티오피아 납부 세금에 대한 세액공제는 여전히 $S_1 = \$0.125/birr$의 환율에 전환된다. 테일러 존슨의 세후 타인자본 비용은 5%이다.

    a. 만약 10년 후 환율이 올해 환율과 같다고 한다면, 테일러 존슨의 에티오피아 이익에 대한 미국에서의 납세를 10년간 연기하는 것의 현재가치는 얼마인가?

    b. 10년 후 환율이 미국에서 실제 납세액에 어떤 영향을 미치는가? 미국에서 납세액을 10년 후 환율인 S_{10}의 함수로 나타내라.

11. 미국의 무역회사인 페리퍼테틱 엔터프라이즈는 국제 세금 상황을 고려하고 있다. 미국의 세법은 미국 기업들이 해외 이익에 대한 세금을 미국 내에서 벌어들인 이익과 동일한 세율(이 세율은 현재 45%)로 납부

하도록 하고 있다. 하지만 해외에서 납부한 세금은 미국에서의 납세의무 금액까지 전액 세액공제된다. 페리퍼테틱이 주로 영업하고 있는 폴란드와 스웨덴에서는 세율이 각각 20%와 60%이다. 이익은 전액 그리고 즉각적으로 본국 송금되며, 올해 해외 납세액은 아래와 같다.

	폴란드	스웨덴
이자, 세금 차감전 이익(EBIT)	$80 백만	$100 백만
현지 국가 납세액	$16 백만	$60 백만
이자 차감전 세금 차감후 이익	$64 백만	$40 백만

a. 스웨덴 자회사가 존재하지 않는다고 가정하면, 폴란드 자회사로부터 얻는 이익에 대한 미국 납세액은 얼마인가?

b. 폴란드 자회사가 존재하지 않는다고 가정하면, 스웨덴 자회사로부터 얻는 이익에 대한 미국 납세액은 얼마인가?

c. 미국 세법하에서는 페리퍼테틱이 해외 이익에 대한 미국 납세액을 계산할 때 폴란드와 스웨덴 자회사로부터 얻는 이익을 통합할 수 있다. 총 EBIT는 $180 백만이고 총 현재 납세액은 $76 백만이다. 해외 이익에 대한 총 미국 세액은 얼마인가? 이 정답은 (a)와 (b)에서의 정답과 어떻게 연계되는가?

국제적으로 분할된 자본시장

*12. 러시아 정부 국채에 대한 이자율이 7.5%, 루블에 대한 현재 환율이 R28/$이다. 만약 선도환율이 R28.5/$이고 현재 미국 무위험 이자율이 4.5%라면, 러시아 국채에 대한 내재 신용 스프레드는 얼마인가?

환위험과 자본예산

*13. 표 31.1의 원래 잇예시 예에서 모든 매출이 실제 미국에서 발생하고 4년 동안 매년 $60 백만의 매출이 발생한다고 가정하자. 파운드로 표시되는 매출원가, 영업비용, 자본지출, 감가상각비가 동일하게 유지되고, 세율이 40%라고 가정하고 이 투자기회의 NPV를 계산하라.

데이터 사례   당신은 IBM 자본예산팀에서 선임 재무분석가로 일하고 있다. IBM은 긍정적인 사업환경과 미국과의 문화적인 동질성 때문에 호주에서의 사업 확장을 고려하고 있다.

새로운 생산설비는 AUD5 십억의 고정자산에 대한 초기 투자와 1~4년 동안 매년 3%의 추가적인 자본투자를 필요로 한다. 모든 자본투자는 이 생산설비가 가동되는 5년 동안 정액법으로 감가상각된다. 이 생산설비로부터의 첫해 수익은 AUD6 십억이고, 이후 수익이 매년 10%씩 증가할 것으로 기대된다. 매출원가는 수익의 40%이고 기타 영업비용은 수익의 12%다. 필요 순운전자본은 매출의 11%이고, 실제 수익이 발생하기 직전 연도에 필요로 한다. 두 나라의 세율이 동일하고, 두 나라 자본시장이 국제적으로 통합되었으며, 프로젝트의 현금흐름 불확실성이 환율 변동과 상관관계가 없음을 가정한다. 당신 팀의 팀장은 12%의 자본비용을 이용하여 프로젝트의 NPV를 달러로 결정할 것을 원한다.

1. Yahoo! Finance(www.finance.yahoo.com)에 간다.

   a. IBM의 주식 심벌인 IBM을 입력하고 "Summary Quotes"를 클릭한다.

   b. 좌측 메뉴에서 "Income Statement"를 클릭한다. 손익계산서가 나타나면, 커서를 손익계산서 안에 두고 마우스 우측 버튼을 클릭한다. 메뉴가 나타나면 "마이크로소프트 엑셀로 내보내기"를 선택한다. 만약 메뉴가 나타나지 않으면, 해당 정보를 직접 복사하여 엑셀 스프레드시트에 붙인다.

2. 블룸버그 웹사이트(www.bloomberg.com)에 가서 환율과 비교할 수 있는 호주 이자율을 얻는다.

   a. "Markets" 드롭다운(drop-down) 메뉴에서 "Currencies"를 클릭하고, 그다음에는 "AUD-USD"를 클릭

한다. 환율표를 복사하여 IBM 손익계산서가 있는 스프레드시트에 붙인다.

    b. 웹사이트 www.investing.com에 가서 "Markets"를 클릭하고 "World Markets"를 클릭한다. 그다음에는 드롭다운 메뉴에서 "Australia"를 선택한다. "Australia Indices" 패널 상단에서 "Bonds"를 클릭하여 호주 이자율 표를 얻는다. 이 표를 복사하여 이전과 동일한 스프레드시트에 붙인다.

    c. 웹사이트 www.investing.com에 가서 "Markets"와 "United States"를 차례로 클릭한다. "United States Indices" 패널 상단에서 "Bonds"를 클릭하여 미국 이자율 표를 얻는다. 이 표를 복사하여 이전과 동일한 스프레드시트에 붙인다.

3. 당신은 이미 웹사이트(www.investing.com)에서 미 재무부 채권 4년 수익률을 입수할 수 없음을 발견하였을지도 모른다. 4년 수익률을 추정하기 위하여 3년 수익률과 5년 수익률의 평균을 계산한다.

4. 프로젝트의 기대 가용현금흐름을 나타내기 위해 엑셀 스프레드시트에서 시간선을 갖는 새로운 워크시트를 만든다.

    a. IBM 연간 법인세의 4년 평균을 연간 세전이익으로 나누어줌으로써 이 회사의 세율을 계산한다.

    b. 프로젝트의 기대 가용현금흐름을 결정한다.

5. 질문 4에서 계산된 기대 가용현금흐름이 호주 달러로 표시된 점에 주목하기 바란다. 식 (30.3)을 이용하여 프로젝트가 진행되는 5년 동안 각 연도에 대해 선도환율을 결정하라. 그다음에는 이 선도환율을 이용하여 각 현금흐름을 미국 달러로 전환하라.

6. 당신 팀의 팀장이 제시한 12%의 요구 수익률을 이용하여 프로젝트의 NPV를 미국 달러로 계산하라.

주석 : 이 사례 분석에 대한 갱신은 www.berkdemarzo.com에서 찾을 수 있다.

주요 기호와 표기법

A	기업 자산의 시장가치, 합병전 인수기업의 가치		P/E	주가/순이익 비율
APR	연율화 이자율		PMT	현금흐름에 대한 기호
B_s	증권 s의 베타		PV	현재가치
C	현금흐름, 콜옵션 가격		q	배당 수익률
$Corr(R_i, R_j)$	i와 j의 수익률 간 상관계수		ρ	위험-중립 확률
$Cov(R_i, R_j)$	i와 j의 수익률 간 공분산		r	이자율 또는 할인율
CPN	채권의 이표		R_i	증권(또는 투자) i의 수익률
D	채무의 시장가치		R_{mkt}	시장 포트폴리오의 수익률
d	부채/가치 비율		RATE	이자율에 대한 기호
dis	액면가치의 할인		r_E, r_D	자기자본 비용, 타인자본 비용
Div_t	t 시점의 배당금		r_f	무위험 이자율
E	주식의 가치		r_i	실질 이자율
EAR	실효 연이자율		r_U	무차입 주식의 기대 수익률(자본비용)
$EBIT$	이자, 세금 차감전 이익		r_{wacc}	가중평균 자본비용
$EBITDA$	이자, 세금, 감가상각, 무형자산상각 차감전 이익		S	주식가격, 현물환율, 시너지의 가치
EPS	주당 순이익		$SD(R)$	수익률 R의 표준편차
EPS_t	t 시점의 주당 순이익		T	옵션(또는 선도계약) 만기일, 합병전 피인수기업의 가치
$E[R_i]$	증권 i의 기대 수익률		T^s	미리 정해진 이자의 세금 절감액 가치
F, F_T	1년 및 T년 선도환율		U	무차입 주식의 시장가치
FCF_t	t 시점의 가용현금흐름		V_t	t 시점의 회사가치
FV	미래가치		V^L	차입 기업의 가치
g	성장률		$Var(R)$	수익률 R의 분산
I	투자		x_i	i에 투자한 포트폴리오 비중
Int_t	t 시점의 이자비용		YTC	수의상환 수익률
IRR	내부 수익률		YTM	만기 수익률
K	행사가격		α_i	증권 i의 알파
k	연간복리 계산 횟수		β_D, β_E	채무의 베타, 주식의 베타
L	리스료		β_i	시장 포트폴리오에 관계된 증권 i의 베타
ln	자연 로그		β_i^P	포트폴리오 P의 움직임에 대한 투자 i의 베타 또는 민감도
MV_i	증권 i의 총(또는 전체) 시가총액		β_U	무차입 또는 자산 베타
N	현금흐름이 발생하는 마지막 기간, 스왑계약의 명목 원금		ΔNWC_t	t 시점과 $t-1$ 시점의 순운전자본의 증가
$NPER$	기간의 수에 대한 기호		σ	변동성
NPV	순현재가치		τ	세율
P	원금 또는 동등한 현재가치, 풋옵션 가격		τ_c	한계법인세율
P_{ex}	배당락 주가			

용어해설

가격가중 포트폴리오(price-weighted portfolio)   주식의 시가총액과는 관계없이 각 주식에 대해 동일한 수를 보유하는 포트폴리오

가용현금흐름(free cash flow)   프로젝트가 기업의 사용 가능한 현금에 미치는 증분 효과

가용현금흐름 가설(free cash flow hypothesis)   기업이 모든 양(+)의 NPV 투자와 채권자에 대한 지급에 필요한 수준을 초과하는 현금흐름을 보유하면 낭비적인 지출이 발행할 가능성이 높다는 견해

가용현금흐름 할인모형(discounted free cash flow model)   회사의 미래 가용현금흐름을 할인하여 회사의 사업가치를 추정하는 방법

가중평균 자본비용(weighted average cost of capital, WACC)   주식과 채무 각각의 기업가치 비중에 따라 가중된 주식과 채무의 자본비용 가중평균. WACC를 사용하여 가용현금흐름을 할인하면 이자를 포함한 가치가 계산된다.

가치 원칙의 보존(conservation of value principle)   완전자본시장에서 재무적 거래는 가치를 창출하거나 파괴하지 못하고, 위험(또는 수익률)의 재구성 역할만을 한다.

가치 조정(step up)   만일 인수기업이 (피인수기업의 주식이 아니라) 피인수기업의 자산을 직접 구매한다면, 피인수기업 자산의 장부가치가 자산의 구매가격으로 증가한다.

가치 합산(value additivity)   일물일가의 법칙에 의해 결정되는 관계. 어떤 자산의 가격은 그 자산을 구성하는 다른 자산들의 가격 합계와 같다.

가치가중 포트폴리오(value-weighted portfolio)   각 유가증권이 자신의 시가총액 비중으로 보유되는 포트폴리오

가치주식(value stocks)   낮은 시가/장부가 비율을 가진 기업

가치평가 배수(valuation multiple)   기업의 규모 혹은 현금흐름을 측정하는 숫자에 대한 기업가치의 비율

가치평가 원칙(Valuation Principle)   기업 자산의 가치는 경쟁시장 가격에 의해 결정된다. 어떤 의사결정의 편익과 비용은 경쟁시장 가격을 이용하여 평가되어야 한다. 만약 편익의 가치가 비용의 가치를 능가하면, 그 의사결정은 기업의 시장가치의 증가를 가져올 것이다.

간접비(overhead expenses)   단일 사업 활동에 직접적으로 기인하지 않고 대신 기업의 여러 영역에 영향을 미치는 활동과 관련된 비용

감가상각(depreciation)   건물이나 장비가 시간이 지남에 따라 노후화되어 가치가 떨어지는 것을 인식하여, 자산의 수명에 따라 정해진 일정대로 (토지가 아닌) 고정자산의 가치로부터 기업이 매년 차감하는 금액

감가상각비(depreciation expense)   회계 목적으로 건물이나 장비가 시간이 지남에 따라 노후화되어 가치가 떨어지는 것을 인식하여 차감하는 금액

감가상각 세금 절감액(depreciation tax shield)   감가상각비의 세금 절약 능력의 결과로 인한 세금 절감액

감각 추구(sensation seeking)   새로움의 추구와 격렬한 위험 감수 경험에 대한 개인의 욕구로 인해 거래 활동이 증가한다.

감액차손(impairment charge)   취득한 자산의 가치 변동을 포착하는 것으로 실제 현금비용이 아니다.

감채기금(sinking fund)   채권 발행자가 수탁인이 관리하는 기금에 채권의 수명 주기 동안 정기적인 지급을 하여 채권을 상환하는 방법

강제매수 합병(freezeout merger)   공개매수에 관한 법률은 인수기업이 공개매수 가격에 매수에 응하지 않은 주주가 공개매수 가격에 주식을 팔도록 강제함으로써 합병의 이익을 기존 주주가 얻을 수 없도록 허용한다.

강형 효율성(strong form efficiency)   사적인 정보를 통해 거래하여도 일관되게 이익을 얻을 수 없다는 이론

개별 위험(idiosyncratic risk)   기업 특정 위험 참조

개인회사(sole proprietorship)   한 사람에 의해 소유되고 운영되는 회사

거래 신용(trade credit)   매출채권과 매입채무의 차이로 신용거래의 결과로 소비된 기업 자본의 순금액, 기업이 소비자에게 제공한 신용

거래비용(transaction cost)   투자자가 증권을 거래하기 위하여 지불해야 하는 중개 수수료나 호가 차이와 같은 비용

거래적 동기 잔고(transactions balance)   기업이 청구서를 지불하기 위해서 필요한 현금의 양

결산가격(invoice price)   총가격 참조

결손금 소급공제(tax loss carrybacks)   기업의 당해 연도의 손실을 가까운 연도의 이익과 상쇄할 수 있도록 허용하는 미국 세법

의 두 가지 추가적인 특성. 1997년부터 미국 기업들은 과거 2년 동안 손실을 "소급공제(carryback)"하고 향후 20년간 "이월공제(carryforward)"할 수 있다.

결손금 이월공제(tax loss carryforward)　결손금 소급공제 참조

결정계수(R-squared)　CAPM 회귀분석에서 주식과 시장 초과 수익률 간 상관계수의 제곱. 더 일반적으로는 회귀분석에서 독립변수에 의해 설명되는 비중을 말한다.

경매 IPO(auction IPO)　신주를 대중에게 직접 판매하는 방법. 전통적인 방식으로 가격을 결정하기보다는 주관사는 경매를 통해 시장이 주식가격을 결정하도록 한다.

경상수익률(current yield)　현재 채권가격의 백분율로 표시하는 이표의 금액

경영자 매수(management buyout, MBO)　회사의 경영진이 인수자인 차입매수

경영자 스톡옵션(executive stock options, ESOs)　당해 기업의 주식을 부여하여 경영진에게 보상하는 일반적인 실무상의 방법

경영자 참호 구축(management entrenchment)　소유와 통제의 분리에 의해 생기는 상황으로, 경영자가 투자자의 비용으로 자신들에게 혜택이 되는 의사결정을 하는 것을 말함

경영자 참호 이론(management entrenchment theory)　경영자가 채권자에 의한 규율을 회피하고 자산의 직위를 유지하기 위해 자본구조를 선택한다는 가설

경영회의 및 분석(management discussion and analysis, MD&A)　기업 경영진의 당해 연도(또는 분기) 회의 보고서로 재무제표의 서문에 해당하는데, 기업의 배경과 발생했던 중요한 사건들이 여기에 포함된다.

경쟁시장(competitive market)　상품을 사고파는 거래를 동일한 가격에 할 수 있는 시장

경제적 곤경(economic distress)　기업이 레버리지에 따른 재무적 곤경으로 인해 자산가치가 상당히 하락하는 경우

경제적 부가가치(economic value added)　무차입 순이익(세후 EBIT)이 기업의 총 투자자본(장부 사업가치)에 요구되는 수익을 초과하는 부분

계리적으로 공정한(actuarially fair)　보험 가격이 기대 지불액의 현재가치와 같아 보험 판매로 인한 NPV가 영(0)이 되는 상황

계속가치(continuation value)　프로젝트나 투자를 계속 진행할 경우에 발생하는 미래 모든 가용현금흐름의 현재가치(**최종가치** 참조)

고객효과(clientele effects)　배당정책이 투자 고객의 세금 선호도를 반영하는 것

고빈도 거래자(high frequency traders, HFTs)　초당 많은 주문을 제출하고 갱신하고 취소하고 체결하는 거래자

고수익 채권(high-yield bonds)　높은 채무불이행 위험에 대한 보상을 위해 높은 만기 수익률로 거래되는 투기 등급의 채권

고유한 위험(unique risk)　**기업 특정 위험** 참조

고정가격 리스(fixed price lease)　리스이용자가 리스 기간 종료 시점에 리스 계약에서 정한 고정가격에 자산을 구매할 수 있는 옵션을 가지고 있는 리스

공개기업(public companies)　주식이 주식시장이나 거래소에서 거래되는 주식회사로, 주주들은 그들의 투자금액을 쉽고 빠르게 현금으로 전환할 수 있다.

공개매수(tender offer)　기존 주주로부터 정해진 물량의 주식을 미리 정한 가격에 단기간 동안 매입하겠다고 제안하는 공시

공개시장 자사주 매입(open market repurchase)　기업이 공개시장에서 자사주를 매입하는 것

공공 창고(public warehouse)　공공 창고는 보관 및 재고자산의 유출입을 추적하는 단일 목적을 가지는 사업으로, 대출자는 보관된 재고자산 가치에 따라서 차입 기업에게 대출을 제공한다.

공매도(short sale)　보유하고 있지 않은 증권을 파는 행위

공매도 총액(short interest)　공매도된 주식의 수

공분산(covariance)　각 수익률과 수익률의 평균편차를 곱한 값의 기댓값

공정 시장가치(FMV) 리스(fair market value [FMV] lease)　리스 기간 종료 시점에 리스이용자에게 공정 시장가치에 자산을 구매할 수 있는 옵션을 제공하는 리스

공정 시장가치(FMV) 상한 리스(fair market value [FMV] cap lease)　리스이용자가 공정 시장가치와 고정가격("상한선") 중 최솟값에 자산을 구매할 수 있는 리스

공제금액(deductible)　보험약관 조항에 명시된 보험이 적용되지 않는 손실의 초기 금액

공통 위험(common risk)　완전 상관관계를 갖는 위험

과소투자 문제(under-investment problem)　기업이 재무적 곤경 상태에 있고 투자 기회를 취하는 가치가 주주보다는 채권자에게 도움이 되기 때문에 주주들이 양(+)의 NPV를 가지는 프로젝트에 투자하지 않으려는 상황

과잉확신 편향(overconfidence bias)　개인 투자자들이 자신이 전문 투자자보다 승자와 패자 주식을 더 잘 선택할 수 있다는 잘못된 믿음에 따라 과도하게 거래하는 경향

교환비율(exchange ratio)　기업인수에서 피인수기업 주식에 대해 교환으로 받게 되는 인수기업 주식 수

구주매도 공모(secondary offering)　기존에 발행된 주식을 매각하는 공모 방식

구주매도 주식(secondary shares)　주식 공모에서 기존 주주에 의해 매각되는 주식

국내 채권(domestic bonds)　현지 주체에 의해 발행되고 현지 시장에서 거래되지만 외국인이 매입할 수 있는 채권

국제적으로 통합된 자본시장(internationally integrated capital markets)　모든 투자자가 어떤 금액이라도 현물 또는 선도환율로 통화를 교환할 수 있으며, 어떤 국가 및 어떤 금액의 증권이라도 현재의 시장가격에 자유롭게 매매할 수 있는 경우

국채(sovereign bonds)　한 나라의 중앙정부에 의해 발행된 채권

군중 행동(herd behavior) 투자자들이 적극적으로 다른 투자자들의 행동을 따라함으로써 비슷한 거래상의 오류를 범하는 경향

규모의 경제(economies of scale) 소기업은 할 수 없는 대량생산으로 대기업이 누리는 절약

규모효과(size effect) 소규모 주식(시가총액이 작은 소형주)이 더 높은 수익률을 보이는 현상

균등 연간비용(equivalent annual cost) 균등 연간 혜택의 음수(−) 값과 같음

균등 연간 혜택(equivalent annual benefit, EAB) 해당 투자의 NPV와 동일한 NPV를 갖도록 하는 투자 기간 동안 지급되는 연간 연금 지급액

균등 연간 혜택 방법(equivalent annual benefit method) 서로 다른 생애를 가지는 프로젝트 중에서 더 높은 균등 연간 혜택을 가지는 프로젝트를 선택하는 방법. 프로젝트들이 모두 원래의 조건을 갖도록 대체될 수 있기 때문에, 이는 실물 옵션의 가치를 무시하는 것이다.

그린메일(greenmail) 주요 주주가 기업을 인수하고 기존의 경영진을 제거하려는 위협을 가할 때, 기업은 주식을 종종 현재 시장가격보다 높은 프리미엄을 주고 매입하여 위협을 제거한다.

그린슈 조항(greenshoe provision) 초과 배정 옵션 참조

글로벌 채권(global bonds) 국내 채권, 외국 채권 및 유로본드의 특성을 결합한 채권으로 서로 다른 여러 국가에서 동시에 모집 및 매출되는 채권

금융 리스(finance lease) 자본 리스 참조

금융 옵션(financial option) 옵션 보유자에게 미래의 어떤 시점에 정해진 가격으로 자산을 매입하거나 매도할 수 있는 권리(의무가 아님)를 부여하는 계약

금융증권(financial security) 금융시장에서 거래되는 투자 기회

기간구조(term structure) 투자의 기간과 이자율 간의 관계

기간 대출(term loan) 특정 만기까지 유지되는 은행대출

기대 수익률(expected return) 기대되는 평균 수익에 근거하여 계산된 증권의 수익률

기업 사냥꾼(raider) 적대적 인수에서 인수자(인수기업)

기업 투자자(corporate investor, corporate partner, strategic partner, strategic investor) 비공개기업에 투자하는 회사

기업 특정 위험(firm-specific risk) 주식 수익률 변동이 기업 특정 뉴스에 기인하고 주식들 간 관련성을 갖지 않는 독립적 위험

기업 파트너(corporate partner) 기업 투자자 참조.

기업공개(IPO)(initial public offering, IPO) 처음으로 주식을 대중(public)에게 매도하는 과정

기업어음(commercial paper) 일반적으로 은행의 단기대출보다 저렴한 자금원으로 대기업이 사용하는 단기 무담보 채무

기업인수(takeover) 기업의 경영권과 통제권의 변경이 일어나는 두 가지 방안으로 합병 혹은 인수

기업지배구조(corporate governance) 경영진과 투자자 사이의 대리인 비용을 최소화하고 기업 사기(fraud)를 방지하기 위해 설계된 통제, 규제, 그리고 인센티브 시스템

기업회계기준(Generally Accepted Accounting Principles, GAAP) 공개기업들이 재무상태 보고를 준비할 때 사용해야 하는 규정과 표준 형식의 공통된 서식

기질효과(disposition effect) 매수 시점에 비해서 가치를 손실한 주식을 보유하고 가치가 상승한 주식은 매도하려는 경향

기회비용(opportunity cost) (고려되는 사업을 제외한) 가장 좋은 대안에 사용되었을 경우의 자원가치

나비형 스프레드(butterfly spread) 서로 다른 행사가격을 가지는 2개의 콜옵션을 매입하고, 이 두 옵션의 평균 행사가격을 가지는 2개의 콜옵션을 매도하는 옵션 포트폴리오

납입자본금(paid-in capital) 주식회사로부터 주주의 주식 매입에 의해 만들어진 자본

내가격(in-the-money) 즉시 행사되어도 옵션의 가치가 양(+)의 값을 갖는 옵션

내부 수익률(internal rate of return, IRR) 현금흐름의 순현재가치를 영(0)으로 만드는 이자율

내부 수익률(IRR) 투자 규칙(internal rate of return [IRR] investment rule) 투자 기회의 IRR이 기회 자본비용을 초과하는 모든 투자 기회를 채택하고 그렇지 않은 기회는 거부하는 투자 규칙. 이 규칙은 특정한 상황에서만 작동하기 때문에 그렇지 않은 경우 잘못된 결정을 내린다.

내부자 거래(insider trading) 특권적 정보에 기초하여 이루어지는 거래

내부처리 표류(processing float) 기업이 고객의 지불 수표를 처리하고 은행에 예금하는 데 걸리는 시간

내재가치(intrinsic value) 옵션이 내가격일 때의 금액 또는 옵션이 외가격일 때 0의 값

내재 변동성(implied volatility) 그 자산에 대한 호가된 옵션 가격과 일관된 어떤 자산의 변동성

네덜란드식 경매(Dutch auction) 자사주를 매수할 가격을 다양하게 제시하고 주식을 매도하려는 주주는 각 가격에 매도할 의향이 있는 주식의 수를 표시하는 자사주 매입 방법. 기업은 매입하고자 하는 물량을 매입할 수 있는 가장 낮은 가격을 지불함

누적 감가상각(accumulated depreciation) 내용 연수 중 주어진 시점까지의 자산의 누적 감가상각으로 이전 기간의 누적 감가상각에 이번 기간의 감가상각비를 합산한 값과 같다.

누적 정규분포(cumulative normal distribution) 표준 정규분포에서 실현 값이 특정 값 이하일 확률

누적 초과 수익률(cumulative abnormal return) 베타를 근거로 추정된 상대적 주가 수익률의 누적 측정치

다각적 합병(conglomerate merger) 피인수기업과 인수기업이 관련성이 없는 산업에서 영업을 하는 경우의 합병 형태

다요인 모형(multifactor model) 위험을 포착하기 위하여 하나 이상

의 위험 요인을 사용하는 모형. 차익거래 가격결정이론(APT) 참조

다중 회귀분석(multiple regression) 복수의 독립변수를 갖는 회귀분석

다크 풀즈(dark pools) 주문의 크기와 가격이 참가자에게 알려지지 않는 거래 장소를 말한다. 가격이 공공시장에서 거래 가능한 최선의 매입 및 매도 호가 안에 있어도 매입 또는 매도 주문의 초과로 인해 거래자들은 자기들의 주문이 실행되지 않을 수 있다는 위험에 직면한다.

단기채무(short-term debt) 1년 이내에 상환되어야 하는 채무

단리(simple interest) 이자에 이자가 붙는 복리 효과 없이 얻는 이자

단일요인 모형(single-factor model) 효율적인 포트폴리오를 사용하여 모든 체계적 위험을 포착하는 모형

담보권(security interest) 파산 절차에 있어서 기업이 자산에 대한 유효한 소유권을 가지고 있고 자산이 압류로부터 보호된다고 가정하는 리스의 분류

담보 대출(secured loans) 기업의 매출채권이나 재고자산과 같은 특정 자산을 대출 담보물로 제공하는 기업 대출의 한 형태

담보 채무(secured debt) 특정한 자산이 담보물로 제공되는 기업의 대출이나 채무의 유형

당좌비율(quick ratio) 재고자산을 제외한 유동자산을 유동부채로 나눈 비율

대리인 문제(agency problem) 경영자가 주주의 대리인으로 고용되었음에도 불구하고, 자신들의 개인적인 이익을 주주들의 이익보다 앞세우는 경우

대리인 비용(agency costs) 기업의 이해관계자들 사이에 이해 상충이 존재할 때 발생하는 비용

대응 원칙(matching principle) 단기 현금 필요액은 단기채무에 의해서 조달하고, 장기 현금 필요액은 장기 자금 원천에 의해서 조달한다는 것을 말한다.

대출 발생 수수료(loan origination fee) 대출을 개시하기 위해 지급해야만 하는 은행 수수료

대출조항(covenants) 채권 계약에서 발행자가 채권 원리금에 대한 상환 능력을 감소시키는 행동을 취하는 것을 제한하는 조항

대표 주관사(lead underwriter) 증권 발행을 관리하는 책임을 진 주된 은행 회사

데이터 스누핑 편향(data snooping bias) 충분한 특성이 주어지면 단순히 우연에 의해 평균 수익률의 추정 오차와 상관관계가 있는 몇 가지 특성을 발견할 수 있다는 생각

데이터 표(data table) 엑셀 함수를 이용하여 한두 개의 가정이나 입력 변수(할인율 또는 성장률)를 변화시켜서 새로운 결과값(NPV 또는 IRR)을 계산하는 민감도 분석을 수행할 수 있다.

도덕적 해이(moral hazard) 보험 가입이 위험을 회피하려는 기업의 유인을 감소시키는 상황

도드-프랭크법(Dodd-Frank Act) 2008년 금융위기에 대한 반응으로 2010년에 미국 국회가 제정한 법으로, 금융 규제 체계에 전면적인 변화를 시도하여 금융 안정성을 추구하였다.

독립 이사(independent directors) 사외 이사 참조

독립적 위험(independent risk) 다른 것들과 아무런 관련성을 가지지 않는 위험. 위험이 독립적이면 어떤 것의 결과를 다른 것에 대해 아무런 정보를 주지 못한다. 독립적 위험은 서로 관련성을 갖지 않지만, 그 역은 항상 성립하지 않는다.

동등 순위(pari passu) 상환의 우선순위가 동등한 증권

동일가중 포트폴리오(equally weighted portfolio) 동일한 금액이 각 증권에 투자되는 포트폴리오

동일 소유권 포트폴리오(equal-ownership portfolio) 각각의 증권에 대해서 총 발행주식 수의 동일한 비중을 가지는 포트폴리오. 이는 가치가중 포트폴리오와 같다.

동일한 기대(homogeneous expectations) 모든 투자자가 미래 투자 수익률에 관하여 동일한 추정치를 갖는 이론적인 상황

동적 거래 전략(dynamic trading strategy) 기초 주식과 무위험 채권의 포트폴리오를 동적으로 (계속) 거래하여 옵션의 손익이 복제될 수 있다는 아이디어에 기초한 복제 전략

듀레이션(duration) 이자율 변동에 대한 채권 가격의 민감도. 채권 현금흐름의 가중평균 만기

듀레이션 불일치(duration mismatch) 기업의 자산과 부채의 듀레이션이 현저하게 다른 경우

듀레이션 중립 포트폴리오(duration-neutral portfolio) 듀레이션이 영(0)을 갖는 포트폴리오

듀퐁 항등식(DuPont Identity) 자기자본 수익률을 순이익률, 총자산회전율 및 레버리지의 곱으로 나타내는 표현

등가격(at-the-money) 옵션의 행사가격이 주식의 현재 가격과 같은 상태

등록 채권(registered bonds) 모든 보유자의 리스트를 관리하는 채권. 리스트에 있는 사람에게만 이표 및 원금 지급이 이루어진다.

딜러어음(dealer paper) 딜러가 서비스에 대한 스프레드 또는 수수료를 받는 조건으로 투자자에게 판매하는 기업어음

런던 은행 간 대출 이자율(London Inter-Bank Offered Rate, LIBOR) 런던의 주요 은행 간에 차입할 수 있는 이자율. 10개의 주요 통화에 대해서 1일부터 1년까지의 만기로 호가된다.

레몬 원칙(lemons principle) 매도자가 자산의 가치에 대한 사적 정보를 가지고 있을 때, 매수자가 역선택으로 인해 기꺼이 지급하고자 하는 가격을 할인하려고 한다.

레버리지(leverage) 포트폴리오 또는 기업 자금조달에서 채무가 차지하는 정도

레버리지의 톱니 효과(leverage ratchet effect) 일단 채무에 의한 자본조달이 이루어지면 주주는 기업가치가 감소한다고 하더라도 레버리지를 높이고자 하는 유인을 갖고 기업가치를 증가시킬 수 있더라도 채무를 상환함으로써 레버리지를 낮추기를 선호하지 않는다.

리스 동등 대출(ease-equivalent loan) 자산 구매자에게 리스이용자와 동일한 지급 의무를 부과하기 위해 필요한 대출

리스이용자(lessee) 리스에서 자산을 사용할 권리에 대한 대가로 정기적인 지불에 대한 책임이 있는 당사자

리스제공자(lessor) 리스에서 자산을 빌려주는 대가로 리스료를 수령할 수 있는 당사자

마팅게일 가격(martingale prices) 위험-중립 확률 참조

만기 수익률(yield to maturity, YTM) 만기일까지 채권을 보유할 때 얻게 되는 수익률. 채권이 지급하기로 약정한 현금흐름의 현재가치와 현재 채권의 시장가격을 같게 하는 할인율

만기일(maturity date) 채권의 최종 상환일

만기일괄지불(balloon payment) 전체 채권 발행액보다 감채기금이 부족하여 채권 만기일에 부족액에 대하여 일괄적으로 이루어지는 대규모의 지급

매도 포지션(short position) 어떤 주식에 대해 음수의 금액을 투자하는 것

매도 호가(ask price) 시장 조성자나 스페셜리스트가 증권을 매도하고자 하는 가격

매매 호가 차이(bid-ask spread) 매도 호가와 매입 호가 간의 차이

매몰비용(sunk cost) 기업이 책임을 져야 할 회복 불가능한 비용

매몰비용 오류(sunk cost fallacy) 경영자가 대규모 투자 이후에 그 프로젝트를 포기하지 말아야 한다는 견해

매입 포지션(long position) 어떤 증권에 대한 양(+)의 투자

매입 호가(bid price) 시장 조성자나 스페셜리스트가 어떤 증권을 기꺼이 매입하고자 하는 가격

매입자금 대출(floor planning) 신탁 영수 대출 참조

매입채무(accounts payable) 외상으로 구입한 제품이나 서비스에 대하여 공급자에게 지불하여야 하는 금액

매입채무 지급일(accounts payable days) 매입채무가 며칠의 매출원가에 해당하는가를 나타내는 지표

매입채무 지연지불(stretching the accounts payable) 기업이 지급 마감 기간을 무시하고 나중에 지급하는 경우

매입채무 회전율(accounts payable turnover) 연간 매출원가와 매입채무의 비율로 공급자에게 지불하는 신속성을 측정하는 지표

매출채권(accounts receivable) 재화나 용역을 신용으로 구입한 고객이 기업에 지불하여야 하는 금액

매출채권 회수일(accounts receivable days) 매출채권이 며칠의 매출액에 해당하는가를 나타내는 지표

매출채권의 저당화(pledging of accounts receivable) 대출자가 차입 기업의 신용 매출을 나타내는 매출 명세서를 검토하여, 대출에 대한 담보물로 인정할 신용 계정을 자체적 신용기준에 의해 결정하는 계약

매출채권의 팩토링(factoring of accounts receivable) 기업은 매출채권을 대출자에게 매도하고, 대출자는 채권 회수 기간 말에 기업이 고객으로부터 받을 금액을 당해 기업에게 지불할 것에 동의하는 계약

매출채권 회전율(accounts receivable turnover) 연간 매출원가와 매출채권의 비율로 매출채권 관리의 효율성을 측정하는 지표

면역 포트폴리오(immunized portfolio) 듀레이션 중립 포트폴리오 참조

면역화(immunizing) 포트폴리오를 듀레이션 중립으로 만들기 위한 조정

명목 원금(notional principal) 이자율 스왑에서 이표 지급액을 계산하기 위해 사용된다.

명목 이자율(nominal interest rate) 은행을 비롯한 금융기관들이 호가하는 이자율이며, 주어진 투자 기간 동안 명목가치가 증가하는 비율을 나타내는 이자율이다.

모기지 채권(mortgage bonds) 담보 부채의 한 가지 유형. 부동산을 담보로 발행한 채권으로 파산 시에 채권 보유자가 이 부동산에 대한 직접적인 청구권을 갖는다.

모기지 담보부증권(collateralized mortgage obligation, CMO) 현금흐름이 대형 모기지 풀에서 파생되는 채무 증권. 이 현금흐름에 대한 우선권은 서로 다른 여러 개의 트란쉐로 나누어진다.

모멘텀 전략(momentum strategy) 투자자들이 과거 높은 수익률을 보였던 주식을 매수하고, 낮은 수익률을 기록한 주식을 (공)매도하는 전략

목표 레버리지 비율(target leverage ratio) 기업이 프로젝트의 가치 혹은 현금흐름에 비례하여 채무를 조정하는 것. 지속적으로 일정한 부채비율은 특별한 경우라는 것을 의미한다.

몬테카를로 시뮬레이션(Monte Carlo simulation) 파생증권의 기대 손익을 기초 주식가격의 수많은 무작위 경로를 시뮬레이션하여 계산하는 일반적인 파생자산 가격결정 기법. 무작위 실험에서 위험-중립 확률을 사용하기 때문에 파생증권의 가치를 추정하기 위해 평균 손익은 무위험 이자율로 할인된다.

묘석광고(tombstones) 인수회사가 증권 발행을 광고하는 신문광고

무거래 정리(no-trade theorem) 투자자가 합리적인 기대를 갖을 때 가격은 거래가 발생하기 전에 새로운 정보를 반영할 수 있다.

무기명 채권(bearer bonds) 채권 증서의 물리적인 보유자가 채권 소유자가 되는 채권. 채권 보유자가 이표를 지급받기 위해서 채권 증서에서 이표를 뜯어 지급 대행기관에 제출함으로써 소유권에 대한 명시적인 증명을 해야 한다.

무담보 채권(unsecured debt) 채무불이행 사건 발생 시 다른 채무에 담보로 제공되지 않은 자산에 대해서만 채권 보유자에게 청구권을 부여하는 기업 채무의 유형

무위험 이자율(risk-free interest rate) 주어진 기간 동안 위험 없이 돈을 빌리거나 빌려주는 데 적용되는 이자율

무이표채(zero-coupon bond) 이표를 지급하지 않고 만기일에 액면가치를 상환하는 채권

무이표채의 수익률 곡선(zero-coupon yield curve) 무위험 무이표 채권의 수익률과 만기 간의 관계를 나타내는 그림

무차익거래 가격(no-arbitrage price) 정상시장에서 어떤 증권의 가격은 이 증권이 지급하는 현금흐름의 현재가치와 같다.

무차입 P/E 비율(unlevered P/E ratio)　기업의 사업가치를 특정 연도의 무차입 순이익으로 나눈 값

무차입 공매도(naked short sale)　매도를 실행하기 전에 공매도자가 빌릴 주식을 찾지 못하는 공매도

무차입 베타(unlevered beta)　무차입 기업의 위험 척도, 기업 자산의 베타, 레버리지에 의한 추가적인 위험을 무시한 기업 영업 활동의 시장 위험 척도

무차입 순이익(unlevered net income)　순이익에 세후 이자비용을 더한 값. 세후 영업이익 참조

무차입 자본비용(unlevered cost of capital)　무차입 기업의 자본비용, 목표 레버리지 비율을 유지하는 기업에 대해 세금을 고려하지 않고 계산된 가중평균 자본비용으로 추정될 수 있다.

무차입 주식(unlevered equity)　채무가 없는 기업의 주식

무형자산(intangible assets)　지적 재산, 브랜드 이름, 상표 및 영업권과 같은 비물리적 자산. 무형자산은 취득에 대해 지불한 가격과 유형자산에 대해 계상된 장부금액의 차이로 재무상태에 표시된다.

무형자산상각(amortization)　무형자산의 가치 변동을 포착하는 비용으로 감가상각처럼 실제로 지불하는 현금비용이 아님

물가연동국채(Treasury Inflation-Protected Securities, TIPS)　미 재무부에 의해 발행되는 만기 5, 10, 20년의 물가연동 채권. 표준적인 이표채와 원금 잔액이 인플레이션에 따라 조정된다는 한 가지 차이가 있다.

미 재무부 단기채(Treasury bills)　미국 정부가 발행한 만기 1년 이내의 무이표채

미 재무부 장기채(Treasury bonds)　미국 정부가 발행한 이표채로 발행시점 만기가 10년을 초과하는 채권

미 재무부 중기채(Treasury notes)　미국 정부가 발행한 이표채로 발행시점 만기가 1년부터 10년 사이인 채권

미결제 약정(open interest)　발행되었지만 아직 결제되지 않은 특정 옵션의 전체 계약 수

미래가치(future value)　미래 특정 시점의 가치로 환산한 값

민감도 분석(sensitivity analysis)　기반이 되는 어느 하나의 가정이 변할 때 NPV가 어떻게 달라지는지를 보여주는 중요한 자본예산 수립 방법의 하나

발행계약서(indenture)　채권안내서의 일부분으로 발행자와 채권 보유자의 이해를 대변하는 신탁회사 간의 공식적인 계약

발행시장(primary market)　주식회사가 새로운 주식을 발행하여 투자자들에게 판매하는 시장

발행신고서(registration statement)　증권발행에 앞서서 투자자에게 회사에 대한 재무정보와 기타 정보를 제공하는 법적인 서류

발행주식(primary shares)　기업에 의해 발행된 주식의 수

방어형 풋(protective put)　이미 보유하고 있는 주식에 대한 풋 옵션의 매입 포지션

배당 퍼즐(dividend puzzle)　세금의 불이익에도 불구하고 기업이 계속 배당금을 지급하는 것

배당 평탄화(dividend smoothing)　상대적으로 일정한 배당금을 유지하려는 관행

배당공시일(declaration date)　상장회사의 이사회가 배당금 지급을 승인한 날

배당금(dividend payments)　주식회사의 재량에 의해 주주에게 지급되는 이익 분배금

배당기준일(record date)　기업이 배당을 지급하고자 할 때 배당기준일에 주주로 기록된 자에게 배당을 지급한다.

배당락일(ex-dividend date)　배당기준일보다 2일 영업일 전의 날, 배당락일 혹은 그 이후에 주식을 매입하는 사람은 배당금을 받을 수 없다.

배당부(cum-dividend)　배당락일 전에 주식을 매입하여 투자자가 배당금을 받을 자격이 있는 경우

배당성향(dividend payout rate)　기업이 순이익 중에서 매년 배당금으로 기업이 지불하는 비율

배당 수익률(dividend yield)　주식에서 기대되는 연간 배당금을 현재의 주가로 나눈 값. 배당수익률은 투자자가 주식으로부터 배당금 지급 형태로 얻을 것으로 기대하는 수익률이다.

배당 신호 가설(dividend signaling hypothesis)　배당금의 변화가 회사의 미래 순이익 전망에 대한 경영자의 관점을 반영한다는 생각

배당지급일(payable date, distribution date)　배당 기준일이 지난 후, 일반적으로 한 달 이내로 회사가 배당금 수표를 등록된 주주에게 발송하는 날

배당취득 이론(dividend-capture theory)　거래 비용이 없을 때 투자자들이 배당이 지급되는 시점에 주식을 거래할 수 있으므로 비과세 투자자가 배당을 받을 수 있음을 설명하는 이론

배당할인모형(dividend-discount model)　기업이 미래에 지급할 배당금의 현재가치에 따라 기업의 주식가치를 평가하는 모형

백 데이팅(backdating)　스톡옵션의 부여일을 실제 스톡옵션 부여일의 주가보다 주가가 낮았던 날짜로 소급시키는 관행. 이러한 백 데이팅 옵션을 통해 경영자는 내가격 상태의 스톡옵션을 받는다.

백기사(white knight)　적대적 인수 시도에 대한 피인수기업의 방어로 피인수회사는 자사를 인수할 다른 우호적인 회사를 찾는다.

백종사(white squire)　백기사 방어의 변형으로 대규모 투자자 혹은 기업이 특별의결권을 가진 피인수기업 주식의 상당한 물량을 매입하기로 약속

범위의 경제(economies of scope)　관련된 다른 유형 상품의 마케팅이나 유통을 결합하여 대기업이 실현할 수 있는 절약

법정관리 기업에 대한 대출(debtor-in-possession [DIP] financing)　파산한 기업이 발행한 새로운 채무, 새로운 자금조달이 파산 신청 기업으로 하여금 계속 영업할 수 있도록 한다면 이 채무는 현존하는 다른 채권자들보다 우선순위를 가진다.

베이시스 위험(basis risk)　위험 노출 헤지를 위해 사용되는 증권의 가치가 위험 노출을 완벽하게 추적하지 못할 위험

베타(beta) 시장(또는 다른 벤치마크) 포트폴리오의 무위험 이자율 초과 수익률이 1% 변할 때, 각 유가증권의 초과 수익률의 기대 변동

벤처캐피털 회사(venture capital firm) 신생기업의 사모 지분에 투자하는 자금을 조달하는 데 전문화된 합자회사

벤처캐피털리스트(venture capitalist) 벤처캐피털 회사를 위해 일하고 경영하는 무한 책임사원

변동 이자율 모기지(adjustable rate mortgages, ARMs) 모기지 기간 동안 이자율이 일정하지 않은 모기지로 서브 프라임 대출에서 흔한 유형이다.

변동성(volatility) 수익률의 표준편차

변동환율(floating rate) 외환시장에서의 각 통화에 대한 수요와 공급에 의존하여 연속적으로 변동하는 환율

보상적 잔고(compensating balance) 은행이 수행하는 서비스에 대한 보상으로 기업이 은행계정을 유지하도록 거래 은행이 요구하는 현금의 금액

보수적 자금조달 정책(conservative financing policy) 단기 필요 자금을 장기부채로 조달하는 것

보험료(insurance premium) 보험 약관 구입에 대한 대가로 보험회사에 지급하는 수수료

보험책임 한도(policy limits) 손실의 범위에 관계없이 보상되는 손실 금액을 제한하는 보험약관의 조항

보호예수(lockup) 기존 주주가 보유주식을 IPO 이후 일정 기간 (일반적으로 180일) 매각할 수 없도록 하는 제한

복리(compound interest) 이자에 이자가 붙는 효과

복리계산(compounding) 투자에 대한 수익을 계산하는 과정으로 투자금액에 이자율 요소를 투자 기간의 수만큼 곱해주는 행위

복리 연간 성장률(compound annual growth rate, CAGR) 기하평균 연간 성장률. 최초 금액이 복리계산 되어 최종 금액에 도달하도록 하는 연간 성장률

복제 포트폴리오(replicating portfolio) 어떤 주식에 대해 발행된 옵션과 같은 손익을 가지는 포트폴리오로 주식과 무위험 채권으로 구성된다.

본국 송금 이익(repatriated) 기업이 본국으로 되가져 가는 해외 프로젝트의 이익

부외거래(off-balance sheet transactions) 재무상태표에 나타나지는 않지만 기업의 장래 성과에 중요한 영향을 미칠 수 있는 거래나 약정

부채(liabilities) 채권자들에 대한 기업의 지급 의무

부채/가치 비율(debt-to-value ratio) 시장가치로 표시한 채무와 채무 및 주식 합계의 비율. 종종 채무 대신에 순채무가 사용되기도 한다.

부채/사업가치 비율(debt-to-enterprise-value ratio) 순채무가 기업의 사업가치에서 차지하는 비율

부채/자본 비율(debt-to-capital ratio) 기업의 장단기 총채무를 채무 및 주식의 가치로 나누어 계산한 비율로, 이때 주식의 가치는 시장가치나 장부가치로 계산될 수 있다.

부채/주식 비율(debt-equity ratio) 기업의 장단기 총채무를 주식의 가치로 나누어 계산한 비율로, 이때 주식의 가치는 시장가치나 장부가치로 계산될 수 있음

분류된 이사회(classified board) 시차임기제 이사회 참조

분리원리(Separation Principle) 완전자본시장에서 기업은 투자 자금을 조달하는 방법이나 고려 중인 다른 금융 거래에 관한 의사결정과 분리하여 투자 의사결정의 NPV를 결정할 수 있다.

분산(variance) 수익률의 변동성을 측정하는 방법으로 수익률과 평균 차이 제곱의 기대치이다.

분산 가능한 위험(diversifiable risk) 기업 특정 위험 참조

분산 불가능한 위험(undiversifiable risk) 체계적 위험 참조

분할된 자본시장(segmented capital markets) 국제적으로 통합되지 않은 자본시장

불독(Bulldogs) 영국의 외국 채권

브리지 론(bridge loan) 기업이 장기 자금을 조달할 때까지 간격이 존재할 경우 그 간격을 메우는 데 사용되는 은행의 단기 대출 유형

블랙-숄즈 옵션 가격결정 모형(Black-Scholes Option Pricing Model) 주식이 연속적으로 거래될 때 유러피언 옵션의 가격을 결정하는 기법. 이 모형은 이항 옵션가격 결정모형에서 각 기간의 길이를 0으로 수렴하게 해서 유도될 수 있다.

비공개기업(private company) 공개시장에서 거래되지 않는 기업의 주식

비교기업 방법(method of comparables) 비교기업의 가치 혹은 미래에 아주 유사한 현금흐름을 창출할 것으로 기대되는 투자의 가치와 같은 다른 가치를 근거로 하여 기업가치를 예측

비대칭적 정보(asymmetric information) 참여자들이 서로 다른 정보 수준을 가지는 상황. 예를 들어 기업의 향후 현금흐름에 대해 경영진이 외부 투자자보다 우월적 정보를 가지는 경우에 발생할 수 있다.

비세금 리스(non-tax lease) 리스이용자가 감가상각 공제를 받고 리스료의 이자 부분을 이자비용으로 공제할 수 있는 리스. 리스료의 이자 부분은 리스제공자의 이자 수입이다.

비의무적 한도대출(uncommitted line of credit) 은행이 법적으로 자금을 제공해줄 의무가 없는 한도대출

비체계적 위험(unsystematic risk) 기업 특정 위험 참조

비효율적 포트폴리오(inefficient portfolio) 더 높은 기대수익률과 더 낮은 변동성을 갖는 다른 포트폴리오를 찾는 것이 가능한 포트폴리오

사내 이사(inside directors) 종업원, 전직 종업원, 혹은 종업원의 가족 구성원인 이사 구성원

사모발행(private placement) 공개시장에서 거래되지 않고 소수의 투자자들에게 매도함으로써 이루어지는 채권 발행

사모발행 채무(private debt) 공개적으로 거래되지 않는 채무

사모 펀드 회사(private equity firm)   신생기업이 아니라 현존하는 사적 소유 기업의 주식에 투자하는 회사로, 벤처캐피털 회사와 매우 비슷하게 만들어진다.

사무라이본드(Samurai bonds)   일본의 외국 채권

사베인즈-옥슬리법(Sarbanes-Oxley Act, SOX)   이사회와 주주들에게 제공되는 재무 정보의 정확성을 제고하기 위하여 2002년에 미국 의회를 통과한 법

사업가치(enterprise value)   기업의 주식과 채무의 전체 시장가치에서 현금 및 시장성 유가증권을 차감한 가치로 기업이 현재 영위하고 있는 사업의 가치를 측정함

사업중단보험(business interruption insurance)   화재, 사고 또는 기타 보험에 가입된 위험으로 인해 업무가 중단된 경우 회사를 수익 손실로부터 보호하는 보험의 유형

사업책임보험(business liability insurance)   사업의 일부 측면이 제3자 또는 다른 사람의 재산에 피해를 끼치는 경우 초래되는 비용을 보상하는 보험의 유형

사외 이사(outside directors)   사내 이사나 회색 이사가 아닌 그 외 모든 이사

사전 매집주(toehold)   기업 사냥꾼이 기업인수 시도를 시작하는 데 사용할 수 있는 초기에 소유한 피인수회사 지분

상관관계(correlation)   수익률의 공분산을 각 수익률의 표준편차 곱으로 나눈 값. 두 수익률이 공통 위험을 공유하는 정도의 척도

상대적 부에 대한 관심(relative wealth concerns)   투자자가 자신의 포트폴리오 성과를 절대적으로 평가하지 않고 동료와 비교해서 평가하는 것

상록 신용(evergreen credit)   고정된 만기일이 없는 회전 한도대출

상쇄이론(trade-off theory)   기업은 채무로부터 얻는 세금 절약효과의 편익을 재무적 곤경비용 및 대리인 비용과 상쇄시키는 자본구조를 선택한다.

상장지수펀드(exchange-traded fund, ETF)   뮤추얼 펀드와 같이 주식 포트폴리오의 소유권이지만, 주식처럼 거래소에서 직접 거래되는 것이 특징이다.

상태 가격(state prices)   위험-중립 확률 참조

상태-의존 가격(state-contingent prices)   위험-중립 확률 참조

상호 의존적 투자(mutually dependent investments)   어떤 프로젝트의 가치가 다른 프로젝트의 결과에 의존하는 상황

상환 비청구권부(with recourse)   차입자의 고객이 채무불이행할 경우 대출자가 차입자에게 지불을 청구할 수 있는 대출 또는 리스

상환 위험(prepayment risk)   수의상환채 또는 수의상환대출의 투자자가 직면하는 위험으로 원금이 만기일 이전에 상환되는 위험으로 정부대행기관이 발행하는 모기지 보유자에게 가장 중요한 위험이다.

상환 청구권부(without recourse)   차입자의 고객이 채무불이행 할 경우 차입자 자산에 대한 대출자의 청구권이 보증된 담보물로 제한되는 대출 또는 리스

샤프 비율(Sharpe ratio)   어떤 자산의 초과 수익률을 그 자산의 수익률 변동성으로 나눈 값으로 위험 단위당 보상의 측정 지표

서브프라임 모기지(subprime mortgages)   차입자가 전형적인 신용 기준을 충족시키지 못하는 모기지로 높은 채무불이행 위험을 갖는다.

선도 순이익(forward earnings)   향후 12개월 동안의 기업의 기대 순이익

선도 이자율(forward interest rate, forward rate)   미래에 발생할 대출 또는 투자에 대하여 오늘 보장되는 이자율

선도 이자율 약정(forward rate agreement)   이자율 선도 계약 참조

선도환율(forward exchange rate)   통화선도계약에서 설정되는 환율로 미래에 발생할 교환에 적용된다.

선물계약(futures contract)   거래소에서 거래되는 선도계약

선행 P/E(forward P/E)   선행(기대) 이익을 이용하여 계산한 기업의 주가/순이익(P/E) 비율

선형 회귀(linear regression)   점들의 집합을 지나가는 최적 피팅 선을 찾아내는 통계적 기법

성공 보수(carried interest)   펀드에 의한 양(+)의 수익 중 제너럴 파트너의 몫에 해당하는 보수

성장 옵션(growth option)   미래에 투자하는 실물 옵션. 이 옵션의 가치가 있기 때문에 성장 옵션은 미래 가능한 투자 기회를 가지는 기업의 가치에 기여한다.

성장연금(growing annuity)   미래의 유한한 시점까지 매 기간 발생하는 현금흐름이 일정한 성장률로 성장하는 형태의 현금흐름

성장영구연금(growing perpetuity)   무한 시점까지 매 기간 현금흐름이 발생하고, 매 기간 발생하는 현금흐름이 일정한 비율로 증가하는 규칙성을 갖는 여러 기간 현금흐름

성장주식(growth stocks)   높은 시가/장부가 비율을 가진 기업

세일 앤 리스백(sale and leaseback)   기업이 자산을 이미 소유하고 있으나 이 자산에 대한 리스를 하고자 하는 경우 선택할 수 있는 리스의 유형. 기업은 자산을 매각하여 현금을 수령하고 이 자산의 사용을 유지하기 위해 리스료를 납부한다.

세전 WACC(pretax WACC)   세전 타인자본 비용을 사용하여 계산된 WACC

세후 순영업 이익(net operating profit after tax, NOPAT)   무차입 순이익 참조

세후 순영업이익(NOPAT)   과세 이후의 순영업이익, 무차입 순이익과 같음

세후 이자율(after-tax interest rate)   세금 납부로 감소된 이자금액을 반영하는 이자율

소극적 포트폴리오(passive portfolio)   가격 변화에 대해 재구성이 이루어지지 않는 포트폴리오

소급 또는 이월(carryback or carryforward)   결손금 소급공제 및 결손금 이월공제 참조

소형-마이너스-대형 포트폴리오(small-minus-big [SMB] portfolio)   매

년 소규모 주식 포트폴리오를 매수하고 대규모 주식 포트폴리오를 매도하는 전략적 포트폴리오

손 안의 새 가설(bird in the hand hypothesis) 주주는 미래 배당금보다는 (현재가치로 같은 금액이라도) 현재 배당금을 선호하기 때문에 기업이 현재 배당금을 더 많이 지급하는 선택을 하면 높은 주가를 가져온다는 내용의 논문

손익계산서(income statement) 정해진 기간 동안 기업의 수입과 비용을 나타낸다.

손익분기점(break-even) 투자의 NPV가 0이 되는 수준

손익분기점 분석(break-even analysis) 사업의 NPV가 0이 되는 개별 변수 값을 계산

손해보험(property insurance) 화재, 폭풍 피해, 기물 파손, 지진 및 기타 자연 및 환경 위험으로 인한 자산 손실에 대한 보상을 해주는 보험의 유형

송금세(repatriation tax) 해외에서 획득한 이익이 미국으로 송금될 때 미국과 외국의 세율 차이에 근거하여 추가적으로 납부해야하는 법인세

수요예측(book building) 고객의 관심 표명에 근거하여 인수회사가 공모가격을 얻어내는 과정

수의상환 가격(call price) 채권 발행 시에 정해지고 수의상환조항에 따라 발행자가 채권을 환매할 때 적용되는 가격

수의상환 수익률(yield to call, YTC) 가장 빠른 수의상환일에 수의상환된다는 가정하에 계산된 수의상환 채권의 수익률

수의상환 연금 비율(callable annuity rate) 미래의 어떤 날에 상환(또는 수의상환)될 수 있는 무위험 연금의 이자율

수의상환일(call date) 발행자가 이날 또는 그 이후에 채권을 환매할 수 있도록 수의상환조항에서 정하는 날짜

수의상환채(callable bonds) 발행자가 사전에 정해진 가격으로 채권을 환매할 수 있는 수의상환조항을 가진 채권

수익 채권(revenue bonds) 지방정부가 특정 프로젝트에서 창출되는 수익으로 상환을 약속하는 지방채

수익률(return) 자본이득과 현금 배당금을 매입 가격의 백분율로 표시한 것

수익률 곡선(yield curve) 채권의 만기와 수익률 간의 관계를 나타내는 곡선

수익성 지수(profitability index) 소비된 자원의 단위당 NPV를 측정

수익성 지수 규칙(profitability index rule) 수익성 지수가 사전에 결정된 값보다 높을 경우에만 투자를 선택하는 규칙

수정가속 감가상각(MACRS depreciation) 미국 국세청(IRS)이 허용하는 가장 가속화된 감가상각 방법. 회수 기간을 기준에 따라, 수정가속 감가상각표는 기업이 매년 감가상각할 수 있는 구매 원가에 대한 비율을 제시한다.

수직적 통합(vertical integration) 제품의 생산 주기의 다른 단계에서 필요한 제품을 만드는 동일한 산업에 있는 두 회사의 합병. 즉, 회사의 공급자 혹은 회사의 소비자와 합병하는 것

수직적 합병(vertical merger) 피인수기업의 산업이 인수기업의 산업과 구매 혹은 판매 거래를 하는 경우의 합병 형태

수탁 창고(field warehouse) 제3자에 의해 운영되고 대출의 담보가 되는 재고자산이 차입자의 주된 공장과 떨어진 분리된 장소에 보관되도록 하는 창고 계약의 한 형태

수평적 합병(horizontal merger) 인수기업과 피인수기업이 동일한 산업인 경우의 합병 형태

순가격(clean price) 이표채의 실제 현물가격에서 경과 이자를 차감한 금액

순비용(clean expenses) 감가상각이나 무형자산상각과 같은 비현금 비용을 제외한 비용. 회계 처리와 다르지만 재무 모형에서는 순비용을 사용하는 것이 더 선호된다.

순수할인채(pure discount bond) **무이표채** 참조

순알파(net alpha) 수수료 차감 후 알파

순운전자본(net working capital) 기업의 유동자산과 유동부채의 차이로 영업을 위한 단기 가용 자본

순이익(net income or earnings) 정해진 기간 동안 기업의 수익성을 나타내는 지표로 손익계산서의 마지막 행에 나타남

순이익률(net profit margin) 순이익을 매출액으로 나눈 비율로 단위당 매출액 중에서 이자 및 세금을 모두 지불한 이후에 주주에게 할당 가능한 비율을 나타낸다.

순이익 수익률(earnings yield) 기대 순이익률과 주가의 비율. 선행 P/E 비율의 역수

순채무(net debt) 전체 발행 채무에서 현금 보유액을 차감한 금액

순투자(net investment) 기업의 감가상각비를 초과하는 자본지출

순현재가치(net present value, NPV) 프로젝트나 투자에서 발생하는 편익의 현재가치와 비용의 현재가치의 차이

순회설명회(road show) IPO 동안에 기업의 고위 경영자와 대표 주관사는 뮤추얼 펀드나 연기금과 같은 기관투자자와 같은 주요 고객들에게 회사를 알리고 공모가격의 근거를 설명하기 위해 전국을 (혹은 해외를) 순회하는 것

스톡옵션(stock options) 정해진 날짜까지 정해진 가격으로 일정량의 주식을 매입할 수 있는 권리

스톱아웃 수익률(stop-out yield) 미 재무부 채권에 대한 경쟁입찰에서 최고 수익률로 입찰에 성공한 모든 입찰자에게 적용된다.

스트래들(straddle) 동일한 주식에 대해 동일한 만기와 행사가격을 가지는 콜옵션과 풋옵션을 보유한 포트폴리오

스트랭글(strangle) 동일한 행사일을 갖지만 콜의 행사가격이 풋의 행사가격을 초과하는 콜옵션 및 풋옵션을 동시에 매수하는 포트폴리오

스트립 채권(Separate Trading of Registered Interest and Principal Securities, STRIPS) 채권시장에서 거래되는 만기 1년 이상의 무이표 채권

스페셜리스트(specialists) 뉴욕증권거래소의 장 내에서 매입자와 매도자를 매칭시키는 개인들로 시장 조성자라고도 불린다.

승자의 저주(winner's curse) 경쟁 입찰에서 낙찰 대상의 가치를 과대평가했을 때 높은 입찰가가 되어 낙찰되는 현상

시가/장부가 비율(market-to-book ratio [P/B]) 기업의 시가총액을 주식(자기자본)의 장부가치로 나눈 비율로 주가/장부가 비율 또는 P/B 비율이라고도 불린다.

시가총액(market capitalization) 기업 주식의 전체 시장가치로 주당 가격에 주식 수를 곱하여 얻어진다.

시가평가(marking to market) 선물계약의 시장가격 변동에 근거하여 매일 이익 및 손익을 계산하는 것

시간가치(time value) 옵션의 가격과 내재가치의 차이

시간선(timeline) 현금흐름의 발생 시점을 나타내는 선

시나리오 분석(scenario analysis) 프로젝트의 기반이 되는 여러 가정이 동시에 변화할 때 NPV가 어떻게 변하는지를 결정하는 중요한 자본예산 수립 방법 중의 하나

시장 대용치(market proxy) 수익률이 진정한 시장 포트폴리오를 거의 추종한다고 믿어지는 포트폴리오

시장 위험(market risk) 체계적 위험 참조

시장지수(market index) 광범위한 유가증권 포트폴리오의 시장가치로 보통 기준 시점을 100으로 하여 계산된다.

시장 타이밍(market timing) 미래의 가격 움직임 예측에 따라 증권(자산 클래스)을 매매하는 전략

시장 포트폴리오(market portfolio) 모든 위험 자산(투자)들의 가치 비중에 따라 구성된 포트폴리오다.

시장가 주문(market orders) 가장 유리한 지정가 주문에 즉시 거래하는 주문

시장가치 재무상태표(market value balance sheet) 회계적 재무상태표와 비슷하지만 모든 가치가 역사적 원가보다는 현재의 시장가치를 따른다는 것이 다르다.

시장성 유가증권(marketable securities) 쉽게 매도하여 현금으로 전환할 수 있는 단기 저위험 투자(만기 1년 이내의 국채와 같은 화폐시장 투자)

시장 조성자(market makers) 증권거래소에서 매입자와 매도자의 거래 상대방이 되어 거래를 성사시키는 개인들

시차임기제 이사회(staggered (classified) board) 대부분의 상장기업들이 모든 이사는 3년의 임기를 가지지만 임기는 시차를 가져서 오직 3분의 1의 이사만이 매년 선출된다.

신규발행 공모(primary offering) 새로운 자금을 조달하기 위하여 공모 시에 발행하는 신주

신디케이트(syndicate) 증권 발행을 함께 인수하고 분배하는 인수회사 집단

신디케이트 은행 대출(syndicated bank loan) 한 개의 은행이 아닌 여러 은행의 자금으로 이루어진 한 건의 대출

신뢰 원칙(credibility principle) 자기의 이해를 위한 요청은 그것이 거짓일 경우에 상당한 비용이 발생하는 행동에 의해 지지되면 믿을 수 있다.

신용 스프레드(credit spread) 회사채 수익률과 무위험 이자율 간의 차이를 말하며, 신용 스프레드의 크기는 투자자들이 평가하는 해당 주식회사의 채무불이행 가능성에 의존한다.

신용 위험(credit risk) 채권의 발행자가 채무를 불이행할 위험. 이 위험의 존재는 투자 시에 채권의 현금흐름을 확실하게 알 수 없도록 한다.

신용등급(credit rating) 차입자가 채무불이행을 할 가능성을 평가하여 신용평가 기관이 평가한 등급

신용부도스왑(credit default swap, CDS) 매입자는 매도자에게 프리미엄을 (종종 정기적인 지급의 형태로) 주고, 기초 채권이 채무불이행 상태가 되었을 때 이에 대한 보상으로 매도자로부터 정해진 금액을 받는 스왑 거래

신용으로 주식 매입하기(buying stocks on margin, using leverage) 주식에 투자하기 위해 자금을 빌리는 행위

신탁 영수 대출(trust receipts loancurity for the loan) 확실히 구별되는 재고자산이 대출 보증을 위한 신탁으로 보유되는 대출의 한 유형. 신탁이 된 재고자산이 판매되면 기업은 판매 대금을 대출 상환을 위해 대출자에게 보낸다.

실물 옵션(real option) 자본 투자와 같이 어떤 특별한 사업 결정을 할 수 있는 권리

실증 분포(empirical distribution) 역사적 자료에 근거하여 실현 값의 빈도를 나타내는 그림

실질 이자율(real interest rate) 인플레이션율을 반영하여 주어진 투자 기간 동안 실질 구매력이 증가하는 비율을 나타내는 이자율이다.

실패 비용 지수(failure cost index) 상호 의존적인 프로젝트들을 수행할 경우 최적 순서를 정하기 위해 사용하는 지수. 1에서 성공할 경우 $1 획득의 현재가치를 차감한 값을 요구 투자액의 현재가치로 나눈 값

실행 위험(execution risk) 기업의 잘못된 실행으로 프로젝트가 예상된 현금흐름을 창출하는 데 실패하게 만드는 위험

실현 수익률(realized return) 주어진 기간 동안 발생한 전체 수익률

실효 연이자율(effective annual rate, EAR) 1년 후에 얻게 되는 총이자(투자금액 및 이자에 대한 이자) 금액을 투자금액 대비 비중으로 나타내는 이자 표시법

심내가격(deep in-the-money) 주가와 행사가격의 차이가 매우 커서 내가격이 심한 상태

심외가격(deep out-of-the-money) 주가와 행사가격의 차이가 매우 커서 외가격이 심한 상태

아메리칸 옵션(American options) 가장 일반적인 유형의 옵션으로 옵션 보유자가 만기일이라고 하는 날짜까지 언제든지 행사할 수 있는 옵션

알파(alpha) 주식의 기대 수익률과 증권시장선에 의한 요구 수익률의 차이

액면가(par) 이표채의 가격이 액면가치와 같게 거래될 때의 가격

액면가치(face value) 채권의 이자 계산을 위해 사용되는 명목상의 금액. 채권의 액면가치는 일반적으로 채권의 만기일에 상환된다.

약속어음(promissory note) 대출 금액, 만기일, 이자율을 기술한 명세서

약형 효율성(weak form efficiency) 승자 주식을 팔고 패자 주식을 보유하는 것이나, 반대로 모멘텀에 따라 거래하는 것처럼 과거 가격의 정보에 따라 거래함으로써 이익을 얻을 수 없다고 설명하는 이론

양키본드(Yankee bonds) 미국의 외국 채권

엔젤 집단(angel group) 엔젤 투자자들의 자금을 모으고 엔젤 자금 조달에 대한 투자를 집단적으로 결정하는 엔젤 투자자들의 그룹

엔젤 투자자(angel investors) 사업 초창기의 초기 자본을 제공하는 개인 투자자들

여러 기간 현금흐름(stream of cash flows) 여러 기간에 발생하는 현금흐름

역선택(adverse selection) 매수자와 매도자 간의 정보가 다른 경우 시장에서 자산의 평균 품질은 평균 품질 전반과 다를 것이라는 생각

연금(annuity) 미래의 유한 시점까지 매 기간 일정한 금액이 반복적으로 발생하는 현금흐름

연금 스프레드시트(annuity spreadsheet) NPER, RATE, PV, PMT, FV의 5개 변수 중 하나를 계산할 수 있는 엑셀 스프레드시트. 4개의 변수가 주어지면 스프레드시트가 나머지 하나를 계산한다.

연령 분석표(aging schedule) 기업의 장부에 기재되어 있는 날짜 순으로 매출채권을 분류한 것. 매출채권 계정의 숫자 혹은 회수되지 못한 매출채권 계정의 금액으로 이 표를 작성할 수 있다.

연방자금 이자율(federal funds rate) 연방자금은 은행들이 연방준비은행에 예치하는 자금이다. 연방자금이 1일 필요준비금보다 부족한 은행은 연방자금이 1일 필요준비금을 초과한 은행으로부터 초단기 자금을 빌린다. 이때 적용되는 이자율이 연방자금 이자율이다.

연속 복리계산(continuous compounding) 1년 동안 무한대의 복리 계산

연속상환 채권(serial bonds) 한 번의 발행으로 수년에 걸쳐 순차적으로 만기가 도래하는 지방채

연율화 이자율(annual percentage rate, APR) 1년 후에 얻게 되는 단순이자(투자금액에 대한 이자) 금액을 투자금액 대비 비중으로 나타내는 이자 표시법

연차 보고서(annual report) 미국의 공개기업이 주주들에게 보내주는 연별 사업의 정리 보고서로 재무제표를 포함하여 함께 제공된다.

연평균 수익률(average annual return) 투자의 연도별 실현 수익률들의 산술평균

영구연금(perpetuity) 매 기간 일정한 금액이 무한 시점까지 반복적으로 발생하는 현금흐름

영구적 운전자본(permanent working capital) 지속적인 영업 지원을 위하여 단기 자산에 투자해 놓고 있어야 하는 금액

영구채권(consol) 채권 보유자에게 매년 고정된 금액을 무한 시점까지 지급하기로 약정한 채권

영업권(goodwill) 어떤 기업의 인수를 위해 지불한 가격과 이 기업 자산의 장부가치의 차이

영업 레버리지(operating leverage) 고정비용과 가변비용의 상대적인 비중

영업이익(operating income) 기업의 총이익에서 영업비용을 차감한 금액

영업이익률(operating margin) 영업이익의 매출액에 대한 비율로, 기업이 이자 및 세금 차감 전에 단위당 매출액으로부터 취하는 이익을 말한다.

예비 투자설명서(preliminary prospectus, red herring) 주식을 모집하기 전에 투자자에게 배포되는 회사가 IPO 이전에 준비하는 유가증권 발행신고의 일부

예비적 동기 잔고(precautionary balance) 미래 현금 필요량을 둘러싼 불확실성에 대응하기 위해 기업이 보유하는 현금의 양

오차항(error term) 회귀분석에서 가장 적합한 회귀선으로부터의 편차를 나타낸다.

옵션 가격(option premium) 옵션의 시장가격

옵션 만기일(option expiration date) 옵션 보유자가 옵션을 행사할 권리를 갖는 마지막 날

옵션 발행자(option writer) 옵션 계약의 매도자

옵션의 델타(option delta) 주식가격이 $1 변할 때 옵션의 가격 변화, 옵션을 위한 복제 포트폴리오에서 주식의 수

(옵션의) 레버리지 비율(leverage ratio of an option) 채무를 가치의 비중으로, 또는 이자 지급액이 현금흐름에서 차지하는 비중으로 고찰할 때 얻어지는 레버리지 지표

(옵션의) 행사(exercising an option) 옵션 보유자가 계약을 실행하여 정해진 가격에 주식을 매수 또는 매도하는 것

완전자본시장(perfect capital markets) 투자자와 기업이 경쟁적인 시장가격으로 유가증권들을 거래할 수 있는 조건을 갖는 시장이다. 여기에는 시장 마찰이 없으며, 기업의 자금조달 의사결정은 투자에 의해 창출되는 현금흐름을 변화시키지 못한다.

외가격(out-of-the-money) 즉시 행사된다면 손실을 보게 되는 옵션을 표현한다.

외국 채권(foreign bonds) 외국 기업이 현지 투자자들을 대상으로 현지 시장에서 발행하는 채권

요구 수익률(required return) 투자 위험을 보상하기 위해 필요한 투자의 기대 수익률

요인 베타(factor betas) 다요인 모형으로 계산된 각 요인의 위험 프리미엄에 해당 요인의 민감도

요인 포트폴리오(factor portfolios) 효율적 포트폴리오를 구성하기 위해 결합할 수 있는 포트폴리오

우대금리(prime rate) 은행이 가장 신용이 좋은 고객에게 부과하는 이자율

우선순위(seniority) 기업의 채무불이행 시에 다른 채무에 담보물로 제공되지 않은 자산을 우선적으로 요구할 수 있는 순위

우선주(preferred stock) 은행과 같은 성숙형 기업에 의해 발행되는 우선주는 일반적으로 배당에서 우선권이 있고 청산 시에 선순위를 가지며 때로는 특별 의결권을 가진다. 신생기업이 발행하는 우선주는 청산 시 선순위를 가지지만 일반적으로 정규적인 현금배당을 지급하지 않으며 보통 주식으로 전환하는 권리를 가진다.

우편 표류(mail float) 고객이 우편을 보낸 이후에 기업이 고객의 지불 수표를 받기 위해 걸리는 시간

우호적 인수(friendly takeover) 피인수기업의 이사회가 합병을 지지하고 잠재적 인수기업과 협상을 하고 궁극적으로는 주주 투표에 상정할 가격에 동의하는 경우

운영 리스(operating lease) 회계 목적상 리스(rental)로 간주되는 리스의 유형. 이 경우 리스이용자는 전체 리스료를 영업비용으로 보고한다. 리스이용자는 자산에 대한 감가상각비를 공제하지 않으며, 자산 또는 리스료 지급의무를 재무상태표에 보고하지 않는다.

운영 주기(operating cycle) 기업이 최초에 재고자산을 구매한 시점과 제품 판매로 현금을 회수하는 시점까지의 평균 시간의 기간

워런트(warrant) 기업이 자신의 신주를 대상으로 발행하는 콜 옵션. 워런트 보유자가 이를 행사하여 주식을 매입하면, 회사는 새로운 주식을 발행하여 이 주식을 전달한다.

워크아웃(workout) 재무적 곤경에 처한 기업이 파산 선언을 피하기 위해 채권자와 직접 교섭하는 방법

원리금 균등상환 대출(amortizing loan) 차입자가 매월 이자와 대출 잔고의 일부분을 합산한 금액을 분할상환금으로 지불하는 대출의 형태

위임장 경쟁(proxy fight) 적대적 인수에서 인수회사는 피인수회사 이사회에 인수회사 후보를 선임하기 위해서 위임장 투표를 이용하여 피인수회사 이사회를 빼앗는 것을 피인수기업 주주에 대해서 납득시키는 것

위탁모집 IPO(best-efforts IPO) 소규모 IPO에서 인수회사가 주식의 판매를 보장하는 것이 아니라 대신에 가능한 최선의 가격에 매도하려고 노력하는 상황. 이러한 계약하에서 IPO에서 모든 주식이 팔리거나 혹은 거래가 취소되는 전부-혹은-전무 조항(all-or-none clause)이 있을 수 있다.

위험 분산(diversification) 대규모 포트폴리오에서 개별 위험의 평균화

위험 프리미엄(risk premium) 증권의 위험에 대한 보상으로 투자자들이 얻을 것으로 기대하는 추가적인 수익률을 나타낸다.

위험 회피(risk aversion) 투자자들이 확실한 금액을 이 금액과 동일한 기대 금액을 갖는 불확실한 금액보다 더 선호한다.

위험-중립 확률(risk-neutral probabilities) 모든 투자자가 위험 중립이라고 가정할 때 증권의 현재 가격과 정합성을 가지는 미래 상태의 확률. 상태-의존 가격, 상태 가격, 또는 마팅게일 가격이라

고도 부른다.

위험 차익거래자(risk-arbitrageurs) 기업인수합병 제안이 공시되면, 합병 거래의 결과에 대하여 투기하는 거래자

유니콘(unicorn) 기업가치가 $1 십억이 넘는 비상장 스타트업 기업

유동 담보권(floating lien) 기업의 모든 재고자산이 대출을 보증하는 담보로 사용되는 금융 계약

유동부채(current liabilities) 1년 이내에 상환될 부채로 매입채무, 지급어음, 단기 채무, 이번 기 만기가 도래하는 장기채무, 미지급 임금 및 세금, 이연수익 및 선수수익 등을 포함한다.

유동비율(current ratio) 유동자산을 유동부채로 나눈 비율

유동성(liquidity) 자산에 대한 시장이 유동적인 정도. (역주 : 매매가 쉽게 이루어질 수 있는 정도) 지정가 주문은 거래할 수 있는 즉각적인 기회를 만들어서 유동성을 제공한다.

유동성 위험(liquidity risk) 현금이 다른 의무(대부분 증거금 요건)를 충족시켜야 하기 때문에 (손실을 보고 있는) 투자를 청산해야 하는 위험

유동자산(current assets) 현금과 1년 이내에 현금으로 전환될 수 있는 자산

유동적(liquid) 경쟁시장 가격으로 즉시 매도될 수 있기 때문에 쉽게 현금으로 전환될 수 있는 투자를 표현한다.

유동주식 수(free float) 공개 거래 가능한 주식의 수

유러피언 옵션(European options) 옵션의 만기일 당일에만 행사할 수 있는 옵션. 보유자가 만기일 이전에 옵션을 행사할 수 없다.

유로본드(Eurobonds) 발행되는 국가의 현지 통화로 표시되지 않는 국제 채권

유보율(retention rate) 기업이 유보하는 현재 순이익의 비율

유상증자(seasoned equity offering, SEO) 공개기업이 주식시장에서 공모의 형태로 신주를 판매하는 것

유통시장(secondary market) 뉴욕증권거래소나 나스닥과 같이 주식회사의 주식이 당해 주식회사의 개입 없이 투자자들 간에 거래되는 시장

유한책임(limited liability) 투자자의 책임이 투자액으로 한정되는 경우

유한책임 파트너십(limited partnership) 무한책임 파트너와 유한책임 파트너의 두 종류 소유자에 의한 파트너십

유한책임회사(limited liability company, LLC) 소유자의 책임이 투자 지분으로 한정되는 유한책임 파트너십

유효배당세율(effective dividend tax rate) 유효배당세율은 배당금을 받는 대신에 세후 자본이득 소득에서 투자자가 지불하는 추가적인 세금을 측정한다.

의무적 한도대출(committed line of credit) 기업이 계약 시의 조건을 만족하면 (기업이 파산 상태가 아니라면) 기업의 재무적 여건과는 무관하게 은행이 (정해진 대출한도까지의) 자금을 공급해야 하는 법적인 구속력을 가지는 문서상의 계약이다.

의사결정 나무(decision tree) 미래의 의사결정과 불확실성 해결을

그래프로 표현한 것

의사결정 노드(decision node)　실물 옵션에서 의사결정이 이루어지는 의사결정 나무의 노드

이사회(board of directors)　주주에 의해 선출되고, 주식회사에서 궁극적인 의사결정 권한을 가진 집단

이연 세금(deferred taxes)　장부상으로는 발생했지만 아직 지급되지 않은 세금

이용가능 표류(availability float)　은행이 기업의 자금으로 인정하기까지 걸리는 시간

이익잉여금(retained earnings)　기업의 당기순이익과 배당 지급액의 차이

이자보상 배율(interest coverage ratio)　기업 레버리지에 대한 채권자의 평가로 기업의 이익을 이자비용으로 나누어 계산한다.

이자율 선도계약(interest rate forward contract)　미래의 대출이나 투자에 대해 이자율을 고정시키는 오늘의 계약

이자율 스왑(interest rate swap)　두 당사자가 서로 다른 유형의 대출에 대한 이표를 교환하기로 약정하는 계약

이자율 요소(interest rate factor)　1+이자율. 오늘의 금액과 미래의 금액 간의 교환비율

이자의 세금 절감액(interest tax shield)　이자 지급에 대한 세금 공제로 인해 세금이 절감되는 효과

이표(coupons)　채권 보유자에게 채권의 만기일까지 정기적으로 지급하기로 약정한 이자

이표율(coupon rate)　매 이자 지급일에 정기적으로 지급되는 이표의 금액을 결정하는 이자율로 APR로 표시된다. 발행자에 의해 결정되고 채권 증서에 명시된다.

이표채(coupon bonds)　만기일까지 정기적으로 이표를 지급하고, 만기일에 액면가치를 상환하는 채권

이표채 수익률 곡선(coupon-paying yield curve)　서로 다른 만기를 갖는 이표채의 만기 수익률을 표시하는 곡선

이항 나무(binomial tree)　각 시점에 발생할 수 있는 사건을 나타내는 두 개의 가지를 가지는 나무

이항 옵션 가격결정 모형(Binomial Option Pricing Model)　각 시점에 주식 수익률이 두 가지 값만을 가질 수 있다는 가정하에 옵션의 가격을 결정하는 기법

이해관계자 모형(stakeholder model)　주주 이외의 다른 이해관계자, 특히 종업원을 명시적으로 고려하는 모델로 대부분의 나라(미국 제외)에서 사용하고 있다.

인수 스프레드(underwriting spread)　발행회사가 발행가격을 기초로 하여 인수회사에 지급하는 수수료

인수 시너지(takeover synergies)　피인수기업이 독립적으로 남아 있을 경우에는 얻을 수 없는 인수 거래를 통해 얻어지는 가치

인수 프리미엄(acquisition premium)　기업인수에서 인수회사가 지불한 피인수기업의 인수가격과 합병 전 가격의 차이를 퍼센트로 표현한 값

인수기업(acquirer or bidder)　기업인수에서 다른 기업을 인수하는 회사

인수기업(bidder)　인수기업 참조

인수회사(underwriter)　증권 발행을 관리하고 증권의 구조를 설계하는 투자은행

일물일가의 법칙(Law of One Price)　동일한 현금흐름을 갖는 증권은 경쟁시장에서 동일한 가격을 갖는다는 법칙

일반공채(general obligation bonds)　지방정부에 대한 전폭적인 신뢰와 신용을 바탕으로 발행되는 채권

일반 담보권(general lien)　유동 담보권 참조

일반공모 방식(cash offer)　회사가 신주를 전체적으로 투자자에게 공모하는 유상 증자의 형태

일시적 운전자본(temporary working capital)　단기 운전자본 필요에 대한 기업의 실질적인 투자 수준과 영구 운전자본 투자의 차이

일일정산(daily settlement)　금융 계약에서의 포지션을 보증하는 데 사용된 증거금이 매일 종료 시점에 계약의 시장가치의 변동에 따라 조정되는 절차

일정배당성장 모형(constant dividend growth model)　배당금이 일정한 성장률로 영구히 성장한다는 가정하에 주식의 가치를 평가하는 모형

일정한 이자보상 배율(constant interest coverage ratio)　기업이 가용 현금흐름에 대한 목표 비율로 이자 지급액을 유지하는 것

자금조달 라운드(funding round)　창업기업이 투자자들로부터 신주 발행을 통해 추가적인 자금을 조달하는 각 시기

자금조달 위험(funding risk)　기업이 제때에 또는 합리적인 이자율로 채무를 다시 조달하지 못할 때 발생하는 재무적 곤경비용의 위험

자기금융 포트폴리오(self-financing portfolio)　포트폴리오를 구성하는 데 비용이 들지 않는 포트폴리오

자기자본(stockholders' equity)　기업의 자산과 부채의 차이 금액으로 기업의 순재산을 측정하는 회계적 척도

자기자본 배수(equity multiplier)　총자산의 가치를 자기자본(주식)의 장부가치로 나눈 레버리지 지표

자기자본 비용(equity cost of capital)　기업의 주식이 가진 위험과 동일한 위험을 가진 다른 투자 대안에 대해 시장에서 얻을 수 있는 기대 수익률

자기자본 수익률(return on equity, ROE)　기업의 순이익을 자기자본(주식)의 장부가치로 나눈 비율. 이 지표는 기업의 주식에 대한 요구 수익률 벤치마크로 가장 많이 활용된다.

자기자본 장부가치(book value of equity)　기업 자산의 장부가치와 부채의 차이. 회계학적 관점에서 자본(stockholders' equity)이라고 불리는데, 기업의 순재산 가치를 나타낸다.

자기잠식(cannibalization)　기업의 신제품 매출이 기존 제품의 매출을 대체하는 상황

자본 리스(capital lease)　회계 목적상 취득으로 간주되는 리스로

금융 리스라고도 함. 취득한 자산은 리스이용자의 재무상태표에 기재되며, 리스이용자는 자산에 대한 감가상각비를 부담하게 된다. 또한 미래 리스료의 현재가치는 채무로 계상되고 리스료의 이자 부분은 이자비용으로 공제된다.

자본구조(capital structure) 기업이 발행한 채무, 주식, 기타 증권들의 상대적인 비중

자본구조에 대한 시장 타이밍 견해(market timing view of capital structure) 자본구조 의사결정이 부분적으로 시장에서 주식의 과소 또는 과대평가를 활용한다는 견해

자본 변동표(statement of stockholders' equity) 주식 자본과 이익잉여금의 변동에 관해 자세한 사항을 제공하는 회계 보고서

자본비용(cost of capital) 할인하고자 하는 현금흐름과 동일한 위험과 투자 기간을 갖는 투자에 대하여 시장이 제시하는 가장 높은 기대 수익률

자본시장선(capital market line, CML) 기대 수익률과 변동성의 관계를 그릴 때, 무위험 투자에서 위험 주식들의 효율적 포트폴리오(가장 큰 샤프 비율을 가지는 포트폴리오)를 통과하는 직선. CAPM에서는 무위험 투자에서 시장 포트폴리오를 통과하는 직선이다. (이를 증권시장선이라고 함) 이는 변동성이 주어졌을 때 얻을 수 있는 가장 높은 기대 수익률을 보여준다.

자본예산(capital budget) 기업이 향후 기간 동안 실행을 계획하고 있는 모든 사업의 목록

자본예산 수립(capital budgeting) 투자 기회들을 분석하고 어느 기회를 채택할 것인지를 결정하는 과정

자본의 기회비용(opportunity cost of capita) 할인되는 현금흐름과 비슷한 위험과 조건을 가지는 투자에 대해 시장에서 제시되는 가장 좋은 기대 수익률. 투자자가 새로운 투자를 선택했을 때 동등한 위험과 조건을 가지는 대안적 투자에 대해 포기해야 하는 수익률

자본이득(capital gain) 자산의 매도가격이 초기 매수가격을 초과하는 금액

자본이득률(capital gain rate) 자본이득을 자산의 초기 가격의 비율로 표현한 수익률

자본자산 가격결정 모형(Capital Asset Pricing Model, CAPM) 시장 포트폴리오에 대한 베타를 근거로 하여 어떤 증권의 기대 수익률을 결정하는 위험과 수익률의 균형 모형

자본조달 우선순위 가설(pecking order hypothesis) 경영자가 투자 자금조달을 이익잉여금, 채무, 주식 순으로 선호한다는 생각

자본지출(capital expenditures) 새로운 유형고정자산(부동산, 공장, 설비)의 매입

자사주 방법(treasury stock method) 아직 행사되지 않은 내가격 워런트와 옵션에 의해 잠재적으로 생길 수 있는 새로운 주식들을 포함하여 완전히 희석된 주식 수를 계산하는 방법. 이 방법은 워런트와 옵션의 행사에 의해 기업이 받는 수익금이 자사주 매입에 사용된다는 것을 가정한다. 이것은 옵션의 내재가치와 동일한 시장가치를 가지는 주식들을 추가하는 것과 같다.

자사주 직접매입(targeted repurchase) 회사가 주요 주주로부터 직접 주식을 매입

자사주 매입(share repurchase) 기업이 현금으로 자기주식을 되사는 거래

자사주 매입 수익률(repurchase yield) 어떤 해에 자사주 매입 금액을 당해 기업의 연초 시가총액으로 나눈 값. 자사주 매입 수익률에 배당 수익률을 더한 값은 기업의 총 지급률 척도가 된다.

자산(assets) 현금, 재고자산, 순유형자산과 그 외 기업의 투자 자산을 말함

자산담보 채권(asset-backed bonds) 기업의 담보 채무의 한 가지 유형. 파산 시에 채권 보유자가 담보물로 제공된 특정한 자산에 대한 직접적인 청구권을 갖는다.

자산 대체 문제(asset substitution problem) 기업이 재무적 곤경에 직면할 때 주주들은 [음(−)의 NPV를 가질지라도] 기업의 위험을 충분히 증가시키는 의사결정들로부터 이익을 얻을 수 있다.

자산 베타(asset beta) 무차입 베타 참조

자산유동화증권(asset-backed security, ABS) 이 증권이 기초자산으로 하는 다른 금융증권 풀의 현금흐름에서 비롯되는 증권

자산 자본비용(asset cost of capital) 회사의 기초 자산을 보유하기 위해 회사의 투자자가 요구하는 기대 수익률. 기업의 자기자본 비용과 타인자본 비용의 가중평균

자산 증권화(asset securitization) 금융 증권 포트폴리오 구축과 이 포트폴리오를 기초자산으로 하는 자산유동화증권의 발행 과정

자산 풀(asset pool) 모기지와 같은 복수의 기초자산들의 현금흐름을 결합함으로써 형성된 증권

자산회전율(asset turnover) 매출액과 자산의 비율로 기업이 매출을 창출하기 위해 자산을 얼마나 효율적으로 사용하는지를 측정하는 지표

자연 헤지(natural hedge) 회사가 고객이나 공급업체에게 비용 증가나 매출 감소를 전가할 수 있는 경우

자회사 분리(spin-off) 자회사의 주식을 배분하는 거래

잔여이익(residual income) 당기 순이익에서 주식의 장부가치에 자본비용을 곱한 값을 차감한 금액

잔여이익 방법(residual income method) 잔여이익을 할인하여 계산하는 가치평가 방법으로 FTE 방법과 동일하다.

잔존가치(residual value) 리스 종료 시점에 자산의 시장가치

잔존만기(term to maturity) 채권의 최종 상환일까지 남아 있는 시간

잔차항(residual term) 오차항 참조

장기 무담보 채무(debentures) 만기가 10년 또는 그 이상인 기업의 무담보 채무

장기부채(ong-term liabilities) 1년 이상의 만기를 가진 부채

장기자산(long-term assets) 순유형자산, 사업 운영에 사용되지 않는 자산, 신규 사업과 관련된 창업비용, 장기 유가증권에 대한 투자 및 매각 예정 자산

장기채권(long bonds) 최장 잔존만기(30년)를 갖는 미 재무부가

발행한 채권

장기채무(long-term debt)　1년 이상의 만기를 가진 대출 또는 채무

장부가 사업가치(book enterprise value)　자기자본의 장부가치에 순부채를 더한 값으로 투자된 자본과 동일하다.

장부가/시가 비율(book-to-market ratio)　주식의 시장가치와 주식의 장부가치의 비율

장부가치(book value)　자산의 취득비용에서 누적 감가상각을 차감한 금액

재고소진(stock-outs)　기업이 너무 적은 재고자산을 보유하면 기업이 모든 재고자산을 소진하는 상태가 발생하며 매출 손실로 이어진다.

재고일수(inventory days)　재고자산이 며칠의 매입액 또는 매출원가에 해당하는가를 나타내는 지표

재고자산(inventories)　공정 중에 있는 재공품 및 완성된 제품과 원자재를 포함함

재고자산 회전율(inventory turnover)　매출원가를 최근의 재고자산 원가 또는 연평균 재고자산으로 나눈 값으로, 기업이 얼마나 효율적으로 재고자산을 매출로 전환시켰는가를 보여준다.

재무상태표(balance sheet)　기업의 자산과 부채를 모두 열거하는 것으로 주어진 시점에서 기업의 재무상태를 한눈에 보여준다.

재무상태표(statement of financial position)　기업의 자산과 부채를 모두 열거하는 것으로, 주어진 시점에서 기업의 재무상태를 한눈에 보여준다.

재무상태표 항등식(balance sheet identity)　총자산이 총부채와 자기자본의 합계와 같아야 한다.

재무성과명세서(statement of financial performance)　정해진 기간 동안 기업의 수입과 비용을 나타내는 재무제표

재무적 곤경(financial distress)　기업이 채무에 대한 의무를 만족하기 어려운 경우

재무제표(financial statements)　기업에 의해 분기별 또는 연별로 발행되는 회계 보고서로, 과거의 성과 정보와 기업 자산 및 그 자산의 자금조달에 대한 현황을 보여준다.

적극적 자금조달 정책(aggressive financing policy)　기업의 영구 운전자본의 일부 또는 전부를 단기 채무로 조달하는 것

적대적 인수(hostile takeover)　종종 기업 사냥꾼이라고 불리는 개인이나 조직이 목표로 하는 주식회사 주식의 많은 부분을 매입하여, 당해 이사회와 최고경영자를 대체할 수 있는 충분한 의결권을 가지는 것

적시 재고 관리("just-in-time" [JIT] inventory management)　기업이 필요할 때만 재고를 구매하여 재고 수준을 항상 0이나 0에 가깝게 유지하도록 정확하게 재고를 구매하는 것

전략적 투자자(strategic investor)　**기업 투자자** 참조

전략적 파트너(strategic partner)　**기업 투자자** 참조

전환 채권(convertible note)　채무나 대출은 자기자본으로 전환될 수 있다. 일반적으로 엔젤 자금 조달 시 투자에 대한 보상으로 엔젤은 기업이 처음으로 주식으로 자금을 조달할 때 주식으로 전환할 수 있는 채권을 받는다.

전환가격(conversion price)　전환사채의 액면가치를 보통주로 전환할 때 받을 수 있는 주식의 수로 나눈 값

전환비율(conversion ratio)　전환사채의 전환으로 얻게 되는 주식의 수로, 보통 $1,000의 액면가를 기준으로 표현한다.

전환사채(convertible bonds)　채권 소유자가 해당 채권을 정해진 수의 보통주로 전환할 수 있는 권리를 지닌 회사채

전환우선주(convertible preferred stock)　미래의 어느 시점에 소유자에게 보통주로 전환할 수 있는 선택권을 주는 우선주

절대수익률(absolute return)　**현금 배수** 참조

접점 포트폴리오(tangent portfolio)　가장 높은 샤프 비율을 가지는 포트폴리오, 무위험 자산으로부터 그려진 직선이 효율적 프론티어에 접하는 점, CAPM이 성립하면 시장 포트폴리오가 된다.

정보 노드(information node)　의사결정 나무에서 의사결정자의 통제를 벗어나는 불확실성을 나타내는 노드의 유형

정보 폭포수 효과(informational cascade effect)　거래자들이 자신의 정보를 무시하고 다른 사람들의 정보로부터 이익을 얻으려는 행동

정상시장(normal market)　차익거래 기회가 존재하지 않는 경쟁 시장

정액감가상각법(straight-line depreciation)　자산의 비용을 감가상각 기간에 걸쳐 동일하게 나누는 감가상각 방법

정크본드(junk bonds)　채무불이행 위험이 높은 투기 등급의 채권

제11장 갱생법(Chapter 11 reorganization)　계류 중인 모든 상환 활동이 자동으로 연기되는 대기업의 일반적인 파산 형태로, 기업의 경영진에게는 갱생 계획을 제출할 기회가 주어진다. 계획 수립 중에도 경영은 평상시와 같이 계속된다. 채권자는 계획을 승인하기 위해 투표를 해야 하며, 이 계획은 법원의 승인을 받아야 한다. 수용 가능한 계획이 제시되지 않으면, 법원은 궁극적으로 제7장의 청산법을 강제할 수 있다.

제7장 청산법(Chapter 7 liquidation)　경매를 통해 회사 자산의 청산을 감독하는 수탁자가 임명되는 미국 파산법 조항. 청산으로 인한 수익금은 회사의 채권자에게 지불되고, 회사는 폐지된다.

젠센 알파(Jensen's alpha)　어떤 증권의 초과수익률을 시장 포트폴리오의 초과수익률에 대해 회귀분석할 때 상수항. 그 증권의 과거 성과에 대한 위험 조정 척도로 해석된다.

조건 규정서(term sheet)　누가 새로운 기업을 운영할 것인가, 새로운 이사회의 규모와 구성, 본부의 지역적 위치, 새로운 회사명과 같은 상세한 내용을 포함하는 합병 거래 구조의 요약

조정 베타(adjusted betas)　추정 오차를 반영하여 1에 가깝게 조정된 베타

조정 현재가치(adjusted present value, APV)　채무가 없는 투자의 가치인 무차입 가치를 계산한 후 여기에 이자 세금 절감액을 더하고 시장 불완전으로 발생하는 다른 비용을 차감하여 투자의 차입 가치를 결정하는 가치평가 방법

주가/순이익 비율(price-earnings ratio, P/E) 기업의 시가총액을 순이익으로 나눈 비율, 또는 기업의 주가를 주당 순이익으로 나눈 비율

주가/장부가 비율(price-to-book [PB] ratio) 시가/장부가 비율 참조

주권(equity) 주식회사가 발행한 모든 주식의 가치 총합

주당 순이익(earnings per share, EPS) 기업의 순이익을 발행주식 수로 나눈 금액

주식(stock) 지분으로 나누어지는 주식회사의 소유권

주식배당(stock dividend) 주식분할 참조

주식 스왑(stock swap) 피인수기업의 주주가 피인수기업의 지불수단으로 주식을 받는 경우의 합병 거래

주식병합(reverse split) 회사의 주가가 너무 떨어지면 기업은 발행주식 수를 감소시킨다.

주식분할(stock split) 회사가 주주들에게 현금을 배분하지 않고 대신 추가적인 주식을 발행하는 것

주식시장(stock market, also stock exchange) 많은 주식회사들의 주식이 거래되는 조직화된 시장

주식회사(corporation) 법적으로 정의되고 소유자와 분리된 법인

주주(equity holder, also shareholder or stockholder) 주식회사의 주권, 지분 또는 주식 소유자

주주(shareholder (also stockholder or equity holder) 또는 자기자본 소유자

주주 가용현금흐름(free cash flow to equity, FCFE) 이자 지급액, 채권 발행 및 채무 상환을 조정한 후에도 남아 있는 가용현금흐름

주주 귀속 현금흐름(flow-to-equity, FTE) 채권자에게 그리고 채권자로부터의 모든 자금의 움직임을 고려한 뒤에 주주가 사용할 수 있는 가용현금흐름을 명시적으로 계산한다. 주주에 대한 현금흐름은 자기자본 비용을 사용하여 할인한다.

주주배정 방식(rights offer) 회사가 신주를 기존 주주에게만 모집하는 유상증자의 유형

주택저당증권(mortgage-backed security, MBS) 주택 모기지를 담보로 발행되는 자산유동화증권

준강형 효율성(semi-strong form efficiency) 뉴스 발표 또는 분석가의 권고와 같은 공개 정보를 거래함으로써 지속적으로 이익을 얻는 것이 가능하지 않다는 이론

중간 연도 관행(mid-year convention) 연간 현금흐름이 모두 각 연도의 중간에 발생하는 것처럼 가정하고 할인하는 방법. 중간 연도 관행은 연속 복리계산에 대한 합리적인 근사치를 계산할 수 있도록 한다.

중기 무담보 채무(notes) 만기가 10년 미만인 기업의 무담보 채무

증거금(margin) 투자자가 초기 투자금액 이상의 손실을 초래할 수 있는 증권을 매매할 때 제공해야 하는 담보물

증권(security) 금융증권 참조

증권거래소(stock exchanges) 주식시장 참조.

증권시장선(security market line, SML) CAPM의 가격결정 공식으로 주식의 위험 프리미엄과 시장 포트폴리오에 대한 베타와의 선형 관계를 명시한다.

증분 IRR(incremental IRR) 상호 배타적인 두 가지 기회를 비교할 때 증분 IRR은 두 가지 대안의 현금흐름 간 차이의 IRR이다.

증분 IRR 투자 규칙(incremental IRR investment rule) IRR 규칙을 상호 배타적인 대안의 현금흐름 간 차이(다른 투자를 선택하였을 때의 증분 현금흐름)에 적용

증분 순이익(incremental earnings) 투자 의사결정의 결과로 인해 변화할 것으로 예상되는 기업의 이익 변화량

지급 표류(disbursement float) 공급업자에 대한 지급이 기업에게 실제 현금유출로 되기까지 걸리는 시간

지방정부 채권(municipal bonds) 주정부 및 지방정부에 의해 발행된 채권. 이 채권에서 발행하는 소득이 연방정부 차원에서 과세되지 않아 면세 채권이라고 불린다.

지불 패턴(payments pattern) 매출 이후에 매달 기업이 회수하는 월별 매출의 비율에 대한 정보

지속가능 성장률(sustainable growth rate) 기업이 이익잉여금만을 이용하여 성장할 수 있는 비율

지수 펀드(index funds) S&P 500이나 Wilshire 5000처럼 공표된 지수에서 대표성에 비례하여 주식에 투자하는 뮤추얼 펀드

지정가 주문(limit order) 고정된 가격에 정해진 금액의 증권을 매수 또는 매도하는 주문

지정가 주문장(limit order book) 특정 증권에 대한 현재 지정가 주문들의 컬렉션

직접 리스(direct lease) 리스제공자가 제조업체는 아니지만 해당 자산을 매입하고 고객에게 리스하는 데 특화된 독립적인 회사인 리스의 유형

직접어음(direct paper) 기업이 증권을 투자자에게 직접 매도하는 기업어음

진정 리스(true lease) 파산 절차에서 리스이용자가 자산에 대한 소유권을 보유하는 리스의 유형

진정 세금 리스(true tax lease) 리스제공자가 자산의 소유와 관련된 감가상각 공제를 받는 리스의 유형. 리스이용자는 리스료 지급액 전액을 영업비용으로 공제할 수 있으며, 리스료는 리스제공자의 수입으로 간주된다.

차등의결권 주식(dual class shares) 다른 클래스보다 우월한 의결권을 가지고 있는 클래스의 주식

차익거래(arbitrage) 시장 간의 가격 차이를 이용한 이익을 얻기 위하여 동일한 상품을 사고파는 행위

차익거래 가격결정 이론(Arbitrage Pricing Theory, APT) 위험을 포착하기 위해 둘 이상의 포트폴리오를 사용하는 모델. 각 포트폴리오는 위험 요인 그 자체 또는 측정 불가능한 위험 요인과 관련된 주식 포트폴리오로 해석될 수 있다. 다요인 모형이라고도 불린다.

차익거래 기회(arbitrage opportunity) 위험을 떠안거나 투자를 하지 않으면서 이익을 얻는 것이 가능한 상황

차입 리스(leveraged lease) 리스제공자가 자산의 구매를 위한 초기 자본을 얻기 위해 은행이나 다른 대출기관으로부터 차입하고, 대출에 대한 이자와 원금을 지불하기 위해 리스료를 사용하는 리스의 유형

차입매수(leveraged buyout, LBO) 사모 투자자 그룹이 주로 채무를 통해 조달된 자금을 통해 공개기업의 모든 주식을 매수하는 행위

차입 자본재구성(leveraged recapitalization) 기업이 차입한 자금을 사용하여 대규모 특별 배당금을 지급하거나 상당한 금액의 자사주를 매입하는 경우

차입 주식(levered equity) 채무가 있는 기업의 주식

차환(refinance) 기존 대출을 상환하고 더 낮은 이자율에 새로운 대출을 받는 것

참여 권한(participation rights) 우선주 주주가 주식을 전환하지 않고 보통주를 보유한 것처럼 지불받을 수 있도록 하는 조항. 이러한 방식으로 수령할 수 있는 금액은 참여 제한에 의해 한도가 있다.

창고 계약(warehouse arrangement) 대출 담보로 사용되는 재고자산이 창고에 보관되는 금융계약

채권(bond) 미래 지급 약속에 대한 교환으로 투자자로부터 자금을 조달하기 위하여 정부나 주식회사에 의해 발행하는 증권

채권증서(bond certificate) 채권의 지급 금액과 지급 시기를 비롯한 채권의 발행조건을 기술하는 증서

채무 계약조건(debt covenants) 채권자가 기업이 취할 수 있는 행동을 제한하는 대출의 조건

채무 과잉(debt overhang) 투자 이득의 일부가 채권자에게 가기 때문에 주주가 양(+)의 NPV를 갖는 프로젝트에 투자하지 않는 선택을 하는 경우

채무 필요액(debt capacity) 기업의 목표 부채 비율을 유지하기 위해 특정 시점에 필요한 채무의 양

채무 한도 상한(debt ceiling) 미 의회에 의해 부과된 정부의 총채무액에 대한 제약

채무담보부증권(collateralized debt obligation, CDO) 다른 자산유동화증권을 증권화하여 발행된 증권

채무불이행(default) 기업이 이자 및 원금 상환 요구에 응하지 못하거나 대출조항을 위반하는 경우

채무불이행 스프레드(default spread) 회사채 수익률과 무위험 이자율 간의 차이를 말하며, 신용 스프레드의 크기는 투자자들이 평가하는 해당 주식회사의 채무불이행 가능성에 의존한다.

채무의 신호이론(signaling theory of debt) 투자자에게 좋은 정보를 알리는 수단으로 레버리지를 사용하는 것

청산(liquidation) 사업체를 폐쇄하고 모든 자산을 매각하는 것. 종종 사업체가 파산을 선언한 결과

청산 배당금(liquidating dividend) 사업을 청산하면서 주주에게 투자금을 환급하는 것

청산 우선권(liquidation preference) 회사의 청산, 매각 또는 합병이 발생할 경우에 보통주 주주에게 지급 전에 전환우선주 주주에게 지불해야 하는 최소 금액

체계적 위험(systematic risk) 공통 위험을 나타내는 시장 전체의 뉴스에 의한 주가 움직임

초과 수익률(excess return) 어떤 투자의 평균 수익률과 무위험 투자의 평균 수익률 간의 차이

초과배정 옵션(over-allotment allocation, greenshoe provisio) IPO 시 인수회사가 원래 공모 규모의 15%에 해당하는 더 많은 주식을 발행하여 공모가격에 판매할 수 있도록 허락하는 옵션

총가격(dirty price) 이표채의 실제 현물가격

총괄 담보권(blanket lien) 유동 담보권 참조

총사업가치(total enterprise value, TEV) 사업가치 참조

총수익률(total return) 주식의 배당 수익률과 자본 이득률의 합

총 알파(gross alpha) 수수료 차감 전 알파

총액인수(firm commitment) 인수회사가 공모가격에 모든 주식을 판매하는 것을 보장하는 인수회사와 발행회사 사이의 계약

총이익(gross profit) 매출액에서 매출원가를 차감한 값으로 손익계산서의 세 번째 행에 나타남

총이익률(gross margin) 총이익의 매출액에 대한 비율

총자산 수익률(return on assets, ROA) 기업의 순이익을 총자산의 장부가치로 나눈 비율. 이 지표는 레버리지와 관련된 이자의 세금 절감액의 편익을 포함하며, 기업의 무차입 자본비용에 대한 벤치마크로 가장 많이 활용된다.

총현금지급 모형(total payout model) 주주에게 지급하는 기업의 모든 현금지급(배당금과 자사주 매입으로 배분된 모든 현금)을 할인하고 현재의 발행주식 수로 나누어서 기업의 주식 가치평가를 하는 방법

최고경영자(chief executive officer, CEO) 이사회에 의해서 정해진 규정들과 정책들을 구체화하여 주식회사를 경영하는 책임이 있는 사람

최고재무관리자(chief financial officer, CFO) 최고재무관리자로 CEO에게 직접 보고한다.

최근 1년 모멘텀 포트폴리오(prior one-year momentum [PR1YR] portfolio) 매년 지난 1년 동안의 수익률에 따라 주식의 순위를 매기고, 상위 30%를 보유하고 하위 30%를 공매도하는 자기금융 포트폴리오

최근월물 채권(on-the-run bonds) 특정 만기일을 갖는 채권 중에서 가장 최근에 발행된 채권

최저 목표 수익률(hurdle rate) 최저 목표 수익률 규칙에 의해 만들어진 가장 높은 할인율. 어떤 프로젝트가 더 높은 할인율로 양(+)의 NPV를 가지면서 최저 목표 수익률을 초과할 수 있으면, 그 프로젝트는 수행하여야 한다.

최저 목표 수익률 규칙(hurdle rate) 최저 목표 수익률 규칙은 NPV를 계산하기 위해 자본비용보다 더 높은 할인율을 사용하지만, 보통 NPV 규칙을 적용한다. 더 높은 할인율로 계산된 NPV가 양

(+)의 값이면 투자한다.

최종(지속)가치[terminal (continuation) value]   예측된 기간을 초과한 기간 동안에 남아 있는 가용현금흐름의 가치. 미래의 모든 날들에 발생하는 프로젝트의 가용현금흐름의 (예측 종료 시점을 현재로 하는) 시장가치

최종 투자설명서(final prospectus)   IPO 이전에 발행주식 수와 공모가격을 포함한 IPO의 모든 상세 정보가 담긴 회사가 준비하는 최종 유가증권 발행신고서의 일부

추정(pro forma)   실제 자료에 근거하지 않고 주어진 가설적인 가정에 따라 기업의 재무상태를 재무제표로 표현한다.

출구 전략(exit strategy)   비공개 회사에 대한 투자자의 중요한 관심으로 그들의 투자에 대한 수익을 궁극적으로 어떻게 실현할 것인가를 상세히 하는 것

친숙성 편향(familiarity bias)   투자자들에게 더 익숙한 회사에 대한 투자를 선호하는 경향

캐시 앤 캐리 전략(cash-and-carry strategy)   자산에 대한 미래 비용을 동결시키기 위해 사용되는 전략으로, 오늘 해당 자산을 현물로 매입하여 미래의 특정한 날짜까지 보관하는 전략

커버된 이자율 패리티 등식(covered interest parity equation)   선도환율과 현물환율 간 차이가 두 통화에 대한 이자율 차이와 관련이 있다는 등식

콜옵션(call option)   옵션 보유자에게 자산을 매입할 수 있는 권리를 주는 금융 옵션

크라우드펀딩(crowdfunding)   창업기업이 인터넷을 통하여 다수의 사람들에게 아주 작은 금액을 모으는 자금조달 방식

타인자본 비용(debt cost of capital)   기업이 채무에 대해 지급해야 하는 자본비용 또는 기대 수익률

터널링(tunneling)   여러 회사에 지배적인 지분을 가진 주주가 상대적으로 현금흐름 권한이 작은 회사에서 현금흐름 권한이 큰 회사로 이익(따라서 배당금)을 이동시킬 때 발생하는 이해 상충

테드 스프레드(Treasury-Eurodollar [TED] spread)   3개월 리보(LIBOR)와 3개월 미국 재무부 채권의 이자율 차이

통화 선도계약(currency forward contract)   특정 통화에 대한 환율과 교환하고자 하는 금액을 사전에 정하는 계약

통화 스왑(currency swaps)   두 당사자가 서로 다른 통화로 표시된 이표 지급과 최종 액면가치의 지급을 교환하기로 약정한 계약

통화시간선(currency timeline)   표준적인 시간선처럼 수평적으로는 날짜를, 수직적으로는 달러 및 유로 등과 같은 통화를 나타내는 시간선

투기(speculate)   시장이 움직일 것 같다고 믿는 방향으로 증권을 이용해 승부를 거는 경우

투기등급 채권(speculative bonds)   채무불이행 위험이 가장 높은 하위 5개 신용등급의 채권

투자금의 환급(return of capital)   현재의 순이익(혹은 누적된 이익잉여금)에서 배당금을 지급하는 대신에 납입자본금이나 자산의 청산과 같은 다른 출처에서 배당금을 지급하는 경우

투자된 자본(invested capital)   자산에서 부채를 차감한 금액. 주식의 장부가치에 채무를 더하고 현금을 뺀 금액. 장부가 사업가치 참조

투자등급 채권(investment-grade)   채무불이행 위험이 낮은 상위 4개 신용등급의 채권

투자자본 수익률(return on invested capital, ROIC)   이자비용(또는 이자소득)을 제외한 사업 자체에 의해 생성된 세후 이익을 측정하고 이를 주주 및 채권자로부터 조달하여 이미 배치된(즉, 현금으로 보유되지 않는) 자본과 비교하는 비율. ROIC는 벤치마크인 가중평균 자본비용과 가장 많이 비교된다.

투자 전 가치(pre-money valuation)   자금조달 이전의 주가로 평가한 투자 이전 발행주식의 가치

투자 후 가치(post-money valuation)   자금조달 시점의 주가로 평가한 전체(신주와 구주 합계) 기업의 가치

트란쉐(tranches)   한 번의 증권 발행을 구성하는 서로 다른 증권의 계층

특별배당금(special dividend)   일반적으로 정기배당금보다 큰 액수로 지급하는 일회성 배당금

특수목적회사(special-purpose entity, SPE)   리스를 하는 한 가지 목적으로 리스이용자에 의해 만들어진 별도의 사업 파트너십이다.

파마-프렌치-카하트 요인 모형의 명세(Fama-French-Carhart, FFC)   위험과 수익률의 다요인 모형으로, 요인 포트폴리오는 파마, 프렌치, 카하트에 의해 선정된 시장, SMB, HML, PR1YR 포트폴리오다.

파생증권(derivative security)   현금흐름이 다른 시장성 자산의 가격에 의존하는 증권

파트너십(partnership)   둘 이상의 개인에 의해 소유되고 운영되는 하나의 사업 형태

판매 유형 리스(sales-type lease)   리스제공자가 제조업자 또는 딜러인 리스의 유형

팩토링업자(factors)   다른 기업의 매출채권을 매입하는 기업

평균 수익률(mean return)   기대수익률 참조

포기 옵션(abandonment option)   투자자가 프로젝트 투자를 중단할 수 있는 옵션. 기업이 성공적이지 못한 프로젝트를 그만둘 수 있기 때문에 포기 옵션은 프로젝트의 가치를 증가시킬 수 있다.

포이즌 필(poison pill)   기존의 피인수기업 주주에게 어떤 조건이 충족되면 시장가격보다 상당히 할인된 가격에 피인수기업의 주식을 매입할 수 있는 권리를 부여한 주주배정 증자

포트폴리오(portfolio)   증권들의 집합

포트폴리오 가중치(portfolio weights)   포트폴리오의 개별 구성 자산이 포트폴리오 전체 가치에서 차지하는 비중

포트폴리오 보험(portfolio insurance)   하나의 주식보다는 포트폴리오에 대해 발행된 방어적 풋옵션(하지만 하나의 주식도 포트폴리오가 될 수 있음)

포획된(captured)   이사회의 감시 의무가 경영진과의 관계나 인

지된 충성심으로 위험에 처한 상태

표준오차(standard error)   실제 분포 평균 추정치의 표준편차. 즉, 평균 수익률의 표준편차이다.

표준편차(standard deviation)   확률 분포의 위험을 측정하기 위해 사용되는 일반적인 방법으로 분산의 (양의) 제곱근 값이다.

풋옵션(put option)   옵션 보유자에게 자산을 매도할 수 있는 권리를 주는 금융 옵션

풋-콜 패리티(put-call parity)   콜의 가격은 풋의 가격에 기초자산의 가격을 더하고 행사가격의 현재가치와 배당금 지급액의 현재가치를 차감한 값이라는 관계

프로젝트 외부효과(project externalities)   기업의 다른 사업 활동의 이익을 증가시키거나 감소시키는 프로젝트의 간접적인 효과

피라미드 구조(pyramid structure)   투자자가 50% 이상의 지분을 소유하지 않고 기업을 지배할 수 있는 방법. 우선 첫 번째 회사는 50% 이상의 지배 지분을 소유하고 두 번째 회사는 25%만 소유하고도 두 회사를 모두 관리할 수 있다.

피인수기업(target firm)   인수나 합병에서 다른 회사에 의해 인수되는 회사

하이-마이너스-로우 포트폴리오(high-minus-low, [HML] portfolio)   매년 포트폴리오 낮은 장부가/시가 비율의 주식을 공매도하여 자금을 조달하고 그 자금으로 높은 장부가/시가 주식을 매수하는 거래 전략

하향 라운드(down round)   벤처캐피탈 자금조달 시 이전 투자자보다 더 낮은 주당 가격으로 새로운 투자자들이 자금을 조달하는 것

한계법인세율(marginal corporate tax rate)   증분 세전 이익에 대해 지불하는 세율

한도 대출(line of credit)   은행이 기업에게 정해진 최대 금액까지 대출하겠다는 계약. 유연한 계약 조건에 따라 기업은 자금이 필요할 때 한도 대출로부터 출금을 할 수 있다.

할인(discount)   미래의 현금흐름을 동등한 가치를 갖는 현재의 현금흐름으로 환산해주는 행위

할인 대출(discount loan)   차입자들이 차입의 시작 시점에 이자를 지불해야 하는 브리지 론의 한 형태. 대출자는 대출이 발생할 때 대출 금액으로부터 이자를 차감한다.

할인발행 채권(original issue discount, OID)   채권 발행 시에 할인되어 발행되는 이표채

할인요소(discount factor)   미래에 받을 1달러를 오늘 시점의 가치로 환산한 값

할인율(discount rate)   현금흐름을 할인하기 위해 적용되는 적절한 비율

할증(premium)   이표채가 액면가치보다 더 높은 가격으로 거래될 때 채권의 가격

합리적 기대(rational expectations)   투자자가 기대 수익률, 상관관계 및 변동성에 관한 서로 다른 정보를 가질 수 있지만 시장가격에 포함된 정보와 정보를 올바르게 해석하고 합리적인 방식으로

기대 수익률의 추정치를 조정한다는 가정

합병의 물결(merger waves)   기업인수 시장에서 거래가 드문 침체기 이후 매우 집중적으로 활동이 일어나는 절정기

합병-차익거래 스프레드(merger-arbitrage spread)   기업인수에서 피인수기업 주식의 가격과 내재된 제안 가격 사이의 차이

합성 리스(synthetic lease)   흔히 특수목적 회사를 이용하고, 특정 회계 및 세무 처리를 위해 고안된 리스

합의파산(prepackaged bankruptcy)   파산의 법적 비용과 다른 직접비용을 많이 회피하는 방법으로, 기업은 먼저 주요 채권자들의 동의를 얻어 갱생 계획을 작성하고, 계획을 실행하기 위해 제11장의 갱생을 신청하는 것이다.

핵심인력보험(key personnel insurance)   회사의 핵심 직원의 손실 또는 피할 수 없는 부재에 대해 보상하는 보험의 유형

행사가격(strike (exercise) price)   옵션 보유자가 옵션을 행사할 때 주식을 매매하는 가격

헤지 맞춤(tailing the hedge)   선물 거래에서 일일정산 이익에서의 이자를 처리하기 위해 헤지 포지션을 조정하는 것

헤지(헤징)(hedge or hedging)   투자자의 위험 노출과 음(−)의 관계를 가지는 계약이나 증권을 보유하여 투자 위험을 감소시키는 것

현금 배수(cash multiple, multiple of money, absolute return)   총현금 수취액과 총현금 투자액의 비율

현금비율(cash ratio)   현금과 유동부채의 비율로 가장 엄격한 유동비율임

현금배분정책(payout policy)   주주에게 현금을 배분하는 대안들 사이에서 기업의 결정 방법

현금전환주기(cash conversion cycle, CCC)   기업의 재고일수에 매출채권 회수일을 더하고 매입채무 지급일을 차감하여 계산한 현금 주기의 측정치

현금 주기(cash cycle)   회사가 최초의 재고자산 구매의 현금을 지불한 시점에서 그 재고자산을 이용한 제품의 판매로부터 현금을 회수하는 시점까지의 기간

현금흐름표(statement of cash flows)   정해진 기간 동안 기업이 발생된 현금을 어떻게 사용하였는가를 보여주는 회계 보고서

현물 이자율(spot interest rates)   무위험 무이표채의 수익률

현물환율(spot exchange rate)   현재의 환율

현재가치(present value, PV)   미래의 비용 또는 편익을 오늘 시점의 가치로 환산한 값

홈메이드 레버리지(homemade leverage)   투자자가 기업이 선택한 레버리지를 조정하기 위하여 자신의 포트폴리오에서 레버리지를 사용하는 것

홈메이드 배당(homemade dividend)   투자자가 자신의 보유 지분의 일부를 팔아서 보유 주식으로부터 현금 지급을 창출하는 경우

화폐 배수(multiple of money)   현금배수 참조

화폐시장(money market)   정부나 신용도가 높은 회사와 같은 안

정적인 주체가 발행한 안전한 단기채무 시장

화폐의 시간가치(time value of money)   오늘의 돈과 미래의 돈이 서로 다른 가치를 갖게 되는 현상

확률분포(probability distribution)   모든 가능한 상태의 확률을 나타내는 그림

황금 낙하산(golden parachute)   회사가 인수되고 경영자가 해고되는 상황에서 기업의 고위 경영자에게 보장하는 극단적으로 이득이 되는 해고계약 패키지

회계감사인(auditor)   기업의 연별 재무제표를 검토하여 그것들이 GAAP에 맞게 작성되었는지와 정보의 신뢰성을 뒷받침하는 증거를 제공하는지를 보증하는 중립적인 제3자를 말하는 것으로 주식회사는 이들을 고용하도록 의무화되어 있다.

회귀분석(regression)   자료와 회귀선의 거리 제곱을 최소화하여 두 변수 간의 선형 관계를 추정하는 통계적 기법

회사채(corporate bonds)   주식회사에 의해 발행된 채권

회색 이사(gray directors)   내부자와 같이 기업과 직접 연결되어 있지 않지만 기업과 현재 혹은 잠재적인 사업관계를 가지는 사람들

회수기간(payback period)   초기 투자를 회수하는 데 걸리는 기간

회수 표류(collection float)   고객이 상품 대금을 지불한 후에 기업이 자금을 사용하는 데 걸리는 시간

회수기간 투자 규칙(payback investment rule)   간단한 투자 규칙으로 현금흐름이 정해진 기간 동안에 초기 투자를 회수하는 경우에만 프로젝트를 채택한다.

회전 한도 대출(revolving line of credit)   의무적 한도 대출로 기업이 필요한 자금을 대개 2~3년의 오랜 기간 사용할 수 있다는 것을 은행이 확실하게 약속하는 것

회전율(turnover ratios)   연간 매출액 또는 비용을 해당 운전자본 계정의 배수로 계산하는 운전자본의 측정 지표

효율적 시장(efficient market)   투자의 자본비용이 체계적 위험에만 의존하고, 분산 가능한 위험과는 관계가 없는 경우

효율적 시장가설(efficient markets hypothesis)   투자자 사이의 경쟁이 모든 양(+)의 NPV 거래 기회를 소멸시키는 기능을 한다는 생각. 이는 투자자가 획득 가능한 모든 정보가 주어졌을 때 증권은 미래 현금흐름에 근거하여 공정하게 가격이 책정될 것임을 의미한다.

효율적 포트폴리오(efficient portfolio)   체계적 위험만을 포함하는 포트폴리오. 효율적 포트폴리오는 더 이상 분산될 수 없다. 기대 수익률을 낮추지 않고 포트폴리오의 변동성을 감소시킬 방법은 없다. 무위험 차입과 대출이 가능할 경우 효율적 포트폴리오는 접점 포트폴리오로 경제 내에서 가장 높은 샤프 비율을 가진다.

효율적 프론티어(efficient frontier)   각 포트폴리오가 변동성의 증가 없이 얻을 수 있는 가장 최대의 기대 수익률을 가지는 투자 집합으로 형성될 수 있는 포트폴리오의 집합

후순위 무담보 채무(subordinated debenture)   다른 채무보다 우선 순위가 낮은 장기 무담보 채무

후행 순이익(trailing earnings)   과거 12개월에 걸친 기업의 순이익

후행 P/E(trailing P/E)   후행 순이익을 이용하여 계산한 기업의 주가/순이익(P/E) 비율

희석 방지 보호(anti-dilution protection)   하향 라운드가 발생하면 이전 라운드의 투자자들은 자신의 주식을 보통주로 전환할 수 있는 가격을 낮출 수 있게 하는 조항. 설립자와 종업원의 비용으로 투자자의 지분을 효과적으로 증가시킨다.

희석화(dilution)   고정된 수익을 나눠 가지는 발행주식의 수를 증가시키는 것

희석 EPS(diluted EPS)   기업의 주당 순이익은 모든 스톡옵션과 전환사채의 영향을 포함하는 총 발행주식 수에 의존한다. 따라서 주식 수가 많아지면 EPS가 감소하는데, 이를 희석 EPS라고 한다.

$1.00 구매 리스($1.00 out lease)   리스 종료 시 자산의 소유권이 명목비용 1.00달러에 리스이용자에게 이전되는 리스의 유형으로 금융 리스라고도 불린다.

"C" 주식회사("C" corporations)   주주의 자격과 주주의 수에 제한이 없는 주식회사로, S 조세 규정의 자격이 없고 직접적인 법인세 과세의 대상임

"S" 주식회사("S" corporations)   미국 내국세법 S 조세 규정의 세제 적용에 의해 이중과세가 면제되는 주식회사

10-K   미국 기업이 증권거래위원회(SEC)에 재무제표를 보고하기 위하여 사용하는 연간 양식

10-Q   미국 기업이 증권거래위원회(SEC)에 재무제표를 보고하기 위하여 사용하는 분기별 양식

21세기 수표결제법(Check Clearing for the 21st Century Act, Check 21)   수표 결제 과정 때문에 발생하는 지급 표류를 제거한다. 이 법에 따르면 은행은 수표 정보를 전자적으로 처리할 수 있고 대부분의 경우 기업의 원재료 공급자가 수표를 은행에 예금하는 같은 날에 기업 당좌 계좌에서 자금이 차감된다.

2연발식(double-barreled)   주정부나 지방정부가 일반적인 약속에 특별 요금과 같은 특정 수입원의 지급 약속을 더해 지급 약속을 더욱 강화하고 발행한 지방정부 채권

95% 신뢰구간(95% confidence interva)   신뢰구간은 미지의 모수를 포함하고 있을 가능성이 있는 값의 범위를 제공한다. 동일한 모집단에서 독립적인 표본을 반복적으로 취할 경우, 실제 모수가 95% 신뢰구간을 벗어날 확률은 5%이다. 정규분포의 경우 신뢰구간은 평균의 양쪽 각각에서 약 2 표준편차에 해당한다.

ABS   자산유동화증권 참조

APR   연율화 이자율 참조

APT   차익거래 가격결정 이론 참조

APV   조정 현재가치 참조

ARM   변동 이자율 모기지 참조

CAGR   복리 연간 성장률 참조

CAPM   자본자산 가격결정 모형 참조

CCC   현금전환주기 참조

CDO   채무담보부증권 참조

CDS   신용부도스왑 참조

Check 21   21세기 수표결제법 참조

CML   자본시장선 참조

CMO   모기지 담보부증권 참조

EAB   균등 연간 혜택 참조

EAR   실효 연이자율 참조

EBIT   기업의 이자, 세금 차감 전 이익

EBIT 손익분기점(EBIT break-even)   프로젝트의 EBIT를 0으로 하는 매출액 수준

EBIT 이익률(EBIT margin)   EBIT를 매출액으로 나눈 비율

EBITDA   기업의 이자, 세금, 감가상각, 무형자산상각 차감 전 이익

EPS   주당 순이익 참조

ESO   경영자 스톡옵션 참조

ETF   상장지수펀드 참조

FFC   파마-프렌치-카하트 요인 모형의 명세 참조

FMV 리스(FMV lease)   공정 시장가치 리스 참조

FTE   주주 귀속 현금흐름 참조

GAAP   기업회계기준 참조

HML portfolio   하이-마이너스-로우 포트폴리오 참조

IPO   기업공개 참조

IRR investment rule   내부 수익률 투자 규칙 참조

IRR   내부 수익률 참조

LBO   차입매수 참조

LIBOR   런던 은행 간 대출 이자율 참조

LLC   유한책임회사 참조

MBO   경영자 매수 참조

MBS   주택저당증권 참조

MD&A   경영 회의 및 분석 참조

NPV   순현재가치 참조

NPV 결정 규칙(NPV Decision Rule)   투자대안을 선택할 때, 가장 높은 NPV를 가지는 대안을 선택한다. 이것은 오늘 현금으로 NPV를 받는 것과 동일하다.

NPV 투자 규칙(NPV Investment Rule)   NPV 결정 규칙 참조

NPV 프로파일(NPV profile)   할인율의 범위에 따라 그려진 투자 사업의 해당 NPV 그래프

OID   할인발행 채권 참조

P/E   주가/순이익 비율 참조

PR1YR portfolio   최근 1년 모멘텀 포트폴리오 참조

PV   현재가치 참조

red herring   예비 투자설명서 참조

ROA   총자산 수익률 참조

ROE   자기자본 수익률 참조

ROIC   투자자본 수익률 참조

SEO   유상증자 참조

SMB portfolio   소형-마이너스-대형 포트폴리오 참조

SML   증권시장선 참조

SOX   사베인즈-옥슬리법 참조

SPE   특수목적회사 참조

TEV(total enterprise value)   사업가치 참조

TIPS(Treasury Inflation-Protected Securities)   물가연동국채 참조

VIX 지수   S&P 500 지수에 대해 발행된 옵션의 1개월 내재 변동성을 추적하는 인덱스로, 연간 퍼센트로 고시된다. 이것은 시장 변동성의 가장 대중적인 지표이다.

WACC   가중평균 자본비용 참조

YTC   수의상환 수익률 참조

YTM   만기 수익률 참조

찾아보기

저자 소개

Jonathan Berk는 스탠퍼드대학교 경영대학원 석좌교수(A.P. Giannini Professor of Finance)이 며 전미경제연구원 연구위원이다. 스탠퍼드대학교 부임 전에 UC 버클리 하스 경영대학원의 석 좌교수(Sylvan Coleman Professor of Finance)를 역임하며 기초 재무과목들을 가르쳤다. 예일대 학교에서 박사학위를 취득하기 전 골드만삭스에서 근무하였는데, 그의 재무 교육은 사실상 이때 부터 시작하였다고 할 수 있다. 그는 연구를 통해 TIAA-CREF 폴 사뮤엘슨 상, 스미스 브리든 상, *Review of Financial Studies* 올해의 최우수 논문상, FAME 연구상 등 많은 상을 수상했다. 그 의 논문 "규모 관련 이례현상에 대한 비평(A Critique of Size-Related Anomalies)"은 *Review of Financial Studies*에 게재된 두 편의 최우수 논문 중 한편으로 선정되었다. 그는 재무 실무에 대 한 영향력을 인정받아, 번스타인-파보지/제이콥 레비 상, 그레이엄 앤 도드 우수상, 로저 뮤레 이 상을 수상한 바 있다. 그는 *Journal of Finance*의 부편집위원장을 2회 역임하였고, American Finance Association 및 Western Finance Association의 이사, Financial Management Association의 학술이사를 각각 1회 역임한 바 있다. 현재 는 *Financial Management Association*의 펠로우와 *Journal of Portfolio Management*의 자문위원회 위원을 맡고 있다. 남아프리카의 요하네스버 그에서 태어난 Berk 교수는 결혼하여 두 명의 딸이 있으며, 취미로 스키와 자전거를 열렬하게 즐긴다.

Peter DeMarzo는 스탠퍼드대학교 경영대학원의 석좌교수(Mizuho Financial Group Professor of Finance)이며, American Finance Association 부회장과 전미경제연구원 연구위원이다. 현재 기업재무 및 재무 모형 등에 대한 MBA 및 Ph.D. 과목을 가르치고 있다. 그는 스탠퍼드대학교에 오기 전에 UC 버클리 하스 경영대학원 교수, 노 스웨스턴 캘로그 경영대학원 교수, 후버 연구소의 연구위원을 역임한 바 있다. 그는 스탠퍼드에 서 2004년 및 2006년 우수 강의 상, 버클리에서 1998년 우수 강의 상을 수상했다. 그는 American Finance Association 이사, *Review of Financial Studies*, *Financial Management* 및 *B.E. Journals in Economic Analysis and Policy*의 부편집위원장을 역임했다. 또한 Western Finance Association 부 회장과 회장을 역임했다. 그의 연구 분야는 기업재무, 자산 유동화 및 계약, 시장미시구조 및 규 제 분야이다. 그는 최근 계약 및 증권의 최적 설계, 레버리지 동학 및 은행 자본 규제의 역할, 정 보 비대칭이 주가 및 기업 투자에 미치는 영향 등의 주제에 대해 연구하고 있다. 그는 연구와 관 련하여 WFA의 기업재무 상, RFS의 바클레이즈 글로벌 투자자/마이클 브레넌 최우수 논문 상 등 다수의 상을 수상했다. 뉴욕 주 화이트 스톤에서 태어난 그는 결혼하여 세 명의 아들이 있으며, 취미로 가족과 함께 하이킹, 자전거 및 스키를 즐긴다.

역자 소개

고광수

부산대학교 경영대학 재무금융 전공 교수로 재직 중이다. 연세대학교 경영학과를 졸업하고, KAIST 경영과학과에서 재무 및 투자론 전공으로 공학박사 학위를 취득하였다. 주요 강의 및 연구 분야는 행동재무론, 재무실증분석론, 국제재무관리, 재무관리, 투자론이다. 부산대학교 부임 이전에는 한국투자신탁 조사역, 자본시장연구원 선임연구위원을 역임했다. 한국증권학회와 한국재무학회 이사 및 편집위원, 한국재무학회와 한국파생상품학회 부회장을 역임하였다. 한국증권학회지, 재무연구, 금융연구, *Journal of Financial Intermediation*, *Journal of Banking & Finance*, *Pacific-Basin Finance Journal* 등에 재무금융 분야의 논문을 게재하였다.

변진호

이화여자대학교 경영대학 재무 전공 교수로 재직 중이다. 연세대학교에서 경영학 학사와 석사, 미국 위스콘신대학교에서 재무금융 석사, 뉴욕주립대학교(버팔로)에서 재무금융 박사학위를 받았다. 학위 취득 후 자본시장연구원에서 연구위원으로 재직하였다. 주요 연구 분야는 기업재무, 투자론 및 행태재무학이며, *Journal of Finance*, *Asia-Pacific Journal of Financial Studies*를 비롯한 국내외 전문 학술지에 30여 편의 논문을 게재하였다. 재무관리연구, 한국증권학회지 편집위원장, 한국재무학회 이사 및 편집위원, 한국증권학회 부회장을 역임했으며, 현재 국민연금기금 투자정책전문위원, 한국거래소 코넥스시장 상장공시 위원장, KDI 경제전문가 자문위원, 금융감독원 금융투자업 평가위원 등으로 활동하고 있으며, 여러 공적 기금의 위원회에서 활동 중이다. 저서로는 *Analysis of the Korean Stock Market: Behavioral Finance Approaches*, 스마트 금융생활 가이드, 투자론 등이 있으며, 역서로는 핵심 투자론, 기본 재무관리, 핵심 기업재무, 기업의 재무관리 등이 있다.

선정훈

건국대학교 경영대학 재무 전공 교수로 재직 중이다. 고려대학교에서 경제학 학사와 석사를, 미국 펜실베이니아주립대학교에서 재무경제학 전공으로 경제학 박사학위를 취득하였다. 주요 강의 및 연구 분야는 금융시장 및 금융기관론, 투자론, 국제재무관리 등이다. 건국대학교 부임 이전에는 한국은행 과장, 자본시장연구원 연구위원 등을 역임했으며, 건국대학교 부임 이후에는 한국은행 객원연구원, 금융감독원 자문위원, 감사원 자문위원, 자본시장연구원 초빙위원, 한국증권학회 이사 및 편집위원, 한국증권학회지 편집위원장으로 활동해 왔다. 기본 재무관리(공저), 현대사회와 지속가능경영(공저) 등의 저서가 있으며 *Journal of International Money and Finance*, *Asia-Pacific Journal of Financial Studies*, 증권학회지, 재무연구, 금융연구 등 학술저널에 여러 편의 재무 분야 게재 논문이 있다.